Eigentum:
Dr. Th. Schuster
D-79591 Eimeldingen
VIII/93

Schettler/Usadel
Praktische Medizin
von A–Z

Vorwort

Die mittlere Halbwertszeit medizinischer Erkenntnisse beträgt etwa fünf Jahre. Es war daher an der Zeit, die „Praktische Medizin" neu herauszubringen. Die neue Auflage folgte ihren bisherigen Vorgängern, wurde aber grundsätzlich neu bearbeitet. Wir schätzen uns glücklich, eine Reihe von Autoren gewonnen zu haben, die sich insbesondere für die Belange der praktischen Medizin einsetzten. Ausgehend von den Bedürfnissen der Allgemeinmedizin, wurden die einzelnen Kapitel neu gewichtet, teilweise gekürzt, teilweise aber auch beträchtlich erweitert. Dem von Auflage zu Auflage wachsenden Umfang trägt auch der neue Titel des ehemaligen „Taschenbuches" Rechnung: „Praktische Medizin von A–Z". Unter den für die 11. Auflage verfaßten Abschnitten sind zu nennen: das wichtige Kapitel der Arzneimitteltherapie, das jetzt auch die Chemotherapie umfaßt; Haut- und Geschlechtskrankheiten; innerhalb des Kapitels Innere Medizin die Kardiologie, die Infektionskrankheiten sowie die Rheumatologie; außerdem die Kapitel Kinderheilkunde, Neurologie, Neurochirurgie, Psychosomatische Medizin und Vergiftungen.

Die Allgemeinmedizin hat in der ärztlichen Praxis eine immer stärkere Bedeutung. Dies wird wieder durch die Bemühungen einer sogenannten Gesundheitsreform sichtbar. Die Masse der ärztlichen Verrichtungen und auch die Zahl der betreuten Kranken gehören in die Bereiche der Allgemeinmedizin. So wird der niedergelassene Arzt gerne die Gelegenheit benutzen, akut auftretende Fragen nachzulesen und daraus diagnostische und therapeutische Rückschlüsse zu ziehen. Dies kann dazu beitragen, daß viele Krankheitsfälle bereits in der Allgemeinpraxis geklärt und betreut werden können. Dies ist gewiß ein bedeutender Beitrag zu allen reformerischen Bemühungen. Ob diese freilich im jetzigen Ansatz erfolgreich sein werden, ist die große Frage. Ohne die sachverständige Mitarbeit der sogenannten „Leistungsanbieter", also in erster Linie durch die Ärzte, wird eine dauerhafte Lösung der anstehenden Probleme nicht zu finden sein. Die Autoren unserer „Praktischen Medizin" sind sich dessen bewußt und haben sich bemüht, Beiträge zu den aktuellen Reformbemühungen zu leisten. Sie wenden sich nicht nur an den Arzt und Facharzt in der Niederlassung, sondern auch an den Kliniker, der sich in benachbarten Gebieten Rat zu holen sucht. So sind wir sicher, daß auch diese neue Auflage ihren Weg nehmen wird.

Herr Priv.-Doz. Dr. Dieter Deppermann hat sich um die kritische Durchsicht und die Anpassung der einzelnen Kapitel gekümmert. Wir schulden ihm großen Dank, ebenso wie unserem Verleger, Herrn Dr. h.c. Günther Hauff, und seinen Mitarbeitern.

Heidelberg/Frankfurt, im November 1992

Gotthard Schettler
Klaus-Henning Usadel

Anschriften

Beil, F. U., Priv.-Doz. Dr., Universitätskrankenhaus Eppendorf, I. Medizinische Klinik, Martinistr. 52, 2000 Hamburg 20
Bergmann, G., Dr., Leiter der Sektion klinische Psychosomatik, Leitender Oberarzt der Medizinischen Univ.-Klinik Abt. II, Bergheimer Str. 58, 6900 Heidelberg 1
Boenninghaus, H.-G., Prof. Dr., ehem. Direktor der Hals-Nasen-Ohrenklinik der Universität Heidelberg, Im Neuenheimer Feld 400, 6900 Heidelberg
Buckup, H., Dr., Facharzt für Arbeitsmedizin, Krockhausstr. 3, 4630 Bochum-Stiepel
Burchardi, H., Prof. Dr., Abteilungsleiter am Zentrum Anästhesiologie, Rettungs- und Intensivmedizin der Universität Göttingen, Robert-Koch-Str. 40, 3400 Göttingen
Büscher, H.-K., Prof. Dr., Wiehbergstr. 26 A, 3000 Hannover 81
Buurman, R., Dr., Chefarzt der Radiologischen Abteilung des Kreiskrankenhauses Aurich, Wallinghausener Str. 8–10, 2960 Aurich 1
Cotta, H., Prof. Dr., Direktor der Orthopädischen Klinik und Poliklinik der Universität Heidelberg, Schlierbacher Landstr. 200 a, 6900 Heidelberg
Deppermann, D., Priv.-Doz. Dr. Dr., Kaiser-Wilhelm-Str. 7, 6700 Ludwigshafen
Diesfeld, H. J., Prof. Dr., Institut für Tropenhygiene und Öffentliches Gesundheitswesen am Südasieninstitut der Universität Heidelberg, Im Neuenheimer Feld 324, 6900 Heidelberg
Distler, A., Prof. Dr., Leiter der Abteilung für allgemeine Innere Medizin und Nephrologie, Medizinische Klinik und Poliklinik des Klinikums Steglitz der Freien Universität Berlin, Hindenburgdamm 30, 1000 Berlin 45
Drings, P., Prof. Dr., Chefarzt der Abteilung Innere Medizin – Onkologie, Thoraxklinik Heidelberg-Rohrbach der LVA Baden, Amalienstr. 5, 6900 Heidelberg
Encke, A., Prof. Dr., Leiter der Klinik für Allgemeinchirurgie, Klinikum der Johann-Wolfgang-Goethe-Universität, Theodor-Stern-Kai 7, 6000 Frankfurt/M. 70
Fey, K. H., Priv.-Doz. Dr., Arzt für Chirurgie und Unfallchirurgie, Chefarzt der Abteilung für Chirurgie, Sankt Gertrauden-Krankenhaus Berlin, Akad. Lehrkrankenhaus der Freien Universität, Paretzer Str. 12, 1000 Berlin 31
Finke, J., Prof. Dr., Kalckreuthweg 3, 7000 Stuttgart 1
Friedberg, V., Prof. Dr., In den alten Gärten 20, 7770 Überlingen-Hödingen
Fritsch, H., Prof. Dr., Leitender Arzt der Medizinischen Abteilung des Kreiskrankenhauses Weinheim, Röntgenstr. 1, 6940 Weinheim
Fuchs, H. S., Prof. Dr., Facharzt für innere Krankheiten, Generalstabsarzt der Luftwaffe a.D., Bad Godesberg, Zietenstr. 24, 5300 Bonn 2
Gebest, H.-J., Dr., Arzt für Innere Medizin, Chefarzt der Kraichgau-Klinik, Fritz-Hagner-Promenade 15, 6927 Bad Rappenau
Grabbe, E., Prof. Dr., Arzt für Radiologie, Leiter der Abteilung Röntgendiagnostik I, Universitätsklinikum, Robert-Koch-Str. 40, 3400 Göttingen
Greten, H., Prof. Dr., Ärztlicher Direktor der Medizinischen Kernklinik und Poliklinik des Universitätskrankenhauses Eppendorf, Martinistr. 52, 2000 Hamburg 20
Gross, P., Prof. Dr., Universitätsklinikum Steglitz, Freie Universität Berlin, Medizinische Klinik und Poliklinik, Abteilung für Allgemeine Innere Medizin und Nephrologie, Hindenburgdamm 30, 1000 Berlin 45
Hacke, W., Prof. Dr., Direktor der Neurologischen Universitätsklinik, Im Neuenheimer Feld 400, 6900 Heidelberg
Hahn, K.-J., Prof. Dr., Knoll AG, Forschung und Entwicklung Herz, Kreislauf, Postfach 210805, 6700 Ludwigshafen
Harloff, M., Dr., Chefarzt der Medizinischen Klinik I, St. Elisabeth-Klinik, Kapuzinerstr. 4, 6630 Saarlouis

Harndt, Raimund, Dr. Dr., FB ZMK, FU Berlin, Aßmannshauser Str. 4–6, 1000 Berlin 33
Henke, Dorit, Dr., Pharmakologisches Institut für Naturwissenschaftler der Johann-Wolfgang-Goethe-Universität, Theodor-Stern-Kai 7, Geb. 75 A, 6000 Frankfurt/M. 70
Herrmann, R., Prof. Dr., Leiter der Abteilung für Onkologie, Department Innere Medizin, Kantonsspital, Universitätsklinik, Petersgraben 4, CH-4031 Basel
Hild, R., Prof. Dr., Chefarzt der Inneren Abteilung des St.-Josefs-Krankenhauses, Landhausstr. 25, 6900 Heidelberg
Hildebrandt, G., Prof. Dr., Direktor des Instituts für Arbeitsphysiologie und Rehabilitationsforschung der Universität Marburg, Robert-Koch-Str. 7 A, 3550 Marburg
Hof, H., Prof. Dr., Direktor des Instituts für Medizinische Mikrobiologie und Hygiene der Universität Heidelberg, Klinikum Mannheim, Theodor-Kutzer-Ufer, 6800 Mannheim
Hüllemann, K.-D., Prof. Dr., Ärztlicher Direktor der Medizinischen Klinik St. Irmingard, Osternacherstr. 103, 8210 Prien am Chiemsee
Junghanns, K., Prof. Dr., Chefarzt der Allgemeinchirurgischen Klinik Ludwigsburg, Posilipostr. 49, 7140 Ludwigsburg
Kaess, H., Prof. Dr., Chefarzt der II. Medizinischen Abteilung, Gastroenterologie und Hepatologie des Städtischen Krankenhauses München-Bogenhausen, Englschalkinger Str. 77, 8000 München 81
Kämmerer, W., Dr., Chefapotheker der Apotheke, Dr.-Horst-Schmidt-Kliniken, Ludwig-Erhard-Str. 100, 6200 Wiesbaden
Kimmig, B., Prof. Dr. Dr., Direktor der Klinik für Strahlentherapie, Radiologische Universitätsklinik, Arnold Heller Str. 9, 2300 Kiel
Kommerell, B., Prof. Dr., Ärztlicher Direktor der Inneren Medizin IV, Medizinische Klinik der Universität Heidelberg, Bergheimer Str. 58, 6900 Heidelberg
Krause, E., Prof. Dr., Klinik für Thorax-Herz- und Gefäßchirurgie, Klinikum der Universität, Theodor-Stern-Kai 7, 6000 Frankfurt/M. 70
Kruse, K., Prof. Dr., Direktor der Klinik für Pädiatrie, Medizinische Universitätsklinik, Kahlhorststr. 31–35, 2400 Lübeck 1
Kruse, W., Dr., Oberarzt, Geriatrisches Zentrum Bethanien, Rohrbacher Str. 149, 6900 Heidelberg
Kunze, St., Prof. Dr., Ärztlicher Direktor der Neurochirurgischen Klinik und Poliklinik der Universität Heidelberg, Im Neuenheimer Feld 400, 6900 Heidelberg 1
Leber, K., Dr., Leitender Oberarzt der Klinik für Allgemeinchirurgie, Krankenanstalten Ludwigsburg, Akademisches Lehrkrankenhaus der Universität Heidelberg, Posilipostr. 49, 7140 Ludwigsburg
Linhart, P., Prof. Dr., Deutsche Klinik für Diagnostik, Fachbereich Gastroenterologie, Aukammallee 33, 6200 Wiesbaden
Lukoschek, M., Dr., Oberarzt der Orthopädischen Universitätsklinik, Postfach 10 43 29, 6900 Heidelberg
Martin, E., Dr., Pharmakologisches Institut für Naturwissenschaftler der Johann-Wolfgang-Goethe-Universität, Theodor-Stern-Kai 7, Geb. 75 A, 6000 Frankfurt/M. 70
Meinck, H.-M., Prof. Dr., Neurologische Universitätsklinik, Im Neuenheimer Feld 400, 6900 Heidelberg 1
Von Mikulicz-Radecki, J.-G., Priv.-Doz. Dr., Facharzt für innere Medizin, Gastroenterologie, Sozialmedizin, Steige 10, 6906 Leimen
Mutschler, E., Prof. Dr. Dr., Pharmakologisches Institut für Naturwissenschaftler der Johann-Wolfgang-Goethe-Universität, Theodor-Stern-Kai 7, Geb. 75 A, 6000 Frankfurt/M. 70
Nobbe, F. P., Prof. Dr., Oberstarzt, Innere Abteilung, BW-Krankenhaus, Oberer Eselsberg 40, 7900 Ulm
Pannike, A., Prof. Dr., Leiter der Klinik für Unfallchirurgie. Klinikum der Johann-Wolfgang-Goethe-Universität, Theodor-Stern-Kai 7, 6000 Frankfurt/M. 70
Petersen, D., Dr., Oberarzt Abt. Neuroradiologie der Radiologischen Universitätsklinik, Hoppe-Seyler-Str. 3, 7400 Tübingen
Petzoldt, D., Prof. Dr., Hautklinik der Universität, Voßstr. 2, 6900 Heidelberg
Pfleiderer, Th., Prof. Dr., Direktor der II. Medizinischen Klinik der Städtischen Kliniken Darmstadt, Grafenstr. 9, 6100 Darmstadt

Rettenmaier, G., Prof. Dr., Chefarzt der Medizinischen Klinik des Kreiskrankenhauses, Bunsenstr. 120, 7030 Böblingen
Reuther, R., Prof. Dr., Neurologische Klinik der Universität, Im Neuenheimer Feld 400, 6900 Heidelberg 1
Ritz, E., Prof. Dr., Leiter der Sektion Nephrologie der Medizinischen Klinik der Universität Heidelberg, Bergheimer Str. 56 a, 6900 Heidelberg
Rohr, G., Priv.-Doz. Dr. Dr., Medizinische Klinik für Gastroenterologie, Klinikum Mannheim, Theodor-Kutzer-Ufer, 6800 Mannheim 1
Rueger, J., Priv.-Doz. Dr., Chirurgische Klinik, Klinikum der Universität, Theodor-Stern-Kai 7, 6000 Frankfurt/M. 70
Sachs, M., Dr., Klinik für Allgemeinchirurgie, Klinikum der Johann-Wolfgang-Goethe-Universität, Theodor-Stern-Kai 7, 6000 Frankfurt/M. 70
Sanwald, R., Prof. Dr., Chefarzt der Medizinischen Klinik II, Städt. Krankenhaus, Kanzlerstr. 2–6, 7530 Pforzheim
Schackert, Gabriele, Priv.-Doz. Dr., Oberärztin, Neurochirurgische Klinik und Poliklinik der Universität, Im Neuenheimer Feld 400, 6900 Heidelberg 1
Schettler, G., Prof. Dr. med. Dres. h.c., Medizinische Universitätsklinik, (Ludolf-Krehl-Klinik), Bergheimer Str. 58, 6900 Heidelberg
Schimpf, K., Prof. Dr., Ehemaliger Ärztlicher Direktor der Rehabilitationsklinik und des Hämophiliezentrums Heidelberg, Bonhoefferstr., 6900 Heidelberg 1
Schlierf, G., Prof. Dr., Klinisches Institut für Herzinfarktforschung an der Medizinischen Universitätsklinik, Bergheimer Str. 58 und Bethanien-Krankenhaus, Abt. Innere Medizin/Geriatrie, Rohrbacher Str. 149, 6900 Heidelberg
Schulze-Dirks, Astrid, Dr., Oberärztin, Universitäts-Hautklinik, Voßstr. 2, 6900 Heidelberg
Schwarz, F., Prof. Dr., Rot-Kreuz-Krankenhaus, Abteilung Kardiologie, Königswarterstr. 16, 6000 Frankfurt 1
Schwenzer, A. W., Prof. Dr., Chefarzt em. der Frauenklinik des St. Markus-Krankenhauses, Wilhelm-Epstein-Str. 2, 6000 Frankfurt/M.
Schwenzer, Th., Priv.-Doz. Dr., Oberarzt der Frauenklinik, Universität Düsseldorf, Moorenstr. 5, 4000 Düsseldorf 1
Seidel, D., Prof. Dr., Direktor des Instituts für Klinische Chemie der Universität, Klinikum Großhadern, Marchioninistr. 15, 8000 München 70
Silomon, H., Dr., Internist – Sozialmedizin, Leitender Landesmedizinaldirektor a.D., Schölerbergstr. 22 B, 4500 Osnabrück
Stibbe, W., Dr. Dr., Arzt für Laboratoriumsmedizin, Magdeburger Str. 7, 3257 Springe 1
Straub, W., Prof. Dr. Dr. h.c., em. Direktor der Universitäts-Augenklinik, Robert-Koch-Str. 4, 3550 Marburg
Strauss, G., Prof. Dr., Kiefernstr. 11, 6580 Idar-Oberstein
Ullrich, F., Oberarzt Dr., Dr.-Horst-Schmid-Kliniken, Unfallchirurgie, L.-Erhard-Str. 100, 6200 Wiesbaden
Ulmer, W. T., Prof. Dr. Dr.h.c., ehem. Direktor der Medizinischen Klinik und Poliklinik der Berufsgenossenschaftlichen Krankenanstalten Bergmannsheil Bochum, Universitätsklinik, Gilsingstr. 14, 4630 Bochum 1
Usadel, K.-H., Prof. Dr., Zentrum der Inneren Medizin, Klinikum der Joh.-Wolfg.-Goethe-Universität, Theodor-Stern-Kai 7, 6000 Frankfurt 70
Vogel, F., Prof. Dr. Dr. h.c., Institut für Anthropologie und Humangenetik, Ruprecht-Karls-Universität Heidelberg, Im Neuenheimer Feld 328, 6900 Heidelberg
Voigt, K., Prof. Dr., Ärztlicher Direktor der Abteilung für Neuroradiologie, Radiologische Universitäts-Klinik, Kliniken Schnarrenberg, Hoppe-Seyler-Str. 3, 7400 Tübingen
Wahl, P., Prof. Dr., Medizinische Universitätsklinik, Bergheimer Str. 58, 6900 Heidelberg
Weber, Ellen, Prof. Dr., Leiterin der Abt. Klinische Pharmakologie der Medizinischen Universitäts-Klinik u. Poliklinik, Bergheimer Str. 58, 6900 Heidelberg
zum Winkel, K., Prof. Dr., em. Direktor der Radiologischen Universitäts-Klinik Heidelberg, Radiologische Klinik, Kopfklinikum, Im Neuenheimer Feld 400, 6900 Heidelberg
Witt, A. N., Prof. Dr. Dr.h.c., Burgstallerstr. 3, 8184 Gmund/Tegernsee

Witte, G., Prof. Dr., Oberarzt der Röntgendiagnostik an der Radiologischen Klinik und Strahleninstitut der Universität Hamburg, Universitäts-Krankenhaus Eppendorf, Martinistr. 52, 2000 Hamburg 20

Wohlenberg, H., Dr., Deutsche Klinik für Diagnostik, Fachbereich Hämatologie-Onkologie, Aukammallee 33, 6200 Wiesbaden

Ziegler, R., Prof. Dr., Ärztlicher Direktor der Abteilung Innere Medizin I (Endokrinologie und Stoffwechsel), Medizinische Universitätsklinik und Poliklinik, Bergheimer Str. 58, 6900 Heidelberg

Zimmermann, R., Prof. Dr., Ärztlicher Direktor der Klinik, Rehabilitationsklinik und des Hämophiliezentrums Heidelberg, Bonhoefferstr., 6900 Heidelberg 1

Inhaltsverzeichnis

Anästhesiologie

Arbeitsmedizin

Arzneimittel

Augenkrankheiten

Bildgebende Untersuchungsverfahren:
Röntgendiagnostik
Sonographie

Chirurgie

Diagnostische Technik

Flugmedizin

Frauenkrankheiten

Geburtshilfe

HNO-Krankheiten

Haut- und Geschlechtskrankheiten

Humangenetik

1. Anästhesiologie

H. Burchardi

Dieses Kapitel ist auf die besonderen Erfordernisse des praktischen Arztes zugeschnitten. Es soll einen Überblick über Möglichkeiten und Grenzen der heutigen Anästhesie vermitteln; soll ihn in die Lage versetzen, seinen Patienten zu beraten und aufzuklären; soll ihn informieren über die speziellen Risiken der Anästhesie, damit er seinen Patienten durch geeignete präklinische Diagnostik und präoperative Behandlung auf den Eingriff vorbereiten kann.

Risiko der Narkose

Häufigkeit und Überblick über die Risikofaktoren

Jede Narkose (auch die kürzeste) hat ein Risiko; diese Tatsache hat jeder Arzt zu berücksichtigen, der seinem Patienten einen therapeutischen oder diagnostischen Eingriff empfehlen muß. Die narkosebedingte Mortalität liegt im Durchschnitt bei 1–3 von 10000. Die Operation stellt ihrerseits für den Organismus eine u. U. erhebliche Belastung und ein schweres Trauma dar (Streß); durch die Narkose wird dieser Streß ganz wesentlich gesenkt. Die Trennung von Narkose und Operation als Risiko-Ursache ist daher schwierig; auch narkosebedingtes Risiko beschränkt sich nicht auf die intraoperative Phase allein (z. B. Pneumonie als Folge von Aspiration bei der Einleitung).
Einen wesentlichen Anteil am Risiko haben präoperative Vorschädigungen. Die präoperative Abschätzung des narkosebedingten Risikos ist daher wichtig, wobei allerdings nicht immer internistische Bewertungen entscheidend sind.
Die wesentlichen *präoperativen Risikofaktoren:* Kardiovaskuläre Erkrankungen, bronchopulmonale Erkrankungen, Stoffwechsel-, Leber- und Nierenerkrankungen, Adipositas.

Kardiovaskuläre Risikofaktoren

Anteil an der Krankenhausletalität insgesamt 20%, bei schwerkranken Patienten bis zu 50%.

Koronare Mangeldurchblutung

Dies ist der *wichtigste Risikofaktor.*
Geringes Risiko: gelegentliche Angina pectoris, Ruhe- und Belastungs-EKG normal.
Mittleres Risiko: Angina pectoris, pathologisches EKG.
Hohes Risiko: Angina pectoris, chronische Koronarinsuffizienz, pathologisches EKG, Linksinsuffizienz.
Dekompensierte Herzinsuffizienz bedeutet ein sehr hohes Risiko und ist Kontraindikation für einen elektiven Eingriff.

Herzinfarkt

Bei koronarkranken Risikopatienten haben verbesserte Narkoseverfahren und invasive intraoperative Überwachung das Reinfarktrisiko deutlich gesenkt.
Bei Herzinfarkt in der Anamnese liegt das Risiko zum postoperativen Reinfarkt heute zwischen 2 und 6%. Es wird empfohlen, nach einem Herzinfarkt auf jeden Fall eine Heilungsphase von mindestens 3 Monaten einzuhalten, bevor eine Operation geplant wird.
Andere zusätzliche Faktoren werden das Risiko wesentlich mitbestimmen: Hypertonie, instabile oder vasospastische Angina, schlechte Ventrikelfunktion, abdomineller oder thorakaler Eingriff, intraoperativer Blutdruckabfall, Blutverlust.

Hypertonie

Behandelt oder unbehandelt bedeutet Hypertonie eine deutliche Risikoerhöhung.
Bei unbehandelter Hypertonie ist allerdings das Risiko deutlich größer (hypertone Krise, Hypotonie, Rhythmusstörungen, Myokardischämie). Daher sollte eine gut eingestellte antihypertensive Behandlung bis zur Opera-

tion fortgesetzt werden. (Ausnahme): MAO-Hemmer der Hydrazin-Gruppe sollten 2–3 Wochen vor der Operation abgesetzt werden).

Hypotonie

Sie ist unbedeutend als Narkoserisiko, sofern sie nur funktionell bedingt ist (abklären!).

Pulmonale Risikofaktoren

Obstruktive Atemwegserkrankungen sind als präoperative Vorschädigung unbedingt ernst zu nehmen (ggf. Lungenfunktionsprüfung): z. B. chronische Bronchitis (als „Raucherhusten" oft bagatellisiert), obstruktives Lungenemphysem, Bronchiektasien etc. führen zu schweren postoperativen Komplikationen (Bronchopneumonie, Ateminsuffizienz).

Th: nach pneumologischen Grundsätzen; jede Spastik sollte vorher beseitigt sein. Rauchverbot.
Beim akuten Infekt der Atmungsorgane (auch grippal) ist der Eingriff möglichst zu verschieben (bronchiale Hyperreagibilität).

Stoffwechselerkrankungen

Diabetes mellitus

Bei rechtzeitiger Erkennung, guter Einstellung und sorgsamer Narkoseführung und Überwachung keine wesentliche Gefahr der hypo- oder hyperglykämischen Dekompensation. Erhöhtes Risiko eher aufgrund größerer Infektionsgefahr, besonders aber durch diabetische Folgeschäden (kardiovaskuläre und renale Funktionsstörungen durch Makro- und Mikroangiopathie).

Th: Wichtig ist die stabile Einstellung (Blutglucose: 140–180 mg/100 ml) vor elektiven Eingriffen (Wahl des geeigneten Zeitpunktes). Noteingriffe oder Eingriffe unter insuffizienter Einstellung haben wesentlich höheres Risiko. Gefahr auch bei unerkanntem Diabetes mellitus. Bei diätetisch oder auf orale Antidiabetika eingestellten Patienten kann gute Einstellung meist belassen werden; sonst Umstellung auf Altinsulin in der Klinik. Bei insulinbehandelten Patienten in der Regel Umstellung auf Altinsulin.

Lebererkrankungen

Als Begleiterkrankungen meist kein entscheidender Einfluß auf das Narkoserisiko. Eine Operation kann jedoch die Leberfunktion beeinträchtigen (besonders durch Hypoxie oder ggf. Schock). Moderne Narkosemittel sind praktisch nicht hepatotoxisch. Nach Halothan allerdings kann es – äußerst selten – zum tödlichen Leberversagen kommen. Daher bei Leberschädigungen Halothan besser durch Neuroleptanalgesie ersetzen. Bei kurzfristiger Wiederholung der Narkose ist Halothan zu vermeiden.
Schwere Leberschädigungen mit ihren Folgeerkrankungen (portaler Hypertonus, Ösophagusvarizen, Aszites) belasten allerdings Operation (z. B. portokavaler Shunt) und Narkose mit speziellem hohen Risiko. Blutgerinnungsfunktion überprüfen.

Sonstige Risiken

Nierenerkrankungen

Erhöhen das Narkoserisiko deutlich (z. B. kardiale Komplikationen bei Hyperkaliämie). Die beeinträchtigte Ausscheidungsfunktion muß bei der Dosierung der Pharmaka berücksichtigt werden.

Adipositas

Erheblicher Risikofaktor (bei mehr als 30% Übergewicht 3mal höhere Krankenhausletalität).

Alter

Wird als Risikofaktor meist überschätzt. Es ist heute durch die modernen Narkoseverfahren grundsätzlich keine Kontraindikation gegen eine Narkose (20% aller operativen Eingriffe werden an über 70jährigen Patienten durchgeführt). Das besondere Risiko liegt in den oft zahlreichen Begleiterkrankungen (Polymorbidität): insbesondere kardiovaskuläre, respiratorische und zerebrovaskuläre Erkrankungen.
Krankenhausletalität über 7% bei 70jährigen und älteren Patienten. Noteingriffe vermeiden (Letalität 3- bis 4mal höher!!).

Vorbereitungen zur Narkose

Für Erfolg und Risiko eines operativen Eingriffs ist der *Allgemeinzustand des Patienten* oft erheblich mitentscheidend. Präoperative Vorschädigungen und Reduktion der Leistungsreserven sind oft Ursachen von Komplikationen und Mißerfolgen. Bei allen Patienten, bei denen nicht eine dringliche Situation zum sofortigen Eingreifen zwingt, muß die Operation sorgfältig geplant und vorbereitet werden (Wahleingriff). Ein entscheidender Teil dieser Vorbereitungsphase fällt in die Kompetenz des praktischen Arztes, der deshalb auch über die Belastungen und Risiken eines operativen Eingriffs orientiert sein muß. Die endgültige Beurteilung des Narkoserisikos kann jedoch nur vom Anästhesiologen festgelegt werden. Von eminenter Bedeutung ist die umfassende Information vom praktischen Arzt an die Klinik: Ein Risikofaktor ist bereits wesentlich entschärft, wenn er bekannt ist!

Voruntersuchungen

Hier kann der praktische Arzt u. U. wertvolle Vorleistungen und Informationen einbringen; die spezielle Diagnostik ist in der Klinik durchzuführen.

Grundsätzlich: Vor jeder Operation ist erforderlich: ausführliche Anamnese (Voroperationen, Narkoseverträglichkeit [auch in der Verwandtschaft], Medikamentenanamnese, Vorerkrankungen: pulmonale, kardiovaskuläre, metabolische und endokrine Erkrankungen, Blutungen und Thromboseneigung, Allergien, Alkohol-, Medikamenten- und Nicotinabusus). *Laboruntersuchungen:* Hämoglobin oder Hämatokrit, Elektrolytstatus, Kreatinin im Serum, Blutzucker, SGPT und γ-Glutamyltranspeptidase, qualitative Urinzucker-, Aceton- und Eiweißbestimmung, Blutgruppenbestimmung, Quick-Test, ggf. Gerinnungsstatus, ferner EKG und Röntgenaufnahmen des Thorax.

Dieses Untersuchungsprogramm ist zu ergänzen, sofern aufgrund spezieller pathologischer Befunde erforderlich (z. B. Lungenfunktionsprüfung, Belastungs-EKG, Blutzuckertagesprofil usw.). Ergeben sich aus den Befunden präoperative Vorerkrankungen, so sind diese soweit wie möglich zu behandeln und zu bessern (präklinische oder klinische Behandlung). Eine konsiliarische Rücksprache mit dem Anästhesisten ist bereits in dieser Phase wünschenswert.

Wahl des Zeitpunktes

Beim Wahleingriff sollte möglichst erst dann operiert werden, wenn der Patient einen optimalen präoperativen Allgemeinzustand erreicht hat.

Präoperative Nahrungskarenz

Narkoseeinleitung bei vollem Magen erhöht erheblich das Risiko der Aspiration mit nachfolgender Aspirationspneumonie (eine der häufigsten, schweren Narkosezwischenfälle). Eine präoperative Nahrungskarenz von 6 Stunden ist unbedingt einzuhalten. Dabei ist zu berücksichtigen, daß die Entleerungszeit des Magens unter Streß (z. B. nach Unfall) u. U. erheblich verlängert sein kann.

Anästhesiologische Prämedikationsvisite in der Klinik

In der Regel am Vortage der Operation (besser früher): Kontaktaufnahme und Gespräch mit dem Patienten zur sorgfältigen Anamneseerhebung. Beratung und Aufklärung; eingehende klinische Untersuchung und Bewertung der Befunde. Abschätzung des Narkose- und Operationsrisikos und Wahl des Narkoseverfahrens. Festlegung von vorbereitenden Maßnahmen (Thromboseprophylaxe, Bereitstellen von Konservenblut, Infusionen, Venenzugänge). Das Gespräch zwischen Anästhesisten und Patienten trägt entscheidend dazu bei, die psychische Belastung und die Erwartungsangst herabzusetzen. Stellt sich heraus, daß ein gegenwärtig hohes Narkoserisiko durch weitere Vorbehandlungen zu senken ist, so wird der Eingriff im Einvernehmen zwischen Operateur und Anästhesist hierfür verschoben.

Bei der Visite wird die medikamentöse Vorbereitung zur Narkose (sog. *Prämedikation*) individuell festgelegt:

Am Vorabend: gute Sedierung. Nahrungskarenz.

Am Operationstag: Meist Benzodiazepin (z. B. Diazepam, Midazolam), oft kombiniert mit Vagolytikum (z. B. Atropin) und ggf. Analgetikum. Die Prämedikation muß bei hohem Risiko, im Alter, bei Schock u. ä. erheblich reduziert werden.

Vorbereitung zu dringlichen Eingriffen

Akute Erkrankungen oder Verletzungen, die dringliche Eingriffe erforderlich machen, führen oft zu schweren Funktionsstörungen, die vor Beginn der Operation beseitigt oder zumindest gebessert werden müssen. Einige Beispiele:

Kreislaufschock

Narkose im Schockstadium sehr risikoreich, daher vorher Volumenauffüllung, Kreislaufstabilisation, ggf. Behandlung des Säure-Basen-Haushaltes, Beschaffung von Konservenblut bei Blutverlusten. Bei schweren arteriellen Blutungen ist allerdings keine Zeit zu verlieren (Volumenauffüllung und Operation simultan).

Ileus

Meist schwere Störungen im Wasser-, Elektrolyt- und Säure-Basen-Haushalt; Dehydratation, Schock. Vor dem Eingriff Infusionstherapie: Ersatz des Korrekturbedarfs an Flüssigkeit und Elektrolyten. Magensonde und Entleerung des Magens: hohe Gefahr der Aspiration während der Intubation. Grundsätzlich gilt es in der Klinik, den Patienten möglichst rasch in einen narkosefähigen Zustand zu bringen. Orientierende Diagnostik, beginnende Behandlung und Operationsvorbereitungen laufen gleichzeitig.

Ambulante Eingriffe – sog. „Kurznarkosen"

Kurzdauernde diagnostische oder therapeutische Eingriffe werden häufig bei ambulanten Patienten durchgeführt; hier entstehen für die Narkose besondere Risiken: oft unbekannte Vorerkrankungen, ungenügende Voruntersuchungen, zu kurze, unkontrollierbare Aufwachphase mit unzureichender Überwachung. Der sog. „kleine" Eingriff hat daher sein besonderes Narkoserisiko (es gibt keine „kleinen" Narkosen!).

Konsequenz: Grundsätzlich keine Patienten mit erhöhtem Narkoserisiko ambulant anästhesieren. Vor Narkosen in der Praxis ist zu warnen! Auch die ambulante Narkose in der Klinik muß sorgfältig vorbereitet werden: Patient muß 6 Stunden vorher nüchtern bleiben (sonst Aspirationsgefahr, eher großzügige Indikation zur Intubation); *sorgfältige Aufklärung:* Verkehrsfähigkeit erst 12 bis 24 Stunden nach der Narkose (d. h. „am nächsten Tag"), Rücktransport sicherstellen, Alkoholverbot bis zum nächsten Tag; Aufklärung, daß u. U. eine kurzfristige Klinikaufnahme nötig werden kann (z. B. bei unvorhergesehenen Komplikationen). *Voruntersuchungen:* zumindest Hämatokrit (bzw. Hb), Serumkalium, Urinzucker. Prämedikation ohne langwirkende Analgetika (z. B. ohne Pethidin).

Anästhesieverfahren

Allgemeinanästhesie

Charakteristika der Narkose und Auswahl der Pharmaka

Die Narkose ermöglicht den operativen Eingriff ohne Schmerzempfindung und Abwehrreaktionen. Sie ist gekennzeichnet durch

- Bewußtlosigkeit,
- Schmerzlosigkeit (Analgesie),
- Verminderung bzw. Ausschaltung der Abwehrreflexe (Hyporeflexie),
- ggf. Muskelerschlaffung (Relaxation).

Diese Phänomene können durch ein einziges Narkosemittel erreichbar sein (sog. *Mononarkose*), was dann aber unnötig hohe Dosierung erfordert. Moderne Narkoseverfahren (sog. *Kombinationsnarkose*) kombinieren verschiedene Pharmaka (z. B. Hypnotika + Analgetika + Muskelrelaxantien), um die erwünschten Phänomene einzeln zu erzielen. Vorteil dadurch: niedrigere Dosierung, bessere Steuerbarkeit. Die reversible Wirkung der Narkose bleibt nicht nur auf das Zentralnervensystem beschränkt, sondern beeinflußt grundsätzlich den gesamten Organismus (Allgemeinanästhesie); daher ist stets mit einer Reihe von Nebeneffekten zu rechnen. Nach der Applikationsform ist zu unterscheiden zwischen *Inhalationsanästhesie* und *intravenöser Anästhesie.*

Inhalationsanästhesie

Prinzip und Indikation

Inhalationsanästhetika: Dämpfe oder Gase mit narkotischer Wirksamkeit, die über dosierbare Verdampfer durch die Ventilation an- und abgeflutet werden. Vorteilhaft ist die gute Steuerbarkeit: Die gewünschte Narkosetiefe ist über die regelbare Narkosegaskonzentration zu beeinflussen; zur Beendigung der Narkose wird die Narkosegaszufuhr unterbrochen und das Narkosegas aus dem Organismus über die Lunge wieder abgeatmet.

Lachgas (N_2O, Stickoxydul)
Angewandt in Konzentrationen von 50–75%, gutes Analgetikum, aber schwaches Anästhetikum, bei sachgemäßer Anwendung nahezu ohne Nebenwirkungen. Daher Lachgas-Sauerstoff-Gemisch (2:1 bis 3:1) als Basisnarkosegemisch generell angewandt, ergänzt von potenterem Inhalationsanästhetikum bzw. intravenöser Narkose (Neuroleptanalgesie).

Die übrigen modernen Inhalationsanästhetika sind rasch und stark wirksam, Überdosierung ist bei unsachgemäßer Anwendung leicht möglich; die Inhalationsnarkose gehört daher in die Hand des Anästhesisten.

Halothan (Fluothane)
Dies ist das am häufigsten angewandte Inhalationsanästhetikum. Es ist nur über dosierbare Spezialverdampfer zu applizieren. Rasch wirksam, kaum Nebenwirkungen auf Bronchialsystem und Stoffwechsel (allerdings werden äußerst seltene, aber schwere Leberschädigungen diskutiert; daher nicht indiziert bei präoperativer Leberschädigung).

Isofluran (Forene)
Neuestes Inhalationsanästhetikum. Wirkung etwa wie Halothan, mit stärker muskelrelaxierendem Effekt, allerdings mit ausgeprägter peripherer Vasodilatation (Blutdruckabfall!).

Enflurane (Ethrane)
Etwa wie Halothan, jedoch mit stärkerer muskelrelaxierender Wirksamkeit.

In der Regel wird die Inhalationsnarkose mit rasch einsetzenden intravenösen Anästhetika (z. B. Barbiturate) eingeleitet.

Intravenöse Narkose

Kurz wirksame Barbiturate
Thiopental und Methohexita sind die gebräuchlichsten Injektionsanästhetika. Vorteil: rasches angenehmes Einschlafen ohne störende Exzitation. Erwachen ohne Übelkeit und Erbrechen (nicht als Mononarkosemittel einsetzbar). Sie eignen sich vorzüglich zur schonenden angenehmen Narkoseeinleitung. Vorsichtige Dosierung bei kardial gefährdeten und alten Patienten (besser Etomidat mit Neuroleptanalgesie).

Etomidat
Sehr kurz wirksames Hypnotikum (kein Barbiturat) zur Narkoseeinleitung; praktisch keine Beeinflussung der Herz-Kreislauf-Funktion, daher für kardial gefährdete Patienten besonders geeignet.

Benzodiazepine
Sedierend, hypnotisch, anxiolytisch. Sind alleine für eine Anästhesie nicht geeignet, werden jedoch gelegentlich zur Einleitung bei Risikopatienten (z. B. Asthmatikern) und zur Sedierung bei Regionalanästhesie verwendet.

Ketamin
Gegenüber anderen Mitteln völlig andersartige Wirksamkeit (sog. *dissoziative Anästhesie*): komplette Analgesie bei nur oberflächlichem Schlaf; Spontanatmung und Schutzreflexe erhalten. Unangenehme postnarkotische Erregungszustände und psychische Alteration bei Erwachsenen (nicht bei Kindern!), die durch Kombination mit einem Benzodiazepin vermieden werden. Lange Abklingphase, Verkehrstüchtigkeit nicht vor 8 Stunden. Für ambulante Kurznarkosen nicht geeignet! Anwendung besonders in der Kinderanästhesie: zur Narkoseeinleitung (auch i. m. gut wirksam) sowie als Monoanästhetikum bei kurzen, schmerzhaften Eingriffen (Verbandswechsel, diagnostische Eingriffe). Kontraindikationen: Hypertonie, akute Herzinsuffizienz.

Neuroleptanalgesie (NLA)
Eine spezielle Form intravenöser Kombinationsnarkose, die für größere Eingriffe und risikobelastete Patienten eine der sichersten modernen Anästhesieverfahren darstellt. Das Verfahren beruht auf der Kombination eines Neuroleptikums (*Dehydrobenzperidol* o. ä., in Einzeldosen) mit einem stark, aber kurz wirksamen Analgetikum (*Fentanyl,* in Einzeldosen bzw. als dosierbare Infusion). Basisnarkose mit einem Lachgas-Sauerstoff-Gemisch. Wegen der erheblichen Atemdepression des Fentanyls muß grundsätzlich beatmet werden (ohnehin bei allen längeren Eingriffen erforderlich); die Beatmung erfolgt unter Muskelrelaxation.
Die Neuroleptanalgesie ist hauptsächlich für länger dauernde Eingriffe geeignet (für kürzere Eingriffe ist neuerdings das *Alfentanil [Rapifen]* entwickelt worden). Die postnarkotische Atemdepression kann längere Zeit

andauern, daher ist eine aufmerksame postoperative Überwachung (möglichst in einer speziellen Aufwachstation) erforderlich; ggf. kann eine Nachbeatmung nötig werden.
Hervorragende Eigenschaften sind die große therapeutische Breite, die außerordentlich geringen Nebenwirkungen, eine gute Kreislaufstabilität, keine wesentliche Beeinträchtigung des Stoffwechsels, keine Leberschädigung. Einziger Nachteil ist ein bronchokonstriktorischer Effekt, daher relative Kontraindikation bei Patienten mit schwerer obstruktiver Ventilationsstörung (wie Asthma bronchiale, schweres obstruktives Lungenemphysem). Die NLA und verwandte Kombinationsverfahren sind heute die bevorzugtesten Narkoseverfahren für größere und risikoreiche Eingriffe.

Muskelrelaxation

Relaxation der Muskulatur ist für eine ungestörte operative Tätigkeit meist unerläßlich. Die meisten Narkosemittel haben (wenn überhaupt) nur in sehr hohen Dosierungen muskelrelaxierende Wirkung. Zur Einsparung von Narkosemittel werden daher spezielle Muskelrelaxantien eingesetzt; damit wird die Intubation und die Beatmung während des gesamten Eingriffs erforderlich (was bei Narkosen über eine Stunde ohnehin unerläßlich ist).

Depolarisierendes Muskelrelaxans

Succinylcholin depolarisiert die Muskelendplatte; kurzzeitig (ca. 4 Min.) wirksam, daher besonders zur Intubation geeignet. Nicht antagonisierbar, doch rascher Abbau.
Gelegentlich Herzrhythmusstörungen (besonders bei Nachinjektion). Cave: schwere Verbrennungen. Stark verlängerte Wirksamkeit bei *Pseudocholinesterasemangel.* (Erblich: Familienanamnese: Verträglichkeit früherer Narkosen? Oder erworben: Leberschäden).
Th: Beatmung, Cholinesterase, Frischblut.

Nichtdepolarisierende Muskelrelaxantien (Curaretyp)

Wirkung durch kompetitive Blockade der Muskelendplatte, grundsätzlich langsamer anklingend, länger wirksam: z. B. *Vecuroniumbromid (Norcuron),* Wirkungsdauer ca. 20 Min., für kürzere Eingriffe, *Pancuroniumbromid (Pavulon),* Wirkungsdauer ca. 45 Min., für längere Eingriffe, geringste Nebenwirkungen. Die Ausscheidung erfolgt im wesentlichen über die Niere, daher Vorsicht bei Niereninsuffizienz, Vorsicht bei myasthenischem Syndrom.
Sind antagonisierbar durch *Neostigmin.*

Narkosetechnik

Einsatz moderner, potenter Narkosemittel erfordert genaue Fachkenntnisse, subtile Steuerung und eine aufwendige Apparatur: genaue Dosierung der Frischgaszufuhr (Flowmeter) aus Gasflaschen bzw. aus zentraler Gasversorgung, exakt dosierbare Narkosegasverdampfer, zahlreiche Sicherheitseinrichtungen.
Die Inhalationsanästhetika werden verabreicht über ein *offenes System* (d. h. ohne Rückatmung) oder über ein geschlossenes System (d. h. ein ventilgesteuertes *Kreissystem* mit Rückatmung der Exspirationsluft unter Absorption des CO_2). Vorteile des Kreissystems sind: geringer Narkosegasverbrauch und bessere Befeuchtung der Inspirationsluft.

Maskennarkosen

Inhalation der Narkosegase (z. B. Lachgas-Sauerstoff-Halothan-Gemisch) über eine Maske. Für kürzere Eingriffe unter einer Stunde, für die der Operateur keine Muskelrelaxation benötigt; die Spontanatmung bleibt erhalten. Die Einleitung kann dabei intravenös (Barbiturat) oder als Inhalation erfolgen.
Bei den potenten Narkosemitteln ist auch für die Maskennarkose eine komplette moderne Narkoseapparatur mit dosierbaren Verdampfern sowie eine sichere Überwachung erforderlich.

Kombinationsnarkose

Aus operationstechnischen Gründen ist meist eine Muskelrelaxation erforderlich. Bei längeren Narkosen ist die Spontanatmung ohnehin nicht ausreichend (atemdepressorischer Effekt der Narkose). Dann ist Intubation und Beatmung erforderlich (sog. Intubationsnarkose). Beatmung entweder *manuell* mit Beatmungsbeutel oder *apparativ* mit Respirator. Hierbei werden Vitalfunktionen voll übernommen; die dadurch entstehenden zusätzlichen Anforderungen an Sicherheit, Kontrolle und Überwachung sind hoch (s. Überwachung und Sicherheit in der Anästhesie).

Bluttransfusion

Bei großen Eingriffen wird oft die Transfusion von Konservenblut erforderlich. Dieses bedeutet ein zusätzliches Risiko; besonders zu fürchten ist die Transfusionshepatitis (Hepatitis B und Non-A-non-B-Hepatitis), zu der es nach 1–3% aller Fremdblutkonserven kommt.
Dieses Risiko läßt sich vermeiden durch *autologe Bluttransfusion,* die heute vielerorts angewandt wird: Das Eigenblut des Patienten kann dafür entweder *präoperativ* (d. h. bis zu 3 Wochen vor Operation) entnommen, wie eine normale Blutkonserve gelagert und während der Operation bei Bedarf transfundiert werden; oder es wird *intraoperativ* (z. B. in der Herzchirurgie) aus dem Operationsgebiet gesammelt und nach Antikoagulation und Filterung direkt retransfundiert.

Spezialverfahren

Kontrollierte Hypotonie

Pharmakologische Blutdrucksenkung reduziert die intraoperative Blutung, wodurch manche Operationsverfahren erleichtert bzw. erst ermöglicht werden. Indikationen: u. a. Aneurysmen, besonders Hirnaneurysmen (nicht operabel ohne k. H.), große Knochenoperationen, otologische und kosmetische Operationen. Die Hypotonie wird meist durch Vasodilatation (z. B. Nitroprussidnatrium, Halothan) und Lagerung erreicht. Senkung bis zu minimal 80 mmHg systolischem Druck. Subtile Überwachung: EKG, sorgfältige, kontinuierliche Kontrolle des Blutdrucks (blutige Messung), Vermeidung jeglicher Hypovolämie. Das Verfahren hat sein eigenes Risiko (hypotoniebedingte Mortalität 0,62%) und erfordert kritische Anwendung. Kontraindikationen: Koronarinsuffizienz, Hypertonie, Zerebralsklerose, Niereninsuffizienz, unkorrigierte Anämie.

Kontrollierte Hypothermie

Unterkühlung reduziert den Stoffwechsel. Hierdurch kann die Dauer einer operativ notwendigen Perfusionsunterbrechung deutlich verlängert werden. Indikationsbereiche: besonders Herz- und Gefäßchirurgie, auch Neurochirurgie.
Temperatursenkung durch vegetative Blokkade in Kombination mit Oberflächenkühlung (Kühlmatten, Eispackungen) bzw. Perfusionskühlung (Perfusion von kalten Lösungen über die Herz-Lungen-Maschine). Leichte H. 35–32 °C, mäßige H. 32–28 °C, tiefe H. bis 18 °C.
Die Unterkühlung beeinflußt zahlreiche Organsysteme. Aufwand an Funktions- und Laborüberwachung außerordentlich hoch, insbesondere während der Wiedererwärmungsphase. Gefahren: Herzrhythmusstörungen, Kammerflimmern, Herzstillstand, thermische Schäden, postoperative Komplikationen. Insgesamt: wertvolles Ergänzungsverfahren mit speziellen Indikationen; spezifisches Risiko erfordert kritischen Einsatz.

Lokal- oder Regionalanästhesie

Überblick über die Methoden

Lokalanästhesie bedeutet reversible Schmerzausschaltung durch örtlich begrenzte Blockierung der Schmerzempfindung oder der Schmerzleitung. Zu unterscheiden sind:

Oberflächenanästhesie: Blockade der sensiblen Nervenfasern in Haut und Schleimhaut (Besprühen oder Bepinseln mit speziellen Lokalanästhetika).

Infiltrationsanästhesie: Schmerzausschaltung eines umschriebenen Gewebsgebietes durch Infiltration mit Lokalanästhetika.

Leitungsanästhesie: Regionale Schmerzausschaltung durch Blockade der versorgenden Nervenleitungen (Leitungsanästhesie im engeren Sinne), Nervenwurzeln (z. B. Peridural-, Paravertebralanästhesie) bzw. Rükkenmarksabschnitte (z. B. Spinalanästhesie).

Lokalanästhetika

Bei der Wahl und Anwendung des Lokalanästhetikums muß unbedingt beachtet werden:

Gewünschte Wirkungsdauer: sichere Wirkung für die gesamte Dauer des Eingriffs, Nachdosierung bei manchen Verfahren schwierig bzw. unmöglich (z. B. Spinalanästhesie).

Lösungskonzentrationen: abhängig vom Einsatz: Niedrige Konzentrationen (und größere Mengen) für Infiltrationen. Höhere Konzentrationen (und geringere Menge) für alle Leitungsblockaden.
Überschreitung der *zulässigen Maximaldosis* (MD) muß sicher verhindert werden (Gefahr besonders bei unkontrollierten Infiltrationen).

Zusatz von Adrenalin (nicht mehr als 1:200 000; nur in zahnmedizinischem Einsatz 1:100 000 möglich) führt zur regionalen Vasokonstriktion, dadurch verzögerte Resorption, relative Verringerung der Toxizität, längere Wirksamkeit, geringere Blutungsneigung. Kontraindikationen: bei Anwendung an den Akren, ferner bei Tachyarrhythmien sowie schweren Koronar- und Gefäßerkrankungen, Hypertonie, Thyreotoxikose, Phäochromozytom.

Komplikationen und deren Behandlung

Lokalanästhesie darf nur eingesetzt werden, wenn die Kenntnis und die Möglichkeiten zur Behandlung etwaiger Komplikationen bestehen (Notfallausrüstung). Schwere Zwischenfälle kommen vor; sie enden gelegentlich tödlich, wenn die Behandlung des Zwischenfalles insuffizient ist.

Toxische Allgemeinreaktionen

Ursachen: Überdosierung, absolut (d. h. Maximaldosis überschritten, zu große Menge oder zu hohe Konzentration) oder relativ (d. h. fälschlich intravasale Injektion, individuelle Überempfindlichkeit, zu schnelle Resorption u. ä.).

Sy: Metallischer Geschmack, „Ohrklingeln", Unruhe, Hypertonie, Tachykardie, Krämpfe; später Bradykardie, Blässe, Koma, Atemstillstand, Pulslosigkeit, Herzstillstand.

Allergische Reaktionen

Anaphylaxie oder Hypersensibilisierung gegen das Lokalanästhetikum. Sie sind seltener.

Sy: Urtikaria, angioneurotisches Ödem, Broncho- und Laryngospasmus, anaphylaktischer Schock.

Behandlung

Voraussetzung: Einsatzbereite Notfallausrüstung: Beatmungsbeutel mit Maske, Rachentubus (möglichst auch Intubationsinstrumentarium), O_2-Zufuhr, Möglichkeit der Trachealabsaugung, Medikamente und Infusionslösungen.

Maßnahmen:

- Aufrechterhaltung der Atmung: O_2-Atmung; Freihaltung der Atemwege; bei Ateminsuffizienz Beatmung (Mund-zu-Mund-Beatmung oder mit Beutel über Maske oder Intubation);
- Aufrechterhaltung des Kreislaufs: Kopftieflagerung (sofern nicht bei frischer Spinalanästhesie kontraindiziert), Infusion (bei jeder Lokalanästhesie ohnehin erforderlich); i. v. Injektion (bzw. Infusion) von Catecholaminen (langsam verdünnt); bei Bradykardie Atropin.
  Ggf. äußere Herzmassage mit Beatmung (ABC-Regel), Defibrillation usw.
- Bei Krämpfen: Diazepam, 2,5–5 mg, i. v., oder Clonazepam, 0,5 mg, i. v. je Einzeldosis, bis Krämpfe verschwinden, bei Atemstillstand Intubation und Beatmung.
- Bei allergischer Reaktion:
  Adrenalin (z. B. Suprarenin, 1 ml auf 10 ml physiologische Kochsalzlösung, langsam i. v.) (Antihistaminika und Corticoide beim anaphylaktischen Schock kaum bzw. zu langsam wirksam).
- Weiteres Vorgehen in der Praxis: sofortige Klinikeinweisung (Notarztwagen).

Oberflächenanästhesie

Anwendung: Insbesondere im Bereich der Schleimhäute.

Anästhetika: als Lösungen oder Spray: Lidocain (Xylocain-Lösung 4%, Xylocain-Spray 10%); Vorsicht: Gefahr der Überdosierung! Adrenalinzusatz (Suprarenin, 1:200 000 = 1/10 ml der Stammlösung 1:1000 auf 20 ml), nicht bei Anästhesie für Tracheobronchialschleimhaut.

Technik: mit Tupfer auftragen, bzw. mit Spray aufsprühen; ggf. auch als Anästhetika-Lösung in Gel (z. B. Xylocain Gel 2%ig für Harnröhrenanästhesie.

Infiltrationsanästhesie

Anästhetika: In der Regel 0,5%(–1%)ige Lösungen (z. B. Mepivacain [Scandicain] oder Lidocain [Xylocain]), meist mit Adrenalin-Zusatz 1:200 000 (nicht höher, sonst Nekrosegefahr!). In der Zahnheilkunde und HNO auch 1 bis 3%ige Lösungen. Stets MD beachten. Gefahr der Überdosierung!

Technik: Steriles Arbeiten (Handschuhe), Abgrenzung des Bereiches mit einigen Hautquaddeln (feinste Kanüle), dann Infiltration von der Tiefe zur Oberfläche, d. h. Einführen der Nadel unter Aspiration, Zurückziehen der Nadel unter Injektion. So wird das zu anästhesierende Gebiet fächerförmig bzw. kegelförmig umspritzt. Bei größeren Bezirken von den Ecken eines Vier- bzw. Vielecks ausgehen (sog. *Feldblock*). Tiefe Gewebeschichten ausreichend berücksichtigen, dann kann zur Oberfläche hin gespart werden (Verminderung der Dosis). Zur Vermeidung der gefährlichen intravasalen Injektion des Lokalanästhetikums ist vor der Injektion stets in zwei Ebenen zu aspirieren (Drehung der Kanüle um 180°). Vorsicht bei stark vaskularisierten Gebieten (z.B. Tonsillektomie). Im Bereich entzündlichen Gewebes keine Infiltrationsanästhesie!

Leitungsanästhesie

Blockade einzelner Nerven

Die Blockade der peripheren Nervenleitung ist ein sehr elegantes Verfahren, mit niedriger Anästhetika-Dosis bestimmte Bereiche schmerzfrei zu machen. Ein Problem liegt gelegentlich darin, die Nervenleitung eindeutig zu lokalisieren (Auftreten von Parästhesien). Der Nerv wird dann mit Lokalanästhetikum (z.B. Lidocain, 1–2%ige Lösung) *umspritzt*. Injektion in den Nerven vermeiden! Adrenalin-Zusatz nicht an Akren!

Einfache Techniken: z.B. Oberst.-Blockade (für Finger); Blockade der peripheren Nerven am Ellenbogen und Handgelenk (für Eingriffe im Handbereich), Blockade der Interkostalnerven (z.B. bei posttraumatischen oder postoperativen Schmerzen der Thoraxwand; Vorsicht: Pneumothorax!).

Schwierigere Techniken: Blockade der Nn.mandibularis und maxillaris (zahnärztliche Eingriffe); supraklavikuläre oder axilläre Blockade des Plexus brachialis (für Eingriffe an Unterarm und Hand); Blockade des Plexus lumbalis und des N.ischiadicus (Eingriffe am Bein) des N.pudendus (Geburtshilfe) usw.

Rückenmarksnahe Regionalanästhesie

Diese Verfahren bleiben dem Geübten vorbehalten, der dann auch das ganze Spektrum der Zwischenfallbehandlung und der Allgemeinnarkose beherrschen muß. Die Verfahren stellen für manche Eingriffe eine gute und risikoarme Alternative zur Allgemeinnarkose dar. Die Indikation muß individuell erwogen werden.

Indikationsbereiche: gynäkologische, geburtshilfliche Eingriffe (z.B. schmerzarme Geburt unter kontinuierlicher Periduralanästhesie, auch Sectio); urologische und proktologische Eingriffe; Operationen im Bereich der unteren Extremitäten, z.B. bei orthopädischen, traumatologischen, gefäßchirurgischen Eingriffen.

Vorteile: Die pharmakologische Wirkung ist nicht auf den Gesamtorganismus ausgedehnt. Der Patient kann wach bleiben, oft ist jedoch eine leichte Sedierung vorteilhaft. Der Eingriff ist bei vollem Magen möglich (keine Aspirationsgefahr). Die Spontanatmung bleibt erhalten (Vorteil für pulmonal geschädigte Patienten); gute postoperative Mitarbeit des Patienten möglich (wichtig in der Geriatrie) u. a.

Nachteile: Kreislaufauswirkungen nicht immer zu vermeiden (Blutdruckabfall durch Vasodilatation); dies kann bei kardial geschädigten geriatrischen Patienten u.U. zu kardialen Komplikationen führen.
Die Patienten werden präoperativ ordnungsgemäß prämediziert. Sorgfältige Aufklärung vor dem Eingriff. Bei Aversion gegen die Regionalanästhesie lieber Allgemeinnarkose.

Kontraindikationen: Patienten mit Gerinnungsstörungen oder unter Antikoagulantienbehandlung (auch Saliczylate), lokale Infektionen im Injektionsbereich, schwerer Schock, Allergie gegen Lokalanästhetika, Wirbelsäulenverformungen, neurologische Erkrankungen.

Spinalanästhesie (Lumbalanästhesie)

Injektion des Lokalanästhetikums (geringe Menge [1–2 ml], höhere Konzentration) in den Spinalraum verursacht eine reversible Querschnittssymptomatik: sensible, motorische und vegetative Blockade. Die Injektion unterhalb des 2. LWK erfolgt am sitzenden oder liegenden Patienten. Die Höhe der Blockade ist durch Lagerung des Patienten beeinflußbar, wobei man das hyperbare (d.h. schwerer als Liquor) Lokalanästhetikum im Spinalraum sich ausbreiten läßt, bis die angestrebte Anästhesiegrenze erreicht ist. Nach ca. 10 bis 20 Min. ist das Lokalanästhetikum an den Nervenfasern fixiert; eine weitere Umverteilung erfolgt nicht mehr; jede Lagerung ist möglich.

Für proktologische Eingriffe: sog. *Sattelblock* (= Spinalanästhesie im Sitzen) (hyperbares Lokalanästhetikum); dadurch nur perianales Ausbreitungsgebiet, geringste Auswirkungen auf den Gesamtorganismus.
Durch Vasodilatation im blockierten Gebiet kann es bei Hypovolämie zum Blutdruckabfall kommen. Sorgfältige Blutdrucküberwachung, Infusion, evtl. Vasopressoren. Bei zu hoher Ausbreitung der Analgesie (über Th 5): Kreislaufdepression.

Weitere Frühkomplikationen: wie bei allen Lokalanästhesien möglich (S. 7f).

Spätkomplikationen: Harnretention (ggf. rechtzeitig Katheter), Rückenschmerzen. Postoperativer Kopfschmerz (besonders bei Patienten unter 40 Jahren), lageabhängig (Ursache: Liquorverlust durch Punktion): unangenehm, aber nicht gefährlich.
Meningitis (sehr selten): Prophylaxe: sterile Technik.
Selten Abduzensparese: meist Remission ohne Behandlung, auch nach Jahren. Sehr selten: permanente Lähmung (chronische adhäsive Arachnoiditis) durch toxische (?) Irritation des Lokalanästhetikums.

Periduralanästhesie (Epiduralanästhesie)

Injektion des Lokalanästhetikums (10–20 ml, niedrige Konzentration) in den Periduralraum zwischen Wirbelkanal und Dura (epidural); dabei Umspülung und Blockade der Nervenwurzeln. Ausdehnungsmodus segmental, d. h. je nach Anästhetikummenge und Injektionsort obere und untere Anästhesiegrenze. Die Technik ist schwierig und erfordert Erfahrung; auch inkomplette Anästhesien kommen vor.

Indikationen: wie bei Spinalanästhesie, auch für Patienten über 40 Jahre.
Vorteilhaft ist oft die Einführung eines dünnen Katheters in den Periduralraum; dadurch werden Nachinjektionen möglich (sog. *kontinuierliche Periduralanästhesie*). Indikationen hierfür: schmerzarme Geburt, lange Eingriffe an den unteren Extremitäten (Orthopädie, Traumatologie u. ä.); über Tage fortzusetzen als postoperative Schmerzbehandlung (Allgemeinwirkungen der Morphin-Derivate werden hierbei vermieden).
Für proktologische Eingriffe *Kaudalanästhesie* (= Periduralanästhesie mit Zugang durch den Hiatus sacralis).

Komplikationen: schwere Überdosierung bei unerkannter Perforation der Dura bis zum Herzstillstand (durch unbeabsichtigte Spinalanästhesie mit weit höherer Dosierung).
Sonstige Komplikationen ähnlich wie bei Spinalanästhesie. Keine Kopfschmerzen.
Insgesamt sind die rückenmarksnahen Anästhesien nicht höher risikobelastet als die Allgemeinnarkose und stellen oft eine gute Alternative hierfür dar. Die Anwendung (Indikation, Technik, Überwachung) muß jedoch auch hier mit der gleichen kritischen Sorgfalt erfolgen wie bei der Allgemeinnarkose.

Überwachung und Sicherheit bei der Anästhesie

Narkose bietet Schutz vor dem operativen Trauma. Das bedeutet nicht nur optimale Abwehr gegen jede auftretende Schädigung; das bedeutet auch Prophylaxe, Vermeidung von drohenden Belastungen und Schäden. Sicherheit ist oberstes Gebot. Der Aufwand hierfür ist heute nicht gering; das gilt für Allgemeinnarkose und Regionalanästhesie in gleichem Maße.

Narkoseeinleitung

Erste kritische Phase, die in Ruhe und um so behutsamer durchgeführt werden muß, je größer das Narkoserisiko für den Patienten ist (z. B. kardiale Vorerkrankungen, Polytrauma, Ileus). Stets nur nach entsprechender Narkosevorbereitung (Korrektur der wesentlichsten Störungen); eine überstürzte Einleitung ist äußerst selten indiziert (z. B. bei schweren arteriellen Blutungen). EKG- und Blutdrucküberwachung, sichere venöse Zugänge, Voratmung von Sauerstoff, sanfte Einleitung des durch Prämedikation gedämpften Patienten unter psychischer Führung.

Lagerung

Sorgfältige Lagerung unter sicherer Vorbeugung vor Druckläsionen peripherer Nerven (z. B. N.fibularis, Plexus brachialis usw.). Speziallagerungen (Bauchlagerung, Nierenlagerung usw.) sind für den Organismus u. U. erheblich belastend und stellen besondere Anforderungen (so ist z. B. bei Bauchlagerung grundsätzlich Beatmung erforderlich).

Intraoperative Phase

Überwachung: variiert nach Größe des Eingriffs, ist aber prinzipiell die gleiche, ob Allgemeinnarkose oder Regionalanästhesie: grundsätzlich Puls, Blutdruck, kontinuierliches EKG-Monitoring, aber auch Urinausscheidung (Urinkatheter), Beatmungsparameter, zentraler Venendruck, Körpertemperatur, bis hin zur kontinuierlichen blutigen arteriellen Druckmessung, Messung der O_2- und CO_2-Konzentration in der Atemluft.

Laborparameter: Ermittlung von Serumelektrolyten, Hb, Blutgasanalyse, Säure-Basen-Haushalt, Blutgerinnungsparametern usw. können je nach Situation akut erforderlich werden.

Venöse Zugänge: müssen grundsätzlich bei jeder Narkose liegen! Je nach operativem Eingriff kann das vorsorgliche Anlegen einer sicher ausreichenden Zahl (u. U. 4 und mehr) von effizienten venösen Zugängen bei plötzlichem Blutverlust lebensentscheidend sein. Außer peripheren Kanülen kommen in Frage: Katheter in Kubitalvenen, in V.jugularis externa oder interna, in V.subclavia etc. Zentral liegende Venenkatheter ermöglichen die für die Steuerung der Volumenzufuhr wichtige Messung des zentralen Venendruckes.

Infusionen und Transfusionen: Infusion zur Aufrechterhaltung des Wasser- und Elektrolythaushaltes und zur Beseitigung von Flüssigkeitsverlusten (z. B. Ileus) während des Eingriffs sowie für spezielle Aufgaben (z. B. Glucosezufuhr beim Diabetes mellitus, Korrektur von Säure-Basen-Haushalt-Störungen).
Transfusionen bei größeren Blutverlusten, prophylaktisch in ausreichender Zahl präoperativ bereitgestellt (eine leistungsfähige Blutbank kann lebensentscheidend sein).
Für große operative Eingriffe ist der Anästhesist oft auf das ausgedehnte Leistungsspektrum eines funktionsfähigen Labor- und Versorgungssystems entscheidend angewiesen.

Postoperative Nachsorge

Mit Beendigung der Narkose ist die anästhesiologische Risikophase keineswegs abgeschlossen. In der unmittelbar postnarkotischen Periode sind Nachwirkungen der Narkose (Atem- und Kreislaufdepression, Hypoxie, Herzrhythmusstörungen, Erbrechen, motorische Unruhe u. ä.) und der Operation (Nachblutung, Schmerz usw.) zu befürchten; sorgfältige, sachkundige, kontinuierliche Überwachung und rasche, effektive Behandlung sind erforderlich. Sie sind am besten gewährleistet auf einer speziellen *Aufwachstation* mit besonders geschultem Personal. Nach schweren, komplikationsreichen Eingriffen oder bei besonderem Risiko durch präoperative Vorerkrankungen kann die zeitweilige Unterbringung auf der Intensivbehandlungsstation notwendig werden.
Gerade in der postoperativen Phase haben aufmerksame Überwachung und frühzeitige Behandlung oder gar Prophylaxe der Komplikationen heute eine entscheidende Bedeutung für den Erfolg des Eingriffs bekommen. Der pflegerische und therapeutische Aufwand ist dabei sehr groß. Hierfür einige Beispiele:

- zur besonders wichtigen Prophylaxe respiratorischer Störungen: Mobilisation, physikalische Therapie, Bronchialtoilette, Inhalationstherapie, bis zur prophylaktischen Beatmung;
- zur Überwindung der katabolen Stoffwechselsituation; vollständige, hochkalorische parenterale Ernährung.

Postoperative Schmerzbehandlung

Die übliche Applikation von starken Analgetika weist entscheidende Nachteile auf: Kreislauf- und Atemdepression, Behinderung der Hustenfunktion (mangelhafte Bronchialtoilette), Beeinträchtigung der Mobilisation usw. Hier lassen sich Techniken der Regionalanästhesie zur örtlichen Schmerzausschaltung ohne diese Nebenwirkungen vorzüglich einsetzen, z. B. durch Interkostalblockade, kontinuierliche Periduralanästhesie (besonders auch mit Morphin).

Behandlung chronischer Schmerzen (sog. „Pain clinic")

Sehr problematisch ist für den praktischen Arzt die Behandlung und Betreuung chronisch Schmerzkranker (z. B. mit Karzinomschmerzen, Phantomschmerzen, Neuralgien etc.). Die Schmerzursachen sind oft außerordentlich vielschichtig und ihre Differenzierung und Behebung erfordern spezielle Sachkenntnis und oft gute interdisziplinäre Zusammenarbeit. Es haben sich seit einiger Zeit interdisziplinäre Arbeitsgruppen (Anästhesiologen, Neurologen, Neurochirurgen, Psychosomatiker usw.) zu Behandlungszentren für chronische Schmerzen zusammengeschlossen (sog. „Pain clinic"); ambulante Behandlung ist allerdings die Regel.
Ein Verzeichnis aller schmerztherapeutischer Einrichtungen in der Bundesrepublik wurde herausgegeben von J. Keller und M. Zimmermann (Universität Heidelberg, 1989).

2. Arbeitsmedizin

H. Buckup

Abrißbrüche der Wirbelfortsätze

Übermüdungsbrüche, auch Schipperkrankheit.

Vk: Besonders bei Schaufelarbeitern, vorwiegend bei Arbeitsentwöhnten oder Berufsfremden.

Sy: Bruch des Dornfortsatzes des 7. Halswirbelkörpers (HWK) und des 1. Brustwirbelkörpers (BWK), selten des 6. HWK und des 2. BWK, gelegentlich auch Bruch der Querfortsätze; vorher oft Schwächegefühl, Schmerzhaftigkeit zwischen den Schulterblättern; Abrißbruch selbst oft im Arbeitsschwung oder bei ungewohnten Körperbewegungen, danach plötzlicher heftiger Schmerz mit Ruhigstellung, typische Schiefhaltung der Schulter mit vornüber gehaltenem Kopf.

Dg: Röntgenologisch: Transversal (am besten bei Überstreckung der Wirbelsäule nach hinten): weit auseinanderstehende Bruchenden, sagittal unregelmäßige Abgrenzung, daneben abgerissener Dornfortsatz.

Prl: Langsame Arbeitseingewöhnung, keine dauernde, einseitige Schipp- oder Schwerarbeit.

Vr: Entschädigungspfl. Berufskrankheit gem. Ziff. 2107, 7. BeKV, nie Unfall.

Th: Konservativ, frühzeitig Bewegungsübungen; vor operativer Behandlung wird gewarnt!

Absaugung s. Lüftung

Absturzgefahr, Arbeiten mit

Def: Als solche gelten Tätigkeiten an Freileitungen, Antennenanlagen, Brücken, Masten, freitragenden Konstruktionen, Schächten im Bergbau, Gerüsten und ähnliche, sofern nicht ständige Sicherungsmaßnahmen (Geländer, Sicherheitsgeschirre usw.) gegeben sind oder aufgrund von Unfallverhütungsvorschriften eine Sicherung nicht erforderlich ist.

Prl: Arbeitsmedizinische Vorsorgeuntersuchungen nach berufsgen. Grundsatz G 41 vom April 1984.

Acetaldehyd

Vk: Bei Essigfabrikation, in chemischer Industrie, als Verunreinigung von Lösemitteln, vermutlich auch als wirksames Stoffwechselprodukt bei der Cyanamidvergiftung u. a.; MAK-Wert (s. d.): 50 ml/m^3 (Kat. I) (nenneswertes krebserzeugendes Potential ist zu vermuten! = III B).

Sy: Ähnlich dem Formaldehyd (s. d.), Schleimhautreizwirkung jedoch wesentlich geringer, Sensibilisierung der Haut möglich.

Aceton

Häufig verwendetes Lösemittel für Fette, Cellulose, Reinigungsmittel, MAK-Wert (s. d.): 1000 ml/m^3 – z. Z. in Überprüfung (Kat. IV). Wirkt narkotisch, schwacher Reizstoff, sonst relativ harmlos.

Acetonitril

Vk: Zunehmend in chemischer Industrie und als Lösemittel. MAK-Wert (s. d.): 40 ml/m^3 (Kat. II, 1).

Sy: Akute Vergiftung: Nach beschwerdefreiem Intervall von einigen Stunden Brustschmerzen, Bluthusten, evtl. Koma, Nackensteifigkeit, Atemlähmung u. a.

Th: Symptomatisch, zusätzlich Natriumthiosulfat, s. Blausäure und -verbindungen.

Acetylen

Wirkt narkotisch; eventuelle Giftwirkungen beruhen auf Beimengungen von Arsen- oder Phosphorwasserstoff (s. an beiden Stellen).

Acrolein *(Allylaldehyd)*

Vk: Bei Hitzezersetzung von Fetten und Glycerin, z. B. beim Schweißen in Öl- und Fettbehältern; MAK-Wert (s. d.) 0,1 ml/m^3 (Kat. I).

Sy: Starke Schleimhautreizung, vor allem im Bereich der Atemwege und der Augen.

Th: s. Formaldehyd.

Acrylamid

Vk: als Kunststoffvorprodukt.

Sy: Polyneuritiden bzw. Parästhesien und zentrale Symptome (Gleichgewichtsstörungen, Müdigkeit u. a.) beobachtet; kein MAK-Wert, „H“; eindeutig als krebserzeugend erwiesen (MAK-Kat. III A 2, GefStoffVO-Gruppe II).

Acrylharze
Polymerisate auf der Basis der Acryl- und Methacrylsäurederivate, weich- bis hartgummiartige oder glasähnliche Massen; als solche gesundheitlich indifferent.

Acrylnitril
Vk: Als Schädlingsbekämpfungsmittel, als Ausgangsprodukt für künstlichen Gummi und Kunstfasern. TRK (s. d.): 3 ml/m^3, „H“ eindeutig als krebserzeugend erwiesen (MAK-Kat. III A 2, GefStoffVO-Gruppe II).
Sy: Ähnlich wie Blausäurevergiftung, s. Blausäure und -verbindungen.

Ahornrindenschäler-Krankheit s. Farmer-(Drescher-)Lunge

Akkordarbeit s. Arbeitsentgelt

Aldrin
Def: Schädlingsbekämpfungsmittel, als Pflanzenschutzmittel nicht zugelassen, wesentlich gefährlicher als DDT, da auch durch die Haut resorbiert; MAK-Wert (s. d.) 0,25 mgG/m^3, „H“ (Kat. III); z. Z. Überprüfung auf krebserzeugende Wirkung.
Sy: DDT-Präparate; schon bei geringer Langzeitzufuhr Leber- und Nierendegeneration möglich.

Alkali s. Laugen

Alkalichromate s. Chrom und -verbindungen

Alkohol s. Äthylalkohol und Methanol

Alkydharze
Polyesterharze; verwendet für Lacke und Anstrichmittel; bei Verarbeitung ungesättigter Polyesterharze durch organische Peroxide (s. diese) Schleimhaut- und Hautschädigungen.

Alkyl-, Aryl- oder Alkylaryloxide, halogenierte
Vk: Zwischenprodukte bei der Synthese von Pflanzenschutz und Entlaubungsmittel, Lösemittel, zur Synthese von Epoxidharzen u. a.: besonders gefährlicher Vertreter Dioxin (s. d.) = Tetrachlordibenzodioxin („Seveso-Gift 1976“).
Sy: bei Einatmung schwere Dauerschäden der Atmungsorgane, Lungenödem, Lungenabzesse, auch Bronchial- und Kehlkopfkarzinome werden berichtet; auf der Haut Hyperkeratosen und Akne; Leberschäden; evtl. lokale Reizwirkungen, Lipoidaffinität (auch für Leberschäden bei sog. Pernakrankheit verantwortlich gemacht).
Vr: Entschädigungspfl. Berufskrankheit gem. Ziff. 1310 BeKV.

Alkylquecksilberverbindungen
s. Quecksilber und -verbindungen

Alkyl-, Aryl- oder Alkylarylsulfide, halogenierte
Von praktischer Bedeutung fast nur 2,2-Dichlordiäthylsulfid-Schwefellost (s. Lost, dort weiteres über Sy, Th, Vr); Perchlormethylmercaptan – ebenfalls ein Kampfstoff – bei Synthesen verwendet, wirkt eingeatmet wie Phosgen (s. d.), auf der Haut wie Lost (s. d.), MAK-Wert (s. d.): 0,1 ml/m^3 (Kat. I); weitere gelegentlich als Fungizide oder Akarizide verwendete Stoffe sind weniger bedeutungsvoll.

Allylchlorid (3-Chlorpropen)
Vk: Farblose Flüssigkeit, verwendet zu organischen Analysen; MAK-Wert: 1 ml/m^3 (Kat. I) (jedoch nennenswertes krebserregendes Potential vermutet = III B).
Sy: stark haut- und schleimhautreizend (Verbrennungen). *Akute Vergiftung:* Kopfschmerzen, Benommenheit, Bewußtlosigkeit, Lungenödem, *Chronische Vergiftung:* Leber- und Nierenschäden, auch Enzyminduktionen beschrieben.

Ältere Arbeitnehmer
Im allgemeinen die über 40jährigen beim Vorbehalt beträchtlicher interindividueller Streuung zwischen Kalender- und biologischem Alter.
Bei der Beschäftigung älterer Arbeitnehmer sind als *funktionelle Auswirkungen des Alterns* zu berücksichtigen:

- Abnahme der physischen Arbeitskraft vom Maximum zwischen dem 20. und 30. Lebensjahr auf etwa ⅔ des Maximalwertes mit 60 Jahren. Längerer Zeitbedarf durch Erfahrung (richtige Arbeitseinteilung, rationeller Kräfteeinsatz) kompensierbar.

- Verminderung der Sehleistung nach dem 40. Lebensjahr als geringere Akkomodationsbreite. Beeinträchtigung der Schärfe und des Kontrastreichtums des Netzhautbildes, Abnahme der Dunkeladaptionsfähigkeit, damit wesentlich höherer Lichtbedarf.
- Hörminderung mit dem 4. Jahrzehnt beginnend.
- Herabsetzung der Koordinationsleistungen, psychomotorische Regressionsvorgänge, Nachlassen des Kurzzeitgedächtnisses, Schwierigkeiten bei der Reproduzierung langfristiger Gedächtnisinhalte u. a. Dadurch u. U. Nichteignung für Arbeiten unter Zeitdruck, mit höheren mentalen Anforderungen u. a., dementsprehend gestaltete Arbeits- und Informationsmethoden.

Dagegen zeigen ältere Arbeitnehmer in der Regel mehr Sorgfalt, Verantwortungsbewußtsein und Zuverlässigkeit, haben einen entsprechenden Erfahrungsschatz und zeigen eine geringere Fluktuation.
Die *Unfallhäufigkeit* ist unter altersgerechter Gestaltung der Arbeitssituation geringer.
Der *Krankenstand* zeigt eine geringere Fallzahl, jedoch eine längere Falldauer als bei jüngeren Arbeitnehmern. In der Umstellungsphase des 45.–60. Lebensjahres ist ein Zwischenanstieg der Fallhäufigkeit festzustellen.

Aluminium(staub)lunge

Vk: Bei Herstellung von – vor allem ungefettetem – Aluminiumfeinstaub, Sieben und Mischen, evtl. auch bei Gewinnung von Aluminiumpulver durch Schmelzzerstäuber; in der Regel *nicht* dagegen beim Aluminiumspritzverfahren und bei der Bearbeitung von Aluminium; ähnliche Schäden der Lunge auch durch Aluminiumverbindungen, evtl. mit Kieselsäure an Korundöfen (= Korundlunge).

Sy: Trockener Husten, Kurzatmigkeit, Bruststechen.

Dg: Nur mit Röntgenfilmaufnahme möglich. Röntgenologisch: Netzartige und streifige Lungenzeichnung. Zwerchfellausziehungen. Verziehungen des Mediastinums. Häufig Spontanpneumothorax, evtl. beidseitig und wiederholt! Latenzzeit 6 Monate bis 15 und mehr Jahre.

Prl: Technischer Arbeitsschutz; Staubgrenzwert = 6 mg/m^3 (Feinstaub); BAT-Wert (s. d.) im Harn 200 µg/l.

Vr: Entschädigungspfl. Berufskrankheit gem. Ziff. 4106 BeKV.

Aluminiumverletzungen
s. Duralverletzungen

Alveolitis, exogen-allergische

Entstehung bei disponierten Personen durch die Einatmung bestimmter organischer Stäube bzw. Allergene als sogenannte Vogelhalterlunge, Pilzarbeiterlunge, Kornkäfererkrankung, Befeuchterlunge durch das Befeuchterwasser von Klimaanlagen, bei der Tabakverarbeitung, bei Kaffeeröstereien, bei der Verarbeitung von Perlmutt, bei der Mälzung nach älteren Verfahren, beim Verarbeiten von Isocyanaten und Proteasen sowie als sog. Farmer-(Drescher)-Lunge.

Sy: Der Entstehungsmechanismus gleicht der letzteren, wie auch die Erscheinungsformen dieser sehr ähnlich sind (s. d.).

Vr: Entschädigungspfl. Berufskrankheit gem. Ziff. 4201 BeKV.

Amalgame s. Quecksilber und -verbindungen

o-Aminoazotoluol

Bestandteil des Scharlachrots, zeigt Blutwirkung des Aritins (s. Amino-(Amido-)Verbindungen bzw. Azofarbstoffe).

4-Aminodi/biphenyl s. Amino-(Amido)-Verbindungen usw.

δ-Aminolävulinsäure

Als normales Stoffwechselprodukt im Harn ausgeschieden. Bei Porphyrie und Bleivergiftung beträchtlich vermehrt; wie Koproporphyrinausscheidung Frühsymptom der Bleivergiftung von ähnlicher Empfindlichkeit; wegen größerer Spezifität wichtiges Hilfsmittel zur Differentialdiagnose; weiteres s. Blei und -verbindungen.

Amino-(Amido-)Verbindungen, aromatische

Vk: Vorwiegend als Anilin (MAK-Wert [s. d.]: 2 ml/m^3, „H" Kat. II, 2) in Teerfarbenindustrie (in Anilin nennenswertes krebserzeugendes Potential vermutet [III B]; jedoch Anilinfarben selbst meist ungefährlich), pharmazeutischer Industrie usw., als Anilinsalz in der Anilinschwarzfärberei; als α- und β- oder 2-Naphthylamin (letzteres früher gefährliches Industrieprodukt der Anilinfarbenproduktion, Ursache von Blasenkrebs

[MAK-Kat. III A 1, GefStoffVO-Gruppe I]), Toluylendiamin in Teerfarbenindustrie, als Paraphenylendiamin (Ursol D) in Pelzfärberei, als Tetryl = Tetranitromethylanilin (MAK-Wert [s. d.] 1,5 mgG/m^3, „HS" Kat. n. b.) in der Sprengstoffindustrie, Methylviolett (s. unter Tintenstiftverletzungen), Benzidin und ähnliches; Aufnahme häufig durch die Haut! Vergiftungen (meist akut) werden häufig durch Alkoholgenuß oder Menstruation begünstigt!

Sy: Akute Vergiftung: Rasch charakteristische graubräunliche Blausucht, häufig anfangs mit Euphorie (Anilinpips), erst später Schwindelgefühl, Kopfschmerzen, Methämoglobinämie, Blasenreizung mit Hämaturie, Atemnot, Tachykardie, Krämpfe, evtl. Tod durch Atemlähmung. *Chronische Vergiftung:* Anämie, neurasthenische Erscheinungen, häufig Ekzeme, bei bestimmten Anilinderivaten (nicht Anilin selbst) u. a. evtl. Krebs und andere Neubildungen der Harnwege, so β-Naphthylamin, Benzidin und seine Salze, 4-Aminodiphenyl. Ursole führen nicht selten zu Ekzemen und Asthma; bei Tetryl auch Veränderungen im Sinn der aromatischen Nitroverbindungen (s. Nitroverbindungen, aromatische).

Prl: Arbeitsmedizinische Vorsorgeuntersuchungen nach berufsgen. Grundsatz G 33 vom Mai 1981.

Vr: Entschädigungspfl. Berufskrankheit gem. Ziff. 1304 BeKV; Schleimhautveränderungen, Krebs und andere Neubildungen der Harnwege gem. Ziff. 1301; Bronchialasthma, z. B. durch Ursol, gem. Ziff 4302; Hautkrankheiten u. U. gem. Ziff. 5101; außerdem gemäß § 551 Abs. 2 RVO auch Krebs anderer Organe.

Th: Akute Vergiftung: Sofortige Entfernung aus dem Arbeitsraum. *Entfernung durchtränkter Kleidung,* gründliche Reinigung von Haut und Haaren (möglichst mit warmem Seifenwasser), u. U. künstliche Atmung, möglichst O_2-Beatmung. 10 ml 0,2%ige Thioninlösung (Helthion) i. v. und 10 ml i. m., Bluttransfusionen, Infusion von isotonischen (5,4%igen) Traubenzucker- und (0,9%igen) Kochsalzlösungen, 1000 mg Vitamin C i. v. Keine Fette, kein Alkohol!

Ammoniak

Vk: Vielfach in chemischer Industrie, komprimiert in Kühlanlagen; MAK-Wert (s. d.) 50 ml/m^3 (Kat. I, Schwangerschaftsgruppe C).

Sy: Akute Vergiftungen: Starke Ätzwirkung: starke Reizwirkung auf Schleimhäute der Augen und der Atemwege, Bronchitiden, Lungenödem (= typisches Reizgas), *Chronische Vergiftungen:* Umstritten, evtl. Konjunktivitiden und Bronchitiden.

Th: Bei Einatmung: s. Reizgasvergiftungen; zusätzlich empfohlen: O_2 durch 7%ige Eisessigsäure mit einigen Mentholkristallen leiten und ½ Stunde inhalieren lassen. Bei Verletzungen durch *flüssiges Ammoniak:* sofortiges Entfernen der Kleidung, Abwaschen mit Wasser, steriles Verbinden von eventuellen Erfrierungen. Bei *Augenverletzungen* oder *oraler Aufnahme* s. Laugen.

Ancylostoma duodenale

s. Wurmkrankheiten

Anilin s. Amino-(Amido-)Verbindungen

Anisidin

(o, p-Isomeren) = 2- bzw. 4-Methoxyanilin, praktisch Symptomatik wie Anilin (s. Amino-(Amido-)Verbindungen); MAK-Wert (s. d): 0,1 ml/m^3, „H" (Kat. II, 1)

Anklopferkrankheit s. Vibrationen

Anlernung

Der ständige Wandel der Produktionsformen zwingt den einzelnen Arbeitnehmer zu ständigen Lernprozessen; deren Optimierung erfordert vor allem in der Anfangsphase eine Aufteilung der zu lernenden Tätigkeit in ihre Komponenten und ein getrenntes Training der einzelnen Komponenten, dabei Sonderübung schwieriger Teilbewegungen, spätere Koppelung zur Gesamtbewegung, evtl. gesondertes Methodenvortraining. Vorteilhaft sind eine verteilte Übungsform mit Pausen, eine Bekanntgabe der Lernresultate und eine organisiert optimale Gestaltung des Arbeitsplatzes. Trainingsmöglichkeiten bestehen aktiv, observativ, mental und verbal.

Anpassung

Eigenschaft des Menschen, sich auf bestimmte bzw. veränderte Arbeitsbedingungen in gewisser Zeit (= Anpassungszeit) einzustellen = *Training;* dabei u. a. Vergrößerung der einzelnen Muskelfaser und damit des Gesamtmuskelquerschnittes = *Verbesserung des Produktes: Kraft × Weg:* gleichzeitig Erweiterung des Blutgefäßquerschnitts; durch Verbesserung der zentralnervösen Koordination gleichzeitig die *„Entdeckung" wirtschaftlicher*

Bewegungen; damit sinkt der anfänglich höhere Energieverbrauch – Leistungssteigerung bei gleichem Energieverbrauch; Angepaßtsein ist also optimale körperliche und geistige Gewöhnung an eine Arbeitsforderung; Anpassung an Monotonie arbeitsteiliger Arbeitssituationen durch Automation (s. Automation).
Fehlende Anpassung = anfängliche Überbeanspruchung führt zu *Überlastungsschäden,* sog. *Muskelkater* = Veränderungen des Kolloidalzustandes des Muskeleiweißes mit Leistungsrückgang. *Ermüdungsbrüche* der Wirbelfortsätze (s. Abrißbrüche usw.), Entzündungszustände im Bereich der Sehnenansätze, Sehnenscheiden (s. Sehnenscheidenerkrankungen), Muskeln und Nerven als Zeichen unzureichender vegetativ-nervöser Koordination.

Antifouling-Farben
Schutzfarben für dem Seewasser zugängliche Teile von Schiffskörpern und Wasserbauwerken gegen Bewuchs(fouling).
Bestimmungen, Zusammensetzung, sonstige Vorsorgeuntersuchungen, u. a. arbeitsmedizinische Vorsorgeuntersuchungen, in: Technische Regeln für gefährliche Arbeitsstoffe, (hier: TRgA 903); GefStoffVO (s. d.), Anhang III Nr. 4.

Antiklopfmittel
Vk: Als Beimengung zum Motorentreibstoff, vorwiegend als Bleitetraäthyl (s. d.) und Eisenpentacarbonyl (s. Eisen und -verbindungen).

Antimon und -verbindungen
Vk: In Letternmetall, Schrotmunition, als Gummizusatz, beim Beizen und Brünieren von Metall, als Beize von Baumwolle; MAK-Wert (s. d.) für Antimon: 0,5 mgG/m^3 (Kat. III).
Sy: Toxizität des metallischen Antimons (Sb) ist umstritten; Antimonverbindungen, besonders Brechweinstein, sehr giftig; Vergiftungsbild entspricht im wesentlichen der Arsenikvergiftung (s. Arsen und -verbindungen), bei Antimonwasserstoff ähnlich dem Arsenwasserstoff (MAK-Wert [s. d.]: 0,1 ml/m^3 [Kat. II, 2]), bei organischen Antimonverbindungen Leberschädigungen im Vordergrund, bei Antimontrioxid wird nennenswertes krebserregendes Potential vermutet (MAK-Kat. III A2, GefStoffVO-Gruppe II).
Th: s. Arsen und -verbindungen.

Antrieb s. Arbeitsbelastung, allgemeine.

Anzeigeeinrichtungen
s. Arbeitsgestaltung

Anzeigepflicht bei Berufskrankheiten, ärztliche s. Berufskrankheitenverordnung

Araldit s. Äthoxylinharze

Arbeit, dynamische, statische,
s. Muskelarbeit

Arbeitsbelastung, allgemeine
Körperlich führte die Mechanisierung zu einer weitgehenden Arbeitserleichterung, insbesondere von schweren Transportarbeiten. Häufiger sind dagegen Arbeitsabläufe mit ermüdender Anstrengung einzelner Muskelgruppen oder mit ermüdender Zwangshaltung bei fast völliger körperlicher Ruhe. Überbelastungen ergeben sich vielfach durch einen zu hohen Leistungsanreiz mit stark forciertem Arbeitstempo, häufig mit einer zu hohen Frequenz von gleichförmigen Bewegungen bei arbeitsteiligen Arbeitsverfahren.
Mental stellt die zunehmende Intensivierung der Arbeit höhere Anforderungen an die Aufmerksamkeit und an die Verantwortung, zumeist verbunden mit Zeitdruck bei vielfach zusätzlicher Lärmbelastung. Steuer- und Schaltfunktionen bedingen unterschiedlich einmal bei Vollautomatik Langeweile, zum anderen beim Zwang zu dauernder Wachsamkeit – je nach Häufigkeit wachsamkeitserhaltender Reize – u. U. hochgradige Überforderungen, sei es durch Anreizmangel oder aber Reizüberforderung. Mit der Arbeitsteilung abnehmende Arbeitsinhalte bei Schwinden eines produktiven Schaffens und zunehmender Monotonie bedeuten für viele Menschen mangelnde Befriedigung, führen zu Unlustgefühlen, zum Zustand der „Stimmungsermüdung“, evtl. zu weitgehender Teilnahmslosigkeit, damit zur Leistungsminderung und schließlich zur Flucht in die Krankheit.
Diese Leistungseinbußen sind in den letzten Jahren z. B. in einzelnen Automobilwerken Anlaß dazu gewesen, den Zwang des Fließbandes (s. d.) durch flexible Gruppenarbeit (s. Arbeitsgruppensysteme) – und zwar erfolgreich – aufzulockern. Gesundheitsgefahren durch schädliche Gase, Dämpfe und Stäube sind durch die Mechanisierung, die Entwicklung der Arbeitsschutztechnik sowie

die Modifikation von Arbeitsstoffen und -verfahren immer seltener geworden. Unfallgefahren spielen noch eine nicht unbeträchtliche Rolle. Entschädigungspflichtige Berufskrankheiten nehmen insgesamt an Zahl ab (s. Lärmschwerhörigkeit). Schwerwiegender dürften sich jedoch für die Beschäftigten – und damit für die Sozialversicherung – noch vielfältige Reizbelastungen der Atmungsorgane und Fehlgestaltungen von Arbeitssituationen bzw. Fehlbelastungen der Bewegungsorgane als Teilursachen mitwirkend auf die Vielzahl von entzündlich-degenerativen Erkrankungen dieser Organsysteme auswirken.

Arbeitseignung

Die Eignung zu einer Arbeit ist bedingt durch das Leistungsspektrum eines Menschen einerseits und die Anforderungen der Arbeit andererseits. Dabei kann von den Eigenschaften des Menschen ausgegangen werden: Feststellung der für ihn geeigneten Arbeitsmöglichkeiten oder von den besonderen Anforderungen einer bestimmten Arbeit bzw. eines Arbeitsplatzes, Feststellung der Eignung für besondere Arbeiten, sog. Eignungs- bzw. arbeitsmedizinische Vorsorgeuntersuchungen (s. Vorsorgeuntersuchungen). Ethisch, sozial und wirtschaftlich besonders bedeutsam ist der Arbeitseinsatz Minderarbeitsfähiger wie Jugendlicher, alter Menschen, Beschädigter, chronisch Kranker und Rekonvaleszenten (Problem der *Rehabilitation* s. d.): hierzu genaue Kenntnisse, u. U. Anpassung des Arbeitsplatzes (s. Arbeitsgestaltung) erforderlich. Ein *Berufs- oder Arbeitsplatzwechsel* (s. Arbeitsplatz) ist eine vielfach unbefriedigende Behelfslösung.

Arbeitsentgelt (Lohn, Gehalt, Provision)

Es muß als Gegenleistung den Leistungen des Arbeitnehmers entsprechen und dem Beschäftigten und seiner Familie eine angemessene Lebensführung sichern; für gleiche Arbeit gleicher Lohn = gleiche Bezahlung für Frauen, Männer und Jugendliche für gleiche Arbeit); Arbeitsentgelte, weitgehend tariflich bestimmt, bestehen aus in Tarifverträgen festgelegten Mindestsätzen und evtl. Zulagen; beim Arbeitslohn grundsätzlich zu unterscheiden zwischen Zeit- und Leistungslohn; Form und Höhe des Lohnes evtl. auch arbeitsmedizinisch bedeutsam (Gestaltung der allgemeinen Lebensbedingungen, überhöhter und damit gesundheitsgefährlicher Leistungsanreiz, Zeitdruck usw.).

Zeitlohn: Fehlen des Leistungsanreizes, deshalb angewendet bei hochwertigen Arbeitsstücken = Schonung des Objektes; weiterhin zur Vermeidung einer Überbeanspruchung, z. B. bei Jugendlichen und älteren Arbeitnehmern, Frauen; bei gefährlichen Arbeiten, z. B. Sprengstoffindustrie, chemische Industrie.

Leistungslohn heute zunehmend Zeitakkord, Bezahlung der für Fertigung des Arbeitsstückes aufgewendeten Zeit (als Einzel- oder Gruppenakkord); *arbeitsmedizinisch zu fordern:* Vermeidung eines überhöhten Anreizes und damit der Überbeanspruchung, besonders bei beschränkt leistungsfähigen Menschengruppen oder auch bei gesundheitsgefährlichen Staub- oder Gaseinwirkungen und anderen Umwelteinflüssen, die einen besonderen persönlichen Arbeitsschutz wie Atemschutzmasken, Brillen usw. erfordern.

Arbeitsförderungsgesetz s. Rehabilitation

Arbeitsgesetzbuch

Vorhaben der Bundesregierung (analog dem Sozialgesetzbuch), alle die Arbeit betreffenden Regulative zu sammeln, durch Ordnung und Vereinfachung durchschaubar zu machen und unter dem Aspekt der Humanisierung der Arbeit zu aktualisieren und in ihrer Effektivität zu verbessern (aktuelle Einzelgesetze = Arbeitssicherheitsgesetz, Arbeitsstoff-, Gefahrstoff-, Arbeitsstättenverordnung u. a. s. diese).

Arbeitsgestaltung

Neben der Anpassung des Menschen durch Eignungsuntersuchungen (s. Vorsorgeuntersuchungen) und Anlernung (s. d.) erfordern die Aspekte der Rationalisierung und der Humanisierung der Arbeit primär die Anpassung der Maschine und der Arbeitssituation an den Menschen als Grundlage eines funktionsgerechten Mensch-Maschine-Systems als Gemeinschaftsaufgabe des Arbeitsmediziners mit Ingenieuren und Psychologen (s. auch Ergonomie).

Die Grundforderungen der Arbeitsgestaltung betreffen die räumliche Anordnung der Arbeitsgeräte, der Bedienungsteile der Maschinen (s. Gerätesicherheitsgesetz), der Arbeitssitze (s. d., s. auch Arbeitsplatz), die Gestaltung von Anzeigevorrichtungen, u. a. unter anatomischen, biochemischen, physiologischen und psychologischen Gesichtspunkten.

Sog. Check-Listen sind geeignet, eine systematische Prüfung der verschiedenen Arbeitskomponenten und der möglichen funktionellen Reaktionen des Arbeitnehmers zu gewährleisten.
Entsprechende, auf der Basis von Arbeitsplatzanalysen aufgestellte Anforderungsprofile der verschiedenen Arbeitsplätze sind eine zwingende Voraussetzung für eine „arbeitsmedizinische" Effektivität arbeitsmedizinischer Vorsorgeuntersuchungen.

Arbeitsgruppensysteme

Neben dem vielfältigen Arbeiten in Gruppen mit den entsprechenden soziopsychologischen Problemen der Gruppenharmonie als Basis des Wohlbefindens und damit der Leistungsfähigkeit der Gruppe der Versuch, dem monotoniebedingten Leistungsverfall zur arbeitsteiligen Fertigung mit verschiedenartigen Gruppenarbeitssystemen zu begegnen.

Arbeitskleidung

Forderung einer besonderen, den Arbeitsbedingungen angepaßten „Arbeitskleidung"; dabei Höchstmaß an Schutz und Mindestmaß an Behinderung und Erschwerung der Arbeit; Arbeitskleidung muß vor allem unfallsicher sein (VBG 1, § 35), ungehinderte Körperbewegung und ausreichende Schweißverdunstung zulassen, haltbar und gut zu reinigen sein, sie muß besonders bei Giftverschmutzung ausreichend – und zwar im Betrieb – gepflegt werden.
Heute ist die Arbeitskleidung noch vielfach unzweckmäßig; abzulehnen ist auch das Abtragen alter, zum Teil zerrissener und verschmutzter Normalkleidung.
Erstellung, Waschen bzw. Pflege von Arbeitsschutzkleidung ist zumindest bei stärkerer, giftiger oder infektiöser Verschmutzung Sache des Betriebes (VBG 1, § 4, ArbStättVO § 34, 5)!

Unterkleidung: entsprechend der Jahreszeit und dem Klima, schweißaufsaugend, gegen Verschmutzung abschließend.

Oberkleidung: je nach Arbeitsart und Beanspruchung, geeignet (auch für Frauen) Kombination aus Jacke und Hose (z. B. Sicherheitsanzug für Maschinenarbeiter = DIN-Blatt (61 500); insbesondere *keine* Schnallen, *keine* breiten Ärmel usw.; evtl. Halstuch als Schweißfänger und Staubschutz; als besonderer Arbeitsschutz gegen Nässe Überhänge, Schürzen usw., gegen Wärmestrahlung Schürzen aus Aluminiumfolien, evtl. Schutzanzüge, gegen Säuren Anzüge aus imprägnierter Wolle; evtl. gasdichte Anzüge usw.

Kopfbekleidung: Wetterschutz, Schutz gegen Verschmutzung, Unfallschutz, hygienische Maßnahmen beim Arbeiten mit Lebens- und Genußmitteln; dazu Einbinden langer Haare in Hauben oder Mützen usw.

Fußbekleidung: Bei Unfallgefährdung geeignete Sicherheitsschuhe.

Handschuhe: je nach Arbeitsanforderung Stulpen-, Drei- oder Fünffingerhandschuhe aus dickem oder dünnem Material, Gummihandschuhe, Bleigummihandschuhe; evtl. nur Handleder als Greifschutz, gelegentlich mit Gelenk- und Armschutz (*keine* Finger- oder Armringe tragen, Unfallgefahr!)

Arbeitsklima s. Arbeitsraumklima

Arbeitsmedizin

Lehre von den Wechselbeziehungen zwischen dem Menschen und seiner beruflichen Tätigkeit. Eigenständiges, in erster Linie sog. theoretisches, also nichtklinisches Fachgebiet der *Medizin,* innerhalb ihrer ökologischen Fächer (neben Sozialmedizin, Hygiene, Rechtsmedizin) Bestandteil des interfakultativen Bereichs der *Arbeitswissenschaften;* gleichzeitig eigenes Wissensgebiet und eigene Betrachtungsweise; durch Approbationsordnung von 1970 eigenes Lehr- und Prüfungsfach. Die Arbeitsmedizin berührt alle anderen klinischen und theoretischen Fachgebiete der Medizin, nicht zuletzt die Sozialmedizin und die Rechtsmedizin sowie die Technologie mit Chemie und Physik und Versicherungsrecht und Soziologie. Arbeitsmedizin ist ein wesentliches Teilgebiet der prophylaktischen (präventiven, konstruktiven) Medizin (Gesundheitsvorsorge).

Zielsetzung: Die Arbeitsmedizin ist die Grundlage und damit Voraussetzung des Arbeitsschutzes überhaupt! Ihr Ziel ist zunächst: das körperliche, geistige und soziale Wohlbefinden der *Arbeitnehmer* in allen Berufen in größtmöglichem Ausmaß zu fördern und aufrechtzuerhalten. Darüber hinaus ist es ihr Ziel: zu verhindern, daß die Arbeitnehmer infolge ihrer Arbeitsbedingungen in irgendeiner Weise an ihrer Gesundheit Schaden nehmen, sie bei ihrer Arbeit gegen die Gefahren zu schützen, die sich durch das Vorhandensein gesundheitsschädlicher Stoffe ergeben können, den einzelnen Arbeitnehmer einer Beschäftigung zuzuführen, die seiner physiologischen und psychologischen Eignung ent-

spricht und ihm diese Beschäftigung zu erhalten. Kurz: Es ist ihr Ziel, die Arbeit an den Menschen und jeden Menschen an seine Arbeit anzupassen.
Dies bedeutet für den *Arbeitgeber:* Stabilität und Verbesserung der Leistung = Rationalisierung = vernünftige Produktionsplanung (Ratio = Vernunft!), identisch mit Schadenverhütung, da Berufsschädigung häufig durch Planungsfehler im Produktionsprozeß bedingt; für die *Volkswirtschaft:* Erhöhung des Sozialprodukts und Verminderung der Soziallast (bzw. Leistungssteigerung der Sozialversicherung).

Lernzielkatalog: Wichtigste Vorschriften über den gesundheitlichen Arbeitsschutz. Arbeitsmedizinische Untersuchung zur Verhütung und Früherkennung beruflich bedingter Schäden. Analyse von Arbeitsplatz- und Berufsbelastungen. Berufskrankheiten und das Berufskrankheitenverfahren. Ärztliche Aspekte der Rehabilitation Behinderter bei medizinischer, pädagogischer, sozialer und beruflicher Ein- und Wiedereingliederung in Gesellschaft, Familie, Schule und Arbeit.

Qualifikation: „Arzt für Arbeitsmedizin", Weiterbildungszeit: 4 Jahre, davon 21 Monate praktische Tätigkeit in Arbeitsmedizin und 3 Monate theoretischer Kurs über Arbeitsmedizin; Bereich und Zusatzbezeichnung „Betriebsmedizin", Weiterbildungszeit: 3 Monate theoretischer arbeitsmedizinischer Kursus, 9 Monate praktische arbeitsmedizinische und 2 Jahre klinische Tätigkeit, davon 12 Monate Innere Medizin (Übergangsregelung bzw. sog. Anpassungsfortbildung in den neuen Bundesländern für Betriebsärzte [s. d.]).

Institution und Organisation: An den Universitäten und Technischen Hochschulen Institute, Ordinariate und Lehraufträge für Arbeitsmedizin, z. T. für Arbeits- und Sozialmedizin. Bundesanstalt für Arbeitsmedizin = Nachfolgeinstitut des Zentralinstituts für Arbeitsmedizin der früheren DDR in Berlin. Arbeitsmedizinische Institute bei verschiedenen Staatlichen Gewerbeärzten, Akademien für Arbeitsmedizin in Berlin, München, Ulm, Bad Nauheim, Bochum. Deutsche Gesellschaft für Arbeitsmedizin, Vereinigung Deutscher Staatlicher Gewerbeärzte, Verband Deutscher Betriebs- und Werksärzte (Vereinigung Deutscher Arbeitsmediziner).

Arbeitspausen

Entsprechend der Rhythmik des physiologischen Geschehens unabdingbare Voraussetzung für die Erhaltung der Leistungsfähigkeit und der Gesundheit. Sie dienen der allgemeinen Erholung aller Organsysteme, besonders auch der Schutzinfektion gegenüber schädlichen Arbeitseinflüssen, der Nahrungsaufnahme, der Entspannung, evtl. durch Ausgleichbewegungen, z. B. Gymnastik. Über die offiziellen Arbeitspausen hinaus erfordert die Arbeitsbelastung physiologisch mehr oder weniger häufige und lange Arbeitspausen, zumeist getarnt durch Nebenarbeiten, o. ä.

- *Tagespausen:*
  Willkürliche Pausen: so oben
  Zwangspausen: a) gesetzlich geregelt je nach Länge der täglichen Arbeitszeit (bei mehr als 6 Stunden Arbeitszeit ½ bzw. 2mal ¼ Stunde, bei Jugendlichen 1 Stunde Pause; bei mehr als 4½ bis 6 Stunden bei Arbeiterinnen 20, bei Jugendlichen 30 Minuten Pause); notwendig sind zweckmäßig gestaltete Aufenthaltsräume (evtl. auch Freiluftanlagen), Werksküchen usw. (s. ArbStättVO § 29).
- *Wochenpausen:*
  Wochenende, möglichst 2 Tage (38–40 Stunden-Woche!).
- *Urlaub:* Vielfältig gesetzlich und tariflich geregelt; zu fordern sind allgemein 6 Wochen im Jahr, für ältere Menschen zweimal 3–4 Wochen; sinnvoller Urlaub ist ungeteilt mindestens 3 Wochen, besser 4 Wochen!
- *Bestimmungen:* Allg. Pausenregelung durch: Arbeitszeitordnung, Mutterschutzgesetz, Jugendarbeitsschutzgesetz.

Arbeitsplatz

Anordnung der Arbeitsplätze nicht zu dicht; beim Gegenübersitzen Kopfabstand mindestens 2 m, sonst Zwischenwände, diese auch evtl. bei Publikumsverkehr (Infektionsgefährdung z. B. mit Tuberkulose, s. auch Infektionskrankheiten), freie Bewegungsfläche am Arbeitsplatz mindestens 1,50 m^2 (weiteres Arbeitsstättenverordnung, s. d.),

Gestaltung: Ausschlaggebend ist richtige Arbeitshöhe (den Körpermaßen und der Art der Arbeit entsprechende Höhe des Arbeitstisches und gegebenenfalls des Arbeitssitzes [s. d.]) bzw. Höhe und sonstige Anordnung der Bedienungselemente einer Maschine usw.

Tischhöhe: Entsprechende Maße für stehende und sitzende Arbeitsweise; evtl. Ausgleich der individuellen Körpergrößen durch verschieden hohe oder verstellbare Arbeitsstühle, Fußbretter (evtl. Unfallgefahr!) usw., verstellbare Tischhöhen oder Tischauflagen, evtl. auch Schrägplatten, ausreichender Platz für Füße. *Tischplatte* muß glatt und fugenlos sein, besonders beim Arbeiten mit gesundheitsgefährlichen Stäuben und Giften (z. B. Quecksilber, s. Quecksilber und -verbindungen), evtl. Tischborde oder Ablaufrinnen mit Sammelgefäßen; Arbeitsplatzbeleuchtung (s. Beleuchtung); dazu allgemeine Ordnung und Sauberkeit am Arbeitsplatz als Maßnahmen der Unfallverhütung und der Qualifikation einer Arbeit.

Arbeitsplatzkonzentrationswerte

s. MAK-Werte

Arbeitsplatzwechsel

Arbeitsplatzwechsel oder Berufswechsel *können* wertvolle Arbeitsschutzmaßnahmen sein beim Nachweis einer fehlenden persönlichen (geistigen, nervösen, körperlichen) Eignung für bestimmte Arbeitsbedingungen. Diskussion eines Arbeitsplatzwechsels erforderlich bei Minder-, Fehlleistungen, krankhaften Reaktionen auf Arbeitseinflüsse, sonstigen Erkrankungen, Alterserscheinungen, Unfallfolgen oder Berufskrankheiten. Bei anerkannten Berufsschädigungen: Berufsfürsorge, Umschulung, Übergangsentschädigung durch Berufsgenossenschaft (s. Berufskrankheitenverordnung). Ein Arbeitsplatz-(Berufs-)Wechsel stellt aber vielfach, besonders bei älteren (über 40–50 Jahre), in eine besondere Arbeit eingelebten und eingearbeiteten Menschen, eine psychisch und physisch *schwerwiegende Maßnahme* dar und kann evtl. mehr schaden als nutzen; deshalb Arbeitsplatzwechsel auf ein Mindestmaß beschränken und nur unter kritischer Abwägung aller Umstände des Einzelfalles vornehmen (s. auch Rehabilitation); stets vorher die Möglichkeiten einer *„Arbeitsplatzsanierung"* wie Arbeitserleichterung, Verfahrensänderung, Verbesserung des Arbeitsschutzes usw. prüfen und weitgehend nutzen (s. auch BeKV, § 3, und UVV „Arbeitsmedizinische Vorsorge" [VBG 100], § 10).

Arbeitsraum

Jede Form von Arbeitsstelle. Zu fordern sind u. a. ausreichende Stabilität, Bodenisolierung, Belichtung, Beleuchtung, Belüftung, Wärmeökonomie, Feuersicherheit, Schalldämpfung und Erschütterungsfreiheit.

Forderungen an den allgemeinen Arbeitsraum im einzelnen (umfassende Forderungen durch Arbeitsstättenverordnung, s. d.):

Raummaße: Raumhöhe je nach Raumgröße mindestens 2,50 bis 3,25 m, freie Grundfläche pro Person mindestens 1,5 m^2; Luftrate und Luftraum s. Lüftung.

Fußböden: eben, fußwarm, fugenlos, gut zu reinigen.

Decken und Wände: weitgehender Schutz gegen Erschütterung und Lärmeinwirkung, glatt, möglichst helle Farbgebung, aber farblich getönt.

Fenster: wichtig als Kontakt mit Außenwelt.

Innengestaltung: ausreichende Allgemeinbeleuchtung (s. Beleuchtung), Belüftung (s. Lufthygiene), Temperierung (s. Arbeitsraumklima); Arbeitsplätze (s. Arbeitsplatz), ausreichend breite, gekennzeichnete Arbeitswege, Hinweise auf „Erste-Hilfe-Versorgung" (s. Erste Hilfe). Weiterhin Schränke für Arbeitsgeräte, Arbeitsschutzgeräte u. a.; wichtig Ordnung und Sauberkeit, bei Reinigungsmaßnahmen Vermeidung zusätzlicher Staubbildung.

Sonderformen:

- Untertagearbeit.
- Arbeit unter *erhöhtem Luftdruck* (s. Druckfallkrankheit).
- Arbeit unter *vermindertem Luftdruck.*
- Freiluftarbeit; dabei Schutz gegen Witterungseinflüsse, Erwärmungsmöglichkeiten, Zubereitung warmer Getränke, Schutzkleidung, Unterkünfte für Bauarbeiter usw.
- *Kellerräume:* im allgemeinen nicht als Arbeitsräume zulässig.
- *Fensterlose Arbeitsräume:* werden nur in Ausnahmefällen von den Genehmigungsbehörden zugelassen. Auch in diesen Fällen werden im allgemeinen – sofern sie sich nicht produktionstechnisch verbieten oder ihrem Sinn widersprechen würden – Kontaktfenster (z. B. ein mindestens 0,75 m hohes Fensterband aus Klarsichtglas gefordert) neben entsprechenden Belüftungs- und Belichtungsanlagen sowie nahe gelegene, ordnungsgemäß befensterte Pausenräume verlangt.
- *Dacharbeitsräume:* Genügende Belichtung, gute Wärmeisolation, hauptsächlich gegen Sonnenbestrahlung (dabei keine Schrägfenster auf der Sonnenseite) (zu 4.–7. s. auch Arbeitsstättenverordnung).

Arbeitsraumklima

Ein als „nicht unbehaglich empfundenes Arbeitsraumklima ist wesentliche Voraussetzung für Erhaltung von Gesundheit und voller Leistungsfähigkeit, außerdem auch eine der Voraussetzungen für Leistungsbereitschaft und gutes „Betriebsklima" im psychologischen Sinn.

Grundforderungen: Das Arbeitsklima soll dem Behaglichkeitsgefühl des einzelnen entsprechen (abhängig von Temperatur, Feuchtigkeit und Luftbewegung einerseits und Wärmeaustausch zwischen Körper und Umgebung durch Strahlung, Leitung, Konvektion und Verdunstung andererseits) und *frei sein von schädigenden oder belästigenden Beimengungen* (Gasen, Stäuben, Aerosolen, Strahlen):

- *Temperatur* (Näheres s. Arbeitsstättenverordnung, ASR 6/1): gemessen mit Thermometer in Graden (Celsius), Feuchtigkeit normalerweise nicht erfaßt (s. u.); Raumtemperatur: mindestens 12–20 °C, je nach Tätigkeit sitzend = 19–20 °C, bewegt = 12–17 °C (physiologische Empfehlungen 15–23°; u. a. auch alters- und geschlechtsabhängig; zudem Strahlungseinflüsse, s. hier unter e).
- *Feuchtigkeit:* gemessen als „relative Feuchtigkeit" (Prozentverhältnis der vorhandenen zur höchstmöglichen Wassermenge); behagliche Raumfeuchtigkeit je nach Temperaturhöhe (17–25 °C) 70–30%.
- *Luftbewegung:* gemessen als Luftgeschwindigkeit in m/sec; dabei noch behaglich (bei Normaltemperaturen) bis höchstens 0,2 m/sec; bei sitzend ausgeführten Arbeiten höchstzulässige Luftbewegung 0,1 m/sec; *Zugluft* = als belästigend empfundene kühle Luft.
- Kombinationsbegriffe: *feuchte Temperatur,* z. B. Katawert, gemessen mit dem Katathermometer; *effektive Temperatur:* Temperatur gleicher Wärmeempfindung bei verschiedenen Feuchtigkeitsgraden, auch zusätzlich verschiedenen Luftgeschwindigkeiten.
- *Strahlungseinflüsse:* Temperatur raumumgrenzender Flächen soll möglichst nicht mehr als 3 °C von Lufttemperatur abweichen; Messung mittels Globethermometer; auch Arbeitsvorgänge oft wesentliche Hitzequelle (s. auch Hitzearbeit).

Gesundheitsgefahren:

- *Direkte:* Hitzewirkungen (s. Hitzearbeit), Störung der Wärmeregulation, Wärmestauung, Hitzschlag, Kälteschäden (Erfrierung, Erkältungskrankheiten), Schäden durch Zugluft (Erkältungen, lokale Unterkühlung→rheumatische Erkrankungen), spezifische Strahlenschäden (grauer Star, Verbrennungen, UV-Schäden), spezifisch toxische Schäden (s. einzelne Stoffe).
- *Indirekte:* Durch Hitze stärkere Verdunstung von Schadstoffen, erhöhte Atemfrequenz, Hautveränderungen (vermehrter Schweiß); durch fehlende Luftbewegung evtl. Anreicherung von Gasen, durch stärkere Luftbewegung Aufwirbelung schädigender Stäube usw.

Verhütung: Schaffung von Behaglichkeit durch weitgehende Klimatisierung (Air condition = Lüftung, Heizung, Kühlung, evtl. Luftreinigung, Entnebelung); bei Belüftung Sorge für einwandfreie Frischluft. (Näheres s. unter einzelnen Begriffen).

Arbeitsschutzvorschriften

Grundlage des Arbeitsschutzes (Unfall-, Feuer- und Explosionsschutz, Arbeitshygiene, innerbetrieblicher Sittlichkeitsschutz, Arbeitszeitschutz und Schutz für besonders schutzbedürftige Personengruppen) sind einmal die GewO von 1896 mit späteren Ergänzungen, des weiteren die Arbeitszeitordnung, das Jugendarbeitsschutzgesetz, das Mutterschutzgesetz und das Heimarbeitsgesetz (s. Arbeitspausen, Arbeitszeit, Jugendlichenarbeit, Frauenarbeit), Bergverordnungen, das Maschinenschutzgesetz (s. Gerätesicherheitsgesetz), die Arbeitsstättenverordnung (s. d.), die Gefahrstoffverordnung (s. d.) u. a.

Seitens der Berufsgenossenschaften erfolgt aufgrund der Reichsversicherungsordnung Herausgabe von Unfallverhütungsvorschriften mit ins einzelne gehenden Anordnungen über den Unfallschutz, dabei bezieht sich der Begriff „Unfallschutz" auch auf anerkannte Berufskrankheiten.

Arbeitssicherheitsgesetz

Gesetz über Betriebsärzte, Sicherheitsingenieure und andere Fachkräfte für Arbeitssicherheit vom 12. 12. 1973 (BGBl. I, S. 1885), trat im Dezember 1974 in Kraft und regelt die Bestellung, den Einsatz, die Aufgabenstellung von Betriebsärzten und Fachkräften für Arbeitssicherheit in Betrieben und Verwaltungen, die Einrichtung überbetrieblicher

Dienste und andere Einzelheiten (s. Betriebsärzte bzw. Sicherheitsingenieure, -beauftragte).

Arbeitssitz

Er soll der Entlastung der Bein- und Hüftmuskulatur und z. T. auch der Rückenmuskulatur dienen. Erforderlich sind eine physiologisch einwandfreie Gestaltung der Sitzfläche, der Höhe, der Lehne und eine Sondergestaltung für bestimmte Arbeitsvorrichtungen; dabei allgemein ausreichende Bewegungsfreiheit und Handfestigkeit für Arbeit und gelegentliche Haltungsänderungen. Unfallsicherung (z. B. Zahl der Ausleger [5], Sicherung der Hydraulik).

Sitzfläche: genügende Größe, leichte Neigung nach hinten, abgerundete Vorderkante, um Druck auf Oberschenkel zu vermeiden.

Sitzhöhe: eher niedriger als zu hoch, Stühle verschiedener Höhen oder in der Höhe verstellbar; evtl. Fußrasten.

Lehne: Bedeutung und Gestaltung umstritten; Zweck der Lehne gelegentliches Rücklehnen.

Sondergestaltung: bei Erschütterungen Polsterung oder Federung; drehbare, auf Schienen rollende oder Klappsitze, evtl. Stehsitze, z. B. in Art eines Fahrradsattels (s. auch Arbeitsstellung).

Arbeitsstättenverordnung, -richtlinien

Verordnung über Arbeitsstätten – ArbStättVO – vom 20. März 1975. Die nach der VO maßgebenden Anforderungen, Regeln und Erkenntnisse (s. einzelne Stichwörter) bieten den Arbeitgebern, Betriebsräten, Betriebsärzten und Sicherheitsfachkräften eine umfassende Grundlage für die Planung, Einrichtung und den Betrieb der Arbeitsstätten, damit auch die menschengerechte Gestaltung der gesamten Arbeitssituation. Die VO gilt für die Arbeitsstätten im Rahmen eines Gewerbebetriebes, für den die §§ 120 a bis 120 c sowie § 139 g der Gewerbeordnung in Verbindung mit § 62 des Handelsgesetzbuches Anwendung finden. Dabei sind Arbeitsstätten alle solche in Räumen wie im Freien, Verkaufsstände von Ladengeschäften im Freien, Wasserfahrzeuge, schwimmende Anlagen in Binnengewässern sowie Verkehrswege und alle Arten von Nebenräumen.
Arbeitsstättenrichtlinien – ASR – werden vom Bundesminister für Arbeit und Sozialordnung bekanntgegeben und enthalten die für die Durchführung der ArbStättVO wichtigsten allgemein anerkannten sicherheitstechnischen, arbeitsmedizinischen und hygienischen Regeln und gesicherten arbeitswissenschaftlichen Erkenntnisse (s. einzelne Stichwörter).
In den neuen Bundesländern gilt die Verordnung im wesentlichen nur für nach dem 3. 10. 1990 errichtete Arbeitsstätten, wobei jedoch die zuständigen Landesbehörden u. U. entsprechende Änderungen fordern können.

Arbeitsstellung

Günstigste und deshalb weitgehend anzustrebende Arbeitsstellung:

Sitzen: Voraussetzung physiologisch und technologisch richtig gestalteter Arbeitssitz (s. d.) und Arbeitsplatz (s. d.), damit insbesondere Vermeidung von Zwangshaltungen und unnötiger Haltearbeit (Haltungsschäden s. Wirbelsäulenveränderungen); möglichst wenig Haltearbeit (s. Muskelarbeit); bei dauerndem Sitzen gelegentliche Ausgleichsbewegungen.

Stehen: bedeutet zusätzliche Belastung, besonders das Ruhigstehen; gegenüber dem Liegen etwa 8–10% höherer Energieverbrauch; u. a. stärkere Blutbelastung in den Beinen (evtl. Krampfaderbildung). Belastung der Füße (Fußschäden), evtl. Ohnmacht durch Blutmangel im Gehirn.

Liegen: Als unnormale Arbeitsstellung bedeutet das Liegen meist eine besondere Belastung durch Hochhalten des Kopfes unter ungünstigen Hebeverhältnissen.

Bückstellung: arbeitsphysiologisch sehr ungünstig; etwa 50–60%ige Steigerung des Energieverbrauches gegenüber dem Ruheverbrauch.

Arbeitsstoffverordnung (ArbStoffVO)

Verordnung über gefährliche Arbeitsstoffe –, ersetzt durch die Verordnung über gefährliche Stoffe. (Gefahrstoffverordnung [GefStoffVO], s. d.).

Arbeitstisch s. Arbeitsplatz

Arbeitszeit

Bedeutung: gesundheitlich, wirtschaftlich, kulturell.

Normalarbeitszeit: Acht-Stunden-Tag, dabei theoretisch 8 Std. Arbeit, 8 Std. Freizeit und 8 Std. Ruhe; praktisch aber durch Betriebspause und Arbeitsweg vielfach ein Fernbleiben von zu Hause von etwa 10, 11 und evtl. mehr Stunden; außerdem weiter verkürzt bei Frauen, auch unverheirateten, durch Hausarbeit, aber auch bei Männern durch notwendige Verrichtungen der allgemeinen Lebenshaltung durch Vereinbarung der Sozialpartner ab 1989 zum Teil tägliche Arbeitszeit 37 Std., zum Teil Verkürzung der Lebensarbeitszeit.

Überstundenarbeit (gesetzlich bis 10 Stunden unter besonderen Umständen erlaubt) im allgemeinen gesundheitlich bedenklich, zumal heute meist größere Arbeitsintensität; besonders ungünstig aber bei Arbeiten unter gesundheitsgefährlichen Einwirkungen, wie z. B. Quarzstaub, Gifteinwirkungen, oder für Frauen und Jugendliche; außerdem infolge erhöhter Unfallgefährdung sowie quantitativ und qualitativ geringerer Leistung wirtschaftlich unrationell, meist auch zu kurze Ruhezeiten; unbedenklich ist eine vermehrte tägliche Arbeitszeit lediglich für kurze Zeit oder bei überwiegendem Bereitschaftsdienst bei ausreichender Ruhe- und Liegemöglichkeit.

Verkürzung der Arbeitszeit evtl. unter 8 Stunden erforderlich bei besonderen gesundheitsschädlichen Einflüssen; evtl. für Jugendliche und Frauen (s. Frauenarbeit und Jugendlichenarbeit); auch evtl. zweckmäßig bei schwerer Arbeit, vor allem Hitzearbeit (s. d.).

Weitere Begrenzung der Arbeitszeit: Arbeitspausen, Freizeit, Urlaub (s. Arbeitspausen).

Arsen und -verbindungen

Vk: Bei Verhüttung arsenhaltiger Erze, Rösten von Schwefelkies, Herstellung von Arsen (As), durch Arsenfarben, bei der Verwendung zur Schädlingsbekämpfung; wichtigste Verbindungen sind Arsenik (Arsentrioxid), Arsentrichlorid, Blei- und Calciumarsenat sowie Arsenwasserstoff (s. d.): Aufnahme auch durch die Haut.

Sy: Sehr mannigfach, individuell unterschiedlich, Gewöhnung möglich. *Lokal:* Dermatitis, Schleimhautkatarrhe, Nasenscheidewandperforation. *Allgemein: Akute Vergiftung* (beruflich selten): Schwerste Magen-Darm-Erscheinungen und/oder nervöse Symptome (Krämpfe, Lähmung), dann schmerzhafte Entzündungen u. a. *Chronische Vergiftung:* Schwäche, Appetitlosigkeit, Gastritis, Hauterkrankungen, Keratosen, Melanosen, Anämie; Krebserkrankungen bei Arsentrioxid, -pentoxid, arseniger Säure, Arsensäure und ihren Salzen (MAK-Kat. III A 1, GefStoffVO-Gruppe II). Arsennachweis in Urin, Haaren, Nägeln usw. EKA-Werte s. Tab. 2.1.

Prl: Arbeitsmedizinische Vorsorgeuntersuchungen (s. d. nach berufsgen. Grundsatz G 16 vom Mai 1981 (außer Arsenwasserstoff) sowie nach GefStoffVO, s. d., Anhang II Nr. 1, dort weitere Schutzmaßnahmen, u. a. Verwendungsbeschränkungen.

Vr: Entschädigungspfl. Berufskrankheit gem. Ziff. 1108, BeKV.

Th: Ausgiebige Magenspülungen mit Tierkohle und Magnesiumoxid, Sulfactin, symptomatisch.

Arsenwasserstoff (= Arsin)

Vk: Beim Zersetzen von verunreinigtem Calciumcarbid oder Ferrosilicium, beim Abbeizen von Eisen oder Zink mit verdünnten Säuren und überall, wo in Gegenwart von Arsen – evtl. als Verunreinigung – Wasserstoff entsteht; MAK-Wert (s. d.) 0,05 mg/m^3 (Kat. II, 2).

Sy: Akute Vergiftung: Meist mehrstündige Latenzzeit, danach Frösteln, Übelkeit, Erbrechen, Hämoglobinurie, Haut bronze- oder bläulichrot, Ikterus, Vergrößerung von Milz und Leber, Oligurie bis Anurie mit star-

Tabelle 2.1 EKA-Werte (s. d.) für Arsentrioxid

Luft Arsen (µg/m^3)	Probennahmezeitpunkt: Expositionsende bzw. Schichtende Harn[1] Arsen (µg/l)
10	50
20	80
50	175
100	330
200	640

[1] Durch direkte Hydrierung bestimmte flüchtige Arsenverbindungen

ken Nierenschmerzen, Atemnot, Bewußtseinstrübung; evtl. auch weniger ausgeprägte *chronische Vergiftung.*

Vr.: s. Arsen.

Th: Wiederholte Aderlässe mit Bluttransfusionen (O_2-Anreicherung des Blutes empfohlen), künstliche Atmung; Sulfactin (nur in Frühfällen); Traubenzuckerinfusionen, periphere Stimulation.

Aryloxyde, -sulfide, halogenierte
s. Alkyl-, Aryl- oder Alkylaryloxide, -sulfide, halogenierte

Asbeststaublungenerkrankung
(Asbestose, auch Bergflachslunge)

Def: Asbest ist eine begriffliche Zusammenfassung verschiedener faserförmig kristallisierter Magnesium-Eisen-Silicate, industriell wichtig der Chrysotil-(Weiß)-Asbest (zu mehr als 90% verwendet) aus der Gruppe der Serpentin- oder Chrysotilasbeste und der Krokydolith-(Blau-)Asbest aus der Gruppe der Hornblende- oder Amphibolasbeste.

Vk: Durch Einatmen von feinen Asbestnadeln bzw. -fasern – insgesamt Asbeststaub bei der Asbestverarbeitung zu Füllmassen, Geweben, Asbestzementerzeugnissen (Bauplatten usw.), Bremsbändern usw. sowie bei der Bearbeitung dieser Produkte (Bohren, Schneiden); beim Aufspritzen asbesthaltiger Isolierungs- und Antidröhnmittel usw.

Pathog: Eindringen von Fasern bis zu 250 µm Länge in die Alveolen, hierdurch Entwicklung einer interstitionellen Fibrose mit starker Schrumpfungsneigung – vornehmlich in den Unterlappen, mit Pleurabeteiligung und Zwerchfelladhäsionen. Auftreten und Verlauf ist von Art, Intensität und Dauer der Asbestbelastung sowie von persönlicher Disposition abhängig. Entwicklung früher evtl. nach wenigen, heute meist erst nach 10 und mehr Jahren Staubarbeit; auch nach Beendigung der Gefährdung nicht selten Progredienz, so gelegentlich bei Frauen nach kurzer Asbestarbeit in der Jugend mit 40–60 Jahren manifeste Asbestosen; deshalb Arbeitsvorgeschichte wichtig! TRK-Werte (s. d.) für Krokydolith- bzw. Chrysotil-, Amosit-, Antophyllit-, Tremolit-, Aklonolithfasern = 0,5 bzw. $1 \cdot 10^6/m^3$ oder Feinstaub (Asbestgehalt > 2,5 Gew.-% = 0,025 bzw. 0,05 mg/m^3); asbesthaltiger Feinstaub bei ≤ 2,5 Gew.-% Asbest im Feinstaub = 2,0 mg/m^3.

Sy: Atemnot, Reizhusten, Auswurf, Brustbeschwerden; lungenfunktionsanalytisch Entwicklung restriktiver Ventilationsstörungen; *Komplikationen:* Entzündliche Erkrankungen der Luftwege mit Schleimhautmetaplasien, Bronchialkarzinomen und Pleuramesotheliomen (MAK-Kat. III A 1, GefStoff-VO-Gruppe II).

Dg: Röntgenologisch: Nur mit Normalaufnahme (Hartstrahlaufnahme) möglich, besonders im Anfangsstadium schwer diagnostizierbar; Veränderungen flächen- und netzförmig, in den Lungenunterfeldern und entlang der Herzränder häufig Pleurabeteiligung; Beschreibung des Röntgenbefundes nach der sog. ILO-U/C-1971-Klassifikation (s. Quarzstaublungenerkrankungen) empfohlen!

Prl: Besondere Kennzeichnung asbesthaltiger Arbeitsstoffe (s. GefStoffVO, Anhang I, Nr. 2.5, weiter auch Anhang II, 1). Arbeitsmedizinische Vorsorgeuntersuchung nach berufsgen. Grundsatz G 1,2 vom 5. 81.

Vr: Entschädigungspfl. Berufskrankheit soweit als Folge der Asbestose oder einer durch Asbeststaub verursachten Erkrankung der Pleura Funktionsminderung von Atmung oder Kreislauf oder primärer Lungenkrebs oder Mesotheliom des Rippen- oder Bauchfells objektiv nachweisbar: Ziff. 4103-04 BeKV.

Asphalt (Erdharz, Erdpech, Bitumen)

Vk: Asphalt ist ein Sammelbegriff für eine große Anzahl natürlicher und künstlicher dunkel gefärbter Kohlenwasserstoffgemische, in Deutschland natürlich aus bituminösem Kalkstein gewonnen; künstliche Asphalte fallen bei Stein- und Braunkohlenteerdestillation an; aus vielen Erdölen sog. Erdwachs (Ozokerit), weiterverarbeitet zu Ceresin (Kunstwachs); Bitumen auch durch Extraktion mit Benzol aus Braunkohle gewonnen.

Verwendung: In großem Umfang als Isoliermassen, als Asphaltüberzüge, Asphaltlakke, als Brikett- und Kunststeinbindemittel, bei der Dachpappenherstellung usw.

Sy: Mit Ausnahme der Naturasphalte evtl. Hautkrebserkrankungen (s. d., auch Vr); auch für Naturasphalt wird ein nennenswertes krebserzeugendes Potential vermutet.

Asthma bronchiale s. Bronchialasthma

Atemschutz

Atemschutzgeräte sollen das Eindringen von schädigenden Stoffen (Staube, Gase, Dämpfe) in die Atmungsorgane verhindern bzw. den notwendigen Sauerstoffbedarf sicherstellen (Frischluftgeräte, Druckflaschengeräte); jedes Atemschutzgerät verändert den Atemweg und soll deshalb der Atemluft einen möglichst geringen Widerstand bieten; jeder persönliche Atemschutz stellt eine mehr oder weniger starke Belästigung und damit eine zusätzliche Arbeitsbelastung dar; seine Verwendung ist deshalb nur gerechtfertigt, wenn andere Arbeitsschutzmaßnahmen technisch nicht durchführbar oder wirtschaftlich nicht zumutbar sind; persönliche Eignung zum Tragen von Atemschutzmasken ist durch arbeitsmedizinische Vorsorgeuntersuchungen nach berufsgen. Grundsatz G 26 vom Mai 1981 zu überprüfen.

Grundforderungen: Atmungsphysiologisch einwandfreie Atemluft, ausreichende Filterleistung, geringer Atemwiderstand, hinreichende Arbeitsmöglichkeit unter dem Atemschutz, sachgemäße und regelmäßige Pflege der Atemschutzgeräte (im allgemeinen *nicht* durch den Träger gewährleistet, deshalb besonderer *Maskenwart* = Meister, Vorarbeiter usw.). Näheres s. DIN-Normen 3179-81 bzw. Prospekt ZH1/134 des Hauptverbandes der Gewerblichen Berufsgenossenschaften, Bonn.

Atemwegserkrankungen, obstruktive

Vk: Arbeitsstoffe

- mit allergisierender Potenz, dabei zumeist atembare Stoffe pflanzlicher oder tierischer Herkunft, so z. B. Stäube verschiedener Holzarten, Rizinus-, Rohkaffee- und Kakaobohnenstaub, Lycopodiumstaub, algenhaltige Aerosole, Futtermittelstaub, Staub von Jute, Kapok u. a., weiterhin Federn-, Haar- und Rohseidestaub, Perlmutterstaub u. a., zudem weitere Allergene, wie z. B. Arzneimittel, wie Antibiotika u. a., ferner Proteasen oder Phenylendiamin (Ursol);
- mit chemisch-irritativ oder toxischer Wirkung in Form von Gasen, Dämpfen, Stäuben oder Rauchschwaden (s. einzelne Stoffe).

Sy: Durch Allergene ausgelöste Erkrankungen führen zunächst zu Reizerscheinungen der Augenbindehäute wie der oberen Luftwege als allergische Rhinopathie, Niessalven und Fließschnupfen, später anfallartige Beschwerden von Luftnot, Husten und z. T. Auswurf beim Übergreifen der Erkrankung auf die tieferen Atemwege mit intermittierenden obstruktiven Ventilationsstörungen, zumeist mit akuter Lungenüberblähung, dabei als häufige Sekundärkomplikation eine unspezifische bronchiale Hyperreagibilität.
Bei Erkrankung durch Reizstoffe stehen im Vordergrund akut oder schleichend einsetzende Beschwerden, wie Husten, wechselnd starker Auswurf, Atemnot, auch Brustschmerzen, Reizwirkungen im Bereich der Augen und des Nasen-Rachen-Raumes. Dabei unterscheiden sich die Verlaufsformen einer massiv akuten oder einer chronischen Exposition dabei mit Reversibilität oder Irreversibilität nach Expositionsende, u. U. Übergang zu chronischer Obstruktion, Emphysem, Bronchopneumonie oder Cor pulmonale.

Dg: Besondere Wichtigkeit einer gezielten Erhebung der Arbeits-, evtl. der allergologischen und der Beschwerdeanamnese, Ausschlußdiagnostik nicht beruflich bedingter Faktoren, dabei aber evtl. eine wesentliche Verschlimmerung durch berufliche Faktoren möglich.
Bei allergisch bedingten Erkrankungen evtl. inhalative Provokationsteste, zudem eine Objektivierung und Quantifizierung der kardiopulmonalen Auswirkungen durch eingehende Funktionsprüfungen.

Prl: Bei Gefährdung durch Inhalation von Allergenen oder chemisch irritativen Stoffen arbeitsmedizinische Vorsorgeuntersuchungen nach berufsgen. Grundsatz G 23 von Mai 1981.

Vr: Entschädigungspfl. Berufskrankheit: Ziff. 4301 bzw. 4302 BeKV, sofern sie zur Unterlassung aller Tätigkeiten gezwungen hat, die für die Entstehung, Verschlimmerungen oder das Wiederaufleben der Erkrankung ursächlich waren oder sein können.

Äther (Diäthyläther)

Vk: Als Lösungsmittel für Fette oder Nitrocellulose, als Narkosemittel; MAK-Wert (s. d.): 400 ml/m^3 (Kat. II,1).

Sy: Akute Zeichen: Narkose, Lähmung des Atemzentrums, Reizung der Bronchialschleimhäute. *Chronische Zeichen:* Überempfindlichkeit gegen Alkohol, neurologische und psychische Störungen, Kopfschmerzen, Gewichtsverlust, Suchtgefahr, Herz- und Nierenschädigungen.

Äthoxylinharze (Epoxidharze)

Def und Vk: Handelsnamen Selitrol, Araldit, Epon, Epikote usw.; stabile thermoplastische Harze, evtl. vor Verwendung durch bestimmte Härter gehärtet. Gewonnen durch Polyaddition von Epichlorhydrin (s. d.) und Diphenolen; endgültige Aushärtung mit Aminen oder organischen Säureanhydriden.

Verwendung: Als Gießharze, Klebstoffe und Lacke im Maschinenbau, Elektroindustrie usw.

Sy: Harz, Härter und noch unvollständig ausgehärtetes Gemisch können zu allergischen Reaktionen der Haut führen.

Prl: Verwendung weniger hautaggressiver Harze und Härter, vorsichtiger Umgang mit den Arbeitsstoffen und Vermeidung jedes Hautkontaktes; im einzelnen eingehende Belehrung, Arbeitsplatzgestaltung (Papiertischdecken, keine alten Putzlappen, Reinigungsarbeiten nur mit Handschuhen), Belüftung des Arbeitsraumes, evtl. Arbeitsplatzabsaugung, persönlicher Hautschutz (Handschuhe, allgemeine Schutzkleidung), Hautpflege, ärztliche Untersuchungen.

Vr: s. Hauterkrankungen, berufliche.

Äthylalkohol = Äthanol

Arbeitsmedizinische Bedeutung im wesentlichen nur als krankheitsauslösende Ursache bei Arbeiten mit Kalkstickstoff (s. d.), Anilin (s. unter Amino-[Amido-]Verbindungen) und Nitroglycerin bzw. Nitroglykol (s. unter Salpetersäureester) oder in sog. Alkoholberufen; beim Alkoholismus Herabsetzung der Widerstandsfähigkeit gegen gewerbliche Giftstoffe (Alkoholschäden werden nicht selten als Arbeitsschäden beurteilt) und Erhöhung der Unfallgefährdung; Vergiftungen durch Vergällungsmittel; MAK-Wert (s. d.): 1000 ml/m^3 (Kat. IV).

Äthylbromid(-chlorid)

(= Bromäthan bzw. Chloräthan)

Halogenkohlenwasserstoffe (s. d.) ohne spezifische Giftigkeit; MAK-Wert (s. d.): 200 bzw. 1000 ml/m^3 (Kat. II, 2 bzw. n. b.).

Äthylenchlorhydrin (2-Chloräthanol)

Stoff von großer Giftigkeit, bei wiederholter Einwirkung Summation; Todesfälle beobachtet! Aufnahme durch Einatmung und durch die Haut; MAK-Wert (s. d.): 1 mg/m^3, „H" (Kat. II, 2, Schwangerschaftsgruppe C).

Vk: Als Mittel zur Anregung des Wachstums von Saatgut.

Sy: Schwindel, Kopfschmerzen, Erbrechen, Reizerscheinungen der Schleimhäute, später Magen-Darm-Symptome, Delirium, Krämpfe, Lungenödem, Leber- und Nierenschäden.

Äthylendiamintetraazetat-Calcium-Komplex ($CaNa_2$-EDTA, Versenat)

Komplexbildner mit Schwermetall, so auch mit Blei; Handelspräparate sind Calcium „Vitis", Calciumedetat-Heyl u. a.; bildet mit Blei im Körper ein stabiles und gut lösliches Bleiversenat; wird durch die Nieren ausgeschieden; bei Dosierung von 2–4 g tgl. i. v. wurde (bei Unverträglichkeitserscheinungen!) tödliche Nephrose beobachtet; *therapeutisch* per os 0,5–1 g tgl., Dauer je nach Bedarf evtl. einige Wochen (jeweils an 5 Tagen je Woche.

Äthylendibromid s. Dibromäthan

Äthylendichlorid s. Dichloräthan

Äthylenglykolverbindungen s. Glykole und ihre Verbindungen

Äthylenimin

Def: Farblose ölige Flüssigkeit mit Ammoniakgeruch, stark lokal reizend, Hautresorption; kein MAK-Wert „H" (im Tierversuch eindeutig kanzerogen!) (MAK-Kat. III A 2, GefStoffVO-Gruppe II).

Sy: Verätzung der Haut, Schleimhautulzerationen der Atemwege, Lungenödem, allergische Reaktionen der Haut.

Th: symptomatisch.

Äthylenoxid

Vk: Rohstoff der chemischen Industrie, in Mischung mit Kohlendioxid Schädlingsbekämpfungsmittel (T-Gas).

Sy: Starkes Zellgift, vor allem für Bronchien, Augenbindehäute (Entzündungen), Lungen (Ödem) und Haut (evtl. Blasenbildung). Kopfschmerzen, Erbrechen, Atemnot, Durchfall und u. a. Hemmung zentralnervöser Funktionen, im Tierversuch als krebserzeugend erwiesen; kein MAK-Wert „H" (MAK-Kat. III A 2, GefStoffVO-Gruppe III). EKA-Werte s. Tab. 2.2.

Th: Beschmutzte Kleidung sofort entfernen, Haut intensiv mit Seife waschen, Augen reichlich spülen, sonst symptomatisch.

Äthylentrichlorid s. Trichloräthylen

Tabelle 2.2 EKA-Werte (s. d.) für Äthylenoxid

Luft		Probennahmezeitpunkt: unter Exposition (> 4 h)		
		Alveolarluft[1]		Vollblut
(ml/m³)	(mg/m³)	(ml/m³)	(mg/m³)	(µg/l)
0,5	0,92	0,12	0,22	3,0
1	1,83	0,24	0,44	6,1
2	3,66	0,48	0,88	12,1
3	5,49	0,72	1,32	18,1
4	7,32	0,96	1,76	24,3
5	9,15	1,2	2,2	30,3

[1] Beim derzeitigen wissenschaftlichen Erkenntnisstand kommt der quantitativen Bestimmung von Gefahrstoffen in der Alveolarluft sowohl aus der Sicht der Analytik als auch aus Gründen der Praktikabilität nur eine eingeschränkte Bedeutung für die arbeitsmedizinische Überwachung exponierter Personen zu.

Äthylsilicate

Gruppe von Polykieselsäureestern, so z. B. Tetraäthylsilicat; Dichtungsmittel usw.

Sy: Schleimhautreizungen, Verätzungen, evtl. auch Organschäden (Lunge, Niere); MAK-Wert (s. d.) für Tetraäthylorthosilicat: 100 ml/m³ (Kat. n. b.).

Äthylsulfat s. Diäthylsulfat

Ätzkalk

Vk: Als Baumaterial, Düngemittel.

Sy: Hautentzündungen mit Geschwürbildung, Hornhautverätzungen, evtl. Erblindung.

Th: Bei Augenverletzungen: Auswaschen (auch der oberen Übergangsfalte!) unter laufendem Wasser (etwa 15 Minuten), daneben Einträufeln physiologischer (5,4%iger) Traubenzuckerlösung, zum Augenarzt.

Augenschutz

Vorwiegend durch besondere Schutzbrille, evtl. mit entsprechenden Zusatzmitteln, einem gesamten Gesichtsschutz oder in Verbindung mit einer Staubschutzvollmaske (DIN-Normen 4646-47, 58210-219 E).

- *Schutz gegen Fremdkörper sowie Säure-Laugen-Spritzer:* Splitterfeste und zerstörungsfreie Gläser mit Seitenteilen.
- *Schutz gegen Gase, Stäube oder Infektionserreger:* Dicht abschließende Gummibrillen, evtl. auch gläserlos durch einen mittels einer Rundschlitzdüse vor den Augen geblasenen Preßluftschleifer.
- *Strahlenschutz:* Je nach Art der Strahlen unterschiedliche Gläser mit möglichst hoher Resthelligkeit nach DIN-Normen, als Schutz gegen Röntgenstrahlen Bleigläser; Schutzschirme mit entsprechenden Gläsern und verschiedener den Arbeitsgängen angepaßter Halterung werden besonders im Ofenbetrieb und beim Schweißen verwendet; auch Gesichtsschutz z. B. aus Drahtgaze oder aufgedampften Metallfolien gegen Wärmebestrahlung oder bei der Gefahr von Stichflammen.

Augenzittern der Bergleute

Vk: Früher bei Untertagearbeitern des Steinkohlenbergbaus, heute jedoch nur noch vereinzelt zu beobachten.

Vr: Entschädigungspfl. Berufskrankheit gem. Ziff. 6101 BeKV.

Auramin

Wenig toxischer Arbeitsstoff, schleimhautreizend, jedoch krebserregend (MAK-Kat. III A 2).

Ausland, Arbeitsaufenthalt im

Bei besonderen klimatischen und gesundheitlichen Belastungen sind besondere arbeitsmedizinische Vorsorgeuntersuchungen nach berufsgen. Grundsatz G 35 vom Mai 1981 in der Überarbeitung von 1990 vorgesehen.

Auslöseschwelle

Dies ist die Konzentration eines Stoffes in der Luft am Arbeitsplatz oder im Körper, bei deren Überschreitung zusätzliche Maßnahmen zum Schutz der Gesundheit erforderlich sind, so u. a. die Durchführung arbeitsmedizinischer Vorsorgeuntersuchungen (s. auch Vorsorgeuntersuchungen, ärztliche). Der Überschreitung der Auslöseschwelle steht es gleich, wenn Verfahren angewendet werden, bei denen Maßnahmen nach Satz 1 erforderlich sind oder wenn ein unmittelbarer Hautkontakt besteht (GefStoffVO, § 15 Abs. 7).

Auspuffgase

Auftreten von Bedeutung in verkehrsreichen Großstadtstraßen, dabei evtl. Vergiftungsgefahren; unter gewissen Bedingungen auch im Wageninnern, im Führersitz u. a. bei undichten Heizleitungen oder aber beim Leerlauf in Garagen, Reparaturwerkstätten.
Zusammensetzung je nach Treibstoff, Luftzufuhr, Belastung und Drehzahl, Art und Zustand des Motors unterschiedlich, jedoch zumeist höher siedende Kohlenwasserstoffe, so Pyrolyseprodukte (s. d.), Aldehyde, Aceton, Alkohole, organische Schwefelverbindungen, Additive, insbesondere Blei beim Leerlauf, zusätzlich Phenol, bei belasteten Motoren Säuren und Stickoxid; bei *Ottomotoren* Hauptgefahr das Kohlenoxid (5–10 Vol.-%), die Frage einer krebserregenden Wirksamkeit der Ottomotor-Emissionen wird z. Z. überprüft; bei *Dieselmotoren* CO-Gehalt meist gering, im allgemeinen 0,3 bis 0,8, bei kaltem Motor jedoch evtl. bis 9,2 Vol.-%; starke Belästigung durch Reizstoffe, wie z. B. Acrolein, Aldehyde, SO_2 und Rauchnebelbildung; Dieselmotor-Emissionen im Tierversuch als krebserregend erwiesen (MAK-Kat. III A 2).

Automation

Technisch: Endstadium der heute noch weitgehend in mehr oder weniger belastenden Übergangsstadien befindlichen Automatisierung als reine Kontroll- und Überwachungsfunktionen beim Fehlen körperlicher Belastungen, weitgehender Ausschaltung von Unfallrisiken und mit einer vom Mensch unabhängigen kybernetischen Eigensteuerung; dabei Umlagerung der menschlichen Tätigkeit in die Bereiche der Installation, Verwaltung, Wartung und Reparatur der Anlagen.

Biologisch: Entwicklung eines koordinierten automatischen Bewegungsspiels einzelner Muskeln als Basis der Körperbewegungen und der Erlernung handwerklicher, sportlicher und sonstiger Tätigkeiten sowie im Umfang der Koordinierbarkeit Basis der Übungsfähigkeit und der Geschicklichkeit; zugleich Automatisierung monotoner Einzelbewegungen bei arbeitsteiliger Fertigung, Möglichkeit der Kompensation der Monotonie.

Azofarbstoffe

Toxikologisch wichtig sind aus Benzidin aufgebaute Farbstoffe, die möglicherweise eine im Stoffwechsel freisetzbare kanzerogene Arylkomponente enthalten und damit ein krebserregendes Potential besitzen. Da die Vielzahl der Stoffe eine Definition des Verdachtes im Einzelfall unmöglich macht, sind diese Stoffe und die Schutzmaßnahmen wie bei krebsverdächtigen zu handhaben.

Bäckerasthma

s. Atemwegserkrankungen, obstruktive

Bagassose (Zuckerrohrstaublunge)
s. Farmer-(Drescher-)Lunge

Bakelit (Kunststoff) s. Phenole

BAL (2,3-Dimercaprol, **B**ritish **A**nti-**L**ewisit)

Entwickelt als Gegenmittel gegen Kampfstoff (Gelbkreuz), lange Zeit zur Behandlung von Schwermetallvergiftungen gebraucht, heute noch Mittel der Wahl bei Arsen- und Antimonvergiftungen, gute Erfolge bei Quecksilbervergiftung, jedoch Vorsicht bei Albuminurie, fraglich bei Thallium-, unwirksam bei Berylliumvergiftungen, gefährlich bei Cadmium (Nierenschäden), überholt bei Blei durch $CaNa_2$-EDTA; deutsches Präparat = Sulfactin.

Bandscheibenschäden der Wirbelsäule s. Wirbelsäulenveränderungen

Bang-Krankheit

Vk: Nicht selten, aber fast ausschließlich bei Angehörigen vieh-, land- und milchwirtschaftlicher Berufe sowie Tierärzten nach Berührung mit erkrankten Kühen, aber auch nach Milch- und Fleischgenuß.

Sy und Vr: s. Brucellose im Kap. Infektionskrankheiten.

Baryt(staub)lunge

Sy: Gutartige Staublunge mit knötchenförmigen Einlagerungen von Baryt ($BaSO_4$) = Schwerspat in das Lungenbindegewebe, jedoch *ohne* Beeinträchtigung der Lungenfunktion, rückbildungsfähig! Evtl. Reizerscheinungen der Luftwege.

Dg: Röntgenologisch: Feine, intensiv schattendichte, miliare, gut abgesetzte Herdschatten.

BAT-Werte

BAT-Wert (**B**iologischer **A**rbeitsstoff-**T**oleranzwert) ist die beim Menschen höchstzulässige Quantität eines Arbeitsstoffes bzw. seiner Metaboliten oder die dadurch ausgelöste Abweichung eines biologischen Indikators von seiner Norm, die nach dem gegenwärtigen Stand des Wissens im allgemeinen die Gesundheit des Beschädigten auch dann nicht beeinträchtigt, wenn sie durch Einflüsse des Arbeitsplatzes regelhaft – d. h. in der üblichen Arbeitszeit – erzielt wird. Die BAT-Werte gelten in der Regel für eine Belastung mit reinen Stoffen. Sie dienen im Rahmen spezieller ärztlicher Vorsorgeuntersuchungen dem Schutz der Gesundheit am Arbeitsplatz. Sie werden jährlich – wie die MAK-Werte – von der „Senatskommission zur Prüfung gesundheitsschädlicher Arbeitsstoffe" aufgestellt und in einer Stoffliste veröffentlicht. Werte s. bei den einzelnen Stoffen.

Baumwoll(staub)lunge s. Byssinose

Befeuchterlunge s. Alveolitis

Behaglichkeit s. Arbeitsraumklima

BeKV = Berufskrankheitenverordnung (s. d.)

Belastung s. Arbeitsbelastung

Beleuchtung

1. *Natürliche Beleuchtung oder Belichtung* (DIN 5034): durch Tageslicht entweder als Sonnenlicht (direkte Einstrahlung) oder als Himmelslicht (bedeckter Himmel, Schattenlage); Lichteinfall durch Wandfenster oder Oberlichte (Dach- oder Raumdecke); beide Arten getrennt oder kombiniert angewandt; Abhängigkeit der Tagesbelichtung von der Fenstergröße und Form, vom Lichtdurchlaß des Glases, von der Größe des Raumwinkels der unmittelbaren Lichteinstrahlung und vom Lichtrückwurf (Reflexion) von Wänden und Raumdecke. Möglichst durchsichtige Klarsichtfenster (Ausnahme s. ArbStättVO § 7); optimale Ausnutzung des Lichtrückwurfs durch helle Anstriche der Unterseite der Deckenflächen und der Wände sowie durch Lichthöfe. Belichtungsschutz für Fenster mit direkter Sonneneinstrahlung.

2. *Künstliche Beleuchtung* (DIN 5035):

Zu unterscheiden: Allgemeinbeleuchtung, Arbeitsplatzbeleuchtung und Notbeleuchtung.

Forderungen an „künstliche Beleuchtung": als Beleuchtungsart stets Allgemeinbeleuchtung, evtl. mit Arbeitsplatzbeleuchtung, je nach Art der Arbeit und nach Lebensalter der Beschäftigten ausreichende Beleuchtungsstärke. Örtliche und zeitliche Gleichmäßigkeit; gute Lichtrichtung und ideale Schattengebung; Blendungsfreiheit und der Arbeitsart entsprechende Lichtfarbe.

Lichtquellen als *feste Beleuchtung:* elektrische Beleuchtung allein bedeutungsvoll; entweder als Temperaturstrahler (elektrische Glühlampe) oder als Elektrolumineszenzstrahler oder Entladungslampe; bei letzterer Lichtentstehung ohne wesentliche Temperaturerhöhung (Leuchtstofflampen, Leuchtröhren); Glühlampe energetisch gesehen keine ideale Lichtquelle (10% Lichtstrahlung 90% Wärme); Quecksilberdampflampen geeignet für Außenbeleuchtung (bläulich-weiße Lichtfarbe, 3mal so hohe Lichtausbeute wie bei der Glühlampe); Natriumdampflampen mit gelbem Licht zur Oberflächenprüfung von Werkstoffen und Werkstücken (keine Farberkennung); ideal Leuchtstofflampen und Leuchtstoffröhren, neuerdings weit verbreitet, mit dem Vorteil einer hohen Lichtausnutzung und langen Lebensdauer, einer niedrigen Leuchtdichte mit Verminderung der Blendgefahr und der Möglichkeit einer tageslichtähnlichen Farbzusammensetzung des Lichts; Verhinderung des sichtbaren Flimmerns und Bewegungsflimmerns durch Verwendung von mehreren phasenverschobenen Leuchtstoffröhren. Ausgleich der Nachteile des kalten und fahlen Lichts durch höhere Beleuchtungsstärken bzw. in entsprechenden Räumen durch Verwendung von Warmtonleuchtstoffröhren; als *bewegliche Arbeitsleuchten:* Hand- oder Kopflampen (Carbidlampen, Benzinsicherheitslampen, Akkumulatorenlampen; elektrische Stecklampen; bei letzteren zwecks Unfallverhütung Schwachstromlampen unter 42 Volt!

Vorschriften s. Arbeitsstättenverordnung.

Benzen = Benzol (s. d.)

Benzidin(salze)

Stark krebsgefährlich (MAK-Kat. III A 1, GefStoffVO-Gruppe I), im übrigen s. Amino-(Amido)-Verbindungen.

Benzine

Def: Gemisch aliphatischer und zykloaliphatischer Kohlenwasserstoffe; Zusammensetzung stark wechseln (bis 12% Benzol), Giftigkeit vor allem von Gehalt an Aromaten und Zusätzen abhängig, deshalb kein MAK-Wert festsetzbar.

Vk: Als Motorentreibstoff, Löse-, Entfettungs- und Waschmittel.

Sy: Allgemeine Reizwirkung auf die Haut (Ekzem) und die Schleimhäute der Augen und Atemwege. *Akute Zeichen:* Nach Exzitationsstadium tiefe Bewußtlosigkeit, evtl. Krämpfe, Atemlähmung. *Chronische Zeichen:* Allgemeinbeschwerden, Magen-Darm-Störungen, Neurasthenie. Vielfach wird eine chronische Vergiftung in Frage gestellt, häufig ist sie die Folge von Bleibeimengungen, z. B. Bleitetraäthyl (s. Bleialkyle) als Antiklopfmittel, Benzol (s. unten) u. a..

Vr: Nicht entschädigungspfl. Berufskrankheit.

Th: Symptomatisch.

p-Benzochinon

Vk: Bei der Hydrochinonherstellung als Zwischenprodukt oder durch Epitheloxidation von Hydrochinon in der Binde- und Hornhaut; MAK-Wert (s. d.) 0,1 ml/m³ (Kat. I).

Sy: Nach mehrjähriger Tätigkeit bräunliche Verfärbung der Binde- und später der Hornhaut mit weiteren Hornhautveränderungen, evtl. Sekundärinfektionen.

Prgn für Sehkraft: bereits im Anfangsstadium zweifelhaft.

Prl: Arbeitsmedizinische Vorsorgeuntersuchungen, evtl. frühzeitiger Arbeitsplatzwechsel.

Vr: Hornhautschädigungen durch Benzochinon sind entschädigungspfl. Berufskrankheit gem. Ziff. 1313 BeKV.

Benzol und seine Homologe

Vk und *Homologe:* Benzol ist der einfachste Vertreter der aromatischen Kohlenwasserstoffe (KW); Bestandteil bestimmter Rohöle und des Steinkohlenteers u. a.; Gewinnung durch Aromatisierung aliphatischer KW; wichtigste Homologe sind Toluol, Xylol, Cumol und p-Cymol.

Fraktionsstufen: 90er Handelsbenzol (Kp bis 100 °C): Hauptbestandteil Benzol neben Toluol; *Rohtoluol* (KP: 100–120 °C): 75% Toluol neben Benzol und Xylolen; *Lösungsbenzol, Solventnaphtha I* (Kp bis 160 °C): etwa 70% Xylole, 25% Cumol, 5% Toluol, praktisch *kein* Benzol; Solventnaphtha II (Kp: bis 190 °C): etwa 60% Cumol, 35% Xylole, 5% Naphthalinöl; *Handelsschwerbenzol* (Kp: 160°–180 °C): neben Xylolen hauptsächlich Cumol; sog. Homologenraffinat enthält etwa 70–80% Benzol, wie auch die Homologe als „technisch rein" nicht unbeträchtliche Benzolbeimengungen enthalten können! TRK-Wert Benzol: 5 ml/m³ (s. TRK-Werte), „H" (MAK-Kat. III A 1, GefStoff-VO-Gruppe II); MAK-Wert (s. d.) für Toluol: 100 ml/m³ (Kat. II, 2), für Xylole: 100 ml/m³, „H" (Kat. II, 1), für Toluol und Xylol Schwangerschaftsgruppe D.

BAT-Werte: für Toluol als Parameter Toluol 170µg/dl, für Xylole im Blut Xylol 150µm/dl, im Urin Tolursäure 2 g/l jeweils am Expositionsende; für Benzol als krebserregender Stoff kein BAT-Wert, jedoch Beziehungen zwischen Stoffkonzentration am Arbeitsplatz und Stoff- bzw. Metabolitenkonzentration im biologischen Material (Tab. 2.**3**).

Verwendung als Löse-, Extraktions- und Entfetttungsmittel, Farbverdünner, Motorentreibstoff usw.; in *Gummiklebemitteln;* gefährliches, chronisch wirkendes Industriegift, besonders infolge Verwendung unter Phantasienamen; chronische Schäden gelegentlich schon bei einem Benzolgehalt der Arbeitsstoffe von wenigen Prozent! Benzolgehalt über 1% nur ausnahmsweise in Arbeitsstoffen gestattet (s. GefStoffVO).

Sy und Dg: Allgemeine Reizerscheinungen der Haut (Ekzeme u. a.) und der Schleim-

Tabelle 2.3 EKA-Werte für Benzol und Phenol

Benzol-konz. Luft (ml/m³)	Benzol-konz. Blut (µg/l)	Phenol-konz. Harn (mg/l)
1	5	–
2	14	–
4	380	–
6	–	45
8	100	60
10	–	80
16	270	120

häute der Luftwege und Augen. *Akute Zeichen:* Narkose, Rauschzustand, evtl. Tod durch Kreislaufschwäche oder Atemlähmung. *Chronische Zeichen:* Oft starke Kopfschmerzen, Schwindel, leichte Ermüdbarkeit, Erbrechen, auch Gelenkschmerzen; durch *Benzol Blutungsbereitschaft* der Haut und jede Art von Schleimhautblutung (dadurch oft Fehldiagnose!). *Blutbild:* Lymphozytose; Hämoglobinwert und Zahl der Erythrozyten, evtl. nach Reizstadium in Form einer Vermehrung, herabgesetzt, pathologische Formen und Zellarten, auch vermehrt basophil punktierte Erythrozyten; Thrombopenie; Leukopenien, auch Leukämien; evtl. infektiöse Prozesse infolge fehlender Infektabwehr; *evtl. Spätschäden nach jahrelanger Latenz!* Durch Benzolhomologe keine Schädigung der Knochenmarksfunktion, dafür mehr Nervenschäden; eine eventuelle Krebsgefährdung wird z. Z. überprüft.

Prl: Vorsicht bei allen unter Phantasienamen verwendeten Entfettungs-, Reinigungs- und Lösungsmitteln! Für Benzol weitgehende Verwendungsbeschränkung, Beschäftigungsverbote, arbeitsmedizinische Vorsorgeuntersuchungen nach berufsgen. Grundsätzen G 8 und G 29 (Toluol, Xylole) vom Mai 1981.

Vr: Entschädigungspfl. Berufskrankheit gem. Ziff. 1303 BeKV.

Th: Aufgabe und dauerndes Verbot von Benzolarbeit; bei Knochenmarkschädigung Frischbluttransfusionen, allgemeine Förderung der Blutbildung, Vitamintherapie, besonders massive Dosen von Vitamin C; Vermeidung jeder zusätzlichen Knochenmarksbelastung (z. B. Medikamente!).

Benzo[a]pyren

Als fünfzyklischer Kohlenwasserstoff Bestandteil der über 150° bzw. 300 °C liegenden Anteile der Teerdestillation bzw. der Erhitzung oder Verbrennung organischen Materials unter Sauerstoffmangel sicher krebserregender Stoff mit einer Bedeutung z. B. für die beruflichen Haut- bzw. allgemeinen beruflichen Krebserkrankungen (s. d.) (s. auch Pyrolyseprodukte usw.).

Bergflachslunge s. Asbeststaublunge

Berufskrankheiten

Als Berufskrankheiten (Bkn) bezeichnet man Erkrankungen, die aufgrund besonderer beruflich bedingter Einflüsse auftreten oder durch letztere wesentlich mitbedingt sind. Sie stellen vielfach klinisch uncharakteristische Krankheitsbilder dar, bei denen sich beruflich bedingte Krankheitserscheinungen oft nur schwer von außerberuflich oder dispositionell bedingten differenzieren lassen. Da für viele Erkrankungszustände berufliche Faktoren nur eine auslösende oder wohl auch unterstützende Rolle spielen, erfordert die *Diagnose „Berufskrankheit"* den Nachweis einer *wesentlichen* ursächlichen Bedeutung beruflicher Einflüsse mittels einer eingehenden Prüfung der Vorgeschichte, der Arbeitsverhältnisse, der Arbeitsstoffe, der Arbeitsmethoden u. a. m. Sonst läuft man evtl. Gefahr, nicht etwa nur den Erkrankten, sondern sogar einen ganzen Betrieb oder eine Betriebsabteilung leichtfertig mit einer in ihren Folgen oft nicht absehbaren Psychose zu belasten.

Stets ist für die *Entstehung von Bkn ein Ursachenkomplex von dispositionellen, spezifisch schädigenden und unterstützenden Faktoren der Arbeitsumgebung* erforderlich. Zu deren Erfassung sind – neben entsprechenden Untersuchungen – eingehende Ermittlungen der Familien-, Krankheits- und vor allem Arbeitsvorgeschichte erforderlich. Als spezifische Gefährdungen ist u. a. an Haltungsanomalien, einseitige Arbeitsbelastung, physikalische und chemische Noxen zu denken. Wichtig ist für die Auswertung, daß z. B. ein Giftstoff allein, auch evtl. die bloße Berührung mit einem solchen, noch keine Gefährdung bedeutet! Hierzu muß der Stoff evtl. erst durch Staubbildung oder Verdampfung oder Hautresorption – u. U. als Folge einer ungünstigen Arbeitsumwelt – auf den Körper zur Einwirkung (s. d.) kommen können bzw. kann die Auslöseschwelle (s. d.) überschreiten. Damit kommt der Arbeitsumwelt in Form der Be- und Entlüftung, Arbeitsweise, Arbeitszeitgestaltung (Überstundenarbeit!) nicht selten die ausschlaggebende Rolle bei der Entstehung von Bkn zu.

Wesentlich ist weiterhin, zu wissen und auch dem Erkrankten klarzumachen, daß mit der Diagnose „Berufskrankheit" allein noch keineswegs die günstigere Entschädigungspflicht der Unfallversicherung (der Berufsgenossenschaften) gegeben ist. Hierzu ist eine weitere Voraussetzung, daß die betreffende Erkrankung in der Berufskrankheitenverordnung (s. d.) als damit „entschädigungspflichtige" oder „anerkannte" Bk aufgeführt oder im Einzelfall nach dem neugefaßten § 551 Abs. 2 der RVO als solche zu betrachten und damit

den Berufs*unfällen* in der Entschädigungspflicht gleichgestellt ist.
Als *Berufsunfälle* werden Schädigungen durch ein einmaliges Ereignis verstanden, wobei man ein solches zeitlich mit höchstens einer Arbeitsschicht begrenzt hat. Ausgenommen sind davon gemäß der RVO alle in der BeKV aufgeführten Bkn.

Berufskrankheitenverordnung

Durch die Verordnung über Ausdehnung der Unfallversicherung auf Berufskrankheiten (sog. „Berufskrankheitenverordnung" = BeKV) werden bestimmte Krankheitszustände gleich den Berufsunfällen in die Entschädigungspflicht der Unfallversicherung (Versicherungsträger = Berufsgenossenschaften usw. übernommen; sog. I. BKVO aufgrund des § 547 RVO am 12. 5. 1925 erlassen, heute Rechtsgrundlage der im Unfallversicherungsneuregelungsgesetz (UVNG) vom 30. 4. 1963 (BGBl. I 241) neugefaßte § 551 RVO und die danach durch die „Verordnung zur Änderung der Siebenten BKVO vom 1. 4. 1988" verfaßte „Berufskrankheitenverordnung"; in der Anlage dieser BeKV sind die 59 „Berufskrankheiten" in sechs Abschnitten und zehn Unterabschnitten durch eine jeweils vierstellige Ziffer definiert, darüber hinaus können nach § 551 Abs. 2 einzelne weitere Krankheiten unter bestimmten Voraussetzungen entschädigt werden. (Nummern u. a. s. bei den einzelnen Stichwörtern unter „Versicherungsrecht"). Aufgrund der BeKV ist nun u. a. jede dort aufgeführte Erkrankung bzw. der Verdacht derselben durch den feststellenden Arzt dem Staatlichen Gewerbearzt bzw. in den neuen Bundesländern dem jeweiligen Landinstitut für Arbeitsmedizin anzuzeigen. Die Anzeige hat in doppelter Ausfertigung auf entsprechenden Vordrucken zu erfolgen. Eine möglichst vollständige Ausfüllung derselben liegt im Interesse des Erkrankten.
Neben der Regelung der Versicherungspflicht dient die BeKV zusätzlich der Vorbeugung gegen Bkn dadurch, daß der Versicherungsträger bereits bei der Gefahr der Entstehung, Wiederentstehung oder notfalls Verschlimmerung einer Bk eine Verbesserung der Arbeitsverhältnisse oder einen Arbeitswechsel veranlassen und für einen eventuellen wirtschaftlichen Schaden des Versicherten eine Übergangsentschädigung gewähren muß (s. auch UVV „Arbeitsmedizinische Vorsorge" – VBG 100 v. 1. 10. 1984).

Berufskrebse s. Krebserkrankungen, berufliche

Beryllium und -verbindungen

Vk: Bei der Gewinnung von Beryllium (Be) und dessen Verarbeitung, z. B. bei der Herstellung von hochfeuerfesten Erzeugnissen, in der Kernreaktor- und Raketentechnik, in der keramischen Industrie; in Metallegierungen; besonders gefährlich: Feinstaub und Gase verschiedener Berylliumverbindungen; gute Hautresorption! Da im Tierversuch kanzerogen, ist der TRK-Wert beim Schleifen von Berylliummetall und -legierungen: 0,005 mg/m^3, im übrigen 0,002 mg/m^3 (jeweils berechnet als Be im Gesamtstaub) (MAK-Kat. III A 2, GefStoffVO-Gruppe II).

Sy: Erste Krankheitszeichen evtl. schon nach einigen Tagen oder aber erst nach Jahren(!); Kontaktdermatitiden mit schlecht heilenden Hautveränderungen, durch Splitterverletzungen subkutane Granulome; Pneumonien mit Dämpfung über Mittel- und Unterfeldern und Lungenödem; schweres Krankheitsbild, kaum therapeutisch beeinflußbar; nach evtl. mehrjähriger Latenzzeit ein spätallergisches Krankheitsbild mit chronischen Lungengranulationen, Emphysem und interstitieller Fibrose, dabei Schwäche, Müdigkeit, Gewichtsverlust und Hustenreiz.

Dg: Zu Beginn pathologische Urinbefunde; Be im Urin nachweisbar. Röntgenologisch: Netzzeichnung, miliare Verschattungen und diffuse Granulierung der Lunge (letzteres Spätstadium).

Vr: Entschädigungspfl. Berufskrankheit gem. Ziff. 1110 BeKV.

Th: Bei Verletzungen: breite Exzision der Wunde; bei Verunreinigung der Haut schnelle und gründliche Reinigung; bei Bronchitiden sofortige strenge Bettruhe, sonst reichliche Flüssigkeitszufuhr unter Beachtung der pH-Verhältnisse und symptomatisch.

Beschäftigungsneuritis

Ät: Traumatische Einflüsse, besonders Druckschädigungen der peripheren Nerven (sehr fraglich ist die ursächliche Bedeutung früher häufiger angeschuldigter Überanstrengungen durch langdauernde, gleichförmige muskuläre Betätigung), vielfach ursächlich wesentlich Wirbelsäulenveränderungen mit Nervenirritationen; begünstigend wirken Witterungseinflüsse, Infekte, toxische Einflüsse.

Sy: Ermüdungsgefühl, reißende und ziehende Schmerzen, besonders nachts und in der Ruhe, Parästhesien, Schwächegefühl, Lähmungen, Muskelschwund.

DD: Gegenüber dem sehr häufigen *zervikobrachialen Syndrom* als Ausdruck einer Störung der vegetativen Innervierung im Nervenwurzelgebiet (Halswirbelsäule, dabei Fehlstellungen der Wirbel, Osteochondrom u. a.).

Vr: Sofern berufliche Druckeinwirkungen primär ursächlich wesentlich sind (äußerst selten!), sind Drucklähmungen der Nerven entschädigungspfl. Berufskrankheit gem. Ziff. 2106 BeKV.

Beschäftigungsneurosen

Vk: Bei bestimmten komplizierten komplexen Muskelfunktionen, die durch Übung erlernt und dann automatisiert sind, besonders bei Musikern, Sängern, auch Handschreibern, Melkern, Geldzählern u. a.

Sy: Krampfzustände, evtl. durch Verkrampfung Schmerzen, Lähmungen; ursächlich wesentlich Hemmungsvorstellungen, psychische Traumen, Hysterie, u. a.; Steigerung durch Beobachtung.

DD: Ausschluß von Muskel- und Nervenerkrankungen, evtl. Arteriosklerose.

Prl: Rationelle Bewegungen, beschränkte Arbeitszeit, Ausgleichsübungen.

Th: Ruhe, Übungen, Psychotherapie.

Betriebsärzte

Die betriebsärztliche Versorgung letztlich aller Betriebe, Unternehmen und Verwaltungen ist als eine der *Grundvoraussetzungen der Arbeitnehmer* anzusehen! Sie dient der Humanisierung des Arbeitslebens und damit der Förderung und Erhaltung des Wohlbefindens wie gleichzeitig auch der Erhaltung der Leistungsfähigkeit der Beschäftigten, der Ermittlung und Verhütung beruflich verursachter Gesundheitsgefährdungen, der frühzeitigen Erkennung von Erkrankungen und sonstigen Gesundheitsschäden und nicht zuletzt der Gesundheitserziehung.

Organisation des betriebsärztlichen Dienstes: als Einrichtung des Betriebes durch angestellten, vollzeitbeschäftigten Arzt, durch Teilzeitbeschäftigung frei praktizierender oder sonstiger Ärzte oder als Beteiligung oder Inanspruchnahme eines überbetrieblichen Betriebsarztdienstes, -zentrums. Betriebsärzte sind dem Leiter des Betriebes direkt zu unterstellen, haben – sofern erforderlich – Kontaktmöglichkeiten mit allen Stellen des Betriebes, sind zur Zusammenarbeit, insbesondere mit den Fachkräften für Arbeitssicherheit und dem Betriebsrat, verpflichtet, bei ihrer Tätigkeit ausdrücklich nur ihrem ärztlichen Gewissen verantwortlich und unterliegen der ärztlichen Schweigepflicht. Der *Arbeitgeber* hat dem Betriebsarzt durch Bereitstellung entsprechender Räume, Einrichtungen, Hilfskräfte, Etatmittel u. a. sowie auch die Ermöglichung der notwendigen Fortbildung die Erfüllung seiner Aufgaben zu gewährleisten. Betriebsärztlich tätige Ärzte müssen über die erforderlichen *arbeitsmedizinischen Fachkenntnisse* verfügen. Diese sollten zumindest dem Bereich bzw. der Zusatzbezeichnung „Betriebsmedizin" (s. Arbeitsmedizin) entsprechen! Zur Zeit wird bis auf weiteres 1 Jahr innere Medizin und ein 4wöchiger – thematisch mit der Bundesärztekammer abgestimmter – 49stündiger arbeitsmedizinischer Einführungslehrgang als ausreichend angesehen, sofern die Bescheinigung der Ärztekammer nach § 3 Abs. 2 Nr. 2 oder § 3 Abs. 3 Nr. 3 der UVV „Betriebsärzte" vor Abschluß einer neuen Vereinbarung der zuständigen Institutionen vom 1. 1. 1979 ausgestellt ist. Spätere Bescheinigungen erfordern einen Einführungslehrgang von 4 Wochen bzw. zweimal 14 Tagen als ausreichend. Seit 1. 1. 1985 Änderung des § 3 der UVV „Betriebsärzte", danach Forderung: 1. 1 Jahr klinische oder poliklinische Tätigkeit und 2. bis 31. 12. 1985 mindestens 500 Stunden Betriebsarzttätigkeit jährlich oder bis 31. 12. 1987 3-Monate-Kurs über Arbeitsmedizin. In den neuen Bundesländern ist die entsprechende Fachkunde als nachgewiesen anzusehen, wenn neben einer Qualifikation als Facharzt für Arbeitsmedizin oder Arbeitshygiene oder als Facharzt mit staatlicher Anerkennung als Betriebsarzt eine sog. „Anpassungsfortbildung" in ca. 36 Lehrstunden in Form von Seminaren nach einem festgelegten Programm absolviert werden. *Die Verhältniszahl: ärztliche Arbeitszeit/Beschäftigtenzahl* richtet sich nach betrieblichen Eigenarten. (Näheres hierzu und anderen Organisationsfragen ist in „Betriebsärzte" (VBG 123), und zwar im Rahmen der einzelnen Berufsgenossenschaften, festgelegt.

Aufgaben: Mitwirkung in der Betriebsleitung, Betriebsvertretung und den Sicherheitsorganen in Fragen der Organisation und Produktion, insbesondere bei der Planung und Einrichtung neuer Produktionen, Arbeitsstätten und Arbeitsplätzen, der Arbeitsbewertung, Gestaltung der Entlohnung und anderen Fragen der Arbeitsorganisation, des Arbeitsschutzes und der Unfallverhütung ganz allgemein, bei der Organisation der „Ersten Hilfe", in Fragen des Arbeitsplatzwechsels und der Rehabilitation; regelmäßige Betriebsbegehungen; ärztliche Untersuchung, Beratung und arbeitsmedizinische Beurteilung der Beschäftigten, nach Möglichkeit (= entsprechender Qualifikation) Durchführung spezieller arbeitsmedizinischer Vorsorgeuntersuchungen (s. Vorsorgeuntersuchungen); Auswertung ihrer Untersuchungsergebnisse sowie von arbeitsbedingten Erkrankungen und Unfällen im Hinblick auf den Gesundheitsschutz; Fortbildung des Hilfspersonals.

Die Behandlung Kranker (außer der Notfall- und Bagatellbehandlung sowie Durchführung physikalischer und ähnlicher Behandlungen auf Veranlassung des Hausarztes) gehört *nicht* zu dem normalen Aufgabenkreis des Betriebsarztes.

Bestimmungen: Arbeitssicherheitsgesetz (s. d.), darin Förderung u. a. einer betriebsärztlichen Versorgung; Ausführungsbestimmungen als Unfallverhütungsvorschriften „Betriebsärzte" (VBG 123 Ausgabe 1974, zu § 3 Ausgabe 1983).

Betriebsklima

Betriebsklima wird in psychosozialer Hinsicht verstanden als Effekt vielfältiger Faktoren, in erster Linie des Führungsstils, der Anerkennung der Arbeit, der Sicherung der Beschäftigung, der Lohngerechtigkeit, des Informationsflusses, geeigneter Gruppenbildungen, aber auch der physiologischen Gestaltung der Arbeitssituation im Sinn der Harmonisierung und Humanisierung der Arbeit; maßgeblich negative Auswirkungen ungünstiger Faktoren des Betriebsklimas, u. a. auf Krankenstand und Leistungsniveau sowie auch die Fluktuation.

Betriebsmedizin s. Arbeitsmedizin

Betriebsvertretung (Betriebsrat)

Vertretung der Betriebsangehörigen gem. Betriebsverfassungsgesetz v. 11. 10. 1952 (i. d. Fassung vom 15. 1. 1972). § 58 des BVG regelt die besonders wichtigen Rechte und Pflichten des Betriebsrats auf dem Gebiet des Arbeitsschutzes. Dabei heißt es: „Der Betriebsrat hat die Gewerbeaufsichtsbeamten und die sonstigen in Betracht kommenden Stellen durch Anregung, Beratung und Auskunft zu unterstützen." Nach Absatz 2 wird Hinzuziehen des Betriebsrats bei Einführung und Prüfung von Arbeitsschutzeinrichtungen und bei Unfalluntersuchungen gefordert, wozu nicht nur der Arbeitgeber, sondern auch die Gewerbeaufsichtsbeamten, die Bergaufsichtsbeamten, der Staatliche Gewerbearzt, die Angehörigen der Berufsgenossenschaften u. a. verpflichtet sind.

Bildschirmarbeit

Def: Bildschirmgeräte (Bschg.) sind Geräte zur veränderlichen Anzeige von Zeichen oder graphischen Bildern, wie z. B. Bildschirmgeräte mit Kathodenstrahl oder Plasma-Anzeige, so auch Mikrofilmlesegeräte für Rollfilme, Mikrofiche und vergleichbare technische Lösungen.

Sy: Augenschäden durch Arbeiten an Bschg. sind nicht bekannt; jedoch können je nach Intensität und Dauer der Arbeit an Bschg. bei nicht ausreichendem Sehvermögen oder bei ergonomisch falsch gestalteten Arbeitsplätzen Beschwerden wie Kopfschmerzen, Augentränen, Flimmern usw. und Beschwerden durch körperliche Fehlhaltung auftreten.

Prl: sachgerechte Gestaltung der Bildschirm-Arbeitsplätze gemäß berufsgenossenschaftlichen „Sicherheitsregeln für Bildschirm-Arbeitsplätze im Bürobereich" (ZH 1/618, Abschnitt 2); arbeitsmedizinische Vorsorgeuntersuchungen nach berufsgen. Grundsatz G 37 vom Sept. 1982 mit einem in einem Entwurf von 1990 wesentlich erweiterten Personenkreis.

Bimsstein

Schaumform der Lava; echtes Bimssteinpulver enthält unter 5% freie SiO_2, künstliches Bimssteinpulver bis zu 95%! (Silikosegefahr), bei Bimssteinarbeiten auf den Liparischen Inseln werden sog. „Liparosen" beschrieben mit Emphysem und evtl. schwieliger Fibrose.

Biological Monitoring

Moderne Bezeichnung für die Durchführung von chemisch-analytischen Bestimmungen im biologischen Material von beruflich am Arbeitsplatz gegenüber chemischen Stoffen und physikalischen Agenzien exponierten Personen, früher zum Teil als Expositionsteste bezeichnet (s. auch Exposition, meßtechnische Definition).

Biotechnologie
In Laboratorien und Produktionsstätten, die mit gentechnischen Agenzien mit einem Gefährdungspotential arbeiten, sind bisher keine unvorhergesehenen Wirkungen eines gentechnisch veränderten Bakteriums auf den gesunden Organismus beobachtet worden.

Prl: Arbeitsmedizinische Vorsorgeuntersuchungen nach berufsgen. Grundsatz G 43 von 1991; u. a. mit der Empfehlung, Personen mit Defekten des Immunsystems nicht in entsprechenden Arbeitsbereichen zu beschäftigen.

Biphenyle, chlorierte, s. Chlorbiphenyle

Bischlormethyläther
s. Dichlormethyläther

Bitumen s. Asphalt

Blausäure und -verbindungen
Vk: Blausäure = Cyanwasserstoff, leicht an Getränke und Nahrungsmittel absorbiert, auch evtl. an vergaste Textilien, praktisch wichtig die Cyanide. *Giftaufnahme* vorwiegend durch Einatmen, aber auch durch unverletzte Haut, verstärkt durch Wunden oder Schwitzen.

Verwendung u. a. zu synthetischen Zwekken; zur Schädlingsbekämpfung (Zyklonverfahren, Zyanogasverfahren, Ventox usw.) Entstehung aus Blausäureverbindungen, bei der Gold- und Silbergewinnung, Gewinnung von Luftstickstoff, in Fotolaboratorien oder galvanischen Betrieben, MAK-Wert (s. d.) für Blausäure (Cyanwasserstoff): 10 ml/m^3; Cyanide (als CN berechnet) 5 mg/m^3, für beides „H" oder Kat. II, 1.

Dg: Geruch nach bitteren Mandeln und rosige Gesichtsfarbe, aber gelegentlich auch blaß.

Sy: Akute Vergiftung: Evtl. Sekundentod, sonst Reizerscheinungen der Schleimhäute mit Lichtschein, Tränen- und Speichelfluß, dann Kopfschmerzen, Schwindel, Ohrensausen, Erbrechen, quälende Atemnot, evtl. rasche Bewußtlosigkeit, Krämpfe, Mydriasis. *Nachkrankheiten:* Selten neurologische Störungen. *Chronische Vergiftung:* Selten, Schwindel, Kopfschmerzen, Schwächegefühl, intestinale Erscheinungen, evtl. Struma.

Vr: Keine entschädigungspfl. Berufskrankheit; evtl. Betriebsunfall!

Th: Bei Bergung Atemschutz der Helfer, Entfernung benetzter Kleidung, verunreinigte Haut mit Natriumbicarbonatlösung oder Wasser gründlich abspülen, Wärme, O_2-(Überdruck-)Atmung. *Spezifisch:* Bei Bewußtlosigkeit 10 ml 2%ige Natriumnitritlösung sehr langsam i. v., bei Wiederholung Vorsicht, danach sofort durch gleiche Nadel 100 ml 10%ige Natriumthiosulfatlösung, bei Schock Adrenalin (1 mg), in schweren Fällen EDTA-Ca (Kélocyanor, Labor La Roche Navarron, Levallois – Paris), 2 × 20 ml i. v., anschließend 50 ml 20%ige Traubenzuckerlösung nachspritzen; bei leichten Fällen ohne tiefe Bewußtlosigkeit genügt Amylnitriteinatmung alle 2 Minuten 30 Sekunden lang, Kreislaufüberwachung.

Blei und -verbindungen
Vk: In der Industrie weitverbreitete Arbeitsstoffe, die auch heute noch relativ häufig, *meist aber nur zu verhältnismäßig leichten Vergiftungen* führen; dabei besonders viele Fehldiagnosen beobachtet. *Blei* (Pb) schmilzt bei 327 °C unter Bildung einer Oberfläche von Bleioxid (Bleiasche, Bleikrätze); eine nennenswerte Verdampfung erfolgt erst ab 550 °C (Siedepunkt 1525 °C); auch ohne berufliche Bleiaufnahme gehört Blei zu den üblichen Bestandteilen des Körpers infolge des Bleigehaltes des Trinkwassers, der Nahrungsmittel wie auch der Atemluft, besonders in Industriegegenden und großen Städten (z. B. Bleigehalt der Auspuffgase der Autos!)
Besonders gefährlich sind Arbeiten mit hohen Temperaturen (Gebläseflamme, Schneidbrenner); stärker staubende Arbeiten, so durch Verstaubung von Krätze (Bleioxid mit anderen Verunreinigungen) oder von bleihaltigem Zunder beim Härten von Stahldraht, an Bleibädern oder durch den allgemeinen Bleiabrieb bei Bleiarbeiten überhaupt; das Arbeiten in Zink- und Bleihütten oder an Hochöfen bei Verhüttung bleihaltiger Abbrände (die bergmännische Gewinnung selbst ist weitgehend ungefährlich); Auftragen von Bleifarben mit der Spritzpistole; Verwendung von pulverförmigen Bleiverbindungen bei der Kunststoffherstellung usw., evtl. im Körper befindliche Bleigeschosse. *Kaum gefährlich* ist dagegen die Berührung und das Arbeiten mit metallischem Blei, bleihaltigen Lettern (z. B. im Buchdruckereigewerbe) usw., auch das einfache Anstreichen mit Bleifarben (vorwiegend Bleimennige, seltener Bleiweiß) sowie einfaches Löten (Temperatur etwa 350 °C) (Bleitetraäthyl s. Bleialkyle).

Pathog: Giftigkeit von persönlichen Faktoren abhängig, wie z. B. Ernährung (s. unten), Begleiterkrankungen (besonders chronische oder akute Entzündungsprozesse, Fokalinfekte, Magen-Darm-Erkrankungen); als besonders empfindlich gelten Jugendliche, Blutarme, Alkoholiker, Gefäßgeschädigte sowie angeblich auch Frauen, andererseits evtl. Empfindlichkeitssteigerung nach Bleivergiftung. MAK-Wert (s. d.) 0,1 mgG/m^3, Kat. III, Schwangerschaftsgruppe B (für Bleiarsenat und -chromat kein MAK-Wert, da kanzerogen bzw. -verdächtig) = (MAK-Kat. III A 1 bzw. B, GefStoffVO-Gruppe II).

Giftwirkung wahrscheinlich durch Einlagerung in Zellenzyme, dabei durch Austausch mit deren Schwermetallionen oder Bindung an die Sulfhydril-(SH-)Gruppen dieser Enzyme; wesentlich dabei vermutlich die Störung des Prophyrinaufbaues innerhalb der Erythropoese (so Entstehung des Koproporphyrins III in den Erythroblasten tierexperimentell nachgewiesen).

Die Giftaufnahme ganz überwiegend durch Einatmung von Feinstäuben, Dämpfen oder Rauch; die Resorption vom Magen-Darm-System aus spielt beim Erwachsenen im allgemeinen eine geringere Rolle, wechselt jedoch nach Löslichkeit der Bleiverbindungen und den Resorptionsverhältnissen (Ernährung, Verdauung!); Hautresorption nur bei Bleitetraäthyl (s. Bleialkyle).

Das Verhalten im Körper ist charakteristisch durch eine ausgesprochene Tendenz zur Ablagerung des Bleies als weitgehend stabiles inaktives Bleiphosphat im Knochen *(Depotblei),* daneben auch vorübergehende Speicherung in Leber, Milz und Nieren; akut gefährlich ist lediglich das im Blut kreisende Bleiphosphat *(Bleistrom);* der *Blutbleispiegel* beträgt bei Verwendung bleifreier Kanülen, Spritzen und Glasgefäße normalerweise 20–40 µg/100 ml Blut, bei Bleiarbeiten 40–80 µg, selten 100 µg und mehr, evtl. *ohne* irgendwelche Krankheitszeichen; Bedeutung soll ein schnelleres Ansteigen des Bleistroms haben (für Untersuchung nur vereinzelte Speziallaboratorien geeignet!).

Giftausscheidung vorwiegend durch den Verdauungskanal, weniger (etwa ein Drittel) durch die Niere, weiterhin auch mit dem Schweiß u. a. Ausscheidungswerte sind wenig konstant und haben deshalb nur beschränkte diagnostische Bedeutung, sind insbesondere *keine* Vergiftungszeichen. BAT-Werte (s. d.): Blut: Blei 700 µg/l bzw. 300 µg/l für Frauen < 45 J.; Harn: δ-Aminolävulinsäure 15 mg/l bzw. 6 mg/l für Frauen < 45 J.; zudem sind als noch nicht pathologische Grenzbereiche bei Bleiexponierten anzusehen: 80–150 µg Blei/l Urin bzw. 200–500 µg Blei/100 g Stuhl (isoliert beobachtete stark überhöhte Stuhlwerte sprechen für Artefakt!).

Sy: Akute Vergiftung: Spielt gewerblich keine Rolle, dagegen typisch *chronische Vergiftung:* Recht wechselnde Symptomatik, aber ziemlich typisches Anfangsstadium, dabei unbestimmte Allgemeinbeschwerden (Bleidyskrasie bzw. Präsaturnismus), Appetitlosigkeit, Magenbeschwerden, *Stuhlverstopfung,* Müdigkeit, allgemeine Schwäche, Schwindelgefühl, Kopfschmerzen; später kolikartige Leibbeschwerden = *Bleikoliken* (nicht selten Fehldiagnosen, wie Appendizitis, Ileus, Gallensteinanfall usw.). *Bleikolorit* = leicht subikterische, fahlgraue Blässe des Gesichts; *Bleisaum* = schwärzlich-blaue Linie am Zahnfleischrand, besonders an den Papillen, vorwiegend bei schlechter Mundpflege (jedoch selten zu sehen, häufig Verwechslung mit Zahnbelägen, Alveolarvereiterungen, Parodontose usw. [s. auch S. 96]; Zahnausfall und Parodontose beruhen zumeist *nicht* auf einer Bleieinwirkung!). *Bleilähmungen* der peripheren motorischen Nerven, besonders der Strecker, zumeist im Gebiet des N.radialis der Gebrauchshand (sog. „Fallhand"); *Bleigehirnleiden* (heute kaum noch beobachtet!) mit Bewußtlosigkeit, Krampfanfällen und Koma, gelegentlich auch Erregungs- und Verwirrtheitszustände, Hemiplegien, Bleiretinitis (Blutungen, Amaurose) usw. eventuell als Bleispätschäden, als solche auch die von einzelnen Autoren bezweifelte *Bleischrumpfniere.*

Dg: Frühsymptome sind die Erhöhung der *Koproporphyrin-*(III-) und δ-Aminolävulinsäure-Ausscheidung im Urin, auch im allgemeinen quantitativ beste Übereinstimmung mit jeweiligem Erkrankungszustand. Im Blut Vermehrung der basophil punktierten Erythrozyten = *Tüpfelzellen* (Methodik s. Tüpfelzellen), auch bei anderen Krankheitszuständen beobachtet, quantitativ nicht mit Krankheitsverlauf übereinstimmend, Erhöhung des Blutbleispiegels, später Absinken des Hämoglobinwertes.

DD: Vielfach schwierig, besonders in der Rekonvaleszenz beim Bestehenbleiben vegetativer Beschwerden, bei Magen-Darm-Störungen oder Leberveränderungen. Da heutzutage Bleierkrankungen häufig erst durch chronisch entzündliche Krankheitsprozesse ausgelöst sind, vielfach Verwechslung von

Ursache und Wirkung bzw. Grunderkrankung und Bleierkrankung. Außerdem neigen Bleierkrankungen zur psychischen Fixation von Beschwerdekomplexen. So sprechen länger bestehenbleibende *Magen-Darm-Störungen* gegen ihre Bleibedingtheit. *Gelenk- und Gliederschmerzen* sind zumeist Symptome einer auslösenden rheumatischen Erkrankung, evtl. jedoch durch Bleiwirkung verstärkt. *Leberveränderungen* (Leberzirrhose) sind ebenfalls Folgezustände indifferenter Entzündungsprozesse oder anderweitiger Noxen, wobei man jedoch einer überzeugenden Bleierkrankung im allgemeinen eine wesentlich verschlimmernde Bedeutung als Teilursache beimessen muß. Allgemeine Gefäßsklerose sowie Koronarsklerosen können nicht auf eine Bleieinwirkung bezogen werden, da spastische Bleifolgen sich im wesentlichen nur in den Gebieten der feinsten Gefäße abspielen; lediglich eine Bleischrumpfniere kann beim Ausschluß anderer Ursachen und beim Nachweis wiederholter und entsprechend schwerer Bleierkrankungen bzw. jahrzehntelanger intensiver Bleieinwirkung als Bleispätschäden anerkannt werden.

Prl: Arbeitsmedizinische Vorsorgeuntersuchungen Bleigefährdeter nach berufsgen. Grundsatz G 2 vom Mai 1981 und nach TRgA 505 Blatt 1, hier auch weitere Schutzmaßnahmen (s. GefStoffVO). (Voll-)Milch (s. d.) kommt *keine* spezifische Schutzwirkung gegen Blei oder andere toxische Stoffe zu! Empfehlenswert ist für bleigefährdete Personen eine eiweiß- und vitaminreiche, jedoch fettarme Kost; eine gewisse Schutzwirkung schwefelhaltiger Aminosäuren (Methionin; Cystein) und der Vitamine C und B_{12} ist zu vermuten.

Vr: Entschädigungspfl. Berufskrankheit gem. Ziff. 1101 BeKV.

Th: Akute Vergiftung (per os): Magenspülung mit 2–3%iger Natriumsulfatlösung, Carbo medicinalis. *Chronische Vergiftung:* Entionisierung des im Blut kreisenden Bleis mit $CaNa_2$-EDTA (s. Äthylendiamintetraacetat-Calcium-Komplex), Leberschutzbehandlung; laktovegetabile und fettarme Kost, hohe Dosen von Vitamin C und Vitamin-B-Komplex, sonst symptomatisch.

Bleialkyle (-tetraäthyl, -methyl)

Vk: Als Antiklopfmittel dem Motorenbenzin zugesetzt; Gefährdung nur beim Umgang mit dem konzentrierten Stoff oder durch Verdampfung größerer Mengen Bleibenzin beim Reinigen heißer Motoren; Bleialkyle werden auch durch die Haut resorbiert (!); durch Umgang mit Bleibenzin *keine* wesentliche Gefahr; beim Arbeiten an mit Bleibenzin gefahrenen Motoren durch anorganische Bleirückstände evtl. Bleigefährdung! MAK-Wert (s. d.) (als Pb berechnet): 0,01 ml/m^3 (Kat. II, 1).

Sy: Akute Vergiftung: In schweren Fällen 1–12 Stunden, evtl. später Blutdruck- und Temperaturabfall, akute Psychosen und häufig Exitus; meist Schlafstörungen, Kopfschmerzen, Hypotonie, Abmagerung und Symptome der Bleivergiftung. *Chronische Vergiftung:* Gleich. *Nachkrankheiten:* Meist keine, jedoch evtl. monatelange Rekonvaleszens, gelegentlich zerebrale Dauerschäden vermutet.

Vr: s. Blei und -verbindungen.

Prl, Th: Arbeitsmedizinische Vorsorgeuntersuchungen nach berufsgen. Grundsatz G 3 vom Mai 1981, Entfernung aus dem Arbeitsraum, Entfernung verschmutzter Kleidung, Reinigung verschmutzter Haut mit Petroleum, danach mit Schmierseife; bei Aufnahme durch den Mund Magenspülungen mit 2%iger Sodalösung oder warmem Wasser; nach Moeschlin $CaNa_2$-EDTA i. v. (s. Äthylendiamintetraacetat-Calcium-Komplex).

Bohröle s. Kühlschmierstoff

Bor und -verbindungen

Vk: Bor selbst gewerblich bedeutungslos; Borwasserstoffverbindungen (Borane) wichtige chemische Reagentien, Raketentreibstoffe.

Sy: Diboran (MAK-Wert [s. d.] 0,1 ml/m^3) ist u. a. ein starkes Lungenreizgift; Penta- (0,005 ml/m^3) und Decaboran (0,05 ml/m^3, Kat. stets I) führen schon in kleinen Mengen zu Krämpfen und Koma; daneben Leber- und Nierenschäden.

Th: Infusion von Natriumlactat, Sedativa; bei Diboran auch wie bei einer Nitrose-Gas-Vergiftung (s. d.); benetzte Haut sofort mit 3%iger wäßriger Salmiaklösung abwaschen.

Brandgase s. Rauchgase

Braunstein (Braunit) s. Mangan und -verbindungen

Brom und -verbindungen

Kaum gewerbliche Bedeutung, lediglich Methylbromid (s. d.) als Kühlmittel und Schädlingsbekämpfungsmittel; MAK-Wert (Brom) (s. d.) 0,1 ml/m^3 (Kat. I); eindeutige krebserregende Verbindungen sind 1,2-Dibrom-3-Chlorpropan und 1,2-Dibrommethan (MAK-Kat. III A 2, GefStoffVO-Gruppe II); Brommethan-MAK-Wert (s. d.) 200 ml/m^3 (Kat. II, 2). Brommethan 5 ml/m^3, „H“ (Kat. II, 1), dabei wird jedoch ein nennenswertes krebserregendes Potential vermutet (III B).

2-Brom-2-chlor-1,1,1-trifluoräthan = Halothan

Bronchialasthma
Unterschiedlich aufgefaßter Krankheitsbegriff; gekennzeichnet durch Anfälle von hochgradiger Atemnot mit erheblich erschwerter Ausatmung; ausgelöst durch Krampfzustände in den feinsten Bronchialverzweigungen mit vermehrter Schleimabsonderung als obstruktive Atemwegserkrankung bzw. Alveolitis (s. Alveolitis, exogen-allergische, und Atemwegserkrankungen, obstruktive).

Bronchitis s. Atemwegserkrankungen, obstruktive

Brucellosen
Meldepflichtig, von Tieren, selten von Menschen übertragbare Infektionskrankheiten; so Brucella abortus (BANG) = Bang-Krankheit (s. d.), Brucella melitensis = Maltafieber, ähnlich der Bang-Krankheit, gelegentlich auch in Deutschland.

Vr: s. Infektionskrankheiten.

Buchenholzstaub
Als eindeutig krebserzeugend erwiesen (III, A 1).

Vr: Adenokarzinome der Nasenhaupt- und Nasennebenhöhlen durch Buchenholzstaub sind entschädigungpfl. Berufskrankheit. gem. Ziff. 4203 BeKV.

Bundesanstalt für Arbeitsmedizin
s. Arbeitsmedizin

Bundesanstalt für Arbeitsschutz und Unfallforschung (BAU)
Zentrum für Arbeitssicherheit und für den Schutz vor Unfällen in Heim und Freizeit.

Aufgaben und Tätigkeit: Beratung in erster Linie des Bundesministers für Arbeit und Sozialordnung bei der Vorbereitung einschlägiger Regulative sowie anderer mit Sicherheitsfragen befaßter Gremien und Personen, sonstige Sachverständigentätigkeit; Unfallforschung; Erstellung von Ausbildungsgrundlagen, Ausbildungsmaßnahmen u. a.: Öffentlichkeitsarbeit u. a. Herausgeber des „Zentralblatts für Arbeitsmedizin, Arbeitsschutz und Prophylaxe mit Referatenteil“; zentrale Dokumentationsstelle für das Gebiet „Arbeitsschutz“; Geschäftsführung einschlägiger Ausschüsse u. a. Sitz: Dortmund-Dorstfeld.

1,3-Butadien
Reizstoff für Augen und Atemschleimhäute, als eindeutig krebserzeugend erwiesen (MAK-Kat. III A 2, GefStoffVO-Gruppe III).

1,4- und 2,4-Butansulton
Stark hautreizende Substanz, als eindeutig krebserzeugend erwiesen (MAK-Kat. III A 2).

Butylalkohol(-acetat) (Butanol)
Lösemittel, u. a. mit ausgeprägter Reizwirkung auf Schleimhäute; MAK-Wert (s. d.) 100 (bzw. 200) ml/m^3 (Kat. II, 1 bzw. I).

p-tert.-Butylphenol
Vk: in der Schuh- und Automobilindustrie durch Verwendung entsprechender Klebstoffe, auch durch Tragen ptBP-haltiger Kleidungsstücke.

Sy: nach mehrmonatigem Kontakt bei empfindlichen Personen Leukodermien (Vitiligo), Hepatosen, Milzvergrößerungen und Struma beobachtet; MAK-Wert (s. d.) 0,08 ml/m^3, „H“ (II, 2); BAT-Wert: 2 mg/l im Harn bei Schichtende.

Vr: entschädigungspfl. Berufskrankheit gem. Ziff. 1314 BeKV.

Byssinose
Ät: Wahrscheinlich chemisch-toxisch bedingt; Reste der Baumwoll- bzw. Flachspflanze sowie Rohhanfstaub enthalten Histaminliberatoren, Histamin und einen muskelkontrahierenden Faktor; MAK-Wert (s. d.) für Baumwollstaub (Rohbaumwolle): 1,5 mgG/m^3 (Kat. n. b.).

Vk: Nur bei der Vorreinigung der Rohbaumwolle bzw. dem Hecheln des Rohflachses.

Sy: 1. Grad: „Montagsjammer“: Reizhusten mit geringem Auswurf, Druck und Beklemmung auf der Brust. 2. Grad: Nach mehreren Jahren: Beschwerden bei Montagsgipfel auch an den anderen Arbeitstagen (noch reversibel). 3. Grad: Selten, erst nach jahr-

zehntelanger Exposition: dauernde Beschwerden, Lungenblähung mit Bronchitis.
Dg: Berufsvorgeschichte und Krankheitserscheinungen; Röntgenbild und Leichenbefunde sind uncharakteristisch.
Vr: Entschädigungspfl. Berufskrankheit gem. Ziff. 4202 BeKV.

Cadmium und -verbindungen

Vk: In Legierungen, als galvanisch aufgebrachter Rostschutz, in der Akkumulatoren- und Farbenherstellung; beim Schweißen und Schneiden an verkadmiertem Material, beim Hartlöten, bei der Gewinnung von Atomenergie u. a.; kein MAK-Wert (dazu s. unter *Sy*).
Sy: Akute Vergiftung: Oral (vor allem durch Genuß in Metallbehältern aufbewahrter Lebensmittel) schwere Gastroenteritis, Krampfanfälle, Kollaps, *Inhalation:* Ähnlich der Nitrose-Gas-Vergiftung, gelegentlich gewisse Prodromalerscheinungen, gelegentlich als Folge schwere Leberschäden. *Chronische Vergiftung:* Unterschiedlich, chronischer Schnupfen, Hyp-, Anosmie, ringförmige Gelbfärbung am Zahnhals, Husten, Kurzatmigkeit, Magenbeschwerden, Proteinurie, leichte Anämie, erhöhter Cd-Urinspiegel, Emphysem. Cadmium und seine Verbindungen (in Form atembarer Stäube) als krebserzeugend erwiesen (MAK-Kat. III A 2, GefStoffVO-Gruppe I).
Vr: Entschädigungspfl. Berufskrankheit gem. Ziff. 1104 BeKV.
Prl: Arbeitsmedizinische Vorsorgeuntersuchungen nach berufsgen. Grundsatz G 32 vom Mai 1981.
BAT-Wert (s. d.) Blut 15 µg/l, Urin 15 µg/l (nur vorläufige Orientierungswerte für arbeitsmedizinische Vorsorgeuntersuchungen).
Th: Akute Vergiftung: BAL-Kur (nicht bei parenteraler Vergiftung); bei Lungenödem (s. Reizgasvergiftungen). *Chronische Vergiftung:* Calcium- und Vitamin-D-Behandlung evtl. $CaNa_2$-EDTA oral.

Caissonkrankheit s. Druckfallkrankheit

Calciumcarbid

Zur Entwicklung von Acetylen beim Autogenschweißen verwendet, gefährlich durch evtl. Verunreinigungen; hierdurch Bildung von Phosphorwasserstoff (s. d.) und Arsenwasserstoff (s. d.).

Calciumchromat s. Chrom usw.

Calciumcyanamid s. Kalkstickstoff

Caplan-Syndrom

Kombination einer makronodulären Silikose mit einer chronischen Polyarthritis.

Carbolineum

Kompliziertes Gemisch aus Steinkohlenteerbestandteilen; verwendet als Holzimprägniermittel u. a.; macht evtl. Hautveränderungen wie Lichtsensibilisierungen, sog. Teerhaut, evtl. Hautkrebserkrankungen (s. d.).

Carbolsäure s. Phenole

Carborund

Grundstoff der künstlichen Schleifsteine, daneben in deren Bindemittel evtl. geringe Quarzmengen; praktisch keine Staublungengefährdung.

Chlor

Vk: U. a. in der Desinfektion, als Bleichmittel und in der chemischen Industrie; schwere Vergiftungen infolge starker Reizwirkung meist nur bei Explosionen usw.! MAK-Wert 0,5 ml/m^3 (Kat. I, Schwangerschaftsgruppe C).
Sy: Starke Reizerscheinungen an den Schleimhäuten der Augen und Atemwege, quälender Hustenreiz, Lungenödem.
Th: s. Reizgasvergiftungen.

Chlorbenzole

Mit zunehmender Chlorierung abnehmende narkotische und zunehmende Reizwirkung auf Haut und Schleimhäute, ebenso zunehmend Gefahr der Leberschädigung; arbeitsmedizinisch wichtig sind (Mono-)Chlorbenzol (u. a. Fleckenwasser Puran); 1,4-Dichlorbenzol (als Mottenmittel Globol). MAK-Werte (s. d.) für beide 50 mg/m^3 (Kat. II, 1, Schwangerschaftsgruppe C); für Chlorbenzol BAT-Wert (s. d.) als 4-Chlorcatechol 300 mg/g Kreatinin im Urin bei Schichtende.

Chlorbiphenyle

Verwendung und Wirkung ähnlich den Chlornaphthalinen (s. d.); MAK-Werte (s. d.) 0,05–0,1 ml/m^3, „H“ (Kat. III, Schwangerschaftsgruppe B); ein nennenswertes krebserzeugendes Potential wird jedoch vermutet (III B)!
Vr: s. Halogenkohlenwasserstoffe.

Th: Magenspülung, O_2-Beatmung, Stimulation, 10%ige Fruchtzuckerinfusionen mit 5%iger Kochsalzlösung.

Chlordan

Def: Polyzyklischer Chlorkohlenwasserstoff, Pflanzenschutzmittel (s. d.) MAK-Wert (s. d.) 0,5 mgG/m³ (Kat. III), ein nennenswertes krebserregendes Potential wird jedoch vermutet (III B)!

Sy: ähnlich DDT (s. d.)

Vr: Halogenkohlenwasserstoffe.

Chlordimethyläther s. Dichlormethyläther

1-Chlor-2,3-epoxypropan
s. Epichlorhydrin

Chlorfluormethan
Verunreinigung von Chlorfluorkohlenwasserstoff, eindeutig krebserregend (MAK-Kat III A 2).

N-Chlorformylmorpholin
Ein eindeutig als krebserzeugend erwiesener Stoff (MAK-Kat III A 2, GefStoffVO-Gruppe II).

Chlorkohlenwasserstoffe
s. Halogenkohlenwasserstoffe

Chlormethan s. Methylchlorid (unter Methylbromid)

Chlornaphthaline

Vk: Besonders in der Elektroindustrie als Vergußmassen (Haftax, Halnax, Perna usw.).

Sy: Ausgedehnte Aknebildung, auch an Oberschenkeln, Brust usw.: Pernakrankheit; allgemeine nervöse Beschwerden, Gewichtsabnahme, Anämie, Kachexie, Gefahr der Leberschädigung; Trichlornaphthalin; MAK-Wert (s. d.) 5 mgG/m³ (Kat. n. b.), „H".

Prl: Entfernung aus dem Betrieb, Leberschutzbehandlung, *kein* Alkohol!

Vr: s. Halogenkohlenwasserstoffe.

2-Chloropren (= 2-Chlor-1,3-butadien)

Vk: Verwendet zur Herstellung von künstlichem Gummi; sehr toxisch; MAK-Wert (s. d.) 10 ml/m³, „H" (Kat. II, 1, Schwangerschaftsgruppe D).

Sy: Akute Vergiftung: Narkose, Tod in Atemlähmung. *Chronische Vergiftung:* 2 Symptomenkomplexe: In Polymerisationsabteilung: Starker (reversibler) Haarausfall, gelegentlich Herzdruck, Herzklopfen. In Chloroprendestillation: Auffallende Müdigkeit, Druck auf Brust, Herzklopfen, Atemnot, auffallende Reizbarkeit. Im Tierversuch: Leber- und Nierenveränderungen u. a.

Vr: s. Halogenkohlenwasserstoffe.

Chlor-o-toluidin
Verursacht toxische hämolytische Anämie, bewirkt Blasenreizung, eindeutig krebserregend (MAK-Kat. III A 1) (s. auch Amino-[Amido-]Verbindungen).

Chlorphenole
Zur Holzkonservierung und Schädlingsbekämpfung verwendet, vorwiegend Pentachlorphenol (s. d.).

Chlorpikrin (Nitrochloroform)

Vk: Verwendet zur Bodenentseuchung und als Wuchsmittel.

Sy: Schleimhautreizungen, Erbrechen, Chemosis, schwere Lungenschäden, Lungenödem; MAK-Wert (s. d.) 0,1 ml/m³ (Kat. I).

Chlortrifluorid
Verwendet zu Fluorierungsreaktionen; chemisch und biologisch äußerst aggressiv; starker Reizstoff wie Fluor; MAK-Wert (s. d.) 0,1 ml/m³ (Kat. I).

Chrom und -verbindungen

Vk: Vorwiegend als Chromsäure, Alkalichromate und Bichromate in der Galvanisation, als Chromfarben, in der Gerberei (das in den Gerbereien heute verwertete 3wertige Chrom ist weitgehend ungefährlich!), zum Holzbeizen und in der Metallurgie; für Chromsäure und für Chromate kein MAK-Wert, da kanzerogen = MAK-Kat. III A 2, für Zinkchromat III A 1, GefStoffVO-Gruppe II.
Cr-VI-Verbindungen in Form von Stäuben/Aerosolen sowie Lichtbogenhandschweißen mit umhüllten Stabelektroden, TRK-Wert: 0,2 im übrigen 0,1 mg/m³ (berechnet als CrO_3 im Gesamtstaub; EKA-Werte für Alkalichromate (VI) s. MAK-Liste Abs. VIII; auch wurde in Tierversuchen eine krebserregende Wirkung beobachtet [MAk-Kat. III A 2]); dagegen gelten das metallische Cr und seine 3wertigen Verbindungen als weitgehend ungiftig (durch letztere sind Dermatitiden beschrieben).

Sy: Haut: Verätzungen mit kreisrunden Geschwüren, Ekzeme nach Sensibilisierung durch Cr-VI-Verbindungen. *Schleimhäute:*

Reizerscheinungen des Auges, der Luftwege und der Nase, Nasenscheidewandperforation. *Magen-Darm-Kanal:* Nach Verschlucken Schleimhautentzündungen mit Geschwüren. *Nieren:* Hämorrhagische Nephritis nach oraler Aufnahme und perkutaner Resorption. *Lungen:* Hartnäckige Bronchitiden, vereinzelt Chromatstaublungen, nach langjähriger Chromatexposition und Latenzzeit Bronchialkarzinom möglich.

Prl: Arbeitsmedizinische Vorsorgeuntersuchungen nach berufsgen. Grundsatz G 15 vom Mai 1981.

Vr Entschädigungspfl. Berufskrankheit gem. Ziff. 1103 BeKV.

Th: Bei Hautgeschwüren: Thiosulfat- oder 5%ige Natriumsulfatlösung, evtl. 5–10%ige Natriumcitratkompressen; $CaNA_2$-EDTA-Salbe (10%ig) 1–2mal 24 Stunden als Kompressen.

Cobalt usw. s. Kobalt usw.

Cumol = iso-Propylbenzol

Homolog des Benzols mit relativ hohem Siedepunkt von 152 °C; MAK-Wert (s. d.) 50 ml/m^3, „H" (Kat. n. b.), s. auch Benzol und seine Homologe.

Cyan und Verbindungen s. Blausäure und Verbindungen.

p-Cymol

Homolog des Benzols, s. Benzol und seine Homologe.

Dauerwellflüssigkeit s. Thioglykolsäure

DD-Lacke s. Isocyanate

DDT-Präparate

Halogenkohlenwasserstoffe (DDT = 1,1,1-Trichlor – 2,2-bis 4-chlorphenyl)äthan.

Vk: Als DDT, Gesarol, Neocid, Trix usw. häufig gebrauchte Insektizide, für Menschen in den üblichen niedrigen Gebrauchskonzentrationen weitgehend ungiftig, nur Hautresorption von öliger Lösung; MAK-Wert (s. d.) 1 mg/m^3, „H" (Kat. III).

Sy: Akute Vergiftung: Nervöse Übererregbarkeit, Zittern, schwere Krämpfe (ähnlich Strychninvergiftung), Tod durch Atemlähmung oder Herzkammerflimmern, evtl. Komplikationen durch verwendete Lösemittel. *Chronische Vergiftung:* Umstritten, verschiedenartige Schäden beschrieben, so Sensibilisierungen, nervöse Erscheinungen u. a.

Th: Magenspülung mit Tierkohle; salinische Abführmittel (*kein* Rizinusöl, *keine* Milch); Paraffinöl; symptomatisch; *kein* Adrenalin, keine Ephedrinderivate!

Decalin (Decahydronaphthalin)
s. Naphthaline, hydrierte

Deltaaminolävulinsäure
s. δ-Aminolävulinsäure

Desmodur (Desmophen) s. Isocyanate

2,4-Diaminoanisol(sulfat)

Gering toxisch, im Tierversuch krebserregend (MAK-Kat. III A 2).

4,4-Diaminodiphenylmethan

Vor allem leberschädigend, auch Nierenschäden, „H, S", als krebserregend erwiesen (MAK-Kat. III A 2).

2,4-Diaminotoluol s. 2,4-Toluylendiamin

Diäthyläther s. Äther

Diäthylen(di)oxid s. Dioxan

Diäthylsulfat

Lokale Ätzwirkung auf Haut, Augen und Atemwege. Evtl. Lungenödem; Toxizität unterschiedlich beurteilt, im Tierversuch eindeutig krebserregend, TRK-Wert: 0,03 ml/m^3 „H" (MAK-Kat. III A 2, GefStoffVO-Gruppe II).

Diatomeenerde s. Kieselsäuren

Diazomethan

Vk: Häufig gebrauchtes, gasförmiges Methylierungsmittel; im Tierversuch krebserregend (MAK-Kat. III A 2)!

Sy: Atemnot, starke Reizerscheinungen im Bereich der Atemwege, evtl. Bronchopneumonien, unstillbarer Hustenreiz, Benommenheit; auch Überempfindlichkeit in Form von Bronchialasthma beschrieben; im Tierversuch Bronchialkarzinom.

Th: s. Nickeltetracarbonylvergiftung.

1,2-Dibromäthan (Äthylenbromid)

Vk: Als Feuerlöschmittel, besonders in Mischung mit Bleitetramethyl.

Sy: Reizerscheinungen der Augen und oberen Atemwege, Übelkeit, Erbrechen; als Nachkrankheiten Reizungen der Atmungsorgane und Herzstörungen beschrieben; eindeutig als krebserzeugend erwiesen (MAK-

Kat. III A 2); TRK-Wert (s. d.) 0,1 ml/m³ („H").

1,2-Dibrom-3-Chlorpropan

Reizwirkung auf Haut und Schleimhäute, möglicherweise Leberschäden, sonst wenig bekannte Substanz; jedoch eindeutig als krebserzeugend erwiesen (MAK-Kat. III A 2, GefStoffVO-Gruppe II).

Dichloräthan

Vk: Als Lösemittel, als Mittel zur Schädlingsbekämpfung; MAK-Wert für 1-1-Verbindung 100 ml/m³ (Schwangerschaftsgruppe D); Kat. II, 1, für 1-2-Verbindung ein nennenswertes krebserregendes Potential erwiesen (Kat. III A 2).

Sy: (ähnlich Tetrachlorkohlenstoff): *Akute Vergiftung:* Typisch zwei Stadien, anfangs Narkose, danach Erbrechen, Durchfälle, Leibkoliken, Leber- und Nierenschäden, evtl. Lebernekrosen mit nekrotischen Nephrosen. *Chronische Vergiftung:* Appetitlosigkeit, Erbrechen, intestinale Erscheinungen, nervöse Störungen.

Prl: Atemschutzgeräte mit Spezialfiltern.

Th: s. Tetrachlorkohlenstoff.

Dichloräthylen

(Dioform = 1-2-Verbindung)

Selten verwendetes Lösemittel für Gummi, Wachse, Acetylcellulose u. a.; leicht narkotische Wirkung, spezifisch toxische Wirkung umstritten (berichtet wird über Hornhauttrübungen und Leberschädigungen); bei offener Flamme u. ä. Gefahr der Phosgenbildung! MAK-Wert (s. d.) für 1-2-Verbindung 200 ml/m³, für 1-1-Verbindung (= Vinylidenchlorid) 2 ml/m³ (Kat. II, 1, Schwangerschaftsgruppe C). Für letztere wird ein nennenswertes krebserregendes Potential jedoch vermutet! (Kat. III B)

3,3-Dichlorbenzidin

Starke Hautresorption (H). Möglicherweise sensibilisierend und kumulierend, Schädigungen der Harnwege; dem Benzidin ähnlich eindeutig als krebserzeugend erwiesen (MAK-Kat. III A 2, GefStoffVO-Gruppe II); jedoch Neigung zur Methämoglobinbildung wesentlich geringer.

Dichlorbenzol s. Chlorbenzole

Dichlordiäthylsulfid s. Lost

Dichlormethan

Meist Methylen(di)chlorid genannt; wegen hoher Flüchtigkeit (Siedepunkt = 40 °C) Verwendung begrenzt; unter den 4 chlorierten Methanderivaten am wenigsten giftig; MAK-Wert (s. d.) 100 ml/m³ (Kat. II, 2); ein nennenswertes krebserregendes Potential wird vermutet (III B); bei wesentlicher Überschreitung Katererscheinungen oder Trunkenheit.

BAT-Wert (s. d.) CO-Hb 5%, Dichlormethan 1 mg/l am Expositionsende.

Dichlormethyläther

Substanz mit haut- und schleimhautreizender Wirkung, neuerdings als starkes Karzinogen erwiesen (Lungenkrebserkrankungen) als Verunreinigung (bis 7%) des Monochlordimethyläthers (MAK-Kat. III A 1, GefStoff-VO-Gruppe II).

Dichlor(mono, di, tetra)fluormethan

Als Frigen, Freon usw. weitgehend ungefährliche Treib- und Kühlmittel, Ersatz für Methylchlorid u. ä. MAk-Wert (s. d.) 10 ml/m³ (Kat. II, 1); jedoch u. U. Phosgenbildung (s. Phosgen).

Dicumarol

Vk: Schädlingsbekämpfungsmittel gegen Ratten und Mäuse (Actosin, Warfarin, Tomorin) mit chronischer Vergiftungswirkung; für Menschen und Haustiere einmalige Einnahme ungefährlich.

Sy: elektive Schädigung der Prothrombinbildung in der Leber, dadurch fehlende oder verzögerte Blutgerinnung: Blutungen.

Dieselmotor-Emissionen s. Auspuffgase

Diisobutylketon

= 2,6-Dimethylheptan-4-on

Seltener gebrauchtes Lösemittel, z. B. für Acetyl- und Nitrocellulose; MAK-Wert (s. d.) 50 ml/m³ (Kat. n. b.); berufliche Gesundheitsschädigungen sind bisher nicht bekannt.

Diisocyanate s. Isocyanate

Dimethylcarbamidsäurechlorid.

Eindeutig als krebserzeugend erwiesener Stoff (MAK-Kat. III A 2, GefStoffVO-Gruppe I).

Dimethylformamid

Wichtiges Lösemittel für Polyacrylnitril bei Kunstfaserherstellung; bei Inhalation mäßig toxisch; Hautbenetzung wegen Resorption gefährlich; leichte Hautreizung; im Tierversuch narkotische Wirkungen, Leber- und Nierenschädigungen beobachtet; MAK-Wert (s. d.) 20 ml/m^3, „H" (Kat. II, 1, Schwangerschaftsgruppe B).

N,N-Dimethylnitrosamin

Eine eindeutig als besonders krebserzeugend erwiesene von zahlreichen N-Nitroseverbindungen, vorhanden vor allem in Pökelfleischwaren, u. a. auch im Zigarettenrauch, auch evtl. Bildung durch Nitriteinwirkung aus sekundären Aminen aus Nahrungsmitteln, in geringem Maß aus Arzneimitteln im sauren Milieu (Magen) (MAK-Kat. III A 2, GefStoffVO-Gruppe I).

Dimethylsulfat

Vk: Verwendet als Methylierungsmittel; starke Gewebswirkung durch Methylierung; eindeutig als krebserzeugend erwiesen (MAK-Kat. III A 2, GefStoffVO-Gruppe II); TRK-Werte für Herstellung 0,02 ml/m^3, für Verwendung 0,04 ml/m^3, „H".

Sy: Akute Vergiftung: Nach Latenzzeit von mehreren Stunden schwere Schäden an Haut, Schleimhäuten und Lungen, so Hautverätzungen, Chemosis, Hornhautschäden, nekrotisierende Bronchitis, Lungenödem. *Chronische Vergiftung:* Evtl. Sensibilisierung (Methylüberempfindlichkeit); Leber- und Nierenschäden umstritten.

Th: s. nitrose Gase; bei Augenschädigungen Spülen unter fließendem Wasser, Augenarzt! Haut mit verdünnter Ammoniaklösung (3%ig) abwaschen. Helfer durch Schutzanzüge und Atemgerät schützen!

Dinitrobenzole s. Nitroverbindungen, aromatische

Ein nennenswertes krebserzeugendes Potential wird vermutet (MAK-Kat. III B, „H").

Dinitrokresol(-phenol)

Vk: Als Schädlingsbekämpfungsmittel, Unkrautvertilgungsmittel usw.; MAK-Wert für Dinitroorthokresol) (s. d.) 0,2 mgG/m^3, „H" (MAK-Kat. II, 1).

Sy: Allgemeinbeschwerden, vegetative Dystonie, Gewichtsabnahme, Steigerung des Grundumsatzes und der Temperatur, Kreislaufstörungen, Hypotonie, Atemnot, evtl. Starbildung; Dermatitiden.

Vr: s. Nitroverbindungen, aromatische.

Th: akut: Magenspülung, Abführmittel, Bekämpfung des Lungenödems; *subakut:* Infusion größerer Mengen 5%iger Lävuloselösung, Herabsetzung des Grundumsatzes, Vitamin A, evtl. kühle Bäder.

Dinitrotoluole s. Nitroverbindungen, aromatische

Als eindeutig krebserzeugend erwiesen (MAK-Kat. III, A 2), „H".

1,4-Dioxan (Diäthylen[di]oxyd)

Vk: Viel verwendetes Lösungsmittel, besonders bei Kunstseideherstellung; nur anfängliche Schleimhautreizwirkung; Giftigkeit doppelt so groß wie die von Äthylenglykol, jedoch keine Oxalsäurebildung; MAK-Wert (s. d.) 50 ml/m^3, „H" (Kat. II, 1, Schwangerschaftsgruppe D), (ein nennenswertes krebserregendes Potential wird jedoch vermutet [III, B]).

Sy: Subakute Vergiftung: Nach wiederholter Schleimhautreizung Schwindel, Erbrechen, Magenschmerzen, Urämie und Bewußtlosigkeit, Leukozytose; Leber- und Nierenschäden.

Dioxin

Im Mittelpunkt des Interesses steht „2,3,7,8-Tetrachlorbibenzo-p-dioxin", das „Seveso-Gift", dabei sind weitere polychlorierte Dibenzo-p-dioxine (PCDD) wie auch polychlorierte Dibenzofurane (PCDF) hochtoxisch; als eindeutig krebserregend erwiesen (MAK-Kat. III A 2).

Vk: Ausschließliche Nebenprodukte bei der Erzeugung bzw. Verwendung chlorhaltiger Chemikalien, z. B. Herbiziden, Vergußmassen (Chlornaphthaline, s. d.) u. a. oder das Ergebnis unvollständiger Verbrennung, z. B. in Müllverbrennungsanlagen oder im Altöl; neben Seveso-Katastrophe und dem Einsatz verseuchter Entlaubungsmittel im Vietnam-Krieg verschiedene Massenvergiftungen; ubiquitär in Luft, Boden und Wasser in mehr oder weniger geringfügiger Menge vorhandene Stoffe. Eine allgemeine Gesundheitsgefährdung der Bevölkerung wird verneint, wie sich eine Kanzerogenität nicht erhärten ließ.

Sy: Verschiedenartig, Hautveränderungen (so z. B. „Pernakrankheit"), Leber- und Nierenschädigungen, degenerative Veränderungen an Nebennieren und Pankreas.

Prl: Laut GefStoffVO (s. d.) Anhang III Nr. 3, besondere Schutzvorschriften beim Anfall von mehr als 0,005 mg/kg dieser Stoffe (bzw. für 2,3,7,8-Tetrachlordibenzo-p-dioxin 0,002 mg/kg).

Dokumentation, arbeits- und sozialmedizinische

- Institut für Dokumentation und Information über Sozialmedizin und Öffentliches Gesundheitswesen (idis), Bielefeld; als Landesbehörde offizielles Instrument der Dokumentation der Sozialmedizin, Arbeitsmedizin und der meisten übrigen Bereiche der ökologischen Medizin. Fachbereiche der Informatik: Literaturdokumentation als Herausgabe periodischer Publikationen, so z. B. Dokumentation Sozialmedizin – Öffentl. Gesundheitswesen – Arbeitsmedizin (monatlich) und als Beantwortung von Einzelfragen in Form von Titeln, Referaten und ggf. Kopien von einigen Originalarbeiten (kostenlos, Anfragekarten vom Institut); Befunddokumentation und medizinische Statistik; medizinische Kommunikation.
- Bundesanstalt für Arbeitsschutz und Unfallforschung (s. diese).
- Deutsche Gesellschaft für medizinische Dokumentation und Statistik in der Deutschen Gesellschaft für Dokumentation e. V.
- Zeitschriften: Zentralblatt für Arbeitsmedizin, Arbeitsschutz, Prophylaxe und Ergonomie; Arbeitsmedizin – Sozialmedizin – Präventivmedizin u. a.

Drescherlunge

s. Farmer-(Drescher-)Lunge

Druckfallkrankheit

Vk: Nach Arbeiten unter erhöhtem Luftdruck in Senkkästen, Taucherglocken oder Taucheranzügen durch Ansammlung von Stickstoffbläschen im Gewebe.

Sy: Meist etwa ½ Stunde nach Druckabfall, evtl. auch später Gelenk- und andere verschiedenartige Schmerzen, zentralnervöse Störungen, apoplektische Bilder, Kreislaufstörungen, evtl. Emboliebildung, am häufigsten schmerzhafte Muskel- und Gelenkerkrankungen; selten zentrale Dauerschäden.

Prl: Eingehende Eignungsuntersuchungen und laufende ärztliche Überwachung von Arbeitern in Senkkästen (Caissons) usw. sowie von Tauchern durch besondere Überwachungsärzte (hierzu Richtlinie des BMA v. 19. 3. 1973, Arbeitsschutz 1973, S. 194); sonstiges in Verordnung über Arbeiten in Druckluft vom 4. 10. 1972 in Fassung des Gesetzes vom 12. 4. 1976 (BGBl. I S. 965) analog der Druckluft-VO-Regelung der Vorsorgeuntersuchungen durch berufsgen. Grundsatz 31 vom Mai 1981.

Vr: Entschädigungspfl. Berufskrankheit gem. Ziff. 2201 BeKV.

Th: Wiedereinschleusung (Rekompression auf Arbeitsdruck) – sonst symptomatisch.

Drucklähmung der Nerven

Ät: Seltene Erkrankungen, meist an Einzelnerven durch Druck infolge von bestimmten Arbeitsstellungen (z. B. Aufstützen der Ellenbogen), Arbeitsgeräten (z. B,. Tragegeräte, dadurch sog. Steinträger- oder Tornisterlähmung) oder aber auch Arbeitsschutzmaßnahmen, wie das Tragen von Knieschonern (bei falscher Konstruktion derselben).

DD: Besonders gegenüber von Fokaltoxikosen, Wurzelneuritiden, Bandscheibenveränderungen, toxischen Schädigungen und evtl. Infektionsfolgen.

Vr: Entschädigungspfl. Berufskrankheit gem. Ziff. 2106 BeKV.

Düngemittel

Im allgemeinen relativ harmlos; bedenklicher ist Thomasschlackenmehl (s. d.). Ätzkalk und Kalkstickstoff können besonders bei feuchter oder verletzter Haut zu Ätzwunden oder Hautentzündungen (Ekzeme) führen; spezifische Gefahr von Kalkstickstoffstaub und Alkohol (s. Kalkstickstoff).

Dupuytren-Kontrakturen (s. S. 429)

Sind überwiegend anlagemäßig und nicht beruflich bedingt.

Duralverletzungen

Vk: Durch Dural (Duraluminium) und ähnliche spröde Legierungen naturgemäß häufiger Verletzungen.

Sy: Tiefere Rißwunden mit entsprechend schlechter Heilungstendenz mit erhöhter Infektionsgefahr; jedoch *keine* besondere Toxizität, wie öfters behauptet wird.

E 605 s. Phosphorinsektizide, organische

EDTA-CaNa₂

s. Äthylendiamintetraacetat-Calcium-Komplex

Eichenholzstaub
Als eindeutig krebserzeugend erwiesener Stoff (MAK-Kat. III A 1).
Vr: Adenokarzinome der Nasenhaupt- und Nasennebenhöhlen sind entschädigungspfl. Berufskrankheit gem. Ziff. 4203.

Einwirkung
(entspricht sinngemäß dem Begriff „Auslöseschwelle" [s. d.] der GefStoffVO)
Eine Einwirkung im Sinne der TRgA 101 Nr. 1 der Arbeitsstoffverordnung (s. d.) bzw. der UUV 1.5 „Arbeitsmedizinische Vorsorg." = VGB 100 – sinngemäß auch der berufsgenossenschaftlichen Grundsätze – und damit eine Indikation für Vorsorgeuntersuchungen (s. d.) liegt überall dort vor, wo das Risiko einer Gesundheitsschädigung durch einen gefährlichen Arbeitsstoff besteht, insbesondere wenn am Arbeitsplatz bei wiederholten Messungen der MAK-Wert nach TRgA 402 nicht unterschritten wird und/oder durch die Ergebnisse von biologischen Expositionstesten oder Vorsorgeuntersuchungen mit einer Gesundheitsschädigung zu rechnen ist.
Sie ist nicht anzunehmen, wenn aufgrund ausreichender ärztlicher oder betrieblicher Erfahrungen ein solches Risiko nicht vorliegt. Beim Umgang mit krebserzeugenden Stoffen ist das Vorliegen einer Einwirkung unter bestimmten Voraussetzungen zu unterstellen.

Eisen und -verbindungen
Im allgemeinen ungiftig, harmlose Lungenverstaubungen durch Eisenoxid (s. Eisenoxidlunge), evtl. Schleimhautreizungen (Magen); Eisenpentacarbonyl, als Antiklopfmittel dem Motorentreibstoff zugesetzt (Motalin), ist ein Nervengift; es ist durch die Haut resorbierbar; bei Kindern kann aber Eisen, besonders als Eisensulfat, in größeren Mengen aufgenommen, evtl. tödlich wirken! MAK-Wert (s. d.) für Eisenoxid als Feinstaub 6 ml/m^3, für Eisenpentacarbonyl 0,1 mg/m^3 (Kat. n. b. bzw. II, 1).

Eisen(oxid)lunge (Siderose)
Vk: Bei Minettegrubenarbeitern, in Walzwerken, beim Schweißen (s. d.) usw.
Sy: Zumeist harmlose, evtl. dichte Verschattung im Röntgenbild, im allgemeinen ohne Krankheitswert, bei Grubenarbeiten evtl. jedoch Siderosilikosen!

EKA = Expositionsäquivalente für krebserzeugende Arbeitsstoffe
Für krebserzeugende bzw. Arbeitsstoffe mit dem starken Verdacht auf eine Krebsgefährlichkeit kann gegenwärtig kein als unbedenklich ausreichender biologischer und damit kein BAT-Wert (s. d.) angegeben werden.
Um die innere Belastung bei ausschließlich inhalativen Stoffaufnahmen aufzuzeigen, werden soweit wie möglich Beziehungen zwischen der Stoffkonzentration in der Luft am Arbeitsplatz und der Stoff- bzw. Metabolitenkonzentration im biologischen Material aufgestellt (EKA). Sofern letztere höher liegen, weist das auf zusätzliche, in der Regel kutane Aufnahme hin (s. MAK-Wert-Liste, Abs. VIII).

Ekzem s. Hauterkrankungen, berufliche

Elektrische Unfälle (s. auch S. 430)
Ät: Berührung spannungsführender Teile in elektrischen Anlagen (im allgemeinen über 55 Volt) bedeutet immer die *Gefahr eines u. U. tödlichen Stromflusses über den Körper!* Stromwirkungen abhängig von Stromstärke, Dauer und Weg des Stromdurchgangs und u. a. der Leitfähigkeit des Untergrundes, der Kleidung und der Schuhe (besondere Gefahr bei Nässe!) sowie der Hautbeschaffenheit.
Sy: An der Haut Strommarken, sonst je nach Stromstärken usw.: Muskelverkrampfungen, u. a. der Atemmuskulatur, Blutdrucksteigerung, unregelmäßiger Herzschlag, Herzstillstand, Herzkammerflimmern; bei Hochspannung Verbrennungen und Verkochungen der Muskulatur unter der erhalten gebliebenen Haut.
Th: Entfernung des Verunglückten aus dem Stromkreis (Schutz des Helfers wichtig!); *sofortige Beatmung* am Unfallort, *kein Transport,* künstliche Atmung (s. Wiederbelebung) *stundenlang fortsetzen,* nur bei unbedingt sicheren Todeszeichen (Leichenflekken) abbrechen; dazu Herzdruckmassage (bei Atemspende zwingend erforderlich!); bei Herzkammerflimmern Defibrillatorbehandlung (falls am Unfallort vorhanden); daneben nur periphere Kreislaufmittel, *kein Strophanthin;* bei Herzstillstand evtl. intrakardial Ephetonin usw., jedoch *kein Adrenalin;* bei Hochspannungsverletzten Bekämpfung der Schock- und Urämiegefahr; soweit bei Bewußtsein, als Nachbehandlung reichlich Flüssigkeitszufuhr, Alkalisierung (etwa 3 Teelöffel Natrium bicarbonicum je Liter

Wasser), Infusion isotonischer Kochsalzlösung, evtl. Plasma.

Emphysembronchitis
s. Atemwegserkrankungen, obstruktive

Entstaubung

Enstaubung der Luft des Arbeitsraumes: Allgemeines über die Beseitigung von Betriebsstaub s. Lüftung (Abs. „Absaugung"); bei gesundheitsgefährlichen Stoffen mit der besonderen Gefährlichkeit der Feinstäube, hauptsächlich in der Größenordnung von 0,5–5 µm (für das normale Auge zumeist unsichtbar!), praktisch völlige Beseitigung dieser feinsten Staubfraktionen nicht nur aus dem Arbeitsraum, sondern auch aus der abgesaugten Abluft erforderlich (Gefahr des Rückstromes durch die Fenster, Belüftungseinrichtungen usw.); über die Rückführung gefilterter Betriebsluft s. Lüftung.

Entstaubung der Arbeitsplätze, Arbeitswege usw. (Reinigung): nicht selten Staubgefährdung und auch Stauberkrankungen durch unzweckmäßige Reinigungsmaßnahmen bzw. unzweckmäßige Gestaltung der Arbeitstische, Arbeitswege usw.; deshalb Vermeidung der Staubaufwirbelung.
a) bei dem Arbeitsvorgang und am Arbeitsplatz bzw. auf den Arbeitswegen;
b) bei der Reinigung: möglichst mit Staubsauger, wobei jedoch in diesem eine praktisch völlige Filterung des Feinstaubanteils auch auf die Dauer garantiert werden muß.

Epichlorhydrin
(1-Chlor-2,3-epoxypropan)

Vk und *Sy:* Farblose Flüssigkeit mit Chloroformgeruch; verwendet zur Herstellung von Kunstharzen; stark lokal reizend, Atemdepression bzw. -lähmung, bei längerer Exposition entzündliche Veränderungen an Augen und Lunge, Leberschädigung; bekannt sind Allergien; TRK-Wert: 3 ml/m^3, „H"; eindeutig als krebserzeugend erwiesen (MAK-Kat. III A2, GefStoffVO-Gruppe III).

Vr: s. Halogenkohlenwasserstoffe.

Th: symptomatisch (kein Adrenalin).

Epidemiologie s. Kap. Sozialmedizin

Epoxidharze s. Äthoxylinharze

1,2-Epoxypropan
Starke Reizwirkung auf Haut, Augen und Atemwege. Zentralnervöse Wirkungen, intestinale Erscheinungen, Sekundärinfekte der Lungen; TRK-Wert: 2,5 ml/m^3; eindeutig als krebserzeugend erwiesen (MAK-Kat. III A2, GefStoffVO-Gruppe III).

Erdgase
Aus der Erde strömende Gase wie z. B. Heliumgas, Kohlensäuregas, Kohlenwasserstoffe; im engeren Sinn Kohlenwasserstoffgemische, vor allem Methan (80–95%), daneben noch höhere Kohlenwasserstoffe wie Äthan, Propan, Butan usw.; weitgehend ungiftig.

Erdöl
Gemisch hauptsächlich aus Kohlenwasserstoffen, dabei gesättigten und ungesättigten Verbindungen der Methanreihe, gesättigten, zyklischen Verbindungen der Naphthenreihe und aromatischen (= Benzol – usw.) Kohlenwasserstoffen; daneben u. a. noch Schwefel-, Stickstoff- und Sauerstoffverbindungen, auch Vanadiumpentoxid (s. d.).

Ergonomie
„Eine", jedoch nicht „die" Arbeitswissenschaft; Wissenschaft von der Gestaltung der Arbeit; sie beinhaltet neben der Arbeitsphysiologie und Arbeitspsychologie Arbeits(schutz)technik, Arbeitspädagogik und Arbeitssoziologie; sie befaßt sich mit der Analyse der verschiedenen Arbeitsformen und ihrer Methodik, der Frage ihrer Bewältigung durch den Menschen und der Prüfung der funktionellen Reaktion des Individuums zwecks Vermeidung von Gesundheidsschäden beim arbeitenden Menschen, mit rationeller Arbeitsgestaltung und damit auch Steigerung der Produktivität, weiterhin mit Fragen des Arbeitsstudienwesens, der Arbeitsbewertung und der Arbeitserziehung.
Die Ergonomie ist ein komplexes Teilgebiet der allgemeinen Arbeitswissenschaften, in ihrem Schwergewicht weitgehend identisch mit der Arbeitsmedizin unter besonderer Betonung von deren technischen Teilsparten der Arbeitsphysiologie, -psychologie und -hygiene.

Ermüdung
Physiologischer Vorgang; Ermüdungsgefühl mit Empfindung einer Hemmung als Schutzfunktion vor Überbeanspruchung; verschiedene Ermüdungsformen, davon die wichtigsten die Muskelermüdung und die nervöse oder allgemeine Ermüdung.

Muskelermüdung ist eine von einer Ermüdungsempfindung begleitete Leistungsabnahme der beanspruchten Muskeln mit einem Nachlassen der Kraft und einer Verlangsamung der Bewegungsabläufe; dabei Grad der Blutdurchströmung von besonderer Bedeutung; die reine Muskelermüdung erfaßt bei Handarbeiten zunächst nur die direkt dynamisch bzw. statisch beanspruchten Muskeln, später auch indirekt beteiligte Muskelgruppen; bei Feinarbeit meist weitgehend latenter Ablauf des Ermüdungsvorgangs; nach der Ermüdung zur Herstellung des physiologischen Gleichgewichtes vollständige Erholung erforderlich.

Nervöse oder allgemeine Ermüdung entspricht einer Dämpfung kortikaler Funktionen, zeigt sich in verminderter Reaktionsfähigkeit, hervorgerufen oder begünstigt durch

- *jede Art von Arbeit* mit Anforderungen an die Konzentration, die geistige Regsamkeit und die Geschicklichkeit;
- *langdauernde körperliche Tätigkeit,* besonders bei unausgeglichenen (unter- oder überfordernden) Leistungsanreizen, monotoner oder sonst physiologisch oder psychologisch unangepaßter Arbeit oder Arbeitsumwelt, so z. B. Arbeit unter Zeitdruck, unter psychischen Unlustgefühlen (seelisch negative Einstellung zur Arbeit, Interessenlosigkeit), bei krankhaften und schmerzhaften Zuständen u. a.

Bei Weiterarbeit unter bestehender Ermüdung bzw. nach unvollständiger Erholung kommt es zu *Übermüdung* und *Erschöpfung,* dadurch sind akut u. a. erhöhte Unfallgefährdung, nach längerer Dauer oder wiederholtem Auftreten Gesundheitsschäden zu erwarten, besonders bei Schwächlichen, Jugendlichen und Rekonvaleszenten; Objektivierung der Ermüdung nur unzureichend möglich, da Überdeckung echter Ermüdungszeichen durch Leistungswillen nicht auszuschalten ist.

Ermüdungsbrüche s. Abrißbrüche der Wirbelfortsätze

Erschütterungen

Bei Arbeitsvorgängen in vielfältiger Form, so als mehr oder weniger *unrhythmische Erschütterungen* beim Arbeiten mit Hämmern, beim Vorhalten, beim Fahren von Traktoren, Baumaschinen, Lastkraftwagen u. a.; dadurch evtl. überlastungsschäden der Wirbelsäule, Bandscheibenschäden der Lendenwirbelsäule, Magenbeschwerden, Allgemeinbeschwerden u. a.; als *rhythmische Erschütterungen,* in erster Linie durch Preßluftwerkzeuge (s. d.); als *Vibrationen* (s. d.)

Erste Hilfe

Wird im allgemeinen durch Laien, Laienhelfer oder Heilgehilfen geleistet; ist kein Ersatz für ärztliche Hilfe, sondern nur ein Notbehelf; jedoch *rechtzeitiges und sicheres Handeln am Unfallort, vor allem Verhütung weiteren Schadens und sachgemäße Vorbereitung des Transports zum Krankenhaus, oft entscheidend für das weitere Schicksal des Verletzten.* Jeder Betrieb muß über eine ausreichende Zahl ausgebildeter *Ersthelfer* (evtl. auch weiblicher) verfügen; außerdem müssen in jedem Betrieb *Einrichtungen für Erste Hilfe* bereit stehen, je nach Betriebsgröße ein oder mehrere *Verbandskästen,* dazu möglichst eine entsprechend eingerichtete *Verbandsstube;* in dieser möglichst nur Beschäftigung von staatlich geprüften Heilgehilfen; Ersthelfer und Erste-Hilfe-Material müssen für jeden Werksangehörigen ständig verfügbar und leicht erreichbar sein. Vorschriften: ArbStättVO §§ 38, 39; Arbeitsstättenrichtlinien ASR 39/1,3; Unfallverhütungsvorschrift VBG 109; für die Bergbaubetriebe bestehen besonders eingehende Vorschriften.

Lit: „Erste Hilfe im Betrieb", Hauptverband d. gew. Berufsgen., ZH 1/142, April 1985.

Essigsäure s. Säuren

Eth . . . s. unter Äth . . .

Exposition, meßtechnische Definition

Gesundheitsschädliche Faktoren der Arbeitssituation müssen je nach Konstanz ihres Auftretens und ihrer Konzentration kontinuierlich, systematisch oder gelegentlich gemessen werden. Technische Regeln: Messung und Beurteilung von Konzentrationen gefährlicher Arbeitsstoffe in der Luft; Anwendung von MAK-Werten als Schichtmittelwerte s. TRgA 402 vom Okt. 1988, dabei Statistische Qualitätssicherung der Analysenergebnisse s. TRgA 410 vom April 1979. Neben Messungen im Arbeitsbereich können dabei auch biologische Expositionsteste (s. auch Biological Monitoring) u. U. bessere Auskünfte geben (z. B. Koproporphyrinausscheidung im Urin bei Bleiexposition). Untersuchungen dienen allgemein der Risikoüberwachung, der Kontrolle der Effektivität von Arbeitsschutzmaßnahmen und evtl. des schutzgerechten Verhaltens der Beschäftig-

ten, der Erfassung evtl. unbekannter Gefahrenquellen u. a. und ermöglichen mit ihren Ergebnissen erst eine arbeitsmedizinische Auswertung der Ergebnisse arbeitsmedizinischer Vorsorgeuntersuchungen.
Untersuchungsmethoden s. Prüfröhrchenmethode bzw. einzelne Faktoren.

Farmer-(Drescher-)Lunge

Ät: Eine durch Staub von verschimmeltem Heu, Stroh oder Getreide verursachte Erkrankung, bevorzugt im Spätherbst, Winter und Frühjahr bei entsprechend exponierten Personen als Immunreaktion des Lungenparenchyms gegenüber dem schimmelpilzhaltigen Staub als Antigen als exogen allergische Alveolitis.

Sy: Nach mehrstündiger Exposition nach Intervall von Stunden bis 1–2 Tagen erster Krankheitsschub mit Atemnot, Husten, Auswurf, Zyanose, Brustbeklemmung und meist Fieber über Tage bis Wochen; meist fein- bis mittelbasige Rasselgeräusche; funktionell restriktive Ventilationsstörung; u. U. folgenlose Ausheilung; bei erneuter, evtl. geringerer Einwirkung weitere Krankheitsschübe, später evtl. eine chronisch-obstruktive Atemwegserkrankung und/oder eine irreversible Lungenfibrose; nicht selten auch schleichende atypische Verlaufsformen.

Dg: Röntg. milchglasartige Verschleierung mit feiner, dezenter Fleckelung, häufig schmetterlingsförmig, in Spätphase grobe weichfleckige Zeichnung mit Konfluenzneigung; histologisch anfänglich typische Befunde, deshalb evtl. Lungenbiopsie; im Elektropherogramm oft eine erhebliche Gammaglobulinvermehrung.

Vr: Entschädigungspfl. Berufskrankheit gem. Ziff. 4201 BeKV.

Feldfieber s. Infektionskrankheiten

Feldspate

Meist Kalium-, auch Natrium- und Calciumaluminiumsilicat; wichtige Rohstoffe für Glas und Tonwaren, Porzellane; Lungengefährlichkeit umstritten, jedoch wahrscheinlich geringfügig, mit Sicherheit nicht silikosegefährlich.

Fensterlose Arbeitsräume s. Arbeitsraum (Sonderformen)

Ferromangan

Bei der Herstellung und beim Vermahlen oder Sieben besonders älteren Ferromangans Gefahr der Manganschädigung (s. Mangan und -verbindungen).

Ferrosilicium

Beim Arbeiten mit verunreinigtem Ferrosilicium ist die Bildung von Phosphorwasserstoff (s. d.) und Arsenwasserstoff (s. d.) möglich.

Ferrovanadin s. Vanadium und -verbindungen

Ferrocyankalium s. Blausäure und -verbindungen

Feuerlöschmittel

Schaumlöschmittel (Saponin mit kohlendioxidentwickelnden Stoffen) sind ungefährlich: Gefährdung aber durch Halogenkohlenwasserstoffe (s. d.), wie Tetrachlorkohlenstoff, Brom-, Chlormethyl usw., beim Füllen der Geräte, besonders bei Bromverbindungen, sowie beim Löschen in engen Räumen durch Zersetzung mit eventueller Entstehung von Phosgen (s. d.) und Bromwasserstoff.

Feuerstar

Grauer Star, auch Wärme- oder Glasmacherstar genannt.

Vk: Heute sehr selten beobachtet! Besonders bei Glasmachern, auch bei Schmieden, Schmelzern und Gießern in Eisenhütten und Metallschmelzereien durch jahrelange Wirkung von Infrarotstrahlen; *Auftreten* meist erst nach 10–20jähriger Tätigkeit; zumeist zuerst an dem dem Feuer zugekehrten Auge; Abgrenzung gegen Altersstar wichtig.

Sy: Entsprechend einer vorzeitigen Alterung der Linse, jedoch nur im Pupillengebiet Veränderungen; in diesem Stadium Funktion wenig gestört, evtl. Abspaltung der vorderen Kapsellamelle, sog. *Feuerlamelle;* evtl. begleitende Strahlenveränderungen der Haut (braunrote Pigmentierungen, Teleangiektasien).

Prl: Tragen von Schutzgläsern, frühzeitiger Arbeitsplatzwechsel (da Stillstand beobachtet!)

Vr: Entschädigungspfl. Berufkrankheit gem. Ziff. 2401 BeKV.

Feuerstein (Flint)

Bei geeigneter mechanischer Beanspruchung silkosegefährlich.

Fischmehllunge

s. Farmer(Drescher-)Lunge

Flachsstaub s. Byssinose

Fliegerkrankheit

Höhenkrankheit der Flieger bei schnellem Aufstieg infolge zu schneller Druckveränderung; rasch eintretender Reflexvasomotorenkollaps mit Bewußtseinsverlust; visuelle Defekte und häufig starke Kopfschmerzen.

Fließbandarbeit

Durch Arbeitsbänder in Arbeitszeit und -menge taktgebundene Arbeit (nicht die Arbeit an einem Transportband!), verbunden mit erheblichen Schwierigkeiten bei der Abstimmung der Bandgeschwindigkeit mit den individuellen und gruppengebundenen Unterschieden des Leistungsverhaltens der Beschäftigten, Hemmung überdurchschnittlichen Leistungsvermögens, Überforderung vorübergehend oder dauernd (z. B. infolge Alters) Minderleistungsfähiger, vielfach allmählicher, allgemeiner Leistungsabfall infolge mangelnder Anreizfaktoren; deshalb zunehmend Umorganistion auf individuellere Verfahren mit Arbeitsgruppen, Bündelsystem usw. (s. auch Arbeitsbelastung, allgemeine).

Flint s. Feuerstein

Fluor und -verbindungen

Vk: Als Flußspat, besonders in Stahlwerken, als Flußmittel; als Kryolith vorwiegend bei der Aluminiumherstellung, andere Verbindungen in kalkbasischen Elektroden, als Kunststoff (Hostaflon) und Kühlmittel (Freon, Frigen), als Schädlingsbekämpfungsmittel usw.; toxikologisch bedeutsam Fluorwasserstoff (HF), in wäßriger Lösung = Flußsäure; MAK-Wert (s. d.) für Fluor 0,1 ml/m^3 (Kat. I), für Fluorwasserstoff: 2 ml/m^3 (Kat. I), für Fluoride (als Fluor berechnet): 2,5 mg/m^3 (Kat. I), für Fluortrichlormethan, Dichlordifluormethan (Freone): 1000 ml/m^3 (Kat. VI, Schwangerschaftsgruppe C); für Halothan s. d.; BAT-Wert (s. d.) für Fluorwasserstoff und seine anorg. Verbindungen: Fluorid im Harn 7 mg/g Kreatinin am Schichtende und 4 mg/g vor nachfolgender Schicht.

Sy: Akute Vergiftung: Hautverätzungen, evtl. tiefgreifende Nekrosen, Tränenfluß, Atemnot, Husten, evtl. Lungenödem; Krämpfe. *Oral:* Magen-Darm-Entzündungen, Krämpfe, Lähmungen, akute Nierenschädigung. *Chronische Vergiftung:* Im Frühstadium typische Band- und fleckförmige Verfärbung des Zahnschmelzes, vor bzw. mit der Entwicklung von Skelettdefekten, Magen-Darm-Beschwerden, rheumatischen Beschwerden, Osteosklerose usw., Fluornachweise im Harn.

Vr: Entschädigungspfl. Berufskrankheit gem. Ziff. 1308 BeKV.

Flußsäure s. Fluor und -verbindungen

Formaldehyd

Vk: Besonders bei der Kunstharzherstellung, beim Verarbeiten von Kunstharzen, z. B. zu Knöpfen, von Kunstleim, als Konservierungs- und Härtemittel usw. Weitgehende Verwendungsbeschränkungen (s. GefStoff-VO), als Formalin (s. d.) MAK-Wert (s. d.): 0,5 ml/m^3, „S“ (I); jedoch wird ein nennenswertes krebserregendes Potential vermutet (III B), erscheint jedoch erfahrungsgemäß unwahrscheinlich.

Sy: Starke Reizung der Schleimhäute. *Oral:* Schwere Nekrosen, Nierenschädigungen, Beklemmungen. *Chronische Vergiftung:* Konjunktivitis und Nasopharyngitis; besonders aber häufig starke Sensibilisierung der Haut = Ekzeme; vielfach auch im Gesundheitsdienst beobachtet!

Th: Bei *Inhalation:* Verdünnte Ammoniaklösung einatmen; bei *oraler Vergiftung:* Magenspülung mit Harnstoff und Kohle, danach in den Magen 100 ml 2%ige Ammoniumcarbonatlösung mit 20 g Harnstoff eingeben, danach nochmals 20–30 g Harnstoff, in Wasser gelöst, eßlöffelweise; Stärkung der Akalireserve, Schmerzbekämpfung, Infektprophylaxe.

Formalin (Formol)

35–40%ige Lösung des Formaldehyds.

Frauenarbeit

Eignung der Frau (mit Ausnahme der werdenden Mütter) zu allen Arbeiten mit Ausnahme körperlicher Schwerarbeit, besonders schwerem Tragen und Heben; besondere Eignung für sog. „Kontaktberufe“ im Dienstleistungsgewerbe; Gesundheitsgefahren in erster Linie einseitige Belastungen und Zwangshaltungen, besonders bei Büroarbeit, Fließbandarbeit usw., und insbesondere psychisch-nervöse Überforderung, besonders der berufstätigen Hausfrau, durch starke Versachlichung der heutigen Betriebsatmosphäre mit unzureichenden menschlichen Kontakten, noch weitgehend fehlende gleichberechtigte Anerkennung der Frau im Betrieb, Konfliktsituationen bezüglich häuslichem Pflichtenkreis, Kindererziehung u. a.; Gefahr der körperlichen Überbelastung vor allem noch in Landwirtschaft und bei Reinigungsarbeiten, z. B. von Fahrzeugen, aber auch von Büros; besondere Schutzbedürftigkeit der *werdenden Mutter,* ebenso der *stillenden Mutter,* nach der Geburt möglichst lange Freistellung von beruflicher Tätigkeit im Interesse eines für eine normale Entwicklung des Kleinstkindes ausschlaggebenden ausreichenden mütterlichen Kontaktes.

Schutzvorschriften: Arbeitszeitordnung (AZO) v. 30. 4. 1938 (RGBl. I, S. 447): Regelung der Arbeitszeit, Beschäftigungsverbote u. a. m.; weitere Beschäftigungsverbote bzw. -beschränkungen in anderweitigen VO; besonders wichtig das *Gesetz zum Schutz der erwerbstätigen Mutter (Mutterschutzgesetz* MuSchG) in der Fassung vom 18. 4. 1968, geändert durch Artikel 246 des Einführungsgesetzes zum Strafgesetzbuch vom 2. März 1974 (BGBl. I, S. 469) sowie Änderungsgesetz vom 27. 6. 1979 (BGBl. I, S. 823), dadurch Schutz der werdenden Mutter durch Beschäftigungsverbote für alle schädlichen Arbeitsbelastungen, außerdem Verbot von Akkord- und Fließbandarbeit; Beschäftigungsverbot 6 Wochen vor und 8, evtl. sogar 12 Wochen nach der Niederkunft, Vorsorgeuntersuchungen während der Schwangerschaft, Gewährung von Stillzeit und weitere Sonderregelungen.

Freone (Frigene)

Fluorierte Halogenkohlenwasserstoffe; verwendet als Kältemittel, Treibgas und Feuerlöschmittel; einige sind Inertgase, andere wenig bis mittelgradig toxisch; s. auch einzelne Verbindungen.

Frostschutzmittel

Als solches besonders gebräuchlich Äthylenglykol (s. Glykole und ihre Verbindungen); auch Methanol (s. d.).

Furane, polychlorierte Dibenzo-(PCDF)

s. Dioxin

Gefahrstoffverordnung

Verordnung über gefährliche Stoffe (GefStoffVO vom 26. 8. 1986 (BGBl. I, S. 1470). Die VO dient der Aktualisierung der Arbeitsstoffverordnung und der in ihrem Rahmen aufgestellten technischen Regeln. Damit entspricht sie in ihrer Zweckbestimmung in wesentlichen Bereichen dieser VO (s. d.). So will sie durch besondere Regelungen über das Inverkehrbringen von gefährlichen Stoffen und Zubereitungen und über den Umgang mit Gefahrstoffen einschließlich ihrer Aufbewahrung, Lagerung und auch Vernichtung den Menschen vor arbeitsbedingten, aber auch sonstigen Gesundheitsgefahren und auch die Umwelt vor stoffbedingten Schädigungen schützen. Dabei wird neben einer Kennzeichnungspflicht, insbesondere krebserregender Stoffe und Zubereitungen, und dem Verbot des Inverkehrbringens bestimmter Stoffe, Zubereitungen und Erzeugnisse (so u. U. Blauasbest, mehr als geringfügig formaldehydhaltige Holzwerkstoffe* sowie Wasch-, Reinigungs- und Pflegemittel usw.) nach entsprechenden Begriffsbestimmungen (so z. B. der „Auslöseschwelle" = s. d.) dem Arbeitgeber die Verpflichtung zu entsprechenden Ermittlungen, zur Durchführung der notwendigen Schutzmaßnahmen, zu Überwachungsmaßnahmen (u. a. Messungen, evtl. durch eine zugelassene Meßstelle), zu Betriebsanweisungen und in besonderen Fällen zur Unterrichtung und Anhörung der Arbeitnehmer aufgegeben. Für die zu treffenden Schutzmaßnahmen wird eine besondere Rangfolge aufgestellt, 1. die nach dem Stande der Technik mögliche Vermeidung des Auftretens gefährlicher Gase, Dämpfe oder Schwebstoffe und eines Hautkontaktes mit gefährlichen festen oder flüssigen Stoffen; 2. eine Erfassung der Stoffe an der Austritts- oder Entstehungsstelle und ihre Beseitigung ohne Gefahr für Mensch und Umwelt sowie 3. bei einem Fehlen derartiger technischer Möglichkeiten die Durchführung entsprechender Lüftungsmaßnahmen bzw. die Erstellung persönlicher Schutzausrüstungen, jedoch nur für die verfahrensmäßig unbedingt erforderliche Arbeitszeit und auch nur, wenn mit dem Gesundheitsschutz vereinbar. Weiterhin sind entsprechende hygienische Maßnahmen zu treffen, Gefahrstoffe ohne Gefährdung der Gesundheit des Menschen und der Umwelt aufzubewahren und zu lagern, Jugendliche, werdende und stillende Mütter, Frauen im gebärfähigen Alter sowie in Heimarbeit Beschäftigte nur beschränkt oder gar nicht mit bestimmten Gefahrstoffen zu beschäftigen und bei Beschäftigten ganz allgemein beim Überschreiten der Auslöseschwelle der in Anhang V aufgeführten Stof-

* Hier in den neuen Bundesländern bis Ende 1992 gewisse Ausnahmen.

fe und Zubereitungen Vorsorgeuntersuchungen (s. d.) durch ermächtigte Ärzte durchführen zu lassen, wie die zuständige Behörde solche Untersuchungen auch darüber hinaus anordnen kann.

In Anhang II ist eine Liste der krebserzeugenden Stoffe aufgeführt, die nach ihrer Gefährlichkeit an sich und ihrem Massengehalt im Gefahrstoff in die Gruppen I = sehr stark gefährdend, II = stark gefährdend und III = gefährdend (s. bei den einzelnen Stoffen) eingeteilt sind. Zudem sind für diese krebserzeugenden wie auch fruchtschädigenden erbgutverändernden Gefahrstoffe besondere Schutzvorschriften in Form von Anzeigen an die zuständige Behörde, Beschränkungen, Vorsorgemaßnahmen und Beschäftigungsbeschränkungen sowie für bestimmte Stoffe (s. d.) ergänzende Vorschriften aufgeführt. Anhang III enthält besondere Vorschriften für anderweitig den Menschen chronisch schädigenden Gefahrstoffe.

Gelbsucht, infektiöse
s. Infektionskrankheiten

Genantin (Glykol) (Frostschutzmittel)
s. Glykole und ihre Verbindungen

Gentechnologie s. Biotechnologie

Gerätesicherheitsgesetz
Gesetz über technische Arbeitsmittel vom 24. 6. 1968 (BGBl. I, S. 717), zuletzt geänd. durch Gesetz vom 13. 8. 1979 (BGBl. I, S. 1432). Danach dürfen technische Arbeitsmittel, wie z. B. Werkzeuge, Arbeitsgeräte, Kraftmaschinen, Hebeeinrichtungen und Beförderungsmittel, sowie auch Haushalt-, Sport- und Bastelgeräte, ebenso Spielzeug nur in den Verkehr gebracht oder ausgestellt werden, wenn sie so beschaffen sind, daß Benutzer oder Dritte gegen Gefahren aller Art für Leben und Gesundheit nach Maßgabe der bestimmungesmäßigen Verwendung geschützt sind. Unter Umständen muß eine Gebrauchsanweisung mitgeliefert werden. Besonders strenge Vorschriften bestehen nach dem 3. Abschnitt für medizinisch-technische Geräte. Prüfzeichen bestätigen einem Arbeitsmittel die entsprechende Sicherheit.

Die Beschaffenheit elektrischer Betriebsmittel sind in der Ersten VO zu diesem Gesetz vom 11. 6. 1979 geregelt. Die erforderlichen Prüfstellen und ihre Tätigkeit sind in der VO über Prüfstellen nach dem Gerätesicherheitsgesetz vom 2. 1. 1980 festgelegt. In den neuen Bundesländern können neue Prüfstellen in die Liste aufgenommen werden.

Gesarol s. DDT-Präparate

Gesundheit s. Kap. Sozialmedizin

Gesundheitsdienst
Neben Ärzten, Pflegepersonal und technischem Hilfspersonal sind besonders auch die unausgebildeten Hilfskräfte wie Küchen- und Stationsmädchen, Reinigungspersonal u. a. in Krankenhäusern und anderen Einrichtungen des Gesundheitsdienstes gefährdet.

Gesundheitsgefährdung: Infektionskrankheiten, vielfach als Folge mangelnder Aufklärung, unzureichender Desinfektions- und Schutzmaßnahmen, erhöhter Empfänglichkeit durch Überarbeitung usw. (s. Infektionskrankheiten). *Hauterkrankungen,* besonders Überempfindlichkeits- oder auch Degenerationsekzeme, durch Sensibilisierung gegen Antibiotika, Desinfektionsmittel, durch ungenügenden Hautschutz, unsachgemäße Händereinigung und mangelnde Hautpflege; auch hier vielfach ungenügende Aufklärung (s. Hauterkrankungen, berufliche). *Strahlenschäden* beim Arbeiten mit radioaktiven Isotopen, an Röntgenapparaten, aber auch Quarzlampen als Folge mangelhaften Strahlenschutzes (allgemein und persönlich), langer Arbeitszeiten, ungenügender Überwachung usw. (s. Strahlenschädigungen).

Verhütung: u. a. hygienisch einwandfreie Arbeits- und besonders Wohn- und Aufenthaltsräume für das Krankenpflege- und Hilfspersonal, Verbesserung des technischen Arbeitsschutzes, geregelte Arbeitszeiten, besonders des Pflegepersonals, laufende Aufklärung über Berufsgefahren, regelmäßige ärztliche Vorsorgeuntersuchungen; besondere Hygienefachkräfte.

Schutzbestimmungen usw.: Strahlenschutzvorschriften s. Strahlenschutz; Unfallverhütungsvorschrift der Berufsgenossenschaft für Gesundheitsdienst und Wohlfahrtspflege: Gesundheitsdienst (VBG 103) vom 1. 10. 1982, von einzelnen anderen Berufsgenossenschaften übernommen; jedoch gemäß § 2 der UVV Allg. Vorschriften (VBG 1) als Regel zu beachten.

Gesundheitserziehung
s. Kap. Sozialmedizin

Getreidestaub
Vk: Evtl. starkes Auftreten beim Laden und Umladen von Getreide in Häfen und

Lagerhäusern, in Getreidemühlen, weniger beim Dreschen usw.; besteht aus Mineralien (Quarz), Grannenhaaren, Pilzsporen, Milben usw.

Sy: Akute Zeichen: Getreidefieber = „Drescherkrankheit" (s. Farmer-[Drescher-]-Lunge), erhebliche Reizerscheinungen der Atemwege, Atemnot, Bindehautentzündung der Augen, evtl. asthmoide Zustände, Juckreiz der Haut. *Chronische Zeichen:* Bronchitis, Lungenblähung usw.

Dg: Röntgenologisch: Lungenfibrose, evtl. Mischstaubsilikosen.

Gewerbeärzte

Staatliche Gewerbeärzte bzw. Landesgewerbeärzte (frühere DDR = Leiter der Arbeitssanitätsinspektionen, heute in Einrichtung befindliche Landesinstitute für Arbeitsmedizin) sind die arbeitsmedizinischen Sachverständigen der staatlichen Arbeitsschutzbehörden.
Weitere Aufgaben sind: Aufklärung und Unterrichtung der Arbeitgeber, Arbeitnehmer und nicht zuletzt der Ärzteschaft, besonders auch der Betriebsärzte, über arbeitsmedizinische Fragen, Durchführung der Berufskrankheitenverfahren (s. Berufskrankheitenverordnung) und der hierzu notwendigen Untersuchungen und Begutachtungen. Einsatz von Überwachungsärzten (s. d.) (in der ehemaligen DDR auch die Kontrolle der Betriebsärzte), Förderung der betriebsärztlichen Tätigkeit wie eine allgemeine Lehrtätigkeit und Durchführung von Forschungsarbeiten auf dem Gebiete der Arbeitsmedizin. Mit den ihnen z. T. angeschlossenen Instituten bzw. Akademien für Arbeitsmedizin stellen die Gewerbeärzte aufgrund ihres breiten Tätigkeitsfeldes und ihres dementsprechend umfassenden Erfahrungsmaterials arbeitsmedizinische Zentren dar, die in der Lage sind, berufliche Gesundheitsgefahren zu erkennen und durch epidemiologische und auch experimentelle Arbeiten in ihren Zusammenhängen zu klären. Ihre Zuständigkeit umfaßt die der Staatlichen Gewerbeaufsicht sowie der Bergaufsicht und entspricht darüber hinaus dem ganzen von der Berufskrankheitenverordnung (s. d.) erfaßten Beschäftigungsbereich.

Gießfieber

Vk: Durch Einatmung feinsten Metallrauchs, so besonders von Zinkrauch beim Messingguß, bei Schneidbrenn- und Schweißarbeiten an verzinktem Material oder Zinkspritzen (s. Zink und -verbindungen).

Sy: Vorübergehender Temperaturanstieg mit Abgeschlagenheit und Reizzustand der Atemwege. Chronische Schäden sind außer einzelnen Beobachtungen von Nasen- und Magenblutungen nicht bekannt.

Glasfasern

Vk: Gewinnung aus der dünnflüssigen Glasmasse als Glasseide, Glasgespinst, Glaswatte oder Glaswolle; Fadenstärken 7–30 µm; Verwendung zumeist als Isoliermaterial.

Sy: Stark juckende bzw. entzündliche Hautreizungen; Reizungen der oberen Luftwege, bisher jedoch Silikosen *nicht* beobachtet. Eine fibrogene Wirkung gewisser Formen wird diskutiert.

Glykole und ihre Verbindungen

Glykole = allgemeine Bezeichnung für zweiwertige Alkohole; zwei Reihen:

- *Mono-, Di- usw. bis Polyäthylenglykol:*
  Vw: Als Gefrierschutz, Hydraulikflüssigkeiten, Glycerinersatz, Lösemittel usw.
  Eigenschaften: Gewisse Giftigkeit haben nur Mono- und Diäthylenglykol; Vergiftungen durch Verschlucken und Hautkontakt (z. B. Einreiben); Trunkenheit, Narkose, Nierenschäden, z. T. durch Oxalsäurebildung, leichtere Leberschäden, schwere Veränderungen des Zentralnervensystems; Äthylenglykol, MAK-Wert: 10 ml/m^3, „H" (Kat. I).
- *Propylen-, Butylenglykol usw.:*
  Verwendung ähnlich; allgemein wenig giftig, Erscheinungen ähnlich wie 1., jedoch keine Oxalsäurebildung, dafür Schleimhautreizung.
- Äther und Ester der Glykole:
  Allgemein toxischer und flüchtiger als Stoffe unter 1. und 2.; am bekanntesten Äthyl-(Diäthyl)-Äther (s. d.).

Glysantin ([Äthylen-]Glykol) s. Glykole und ihre Verbindungen

Granitstaublunge

Beobachtet bei der Gewinnung und Verarbeitung von Granit (Quarzgehalt meist 10–40%); seltene und meist langsam verlaufende Mischstaubsilikose (s. auch Quarzstaublungenerkrankung).

Graphitstaublunge

Vk: Graphit ist kristalliner Kohlenstoff, als Rohgraphit verunreinigt mit 8,0–18,6% Gesamt- und 3,6–10% freier Kieselsäure; Verwendung zur Herstellung von Bleistiften, Schmiermitteln, Schuhcreme, Schmelztiegeln, Elektroden usw.

Sy: Die Graphitstaublunge ist im allgemeinen eine Mischstaublunge und ähnlich der Kohlenhauerlunge. Zumeist langsame Entwicklung, spät und selten subjektive Symptome, auch selten Begleittuberkulosen; gelegentlich Zystenbildung mit glänzender, zäher und pechschwarzer Flüssigkeit gefüllt, die teilweise abgehustet wird.

Vr: Quarzstabulungenerkrankung.

Grauer Star s. Feuerstar

Großraumbüro

Besonders ausgestatteter Raum für eine oder mehrere Arbeitsgruppen; beinhaltet arbeitsschutzmäßig größere Probleme als konventionelle Büros und erfordert einen entsprechend hohen Planungsaufwand in Übereinstimmung mit der Vertretung der Arbeitnehmer. Bei einer Mindestfläche von 400 qm = 20 × 20 m müssen ausreichende Funktions-, Verkehrs-, Zusatz- und Gebäudeflächen vorgesehen und geordnet werden, bei Berücksichtigung der erforderlichen bzw. geeigneten Raumhöhe, Farbgebung, Beleuchtung, Belüftung, Klimatisierung, Akustik, Möblierung usw. (s. auch Arbeitsstättenverordnung).

Haarfärbemittel

Heute hauptsächlich verwendet als Oxidationsfarbstoffe; Polyoxybenzole und -naphthaline, primäre aromatische Amine mit ihren Homologen und Substitutionsderivaten, die durch Oxidation (Zugabe z. B. von 6%iger Wasserstoffsuperoxidlösung) in Farbstoffe übergehen; für Friseure Gefahr allergischer Ekzeme.

Haarsprays

Haarsprühmittel zum Festlegen von Frisuren enthalten im allgemeinen Treibgase, organische Lösungsmittel und wenige Prozent nichtflüchtiger, harzähnlicher Polymerisate, die eingeatmet und in der Lunge gespeichert werden können, im allgemeinen jedoch mit gewissen Reaktionen des Gewebes wieder beseitigt werden.
Nach den bisherigen Erfahrungen sind Gesundheitsschädigungen bei einwandfreien Bestandteilen des Sprays, dem üblichen Gebrauch und normaler Lungenempfindlichkeit als nicht wahrscheinlich zu bezeichnen, werden jedoch immer wieder behauptet.

Hakenwurm (Ancylostoma duodenale) s. Wurmkrankheiten

Halogenkohlenwasserstoffe

Vk: Weitverbreitet als Extraktionsmittel, Lösemittel, Kühlflüssigkeiten, Feuerlöschmittel, Narkosemittel, Schädlingsbekämpfungsmittel, Isoliermaterial und Mittel zur chemischen Reinigung; wichtig sind: Trichloräthylen (s. d.) = Tri, Triol, Vestrol; Tetrachloräthylen = Perchloräthylen (s. d.) = Perazin, Tetralex; Tetrachlorkohlenstoff (s. d.) = Tetra, Benzinoform, Asordin, Spectrol; Mono- und Dichlorbenzol (s. Chlorbenzole) = Puran, Globol; DDT-Präparate (s. d.) = DDT, Gesarol, Neocid, Trix usw.; Chlornaphthaline (s. d.) = Haftax, Perna; Epichlorhydrin (s. d.); Methylchlorid und Methylbromid (s. d.) sowie ähnliche.

Sy: Je nach Zusammensetzung unterschiedliche Krankheitsbilder; im Vordergrund starkes Fettlösungsvermögen und häufig große Affinität zum Zentralnervensystem (Näheres s. unter den einzelnen Stoffen).

Prl: Arbeitsmedizinische Vorsorgeuntersuchungen bei Tetrachlorkohlenstoff, Trichloräthylen, Tetra-(Per-)Chloräthylen, Tetra- und Pentachloräthylen nach berufsgen. Grundsätzen G 13 und 14 sowie 17 und 18 vom Mai 1981; für „Tetra" sowie Tetra- und Pentachloräthylen auch und zudem weitere Schutzvorschriften gemäß TRgA 502 Blatt 2 der GefStoffVO, Anhang III Nr. 1 (s. d.).

Vr: Entschädigungspfl. Berufskrankheit gem. Ziff. 1302 BeKV.

Halothan

2-Brom-2-chlor-1,1,1-trifluoräthan, weitgehend gebrauchtes Inhalationsnarkotikum mit gleichem Wirkungstyp wie Chloroform, nur toxikologisch günstiger zu beurteilen; jedoch gewisse Lebergefährdung und Sensibilisierung des Herzens für Adrenalin. Eine Gefährdung des Personals von Operationsräumen durch häufige Halothan-Inhalation wird diskutiert. BAT-Wert im Blut guter Indikator für Gefährdung. MAK-Wert (s. d.): 5 ml/m^3 (Kat. II,1, Schwangerschaftsgruppe B). BAT-Wert (s. d.): Am Ende der Arbeitswoche bzw. der Exposition Blut: 2,5 mg/l Trifluoressigsäure.

Hanffieber (Hechelfieber)

Auftreten bei der Bearbeitung von Hanf und Jute; vermutlich ähnliche Pathogenese wie bei der Byssinose; Brustdruck, Mattigkeit, Reizerscheinung der Luftwege, evtl. Erbrechen und Durchfall, Fieber bis 40 °C; zumeist schnell vorübergehend, jedoch häufig rezidivierend.

Vr: s. Byssinose

Hartmetallunge

Ät: Schwere, evtl. tödlich verlaufende Staublunge durch Einatmung von Stäuben bei der Herstellung und Verarbeitung der Vorprodukte von sog. Hartmetallen, aber nur Sintercarbiden aus Wolframcarbid, Titancarbid, Tantalcarbid und Kobalt.

Sy: Atemnot und Husten, später u. U. schwere Lungenfunktionsstörungen.

Dg: Röntgenologisch: Ähnlich der Boeck-Erkrankung, aber ohne Drüsenschwellungen. Path.-anat.: Chronische Lungenfibrose in Form der chronischen interstitiellen Pneumonie; in Lungen Wolfram und Titan nachgewiesen.

Vr: Entschädigungspfl. Berufskrankheit gem. Ziff. 4107 BeKV.

Hausfrauenarbeit und Unfälle

Anstrengende, auch unfallgefährdete Tätigkeit; besonders belastend sind Arbeiten im ständigen Stehen und mit häufigem Bücken.

Ät: Unfälle entstehen am häufigsten durch Verbrennungen und Verbrühungen, besonders durch Arbeiten mit Benzin (Explosionsgefahr!) u. ä., weiter durch elektrischen Strom bei fehlender oder mangelhafter Isolierung, durch (meist ungeeignete) Leitern; auch Vergiftungen spielen eine Rolle, dabei neben solchen durch Säuren (s. d.), als wichtigste *Kohlenmonoxidvergiftungen* (s. d.) infolge schlecht ziehender Öfen, undichter oder falsch brennender Gasherde oder Gasbadeöfen (Erdgas ist CO-frei!).

Prl: Arbeitspsychologisch richtige Gestaltung der Arbeitsplätze, Arbeitsgeräte und Arbeitsgänge, so möglichst kleine Grundfläche der Küche, dem Arbeitsablauf nach angeordnet (Einbauküchen), richtige Höhe der Arbeitstische und -geräte (80 cm für Arbeiten mit langstieligen, 91 cm für solche mit kurzstieligen Geräten, 93 cm für Spülbecken usw., 86–88 cm für Bügelbretter). *Möglichst viele Arbeiten im Sitzen verrichten,* so Abwaschen, Bügeln usw. Weiterhin unfallsichere Geräte, besonders fachgemäß montierte Elektrogeräte, Abzüge an allen Gasgeräten, sichere Verwahrung von Giftstoffen; Ersatz des sehr feuergefährlichen Benzins durch andere, nicht brennbare Stoffe (Perchloräthylen u. a.), dabei jedoch auch Vergiftungsgefahr beachten (s. einzelne Stoffe); gebrauchsfähiges Verbandszeug muß stets vorhanden sein.

Hauterkrankungen, berufliche

Vk: In den meisten Berufen durch chemische, physikalische oder mechanische Einflüsse, oft unterstützt durch unzweckmäßige Händereinigungsmethoden, meist Ursachenkomplexe; häufig auch im Gesundheitsdienst durch Desinfektionsmittel, alkalische Waschmittel, Medikamente (Penicillin, Aureomycin sind häufig Antigene!).

Sy: Zumeist Ekzeme, und zwar *degenerative Ekzeme* durch obligat toxische Stoffe, so Fettlösemittel, Säuren, Laugen; besonders wichtig Alkaliekzeme (z. B. bei Maurern, Hausfrauen); jedoch vielfach mit sekundären Sensibilisierungen (s. unten). *Überempfindlichkeitsekzeme,* oft schon nach kurzer Arbeitszeit durch Antigene jeder Art ausgelöst, durch andere Stoffe aber evtl. erst nach Jahrzehnten, so z. B. durch Chlorverbindungen, Terpentine usw.; meist anfänglich monovalent, durch weitere Berührung mit Allergenen oft polyvalent, dann auch evtl. Sensibilisierung gegen einfache Stoffe des täglichen Lebens (deshalb frühzeitige Untersuchung der Erkrankungsursachen und evtl. Arbeitsplatzwechsel!), Auftreten meist an unbedeckten Körperstellen, die mit den Arbeitsstoffen direkt in Berührung kommen (Hände, besonders Handrücken, evtl. Arme, Gesicht, Hals); nicht selten Generalisation. *Sonstige Hauterkrankungen:* bakterielle; Teer-, Chlor-, Ölakne; Hautkrebserkrankungen (s. d.).

Prl: Verhütung der Berührung mit Schadstoffen, allgemeine und persönliche Sauberkeit, Schutzkleidung (aber Vorsicht beim Gebrauch von Gummihandschuhen!); einwandfreie Waschmethoden (warmes Wasser, Bürste, alkalifreie Seifen, evtl. hautschonende Vorwaschmittel); regelmäßige Hautpflege = *vor* der Arbeit und *nach* dem Waschen Einmassieren einer Fett- bzw. Schutzcreme (keine Vaseline!) in die Haut der Hände; arbeitsmedizinische Vorsorgeuntersuchungen nach berufsgen. Grundsatz G 24 vom Mai 1981.

Vr: Prüfung der ursächlichen Wahrscheinlichkeit beruflicher, außerberuflicher und dispositioneller Faktoren an Hand der Vor-

geschichte, der Art und Lokalisation der Erkrankung; Hauttestproben mit Arbeitsstoffen und sonstigen häuslichen Allergenen; evtl. Einleitung eines sog. Hautfacharzt-Verfahrens. Zur Anerkennung der Berufskrankheit muß das Hautleiden neben der überwiegend beruflichen Entstehung noch wiederholt (mindestens 3mal) zur Arbeitsunfähigkeit geführt haben oder nach Art und Verlauf der Erkrankung oder nach Art der Allergie schwer sein. Weiterhin muß die Erkrankung zur Unterlassung aller Tätigkeiten gezwungen haben, die für die Entstehung, die Verschlimmerung oder das Wiederaufleben der Krankheit ursächlich waren oder sein können.
Derartige schwere oder wiederholte rückfällige berufliche Hauterkrankungen sind entschädigungspfl. Berufskrankheiten gem. Ziff. 5101 BeKV.

Hautkrebserkrankungen

Vk: 1. Durch Destillationsprodukte von Steinkohle und Erdöl wie Teer, Anthrazen, Rohparaffin, Ruß, Pech, Asphalt, Mineralölen u. a. in Kokereien, Teerdestillationen, Ruß-, Dachpappen-, Farben-, Steinkohlenbrikettfabriken usw.; in diesen Stoffen kanzerogene Substanzen (u. a. 3,4-Benzo(a)pyren) in unterschiedlicher Menge. 2. Durch Arsen (s. d.). 3. Strahlenkrebs durch ultraviolette, infrarote und ionisierende Strahlen.

Sy: Akute Hautentzündungen (Photosensibilisierung), Hyperpigmentierung bis Melanose, Akne, Follikulitis, Hyperkeratosen, Warzen mit Neigung zu karzinomatöser Entartung; Verlauf bei zweckmäßiger Behandlung im allgemeinen gutartig; Skrotalkrebse führen oft zu frühzeitiger Metastasierung.

Prl: Arbeitsmedizinische Vorsorgeuntersuchungen nach berufsgen. Grundsatz G 4 vom Mai 1981.

Vr: Hautkrebs oder zur Krebsbildung neigende Hautveränderungen durch Ruß, Rohparaffin, Teer, Anthracen, Pech oder ähnliche Stoffe sind entschädigungspfl. Berufskrankheiten gem. Ziff. 5102 BeKV.

Hautpilzerkrankungen

Vk: Durch pilzinfiziertes Arbeitsmaterial (Felle, Tierhaare usw.), besonders in feuchtwarmen Räumen und bei Naßarbeit, evtl. Infektion von Unfallverletzungen; meist aber Fußmykosen durch Übertragung von pilzkranken Menschen in Waschkauen oder Baderäumen durch Lattenroste, Holzschuhe usw.; Verbreitung viel größer, als allgemein angenommen!

Sy: Meist Zwischenzehenerkrankungen, oft Überlagerung mit Ekzemen, vielfach scharf lokalisiert.

Prl: Regelmäßige Desinfektion von Badeanlagen, möglichst keine Holzroste und Holzschuhe, sondern Gummi- und Kunststoffläufer, Gummischlappen usw. (auch tägliche Desinfektion!); prophylaktische Verwendung antimykotischer Mittel (regelmäßiges Einpudern der Füße, Strümpfe und Schuhe, sofortige Behandlung manifester Erkrankungen); allgemeine Fußpflege und Sauberkeit!

Vr: Nur entschädigungspflichtig als Superinfektion von Berufsunfällen oder beruflich entstandener Ekzeme; evtl. als Infektionskrankheit (s. d.).

Hautschutz, -reinigung

Technischer Hautschutz:

- Austausch hautschädigender Arbeitsstoffe durch weniger oder nicht reizende;
- Änderung des Arbeitsverfahrens zur Verringerung oder Verminderung des Hautkontaktes mit Schadstoffen;
- Arbeitsplatzsanierung, z. B. durch Einrichtung zweckmäßiger Arbeitsraumbe- und -entlüftung, Absaugung der Schadstoffe am Arbeitsplatz.

Persönlicher Hautschutz:

- Zweckmäßige *Arbeitschutzkleidung* wie abschließender Arbeitsanzug, Leder-, Kunststoff-, Gummi- oder Stoffhandschuhe, Armstulpen, Gummi- oder Kunststoffschürzen u. a.;
- zweckentsprechende *Hautschutzsalben:*
  - wasserlösliche zum Schutz der Haut bei Arbeiten mit Lösemitteln, technischen Ölen und Fetten, Farben, Lacken;
  - wasserunlösliche bei Arbeiten mit wäßrigen Lösungen, Säuren, Laugen, Bohr- und Schleifwasser (Hautschutzsalben sind zur Vorbeugung gegen Hautkrankheiten *vor* und *während* der Arbeit zu verwenden und nicht zur Behandlung derselben);
- *Hautreinigung:* Hierfür sind ungeeignete mechanische und chemisch stark wirkende Mittel wie Lösemittel, Bohröl, Sand, Alkalien u. a., die zu Hautschädigungen führen; bei stark verschmutzten Arbeiten, Verwendung von Hautschutzsalben, die die spätere Hautreinigung erleichtern; bei

schon geschädigter Haut Benutzung von hautschonenden Waschmitteln;
- *Hautpflege:* Zur Vorbeugung von Hautkrankheiten und zur Erleichterung der Hautreinigung ist nach der Arbeit und gründlicher Säuberung der Haut ein Hautpflegemittel zu verwenden.

Hechelfieber s. Hanffieber

Heizung

Forderungen (festgelegt in Arbeitsstättenverordnung [s. d.] § 6 und ASR 6/1): Arbeitsräume müssen für die kalte Jahreszeit heizbar sein; Raumtemperaturen möglichst gleichmäßig; durchschnittliche *Raumtemperatur* in Kopfhöhe: bei sehr leichter körperlicher oder Büroarbeit 19–21 °C, bei mittelschwerer Arbeit 14–18 °C und bei schwerer Arbeit 12–14 °C unter Vermeidung von Zugluft (Maßstab ist persönliches Wohlbefinden = Behaglichkeit); Überschreiten von 25 °C (Ausnahme heiße Sommertage) nur bei betriebstechnischem Zwang; keine Fußbodentemperaturen über 25 °C, keine Deckentemperaturen über 35 °C (bei 3 m Raumhöhe); Wärmeabgabe vorwiegend durch Leitung, weniger durch Strahlung und Konvektion; Vermeidung von hoher Erhitzung der Heizkörper; regulierbare Wärmeabgabe; keine Verunreinigung der Raumluft durch Verschwelung des Staubes, Abgase oder Verbrennungsprodukte.

Hepatitis epidemica s. Virushepatitis

Herzdruckmassage s. Wiederbelebung

Hexachlorcyclohexan (HCH)

Def: Schädlingsbekämpfungsmittel (etwa 99% Gammaform), im Handel als Hexachloran, Gammaexan, Lindan, Hexacid 6, Hexin, Tarsol, Gamalzit, Hexaton, Cx 99, Gamma-Nexit, Hortex, Jacutin, Ultrasan, Verindal, HCH, BHC, 666, Pultox, Scabicombin usw. Das technische HCH besteht aus 5 Isomeren, davon Deltaisomere evtl. allergisierend und evtl. leberschädigend; MAK-Wert (s. d.): 0,5 cm^3G/m^3, „H" (Kat. III).

Sy: Kaum gewerbliche Vergiftungen; gelegentlich Schleimhautreizungen, auch allergische Dermatitis beobachtet, evtl. Schädigungen des Knochenmarks, Störung des Allgemeinbefindens, nervöse Störungen.

Hexamethylphosphorsäuretriamid

Eindeutig als krebserzeugend erwiesener Stoff (MAK-Kat. III A 2, GefStoffVO-Gruppe I).

Hitzearbeit

Def: Jede Arbeit bei regelmäßig die Behaglichkeitswerte (s. Arbeitsraumklima) maßgeblich überschreitenden Temperaturen; Wärmeübertragung dabei von der umgebenden Luft durch Konvektion oder durch Strahlung; wesentlich neben Temperatur und Luftbewegung die Luftfeuchtigkeit als eventuelle Grenze der Wärmeregulierbarkeit durch Schweißverdunstung. Jede Hitzearbeit erfordert zur Regulation der Körpertemperatur einen zusätzlichen Energieaufwand, damit eine evtl. beträchtliche Arbeitserschwernis und Leistungsminderung.

Vk: vorwiegend in der keramischen und Glasindustrie, der eisenschaffenden und -verarbeitenden Industrie, dem Bergbau an sog. „heißen Betriebspunkten", bei den meisten Arbeiten vor Öfen usw.

Wärmehaushalt des Menschen: konstante Kerntemperatur von ca. 37 °C besonders im Gehirn lebenswichtig; in Gliedmaßen, Muskulatur und besonders Haut Schwankungen bis etwa 32 °C; wichtigster Steuermechanismus die Hautdurchblutung; weiteres u. a. bei Hitzearbeit wesentliches Regulationssystem die Schweißabsonderung (extrem 18 l, nicht selten 6–8 l/Tag), deren Wirksamkeit mit dem Schweißbildungsvermögen und vor allem Verdunstungsvermögen des Schweißes in Abhängigkeit von der Luftfeuchtigkeit begrenzt ist.

Anpassung an Hitzearbeit: weitgehend möglich, jedoch typmäßig unterschiedlich. Eine ausreichende Anpassung ist die grundsätzliche Voraussetzung für eine Eignung als Hitzearbeiter; *Hitzegewöhnung* durch biologische Anpassungsvorgänge.

Grenzwerte der Zumutbarkeit für 8-Stunden-Tag im allgemeinen (nach Grandjean):

- *Bei Schwerarbeit: effektive Temperaturen* von 26 °C = 30,2 °C Trockentemperatur der Luft bei 50% rel. Feuchtigkeit,
- *Bei leichter körperlicher Arbeit: effektive Temperatur* von 29 °C = 34,3 °C Trockentemperatur der Luft bei 50% rel. Feuchtigkeit.

Dabei sollte eine Pulsfrequenz von 125–130 Schlägen pro Minute nicht überschritten werden.

Gefährdung: Akut: sog. Hitzschlag – Kreislaufzusammenbruch (Kollaps) durch Wärmestauung; durch Kochsalzmangel evtl. Erregungszustände (= Hitzekoller), weiterhin Kreislaufstörungen, Krampfzustände, Appetitmangel, evtl. tödlich. *Chronisch:* Kreislaufstörungen, Herzschädigungen; besonders auch durch falsches, zu vieles und zu kaltes Trinken Magen-Darm-Erkrankungen, Herzschäden usw.

Prl: Herabsetzung der Luftfeuchtigkeit, Luftkühlung (jedoch ohne Zugerscheinungen); bei strahlender Wärme Reflexion durch spiegelblanke Metalloberflächen (Aluminium, Weißblech) als Abschirmwände oder als Schürzen in Form von Folien, Gesichtsschutz aus blanken Drahtgewebe usw.; Herabsetzung der Arbeitszeit, häufigere und verlängerte Pausen; Verwendung nur anpassungsfähiger Menschen als Hitzearbeiter (im allgemeinen ungeeignet sind große und dicke Menschen; auch Frauen); allmähliche Eingewöhnung; *zweckmäßiges Trinkregime:* Es soll nach Durst getrunken werden, möglichst in kleinen Portionen, nicht zu kalt, kein reines Wasser; zweckmäßig ist Tee oder dünner Kaffee, evtl. mit schwach süßendem Traubenzucker versetzt; eine zusätzliche Gabe von Kochsalz ist nur erforderlich bei schwerer, *un*gewohnter Hitzearbeit bzw. bei Kochsalzmangelschäden.
Arbeitsmedizinische Vorsorgeuntersuchungen nach berufsgen. Grundsatz G 30 vom Mai 1981.

Höhenarbeit s. Unterdruckarbeit

Holz

Exotische Hölzer (so Buchsbaum-, Limba-, Palisander-, Mahagoni- u. a. Holz) verursachen oft schwere Hautentzündungen, evtl. auch Reizungen der Schleimhäute, evtl. allergische Atemwegserkrankungen; gelegentlich sogar tödliche Vergiftungen nach Verletzungen beobachtet (!).
Für Holzstaub allgemein wird ein nennenswertes krebserzeugendes Potential vermutet (MAK-Kat. III B) (s. Buchen- und Eichenholzstaub).

Homologen (raffinat) s. Benzol und seine Homologe

Hydrazin

Vk: Verwendung in der chemischen Industrie als Grundstoff für viele Hydrazinabkömmlinge; TRK-Wert: 0,1 ml/m^3, „H"; S; eindeutig als (im toxischen Bereich) krebserzeugende Stoffe erwiesen (MAK-Kat. III A 2, GefStoffVO-Gruppe III). EKA-Werte s. Tab. 2.**4**.

Sy: Bei *Einatmung:* Schwere Lungen- und Leberschädigungen, zentral bedingte Krämpfe, Erbrechen, Hypoglykämie, im Tierversuch auch Nephritis, Gewichtsverlust, Krebsbildung. *Äußerlich:* Hautverbrennungen, Hornhaut- und Bindehautschädigungen.

Th: Bei Krampferscheinungen Chloropromazin (Largactil 25–50 mg pro dosi, evtl. Luminal 0,1–0,2 i. m.; Behandlung von Lungenschädigungen s. nitrose Gase.

Hydrochinon s. Benzochinon

Infektionskrankheiten

Vk: Zu den entschädigungspflichtigen Infektionskrankheiten gehören:

1. Jede Art übertragbarer Krankheiten, die in Krankenhäusern sowie Kur- und Pflegeanstalten, im sonstigen Gesundheitsdienst, in der Wohlfahrtspflege, in medizinischen Laboratorien und Forschungsstellen durch Umgang mit infektiösem Material oder Tieren, von Mensch zu Mensch oder durch

Tabelle 2.**4** EKA-Werte

Luft Hydrazin (ml/m^3)	Luft Hydrazin (mg/m^3)	Probennahmezeitpunkt: Expositions- bzw. Schichtende – Harn µg Hydrazin/g Kreatinin	Probennahmezeitpunkt: Expositions- bzw. Schichtende – Plasma Hydrazin (µg/l)
0,01	0,013	35	27
0,02	0,026	70	55
0,05	0,065	200	160
0,08	0,104	300	270
0,10	0,130	380	340

Staub- und Tröpfcheninfektion entstehen können.
2. Bei allen Beschäftigungen die vom Tier auf den Menschen übertragbaren Krankheiten.
3. Bei Angehörigen der Seeschiffahrt und Luftfahrt sowie Beschäftigungen im Ausland (soweit nachgenannte Erkrankungen erworben werden können) Fleckfieber und Tropenkrankheiten.

Sy: s. entsprechende Krankheiten.

Prl: Zu 1: Exakte Durchführung der oft unzureichend bekannten oder beachteten seuchenhygienischen und Unfallverhütungsvorschriften, regelmäßige Belehrungen, bei Tuberkulosgefährdung Einstellungs- und regelmäßige ausreichende, häufige Kontrolluntersuchungen mit Röntgenfilmaufnahmen; s. auch UVV „Gesundheitsdienst" (VGB 103) vom 1. 10. 1982.

Vr: Entschädigungspfl. Berufskrankheit gem. Ziff. 3102, 3103 bzw. 3104 BeKV; Anerkennung aber nur für die genannten Personenkreise und nur beim Nachweis einer über das normale Maß hinausgehenden beruflichen Infektionsgefährdung und einer ursächlichen wesentlichen Bedeutung derselben für die Erkrankung!

Infrarot

Durch infrarote Strahlen (Wärme, Hitze): Beeinflussung der *Haut* bei Glashüttenarbeitern, Metallschmelzern, Arbeitern an Elektroöfen, Schmieden u. a. als sog. Hitzehaut mit Hautrötungen, Gefäßerweiterungen, Pigmentierung, Atrophie, Geschwürsbildung und auf dem Boden letzterer evtl. Hautkrebs (Ulcus rodens); stärkste Einwirkung bei Wellenlängen von 1100–1500 μm (= stärkste Durchdringungsfähigkeit); Trübungen der *Augenlinse* (s. Feuerstar).

Insektizide s. Phosphorinsektizide, organische

Isocyanate

Vk: Zur Herstellung von Schaumstoffen, Kunststoffen, Lacken, Klebstoffen usw.; *Toluylendiisocyanat* (TDIZ) als Isomerengemisch Desmodur T für Schaumstoff Moltopren; Desmodur L mit noch 0,5% freiem TDIZ, damit weitgehend harmlos für Lacke und KLeber; *Hexamethylendiisocyanat* = Desmodur H für linear aufgebaute Polyurethane und *Naphthylendiisocyanate = Desmodur* 15 für Vulkollan, beide toxikologisch gleich TDIZ; *verkappte Isocyanate,* so als Desmodur AP z. B. in Drahtlacken, selbst harmlos, aber z. B. beim Erhitzen Freiwerden von aggressivem TDIZ; *Triphenylmethantriisocyanat* = Desmodur R, Klebstoffbestandteil, wahrscheinlich ungefährlich; MAK-Wert für TDIZ = 0,01 ml/m^3, „S" (Kat. I).

Sy: Augentränen, Nasenlaufen, Reizhusten, Anfälle von Atemnot, spastische Bronchitis, evtl. Dermatitiden, evtl. Lungenödem; gelegentlich Entwicklung hochgradiger Überempfindlichkeit, primär toxisches Bronchialasthma, Emphysem.

Th: Haut abwaschen, *Augen* gründlich spülen; bei *Einatmung* s. Reizgasvergiftungen.

Vr: Entschädigungspfl. Berufskrankheit gem. Ziff. 4201 bzw. 4301 BeKV.

Isopropanol (2-Propanol)

Ersatzlösemittel anstelle des Äthylalkohols für kosmetische Mittel und zur Händedesinfektion, nicht zugelassen für innerliche Arzneimittel, zweimal so stark narkotisch und giftig wie Alhohol; MAK-Wert (s. d.): 400 mg/m^3 bzw. 0,1 ml/m^3 (Kat. II, 1); BAT-Werte (s. d.): Blutaceton = 50 mg/l, Harnaceton = 50 mg/l, jeweils nach Expositions- bzw. Schichtende.

Jodmethan (Methyljodid)

Reizwirkung auf Augen, Haut und Schleimhäute, Resorption durch Haut- und Schleimhäute; mitunter evtl. nach Stunden evtl. länger anhaltende zentralnervöse Symptome, u. U. Nieren- und Leberfunktionsstörungen; eindeutig als krebserzeugend erwiesen (MAK-Kat. III A2, GefStoffVO-Gruppe II).

Jugendlichenarbeit

Altersabgrenzung: Kinder = Menschen bis zum 14. (16.)* Lebensjahr bzw. solche, die noch der Vollzeitschulpflicht unterliegen; Jugendliche = Menschen vom 14. bis 18. (16. bis 21.) Lebensjahr; Heranwachsende = Menschen vom 18. bis 21. Lebensjahr.

Voraussetzungen: Kinder und Jugendliche brauchen ihre Kräfte vorwiegend zum Aufbau und Wachstum; sie reagieren auf alle Reize viel nachhaltiger als der Erwachsene; infolge der Entwicklungsvorgänge durch inadäquate Berufsarbeit die Gefahr einer kör-

* In Klammern Altersabgrenzungen laut Empfehlung der Internationalen Arbeitsorganisation, Genf, von 1946.

perlichen, nervösen und geistigen Überbelastung = erhöhte Unfallgefährdung und Kränklichkeit; deshalb *besonderer Schutz des Jugendlichen!* Wichtig ist für die Berufswahl die Beachtung des sog. „Entwicklungssprungs“ zwischen dem 14. und 16. Lebensjahr, der den Jugendlichen typmäßig vielfach völlig verändert, dadurch nicht selten falscher Arbeitseinsatz bzw. Berufsberatung; wichtig ist laufende ärztliche Überwachung der Jugendlichen, Begrenzung der Arbeitszeit, ausreichende Pausen und Erholungszeiten (Urlaub); Verbot der Akkordarbeit sowie der Beschäftigung unter gesundheitsgefährlichen Einflüssen, mindestens bis zum 18. Lebensjahr (möglichst noch länger!).

Schutzvorschriften: Gesetz zum Schutz der arbeitenden Jugend (Jugendarbeitsschutzgesetz [JArbSchG]) vom 12. April 1976 BGBl. 965): Danach sind Kinderarbeit und die Beschäftigung Jugendlicher unter 15 Jahren grundsätzlich verboten (Ausnahmen für über 13jährige u. U. möglich); Arbeitszeit für Jugendliche im allgemeinen 8 Stunden täglich bei 40-Stunden- bzw. 5-Tage-Woche; Freistellung an Berufsschul- und Prüfungstagen; Festlegung bestimmter arbeitsfreier Zeiten und Ruhepausen, im allgemeinen Beschäftigungsverbot zwischen 20 und 7 Uhr (bei bestimmten Ausnahmen), Beschäftigungsbeschränkungen bei gefährlichen und gesundheitsschädlichen Arbeiten, Jahresurlaub; ärztliche Untersuchungen vor Beginn der Arbeit und dann in jährlichen Abständen (dazu besondere Untersuchungsbogen und Merkblätter).

Kadmium usw. s. Cadmium usw.

Kaffeeröstereien s. Alveolitis, exogen-allergische

Kalilauge s. Laugen

Kalium(bi)chromat s. Chrom und -verbindungen

Kaliumoxalat s. Oxalsäure

Kalk

Gewöhnlicher Kalk = Calciumcarbonat, Kalkstein; durch Erhitzen entsteht Ätzkalk = gebrannter Kalk, dieser wird mit Wasser zu Calciumhydroxid = Löschen des Kalkes.

Sy: durch Kalkbrennen Kohlenmonoxidgefahr, durch Ätzkalk (s. d.) Verätzungen; durch reinen Kalkstaub *keine* Staublungenerkrankungen.

Kalkstickstoff (Kunstdünger)

Vk: Bei Herstellung, Lagerung und Verwendung von Kalkstickstoff (wirksamer Bestandteil = 60% Calciumcyanamid), als Dünge- und Unkrautvertilgungsmittel.

Sy: Lokal schlecht heilende Entzündungen der Haut und schwere Bindehautentzündungen durch Gehalt an Ätzkalk. *Allgemein:* Nach einigen Stunden Unwohlsein, evtl. Erbrechen, Atembeklemmung, Haut hochrot, oft scharf begrenzt auf Kopf, Hals und Oberkörper. *Später:* Evtl. Bronchitiden, Pneumonien, auch Nierenschädigungen.
Besondere Gefahr vorheriger oder späterer, evtl. nur geringer Alkoholgenuß!

DD: Pilzvergiftung durch den Faltentintling und Antabuseffekt bei gleichzeitigem oder späterem Alkoholgenuß.

Th: Cystein i. v. und oral; evtl. Inhalation von Natriumthiosulfat oder Sodalösungen.

Kältearbeit

Def und *Ät:* Als Kältearbeit kann man u. a. die Tätigkeit in bestimmten Betrieben der Lebensmittelindustrie (Tiefkühlung in Eisfabriken, in Kühlräumen und Kühlhäusern), in Prüfstellen für Präzisionsinstrumente und im weitesten Sinne auch die Arbeit unter Wärmeentzug im Freien bezeichnen. Zu differenzieren sind dabei als gesundheitsschädigende Ursachen 1. die örtliche Kälteeinwirkung, die zur Erfrierung führt, 2. die Auswirkungen der gleichmäßigen trockenen und feuchten Kälte, 3. der schroffe Temperaturwechsel oder die plötzliche Abkühlung des erhitzten Körpers, 4. die Zugluft, insbesondere die feuchte und bewegte Kaltluft.

Gesundheitsgefährdung: Unterkühlung, Temperaturwechsel; dabei aber keine Überbewertung gesundheitlicher Gefahren der Kältearbeit, jedoch Berücksichtigung der Kälteallergie bei disponierten Personen. Feste Toleranzgrenzen für bestimmte Kältebedingungen bestehen nicht. Maßgebend für die Wirkung ist u. a. der Zeitfaktor (Dauer der Kälteexposition), die Art der Reizwirkung und der Zustand des betroffenen Organismus, und zwar besonders die Anpassung der Durchblutungsgröße an die Umweltskälte; bei letzterer spielt die individuell unterschiedliche Empfindlichkeit gegen Kältereize und auch eine verminderte Vasomotorenbereitschaft bei Langzeiteinwirkung mancher Gifte wie Alkohol, Quecksilber, Blei usw. eine Rolle.
Wärmeentzug führt zur Erkältung, zur Schwächung der Abwehrtätigkeit des Orga-

nismus, chronischer und rezidivierender Wärmeentzug auch zu rheumatischen Affektionen, Zugerscheinungen zu lokalen Kälteschäden; außerdem bei Arbeiten mit *Kühlmaschinen* Vergiftungsgefahr durch Gase von heute meist nur noch in älteren Anlagen verwendeten Kühlmitteln wie Ammoniak, Methylchlorid und anderen Kohlenwasserstoffen; neue Kühlmittel wie Freone oder Frigene (s. d.) weitgehend harmlos.

Prl: entsprechende Bekleidung und Ernährung, Beheizung (evtl. Fußbodenheizung), Lüftung, Doppeltüren, Bodenmatten, Holzroste, warme Aufenthalts- und Umkleideräume und Bereitstellung von heißen Getränken; bei Trockeneisherstellung und -bearbeitung Benutzung von Kälteschutzhandschuhen und Schutzbrillen; besondere Vorsicht beim Wechseln von heißen zu kalten Arbeitsplätzen; Verwendung ungiftiger Kühlmittel, Atemschutzgeräte; bei Arbeiten in Räumen mit Temperaturen unter −25 °C arbeitsmedizinische Vorsorgeuntersuchungen nach berufsgen. Grundsatz G 21 vom Mai 1981.

Kaltwellflüssigkeit s. Thioglykolsäure

Kalzium- usw. s. Calcium- usw.

Karbolineum s. Carbolineum

Karborund s. Carborund

Käsewäscherlunge

Durch Inhalation von Penicillium Casei (s. Atemwegserkrankungen, obstruktive).

Kauritleime

Synthetische Klebstoffe aus Harnstoff-Formaldehyd-Kondensationsprodukten, durch Katalysatoren gehärtet; machen oft allergische Ekzeme.

Keten

Vk: Vorwiegend in der chemischen Industrie; arbeitsmedizinisch wenig bekannter hochtoxischer Stoff; MAK-Wert (s. d.): 0,5 ml/m³ (Kat. I).

Sy: Lungenödem (ähnlich der Phosgenvergiftung); sonst stark schleimhautreizend.

Kieselsäuren, amorphe

- Kolloidale, amorphe Kieselsäuren einschließlich pyrogener Kieselsäure und im Naßverfahren hergestellter Kieselsäure (Füllungskieselsäure, Kieselgel) und ungebrannter Kieselgur (Diatomeenerde): auch bei länger dauernder Inhalation keine wesentliche Gefahr fibrogener Lungenveränderungen. MAK-Wert (s. d.) 4 mg G/m³.
- Kieselglas, Kieselgut, gebrannte Kieselgur: je nach Gehalt an freier kristalliner Kieselsäure evtl. schwere Staublungenerkrankungen. MAK-Wert (s. d.): 0,3 mg F/m³.

Kieselsäuren, kristalline

s. Quarzstaublungenerkrankungen

Kleidung s. Arbeitskleidung

Klima s. Arbeitsraumklima

Knallquecksilber s. Quecksilber und -verbindungen

Kobalt und Kobaltverbindungen

Sy: Staub von Kobaltverbindungen, eingeatmet oder verschluckt, führt zu Schleimhautreizungen, Atemnot, Verätzungen, Magenschmerzen, blutigem Erbrechen; bei Verwendung in Hartmetallen s. Hartmetallunge; bei chronischer Einwirkung, Hyperplasie des erythropoetischen Systems, Struma, Blutdrucksteigerung u. a.; auch Dermatitiden und Überempfindlichkeitsreaktionen; kein MAK-Wert (für atembare Stäube von Kobaltmetall und schwer lösliche Kobaltverbindungen eindeutig karzinogene Wirkung nachgewiesen) (MAK-Kat. III A 2, GefStoff-VO-Gruppe II).EKA-Werte s. Tab. 2.5.

Th: symptomatisch; CaNA.EDTA aufgrund von Tierversuchen empfohlen.

Kohlendioxid

Def: CO_2 = Kohlensäureanhydrid, auch einfach als Kohlensäure bezeichnet, nicht wahrnehmbar, durch hohes spezifisches Ge-

Tabelle 2.5 EKA-Werte

	Probenahmezeitpunkt: keine Beschränkung	
Luft Kobalt (μg/m³)	Vollblut Kobalt (μg/l)	Harn Kobalt (μg/l)
50	2,5	30
100	5	60
500	25	300

wicht Anreicherung an tiefen Punkten wie Gruben, Kellerräumen u. a.; Indikator für Qualität der Lüftung (s. d.).

Vk: Als Erdgas in Bergwerken, Baugruben, Brunnenschächten, bei Gärvorgängen, in Lagerräumen von Getreide und dgl., in Bierdruckleitungen, bei Anwendung zur Schädlingsbekämpfung, bei Defekten in Tauchgeräten u. a.; MAK-Wert (s. d.): 5000 ml/m³ (Kat. IV).

Gaswirkung: Reizung des Atemzentrums, bei höheren Konzentrationen Sauerstoffmangel.

Sy: Anfangs Steigerung der Atmungstätigkeit, Schweißausbruch, Ohrensausen, Kopfschmerzen; ab 9,2 Vol.-% Schwindel, Erbrechen, Apathie, Bewußtlosigkeit und evtl. Tod.

Th: Künstliche Beatmung, O_2, Herzdruckmassage, Kreislaufanregung.

Kohlenmonoxid (CO)

Vk: Geruch- und geschmackloses, nicht reizendes Gas; Bestandteil aller zur Kraft- und Wärmeerzeugung dienenden Industriegase (Erdgas dagegen CO-frei!). Diffundiertes, geruchlos gewordenes Leuchtgas enthält etwa 10% CO; ein vielfach für CO genannter kritischer Grenzwert im Arbeitsraum von 0,01 Vol.-% = CO-Hb-Spiegel von 14%. Bei Zigarettenrauchern werden CO-Hb-Spiegel bis zu 10% gefunden, im Durchschnitt einige Prozent.
Vorkommen überall bei unvollkommener Verbrennung, so z. B. im Dunst von Trockenöfen, Koksöfen, im Rauch von Feuerungen, in Brandgasen, Auspuffgasen von Explosionsmotoren, besonders Generatorenfahrzeugen, in Explosionsgasen usw. MAK-Wert (s. d.): 30 ml/m³ (Kat. II, 1, Schwangerschaftsgruppe B).

Sy und *Dg:* Durch Anoxämie und vermutlich auch spezifisch toxische Gefäßwandschäden Ernährungsstörungen der Gewebe, besonders des empfindlichen Gehirns und Herzmuskels, Kopfschmerzen, Schwindel, Versagen der Muskelkraft, Bewußtlosigkeit, evtl. nach Erregungszuständen Unregelmäßigkeit von Puls und Atmung, Atemlähmung, Gesicht gerötet, aber oft auch blasse Zyanose. CO im Blut nachweisbar, jedoch schnell abgeatmet (deshalb möglichst sofortige Entnahme von etwa 10 ml Blut in Spezialvenüle mit Natriumfluorid, Einsendung an Spezialinstitute), BAT-Wert (s. d.) im Blut CO-Hb 5%. *Nachkrankheiten:* Lähmungen, Herzerkrankungen, zentrale Schäden, evtl. schwere psychische Defekte; bei chronischer Einwirkung (umstritten!): reizbare Schwäche; evtl. Gangstörungen, Psychosen, Störungen im Bereich der Sinnesorgane.

Prl: Arbeitsmedizinische Vorsorgeuntersuchungen nach berufsgen. Grundsatz G 7 vom Mai 1981.

Vr: Entschädigungspfl. Berufskrankheit gem. Ziff. 1201 BeKV.

Th: Frische Luft, künstliche Beatmung, möglichst O_2-Überdruckbehandlung, Schutz vor Wärmeverlust; bei Hirnödem Osmotherapie.

Kohlensäure s. Kohlendioxid

Kohlenwasserstoffe, gechlorte, s. Halogenkohlenwasserstoffe

Kokereirohgase s. Pyrolyseprodukte

Kontrolltätigkeit

Kontrollieren der Qualität und Quantität von Erzeugnissen, Vergleichen mit vorbestimmten Normen und evtl. Einstufen in Güteklassen, ausgeübt an ortsfesten oder ortsveränderlichen Arbeitsplätzen; dabei u. U. intensive Dauerbeanspruchung der Aufmerksamkeit, verbunden mit einem häufig auftretenden Entscheidungszwang als Aktivierungsmoment, sofern nicht einfachere bis einfachste, dann u. U. monotone Sortierarbeiten.

Koproporphyrin

Stammt aus dem Zellstoffwechsel (Hämoglobinsynthese); kommt als Koproporphyrin (KP) III, Koproporphyrinogen und zum Teil auch als Metalloporphyrin vor; wird in geringen Mengen im Urin ausgeschieden, beträchtlich vermehrt bei Bleivergiftung und Porphyrie, weniger auch bei Leberkrankheiten, bestimmten Anämieformen und anderen Vergiftungen (Selen, Thallium, angeblich auch Mangan); KP-Vermehrung im Urin neben Erhöhung der Aminolävulinsäureausscheidung (s. d.) Frühzeichen einer Bleieinwirkung; ausgeschiedene KP-Menge abhängig von aufgenommener Bleimenge und Krankheitszustand (s. Blei und -verbindungen).

Kornkäferkrankheit s. Alveolitis, exogenallergische

Korund (α-Aluminiumoxid, kristallisierte Tonerde)

Verwendet für Schleifscheiben, als Schleifmittel, als Schmirgelbestandteil u. a.; macht *keine* Staublungenerkrankung, jedoch bei Herstellung von Elektrokorund bei Ofenarbeitern Lungenschädigungen als sog. Korundlunge (s. Aluminium[staub]lunge) beobachtet.

Kraftfahrer

Gefährdet durch verwendete Kraft-(Treib-)stoffe, ihre Beimengungen, Auspuffgase, Erschütterungen, Zwangshaltungen und allgemeine Überbeanspruchung.

- *Kraftstoffe:* Flüssige Kraftstoffe meist Gemische von Benzin, Benzol, Tetralin und Alkohol sowie Diesel(schwer)öl, gefährlich vor allem das Benzol bei defekter Wagenheizung, Waschen besonders warmer Motoren usw.; Beimengungen sind Antiklopfmittel (s. d.), zumeist Bleitetraäthyl (s. Bleialkyle), auch Benzol u. a.; *gasförmige* Kraftstoffe wie Flaschengas (Propan usw.) oder Generatorgas (aus mitgeführtem Generator), dabei Kohlenmonoxidgefährdung besonders beim Anheizen und Reinigen);
- *Auspuffgase:* s. d.

Krankheit s. Kap. Sozialmedizin

Krebserkrankungen, berufliche

Der Umgang mit erwiesenen oder potentiellen krebserzeugenden Stoffen erfordert besondere Vorsicht und Arbeitsschutzmaßnahmen. Die MAK-Werte-Liste (s. d.) führt diese Stoffe besonders auf im Kap. III (s. krebserzeugende Gefahrstoffe), und zwar unterteilt in Stoffe, die beim Menschen erfahrungsgemäß bösartige Geschwülste zu verursachen vermögen, und solche, die bislang nur im Tierversuch sich nach Meinung der MAK-Kommission eindeutig als kanzerogen erwiesen haben, wobei für beide Gruppen für einige nur schwach kanzerogen wirkende Stoffe der Gruppe MAK-Werte noch beibehalten wurden, sowie Stoffe, bei denen zwar ein nennenswertes krebserzeugendes Potential vermutet wird, jedoch die MAK-Werte ebenfalls beibehalten wurden, aber besonders intensive Schutzmaßnahmen und Beobachtungen erforderlich sind (s. auch unter Gefahrstoffverordnung). Für bestimmte Stoffe sind jedoch keine MAK-Werte, sondern nur sog. „TRK-Werte" (s. d.) aufgestellt worden.

Vr: Entschädigungspfl. Berufskrankheit: sofern Noxen in den Listen aufgeführt sind sowie eventuell weitere Krebserkrankungen gem. § 551 Abs. 2.

Hautkrebs

Durch Ruß, Rohparaffin, Teer, Schieferöle usw. (s. Haukkrebserkrankungen), durch Arsen (s. Arsen und -verbindungen) und durch Röntgen- oder radioaktive Strahlen usw. (s. Strahlenschäden) u. a.

Lungen(bronchial)krebs

Durch Chromverbindungen, besonders Chromate usw. (s. Chrom und -verbindungen), durch Asbeststaub (s. Asbeststaublungenerkrankungen), durch radioaktive Stoffe (s. d. bzw. auch Schneeberger Lungenkrankheit), durch Teer und Rußbestandteile (z. B. bei Gaswerksarbeitern erhöhter Anfall von Lungenkrebs beobachtet); durch Kokereirohgase (Vr. s. Pyrolyseprodukte); durch Resorption von Arsen (s. Arsen und -verbindungen) und evtl. anderes gem. § 551 Abs. 2.

Blasenkrebs

Durch bestimmte aromatische Amine (s. Animo-[Amido-]Verbindungen).

Krebserkrankung der blutbildenden Organe

Durch Benzol, radioaktive Stoffe usw. (s. jeweils diese).

Krebserzeugende Gefahrstoffe

Die sogenannten krebserzeugenden Arbeitsstoffe sind laut Festlegung durch die Senatskommission zur Prüfung gesundheitsgefährlicher Arbeitsstoffe in Kap. III der MAK-Werte-Liste (s. d.) unterteilt in „A" als eindeutig krebserzeugende Arbeitsstoffe ausgewiesen, und zwar als „A 1" = erfahrungsgemäß beim Menschen krebserzeugend und „A 2" nur im Tierversuch eindeutig krebserzeugend, aber vergleichbar mit einer möglichen Exposition des Menschen am Arbeitsplatz zusammengestellt, und als „B" = Stoffe mit begründetem Verdacht auf krebserzeugendes Potential, wobei letzteres zum Teil in Konkurrenz steht mit einer starken Toxizität (zu Kap. III s. auch unter Krebserkrankungen, berufliche).
Weiterhin sind in Anhang II der Gefahrstoffverordnung (s. d.) eine nach Gefährlichkeit unterteilte Liste der krebserzeugenden Gefahrstoffe aufgestellt und zudem Schutzvorschriften für diese Stoffe allgemein und für einzelne Stoffe (s. d.) im speziellen aufgeführt. In der technischen Regel TRgA 910 sind die Begründungen für diese Einstufungen eingehend abgehandelt. Für nicht aufge-

führte krebserzeugende Stoffe sind weitere Schutzmaßnahmen in der technischen Regel TRGS 500 von Sept. 1988 aufgeführt. Außer der Gefahrstoffverordnung enthält die UVV „Schutzmaßnahmen beim Umgang mit krebserzeugenden Arbeitsstoffen“ (VBG 113) vom 1. 10. 1982 eingehende Ausführungen zum diesbezüglichen Gefahrenschutz. Besondere Bestimmungen über Vorsorgeuntersuchungen beim Arbeiten mit krebserzeugenden Arbeitsstoffen enthalten Abschnitt III der UVV 45 „Arbeitsmedizinische Vorsorge“ (VBG 100) (s. Vorsorgeuntersuchungen usw.) sowie der Berufsgen. Grundsatz G 40 „Krebserzeugende Arbeitsstoffe, Allgemein“ (im übrigen s. einzelne Stoffe).

Kresol s. Phenole

Kryolith s. Fluor und -verbindungen

Kühlschmierstoffe

Vk: Bei Metallzerspanung und -umformung zum Kühlen und Schmieren als wassermischbare, als mineralölhaltige und -freie sowie legierte (zusatzstoffhaltige) und nicht legierte (zusatzstofffreie) Mittel vielfältige ständig neue Komponenten und Zusammensetzungen.

Sy: Bildung von Dämpfen und Aerosolen sowie beim Erhitzen von Pyrolyseprodukten (s. d.); je nach Zusammensetzung – überwiegend durch Zusatzstoffe – toxisch-irritative oder allergisierende Wirkung auf die Haut und die Luftwege. Da keine Deklarationspflicht für die Zusatzstoffe besteht, ist systematische Erfassung schwierig. Durch MAK-Werte-Kommission erfolgte die Aufstellung einer soweit bekannten Liste. Darüber hinaus toxikologische Bearbeitung einzelner Zusatzstoffe und technischer Gemische. Für Stoffe, die Nitrite oder nitritliefernde Verbindungen und Reaktionspartner für Nitrosaminbildung enthalten, wird ein nennenswertes krebserregendes Potential vermutet (MAK-Kat. III B).

Kunstdünger s. Düngemittel

Kunstharze (synthetische Harze)

In erster Linie verwendet: Phenolharze = Phenoplaste (s. Phenole) und Polyvinylverbindungen weiterhin Äthoxilinharze (s. d.), Polyesterharze usw.

Kunststoffe

Synthetische hochpolymere Stoffe vielfältiger Art und Verwendung. Gesundheitsgefahren bestehen evtl. bei der Herstellung durch Rohstoffe, Beimengungen oder Zwischenprodukte (z. B. Bleistearate in der PVC-Herstellung, bestimmte Isocyanate [s. d.]); im täglichen Leben nur durch nicht auspolymerisierte Kunststoffe (Monomerengehalt) allergische Reaktionen möglich, ebenso evtl. durch Farbstoffe oder Appreturen verursacht; bei der thermischen Zersetzung evtl. Entstehung von Gift- und Reizgasen mit allen Symptomen der Haut- und Schleimhautreizung bis zum Lungenödem.

Kupfer und -verbindungen

Nur wenig giftig; angebliche berufliche Vergiftungen beruhen im allgemeinen auf Beimengungen von Arsen (s. d.) und Blei (s. d.); jedoch durch Einatmung von Kupferoxidrauch oder feinstem Kupferstaub Gießfieber (s. d.). Im Auge machen in den Bulbus eingedrungene Kupfersplitter durch Verkupferung schwere Veränderungen (Chalkosis). Giftige Kupferverbindungen sind Kupfersulfat (Kupfervitriol) und weniger toxisch Grünspan; MAK-Wert (s. d.) für Kupferoxid (Rauch); 0,1 mg F/m^3, für Kupferoxid (Staub): 1 mgG/m^3 (Kat. II, 1).

Lackfarben

Die Gesundheitsgefahren sind vorwiegend von den je nach Verwendungszweck unterschiedlichen Lacklösemitteln abhängig; letztere sind aber vielfach infolge von Phantasienamen unbekannt! Bei besonderer Gefährlichkeit heute Kennzeichnungszwang (s. Gefahrstoffverordnung) (Nitrolacke s. d.).

Sy: Je nach Lösungsmittel unterschiedliche Reizwirkung auf Schleimhäute (evtl. schwere asthmoide Bronchitiden durch Isocyanate); spezifisch toxische Wirkungen der häufig verwendeten Halogenwasserstoffe oder des Benzols und seiner Homologe (s. unter den jeweiligen Stoffen); Überempfindlichkeitsekzeme u. a.

Prl: Verwendung relativ harmloser Lösungsmittel; Angabe und Beachtung genauer Gebrauchs- und Schutzanweisungen, evtl. Absaugung oder Atemschutzmasken mit Spezialfilter für Lösemitteldämpfe; evtl. ärztliche Vorsorgeuntersuchungen.

Lärm

Überblick über die Auswirkungsmöglichkeiten

Schalleinwirkungen (Töne oder Geräusche), die nach Art und Intensität belästigend, schmerzhaft und gesundheitsschädigend wirken können; rhythmischer oder auch selbstverursachter Lärm kann anregend und leistungssteigernd sein; subjektiver Begriff, deshalb nicht absolut durch Messungen erfaßbar; weitgehend Folge der Zivilisation, besonders der Mechanisierung von Industrie und Verkehr; gesundheitsschädigende Wirkungen neben der Lärmqualität (z. B. Impulslärm) wesentlich von der Lärmstärke (Lautstärke, s. Tab. 2.6) und auch der Tonfrequenz (Schwingungszahl) abhängig; dabei zu unterscheiden zwischen Allgemeinschäden (psychischer, nervöser und letztlich auch organischer Art) und den speziellen Schädigungen des Gehörorgans (Lärmschwerhörigkeit, s. d.). Unabhängig von den Gesundheitsgefahren ist jeder unangenehm empfundene Lärm leistungsmindernd! Auch während des Schlafens wirkt Lärm nervös belastend. Ebenso kann unhörbarer Infraschall u. U. zu starkem Unbehagen führen (Zusammenhänge bisher kaum erforscht).

Akustische Maßeinheiten

Lautstärke = Stärke des Schalldrucks, gemessen in dem logarithmischen Maß Dezibel (dB), gefiltert als db(A)-Wert etwa proportional der subjektiven Störwirkung;
Schallfrequenz (Schwingungszahl) = *Hertz* (Hz); menschlicher Hörbereich = 16–20000 Hertz.

Schädigungsmöglichkeiten im einzelnen

Allgemeinschäden: überall (Wohnhaus, Straße, Büro, Werkstatt usw.);
Hörschäden: vor allem in bestimmten Betrieben der Metallver- und -bearbeitung, der Textilindustrie, im Untertagebergbau und bei Arbeiten an Prüfständen von Fahrzeug- und Flugzeugmotoren.

Krankheitserscheinungen: bei *akuter Einwirkung* (Lärmtrauma, z. B. Detonation): kurzdauernde Schwerhörigkeit bis zu organischen Zerreißungen, auch Atrophie des Innenohrs.

Bei chronischer Einwirkung: anfangs je nach Empfindlichkeit Störung allgemeiner vegetativer Funktionen, so Kopfschmerzen, Schwindel, Schlaflosigkeit, Unruhe, Herzklopfen, Blutdruckerhöhung, Magenstörungen u. a. (= „Lärmkrankheit"), am Ohr reversible Vertäubung; nach einer Gewöhnung (auch in Ruhezeiten) Abklingen der Beschwerden; bei *langdauerndem übermäßigem Lärm:* Lärmschwerhörigkeit (s. d.).

Lärmverhütung

- Technischer Schutz durch Ersatz stark lärmender Arbeitsverfahren durch weniger lärmende, Verwendung weniger lärmender Arbeitsstoffe, Verwendung schalldämpfender Unterlagen, bauliche Maßnahmen, wie schallschluckende Fußböden, Wände, Decken usw.;

Tabelle 2.6 Lautstärken

dB (A)	dB (A)
0 = Hörschwelle	70 = belebte Plätze
10 = leises Flüstern	80 = stärkerer Straßenverkehr
20 = ruhige Wohnung	90 = Krad mit Schalldämpfer
30 = Rauschen von Bäumen, stille Straßen	100 = Autohupe
40 = Zerreißen von Schreibpapier	110 = Blechschmiede
50 = Unterhaltungssprache	120 = Niethammer, Flugzeugpropeller
60 = Straßenbahn	130 = Schmerzgrenze
	160 = Düsenjäger
bis 60 dB (A)	= im allgemeinen unschädlich
60– 85 dB (A)	= nervös belastend
85–100 dB (A)	= Lärmbetrieb
100–130 dB (A)	= Großlärmbetrieb

- arbeitsorganisatorischer Schutz durch zeitliche und räumliche Trennung der stark lärmenden von weniger lärmenden Arbeiten usw.;
- fürsorglicher Schutz durch Schaffung lärmgeschützter Aufenthaltsräume, lärmgeschützter Wohnungen, Aufklärung über eine vernünftige Freizeitgestaltung usw.;
- persönlicher Lärmschutz durch Gehörschutzmittel, z. B. Gehörschutzwatte oder Lärmkopfhörer (durch Gehörschutzmittel Lärmminderung bis um 30 db(A) möglich);
- systematische Lärmmessungen, arbeitsmedizinische Vorsorgeuntersuchungen nach berufsgen. Grundsatz G 20 vom April 1989.

Lärmschwerhörigkeit

Def: Typische Schädigung des Ohres durch lang andauernde, übermäßige Lärmarbeit (s. Lärm); meist langsam fortschreitende degenerative Veränderung des Innenohres (= Nervenschwerhörigkeit).

Vk: s. Lärm unter „Hörschäden", im allgemeinen erst nach 15–20jähriger Lärmeinwirkung; evtl. akut als akustisches Trauma (Detonation usw.).

Sy: akute Schädigung: kurze bis zu einigen Tagen andauernde Schwerhörigkeit (Vertäubung), Schädigung des Trommelfells, evtl. des Innenohres; *chronische Schädigung:* evtl. schon nach wenigen Jahren anfänglich unbemerkte Abnahme der Hörfähigkeit, typische Innenohrschwerhörigkeit mit positivem Ausfall des Rinne-Versuchs, anfänglich vornehmlich Wahrnehmung der höheren Töne gestört, im Audioprogramm besonders isolierte Schädigung der Frequenzstufe von 4000 bis 6000 Hz, später eine C 5-Senke mit einem Maximum bei 4000 Hz, immer doppelseitig, verhältnismäßig häufig subjektive Ohrgeräusche; nach Aufgabe der Lärmarbeit im allgemeinen kein Fortschreiten der Schädigung, jedoch auch keine Besserung; weitere Lärmschädigungen außerhalb des Ohres s. Lärm.

Dg: Differentialdiagnose gegenüber Altersschwerhörigkeit, Otosklerose sowie toxischen und infektiösen Innenohrschädigungen; genaue Berufsvorgeschichte (ausreichend lange Großlärmarbeit); bei der Hörprüfung von Lärmarbeiten Beachtung der akuten Vertäubung (evtl. einige Tage andauernd!); *Indikation zur Bk-Anzeige im allgemeinen bei einer Innenohrschwerhörigkeit mit einem Hörverlust von > 40 dB bei 2000 Hz (bzw. bei einer bereits bestehenden Arbeitsunfallrente von mindestens 10% = 3000 Hz) auf dem besser hörenden Ohr.*

Prl: s. Lärm.

Lärmschwerhörigkeit ist entschädigungspfl. Berufskrankheit gem. Ziff. 2301 BeKV.

Laserstrahlen s. Strahlenschädigungen unter „Laserstrahlung"

Laugen

Natronlauge, Kalilauge, Salmiakgeist usw.

Sy: Hautschädigungen in Form von Geschwürsbildung und Ekzemen; gefährliche Augenverletzungen, auch oral schwere Verätzungen der Speiseröhren- und Magenschleimhaut.

Th: Augenverletzungen: unter laufendem Wasser 15–20 Minuten spülen, evtl. Einträufeln von Cocainlösung, zum Augenarzt, *keinesfalls* Neutralisationsversuch mit Säuren! Hautverletzungen: abspülen. Orale Vergiftungen: Verdünnte Essig- oder Zitronensäure (Trinken und Magenspülung), evtl. Milch mit rohen Eiern, Kreislaufmittel), Schmerzbekämpfung, antiinfektiöse Therapie.

Leuchtgas s. Kohlenoxid

Lithium und -verbindungen

Verwendet in Reaktortechnik, in der Metallurgie, Lithiumsalze in der Keramik, Lithiumhydrid als Reduktionsmittel usw.; bedeutsam Alkaliwirkung verschiedener Verbindungen (s. Laugen), besonders aggressiv Lithiumhydrid; MAK-Wert (s. d.) für Lithiumhydrid konnte bisher nicht aufgestellt werden.

Lohnsysteme s. Arbeitsentgelt

Lösemittel

Verwendung zum Lösen von Fetten, Teeren, Farbkörpern, Gummi usw.; als Frostschutzmittel, Kältemittel, in Feuerlöschern u. a.; chemisch vielseitige, oft unbekannte, evtl. additiv wirkende Gemische mit Deck- oder Phantasienamen; am gebräuchlichsten sind Halogenkohlenwasserstoffe, Benzin, Benzol und seine Homologe, Alkohol, Acetate, Aceton u. ä. (s. unter den einzelnen Stoffen); Gefährlichkeit wird durch Aerosolbildung evtl. wesentlich erhöht.

Lost (2,2-Dichlordiäthylsulfid)
(N-Lost s. Stickstofflost)

Ät: Durch Schwefellost noch gelegentlich Schäden beim Bergen und Vernichten entsprechender Fundmunition; starke Haft- und Durchdringungsfähigkeit, auch der Haut, ausgesprochenes Protoplasmagift.

Sy: Nach Latenzstadium von 2–6 Stunden Rötung und Blasenbildung der Haut mit tiefgreifenden Gewebezerstörungen; Bronchitiden, Lungenödemen und evtl. Lungenentzündungen und -abszesse; toxische Blutungen in Nieren, Magen-Darm-Kanal sowie im Gehirn; evtl. dauernde Empfindlichkeit der Atemwege und Asthma bronchiale; ferner Hemmung der Zellteilung in schnell wachsenden Geweben, damit vor allem Verminderung der Leukozytenzahl; als krebserregend angesehen (MAK-Kat. III A 1)!

Th: Auf der Haut: Betroffene Kleidungsstücke sofort entfernen; sofort mit 70%igem Alkohol abtupfen, den Rest abwaschen mit Alkohol oder Wasser und Seife (auch Ammoniakwasser 1:200), dann ⅓%ige Silbernitratlösung aufpinseln, Blasen möglichst lange stehenlassen; offene Flächen mit ⅓%iger Silbernitratlösung feucht und später mit Lebertransalbe verbinden; *in den Augen:* Ausspülen mit Nitriumbicarbonatlösung, dann alkalische Augen- oder Lebertransalbe, Augenarzt; *bei Einatmung:* s. nitrose Gase.

Vr: Entschädigungspfl. Berufskrankheit gem. Ziff. 1311 BeKV.

Luftdruck, erhöhter,
s. Druckfallkrankheit

Lufthygiene
Reinhaltung der Luft gewinnt mit zunehmender Industrialisierung und Motorisierung an Bedeutung; große Kontaktmöglichkeiten der Luft mit dem menschlichen Körper, so Hautoberfläche $\approx 2\,m^2$, Lungenbläschenoberfläche $\approx 100\,m^2$, Luftaufnahme in die Lunge an einem Arbeitstag (8 Stunden) $\approx 10\,m^3$; am wichtigsten Luftaufnahme in die Lungen, Hauptresorption nur selten bedeutsam; die biologischen bzw. schädigenden Wirkungen der verschiedenen, in verunreinigter Luft befindlichen Substanzen und Schwebestoffe zum Teil noch umstritten. Von ausschlaggebender Bedeutung sind die Aggressivität der Stoffe, ihre Einwirkungszeit und die Eliminierungsfähigkeit des Bronchialepithels. Ältere, in ihrem Lungensystem schon vorgeschädigte Personen zeigen eine besondere Anfälligkeit; ein guter Index der Luftverunreinigung kann der SO_2-Gehalt der Luft sein. Über Lufthygiene an Arbeitsstätten und in Arbeitsräumen s. Lüftung.

Maßnahmen: Änderung von Arbeitsverfahren und evtl. Arbeitsstoffen, Reinigung der Rauche und Abgase, Vorreinigung der Auspuffgase und evtl. Einschränkung des Kraftverkehrs in industriellen Ballungsgebieten bei besonderen Wetterlagen (erhöhte Smoggefahr usw.).

Lüftung
Notwendigkeit der Zufuhr genügend sauerstoffhaltiger, reiner, normal temperierter und evtl. befeuchteter Luft und der Entfernung von Luftverunreinigungen jeglicher Art.

Luftbedarf (Luftrate) des Menschen: unterschiedlich nach Schwere der Arbeit von $30\,m^3$ in der Stunde bis $60\,m^3$/Stunde, bei Schwerstarbeit bis zu $100\,m^3$/Stunde. *Luftverschlechterung* durch menschliche Ausatmung, Ausdünstung, Ansteigen der Luftfeuchtigkeit und -temperatur, unzweckmäßige Heizeinrichtungen und evtl. fabrikationsbedingte Gase, Dämpfe und Stäube.

Maßstab für die Bewertung der Raumluft ist der Kohlendioxidgehalt, der nicht über 0,1% ansteigen soll.

Grundforderungen (festgelegt u. a. in Arbeitsstättenverordnungen, s. d.): Luftraum je Person mindestens 12–18 m^3, je nach Schwere der Arbeit, bei besonderen Luftverunreinigungen höhere Luftmenge vorgeschrieben (evtl. bis $30\,m^3$ und mehr), Luftwechsel mindestens dreimal je Stunde, zugfreie Lüftung (nicht mehr als 0,2 m/sec Luftgeschwindigkeit in der Nähe des Arbeiters). Für die *Frischluft* gilt: einwandfreie Beschaffenheit (evtl. Filterung), in der kalten Jahreszeit ausreichende Vorwärmung, zugfreie Zuführung (möglichst hoch und über Luftverteiler), bei Staub- oder Gasentstehung im Arbeitsraum gerichtete Lufteinführung in Richtung und Menge bilanziert mit eventuellen Absaugemaßnahmen.

Absaugung erforderlich: bei allen stärker staubenden bzw. allen gesundheitsgefährlichen Arbeitsprozessen, möglichst nahe der Entstehungsstelle der Luftverunreinigung (bevor dieselbe in den Atembereich des Beschäftigten gelangt); dabei ausreichende Berücksichtigung der Strömungstendenz der Stoffe, ausreichende Beseitigung der gefährlichen Bestandteile der Abluft; *Rückführung* abgesaugter Betriebsluft je nach Reinheits- bzw. Verunreinigungsgrad zugelassen oder verboten (Merkblatt der Berufsgen.: Einrichtungen zum Abscheiden gesundheitsgefährlicher Stäube mit Rückführung der Reizluft in den Arbeitsräumen. Heymann, Köln).

Lysol s. Phenole

Magnesium und -verbindungen

Häufig verwendet in Form seiner Legierungen Elektron und Magnewin; MAK-Wert (s. d.) für Magnesiumoxid (Feinstaub): 6 mg F/m^3 (Kat. n. b., für Mg-Rauch II, 1); bei Bearbeitung von Legierungen Brand- und Explosionsgefahr; durch Magnesiumoxid evtl. Reizerscheinungen an Augen und oberen Luftwegen. Besondere Schutzbestimmungen u. a.: Technische Regel für gefährliche Arbeitsstoffe (TRgA) 509.

MAK-Werte(-Liste)

MAK = maximale Arbeitsplatzkonzentration, Werte für den höchstzulässigen Gehalt der Luft von Arbeitsräumen an gesundheitsschädlichen Bestandteilen bei einer täglichen Arbeitszeit von 8 Stunden; jährlich neu aufgestellt durch die Kommission zur Prüfung gesundheitsschädlicher Arbeitsstoffe der Deutschen Forschungsgemeinschaft (hier Werte vom 12. 7. 1991). *MAK-Werte stellen nur Richtwerte dar,* sind teilweise umstritten und können nicht eine persönliche Überempfindlichkeit oder eine Potenzierung von Giftgemischen durch Aerosolbildung und andere Wirkungskomplexe berücksichtigen. Die MAK-Werte besagen nichts über die gesundheitliche Bedeutung kurzfristiger Überschreitungen.

Da diese Konzentrationsspitzen in ihrer Wertigkeit für ihre gesundheitliche Beurteilung vom besonderen Wirkungscharakter der einzelnen Stoffe abhängig sind, wurde ein System der Erfassung und Einordnung möglichst aller in der MAK-Liste erfaßten Stoffe in überschaubare Kategorien geschaffen (Tab. 2.7). Die MAK-Werte-Liste bringt die jeweiligen Kategorien unter der Rubrik „Spitzenwerte", sofern der Wert noch nicht feststeht, das Zeichen „n. b." (nicht bearbeitet).

Für Stoffe, deren Einwirkung nach dem gegenwärtigen Stand der Kenntnisse für den Menschen eine *Krebsgefährdung* bedeutet oder wahrscheinlich macht, sind keine Konzentrationswerte in die Liste aufgenommen,

Tabelle 2.7 Begrenzung von Expositionsspritzen

Kategorie		Kurzzeitwerthöhe	Kurzzeitwertdauer	Häufigkeit pro Schicht
I	Lokal reizende Stoffe	2-MAK	5 min, Momentanwert*	8
II	Resorptiv wirksame Stoffe Wirkungseintritt innerhalb 2 h			
	II,1 Halbwertszeit < 2 h	2-MAK	30 min, Mittelwert	4
	II,2 Halbwertszeit 2 h bis Schichtlänge	5-MAK	30 min, Mittelwert	2
III	Resorptiv wirksame Stoffe Wirkungseintritt > 2 h Halbwertszeit > Schichtlänge (stark kumulierend)	10-MAK	30 min, Mittelwert	1
IV	Sehr schwaches Wirkungspotential MAK > 500 ppm	2-MAK	60 min, Momentanwert*	3
V	Geruchsintensive Stoffe	2-MAK	10 min, Momentanwert*	4
VI, VII	BAT-Werte			
VIII	Krebserzeugende Arbeitsstoffe			

* Der Momentanwert ist ein Wert, der von der Konzentration zu keiner Zeit überschritten werden soll. Er ist damit eine Zielvorgabe für eine technische Gestaltung des Arbeitsplatzes; die analytische Überprüfung kann dann über den Mittelwert geschehen.

da keine noch als unbedenklich anzusetzende Dosis angegeben werden kann. Für einzelne dieser Stoffe sind sog. Technische Richtkonzentrationen (s. TRK-Werte) festgelegt. Bei einigen dieser Stoffe bildet auch die Aufnahme durch die unverletzte Haut eine große Gefahr (s. auch Krebserkrankungen, berufliche).
Mit einem „H" hinter dem MAK-Wert sind Stoffe gekennzeichnet, die beim Kontakt mit der Haut diese leicht durchdringen können und damit eine in der Praxis ungleich größere Vergiftungsgefahr als etwa die Einatmung bedeuten.
Mit einem „S" hinter dem MAK-Wert sind Stoffe bezeichnet, die erfahrungsgemäß häufiger als die meisten anderen als Sensibilisatoren aufgefallen sind, d. h. durch Überempfindlichkeitsreaktionen allergische Krankheiten auslösten.
F bedeutet Feinstaub, G Gesamtstaub.
Soweit bei einzelnen Stoffen für eine Schwangerschaft das Risiko einer Fruchtschädigung untersucht ist, erfolgt eine Eingruppierung in: „A" = sicher, „B" = wahrscheinlich, „C" = nicht zu befürchten und „D" = nicht festgelegt, Einstufung nicht möglich.
In der MAK-Werte-Liste sind auch die BAT-Werte (s. d.) veröffentlicht.

Maleinsäureanhydrid
Wirkung ähnlich der des Phthalsäureanhydrids (s. d.), u. U. Lungenödem. MAK-Wert (s. d.): 0,1 ml^3/m^3, „S" (Kat. I).

Mangan und -verbindungen
Vk: In Manganbergwerken, beim Transport und Mahlen von Braunsteinen, Herstellung von Kaliumpermanganat, von Trockenbatterien oder manganhaltigen Mantelelektroden. MAK-Wert für Mangan (s. d.): 5 mg G/m^3 (Kat. III).
Sy: Akute Vergiftung: Reizwirkung auf Schleimhäute der Luftwege; vermehrt kruppöse Pneumonien. *Chronische Vergiftung:* Charakteristische Wirkung auf das Zentralnervensystem, allmähliche Entwicklung der Symptome des Parkinsonismus, später Adiadochokinese, Verlangsamung der Persönlichkeit bis zur völligen Arbeitsunfähigkeit.
Vr: Entschädigungspfl. Berufskrankheit gem. Ziff. 1105 BeKV.
Th: Symptomatisch.

Maschinenschutzgesetz
s. Gerätesicherheit

Meniskusschäden
Vk und *Sy:* s. S. 494 und Meniskopathie im Kap. Orthopädie.
Vr und *DD:* Entschädigungspfl. Berufskrankheit gem. Ziff. 2102 BeKV nach mehrere Jahre andauernden oder häufig wiederkehrenden, die Kniegelenke überdurchschnittlich belastenden Tätigkeiten; differentialdiagnostisch wichtig ist die Abgrenzung von traumatischen Meniskusverletzungen und konstitutionellen Anomalien.

Mesotheliom
s. Asbeststaublungenerkrankung

Messing-(Metall-)Dampffieber
s. Gießfieber

Methanol (Methylalkohol)
Vk: Vorwiegend als Lösemittel, in Flekkenreinigungsmitteln, in der chemischen, pharmazeutischen und kosmetischen Industrie, als Gefrierschutzmittel usw.
Giftaufnahme: Zumeist oral; beruflich in erster Linie durch Einatmung, aber auch durch die Haut! MAK-Wert (s. d.) 200 ml/m^3, „H" (Kat. II, 1, Schwangerschaftsgruppe D).
Sy: Akute Vergiftung: Schwindel, Kopfschmerzen, Sehstörungen, Kussmaul-Atmung, Zyanose, Krämpfe. *Chronische Vergiftung:* Schleimhautreizungen, Kopfschmerzen, neuritische Beschwerden, zentralnervöse Störungen, nach Latenzzeit (2–48 Stunden) Rauschzustand, Kopfschmerzen, Magen-Darm-Störungen, Zyanose, Krämpfe, Sehstörungen bis Erblindung, Atemlähmung. BAT-Wert (s. d.): Methanol im Harn 30 mg/l am Ende der Arbeitswoche, 2. Hälfte der Schicht.
Nachkrankheiten: Nieren-, Leber-, Hirnschäden (evtl. Erblindung).
Prl: Arbeitsmedizinische Vorsorgeuntersuchungen nach berufsgen. Grundsatz G 10 vom Mai 1981.

Methylaziridin s. Propylenimin

Methyl-bis-(2-chloräthyl)amin
s. Stickstofflost

4,4-Methyl-bis-2-chlor bzw. NN-dimethylanilin
Geringe akute Toxizität, jedoch krebserregende Wirkung erwiesen (MAK-Kat. III A2).

Methylbromid, Methylchlorid

Vk: Als Methylierungsmittel, als Schädlingsbekämpfungsmittel, jedoch kaum als Kältemittel.

Sy: Akute Vergiftung: Bei Methylbromid (MAK-Wert [s. d.]: 5 ml/m³, „H", Kat. II, 1) nach Latenzstadium Lungenödem, Kreislaufschwäche und Kopfschmerzen, Doppelsehen, Schwindel, Akkommodations- und Gangstörungen, evtl. Atemlähmung, jedoch wird ein nennenswertes krebserzeugendes Potential vermutet (III, B); bei *Methylchlorid* (MAK-Wert [s. d.]: 50 ml/m³ Kat. II, 1, Schwangerschaftsgruppe B) ähnlich, jedoch *kein* Lungenödem, sondern typische Schlafsucht. *Chronische Vergiftung:* Sehstörungen, nervöse Störungen, gastrointestinale Erscheinungen, ebenfalls Krebsgefährdung (MAK-Kat. III B).

Vr: Halogenkohlenwasserstoffe.

Th: Frische Luft, Entfernung verschmutzter Kleidung (achten auf Erfrierungen!); Ruhe, Wärme, O_2-Therapie.

Methylglykol s. Glykole und ihre Verbindungen

Milch

Vollmilch wie auch Magermilch und auch Milchprodukte sind hochwertige Nahrungsmittel, jedoch *keine* Arbeitsschutzmittel! Die vielfach geübte Milchabgabe in Betrieben mit besonderen chemischen Arbeitseinflüssen im Sinne einer Arbeitsschutzmaßnahme ist nicht unbedenklich, da hierdurch nicht selten aus einem falschen Sicherheitsgefühl heraus wirklich notwendige und zweckentsprechende Arbeitsschutzvorkehrungen entweder nicht getroffen oder aber nicht befolgt werden; andererseits ist aber gerade bei giftgefährdeten Arbeitern eine an Milch, Milcherzeugnissen sowie Obst und Gemüse reiche Kost und das Meiden übermäßigen Fett- und Alkoholgenusses zu empfehlen!

Milzbrand

Vk: Bei Tierärzten, in Gerbereien, bei der Roßhaarverarbeitung usw., besonders bei unzureichend desinfiziertem ausländischem Material.

Sy: Lungen- und Magen-Darm-Milzbrand kaum noch beobachtet; selten Hautmilzbrand, überwiegend als charakteristischerweise primär nicht schmerzender und in seiner Erscheinungsform typischer Milzbrandkarbunkel.

Vr: Infektionskrankheiten.

Th: Serumbehandlung.

Mineralfasern, künstliche

Solche Fasern mit einem Durchmesser <1 µm sind auf ein krebserzeugendes Potential verdächtig (MAK-Kat. III B).

Mineralöle s. Kühlschmierstoffe

Moltropren s. Isocyanate

Molybdän und -verbindungen

Verwendet als Zusatz zu hochwertigen Stahllegierungen, als Katalysator, in der Radiotechnik; Molybdänverbindungen als Farben, Schmiermittel usw.; für den Menschen relativ harmlos. MAK-Wert (s. d.) für lösliche Molybdänverbindungen: 5 mg G/m³, für unlösliche: 15 mg G/m³ (jeweils als Mo berechnet) (Kat. III).

Monochlorbenzol s. Chlorbenzole

Monochlordimethyläther
s. Dichlormethyläther

Morbidität (= Krankheitshäufigkeit)
s. Kap. Sozialmedizin

Mortalität (= Sterblichkeit)
s. Kap. Sozialmedizin

Motorenöle, gebrauchte,
s. Pyrolyseprodukte

Muskelarbeit

Dynamische Arbeit: rhythmische Arbeit; Arbeitsleistung in Bewegung; dabei Wirkung der Muskulatur durch Wechsel zwischen An- und Entspannung als Motorpumpe auf Kreislauf, damit optimale Versorgung mit Energie und optimaler Abtransport der Stoffwechselschlacken; rationelle, evtl. über längere Zeit ohne Überbelastung zu leistende Arbeitsform.

Statische Arbeit: Haltearbeit, Kraftleistung ohne Bewegung, bei oberflächlicher Betrachtung evtl. fälschlicherweise als leicht bezeichnet. Tritt bei andauerndem Stehen, auch aufrechtem Sitzen, bei Zwangshaltungen vorwiegend an unphysiologisch gestalteten Arbeitsplätzen und Maschinen u. a. auf.
Bei statischer Arbeit Dauerkontraktion der Muskulatur, durch Muskeldruck Abdrosselung der Blutgefäße, damit Unterbrechung der Energiezufuhr und Abfuhr der Schlakkenstoffe, damit schnelle Ermüdung mit

Schmerzzuständen, lange Erholungszeiten, Gefahr der Überbelastung, ausgesprochen unrationelle Arbeitsform.

Mutterschutz s. Frauenarbeit

Nachbarschaftseinwirkungen

Nachbarschaftseinwirkungen sind möglich:

- von benachbarten Arbeitsplätzen, z. B. Sandstrahlgebläsen, Schweißarbeitsplätzen, bei Großlärmarbeiten, Hitzearbeiten;
- von benachbarten Arbeitsräumen, z. B. durch Weiterkriechen von Lösemitteldämpfen, wie Tri usw., Einströmen dort abgesaugter Luftverunreinigungen infolge falscher Luftführung und mangelhafter oder fehlender Filterung;
- von Arbeitsstätten auf Umwelt durch Immissionen von Staub, Gasen, Lärm usw. (s. Lufthygiene), aber evtl. auch durch verschmutzte Arbeitskleidung (z. B. in Familien von Quecksilber-, Beryllium-, Bleiarbeitern usw.) u. a.

Nachtarbeit

Nachtarbeit in der Zeit von 20–6 Uhr ist unphysiologisch, da sich die nachts auf Ruhe eingestellte sog. *zirkadiane Rhythmik* (s. d.) auch nach jahrzehntelanger Nachtarbeit nicht ändert, deshalb auch arbeitsmedizinisch abzulehnen.

Nachteile: mangelnde Leistungsbereitschaft (besonders in den ersten Tagesstunden), erhöhte Unfallgefahr, Schlafstörungen am Tage, Unregelmäßigkeit der Nahrungsaufnahme, bei Frauen am Tage zusätzliche häusliche Pflichten; deshalb Beschränkung der Nachtarbeit auf unvermeidbare Tätigkeiten; Verbot der Nachtarbeit bei Arbeiterinnen (unbedingt für werdende und stillende Mütter, Hausfrauen) und Jugendliche (s. auch Schichtarbeit).

Schutzvorschriften usw.: s. Jugendlichenarbeit, Frauenarbeit.

Naphthalin

Vorkommen und Symptome

Vorkommen (5–8%) im Steinkohlenteer; im Rohzustand Brennstoff usw., im Reinzustand wichtiger Ausgangsstoff für hydrierte Naphthaline (s. d.), Phthalsäure (wieder Grundstoff von Kunststoffen, Weichmachern usw.) und viele Kunststoffe selbst; kaum noch als Mottenmittel verwendet; berufliche Vergiftungen kaum bekannt; bei *oraler Vergiftung* hämolytische Anämie (Heinz-Innenkörper) und Hämoglobinurie beschrieben, nach mehrfacher starker *Einatmung* Verwirrtheit und Starbildung. MAK-Wert (s. d.) 10 ml/m^3 (Kat. n. b.).

Naphthaline, gechlorte, s. Chlornaphthaline

Naphthaline, hydrierte

Vk: Als Lösemittel, als Terpentinersatz, als Rostlösemittel, als Ungeziefermittel (Cuprex).

Sy: Bei Hautkontakt Dermatitis, evtl. chronisches Ekzem, jedoch keine Sensibilisierung, stärkere Schleimhautreizungen und Übelkeit; berufliche Vergiftungen sind nicht beobachtet.

Naphthaline, nitrierte

Aromatische Nitroverbindungen; 2-Nitronaphthalin praktisch ungiftig; jedoch wahrscheinlich über Metaboliten 1-Naphthylamin nennenswertes Krebspotential vermutet. 2-Nitronaphthalin (MAK-Kat. III A 2, GefStoffVO-Gruppe II) hat den TRK-Wert (s. d.) 0,035 ml/m^3; durch Di-, Tri- und Tetranitronaphthaline lediglich Schleimhautreizungen.

2-Naphthylamin s. Amino-(Amido-)-Verbindungen

Natriumverbindungen

Natriumchlorat: Wird als Unkrautvertilgungsmittel verwendet, Symptome gleichen denen bei Kaliumchloratvergiftungen;

Natriumhypochlorit: Wirkt stark alkalisch und ätzend, bei Einatmung = Chlor, bei Haut- und Schleimhautkontakt = Chlor und eine Lauge;

Fluorverbindungen s. Fluor und -verbindungen; *Natriumsulfit* und *Natriumnitrit* unter bestimmten Umständen gefährlich.

Nickel und -verbindungen

Im allgemeinen ungiftig. Ausnahmen: *Nikkelcyanid* s. Blausäure und -verbindungen); *Nickel(tetra)carbonyl* (s. d.). Durch *Nickelsalze* vor allem in galvanischen Betrieben häufig allergische Ekzeme; besonders bei Nickelherstellung Lungen-, Nasen- und Nasennebenhöhlenkrebs beschrieben, durch MAK-Kommission Nickel in Form atembarer Stäube von Nickelmetall, Nickelsulfid und sulfidischen Erzen, Nickeloxid und Nikkelcarbonat, wie sie bei der Herstellung und Weiterverarbeitung auftreten können, als krebserregend angesehen (MAK-Kat. III A 1, GefStoffVO-Gruppe II), deshalb nur

Tabelle 2.8 EKA-Werte (Nickelmetall, -oxid, -carbonat, -sulfid, sulfidische Erze)

Luft (µg/m³)	Harn (µg/l)
100	15
300	30
500	45

TRK-Wert (s. d.) für Nickel und -verbindungen (außer Nickelcarbonyl s. d.) und Nickellegierungen, berechnet als Ni im Gesamtstaub in Form atembarer Stäube: 0,5 mg/m³ in Form atembarer Tröpfchen (berechnet als Ni für den gesamten atembaren Anteil: 0,05 mg/m³ (S); EKA-Werte nach mehreren Schichten (Tab. 2.8).

Nickel(tetra)carbonyl

Vk: Vorwiegend in Nickelraffinerien, TRK-Wert: 0,1 ml/m³, „H".

Sy: Ähnlich wie bei Reizgaswirkung (s. Reizgasvergiftungen), dazu durch Epithelschädigungen Bronchopneumomien, evtl. zentralnervöse Störungen, auch Leberschäden, nennenswertes krebserregendes Potential als erwiesen erachtet! (MAK-Kat. III A 2, GefStoffVO-Gruppe II).

Nicotin s. Nicotinabusus im Kap. Angiologie

5-Nitroacenaphthen

Ein ausgeprägtes krebserzeugendes Potential wird vermutet (MAK-Kat. III A 2, GefStoffVO-Gruppe II in Konzentrationen von ≧1%).

Nitrobenzol (Mirbanöl)

Typischer Geruch nach bitteren Mandeln, Hauptvertreter der aromatischen Nitroverbindungen (s. d.). MAK-Wert (s. d.): 1 ml/m³, „H" (Kat. II, 1).

4-Nitrobiphenyl

Ein ausgeprägtes krebserzeugendes Potential wird vermutet (MAK-Kat. III A 2, „H").

Nitroglykol, Nitroglycerin

s. Salpetersäureester

Nitrolacke

Nach einem geringen Gehalt an gesundheitsunschädlicher Nitrocellulose benannte Lackfarben; haben weder etwas mit nitrosen Gasen noch mit aromatischen Nitrokörpern noch mit Nitriten zu tun, was in der Praxis oft nicht beachtet wird; die Gefährlichkeit der Nitrolacke ist überwiegend durch ihren Lösemittelgehalt (s. d.) bedingt.

2-Nitropropan

Reizwirkung auf Haut und Schleimhäute, narkotische Wirkung, zentralnervöse Symptome, u. U. Methämoglobinämie und evtl. schwere Leberschäden, eindeutig als krebserzeugend erwiesen ((MAK-Kat. III A 2, GefStoffVO-Gruppe II). TRK-Wert (s. d.): 5 ml/m³.

Nitrose Gase

Def: Gemisch verschiedener Oxide des Stickstoffes, vorwiegend NO_2 und N_2O_4, auch *Stickoxyde* genannt. MAK-Wert (s. d.) für Stickstoffoxid: 5 ml/m³ (Kat. I).

Vk: Bei der Gewinnung von Salpetersäure, in der Schwefelsäureindustrie, beim Metallbrennen, beim Schweißen in engen Räumen, auf Elektroöfen usw.

Sy: Typische Reizgasvergiftung, nach mehrstündiger Latenzzeit stärkere Reizerscheinungen der Atemwege, Lugenödem, zentralnervöse Erscheinungen infolge feinster Hirnblutungen, Herzmsukelschädigungen; durch chronische Einwirkung Reizzustände der Schleimhäute der Luftwege, des Verdauungskanals.

Th: s. Reizgasvergiftungen.

Nitroverbindungen, aromatische

Vk: Als (Di-)Nitrobenzol, Nitrotoluole, Di-, Trinitrophenol in der chemischen und Sprengstoffindustrie, u. a. als Lösungsmittel; (*unschädlich* ist gegenüber deren Toxizität der Nitroanteil [Nitrocellulose] der sogenannten *Nitrolacke,* durch diese Vergiftungen ausschließlich von seiten der Lösungsmittel, besonders des Benzols und seiner Homologe [s. d.]).

Pathog:

- *Giftaufnahme:* Durch Einatmung, vor allem auch Hauptresorption, besonders bei Schweißhänden und feuchtwarmem Wetter; Vergiftung durch den Genuß auch evtl. geringer Alkoholmengen wesentlich verstärkt.
- *Giftwirkung:* zumeist Hämoglobingifte, Bildung von Methämoglobin (= Hämiglobin) usw. sowie Heinz-Innenkörpern.

Sy:
- *Nitrobenzol, Chlornitrobenzol, Dinitrobenzol* (s. d.), *Di- und Trinitrotoluol* (s. d.): Schwere Blutschäden, Schwindel, Blausucht, zunächst Lippen, Ohren usw., evtl. ganzer Körper graublau, Atemnot, Herzklopfen, dunkelrotbrauner Urin, in schwersten Fällen Koma, Krämpfe, Atemlähmung.
  Nachkrankheiten: Anämie, selten Leber- und Nierenschäden.
- *Dinitrokresol* (s. d.), *Dinitrophenol* (s. d.), *Dinitronaphthol, Trinitrophenol* (= Pikrinsäure) (s. d.): *Akute Vergiftung:* Erhöhte Puls- und Atemfrequenz, Temperaturanstieg, Schwitzen, Magen-Darm-Störungen, Nieren- und Herzschädigung, Gelbfärbung der Haut, evtl. Lungenödem. *Chronische Vergiftung:* Kopfschmerzen, Appetitlosigkeit, Magenbeschwerden, Leber-, Nieren- und Herzschädigungen, zentralnervöse Störungen u. a.

Vr: Entschädigungspfl. Berufskrankheit gem. Ziff. 1304 BeKV.

Th: Haut: Verschmutzte Kleidung entfernen, Haut mit lauwarmem Wasser abwaschen (möglichst mit Lutrol 9 = Polyäthylenglykol 400), *kein* zu heißes Wasser, *keinen* Alhohol verwenden. *Oral:* Kohlepulver, 30 g Natriumsulfat, evtl. O_2-Therapie, *keine* Milch, Öle (außer Paraffinöl) oder Alkohol!

N-Nitrosoverbindungen

Zahlreiche N-Nitrosoverbindungen, darunter besonders Dimethylnitrosamin (DMNA) und Diäthylnitrosamin, haben sich im Tierversuch als krebserregend erwiesen (MAK-Kat. III A 2); vor allem in Pökelwaren enthalten, auch in Arzneistoffen mit sekundären und tertiären Aminogruppen; deshalb z. B. aminophenazonhaltige Mittel in Deutschland verboten.

Ockerstaublunge (Erdfarbenstaublunge)

Ockererde enthält u. a. eisenoxidhaltige Feldspatarten und unterschiedliche Quarzanteile; macht verhältnismäßig gutartige Lungenfibrose, ähnlich der Eisenerzstaublunge (s. Quarzstaublungenerkrankungen).

ODIN = Organisationsdienst für nachgehende Untersuchungen

Eingerichtet bei der Berufsgenossenschaft der chemischen Industrie (Postfach 10 14 80, 6900 Heidelberg) zur Erfassung der jemals mit krebserzeugenden Arbeitsstoffen beschäftigten Versicherten; lediglich asbeststaubgefährdete Versicherte werden von der Zentralen Erfassungsstelle für asbestgefährdete Arbeitnehmer (ZAS) bei der Textil- und Bekleidungs-Berufsgenossenschaft (Postfach 10 00 95, 8900 Augsburg 1) betreut.

Ölakne s. Hauterkrankungen, berufliche

Osmium und -verbindungen

Vk: Verwendet als Kontaktsubstanz, Katalysatoren usw. Osmiumsäure in Ampullen zu synthetischen Zwecken; metallisches Osmium ungefährlich, jedoch Osmiumsäure sehr starker Reizstoff für Schleimhäute und Haut. MAK-Wert (s. d.) für Osmiumtetroxid: 0,0002 ml/m^3 Kat. I).

Sy: Schon bei Konzentrationen von 0,1–0,5 mg/m^3 schwere Brustbeklemmung, Kapillarbronchitis; typisch das Halophänomen, bedingt durch reversible Hornhautveränderungen: Für den Vergifteten scheint jede Lichtquelle einen Hof zu haben.

Oxalsäure

Vk: Vorwiegend als Kleesalz (Kaliumoxalat) zum Bleichen, Beizen von Holz usw.; selten gewerbliche Vergiftungen. Giftwirkung besteht in direkter Ätzwirkung auf die Schleimhäute, außerdem starke Affinität des Oxalions zu Calcium = Bildung von Calciumoxalat, Calciumverarmung des Gewebes; durch Kristallbildung wahrscheinlich Verstopfung der Niere.

Sy: Orale Vergiftung: Heftige Magenschmerzen, Brennen in der Speiseröhre, Erbrechen, schwere Krämpfe, als Spätsymptom Oligurie, Anämie, Urämie. *Chronische Vergiftung* (kaum beobachtet!): angeblich chronische Entzündungen der Luftwege, starke Abmagerung, Magenbluten, Albuminurie.

Th: Sofort viel trinken (Milch, notfalls Wasser); Erbrechen auslösen durch 1 Eßlöffel Kochsalz auf ¼ l warmes Wasser; Magenspülung mit reichlich Calciumgluconat oder -lactat, zum Schluß Depot von 40 g.

4,4-Oxylanilin

Erzeugt im Tierversuch mäßige Hämoglobinurie, bei Langzeiteinwirkung Leber- und Nierenschäden, krebserregend (MAK-Kat. II A 2, „S“).

Ozon = O_3

Vorkommen in geringen Konzentrationen in Röntgenräumen, bei UV-Bestrahlung usw.; dabei Kopfschmerzen, Magenbrennen und sonstige leichte Schleimhautreizungen sowie evtl. Schlafstörungen beobachtet; in höheren Konzentrationen (z. B. Schutzgasschweißen) schweres Lungengift = nitröse Gase (s. d.). MAK-Wert (s. d.): 0,1 ml/m^3 (Kat. I).

Paprikaspalterlunge
Durch Schimmelpilze und Paprikastaub starke Schleimhautreizungen u. a. (s. Farmer-[Drescher-]Lunge).

Pausen s. Arbeitspausen

Pech(haut) s. Hautkrebserkrankungen

Pentachlornaphthalin
s. Chlornaphthaline, MAK-Wert (s. d.): 0,5 mg/m^3, „H" (Kat. II, 2).

Pentachlorphenol
Vk: Imprägniermittel, Schädlingsbekämpfungsmittel; Wirkung entspricht dem Dinitrophenol durch Entkopplung von Atmung und Phosphorylierung; Resorption durch die Haut!

Sy: Akute Reizerscheinungen der Augen und Atemwege, Anästhesie, Erbrechen, Fieber, Glykosurie u. a.; bei chronischer Einwirkung generalisierte Akne (ähnlich der Chlorakne), Neuralgien, Allgemeinbeschwerden, Kreislaufstörungen, im Tierversuch als krebserregend erwiesen (MAK-Kat. III A 2) ähnlich der sog. Pernakrankheit (s. Chlornaphthaline); BAT-Wert (s. d.) = 1 mg/l im Plasma/Serum, 300 µg/l im Harn.

Perchloräthylen (Tetrachloräth(yl)en, Äthylentetrachlorid, „Per", Perawin, Tetralex)
Vk: Weitgehende Verwendung als Lösemittel, Reinigungs- und Entfettungsmittel, besonders auch in der Kleiderreinigung; MAK-Wert (s. d.): 50 ml/m^3 (Kat. II, 1, Schwangerschaftsgruppe C), nennenswertes krebserregendes Potential vermutet (KAT. III B). BAT-Wert (s. d.): Tetrachloräth(yl)en Blut: 1 mg/l, Alveolarluft 9,5 ml/m^3 vor nachfolgender Schicht.

Sy: Reizzustände der Schleimhäute (Augen, Atemwege), narkotische Wirkung, Kopfschmerzen, Schwindel, Brechreiz; angeblich *keine* Dauerschäden, jedoch bei starker Einwirkung leichtere degenerative Lebensveränderungen möglich (s. Halogenkohlenwasserstoffe).

Perlmutter
Die innere Perlschale, Natriumcarbonat mit 30% organischer Substanz; bei Bearbeitung
- Sensibilisierung in Form einer allergischen Alveolitis (s. d.)
- bei Perlmutterdrechslern, meist Jugendlichen, nach Monaten bis spätestens 2 Jahren durch inhalierten Staub, Erkrankungen der Knochen (Osteomyelitis, Osteosklerose), heftige Schmerzen, Schwellung, Fieber.

Pernakrankheit s. Chlornaphthaline

Peroxide, organische
Sehr unterschiedliche entzündliche und ätzende Wirkung auf Haut und Schleimhäute, evtl. tiefgreifende Hautnekrosen und Kornealnekrosen mit Verlust des Auges; Gefahr der Resorption in der Praxis gering. Sensibilisierungen wurden beobachtet. Sehr starke Hautwirkungen bei Cumolhydro- und bei Methyläthylketonperoxid, Cyclohexanonperoxidgemischen, Dicylclohexyl- und Diacetylperoxid sowie Peressigsäure; weiteres s. MAK-Werte-Liste 1991, Absatz V a.

Pflanzenschutz- und Schädlingsbekämpfungsmittel
- *Anorganische Mittel:* Arsenpräparate (s. Arsen) in größerem Umfange nur noch in Holzschutz (Basilit UA); Bleiarsenat und -chromat sind bedeutungslos; Chromat, Fluoride, Bi- und Siliconfluoride, Kupfersalze (s. Chrom, Fluor, Kupfer); Phosphorwasserstoff aus Calcium- oder Zinkphosphorid zur Entwesung (s. Phosphorwasserstoff); Thalliumsalze (s. Thallium) in Zelio-Körnern und -Paste.
- *Organische Quecksilber- und Zinnverbindungen:* Alkyl- und Arylquecksilberverbindungen (s. Quecksilber) als Saatbeizmittel; organische Zinnverbindungen als Fungizide, Konservierungsmittel von Transformatorenölen usw., zum Teil beträchtliche Giftigkeit, teilweise Reizerscheinungen an Haut und Schleimhäuten, evtl. Leberschäden oder zentralnervöse Schäden.
- *Chlorierte Kohlenwasserstoffe:* Aliphatische Mittel (Methylbromid [s. d.], Dibromäthan usw.) selten benutzt; früher häufig Hexachlorcyclohexan verwendet, ähnlich toxisch DDT, Methoxychlor; toxische Naphthalinabkömmlinge (Aldrin, Dieldrin und Eldrin, wie solche des Indens

(Chlordan, Heptachlor) und Camphens (Toxaphen); oxidierte Produkte (Epoxygruppe) höher toxisch als nichtoxidierte, besonders durch Fettlöslichkeit, Speicherung in Fett- und Nervengewebe, Wirkung auf Zentralnervensystem, evtl. Leberwirkung, teilweise auch Hauterscheinungen (s. auch Chlorbenzole und Pentachlorphenol).

- *Organische Phosphorinsektizide* (s. d.).
- *Dithiocarbamate und Oxidationsprodukte* (Thiurame): Relativ wenig toxisch; Fungizide.
- *Cumarinderivate:* Verwendung zur Nagetierbekämpfung; keine beruflichen Vergiftungen.
- *o-Arylcarbamate* (z. B. Blattanex, Dimetan, Isolan): Verwendet gegen Milben und Insekten; gleiche Wirkung wie organische Phosphorinsektizide, jedoch im Körper schneller abgebaut, sonst gleiches Vergiftungsbild, gleiche Therapie, aber Oximtherapie evtl. sogar schädlich!
- *o-Alkylcarbamate und S-Alkylthiocarbamate* (z. B. Cabyne, Chlorpropham und Promate): Unkrautvernichtungsmittel; für Menschen praktisch ungiftig, evtl. Reizerscheinungen.
- *Triazine* (z. B. Atrazin, Propazin, Simazin): Unkrautvernichtungsmittel, keine wesentliche Toxizität.
- *Pyrimidinpräparate:* Castrix (= Crimidin) hochgradig toxisch, verwendet zur Nagetierbekämpfung; Erbrechen, Durchfall, Zittern, Krämpfe, starke Erregung, Atemlähmung.

  Th: Fast spezifisches Gegenmittel Vitamin B_6 (Pyridoxin, Pyridoxal, Pyridoxal-5-phosphat); dagegen Bromacil kaum toxisch.
- *Begasungsstoffe:* Blausäure, Äthylenoxid, Methylbromid, Phosphorwasserstoff usw. (s. einzelne Stoffe).

Phenole

Als Monophenole (Carbolsäure, Kresol, Lysol); in Kunstharzindustrie, als Desinfektions- und Imprägnierungsmittel usw.; höhere Phenole (Triorthokresylphosphat s. d.) und Hydrochinon (s. Benzochinon); als ungebundene Restsubstanz gelegentlich Ursache der Sensibilisierung durch Kunststoffe (z. B. Bakelite usw.; meist ist diese jedoch durch Formaldehyd [s. d.] bedingt). MAK-Wert (s. d.) für Phenol bzw. Kresol 5 ml/m^3, „H" (Kat. I).

Phosgen (= Carbonylchlorid)

Vk: Verwendet als Synthesehilfsmittel; unerwünschte Entstehung aus Chlorkohlenwasserstofflöschern) usw. in der Nähe von Flammen, Lichtbögen usw. (z. B. beim Schweißen); Giftwirkung wahrscheinlich durch Reaktion der Cl-Co-Gruppe mit Aminogruppen des Gewebes; MAK-Wert (s. d.): 0,1 ml/m^3 (Kat. II, 1).

Sy: Einatmung meist unbemerkt, danach Latenzzeit von 3–8 Stunden, dann plötzlich schwerste Reizerscheinungen der Atemwege, quälender Husten, bräunlich-schaumiges Sputum, Lungenödem, Zyanose.

Nachkrankheiten: Pneumonie, Embolien, Myokardschäden, Neuritiden.

Th: Während Latenzzeit Hexamethylentetramin (Urotropin) prophylaktisch in hohen Dosen, oral 3 g und i. v. 20 ml einer 20%igen Lösung (s. Reizgasvergiftungen).

Phosphor und -verbindungen

Vk: Bei Gewinnung des gelben (weißen) Phosphors (P), in der chemischen und pharmazeutischen Industrie, bei der Herstellung von Phosphorbronze, bei der Anfertigung von Feuerwerkskörpern; organische Phosphorverbindungen (z. B. E-Präparate) als Schädlingsbekämpfungsmittel (s. Phosphorinsektizide), Phosphorwasserstoff (s. d.); phosphorhaltige Weichmacher- und Lösemittel, besonders Triorthokresylphosphat (s. Trikresylphosphat); phosphorhaltige Düngemittel sind bei ordnungsgemäßer Anwendung praktisch ungiftig; MAK-Wert (s. d.) für gelben Phosphor (= Tetraphosphor) 0,1 mg G/m^3 (Kat. I); roter Phosphor unlöslich und ungiftig.

Sy: Auf der Haut: Tiefgreifende, schlecht heilende Verbrennungen. *Akute Vergiftung:* Erbrechen nach Knoblauch riechender, im Dunkeln leuchtender Massen, Durchfälle im Lauf der nächsten Tage, Entwicklung von Nierenschädigungen, Blutungen in Haut und Schleimhäute, Krämpfe. *Chronische Vergiftung:* Blässe, Verdauungsstörungen, Abmagerungen, Katarrh der oberen Luftwege, Knocheneiterungen, besonders am Kiefer nach Karies und Stomatitiden. Tod durch akute gelbe Leberatrophie.

Vr: Entschädigungspfl. Berufskrankheiten: Erkrankungen durch Phosphor und seine anorganischen Verbindungen gem. Ziff. 1109 BeKV.

Prl: Arbeitsmedizinische Vorsorgeuntersuchungen nach berufsgen. Grundsatz G 12 vom Mai 1981.

Th: Bei akuten Phosphorschäden der *Haut:* Verhinderung des Weiterbrennens und Entfernung als Phosphorreste, dazu Umschläge mit 5%iger schwefelsaurer Kupferlösung, 3%igem Wasserstoffsuperoxid und 5%iger gesättigter kohlensaurer Natronlösung; evtl. Wunde inzidieren; bei *oraler Vergiftung:* Magenspülungen mit 1%igem Kaliumpermanganat und Tierkohle, salinische Abführmittel; *keine* Milch, *kein* Öl, jedoch 100–200 g Paraffinum liquidum (löst Phosphor, wird aber nicht resorbiert); als Brechmittel und zur Bindung des Phosphors 0,1–0,2 g Kupfersulfat alle 10 Minuten, Leberschutz.

Phosphorchloride, -sufide

Vk: Phosphoroxid-, -tri-, -pentachlorid, -pentasulfid verwendet in chemischer Industrie, zeigen weitgehend übereinstimmende Reizwirkung auf Schleimhäute infolge Zersetzung zu Phosphorsäure und Salzsäure bzw. bei P_2S_5 Schwefelwasserstoff (s. d.); MAK-Wert (s. d.): 1 mg/m^3 (KAT. II, 1 bzw. I).

Vr: s. Phosphor und -verbindungen.

Th: s. Chlor und -verbindungen bzw. Schwefelwasserstoff.

Phosphorinsektizide, organische

Vk: Verbreitete Bekämpfungsmittel gegen saugende und beißende Schädlinge; für den Menschen sehr bis mäßig giftige Mittel; *sehr giftig* z.B. Parathion, Phosdrin, Phosphamidon, Systox, Dithiosystox; *mäßig giftig:* Folithion, Chorthion, Blitex, Trichlorphon, Malathian usw.

Pathog: Giftaufnahme: durch Einatmung, auch durch die Haut; *Giftwirkung:* Blockierung der Chlolinesterase, die normalerweise als Enzym das Acetylcholin spaltet = Acetylcholinvergiftung, in geringerer Konzentration muscarinähnliche Wirkung, in höherer Konzentration nicotinähnliche Wirkung.

Sy: Bei *leichter Vergiftung:* Vorübergehende Magen-Darm-Beschwerden, typische Atembeklemmungen, Kopfschmerzen, Schwindel. Bei *schwerer Vergiftung:* Kreislaufschwäche, Bewußtseinstrübung, Zittern, Unruhe, Herzbeklemmungen, Pupillenverengung (nicht immer); evtl. nach mehrstündiger Latenzzeit Krampfzustände, Lähmungen, Lungenödem, Kollaps. *Nachkrankheiten:* Evtl. lange Rekonvaleszenz, auch Defektteilungen mit Nervenlähmungen.

Th: Bei *perkutanen* und *Inhalationsvergiftungen:* Entfernung der Kleider und Wäsche mit Wasser und Seife. Bei *oraler Vergiftung:* Salinische Abführmittel; das Mittel der Wahl ist die kombinierte Oxim-Atropin-Behandlung; bei Verdacht möglichst sofort PAM (Pyridin-2-aldoxim-n-methyljodid), 0,5 g alle 2–5 Stunden, oder Toxogonin, 0,25 g; die Wirkung hält 2 Stunden an; keine Schädigung durch diese Mittel bei irrtümlicher Diagnose; Atropin jedoch nur bei Vorliegen muscarinähnlicher Erscheinung (Speichelfluß, Bronchospasmus, Pupillenverengung, Herzverlangsamung usw.) wegen Gefahr plötzlich auftretender Erscheinungen nach Latenzstadium (Begleitung bei Krankentransport mit Atropin-Ampullen erforderlich: 1–5 mg Atropinsulfat bis zu beginnender Atropin-Wirkung (Pupille, Puls, Atmung als Kriterien); bei Sauerstoffmangel infolge Bronchospasmus und Lungenödem Sauerstoff geben, und zwar *vor* der Atropin-Gabe. Ist Sauerstoff nicht zur Hand (Notfallsituation), Atropin etwas vorsichtiger dosieren = deutliche Atropin-Symptome vermeiden; Atropin muß in der Regel nachgespritzt werden; in schweren Fällen 50–100 mg Atropinsulfat in 24–28 Stunden notwendig; symptomatisch weiterhin (falls erforderlich): Strophantin, Solu-Decortin (Schock, Lungenödem), 20 g Glucose in 40%iger Lösung; bei Krämpfen Akineton usw.

Vr: Phosphor und -verbindungen.

Phosphorwasserstoff

Vk: Aus Verunreinigungen bei Ferrosilicium und Calciumcarbid durch Wassereinwirkung bei der Kornkäfervergasung mit Delicia, Jossit, Zonit usw. MAK-Wert (s. d.): 0,1 ml/m^3 (Kat. I).

Sy: Ausgesprochenes Stoffwechselgift (Leber- und Nierenschäden), Schleimhautreizung, evtl. Lungenödem.

Vr: Phosphor und -verbindungen.

Th: Natriumthiosulfat, Calcium, Vitamin C, Traubenzucker, O_2-Beatmung.

Phthalsäureanhydrid

Vk: Verwendet in der chemischen Industrie und als Vorprodukt der Kunstfasergewinnung.

Sy: Macht starke Schleimhautreizungen, wie Schnupfen, asthmaähnliche Zustände (echte Allergie nicht nachgewiesen), Ekzeme, Magenstörungen, Körperschwäche, jedoch zumeist keine Dauerschäden; MAK-Wert (s. d.): 5 mg G/m^3 (Kat. I), „S“.

Vr: s. Bronchialasthma.

Phthalsäureester
Verwendet als Weichmacher; die gebräuchlichsten Phthalate werden aufgrund von Tierversuchen als nicht toxisch betrachtet.

Pikrinsäure s. Nitroverbindungen, aromatische

Platin und -verbindungen
Vk: Bei der Platinverarbeitung, in der Fotografie usw.; stark sensibilisierende Wirkung gewisser Platinkomplexsalze z. B. Ammoniumchloroplatinat; MAK-Wert (s. d.) für Platinverbindungen (als Pt berechnet): 0,002 mg G/m^3, „S" (Kat. n. b.).
Sy: Allergische Erkrankungen der Atmungsorgane und der Haut.

Polytetrafluoräthylen
Def: Teflon, Hostaflow, TF usw.; Polymerisationsprodukt von Tetrafluoräthylen mit hoher thermischer Stabilität (bis 250 °C unbrennbar), entwickelt bei stärkerem Erhitzen toxische Dämpfe.
Sy: Ähnlich dem Gießfieber (s. d.); nach mehrstündiger Latenzzeit grippeartiges Krankheitsbild, in schweren Fällen Bronchopneumonie und Lungenödem.

Polyurethane
Vielseitig verwendete Kunststoffe, in ausgehärtetem Zustand unschädlich; die zur Herstellung verwendeten Isocyanate (s. d.) zum Teil gesundheitsschädlich.

Porzellanstaublunge
Quarzstaublungenerkrankung

Prävention
Krankheitsvorbeugung erfordert auf der Basis der multifaktoriellen Krankheitsgenese eine vielfältige Methodik unter besonderer Berücksichtigung der pathogenetisch wesentlichen Faktoren des Verhaltens der Menschen und der sozialen und technischen Umwelt. Weiteres s. Kapitel Sozialmedizin.

Preßluftwerkzeuge
Das Arbeiten mit Preßluftwerkzeugen kann infolge ständiger Erschütterungen zu Schädigungen der haltenden oder stützenden Körperteile führen.
Vk: In Bergbau, Gesteinsbetrieben, Kesselschmieden, bei Abbrucharbeiten usw., preßluftgetriebene Hämmer, Bohrer, Stampfer u. ä.
Sy: Zumeist degenerativ-reparative Veränderungen der großen Armgelenke (besonders Ellenbogengelenk). *Röntgenologisch:* Deformierung der Gelenkflächen, Knochenauswüchse, freie Gelenkkörper usw.; aber kein *spezifisches* Krankheitsbild; später Beschwerden und Bewegungsbeeinträchtigung. Am Handgelenk kommt es zum Mondbeintod, gelegentlich zu Ermüdungsbrüchen des Kahnbeins mit Pseudarthrosen. Selten werden Erkrankungen der Muskelansätze, Muskelatrophien, Nervenschädigungen oder Durchblutungsstörungen an den Händen beobachtet.
Vr: Entschädigungspfl. Berufskrankheit gem. Ziff. 2103 BeKV, sofern Nachweis entsprechend langer Arbeit mit Preßluftwerkzeugen oder gleichartig wirkenden Werkzeugen und Maschinen (im allgemeinen mindestens 2 Jahre, beim Ermüdungsbruch des Kahnbeins keine Mindestarbeitsdauer).

1,3-Propansulton
Stark hautreizende Substanz; eindeutig als krebserzeugend erwiesen (MAK-Kat. III A 2, „H", GefStoffVO-Gruppe I).

β-Propiolacton
Eindeutig als krebserzeugend erwiesen, starkes Alkylierungsmittel (MAK-Kat. III A 2, GefStoffVO-Gruppe II).

Propylenimin
Wirkung ähnlich dem Äthylenimin (s. d.), besondere Gefahr für Augen (Trübung und Nekrosen der Kornea), „H"; eindeutig als krebserzeugend erwiesen (MAK-Kat. III A 2, GefStoffVO-Gruppe II).

„Prüfröhrchen"-Methode
Verfahren zur qualitativen und halbquantitativen Bestimmung von Gasen und Dämpfen in der Luft der Arbeitsräume, der Außenluft, auch evtl. Ausatemluft usw. mit Hilfe von Farbreaktionen im sog. „Prüfröhrchen". *Prüfröhrchen* = Glasröhrchen, gefüllt mit einem Indikator, einem in körniges Trägermaterial imprägnierten Farbreagens und zum Teil noch einer Vorreinigungsschicht und einer Farbvergleichsschicht; bedruckt mit Meßskalen.
Verwendbarkeit: z. Z. lassen sich etwa 50–60 verschiedene Gase und Dämpfe mittels Prüfröhrchen nachweisen.
Geräte: Auer-Gas-Tester 5140 mit Auer-Prüfröhrchen – für Langzeitmessungen Auer-Dosimeter-Röhrchen – und Dräger-Gasspür-

gerät „Multi Gas Detektor" Modell 21/31 mit Dräger-Röhrchen.

Pyrolyseprodukte aus organischem Material

Bei Erhitzung oder Verbrennung von organischem Material unter Sauerstoffmangel entstehen je nach Ausgangsmaterial und Reaktionsbedingungen unterschiedliche Gemische, die polyzyklische aromatische Kohlenwasserstoffe (KW) und aromatische Heterozyklen enthalten, so im Arbeitsbereich wichtig z. B. Ruße, Teere, Kokereirohgase, Auspuffgase, gebrauchte Motorenöle, Räucherrauch, Schneidöle. Die vielfältigen komplexen Gemische enthalten nebeneinander und in sehr unterschiedlichen Anteilen krebserzeugende, ihre Entstehung fördernde und u. U. auch hemmende Anteile. Von den vorgenannten regelmäßig auftretenden KW's ist Benzo-(a-)pyren am besten untersucht, auch andere Bestandteile sind aus dem Tierversuch als krebserregend bekannt; doch sind noch vielfältige Untersuchungen zur Beurteilung der Krebsgefährlichkeit der einzelnen Gemische erforderlich.

Vr: Entschädigungspfl. Berufskrankheiten gem. Ziff. 4110 sind bösartige Neubildungen der Atemwege und der Lungen durch Kokereirohgase.

Quarzstaublungenerkrankung (Silikose)

Ät: Prototyp der knötchenförmigen Lungenfibrosen. Vor allem im Steinkohlenbergbau eine der häufigsten und folgenschwersten Berufskrankheiten, jedoch heutzutage durch entsprechenden Arbeitsschutz einschließlich arbeitsmedizinischer Vorsorgeuntersuchungen weitgehend vermeidbar! Zu unterscheiden sind die reine Quarzstaublunge und die Mischstaublunge, so die der Kohlebergarbeiter, der Eisenbergarbeiter, der Arbeiter der keramischen und Porzellanindustrie, die Okkerstaublunge (s. d.), die Talkumlunge (s. d.) u. a.

Pathog: vermutlich durch Kontakt der SiO_2-Oberfläche, speziell Hydroxylgruppen, mit bestimmten Molekülen der Alveolarmakrophagenmembran.

Im Lymphsystem oder Lungeninterstitium entstehender Zellzerfall gilt als Voraussetzung der retikulären und hyalinen Bindegewebsneubildung; diese generalisiert knötchenförmig, oft in Hiluslymphknoten, typisch Schrumpfungstendenz mit Ausbildung des sog. perifokalen Emphysems und Deformierung im Bereich der Atemwege und Gefäße.

Vk: abhängig von Gehalt an Quarz (Kristallmodifikationen Tridymit, Cristobalit), Struktur seiner Oberfläche, Teilchengrößenspektrum (Eindringungsvermögen in das Lungengewebe erst unter 5 μm), Art und Menge des Begleitstaubes, Rhythmik der Staubbelastung, Art der Tätigkeit, persönlichen Faktoren u. a.; MAK-Werte (s. d.): für Quarz, Cristobalit und Tridymit (Feinstaub) 0,15 mg/m^3; für quarzcristobalit-, tridymit-(1 Gew.-% und mehr)haltigen Feinstaub 4 mg/m^3 (im Steinkohlenbergbau als Langzeitwert für 5 Jahre).

Sy: Je nach persönlicher Empfindlichkeit und Staubexposition zumeist evtl. jahrzehntelange Entwicklungszeit, gelegentlich (heute kaum noch) schon nach wenigen Jahren, evtl. schon Monaten fortgeschrittene, sog. akute Silikosen, mit stärker entzündlichen Veränderungen; evtl. lange Latenzzeiten; evtl. schicksalsmäßiges Fortschreiten nach Aufhören der Staubgefährdung.

Dg: Nur mittels Röntgenfilm (Normalfilm 35 × 35 cm, evtl. auch Schirmbildaufnahme 10 × 10 cm nach dem Odelcas-Spiegelreflexverfahren) möglich. Unterschiedliche Erscheinungsformen von der rein knötchenförmigen Quarzstaubfibrose bis zu den häufigeren, mehr oder weniger diffus fibrösen Mischformen infolge von Begleitstäuben, so z. B. die Silikose der Granitarbeiter, Porzellan- und Steingutarbeiter, Steinkohlenbergarbeiter u. a. Modifiziert wird das Erscheinungsbild vieler Silikosen noch durch konstitutionelle Momente, wie Körperbau, Begleiterkrankungen oder deren Restzustände u. a., und stellt vielfach an die speziellen Erfahrungen des Beurteilers hohe Anforderungen.

Röntgenologisch wird den vielfältigen nachweisbaren Veränderungen eine 1971 in Bukarest modifizierte, deskriptive Klassifikation des Internationalen Arbeitsamtes in Genf (ILO-U/C-Klassifikation) besser gerecht als die bisher angewandte Drei-Stadien-Einteilung.

Die Bedeutung eines Silikosebefunds für die Beurteilung der Eignung zur Arbeit unter Staubbelästigung ist nur bei Berücksichtigung des Lebensalters und besonders der Dauer, Art und Intensität der Staubexposition zu erfassen; dabei *schließt auch eine geringgradige Silikose in jedem Lebensalter eine Eignung für silikosegefährliche Arbeiten aus,* in geringeren Jahren und (oder) bei einer relativ kurzen Exposition muß aber ein solcher Befund als besonders schwerwiegend betrachtet werden.

Prl: Die überwiegende Bedeutung hat der technische Arbeitsschutz, dazu systematische Staubmessungen, daneben regelmäßige arbeitsmedizinische Vorsorgeuntersuchungen nach berufsgen. Grundsatz G 1 vom Mai 1981; eventueller Arbeitsplatzwechsel, jedoch nur, falls eine technische Entstaubung des Arbeitsplatzes nicht möglich; evtl. persönlicher Staubschutz durch Atemschutzmasken, besonders Frischluftmasken (Schwammgummimasken sind unzureichend!); dabei ist jedoch die Maskenpflege von ausschlaggebender Bedeutung.

Vr: Entschädigungspfl. Berufskrankheiten: Quarzstaublungenerkrankungen (Silikosen) und Quarzstaublungenerkrankungen in Verbindung mit aktiver Lungentuberkulose (Silikotuberkulosen) gem. Ziff. 4101 bzw. 4102 BeKV.

Zur versicherungsrechtlichen Beurteilung von Silikosen und der durch diese bedingten Erwerbsminderung werden heute eingehende Lungenfunktionsuntersuchungen gefordert!

Quecksilber und -verbindungen

Quecksilber verdampft bereits bei Zimmertemperatur; trotz hoher Giftigkeit der Quecksilberdämpfe und umfangreicher Verwendung von Quecksilberverbindungen heute nur noch selten Vergiftungen; MAK-Wert (s. d.) für Hg: 0,01 ml/m^3, für organische Quecksilberverbindungen (als Hg berechnet): 0,01 mg G/m^3, „G" (Kat. III).

Vw: Als Kontaktmittel in Thermometern, Barometern usw., als Amalgame (z.B. als Füllungsmaterial von Zähnen), Quecksilberfarben, in der elektrolytischen Chlorkalkgewinnung als Desinfektionsmittel usw.; als organische Quecksilberverbindungen als Saatbeiz- und Holzkonservierungsmittel, als Knallquecksilber usw.

Pathog: Giftaufnahme: vorwiegend durch Einatmung (evtl. aus verschmutzter Arbeitskleidung!), wenig über Haut und Magen-Darm-Trakt (Verschlucken von metallischem Hg ziemlich harmlos).

Sy und *Dg: Akute Vergiftung:* Beruflich selten. *Oral:* Schwere Erscheinungen wie Stomatitis, starke Magen-Darm-Schmerzen, oft völlige Harnverhaltung, Urämie, Kollaps, evtl. Dermatitis. Durch *Einatmung:* Schädigungen des Zentralnervensystems. *Chronische Vergiftung:* Allgemeinbeschwerden, vermehrte Speichelbildung (evtl. auch trockener Mund), Entzündung der Mundschleimhaut, Zahlockerung, geröteter „Quecksilberrachen", selten Quecksilbersaum am Zahnfleisch (s. auch S. 96), Durchfall, Leber- und Nierenschädigungen, evtl. allergische Ekzeme; *Erethismus mercurialis* (Mischung von Ängstlichkeit, Reizbarkeit, Stimmungslabilität bis zu Tobsuchtsanfällen); *Tremor mercurialis* mit Fingerzittern (Quecksilberschrift) bis zu schweren Schüttelbewegungen usw.; allgemeiner Abbau der Persönlichkeit. BAT-Wert (s. d.) für Hg und anorg. Verbindungen: 50 µg/l Blut, 200 µg/l Harn, für org. Verb.: 100 µg/l Blut.

Bei *organischen* Quecksilberverbindungen: Zunächst meist leichtere Symptome einer Quecksilbervergiftung, sehr bald zentralnervöse Erscheinungen, Parästhesien, motorische und sensible Lähmungen usw.; vielfach bleibende Hirndefekte.

Prl: Arbeitsmedizinische Vorsorgeuntersuchungen nach berufsgen. Grundsatz G 9 vom Mai 1981.

Vr: Entschädigungspfl. Berufskrankheit gem. Ziff. 1102 BeKV.

Th: Akute Vergiftung: Trinken von Magermilch mit Traubenzucker, Eier- oder anderem Einweiß und Natriumbicarbonat; Brechmittel; anfangs vorsichtige Magenspülung (etwa ¼ Liter Milch + 40–60 g Tierkohle); Natriumthiosulfat 0,5 in Geloduratkapseln; BAL sofort 200 mg, dann 4stündlich bis 1000 mg in 24 Stunden; Bekämpfung der Sekundärinfekte und der Urämie. *Chronische Vergiftung:* Herausnahme aus dem Umgang mit Quecksilber, Mittelgebirgsklima, leichte Schwitzbäder, BAL-(Sulfactin-)Kur, Vitamin B_{12} symptomatisch.

Radioaktive Stoffe (Strahlen)

Vk: Als natürliche (Uran, Radium, Thorium usw.) und künstliche (Isotope) Stoffe im Uranbergbau (s. Schneeberger Lungenkrebs), als offene und umschlossene Präparate in Medizin, Technik, Naturwissenschaft, bei der Leuchtzifferblattherstellung usw.

Toleranzdosen: s. Strahlenschutz.

Sy: s. Strahlenschädigungen.

Th: Schätzung der Strahlendosis; bei Kombination (Verunreinigung mit radioaktiven Stoffen) waschen mit Wasser und Seife (3 Minuten), abspülen und bürsten (8 Minuten), Wunden gründlich auswaschen, danach Kontrolle mit Meßgerät; verseuchte Kleidung usw. kennzeichnen und liegenlassen; bei Inkorporation durch Verschlucken Magenspülung, Brech- und Abführmittel, durch

Einatmen zusätzlich Spülung des Nasen-Rachen-Raumes; Verständigung eines Strahlenschutzüberwachungsarztes, evtl. Spezialbehandlung (Strahlenklinik).

Vr: Entschädigungspfl. Berufskrankheit gem. Ziff. 2402 BeKV.

Räucherrauch s. Pyrolyseprodukte usw.

Rauchgase

Enthalten neben Kohlenmonoxid und Kohlendioxid schleimhautreizende Gase, wie Schwefeldioxid, Säuren, Acrolein, Formaldehyd, nitrose Gase u. a. sowie resorptiv wirkende Gase, wie Schwefelwasserstoff, Cyanverbindungen und Pyridinbasen in wechselnder Menge und u. U. Pyrolyseprodukte (s. d.); daher klinisch vielfach sehr unterschiedliche Vergiftungsbilder, besonders in der Nachphase und den Nachkrankheiten; weitere Modifikationen durch teilweise sehr toxische Feuerlöschmittel, wie z. B. Tetrachlorkohlenstoff, Brommethyl sowie auch evtl. Zersetzungsprodukte derselben (z. B. Phosgen).

Refa-System s. Arbeitsentgelt

Rehabilitation

Erreichung oder Wiederherstellung der im Hinblick auf eine Behinderung eines Patienten bestmöglichen physischen, psychischen und sozialen Leistungsfähigkeit. Weiteres s. Kap. Sozialmedizin.

Reizgasvergiftungen

Vk: Durch verschiedenartige Gase, aber auch Rauche oder Nebel wie z. B. Halogene (Chlor, Fluor) und deren Wasserstoffverbindungen, Säuren, Aldehyde, usw.; wesentliche Steigerung der Toxizität infolge Aerosolbildung an Wasserkernen (sog. Dust) möglich.

Sy: Schleimhautentzündungen des Auges, der Nase, der oberen und tieferen Luftwege, Lungenödem, Erstickung oder Herzlähmung, evtl. Nachkrankheiten der Atmungs- und auch Kreislauforgane.

Th: Sofortige Ruhe, Wärmezufuhr, O_2-Beatmung, Inhalation von ½%iger Natriumbicarbonatlösung, evtl. Aderlaß, i. v. 20 ml 20%iges Calciumgluconat, evtl. wiederholt, 60 ml 40%ige Traubenzuckerlösung, Strophanthin, Penicillin, Prednison.

Rhythmik s. zirkadiane Rhythmik

Richtkonzentrationen, technische s. TRK-Werte

Risikofaktoren, -indikatoren s. Prävention

Röntgenstrahlen (X-Strahlen)

Def: Dem sichtbaren Licht wesensgleiche, jedoch wesentlich kurzwelligere, durchdringende elektromagnetische Strahlen der sog. Röntgenröhre, auch ionisierende Strahlen. X-Strahlen gleichen in ihren physikalischen und biologischen Eigenschaften weitgehend den Gammastrahlen.

Vk: vorwiegend bei der medizinischen Therapie und Diagnostik, bei der technischen Strukturprüfung (Metalle, Holz, Gemälde usw.), bei Röntgenfeinstrukturuntersuchungen, bei der Zollfahndung u. a.

Sy: s. Strahlenschädigungen.

Konzentrationen, Grenzdosen, Verhütung, Überwachungsuntersuchungen s. Strahlenschutz.

Schutzvorschriften: s. Strahlenschutz.

Vr: gleich den radioaktiven Stoffen (s. d.).

Ruhepausen s. Arbeitspausen

Rußlunge

Vk: Häufigste, gutartige Pneumokoniose ist die Anthrakose (Rußlunge); bei der Stadtbevölkerung mehr oder weniger stark ausgeprägt, bei gewerblichen Anthrakosen in der Regel Verbindung mit Quarzstaubeinwirkungen.

Sy und *Dg:* Angeblich soll es durch reinen Kohlenstoff (Ruß) zu auch röntgenologisch deutlich veränderbaren Lungenveränderungen kommen. *Röntgenologisch:* Mehr oder weniger große, wenig schattendichte Fleckelung, netzbildende Streifenzeichnung; *niemals* aber Sekundärveränderungen nach Entfernung aus dem Staubmilieu, also *ausgesprochen gutartige Veränderungen!*

Saatbeizmittel

Zumeist Quecksilber- oder Arsenkupferverbindungen wie auch Phenolabkömmlinge, damit nicht ungefährlich, sofern nicht die Gebrauchsanweisungen und Arbeitsschutzmaßnahmen genau beachtet werden (s. einzelne Stoffe bzw. Pflanzenschutz- und Schädlingsbekämpfungsmittel).

Salpetersäureester

Vk: In der Sprengstoffindustrie, besonders wichtig Dinitroglykol und das im allgemeinen weniger gefährliche Nitroglycerin, flüchtige, auch durch die Haut resorbierbare Stoffe; MAK-Werte (s. d.) für Nitroglykol: 0,05 ml/m^3, „H“, für Nitroglycerin; 0,05 ml/m^3, „H“ (beide Kat. II, 1).

Sy: Kopfschmerzen, Überempfindlichkeit gegen Alkohol, Pulslabilität, Angina pectoris, Blutdrucksenkung, Kollaps evtl. akuter Herztod.

Prl: Arbeitsmedizinische Vorsorgeuntersuchungen nach berufsgen. Grundsatz G 5 vom Mai 1981.

Vr: Entschädigungspfl. Berufskrankheit gem. Ziff. 1309 BeKV.

Th: Symptomatisch.

Sand(stein)
s. Quarzstaublungenerkrankungen

Sauerstoff

Pathog: Mangel und starke Anreicherung führen zu Gesundheitsstörungen; Absinken bis 70% bei normalem Druck für Menschen gefahrlos; bei höheren Konzentrationen und Drücken Gefahr einer O_2-Intoxikation.

Sy: Bei reiner O_2-Atmung nach 24 Stunden Druckgefühl, Atemnot, später Lungenentzündungen, Lungenödem usw.; bei O_2-Partialdrücken über 1 bar akute Oxidose mit schweren epileptiformen Krämpfen, Bewußtlosigkeit, Tod.

Säuren

Sy: Verätzungen der Haut, der Hornhaut, evtl. Perforation der Schleimhäute, so der Speiseröhre und des Magens; durch chronische Einwirkung der Dämpfe, vorwiegend von Mineralsäuren (an Beizbädern), Zahnschäden (s. d.). *Resorptive Vergiftung:* Kollaps, Koma.

Th: Bei *Augenverletzungen* sofortiges Ausspülen unter dem Wasserhahn, Cocainlösung, zum Augenarzt; *keinesfalls* Versuch der Neutralisierung durch Laugen. *Oral:* Milch mit rohen Eiern und 20 g Magnesia usta, Kreislaufmittel gegen Kollaps; bei Koma langsam i. v. 50–100 ml 5%iger Natriumbicarbonatlösung, Harnkontrolle auf Alkalose! Schmerzbekämpfung, Infektionsprophylaxe.

Vr: Entschädigungspfl. Berufskrankheiten sind Erkrankungen der Zähne gem. Ziff. 1312 BeKV.

Schädlingsbekämpfung s. Pflanzenschutz- und Schädlingsbekämpfungsmittel

Schadstoffmessung s. Exposition, meßtechnische Definition, bzw. einzelne Stoffe

Schamotte (Chamotte)
Feuerfestes Erzeugnis, etwa zur Hälfte aus SiO_2 mit unterschiedlicher Silikosegefährlichkeit (s. Quarzstaublungenerkrankungen).

Schicht-(Wechselschicht-)Arbeit
Mit zunehmender Größe und Kostspieligkeit der Fabrikationsanlagen aus wirtschaftlichen Gründen Zunahme der Wechselschichtarbeit; für die Betroffenen belastend durch die notwendige ständige Umstellung ihrer Lebens- und damit auch ihrer Ernährungsgewohnheiten, ihrer Schlaf- und Ruhezeiten und durch die Auswirkungen auf ihre soziale bzw. ihre kulturelle Integration. Ein erstrebenswerter Schichtwechsel mit drei- bis vierwöchigen Perioden scheitert an den praktischen Gegebenheiten. Bei Schichtarbeit findet sich – u. a. auch durch die zeitweilige Nachtarbeit (s. d.) – in erhöhtem Maße Unbehaglichkeitsgefühle sowie nervöse und auch Störungen im Bereich der Verdauungsorgane.

Schipperkrankheit s. Abrißbrüche der Wirbelfortsätze

Schleimbeutelentzündungen

Vk: Putzfrauen, beim Verlegen von Fußböden, Fliesen und dgl., im Bergbau, beim Glas- und Steinschleifen.

Sy: Besonders an Schleimbeuteln der Kniegelenke und der Ellenbogengelenke, evtl. mit Rückfällen und Beschränkungen der Gebrauchsfähigkeit der betroffenen Gelenkgebiete.

Vr: Entschädigungspfl. Berufskrankheit gem. Ziff. 2105 BeKV.

Schmieröl s. Kühlschmierstoffe

Schneeberger Lungenkrankheit

Vk: Bei Bergleuten des Schneeberger (Sachsen) und Joachimsthaler Uranbergbaues infolge der Radioaktivität des Gesteins und des Grubenwassers.

Sy: Meist erst nach etwa 10jähriger Grubenarbeit auftretender Lungenkrebs, zum Teil mit Silikose vergesellschaftet.

Vr: Entschädigungspfl. Berufskrankheit gem. Ziff. 2402 BeKV.

Schwefeldioxid

Vk: Bei der Schwefelsäurefabrikation, als Bleichmittel von Textilien und Mehl, als Desinfektionsmittel, bei der Schädlingsbekämpfung und in der Kälteindustrie. MAK-Wert (s. d.): 2 ml/m^3 (Kat. I).

Sy: Akute Vergiftung: Gleicht der Reizgas-, besonders der Chlorgasvergiftung (s. d.). *Chronische Vergiftung:* Reizerscheinungen von seiten der Atemwege, Dyspnoe, Müdigkeit, Reflexstörungen.

Schwefelkohlenstoff (Kohlendisulfid)

Def: Schon bei Zimmertemperatur flüchtig, Dämpfe nicht brennbar und explosiv, wesentlich schwerer als Luft (Gefahr der Anreicherung in Räumen); MAK-Werte (s. d.): 10 ml/m^3, „H" (Kat. II, 1, Schwangerschaftsgruppe B).

Vk: Als Löse- und Extraktionsmittel, in Gummiindustrie, in Viskoseindustrie, als Schädlingsbekämpfungsmittel (z. B. Asolin, Salforkose) usw.

Sy: Akute Vergiftung: Selten; typische Narkose, Reizzustand mit Erregung, Koma, evtl. Atemlähmung. *Subakute Vergiftung:* Kopfschmerzen, Schlaflosigkeit. *Chronische Vergiftung:* Zumeist Polyneuritis, besonders untere Gliedmaßen mit Reflexstörungen, Muskelschwächen usw., selten Lähmungen; Magenbeschwerden, Schlafstörungen, Arteriosklerose vor allem der Hirn-, auch der Nierengefäße u. a.

Prl: Arbeitsmedizinische Vorsorgeuntersuchungen nach berufsgen. Grundsatz G 6 vom Mai 1981.

Vr: Entschädigungspfl. Berufskrankheit gem. Ziff. 1205 BeKV.

Th: Akute Vergiftung (Inhalation): Analeptika, Lobelin i. m., O_2 mit 5% CO_2, evtl. künstliche Atmung.

Schwefelsäure s. Säuren

Schwefelwasserstoff

Vk: Häufig in der Natur sowie Industrie und Bergbau, besonders in Schlammböden, Faul- und Abortgruben, in Abwässern mit viel organischer Substanz, im Hochofenbereich, in Ölraffinerien, der Kunstfaserindustrie usw.: oft mit anderen Gasen vergesellschaftet. MAK-Wert (s. d.): 10 ml/m^3 (Kat. V).

Sy: Akute Vergiftung: Starke Schleimhautreizung, Erstickungserscheinungen, evtl. Sekundentod. Bei *geringeren Konzentrationen:* Kopfschmerzen, Hustenreiz, Beklemmung, Magen-Darm-Störungen, Bindehaut-, Hornhautentzündungen, Keratitis superficialis, Polyneuritis, Kreislaufstörungen u. a. *Chronische Vergiftungen:* Wird verneint.

Nachkrankheiten: Vielseitig; wesentliche nervöse und psychische Defekte, Herzmuskelschäden usw.

Prl: Arbeitsmedizinische Vorsorgeuntersuchungen nach berufsgen. Grundsatz G 11 vom Mai 1981.

Vr: Entschädigungspfl. Berufskrankheit gem. Ziff. 1202 BeKV.

Th: Akute Vergiftung: Sofortige Entfernung aus der Giftzone (Rettungsmannschaften: Schutzgeräte!), künstliche Atmung, O_2-Beatmung mit 5% CO_2, Analeptika, evtl. Bekämpfung des Lungenödems; bei *Augenschädigungen:* gründliches Ausspülen mit Wasser.

Schweißen

Vereinigen von Metallen, auch Nichtmetallen (Kunststoffe) unter Wärmezufuhr.

Gesundheitsgefährdung: Im allgemeinen (außer Strahlung): Reizbelastung durch Schweißrauche, nitrose Gase, Ozon usw. sowie u. U. ungünstige Arbeitshaltungen und Lärm; akute Gefahren im allgemeinen nur beim Schweißen in engen Räumen, Behältern usw. ohne genügende Belüftung bzw. ohne wirksamen Atemschutz oder beim Schweißen an Werkstücken, so z. B. aus hochlegierten Stählen usw. mit gefährlichen Deckschichten wie Bleifarben usw. *Im einzelnen: Beim Gasschweißen* nitrose Gase, weniger Kohlenmonoxid; *beim Lichtbogenschweißen:* Ultraviolettstrahlung (sog. Verblitzen der Augen, Hautentzündungen, Reizgasbildung), evtl. Reizerscheinungen der Atemwege und des Magens, zumeist relativ harmlose Metalleinlagerungen in der Lunge (Siderosen), ausnahmsweise bei Vorschädigung der Lunge und extremen Rauchbelastungen diffuse Lungenfibrosen von Krankheitswert = Schweißerlunge, jedoch *keine* Silikosen; beim sog. *Schutzgasschweißen:* besonders starke UV- und HItzestrahlung, evtl. nitrose Gase, Ozon, Kohlenmonoxid.
Richtwert für eine ausreichende Belüftung = 3 mg G/m^3 im Atembereich; bei gesundheitsgefährlichen Beimengungen evtl. niedriger!

Prl: Strahlenschutz der Augen (DIN 58213/14 Ausgabe 11. 80) und der Haut, evtl. Lederschutzkleidung, lokale und allgemeine Absaugung (VDI-Richtlinie 2084 Ausgabe 12. 65), evtl. Atemschutz (s. d.), Expositionsmessungen und u. U. arbeitsmedizinische Vorsorgeuntersuchungen nach berufsgen. Grundsatz G 39 vom Sept. 1982 (in Neubearbeitung).

Schwerhörigkeit s. Lärmschwerhörigkeit

Sehnenscheidenerkrankungen
(auch Erkrankungen der Sehnen- und Muskelansätze sowie des Sehnengleitgewebes)

Pathog: Entstehung durch einseitige, langandauernde mechanische Beanspruchung oder ungewohnte Arbeiten aller Art, besonders auch durch einförmige, sich schnell wiederholende Bewegungen.

Sy: Paratendinitis oder *Tendovaginitis crepitans* (S. 508); Periostosen an Sehenansätzen, hauptsächlich *Epicondylitis lateralis* oder *medialis* des Ellenbogengelenks und *Styloiditis radii* oder *ulnae* mit lokalem Druck- und Spontanschmerz; seltener *Tendovaginitis stenosans;* umstritten ist Ätiologie der Dupuytren-Kontraktur. Auch Periarthritis humeroscapularis wie Sudeck-Syndrom im allgemeinen nicht als beruflich bedingt betrachtet.

DD: Ausschluß bzw. Abgrenzung der ursächlichen Bedeutung der außerordentlich häufigen zervikobrachialen Syndrome infolge Halswirbelsäulenveränderungen, besonders bei chronischen Krankheitszuständen, von rheumatischen, fokaltoxischen Veränderungen u. a.; genaue Erfassung der Arbeitsvorgeschichte.

Vr: Entschädigungspfl. Berufskrankheiten gem. Ziff. 2201 BeKV, soweit sie zur Unterlassung aller Tätigkeiten gezwungen haben, die für die Entstehung, die Verschlimmerung oder das Wiederaufleben der Krankheit ursächlich waren oder sein können.

Selen und -verbindungen

Vk: Bei Gewinnung und Verarbeitung selenhaltiger Grundstoffe in der Glas- und keramischen Industrie, in der Gummierzeugung, bei der Gewinnung plastischer Massen, der Schädlingsbekämpfung, in Gleichrichtern usw., organische Verbindungen als Benzinverstärker; Selenwasserstoff besonders gefährlich. MAK-Wert (s. d.): für Selenverbindungen (als Se berechnet): 0,1 mg G/m^3 (Kat. III); für Selenwasserstoff: 0,05 ml/m^3 (Kat. II, 1).

Sy: Häufig typischer faulig-süßlicher oder deutlicher Knoblauchgeruch von Atemluft und Schweiß, Magen-Darm-Störungen, Schwindel usw. *8–10 Stunden nach akuter Vergiftung:* Schwere Atemnot, Fieber, evtl. Lungenödem, Reizerscheinungen von Haut und Schleimhäuten, Reflexstörungen, Koproporphyrinurie u. a.

Sicherheitsingenieure (-beauftragte usw.)
Fachkräfte für Arbeitssicherheit (Sicherheitsingenieure, -techniker, -meister) mit einer entsprechenden Fachkunde sind gemäß Arbeitssicherheitsgesetz wie Betriebsärzte (s. d.) von den Betrieben zu bestellen; Arbeitsbedingungen, Aufgabengebiet im technischen Fachbereich analog den Betriebsärzten.

Sicherheitsbeauftrage: müssen in Unternehmen mit mehr als 20 Beschäftigten unter Mitwirkung des Betriebsrats auf Grund § 719 des UVNG v. 30. 4. 1963 (BGBl. I, S. 241) zur Unterstützung des Unternehmens bei der Durchführung des Unfallschutzes bestellt werden.
Aufgaben der Sicherheitsbeauftragten: Mitwirkung beim Arbeitsschutz und bei der Unfallverhütung sinngemäß wie oben.
Sicherheitsausschuß (nur sofern Betriebsärzte oder Sicherheitsfachkräfte nicht bestellt sind): gebildet gem. § 719 UVNG bei mehr als 3 Sicherheitsbeauftragten; mindestens einmal monatlich Zusammentreffen von Unternehmern mit Sicherheitsausschuß bzw. -beauftragten unter Beteiligung des Betriebsrats zwecks Erfahrungsaustausch (s. auch Betriebsvertretung).

Siderose

Vk: Eisen(oxid)lunge durch intensive Einatmung von Eisenoxid- oder Eisenstaub; bei Bergleuten des Spateisenstein- und Minetteabbaus (bei diesen vielfach Siderosilikose!), bei Elektroschweißern (s. Schweißen); im allgemeinen gutartige und zum Teil rückbildungsfähige Ablagerungen von Eisenoxiden mit mehr oder weniger geringen fibrotischen Reaktionen.

Sy: im allgemeinen keine Beschwerden oder Ausfallerscheinungen. Röntgenologisch: sehr feinfleckige, über die Lunge verbreitete Tüpfelung; auch endogene Eisenlunge durch Ablagerung von Hämosiderin aus dem Blutfarbstoff bei chronischen Stauungszuständen (z. B. Mitralstenose).

Silikatose, Silikose
s. Quarzstaublungenerkrankungen

Sozialmedizin

Eigenständiges Fachgebiet der *Medizin* innerhalb ihrer *ökologischen Fächer* (neben Arbeitsmedizin, Hygiene, Rechtsmedzin), Bestandteil des interfakultativen Bereichs der *Sozialwissenschaften;* gleichzeitig eigenes Wissensgebiet und eigene Betrachtungsweise, jedoch integriert in übergeordnete Fachbereiche und kooperierend vor allem mit der Soziologie, dem Arbeits- und Sozialrecht und der Arbeitsmedizin wie den übrigen einschlägigen Gebieten der Arbeits- und Sozialwissenschaften. Weiteres s. Kap. Sozialmedizin.

Sozialräume

Zum Arbeitsraum gehören zur Erfüllung der physiologisch bedingten, persönlichen Bedürfnisse der Beschäftigten ausreichende Nebenräume; besonders aber auch, um bei gesundheitsgefährlichen Einflüssen deren Gefahr auf ein Mindestmaß zu beschränken und eine Übertragung in die häusliche Umgebung zu vermeiden.
Waschräume, Baderäume, Umkleideräume, Bedürfnisräume, Aufenthaltsräume und evtl. auch Werkküchen, Stillräume, Kinderheime usw. sind neben dem Arbeitsraum zwingende Voraussetzungen der Arbeitshygiene und des Arbeitsschutzes; besondere Anforderungen bei stärkerer Verunreinigung, gesundheitsgefährlichen Arbeitseinflüssen, bei der Beschäftigung von Frauen und Jugendlichen (Vorschriften in Arbeitsstättenverordnung, s. d.).

Spinnerauge s. Schwefelwasserstoff

Stannose s. Zinn und -verbindungen

Staublungenerkrankungen
s. Quarzstaublungenerkrankung

Staubschutz

Jede intensive Staubeinwirkung stellt eine Belästigung und damit auf Dauer eine Gesundheitsgefährdung dar und muß bekämpft werden; Umfang des Staubschutzes wesentlich von der Gefährlichkeit eines Staubes abhängig.
Schutz vor Gesundheitsgefährdung durch Staub ist stets primär und überwiegend ein technisches Problem! Er besteht in: Vermeidung der Staubentstehung, Einkapselung staubender Arbeitsvorgänge, Absaugung, Staubniederschlagung (s. Lüftung). Der persönliche Staubschutz durch Atemschutzgeräte (s. Atemschutz) ist zwar wirksam, jedoch durch die dadurch bedingte Arbeitserschwerung nur beschränkt zumutbar.

Steuertätigkeiten s. Überwachungs-, Fahr- und Steuertätigkeiten

Stickstofflost (N-Methyl-bis-[2-chloräthyl]-amin)

Akute Schädigungen der Augen und der Atemwege, schwere Beeinträchtigung des Allgemeinbefindens, Leberschäden, generelle Schädigung der Enzyme (H, S), eindeutig als krebserzeugend erwiesen (MAK-Kat. III A 1).

Strahlenschädigungen

Ionisierende Strahlen

Somatische Schädigungen

Zellschädigungen, Zellzerfall, Geschwürsbildung, gelegentliche Bildung bösartiger Geschwülste u. a. Medizinisch zu unterscheiden:
Äußerliche Bestrahlung:

- Röntgen- und Gammastrahlen infolge etwa gleichartig großem Durchdringungsvermögen Bestrahlung aller blutbildenden Organe im Körperinnern, damit schon bei geringer Strahleneinwirkung Störung der Blutbildung mit Verminderung und evtl. temporärer Vermehrung der Zahl der Erythrozyten und Leukozyten einschließlich Lymphozyten, Verringerung der Trombozytenzahl, Abnahme der Abwehrkraft des Körpers gegen Bakterien, Infektionen u. a.; dabei zu unterscheiden *Ganzkörper-* und *Teilkörperbestrahlung.*
- Beta- und Alphastrahlen von geringerer Bedeutung: Schädigung innerer Organe durch Beta- oder Alphastrahlung beim Menschen kaum möglich; Hauptwirkung auf die Haut, evtl. krebsige Entartung; Augen empfindlich gegen Betastrahlen, durch längere Einwirkung Verbrennungen der Bindehaut und evtl. Star der Augenlinse; Alphastrahlen wegen ihrer geringeren Reichweite und damit geringeren Eindringungstiefe in die Haut weniger wirksam.

Innere Bestrahlung:

Alpha- und Betastrahlen wegen ihrer hochgradigen Ionisationsdichte besonders wirksam.

Genetische Schädigungen

Pg: Durch Erhöhung der spontanen Rate der Gen- und Chromosomenmutation; beim

Menschen 300–500 mSv (0,3–05 Jkg^{-1}) ausreichend. Strukturveränderungen sind irreversibel; durch ionisierende Strahlen bedingte Mutationen meist rezessiv vererbbar, damit Manifestation eines Erbschadens erst beim Zusammentreffen rezessiv mutierter Erbveränderungen bei beiden Elternteilen; durch Mutation meist Verschlechterung der Erbanlage und damit Herabsetzung der Lebenstüchtigkeit der Nachkommen; Rate der induzierten Mutation nur abhängig von Dosis, nicht von Art der Strahlenverabreichung. Wirkung der verabreichten Strahlendosen summiert sich über die gesamte Lebenszeit. *Generationsdosis* ist die im Laufe der ersten 30 Lebensjahre des Menschen im Mittel erhaltene Strahlenmenge, für die Nachkommen genetisch bedeutsam.
Aufnahme der radioaktiven Stoffe (= Inkorporation) durch Einatmung, durch den Speisekanal und die beschädigte Haut; je nach chemischer Beschaffenheit Anreicherung in bestimmten Organen.
Ausmaß der Strahlenschäden abhängig von Art, Menge und Aktivität der Stoffe, ihrer Verteilung im Organismus und ihrer physikalischen und biologischen Halbwertzeit.
Sy:
Akute Strahlenschäden:

- Nach *Ganzkörperbestrahlung:* akutes Strahlensyndrom, so Abgeschlagenheit, Kopfschmerzen, Übelkeit, Appetitlosigkeit, weiterhin Blutgerinnungsstörungen mit Blutungen in Haut und Schleimhaut, blutige Durchfälle und Bluterbrechen, Blutbildveränderungen (s. o. unter Äußerliche Bestrahlung).
- nach *Teilköperbestrahlung* (bei Einwirkung höherer Dosen); als akuter Schaden der Haut – vorwiegend an Händen – je nach Dosis nach Stunden bis Wochen meist juckendes Erythem, evtl. Desquamation und Nekrose, als akuter Schaden der Schleimhaut ebenso Erythem, Desquamation mit Blutungen und evtl. Nekrose, als akuter Schaden des Auges vorwiegend Konjunktivitis, als akuter Schaden der Keimdrüsen, vorübergehende oder dauernde Sterilität mit Amenorrhö bzw. Oligo- oder Azoospermie (Spätschäden s. unten).

Chronische Strahlenschäden (Entwicklung nach einmaliger Dosis oder wiederholten kleinen Dosen): als chronischer Schaden der Haut u. a. Atrophie, Pigmentveränderungen, Nagelveränderungen, Ekzeme, Ulzerationen, Hautkrebs, als chronischer Schaden der Atmungsorgane durch Inkorporation u. a. Lungenkrebs als sog. Schneeberger Lungenkrankheit (s. d.) oder anderer, hauptsächlich der sog. kritischen Organe, in denen sich radioaktive Stoffe bevorzugt ablagern.

Strahlenspätschäden: mit oder ohne akute Erscheinungen, Schädigungen der Blutbildung, gelegentlich Erbschäden (vorwiegend bei Neutronen und schweren Teilchen), Strahlenstar.

Th (Erste Hilfe): Schätzung der Strahlendosis; bei Kontamination (= Verunreinigung mit radioaktiven Stoffen) waschen mit Wasser und Seife (3 Min.), abspülen und bürsten (8 Min.), Wunden gründlich auswaschen, danach Kontrolle mit Meßgerät; verseuchte Kleidung usw. Kennzeichnen und liegenlassen; bei Inkorporation durch Verschlucken Magenspülung, Brech- und Abführmittel, durch Einatmen zusätzlich Spülung des Nasen-Rachen-Raumes; Verständigung eines Strahlenschutzüberwachungsartzes, evtl. Spezialbehandlung (Strahlenklinik).

Prl: technischer, organisatorischer, ärztlicher und persönlicher Strahlenschutz (s. Strahlenschutz).

Ultraviolettstrahlung s. ultraviolette Strahlen

Infrarotstrahlung
Besonders Wellenlängen um 1400 nm bei Feuerarbeitern (bei der Herstellung, Be- und Verarbeitung von Glas, in Eisenhütten und Metallschmelzereien) als grauer Star oder „Feuerstar" (s. d.); durch Wärmestrahlung allgemein (s. Hitzearbeit).

Radarstrahlung
Dabei Verwendung besonders kurzer Wellen im Meterbereich; Möglichkeit der Bündelung der Funkmeßstrahlen durch Reflektoren, dadurch hohe Energiekonzentration (z. B. „Radargrill in Küche"); durch übliche Radarverwendung vorzeitige Alterung der Augenlinse beschrieben, sonst keine Gesundheitsschädigung, jedoch bei konzentrierter Anwendung Gewebsschädigungen möglich.

Laserstrahlung
Def und *Sy:* Äußerst intensive, stark gebündelte Strahlung im sichtbaren sowie im infraroten und ultravioletten Spektralbereich, vielfältig industriell angewendet; Gefahr von Verbrennungen durch Laserstrahl wie auch dessen Reflexe, besonders im Auge; in der Praxis jedoch kaum Schäden zu beobachten.

Prl: Technischer Strahlenschutz.

Strahlenschutz
Gegen ionisierende Strahlen, wie Strahlung radioaktiver Substanzen, Röntgenstrahlen usw.: Maßnahmen zur Verhinderung bzw. Herabsetzung der Strahlenbelastung der strahlengefährdeten Personen, Vermeidung jeglicher unkontrollierter und unnötiger Anwendung von ionisierenden Strahlen. Wichtig Schutz vor direkter Bestrahlung als größte Dosisleistung, daher Hauptforderung des Strahlenschutzes: weitgehende Einengung des Nutzstrahlenkegels, Schutz vor Streustrahlung von strahlengetroffenen Körpern (Abschirmung der Streustrahlung wird erschwert, weil diese nicht punktförmig ist, sondern von verschiedenen Richtungen ausgeht).
Schutz vor Kontamination (radioaktive „Verseuchung") beim Umgang mit offenen radioaktiven Substanzen. Vermeidung durch Tragen von Schutzkleidung (Gumminhandschuhe, Schürzen, undurchlässige, abwaschbare Arbeitskleidung), durch peinlichste Sauberkeit und durch Prüfung der Dichtigkeit angeblich geschlossener Präparate.
Schutz vor Gesundheitsschädigungen durch ionisierende Strahlen ist überwiegend ein technisches und organisatorisches Problem, erreichbar durch Einkapselung und Abschirmung der Strahlenquellen bzw. Anbringung von Schutzschichten zur Herabsetzung der Dosisleistung auf ungefährliche Werte, so z. B. bei einer 100-kV-Röntgenstrahlung durch 1,5 mm Blei, bei einer Gammastrahlung von Kobalt 60 durch 150 mm Blei oder 1 m Beton erreicht (wichtig für bautechnischen Strahlenschutz!) Schutz durch Vergrößerung des Abstandes zwischen Strahler und Körper (Abfall der Gammastrahlung im Quadrat der Entfernung wichtig für die Handhabung der Strahlenquellen, Abstandhalten oft bester Strahlenschutz, deshalb auch Arbeit mit Ferngreifwerkzeugen), ferner durch Verkürzung der Einwirkungszeit und neben Warngeräten (Monitoren) durch persönliche Maßnahmen des Strahlenschutzes (Personendosismeßgeräte, Filmplaketten).
Schutzvorschriften:
Radioaktive Stoffe: Verordnung über Schutz vor Schäden durch ionisierende Strahlen (Strahlenschutzverordnung – StrlSchVO vom 13. Oktober 1976 – BGBl. I, S. 2905; BGBl. 1977 I, S. 184, 269 – in der Fassung der Zweiten Verordnung zur Änderung der Strahlenschutzverordnung vom 18. 5. 1989 (BGBl. I, S. 943), hiernach u. a. Genehmigungspflicht für den Umgang; technische und organisatorische Strahlenschutzvorschriften; Definition von Kontrollbereichen = Arbeitsbereiche, in denen Personen im Kalenderjahr bei Ganzkörperexposition höhere Körperdosen als 15 mSv erhalten können, und betriebliche Überwachungsbereiche, die entsprechend höhere Dosen als 5 mSv erlauben. Beschäftigungsverbot für Jugendliche, Schwangere und Stillende in Kontrollbereichen und mit offenen Strahlern. Höchstzulässige Gesamtstrahlendosis pro Jahr 50 mSv, jedoch mit der Maßgabe, daß die Summe der in allen Kalenderjahren ermittelten effektiven Dosis den Wert von 400 mSv nicht überschreitet. Das hieße, auf eine 40jährige Lebensarbeit bezogen, die Strahlenschutzmaßnahme so einzurichten, daß die jährliche Dosis eines beruflich Strahlenexponierten den Richtwert von 10 mSv nicht überschreitet.
Dabei teilt man beruflich strahlenexponierte Personen in solche ein, die mehr als 3/10 der Grenzwerte (Kategorie A), und solche, die mehr als 1/10 bis höchstens 3/10 erhalten können (Kategorie B).
Für die klinische Forschung, den Betrieb kerntechnischer Anlagen bzw. die Kontamination von Lebensmitteln gelten andere Grenz- bzw. Richtwerte.
Regelmäßige Messungen der Personendosis, halbjährliche arbeitsmedizinische Vorsorgeuntersuchungen durch ermächtigten Arzt, sind weitere Maßnahmen.

Röntgenstrahlen: Verordnung über den Schutz vor Schäden durch Röntgenstrahlen (Röntgenverordnung vom 8. Januar 1987 (BGBl. I, S. 114), zuletzt geändert durch Strahlenschutzordnung (s. oben); hiernach u. a. Genehmigungspflicht, besondere Zuverlässigkeit und Fachkunde der Verantwortlichen, ausreichende Kenntnisse über Gefahren und Schutz bei allen Beschäftigten, Zulassungsvorschriften für Apparaturen, regelmäßige Messung und Dokumentation der Dosisleistung, Definition des Kontrollbereichs (Bereiche, in denen Personen im Kalenderjahr bei Ganzkörperexposition höhere Körperdosen als 15 mSv erhalten können, bzw. betrieblicher Überwachungsbereich, der mehr als 5 mSv erlaubt); Genehmigung des Röntgenraums; Regelung der Anwendung von Röntgenstrahlen auf den lebenden Menschen, vor allem Forderung einer besonderen Fachkunde, auch z. B. für die Festlegung, ob und in welcher Weise Röntgenstrahlen auf einen Menschen angewendet werden, wie in sonstigen Fällen mit speziellen Schutzvorschriften für den Patienten; genaue Dokumentation der Untersuchungs- oder Behandlungsdaten, Vorschriften über Strahlenbelastung der beruflich Strahlenexponierten und anderer Personen, Messung der Personendosis, Anzeigepflicht für Dosisüberschreitung, jährlich arbeitsmedizinische Vorsorgeuntersuchungen durch ermächtigten Arzt.

Strahlenstar
s. Augenerkrankungen, berufliche

Strahlenmaßeinheiten
Es hat sich als erforderlich erwiesen, zwischen der Strahlenenergie zu unterscheiden, die vom Objekt, vom Gewerbe absorbiert wird, der Strahlenmenge, gegenüber der ein Objekt exponiert worden ist, und der biologisch wirksamen Dosis. Hierfür sind früher gebrauchte Einheiten mit dem Gesetz über Einheiten im Meßwesen von 1969 durch folgende zusätzlich aufgeführte sog. SI-Einheiten ersetzt worden:

1. Einheit der Aktivität (A) = 1 Curie (Ci) liegt vor, wenn $3{,}7 \times 10^{10}$ Atome in 1 s zerfallen; neue Einheit = 1 Becquerel (Bq) = 1 Zerfall/Sekunde, damit Umrechnungsfaktor 1 Bq = $2{,}703{,}10^{-11}$ Ci.
2. Einheit der Strahlendosis (Ionendosis = X) = 1 Röntgen (R) = $2{,}58 \cdot 10^{-4}$ Ckg, damit Umrechnungsfaktor 1 Ckg = 3876 R.
3. Einheit der in einem bestrahlten Körper absorbierten Energiemenge = Energiedosis (D) = 1 Rad (rd) = $0{,}01\ \mathrm{Jkg}^{-1}$, neue Einheit = 1 Gray (Gy) = 1 Jkg, damit Umrechnungsfaktor 1 Gy = 100 rd.
4. Die Äquivalentdosis bzw. die biologisch wirksame Dosis kann durch verschiedene Faktoren zusätzlich beeinflußt werden, so daß die gleiche absorbierte Dosis nicht immer gleiche Veränderungen im biologischen Material hervorruft. So können die Bestrahlungsbedingungen und die Unterschiede der linearen Energieübertragung das Ausmaß der Strahlenschädigung maßgebend verändern. So ist die Äquivalentdosis (H) das Produkt von D (absorbierte Dosis), Q (Qualitätsfaktor) und N (das Produkt anderer Modifikationsfaktoren): 1 Rem (rem) = $0{,}01\ \mathrm{Jkg}^{-1}$; neue Einheit = 1 Sievert (Sv) = $1\ \mathrm{Jkg}^{-1}$ damit Umrechnungsfaktor 1 Sv = 100 rem bzw. 10 mSv = 1 rem.
5. *RBW-Faktor* = „relativ biologische Wirksamkeit" einer Strahlung gegenüber der Wirkung konventioneller Röntgenstrahlen.
   Stellt einen Mittelwert aus verschiedenen (bei allen ionisierenden Strahlenarten qualitativ gleichen) biologischen Effekten dar, wie z. B. Rötung der Haut, Trübung der Augenlinsen, Abtötung von Eiern der Taufliege usw.; RBW für β-Strahlen, Röntgenstrahlen und γ-Strahlen = 1, schnelle Neutronen und α-Strahlen = 10.

Strahlungsmeßgeräte
Im betrieblichen Strahlenschutz Messung der Orts- und Personendosis von Bedeutung, in der Praxis Messung der *Ortsdosis* in einer bestimmten Zeiteinheit, damit Erfassung der Ortsdosisleistung; Dosisleistungsmeßgeräte. Sog. Monitoren = Mahnungsmesser erfassen momentane Ortsdosisleistungen. *Personendosismessung* erfaßt dagegen die in einem großen Zeitraum empfangene Gesamtdosis mit sog. Dosimetern oder Personendosismeßgeräten.

Dosisleistungsmeßgeräte für γ- und Röntgenstrahlen: Ionisationskammern, Proportionalzählrohre, Geiger-Müller-Zählrohre, Szintillationszähler und Kristallzähler; für den praktischen Strahlenschutz dabei jedoch Geiger-Müller-Zählrohre wenig empfehlenswert, für die Verwendung am Weichstrahlenbereich zwischen 1–30 keV ungeeignet. Anwendung von Ionisationskammern am zweckmäßigsten, mit ihnen werden Strahlungen von etwa 6,5 keV bis 1,2 MeV erfaßt.

Personendosismeßgeräte: am häufigsten Filmplaketten und Personendosismeßgeräte (Füllhalterdosimeter) verwendet; im allgemeinen jeweil 1 Monat lang während der Strahlenarbeit getragen und dann durch eine geeignete Stelle ausgewertet (Dokument), auch direkte Ablesung in kurzzeitigen Intervallen, z. B. nach jedem Arbeitseinsatz möglich.

Strongyloides stercoralis
s. Wurmkrankheiten

Strontiumchromat
Reizwirkungen auf Schleimhäute (evtl. Nekrose der Nasenschleimhaut), erzeugt an verletzten Hautstellen schlecht heildende Wunden, u. U. schwere Atemwegsverätzungen, stark allergisierend; eindeutig als krebserzeugend erwiesen (MAK-Kat. III A 2, GefStoff-VO-Gruppe II).

Styrol (Vinylbenzol)

Vk: Verwendet zur Herstellung von Mischpolymerisaten (z. B. Buna S), bei der Härtung von Polyestern usw., MAK-Wert (s. d.): 20 ml/m^3 (Kat. II, 1, Schwangerschaftsgruppe C).

Sy: Schleimhautreizungen, Hautschäden, evtl. narkotisch, evtl. Lungenentzündungen, bei häufiger Einatmung höherer Konzentrationen (400–800 cm^3/m^3) Benommenheit, neurasthenisches Syndrom, Reflexstörungen; jedoch *keine* Dauerschäden, *keine* Knochenmarkschäden; BAT-Wert (s. d.): Mandelsäure 2 g/l Harn, Mandelsäure und Phenylglyoxalsäure 2,5 g/l Harn am Expositionsende.

Vr: Kein Homolog des Benzols!

Sublimat s. Quecksilber und -verbindungen

Superphosphat

Gemisch von Calciumphosphat mit Calciumsulfat (Gips) = Kunstdünger; bei Herstellung evtl. Belästigung durch gasförmige Fluorverbindungen (s. Fluor und -verbindungen); bei der Verwendung *keine* spezifische Gefährdung.

Systox s. Phosphorinsektizide

Tabakstaub s. Alveolitis, exogen-allergische

Talk(um)(staub)lunge (Talkose)

Vk: Staublungenerkrankung, vermutlich nicht durch reinen Talk oder Speckstein, sondern vielmehr bei dessen Verunreinigung mit Asbest; beobachtet bei Talkgruben- und -mühlenarbeitern, bei Arbeiten mit gemahlenem Talk (Talkum) in der chemischen, pharmazeutischen Gummi-, Seifen-, Papier- und auch Akkumulatorenindustrie, bei letzterer beim Gießen der Platten; im allgemeinen schwere Erkrankung selten und erst nach jahrzehntelanger intensiver Staubwirkung beobachtet. Krankheitsbild ähnelt mehr der Asbestose!

Sy: Klinisch entsprechend den übrigen Staublungenerkrankungen. Röntgenologisch: Diffuse Fibrose mit Trübung der Mittel- und Unterfelder, später mit knötchenförmigen Verdichtungsherden, selten größere Schwielenfelder, jedoch gelegentlich sog. Talkplaques = kalkharte schwartenartige Verdichtungsbezirke im Bereich der Pleura, des Perikards und des Zwerchfells; evtl. Modifikationen durch Quarzbeimengungen; besondere Anfälligkeit für Tuberkulose im allgemeinen vermutet (s. Quarzstaublungenerkrankung, versicherungsrechtlich s. evtl. Asbeststaublunge!)

Tantal und -verbindungen

Tantal (Ta) = metallisches Element; gewonnen aus Columbit; verwendet für hochwertige Metallegierungen (besondere Oberflächenhärte und Korrossionsfestigkeit). Schädigungen sind bisher nicht bekannt. MAK-Wert (s. d.) für Tantal: 5 mg G/m^3 (Kat. III).

Taucher s. Druckfallkrankheit

Technische Arbeitsmittel, Gesetz, s. Gerätesicherheitsgesetz

Tellur und -verbindungen

Vk: In Legierungen, in der Glas- und Gummiindustrie usw. Vergiftungen sind sehr selten und im allgemeinen nur durch Tellurverbindungen, besonders Tellurwasserstoff, Telluride und Tellursäure; MAK-Wert (s. d.) für Tellur und seine Verbindungen (als Te berechnet): 0,1 mg G/m^3 Kat. II, 2).

Sy: Magen-Darm-Störungen, besonders evtl. monatelanger Knoblauchgeruch, nervöse Störungen, Trockenheit der Haut, evtl. Schwarzfärbung der Mundschleimhaut.

Terpentinöl

Verschiedenartige Produkte sehr unterschiedlicher Toxizität und ekzemauslösender Eigenschaft, wahrscheinlich abhängig vom Gehalt an d-α-Pinen und 3-Caren, deshalb MAK-Wert (s. d.) von 100 ml/m^3, (Kat. I), „S“ nur vorläufiger Annäherungswert! (s. auch Hauterkrankungen, berufliche).

1,1,2,2-Tetrachloräthan

Def: Seiner hohen Giftigkeit wegen heute weitgehend verbotenes Lösemittel; MAK-Wert: 1 ml/m^3, „H“.

Sy: Entsprechen der Tetrachlorkohlenstoffvergiftung (s. d.), jedoch keine stärkeren Nierenschädigungen, dafür aber ausgesprochene polyneuritische Erscheinungen. Ein nennenswertes krebserregendes Potential wird vermutet (MAK-Kat. III B).

Prl, Vr: s. Halogenkohlenwasserstoffe.

Tetrachloräthylen s. Perchloräthylen

2,3,7,8-Tetrachlordibenzo-p-dioxin s. Dioxin

Tetrachlorkohlenstoff

Vk: Früher vielfach verwendetes Lösemittel, Fleckenwasser, Feuerlöschmittel usw.; weitgehende Gebrauchbeschränkungen, (s. GefStoffVO, Anhang III Nr. 1 s. d.); MAK-Wert (s. d.) 10 ml/m^3, „H" (Kat. II, 1, Schwangerschaftsgruppe D); BAT-Wert (s. d.): 70 µg/l im Blut bei Schichtende.

Sy: Akute Vergiftung: Typische Zweiphasigkeit, erst Narkose, dann Magen-Darm-Erscheinungen, Erbrechen, Durchfälle, Koliken, Muskelzuckungen, Krämpfe, toxische Hepatitis, degenerative Nierenerkrankungen, evtl. Leberkoma, Urämie. *Chronische Vergiftung:* Kopfschmerzen, Schwindel, besonders Müdigkeit, Appetitlosigkeit, Gewichtsverlust, Leber- und Nierenschädigungen, toxische Enzephalose. Ein nenneswertes krebserzeugendes Potential wird vermutet (MAK-Kat. III B).

Prl, Vr: s. Halogenkohlenwasserstoffe.

Th: Bei *oraler Vergiftung:* Paraffinöl, Magenspülung, reichlich Tierkohle; 30 g Natriumsulfat einfließen lassen, dann s. u. Bei *Einatmung:* Ruhe, Wärme, O_2-Beatmung, evtl. künstliche Beatmung, Intubation, Stimulanten (heißer starker Kaffee, bei Bewußtlosigkeit Coramin i. v. oder i. m. 5 ml, evtl. wiederholt); *kein Adrenalin, da Gefahr des Kammerflimmerns!, aber* β-Blocker; spezifische Leber- und Nierenbehandlung.

Tetrachlormethan
s. Tetrachlorkohlenstoff

Tetralin s. Naphthaline, hydrierte

Tetryl s. Amino-(Amido-)Verbindungen

Thallium und -verbindungen

Vk: Bei der Thalliumgewinnung, in der Farben- und Fensterglasindustrie, als Schädlingsbekämpfungsmittel (Zeliopräparate). Lösliche Thalliumverbindungen: MAK-Wert (s. d.) (als Tl berechnet): 0,1 mg G/m^3 (Kat. III).

Sy: Erbrechen, Durchfälle, Verstopfung, Menstruationsstörungen, rötliche Verfärbung der Haare, Haarausfall, Polyneuritis, chronische Nierenentzündungen.

Vr: Entschädigungspfl. Berufskrankheit gem. Ziff. 1106 BeKV.

Th: Antidotum Thallii Heyl, Magenspülung mit 200 ml 1%iger Natriumjodidlösung, Abführmittel, Anregung der Diurese, reichlich Flüssigkeit und Vitamin-B-Komplex, sonst symptomatisch.

4,4-Thiodianilin
Im Tierversuch als krebserregend erwiesen MAK-Kat. III A 2).

Thioglykolsäure

Vk: Als Salze oder Derivate zur Anfertigung von Kaltwellen im Friseurgewerbe.

Sy: 1. sog. „Lackhand" mit Rötung, Schwellung und Hyperhidrosis der Hohlhände, 2. allergische Kontaktekzeme.

Thiram (Tetramethylthiuramdisulfid)
Verwendet als Vulkanisationsbeschleuniger (Thiurad), als Pilzbekämpfungsmittel (Pomasal, Thiosan, Arasan, Sulsol) sowie in Seife (Puralin); Reizstoff für die Haut und die Schleimhäute; MAK-Wert (s. d.): 5 mg G/m^3 (Kat. II, 2, Schwangerschaftsgruppe D).

Thomasschlackenmehl (Thomasphosphat)

Vk: In Thomasschlackenmühlen, bei Lagerung, Vertrieb und Verwendung als Düngemittel, Erkrankung vor allem bei der Gewinnung!

Sy: Akute und chronische Bronchitiden; heute nur noch selten: Bronchopneumonien mit besonders akutem Verlauf und hoher Sterblichkeit.

Prl: Technische Staubverhütung, Staubmasken, arbeitsmedizinische Vorsorgeuntersuchungen (s. d.), rechtzeitiger Arbeitsplatzwechsel bei wiederholten Bronchitiden.

Vr: Entschädigungspfl. Berufskrankheit: Erkrankungen der tieferen Luftwege und der Lunge gem. Ziff. 4108 BeKV.

Th: Unspezifisch.

Tintenstiftverletzungen s. S. 325.

Titan und -verbindungen
Verwendet zur Herstellung von Titanstahl, Hartmetallen, Sonderlegierungen usw.; durch Legierungen mit Titancarbidgehalt sog. Hartmetallunge (s. d.), sonst Gesundheitsschädigungen bisher nicht bekannt; MAK-Wert für Titandioxid (Feinstaub): 6 mg/m^3.

Toilettenräume
s. Arbeitsstättenverordnung

o-Toluidin, p-Toluidin
Führt zu einer Reizwirkung auf die Blase mit Degeneration des Blasenepithels, u. a. zu Hämaturie; im Tierversuch als krebserregend erwiesen (MAK-Kat. III A 2 bzw. III B).

Toluol s. Benzol und seine Homologe

2,4-Toluylendiamin
Führt zu Leberschädigungen bis zur gelben Leberatrophie; eindeutig als krebserzeugend erwiesen (MAK-Kat. III A 2, GefStoffVO-Gruppe III).

Training s. Anlernung

Trichloräthane
1,1,1-Trichloräthane = Methylchloroform: weitgehend harmloses Lösemittel; MAK-Wert (s. d.): 200 ml/m^3 (Schwangerschaftsgruppe C), BAT-Wert: Parameter: Trichloräthan im Blut: 55 µg/dl in Alveolarluft: 20 ml/m^3 ca. 16 Stunden nach Expositionsende.
1,1,2-Trichloräthan = Vinyltrichlorid. Industriell selten verwendet; sehr toxisch; Kanzerogenität vermutet (MAK-Kat. III B)! MAK-Wert: 10 ml/m^3, „H", Kat. für beide Stoffe II, 2) (s. Halogenkohlenwasserstoffe).

Trichloräth(yl)en
Vk: Vielgebrauchtes Löse-, Entfettungs- sowie Wasch- und Kleiderreinigungsmittel (s. auch Halogenkohlenwasserstoffe); MAK-Wert (s. d.): 50 ml/m^3 (Kat. II, 2, Schwangerschaftsgruppe B). Unter Einwirkung von Hitze oder UV-Strahlung Gefahr der Phosgenbildung (s. Phosgen); BAT-Wert: Trichloräthanol 5 mg/l Blut, 100 mg/dl Urin Ende der Arbeitswoche, Expositionsende.
Sy: Akute Vergiftung: Rausch, Narkose, Tod durch Atemlähmung oder Kreislaufversagen, letzteres evtl. noch Stunden nach Rückkehr des Bewußtseins. *Chronische Vergiftung:* Kopfschmerzen, Benommenheit, Alkoholintoleranz, Erregungszustände, diffuse Hirnschädigung, Schleimhautreizungen; Stunden und Tage nach wiederholter unterschwelliger Trieinwirkung akutes Herzversagen beschrieben; Kanzerogenität vermutet (MAK-Kat. III B)!
Vr, Prl: s. Halogenkohlenwasserstoffe.
Th: Trinarkose durch i. v. Cardiazol-Injektionen abkürzen, B-Vitamin in großen Dosen bis zu 3mal in stündlichen Abständen i. v.; Calcium und Natriumthiosulfat, evtl. Leberschutzbehandlung.

Trikresylphosphat
Giftaufnahme über Magen-Darm-Kanal und auch intakte Haut; starkes Nervengift, führt zu schlaffen Lähmungen, evtl. Dauerschädigungen.

2,4,5-Trimethylanilin, -hydrochlorid
Im Tierversuch als krebserregend erwiesen (MAK-Kat. III A 2).

Trinitrophenol (Trinitrotoluol)
(s. Nitroverbindungen, aromatische)
MAK-Wert für TNP (= Pikrinsäure): 0,1 mg G/m^3, „H"; für TNT: 0,15 ml^{3}G/m^3, „H" (Kat. I bzw. II, 1); Kanzerogenität wird vermutet (MAK-Kat. III B).

TRK-Werte
Technische Richtkonzentrationen werden vom Ausschuß für gefährliche Arbeitsstoffe als Anhaltswerte zwecks Minderung einer Beeinträchtigung der Gesundheit festgelegt, vornehmlich um den zwingenden Umgang mit sicher oder fraglich kanzerogenen Stoffen überhaupt zu ermögliche (s. MAK-Werte-Liste).

Tuberkulose
- Bei besonders infektionsgefährdeten Beschäftigten, dabei ist Entscheidung wichtig, ob Wiederaufflackern eines alten Herdes oder Neuinfektion (s. Infektionskrankheiten);
- in Verbindung mit Silikose (s. Quarzstaublungenerkrankung);
- durch tuberkuloseerkrankte Mitarbeiter, dann evtl. Haftpflicht des Betriebes bei Vernachlässigung der Sorgfaltspflicht*, deshalb regelmäßige Röntgenreihenuntersuchungen mit dem Schirmbildverfahren.

Tüpfelzellen
Basophil punktierte Erythrozyten; lediglich Zeichen einer verstärkten Blutregeneration, deshalb auch beobachtet bei anämischen Zuständen, bei Krebs, Malaria, Drucklufterkrankungen, Nephrosklerosen, Methämoglobinbildung, anderen Schwermetalleinwirkungen besonders durch Wismut und Quecksilber, aber Auftreten bei Blei am eindruckvollsten und am schnellsten; Zahl der nachgewiesenen Tüpfelzellen weitgehend abhängig von Technik der Abnahme der Blutabstriche, Anfertigung der Zählpräparate und der Art der Zählung, dadurch stark variierende Grenzwerte und damit unterschiedliche Grenzwerte für den Normbereich (Weiteres s. Blei und -verbindungen).

* Entscheidung des Reichsarbeitsgerichts vom 27. 11. 1935 (BAG 208/35)

Überdruckarbeit s. Druckfallkrankheit

Übergangsschädigung (-rente, -geld)
s. Berufskrankheitenverordnung

Überwachungsärzte
Ärzte, die mit arbeitsmedizinischen Vorsorgeuntersuchungen von Beschäftigten mit bestimmten gesundheitsgefährlichen Tätigkeiten oder ihrer Eigenart nach besonders gefährdeten Personengruppen beauftragt sind. Die Untersuchungen erfolgen aufgrund staatlicher Arbeitsschutzvorschriften oder berufsgenossenschaftlicher Unfallverhütungsvorschriften, im einzelnen s. Vorsorgeuntersuchungen usw. Beauftragung (= Ermächtigung) der Überwachungsärzte erfolgt durch die Staatlichen bzw. Landesgewerbeärzte im Rahmen staatlicher Vorschriften nach den Strahlenschutzverordnungen unterschiedlich, z. T. durch die Regierungspräsidenten, nach den Bergverordnungen durch die Oberbergämter, im berufsgenossenschaftlichen Bereich durch die Berufsgenossenschaften, in jedem Fall aber im Einvernehmen mit dem zuständigen Gewerbearzt. Vorhandene und geeignete Betriebsärzte werden – sofern die persönlichen und sachlichen Voraussetzungen gegeben sind – in erster Linie als Überwachungsärzte ermächtigt.
Die Überwachungsärzte haben im allgemeinen durch Erst- und Nachuntersuchungen die Eignung für bestimmte Tätigkeiten zu prüfen und den Einsatz Ungeeigneter oder Gefährdeter und damit Gesundheitsschädigungen durch die Äußerung entsprechender Bedenken zu verhüten. Im einzelnen ist ihre Tätigkeit durch die einschlägigen Verordnungen, berufsgenossenschaftliche Grundsätze, bestimmte Richtlinien oder gewerbeärztliche Anweisungen geregelt.
Der Betrieb darf durch den Überwachungsarzt nur über den Grad der Eignung bzw. die Notwendigkeit bestimmter Maßnahmen unter Wahrung der „ärztlichen Schweigepflicht" orientiert werden. Dem Gewerbearzt bzw. dem Versicherungsträger gegenüber besteht die Pflicht einer Berichterstattung.
Für die Untersuchten ist zwecks Eintragung ihrer Eignung bzw. deren Einschränkung in den Betrieben ein Gesundheitsbuch oder eine entsprechende Kartei zu führen bzw. im Bergbau eine entsprechende ärztliche Bescheinigung auszufertigen. Außerdem muß der Arzt entsprechende Befundberichte ausfüllen bzw. eine persönliche Kartei mit dem Einzelergebnissen führen, beides für den Betrieb jedoch unzulänglich. (Jugendarbeitsschutzuntersuchungen s. unter Jugendlichenarbeit; sonstige Untersuchungen s. unter den einzelnen Gefährdungen, wie Benzol, Blei, Quarzstaublungenerkrankungen usw.).
Weiteres s. unter Vorsorgeuntersuchungen, ärztliche.

Überwachungs-, Fahr- und Steuertätigkeiten
Zum Teil Tätigkeiten an Arbeitsplätzen mit teil- oder vollautomatisierter Produktionsregelung beim Zwang zur fortlaufenden Überprüfung und gegebenenfalls Korrektur der Funktion einer Anlage.

Probleme: Sie sind charakterisiert durch: Zwang zur Daueranspannung der Aufmerksamkeit, zur Erhaltung einer ausreichenden Wachsamkeit bei weitgehendem Fehlen von Anreizmomenten (infolge der Automation selten Gelegenheit zur eigenen Aktivität), vielfach Isolierung und große Verantwortung; u. U. auch Überforderung bei Tätigkeiten mit zu hoher Reizfrequenz, z. B. Fluglotsen. Die Vigilanzforschung ergab bei einem derartigen Reizmangel nach 30 Minuten ein deutlich zunehmendes Übersehen der Signale sowie auch bei Reizüberforderung infolge kurzfristiger Blockierung der Aufmerksamkeit unvorhersehbare Fehlleistungen.

Prl: Rotierende Beschäftigung mit Ausgleichstätigkeiten u. a.: arbeitsmedizinische Vorsorgeuntersuchungen nach berufsgen. Grundsatz G 25 vom Mai 1981.

Überwachungsuntersuchungen
s. Vorsorgeuntersuchungen, ärztliche

Ultraviolette Strahlen

Vk: Im Sonnenlicht, im elektrischen Lichtbogen, z. B. beim Elektroschweißen (s. Schweißen), Bogenlampenstrahlung, besonders auch im Quecksilberdampflicht (Höhensonne). Nach biologischen Wirkungen unterschieden: „UV-A (315–400 nm) regt Fluorochromen- und Luminophoren-Fluoreszenz an, bewirkt Dunkelfärbung UV-B induzierter Pigmentkörperchen = „Bräunungsstrahlen"; „UV-B" (280–315 nm) bewirkt Photosynthese des Vitamins D, entzündliches Erythem und Melanozytenstimulierung und „UV-C" (100=280 nm) bewirkt u. a. Lichtkonjunktivitits, Störung der Hautbakterienflora, Erythem (wird in Atmosphäre absorbiert).

Sy: Hautverbrennungen bis III. Grades, Pigmentierungen, chemische Veränderungen der „Lichthaut" bis evtl. Stachelzellkrebsbildung; Augenschäden als starke konjunktivale Reizung, oberflächliche Hornhautverbrennungen (Schneeblindheit, Verblitzen der Schweißer), mit starken Beschwerden, auch chronische Schleimhautentzündungen.

Unfall(-Verhütung)

Ein *Unfall* ist ein bestimmtes, einmaliges, plötzliches und unbeabsichtigtes Ereignis, das auf den Körper einwirkt und eine Gesundheitsschädigung hervorruft. Die allgemeine Unfallsicherung umfaßt:

- *Arbeitsunfälle:* Vorgänge, bei denen infolge plötzlicher äußerer Einwirkung oder infolge eines Arbeitsvollzugs (Dauer für beides bis zu einer Arbeitsschicht!) unfreiwillig eine Gesundheitsschädigung hervorgerufen wird,
- *Wegeunfälle:* Unfälle auf einem mit einer versicherten Tätigkeit zusammenhängenden Weg nach und von dem Ort der Arbeit und
- den Unfällen gleichgestellte sog. *entschädigungspfl. Berufskrankheiten* (s. Berufskrankheitenverordnung):

Unfallverhütung wie Verhütung sonstiger Gesundheitsschäden durch Arbeitseinflüsse erfolgen auf der Basis gesetzlicher Arbeitsschutzvorschriften (s. d.) und Unfallverhütungsvorschriften der Berufsgenossenschaften. Sie erfolgen durch technische und organisatorische Maßnahmen bei der Gestaltung des Betriebes, des Arbeitsplatzes, der Maschinen und Werkzeuge (s. auch Maschinenschutzgesetz) und des Betriebsablaufs, u. a. durch menschengerechtere Gestaltung der Arbeit und arbeitsgerechten Einsatz der Beschäftigten (Der richtige Mensch an den richtigen Platz!) (s. Arbeitsstättenverordnung), durch den Einsatz von Betriebsärzten (s. d.) und technischen Sicherheitskräften (s. Sicherheitsingenieure) sowie durch geeignete pädagogische Maßnahmen zur Entwicklung sicherheitsgerechter Verhaltensweise (Safety first!).

Unfallversicherung

Die gesetzliche Unfallversicherung (UV) beruht auf der Reichsversicherungsordnung (Drittes Buch § 537 ff.), geändert mit dem sog. Sicherheitsgesetz von 1973 (s. Betriebsärzte), ergänzt durch das Unfallversicherungsgesetz für Schüler, Studenten sowie Kinder in Kindergärten. Versichert sind Arbeits- bzw. analoge Unfälle, sog. entschädigungspfl. Berufskrankheiten und Wegeunfälle.

Versichertenkreis: Alle aufgrund eines Arbeits-, Dienst- und Lehrverhältnisses – auch nur vorübergehend – Beschäftigten, dazu z. B. auch Heimarbeiter, Hausgewerbetreibende, Lebensretter, Blut- und Gewebespender, Kinder während des Besuchs von Kindergärten, Schüler während des Schulbesuchs und Studierende während der Aus- und Fortbildung an Hochschulen.

Versicherungsfreie: Beamte und andere ausreichend geschützte Personengruppen, freiberufliche Ärzte, Zahnärzte usw.; freiwillige Versicherung möglich.

Organisation: Hauptträger der UV sind die Berufsgenossenschaften, so gewerbliche, landwirtschaftliche, Gemeindeunfallversicherungsverbände u. a. als Körperschaften des öffentlichen Rechts, als solche Selbstverwaltungsorgane; zusammengeschlossen als Hauptverband der gewerblichen Berufsgenossenschaften, Bundesverband der landwirtschaftlichen Berufsgenossenschaften, Bundesarbeitsgemeinschaft der gemeindlichen Unfallversicherungsträger. Selbstverwaltungsorgane sind Vertreterversammlung und Vorstand, zusammengesetzt zur Hälfte aus Arbeitgebern und Arbeitnehmern.

Unterdruckarbeit

Def: Arbeit in erniedrigtem Luftdruck; entscheidender und für gewisse Höhe begrenzender Faktor = der O_2-Partialdruck, bei 16% O_2 in Atemluft = 2000 m noch ausreichende Sättigung des Blutes: 14% über 3000 m Beginn der Hypoxämie.

Sy: Vorübergehend sog. Bergkrankheit mit Herzklopfen, Atemnot, Schwindel, Kopfschmerzen und Übelkeit; danach Höhenanpassung in Form der Vermehrung von Hämoglobin und Erythrozyten, Steigerung der Atmung und des Blutumlaufs u. a., damit volle Leistungsfähigkeit Gesunder in bis 6000 m Höhe möglich.

Prl: Ausreichende Anpassungszeit, evtl. verminderte Arbeitsschwere und Arbeitszeit, angemessene Pausenregelung, arbeitsmedizinische Vorsorgeuntersuchungen, geeignete Arbeitskleidung, Lichtschutz, für Erste Hilfe u. a. Sauerstoffgeräte.

Urlaub s. Arbeitspausen

Ursol s. Amino-(Amido-)Verbindungen

Vanadium und -verbindungen

Vk: Bei Eisen- und Kupferverbindung als Thomasschlacke (s. d.); bei der Stahlerzeugung in Vorfrischschlacke; im Erdöl und damit in Asche und Ruß von Feuerungsölen (Gefahr für Kesselreiniger usw.), in Tonerdindustrie, als Katalysator usw.
Vanadiumverbindungen, vor allem Vanadiumpentoxid, sind starke Reizgifte, besonders für Atemwege und Haut; MAK-Wert (s. d.) für V_2O_5 (Feinstaub): 0,05 mg/m^3 (Kat. II, 2).

Sy: Akute Vergiftung: Augenbrennen, Schnupfen, Heiserkeit, grauschwärzliche Verfärbung der Zunge. *Chronische Vergiftung:* Bronchitis, Bronchopneumonien, evtl. asthmaähnliche Zustände, auch Ekzeme.

Vr: Entschädigungspfl. Berufskrankheit gem. Ziff. 1107 BeKV.

Verbandkästen s. Erste Hilfe

Verbrennungen

Grundsatz der Ersten Hilfe: Kühlung (kaltes Wasser, Eis), im übrigen Verhütung weiterer Schädigungen, insbesondere einer Infektion (Abdecken mit keimfreien Tüchern oder Aluminiumfolie), jedoch *keine* Maßnahmen (Salben- oder Puderbehandlung usw.), da sie spätere Fachbehandlung in einer bestimmten Richtung festlegen; sofort ins Krankenhaus (möglichst mit Spezialerfahrungen in Behandlung von Verbrennungen, auch bei weiterer Entfernung!) (für Augenverbrennungen s. S. 324f).

Verordnung über gefährliche Stoffe bzw. Gefahrstoffverordnung s. Gefahrstoffverordnung

Versenate s. Äthylendiamintetraacetat-Calcium-Komplex

Vibrationen

Vk: Bedeutungsvoll sind Schwingungen höherer Frequenzen und kleiner Amplitude, so z. B. beim Arbeiten an Anklopfmaschinen in der Schuhindustrie, bei Gußputzern, bei Richtarbeiten, bei Waldarbeitern durch Arbeiten mit Motorsägen, beim Arbeiten an Ultraschallgeräten und beim Feinschleifen.

Sy: Funktionelle Durchblutungs- und Sensibilitätsstörungen an den Händen (bei Motorsägenführern u. U. schon nach 2 Jahren) mit Gefäßkrämpfen der Finger, meist durch Kältereiz, u. U. intensive Weißfärbung zum Teil starke, besonders nächtliche Schmerzzustände.
Außerdem durch Vibrationen am Ganzkörpersystem je nach Wirkungsrichtung Schwingungsbeschleunigung und -frequenz sowie konstitutionellen Faktoren u. U. Unbehaglichkeitsgefühle bis zu funktionellen und auch organischen Schäden verschiedener Organsysteme, so z. B. der Lendenwirbelsäule.

Vr: Vibrationsbedingte Durchblutungsstörungen an den Händen, die zur Unterlassung aller Tätigkeiten gezwungen haben, die für die Entstehung, die Verschlimmerung oder das Wiederaufleben der Krankheit ursächlich waren oder sein können, sind entschädigungspfl. Berufskrankheiten gem. Ziff. 2104 BeKV.

Vinylchlorid

Vk: als Ausgangsprodukt für Kunststoffe (PVC = Polyvinylchlorid), Kältemittel, Treibmittel in Spritzdosen.

Sy: narkotische Wirkung, Thrombozytopenie, Raynaud-Phänomen, Sklerodermie, bandförmige Akroosteolysen der Endphalangen, trommelschlegelartige Auftreibungen der Fingerspitzen, Ösophagus- und Magenfundusvarizen, Erhöhung der Leberfermentwerte; eindeutig als krebserzeugend erwiesen (MAK-Kat. III A 1), beim Menschen Lebersarkome beobachtet. TRK-Wert für bestehende Anlagen der VC- und PVC-Herstellung 3 ml/m^3, im übrigen 2 ml/m^3. EKA-Werte s. Tab. 2.**9**.

Prl: technischer Arbeitsschutz; arbeitsmedizinische Vorsorgeuntersuchungen nach berufsgen. Grundsatz vom Mai 1981.

Vr: Entschädigungspfl. Berufskrankheit (s. Halogenkohlenwasserstoffe).

4-Vinyl-1,2-cyclohexendiepoxid

Verwendung zur Herstellung von Epoxidharzen und als polares Dehydrierungsmittel in der Elektromikroskopie; erzeugt u. U. starke Hautreizungen; im Tierversuch gentoxische und karzinogene Wirkung erwiesen (MAK-Kat. III A 2).

Vinyltrichlorid s. Trichloräthane

Virushepatitis

Vk: Hepatitis epidemica und *Serumhepatitis* sind häufige Infektionskrankheiten der Ärzte sowie des Heil- und Pflegepersonals; hohe Infektionsgefährdung auch durch gesunde Keimträger.

Tabelle 2.9 EKA-Werte

Luft Vinylchlorid (ml/m^3)	(mg/m^3)	Probennahmezeitpunkt: nach mehreren vorangegangenen Schichten Harn Thiodiglykolsäure (mg/24 h)
1	2,6	1,8
2	5,2	2,4
4	10	4,5
8	21	8,2
16	41	10,6

Vr: Berufliche Infektionsmöglichkeit in Heil- und Pflegeberufen ist als hoch anzunehmen, evtl. lange Inkubationszeiten (bis 160 Tage) beachten; auch Infektion durch Schutzimpfungen, Vorsorgeuntersuchungen usw. berufsbedingt (s. Infektionskrankheiten).

Vogelzüchterlunge
Durch Vogelkot und Federn (s. Atemwegserkrankungen, obstruktive)

Vorgabezeit s. Arbeitsentgelt

Vorsorge s. Prävention

Vorsorgeuntersuchungen, ärztliche
Allgemein: s. Kap. Sozialmedizin.
Arbeitsmedizinische Vorsorgeuntersuchungen (AMV) durch besonders ermächtigte Überwachungsärzte (s. d.) dienen als ein maßgeblicher Bestand des betrieblichen Gesundheitszustandes bei besonderen Arbeitsbelastungen, insbesondere durch Stäube, Gase oder Dämpfe, durch Strahlen, Lärm, Erschütterungen, Luftüberdruck u. a., der Feststellung gefährdender persönlicher Eigenschaften, der Erfassung biologischer Reaktionen auf Schadstoffe usw. (Biological Monitoring), dabei eventueller Vorstadien möglicher Gesundheitsschäden und damit u. U. der Kontrolle der Wirksamkeit von Arbeitsschutzmaßnahmen, der Verhaltensweisen der Untersuchten sowie der quantitativen Erfassung der Exposition und evtl. der Erkennung unbekannter Arbeitsgefahren.
Ärztliche Untersuchungen sind jedoch stets nur ein – wenn auch wichtiges – Hilfsmittel des nur technisch und organisatorisch realisierbaren Arbeitsschutzes.
Auch erfordern arbeitsmedizinische – wie auch andere – Vorsorgeuntersuchungen eine Indikation und hinreichend spezifische und empfindliche Untersuchungsmethoden. Vor ärztlichen Untersuchungen als Verlegenheitsmaßnahme ist zu warnen!
Zur arbeitsmedizinischen Auswertung ihrer Ergebnisse setzen AMV zwecks Relativierung eine ausreichende systematische, meßtechnische Definition der spezifischen Exposition voraus.
Regulative Grundsätze, Richtlinien für AMV s. einzelne Schadstoffe usw., u. a. Gefahrstoffverordnung (Anhang V), berufsgenossenschaftliche Grundsätze für AMV, Unfallverhütungsvorschrift „Allgemeine Vorschriften“ (VBG 1) vom 1. 4. 1977, Abs. IV, dazu UVV 45 „Arbeitsmedizinische Vorsorge“, VBG 100 vom 1. 10. 1984 (dort in Abschnitt III bei krebserzeugenden Arbeitsstoffen Forderungen nachgehender Untersuchungen nach Beendigung der Gefährdung, nach Ausscheiden aus dem Beschäftigungsbetrieb durch eine Zentralstelle der Berufsgenossenschaften [ODIN, s. d.], an die eine entsprechende Meldung zu erfolgen hat; in Anlage 1 Zusammenstellung aller vorgeschriebenen AMV mit Nachuntersuchungsfristen usw.).
Bei AMV wegen einer Gefährdung im Sinne der Berufskrankheitenverordnung muß bei ärztlichen Bedenken gegen eine Eignung und der evtl. Notwendigkeit eines Arbeitsplatzwechsels der Versicherungsträger unterrichtet werden, der zunächst eine entsprechende Verbesserungsmöglichkeit der Arbeitssituation zu überprüfen, ggf. zu veranlassen und erst bei negativem Ergebnis einen Arbeitsplatzwechsel unter Beteiligung des Gewerbearztes zu diskutieren und u. U. unter entsprechenden berufsfürsorgerischen und finanziel-

len Maßnahmen (Übergangsentschädigung) durchzuführen hat.

Wärmestar s. Feuerstar

Waschräume s. Hautpilzerkrankungen, Sozialräume

Wasserstoffsuperoxid

Die offizinelle 3%ige Lösung nicht hautschädigend. Zum Bleichen u. a. benutzte 30%ige und höherprozentige Lösungen jedoch stark ätzend. MAK-Wert (s. d.): 1 ml/m^3 (Kat. I).

Wechselschichtarbeit s. Schichtarbeit.

Wiederbelebung

Bei *Atemstillstand und Herzversagen* sofort an Ort und Stelle mit Hand oder mittels Atemspende, auch beim Vorhandensein von Wiederbelebungsapparaten, da durch deren Ingangsetzen Verlust kostbarer, für den Erfolg der Wiederbelebung evtl. ausschlaggebender Sekunden! Nach Möglichkeit jedoch bald Übergang zu Gerätebeatmung, und zwar an der Unfallstelle, so z. B. mit einem einfachen Balgbeatmer oder dem vollautomatischen Pulmotor, außerdem Schockbekämpfung (auch im Krankenwagen!; Schulung des Sanitäts- und Transportpersonals wird angestrebt). Wiederbelebung erfordern Unfälle durch elektrischen Strom (s. elektrische Unfälle), Ertrinken, Verschüttung u. a., Erdrosseln, Erhängen, Vergiftungen durch Kohlenoxid, Kohlensäure, Blausäure usw.

Methodik:

Atemspende, am besten Mund-zu-Nase-Beatmung: Rückenlagerung des Verunglückten. Helfer kniet neben ihm in Kopfhöhe. Eine Hand faßt Kopf über der Stirn, die andere faßt flach unter das Kinn. Dann wird Kopf weit nach hinten gebeugt und Unterkiefer nach vorn geschoben. Mund ist zu schließen. Nase evtl. mit Taschentuch oder Gaze zu belegen; dann künstliche Beatmung. Beatmung 10–20mal je Minute.

Bei Verstopfung der Nase bzw. Nichtgelingen der Nasenbeatmung *Mund-zu-Mund-Beatmung:* Vorbereitungen wie oben, nur schiebt man Hand unter das Kinn, Unterkiefer nach vorn und öffnet den Mund. Dabei verschließt Helfer die Nase mit seiner Nase oder Finger der anderen Hand; dann künstliche Beatmung; wenn Orotubus oder ähnliche Hilfsmittel vorhanden, Weiterbeatmung mittels dieser; wenn nach etwa 6–8 Atemstößen keine Besserzung des Zustandes des Verletzten, d. h. kein langsames Rosigwerden der Hautfarbe, dann vermutlich Kreislaufstillstand (weitere Zeichen: Bewußtlosigkeit, Atemstillstand, Pulslosigkeit, Fehlen feststellbarer Herztätigkeit usw.); dann *sofort Herzdruckmassage!*

Herzdruckmassage: Wertvolle und evtl. notwendige (s. oben) Ergänzung der künstlichen Beatmung; beeinflußt durch mechanischen Reiz das Herz direkt und erzeugt infolge des Ventilmechanismus der Herzklappen eine nachweisbare Blutzirkulation. Ausführung: Rückenlagerung des Verletzten möglichst flach auf den Boden oder eine harte Unterlage. Helfer kniet seitlich neben ihm, etwa in Brusthöhe; dann mit Unterstützung des Körpergewichts ruckartiger Druck auf Brustbein so kräftig, daß Brustkorb um 3–4 cm gesenkt wird; Tempo etwa 60–80 Stöße je Minute; *bei zwei Helfern* Herzdruckmassage und künstliche Beatmung gleichzeitig; *bei einem Helfer* abwechselnd, und zwar 10–15 Druckstöße auf Herzgegend und 4–5 Beatmungsstöße.

Weitere manuelle Beatmungsmethoden mit gleichzeitiger Kreislaufwirkung sind die nach *Silvester-Brosch* und die nach *Thomsen.*

Künstliche Atmung und Herzdruckmassage sind so lange durchzuführen, bis Eigenatmung einsetzt und das Herz seine regelmäßige Tätigkeit wieder aufgenommen hat, sonst *mindestens* 2 Stunden, *wenn nicht ein Arzt vorher den Tod* anhand sicherer Todesmerkmale *festgestellt hat. Schockbekämpfung:* Durch Dauerinfusion, Plasmatransfusionen, Percorten, Vitamin C, Kochsalzlösungen i. v.; Analpetika, Schmerzbekämpfung bei Verletzungen, z.B. Morphium; 0,01 g mit Atropin 0,0005 g i. v. langsam injizieren! (Bei Schwerverletzten evtl. nur die Hälfte.)

Weitere Behandlung: Wunden zunächst mit sterilem Mull abdecken, große lebensbedrohende Blutungen an den Extremitäten körperwärts abbinden (kein Bindfaden, Draht oder gewöhnliche Gummibänder, da sonst Gangrängefahr!), Ruhigstellung gebrochener Gliedmaßen (provisorisch gepolsterte Holzleisten, durch Segeltuch verbundene Handstöcke o. ä.

Wirbelsäulenveränderungen

Sie spielen in steigendem Maße eine Rolle als Folge mangelnder sportlicher Betätigung in der Jugend und fortschreitender Technisierung (Auto-, Motorradfahren, andere berufliche oder außerberufliche Erschütterungen, Zwangs- und Fehlhaltungen usw.); auch als

Folge körperlicher Schwerarbeit beobachtet.
Vr: Anerkennung bestimmter Wirbelsäulenschäden als Berufskrankheiten ist vorgesehen, wie dieses in besonderen Fällen in der früheren DDR der Fall war.

Wirbelsäulenverbiegungen (Skoliosen)
Teilweise durch Erkrankungen, Stoffwechselstörungen oder durch Haltungsfehler bedingt, häufiger jedoch nach Eintritt in den Beruf durch einseitige und übermäßige Belastung, besonders im jugendlichen Alter.

Abrisse der Wirbelsfortsätze s. Abrißbrüche der Wirbelfortsätze

Bandscheibenschäden
Anlagebedingte häufige Verschleißerscheinungen; u. a. diskutiert als berufliche Abnutzungserscheinungen, so z. B. bei Schwerarbeitern, wie Bergleuten, Möbeltransporteuren u. a. neuerdings auch durch starke andauernde Erschütterungen bei Traktoristen u. a.

Arthrosis deformans der Wirbelsäulengelenke
Zusammenhänge mit beruflichen Belastungen weitgehend ungeklärt.

Knochenveränderungen
Durch chronische Einwirkung von Cadmium und Fluor (s. jeweils dort).

Wismut und -verbindungen

Vk: Kaum gewerblich, lediglich pharmazeutisch.
Sy: Wismutsaum am Zahnfleisch, Alveolarpyorrhö, Zahnausfall, Nephrose, evtl. blutige Durchfälle.
Prl und *Th:* Wismuttherapie = regelmäßig Urinkontrolle, Zahnsanierung und -pflege, bei Vergiftung: intensive BAL-(Sulfactin-Homburg-)Kur, symptomatisch.

Wurmkrankheiten

Vk: Durch *Ancylostoma duodenale und Strongyloides stercoralis* im Untertagebergbau, jedoch in Deutschland selten.
Vr: Entschädigungspfl. Berufskrankheit gem. Ziff. 3103 BeKV.
Sonstiges: s. Wurminfektionen im Kap. Infektionskrankheiten.

Xylidine

Vk: Sechs Isomere möglich; als Zugabe zu Benzintreibstoffen verwendet; MAK-Wert (s. d.): 5 ml/m^3, „H“ (Kat. n. b.); für 2,4-Xylidin wird ein nennenswertes krebserzeugendes Potential vermutet (III B)!
Sy: Gleichen der Anilinvergiftung.
Th: Bei Benetzung der Haut Abwaschen mit 5%iger Essigsäure, danach mit Wasser und Seife; bei innerlicher Vergiftung Magenspülung mit 5%iger Essigsäure, dann ausgiebiges Nachspülen mit Wasser, als Abführmittel 25 g Natriumsulfat, sonst wie bei Anilinvergiftung.

Xylol s. Benzol und seine Homologe

Zahnfleischveränderungen

Entzündung, evtl. mit Ulzerationen, Gingivitis, Alveolarpyorrhö und Zahnausfall durch Quecksilber und Wismut (im allgemeinen jedoch *nicht* durch Blei!). Einlagerungen als dunkler, 1–2 mm breiter Zahnfleischsaum, besonders an den Papillen, evtl. auch auf die Mundschleimhaut übergreifend, am bekanntesten bei Bleieinwirkungen als graubläulicher sog. Bleisaum infolge der Bildung von Bleisulfid durch den H_2S des Speichels; auch als mehr schwarzer Wismutsaum, mehr bläulicher Quecksilbersaum sowie mehr violetter Arsen- oder Antimonsaum.
Diese Säume sind lediglich Anzeichen einer Giftaufnahme, nicht jedoch einer Vergiftung, außerdem besonders bei mangelhafter Mundpflege leicht zu verwechseln mit Parodontose, Alveolareiterungen wie auch Zahnstein (angeblich mit Ultraviolettlicht Unterscheidung von Zahnstein = Rotfluoreszenz und Blei- bzw. Wismutsaum = nicht fluoreszierend möglich).

Zahnschäden, berufliche

Berufszeichen (Stigmata)
Einkerbungen oder Ausschliffe durch Halten von Arbeitsgeräten mit den Zähnen (so z. .B. von Nägeln bei Schuhmachern, Stecknadeln bei Schneidern, Bleistiften bei Zeichnern, Ansetzen und Drehen der Glaspfeife bei Glasmachern); Zahnverfärbungen durch Auflagerungen oder Imprägnierungen, teilweise infolge Umwandlung durch den Schwefelwasserstoff der Mundhöhle (so z. B. durch Kohle, Schwermetall, Pikrinsäure, Farbstoff u. a.).
Cadmiumring am Zahnhals: Intensiv gelbe Ringbildung am Zahnhals, die bei chronischer Cadmiumeinwirkung auftritt und sich allmählich über den ganzen Zahn fortpflanzt; gewisse Zusammenhänge mit Dauer der Cadmiumarbeit bzw. der Beendigung derselben.
Schmelzdefekte, durch Fluor: Band- oder fleckförmige Schmelzdefekte der Zähne

(„mottled teeth") durch chronische Fluoreinwirkung.

Zuckerbäckerkaries (s. a. Bäckerkaries im Kap. Zahnheilkunde): Überwiegend bei Lebkuchenbäckern und Konditoren infolge von Gärungsprozessen durch Mehl und Zukker, Mehl und Hefe und insbesondere alle drei Faktoren; es kommt dabei zu einem flächenhaften, vom Zahnhals oder von dem Gingivalrand ausgehend kariösen Zahndefekt (Säureschäden!).

Säureschäden der Zähne

Vk: Überwiegend durch die Einatmung der Dämpfe oder Nebel von Mineralsäuren, wie Salpeter-, Salz-, Fluß-, Schwefel- und Phosphorsäure; so in Metallbeizereien, Nitrieranlagen, Säurefabriken, bei Zinkelektrolyse, in chemischen Laboratorien, in Formierstationen der Akkumulatorenfabriken, beim Ätzen von Glas usw.; seltener durch organische Säuren (z.B. Zitronensäure). Sog. Zuckerbäckerkaries s. oben.

Sy: Auftreten vorwiegend an Schneide- und Eckzähnen des Unter- und stärker des Oberkiefers, evtl. schon nach Monaten Rauh- und Stumpfwerden des Zahnschmelzes, bräunliche Verfärbung durch Freilegung des Dentins, vorübergehende Überempfindlichkeit gegen Temperaturunterschiede, durch fortschreitenden Schmelzverlust und Schädigung des Dentins schließlich, zumeist erst nach Jahren, nur noch braune Zahnstummel = Säurenekrose; gelegentlich auch Veränderungen der Zahnpulpa, Übergreifen auf den Kiefer und gleichzeitig Karies der Backenzähne beobachtet; evtl. Allgemeinstörungen (Magen-Darm-Erkrankungen, Sprachstörungen), *keine* entschädigungspfl. Säureschäden sind Zahnfleischveränderungen, wie Parodotose, Alveolarpyorrhö.

Prl: Bei organischen Säuren arbeitsmedizinische Vorsorgeuntersuchungen nach berufsgen. Grundsatz G 22 vom Mai 1981.

Vr: Entschädigungspfl. Berufskrankheiten sind Erkrankungen der Zähne durch Säuren (auch evtl. sekundäre Magenstörungen usw.).

Zeitgeber s. zirkadiane Rhythmik

Zeitstudien s. Arbeitsentgelt

Zeliopräparate s. Thallium und -verbindungen

Zementstaub

Vk: Bei der Zementherstellung.

Sy: Evtl. Hautentzündungen, Bindehautreizungen, auch leichte Entzündungen der oberen Luftwege, aber keine Staublungenerkrankungen (diese in Zementfabriken lediglich evtl. durch Beimischen von Quarzsand möglich).

Zink und -verbindungen

Vk: Häufig als Korrosionsschutz und in Legierungen; metallisches Zink ist praktisch ungiftig und stellt einen normalen Körperbestandteil dar (normaler Zinkgehalt im Blut 600–900 ng/100 ml); evtl. Verunreinigungen mit Blei oder Arsen; Verbindungen teilweise giftig (deshalb keine Zinkverbindungen für Speisebehältnisse!) MAK-Wert (s. d.); Zinkoxidrauch 5 mg F/m^3 (Kat. III). Zinkchromat krebserzeugend (III A 1).

Sy: Bei Inhalation von Zinkoxidrauch Gießfieber (s. d.); durch Zinkweiß (Salbengrundlage) Magenkatharr; Zinkchlorid und Zinksulfat stark ätzend; Zinkphosphid mit Säuren und bereits etwas Feuchtigkeit Bildung von Phosphorwasserstoff (s. d.)!

Zinn und -verbindungen

Reines Zinn ist praktisch ungiftig (tierexperimentell sind Darmreizungen und Leberschädigungen beschrieben), angebliche Vergiftungsfälle wahrscheinlich durch Verunreinigung mit Arsen-, Blei- und anderen Verbindungen bedingt; durch langjährige Einatmung von *Zinnoxid* harmlose Einlagerung in Lungengerüst als sog. Zinnlunge = *Stannosis. Organische Zinkverbindungen,* vor allem Tetramethyl- und Tetraäthylenverbindungen, schwere zentralnervöse Nervengifte, führen zu Gehirnödem mit Krämpfen und Kreislaufstörungen. MAK-Wert (s. d.) für anorganische Zinnverbindungen (als Sn berechnet): 2 mg G/m^3 (Kat. II, 1) für organische Zinnverbindungen: 0,1 mg G/m^3, „H" Kat. II, 1).

Zirkadiane Rhythmik

Periodische Schwankungen verschiedener Funktionen des menschlichen Organismus, abhängig von periodischen Faktoren der Umwelt als sog. Zeitgeber, so heute Abhängigkeit vieler physiologischer Funktionen und Verhaltensweisen von der Tageszeit (Zeitbewußtsein) bekannt, weiterhin sozialer Kontakt maßgeblich als Zeitgeber. Es besteht beim Menschen eine angeborene Spontanfrequenz tagesperiodischer Veränderungen, die größer als 24 Stunden ist und von Zeitgebern mit der Ortszeit jeweils synchronisiert wird. Als Folgen verschobener Rhythmik bei Inversion der Lebensweise nach Luft- oder Bahnreisen mit wesentlicher Verschiebung der Ortszeit in den ersten 3–4 Tagen vorübergehend, bei Nachtarbeit dauernd Beschwerden, im wesentlichen als Verkürzung der Schlafzeit, Appetitstörungen und Herabsetzung der Leistungsfähigkeit.

Zirkonium und -verbindungen

Zirkonium (Zr) ist ein metallisches Element, vorwiegend gewonnen aus dem Silicat Zirkon; Verbindungen vielfach in Schmelztiegel-, chemischer Industrie, in Legierungen usw. verwendet; Gesundheitsschädigungen bisher nicht bekannt; umstritten sind die Einwirkungen von Zirkonstaub auf die Lunge. Gelegentlich sollen silikoseähnliche Fibrosen festgestellt worden sein. MAK-Wert (s. d.) für Zirkonverbindungen (als Zr berechnet): 5 mg G/m^3 (Kat. III).

Zyan und -verbindungen s. Blausäure und -verbindungen

3. Arzneimittel

D. Henke, W. Kämmerer, E. Martin und E. Mutschler

Die nachstehende Zusammenstellung enthält in alphabetischer Reihenfolge die wichtigsten *Arzneistoffgruppen.* Neben den wesentlichen pharmakodynamischen Eigenschaften der zu der jeweiligen Gruppe gehörenden Wirksubstanzen sind deren Indikationen, Kontraindikationen, Neben- und Wechselwirkungen sowie – in Auswahl ohne Wertung – Handelspräparate aufgeführt (Kombinationspräparate wurden nur in Ausnahmefällen berücksichtigt). Um das Auffinden der Arzneistoffe zu erleichtern, wurden diese unter Verweis auf das zugehörige Gruppenkapitel ebenfalls in das Alphabet aufgenommen. Die Fundstellen für die Handelspräparate können dem Sachregister des Buches entnommen werden.

Abkürzungen

a	Jahr(e)
Btm	Betäubungsmittel
Cl_{ren}	renale Clearance
d	Tag(e)
Erw.	Erwachsene(r)
GABA	Gamma-Aminobuttersäure
GFR	glomeruläre Filtrationsrate
GIT	Gastrointestinaltrakt
h	Stunde(n)
Hinw.	Hinweis(e)
ISA	intrinsische sympathomimetische Aktivität
J.	Jahre
Kdr.	Kinder
KI	Kontraindikation(en)
Kps.	Kapsel(n)
Lsg.	Lösung
MAO	Monoaminooxidase
MG	Molekulargewicht
min.	Minute(n)
NW	Nebenwirkung(en)
PEB	Plasmaeiweißbindung
RR	Blutdruck
Sgl.	Säuglng(e)
s. u.	siehe unten
$t_{1/2}$	Halbwertszeit (wenn nicht anders angegeben: terminale Eliminations-Halbwertszeit)
Tbl.	Tablette(n)
tgl.	täglich
WW	Wechselwirkungen

Abführmittel s. Laxantien

Acarbose s. Antidiabetika, orale

Acebutolol s. Beta-Adrenozeptorenblocker

Aceclidin s. Parasympathomimetika, direkte

ACE-Hemmer (Angiotensin-Konversionsenzym-Hemmer)

Pharmakodynamik: ACE-Hemmer sind Antagonisten des Angiotensin-Konversionsenzyms. Hierdurch wird der potente Vasokonstriktor Angiotensin II nicht mehr oder allenfalls in geringerem Maße gebildet, und es fallen die durch Angiotensin II vermittelten blutdruckwirksamen Effekte (direkte Vasokonstriktion, ADH- und Aldosteronliberation, auf synaptischer Ebene vermehrte Synthese und Freisetzung sowie verminderter Reuptake von Noradrenalin) weg. Durch Hemmung der Kininase II wird der Vasodilatator Bradykinin langsamer abgebaut. Während das HZV nur wenig beeinflußt wird, kommt es zu einer deutlichen Senkung des systolischen und diastolischen Blutdrucks (die blutdrucksenkende Wirkung ist bei Natriumverarmung des Organismus sofort, bei normaler Natriumkonzentration erst nach mehrmaliger Gabe festzustellen). Die gute Verträglichkeit der ACE-Hemmer ist darauf zurückzuführen, daß die kardiovaskulären Reflexe (z. B. Barorezeptorreflex) und die Sympathikusstimulation unter Belastung kaum beeinflußt werden. ACE-Hemmer wirken nicht sympatholytisch, Diabetes mellitus und Asthma bronchiale stellen im Gegensatz zu Beta-Adrenozeptorenblockern (s. d.) keine Kontraindikation dar. Anders als Diuretika bewirken sie keine Hypokaliämie oder Hyperurikämie.

Indikationen: Hypertonie (s. Antihypertonika): ACE-Hemmer gehören zu Mitteln der 1. Wahl bei Hypertonie. Eine Kombination mit Diuretika (s. d.) (keine Kaliumsparer) ist sinnvoll, weniger die mit Beta-Adrenozeptorenblockern (s. d.) (letztere wirken teilweise über Reninhemmung!).

Chronische *Herzinsuffizienz* (s. d.): ACE-Hemmer eignen sich aufgrund ihrer das Herz entlastenden Wirkung (Vor- und Nachlastsenkung) für eine Langzeittherapie der Herzinsuffizienz; eine Kombination mit Diuretika ist sinnvoll (keine Kaliumsparer!).

Kontraindikationen: Schwangerschaft, Neutropenie, beidseitige Nierenarterienstenose, Cor pulmonale. Vorsicht bei schweren Autoimmun- und Kollagenerkrankungen.

Nebenwirkungen: Reizhusten (vermutlich durch verlangsamten Abbau von Kininen), hypotone Dysregulationen, Durchfall, Muskelkrämpfe. Drastische Blutdrucksenkung als Erstdosisphänomen (einschleichend dosieren!). Selten Leuko- bzw. Panzytopenien, akutes Nierenversagen, angioneurotisches Syndrom.

Wechselwirkungen: Kaliumsparende Diuretika (s. d.) verstärken das Risiko einer Hyperkaliämie. Die Wirkung anderer Antihypertonika (s. d.) wird gesteigert (besonders bei Pharmaka, die als Nebenwirkung zu einer Reninliberation führen, weniger ausgeprägt bei Beta-Adrenozeptorenblockern [s. d.]). Bei gleichzeitiger Diuretika-Therapie kann es unter der Gabe von ACE-Hemmern initial zu einer sehr ausgeprägten und plötzlichen Blutdrucksenkung kommen (durch vorübergehendes Absetzen des Diuretikums bzw. passagere Erhöhung der Salzzufuhr geringeres Risiko). Das Neutropenie-/Agranulozytose-Risiko ist bei gleichzeitiger Einnahme blutbildverändernder Pharmaka erhöht. Nichtsteroidale Antirheumatika, Antiphlogistika (nichtopioide Analgetika [s. d.]) schwächen die Wirkung von ACE-Hemmern ab.

Wirkstoffe (Handelspräparate): Captopril (Lopirin, tensobon), Enalapril (Pres, Xanef), Lisinopril (Acerbon, Coric), Perindopril (Coversum), Quinapril (Accupro), Ramipril (Delix, Vesdil).

Acemetacin s. Antirheumatika, nichtsteroidale

Acenocoumarol s. Antikoagulantien, Vitamin-K-Antagonisten

Acetazolamid s. Diuretika, Carboanhydratase-Hemmer; Ophthalmika, Glaukommittel

N-Acetylcystein s. Expektorantien, Mukolytika

Acetyldigoxin s. positiv inotrop wirkende Pharmaka, herzwirksame Glykoside

Acetylsalicylsäure (ASS) s. Analgetika, nichtopioide; Antirheumatika, nichtsteroidale; Thrombozyten-Aggregationshemmer

Aciclovir s. Virustatika

Aclarubicin s. Zytostatika, Antibiotika

ACTH = adrenokortikotropes Hormon = Corticotropin
s. Hypophysenvorderlappenhormone

Adenosin-5-triphosphat
s. durchblutungsfördernde Mittel, periphere Durchblutungsstörungen

Adiuretin = Vasopressin
s. Hypophysenhinterlappenhormone; Antidiuretika

Adrenalin s. Sympathomimetika, endogene Substanzen

Adrenokortikotropes Hormon = ACTH = Corticotropin
s. Hypophysenvorderlappenhormone

Adrenozeptor-Agonisten
s. Sympathomimetika

Adsorbentien s. Antidiarrhoika

Adstringentien s. Antidiarrhoika

Aescin s. Venenmittel

Ajmalin s. Antiarrhythmika, Klasse-IA-

Aknetherapeutika

Zur Behandlung der Akne werden *Antibiotika* (s. Antiinfektiva), *Antiandrogene* (s. d.), *Benzoylperoxid* und *Retinoide* (s. d.) (Vitamin-A-Säure und Isotretinoin) sowie *Azelainsäure* eingesetzt. Ferner kann eine abrasive Behandlung mit z. B. *Aluminiumoxid-Partikeln* oder *Siliconharz* durchgeführt werden.

Aktivkohle s. Antidiarrhoika, Adsorbentien

Alcuroniumchlorid s. Muskelrelaxantien, peripher angreifende, stabilisierende

Aldehyde s. Hypnotika, Aldehyde

Aldosteron s. Mineralocorticoide

Aldosteron-Antagonisten s. Diuretika, kaliumsparende

Alfentanil s. Analgetika, opioide; Narkosemittel, Injektionsanästhetika

Alimemazin s. Neuroleptika

Alkylantien s. Zytostatika, Alkylantien

Alkylphosphatvergiftungen, Therapie s. Parasympathomimetika, indirekte

Allopurinol s. Gichttherapie, Urikostatika

Alpha-Acetyldigoxin s. positiv inotrop wirkende Pharmaka, herzwirksame Glykoside

Alpha-Adrenozeptorenblocker

α-Adrenozeptorenblocker (α-Blocker, α-Sympatholytika) sind kompetitive bzw. seltener nicht kompetitive Antagonisten des Noradrenalins (Adrenalins) an den α-Rezeptoren des Sympathikus. Therapeutisch relevante Folgen der Rezeptorenblockade sind insbesondere eine sämtliche Gefäße betreffende Vasodilatation durch Erschlaffung der glatten Gefäßmuskulatur (α_1) und eine Steigerung der synaptischen Noradrenalin-Freisetzung (Aufhebung des negativen Feedbacks: α_2). Aufgrund ihres Wirkprofils können drei Gruppen von α-Adrenozeptorenblockern unterschieden werden:

- kompetitive, nicht selektive α-Adrenozeptorenblocker,
- kompetitive, selektive α_1-Adrenozeptorenblocker,
- nicht kompetitive, nicht selektive α-Adrenozeptorenblocker.

Kompetitive, nicht selektive α-Adrenozeptorenblocker

Pharmakodynamik: *Phentolamin* bzw. *Tolazolin* bewirken durch eine Blockade postsynaptischer α_1-Rezeptoren eine allgemeine Vasodilatation mit deutlicher Senkung der Nachlast (des peripheren Widerstands) des Herzens. Die Wirkung wird durch die über eine α_2-Rezeptor-Blockade vermittelte vermehrte Noradrenalin-Freisetzung begrenzt (kompetitiver Antagonismus!). Das als α-β-Blocker bezeichnete *Labetalol* ist keine Monosubstanz, sondern stellt als Gemisch von vier Stereoisomeren eine fixe Kombination eines schwachen, kompetitiven und nicht selektiven α-Blockers (SR-Labetalol), eines mittelstarken β-Blockers (RR-Labetalol) sowie zweier unwirksamer Verbindungen dar. Ein komplexes Wirkungsbild zeigen die *hydrierten Mutterkorn-Alkaloide* (s. d.) *Dihydroergotamin* bzw. *Dihydroergotoxin*. Eine durch α_1-Blockade ausgelöste Vasodilatation wird im venösen Schenkel durch eine Stimulation von Serotoninrezeptoren überkompensiert, es kommt zu einer venösen Tonisierung mit Vorlaststeigerung (die zentral dopaminergen und serotonin-antagonistischen Wirkungen sind bei beiden Pharmaka gering, oxytozische Effekte fehlen).

Indikationen: Phentolamin ist bei schwerer Herzinsuffizienz (s. d.) sowie in der antiadrenergen Notfalltherapie (hypertone Krisen bei Phäochromozytom oder Clonidin-Entzugssyndrom) indiziert. Tolazolin wird bei peripheren Durchblutungsstörungen gegeben. Labetalol wird als Antihypertonikum eingesetzt, wobei der gegenüber anderen β-Blockern raschere Wirkungseintritt (α-Blockade!) günstig ist. Dihydroergotamin ist bei sympathikotonen Formen orthostatischer Hypotonie sowie in der Intervalltherapie der Migräne angezeigt, Dihydroergotoxin bei altersbedingter zerebrovaskulärer Insuffizienz (Zervikalsyndrom), bei Durchblutungsstörungen und bei älteren Hypertonikern. Dihydroergotamin dient weiterhin zur prä- bzw. postoperativen Thromboseprophylaxe (in Kombination mit Heparin).

Kontraindikationen: Schwangerschaft (hydrierte Mutterkorn-Alkaloide [s. d.]), schwere Koronarinsuffizienz (Dihydroergotamin).

Nebenwirkungen: Nasenverstopfung, Ejakulationsstörungen (allgemein); orthostatische Dysregulation, Reflextachykardie, gesteigertes HZV (Phentolamin); vermehrte Magensäureproduktion durch histaminerge

Wirkung (Tolazolin). Bei Dauertherapie periphere Durchblutungsstörungen (Dihydroergotamin), initial gastrointestinale Beschwerden (Dihydroergotoxin). Nausea und Emesis durch zentrale dopaminerge Stimulation (s. Mutterkorn-Alkaloide).

Wechselwirkungen: Die blutdrucksenkende Wirkung anderer Antihypertonika (s. d.) wird verstärkt. Adrenalin wirkt bei gleichzeitiger Gabe eines α-Blockers blutdrucksenkend (Adrenalin-Umkehr). Die hydrierten Mutterkorn-Alkaloide (s. d.) steigern die vasokonstriktorische Wirkung von α-Sympathomimetika (s. d.) (Gefahr akraler Nekrosen).

Wirkstoffe (Handelspräparate): Phentolamin (Regitin), Tolazolin (Priscol), Labetalol (Trandate), Dihydroergotamin (Agit depot, Angionorm, DET MS, Dihydergot, Ergomimet, Ergont etc.), Dihydroergotoxin = Dihydroergocornin + -cristin + -cryptin (Circanol, Dacoren, DCCK, Ergodesit, Ergoplus, Hydergin, Hydro-Cebral-ratiopharm, Orphol etc.).

Kompetitive, selektive α-Adrenozeptorenblocker

Pharmakodynamik: Prazosin, Terazosin, Doxazosin und *Urapidil* bewirken als α_1-selektive Blocker eine Vasodilatation ohne Beeinträchtigung des negativen Feedbacks. Bei Urapidil, bei dem die α_1-Selektivität schwächer ausgeprägt ist, kommt als weitere Wirkkomponente noch eine Stimulation von Serotoninrezeptoren ($5\text{-}HT_{1A}$) hinzu.

Indikationen: Insbesondere zur (Kombinations-)Therapie der Hypertonie (s. Antihypertonika), daneben bei schwerer Linksherzinsuffizienz (s. Herzinsuffizienz) und bei Morbus Raynaud (s. durchblutungsfördernde Mittel).

Kontraindikationen: Zustände, bei denen eine Blutdrucksenkung unerwünscht ist (allgemein), Schwangerschaft (Urapidil).

Nebenwirkungen: Orthostatische Dysregulation als ausgeprägtes Erstdosisphänomen – einschleichend dosieren, erste Dosis abends im Bett (Prazosin, Terazosin). Reflektorische Sympathikusaktivierung mit Tachykardie (allgemein, weniger bei Urapidil).

Wechselwirkungen: Die blutdrucksenkende Wirkung von Antihypertonika (s. d.) und Vasodilatantien wird verstärkt, Adrenalin wirkt bei konkomitanter Gabe blutdrucksenkend (Adrenalin-Umkehr).

Wirkstoffe (Handelspräparate): Prazosin (duramipress, Eurex, Minipress, Prazosin-ratiopharm etc.). Terazosin (Heitrin), Doxazosin (Cardular), Urapidil (Ebrantil).

Nicht kompetitive, nicht selektive α-Adrenozeptorenblocker

Pharmakodynamik: Das N-Lost-Derivat *Phenoxybenzamin* bewirkt als Alkylans eine irreversible Blockade von α_1- und α_2-Rezeptoren. Die lang anhaltende Wirkung ist daher schlecht steuerbar und kann durch Alpha-Sympathomimetika (s. d.) nicht aufgehoben werden.

Indikationen: Bei Phäochromozytom zur Unterdrückung hypertoner Krisen (bei operablem Phäochromozytom auch im Rahmen der Lokalisationsdiagnostik sowie zur Operationsprämedikation), bei schwerer, therapierefraktärer Linksherzinsuffizienz sowie bei neurogenen Blasenstörungen (Relaxation des Sphincter vesicae).

Kontraindikationen, Nebenwirkungen, Wechselwirkungen: s. kompetitive selektive α-Adrenozeptorenblocker.

Wirkstoff (Handelspräparat): Phenoxybenzamin (Dibenzyran).

Alpha-Blocker
s. Alpha-Adrenozeptorenblocker

Alpha-Methyldopa s. Sympathomimetika, Alpha-, mit vorwiegend zentraler Wirkung; Antihypertonika, Pharmaka zur Beeinflussung des Sympathikotonus – Antisympathotonika

Alpha-Sympatholytika
s. Alpha-Adrenozeptorenblocker

Alprazolam s. Tranquillantien

Alprenolol
s. Beta-Adrenozeptorenblocker

Alprostadil = Prostaglandin E_1
s. Prostaglandine;
durchblutungsfördernde Mittel, periphere Durchblutungsstörungen

Aluminiumhydroxid s. Antazida

Aluminiumphosphat s. Antazida

Amantadin s. Anti-Parkinson-Mittel; Virustatika

Ameziniummetilsulfat s. Sympathomimetika, indirekte

Amidotrizoesäure s. Röntgenkontrastmittel, ionische

Amikacin s. Antiinfektiva, Aminoglykosid-Antibiotika

Amilorid s. Diuretika, kaliumsparende

Aminoglutethimid s. Zytostatika, Hormonantagonisten

Aminoglykosid-Antibiotika s. Antiinfektiva

Aminomethylbenzoesäure s. Antifibrinolytika

5-Aminosalicylsäure = Mesalazin s. Colitis-ulcerosa- und Morbus-Crohn-Therapeutika

Amiodaron s. Antiarrhythmika, Klasse-III-

Amitriptylin s. Antidepressiva, trizyklische

Amitriptylinoxid s. Antidepressiva, trizyklische

Ammoidin s. Psoralene

Ammonium bituminosulfonicum s. Teerpräparate

Ammoniumchlorid s. Expektorantien, Sekretolytika

Amoxicillin s. Antiinfektiva, Breitspektrum-Penicilline

Amphetamine s. Sympathomimetika, indirekte

Amphotericin B s. Antimykotika

Ampicillin s. Antiinfektiva, Breitspektrum-Penicilline

Amrinon s. positiv inotrop wirkende Pharmaka, Phosphodiesterase-Hemmstoffe

Anabolika

Anabolika sind Substanzen, die die Eiweißbildung im Organismus fördern. Anabolika im engeren Sinn sind *Androgene* (s. d.) mit vorwiegend anabolen Eigenschaften, die durch chemische Veränderungen am Testosteron-Molekül erhalten wurden. Alle als Anabolika eingesetzten Verbindungen weisen somit noch deutliche androgene Effekte auf.

Pharmakodynamik: Neben der Förderung der Eiweißbildung sind weitere Wirkungen von Anabolika die gesteigerte Bildung von Mucopolysacchariden und eine Retention von Kalium-, Calcium- und Phosphationen sowie von Kreatinin.

Indikationen: Anabolika werden eingesetzt, wenn diätetische Maßnahmen nicht mehr ausreichen, einen Eiweißmangel zu beheben, z. B. bei malignen Tumoren, reduziertem Allgemeinzustand, destruierenden Knochenprozessen und Muskeldystrophie. Weitere Anwendungsgebiete sind Osteoporose, schlecht heilende Knochenbrüche, aplastische Anämien und Röntgenkater nach Röntgenbestrahlungen sowie Zytostatika-Therapie.

Kontraindikationen, Nebenwirkungen, Wechselwirkungen: Entsprechen denen der Androgene (s. d.). Bei Frauen als erstes Symptom einer beginnenden Virilisierung Stimmveränderungen (Stimmbruch!), die irreversibel sind, ferner Förderung des Haarwuchses (Bartwuchs). Bei Kindern Beschleunigung der Knochenreifung, bei Jungen kann es zu vorzeitiger Pubertät kommen.

Schwangerschaft/Stillzeit: Kontraindiziert (Gefahr der Virilisierung weiblicher Feten).

Hinweise: Die (mißbräuchliche) Anwendung bei Hochleistungssportlern ist verboten.

Wirkstoffe (Handelspräparate): Clostebolacetat (Steranabol, Bestandteil von Megagrisevit), Metenolonacetat (Primobolan), Nandrolondecanoat (Deca-Durabolin).

Analeptika

Analeptika stimulieren bestimmte Abschnitte des Zentralnervensystems, vor allem das Atem- und Vasomotorenzentrum in der Medulla oblongata. In höheren Dosen sind sie Krampfgifte.
Die Analeptika haben ihre frühere Bedeutung weitgehend verloren. Bei zentraler Vasomotorenlähmung bewährt sich die Anwendung peripher angreifender Kreislaufmittel besser (s. Sympathomimetika). Bei Vergiftungen mit Barbituraten (s. Hypnotika) ist ihre Verwendung nicht mehr zu empfehlen, bei Vergiftungen mit Opioiden stehen spezifische Antidote zur Verfügung (s. Analgetika, opioide; Naloxon). Die einzige noch bestehende Indikation ist eine Intoxikation mit dem partiellen Opioid-Antagonisten Buprenorphin (s. d.). Hier ist Naloxon als Antagonist nicht ausreichend wirksam. Die durch Buprenorphin bedingte Atemdepression kann durch zusätzliche Gabe des Analeptikums *Doxapram* (Dopram) behoben werden.

Analgetika

Opioide Analgetika (Hypnoanalgetika)

Pharmakodynamik: Hypnoanalgetika stimulieren die Rezeptoren des endogenen schmerzhemmenden Systems. Aufgrund des gemeinsamen Angriffs an den Opioid-Rezeptoren ist das Wirkprofil aller Hypnoanalgetika sehr ähnlich. Es bestehen vorwiegend quantitative Unterschiede.

Zentrale Wirkungen: Hypnoanalgetika

- setzen die Schmerzempfindung durch Stimulation der Opioid-Rezeptoren herab (analgetische Wirkung),
- reduzieren die geistige Aktivität (sedative Wirkung),
- beseitigen Konflikt- und Angstgefühle,
- wirken häufig euphorisierend, können jedoch auch dysphorische Wirkungen hervorrufen,
- hemmen das Atem- und Hustenzentrum,
- lösen anfangs häufig Übelkeit und Erbrechen aus, wirken später durch Hemmung des Brechzentrums antiemetisch,
- bewirken eine Miosis,
- erhöhen die Freisetzung von antidiuretischem Hormon und
- führen zu Toleranzentwicklung und – selten bei Schmerzpatienten! – Abhängigkeit.

Periphere Wirkungen: Hypnoanalgetika

- bewirken eine Konstriktion der Sphinkteren (z. B. Pylorus, Sphincter Oddi [ampullae]),
- reduzieren die Motilität und erhöhen den Tonus des Gastrointestinaltraktes (spastische Obstipation),
- steigern den Tonus der Harnblasenmuskulatur und
- rufen gelegentlich durch Histaminfreisetzung Hautrötung, Urtikaria und Juckreiz sowie bei Asthmatikern einen Bronchospasmus hervor.

Agonisten – Antagonisten: Die klassischen Hypnoanalgetika wirken als volle Agonisten an allen Opioid-Rezeptoren. Durch Strukturvariation gelangte man zu Verbindungen, die gleichzeitig mehr oder weniger stark ausgeprägte opioid-antagonistische Wirkungen aufweisen. Zwischen den reinen Agonisten und dem bislang einzigen in die Therapie eingeführten reinen Antagonisten Naloxon gibt es eine Reihe von Stoffen, die an einzelnen Opioid-Rezeptorsubtypen agonistische, an anderen Subtypen jedoch antagonistische Wirkungen besitzen. Durch diese unterschiedlichen Effekte an den einzelnen Rezeptorsubtypen wird versucht, die analgetische Wirkung von der suchterzeugenden Wirkung zu trennen. Die bisherigen Erfolge sind jedoch eher gering.

Indikationen: Unfallbedingte, postoperative und Tumorschmerzen; Schmerzen bei Herzinfarkt und Lungenembolie.

Kontraindikationen: Absolute KI: Verminderte Atemreserve, bei Emphysem, Kyphoskoliose oder Cor pulmonale. Relative KI; Akute hepatische Porphyrien; Hypothyreose und multiple Sklerose wegen erhöhter Empfindlichkeit; Schwangere kurz vor der Geburt wegen Atemdepression beim Neugeborenen.

Nebenwirkungen: Atemdepressive Wirkung, hypotensiver Effekt, spastische Obstipation bei länger dauernder Anwendung, harnverhaltende Wirkung, Toleranzentwicklung und Abhängigkeit. Die meisten Wirkstoffe dieser Gruppe unterliegen daher dem Betäubungsmittelgesetz (Btm).

Wechselwirkungen: Wirkungssteigerung der Hypnoanalgetika durch Alkohol, Neuroleptika (s. d.), Antidepressiva (s. d.) und Tranquillantien (s. d.).

Wirkstoffe (Handelspräparate):

- *Reine Agonisten:* Fentanyl (Fentanyl-Janssen, Btm), Morphin (Morphinum-HCl, Amp., MST retard, Tbl., Btm), Pethidin (Dolantin, Btm), Levomethadon (L-Polamidon, Btm), Alfentanil (Rapifen, Btm), Hydrocodon (Dicodid, Btm), Hydromorphon (Dilaudid, Btm), Piritramid (Dipidolor, Btm).
- *Partielle Agonisten-Antagonisten:* Pentazocin (Fortral, Btm), Buprenorphin (Temgesic, Btm), Tilidin (zusammen mit Naloxon in Valoron N), Nalbuphin (Nubain).
- *Volle Antagonisten:* Naloxon (Narcanti), Naltrexon (Nemexin).

Bei Buprenorphin ist eine Antagonisierung der Wirkungen und Nebenwirkungen mit Naloxon nicht möglich. Bei einer schweren Atemdepression sollte das unspezifische Analeptikum Doxapram (Dopram, s. Analeptika) verwendet werden.

Sonstige Hypnoanalgetika

Codein: Zentral wirkendes Opiumalkaloid (s. Antitussiva), dessen analgetische Wirkung im Vergleich zu *Morphin* gering, aber weitgehend frei von den typischen suchterzeugenden Wirkungen ist. Die analgetische Wirksamkeit von 50 mg Codein entspricht etwa der von 1 g Acetylsalicylsäure.
Dextropropoxyphen: Zentral wirksames opioid-agonistisches Analgetikum niedriger Potenz. Die erreichbare analgetische Wirkung ist ähnlich der von Codein und damit schwächer als bei den klassischen Hypnoanalgetika. Es führt zwar nur selten zur Abhängigkeit, besitzt aber eine geringe therapeutische Breite.
Dihydrocodein (s. Antitussiva): Der in retardierter Form im Handel befindliche Wirkstoff besitzt gleiche Wirkungen und eine etwas stärkere Wirksamkeit als Codein und wird zur Behandlung von Tumorschmerzen eingesetzt.
Nefopam: Mittelstark wirkendes Analgetikum, das keinen atemdepressiven Effekt aufweisen soll. Sein Wirkungsmechanismus ist bislang unklar. Gilt als verhältnismäßig schlecht verträglich. Die erreichbare analgetische Wirkung ist geringer als bei den klassischen Hypnoanalgetika.
Tramadol: Mittelstark bis stark wirksames Analgetikum, dessen Wirkstärke etwa 1/10 bis 1/5 der von Morphin entspricht. Obwohl seine Wirkung teilweise über Opioid-Rezeptoren zustande kommt, wirkt es kaum atemdepressiv, und das Abhängigkeitspotential ist sehr gering. Die erreichbare analgetische Wirkung ist niedriger als bei den klassischen Hypnoanalgetika.
Wirkstoffe (Handelspräparate): Codein (in Kombinationspräparaten wie Nedolon, talvosilen u. a.), Dextropropoxyphen (Develin retard), Dihydrocodein (DHC retard), Nefopam (Ajan), Tramadol (Tramal).

Nichtopioide Analgetika (sog. schwach bis mittelstark wirkende Analgetika)

Alle Analgetika dieses Typs besitzen – trotz unterschiedlicher chemischer Struktur – ein ähnliches pharmakologisches Wirkspektrum: Neben der analgetischen Wirkung weisen sie eine antipyretische und – mit Ausnahme von Paracetamol – auch eine antiphlogistische Wirkungskomponente auf.
Pharmakodynamik: Die therapeutisch genutzten sowie teilweise auch die unerwünschten Wirkungen kommen im wesentlichen über eine Hemmung des mikrosomalen, membrangebundenen Enzyms Cyclooxygenase zustande, das die Biosynthese entzündungsvermittelnder, fiebererzeugender und schmerzverstärkender Substanzen (Prostaglandinen und anderen Eicosanoiden) katalysiert.

Derivate organischer Säuren

Indikationen: Leichte bis mittlere Schmerzen (z. B. Kopf- und Zahnschmerzen), Migräne, fieberhafte Zustände, rheumatisch-entzündliche Erkrankungen.

Kontraindikationen: Magen-Darm-Ulzera; hämorrhagische Diathese; Vorsicht bei schweren Leber- und Nierenschäden.

Schwangerschaft/Stillzeit: Vorsicht insbesondere im 3. Trimenon, Verzögerung und Verlängerung der Geburt und Hämorrhagie beim Neugeborenen sowie vorzeitiger Verschluß des Ductus arteriosus (Botalli) möglich; Wirkstoffe gering milchgängig; strenge Indikationsstellung.

Nebenwirkungen: Als Folge der Hemmung der Prostaglandinsynthese kommen gastrointestinale Störungen, gastrointestinale Blutungen, Natrium- und Wasserretention und – bei hoher Dosierung – Somnolenz vor. Bei besonders disponierten Patienten, insbesondere

Asthmatikern, besteht die Gefahr der Auslösung eines Asthmaanfalls. In Einzelfällen können aseptische Meningitiden, idiosynkratische Reaktionen und schwere Verlaufsformen von Hautreaktionen wie Erythema exsudativum multiforme vorkommen (Ibuprofen).

Wechselwirkungen: Glucocorticoide erhöhen die Gefahr gastrointestinaler Beschwerden und Blutungen. Die gerinnungshemmende Wirkung von oralen Antikoagulantien kann verstärkt werden.

Wirkstoffe (Handelspräparate):

- Acetylsalicylsäure = ASS (Aspirin, Godamed u. v. a.). Als Lysinsalz ist auch eine parenterale Anwendung möglich (Aspisol). Zusätzlicher Einsatz als *Thrombozytenaggregationshemmer* (s. d.) (Colfarit u. a.). Andere Derivate der Salicylsäure (Ethenzamid, Salicylamid) bieten keine Vorteile, zum Teil werden sie auch als Antirheumatika (s. d.) angeboten (Diflunisal).
- Ibuprofen (Aktren, Brufen, Dolgit, Imbun u. v. a.): Wirksamer als ASS und niedrigere Nebenwirkungshäufigkeit. Steht bis zu einer Einzeldosis von 200 mg rezeptfrei zur Verfügung.

Paracetamol

Pharmakodynamik: Paracetamol besitzt gute analgetische und antipyretische, aber kaum antiphlogistische Wirkungen. Als Erklärung hierfür wird eine fehlende Affinität zu der Cyclooxygenase des Bindegewebes angenommen. Neben dem peripheren wird auch ein zentralnervöser Angriffspunkt diskutiert.

Als *Nebenwirkung* kann es nach längerer Einnahme höherer Dosen zu Leber- und Nierenschäden kommen. Schwere Leberschäden mit tödlichem Verlauf wurden nach Überdosierung (>10 g) beobachtet. Grund hierfür ist ein hepatotoxischer Metabolit, der in hoher Dosierung nicht mehr entgiftet werden kann. Als Antidot wirkt bei rechtzeitigem Einsatz *N-Acetylcystein* (s. Expektorantien).

Handelspräparate: ben-u-ron, Captin, Enelfa, Tylenol u. v. a.

Pyrazolderivate

Metamizol

Metamizol ist analgetisch, antipyretisch und schwach antiphlogistisch wirksam. Es ist gut wasserlöslich und kann deshalb auch injiziert werden. Wegen des Risikos seltener, aber schwerer unerwünschter Wirkungen (Agranulozytose, Schock) sind die zugelassenen Indikationen (starke Schmerzen nach Verletzungen und Operationen, Koliken, Tumorschmerzen und Fiebersenkung, wenn andere Maßnahmen nicht ansprechen) genau zu beachten.

Handelspräparate: Baralgin M, Novalgin, Novaminsulfon.

Propyphenazon, Phenazon

Schwächer wirksam als Metamizol, sonst ähnliche Wirkungen und Kontraindikationen. Es ist nicht sicher, ob diese Stoffe beim Vergleich unerwünschter Wirkungen günstiger als Metamizol zu bewerten sind. Wegen der nur geringen Wirkstärke ist auch ein Vorteil gegenüber Paracetamol und ASS nicht erkennbar.

Handelspräparate: nur in Kombinationen (z. B. Optalidon N).

Flupirtin

Pharmakodynamik: Das zentral wirksame, mittelstarke Analgetikum wirkt nicht über Opioid-Rezeptoren oder die Hemmung der Prostaglandinsynthese. Der genaue Wirkungsmechanismus ist unbekannt. Es besitzt zusätzlich eine muskelrelaxierende Wirkung.

Handelspräparat: Katadolon.

Kombinationstherapie

Nach Möglichkeit ist der Behandlung mit Monopräparaten der Vorzug zu geben, doch kann die gleichzeitige Anwendung zweier Arzneistoffe gelegentlich sinnvoll sein: So können ASS oder Paracetamol mit einem zentral wirkenden Analgetikum wie Codein kombiniert werden. Es kommt dann zur Addition der Wirkungen. Es ist jedoch zu beachten, daß die Einzelwirkstoffe in voller Dosierung gegeben werden.

Für andere verwendete Kombinationen gibt es kaum wissenschaftlich stichhaltige Begründungen. Eine Kombination mit psychisch wirksamen Komponenten kann zum Mißbrauch dieser Analgetika-Kombinationen verleiten. Folge können Organschäden sein (Analgetika-Niere).

Ob auch der Coffein-Zusatz den Mißbrauch von Analgetika steigert, ist noch umstritten. In den USA wird die Ansicht vertreten, daß eine Überlegenheit einer Analgetika-Mischung mit Coffein nicht dokumentiert ist.

Umstritten, jedoch zumindest unschädlich ist der Zusatz sogenannter neurotroper Vitamine B_1, B_2, B_6.
Der Vitamin-C-Zusatz zu Acetylsalicylsäure beschleunigt den Wirkungseintritt, verschlechtert jedoch die Magenverträglichkeit.
Wirkstoffe (Handelspräparate): Nach o. g. Kriterien sinnvolle Kombinationspräparate:
- Acetylsalicylsäure 500 mg / Codein 30 mg (Nedolon A),
- Paracetamol 500 mg / Codein 30 mg (talvosilen forte, Nedolon P).

Ancrod s. durchblutungsfördernde Mittel, periphere Durchblutungsstörungen (Angioorganopathien)

Androgene

Androgene sind männliche Sexualhormone, die außer in der Nebennierenrinde vor allem in den Leydig-Zellen der Hoden gebildet werden. Das wichtigste männliche Sexualhormon ist *Testosteron*. Es wird in den Erfolgsorganen, z. B. in der Prostata und in den Samenbläschen, in die eigentliche Wirkform, das 5α-Dihydrotestosteron, umgewandelt. Die in der Nebennierenrinde gebildeten Androgene sind unter physiologischen Bedingungen von untergeordneter Bedeutung. Produktion und Abgabe unterliegen einem Regelkreis, der vom Hypothalamus kontrolliert wird. Bei Anstieg der Testosteronkonzentration im Blut wird über einen negativen Feedback die Testosteronproduktion in den Zwischenzellen reduziert.

Pharmakodynamik: Testosteron (bzw. seine Wirkform) fördert die Entwicklung der männlichen sekundären Geschlechtsmerkmale, stimuliert die Bildung der für die Vitalität der Spermien erforderlichen Substanzen, erhöht die Libido und die Potentia coeundi und ist mitbestimmend für die psychische Verhaltensweise des Mannes. Ferner hemmt es die Spermienproduktion durch Verringerung der Gonadotropinausschüttung, steigert den Eiweißaufbau und fördert den Abschluß des Knochenwachstums in der Pubertät.

Indikationen: Beim Mann sind Androgene bei allen Formen eines Androgenmangels zur Substitutionstherapie indiziert. Ferner werden sie bei Impotentia coeundi und bei Ejaculatio praecox, sofern diese nicht psychisch bedingt sind, sowie versuchsweise in hoher Dosierung bei Impotentia generandi infolge Oligospermie angewandt. Bei Frauen werden Androgene in Kombination mit Östrogenen (s. d.) zur Therapie klimakterischer Beschwerden, ferner bei inoperablen Mamma- und Genitalkarzinomen (s. Zytostatika, Hormone und Hormon-Antagonisten) verwendet. Periphere Durchblutungsstörungen werden bei beiden Geschlechtern oft günstig beeinflußt.

Kontraindikationen: Prostatakarzinom.

Nebenwirkungen: Selten; als Zeichen der Hormonwirkung Virilisierungserscheinungen bei Frauen, Atrophie der männlichen und weiblichen Keimdrüsen. Nach Langzeitbehandlung mit hohen Dosen cholestatischer Ikterus, Gefahr einer Retention von Natrium-, Kalium-, Calcium-, Chlorid- und Phosphationen sowie von Wasser.

Wechselwirkungen: Verstärkung der blutgerinnungshemmenden Wirkung von Cumarin-Derivaten (s. Antikoagulantien).

Kinetik: Infolge eines hohen First-pass-Effekts ist Testosteron bei oraler Applikation weitgehend unwirksam, nach parenteraler Gabe nur kurz wirksam ($t_{1/2}$ 10 min.).
Testosteron-Derivate: Um zu länger und oral wirksamen Androgenen zu gelangen, wurden am Testosteronmolekül verschiedene Veränderungen vorgenommen (u. a. Esterbildung).

Schwangerschaft/Stillzeit: Kontraindiziert (Virilisierungsgefahr).

Hinweise: Androgene sind nicht geeignet, um bei gesunden Patienten den Muskelansatz zu fördern oder die Leistungsfähigkeit zu erhöhen (Doping).

Wirkstoffe (Handelspräparate): u. a. Mesterolon (Proviron), Testosteronenantat (Testoviron-Depot), Testosteronpropionat (u. a. Testosteron „Berco“, Testosteron „Vitis“), Testosteronundecanoat (Andriol).

Aneurin = Vitamin B₁ s. Vitamine

Angina-pectoris-Therapie
s. Koronartherapeutika

Anionen-Austauscherharze
s. Antidiarrhoika; Lipidsenker, Pharmaka zur Senkung des Cholesterinspiegels

Anorektika s. Sympathomimetika, indirekte

Antazida

Antazida sind Substanzen, die die vom Magen sezernierte Salzsäure zu neutralisieren oder zu binden vermögen. Eingesetzt werden vor allem Magnesium- und Aluminiumverbindungen sowie Kombinationen davon und Komplexverbindungen.

Indikationen: Antazida dienen zur Behandlung der Hyperazidität und ihrer Folgen, z. B. Sodbrennen, erosive Gastritis, Ulcus duodeni und ventriculi.

Beurteilung: Natriumhydrogencarbonat und Calciumcarbonat sollten aufgrund ihrer unter Umständen erheblichen Nebenwirkungen nicht mehr therapeutisch eingesetzt werden. Ob Komplexverbindungen mit Schichtgitterstruktur (Hydrotalcit, Magaldrat) günstiger als andere Antazida zu beurteilen sind, ist noch nicht endgültig geklärt.

Nebenwirkungen: Carbonate: bei der Reaktion mit Magensalzsäure Kohlendioxid-Entwicklung, dadurch Blähungen, bei bestehendem Ulkus Gefahr einer Magenruptur; Auslösung einer reaktiven Magensäuresekretion. Magnesiumionen: Diarrhö, bei Nierenfunktionsstörungen und längerer Anwendung Gefahr einer Hypermagnesiämie. Aluminiumionen: Schwache Obstipation; bei normaler Nierenfunktion und längerer Anwendung besteht die Gefahr einer Verarmung an Phosphaten durch Bildung unlöslicher Aluminiumphosphate und dadurch die Möglichkeit einer Osteomalazie infolge eines Hyperparathyreoidismus. Bei Dialysepatienten kann es nach Langzeitbehandlung zu einer aluminiumbedingten Enzephalopathie kommen. Silicate: Bei Langzeitbehandlung Bildung silicathaltiger Nierensteine.

Wechselwirkungen: Antazida mit mehrwertigen Kationen verringern die Resorption von Eisensalzen (s. d.), Gallensäuren und Tetracyclinen (s. d.) durch Komplexbildung oder Adsorption.

Dosierung: Als Einzeldosis wird die Antazidummenge empfohlen, die 50 mmol Salzsäure zu neutralisieren vermag. (Viele Handelspräparate sind jedoch unterdosiert.) Die Applikation sollte 1 und 3 Stunden nach den Mahlzeiten sowie vor dem Schlafengehen erfolgen.

Handelspräparate (u. a.) (Wirkstoffe): Aludrox (Aluminiumhydroxid), Gelusil (Magnesium-Aluminium-Silicat), Kompensan (Dihydroxyaluminiumnatriumcarbonat), Maalox 70, Maaloxan, Progastrit (Aluminiumhydroxid, Magnesiumhydroxid), Phosphalugel (Aluminiumphosphat), Rennie (Magnesiumcarbonat, Calciumcarbonat), Riopan (Magaldrat), Solugastril (Aluminiumhydroxid, Calciumcarbonat), Talcid (Hydrotalcit), Trigastril (Aluminiumhydroxid, Magnesiumhydroxid, Calciumcarbonat).

Anthelminthika

Bandwurmmittel

Niclosamid wird nach oraler Gabe nicht resorbiert und tötet Bandwürmer zuverlässig ab. Als Wirkungsmechanismus gilt eine Hemmung der ATP-Bildung in den Parasiten und eine Beeinflussung des Kohlenhydratstoffwechsels. Die Bandwürmer werden außerdem gegen proteolytische Enzyme empfindlicher, und man findet daher den Kopf meist nicht im Stuhl.

Praziquantel wirkt außer gegen Bandwürmer zuverlässig gegen Schistosomen. Es gilt als Mittel der Wahl bei Bilharziosen.

Wirkstoffe (Handelspräparate): Niclosamid (Yomesan), Praziquantel (Cesol, Biltricide).

Nematodenmittel

Pyrantelpamoat ist Mittel der Wahl bei Befall mit Askariden und Oxyuren sowie mit Ancylostoma duodenale und Necator americanus. Es lähmt die reifen und unreifen Formen der Würmer durch neuromuskuläre Blockade. Vom Magen-Darm-Trakt wird es nur wenig resorbiert.

Pyrviniumpamoat ist ebenfalls ein gut verträgliches und hochwirksames Oxyurenmittel. Seine Wirkung beruht auf einer Hemmung von Enzymen des Kohlenhydratstoffwechsels in den Oxyuren.

Mebendazol ist gegen zahlreiche Nematoden hochwirksam. Es ist Mittel der Wahl bei Peitschenwurmbefall. Sein vermizider Effekt kommt durch eine Hemmung der Glucoseaufnahme in die Parasiten zustande.

Wirkstoffe (Handelspräparate): Pyrantelpamoat (Helmex), Pyrviniumpamoat (Molevac), Mebendazol (Vermox).

Anthraglykoside

Als antiresorptiv und hydragog wirkende Laxantien (s. d.) werden Hydroxyanthrachinonglykoside aus verschiedenen Drogen, z. B. aus Aloe, Faulbaumrinde, Kreuzdornbeeren,

Sennesblättern und Rhabarber, verwendet. Sie gehören zu den am häufigsten eingesetzten Abführmitteln. Die Wirkung tritt nach peroraler Gabe erst nach 8–10 Stunden ein.

Kontraindikationen: Aloe: Menstruation, Schwangerschaft und Hämorrhoiden aufgrund einer Hyperämie des kleinen Beckens.

Nebenwirkungen: Geringe Nebenwirkungen bei kurzzeitiger Gabe; jedoch wie auch alle anderen Laxantien (s. d.) aufgrund der häufigen Elektrolytstörungen nicht für eine längere Anwendung indiziert.

Kinetik: Biotransformation: im Darm Spaltung der Glykosidbindungen mit nachfolgender Reduktion durch Kolibakterien zu Anthronen und Anthranolen, die die eigentliche Wirkform darstellen. Ausscheidung überwiegend mit den Fäzes, geringe Mengen renal (Dunkelfärbung des Harns).

Schwangerschaft/Stillzeit: s. Laxantien, Aloe in der Schwangerschaft kontraindiziert.

Handelspräparate: u. a. Depuran, Kräuterlax, Liquidepur, Neda, X-Prep.

Antianämika

Antianämika sind Pharmaka, die bei Störungen der Hämoglobinsynthese (z. B. infolge Eisenmangels) bzw. der Erythrozytenbildung eingesetzt werden.

Therapie von Eisenmangelanämien

Zur Behandlung von Eisenmangelzuständen eignen sich orale bzw. (in Ausnahmefällen) parenterale Gaben von Eisensalzen. Wegen der sehr viel besseren Resorption kommen für die orale Therapie vorwiegend Eisen-II-Salze (Sulfat, Gluconat, Aspartat, Succinat, Fumarat) in Betracht, die untereinander eine annähernd vergleichbare Verfügbarkeit aufweisen (die orale Verfügbarkeit von Eisen-III-Salzen ist demgegenüber mit ca. 10% schlecht). Tagesdosen von mehr als 100 mg Eisen sind wegen der begrenzten Kapazität der Erythropoese nicht sinnvoll; sie verschlechtern die Verträglichkeit. Die orale Eisensubstitution sollte zur Deckung möglicher Speichereisen-Defizite auch über die Normalisierung der Bluteisen-Werte hinaus fortgesetzt werden (ca. 2 Monate). Die parenterale Gabe von Eisen erfolgt in Form komplexgebundener Eisen-III-Salze.

Indikationen: Eine *orale Eisensubstitution* ist zur Prophylaxe oder Therapie bei verschiedenen Formen von Eisenmangelzuständen angezeigt: bei verminderter Eisenzufuhr (z. B. Milchkost bei Säuglingen, bei Malabsorption), bei Blutverlusten (z. B. Menstruation), bei erhöhtem Bedarf in der Wachstumsphase oder während der Schwangerschaft (ein Eisenverlust von ca. 800 mg muß insbesondere im 2. und 3. Trimenon durch orale Substitution gedeckt werden: ca. 50 mg Eisen/die). Eine *parenterale Eisensubstitution* ist im Hinblick auf die ausgeprägteren NW nur in Ausnahmefällen indiziert (z. B. bei Unverträglichkeit oraler Gaben, bei Colitis ulcerosa).

Kontraindikationen: Bei Eisenakkumulation (Hämochromatose, chronische Hämolyse) oder Eisenverwertungsstörungen (sideroachrestische Anämie, Bleianämie, Thalassämie).

Nebenwirkungen: Insbesondere gastrointestinale Störungen (Diarrhö, Obstipation, Krämpfe), bei parenteraler Gabe (Überdosierung) Nausea, Vomitus, Kopfschmerz, Blutdruckabfall, Hämosiderose. *Eisenvergiftung:* bei akuter Vergiftung hämorrhagische Gastroenteritis, scharfe, stechende Schmerzen, starke Durchfälle, z. T. blutiges Erbrechen, danach starker Blutdruckabfall und Schock. *Therapie:* Deferoxamin (Desferal) 5–10 g oral als antiresorptive Maßnahme, 1–2 g parenteral zur Dekorporierung resorbierten Eisens.

Wechselwirkungen: Al-, Mg- und Ca-haltige Antazida, Colestyramin, Milch, bicarbonat-, carbonat-, oxalat- bzw. phosphathaltige Arznei- und Nahrungsmittel, Tee (Tannin), Vollkornfasern und Tetracycline (s. Antiinfektiva) vermindern die Resorption von Eisensalzen aus dem GIT (mindestens 1 h vor bzw. 2 h nach Mahlzeiten einnehmen); gleichzeitige Alkoholeinnahme über einen längeren Zeitraum führt zu erhöhter Eisenresorption und -toxizität.

Wirkstoffe (Handelspräparate): Eisen-II-glycinsulfat (ferro sanol, – duodenal etc.), Eisen-II-sulfat (in Aktiferrin, -EF, Ce-Ferro forte, Eryfer, – comp., Ferro-Folsan, Hämatopan, Kendural C, Plastulen, Tardyferon etc.), Eisen-II-gluconat (Lösferron, Ferroglukonat-ratiopharm; in Ferro-C-Calcium), Eisen-II-aspartat (Spartocine), Eisen-III-hydroxid-Dextrin (Ferrum Hausmann Saft, Tropfen), Natrium-Eisen-III-gluconat (Ferrlecit i. v.).

Therapie makrozytärer Anämien

Bei der *perniziösen Anämie* kommt es aufgrund eines sich infolge mangelnder Resorption (Fehlen des Intrinsic factor bei Achylia gastrica) ausbildenden Vitamin-B_{12}-Mangels zu einer Störung der Erythrozytenreifung. Die medikamentöse Substitution muß parenteral erfolgen. Vitamin B_{12} in Form von Cyanocobalamin oder des stärker plasmaeiweißgebundenen Hydroxycobalamins wird initial in einer Dosierung von 100 (–1000) µg/die i. v. oder i. m. gegeben (über 14 d, im Anschluß 2 × wöchentlich 100–500 µg; nach Normalisierung des Hämatokrits 100–500 µg/Monat als Erhaltungsdosis). Eine *Folsäure-Medikation* führt bei perniziöser Anämie ebenfalls zu einer Blutbildnormalisierung, vermag jedoch die irreversiblen neuronalen Störungen nicht zu beseitigen, die durch B_{12}-Mangel ausgelöst werden.
Sonstige makrozytäre Anämien können durch eine Folsäure-Hypovitaminose ausgelöst werden. Folsäure, die zur Zellteilung und damit auch zur Erythrozytenreifung erforderlich ist, kann oral (10–20 mg/die) bzw. bei Malabsorptionssyndrom parenteral (ca. 1–5 mg/die) substituiert werden.

Indikationen: Perniziöse Anämie (Vitamin B_{12}), sonstige Formen makrozytärer Anämien (Folsäure).

Nebenwirkungen: Selten bei hoher Dosis zentralnervöse (Einschlafstörungen, Erregung, Depressionen) oder gastrointestinale Störungen bzw. allergische Reaktionen (Folsäure).

Wechselwirkungen: Folsäure kann bei gleichzeitiger Gabe die antiepileptische Wirkung von Phenytoin und anderen Hydantoinen abschwächen. Methotrexat, Pyrimethamin, Triamteren und Trimethoprim inhibieren die Dihydrofolatreduktase und reduzieren so die Folsäurewirkung (anstelle von Folsäure Folinsäure [Leucovorin] geben). Der Folsäurebedarf kann bei Dauertherapie mit nichtopioiden Analgetika (s. d.), Antiepileptika (s. d.), Malariamitteln (s. d.), Glucocorticoiden (s. d.) oder oralen Kontrazeptiva (s. d.) erhöht sein.

Wirkstoffe (Handelspräparate): Cyanocobalamin (B_{12}-Steigerwald, Vitamin-B_{12}-ratiopharm etc.), Hydroxocobalamin (Aquo-Cytobion, B_{12} Depot Siegfried, B_{12}-Depot-Vicotrat, Depogamma, Hydroxobase, Lophakomp-B 12 Depot, Novidroxin), Folsäure (Folsäure Denk, -Hevert, Folsan).

Antiandrogene

Antiandrogene sind Substanzen, die die Wirkungen der Androgene aufheben. Sie werden therapeutisch vor allem beim Prostatakarzinom eingesetzt (s. Zytostatika, Hormone und Hormon-Antagonisten). Cyproteronacetat (Androcur) wird ferner bei männlichen Patienten mit abnormaler oder krankhaft gesteigerter Sexualität sowie bei Jungen mit Pubertas praecox eingesetzt. Bei Frauen findet es Anwendung bei ausgeprägtem Hirsutismus, schweren Akneformen und Seborrhö sowie bei verstärkter Androgenausschüttung zur hormonalen Kontrazeption (s. Kontrazeptiva, hormonale).

Antianginosa s. Koronartherapeutika

Antiarrhythmika

Antiarrhythmika sind Pharmaka, die zur Normalisierung der Herzschlagfolge eingesetzt werden (durch Frequenzsenkung oder -erhöhung, durch Unterdrückung ektoper Erregungsbildung, durch Verlangsamung oder Beschleunigung der Erregungsleitung). Doch ist zu bedenken, daß praktisch alle Antiarrhythmika auch proarrhythmogene Eigenschaften aufweisen. Ihre Indikation ist daher sehr streng zu stellen.

Therapie bradykarder Rhythmusstörungen

Pharmakodynamik: Hierfür kommen Beta-Sympathomimetika (s. d.) oder Parasympatholytika (s. d.) in Frage. Beta-Sympathomimetika (Isoprenalin, Orciprenalin) steigern sämtliche Parameter der Herzaktivität (positiv inotrop, dromotrop, chronotrop und bathmotrop). Insbesondere die globale Steigerung der myokardialen Erregbarkeit ist nachteilig und Ursache der proarrhythmogenen Wirkungen. Parasympatholytika (s. d.) (Atropin, Ipratropiumbromid) wirken insbesondere positiv chronotrop und dromotrop. Da die Steigerung der Kontraktilität und der Automatie wegen der spärlichen vagalen Innervation der Ventrikel sehr gering ausgeprägt ist und mögliche arrhythmogene Wirkungen daher auf die Vorhöfe beschränkt sind, werden Parasympatholytika bevorzugt eingesetzt.

Bei mangelnder Wirksamkeit der Pharmaka sind elektrische Herzschrittmacher angezeigt.

Kontraindikationen, Nebenwirkungen, Wechselwirkungen s. Sympathomimetika, Parasympatholytika.

Wirkstoffe (Handelspräparate): Orciprenalin (Alupent), Atropin (Atropinum sulfuricum Thilo, Amphiolen Atropinum sulfuricum etc.), Ipratropiumbromid (Itrop etc.).

Therapie tachykarder Rhythmusstörungen

Eine Einteilung der für eine Therapie tachykarder Rhythmusstörungen in Frage kommenden Pharmaka ist von Vaughan Williams auf der Grundlage der elektrophysiologischen Eigenschaften dieser Arzneistoffe vorgenommen worden:

Klasse-I-Antiarrhythmika:
membranstabilisierende Antiarrhythmika (Na-Antagonisten, Antifibrillantien),
Klasse-II-Antiarrhythmika:
Beta-Adrenozeptorenblocker,
Klasse-III-Antiarrhythmika:
Kalium-Antagonisten,
Klasse-IV-Antiarrhythmika:
Calcium-Antagonisten.

Klasse-I-Antiarrhythmika

Wirkungen und Nebenwirkungen

Der Wirkungsmechanismus der membranstabilisierenden Antiarrhythmika oder Antifibrillantien entspricht dem der Lokalanästhetika (s. d.) (Blockade des schnellen Na-Kanals von der Innenseite). Für alle Wirkstoffe resultieren hieraus vier einheitliche Hauptwirkungen sowie eine Nebenwirkung: Im Arbeitsmyokard verlangsamte Aufstrichgeschwindigkeit des Na-abhängigen Aktionspotentials (1) und Zunahme der Gesamtrefraktärzeit (2), im spezifischen Erregungsbildungs- und -leitungssystem Abflachung des Generatorpotentials (negativ chronotrop [3]) und Erhöhung des Schwellenpotentials (negativ bathmotrop [4]). Aufgrund des gedrosselten Natriumeinstroms in der Zelle steht weniger Natrium zum Austausch gegen extrazelluläres Calcium über den Na^+/Ca^{2+}-Antiporter zur Verfügung, alle Antifibrillantien wirken daher negativ inotrop. Dieser Nebenwirkung muß bei herzinsuffizienten Patienten Rechnung getragen werden.

Über die allgemeinen Wirkungen hinaus ist aufgrund dreier elektrophysiologischer Parameter (Aktionspotentialdauer, Erholungszeit des schnellen Natriumkanals, Potentialabhängigkeit der Wirkung) eine weitere Unterteilung der Klasse I möglich:

Klasse IA (Chinidin-Typ)

Pharmakodynamik: Klasse-IA-Antiarrhythmika sind durch eine Verlängerung der Aktionspotentialdauer charakterisiert. Die Wirkung ist potentialunabhängig, die Erholungszeit des Na-Kanals bleibt unbeeinflußt, und die effektive sowie die Gesamtrefraktärzeit nehmen als Folge der verlängerten Aktionspotentialdauer zu.

Indikationen: Insbesondere supraventrikuläre Rhythmusstörungen (Vorhofflattern und -flimmern, supraventrikuläre Tachykardien), daneben ventrikuläre Extrasystolie, Tachykardie.

Kontraindikationen: Dekompensierte Herzinsuffizienz, Bradykardien, Digitalis-Intoxikationen sowie Erregungsleitungsstörungen (allgemein); bakterielle Endokarditis (Chinidin und Procainamid). Vorsicht bei Engwinkelglaukom (Chinidin, Procainamid, Disopyramid).

Nebenwirkungen: Negativ inotrop. Aufgrund struktureller Verwandtschaft mit Parasympatholytika (s. d.) anticholinerge NW (Chinidin, Disopyramid, Procainamid; bei Chinidin als rezeptorvermittelte Effekte schon in sehr niedriger Dosierung – paradoxe Chinidinwirkung –, in höherer Dosis von der gegenläufigen Hauptwirkung überspielt). Allergische Reaktionen (Chinidin, Procainamid). Bei Überdosierung Übelkeit, Erbrechen, Delirien (Chinidin).

Wechselwirkungen: Chinidin verstärkt die Wirkungen von Parasympatholytika (s. d.), die negativ dromotropen und chronotropen Effekte von herzwirksamen Glykosiden, die koagulationshemmende Wirkung von Cumarin-Derivaten (s. Antikoagulantien) sowie die Muskelrelaxation durch Pharmaka vom Curare-Typ (s. Muskelrelaxantien). Reserpin steigert die chinidinvermittelte Kardiodepression.

Wirkstoffe (Handelspräparate): Ajmalin (Gilurytmal), Chinidin (Chinidin-Duriles etc.; mit Verapamil in Cordichin), Disopyramid (Rythmodul etc.), Prajmaliumbitartrat (Neo-Gilurytmal), Procainamid (Procainamid Duriles).

Klasse IB (Lidocain-Typ)

Pharmakodynamik: Klasse-IB-Antiarrhythmika führen zu einer Verkürzung des

Aktionspotentials; die Erholungszeit des Na-Kanals ist demgegenüber verlängert. Die Wirkung ist bei positiveren Ruhepotentialen (z. B. in ischämischem Gewebe) verstärkt. Lidocain kann aufgrund des ausgeprägten First-pass-Effektes (oxidative N-Dealkylierung) nur parenteral gegeben werden. Mexiletin und Tocainid weisen ein weitgehend identisches Wirkungsprofil wie Lidocain auf, sind aber biotransformationsstabil.

Indikationen: Insbesondere bei ventrikulären Arrhythmien (allgemein; Mexiletin und Tocainid für orale Dauerprophylaxe); bei durch Digitalis-Intoxikation (s. positiv inotrop wirkende Pharmaka) ausgelösten Tachyarrhythmien (Phenytoin und Lidocain als Mittel der Wahl); Aprindin als Reserve-Antiarrhythmikum (NW!) bei therapieresistenten Rhythmusstörungen (unter Blutbildkontrolle).

Kontraindikationen: Erregungsleitungsstörungen (AV-Block 2. und 3. Grades), schwere Bradykardie (allgemein), kardiogener Schock (Lidocain); Leukopenie, sehr sorgfältige Risikoabwägung bei Schwangerschaft (Phenytoin); Ikterus, Epilepsie, Blutbildveränderungen, Schwangerschaft (Aprindin).

Nebenwirkungen: Negativ inotrop (allgemein); Nausea, Müdigkeit, Krämpfe, bei Überdosierung Herzstillstand (Lidocain, Mexiletin, Tocainid); Gingivahyperplasie, Hypertrichose, allergische Hautreaktionen, Osteoporose, Osteomalazie (Phenytoin); Tremor, Ataxie, cholestatischer Ikterus, Agranulozytose (Aprindin).

Wechselwirkungen: Durch Verdrängung aus der Plasmaeiweißbindung durch andere ebenfalls stark plasmaeiweißgebundene Pharmaka (s. orale Antikoagulantien, Phenylbutazon, Disulfiram, Isoniazid, Chloramphenicol, Sultiam) kann die Wirkung von Phenytoin verstärkt werden. Die Wirksamkeit von Gestagenen (s. d.) und Östrogenen (s. d.) wird durch Phenytoin vermindert (eingeschränkter Konzeptionsschutz). Aprindin verstärkt die kardiodepressive Wirkung anderer Antiarrhythmika sowie von Calcium-Antagonisten (s. d.) und Beta-Adrenozeptorenblockern (s. d.), weniger stark die der herzwirksamen Glykoside (s. positiv inotrop wirkende Stoffe).

Wirkstoffe (Handelspräparate): Lidocain (Lidomix, Xylocain), Mexiletin (Mexitil), Phenytoin (Phenhydan, Zentropil etc.), Tocainid (Xylotocan), Aprindin (Amidonal).

Klasse IC (Flecainid-Typ)

Pharmakodynamik: Klasse-IC-Antiarrhythmika weisen über die allgemeinen Antifibrillantienwirkungen hinaus keine charakteristischen Eigenschaften auf. Die Aktionspotentialdauer ist unverändert oder geringfügig verlängert, und zum Teil wird eine Potentialabhängigkeit der Wirkung wie beim Lidocain beobachtet (z. B. Flecainid). Propafenon wird von verschiedenen Autoren der Klasse IC oder IA zugeordnet.

Indikationen: Zur Therapie schwerer supraventrikulärer Tachykardien sowie anhaltender, ärztlicherseits als lebensbedrohlich eingestufter ventrikulärer Arrhythmien.

Kontraindikationen: Kardiogener Schock, Sick-sinus-Syndrom, schwere Bradykardie, AV-Block 2. und 3. Grades (allgemein). Nur bei strenger Indikation während Schwangerschaft/Stillzeit, Risikoabwägung (Flecainid, Lorcainid, Propafenon).

Nebenwirkungen: Negativ inotrop, Sehstörungen, Schwindel, Übelkeit (allgemein).

Wirkstoffe (Handelspräparate): Flecainid (Tambocor), Lorcainid (Remivox), Propafenon (Rytmonorm).

Klasse-II-Antiarrhythmika

Beta-Adrenozeptorenblocker (s. d.) werden aufgrund ihrer sympatholytischen Eigenschaften, nicht aber wegen möglicher membranstabilisierender Wirkqualitäten als Antiarrhythmika eingesetzt.

Indikationen: Insbesondere bei catecholaminbedingten Arrhythmien, bei Sinustachykardien, supraventrikulärer paroxysmaler Tachykardie sowie ventrikulärer Tachykardie, Extrasystolien.

Kontraindikationen, Nebenwirkungen, Wechselwirkungen, Wirkstoffe: s. Beta-Adrenozeptorenblocker.

Klasse-III-Antiarrhythmika

Pharmakodynamik: Als Kaliumantagonisten drosseln Klasse-III-Antiarrhythmika (Amiodaron, Sotalol) den transmembranären Kaliumefflux und verlängern damit mehr oder weniger selektiv die Aktionspotentialdauer. Diese Eigenschaft ist insofern klinisch erwünscht, als es anders als bei den membranstabilisierenden Antiarrhythmika (Klasse I) nicht zu einer Beeinflussung des Natriumkanals und damit nicht oder weniger stark (bei Sotalol als β-Blocker-Effekt) zu einer negativ inotropen Wirkung kommt.

Der Beta-Adrenozeptorenblocker (s. d.) Sotalol weist als Racemat zusätzlich noch Klasse-II-Wirkungen auf. Da die sympatholytischen Effekte beim Sotalol fast nur dem R−(−)-Enantiomer zukommen, wäre das nicht verfügbare S−(+)-Sotalol als Antiarrhythmikum vorzuziehen. Derivaten des kaliumsparenden Diuretikums Triamteren kommt ebenfalls eine Klasse-III-antiarrhythmische Wirkung zu.

Indikationen: Breitspektrum-Antiarrhythmika mit Indikationsschwerpunkt im Bereich ventrikulärer Rhythmusstörungen, Amiodaron als Reserveantiarrhythmikum (NW!) bei therapieresistenten Rhythmusstörungen.

Kontraindikationen: Schwere Hypotonie, akute Linksherzinsuffizienz, kardiovaskulärer Kollaps, Schilddrüsenerkrankungen, Iodallergie, Schwangerschaft/Stillzeit, gebärfähiges Alter (Amiodaron). Sotalol s. Beta-Adrenozeptorenblocker.

Nebenwirkungen: Einlagerung in die Hornhaut, Photosensibilisierung, Störung der Schilddrüsenfunktion; Kumulationsgefahr bei einer Halbwertszeit von 2–4 Wochen (Amiodaron). Sotalol s. Beta-Adrenozeptorenblocker.

Wechselwirkungen: Amiodaron verstärkt die gerinnungshemmenden Eigenschaften von Dicoumarol (s. Antikoagulantien) und erhöht die Digoxin-Plasmaspiegel. Sotalol s. Beta-Adrenozeptorenblocker.

Wirkstoffe (Handelspräparate): Sotalol (Sotalex), Amiodaron (Cordarex).

Klasse-IV-Antiarrhythmika

Pharmakodynamik: Calcium-Antagonisten (s. d.) vom Typ des Verapamils oder Gallopamils verringern die Depolarisationsgeschwindigkeit des langsamen calciumabhängigen Aktionspotentials im spezifischen Erregungsbildungs- und -leitungssystem. Hieraus resultiert eine negativ dromotrope Wirkung (verlangsamte AV-Überleitung), eine verlängerte Refraktärzeit und eine verminderte Entstehung arrhythmogener Nachpotentiale.

Indikationen: Insbesondere bei supraventrikulären Tachykardien.

Kontraindikationen, Nebenwirkungen, Wechselwirkungen s. Calcium-Antagonisten.

Wirkstoffe (Handelspräparate): Verapamil (Azupamil, durasoptin, Isoptin, Veramex, Verapamil Riker, -ratiopharm etc.; mit Chinidin in Cordichin), Gallopamil (Procorum).

Herzwirksame Glykoside

Herzwirksame Glykoside (s. positiv inotrop wirkende Pharmaka) sind nicht in die Antiarrhythmika-Klassifizierung nach Vaughan Williams aufgenommen worden, obwohl ihnen aufgrund ihrer negativ dromotropen und chronotropen Eigenschaften ebenfalls eine Eignung für die Therapie supraventrikulärer Tachykardien (insbesondere Vorhofflattern, -flimmern) zukommt.

Antiasthmatika

Indikation und Einteilung

Antiasthmatika sind Arzneistoffe, die zur symptomatischen Therapie des akuten Asthmaanfalls sowie zur Langzeitprophylaxe gegeben werden.

Eine kausale Therapie kommt nur in wenigen Fällen und in erster Linie für Frühstadien des exogenen Asthmas in Betracht (Allergenkarenz, Hypo- bzw. Desensibilisierung). Da dem Krankheitsbild eine in den Bronchialwänden lokalisierte chronische Entzündung zugrunde liegt, ist der Erfolg einer symptomatischen Therapie davon abhängig, auf einer wie frühen Stufe und wie umfassend die Wirkungen der Entzündungsmediatoren aufgehoben werden. Eine möglichst früh einsetzende *antiinflammatorische Therapie mit inhalativen Glucocorticoiden* stellt daher die Grundlage der Asthmatherapie dar. Im einzelnen stehen für eine symptomatische Therapie folgende Pharmakagruppen zur Verfügung:

- Glucocorticoide,
- Bronchodilatatoren (β_2-Sympathomimetika, Parasympatholytika, Methylxanthine),
- H_1-Antihistaminika,
- Hemmstoffe der Mastzelldegranulation (Cromoglicinsäure, Nedocromil, Ketotifen).

Glucocorticoide

(s. d.)

Pharmakodynamik: Glucocorticoide entfalten eine Vielzahl von Wirkungen, die das Asthmageschehen günstig beeinflussen können: Antiinflammatorische Wirkung durch eine Hemmung von Proliferation, Differenzierung und Migration von Entzündungszellen; Verminderung der bronchialen Hyperreaktivität, der bronchialen Sekretbildung und der mikrovaskulären Gefäßpermeabilität; über Hemmung der Phospholipase A_2 Reduktion der Bildung und Freisetzung von Mediatoren (Prostaglandinen, Leukotrienen, Lyso-PAF); Potenzierung der Wirkung von Beta-Sympathomimetika (s. d.), gesteigerte Beta-Rezeptorexpression und verlangsamtes Eintreten der Tachyphylaxie (permissive Wirkung). Aufgrund der über eine Induktion der durch Lipocortin-Synthese vermittelten Wirkung zeigen die Steroide keine Sofortwirkungen und sind daher auch nicht für eine Monotherapie des akuten Anfalls geeignet. Glucocorticoide unterbinden die Spätreaktion, nach chronischer Applikation (volle protektive Wirkung frühestens nach 1 Woche; cave Non-Compliance!) auch die Sofortreaktion nach Allergenexposition.

Differentialindikation: Es muß zwischen der niedrigdosierten inhalativen und der hochdosierten systemischen Gabe von Glucocorticoiden unterschieden werden: *Inhalative Glucocorticoide* (Beclometason-Dipropionat, Budesonid, Flunisolid) *sind Mittel der 1. Wahl bei der Asthmatherapie.* Eine systemische Gabe von Glucocorticoiden (Mittel der Wahl ist Prednisolon) ist dagegen nur bei schweren Asthmaformen indiziert, die durch eine Kombination von hochdosierter inhalativer Cortisol-Therapie und Bronchodilatatoren nicht beherrscht werden kann.

Anwendung: Inhalative Glucocorticoide müssen 2- bis 4mal täglich gegeben werden. Eine Anpassung an die zirkadiane Rhythmik der Cortisolausschüttung ist wegen der nicht ausreichenden Wirkdauer bei Einmalgabe nicht möglich, aber auch nicht erforderlich, da die endogene Cortisolproduktion durch die inhalative Therapie nicht beeinträchtigt wird. Die systemische Gabe erfolgt in der Regel oral (i. v. nur in Notfällen, nicht rektal oder als i. m. Depotpräparat). Sie sollte als Dauermedikation nur in der geringsten noch wirksamen Dosierung und zusätzlich zu einer höchstdosierten inhalativen Steroid-Medikation erfolgen. Bei schweren Asthmaanfällen ist initial eine hochdosierte Prednisolon-Gabe möglich. Erfolgt diese über einen längeren Zeitraum, darf die Dosis nur ausschleichend reduziert oder auf eine rein inhalative Therapie umgestellt werden (Gefahr einer Addison-Krise durch iatrogene NNR-Insuffizienz). Die Gesamtdosis sollte morgens gegeben werden.

Nebenwirkungen: Bei *pulmonaler Applikation:* aufgrund der kurzen Kontaktzeit bessere topische Verträglichkeit (keine Epithelschäden, keine Aktivierung systemischer oder pulmonaler Infektionen); Heiserkeit, Ausbildung einer oropharyngealen, nicht aber systemischen Soorinfektion als lokale NW durch sachgemäße Anwendung (Synchronisation von Sprühstoß und Inhalation), durch Mundspülungen bzw. Gabe vor den Mahlzeiten reduzierbar. Systemische NW (s. Nebennierenrindenhormone) treten wegen der guten und raschen Resorption z. T. auf (einige bedeutsame NW fehlen: keine Störung des Knochenstoffwechsels und -wachstums bei inhalativer Gabe). Bei *systemischer Applikation:* Häufigkeit und Schweregrad der NW (s. Glucocorticoide) bei starken interindividuellen Unterschieden der Dosis und der Therapiedauer proportional.

Kontraindikationen, Wechselwirkungen s. Glucocorticoide.

Wirkstoffe (Handelspräparate) in der Asthmatherapie: Beclometason-Dipropionat (Beconase, Sanasthmax, Sanasthmyl etc.), Budesonid (Pulmicort), Flunisolid (Inhacort, Syntaris), Prednisolon (Decortin H etc.).

Bronchodilatatoren

Bronchodilatatoren dienen vorwiegend der Beherrschung der akuten Symptomatik; ihre Wirkung auf das Entzündungsgeschehen ist unzureichend.

β_2-Sympathomimetika

(s. d.)

Pharmakodynamik: β_2-Sympathomimetika (Clenbuterol, Fenoterol, Hexoprenalin, Procaterol, Reproterol, Salbutamol, Terbutalin und Tulobuterol) vermindern durch einen Angriff an den pulmonalen β_2-Rezeptoren *direkt* sowie durch eine Hemmung der Mediatorliberation aus Mastzellen und von Acetylcholin aus parasympathischen Nervenenden bzw. durch eine gesteigerte Freisetzung von EDRF (endothelium-derived relaxing factor) *indirekt* den Bronchialmuskeltonus. Die sekretomotorische Wirkung der β-Sympathomimetika vermindert zusätzlich die Atemwegsobstruktion. Während sich die allergische Sofortreaktion (durch Mastzellen) gut unterbinden läßt, fehlt ein Effekt auf die Spätreaktionen sowie eine antiinflammatorische Wirkung. Anders als durch Steroide wird auch die bronchiale Hyperreaktivität nicht beeinflußt.

Anwendung: β_2-Sympathomimetika werden bevorzugt als Dosieraerosol zur pulmonalen Applikation eingesetzt (Clenbuterol und Procaterol können aufgrund ihrer guten oralen Verfügbarkeit auch peroral gegeben werden, doch nehmen bei systemischer Gabe die Nebenwirkungen [insbesondere an β_1-Rezeptoren: Tachykardie, Tremor]) zu. Die β_2-Selektivität der genannten Pharmaka kann als dosisabhängige Eigenschaft durch häufige und hohe Dosierung teilweise verlorengehen. Gleichzeitig kann es dabei zum Wirkungsverlust (Tachyphylaxie) kommen. Der Einsatz unselektiver β_1/β_2-Sympathomimetika, z. B. Isoprenalin, Orciprenalin, ist in der Asthmatherapie weitgehend obsolet.

Kontraindikationen, Nebenwirkungen, Wechselwirkungen s. Sympathomimetika.

Wirkstoffe (Handelspräparate) in der Asthmatherapie: Clenbuterol (Spiropent; mit Ambroxol in Spasmo-Mucosolvan), Fenoterol (Berotec; mit Bromhexin in Berotec solvens, mit Cromoglicinsäure in Ditec, mit Ipratropiumbromid in Berodual), Hexoprenalin (Etoscol), Procaterol (Onsukil), Reproterol (Bronchospasmin; mit Cromoglicinsäure in Aarane, Allergospasmin), Salbutamol (Sultanol etc.), Terbutalin (Bricanyl etc.; mit Theophyllin in Eudur, mit Guaifenesin in Bricanyl comp.), Tulobuterol (Atenos, Brelomax), (Isoprenalin [Bellasthman], Orciprenalin [Alupent]).

Methylxanthin-Derivate

(s. d.)

Pharmakodynamik und Applikation: Theophyllin und *Diprophyllin* wirken bronchospasmolytisch und sekretomotorisch. Sie senken ferner die Gefäßpermeabilität und den Gefäßwiderstand im Lungenkreislauf und wirken zentral atemstimulierend.

Die Gabe von Methylxanthinen erfolgt bevorzugt oral in retardierter Form (2–3mal täglich), beim Status asthmaticus auch i. v. (nicht rektal, pulmonal oder i. m.). Nachteilig sind die fehlende β_2-Selektivität, die zentral erregenden Wirkungen und die geringe therapeutische Breite mit erheblichen Nebenwirkungen bei hoher Dosierung.

Indikationen: Nächtliches Asthma als Hauptindikation (lange Halbwertszeit!). Ansonsten in der Regel etwas schlechter wirksam als β_2-Sympathomimetika (s. Sympathomimetika) und daher Mittel der 2. Wahl (eine Kombination ist aufgrund des unterschiedlichen Angriffspunktes sinnvoll).

Nebenwirkungen: Dosisabhängig insbesondere zentralnervöse (Unruhe, Schlaflosigkeit, Nausea, Zephalgie) und kardiale NW (Tachykardie, tachykarde Rhythmusstörungen).

Kontraindikationen, Wechselwirkungen s. Methylxanthin-Derivate.

Wirkstoffe (Handelspräparate) in der Asthmatherapie: Theophyllin (Aerobin, Afonilum, Bronchoparat, Bronchoretard, Ditenate, PulmiDur, Solosin, Theophyllin-ratiopharm, Uniphyllin etc.; u. a. in Eudur, Neobiphyllin, Perspiran N, Priatan), Diprophyllin (u. a. in Neobiphyllin, Older).

Parasympatholytika

(s. d.)

Pharmakodynamik und Indikation: Parasympatholytika hemmen als kompetitive Antagonisten von Acetylcholin an Muscarinrezeptoren die durch Vagusstimulation ausgelöste Bronchokonstriktion. Sie haben keinen Einfluß auf das Entzündungsgeschehen und die erhöhte mikrovaskuläre Permeabilität. Sie sind den β_2-Sympathomimetika (s. Sympathomimetika) als Bronchodilatatoren deutlich unterlegen. Zur Vermeidung systemischer Nebenwirkungen der Substanzen (Hemmung der Bronchialschleimbildung [!] und der Zilientätigkeit [!], Tachykardie) kommen bevorzugt die quartären, als Dosieraerosol lokal zu applizierenden Atropin-Derivate Ipratropium- und Oxitropiumbromid zum Einsatz. Parasympatholytika stellen sinnvolle Kombinationspartner für die deutlich stärker und schneller wirksamen β-Sympathomimetika dar.

Kontraindikationen, Nebenwirkungen, Wechselwirkungen s. Parasympatholytika.

Wirkstoffe (Handelspräparate) in der Asthmatherapie: Ipratropiumbromid (Atrovent, Itrop; mit Fenoterol in Berodual), Oxitropiumbromid (Ventilat).

H_1-Antihistaminika

(s. d.)

H_1-Antihistaminika sind angesichts der Beteiligung zahlreicher Mediatoren nur für eine unterstützende Kombinationstherapie geeignet. Ihre alleinige Gabe ist im akuten Asthmaanfall unzureichend.

Kontraindikationen, Nebenwirkungen, Wechselwirkungen, Wirkstoffe s. H_1-Antihistaminika

Hemmstoffe der Mastzelldegranulation

Pharmakodynamik und Applikation: Cromoglicinsäure, Ketotifen und Nedocromil bewirken eine Stabilisierung der Mastzellmembran und vermindern so die Freisetzung der für die allergische Sofortreaktion verantwortlichen Mediatoren (Histamin, Leukotriene etc.). Alle Substanzen sind als Antiallergika *ausschließlich prophylaktisch wirksam,* im akuten Anfall folglich wirkungslos. Zu dieser Hauptwirkung kommen noch einige weitere Effekte:
Cromoglicinsäure hemmt die Granulozytenaktivierung, die Substanz-P-Liberation aus Nervenenden sowie PAF-Wirkungen im Entzündungsgeschehen. Die Substanz besitzt aus diesem Grunde eine protektive Wirkung sowohl beim exogen-allergischen (Früh- und Spätreaktion) als auch beim endogenen Asthma. Cromoglicinsäure muß wegen ihrer schlechten oralen Verfügbarkeit als Dosieraerosol oder Pulverinhalat gegeben werden. Die starken interindividuellen Unterschiede in der Wirksamkeit sind nachteilig.
Ketotifen, das im Gegensatz zu Cromoglicinsäure oral gegeben werden kann, weist zusätzlich eine deutliche H_1-antihistaminische Wirkung auf. Die Substanz weist keine relevanten Vorteile auf.
Nedocromil, dessen therapeutischer Wert noch nicht abschließend zu beurteilen ist, hemmt die Aktivierung der meisten Entzündungszellen sowie die Mediatorfreisetzung. Es weist antiinflammatorische Wirkungen auf und ist sowohl beim exogenen als auch beim endogenen Asthma protektiv wirksam.

Indikationen: Langzeitprophylaxe des Bronchialasthmas, Lebensmittelallergie, Heuschnupfen.

Kontraindikationen: Akuter Asthmaanfall (allgemein), 1. Trimenon der Schwangerschaft (Cromoglicinsäure, Nedocromil).

Nebenwirkungen: Husten durch Atemwegsirritation, lokale Irritation (Cromoglicinsäure), Sedation (Ketotifen).

Wechselwirkungen: Verstärkung der sedierenden Wirkung anderer Pharmaka (Ketotifen).

Wirkstoffe (Handelspräparate): Cromoglicinsäure (Allergocrom, DNCG, duracroman, Intal, Lomupren etc.; mit Reproterol in Aarane, Allergospasmin, mit Fenoterol in Ditec), Ketotifen (Zaditen), Nedocromil (Tilade).

Therapie des Status asthmaticus

Zur Behandlung des Status asthmaticus müssen physikalische Maßnahmen (u. a. mechanische Schleimentfernung) und eine umfangreiche medikamentöse Therapie kombiniert werden:
Glucocorticoide (s. d.) (300–500 mg Prednisolon-Hemisuccinat i. v.; bis zu 3.0 g/die),
Theophyllin (240–480 mg i. v. als Kurzzeitinfusion),
β_2-Sympathomimetika s. c. oder i. v. (zusätzlich zur inhalativen Therapie),
Sauerstoff (2–4 l/min über Nasensonde),
Expektorantien (s. d.), z. B. Bromhexin (8 mg i. v.),
Sedativa und Tranquillantien (s. d.) dürfen bei besonderer Indikation nur gegeben werden, sofern keine Hyperkapnie vorliegt (Atemdepression!).

Antibiotika s. Antiinfektiva; Zytostatika, Antiinfektiva

Anticholinergika s. Parasympatholytika; Anti-Parkinson-Mittel, zentral wirksame

Antidepressiva

Wirkung und Einteilung

Antidepressiva sind Arzneistoffe, die zur Behandlung depressiver Symptome eingesetzt werden. Der genaue Wirkmechanismus ist zwar noch nicht geklärt, doch scheint ein Eingriff in den Stoffwechsel der Monoamine im Zentralnervensystem gesichert. Sie wirken in unterschiedlichem Maß depressionslösend und stimmungsaufhellend, psychomotorisch aktivierend oder antriebshemmend und anxiolytisch. Die stimmungsaufhellende Wirkung ist in der Regel um so schwächer, je stärker die antriebssteigernde oder -hemmende Wirkung ist. Danach kann man die Antidepressiva in verschiedene Typen einteilen:

- *Monoaminoxidase-Hemmer:* vorwiegend psychomotorisch aktivierend und stimmungsaufhellend;
- *Antidepressiva vom Desipramin-Typ:* stärkerer stimmungsaufhellender und geringerer antriebssteigernder Effekt als Monoaminoxidase-Hemmer;
- *Antidepressiva vom Imipramin-Typ:* stärkste stimmungsaufhellende Wirkung, an-

triebssteigernde und -hemmende Effekte ungefähr ausgeglichen;
- *Antidepressiva vom Amitriptylin-Typ:* schwächer stimmungsaufhellend, stärker antriebshemmend und anxiolytisch als die des Imipramin-Typs.

Hinweise: Voraussetzung für die richtige Anwendung antidepressiver Substanzen ist eine exakte Diagnose sowie die Kenntnis des Wirkungsspektrums der Antidepressiva. Antidepressiva mit vorwiegend dämpfender Wirkung oder Kombinationen von Antidepressiva mit Neuroleptika (s. d.) bzw. Tranquillantien (s. d.) werden bei Suizidgefahr eingesetzt.

Unterteilung der Antidepressiva in Wirkstoffgruppen:
- trizyklische Antidepressiva,
- tetrazyklische Antidepressiva,
- Monoaminoxidase-Hemmer,
- sonstige Antidepressiva.

Trizyklische Antidepressiva

Pharmakodynamik: Trizyklische Antidepressiva hemmen die Wiederaufnahme von Noradrenalin und/oder Serotonin aus dem synaptischen Spalt ins Axoplasma. Eine Hemmung des Noradrenalin-Reuptakes wird mit einer Antriebssteigerung, eine Hemmung des Serotonin-Reuptakes mit einer Stimmungsaufhellung in Zusammenhang gebracht. Entsprechend ihrem oben genannten Wirkprofil hemmen die einzelnen Substanzen den Rücktransport in unterschiedlichem Ausmaß. So steigt die Hemmung des Noradrenalin-Reuptakes in der Reihenfolge Amitriptylin-Typ – Imipramin-Typ – Desipramin-Typ an. Als weiterer Wirkmechanismus wird eine Änderung der Rezeptorendichte der verschiedenen Amin-Rezeptoren angenommen. Auch ein Einfluß auf weitere Neurotransmittersysteme wird diskutiert. So wirken trizyklische Antidepressiva auch anticholinerg (s. Parasympatholytika).

Indikationen: Entsprechend dem genauen Wirkungsspektrum des einzelnen Wirkstoffs werden Antidepressiva dieses Typs bei Depressionen und depressiven Verstimmungen unterschiedlicher Genese sowie bei larvierten Depressionen eingesetzt.
Substanzen vom Amitriptylin-Typ dienen zur Behandlung von depressiven Erregungs- und Angstzuständen, Substanzen vom Desipramin-Typ zur Therapie antriebsloser Depressionen.

Kontraindikationen: Glaukom, Harnentleerungsstörungen, akute Delirien, Alkohol- und Schlafmittelvergiftungen.

Nebenwirkungen: Anticholinerge Wirkungen; kardiovaskuläre Störungen wie Tachykardie, Überleitungsstörungen, Blutdrucksenkung, Schwindel, Erregungszustände, Schlafstörungen, Sedierung, Muskeltremor, allergische Reaktionen; bei Wegfall der Antriebshemmung Suizidtendenz (!).

Wechselwirkungen: Wirkungsverstärkung von Sympathomimetika (s. d.), Parasympatholytika (s. d.) und Alkohol; Wirkungsabschwächung von Antisympathotonika (s. Sympathomimetika, α-, mit vorwiegend zentraler Wirkung).

Hinweise: Eintritt des antidepressiven Effekts meist erst nach 2–3 Wochen; dagegen Eintritt des anticholinergen Effekts zu Behandlungsbeginn. Vorsicht bei vorgeschädigtem Herzen und bei erhöhter Krampfbereitschaft. Beeinträchtigung des Reaktionsvermögens möglich. Einschleichend dosieren. Blutbildkontrollen empfehlenswert. Monoaminoxidase-Hemmer sind mindestens eine Woche vor der Behandlung abzusetzen.

Wirkstoffe (Handelspräparate): Desipramin-Typ: Desipramin (Pertofran), Nortriptylin (Nortrilen); Imipramin-Typ: Clomipramin (Anafranil), Dibenzepin (Noveril), Imipramin (Imipramin-neurax, Tofranil); Amitriptylin-Typ: Amitriptylin (u. a. Laroxyl, Saroten), Amitriptylinoxid (Equilibrin), Doxepin (Aponal, Sinquan), Trimipramin (Stangyl).

Tetrazyklische Antidepressiva

Antidepressiva dieses Typs haben weitgehend die gleichen Eigenschaften wie trizyklische Antidepressiva. Ihr Wirkprofil gleicht ungefähr dem der Antidepressiva vom Imipramin-Typ. Sie sind jedoch aufgrund einer dämpfenden Wirkkomponente auch bei ängstlich agitierten Depressionen indiziert. Die anticholinergen Nebenwirkungen sind schwächer als bei trizyklischen Antidepressiva.

Wirkstoffe (Handelspräparate): Maprotilin (u. a. Delgian, Ludiomil, Maprolu, Psymion), Mianserin (Tolvin).

Monoaminoxidase-Hemmer

Pharmakodynamik: Monoaminoxidase-Hemmer erhöhen die Konzentrationen der

Monoamine im ZNS über eine Blockade des Enzyms Monoaminoxidase. Dadurch wird die Stimmungslage verbessert und die Aktivität gesteigert. Ein zentral dämpfender Effekt fehlt. Während Tranylcypromin sowohl die MAO-A als auch die MAO-B hemmt, ist Moclobemid ein reversibler und selektiver MAO-A-Blocker.

Indikationen: Monoaminoxidase-Hemmer werden bei gehemmten Depressionen eingesetzt.

Kontraindikationen: Ängstlich-agitierte Depressionen.

Nebenwirkungen: Zentralnervöse Stimulation, Schlafstörungen, leichter Blutdruckabfall, aber auch paradoxe hypertone Blutdruckkrisen, durch wiedereinsetzende Entschlußkraft steiler Anstieg der Suizidgefahr zu Behandlungsbeginn.

Wechselwirkungen: Begleitmedikation von Tranylcypromin mit Amphetaminen und anderen indirekten Sympathomimetika (s. d.) kann zu schweren Zwischenfällen führen (Rhythmusstörungen, hyper- und hypotone Krisen, Hyperthermie); trizyklische Antidepressiva: Krampfanfälle, schwere Erregungszustände; Wirkungssteigerung von Parasympatholytika (s. d.); Alkohol und zentral dämpfende Pharmaka: gegenseitige Wirkungsverstärkung; durch Nahrungsmittel, die größere Mengen an blutdrucksteigernden Aminen enthalten (z. B. Käse), extreme Blutdrucksteigerungen möglich (Tranylcypromin).

Hinweise: Beim Übergang von einem anderen Antidepressivum auf Tranylcypromin ist eine einwöchige Behandlungspause einzulegen, ebenso bei Wechsel von Tranylcypromin auf ein anderes Antidepressivum.

Wirkstoffe (Handelspräparate): Tranylcypromin (Parnate, Jatrosom N), Moclobemid (Aurorix).

Sonstige Antidepressiva

Pharmakodynamik: Hierzu zählen in neuerer Zeit in den Handel gebrachte Antidepressiva, deren endgültiger Stellenwert noch nicht beurteilt werden kann. Ihre anticholinerge Wirkung ist gegenüber der anderer Antidepressiva stark abgeschwächt.

Fluoxetin, Fluvoxamin und Trazodon stellen Serotonin-Reuptake-Hemmer dar. Trazodon wirkt sedierend und anxiolytisch, aber nur schwach antidepressiv. Viloxazin wird zu den Antidepressiva vom Imipramin-Typ gezählt.

Wirkstoffe (Handelspräparate): Fluoxetin (Fluctin), Fluvoxamin (Fevarin), Trazodon (Thombran), Viloxazin (Vivalan).

Antidiabetika

Dies sind Substanzen, die zur Behandlung des Diabetes mellitus eingesetzt werden (s. Insulin).

Orale Antidiabetika

Einteilung und Indikation

Zur oralen Therapie des Diabetes mellitus werden eingesetzt

- Sulfonylharnstoffe und analoge Sulfonamid-Derivate,
- Biguanid-Derivate sowie
- Acarbose.

Beurteilung: Da Insulin (s. d.) nur parenteral verabreicht werden kann, stellte die Einführung der oralen Antidiabetika einen Fortschritt dar. Ihr Einsatz sollte jedoch aufgrund der bisher gewonnenen Erfahrungen und der z. T. schweren Nebenwirkungen sehr zurückhaltend erfolgen. So könnten ca. 80% der Typ-II-Diabetiker mit konsequenter Diät und Gewichtsreduktion ausreichend und besser behandelt werden.

Schwangerschaft/Stillzeit: In der Schwangerschaft wird die Umstellung auf Insulin (s. d.) zur exakten Blutzuckereinstellung empfohlen, da bei oralen Antidiabetika Stoffwechselentgleisungen möglich sind, die zu teratogenen Schäden führen. Viele Wirkstoffe dieser Gruppe sind ferner plazentagängig und treten in die Muttermilch über.

Sulfonylharnstoffe und analoge Sulfonamid-Derivate

Pharmakodynamik: Orale Antidiabetika dieses Typs setzen mobilisierbares Insulin aus den B-Zellen des Pankreas frei und verbessern gleichzeitig die Ansprechbarkeit auf den physiologischen Glucosereiz. Bei fehlender Insulinproduktion sind sie daher unwirksam. In hohen Dosen hemmen sie ferner den Insulinmetabolismus und erniedrigen die Bindung von Insulin an Plasmaproteine. Letztere Effekte sind jedoch therapeutisch wenig bedeutsam.

Indikationen: Sulfonylharnstoffe und analoge Derivate werden beim Diabetes mellitus eingesetzt, wenn

- kein Typ-I-Diabetes vorliegt,
- diätetische Maßnahmen nicht ausreichen und
- nicht anstelle von oralen Antidiabetika Insulin (s. d.) gegeben werden muß.

Kontraindikationen: Typ-I-Diabetes, starke Azetonurie, diabetisches Präkoma und Koma, schwere Leber- und Nierenfunktionsstörungen, Sulfonamidallergie sowie Stoffwechseldekompensationen.

Nebenwirkungen: Allergische Reaktionen, Leukopenie, Thrombozytopenie, gastrointestinale Störungen, Appetitlosigkeit, Übelkeit, Diarrhö oder Obstipation, zentralnervöse Störungen, Kopfschmerzen, Hypoglykämie, Blutbildveränderungen und Leberschäden.

Wechselwirkungen: Wirkungsverstärkung durch Cumarin-Derivate (s. Antikoagulantien), Beta-Adrenozeptorenblocker (s. d.), Chloramphenicol, Clofibrat und analoge Präparate, Zytostatika (s. d.) vom Cyclophosphamid-Typ, Phenylbutazon-Derivate, Salicylate (s. Analgetika, nichtopioide), Sulfonamide (s. d.) und Tetracycline (s. d.); verminderte Wirkung durch Glucocorticoide (s. d.), Diuretika (s. d.), Schilddrüsenhormone (s. d.) und Sympathomimetika (s. d.), Veränderung der Kohlenhydrattoleranz durch Östrogene (s. d.) und Gestagene (s. d.).

Kinetik: Schnelle und gute Resorption, PEB: hoch.

Hinweise: Die Einnahme der Tagesdosis am Morgen führt erfahrungsgemäß zu ausgeglichenen Blutzuckerwerten während des ganzen Tages. Eine Erhöhung der Dosis über die Maximaldosis hinaus löst keinen stärkeren Effekt aus. Bei Niereninsuffizienz ist eine Dosisanpassung erforderlich. Eine individuell angepaßte Diät muß strikt eingehalten werden. Bei Allergie gegen Sulfonamide (s. d.) ist an mögliche Kreuzreaktionen zu denken. Beeinträchtigung des Reaktionsvermögens insbesondere im Zusammenwirken mit Alkohol möglich. Regelmäßige Blutbild- und Stoffwechselkontrolle erforderlich.

Wirkstoffe (Handelspräparate): Carbutamid (Dia-Fridetten), Glibenclamid (u. a. Euglucon, Gliben-Puren N, Glimidstada, Gluconorm, Semi-Euglucon), Glibornurid (Gluborid, Glutril), Glymidin (Redul), Glipizid (Glibenese), Gliquidon (Glurenorm), Glisoxepid (Pro-Diaban), Tolbutamid (u. a. Artosin, Rastinon, Tolbutamid-ratiopharm).

Biguanid-Derivate

Pharmakodynamik: Orale Antidiabetika dieses Typs senken den Glucoseblutspiegel beim Typ-II-Diabetiker, nicht jedoch beim Stoffwechselgesunden. Sie setzen kein Insulin frei, wirken aber nur in Gegenwart von Insulin. Ein Teil der Wirkung von Biguanid-Derivaten ist wahrscheinlich auf eine Erhöhung der Insulin-Rezeptorenzahl zurückzuführen. Ferner werden eine verstärkte Glucoseaufnahme in den Muskel und eine Verringerung der Glukoneogenese als Wirkmechanismus angenommen.

Indikationen: Biguanid-Derivate werden zur Therapie des Diabetes mellitus eingesetzt, wenn diätetische Maßnahmen nicht ausreichen. Ferner werden sie in Kombination mit Antidiabetika vom Sulfonamid-Typ bei Diabetikern eingesetzt, deren Blutzuckerspiegel allein mit Sulfonylharnstoffen nicht mehr ausreichend eingestellt werden kann.

Kontraindikationen: Coma oder Praecoma diabeticum, Neigung zu Azetonurie, schwere Leber- oder Nierenschädigungen, Pankreatitis, besondere Belastungen und reduzierter Allgemeinzustand.

Nebenwirkungen: Häufig gastrointestinale Störungen, die jedoch auch durch eine beginnende Laktazidose hervorgerufen werden können, sowie Blutbildveränderungen.

Wechselwirkungen: Wirkungsabschwächung durch Glucocorticoide (s. d.), Diuretika (s. d.), Schilddrüsenhormone (s. d.) und Sympathomimetika (s. d.).

Kinetik: Ausscheidung in unveränderter Form renal (Metformin).

Hinweise: Die Verordnung darf nur unter besonderen Vorsichtsmaßnahmen erfolgen. Der Patient ist auf die Gefahr einer Laktazidose hinzuweisen. Beim Auftreten der oben genannten Nebenwirkungen ist die Therapie abzubrechen. Die Alkoholtoleranz ist nach Metformin-Gabe herabgesetzt. Im Alter strenge Indikationsstellung.

Wirkstoff (Handelspräparat): Metformin (Glucophage).

Acarbose

Pharmakodynamik: Durch den α-Glucosidase-Hemmstoff Acarbose wird die Glucose-Resorption in Richtung tieferer Darmabschnitte verschoben. Dadurch können postprandiale Blutglucosespitzen vermindert werden.

Nebenwirkungen: Flatulenz.
Handelspräparat: Glucobay.

Antidiarrhoika

Antidiarrhoika werden zur Behandlung von Durchfallerkrankungen eingesetzt.

Hinweise: Die Therapie einer Diarrhö hat sich nach deren Ursache zu richten; insbesondere bei einer länger als 2 Wochen andauernden Diarrhö ist eine sorgfältige diagnostische Abklärung erforderlich. Akute Reise- und Sommerdiarrhöen benötigen in der Regel keine spezifische medikamentöse Therapie.

Glucose-Elektrolyt-Trinklösungen

Sie ersetzen die Flüssigkeits- und Elektrolytverluste des Körpers und reichen als wichtigste therapeutische Maßnahme in den meisten Fällen aus. Bei schweren Diarrhöen ist die parenterale Gabe von Salzen und Flüssigkeit indiziert.

Handelspräparate: Elotrans, Oralpädon.

Adsorbentien

Aktivkohle (Kohle-Compretten, -Granulat), kolloidales Siliciumdioxid, Kaolin (Bestandteil von Kaoprompt-H).

Quellstoffe

Hierzu gehört z. B. Pektin (Bestandteil von Kaoprompt-H).

Adstringentien

Gerbstoffhaltige Präparate (u. a. Tannalbin), Bismut- oder Silbersalze. Sie dienen als unterstützende Maßnahme. Ihre Wirksamkeit ist umstritten.

Antibiotika

(s. d.)

Anwendung nur nach strenger Indikationsstellung, z. B. bei schwer verlaufenden Shigellosen.

Anionenaustauscherharze

Indikation: Sie sind bei chologenen Diarrhöen indiziert.

Wirkstoffe (Handelspräparate): Colestipol (Colestid), Colestyramin (Quantalan).

Motilitätshemmer

Diese Arzneistoffe hemmen die Darmmotorik über eine Stimulation von Opiatrezeptoren. Sie werden am häufigsten eingesetzt und sind u. a. bei Diarrhöen infolge von Motilitätsstörungen indiziert. Bei bakteriell bedingten Diarrhöen sollten sie zurückhaltend appliziert werden, da durch die Ruhigstellung des Darms die Toxinausscheidung verzögert werden kann.

Kontraindikationen: Verabreichung an Kinder <2 Jahren, Ileus.

Wirkstoffe (Handelspräparate): u. a. Opium-Tinktur, Diphenoxylat (Bestandteil von Reasec), Loperamid (Imodium).

Antidiuretika

Pharmakodynamik und Applikation: Antidiuretika sind Pharmaka, die wie das körpereigene Adiuretin (Vasopressin) durch erhöhte tubuläre Wasserrückresorption eine Harnkonzentrierung bewirken sollen. Beim Diabetes insipidus renalis, bei dem das Hypophysenhinterlappenhormon in normalem Umfang gebildet und ausgeschüttet wird, die tubuläre Ansprechbarkeit dagegen gestört ist, werden *Thiazide* (s. Diuretika) eingesetzt. Der Wirkungsmechanismus ist unklar. Beim Diabetes insipidus centralis, einer Störung der Adiuretin-Bildung infolge eines Hirn- bzw. Hypophysentumors, nach Hypophysektomie, entzündlichen Erkrankungen bzw. bedingt durch einen genetischen Defekt wird *Adiuretin* selbst bzw. das selektiver wirkende 1-Desamino-8-D-arginin-Derivat *Desmopressin* eingesetzt. Bei letzterem entfällt die durch Adiuretin ausgelöste und bei dieser Indikation störende Erhöhung des glattmuskulären Tonus. Adiuretin und seine Analoga erhöhen die Wasserpermeabilität im distalen Tubulus und im Sammelrohr und tragen so zu einer Konzentrierung des Primärharns bei. Wegen des sehr ausgeprägten First-pass-Effektes müssen sie parenteral oder nasal (Nasentropfen) appliziert werden.

Indikation: Zur Substitutionstherapie bei Diabetes insipidus centralis.

Kontraindikationen: Koronare Herzkrankheit, Hypertonie, Atherosklerose im fortgeschrittenen Stadium, Schwangerschaftstoxikosen, Epilepsie. Vorsichtiger Einsatz bei Hypertonie, Asthma bronchiale.

Nebenwirkungen: Pektanginöse Beschwerden, Blutdruckanstieg, gastrointestinale Störungen (erhöhte Motilität, Krämpfe, Durchfälle), Bronchospasmus, Wasserretention.

Wechselwirkungen: Demeclocyclin, Noradrenalin und Lithiumsalze (s. d.) können die Adiuretinwirkungen bei gleichzeitiger Gabe abschwächen, Carbamazepin, Chlorpropamid und Clofibrat verstärken.

Wirkstoffe (Handelspräparate): Adiuretin = Vasopressin (Pitressin), Desmopressin (Minirin).

Antiemetika

Antiemetika sind Pharmaka, die zur Vorbeugung bzw. zur Therapie des Erbrechens eingesetzt werden. Sofern für das Erbrechen organische Erkrankungen (Migräne, Magen- und Gallenaffektionen, Coma hepaticum, chronische Pankreatitis, zerebrale Ödeme) ursächlich sind, ist, falls möglich, einer kausalen Therapie (z. B. Ödemausschwemmung zur Senkung des intrakraniellen Druckes) der Vorrang zu geben.
Je nach der zugrundeliegenden Ursache (z. B. Kinetosen aufgrund einer Vestibularisreizung, Stimulation der Chemorezeptoren in der Area postrema durch Pharmaka, Schwermetalle etc.) sind verschiedene Pharmaka indiziert.

Pharmakodynamik und Indikationen: Für eine Behandlung von Kinetosen eignen sich *Parasympatholytika* (s. d.) (Scopolamin als transdermales therapeutisches System) sowie *H_1-Antihistaminika* (s. d.) vom Benzhydryltyp (Meclozin, Dimenhydrinat, Chlorphenoxamin). H_1-Antihistaminika werden eine halbe bis eine Stunde vor Reisebeginn und in der Folge alle 4 Stunden gegeben.
Bei Erbrechen anderer Genese werden in erster Linie Pharmaka eingesetzt, die Dopaminrezeptoren im Bereich der Area postrema oder 5-HT_3-Rezeptoren blockieren. Während bei zentralem Erbrechen sowie bei sehr schweren Formen von Schwangerschaftserbrechen mit Elektrolytstörungen *Phenothiazine* (Thiethylperazin, Triflupromazin) als stark wirksame Antiemetika angezeigt sind, schirmen *Dopamin-Antagonisten* vom Typ der Benzamide *Metoclopramid* und *Bromoprid* sowie das Benzimidazol-Derivat *Domperidon* das Brechzentrum gegen eine dopaminerge Fehlsteuerung ab und beschleunigen die Magenentleerung. Bei anderen Zytostatika-, insbesondere durch Cisplatin induziertem Erbrechen ist der 5-HT_3-Antagonist *Ondansetron* Mittel der Wahl.
Als unbedenkliches Antiemetikum kann *Vitamin B_6* (Pyridoxin) bei leichteren Formen von Schwangerschaftserbrechen eingesetzt werden; die Wirksamkeit ist jedoch unsicher und vielfach zu schwach.

Kontraindikationen: Bei Schwangerschaftserbrechen im ersten Trimenon restriktiver Einsatz bei strenger Indikationsstellung – Risikoabwägung! (allgemein). Phäochromozytom, mechanischer Ileus, Darmdurchbruch, gastrointestinale Blutungen, prolactinabhängige Tumoren, Epilepsie, extrapyramidalmotorische Störungen, Kombination mit MAO-Hemmern (Metoclopramid, Bromoprid).

Nebenwirkungen: Sedation und eingeschränktes Reaktionsvermögen (s. H_1-Antihistaminika, Phenothiazine; bei Metoclopramid insbesondere in hoher Dosis), extrapyramidalmotorische Störungen (Phenothiazine, Metoclopramid), Senkung der Krampfschwelle (Phenothiazine).

Wechselwirkungen: Die zentral dämpfende Wirkung von Alkohol bzw. anderen sedierend wirkenden Pharmaka wird verstärkt (Phenothiazine, H_1-Antihistaminika [s. d.], Metoclopramid). Phenothiazine und Dopamin-Antagonisten verstärken extrapyramidalmotorische Nebenwirkungen anderer Arzneistoffe. Durch Phenothiazine wird die antihypertensive Wirkung von Guanethidin vermindert und die α-pressorische Wirkung von Noradrenalin aufgehoben. Die Resorption von Paracetamol bzw. Alkohol wird verstärkt, die von Proscillaridin vermindert (Bromoprid, Metoclopramid).

Wirkstoffe (Handelspräparate): Scopolamin (Scopoderm TTS), Chlorphenoxamin (in Rodavan), Dimenhydrinat (Vomex A etc.), Meclozin (Peremesin etc.), Thiethylperazin (Torecan), Triflupromazin (Psyquil), Metoclopramid (Gastronerton, Gastrosil, MCP-ratiopharm, Paspertin etc.), Bromoprid (Cascapride etc.), Domperidon (Motilium), Vitamin B_6 (B_6-Vicotrat, Benadon, Hexobion, Vitamin B_6-ratiopharm etc.), Ondansetron (Zofran).

Antiepileptika = Antikonvulsiva

Eigenschaften, Risiken und Anwendung

Antiepileptika dienen der symptomatischen Behandlung der unterschiedlichen Epilepsieformen. Der Wirkungsmechanismus der meisten Antiepileptika ist noch nicht genau bekannt.
(Bisher nur teilweise erfüllte) Forderungen an ein (ideales) Antiepileptikum sind:
- Erhöhung der Krampfschwelle,
- möglichst geringe Beeinflussung der normalen motorischen Erregbarkeit,
- geringe Sedierung,
- möglichst geringe Nebenwirkungen bei Daueranwendung.

Schwangerschaft: Mißbildungen treten bei Kindern unbehandelter und behandelter Epileptikerinnen etwa gleich häufig auf. Sowohl eine unbehandelte Epilepsie als auch Antiepileptika weisen ein teratogenes Risiko auf, das etwas höher ist als bei gesunden Frauen.

Anwendung: Eine exakte Diagnose ist aufgrund der unterschiedlichen Wirksamkeit der Antiepileptika bei den verschiedenen Epilepsieformen Voraussetzung für eine richtige Medikamentenwahl. Die Tagesdosis sollte nur allmählich gesteigert werden. Für die Dauertherapie hat sich die Kontrolle der Serumspiegel bewährt. Bei Anfallsfreiheit kann versucht werden, die Therapie nach frühestens 3 Jahren zu beenden. Dabei sollte die Dosis der Antiepileptika unter EEG-Kontrolle über einen Zeitraum von etwa 12 Monaten stufenweise erniedrigt werden.

Barbiturate und Desoxybarbiturate

Pharmakodynamik: Durch Bindung an den GABA-Rezeptorkomplex wird der Hemmeffekt von GABA verstärkt und dadurch die Freisetzung von erregenden Neurotransmittern reduziert; zusätzlich wird eine erschwerte Erregungsausbreitung der Nervenimpulse diskutiert.

Indikationen: Antiepileptika dieses Typs werden bei Grand-mal-Anfällen (insbesondere bei der Aufwachepilepsie) und bei therapieresistentem Status epilepticus, Desoxybarbiturate auch bei Impulsiv-Petit-mal und psychomotorischen Anfällen eingesetzt.

Kontraindikationen: Akute hepatische Porphyrien, schwere Leberfunktions-, Nierenfunktionsstörungen und Myokardschäden.

Nebenwirkungen: Sedierung, eventuell Verstärkung der epileptischen Wesensveränderung, Überempfindlichkeitsreaktionen, Gefahr der Abhängigkeit und des Entzugssyndroms.

Wechselwirkungen: Gegenseitige Wirkungsverstärkung durch zentral dämpfende Pharmaka und Alkohol; verringerte Wirkung von Cumarin-Derivaten (s. d.), Griseofulvin, niedrig dosierten Gestagenen (s. d.) und Östrogenen (s. d.); Toxizitätsverstärkung von Methotrexat; verminderte Wirkung der Glucocorticoide (s. d.); verstärkte Barbituratwirkung durch Valproinsäure.

Wirkstoffe (Handelspräparate): Phenobarbital (Luminal, Luminaletten, Phenaemal, Bestandteil von Maliasin), Methylphenobarbital (enthalten in Comital), Primidon (s. d.) (Liskantin, Mylepsinum, Resimatil).

Phenytoin

Phenytoin (s. a. Antiarrhythmika) wirkt bei stark antikonvulsivem Effekt im Gegensatz zu den Barbituraten nur sehr schwach oder nicht sedierend. Es wird mit diesen häufig kombiniert.

Pharmakodynamik: Für Phenytoin wird ein membranstabilisierender Effekt sowie eine erschwerte Erregungsausbreitung als Wirkungsmechanismus angenommen.

Indikationen: Die Substanz wird eingesetzt bei Status epilepticus, Grand-mal-Anfällen vom Schlaf- und diffusen Typ, Jackson-Epilepsie sowie bei psychomotorischen Anfällen.

Nebenwirkungen: Gingivahyperplasie, Hypertrichose.

Schwangerschaft: erhöhtes Mißbildungsrisiko.

Handelspräparate: Epanutin, Epilanex, Phenhydan, Zentropil; in Kombination mit Barbituraten (s. d.) u. a. Comital.

Succinimide

Über den Wirkungsmechanismus der Succinimide ist noch nichts Näheres bekannt.

Indikationen: Sie dienen zur Behandlung von Petit-mal-Epilepsien, insbesondere von pyknoleptischen Absencen, dagegen verschlechtern sie eher die Grand-mal-Symptomatik.

Nebenwirkungen: Schwindel, Magenstörungen, allergische Hautreaktionen; bei Überdosierung hypnotischer Effekt, aber auch Reizbarkeit, Verstimmungs- und Erregungszustände.

Wirkstoffe (Handelspräparate): Ethosuximid (Petinimid, Petnidan, Pyknolepsinum, Suxinutin), Mesuximid (Petinutin).

Oxazolidindione

Oxazolidinderivate sollen die synaptische Erholungszeit verlängern. Sie besitzen die gleichen Indikationen wie Succinimide, wurden aber von diesen wegen deren geringerer Toxizität weitgehend verdrängt.

Wirkstoff (Handelspräparat): Trimethadion (Tridione).

Benzodiazepine

(s. d.)

Indikationen: Benzodiazepine werden eingesetzt zur Behandlung des Status epilepticus sowie bei Petit-mal-Epilepsien bei Säuglingen und Kleinkindern (insbesondere bei pyknoleptischen Absencen, myoklonisch-astatischen Anfällen und Propulsivanfällen).

Nebenwirkungen: s. auch Benzodiazepine; bei Säuglingen und Kleinkindern vermehrter Speichelfluß und Hypersekretion im Bronchialsystem (Gefahr der Verlegung der Atemwege).

Wirkstoffe (Handelspräparate): Clonazepam (Rivotril), Diazepam (u. a. duradiazepam, Tranquase, Tranquo-Tablinen, Valium), Nitrazepam (u. a. Eatan N, imeson, Mogadan, Somnibel N).

Sultiam

Pharmakodynamik: Da Sultiam die Carboanhydratase hemmt, beruht seine Wirkung wahrscheinlich auf einem Stoffwechseleffekt in Richtung Azidose, bei der die Krampfschwelle angehoben ist.

Indikationen: Sultiam dient der Behandlung psychomotorischer Anfälle und der Jackson-Epilepsie; bei Grand-mal-Anfällen wird der Wirkstoff mit anderen Antiepileptika kombiniert.

Kontraindikation: Niereninsuffizienz.

Nebenwirkungen: Parästhesien, Dyspnoe, Ataxie, Überempfindlichkeitsreaktionen.

Wechselwirkungen: Blutspiegelanstieg von Phenytoin (Hemmung des Abbaus in der Leber).

Handelspräparat: Ospolot.

Carbamazepin

Pharmakodynamik: Über den Wirkungsmechanismus von Carbamazepin ist noch wenig bekannt. Die Substanz soll die posttetanische Potenzierung unterdrücken. Ihr psychotroper Effekt zeigt sich in einer Aufhellung der durch die Epilepsie bedingten Wesensveränderung.

Indikationen: Carbamazepin wird zur Therapie von psychomotorischen und Grand-mal-Anfällen eingesetzt. Bei gemischten Anfallsleiden dient die Substanz als Basistherapeutikum.

Wechselwirkungen: Als Enzyminduktor verringert Carbamazepin die Blutspiegel verschiedener oxidativ biotransformierter Arzneistoffe.

Handelspräparate: u. a. Sirtal, Tegretal, Timonil.

Valproinsäure

Pharmakodynamik: Valproinsäure erhöht die Konzentration des inhibitorischen Neurotransmitters GABA über eine Hemmung des enzymatischen Abbaus.

Indikationen: Die Substanz dient zur Behandlung von pyknoleptischen Absencen sowie von Grand-mal- und myoklonischen Anfällen.

Nebenwirkungen: Leberschädigung, Blutgerinnungsstörungen.

Handelspräparate: Convulex, Ergenyl, Leptilan, Mylproin, Orfiril.

Hormone

Der Einsatz von Glucocorticoiden (s. d.) und Corticotropin wird in der Therapie des Propulsiv-Petit-mal versucht, in Kombination mit Barbituraten auch bei Grand-mal-Anfällen. Zumindest die Initialbehandlung sollte aufgrund der relativ häufigen Nebenwirkungen stationär durchgeführt werden.

Wirkstoffe (Handelspräparate): u. a. Corticotropin (u. a. Synacthen), Prednison (u. a. Decortin, Prednison „Dorsch“, Prednison-ratiopharm, Rectodelt, Ultracorten).

Antifibrillantien s. Antiarrhythmika, Klasse-I-

Antifibrinolytika

Antifibrinolytika sind Arzneistoffe, die bei gesteigerter Fibrinolyse zur Vermeidung schwerer Blutungen eingesetzt werden.

Pharmakodynamik: Während das parenteral verabreichte Polypeptid Aprotinin als Plasmin-Hemmstoff sofort wirksam ist und sowohl die Bildung als auch die Wirkungen von Plasmin unterbindet, setzen die Effekte der niedermolekularen Antifibrinolytika (Tranexamsäure, p-Aminomethylbenzoesäure) nur mit einer zeitlichen Verzögerung von ca. 2 h ein. Hierbei handelt es sich um Strukturanaloga von Lysin, die um Lysin-Bindungsstellen des Plasminogens konkurrieren und die Umwandlung von Plasminogen in Plasmin hemmen. Die Wirkungen bereits gebildeten Plasmins werden nicht beeinflußt (Latenzzeit!), die Gabe erfolgt parenteral oder oral.

Indikationen: Antifibrinolytika sind indiziert bei hyperfibrinolytischen Zuständen: nach Operationen (z. B. im Urogenitalbereich: Prostatektomie), die zu einer Urokinase-Liberation führen, bei bestimmten Schockformen, Leukosen, Karzinomen, bei Leberzirrhose sowie im Rahmen einer Fibrinolysetherapie (s. Fibrinolytika).

Kontraindikationen: Schwere Nierenfunktionsstörungen. Bei Schwangerschaft und bei Thromboseneigung nur nach sorgfältiger Risikoabwägung und bei strenger Indikation.

Nebenwirkungen: Orthostatische Dysregulationen, Nausea, Emesis und Diarrhö.

Wirkstoffe (Handelspräparate): Aprotinin (Antagosan, Inhibin, Trasylol), Tranexamsäure (Anvitoff, Cyklokapron, Ugurol), p-Aminomethylbenzoesäure (Gumbix).

Antihämophiler Faktor B
s. Hämostyptika, Plasmafaktoren

Antihämophiles Globulin A
s. Hämostyptika, Plasmafaktoren

Antihistaminika s. H_1-Antihistaminika; H_2-Antihistaminika

Antihypertonika

Allgemeine Therapieprinzipien und Einteilung

Antihypertonika sind Arzneistoffe, die zur Senkung eines anhaltend pathologisch erhöhten Blutdrucks (diastolisch, >95 mm Hg / systolisch >160 mm Hg) eingesetzt werden. Eine antihypertensive Therapie, der angesichts der deutlich erhöhten Morbidität und Mortalität von Hypertonikern (Folgeerkrankungen: atherosklerotische Veränderungen im Herz und Gehirn, Apoplexie, Herz- und Niereninsuffizienz) erhebliche Bedeutung zukommt, wird dadurch erschwert, daß sich die Patienten zumindest im Frühstadium bzw. bei geringem Schweregrad der Erkrankung subjektiv gesund und leistungsfähig fühlen und unter der medikamentösen Therapie häufig eine Verschlechterung des Allgemeinbefindens eintritt. Diesem für die Patienten-Compliance ungünstigen Umstand muß im Interesse des Therapieerfolges durch eine sorgfältige Patientenführung (umfassende Aufklärung über Risiken sowie Wirkungen und Nebenwirkungen der Medikamente) Rechnung getragen werden.

Die Behandlung der chronischen Hypertonie umfaßt zunächst Allgemeinmaßnahmen wie Gewichtsnormalisierung, Kochsalzrestriktion, Alkohol- und Nicotinkarenz und Hinweise zur richtigen Lebensführung. Chirurgische Eingriffe sind z. B. bei Nierenarterienstenose oder bei operablem Phäochromozytom indiziert. Eine medikamentöse Therapie kann an den drei Einflußfaktoren Herzzeitvolumen, arterieller Widerstand und Plasmavolumen angreifen. Im einzelnen werden folgende Wirkstoffgruppen einzeln oder in Kombination eingesetzt:

- Saluretika (zur Beeinflussung des Wasser- und Elektrolythaushaltes),
- Pharmaka zur Beeinflussung des Sympathikotonus (Antisympathotonika, Alpha-Adrenozeptorenblocker, Beta-Adrenozeptorenblocker [s. d.],
- ACE-Hemmer (zur Beeinflussung des Renin-Angiotensin-Aldosteron-Systems),
- Calcium-Antagonisten,
- sonstige Vasodilatantien.

Saluretika

(s. Diuretika)

Von den Saluretika werden wegen der guten Wirksamkeit in niedriger Dosierung und der langanhaltenden Wirkung insbesondere Thiazide als Antihypertonika eingesetzt.

Pharmakodynamik und Anwendung: Im Gegensatz zu einer akuten Gabe hoher Dosen ist die antihypertensive Wirkung einer chronischen Gabe von Diuretika nicht auf verstärkte Diurese, sondern auf eine Vasodilatation zurückzuführen. Ausgelöst durch die initiale Natriurese, kommt es vermutlich zu einer Natriumverschiebung im Körper sowie als deren Folge zu einer Abnahme der Natriumkonzentration im Gefäßendothel und damit zu einer verminderten Ansprechbarkeit für vasokonstriktorische Reize durch Catecholamine. Zu beachten ist, daß sich der Maximaleffekt erst nach 2–4 Wochen einstellt (cave voreilige Dosissteigerungen) und sich eine maximale antihypertensive Wirkung bereits mit relativ niedriger Dosierung erzielen läßt. Eine Kombination mit anderen Antihypertonika ist wegen des besonderen Angriffspunktes sinnvoll. Die Wirksamkeit wird mit steigender Dosis durch eine Aktivierung des Renin-Angiotensin-Aldosteron-Systems begrenzt. Beta-Adrenozeptorenblokker (s. d.) und ACE-Hemmer stellen daher besonders sinnvolle Kombinationspartner dar.

Indikationen: Saluretika sind allgemein bei Hypertonie indiziert, Furosemid eignet sich darüber hinaus speziell zur stationären Therapie der hypertonen Krise.

Wechselwirkungen: Die antihypertensive Wirkung von ACE-Hemmern (s. d.) wird bei gleichzeitiger Gabe von Diuretika potenziert (wegen der Gefahr einer Hyperkaliämie dürfen keine kaliumsparenden Diuretika eingesetzt werden).

Kontraindikationen, Nebenwirkungen, Wirkstoffe (Handelspräparate) s. Diuretika.

Pharmaka zur Beeinflussung des Sympathikotonus

Antisympathotonika (zentral wirksame α_2-Sympathomimetika, Reserpin)

Pharmakodynamik: Die vorwiegend zentral wirksamen α_2-Sympathomimetika (s. Sympathomimetika) *Clonidin, Guanfacin, α-Methyldopa* (Wirkform α-Methylnoradrenalin) und *Moxonidin* senken durch eine Stimulation zentraler, postsynaptischer α_2-Rezeptoren den Sympathikotonus und bewirken dadurch eine Abnahme von HZV und Gefäßtonus (bei Clonidin und Guanfacin überwiegt unter Dauermedikation die dämpfende Wirkung auf das Herz, bei α-Methyldopa dagegen die Senkung des peripheren Widerstandes).
Reserpin führt durch eine irreversible Hemmung des für die Speicherung von Noradrenalin in die Vesikel verantwortlichen Carriers zu einer Abnahme des Sympathikotonus. Guanethidin führt darüber hinaus zu einer Stabilisierung der Axoplasmamembran und damit zu einer verminderten synaptischen Noradrenalin-Liberation.

Indikationen: Diese Pharmaka eignen sich vor allem für die antihypertensive Kombinationstherapie (α_2-Sympathomimetikum + Diuretikum, α_2-Sympathomimetikum + Diuretikum + Vasodilatator; Reserpin + Diuretikum). Reserpin sollte möglichst niedrig dosiert, Guanethidin nur bei schweren Hypertonieformen gegeben werden.

Kontraindikationen: s. Sympathomimetika. Ulcus ventriculi et duodeni, manifeste Depressionen, Bronchialasthma (Reserpin); Phäochromozytom, dekompensierte Herzinsuffizienz, Kombination mit MAO-Hemmern, Myokardinfarkt, Schlaganfall (Guanethidin).

Nebenwirkungen (s. Sympathomimetika): Manifestation larvierter Depressionen durch zentrale Noradrenalin-Entspeicherung, selten extrapyramidalmotorische Störungen – Parkinsonoid – durch Dopamin-Entspeicherung, abdominelle Krämpfe durch relative Parasympathikotonie (Reserpin); orthostatische Dysregulation, Bradykardie, erhöhte Darmmotilität, Natrium- und Wasserretention, Potenz- und Ejakulationsstörungen (Guanethidin).

Wechselwirkungen: s. Sympathomimetika. Die Wirkung von Antidiabetika wird durch Guanethidin verstärkt; tri- und tetrazyklische Antidepressiva (s. d.), Neuroleptika (s. d.) und hormonale Kontrazeptiva (s. d.) schwächen die Guanethidin-Wirkung ab.

Wirkstoffe (Handelspräparate) (s. Sympathomimetika): Reserpin (u. a. in Adelphan-Esidrix, Bendigon, Briserin, Caprinol, Darebon, Duroton, Elfanex, Modenol, Resaltex), Guanethidin (in Esimil), Moxonidin (Cynt).

Alpha-Adrenozeptorenblocker

(s. d.)

Pharmakodynamik: Von den α-Blockern eignen sich insbesondere die α_1-selektiven Antagonisten *Prazosin, Doxazosin, Terazosin* und *Urapidil* für die Hochdrucktherapie. Sie bewirken eine ausgeprägte Blutdrucksenkung, die anders als bei den nichtselektiven α-Blockern nicht durch eine Aufhebung der negativen Rückkopplung limitiert ist.

Indikationen: α_1-selektive Adrenozeptorenblocker werden außer als Monotherapeutika häufig zusammen mit Diuretika in der Kombinationstherapie schwerer Hypertonieformen eingesetzt.

Kontraindikationen, Nebenwirkungen, Wechselwirkungen, Wirkstoffe s. Alpha-Adrenozeptorenblocker.

Beta-Adrenozeptorenblocker

(s. d.)

Pharmakodynamik: Unabhängig von den zwischen den einzelnen Wirkstoffen bestehenden qualitativen Unterschieden (β_1-Selektivität, ISA, unspezifische Membranwirkung) weisen β-Adrenozeptorenblocker einheitlich günstige Eigenschaften für eine Hochdrucktherapie auf. Der Mechanismus der blutdrucksenkenden Wirkung ist nicht genau bekannt. Diskutiert wird eine Senkung des HZV und der renalen Renin-Liberation (die Verminderung der Renin-Aktivität erklärt die gute Eignung als Kombinationspartner von Diuretika). Daneben kommt es durch Blockade präsynaptischer β-Rezeptoren zu einer Abnahme der Neurotransmitterfreisetzung.

Anwendung: Wegen der Gefahr eines Rebound-Hochdrucks (größeres Risiko bei kurz wirksamen β-Blockern ohne ISA) muß eine β-Blockertherapie ausschleichend abgesetzt werden (über 7–14 Tage).

Indikationen: Beta-Adrenozeptorenblocker gehören neben Diuretika (s. d.), Calcium-Antagonisten (s. d.) und ACE-Hemmern (s. d.) zu den Mitteln der 1. Wahl für eine Hochdrucktherapie. Sie sind insbesondere bei Patienten jüngeren und mittleren Lebensalters (beim sogenannten HZV-Hochdruck) indiziert.

Kontraindikationen, Nebenwirkungen, Wechselwirkungen, Wirkstoffe s. Beta-Adrenozeptorenblocker.

Calcium-Antagonisten

(s. d.)

Pharmakodynamik: Die antihypertensive Wirkung der Calcium-Antagonisten (Nifedipin-Typ, Verapamil-Typ, Diltiazem-Typ) kommt durch eine Senkung des Tonus der glatten Gefäßmuskulatur (insbesondere im arteriellen Schenkel) zustande. Die Wirksamkeit ist der Höhe des Ausgangsblutdrucks proportional (bei Normotonikern in üblicher Dosierung praktisch keine Blutdrucksenkung). Anders als die direkten Vasodilatantien (s. u.) verbessern Calcium-Antagonisten darüber hinaus durch Koronardilatation die subendokardiale Perfusion.

Indikationen: Wie auch Diuretika sind Calcium-Antagonisten beim Widerstandshochdruck älterer Hypertoniker besonders gut wirksam. Sie sind weiterhin bei Patienten indiziert, die aufgrund einer obstruktiven Atemwegserkrankung nicht mit β-Blockern behandelt werden dürfen. Nifedipin eignet sich für die ambulante Therapie der hypertonen Krise (5[–10] mg peroral, 1 Kps. zerbeißen und schlucken).

Kontraindikationen, Nebenwirkungen, Wechselwirkungen, Wirkstoffe s. Calcium-Antagonisten.

ACE-Hemmer

(s. d.)

Pharmakodynamik: Durch Hemmung des Angiotensin-Konversionsenzyms bewirken die ACE-Hemmer (s. d.) *Captopril, Enalapril, Lisinopril, Perindopril, Quinapril* und *Ramipril* eine verminderte Bildung des potenten Vasokonstriktors Angiotensin II und eine Aufhebung der durch Angiotensin II vermittelten blutdruckwirksamen Effekte (direkte Vasokonstriktion, ADH- und Aldosteron-Liberation sowie vermehrte Noradrenalin-Verfügbarkeit auf synaptischer Ebene). Die Wirkdauer des Vasodilatators Bradykinin wird verlängert. Während das HZV nur wenig beeinflußt wird, kommt es zu einer deutlichen Senkung des systolischen und diastolischen Blutdrucks. Der Erhalt der kardiovaskulären Reflexe (z. B. Barorezeptorreflex) und die nur geringgradige Beeinflussung der Sympathikusstimulation unter Belastung erklärt die gute Verträglichkei der ACE-Hemmer.

Indikationen: ACE-Hemmer eignen sich für die antihypertensive Mono- oder Kombinationstherapie (eine Kombination mit Diuretika ist sinnvoll, weniger die mit β-Blokkern, da letztere u. a. über eine Renin-Hemmung wirken).

Kontraindikationen, Nebenwirkungen, Wechselwirkungen, Wirkstoffe s. ACE-Hemmer.

Sonstige Vasodilatantien

Pharmakodynamik: Vasodilatantien *(Hydralazin, Dihydralazin, Minoxidil, Diazoxid, Nitroprussidnatrium)* greifen direkt an der glatten Gefäßmuskulatur an und führen zu einer ausgeprägten Tonusminderung. Das auf metabolischem Wege aus Nitroprussidnatrium gebildete Stickstoffmonoxid ist mit dem physiologischen und nach Stimulation duch Acetylcholin, ATP, Thrombin, Histamin etc. im Endothel gebildeten EDRF (endothelium-derived relaxing factor) identisch. Die durch NO/EDRF vermittelte Gefäßrelaxation kommt durch eine Stimulation der cytosolischen Guanylatcyclase zustande. Das anorganische Komplexsalz Nitroprussidnatrium dilatiert auf diese Weise insbesondere präkapilläre Arteriolen und postkapilläre Venolen. Seine Wirkung ist streng dosisabhängig und hält nur kurz an.

Da Vasodilatantien lediglich den peripheren Widerstand senken, die Herzaktivität jedoch unbeeinflußt lassen, kommt es bei ihrer Gabe zu einer ausgeprägten reflektorischen Sympathikusaktivierung mit Tachykardie und Stimulation der Renin-Aktivität. Vasodilatatoren eignen sich daher keinesfalls für eine Monotherapie, sondern müssen obligat mit einem Diuretikum und/oder β-Blocker kombiniert werden.

Indikationen: Vasodilatantien sind bei schweren, gegenüber den üblichen Antihypertonika-Kombinationen refraktären Hochdruckformen sowie bei der hypertonen Krise indiziert. Insbesondere Nitroprussidnatrium wird wegen seiner guten Steuerbarkeit zur Infusortherapie bei der hypertonen Krise eingesetzt; der Blutdruck läßt sich damit auf jeden gewünschten Wert einstellen.

Kontraindikationen: Schwere Koronarsklerose, Stillzeit; Vorsicht bei schweren Leber- und Nierenerkrankungen, Apoplex (Dihydralazin); Coma hepaticum, therapieresistente Hypokaliämie, schwere Niereninsuffizienz, Überempfindlichkeit gegenüber Sulfonamiden, Schwangerschaft (Diazoxid); Aortenisthmusstenosen (Diazoxid, Nitroprussid); Hyperthyreose, arteriovenöser Shunt (Nitroprussid).

Nebenwirkungen: Kopfschmerzen durch intrakranielle Drucksteigerung, Tachykardie und Ödeme. Bei älteren Patienten mit Koronarschädigung Angina-pectoris-Anfälle durch Sympathikusaktivierung (allgemein); Übelkeit, Magen-Darm-Beschwerden, Diarrhö, bei hochdosierter Dauertherapie rheumatoide Arthritis, ggf. selten ein dem Lupus erythematodes acutus ähnliches Syndrom (Dihydralazin); Hypertrichose, passagere Hämatokritsenkung, selten Perikardergüsse (Minoxidil); Verschlechterung einer prädiabetischen bzw. diabetischen Stoffwechsellage, Hyperurikämie, bei entsprechender Disposition Gichtanfälle, bei Dauertherapie zerebrale bzw. myokardiale Ischämie möglich (Diazoxid). Bei Nitroprussid abdominelle Krämpfe, Areflexie, Bewußtseinsverlust (auf Cyanid als Metaboliten zurückzuführen, das bei hohen Dosen nicht rasch genug zu Rhodanid verstoffwechselt werden kann – Antidot: Natriumthiosulfat).

Wechselwirkungen: Die Wirkung von Antidiabetika (s. d.) wird durch Diazoxid abgeschwächt, die von Cumarinderivaten (s. Antikoagulantien) bzw. von herzwirksamen Glykosiden (s. positiv inotrop wirkende Pharmaka) verstärkt. Bei Minoxidil in Kombination mit Guanethidin bzw. hochdosierten Gaben von α-Adrenozeptorenblockern schwere orthostatische Dysregulationen möglich.

Wirkstoffe (Handelspräparate): Hydralazin (u. a. in Impresso-Puren, Treloc, Trepress, TRI-Normin), Dihydralazin (Nepresol etc.; u. a. in Adelphan-Esidrix, Elfanex, pertenso, Tri-Torrat), Minoxidil (Lonolox), Diazoxid (Hypertonalum), Nitroprussidnatrium (nipruss).

Stufenplan der Hochdrucktherapie

Die deutsche Liga zur Bekämpfung des hohen Blutdrucks empfiehlt für die medikamentöse Therapie einer essentiellen Hypertonie ein nach dem Schweregrad der Erkrankung abgestuftes Vorgehen. Die medikamentöse Therapie wird mit einer niedrig dosierten Monotherapie begonnen. Bei ungenügender Wirksamkeit bzw. beim Auftreten gravierender Nebenwirkungen kann auf ein anderes Antihypertonikum bzw. auf eine Zweierkombination ausgewichen werden. Bei therapierefraktären Fällen ist eine Dreierkombination angezeigt. Im Interesse der Patienten-Compliance sollten möglichst einfache Dosierungsschemata gewählt und bevorzugt lang wirksame Antihypertonika und fixe Kombinationen eingesetzt werden:

Monotherapie: Diuretikum, Calcium-Antagonist (bevorzugt bei älteren Patienten); β-Blocker, ACE-Hemmer (bevorzugt bei Jüngeren und Patienten mittleren Lebensalters).

Zweierkombination: Diuretikum + β-Blocker, Calcium-Antagonist, ACE-Hemmer oder α_1-Blocker. *Alternativ:* Calcium-Antagonist + β-Blocker oder ACE-Hemmer (bei Kombination mit β-Blocker bevorzugt 1,4-Dihydropyridin-Typ); *alternativ:* Antisympathotonikum + Diuretikum.

Dreierkombination: Diuretikum + β-Blokker + Calcium-Antagonist, ACE-Hemmer, α_1-Blocker oder Dihydralazin. *Alternativ:* Diuretikum + ACE-Hemmer + Calcium-Antagonist. *Alternativ:* Diuretikum + α_2-Sympathomimetikum + Calcium-Antagonist, ACE-Hemmer, α_1-Blocker oder Dihydralazin.

Hypertonieformen, die sich auch gegenüber einer ausreichend dosierten Dreierkombination als therapierefraktär erweisen, sollten nach Ausschluß von Non-Compliance oder einer sekundären Hypertonie nicht ambulant, sondern in einer Spezialklinik behandelt werden.

Therapie der hypertonen Krise

Durch den Notarzt: *Nifedipin* (peroral 5[−10] mg = 1 Kps. zerbeißen und schlukken), bei unzureichender bzw. ausbleibender Wirkung nach ca. 15 Min. 0,075 mg *Clonidin* (langsam i. v.).

In der Klinik: Bei nicht ausreichender Blutdrucksenkung erneut *Clonidin* (0,3 mg i. v.) oder/und *Dihydralazin* (6,25−12,5 mg i. v.). Bei unzureichender Wirkung *Diazoxid* (150−300 mg rasch i. v.) sowie Furosemid (20−40 mg i. v.; cave Kontraindikationen!). Bei unzureichender Wirkung und nicht sicherem Ausschluß eines Phäochromozytoms: *Phentolamin* (2,5−5 mg i. v.). Bei therapierefraktären Fällen: *Nitroprussidnatrium* (Dosierung nach Wirkung unter intensivmedizinischer Überwachung).

Antihypoglykämika

Antihypoglykämika sind Substanzen, die zur Therapie einer Hypoglykämie eingesetzt werden. Diese kann nach Gabe von Insulin (s. d.) oder oralen Antidiabetika (s. d.) sowie bei Patienten mit insulinproduzierenden Tumoren auftreten.

Eingesetzt werden außer Glucose

- *Diazoxid* und
- *Glucagon.*

Pharmakodynamik: Diazoxid erhöht den Glucoseblutspiegel durch Hemmung der Insulinsekretion und Steigerung der Glucoseabgabe aus der Leber. Glucagon wird in den A-Zellen des Pankreas gebildet. Es stellt bezüglich des Blutglucosespiegels einen Gegenspieler zu Insulin (s. d.) dar, da es durch Aktivierung der Adenylatcyclase den Glykogenabbau in der Leber steigert und auf diese Weise den Blutzuckerspiegel erhöht.

Hinweise: Eine zusätzliche Verabreichung von Glucose ist bei der Therapie einer Hypoglykämie in Erwägung zu ziehen. Bei der Behandlung des hypoglykämischen Schocks ist das Vorhandensein von Leberglykogen Voraussetzung für die Wirkung.

Wirkstoffe (Handelspräparate): Glucagon (Glucagon Lilly, Glucagon Novo), Diazoxid (Proglicem).

Antihypotonika

Antihypotonika sind Pharmaka, die zur Normalisierung eines anhaltend pathologisch erniedrigten Blutdrucks (systolisch < 100−105 mmHg) eingesetzt werden. Hierbei ist zu beachten, daß bei sekundären, organbedingten Hypotonieformen soweit möglich die Grunderkrankung (z. B. Herzinsuffizienz, Klappenstenose, schwere Brady- oder Tachykardie; Tumoren; NNR-Insuffizienz, Hypothyreose) behandelt werden oder die die Kreislaufstörung auslösenden Medikamente (z. B. Antihypertonika [s. d.], Neuroleptika [s. d.], Antidepressiva [s. d.]) abgesetzt werden sollten. *Eine Indikation für die medikamentöse Therapie essentieller Hypotonien besteht nur dann, wenn sie fortgesetzt zu den Patienten belastenden Symptomen führen.* Allgemeinmedizinische Maßnahmen (z. B. Hydrotherapie) und Hinweise zur Lebensführung (körperliche Bewegung, Ausgleichstraining, kein rasches Aufstehen, coffeinhaltige Getränke) stehen im Vordergrund einer Dauerbehandlung. Medikamente sollten nur vorübergehend gegeben werden; eine befriedigende und dauerhafte Beseitigung hypotoner Zustände durch Arzneimittel läßt sich in der Regel nicht erzielen.

Pharmakodynamik und Anwendung: Bei *sympathikotonen Formen orthostatischer Dysregulation* sind venentonisierende Pharmaka Mittel der 1. Wahl. Durch partielle Hydrierung wird bei Dihydroergotamin die α_1-agonistische Wirkung zugunsten einer α_1-Rezeptoren-Blockade zurückgedrängt (arterielle Dilatation mit Nachlastsenkung). Noch wichtiger ist jedoch die Venentonisierung durch eine direkte Stimulation von glattmuskulären Serotoninrezeptoren (venöser Rückstrom gesteigert).

Bei *asympathikotonen Formen* sind solche Pharmaka indiziert, die das HZV durch eine β_1-agonistische Wirkung steigern und/oder die Nachlast über eine α_1-vermittelte Vasokonstriktion erhöhen. Hierzu kommen reine α-Sympathomimetika (Norfenefrin, Octopamin, Oxedrin etc.) bzw. die gemischten α-/β-Sympathomimetika Etilefrin und Oxilofrin in Frage. Die letzteren sind insofern günstiger, als sie nicht nur die Nachlast steigern (α_1), sondern auch zu einer Steigerung des HZV (β_1) führen. Bevorzugte Darreichungsform für Antihypotonika sind orale Retardpräparate; eine Kombination mit Dihydroergotamin ist sinnvoll. Mineralocorticoide (s. Nebennierenrinden-Hormone) zur Steigerung des Plasmavolumens (über eine verminderte Natriurese mit Wasserretention) sind im Hinblick auf die Nebenwirkungen nur in begründeten Ausnahmefällen indiziert.

Indikationen: Formen essentieller Hypotonie, die zu anhaltend störenden Symptomen für die Patienten führen und die durch eine Änderung der Lebensführung oder durch eine allgemeinmedizinische Therapie nicht behoben werden können.

Kontraindikationen, Nebenwirkungen, Wechselwirkungen s. Mutterkorn-Alkaloide, Sympathomimetika.

Wirkstoffe (Handelspräparate): Dihydroergotamin (Agit depot, Angionorm, DET MS, Dihydergot, Ergomimet, Ergont; mit Etilefrin in Agit plus, Dihydergot plus, Ergomimet plus etc.), Etilefrin (Effortil, Eti-Puren), Gepefrin (Wintonin), Norfenefrin (Norfenefrin retard forte-ratiopharm, Novadral etc.), Octopamin (Norphen), Oxedrin (Sympatol), Oxilofrin (Carnigen Mono).

Antiinfektiva

Einteilung

- Aminoglykosid-Antibiotika (Streptomycin, Neomycin, Kanamycin, Gentamicin etc.)
- β-Lactam-Antibiotika
  - Penicilline
  - Cephalosporine
  - Carbapeneme (Imipenem)
  - Monobactame (Aztreonam)
- Chloramphenicol
- Glykopeptid-Antibiotika (Vancomycin, Teicoplanin)
- Gyrase-Hemmstoffe (Norfloxacin, Ofloxacin, Ciprofloxacin, Enoxacin)
- Lincosamide (Clindamycin, Lincomycin)
- Makrolid-Antibiotika (Erythromycin-Antibiotika)
- Nitrofuran-Derivate (Nitrofurantoin, Nitrofurazon)
- Polypeptid-Antibiotika (Polymyxin B, Colistin, Bacitracin, Tyrothricin)
- Sulfonamide, Trimethoprim und Kombinationen
- Tetracycline
- Sonstige Antiinfektiva (Fosfomycin, Mupirocin)

Aminoglykosid-Antibiotika

Pharmakodynamik: Aminoglykosid-Antibiotika wirken bakterizid. Durch Bindung an das 30-S-Ribosom hemmen sie die bakterielle Proteinsynthese. Sie sind nur gegen gramnegative Aerobier und Staphylokokken wirksam. Gentamicin, Tobramycin, Amikacin und Netilmicin besitzen eine gute Wirksamkeit gegenüber Pseudomonas aeruginosa, während Neomycin und Kanamycin hier nicht wirken. Gegen Streptokokken, Pneumokokken und Anaerobier sind alle Aminoglykosid-Antibiotika unwirksam. Haemophilus-Arten sind häufig unempfindlich. Zwischen den einzelnen Aminoglykosiden besteht partielle Kreuzresistenz.

Pharmakokinetik: Nach oraler Gabe werden die Verbindungen nicht oder nur in sehr geringen Mengen resorbiert. Hieraus resultiert ihr Einsatz zur selektiven Darmdekontamination. Zum Erreichen einer systemischen Wirkung müssen sie parenteral appliziert werden.

Kontraindikationen: Schwangerschaft.

Nebenwirkungen: Alle Aminoglykosid-Antibiotika sind aufgrund einer selektiven Anreicherung im Innenohr und in der Nierenrinde oto- und nephrotoxisch, wodurch ihre Anwendung eingeschränkt wird. In Problemfällen (Neugeborene, Patienten mit eingeschränkter Nierenfunktion, hochdosierte Applikation) wird eine Überwachung der Serumspiegel empfohlen.

Wechselwirkungen: Cisplatin und Schleifendiuretika erhöhen die Oto- und Nephrotoxizität der Aminoglykosid-Antibiotika. Die muskelrelaxierende Wirkung von Narkosemitteln (s. d.) und Muskelrelaxantien (s. d.) wird durch Aminoglykoside verstärkt.

Hinweise: Vor, während und nach der Behandlung ist eine Prüfung der Nierenfunktion, eine Vestibularis- und audiometrische Kontrolle erforderlich. Bei Niereninsuffizienz muß die Dosis reduziert werden.

- *Streptomycin:* Wegen der schnellen Resistenzentwicklung sind die meisten Keime gegenüber Streptomycin resistent. Es ist daher nur noch in Kombination mit anderen Antibiotika zur Behandlung von Tuberkulose sowie von Tularämie und Brucellose indiziert.
- *Neomycin:* wird zur Lokalbehandlung von Haut-, Schleimhaut-, Ohren- und Augeninfektionen angewandt. Da es nach oraler Gabe kaum resorbiert wird, ist es wie *Paromomycin* auch zur Reduzierung der Darmflora (z. B. vor Operationen oder bei Leberzirrhotikern zur Senkung der Ammoniakbildung im Darm) geeignet.
- *Kanamycin:* Wegen seiner hohen Ototoxizität wird es nur noch lokal am Auge angewandt.
- *Gentamicin, Tobramycin, Amikacin* und *Netilmicin:* Werden in Kombination mit β-Lactam-Antibiotika zur Behandlung schwerer Infektionen mit gramnegativen Keimen eingesetzt. *Tobramycin* ist gegen Pseudomonas aeruginosa wirksamer als die anderen Aminoglykosid-Antibiotika. *Amikacin* wirkt z. T. noch gegen Keime, die gegen andere Aminoglykosid-Antibiotika resistent sind. Es hat daher den Charakter eines Reserveantibiotikums. Gentamicin wird in Kombinationen auch zur Endokarditistherapie und -prophylaxe eingesetzt. Für die Anwendung bei Knochen- und Weichteilinfektionen steht Gentamicin in speziellen galenischen Zubereitungsformen zur Verfügung (Refobacin-Palacos R, Septopal-Kette, Sulmycin-Implant).
- *Spectinomycin:* Dient zur Therapie der Gonorrhö, sollte jedoch zur Vermeidung einer Resistenzentwicklung nur bei Patienten mit Penicillin-Allergie oder -Resistenz angewandt werden.

Wirkstoffe (Handelspräparate): Streptomycin (Streptomycin-Heyl), Neomycin (Bykomycin, in Nebacetin), Paromomycin (Humatin), Kanamycin (Kanamytrex), Gentamicin (u. a. Refobacin, Sulmycin), Tobramycin (Gernebicin), Amikacin (Biklin), Netilmicin (Certomycin), Spectinomycin (Stanilo).

β-Lactam-Antibiotika

Einteilung, Wirkung und Nebenwirkungen

Die β-Lactam-Antibiotika umfassen die Penicilline, Cephalosporine, Monobactame und Carbapeneme. Die verschiedenen Substanzen sind alle durch einen viergliedrigen β-Lactam-Ring charakterisiert.

Wirkungsspektrum, Wirkungstyp: Das Wirkungsspektrum, das grampositive und -negative Erreger umfaßt, differiert bei den einzelnen Verbindungen stark. Der Wirkungstyp der β-Lactam-Antibiotika ist bakterizid.

Wirkungsmechanismus: Als wesentlicher Wirkungsmechanismus konnte eine Hemmung der D-Alanin-Transpeptidase ermittelt werden, als deren Folge die Glykanstränge der neu synthetisierten Zellwand nicht vernetzt werden und die Zellwand dadurch nicht die erforderliche Stabilität erhält.
Die Enzymproteine bei der Peptidoglykansynthese, die durch Bindung an β-Lactam-Antibiotika ihre Enzymaktivität verlieren, werden als penicillinbindende Proteine (PBP) bezeichnet. Die verschiedenen β-Lactam-Antibiotika binden sich an unterschiedliche PBP.

Resistenz: Die verschiedenen Bakterienspezies können in unterschiedlichem Ausmaß Enzyme (β-Lactamasen) bilden, die die betreffenden Antibiotika inaktivieren.

Toxizität: Da in menschlichen Zellen die Zielproteine nicht vorkommen, wird der menschliche Stoffwechsel von den β-Lactam-Antibiotika nicht beeinflußt.

Allergische Reaktionen sind durch die β-Lactam-Struktur bedingt. Durch Ringöffnung und Verbindung des Antibiotikums mit einem körpereigenen Protein kann ein Vollantigen gebildet werden. Da bei lokaler Applikation die Sensibilisierungsgefahr am größten ist, muß eine Lokalbehandlung mit diesen Stoffen unterbleiben.

Penicilline

Penicilline sind dank ihrer bakteriziden Wirkung, guten Verträglichkeit, geringen NW sowie ihrer Wirtschaftlichkeit nach wie vor die meistverwendeten Antibiotika.

Nebenwirkungen: Neben allergischen Reaktionen sind bei sehr hoher Dosierung oder intrathekaler Applikation neurologische NW beobachtet worden. Das Risiko solcher Störungen ist bei Patienten mit Niereninsuffizienz, Epilepsie und Meningitis erhöht.

Einteilung der Penicilline: Aufgrund ihrer verschiedenen Eigenschaften werden folgende Gruppen von Penicillinen unterschieden:

- Benzylpenicillin und dessen Derivate,
- Oralpenicilline,
- penicillinasestabile Penicilline und
- Breitspektrum-Penicilline.

Benzylpenicillin (Penicillin G) und dessen Derivate

Benzylpenicillin

Wirkungsspektrum: Grampositive Kokken (Streptokokken, penicillinasenegative Staphylokokken, Pneumokokken), grampositive Stäbchen (Diphtheriebakterien, Milzbrandbazillen), gramnegative Kokken (Gonokokken, Meningokokken), Spirochäten (Treponemen, Borrelien).

Pharmakokinetik: Da Benzylpenicillin bei oraler Gabe weitgehend zerstört wird, muß es parenteral appliziert werden.

Indikation: Bei allen empfindlichen Erregern Mittel der 1. Wahl. Staphylokokken sind in hohem Maße resistent.

Handelspräparate: Penicillin-G-Präparate verschiedener Hersteller.

Depot-Penicilline

Um den Nachteil der raschen Elimination des Penicillins G auszugleichen, wurden durch Salzbildung mit organischen Basen Depotformen des Penicillins G entwickelt. Je nach Dosierung und Salzbildner lassen sich dadurch ausreichende Blutspiegel über 8–24 Stunden oder sogar über Wochen (Benzathin-Penicillin G) aufrechterhalten.

Indikationen: Therapie der Lues und Gonorrhö und Langzeitbehandlung des rheumatischen Fiebers (Benzathin-Penicillin G).

Wirkstoffe (Handelspräparate): Procain-Penicillin G/Penicillin G (Hydracillin forte), Benzathin-Penicillin G (Tardocillin), Clemizol-Penicillin G (Megacillin).

Oralpenicilline

Die Oralpenicilline unterscheiden sich in ihrem Wirkungsspektrum nicht von Penicillin G, besitzen aber den Vorteil, daß sie oral appliziert werden können. Ihre Wirksamkeit beträgt jedoch nur die Hälfte bis ein Viertel des Penicillins G.

Indikation: Bei allen empfindlichen Erregern Mittel der 1. Wahl. Staphylokokken sind in hohem Maße resistent.

Wirkstoffe (Handelspräparate): Phenoxymethyl-Penicillin = Penicillin V (u. a. Arcasin, Isocillin, Megacillin und diverse Penicillin-V-Generika), Azidocillin (Syncillin), Propicillin (Baycillin, Oricillin).

Penicillinasestabile Penicilline

Diese Penicilline werden nicht oder sehr viel weniger als die bisher genannten durch das Enzym Penicillinase zerstört. Sie sind daher auch gegen penicillinaseproduzierende Staphylokokken wirksam, besitzen jedoch nur ein Zehntel bis ein Hundertstel der Wirkung von Penicillin G.

Indikation: Mittel der Wahl bei Staphylokokkeninfektionen.

Wirkstoffe (Handelspräparate): Oxacillin (Stapenor), Dicloxacillin (Dichlor-Stapenor), Flucloxacillin (Staphylex).

Breitspektrum-Penicilline

Von den Wirkstoffen dieser Gruppe werden auch zahlreiche gramnegative Erreger miterfaßt. Die Wirksamkeit gegenüber grampositiven Keimen ist allerdings geringer als die von Penicillin G.

Ampicillin, Amoxicillin, Bacampicillin

Zusätzlich zum *Wirkspektrum* von Penicillin G werden Enterokokken, Haemophilus influenzae und in unterschiedlichem Ausmaß Salmonellen, Escherichia coli und Proteus mirabilis erfaßt. Die Wirkstoffe sind nicht penicillinasefest.

Anwendung: Wegen seiner schlechten oralen Resorption sollte Ampicillin nur noch parenteral gegeben werden. Für die orale Applikation sind Amoxicillin und Bacampicillin besser geeignet.
Durch Kombination mit einem β-Lactamase-Hemmer, wie *Clavulansäure* oder *Sulbactam,* läßt sich eine synergistische Wirkung auf β-Lactamase bildende Stämme von Escherichia coli, Klebsiella, Bacteroides fragilis und Staphylococcus aureus ereichen.
Indikationen: Enterokokken- und Haemophilus-Infektionen, akute und chronische Harnwegs-, Atemwegs-, Gallenwegs- und Salmonellen-Infektionen mit empfindlichen Erregern.
Nebenwirkungen: Außer den für Penicilline bekannten Nebenwirkungen werden in 5–20% der Fälle während oder nach der Behandlung makulöse Exantheme beobachtet.
Wirkstoffe (Handelspräparate): Ampicillin (Amblosin, Binotal u. v. a.), Amoxicillin (Amoxypen, Clamoxyl u. v. a.), Bacampicillin (Ambacamp, Penglobe), Amoxicillin/Clavulansäure (Augmentan), Ampicillin/Sulbactam (Unacid), Sulbactam (Combactam).

Carboxylpenicilline

Die Substanzen dieser Gruppe weisen teilweise eine gute Wirksamkeit gegenüber Pseudomonas aeruginosa (Ticarcillin) auf. Ansonsten entspricht ihr *Wirkspektrum* ungefähr dem von Ampicillin. Seit Einführung der besser wirksamen Acylaminopenicilline haben die Substanzen dieser Gruppe stark an Bedeutung verloren.
Wirkstoffe (Handelspräparate): Ticarcillin (Betabactyl), Temocillin (Temopen).

Acylaminopenicilline

Mit Verbindungen dieser Gruppe gelingt es, zusätzlich zu ampicillinsensiblen Erregern auch gramnegative Problemkeime wie Pseudomonas aeruginosa zu beeinflussen. Alle Verbindungen sind nicht penicillinasefest. Synergistische Wirkungen lassen sich durch eine Kombination mit Aminoglykosiden oder β-Lactamase-Hemmern erreichen.

- *Azlocillin* ist gut wirksam gegenüber Pseudomonas aeruginosa und Enterokokken.
- *Mezlocillin* ist schwächer gegenüber Pseudomonas aeruginosa, jedoch ansonsten im gramnegativen Bereich breit wirksam.
- *Apalcillin* ist gut wirksam gegenüber Pseudomonas aeruginosa, weniger wirksam gegenüber anderen gramnegativen Keimen.
- *Piperacillin* ist sehr gut wirksam gegenüber Pseudomonas aeruginosa und anderen gramnegativen Keimen. Es ist das derzeit wirksamste Breitspektrum-Penicillin.

  Wirkstoffe (Handelspräparate): Azlocillin (Securopen), Mezlocillin (Baypen), Apalcillin (Lumota), Piperacillin (Pipril).

Cephalosporine

Cephalosporine sind bakterizide β-Lactam-Antibiotika mit unterschiedlich breitem Wirkungsspektrum und unterschiedlicher Aktivität.

Nebenwirkungen und Einteilung

Nebenwirkungen: Allergische Reaktionen, reversible Blutbildveränderungen, Phlebitis, positiver Coombs-Test, Erhöhung der Transaminasen und der alkalischen Phosphatase, gastrointestinale Beschwerden (Erbrechen, Diarrhö).
Bei *Cefamandol, Cefmenoxim, Cefoperazon, Cefotetan* und *Latamoxef* kann es durch Vitamin-K-Antagonismus zu Blutungen und Alkoholintoleranz aufgrund der N-Methylthiotetrazol-Seitenkette kommen.
Bei der Anwendung von *Ceftriaxon* besteht besonders in hoher Dosierung die Gefahr einer reversiblen Gallensteinbildung.
Einteilung der Cephalosporine: Eine Einteilung läßt sich nach unterschiedlichen Gesichtspunkten vornehmen; sie differiert in der Literatur z. T. stark. Für die Praxis ausreichend ist eine Einteilung, die sich an der Aktivität der Verbindungen orientiert.

Cephalosporine der 1. Generation (Basis-Cephalosporine)

Die Substanzen dieser Gruppe entsprechen in ihrem *Wirkungsspektrum* etwa Ampicillin, besitzen daneben jedoch eine ausgeprägte Aktivität gegenüber Staphylokokken (auch Penicillinase-Bildnern). Enterokokken sind resistent. Basis-Cephalosporine sind weiterhin wirksam gegen die meisten Escherichia-coli-Stämme, Proteus mirabilis und Klebsiella pneumoniae. Gegenüber Problemkeimen wie Pseudomonas aeruginosa sind sie jedoch wirkungslos.
Indikationen: Infektionen durch empfindliche Erreger wie Atemwegs- und Wundinfektionen, perioperative Prophylaxe. Eine Kombination mit Aminoglykosiden wirkt synergistisch.
Wirkstoffe (Handelspräparate): Cefazedon (Refosporin), Cefazolin (Elzogram, Gramaxin).

Cephalosporine der 2. Generation (sog. Übergangs-Cephalosporine)

Die Substanzen dieser Gruppe haben ein erweitertes *Wirkspektrum* im gramnegativen Bereich bei gleichzeitig erhaltener Aktivität im grampositiven Bereich. Die β-Lactamase-Stabilität ist höher als bei den Cephalosporinen der 1. Generation. Das Wirkspektrum umfaßt u. a. A- und B-Streptokokken, Gonokokken, Meningokokken, Haemophilus influenzae, Escherichia coli, Proteus mirabilis und Klebsiellen. Resistent sind Pseudomonas aeruginosa, Bacteroides fragilis, Enterokokken, Mykoplasmen, Chlamydien, Mykobakterien sowie viele Stämme von Citrobacter, Enterobacter, Proteus vulgaris und Serratia. *Cefoxitin* besitzt eine stärkere Aktivität gegen Bacteroides-Arten und Proteus vulgaris, ist jedoch schwächer wirksam gegen Haemophilus influenzae und Gonokokken. *Cefuroxim* ist ausreichend liquorgängig. Es steht außerdem in Esterform als oral resorbierbares Cephalosporin zur Verfügung.

Indikationen: Pneumonien, Harnwegsinfektionen, Wund- und Gewebsinfektionen. Die Cephalosporine der 2. Generation sind aufgrund ihres Wirkungsspektrums und ihrer Pharmakokinetik außerdem zur perioperativen Prophylaxe gut geeignet. Eine Kombination mit Aminoglykosiden wirkt synergistisch.

Wirkstoffe (Handelspräparate): Cefamandol (Mandokef), Cefoxitin (Mefoxitin), Cefuroxim (Zinacef), Cefotiam (Spizef).

Cephalosporine der 3. Generation (Breitspektrum-Cephalosporine)

Die Substanzen dieser Gruppe weisen ein besonders breites *Wirkungsspektrum* und eine z. T. stärkere antibakterielle Aktivität gegenüber gramnegativen Erregern auf als die bisher aufgeführten Cephalosporine. Pseudomonas aeruginosa ist meist resistent, nur *Ceftazidim* und *Cefoperazon* besitzen eine gute Wirksamkeit gegenüber dem Problemkeim, wobei Cefoperazon gegen andere gramnegative Erreger schlechter als die anderen Substanzen dieser Gruppe wirkt. Die Wirksamkeit der Breitspektrum-Cephalosporine im grampositiven Bereich ist geringer als die der Cephalosporine der 1. und 2. Generation. So erfassen die Substanzen dieser Gruppe Staphylokokken nicht sicher.

Die einzelnen Verbindungen unterscheiden sich in ihrer *Pharmakokinetik*. *Ceftriaxon* braucht, im Gegensatz zu den anderen Substanzen, bei denen mehrfache Injektionen pro Tag erforderlich sind, aufgrund seiner langen Halbwertszeit nur noch einmal täglich appliziert zu werden.

Indikationen: Ungezielte Therapie schwerer lebensbedrohlicher Infektionen, wenn multiresistente gramnegative Keime zu erwarten sind. Hierbei ist stets eine kombinierte Behandlung mit einem Aminoglykosid oder Breitspektrumpenicillin durchzuführen. Bei den Substanzen dieser Gruppe handelt es sich um Reserveantibiotika.

Wirkstoffe (Handelspräparate): Cefmenoxim (Tacef), Cefoperazon (Cefobis), Cefotaxim (Claforan), Cefotetan (Apatef), Ceftazidim (Fortum), Ceftizoxim (Ceftix), Ceftriaxon (Rocephin), Latamoxef (Moxalactam).

Schmalspektrum-Cephalosporine

Das Wirkungsspektrum von *Cefsulodin* (Pseudocef) umfaßt nahezu ausschließlich Pseudomonas aeruginosa.

Oralcephalosporine

Das *Wirkungsspektrum* der älteren Oralcephalosporine (z. B. Cefalexin) entspricht in etwa dem der Cephalosporine der 1. Generation. *Cefaclor* hemmt zusätzlich auch Haemophilus influenzae.

Die Entwicklung bei den oralen Cephalosporinen verläuft in der Richtung, Cephalosporine der 2. und 3. Generation einer oralen Resorption zugänglich zu machen. Erstes Präparat dieser Entwicklung war der Acetoxyethylester von Cefuroxim (s. o.), das *Cefuroximaxetil.* Durch die Veresterung werden Resorptionsquoten von fast 50% erreicht. Neu hinzugekommen sind die oral resorbierbaren Cephalosporine der 3. Generation *Cefixim* und *Cefpodoxim,* die in ihrem Wirkspektrum Cefotaxim (s. o.) gleichen. Nicht zuletzt wegen ihres hohen Preises gelten die Oralcephalosporine lediglich als Reservemittel bei Atemwegs- und Harnwegsinfektionen, die auf andere Mittel (Aminopenicilline) nicht ansprechen. In der Pädiatrie werden sie wegen ihrer Haemophilus-Aktivität (Cefaclor, Cefixim) häufig in Saftform verwandt.

Wirkstoffe (Handelspräparate): Cefalexin (Ceporexin, Oracef), Cefaclor (Panoral), Cefadroxil (Bidocef), Cefuroximaxetil (Elobact, Zinnat), Cefixim (Cephoral), Cefpodoxim-Proxetil (Podomexef-Orelox).

Carbapeneme

Imipenem (in Zienam) besitzt derzeit von allen in die Therapie eingeführten Antibiotika das breiteste Wirkspektrum. Es wirkt gegen fast alle grampositiven und -negativen Bakterien, Aerobier und Anaerobier. Enterokokken und Pseudomonas aeruginosa sind ebenfalls empfindlich.
Imipenem ist in fixer Kombination mit dem Dihydropeptidase-Hemmstoff *Cilastatin* im Handel. Cilastatin verringert die enzymatische Inaktivierung von Imipenem in der Niere und gleichzeitig dessen (bei höherer Dosierung im Tierversuch beobachtete) Nephrotoxizität.
Imipenem ist eine Alternative zu Breitspektrum-Kombinationen, die bisher zur Initialtherapie schwerer bakterieller Infektionen und Mischinfektionen verwandt wurden.

Monobactame

Aztreonam (Azactam, Dynabiotic) besitzt eine sehr gute Wirksamkeit gegen gramnegative Aerobier einschließlich Pseudomonas aeruginosa. Grampositive Bakterien und Anaerobier sind gegen dieses Mittel resistent. Die Anwendung beschränkt sich daher nur auf die gezielte Therapie mit nachgewiesenen, empfindlichen Erregern.

Chloramphenicol

(s. auch Ophthalmika)

Pharmakodynamik: Chloramphenicol wirkt bakteriostatisch. Durch die Bindung an die 50-S-Untereinheit der Ribosomen hemmt es die bakterielle Proteinsynthese. Es besitzt ein ähnliches Wirkspektrum wie die Tetracycline.

Indikationen: Unter den u. g. Einschränkungen (s. NW) ist Chloramphenicol zur Behandlung von Typhus, Paratyphus und bakterieller Meningitis indiziert.

Kontraindikationen: Schädigung des Knochenmarks vor Therapiebeginn sowie schwere Lebererkrankungen und Niereninsuffizienz.

Nebenwirkungen: Chloramphenicol ist ein Reserveantibiotikum, das nur dann zum Einsatz kommen sollte, wenn verträglichere Substanzen unwirksam sind. Der Hauptgrund für diese Einschränkung ist die zwar selten auftretende, aber besonders schwere und möglicherweise letal verlaufende aplastische Anämie. Zudem kann es unter der Therapie mit Chloramphenicol zu einer dosisabhängigen, reversiblen Beeinträchtigung der Erythrozytenbildung und der Leukopoese kommen.
Bei Früh- und Neugeborenen trat bei Überdosierung das sog. „Gray-Syndrom" auf.
Ähnlich zu beurteilen ist die Analogsubstanz *Thiamphenicol.* Unter der Therapie wurde bislang zwar noch keine aplastische Anämie beobachtet, die Häufigkeit der Schädigung der Erythropoese war jedoch höher als beim Chloramphenicol.

Wechselwirkungen: Chloramphenicol verstärkt die Wirkung von Hydantoinen (s. Antiepileptika), Cumarinderivaten (s. Antikoagulantien) und Sulfonylharnstoffen (s. Antidiabetika, orale), außerdem erhöht es die Toxizität von Methotrexat.

Wirkstoffe (Handelspräparate): Chloramphenicol (Paraxin), Thiamphenicol (Urfamycine).

Glykopeptid-Antibiotika

Pharmakodynamik: Die Verbindungen dieser Gruppe hemmen den Aufbau der Bakterienzellwand und wirken bakterizid.
Ihr Wirkungsspektrum umfaßt u. a. Staphylokokken, Streptokokken, Clostridium difficile und Diphtheriebakterien. Gramnegative Keime sind völlig resistent.
Innerhalb dieser Gruppe besteht Kreuzresistenz. Es wurde jedoch keine Kreuzresistenz gegen andere Antibiotika und bislang keine Resistenzentwicklung unter der Therapie beobachtet.

Indikationen: Schwere Staphylokokken-Infektionen, die wegen Allergie gegen β-Lactam-Antibiotika oder Oxacillin-Resistenz nicht mit Penicillinen oder Cephalosporinen behandelt werden können. Behandlung der therapieresistenten Staphylokokken- oder Enterokokken-Endokarditis in Kombination mit Gentamicin bzw. Rifampicin.
Die orale Gabe von Vancomycin (fast keine Resorption) ist indiziert bei pseudomembranöser Enterokolitis (durch Clostridium difficile).

Kontraindikationen: Akutes Nierenversagen, Schwerhörigkeit sowie Schwangerschaft.

Nebenwirkungen: Allergische Reaktionen, Ototoxizität, besonders bei Kumulation infolge Niereninsuffizienz. Selten sind Neutropenie und Thrombozytopenie.

Wechselwirkungen: Bei Kombination mit potentiell oto- oder nephrotoxischen Pharmaka (z. B. Aminoglykosiden, Schleifendiuretika, Ciclosporin und Cisplatin) besteht eine erhöhte Gefahr von Hör- und Gleichgewichtsstörungen.

Beurteilung: Es handelt sich um wichtige Reserve-Antibiotika zur Behandlung von Staphylokokken-Infektionen. Bei pseudomembranöser Enterokolitis ist Vancomycin das Mittel der Wahl. Das neu eingeführte Glykopeptid-Antibiotikum Teicoplanin soll bei höherer Aktivität als Vancomycin geringere Nebenwirkungen aufweisen. Die klinischen Erfahrungen sind noch gering.

Wirkstoffe (Handelspräparate): Vancomycin (Vancomycin Lilly), Teicoplanin (Targocid).

Gyrasehemmstoffe

(s. auch Ophthalmika)

Pharmakodynamik und Indikationen: Die Verbindungen dieser Gruppe blockieren das bakterielle Enzym Gyrase. Dieses ist für eine spezielle Faltung der Bakterien-DNA verantwortlich. Die Hemmung der Gyrase führt zu einem Absterben der Bakterien.

Die älteren Gyrasehemmstoffe wie *Nalidixinsäure* (Nogram), *Cinoxacin* (Cinobactin) und *Pipemidsäure* (Deblaston) wurden ausschließlich bei Harnwegsinfektionen eingesetzt. Wegen ihrer ungünstigen Pharmakokinetik, geringen Aktivität und der schnellen Resistenzbildung unter der Therapie gelten sie heute als obsolet. Dagegen besitzen die neuen Gyrasehemmer aus der Gruppe der Fluorochinolone wie *Norfloxacin, Ofloxacin, Enoxacin, Temafloxacin* und *Ciprofloxacin* eine ausgezeichnete antibakterielle Aktivität, ein stark erweitertes Wirkspektrum und eine günstigere Pharmakokinetik. Sie sind jedoch im grampositiven Bereich weniger wirksam, so daß es unter der Therapie zu einer Überwucherung mit resistenten Staphylokokken und Pneumokokken kommen kann. Die Tendenz zur Resistenzentwicklung unter der Therapie ist zwar geringer als bei den älteren Präparaten, ist aber trotzdem gegeben. Zwischen den neueren Wirkstoffen besteht komplette Kreuzresistenz.

Aufgrund dieser Eigenschaften und der unerwünschten Wirkungen ist eine sorgfältige Indikationsstellung erforderlich.

Kontraindikationen: Im Tierversuch wurden Knorpelzellschädigungen in Epiphysenfugen und Gelenken junger Tiere mit der Folge einer Wachstumsstörung beobachtet. Die Verbindungen dieser Gruppe sind daher in der Schwangerschaft und Stillzeit sowie bei Kindern und bei Jugendlichen in der Wachstumsperiode kontraindiziert. Sie sollten weiterhin nicht bei Vorliegen einer Epilepsie angewandt werden.

Nebenwirkungen: Zentralnervöse Störungen (Kopfschmerzen, Unruhe, Verwirrtheit, Halluzinationen, psychotische Zustände, extrapyramidale Störungen und möglicherweise Krämpfe), die durch die Lipophilie und ZNS-Gängigkeit der Verbindungen erklärt werden, wobei das Reaktionsvermögen im Straßenverkehr beeinträchtigt sein kann; gastrointestinale Störungen wie Übelkeit, Erbrechen, Bauchschmerzen, Durchfall; gelegentlich schwere allergische Reaktionen wie Schock, Vaskulitiden, Exantheme und Hautblutungen.

Wechselwirkungen: Bei gleichzeitiger Gabe mit magnesium- bzw. aluminiumhaltigen Antazida wird die Resorption gestört. Die Theophyllin-Clearance wird durch Enoxacin und Ciprofloxacin reduziert. Zur Vermeidung von Überdosierungserscheinungen muß die Theophyllindosis reduziert werden.

- *Norfloxacin* ist zur oralen Behandlung von Harnwegsinfektionen zugelassen. Es wirkt gut auf gramnegative Stäbchen einschließlich Pseudomonas aeruginosa. Staphylokokken und Enterokokken sind weniger empfindlich, Streptokokken, Anaerobier, Mykoplasmen und Chlamydien resistent (s. a. Ophthalmika).
- *Ofloxacin* besitzt ein sehr breites Spektrum im gramnegativen und -positiven Bereich. Auch Legionellen, Chlamydien und Mykoplasmen sind empfindlich. Resistente Pneumokokken-, Enterokokken- und Staphylokokken-Stämme kommen vor. Die Häufigkeit einer Resistenz ist bei Pseudomonas aeruginosa – wahrscheinlich aufgrund des häufigen unkritischen Einsatzes – auf 15–20% angestiegen. Neben der oralen Anwendung kann auch eine parenterale Therapie durchgeführt werden (s. a. Opthalmika).
- *Ciprofloxacin* besitzt das gleiche Wirkungsspektrum wie Ofloxacin, ist jedoch bei gramnegativen Keimen (auch Pseudomonas aeruginosa) in vitro 4fach stärker wirksam. Die Resorption nach oraler Gabe ist geringer als die von Ofloxacin. Neben der oralen steht auch eine parenterale Applikationsform zur Verfügung. Dies ermöglicht die Therapie von lebensbedrohlichen Infektionen mit empfindlichen Keimen.

– *Enoxacin* besitzt bei einem ähnlich breiten Wirkungsspektrum wie Ofloxacin und Ciprofloxacin eine deutlich schwächer antibakterielle Aktivität. Die Gefahr zentralnervöser Nebenwirkungen ist größer als bei den anderen Verbindungen. Dies schränkt den Einsatz von Enoxacin ein.

Wirkstoffe (Handelspräparate): Norfloxacin (Barazan), Ofloxacin (Tarivid), Ciprofloxacin (Ciprobay), Enoxacin (Gyramid), Temafloxacin (Teflox).

Lincosamide

Pharmakodynamik: Das Wirkspektrum und der Wirkungsmechanismus ist ähnlich wie bei den Makrolid-Antibiotika. *Clindamycin* wirkt wesentlich stärker als *Lincomycin* und wird nach oraler Applikation unabhängig von der Nahrungsaufnahme resorbiert. Es ist gut gegenüber Staphylokokken und Anaerobiern wirksam. Besonders hervorzuheben ist die gute Diffusion in die Knochen. Es besteht partielle Kreuzresistenz zwischen den einzelnen Substanzen und gegen Erythromycin.

Indikationen: Clindamycin ist zur Behandlung von Anaerobier-Infektionen und von Staphylokokken-Infektionen bei Penicillin-Allergie oder Oxacillin-Resistenz geeignet. Eine orale Nachbehandlung ist bei staphylokokkenbedingter Osteomyelitis möglich.

Nebenwirkungen: Es wurden gastrointestinale Störungen sowie akute, zum sofortigen Abbruch der Therapie zwingende pseudomembranöse Kolitiden beobachtet. Bei Patienten mit eingeschränkter Nieren- oder Leberfunktion ist eine Dosisreduktion erforderlich.

Wechselwirkungen: Der Effekt von stabilisierenden Muskelrelaxantien (s. d.) wird verstärkt.

Wirkstoffe (Handelspräparate): Clindamycin (Sobelin), Lincomycin (Albiotic).

Makrolid-Antibiotika (Erythromycin-Gruppe)

Pharmakodynamik: Die Verbindungen dieser Gruppe hemmen die Proteinsynthese von Bakterien durch Bindung an die 50-S-Untereinheiten der Ribosomen. Ihr Wirkungstyp ist bakteriostatisch.
Zwischen den einzelnen Substanzen der Gruppe besteht partielle Kreuzresistenz.

Indikationen: Makrolide sind bei Infektionen mit grampositiven Erregern (A-Streptokokken, Pneumokokken) indiziert, die gegen Penicilline resistent sind oder wenn eine Penicillinallergie vorliegt. Da Staphylokokken und Haemophilus influenzae teilweise resistent sind, ist der Einsatz hier problematisch. *Erythromycin* gilt als Mittel der Wahl bei Infektionen mit Mykoplasmen und Legionellen und zur Erregerelimination bei Keuchhusten. Sein Wirkungsspektrum umfaßt auch Chlamydien. *Josamycin* hat keinerlei Vorteile gegenüber Erythromycin; seine Wirksamkeit bei vielen Erregern ist geringer. *Spiramycin* besitzt zusätzlich eine schwache Wirkung auf Toxoplasma gondii und kann bei einer Toxoplasmose auch in der Schwangerschaft gegeben werden. Die Verbindungen werden oral resorbiert. Die neuen Erythromycin-Derivate *Roxithromycin* und *Clarithromycin* besitzen bei gleichem antibakteriellen Spektrum und gleicher Wirksamkeit wie Erythromycin und vollständiger Kreuzresistenz pharmakokinetische Vorteile gegenüber der Altsubstanz: Hierzu zählt die ausgeprägte Säurestabilität mit daraus resultierender verbesserter Resorption, dementsprechend höheren Serum- und Gewebespiegeln sowie eine längere Plasmahalbwertzeit. In der Praxis können die Arzneistoffe daher wesentlich niedriger dosiert werden als Erythromycin (2mal 150 bzw. 2mal 250 mg gegenüber 4mal 500 mg). Zudem scheint die Inzidenz von Wechselwirkungen niedriger als bei Erythromycin zu sein.

Nebenwirkungen: Gastrointestinale Störungen, Überempfindlichkeitsreaktionen sowie – nach Überdosierung bei Niereninsuffizienz – ein reversibler Gehörverlust.

Wechselwirkungen: Makrolid-Antibiotika verstärken die Gefahr eines Ergotismus durch Dihydroergotamin (s. d.) bzw. nicht hydrierte Mutterkorn-Alkaloide (s. d.) und die Nephrotoxizität von Ciclosporin (s. d.). Erythromycin hemmt den Metabolismus von Theophyllin (s. d.). Hierdurch kommt es zu einer Verlängerung der Wirkdauer. Bei gleichzeitiger Anwendung mit Digoxin, Carbamazepin, Methylprednisolon und oralen Antikoagulantien kann es zu Erhöhung der Plasmaspiegel und verstärkter Toxizität kommen.

Wirkstoffe (Handelspräparate): Clarithromycin (Klacid, Cyllind), Erythromycin (Erythrocin, Paediathrocin u. v. a), Josamycin (Wilprafen), Roxithromycin (Rulid), Spiramycin (Rovamycine, Selectomycin).

Nitrofuran-Derivate

Pharmakodynamik: Die Wirkungsweise ist bakteriostatisch, und das Wirkungsspektrum erstreckt sich auf gramnegative und einige grampositive Erreger. Die Resistenzentwicklung ist gering, Kreuzresistenz gegen andere Antiinfektiva besteht nicht.

Nitrofurantoin

Indikationen: Wegen der möglichen toxischen Erscheinungen gilt die Substanz nur noch als Reserveantibiotikum zur Therapie und Rezidivprophylaxe von Harnwegsinfektionen.

Kontraindikationen: Nierenfunktionsstörungen, Neuritiden, Polyneuritis, Schwangerschaft und Stillzeit und – wegen der Gefahr einer hämolytischen Anämie – Anwendung bei Neugeborenen.

Nebenwirkungen: Besonders bei zu rascher Resorption können Kopfschmerzen, Schwindel und Erbrechen auftreten. Selten wurden interstitielle Lungenfibrosen sowie – vor allem bei renalen Ausscheidungsstörungen – periphere Neuropathien und Leberschäden beobachtet. Allergische Reaktionen von geringem Schweregrad sind relativ häufig.

Handelspräparate: z. B. Cystit, Furadantin, ituran, Uro-Tablinen.

Nitrofurazon

Indikationen: Lokal bei Haut- und Wundinfektionen sowie bei Infektionen des Ohres.

Nebenwirkungen: Insbesondere bei längerfristiger Anwendung kann ein allergisches Kontaktekzem auftreten.

Handelspräparat: Furacin.

Polypeptid-Antibiotika

Wegen der im Vergleich zu anderen Antibiotika schlechteren Verträglichkeit sollten diese Stoffe nicht parenteral appliziert werden. Sie können peroral zur Darmdesinfektion oder als Lokalantibiotika eingesetzt werden.

Wirkstoffe (Handelspräparate): Polymyxin B (Polymyxin B „Pfizer"), Colistin (Colistin), Bacitracin (in Kombination z. B. in Nebacetin), Tyrothricin (Tyrosur).

Sulfonamide, Trimethoprim und Kombinationen

Sulfonamide

Pharmakodynamik: Sulfonamide sind synthetische Substanzen, die als Antimetaboliten wirken, indem sie kompetitiv p-Aminobenzoesäure verdrängen, die von Bakterien zum Aufbau der Folsäure benötigt wird. Sie wirken bakteriostatisch.

Indikationen: Die Zunahme resistenter Bakterienstämme und die Entwicklung wirksamerer Antibiotika haben die Anwendung der Sulfonamide stark eingeschränkt.
Eingesetzt werden sie noch

- in der Monotherapie beim Trachom,
- in der Kombination mit *Trimethoprim* o. ä. (s. u.),
- zur Behandlung der Toxoplasmose in Kombination mit Pyrimethamin (Sulfadiazin-Heyl oder Longum + Daraprim),
- zur Therapie und Prophylaxe der Malaria in Kombination mit *Pyrimethamin* (Fansidar) und
- als *Silbersulfadiazin* bei Verbrennungen (Flammazine).

Die lokale Anwendung sollte wegen der Gefahr einer Sensibilisierung vermieden werden (Ausnahme: Verbrennungen und Anwendung am Auge).

Kontraindikationen: Schwere Leber- oder Nierenfunktionsstörungen, schwere Blutbildveränderungen, akute Porphyrie und angeborener Glucose-6-phosphat-Dehydrogenase-Mangel. Ferner sollten sie nicht in der Schwangerschaft und Stillzeit sowie beim Neugeborenen (Auslösung eines Kernikterus) angewandt werden.

Nebenwirkungen: Gastrointestinale Unverträglichkeitsreaktionen, Überempfindlichkeitsreaktionen wie Exantheme, Fieber, Stevens-Johnson- und Lyell-Syndrom, Vaskulitis, Agranulozytose und Thrombozytopenie. Nierenschädigungen sind nach der Applikation von Sulfonamiden mit hoher Azetylierungsrate und bei gleichzeitig ungenügender Flüssigkeitszufuhr infolge des Auskristallisierens der N-4-Acetylsulfonamide beobachtet worden. Bei Neugeborenen können Sulfonamide einen Kernikterus durch Verdrängung des an Plasmaeiweiß gebundenen Bilirubins auslösen.

Wechselwirkungen: Lokalanästhetika, die einen p-Aminobenzoesäurerest enthalten, z. B. Benzocain oder Procain, verringern die

Sulfonamidwirkung. Sulfonamide verstärken die blutzuckersenkende Wirkung von Sulfonylharnstoffen und erhöhen die Toxizität von Methotrexat.

Wirkstoffe (Handelspräparate): Sulfadiazin (Sulfadiazin-Heyl), Sulfalen (Longum).

Trimethoprim-Gruppe

Pharmakodynamik: Die Substanzen dieser Gruppe hemmen die bakterielle Dihydrofolsäurereduktase und damit die Bildung der für die Übertragung von Einkohlenstofffragmenten notwendigen Tetrahydrofolsäure. Das Wirkungsspektrum umfaßt zahlreiche grampositive und -negative Erreger, in höheren Konzentrationen auch andere Mikroorganismen, z. B. Pneumocystis carinii. Trimethoprim allein ist nur zur Behandlung unkomplizierter Harnwegsinfektionen zugelassen. Es besteht die Gefahr einer Resistenzentwicklung unter der Therapie.

Kontraindikationen: Thrombo- und Granulozytopenie, megaloblastäre Anämie und Schwangerschaft.

Nebenwirkungen: Es wurden Übelkeit und vereinzelt Exantheme beobachtet. Bei längerer Anwendung können Blutbildveränderungen auftreten.

Wirkstoffe (Handelspräparate): Trimethoprim (TMP-ratiopharm, Trimanyl, Trimono), Tetroxoprim (in Sterinor).

Cotrimoxazol und ähnliche Kombinationen

Pharmakodynamik: Die Kombinationen von Trimethoprim und Sulfonamiden führen zu einer verstärkten Hemmung der bakteriellen Folsäuresynthese und stellen ein sinnvolles Kombinationsprinzip mit breitem antibakteriellem Wirkspektrum dar. In Cotrimoxazol, einer fixen Kombination von Trimethoprim und Sulfamethoxazol im Verhältnis 1:5, besitzen beide Kombinationspartner nahezu gleiche pharmakokinetische Eigenschaften.
Die ähnliche Kombination von Sulfadiazin und Tetroxoprim bietet keinerlei Vorteile.

Indikationen: Mittel der Wahl bei Harnwegsinfektionen und Pneumocystis-carinii-Pneumonien; Alternative bei der akuten und chronischen Bronchitis, bei Sinusitiden und Enteritiden.

Nebenwirkungen, Kontraindikationen, Wechselwirkungen: entsprechen denen der beiden Monosubstanzen. In hoher, wie z. B. zur Behandlung der Pneumocystis-carinii-Pneumonie erforderlichen Dosierung wurden vermehrt Hautveränderungen beobachtet.

Wirkstoffkombinationen (Handelspräparate): Sulfamethoxazol/Trimethoprim (Kepinol, Cotrim-ratiopharm, Eusaprim, Bactrim, TMS, Supracombin u. v. a.), Sulfadiazin/Tetroxoprim (Sterinor).

Tetracycline

Pharmakodynamik: Die Verbindungen dieser Gruppe sind bakteriostatisch wirkende Antibiotika mit ähnlichem Wirkungsspektrum. Sie verhindern die Bindung von Aminoacyl-tRNA an die Akzeptorstellen der Ribosomen und hemmen so die bakterielle Proteinbiosynthese. Ihr Wirkungsspektrum umfaßt A-Streptokokken, gramnegative Stäbchen, Rickettsien, Spirochäten, Mykoplasmen und Chlamydien. Zwischen allen Tetracyclinen (Ausnahme: Minocyclin bei Staphylokokken) besteht komplette Kreuzresistenz.

Pharmakokinetik: Die Tetracycline werden nach oraler Gabe unterschiedlich gut resorbiert. Die lipophileren Substanzen Doxycyclin und Minocyclin werden zu über 90% resorbiert. Einige Tetracycline können auch parenteral gegeben werden (Doxycyclin, Rolitetracyclin).

Indikationen: Infektionen durch empfindliche gramnegative Stäbchen; Behandlung von akuten Schüben chronischer Bronchitiden und bei interstitieller Pneumonie; bestimmte Hautkrankheiten (Akne, Rosazea) und verschiedene Infektionskrankheiten wie u. a. Tularämie, Pest, Trachom, Listeriose und Cholera. Doxycyclin sollte wegen der guten Resorption und Verträglichkeit bevorzugt werden.

Kontraindikationen: Schwere Leber- und Nierenfunktionsstörungen, Schwangerschaft und Stillzeit sowie Säuglinge und Kinder bis zum 8. Lebensjahr.

Nebenwirkungen: Nach oraler Gabe werden gastrointestinale Störungen beobachtet. Dies gilt besonders für Verbindungen mit niedriger Resorptionsrate. Die physiologische Darmflora kann wie bei anderen Breitspektrum-Antibiotika mit der Folge einer Überwucherung durch Pilze und resistente Keime geschädigt werden. Tetracycline können zur Zahnverfärbung, zur Hypoplasie des Zahnschmelzes und bei Kindern unter 8 Jahren sowie beim Feten zu einem anormalen Knochenwachstum führen. Sie sind daher bei diesem Patientenkreis kontraindiziert.

Tetracycline können auch eine Photosensibilität auslösen. Zentralnervöse Störungen (Schwindelanfälle) kommen nach Minocyclin häufiger vor.

Wechselwirkungen: Nahrungsaufnahme kann besonders die Resorption der älteren Tetracycline beeinflussen. Antazida (s. d.), die Aluminium-, Calcium- oder Magnesium-Ionen enthalten, Eisensalze und Colestyramin vermindern die Resorption. Tetracycline verstärken die Wirkung von Cumarin-Derivaten (s. Antikoagulantien) und Sulfonylharnstoffen (s. Antidiabetika, orale), außerdem erhöhen sie die Toxizität von Methotrexat und Ciclosporin sowie die Gefahr einer Nierenschädigung durch Methoxyfluran.

Wirkstoffe (Handelspräparate): Doxycyclin (Azudoxat, Doxy, Sigadoxin, Vibramycin, Vibravenös), Minocyclin (Kinomycin), Tetracyclin (Hostacyclin, Supramycin), Oxytetracyclin (Terramycin).

Sonstige Antiinfektiva

Fosfomycin

Pharmakodynamik: Fosfomycin ist ein bakterizides Breitspektrum-Antibiotika, das sich in seiner chemischen Struktur von allen anderen Antibiotika grundlegend unterscheidet. Als Wirkungsmechanismus wurde eine Störung der Zellwandbiosynthese durch Hemmung der ersten Schritte der Peptidoglykansynthese gefunden. Das *Wirkungsspektrum* umfaßt hauptsächlich Staphylokokken, daneben Streptokokken und einige gramnegative Keime. Es besteht keine Kreuzresistenz mit anderen Antibiotika, aber eine Resistenzentwicklung unter der Therapie ist möglich.

Indikationen: Fosfomycin gilt als Reserveantibiotikum, z. B. bei Staphylokokken-Infektionen.

Nebenwirkungen: Gastrointestinale Beschwerden, Kopfschmerzen, Phlebitiden, Erhöhung von Leberenzymen sowie allergische Reaktionen.

Handelspräparat: Fosfocin.

Mupirocin

Pharmakodynamik: Mupirocin wirkt auf Staphylokokken und Streptokokken bakteriostatisch. Es hemmt die Proteinsynthese der Bakterien.

Indikationen: Es ist zur Lokaltherapie von Hautinfektionen mit sensiblen Erregern indiziert.

Handelspräparat: Eismycin.

Antikoagulantien

Antikoagulantien sind Arzneistoffe, die im Rahmen der Prophylaxe und Therapie thromboembolischer Erkrankungen sowie bei der Herstellung von Blutkonserven die Gerinnungsfähigkeit des Blutes herabsetzen sollen. Je nach Typ eignen sich Antikoagulantien nur für die Anwendung in vitro (Entzug von Ca^{2+}) oder in vivo (Cumarin-Derivate) oder für beide Zwecke (Heparine). Sie können die Gerinnungsfähigkeit vollständig (Ca^{2+}-Entzug) oder teilweise aufheben. Dies kann durch eine direkte Interaktion mit den Gerinnungsfaktoren (direkte A.) oder durch Eingriff in deren Biosynthese (indirekte A.) erfolgen. Es werden folgende Gruppen unterschieden:

Antikoagulantien durch Entzug von Calcium-Ionen

Pharmakodynamik und Anwendung: Durch eine Komplexierung (Na-Citrat, Na-EDTA) oder Ausfällung (Na-Oxalat oder Na-Fluorid) von Calcium kann die Gerinnungsfähigkeit von Blut vollständig aufgehoben werden. Dieses Prinzip eignet sich nur für die Anwendung in vitro, da ein Calcium-Entzug in vivo zu Tetanie führen würde. Citratplasma kann zur Bluttransfusion verwendet werden; es muß jedoch langsam transfundiert werden.

Indikationen: Für die Stabilisierung von Blutproben und Blutkonserven.

Heparine

Heparin ist ein körpereigenes, in Mastzellen und basophilen Granulozyten gebildetes Glykosaminglykan. Es besteht aus unverzweigten Ketten einander sich wiederholender Disaccharide (Acetyl-D-Glucosamin, D-Glucuronsäure, Iduronsäure; über die 2-OH-, 2-NH_2-, z. T. auch über die 6-OH-Gruppe in unterschiedlichem Maße sulfatiert) in 1,4-glykosidischer Verknüpfung.

Pharmakodynamik: Durch eine Komplexierung mit Antithrombin III potenziert Heparin dessen Wirkungen und unterbindet so die Blutgerinnung. Der Heparin-Antithrombin-III-Komplex inaktiviert Thrombin und die Gerinnungsfaktoren IXa, Xa, XIa, XIIa. Die Wirkung bereits gebildeten Thrombins wird aufgehoben (in hoher Dosis zusätzlich Thrombozytenaggregationshemmung). Heparin aktiviert weiterhin eine Lipoproteinlipase (Klärwirkung auf lipämisches Plasma), beschleunigt den Abbau von Histamin und reduziert die Histaminwirkungen.

Die Heparinwirkung ist an die negativen Ladungen gebunden. Sie nimmt daher mit steigendem Sulfatierungsgrad zu und kann durch Polykationen (Protaminsulfat) sofort aufgehoben werden. Heparin ist bei parenteraler Gabe unmittelbar, wegen der raschen Biotransformation aber nur kurz wirksam steuerbar; muß in kurzen Abständen oder Dauerinfusion gegeben werden).

Wirkstoffgruppen:

- *Standard-Heparine (SH):* SH werden aus Schweinedarmmukosa gewonnen und haben ein durchschnittliches Molekulargewicht von 12000–15000 (Bereich 5000–30000). Die Kettenlänge und Sulfatierungsgrad sind vom Aufarbeitungsverfahren und von der Art des extrahierten Organmaterials abhängig. SH zeigen alle genannten Wirkungen und Nebenwirkungen; die Wirkdauer kann durch Depotpräparate verlängert werden.
- *Niedermolekulare Heparine (NH):* NH werden durch Heparinase-Behandlung bzw. durch saure Depolymerisierung aus SH gewonnen und haben ein durchschnittliches Molekulargewicht von 4000–6000. Die Eigenschaften schwanken je nach MG und Herstellungsverfahren. Zur Therapiekontrolle muß die Anti-Xa-Aktivität bestimmt werden. Bei gleichzeitigem Erhalt oder Verstärkung der Anti-Faktor-Xa-Aktivität nimmt die Hemmung für Thrombin und die übrigen Gerinnungsfaktoren mit dem Heparin-Molekulargewicht ab. Da die hämorrhagischen Nebenwirkungen auf eine globale Gerinnungshemmung, die antithrombotische Wirksamkeit dagegen in starkem Maße auf die Anti-Xa-Aktivität zurückgeführt wird, wurden NH in die Therapie eingeführt. Die erwartete signifikante Senkung der Blutungskomplikationen konnte bislang nur im Tierversuch nachgewiesen werden. Bei der klinischen Erprobung ergab sich ein uneinheitliches Bild (vergleichbar gute antithrombotische Wirkung, Blutungen z. T. vermindert, z. T. gesteigert). Ein wesentlicher Vorteil ist in der höheren B… längeren Wirkdauer (ca… gen!) zu sehen, die eine ei… subkutane Gabe erlauben; N… gegen ist der deutlich höhere Pr… noch fehlende einheitliche Stan… rung der verschiedenen Präparate.
- *Heparinoide:* Partialsynthetisch gewonnene Polysaccharidschwefelsäureester mit heparinartiger Wirkung werden als Heparinoide bezeichnet. Die in Externa in großem Umfang eingesetzten Arzneistoffe, die als preisgünstigere Alternativen zu Heparinen synthetisiert wurden, weisen keine Vorteile auf. Sie sind in der Regel schwächer wirksam und zeigen eine geringere therapeutische Breite.

Indikationen:

- *Prophylaxe und Therapie thromboembolischer Erkrankungen:* In voll antikoagulierender Dosis zur Initialbehandlung von Thrombosen, Embolien, Infarkten, in niedriger Dosierung (low-dose-Heparin) zur insbesondere postoperativen Prophylaxe von Venenthrombosen oder Lungenembolien. Geeignet sind SH und NH (letztere gelten bei einer Anti-Xa-Aktivität < 1 E/ml als sicher und voll wirksam und können auch für die ambulante Prophylaxe eingesetzt werden).
- *Verbrauchskoagulopathien* im Rahmen schwerer bakterieller Infekte, bei Schockzuständen, Tumoren etc. lassen sich mit Heparin (SH) behandeln bzw. unterbrechen.
- *Als Antikoagulans bei extrakorporaler Hämodialyse;* beim Einsatz der Herz-Lungen-Maschine werden SH und NH in voll gerinnungshemmender Dosis eingesetzt. NH scheinen bei Langzeittherapie besser verträglich (Nachblutungen vermindert, geringere Auswirkungen auf Lipidstoffwechsel und Immunsystem).
- *Zur Stabilisierung von Blutkonserven und Blutproben (SH).*
- Heparinoide und SH werden in Form von Externa *zur topischen Behandlung oberflächlicher Thrombosen und Thrombophlebitiden,* von geschlossenen Sportverletzungen und Hämatomen eingesetzt (die Pharmaka penetrieren in tiefere Hautschichten, systemische Effekte sind jedoch unwahrscheinlich, die Wirksamkeit umstritten).

Kontraindikationen: Manifeste bzw. latente Blutungen im Gastrointestinaltrakt (Ulze-

arzinome Ösophagusvarizen etc.), im genitaltrakt (Nierensteine, hämorrhagi e Zystitis), im Respirationstrakt (z. B ungentuberkulose), im ZNS (hämorrhagi cher Hirninfarkt), weiterhin bei general sierter Blutungsneigung, während und bis z 14 Tage nach Operationen am Auge, an d Prostata und im ZNS.

Nebenwirkungen:

– *SH:* Relativ häufig Haut- bzw. Schleim hautblutungen, flächenhafte Blutungen der Injektionsstelle bei subkutaner, H matome bei intramuskulärer Gabe u Thrombozytopenien; seltener anaphyla toide Reaktionen, reversibler Haarausfal Kaliumretention sowie bei längerer A wendung Osteoporose mit Auftreten vo Spontanfrakturen.

– *NH:* Aufgrund bisheriger klinischer Be funde noch keine eindeutige Reduktion der Blutungskomplikationen erkennbar, nach (in naher Zukunft zu erwartender) Standardisierung und korrekter Dosierung aber möglich (keine Thrombopenien).

Bei Überdosierungen sofortiges Absetzen der Heparin-Medikation zumeist ausreichend (bei schweren Blutungszwischenfällen: Protaminsulfat als sofort wirksames Antidot).

Wechselwirkungen: Die Heparinwirkung wird durch eine gleichzeitige Gabe von Thrombozyten-Aggregationshemmern (s. d.) (Dextran, Acetylsalicylsäure, Dipyridamol etc.) verstärkt. Das Risiko gastrointestinaler Blutungen ist im Rahmen einer Therapie mit Acetylsalicylsäure erhöht. Eine Wirkungsabschwächung können H_1-Antihistaminika (s. d.), Vitamin C, Digoxin, Nicotin, Phenothiazine, Penicilline und Tetracycline (s. Antiinfektiva) bewirken.

Heparin stört die Laborbestimmung zahlreicher Substanzen (z. B. von Prothrombin, Cholesterol, Glucose und Corticosteroiden) und kann bei gleichzeitiger Infusion zu Inkompatibilitäten führen (z. B. Erythromycin, Gentamicin, Hydrocortison, Morphin, Penicillin G, Suxamethoniumchlorid, Tetracycline).

Wirkstoffe (Handelspräparate):

– *Standardheparine:* Heparin-Natrium (Heparin-Injekt, Heparin-Natrium von Kali-Chemie, ratiopharm, medac, Braun, Nattermann, Heparin Novo, Heparin Riker), Heparin-Calcium (Calciparin, Calcium-Heparin-Nattermann, Heparin-Calcium von Kali-Chemie, ratiopharm, medac, Braun), Depot-Heparine (Depot Heparin Novo, Depot-Thrombophob).

– *Niedermolekulare Heparine* (Mono-Embolex, Fragmin P 2500, Fraxiparin 0,3, Lovenox, Tedelparin).

– *Heparinoide:* Natriumpentosanpolysulfat (Fibrezym, Thrombocid), Mucopolysaccharid-Polyschwefelsäureester (Hirudoid), Natriumapolat (im Pergalen), Polysaccharid-Sulfosäure-Na-Salz (Lasonil).

Vitamin-K-Antagonisten (Cumarin-Derivate)

Pharmakodynamik und Anwendung: Als ompetitive Antagonisten des Vitamins K_3 emmen *Cumarin-Derivate* (mittellang wirk m: Warfarin, Acenocoumarol; lang wirk m: Phenprocoumon) die Regeneratioin n Vitamin-K-Hydrochinon aus Vitamin-K- poxid und damit die durch das Vitamin talysierte γ-Karboxylierung von Glutamin uren in Gerinnungsfaktorvorstufen (indi kte Antikoagulantien). Die unzureichende patische Bildung von Prothrombin, Faktor I, IX und X kann sich jedoch erst manife ren, wenn die Konzentration vorhande Gerinnungsfaktoren unter einen kriti en Wert abfällt; die Wirkung setzt daher einer Latenzzeit von 1–4 Tagen an. We der geringen therapeutischen Breite und erheblichen Risikos gravierender Inter onen muß die Dosierung individuell an aßt und die Beeinflussung der Gerin ngsfähigkeit engmaschig kontrolliert wer d (Quick-Test: anfangs täglich, später alle 1–4 Wochen). Eine sorgfältige Information (Wirkweise, Nebenwirkungen, Interaktionen) der Patienten ist im Interesse der Compliance und zur Vermeidung hämorrhagischer Komplikationen notwendig. Der Einsatz von Vitamin-K-Antagonisten ist nur zu vertreten, wenn die ambulante Überwachung des Gerinnungsstatus gewährleistet ist.

Indikationen: Cumarin-Derivate sind zur oralen Langzeitprophylaxe und Therapie von Thromboembolien indiziert (zur individuellen Dosiseinstellung: Prothrombin-Konzentration etwa 10–15% der Norm).

Kontraindikationen: Entsprechen weitgehend denen der Heparine. Im Gegensatz zu diesen zusätzlich Schwangerschaft und Stillzeit.

Nebenwirkungen: Gastrointestinale Störungen, Übelkeit, Erbrechen; Haut- und Schleimhautblutungen, Blutungen im Magen-Darm- und Urogenitaltrakt.

Bei leichteren Blutungen genügt Dosisreduktion oder Absetzen. Bei schweren Komplikationen ist Vitamin K_3 als Antidot nicht rasch genug wirksam (die Neusynthese von Gerinnungsfaktoren bedingt eine Latenzzeit von ca. 5–6 h); hier eignen sich lediglich parenterale Gaben von Gerinnungsfaktor-Konzentraten.

Wechselwirkungen: Wegen der sehr hohen PEB und der geringen therapeutischen Breite sind zahlreiche pharmakokinetische und pharmadynamische Interaktionen möglich:

Abschwächung der Cumarin-Wirkung (Thromboserisiko) durch
- Hemmung der Resorption (Colestyramin, Griseofulvin, s. Antazida),
- Enzyminduktoren (Barbiturate),
- kompetitiven Antagonismus (Vitamin K_3).

Verstärkung der Cumarin-Wirkung (Blutungsgefahr) durch
- Verdrängung aus der PEB (Clofibrat und Derivate, nichtopioide Analgetika [s. d.], z. B. Phenylbutazon, Indometacin, Oxyphenbutazon, Salicylate, Fenoprofen, Mefenaminsäure, Phenytoin, Langzeit-Sulfonamide [s. Antiinfektiva, Sulfonamide], Tolbutamid);
- Hemmung der Biotransformation (Chloramphenicol, Allopurinol, Amiodaron, Cimetidin, Isoniazid, Metronidazol);
- Erhöhung der Rezeptoraffinität (s. Schilddrüsenhormone, Androgene, Anabolika);
- verminderte Vitamin-K-Verfügbarkeit (Breitspektrum-Antiinfektiva);
- verminderte hepatische Synthese von Gerinnungsfaktoren (Acetylsalicylsäure in hoher Dosis, Cyclophosphamid, Methotrexat, Methyl- und Propylthiouracil).

Wirkstoffe (Handelspräparate): Acenocoumarol (Sintrom), Warfarin (Coumadin), Phenprocoumon (Marcumar).

Antikonvulsiva s. Antiepileptika

Antilymphozytenglobulin s. Immunsuppressiva

Antimetaboliten s. Zytostatika, Antimetaboliten

Antimykotika

Antimykotika dienen zur Behandlung von Pilzerkrankungen.

Antimykotisch wirkende Antibiotika

Hierzu gehören die Polyen-Antibiotika Nystatin, Natamycin, Amphotericin B sowie Griseofulvin.

Pharmakodynamik: Die Wirkung der Polyen-Antibiotika beruht auf einer Bildung von Komplexen mit Sterolen in der Zytoplasmamembran der Pilze. Durch Zusammenschluß mehrerer solcher Komplexe bildet sich eine Pore, durch die Zellbestandteile austreten können.

- *Nystatin* ist vor allem gegen Candida albicans (Soor) und andere Candida-Arten wirksam. Nach oraler Gabe wird Nystatin praktisch nicht resorbiert. Parenteral darf es wegen seiner Toxizität nicht gegeben werden.
  Nystatin ist Mittel der Wahl bei lokalen Candida-albicans-Infektionen.
- *Natamycin* wird ähnlich wie Nystatin lokal bei Candida-albicans-Infektionen eingesetzt.
- *Amphotericin B* ist bei zahlreichen Mykosen, die von Sproßpilzen hervorgerufen werden (Aspergillosen, Blastomykosen, Kryptokokkosen oder Kandidose), gut wirksam. Mit Nystatin besteht Kreuzresistenz. Da Amphotericin B nach peroraler Gabe kaum resorbiert wird und nur lokal im Gastrointestinaltrakt wirkt, wird es bei generalisierten Pilzinfektionen mit einer intravenösen Dauertropfinfusion zugeführt. Wegen der schweren Nebenwirkungen (Nephrotoxizität) darf es nur nach strenger Indikationsstellung und unter klinischer Überwachung des Patienten parenteral appliziert werden. Die kombinierte Behandlung mit einem anderen nephrotoxischen Arzneistoff ist zu vermeiden.
  Amphotericin B wirkt in der Kombination mit Flucytosin synergistisch.
- *Griseofulvin* ist nur gegen Dermatophyten wirksam. Der Wirkungsmechanismus des fungistatischen Antibiotikums ist noch nicht genau bekannt. Nach längerer Anwendung wird es selektiv in die keratogenen Schichten der Epidermis, der Haare und Nägel eingelagert und wirkt dort. Die Resorption nach oraler Applikation hängt von der Teilchengröße des Wirkstoffes ab und läßt sich durch fettreiche Mahlzeiten verbessern. Das Indikationsgebiet umfaßt alle Dermatomykosen, bei denen eine lokale Therapie nicht ausreicht.

Nebenwirkungen: gastrointestinale und zentralnervöse Störungen (z.B. Kopfschmerzen), allergische Reaktionen und gelegentlich reversible Leukopenie.
Griseofulvin schwächt die Wirkung von oralen Antikoagulantien und oralen Kontrazeptiva ab. In der *Schwangerschaft* ist es wegen seiner im Tierversuch beobachteten embryotoxischen und teratogenen Wirkungen kontraindiziert.

Wirkstoffe (Handelspräparate): Nystatin (Candio-Hermal, Moronal u.v.a.), Natamycin (Pimafucin), Amphotericin B (Ampho-Moronal), Griseofulvin (Fulcin S, Likuden M).

Flucytosin

Flucytosin wird von Hefezellen in das Zytostatikum 5-Fluorouracil umgewandelt und dieses als falscher Baustein in die RNA eingebaut. Flucytosin wird nach oraler Gabe gut resorbiert und steht außerdem in einer Arzneiform zur parenteralen Anwendung zur Verfügung. Es ist zur Therapie einer systemischen Kandidose, von Kryptokokkosen und Chromoblastomykosen indiziert. Eine Resistenzentwicklung während der Therapie ist möglich, außerdem sind etwa 10% der Candida-Arten primär unempfindlich. Flucytosin wirkt in der Kombination mit Amphotericin B synergistisch.

Handelspräparat: Ancotil.

Antimykotisch wirksame Azol-Derivate

Azole sind Breitspektrum-Antimykotika, die hemmend in die Biosynthese von Ergosterol, einem essentiellen Bestandteil der Zellmembranen von Pilzen, eingreifen. Die Substanzen dieser Gruppe sind bei Infektionen durch Dermatophyten, Hefen und Schimmelpilze wirksam.

- *Clotrimazol* wird wegen stärkerer Nebenwirkungen und stark schwankenden Resorptionsquoten bei oraler Gabe nur lokal eingesetzt. Hier ist die Substanz gut verträglich.
  Analogsubstanzen, die ebenfalls nur lokal angewandt werden, sind *Isoconazol, Econazol, Oxiconazol, Bifonazol* und *Tioconazol.*
- *Miconazol* ist bei der systemischen Anwendung besser verträglich als Clotrimazol und kann auch parenteral angewandt werden; oral wird es nicht resorbiert.
- *Ketoconazol* ist ebenfalls zur systemischen Anwendung geeignet und kann auch oral verabfolgt werden. Es wird bei Haut-, Schleimhaut- und Haarmykosen, deren lokale Behandlung nicht ausreicht, sowie bei Organ- und Systemmykosen eingesetzt.
  An *Nebenwirkungen* wurden u.a. gastrointestinale Beschwerden wie Übelkeit, Erbrechen und Bauchschmerzen, allergische Reaktionen, Thrombozytopenie, Veränderungen der Leberfunktionswerte, selten Hepatitis und eine verminderte Testosteron-Synthese (Impotenz, Gynäkomastie) beobachtet.
  Die Resorption wird durch Medikamente beeinflußt, die die Magensäuresekretion vermindern bzw. den pH-Wert des Magens verändern (z.B. H_2-Antagonisten, Antazida). In der *Schwangerschaft* ist es wegen der im Tierversuch beobachteten embryotoxischen Wirkung kontraindiziert.
- *Fluconazol:* Das Antimykotikum aus der Azol-Reihe ist oral und intravenös anwendbar. Von Ketoconazol unterscheidet es sich insbesondere durch seine gute Liquorgängigkeit, woraus seine gute Eignung zur Behandlung pilzbedingter Meningitiden resultiert. Wegen seiner guten Wasserlöslichkeit, hohen metabolischen Stabilität und einer ca. 80%igen renalen Ausscheidung ist es außerdem zur Therapie von Pilzinfektionen von Nieren und Harnwegen geeignet. Es ist zur Behandlung von Systemmykosen, Schleimhautkandidosen, Kryptokokken-Meningitiden (insbesondere bei AIDS-Patienten) und zur Prophylaxe von Kandidosen bei immunsupprimierten Patienten zugelassen. Die Verträglichkeit des Wirkstoffes gilt auch bei längerer Einnahme als gut.
- *Itraconazol:* Das neueste Azol-Derivat ist ein Breitspektrum-Antimykotikum, das bei systemischen und schweren lokalen Pilzinfektionen oral anwendbar ist. Es weist gegenüber Aspergillen eine erheblich stärkere Aktivität als die übrigen Azole auf.

Wirkstoffe (Handelspräparate): Clotrimazol (Canesten, Canifug, Fungizid-ratiopharm etc.), Isoconazol (Travogen), Econazol (Epi-Pevaryl, Gyno-Pevaryl), Oxiconazol (Myfungar), Bifonazol (Mycospor), Tioconazol (Fungbacid), Miconazol (Daktar, Gyno-Monistat), Ketoconazol (Nizoral), Fluconazol (Diflucan), Itraconazol (Sempera).

Sonstige Antimykotika

Naftifin ist ein Breitspektrum-Antimykotikum, das ebenfalls in die Ergosterol-Biosynthese bei Pilzen eingreift. Es wird zur lokalen Behandlung von Pilzinfektionen verwendet. Für die *Lokalbehandlung von Pilzerkrankungen* sind weiterhin *Ciclopiroxolamin* und *Tolnaftat* geeignet.

Wirkstoffe (Handelspräparate): Naftifin (Exoderil), Ciclopiroxolamin (Batrafen), Tolnaftat (Tonoftal).

Antiöstrogene

Antiöstrogene sind Substanzen, die die Wirkungen der Östrogene (s. d.) ganz oder teilweise aufzuheben vermögen. Sie dienen vor allem der Behandlung des metastasierenden Mammakarzinoms (s. Zytostatika, Hormone und Hormonantagonisten). *Clomifen* (u. a. Dyneric, Pergotime) und *Cyclofenil* (Fertodur) werden zur Ovulationsauslösung bei anovulatorischen Zyklen eingesetzt. Ein Erfolg ist nur bei intakter Hypothalamus-Hypophysen-Funktion zu erwarten.

Antiparasitäre Mittel

Antiparasitäre Mittel werden gegen Ektoparasiten, insbesondere gegen Krätzemilben und Läuse, extern beim Menschen eingesetzt.

Wirkstoffe (Handelspräparate):

- *Antiskabiesmittel:* Benzylbenzoat (u. a. Antiscabiosum Mago, enthalten in Jacutin Emulsion), γ-Hexachlorcyclohexan (u. a. Jacutin, Quellada), Mesulfen (Citemal).
- *Gegen Läuse wirksam:* γ-Hexachlorcyclohexan (u. a. Jacutin, Quellada), Pyrethrine und Piperonylbutoxid (enthalten u. a. in Goldgeist forte).

Anti-Parkinson-Mittel

Anti-Parkinson-Mittel werden zur symptomatischen Therapie beim Parkinson-Syndrom eingesetzt. Sie lassen sich in 1. *zentral wirksame Anticholinergika* (s. d.) und 2. *dopaminerge Agonisten* untergliedern. Insbesondere im fortgeschrittenen Stadium der Erkrankung ist eine kombinierte Behandlung mit mehreren Anti-Parkinson-Mitteln häufig erforderlich.

Zentral wirksame Anticholinergika

Anstelle der für diese Indikation obsoleten Belladonna-Alkaloide (s. Parasympatholytika) werden heute synthetische tertiäre Anticholinergika eingesetzt, die die Blut-Hirn-Schranke überwinden können. Ihre Effektivität beim Morbus Parkinson ist geringer als die der dopaminergen Anti-Parkinson-Mittel, mit denen sie häufig kombiniert werden.

Pharmakodynamik: Anti-Parkinson-Mittel dieses Typs hemmen die zentrale cholinerge Neurotransmission.

Indikationen: Die Wirkstoffe dienen der Behandlung des medikamentös ausgelösten Parkinson-Syndroms. Sie bessern die Plus-Symptome Rigor und Tremor sowie die Akinese (schwächere Wirksamkeit). Ferner werden sie bei Hyperhidrosis und nächtlichen Schweißausbrüchen unter L-Dopa-Langzeittherapie, bei Hypersalivation und in Kombination mit dopaminergen Agonisten bei allen Parkinson-Formen eingesetzt.

Kontraindikationen: Parkinson-Syndrom mit deutlichen psychoorganischen Störungen oder exogen-psychotischen Symptomen (Verstärkung der Symptomatik).

Nebenwirkungen: Entsprechen denen der Parasympatholytika (s. d.).

Hinweise: Einschleichende Dosierung; langsame Erhöhung der Dosis bis zum Behandlungserfolg oder bis die Nebenwirkungen eine weitere Dosiserhöhung nicht zulassen. Ob die verschiedenen Anticholinergika die Symptome unterschiedlich beeinflussen, ist nicht eindeutig erklärt.

Wirkstoffe (Handelspräparate): u. a. Biperiden (u. a. Akineton), Metixen (Tremarit), Bornaprin (Sormodren).

Dopaminerge Agonisten

Pharmakodynamik: Diese Anti-Parkinson-Mittel stimulieren entweder als *direkte dopaminerge Agonisten* zentrale Dopamin-Rezeptoren oder erhöhen als *indirekte dopaminerge Agonisten* die Dopamin-Konzentration an diesen.

Da Dopamin die Blut-Liquor-Schranke nicht überwinden kann, wird zur Erhöhung der Dopaminkonzentration die Dopamin-Vorstufe L-Dopa verabreicht, für die ein aktiver

Transportmechanismus existiert. Um eine Dekarboxylierung von L-Dopa in der Peripherie (über 90% der Dosis) zu verhindern, wird die Gabe von L-Dopa mit einem nur *peripher wirkenden Decarboxylase-Blocker* (Benserazid oder Carbidopa) kombiniert. Durch diese sinnvolle Kombination werden die L-Dopa-Dosierungen auf ein Fünftel erniedrigt und die peripheren Nebenwirkungen deutlich verringert.
Direkte dopaminerge Agonisten, die wie Dopamin an zentralen Dopamin-Rezeptoren wirken, stellen *Bromocriptin* und *Lisurid* dar.
Eine Erhöhung der Dopaminkonzentration an zentralen Dopamin-Rezeptoren über eine vermehrte Freisetzung von Dopamin aus den Speichern und/oder Hemmung der Wiederaufnahme von Dopamin aus dem synaptischen Spalt sowie eine Blockade von Glutaminsäurerezeptoren stellt den Wirkmechanismus von *Amantadin* dar. Eine Unterdrükkung des Dopamin-Abbaus wird durch selektive Inhibitoren der Monoaminoxidase B erreicht *(Selegilin)*.

Indikationen: Dopaminerge Agonisten werden eingesetzt zur Behandlung aller Symptome des Parkinson-Syndroms (Plus- und Minussymptome, psychische Störungen) sowie bei On-off-Effekten (Bromocriptin, Selegilin) und der akinetischen Krise (Amantadin).

Kontraindikationen: Schwere hepatische, renale und kardiale Insuffizienz; Psychosen und schwere Psychoneurosen; alle Krankheitszustände, bei denen Sympathomimetika kontraindiziert sind.

Nebenwirkungen: Motorische Symptome; vegetative Störungen, insbesondere gastrointestinale Beschwerden; kardiovaskuläre Störungen; psychische Veränderungen.

Wechselwirkungen: Wirkungsverminderung durch Neuroleptika (s. d.), Wirkungsverstärkung durch Sympathomimetika (s. d.) und Antidepressiva (s. d.).

Hinweise: Das Reaktionsvermögen kann insbesondere im Zusammenwirken mit Alkohol eingeschränkt sein. Eine erhöhte Lebenserwartung sowie eine verzögerte Progression ist für die Therapie von Selegilin in Kombination mit L-Dopa/Decarboxylase-Blocker beschrieben worden.

Wirkstoffe (Handelspräparate): Amantadin (Amantadin-ratiopharm, PK-Merz, Symmetrel), Bromocriptin (Pravidel), Levodopa (L-Dopa-ratiopharm, Levodopa-Woelm), L-Dopa/Benserazid (Madopar), L-Dopa/Carbidopa (Nacom), Lisurid (Dopergin), Selegilin (Movergan).

Antiphlogistika, extern applizierte

Zu den als Dermatotherapeutika (s. d.) eingesetzten, topisch applizierten Antiphlogistika zählen *Glucocorticoide* (s. Glucocorticoid-Externa) und *sonstige entzündungshemmende Stoffe*.

Sonstige entzündungshemmende Stoffe

Neben Glucocorticoiden werden zur topischen Behandlung nichtinfektiöser entzündlicher Reaktionen der Haut *Teerpräparate* (s. d.) und *Bufexamac* eingesetzt. Bufexamac (duradermal, Parfenac) ist ein nichtsteroidales Antiphlogistikum (s. Antirheumatika) mit entzündungshemmenden, analgetischen und juckreizstillenden Eigenschaften. Seine Wirkung beruht auf einer Hemmung der Prostaglandinsynthese. Im Gegensatz zu anderen nichtsteroidalen Antiphlogistika wird Bufexamac bei topischer Anwendung eine mäßige Wirkung bei dieser Indikation zugeschrieben. Die Substanz wird nur in Spuren resorbiert.

Antipruriginosa

Antipruriginosa dienen zur Juckreiztherapie. Sofern eine Behandlung des Juckreizes mit kühlenden Grundlagen (Cremes, Lotiones) nicht ausreichend wirksam ist, werden zur topischen (oder z. T. auch systemischen) Behandlung Antiphlogistika (s. d.), H_1-Antihistaminika (s. d.), Isoprenalin und Oberflächenanästhetika (s. Lokalanästhetika) eingesetzt. Als Oberflächenanästhetika, die sowohl schmerzlindernd als auch juckreizstillend wirken, sollten nur noch Substanzen mit geringer oder fehlender Allergisierungstendenz eingesetzt werden, z. B. Hydroxypolyethoxydodecan (Thesit). Auch 20%ige Harnstoffzubereitungen wirken oberflächenanästhetisch (Basodexan).

Antipsoriatika

Zur Behandlung der Psoriasis werden eingesetzt:
Dithranol (oft in Kombination mit Harnstoff oder Salicylsäure zur Wirkungsverstärkung), Etretinat (s. Retinoide), Glucocorticoide (s. d.), Methotrexat, Psoralene (s. d.) und Teerpräparate (s. d.).

Antirheumatika

Die Pharmakotherapie rheumatischer Erkrankungen ist entweder kausal – bei einer bakteriellen Genese – oder symptomatisch mit dem Ziel, die immunologischen und entzündlichen Reaktionen einschließlich des Schmerzes abzuschwächen.
Als Antirheumatika werden eingesetzt:

- nichtsteroidale Antiphlogistika,
- sog. „Basistherapeutika",
- Glucocorticoide,
- Antibiotika,
- Superoxiddismutase,
- sog. Chondroprotektiva,
- lokal applizierte Antirheumatika.

Nichtsteroidale Antiphlogistika (NSA)

Pharmakodynamik, Nebenwirkungen, Kontraindikationen und Wechselwirkungen s. Analgetika, nichtopioide.

Acetylsalicylsäure, ASS (Aspirin, Godamed u. v. a.)

(s. Analgetika, nichtopioide)

Für die antiphlogistische Wirkung sind Dosen über 3 g/die erforderlich.

Arylessigsäurederivate

Wegen der sehr guten antiphlogistischen Wirkung und der großen damit vorliegenden Erfahrungen gehören die Substanzen dieser Klasse zu den am meisten verordneten Präparaten.

Wirkstoffe (Handelspräparate): Diclofenac (Voltaren, Diclophlogont, Diclofenac-ratiopharm u. v. a.), Indometacin (Amuno, Indomet-ratiopharm, Indo-Phlogont u. v. a.), Acemetacin (Rantudil).

Arylpropionsäurederivate

Die Vertreter dieser Gruppe sind gut antiphlogistisch wirksam. Sie scheinen ein günstiges Nebenwirkungsprofil aufzuweisen.

Wirkstoffe (Handelspräparate): Ibuprofen (Aktren, Brufen, Dolgit, Imbun u. v. a.; s. Analgetika, nichtopioide), Naproxen (Proxen u. a.), Ketoprofen (Orudis, Alrheumun), Tiaprofensäure (Surgam).

Pyrazolidinderivate

Indikationen: Wegen der Gefahr der Schädigung der Blutzellbildung wurden die Indikationen dieser Stoffe vom Bundesgesundheitsamt eingeschränkt.
So ist der wichtigste Vertreter dieser Substanzgruppe, das *Phenylbutazon,* nur noch zur Behandlung akuter Schübe von Morbus Bechterew und der chronischen Polyarthritis sowie zur Akutbehandlung des Gichtanfalls zugelassen.

Wirkstoffe (Handelspräparate): Phenylbutazon (Butazolidin u. a.), Oxyphenbutazon (Phlogont u. a.).

Oxicame

Oxicame sind Substanzen mit langer Halbwertszeit.

Nebenwirkungen: Diese lange Verweildauer im Organismus birgt die Gefahr, daß sich der Wirkstoff im Körper anreichert und Überdosierungserscheinungen durch Kumulation auftreten. Antiphlogistika mit kurzer Wirkdauer sind besser steuerbar, da man damit die tageszeitlich stark schwankende Schmerzsymptomatik gezielter als mit lang wirksamen Substanzen unterdrücken kann. Soweit bisher zu beurteilen, bieten diese Substanzen gegenüber den Arylessig- und Arylpropionsäuren keine Vorteile.

Wirkstoffe (Handelspräparate): Piroxicam (Felden), Tenoxicam (Liman, Tilcotil).

Sog. Basistherapeutika

Bei nicht befriedigendem Erfolg mit nichtsteroidalen Antiphlogistika stehen für die Langzeitbehandlung der chronischen Polyarthritis

- Goldpräparate,
- Chloroquin,
- D-Penicillamin sowie
- Immunsuppressiva (in Ausnahmefällen) zur Verfügung.

Alle Basistherapeutika sind in der Schwangerschaft kontraindiziert.

Goldverbindungen

Pharmakodynamik: Der genaue Wirkmechanismus ist unbekannt. Diskutiert wird eine Zunahme der Quervernetzung des Kollagens, wodurch antigene Kollagenvorstufen abnehmen, ferner eine Hemmung der Immunkomplexphagozytose und eine Stabilisierung der Lysosomenmembran.
Die therapeutische Wirkung ist erst nach 2–3 Monaten zu erwarten. Wird die Therapie gut vertragen, sollte die Therapiedauer mindestens 6 Monate betragen.

Nebenwirkungen: Die Nebenwirkungsrate ist sehr hoch (20–30%). Es wurden Dermatitis, Stomatitis, Glomerulonephritis, Leberschäden, Thrombozytopenie und Agranulozytose beobachtet. Es empfiehlt sich eine regelmäßige Kontrolle des Urin- und Blutstatus. Bei Überdosierungen wird *Dimercaprol* (Sulfactin) oder *D-Penicillamin* (Metalcaptase, Trolovol) als Antidot benutzt.

Wirkstoffe (Handelspräparate): Auranofin (Ridaura-Tbl.), Aurothioglucose (Aureotan-Amp.), Aurothiopolypeptid (Auro-Detoxin-Amp.), Natriumaurothiomalat (Tauredon-Amp.).

Chloroquin

(s. Malariamittel)

Pharmakodynamik: Als Wirkungsmechanismus wird eine Stabilisierung der Lysosomenmembran sowie eine Beeinflussung des Bindegewebsstoffwechsels angenommen. Mit dem Wirkungseintritt ist erst nach mehreren Wochen bis Monaten zu rechnen.

Handelspräparat: Resochin.

D-Penicillamin

Pharmakodynamik und *Nebenwirkungen:* Die Substanz vermag Makroglobuline und damit auch Rheumafaktoren zu spalten. Ferner besitzt sie eine mesenchymsuppressive Wirkung. Infolge der schweren Nebenwirkungen darf D-Penicillamin nur bei strenger Indikationsstellung eingesetzt werden (vor allem Nierenschädigungen).

Handelspräparate: Metalcaptase, Trolovol.

Immunsuppressiva

(s. Immunsuppressiva, Zytostatika)

Sollten nur eingesetzt werden, wenn die anderen therapeutischen Maßnahmen versagen.

Wirkstoffe (Handelspräparate): Azathioprin (Imurek), Cyclophosphamid (Cyclostin, Endoxan), Methotrexat (Farmitrexat, Methotrexat medac, -„Lederle“, -R.P.).

γ-Interferon

Indikationen: γ-Interferon dient zur Behandlung der chronischen Polyarthritis bei Versagen anderer Maßnahmen.

Handelspräparat: Polyferon.

Glucocorticoide

(s. Hormone)

Glucocorticoide sind nur bei akuten Schüben entzündlicher rheumatischer Erkrankungen sowie bei nicht ausreichender Wirkung anderer Antirheumatika indiziert. Eine Dauerbehandlung ist möglichst zu vermeiden.

Antibiotika

Beim (akuten) rheumatischen Fieber ist aufgrund der Streptokokkenätiologie eine Behandlung mit Penicillin-G-Depotpräparaten oder bei Penicillinunverträglichkeit mit Erythromycin über Jahre durchzuführen.

Orgotein (Superoxiddismutase)

Intraartikulär oder intramuskulär verabreichtes Orgotein soll die bei Entzündungsprozessen entstehenden Sauerstoffradikale abfangen und beseitigen. Der Nachweis der klinischen Wirksamkeit ist bisher nicht überzeugend.

Handelspräparat: Peroxinorm.

Sog. Chondroprotektiva

Hierbei handelt es sich um Präparate, die in der Lage sein sollen, die Degeneration des Gelenkknorpels bei Arthrosen aufzuhalten bzw. sogar eine Regeneration herbeizuführen. Diese Wirkungen sind jedoch weder pharmakologisch noch klinisch gesichert.
Wegen des Auftretens schwerer *Nebenwirkungen* bei der Therapie (lokale Entzündungsreaktionen, anaphylaktischer Schock, Blutbildstörungen) hat das BGA für einen Teil dieser Präparate (Arumalon, Arteparon, Dona 200-S Amp.) ein Ruhen bzw. einen Widerruf der Zulassung angeordnet.

Wirkstoffe (Handelspräparate): Knorpel-Knochen-Extrakte (Arumalon), Mucopolysaccharidpolyschwefelsäureester (Arteparon), D-Glucosaminsulfat (Dona 200-S), Oxaceprol (AHP 200).

Externa

In großer Zahl werden äußerlich anzuwendende Antirheumatika in Form von Salben, Cremes, Gelen, Linimenten, Ölen und alkoholischen Lösungen angeboten.

Häufig kommen Kombinationspräparate vor, die Salicylsäurederivate, gefäßerweiternde Stoffe wie Nicotinsäureester und zahlreiche andere Bestandteile enthalten. Ihre Wirkung wird – ähnlich wie bei physikalischer Wärmeanwendung – vorwiegend auf eine lokale Gefäßerweiterung zurückgeführt. Es ist dabei nicht gesichert, ob sie der traditionellen Wärmetherapie überlegen sind.

Handelspräparate: z. B. Phardol, Mobilat, Forapin, Enelbin.

Einige Externa enthalten nichtsteroidale Antiphlogistika. Für einen Teil dieser Substanzen ist eine perkutane Resorption nachgewiesen worden. So werden z. B. bei der topischen Anwendung von Diclofenac ausreichende Wirkstoffspiegel in der Synovialflüssigkeit erreicht. Bei der Anwendung besteht ein erhöhtes Risiko lokaler allergischer Komplikationen.

Wirkstoffe (Handelspräparate): Diclofenac (Voltaren Emulgel), Etofenamat (Rheumon, Traumon), Hydroxyethylsalicylat (Phlogont Salbe, Traumasenex, Kytta-Gel), Ibuprofen (Dolgit Creme), Indometacin (Amuno Gel, Elmetacin).

Antisympathotonika

s. Sympathomimetika, α-, mit vorwiegend zentraler Wirkung; Antihypertonika

Antithymozytenglobulin

s. Immunsuppressiva

Antitussiva

Pharmakodynamik und Anwendung: Antitussiva sind Pharmaka, die zur Unterdrükkung eines störenden, anhaltenden Hustenreizes eingesetzt werden. Dies kann insbesondere durch eine zentrale Dämpfung des medullären Hustenzentrums und daneben durch eine Hemmung peripherer Afferenzen (Mechano- und Chemorezeptoren in der Bronchialwand – Hustenrezeptoren) erfolgen.

Die zuverlässigsten Antitussiva stellen die Opioide (s. Analgetika) *Codein* und *Dihydrocodein* dar, bei denen die analgetische Wirkung unter Erhalt des hustendämpfenden Effektes stark abgeschwächt ist. In einer antitussiv wirksamen Dosierung zeigen sie nur schwach atemdepressorische oder euphorisierende Effekte und ein geringes Suchtrisiko.

Bei einer Reihe von mit Normethadon verwandten Stoffen konnte dagegen die Suchtgefahr verringert *(Isoaminil)* bzw. beseitigt werden *(Clobutinol, Clofedanol)*. Gleiches gilt für die basischen Ester *Pentoxyverin, Butamirat, Oxeladin* und *Pipazetat.*

Antitussiva werden häufig mit H_1-Antihistaminika (s. d.), α-Sympathomimetika (s. d.) oder Expektorantien (s. d.) kombiniert. Antihistaminika wirken möglicherweise aufgrund ihrer sedierenden Eigenschaften schwach antitussiv; der genaue Mechanismus ist unklar. Nachteilig ist die durch Antihistaminika ausgelöste Zunahme der Sekretviskosität. Husten als häufiges Begleitsymptom grippaler Erkältungskrankheiten macht den Einsatz vasokonstriktorischer Pharmaka verständlich; ihr therapeutischer Nutzen ist jedoch bei dieser Indikation umstritten. Die häufig verordnete fixe Kombination von Antitussiva und Expektorantien (s. d.) ist pharmakologisch nicht sinnvoll und daher abzulehnen. Die Opioid-Analgetika Codein und Dihydrocodein sind darüber hinaus in diesen Kombinationen vielfach unterdosiert (wirksame Einzeldosis: Codein ≥ 30 mg; Dihydrocodein ≥ 10 mg).

Indikationen: Antitussiva sind bei trockenem Reizhusten indiziert. Sie sollten abgesetzt werden, wenn der trockene in einen produktiven Husten übergeht, da sie zu Sekretstau und damit zu einer Bronchoobstruktion führen und eine bakterielle Superinfektion begünstigen können. Da der Husten bei sehr zähem Bronchialsekret ebenfalls unproduktiv bleibt, ist ein Therapieversuch mit Expektorantien (s. d.) zunächst vielfach sinnvoller.

Kontraindikationen: Chronische respiratorische Insuffizienz und andere Zustände, bei denen Atemdepression vermieden werden muß, Asthmaneigung, Leberfunktionsstörungen, Dauertherapie bei chronischer Obstipation (Opioid-Analgetika, Clofedanol); 1. Trimenon der Schwangerschaft (Clobutinol), Alter < 2 J. (Clofedanol), Alter < 4 Monate, Stillzeit (Pentoxyverin).

Nebenwirkungen: Zentrale Erregung, Abhängigkeitspotential (Opioid-Analgetika > Isoaminil), Hemmung der mukoziliären Clearance, Sedation (Opioid-Analgetika), Atemdepression (Opioid-Analgetika > Clofedanol), Obstipation, Tonussteigerung an glattmuskulären Hohlorganen und Sphinkteren (Opioid-Analgetika; schwächer bei Clofedanol, Isoaminil), Benommenheit, Schlaflosigkeit, bei Überdosierung zentrale Erregung, Konvulsionen (Clobutinol), Mundtrockenheit (Clofedanol), bei Überdosierung Tachykardie, Blutdrucksteigerung, Hyperthermie (Isoaminil).

Wechselwirkungen: Die atemdepressorische Wirkung von Ethanol und Hypnotika (s. d.) sowie die analgetische Wirkung nichtopioider Analgetika (s. d.) wird verstärkt (Opioid-Analgetika).

Wirkstoffe (Handelspräparate): Codein (Codeinum phosphoricum Compretten, Codicompren, Codipertussin etc.; mit Antihistaminikum bzw. α-Sympathomimetikum in Codicaps, Codipront, Tussoretard Kps.; in ausreichender Dosierung mit Expektorantien Codipront cum Expectorans Kps.). Dihydrocodein (Paracodin, Remedacen, Tiamon Mono); Isoaminil (Peracon), Clobutinol (Silomat), Pentoxyverin (Sedotussin etc.; mit Expektorans in Sedotussin Expectorans Sirup/Tropfen), Butamirat (Sinecod), Oxeladin (Dorex-retard, stas-Hustenstiller).

Apalcillin s. Antiinfektiva, Breitspektrum-Penicilline

Aprindin s. Antiarrhythmika, Klasse-IB-

Aprobarbital s. Hypnotika, Barbiturate

Aprotinin s. Antifibrinolytika

APSAC (anisoylierter Plasminogen-Streptokinase-Aktivatorkomplex) s. Fibrinolytika

Aryloxyalkancarbonsäuren s. Lipidsenker, Pharmaka zur Senkung des Cholesterin- und des Triglyceridspiegels

Ascorbinsäure s. Vitamine

ASS s. Analgetika, nichtopioide

Astemizol s. H_1-Antihistaminika

Asthmatherapeutika s. Antiasthmatika

Atenolol s. Beta-Adrenozeptorenblocker

Ätherische Öle s. Expektorantien, Sekretolytika; Karminativa

Atracuriumbesilat s. Muskelrelaxantien, peripher angreifende, stabilisierende

Atropin s. Parasympatholytika

Auranofin s. Antirheumatika, Goldpräparate

Aurothioglucose s. Antirheumatika, Goldpräparate

Aurothiopolypeptid s. Antirheumatika, Goldpräparate

Axerophthol s. Vitamine

Azathioprin s. Immunsuppressiva

Azelainsäure s. Aknetherapeutika

Azida

Azida sind Substanzen, die bei herabgesetzter Salzsäure- und Pepsinsekretion des Magens, z. B. bei chronisch-atrophischen Magenschleimhautentzündungen, zur Substitutionstherapie eingesetzt werden. Hierzu zählen u. a. Salzsäure, Zitronensäure, Glutaminsäure, Milchsäure und Weinsäure.

Beurteilung: Da die angewandten Mengen zu einer echten Substitution der normalen körpereigenen Salzsäureproduktion nicht ausreichen, ist der therapeutische Wert als Plazeboeffekt einzustufen. Eine Stimulation der Magensaftproduktion bzw. der Salzsäurebildung kann durch Coffein oder alkoholische Zubereitungen von Bitterstoffen erreicht werden.

Azidamfenicol s. Ophthalmika, Antiinfektiva

Azidocillin s. Antiinfektiva, Oralpenicilline

Azintamid s. Choleretika

Azlocillin s. Antiinfektiva, Breitspektrum-Penicilline

Azosemid s. Diuretika, Schleifendiuretika

AZT s. Virustatika

Aztreonam s. Antiinfektiva, Monobactame

Bacampicillin s. Antiinfektiva, Breitspektrum-Penicilline

Bacitracin s. Antiinfektiva, Polypeptide

Baclofen s. Muskelrelaxantien, zentral angreifende

Baldrianextrakt, Baldrianpräparate s. Hypnotika, pflanzliche

Bamethan s. Sympathomimetika, Beta-

Bamipin s. H_1-Antihistaminika

Barbiturate s. Hypnotika, Barbiturate; Narkosemittel, Injektionsanästhetika; Antiepileptika, Barbiturate und Desoxybarbiturate

Bariumsulfat s. Röntgenkontrastmittel

Basistherapeutika s. Antirheumatika, sog. Basistherapeutika

Bassorin s. Laxantien, Quellstoffe

Batroxobin s. durchblutungsfördernde Mittel, periphere Durchblutungsstörungen (Angioorganopathien)

BCG-Impfstoff s. Impfstoffe, aktive Immunisierung

Beclometason s. Glucocorticoide; Antiasthmatika, Glucocorticoide

Befunolol s. Ophthalmika, Glaukommittel

Bemetizid s. Diuretika, Thiazide

Bendroflumethiazid s. Diuretika, Thiazide

Benperidol s. Neuroleptika, Butyrophenone

Benserazid s. Anti-Parkinson-Mittel, dopaminerge Agonisten

Benzalkoniumchlorid s. Desinfektionsmittel

Benzaron s. Venenmittel

Benzathin-Penicillin-G s. Antiinfektiva, Depot-Penicilline

Benzbromaron s. Gichttherapie, Urikosurika

Benzodiazepine

Benzodiazepine stellen die wichtigste Arzneistoffgruppe innerhalb der Tranquillantien (s. d.) dar. Sie wirken sedierend, anxiolytisch, antikonvulsiv und muskelrelaxierend. Die verschiedenen Wirkstoffe wirken pharmakodynamisch gleich und unterscheiden sich nur in ihren pharmakokinetischen Eigenschaften.

Pharmakodynamik: Benzodiazepine binden sich an spezifische Bindungsstellen eines Rezeptorkomplexes (Chloridkanals), der über eine weitere Bindungsstelle für GABA verfügt. Agonistisch wirksame Benzodiazepine erhöhen durch allosterische Wechselwirkungen die Affinität von GABA zu deren Bindungsstellen, verstärken somit die GABA-Wirkung. Benzodiazepin-Bindungsstellen wurden im gesamten Zentralnervensystem, in hoher Dichte vor allem in der frontalen und okzipitalen Hirnrinde, im Hippokampus und Kleinhirn, gefunden. Mit kompetitiven Benzodiazepinantagonisten (Flumazenil) lassen sich die Benzodiazepinwirkungen aufheben.

Kinetik: Nach peroraler Gabe erfolgt eine schnelle und gute Resorption. Die meisten Substanzen werden stark biotransformiert. Der geschwindigkeitsbestimmende Schritt bei der Biotransformation ist – abhängig von der Struktur – die N-Desalkylierung, die C-3-Hydroxylierung und/oder die C-3-Glukuronidierung. Viele Metaboliten sind noch pharmakologisch wirksam. Während z. B. das noch stark lipophile Desmethyldiazepam eine lange Halbwertszeit von etwa 100 Stunden besitzt, sind die Halbwertszeiten der hydroxylierten Verbindungen kürzer.

Indikationen: Benzodiazepine (Agonisten) werden bei Unruhe, Angst und Spannungszuständen sowie bei psychosomatischen Beschwerden (s. Tranquillantien) und funktionellen Schlafstörungen (s. Hypnotika) eingesetzt. Ferner dienen sie zur Behandlung der Epilepsie (s. Antiepileptika) und von Muskelspasmen oder -verspannungen (s. Muskelrelaxantien).

Benzodiazepinantagonisten werden zur Aufhebung der Benzodiazepinwirkungen, z. B. in der Anästhesie, eingesetzt.

Nebenwirkungen, Kontraindikationen, Wechselwirkungen s. Tranquillantien.

Schwangerschaft/Stillzeit: Strenge Indikationsstellung während der Schwangerschaft; bei Dauerbehandlung im 3. Trimenon oder bei hochdosierter Behandlung kurz vor der Geburt Entzugssymptome bei Neugeborenen möglich. Stillzeit: Kontraindikation bzw. strenge Indikationsstellung.

Hinweise: Bei allen Benzodiazepinen, aus denen durch Biotransformation Desmethyldiazepam gebildet wird, besteht Kumulationsgefahr. Mit zunehmendem Alter wesentliche Verlängerung der Halbwertszeit, ebenso durch Leberfunktionsstörungen Verzögerung der Elimination.
Mißbrauch und Abhängigkeit werden zunehmend auch bei niedriger Dosierung beobachtet. Es wird daher empfohlen, die Therapie mit Benzodiazepinen nicht über 2 Monate auszudehnen. Nach langfristiger Anwendung sollte die Dosis nur langsam reduziert werden, um Entzugssymptome zu vermeiden.

Wirkstoffe:

- *Benzodiazepine:* Antiepileptika (s. d.) (Clonazepam, Diazepam, Nitrazepam), Hypnotika (s. d.) (u. a. Brotizolam, Flunitrazepam, Flurazepam, Nitrazepam, Triazolam), Muskelrelaxantien (s. d.) (Diazepam, Tetrazepam), Tranquillantien (s. d.) (u. a. Alprazolam, Bromazepam, Diazepam, Chlordiazepoxid, Clobazam, Clotiazepam, Dikaliumchlorazepat, Lorazepam, Oxazepam, Prazepam).
- *Benzodiazepinantagonisten:* Flumazenil (Anexate).

Benzoylbenzoat s. antiparasitäre Mittel

Benzoylperoxid s. Aknetherapeutika

Benzylpenicillin s. Penicillin G

Beta-Adrenozeptorenblocker

Pharmakodynamik: β-Adrenozeptorenblocker (β-Blocker, β-Sympatholytika) sind kompetitive Antagonisten des Noradrenalins (Adrenalins) an β_1- und/oder β_2-Rezeptoren. Aus der Rezeptorblockade resultieren folgende Wirkungen:

- Herz (β_1): negativ chronotrop, dromotrop und inotrop (letztere Wirkung beim Gesunden durch den Frank-Starling-Mechanismus kompensiert), Senkung des HZV;
- Gefäße (β_2): durch Überwiegen der α_1-Wirkung Zunahme des peripheren Widerstandes;
- Bronchialmuskulatur (β_2): Zunahme des Bronchialwiderstandes;
- Niere (β_1): Verminderung der Reninfreisetzung;
- Gastrointestinaltrakt (β_2): Relaxation des Tonus der Sphinkteren, Zunahme der Magen- und Darmmotilität;
- Leber (β_2): Hemmung der Glykogenolyse;
- Fettzellen (β_1): Hemmung der Lipolyse.

Die rezeptorvermittelten Wirkungen der durchweg chiralen Pharmaka sind in erheblich stärkerem Maße (Faktor 50–100) auf das S-Enantiomer zurückzuführen.
Eine *Einteilung der β-Adrenozeptorenblocker* ist aufgrund dreier Charakteristika (sog. Kardioselektivität, ISA, unspezifische Membranwirkung), die die Pharmaka zeigen oder nicht zeigen, möglich:

- *Sogenannte Kardioselektivität:* β-Blocker, die zu β_1-Rezeptoren eine deutlich höhere Affinität als zu β_2-Rezeptoren zeigen, werden als β_1-selektiv oder kardioselektiv bezeichnet. Hierzu gehören *Atenolol, Betaxolol, Bisoprolol* und *Metoprolol*. Die Bezeichnung ist insofern irreführend, als es weder eine absolute Selektivität in der Organverteilung der Rezeptoren noch eine absolute Selektivität eines Pharmakons für nur einen Rezeptor gibt. Im Hinblick auf die zugrundeliegenden Affinitätsunterschiede ist die Selektivität letztlich eine Funktion der Dosierung. Sie geht mit steigender Konzentration verloren. Die sog. β_1-Blocker zeigen daher in hoher Dosis auch β_2-Nebenwirkungen. Obwohl β_1-selektive Adrenozeptorenblocker nur in Ausnahmefällen zwingend erforderlich sind (Behandlung der im Rahmen einer Tokolyse auftretenden Tachykardie, Diabetes mellitus als zusätzliche Erkrankung bei Indikation für β-Blocker-Gabe), ist wegen der geringeren Nebenwirkungen in der Regel die Gabe eines β_1-Blockers vorzuziehen (ausgenommen: essentieller Tremor, Hyperthyreose).
- *Intrinsische sympathomimetische Aktivität (ISA),* identisch mit partieller agonistischer Aktivität (PAA): ISA-β-Blocker sind dualistisch wirkende Pharmaka mit

bevorzugt antagonistischer Wirkung (z. B. *Acebutolol, Carteolol, Oxprenolol, Pindolol*). Ihre Eigenschaften sind abhängig von der Konzentration des physiologischen Agonisten (bei niedrigem Sympathikotonus wirken sie schwach agonistisch, bei hohem Sympathikotonus antagonistisch). Der therapeutische Stellenwert der ISA ist umstritten: Einem schwächeren Rebound bei plötzlichem Absetzen und geringerer Bradykardisierung stehen Nebenwirkungen gegenüber, die durch die agonistische Wirkkomponente bedingt sind (z. B. Einschlafstörungen, Alpträume).

- *Unspezifische Membranwirkung:* Einige β-Blocker (z. B. Propranolol) weisen zusätzlich eine chinidinartige, membranstabilisierende Wirkung auf (nicht durch β-Rezeptoren vermittelt, unabhängig von der Konfiguration). Der Einsatz von β-Blokkern als Klasse-II-Antiarrhythmika (s. d.) beruht jedoch ausschließlich auf ihrer antiadrenergen Wirkung; der Membraneffekt zeigt sich erst in höheren Dosen und ist im Rahmen der üblichen Therapie irrelevant. Auf den unspezifischen Membraneffekt werden die antiglaukomatöse (Drosselung der Kammerwasserproduktion) und die kontrazeptive Wirkung (Spermienimmobilisation) von β-Blockern diesen Typs zurückgeführt, beide lassen sich aber wegen der sympatholytischen Nebenwirkungen nur bei lokaler Applikation (am Auge, intravaginal) ausnützen.

Pharmakokinetik: Die Hydrophilie/Lipophilie stellt den entscheidenden Parameter für die Pharmakokinetik dar. Trotz in der Regel rascher und vollständiger Resorption (ausgenommen hydrophile β-Blocker: Atenolol, Nadolol, Sotalol) ist die orale Bioverfügbarkeit oft nur mäßig und stark schwankend (ausgeprägter First-pass-Effekt bei den lipophilen β-Blockern, z. B. Propranolol, Metoprolol, Oxprenolol). Die Extraktionsrate nimmt mit steigender Lipophilie zu und ist sättigbar und flußlimitiert (daher Zunahme der Halbwertszeit bei chronischer Gabe lipophiler Pharmaka; Dosisanpassung erforderlich). Die Metaboliten sind in der Regel unwirksam (Ausnahme: 4-Hydroxypropranolol, Diacetolol). Die Eliminationshalbwertszeit und der Anteil der renalen Elimination ist der Hydrophilie proportional (Atenolol wird praktisch nur renal eliminiert).
Die erheblichen pharmakokinetischen Unterschiede zwischen den einzelnen β-Blokkern sollten bei der Verordnung berücksichtigt werden. Bei Niereninsuffizienz und bei Leberinsuffizienz sind die weitgehend unverändert renal eliminierten hydrophilen β-Blocker vorzuziehen (z. B. Atenolol, im Falle einer Niereninsuffizienz unter Dosisreduktion).

Indikationen:

- *Koronare Herzkrankheit = KHK* (s. Koronartherapeutika): β-Blocker senken den Sauerstoffverbrauch (negativ inotrop und chronotrop) und verbessern die Sauerstoffversorgung (durch die negative Chronotropie relative und absolute Zunahme der Diastolendauer). Sämtliche β-Blocker sind daher für die Prophylaxe von Angina-pectoris-Anfällen geeignet. Sie senken bei Gabe im Intervall die Anfallshäufigkeit und verbessern die Belastungstoleranz (weniger geeignet bei instabiler Angina, ungeeignet bei Prinzmetal-Angina). Die Zunahme der myokardialen Komponente des Koronarwiderstandes (LVEDP aufgrund der negativ inotropen Wirkung gesteigert) ist nachteilig, kann aber durch Kombination mit Nitraten (Vorlastsenkung!) kompensiert werden. Bei zusätzlicher Herzinsuffizienz dürfen β-Blocker nur nach Digitalisierung, bei koronarspastischen Formen der KHK nur in Kombination mit Calcium-Antagonisten (s. d.) bzw. Nitrovasodilatatoren (s. d.) gegeben werden. Bei Dauertherapie dürfen β-Blocker nicht plötzlich abgesetzt werden (Provokation eines Angina-pectoris-Anfalls oder Infarkts).
  Beim Myokardinfarkt sind β-Blocker nur bei hyperdynamer Situation (HZV und Frequenz gesteigert) indiziert; die Reinfarktmortalität wird bei chronischer Gabe nach Infarkt vermindert.
- *Hypertonie* (s. Antihypertonika): Im Gegensatz zur Einmalgabe (leichte Blutdrucksteigerung durch Überwiegen der α-Wirkung) senken β-Blocker bei chronischer Gabe den arteriellen Mitteldruck (Maximaleffekt nach etwa 2–4 Wochen). Die Wirkung kommt vermutlich durch eine Kombination mehrerer Effekte zustande (vermindertes HZV, Senkung der Renin-Liberation, Readaptation von Barorezeptoren, Aufhebung eines positiven Feedbacks durch Catecholamine). Sämtliche β-Blocker sind Mittel der 1. Wahl bei Hypertonie, insbesondere bei leichteren Formen und beim sog. HZV-Hochdruck

jüngerer Patienten. Die Wirksamkeit kann durch fixe Kombination (Compliance!) mit z. B. Diuretika (s. d.) oder Calcium-Antagonisten (s. d.) verbessert werden.

- *Tachykardien* (s. Antiarrhythmika): Aufgrund ihrer negativ dromotropen Wirkung (nicht wegen möglicher membranstabilisierender Effekte) sind β-Blocker ohne ISA zur Therapie von Sinustachykardien, supraventrikulären paroxysmalen Tachykardien und ventrikulären Extrasystolien (insbesondere bei catecholaminbedingten Rhythmusstörungen) indiziert (cave AV-Block). Sotalol weist zusätzlich eine Klasse-III-antiarrhythmische Wirkung auf.
- *Hyperthyreose:* Neben Thyreostatika (Mittel der 1. Wahl) eignen sich nicht β_1-selektive β-Blocker (Propranolol, Sotalol) für eine symptomatische Zusatztherapie. Sie vermindern die Sensibilisierung gegenüber Catecholaminen und begünstigen den Thyroxin-Abbau zu weitgehend unwirksamen Metaboliten (reverse T_3).
- *Hyperkinetisches Herzsyndrom:* Bei funktionellen Herz-Kreislauf-Beschwerden (Ruhetachykardie, gesteigertes HZV etc.) eignen sich β-Blocker besser als Tranquillantien.
- *Glaukom:* β-Blocker mit unspezifischer Membranwirkung (z. B. Timolol, Bupranolol) senken bei lokaler Gabe den intraokularen Druck ohne Beeinflussung von Akkommodation und Pupillengröße. Die Wirkung ist vermutlich auf eine reduzierte Kammerwasserproduktion zurückzuführen und unabhängig von der Konfiguration (das R-Enantiomer ist im Hinblick auf systemische sympatholytische Nebenwirkungen günstiger).
- *Migräneprophylaxe* (s. Migränetherapie): β-Blocker (Metoprolol, Propranolol) eignen sich zur Prophylaxe, nicht aber zur Therapie von Migräneanfällen. Der Wirkungsmechanismus ist unbekannt und möglicherweise nicht auf β-Blockade zurückzuführen. Hydrophile und lipophile β-Blocker sind gleichermaßen wirksam, ISA-Blocker ungeeignet.
- *Angstsyndrom:* Bei stark somatisierter Angst (Herzpalpitationen, Schweißausbruch, Tremor) sind β-Blocker indiziert (z. B. Prüfungsangst). Bei rein psychogener Angst ohne Somatisierung sind dagegen Tranquillantien (s. d.) vorzuziehen.
- *Essentieller Tremor:* Mittel der Wahl ist Propranolol.

Kontraindikationen: Sick-sinus-Syndrom, AV-Block 1. und 2. Grades, obstruktive Atemwegserkrankungen (allgemein). Bei Herzinsuffizienz vorsichtiger Einsatz nur nach ausreichender Digitalisierung. Bei Diabetes mellitus sollen β_1-selektive Adrenozeptorenblocker gegeben werden (cave β_2-Nebenwirkungen in hoher Dosierung).

Nebenwirkungen:

- *unspezifische NW:* Zephalgie, Müdigkeit, gastrointestinale Alterationen;
- *spezifische, durch die β-Blockade hervorgerufene NW* (Inzidenz ca. 10%): vermehrt hypoglykämische Zustände bei insulinpflichtigen Diabetikern (unselektive β-Blocker), Depressionen, Halluzinationen, Schlafstörungen (insbesondere bei lipophilen und bei ISA-β-Blockern), Bradykardie, Erregungsleitungsstörungen, Bronchoobstruktion und periphere Durchblutungsstörungen, z. B. kalte Füße, Claudicatio intermittens durch relatives Überwiegen der α_1-Effekte (allgemein). Bei plötzlichem Absetzen je nach Krankheitsbild z. T. bedrohlicher Rebound (Angina-pectoris-Anfall, hypertone Krise) möglich.

Wechselwirkungen: Nichtopioide Analgetika (s. d.): Indometacin und andere nichtsteroidale Antirheumatika vermindert die antihypertensive Wirkung der β-Blocker. Calcium-Antagonisten (s. d.): Verstärkung der negativ dromotropen Wirkung (cave: AV-Block). Cimetidin (Enzyminhibitor) verstärkt die Wirkung der vorwiegend hepatisch eliminierten β-Blocker. Clonidin: β-Blocker sollten bei gleichzeitiger Gabe zuerst abgesetzt werden (ausschleichend, einige Tage Abstand). Herzwirksame Glykoside: additive Wirkung mit Gefahr einer massiven Bradykardie und eines AV-Blocks (EKG-Kontrolle; ISA-Blocker sicherer). Antidiabetika (s. d.): Abnahme der blutzuckersenkenden Wirkung (nur bei unselektiven β-Blockern).

Beta-Blocker s. Beta-Adrenozeptorenblocker

Betamethason s. Glucocorticoide

Betaxolol s. Beta-Adrenozeptorenblocker

Bethanecholchlorid
s. Parasympathomimetika, direkte

Bezafibrat s. Lipidsenker, Pharmaka zur Senkung des Cholesterin- und des Triglyceridspiegels

Wirkstoffe (Handelspräparate):	*β_1-Selektivität*	*ISA*	*Unspez. Membranwirkung*
Acebutolol (Prent etc.)	(+)	+	(+)
Alprenolol (Aptin)	–	+	+
Atenolol (Atenolol-ratiopharm, Tenormin etc.)	+	–	–
Betaxolol (Betoptima, Kerlone)	+	–	(+)
Bisoprolol (Concor)	+	–	(+)
Bupranolol (betadrenol etc.)	–	–	+
Carazolol (Conducton)	–	–	+
Carteolol (Arteoptic, Endak)	–	+	–
Celiprolol (Selectol)	+	+	(+)
Labetalol (Trandate)	–	(+)	+
Mepindolol (Corindolan)	–	+	(+)
Metipranolol (Betamann etc.)	–	–	(+)
Metoprolol (Beloc, Lopresor, Prelis etc.)	+	–	(+)
Nadolol (Solgol)	–	–	–
Oxprenolol (Trasicor)	–	+	(+)
Penbutolol (Betapressin)	–	(+)	+
Pindolol (Visken)	–	+	(+)
Propranolol (Beta-Tablinen, Dociton, Indobloc, Propranolol Stada, Propra-ratiopharm etc.)	–	–	+
Sotalol (Sotalex)	–	–	–
Timolol (Chibro-Timoptol etc.)	–	–	+

Bifonazol s. Antimykotika, lokale

Biguanid-Derivate s. Antidiabetika, orale; Biguanid-Derivate

Biotin = Vitamin H s. Vitamine

Biperiden s. Anti-Parkinson-Mittel, zentral wirksame Anticholinergika

Bisacodyl s. Laxantien, antiresorptiv und hydragog wirkende Abführmittel

Bismutsalze

Seitdem ein möglicher pathogenetischer Zusammenhang zwischen dem Auftreten von Ulcus duodeni und ventriculi und der Besiedlung der Magenschleimhaut mit Helicobacter pylori diskutiert wird, werden Bismutsalze vermehrt als bakterizide Stoffe in der Ulkustherapie eingesetzt. Dieser pathogenetische Zusammenhang konnte jedoch bis heute nicht eindeutig bewiesen werden. Auch ist die bakterizide Wirkung von Bismut schwach. Als Hauptwirkmechanismus wird eine Chelatbildung zwischen Bismut und Proteinen im Ulkusareal (Bildung eines Sekretfilms) angenommen. Insgesamt entspricht die Wirksamkeit von Bismut in der Ulkustherapie der von H_2-Antihistaminika. Rezidive treten jedoch seltener auf als nach sonstigen Therapiemaßnahmen.
Aufgrund der z. T. schwerwiegenden *Nebenwirkungen* (Übelkeit, Erbrechen, Schwarzfärbung des Stuhls und der Zunge, neurotoxische Nebenwirkungen, Speicherung im Körper) sollten Bismutsalze jedoch zurückhaltend eingesetzt werden.

Wirkstoffe (Handelspräparate): u. a. Bismutcitrat-Hydroxid-Komplex (Telen), Bismutnitratoxid (Ulkowis, Gastripan), Bismutoxidsalicylat (Jatrox).

Bisoprolol s. Beta-Adrenozeptorenblocker

Bleomycin s. Zytostatika, Antibiotika

Blutdrucksenkende Mittel s. Antihypertonika

Blutdrucksteigernde Mittel s. Antihypotonika

Bornaprin s. Anti-Parkinson-Mittel, zentral wirksame Anticholinergika

Botulismusantitoxin s. Impfstoffe, passive Immunisierung

Bromazepam s. Benzodiazepine; Tranquillantien

Bromisoval s. Hypnotika, Ureide

Bromocriptin s. Mutterkornalkaloide; Anti-Parkinson-Mittel, dopaminerge Agonisten; Hypophysenvorderlappenhormone, Prolactin-Inhibitoren

Bromoprid s. Prokinetika, Dopaminantagonisten

Bromperidol s. Neuroleptika, Phenothiazine, Butyrophenone und analoge Verbindungen

Bronchodilatatoren s. Antiasthmatika

Bronchospasmolytika s. Antiasthmatika, Bronchodilatatoren

Brotizolam s. Hypnotika, Benzodiazepine

Budesonid s. Glucocorticoide; Antiasthmatika, Glucocorticoide

Bufexamac s. Antiphlogistika, extern applizierte

Buflomedil s. durchblutungsfördernde Mittel, periphere Durchblutungsstörungen

Bumetanid s. Diuretika, Schleifendiuretika

Bunitrolol s. Beta-Adrenozeptorenblocker

Bupivacain s. Lokalanästhetika

Bupranolol s. Beta-Adrenozeptorenblocker

Buprenorphin s. Analgetika, Opioide

Buserelin s. Zytostatika, Hormone

Buspiron s. Tranquillantien

Busulfan s. Zytostatika, Alkylantien

Butamirat s. Antitussiva

Butizid s. Diuretika, Thiazide

N-Butylscopolaminiumbromid s. Parasympatholytika

Butyrophenone s. Neuroleptika

Calciferol s. Vitamine, fettlösliche Vitamine

Calcitonin s. Schilddrüsenhormone

Calcitriol s. Vitamine, fettlösliche Vitamine

Calcium-Antagonisten

Pharmakodynamik: Als Calcium-Antagonisten (Calciumkanal-Blocker) im engeren Sinne, zu denen die 1,4-Dihydropyridine *Nifedipin, Nimodipin* und *Nitrendipin,* die Phenylalkylamin-Derivate *Verapamil* und *Gallopamil* sowie *Diltiazem* gehören, werden Pharmaka bezeichnet, die den transmembranären Calcium-Influx über den langsamen Calcium-Kanal erniedrigen. Aufgrund der auf diese Weise reduzierten freien intrazellulären Calciumionen-Konzentration kommt es zu einer geringeren Aktivierung der Myosin-ATPase und in der Folge zu einem geringeren ATP-Turnover und partieller elektromechanischer Entkopplung.
Gemeinsame Auswirkungen des verminderten Calcium-Einstromes sind am Herzmuskel eine negativ inotrope und chronotrope Wirkung und dadurch eine direkte Senkung des myokardialen O_2-Verbrauchs und Steigerung des O_2-Angebotes. Außerdem erfolgt eine Dilatation der extramuralen Koronararterien; Substanzen vom Verapamil- und Diltiazem-Typ wirken zusätzlich negativ dromotrop. Der Tonus der glatten Gefäßmuskulatur wird gesenkt, dadurch kommt es zur Vasodilatation, insbesondere im arteriellen

Schenkel (Abnahme des peripheren Widerstandes, durch Nachlastsenkung indirekte Entlastung des Herzens). Die periphere Vasodilatation bewirkt vor allem nach Gabe von 1,4-Dihydropyridinen eine reflektorische Zunahme des Sympathikotonus (teilweise Maskierung der negativ inotropen Wirkung, Herzfrequenz erhöht). Zusätzlich wird durch den Calcium-Antagonismus die Fluidität der Erythrozyten erhöht (Verbesserung der Mikrozirkulation) und die Aggregationsneigung der Thrombozyten vermindert.

Aufgrund unterschiedlicher Bindungsstellen an der α_1-Untereinheit des spannungsabhängigen Calciumkanals werden drei Typen von Calcium-Antagonisten unterschieden (*1,4-Dihydropyridin-Typ,* Verapamil-Typ, Diltiazem-Typ), die sich in ihren Wirkungen vorwiegend in quantitativer, weniger in qualitativer Hinsicht unterscheiden. Der *1,4-Dihydropyridin-Typ (Felodipin, Isradipin, Nifedipin, Nimodipin, Nitrendipin)* zeigt in therapeutischer Dosierung vorwiegend vasale Wirkungen und beeinflußt die kardiale Kontraktilität sowie Erregungsbildung und -leitung kaum (gefäßbetont). Der *Verapamil-Typ* zeigt in üblicher Dosierung beide Hauptwirkungen, jedoch überwiegen die Effekte am Herzen (kardial betont). *Diltiazem* nimmt eine Mittelstellung ein.

Calcium-Antagonisten mit anderem Wirkprofil: Der Calmodulin-Antagonist *Fendilin* zeigt zusätzlich lokalanästhetische Effekte. Die sog. *Calcium-Overload-Blocker (Cinnarizin und Flunarizin)* sollen die Hypoxietoleranz in ischämischem Gewebe verbessern, doch ist die Wirksamkeit umstritten. Die Calcium-Antagonisten drosseln den bei Sauerstoffmangel erhöhten transmembranären Calcium-Einstrom ins Zellinnere und die pathologische Erhöhung der mitochondrialen Calcium-Speicherung, die zu irreversiblen Schäden und schließlich zum Zelluntergang führen (bei ATP-Mangel Auswaschung der transmembranären Ionengradienten und Erhöhung der Membranleitfähigkeit für Calcium; die erhöhten intrazellulären Calciumspiegel führen zu einer starken Zunahme des O_2-Verbrauchs). Flunarizin wird darüber hinaus in der Migränetherapie (s. d.) eingesetzt.

Indikationen:

- Koronare Herzkrankheit (s. Koronartherapeutika): Aufgrund der Nachlastsenkung und der Koronardilatation sind Calcium-Antagonisten bei allen Formen stabiler und instabiler Angina, insbesondere bei koronarspastischen Formen (Prinzmetal-Angina) indiziert (im Falle instabiler Angina nur im Rahmen einer Kombinationstherapie).
- Hypertonie (s. Antihypertonika): Aufgrund der Nachlastsenkung sind Calcium-Antagonisten zur Mono- oder Kombinationstherapie der essentiellen Hypertonie (insbesondere beim Widerstandshochdruck älterer Patienten) angezeigt. Nifedipin eignet sich auch besonders für die ambulante Behandlung der hypertonen Krise.
- Supraventrikuläre tachykarde Rhythmusstörungen (s. Antiarrhythmika): Aufgrund ihrer negativ dromotropen und chronotropen Effekte können Verapamil, Gallopamil und Diltiazem, nicht aber die 1,4-Dihydropyridine zur Behandlung von Vorhoftachykardien und -tachyarrhythmien eingesetzt werden.
- Zur Prophylaxe und Therapie neurologischer Ausfallserscheinungen, wie sie infolge zerebraler Spasmen bei Subarachnoidalblutungen auftreten können. Hirnorganisches Psychosyndrom (Nimodipin).
- Spastische Kopf- (Migräne) und Gesichtsschmerzen: Flunarizin.

Kontraindikationen: Schwere Hypotonie (allgemein); Schwangerschaft (Diltiazem, Nifedipin-Typ); AV-Block 2. bzw. 3. Grades, frischer Myokardinfarkt, Sick-Sinus-Syndrom (Verapamil- und Diltiazem-Typ); Stillzeit, Abortus imminens (Flunarizin).

Nebenwirkungen: Blutdruckabfall, Reflextachykardie, Kopfschmerzen, Hautrötung, Schwindel als Folge der Vasodilatation (Nifedipin-Typ); Bradykardie, AV-Überleitungsstörungen, Blutdruckabfall, Obstipation, allergische Hautreaktionen, Verschlimmerung einer bestehenden Herzinsuffizienz (Verapamil-Typ, Diltiazem-Typ).

Wechselwirkungen: Verapamil, Diltiazem, Beta-Adrenozeptorenblocker (s. d.) und herzwirksame Glykoside verstärken sich gegenseitig in ihrer negativ chronotropen und dromotropen Wirkung (EKG-Kontrolle und Dosisanpassung erforderlich). β-Adrenozeptorenblocker sollten daher nur mit Calcium-Antagonisten vom 1,4-Dihydropyridintyp kombiniert werden.

Wirkstoffe (Handelspräparate): Nifedipin (Adalat, Aprical, Cordicant, Corotrend, duranifin, Nifedipat, Nifedipin GDS, -ratiopharm, -Stada, Nifehexal, Nife-Puren, Nife von ct, Nifical, Pidilat; mit Atenolol in Nif-Ten und Bresben, mit Acebutolol in Tredalat), Nimodipin (Nimotop), Nitrendipin (Bayotensin), Isradipin (Vascal, Lomir), Felodipin (Modip, Munobal), Verapamil (Azupamil, durasoptin, Isoptin, Veramex, Verapamil Riker, -ratiopharm), Gallopamil (Procorum), Diltiazem (Dilta-Hexal, Dilzem), Fendilin (Sensit), Cinnarizin (Cinnacet, Cinna von ct, Cinnarizin R.A.N., -ratiopharm, -Siegfried, Stutgeron), Flunarizin (Sibelium).

Calciumcarbonat s. Antazida

Calcium-Overload-Blocker s. Calcium-Antagonisten mit anderem Wirkprofil; durchblutungsfördernde Mittel, periphere Durchblutungsstörungen

Calmodulin-Antagonist s. Calcium-Antagonisten mit anderem Wirkprofil

Canrenoat s. Diuretika, kaliumsparende

Capreomycin s. Tuberkulosemittel

Captopril s. ACE-Hemmer

Carazolol s. Beta-Adrenozeptorenblocker

Carbachol s. Parasympathomimetika, direkte

Carbamazepin s. Antiepileptika

Carbapeneme s. Antiinfektiva, β-Lactam-Antibiotika

Carbidopa s. Anti-Parkinson-Mittel, dopaminerge Agonisten

Carbimazol s. Thyreostatika, Thiouracile und Mercaptoimidazole

Carboanhydratase-Hemmer s. Diuretika

Carbocistein s. Expektorantien, Mukolytika

Carboplatin s. Zytostatika, Alkylantien

Carbromal s. Hypnotika, Ureide

Carbutamid s. Antidiabetika, orale; Sulfonylharnstoffe

Carmustin s. Zytostatika, Alkylantien

Carteolol s. Beta-Adrenozeptorenblocker; Ophthalmika, Glaukommittel

Carticain s. Lokalanästhetika

Cefaclor s. Antiinfektiva, Oralcephalosporine

Cefadroxil s. Antiinfektiva, Oralcephalosporine

Cefalexin s. Antiinfektiva, Oralcephalosporine

Cefamandol s. Antiinfektiva, Cephalosporine der 2. Generation

Cefazedon s. Antiinfektiva, Cephalosporine der 1. Generation

Cefazolin s. Antiinfektiva, Cephalosporine der 1. Generation

Cefmenoxim s. Antiinfektiva, Cephalosporine der 3. Generation

Cefoperazon s. Antiinfektiva, Cephalosporine der 3. Generation

Cefotaxim s. Antiinfektiva, Cephalosporine der 3. Generation

Cefotetan s. Antiinfektiva, Cephalosporine der 2. Generation

Cefotiam s. Antiinfektiva, Cephalosporine der 2. Generation

Cefoxitin s. Antiinfektiva, Cephalosporine der 2. Generation

Cefsulodin s. Antiinfektiva, Schmalspektrum-Cephalosporine

Ceftazidim s. Antiinfektiva, Cephalosporine der 3. Generation

Ceftizoxim s. Antiinfektiva, Cephalosporine der 3. Generation

Ceftriaxon s. Antiinfektiva, Cephalosporine der 3. Generation

Cefuroxim s. Antiinfektiva, Cephalosporine der 2. Generation

Cefuroximaxetil s. Antiinfektiva, Oralcephalosporine

Celiprolol s. Beta-Adrenozeptorenblocker

Cephalosporine s. Antiinfektiva, Cephalosporine

Cetirizin s. H_1-Antihistaminika

Cetylpyridiniumchlorid s. Desinfektionsmittel

Chemotherapeutika s. Antiinfektiva

Chenodeoxycholsäure s. gallensteinauflösende Arzneistoffe

Chinidin s. Antiarrhythmika, Klasse IA-

Chinin s. Malariamittel

Chinolinol s. Desinfektionsmittel

Chloralhydrat s. Hypnotika, Aldehyde

Chlorambucil s. Zytostatika, Alkylantien

Chloramin s. Desinfektionsmittel

Chloramphenicol s. Antiinfektiva; Ophthalmika, Antiinfektiva

Chlordiazepoxid s. Benzodiazepine; Tranquillantien

Chlorhexidin s. Desinfektionsmittel

Chlormadinonacetat s. Kontrazeptiva, hormonale

Chlormezanon s. Muskelrelaxantien, zentral angreifende

Chloroquin s. Antirheumatika, sog. Basistherapeutika; Malariamittel

Chlorphenoxamin s. H_1-Antihistaminika

Chlorprothixen s. Neuroleptika, Phenothiazine, Butyrophenone und analoge Verbindungen

Chlortalidon s. Diuretika, Thiazide

Cholekinetika

Cholekinetika sind Mittel, die die Entleerung der Gallenblase fördern sollen.

Pharmakodynamik: Die Entleerung der Gallenblase wird entweder reflektorisch (*Magnesiumsulfat, Sorbit* [s. Laxantien]) oder über einen direkten Angriff an der glatten Muskulatur (*Vasopressin,* s. Hypophysenhinterlappenhormone) gefördert. *Hymecromon* wirkt sowohl spasmolytisch als auch choleretisch (s. Choleretika).

Indikationen: Cholekinetika werden bei Störungen des Galleabflusses aus der Gallenblase und den Gallengängen, ferner bei der röntgenologischen Prüfung der Entleerungsfähigkeit der Gallenblase eingesetzt.

Beurteilung: Die therapeutische Bedeutung dieser Stoffe ist gering. Die hohe Zahl der Verordnungen ist vermutlich auf die häufige Kombination mit Laxantien (s. d.) zurückzuführen.

Hinweise: Bei Motilitätsstörungen der Gallenwege werden Kombinationen mit Spasmolytika (s. Parasympatholytika) eingesetzt.

Wirkstoffe (Handelspräparate): Hymecromon (u. a. Cholonerton, Cholspasmin forte), Magnesiumsulfat in 10–30%iger Lösung, Sorbit in 80%iger Lösung.

Cholera-Impfstoff s. Impfstoffe, aktive Immunisierung

Choleretika

Choleretika sind Stoffe, die die Produktion von Gallenflüssigkeit in der Leber fördern sollen.

Indikation: Sie werden bei funktionellen Gallenwegsstörungen eingesetzt, bei denen ein vermehrter Gallenfluß in den ableitenden Gallenwegen erwünscht ist, z. B. bei Vorliegen von Gallensteingrieß.

Beurteilung: Ihre therapeutische Wirksamkeit ist gering. So ist der choleretische Effekt der Nahrungszufuhr stärker. Ihre Anwendung zur Behandlung von Gallenwegserkrankungen muß heute als obsolet angesehen werden.

Kontraindikationen: Akute Hepatitis, Gallenblasenempyem, mechanischer Verschluß der Gallenwege.

Nebenwirkungen: Allergische Reaktionen.

Wirkstoffe (Handelspräparate):

- Ochsengalle (Novo Mandrogallan), Dehydrocholsäure (in Steinonit);
- synthetische Choleretika: u. a. Azintamid (Oragallin), Febuprol (Valbil), Hymecromon (u. a. Cholonerton, Cholspasmin), Piprozolin (Probilin).

Cholsäure s. Choleretika

Chondroprotektiva s. Antirheumatika, sog. Chondroprotektiva

Choriongonadotrop(h)in s. Hypophysenvorderlappenhormone, Gonadotropine

Christmas-Faktor s. Hämostyptika, Plasmafaktoren

Ciclopiroxolamin s. Antimykotika, lokale

Ciclosporin s. Immunsuppressiva

Cimetidin s. H_2-Antihistaminika; Ulkustherapeutika

Cinnarizin s. Calcium-Antagonisten mit anderem Wirkprofil

Cinoxazin s. Antiinfektiva, Gyrasehemmstoffe

Ciprofloxazin s. Antiinfektiva, Gyrasehemmstoffe

Cisaprid s. Prokinetika

Cisplatin s. Zytostatika, Alkylantien

Clavulansäure s. Antiinfektiva, Breitspektrum-Penicilline

Clemastin s. H_1-Antihistaminika

Clemizol-Penicillin G s. Antiinfektiva, Depot-Penicilline

Clenbuterol s. Sympathomimetika, β-

Clindamycin s. Antiinfektiva, Lincosamide

Clioquinol s. Desinfektionsmittel

Clobazam s. Tranquillantien

Clobutinol s. Antitussiva

Clocortolon s. H_1-Antihistaminika, Kombinationen mit Glucocorticoiden

Clodronsäure s. Parathormon, Parathormon-Hemmstoffe

Clofedanol s. Antitussiva

Clofibrat s. Lipidsenker, Pharmaka zur Senkung des Cholesterin- und des Triglyceridspiegels

Clomifen s. Antiöstrogene

Clomipramin s. Antidepressiva, trizyklische

Clonazepam s. Benzodiazepine; Antiepileptika, Benzodiazepine

Clonidin s. Sympathomimetika, α-, mit vorwiegend zentraler Wirkung

Clopamid s. Diuretika, Thiazide

Clostebolacetat s. Anabolika

Clotiazepam s. Tranquillantien

Clotrimazol s. Antimykotika, lokale

Clozapin s. Neuroleptika, Phenothiazine, Butyrophenone und analoge Verbindungen

Cocain s. Sympathomimetika, indirekte

Codein s. Analgetika, opioide; Antitussiva

Coffein s. Methylxanthin-Derivate

Colchicin s. Gichttherapie, Behandlung des akuten Anfalls

Colecalciferol = Vitamin D_3 s. Vitamin D

Colestipol s. Lipidsenker, Pharmaka zur Senkung des Cholesterinspiegels; Antidiarrhoika, Anionenaustauscherharze

Colestyramin s. Lipidsenker, Pharmaka zur Senkung des Cholesterinspiegels; Antidiarrhoika, Anionenaustauscherharze

Colistin s. Antiinfektiva, Polypeptide

Colitis-ulcerosa- und Morbus-Crohn-Therapeutika

Zur Behandlung der *Colitis ulcerosa* werden im akuten Schub sowie zur Rezidivprophylaxe *Salazosulfapyridin* und *Olsalazin* sowie die aus diesen im Kolon durch Kolibakterien freigesetzte eigentliche Wirksubstanz *5-Aminosalicylsäure* eingesetzt. Beim akuten Schub werden, insbesondere bei schweren Verlaufsformen, zusätzlich *Glucocorticoide* (s. d.), z. B. Prednison, verabreicht. Auch beim *Morbus Crohn* werden im akuten Schub die gleichen Wirkstoffe eingesetzt. Bei Lokalisation der Erkrankung im Dünndarm sollten immer Glucocorticoide (s. d.) gegeben werden.

Pharmakodynamik: Als Wirkmechanismus von 5-Aminosalicylsäure wird eine Beeinflussung der Prostaglandinbiosynthese und vor allem eine Hemmung der Leukotrien-Bildung angenommen.

Nebenwirkungen: Diarrhö, Methämoglobinämie, Überempfindlichkeitsreaktionen gegen Salicylate (s. Analgetika, nichtopioide) sowie bei Salazosulfapyridin auch gegen Sulfonamide (s. Antiinfektiva, Sulfonamide).

Hinweis: Strenge Indikationsstellung bei Kindern unter 5 Jahren.

Wirkstoffe (Handelspräparate): 5-Aminosalicylsäure = Mesalazin (Claversal, Salofalk), Olsalazin (Dipentum), Salazosulfapyridin = Sulfasalazin (Azulfidine, Colo-Pleon).

Corpus-luteum-Hormone s. Gestagene

Corticoliberin s. Hypothalamushormone

Corticotrop(h)in
s. Hypophysenvorderlappenhormone

Cortisol = Hydrocortison
s. Glucocorticoide

Cotrimoxazol s. Antiinfektiva, Cotrimoxazol

Cromoglicinsäure s. Antiasthmatika, Hemmstoffe der Mastzelldegranulation

CSE-Hemmer s. Lipidsenker, Pharmaka zur Senkung des Cholesterinspiegels

Cumarin-Derivate s. Antikoagulantien, Vitamin-K-Antagonisten

Cyanocobalamin s. Vitamin B_{12}

Cyclobarbital s. Hypnotika, Barbiturate

Cyclofenil s. Antiöstrogene

Cyclophosphamid s. Zytostatika, Alkylantien

Cycloserin s. Tuberkulosemittel

Cyproheptadin s. Serotoninantagonisten

Cyproteronacetat s. Zytostatika, Hormonantagonisten

Cytarabin s. Zytostatika, Antimetaboliten

Dacarbazin s. Zytostatika, Alkylantien

Dactinomycin s. Zytostatika, Antibiotika

Dantrolen s. Muskelrelaxantien, peripher angreifende

Dapson s. Lepramittel (KI, NW, WW s. Antiinfektiva, Sulfonamide)

Daunorubicin s. Zytostatika, Antibiotika

Deferoxamin s. Antianämika, Therapie von Eisenmangelanämien

Dehydrocholsäure s. Choleretika

Depot-Penicilline s. Antiinfektiva, Depot-Penicilline

Dermatotherapeutika

Dermatotherapeutika sind Arzneimittel, die zur Behandlung von Hauterkrankungen systemisch oder lokal appliziert werden. Hierzu zählen:

- Aknetherapeutika (s. d.),
- Antimykotika (s. d.),
- antiparasitäre Mittel (s. d.),
- extern applizierte Antiphlogistika (s. d.),
- Antipruriginosa (s. d.),
- Antipsoriatika (s. d.),
- Desinfektionsmittel (s. d.) und
- extern applizierte Enzympräparate (s. d.).

Desipramin s. Antidepressiva, trizyklische

Desinfektionsmittel

Desinfektionsarten und -objekte

Nach ihrer Anwendung unterscheidet man Mittel zur Grob- und Feindesinfektion. Grobdesinfektionsmittel dienen u. a. zur Desinfektion von Räumen, Toiletten, Abwässern und Krankheitsprodukten, Feindesinfektionsmittel zur Desinfektion von Wäsche und Instrumenten, Händen, Haut und Schleimhaut. Bei allen desinfizierenden Maßnahmen sind die Anweisungen des Herstellers in Hinsicht auf Anwendungskonzentration und Einwirkzeit exakt zu beachten.

Händedesinfektion: Präoperative Behandlung der Hände und Unterarme des chirurgischen Personals. Hygienische Händeschnelldesinfektion durch Einreiben.

Haut- und Schleimhautdesinfektion: Präoperative Hautdesinfektion im Operationsgebiet des Patienten. Patienten-Hautdesinfektion vor Injektionen, Punktionen usw., Wunddesinfektion.

Instrumentendesinfektion: Desinfizierende Vorreinigung vor der Sterilisation oder Desinfektion thermolabiler Instrumente und Geräte zur anschließenden Wiederverwendung.

Flächendesinfektion: Bodendesinfektion und -reinigung, Inventar-, Wisch- und Sprühdesinfektion.

Wirkungsmechanismen

Die desinfizierende Wirkung beruht auf einer

- Enzymhemmung durch Denaturierung von Proteinen oder Blockade von SH-Gruppen (Halogene, Alkohole, Phenole, Schwermetalle, Aldehyde und Detergentien),
- Reaktion mit Nucleinsäuren (Formaldehyd) und/oder
- Schädigung der Zytoplasmamembran (Phenole und Detergentien).

Einteilung der Desinfektionsmittel

- Oxidationsmittel,
- Halogene,
- Schwermetallverbindungen,
- Phenol-Derivate,
- Aldehyde,
- Alkohole,
- Acridin- und Chinolin-Derivate,
- Detergentien und
- Biguanide.

Oxidationsmittel

- *Wasserstoffperoxid* wird durch die in allen Geweben vorhandene Katalase rasch in Wasserstoff und Sauerstoff gespalten und wirkt dadurch desinfizierend, desodorierend und bleichend. Die Eindringtiefe ist allerdings gering und die Wirkdauer kurz. In 3%iger Lösung wird Wasserstoffperoxid zur Reinigung von Wunden und zum Ablösen von Verbänden benutzt. In noch stärkerer Verdünnung (ein Eßlöffel H_2O_2 3%ig auf ein Glas Wasser) wird es als Gurgel- und Mundwasser verwendet.
- *Kaliumpermanganat* wirkt noch in der starken Verdünnung von 1:1000 bis 1:5000 desinfizierend. Bei der Berührung mit Gewebe wird es unter Sauerstoffabgabe zu Braunstein reduziert, der eine mild adstringierende Eigenschaft besitzt. Kaliumpermanganatlösungen können zu Spülungen von Wunden und Schleimhäuten benutzt werden. Die angegebenen Konzentrationen sind streng einzuhalten, da höher konzentrierte Lösungen starke Verätzungen der Schleimhäute hervorrufen.
- *Persäuren* gehören ebenfalls zu den aktiven Sauerstoff abspaltenden Substanzen. Das Wirkungsspektrum umfaßt Bakterien und Viren, jedoch keine Pilze. Eiweiß reduziert die Wirksamkeit der Persäuren, so daß ihre Anwendbarkeit eingeschränkt ist. Eine mit diesen verwandte Verbindung ist *Benzoylperoxid*, das speziell in der Aknetherapie eingesetzt wird (s. Aknetherapeutika).

Halogene

Chlor

Chlor wird neben Hypochloriten in großem Maßstab zur Trinkwasserentkeimung eingesetzt.

- *Hypochlorite* haben Bedeutung als billig und gut wirksame Grobdesinfektionsmittel für Kloaken, Stuhl, Sputum usw.
  Wirkstoff: Calciumhypochlorit (= Chlorkalk).
- *Chloramine* setzen in wäßriger Lösung langsamer wirksame Chlor-Verbindungen frei als die o. g. Substanzen. Sie sind daher besser verträglich. Sie dienen außer zur Trinkwasser- und Grobdesinfektion in 0,05–0,25%iger Lösung zu Mund-, Blasen- und Vaginalspülungen, in 0,25–0,5%iger Lösung zur Händedesinfektion.
  Wirkstoff (Handelspräparat): Tosylchloramid (Clorina).

Iod und Iod-Komplexe

- *Iod* ist noch immer eines der wichtigsten Desinfektionsmittel, da es schnell und zuverlässig bakterizid, sporozid, fungizid und viruzid wirkt und Protozoen abtötet. Es ist außerdem in seiner Handhabung bequemer als die anderen Halogene und greift die Haut nicht so stark an. Iod kann in alkoholischer Lösung zur Desinfektion kleinerer Wunden und vor chirurgischen Eingriffen zur Desinfektion des Operationsfeldes eingesetzt werden. Durch die Einführung der Iod-Komplexe ist seine Bedeutung jedoch zurückgegangen. Eine echte Iodallergie ist selten; etwas häufiger tritt eine akneähnliche Reaktion der Haut auf.

- *Povidon-Iod* wird häufig als Desinfektionsmittel zur Haut- und Schleimhautdesinfektion verwendet. Der Komplex enthält 10% Iod; die Iodkonzentration in den häufig verwendeten Zubereitungsformen mit 10%iger Povidon-Iod-Lösung beträgt somit 1%. Die Konzentration an freiem Iod ist daher sehr niedrig. Deshalb ist die sofortige bakterizide Wirkung geringer als bei den alkoholischen Iod-Lösungen. Die Verträglichkeit gilt als gut, jedoch kann es zu lokalen Reizungen oder (selten) zu allergischen Reaktionen kommen. Insbesondere bei Anwendung an Schleimhäuten oder auf größeren Wundflächen besteht infolge Resorption die Gefahr systemischer Nebenwirkungen (z. B. Nierenschäden bei Patienten mit schweren Verbrennungen). Bei Neugeborenen und Säuglingen können infolge der erleichterten Resorption durch die noch relativ dünne Epidermis Störungen der Schilddrüsenfunktion auftreten.

  Handelspräparate: Betaisodona, Braunoderm, Braunol, Braunovidon.

Alle iodhaltigen Desinfektionsmittel dürfen bei Patienten mit Hyperthyreose nicht angewandt werden.

Schwermetallverbindungen

- *Quecksilberverbindungen:* Anorganische Quecksilberverbindungen sind wegen ihrer hohen Toxizität obsolet. Organische Quecksilberverbindungen wirken nur bakteriostatisch und fungistatisch und besitzen auch wegen der resorptiven Aufnahme von Quecksilber nur noch eine geringe Bedeutung. Sie können zur Haut- und Wunddesinfektion eingesetzt werden. Bei Kleinkindern sind sie kontraindiziert.
- *Silberverbindungen:* Silbernitratlösung (1%ig) wird zur Verhütung der Blennorrhö von Neugeborenen (Credé-Prophylaxe) verwendet. Konzentrierte Silbernitratlösungen oder Argentum-nitricum-Stifte (Argentix) dienen als Ätzmittel.
  Das Silbersalz des Sulfonamids *Sulfadiazin* (Sulfadiazin-Silber, Flammazine) wird vor allem bei Verbrennungen eingesetzt.

Aldehyde

- *Formaldehyd:* Das Wirkungsspektrum umfaßt Bakterien (einschließlich Tuberkelbakterien), Viren und Pilze. Sporen werden erst im Verlauf von Stunden abgetötet. Wegen seiner stark reizenden Wirkung ist Formaldehyd nur zur Raum- und Grobdesinfektion geeignet. Verdünnte Formaldehyd-Lösungen haben eine adstringierende und schweißsekretionshemmende Wirkung. Bei Ratten und Mäusen, die langfristig hohen Konzentrationen von Formaldehyd ausgesetzt waren, ist das Auftreten von Karzinomen der Nasenschleimhaut beobachtet worden, die sich auf dem Boden einer chronischen Entzündung entwickelten. Die Übertragbarkeit dieser Befunde auf den Menschen ist fraglich.
- *Glutardialdehyd* wirkt bakterizid, viruzid und sporozid. Die Wirkung tritt schneller ein als bei Formaldehyd. Es wird zur Instrumentendesinfektion eingesetzt.
- *Taurolidin* (Taurolin), das durch Kondensation von Taurin mit Formaldehyd entsteht, wirkt als lokales Breitband-Antiinfektivum. Der Wirkungsmechanismus beruht auf einer Zellwand- und Membranschädigung durch Übertragung aktiver Methylolgruppen. Diese zerstören die Bakterienzellwand und inaktivieren gleichzeitig die freiwerdenden Bakterientoxine. Taurolidin ist zur Behandlung einer lokalen oder diffusen Peritonitis indiziert und scheint sich nach bislang vorliegenden Studien dort zu bewähren. Da die Spülungen stark schmerzhaft sind, dürfen sie nur bei narkotisierten Patienten durchgeführt werden.

Alkohole

Alkohole besitzen eine bakterizide Wirkung, die von Methanol zu Propanol zunimmt. Primäre Alkohole sind wirksamer als sekundäre und tertiäre. Die bakterizide Wirkung ist an einen gewissen Wassergehalt gebunden. Das Wirkungsspektrum umfaßt Bakterien (einschließlich Tuberkelbakterien) und bedingt auch Viren. Sporen werden nicht abgetötet. Für praktisch-medizinische Zwecke haben nur *Ethanol* und *Propanole* Bedeutung. Das Hauptanwendungsgebiet ist die Händedesinfektion (Ethanol 70–80%ig, n-Propanol 50–60%ig, Isopropanol 60–70%ig). Zur Instrumentendesinfektion genügen Alkohole allein nicht. Alkohole bewirken eine Hautreizung (Austrocknung). In modernen Händedesinfektionsmitteln sind daher meist auch rückfettende Substanzen enthalten.

Handelspräparate, die Alkohole enthalten: Desderman, Sterillium u. v. a.

Phenole

- *Phenol* selbst ist als Desinfektionsmittel obsolet, da es zu schwach wirksam und zu toxisch ist. Eine Wirkungssteigerung und bessere Verträglichkeit kann durch Halogenierung und Einführung von Alkyl- und aromatischen Resten erreicht werden.
- *Halogenierte und aromatisch substituierte Phenol-Derivate* gehören zu den wirksamsten und zugleich wenig reizenden Desinfektionsmitteln. Sie kommen meist kombiniert in Fertigarzneimitteln vor. Ihr Wirkungsspektrum umfaßt Bakterien (einschließlich Tuberkelbakterien), Pilze und teilweise Viren, jedoch keine Sporen. Ihr Anwendungsbereich erstreckt sich sowohl auf die Haut-, Schleimhaut-, Wund-, Instrumenten- oder Wäschedesinfektion als auch auf die Bekämpfung des infektiösen Hospitalismus. *Hexachlorophen* hat seine Bedeutung wegen der Gefahr resorptiver Vergiftungen mit Schädigungen des Zentralnervensystems weitgehend verloren.

  Wirkstoffe (Handelspräparate): 3,4,5,6-Tetrabrom-o-cresol (in Desderman), o-Phenylphenol (Manusept, in Kodan Tinktur Forte, Lysolin, Primasept M, Sagrotan), p-Chlor-m-cresol (in Lysolin).

Acridin-, Chinolin- und Hexahydropyrimidin-Derivate

- *8-Hydroxychinoline* werden zur Hautdesinfektion eingesetzt. Die Anwendung halogenierter 8-Hydroxychinoline bei Durchfallerkrankungen ist obsolet.

  Handelspräparate: Chinolinol, Chinosol, Clioquinol.
- *Ethacridin* bewährt sich besonders bei der Behandlung infizierter Wunden und Pyodermien, wird jedoch auch zu Blasen- und Vaginalspülungen verwendet. Salben enthalten 1–5% der Wirksubstanz, für feuchte Verbände oder Spülungen sind 0,1%ige Lösungen üblich. Die Anwendung von Ethacridin als Antidiarrhoikum (Metifex) ist problematisch.

  Handelspräparate: Rivanol, Metifex.
- *Hexetidin* ist ein Hexahydropyrimidinderivat mit breitem antimikrobiellen Spektrum. Es wird in 0,1%iger Lösung als Mund- und Rachendesinfiziens eingesetzt.

  Handelspräparate: u. a. Hexoral.

Detergentien

Quartäre Ammoniumverbindungen (Invertseifen)

Die Verbindungen dieser Gruppe sind oberflächenaktiv und verändern die Zellmembran einiger Erreger bis zur Desintegration. Ihr Wirkungsspektrum umfaßt Bakterien, jedoch keine Tuberkelbakterien und Sporen. Mit anionenaktiven Tensiden (z. B. Seifen) sind sie unverträglich; durch Eiweiß, Eiter oder Serum werden sie inaktiviert. Ihr Anwendungsbereich umfaßt die Hände- und Instrumentendesinfektion. Da sie jedoch nicht sporozid wirken, können sie hier nur in Kombination eingesetzt bzw. können nur sterilisierte Instrumente hierin aufbewahrt werden. Außerdem werden sie als Mund- und Rachendesinfizientien sowie zu Wund- und Vaginalspülungen benutzt.

Wirkstoffe (Handelspräparate): Benzalkoniumchlorid (u. a. Zephirol), Cetylpyridiniumchlorid (Dobendan), Ethylhexadecyldimethylammoniumethylsulfat (Sterillium).

Ampholytseifen

Hierbei handelt es sich um oberflächenaktive Aminosäure-Derivate, die bei guter Hautverträglichkeit, geringer Toxizität und gutem Reinigungseffekt bakterizide und fungizide Eigenschaften besitzen. Ihr Wirkungsspektrum umfaßt auch Tuberkelbakterien, und sie werden nicht durch Eiweiß, Blut, Eiter oder Serum inaktiviert. Mit Seifen und anderen Detergentien sind sie unverträglich. Ihre Anwendungsgebiete entsprechen denen der quartären Ammoniumverbindungen. Zusätzlich werden sie zur Fußpilzprophylaxe eingesetzt.

Wirkstoffe (Handelspräparate): z.B. Dodecyldi-(aminoethyl)-glycin (Tego 103 S).

Biguanide

Chlorhexidin besitzt starke bakterizide Eigenschaften und eine gute Haftfähigkeit an der Haut. Die rasch wirksame, wenig toxische Substanz hat sich außer zur Instrumenten- und Händedesinfektion zur Verhütung von Infektionen bei urologischen Eingriffen (Katheterisierung, Zystoskopie usw.) bewährt. Sie wird ferner bei Infektionen im Mund- und Rachenraum eingesetzt.

Handelspräparate: u.a. Chlorhexamed, Hibitane, Uro-Tainer.

Desipramin s. Antidepressiva, trizyklische

Desmopressin s. Antidiuretika

Desogestrel s. Gestagene

Desoximetason s. Glucocorticoid-Externa

Desoxybarbiturate s. Antiepileptika, Barbiturate und Desoxybarbiturate

Desoxyribonuclease s. Enzympräparate, extern applizierte

Dexamethason s. Glucocorticoide

Dexchlorpheniramin s. H_1-Antihistaminika

Dextrane s. Plasmaersatzmittel, körperfremde kolloidale; Thrombozyten-Aggregationshemmer

Dextropropoxyphen s. Analgetika, opioide

Dextrothyroxin s. Lipidsenker, Pharmaka zur Senkung des Cholesterinspiegels

Diabetes-mellitus-Therapie s. Antidiabetika

Diazepam s. Benzodiazepine; Hypnotika, Benzodiazepine; Muskelrelaxantien, zentral angreifende; Tranquillantien; Antiepileptika, Benzodiazepine

Diazoxid s. Antihypertonika, Vasodilatantien, Antihypoglykämika

Dibenzepin s. Antidepressiva, trizyklische

Diclofenac s. Antirheumatika, nichtsteroidale

Diethylstilbestrol s. Zytostatika, Hormone

Diflunisal s. Analgetika, nichtopioide

Digitaloide s. positiv inotrop wirkende Pharmaka, herzwirksame Glykoside

Digitoxin s. positiv inotrop wirkende Pharmaka, herzwirksame Glykoside

Digoxin s. positiv inotrop wirkende Pharmaka, herzwirksame Glykoside

Dihydralazin s. Antihypertonika, Vasodilatantien

Dihydrocodein s. Analgetika, opioide; Antitussiva

Dihydroergocornin s. Mutterkorn-Alkaloide

Dihydroergocristin s. Mutterkorn-Alkaloide

Dihydroergocryptin s. Mutterkorn-Alkaloide

Dihydroergotamin s. Mutterkorn-Alkaloide

Dihydroergotoxin s. Mutterkorn-Alkaloide

Dihydrotachysterol s. Parathormon

Dihydroxyaluminiumnatriumcarbonat s. Antazida

Dikaliumclorazepat s. Benzodiazepine; Tranquillantien

Diltiazem s. Calcium-Antagonisten

Dimenhydrinat = Salz des Diphenhydramins mit 8-Chlortheophyllin s. Antiemetika; H_1-Antihistaminika

Dimethylsiloxan = Dimeticon s. Karminativa

Dimeticon = Dimethylsiloxan s. Karminativa

Dimetinden s. H_1-Antihistaminika

Dinoprost = Prostaglandin $F_{2\alpha}$ s. Prostaglandine

Dinoproston = Prostaglandin E_2 s. Prostaglandine

Diosmin s. Venenmittel

Diphenhydramin s. H_1-Antihistaminika; Antiemetika; Hypnotika

Diphenoxylat s. Antidiarrhoika, Motilitätshemmer

Diphtherie-Impfstoff s. Impfstoffe, aktive Immunisierung

Diphtherie-Serum s. Impfstoffe, passive Immunisierung

Dipivefrin s. Ophthalmika, Glaukommittel

Diprophyllin s. Methylxanthin-Derivate; Antiasthmatika, Bronchodilatatoren

Dipyridamol s. Thrombozyten-Aggregationshemmer, durch Beeinflussung des thrombozytären Prostaglandinstoffwechsels und anderer Thrombozytenfunktionen

Disopyramid s. Antiarrhythmika, Klasse-IA-

Distigminbromid s. Parasympathomimetika, indirekte

Dithranol s. Antipsoriatika

Diuretika

Wirkung, Indikationen, Neben- und Wechselwirkungen

Pharmakodynamik: Diuretika sind Pharmaka, die eine Steigerung der Urinausscheidung bewirken. *Saluretika* führen nicht nur zu einer vermehrten Wasser-, sondern auch zu einer gesteigerten Elektrolytausscheidung (insbesondere von Natrium-, Kalium- und Chloridionen). Diuretika können über die Beeinflussung der Wasser- und Elektrolytausscheidung hinaus die Prognose von Nierenerkrankungen nicht verbessern oder den Beginn einer Dialyse verzögern.
Die Wirkung von Diuretika kommt durch eine Hemmung von transmembranären Transportmechanismen (Thiazide, Schleifendiuretika, kaliumsparende Diuretika, Carboanhydratase-Hemmstoffe), durch eine Steigerung von HZV und Nierendurchblutung (Methylxanthin-Derivate) bzw. rein osmotisch (Osmodiuretika) zustande. Die weitgehend nierenspezifische Beeinflussung der im gesamten Organismus vorhandenen Transportsysteme ist auf die im Rahmen der renalen Ausscheidung erfolgende starke Konzentrationserhöhung der Diuretika zurückzuführen (durch Gegenstromkonzentrierung und aktive Sekretion steiler Anstieg der Diuretika-Konzentration im Verlauf der Nephronpassage). Wirkstärke und Wirkprofil der Diuretika werden weniger von der chemischen Struktur als von der Lokalisation des Angriffsortes in der Niere bestimmt. Die Wirkung ist um so schwächer, je weiter der Angriffspunkt nach distal verschoben ist (Henle-Schleife: Schleifendiuretika > frühdistaler Tubulus: Thiazide > spätdistaler Tubulus, Sammelrohr: Kaliumsparer). Die nur mäßige Wirksamkeit bei einem proximalen Angriff (Carboanhydratase-Hemmer) ist auf die vielfältigen Kompensationsmechanismen im weiteren Verlauf der Nephronpassage zurückzuführen.
Als *„Low-ceiling"-Diuretika* (Thiazide, Kaliumsparer, Carboanhydratase-Hemmer) werden Pharmaka bezeichnet, deren Wirkung bei Dosiserhöhung rasch ein Plateau erreicht, während *„High-ceiling"-Diuretika* (Schleifendiuretika) eine über einen sehr viel größeren Bereich eine lineare Dosis-Wirkungs-Beziehung aufweisen.

Indikationen: Akute und chronische Ödeme (nicht Ödeme im Rahmen einer Spätgestose), Hypertonie, akute und chronische Herzinsuffizienz. *Nebenindikationen:* Forcierte Diurese, Diabetes insipidus renalis; Glaukom (nur Carboanhydratase-Hemmer).

Allgemeine Nebenwirkungen (dosisabhängig):

1. Störungen des Wasser- und Elektrolythaushaltes:
- Hypokaliämie (Schleifendiuretika, Thiazide),

- Hyperkaliämie (kaliumsparende Diuretika),
- Hypovolämie/Hyponatriämie, in der Folge erhöhte Renin-Aktivität (Schleifendiuretika, Thiazide),
- Hämokonzentration bei rascher Ödemausschwemmung (Schleifendiuretika), als Folge gestörte Mikrozirkulation und erhöhte Thromboseneigung.

2. Stoffwechseleffekte (Schleifendiuretika, Thiazide):
- verminderte Glucosetoleranz,
- Erhöhung der Triglycerid-, LDL- und VLDL-Konzentrationen im Blut,
- Harnsäureretention mit Gefahr eines Gichtanfalls.

3. Selten Überempfindlichkeitsreaktionen und Blutbildveränderungen (Thiazide, Schleifendiuretika, Carboanhydratase-Hemmer).

Allgemeine Wechselwirkungen: Als Folge einer Hypokaliämie ist die Toxizität herzwirksamer Glykoside (s. positiv inotrop wirkende Pharmaka) gesteigert. Nebennierenrinden-Hormone (s. d.) und Laxantien verstärken die Hypokaliämie. Die Neuro- und Kardiotoxizität von Lithiumsalzen (s. d.) sowie die Wirkung stabilisierender Muskelrelaxantien (s. d.) vom Curare-Typ wird durch gleichzeitige Gabe von Thiaziden, Schleifendiuretika und Carboanhydratase-Hemmern verstärkt. Nichtopioide Analgetika (s. d.) schwächen die Wirkung von Diuretika ab. ACE-Hemmer (s. d.) verstärken die durch Kaliumsparer ausgelöste Hyperkaliämie.

Thiazide

Pharmakodynamik: Thiazide hemmen im frühdistalen Tubulus den Na^+/Cl^--Kotransport. Sie steigern dadurch die Ausscheidung von Wasser, Na^+, Cl^-, K^+ und Mg^{2+}, wohingegen die Ca^{2+}- und PO_4^{3-}-Elimination gesenkt werden. Die GFR nimmt initial ab. Thiazide sind mittelstarke (Low-ceiling-) Diuretika mit mehr oder weniger langer Wirkdauer.

Indikationen: Wegen der langen Wirkdauer insbesondere für die niedrig dosierte Dauertherapie der essentiellen Hypertonie (auch in Kombination mit Beta-Adrenozeptorenblockern [s. d.] und anderen Antihypertonika [s. d.]) bzw. der chronischen Herzinsuffizienz, zur Ödemausschwemmung bei chronischen Leber- und Nierenerkrankungen, bei Diabetes insipidus renalis (Wirkungsmechanismus unklar; s. Antidiuretika).

Kontraindikationen: Niereninsuffizienz mit Anurie; Präkoma und Coma hepaticum, schwere Hypokalämie; Überempfindlichkeit gegen Sulfonamide, Hypotonie, Hypovolämie, Stillzeit; vorsichtig und nur bei strenger Indikation in der Schwangerschaft.

Wechselwirkungen: Die blutzuckersenkende Wirkung von Antidiabetika (s. d.) wird vermindert.

Wirkstoffe (Handelspräparate): Bemetizid (mit Triamteren in dehydro tri mite, diucomb; mit Triamteren, Bupranolol und Dihydralazin in pertenso), Bendroflumethiazid (mit Spironolacton in Sali-Aldopur), Butizid (mit Spironolacton in Aldactone-Saltucin; mit Reserpin in Modenol; mit Metipranolol und Dihydralazin in Tri-Torrat), Chlortalidon (Hygroton etc.; mit Reserpin in Darebon; mit Atenolol und Hydralazin in TRI-Normin; mit Oxprenolol und Hydralazin in Trepress, Impresso-Puren); Clopamid (mit Dihydroergocristin und Reserpin in Briserin), Hydrochlorothiazid (Esidrix etc.; mit Triamteren in Aquaretic, Diuretikum Verla, Diutensat, Diu-Tonolytril, Dytide H, Esiteren, Nephral, triazid von ct, Triamteren comp.-ratiopharm, Tri.-Thiazid Stada, turfa; mit Amilorid in Amiloretik, Amilorid comp.-ratiopharm, Diursan, Moduretik Rhefluin; mit Spironolacton in Spironothiazid; mit Reserpin und Dihydralazin in Adelphan-Esidrix; mit Reserpin und Triamteren in Resaltex; mit Reserpin, Dihydralazin und Kaliumchlorid in Elfanex; mit Captopril in Capozide und tensobon comp.; mit Metoprolol und Hydralazin in Treloc), Indapamid (Natrilix), Mefrusid (mit Reserpin und Inositolnicotinat in Bendigon; mit Reserpin und α-Methyldopa in Caprinol; mit Nifedipin in Sali-Adalat), Polythiazid (mit Prazosin in Polypress), Trichlormethiazid (mit Amilorid in Esmalorid), Xipamid (Aquaphor; mit Triamteren in Neotri; mit Reserpin in Durotan).

Schleifendiuretika

Pharmakodynamik: Schleifendiuretika vom Furosemid-Typ (Furosemid, Azosemid, Bumetanid und Piretanid) greifen am dicken aufsteigenden Ast der Henle-Schleife an und hemmen den $Na^+/K^+/2Cl^-$-Kotransport. Dadurch kommt es zu einer vermehrten Ausscheidung von Na^+, K^+, Cl^-, Mg^{2+} und Ca^{2+} (durch Angriff an dem gleichen Kotransporter im Bereich der Macula densa wird der tubuloglomeruläre Feedback aufgehoben, es kommt daher nicht zu einer Abnahme der

GFR). Der Wirkungsmechanismus von Etacrynsäure und Etozolin ist noch nicht genau bekannt.

Die Wirkung der Schleifendiuretika ist stark, hält aber nur kurz an (nach niedrigen und mittleren Dosen daher rascher Rebound). Als „High-ceiling"-Diuretika zeigen sie über einen weiten Konzentrationsbereich eine lineare Dosis-Wirkungs-Beziehung.

Indikationen: Ödeme, die eine rasche und effektive Ausschwemmung erfordern (z. B. Lungen- oder Hirnödem); zur Prophylaxe eines akuten Nierenversagens; akute und chronische Herzinsuffizienz; Hypertonie, vor allem bei Patienten mit eingeschränkter Nierenfunktion.

Kontraindikationen: Niereninsuffizienz mit Anurie, Praecoma und Coma hepaticum, schwere Hypokaliämie, Hypotonie, Hypovolämie, Stillzeit; vorsichtig und nur bei strenger Indikation in der Schwangerschaft.

Wechselwirkungen: Die Nephro- und/oder Ototoxizität von Cisplatin, Aminoglykosid-Antibiotika und Cefalotin (s. Antiinfektiva) wird bei unzureichender Flüssigkeitszufuhr verstärkt.

Wirkstoffe (Handelspräparate): Azosemid (Luret), Bumetanid (Fordiuran), Etacrynsäure (Hydromedin), Etozolin (Elkapin), Furosemid (Furosemid GDS, -ratiopharm, -Stada, Furo von ct, Fusid, Lasix, Ödemase etc.; mit Amilorid in Diaphal; mit Triamteren in Hydrotrix; mit Spironolacton in Osyrol-Lasix, Spiro comp.-ratiopharm, Spiro-D-Tablinen), Piretanid (Arelix).

Kaliumsparende Diuretika

Pharmakodynamik: Kaliumsparende Diuretika (Aldosteron-Antagonisten, Cycloamidin-Derivate) führen durch Angriff am spätdistalen Tubulus und am Sammelrohr zu einer Einschränkung der Kaliumionen-Ausscheidung. Der diuretische und saluretische Effekt ist demgegenüber nur schwach ausgeprägt, weshalb die Kaliumsparer in der Regel nicht zur Monotherapie, sondern in Kombination mit einem Thiazid- oder Schleifendiuretikum eingesetzt werden.

Aldosteron-Antagonisten (Spironolacton, dessen aktiver Metabolit Kaliumcanrenoat) blockieren die Anlagerung von Aldosteron an seinen zytoplasmatischen Rezeptor und unterbinden auf diese Weise die Exprimierung des aldosteroninduzierten Proteins sowie die von diesem bewirkte Öffnung von Natrium-Kanälen. Dieser Mechanismus erklärt, warum die Wirkung an die Anwesenheit von Aldosteron gebunden ist und erst mit einer mehrstündigen Verzögerung einsetzt. Die *zyklischen Amidin-Derivate* (s. Triamteren und Amilorid) blockieren Natriumkanäle in der Lumenmembran und hemmen darüber hinaus in hohen Konzentrationen den Na^+/H^+-Antiporter. Ihre Wirkung ist aldosteronunabhängig.

Indikationen: In Kombination mit Thiaziden oder Schleifendiuretika zur Therapie der essentiellen Hypertonie und der chronischen Herzinsuffizienz. Spironolacton und Kaliumcanrenoat sind zur Mono- oder Kombinationstherapie von Ödemen angezeigt, die mit Hyperaldosteronismus einhergehen (z. B. Leberzirrhose mit Aszites).

Kontraindikationen: Hyperkaliämie, Hyponatriämie, schwere Nierenfunktionsstörungen, Anurie (allgemein), Schwangerschaft (Amilorid).

Nebenwirkungen: Hyperkaliämie, Magen-Darm-Beschwerden (allgemein); Exantheme, Stimmveränderungen, bei Männern Gynäkomastie und Potenzstörungen, bei Frauen Amenorrhö, Hirsutismus, Spannungsgefühl in den Brüsten (Spironolacton); im Tierversuch Biotransformation zu kanzerogenen Epoxiden (Kaliumcanrenoat); als schwacher Folsäure-Antagonist bei entsprechender Prädisposition (z. B. schwere Leberzirrhose) megaloblastäre Anämie möglich (Triamteren).

Wechselwirkungen: Verminderung der Wirkungen von Carbenoxolon sowie von herzwirksamen Glykosiden (Spironolacton).

Wirkstoffe (Handelspräparate): Spironolacton (Aldactone, Spironolacton-ratiopharm; mit Furosemid in Osyrol-Lasix, Spiro comp.-ratiopharm, Spiro-D-Tablinen; mit Butizid in Aldactone-Saltucin, mit Hydrochlorothiazid in Spironothiazid, mit Bendroflumethiazid in Sali-Aldopur), Kaliumcanrenoat (Aldactone 10 ml, Kalium-Can.-ratiopharm, Osyrol Ampullen), Triamteren (mit Bemetizid in diucomb, dehydro tri mite; mit Furosemid in Hydrotrix; mit Hydrochlorothiazid in Aquaretic, Diuretikum Verla, Diutensat, Diu-Tonolytril, Dytide H, Esiteren, Nephral, triazid von ct, Triamteren comp.-ratiopharm, Tri.-Thiazid Stada, turfa; mit Xipamid [s. d.] in Neotri; mit Bemetizid, Bupranolol und Dihydralazin in pertenso), Amilorid (mit Furosemid in Diaphal; mit Hydrochlorothiazid in Amiloretik, Amilorid comp.-ratiopharm, Diursan, Moduretik, Rhefluin; mit Trichlormethiazid in Esmalorid).

Sonstige

Carboanhydratase-Hemmer

Durch Hemmung der Carboanhydratase im proximalen Tubulus wird die CO_2-Aufnahme aus dem Tubuluslumen und damit die zytosolische Kohlensäurebildung vermindert. Da in der Folge intrazellulär weniger Protonen für einen Austausch gegen Natriumionen aus dem Tubuluslumen zur Verfügung stehen, resultiert eine vermehrte Natrium-, Kalium-, Bicarbonat- und Wasserausscheidung. Der mit Carboanhydratase-Hemmern zu erzielende diuretische Effekt ist jedoch gering, da zum einen die verminderte proximale Natrium-Resorption in distalen Abschnitten kompensiert und zum anderen Kohlensäure auch auf anderen, von der Carboanhydratase unabhängigen Stoffwechselwegen bereitgestellt werden kann. Darüber hinaus wird die Wirkung rasch durch eine sich ausbildende metabolische Azidose eingeschränkt. Carboanhydratase-Hemmstoffe werden heute kaum noch als Diuretikum eingesetzt.

Indikationen: Als Diuretikum weitgehend obsolet. Zur Senkung des intraokularen Drucks beim akuten Glaukom (Kammerwasserproduktion herabgesetzt), bei Epilepsie (Therapie des Status epilepticus).

Kontraindikationen s. o. Thiazide.

Nebenwirkungen: Verminderte Iodaufnahme durch die Schilddrüse.

Wechselwirkungen s. o. Thiazide.

Wirkstoff (Handelspräparat): Acetazolamid (Diamox, Glaupax).

Osmodiuretika

Pharmakodynamik: Die mehrwertigen Alkohole Mannitol und Sorbitol werden nach parenteraler Gabe glomerulär filtriert, können aber nicht tubulär rückresorbiert werden und binden daher eine ihrer Osmolarität entsprechende Menge Wasser im Tubuluslumen. Die Elektrolytausscheidung wird im Gegensatz dazu kaum beeinflußt. Nephrotoxische Stoffe, die zu einer Schädigung der Tubulusepithelien führen, können die Wirksamkeit der Osmodiuretika aufheben (Reabsorption). Eine Infusion der 10–20%igen Mannit- bzw. 40%igen Sorbitlösungen darf folglich nur durchgeführt werden, wenn der Harnfluß nach einer Probeinfusion in Gang kommt (Gefahr einer Hyperhydratation und einer Volumenverschiebung in den Intrazellulärraum).

Indikationen: Prophylaxe und Therapie des drohenden akuten Nierenversagens, zur Einleitung einer Osmodiurese bei Oligo- bzw. Anurie, forcierte Diurese, in hypertoner Lösung zur Therapie des Hirnödems, zur Senkung des intrakraniellen bzw. intraokularen Drucks (für eine Reihe der Indikationen von Osmodiuretika werden heute Schleifendiuretika eingesetzt).

Kontraindikationen: Anhaltende Oligurie/Anurie nach Probeinfusion, intrakranielle Blutungen, Lungenödem, Dehydratationszustände, kardiale Dekompensation.

Nebenwirkungen: Akute Volumenüberlastung des Herz-Kreislauf-Systems bei zu rascher Infusion.

Wirkstoffe (Handelspräparate): Mannitol (Eufusol M, Infusionslösung 10%/20% Mannit; Mannitol-Lösung pfrimmer, -salvia, Mannit-Lösung Serag-Wiessner, Mannitol-Lösung 10%/20%; Osmofundin, Thomaemannit etc.), Sorbitol (Eufusol S 40, Sorbit-40-Braun Infusionslösung, Tutofusin S 40 etc.).

Dobutamin s. Sympathomimetika, β-

Dodecyldi(aminoethyl)-glycin s. Desinfektionsmittel

Domperidon s. Prokinetika, Dopaminantagonisten; Antiemetika

L-Dopa s. Anti-Parkinson-Mittel, dopaminerge Agonisten

Dopamin s. Sympathomimetika, endogene Substanzen

Dopaminerge Agonisten s. Anti-Parkinson-Mittel, dopaminerge Agonisten

Doxapram s. Analeptika

Doxazosin s. Alpha-Adrenozeptorenblocker, kompetitive α_1-selektive

Doxepin s. Antidepressiva, trizyklische

Doxorubicin s. Zytostatika, Antibiotika

Doxycyclin s. Antiinfektiva, Tetracycline

Doxylamin s. H_1-Antihistaminika; Hypnotika, H_1-Antihistaminika

Droperidol s. Narkosemittel, Injektionsanästhetika

Durchblutungsfördernde Mittel

Periphere Durchblutungsstörungen

Therapie funktioneller Durchblutungsstörungen (Angioneuropathien)

Für eine Therapie von Gefäßspasmen im Rahmen der Raynaud-Krankheit kommen neben autogenem Training und einer Vermeidung auslösender Risikofaktoren (Kälteexposition, psychische Belastung) α_1-selektive Alpha-Adrenozeptorenblocker (s. d.) (z. B. Prazosin) sowie Calcium-Antagonisten (s. d.) (z. B. Nifedipin) in Betracht.

Therapie organischer Durchblutungsstörungen (Angioorganopathien)

Neben einer Vermeidung atherogener Risikofaktoren wie Übergewicht, Hypertonie, Nicotin, Hyperlipoproteinämien etc. und einem Bewegungstraining, mit dem sich die Progredienz der Erkrankung im Stadium I und II (*nicht* im Stadium III und IV) verlangsamen und die Durchblutung verbessern läßt, sind die folgenden Ansätze einer medikamentösen Therapie zu nennen:

- *Vasodilatation:* Die intraarterielle Applikation von Adenosin-Derivaten (Adenosin-5-triphosphat) ist nur bei Stenosen in der Endstrombahn, die intraarterielle bzw. intravenöse Gabe vasodilatierend und antiaggregatorisch wirkender synthetischer Prostaglandine (Alprostadil) im Stadium III und IV angezeigt. Ansonsten ist die Gabe reiner Vasodilatatoren wenig sinnvoll, da sie bevorzugt an gesunden Gefäßen wirken und dem ischämischen Gewebe zusätzlich Blut entziehen (Steal-Phänomen).
- *Verbesserung der Fließeigenschaften des Blutes:* Bei den in kontrollierten klinischen Studien positiv bewerteten Substanzen Pentoxifyllin (s. Methylxanthinderivate), Buflomedil und Naftidrofuryl beruht die Wirksamkeit weniger auf ihren vasodilatierenden Eigenschaften als auf einer Verbesserung der Mikrozirkulation in den betreffenden Gefäßen. Durch eine Steigerung der Erythrozytenfluidität und eine Herabsetzung der Thrombozyten-Aggregation senken sie die Blutviskosität und verhindern so eine reversible Bildung von Erythrozyten- und Thrombozyten-Aggregaten.
  Die durch Infusion von Plasmaersatzflüssigkeiten (s. d.) (Hydroxyethylstärke, niedermolekulare Dextrane) bewirkte Hämodilution verbessert ebenfalls die mikrovaskuläre Zirkulation und die Gewebsperfusion. Die Verminderung der Sauerstoffkapazität wird dabei bis zu einem Hämatokrit >35–40 Vol.-% durch die Viskositätsminderung überkompensiert. Die Hämodilution erfolgt bevorzugt hypervolämisch (ausgenommen bei Herzinsuffizienz, Hypertonie, KHK), da so nicht nur die Viskosität des Blutes gemindert, sondern auch der periphere Perfusionsdruck gesteigert wird. Sie ist bei zerebralen (bei Hämatokrit >45 Vol.-%), bei retinalen oder otogenen Durchblutungsstörungen sowie bei peripherer arterieller Verschlußkrankheit (Stadien IIb–IV, soweit nicht chirurgisch oder angioplastisch behebbar) indiziert. Weiterhin kommt eine Hämodilution während der Schwangerschaft (verminderte Plazentardurchblutung, EPH-Gestose), bei KHK (gesteigerter Hämatokrit) sowie bei Herzinsuffizienz (Hämokonzentration durch Diuretika-Gabe) in Betracht.
- *Defibrinierung:* Im Stadium III und IV arterieller Durchblutungsstörungen können die aus Schlangengiften gewonnenen Proteasen Batroxobin und Ancrod eingesetzt werden. Durch Verminderung der Fibrinogenkonzentration sinkt die Plasmaviskosität; die Fließeigenschaften des Blutes werden verbessert. Bei Dauermedikation läßt die Wirksamkeit der Proteasen infolge einer Antikörperbildung innerhalb weniger Wochen nach.
- *Fibrinolyse bei thrombotischem bzw. embolischem Gefäßverschluß:* bei akutem und subakutem (<3 Monate) Gefäßverschluß können unter Beachtung der bestehenden Kontraindikationen Fibrinolytika (s. d.) eingesetzt werden, die neben einer Thrombolyse auch noch eine Herabsetzung der Blutviskosität bewirken.

Zentrale Durchblutungsstörungen

Neben einer Verbesserung der Hämodynamik (Steigerung des Perfusionsdrucks durch Therapie einer bestehenden Herzinsuffizienz oder Arrhythmie) kommen für eine Behandlung *akuter* zerebraler Durchblutungsstörungen Thrombozyten-Aggregationshemmer (s. d.) (z. B. Acetylsalicylsäure zur Rezidivprophylaxe bei transitorischen ischämischen Attacken) sowie beim apoplektischen Insult zusätzlich Plasmaersatzflüssigkeiten (s. d.) (niedermolekulare Dextrane, Hydroxyethylstärke) in Betracht. Zur Ausschwemmung eines Hirnödems werden Osmodiuretika (s. Diuretika) eingesetzt.
Eine medikamentöse Therapie *chronischer* Störungen der Hirndurchblutung sowie von hirnorganischen Psychosyndromen ist demgegenüber nur begrenzt möglich. Die Wirksamkeit der eingesetzten Pharmaka – Naftidrofuryl, Pentoxifyllin, flavonoidhaltige Ginkgo-biloba-Extrakte und Dihydroergotoxin (s. Mutterkorn-Alkaloide) – konnte für diese Indikation bislang noch nicht eindeutig belegt werden.

Bewertung: Mit Ausnahme der Behandlung akuter Zustände eignen sich die genannten durchblutungsfördernden Pharmaka bedingt zur adiuvanten Therapie peripherer und zentraler Durchblutungsstörungen. Sie können in der Regel die Basisbehandlung der zugrundeliegenden Ursachen nur ergänzen, nicht aber ersetzen (bei peripheren Durchblutungsstörungen Vermeidung von Risikofaktoren, Bewegungstherapie etc.; bei zerebralen Durchblutungsstörungen psychosoziale Maßnahmen, Training körperlicher und geistiger Funktionen).

Kontraindikationen, Nebenwirkungen, Wechselwirkungen, Wirkstoffe s. Alpha-Adrenozeptorenblocker, Calcium-Antagonisten, Fibrinolytika, Mutterkorn-Alkaloide, Plasmaersatzflüssigkeiten, Thrombozyten-Aggregationshemmer.

Weitere Wirkstoffe (Handelspräparate): Adenosin-5-triphosphat (Laevadosin), Alprostadil (prostavasin), Pentoxifyllin (Azupentat, Claudicat, durapental, Pento-Puren, Pentoxifyllin-ratiopharm, Rentylin, Trental), Buflomedil (Bufedil, Defluina peri), Naftidrofuryl (Dusodril), Ginkgo-biloba-Extrakte (rökan, Tebonin etc.), Ancrod (Arwin), Batroxobin (Defibrase).

Econazol s. Antimykotika, lokale

Edrophonium s. Parasympathomimetika, indirekte

Eisen-II-Salze s. Antianämika, Therapie von Eisenmangelanämien

Eisen-III-Salze s. Antianämika, Therapie von Eisenmangelanämien

Eisensubstitution s. Antianämika, Therapie von Eisenmangelanämien

Eisenvergiftung s. Antianämika, Therapie von Eisenmangelanämien

Elektrolytlösungen s. Plasmaersatzflüssigkeiten

Emetika s. Expektorantien, Sekretolytika

Enalapril s. ACE-Hemmer

Enfluran s. Narkosemittel, Inhalationsanästhetika

Enoxacin s. Antiinfektiva, Gyrasehemmstoffe

Enoximon s. positiv inotrop wirkende Pharmaka, Phosphodiesterase-Hemmstoffe

Enzympräparate, extern applizierte

Zur Behandlung von Ulzerationen werden verschiedene Proteasen eingesetzt. Sie sollen die Wundheilung durch Abbau des nekrotischen Materials, das sich zusammen mit Eiter und Blut ablagert und die Wundinfektion fördert, beschleunigen.

Wirkstoffe (Handelspräparate): u. a. Trypsin, Kollagenase, Fibrinolysin, Desoxyribonuclease (u. a. Fibrolan, Varidase, Wobe-Mugos-N).

Ephedrin s. Sympathomimetika, indirekte

Epirubicin s. Zytostatika, Antibiotika

Ergot-Alkaloide s. Mutterkorn-Alkaloide

Ergotamin s. Mutterkorn-Alkaloide; Migränetherapie, Therapie des akuten Anfalls

Erythromycin s. Antiinfektiva, Makrolide

Esterasehemmstoffe, reversible bzw. irreversible s. Parasympathomimetika, indirekte

Esterasereaktivatoren s. Parasympathomimetika, indirekte

Estradiol s. Östrogene

Estradiolundecylat s. Östrogene; Zytostatika, Hormone

Estradiolvalerat s. Östrogene

Estramustin s. Zytostatika, Alkylantien

Estriol s. Östrogene

Estriolsuccinat s. Östrogene

Estrogene s. Östrogene

Etacrynsäure s. Diuretika, Schleifendiuretika

Ethacridin s. Desinfektionsmittel

Ethambutol s. Tuberkulosemittel

Ethenzamid s. Analgetika, nichtopioide

Ethinylestradiol s. Östrogene; Kontrazeptiva, hormonale

Ethoform s. Lokalanästhetika

Ethosuximid s. Antiepileptika, Succinimide

Etidocain s. Lokalanästhetika

Etidronsäure s. Parathormon, Parathormon-Hemmstoffe

Etilefrin s. Sympathomimetika, α-, mit vorwiegend peripherer Wirkung; Antihypotonika

Etiroxat s. Lipidsenker, Pharmaka zur Senkung des Cholesterinspiegels

Etofenamat s. Antirheumatika, Externa

Etofibrat s. Lipidsenker, Pharmaka zur Senkung des Cholesterin- und des Triglyceridspiegels

Etofyllin s. Methylxanthin-Derivate

Etofyllinclofibrat s. Lipidsenker, Pharmaka zur Senkung des Cholesterin- und des Triglyceridspiegels

Etomidat s. Narkosemittel, Injektionsanästhetika

Etozolin s. Diuretika, Schleifendiuretika

Etretinat s. Retinoide; Antipsoriatika

Expektorantien

Expektorantien sind Stoffe, die bei Hyper- oder Dyskrinie ein Abhusten des Bronchialschleimes erleichtern oder beschleunigen sollen. Grundlage einer ausreichenden Bronchialsekretbildung ist dabei eine genügende Flüssigkeitszufuhr (>2 l/die).

Pharmakodynamik: Aufgrund des Wirkungsmechanismus können die Expektorantien in drei Gruppen unterteilt werden:

– *Sekretolytika* stimulieren direkt (ätherische Öle: Oleum Anisi, Oleum Eucalypti, Oleum Menthae, Oleum Terebinthinae) bzw. reflektorisch über afferente Parasympathikusfasern (saponinhaltige Drogen: Radix Primulae, Polygalae; Emetika: Radix Ipecacuanhae, Emetin; Guajacol) die Sekretion von Bronchialschleim. Kaliumiodid sowie Ammoniumchlorid kommen sowohl eine direkte als auch eine reflektorische Wirkung zu. Unter vermehrter Schleimbildung führen sie zu einer Sekretverflüssigung, die das Abhusten erleichtert.
  Kaliumiodid sollte generell wegen der Gefahr einer Iodvergiftung nicht über einen längeren Zeitraum, ätherische Öle sollten wegen möglicher Nebenwirkungen speziell bei Säuglingen und Kleinkindern zurückhaltend gegeben werden.
– *Mukolytika* bewirken durch Eingriff in die Synthese der Mucopolysaccharide bzw. sekundäre Veränderung des gebildeten Sekretes eine Schleimverflüssigung. Zu dieser Gruppe werden die folgenden Pharmaka gerechnet:
  N-Acetylcystein vermindert durch eine Spaltung von Disulfidbrücken die Quervernetzung der Makromolekülstränge und führt so zu einer Abnahme der Schleimviskosität.

Bromhexin und dessen aktiver Metabolit *Ambroxol* bewirken eine vermehrte Bildung hydrolytischer Enzyme und serösen Schleims sowie eine Aktivierung von Lysosomen. Unter gleichzeitiger Steigerung der Sekretmenge nimmt die Schleimviskosität durch hydrolytische Prozesse ab. Für Ambroxol wird als weiterer Mechanismus noch eine gesteigerte Surfactantbildung diskutiert (Abnahme der Oberflächenspannung und des Sekret-Haftungsvermögens auf dem Bronchialepithel).
Carbocistein greift vermutlich intrazellulär in die Synthese des Bronchialschleimes ein. Es fördert die Bildung niedrigviskosen Sekrets; die gebildete Schleimmenge nimmt ab.
- *Sekretomotorika* steigern durch eine Aktivierung der Zilientätigkeit die mukoziliäre Clearance. Eine derartige Wirkung kommt den β-Sympathomimetika (s. Sympathomimetika), Theophyllin sowie den ätherischen Ölen zu.

Indikationen: Expektorantien sind indiziert bei obstruktiven Atemwegserkrankungen (akuter und chronischer Bronchitis, Asthma bronchiale) sowie bei Mukoviszidose, N-Acetylcystein darüber hinaus als Antidot bei Paracetamol-Vergiftungen.
Kontraindikationen: keine.
Nebenwirkungen: Unspezifische, leichtere Nebenwirkungen z. B. gastrointestinale Irritationen und Hustenreiz (Ambroxol, Bromhexin); lokale Reizerscheinungen mit Bronchospasmus (Acetylcystein, Carbocistein, insbesondere bei Inhalation); Iodschnupfen, Iodakne, Hypothyreose bei Überdosierung oder langandauernder Therapie (Kaliumiodid); bei Säuglingen und Kleinkindern zentrale Erregung und Laryngospasmus möglich (ätherische Öle).
Wechselwirkungen: N-Acetylcystein sollte möglichst zeitversetzt (>2 h) mit anderen Pharmaka gegeben werden. Die Resorption von Antiinfektiva (s. d.) außer Amoxicillin, Bacampicillin, Doxycyclin, Erythromycin, Thiamphenicol) ist bei gleichzeitiger Gabe vermindert.
Wirkstoffe (Handelspräparate): Kaliumiodid (Kalium jodatum Compretten), N-Acetylcystein (ACC Hexal, Acetylcystein-ratiopharm, Bromuc, Fluimucil, Fluprowit, Frekatuss, Muciteran, Mucocedyl, Muco Sanigen, Mucret, Siran etc.), Bromhexin (Bisolvon-Linctus etc.; mit Fenoterol in Berotec solvens), Ambroxol (Ambril, Ambrohexal, Ambroxol-ratiopharm, -TBS, Bronchopront, duramucal, Expit, frenopect, Lindoxyl, Muco-Aspecton, Mucoclear, Mucophlogat, Mucosolvan, Muco-Tablinen, Pect Hustenlöser, stas-Hustenlöser, tussobasan etc.; mit Clenbuterol in Spasmo-Mucosolvan), Carbocistein (Pectox, Pulmoclase, Transbronchin etc.).

Faktor I, IIa, III, VII, VIII, IX, XIII s. Hämostyptika, Plasmafaktoren

Famotidin s. H_2-Antihistaminika; Ulkustherapeutika

Febuprol s. Choleretika

Felodipin s. Calcium-Antagonisten

Fendilin s. Calcium-Antagonisten mit anderem Wirkprofil

Fenofibrat s. Lipidsenker, Pharmaka zur Senkung des Cholesterin- und des Triglyceridspiegels

Fenoterol s. Sympathomimetika, β-

Fenoxazolin s. Sympathomimetika, α-, mit vorwiegend peripherer Wirkung

Fentanyl s. Narkosemittel, Injektionsanästhetika; Analgetika, opioide

Fibrinogen s. Hämostyptika, Plasmafaktoren

Fibrinolysin s. Enzympräparate, extern applizierte

Fibrinolytika

Fibrinolytika sind Pharmaka, die zur Lyse von Thromben eingesetzt werden. Sie sollen zu einer Rekanalisation des Gefäßes, zu einer Reduktion der ischämiebedingten Nekrose und zu einer Verminderung der Mortalität beitragen.

Pharmakodynamik: Fibrinolytika überführen durch eine direkte *(Urokinase, rt-PA, APSAC, Prourokinase)* oder indirekte Aktivierung *(Streptokinase)* frei im Blut zirkulierendes bzw. an Thromben gebundenes Plasminogen in Plasmin. Thrombusassoziiertes Plasmin führt über eine Auflösung des die

Thromben stabilisierenden Fibringerüstes zur Thrombolyse, frei zirkulierendes Plasmin bewirkt eine Auflösung von Fibrinogen, Gerinnungsfaktoren (V, VIII etc.) und einen Verbrauch plasmatischer Plasmin-Inhibitoren (z. B. α_2-Antiplasmin) und damit eine verstärkte Blutungsneigung. Hämorrhagische Nebenwirkungen werden jedoch auch durch die Lyse schon bestehender gefäßabdichtender Thromben herbeigeführt, weshalb sich das Blutungsrisiko durch den Einsatz thrombus- bzw. fibrinspezifischer Fibrinolytika (z. B. rt-PA) vermindern, nicht aber beseitigen läßt.

- *Streptokinase* (S), ein Produkt β-hämolysierender Streptokokken, ist ein indirekter Plasminogen-Aktivator ohne enzymatische Aktivität. Nach Ausbildung eines stöchiometrischen Komplexes aus Plasminogen und S kommt es zu einer Konformationsänderung im katalytischen Zentrum von Plasmin; erst der Komplex aktiviert Plasminogen zu Plasmin (biologische Halbwertszeit ca. 30 Minuten). S ist nicht thrombusspezifisch; wegen seiner antigenen Eigenschaften muß relativ hoch dosiert werden (Vorhandensein von Streptokokken-Antikörpern!).
- *Urokinase* (U), eine körpereigene, aus Gewebekulturen oder gentechnologisch gewonnene Serinprotease, bewirkt eine direkte Plasminogen-Umwandlung in Plasmin. U ist nicht antigen und zeigt keine Thrombusspezifität (biologische Halbwertszeit ca. 15 Minuten).
- *rt-PA* (*r*ekombinanter Gewebs-[*tissue*]-*P*lasminogen-*A*ktivator) wird gentechnologisch gewonnen und entspricht als Serinprotease dem im Endothel gebildeten direkt wirkenden t-PA. rt-PA wird mit hoher Affinität an Plasminogen und Fibrin gebunden und zeigt in Form dieses Komplexes eine bis zu 1000fach höhere Aktivität als frei im Plasma. Da rt-PA im Thrombus zusätzlich noch vor plasmatischen Inhibitoren (α_2-Antiplasmin, PAI) geschützt ist, resultiert eine ausgeprägte Thrombusspezifität. Aufgrund der raschen plasmatischen Inaktivierung ist rt-PA nur kurz wirksam (< 6 Minuten).
- *APSAC* (*a*nisoylierter *P*lasminogen-*S*treptokinase-*A*ktivator*k*omplex), ein stöchiometrischer Komplex aus Streptokinase und Plasminogen, der im katalytischen Zentrum von Plasminogen mit p-Anissäure verestert ist, wirkt nach Esterhydrolyse als direkter Aktivator. Die Veresterung senkt die Antigenität und verlängert durch einen Schutz vor plasmatischen Inhibitoren die Wirkdauer. Da die Fibrinbindungsstellen des Proenzymkomplexes unverändert sind, reichert sich APSAC im Thrombus an und zeigt so eine gewisse Thrombusspezifität (< rt-PA, Prourokinase). Vorteilhaft ist die lange Wirkdauer (biologische Halbwertszeit ca. 90 Minuten).
- *Prourokinase* (scu-PA) wird gentechnologisch gewonnen und befindet sich in klinischer Prüfung. Da die physiologische Vorstufe der Urokinase erst in Gegenwart von Fibrin zu einer Plasminogen-Aktivierung führt, in freier Form im Plasma dagegen unwirksam ist, weist Prourokinase ebenfalls eine ausgeprägte Thrombusspezifität auf.

Beurteilung: Der Therapieerfolg (Rekanalisation, Senkung der Mortalität) ist um so größer, je früher die Fibrinolyse einsetzt. Bezüglich der Rekanalisation thrombosierter Gefäße ist die Bewertung für APSAC, rt-PA und Urokinase (> 60%) günstiger als für intravenös verabreichte Streptokinase (50–55%). Eine signifikante Senkung der Frühmortalität (< 5 Wochen) wurde in kontrollierten Studien bislang nur für Streptokinase, Streptokinase + Acetylsalicylsäure sowie für APSAC und rt-PA nachgewiesen. Für Urokinase und Prourokinase stehen entsprechende Daten noch aus. Die Langzeitmortalität scheint ohne Folgetherapie kaum vermindert, die Reinfarkthäufigkeit eher gesteigert zu sein. Der Therapieerfolg kann daher langfristig in der Regel nur durch eine Ballondilatation oder Bypass-Operation gesichert werden.

Indikationen: Fibrinolytika sind bei akutem Gefäßverschluß (Extremitätenarterien, Myokardinfarkt, Lungenembolie, Thrombosen von Becken- und Extremitätenvenen) indiziert.

Kontraindikationen:

- Absolute KI.: Endokarditis, Diabetes mellitus, hämorrhagische Diathese, gastrointestinale Ulzera, Pankreatitis, Hypertonie (mit diastolischem Blutdruck >105 mm Hg), 3–6 Monate nach ZNS-Operationen, apoplektischem Insult, 1–2 Wochen nach sonstigen Operationen, vor 18. Schwangerschaftswoche (allgemein), Streptokokkeninfektion (< 3 Monate) bzw. vorangegangene (< 6 Monate) Lyse

mit einem der beiden Präparate (Streptokinase/APSAC), schwere Leberfunktionsstörungen, Schwangerschaft und bis zu 2 Wochen nach Entbindung (rt-PA).
- Relative KI: frische arterielle oder intramuskuläre Punktionen, Lumbalpunktionen (<7–10 d), Subklavia- bzw. Jugularis-interna-Katheter, Nephrolithiasis, Alter >75 a. Im Einzelfall Risikoabwägung!

Nebenwirkungen:
- Allergische NW: In etwa 4–7% der Fälle anaphylaktische/anaphylaktoide Reaktionen, z. B. Fieber, Exantheme (Streptokinase, APSAC). Zur Prophylaxe Prednisolon-Prämedikation (50–250 mg).
- Kardiovaskuläre NW: relativ häufig spontan sistierende, selten therapierefraktäre Reperfusionsarrhythmien (allgemein).
- Hämorrhagische NW: Blutungen aus Punktionsstellen, Gingiva- bzw. gastrointestinale Blutungen ca. 2–4%. Auch bei Beachtung der KI relativ häufig. Für fibrinspezifische Fibrinolytika (rt-PA, Prourokinase) bislang kein Beweis für signifikante Abnahme hämorrhagischer Komplikationen (s. Antifibrinolytika).

Wechselwirkungen: Die Wirkung von Antikoagulantien und Thrombozyten-Aggregationshemmern (s. d.) wird verstärkt.
Wirkstoffe (Handelspräparate): Streptokinase (Kabikinase, Streptase), Urokinase (Abbokinase, Actosolv, Rheotromb, Ukidan Urokinase-Serono), rt-PA (Actilyse), APSAC (Eminase), Prourokinase.

Fibrinstabilisierender Faktor s. Hämostyptika, Plasmafaktoren

Flecainid s. Antiarrhythmika, Klasse-IC-

Flucloxacillin s. Antiinfektiva, Penicilline

Flucytosin s. Antimykotika

Fludrocortison s. Mineralocorticoide; Glucocorticoide

Flumazenil s. Narkosemittel, Injektionsanästhetika; Benzodiazepine

Flunarizin s. Calcium-Antagonisten mit anderem Wirkprofil; durchblutungsfördernde Mittel, periphere Durchblutungsstörungen – Angioorganopathien

Flunisolid s. Glucocorticoide; Antiasthmatika, Glucocorticoide

Flunitrazepam s. Benzodiazepine; Hypnotika, Benzodiazepine

Fluocinonid s. Glucocorticoid-Externa

Fluocortinbutyl s. Glucocorticoid-Externa

Fluocortolon s. Glucocorticoide

Fluorometholon s. Ophthalmika, Glucocorticoide

5-Fluorouracil s. Zytostatika, Antimetaboliten

Fluoxetin s. Antidepressiva, sonstige

Flupentixol s. Neuroleptika, Phenothiazine, Butyrophenone und analoge Verbindungen

Fluphenazin s. Neuroleptika, Phenothiazine, Butyrophenone und analoge Verbindungen

Fluphenazindecanoat s. Neuroleptika, Phenothiazine, Butyrophenone und analoge Verbindungen

Flupirtin s. Analgetika, nichtopioide

Flurazepam s. Hypnotika/Sedativa, Benzodiazepine

Fluspirilen s. Neuroleptika, Phenothiazine, Butyrophenone und analoge Verbindungen

Flutamid s. Zytostatika, Hormonantagonisten

Fluvoxamin s. Antidepressiva, sonstige

Folinsäure s. Antianämika, Therapie makrozytärer Anämien

Follikelhormone s. Östrogene

Follikelstimulierendes Hormon = FSH = Follitropin s. Hypophysenvorderlappenhormone, Gonadotropine

Follitropin s. Hypophysenvorderlappenhormone, Gonadotropine

Folsäure s. Vitamine

Formaldehyd s. Desinfektionsmittel

Fosfomycin s. Antiinfektiva, sonstige

FSH = follikelstimulierendes Hormon s. Hypophysenvorderlappenhormone, Gonadotropine

FSME-Immunglobulin s. Impfstoffe, passive Immunisierung

FSME-Impfstoff s. Impfstoffe, aktive Immunisierung

Furosemid s. Diuretika, Schleifendiuretika

Gadopentetsäure s. Röntgenkontrastmittel

Galactose s. Röntgenkonstrastmittel, Ultraschallkontrastmittel

Gallensteinauflösende Arzneistoffe

Pharmakodynamik: Gallensteinauflösende Arzneistoffe hemmen die Cholesterin-Synthese und wahrscheinlich auch die biliäre Cholesterin-Ausscheidung.

Indikationen: Zur medikamentösen Auflösung von Gallensteinen, die überwiegend aus Cholesterin bestehen.

Kontraindikationen: Schwere Leber- und Nierenstörungen, Entzündungen der Gallenwege, Choledochus- oder Zystikusverschluß, häufige Koliken.

Nebenwirkungen: Gastrointestinale Störungen, insbesondere Diarrhöen bei Chenodeoxycholsäure; reversibler Anstieg der Serumtransaminasen.

Wechselwirkungen: Verminderte Resorption durch Colestyramin und aluminiumhaltige Antazida (s. d.).

Schwangerschaft/Stillzeit: Chenodeoxycholsäure: absolute Kontraindikation (fetotoxisches Risiko); Ursodeoxycholsäure: strenge Indikationsstellung.

Hinweise: Therapiedauer mindestens 1 Jahr; Therapieerfolg >60%, Rezidivquote ca. 21%.

Wirkstoffe (Handelspräparate): Chenodeoxycholsäure (Chenofalk, Cholit-Chenosan), Ursodeoxycholsäure (Cholit-Ursan, Peptarom, Ursochol, Ursofalk etc.).

Gallopamil s. Antiarrhythmika, Klasse-IV-; Calcium-Antagonisten

Ganciclovir s. Virustatika

Gasbrand-Antitoxin s. Impfstoffe, passive Immunisierung

Gelatine s. Plasmaersatzflüssigkeiten, körperfremde kolloidale

Gelbfieber-Impfstoff s. Impfstoffe, aktive Immunisierung

Gelbkörperhormone s. Gestagene

Gemeprost s. Prostaglandine

Gemfibrozil s. Lipidsenker, Pharmaka zur Senkung des Cholesterin- und des Triglyceridspiegels

Gentamicin s. Antiinfektiva, Aminoglykosid-Antibiotika; Ophthalmika, Antiinfektiva

Gepefrin s. Sympathomimetika, α_1-, mit vorwiegend peripherer Wirkung; Antihypotonika

Gerinnungsfaktoren s. Hämostyptika, Plasmafaktoren

Gerinnungsfördernde Mittel s. Hämostyptika

Gerinnungshemmende Mittel s. Antikoagulantien

Gestagene = Corpus-luteum-Hormone, Gelbkörperhormone, Schwangerschaftshormone

Gestagene sind – wie auch die Östrogene – weibliche Sexualhormone. Das physiologische gestagene Hormon ist *Progesteron.* Es wird aus Cholesterin im Corpus luteum des Ovars, in der Plazenta, der Nebennierenrinde und den Testes gebildet. Progesteron nimmt eine zentrale Stellung als Zwischenprodukt bei der Synthese der Nebennierenrindenhormone (s. d.), der Androgene (s. d.) und der Östrogene (s. d.) ein.

Pharmakodynamik: Progesteron fördert das Wachstum der Uterusmuskulatur und der Alveolen in der Brustdrüse, löst an der Uterusschleimhaut die Umwandlung der Proliferations- in die Sekretionsphase aus, vermindert die Schleimbildung in der Cervix uteri und erhöht die Viskosität des Schleims. Ferner hemmt Progesteron die LH-Ausschüttung der Hypophyse und damit die Ovulation und erhöht die Ruhetemperatur der Frau. Als sog. Schwangerschaftshormon ist es für die Erhaltung einer Schwangerschaft unentbehrlich.

Indikationen: Gestagene sind indiziert (z. T. in zyklusgerechter Anwendung in Kombination mit Östrogenen) bei Uterushypoplasie, glandulär-zystischer Hyperplasie der Uterusschleimhaut, langdauernden Blutungen mit anovulatorischen Zyklen, Polymenorrhö, Dysmenorrhö und prämenstruellen Beschwerden. Ferner werden Gestagene eingesetzt bei Endometriose, Mastodynie und Mastopathie sowie beim fortgeschrittenen Uterus- und Mammakarzinom (s. Zytostatika, Hormone und Hormonantagonisten). Gestagene dienen auch zur Menstruationsverschiebung, zur Behandlung einer Sklerodermie sowie als hormonale Kontrazeptiva (s. d.) (Minipille).

Kontraindikationen: Schwere Leberschäden, Dubin-Johnson- und Rotor-Syndrom, thromboembolische Erkrankungen.

Nebenwirkungen: Selten bei zyklusgerechter Anwendung und physiologischen Dosen. Bei längerer Anwendung Ovulationshemmung, psychische Störungen, Libidoverlust, Kopfschmerzen, Übelkeit, Erbrechen, Ikterus, Spannungsschmerzen in der Brustdrüse, Gewichtszunahme, stärkerer Blutdruckanstieg, Phlebitiden, Thromboembolien.

Wechselwirkungen: Verminderte Wirkung durch Enzyminduktoren wie Barbiturate (s. Hypnotika), Carbamazepin, Phenytoin, Rifampicin sowie durch Breitbandantibiotika; Veränderungen der Glucosetoleranz bei gleichzeitiger Einnahme von Antidiabetika (s. d.).

Kinetik: Wie Estradiol ist Progesteron bei parenteraler Applikation nur kurz, bei oraler Verabreichung aufgrund des hohen First-pass-Effekts wenig wirksam.

Länger bzw. oral wirksame Gestagene: Durch die Einführung von Progesteron-Derivaten gelang es, die Wirkdauer zu verlängern und die Wirksamkeit zu erhöhen. Oral wirksame Gestagene stellen Testosteron-Derivate dar, die kaum noch androgene, sondern vorwiegend gestagene Eigenschaften besitzen.

Hinweise: Zur Schwangerschaftserhaltung sind die synthetischen Gestagene ungeeignet, da sie aufgrund ihrer androgenen oder östrogenen Zusatzwirkung zu Virilisierungen oder Feminisierungen des Feten führen können. Eine Anwendung als Minipille ist während der Stillzeit möglich.

Wirkstoffe (Handelspräparate): u. a. Lynestrenol (Orgametril), Medrogeston (Prothil), Norethisteron (Primolut-Nor, Micronovum).

Kombinationspräparate mit Östrogenen (s. d.) enthalten meist das stärker wirksame synthetische Östrogen Ethinylestradiol. U. a. Ethinylestradiol/Desogestrel (Cyclosa), Ethinylestradiol/Norethisteron (Östro-Primolut, Primosiston, Progylut, Prosiston).

Gestoden s. Kontrazeptiva, hormonale

Gewebethromboplastin s. Hämostyptika, Plasmafaktoren

Gewebshormone

Substanzen, die an bestimmten Geweben oder Zellen spezifische Wirkungen hervorrufen und nicht in endokrinen Organen (s. Hormone), sondern in spezialisierten Zellen gebildet werden. Hierzu zählen gastrointestinale Hormone und Mediatoren, u. a. Histamin, Serotonin und die Prostaglandine (s. d.).

Gewebsplasminogen-Aktivator s. Fibrinolytika, rt-PA

Gichttherapie

Behandlung des akuten Gichtanfalls

Hierfür eignet sich in erster Linie *Colchicin,* auch *Indometacin, Glucocorticoide* (s. d.) und *Phenylbutazon* können gegeben werden.

Pharmakodynamik: Colchicin setzt die Phagozytoseaktivität der Leukozyten herab und unterbricht dadurch die zur Auslösung des akuten Gichtanfalls führende Reaktionskette.

Nebenwirkungen: Gastrointestinale Störungen, Urtikaria, nach längerer Anwendung Blutbildschäden möglich.

Handelspräparat: Colchicum-Dispert.

Anfallsprophylaxe

An erster Stelle steht eine purinarme Diät. Reicht diese nicht aus, kommen zusätzlich Urikostatika oder Urikosurika in Betracht.

Urikostatika

Der derzeit einzige als Urikostatikum therapeutisch verwendete Wirkstoff ist *Allopurinol.*

Pharmakodynamik und Indikation: Allopurinol verringert die Harnsäurebildung durch Hemmung des Enzyms Xanthinoxidase. Außerdem konnte eine Hemmung der Purin-de-novo-Synthese gezeigt werden. Die gut verträgliche Substanz gilt derzeit als Mittel der Wahl zur Behandlung einer chronischen Hyperurikämie.

Nebenwirkungen: Zu Beginn der Behandlung besteht die Gefahr eines akuten Gichtanfalls, da das für die Harnsäureausscheidung verantwortliche Transportsystem durch die Ausscheidung von Allopurinol-Metaboliten zusätzlich belastet wird. Auch allergische Reaktionen sind möglich.

Schwangerschaft: Kontraindiziert, da im Tierversuch teratogen und embryotoxisch; Erfahrungen beim Menschen liegen jedoch nicht vor.

Handelspräparate: Allopurinol-ratiopharm, Zyloric, Uripurinol u. v. a.

Urikosurika

Pharmakodynamik: Sie hemmen die tubuläre Harnsäurerückresorption. Die Folge ist eine vermehrte renale Harnsäureausscheidung. Am häufigsten verwendet wird Benzbromaron.

Wirkstoff (Handelspräparat): Benzbromaron (Uricovac u. a.), Sulfinpyrazon (Anturano).

Kombinationen von Urikostatikum und Urikosurikum

Es ist nicht sicher, ob die Kombination der jeweiligen Monosubstanz überlegen ist. Das Kombinationsprinzip ist auch deshalb umstritten, weil Benzbromaron die Ausscheidung des wirksamen Metaboliten von Allopurinol (Oxypurinol) erhöht.

Wirkstoffe (Handelspräparate): Allopurinol/Benzbromaron (Acifugan, Allomaron, Harpagin, Allo. comp.-ratiopharm).

Ginkgo-biloba-Extrakte
s. durchblutungsfördernde Mittel, zentrale Durchblutungsstörungen

Gleitmittel s. Laxantien

Glibenclamid s. Antidiabetika, orale – Sulfonylharnstoffe

Glibornurid s. Antidiabetika, orale – Sulfonylharnstoffe

Glipizid s. Antidiabetika, orale – Sulfonylharnstoffe

Gliquidon s. Antidiabetika, orale – Sulfonylharnstoffe

Glisoxepid s. Antidiabetika, orale – Sulfonylharnstoffe

Glucagon s. Hormone, Antihypoglykämika

Glucocorticoide

Bildung: Glucocorticoide sind Steroidhormone, die in der Nebennierenrinde gebildet werden (s. Nebennierenrindenhormone). Das physiologisch wichtigste Glucocorticoid ist *Cortisol.* Die Ausschüttung unterliegt der hypothalamisch-hypophysären Steuerung. Nimmt die Konzentration an freiem Cortisol ab, so wird im Hypothalamus Corticoliberin abgegeben, das in der Hypophyse die Freisetzung von Corticotropin bewirkt. Dieses stimuliert seinerseits die Ausschüttung der Glucocorticoide, die darüber hinaus einem zirkadianen Rhythmus mit einem maximalen Blutspiegel morgens zwischen 6 und 9 Uhr und einem Blutspiegelminimum gegen Mitternacht unterliegt. Ferner erhöhen Streßsituationen die Glucocorticoidkonzentrationen durch eine Sollwertverstellung des Regelkreises.

Einteilung: Zu den *nichtfluorierten Glucocorticoiden* zählen Cortisol und Cortison sowie ihre partialsynthetischen Derivate Prednisolon und Prednison, die stärker wirksam sind. Während die natürlichen Hormone eine deutliche mineralocorticoidartige Wirkung aufweisen und deshalb zur Behandlung des Morbus Addison eingesetzt werden, fehlt die Mineralocorticoid-Aktivität bei den Derivaten weitgehend.

Fluorierte Glucocorticoide sind stärker wirksam als nichthalogenierte Glucocorticoide und haben meist nur sehr geringe mineralocorticoide Begleiteffekte. Andere unerwünschte Wirkungen sind jedoch z. T. stark ausgeprägt.

Pharmakodynamik: Physiologische Cortisolwirkungen sind

- Förderung der Glukoneogenese aus Eiweiß durch vermehrten Eiweißabbau (katabole Wirkung),
- Erhöhung des Blutzuckerspiegels und der Glykogenbildung in der Leber (diabetogene Wirkung),
- Herabsetzung der Nierenschwelle für Glucose,
- Hemmung des Wachstums bei Kindern (in höherer Dosierung),
- antiphlogistische Wirkung durch Blockade entzündlicher Prozesse unabhängig von deren Genese,
- antiproliferative Wirkung durch Unterdrückung der Fibroblastenbildung und der Kollagensynthese,
- immunsuppressive Wirkung durch Verringerung der Tätigkeit des lymphatischen Gewebes,
- Senkung der eosinophilen Granulozytenzahl, Erhöhung der Thrombozytenzahl,
- Verminderung der ACTH- und Gonadotropinsekretion und Hemmung der Gonadenfunktion,
- Steigerung der Erregbarkeit des Gehirns, Herabsetzung der Krampfschwelle,
- psychotrope euphorisierende, teilweise auch depressive Wirkung,
- in geringem Ausmaß Retention von Natriumionen, vermehrte Ausscheidung von Kaliumionen sowie
- Hemmung der Calcium-Resorption im Darm und der Calcium-Rückresorption in der Niere.

Indikationen: Bei der Anwendung ist streng zwischen einer Substitutionstherapie und einer sog. pharmakodynamischen Therapie zu unterscheiden.

- *Substitutionstherapie:* Bei Morbus Addison ist die Gabe mit einem Mineralocorticoid (s. d.) zu kombinieren, während bei der sekundären Nebennierenrindeninsuffizienz und beim adrenogenitalen Syndrom die alleinige Gabe von Glucocorticoiden ausreichend ist.
- *Pharmakodynamische Therapie:* Aufgrund ihrer antiphlogistischen, antiallergischen und immunsuppressiven Eigenschaften werden Glucocorticoide eingesetzt bei rheumatischen Erkrankungen, allergischen Reaktionen, Nierenerkrankungen, Blutkrankheiten, Leber- und Lungenerkrankungen, Gefäßerkrankungen, gastrointestinalen Erkrankungen, Erkrankungen des Nervensystems sowie Augenerkrankungen; ferner bei einer Vielzahl von Hauterkrankungen (s. Glucocorticoid-Externa), malignen Tumoren, beim Hirnödem und bei schweren Schockzuständen.

Die *Applikation* erfolgt meist peroral, in der Notfallmedizin als Injektion oder Infusion. Bei Bronchialasthma (s. Antiasthmatika) ist eine inhalative Therapie mit Aerosolen indiziert, um die systemischen Nebenwirkungen möglichst gering zu halten. Glucocorticoide werden topisch auch als Rhinologika (s. d.), Ophthalmika (s. d.) und Otologika eingesetzt.

Relative Kontraindikationen gegen die pharmakodynamische Therapie: Magen-Duodenal-Ulzera oder Ulkusanamnese, schwere Osteoporose, Psychosen, Systemmykosen, verschiedene Viruserkrankungen (z. B. Herpes simplex, Herpes zoster, Varizellen), Glaukom.

Nebenwirkungen: Infolge der Hemmung mesenchymaler Reaktionen Infektionsgefahr sowie Gefahr des Wiederaufflammens latenter Infekte, Magen-Duodenal-Ulzera, Verzögerung der Wundheilung; infolge der katabolen Wirkung Atrophie von Haut, Muskulatur und Fettgewebe; durch die Beeinflussung zentralnervöser Funktionen Schlafstörungen, Gereiztheit, Euphorie, Antriebshemmung, Manifestation eines latenten Diabetes; Erhöhung des intraokularen Druckes bei Anwendung am Auge und bei systemischer Gabe

(Gefahr von Glaukom und nachfolgender Erblindung); Osteoporose, diabetogene Wirkung, Steroidakne an der Haut, Erhöhung des Thromboserisikos; bei länger dauernder Therapie oberhalb der sog. Cushing-Schwelle Cushing-Syndrom (u. a. Vollmondgesicht, Stammfettsucht); bei Verbindungen mit mineralocorticoidartiger Wirkungskomponente u. U. Natriumretention mit Ödemgefahr und gesteigerte Kaliumausscheidung.

Wechselwirkungen: Wirkungsabschwächung von Antikoagulantien (s. d.) und oralen Antidiabetika (s. d.), erhöhte gastrointestinale Blutungsgefahr bei Gabe von nichtsteroidalen Antirheumatika (s. d.); Wirkungsabschwächung durch Phenytoin, Rifampicin und Barbiturate; durch glucocorticoidbedingte Kaliumverluste Wirkungsverstärkung der Herzglykoside.

Hinweise: Obwohl Glucocorticoide bei der sog. pharmakodynamischen Therapie nur symptomatisch wirken, können häufig sehr gute Behandlungserfolge erzielt werden. Sie sollten jedoch nur bei strenger Indikationsstellung und unter sorgfältiger Beachtung der Nebenwirkungen angewandt werden. Bei bakteriellen Infektionskrankheiten dürfen Glucocorticoide nur in Kombination mit Antibiotika oder Chemotherapeutika eingesetzt werden. Vorsicht bei Tuberkulose in der Anamnese (Reaktivierung möglich).

Anwendungskriterien:

- Eine individuelle Dosierung ist erforderlich.
- Eine Einzeldosis oder eine mehrtägige Verabreichung lösen gewöhnlich keine gefährlichen Nebenwirkungen aus.
- Nach Möglichkeit sollte unbedingt eine sog. alternierende Therapie durchgeführt werden, um die Gefahr einer Nebennierenrindeninsuffizienz zu verringern. Dabei wird die für 48 h erforderliche Dosis jeden 2. Tag morgens verabreicht. Falls dies nicht möglich ist, sollte die länger dauernde Behandlung an den zirkadianen Rhythmus angepaßt werden, d. h., die Tagesdosis sollte frühmorgens verabreicht werden.
- *Depotpräparate und fixe Kombinationen mit anderen Arzneistoffen sollten aus diesem Grund nicht mehr verwendet werden.*
- Nach länger dauernder Behandlung am Therapieende ausschleichend dosieren.

Wirkstoffe (Handelspräparate):

- *Nichtfluorierte Glucocorticoide:* u. a. Budesonid (u. a. Pulmicort, Pulmicort nasal), Hydrocortison (u. a. Ficortril, Hydrocortison Hoechst, Bestandteil von Otosporin, Terracortril), Methylprednisolon (Depo-Medrate, Medrate, Urbason), Prednisolon (u. a. Decortin H, duraprednisolon, inflanefran, Predni-H-Tablinen, Prednisolon-ratiopharm, Scherisolon, Solu-Decortin H, Ultracortenol, Bestandteil von Aquapred, Blephamide, Tyzine compositum), Prednison (u. a. Decortin, Prednison „Dorsch", Prednison-ratiopharm, Rectodelt, Ultracorten).
- *Fluorierte Glucocorticoide:* u. a. Beclometason (u. a. Beconase, Sanasthmax, Sanasthmyl, Viarox), Betamethason (u. a. Betnesol, Celestan), Dexamethason (u. a. Auxiloson, Dexabene, Dexa-Brachialin, Dexamonozon, Fortecortin, Totocortin; Bestandteil von Chibro-Cadron, Dexamytrex, Dexa-Rhinospray, Dexa-Siozwo, Incut, Isopto-Max, Otobacid, Spersadexolin), Fludrocortison (u. a. Astonin H, Bestandteil von Panotile), Flunisolid (Inhacort, Syntaris), Fluocortolon (Ultralan-oral), Triamcinolon (u. a. Delphicort, Lederlon, Volon).

Glucocorticoid-Externa

Pharmakodynamik: Bei der externen Applikation von Glucocorticoiden (s. d.) stehen der antiphlogistische und der antiproliferative Effekt im Vordergrund, hinzu kommen immunsuppressive, antipruriginöse und vasokonstriktorische Wirkungen.
Glucocorticoide, die bereits in der Haut oder sehr rasch im Blut oder in der Leber zu inaktiven oder nur wenig aktiven Metaboliten biotransformiert werden, weisen ein besonders günstiges Verhältnis von Wirkung und Nebenwirkungen auf (sog. "soft steroids"). Hierzu zählen Fluocortinbutyl, Hydrocortisonaceponat und Prednicarbat. Vor allem Prednicarbat ist aus diesem Grund auch zur Behandlung von Kleinkindern sowie zur großflächigen und längerfristigen Anwendung geeignet.

Indikationen: Eine topische Behandlung mit Glucocorticoiden ist insbesondere bei nichtinfizierten Ekzemen, Psoriasis (s. Antipsoriatika), Autoimmunerkrankungen, entzündlichen Lichtdermatosen und Prurigoerkrankungen indiziert.

Kontraindikationen: Syphilitische und tuberkulöse Hautveränderungen, Varizellen, Mykosen, bakterielle Hautveränderungen, periorale Dermatitis, Rosazea.

Nebenwirkungen: lokal – abhängig von der Behandlungsdauer, der Wirkstärke und der Art der Anwendung – relativ häufig Hautatrophien (sehr selten bei "soft steroids"), Striae, Teleangiektasen, Pigmentverschiebungen und Steroidakne, seltener Purpura, Follikulitis sowie Kontaktallergien; ferner – in besonderen Fällen – Gefahr von systemischen Nebenwirkungen.
Kinetik: Resorption von ca. 1–10% der Dosis, abhängig vom Hautareal und von der galenischen Zubereitung; Ausscheidung des resorbierten Anteils vorwiegend renal; Spaltung der Esterbindungen z. T. bereits in der Haut (s. o.).
Hinweise: Glucocorticoide sollten zurückhaltend eingesetzt werden. Zur Vermeidung von Nebenwirkungen ist möglichst ein Wirkstoff mit der geringsten therapeutisch ausreichenden Wirkstärke zu wählen. Zudem sollte rasch von der kontinuierlichen Behandlung zu einer Intervalltherapie (alternierendes Auftragen von glucocorticoidhaltigen und -freien Zubereitungen, z. B. im täglichen Wechsel) übergegangen werden. Kombinationspräparate werden mit Ausnahme von salicylsäure- und harnstoffhaltigen Zubereitungen kritisch beurteilt.
Wirkstoffe (Handelspräparate): Betamethason (u. a. Betnesol, Celestan, Diprosis, Diprosone), Desoximetason (Topisolon), Diflucortolon (Nerisona), Fluocinonid (Topsym), Fluocortinbutyl (Vaspit), Fluocortolon (Syracort, Ultralan), Flupredniden (Decoderm, Vobaderm), Hydrocortison (Alfason, Pandel), Hydrocortisonaceponat (Retef), Prednicarbat (Dermatop), Triamcinolonacetonid (u. a. Delphicort, Extracort, Kortikoidratiopharm, Volon A, Volonimat).

Glucosaminsulfat s. Antirheumatika, sog. Chondroprotektiva

Glucose-Elektrolyt-Lösungen
s. Antidiarrhoika

Glutardialdehyd s. Desinfektionsmittel

Glycerin s. Laxantien, Substanzen mit Wirkung auf den Defäkationsreiz

Glyceroltrinitrat (= Nitroglycerin)
s. Nitrovasodilatatoren; Koronartherapeutika

Glykopeptid-Antibiotika s. Antiinfektiva, Glykopeptid-Antibiotika

Glymidin s. Antidiabetika, orale; Sulfonylharnstoffe

Goldpräparate s. Antirheumatika, Goldpräparate

Gonadoliberin s. Hypothalamushormone

Gonadoliberin-Analoge
s. Hypothalamushormone

Gonadotropine
s. Hypophysenvorderlappenhormone

Goserelin s. Zytostatika, Hormone

Grippe-Impfstoff s. Impfstoffe, aktive Immunisierung

Griseofulvin s. Antimykotika

Guanethidin s. Antihypertonika, Pharmaka zur Beeinflussung des Sympathikotonus (Antisympathotonika)

Guanfacin s. Sympathomimetika, α-, mit vorwiegend zentraler Wirkung; Antihypertonika, Antisympathotonika

Halofantrin s. Malariamittel

Gyrasehemmstoffe s. Antiinfektiva, Gyrasehemmstoffe

Haloperidol s. Neuroleptika, Phenothiazine, Butyrophenone und analoge Verbindungen

Haloperidoldecanoat s. Neuroleptika, Phenothiazine, Butyrophenone und analoge Verbindungen

Halothan s. Narkosemittel, Inhalationsanästhetika

Hämostyptika – Mittel zur Förderung der Blutgerinnung

Hämostyptika sind Mittel, die die Blutstillung durch einen Eingriff in die physiologischen Gerinnungsvorgänge oder durch vasokonstriktorische Effekte fördern.

Vitamin-K-Gruppe

Pharmakodynamik: Die Hydrochinon-Form von Vitamin K_2 stellt als Koenzym bei der γ-Karboxylierung von Glutaminsäure in Proteinen einen essentiellen Kofaktor für die hepatische Synthese der Gerinnungsfaktoren II, VII, IX und X dar. Kann der tägliche Vitamin-K_2-Bedarf von ca. 1 mg nicht durch die Nahrungsaufnahme gedeckt werden, kommt es zu einer Abnahme des Prothrombingehaltes und damit zu einer verstärkten Blutungsneigung. Für eine Substitutionstherapie, die in der Regel peroral (10–30 mg/die p. o.) und nur bei akuten Vergiftungen mit Antikoagulantien (s. d.) parenteral erfolgt, stehen als biogene Verbindungen Phytomenadion = Vitamin K_1 (aus Pflanzen) und Menachinon = Vitamin K_2 (aus Bakterien) zur Verfügung. Das synthetisch gewonnene Menadion (= Vitamin K_3) zeigt bei größerer Stabilität qualitativ die gleichen Wirkungen. Vitamin K ist bei Leberzirrhose bzw. Leberatrophie wirkungslos (unzureichende Synthese von Gerinnungsfaktoren).

Indikationen: Bei Vitamin-K-Mangelzuständen, bedingt durch Malabsorption (bei schwerer Cholangitis, Gallengangsverschluß, Stauungsikterus; bei Zöliakie, Sprue, Colitis ulcerosa, zystischer Fibrose; nach umfangreicher Darmresektion etc.; durch Medikamente) bzw. bei Neugeborenen (Melaena neonatorum), als Antidot bei Überdosierungen oraler Antikoagulantien (s. d.) (Phytomenadion).

Nebenwirkungen: Flush; Hautreaktionen im Bereich der Injektionsstelle, Geschmacksveränderungen (relativ selten); bei Neu- und insbesondere Frühgeborenen nach Menadion-Gabe möglicherweise hämolytische Anämie, Hyperbilirubinämie, Kernikterus als Folge der unreifen Leberfunktion (Phytomenadion ist sicherer).

Wechselwirkungen: Die Wirkung oraler Antikoagulantien (s. d.) (Vitamin-K-Antagonisten) wird durch gleichzeitige Vitamin-K-Gabe abgeschwächt; der Vitamin-K-Bedarf nimmt bei konkomitanter Dauertherapie mit Sulfonamiden, Breitspektrum-Antibiotika (s. Antiinfektiva), Salicylaten (s. Analgetika, nichtopioide) bzw. Chinin zu; Anionenaustauscherharze (s. Lipidsenker) wie Colestyramin oder Colestipol vermindern die gastrointestinale Vitamin-K-Resorption.

Wirkstoffe (Handelspräparate): Phytomenadion = Vitamin K_1 (Konakion), Menachinon = Vitamin K_2, Menadion = Vitamin K_3.

Plasmafaktoren

Bei schweren Blutungskomplikationen (z. B. im Rahmen einer Hämophilie) können Konzentrate einzelner Gerinnungsfaktoren (Faktoren I, II, III, VII, VIII, IX, XIII) oder Gemische davon (Prothrombin-Konzentrate mit Faktoren II, VII, IX und X) parenteral substituiert werden. Eine Substitution von Gerinnungsfaktoren sollte im Hinblick auf Therapiekosten und – sofern keine gentechnologisch gewonnenen Faktoren zur Verfügung stehen – mögliche Infektionsgefahr nur bei schweren Blutungskomplikationen und bei Versagen lokaler bzw. mechanischer Maßnahmen zur Blutstillung erfolgen.
Vorwiegend oral oder topisch wird Faktor IIa (Thrombin) eingesetzt. Eine parenterale Gabe verbietet sich wegen der Gefahr einer intravasalen Thrombosierung.

Indikationen (substituierte Faktoren):
- zur Therapie der Hämophilie A: antihämophiles Globulin A (Faktor VIII),
- zur Therapie der Hämophilie B: antihämophiler Faktor B (= Christmas-Faktor, Faktor IX) oder Prothrombinkonzentrate,
- zur Blutstillung bei Verbrauchskoagulopathie (z. B. bei Schock, bei ausgedehnten Gefäßwand-Defekten, bei Geburtskomplikationen oder Herz- bzw. Lungenoperationen) oder angeborener Hypofibrinogenämie: Fibrinogen = Faktor I),
- bei angeborenem Faktor-VII-Mangel: Proconvertin (Faktor VII),
- bei angeborenem bzw. erworbenem Faktor-XIII-Mangel: fibrinstabilisierender Faktor (Faktor XIII),
- bei thrombopenischer Purpura, hämorrhagischer Diathese, inneren und äußeren Blutungen: Gewebethromboplastin (Faktor III) parenteral, oral oder lokal,
- bei schweren Leberparenchymschäden (Hepatitis, Leberzirrhose, Intoxikationen) bzw. Überdosierung oraler Antikoagulantien: Prothrombin-Konzentrate,
- zur lokalen Blutstillung (Hirnchirurgie, Operation an inneren Organen, gastrointestinale Blutungen): Thrombin bzw. Schluckthrombin (Faktor IIa).

Kontraindikationen: Thromboserisiko, Angina pectoris und Myokardinfarkt, ausgenommen lebensbedrohliche Blutungen (Prothrombin-Konzentrate); Verbrauchskoagulopathie (Faktoren III, VII, VIII, IX, Prothrombin-Konzentrate); Fibrinolyse (Faktor VIII, Prothrombin-Konzentrate); erworbener Gerinnungsfaktor-Mangel (Faktoren

VII, IX); Vorhandensein von Antikörpern (Faktor VIII); Blutungen in Nierenhohlräume (Faktor III); i. v. Applikation (Faktor IIa).

Nebenwirkungen: Allergische Reaktionen bis hin zum Schock (Prothrombin-Konzentrate, Faktoren III, VII, VIII und IX); selten Temperaturanstieg (Prothrombin-Konzentrate, Faktoren VII, VIII, IX); Sensibilisierung (Prothrombin-Konzentrate); hämolytische Reaktionen (Prothrombin-Konzentrate, Faktor VIII); Infektionsrisiko, z. B. Non-A-non-B-Hepatitis, AIDS (Prothrombin-Konzentrate, Faktor VIII – von Präparat zu Präparat verschieden, z. T. AIDS- und hepatitissicher).

Wechselwirkungen: Eine Mischung mit anderen Pharmaka sollte möglichst vermieden werden (Faktor VIII).

Wirkstoffe (Handelspräparate): Prothrombin-Konzentrate = Faktoren II, VII, IX und X (Beriplex, Medactin PPSB, PPSB-Konzentrat, PPSB-Tropon, Prothromplex, Profilate HS etc.; mit Fibrinogen in Beriplast), Faktor I = Fibrinogen (Haemocompletan). Faktor IIa = Thrombin (Topostasin), Faktor III = Gewebe-Thromboplastin (Clauden, Tachostyptan), Faktor VII = Proconvertin (Faktor VII S-TIM; mit Heparin in Autoplex), Faktor VIII = antihämophiles Globulin A (Antihämophiler Faktor [human] medac, Autoplex, Faktorate, Faktor VIII-HT, Faktor VIII S-TIM, Haemate HS, Koate, Octa-V.I.-Faktor-VIII-Konzentrat, Octanativ, Profilate HS, Ristofact), Faktor IX = antihämophiler Faktor B = Christmas-Faktor (Faktor IX S-TM, Faktor IX HS Behring), Faktor XIII = fibrinstabilisierender Faktor (Fibrogammin).

H_1-Antihistaminika

Pharmakodynamik: Antihistaminika (s. d.) dieses Typs blockieren kompetitiv die H_1-Rezeptoren des Histamins und antagonisieren dadurch die Histaminwirkungen selektiv an diesem Rezeptorsubtyp. Ferner wirken zahlreiche H_1-Antihistaminika anticholinerg und lokalanästhetisch. Eine Reduzierung der Histaminwirkung kann auch durch Hemmung der Histidindecarboxylase und damit der Histaminsynthese erreicht werden (Tritoqualin).

Indikationen: H_1-Antihistaminika sind bei allen Erkrankungen, die auf einer Freisetzung von Histamin beruhen, z. B. Urtikaria, Heuschnupfen, Quincke-Ödem, Serumkrankheit, Arzneimittelallergien, Insektenstichen u. a., indiziert. Ferner werden sie bei Pruritus (s. Antipruriginosa) sowie beim Asthma bronchiale (s. Antiasthmatika), wo sie jedoch relativ wenig effektiv sind, eingesetzt. Substanzen mit stärkerer sedierender Komponente eignen sich auch als Antiemetika (s. d.) und Hypnotika (s. d.).

Kontraindikationen: Prostataadenom mit Restharnbildung, Engwinkelglaukom.

Nebenwirkungen: Zentral dämpfende Wirkung (Ausnahmen: Astemizol, Cetirizin, Loratadin, Terfenadin; bei Mebhydrolin nur schwach ausgeprägt); Sehstörungen, Magen-Darm-Störungen, Mundtrockenheit, Koordinationsstörungen, Überempfindlichkeitsreaktionen, Miktionsstörungen.

Wechselwirkungen: Verstärkung der zentral dämpfenden Wirkung von Analgetika (s. d.), Hypnotika (s. d.), Narkotika (s. d.), Psychopharmaka (s. d.) und Alkohol.

Hinweise: Bei Kindern Dosierung genau einhalten (zentrale Erregung möglich). Anwendung im allgemeinen oral oder lokal. Bei topischer Anwendung nach längerer Behandlung Sensibilisierungen möglich. Bei schweren allergischen Reaktionen, insbesondere beim allergisch bedingten Schock, i. v. oder i. m. Verabreichung. Durch den zentral dämpfenden Effekt eingeschränktes Reaktionsvermögen und verminderte Fahrtüchtigkeit möglich.

Wirkstoffe (Handelspräparate):
- *Monopräparate:* u. a. Astemizol (Hismanal), Cetirizin (Zyrtec), Clemastin (Tavegil), Dimetinden (Fenistil), Diphenhydramin (u. a. Dibadorm N, Halbmond, S.8), Doxylamin (u. a. Alsadorm, Doxy-Tablinen, Gittalun, Hoggar N, Mereprine), Loratadin (Lisino), Mebhydrolin (Omeril), Mequitazin (metaplexan), Pheniramin (Avil), Terfenadin (u. a. Heuschnupfen Systral, Teldane).
- *Kombinationspräparate mit Glucocorticoiden:* u. a. Dexchlorpheniramin/Betamethason (Celestamine), Clemastin/Dexamethason (Corto-Tavegil).
- *Präparate zur topischen Anwendung:* Monopräparate: u. a. Bamipin (Soventol, Bamipin-ratiopharm), Chlorphenoxamin (Systral), Clemastin (Tavegil), Dimetinden(maleat) (Fenistil); Kombinationspräparate mit Glucocorticoiden (s. d.): u. a. Bamipin/Hydrocortison (Soventol H), Clemastin/Clocortolon (Corto-Tavegil).
- *Weitere antihistaminisch wirkende Substanzen:* Phenothiazine (s. Neuroleptika):

z. B. Promethazin (u. a. Atosil, Bonnox, Promethazin neurax), Tritoqualin (Inhibostamin).

H_2-Antihistaminika

Pharmakodynamik: Antihistaminika dieses Typs blockieren kompetitiv die H_2-Rezeptoren des Histamins im Magen und in anderen Organen. Dadurch hemmen sie die basale und die histaminstimulierte Magensäureproduktion. Ferner unterdrücken sie nichtkompetitiv die durch den Vagus und Gastrin induzierte Säurefreisetzung. Dabei wird eine Beeinflussung der Rezeptor-Effektor-Systeme von Acetylcholin und Gastrin angenommen. Durch die Reduktion der Säuresekretion wird ein wesentlicher aggressiver Faktor in der Pathogenese der Ulkuserkrankung ausgeschaltet.

Beurteilung: H_2-Antihistaminika stellen die wichtigste Wirkstoffgruppe unter den Ulkustherapeutika (s. d.) dar.

Indikationen: Wirkstoffe dieses Typs werden zur Therapie des Ulcus ventriculi und duodeni eingesetzt. Sie bessern rasch die Schmerzsymptomatik und beschleunigen die Ulkusheilung. Ferner sind sie zur Rezidivprophylaxe geeignet. Weitere Anwendungsgebiete stellen das Zollinger-Ellison-Syndrom und die Refluxösophagitis sowie Blutungen im Magen-Duodenal-Bereich (i. v. Verabreichung) dar.

Kontraindikationen: Maligne Ulzera.

Nebenwirkungen: Gastrointestinale Störungen, Diarrhö, Obstipation, Kopfschmerzen, Müdigkeit, Hautreaktionen, selten Blutbildveränderungen (Leuko-, Thrombozytopenien); Anstieg der Leberenzymwerte sowie der Serumkreatinin- und Harnsäurespiegel möglich.

Wechselwirkungen: Wirkungsverstärkung und -verlängerung oxidativ biotransformierter Benzodiazepine, indirekter Antikoagulantien sowie von Lidocain, Phenytoin und Theophyllin (nur Cimetidin!).

Schwangerschaft/Stillzeit: Strengste Indikationsstellung, da ausreichende Erfahrungen am Menschen noch fehlen; im Tierexperiment jedoch keine Hinweise auf eine embryotoxische/teratogene Wirkung. Die Wirkstoffe gehen in die Muttermilch über, Schädigungen des Säuglings sind jedoch nicht bekannt.

Hinweise: Nach Abschluß der Behandlung steigt die Rezidivrate wieder weitgehend auf den Wert vor der Therapie an. H_2-Antihistaminika sollten nicht zur Behandlung geringfügiger Magen-Darm-Beschwerden eingesetzt werden. Bei Niereninsuffizienz und bei Patienten >75 Jahre ist eine Dosisreduktion erforderlich. Strengste Indikationsstellung bei Kindern unter 14 Jahren aufgrund mangelnder Erfahrung sowie bei schweren Leberfunktionsstörungen. Als Dosisregime wird die einmalige abendliche Gabe gegenüber einer zweimaligen täglichen Verabreichung bei gleichem therapeutischem Erfolg bevorzugt.

Wirkstoffe (Handelspräparate): Cimetidin (Cimet, Contracid, Tagagel, Tagamet), Famotidin (Ganor, Pepdul), Nizatidin (Gastrax, Nizax), Ranitidin (Sostril, Zantic), Roxatidinacetat (Roxit).

Harnstoff-Gelatine
s. Plasmaersatzflüssigkeiten, körperfremde kolloidale

HCG = humanes Choriongonadotropin
s. Hypophysenvorderlappenhormone, Gonadotropine

Heparine s. Antikoagulantien, Heparine; Thrombozyten-Aggregationshemmer

Heparinoide s. Antikoagulantien, Heparine; Venenmittel

Hepatika = Lebertherapeutika

Unter Hepatika versteht man Präparate, die zur Behandlung von Lebererkrankungen eingesetzt werden. Häufig wird eine Therapie mit Aminosäuren, sog. lipotropen Stoffen (z. B. Cholin oder Methionin), Leberextrakten, Nucleosiden, Phospholipiden, ungesättigten Fettsäuren oder Vitaminen (s. d.) versucht. Eindeutige therapeutische Erfolge konnten jedoch mit keinem dieser Stoffe erzielt werden, es sei denn, sie werden mit der Nahrung nicht ausreichend zugeführt. Auch die Wirksamkeit von pflanzlichen Kombinationspräparaten ist nicht belegt, die von Silymarin (Legalon) noch immer umstritten.

Akute Hepatitis

Bei allen Formen einer akuten Hepatitis ist Bettruhe indiziert. Die früher übliche Infusionsbehandlung mit Lävulose-Lösung oder das Einhalten einer speziellen Diät ist verlassen, der Wert anderer Leberpräparate ist nicht erwiesen. Die kurzfristige hochdosierte Gabe von Glucocorticoiden (s. d.) wird nur noch bei schweren, protrahiert verlaufenden cholestatischen Hepatitiden mit Bilirubinerhöhungen über 500 μmol/l (30 mg/100 ml) Serum empfohlen. Ein gleichzeitig bestehender quälender Juckreiz kann mit Ionenaustauscherharzen, z. B. Colestyramin, behandelt werden.

Chronische Hepatitis

Bei der chronisch-aktiven Hepatitis, vor allem bei der HBS-negativen autoantikörperpositiven sowie bei schweren Verlaufsformen, werden Glucocorticoide (s. d.) und meist gleichzeitig Immunsuppressiva (s. d.) gegeben. Die chronisch-persistierende Hepatitis erfordert dagegen keine medikamentöse Therapie.
Bei chronischen virusbedingten B- und Non-A-non-B-Hepatitiden zeichnen sich Erfolge mit α-Interferon ab (s. Virustatika; Zytostatika).

Fettleber

Die meist alkoholtoxische Fettleber bedarf keiner medikamentösen Therapie. Erforderlich ist jedoch eine strenge Alkoholabstinenz und gegebenenfalls eine Gewichtsreduktion.

Leberinsuffizienz, Leberzirrhose

Bei Leberinsuffizienz oder (fortgeschrittener) Leberzirrhose ist die Absenkung der Ammoniakkonzentration im Blut indiziert. Ist die Leber nicht mehr in der Lage, Ammoniak zu entgiften oder gelangt dieser infolge eines Pfortaderhochdrucks unter Umgehung der Leber direkt in den großen Kreislauf, so wird das Gehirn geschädigt. Eine Senkung des Ammoniakspiegels ist auf folgende Weise möglich:

- Unterdrückung der Ammoniakbildung im Kolon durch die langfristige Gabe von nicht resorbierbaren Aminoglykosid-Antibiotika (s. Antiinfektiva),
- Verhinderung der Ammoniakresorption durch Erniedrigung des pH-Wertes im Kolon mittels Lactulose bzw. Lactitol oder
- verbesserte Verstoffwechselung von Ammoniak durch parenterale Zufuhr von Gemischen essentieller Aminosäuren.

Primär biliäre Zirrhosen können zumindest für einige Zeit mit Ursodeoxycholsäure gebessert werden. Diuretika (s. d.) werden bei Aszites eingesetzt. Bei der Ösophagusvarizenblutung sind Ornipressin und Terlipressinacetat indiziert (s. Hypophysenhinterlappenhormone, Vasopressin). Prophylaktisch können Beta-Adrenozeptorenblocker (s. d.) eingesetzt werden.

Hepatitis-B-Immunoglobulin s. Impfstoffe, passive Immunisierung

Hepatitis-B-Impfstoff s. Impfstoffe, aktive Immunisierung

Herzglykosid-Intoxikation, Therapie s. positiv inotrop wirkende Pharmaka, herzwirksame Glykoside

Herzinfarkt, medikamentöse Therapie

Aufgrund der Notwendigkeit einer raschen, intensivmedizinischen Behandlung sollten Patienten auch bei der Verdachtsdiagnose Herzinfarkt umgehend in die Klinik eingewiesen werden.
Schon *durch den Notarzt* muß für eine Entlastung des Herzens und eine Ruhigstellung des Patienten Sorge getragen werden, um eine weitere Verschlimmerung der ischämischen Herzschädigung zu vermeiden. Auftretende Tachyarrhythmien sollten sofort durch i. v. Gabe eines Klasse-IB-Antiarrhythmikums behandelt werden, um einen Übergang zum Kammerflattern oder Kammerflimmern zu unterbinden. Indiziert sind:

- Opioid-Analgetika (s. Analgetika) (z. B. 100 mg Pethidin oder 10 mg Morphin langsam i. v. oder s. c.),
- Tranquilizer (s. d.) (z. B. 5–10 mg Diazepam langsam i. v. oder s. c.),
- Glyceroltrinitrat (0,8–2,4 mg sublingual) zur Senkung der Vorlast,
- bei tachykarden Rhythmusstörungen ein Klasse-IB-Antiarrhythmikum (s. d.) (zunächst 100 mg Lidocain langsam i. v., später als Infusion 3 mg/min).

In der Klinik wird die anxiolytisch-analgetische Therapie sowie unter Monitorkontrolle die Gabe von Antiarrhythmika (s. d.) (ggf. Implantation eines Herzschrittmachers) fortgesetzt. Über eine Nasensonde erfolgt eine Insufflation von Sauerstoff (2–4 l/min). Unter Beachtung der entsprechenden Kontraindikationen ist eine intravenöse oder intrakoronare Applikation von Fibrinolytika (s. d.) (möglichst <4 h nach Infarkt) angezeigt. Mit Antikoagulantien (s. d.) kann versucht werden, die Bildung von Thromben bzw. Embolien zu unterbinden. Hierzu wird initial Heparin, später ein Cumarinderivat gegeben. Zur Behandlung einer sich ausbildenden Herzinsuffizienz, zur Verbesserung der myokardialen Sauerstoffversorgung und zur Verminderung des Sauerstoffverbrauches wird das Herz durch die Gabe von vor- bzw. nachlastsenkenden Pharmaka (s. d.) (s. Nitrovasodilatatoren / Antihypertonika) entlastet. Sofern keine Herzinsuffizienz vorliegt, können auch Beta-Adrenozeptorenblocker (s. d.) eingesetzt werden. Bei kardiogenem Schock (akute Linksherzinsuffizienz mit Anstieg des venösen und deutlichem Abfall des arteriellen Druckes) ist in erster Linie Dopamin oder Dobutamin angezeigt (s. Sympathomimetika). Dopamin führt wie Adrenalin zu einer Stimulation der Herztätigkeit und einer Zentralisierung der Blutzirkulation; anders als Adrenalin beugt es jedoch über eine dopaminrezeptorvermittelte Vasodilatation einer Nierenschädigung (Schockniere) vor.

Kontraindikationen, Nebenwirkungen, Wechselwirkungen, Wirkstoffe s. Analgetika, opioide; Tranquillantien; Nitrovasodilatatoren; Antiarrhythmika; Fibrinolytika; Antikoagulantien; Antihypertonika; Beta-Adrenozeptorenblocker, Sympathomimetika.

Herzinsuffizienz, medikamentöse Therapie

Therapeutische Ansätze für eine medikamentöse Therapie der Herzinsuffizienz sind

- eine direkte Stimulation des Herzmuskels durch positiv inotrop wirkende Pharmaka (s. d.) (herzwirksame Glykoside, β-Sympathomimetika [s. Sympathomimetika], Phosphodiesterase-Hemmstoffe) und/oder
- eine Verbesserung der Hämodynamik durch vor- und nachlastsenkende Pharmaka (s. Diuretika, Nitrate, ACE-Hemmer, Alpha-Adrenozeptorenblocker).

Die *Auswahl* der Arzneistoffe muß neben individuellen Gegebenheiten (u. a. Alter, Organfunktion) und der klinischen Symptomatik (systolische, diastolische Ventrikeldysfunktion, Rechtsherz- bzw. Linksherzinsuffizienz) den zugrundeliegenden Ursachen (koronare Herzkrankheit, Arrhythmien, Herzvitien etc.) sowie einer Beteiligung sekundärer Kompensationsmechanismen (Renin-Angiotensin-Aldosteron-System, Sympathikusaktivierung) Rechnung tragen. Eine früh einsetzende Kombinationstherapie ist vielfach sinnvoll. Eine Restriktion der Kochsalzzufuhr (< 6 g/die), kontrollierte körperliche Belastung sowie eine strenge Indikationsstellung und ggf. ein Absetzen negativ inotrop wirkender Pharmaka (s. Beta-Adrenozeptorenblocker, Calcium-Antagonisten, Antiarrhythmika) sind therapeutisch sinnvolle flankierende Maßnahmen.

- *Herzwirksame Glykoside* sind Mittel der 1. Wahl bei Vorhofflattern bzw. -flimmern und sinnvoll bei manifester chronischer Linksherzinsuffizienz mit vorwiegend systolischer Dysfunktion. Beim Vorliegen supraventrikulärer Tachyarrhythmien ist eine Kombination mit Verapamil oder Beta-Adrenozeptorenblockern (s. d.) sinnvoll. Diuretika (s. d.) und ACE-Hemmer (s. d.) sind geeignete Kombinationspartner. Die Indikationsstellung sollte im Hinblick auf die geringe therapeutische Breite restriktiv gehandhabt werden.
  Da die Therapiesicherheit im Alter aus pharmakokinetischen Gründen (für Digoxin, Metildigoxin, β-Acetyldigoxin: $Cl_{ren}\downarrow$, $V_D\downarrow$, $t_{1/2}\uparrow$) bzw. bei Begleiterkrankungen (z. B. KHK) durch eine Änderung der Rezeptorenzahl und -affinität vermindert sein kann, sind in diesen Fällen Dosisanpassungen und engmaschige Kontrollen angezeigt.
- *Diuretika* (s. d.) sind bei allen Formen der Herzinsuffizienz indiziert, namentlich bei vorwiegender Rechtsherzinsuffizienz mit diastolischer Ventrikeldysfunktion sowie zur rasch wirksamen Akuttherapie (Schleifendiuretika) bei schwerer Dyspnoe und Ödemen. Wegen der durch Diuretika ausgelösten Stimulation des Renin-Angiotensin-Aldosteron-Systems werden sie bevorzugt in Kombination (mit herzwirksamen Glykosiden, ACE-Hemmern) eingesetzt.
  Risiken einer Diuretika-Gabe bei Herzinsuffizienz (insbesondere bei Älteren) sind die mögliche Ausbildung einer Hypokaliämie (Digitalis-Toxizität ↑, Arrhythmien) oder Exsikkose.

- *ACE-Hemmer* (s. d.): Derzeit zur Kombinationstherapie insbesondere bei schwerer bzw. dekompensierter Herzinsuffizienz angezeigt, in zunehmendem Maße aber auch als Monotherapeutika bei leichteren Formen verwendet. Sie greifen in die kompensatorische Stimulation des Renin-Angiotensin-Aldosteron-Systems und den dadurch ausgelösten Circulus vitiosus ein und erlauben eine Dosisreduktion konkomitant verabreichter Diuretika. ACE-Hemmer sind bei Cor pulmonale kontraindiziert.
- *Nitrovasodilatatoren* (s. d.) sind indiziert bei akuter Linksherzinsuffizienz (Glyceroltrinitrat als Infusion) sowie als Mittel der Wahl bei Rechtsherzinsuffizienz mit pulmonaler Hypertonie. Ihr Einsatz ist weiterhin bei zugrundeliegender koronarer Herzkrankheit sinnvoll.
- *Dopamin, Dobutamin* (s. Sympathomimetika) sind Mittel der Wahl zur Behandlung des kardiogenen Schocks (s. Schocktherapie).
- *Phosphodiesterase-Hemmstoffe* (Amrinon, Milrinon, Enoximon, s. positiv inotrop wirkende Pharmaka) können zur ergänzenden Kurzzeitbehandlung schwerster oder therapierefraktärer Formen der Herzinsuffizienz eingesetzt werden. Aufgrund der erheblichen NW sind sie für die Langzeittherapie ungeeignet (die Wirksamkeit wird durch die kompensatorische Sympathikusaktivierung bei Herzinsuffizienz begrenzt, die u. a. zu einer verminderten Ansprechbarkeit der kardialen β-Adrenozeptoren (Down-regulation) und einer Abnahme stimulierender G-Proteine mit geringerer Bildung von cAMP führt).

Kontraindikationen, Nebenwirkungen, Wechselwirkungen, Wirkstoffe s. positiv inotrop wirkende Pharmaka, Diuretika, ACE-Hemmer, Nitrovasodilatatoren, Sympathomimetika.

Herzwirksame Glykoside s. positiv inotrop wirkende Pharmaka; Herzinsuffizienz

Hexachlorcyclohexan s. antiparasitäre Mittel

Hexcarbacholinbromid s. Muskelrelaxantien mit dualistischer Wirkung

Hexetidin s. Desinfektionsmittel

Hexobarbital s. Narkosemittel, Injektionsanästhetika

Hexoprenalin s. Sympathomimetika, β-; Antiasthmatika, Bronchodilatatoren

HMG = humanes Menopausengonadotropin s. Hypophysenvorderlappenhormone, Gonadotropine

HMG-CoA-Reduktase-Inhibitoren = CSE-Hemmer s. Lipidsenker, Pharmaka zur Senkung des Cholesterinspiegels

Hormone

Hormone sind physiologisch hochwirksame Substanzen, die in speziellen Organen, sog. innersekretorischen Drüsen oder Zellverbänden, gebildet und von dort direkt in die Blutbahn abgegeben werden und entfernt vom Entstehungsort die Erfolgsorgane charakteristisch beeinflussen. Folgende Organe produzieren Hormone:

- Herz (ANP),
- Hypothalamus: s. Hypothalamushormone,
- Hypophyse: s. Hypophysenvorderlappen- und -hinterlappenhormone,
- Schilddrüse: s. Schilddrüsenhormone, Calcitonin,
- Nebenschilddrüse: s. Parathormon,
- Langerhans-Inseln des Pankreas: s. Insulin, Glucagon (s. Antihypoglykämika),
- Leber: Somatomedine,
- Nebennieren: s. Nebennierenmarkhormone; Nebennierenrindenhormone,
- Leydig-Zwischenzellen der Hoden: s. Androgene,
- Follikel und Gelbkörper sowie bei Schwangeren die Plazenta: s. Östrogene, Gestagene,
- Niere: Erythropoetin, Vitamin-D_3-Hormon.

Eine besondere Gruppe der Hormone stellen die Gewebshormone (s. d.) dar, die nicht in endokrinen Organen, sondern in spezialisierten Zellen gebildet werden.

Hormone und Hormonantagonisten s. Zytostatika, Hormone und Hormonantagonisten

Humanalbumin
s. Plasmaersatzflüssigkeiten, körpereigene (homologe) kolloidale

Hydralazin s. Antihypertonika, Vasodilatantien

Hydrochlorothiazid s. Diuretika, Thiazide

Hydrocodon s. Analgetika, opioide

Hydrocortison = Cortisol
s. Glucocorticoide

Hydrocortisonaceponat s. Glucocorticoid-Externa

Hydrotalcit s. Antazida

Hydroxychinoline s. Desinfektionsmittel

Hydroxycobalamin s. Vitamine; Antianämika, Therapie makrozytärer Anämien

Hydroxycolecalciferol s. Vitamine, Vitamin D

Hydroxyethylrutoside s. Venenmittel

Hydroxyethylsalicylat s. Antirheumatika, Externa

Hydroxyethylstärke
s. Plasmaersatzflüssigkeiten, körperfremde kolloidale

Hydroxymethylglutaryl-CoA-Reduktase-Inhibitoren s. Lipidsenker, Pharmaka zur Senkung des Cholesterinspiegels

Hydroxypolyethoxydodecan
s. Antipruriginosa

Hydroxyzin s. Tranquillantien

Hymecromon s. Cholekinetika; Choleretika

Hypnotika (Schlafmittel)

Einsatz von Schlafmitteln bei Schlafstörungen

Schlafmittel sollen grundsätzlich nur dann eingesetzt werden, wenn es nicht gelingt, die Ursache einer Schlafstörung zu beheben oder andere Maßnahmen nicht zum Erfolg führen. Hypnotika sind nur in Krisensituationen und auch dann nur kurzfristig indiziert. Als maximale Verordnungsdauer gelten 14 Tage.
Wird die Verordnung eines Schlafmittels tatsächlich erforderlich, so ist zu prüfen, ob eine Einschlaf- oder Durchschlafstörung vorliegt. Zur Erleichterung des Einschlafens sind Schlafmittel mit schnellem Wirkungseintritt und kurzer Wirkungsdauer (Einschlafmittel), bei ungenügender Schlaftiefe und frühzeitigem Erwachen Schlafmittel mit längerer Wirkdauer (Durchschlafmittel) indiziert.

Anforderungen an ein ideales Schlafmittel

Ein Hypnotikum soll
- zu einem natürlichen Schlafablauf führen, d. h., das physiologische Schlafprofil soll nicht verändert werden;
- eine ausreichend kurze Wirkdauer besitzen, um einen Hang-over zu vermeiden;
- nach längerer Applikation nicht an Wirksamkeit verlieren;
- nicht kumulieren;
- keine sonstigen unerwünschten Wirkungen besitzen und eine große therapeutische Breite besitzen und
- nicht zur Abhängigkeit und nach Absetzen nicht zu einer Entzugssymptomatik führen.

Ein solches ideales Schlafmittel gibt es derzeit nicht.

Eigenschaften von Schlafmitteln

Alle hypnotisch wirkenden Substanzen stören den physiologischen Schlafablauf, wobei insbesondere das Stadium IV und die REM-Phasen betroffen sind.
Bei Schlafmitteln, die den REM-Schlaf beeinflussen, tritt beim Absetzen nach längerem Gebrauch ein sog. REM-Rebound auf, d. h., die REM-Phasen werden verlängert.
Bei einer Reihe von Schlafmitteln kommt es wegen ihres langsamen Abbaus am nächsten Morgen zu Müdigkeit und Abgeschlagenheit (sog. Hang-over), außerdem besteht die Gefahr einer Kumulation.
Die meisten Schlafmittel verlieren bereits nach kurzer Zeit ihre Wirksamkeit. Lediglich bei den Benzodiazepin-Derivaten ist erst nach etwa 4 Wochen mit einer Wirkungsabschwächung zu rechnen.

Alle Hypnotika können aufgrund pharmakodynamischer Interaktionen die zentralnervösen Wirkungen von Alkohol und anderer zentral dämpfender Medikamente verstärken.

Einteilung der Hypnotika

- Aldehyde,
- Ureide,
- Barbiturate,
- Benzodiazepine,
- H_1-Antihistaminika,
- pflanzliche Präparate.
- sog. ω_1-Rezeptoragonisten

Aldehyde

- *Paraldehyd* (in Deutschland kein Handelspräparat): Die gut wirksame und wenig toxische Substanz hat in psychiatrischen Kliniken zur Behandlung erregter Patienten noch eine gewisse Bedeutung.
- *Chloralhydrat:* Vorteilhaft ist, daß das physiologische Schlafmuster weitgehend erhalten bleibt und paradoxe Reaktionen nur selten auftreten; nachteilig ist die geringe therapeutische Breite.
  Handelspräparate: Chloraldurat, Chloralhydrat-Rectiole.

Ureide

Pharmakodynamik: Zu den Barbituraten (s. u.) bestehen keine prinzipiellen Unterschiede. Auch diese Substanzen unterdrükken den REM-Schlaf mit der Folge eines REM-Rebounds nach dem Absetzen.

Indikationen: Leichtere Schlafstörungen; Einschlafmittel.

Nebenwirkungen: Gefahr einer Abhängigkeit und einer Bromidvergiftung (Bromismus) bei längerer Einnahme.

Beurteilung: Gegenüber anderen Schlafmitteln besitzen sie keine Vor-, sondern Nachteile. Wegen der Gefahr eines Bromismus bei langzeitiger Applikation und der möglichen schweren, oft letalen Intoxikation erscheint die Verordnung nicht mehr gerechtfertigt.

Wirkstoffe (Handelspräparate): Carbromal (in Sekundal, Betadorm), Bromisoval (in Sekundal).

Barbiturate

Pharmakodynamik: Barbiturate unterdrücken exzitatorische Prozesse im ZNS und fördern inhibitorische Prozesse durch Angriff am Chloridkanal und eine dadurch bedingte Auslösung einer Hyperpolarisation.
Sämtliche in die Therapie eingeführten Barbiturate wirken pharmakodynamisch gleich: je nach Dosierung sedativ, hypnotisch oder narkotisch (s. Narkosemittel). Hinzu kommt eine antikonvulsive Wirkungskomponente (s. Antiepileptika), die bei Phenobarbital (Luminal) besonders ausgeprägt ist.

Pharmakokinetik: Die verschiedenen Barbiturate unterscheiden sich im Wirkungseintritt und in der Wirkungsdauer.

Kontraindikationen: Schwere Herz-, Nieren- und Leberfunktionsstörungen; akute Porphyrien; Alkohol-, Analgetika- und Psychopharmaka-Intoxikationen.

Schwangerschaft und Stillzeit: Barbiturate stehen unter dem Verdacht, teratogen zu wirken. Sie sind plazentagängig und erscheinen in der Muttermilch.

Nebenwirkungen: Barbiturate verkürzen den REM-Schlaf sowie das Tiefschlafstadium IV. Innerhalb kurzer Zeit wird eine Toleranzentwicklung beobachtet. Nur durch Dosiserhöhung kann der ursprüngliche Effekt wieder herbeigeführt werden. Dieser Wirkverlust kann teilweise durch die Enzyminduktion erklärt werden; es müssen jedoch auch adaptive Vorgänge im ZNS eine Rolle spielen. Nach längerer Einnahme kommt es zum REM-Rebound. Nach Einnahme lang wirksamer Barbiturate wird ein Hang-over beobachtet.
Das Mißbrauchs- und Abhängigkeitspotential ist hoch.
Bei alten Patienten sind paradoxe Reaktionen häufig. Auch gastrointestinale Störungen sowie Hautreaktionen (Ödeme, Exantheme, exfoliative Dermatitis) kommen vor.

Intoxikationen: Bei leichten bis mittelschweren Vergiftungen lassen sich die Patienten nicht aus dem Schlaf erwecken, reagieren aber auf Schmerzreize mit Abwehrbewegungen. Außer einer sorgfältigen Überwachung und einer eventuellen Magenspülung bedürfen sie in der Regel keiner weiteren Behandlung.
Bei schweren Vergiftungen besteht tiefes Koma, das von einer Gewebshypoxie begleitet ist. Die ersten Maßnahmen bestehen darin, Atmung und Kreislauf möglichst schnell wieder zu normalisieren (künstliche Beatmung, Gabe von Plasmaexpandern). Eine Magenspülung ist unter entsprechenden Kauteln (Aspirationsgefahr!) vorzunehmen. Sie ist auch noch lange Zeit nach der Einnahme des

Barbiturates sinnvoll, da dieses in höherer Dosierung die Magenperistaltik lähmt.

Beurteilung: Wegen der beschriebenen unerwünschten Wirkungen und der geringen therapeutischen Breite sind Barbiturate allenfalls Mittel der 2. Wahl.

Wirkstoffe (Handelspräparate):

- *Einschlafmittel:* Secobarbital (in Medinox);
- *Ein- und Durchschlafmittel:* Vinylbital (Speda), Aprobarbital (in Resedorm), Secbutabarbital (in Resedorm), Pentobarbital (Neodorm, Repocal, Medinox Mono), Cyclobarbital (Somnupan C), Phenobarbital (Luminal, Phenaemal), Propallylonal (Noctal).

Benzodiazepine

Pharmakodynamik (s. Benzodiazepine, Tranquillantien): Alle 1,4-Benzodiazepine weisen ein einheitliches pharmakodynamisches Profil auf: Sie wirken anxiolytisch, sedativ-hypnotisch, muskelrelaxierend und antikonvulsiv. Der Hauptangriffspunkt liegt im limbischen System (Regulationszentrum für Antrieb, Stimmung und Affektivität).

Ihre pharmakologischen Effekte sind an die Anwesenheit endogener γ-Aminobuttersäure (GABA) gebunden: Benzodiazepine erhöhen die Affinität von GABA zu ihrem Rezeptor.

Pharmakokinetik: Erhebliche Unterschiede bestehen hinsichtlich der pharmakokinetischen Eigenschaften. Die Wirkdauer gilt als der entscheidende Parameter für ihren Einsatz: die Substanzen werden nach solchen mit kurzer, mittlerer und langer Wirkdauer unterteilt. Die Wirkdauer wird jedoch nicht nur durch die Halbwertszeit der Wirkstoffe, sondern auch durch Umverteilungsprozesse, aktive Metaboliten sowie durch individuelle Gegebenheiten des Patienten bestimmt.

Bei Einschlafstörungen werden Präparate mit kurzer Wirkdauer, bei Durchschlafstörungen solche mittlerer Wirkdauer empfohlen. Für den Einsatz als Schlafmittel ist weiterhin ein schneller Wirkungseintritt günstig.

Kontraindikationen: Ataxie, Myasthenia gravis, akute Vergiftungen mit zentral dämpfenden Pharmaka und Alkohol, Medikamenten-, Drogen- und Alkoholabhängigkeit.

Schwangerschaft und Stillzeit: Benzodiazepine sind in beträchtlichem Ausmaß plazentagängig. Bei Neugeborenen, deren Mütter vor oder während der Geburt Benzodiazepine einnahmen, kann sich das „Floppy-infant-Syndrom" entwickeln, dessen Symptome Hypothermie, Atem- und Saugstörungen, Muskelerschlaffung und Hypotonie sind. Einige Fallberichte deuten darauf hin, daß es in Zusammenhang mit der Einnahme von Diazepam zu Mißbildungen (Spaltlippe oder -gaumen) kommen kann. Obwohl der kausale Zusammenhang nicht gesichert ist, ist entsprechende Vorsicht bei der Anwendung im 1. Trimester geboten.

Benzodiazepine sollten nicht während der Stillzeit eingenommen werden, da die Substanzen in die Muttermilch übertreten. Bei zwingender Indikation sollte abgestillt werden.

Nebenwirkungen: Besonders bei den langwirkenden Benzodiazepinen muß auch am nächsten Tag mit einer Sedierung gerechnet werden (Hang-over). Sehr kurz wirksame Benzodiazepine können möglicherweise tagsüber Unruhe- und Angstzustände hervorrufen.

Benzodiazepine können auch in therapeutischer Dosierung zur Abhängigkeit führen. Nach dem Absetzen ist mit einer Entzugssymptomatik zu rechnen, die durch Unruhe und Schlaflosigkeit gekennzeichnet ist.

Bei alten Menschen können Benzodiazepine paradoxe Erregungszustände auslösen.

Bei länger dauernder Einnahme wurden Appetitsteigerungen mit Gewichtszunahme, Libidoverlust sowie Ovulations- und Zyklusstörungen gesehen.

Bewertung: Benzodiazepine sind wegen ihrer großen therapeutischen Breite gegenwärtig Hypnotika der 1. Wahl.

Wirkstoffe (Handelspräparate):

- *Benzodiazepine mit kurzer Wirkdauer:* Triazolam (Halcion), Brotizolam (Lendormin);
- *Benzodiazepine mit mittlerer Wirkdauer:* Lormetazepam (Noctamid), Temazepam (Planum, Remestan), Lorazepam (Pro Dorm);
- *Benzodiazepine mit langer Wirkdauer:* Flunitrazepam (Rohypnol), Flurazepam (Dalmadorm, Staurodorm Neu), Nitrazepam (Mogadan, Eatan N, imeson, Novanox).

H_1-Antihistaminika

Nebenwirkungen: Die meisten H_1-Antihistaminika (s. d.) besitzen als Nebenwirkung einen sedierenden, hypnotischen Effekt. Daher werden einige Antihistaminika als frei

verkäufliche Hypnotika in den Handel gebracht.
Antihistaminika führen zu einer Reduktion des REM-Schlafes mit der Folge eines REM-Rebounds nach dem Absetzen. Das Tiefschlafstadium IV bleibt dagegen unbeeinflußt.
Unerwünscht sind weiterhin anticholinerge Wirkungen wie Mundtrockenheit, Miktionsstörungen und Störungen des kardiovaskulären Systems. Nach Einnahme toxischer Dosen bilden Störungen der kardialen Erregungsleitung und Atemlähmung die Hauptgefahr.

Wirkstoffe (Handelspräparate): Diphenhydramin (Halbmond, nervo-OPT-N, S. 8), Doxylamin (Alsadorm, Gittalun, Hoggar N, Mereprine).

Pflanzliche Präparate

Pflanzliche Präparate werden in der Volksmedizin seit langem zur Behandlung von Schlaflosigkeit eingesetzt. Ihre Wirksamkeit ist jedoch nach wie vor umstritten.

Beurteilung: Die Verwendung pflanzlicher Hypnotika scheint kaum von Nebenwirkungen belastet zu sein, und ihre (Plazebo-)Wirkung kann vielen Patienten Linderung bringen.

Baldrianpräparate

Als Wirkstoffe werden die Valepotriate vermutet. Diese sind jedoch nicht in allen Handelspräparaten vorhanden, oder der verwendete Baldrianextrakt ist nicht auf Valepotriate standardisiert.

Wirkstoffe (Handelspräparate): Extr. Radix Valerianae (Baldrian-Dispert, Valdispert u. v. a.), Valepotriate (Valmane).
In diversen Kombinationspräparaten wie Kytta Sedativum, Luvased, Plantival, Hovaletten, Euvegal.

Sog. ω_1-Rezeptoragonisten

Zolpidem und Zopiclon sind Hypnotika, die sich als Agonisten an einer besonderen Bindungsstelle des Chloridkanals, dem sog. ω_1-Rezeptor, verhalten. Nach bislang vorliegenden Untersuchungen soll das physiologische Schlafmuster kaum beeinflußt werden. Im Vergleich mit den klassischen Benzodiazepinen scheint das Nebenwirkungsprofil günstiger zu sein.

Wirkstoffe (Handelspräparate): Zolpidem (Bikalm, Stilnox), Zopiclon (Ximovan).

Kombinationspräparate

Hypnotika/Sedativa sind in einer nicht überschaubaren Anzahl von Kombinationspräparaten enthalten. Für ihren Einsatz gibt es, nicht zuletzt wegen der schwierigen Behandlung bei Vergiftungen, keine rationale Begründung. Kombinationen von und mit Hypnotika sind daher negativ zu beurteilen. Als Hypnotika sollten nur Monostoffpräparate verordnet werden.

Hypochlorite s. Desinfektionsmittel

Hypophysenhinterlappenhormone

Hypophysenhinterlappenhormone sind Peptidhormone *(Oxytocin und Vasopressin),* die im Hypothalamus gebildet werden und durch Neurosekretion in den Hypophysenhinterlappen gelangen. Von dort werden sie bei Bedarf freigesetzt. Aufgrund ihrer Peptidstruktur ist die parenterale Verabreichung erforderlich

Oxytocin = Ocytocin

Oxytocin ist die physiologische uteruskontrahierende Substanz.

Indikationen: Oxytocin wird zur Einleitung der Geburt bei vorzeitigem Blasensprung, bei Eklampsie, Präeklampsie und Übertragung sowie bei Wehenschwäche während der Geburt eingesetzt. Ferner wird Oxytocin zur Kontraktion des Uterus nach einem Kaiserschnitt, in der Nachgeburtsperiode zur Lösung der Plazenta, zur Verringerung des Blutverlustes sowie zur Prophylaxe oder Beseitigung einer Uterusatonie therapeutisch verwendet.

Kontraindikationen: Krampfwehen, schwere Schwangerschaftstoxikosen, mechanische Geburtshindernisse, drohende Uterusruptur und vorzeitige Lösung der Plazenta.

Nebenwirkungen: Blutdruckabfall, Tachykardie, Angina pectoris.

Handelspräparate: u. a. Orasthin, Pitocin Buccal.

Vasopressin = Adiuretin

Pharmakodynamik: Vasopressin ist die physiologische antidiuretische Substanz. In niedriger Dosierung erhöht Vasopressin die

Rückresorption von Wasser in der Niere; in höherer Dosierung kontrahiert es sämtliche glatte Muskeln. Dadurch wird der Blutdruck erhöht, die Darmperistaltik gesteigert und der Tonus in den Gallen- und Harnwegen verstärkt. Vasopressin stimuliert ferner die Synthese des Blutgerinnungsfaktors VIII. Die therapeutische Bedeutung von Vasopressin hat seit der Entwicklung von selektiveren Analogpräparaten (Desmopressin, Ornipressin und Terlipressinacetat) mit längerer Wirkdauer, die nahezu ausschließlich antidiuretisch oder vasokonstriktorisch wirken, stark abgenommen.

Indikationen: Desmopressin wird beim Diabetes insipidus eingesetzt; Ornipressin und Terlipressinacetat dienen zur Behandlung von Ösophagusvarizenblutungen.

Kontraindikationen (insbesondere für Vasopressin): Koronarerkrankungen, Hypertonie, Atherosklerose.

Nebenwirkungen (insbesondere von Vasopressin): Wasserretention, Hypertonie, gastrointestinale Krämpfe und Durchfall.

Wirkstoffe (Handelspräparate): Desmopressin (Minirin), Ornipressin (Por 8 Sandoz), Terlipressinacetat (Glycylpressin, Terlibiss), Vasopressin (Pitressin), synthetisch hergestelltes Lypressin (Vasopressin-Sandoz).

Hypophysenvorderlappenhormone

Hypophysenvorderlappenhormone sind glandotrope und effektorische Hormone (s. d.), die vom Hypophysenvorderlappen gebildet werden. Ihre Freisetzung wird durch Hypothalamushormone (s. d.) gesteuert. Aufgrund ihrer Peptidstruktur ist parenterale Applikation erforderlich. Da sie im Organismus rasch durch Peptidasen gespalten werden, besitzen sie eine kurze Halbwertszeit. Zu den glandotropen Hormonen gehören

- Thyrotropin,
- Corticotropin und
- Gonadotropine,

zu den effektorischen Hormonen

- Somatotropin,
- Melanotropin und
- Prolactin.

Thyrotropin (Thyrotrophin, thyreotropes Hormon, TSH = thyreoid-stimulating hormone)

Pharmakodynamik: Thyrotropin

- stimuliert das Wachstum, die Hormonproduktion und die Hormonausschüttung der Schilddrüse,
- fördert die Aufnahme von Iodid aus dem Blut in die Schilddrüse,
- erhöht das Konzentrierungsvermögen der Schilddrüse für Iodid,
- beschleunigt die Oxidation von Iodid zu Iod sowie die Umsetzung von Diiodthyrosin zu Triiodthyronin und Thyroxin und
- steigert die Aktivität des proteolytischen Enzyms, das Thyroxin bzw. Triiodthyronin aus Thyreoglobulin freisetzt.

Indikation: Thyrotropin wird in der Funktionsdiagnostik der Schilddrüse verwendet.

Corticotropin (Corticotrophin, ACTH – adrenokortikotropes Hormon)

Pharmakodynamik: Corticotropin

- stimuliert die Produktion und Sekretion von Glucocorticoiden (s. d.) in der Nebennierenrinde,
- senkt den Cholesterin- und Ascorbinsäuregehalt der Nebennierenrinde und
- steigert die Lipolyse durch Aktivierung der Adenylatcyclase.

Corticotropin besteht aus 39 Aminosäuren, von denen die ersten 20–24, von der N-terminalen Aminosäure aus gerechnet, für die biologische Wirkung bedeutsam sind. Eine solche Substanz wird heute synthetisch hergestellt (Tetracosactid). Durch geeignete galenische Maßnahmen konnte die Wirkdauer von wenigen Stunden auf 12–24 Stunden verlängert werden (Synacthen Depot).

Indikationen: Corticotropin wird nur noch selten zur Anregung der Nebennierenrindenfunktion nach langdauernder und hochdosierter Behandlung mit Glucocorticoiden (s. d.) sowie für diagnostische Zwecke eingesetzt.

Kontraindikation: Adrenogenitales Syndrom.

Nebenwirkungen: wie bei Glucocorticoiden (s. d.).

Hinweise: Bei wiederholter Verabreichung Gefahr der Allergisierung.

Handelspräparate: als synthetisches Analogpräparat: Synacthen (Depot).

Gonadotropine

Gonadotropine sind geschlechtsunspezifische Sexualhormone, die die Sexualfunktion des männlichen und weiblichen Organismus steuern (s. Hormone).
Beim Menschen sind drei Gonadotropine bekannt:

- Follitropin (FSH = follikelstimulierendes Hormon),
- Lutropin (LH = luteinisierendes Hormon) und
- Choriongonadotrop(h)in (HCG = human chorionic gonadotrophin), das in der Plazenta gebildet wird.

Für therapeutische Zwecke benötigte Gonadotropine werden aus Schwangerenurin (Choriongonadotropin) oder aus dem Urin von Frauen in der Menopause gewonnen (Urogonadotropin, HMG = humanes Menopausengonadotropin, ein Gemisch aus Follitropin und Lutropin).

Indikationen: Gonadotropine werden bei Kryptorchismus, sofern dieser nicht mechanisch bedingt ist, ferner bei Hypogenitalismus, primärer und sekundärer Amenorrhö sowie bei weiblicher und männlicher Sterilität eingesetzt.

Kontraindikationen: Nicht endokrin bedingte Fertilitätsstörungen, hypergonadotrope Ovarialinsuffizienz, Hyperprolaktinämie, Tumoren der Hypophyse oder des Hypothalamus.

Nebenwirkungen: Beim Einsatz zur Ovulationsauslösung Gefahr der Hypertrophie der Ovarien mit Zystenbildung (selten, aber u. U. lebensbedrohliche Zystenruptur), Mehrlingsschwangerschaften.

Wirkstoffe (Handelspräparate): Choriongonadotropin (Choragon, Predalon, Pregnesin, Primogonyl), Urogonadotropin (Humegon, Pergonal), Follitropin (Fertinorm).

Schwangerschaftstests beruhen auf dem Nachweis von Choriongonadotropin im Schwangerenurin mittels immunologischer Verfahren.

Handelspräparate: z. B. B-Test, e.l.i.s.a. STADA Test, evatest, Femtest.

Somatotropin = Somatropin (Wachstumshormon, STH = somatotropes Hormon)

Pharmakodynamik: Somatotropin ist ein streng artspezifisches Hormon (s. d.) mit vielfältigen Wirkungen, die z. T. über die Bildung wachstumsfördernder Faktoren (Somatomedine) ausgelöst werden.
Wirkungsspektrum: u. a.

- anabol,
- insulinantagonistisch,
- Förderung des Knochenlängenwachstums,
- Mobilisierung des Depotfetts.

Indikation: Somatotropin wird bei hypophysärem Zwergwuchs bei noch nicht geschlossenen Epiphysenfugen eingesetzt.

Kontraindikationen: Diabetes mellitus.

Wechselwirkungen: Wirkungsabschwächung durch Nebennierenrindenhormone (s. d.), Gonadotropine (s. d.), Östrogene, Androgene und Anabolika (s. d.).

Hinweise: Die volle Wirkung wird nur erreicht, wenn gleichzeitig Schilddrüsen-, Nebennierenrinden- und Sexualhormone in physiologischen Konzentrationen vorliegen.

Handelspräparate: Genotropin, Grorm, Humatrope enthalten gentechnisch hergestelltes Somatotropin.

Melanotropin (MSH = melanozytenstimulierendes Hormon)

Melanotropin fördert die Ausbreitung der Pigmentgranula in der Haut und z. T. die Melaninproduktion. Beim Menschen scheint es von untergeordneter Bedeutung zu sein.

Prolactin (Lactotropin, LTH = luteotropes Hormon)

Prolactin stimuliert die Milchproduktion in der Brustdrüse.

Prolactin-Inhibitoren

Pharmakodynamik: Dopaminerge Agonisten (s. Anti-Parkinson-Mittel) hemmen durch Stimulation hypophysärer Dopamin-Rezeptoren die Prolactin-Freisetzung.

Indikationen: Sie werden zur Unterdrükkung der Laktation nach der Geburt, zum Abstillen, bei Galaktorrhö und prolactinbedingter Amenorrhö sowie bei Sterilität und beim Prolaktinom eingesetzt.

Wirkstoffe (Handelspräparate): Bromocriptin (Pravidel), Lisurid (Dopergin), Metergolin (Liserdol).

Hypothalamushormone

Pharmakodynamik und Anwendung: Die Hypothalamushormone gehören zu den Oligopeptid-Hormonen (s. Hormone), die mit dem Blutstrom über das sog. Pfortadersystem der Hypophyse zum Hypophysenvorderlappen gelangen und dort korrespondierende Hormone freisetzen (Liberine) oder deren Ausschüttung blockieren (Statine) (s. Hypophysenvorderlappenhormone). Aufgrund ihrer Peptidstruktur ist die parenterale Gabe erforderlich. Da sie im Organismus durch Peptidasen rasch gespalten werden, besitzen sie eine kurze Halbwertszeit.

Einteilung: Hypothalamushormone, die u. a. in der Diagnostik oder Therapie eingesetzt werden, sind:

- Thyroliberin,
- Gonadoliberin und -Analoge,
- Corticoliberin,
- Somatoliberin und
- Somatostatin.

Die Hypophysenhinterlappenhormone (s. d.) werden ebenfalls im Hypothalamus gebildet.

Thyroliberin (TRH)

Pharmakodynamik und Indikation: Thyroliberin setzt im Hypophysenvorderlappen Thyrotropin frei. Einsatz bei der Schilddrüsenfunktionsdiagnostik.

Handelspräparate: u. a. Antepan, Relefact TRH.

Gonadoliberin (Gonadorelin)

Pharmakodynamik und Indikation: Gonadoliberin setzt im Hypophysenvorderlappen Follitropin und Lutropin frei.
Einsatz bei der Gonadenfunktionsdiagnostik und zur Ovulationsauslösung bei Fertilitätsstörungen sowie zur Behandlung des Kryptorchismus.

Handelspräparate (u. a. Nasensprays): u. a. GnRH Serono, Kryptocur, Lutrelef, Relefact LH-RH.

Gonadoliberin-Analoge (sog. Superagonisten)

Indikationen: Verwendung in der Diagnose und Therapie des hormonabhängigen Prostatakarzinoms (s. Zytostatika), z. T. in Form von Nasensprays oder als Depot-Implantate; neuerdings auch zur Therapie der Endometriose und des Mammakarzinoms.

Nebenwirkungen: Vorübergehender Anstieg des Serum-Androgenspiegels, Hitzewallungen, Impotenz, Libidoverlust.

Kontraindikationen: Hormonunempfindlichkeit des Tumors sowie chirurgische Kastration.

Wirkstoffe (Handelspräparate): Buserelin (Suprefact, Suprecur), Goserelin (Zoladex), Leuprorelin (Carcinil, Enantone), Triptorelin (Decapeptyl).

Corticoliberin (CRH)

Pharmakodynamik und Indikation: CRH setzt aus dem Hypophysenvorderlappen Corticotropin frei. Anwendung zur Differentialdiagnose der primären und sekundären adrenokortikalen Insuffizienz, insbesondere beim Cushing-Syndrom.

Nebenwirkungen: Flush, Dyspnoe, Hypotonie.

Handelspräparat: Corticobiss.

Somatoliberin

Pharmakodynamik und Indikation: Somatoliberin setzt Somatotropin im Hypophysenvorderlappen frei. Einsatz bei der Diagnose der somatotropen Funktion des Hypophysenvorderlappens.

Wechselwirkungen: Gegenseitige Wirkungsabschwächung bei gleichzeitiger Anwendung von Somatostatin.

Handelspräparat: Somatobiss.

Somatostatin

Pharmakodynamik: Somatostatin hemmt die Freisetzung von Somatotropin im Hypophysenvorderlappen.
Das Hormon schränkt die endokrine und exokrine Pankreasfunktion ein, beeinträchtigt Adsorptionsvorgänge im Magen-Darm-Trakt und hemmt säurebildende Belegzellen und die Gastrinfreisetzung im Magen.

Indikationen: Ulkusblutungen (s. Ulkustherapeutika) und Blutungen infolge einer erosiven Gastritis; zur Prophylaxe von postoperativen Komplikationen nach chirurgischen Eingriffen am Pankreas.

Nebenwirkungen: Aufgrund der Beeinflussung der endokrinen Pankreasfunktion initial nach der Applikation vorübergehend Blutzuckerabfall, 2–3 Stunden danach Erhöhung des Blutzuckerspiegels; Diarrhö, Müdigkeit.

Wechselwirkungen: Verlängerung der Barbiturat-Schlafzeit.

Hinweise: Aufgrund der kurzen Halbwertszeit Applikation in Form einer Dauertropfinfusion erforderlich; die wiederholte Therapie ist wegen der Möglichkeit einer Sensibilisierung zu vermeiden.

Handelspräparate: u. a. Aminopan, Stilamin.

Eine neu entwickelte somatostatinanaloge Verbindung mit längerer Wirkdauer ist *Octreotid,* das auch beim Karzinoidsyndrom eingesetzt wird (*Handelspräparat:* Sandostatin).

Ibuprofen s. Analgetika, nichtopioide; Antirheumatika, nichtsteroidale

Idoxuridin s. Virustatika

Ifosfamid s. Zytostatika, Alkylantien

Imidazolin-Derivate
s. Sympathomimetika, α-, mit vorwiegend peripherer Wirkung

Imipenem/Cilastatin s. Antiinfektiva, Carbapeneme

Imipramin s. Antidepressiva, trizyklische

Immunglobuline, unspezifische
s. Impfstoffe, passive Immunisierung

Immunisierung, aktive/passive
s. Impfstoffe

Immunsuppressiva

Hierunter werden Substanzen verstanden, die Immunreaktionen zu unterdrücken vermögen. Dies kann bei Organtransplantationen und Autoimmunkrankheiten indiziert sein.

Wie bei der Zytostatika-Therapie muß auch bei der Immunsuppression der Therapieerfolg sorgfältig gegen das Therapierisiko abgewogen werden. Neben den speziellen Risiken eines jeden Arzneistoffes ist hier allgemein das erhöhte Infektions- und Krebsrisiko zu nennen.

Die wichtigsten derzeit bekannten Immunsuppressiva sind:

- Glucocorticoide (s. d.),
- Zytostatika (s. d.): Cyclophosphamid, Methotrexat, Azathioprin,
- Ciclosporin,
- Antilymphozytenglobulin, Antithymozytenglobulin und
- Muromonab-CD3

Azathioprin

Azathioprin ist chemisch mit 6-Mercaptopurin verwandt und wird im Körper zu diesem metabolisiert. Daneben wird vermutet, daß Azathioprin selbst Sulfhydrylgruppen zu binden vermag und auf zellulärer Ebene die Bildung von Immunoblasten verhindert.

Nebenwirkungen: Entsprechen denen anderer Antimetabolisten (u. a. Leuko-, Thrombozytopenie).

Handelspräparat: Imurek.

Ciclosporin

Pharmakodynamik und Indikationen: Ciclosporin stellt den entscheidenden Durchbruch auf dem Gebiet der Immunsuppressiva dar. Der Wirkstoff unterdrückt sowohl humorale als auch zelluläre Immunreaktionen, und zwar vor allem durch Hemmung der Freisetzung von Interleukin 1 aus Monozyten und Interleukin 2 aus T-Helfer-Zellen in der frühen Phase der Immunantwort. Infolge des Mangels an Interleukinen kommt es nicht zur Ausreifung von T-Zellen zu zytotoxischen Zellen. Ciclosporin stellt das Standardtherapeutikum zur Unterdrückung der Abstoßungsreaktion bei Organtransplantationen dar. Die Anwendung bei Autoimmunerkrankungen und rheumatischen Erkrankungen ist derzeit Gegenstand zahlreicher klinischer Studien. Der therapeutische Nutzen bei diesen Erkrankungen ist noch nicht geklärt.

Nebenwirkungen: Im Vordergrund steht die Nephrotoxizität, daneben kann es zu hepatotoxischen Reaktionen und zerebralen Krampfanfällen kommen.

Wechselwirkungen: Die gleichzeitige Gabe anderer potentiell nephrotoxischer Arzneistoffe (z. B. Aminoglykoside, Amphotericin B) ist zu vermeiden. Ketoconazol kann die Plasmakonzentration von Ciclosporin erhöhen.

Handelspräparat: Sandimmun.

Antilymphozytenglobulin (ALG), Antithymozytenglobulin (ATG)

Pharmakodynamik und Indikation: Bei diesen Wirkstoffgemischen handelt es sich um angereicherte Antikörperpräparate gegen Lympho- bzw. Thymozyten. Nach der Applikation kommt es in Abhängigkeit von der Dosis zu einer starken Lympho- bzw. Thrombozytopenie. ALG und ATG eignen sich zur Begleittherapie von Abstoßungskrisen nach Organtransplantationen. Dies führt zu verbesserten Transplantatüberlebensraten.

Wirkstoffe (Handelspräparate): ALG (Pressimmun, Lymphoglobulin Institut Mérieux), ATG (ATG Fresenius).

Muromonab-CD3

Pharmakodynamik und Indikation: Bei Muromonab-CD3 handelt es sich um einen monoklonalen Antikörper gegen T-Lymphozyten. Dieser reagiert mit einem Glykoprotein, das Teil des T-Zell-Antigen-Rezeptor-Komplexes ist. Klinische Studien zeigen, daß Abstoßungsreaktionen unter der Therapie mit Muromonab-CD3 großenteils reversibel sind. Nachteilig ist, daß es wegen des tierischen Eiweißes zur Sensibilisierung kommt.

Handelspräparat: Orthoclone OKT 3.

Impfstoffe

Aktive Immunisierung

Allgemeines

Impfstoffarten

Nach der Art der verwendeten Antigene unterscheidet man

- Impfstoffe mit vermehrungsfähigen, apathogenen oder avirulenten Erregern (Lebendimpfstoffe),
- Impfstoffe mit nicht vermehrungsfähigen, d. h. abgetöteten oder (bei Viren) inaktivierten Erregern (Totimpfstoffe) und
- Toxoidimpfstoffe mit abgeschwächtem (entgiftetem) Toxin.

Um die Zahl der Impftermine auf ein erträgliches Maß zu reduzieren, wurden Mehrfachimpfstoffe entwickelt, bei denen gewährleistet ist, daß keine ungünstige gegenseitige Beeinflussung der einzelnen Antigenkomponenten erfolgt.

Impfintervalle

Zwischen den einzelnen Impfungen sind bestimmte Intervalle einzuhalten, die vom Impfausschuß des BGA empfohlen sind. Poliomyelitisschluck-, Masern-, Mumps- und Rötelnimpfstoffe können gleichzeitig, sollen aber nicht im Abstand von wenigen Tagen bis zu einem Monat verabreicht werden. So wird zwischen Impfungen mit diesen und anderen Lebendimpfstoffen (Gelbfieber, BCG) ein Mindestabstand von einem Monat empfohlen, dies jedoch nur unter der Voraussetzung, daß die Impfreaktionen vollständig abgeklungen und Komplikationen nicht aufgetreten sind. Bei Impfungen mit Tot- (Cholera-, Typhusadsorbat-, Pertussis-, Influenza-, parenteralen Polio-) und Toxoidimpfstoffen (Diphtherie, Tetanus) oder mit entsprechenden Kombinationsimpfstoffen sind Zeitabstände untereinander und zu anderen Impfungen nicht erforderlich.

Impfdokumentation

Jede Impfung stellt einen ärztlichen Eingriff dar, der schriftlich festgehalten werden muß. Nach § 16 des Bundesseuchengesetzes erhält jeder Impfling bei seiner ersten Impfung ein Impfbuch, das von der zuständigen Behörde abzugeben ist.

Impfplan

Von der Ständigen Impfkommission des Bundesgesundheitsamtes wurde ein genauer Zeitplan vorgeschlagen, nach dem geimpft werden soll (Tab. 3.1).

Einzelne Impfstoffe

BCG-Impfstoff

Zum Schutz gegen Tuberkulose werden Neugeborene mit erhöhter Ansteckungsgefahr unmittelbar nach der Geburt mit apathogenen Tuberkelbakterien (Lebendimpfstoff) des Typus bovinus geimpft. Die Impfung ist streng intrakutan vorzunehmen. Soll die Impfung im späteren Lebensalter durchgeführt werden, so muß vorher geprüft werden, ob der Patient tuberkulinnegativ ist. Ansonsten besteht die Gefahr der Reaktivierung einer Tuberkulose. Allgemeine Impfreaktionen sind selten. Nach einer BCG-Impfung ist

Tabelle 3.1 Impfplan (Impfempfehlungen der Ständigen Impfkommission des Bundesgesundheitsamtes; Stand Juli 1991)

Lebensalter	Impfung
ab 3. Monat	Grundimmunisierung gegen Diphtherie, Haemophilus influenzae Typ b, Pertussis, Tetanus, Poliomyelitis (Schluckimpfung)
ab 15. Monat	Masern-Mumps-Röteln-Impfung
im 2. Jahr	Diphtherie-Pertussis-Tetanus-Impfung (DPT-Impfung), Poliomyelitisschluckimpfung, Haemophilus-influenzae-Typ-b-Impfung
im 6. Jahr	Td-Auffrischimpfung (mit erniedrigtem Gehalt an Diphtherietoxoid) Masern-Mumps-Röteln-Impfung
im 10. Jahr	Poliomyelitisschluckimpfung
11.–15. Jahr	Rötelnschutzimpfung für Mädchen, Td-Auffrischimpfung

bis zu weiteren Impfungen ein Abstand von 4 Wochen einzuhalten.

Handelspräparate: BCG-Vaccine Behring.

Diphtherie-Impfstoff

Hierzu wird ein hochreiner Toxoidimpfstoff verwendet. Die Grundimmunisierung erfolgt durch 3malige Injektion von 0,5 ml des Impfstoffes (s. Impfkalender). Der Impfstoff liegt sowohl allein als auch in der Kombination mit einem Tetanusimpfstoff und bei Bedarf zusätzlich mit einem Pertussisimpfstoff vor. Die 2. und 3. Injektion erfolgt ohne Pertussiskomponente. Impfreaktionen sind selten.

Handelspräparate: Diphtherie-Adsorbat-Impfstoff Behring, verschiedene DT-Impfstoffe für Kinder, Td-Impfstoff für Erwachsene (Kombination mit Tetanus), DPT-Impfstoff Behring (Kombination mit Tetanus und Pertussis).

FSME-Impfstoff

Die Frühsommermeningoenzephalitis (FSME) ist eine virusbedingte Infektionskrankheit, die vor allem durch Zecken übertragen wird. Sie kommt endemisch vorwiegend in Süddeutschland und Österreich (insbesondere Donautal) vor. Die Impfung mit dem Totimpfstoff wird am besten so durchgeführt, daß die Grundimmunisierung in der kalten Jahreszeit begonnen wird (2 Injektionen von je 0,5 ml des Impfstoffes i. m. im Abstand von 1–3 Monaten). Eine Nachinjektion wird nach etwa 12 Monaten vorgenommen. Als Nebenwirkungen kann es zu lokalen Reaktionen und bei Kindern zu leichtem Fieber kommen.

Handelspräparate: FSME-Immun, FSME-Vaccine Behring.

Grippeimpfstoff

Die Voraussetzung für gute Erfolge bei der Impfung gegen eine Infektion mit Grippeviren ist die Anpassung des Impfstoffes an die jeweiligen Ereger. Die Grippeschutzimpfung wird für folgende Risikogruppen empfohlen:

- ältere Menschen jenseits des 65. Lebensjahres,
- Erwachsene und Kinder mit chronischen Atemwegserkrankungen, Herz-Kreislauf- oder Nierenerkrankungen,
- Personen mit Stoffwechselleiden (z. B. Diabetes mellitus) und
- Erwachsene und Kinder mit besonderem Infektionsrisiko.

Die Immunisierung erfolgt mit einmal 0,5 ml i. m. Eine Auffrischimpfung ist jedes Jahr erforderlich. Der Impfstoff gilt als gut verträglich.

Handelspräparate: Alorbat, Begrivac, Influvac, Mutagrip.

Haemophilus-influenzae-Typ-b-Impfstoff

Haemophilus influenzae Typ b ist für 30–50% der bakteriellen Meningitiden bei Kleinkindern in Deutschland verantwortlich. Die Erkrankung weist unbehandelt eine hohe Mortalität und einen hohen Prozentsatz an Folgeschäden auf. Zur aktiven Immunisierung von Kindern ab dem 3. Lebensmonat steht seit kurzem ein Konjugatimpfstoff zur Verfügung, der gereinigtes Kapselpolysaccharid von Haemophilus influenzae sowie ge-

reinigtes Diphtherietoxoid enthält. Die Impfung gilt als gut verträglich und ergibt Schutzraten zwischen 83 und 94%, sie schützt jedoch nicht gegen Diphtherie. Seit Juli 1990 wurde die Impfung in den Katalog der öffentlich empfohlenen Schutzimpfungen aufgenommen.
Kinder ab dem 3. Lebensmonat erhalten zweimal 0,5 ml im Abstand von 6–8 Wochen und die dritte Impfdosis zu Beginn des 2. Lebensjahres. Die Impfung kann gleichzeitig mit einer Diphtherie-Tetanus- und einer Masern-Mumps-Röteln-Impfung durchgeführt werden. Kinder über 1½ Jahre benötigen für den vollständigen Impfschutz nur noch eine Einmaldosis, bei Kindern ab dem 5. Lebensjahr ist die Impfung nicht mehr indiziert.

Handelspräparate: HIB-Vaccinol, HIB Mérieux.

Hepatitis-B-Impfstoff

Zur aktiven Immunisierung gegen Hepatitis B werden gentechnologisch oder aus Humanplasma gewonnene Impfstoffe eingesetzt, die Oberflächenantigene (HBsAg) des Hepatitis-B-Virus enthalten. Die Impfung ist bei allen Personen mit einem erhöhten Hepatitis-B-Risiko indiziert. Für die Impfung von Dialysepatienten steht wegen der verminderten Immunreaktion ein Impfstoff mit erhöhtem Antigengehalt zur Verfügung. Zur Grundimmunisierung werden 2mal 1 ml i. m. im Abstand von 4 Wochen injiziert. Eine 3. Injektion erfolgt 6 Monate nach der ersten Impfung. Als Nebenwirkungen können lokale Reaktionen sowie in Einzelfällen Fieber, Gelenk- und Muskelbeschwerden sowie Übelkeit und Erbrechen auftreten.

Handelspräparate:
- *gentechnologisch gewonnene Präparate:* Engerix-B, Gen H-B-Vax, Gen H-B-Vax-D (für Dialysepatienten);
- *aus Humanplasma gewonnene Präparate:* H-B-Vax, Hevac B Pasteur.

Masernimpfstoff

Der Lebendimpfstoff gegen Infektionen mit dem Masernvirus steht allein und in Kombination mit dem Mumps- und Rötelnimpfstoff zur Verfügung. Es werden einmalig 0,5 ml s. c. injiziert. Impfkomplikationen treten selten auf.

Handelspräparate: Masern-Impfstoff Mérieux, -Behring, Masern-Vaccinol; M-MVax, Rimparix (Kombinationen mit Mumps); M-M-RVax, Pluserix (Kombinationen mit Mumps und Röteln).

Mumpsimpfstoff

Die Impfung gegen Mumps wird wegen der nicht seltenen Komplikationen einer Mumpsvirusinfektion (Meningitis, Pankreatitis, Orchitis) durchgeführt. Der Impfstoff steht auch in Kombination mit dem Masern- und Rötelnimpfstoff zur Verfügung. Es werden einmalig 0,5 ml s. c. injiziert. Impfkomplikationen sind kurzdauerndes Fieber und in seltenen Fällen allergische Reaktionen.

Handelspräparate: Mumpsvax; Kombinationen s. Masernimpfstoffe.

Pertussisimpfstoff

Die Pertussisimpfung mit dem Toxoidimpfstoff gehört zu den empfohlenen Impfungen (s. Impfplan). Er wird in Kombination mit dem Diphtherie- und Tetanusimpfstoff verabreicht.

Handelspräparat: Kombination s. Diphtherieimpstoff.

Pneumokokkenimpfstoff

Dieser Totimpfstoff ist bei Hochrisikopatienten (Splenektomie, Sichelzellenanämie, chronische Leber- und Nierenkrankheiten, Immundefizienz) indiziert.

Handelspräparat: Pneumovax 23.

Poliomyelitisimpfstoff

Kinderlähmung wird durch drei verschiedene Typen des Poliomyelitisvirus hervorgerufen. Die gebräuchlichen Impfstoffe müssen daher alle drei Polioantigene enthalten. Der Salk-Impfstoff enthält inaktivierte Viren (Virelon). Er wird 2mal in einem Abstand von einem Monat injiziert. Eine weitere Impfung erfolgt nach einem Jahr. Der Lebendimpfstoff nach Sabin kann oral verabreicht werden (Oral-Virelon, Polio Sabin u. a.). Der Antikörpertiter bleibt länger als bei der Salk-Impfung bestehen. Der Sabin-Impfstoff wird 2mal im Abstand von 6–8 Wochen gegeben. Die Auffrischimpfung erfolgt nach einem Jahr. Bei der Salk-Impfung sind Impfreaktionen selten. Bei der Schluckimpfung können Kopfschmerzen, Abgeschlagenheit und Fieber, manchmal auch Durchfälle auftreten.

Rötelnimpfstoff

Obwohl Röteln, eine durch das Rötelnvirus hervorgerufene Erkrankung, meist harmlos verlaufen, kommt der Rötelnimpfung doch große Bedeutung zu. Erkrankt nämlich eine Schwangere in den ersten Monaten der Schwangerschaft an Röteln, so besteht beim

Embryo die Gefahr einer Embryopathie mit Innenohrtaubheit, Sehstörungen, Herzfehlern u. a. Daher sollten – zur Vermeidung dieser Schäden – Mädchen im Schulalter und Frauen, die noch keine Rötelnantikörper aufweisen, außerhalb einer Schwangerschaft gegen Röteln geimpft werden. Als Impfstoff sind attenuierte Viren gebräuchlich. Impfreaktionen sind selten.

Handelspräparate: Röteln-Vaccinol, Rubellovac u. a.; Kombinationen s. Masernimpfstoffe.

Tetanusimpfstoff

Hierbei handelt es sich um einen Toxoidimpfstoff. Die Grundimmunisierung erfolgt analog der Diphtherieimpfung (s. Impfkalender). Auffrischimpfungen sollen alle 10 Jahre, bei Verletzungen jedoch schon ab 5 Jahren nach der letzten Impfung durchgeführt werden. Impfreaktionen sind selten.

Handelspräparate: Tetanol, Tetavax, T-Immun u. a.; Kombinationen s. Diphtherieimpfstoffe.

Tollwutimpfstoff

Die Impfung wird mit inaktivierten Viren durchgeführt. Zur Vorbeugung bei besonders gefährdeten Personen wird 2- bis 3mal 1 ml des Impfstoffes injiziert. Nach einer Tollwutexposition sind bei Personen ohne Grundimmunisierung insgesamt 6 Injektionen (unmittelbar nach Exposition sowie nach 3, 7, 14, 30 und 90 Tagen) erforderlich. Der Impfstoff gilt als gut verträglich.

Handelspräparate: Rabipur, Rabivac.

Infektionsprophylaxe in der Touristikmedizin

(s. auch Malariamittel)

Choleraimpfstoff

Zur aktiven Impfung wird ein Lebendimpfstoff verwendet. Die Grundimmunisierung wird bei Erwachsenen mit 0,5 ml s. c. und zwei Wochen später mit 1 ml s. c. vorgenommen. Der Impfstoff gehört zu den nur mäßig verträglichen Vakzinen (häufig Fieber wenige Stunden nach der Applikation). Der Impfschutz setzt nach 8–10 Tagen ein. Die Gültigkeitsdauer im internationalen Bereich beträgt 6 Monate, beginnend 6 Tage nach der ersten Impfung.

Handelspräparat: Cholera-Impfstoff Behring.

Gelbfieberimpfstoff

Bei Reisen in Gelbfiebergebiete wird die Impfung mindestens 10 Tage vor der Einreise gefordert. Entsprechend dem neuesten Stand der Verbreitung werden von der WHO die Gefahrenzonen ständig bekanntgegeben. Säuglinge innerhalb der ersten 6 Lebensmonate dürfen keine Gelbfieberimpfung erhalten. Der Impfstoff gilt als sicher und gut verträglich. Die Injektionsdosis beim Erwachsenen beträgt 0,5 ml s. c. oder i. m. In Deutschland wird die Gelbfieberschutzimpfung nur von besonders autorisierten Stellen durchgeführt.

Malariaprophylaxe s. Malariamittel

Typhusimpfstoff

Es steht eine orale Typhuslebendvakzine zur Verfügung. Der Typhusinjektionsimpfstoff ist weniger gut verträglich und ist daher nur bei besonderer Exposition zu empfehlen.

Handelspräparat: Typhoral L (oral).

Passive Immunisierung

Im Gegensatz zur Aktivimpfung mit den o. g. Impfstoffen, bei der man durch Antigengaben die körpereigene Antikörperproduktion anregt, werden bei der passiven Immunisierung in Tieren oder Menschen vorgebildete Antikörper dem Patienten injiziert. Vorteilhaft ist der sofortige Eintritt, nachteilig die kurze Dauer des Impfschutzes, die maximal einige Wochen beträgt. Eine passive Immunisierung ist nur dann indiziert, wenn eine Infektion wahrscheinlich ist und die Inkubationszeit für eine eigene Antikörperproduktion nicht ausreicht. Wenn irgend möglich, wird die passive mit einer aktiven Immunisierung kombiniert (sog. Simultanimpfung). Eine solche Simultanimpfung ist z. B. bei Gefahr einer Tetanus- oder Tollwutinfektion indiziert.

Der Begriff Sera ist den von immunisierten Tieren stammenden Antikörperpräparaten vorbehalten; die aus menschlichem Blut stammenden Präparate werden als Immunglobuline bezeichnet.

Tierseren

Botulismusantitoxin (vom Pferd),
Diphtherieserum (vom Pferd),
Gasbrandantitoxin (vom Pferd),
Schlangengiftseren (vom Pferd).

Immunglobuline

Einteilung: Man unterscheidet zwischen
- unspezifischen (polyvalenten) Immunglobulinpräparaten, die ein Gemisch verschiedener Antikörper enthalten, und
- spezifischen Immunglobulinpräparaten (sog. Hyperimmunglobulinen), in denen Antikörper gegen einen speziellen Erreger angereichert sind.

Bei den unspezifischen Immunglobulinpräparaten muß nochmals unterschieden werden zwischen solchen, die
- sog. normales Humanimmunglobulin zur i. m. Applikation, und solchen, die
- Humanimmunglobulin zur i. v. Anwendung enthalten.

Indikationen für unspezifische Humanimmunglobuline sind die Prophylaxe (und evtl. der Therapieversuch) von Viruserkrankungen, insbesondere der Virus-A-Hepatitis, sowie angeborene und erworbene Antikörpermangelzustände.
Immunglobuline zur i. v. Anwendung sind besonders dann angezeigt, wenn ein rascher Anstieg der Immunglobulinspiegel und/oder eine größere Menge von Immunglobulinen erforderlich ist. Bei diesen Präparaten unterscheidet man solche, die ein intaktes (7-S-), solche, die ein gespaltenes (5-S-) Immunglobulin G (IgG), und solche, die IgM und IgA angereichert enthalten. Ob es therapeutische Unterschiede zwischen den einzelnen Präparaten gibt, wird kontrovers diskutiert. Einige 7-S-Präparate sind weiterhin bei einer akuten idiopathischen thrombozytopenischen Purpura des Kindesalters indiziert.

Handelspräparate:
- *zur i. m. Applikation:* Beriglobin, Cutterglobin,
- *zur i. v. Applikation (7-S):* Endobulin, Intraglobin, Sandoglobulin, Venimmun u. a.,
- *zur i. v. Applikation (5-S):* Gamma-Venin,
- *zur i. v. Applikation (angereichert mit IgA und IgM):* Pentaglobin.

Spezifische Immunglobuline, die aus ausgewählten Plasmen mit hohen Antikörpertitern gegen den entsprechenden Erreger von Rekonvaleszenten oder aktiv immunisierten Blutspendern gewonnen werden, stehen für die Prophylaxe bzw. Therapie von
- Zytomegalieviren (Cytotect, Cytomegalie-Immunglobulin, Cytoglobin),
- Frühsommermeningoenzephalitis (FSME-Bulin, FSME-Immunglobulin),
- Hepatitis B (Hepatect, Hepatitis-B-Immunglobulin u. a.),
- Pertussis (Pertussis Immunglobulin, Tussoglobin),
- Pseudomonasinfektionen (Psomaglobin),
- Rhesusinkompatibilität (Rhesogam, Partobulin u. a.),
- Röteln (Röteln-Immunglobulin),
- Tetanus (Tetagam, Tetaglobulin, Tetanobulin u. a.),
- Tollwut (Berirab, Hyperrab u. a.) und
- Varizellen (Varicellon, Varitect)

zur Verfügung.

Indapamid s. Diuretika, Thiazide

Indometacin s. Antirheumatika, nichtsteroidale

Inhalationsanästhetika s. Narkosemittel, Inhalationsanästhetika

Injektionsanästhetika s. Narkosemittel, Injektionsanästhetika

Insulin

Bildung: Insulin ist ein lebenswichtiges Hormon (s. d.), das in den B-Zellen der Langerhans-Inseln des Pankreas gebildet und gespeichert wird. Seine Freisetzung erfolgt bei Anstieg des Blutglucosespiegels, ferner bei Erhöhung der Konzentration an freien Fettsäuren und Aminosäuren. Das Ausmaß der Freisetzung wird durch das vegetative Nervensystem moduliert. Parasympathomimetische Impulse sowie eine Erregung sympathischer β-Rezeptoren steigern, eine Erregung sympathischer α-Rezeptoren hemmt die Insulinsekretion.

Pharmakodynamik: Nach Bindung von Insulin an eine spezifische Stelle am membranständigen Insulin-Rezeptor wird dieser phosphoryliert und endozytotisch in die Zelle aufgenommen. Durch konsekutive intrazelluläre Phosphorylierungen und Translokation von Glucose-Transportproteinen wird der Membrantransport von Glucose, Aminosäuren und Kaliumionen erhöht.
Insulin
- verbessert die Aufnahme von Glucose in die Zellen der meisten Gewebe,
- steigert den oxidativen Glucoseabbau,

- erhöht die Glykogenbildung in der Leber sowie im Muskel und verhindert den Glykogenabbau,
- stimuliert die Bildung von Eiweißen und Fetten aus Glucose.

Indikationen: Die Substitutionstherapie mit Insulin ist unerläßlich beim Typ-I-Diabetes sowie beim Typ-II-Diabetes, wenn Diät und/oder die Gabe von oralen Antidiabetika (s. d.) nicht ausreichen. Ferner wird Insulin beim diabetischen Koma und Präkoma sowie vorübergehend bei labiler Stoffwechsellage und in der Schwangerschaft, bei der orale Antidiabetika kontraindiziert sind, eingesetzt.
Nebenwirkungen: Gefahr einer Hypoglykämie bei Überdosierung, einer Hyperglykämie bei Unterdosierung; allergische Reaktionen bei nicht chromatographisch gereinigten Insulinen und bei tierischem Insulin; Insulinresistenz; lokal an der Injektionsstelle: Lipodystrophie.
Wechselwirkungen: Abschwächung der blutzuckersenkenden Wirkung durch Chlorpromazin, Glucocorticoide (s. d.), Nicotinsäurederivate, Diuretika (s. d.), Schilddrüsenhormone (s. d.) und Sympathomimetika (s. d.); Wirkungsverstärkung und Maskierung einer Hypoglykämie durch nicht β_1-selektive Beta-Adrenozeptorenblocker (s. d.) und Zytostatika (s. d.) vom Cyclophosphamid-Typ.
Kinetik: PEB gering; $t_{1/2} < 10$ Min.; Abbau vor allem in Leber und Niere.
Verzögerungsinsuline: Wirkungseintritt nach ca. 30 Min., Wirkungsmaximum nach ca. 2 h und bis zu 6–8 h anhaltend, Wirkungsdauer bis zu 20 h.
Schwangerschaft/Stillzeit: Anwendung gegenüber oralen Antidiabetika (s. d.) zu bevorzugen.
Anwendung: individuell, Verabreichung von 1–2 Injektionen s. c. ca. 30–45 Min. vor den Mahlzeiten (Frühstück, Abendessen). Dosierungsrichtwerte: *Typ-I-Diabetiker:* Im Wachstumsalter 0,8–1 IE/kg KG und Tag, im Erwachsenenalter 30–50 IE/Tag; *Typ-II-Diabetiker:* ca. 30–45 IE/Tag.
Hinweise: Der Patient ist auf die Gefahr einer Hypoglykämie bei Überdosierung und die entsprechenden Gegenmaßnahmen hinzuweisen. Einschränkungen des Reaktionsvermögens insbesondere im Zusammenwirken mit Alkohol möglich. Strikte Einhaltung einer individuell angepaßten Diät erforderlich. Bei der Umstellung von tierischem auf humanes Insulin können u. U. schwere Hypoglykämien ohne die bekannten Warnzeichen auftreten.

Insulinpräparate:

- *Tierisches Insulin:* Verwendet werden Rinder- und Schweineinsulin, die sich in ihrer Aminosäurensequenz nur durch zwei bzw. eine Aminosäure von Humaninsulin unterscheiden und weitgehend identische biologische Wirkungen aufweisen. Sie werden in der modernen Insulin-Therapie zunehmend durch Humaninsulin verdrängt.
- *Humaninsulin:* Die Gewinnung erfolgt entweder partialsynthetisch aus Schweineinsulin oder gentechnologisch. Humaninsulin ist vor allem bei jugendlichen Diabetikern zur Vermeidung der Antikörperbildung, bei Patienten mit Allergie gegen tierisches Insulin sowie bei antikörperbedingter Insulin-Resistenz indiziert. Humaninsuline wirken im allgemeinen schneller und kürzer als tierische Insuline.

Nach der Stärke der Initialwirkung, der Zeit bis zum Wirkungsmaximum und der Wirkungsdauer unterscheidet man

- Altinsulin (Normalinsulin),
- Verzögerungsinsuline (Depotinsuline) und
- Gemische beider Insuline.

Die *Verzögerungsinsuline* können nochmals in Intermediärinsuline mit mittlerer Wirkdauer und Langzeitinsuline differenziert werden, mit denen die Injektionshäufigkeit reduziert werden kann. Mit längerer Wirkdauer wird jedoch die Anpassung der Insulingabe an die Nahrungsaufnahme erschwert. Verzögerungsinsuline können durch Bindung von Insulin an basische Proteine (Protamin, Humanglobin), durch Verwendung von Insulin-Zink-Suspensionen oder durch partialsynthetische Molekülvariation erhalten werden.

Handelspräparate:

- *Humaninsuline:*
  Altinsuline: u. a. H-Insulin Hoechst, Insulin Actrapid HM;
  Verzögerungsinsuline: u. a. Basal-H-Insulin Hoechst, Depot-H-Insulin Hoechst, Insulin Actraphane HM, Insulin Insulatard Human, Insulin Monotard HM, Insulin Protaphan HM;
  Altinsulin-Verzögerungsinsulin-Kombinationen: u. a. Insulin Mixtard Human, Komb-H-Insulin Hoechst;

– *Insuline vom Rind:*
Verzögerungsinsuline: u. a. Depot-Insulin-Hoechst, Insulin Novo Ultralente;
– *Insuline vom Schwein:*
Verzögerungsinsuline: u. a. Depot-Insulin S Hoechst, Insulin Novo Semilente;
Altinsulin-Verzögerungsinsulin-Kombinationen: u. a. Insulin Mixtard Nordisk.

Interferon alfa 2 a s. Virustatika; Zytostatika, Interferone

Interferon alfa 2 b s. Virustatika; Zytostatika, Interferone

Interferon beta s. Virustatika; Zytostatika, Interferone

Interferon gamma s. Antirheumatika

Interferone s. Zytostatika, Interferone

Iocarminsäure s. Röntgenkontrastmittel, iodhaltige

Iod s. Desinfektionsmittel

Iodamsäure s. Röntgenkontrastmittel, iodhaltige

Iodidionen und Iodkaliumiodid s. Thyreostatika

Iodiertes Mohnöl s. Röntgenkontrastmittel, iodhaltige

Iodoxaminsäure s. Röntgenkontrastmittel, iodhaltige

Iodprophylaxe

Zur Vorbeugung gegen eine Iodmangelstruma bei unzureichender Iodaufnahme ist eine Iodprophylaxe – auch in der Gravidität – mit 5 g/die iodiertem Kochsalz oder mit 0,07–0,1 mg/die Kaliumiodid empfehlenswert.
Handelspräparate: Jodetten, Jodid 100.

Ioglicinsäure s. Röntgenkontrastmittel, iodhaltige

Iohexol s. Röntgenkontrastmittel, iodhaltige

Iopamidol s. Röntgenkontrastmittel, iodhaltige

Iopodat s. Röntgenkontrastmittel, iodhaltige

Iopromid s. Röntgenkontrastmittel, iodhaltige

Iopydon s. Röntgenkontrastmittel, iodhaltige

Iotalaminsäure s. Röntgenkontrastmittel, iodhaltige

Iotralan s. Röntgenkontrastmittel, iodhaltige

Iotroxinsäure s. Röntgenkontrastmittel, iodhaltige

Ioversol s. Röntgenkontrastmittel, iodhaltige

Ioxaglinsäure s. Röntgenkontrastmittel, iodhaltige

Ioxitalaminsäure s. Röntgenkontrastmittel, iodhaltige

ISA-β-Blocker s. Beta-Adrenozeptorenblocker

Isoaminil s. Antitussiva

Isoconazol s. Antimykotika, lokale

Isofluran s. Narkosemittel, Inhalationsanästhetika

Isoniazid (INH) s. Tuberkulosemittel

Isoprenalin s. Sympathomimetika, β-

Isosorbiddinitrat (ISDN) s. Nitrovasodilatatoren; Koronartherapeutika; Vor- und Nachlast senkende Pharmaka

Isosorbidmononitrat (ISMN) s. Nitrovasodilatatoren; Koronartherapeutika; Vor- und Nachlast senkende Pharmaka

Isotonische Kochsalzlösung s. Plasmaersatzflüssigkeiten, Elektrolytlösungen

Isotretinoin s. Retinoide; Aknetherapeutika

Isoxsuprin s. Sympathomimetika, β-

Isradipin s. Calcium-Antagonisten

Josamycin s. Antiinfektiva, Makrolide

Juckreizstillende Mittel s. Antipruriginosa

Kalium-Antagonisten s. Antiarrhythmika, Klasse-III-; Diuretika, kaliumsparende

Kaliumcanrenoat s. Diuretika, kaliumsparende

Kaliumiodid s. Expektorantien, Sekretolytika

Kaliumpermanganat s. Desinfektionsmittel

Kaliumsparende s. Diuretika

Kanamycin s. Antiinfektiva, Aminoglykoside; Ophthalmika, Antiinfektiva

Kaolin s. Antidiarrhoika, Adsorbentien

Kardioselektive s. Beta-Adrenozeptorenblocker

Karminativa

Pharmakodynamik und Indikationen: Zu den sog. Karminativa zählen ätherische Öle und oberflächenaktive Stoffe, die bei Völlegefühl, Flatulenz und Meteorismus eingesetzt werden. Ätherische Öle sollen Gasansammlungen durch Anregung der Sekretion der Verdauungsdrüsen und der Magen-Darm-Motorik beseitigen. Sie werden zunehmend von Polydimethylsiloxan verdrängt, das als oberflächenaktiver Entschäumer wirksam ist.

Beurteilung: Trotz ihrer hohen Verordnungshäufigkeit ist ihre klinische Wirksamkeit stark umstritten.

Wirkstoffe (Handelspräparate): Ätherische Öle (u. a. Carminativum-Hetterich, Carvomin), Polydimethylsiloxan = Dimeticon (u. a. Elugan, Lefax, sab simplex).

Ketamin s. Narkosemittel, Injektionsanästhetika

Ketoconazol s. Antimykotika

Ketoprofen s. Antirheumatika, nichtsteroidale

Ketotifen s. Antiasthmatika, Hemmstoffe der Mastzelldegranulation

Knorpel-Knochen-Extrakte s. Antirheumatika, sog. Chondroprotektiva

Kollagenase s. Enzympräparate, extern applizierte

Kontrazeptiva, hormonale

Hormonale Kontrazeptiva sind Präparate zur Empfängnisverhütung bei der Frau, die weibliche Sexualhormone enthalten und meist oral, aber auch intramuskulär oder intrauterin angewendet werden. Wegen ihrer hohen Zuverlässigkeit wurde die hormonale Konzeptionsverhütung zur wichtigsten Möglichkeit der Geburtenkontrolle. Bei Frauen mit verstärkter Androgenausschüttung werden Antiandrogene in Kombination mit Östrogenen (s. d.) eingesetzt.

Einphasenmethode: 21 Tage lang wird eine Östrogen-Gestagen-Kombination eingenommen. 3–4 Tage nach Absetzen des Präparates tritt eine Abbruchblutung (infolge Hormonentzug) ein. Durch einen antigonadotropen Effekt wird die Ovulation unterdrückt und die Einnistung des Eis verhindert, da die sekretorische Umwandlung des Endometriums unterbleibt. Ferner wird durch Erhöhung der Viskosität des Zervixschleims das Penetrationsvermögen der Spermien verringert.

Zweiphasenmethode: In der ersten Zyklusphase werden nur Östrogene (s. d.) oder Östrogene mit niedrig dosierten Gestagenen (s. d.), in der zweiten Phase wird die übliche Östrogen-Gestagen-Kombination gegeben. Zweiphasenpräparate ohne Gestagen in der ersten Phase wirken nur als Ovulationshemmer. Da die Einwirkung auf den Zervixschleim entfällt, sind sie nicht so zuverlässig wie die Einphasenpräparate. Die Präparate mit Gestagen in der ersten Phase ähneln in ihrer Zuverlässigkeit den Einphasenpräparaten.

Dreiphasenmethode: Entsprechend dem Hormonspiegelverlauf während eines weiblichen Zyklus enthalten diese Präparate für die ersten 6 Tage nach Beginn der Regelblutung eine niedrige Dosis von Östrogen und Gestagen, für die anschließenden 5 Tage eine erhöhte Östrogen- und Gestagendosis und für die restlichen 10 Tage eine wieder auf den ursprünglichen Wert erniedrigte Östrogenmenge sowie eine nochmals erhöhte Gestagendosis. Sie entsprechen in ihrer Zuverlässigkeit nahezu den Einphasenpräparaten.

Minipille: Diese Präparate enthalten nur ein niedrig dosiertes Gestagen (s. d.). Ihre kontrazeptive Wirkung beruht vorwiegend auf der Viskositätserhöhung des Zervixschleims. Sie sind weniger zuverlässig als Ein-, Zwei- und Dreiphasenpräparate.

Gestagenhaltige Intrauterinspiralen: Diese geben über einen längeren Zeitraum kleine Gestagenmengen ab und haben dadurch einen ähnlichen Effekt und eine ähnliche Sicherheit wie die Minipille. Sie müssen alle 18 Monate erneuert werden.

Dreimonatsspritze: Im Abstand von 3 Monaten werden Depotgestagene i. m. appliziert.

Postkoitale Kontrazeption: Der Eintritt einer Schwangerschaft kann durch hohe Östrogendosen verhindert werden, die an 3 aufeinanderfolgenden Tagen innerhalb von 3–4 Tagen post cohabitationem eingenommen werden. Hierzu wurde Ethinylestradiol in einer Dosierung von 5 mg/die p. o. verabreicht. Durch die extrem hohe Dosis mußten starke Nebenwirkungen in Kauf genommen werden. Aufgrund ihrer wesentlich geringeren Nebenwirkungen werden heute hochdosierte Östrogen-Gestagen-Kombinationen bevorzugt, die ebenfalls den Eintritt einer Schwangerschaft verhindern. Diese Präparate müssen innerhalb von 48 h post cohabitationem an 2 aufeinanderfolgenden Tagen eingenommen werden.

Kontraindikationen: Bestehende oder vorausgegangene Thrombosen, entzündliche oder degenerative Gefäßleiden, schwere Leberfunktionsstörungen, angeborene Fettstoffwechselstörungen, schwere Formen der Hypertonie, Schwangerschaftsikterus und -pruritus in der Anamnese sowie Dubin-Johnson- und Rotor-Syndrom. Ein Absetzen der Präparate ist zwingend erforderlich bei erstmals unter der Behandlung auftretenden migräneartigen Kopfschmerzen, akuten Sehstörungen und sonstigen sensorischen Ausfällen, bei Cholestase, thromboembolischen Erscheinungen oder Thrombophlebitiden, bei stärkeren Blutdruckanstiegen sowie vor Operationen und längerer Immobilisation. Östrogenhaltige Präparate sind bei östrogenabhängigen Tumoren kontraindiziert.

Nebenwirkungen: Erhöhtes Thromboserisiko in Abhängigkeit von der Östrogendosis, Erniedrigung der Glucosetoleranz, nach Langzeitbehandlung Hypertonie möglich.

- *Ein-, Zwei- und Dreiphasenpräparate:* Die Nebenwirkungen entsprechen weitgehend den Symptomen einer Frühschwangerschaft: Nachlassen der Libido, Müdigkeit, Nervosität, Übelkeit, Erbrechen, Spannungsgefühl in den Brüsten, Pigmentveränderungen in der Haut, Seborrhö u. a. Die genannten Symptome treten meist nur zu Beginn der Behandlung auf und bessern sich bei weiteren Behandlungszyklen.
- *Minipille:* Allgemeine Nebenwirkungen treten seltener auf, häufig ist jedoch eine mangelhafte Zyklusstabilität (z. B. Zwischenblutungen, Amenorrhö).

Wechselwirkungen: Die Wirkung der hormonalen Kontrazeptiva, insbesondere der niedrig dosierten Präparate, wird unsicher bei gleichzeitiger Einnahme von Enzyminduktoren wie z. B. Barbituraten, Phenytoin oder Rifampicin; Veränderungen der Glucosetoleranz bei gleichzeitiger Einnahme von Antidiabetika (s. d.) möglich.

Schwangerschaft/Stillzeit: In der Schwangerschaft kontraindiziert, strenge Indikationsstellung in der Stillzeit, da einige Arzneistoffe milchgängig sind.

Hinweise: Eine sorgfältige Überwachung ist bei Diabetes mellitus, Hypertonie, Varikosis, Phlebitis, Otosklerose, multipler Sklerose und Epilepsie sowie allgemein bei Frauen über 40 Jahre erforderlich. Frauen über 30 Jahre sollten nicht rauchen, wenn sie hormonale Kontrazeptiva einnehmen.

Wirkstoffe (Handelspräparate): u. a.

- *Einphasenpräparate:* Ethinylestradiol/Levonorgestrel (Ediwal, Microgynon, Neogynon, Neo-Stediril, stediril-d), Ethinylestradiol/Lynestrenol (Anacyclin, Lyndiol, Lyn-ratiopharm, Ovoresta, Yermonil etc.), Ethinylestradiol/Norethisteron (Conceplan, Etalontin, Neorlest, Orlest, Ovysmen), Ethinylestradiol/Norgestrel (Eugynon, Stediril), Ethinylestradiol/Desogestrel (Marvelon), Ethinylestradiol/Norgestimat (Cilest), Ethinylestradiol/Gestoden (Femovan, Minulet), Mestranol/Norethisteron (Ortho-Novum 1/50);

- *Zweiphasenpräparate:* Ethinylestradiol/Norethisteron (Sinovula), Ethinylestradiol/Levonorgestrel (Perikursal, Sequilar), Ethinylestradiol/Desogestrel (Oviol), Ethinylestradiol/Lynestrenol (Lyn-ratiopharm-Sequenz, Ovanon), Ethinylestradiol/Chlormadinonacetat (Neo-Eunomin), Mestranol/Chlormadinonacetat (Eunomin);
- *Dreiphasenpräparate:* Ethinylestradiol/Norethisteron (Synphasec, TriNovum), Ethinylestradiol/Levonorgestrel (Trinordiol, Triquilar, Tristep);
- *Gestagenpräparate („Minipille"):* Norethisteron (Micronovum), Levonorgestrel (Microlut, Mikro-30 Wyeth), Lynestrenol (Exlutona);
- *Depotgestagene:* Medroxyprogesteronacetat (Depo-Clinovir), Norethisteron-enantat (Noristerat);
- *Präparate zur postkoitalen Kontrazeption:* Ethinylestradiol/Levonorgestrel (Tetragynon, geeignet sind u. a. auch Neogynon, stediril-d).

Koronartherapeutika (Antianginosa)

Koronartherapeutika sind Arzneistoffe, die zum Zwecke einer raschen Kupierung oder Prophylaxe von Angina-pectoris-Anfällen sowie zur Verbesserung der Prognose der koronaren Herzkrankheit eingesetzt werden. Der wichtigste therapeutische Ansatz hierzu ist eine Verbesserung der myokardialen Sauerstoffversorgung:

- Verminderung des myokardialen Sauerstoffverbrauchs durch Senkung der Herzarbeit, Herzfrequenz oder Kontraktilität (β-Blocker, Nitrovasodilatatoren, Calcium-Antagonisten);
- Verbesserung des Sauerstoffangebotes durch Frequenzsenkung (β-Blocker) und Verminderung der Wandspannung (Calcium-Antagonisten, Nitrovasodilatatoren).

Der Beseitigung oder Vermeidung atherogener Risikofaktoren (z. B. Übergewicht, Zigarettenrauchen, Hyperlipoproteinämien) kommt als flankierender Maßnahme ebenfalls wichtige Bedeutung zu.

Nitrovasodilatatoren (s. d.) (insbesondere Nitrate)

Pharmakodynamik: Durch eine Senkung des Venentonus (venous pooling) kommt es zu einer Verminderung des venösen Rückstroms (Vorlastsenkung); daneben werden die Arterienstämme erweitert und damit die Nachlast des Herzens gesenkt. Durch die so verbesserte Hämodynamik sinkt der Koronarwiderstand und der Sauerstoffverbrauch; das Sauerstoffangebot nimmt zu.

Indikationen: Wegen seiner innerhalb von Sekunden bis wenigen Minuten einsetzenden Wirkung ist *Glyceroltrinitrat* (als Spray oder sublinguale Zerbeißkapsel) das *Mittel der Wahl zur Kupierung akuter Angina-pectoris-Anfälle.* Für die Anfallsprophylaxe eignen sich Glyceroltrinitrat-Pflaster (transdermale therapeutische Systeme); perorale Retardpräparate sind dagegen wegen des ausgeprägten First-pass-Effektes wesentlich schlechter zu bewerten. Bei häufiger Anwendung von Glyceroltrinitrat (sowie anderer Nitrate mit Ausnahme von Molsidomin) kommt es zum Nachlassen der Wirkung. Diese Nitrattoleranz ist jedoch bereits Stunden nach Absetzen reversibel und kann somit durch das Dosierungsschema vermieden werden. Weitere Pharmaka zur peroralen oder transdermalen Anfallsprophylaxe sind Pentaerithrityltetranitrat, Isosorbiddinitrat (ISDN), dessen noch aktiver Metabolit Isosorbid-5-mononitrat (ISMN) sowie Molsidomin. Zur Anfallstherapie in Form von Sublingualkapseln oder Sprays eignet sich hiervon lediglich ISDN (der hydrophile Metabolit wird für einen raschen Wirkungseintritt zu schlecht resorbiert).

Kontraindikationen, Nebenwirkungen, Wechselwirkungen, Wirkstoffe s. Nitrovasodilatatoren.

Beta-Adrenozeptorenblocker

(s. d.)

Pharmakodynamik und Indikationen: Durch eine Blockade kardialer β_1-Rezeptoren senken β-Adrenozeptorenblocker den Sauerstoffbedarf (Senkung der Frequenz und der Kontraktilität) und steigern das Sauerstoffangebot (Zunahme der Diastolendauer). Von Nachteil ist die durch die negativ inotrope Wirkung bedingte Zunahme des Koronarwiderstandes (LVEDP und Wandspannung steigen). Nitrate sind aus diesem Grunde ideale Kombinationspartner, da sie durch Vor- und Nachlastsenkung einer zu starken Zunahme der enddiastolischen Restfüllung entgegenwirken. *β-Blocker sind Mittel der 1. Wahl zur Prophylaxe eines Angina-pectoris-Anfalls* (insbesondere bei körperlicher oder psychischer Belastung). Bei koronarspastischen Formen der KHK sollen β-Blokker nur in Kombination mit Calcium-Antagonisten oder Nitraten eingesetzt werden.

Kontraindikationen, Nebenwirkungen, Wechselwirkungen, Wirkstoffe s. Beta-Adrenozeptorenblocker.

Calcium-Antagonisten

(s. d.)

Pharmakodynamik: Durch Hemmung des transmembranären Calcium-Einstroms kommt es zu einer geringeren Aktivierung der Myosin-ATPase und damit der elektromechanischen Kopplung. Hieraus resultiert 1. eine Nachlastsenkung durch Vasodilatation insbesondere im arteriellen Schenkel, 2. eine Verminderung der Herzarbeit (negativ inotrope Wirkung) und 3. eine verbesserte Koronarperfusion (das Sauerstoffangebot nimmt zu [1,3], und der Sauerstoffverbrauch wird vermindert [2]).

Neben den 1,4-Dihydropyridinen, von denen Nifedipin besondere Bedeutung besitzt, werden Verapamil (s. d.) und Diltiazem (s. d.) als Koronartherapeutika eingesetzt.

Kontraindikationen, Nebenwirkungen, Wechselwirkungen, Wirkstoffe s. Calcium-Antagonisten.

Labetalol
s. Alpha-Adrenozeptorenblocker, kompetitive, nicht selektive; Beta-Adrenozeptorenblocker

Lactitol s. Laxantien, Zuckeralkohole und Zucker

Lactoflavin s. Vitamine, Vitamin B_2

Lactose s. Laxantien, Osmolaxantien

Lactotropin = Prolactin
s. Hypophysenvorderlappenhormone

Lactulose s. Laxantien, Osmolaxantien

Lanatosid C s. positiv inotrop wirkende Pharmaka, herzwirksame Glykoside

Latamoxef s. Antiinfektiva, Cephalosporine der 3. Generation

Laxantien = Abführmittel

Wirkmechanismen, Indikationen, Neben- und Wechselwirkungen

Laxantien sind Arzneimittel, die die Stuhlentleerung beschleunigen sollen.

Wirkmechanismen: Die meisten Laxantien wirken durch Vermehrung des intraluminalen Volumens im Darm, und zwar durch

- Quellung unter Wasseraufnahme *(Quellstoffe),*
- osmotische Wasserretention *(Osmolaxantien),*
- Hemmung der Natrium- und damit auch der Wasserresorption aus dem Darmlumen und/oder
- Steigerung der Wassersekretion in das Darmlumen *(antiresorptiv und hydragog wirkende Abführmittel).*

Gleitmittel steigern die Gleitfähigkeit des Darminhalts, während Lactulose durch eine Erniedrigung des pH-Wertes im Kolon die Peristaltik erhöht.

Indikationen: Laxantien werden zur Darmentleerung vor Röntgenuntersuchungen oder Operationen, bei schmerzhaften Stuhlentleerungen (z. B. infolge von Analfissuren), ferner bei chronischer Obstipation, falls eine Umstellung der Lebens- und Eß- und Trinkgewohnheiten ohne Erfolg bleibt, eingesetzt.

Kontraindikationen: Ileus.

Nebenwirkungen: Bei kurzfristiger Einnahme nur sehr selten schwerwiegende Nebenwirkungen, z. B. Darmverschluß bei Quellmitteln und unzureichender Flüssigkeitszufuhr; bei Langzeitgabe mit Ausnahme von Quellstoffen häufig Elektrolytstörungen, insbesondere Kaliumverlust, der seinerseits die Obstipation verstärkt.

Wechselwirkungen: Wirkungsverstärkung von Herzglykosiden (s. d.) bei laxantienbedingter Hypokaliämie; verstärkter Kaliumverlust bei gleichzeitiger Gabe von Diuretika (s. d.) oder Glucocorticoiden (s. d.).

Schwangerschaft/Stillzeit: Im 1. Trimenon besteht ein embryotoxisches/teratogenes Risiko; Aloe (s. Anthraglykoside) kontraindiziert; einige Laxantien gehen in die Muttermilch über.

Beurteilung: Laxantien werden viel zu häufig und unüberlegt von Laien benutzt. Bei chronischer Obstipation sollte eine Umstellung der Lebens- und Eßgewohnheiten angestrebt und erst bei deren Mißerfolg – möglichst nur kurzfristig – ein Laxans verordnet werden, das ein relativ günstiges Nebenwirkungsprofil aufweist. Der Patient ist unbedingt auf die bei längerer Einnahme auftretenden Nebenwirkungen hinzuweisen.

Quellstoffe

Hierzu zählen quellfähige, nicht verdaubare Polysaccharide, die als milde Laxantien wirken.

Hinweise: Um eine Verkleisterung des Darminhaltes zu verhindern, ist auf eine ausreichende Flüssigkeitszufuhr zu achten.

Wirkstoffe (Handelspräparate): Inhaltsstoffe von Leinsamen = Semen Lini und Indischem Flohsamen = Semen Plantaginis ovatae (u. a. Agiocur, Bestandteil von u. a. Agiolax, Laxiplant), Weizenkleie, Bassorin (Bestandteil von u. a. Normacol), Methylcellulose.

Osmolaxantien

Hierzu zählen Lösungen schwer resorbierbarer Salze und Zucker bzw. Zuckeralkohole. Entsprechend dem osmotischen Druck führt die Einnahme normotoner Lösungen zu einer verringerten Wasserresorption aus dem Darm, die Einnahme hypertoner Lösungen zu einer Wasserabgabe in den Darm. Die Anwendung hypertoner Lösungen sollte wegen der Gefahr einer Dehydratation jedoch vermieden werden. Wirkungseintritt: bei hypertonen Lösungen 10–12 Stunden, bei normotonen Lösungen wenige Stunden.

Salinische Abführmittel

Am häufigsten werden Natrium- und Magnesiumsulfat verwendet (Glauber- und Bittersalz), daneben Natriumphosphat und -citrat.

Nebenwirkungen: Bei natriumionenhaltigen Abführmitteln nach längerer Anwendung Flüssigkeitsretention und Hypertonie; nach Gabe von magnesiumionenhaltigen Laxantien bei Niereninsuffizienz Muskelschwäche, Reflexausfälle, Blutdruckabfall.

Zuckeralkohole und Zucker

Hierzu zählen Mannit und Sorbit sowie Lactulose und Lactitol. Lactulose und Lacticol werden durch Darmbakterien im Kolon zu Essig- und Milchsäure vergärt, die ihrerseits laxierend wirken.

Wirkstoffe (Handelspräparate): Lactulose (Bifiteral, Laevilac), Lactitol (Importal).

Antiresorptiv und hydragog wirkende Abführmittel

Pharmakodynamik: Laxantien dieses Typs stellen die am häufigsten verwendete Gruppe der Laxantien dar. Sie hemmen die Natriumionen- und Wasserresorption durch Blockade der natrium/kaliumabhängigen ATPase. Der Einstrom von Elektrolyten und Wasser in das Darmlumen wird gleichzeitig gefördert.

Wirkstoffe (Handelpräparate): Vertreter dieses Typs sind Anthraglykoside (s. d.), Ricinusöl und synthetische Laxantien der Diphenol-Reihe, z. B. Bisacodyl (u. a. Dulcolax, Laxbene, Stadalax), Natriumpicosulfat (Laxoberal).

Gleitmittel

Der Zusatz von oberflächenaktiven Stoffen in manchen Abführmitteln soll die Fäzes erweichen und besser gleitfähig machen. Die Wirksamkeit ist jedoch aufgrund der eingesetzten niedrigen Dosis umstritten. Die Verwendung von Paraffin ist wegen der z. T. schwerwiegenden Nebenwirkungen als obsolet anzusehen.

Wirkstoff (Handelspräparate): Natriumdioctylsulfosuccinat (Bestandteil von z. B. Tirgon).

Substanzen mit Wirkung auf den Defäkationsreflex

Indikation: Die Anwendung dieser Laxantien in Form von Suppositorien oder Mikroklysmen ist insbesondere für Säuglinge und Kleinkinder zu empfehlen.

Wirkstoffe (Handelspräparate): Mehrwertige Alkohole, insbesondere Glycerin und Sorbit (u. a. Babylax, Glycilax, Microklist).

Lebertherapeutika s. Hepatika

Leinsamen s. Laxantien, Quellstoffe

Lepramittel

Die Erreger der Lepra gehören wie die Tuberkelbakterien zur Gruppe der Mykobakterien. *Dapson* (Dapson Fatol) gilt neben *Rifampicin* (s. d.) als Standardtherapeutikum zur Leprabehandlung. Es ist ferner unspezifisch wirksam bei Dermatitis herpetiformis. Wegen der Gefahr von Blut- (Hämolyse, Methämoglobinämie) und Nierenschäden sind engmaschige Kontrolluntersuchungen erforderlich.

Leuprorelin s. Zytostatika, Hormone

Levobunolol s. Ophthalmika, Glaukommittel

Levomepromazin s. Neuroleptika, Phenothiazine, Butyrophenone und analoge Verbindungen

Levomethadon s. Analgetika, opioide

Levonorgestrel s. Gestagene; Kontrazeptiva, hormonale

Levothyroxin = T_4 = L-Thyroxin, s. Schilddrüsenhormone

LH = luteinisierendes Hormon, s. Hypophysenvorderlappenhormone, Gonadotropine

Lidocain s. Antiarrhythmika, Klasse-IB-; Lokalanästhetika

Lincomycin s. Antiinfektiva, Lincosamide

Lincosamide s. Antiinfektiva, Lincosamide

Liothyronin = Triiodthyronin, s. Schilddrüsenhormone

Lipidsenker

Lipidsenker sind Pharmaka, die bei Hyperlipidämien (Hypertriglyzeridämien, Hypercholesterinämien) zur Senkung des pathologisch erhöhten Cholesterin- und/oder Triglyceridspiegels im Blut eingesetzt werden. Lipidsenker stellen einen therapeutischen Ansatz für die Prophylaxe und Therapie der Atherosklerose und deren Folgeerkrankungen (koronare Herzkrankheit, Herzinfarkt, zentrale und periphere Durchblutungsstörungen) dar. Eine strenge Einhaltung der Diätvorschriften (Gewichtsnormalisierung, Drosselung der Cholesterin- und Kohlenhydratzufuhr, max. 60–80 g Fett/die) ist auch unter medikamentöser Therapie entscheidend für den Behandlungserfolg.

Pharmaka zur Senkung des Cholesterinspiegels

Polymere Anionenaustauscherharze (Colestyramin, Colestipol) komplexieren als nicht resorbierbare Polyanionen die einem enterohepatischen Kreislauf unterliegenden Gallensäuren. Die Verluste an mit den Fäzes ausgeschiedenen Gallensäuren werden durch Neusynthese aus Cholesterin gedeckt, wodurch in der Folge die Cholesterinplasmaspiegel sinken. Die Verminderung der intrazellulären Cholesterinkonzentration induziert die Exprimierung von LDL-Rezeptoren.
Das pflanzliche Sterin *Sitosterin* vermag aufgrund seiner strukturellen Ähnlichkeit mit Cholesterin dessen enterale Resorption (Nahrungscholesterin + enterohepatisch zirkulierendes Cholesterin) kompetitiv zu hemmen und so zu einer bis zu 20%igen Senkung der Cholesterinspiegel zu führen.
Dextrothyroxin wirkt deutlich schwächer als sein linksdrehender Antipode, das Schilddrüsenhormon L-Thyroxin, jedoch sind im Gegensatz zu dem serumcholesterinsenkenden Effekt die übrigen Hormonwirkungen deutlich stärker von der Wirkungsabschwächung betroffen. Dextrothyroxin kann daher ähnlich wie *Etiroxat* (α-Methyl-DL-thyroxinethylester) als Lipidsenker eingesetzt werden, doch sind die Nebenwirkungen erheblich.
Hydroxymethylglutaryl-CoA-Reduktase-Inhibitoren (CSE-Hemmer) hemmen das Schlüsselenzym der Cholesterin-Biosynthese und führen so auf zwei Wegen zu einer Senkung der Plasma-LDL-Spiegel (durch Hemmung der intrazellulären hepatischen Cholesterin-Synthese verminderte LDL-Bildung und, induziert durch die Verminderung der intrazellulären Cholesterin-Konzentration, durch eine vermehrte Exprimierung von LDL-Rezeptoren). Die verbesserte LDL-Clearance scheint für die Wirkung wichtiger, die Erhöhung der Rezeptorenzahl der begrenzende Faktor zu sein. Die Wirksamkeit läßt sich durch eine Kombination mit Anionenaustauscher-Harzen noch deutlich verbessern. Zu dieser Gruppe gehören aus Schimmelpilzen

gewonnene Naturstoffe, Lovastatin, Pravastatin, Simvastatin (Wirkform ist die ringgeöffnete Hydroxysäure).

Pharmaka zur Senkung des Cholesterin- und des Triglyceridspiegels

Nicotinsäure sowie *Nicotinylalkohol,* der im Körper zur Säure oxidiert wird, vermindern die Lipolyse und senken damit die Konzentration freier Fettsäuren. In der Folge kommt es zu einer gedrosselten hepatischen Synthese von Triglyceriden und VLDL und damit in der Folge auch zu einem Abfall der LDL, der Triglycerid- und Cholesterinspiegel im Blut.
Probucol vermindert die Cholesterinkonzentration durch einen Eingriff in dessen Biosynthese und eine partielle Hemmung der enteralen Resorption (daneben werden auch die Triglycerid-Plasmaspiegel gesenkt).
Aryloxyalkancarbonsäuren (Clofibrat und dessen Derivate Etofibrat, Etofyllinclofibrat; Bezafibrat, Fenofibrat, Gemfibrozil) reduzieren die hepatische Cholesterinsynthese (möglicherweise über eine Hemmung der Hydroxymethylglutaryl-CoA-Reduktase) und senken den Triglyceridspiegel durch Aktivierung der Triglyceridlipase. Sie steigern die Plasma-HDL-Konzentration und die LDL-Rezeptorzahl; die VLDL-Synthese und -Plasmakonzentration sind vermindert. Mit Ausnahme von Gemfibrozil sind sämtliche Verbindungen Prodrugs; die Wirkung kommt nach Esterspaltung den freien Carbonsäuren zu.

Indikationen

Lipidsenker sind indiziert bei Hyperlipidämien, insbesondere bei den autosomal vererbten, primären Hyperlipoproteinämien (Einteilung nach Fredrickson) vom Typ II a (LDL erhöht) und II b (LDL und VLDL erhöht) sowie der endogenen Hypertriglyzeridämie vom Typ IV (VLDL erhöht). Lipidsenker sollten nur dann gegeben werden, wenn die Blutlipide nicht durch diätetische Maßnahmen allein normalisiert werden können; zwingend ist ihr Einsatz jedoch bei Cholesterinkonzentrationen > 8 mmol/l (300 mg/dl) und Triglyceridkonzentrationen > 6 mmol/l (500 mg/dl). Die vorwiegend den Cholesterinspiegel senkenden Pharmaka sind besonders bei Typ-II-Hyperlipidämien, Aryloxyalkancarbonsäuren dagegen bevorzugt bei Hypertriglyzeridämien (Typ II b, III, IV) angezeigt, da der Triglyceridspiegel im Blut stärker gesenkt wird als der des Cholesterins. HMG-CoA-Reduktase-Inhibitoren sind in Kombination mit Colestyramin bzw. Colestipol insbesondere bei heterozygoter familiärer Hypercholesterinämie (wirkungslos bei rezeptornegativen, homozygoten Formen) sowie bei therapierefraktären Formen nichtfamiliärer Hypercholesterinämie angezeigt.

Kontraindikationen

Schwere Nieren- und Leberfunktionsstörungen, Erkrankungen der Gallenblase, Schwangerschaft und Stillzeit (Aryloxyalkancarbonsäuren); Herzinfarkt, schwere Myokardinsuffizienz, schwere Leber- und Nierenfunktionsstörungen, atherosklerotische Gefäßveränderungen (Dextrothyroxin); gebärfähiges Alter, Schwangerschaft (HMG-CoA-Reduktase-Inhibitoren); 1. Trimenon der Schwangerschaft (Nicotinsäure).

Nebenwirkungen

Störung der Resorption von Fetten und fettlöslichen Vitaminen (Anionenaustauscherharze); Hyperthyreose mit Schlaflosigkeit, Tremor, Tachykardie, Hyperthermie (Dextrothyroxin); Vasodilatation mit Flush und Blutdruckabfall, bei Dauertherapie Störungen der Leberfunktion und Verschlechterung der Glucosetoleranz möglich (Nicotinsäure); durch Cholesterinmobilisierung insbesondere initial vermehrte Cholesterinausscheidung mit der Galle, erhöhter lithogener Index, Myositissymptome, Potenzstörungen, Haarausfall, gastrointestinale Beschwerden (Aryloxyalkancarbonsäuren); Transaminasenmangel, daher Leberfunktionskontrolle, Muskelschmerzen, Myopathien (HMG-CoA-Reduktase-Inhibitoren).

Wechselwirkungen

Die Anionenaustauscherharze Colestyramin und Colestipol führen zu einer verminderten Resorption von herzwirksamen Glykosiden, Cumarin-Derivaten (s. Antikoagulantien), Tetracyclinen und Schilddrüsenhormonen (s. d.) (Dextrothyroxin). Durch eine Verdrängung aus der Plasmaeiweißbindung wird die Wirkung von Cumarin-Derivaten durch Aryloxyalkancarbonsäuren verstärkt. Dextrothyroxin kann die Wirkung von Sympathomimetika (s. d.) verstärken. In Kombination mit Nicotinsäure, Gemfibrozil oder Ciclosporin können HMG-CoA-Reduktase-Inhibitoren zu einer Myopathie oder Rhabdomyolyse führen. Die blutzuckersenkende Wirkung von Antidiabetika (s. d.) wird vermindert (Nicotinsäure).

Wirkstoffe (Handelspräparate)

Colestyramin (Quantalan), Colestipol (Cholestabyl, Colestid), Sitosterin (Harzol, Sito-Lande etc.), Dextrothyroxin (Dynothel, Eulipos), Etiroxat (Skleronorm), Lovastatin (Mevinacor), Pravastatin (Liprevil, Pravasin), Simvastatin (Denan, Zocor), Nicotinsäure (Niconacid), Nicotinylalkohol (Ronicol retard etc.), Probucol (Lurselle), Clofibrat (Clofibrat 500 Stada, Regelan N 500, Skleromexe), Etofibrat (Lipo-Merz), Etofyllinclofibrat (Duolip), Bezafibrat (Cedur), Fenofibrat (Lipanthyl, Normalip N), Gemfibrozil (Gevilon), Acipimox (Olbemox).

Lisinopril s. ACE-Hemmer

Lisurid s. Anti-Parkinson-Mittel, dopaminerge Agonisten; Hypophysenvorderlappenhormone, Prolactin-Inhibitoren

Lithiumsalze

Lithiumsalze dienen zur Therapie manischer Phasen sowie zur Prophylaxe manisch-depressiver Psychosen.

Pharmakodynamik: Der genaue Wirkmechanismus ist weitgehend unbekannt. Eine Beeinflussung der Funktion der Nervenzellmembran und der Neurotransmitterfreisetzung wird diskutiert. Hinsichtlich dieser Wechselwirkungen ist Lithium dem Natrium ähnlich. So können Lithiumionen wie Natriumionen sehr leicht in die Zelle eindringen, aber nur schwer aus dieser wieder hinausgepumpt werden.

Nebenwirkungen: bei Therapiebeginn Übelkeit, gastrointestinale Beschwerden, Muskelschwäche und feinschlägiger Tremor; bei längerer Behandlung: Gewichtszunahme, Entwicklung einer Struma, Haut-, EEG- und EKG-Veränderungen.

Kontraindikationen: Niereninsuffizienz, schwere Herz- und Kreislauferkrankungen, Morbus Addison, Störungen des Natriumhaushalts.

Wechselwirkungen: Wirkungsabschwächung durch Acetazolamid; Lithiumplasmaspiegelanstieg durch nichtsteroidale Antiphlogistika (s. Antirheumatika), Saluretika (s. d.) und Methyldopa (Gefahr der Toxizitätserhöhung).

Hinweise: Die Resorption nach peroraler Applikation ist in Abhängigkeit von der Natriumzufuhr, der Nierenfunktion und dem Lebensalter stark schwankend. Infolge der hohen interindividuellen Schwankungen der Lithiumplasmaspiegel und der geringen therapeutischen Breite ist eine individuelle Dosierung sowie eine Kontrolle des Lithiumblutspiegels, der zwischen 0,8–1,2 mmol/l liegen soll, erforderlich. Im Alter und bei Niereninsuffizienz ist eine Dosisanpassung erforderlich.

Handelspräparate: Hypnorex retard, leukominerase, Lithioflor, Lithium-Aspartat, Lithium-Duriles, Lithiumorotat, Quilonum.

Lokalanästhetika

Lokalanästhetika heben reversibel und örtlich begrenzt die Erregbarkeit der schmerzvermittelnden sensiblen Endorgane und das Leitungsvermögen der sensiblen Nervenfasern auf. Als Folge davon wird die Schmerzempfindung vorübergehend ausgeschaltet.

Pharmakodynamik

Lokalanästhetika setzen die Membranpermeabilität für Kationen, insbesondere für Natriumionen, herab. Sie lagern sich aufgrund ihrer lipophilen Eigenschaften in die Zellmembran ein und verschließen den Natriumkanal sowohl durch unspezifische Membranexpansion als auch direkte Bindung. Die verringerte Membranpermeabilität ist gleichbedeutend mit einer verminderten Erregbarkeit bzw. – bei höheren Konzentrationen des Lokalanästhetikums – einer völligen Unerregbarkeit der Nervenfaser, da eine Erregung nur dann zustande kommt oder fortgeleitet wird, wenn durch einen plötzlichen Anstieg der Natriumpermeabilität das Membran-Ruhepotential zusammenbricht.

Vasokonstriktorische Zusätze

Die meisten Lokalanästhetika wirken gefäßerweiternd. Sie werden daher häufig mit vasokonstriktorischen Substanzen kombiniert, weil die Vasokonstriktion den Abtransport des Lokalanästhetikums verzögert und damit die Wirkdauer erhöht und die Systemtoxizi-

tät verringert wird. Die Vasokonstriktion führt ferner zu einem schwach durchbluteten Operationsgebiet, in dem ein chirurgischer Eingriff einfacher und gefahrloser vorgenommen werden kann.
Die genannten Vorteile gelten nicht für stark durchblutete Körperregionen wie z. B. den Kopf-, Hals-, Urogenital- und Analbereich. Hier erfolgt eine rasche und gleichzeitige Resorption des Lokalanästhetikums und des Vasokonstringens mit erhöhter Toxizität. Bei Operationen an Fingern und Zehen darf wegen der Gefahr einer ischämischen Schädigung (Gangrän!) kein Vasokonstringens zugesetzt werden.
Als vasokonstriktorisch wirkende Substanzen werden α-Sympathomimetika wie Noradrenalin und Adrenalin sowie Analoge des Hypophysenhinterlappenhormons Adiuretin, z. B. Ornipressin (Por 8 Sandoz), eingesetzt.

Dosierungsrichtlinien

Die von der Arzneimittelkommission der Deutschen Ärzteschaft festgelegten Grenzdosen sind streng zu beachten, ebenso die Dosierungsvorschriften für die vasokonstriktorischen Zusätze. Die zulässige Grenzdosis für Lidocain beträgt 200 mg ohne und 500 mg mit Zusatz von α-Sympathomimetika, die für Mepivacain 300 bzw. 500 mg und die für Bupivacain jeweils 150 mg. Die maximale Einzeldosis für Noradrenalin bzw. Adrenalin ist 0,25 mg.

Komplikationen

Schwere, u. U. lebensbedrohliche Komplikationen können bei der Anwendung von Lokalanästhetika infolge

- eines zu hohen Blutspiegels des Lokalanästhetikums oder des Vasokonstringens sowie
- allergischer Reaktionen auftreten.

Ein zu hoher Blutspiegel als Folge einer versehentlichen intravasalen Injektion, zu schneller Resorption oder einer zu hohen Konzentration des Lokalanästhetikums führt zu zentralnervösen und kardialen Störungen.
Die zentralnervösen Vergiftungssymptome sind in leichteren Fällen Unruhe, Tremor, Angstzustände und Delirien, in schweren Fällen klonische Krämpfe und Atemlähmung.
Am Herzen wird die Erregungsleitung gehemmt. Dadurch kann es zu Bradykardie, evtl. zu einem atrioventrikulären Block und als Folge davon zu Herzstillstand und anoxischen Krämpfen kommen.
Bei einer Adrenalinvergiftung beobachtet man intensive Blässe, kalten Schweiß, Tachykardie und starke Blutdrucksteigerung, in seltenen Fällen Arrhythmie und Kammerflimmern, während bei einer Noradrenalinüberdosierung eher eine Bradykardie auftritt.

Anwendungsarten

Oberflächenanästhesie

Das Lokalanästhetikum wird auf Schleimhäute oder Wundflächen gebracht und diffundiert von dort zu den sensiblen Endorganen und den terminalen Nervenverzweigungen. Auf der unverletzten Epidermis sind Lokalanästhetika nahezu unwirksam, da sie die Hornschichten kaum zu durchdringen vermögen.
Wirkstoffe (Handelspräparate): Benzocain = Ethoform (Anaesthesin), Lidocain (Xylocain Gel), Mepivacain (Meaverin-Gel).

Infiltrationsanästhesie

Das Lokalanästhetikum wird in das Gewebe injiziert bzw. das Gewebe mit diesem durchtränkt. Dadurch werden neben den sensiblen Endorganen auch kleinere Nervenstämme blockiert.
Wirkstoffe (Handelspräparate): Procain (Novocain), Lidocain (Xylocain), Prilocain (Xylonest), Mepivacain (Meaverin, Scandicain), Bupivacain (Bupivacain, Carbostesin), Carticain (Ultracain).

Leitungsanästhesie

Durch gezieltes Umspritzen bestimmter Nerven wird die Erregungsleitung an diesen Stellen unterbrochen. Sonderformen der Leitungsanästhesie sind die Spinal-, Periduralund Paravertebralanästhesie.
Wirkstoffe (Handelspräparate): Procain (Novocain), Lidocain (Xylocain), Prilocain (Xylonest), Mepivacain (Meaverin, Scandicain), Bupivacain (Bupivacain, Carbostesin), Carticain (Ultracain), Etidocain (Dur-Anest).

Lomustin s. Zytostatika, Alkylantien

Loperamid s. Antidiarrhoika, Motilitätshemmer

Loratadin s. H_1-Antihistaminika

Lorazepam s. Benzodiazepine; Tranquillantien

Lorcainid s. Antiarrhythmika, Klasse-IC-

Lormetazepam s. Hypnotika, Benzodiazepine

Lovastatin s. Lipidsenker, Pharmaka zur Senkung des Cholesterinspiegels

LTH = luteotropes Hormon = Lactotropin = Prolactin s. Hypophysenvorderlappenhormone

Luteinisierendes Hormon = LH = Lutropin s. Hypophysenvorderlappenhormone, Gonadotropine

Luteotropes Hormon s. Hypophysenvorderlappenhormone

Lutropin s. Hypophysenvorderlappenhormone, Gonadotropine

Lynestrenol s. Gestagene; Kontrazeptiva, hormonale

Lypressin s. Hypophysenhinterlappenhormone, Vasopressin

Magaldrat s. Antazida

Magen-Darm-Motilität fördernde Pharmaka s. Prokinetika

Magnesium-Aluminium-Silikat s. Antazida

Magnesiumcarbonat s. Antazida

Magnesiumhydroxid s. Antazida

Magnesiumsulfat s. Cholekinetika; Laxantien, Osmolaxantien

Makrolid-Antibiotika s. Antiinfektiva, Makrolid-Antibiotika

Malariamittel

Bei der Malariatherapie und -prophylaxe stellt die Resistenzentwicklung ein besonderes Problem dar. Neue Mittel sollten daher nicht leichtfertig eingesetzt werden, wenn die Erreger gegen ältere Substanzen noch empfindlich sind.

Chinin, das älteste Malariamittel, ist vor allem gegen die erythrozytären Formen der Malariaerreger wirksam. Es blockiert die Nucleinsäuresynthese durch eine Komplexbildung mit der DNA. Es ist heute wieder aktuell, wenn Malariastämme gegenüber den neueren synthetischen Substanzen resistent sind. In angelsächsischen Ländern wird anstelle von Chinin oft Chinidin eingesetzt.

Chloroquin besitzt den gleichen Wirkungsmechanismus wie Chinin. Es stellt das Standardtherapeutikum zur Therapie und Prophylaxe der Malaria dar, wenn keine Resistenz vorliegt. In kurzfristiger und niedriger Dosierung ist es gut verträglich.

Mefloquin ist zur Behandlung und Prophylaxe von chloroquinresistenter Malaria tropica indiziert. Die Prophylaxe ist wegen der möglichen Resistenzentwicklung allenfalls bei Reisen in Gebiete mit Multiresistenz (Ostafrika, Südostasien) gerechtfertigt. Mefloquin kann zur Selbstbehandlung indiziert sein, wenn während einer Chloroquin-Prophylaxe Zeichen einer Malariaerkrankung auftreten. Als Nebenwirkungen wurden immunallergische Nebenwirkungen, Halluzinationen, Psychosen u. ä. beobachtet, die zum Teil über Wochen und Monate anhalten.

Primaquin ist in der Lage, extraerythrozytäre Formen und Gameten zu eliminieren. Es wirkt jedoch nicht gegen Blutschizonten, so daß es zur Therapie des akuten Malariaanfalls nicht geeignet ist. Primaquin wird zur Ausheilung der Malaria tertiana und quartana 2 Wochen lang im Anschluß an eine Chloroquin-Behandlung gegeben.

Pyrimethamin ist wie Trimethoprim ein Hemmstoff der Dihydrofolsäurereduktase und hemmt vorwiegend die extraerythrozytären Formen. In Kombination mit dem Sulfonamid Sulfadoxin (Kombination = Fansidar) wird es zur Behandlung der chloroquinresistenten Malaria tropica eingesetzt. Es kann zur Selbstbehandlung indiziert sein, wenn während einer Chloroquin-Prophylaxe Zeichen einer Malariaerkrankung auftreten. Weiterhin ist es zur Behandlung einer Toxoplasmose indiziert. Schwere kutane Nebenwirkungen (z. B. Lyell-Syndrom) sind mög-

lich, so daß die prophylaktische Gabe dieser Kombination kritisch zu beurteilen ist. Aufgrund des häufigen Einsatzes in der Vergangenheit sind zahlreiche Malaria-tropica-Stämme resistent.
Halofantrin ist gegen alle Malariaerreger hochwirksam. Es wirkt nur auf das erythrozytäre Stadium der Erreger. Der Wirkungsmechanismus ist noch nicht völlig geklärt, scheint aber z. T. ähnlich wie bei Chinin und Chloroquin abzulaufen. Eine Kreuzresistenz zwischen Halofantrin und anderen Malariamitteln wurde bislang nicht beobachtet. Durch Halofantrin ergeben sich selbst bei resistenten Erregern neue Möglichkeiten in der Therapie von Malariaerkrankungen. Es ist weiterhin im Verdachtsfall, wenn die umgehende Diagnose durch einen Arzt nicht möglich ist (sog. Stand-by-Therapie), indiziert.
Wirkstoffe (Handelspräparate): Chinin (Chininum dihydrochloricum, Chininum sulfuricum), Chloroquin (Resochin), Mefloquin (Lariam), Primaquin (Primaquine), Pyrimethamin (Daraprim), Halofantrin (Halfan).

Mannitol s. Diuretika, sonstige, Osmodiuretika; Laxantien, Osmolaxantien

MAO-Hemmer s. Antidepressiva

Maprotilin s. Antidepressiva, tetrazyklische

Masernimpfstoff s. Impfstoffe, aktive Immunisierung

Mastzelldegranulation s. Antiasthmatika

Mastzellen stabilisierende Pharmaka s. Antiasthmatika, Hemmstoffe

m-Cholinorezeptorenblocker s. Parasympatholytika

Mebhydrolin s. H_1-Antihistaminika

Meclofenoxat s. Nootropika

Meclozin s. Antiemetika

Medrogeston s. Gestagene

Medroxyprogesteron s. Zytostatika, Hormone

Medroxyprogesteronacetat s. Kontrazeptiva, hormonale

Mefloquin s. Malariamittel

Mefrusid s. Diuretika, Thiazide

Megestrol s. Zytostatika, Hormone

Melanotropin s. Hypophysenvorderlappenhormone

Melanozytenstimulierendes Hormon = MSH = Melanotropin s. Hypophysenvorderlappenhormone

Melperon s. Neuroleptika, Phenothiazine, Butyrophenone und analoge Verbindungen

Melphalan s. Zytostatika, Alkylantien

Memantin s. Muskelrelaxantien, zentral angreifende

Membranstabilisierende s. Antiarrhythmika, Klasse-I-

Menachinon s. Hämostyptika, Vitamin-K-Gruppe

Menadion s. Hämostyptika, Vitamin-K-Gruppe

Mephenesin s. Muskelrelaxantien, zentral angreifende

Mepindolol s. Beta-Adrenozeptorenblocker

Mepivacain s. Lokalanästhetika

Meprobamat s. Tranquillantien

Meproscillarin s. positiv inotrop wirkende Pharmaka, herzwirksame Glykoside

Mequitazin s. H_1-Antihistaminika

Mercaptoimidazole s. Thyreostatika, Thiouracile und Mercaptoimidazole

Mercaptopurin s. Zytostatika, Antimetaboliten

Mesalazin s. Colitis-ulcerosa- und Morbus-Crohn-Therapeutika

Mesna s. Zytostatika, Alkylantien

Mesterolon s. Androgene

Mestranol s. Kontrazeptiva, hormonale

Mesuximid s. Antiepileptika, Succinimide

Metamizol s. Analgetika, nichtopioide

Metaraminol s. Sympathomimetika, α-, mit vorwiegend peripherer Wirkung

Metenolonacetat s. Anabolika

Metformin s. Antidiabetika, orale; Biguanid-Derivate

Methantheliniumbromid s. Parasympatholytika, sonstige

Methohexital-Natrium s. Narkosemittel, Injektionsanästhetika

Methotrexat s. Zytostatika, Antimetaboliten

Methoxsalen = Ammoidin, s. Psoralene

9-Methoxypsoralen s. Psoralene

Methylcellulose s. Laxantien, Quellstoffe

Methyldopa s. Sympathomimetika, α-, mit vorwiegend zentraler Wirkung; Antihypertonika, Pharmaka zur Beeinflussung des Sympathikotonus

Methylergometrin s. Mutterkorn-Alkaloide

Methylphenidat s. Sympathomimetika, indirekte

Methylphenobarbital s. Antiepileptika, Barbiturate und Desoxybarbiturate

Methylprednisolon s. Glucocorticoide

Methylthiouracil s. Thyreostatika, Thiouracile und Mercaptoimidazole

Methylxanthin-Derivate

Pharmakodynamik: Methylxanthine zeigen ein komplexes Wirkungsprofil. Neben einer Reihe von bronchialen Effekten (bronchospasmolytisch, sekretomotorisch; Senkung der Gefäßpermeabilität und des Gefäßwiderstandes im Lungenkreislauf) wirken Methylxanthine zentral atemstimulierend und erregend, am Herz positiv inotrop und chronotrop und an der Niere durch Erweiterung der Nierengefäße diuretisch. Der Mechanismus der Methylxanthin-Wirkungen ist noch nicht befriedigend geklärt und vermutlich nicht bei allen Effekten einheitlich. Diskutiert werden ein Antagonismus an Adenosinrezeptoren (renale, kardiale, zentrale, nicht aber bronchiale Effekte), eine Erhöhung der cAMP-Konzentration durch Hemmung der Phosphodiesterase (in vitro erst in Konzentrationen, die in vivo toxisch sind), eine Erhöhung der transmembranären Calcium-Permeabilität in der glatten Muskulatur sowie eine Hemmung der Mediatorliberation aus Mastzellen. Die atemstimulierende Wirkung ist vermutlich auf eine Anregung des medullären Kreislaufzentrums (erhöhte Empfindlichkeit gegenüber CO_2) zurückzuführen.

Indikationen:

- Asthma bronchiale: Theophyllin ist Mittel der Wahl bei nächtlichem Asthma, als Reservetherapeutikum für die orale oder intravenöse (Status asthmaticus) Behandlung bzw. Prophylaxe von Asthmaanfällen (s. Antiasthmatika), weiterhin zur Aufhebung einer Atemwegsobstruktion bei chronischer Bronchitis oder Lungenemphysem.
- Akute Herzinsuffizienz: Sofern der Widerstand im Pulmonalkreislauf erhöht ist, als Reservetherapeutikum zur parenteralen Behandlung der akuten Myokardinsuffizienz (s. positiv inotrop wirkende Pharmaka; Mittel der 1. Wahl sind Vor- und Nachlast senkende Pharmaka [s. d.]).
- Apnoe bei Neugeborenen (Theophyllin i. v., oral bzw. Theophyllin-Ethylendiamin i. v., oral, rektal): Bei Cheyne-Stokes-Atmung Theophyllin bzw. Theophyllin-Ethylendiamin (parenteral) zur Behebung der periodischen Apnoe und zur Blutdrucksteigerung.
- Vasomotorische Kopfschmerzen (Migräne): Coffein wird bei leichteren Migräneanfällen in Kombination mit nichtsteroidalen Analgetika (s. d.) gegeben (Verengung der Hirngefäße und damit Senkung des intrakraniellen Druckes) (s. Migränetherapie).

- Aufgrund seiner günstigen Einflüsse auf die Erythrozytenfluidität und die vasale Mikrozirkulation wird Pentoxifyllin bei peripheren Durchblutungsstörungen eingesetzt (s. durchblutungsfördernde Mittel).

Kontraindikationen: Vorsichtiger Einsatz bei Epilepsie, Hyperthyreose, hypertropher obstruktiver Kardiomyopathie, Arrhythmien sowie bei schweren Lebererkrankungen.

Nebenwirkungen: Unruhe, Schlaflosigkeit, Übelkeit und Kopfschmerzen, Tachykardie, Tachyarrhythmien und pektanginöse Störungen. Coffein als Kombinationspartner erhöht aufgrund der zentral erregenden Wirkung das Abhängigkeitspotential.

Wechselwirkungen: Enzyminduktoren (Nicotin, Phenytoin, Phenobarbital) vermindern, Enzyminhibitoren (Cimetidin, Erythromycin) verstärken die Wirksamkeit der Methylxanthine durch eine Beeinflussung der hepatischen Biotransformation. Gleichzeitige Gabe von Beta-Adrenozeptorenblockern (s. d.) (insbesondere Propranolol) führt zu gegenseitiger Wirkungsabschwächung. Hohe Dosen von Allopurinol bewirken einen Anstieg der Theophyllin-Plasmaspiegel. Sympathomimetika wirken synergistisch.

Wirkstoffe (Handelspräparate): Coffein (Coffeinum Compretten), Diprophyllin (u. a. in Neobiphyllin, Older), Etofyllin (u. a. in Cordalin, cordi sanol), Pentoxifyllin (Azupentat, Claudicat, durapental, Pento-Puren, Pentoxifyllin-ratiopharm, Rentylin, Trental), Theophyllin (Aerobin, Afonilum, Bronchoparat, Bronchoretard, Ditenate, Euphylong, PulmiDur, Solosin, Theophyllin-ratiopharm, Uniphyllin), Theophyllin-Ethylendiamin (Afonilum, Euphyllin, Phyllotemp).

Methysergid s. Serotoninantagonisten; Mutterkorn-Alkaloide

Metildigoxin s. positiv inotrop wirkende Pharmaka, herzwirksame Glykoside

Metipranolol
s. Beta-Adrenozeptorenblocker

Metixen s. Anti-Parkinson-Mittel, zentral wirksame Anticholinergika

Metoclopramid s. Prokinetika, Dopaminantagonisten; Antiemetika

Metoprolol
s. Beta-Adrenozeptorenblocker

Metronidazol s. Trichomonas- und Anaerobier-Mittel

Mexiletin s. Antiarrhythmika, Klasse-IB-

Mezlocillin s. Antiinfektiva, Breitspektrum-Penicilline

Mianserin s. Antidepressiva, tetrazyklische

Miconazol s. Antimykotika

Midazolam s. Narkosemittel, Injektionsnarkotika

Midodrin s. Sympathomimetika, α-, mit vorwiegend peripherer Wirkung

Migränetherapie

Bei der Migränetherapie wird zwischen der Therapie des akuten Anfalls und einer Anfallsprophylaxe im schmerzfreien Intervall unterschieden.

Therapie des akuten Migräneanfalls

Pharmakodynamik und Indikationen: Je nach Schweregrad des Migräneanfalls sind entweder in leichteren Fällen *nichtopioide Analgetika* (s. d.) (Acetylsalicylsäure, Paracetamol) und *Coffein* (Vasokonstriktion durch Blockade zerebraler Adenosinrezeptoren, s. Methylxanthin-Derivate) bzw. in schwereren Fällen *hydrierte oder native Mutterkorn-Alkaloide* (s. d.) (Dihydroergotamin [DHET], Ergotamin) indiziert. Die Wirkung der Mutterkorn-Alkaloide, die auf ihrem α-Agonismus (Ergotamin > > DHET) bzw. einer Stimulation von Serotonin-Rezeptoren (DHET) beruht, tritt bei intramuskulärer oder subkutaner Gabe (das besser verträgliche DHET kann auch i. v. verabreicht werden) rascher und zuverlässiger als bei oraler bzw. rektaler Gabe ein.
Gegen Übelkeit und Erbrechen werden Domperidon, Metoclopramid bzw. Bromoprid eingesetzt (Abschirmung der Area postrema gegen dopaminerge Fehlsteuerung, raschere Magenentleerung).

Hinweise: Der Behandlungserfolg ist unter anderem vom Zeitpunkt des Therapiebeginns abhängig. Eine unkontrollierte Selbstmedikation kann sowohl bei den Analgetika als auch bei Ergotamin (Höchstdosen strikt einhalten!) Ursache erneuter Kopfschmerzen sein. Eine Reihe irrationaler Kombinationspräparate enthält Komponenten, die eine mißbräuchliche Anwendung begünstigen.

Kontraindikationen, Nebenwirkungen, Wechselwirkungen, Wirkstoffe s. Analgetika, nichtopioide; Mutterkorn-Alkaloide; Antiemetika.

Anfallsprophylaxe im Intervall

Die Lebensweise sollte auf eine Vermeidung von Migräneanfälle begünstigenden Risikofaktoren ausgerichtet werden (geregelter Schlaf, Vermeiden psychischer und physischer Belastung, maßvoller Alkoholgenuß etc.). Eine medikamentöse Anfallsprophylaxe sollte soweit möglich nur über einen begrenzten Zeitraum erfolgen.

Pharmakodynamik und Indikationen: Dihydroergotamin eignet sich aufgrund seiner venentonisierenden Wirkung insbesondere für die Prophylaxe bei Hypotonikern (s. Antihypotonika) sowie bei jüngeren Patienten. Bei einer Hypertonie als Begleiterkrankung bzw. bei tyramininduzierter Migräne ist dagegen *Clonidin* (s. Sympathomimetika) indiziert, das geringer als bei der Hypertonietherapie dosiert wird. Der *Beta-Adrenozeptorenblocker* (s. d.) Propranolol vermindert signifikant die Häufigkeit und Intensität von Migräneanfällen (alternativ: Metoprolol). Der Wirkungsmechanismus ist unbekannt. Aufgrund ihrer Verträglichkeit eignen sich Beta-Blocker noch am ehesten für eine Dauerprophylaxe. *Calcium-Antagonisten* (s. d.) (z. B. Flunarizin) und *Thrombozyten-Aggregationshemmer* (s. d.) (Acetylsalicylsäure, Dipyridamol, auch in fixer Kombination) senken bei prophylaktischer Gabe die Anfallshäufigkeit. Pizotifen und Methysergid weisen mit Hinblick auf die Pathogenese als *Serotonin-Antagonisten* (s. d.) günstige Eigenschaften auf; sie gelten aber wegen der nicht unerheblichen Nebenwirkungen (Nausea, Parästhesien, pektanginöse Beschwerden) nicht mehr als Mittel der 1. Wahl.

Kontraindikationen, Nebenwirkungen, Wechselwirkungen, Wirkstoffe s. Mutterkorn-Alkaloide, Sympathomimetika, Beta-Adrenozeptorenblocker, Calcium-Antagonisten, Thrombozyten-Aggregationshemmer, Serotonin-Antagonisten.

Milrinon s. positiv inotrop wirkende Pharmaka, Phosphodiesterase-Hemmstoffe

Mineralocorticoide

Mineralocorticoide sind Steroidhormone, die in der Nebennierenrinde gebildet werden (s. Nebennierenrindenhormone). Neben *Aldosteron,* dem physiologisch bedeutsamsten Mineralocorticoid, sezerniert die Nebennierenrinde auch dessen Vorstufe *Cortexon.* Dieses ist deutlich schwächer wirksam (ca. 1/30). Ein hochwirksames partialsynthetisches Analogpräparat ist *Fludrocortison.* Die Produktion und Ausschüttung der Mineralocorticoide wird vor allem durch Volumenänderungen in den Gefäßen und durch Änderung der Nierendurchblutung und der Natriumionenkonzentrationen im distalen Tubulus der Niere geregelt. Bei Natriummangel im Blut, Abnahme der Nierendurchblutung und erhöhter Natriumionenkonzentration an der Macula densa wird Renin freigesetzt, das die Bildung von Angiotensin I aus Angiotensinogen bewirkt. Aus diesem werden durch weitere Enzyme Angiotensin II und III gebildet, die die Produktion und Ausschüttung von Aldosteron stimulieren. Bei Blutverlusten kann die Aldosteron-Ausschüttung auch durch Volumenrezeptoren, unter pathologischen Bedingungen auch durch eine verstärkte Corticotropin-Ausschüttung (s. d.) ausgelöst werden.

Pharmakodynamik: Mineralocorticoide sind an der Regulation des Elektrolyt- und Wasserhaushalts beteiligt. Aldosteron erhöht durch Angriff am distalen Tubulus der Niere indirekt die Rückresorption von Natriumionen und die Ausscheidung von Kalium- und Wasserstoffionen. Gleichzeitig wird Wasser retiniert. Ähnliche Wirkungen besitzt Aldosteron auf den Wasser- und Ionentransport im Darm sowie in den Speichel- und Schweißdrüsen.

Beurteilung: Die therapeutische Bedeutung der Mineralocorticoide ist im Vergleich zu den Glucocorticoiden (s. d.) gering.

Indikationen: Mineralocorticoide werden bei schweren Formen hypotoner Kreislaufstörungen eingesetzt (s. Antihypotonika). In Kombination mit Glucocorticoiden (s. d.) dienen sie zur Substitutionstherapie bei Nebennierenrindeninsuffizienz.

Kontraindikationen: Hypertonie, Herzinsuffizienz, Leberzirrhose, Nephrosen, fortgeschrittene Hirnarteriosklerose.
Nebenwirkungen: Ödeme, Kopfschmerzen, Hypertonie, Kaliumverlust (bei der Hypotoniebehandlung sowie nach Überdosierung bei einer Substitutionstherapie).
Wirkstoffe (Handelspräparate): Aldosteron (Aldocorten), Fludrocortison (Astonin H, Fludrocortison „Squibb").

Minocyclin s. Antiinfektiva, Tetracycline

Minoxidil s. Antihypertonika, Vasodilatantien; Vor- und Nachlast senkende Pharmaka

Misoprostol s. Prostaglandine; Ulkustherapeutika

Mitomycin s. Zytostatika, Antibiotika

Mitosehemmstoffe s. Zytostatika, Mitosehemmstoffe

Mitoxantron s. Zytostatika, Antibiotika

Moclobemid s. Antidepressiva, Monoaminoxidase-Hemmer

Molsidomin s. Nitrovasodilatatoren; Koronartherapeutika

Monoaminoxidase-Hemmer s. Antidepressiva

Monobactame s. Antiinfektiva, Monobactame

Morbus-Crohn-Therapie s. Colitis-ulcerosa- und Morbus-Crohn-Therapeutika

Morbus-Parkinson-Therapie s. Anti-Parkinson-Mittel

Morphin s. Analgetika, opioide

Motilitätshemmer s. Antidiarrhoika

Moxonidin s. Antihypertonika; Sympathomimetika

MSH = melanozytenstimulierendes Hormon = Melanotropin s. Hypophysenvorderlappenhormone

Mucopolysaccharid-Polyschwefelsäureester s. Antikoagulantien, Heparine; Venenmittel; Antirheumatika, sog. Chondroprotektiva

Mukolytika s. Expektorantien

Mumpsimpfstoff s. Impfstoffe, aktive Immunisierung

Mupirocin s. Antiinfektiva, sonstige

Muromonab CD3 s. Immunsuppressiva

Muskelrelaxantien = Myotonolytika

Muskelrelaxantien werden in der Allgemeinanästhesie und zur Behandlung des krankhaft erhöhten Skelettmuskeltonus eingesetzt. Nach dem Angriffsort unterscheidet man *peripher* und *zentral angreifende Muskelrelaxantien.*

Peripher angreifende Muskelrelaxantien

Peripher angreifende Muskelrelaxantien setzen den Tonus der quergestreiften Muskulatur über eine Blockade der neuromuskulären Übertragung an der motorischen Endplatte der Muskelzelle herab. Sie werden in *stabilisierende* und *depolarisierende* Muskelrelaxantien untergliedert. Eine Sonderstellung nehmen Muskelrelaxantien mit *dualistischer* Wirkung sowie *Dantrolen* ein.
Periphere Muskelrelaxantien sind aufgrund ihrer polaren Struktur mit Ausnahme von Dantrolen oral unwirksam. Vor ihrer Injektion muß das Bewußtsein des Patienten durch Narkosemittel ausgeschaltet und die Möglichkeit der sofortigen künstlichen Beatmung sichergestellt sein, da mit einer Atemlähmung zu rechnen ist.

Stabilisierende Muskelrelaxantien

Pharmakodynamik: Stabilisierende Muskelrelaxantien stellen kompetitive Hemmstoffe des Acetylcholins dar, die aufgrund ihrer Affinität zu den Acetylcholinrezeptoren an der postsynaptischen Membran der motorischen Endplatte Acetylcholin verdrängen.

Da sie jedoch keine „intrinsic activity“ besitzen, rufen sie keine Depolarisation und damit auch keine Muskelkontraktion hervor. Die neuromuskuläre Blockade kann durch Gabe von Cholinesterasehemmstoffen antagonisiert werden.

Indikationen: Stabilisierende Muskelrelaxantien werden zur Erschlaffung der Skelettmuskulatur bei größeren Operationen eingesetzt, da durch ihren Einsatz die Konzentration an Narkosemitteln und das Narkoserisiko verringert werden können. Sie sind darüber hinaus bei Vergiftungen oder Infektionskrankheiten indiziert, die zu Krampfzuständen der quergestreiften Muskulatur führen.

Kontraindikationen: Myasthenia gravis, Leber- und Nierenfunktionsstörungen.

Nebenwirkungen: Blutdruckabfall, Bronchospasmus, Hauterytheme, Tachykardie.

Wechselwirkungen: Wirkungsverstärkung durch verschiedene Antibiotika (s. Aminoglykoside, Polymyxin B, Colistin, Clindamycin, Lincomycin und Amphotericin B) sowie durch Inhalationsanästhetika (s. d.), Schleifendiuretika (s. d.), Chinidin, Procainamid und Ajmalin.

Wirkstoffe (Handelspräparate): Tubocurarinchlorid, Alcuroniumchlorid (Alloferin), Vecuroniumbromid (Norcuron), Atracuriumbesilat (Tracrium), Pancuroniumbromid (Pancuronium „Organon“).

Depolarisierende Muskelrelaxantien

Pharmakodynamik: Muskelrelaxantien dieses Typs depolarisieren wie Acetylcholin die postsynaptische Membran an der motorischen Endplatte. Da sie jedoch wesentlich langsamer abgebaut werden, verhindern sie eine sofortige Repolarisation der Membran. Dies führt zu einer Muskelerschlaffung. Zu beachten ist, daß Cholinesterasehemmstoffe nicht als Antagonisten wirken, sondern die neuromuskuläre Blockade verstärken.

Indikationen: Depolarisierende Muskelrelaxantien werden bei Intubation, Kurzzeitnarkose und Elektrokrampftherapie eingesetzt.

Kontraindikationen: Schwere Leberfunktionsstörungen, Lungenödem.

Wechselwirkungen: Wirkungsverstärkung durch Aminoglykoside (s. d.), Amphotericin B, Chinidin und Thiotepa.

Hinweise: Da Suxamethoniumchlorid durch die Pseudocholinesterase im Plasma abgebaut wird, ist bei schwerer Leberinsuffizienz oder genetischem Mangel an Pseudocholinesterase mit einer Verlängerung der Halbwertszeit auf mehrere Stunden zu rechnen. Wegen der Gefahr einer Hyperkaliämie sind gefährdete Patienten sorgfältig zu überwachen.

Wirkstoff (Handelspräparate): Suxamethoniumchlorid = Succinylcholinchlorid (Lysthenon, Succinyl-Asta etc.).

Muskelrelaxantien mit dualistischer Wirkung

Pharmakodynamik: Diese sog. Dualblokker wirken in einer initialen Phase wie depolarisierende Muskelrelaxantien; in einer sich anschließenden zweiten Phase besitzen sie stabilisierende Eigenschaften. Die Wirkung der Cholinesterasehemmstoffe hängt von der Phase ab, in der sie gegeben werden. Die therapeutische Bedeutung der Muskelrelaxantien dieses Typs ist gering.

Wirkstoff (Handelspräparat): Hexcarbacholinbromid (Imbretil).

Dantrolen

Pharmakodynamik: Dantrolen hemmt die elektromechanische Kopplung über eine partielle Blockade der Calciumionen-Freisetzung aus dem sarkoplasmatischen Retikulum der quergestreiften Muskelzelle.

Indikationen: Da Dantrolen im Gegensatz zu den anderen peripher angreifenden Muskelrelaxantien auch nach oraler Gabe wirksam ist, wird es vor allem zur Dauertherapie von spastischen Zuständen zerebraler oder spinaler Genese, außerdem zur Behandlung der malignen Hyperthermie eingesetzt.

Hinweise: Da die Gefahr einer Leberschädigung besteht, sind vor und während der Therapie Kontrollen der Leberenzyme erforderlich. Starke Lichteinwirkung sollte vermieden werden (Photosensibilisierung).

Handelspräparate: Dantamacrin, Dantrolen i. v. Röhm Pharma.

Zentral angreifende Muskelrelaxantien

Pharmakodynamik: Muskelrelaxantien dieses Typs verringern den Tonus der Skelettmuskulatur durch Angriff an zentralen Synapsen, und zwar vor allem durch Hemmung polysynaptischer Reflexe.

Indikationen: Da sie im Gegensatz zu den peripher angreifenden Muskelrelaxantien (mit Ausnahme von Dantrolen) auch peroral wirksam sind, werden sie – auch zur Dauertherapie – bei schmerzhaften Verspannungen der Skelettmuskulatur und bei spastischen Paresen eingesetzt.

Nebenwirkungen: Sedierung.

Hinweise: Eingeschränktes Reaktionsvermögen insbesondere im Zusammenwirken mit Alkohol möglich.

Wirkstoffe (Handelspräparate): Baclofen (Lioresal etc.), Benzodiazepine (s. d.): Diazepam (u. a. duradiazepam, Tranquase, Tranquo-Tablinen, Valium), Tetrazepam (Musaril); Chlormezanon (Muskel Trancopal), Memantin (Akatinol Memantine), Mephenesin (Dolo Visano M), Tizanidin (Sirdalud).

Mutterkorn-Alkaloide

Aus Secale cornutum, den als Mutterkorn bezeichneten Sklerotien von Claviceps purpurea, werden eine Reihe von Alkaloiden gewonnen (Lysergsäureamide, mit Alkylaminen [Ergometrin-Gruppe] bzw. zyklischen Peptiden [Ergotamin-Gruppe, Ergotoxin-Gruppe] als Aminkomponente). Therapeutisch genutzt werden die nativen oder partialsynthetisch abgewandelten (hydrierten, methylierten, bromierten) reinen Alkaloide sowie Gemische davon.

Pharmakodynamik: Aufgrund der strukturellen Verwandtschaft der Lysergsäure mit Noradrenalin, Dopamin und Serotonin weisen Mutterkorn-Alkaloide ein sehr komplexes Wirkungsspektrum auf:

- Alpha-sympathomimetisch: Vasokonstriktion mit der Gefahr peripherer Durchblutungsstörungen (insbesondere in den Extremitätenenden und Akren). Diese Wirkung ist bei den nativen Alkaloiden stärker ausgeprägt (Ergotamin).
- Alpha-blockierend (s. Alpha-Adrenozeptorenblocker): Vasodilatierend. Diese Wirkung wird durch partielle Hydrierung verstärkt (z. B. Dihydroergotamin, Dihydroergotoxin).
- Serotoninagonistisch: Venentonisierung (Dihydroergotamin, Dihydroergotoxin).
- Serotoninantagonistisch: Vasodilatation (insbesondere bei Methysergid bzw. Methylergometrin).
- Dopaminagonistisch: Hemmung der hypophysären Prolactin-Freisetzung, durch Stimulation von Dopamin-Rezeptoren in der Area postrema emetisch (insbesondere Methylergometrin, Bromocriptin, schwach bei Ergotamin und hydrierten Alkaloiden).
- Oxytozisch: Uteruskontraktion (insbesondere bei Methylergometrin, Ergotamin, schwach bei hydrierten Alkaloiden).

Indikationen:

- Migränetherapie: Ergotamin wird aufgrund seiner vorwiegend gefäßtonisierenden Wirkung zur Behandlung des akuten Anfalls, Dihydroergotamin dagegen im Intervall gegeben (s. Migränetherapie).
- Hypotonie: Dihydroergotamin ist bei sympathikotonen Formen orthostatischer Dysregulation indiziert (s. Antihypotonika).
- Periphere Durchblutungsstörungen, Zervikalsyndrom: Zur Therapie eignen sich Dihydroergotamin und Dihydroergotoxin, das Gemisch der hydrierten Ergotoxin-Alkaloide Dihydroergocornin, -cryptin, -cristin (s. durchblutungsfördernde Mittel).
- Gynäkologie: Methylergometrin wird in der Nachgeburtsphase zur Rückbildung des Uterus sowie zur Vermeidung von Blutungen eingesetzt.
- Morbus Parkinson, Akromegalie, Hyperprolaktinämie: Bromocriptin eignet sich bei diesen Erkrankungen aufgrund seiner starken dopaminergen Wirkungen für eine Therapie.

Kontraindikationen: Schwangerschaft und Stillzeit, schwere Leber- und Nierenfunktionsstörungen, Hypertonie, Ischämie, periphere Gefäßerkrankungen (native und hydrierte Mutterkorn-Alkaloide).

Nebenwirkungen: Periphere Durchblutungsstörungen (insbesondere Akren, Extremitätenspitzen) mit Kältegefühl, Parästhesien, in schweren Fällen ischämische Läsionen (Gangrän); Nausea und Emesis; selten orthostatische Dysregulation.

Wechselwirkungen: Ergotamin, Dihydroergotoxin und Dihydroergotamin potenzieren die vasokonstriktorische Wirkung von Sympathomimetika (s. d.) (auch von Zusätzen in Lokalanästhetika [s. d.]) mit der Gefahr schwerer Durchblutungsstörungen und Nekrosen. Gleichzeitige Gabe von Bromocriptin und oralen Kontrazeptiva (s. d.) kann zu Amenorrhö/Galaktorrhö führen.

Wirkstoffe (Handelspräparate): Ergotamin (Ergotamin Medihaler, Gynergen), Dihydroergotamin (Agit depot, Angionorm, DET MS, Dihydergot, Ergomimet, Ergont etc.; u. a. mit Etilefrin in Agit plus, Dihydergot plus, Effortil plus, Ergomimet plus), Dihydroergocristin (Enirant), Dihydroergotoxin = Dihydroergocornin + -cristin + -cryptin (Circanol, Dacoren, DCCK, Defluina, Ergodesit, Ergoplus, Hydergin, Orphol etc.), Methylergometrin (Methergin), Methysergid (Deseril retard), Bromocriptin (Pravidel).

Myasthenia gravis
s. Parasympathomimetika, indirekte; Parasympatholytika

Mydriatika s. Ophthalmika; Parasympatholytika

Myotonolytika s. Muskelrelaxantien

Nadolol s. Beta-Adrenozeptorenblocker

Naftidrofuryl s. durchblutungsfördernde Mittel

Naftifin s. Antimykotika, lokale

Nalbuphin s. Analgetika, opioide

Nalidixinsäure s. Antiinfektiva, Gyrasehemmstoffe

Naloxon s. Analgetika

Naltrexon s. Analgetika, opioide

Nandrolondecanoat s. Anabolika

Naphazolin s. Sympathomimetika, α-, mit vorwiegend peripherer Wirkung

Naproxen s. Antirheumatika, nichtsteroidale

Narkosemittel

Wirkung und Applikationsart

Bei einer Narkose werden durch Lähmung von Teilen des Zentralnervensystems

- die Schmerzempfindung,
- das Bewußtsein,
- die Abwehrreflexe und (meist auch)
- die Muskelspannung

reversibel ausgeschaltet.

Nach der Applikationsart unterscheidet man

- Inhalationsanästhetika und
- Injektionsanästhetika.

Pharmakodynamik: Der Wirkungsmechanismus der Allgemeinanästhetika ist nicht bekannt. Diskutiert werden Änderungen der physikalisch-chemischen Eigenschaften von (neuronalen) Membranen.

Inhalationsanästhetika

Die Inhalationsnarkose besitzt den Vorteil der guten Steuerbarkeit. Diese ist um so besser, je schneller das Narkosemittel an- und abflutet.

Flüssige Narkosemittel

Flüssige Narkosemittel, die über einen Spezialverdampfer appliziert werden, sind *Halothan, Enfluran* und *Isofluran*.

Nebenwirkungen: Atemdepression; selten Arrhythmien (häufiger bei Halothan); Übelkeit und Erbrechen; Leberschädigung bei höheren Konzentrationen oder wiederholten Halothannarkosen infolge toxischer und/oder allergischer Reaktionen. Enfluran und Isofluran gelten als besser verträglich als Halothan.

Wechselwirkungen: Verstärkung der neuromuskulären Blockade von Muskelrelaxantien und Aminoglykosiden. Sympathomimetika erhöhen besonders in Kombination mit Halothan die Gefahr von Arrhythmien, β-Adrenozeptorenblocker die kardiodepressiven Effekte.

Wirkstoffe (Handelspräparate): Halothan (Fluothane, Halothan Hoechst), Enfluran (Ethrane), Isofluran (Forene).

Gasförmige Narkosemittel

Das wichtigste gasförmige Narkosemittel ist *Distickstoffoxid (Lachgas)*. Es wirkt stark analgetisch, dagegen nur schwach narkotisch und muß daher mit anderen Narkosemitteln kombiniert werden.

Injektionsanästhetika

Wirkungsweise

Allen intravenös applizierbaren Narkosemitteln ist der sofortige Wirkungseintritt und die geringe Steuerbarkeit gemeinsam. Auf das einmal injizierte Narkosemittel kann der An-

ästhesist keinen Einfluß mehr nehmen. Der Narkoseverlauf wird nur noch von den sich im Organismus abspielenden Vorgängen (Verteilung, Metabolisierung, Ausscheidung) bestimmt. Die Dosierung erfolgt daher nach Wirkung.
Narkosetiefe und -dauer hängen außer von der Dosis und der Injektionsgeschwindigkeit davon ab, wie schnell die Substanzen abgebaut werden bzw. wie schnell sie sich in den verschiedenen Organen verteilen.

N-Methylbarbiturate, Thiobarbiturate

Diese Substanzen sind die am häufigsten verwendeten Injektionsnarkosemittel, da die Wirkung sehr rasch eintritt und es am Ende der Narkose nur selten zu Erregungszuständen oder zum Erbrechen kommt. Die Patienten erwachen rasch; Zwischenfälle sind selten.

Pharmakodynamik: Die Barbiturate hemmen das aufsteigende retikuläre System (Pharmakodynamik s. Hypnotika, Barbiturate). Sie rufen eine erhöhte Schmerzempfindung hervor, wodurch der Effekt von Analgetika abgeschwächt wird. Es kommt zu einer dosisabhängigen Unterdrückung der Atmung; eine Beatmungsmöglichkeit muß gegeben sein. Am Herzen wirken Barbiturate negativ inotrop, das Herzzeitvolumen wird verringert, die Herzfrequenz steigt dagegen.

Wirkstoffe (Handelspräparate):

- N-*Methylbarbiturate:* Hexobarbital-Natrium, Methohexital-Natrium (Brevimytal Natrium);
- *Thiobarbiturate:* Thiopental-Natrium (Trapanal)

Ketamin

Der Wirkstoff ruft einen Zustand hervor, der als „dissoziative Anästhesie" bezeichnet wird. Dabei sollen bevorzugt Assoziationsbahnen unterbrochen sowie die Hirnrinde und der Thalamus opticus ausgeschaltet sein, während das limbische System weniger betroffen ist. Der Patient scheint mehr geistig abwesend zu sein als zu schlafen. Hervorzuheben ist die starke analgetische sowie eine neuroleptische Wirkung. Nachteilig sind die Erhöhung von Blutdruck und Herzfrequenz, die unangenehmen Aufwachreaktionen und eine verstärkte Salivation, die eine Prämedikation mit Atropin erforderlich macht.

Handelspräparat: Ketanest.

Etomidat

Etomidat ist ein Narkosemittel mit sehr kurzer Wirkdauer. Es besitzt keine analgetische Wirkung und wirkt nicht atem- und kardiodepressiv.

Handelspräparat: Hypnomidate, Etomidat-Lipuro.

Propofol

Propofol ist ein kurz wirksames Anästhetikum. Der Wirkungsmechanismus ist nicht geklärt. Vorteilhaft sind der schnelle Wirkungseintritt, das schnelle Abklingen der Wirkung und die nur gering ausgeprägten Exzitationssymptome in der Einleitphase. Nachteilig ist die starke Blutdrucksenkung, welche die Anwendbarkeit einschränkt.

Handelspräparat: Disoprivan.

Neuroleptanalgesie

Hierbei wird ein potentes Neuroleptikum mit einem Opioid-Analgetikum kombiniert und damit etwa ein dem Stadium I der Narkose entsprechender Zustand erreicht. Je nach Erfordernis können zusätzlich Inhalationsnarkosemittel und Muskelrelaxantien gegeben werden.

Indikationen: Als Neuroleptikum (s. d.) ist vor allem *Droperidol,* als Analgetikum sind *Fentanyl* und *Alfentanil* gebräuchlich. Eine fixe Kombination von Droperidol und Fentanyl liegt in Thalamonal vor.
Anstelle von Neuroleptika können auch Benzodiazepine (s. d.) (s. Hypnotika, Benzodiazepine) *(Flunitrazepam, Midazolam)* in höherer Dosierung eingesetzt werden (sog. Ataranalgesie). Sie werden auch angewendet, wenn Narkosen zur Durchführung diagnostischer Maßnahmen erforderlich sind, beispielsweise zur Endoskopie, Herzkatheterisierung etc. Vorteilhaft sind ihre niedrige akute Toxizität (Nebenwirkung: Amnesien!) und der Umstand, daß sie vegetativ-autonome Funktionen praktisch nicht beeinflussen. Bei Überdosierungen steht der spezifische Antagonist *Flumazenil* (Anexate) zur Verfügung. Midazolam ist mittlerweile auch in oraler Form zur Prämedikation zugelassen. Die Anwendung von Midazolam in Saftform (nicht als Handelspräparat erhältlich) eignet sich gut zur Prämedikation bei Kindern.

Wirkstoffe (Handelspräparate): Droperidol (Dehydrobenzperidol), Fentanyl (Fentanyl Janssen), Alfentanil (Rapifen), Droperidol + Fentanyl (Thalamonal), Midazolam (Dormicum), Flunitrazepam (Rohypnol).

Natamycin s. Antimykotika, lokale

Natrium-Antagonisten
s. Antiarrhythmika, Klasse-I-

Natriumapolat s. Antikoagulantien, Heparine

Natriumaurothiomalat s. Antirheumatika, Goldpräparate

Natriumcitrat s. Laxantien, Osmolaxantien; Antikoagulantien, Calcium-Entzug

Natriumdioctylsulfosuccinat s. Laxantien, Gleitmittel

Natrium-EDTA s. Antikoagulantien, Calcium-Entzug

Natrium-Eisen-III-Gluconat
s. Antianämika, Therapie von Eisenmangelanämien

Natriumfluorid s. Antikoagulantien, Calcium-Entzug

Natriumoxalat s. Antikoagulantien, Calcium-Entzug

Natriumpentosanpolysulfat
s. Antikoagulantien, Heparine

Natriumphosphat s. Laxantien, Osmolaxantien

Natriumpicosulfat s. Laxantien, antiresorptiv und hydragog wirkende

Natriumsulfat s. Laxantien, Osmolaxantien

Nebennierenmarkhormone

Zu den Nebennierenmarkhormonen zählen *Adrenalin* und *Noradrenalin* (s. Sympathomimetika, endogene Substanzen).

Nebennierenrindenhormone

Bildung: In der Nebennierenrinde werden aus Cholesterin

- insbesondere den Kohlenhydrat-, Fett- und Eiweißstoffwechsel beeinflussende *Glucocorticoide* (s. d.),
- vor allem in den Mineralstoffwechsel eingreifende *Mineralocorticoide* (s. d.) und
- in geringen Mengen *Androgene* (s. d.)

sowie als Zwischenstufe der genannten Hormone Progesteron gebildet.

Physiologische Bedeutung: Die Nebennierenrindenhormone befähigen den Organismus, auf innere und äußere Beanspruchungen („Streß") zu reagieren. Ferner ermöglichen sie die Aufrechterhaltung des biologischen Gleichgewichts, der Homöostase. Ausfall der Nebennierenrinde führt – unbehandelt – in kurzer Zeit zum Tode.

Nebenschilddrüsenhormon
s. Parathormon

Nedocromil s. Antiasthmatika, Hemmstoffe der Mastzelldegranulation

Nefopam s. Analgetika, opioide

Neomycin s. Antiinfektiva, Aminoglykoside

Neostigminbromid
s. Parasympathomimetika, indirekte

Netilmicin s. Antiinfektiva, Aminoglykosid-Antibiotika

Neuroleptanalgetika s. Narkosemittel, Injektionsanästhetika

Neuroleptika

Wirkungsweise und Einteilung

Neuroleptika sind Substanzen, die insbesondere bei schizophrenen Psychosen eine antipsychotische Wirkung besitzen, ohne das Bewußtsein oder die intellektuellen Fähigkeiten wesentlich zu beeinflussen. Die behandelten Patienten gelangen in einen Zustand der relativen Indifferenz gegenüber ihrer Umwelt, ihre psychische Erregbarkeit wird gehemmt,

ihre innere Spannung vermindert, der Antrieb reduziert, Angst verringert. Dadurch wird eine Distanzierung von der Psychose möglich, der Patient kann seinen eigenen Zustand als krankhaft erkennen. Unter differentialtherapeutischen Gesichtspunkten hat es sich bewährt, die Neuroleptika nach ihrer neuroleptischen Wirkungsstärke (neuroleptischen Potenz) in schwach, mittelstark, stark und sehr stark wirkende Verbindungen zu unterteilen.
Nach ihrer chemischen Struktur unterscheidet man:

- Phenothiazine und Phenothiazin-Analoge, Butyrophenone und Diphenylbutylpiperidine sowie
- Neuroleptika mit anderer chemischer Struktur.

Neuroleptika-Typen (neuroleptische Wirkungsstärke): Phenothiazine und Phenothiazin-Analoge (schwach bis sehr stark), Butyrophenone (überwiegend stark bis sehr stark), Diphenylbutylpiperidine (wie Butyrophenone, jedoch mit längerer Wirkdauer), Neuroleptika mit anderer chemischer Struktur (schwach).
Beurteilung: Der Einsatz von Reserpin als Neuroleptikum ist heute obsolet. Die Behandlung psychosomatischer Erkrankungen mit niedrig dosierten Neuroleptika wird noch kontrovers diskutiert. Aufgrund der erheblichen Nebenwirkungen und der Kumulationsgefahr auch von niedrig dosierten Neuroleptika sollte den Tranquillantien (s. d.) bei dieser Indikation meist der Vorzug gegeben werden, sofern keine unmittelbare Gefahr zur Abhängigkeit besteht.

Phenothiazine, Butyrophenone und analoge Verbindungen

Pharmakodynamik: Der genaue Wirkmechanismus kann noch nicht als gesichert gelten. Es konnte jedoch gezeigt werden, daß Neuroleptika die synaptische Erregungsübertragung beeinflussen.
Phenothiazine, Butyrophenone und analoge Substanzen blockieren vor allem prä- und postsynaptische Dopamin-Rezeptoren. Diese Blockade wird als besonders bedeutsam für die neuroleptische Wirkung angesehen. Darüber hinaus haben Neuroleptika in unterschiedlichem Maße anticholinerge, antiadrenerge, sedierende, antiemetische und lokalanästhetische Wirkqualitäten sowie eine hemmende Wirkung auf die Temperaturregulation.
Mit Langzeitneuroleptika (u. a. Fluphenazindecanoat, Flupentixoldecanoat, Fluspirilen, Haloperidoldecanoat, Perphenazinenantat), die den Vorteil der besseren Überwachung der Applikation und der Verringerung der Häufigkeit der stationären Wiederaufnahme bieten, ist die Gefahr der Überdosierung und damit verstärkter Nebenwirkungen erhöht.
Indikationen: Schwach potente Neuroleptika sind vor allem bei psychomotorischer Erregtheit und ängstlicher Agitiertheit indiziert. Mittelstark potente Neuroleptika werden u. a. bei hebephrenen Schizophrenien und schizophrenen Endzuständen eingesetzt. Stark und sehr stark potente Neuroleptika dienen zur Behandlung von akuten psychotischen Syndromen und chronischen Schizophrenien. Weitere Anwendungsgebiete sind die Narkoseprämedikation, die Neuroleptanalgesie, Erbrechen (s. Antiemetika) und psychosomatische Erkrankungen (in Dosierungen unterhalb der neuroleptischen Schwelle).

Kontraindikationen: Akute Vergiftungen mit zentral dämpfenden Arzneimitteln, Alkohol.

Nebenwirkungen: Extrapyramidal-motorische Störungen: Frühdyskinesien, Parkinson-Syndrom (s. Anti-Parkinson-Mittel), Akathisie, Spätdyskinesien; vegetative Störungen: Trockenheit der Schleimhäute, Akkommodationsstörungen, Schweißausbrüche, Miktionsstörungen, Obstipation, hypotone Dysregulation; hormonelle Störungen: Hyperprolaktinämie, Amenorrhö, Libido- und Potenzverlust, Ovulationshemmung, Gynäkomastie; allergische Reaktionen; daneben häufig unerwünschte Wirkungen im psychischen Bereich (Antriebslosigkeit, depressive Zustände).
Mit steigender neuroleptischer Potenz nehmen die extrapyramidal-motorischen Nebenwirkungen zu, die sedierende Wirkung und die Effekte auf das Vegetativum dagegen ab.
Wechselwirkungen: Wirkungssteigerung von zahlreichen zentral wirkenden Arzneistoffen, z. B. Hypnotika (s. d.), Narkosemitteln (s. d.), stark wirkenden Analgetika (s. d.) oder Alkohol; Erhöhung der Wirkung von krampffördernden Substanzen; Abschwächung der Wirkung von Dopaminagonisten (s. Anti-Parkinson-Mittel); Verstärkung der extrapyramidalen Nebenwirkungen von Dopaminantagonisten.

Vergiftungen: Symptome: schwere Störungen des extrapyramidal-motorischen Systems, Hypotonie, Tachykardie, Krampfanfälle und Hyperthermie; Therapie: anticholinerge Anti-Parkinson-Mittel (s. d.) sowie Diazepam.

Hinweise: Aufgrund der großen interindividuellen Schwankungen in der Ansprechbarkeit ist die Dosierung individuell festzulegen. Das Reaktionsvermögen kann eingeschränkt sein. Regelmäßige Blutbildkontrollen werden empfohlen.

Wirkstoffe (Handelspräparate):

1. Phenothiazine und Phenothiazin-Analoge;
- *schwach potent:* u. a. Alimemazin (Repeltin, Theralene), Chlorprothixen (Taractan, Truxal, Truxaletten), Levomepromazin (Levopromazin-neurax, Neurocil), Perazin (Taxilan), Promazin (Protactyl), Promethazin (u. a. Atosil, Bonnox, Promethazin-Neurax), Prothipendyl (Dominal), Thiethylperazin (Torecan), Thioridazin (Melleretten, Melleril, Thioridazin-Neurax), Triflupromazin (Psyquil);
- *stark potent:* u. a. Perphenazin (Decentan), Perphenazinenantat (Decentan-Depot), Trifluperazin (Jatroneural), Zuclopenthixol (Sedanxol);
- *sehr stark potent:* u. a. Clozapin (Leponex), Flupentixol (Fluanxol), Flupentixoldecanoat (Fluanxol Depot), Fluphenazin (-decanoat) (Dapotum [D], Lyogen [Depot], Omca).

2. Butyrophenone und Diphenylbutylpiperidine (alle stark bis sehr stark potent): u. a. Benperidol (Glianimon), Bromperidol (Impromen, Tesoprel), Fluspirilen (Imap), Haloperidol (u. a. Haldol-Janssen, Haloperidol-ratiopharm, Haloperidol Stada, Sigaperidol), Haloperidoldecanoat (Haldol-Janssen Decanoat), Melperon (Eunerpan), Pipamperon (Dipiperon).

Neuroleptika mit anderer chemischer Struktur

Pharmakodynamik: Sulpirid und Remoxiprid sind selektive Antagonisten an Dopamin-D_2-Rezeptoren, während Zotepin sowohl serotonin- als auch dopamin-antagonistische Eigenschaften aufweist. Die Substanzen nehmen eine Sonderstellung ein, da sie sowohl neuroleptische als auch antidepressive Eigenschaften besitzen. Sie wirkt nicht sedierend, sondern antriebssteigernd und stimmungsaufhellend. Ähnliche Eigenschaften weist Tiaprid auf, das die Dopamin-Rezeptoren selektiver als die übrigen Neuroleptika hemmen soll.

Indikationen: Sulpirid wird – in Abhängigkeit von der Dosierung – bei akuten Psychosen, psychosomatischen Erkrankungen, Antriebs- und Affektstörungen, depressiven Verstimmungen sowie bei Schwindel eingesetzt. Tiaprid dient zur Behandlung von Dyskinesien. Remoxiprid wird bei schizophrenen Wahnvorstellungen eingesetzt.

Kontraindikationen: Epilepsie, manische Phasen, Phäochromozytom, schwere Nierenfunktionsstörungen (Sulpirid).

Nebenwirkungen: Vergleichbar denen anderer Neuroleptika, jedoch seltener.

Wirkstoffe (Handelspräparate): Remoxiprid (Roxiam), Sulpirid (Arminol, Dogmatil, Meresa, Neogama), Tiaprid (Tiapridex), Zotepin (Nipolept).

Niacinamid s. Nicotinamid

Nichtopioide Analgetika s. Analgetika, nichtopioide

Nichtsteroidale Antiphlogistika s. Antirheumatika, nichtsteroidale

Niclosamid s. Anthelminthika

Nicotinamid = Nicotinsäureamid, Niacinamid, s. Vitamine

Nicotinsäure s. Lipidsenker, Pharmaka zur Senkung des Cholesterin- und des Triglyceridspiegels

Nicotinylalkohol s. Lipidsenker, Pharmaka zur Senkung des Cholesterin- und des Triglyceridspiegels

Niedermolekulare Dextrane s. Thrombozyten-Aggregationshemmer

Niedermolekulare Heparine s. Antikoagulantien, Heparine

Nifedipin s. Calcium-Antagonisten

Nimodipin s. Calcium-Antagonisten

Nimustin s. Zytostatika, Alkylantien

Nitrate s. Nitrovasodilatatoren

Nitrazepam s. Benzodiazepine; Hypnotika/Sedativa Benzodiazepine; Antiepileptika, Benzodiazepine

Nitrendipin s. Calcium-Antagonisten

Nitrofuran-Derivate s. Antiinfektiva, Nitrofuran-Derivate

Nitrofurantoin s. Antiinfektiva, Nitrofuran-Derivate

Nitrofurazon s. Antiinfektiva, Nitrofuran-Derivate

Nitroglycerin = Glyceroltrinitrat, s. Nitrovasodilatatoren

Nitroprussid-Natrium s. Antihypertonika, Vasodilatantien; Vor- und Nachlast senkende Pharmaka, Vasodilatantien

Nitrovasodilatatoren (insbesondere Nitrate)

Nitrate (korrekt: Ester der Salpetersäure bzw. der salpetrigen Säure) sind bevorzugt im venösen Schenkel wirksame Vasodilatantien und damit potente Vorlastsenker. Das strukturell nicht verwandte Molsidomin kann aufgrund seines vergleichbaren Wirkungsmechanismus ebenfalls zu dieser Gruppe gerechnet werden.

Pharmakodynamik: Alle Nitrate wirken pharmakodynamisch gleich, unterscheiden sich jedoch in ihrer Pharmakokinetik. Das aus den Nitraten sowie aus Molsidomin auf metabolischem Wege entstehende NO (entspricht dem physiologischen Vasodilatator EDRF = *e*ndothelium-*d*erived *r*elaxing *f*actor) führt über eine Aktivierung der zytosolischen Guanylatcyclase zu einem Anstieg der cGMP-Konzentration und damit zu einer Vasodilatation. Durch eine Senkung des Ventonus (venous pooling) kommt es zu einer Verminderung des venösen Rückstroms (Vorlastsenkung), daneben werden die Arterienstämme erweitert und damit die Nachlast des Herzens gesenkt. Durch die so verbesserte Hämodynamik sinkt der Koronarwiderstand, und der Sauerstoffverbrauch und das Sauerstoffangebot nehmen zu.

Bei den Nitraten, nicht aber bei Molsidomin sind zur NO-Bildung sulfhydrylgruppenhaltige reduzierende Substanzen erforderlich. Bei mehrfacher Anwendung kann es daher zum Nachlassen der Wirkung kommen (nicht bei Molsidomin). Diese Nitrattoleranz ist jedoch bereits Stunden nach Absetzen reversibel und kann somit durch das Dosierungsschema vermieden werden (letzte Gabe der Pharmaka am späten Nachmittag, therapiefreies Intervall in der Nacht).

Indikationen:

- *Therapie des Angina-pectoris-Anfalls:* Glyceroltrinitrat ist in Form sublingualer Zerbeißkapseln oder von Sprays das Mittel der Wahl zur Kupierung akuter Angina-pectoris-Anfälle (wirksam innerhalb von Sekunden bis wenigen Minuten). Zur Anfallstherapie eignet sich weiterhin Isosorbiddinitrat (ISDN) in Sprayform.
- *Dauerprophylaxe von Angina-pectoris-Anfällen:* Der therapeutische Wert peroraler Glyceroltrinitrat-Retardpräparate ist wegen des ausgeprägten First-pass-Effektes fraglich, dagegen können Pflaster (transdermale therapeutische Systeme) für eine Anfallsprophylaxe eingesetzt werden. Isosorbiddinitrat weist zwar ebenfalls einen hohen First-pass-Effekt auf, kann jedoch zur peroralen oder transdermalen Anfallsprophylaxe verwendet werden, da seine Metaboliten Isosorbid-2-mononitrat und Isosorbid-5-mononitrat noch wirksam sind. Pentaerithrityltetranitrat dient ebenfalls zur Langzeitprophylaxe. Molsidomin soll als Prophylaktikum wegen seiner NW nur bei älteren Patienten bzw. bei therapierefraktärer Angina pectoris eingesetzt werden.
- Eine weitere Indikation ist bei *Rechtsherzinsuffizienz* mit pulmonaler Hypertonie gegeben (s. Herzinsuffizienz).

Kontraindikationen: Schwere Hypotonie.

Nebenwirkungen: Hautrötungen und Kopfschmerzen als Folge der Vasodilatation, weiterhin Übelkeit, Schwindelanfälle sowie bei hohen Dosen reflektorische Sympathikusaktivierung mit Tachykardie. Im Falle von Molsidomin erfolgt die NO-Abspaltung aus einem enzymatisch gebildeten ringoffenen Nitrosamin; Molsidomin wirkt daher im Tierversuch in hohen Dosen kanzerogen.

Wechselwirkungen: Die orthostatischen Dysregulationen unter Nitrattherapie werden durch andere Vasodilatantien, Antihypertonika (s. d.) sowie durch Alkohol verstärkt.

Wirkstoffe (Handelspräparate): Glyceroltrinitrat (Coro-Nitro, deponit, Nitroderm TTS, Nitrolingual, Nitro Mack, Nitro-Pflaster-ratiopharm etc.), Isosorbiddinitrat (ISDN) (Corovliss, duranitrat, ISDN-ratiopharm, ISDN Stada, isoket, Iso Mack, Iso-Puren, Isostenase, Maycor, Nitrosorbon, TD Spray Iso Mack etc.), Isosorbid-5-mononitrat (ISMN) (Coleb, Corangin, elantan, IS 5 mono-ratiopharm, Ismo, Monit-Puren, Monoclair, Mono Mack, Monostenase, Olicard etc.), Pentaerithrityltetranitrat (Dilcoran 80; in Nitro-Novodigal), Molsidomin (Corvaton, duracoron, etc.).

Nizatidin s. H_2-Antihistaminika; Ulkustherapeutika

Nootropika

Nootropika sind Substanzen, die ohne oder mit geringem zentral stimulierendem Effekt die Hirnleistungen durch eine Beeinflussung des Gehirnstoffwechsels verbessern sollen. Eine Reihe von Wirkungen auf bestimmte Hirnfunktionen konnte zwar experimentell belegt werden, die therapeutische Bedeutung bei zerebraler Insuffizienz ist jedoch – trotz ihrer relativ hohen Verordnungshäufigkeit – umstritten.

Wirkstoffe (Handelspräparate): u. a. Meclofenoxat (Helfergin), Piracetam (u. a. Cerebroforte, Nootrop, Normabrain), Pyritinol (Encephabol).

Noradrenalin s. Sympathomimetika, endogene Substanzen

Norethisteron s. Gestagene; Kontrazeptiva, hormonale

Norfenefrin s. Sympathomimetika, α-, mit vorwiegend peripherer Wirkung

Norfloxacin s. Antiinfektiva, Gyrasehemmstoffe

Norgestimat s. Kontrazeptiva, hormonale

Norgestrel s. Kontrazeptiva, hormonale

Norpseudoephedrin s. Sympathomimetika, indirekte

Nortriptylin s. Antidepressiva, trizyklische

Nystatin s. Antimykotika, lokale

Obidoxim s. Parasympathomimetika, indirekte (Alkylphosphat-Intoxikationen)

Ochsengalle s. Choleretika

Octopamin s. Sympathomimetika, α-, mit vorwiegend peripherer Wirkung; Antihypotonika

Octreotid s. Hypothalamushormone, Somatostatin

Ocytocin = Oxytocin s. Hypophysenhinterlappenhormone

Ofloxacin s. Antiinfektiva, Gyrasehemmstoffe; Opthalmika, Antiinfektiva

Oleum Anisi, – Eucalypti, – Menthae, – Terebinthinae s. Expektorantien, Sekretolytika

Olsalazin s. Colitis-ulcerosa- und Morbus-Crohn-Therapeutika

Omega-1-Rezeptoragonisten s. Hypnotika

Omeprazol s. Ulkustherapeutika

Ondansetron s. Serotonin-Antagonisten; Antiemetika

Ophthalmika

Antiinfektiva

(s. d.)

Indikationen und Nebenwirkungen

Antiinfektive Ophthalmika werden lokal zur Behandlung von Infektionen der Lider, der Bindehaut und der Hornhaut hauptsächlich in Form von Augentropfen und -salben, zum Teil auch als subkonjunktivale Injektionen eingesetzt.
Vor allem indiziert sind *Antibiotika,* die nicht zur systemischen Therapie eingesetzt werden, um Sensibilisierungen und Resistenzbildungen gegen die üblicherweise verwendeten Substanzen vorzubeugen. Die Behandlung sollte im allgemeinen die Dauer von 10 Tagen nicht überschreiten.
Als Mittel der 1. Wahl gelten heute *aminoglykosidhaltige Ophthalmika.*

Penicillin- und Cephalosporinpräparate sowie Sulfonamide sollten wegen der Allergisierungsgefahr nicht lokal appliziert werden, Chloramphenicol und -derivate (Azidamfenicol) nur dann eingesetzt werden, wenn die Erreger gegen andere verfügbare Antibiotika resistent sind. Auch nach lokaler Applikation von Chloramphenicol am Auge wurden hämatologische Schädigungen beobachtet, auch traten gehäuft Unverträglichkeitsreaktionen auf.
Der antivirale Wirkstoff *Aciclovir* gilt als Mittel der Wahl bei der Keratitis herpetica.

Aminoglykoside

Wirkstoffe (Handelspräparate): Gentamicin (Refobacin, Gentamytrex, Gentamicin-POS), Kanamycin (Kanamytrex).

Chloramphenicol und -derivate

Wirkstoffe (Handelspräparate): Chloramphenicol (Aquamycetin, Oleomycetin, Thilocanfol C), Azidamfenicol (Thilocanfol 1% Augentropfen).

Gyrasehemmstoffe

Wirkstoffe (Handelspräparate): Norfloxacin (Chibroxin), Ofloxacin (Floxal).

Virustatika

Wirkstoffe (Handelspräparate): Aciclovir (Zovirax Augensalbe).

Antibiotika-Kombinationen

Wirkstoffe (Handelspräparate): Polymyxin B/Neomycin/Gramicidin (Polyspectran), Neomycin/Bacitracin (Nebacetin Augensalbe), Erythromycin/Colistin (Ecolicin).

Kombinationen von Antibiotika mit anderen Stoffen

Kombinationen von Antibiotika mit Glucocorticoiden können zu einer nicht ausreichenden Diagnostik verleiten, da sowohl bei einer allergischen als auch einer bakteriellen Konjunktivitis mit einer Besserung gerechnet werden kann. Dazu trägt ferner der Umstand bei, daß einige Präparate (z. B. Spersadexolin) zusätzlich Sympathomimetika (s. d.) enthalten. Diese Kombinationspräparate sollten jedoch, wenn überhaupt, wegen der möglichen Nebenwirkungen der Glucocorticoide nur zurückhaltend eingesetzt werden (s. u.).

Wirkstoffe (Handelspräparate): Chloramphenicol/Prednisolon (Aquapred), Chloramphenicol/Dexamethason/Tetryzolin (Spersadexolin), Neomycin/Polymyxin B/Dexamethason (Isopto-Max), Gentamicin/Dexamethason (Dexa-Gentamicin, Dexamytrex), Chloramphenicol/Dexamethason (Spersadex comp.), Polymyxin B/Neomycin/Gramicidin/Dexamethason (Dexa-Polyspectran), Neomycin/Fluorometholon (Efflumycin).

α-Sympathomimetika

(s. Sympathomimetika)

Pharmakodynamik: α-Sympathomimetika werden zur symptomatischen Therapie bei chronischen Reizzuständen der Konjunktiven eingesetzt. Ihre Wirkung beruht auf einer Gefäßverengung und einer damit verbundenen Abschwellung.

Anwendung: Aufgrund ihres gemeinsamen Wirkmechanismus können die eingesetzten α-Sympathomimetika als therapeutisch gleichwertig gelten. Sie sollten nur kurzfristig angewandt werden, da es bei Langzeitapplikation reflektorisch zu einer Gefäßerweiterung kommt. Im allgemeinen genügt die Anwendung eines Monopräparates, jedoch wird eine Vielzahl von (nicht sinnvollen) Kombinationspräparaten mit u. a. Antibiotika (s. o.), zwei verschiedenen Sympathomimetika, Glucocorticoiden (s. o.), Antihistaminika, Vitaminen und pflanzlichen Bestandteilen angeboten, deren Sinn, nicht zuletzt aufgrund der unterschiedlichen Wirkungsdauer der Einzelkomponenten, angezweifelt werden muß.

Wirkstoffe (Handelspräparate):
- *Monopräparate:* Tetryzolin (Yxin), Tramazolin (Biciron), Xylometazolin (Otriven Augentropfen), Phenylephrin (Visadron), Naphazolin (Vistalbalon Liquifilm, Naphazolin);
- *Kombinationspräparate:* Handelspräparate u. a. Ophtalmin, Oculosan, Solan, Ophtopur, Spersallerg, Berberil, Dacrin.

Glucocorticoide

(s. d.)

Indikationen: Glucocorticoide werden zur Therapie allergischer und anderer nichtbakterieller Entzündungen von Augenlidern, Konjunktiven, Kornea, Sklera und Uvea und zur Unterdrückung von Narbenwucherungen an Lidern und Kornea eingesetzt.

Kontraindikationen: Sie sind nicht zur Behandlung infektiöser Konjunktivitiden geeignet. Kontraindiziert sind Glucocorticoide beim Vorliegen von Verletzungen und ulzerösen Prozessen der Kornea.

Nebenwirkungen: Ihrem Nutzen bei den o. g. Indikationen stehen einige Risiken gegenüber: So wurde in Einzelfällen die Auslösung eines Glaukoms und die Entwicklung von Linsentrübungen berichtet. Grundsätzlich ist weiterhin mit dem Aufflammen von Pilzinfektionen zu rechnen. Während der lokalen Glucocorticoid-Behandlung des Auges ist daher eine ständige augenärztliche Überwachung des Patienten erforderlich.

Wirkstoffe (Handelspräparate): Prednisolon (Inflanefran, Ultracortenol), Dexamethason (Totocortin), Fluorometholon (Efflumidex), Hydrocortison (Ficortril).

Antiallergika

Bei Konjunktivitiden allergischer Genese ist eine Prophylaxe mit Cromoglicinsäure möglich. Der Effekt des Wirkstoffes beruht auf einer Stabilisierung der Mastzellmembran. Der Wirkstoff muß daher prophylaktisch gegeben werden. Der relativ neue Wirkstoff Spagluminsäure scheint ähnlich wirksam zu sein.

Wirkstoffe (Handelspräparate): Cromoglicinsäure (Vividrin, Cromohexal, Opticrom, Allergocrom), Spagluminsäure (Naaxia).

Glaukommittel

Beim Glaukom liegt – unabhängig von der Ursache – ein pathologisch gesteigerter Augeninnendruck vor. Ziel jeder Therapie ist eine Senkung dieses Druckes auf Normwerte.

Cholinergika

(s. Parasympathomimetika)

Cholinergika erhöhen den Kammerwasserabfluß durch Kontraktion des M. sphincter pupillae und des Ziliarmuskels. Die Nebenwirkungen der Therapie bestehen in einer Miosis und in einer akkommodativen Myopie.

Wirkstoffe (Handelspräparate): Pilocarpin (Pilocarpol, Pilomann, Spersacarpin, Isopto-Pilocarpin), Aceclidin (Glaucotat), Carbachol (Isopto-Carbachol).

Beta-Adrenozeptorenblocker

(s. d.)

Beta-Blocker reduzieren die Kammerwasserproduktion. Ihre Anwendung ist mit der Gefahr systemischer Nebenwirkungen belastet. Daher gelten AV-Überleitungsstörungen und Asthma bronchiale als Kontraindikationen. Eine lokale Nebenwirkung ist das Sicca-Syndrom.

Wirkstoffe (Handelspräparate): Timolol (Chibro-Timoptol), Metipranolol (Betamann), Levobunolol (Vistagan), Carteolol (Arteoptic), Befunolol (Glauconex).

Sympathomimetika

(s. d.)

Sympathomimetika reduzieren ebenfalls die Kammerwasserproduktion. Auch hierbei ist an die Möglichkeit systemischer Nebenwirkungen zu denken.

Wirkstoffe (Handelspräparate): Clonidin (Isoglaucon), Dipivefrin (Glaucothil).

Filmbildner

Indikationen: Filmbildner dienen der Substitution der Tränenflüssigkeit und einer besseren Benetzung des Epithels. Meist enthalten sie noch Zusätze, die eine längere Verweildauer im Bindehautsack bewirken sollen. Sie werden beim Syndrom des trockenen Auges (Keratoconjunctivitis sicca) angewandt.

Wirkstoffe (Handelspräparate): Polyacrylsäure/Sorbit (Vidisic), Dexpanthenol/Polyvinylalkohol (Siccaprotect), Polyvinylpyrrolidon (Vidisept), Polyvinylalkohol (Liquifilm), Dextran/Hydroxypropylmethylcellulose (Isopto-Naturale), Hydroxypropylmethylcellulose/Retinolpalmitat (Oculotect).

Sog. Antikataraktika

Die Hersteller dieser Präparate erheben den Anspruch, daß sich mit Hilfe dieser Arzneimittel eine Kataraktoperation vermeiden bzw. hinausschieben läßt. Nach dem heutigen Stand des Wissens müssen diese Präparate jedoch als unwirksam angesehen werden. In vielen dieser Präparate sind zudem Iod-Salze enthalten, die zur Auslösung einer Hyperthyreose führen können. Weiterhin kann durch eine solche Therapie der günstigste Operationszeitpunkt versäumt werden. Die Anwendung solcher Präparate ist daher abzulehnen.

Sonstige Mittel

Hierunter fallen das häufig angewandte dexpanthenolhaltige Präparat Bepanthen Augensalbe, das bei Verletzungen des Auges angewandt wird, und einige andere vitaminhaltige Präparate. Der Nutzen dieser weitgehend indifferenten Pharmaka ist umstritten.

Opiumtinktur s. Antidiarrhoika, Motilitätshemmer

Oralpenicilline s. Antiinfektiva, Oralpenicilline

Orciprenalin s. Sympathomimetika, β-

Orgotein s. Antirheumatika

Ornipressin
s. Hypophysenhinterlappenhormone, Vasopressin

Osmodiuretika s. Diuretika

Osmolaxantien s. Laxantien

Östradiol s. Estradiol

Östriol s. Estriol

Östrogene = Follikelhormone

Monopräparate

Bildung: Östrogene sind weibliche Sexualhormone, die in den Follikelepithelien und in der Plazenta sowie in geringem Maße in der Nebennierenrinde und im Hoden produziert werden. Sie werden unter dem Einfluß der Gonadotropine (s. d.) aus Androgenen (s. d.), insbesondere aus Testosteron und Androstendion, gebildet. Das wichtigste östrogene Hormon ist *Estradiol* (Östradiol).

Pharmakodynamik: Östrogene sind insbesondere auf die Geschlechtsorgane einwirkende Wuchsstoffe. Sie fördern das Wachstum der weiblichen Sexualorgane und prägen die sekundären weiblichen Geschlechtsmerkmale. In der Pubertät bewirken sie den Schluß der Epiphysenfugen im Knochen und damit die Beendigung des Längenwachstums. In der Proliferationsphase des Menstruationszyklus fördern sie den Aufbau der Uterusschleimhaut und die Bildung der Endometriumdrüsen. Sie besitzen ferner eine schwache anabole Wirkung und vergrößern subkutane Fettdepots. Wachstum und Talgproduktion der Talgdrüsen werden verringert. Östrogene steigern ferner die Calcium-Resorption und die Einlagerung von Calcium in die Knochen. Sie erniedrigen den peripheren Gefäßwiderstand in den kleinen Gefäßen und führen in höherer Dosierung zu einer Retention von Natriumchlorid und Wasser.

Indikationen: Östrogene sind indiziert bei klimakterischen Beschwerden und Ausfallserscheinungen, zur Osteoporoseprophylaxe nach der Menopause, bei Hypoplasie des Uterus und dessen Folgeerscheinungen, bei allen Formen der Ovarialinsuffizienz sowie bei primärer und sekundärer Amenorrhö in zyklusgerechter Anwendung und in Kombination mit Gestagenen (s. d.). Weitere Anwendungsgebiete stellen durch Östrogenmangel bedingte Kolpitis und Craurosis vulvae sowie primäres und sekundäres Abstillen dar. Bedeutung hat die Östrogenbehandlung auch beim Prostatakarzinom und beim Mammakarzinom nach der Menopause erlangt (s. Zytostatika, Hormone).

Kontraindikationen: Schwangerschaft, hormonabhängige Uterus- und Mammatumoren, Endometriose, schwere Leberfunktionsstörungen, idiopathischer Schwangerschaftsikterus, schwerer Schwangerschaftspruritus in der Anamnese, Dubin-Johnson- und Rotor-Syndrom, thromboembolische Erkrankungen sowie Sichelzellanämie.

Nebenwirkungen: Erhöhung des Thromboembolie-Risikos; bei langdauernden Östrogengaben Atrophie der Ovarien; ferner Spannungsgefühl in den Brüsten, Gewichtszunahme, Übelkeit, Natriumretention mit Ödembildung, Blutdruckanstieg, Cholestase sowie Hyperpigmentierung.

Wechselwirkungen: Abschwächung der Östrogenwirkung durch Enzyminduktoren wie Barbiturate (s. d.), Carbamazepin, Phenytoin oder Rifampicin. Bei gleichzeitiger Gabe von Antidiabetika (s. d.) Verminderung der Kohlenhydrattoleranz.

Kinetik: Natürliche Östrogene unterliegen oral appliziert einem sehr hohen First-pass-Effekt; injiziert haben sie nur eine kurze Wirkdauer. Estradiol und Estron werden vielfältig metabolisiert. Ein Metabolit, der therapeutisch eingesetzt wird, ist Estriol.

Depot- und oral wirksame Östrogene: Wegen der nur kurzen Wirkdauer der natürlichen Östrogene nach parenteraler Applikation wurden Estradiol-Ester entwickelt, die nach längerer intramuskulärer Injektion öliger Lösungen langsamer resorbiert und abgebaut werden und dadurch länger wirken. Estradiolvalerat wird auch oral appliziert. Ethinylestradiol und seine Derivate sind oral ebenfalls gut wirksam, da sie in der Leber nur langsam inaktiviert werden. Um den hohen First-pass-Effekt von Estradiol bei oraler Applikation zu umgehen, wurde ein transdermales therapeutisches System entwickelt. Ein solches Membranpflaster gewährleistet die kontinuierliche und gleichmäßige Abgabe von Estradiol in die Haut, wo der Wirkstoff resorbiert wird.

Hinweise: Die Frage der Östrogensubstitution im Klimakterium wurde in der Vergangenheit kontrovers beurteilt. Für die Gesamtheit der Frauen ist heute jedoch die Substitutionstherapie als positiv zu sehen. In der Osteoporoseprophylaxe ist ein Nutzen nach einer mindestens 10jährigen Therapiedauer gesichert. Estriol und Estriolsuccinat haben bei peroraler Applikation nur eine schwache östrogene Wirkung; sie werden vor allem lokal bei urogenitaler Atrophie eingesetzt. Strenge Indikationsstellung bei Herzinsuffizienz, Leber- oder Nierenfunktionsstörungen, Asthma, manifestem Diabetes mellitus, schwerer Hypertonie oder Epilepsie. Gründe zum sofortigen Absetzen: geplante Operationen und längere Immobilisation.

Wirkstoffe (Handelspräparate): u. a. Estradiol als Membranpflaster (Estraderm TTS), zur lokalen Behandlung (Linoladiol N), Estradiolundecylat (Progynon-Depot-100), Estradiolvalerat (Progynon-Depot-10, -40, Progynova), Estriol (u. a. Gynäsan, Hormomed, Klimax-E, OeKolp, Ovestin), Estriolsuccinat (Orgastyptin, Synapause), Ethinylestradiol (Progynon C), natürliche konjugierte Östrogene (Presomen).

Kombinationspräparate

Indikationen und Anwendung: Positiv zu bewerten sind Östrogen-Gestagen-Kombinationen zur Substitution im Klimakterium. Das Risiko einer Endometriumhyperplasie sowie eines Korpus- oder Mammakarzinoms wird dadurch vermindert. Die Anwendung sollte entweder – dem Zyklus entsprechend – in Form eines 10tägigen Gestagenzusatzes zur oralen Östrogentherapie oder intermittierend alle 2–3 Monate bei Anwendung von östrogenhaltigen Pflastern erfolgen. Abzuraten ist dagegen aufgrund der Virilisierungsgefahr in der Menopause von einer Kombination mit Androgenen (s. d.). Ebenfalls negativ zu bewerten sind fixe Kombinationen mit Tranquillantien (s. d.).

Wirkstoffe (Handelspräparate):

- Kombinationen mit Gestagenen (s. d.): Estradiolvalerat/Norgestrel (Cyclo-Progynova), nat. konj. Östrogen/Medrogeston (Presomen compositum), Estradiol/Estriol/Norethisteron (Trisequens), Estradiolvalerat/Estriol/Levonorgestrel (Cyclo-Menorette), Estradiolvalerat/Levonorgestrel (Cyclo Östrogynal).
- Kombinationen mit Androgenen (s. d.): Estradiolvalerat/Prasteronenantat (Gynodian-Depot).

Oxaceprol s. Antirheumatika, sog. Chondroprotektiva

Oxazepam s. Benzodiazepine; Tranquillantien

Oxazolidindione s. Antiepileptika, Oxazolidindione

Oxedrin s. Sympathomimetika, α-, mit vorwiegend peripherer Wirkung; Antihypotonika

Oxeladin s. Antitussiva

Oxiconazol s. Antimykotika, lokale

Oxilofrin s. Sympathomimetika, α-, mit vorwiegend peripherer Wirkung

Oxitropiumbromid s. Parasympatholytika; Antiasthmatika, Parasympatholytika

Oxprenolol s. Beta-Adrenozeptorenblocker

Oxycodon s. Analgetika, opioide

Oxymetazolin s. Sympathomimetika, α-, mit vorwiegend peripherer Wirkung

Oxyphenbutazon s. Antirheumatika, nichtsteroidale

Oxypolygelatine s. Plasmaersatzflüssigkeiten, körperfremde kolloidale

Oxytetracyclin s. Antiinfektiva, Tetracycline

Oxytocin
s. Hypophysenhinterlappenhormone

Pancuroniumbromid
s. Muskelrelaxantien, peripher angreifende, stabilisierende

Paraldehyd s. Hypnotika, Aldehyde

Para-Aminomethylbenzoesäure
s. Antifibrinolytika

Paracetamol s. Analgetika, nichtopioide

Parasympatholytika

Pharmakodynamik: Parasympatholytika (m-Cholinozeptoren-Blocker) sind kompetitive Antagonisten des aus parasympathischen Nervenenden oder zentralen Synapsen freigesetzten Acetylcholins (ACh) an m-Cholinozeptoren (Muscarin-Rezeptoren). Folgen der Muscarin-Rezeptorblockade an den parasympathischen Effektororganen sind:

- Herz: positiv chronotrope und dromotrope Wirkungen (die Ventrikel sind nicht parasympathisch innerviert, daher keine ventrikuläre Steigerung der Kontraktilität);
- Bronchialmuskulatur: Relaxation;
- Gastrointestinaltrakt, Galle, Blase: Relaxation der glattmuskulären Hohlorgane, Tonussteigerung an den Sphinkteren;
- Hautgefäße: Dilatation (Rubor);
- Auge: Mydriasis und Anstieg des intraokularen Druckes; Akkommodationsstörungen;
- Drüsen: Senkung der Tränen-, Speichel- und Schweißbildung, verminderte Tätigkeit der Verdauungsdrüsen, reduzierte Bronchialschleimsekretion.

Bei den tertiären Parasympatholytika treten zusätzlich zentrale Effekte (erregende, z. T. auch zentral dämpfende Wirkung, Rauschzustände) auf.
Die derzeit therapeutisch eingesetzten Parasympatholytika weisen keine Selektivität (ausgenommen: Pirenzepin) für die verschiedenen Rezeptorsubtypen (M_1, M_2, M_3, M_4) auf und unterscheiden sich daher qualitativ nicht in ihrem Wirkprofil. Wirkunterschiede können jedoch in der Applikationsart und der Pharmakokinetik (lokale gegenüber systemischer Gabe, Lipophilie, Hydrophilie) begründet sein.

Einteilung: Es lassen sich drei Gruppen von Parasympatholytika unterscheiden:

- *Natürlich vorkommende Alkaloide:* Die von dem tertiären Aminoalkohol Tropin abgeleiteten Ester Atropin und Scopolamin sind lipophile tertiäre Amine, die die Blut-Hirn- bzw. Blut-Liquor-Schranke überwinden können und daher zusätzlich zentrale Wirkungen aufweisen (Atropin stärker erregend, Scopolamin eher dämpfend).
- *Quartäre, von Atropin bzw. Scopolamin abgeleitete Parasympatholytika:* Durch Quaternisierung des Aminoalkohols kommt man zu Derivaten, die bei lokaler (Oxitropiumbromid, Ipratropiumbromid) bzw. systemischer Gabe (N-Butylscopolaminiumbromid, Trospiumchlorid, Tropinbenzilat) ausschließlich periphere Wirkungen zeigen. Die orale Verfügbarkeit der letztgenannten Pharmaka ist aufgrund des quartären Charakters gering, eine zuverlässige Wirkung daher nur bei parenteraler Gabe zu erwarten.
- *Sonstige Parasympatholytika:* Nur noch eine entfernte Ähnlichkeit (z. B. ähnlicher Abstand funktioneller Gruppen) mit den Ester-Alkaloiden als Leitstruktur weisen die quartären Ester Oxyphenoniumbromid, Propanthelinbromid, Valethamat, Methanthelin und die Säureamide Tropicamid und Pirenzepin auf.

Indikationen:

- *Bradykarde Rhythmusstörungen:* Parasympatholytika sind Mittel der 1. Wahl zur Therapie von Bradykardien und Bradyarrhythmien (s. Antiarrhythmika). Günstig ist die auf die Vorhöfe beschränkte Steigerung der Automatie; das Risiko einer Aktivierung ektoper Foci im Bereich der Ventrikel besteht im Gegensatz zu den β-Sympathomimetika nicht.
- *Spasmen glattmuskulärer Hohlorgane:* Bei Gallen- bzw. Nierenkoliken, spastisch bedingten Schmerzen im Abdominalbereich, spastischer Obstipation als Nebenwirkung von Opiatanalgetika sowie Dysmenorrhö sind die quartären Atropin- bzw. Scopolaminderivate N-Butylscopolaminiumbromid, Trospiumchlorid in peroraler, rektaler oder intravenöser Darreichungsform indiziert. Im Falle dysmenorrhoischer Beschwerden (Störung der Prostaglandinsynthese) ist eine Kombination mit einem nichtsteroidalen Analgetikum sinnvoll.

- *Ophthalmologie:* Atropin oder das aufgrund seiner kürzeren Wirkdauer günstiger zu bewertende Tropicamid finden in der Augenheilkunde als Mydriatika Anwendung (diagnostisch zu Fundusuntersuchungen, therapeutisch bei Iridozyklitis).
- *Bronchodilatation:* Die quartären Parasympatholytika Ipratropiumbromid und Oxitropiumbromid werden als Dosieraerosol bei Asthma bronchiale (s. Antiasthmatika) allein bzw. in fixer Kombination mit den stärker wirksamen β_2-Sympathomimetika (s. Sympathomimetika) eingesetzt.
- *Antidottherapie:* Parasympatholytika (insbesondere Atropin) sind Mittel der Wahl für eine symptomatische Therapie bei Vergiftungen mit direkten oder indirekten Parasympathomimetika (s. d.).
- *Myasthenia gravis:* Im Frühstadium kann durch die Gabe eines indirekten Parasympathomimetikums (s. d.) (Neostigmin) ein vorübergehender symptomatischer Therapieerfolg erzielt werden; jedoch müssen die erheblichen, durch die Acetylcholin-Anhäufung an den parasympathischen Effektororganen bedingten muskarinischen Nebenwirkungen durch eine obligate Begleitmedikation mit Atropin aufgehoben werden.
- *Narkoseprämedikation:* Die früher übliche obligate Atropin-Prämedikation zur Verminderung der Bronchialschleimbildung (Atemwegsobstruktion bei künstlich beatmeten Patienten), zur Hemmung vagaler Reflexe und zur Vermeidung eines Herzstillstandes infolge passagerer Parasympathikotonie ist heute großenteils verlassen. Derartige Narkosekomplikationen, die insbesondere für Einstoffnarkosen typisch sind, lassen sich heute durch Kombinationsnarkosen weitgehend vermeiden.
- Bei *Ulcus ventriculi* bzw. *Ulcus duodeni* wird der M_1-selektive Antagonist Pirenzepin eingesetzt, der die Magensäureproduktion durch eine ganglionäre Muscarinrezeptor-Blockade reduziert.

Kontraindikationen: Glaukom, Prostataadenom, Atropin in der Stillzeit. Vorsicht bei koronarer Herzkrankheit (nur in Dosen, die nicht infolge einer Tachykardie das O_2-Angebot vermindern).

Nebenwirkungen: Wegen der in der Regel geringen Rezeptorselektivität je nach Indikation ein Teil der Wirkungen unerwünscht (z. B. Tachykardie bei Spasmolyse, Mydriasis bei Bradykardietherapie). NW können z. T. durch die Wahl des Pharmakons bzw. durch topische Anwendung vermieden bzw. vermindert werden. Stets unerwünscht: Miktionsbeschwerden, Mundtrockenheit.

Wechselwirkungen: Chinidin, Amantadin und trizyklische Antidepressiva (s. d.) vom Typ des Imipramins verstärken die anticholinerge Wirkung von Parasympatholytika, H_2-Antihistaminika die Hemmung der Säuresekretion durch Pirenzepin.

Wirkstoffe (Handelspräparate): Atropin (Atropinum sulfuricum „MBK“), Ipratropiumbromid (Atrovent, Itrop; mit Fenoterol in Berodual), Oxitropiumbromid (Ventilat), N-Butylscopolaminiumbromid (Buscopan etc.; mit Paracetamol in Buscopan plus), Trospiumchlorid (Spasmex), Tropinbenzilat (BTE), Tropicamid (Mydriaticum „Roche“), Methantheliniumbromid (Vagantin), Propanthelinbromid (Corrigast), Pirenzepin (Gastricur, Gastrozepin, Pirenzepin-ratiopharm, Ulcoprotect etc.).

Parasympathomimetika

Einteilung und Wirkungsweise

Man unterscheidet *direkte* und *indirekte Parasympathomimetika* (ganglionär wirksame Pharmaka, die ebenfalls den Parasympathikotonus steigern können, spielen wegen der gleichzeitigen Beeinflussung des Sympathikus keine therapeutische Rolle).

Die Rezeptoren des Parasympathikus werden in n-Cholinozeptoren (Nicotin-Rezeptoren) und m-Cholinozeptoren (Muscarin-Rezeptoren) unterteilt. n-Cholinozeptoren finden sich in den vegetativen Ganglien (dominierend) und postsynaptisch im Bereich der neuromuskulären Endplatte. m-Cholinozeptoren sind postsynaptisch an den Erfolgsorganen des peripheren Parasympathikus und an zentralen cholinergen Synapsen, präsynaptisch an sympathischen und parasympathischen Nervenenden sowie in geringerer Dichte in den vegetativen Ganglien anzutreffen. Aus der Stimulation der postganglionären Muscarin-Rezeptoren resultieren folgende Effekte:

- Herz: negativ chronotrop, negativ dromotrop;

- glatte Muskulatur: Tonuserhöhung (Bronchien, glattmuskuläre Hohlorgane), Tonuserniedrigung (Sphinkteren);
- Gefäße: Relaxation der Gefäßmuskulatur (Senkung des peripheren Widerstands);
- Auge: Miosis, Abnahme des intraokularen Drucks, Nahakkommodation;
- Drüsen: vermehrte Sekretion von Speichel, Magensaft, Bronchialschleim und Schweiß.

Direkte Parasympathomimetika

Pharmakodynamik: Direkte Parasympathomimetika wirken wie Acetylcholin agonistisch an m-Cholinozeptoren (zum Teil auch an n-Cholinozeptoren, z. B. Carbachol). Die Wirkungen des physiologischen Neurotransmitters Acetylcholin (ACh) sind wegen der sehr raschen und vollständigen Biotransformation therapeutisch (außer am eröffneten Auge) nicht nutzbar. Bei den bislang verfügbaren direkten Parasympathomimetika handelt es sich um Naturstoffe (Pilocarpin) bzw. um partialsynthetische Abwandlungsprodukte von ACh (Carbachol, Betanechol, Aceclidin). Sie zeigen in der Regel wie ACh keine bzw. nur eine geringe Organ- oder Rezeptorselektivität. Die Wirkungsdauer ist gegenüber ACh deutlich verlängert (geringere Affinität zu den biotransformierenden Enzymen).

Indikationen:

- *Darm- und Blasenatonie,* insbesondere postoperativ (Carbachol, Betanechol).
- *Glaukom* (insbesondere Engwinkel-): Durch die Miosis wird die Kammerwasserdrainage in den Schlemm-Kanal erleichtert, der intraokulare Druck sinkt (Pilocarpin, Carbachol, Aceclidin).
- *Supraventrikuläre paroxysmale Tachykardien:* Direkte Parasympathomimetika (Carbachol) als Reservetherapeutika.

Kontraindikationen: Herzinsuffizienz, Myokardinfarkt, Asthma bronchiale, Hyperthyreose, Ulcus ventriculi.

Nebenwirkungen: Insbesondere bei rascher i. v. Gabe Schweißausbrüche, Speichelfluß, Erbrechen, Diarrhö (mit Atropin aufhebbar); Nahakkommodation (allgemein); Ziliarspasmen, passagere Bindehauthyperämie bzw. -irritation, Iriszysten, selten nach Daueranwendung Iritis bzw. Kontaktallergie (Pilocarpin).

Wechselwirkungen: Konkomitante Gaben anderer (insbesondere indirekter) Parasympathomimetika verstärken die Wirkung.

Wirkstoffe (Handelspräparate): Carbachol (Doryl, Isopto-Carbachol), Betanecholchlorid (Myocholine-Glenwood), Pilocarpin (Isopto-Pilocarpin, Pilocarpol, Pilomann, Spersacarpin etc.; mit Naphazolin in Borocarpin, mit Naphazolin und Neostigmin in Syncarpin, mit Metipranolol in Normoglaucon), Aceclidin (Glaucotat).

Indirekte Parasympathomimetika

Pharmakodynamik: Indirekte Parasympathomimetika verlängern die Wirkungsdauer von ACh durch eine reversible (Carbaminsäure-Derivate, Edrophonium) oder irreversible Blockierung (Phosphorsäureester) der biotransformierenden Enzyme (Acetylcholinesterase). Da die Wirkungen auf ACh zurückzuführen sind, zeigen die indirekten Parasympathomimetika keinerlei Selektivität für m- oder n-Cholinozeptoren, was sich auch an der Ausweitung der Indikationen bemerkbar macht (z. B. Myasthenie).

Im Falle der *reversiblen Esterasehemmstoffe* wird das esteratische Zentrum des Enzyms durch eine Überführung in einen Carbaminsäureester (Neostigmin, Pyridostigmin, Distigmin, Demecarium, Physostigmin) bzw. durch eine Pharmakon-Anlagerung über eine Wasserstoffbrückenbindung (Edrophonium) vorübergehend blockiert. Die Halbwertszeit der Enzymblockade beträgt wenige Minuten (Edrophonium) bis zu einer halben Stunde (Neostigmin, Pyridostigmin). Demecarium und Distigmin sind noch länger wirksam.

Bei den *irreversiblen Esterasehemmstoffen* (Phosphorsäureestern, Alkylphosphaten) kommt es zu einer Phosphorylierung des esteratischen Zentrums. Die Bindung kann nicht mehr spontan, nach Alterung (Abspaltung von Alkylgruppen des Phosphorsäureresstes führt zu verminderter Elektrophilie des Zentralatoms) auch nicht mehr durch Esterase-Reaktivatoren (Obidoxim) hydrolytisch gespalten werden. Alkylphosphate spielen wegen der schlechten Steuerbarkeit nur eine sehr untergeordnete Rolle in der Therapie.

Indikationen:

- *Postoperative Darm- und Blasenatonie* (Neostigmin, Pyridostigmin).
- *Therapie von Vergiftungen mit Parasympatholytika* oder Überdosierungen von Phar-

maka mit starker anticholinerger Nebenwirkung, wie Chinidin und andere Klasse-IA- Antiarrhythmika (s. d.), Imipramin. Bei liquorgängigen Arznei- oder Giftstoffen ist Physostigmin indiziert, bei ausschließlich peripherer Vergiftungssymptomatik Neostigmin oder Pyridostigmin.

- Neostigmin wird als *Antidot zur Aufhebung der Wirkung stabilisierender Muskelrelaxantien* (s. d.) vom Curare-Typ verwendet (ACh verdrängt den kompetitiven n-Cholinorezeptor-Antagonisten von den skelettmuskulären Rezeptoren).
- Für eine *symptomatische Therapie der Myasthenia gravis pseudoparalytica* eignen sich im Frühstadium Neostigmin, Distigmin sowie der irreversible Esteraseblocker Tetrastigmin. Die Wirksamkeit geht mit fortschreitender Zerstörung der n-Cholinozeptoren immer mehr verloren, die Anwendung im Spätstadium ist irrational. Die ACh-Nebenwirkungen an Muscarinrezeptoren müssen durch eine gleichzeitige Gabe von Parasympatholytika (s. d.) behandelt werden.
- *Glaukom:* Bei dieser Indikation ist das schlechte konjunktivale Penetrationsvermögen der quartären Verbindungen Neostigmin, Pyridostigmin und Demecarium ungünstig. Bei therapierefraktären Formen wird der irreversible Esterasehemmstoff Fluostigmin eingesetzt.

Kontraindikationen, Nebenwirkungen und Wechselwirkungen: entsprechen denen der direkten Sympathomimetika.

Wirkstoffe (Handelspräparate):

- *reversible Esterase-Hemmstoffe:* Neostigminbromid (Prostigmin), Pyridostigminbromid (Mestinon), Distigminbromid (Ubretid), Edrophonium (Tensilon), Physostigmin (Anticholium);
- *irreversible Esterase-Hemmstoffe:* Tetrastigmin (TEPP).

Therapie von Alkylphosphatvergiftungen (irreversible Esterasehemmstoffe, z. B. E 605, Metasystox)

Neben antiresorptiven Maßnahmen (Magenspülung mit Aktivkohle; salinische Laxantien) wird eine symptomatische und eine kausale Therapie unterschieden.

Anwendung: Zur *symptomatischen Behandlung* wird zur Aufhebung der ACh-Wirkungen an m-Cholinozeptoren *Atropin* in hohen bis höchsten Dosen gegeben (100–500 mg parenteral, über 24 h verteilt). Die Gabe erfolgt probatorisch (bis zur Normalisierung der vegetativen Funktionen). Zur Antagonisierung der n-Cholinozeptoren-Wirkung von ACh (tonisch-klonische Krämpfe) sind Muskelrelaxantien (s. d.) indiziert. Die *kausale Behandlung* erfolgt durch *Esterase-Reaktivatoren (Obidoxim)*. Die Gabe muß wegen der Gefahr einer Alterung (verhindert den nukleophilen Angriff der Antidote) rasch, aber vorsichtig erfolgen, da die Oxime ihrerseits die Esterase blockieren. Die Normdosierungen und die Dosierungsintervalle sind strikt einzuhalten.

Wirkstoff (Handelspräparat): Obidoxim (Toxogonin).

Parathormon (Parathyrin)

Wirkung: Parathormon ist ein Hormon (s. d.) der Nebenschilddrüse, das die Calcium- und Phosphat-Konzentration im Organismus reguliert. Seine Ausschüttung wird über den Blutcalciumspiegel gesteuert. Das Hormon hat folgende Wirkungen:

- an der Niere Hemmung der Rückresorption von Phosphat und Steigerung der Wiederaufnahme von Calcium- und Magnesiumionen, ferner Förderung der Bildung von 1,25-Dihydroxycolecalciferol, der Wirkform von Vitamin D;
- am Knochen Steigerung des Knochenum- und -abbaus durch Stimulation der Osteoklasten sowie
- am Intestinaltrakt Resorptionsförderung von Calcium- und Phosphationen über eine vermehrte Bildung von 1,25-Dihydroxycolecalciferol.

Beurteilung: Parathormon hat keine therapeutische Bedeutung.

Analoge Präparate: Zur Substitutionstherapie bei Parathormonmangel werden Colecalciferol (s. Vitamine, Vitamin D) und Dihydrotachysterol verwendet, die die gleichen Effekte wie Parathormon hervorrufen.

Parathormon-Hemmstoffe stellen Clodronsäure und Etidronsäure dar. Sie sind bei Erkrankungen mit gesteigertem osteoklastischen Knochenabbau, z. B. Tumoren oder Morbus Paget, indiziert.

Hinweise: Die Resorption von Parathormon-Hemmstoffen wird durch Calcium, Eisen oder Magnesium sowie durch Antazida (s. d.) vermindert. Bei Niereninsuffizienz ist eine Dosisanpassung erforderlich. Regelmäßige Blutbildkontrollen werden empfohlen.

Wirkstoffe (Handelspräparate): Clodronsäure (Ostac), Etidronsäure (Diphos).

Parathormon-Hemmstoffe s. Parathormon

Parathyrin s. Parathormon

Pektin s. Antidiarrhoika, Quellstoffe

Penbutolol s. Beta-Adrenozeptorenblocker

D-Penicillamin s. Antirheumatika, sog. Basistherapeutika

Penicillin G (Benzylpenicillin) s. Antiinfektiva, Penicilline

Penicillin V s. Phenoxymethylpenicillin

Penicilline s. Antiinfektiva, Penicilline

Pentaerithrityltetranitrat s. Nitrovasodilatatoren; Koronartherapeutika; Vor- und Nachlast senkende Pharmaka

Pentazocin s. Analgetika, opioide

Pentobarbital s. Hypnotika, Barbiturate

Pentoxifyllin s. Methylxanthin-Derivate; durchblutungsfördernde Mittel

Pentoxyverin s. Antitussiva

Perazin s. Neuroleptika, Phenothiazine, Butyrophenone und analoge Verbindungen

Perchlorat-Ionen s. Thyreostatika

Perindopril s. ACE-Hemmer

Perphenazin s. Neuroleptika, Phenothiazine, Butyrophenone und analoge Verbindungen

Perphenazinenantat s. Neuroleptika, Phenothiazine, Butyrophenone und analoge Verbindungen

Pertussis-Immunglobulin s. Impfstoffe, passive Immunisierung

Pertussisimpfstoff s. Impfstoffe, aktive Immunisierung

Pethidin s. Analgetika, opioide

Pflanzliche Hypnotika/Sedativa s. Hypnotika, pflanzliche

Phenazon s. Analgetika, nichtopioide

Pheniramin s. H_1-Antihistaminika

Phenobarbital s. Hypnotika, Barbiturate; Antiepileptika, Barbiturate und Desoxybarbiturate

Phenothiazine s. Neuroleptika

Phenoxybenzamin s. Alpha-Adrenozeptorenblocker, nicht kompetitive, nicht selektive

Phenoxymethylpenicillin (Penicillin V) s. Antiinfektiva, Oralpenicilline

Phenprocoumon s. Antikoagulantien, Vitamin-K-Antagonisten

Phentolamin s. Alpha-Adrenozeptorenblocker, kompetitive, nicht selektive; Vor- und Nachlast senkende Pharmaka

Phenylbutazon s. Antirheumatika, nichtsteroidale; Gichttherapie

Phenylephrin s. Sympathomimetika, α-, mit vorwiegend peripherer Wirkung

Phenylethylamin-Derivate s. Sympathomimetika, α-, mit vorwiegend peripherer Wirkung

Phenylphenol s. Desinfektionsmittel

Phenytoin s. Antiarrhythmika, Klasse IB-; Antiepileptika

Phosphodiesterase-Hemmstoffe s. positiv inotrop wirkende Pharmaka

Phosphorsäureester s. Parasympathomimetika, indirekte

Physostigmin s. Parasympathomimetika, indirekte

Phytomenadion = Vitamin K_1, s. Vitamine

Pilocarpin s. Parasympathomimetika, direkte

Pindolol s. Beta-Adrenozeptorenblocker

Pipamperon s. Neuroleptika, Phenothiazine, Butyrophenone und analoge Verbindungen

Pipazetat s. Antitussiva

Pipemidsäure s. Antiinfektiva, Gyrasehemmstoffe

Piperacillin s. Antiinfektiva, Breitspektrum-Penicilline

Piperonylbutoxid s. antiparasitäre Mittel

Piprozolin s. Choleretika

Piracetam s. Nootropika

Pirenzepin s. Parasympatholytika; Ulkustherapeutika

Piretanid s. Diuretika, Schleifendiuretika

Piritramid s. Analgetika, opioide

Piroxicam s. Antirheumatika, nichtsteroidale

Pizotifen s. Serotoninantagonisten

Plantago-ovata-Semen s. Laxantien, Quellstoffe

Plasmaersatzflüssigkeiten

Bei Blutungen, Durchblutungsstörungen sowie Störungen der Blutzusammensetzung werden Plasmaersatzflüssigkeiten zur Auffüllung des Gefäßsystems bzw. zur Verbesserung der rheologischen Eigenschaften eingesetzt. Man unterscheidet körpereigene und körperfremde kolloidale Lösungen sowie Elektrolytlösungen. Vor und während der Gabe von Plasmaersatzflüssigkeiten sollten die Blutwerte (Hämoglobingehalt, Hämatokrit, Plasmaeiweiß-Konzentration) und der Gerinnungsstatus überprüft werden. Eine zeitliche und mengenmäßige Begrenzung sowie ein kritischer Einsatz der Pharmaka ist im Hinblick auf die Beeinflussung der Hämostase, der Blutzusammensetzung und der Sauerstoffkapazität sinnvoll und notwendig.

Körpereigene (homologe) kolloidale Plasmaersatzflüssigkeiten

Einteilung: Neben Vollblut und Erythrozytenkonzentraten werden bevorzugt albuminhaltige Plasmaersatzmittel (Humanalbumin, pasteurisierte Plasmaprotein-Lösung = PPL, Serumkonserven) eingesetzt. Die zellfreien Kolloide können ohne vorhergehende Blutgruppenbestimmung angewandt werden, weisen ein geringeres Infektionsrisiko auf (Hepatitis, AIDS) und sind länger haltbar. Die aus Poolplasma, Trockenplasma oder Plazentagewebe hergestellten Plasmaersatzmittel enthalten ausschließlich oder überwiegend Albumin (Humanalbumin weist einen Albumingehalt von ca. 95%, PPL von etwa 85% auf. PPL enthalten daneben Globuline, Serumkonserven außer den Gerinnungsfaktoren alle Plasmaproteine im physiologischen Verhältnis). Sie kommen im Falle von Humanalbumin als 5%ige isoonkotische oder 20- bzw. 25%ige hyperonkotische Lösungen zum Einsatz.

Indikationen: Vollbluttransfusionen sind nur bei Blutverlusten, die ein Drittel der Gesamtblutmenge überschreiten, bei einem Hämatokrit < 30% sowie bei einer Hämoglobinkonzentration < 6 mmol/l (100 g/l) indiziert. Erythrozytenkonzentrate werden bei chronischen Anämien gegeben. Die kolloidalen, albuminhaltigen Plasmaersatzmittel sind in hyperonkotischer Form indiziert bei Ödemen und akuter Hypoproteinämie, in isoonkotischer Lösung bei Hypovolämie mit Albuminmangel (zwingend bei Albuminkonzentration < 440 μmol/l = 3 g%), bei Hyperglobulie sowie bei Verbrennungen, weiterhin in Kombination mit körperfremden kolloidalen Plasmaersatzmitteln zur isovolämischen Hämodilution.

Nebenwirkungen: Selten anaphylaktische Reaktionen oder febrile Zustände (Albumine).

Wirkstoffe (Handelspräparate): Humanalbumin (Albumin human 5%, 20%, Albumin 20%/25% human, Humanalbin, Human-Albumin 20% Behring, Humanalbumin 5% Biotest etc.), Plasmaproteinlösungen (Biseko, Humanserum Biotest, Plasma-Protein-Lösung 3,5%/4% human, PPl 4% Plasma-Protein-Lösung [human], Serumar).

Körperfremde kolloidale Plasmaersatzflüssigkeiten

Neben körpereigenen werden körperfremde hydrophile Koloide in iso- oder hyperonkotischer Lösung eingesetzt (übertrifft die Volumenwirkung des Plasmaersatzmittels das infundierte Volumen, spricht man von Plasmaexpandern).

Dextrane

Dextrane (1,6α-glykosidisch verknüpfte D-Glucose-Polymere) werden durch Einwirkung von Leuconostoc mesenterioides auf Saccharoselösungen, partielle Hydrolyse des erhaltenen Rohdextrans und nachfolgende Größenklassifizierung erhalten. Gebräuchlich sind niedermolekulare (Dextran 40: MG ca. 40 000) und höhermolekulare Polymere (Dextran 60: MG ca. 60 000), die in einer Konzentration von 10 bzw. 6% in isotonischer NaCl- oder 5%iger Glucoselösung eingesetzt werden.

Pharmakodynamik: Das Wasserbindungsvermögen der Dextrane nimmt mit dem mittleren MG ab. Dextrane werden nicht gespeichert und können bis zu einem MG < 50 000 unverändert, bei höherem MG erst nach Hydrolyse renal eliminiert werden; die intravasale Verweildauer (Dextran 40 3–4 h, Dextran 60 4–6–8 h) nimmt daher mit dem MG zu. Die Dextrane bilden auf der Oberfläche von Erythrozyten und Gefäßwänden einen monomolekularen Film, der einer reversiblen Aggregation von Erythroyzyten (sludge) oder Thrombozyten und einer Aktivierung des Gerinnungssystems vorbeugt und die Mikrozirkulation verbessert.

Indikationen: Dextran 60 ist bei relativer und absoluter Hypovolämie, zur Thromboseprophylaxe sowie in Verbindung mit Humanalbumim zur isovolämischen Hämodilution angezeigt. Dextran 40 wird zur Behandlung peripherer und zentraler Durchblutungsstörungen und zur postoperativen Thromboseprophylaxe eingesetzt.

Kontraindikationen: schwere Herzinsuffizienz, Bronchialasthma, Oligurie und Anurie, Thrombozytopenie, Hypofibrinogenämie, allergische Diathese. Vorsichtiger Einsatz bei Nieren- und Leberschäden.

Nebenwirkungen:

- In hoher Dosis Verlängerung der Blutungszeit durch Verdünnungseffekt bzw. direkten Eingriff in das Gerinnungssystem (Hemmung der Faktoren V und VIII und der Thrombozytenaggregation) – Dosierungsrichtlinien strikt einhalten!
- Reversible Einschränkung der Nierenfunktion bei dehydratisierten Patienten (Dextran 40).
- Pseudoallergische Reaktionen (ca. 0,03%, unterschiedlich schwere Ausprägung; durch Kreuzantigenität mit bakteriellen Oberflächenantigenen bzw. Sensibilisierung durch in der Nahrung enthaltene Dextrane). Zur Ausschaltung vorhandener IgG_2-Antikörper vor Infusionsbeginn vorsichtig 20 ml einer Dextran-1-Lösung (Hapten-Dextran) infundieren, ggf. wiederholen, wenn zwischen den einzelnen Dextraninfusionen ein Abstand von >2 Tagen liegt.

Wechselwirkungen: Die Wirkung von Antikoagulantien (s. d.) (z. B. Heparin) kann verstärkt werden.

Wirkstoffe (Handelspräparate): Dextran 40 (Deltaplasmat M40, Longasteril 40, Onkovertin 40, Parenteral D40, Rheomacrodex, Rheofusin, Thomaedex etc.), Dextran 60 (Macrodex, Thomaedex 60 etc.), Dextran 1 (Promit).

Gelatinepräparate

Gelatine wird durch partielle Hydrolyse und gesteuerte Repolymerisation aus tierischem Kollagen hergestellt. Therapeutisch werden Derivate von Glyoxal (Oxypolygelatine), Bernsteinsäureanhydrid (sukzinylierte G.) oder Harnstoff (harnstoffvernetzte G.) mit einem Molekulargewicht von ca. 30 000–40 000 eingesetzt. Die geringen Molekulargewichte bedingen eine im Vergleich zu Dextranen kurze intravasale Verweildauer (ca. 3 h) und ein nur geringes Wasserbindungsvermögen (nicht als Plasmaexpander geeignet).

Indikationen: Zur vorübergehenden Volumensubstitution bei akuten Hämorrhagien.

Kontraindikationen: Herz- und Niereninsuffizienz, hämorrhagische Diathese, Hyper-

volämie, Thrombozytopenie, nicht bei digitalisierten Patienten (hoher Calcium-Gehalt!).
Nebenwirkungen: Anaphylaktoide Reaktionen (häufiger, aber schwächer als bei Dextranen); die Blutstillung wird kaum beeinflußt.
Wechselwirkung: Bei Kombination mit Citratblut wird die gerinnungshemmende Wirkung von Citrat durch das enthaltene Calcium aufgehoben. Herzwirksame Glykoside (s. positiv inotrop wirkende Pharmaka) werden in ihrer Wirkung gesteigert.
Wirkstoffe (Handelspräparate): Oxypolygelatine (Gelifundol), sukzinylierte Gelatine (Thomaegelin), Harnstoffgelatine (Haemaccel, Polygelin).

Hydroxyethylstärke

Pharmakodynamik: Durch die Einführung von Hydroxyethylgruppen in Stärke wird die Abbaugeschwindigkeit der kugelförmigen Makromoleküle stark vermindert. Hydroxyethylstärke-Präparate (drei Größenklassen mit einem mittleren Molekulargewicht von 40 000, 200 000 bzw. 450 000) entsprechen in ihrer Volumenwirksamkeit und ihrer intravasalen Verweildauer (>6 h) den höhermolekularen Dextranen. Hydroxyethylstärke wird unverändert oder nach vorübergehender Speicherung im retikuloendothelialen System und nachfolgender partieller Hydrolyse renal eliminiert.
Indikationen: Zur Volumensubstitution bei Hämorrhagie, in Kombination mit Humanalbumin zur kontrollierten isovolämischen Hämodilution.
Kontraindikationen, Nebenwirkungen, Wechselwirkungen: entsprechen weitgehend denen der Dextrane, jedoch schwächer ausgeprägt.
Wirkstoffe (Handelspräparate): Hydroxyethylstärke MG 40 000 (Onkohäs, Expafusin), – MG 200 000 (Elohäst, HAES-steril 10%), – MG 450 000 (Plasmasteril).

Elektrolytlösungen

Indikationen: Elektrolytlösungen sind Mittel der Wahl zur Deckung extravasaler Flüssigkeitsverluste. Bei akuten Blutverlusten stellen sie als temporäre Maßnahme eine Alternative zu den kolloidalen Plasmaersatzmitteln dar. Wegen der kurzen intravasalen Verfügbarkeit ist ihr Einsatz bei chronischer Hypovolämie nur in Kombination mit Kolloiden sinnvoll.
Kontraindikationen: Vorsicht bei dekompensierter Herzinsuffizienz, eingeschränkter Nierenfunktion mit Oligurie bzw. Anurie sowie bei Lungenödem. Bei jeder Gabe mögliche KI gegen einzelne Bestandteile im Hinblick auf den Wasser-, Elektrolyt- und Basenhaushalt überprüfen (Vorsicht bei renalen Ausscheidungsstörungen und Exsikkose).
Wirkstoffe: Isotonische Kochsalzlösung, Ringer- bzw. Ringer-Lactat-Lösung.

Plasmaexpander
s. Plasmaersatzflüssigkeiten, körperfremde kolloidale

Plasmafaktoren s. Hämostyptika, Plasmafaktoren

Plasmaproteinlösungen
s. Plasmaersatzflüssigkeiten, körpereigene (homologe) kolloidale

Pneumokokkenimpfstoff s. Impfstoffe, aktive Immunisierung

Poliomyelitisimpfstoff s. Impfstoffe, aktive Immunisierung

Polymyxin B s. Antiinfektiva, Polypeptide

Polypeptid-Antibiotika s. Antiinfektiva, Polypeptid-Antibiotika

Polythiazid s. Diuretika, Thiazide

Positiv inotrop wirkende Pharmaka

Positiv inotrop wirkende Pharmaka sollen die myokardiale Kontraktionskraft des Herzens durch einen direkten Angriff am Herzmuskel bzw. durch eine Beeinflussung der Sympathikusaktivität steigern. Folgende Wirkstoffe und Wirkstoffgruppen werden zu den positiv inotrop wirkenden Pharmaka gezählt:

Herzwirksame Glykoside

Als herzwirksame Glykoside werden die genuinen oder partialsynthetisch abgewandelten Reinglykoside aus Fingerhut (Digitalis purpurea et lanata), Meerzwiebel (Urginea maritima), Strophanthus-Arten (Str.gratus et kombé) und Maiglöckchen (Convallaria majalis) bezeichnet. Die Wirkung kommt den Aglyka zu und ist bei sämtlichen Herzglykosiden identisch. Dagegen wird die Pharmakokinetik nachhaltig durch die glykosidisch an das Steroidgerüst gebundenen drei bzw. vier Zuckermoleküle modifiziert.

Pharmakodynamik: Die pharmakodynamischen Effekte herzwirksamer Glykoside ergeben sich aus dem Zusammenwirken eines direkten Angriffs am Myokard und einer durch die Pharmaka ausgelösten Vagusstimulation. Herzglykoside wirken *positiv inotrop* (gesteigerte Kontraktilität), *negativ chronotrop* (Frequenzminderung), *negativ dromotrop* (Verlangsamung der AV-Überleitung) und *positiv bathmotrop* (Steigerung der Automatie, Aktivierung ektoper Foci). Die gleichzeitige Frequenzminderung und Kontraktilitätssteigerung erklärt die für Herzglykoside besonders bedeutsame *Ökonomisierung der Herztätigkeit.* Die Frequenzminderung kann bei Bradykardien, der negativ dromotrope Effekt bei bestehendem partiellen AV-Block problematisch sein; die Erhöhung der myokardialen Erregbarkeit ist stets negativ zu werten und wesentliche Ursache für die geringe therapeutische Breite dieser Pharmaka.

Die diuretische Wirksamkeit der Herzglykoside ist lediglich Folge der kardialen Effekte. Mit der gesteigerten Kontraktilität nimmt die Nierendurchblutung und damit die glomeruläre Filtrationsrate zu. Gleichzeitig geht dadurch die Stimulation des Renin-Angiotensin-Aldosteron-Systems zurück (bei Herzinsuffizienz über den Sympathikus aktiviert). Als *Wirkungsmechanismus* der Herzglykoside wurde gefunden, daß sie die membranständige Na^+/K^+-ATPase hemmen und dadurch zu einer intrazellulären Steigerung der Natrium- und einer Senkung der Kaliumkonzentration führen. Die Verminderung des transmembranären Kaliumgradienten ist in toxischen Dosen für die gesteigerte Erregbarkeit verantwortlich; die erhöhte intrazelluläre Natriumkonzentration führt durch Aktivierung eines Na^+/Ca^{2+}-Antiporters zu einer Erhöhung der freien intrazellulären Calcium-Konzentration (gesteigerte elektromechanische Kopplung und Kontraktilität).

Pharmakokinetik: Diese wird durch das Substitutionsmuster der Aglyka, in noch stärkerem Maße jedoch durch die Zuckerkomponenten bestimmt. Mit steigender Polarität des Gesamtmoleküls nimmt die Resorptionsquote und die Wirkungsdauer ab, der Anteil der renalen Elimination in unveränderter Form dagegen zu. Während das lipophile Digitoxin praktisch vollständig resorbiert und überwiegend biliär eliminiert wird und eine durch enterohepatische Zirkulation bedingte hohe Halbwertszeit aufweist, werden die Strophanthusglykoside aufgrund ihrer hohen Polarität kaum resorbiert. Sie müssen i. v. gegeben werden und weisen nur eine kurze Wirkungsdauer auf. Digoxin und seine partialsynthetischen Derivate Metildigoxin und β-Acetyldigoxin nehmen eine Mittelstellung ein.

Indikationen: Herzwirksame Glykoside sind indiziert bei chronischer Myokardinsuffizienz sowie bei Vorhoftachykardien (s. Herzinsuffizienz). In Anbetracht der geringen therapeutischen Breite und der erheblichen Nebenwirkungen sollte die Indikationsstellung restriktiv gehandhabt, die Dosierung individuell angepaßt und die Verträglichkeit sorgfältig überwacht werden. Eine Verordnung aufgrund des Alters des Patienten („Altersherz") bzw. eine prophylaktische Gabe ist abzulehnen. Bei Klappenfehlern als Ursache der Herzinsuffizienz sind Herzglykoside in der Regel nur unzureichend wirksam, operative Maßnahmen daher vorzuziehen. Bei Patienten mit eingeschränkter Nierenfunktion ist Digitoxin aufgrund seiner bevorzugt biliären Ausscheidung Mittel der Wahl.

Kontraindikationen: AV-Block 2. und 3. Grades, schwere Bradykardie, ventrikuläre Tachykardie, hypertrophisch-obstruktive Kardiomyopathie, subvalvuläre Aortenstenosen sowie bei Verdacht einer Digitalisintoxikation. Vorsichtiger Einsatz bei Hyperkalzämie und Hypokaliämie (Wirkung verstärkt).

Nebenwirkungen: Kopfschmerzen, Übelkeit, Störungen des Farbensehens, Verwirrtheitszustände, Arrhythmien (wegen geringer therapeutischer Breite ausgesprochen hohe Nebenwirkungshäufigkeit: ca. 20%). *Vergiftung mit herzwirksamen Glykosiden:* Charakterisiert durch partielle oder totale AV-Blokkade, Bradykardie oder ausgeprägte ventrikuläre Tachykardie bis hin zum Kammerflimmern. *Therapie:* antiresorptive Maßnahmen (Magenspülung, Gaben von Aktivkohle oder Colestyramin; Hämodialyse nur bedingt zur beschleunigten Elimination geeignet, ungeeignet bei Digoxin), Digitalis-Antitoxin (Digitalis-Antidot BM), bei Bradykardien Atropin bzw. bei therapierefraktären Fällen vorübergehend Schrittmacher legen, bei Tachykardien Kaliuminfusionen (unter EKG- und Elektrolytkontrolle!) bzw. Klasse-IB-Antiarrhythmika (s. d.) (Phenytoin, Lidocain).

Wechselwirkungen: Pharmaka, die zu einer Hypokaliämie führen, steigern die Wirkung und Toxizität der Glykoside (Amphotericin B, Nebennierenrindenhormone (s. d.), Diuretika mit Ausnahme der Kaliumsparer). Kardial betonte Calcium-Antagonisten (s. d.) (Verapamil, Diltiazem) sowie Beta-Adrenozeptorenblocker (s. d.) steigern die negativ chronotropen und dromotropen Effekte (Gefahr massiver Bradykardie und eines AV-Blocks). Sympathomimetika (s. d.), parenterale Calcium-Salze, Pancuronium und Succinylcholin erhöhen die arrhythmogene Wirkung. Die Resorption herzwirksamer Glykoside wird durch Antazida (s. d.) (insbesondere Magnesiumsalze), Adsorbentien, Colestyramin und Neomycin vermindert. Die gleichzeitige Gabe von Enzyminduktoren (Rifampicin, Phenytoin, Phenobarbital) macht bei Digitoxin (s. d.) eine Dosisanpassung erforderlich ($t_{1/2} \downarrow$).

Wirkstoffe (Handelspräparate): Digitoxin (Digimerck etc.), Lanatosid C (Cedilanid etc.), Digoxin (Digacin, Lanicor, Lenoxin etc.), α-Acetyldigoxin (Lanadigin, Sandolanid), β-Acetyldigoxin (β-Acetyldigoxin-ratiopharm, Digostada, Digotab, Novodigal, Stillacor etc.), Metildigoxin (Lanitop), Proscillaridin (Talusin etc.), Meproscillarin (Clift), g-Strophanthin = Ouabain (Strodival etc.).

Methylxanthin-Derivate (s. d.) (Theophyllin)

Pharmakodynamik: Theophyllin und seine Derivate weisen am Herzen ein komplexes Wirkungsprofil auf. Sie wirken koronardilatatorisch, positiv inotrop und positiv chronotrop (in mittleren bis hohen Dosen); dagegen kann es bei niedriger Dosierung durch Vagusstimulation zu einer Herzfrequenzsenkung kommen. Der Blutdruck bleibt weitgehend unbeeinflußt. Die Wirkung kommt vermutlich durch eine Blockade kardialer Adenosinrezeptoren (A_1-Rezeptoren im Myokard, A_2-Rezeptoren an den Koronarien) zustande. Die Beteiligung einer Phosphodiesterase-Blockade ist bei therapeutischer Dosierung fraglich.

Indikationen: Reservetherapeutikum für die Behandlung der akuten Herzinsuffizienz, sofern der Widerstand im Pulmonalkreislauf erhöht ist.

Kontraindikationen, Nebenwirkungen, Wechselwirkungen, Wirkstoffe s. Methylxanthin-Derivate

β-Sympathomimetika (s. d.) einschließlich Dopamin und Dobutamin

Pharmakodynamik: Bei den β-Sympathomimetika geht die erwünschte positiv inotrope Wirkung mit einer ausgeprägten Steigerung der Herzfrequenz, der Erregbarkeit und des myokardialen Sauerstoffverbrauches einher.

Indikationen: Dopamin und Dobutamin sind zur Therapie der akuten Herzinsuffizienz (insbesondere des kardiogenen Schocks) indiziert; die Gabe muß unter laufender und strenger Kontrolle der Herz-Kreislauf-Parameter erfolgen.

Kontraindikationen, Nebenwirkungen, Wechselwirkungen, Wirkstoffe s. Sympathomimetika.

Phosphodiesterase-Hemmstoffe

Pharmakodynamik: Die Bipyridine Amrinon und Milrinon sowie das Imidazol-Derivat Enoximon verlängern durch eine Hemmung der Phosphodiesterase vom Typ III die Wirkungsdauer von cAMP und steigern so die freie intrazelluläre Ca^{2+}-Konzentration und die elektromechanische Kopplung. Bei beiden Substanzgruppen ist diese Hauptwirkung von einer deutlichen Vasodilatation, bei Enoximon zusätzlich noch von einer Hemmwirkung auf die Na^+/K^+-ATPase begleitet. Die Phosphodiesterase-Hemmstoffe steigern bei akuter Gabe den Herzindex und die Belastungstoleranz; der systemische und der pulmonale Widerstand sowie der LVEDP werden gesenkt (der Blutdruck erst nach hohen Dosen). Bei Amrinon (s. d.) kommt es unter Dauertherapie nur zu einer initialen, bei Milrinon dagegen zu einer anhaltenden Verbesserung der Hämodynamik und der linksventrikulären Funktionsparameter (bei Enoximon widersprüchliche Befunde). Die Progression der myokardialen Insuffizienz wird bei chronischer Gabe beschleunigt; die Mortalität wird anders als die klinische Symptomatik nicht erniedrigt, sondern bei längerer Anwendung verschlechtert.

Indikationen: Für die Kurzzeitbehandlung einer gegenüber anderen Pharmaka therapierefraktären Herzinsuffizienz.

Kontraindikationen: Schwere Niereninsuffizienz und Hypovolämie; schwere Kardiomyopathie, obstruktive Klappendefekte, supraventrikuläre Tachykardien; Thrombozytopenie; Schwangerschaft und Stillzeit.

Nebenwirkungen: Ektope Erregungsbildungen, Arrhythmien, Hypotonie, Thrombozytopenie, Fieber, gastrointestinale Störungen, Kopfschmerzen, Myalgie und Transaminasen-Erhöhung (allgemein); Geruchs- und Geschmacksstörungen, trockene, schuppende Haut (Amrinon); Oligurie, Thrombophlebitiden an der Injektionsstelle (Enoximon).

Wechselwirkungen: Amrinon darf nicht über denselben Zugang mit Furosemid (Präzipitation) oder Dobutamin (Wirkungsabschwächung von D.) gegeben werden. Bei Verdünnung mit glucosehaltigen Lösungen wird die Wirkung von Amrinon aufgehoben.

Wirkstoffe (Handelspräparate): Amrinon (Wincoram), Milrinon, Enoximon (Perfan).

Povidon-Iod s. Desinfektionsmittel

Prajmaliumbitartrat s. Antiarrhythmika, Klasse-IA-

Pravastatin s. Lipidsenker, Pharmaka zur Senkung des Cholesterinspiegels

Prazepam s. Benzodiazepine; Tranquillantien

Praziquantel s. Anthelminthika

Prazosin s. Alpha-Adrenozeptorenblocker, kompetitive, α_1-selektive

Prednicarbat s. Glucocorticoid-Externa

Prednimustin s. Zytostatika, Alkylantien

Prednisolon s. Glucocorticoide

Prednison s. Glucocorticoide

Prilocain s. Lokalanästhetika

Primaquin s. Malariamittel

Primidon s. Antiepileptika, Barbiturate und Desoxybarbiturate

Probucol s. Lipidsenker, Pharmaka zur Senkung des Cholesterin- und des Triglyceridspiegels

Procainamid s. Antiarrhythmika, Klasse-IA-

Procain-Penicillin G s. Antiinfektiva, Depot-Penicilline

Procaterol s. Sympathomimetika, β-; Antiasthmatika, Bronchodilatatoren

Proconvertin s. Hämostyptika, Plasmafaktoren

Progesteron s. Gestagene

Prokinetika

Prokinetika werden zur Beschleunigung der Magenentleerung und gleichzeitig auch der Dünndarmpassage eingesetzt. Nach ihrem Wirkmechanismus unterscheidet man:

- Dopaminantagonisten und
- Cisaprid.

Dopaminantagonisten

Pharmakodynamik: Prokinetika dieses Typs blockieren die Dopamin-Rezeptoren im Brechzentrum und in der Peripherie und sind dadurch auch antiemetisch wirksam. Die Blockade zentraler Dopamin-Rezeptoren ist unterschiedlich stark ausgeprägt (Ausnahme Domperidon). Ferner wird eine Beeinflussung von Serotonin-Rezeptoren angenommen. Aufgrund dieser Wirkmechanismen wird die Freisetzung von Acetylcholin verstärkt und somit die Magen-Darm-Motilität gesteigert.

Indikationen: Prokinetika werden bei funktionellen Magen-Darm-Beschwerden und Magenentleerungsstörungen, ferner bei Ulkus sowie nach Operationen oder Vagotomie, eingesetzt.

Kontraindikationen: Phäochromozytom, mechanischer Darmverschluß, Blutungen im Magen-Darm-Bereich, Epilepsie, prolactinabhängige Tumoren, Kombination mit MAO-Hemmern (s. Antidepressiva), extrapyramidalmotorische Störungen.

Nebenwirkungen: Parkinson-ähnliche extrapyramidalmotorische Störungen aufgrund der Blockade zentraler Dopamin-Rezeptoren (Ausnahme: Domperidon), Unruhe, Galaktorrhö, verstärkte Darmtätigkeit; Beeinträchtigung des Reaktionsvermögens insbesondere im Zusammenwirken mit Alkohol möglich.

Wechselwirkungen: Verstärkung der extrapyramidalmotorischen Nebenwirkungen durch Neuroleptika (s. d.), Aufhebung der

Wirkung durch Anticholinergika (s. d.), Beeinflussung der peroralen Resorption von zahlreichen Arzneistoffen.

Hinweis: Strenge Indikationsstellung bei Kindern unter 14 Jahren.

Wirkstoffe (Handelspräparate): Bromoprid (Cascapride, Viaben), Domperidon (Motilium), Metoclopramid (u. a. Gastronerton, Gastrosil, MCP-ratiopharm, Paspertin).

Cisaprid

Pharmakodynamik: Cisaprid setzt als partieller 5-HT_4-Agonist Acetylcholin im Plexus myentericus frei und führt dadurch zu einer Beschleunigung der Magen-Darm-Passage.

Nebenwirkungen: Im Vergleich zu anderen Prokinetika soll die Substanz ein günstigeres Nebenwirkungsprofil aufweisen; so ist z. B. die Verabreichung an Kinder möglich.

Handelspräparate: Alimix, Propulsin.

Prolactin
s. Hypophysenvorderlappenhormone

Prolactin-Inhibitoren
s. Hypophysenvorderlappenhormone, Prolactin

Promazin s. Neuroleptika, Phenothiazine, Butyrophenone und analoge Verbindungen

Promethazin s. Neuroleptika, Phenothiazine, Butyrophenone und analoge Verbindungen

Propafenon s. Antiarrhythmika, Klasse-IC-

Propallylonal s. Hypnotika, Barbiturate

Propanthelinbromid
s. Parasympatholytika, sonstige

Propicillin s. Antiinfektiva, Oralpenicilline

Propionamid s. Tuberkulosemittel

Propofol s. Narkosemittel, Injektionsanästhetika

Propranolol s. Beta-Adrenozeptorenblocker

Propyliodon s. Röntgenkontrastmittel, wasserunlösliche

Propylthiouracil s. Thyreostatika; Thiouracile und Mercaptoimidazole

Propyphenazon s. Analgetika, nichtopioide

Proscillaridin s. Positiv inotrop wirkende Pharmaka, herzwirksame Glykoside

Prostaglandin E_1 s. Prostaglandine

Prostaglandin E_2 s. Prostaglandine

Prostaglandin $F_{2\alpha}$ s. Prostaglandine

Prostaglandine

Freisetzung, Wirkungsweise und Einteilung

Prostaglandine sind Gewebshormone, die in allen Organen vorkommen und aus ungesättigten Fettsäuren, insbesondere der Arachidonsäure, gebildet werden. Ihre Freisetzung wird durch Nervenreizung, verschiedene Mediatoren (z. B. Histamin) oder gastrointestinale Hormone und auch Noradrenalin ausgelöst. Sie werden rasch durch verschiedene Enzymsysteme inaktiviert.

Ihre Wirkungen sind überaus komplex. Sie sind u. a. an entzündlichen Prozessen und der Fieberentstehung beteiligt und sensibilisieren die Schmerzrezeptoren für adäquate Reize. Prostaglandine E wirken durch direkten Angriff an der glatten Muskulatur der Gefäße blutdrucksenkend und steigern die renale Durchblutung. An der Längsmuskulatur des Gastrointestinaltraktes führen sowohl PGE als auch $PGF_{2\alpha}$ zu einer Kontraktion, während die Ringmuskulatur durch PGE erschlafft und durch $PGF_{2\alpha}$ kontrahiert wird. PGE dilatieren die Bronchial- und Trachealmuskulatur; $PGF_{2\alpha}$ wirkt bronchokonstriktorisch. Therapeutisch verwendet werden bisher folgende Prostaglandine:

- Prostaglandin E_1 = Alprostadil,
- Prostaglandin E_2 = Dinoproston und
- Prostaglandin $F_{2\alpha}$ = Dinoprost.

Prostaglandin E_1 = Alprostadil

Indikationen: Alprostadil wird zur zeitweiligen Aufrechterhaltung des Ductus arteriosus (Botalli) bei Neugeborenen mit angeborenen Herzfehlern sowie als α-Cyclodextrinkomplex bei chronischen arteriellen Verschlußkrankheiten in den Stadien III und IV eingesetzt (s. a. durchblutungsfördernde Mittel).

Synthetische Derivate: Misoprostol dient als Ulkustherapeutikum (s. d.). Der Stellenwert dieses relativ neuen Therapieprinzips kann noch nicht endgültig beurteilt werden, doch ist nach den bisherigen Erfahrungen das Verhältnis von erwünschten zu unerwünschten Nebenwirkungen schlechter als beispielsweise bei H_2-Antagonisten (s. d.).

Gemeprost wird aufgrund seiner zervixdilatierenden und -erweichenden Eigenschaften bei der Vorbereitung einer Ausräumung des Uterus eingesetzt.

Wirkstoffe (Handelspräparate): Alprostadil (Minprog Päd.), Alprostadil-α-Cyclodextrinkomplex (prostavasin), Gemeprost (Cergem), Misoprostol (Cytotec).

Prostaglandin E_2 = Dinoproston

Indikationen: Aufgrund seiner uteruskontrahierenden Eigenschaften wird Dinoproston zur Geburtseinleitung, ferner zur Abortauslösung sowie bei der Vorbereitung einer instrumentellen Ausräumung des Uterus eingesetzt. Das synthetische Derivat Sulproston dient zur Abortauslösung. Seine Wirkung auf die Uterusmuskulatur ist selektiver als die der natürlichen Prostaglandine.

Wirkstoffe (Handelspräparate): Dinoproston (Minprostin E_2, Prepidil), Sulproston (Nalador).

Prostaglandin $F_{2\alpha}$ = Dinoprost

Indikationen: Die Substanz wird bei atonischen Nachblutungen nach einer Uterusausräumung oder nach einer Geburt sowie zur Vorbeugung einer Uterusatonie eingesetzt.

Wirkstoff (Handelspräparat): Dinoprost (Minprostin $F_{2\alpha}$).

Prothipendyl s. Neuroleptika

Prothrombin-Konzentrate s. Hämostyptika, Plasmafaktoren

Prourokinase s. Fibrinolytika

Pseudomonas-Immunglobulin s. Impfstoffe, passive Immunisierung

Psoralene

Psoralene sind photoaktive Furocumarin-Derivate, die in zahlreichen Pflanzen vorkommen.

Pharmakodynamik: Ihre antimitotische Wirkung beruht auf der Reaktion mit Pyrimidinbasen der DNA unter Lichteinfluß. Zur Bestrahlung dient langwelliges UV-Licht (sog. PUVA = *Psoralen-Ultraviolett-A-Therapie*).

Indikationen: Psoralene werden bei verschiedenen Hauterkrankungen, vor allem bei Psoriasis (s. Antipsoriatika), Vitiligo und Mycosis fungoides, eingesetzt.

Kontraindikationen: Schwere Leber- und Nierenerkrankungen, großflächige Anwendung bei Kindern unter 12 Jahren.

Nebenwirkungen: Übelkeit bei systemischer Applikation; mutagene und karzinogene Wirkung vor allem bei Langzeitbehandlung nicht auszuschließen.

Schwangerschaft/Stillzeit: Keine Information beim Menschen – bei großflächiger Anwendung kontraindiziert.

Hinweise: Strenge Indikationsstellung; bei systemischer Applikation große intra- und interindividuelle Schwankungen in der Bioverfügbarkeit. Zur Vermeidung von Augenschäden soll für 6–8 Stunden nach der Behandlung eine auch das langwellige UV-Licht abschirmende Sonnenbrille getragen werden.

Wirkstoff (Handelspräparat): Ammoidin = Methoxsalen, 9-Methoxypsoralen (Meladinine).

Psoriasistherapie s. Antipsoriatika

Psychopharmaka

Psychopharmaka im engeren Sinn sind Arzneistoffe, die psychische Funktionen durch Hemmung oder Aktivierung beeinflussen und daher zur Therapie von psychischen Erkrankungen eingesetzt werden. Nach der Wirkung und den Indikationen kann man verschiedene Gruppen unterscheiden:

- Neuroleptika (s. d.),
- Antidepressiva (s. d.),
- Lithiumsalze (s. d.),
- Tranquillantien (s. d.) und
- Psychotonika.

Purinantagonisten s. Zytostatika

Pyrantel s. Anthelminthika

Pyrazinamid s. Tuberkulosemittel

Pyrethrine s. antiparasitäre Mittel

Pyridostigminbromid
s. Parasympathomimetika, indirekte

Pyridoxin = Vitamin B₆ s. Vitamine

Pyrimethamin s. Malariamittel

Pyrimidinantagonisten s. Zytostatika

Pyritinol s. Nootropika

Quellstoffe s. Antidiarrhoika

Quinapril s. ACE-Hemmer; Antihypertonika, ACE-Hemmer

Radioiod s. Thyreostatika

Radix Ipecacuanhae, – Polygalae, – Primulae s. Expektorantien, Sekretolytika

Ramipril s. ACE-Hemmer; Antihypertonika, ACE-Hemmer

Ranitidin s. H_2-Antihistaminika; Ulkustherapeutika

Rekombinanter Gewebsplasminogen-Aktivator (rt-PA) s. Fibrinolytika

Remoxiprid s. Neuroleptika mit anderer chemischer Struktur

Reproterol s. Sympathomimetika, β-

Reserpin s. Antihypertonika, Pharmaka zur Beeinflussung des Sympathikotonus (Antisympathotonika)

Retinoide

Retinoide stellen Derivate von Vitamin A dar.

Pharmakodynamik: Die Wirkstoffe normalisieren Wachstum und Differenzierung von Schleimhaut- und Hautzellen. Bei erhöhter Teilungsrate wird die Mitoserate gesenkt, bei reduzierter Teilungsrate dagegen erhöht. Ferner lockern sie die Hornschicht durch Reduktion der Keratinbildung und besitzen eine immunmodulierende und entzündungshemmende Wirkung. Die Wirksamkeit soll an die freie Säure gebunden sein.

Indikationen: Retinoide werden bei Hyper- und Dyskeratosen, z. B. Psoriasis (s. Antipsoriatika), Akne (s. Aknetherapeutika) und Ichthyosis vulgaris eingesetzt.

Kontraindikationen: Systemische Anwendung (Etretinat, Isotretinoin): Schwangerschaft und Stillzeit, Leber- und Nierenfunktionsstörungen, Fettstoffwechselstörungen, manifester Diabetes mellitus, Kombination mit Vitamin A, Tetracyclinen, Methotrexat.

Nebenwirkungen: Hautreizung und -austrocknung; systemische Applikation: teratogene Wirkung, sehr häufig Lippenentzündungen, Pruritus, Desquamation an Handflächen und Fußsohlen, reversibler Haarausfall, Erhöhung der Serumtransaminasen und Blutlipide.

Hinweise: Systemische Applikation wegen der erheblichen Nebenwirkungen nur nach sorgfältiger Indikationsstellung. Da Etretinat im Fettgewebe gespeichert wird, ist ein strikter Konzeptionsschutz bis 2 Jahre nach Absetzen der Therapie erforderlich (bei Isotretinoin bis zum Ende des Menstruationszyklus). Hautirritationen, z. B. intensive Sonnenbestrahlung, sollen vermieden werden.

Wirkstoffe (Handelspräparate):

- systemische Applikation: Etretinat (Tigason), Isotretinoin (Roaccutan);
- topische Applikation: Vitamin-A-Säure = Tretinoin (Airol Roche, Cordes VAS, Epi-Aberel, Eudyna).

Retinol = Vitamin A s. Vitamine

Rhesus-Immunglobulin s. Impfstoffe, passive Immunisierung

Rhinologika

Die Arzneistoffe dieser Gruppe dienen mehrheitlich zur symptomatischen Behandlung einer behinderten Nasenatmung.

Sympathomimetika

Pharmakodynamik und Nebenwirkungen: Die topische Anwendung von Sympathomimetika (s. Sympathomimetika) auf die Nasenschleimhaut führt aufgrund einer Vasokonstriktion zur Abschwellung und damit zur Linderung der Beschwerden einer behinderten Nasenatmung. Diese tritt bei akuter Rhinitis im Rahmen von Erkältungskrankheiten, aber auch bei allergischer Rhinitis auf. Die verwendeten Wirkstoffe gelten als therapeutisch gleichwertig. Bei diesen Substanzen tritt nach ca. 4–6 Stunden ein Rebound-Phänomen mit verstärkter Schleimhautschwellung auf, die eine erneute Anwendung erfordert. Sympathomimetikahaltige Nasensprays oder -tropfen sollten daher nicht häufiger als 2–3mal tgl. und insgesamt nicht länger als 7–14 Tage angewandt werden, da mit dem Auftreten einer Arzneimittelrhinitis, des „Privinismus", zu rechnen ist. Außerdem können bei Langzeitgebrauch aufgrund einer Mangeldurchblutung Schäden an Epithelien und Gefäßen auftreten. Folge hiervon ist eine Beeinträchtigung der Schleimbildung. Beim Kurzzeitgebrauch gilt es auch mögliche systemische Nebenwirkungen (Blutdrucksteigerungen!) zu berücksichtigen. Vorsicht ist daher bei einer bestehenden Hypertonie sowie bei Glaukom geboten. Vor allem bei Kleinstkindern können nach Überdosierung komatöse Zustände mit Depression des Atemzentrums und Kreislaufschock auftreten.

Kontraindikation: Engwinkelglaukom.

Wirkstoff (Handelspräparate): Xylometazolin (Olynth, Otriven, Nasentropfen-ratiopharm u. a.), Naphazolin (Privin), Oxymetazolin (Nasivin), Tetryzolin (Tyzine), Tramazolin (Ellatun, Rhinospray).

Antiallergika

Bei Rhinitiden allergischer Genese ist eine Prophylaxe mit Cromoglicinsäure möglich. Der Effekt des Wirkstoffes beruht auf einer Stabilisierung der Mastzellmembran. Er muß daher prophylaktisch gegeben werden.

Wirkstoff (Handelspräparate): Cromoglicinsäure (Lomupren, Vividrin Nasenspray, duracroman Nasenspray).

H_1-Antihistaminika

(s. d.)

Sie hemmen – oral appliziert – vor allem die durch Freisetzung von Histamin bei der allergischen Rhinopathie ausgelöste Hypersekretion und Schwellung. Wegen der stark ausgeprägten sedativen Effekte älterer Antihistaminika wie z. B. Clemastin sollten nur noch H_1-Rezeptorenblocker wie z. B. Astemizol und Terfenadin eingesetzt werden, welche die Blut-Hirn-Schranke nicht permeieren.

Glucocorticoide

(s. d.)

Indikation und Nebenwirkungen: Die lokale Applikation von Corticosteroiden ist bei der allergischen und vasomotorischen Rhinitis indiziert. Je nach Wirkstoff ist mehr oder weniger häufig mit systemischen Nebenwirkungen zu rechnen. Dies gilt besonders für dexamethasonhaltige Präparate, die daher nicht mehr verordnet werden sollten. Ein günstigeres Nebenwirkungsprofil weisen hier beclometason- bzw. budesonidhaltige Präparate auf, denen bei dieser Indikation der Vorzug zu geben ist.

Wirkstoffe (Handelspräparate): Budesonid (Pulmicort nasal), Beclometason (Beconase), Dexamethason (in Dexa-Rhinospray, Dexa-Siozwo).

Kombinationspräparate

Die Anwendung von Kombinationen mit Antihistaminika, Antibiotika, Sympathomimetika, Glucocorticoiden, ätherischen Ölen u. a. in Nasentropfen oder Sprays ist nicht sinnvoll, da die Wirkungen und Nebenwirkungen der Einzelkomponenten nicht sicher zu bestimmen sind. Zudem unterscheiden sich die Einzelkomponenten in ihrer Wirkdauer.

Riboflavin = Vitamin B_2 s. Vitamine

Ricinusöl s. Laxantien, antiresorptiv und hydragog wirkende

Rifampicin s. Tuberkulosemittel

Ringer- bzw. Ringer-Lactat-Lösungen s. Plasmaersatzflüssigkeiten, Elektrolytlösungen

Röntgenkontrastmittel

Wirkungsweise und Einteilung

Röntgenkontrastmittel dienen zur röntgenologischen Darstellung von Hohlorganen und Hohlräumen des Körpers. Kontraste im Röntgenbild beruhen auf der unterschiedlichen Röntgenstrahlenabsorption der durchstrahlten Materie. Diese Absorption ist abhängig von der Ordnungszahl der in den Molekülen vorhandenen Atome, von der Dichte

dieser Moleküle und von der durchstrahlten Schichtdicke.
Während die Knochen, die lufthaltige Lunge, das Herz u. a. bei Röntgenaufnahmen einen ausreichenden natürlichen Kontrast liefern, haben andere Organe und Gefäße eine zu ähnliche Zusammensetzung wie ihre Umgebung und damit zu geringe Absorptionsunterschiede. Sie müssen daher durch Kontrastmittel röntgensichtbar gemacht werden.

Einteilung der Röntgenkontrastmittel:
- Bariumsulfat für die Magen-Darm-Diagnostik
- iodhaltige Röntgenkontrastmittel zur Darstellung der verschiedenen Gefäßsysteme, Körperhöhlen und Organe und
- Kontrastmittel mit magnetischen Eigenschaften zur magnetischen Resonanztomographie.

Bariumsulfat

Indikation: In Form des unlöslichen Sulfats können Barium-Ionen, die ansonsten hochtoxisch sind, als Suspension zur röntgenologischen Darstellung des Magen-Darm-Kanals benutzt werden. Bei Verdacht auf eine Perforation ist dagegen auf jeden Fall ein wasserlösliches, iodhaltiges Kontrastmittel (z. B. Gastrografin) zu wählen, da Bariumsulfat nach dem Übertritt ins Peritoneum praktisch nicht ausgeschieden wird und schwere Fremdkörperreaktionen hervorrufen kann.

Handelspräparate: Micropaque, Microtrast, Unibaryt.

Iodhaltige Röntgenkontrastmittel

Anforderungen, Kontraindikationen, Neben- und Wechselwirkungen

Iod verbindet als einziges chemisches Element drei für die Herstellung von Kontrastmitteln essentielle Eigenschaften: hohe Kontrastdichte, relativ feste Bindung an aromatische Reste sowie geringe Toxizität.

Anforderungen: Für eine gute Kontrastdarstellung ist ein möglichst hoher Iodgehalt erforderlich (50–60 Gewichtsprozent). Neben geringer systemischer Toxizität müssen die verwendeten Röntgenkontrastmittel auch eine gute lokale Verträglichkeit besitzen.
Röntgenkontrastmittel zur intravasalen Applikation müssen ferner eine gute Wasserlöslichkeit und niedrige Viskosität aufweisen sowie annähernd neutral reagieren.
Röntgenkontrastmittel zur Darstellung der ableitenden Harn- oder der Gallenwege müssen ein niedriges Verteilungsvolumen aufweisen sowie renal bzw. biliär sezerniert werden und sich auf diese Weise an den gewünschten Orten anreichern.

Kontraindikationen: Neigung zu Überempfindlichkeitsreaktionen, Hyperthyreose (Deiodierung s. u.), Nieren- und Leberinsuffizienz sowie schwere Herz-Kreislaufstörungen.

Schwangerschaft und Stillzeit: Bislang gibt es keinen Hinweis auf eine embryotoxische/teratogene Wirkung beim Menschen. Da iodhaltige Kontrastmittel die Plazenta passieren, besteht ein theoretisches fetotoxisches Risiko.
Wegen der Strahlenbelastung und des daraus resultierenden Risikos für den Feten ist eine Röntgenuntersuchung während der Schwangerschaft normalerweise nicht indiziert.

Nebenwirkungen: Grundsätzlich ist bei allen iodhaltigen Röntgenkontrastmitteln – wenn auch mit unterschiedlicher Häufigkeit – mit ähnlichen Nebenwirkungen zu rechnen:
Trotz der relativ festen Bindung des Iods an einen aromatischen Ring erfolgt im Organismus eine teilweise Deiodierung (bis etwa 1%). Das hierdurch in den Organismus gelangte Iod stört die Funktionsdiagnostik der Schilddrüse über Wochen bis Monate. Bei parenteraler Zufuhr ist mit Überempfindlichkeitsreaktionen (Übelkeit, Brechreiz, Urtikaria, Glottisödem, Blutdruckabfall, Bronchialobstruktion) bis hin zum schweren Schock zu rechnen. Nach heutiger Auffassung handelt es sich dabei um pseudoallergische Reaktionen.
Vor jeder intravasalen Anwendung dieser Stoffe ist dafür zu sorgen, daß eine wirksame Therapie solcher Überempfindlichkeitsreaktionen jederzeit möglich ist.
Vorherige Testinjektionen bergen selbst ein Risiko und bringen keine Sicherheit.

Wechselwirkungen: Der Radioiodtest kann nach Anwendung der Kontrastmittel verfälscht sein.

Kontrastmittelarten

Entwicklung neuer iodhaltiger Röntgenkontrastmittel: Während die Osmolarität der älteren – sog. monomeren – Röntgenkontrastmittel etwa 5–8mal höher ist als die des

Blutes und dadurch eine nicht sehr gute Verträglichkeit resultiert, ist bei den neueren Verbindungen mit zwei aromatischen Kernen (sog. dimeren Röntgenkontrastmitteln) oder den nichtionischen Substanzen die Osmolarität deutlich niedriger und die Verträglichkeit dadurch erhöht.

Monomere ionische Röntgenkontrastmittel

Indikationen: Angio- und Urographie, bei CT-Untersuchungen und zur oralen Anwendung.

Wirkstoffe (Handelspräparate): Amidotrizoesäure (Angiografin, Gastrografin [oral], Peritrast [auch oral und rektal], Urografin, Urovison, Urovist), Iodamid (Uromiro), Ioglicinsäure (Rayvist), Iotalaminsäure (Conray), Ioxitalaminsäure (Telebrix, Telebrix Gastro [oral]), Iopodate (Biloptin).

Monomere nichtionische Röntgenkontrastmittel

Indikationen: Uro- und Angiographie.

Wirkstoffe (Handelspräparate): Iopamidol (Solutrast, Iopamiro), Iohexol (Omnipaque), Iopentol (Imagopaque),, Iopromid (Ultravist), Ioversol (Optiray).

Dimere ionische Röntgenkontrastmittel

Wirkstoffe (Handelspräparate): Zur Angio- und Myelographie: Ioxaglinsäure (Hexabrix); zur i.v. Cholegraphie: Iotroxinsäure (Biliscopin), Iodoxaminsäure (Endomirabil).

Dimere nichtionische Röntgenkontrastmittel

Indikation: Myelographie.

Wirkstoff (Handelspräparat): Iotrolan (Isovist).

Sonstige iodhaltige Kontrastmittel

Wasserunlösliche iodhaltige Kontrastmittel

Indikation: Als Suspension zur Bronchographie.

Wirkstoff (Handelspräparat): Iopydon (Hytrast).

Ölige iodhaltige Kontrastmittel

Indikation: Lymphographie.

Wirkstoff: (Handelspräparat): Iodiertes Mohnöl (Lipiodol Ultra-Fluid).

Kontrastmittel zur magnetischen Resonanztomographie (MRT)

Indikation: Nichtiodhaltiges Kontrastmittel, das aufgrund seiner magnetischen Eigenschaften kontrastgebend ist.

Wirkstoff (Handelspräparat): Gadopentetsäure (Magnevist).

Ultraschallkontrastmittel

Intravenös injizierte Galactose-Suspension wird bei der Ultraschalluntersuchung des Herzens eingesetzt, um den Kontrasteffekt durch starken Anstieg der Echogenität des Blutes zu erhöhen.

Handelspräparat: Echovist.

Röteln-Immunglobulin s. Impfstoffe, passive Immunisierung

Röteln-Impfstoff: s. Impfstoffe, aktive Immunisierung

Roßkastanienextrakt s. Venenmittel

Roxatidinacetat s. H_2-Antihistaminika; Ulkustherapeutika

rt-PA s. rekombinanter Gewebsplasminogen-Aktivator (rt-PA)

Rutosid s. Venenmittel

Salazosulfapyridin = Sulfasalazin Colitis-ulcerosa- und Morbus-Crohn-Therapeutika

Salbutamol s. Sympathomimetika, β-

Salicylamid s. Analgetika, nichtopioide

Saluretika s. Diuretika; Antihypertonika

Saponinhaltige Drogen s. Expektorantien, Sekretolytika

Schilddrüsenhormone

In der Schilddrüse werden folgende Hormone gebildet:

- L-Thyroxin (T_4),
- Triiodthyronin (T_3) und
- Calcitonin.

L-Thyroxin (Levothyroxin = T_4) und Triiodthyronin (Liothyronin = T_3)

Bildung: Beide Hormone werden zwar von der Schilddrüse gemeinsam freigesetzt, doch kommt die eigentliche Wirkung weitgehend Triiodthyronin zu. Thyroxin wird unter Iodabspaltung im Gewebe in Triiodthyronin umgewandelt.
Die Sekretion beider Hormone wird durch Thyroliberin und Thyrotropin (s. Hypothalamus-, Hypophysenvorderlappenhormone) entsprechend ihrer Konzentration im Blut gesteuert; weitere Faktoren greifen modulierend ein. Die Bildung und Freisetzung wird durch Thyreostatika (s. d.) gehemmt.

Pharmakodynamik: Beschleunigung der oxidativen Stoffwechselprozesse, dadurch Steigerung des Energieumsatzes, Erhöhung des Sauerstoffverbrauchs sowie Stimulation der Proteinsynthese.
Physiologische Konzentrationen der beiden Hormone sind weiterhin Vorbedingung für ein normales Längenwachstum und eine normale Organentwicklung.

Indikationen: Beide Hormone werden zur Substitutionstherapie bei allen Arten einer Schilddrüsenunterfunktion, zur Unterdrükkung der Thyreotropin-Wirkung bei Behandlung der euthyreoten Struma sowie nach Kropfoperationen und zusammen mit Thyreostatika (s. d.) bei Hyperthyreosen zur Vermeidung einer Kropfbildung eingesetzt.

Kontraindikationen: Angina pectoris, Myokardinfarkt, Myokarditis und tachykarde Herzinsuffizienz.

Nebenwirkungen: Bei Überdosierung Symptome einer Hyperthyreose, z. B. Tachykardie, Hyperhidrosis, innere Unruhe, Diarrhö, Tremor, Schlaflosigkeit.

Wechselwirkungen: Verminderte Resorption durch Colestyramin, erhöhte Plasmaspiegel der Schilddrüsenhormone durch Phenytoin, Salicylate (s. Analgetika, nichtopioide), Clofibrat und hohe Dosen von Furosemid; Verlängerung der Prothrombinzeit von oralen Antikoagulantien (s. d.); verringerte oder verstärkte blutzuckersenkende Wirkung von Antidiabetika (s. d.).

Kinetik: Metabolismus; Inaktivierung durch Konjugation mit aktivierter Glucuronsäure oder aktivem Sulfat, Dekarboxylierung und/oder Desaminierung sowie Deiodierung. Die Konjugate unterliegen einem enterohepatischen Kreislauf.

- *Thyroxin:* PEB > 99%, davon 60% gebunden an thyroxinbindendes Globulin (TBG), 30% an thyroxinbindendes Präalbumin (TBPA) und ca. 10% an Albumin; freier Anteil 0,05%; $t_{1/2}$ ca. 7 Tage; in der Peripherie größtenteils Umwandlung zu T_3.
- *Triiodthyronin:* freier Anteil im Blut 0,5%; $t_{1/2}$ 1–2 Tage.

Hinweise: Nach Gabe von Thyroxin Wirkmaximum erst nach etwa 10 Tagen, Wirkdauer 3–4 Wochen; große Kumulationsgefahr.

Wirkstoffe (Handelspräparate): T_4 (u. a. Eferox, Euthyrox, Thevier, L-Thyroxin Henning), T_3 (Thybon, Thyrotardin), T_4 und T_3 (Novothyral, Prothyrid, Thyroxin-T_3 „Henning" etc.).

Calcitonin

Das Hormon wird außer in der Schilddrüse auch in der Nebenschilddrüse und im Pankreas gebildet. Therapeutisch verwendet wird vor allem synthetisches Lachs-Calcitonin, das länger und stärker wirkt. Calcitonin antagonisiert unter physiologischen Bedingungen teilweise die Wirkungen des Parathormons (s. d.). Die Regulation der Calcitonin-Abgabe erfolgt durch die Calcium-Konzentration im Blut.

Pharmakodynamik: Senkung der Calciumionen-Konzentration im Blut vor allem durch Hemmung der Calciumionen- und Phosphatfreisetzung aus dem Knochen sowie Förderung von deren Einbau in den Knochen, ferner Erniedrigung der Osteoklastentätigkeit; an der Niere Steigerung der Ausscheidung von Phosphat-, Calcium-, Natrium-, Kalium- und Magnesium-Ionen.

Indikationen: Calcitonin wird eingesetzt bei Erkrankungen, die infolge eines gesteigerten Knochenabbaus zu einer Hyperkalziämie führen, z. B. Morbus Paget, maligne Tumoren mit Knochenmetastasen, primärer Hyperparathyreoidismus. Ferner dient Calcitonin zur Behandlung des Sudeck-Syndroms, der Osteoporose und der akuten Pankreatitis.

Nebenwirkungen: Selten Nausea und Flush; bei Lachs-Calcitonin allergische Reaktionen.

Wirkstoffe (Handelspräparate): Synthetisches Lachs-Calcitonin (u. a. Calcitonin L, Calsynar, Karil), Calcitonin vom Schwein (Calcitonin S), synthetisches Human-Calcitonin (Cibacalcin).

Schlangengiftseren s. Impfstoffe, passive Immunisierung

Schleifendiuretika s. Diuretika

Schluckthrombin s. Hämostyptika, Plasmafaktoren

Schocktherapie

Vorrangige Therapieziele bei der Schockbehandlung sind eine rasche Wiederherstellung der Organperfusion sowie die Beseitigung der Schockursache. Hierzu werden je nach Schockform verschiedene Pharmaka eingesetzt.

Mittel zur Volumensubstitution

Eine Volumensubstitution als wichtigste Sofortmaßnahme dient der möglichst raschen Normalisierung der zirkulierenden Flüssigkeitsmenge und damit der Sicherstellung der Organperfusion. Hierzu finden homologe (Vollblut, Plasma) oder körperfremde (Dextrane, Hydroxyethylstärke-Derivate, Elektrolytlösungen) Plasmaersatzflüssigkeiten (s. d.) Anwendung. Neben einer Wiederherstellung der Makrozirkulation kann die Mikrozirkulation durch Plasmaersatzmittel verbessert werden (Dextrane und andere kolloidale Lösungen bewirken eine Hämodilution, der Hämatokrit und die Blutviskosität werden gesenkt).
Beim hypovolämischen Schock werden bei einem Hämatokrit > 25 Vol.-% in erster Linie kolloidale Plasmaersatzmittel (Dextrane, Hydroxyethylstärke-Derivate), initial auch Elektrolytlösungen eingesetzt. Vollblut wird in Anbetracht der Nachteile (Zeitaufwand für Blutgruppenbestimmung, Infektions- und Sensibilisierungsrisiko, Versorgungsengpässe etc.) nur bei einem Hämatokrit < 25 Vol.-% und einem Hämoglobingehalt < 8–10 g/dl eingesetzt (wegen der Hämokonzentration meist zusammen mit Plasmaersatzflüssigkeiten). Bei Blutverlusten von mehr als 50% kann zur Deckung der Eiweißverluste und zur Aufrechterhaltung des kolloidosmotischen Druckes mit Eiweißlösungen (Albumin, Plasmaproteinlösung) substituiert werden; bei Blutverlusten von mehr als 80% muß der Mangel an Gerinnungsfaktoren durch entsprechende Konzentrate oder Vollblut gedeckt werden (s. Hämostyptika). Beim kardiogenen Schock (Lungenödemrisiko!) muß eine Volumensubstitution sehr vorsichtig und unter Kontrolle des zentralen Venendruckes erfolgen. Plasmaexpander dürfen nicht gegeben werden.

α-Sympathomimetika

(s. Sympathomimetika)

α-Sympathomimetika (Adrenalin bzw. Noradrenalin) sind bei Erniedrigung des peripheren Widerstandes indiziert, insbesondere im Frühstadium des septischen oder anaphylaktischen Schocks (Phase reiner Vasodilatation). Sie sollen über die α_1-vermittelte Vasokonstriktion den venösen Rückstrom verbessern und zusätzlich das HZV über eine β_1-Stimulation steigern. Bei Erhöhung des peripheren Widerstandes oder des zentralen Venendrucks sind blutdrucksteigernde Mittel kontraindiziert (z. B. kardiogener Schock).

Dopamin/Dobutamin

Dopamin und Dobutamin sind beim kardiogenen Schock günstiger als die klassischen Sympathomimetika (s. d.) (Isoprenalin, Orciprenalin etc.), da die Herzfrequenz weniger stark gesteigert und die Perfusion der Niere (bei Dopamin über Dopaminrezeptor-Stimulation, bei Dobutamin über die β_1-Wirkung: keine Schockniere) und der Mesenterialgefäße (Dopamin) verbessert wird. Das Herz wird direkt stimuliert (β_1); der periphere Widerstand nimmt in therapeutischer Dosierung ab.

Vasodilatierend wirkende Pharmaka

Alpha-Adrenozeptorenblocker (s. d.) (Phentolamin, Phenoxybenzamin, Dihydroergotoxin), bzw. β-Sympathomimetika (s. Sympathomimetika) (z. B. Orciprenalin) verbessern über eine globale (α) oder auf die skelettmuskulären Widerstandsgefäße beschränkte (β) Vasodilatation die Gewebsdurchblutung. Nachteile der β-Sympathomimetika sind die Steigerung von Herzfrequenz und myokardialer Automatie sowie die fehlende Verbesserung der Nierenperfusion. Sie werden zur Verbesserung der Gewebeperfusion in der Zentralisationsphase eingesetzt (zuvor ausreichende Volumensubstitution!).

Glucocorticoide
(s. d.)

Glucocorticoide setzen die Membranpermeabilität herab, vermindern die Freisetzung lysosomaler Enzyme und unterdrücken die Effekte eines wichtigen Schockfaktors (*m*yocardial *d*epressant *f*actor = MDF). Sie sind insbesondere beim septischen Schock angezeigt.

Antikoagulantien (s. d.) und Fibrinolytika (s. d.)

Während sich die reversiblen Aggregationen von Erythrozyten (sludge) bzw. Thrombozyten durch eine Volumensubstitution mit niedermolekularen Dextranen vermeiden lassen (s. Thrombozyten-Aggregationshemmer), kann zur Unterbindung einer mikrovaskulären Thrombosierung mit Antikoagulantien (s. d.) (insbesondere Heparin) behandelt werden. Eine prophylaktische Gabe von Fibrinolytika (s. d.) (z. B. Streptokinase) ist unter Beachtung der Kontraindikationen beim protrahierten Schock angezeigt.

Puffer zur Azidosetherapie/ Opioid-Analgetika/Diuretika
(s. d.)

Unter der Voraussetzung einer intakten Nieren- und Lungenfunktion (Elimination) können Infusionen von Natriumhydrogenphosphat (bei geringer Pufferkapazität gut verträglich) oder Trispuffer (gute Pufferkapazität) gegeben werden.
Zur Behandlung der Schmerzen werden Opioid-Analgetika (s. Analgetika) (Morphin bzw. Pethidin) verabreicht.
Eine akute Anurie ist eine Indikation für die Gabe von Furosemid (bei Oligurie Mannitol als Infusion).

Kontraindikationen, Nebenwirkungen, Wechselwirkungen, Wirkstoffe s. Alpha-Adrenozeptorenblocker; Analgetika, opioide; Antikoagulantien; Diuretika; Fibrinolytika; Glucocorticoide; Hämostyptika; Mutterkorn-Alkaloide; Plasmaersatzflüssigkeiten; Sympathomimetika; Thrombozyten-Aggregationshemmer.

Schwangerschaftshormone s. Gestagene

Schwangerschaftstests s. Hypophysenvorderlappenhormone, Gonadotropine

Scopolamin s. Parasympatholytika; Antiemetika

Secale-Alkaloide s. Mutterkorn-Alkaloide

Secbutabarbital s. Hypnotika, Barbiturate

Secobarbital s. Hypnotika, Barbiturate

Sedativa s. Hypnotika

Sekretolytika s. Expektorantien

Sekretomotorika s. Expektorantien

Selegilin s. Anti-Parkinson-Mittel, indirekte dopaminerge Agonisten

Semen Lini = Leinsamen, s. Laxantien, Quellstoffe

Sennoside s. Anthraglykoside

Serotoninantagonisten

Pharmakodynamik: Serotoninantagonisten blockieren kompetitiv und z. T. selektiv die Serotonin-(= 5-Hydroxytryptamin-)Rezeptoren (5-HT_1-, 5-HT_2, 5-HT_3-Rezeptoren) und heben dadurch Serotoninwirkungen auf. Aufgrund der Vielzahl der unterschiedlichen Angriffspunkte weisen sie ein komplexes Wirkungsspektrum auf. Ferner wirken sie meist antihistaminisch.

Indikationen: Serotoninantagonisten werden vor allem zur Migräneprophylaxe (Migränetherapie) eingesetzt. Methysergid wird ferner beim Karzinoidsyndrom, Cyproheptadin und Pizotifen bei Appetitlosigkeit angewandt. Bei durch Zytostatika, insbesondere Cisplatin induziertem Erbrechen ist der 5-HT_3-Antagonist Ondansetron Mittel der Wahl.

Schwangerschaft/Stillzeit: Keine Informationen beim Menschen – strengste Indikationsstellung.

Wirkstoffe (Handelspräparate): Cyproheptadin (Nuran, Periactinol), Methysergid (Deseril retard), Ondansetron (Zofran), Pizotifen (Mosegor, Sandomigran).

Silymarin s. Hepatika

Simvastatin s. Lipidsenker, Pharmaka zur Senkung des Cholesterinspiegels

Sitosterin s. Lipidsenker, Pharmaka zur Senkung des Cholesterinspiegels

Somatoliberin s. Hypothalamushormone

Somatostatin s. Hypothalamushormone

Somatotropes Hormon = STH = Somatotropin s. Hypophysenvorderlappenhormone

Somatotropin s. Hypophysenvorderlappenhormon

Sorbit s. Diuretika, Osmodiuretika; Laxantien, Osmolaxantien; Cholekinetika

Sotalol s. Antiarrhythmika, Klasse-III-; Beta-Adrenozeptorenblocker

Spagluminsäure s. Ophthalmika, Antiallergika

Spasmolytika, neurotrope s. Parasympatholytika

Spectinomycin s. Antiinfektiva, Aminoglykosid-Antibiotika

Spiramycin s. Antiinfektiva, Makrolide

Spironolacton s. Diuretika, kaliumsparende

Standard-Heparine s. Antikoagulantien, Heparine

Stanozolol s. Anabolika

STH = somatotropes Hormon = Somatotropin s. Hypophysenvorderlappenhormon

Streptokinase s. Fibrinolytika

Streptomycin s. Tuberkulosemittel; Antiinfektiva, Aminoglykosid-Antibiotika

Strophanthus-Glykoside s. Positiv inotrop wirkende Pharmaka, herzwirksame Glykoside

Succinimide s. Antiepileptika, Succinimide

Succinylcholinchlorid = Suxamethoniumchlorid s. Muskelrelaxantien, peripher angreifende, depolarisierende

Sucralfat s. Ulkustherapeutika

Sukzinylierte Gelatine s. Plasmaersatzflüssigkeiten, körperfremde kolloidale

Sulbactam s. Antiinfektiva, Breitspektrum-Penicilline

Sulfadiazin s. Antiinfektiva, Sulfonamide

Sulfadicramid s. Ophthalmika, Antiinfektiva

Sulfalen s. Antiinfektiva, Sulfonamide

Sulfasalazin = Salazosulfapyridin s. Colitis-ulcerosa- und Morbus-Crohn-Therapeutika

Sulfinpyrazon s. Thrombozyten-Aggregationshemmer; Gichttherapeutika

Sulfisomidin s. Antiinfektiva, Sulfonamide; Ophthalmika, Antiinfektiva

Sulfonamide s. Antiinfektiva, Sulfonamide

Sulfonylharnstoffe s. Antidiabetika, orale; Sulfonylharnstoffe

Sulpirid s. Neuroleptika mit anderer chemischer Struktur

Sultiam s. Antiepileptika

Superoxiddismutase s. Antirheumatika

Suxamethoniumchlorid s. Muskelrelaxantien, peripher angreifende, depolarisierende

Sympathomimetika

Wirkungsweise und Einteilung

Sympathomimetika (Adrenozeptor-Agonisten) wirken wie der physiologische Neurotransmitter Noradrenalin (das Nebennieren-

markshormon Adrenalin) agonistisch an α- und/oder β-Adrenozeptoren. Während die *direkten Sympathomimetika* an den genannten Adrenozeptoren Affinität und intrinsische Aktivität besitzen, erhöhen die *indirekten Sympathomimetika* Konzentration und Wirkdauer von Noradrenalin, indem sie dieses aus den synaptischen Speichervesikeln freisetzen bzw. dessen aktive Wiederaufnahme aus dem synaptischen Spalt hemmen.
Die Rezeptoren des sympathischen Nervensystems können in α-Adrenozeptoren (mit den Subtypen α_1 und α_2) und β-Adrenozeptoren (mit den Subtypen β_1 und β_2) unterschieden werden. Die wichtigsten Vorkommen der Rezeptoren und Effekte einer Stimulation sind:

α_1 (postsynaptisch, an Gefäßen): Vasokonstriktion,
α_2 (präsynaptisch, peripher): Erniedrigung der Noradrenalin-Liberation,
α_2 (postsynaptisch, zentral): Senkung des peripheren Sympathikostonus,
β_1 (postsynaptisch, am Herzen): positiv inotrop, chronotrop, dromotrop,
β_2 (postsynaptisch, an skelettmuskulären Widerstandsgefäßen): Vasodilatation,
β_2 (postsynaptisch, Uterus- und Bronchialmuskulatur): Relaxation.

Aufgrund der Wirkungsweise bzw. der Rezeptorselektivität lassen sich folgende Wirkstoffgruppen unterscheiden:

direkte Sympathomimetika:
- endogene Substanzen (Noradrenalin, Adrenalin, Dopamin)
- α-Sympathomimetika
  α-Sympathomimetika mit vorwiegend peripherer Wirkung
  α-Sympathomimetika mit vorwiegend zentraler Wirkung
- β-Sympathomimetika

indirekte Sympathomimetika

Direkte Sympathomimetika

Endogene Substanzen

Pharmakodynamik: Als Agonist an α_1-, α_2- und an β_1-Rezeptoren bewirkt *Noradrenalin* eine Steigerung des peripheren Widerstandes (α_1) und der Herzaktivität (β_1). Der diastolische und der systolische Blutdruck nehmen zu, die Herzfrequenz wird dagegen als eine Folge des gestiegenen arteriellen Mitteldrucks durch vagale Gegenregulation vermindert. An β_2-Rezeptoren ist Noradrenalin schwächer wirksam.
Das Nebennierenmarkshormon *Adrenalin* wirkt dagegen an allen vier Rezeptortypen gleich stark agonistisch. Die Herzaktivität ist aufgrund der β_1-Wirkung gesteigert; dagegen kommt es nur zu einer geringen Zunahme des peripheren Widerstandes (Nettoeffekt aus α_1- und β-Wirkungen). Wegen der geringeren oder fehlenden Steigerung des arteriellen Mitteldruckes erfolgt nur eine geringe vagale Gegenregulation (Herzfrequenz erhöht).
Dopamin wirkt als Agonist an zentralen und peripheren Adrenozeptoren und Dopaminrezeptoren, in hoher Dosierung zusätzlich als indirektes Sympathomimetikum. In niedriger Konzentration bewirkt es über eine Dopaminrezeptor-Stimulation eine Dilatation kardialer, renaler und mesenterialer Arteriolen, eine verbesserte Perfusion der betreffenden Organe und eine Abnahme des peripheren Widerstandes. Mit steigender Konzentration werden diese Effekte durch eine zunächst direkte, später indirekt sympathomimetische Wirkung überspielt (β-Effekte > α-Effekte); die verbesserte Nieren- und Mesenterialdurchblutung bleibt jedoch erhalten.

Indikationen:
- Noradrenalin wird lokal zur Stillung diffuser Haut- und Schleimhautblutungen sowie als vasokonstriktorischer Zusatz zu Lokalanästhetika genutzt.
- Adrenalin eignet sich ebenfalls als vasokonstriktorischer Zusatz zu Lokalanästhetika, weiterhin zur intravenösen oder intratrachealen Applikation beim Herzstillstand (nicht bei Kammerflimmern!) sowie beim anaphylaktischen, septischen oder neurogenen Schock.
- Dopamin wird allgemein bei Schockzuständen, insbesondere beim kardiogenen Schock, eingesetzt.

Kontraindikationen: Hyperthyreose, Koronar- bzw. Zerebralsklerose, Hypertonie, Tachyarrhythmien, Phäochromozytom, Prostataadenom mit Restharnbildung, Engwinkelglaukom, Narkosen mit halogenierten Kohlenwasserstoffen und Ethern.
Nebenwirkungen: Angst- und Unruhezustände, Kopfschmerzen, Herzklopfen, Arrhythmien, pektanginöse Beschwerden und Tremor.
Wechselwirkungen: Die gleichzeitige Gabe von Alpha- bzw. Beta-Adrenozeptorenblokkern (s. d.) hebt Teile der Sympathomimeti-

kawirkungen auf. Zu einer allgemeinen Wirkungsverstärkung kann es bei Gabe mit anderen Sympathomimetika bzw. von Guanethidin kommen. Digitalisglykoside (s. positiv inotrop wirkende Pharmaka) und halogenierte Kohlenwasserstoffe (s. Narkosemittel) sensibilisieren das Myokard und können ebenso wie trizyklische Antidepressiva (s. d.) die kardiovaskulären Effekte verstärken (Arrhythmien, Tachykardie, Hypotonie). Eine gleichzeitige Gabe von Mutterkorn-Alkaloiden (s. d.) kann zu einer exzessiven peripheren Vasokonstriktion führen, die Wirkung von Antidiabetika (s. d.) kann abgeschwächt werden.

Wirkstoffe (Handelspräparate): Noradrenalin (Arterenol), Adrenalin (Adrenalin Medihaler, Anaphylaxie Besteck, Epiglaufrin, Suprarenin), Dopamin (Dopamin Giulini, Dopamin-Nattermann, Dopamin Premix).

α-Sympathomimetika

α-Sympathomimetika mit vorwiegend peripherer Wirkung

Pharmakodynamik: Die systemisch applizierten *Phenylethylamin-Derivate* sowie die vorwiegend topisch angewandten *Imidazolin-Derivate* bewirken als unselektive Agonisten an α_1- und α_2-Adrenozeptoren eine generalisierte (mit Anstieg des peripheren Widerstandes und des arteriellen Mitteldruckes) oder lokale Vasokonstriktion (in der Nasenschleimhaut, in den Konjunktiven). Etilefrin und Oxilofrin zeigen zusätzlich eine β_1-agonistische Wirkung (positiv inotrop und chronotrop).

Indikationen: Die Phenylethylamin-Derivate (ausgenommen Phenylephrin) eignen sich bei systemischer Gabe zur Therapie asympathikotoner Formen orthostatischer Dysregulationen (s. Antihypotonika). Bei oraler Gabe ist bei einer Reihe von Substanzen (z. B. Norfenefrin, Oxedrin etc.) die Bioverfügbarkeit gering oder schwankend, die Wirksamkeit daher unsicher. Etilefrin und Oxilofrin wirken aufgrund höherer Bioverfügbarkeit und der zusätzlichen Herzstimulation zuverlässiger (für eine anhaltende Blutdrucksteigerung sollten die Pharmaka wegen der zumeist nur kurzen Wirkung in retadierter Form gegeben werden). Die Naphazolin-Derivate und Phenylephrin sind in Form von Tropfen oder Sprays zur lokalen Therapie unspezifischer oder allergischer Konjunktivitiden sowie bei Sinusitis und Rhinitis indiziert.

Kontraindikationen: Entsprechen denen von Adrenalin und Noradrenalin.

Nebenwirkungen: Bei systemischer Applikation – inbesondere in hoher Dosierung – kardiale NW (Herzpalpitationen, pektanginöse Zustände, Arrhythmien). Bei lokaler Applikation nach längerer Anwendung Gefahr einer Schleimhautatrophie (Rhinitis sicca) oder reflektorischer Schleimhautschwellung (ohne ärztliche Anweisung nicht länger als 10–14 Tage anwenden!). Bei Säuglingen und Kleinkindern Gefahr resorptiver Vergiftung mit komatösen Zuständen (nur in Form verdünnter Lösung, nicht als Spray anwenden!).

Wechselwirkungen: Die Wirkung wird durch gleichzeitige Gabe von Alpha- und Beta-Adrenozeptorenblockern (s. d.) sowie von Guanethidin vermindert. Eine Potenzierung der pressorischen Effekte bewirken MAO-Hemmer (s. Andidepressiva, keine gleichzeitige Gabe!), trizyklische Antidepressiva (s. d.) und Narkosemittel (s. d.) (insbesondere halogenierte Kohlenwasserstoffe) verstärken die kardialen Effekte. Die genannten Interaktionen treten bei den topisch applizierten Sympathomimetika nur im Falle einer signifikanten Resorption auf.

Wirkstoffe (Handelspräparate):

- *zur systemischen Applikation:* Etilefrin (Effortil, Eti-Purten), Gepefrin (Wintonin), Midodrin (Gutron), Norfenefrin (Norfenefrin-ratiopharm, Novadral), Octopamin (Norphen), Oxedrin (Sympatol), Oxilofrin (Carnigen [Mono]);
- *zur lokalen Applikation:* Fenoxazolin (Snup), Indanazolin (Farial), Naphazolin (Naphazolin Kanoldt, Vistalbalon Liquifilm etc.), Oxymetazolin (Nasivin etc.), Phenylephrin (Visadron etc.), Tetryzolin (Tyzine, Yxin etc.), Tramazolin (Biciron, Ellatun N, Rhinospray etc.), Xylometazolin (Balkis, Idril N, NasenTropfen-/NasenSpray-/NasenGel-ratiopharm, Olynth, Otriven, schnupfen endrine).

α-Sympathomimetika mit vorwiegend zentraler Wirkung

Pharmakodynamik: Clonidin, Moxonidin, Guanfacin und *α-Methylnoradrenalin* als der aktive Metabolit des Prodrug α-Methyldopa wirken als weitgehend α_2-selektive Agonisten an zentralen postsynaptischen und an peripheren prä- und postsynaptischen Adrenozeptoren. Die Hauptwirkung ist auf eine Stimulation der zentralen α_2-Rezeptoren im Bereich des Nucleus solitarius (der Umschaltstelle des Barorezeptorreflexes) und die darauf resultierende Senkung des peripheren Sympathikotonus zurückzuführen (Clonidin, Moxonidin, Guanfacin und α-Methyldopa werden daher neben Reserpin und Guanethidin auch als Antisympathotonika bezeichnet). Die peripheren Wirkungen (Aufhebung des negativen Feedback durch präsynaptische und der Vasokonstriktion durch postsynaptische α_2-Rezeptoren) machen sich nur modulierend und als initialer leichter Blutdruckanstieg bemerkbar. Der anhaltende zentral ausgelöste Blutdruckabfall wird bei allen vier Pharmaka insbesondere durch eine Senkung des peripheren Widerstands ausgelöst (bei Einmalgabe im Falle von Clonidin und Guanfacin stärker durch HZV-Senkung). Clonidin und Guanfacin unterscheiden sich nur in pharmakokinetischer Hinsicht (Guanfacin ist länger und aufgrund höherer Lipophilie rascher zentral wirksam).

Indikationen: Die genannten Pharmaka dienen als Mittel der 2. Wahl zur Kombinationstheraphie der Hypertonie (s. Antihypertonika). α-Methyldopa sollte wegen der ausgeprägteren Nebenwirkungen besonders zurückhaltend eingesetzt werden. Clonidin ist darüber hinaus bei Opiat-Entzugssyndrom (Verminderung der zentralen Noradrenalin-Liberation) sowie zur Migränetherapie (s. d.) im Intervall indiziert.

Kontraindikationen: Sick-sinus-Syndrom, bei Bradykardie und AV-Überleitungsstörungen nur vorsichtig (Clonidin, Guanfacin); Phäochromozytom, manifeste Depressionen, Leberfunktionsstörungen (α-Methyldopa).

Nebenwirkungen:

- allgemein: antisympathotone Effekte, z. B. Sedation, Libido- und Potenzverlust, orthostatische Dysregulation; durch Abnahme der Acetylcholin-Liberation aus cholinergen Nervenenden (über präsynaptische α_2-Rezeptoren vermittelt) ausgelöste NW, z. B. Mundtrockenheit, verminderte HCl-Produktion, Obstipation; bei plötzlichem Absetzen Gefahr eines Rebound-Hochdrucks oder einer hypertonen Krise;
- zusätzlich bei α-Methyldopa; Extrapyramidalmotorische Störungen (Parkinsonoid), depressive Verstimmungen und vermehrte Prolactin-Liberation mit Galaktorrhö durch Speicherung von α-Methyldopamin („false transmitter“ mit verminderter Rezeptoraffinität) in die Vesikel dopaminerger Synapsen.

Wechselwirkungen: Gleichzeitige Einnahme zentral dämpfender Pharmaka sowie von Alkohol führt zu gegenseitiger Verstärkung der ZNS-depressorischen Effekte. Trizyklische Antidepressiva (s. d.) vermindern die antihypertensive Wirkung von Clonidin und Guanfacin; die Gefahr eines Rebounds ist bei diesen Pharmaka bei gleichzeitiger Gabe von Beta-Adrenozeptorenblockern erhöht (s. d.) (β-Blocker möglichst vorher absetzen). Andere Antihypertonika potenzieren die Wirkung.

Wirkstoffe (Handelspräparate): Clonidin (Catapresan, Clonidin-ratiopharm, Dixarit etc.), Guanfacin (Estulic), α-Methyldopa (Presinol etc.), Moxonidin (Cynt).

β-Sympathomimetika

Pharmakodynamik: Durch Vergrößerung des Alkylsubstituenten an der Aminogruppe von Adrenalin läßt sich die Affinität zu β-Rezeptoren steigern. Der Ersatz der Methylgruppe des Adrenalins bzw. der Ethylgruppe des Etilefrins (α- und β-Sympathomimetika) durch eine Isopropylgruppe führt im Falle von Isoprenalin bzw. Orciprenalin zu reinen, aber unselektiven β_1-/β_2-Sympathomimetika. Durch eine weitere Vergrößerung des Substituenten (z. B. Einführung einer Tertiärbutyl-Gruppe) werden Pharmaka erhalten (Salbutamol, Fenoterol, Reproterol, Terbutalin, Clenbuterol, Procaterol, Bamethan, Isoxsuprin), die eine deutlich höhere Affinität zu β_2-Rezeptoren aufweisen. Diese Selektivität geht mit steigender Dosierung zunehmend verloren (kardiale Nebenwirkungen). Scheinbar β_1-selektiv ist das razemisch applizierte Dobutamin; die bevorzugt kardiale Wirksamkeit ist jedoch die Resultante der sich gegenseitig aufhebenden Enantiomereneffekte ([+]-Dobutamin ist ein β_1-/β_2-, [−]-Dobutamin ein α_1-Sympathomimetikum). Dopaminerge Wirkungen fehlen im Gegensatz zu Dopamin weitgehend.

Wirkungen der β-Sympathomimetika sind als β_1-Effekte eine globale Steigerung der Herzaktivität (positiv inotrop, chronotrop, dromotrop; Automatie und O_2-Verbrauch erhöht) sowie – über β_2-Rezeptoren vermittelt – eine Relaxation von Bronchial- und Uterusmuskulatur, eine Dilatation skelettmuskulärer Widerstandsgefäße und vermehrte Glykogenolyse.

Indikationen: Isoprenalin und das länger, aber schwächer wirksame Orciprenalin sind bei bradykarden Rhythmusstörungen, AV-

Überleitungsstörungen und Adams-Stokes-Anfällen indiziert. Die arrhythmogene Wirkung macht sie im Vergleich zu Parasympatholytika (s. d.) bei der Therapie der Bradykardien zu Mitteln der 2. Wahl (s. Antiarrhythmika). Bei Herzstillstand ist Adrenalin vorzuziehen (Gefäßtonisierung erwünscht!).
Die vorwiegend β_2-wirksamen Sympathomimetika werden bei Asthma bronchiale (s. Antiasthmatika) und zur Vasodilatation bei peripheren Durchblutungsstörungen wie Claudicatio intermittens oder Morbus Raynaud (insbesondere Bamethan, Isoxsuprin) eingesetzt. Eine weitere Indikation ist die Relaxation des tonisierten Uterus zur Verhinderung vorzeitiger Wehen bzw. Verzögerung einer vorzeitigen Geburt, die Tokolyse (hierbei muß die auftretende Tachykardie durch die Gabe eines sog. kardioselektiven Beta-Adrenozeptorenblockers [s. d.] aufgehoben werden).

Kontraindikationen: Entsprechen weitgehend denen von Adrenalin und Noradrenalin (ausgenommen Prostataadenom). Vorsicht bei mit Insulin behandelten Diabetikern (Gefahr von Hyperglykämien als β_2-Effekt).

Nebenwirkungen: Allgemein Tachykardien, pektanginöse Zustände, Arrhythmien (bei bevorzugt β_2-wirksamen Sympathomimetika nur im Rahmen hochdosierter systemischer Therapie, z. B. Tokolyse, Vasodilatation).

Wechselwirkungen: Die Wirkungen von β-Sympathomimetika werden durch gleichzeitige Gabe von Beta-Adrenozeptorenblockern (s. d.) aufgehoben (im Falle der β_2-Sympathomimetika nur durch die unselektiven β-Blocker vom Typ des Propranolols). Die blutzuckersenkende Wirkung von Antidiabetika (s. d.) wird verstärkt.

Wirkstoffe (Handelspräparate):

- *Unselektive β-Sympathomimetika:* Isoprenalin (Ingelan), Orciprenalin (Alupent;
- *Vorwiegend β_1-wirksam:* Dobutamin (Dobutrex);
- *β_2-Sympathomimetika:* Bamethan (Vasculat), Clenbuterol (Spiropent), Fenoterol (Berotec, Partusisten), Hexoprenalin (Etoscol, Tokolysan), Isoxsuprin (Duvadilan), Procaterol (Onsukil), Reproterol (Bronchospasmin), Salbutamol (Broncho Spray, Sultanol etc.), Terbutalin (Bricanyl etc.).

Indirekte Sympathomimetika

Pharmakodynamik: Eine direkte sympathomimetische Wirkung wird durch einen Wegfall der Hydroxylgruppe in der Seitenkette bzw. der phenolischen OH-Gruppen aufgehoben bzw. vermindert. Die resultierenden Substanzen sind aufgrund höherer Lipophilie stärker zentral und ausschließlich oder weitgehend als indirekte Sympathomimetika (keine Affinität und intrinsische Aktivität am Rezeptor) wirksam. Wirkungsmechanismen der indirekten Sympathomimetika sind

a) eine Freisetzung von Noradrenalin aus den synaptischen Speichervesikeln (durch passive Verdrängung, nicht durch Exozytose),
b) eine Hemmung des aktiven Reuptakes aus dem synaptischen Spalt,
c) eine Hemmung der aktiven Speicherung in den Speichergranula bzw.
d) eine partielle Blockade der intraneuronalen Biotransformation von Noradrenalin.

Die Noradrenalin-Konzentration am Rezeptor wird akut gesteigert, bei Langzeitgabe insbesondere höherer Dosen kommt es zur Tachyphylaxie durch Speicherentleerung.
Die Wirkungen der indirekten Sympathomimetika entsprechen denen von Noradrenalin. Zentrale Effekte einer Noradrenalin-Freisetzung sind eine Steigerung von Aufmerksamkeit, Konzentrationsvermögen und Leistungsbereitschaft sowie eine Herabsetzung des Hungergefühls (fehlen bei Amezinium und Tyramin).
Zu den indirekten Sympathomimetika werden gezählt (in Klammern: Wirkungsmechanismus): Die vorwiegend zentral wirksamen *Amphetamine* (a), *Ephedrin* (a), das biogene Amin *Tyramin* (a, b, d), *Ameziniummetilsulfat* (b, d; kaum a) und das Lokalanästhetikum *Cocain* (b).

Indikationen: Ephedrin wird als Bronchospasmolytikum, Ameziniummetilsulfat als Antihypotonikum eingesetzt. Das Amphetamin-Derivat Methylphenidat eignet sich für eine Behandlung des hyperkinetischen Syndroms bei Kindern. Der therapeutische Nutzen der übrigen Amphetamine und psychostimulierenden Ephedrin-Abkömmlinge ist umstritten. D-Norpseudoephedrin findet als Anorektikum Anwendung; es sollte jedoch wegen der durch rasche Tachyphylaxie begrenzten Wirksamkeit und der Gefahr einer psychischen Abhängigkeit restriktiv verordnet und angewandt werden.

Kontraindikationen: Entsprechen denen von Noradrenalin und Adrenalin (s. endogene Substanzen).

Nebenwirkungen: Angst, Schlaflosigkeit, Unruhe, bei entsprechender Disposition psychische Störungen (allgemein); aufgrund der euphorisierenden und psychostimulierenden Wirkung mögliche Ausbildung einer psychischen Abhängigkeit (insbesondere bei mit Amphetaminen chemisch verwandten Stoffen); vermehrte Krampfbereitschaft, teilweise paradoxe Zunahme der Symptomatik (Methylphenidat).

Wechselwirkungen: Narkosemittel (s. d.) (halogenierte Kohlenwasserstoffe, Cyclopropan) und Digitalisglykoside (s. positiv inotrop wirkende Pharmaka) potenzieren die kardialen Wirkungen (Arrhythmiegefahr), MAO-Hemmer (s. Antidepressiva) die pressorischen Effekte (nicht zusammen geben).

Wirkstoffe (Handelspräparate): Ameziniummetilsulfat (Regulton, Supratonin); Ephedrin; Methylphenidat (Ritalin).

T_3-Triiodthyronin = Liothyronin s. Schilddrüsenhormone

T_4-Levothyroxin = L-Thyroxin s. Schilddrüsenhormone

Tamoxifen s. Zytostatika, Hormon-Antagonisten

Taurolidin s. Desinfektionsmittel.

Teerpräparate

Teere sind Gemische vorwiegend aromatischer Kohlenwasserstoffe wechselnder Zusammensetzung mit antiproliferativen Eigenschaften.

Pharmakodynamik: Sie wirken äußerlich angewendet entzündungshemmend, antiekzematös, juckreizstillend und schwach antiinfektiös. Ähnliche Eigenschaften besitzen *sulfonierte Schieferöle*, z. B. Ammonium bituminosulfonicum (Ichthyol).

Am häufigsten verwendet wird *Steinkohlenteer* (Pix lithanthracis), unverdünnt in Form von Teerumschlägen oder als Bestandteil von Salben oder Pasten (u. a. Sebopona flüssig mit Teer, Teer-Linola-Fett).

Indikationen: Teerpräparate werden bei chronisch infiltrierten und lichenifizierten Ekzemen, Psoriasis (s. Antipsoriatika) und Pruritus (s. Antipruriginosa) eingesetzt.

Kontraindikationen: Nässende Dermatosen.

Nebenwirkungen: Photosensibilisierung, Nierenschäden nach stärkerer perkutaner Resorption und Teerakne; im Tierversuch kanzerogene Wirkung durch Epoxide, die durch Biotransformation gebildet werden.

Hinweise: Strenge Indikationsstellung; Dauertherapie vermeiden; Wirkungsverstärkung durch UV-Bestrahlung.

Teicoplanin s. Antiinfektiva, Glykopeptid-Antibiotika

Temazepam s. Hypnotika, Benzodiazepine

Temocillin s. Antiinfektiva, Breitspektrum-Penicilline

Tenoxicam s. Antirheumatika, nichtsteroidale

Terazosin s. Alpha-Adrenozeptonenblocker, kompetitive α_1-selektive; Antihypertonika, Pharmaka zur Beeinflussung des Sympathikotonus

Terbutalin s. Sympathomimetika, β-

Terfenadin s. H_1-Antihistaminika

Terizidon s. Tuberkulosemittel

Terlipressinacetat s. Hypophysenhinterlappenhormone, Vasopressin

Testosteron s. Androgene

Testosteronenantat s. Androgene

Testosteronundecanoat s. Androgene

Tetanusimmunglobulin s. Impfstoffe, passive Immunisierung

Tetanusimpfstoff s. Impfstoffe, aktive Immunisierung

Tetracyclin(e) s. Antiinfektiva, Tetracycline

Tetrastigmin s. Parasympathomimetika, indirekte

Tetrazepam s. Muskelrelaxantien, zentral angreifende; Benzodiazepine

Tetroxoprim s. Antiinfektiva, Cotrimoxazol-Gruppe

Tetryzolin s. Sympathomimetika, α-, mit vorwiegend peripherer Wirkung

Theophyllin s. Methylxanthin-Derivate; Antiasthmatika, Bronchodilatatoren; positiv inotrop wirkende Pharmaka, Methylxanthin-Derivate

Theophyllin-Ethylendiamin s. Methylxanthin-Derivate

Thiamazol s. Thyreostatika, Thiouracile und Mercaptoimidazole

Thiamin = Vitamin B_1 s. Vitamine

Thiamphenicol s. Antiinfektiva, Chloramphenicol

Thiazide s. Diuretika

Thiethylperazin s. Antiemetika

Thioguanin s. Zytostatika, Antimetaboliten

Thiopental-Natrium s. Narkosemittel, Injektionsanästhetika

Thioridazin s. Neuroleptika, Phenothiazine, Butyrophenone und analoge Verbindungen

Thiotepa s. Zytostatika, Alkylantien

Thiouracile s. Thyreostatika

Thrombin s. Hämostyptika, Plasmafaktoren

Thrombozyten-Aggregationshemmer

Thrombozyten-Aggregationshemmer sollen einer Ausbildung insbesondere arterieller Thromben vorbeugen und damit das Risiko für das Auftreten dadurch ausgelöster Folgeerkrankungen (Myokardinfarkt, zerebrale Ischämien, apoplektischer Insult) vermindern. Die Thrombozytenfunktion kann dabei auf verschiedene Weise modifiziert werden:

Beeinflussung des thrombozytären Prostaglandinstoffwechsels und anderer Thrombozytenfunktionen

Acetylsalicylsäure (ASS) bewirkt als irreversibler Cyclooxygenase-Hemmstoff eine verminderte Bildung des thrombozytären Thromboxans A_2 (aggregatorisch, vasokonstriktorisch) und des endothelialen Prostacyclins (antiaggregatorisch, vasodilatierend). Eine bevorzugt aggregationshemmende Wirkung läßt sich mit im Intervall gegebenen niedrigen Dosen (100–375 mg alle 2 Tage) erzielen, da das Pharmakon einerseits eine höhere Affinität zur thrombozytären Cyclooxygenase aufweist und andererseits die Prostaglandinsynthese in den kernlosen Plättchen (keine Enzymsynthese) für deren gesamte Lebensdauer (2–4 Tage) gehemmt wird (die Endothelfunktion kann dagegen durch eine rasche Neusynthese regeneriert werden). Das Urikosurikum *Sulfinpyrazon* wirkt ebenfalls als Cyclooxygenase-Hemmstoff und verlängert darüber hinaus eine pathologisch verkürzte Thrombozytenlebensdauer.
Dipyridamol hemmt die erythrozytäre Adenosin-Aufnahme. Das sich im Plasma akkumulierende Adenosin stimuliert die Plättchen-Adenylatcyclase und führt so zu einer erhöhten cAMP-Konzentration in den Thrombozyten. cAMP wirkt als Antagonist des aggregatorisch wirkenden ADP und verstärkt die antiaggregatorischen Effekte von Adenosin und PGE_1. Darüber hinaus wird der Abtransport von Adenosin in den Extravasalraum gehemmt, die erhöhte Konzentration an den koronaren Adenosin-Rezeptoren führt zur Vasodilatation (bevorzugt in den gesunden, nicht ischämischen Koronarien).
Ticlodipin verhindert die Plättchenaggregation und verlängert die Blutungszeit sowie die Thrombozytenüberlebenszeit, ohne einen direkten Einfluß auf die cAMP-Konzentration (Dipyridamol) oder den Arachidonsäure-Stoffwechsel (ASS) zu nehmen. Wie parenteral appliziertes Prostacyclin unterbindet es die initiale ADP-induzierte Thrombozytenaggregation, vermutlich durch Blockade der Bindungsstelle des Aggregationskofaktors Fibrinogen auf der Plättchenmembran. Die Hemmwirkung setzt nach 1–2 Tagen ein, erreicht nach etwa 3–4 Tagen ihr Maxi-

mum und läßt nach Absetzen nur langsam nach. Dieser Umstand wird dahingehend interpretiert, daß die Hemmwirkung in vivo möglicherweise auf aktive Metaboliten zurückzuführen ist.

Bewertung: Für niedrig dosierte Acetylsalicylsäure konnte eine signifikante Senkung der Reinfarkthäufigkeit und -mortalität nur für ältere (< 50 Jahre), männliche Patienten nachgewiesen werden (Physicians' Health Study), für Sulfinpyrazon nur während der ersten 6 Monate nach Infarkt. Für Dipyridamol ergibt sich allenfalls ein nicht signifikanter positiver Trend. Die in Anbetracht des unterschiedlichen Angriffspunktes sinnvolle Kombination von Acetylsalicylsäure und Dipyridamol weist gegenüber einer ASS-Monotherapie keine signifikanten Vorteile auf (PARIS-Studie). Eine definitive Bewertung von Ticlodipin kann noch nicht vorgenommen werden.

Vorwiegend Beeinflussung der Fließeigenschaften des Blutes

Pharmakodynamik: Niedermolekulare Dextrane (s. Plasmaersatzflüssigkeiten) verhindern eine Sludge-Bildung als Vorstufe einer reversiblen Thrombose und werden durch Adhäsion an Thrombozyten und andere zelluläre Blutbestandteile gebunden. *Heparin* (s. Antikoagulantien) vermindert u. a. durch Bindung an die Formelemente des Blutes die Oberflächenelektronegativität. Beide Effekte wirken einer Thrombozytenaggregation entgegen.

Indikationen:

- Zur Vorbeugung gegen arterielle Thromben und atherosklerotische Störungen, insbesondere bei Patienten mit künstlichen Herzklappen oder arteriellen Gefäßprothesen (erhöhtes Risiko auch beim Einsatz von Dialysegeräten oder Herz-Lungen-Maschinen). Thrombozytenaggregationshemmer sind weiterhin zur Prophylaxe eines Myokardinfarktes oder zerebraler Ischämien angezeigt. *Differentialindikation:* Heparin in nicht voll antikoagulierender Dosierung sowie niedermolekulare Dextrane (s. d.) sind insbesondere postoperativ bzw. bei immobilisierten Patienten mit erhöhtem Blutungsrisiko indiziert, Acetylsalicylsäure, Sulfinpyrazon, Dipyridamol zur Dauertherapie und -prophylaxe nicht akuter Zustände (die prophylaktische Wirksamkeit bei venösen Thrombosen ist unzureichend).
- Zur Behandlung und Prophylaxe von Thrombophlebitiden kann Acetylsalicylsäure gegeben werden (bevorzugt als Antiphlogistikum wirksam!).

Kontraindikationen:

- *Absolut:* Arzneimittelallergie, Ulzera innerer Organe (ASS); Arzneimittelallergie, Glaskörperblutungen (Heparin); Schwangerschaft/Stillzeit, hämorrhagische Diathese, Ulzera innerer Organe, hämorrhagischer apoplektischer Insult (Ticlodipin).
- *Relativ:* Endocarditis lenta, schwere Hypertonie (allgemein), Schwangerschaft, Nierenschäden (ASS), frische ZNS-Operationen (Heparin). ASS wegen erhöhter Blutungsgefahr nicht mit Cumarin-Derivaten (s. Antikoagulantien) oder Fibrinolytika (s. d.), wegen der Potenzierung der NW nicht mit anderen nichtopioiden Analgetika (s. d.) einschließlich Sulfinpyrazon kombinieren.

Nebenwirkungen: Anapyhlaktoide Reaktionen bis hin zum anaphylaktischen Schock, daher prophylaktische Vorinjektion einer kleinen Menge Dextran 1 (Dextrane); allergische Reaktionen, selten und nur bei hochdosierter Langzeittherapie; Osteoporose, reversibler Haarausfall (Heparin); Blutbildveränderungen, gastrointestinale Störungen, Schwindel, erhöhte Transaminasen (Ticlodipin); Angina-pectoris-Anfälle, Blutdruckabfall und Kopfschmerzen (Dipyridamol); Magenbeschwerden, gastrointestinale Blutungen, bei entsprechender Disposition Asthmaanfälle (Acetylsalicylsäure); Blutbildveränderungen, inbesondere initial Gichtattakken, daher mit reichlich Flüssigkeit einnehmen (Sulfinpyrazon).

Wechselwirkungen: Andere nichtopioide Analgetika (s. d.) und Alkohol erhöhen das Risiko von gastrointestinalen Nebenwirkungen oder Blutbildveränderungen (ASS, Sulfinpyrazon, Ticlodipin), andere Thrombozyten-Aggregationshemmer (s. d.) oder Antikoagulantien (s. d.) das Blutungsrisiko.

Wirkstoffe (Handelspräparate): Dextran 40 (Deltaplasmat M40, Longasteril 40, Onkovertin 40, Parenteral D40, Rheofusin, Rheomacrodex, Thomaedex etc.), Heparin (s. Antikoagulantien), Acetylsalicylsäure (Aspirin, ASS ratiopharm, Colfarit, Contradol, Godamed, monobeltin etc.; mit Dipyridamol in Asasantin), Sulfinpyrazon (Anturano), Ticlodipin (Tiklyd), Dipyridamol (Persantin; mit Acetylsalicylsäure in Asasantin).

Thymostimulin s. Thymushormone

Thymushormone

Dies sind Hormone (Thymosine, Thymostimulin u. a.), die im Thymus gebildet werden.

Pharmakodynamik: Sie bewirken eine Reifung lymphoretikulärer Stammzellen (T-Zellen) im Thymus, die sich dann im lymphatischen Gewebe als Immunzellen ansiedeln. T-Lymphozyten sind bei der Antigen-Erkennung, bei der Transplantatabstoßung, bei der Zerstörung von Tumorzellen und allgemein bei der Infektabwehr von Bedeutung.

Indikationen: Thymushormone werden bei Immundefekterkrankungen, die vorwiegend durch eine verminderte Zahl oder eine eingeschränkte Funktionsfähigkeit von T-Lymphozyten bedingt sind, verwendet. Ihre Wirksamkeit ist umstritten.

Kontraindikationen: Lupus erythematodes, Immunsuppression, Autoimmunerkrankungen, Rinderprotein-Überempfindlichkeit.

Nebenwirkungen: Allergische Reaktionen.

Wirkstoff (Handelspräparat): Thymostimulin (Tp-1 Serono).

Thyreoidea-stimulating-hormone = TSH, s. Hypophysenvorderlappenhormone

Thyreostatika

Unter Thyreostatika versteht man Wirkstoffe, die die Hormonbildung und/oder -freisetzung in der Schilddrüse hemmen und zur Therapie der Schilddrüsenüberfunktion eingesetzt werden. Nach dem Wirkungsmechanismus unterscheidet man vier Gruppen:

- Thiouracile und Mercaptoimidazol-Derivate,
- Iodid-Ionen und Iod-Kaliumiodid,
- Perchlorat-Ionen sowie
- Radioiod (^{131}I).

Thiouracile und Mercaptoimidazole

Pharmakodynamik: Thiouracile und Mercaptoimidazole sind Thyreostatika, die durch Blockade der thyreoidalen Peroxidase die Umwandlung von Iodid in Iod und damit den Einbau von Iod in die Vorstufen der Schilddrüsenhormone (s. d.) hemmen. Ferner blokkieren sie die Verknüpfung von 2 Molekülen Diiodtyrosin zu Levothyroxin. Diskutiert wird auch eine Hemmung der Umwandlung von T_4 zu T_3 sowie eine immunsuppressive Wirkung. Mit zunehmendem Iodgehalt der Schilddrüse nimmt die Wirkung ab. Mercaptoimidazole sind stärker wirksam als Thiouracile.

Indikationen: Thyreostatika dieses Typs werden bei Hyperthyreosen mit fehlender oder diffuser Struma, vor und nach einer Behandlung mit Radioiod sowie bei schwerer Hyperthyreose zur Operationsvorbereitung eingesetzt.

Kontraindikationen: Starker Exophthalmus, retrosternale Struma wegen der Gefahr einer Luftröhrenkompression.

Nebenwirkungen: Exantheme, Übelkeit, Diarrhö, Knochenmarkschäden, selten Agranulozytose.

Schwangerschaft/Stillzeit: Strenge Indikationsstellung in der Schwangerschaft, Verabreichung von möglichst niedrigen Dosen; in der Stillzeit kontraindiziert, da ernsthafte Schäden beim Säugling auftreten können.

Hinweise: Empfehlenswert ist die gleiche Gabe geringer Mengen von Schilddrüsenhormonen (s. d.). Regelmäßige Kontrolle der Leukozyten- und Thrombozytenzahlen im Blut erforderlich. Wirkungseintritt erst nach 1–2 Wochen. Die Behandlung sollte über ½–1 Jahr durchgeführt werden, anschließend Beschwerdefreiheit bei ca. 50% der Patienten, auch nach Absetzen des Präparates. Aufgrund der niedrigen Dosierung und Toxizität sollte den Mercaptoimidazolen der Vorzug gegeben werden. Als aktiver Metabolit von Carbimazol ist Thiamazol diesem vorzuziehen.

Wirkstoffe (Handelspräparate):

- Thiouracile: Methylthiouracil (Thyreostat), Propylthiouracil (Propycil, Thyreostat II);
- Mercaptoimidazole: Thiamazol (u. a. Favistan, Thiamazol „Henning"), Carbimazol (Carbimazol „Henning", neo-morphazole, Neo-Thyreostat).

Iodid-Ionen und Iod-Kaliumiodid

Pharmakodynamik und Indikationen: Iodid-Ionen und elementares Iod verringern in höherer Dosierung kurzfristig die Freisetzung von Schilddrüsenhormonen durch Hemmung der Aktivität des proteolytischen Enzyms, das diese aus Thyreoglobulin freisetzt. Sie werden zur Operationsvorbereitung einer hyperthyreoten Struma sowie zur Therapie der thyreotoxischen Krise eingesetzt. Nach einer solchen Vorbehandlung ist die Operation unbedingt durchzuführen.

Nebenwirkungen: Reizungen von Haut und Schleimhaut, z. B. Exantheme, Iodschnupfen, Bronchitis, Konjunktivitis, Gastroenteritis sowie allergische Reaktionen.

Wirkstoff: Wäßrige Iod-Kaliumiodid-Lösung (Lugol-Lösung).

Perchlorat-Ionen

Pharmakodynamik und Indikationen: Perchlorat-Ionen hemmen kompetitiv die Aufnahme von Iodid-Ionen in die Schilddrüse. Sie werden bei Hyperthyreose, falls eine Therapie mit anderen Thyreostatika nicht möglich ist, sowie zur Operationsvorbereitung eingesetzt.

Kontraindikationen: Große Basedow-, Knoten- und retrosternale Struma.

Nebenwirkungen: Magen-Darm-Störungen; seltener und erst nach Langzeitbehandlung Agranulozytosen, aplastische Anämien, nephrotisches Syndrom.

Wechselwirkungen: Wirkungsbeeinträchtigung durch Iod und iodhaltige Arzneistoffe. Auch kann eine präoperative Iodbehandlung nicht unmittelbar nach einer Perchloratgabe durchgeführt werden.

Hinweise: Um eine Hyperplasie der Schilddrüse zu vermeiden, wird zusätzlich in niedriger Dosierung Triiodthyronin (s. Schilddrüsenhormone) gegeben (0,02–0,03 mg/die p. o.).

Handelspräparat: Irenat.

Radioiod

Pharmakodynamik: Radioiod (^{131}Iod) wird wie nicht radioaktiv markiertes Iod in die Schilddrüse eingelagert und zerfällt mit einer Halbwertszeit von 8 Tagen unter Abgabe von β- und γ-Strahlen. Seine Strahlung kann zur Zerstörung des Schilddrüsengewebes und damit zur Herabsetzung der Schilddrüsenhormonproduktion genutzt werden.

Indikationen: Radioiod wird bei malignen Schilddrüsentumoren, bei Hyperthyreose bei Patienten über 35–40 Jahren sowie bei Rezidiven nach Gabe von Thyreostatika, ferner bei allergischen und toxischen Reaktionen auf Thyreostatika und in niedriger Dosierung zur Funktionsdiagnostik der Schilddrüse eingesetzt.

Nebenwirkungen: Späthypothyreose (möglich); geringes Risiko einer Leukose, Keimdrüsenschädigung oder eines Schilddrüsenkarzinoms.

Hinweise: Vorteilhaft sind die geringe Rezidivrate, die große Wirksamkeit und das Fehlen lokaler Nebenwirkungen; von Nachteil ist die lange Latenz bis zum Wirkungseintritt; Therapieerfolg erst nach 2–4 Monaten.

Thyreotropes Hormon
s. Hypophysenvorderlappenhormone

Thyroliberin s. Hypothalamushormone

Thyrotrop(h)in
s. Hypophysenvorderlappenhormone

L-Thyroxin s. Schilddrüsenhormone

Tiaprid s. Neuroleptika, sonstige

Tiaprofensäure s. Antirheumatika, nichtsteroidale

Ticarcillin s. Antiinfektiva, Breitspektrum-Penicilline

Ticlodipin s. Thrombozyten-Aggregationshemmer

Tilidin s. Analgetika, opioide

Timolol s. Beta-Adrenozeptorenblocker

Tinidazol s. Trichomonas-Infektionen, Therapeutika

Tioconazol s. Antimykotika, lokale

Tizanidin s. Muskelrelaxantien, zentral angreifende

Tobramycin s. Antiinfektiva, Aminoglykosid-Antibiotika

Tocainid s. Antiarrhythmika, Klasse-IB-

Tocopherol = Vitamin E, s. Vitamine

Tokolytika s. Sympathomimetika, β-

Tolazolin s. Alpha-Adrenozeptorenblocker, kompetitive nichtselektive

Tolbutamid s. Antidiabetika, orale, Sulfonylharnstoffe

Tollwutimmunglobulin s. Impfstoffe, passive Immunisierung

Tollwutimpfstoff s. Impfstoffe, aktive Immunisierung

Tolnaftat s. Antimykotika, lokale

Tosylchloramid s. Desinfektionsmittel

Tramadol s. Analgetika, opioide

Tramazolin s. Sympathomimetika, α-, mit vorwiegend peripherer Wirkung

Tranexamsäure s. Antifibrinolytika

Tranquillantien = Tranquilizer

Pharmakodynamik: Tranquillantien sind Substanzen aus der Gruppe der Psychopharmaka (s. d.), die, ohne einen antipsychotischen Effekt zu besitzen,

- beruhigend wirken,
- übermäßige Angst und Spannung beseitigen,
- einen Zustand der Ausgeglichenheit hervorrufen sowie
- das Denkvermögen und die Leistungsfähigkeit möglichst wenig beeinflussen und
- meist zugleich sedierend, antikonvulsiv und muskelrelaxierend wirken sollen.

Die weitaus wichtigste Gruppe innerhalb der Tranquillantien stellen die *Benzodiazepine* (s. d.) dar. Die qualitativen Wirkungen der meisten Tranquillantien sind weitgehend gleich; Unterschiede finden sich nur im Ausmaß der verschiedenen Wirkungskomponenten. Meist beruhen solche Unterschiede jedoch nur auf einer unterschiedlichen Dosierung.

Tranquillantien greifen in den üblichen Dosierungen vor allem am limbischen System und – untergeordnet – an der Formatio reticularis an. Sie verringern in diesen Gebieten insbesondere psychisch induzierte Erregungen vegetativer Neurone (sog. psychovegetative Entkopplung). In höheren Dosen wirken sie durch allgemeine Unterdrückung der Erregungsausbreitung krampfverhindernd. Während Buspiron an präsynaptischen Dopamin-Rezeptoren angreifen soll, verstärken Benzodiazepine (s. d.) die hemmende Funktion GABAerger Neurone.

Indikationen: Tranquillantien werden eingesetzt bei Unruhe, Angst und Spannungszuständen sowie bei psychosomatischen Beschwerden, funktionellen Schlafstörungen (s. Hypnotika), Muskelverspannungen, Muskelspasmen (s. Muskelrelaxantien) und bei Epilepsie (s. Antiepileptika).

Kontraindikationen: Ataxie, Myasthenia gravis, akute Alkohol-, Opiat- und Schlafmittelintoxikationen.

Nebenwirkungen: zu Therapiebeginn: Müdigkeit, ataktische Störungen, Benommenheit, Schwindel, Einschränkung der intellektuellen Leistungsfähigkeit; bei älteren Patienten paradoxe Erregungs- und Verwirrtheitszustände, Koordinationsstörungen; bei Langzeittherapie, Gewichtszunahme, Libidoverlust, Ovulations- und Zyklusstörungen, Gewohnheitsbildung (!), dagegen selten physische Abhängigkeit; nach i.v. Injektion Amnesien und Halluzinationen möglich.

Wechselwirkungen: Gegenseitige Verstärkung der Wirkung durch Muskelrelaxantien (s. d.), Hypnotika/Sedativa (s. d.), Neuroleptika (s. d.) und Alkohol; Wirkungsverstärkung und -verlängerung von Tranquillantien, die einer Phase-I-Abbaureaktion unterliegen, durch Cimetidin.

Hinweise: So wertvoll Tranquillantien bei echter Indikationsstellung sind, so sehr muß wegen der Gefahr der Abhängigkeit vor ihrer unkritischen Anwendung zur Bewältigung von Streßsituationen des täglichen Lebens gewarnt werden.

Trotz der großen Verordnungshäufigkeit ist die fixe Kombination von Tranquilizern mit Antidepressiva (s. d.) als sehr problematisch zu beurteilen, da die Dosierung nicht den individuellen Bedürfnissen angepaßt werden kann.

Wirkstoffe (Handelspräparate):

- *Monopräparate:* Benzodiazepine, u. a. Alprazolam (Tafil), Bromazepam (u. a. durazanil, Lexotanil 6, Normoc), Diazepam (u. a. duradiazepam, Tranquase, Tranquo-Tablinen, Valium), Chlordiazepoxid (Librium, Multum), Clobazam (Frisium), Clotiazepam (Trecalmo), Dikaliumclorazepat (Tranxilium), Lorazepam (u. a. Laubeel, Tavor, Tolid), Oxazepam (u. a. Adumbran, durazepam, Praxiten, Sigacalm), Prazepam (Demetrin, Mono Demetrin); Buspiron (Bespar), Hydroxyzin

(Atarax, Masmoran), Meprobamat (u. a. Meprobamat Saar, Urbilat).
– *Kombinationspräparate* mit Antidepressiva (s. d.) Amitriptylin/Chlordiazepoxid (Limbatril).

Tranquilizer s. Tranquillantien

Tranylcypromin s. Antidepressiva, Monoaminoxidase-Hemmer

Trazodon s. Antidepressiva, sonstige

Tretinoin = Vitamin-A-Säure s. Retinoide

Triamcinolon s. Glucocorticoide

Triamcinolonacetonid s. Glucocorticoid-Externa

Triamteren s. Diuretika, kaliumsparende

Triazolam s. Hypnotika, Benzodiazepine

Trichlormethiazid s. Diuretika, Thiazide

Trichomonas-Infektionen, Therapeutika

Zur Behandlung einer Trichomonas-Infektion sind *Nitroimidazol-Derivate* besonders geeignet. Sie hemmen die Nucleinsäuresynthese der Erreger. Grundsätzlich ist eine gleichzeitige Behandlung des Partners durchzuführen. Wegen karzinogener Wirkung im Tierversuch sollten Nitroimidazole nicht in der Schwangerschaft und möglichst nicht für längere Zeit gegeben werden.

Metronidazol

Neben Trichomonas vaginalis werden durch Metronidazol andere Protozoen wie Giardia lamblia und Entamoeba histolytica erfaßt. Metronidazol ist außerdem ein sehr gut gegen Anaerobier wirksames Mittel und bei Infektionen mit diesen Erregern Mittel der 1. Wahl. Ferner kann es zur Behandlung des Morbus Crohn und zur Antibiotikaprophylaxe vor gynäkologischen und Dickdarmoperationen eingesetzt werden. Es steht in oraler, parenteraler und in Form von Vaginaltabletten zur Verfügung.

Handelspräparate: Arilin, Clont, Flagyl u. a.

Tinidazol

Tinidazol ist ein Analogpräparat zu Metronidazol. Es ist in oraler Form verfügbar.

Handelspräparat: Simplotan.

Trifluoperazin s. Neuroleptika, Phenothiazine, Butyrophenone und analoge Verbindungen

Triflupromazin s. Neuroleptika, Phenothiazine, Butyrophenone und analoge Verbindungen; Antiemetika

Triiodthyronin s. Schilddrüsenhormone

Trimethadion s. Antiepileptika, Oxazolidindione

Trimethoprim s. Antiinfektiva, Trimethoprim; Cotrimoxazol

Trimipramin s. Antidepressiva, trizyklische

Triptorelin s. Zytostatika, Hormone; Hypothalamushormone, Gonadoliberin-Analoge

Tritoqualin s. H_1-Antihistaminika, weitere antihistaminisch wirkende Substanzen

Trofosfamid s. Zytostatika, Alkylantien

Tromantadin s. Virustatika

Tropicamid s. Parasympatholytika

Tropinbenzilat s. Parasympatholytika

Trospiumchlorid s. Parasympatholytika

Troxerutin s. Venenmittel

Trypsin s. Enzympräparate, extern applizierte

TSH = thyreoidea-stimulating-hormone = Thyrotropin s. Hypophysenvorderlappenhormone

Tuberkulosemittel

Einteilung und Therapiegrundsätze

Entsprechend ihrer therapeutischen Bedeutung und ihren Nebenwirkungen unterscheidet man sog. *Basis-* und *Reservestoffe*. Die Bassisstoffe dienen zur Tuberkulosebehandlung im Regelfall; Reservestoffe werden eingesetzt, wenn die Basisstoffe nicht vertragen werden oder Resistenz vorliegt. Zu den Bassisstoffen gehören *Isoniazid, Pyrazinamid, Ethambutol, Rifampicin* und *Streptomycin*, zu den Reservestoffen *Protionamid, p-Aminosalicylsäure, Cycloserin, Capreomycin, Kanamycin* und die *Tetracycline*.

Um eine sachgemäße medikamentöse Therapie der Tuberkulose zu gewährleisten, müssen folgende Grundsätze beachtet werden: Die Tuberkulosebehandlung hat zu erfolgen als

- Kombinationstherapie,
- Langzeittherapie und
- gezielte, d. h. der Erregerempfindlichkeit angepaßte Therapie.

Eine kombinierte Behandlung mit mindestens drei Präparaten ist während der ersten Behandlungszeit, der sog. *Initialphase*, wegen der schnellen Resistenzentwicklung erforderlich. Heute ist meist eine Dreierkombination mit Isoniazid, Rifampicin und Ethambutol oder einer Viererkombination, bei der zusätzlich Pyrazinamid gegeben wird, üblich. Diese Substanzen haben den Vorteil, daß sie alle oral verarbreicht werden können. Nach der Initialphase wird während der *Stabilisierungsphase* die Therapie mit zwei Antituberkulotika, meist Isoniazid und Rifampicin, weitergeführt. Die Gesamtdauer der Therapie beträgt zwischen 6 und 12 Monaten. Während der Therapie ist kontinuierlich die Empfindlichkeit der Erreger auf die verwendeten Substanzen zu prüfen. Außerdem müssen die Patienten wegen der zum Teil nicht unerheblichen Nebenwirkungen streng überwacht werden.

Isoniazid

Isoniazid ist aufgrund seiner hohen Wirksamkeit das derzeit bedeutendste Tuberkulosemittel. Als Wirkungsmechanismus wird angenommen, daß Isoniazid (INH) in der Bakterienzelle in Isonicotinsäure umgewandelt und anstelle von Nicotinsäure in NAD eingebaut wird. Hierdurch werden Stoffwechselprozesse in den Tuberkelbakterien blockiert. INH ist bei pulmonalen und extrapulmonalen Tuberkuloseformen, außerdem zur Chemoprophylaxe bei tuberkulosegefährdeten Kindern indiziert. Es geht zu 20% in den Liquor cerebrospinalis über und ist daher auch für die Prophylaxe und Therapie der tuberkulösen Meningitis geeignet. INH kann einen Vitamin-B_6-Mangel verursachen. Neuritische Erscheinungen lassen sich durch gleichzeitige Gabe von Pyridoxin (100 mg/die) weitgehend vermeiden.

Handelspräparate: tebesium, isozid.

Pyrazinamid

Pyrazinamid ist wichtig als 4. Medikament in der Kurzzeitbehandlung. Es greift ebenfalls in den Nicotinamidstoffwechsel ein. Seine Wirkung ist bei niedrigeren pH-Werten stärker als bei höheren; es ist daher besonders effektiv in verkäsenden tuberkulösen Nekrosen.

Handelspräparat: Pyrafat.

Ethambutol

Standardtherapeutikum zur Kombinationsbehandlung mit INH. Es hemmt die Nucleinsäure- und die Pentose-Synthese der Tuberkelbakterien. Es wird nach oraler Gabe gut resorbiert. Wegen Schädigungsgefahr des Sehnerves sind ophthalmologische Kontrollen erforderlich.

Handelspräparat: Myambutol.

Rifampicin

Rifampicin ist ein wichtiger Kombinationspartner in der Initial- und Stabilisierungsphase. Es hemmt die bakterielle DNA-abhängige RNA-Polymerase und besitzt ein breites Wirkungsspektrum, das neben Mykobakterien zahlreiche grampositive und -negative Erreger umfaßt. Es stellt außerdem ein wertvolles Mittel zur Behandlung einer Staphylokokken-Endokarditis oder Osteomyelitis in Kombination mit z. B. β-Lactam-Antibiotika dar. Rifampicin bewirkt eine Enzyminduktion, so daß der Abbau von z. B. oralen Kontrazeptiva, oralen Antikoagulantien, Herzglykosiden und oralen Antidiabetika beschleunigt sein kann. Vor Beginn der Therapie muß eine Schwangerschaft ausgeschlossen werden, während der Therapie sollte eine Schwangerschaft vermieden werden. Es ist eine regelmäßige Kontrolle der Leberfunktion erforderlich.

Handelspräparate: Eremfat, Rifa u. a.

Streptomycin

(s. Antiinfektiva, Aminoglykoside)

Streptomycin wird oral nicht resorbiert und steht nur in parenteraler Form zur Verfügung. Es wird daher nur noch angewandt, wenn die oralen Antituberkulotika nicht genügend wirksam sind.

Sonstige Tuberkulosemittel

Diese Substanzen werden bei resistenten Erregerformen eingesetzt, wobei ihre Wirksamkeit jedoch durch ihre Toxizität begrenzt wird.

Wirkstoffe (Handelspräparate): Capreomycin (Ogostal), Protionamid (ektebin, Peteha), Cycloserin, Terizidon (Terizidon).

Tubocurarinchlorid s. Muskelrelaxantien, peripher angreifende, stabilisierende

Typhusimpfstoff s. Impfstoffe, aktive Immunisierung

Tyramin s. Sympathomimetika, indirekte

Tyrothricin s. Antiinfektiva, Polypeptide

Ulkustherapeutika

Ulkustherapeutika werden zur Behandlung des Ulcus ventriculi und duodeni eingesetzt. Sie sollen

- die Schmerzen beseitigen,
- die Ulkusheilung beschleunigen sowie
- Komplikationen und Rezidive verhindern.

Bei der Beurteilung des therapeutischen Erfolgs ist zu berücksichtigen, daß zahlreiche Ulzera auch ohne Therapie spontan abheilen.

Verwendet werden Wirkstoffe, die aggressive Faktoren abschwächen, und Substanzen, die protektive Faktoren fördern.

Wirkstoffgruppen:

Antazida (s. d.) binden oder neutralisieren die Magensäure.

H_2-Antihistaminika (s. d.) verdrängen kompetitiv Histamin von dessen Rezeptoren und wirken auf diese Weise sekretionshemmend.

Misoprostol hemmt als Prostaglandin-E_1-Derivat (s. Prostaglandine) die basale und stimulierte Magensäuresekretion. Da es ferner die Schleim- und Bicarbonatproduktion sowie die Magenschleimhautdurchblutung fördert, weist es auch zytoprotektive Eigenschaften auf, deren therapeutische Bedeutung jedoch umstritten ist.

Omeprazol stellt einen Blocker der Protonenpumpe (H^+/K^+-ATPase) in der Parietalzelle dar. Die Substanz hemmt die Magensäureproduktion unabhängig vom Stimulus und reichert sich in der Belegzelle abhängig vom pH-Wert an. Je stärker die Säureproduktion ist, um so mehr Omeprazol gelangt in die Zelle. Die Therapiedauer sollte auf maximal 8 Wochen beschränkt bleiben (Ausnahme Zollinger-Ellison-Syndrom).

Die *klassischen Parasympatholytika* (s. d.) unterdrücken durch kompetitive Blockade der Muscarin-Rezeptoren die Salzsäure- und Pepsinogen-Sekretion in Dosen, die bereits zu stärkeren Nebenwirkungen führen.

Pirenzepin besitzt dagegen eine höhere Affinität zu ganglionären (M_1-Rezeptoren) als zu postganglionären (M_3-Rezeptoren) und beeinflußt dadurch die Magensäuresekretion selektiver.

Das Hypothalamushormon (s. d.) *Somatostatin* hemmt u. a. säurebildende Belegzellen und die Gastrinfreisetzung.

Sucralfat fördert die protektiven Faktoren, da die Substanz im sauren pH-Bereich des Magens nach Freisetzung von Aluminiumionen einen schleimhautschützenden Komplex bildet, der sich an die Ulkusoberfläche bindet und die erkrankten Schleimhautstellen vor aggressiven Faktoren wie Pepsin, Salzsäure und Gallensäure schützt. Da Sucralfat die Resorption anderer Pharmaka beeinflussen kann, wird ein 2stündiger Abstand zur Applikation anderer Arzneistoffe empfohlen.

Aufgrund des vermuteten pathogenetischen Zusammenhangs zwischen Ulkuserkrankungen und der Besiedlung des Magens mit Helicobacter pylori werden auch *Bismutsalze* (s. d.) wieder in der Ulkustherapie eingesetzt.

Wirkstoffe (Handelspräparate): Misoprostol (Cytotec), Omeprazol (Antra, Gastroloc), Pirenzepin (u. a. Gastrozepin), Somatostatin (u. a. Stilamin, Aminopan), Sucralfat (Ulcogant) (s. a.Antazida, H_2-Antihistaminika, Bismutsalze).

Urapidil s. Alpha-Adrenozeptorenblokker, kompetitive, α_1-selektive

Ureide s. Hypnotika, Ureide

Urikostatika s. Gichttherapeutika

Urikosurika s. Gichttherapeutika

Urogonadotropin
s. Hypophysenvorderlappenhormone, Gonadotropine

Urokinase s. Fibronolytika

Ursodeoxycholsäure
s. gallensteinauflösende Arzneistoffe

Uteruswirksame Substanzen

Die physiologische uteruskontrahierende Substanz ist neben den Prostaglandinen (s. d.) *Oxytocin* (s. d.), das die Uterusmuskulatur unabhängig von der Innervation direkt erregt. Die oxytozisch wirksamen *Mutterkornalkaloide* Methylergometrin und Ergotamin (s. d.) greifen wie Oxytocin direkt an der Uterusmuskulatur an. Die Gefahr einer Dauerkontraktion ist jedoch bedeutend größer als nach Oxytocingabe. Als *Tokolytika* werden β_2-Sympathomimetika (s. Sympathomimetika) eingesetzt.

Valproinsäure s. Antiepileptika, Valproinsäure

Vancomycin s. Antiinfektiva, Glykopeptid-Antibiotika

Varizellenimmunglobulin s. Impfstoffe, passive Immunisierung

Vasodilatantien s. Antihypertonika; Vor- und Nachlast senkende Pharmaka

Vasopressin
s. Hypophysenhinterlappenhormone; Antidiuretika

Vecuroniumbromid s. Muskelrelaxantien, peripher angreifende, stabilisierende

Venenmittel

Venenmittel sind Arzneistoffe, die als Adjuvans bei Störungen des venösen Rückstroms sowie bei Thrombophlebitiden eingesetzt werden.

Beurteilung: Bei der Therapie des varikösen Symptomenkomplexes kommt neben *chirurgischen Maßnahmen* bei voll ausgebildeten Varizen (sofern die tiefen Venen intakt sind, Verödung oder Entfernung der Varizen) der *Kompressionsbehandlung* und *Gymnastik* eine entscheidende Bedeutung zu (der venöse Rückstrom und die venöse Zirkulation lassen sich durch Gymnastik – Bewegungsbäder, Radfahren, spezielle Krankengymnastik – bzw. durch eine Kompressionsbehandlung, z. B. mit Kompressionsstrümpfen, verbessern). Die Wirksamkeit und der therapeutische Wert der *medikamentösen Therapie* wird trotz des sehr breiten Einsatzes kontrovers bewertet. Die Pharmakotherapie kann eine Kompressionsbehandlung unterstützen, nicht aber ersetzen.

Systemische Venenmittel

- *Venentonisierende Mittel:* Insbesondere hydrierte Mutterkorn-Alkaloide (s. d.) (Dihydroergotamin).
- *Pharmaka zur Verminderung der Gefäßpermeabilität und zur Verbesserung des venösen Rückstroms* (Ödemprotektiva): Hierzu gehören Roßkastanienextrakte, daraus isolierte Triterpensaponin-Glykoside (Aescine), Flavonoide (Rutin etc.) und deren partialsynthetisch abgewandelte Derivate (Hydroxyethylrutoside, Troxerutin) sowie Synthetika (Benzaron, Calciumdobesilat, Diosmin, Tribenosid).
- Der Einsatz von *Acetylsalicylsäure* erfolgt bei Thrombophlebitiden in erster Linie wegen ihrer antiinflammatorischen, weniger aufgrund ihrer antiaggregatorischen Eigenschaften.
- *Diuretika:* Zur Ausschwemmung venös bedingter Ödeme können kurzfristig Diuretika (s. d.) (vorzugsweise Thiazide) gegeben werden (s. Kontraindikationen).

Topische Venenmittel

Als Venenmittel eingesetzte Salben bzw. Gele enthalten in erster Linie *Heparin* bzw. *Heparinoide* (s. Antikoagulantien), vielfach in Kombination mit Roßkastanienextrakt/Aescin bzw. Flavonoiden (Rutin). Heparine penetrieren in tiefere Hautschichten; eine systemische Verfügbarkeit ist jedoch unwahrscheinlich. Die Wirksamkeit ist stark umstritten.

Indikationen

Adjuvante Therapie bei varikösem Symptomenkomplex.

Kontraindikationen

Akute Thrombosierung bzw. Thromboseneigung (Diuretika); Schwangerschaft/Stillzeit (Benzaron, Diosmin im 1. Trimenon) (s. Antikoagulantien, nichtopioide; Analgetika; Mutterkorn-Alkaloide).

Nebenwirkungen

Magen-Darm-Beschwerden (Aescin, Benzaron, sehr selten: Troxerutin); vereinzelt Photosensibilisierung (Benzaron), allergische Hautreaktionen (Benzaron, Diosmin, Hydroxyethylrutoside, sehr selten: Troxerutin); sehr selten Flush, Kopfschmerzen (Troxerutin) (s. a. Mutterkorn-Alkaloide nichtopioide; Analgetika).

Wechselwirkungen

Die Wirkung von Antikoagulantien (s. d.) kann durch Aescin verstärkt werden (s. Analgetika, nichtopioide, Mutterkorn-Alkaloide).

Wirkstoffe (Handelspräparate)

Roßkastanienextrakt (u. a. in Essaven ultra, Lindigoa depot, Vasotonin forte, Venoplant retard, Venopyronum, Venostasin), Aescin (Reparil; u. a. in Proveno, Essaven Gel, opino gel, Venoplant Gel, Venoruton Gel/Salbe, Venostasin-Gel), Hydroxyethylrutoside (Venoruton; u. a. in Venoruton Gel/Salbe), Rutosid (u. a. in Venalot, Venopyronum), Troxerutin (Troxerutin-ratiopharm; u. a. in Lindigoa depot, Venalot, Venelbin), Benzaron (fragivix), Diosmin (Tovene; u. a. in Daflon), Heparin (Heparin Riker Salbe, Thrombophob, Thrombareduct, Vetren Gel; u. a. in Arnica Kneipp Salbe, Essaven Gel, -30000 Salbe, -50000 Gel, Heparin-ratiopharm Salbe, Hepathrombin-Gel, -Salbe, Thrombocutan, Venalitan Gel/Salbe, Venoplant Gel, Venostasin-Gel, Vetren), Mucopolysaccharid-Polyschwefelsäureester (Hirudoid Gel/Salbe; in Dignowell), Blutegelwirkstoff (Exhirud) (s. a. Analgetika, nichtopioide; Mutterkorn-Alkaloide; Diuretika).

Verapamil s. Calcium-Antagonisten; Antiarrhythmika, Klasse-IV-

Verdauungsenzyme

Indikation: Verdauungsenzyme, insbesondere Pankreasenzyme, sind bei exokriner Pankreasinsuffizienz indiziert.

Beurteilung: Bei Verdauungsstörungen ohne Pankreasinsuffizienz ist der erzielte therapeutische Erfolg überwiegend auf einen Plazeboeffekt zurückzuführen. Eine Substitution mit Magenenzymen bei Achlorhydrie ist aufgrund der untergeordneten Bedeutung von Pepsin bei der Eiweißverdauung nicht erforderlich. Die Kombination mit getrockneter Ochsengalle kann die bei Pankreaspatienten häufig auftretende Diarrhö verstärken und ist eher als Laxans zu beurteilen.

Handelspräparate: u. a. fermento duodenal, Festal, Kreon, Nortase, Nutrizym, Pankreaplex neu, Pankreaplex N, Pankreatan, Pankreon, Panpur, Panzynorm, Panzytrat.

Vidarabin s. Virustatika

Viloxazin s. Antidepressiva, sonstige

Vinblastin s. Zytostatika, Vinca-Alkaloide

Vinca-Alkaloide s. Zytostatika, Vinca-Alkaloide

Vincristin s. Zytostatika, Vinca-Alkaloide

Vindesin s. Zytostatika, Vinca-Alkaloide

Vinylbital s. Hypnotika, Barbiturate

Virustatika

Die kausale Behandlung von Viruserkrankungen ist sehr schwierig, da Viren über keinen eigenen Stoffwechsel verfügen und sich nur in lebenden Wirtszellen vermehren können.

Aciclovir

Pharmakodynamik: Aciclovir wird nach Aufnahme in die infizierte Zelle durch Enzyme in den eigentlichen Wirkstoff, das entsprechende Triphosphat, umgewandelt. Dieses hemmt die virusspezifische DNA-Polymerase. Das Wirkungsspektrum umfaßt in erster Linie Herpes-simplex-Viren (Typen 1 und 2) und das Varizellen-Zoster-Virus. Aciclovir ist nur gering gegen Zytomegalie- und Epstein-Barr-Viren wirksam. Eine Resistenzentwicklung unter der Therapie ist möglich.

Indikationen: Aciclovir steht parenteral, oral und lokal zur Behandlung von Herpes-simplex- und Varizellen-Zoster-Infektionen zur Verfügung. Die intravenöse Gabe ist die Therapie der Wahl bei schweren Infektionen. Oral ist die Substanz bei Herpes-genitalis-Infektionen, zur Infektionsprophylaxe und zur Langzeitbehandlung von AIDS-Patienten indiziert. In hoher Dosierung können oral auch Varizellen-Zoster-Infektionen behandelt werden. Eine lokale Anwendung ist bei Herpes labialis und bei Augeninfektionen (Keratitis herpetica) möglich.

Kontraindikationen: Schwangerschaft und Stillzeit.

Nebenwirkungen: Selten wurden Exantheme beobachtet. Bei einer zu raschen i. v. Applikation sowie bei Niereninsuffizienz besteht die Gefahr einer Nierenschädigung durch im Harn kristallisierendes Aciclovir.

Handelspräparat: Zovirax.

Foscarnet

Dieses Virustatikum hemmt spezifisch virale DNA-Polymerasen und reverse Transcriptasen. Hierdurch u. a. wird die Replikation von Herpes-simplex-, Epstein-Barr-, Varizellen-Zoster-, Zytomegalie- und Hepatitis-B-Viren gehemmt. Zugelassen ist die Substanz zur Behandlung von lebens- und augenlichtbedrohenden Zytomegalievirus-Infektionen bei Patienten mit AIDS.

Handelspräparat: Foscavir.

Ganciclovir

Pharmakodynamik: Der dem Aciclovir verwandte Wirkstoff ist das erste gut gegen Zytomegalie-Virus-Infektionen wirksame Mittel. Der Wirkungsmechanismus besteht darin, daß es nach Umwandlung zu dem entsprechenden Triphosphat kompetitiv den Einbau von Desoxyguanosin in die Virus-DNA hemmt und selbst dort eingebaut wird. Hierdurch wird die Virusreplikation gehemmt.

Indikationen: Wegen der schwerwiegenden Nebenwirkungen (s. u.) bleibt es der Therapie lebens- oder das Augenlicht bedrohender Zytomegalieinfektionen bei immunsupprimierten Patienten vorbehalten.

Schwangerschaft: Ganciclovir kann teratogen wirken. Männliche Patienten sollten während der Therapie und bis zu 6 Monate danach kein Kind zeugen; bei weiblichen Patienten ist eine wirksame Schwangerschaftsverhütung erforderlich.

Nebenwirkungen: Bei fast allen männlichen Patienten treten eine Hodenatrophie und Einschränkungen der Spermiogenese auf. Ferner kommt es bei ca. 40% der Patienten zu einer Neutropenie, bei 20% zu einer Thrombopenie. Seltenere Nebenwirkungen sind Fieber, Exantheme und Übelkeit sowie eine Anämie. Die Substanz ist im Tierversuch teratogen, mutagen und kanzerogen. Eine Abschwächung der Neutropenie wurde in klinischen Studien durch gleichzeitige Gabe des Granulozyten-Makrophagen-Kolonien stimulierenden Faktors (GM-CSF) erreicht.

Wechselwirkungen: Erhöhung der Gefahr einer Knochenmarksschädigung durch andere zytotoxische Stoffe; Erhöhung der Neurotoxizität von β-Lactam-Antibiotika.

Handelspräparat: Cymeven.

Zidovudin

Pharmakodynamik: Zidovudin ist das derzeit einzige verfügbare Therapeutikum zur Behandlung einer HIV-Infektion. Es hemmt das retrovirusspezifische Enzym reverse Transcriptase. Damit wird die zur Replikation von Retroviren erforderliche Umschreibung der genetischen Information von RNA in DNA blockiert.

Indikationen: Bei HIV-infizierten Patienten reduziert Zidovudin die Letalität, opportunistische Infektionen treten seltener auf, und die neurologischen Erscheinungen und das subjektive Befinden bessern sich. Doch ist keine Heilung, sondern lediglich eine Besserung in bestimmten Stadien der Infektion möglich. Ein frühzeitiger Einsatz beim noch symptomfreien Patienten scheint den Ausbruch der Infektion hinauszuzögern.

Schwangerschaft: Männliche Patienten sollten während der Therapie und bis zu 6 Monate danach kein Kind zeugen, bei weiblichen Patienten ist eine wirksame Schwangerschaftsverhütung erforderlich.

Nebenwirkungen: Häufig treten Kopfschmerzen, Erbrechen, Muskelschmerzen und Schlafstörungen ein. Die gravierendsten Nebenwirkungen sind Knochenmarksdepression und Neutropenie.

Wechselwirkungen: Paracetamol sowie andere hämotoxische und nephrotoxische Pharmaka verstärken die Schädigung des Knochenmarks, desgleichen Pharmaka, die mit dem Abbau von Zidovudin interferieren.

Handelspräparat: Retrovir.

Amantadin

Amantadin wird in erster Linie als Anti-Parkinson-Mittel verwendet. Es wirkt antiviral, indem es die Penetration von Viren in der Zelle verhindert. Es scheint – die Gabe während der ersten 24 Stunden nach Beginn der Krankheitserscheinung vorausgesetzt – zur Therapie und Prophylaxe der Virusgrippe vom Typ A geeignet zu sein.

Handelspräparat: Symmetrel, PK-Merz u. a.

Idoxuridin

Idoxuridin kann topisch zur Behandlung von Herpes-simplex-Infektionen angewandt werden. Seit Einführung von Aciclovir gilt es als Mittel der 2. Wahl.

Handelspräparate: u. a. Virunguent.

Tromantadin

Tromantadin ist eine dem Amantadin verwandte Verbindung, die zur Lokalbehandlung von Herpeserkrankungen der Haut und der Augen verwendet wird. Es gilt als Mittel der 2. Wahl, da es im Vergleich zu Aciclovir nur schwach wirksam ist und häufig zu Kontaktallergien führt.

Handelspräparat: Viru-Merz.

Vidarabin

Vidarabin ist lediglich ein Reservemittel zur Behandlung der Herpeskeratitis.

Handelspräparat: Vidarabin Thilo Salbe.

Interferone (s. Zytostatika)

Die von infizierten Körperzellen gebildeten Interferone schützen die Nachbarzellen und auf humoralem Weg auch weiter entfernte Zellen vor einer fortschreitenden Virusinfektion. Interferone besitzen ein breites antivirales Spektrum.

β-Interferon kann zur Therapie schwerer, sonst unbeherrschbarer Viruserkrankungen (z. B. Virusenzephalitis, generalisierter Herpes zoster und Varizellen bei immunsupprimierten Patienten) eingesetzt werden. Es wird weiterhin zur Therapie des undifferenzierten Nasopharynxkarzinoms nach Abschluß der Strahlenbehandlung eingesetzt.

α-Interferone können zur Therapie der chronischen Hepatitis B und C verwendet werden. Der Stellenwert der Therapie mit diesen Interferonen bedarf weiterer Untersuchungen.

Wirkstoffe (Handelspräparate): β-Interferon (Fiblaferon), α-Interferone (Intron A, Roferon-A).

Vitamin A s. Vitamine

Vitamin-A-Säure = Tretinoin s. Retinoide; Aknetherapeutika

Vitamin B_1 s. Vitamine

Vitamin B_2 s. Vitamine

Vitamin B_6 s. Vitamine

Vitamin B_{12} s. Vitamine

Vitamin C s. Vitamine

Vitamin D s. Vitamine

Vitamin E s. Vitamine

Vitamin H = Biotin, s. Vitamine

Vitamin K_1 s. Vitamine

Vitamine

Vitamine sind lebensnotwendige, physiologisch wirksame, organische Verbindungen. Da sie vom menschlichen Organismus nicht oder nur unzureichend gebildet werden können, müssen sie oder ihre Vorstufen mit der Nahrung zugeführt werden. Einige Vitamine werden auch von Darmbakterien in resorbierbarer Form synthetisiert. Infolge der verbesserten Ernährungssituation ist heute im allgemeinen eine Versorgung mit ausreichenden Vitaminmengen (mit Ausnahme von Hungergebieten) sichergestellt. Einseitige oder unzureichende Ernährung, ein erhöhter Vitaminbedarf oder eine verminderte Resorption können jedoch zu einem Vitaminmangel mit charakteristischen Symptomen führen, die durch Zufuhr des betreffenden Vitamins geheilt werden können. Aufgrund ihrer unterschiedlichen Löslichkeit werden die Vitamine in *fettlösliche* und *wasserlösliche* Vitamine unterteilt.

Fettlösliche Vitamine

Fettlösliche Vitamine können nur bei intakter Fettresorption resorbiert werden. Da sie im Organismus gespeichert und nur verzögert ausgeschieden werden, kann ihre Überdosierung, vor allem die von Vitamin A und D – die heute infolge eines falsch verstandenen Gesundheitsbewußtseins zunehmend beobachtet wird–, schwere Gesundheitsschäden hervorrufen.

Wirkstoffe:
Vitamin A = Axerophthol, Retinol,
Vitamin D = Calciferol,
Vitamin E = Tocopherol,
Vitamin K_1 = Phytomenadion.

Vitamin A = Axerophthol, Retinol

Vitamin A wird in der Darmwand durch oxidative Spaltung von Carotinen unter Beteiligung von molekularem Sauerstoff gebildet und hauptsächlich in der Leber gespeichert. Wichtigstes Provitamin ist β-Carotin.

Physiologische Bedeutung: Vitamin A ist notwendig für

- das Wachstum des gesamten Körpers,
- Wachstum und Differenzierung von Epithelzellen,
- die Reproduktion (Spermiogenese),
- die embryonale Entwicklung und die Sehfunktion.

Vitamin A schützt die Schleimhäute vor Verhornung und erhöht ihre Infektionsabwehr. An der Haut fördert es dagegen die Verhornung. Bezüglich der Wirkung auf die Epithelzellen kann Vitamin A durch seine Metaboliten Retinal und Retinsäure sowie durch synthetische Retinoide (s. d.) ersetzt werden.

Vitamin-A-Mangel: Ein Vitamin-A-Mangel macht sich zuerst durch eine beeinträchtigte Hell-Dunkel-Adaptation und Nachtblindheit bemerkbar. Wird dieser Mangel nicht beseitigt, treten weitere Symptome auf: Xerophthalmie, Keratomalazie, Hyperkeratose, Austrocknung und Verhornung der Schleimhäute sowie vermehrt Tumoren.

Hinweise: Maximale Tagesdosis in der Schwangerschaft 3 mg/die, da neben einem Vitamin-A-Mangel auch eine überhöhte Dosierung zu Mißbildungen führen kann.

Handelspräparate: u. a. A-Mulsin, A-Vicotrat, Rovigon.

Vitamin D = Calciferol

Bildung: Colecalciferol (= Vitamin D_3), das physiologische Vitamin D, entsteht in der Haut durch Spaltung von 7-Dehydrocholesterol mit UV-Licht. Die eigentliche Wirkform von Vitamin D_3 ist 1,25-Dihydroxycolecalciferol (= Calcitriol), das etwa 20–25mal stärker wirksam ist. Die Hydroxylgruppe an C_{25} wird in der Leber, die an C_1 in der Niere eingeführt. Die Bildung von Calcitriol wird durch Parathormon (s. d.) über eine Stimulation der Hydroxylase in der Niere gesteigert.

Physiologische Bedeutung: Vitamin D_3 und seine Hydroxylierungsprodukte sind zusammen mit Parathormon für die Aufrechterhaltung der physiologischen Calciumkonzentration im Blut erforderlich. Durch Steigerung

- der Calciumresorption aus dem Darm,
- der Rückresorption von Calciumionen in den Nierentubuli und
- der Osteoklastentätigkeit im Knochen

wird der Blutcalciumspiegel erhöht.
Trotz der Stimulation der Osteoklastentätigkeit resultiert ein verstärkter Knochenaufbau, da die Mineralisation der durch Osteoblasten gebildeten Knochenmatrix an einen ausreichenden Blutcalciumspiegel gebunden ist.
Als *Wirkmechanismus* wird angenommen, daß Colecalciferol und seine Hydroxylierungsprodukte die Bildung eines calciumbindenden Proteins in der Darmschleimhaut und in der Niere induzieren.

Vitamin-D-Mangel: Vitamin-D-Mangel verursacht bei Säuglingen und Kleinkindern *Rachitis.* Die dabei auftretende Kalkarmut und abnorme Weichheit der Knochen führen zu Deformierungen des Skeletts.

Hinweise: Während der ersten beiden Lebensjahre und der zweiten Wachstumsphase in und nach der Pubertät reicht die Eigenproduktion in unseren Breiten aufgrund der hohen UV-Absorption, der starken Luftverschmutzung sowie des unzureichenden Aufenthalts im Freien zur Deckung des hohen Vitamin-D-Bedarfs nicht aus. Es muß daher bei allen Säuglingen eine konsequente Rachitisprophylaxe durchgeführt werden. Bei der Rachitistherapie ist neben der Gabe von Vitamin D_3 ein ausreichendes Angebot an Calcium und Phosphat erforderlich, da deren Resorption gestört war und keine ausreichenden Vorräte für den schnell einsetzenden Verknöcherungsprozeß vorhanden sind.

Handelspräparate: u. a. D-Mulsin, D-Tracetten, Vigantol, Vigorsan; in D-Fluoretten.

Hydroxylierte Vitamin-D-Derivate

Bei chronischer Niereninsuffizienz und der genetisch determinierten sog. Vitamin-D-abhängigen Rachitis kann Colecalciferol nur ungenügend in seine Wirkform Calcitriol umgewandelt werden. Als Folge kann es zu einer renalen Osteopathie kommen, die mit hydroxylierten Vitamin-D-Derivaten therapierbar ist.

Wirkstoffe (Handelspräparate): Calcitriol (Rocaltrol), 25-Hydroxycolecalciferol = Calcifediol (Dedrogyl), 1α-Hydroxycolecalciferol = Alfacalcidol (EinsAlpha), 5,6-trans-25-Hydroxycolecalciferol (Delakmin).

Vitamin E = Tocopherole

Als E-Vitamin bezeichnet man verschiedene Chromanderivate, von denen α-Tocopherol die stärkste Wirkung aufweist.

Physiologische Bedeutung: Die biochemische Funktion ist noch nicht vollständig geklärt. Gesichert ist, daß Vitamin E in Oxidations-Reduktions-Vorgänge des Intermediärstoffwechsels eingreift und als Radikalfänger die Peroxidbildung höher ungesättigter Fettsäuren in den Membranlipiden sowie die Oxidation anderer körpereigener Stoffe verhindert.

Vitamin-E-Mangel: Spezifische Ausfallerscheinungen sind beim Menschen nicht bekannt. Es gibt jedoch Hinweise, daß bei Vitamin-E-armer Ernährung koronare Herzkrankheit und Atherosklerose vermehrt auftreten.

Indikationen: Eingesetzt wird Vitamin E bei seltenen angeborenen Erkrankungen mit Vitamin-E-Mangel sowie bei künstlich ernährten Patienten, die größere Mengen an ungesättigten Fettsäuren erhalten, und bei sauerstoffbeatmeten Säuglingen. Die Wirksamkeit bei weiteren Indikationen, die vor allem in der Laienwerbung angegeben werden, ist nicht gesichert.

Handelspräparate: u. a. E-Mulsin, Eusovit, E-Vicotrat, OptoVit-E.

Vitamin K_1 = Phytomenadion

Das physiologische K-Vitamin Menachinon (= Vitamin K_2) kann durch Phytomenadion, das in Pflanzen vorkommt, ersetzt werden. Beide Vitamine besitzen das gleiche Grundgerüst und unterscheiden sich nur in der Seitenkette. Das synthetisch hergestellte Analogpräparat Menadion (= Vitamin K_3) besitzt die gleiche Wirksamkeit wie die natürlichen K-Vitamine. Es ist wie diese öllöslich, aber stabiler gegen UV-Licht und Alkalien.

Physiologische Bedeutung: Vitamin K ist für die Synthese der Blutgerinnungsfaktoren II, VII, IX und X in der Leber erforderlich. (s. Hämostyptika). Hierbei wirkt es als Koenzym bei der γ-Karboxylierung von glutaminsäurehaltigen Seitenketten. Die so entstandenen γ-Carboxyglutamyl-Verbindungen sind in der Lage, Calcium-Ionen komplex zu binden. Die eigentliche Wirkform von Vitamin K stellt das entsprechende Hydrochinon-Derivat dar.

Vitamin-K-Mangel: Solange das mit der Nahrung zugeführte Vitamin K resorbiert werden kann, tritt ein Vitamin-K-Mangel selten auf. Die Resorption, die an die Anwesenheit von Galle im Darm gebunden ist, erfolgt nicht, wenn die Gallezufuhr zum Darm unmöglich oder stark behindert ist. Als Folge tritt eine Blutungsneigung auf.

Indikationen: Vitamin-K-Präparate sind bei allen Vitamin-K-Mangelzuständen indiziert. Sie dienen außerdem als Antidot bei Überdosierungen mit Antikoagulantien (s. d.).

Hinweise: Die i. v. Gabe ist nur bei lebensbedrohlichen Blutungen im Rahmen von Überdosierungen mit Antikoagulantien (s. d.) zusätzlich zu der Applikation von Gerinnungsfaktoren indiziert.

Handelspräparat: Konakion.

Wasserlösliche Vitamine

Da wasserlösliche Vitamine (mit Ausnahme von Vitamin B_{12}) rasch aus dem Organismus ausgeschieden werden, sind bei Überdosierungen keine gesundheitlichen Folgen zu befürchten.

Wirkstoffe:
- Vitamin B_1 = Aneurin, Thiamin,
- Vitamin B_2 = Lactoflavin, Riboflavin,
- Vitamin B_6 = Pyridoxin,
- Vitamin B_{12} = Cyanocobalamin, als natürliche Depotform Hydroxocobalamin,
- Vitamin C = Ascorbinsäure,
- Biotin = Vitamin H,
- Folsäure
- Nicotinamid = Nicotinsäureamid, Niacinamid.

Vitamin B_1 = Aneurin, Thiamin

Physiologische Bedeutung: Im Organismus wird Thiamin in die wirksame Form, das Thiaminpyrophosphat (TPP), überführt, das als Koenzym der Decarboxylasen und Aldehydtransferasen große Bedeutung für den Kohlenhydratstoffwechsel hat.

Vitamin-B_1-Mangel: Thiaminmangel äußert sich beim Menschen in verminderter geistiger und körperlicher Leistungsfähigkeit, Appetitverlust, Gewichtsverlust und fehlender Magensaftsekretion als Ausdruck einer Störung der Magen- und Darmfunktion, ferner in Muskelschwund sowie EKG-Veränderungen. *Beriberi,* die typische Vitamin-B_1-Avitaminose, entsteht bei Mangel an Vitamin B_1 und anderen B-Vitaminen. Sie ist charakterisiert durch eine Polyneuritis, psychische Veränderungen sowie eventuell Ödeme. Bei Alkoholikern tritt ein Vitamin-B_1-Mangel bei einseitiger Ernährung oder unzureichender Resorption auf.

Indikationen: Außer bei Beriberi ist Thiamin nur bei erhöhtem Vitamin-B_1-Bedarf, z. B. in der Schwangerschaft, bei Alkoholikern oder bei einseitiger Kohlenhydraternährung, indiziert.

Hinweise: Besteht kein Vitamin-B_1-Mangel, dann sprechen Neuritiden oder andere Erkrankungen selbst auf hohe Thiamin-Dosen nicht an. Die parenterale Verabreichung von Vitamin B_1 darf aufgrund der Gefahr anaphylaktischer Reaktionen nur bei klarer Indikationsstellung erfolgen.

Handelspräparate: u. a. Betabion, B_1-Vicotrat.

Vitamin B_2 = Lactoflavin, Riboflavin

Physiologische Bedeutung: Nach der Resorption aus dem Dünndarm wird Vitamin B_2 in der Darmschleimhaut zu Flavinmononucleotid (FMN) phosphoryliert. Aus FMN und Adenosinmonophosphat entsteht Flavinadenindiphosphat (FAD). FMN und FAD sind Koenzyme der Flavinenzyme, die für die Wasserstoffübertragung in der Atmungskette, die Dehydrierung von Fettsäuren, die oxidative Desaminierung von Aminosäuren und andere Oxidations-Reduktions-Vorgänge unentbehrlich sind.

Vitamin-B_2-Mangel: B_2-Mangelerscheinungen treten beim Menschen nur nach chronischer Diarrhö und langdauernder Antibiotika- oder Sulfonamidbehandlung auf. Sie äußern sich in einer Gesichtsdermatitis, Glossitis, Konjunktivitis und Vaskularisierung der Hornhaut.

Handelspräparate: u. a. Bestandteil von BVK Roche, Polybion.

Vitamin B_6 = Pyridoxin

Unter dem Begriff Vitamin B_6 werden die drei Stoffe Pyridoxol, Pyridoxal und Pyridoxamin zusammengefaßt, die vom Organismus in gleicher Weise verwertet werden können. Therapeutisch benutzt wird meist Pyridoxol.

Physiologische Bedeutung: Die eigentliche wirksame Verbindung ist Pyridoxal-5-phosphat, das als Koenzym von Transaminasen und Aminosäurendecarboxylasen für den Aminosäurenstoffwechsel unentbehrlich ist.

Vitamin-B_6-Mangel: Ein B_6-Mangel tritt beim Menschen äußerst selten auf. Bei Langzeitbehandlung mit D-Penicillamin, Isoniazid oder Cyclosporin sowie bei langfristiger Einnahme oraler Kontrazeptiva (s. d.) ist der Vitamin-B_6-Bedarf erhöht.

Handelspräparate: u. a. B_6-Vicotrat, Benadon, Hexobion.

Vitamin B_{12} = Cyanocobalamin

Vitamin B_{12} gehört zur Gruppe der Corrinoide, die Kobalt als Zentralatom enthalten. Es ist ein bei der Aufarbeitung entstehendes Kunstprodukt. Im Organismus ist der eigentliche Wirkstoff das durch Ersatz der CN-Gruppe durch 5'-Desoxyadenosin entstehende Vitamin-B_{12}-Koenzym.

Physiologische Bedeutung: Vitamin B_{12} ist an der Biosynthese von Purin- und Pyrimidinbasen, der Reduktion von Ribonucleotidtriphosphaten zu 2-Desoxyribonucleotidtriphosphaten, der Umwandlung von Methylmalonyl-Koenzym A zu Succinyl-Koenzym A, der Synthese von Methionin aus Homocystein sowie der Bildung von Myelinscheiden im Nervensystem beteiligt. Ferner ist Vitamin B_{12} erforderlich für die normale Rückgewinnung von Tetrahydrofolsäure aus N-Methyltetrahydrofolsäure.

Vitamin-B_{12}-Mangel: Aufgrund einer Störung der Erythrozytenneubildung sowie einer nur mangelhaften Ausbildung der Myelinscheiden kommt es neben der makrozytären Anämie (s. Antianämika) zu schweren neurologischen Ausfallserscheinungen, ferner zu einer Atrophie der Magen-Darm-Schleimhaut.

Hinweise: Besonders geeignet ist *Hydroxocobalamin,* das eine höhere Proteinbindung aufweist und eine natürliche Depotform darstellt. Die perorale Verabreichung von Vitamin B_{12} verliert, auch wenn sie einen Zusatz von Intrinsic factor enthält, nach einiger Zeit an Wirksamkeit.

Handelspräparate: u. a. B_{12}-Ankermann, B_{12} Vicotrat, Berubi, Cytobion; Hydroxocobalamin enthalten u. a. Aquo-Cytobion, Depogamma, B 12 Depot Siegfried.

Vitamin C = Ascorbinsäure

Vitamin C gehört zu den biochemischen Redoxsystemen.

Physiologische Bedeutung: Ascorbinsäure ist beteiligt am Aufbau der Nebennierenrindenhormone (s. d.), der Hydroxylierung von Dopamin zu Noradrenalin und von Tryptophan zu 5-Hydroxytryptophan, der Hydroxylierung von Prolin und Lysin, am Abbau zyklischer Aminosäuren, an der Umwandlung von Folsäure in Folinsäure sowie an der Abdichtung der Kapillaren und der Aktivierung des Thrombins. Ferner steigert es – wahrscheinlich durch Hemmung der oxidativen Selbstzerstörung der Phagozyten – die Immunitätsvorgänge und fördert die Eisenresorption.

Vitamin-C-Mangel: Klassische – heute selten gewordene – Mangelkrankheit ist der *Skorbut,* der durch abnorme Müdigkeit, Muskelschwäche, Blutungen, Lockerwerden und Ausfallen der Zähne sowie erhöhte Anfälligkeit gegen Infektionskrankheiten gekennzeichnet ist. C-Hypovitaminosen können bei Fehlernährung und mangelnder Resorption infolge einer anaziden Gastritis oder Leberzirrhose auftreten.

Hinweise: Der Tagesbedarf übersteigt 300 mg nicht. Die Einnahme von 1 g oder mehr täglich ist deshalb überflüssig. Bei Tagesdosen über 2–3 g können zudem Nierensteine auftreten. Die therapeutische Bedeutung von Vitamin C ist gering, da seine Wirksamkeit nur bei wenigen Indikationen gesichert ist.

Handelspräparate: u. a. Cebion, Cedoxon, xitix.

Biotin = Vitamin H

Biotin ist eine hitze-, säure- und alkalibeständige Substanz. Dagegen wird sie durch Oxidationsmittel und UV-Licht zerstört. Biotin kommt in allen Zellen, besonders reichlich in Hefe, Leber, Nieren und Eigelb, vor.

Physiologische Bedeutung: Biotin ist die prosthetische Gruppe von Enzymen, die Carboxylgruppen übertragen.

Biotin-Mangel: Mangelerscheinungen äußern sich in Dermatitis. Sie sind sehr selten und können vor allem durch exzessiven Genuß von Eiklar ausgelöst werden, das das Protein Avidin enthält, welches Biotin bindet und inaktiviert.

Folsäure

Folsäure wird zu den B-Vitaminen gerechnet. Sie wird zwar von Darmbakterien im Dickdarm synthetisiert, kann dort aber schlecht resorbiert werden, so daß eine zusätzliche Zufuhr mit der Nahrung erforderlich ist.

Physiologische Bedeutung: Folsäure wird im Organismus unter Beteiligung von Ascorbinsäure zu Tetrahydrofolsäure reduziert, die als wichtige Überträgersubstanz von Ein-Kohlenstoff-Fragmenten (Hydroxymethylgruppen) dient.

Folsäuremangel: Folsäuremangel tritt bei Verdauungsstörungen, mangelhafter Resorption bzw. Verwertung sowie bei Alkoholikern auf. Ferner wird Folsäuremangel nach Anwendung von Folsäure-Antimetaboliten, nach einer Therapie mit Primidon, Phenytoin oder Barbituraten sowie nach Gabe oraler Kontrazeptiva (s. d.) beobachtet. Eine Folsäure-Hypovitaminose äußert sich in einer Störung der Zellteilung. Neben einer makrozytären Anämie treten Diarrhö und Gewichtsverlust auf.

Hinweise: Obwohl durch die Gabe von Folsäure auch das Blutbild bei einer perniziösen Anämie normalisiert wird, ist die alleinige Folsäure-Medikation abzulehnen, da die Schädigung des Nervensystems dadurch nicht behoben werden kann (s. Antianämika).

Handelspräparate: u. a. Folsan, als Bestandteil u. a. enthalten in Aktiferrin EF, Eryfer comp., Hämatopan.

Nicotinamid = Nicotinsäureamid, Niacinamid

Nicotinamid ist ein gegen Wärme und Oxidationsmittel unempfindliches B-Vitamin. Die Substanz kann sowohl aus der Nahrung aufgenommen als auch im Organismus aus Tryptophan gebildet werden.

Physiologische Bedeutung: Als Baustein der Pyridinnucleotide (NAD, NADP) ist es von besonderer Bedeutung für Oxidations- und Reduktionsvorgänge. NADP ist an Redoxvorgängen zahlreicher körpereigener und -fremder Stoffe, NAD dagegen bevorzugt an denen der Atmungskette beteiligt und dient damit der ATP-Gewinnung.

Nicotinamid-Mangel: Die typische Nicotinamid-Avitaminose ist die *Pellagra,* an deren Entstehen jedoch auch noch der Mangel an anderen Vitaminen beteiligt ist. Zu ihrer Ausheilung werden daher Vitamin-B-Komplex-Präparate gegeben. Sie ist durch eine Dermatitis an belichteten Hautstellen, Verdauungsstörungen und degenerative Veränderungen des Zentralnervensystems gekennzeichnet. Auch durch einseitige Ernährung und Isoniazid können diese Symptome hervorgerufen werden.

Handelspräparat: Nicobion.

Vollblut s. Plasmaersatzflüssigkeiten, körpereigene (homologe) kolloidale

Vor- und Nachlast senkende Pharmaka

Wirkungsweise und Indikation

Vor- bzw. Nachlast senkende Pharmaka sollen das Herz durch eine Verminderung des venösen Rückstroms (Vorlast des Herzens, Preload) oder des peripheren Widerstandes (Nachlast des Herzens, Afterload), gegen den das Herz anpumpen muß, entlasten.

Die Vorlast wird in erster Linie durch den Tonus der venösen Kapazitätsgefäße und das Plasmavolumen, die Nachlast durch den Tonus der arteriellen Widerstandsgefäße bestimmt. Eine Senkung beider Faktoren führt zu einer Verminderung der Herzarbeit und damit des myokardialen Sauerstoffverbrauchs, weshalb die Vor- und Nachlast senkenden Pharmaka außer bei akuter Herzinsuffizienz auch bei koronarer Herzkrankheit (Angina pectoris, Herzinfarkt) eingesetzt werden können.

Nitrovasodilatatoren

Pharmakodynamik: Nitrovasodilatatoren (s. d.) (Glyceroltrinitrat, Isosorbiddinitrat, Isosorbid-5-mononitrat, Pentaerithrityltetranitrat, Molsidomin) dilatieren neben den großen Stammarterien und den Koronargefäßen vorwiegend die venösen Kapazitätsgefäße.

Indikationen: Zur Behandlung des akuten Angina-pectoris-Anfalls und des Myokardinfarktes (Glyceroltrinitrat sublingual, als Spray), zur Angina pectoris-Prophylaxe sowie bei akuter Linksherzinsuffizienz (Glyceroltrinitrat sublingual, bei unzureichender Wirkung als Infusion).

Diuretika

(s. d.)

Pharmakodynamik: Schleifendiuretika vom Typ des Furosemids führen zu einer vermehrten Natriurese und Wasserausscheidung und senken so das Plasmavolumen und den venösen Rückstrom. Zusätzlich kommt es zu einer noch vor der Diurese einsetzenden Venendilatation, die über von der Niere ins Blut freigesetzte vasoaktive Prostaglandine vermittelt wird. Bei der niedriger dosierten Langzeittherapie mit Thiaziden und Schleifendiuretika beruht die Blutdrucksenkung weniger auf einer Reduzierung des Plasmavolumens als auf einer verminderten Ansprechbarkeit der glatten Gefäßmuskulatur für konstriktorische Catecholamin-Reize (in der Folge Senkung des peripheren Widerstands und der Nachlast).

Indikationen: Akute Herzinsuffizienz (Furosemid), chronische Herzinsuffizienz und essentielle Hypertonie (Thiazide, Schleifendiuretika; s. Antihypertonika).

Calcium-Antagonisten

Pharmakodynamik: Calcium-Antagonisten (s. d.) erweitern neben den Koronargefäßen insbesondere Gefäße im arteriellen Schenkel; die venösen Kapazitätsgefäße und die Parameter der Herzaktivität bleiben dagegen in therapeutischer Dosierung weitgehend unbeeinflußt. Verapamil und Diltiazem wirken darüber hinaus noch negativ inotrop und negativ chronotrop.

Indikationen: Behandlung pektanginöser Beschwerden; Therapie der essentiellen Hypertonie (s. Antihypertonika), insbesondere Widerstandshochdruck älterer Patienten.

ACE-Hemmer

(s. d.)

Pharmakodynamik: Konversionsenzymhemmer (Captopril, Enalapril etc.) antagonisieren die bevorzugt im Pulmonalkreislauf erfolgende Umwandlung des unwirksamen Decapeptids Angiotensin I in den potenten Vasokonstriktor Angiotensin II (ein Octapeptid). Die die Nachlast senkende Wirkung der ACE-Hemmer erklärt sich jedoch nicht allein durch den Wegfall der direkten vasokonstriktorischen Wirkung des Angiotensins II. Angiotensin II führt darüber hinaus auch zu einer vermehrten Freisetzung von Catecholaminen und Aldosteron und dadurch in der Folge zu einer Wasser- und Natriumretention. Durch die Aufhebung der letztgenannten Wirkungen bewirken ACE-Hemmer auch eine Verminderung des venösen Rückstroms.

Indikationen: Akute und chronische Herzinsuffizienz, chronische essentielle Hypertonie (s. Antihypertonika).

Vasodilatantien (Antihypertonika)

Pharmakodynamik: Dihydralazin, Minoxidil, Diazoxid und Nitroprussid-Natrium führen wie die Nitrovasodilatatoren (s. d.) durch direkten Angriff an der glatten Gefäßmuskulatur zu einer ausgeprägten Tonusminderung; jedoch liegt im Gegensatz zu diesen der Schwerpunkt der Wirkung nicht im venösen Schenkel, sondern im Bereich der Arteriolen (Nitroprussid dilatiert auch postkapilläre Venolen).

Indikationen: Zur Kombinationstherapie schwerer Hypertonieformen sowie zur Behandlung der hypertonen Krise (s. Antihypertonika).

Alpha-Adrenozeptorenblocker

(s. d.)

Pharmakodynamik: Der kompetitive α_1/α_2-Blocker Phentolamin sowie die α_1-selektiven Adrenozeptorenblocker Prazosin, Terazosin, Doxazosin und Urapidil bewirken eine globale Vasodilatation mit Senkung von Vor- (Venentonus) und Nachlast (Arterientonus). Im Gegensatz zu den selektiven Antagonisten begrenzt Phentolamin durch die Blockade präsynaptischer α_2-Rezeptoren (Aufhebung des negativen Feedbacks) seine eigene Wirkung.

Indikationen: Therapie der akuten Herzinsuffizienz.

Kontraindikationen, Nebenwirkungen, Wechselwirkungen, Wirkstoffe s. ACE-Hemmer, Alpha-Adrenozeptorenblocker, Antihypertonika, Calcium-Antagonisten, Diuretika, Nitrovasodilatatoren.

Wachstumshormon = Somatotropin s. Hypophysenvorderlappenhormone

Warfarin s. Antikoagulantien, Vitamin-K-Antagonisten

Wasserstoffperoxid s. Desinfektionsmittel

Weizenkleie s. Laxantien, Quellstoffe

Wismutsalze s. Bismutsalze

Xanthin-Derivate s. Methylxanthin-Derivate

Xipamid s. Diuretika, Thiazide

Xylometazolin s. Sympathomimetika, α, mit vorwiegend peripherer Wirkung

Zidovudin s. Virustatika

Zolpidem s. Hypnotika, sog. ω_1-Rezeptoragonisten

Zopiclon s. Hypnotika, sog. ω_1-Rezeptoragonisten

Zotepin s. Neuroleptika mit anderer chemischer Struktur

Zuclopenthixol s. Neuroleptika

Zytomegalie-Immunglobulin s. Impfstoffe, passive Immunisierung

Zytostatika

Nebenwirkungen, Indikationen und Kontraindikationen

Zytostatika hemmen die Entwicklung und Vermehrung schnell wachsender Zellen. Sie werden deshalb zur Wachstumshemmung von Tumoren bzw. deren Metastasen und neoplastischen Erkrankungen des hämopoetischen Systems angewendet. Ihr Effekt ist jedoch nicht spezifisch, und es treten gleich-

zeitig häufig schwere Schäden an gesunden Zellen auf. Die Nebenwirkungen der Zytostatika sind daher bei allen Substanzgruppen – von den Hormonen abgesehen – prinzipiell ähnlich. Besonders negativ wirkt sich die Schädigung der Gewebe mit hoher Proliferationsrate, der sog. Wechselgewebe, aus. Als Folge dieser Schädigung kommt es zu Leuko- und Thrombopenien, eventuell auch zu einem Abfall der Erythrozytenzahl. Ferner treten Magen-Darm-Störungen und Appetitlosigkeit, Oberbauchbeschwerden, Resorptionsstörungen und Diarrhö auf. Haarausfall ist ein weiteres häufiges Symptom. Leberschädigungen äußern sich in bindegewebigem Umbau von Leberparenchym (Leberfibrosen, Leberzirrhosen).
Zu achten ist auch auf eine erhöhte Infektionsgefahr aufgrund der immunsuppressiven Wirkung sowie auf eine Hyperurikämie infolge des wegen der Zytolyse verstärkten Anfalls von Purinkörpern. Von vielen Zytostatika sind außerdem kanzerogene Eigenschaften beschrieben worden.

Indikationen: Zytostatika sind indiziert, wenn eine Operation oder eine Bestrahlung nicht oder nicht mehr möglich ist. Sie werden deshalb vor allem bei Systemtumoren, insbesondere Hämoblastosen, ferner zur Metastasenprophylaxe und -therapie sowie bei fortgeschrittenen Tumoren, die nicht mehr operabel sind, eingesetzt. Die Erfolge der Therapie sind oft bescheiden, und es gilt bei dem Einsatz der Zytostatika, auch den möglichen Verlust an Lebensqualität durch die Therapie zu berücksichtigen.
Alle Zytostatika zeigen bei längerer Therapie einen Wirkungsverlust (Resistenzentwicklung). Die besten Erfolge sind meist durch geeignete Kombination mehrerer Zytostatika zu erzielen. Die Zusammenstellung der Kombinationspartner erfolgt oft empirisch und ist in einem stetigen Wandel begriffen.

Kontraindikationen: Wegen ihrer mutagenen und teratogenen Wirkung dürfen Zytostatika nicht in der Schwangerschaft gegeben werden. Im allgemeinen sollte bis zu 6 Monaten nach Beendigung der Therapie eine wirksame Kontrazeption durchgeführt werden.

Einteilung der Zytostatika

Unterschieden werden

- Mitosehemmstoffe,
- alkylierende Verbindungen,
- Antimetaboliten,
- zytostatisch wirksame Antibiotika,
- Hormone und Hormon-Antagonisten sowie
- sonstige Zytostatika.

Mitosehemmstoffe

Die Vinca-Alkaloide *Vinblastin* und *Vincristin* sowie das partialsynthetisch gewonnene *Vindesin* binden sich in niedrigen Konzentrationen an die Proteine des Spindelapparats und hemmen die Zellteilung in der Metaphase.
Trotz der nahen chemischen Verwandschaft der Substanzen bestehen erhebliche Unterschiede im zytostatischen Wirkspektrum, in der Pharmakokinetik und der Toxizität. Ihre Antitumoraktivität erstreckt sich auf akute lymphoblastische Leukämien, Ewing-Sarkom (Vincristin), Wilms-Tumoren (Vincristin), Morbus Hodgkin und Non-Hodgkin-Lymphome, Neuroblastome, Nierenzellkarzinome (Vinblastin) und Melanome (Vindesin).
Vincristin besitzt neben den allgemeinen Nebenwirkungen der Zytostatika-Therapie neurotoxische Wirkungen.

Wirkstoffe (Handelspräparate): Vinblastin (Velbe u. a.), Vincristin (Vincristin Bristol u. a.), Vindesin (Eldisine).

Alkylierende Zytostatika

Wirkungsweise und Indikationen

Die Wirkung der Verbindungen dieser Gruppe kommt über die Alkylierung von Nucleinsäuren zustande. Die Auswirkung dieser Stoffe gleicht dem Effekt ionisierender Strahlen. Sie werden deshalb auch als *Radiomimetika* bezeichnet. Neben den tumorhemmenden besitzen diese Stoffe auch kanzerogene Eigenschaften.
Alkylierende Zytostatika spielen eine wichtige Rolle bei der Behandlung von Morbus Hodgkin, Non-Hodgkin-Lymphomen, Plasmozytom, chronischer myeloischer Leukämie, chronischer lymphatischer Leukämie, akuter lymphoblastischer Leukämie, Mammakarzinom, malignem Melanom (Dacarbazin), klein- und nichtkleinzelligem Bronchialkarzinom und Prostatakarzinom.

Cyclophosphamid

Dieser am besten untersuchte und zugleich am meisten verwendete Wirkstoff dieser Reihe besitzt durch die Abspaltung der schleimhauttoxischen Verbindung Acrolein ausgeprägte urotoxische Nebenwirkungen. Daher sollte gleichzeitig *Mesna* (Uromitexan) gegeben werden, das mit Acrolein eine nichttoxische, renal ausscheidbare Verbindung bildet.

Wirkstoffe (Handelspräparate): Cyclophosphamid (Cyclostin, Endoxan), Ifosfamid (Holoxan), Trofosfamid (Ixoten).

Weitere Alkylantien (Handelspräparate): Busulfan (Myleran), Carmustin (BCNU, Carmubris), Chlorambucil (Leukeran), Dacarbazin (DTIC/Deticene), Estramustin (Estracyt), Lomustin (CCNU, Cecenu), Melphalan (Alkeran), Nimustin (ACNU), Prednimustin (Sterecyt), Thiotepa (Thiotepa „Lederle").

Platin-Verbindungen

Ähnlich wie die bifunktionellen Alkylantien bewirken die Platin-Verbindungen eine Vernetzung zwischen DNA-Strängen. Sie werden bei Hodentumoren, Lymphomen, Endometrium- und Ovarialkarzinomen sowie Plattenepithelkarzinomen im HNO-Bereich eingesetzt.

Eine therapielimitierende Nebenwirkung von Cisplatin stellt die Nephrotoxizität dar. Durch spezielle Hydratationsschemata läßt sich diese jedoch weitgehend vermeiden. Bei gleichzeitiger Gabe mit anderen nephro- und ototoxischen Substanzen (z. B. Aminoglykosid-Antibiotika) kommt es zu einer verstärkten Toxizität an Niere und Gehörgang. Es dürfen keine Schleifendiuretika und Penicillamin gleichzeitig gegeben werden.

Für Carboplatin wird ein günstigeres Verhältnis von Wirkung und Nebenwirkung diskutiert. Dosislimitierender Faktor ist hier das Auftreten einer Thrombozytopenie. Inwieweit Carboplatin dem Cisplatin tatsächlich überlegen ist, wird kontrovers beurteilt. Aus den bisherigen klinischen Studien scheint sich eine Überlegenheit bei der Behandlung des Endometriumkarzinoms zu zeigen.

Wirkstoffe (Handelspräparate): Cisplatin (Cisplatin, Platiblastin, Platinex), Carboplatin (Carboplat).

Antimetaboliten

Antimetaboliten verdrängen kompetitiv natürliche Stoffwechselbausteine (Metaboliten) oder blockieren Enzyme und hemmen auf diese Weise den Stoffwechsel und das Zellwachstum. Auch ihre Wirkung ist weitgehend unspezifisch.

Methotrexat

(s. a. Antirheumatika)

Pharmakodynamik: Methotrexat ist ein Folsäureantagonist und besitzt eine wesentlich höhere Affinität zum Enzym Dihydrofolsäurereduktase als Folsäure selbst. Auf diese Weise wird die Übertragung von Ein-Kohlenstoff-Fragmenten verhindert. Die Folge ist eine gestörte Nucleinsäuresynthese. Folinsäure ist ein wirksames Antidot.

Indikationen: Methotrexat besitzt eine sehr breite Antitumoraktivität. Zu seinen Anwendungsgebieten gehören u. a. Plattenepithelkarzinome im HNO-Bereich, Mammakarzinome, Non-Hodgkin-Lymphome, akute lymphoblastische Leukämien, kleinzelliges Bronchialkarzinom, Ovarialkarzinome und Osteosarkome.

Hinweise: Vielfach wird Methotrexat außer in Kombinationsschemata in extrem hohen Dosen verwendet (bis 20 g). Damit soll erreicht werden, daß auch resistente Tumorzellen noch ansprechen. Man geht hierbei davon aus, daß zunächst die Tumorzellen und erst später gesunde Körperzellen beeinflußt werden. Letztere lassen sich durch rechtzeitige (bei einer Hochdosistherapie absolut notwendige) Gabe des Antidots *Folinsäure* (Handelspräparate: Leucovorin, Rescuvolin u. a.) vor der Zerstörung retten (sog. Rescue-Therapie).

Handelspräparate: Farmitrexat, Methotrexat medac, -„Lederle", -R. P. u. a.

Purinantagonisten

Diese Verbindungen hemmen die De-novo-Synthese und die Umwandlung von Purinen. Bei der Behandlung von akuten lymphatischen und nichtlymphatischen Leukämien werden beide oral gegeben.

Wirkstoffe (Handelspräparate): Mercaptopurin (Puri-Nethol), Thioguanin (Thioguanin-Wellcome)

Pyrimidinantagonisten

5-Fluorouracil (5-FU)

Pharmakodynamik: Über eine Hemmung des Enzyms Thymidylatsynthetase wird die DNA-Synthese blockiert. Daneben wird ein 5-FU-Metabolit als falscher Baustein in die RNA eingebaut.

Der therapeutische Effekt ist an die Anwesenheit reduzierter Folsäure-Derivate gebunden und kann daher bei deren Fehlen vermindert sein. Hieraus resultieren Versuche, 5-Fluorouracil mit Folinsäure (u. a. Leucovorin) zu kombinieren und so ein Ansprechen sonst resistenter Tumorzellen zu erreichen. Die bislang vorliegenden klinischen Ergebnisse rechtfertigen den kombinierten Einsatz beider Verbindungen.

Indikationen: Eine Antitumorwirksamkeit besteht u. a. bei Mamma-, Kolon- und Magenkarzinomen, ferner bei Adenokarzinomen der Lunge und bei Plattenepithelkarzinomen im HNO-Bereich. In einer großen US-Studie gelang mittels einer Kombination von 5-FU mit dem Anthelminthikum Levamisol (in Deutschland derzeit noch nicht im Handel) eine Senkung der Rezidivrate beim Kolonkarzinom im Stadium C nach Dukes.

Handelspräparate: Fluoro-uracil „Roche", Fluroblastin u. a.

Cytarabin

Pharmakodynamik: Cytarabin hemmt die DNA-Synthese durch Blockierung der Deoxycytidylatkinase und der DNA-Polymerase.

Indikationen: Cytarabin ist indiziert zur Behandlung von akuten nichtlymphatischen Leukämien und diffusen histiozytären Lymphomen.

Handelspräparate: Atexan, Udicil.

Zytostatisch wirksame Antibiotika

Einige Antibiotika, die wegen ihrer toxischen Eigenschaften nicht zur Behandlung bakterieller Infektionen verwendet werden, haben Einsatz als Zytostatika gefunden.

Anthracycline

Pharmakodynamik: Diese Verbindungen verhindern die Zellteilung, indem sie sich zwischen die DNA-Stränge einlagern (interkalieren). Dadurch wird das Aufwickeln der Doppelhelix verhindert. Daneben werden die RNA-Synthese beeinflußt und die Zellmembranfunktionen verändert.

Daunorubicin wird bei akuter myeloischer und bei akuter lymphatischer Leukämie angewandt.

Aclarubicin und *Idarubicin* sind bei akuter myeloischer Leukämie indiziert.

Doxorubicin, Epirubicin, Mitoxantron: Hierbei handelt es sich um Substanzen mit breiter Antitumoraktivität. Sie werden u. a. zur Behandlung von Leukosen, Non-Hodgkin-Lymphomen, kleinzelligen und nichtkleinzelligen Bronchialkarzinomen, Mammakarzinomen, Ovarialkarzinomen, Magenkarzinomen und malignen Melanomen eingesetzt. Epirubicin und Mitoxantron gelten als weniger kardiotoxisch als Doxorubicin.

Wirkstoffe (Handelspräparate): Daunorubicin (Daunoblastin, Daunorubicin R. P.), Aclarubicin (Aclaplastin), Doxorubicin (Adriblastin), Epirubicin (Farmorubicin), Idarubicin (Zavedos), Mitoxantron (Novantron).

Bleomycin

Bleomycin spaltet die DNA und führt zu Einzel- und Doppelstrangbrüchen. Die Substanz ist gut wirksam bei Plattenepithelkarzinomen im HNO-Bereich und wirksam bei Zervixkarzinomen, Hautkarzinomen, Peniskarzinomen, malignen Lymphomen und Hodentumoren.

Handelspräparat: Bleomycinum.

Dactinomycin

Dactinomycin wirkt ähnlich wie die Anthracycline und wird zur Behandlung von Wilms-Tumoren, Rhabdomyosarkomen und Hodenkarzinomen eingesetzt.

Handelspräparat: Lyovac-Cosmegen.

Mitomycin

Mitomycin ist ein Antibiotikum, das als bifunktionell alkylierende Verbindung die DNA-Synthese hemmt.

Mitomycin wird eingesetzt bei Adenokarzinomen des Magens, Kolon-, Mamma-, Leberzell-, Bronchial- und bestimmten Harnblasenkarzinomen.

Handelspräparat: Mitomycin medac.

Hormone und Hormonantagonisten

Hormone und Hormonantagonisten sind keine Zytostatika im eigentlichen Sinn. Sie können jedoch bei solchen Tumoren eingesetzt werden, deren Wachstum hormonabhängig ist. Dies trifft in hohem Prozentsatz u. a. für Prostata-, Mamma- und Korpuskarzinome des Uterus zu.

Gonadoliberin-Analoga

Pharmakodynamik und Indikationen: Hierbei handelt es sich um synthetische Ver-

bindungen, die bei längerer Anwendung infolge einer Down-Regulation der entsprechenden Rezeptoren in der Hypophyse eine völlige Unterdrückung der Testosteron- und Estradiolproduktion sowie eine verminderte Spermatogenese bewirken. Die Wirkungen entsprechen damit einer (reversiblen) chemischen Kastration bzw. Ovarektomie. Gonadoliberin-Analoga sind daher zur Therapie des (fortgeschrittenen) Prostatakarzinoms und Mammakarzinoms prä- und perimenopausaler Frauen geeignet. Vorteilhaft beim Mann ist die im Vergleich zur Behandlung mit Östrogenen geringe Feminisierung und das erniedrigte Risiko kardiovaskulärer Komplikationen.
An *Nebenwirkungen* wurden ein vorübergehender Anstieg der Serum-Androgen- und Östrogenspiegel, Hitzewallungen, Potenz- und Libidoverlust, Kopfschmerzen und Nasenbluten beobachtet.
Die einzelnen Verbindungen unterscheiden sich in ihrer Applikationsart (s. c., nasal) und ihrer Pharmakokinetik. So ist bei Goserelin aufgrund einer speziellen Depotzubereitung nur noch eine monatlich einmalige Applikation erforderlich.

Wirkstoffe (Handelspräparate): Buserelin (Suprefact), Leuprorelin (Carcinil, Enantone), Goserelin (Zoladex), Triptorelin (Decapeptyl).

Östrogene

Indikationen: Östrogene können zur Behandlung des Prostatakarzinoms verwendet werden. Das Tumorwachstum wird verzögert und die Metastasenbildung gehemmt.
Weiterhin sind Östrogene bei älteren Patientinnen mit Mammakarzinom, die sich 5 Jahre und mehr in der Menopause befinden, indiziert.

Wirkstoffe (Handelspräparate): Diethylstilbestroldiphosphat (Honvan), Estradiolundecylat (Progynon).

Antiöstrogene

Indikationen: Beim inoperablen oder metastasierenden Mammakarzinom kommt eine Behandlung mit Antiöstrogenen dann in Betracht, wenn durch den Nachweis von Hormonrezeptoren im Tumorgewebe eine Hormonabhängigkeit angenommen werden kann.
Tamoxifen (Kessar, Nolvadex, Tamofen u. a.) blockiert die peripheren Wirkungen der Östrogene durch Bindung an die Östrogenrezeptoren.
Aminoglutethimid (Orimeten) hemmt die Biosynthese von Östrogenen insbesondere durch Blockade des Enzyms Aromatase.

Antiandrogene

Indikationen: Antagonisten der männlichen Sexualhormone stellen eine Möglichkeit der Behandlung des fortgeschrittenen Prostatakarzinoms dar.

Wirkstoffe (Handelspräparate): Cyproteronacetat (Androcur), Flutamid (Fugerel).

Gestagene

Pharmakodynamik und Indikationen: Corpus-luteum-Hormone hemmen in hoher Dosierung das Wachstum der Zellen von Endometriumkarzinomen des Uterus, können diese z. T. sogar zerstören. Sie sind daher bei der Metastasierung solcher Tumoren sowie bei Verdacht auf ein Rezidiv indiziert. Remissionen nach Gestagengaben wurden darüber hinaus bei metastasierenden Mamma- und Prostatakarzinomen sowie bei Hypernephromen beobachtet.

Wirkstoffe (Handelspräparate): Megestrolacetat (Megestat), Medroxyprogesteronacetat (Farlutal, Clinovir).

Sonstige Zytostatika

Interferone

Interferone sind eine spezielle Gruppe der Zytokine und hochaktive, körpereigene Proteine mit einem breiten Wirkungsprofil, zu dem auch die antiproliferative Wirkung gehört.
Man unterscheidet α-, β- und γ-Interferone. Die in der Therapie und in der Forschung verwendeten Interferone werden bereits z. T. gentechnisch hergestellt.

Indikationen: Therapeutisch wird Interferon alfa bei bestimmten Malignomen eingesetzt. Die seltene Haarzell-Leukämie kann damit geheilt werden, und bei der chronischen myeloischen Leukämie werden bei etwa ⅓ der Patienten Remissionen erzielt. Günstige Ergebnisse wurden auch bei der Behandlung des bei AIDS gehäuft auftretenden Kaposi-Sarkoms erzielt. Interferon beta kann zur Therapie des undifferenzierten Nasopharynxkarzinoms nach Abschluß der Strahlenbehandlung eingesetzt werden.
Als *Nebenwirkungen* treten grippeartige Er-

scheinungen wie Müdigkeit, Fieber, Schüttelfrost u. a. auf, die z. T. durch Paracetamol gemildert werden. Möglich sind auch gastrointestinale Beschwerden, zentralnervöse Störungen, Störungen des Herz-Kreislauf-Systems wie Hyper- oder Hypotonie sowie Ödeme, Arrhythmien und eine Verschlechterung der Nierenwerte.

Wirkstoffe (Handelspräparate): Interferon alfa 2a (Roferon-A 3), Interferon alfa 2b (Intron A), Interferon beta (Fiblaferon).

Interleukin 2

Pharmakodynamik: Interleukin 2 gehört zu den Lymphokinen (Zytokinen), die bei der Regulation der Immunantwort eine wichtige Rolle spielen. Interleukin 2 wird als Teil der Immunreaktion auf körperfremde Antigene in T-Lymphozyten gebildet. Es induziert die Bildung anderer Zytokine wie γ-Interferon und Tumornekrosefaktor (TNF), die direkt auf Krebszellen wirken. Es beeinflußt weiterhin die Differenzierung und das Wachstum von B-Zellen, Makrophagen und Killerzellen. Interleukin 2 fördert die Differenzierung und Vermehrung von Leukozyten im peripheren Blut zu sog. lymphokinaktivierten Killerzellen (LAK-Zellen). Diese LAK-Zellen können spezifisch Tumorzellen sowie autologes und allogenes Tumorgewebe lysieren, ohne gesundes Gewebe zu zerstören. Andere Leukozytenarten werden durch Interleukin 2 zu zytotoxischen T-Lymphozyten (CTL), natürlichen Killerzellen (NK-Zellen) und tumorinfiltrierenden Lymphozyten (TIL-Zellen) aktiviert.

Indikationen: In klinischen Studien konnten mit Interleukin 2 bei 20–30% der Patienten mit Nierenkarzinom Remissionen erreicht werden. Hiervon waren etwa ein Drittel vollständige Remissionen. Interleukin 2 ist daher zu Behandlung des metastasierenden Nierenkarzinoms zugelassen. Weitere Studien laufen, um den Stellenwert in der Behandlung anderer Tumorformen zu ermitteln. Die *Nebenwirkungen* ähneln denen der Interferone.

Handelspräparat: Proleukin.

Asparaginase

Das Enzym L-Asparaginase hydrolysiert Asparagin zu Asparaginsäure. Gewisse Leukämie- und Tumorzellarten benötigen – im Gegensatz zu normalen Zellen – für ihren Stoffwechsel Asparagin, da ihnen das Enzym Asparaginsynthetase fehlt. Solche Tumorzellen werden daher durch die Behandlung mit Asparaginase in ihrem Wachstum gehemmt. Es kommt jedoch relativ rasch zu einer Resistenzentwicklung. Der *Indikationsbereich* umfaßt vor allem verschiedene Leukosen.

Handelspräparat: Crasnitin.

Procarbazin

Metaboliten von Procarbazin bewirken Chromatinbrüche und DNA-Veränderungen. Die Verbindung eignet sich zur Therapie des Morbus Hodgkin und von Lympho- und Retikulosarkomen.

Handelspräparat: Natulan.

Hydroxyharnstoff

Pharmakodynamik: Hydroxyharnstoff hemmt die Ribonucleosiddiphosphat-Reduktase. Der Übergang der Zellen von der G_1- in die S-Phase wird blockiert. Auf diese Weise wird eine Synchronisation des Tumorzellwachstums erreicht.

Indikation: Die Substanz ist u. a. bei malignen Melanomen, chronischer myeloischer Leukämie, Polyzythämie indiziert.

Handelspräparat: Litalir.

Adjuvantien: Hämatopoetische Wachstumsfaktoren

Filgrastim, ein gentechnologisch hergestellter *g*ranulozyten*k*olonie*s*timulierender Faktor (G-CSF), steigert die Bildung funktionsfähiger neutrophiler Granulozyten und ihre Freisetzung aus dem Knochenmark. Die Behandlung vermindert signifikant Häufigkeit, Schwere und Dauer einer Neutropenie bei Patienten nach Zytostatika-Therapie. Unklar ist bislang die Spezifität der Wirkung.

Handelspräparat: Neupogen.

4. Augenkrankheiten

W. Straub

Bei vielen Augenkrankheiten hat sich die lokale Corticosteroidtherapie bewährt. So nützlich diese Präparate bei gegebener Indikation sein können, so schwer sind die Folgen bei einer falschen Anwendung. Aus immer wieder gebotenem Anlaß sei deshalb auch an dieser Stelle grundsätzlich davor gewarnt, Cortisonpräparate lokal am Auge zu verabreichen, wenn das Hornhautepithel nicht intakt ist, d. h., wenn sich die Kornea an irgendeiner Stelle mit Natriumfluoresceinlösung grün anfärbt.

Abdecktest

Test zur Diagnose des latenten Schielens: Das eine Auge fixiert eine Lichtquelle, das abgedeckte zweite Auge weicht in Schielstellung ab.

Abduzenslähmung

Sy: Beobachtung der Zwangshaltung des Kopfes und der Beweglichkeitseinschränkung des Auges (Prüfung durch wechselseitiges Verdecken der Augen bei feststehendem Fixierobjekt). Bei einer Lähmung des rechten M. rectus lateralis ist der Kopf nach rechts gedreht, die Gesichtslinien sind daher nach links gewendet. Mehr oder weniger große Schielstellung nach innen, bedingt durch die häufig vorhandene gleichzeitige Kontraktur des Antagonisten. Der Patient hat gleichnamige Doppelbilder, z. B. bei einem Ausfall des rechten M. rectus lateralis steht das Bild des rechten Auges zu weit rechts.

Dg und *Th:* Behandlung der Grundursache (Tumoren, Blutungen, Entzündungen). Neurologische Untersuchung deshalb in jedem Fall erforderlich. Auch das Elektromyogramm erbringt wertvolle Aufschlüsse (s. Elektromyographie). In angeborenen Fällen sowie bei längerem (mindestens ½jährigem) Bestehen, wenn also mit einer spontanen Besserung nicht mehr zu rechnen ist, kommen Operationen an den Augenmuskeln (Vornähen des gelähmten Muskels, Schwächen des Antagonisten) in Betracht.

Ablatio chorioideae (Amotio chorioideae, Aderhautabhebung)

Sy und *Ät:* Gegenüber dem normalen Fundus scharf abgesetzte, pralle, bräunliche Prominenz. Ophthalmoskopisch dem Aderhautmelanom ähnliches Bild, das aber differentialdiagnostisch durch die Vorgeschichte, die diasklerale Durchleuchtung (s. Diaphanoskopie) und die Ultraschalluntersuchung (s. d.) unterschieden werden kann. Die Aderhautabhebung entsteht gewöhnlich durch Kammerwasseraustritt nach bulbuseröffnenden Operationen oder perforierenden Verletzungen, wobei die Vorderkammer oft abgeflacht bzw. aufgehoben ist. Andere Aderhautablösungen beruhen auf retrochorioidalen Tumoren, Blutungen oder Ergüssen.

Th: Operativer Verschluß der Fistel, binokularer Verband, Diamox.

Adaptation

Anpassung des Auges an Änderungen der Umfeldhelligkeit. Sie geht mit einem Abbau (Helladaptation) oder einer Regeneration (Dunkeladaptation) des Sehpurpurs einher. Veränderungen der Dunkeladaptation (s. Hemeralopie) kommen bei angeborenen und erworbenen Erkrankungen vor.

Addison-Krankheit

Dabei entsteht manchmal eine bräunliche endogene Pigmentierung der Konjunktiva des Bulbus und des Limbus.

Aderhautatrophie

Ät: Hochgradige Myopie, Arteriosklerose. *Andere Formen:* Chorioideremie und Atrophia gyrata retinae et chorioideae.

Sy: Die Chorioideremie als intermediär geschlechtsgebundene, erbliche, progressive Atrophie beginnt im jugendlichen Alter; es sind nur Männer befallen. Am Anfang bleiben die zentralen Funduspartien ausgespart. Während die Chorioideremie zu den disseminierten tapetoretinalen Degenerationen vom Pigmentosatypus gerechnet werden muß, ist dies bei der nicht progredienten Atrophia gyrata retinae et chorioideae nicht ohne weiteres der Fall.

Th: Bei Arteriosklerose durchblutungsfördernde Maßnahmen.

Aderhautblutung

Ät: Bulbusverletzungen, besonders Kontusionen, gelegentlich kombiniert mit Rupturen der Aderhaut, ferner, besonders in der Fundusmitte, als Dehnungsfolge bei hoher Achsenmyopie. Gelegentlich im Zusammenhang mit Entzündungen und Tumoren der Aderhaut.

Besonderheit: Expulsive Blutung bei bulbuseröffnenden Operationen auf dem Boden einer Aderhautsklerose durch Ruptur von Aderhautgefäßen als die Folge einer Diskrepanz zwischen intraokularem Druck und Gefäßdruck. Sie geht praktisch immer mit dem Verlust des Auges einher.

Aderhautfigur, Purkinje-

Wahrnehmung eigener Netzhautgefäße durch Projektion der Gefäßschatten auf hierfür bei normalem Lichteinfall nicht in Betracht kommende Netzhautstellen.

Aderhautkolobom

Mißbildung, nicht selten kombiniert mit einem Kolobom der Iris, entstanden auf dem Boden eines unvollständigen Verschlusses der fetalen Augenbecherspalte. Parabelförmiger, in typischen Fällen unten liegender, weißlicher Defekt der Aderhaut (Durchschimmern der weißen Sklera) mit irregulärem Verlauf der darüberziehenden Netzhautgefäße. Primär ist die Netzhaut über dem Aderhautkolobom fehlerhaft angelegt. Kolobome kommen u. a. im Rahmen der Contergan-Embryopathie vor.

Aderhautmelanom

Sy und *Dg:* Maligner Tumor, vorwiegend bei Älteren vorkommend. Ophthalmoskopisch besteht eine oft dunkel gefärbte, u. U. von Blutungen durchsetzte Ablatio retinae ohne Rißbildung. Diagnostisch wichtig sind die fehlende diasklerale Durchleuchtbarkeit im Tumorbereich, die Fluoreszenzangiographie und die Ultraschalluntersuchung. Frühe Metastasenbildung in Leber, Lunge und Knochen. Andererseits schreitet der Tumor bisweilen nur langsam fort, so daß auch eine abwartende Haltung erwägenswert sein kann.

Th: Entfernung des Bulbus mit histologischer Nachuntersuchung. Sind bereits Tumorzellen in der Sklera nachweisbar, Exvisceratio orbitae und evtl. Röntgennachstrahlung. – Bei kleineren Tumoren kann an eine Licht- bzw. Laserkoagulation oder an eine Behandlung mit Kälte (s. Kryotherapie) bzw. Exzision gedacht werden.

Aderhautnävus

Dunkelgraue bis braunschwarze Flecken, die u. U. maligne entarten. Deshalb sind – am besten photographische – Verlaufskontrollen nötig.

Aderhautruptur

Sichelförmig gestaltete, mehr oder weniger breite, konzentrisch zur Papille angeordnete, bleibende und therapeutisch unbeeinflußbare Dehiszenz der Chorioidea an der Stelle des Contrecoups nach stumpfen Verletzungen. Nach evtl. Resorption von Blutungen (s. Aderhautblutung) Durchblick auf die weißliche Sklera. Gelegentlich sind nur die inneren Aderhautschichten betroffen.

Aderhautsklerose (s. auch Arteriosklerose des Augenhintergrunds)

Vk: Isoliert oder in Kombination mit anderen sklerotischen und (oder) hypertonischen Fundusveränderungen. Die vielfach miteinander anastomosierenden Chorioidalgefäße sind dabei durch helle, blutleere Streifen ersetzt.

Aderhauttuberkulose (s. auch Tuberkulose des Auges)

Im Rahmen der Miliartuberkulose in Form miliarer chorioretinitischer Herde aufschießend. Dieses Symptom war vor der Ära der Chemotherapie der Tuberkulose ein Zeichen des nahen Todes. Daneben kommt, allerdings sehr selten, der tumorförmige, im allgemeinen sehr rasch mit einer Perforation der Sklera einhergehende Solitärtuberkel der Aderhaut vor.

Aderhauttumoren

Bösartige Tumoren: Melanom, Sarkome. Die häufigsten metastatischen Geschwülste sind das Mamma- und das Bronchialkarzinom.

Gutartige Tumoren: Neurinome, Tuberkulome, Syphilome, Knoten bei Morbus Boeck, Zysten der Uvea.

AIDS

Bei HIV-Infizierten ist die Augenbeteiligung ein prognostisch schlechtes Zeichen. Beobachtet werden Mikroangiopathiesyndrome der Netzhaut, infektiöse Chorioretinitis, oft durch Zytomegalieviren und Toxoplasmen. Ferner sind Sicca-Syndrom, Keratitis, Iridozyklitis, Papillitis sowie Kaposi-Sarkome der Lid- und Bindehaut beschrieben.

Akinesie

Vorübergehende Parese, ausgelöst durch Injektion von Lokalanästhetika, angewandt bei Operationen und nach Verletzungen zur Verhütung der Lid- und Bulbusbewegungen.

Akkommodation

Refraktionsänderung im Sinn einer zunehmenden Brechkraft durch Veränderung der Linsenform, bedingt durch einen verschiedenen Spannungszustand der Zonulafasern: bei Kontraktion des Ziliarmuskels Erschlaffen der Zonulafasern und vermehrte Kugelform der Linse. Bei ruhendem Ziliarmuskel gespannte Zonulafasern und relativ abgeflachte Linse. Abnahme der Akkommodationsbreite mit zunehmendem Lebensalter. Die maximale Akkommodation beträgt etwa 16 dpt im 8. bis 10. Lebensjahr. Etwa im 65. Lebensjahr ist die Akkommodation praktisch aufgehoben (s. Presbyopie).

Akkommodationslähmung mit Pupillenlähmung = Ophthalmoplegia interna

Ät: Einseitige Ophthalmoplegia interna: zerebrale Lues, Tabes, Paralyse, Apoplexie, Tumoren, Polioenzephalitis; *doppelseitige:* Botulismus, Atropinvergiftung.

Akkommodationslähmung ohne Pupillenlähmung

Diphtherie, Grippe, Encephalitis lethargica.

Albinismus

Sy: Fehlender Pigmentgehalt in der Iris und den sonst pigmentierten Teilen des Auges, zeitweise kombiniert mit einer Minderwertigkeit der Makula. Dadurch vermindertes zentrales Sehvermögen mit Nystagmus. Hochgradige Blendungsempfindlichkeit. Man stellt den auf das Auge beschränkten Albinismus solum bulbi dem Albinismus universalis gegenüber.

Th: Dunkle Schutzbrille, evtl. getönte Haftschalen.

Amaurosis fugax

Sy: Leitsymptom für ein- oder doppelseitige, mehr oder weniger vollständige Karotisstenosen, die zu einer hämodynamischen Insuffizienz der A. ophthalmica führen und plötzlich eine Sekunden bis wenige Minuten anhaltende Erblindung ohne Vorankündigung mit sich bringen. Im beschwerdefreien Intervall gegebenenfalls am Fundus Zeichen mäßiger Arteriosklerose oder Hypertonie.

Dg und *Th:* Die Schädigung der A. carotis läßt sich mit Hilfe der Ultraschall-Doppler-Sonographie verifizieren. Dann gefäßchirurgische Behandlung.

Amblyopie

Sy: Schwachsichtigkeit ohne organisch nachweisbare Veränderungen. Sehr häufig kommt die einseitige Amblyopie beim Strabismus concomitans im Zusammenhang mit Fehlstellung des Auges vor (kleines zentrales Skotom des jeweils schielenden Auges). Durch den Nichtgebrauch des einen Auges entsteht eine Amblyopia ex anopsia.

Th: Frühzeitige Schulung des schwachsichtigen Auges (s. Pleoptik), später der beidäugigen Zusammenarbeit (s. Orthoptik, Strabismus, Schielschule).

Anästhesierung der Hornhaut

Durch Paraaminobenzoesäureester-Abkömmlinge wie Novesine 0,4%, Chibro-Kerakain (0,5%ig) oder Cocain (1–2%ig) (bei Cocain Pupillenerweiterung, damit Möglichkeit der Auslösung eines Glaukomanfalls!).

Aneurysma

Aneurysmen der Hirnbasis können durch direkten Druck Augenmuskelparesen hervorrufen. Rupturen führen zu Blutungen in die Gegend des Sehnerven. Arteriovenöse Aneurysmen im Bereich des Sinus cavernosus bringen einen pulsierenden Exophthalmus mit einer Stase in den episkleralen Gefäßen mit sich.
Aneurysmen der Bindehautgefäße sind u. U. eine Folge von Gelbkreuzspätschäden.
Mikroaneurysmen kleiner Netzhautgefäße kommen besonders bei der Retinopathia diabetica vor.

Angeborene Beweglichkeitsstörungen

Sy: Es gibt, wie bei den erworbenen Lähmungen, partielle und vollständige Ophthalmoplegien, Lähmungen einzelner sowie assoziierter Augenmuskeln und Blicklähmungen. Angeborene *Abduktionsdefekte* können eine hochgradige Konvergenz der Gesichtslinien mit sich bringen. Dies beruht auf einer sekundären Kontraktur der Mm. recti media-

les. In analoger Weise gibt es bei angeborenen *Adduktionsdefekten* hochgradige Divergenzstellungen der Bulbi. Die stark kontrahierten Muskeln sind dabei u. U. in narbige Stränge umgewandelt. Gelegentlich besteht ein nur geringer Schielwinkel, nämlich dann, wenn es sich um eine gleichzeitige Lähmung des lateralen und medialen Muskels handelt. In anderen Fällen ist der M. rectus lateralis durch ein derbes Band dargestellt, welches dem Zug des M. rectus medialis entgegenwirkt. Bisweilen ist auch der M. rectus medialis nicht normal ausgebildet. Dann besteht eine Einschränkung der Adduktion oder an ihrer Stelle eine Retraktion des Bulbus (Enophthalmus), u. U. mit Verengerung der Lidspalte.
Die ein- oder doppelseitige Ptosis kommt mit und ohne Heberlähmung vor. Der M. levator palpebrae ist dabei unterentwickelt oder entartet. Gelegentlich ist die Ptosis mit Epikanthus und Blepharophimose vergesellschaftet (Van-der-Hoeve-Waardenburg-Syndrom).

Ät und *Dg:* Die angeborenen Beweglichkeitsstörungen der äußeren Augenmuskeln beruhen auf zentralen Veränderungen (Kernaplasie oder Dysplasie) oder auf peripheren Entwicklungshemmungen im Bereich des entsprechenden Nerven und (oder) des Muskels. Die Diagnose des Ortes der Schädigung wird durch die Elektromyographie (s. d.) erleichtert.

Angioide Gefäßstreifen (Angioid streaks)
Einrisse der zwischen Netzhaut und Aderhaut gelegenen Bruch-Membran im Rahmen des Grönblad-Strandberg-Syndroms. Ophthalmoskopisch handelt es sich dabei um bizarr verlaufende, vorwiegend radiär zur Papille liegende, den Sprüngen einer Eierschale gleichende, gefäßähnliche Linien. Das Leiden ist langsam progredient; mit der Zeit treten Blutungen und Proliferationen in der Netzhautmitte hinzu.

Angiom

Sy: Oft angeborene, in den Lidern, der Bindehaut und der Orbita u. U. kombiniert auftretende Geschwülste, manchmal mit Wachstumstendenz. Solche dem morphologischen Aufbau nach gutartige Tumoren können sich spontan zurückbilden, andererseits aber auch geradezu ein infiltratives Wachstum aufweisen.

Th: Zunächst Verlaufskontrolle, u. U. Bestrahlung, chirurgische Entfernung, Diathermiestichelung.

Angiomatosis retinae
(Hippel-Lindau-Krankheit)

Sy: Zu den Phakomatosen (s. Netzhauttumoren) gehörende Erkrankung. In der Netzhaut finden sich dabei kugelförmige Angiome mit stark geschlängelten und erweiterten zu- bzw. abführenden Gefäßen. Häufige Kombination mit Angiomen im Zentralnervensystem, besonders im Kleinhirn. Durch Transsudation und Blutungen entstehen allmählich zunehmende Schwarten in der Netzhaut und im Glaskörper. Gefahr der (sekundären) Netzhautablösung.

Th: Licht- bzw. Laserkoagulation, Kryotherapie, evtl. Vitrektomie.

Angiopathia retinae traumatica
(Purtscher-Syndrom)
Weißgraue Netzhautherde, die nach Kompression des Brustkorbs oder schweren Verletzungen mit Frakturen entstehen. Ursächlich spielen Fettembolie, venöse Stase und reaktive arterielle Spasmen eine Rolle.

Aniridie (Irideremie)

Ät: Fehlen der Iris, angeboren, oft kombiniert mit anderen Mißbildungen des Augapfels. Die traumatische Aniridie tritt nach schweren Kontusionen des Bulbus oder nach perforierenden Verletzungen auf.

Th: Evtl. Schutzbrillen oder gefärbte Kontaktlinsen.

Aniseikonie
Verschiedene Größe der Netzhautbilder.

Anisometropie
Verschiedene Refraktion beider Augen. eine Korrekturdifferenz bis zu etwa 3–4 dpt wird im allgemeinen vertragen. Sonst Kontaktlinsen.

Aphakie (Linsenlosigkeit)

Ät: Sehr selten angeboren, gelegentlich nach Verletzung und Aufsaugung der Linsenmassen vorkommend. In den meisten Fällen nach der Extraktion einer getrübten Linse.

Th: Korrektur durch Starbrille, im allgemeinen etwa +12,0 dpt, bei einseitiger Aphakie durch Kontaktlinsen. Heute wird nach der Entfernung einer getrübten Linse die intraokuläre Implantation von Kunstlinsen in das vordere Augensegment mehr und mehr durchgeführt (s. Pseudophakos). Die Korrektur einer einseitigen Aphakie mit einer Starbrille bei annähernd normal sehendem anderem Auge ist wegen der Aniseikonie nicht möglich.

Arachnitis opticochiasmatica

Sy: Entzündliche und postentzündliche narbige Veränderungen im Bereich der Hirnbasis mit völlig uncharakteristischen Gesichtsfeldausfällen durch Sehnervenschädigung.

Th: Antibiotika, Tuberkulostatika, Corticosteroide, evtl. Operation.

Arachnodaktylie (Spinnenfingrigkeit)

Sy: Im Rahmen des Marfan-Syndroms. Dabei finden sich noch andere Zeichen mesodermaler Dysplasie, wie Schwäche der Zonulafasern, dadurch Myopie infolge Kugelform der Linse, Linsensubluxation oder -luxation, Gefahr des Sekundärglaukoms und der Netzhautablösung.

Th: Evtl. Entfernung der Linse (Absaugung).

Arcus senilis
(Gerontoxon, Greisenbogen)

Bei durchaus nicht immer sehr alten Personen vorkommende ringförmige Trübung der Hornhautperipherie durch Einlagerung von Lipoiden. Trennung vom Limbus durch ein luzides Intervall. Verminderte Gewebsresistenz und Gefahr der Geschwürsbildung im Bereich des Arkus. Er ist jedoch kein sicheres Zeichen einer Hyperlipämie oder Hypercholesterinämie und darf daher nicht ohne weiteres als arteriosklerotisches Symptom bewertet werden.

Argyll-Robertson-Phänomen
reflektorische Pupillenstarre,
s. Pupillenreaktion

Argyrose

Sy: Ablagerung von metallischem Silber in den Bindegewebsfasern der Konjunktiva bei langdauernder Therapie mit Silberpräparaten, wie Argentum nitricum.

Th: Nicht möglich.

Arteria cilioretinalis

Von den hinteren Ziliararterien ausgehende und nicht mit der A. centralis retinae im Zusammenhang stehende Arterienäste, häufig als Normvariante vorkommend.

Arteriitis temporalis,
Riesenzellarteriitis (s. auch S. 824)

Sy: Unter dem Bild des Papillenödems oder des Zentralarterienverschlusses einhergehende chronische arterielle Gefäßerkrankung mit Kopfschmerzen. Histologisch fällt eine oft völlige oder fast vollständige Obliteration des Gefäßlumens durch ein riesenzellhaltiges Granulationsgewebe auf. Die Temporalarterien sind in Form derber, pulsloser Stränge tastbar. Erhöhte Blutsenkungsgeschwindigkeit, Temperaturerhöhung.

Th: Die Exzision eines Stücks der Temporalarterie gestattet die histologische Diagnostik und beseitigt oft die Kopfschmerzen. Antibiotika, Corticosteroide.

Arteriosklerose des Augenhintergrunds

Sy: Die Veränderungen lassen sich in 4 Gruppen unterteilen (Sautter), nämlich 1. den einfachen Fundus arterioscleroticus, 2. die trockene, 3. die feuchte Form, 4. die Aderhautsklerose.

Beim einfachen *Fundus arterioscleroticus* besteht noch keine Funktionsstörung. Der reflexarme Fundus gewinnt ein „stumpfes“ Aussehen. Abgesehen von einer vermehrten Schlängelung der paramakularen Venolen, fallen punktförmige oder kleinfleckige Herdchen auf.

Die *trockene Form* der arteriosklerotischen Chorioretinopathie wird von Hyper- und Depigmentierungen verschiedener Form, Größe und Lage gekennzeichnet. In der Fundusmitte entsteht so die atrophische, „senile“ Makuladegeneration, u. U. mit zentralem Skotom und damit mehr oder weniger beeinträchtigtem Sehvermögen.

Im Rahmen der *feuchten Form* der arteriosklerotischen Chorioretinopathie treten Blutungen und Ödeme hinzu, so daß das Bild recht bunt sein kann. Zu diesem insudativen bis exsudativen Geschehen kommt nicht selten noch ein proliferatives hinzu, charakterisiert durch bindegewebige bzw. gliöse Organisations- und Vernarbungsvorgänge, die bisweilen zu tumorähnlichen Wucherungen führen (sog. seniler Pseudotumor). Hierher gehört z. B. auch die scheibenförmige Degeneration der Netzhautmitte nach Kuhnt-Junius und die sog. Retinitis circinata.

Bei der *Aderhautsklerose* obliterieren die Chorioidalgefäße und nehmen eine gelbliche bis grauweiße Farbe an. Dabei treten die intervaskulären Räume deutlicher hervor (senile Tabulierung).

Ausdehnung und Lokalisation können wechseln, durch Extravasate treten u. U. auch retroretinale Veränderungen auf. Selbstverständlich kommen häufig Übergangsstadien zwischen den einzelnen Manifestationsformen vor. Auch beobachtet man gelegentlich an einem Auge beispielsweise die trockene, am anderen die feuchte Form. Kombination mit hypertonischen Fundusveränderungen ist nicht selten.

Th: Der einfache Fundus arterioscleroticus und die Aderhautsklerose erfordern an sich keine besondere Behandlung. Dagegen können die trockene und besonders die feuchte Form zu einer starken Visuseinbuße führen. In Zusammenarbeit mit dem Hausarzt oder dem Internisten Behandlung des Grundleidens, auch durch entsprechende Diät. Eine langfristige Therapie mit durchblutungsfördernden Präparaten scheint hilfreich zu sein. Bei proliferierenden Veränderungen der Netzhautmitte kommen auch die Anwendung von Corticosteroiden sowie Röntgenbestrahlung der Macula lutea und, nach vorheriger Fluoreszenzangiographie, eventuell behutsame Laserkoagulationen in diesem Gebiet in Betracht.

Asthenopie

Sy: Sehbeschwerden in Form rascher Ermüdbarkeit infolge einer Schwäche der Akkommodation, der beidäugigen Zusammenarbeit oder mangelhafter Ausdauer (akkommodative, muskuläre, nervöse Asthenopie).

Th: Korrektur von Refraktionsanomalien, Fusionsübungen, allgemein roborierende Maßnahmen.

Astigmatismus

Sy: Brennpunktlosigkeit des Auges bei ungleichmäßiger Hornhautkrümmung. Das Netzhautbild eines Objektpunktes wird dabei strichförmig abgebildet.

Irregulärer Astigmatismus: Verschiedene Brechkraft in zahlreichen Meridianen.

Regulärer Astigmatismus: In einem Meridian stärkste, in dem senkrecht dazu stehenden schwächste Krümmung. Meist bricht der senkrechte Hornhautmeridian etwa 0,5 dpt stärker als der waagerechte. Dieser geringe physiologische Astigmatismus bedarf keiner Korrektur. Neben dem Hornhautastigmatismus kommt auch ein Linsenastigmatismus vor.

Th: Bestimmung des Hornhautastigmatismus durch Ophthalmometer, des Gesamtastigmatismus durch die Skiaskopie oder Refraktometrie. Korrektur des regulären Astigmatismus durch Zylindergläser bzw. Kontaktlinsen, des irregulären nur durch Kontaktlinsen.

Atresie des Tränen-Nasen-Kanals

Sy: Von praktischer Bedeutung ist die meist einseitige membranöse Atresie des nasalen Ostiums des Ductus nasolacrimalis unter der unteren Nasenmuschel bei Neugeborenen. Sie führt zu einer Dakryozystitis (s. d.).

Th: Spülung und evtl. Sondierung durch den Facharzt.

Atrophia nervi optici (Sehnervenatrophie)

Einfache Atrophie

Sy und *Ät:* Blasse, scharf begrenzte, im Niveau der Netzhaut gelegene Papille, enge Netzhautgefäße. Sie kommt vor

- angeboren bei Aplasie des Ganglion fasciculi optici;
- als Behr-Atrophie, die wie die Leber-Optikusatrophie eine heredodegenerative Erkrankung ist und möglicherweise mit spastischer Spinalparalyse und zerebraler Ataxie kombiniert ist;
- als genuine Leber-Optikusatrophie, die, im Gegensatz zur Behr-Optikusatrophie, nicht mit neurologischen Symptomen gekoppelt ist;
- als Druckatrophie durch benachbarte Tumoren, z. B. Meningeome des Tuberculum sellae, des kleinen Keilbeinflügels oder der Olfaktoriusrinne, Hypophysenadenomen und Kraniopharyngeomen sowie u. a. bei Aneurysmen der A. carotis (bei Stirnhirntumoren kommen eine einfache Atrophie auf der Seite des Tumors [durch direkten Druck], eine Stauungspapille der Gegenseite [durch Zirkulationsstörungen] zusammen vor [Foster-Kennedy-Syndrom]);
- bei Arachnitis opticochiasmatica;
- bei arteriosklerotischen Veränderungen der den Sehnerven ernährenden Gefäße;
- nach Entzündungen, z. B. ausgedehnter retrobulbärer Neuritis, am häufigsten im Rahmen der multiplen Sklerose; ferner als Teilerscheinung der Tabes dorsalis;
- nach Verletzungen, bei denen der Sehnerv durchtrennt wurde (z. B. bei Schädelbasisbrüchen Abscherung des N. opticus durch die dislozierten Bruchenden des Sehnervenkanals);

- bei Ernährungsschäden wie Beriberi, Pellagra sowie nach schweren Blutverlusten, Leukämie, perniziöser Anämie, als Campeye (s. d.);
- nach Vergiftungen mit Chinin, Optochin, Farnkrautextrakt, Atoxyl, modernen Lösungsmitteln, Methylalkohol, Thallium, Nicotin, Blei;
- bei Turmschädel und anderen Dyskranien durch Veränderungen des knöchernen Sehnervenkanals.

Th: Soweit möglich, Behandlung der zugrundeliegenden Erkrankung. Bei mechanischer Druckwirkung Entlastung. Bei Entzündungen, falls erforderlich, Fokalsanierung und Corticosteroidbehandlung.

Postneuritische Atrophie

Unscharf begrenzte, u. U. leicht prominente Papille. Sie kommt nach Stauungspapille sowie nach Neuritis nervi optici vor.

Glaukomatöse Atrophie

Bei intraokulärer Drucksteigerung. Randständige Exkavation mit Gefäßabknickung am Rand der hellgefärbten Papille.

Partielle Atrophie, temporale Abblassung

Abblassung des temporalen Papillensektors durch Untergang der besonders empfindlichen papillomakularen, also die Macula lutea versehenden Nervenfaserbündel. Sie entsteht nach retrobulbärer Neuritis.

Wachsgelbe (aszendierende) Atrophie

Retinale Form der Sehnervenatrophie mit gelblicher Papillenfarbe. Man begegnet ihr bei fortgeschrittenen tapetoretinalen Degenerationen vom Pigmentosatypus sowie bei alten Stammverschlüssen der Netzhautzentralarterie.

Augeninnendruck

Messung mit dem Schiötz-Tonometer oder durch Applanationstonometer. Die normale Tension beträgt etwa 12 bis maximal 22 mmHg.

Augenmuskellähmungen

Äußere Augenmuskeln

Phys: Die Bewegung des Auges wird durch 4 gerade und 2 schräge Muskeln bewirkt. Innervation des M. rectus lateralis vom N. abducens, des M. obliquus superior vom N. trochlearis. Die übrigen äußeren Augenmuskeln innerviert der N. oculomotorius.

Sy und *Ät:* Bei Augenmuskelparesen treten Doppelbilder auf, deren Abstand in der Aktionsrichtung des gelähmten Muskels zunimmt. Der Schielwinkel vergrößert sich in der Zugrichtung des paretischen Muskels (s. Strabismus). Augenmuskellähmungen entstehen

- angeboren infolge Kernaplasie, Myoagenesie oder Geburtsverletzungen;
- durch Druckwirkung von Aneurysmen an der Schädelbasis;
- durch Blutungen, am häufigsten bei Arteriosklerose;
- als basale Paresen durch entzündliche Infiltration bei Meningitis;
- im Rahmen der endokrinen Ophthalmopathie;
- bei Enzephalitis, z. B. beim Herpes zoster ophthalmicus sowie bei Poliomyelitis;
- bei Hirntumoren und anderen Zuständen, die mit erhöhtem Hirndruck einhergehen;
- beim Exophthalmus pulsans;
- bei multipler Sklerose;
- traumatisch.

Th: Falls möglich, kausal. Evtl. Operationen an den gelähmten Muskeln und (oder) ihren Antagonisten. Bei sehr störenden, nicht zu beseitigenden Doppelbildern Mattglas vor das schielende Auge oder Kontaktlinse mit geschwärztem Zentrum.

Innere Augenmuskeln

Der M. sphincter pupillae und der M. ciliaris werden vom N. oculomotorius, der M. dilatator pupillae von der Pars sympathetica innerviert. Lähmungen innerer Augenmuskeln bei Botulismus, Atropinvergiftung, Diphtherie (s. Akkommodation).

Augenspiegel

1850 von *Hermann v. Helmholtz* erfunden, ermöglicht die Untersuchung des Augenhintergrundes. Man unterscheidet die Ophthalmoskopie im aufrechten und diejenige im umgekehrten Bild.

Basaliom des Lids

Mit dem Spinaliom zu den Lidkarzinomen zählend.

Sy: Entdifferenzierungszeichen fehlen, keine Metastasenbildung. Der Tumor, der die Lidkanten bevorzugt, wächst zwar langsam, ist aber klinisch wie histologisch infolge Destruktion und Infiltration des umgebenden Gewebes als maligne anzusehen. Nicht selten besitzt er eine zentrale, nabelförmige Einziehung und derbe, leicht aufgeworfene Ränder sowie Teleangiektasien.

Th: Chirurgische Entfernung oder (und) Röntgenbestrahlung, auch Kryotherapie. Bei behandelten Basaliomen sind Nachuntersuchungen in bestimmten Zeitabständen wegen der Rezidivgefahr unerläßlich.

Begleitiritis

Def: Sekundäre Entzündung der Regenbogenhaut bei Affektionen der Kornea, Lederhaut und der hinteren Uvea.

Th: Mydriatika, Behandlung der Grundursache.

Behçet-Krankheit (s. auch S. 303)

Mit rezidivierender Hypopyoniritis, Fundus- und Glaskörperblutungen einhergehende Viruserkrankung mit Haut- und Schleimhautbeteiligung, rheumatoiden Erscheinungen und Gefäßveränderungen.

Bell-Phänomen

Bewegung des Bulbus nach oben beim Lidschluß.

Beweglichkeitsstörungen, angeborene, s. angeborene Beweglichkeitsstörungen

Bifokalglas (erfunden von B. Franklin)

Gläser mit verschiedener Brechkraft, wobei der obere Teil der Fernkorrektur, der untere Teil der Nahkorrektur entspricht. Auch Trifokalgläser mit einem intermediären Abschnitt für mittlere Entfernungen stehen heute zur Verfügung (s. auch Gleitsichtgläser).

Bindehautabstrich

Sekretentnahme aus der unteren Übergangsfalte zur Bestimmung der Keime und ihrer Resistenz vor intraokularen Operationen und bei Entzündungen der Bindehaut und Hornhaut.

Bindehautblutung

Ät: Vorkommen postnatal bei längerer Geburtsdauer, spontan bei Arteriosklerose durch Ruptur eines kleinen Gefäßes sowie traumatisch.

Th: Lokale Wärme.

Bindehautdermoid

Def: Indolente, reizfreie, linsen- bis erbsengroße, oft am Limbus gelegene Mißbildung mit geringer Wachstumstendenz.

Th: Chirurgische Entfernung mit plastischer Deckung.

Bindehautdiphtherie

Sy: Kann isoliert oder mit einer Diphtherie des Nasen-Rachen-Raums zusammen auftreten. Nekrotisierende Entzündung mit Bildung von gelblichen Pseudomembranen, die nach dem Abziehen eine blutende Wunde hinterlassen. Lidschwellung.

Th: Auch im Verdachtsfall Isolierung und klinische Behandlung erforderlich. Allgemein Diphtherieantitoxin. Lokal Antibiotika zur Vermeidung einer Mischinfektion. Gefahr starker Narbenbildung in der Bindehaut mit Verwachsungen der beiden Konjunktivalblätter (s. Symblepharon).

Bindehautentzündung s. Konjunktivitis

Bindehauthämangiom

Def: Kapillare oder kavernöse Gefäßneubildungen, bisweilen in Kombination mit Lid-, Gesichts- und Orbitahämangiomen.

Th: Bei Kindern kommen Spontanheilungen vor, sonst chirurgische Entfernung, Bestrahlung.

Bindehautkarzinom

Def: Ein sich zeitweise aus der Präkanzerose (s. Bowen-Syndrom) entwickelndes verhornendes Plattenepithelkarzinom mit hökkeriger, prominenter Oberfläche und deutlicher Rötung der Umgebung. Es ist differentialdiagnostisch gegen die Pinguekula abzugrenzen.

Th: Exzision im Gesunden, evtl. plastische Deckung, histologische Kontrolle, u. U. ionisierende Strahlen, bei Infiltration von Kornea und Sklera Enukleation.

Bindehautpemphigus (s. auch Okulomukokutane Syndrome)

Sy: Kommt als Teilerscheinung eines allgemeinen Pemphigus oder aber isoliert (sog. essentielle Bindehautschrumpfung) vor. Eine Blasenbildung ist selten erkennbar, da die Blasendecke rasch platzt und so flache Defekte entstehen. Später entwickeln sich eine Verengerung des Bindehautsacks, strangförmige Verwachsungen der Lider mit dem Bulbus (s. Symblepharon) sowie schließlich eine völlige Obliteration des Bindehautsacks, so daß die vernarbte Lidkante unmittelbar in den Hornhautrand übergehen kann. Die Hornhaut erkrankt an Geschwüren und Infiltraten. Als Folge einer Obliteration der Ausführungsgänge der Tränendrüse entstehen Austrocknungserscheinungen an den vorderen Bulbusabschnitten.

Ät: Die Ursache der Erkrankung ist nicht genau bekannt.

Th: Symptomatisch. Oft wiederholte Befeuchtung der Bindehaut mit künstlichen Tränen, Paraffinöl, oder Methylcellulose. Bindehautersatz durch Transplantation lyophilisierter, rehydrierter Spenderbindehaut.

Bindehautphlyktäne

Sy: In den Formenkreis der ekzematösen (skrofulösen) Konjunktivitis gehörende, oft am Limbus gelegene, knötchenförmige, umschriebene Bindehautentzündung, mit Lichtscheu und Tränenfluß. Die Phlyktänen verschwinden bisweilen rasch, während neue aufschießen. Sie kommen hauptsächlich bei Kindern vor und können auf die Hornhaut übergreifen, wo sie bisweilen einen Schweif von Gefäßen hinter sich herziehen (Wanderphlyktäne, Keratitis fascicularis).

Ät: Mangelernährung, Lichtmangel sowie Vitamindefizit werden diskutiert.

Th: Verbesserung der hygienischen Verhältnisse, gute Ernährung, Erholungsaufenthalt. Lokale Cortisonanwendung, Schutzbrille.

Bindehauttumoren

Angeborene Tumoren. Dermoid, Angiom und Nävus. Beim Nävus Entwicklung zum malignen Melanom möglich, deshalb photographische Kontrollen erforderlich.

Erworbene Tumoren: In erster Linie Papillom und Karzinom.

Bindehautverätzung und Bindehautverbrennung s. Verätzungen

Bindehautverfärbung

Bei Morbus Addison und Morbus Cushing sowie bei der Porphyrie fleckige Pigmenteinlagerungen. Graufärbung bei der Alkaptonurie, schwarzgraue Verfärbung bei Argyrose.

Bindehautxerose

Ät und *Sy:* Entsteht durch eine ungenügende Befeuchtung der Bulbusvorderfläche, beispielsweise durch Verödung der Ausführungsgänge der Tränendrüse nach Verbrennungen, Verätzungen, beim Trachom und Pemphigus conjunctivae. Bei Typhus, Tetanus und Botulismus kann eine Beeinträchtigung der Tränenabsonderung ebenfalls vorkommen. Schließlich finden sich bei dem Vitamin-A-Mangel xerotische Bezirke (Bitot-Flecke) im Lidspaltenbereich der Konjunktiva. Es handelt sich dabei um trockene, hellaussehende, schuppende Fleckchen als Zeichen einer drohenden Keratomalazie (s. d.).

Th: Behandlung des Grundleidens. Bei Vitamin-A-Mangel entsprechende Ernährung. Sonst symptomatisch häufige Benetzung der Konjunktiva mit künstlichen Tränen, Paraffinöl oder Methylcellulose. Evtl. Verödung zunächst der unteren Tränenpünktchen.

Binokularschulung (Orthoptik)

Spezielle Übungsbehandlung bei gestörtem beidäugigem Sehakt.

Bitot-Flecke s. Bindehautxerose

Blaue Skleren

Physiologisch bei Neugeborenen. Pathologisch im Rahmen einer Systemerkrankung mit Verdünnung der Sklera (Durchschimmern der dunklen Uvea), abnormer Knochenbrüchigkeit, Subluxation der Gelenke und Schwerhörigkeit.

Blendung

Ät: Vermehrter Lichteinfall auf die Netzhaut, wenn die physiologische Engstellung der Pupille ausbleibt (z. B. große Iridektomie, Iridodialyse, Aniridie), bei Pupillenstörungen, bei traumatischer Mydriasis, ferner bei Zerstreuung des Lichts durch Hornhautnarben und bei Katarakt. Eine hochgradige Blendungsempfindlichkeit besteht bei Albinismus.

Th: Dunkle Schutzbrille, evtl. getönte Kontaktlinsen.

Blendungsschäden

Ät und *Sy:* Schädigung der Bindehaut, Hornhaut und des Augenhintergrunds. Durch Infrarotlicht können der Ultrarotstar (s. Feuerstar) sowie Koagulationsschäden am Augenhintergrund (s. Sonnenfinsternis) entstehen. Blendungsschäden durch Ultraviolettlicht begegnet man im Hochgebirge und bei Betrachtung des elektrischen Flammenbogens mit ungeschütztem Auge. Es handelt sich dabei um eine Bindehautentzündung wenige Stunden nach der Ultravioletteinwirkung (Schneeblindheit, Gletscherbrand); in schweren Fällen beteiligt sich die Hornhaut in Gestalt fluoresceinpositiver Epitheldefekte oder von Geschwüren.

Th: Kühle Überschläge, Schutzbrille, keine Lokalanästhetika! Infrarotschäden sind nicht reversibel.

Blepharitis

Sy: Häufige Entzündung des Lidrands. Dabei kann eine Infektion der Lidranddrüsen und der Haarbälge bestehen. Die Blepharitis ist oft mit einer Bindehautentzündung kombiniert. Rötung und Schwellung der Lider mit Schuppen (Blepharitis squamosa) oder kleinen Abszessen (Blepharitis ulcerosa). Die Wimpern können bei Blepharitis ulcerosa für dauernd ausfallen. Das eingetrocknete Sekret führt zu dem Lidrand aufgelagerten Krusten, die ihrerseits wieder reizen. Eine besondere Form ist die durch den Morax-Axenfeld-Bazillus (Moraxella lacunata) hervorgerufene, stark juckende, chronische Blepharitis angularis, die auf die Augenwinkel beschränkt ist.

Ät: Nicht oder nicht richtig korrigierte Refraktionsanomalien, Heterophorien (s. d.). Überempfindlichkeit, Übergreifen eines chronischen Ekzems von der Haut. Bisweilen bakterielle Genese, deshalb stets Bindehautabstrich anfertigen. Selten einmal Parasiten wie Phthiri.

Th: Korrektur eventueller Refraktionsanomalien und Behandlung etwa bestehender Heterophorien. Wiederholtes Aufweichen und Entfernen der Krusten. Evtl. lokal Antibiotika. Bei nichtbakterieller Genese Touschieren mit ½–1%iger Argentum-nitricum-Lösung oder mit Cortison-Augentropfen. Auftragen von Cortison-Augensalbe. Bei Diplobazillen 0,3%ige Zinksulfatlösung.

Blickkrämpfe

Deuten auf eine Läsion des Stammhirns im Gebiet des Neostriatums hin.

Blickparesen

Sy: Supranuklear horizontal: keine Doppelbilder.
Pontin: Doppelbilder.

Ät: Enzephalitis, multiple Sklerose, Tumoren und Erweichungsherde.

Dg: Topisches Vorgehen. Negativer Barany-Versuch = Läsion im Hirnstamm. Positiver Barany-Versuch mit Unmöglichkeit der Ausführung willkürlicher Kommandobewegungen = Herd im Kortex des Frontallappens oder in der frontopontinen Blickbahn.

Blitzstar (Elektrizitätsstar)

Durch elektrischen Strom oder Blitz ausgelöste, anfangs die subkapsuläre Zone betreffende Linsentrübung, die zu einer totalen Trübung der Linse weiterschreiten kann.

Blutung, expulsive (s. Aderhautblutung)

Nach intraokularen Operationen bei Gefäßsklerose durch Diskrepanz zwischen intraokularem Druck und Gefäßdruck meist noch auf dem Operationstisch auftretend. Führt praktisch immer zum Verlust des Auges (s. Aderhautblutung).

Boeck-Krankheit

Augenmanifestation als Bindehautknötchen, Iridozyklitis, Chorioretinitis und Dakryoadenitis (s. Sarkoidose, S. 796).

Botulismus

Am Auge: Ophthalmoplegia interna, Bild der Atropinvergiftung. „Der Patient kann plötzlich nicht mehr lesen."

Bourneville-Pringle-Erkrankung

Tuberöse Hirnsklerose mit Adenoma sebaceum. Am Auge Netzhauttumoren, relativ oft in Papillennähe.

Bowen-Syndrom

Sy: Präkanzerose der Bindehaut im Lidspaltenbereich. Eine Entwicklung zum Plattenepithelkarzinom ist möglich.

Th: Chirurgische Entfernung.

Buphthalmus (Hydrophthalmus, angeborenes Glaukom)

Ät und *Sy:* Schwere, oft doppelseitige Mißbildung, hervorgerufen durch eine intraokulare Drucksteigerung auf dem Boden anomaler Kammerwinkelverhältnisse. Das noch nachgiebige kindliche Auge vergrößert sich dabei u. U. beträchtlich; auch die Hornhautdurchmesser sind vergrößert (Megalokornea).

Th: Konservative Maßnahmen (Miotika, auch Mydriatika wurden empfohlen) sind meist nutzlos. Möglichst frühe Operation, heute Trabekulotomie. Aber auch dann ist die Prognose auf lange Sicht nicht sehr gut.

Calcarinarinde s. Kalkarinarinde

Camp-eye

Ät: Ernährungsschäden mit Vitaminmangel. Vorwiegend in Gefangenenlagern in tropischen und subtropischen Gebieten (im letzten Weltkrieg in Ostasien) beobachtet.

Sy: Festgestellt wird dabei eine retrobulbäre Neuritis (s. Neuritis nervi optici) oder eine Optikusatrophie (s. Atrophia nervi optici).

Cataract s. Katarakt

Chalazion (Hagelkorn)

Ät und *Sy:* Indolente, umschriebene, allmählich zunehmende Verhärtung im Bereich der Meibom-Drüsen im Tarsus. Sie beruht auf einer Sekretverhaltung. Ein spontaner Durchbruch mit Entleerung des gelblichen, meist etwas verflüssigten Inhalts ist möglich.

Th: Chirurgische Entfernung: Nach Anästhesie der Konjunktiva mit ½%iger Chibro-Kerakain-Lösung (oder ähnlichen Lokalanästhetika) Infiltration mit Novocain. Abklemmen des Chalazions durch eine spezielle Pinzette. Inzision von der konjunktivalen Seite her mit einem zur Lidkante senkrecht stehenden Schnitt. Auslöffeln des Inhalts. Ein Ausschälen der Kapsel oder der Nähte ist meist nicht nötig.

Chalkose

Sy: Kupferablagerungen im Augeninnern bei intraokulär liegenden kupferhaltigen Fremdkörpern. Die Kupferverbindungen können sich an der Hornhautrückfläche, in der Iris, in der Linse und in der Netzhaut ablagern. Bei der Linsentrübung (Sonnenblumenkatarakt) handelt es sich um eine hauchzarte, grünlich schillernde, optisch so gut wie nicht störende, scheibenförmige Opazität mit radiären Ausläufern, der ein Niederschlag von Kupferverbindungen vorwiegend zwischen Linsenvorderkapsel und Epithel entspricht. Die Veränderungen der Retina wirken sich weniger auf die Funktion aus als bei Siderosis (s. d.).

Th: Gegebenenfalls Entfernung des (amagnetischen!) Fremdkörpers.

Chemose

Ät und *Sy:* Schwellung der Konjunktiva bei schwerer endokriner Ophthalmopathie, bei Konjunktivitiden verschiedener Ätiologie (z. B. Allergie, Diphtherie, Gonoblennorrhö), ferner als Begleiterscheinung verschiedener Keratitisformen (Keratitis neuroparalytica, Ulcus serpens), bei Glaskörperabszeß, Orbitaphlegmone, Sinus-cavernosus-Thrombose, Verbrennungen und Verätzungen sowie schließlich u. U. bei Orbitatumoren. Die Bindehaut kann sich dabei wallartig über die Hornhaut vorwölben und in extremen Fällen die Gefäße des an der Hornhauttrophik beteiligten Randschlingennetzes abdrosseln. Die Entstehung der Chemose wird durch das lockere Gefüge der Bindehaut erleichtert, in dem sich ein Ödem leicht ausbreitet.

Th: Bei der Chemose handelt es sich um ein Symptom. Nach Verätzungen und Verbrennungen radiäre Einschnitte der Bindehaut zum Abfluß des Ödems.

Chiasma

Über der Hypophyse liegende Kreuzung der nasalen Sehnervenfasern. Bei Tumoren in der Nachbarschaft, die meist von der Hypophyse ausgehen, bitemporal hemianopische Gesichtsfeldausfälle. In seltenen Fällen kann es beim Herpes zoster ophthalmicus zu einer Beteiligung des N. opticus und des Chiasmas sowie des Tractus opticus kommen.

Chininvergiftung

Im Gegensatz zu der durch Thallium bedingten Optikusatrophie sind bei der Optikusatrophie durch Chinin die Netzhautarterien im Frühstadium gelegentlich spastisch verengt, u. U. besteht das Bild des Zentralarterienverschlusses (s. Atrophia nervi optici).

Chorioideremie s. Aderhautatrophie, tapetoretinale Dystrophien

Chorioiditis (Aderhautentzündung)

Sy: Entzüngung des gefäßreichen, zwischen Netzhaut und Sklera gelegenen Uveaanteils. Die stets dabei vorhandene Beteiligung der über den entzündeten Aderhautabschnitten gelegenen Netzhautpartien führt zu Gesichtsfeldausfällen, welche der Größe des chorioiditischen Herdes entsprechen. Glaskörpertrübungen sind oft dabei; bisweilen ist gleichzeitig auch die vordere Uvea erkrankt (Panuveitis).

Im frischen Stadium weißlichgraue, unscharf begrenzte Herde, selten mit Blutungen. Ältere Herde sind scharf demarkiert und teilweise pigmentiert. Nach der Verteilung und Lage der Herde steht die Chorioiditis disseminata der Chorioiditis centralis gegenüber. Die angeborene, bei der Geburt abgeheilte zentrale Chorioiditis ist ein wichtiges Symptom der konnatalen Toxoplasmose.

Ät: Allgemeinleiden, wie Lues, Tuberkulose, Polyarthritis, Metastasierung, Fokalinfektionen, Toxoplasmose, Toxocara-canis-Infektion, AIDS. In vielen Fällen gelingt es nicht, die Ursache zu finden.

Th: Falls möglich, Behandlung des Grundleidens. Weitstellung der Pupille. Parabulbäre Cortisoninjektionen, kombiniert mit einer allgemeinen Corticosteroidtherapie (selbstverständlich nach Abklärung einer evtl. Gegenindikation), führen bei vielen Patienten zum Ziel. Man darf also annehmen, daß in diesen Fällen keine bakterielle Metastasierung im Spiele ist.

Chorioretinitis centralis serosa

Sy: In der Netzhautmitte liegender, zarter, gelbweißlicher, unscharf begrenzter, ödematöser Herd, der oft spurlos abheilt, im frischen Stadium aber mit einem Zentralskotom und damit einer Sehherabsetzung einhergeht.

Ät: Es werden in erster Linie eine allergische Reaktion bei Fokalinfekten sowie Zirkulationsstörungen diskutiert. Fluoreszenzangiographie zur Darstellung von Leckstellen.

Th: Oft Spontanheilung. Fokalsanierung, gefäßerweiternde Medikamente, u. U. Corticosteroide oder Laserkoagulation.

Chromatopsie

Farbensehen, z. B. gelb nach Santoninvergiftung, rot nach Blendung, blau nach Staroperation und gelegentlich bei Digitalisüberdosierung (Kornblumenphänomen).

Comberg-Röntgenaufnahme

Lokalisierung eines intraokularen Fremdkörpers durch Röntgenaufnahmen in zwei Ebenen mit aufgesetzter Haftschale, in die Bleimarken eingelassen sind. Die Lage des Splitters wird zu den Markierungspunkten in Beziehung gesetzt.

Commotio retinae (Berlin-Ödem)

Nach Augapfelprellung entstehendes, grauweißes Ödem der Netzhaut. Im allgemeinen gute Rückbildungstendenz. In schweren Fällen können Pigmentierungen und Aufhellungsherdchen, u. U. auch Makulalöcher mit dauernder Sehherabsetzung, zurückbleiben.

Computertomographie

Dieses Verfahren hat auch für die Diagnostik von Orbitaveränderungen (Tumoren, Fremdkörper, endokrine Ophthalmopathie) große Bedeutung.

Contusio bulbi (Bulbusprellung)

Sy: Als Folgen treten auf: Subkonjunktivale Blutungen, Bulbusruptur, Prellung des M. sphincter pupillae mit traumatischer Mydriasis, Sphinkterrisse, Iridodialyse, Aniridie, Linsenluxation und -subluxation, Vorderkammerblutung, Glaukom, Cataracta traumatica, Glaskörper- und Netzhautblutungen, Netzhautödem, Aderhautruptur, Netzhautrisse und Netzhautablösung.

Die Bulbusruptur erfolgt bei schwersten Kontusionen. Es handelt sich um eine u. U. durch Bindehaut noch gedeckte, meist in der Sklera in Limbusnähe gelegene, zum Hornhautrand konzentrische Platzwunde. Die Linse kann durch diese Öffnung aus dem Auge herausgeschleudert werden.

Th: Bei Linsensubluxation und -luxation evtl. operativ, da dabei häufig eine intraokulare Drucksteigerung entsteht. Bei Blutungen und Netzhautödem Bettruhe mit Ruhigstellung der Augen durch Lochbrille oder Verband. Bei Netzhautrissen und -ablösung, evtl. auch bei Iridodialyse, Operation.

Cotton-wool-Herd (s. hypertonische Fundusveränderungen)

Weißliche Herde (ischämische Mikroinfarkte), u. U. mit Blutungen. Man begegnet ihnen beim Fundus hypertonicus, bei der diabetischen Retinopathie, auch beim Erythematodes visceralis.

Credé-Prophylaxe

Gesetzlich vorgeschriebene Maßnahme zur Verhütung der Gonoblennorrhö. Sofort nach der Geburt Einträufeln von 1%iger Argentum-nitricum-Lösung in den Konjunktivalsack.

Dakryoadenitis

Sy: Meist einseitig auftretende Entzündung der Tränendrüse, verhältnismäßig oft bei Kindern. Sie kommt im Rahmen von Allgemeinerkrankungen (z. B. Mumps, Masern, Grippe, Scharlach, Tuberkulose, Sepsis, Leukosen, Tularämie) vor. Eine aszendierende Infektion durch die in den Bindehautsack mündenden Ausführungsgänge der Tränendrüse bei Bindehautentzündungen ist gleichfalls möglich.

Schmerzhafte Schwellung und Rötung an der Außenseite des dabei paragraphenförmig deformierten Oberlides. Bei Ektropionierung wölbt sich temporal oben die gerötete Drüse in die Übergangsfalte vor. Schwellung der regionalen Lymphknoten. Gelegentlich Mischinfektion und Abszedierung der Tränendrüse.

Th: Behandlung des Grundleidens. Lokal Wärme, evtl. antibiotische Salben. Falls nötig, Behandlung der Konjunktivitis und allgemeine Antibiotikagaben. Bei Abszeßbildung Inzision.

Dakryops

Def: Wasserklares Bläschen im Bereich der Tränendrüse, das einer Retentionszyste durch Verschluß eines oder mehrerer Ausführungsgänge der Drüse entspricht.

Th: Chirurgische Entfernung.

Dakryostenose des Säuglings s. Atresie des Tränen-Nasen-Kanals

Dakryozystitis

Sy: Entzündung des Tränensacks, Tränenfluß, verklebte Wimpern. Der unter dem inneren Lidwinkel gelegene Tränensack ist etwas vorgewölbt. Auf Druck entleert sich in den Bindehautsack durch die Tränenpünktchen eitriges Sekret. In ihm lassen sich oft Pneumokokken nachweisen. Wenn jetzt die Hornhaut verletzt wird, besteht die Gefahr der Entwicklung eines Ulcus serpens corneae! Weiterhin birgt die Dakryozystitis die Möglichkeit einer phlegmonösen Entzündung der Nachbarschaft des Tränensacks (Dakryophlegmone) in sich. Bei einer Dakryozystitis Jugendlicher ist an Tuberkulose zu denken.

Th: Bei akut entzündlichen Erscheinungen kein Spülversuch der Tränenwege, sondern allgemeine und lokale antibiotische Behandlung, kühle Überschläge. Nach Abklingen der entzündlichen Erscheinungen Spülung und vorsichtige Sondierung, u. U. auch Röntgenkontrastdarstellung. Konsiliaruntersuchung (HNO) in jedem Fall anzuraten. Exstirpation des Tränensacks. Ein funktionell besseres Ergebnis ergibt die Dakryorhinozystostomie. Durch sie wird bei einem Verschluß des Ductus nasolacrimalis eine neue Verbindung zwischen Tränensack und Nase hergestellt. Im allgemeinen bevorzugt man die Methode von Toti bzw. ihre Varianten.

Dermoidzysten des Lids

Def: Meist unter dem äußeren Brauenende liegende, oft angeborene, indolente, derbe, nur langsam größer werdende Tumoren mit breiigem Inhalt.

Th: Chirurgische Entfernung.

Descemet-Membran

Elastische, zwischen dem Hornhautendothel und der Substantia propria der Kornea liegende Membran. Regeneration der Descemet-Membran vom Endothel aus möglich. Bei ulzerösen Prozessen der Hornhaut mit Zerstörung des Parenchyms bisweilen noch erstaunliche Widerstandsfähigkeit. Die Descemet-Membran kann sich in solchen Fällen unter dem Druck des Kammerwassers hernienartig vorwölben (Descemetozele). Einrisse der Membran kommen beim akuten Keratokonus und bei Zangengeburten vor (s. Keratokonus).

Diabetes und Auge

Sy: Auf diabetischer Grundlage kommen am Auge vor: *Iritis* führt in schweren Fällen zu Gefäßneubildungen (Rubeosis iridis diabetica) und Sekundärglaukom. *Cataracta diabetica* mit beginnender Trübung der subkapsulären Schichten, dann rascher Quellung und Totaltrübung der Linse ist recht selten und darf nicht mit der viel häufigeren senilen Katarakt bei Diabetes mellitus verwechselt werden. Die häufigste Manifestation am Auge ist die *Retinopathia diabetica* (s. d.).

Th: Genaue Kontrolle und Einstellung der Stoffwechsellage, u. U. Extraktion der getrübten Linse; Licht- bzw. Laserkoagulation von Fundusveränderungen, Vitrektomie.

Diaphanoskopie

Diasklerale Durchleuchtung zur Diagnose des Aderhautmelanoms und von Fremdkörpern.

Dioptrie (Abk.: dpt)

Brechkraft der Meterlinse.

Distichiasis

Doppelte Zilienreihe mit scheuernden, nach innen gerichteten Wimpern.

Diszis(s)ion

Eröffnung der Linsenkapsel, um durch Eindringen von Kammerwasser eine Linsenquellung hervorzurufen. Durch Diszis(s)ion werden heute viele Katarakte operiert, danach Ablassen der Linsenmassen aus der Vorderkammer mittels Parazentese oder besser durch Absaugen. Nachstarmembranen können ebenfalls durch eine Diszis(s)ion durchtrennt werden, evtl. mit Laser.

Doppeltsehen

Monokular: Bei Linsentrübungen, Linsenverlagerungen, bei Iridodialyse sowie bei bestimmten Erkrankungen der Netzhautmitte.

Binokular: Bei Strabismus paralyticus und bei Verdrängung des Augapfels durch Tumoren. Das Doppeltsehen fehlt beim Strabismus concomitans. Es kann auch bei länger bestehendem Strabismus paralyticus verschwinden, wenn es zur Exklusion des Bildes eines Auges kommt und das Lähmungsschielen in ein Begleitschielen übergeht. Doppelbilder treten außerdem bei der Aniseikonie auf, da eine Verschmelzung unterschiedlich großer Bilder nicht möglich ist.

Drusen

Sy: Sagokornartige Gebilde auf der Papille, in der Regel ohne pathologische Bedeutung. Drusen der Lamina vitrea: grauweiße, rundliche Gebilde in der Aderhaut.

Th: Weder möglich noch nötig.

Dysostosen und Augenbeteiligung

Beim Turmschädel, der Dysostosis craniofacialis (Crouzon-Krankheit), der Marmorknochenkrankheit und der Dysostosis mandibulofacialis werden abnorme Orbitabildungen mit Fehlstellungen der Bulbi und evtl. Exophthalmus sowie Sehnervenatrophie beobachtet.

Ectopia lentis

Ät und *Sy:* Meist doppelseitig vorkommende, oft erbliche Anomalie, mit Dezentrierung der Linse. Verursacht durch fehlerhafte Anlage der Zonulafasern, gleichzeitig meist erheblich verstärkte Linsenkrümmung in Form einer Kugellinse (Sphärophakie), dadurch Brechungsmyopie. Auch monokulares Doppeltsehen kann vorkommen. Gefahr des Sekundärglaukoms.

Th: Wenn nötig, Entfernung der Linse.

Ectopia pupillae

Exzentrisch verlagerte Pupille. Eine leichte Dezentrierung nach nasal ist physiologisch.

Eklampsie und Augenhintergrund

Anfangs sind keine subjektiven Symptome vorhanden. Später kann eine Sehverschlechterung auftreten. Zunehmende Veränderung des arteriellen Gefäßsystems der Retina mit Taillenbildung an den Arterienstämmen und Engstellung der Arterienäste. In ausgeprägten Fällen Parenchymveränderungen mit Hämorrhagien, weißlichen Transsudatherden, Stauungspapille und Ablatio retinae. Die Beurteilung des Fundus ist wichtig für die Differentialdiagnose Toxikose-Pfropfgestose sowie für die Prognose. Die sog. eklamptische Amaurose kann bei normalem objektivem Augenbefund vorkommen; sie beruht wahrscheinlich auf zerebralen Gefäßveränderungen.

Ektropium

Sy: Fehlstellung, meist des Unterlids, mit Auswärtsdrehung der Lidkante, Tränenträufeln.

Ät: Erschlaffung des Lidanteils des M. orbicularis oculi, Parese des N. facialis (Erschlaffungsektropium, paralytisches Ektropium), Narbenzug der Umgebung (Narbenektropium), länger dauernde schmerzhafte Entzündungen mit Tränenfluß (Wischektropium).

Th: Operativ.

Elektromyographie

Ableitung der bioelektrischen Aktionsströme von äußeren Augenmuskeln. Wichtig zur Differentialdiagnose: myogene oder neurogene Lähmung.

Elektrookulographie

Ableitung und Registrierung der Bestandspotentiale der Netzhaut. Die Elektrookulographie ist für die Diagnostik und Beurteilung von Veränderungen am Fundus, insbesondere im Makulabereich, wichtig.

Elektroretinographie

Ableitung der Aktionspotentiale der Netzhaut. Klinische Bedeutung u. a. zur Frühdiagnose tapetoretinaler Degenerationen und der Metallosis retinae.

Embolie der Zentralarterie

s. Zentralarterienverschluß

Emphysem der Lider und der Orbita

Eindringen von Luft aus verletzten Nebenhöhlen. Man kann beim Lidemphysem u. U. das typische Knistern der Gasbläschen durch Palpation feststellen. Hals-Nasen-Ohren-Arzt unbedingt zuziehen. Röntgenuntersuchung.

Endokrine Ophthalmopathie

(Orbitopathie, Basedow-Exophthalmus)

Ät: Ursächlich sprechen neuere Untersuchungen für eine Autoimmunkrankheit.

Sy: Hervortreten der Bulbi zunächst durch Ödem des orbitalen Gewebes, später durch Zell- und Bindegewebsvermehrung. Augenmuskelparesen, besonders der Heber. Oberlidödem, Retraktion der Oberlider beim Blick geradeaus (Dalrymple-Zeichen), Zurückbleiben der Oberlider bei Blicksenkung (Graefe-Zeichen), seltener Lidschlag (Stellwag-Zeichen), Insuffizienz der Konvergenz

(Moebius-Zeichen). Die endokrine Ophthalmopathie kann auch einseitig auftreten! In fortgeschrittenen Stadien (dekompensierte endokrine Ophthalmopathie) Schwellung der Bindehaut, Chemosis, unvollständiger Lidschluß, Keratitis e lagophthalmo.

Dg: Für die Diagnostik sind die nuklearmedizinische Untersuchung und die Ultraschalluntersuchung wichtig.

Prl: Bei Hyperthyreose ist bei Anwendung von thyreostatischen Medikamenten Vorsicht geboten, da dadurch der Hypophysenvorderlappen vermehrt stimuliert wird und eine endokrine Ophthalmopathie ausgelöst werden kann.

Th: Abhängig von den diagnostischen Ergebnissen. Systemisch Corticosteroide. Wenn der Exophthalmus noch nicht zu lange besteht, wirkt die Röntgenbestrahlung der Orbitaspitzen in vielen Fällen günstig auf die Augensymptomatik. Selten Operation.

Endothelmikroskopie

Untersuchung und photographische Dokumentation des Endothels auf der Hornhautrückfläche. Endothelläsionen können zu trophischen Störungen der Kornea führen.

Endstellungsnystagmus

Nicht als pathologisch zu bewertende horizontale Bulbusbewegungen beim Blick maximal nach den Seiten.

Enophthalmus

Rücksinken des Bulbus. Kommt vor beim Horner-Syndrom, durch Narbenzug nach Frakturen der Orbita, bei extremem Wasserverlust sowie nach überdosierten muskelverkürzenden Schieloperationen.

Entropium

Ät: Fehlstellung des Lids mit Einwärtsdrehung der Lidkante. Entsteht durch Überfunktion des M. orbicularis oculi als spastisches Entropium oder durch Narbenzug (Narbenentropium).

Sy: Auf der Hornhaut scheuernde Zilien mit möglicher Bildung von oberflächlichen Defekten.

Th: Operativ.

Enukleation

Entfernung des Bulbus aus der Augenhöhle. Wird die Enukleation vor dem 8. Lebensjahr durchgeführt, so bleibt die knöcherne Orbita im Wachstum meist zurück.

Epiphora

Tränenträufeln.

Ät: Kommt bei allen Reizzuständen des äußeren Auges, bei Fehlstellungen der Lider und Entzündungen und Verschlüssen im Bereich der Tränenwege vor.

Th: Behandlung der Ursache.

Episkleritis und Skleritis

Sy: Entzündung der Sklera, entweder mit umschriebener Rötung und Buckelbildung oder diffus. Druck- und Bewegungsschmerzhaftigkeit des Auges. Auch begleitende Uveitis ist möglich.

Ät: Allgemeinerkrankungen wie Rheuma, Tuberkulose, Lues, Fokalinfektionen, oft nicht klärbare Ursache.

Th: Behandlung des Grundleidens. Fokalsanierung. Vorsichtig Corticosteroide, auch als subkonjunktivale Depots.

Erosio corneae

Einmalige Erkrankung

Ät und *Sy:* Defekt des Hornhautepithels, meist mechanisch hervorgerufen. Sehr schmerzhaft, da die sensiblen Endigungen des N. ophthalmicus bis ins Epithel reichen.

Dg: Sie wird durch Anfärben, z. B. mit Natriumfluorescein, erleichtert; die Defekte nehmen dann eine grüne Farbe an.

Th: Antibiotische Salben zur Verhütung eine Superinfektion, Wärme, Verband. Epithelisierung erfolgt meist rasch.

Rezidivierende Erosion

Sy: Häufig treten gegen Morgen beim Öffnen der Lider frische Epitheldefekte auf. Die Erkrankung gehört ursächlich in den herpetischen Formenkreis.

Th: Nach vorausgegangener Anästhesie Abrasio der veränderten Hornhautepithelstelle und epithelisierungsfördernde Salben (Bepanthen-Salbe, Regepithel-Salbe). Verband. 2–4mal tgl. trockene Wärme 5 Minuten lang. Eventuell Versuch mit weichem Kontaktglas oder behutsame Kryotherapie.

Esophorie

Einwärtsschielen, das beim binokularen Sehakt durch die Fusion latent gehalten werden kann. Tritt beim Abdecken eines Auges in Erscheinung.

Eversio puncti lacrimalis

Ät und *Sy:* Geringgradige Auswärtskehrung des Lids im Bereich des Punctum lacrimale, bedingt durch Erschlaffung des Lids. Die Folge ist Tränenträufeln.

Th: Operativ.

Evisceratio (Exenteratio) orbitae

Ausräumung der Orbita bei malignen Tumoren.

Exkavation

Physiologisch: nicht randständige, grubenförmige Vertiefung auf der Papille.

Pathologisch: bedingt durch eine länger anhaltende Augeninnendrucksteigerung bei allen Glaukomformen. Typisch für die glaukomatöse Exkavation ist die Randständigkeit mit bajonettförmiger Abknickung der Gefäße am Papillenrand und eine nasale Verdrängung des Gefäßbaums.

Exklusion

Def: Unterdrückung der Bildwahrnehmung auf einem Auge zur Verhinderung von Doppelbildern.

Vk: Bei Strabismus concomitans alternans und älterem Strabismus paralyticus.

Exophorie

Auswärtsschielen, das, wie die Esophorie, durch den Fusionszwang beim binokularen Sehakt latent gehalten wird.

Exophthalmus (Protrusio bulbi)

Ät und *Dg:* Wird mit dem Exophthalmometer gemessen. Hervortreten eines oder beider Augäpfel aus der Orbita bei endokriner Ophthalmopathie, Crouzon-Krankheit, Turmschädel, eosinophilem Granulom, Hand-Schüller-Christian-Krankheit (s. d.), Myositis der Augenmuskeln, retrobulbären Tumoren und Blutungen, Orbitaemphysem und Orbitaphlegmone.

Sy: Intermittierender Exophthalmus durch variköse Erweiterung der Orbitavenen, wobei die Protrusio bulbi von der Füllung der Venen abhängt. Pulsierender Exophthalmus bei selten spontan, meist traumatisch entstandener Kommunikation zwischen A. carotis interna und Sinus cavernosus. Eventuelle Folgen sind Chemose der Bindehaut durch mangelnden Lidschluß und Hornhautgeschwüre sowie eine Störung der normalen Bulbusmotilität.

Extractio lentis

Entfernung der Linse bei grauem Star oder bei Linsenluxation, selten bei zu großer Linse als antiglaukomatöser Eingriff.

Fädchenkeratitis

Sy: Veränderung der Hornhautoberfläche bei mangelhafter Tränensekretion mit Bildung von Fäden, die aus den stellenweise noch anhaftenden Hornhautepithelfetzen bestehen.

Ät: Die Ursache ist eine herabgesetzte Tränensekretion, z. B. infolge Verödung der Ausführungsgänge der Tränendrüse nach Traumen oder Erkrankungen (Trachom, Pemphigus). Weiterhin wird die Fädchenkeratitis im Rahmen des Sjögren-Syndroms (s. d.) beobachtet.

Th: Verödung der Tränenpünktchen. Ersatz der Tränenflüssigkeit durch häufiges Einträufeln von „künstlichen Tränen", Methylcellulose oder Paraffinöl.

Farbensinnstörungen

Angeborene Störungen des Farbensinns werden vererbt; sie sind oft geschlechtsgebunden. Männer sind häufiger (8%) betroffen als Frauen (0,5%).

Formen: Bei den Rot-Grün-Störungen Unterscheidung in Dichromasie (Protanopie, Deuteranopie) und anomale Trichromasie (Protanomalie, Deuteranomalie). Sehr selten sind die Tritostörungen, eine auch als Gelb-Blau-Blindheit oder Violettblindheit bezeichnete Anomalie sowie die totale Farbenblindheit (Achromatopsie). Erworbene Farbsinnstörungen kommen im Rahmen von Erkrankung der Netzhaut und des Sehnervs vor.

Dg: Sie geschieht relativ einfach durch pseudoisochromatische Tafeln (Stilling, Velhagen, Ishihara) oder durch den Farnsworth-Test. Das Anomaloskop nach Nagel, ein Farbenmischapparat, gestattet eine besonders feine Differenzierung. Farbsinnstörungen schließen von bestimmten Berufen aus (Piloten, Navigationspersonal auf Schiffen, Autobusfahrer, Lokomotivführer).

Febris uveoparotidea (Heerfordt-Syndrom)

Bilaterale Parotitis und Uveitis mit Fazialisparese und Schwellung der Tränendrüsen bei Sarkoidose.

Feuerstar (Glasbläserstar, Ultrarotstar, Gießerstar)

Ät und *Sy:* Durch langdauernde intensive Einwirkung von Ultrarotstrahlen kann mit der Zeit eine spezifische Linsentrübung entstehen. Es handelt sich dabei um eine lamelläre Abblätterung der vorderen Linsenkapsel sowie um Trübungen in der vorderen und hinteren Rinde.

Prl: Schutzbrillen, entsprechende Maßnahmen am Arbeitsplatz.

Fibroplasie, retrolentale

Sy: Fortschreitende, meist doppelseitige Trübung und Schwartenbildung im Glaskörper, entstanden auf dem Boden von neugebildeten Gefäßsprossen der Netzhaut, die zu Blutungen in den Glaskörper und bindegewebiger Organisation führen. Drohende Ablatio retinae infolge narbiger Schrumpfung. Häufig Erblindung.

DD: Es muß an intraokuläre Tumoren (Gliom) gedacht werden.

Ät: Unphysiologische Sauerstoffzufuhr bei Frühgeburten, auch zu abruptes Ein- und Ausschleusen. Kontrolle des Sauerstoffpartialdrucks erforderlich.

Th: Eine wirksame Behandlung kennt man noch nicht. Evtl. Vitrektomie, Kryo- und Lichtkoagulation.

Fixation, exzentrische

Verlagerung der fixierenden Stelle von der Fovea centralis auf ein hierfür primär nicht vorbestimmtes Netzhautareal. Der normalerweise der Fovea angehörende Raumsinn für Geradeausrichtung wird damit auf diese Stelle bezogen.

Flimmerskotom

Ät und *Sy:* Auftreten verschieden großer, oft zackig erscheinender, in ihrer Größe wechselnder Ausfälle im Gesichtsfeld, bisweilen vor oder während eines Migräneanfalls. Auch Überanstrengung, Hunger, Aufregungen können bei Vasolabilen das Flimmerskotom auslösen. Flimmerskotome können insofern Bedeutung haben, als gelegentlich beim gleichen Patienten später Gefäßverschlüsse der Retina beobachtet werden.

Th: Evtl. gefäßerweiternde Behandlung, Aspirin, Coffein.

Fluoresceinfärbung

Diagnostisches Hilfsmittel zur Feststellung oberflächlicher Hornhautdefekte, wobei sich die Stellen mit defektem Epithel grün anfärben.

Fluoreszenzangiographie

Darstellung und photographische Dokumentation der Gefäße am Augenhintergrund und in der Iris nach intravenöser Fluoresceininjektion. Die Methodik gibt klinisch wichtige Auskünfte über pathologische Flüssigkeitsaustritte („Leckagen") bei zahlreichen Funduserkrankungen, ferner beispielsweise über die Entwicklung von Mikroneurysmen bei diabetischer Retinopathie.

Foster-Kennedy-Syndrom s. Atrophia nervi optici

Fremdkörper

Im Auge immer schmerzhaft. Konjunktivale Fremdkörper sind meist leicht mit einem watteumwickelten Glasstab zu entfernen. Hornhautfremdkörper stecken oft fest und müssen nach Anästhesierung (2%ige Cocain- oder ½%ige Chibro-Kerakainlösung) mit der Hornhautfremdkörpernadel herausgehebelt werden. Evtl. vorsichtiges Herausbohren des Rosthofs bei glühenden Fremdkörpern mit Zahnarztbohrer, denn ein verbleibender Rosthof unterhält einen längeren Reizzustand. Bleiben Fremdkörper in der Hornhaut stecken, so kann es zu einer Infiltration der Umgebung, u. U mit Ulkusbildung und Begleitiritis, kommen. Intraokuläre Fremdkörper sind ophthalmoskopisch nicht immer sichtbar. Falls es sich um metallene Fremdkörper handelt, stellen sie sich oft im Röntgen- oder Ultraschallbild dar. Entfernung, wenn möglich, mit dem Magneten, sonst unter Sicht mit dem Augenspiegel durch Spezialpinzette oder durch Absaugen. Liegengebliebene eisenhaltige Fremdkörper führen zur Siderosis, kupferhaltige zur Chalkosis. Nach jeder bulbuseröffnenden Verletzung kann später eine sympathische Ophthalmie (s. d.) auftreten.

Fuchs-Fleck

Sy: Pigmentierung im Bereich der Macula lutea des stark achsenmyopen Auges als Folge von Dehnungserscheinungen nach der Resorption von Blutungen an dieser Stelle. Meist erhebliche Verminderung des zentralen Sehvermögens.

Th: Nicht möglich.

Fusion

Automatische Einstellbewegungen der Augen, um Doppelbilder zu vermeiden. Bei Heterophorien (s. d.) wird das Schielen durch den Fusionszwang latent gehalten. Ist die Fusionsbreite, etwa bei allgemeinen Erkrankungen, bei Intoxikationen oder nach Gehirnverletzungen, herabgesetzt, wird das Schielen u. U. manifest.

Ganglion trigeminale (semilunare)

Sy: Bei Läsionen herabgesetzte oder erloschene Sensibilität der Hornhaut, u. U. mit trophischen Störungen. *Folge:* Keratitis neuroparalytica.
Eine Ausschaltung des Ganglion trigeminale wird bei Trigeminusneuralgie durchgeführt. Danach empfehlen sich laufende augenärztliche Kontrollen, gegebenenfalls Schutz der Bulbusvorderfläche durch indifferente Salben oder Uhrglasverband.

Geburtsverletzungen des Auges

Bei länger dauernden schweren Geburten sowie bei Zangengeburten, aber auch bei normalen Geburten kann es zu Bindehauthämorrhagien und Netzhautblutungen, selten zu Einrissen der Descemet-Membran oder zu einer Bulbusluxation kommen. Die Hornhautverletzungen lassen sich meist später noch als zarte Linien nachweisen. Gelegentlich hat sich nach solchen Descemet-Rissen ein Keratokonus entwickelt. Netzhautblutungen resorbieren sich meist vollständig. Hämorrhagien der Bindehaut benötigen im allgemeinen keine besondere Behandlung.

Gesichtsfeld

Bezirk, der bei dem einen Punkt fixierenden Auge auf der Netzhaut abgebildet wird.

Gesichtsfeldbestimmung (Perimetrie)

Sehr wichtig für die Diagnostik einer Reihe ophthalmologischer und neurologischer Erkrankungen. Insbesondere zur Diagnose des Glaukoms, der tapetoretinalen Degenerationen, der Retinochorioiditis juxtapapillaris Jensen, der Netzhautablösung, den Sehnervenerkrankungen und bei intrakraniellen Prozessen. Heutzutage sind vielfach automatische Perimeter im Gebrauch.

Gesichtsfeldstörungen

Bei Glaukom Einschränkung der Außengrenzen von nasal, parazentrales, bogenförmiges, vom blinden Fleck ausgehendes Skotom. Bei Retinitis pigmentosa erst Ringskotom, später flintenröhrenartige konzentrische Einschränkung. Bei Neuritis nervi optici Zentralskotom, bei Sehnervenatrophie unregelmäßige konzentrische Einschränkung. Hemianopsien bei Läsionen der Sehbahn am Chiasma und zentral davon.

Glaskörper (s. auch Mouches volantes und persistierender Glaskörper)

Den Raum zwischen Linse und Retina ausfüllendes, zellarmes Gel. Glaskörpertrübungen treten bei verschiedenen Erkrankungen (Entzündungen der Ader- und Netzhaut, des Ziliarkörpers und der Iris) auf. Glaskörperblutungen beobachtet man bei Contusio bulbi, nach perforierenden Verletzungen und bei bestimmten Erkrankungen der Netzhautgefäße (Retinopathia diabetica, Periphlebitis retinae). Bei Veränderungen des Glaskörpers in Form von Verflüssigung und Abhebung sowie Einrissen in der Netzhaut besteht die Gefahr der Ablatio retinae, ebenso bei narbigen Veränderungen im Glaskörper und Adhärenzen zwischen Glaskörper und Netzhaut (sog. Traktionsablatio).

Glaukom (grüner Star)

Augeninnendrucksteigerung, hervorgerufen durch eine Störung des Gleichgewichts zwischen dem Zufluß von Flüssigkeit ins Augeninnere und dem Abfluß. Eine wichtige Rolle spielt die Kammerwassersekretion und der Kammerwassertransport. Etwa 2% aller Erwachsenen über 40 Jahre leiden an Glaukom! Wichtige Erblindungsursache in den Industrieländern.

Angeborenes Glaukom s. Buphthalmus

Glaucoma chronicum simplex
(Chronisches Offenwinkelglaukom)

Ät und *Sy:* Über der Norm liegender Augeninnendruck, ohne äußere Reizerscheinungen und ohne Beschwerden verlaufend. Ursächlich spielen Abflußbehinderungen des Kammerwassers eine Rolle. Mit der Zeit kommt es zu einer glaukomatösen Exkavation, später zu einer glaukomatösen Atrophie der Papille. Zunehmende Ausfallserscheinungen im Gesichtsfeld. Meist lange volles Sehvermögen. Deswegen wird häufig der Augenarzt viel zu spät aufgesucht.

Th: Nach möglichst stationärer Druckkontrolle zunächst Versuch einer Druckregulierung durch Medikamente (Miotika, β-Blokker, in Abhängigkeit vom Kammerwinkelbefund u. U. adrenalinhaltige Präparate). Der Druck muß bei laufenden Tag- und Nachtmessungen, auch unter Belastungen (Flüssigkeitsaufnahme, Dunkelheit, Kaffee), stets im Bereich der Norm sein, das Gesichtsfeld darf sich bei längeren Verlaufskontrollen nicht verschlechtern. Falls eine konservative Einstellung nicht möglich ist, operative Behandlung. In Betracht kommen Iridektomie, Trepanation nach Elliot, Trabekulotomie, Zyklodiathermie oder Zyklokryooperation, ferner Laseroperationen im Bereich des Kammerwinkels (Lasertrabekulopunktur s. Laserkoagulation). Die Wahl der Operation wird durch den gonioskopischen Befund erleichtert.

Glaucoma inflammatorium
(Anfallsglaukom, akutes Glaukom, Glaukomanfall)

Sy: Akuter Druckanstieg mit Verlegung des Kammerwinkels und starken äußeren Reizerscheinungen, gemischter Injektion, Hornhautepithelödem, flacher Vorderkammer, entrundeter, weiter, reaktionsloser Pupille, Kopf- und Augenschmerzen, Übelkeit, u. U. Erbrechen und Beeinträchtigung des Allgemeinbefindens. Der Patient sieht farbige Höfe um Lichtquellen. Die Funktion des Auges kann nach dem Rückgang des Anfalls wieder voll erhalten sein. Andererseits ist es möglich, daß jeder Glaukomanfall rasch zur Erblindung führt.

Th: Morphium. Versuch der sofortigen Drucksenkung durch Einträufeln von Pilocapin, Eserin und allgemein dehydrierende Maßnahmen (z. B. Diamox). Dann Operation, in der Regel Iridektomie.

Chronisches inflammatorisches Glaukom
(Glaucoma chronicum simplex mit zusätzlichen Glaukomanfällen)

Th: Wie bei Glaucoma chronicum simplex und Glaucoma inflammatorium.

Glaucoma secundarium (Sekundärglaukom)
Es tritt nach verschiedenen anderen intraokulären Erkrankungen auf.

Iridozyklitis

Sy: Ein Sekundärglaukom tritt auf, wenn durch Exsudat der Kammerwinkel verlegt wird oder eine zirkuläre hintere Synechie (Seclusio pupillae) zu einer napfkuchenartigen Verformung der Iris führt.

Th: Behandlung der Grundkrankheit. Keine pupillenverengenden Medikamente anwenden, sondern Adrenalin oder adrenalinhaltige Fertigpräparate. Auch andere pupillenerweiternde Medikamente, evtl. unter Diamox-Schutz, kommen in Frage. Diamox ist jedoch für eine Dauertherapie ungeeignet. Bei ausgedehnten Synechien und bei Napfkucheniris Iridektomie, evtl. mit dem YAG-Laser, oder Transfixion der Iris.

Luxation und Subluxation der Linse

Sy: In diesen Fällen kommt es durch eine vermehrte Sekretion von Kammerwasser oder durch einen gestörten Kammerwasserabfluß ebenfalls zur Drucksteigerung.

Th: Meist Operation.

Zentralvenenverschluß und Rubeosis iridis

Sy: Das Sekundärglaukom bei Zentralvenenverschluß und bei Rubeosis iridis im Rahmen des fortgeschrittenen Diabetes mellitus ist eine häufige, therapeutisch kaum beeinflußbare Komplikation, die meist zum Verlust des Auges führt.

Th: Im Frühstadium Streptokinase. Behandlung des Grundleidens, Iridektomie, Diathermie- oder Kryooperation, Laser. Schlechte Prognose.

Intraokuläre Tumoren

Haben intraokuläre Tumoren eine bestimmte Größe erreicht, so beobachtet man ebenfalls Drucksteigerungen.

Th: Enukleation, evtl. Evisceratio orbitae.

Cortisonbehandlung

Eine wichtige Ursache für Steigerungen des Augeninnendrucks ist die zu lange lokale und (oder) allgemeine Behandlung mit Cortison.

Glaucoma absolutum (absolutes Glaukom)

Sy: An Augeninnendrucksteigerung erblindete Augen mit hoher Tension, oft für den Patienten mit starken Augen- und Kopfschmerzen verbunden.

Th: Falls keine Beschwerden bestehen, ist eine besondere Behandlung nicht nötig, bei Schmerzen retrobulbäre Alkoholinjektionen oder Enukleation.

Grundsätzliches zum Glaukom
Rezidivierende, besonders in den Morgenstunden auftretende Kopfschmerzen müssen den Verdacht auf Glaukom wachrufen. Ein weiteres Smptom ist die beginnende Nachtblindheit (durch Zerstörung des peripheren Gesichtsfeldes). Beim Glaukom ist im allgemeinen durch die Behandlung keine Besserung der Funktion möglich. Im günstigsten Fall, d. h., wenn es gelingt, den Druck konservativ oder operativ dauernd im Bereich der Norm zu halten, bleibt die Funktion des Auges unverändert. Wird ein akuter Glaukomanfall mit einer akuten Iritis verwechselt und fälschlicherweise Atropin oder ähnliches eingeträufelt, so führt dies meist zum Verlust des Auges. Im Zweifelsfall sollte der praktische Arzt selbst keine Tropfen geben, sondern dem Facharzt mit dem ihm zur Verfügung stehenden Instrumentarium (Tonometer, Spaltlampe) die Diagnose und die thera-

peutischen Konsequenzen überlassen. Einen gewissen Anhalt für den intraokularen Druck bietet die digitale Palpation des Bulbus. Genauer ist die Tonometrie (Impressionstonometer nach Schiötz, Applanationstonometer nach Goldmann).

Gleitsichtgläser

Die Brechkraft dieser Gläser nimmt von oben nach unten gleitend zu, wobei kein Bildsprung wie bei Bifokal- oder Trifokalgläsern entsteht.

Glioma (Neuroretinoblastoma) retinae

Maligne, in der Anlage angeborene Geschwulst. Oft ist Erblichkeit nachzuweisen. Sie kommt nur bei Kindern vor.

Sy: In 25% der Fälle doppelseitig. Die Erkennung der Erkrankung am ersten Auge erfolgt im allgemeinen erst relativ spät durch die Eltern, wenn nämlich Tumormassen bereits als gelblicher Schein in der Pupille sichtbar sind (amaurotisches Katzenauge). Wucherung nach innen in den Glaskörper (Glioma endophytum) und nach außen gegen Aderhaut, Sklera, in den Sehnerven und in die Orbita (Glioma exophytum). Der Tumor führt zum Sekundärglaukom. Selten Metastasierung.

DD: Es müssen das sog. Pseudogliom, d. h. organisierte Glaskörperschwarten, Mißbildungen im Sinn einer A. hyaloidea persistens, eines persistierenden primären Glaskörpers sowie die retrolentale Fibroplasie ausgeschlossen werden.

Th und *Dg:* Enukleation. Bei Doppelseitigkeit im allgemeinen Enukleation des stärker betroffenen Auges, Therapie mit ionisierenden Strahlen oder Licht- (bzw. Laser- oder Kryo-)Koagulation am zweiten Auge. In Betracht kommt auch die Anwendung ionisierender Strahlen. Die konservative Behandlung hat dann Aussicht auf Erfolg, wenn weniger als ein Viertel der Retina von dem Tumor betroffen ist. Trat an einem Auge ein Gliom auf, so sind alle 1–2 Monate (u. U. in Narkose) vorzunehmende sorgfältige Spiegelungen des zweiten Auges bis zum 8. Lebensjahr nötig, um ein hier beginnendes Gliom rechtzeitig erfassen zu können.

Gonioskopie

Betrachtung des Kammerwinkels mit Hilfe eines Kontaktglases. Wichtig bei Glaukom und Veränderungen im Bereich der Iriswurzel.

Hämangiom der Lider und der Orbita (s. auch Bindehauthämangiom)

Kann mit anderen, insbesondere auch zerebralen Gefäßmißbildungen, kombiniert sein. Beim Hämangiom der Orbita kann ein Exophthalmus bestehen.

Hämophthalmus

Def: Völlige Durchblutung des Glaskörpers und der Vorderkammer, etwa nach schweren Verletzungen.

Th: Bettruhe, doppelseitiger Verband, evtl. später Punktion der Vorderkammer, Wärme und Kurzwellendurchflutungen zur Resorption der Glaskörpertrübungen, Vitrektomie.

Hand-Schüller-Christian-Erkrankung

Granulomatöse Cholesterinspeicherkrankheit mit Defekten im knöchernen Schädel, Exophthalmus und Diabetes insipidus (s. Exophthalmus).

Harada-Erkrankung

Doppelseitige Uveitis, evtl. mit einer exsudativen Ablatio retinae auf dem Boden einer Chorioretinitis, kombiniert mit Symptomen der Meningoenzephalitis und Hörstörungen sowie Vitiligo.

Heerfordt-Syndrom s. Febris uveoparotidea

Hemeralopie

Störung der Dunkeladaptation. Vorkommen als familiäre Hemeralopie, ferner bei der Pigmentdegeneration und anderen disseminierten tapetoretinalen Degenerationen, verschiedenen Formen der Chorioretinitis, starker Achsenmyopie, Glaukom mit Verfall des peripheren Gesichtsfelds, Siderosis retinae und Optikusatrophie. Die Nachtblindheit tritt ferner als Mangelhemeralopie bei Vitamin-A-Defizit oder bei einer gestörten Carotinsynthese durch Erkrankungen des Magen-Darm-Trakts und der Leber auf.

Hemianopsie

Halbseitengesichtsfeldausfälle, u. U. unvollständig in Gestalt von Quadrantenausfällen (s. Quadrantenhemianopsie).
Wichtig zur Lokalisation intrakranieller Prozesse.

Heteronyme Hemianopsie: Die binasale Hemianopsie ist kein zuverlässiges lokalisatorisches Herdsymptom. Sie kommt u. a. vor bei Arachnitis opticochiasmatica, sklerotisch

veränderten Karotiden oder Kleinhirntumoren.
Die bitemporale Hemianopsie kommt vor bei Prozesen im Bereich des Chiasmas, z. B. Hypophysentumoren (intraselläre Adenome, supraselläre Kraniopharyngeome), Aneurysmen der A. communicans anterior, Meningeomen des Tuberculum sellae, Hydrops des III. Ventrikels, traumatischen und entzündlichen Veränderungen.

Homonyme Hemianopsie: Die Ausfälle zeigen Läsionen im Tractus opticus oder zentral davon an.

Dg: Lokalisatorische Diagnose durch den Zustand des zentralen Gesichtsfelds: Bei homonymen Hemianopsien, die ihre Ursache im Bereich des Tractus opticus haben, geht die Trennungslinie zwischen erhaltenem und ausgefallenem Gesichtsfeldbezirk durch den Fixierpunkt. Bei Unterbrechungen in der Sehstrahlung oder in der Kalkarinarinde bleibt der Fixierpunkt ausgespart.

Herpes corneae

Sy: Hornhautentzündung, die als oberflächliche Form (Keratitis punctata superficialis und Keratitis dendritica) und als tiefe Form (Keratitis disciformis) in Erscheinung tritt. Bei fast allen herpetischen Korneaerkrankungen fällt die herabgesetzte Sensibilität der Hornhaut auf. Bei der Keratitis punctata superficialis bestehen einzelne kleine, oberflächliche Defekte, bei der Keratitis dendritica zweigförmig verästelte, ineinander übergehende Epithelläsionen. Bei der Keratitis disciformis handelt es sich um eine im Parenchym liegende, scheibenförmige Infiltration.

Ät: Das Herpes-simplex-Virus. Die Erkrankung rezidiviert und hinterläßt keine Immunität. Als auslösende Ursachen kommen allgemeine fieberhafte Infekte, Katarrhe der oberen Luftwege, aber auch Traumen in Betracht.

Th: Bei den oberflächlichen Formen mehrmals täglich Wärmen mit Bepanthen- oder Regepithel-Salbe. Falls keine Besserung, Abrasio und vorsichtige nachfolgende Touschierung mit Jodäther. Sofortiges Nachspülen mit physiologischer Kochsalzlösung. Anschließend Verband und mehrmals täglich mit Bepanthen- oder Regepithel-Salbe wärmen. Empfohlen wird auch eine rein medikamentöse Therapie mit Antimetaboliten in Salben- oder Tropfenform. Uns hat sich eine Kryobehandlung (s. d.) der veränderten Hornhautabschnitte mit nachfolgender Eigenbluteinträufelung bewährt. Bei Begleitiritis ist Pupillenerweiterung erforderlich. – Bei der Keratitis disciformis intensive lokale Corticosteroidtherapie (mehrmals täglich Tropfen und Salbe, 1–2mal wöchentlich [insgesamt 2–4] subkonjunktivale Depots).

Herpes simplex der Lider

Sy: Virusinfektion mit typischer Bläschenentwicklung, anschließend Krustenbildung, evtl. Superinfektion.

Th: Verhüten der Superinfektion durch lokale Antibiotikagaben.

Herpes zoster ophthalmicus

Sy: Viruserkrankung des 1. Trigeminusastes (N. ophthalmicus). Auf der Haut typische Zostereffloreszenzen im Ausbreitungsgebiet dieses Nerven. Das Auge kann in Form von Keratitis, Iritis, ferner, als Folge einer Zosterenzephalitis, an Neuritis nervi optici und Muskelparesen erkranken.

Th: Allgemein Vitamin-B-Komplex. An den kranken Hautstellen antibiotische Puder oder (und) -salben zur Verhütung einer Superinfektion. Bei Hornhautepitheldefekten Aureomycin-Salbe, bei gleichzeitiger Regenbogenhautentzündung Mydriatika. Bei Iritis ohne Hornhautepitheldefekte außerdem lokal Corticosteroide.

Heterochromie der Iris (Anisochromie, verschiedene Färbung beider Regenbogenhäute)

Formen und *Sy: Als Normvariante* ausgedehnter Nävus, als *Fuchs-Heterochromie* allmähliche Hellfärbung der Iris der einen Seite infolge einer Sympathikusdysfunktion mit schleichend verlaufender Regenbogenhautentzündung, Glaskörpertrübung und langsam sich entwickelnder Cataracta complicata, evtl. Sekundärglaukom.
Braunfärbung bei der Anwesenheit von intraokularen *Eisensplittern* (Siderosis iridis), nach ausgedehnten und lange bestehenden Vorderkammerblutungen durch *Hämosiderinablagerung.*

Th: Mydriatika, Corticosteroide. Bei Eisensplittern Magnetextraktion.

Heterophorie

Latentes Schielen, das nach dem Wegfall des Fusionszwangs manifest wird (s. Exo- und Esophorie, Fusion).

Hirnsklerose, tuberöse

Zu den Phakomatosen zählende Erkrankung mit Adenoma sebaceum des Gesichts und Netzhauttumoren (s. Bourneville-Pringle-Erkrankung).

Höhenschielen

Sy: Abweichen eines Auges nach oben (positive Vertikaldifferenz bei Höherstand des rechten Auges, negative Vertikaldifferenz bei Höherstand des linken Auges). Steht das jeweils einwärtsschielende Auge höher, handelt es sich um einen Strabismus sursoadductorius.

Th: Prismengläser, evtl. Operation.

Hordeolum (Gerstenkorn)

Ät und *Sy:* Als Hordeolum externum und Hordeolum internum durch Infektion der Zeiss-, Moll- oder Meibom-Drüsen hervorgerufen. Umschriebene Schwellung, Rötung, Schmerzhaftigkeit, oft erhebliches kollaterales Lidödem. Kann in Abszeß und Orbitaphlegmone übergehen. Bei häufigen Rezidiven Verdacht auf Diabetes mellitus!

Th: Feucht-warme Überschläge. Trockene Wärme mit antibiotischer Augensalbe. Oft Spontanperforation. Bei Abszedierung Inzision. Nachbehandlung mit antibiotischer Salbe und Wärme.

Horner-Syndrom

Sy und *Dg:* Enophthalmus, Ptosis und Miosis bei Schädigung des Sympathikus. Gefäßinnervation und Schweißsekretion der betreffenden Gesichtshälfte können gestört sein. An dem Verhalten der Pupille nach Einträufelung von Cocain und Suprarenin läßt sich ermitteln, in welchem Neuron der sympathischen Pupillenbahn die Störung gelegen ist.

Ät: Häufigste Ursache: Schädigung des Halssympathikus durch Struma oder Narben, Druck durch Tumoren.

Hornhautbanddegeneration

Ät: Entsteht sekundär nach schweren Erkrankungen der Hornhaut, beim absoluten Glaukom, nach rezidivierenden Uveitiden sowie bei Phthisis bulbi. Es handelt sich dabei um Kalkablagerungen im Niveau der Bowman-Membran. Die Banddegeneration kommt in der Regel in erblindeten oder fast erblindeten Augen vor. Eine Ausnahme ist die früh einsetzende Banddegeneration bei Morbus Still-Chauffard (s. d.) (Uveitis mit Cataracta complicata).

Th: Mechanische Beseitigung der Kalkspangen, die das Epithel durchstechen und dadurch zu Schmerzen führen können. In ausgeprägten Fällen und bei Morbus Still-Chauffard empfiehlt sich die chemische Entfernung mit 2%iger Salzsäure, die durch Touschieren mit einer getränkten watteumwickelten Tränenwegssonde nach Abrasio des Epithels aufgetupft wird. Anschließend Verband mit Bepanthen-Salbe und mehrmals täglich wärmen.

Hornhautdystrophien

Erbliche, allmähliche progrediente Erkrankungen, in bestimmten Gegenden (z. B. der Schwäbischen Alb) gehäuft auftretend. Entzündungserscheinungen fehlen. Man unterscheidet 5 Arten von Hornhautdystrophien:

- Bröckelige Dystrophie: früher Beginn. Einlagerungen in die oberflächlichen Hornhautschichten in Form von Bröckeln, Krümeln und Ringen, besonders zentral, Randzone klar.
- Fleckige Dystrophie: Früh beginnend in Form von größeren Flecken, die eine diffuse Trübung verursachen.
- Gitterige Dystrophie: linienförmige Trübungen in allen Schichten des Hornhautparenchyms.

  Th: Bei stärkerer Sehherabsetzung optische Keratoplastik.
- Epitheldystrophie (nach Fuchs): mit Vakuolenbildung und feinsten Rissen im Epithel.
- Endotheldystrophie (nach Fuchs): mit vakuoliger Degeneration der Endothelzellen bzw. hyaliner Degeneration der Descemet-Membran (Drusenbildung). Bei der Endotheldystrophie nach Fuchs sind Kontrollen des Augeninnendrucks erforderlich, da an solchen Augen gehäuft ein Glaukom auftritt.

Hornhautentzündung s. Keratitis

Hornhautepitheldefekte

Sy: Sie können daran erkannt werden, daß die Reflexbildchen auf der Hornhaut verzerrt sind.

Dg: Wird durch die Anfärbung mit Fluorescein erleichtert, bei der sich Erosionen grün anfärben (s. Erosio corneae).

Hornhautepithelödem

Sy: Fällt durch die Stichelung der Hornhautoberfläche und das verzerrte Reflexbildchen auf. Der Patient sieht verschwommen und bemerkt farbige Ringe um Lichtquellen.

Ät: Die Ursache des Epithelödems kann angioneurotisch sein (rezidivierend analog dem Quincke-Ödem); im Vordergrund steht jedoch der Glaukomanfall (s. d.).

Hornhaut-Farbstoffeinlagerungen

An der Basis des Keratokonus und bei der Wilson-Pseudosklerose Kayser-Fleischer-Pigmentring. Kupfersalzeinlagerungen bei Chalkosis. Hämosiderineinlagerungen nach Hornhautdurchblutung.

Hornhautgeschwür s. Keratitis

Hornhautleukom

Nach entzündlichen Hornhautveränderungen, Verätzungen oder Verletzungen entstandene dichte, weißliche Narben.

Hornhautmißbildungen

Der normale Hornhautdurchmesser beträgt 10–12 mm.

Abweichungen: Mikrokornea, oft gekoppelt mit anderen Fehlbildungen, insbesondere mit Dysplasien des Kammerwinkels oder mit einer Verkleinerung des Auges im gesamten (Mikrophthalmus);

- Megalokornea, stets verdächtig auf einen Hydrophthalmus (s. Buphthalmus, Glaukom);
- Cornea plana = abnorm flache Hornhaut;
- Keratoglobus = verstärkte Wölbung der Hornhaut;
- Keratokonus (s. d.).

Hornhautpilzinfektion

Ät und *Sy:* Meist nach Trauma entstehende Hypopyonkeratitis durch Aspergillus oder Streptothrix. Oft rasche Verschlechterung.

Th: Mechanische Auskratzung des Geschwürs, wobei sich die Pilzmasse manchmal wie ein Sequester herausheben läßt. Im Anschluß daran Betupfen mit Jodtinktur. Nachspülen mit Kochsalzlösung. Lokale und systemische Behandlung mit Antimykotika.

Hornhautplastik s. Keratoplastik

Hornhautpräzipitate

Rundliche, erst helle, dem Endothel aufgelagerte Beschläge bei chronischen Entzündungen der vorderen Uvea. Histologisch handelt es sich um Lymphozyten und Fibrin. Alte Präzipitate sind dunkler.

Hornhautsensibilität

Bei Keratitiden stellt die Prüfung der Hornhautsensibilität eine wichtige Untersuchung dar. Herabsetzung oder Aufhebung der Sensibilität bei allen herpetischen Keratitiden sowie bei der Keratitis neuroparalytica. Die Sensibilität wird mit einem Wattefaden, genauer mit Ästhesiometern geprüft.

Hornhauttransplantation s. Keratoplastik

Hurler-Erkrankung

Angeborenes Leiden mit auffallend weitem Abstand der Orbitae, eingesunkenem Nasenrücken und Lipoideinlagerungen in verschiedenen Organen, u. a. in der Hornhaut. Kombination mit Hepatosplenomegalie.

Hutchinson-Trias

Sy: Zeichen der konnatalen Lues mit konkav gewölbten Schneidezähnen, Labyrinthtaubheit und Keratitis parenchymatosa.

Th: Behandlung des Allgemeinleidens. Die Keratitis parenchymatosa wird lokal mit Corticosteroiden und, zur Verhinderung einer Iritis, mit Mydriatika behandelt.

Hypermetropie

Weitsichtigkeit, die bei jüngeren Menschen durch Akkommodation kompensiert werden kann, aber stets durch entsprechende Konvexgläser auskorrigiert werden muß.

Die unkorrigierte Hypermetropie kann auch bei jüngeren Patienten auf Grund der dauernden Akkommodationsanstrengung Kopfschmerzen, Druckgefühl usw. bewirken. Durch den mit der Akkommodation verbundenen Konvergenzimpuls wird oft ein Strabismus convergens ausgelöst.

Eine Hypermetropisierung durch Verkürzung der Bulbusachse ist u. a. bei Orbitatumoren möglich, außerdem bei serösen Exsudaten am hinteren Funduspol im Sinn eines sog. Konvexlinsenphänomens. Hypermetropie kommt ferner bei abgeflachter Hornhaut und Linsenverlagerungen vor.

Hyperphorie

Latentes Schielen nach oben.

Hypertonische Fundusveränderungen (Fundus hypertonicus, Retinopathia hypertensiva)

Ät: Ursachen der hypertonischen Fundusveränderungen sind in nahezu 80% der Fälle primäre (essentielle) Hypertonien, in etwa

20% der Fälle sekundäre Hypertonien (renale Hypertonie, endokrine Hypertonie, Hypertonie bei Isthmusstenose der Aorta).
Im Stadium I ist die Papille scharf begrenzt. Normale bis gering vermehrte Reflexe der Arterienäste, verstärkte Venenfüllung, irreguläre Reflexe der Präkapillaren, Stauung und vermehrte Schlängelung der paramakularen Venolen (Guist-Zeichen). An Kreuzungsstellen zwischen Vene und Arterie erscheint die erstere eingeschnürt (Gunn-Zeichen) bzw. die Vene durch die Arterie verdrängt (Salus-Zeichen). Einzelne flohstichartige Blutungen. Sonst Retinaparenchym intakt.
Stadium II: Stärker ausgeprägte Gefäßveränderungen im Vergleich zum Stadium I. Die Unterscheidung zwischen den Stadien I und II ist nicht immer leicht, da beide Formen fließend ineinander übergehen.
Im Stadium III entwickelt sich als Folge der stenosierenden Arteriolosklerose ein anämisches Netzhautödem mit unscharf werdender Papille. Netzhautarterien eng, harte und unregelmäßige Reflexe. Venolen vermehrt geschlängelt, zunehmende Kapillarektasien, Netzhautblutungen. Netzhautparenchymschäden in Form von Cotton-wool-Herden (s. d.), die anfangs reversibel sein können. Ferner entwickeln sich irreversible harte Exsudate mit Ausbildung einer Sternfigur in der Netzhautmitte und beeinträchtigtem Sehvermögen.
Stadium IV: zunehmende Netzhautischämie mit Prominenz und Unschärfe der Papille bis zur Stauungspapille. Massive Einengung der Blutsäule mit verschmälerten Reflexen der Arteriolen und Präkapillaren (Silberdrahtarterien). Die Gefäßveränderungen können bis zur völligen Obliteration gehen. Zunehmende Netzhautblutungen, Cotton-wool-Herde sowie harte Exsudate vorwiegend im Bereich der zentralen und peripapillären Region. Gelegentlich Netzhautablösung. Massiv beeinträchtigte Sehschärfe.
Die Stadien I und II werden auch als Fundus hypertonicus, die Stadien III und IV als Retinopathia hypertensiva bezeichnet.

Th: Sie ist Aufgabe des Hausarztes oder des Internisten. Der Augenarzt hat die fortlaufende Kontrolle des Augenbefunds vorzunehmen. Eine Senkung des Blutdrucks durch gefäßerweiternde und blutdrucksenkende Medikamente ist anzustreben.

Hyphäma

Blutansammlung in der vorderen Augenkammer.

Hypophorie

Latentes Schielen nach unten.

Hypopyon

Ät und *Sy:* Eiteransammlung, aus den Irisgefäßen herrührend, in der vorderen Augenkammer bei bestimmten entzündlichen Hornhautveränderungen (Ulcus serpens, Pilzinfektionen), bei schweren akuten endogenen Iritiden sowie nach perforierenden Verletzungen.

Th: Weitstellung der Pupille durch Mydriatika. Behandlung der Grundursache. Beobachtung des Augeninnendrucks! Evtl. Parazentese der Vorderkammer und Entfernung des Hypopyons.

Hypotonie

Abnorme Weichheit des Augapfels, nach schweren intraokularen Entzündungen oder bei Glaskörperverlust nach Verletzungen und Operationen. Kann in Augapfelschrumpfung (s. Phthisis bulbi) übergehen.

Idiotie, amaurotische

Sie tritt als infantile Form (Tay-Sachs) und als juvenile Form (Stock-Spielmeyer) auf. Kombination der Netzhautveränderungen mit entsprechenden Alterationen im Zentralnervensystem. Ophthalmoskopisch findet sich eine weißlichgraue Trübung der zentralen Netzhautpartien mit kirschrotem Fleck der Makula. Zunehmende Sehnervenatrophie. Dem Leiden liegt ein Untergang der Ganglienzellen zugrunde. Auch bei der Niemann-Pick-Erkrankung sind solche Bilder bekannt.

Initialkörperchen

Einschlüsse in den Epithelzellen der Bindehaut. Sie sind kappenförmig dem Kern angelagert und ähneln den Prowazek-Halberstädter-Einschlüssen beim Trachom. Vorkommen bei der Schwimmbadkonjunktivitis und der Einschlußblennorrhö. Die Einschlußkörperchen sind Produkte der Reaktion auf den Erreger.

Injektion

Man versteht darunter eine vermehrte Füllung der Bindehautgefäße, der episkleralen und skleralen Gefäße bei verschiedenen entzündlichen Prozessen des Auges. Bei der konjunktivalen Injektion lassen sich die einzelnen hyperämischen Bindehautgefäße unterscheiden. Sie sind auf der Unterlage verschieblich. Die konjunktivale Injektion tritt auf bei Konjunktivitiden, Bindehautfremdkörpern und oberflächlichen Hornhautprozessen. Bei der ziliaren Injektion findet sich eine düsterrote, fast violette Färbung der vorderen Sklera und Episklera. Einzelne Gefäße lassen sich nicht abgrenzen. Sie tritt bei tiefen Hornhautprozessen und Entzündungen der Iris, der Sklera sowie des Corpus ciliare auf. Gemischte Injektion = oberflächliche und tiefe Injektion.

Iridektomie

Ausschneiden eines Stücks der Iris als therapeutische Maßnahme, beim Glaukom, bei der Staroperation oder optisch zur Verbesserung des Sehvermögens. Man unterscheidet die periphere Iridektomie, bei der der M. sphincter pupillae stehenbleibt, von der ganzen Iridektomie. Auch Laseriridektomie ist möglich.

Iridodialyse

Ät und *Sy:* Traumatisch bedingter Abriß der Iris an der Wurzel mit entsprechender Verformung der Pupille und evtl. monokularen Doppelbildern.

Th: u. U. Einklemmen der abgelösten Iriswurzel in einen Limbusschnitt.

Iridodonesis

Irisschlottern bei Verlagerung der Linse oder nach Kataraktextraktion. Es tritt bei Augapfelbewegung in Erscheinung.

Iridoschisis

Seltene Lösung des vorderen Stromablatts der Iris vom hinteren. Auftreten eines Glaukoms möglich.

Iriskolobom

In der Regel nasal unten liegender Defekt, zurückzuführen auf den unvollkommenen Verschluß der fetalen Augenbecherspalte. Oft kombiniert mit Aderhautkolobom.

Irismelanom

Deg: Bösartige, frühzeitig zur Metastasenbildung neigende Geschwulst.

Th: Sitzt der Tumor gut abgegrenzt in der Nähe des Pupillarsaums, breite ganze Iridektomie. Histologische Untersuchung. Wenn sicher im Gesunden entfernt, klinische Kontrollen. Sonst Enukleation. Neuerdings wird aber auch eine sehr viel abwartendere Haltung diskutiert.

Irisprolaps

Ät und *Sy:* Irisvorfall nach perforierenden Verletzungen oder nach Perforation eines Hornhautgeschwürs. Der Irisprolaps stellt stets eine ernste Komplikation dar. Es besteht die Gefahr einer Infektion, die in Panophthalmie übergehen kann. Auch kann der Irisprolaps an der Hornhautwunde festwachsen (Leucoma adhaerens) und zum Sekundärglaukom führen.

Th: In sehr frischen Fällen kann die Reposition versucht werden. Sonst Abtragen des Prolapses, lokal und allgemein Antibiotika, evtl. pupillomotorische Tropfen, Verband.

Irisverletzung

Nach Kontusionen können Sphinkterrisse, Pupillenstörungen, ferner eine Iridodialyse, u. U. mit Hyphäma, entstehen. Bei perforierenden Verletzungen mehr oder weniger große Defekte in der Iris, oft mit Synechien, Irisprolaps, traumatische Aniridie.

Iritis, Iridozyklitis

Sy: Akut oder chronisch verlaufende Entzündung der Regenbogenhaut, oft kombiniert mit den Symptomen einer Zyklitis als Iridozyklitis, seltener auch einer Chorioiditis (Panuveitis). Es bestehen ziliare Injektion und verwaschene Iriszeichnung, bei akuter Iritis eitriges Exsudat (Hypopyon), bei mehr chronischen Formen fibrinös-lymphozytärer Erguß (Präzipitate) in der Vorderkammer. Außerdem finden sich Irishyperämie, enge Pupillen, Akkommodationsstörungen, Glaskörpertrübungen sowie – bei Panuveitis – chorioiditische Herde. Der Patient klagt über Lichtscheu, Tränen, Blepharospasmus, Schmerzen, Verschwommensehen. Die Iridozyklitis kommt endogen, exogen nach perforierenden Verletzungen und als Begleitiritis bei schweren Hornhaut- und Skleraentzündungen zustande.

Ät: Ursachen der endogenen Iridozyklitis sind Allgemeinkrankheiten, wie Rheumatismus, Morbus Bechterew, Tuberkulose, Lues, auch Toxoplasmose, Fokalinfektionen, AIDS. In vielen Fällen gelingt es nicht, die Ursache mit Sicherheit nachzuweisen.

Kompl.: Sekundärglaukom. Während des aktuen Stadiums Augeninnendrucksteigerung durch Verlegung der Abflußwege des Kammerwassers oder durch vermehrte Kammerwasserproduktion. Während des Verlaufs besteht die Gefahr der Synechienbildung zwischen Iris und Linse (hintere Synechien). Die zirkuläre hintere Synechie führt zu einer napfkuchenartigen Vorwölbung der Iris (Napfkucheniris) und dabei ebenfalls zum Sekundärglaukom. Bei schwerer Uveitis anterior kann sekundär eine Neuritis nervi optici auftreten.

Th: Falls bekannt, Behandlung des Grundleidens. Antibiotikagaben bei akuten eitrigen Iritiden. Bei chronisch-rezidivierender Uveitis Heilstättenaufenthalt. Lokal Mydriatika zur Ruhigstellung der Iris (Atropin oder Scopolamin), örtlich Wärmeanwendung (trokken, feucht, Kurzwelle) zur Hperämisierung. Falls hintere Synechien drohen, im Wechsel Mydriatika und Miotika. Wenn keine bakterielle Genese wahrscheinlich ist, empfiehlt sich eine intensive lokale Corticosteroidbehandlung (stündlich Tropfen, abends Salbe, 2mal wöchentlich subkonjunktivales Depot, insgesamt 6–8 Injektionen), ferner haben sich in diesen Fällen nach Abklärung eventueller Gegenindikationen allgemeine Corticosteroidgaben bewährt. Bei Neigung zu Augeninnendrucksteigerungen keine Weitstellung mit Atropin, sondern mit adrenalinhaltigen Präparaten, evtl. gleichzeitige Allgemeinbehandlung mit Diamox.

Besondere Formen der Iritis: Rezidivierende Hypopyoniritis bei Behçet-Krankheit (s. d.), hämorrhagische Iritis bei Herpes zoster, Iritis bei Heerfordt-Syndrom (s. d.), bei der Leptospirose und der Still-Chauffard-Erkrankung (s. d.).

Irvine-Gass-Syndrom

Zystoides Ödem am zentralen Augenhintergrund, oft mit Sehverschlechterung. Gefürchtete Folge komplizierter Staroperationen. Ursächlich spielen Glaskörperveränderungen eine Rolle. Therapeutisch erscheinen Prostaglandinsynthesehemmer nützlich.

Kalkarinarinde

Endgebiet der Gratiolet-Sehstrahlung im Okzipitalhirn, nach dessen völligen Zerstörung, falls beide Seiten betroffen sind, der Patient erblindet (Rindenblindheit). Bei weniger intensiven Schäden ist dabei ein kleines zentrales Restgesichtsfeld erhalten.

Kalkinfarkte der Meibom-Drüsen

Sy: Indurierte Sekretverhaltungen, die Reizungen der Bindehaut und Hornhaut unterhalten können.

Th: In Lokalanästhesie Anritzen der Schleimhaut über dem Infarkt, Entfernen desselben. Salbenverband. Wärme.

Kammerwasser

Vom Ziliarkörper sezernierte, die Hinterkammer und Vorderkammer ausfüllende Flüssigkeit. Sie fließt durch das Maschenwerk des Schlemm-Kanals durch episklerale Venen ab (Kammerwasservenen). Biochemisch ähnelt das Kammerwasser dem Liquor und der Lymphe des Innenohrs.

Karzinom der Hornhaut

Sy: Im allgemeinen durch Übergreifen eines Bindehautkarzinoms entstanden. Der Tumor wächst infiltrierend zwischen den Hornhautlamellen. Primäre Karzinome der Hornhaut sind sehr selten.

Th: Evtl. Exzision und plastische Dekkung, sonst Bestrahlung oder Enukleation.

Karzinom des Lids

Formen: Basaliom (s. d.); Spinaliom, seltener als das Basaliom, maligne Geschwulst mit infiltrativem Wachstum und Metastasenbildung.

Th: Chirurgische Entfernung oder (und) Röntgenbestrahlung, Kryotherapie.

Katarakt (grauer Star)

Sy und *Ät*: Als Katarakt wird jede Trübung der Linse bezeichnet. Nicht jede Linsentrübung beeinträchtigt das Sehvermögen! Je nach Lage der Trübungen unterscheidet man die Cataracta corticalis, die Cataracta nuclearis und den Kapselstar. Die ein- oder doppelseitigen angeborenen Kataraktformen (Polstar, Schichtstar, Kern- und Totalstar) können nur Kapsel und bzw. oder Kern betreffen, da sich die Linsenrinde nach der Geburt entwickelt. Sie sind oft vererbt. Aber auch exogene Störungen während der Gravidität können zu Linsentrübungen bei der Frucht führen (z. B. Rötelnkatarakt). Es gibt *sekundäre*, nach anderen Augenkrankheiten auftretende komplizierte Katarakte: bei Heterochromiezyklitis, exzessiver Myopie, Glaukom, Iridozyklitis, Netzhautablösung und Retinitis pigmentosa. Eine weitere Gruppe der komplizierten Stare tritt in Form spezifischer Linsentrübungen bei bestimmten Allgemeinkrankheiten auf: z. B. Cataracta diabetica, Cataracta tetanica, Cataracta myotonica, Cataracta syndermatotica. Der Wundstar entsteht nach gewissen Traumen (Kontusionsrosette, Perforationsrosette, Röntgenstar, Atombombenkatarakt, Ultrarotstar, Siderosis und Chalcosis lentis). Am häufigsten ist der graue Altersstar (senile Katarakt). Während die angeborenen Linsentrübungen im allgemeinen nicht fortschreiten, neigen andere, insbesondere die senile Katarakt, zur Progredienz.

Th: Bei Linsentrübungen, die mit schwerer Sehstörung einhergehen, besteht die einzig mögliche Therapie in einer Entfernung der Linse (Kataraktextraktion), evtl. mit Einpflanzung einer Kunstlinse (s. Pseudophakos). Sie sollte dann vorgenommen werden, wenn der Patient mit seinem Sehvermögen nicht mehr auskommt.

Katzenauge, amaurotisches

Auge bei fortgeschrittenem Glioma retinae oder bei Pseudogliom. Die Bezeichnung ist von dem hellen, gelblichen Aussehen der Pupille hergeleitet.

Keratitis

Symptomatologie und Ätiologie

Sy: Entzündungen der Hornhaut mit oberflächlichen oder tief gelegenen Infiltraten und (oder) Substanzverlusten. Es bestehen Schmerzen, gemischte Injektion, Epiphora, Blepharospasmus, Stippung der Hornhautoberfläche. Hornhauttrübungen durch Infiltration oder Quellung, bei Geschwüren unregelmäßig gestaltete Oberfläche. In schweren Fällen begleitende Regenbogenhautentzündung mit Hypopyon. Keratitiden, welche das Parenchym betreffen, heilen mit Narben ab und führen daher zu einer mehr oder weniger beeinträchtigten Sehfunktion. In vielen Fällen Rezidivneigung.

Ät: Es kommen neben den Hornhautverletzungen, die von der infizierten Erosio bis zum perforierten Ulkus führen können, zahlreiche lokale sowie allgemeine Ursachen in Betracht:

Keratitis dendritica s. Herpes corneae

Keratitis neuroparalytica

Sy: Bei Ausfall des N. ophthalmicus im Hornhautzentrum gelegenes Infiltrat bzw. Ulkus.

Th: Uhrglasverband, Vermeiden einer sekundären bakteriellen Infektion.

Keratitis e lagophthalmo

Sy: Bei Faszialislähmung oder Exophthalmus: Infiltration und Geschwürsbildung zunächst am unteren Hornhautrand infolge mangelhaftem Lidschluß.

Th: Salben, Blepharorrhaphie.

Keratitis nummularis

Bei epidemischer Bindehautentzündung (s. Konjunktivitis)

Keratitis eczematosa (scrophulosa)

Sy: Ekzem an Lidern und Naseneingang. Phlyktänen (s. Bindehautphlyktäne), die auf die Hornhaut fortschreiten können (Wanderphlyktäne), Infiltrate der Hornhaut, oberflächliche Gefäßeinsprossung (Pannus scrophulosus). Die Keratitis eczematosa kommt besonders bei Kindern in schlechtem sozialen Milieu vor, seltener bei Erwachsenen. Ausgesprochene Rezidivneigung.

Th: Behutsame lokale Anwendung von Corticosteroiden, gute Ernährung, frische Luft, Kuraufenthalt.

Ulcus serpens (s. d.). Ulcus diplobacillare (s. Blepharitis) und Keratitis e Acne rosacea

Th: Mit Ausnahme von den ohne oberflächliche Epitheldefekte einhergehenden, im Parenchym gelegenen Formen, also bei Hornhautinfiltraten, Rosazeakeratitis, Keratitis parenchymatosa, Keratitis disciformis, dürfen lokal keine Cortisonpräparate angewandt werden! Bei jedem Hornhautdefekt kann die Anwendung von Corticosteroiden zu einer raschen, progredienten Geschwürsbildung und evtl. Perforation mit Verlust des Auges führen. Bei Keratitiden ist grundsätzlich eine Ruhigstellung der Iris durch Mydriatika, insbesondere Atropin, angezeigt. Übrige Behandlung nach der Anfertigung eines Sekretpräparats und der Resistenzbestimmung mit indifferenten bzw. antibiotischen Salben, wie Bepanthen-, Polyspectran- oder Kanamytrex-Salbe.

Keratokonus (Hornhautkegel)

Ät und *Sy:* Kegelförmige, selten angeborene oder traumatische, im jüngeren Alter auftretende, progrediente Vorwölbung und Verdünnung der Hornhautmitte. Meist beiderseitig ungleich intensiv ausgeprägt. Es besteht eine (korneale Brechungs-) Myopie mit oft hohem Astigmatismus. Diese Refraktionsanomalie läßt sich mit Brillengläsern meist nur unvollständig kompensieren. In fortgeschrittenen Fällen Verdünnung der zentralen Hornhaut. Bänderförmige Trübungen im Niveau der Bowman-Membran, zarte Falten im Hornhautparenchym, bräunlicher Pigmentring am Rand des Kegels. Die Descemet-Membran kann einreißen (akuter Keratokonus); es kommt dadurch zu einer

Durchtränkung der Hornhaut mit Kammerwaser, Verdickung des Parenchyms und entzündlichen Reizerscheinungen. Diese Veränderungen bilden sich allmählich zurück, gelegentlich kommt damit die Erkrankung infolge narbiger Stabilisierung der Hornhautmitte zum Stillstand.

Th: Kontaktlinsen zur Besserung des Sehvermögens und als Stütze der verdünnten Hornhaut. Sonst Keratoplastik.

Keratomalazie

Def: Einschmelzung der Hornhaut bei Dystrophie, vorwiegend als Vitamin-A-Avitaminose bei Säuglingen (s. Bindehautxerose).

Th: Richtige Ernährung, Vitamin A allgemein, lokal antibiotische Tropfen und Salbe zur Vermeidung bzw. Bekämpfung einer bakteriellen Infektion.

Keratoplastik

Optische und tektonische Indikation, letztere bei torpiden Geschwüren. Ersatz von krankem Hornhautgewebe durch ein entsprechend großes Transplantat von Leichenhornhaut. Ausnahmsweise werden auch Kunststoffe angewandt (Keratoprothese). Die Prognose ist ungünstig, wenn die Wirtshornhaut stark vaskularisiert ist. Die Keratoplastik wird mit Hilfe eines runden Trepans vorgenommen. Nach dem Herausschneiden des getrübten Hornhautscheibchens wird die klare Spenderhornhaut eingelegt und durch Fäden fixiert. Sorgfältige klinische Nachbehandlung. Bei dem heutigen Stand der Technik ist die Keratoplastik eine an vielen Kliniken routinemäßig durchgeführte Operation. Stationäre Behandlungsdauer 6–10 Tage. Man unterscheidet lamelläre und penetrierende Keratoplastiken, je nachdem, ob nur eine mehr oder weniger oberflächliche Schicht oder ein Diskus in ganzer Hornhautdicke übertragen wird. Die lamelläre Keratoplastik kommt in Betracht, wenn es sich um einen Ersatz ausschließlich der vorderen Hornhautschichten handelt.

Kernspintomographie

Mit dieser modernen Methode läßt sich beispielsweise bei Orbitatumoren eine feinere Differenzierung erreichen als mit bisherigen Verfahren einschließlich der Computertomographie. Neuerdings ist es auch möglich geworden, bei retrobulbärer Neuritis Entzündungsherde im Sehnerven im Kernspintomogramm direkt sichtbar zu machen.

Konjunktivitis (Bindehautentzündung)

Ät: Die Ursachen sind vielfältig. Unter die exogenen Ursachen fallen physikalische und chemische Schädigungen, wie Rauch, Gas, Staub oder intensive Ultraviolettlichteinwirkung (s. Blendungsschäden) sowie Verätzungen und Verbrennungen. Eine weitere Gruppe der exogen bedingten Bindehautentzündungen ist infektiös verursacht. Dabei kommen Kokken, Bazillen, Chlamydien und Viren ursächlich in Betracht. Endogene Konjunktivitiden entstehen metastatisch, viel häufiger auf dem Boden einer Allergie.

Sy: Vermehrte Füllung der Bindehautgefäße (konjunktivale Injektion), Schwellung der Konjunktiva der Lider und der Konjunktiva des Bulbus. Unter Umständen Chemose und Hornhautbeteiligung. Subjektiv stehen im Vordergrund: Lichtscheu, Tränenfluß, Fremdkörpergefühl, Schmerzen sowie schleimige oder schleimig-eitrige Absonderung.

Conjunctivitis simplex

Diskrepanz zwischen dem geringen objektiven Befund, der Gefäßinjektion mit etwas Sekretabsonderung und den subjektiven Beschwerden.

Ät: Mechanisch durch Lidfehlstellungen mit reibenden Zilien, Neubildungen an den Lidern (Molluscum contagiosum, Papillom usw.), beginnender Exophthalmus, Rauch, Staub, Kälte, Hitze, Wind, trockene Luft, Refraktionsanomalien, Heterophorie, mangelnde Tränensekretion.

Conjunctivitis follicularis

Sy und *Ät:* Unspezifische follikelartige Schwellung der geröteten Bindehaut, besonders der Lider und Übergangsfalten. Eine follikuläre Konjunktivitis kommt z. B. auch bei langem Gebrauch bestimmter Augentropfen (Atropinkatarrh) vor. Die Follikel erweichen im Gegensatz zu denjenigen beim Trachom niemals. Sie sind der Ausdruck einer Überempfindlichkeit.

Th: Cortison-Tropfen und -Salbe.

Gonoblennorrhö

Sy und *Ät:* Infektion mit Gonokokken erfolgt fast immer während der Geburt. Zunehmende Rötung und Schwellung aller Lider, keine aktive Lidbewegung. Beim passiven Öffnen der Lider Herausspritzen des gonokokkenhaltigen Eiters! Gefahr der Hornhautbeteiligung mit Perforation, Gefahr der Infektion von Pflegepersonen!

Th: Antibiotische Tropfen und antibiotische Allgemeinbehandlung. Zum Abschwellen der Lider kühle Überschläge.

Einschlußblennorrhö

Sy und *Ät:* Bei Neugeborenen vorkommende, einer abgemilderten Form der Gonoblennorrhö ähnelnde Entzündung. Sie tritt etwa eine Woche nach der Geburt auf. Keine Hornhautbeteiligung. Die Erreger sind Chlamydien. Die Infektion erfolgt während der Geburt.

Th: Antibiotische Salben bzw. Tropfen.

Conjunctivitis diphtherica,
s. Bindehautdiphtherie

Conjunctivitis trachomatosa (Trachom, Granulose, Ägyptische Körnerkrankheit)

Sy und *Ät:* Durch direkten Kontakt übertragbare Infektion mit virusähnlichen Erregern (TRIC-Viren, Chlamydien). Über weite Gebiete der Erde verbreitet, besonders auch im Nahen und Mittleren Osten, in Afrika, Indonesien und Mittelamerika. Das Trachom ist weltweit eine wichtige Erblindungsursache. Zunächst scheinbar unspezifische hartnäckige Konjunktivitis. Bald treten an der Conjunctiva tarsi der Oberlider sagokornartige Follikel auf, die platzen und mit einer Narbe abheilen. Allmählich entsteht so durch Narbenzug eine Einwärtskehrung der Lidkante mit reibenden Zilien. Hornhautbeteiligung in Form von zunächst oben gelegenen Infiltrationen mit intensiver Gefäßeinsprossung (Pannus trachomatosus) sowie von Geschwüren. Im Endstadium ist die Hornhaut narbig umgewandelt. Geschwüre können mischinfiziert werden und perforieren. Im Epithelabradat der Conjunctiva tarsi finden sich schon im Frühstadium als Reaktion der Epithelzellen kappenartig dem Zellkern aufgelagerte „Trachomkörperchen".

Th: Lokale und allgemeine Behandlung mit Aureomycin und Sulfonamiden. Evtl. Operation der Lidfehlstellung. Entsprechende Prophylaxe.

Schwimmbadkonjunktivitis (Paratrachom)

Sy und *Ät:* Durch Chlamydien verursachte, mit Follikelschwellung einhergehende akute Entzündung. Die Hornhaut bleibt intakt, Schwellung der präaurikulären Lymphdrüsen.

Prgn: Günstig.

Th: Antibiotika, Sulfonamide.

Conjunctivitis epidemica
(Keratoconjunctivitis epidemica)

Sy und *Ät:* Diese in Zentren größerer Menschenzusammenballungen (Fabriken, Schiffswerften usw.) gehäuft, oft explosionsartig auftretende Entzündung geht mit einem gestörten Allgemeinbefinden einher (Kopfschmerzen, Fieber). Der Erreger ist ein APC-Virus. Übertragung in Augenkliniken von einem Patienten auf den anderen durch Benutzung von Tonometern, Pipetten usw. ist bekannt. Starke Injektion der Bindehaut, u. U. Follikelschwellung, düsterote Färbung der Plica semilunaris. Schwellung der präaurikulären Lymphdrüsen. Schon früh kann die Hornhaut in Form münzenförmiger Infiltrate (Keratitis nummularis) beteiligt sein, die sich nicht immer zurückbilden und u. U. zu einer bleibenden Sehherabsetzung führen. Fast stets sind beide Augen betroffen. Die Erkrankung verläuft langwierig; sie hinterläßt Immunität.

Th: Einträufeln von Greifswalder Blau (Gemisch von Anilinfarben), antibiotische Tropfen, kühle Überschläge. Die Rückbildung der Nummularisnarben kann vom Augenarzt durch die lokale Anwendung von Corticosteroiden beschleunigt werden. Belehrung des Patienten, um Infektionen weiterer Familienmitglieder, von Arbeitskollegen usw. zu verhindern.

Diplobazillenkonjunktivitis s. Blepharitis

Conjunctivitis vernalis (Frühjahrskatarrh)

Diese Form der Allergie tritt vorwiegend bei Kindern auf, wo sie bis zur Pubertät jedes Jahr wiederzukehren pflegt. Entgegen dem Namen kann diese Bindehautentzündung auch in jeder anderen Jahreszeit vorkommen. Die Konjunktiva sieht leicht getrübt und gerötet aus. Bei der häufigen palpebralen Form finden sich typische pflastersteinartige Verdickungen mit bläulichem Schimmer in der Conjunctiva tarsi der Oberlider. Diese Wucherungen perforieren im Gegensatz zu den Trachomkörnern nie. Bei der selteneren bulbären Form bilden sich zarte graue Prominenzen am Limbus im Lidspaltenbereich. Im Abstrichpräparat fällt der Reichtum an eosinophilen Zellen auf.

Th: Lokal Cortison-Tropfen und -Salbe, Antihistaminika.

Conjunctivitis allergica

Sy und *Ät:* Auftreten bei Heufieber und einer Sensibilisierung durch andere Stoffe, insbesondere auch durch Medikamente. Die gerötete Bindehaut zeigt ein glasiges Ödem mit geschwollenen Follikeln. Starker Juckreiz.

Th: Vermeiden des schädigenden Agens, Cortison-Tropfen und -Salbe, Antihistaminika.

Parinaud-Konjunktivitis (Tularaemia oculoglandularis)

Sy und *Ät:* Die Ursache ist das Bacterium tularense, das von erkrankten Nagern (Hasen, Kaninchen, Eichhörnchen, Ratten, Mäuse usw.) übertragen wird (s. Tularämie im Kap. Infektionskrankheiten). Zwischenträger wie Flöhe und Zecken können in Betracht kommen. Wahrscheinlich spielen aber auch noch andere Erreger eine Rolle. Meist einseitige Entzündung mit Lichtscheu, Chemosis und heftiger Injektion. Keine Hornhautbeteiligung. Schwellung der Glandula parotidea und der regionalen Lymphdrüsen, allgemeine Begleiterscheinungen.

Th: Borwasser- und Kochsalzüberschläge. Versuch mit Aureomycin. Die Konjunktivitis heilt im allgemeinen ohne Folgen ab.

Konjunktivitiden bei Allgemeinleiden

Dies sind z. B. Masern, Typhus, Fleckfieber, Pocken, Tuberkulose, Lues. Die Behandlung des Allgemeinleidens steht hier ganz im Vordergrund. Lokal lindernde Maßnahmen (kühle Überschläge, Borsalbe).

Kontaktlinse

(Haftschale, Haftglas, Kontaktglas)

Die Kontaktlinsen liegen auf der Hornhaut und werden bei guter Anpassung viele Stunden am Tage beschwerde- und reizfrei vertragen. Es gibt zwei Typen, nämlich erstens solche, die mit einem haptischen Teil der Sklera anhaften, und zweitens die reinen Kornealschalen, die heute fast ausnahmslos verwendet werden. Diese sind etwas kleiner oder gering größer als die Hornhaut und werden durch die kapillare Adhäsion der dünnen Flüssigkeitsschicht zwischen vorderem Hornhaut- und hinterem Glasscheitel am Ort gehalten. Die Kontaktlinsen sind unentbehrlich zur Korrektur der einseitigen Aphakie, einer stärkeren Anisometropie, bestimmter Astigmatismusformen und des Keratokonus. Kontaktlinsen aus weichen Materialien verschiedener Art stellen eine erfolgreiche Weiterentwicklung dar; sie kommen auch als Medikamententräger in Betracht, ferner zur Therapie bestimmter Hornhautgeschwüre. Grundsätzlich müssen weiche Kontaktlinsen besonders sorgfältig gepflegt werden.

Kontusionskatarakt

Rosettenförmige, zunächst unter der Vorderkapsel der Linse gelegene Trübung. Durch Neubildung klarer, in der Rinde gelegener Linsenschichten wird die Trübung allmählich nach innen abgedrängt, so daß die Lage der Rosette Schlüsse auf den Zeitpunkt des vorausgegangenen Traumas zuläßt.

Falls die Linsenkapsel bei der Kontusion eingerissen ist, tritt Kammerwasser in die Linse ein und führt in der Regel zu ihrer Totaltrübung.

Konus der Papille

Physiologisch bzw. als Normvariante in Gestalt des Pigmentkonus oder als weiße Skleralsichel meist temporal an der Papille gelegen.

Pathologisch ist der Konus mit Aderhautatrophie bei Myopie. Infolge des zu großen axialen Durchmessers stark myoper Augen kommt es zu dieser temporal an der Papille beginnenden, bei weiterer Dehnung sich ringförmig ausbreitenden Retraktion der Aderhaut vom Sehnervenkopf (zirkulärer Konus).

Konvergenz

Einwärtswendung beider Augen beim Nahesehen. Der Konvergenz- und der Akkommodationsimpuls sind miteinander gekoppelt. Durch die bei Hyperopen schon für die Ferne notwendige Akkommodation kann deshalb, wenn keine Brille getragen wird, ein Strabismus convergens entstehen.

Konvergenzschwäche

Sy: Es ist dabei nicht oder nur erschwert möglich, die für das Sehen in der Nähe erforderliche Konvergenz zu halten. Die Konvergenzschwäche kommt besonders bei Myopie und Exophorie vor. Subjektiv Kopfschmerzen und Müdigkeit bei längerer Naharbeit.

Th: Prismengläser, Übungsbehandlung.

Korrespondenz

Die Richtungsgemeinschaft verschiedener beiderseitiger Netzhautpunkte. Auftreten von falscher Korrespondenz bei Schielern.

Anomale Korrespondenz: Neue Sehrichtungsgemeinschaft zwischen primär nicht korrespondierenden Netzhautstellen.

Kryotherapie

Verwendung der stark unterkühlten Spitze einer Kryode zur Extraktion der Linse bei der Staroperation, zur prophylaktischen oder kurativen Behandlung der Netzhautablösung, ferner u. a. zur Therapie des Glaukoms, bestimmter Hornhauterkrankungen und von Lidbasaliomen.

Kunstlinse s. Pseudophakos

Lagophthalmus

Sy: Beim Lidschluß bleibt ein Teil des Bulbus unbedeckt. Als Folgeerscheinungen treten Konjunktivitiden sowie die Keratitis e lagophthalmo (s. Keratitis) mit Ulkusbildung im unteren Hornhautbezirk auf. Vorkommen bei Fazialisparese und Exophthalmus verschiedener Genese.

Th: Falls keine Behebung der Ursache möglich ist, Einstreichen indifferenter Salben oder operative Verengerung der Lidspalte.

Lähmungsschielen s. angeborene Beweglichkeitsstörungen, Strabismus

Laserkoagulation

Weltweit eingeführte Verfahren, in der Ophthalmologie besonders zur Behandlung bestimmter Augenhintergrundserkrankungen. So können beispielsweise fluoreszenzangiographisch nachgewiesene „Leckstellen" bei der Retinitis centralis serosa durch Laserstrahlen verschlossen werden. Weiterhin wird diese Therapie eingesetzt bei der Periphlebitis retinae sowie besonders bei der diabetischen Retinopathie. Ein besonders wichtiges Anwendungsgebiet ist die prophylaktische Behandlung von Netzhautlöchern oder lochträchtigen Degenerationen bei noch nicht abgelöster Netzhaut. Aber auch bei den herkömmlichen Operationsverfahren der Netzhautablösung (s. d.) stellt die Laserkoagulation eine wichtige Ergänzung dar. – An der Spaltlampe wird binokular unter Zuhilfenahme eines Dreispiegelkontaktglases der Pilotstrahl des Lasers an die gewünschte Stelle gelenkt und danach der hinsichtlich Intensität, Dauer und Durchmesser variable Laserstrahl ausgelöst. Er tritt zunächst in Form eines hellen Herdes in Erscheinung, der sich später pigmentiert. Auch für die Glaukomtherapie werden Laserstrahlen eingesetzt (Lasertrabekulopunktur). Laserkoagulationen können ambulant in Tropfanästhesie durchgeführt werden. Sie sind nicht schmerzhaft. – Mit Hilfe des YAG-Lasers lassen sich Nachstarmembranen durchtrennen und eine Iridektomie durchführen. Mit dem Excimer-Laser sind Schnittführungen, z. B. in der Hornhaut, möglich.

Laurence-Moon-Bardet-Biedl-Syndrom

Kombination von Stoffwechselstörungen, Debilität, Hypogenitalismus, Polydaktylie und Retinitis pigmentosa.

Lentikonus

Kegelförmige Deformation der Linse.

Lichtscheu

Ät und *Sy:* Krampfartiger Lidschluß bei Lichteinfall. Vorkommen bei Entzündungen am vorderen Bulbusabschnitt bei Albinismus, Aniridie und Hysterie.

Th: Symptomatisch dunkle Schutzbrille.

Lidplastik

Korrektur der durch Narbenzug, Verletzungen oder Tumoren veränderten Lider durch Verschiebung oder mittels gestielter oder frei transplantierter Hautlappen.

Lidverletzungen

Zur chirurgischen Versorgung sind Spezialkenntnisse nötig, da postoperative Fehlstellungen der Lider hartnäckige Konjunktivitiden, Tränenträufeln und Hornhautentzündungen verursachen können.

Linsenmißbildung

Hierzu gehören neben dem Lentikonus das Linsenkolobom und auch solche angeborenen Linsentrübungen, die beispielsweise mit einer persistierenden A. hyaloidea zusammenhängen. Die seltenen Linsenkolobome entsprechen einer Einkerbung, meist am unteren Rand.

Lues

Bei der Lues können folgende Augensymptome vorkommen:

- Primäraffekt am Lid oder an der Bindehaut,
- Paresen der Augenmuskeln bei der Taboparalyse,
- gummöse luische Entzündung der Tränendrüse,
- Iritis, u. U. mit gefäßreichen Granulomen,
- tabische (einfache, deszendierende) Optikusatrophie,
- reflektorische Pupillenstarre (Argyll-Robertson-Phänomen),
- bei konnataler Lues Keratitis parenchymatosa, Chorioretinitis sowie eine seltene bräunliche schalenförmige Linsentrübung.

Luxatio lentis

Veränderung der Linsenlage durch Defekte im Bereich der Zonulafasern. Sie kommt nach Kontusionen, beim Buphthalmus und im Rahmen des Marfan- und Marchesani-Syndroms vor. Stets besteht die Gefahr eines Sekundärglaukoms. Die Brechkraft des Auges ist meist geändert.

Lyell-Syndrom s. Okulomukokutane Syndrome

Macula lutea

Anat: Gelber Fleck am hinteren Netzhautpol, in dessen Mitte die Fovea centralis als Stelle des schärfsten Sehens gelegen ist. Hier kommen als Sinnesepithelien nur die hochdifferenzierten Zapfen vor. Ihre Zahl nimmt nach der Peripherie zu ab, während hier die Anzahl der Stäbchen (Träger des Dämmerungssehens) zunimmt.

Sy: Bei schon relativ geringen Veränderungen in der Makula entstehen Funktionsschäden. Als spezielle Erkrankung kennt man die sehr häufigen arteriosklerotischen Veränderungen, die heredodegenerativen infantilen, juvenilen und präsenilen Makuladegenerationen sowie das sog. angeborene Makulakolobom, das in Wirklichkeit wohl meist eine intrauterin abgelaufene Entzündung ist; ferner die erworbene zentrale Chorioretinitis, das traumatisch oder auf sklerotischer Basis entstandene Makulaloch, das Makulaödem im Rahmen der Retinitis centralis serosa, nach Staroperationen (s. Irvine-Gass-Syndrom), bei diabetischer Retinopathie oder nach Traumen sowie nach Betrachtung einer Sonnenfinsternis, ferner die Makulablutung bei hoher Achsenmyopie und nach Traumen.

Markhaltige Nervenfasern

Angeborene Anomalie. Hier begleiten die Markscheiden einzelne Sehnervenfaserbündel noch über die Lamina cribrosa sclerae hinaus in die Netzhaut. *Ophthalmoskopisch:* meist der Papille aufsitzende, weißliche, flammenförmige Gebilde.

Meibom-Drüsen (s. a. Kalkinfarkte)

Talgdrüsen im Lidknorpel, bei deren Entzündung ein Hordeolum entstehen kann. Das Drüsensekret ist für den präkornealen Flüssigkeitsfilm wichtig.

Melanom

Relativ häufiges Vorkommen in der Iris, dem Ziliarkörper und der Aderhaut, seltener an den Lidern, in der Bindehaut und auf der Papille.

Melanosis

Ungewöhnlich starke Pigmentierung, vor allem die Sklera und Uvea betreffend. Die Veränderung ist meist gutartig, jedoch ist die Möglichkeit zur Entwicklung eines malignen Melanoms gegeben. Deshalb sind photographische Kontrollen nötig.

Methylalkoholvergiftung

Kann zu einer Sehnervenatrophie, u. U. mit völliger Erblindung, führen.

Migraine ophtalmique

Vasomotorische Kopfschmerzen mit Flimmerskotom, wohl kortikalen Ursprungs.

Mikropsie

Kleinsehen. Wird bei Akkommodationsstörungen, im Rahmen bestimmter Fundusveränderungen und bei psychischen Erkrankungen festgestellt.

Mikulicz-Syndrom

Doppelseitige indolente Schwellung der Tränendrüsen, kombiniert mit Veränderungen der Speicheldrüsen.

Miosis

Verengerung der Pupille, Vorkommen bei Iridozyklitis, Heroin- und Morphiumabusus, Tabes dorsalis, Konvergenzkrampf, Horner-Syndrom, Verletzungen, in der Narkose und im Schlaf (Diagnose der Schlafsimulierung).

Miotika

Medikamente zur Verengerung der Pupille, besonders zur Glaukombehandlung. Als Parasymphatomimetika: Eserin ¼%ig, Prostigmin 2%ig, Pilocarpin 1- und 2%ig.

Sympatholytika werden zur Pupillenverengung klinisch kaum verwandt.

Mischtumor der Tränendrüse

Sy: Relativ oft vorkommende teratoide Geschwulst, die maligne wachsen kann, dagegen selten metastasiert.

Th: Operative Entfernung. Strahlenbehandlung wenig erfolgreich.

Molluscum contagiosum

Sy: Am Lidrand gelegene, hell aussehende, oft in der Mehrzahl vorhandene, benigne Epitheliome mit zentraler kleiner Delle.

Ät: Virusinfektion.
Th: Exzision.

Morgagni-Katarakt

Überreife Katarakt. Die Rinde hat sich in einen milchigen Brei umgewandelt. In dem Kapselsack ist der dunkle, schwere Kern nach unten abgesunken, so daß man beim Blick geradeaus in der unteren Pupillenhälfte den oberen Teil des Linsenkerns erkennt.

Mouches volantes

Feine Glaskörpertrübungen, die dem Patienten als zarte, graue, fädige oder mehr rundliche Gebilde („fliegende Mücken") erscheinen. Sie stören besonders beim Blick gegen helle Flächen (Himmel, Wände). Die Ursachen sind Strukturveränderungen im Glaskörper (Verflüssigung, hintere Glaskörperabhebung). Bei Achsenmyopie und im Alter können die Erscheinungen zunehmen. In der weit überwiegenden Zahl der Fälle bleiben sie belanglos. Allerdings stellen sie u.U. auch Vorboten von ernsten Erkrankungen des Augeninnern (Blutungen, Chorioretinitis, drohende oder manifeste Ablatio retinae) dar. Eine sorgfältige Untersuchung ist besonders dann angezeigt, wenn Mouches volantes plötzlich an Intensität zunehmen.

Mukozele der Orbita

Sy: Von den Nebenhöhlen ausgehende Geschwulst. Der Bulbus ist bei den Mukozelen der Stirnhöhle nach außen unten verdrängt.
Th: Operativ durch den Hals-Nasen-Ohren-Arzt.

Multiple Sklerose

Ophthalmologisch vorübergehende Paresen einzelner Augenmuskeln mit Doppelbildern, Nystagmus, bei akuten Schüben retrobulbäre Neuritis mit Zentralskotom, später temporate Abblassung durch Atrophie des papillomakularen Bündels, Nystagmus, u. U. Periphlebitis retinae.

Muskeldystrophie, okuläre

Langsam fortschreitende Erkrankung, meist mit Ptosis.

Myasthenia gravis

Die Augenmuskeln sind relativ häufig befallen.
Th: Prostigmin-Präparate.

Mydriasis

Weite Pupille. Vorkommen bei akutem Glaukom, bei Prellung des M. sphincter pupillae sowie bei bestimmten Erkrankungen des ZNS.

Mydriatika

Pupillenerweiternde Mittel. In Betracht kommen Parasympatholytika: Atropin 1%ig (wirkt etwa 1 Woche lang), Scopolamin ¼%ig (wirkt 1–2 Tage). Homatropin und andere für die Diagnostik verwandte Schnellmydriatika wirken nur wenige Stunden.
Sympathomimetika: Adrenalin und Neosynephrin, ferner Cocain in 1–2%iger Lösung.

Myopie

Das Wort „Myopie" kommt aus dem Griechischen und bedeutet Blinzeln, weil Kurzsichtige durch Verengung der Lidspalte einen stenopäischen Spalt bilden und so ein schärferes Netzhautbild erzeugen. Die Kurzsichtigkeit ist begründet entweder in einer übergroßen Bulbuslänge (Achsenmyopie) oder einer vermehrten Brechung von Hornhaut oder Linse (Brechungsmyopie bei Keratokonus, Keratoglobus, Kugellinse, Linsenluxation und -subluxation, Lentikonus).
Die parallel in das Auge einfallenden Strahlen werden vor der Netzhaut vereinigt. Eine vorgetäuschte Myopie kann durch verstärkte Akkommodation zustande kommen, also Vorsicht bei der Brillenverordnung bei Jugendlichen. Die Höhe der Myopie bestimmt man am sichersten nach Lähmung der Akkommodation durch Mydriatika, vor allem bei Kindern. Zur Korrektur gilt die Regel, das schwächste Konkavglas zu benutzen, mit dem noch ein optimaler Visus erreicht wird. Bei Achsenmyopie finden sich typische Fundusveränderungen. In schwächer ausgeprägten Fällen handelt es sich um eine sichelförmige Aderhautretraktion am temporalen Papillenrand von weißem Aussehen, weil hier die Sklera durchschimmert (Conus temporalis). Bei stärkerer Dehnung des hinteren Pols entsteht ein ringförmiger (zirkulärer) Konus mit Dehnungsherden in der Fundusmitte, u. U. mit Blutungen, die narbig abheilen (s. Konus der Papille, Fuchs-Fleck). Histologisch findet sich eine Verdünnung des mesenchymalen Gewebes in der Gegend des hinteren Pols mit atrophischer Choriokapillaris und Einrissen der Bruch-Membran. Sekundäre Atrophie des Sinnesepithels der Netzhaut. Neben diesen Veränderungen in der

Fundusmitte kann die Sklera nach hinten ektasiert sein (Staphyloma posticum). Durch ähnliche degenerative Fundusveränderungen in der Netzhautperipherie sowie Änderungen in der Glaskörperstruktur Gefahr von Netzhauteinrissen mit Ablatio retinae.

Myositis, okuläre

Sy und *Dg:* Entzündung äußerer Augenmuskeln mit Paresen, Exophthalmus, Lid- und Konjunktivalödem. Klinisch ist die Abgrenzung gegenüber Geschwülsten der Orbita bisweilen schwierig. Im Gegensatz zu Blastomen entwickeln sich bei der Myositis die orbitalen Symptome aber meist rasch. Der Befund ist oft doppelseitig, die Erkrankung schmerzhaft. Die Elektromyographie (s. d.) und die Computertomographie haben sich als wertvolle diagnostische Hilfsmittel erwiesen.

Th: Corticosteroide, Antibiotika, Röntgenbestrahlung.

Nachstar (Cataracta secundaria)

Sy: Epithel- und Kapselreste nach extrakapsulärer Linsenextraktion oder nach Verletzung der Linse wachsen bisweilen entweder zu einem membranösen oder zu einem froschlaichartigen regeneratorischen Nachstar aus.

Th: Operative Durchtrennung der Nachstarmembran, Fenestrierung der Membran mit dem YAG-Laser, evtl. Extraktion des Nachstars.

Napfkucheniris

Sy: Vorwölbung der Regenbogenhaut infolge zirkulärer Verwachsungen des Pupillarsaums der Iris mit der Linsenvorderkapsel bei Iritis. Es entsteht dabei ein Sekundärglaukom.

Th: Massiv Mydriatika, um den Versuch zu unternehmen, die Synechien zu sprengen. Sonst operativ: Lochbildung in der Iris mit dem YAG-Laser, Transfixion der Iris oder Iridektomie.

Narbenpterygium

Im Gegensatz zu dem idiopathisch entstandenen echten Pterygium handelt es sich hier um eine ähnlich aussehende Veränderung, die nach Hornhautentzündungen oder nach Verätzungen bzw. Verletzungen durch Herüberwachsen von Konjunktiva entsteht.

Netzhautablösung (Ablatio retinae, Amotio retinae)

Pathog: Ablösung der Netzhaut von der Chorioidea. Die Retina ist normalerweise nur an der Papille und an der Ora serrata mit der Unterlage verwachsen, ihre übrige Fläche mit der Unterlage nur lose verbunden. Beim Einsickern von meist verflüssigtem Glaskörpergewebe hinter die Retina durch ein Netzhautloch wird die Retina vom Pigmentepithel abgelöst und zuerst flach, später wellig und schließlich blasenförmig vorgewölbt.

Sy: Subjektive Symptome sind vermehrt Mouches volantes, Blitze, schleierartige Trübungen, Lichterscheinungen bei Bewegungen des Auges, hauptsächlich im Dunkeln, Verzerrtsehen. Bei plötzlich entstehenden größeren Netzhautrissen und damit rasch zustande kommender Ablösung hat der Patient das Gefühl, als habe sich ein Vorhang vor sein Auge geschoben. Ophthalmoskopisch erkennt man den Augenhintergrund im Gebiet der Ablösung nicht mehr als rötlich, sondern grauweiß erscheinend. Die Ablösung tritt als faltige oder auch pralle Prominenz in Erscheinung, in der man in der Regel das Loch als roten Fleck (Hufeisenriß, Oraabriß, zystoide Lochgruppe, Makulaloch) erkennen kann. Auch multiple Löcher sind nicht selten. Das Gesichtsfeld ist entsprechend eingeschränkt.

Ät: Degenerative Veränderungen in bestimmten Netzhautsektoren, vor allem in der Peripherie. Hierbei dürften bestimmte erbliche Faktoren sowie Durchblutungsstörungen mit eine Rolle spielen. *Exzessive Myopie* mit der damit verbundenen Dehnung der Häute im Augeninnern. *Stumpfe und perforierende Verletzungen.* Hierher gehören auch Staroperationen, die mit Glaskörperverlust einhergehen.

Eine weitere Ursache der Netzhautablösung sind bestimmte Erkrankungen des Augeninneren, bei denen *Blutungen in den Glaskörper* auftreten (z. B. Periphlebitis retinae, proliferierende Retinopathia diabetica). Die Glaskörperblutungen wandeln sich mit der Zeit in narbige Stränge um, die bei ihrer Schrumpfung die Netzhaut von der Unterlage abziehen (sog. Traktionsablatio, sekundäre Netzhautablösung). Andere Ursachen sind entzündliche, mit starker Exsudation bzw. Transsudation einhergehende *chorioretinische Veränderungen* sowie *Tumoren,* am häufigsten das Melanom, welche die Netzhaut vor sich herschieben.

Th: Der Patient soll möglichst bald in eine Augenklinik überwiesen werden. Dort wird versucht, durch Ruhigstellung der Augen (Atropin, Bettruhe, Lochbrille, evtl. binokularer Verband) ein spontanes Wiederanlegen oder zumindest eine Abflachung der Netzhautablösung zu erreichen. Dieser Vorbehandlung wird eine Operation angeschlossen. In Betracht kommen:

- *Kryokoagulation:* Heute sind die diathermischen Verfahren weitgehend durch solche der Kryochirurgie (streng umschriebene Kälteherde) ersetzt. Vorteile: Keine Schädigung der Sklera; die Herde können durch die intakte Bindehaut appliziert werden.
- *Plombenaufnähung auf die Sklera (Indentation):* Weltweit angewandt. Bezweckt wird eine Eindellung der Sklera und damit eine Annäherung der Aderhaut an die abgehobene Netzhaut. Ähnlich wirkt die Ballontechnik. Die Operation kann mit Kryo-, Licht- oder Laserherden sowie mit einer Gasinjektion in den Glaskörper kombiniert werden.
- *Lichtkoagulation nach Meyer-Schwickerath:* Sie ist insbesondere auch dann angezeigt, wenn es sich um Lochbildungen bei anliegender Netzhaut handelt. Dasselbe gilt für *Laserkoagulationen* (s. d.).
- *Umschnürung des Augapfels* (Cerclage) mit einem Kunststoffaden oder -band nach vorausgegangener Punktion der Sklera erfolgt bei prognostisch ungünstigen, voroperierten Fällen mit hochblasiger und fast vollständiger Netzhautablösung.

Vitrektomie (s. d.) erfolgt bei Traktionsablatio durch Strangbildungen im Glaskörper.

Netzhautfältelung bei Orbitatumoren

Bei raumbeengenden Prozessen in der Orbita erfolgt bisweilen eine Eindellung des Bulbus von hinten. Dabei kann infolge der Verkürzung des axialen Durchmessers eine Hyperopisierung mit feiner Fältelung der Retina entstehen.

Netzhautloch und Netzhautriß

Veränderungen, die nach einem Trauma, bei Durchblutungsstörungen oder auf dem Boden sonstiger degenerativer Netzhautschäden entstehen können. Bei Loch- und Rißbildungen besteht die Gefahr einer Ablatio retinae (s. Netzhautablösung).

Netzhauttumoren

Malignes Retinoblastom s. Glioma retinae. Die seltenen gutartigen Tumoren werden unter dem Namen Phakomatosen zusammengefaßt. Hierbei kommen ähnliche Neoplasmen in anderen Organen, vorwiegend im Zentralnervensystem, vor. Es handelt sich dabei um die Recklinghausen-Krankheit, die Angiomatosis retinae (s. d.) (Hippel-Lindau-Erkrankung) und schließlich die tuberöse Hirnsklerose (Morbus Bourneville-Pringle).

Neuritis nervi optici

Ät und *Sy:* Die Entzündung des Sehnervs kann an jeder Stelle des N. opticus zwischen Chiasma und Papille ablaufen.
Ursachen u. a. multiple Sklerose, fortgeleitet bei Nebenhöhlenerkrankungen oder Uveitis sowie metastatisch. Ist die Entzündung hinter der Papille lokalisiert = retrobulbäre Neuritis, so ist der ophthalmoskopische Befund zunächst normal. Betroffen wird hierbei das die Makula versorgende papillomakulare Sehnervenfaserbündel, dessen Ausfall ein Zentralskotom und damit eine erhebliche Visusherabsetzung verursacht. Später entwickelt sich infolge einer allmählichen deszendierenden Atrophie dieses Bündels eine temporale Abblassung der Papille (s. Atrophia nervi optici). Bei der in der Papille lokalisierten Neuritis (s. Papillitis) findet sich eine hochgradige Visusherabsetzung. Die Papille ist unscharf begrenzt, leicht prominent, durch Ödem und Exsudat u. U. schmutziggrau verfärbt. Einflußstauung der Netzhautvenen, radiäre Blutungen auf der Papille und in ihrer Umgebung. Die Unterscheidung zwischen Stauungspapille und Neuritis nervi optici ist ophthalmoskopisch meist nicht möglich. Hier gibt die Funktionsprüfung Aufschluß, denn bei Stauungspapille bleibt das Sehvermögen meist normal. Eine Neuritis nervi optici kann zwar wieder abheilen; es entsteht jedoch häufig eine postneuritische Atrophie (s. Atrophia nervi optici).

Th: Behandlung des Grundleidens, Vitamin-B-Komplex, durchblutungsfördernde Maßnahmen, evtl. Corticosteroide parabulbär sowie allgemein zur Entquellung.

Normalsichtigkeit

Emmetropie. Parallel einfallende Strahlen werden bei entspannter Akkommodation in der Netzhautmitte vereinigt.

Nystagmus (Augenzittern)

Ät und *Sy:* Bewegungen meist in horizontaler, seltener in vertikaler oder in Drehrichtung. Bei angeborenen oder früh erworbenen Nystagmusformen fehlen die Scheinbewegungen der Außenwelt; das Sehvermögen ist meist erheblich herabgesetzt. Hierher gehören der Nystagmus amblyopicus (u. a. auch bei frühzeitig erworbenen Trübungen der brechenden Medien oder Erkrankungen der Fovea), der Nystagmus bei totaler Farbenblindheit und bei Albinismus sowie der hereditäre Nystagmus. Es handelt sich in diesen Fällen um einen Pendel-Ruck-Nystagmus, bei dem ruckartige Zuckungen die gleitenden Pendelbewegungen unterbrechen. Zu den erworbenen Nystagmusformen wurde der Nystagmus der Bergleute gerechnet. Außerdem tritt ein Nystagmus bei Erkrankungen des Zentralnervensystems auf, insbesondere bei der multiplen Sklerose. Darüber hinaus kennt man den labyrinthären, kalorischen und galvanischen Nystagmus sowie den optokinetischen Nystagmus (Eisenbahnnystagmus), der bei Betrachtung beweglicher Objekte entsteht. Im Gegensatz zum Pendel-Ruck-Nystagmus zeigt der Rucknystagmus eine langsam fließende Bewegung in der einen Richtung und eine viel schnellere ruckartige Bewegung nach der Gegenseite. Je nach dem Auftreten des Nystagmus beim Blick in die Richtung der ersten Phase, beim Blick geradeaus oder beim Blick in die entgegengesetzte Richtung werden verschiedene Grade unterschieden. Eine Unterteilung erfolgt außerdem entsprechend der Amplitudengröße in feinschlägig, mittelschlägig und grobschlägig. Der latente Nystagmus tritt nach dem Verdecken eines Auges in Erscheinung.

Th: Evtl. Operationen an äußeren Augenmuskeln.

Occlusio pupillae

Verschluß des Pupillargebiets durch organisiertes Exsudat nach Entzündungen der Regenbogenhaut. Gelegentlich mit Seclusio pupillae kombiniert.

Oguchi-Erkrankung

Konnatale Hemeralopie mit stark herabgesetzter Dunkeladaptation. Hellfärbung des Augenhintergrunds bei Belichtung (Mizuo-Phänomen).

Okklusionstherapie

Zeitweiliges Abdecken eines Auges durch Kunststoffokkluder bei der Behandlung der Schwachsichtigkeit und des Schielens.

Okulomukokutane Syndrome

Infektiöse, virusbedingte oder bakterielle Prozesse, durch Arzneimittel hervorgerufene Allergien, Autoimmunkrankheit. Unter anderem werden unterschieden:

Stevens-Johnson-Syndrom

Erytheme mit Blasen und Erosionen in der Umgebung von Körperöffnungen, akute pseudomembranöse Konjunktivitis. Gefahr der Symblepharonbildung. Übergreifen auf die Hornhaut mit Geschwürbildung möglich.

Lyell-Syndrom

Akute Nekrose der Epidermis mit Blasen an Schleimhäuten und Haut. Konjunktivitis mit Blasen, Erosionen und Pseudomembranen, später Symblepharonbildung mit Bindehautschrumpfung, Entropium, reibenden Zilien, Infiltration und Vaskularisation der Hornhaut.

Pemphigus conjunctivae

Schubweise verlaufend, mit fortschreitender Bindehautschrumpfung und Symblepharonbildung. Trichiasis mit zunehmender Hornhauteintrübung.

Therapie und Prognose

Diese Erkrankungen haben eine ernste Prognose. Behandlung zusammen mit dem Dermatologen. Symptomatische Therapie, eventuell Antibiotika zur Verhinderung einer Mischinfektion und Mydriatika bei Gefahr der Begleitiritis. Versuch der Verhinderung einer Symblepharonbildung durch Einsetzen von Kontaktlinsen. Chirurgische Behandlung der Lidfehlstellung, Elektroepilation reibender Zilien, eventuell Bindehautersatz.

Onchozerkose (Flußblindheit)

Hauptsächlich im tropischen Afrika, aber auch in Arabien und Mittelamerika vorkommend. Die Filarien werden durch den Stich einer Mücke übertragen, deren Larven in schnell fließenden Gewässern leben. U. a. entstehen Entzündungen mit chorioretinitischen Herden und Optikusatrophie. Häufig Erblindung.

Ophthalmia electrica s. Blendungsschäden

Ophthalmia nodosa

Ät und *Sy:* Chronische Uveitis, die mit dem Verlust des Auges einhergehen kann. Sie wird durch multiple Fremdkörper, insbesondere Raupenhaare von Brombeer- und Prozessionsspinnern, hervorgerufen. Dabei entstehen Fremdkörpergranulome. Die Raupenhaare sind ähnlich Getreidegrannen mit Widerhaken versehen und arbeiten sich durch Bindehaut und Hornhaut bzw. Sklera in das Augeninnere vor.

Th: Sobald Raupenhaare in den Bindehautsack gelangt sind, intensives Spülen, Salbenverbände. Die mechanische Entfernung auch mit feinsten Pinzetten gelingt meist nicht vollständig.

Ophthalmia sympathica (sympathische Ophthalmie)

Def: Glücklicherweise seltene, sehr gefürchtete Miterkrankung des nicht verletzten Auges, nach perforierenden Verletzungen oder intraokularen Operationen entstehend.

Ät: Im einzelnen noch nicht geklärt. Möglicherweise handelt es sich um eine Virusart oder eine Rickettsie; es werden aber auch eine allergische Reaktionen des nicht verletzten Auges oder eine „nervale" Ätiologie diskutiert. Jede penetrierende Verletzung, welcher eine schleichende Iridozyklitis folgt, kann die sympathische Ophthalmie verursachen. Der früheste Zeitpunkt des Eintritts der Erkrankung ist 10–12 Tage nach der Verletzung des anderen Auges. Der späteste Zeitpunkt ist jedoch unbegrenzt.

Sy: Am nichtverletzten (sympathisierten) Auge herabgesetzte Akkommodation, Trübung des Kammerwassers. Auftreten von Präzipitaten und hinteren Synechien, ziliare Injektion und Lichtscheu. Im weiteren Verlauf massivere Exsudate. Nur selten beginnt die sympathische Ophthalmie auf dem nichtverletzten Auge in Form einer Papillitis mit Netzhautödem und Chorioiditis. Diese Form bietet eine etwas günstigere Prognose; allgemein ist sie jedoch schlecht. Es können beide Augen zugrunde gehen.

Th: Am besten Prophylaxe durch rechtzeitige Enukleation jedes nach perforierender Verletzung erblindeten Auges, wenn hier eine schleichende Iridozyklitis auftritt und Druckschmerzen im Bereich des Ziliarkörpers bestehen. Anwendung von Mydriatika, Wärme, Corticosteroiden und Immunsuppressiva.

Ophthalmometer

Apparat zur Messung der Hornhautkrümmung mit Hilfe der Hornhautspiegelbildchen nach dem Prinzip von Javal und Schiötz.

Ophthalmoplegie

Def: Lähmung der äußeren Augenmuskeln = äußere Ophthalmoplegie, Lähmung der inneren (M. sphincter pupillae, Ziliarmuskel) = innere Ophthalmoplegie.

Vk: Bei Orbitaprozessen, wie Phlegmone und Tumoren, bei Veränderungen im Bereich des Sinus cavernosus und der Fissura orbitalis superior sowie bei Erkrankungen des Zentralnervensystems, die mit einer Schädigung der Nn. oculomotorius, trochlearis und abducens einhergehen.

Orbitaphlegmone

Ät und *Sy:* Entzündung im Orbitagewebe, fortgeleitet oder metastatisch entstehend (Verletzungen oder Abszeßbildungen der Lider, Sinusitis, Periostitis).

Sy: Exophthalmus mit Einschränkung der Beweglichkeit des Auges, kollaterales entzündliches Lidödem, evtl. bretttharte Lidspannung, die bei Abszedierung einer Fluktuation weicht. Der Sehnerv kann sich in Form einer Neuritis oder einer Stauungspapille beteiligen. Gefahr der Meningitis und der Kavernosusthrombose.
Als Erreger kommen in erster Linie Staphylo-, Strepto- und Pneumokokken in Betracht.

Prgn: Stets ernst.

Th: Lokal intensiv trockene Wärme abwechselnd mit feuchten Überschlägen. Massive Antibiotikagaben. Bei Abszedierung Inzision.

Orbitatumoren

Formen: Primäre Tumoren: Hämangiom, Sarkom, Meningeom, Mischtumor der Tränendrüse, Neurofibrom, Dermoid, entzündlicher Pseudotumor. *Aus der Nachbarschaft fortgeleitet:* Karzinom der Nebenhöhlen und des Epipharynx, Melanom der Uvea, Retinoblastom, Lidkarzinom.

Sy: Exophthalmus mit Einschränkung der Bulbusbeweglichkeit, Minderung der Verdrängbarkeit des Augapfels, Lidödem und Chemosis, selten Optikusatrophie oder Stauungspapille. Bei Druck auf den Augapfel oder auch spontan werden bisweilen Falten in der Netzhaut und eine Hypermetropisierung festgestellt.

Th: Chirurgisch oder (und) Strahlentherapie.

Orthoptik

Übungsbehandlung besonders vor und nach Schieloperationen zur Wiederherstellung des beidäugigen Sehakts.

Paget-Krankheit

Durch die Knochenverdickung an der Schädelbasis sind Stauungspapille und Optikusatrophie infolge Einengung des knöchernen Sehnervenkanals möglich.

Panarteriitis nodosa (s. a. Kap. Rheumatologie)

Das ophthalmoskopische Bild kann diagnostisch wichtig sein, wenn sich die typischen perlschnurartigen Gefäßveränderungen nachweisen lassen.

Pannus

Oberflächliche Vaskularisation der Hornhaut mit Infiltration des Hornhautparenchyms bei Keratitis eczematosa (scrophulosa) und bei der Rosazeakeratitis, typisch von oben her als Pannus trachomatosus (s. Konjunktivitis).

Panophthalmie

Vollständige Vereiterung des Augeninneren nach Verletzungen, nach Operationen, nach der Perforation eitriger Hornhautgeschwüre oder metastatisch. Der Ausgang ist eine Schrumpfung des Augapfels (s. Phthisis bulbi).

Papillenkonus s. Konus

Papillentumoren

Sehr selten vorkommend als Hämangiom und malignes Melanom sowie bei den Phakomatosen (s. Netzhauttumoren). Retinoblastome haben die Tendenz, in den N. opticus einzuwachsen.

Papillitis

Sy: Entzündung des Sehnervenkopfs mit verschwommenen Grenzen der hyperämischen Papille und verwaschenem Gefäßtrichter.

Ät und *Dg:* Ursachen sind Neuritis nervi optici, Uveitis, Retinochorioiditis juxtapapillaris. Ophthalmoskopisch ist der Befund an der Papille von einer beginnenden Stauungspapille nicht zu unterscheiden.

Penalisation

Ausschaltung des gut sehenden Auges (z. B. durch Atropin) zur Förderung der Sehschärfe am schlechter sehenden Auge bei Amblyopie.

Periphlebitis retinae

Th und *Ät:* Früher als tuberkulös angesehene entzündliche Wanderkrankung der Netzhautvenen. Sicher können auch andere Noxen zu einer Periphlebitis führen. Ophthalmoskopisch finden sich zunächst weißliche Einscheidungen und Begleitstreifen an den Netzhautvenenästen, perivaskuläre Blutungen und rezidivierende Glaskörpertrübungen. Später entwickeln sich Glaskörperproliferationen mit Schwarten, durch deren Zugwirkung eine Ablatio retinae (s. Netzhautablösung) entstehen kann. Die Erkrankung ist meist doppelseitig, wobei beide Augen meist nacheinander ergriffen werden. Überwiegend erkranken junge Männer.

Th: Bettruhe, Lochbrille, Mydriasis. Gute Ernährung, gefäßabdichtende Medikamente, evtl. Fokalsanierung, vorsichtige Gaben von Corticosteroiden. Heilstättenaufenthalt. Licht- und Laserkoagulation, Vitrektomie.

Persistierender hyperplastischer primärer Glaskörper (PHPV)

Der primäre Glaskörper kann total hyperplasieren oder isoliert persistieren. Unter Umständen besteht das Bild des Pseudoglioms (s. d.). In der Regel mit anderen Mißbildungen des Auges kombiniert. Die Therapie ist schwierig.

Persistierender primärer Glaskörper

Überbleibsel des sich physiologischerweise resorbierenden Gewebes in Gestalt von weißlichen Resten an der Linsenhinterkapsel (Hyaloideakörperchen). Weiterhin kommen auf oder vor der Papille gelegenes Gliagewebe und der Papille aufsitzende, axial nach vorne ziehende Gefäßreste vor, ausnahmsweise auch eine blutführende persistierende A. hyaloidea, die in Extremfällen bis zur Linsenrückfläche reicht.

Phäochromozytom

Adrenalin ausschüttender Nebennierentumor führt zu Blutdruckkrisen und Retinopathia hypertensiva.

Photopsie

Sehen von Blitzen und Funken als Ausdruck beginnender intraokularer Krankheiten (z. B. Ablatio retinae, Chorioiditis).

Phthisis bulbi

Schrumpfung des erblindeten Augapfels nach perforierenden Verletzungen oder schweren intraokularen Entzündungen, wie Panophthalmie. Wegen der dabei bisweilen auftretenden Schmerzhaftigkeit (Phthisis dolorosa) kann die Enukleation des Bulbus notwendig werden.

Pinguekula (Lidspaltenfleck)
Dreieckige Verdickung der Conjunctiva bulbaris im Lidspaltenbereich nasal und (oder) temporal am Übergang zur Hornhaut von gelblichem Aussehen, vorwiegend bei älteren Menschen. Differentialdiagnostisch muß an ein beginnendes Plattenepithelkarzinom gedacht werden. Histologisch handelt es sich um eine Hyalinisierung der elastischen Bindegewebsfasern in der Konjunktiva.

Pleoptik
Aktive Übungsbehandlung zur Visusverbesserung bei Amplyopie.

Präzipitate
An der Hornhautrückfläche gelegene, bei Iridozyklitis (s. Iritis) vorkommende Beschläge. Dieses Exsudat besteht histologisch aus Fibrin und Lymphozyten. Die Präzipitate liegen meist dreiecksförmig in der unteren Hornhauthälfte. Ihr Aussehen gibt Anhaltspunkte für die Dauer des Bestehens der Erkrankung: Frische Präzipitate sind rund und hell, ältere geschrumpft und mehr oder weniger pigmentiert.

Presbyopie
Sy: Alterssichtigkeit, bedingt durch die physiologisch mit dem Alter abnehmende Akkommodationsbreite auf dem Boden einer zunehmenden Sklerosierung der Linse. Die 3 dpt Brechungszunahme, welche zum Lesen in 33 cm Entfernung erforderlich sind, können schließlich nicht mehr aufgebracht werden. Beginn bei Emmetropen etwa um das 45. Lebensjahr. Patienten, die angeblich von Presbyopie verschont sind und im hohen Alter ohne Gläser sowohl in die Ferne als auch in die Nähe gut sehen, sind auf einem Auge emmetrop, auf dem anderen mindestens 3 dpt kurzsichtig.
Th: Verordnung von Konvexgläsern.

Prismenbrillen
Prismatische Gläser zur Korrektur des latenten Schielens (Heterophorie). Bei Exophorie liegt die Basis innen, bei Esophorie außen, bei Höhenabweichungen entsprechend oben oder unten.

Pseudogliom
Ät und *Sy:* Vortäuschung eines Retinoblastoms mit gelblichem Reflex in der Pupille. Hervorgerufen durch Glaskörperexsudat, organisierte Schwarten im Glaskörper, eine retrolentale Fibroplasie, eine totale Ablatio retinae oder Mißbildungen (persistierender hyperplastischer primärer Glaskörper [s. d.]).
Dg: Oft schwierige differentialdiagnostische Abgrenzung gegenüber dem Retinoblastom. Der röntgenologische Nachweis von intraokularen Kalkherden spricht für das letztere.
Th: Im Zweifelsfall Enukleation, ein Entschluß, der meist relativ leicht fällt, da Augen mit Pseudogliom oft erblindet sind.

Pseudophakos (Kunstlinse)
Nach Entfernung der getrübten Linse (Staroperation) lassen sich künstliche Linsen in das Augeninnere pflanzen. Es gibt über 1000 verschiedene Modelle. Im Idealfall braucht dann der Patient keine Starbrille bzw. Kontaktlinse zu tragen, wie dies ohne Implantation einer Kunstlinse erforderlich ist. Früher wurden die Kunstlinsen ausschließlich im Kammerwinkel verankert, was sich jedoch auf lange Sicht nicht bewährte und u. U. sogar zum Verlust der Augen führte. Heute können Kunstlinsen in der Vorderkammer plaziert werden. Andere sitzen in der Pupille und werden an der Iris durch Nähte fixiert. In solchen Fällen wurde die Linse vorher total entfernt. Eine in den letzten Jahren beliebte und bewährte Methode besteht darin, daß bei der Staroperation die Hinterkapsel der getrübten Linse im Auge verbleibt und als Bett für die Kunstlinse dient, die zusätzlich im Sulcus ciliaris mit Bügeln oder Schlingen verankert wird (Hinterkammerlinse). – Die Implantation von Kunstlinsen wird weltweit zunehmend vorgenommen und ist in ständiger Weiterentwicklung, obwohl es auch kritische Einwände gibt.

Pseudotumor der Orbita
Eine Myositis äußerer Augenmuskeln geht mit leichter Protrusio bulbi, kollateralem Ödem der Bindehaut und der Lider sowie einer Parese der Augenmuskeln einher. Die einseitige endokrine Ophthalmopathie (s. d.) kann auch als ein Pseudotumor imponieren. Differentialdiagnostisch helfen die Elektromyographie (s. d.) und die Ultraschalluntersuchung (s. d.) weiter. Typisch bei Myositis ist die Schmerzhaftigkeit der Augenmuskeln

bei Bewegungsversuchen. Tendenz zu spontaner Rückbildung.

Pterygium (Flügelfell)

Ät und *Sy:* Bindehautwucherung im Lidspaltenbereich, besonders von nasal. Das Flügelfell beginnt als Bindehautfalte am Hornhautrand, die allmählich dreiecksförmig zur Hornhautmitte vorwächst und dadurch in fortgeschrittenen Fällen eine Visusherabsetzung mit sich bringt. Für die Entstehung des Pterygiums dürften mechanische Faktoren eine Rolle spielen, denn es entsteht hauptsächlich bei Menschen, die sich viel in frischer Luft aufhalten (Landwirte, Seeleute).

Th: Möglichst frühzeitig chirurgische Entfernung. Rezidive sind häufig.

Ptosis

Sy und *Ät:* Herabhängen des Oberlids, kann gelegentlich durch Stirnrunzeln mit Hilfe des Venter frontalis m. occipitofrontalis z. T. kompensiert werden.

Angeboren oder erworben. Die angeborene Ptosis ist bisweilen mit enger Lidspalte (Blepharophimose) und Mongolenfalte (Van-der-Hoeve-Waardenburg-Syndrom) und mit Lähmungen anderer äußerer Augenmuskeln, vorwiegend des M. rectus superior, kombiniert. Dysplasie des M. levator palpebrae superioris, Störungen der Innervation, Kernaplasie. Die erworbene Ptosis wird beobachtet bei der Myasthenia gravis, der myotonischen Dystrophie, außerdem bei Lues, Tumoren, multipler Sklerose und Gefäßschäden (Arteriosklerose). Zusammen mit anderen Erscheinungen bilden sie das Klivuskantensyndrom. Bei einseitiger erworbener Ptosis muß auch an ein Aneurysma im Bereich der A. communicans posterior, eine umschriebene Meningitis oder einen Tumor in der Gegend der Sella gedacht werden. Die Ptosis beim Horner-Syndrom wird durch die Lähmung des vom Sympathikus innervierten glatten Müller-Lidmuskels bedingt.

Th: Evtl. Hebung des Oberlids durch Ptosisbrille, bei der ein nach innen vorspringender Metallbügel das gelähmte Lid nach oben rafft. Sonst Operation. Bei starker einseitiger angeborener Ptosis muß frühzeitig operiert werden, damit sich keine Amblyopie ausbildet.

Pupillarsaumrisse (Sphinkterrisse)

Traumatische Schädigung des Pupillarsaums (s. Contusio bulbi), die zu einer Beeinträchtigung der Pupillenreaktionen führt. Als Folge kann der Patient Blendungserscheinungen empfinden.

Pupillenreaktion

Verengerung und Erweiterung der Pupille auf verschiedene Reize: Naheinstellung, Licht, Schmerz, psychische Eindrücke. Die Lichtreaktion erfolgt direkt und konsensuell vom anderen Auge her. Beurteilung nach Intensität (ausgiebig, nicht ausgiebig) und zeitlichem Ablauf (prompt, verlangsamt). Pharmakologische Beeinflußbarkeit s. Miotika und Mydriatika.

Pupillenreaktionsstörungen

Amaurotische Pupillenstarre

Def: Aufgehobene direkte, erhaltene konsensuelle Lichtreaktion. Erhaltene Naheinstellungsreaktion.

Vk: Bei Amaurose eines Auges, in abgeschwächter Form bei starker Sehherabsetzung als amblyope Pupillenreaktion.

Absolute Pupillenstarre

Sy: Die Pupille ist dabei meist erweitert und entrundet. Keine Pupillenreaktion mehr auslösbar. Bei einem Sitz der Läsion im Edinger-Westphal-Kern bleibt die Akkommodation erhalten, bei einer Lokalisation in den rostralen Teilen des Mittelhirns oder im Bereich der Schädelbasis besteht gleichzeitig eine Akkommodationslähmung (Ophthalmoplegia interna). Die absolute Pupillenstarre kann, wie die amaurotische, unvollständig sein.

Ät: Contusio bulbi, Zustand nach akutem Glaukomanfall (Schädigung des Sphinkters), Gefäßschäden, Lues cerebrospinalis, Enzephalitis, Aneurysmen und Tumoren.

Reflektorische Pupillenstarre (Argyll-Robertson-Phänomen)

Sy: Reizmiosis, Entrundung der Pupille, akzentuierte Naheinstellungsreaktion bei aufgehobener Lichtreaktion am sehenden Auge, kommt auch einseitig vor.

Ät: Meist Tabes dorsalis, Enzephalitis.

Pupillotonie (Kombination mit fehlendem Patellarsehnen- und Achillessehnenreflex = Adie-Syndrom)

Meist einseitig vorkommend. Die Lichtreaktion ist mehr oder weniger gut vorhanden, tonische verlangsamte Naheinstellungsreaktion, stark verlangsamte Wiedererweiterung beim Blick in die Ferne. Gelegentlich gleichzeitig tonische Akkommodation.

Quadrantenhemianopsie

Bei Schädigung der Sehbahn im Chiasmabereich (heteronyme Quadrantenhemianopsie) oder zentralwärts davon (homonyme Quadrantenhemianopsie). Bei temporal oberer Quadrantenhemianopsie Verdacht auf Hypophysenadenom, bei temporal unterer auf supraselläres Kraniopharyngeom.

Radiumkatarakt

Formen: Röntgenkatarakt, Strahlenkatarakt, Atombombenkatarakt (s. Katarakt).

Ät: Nach Einwirkung ionisierender Strahlen, die einmalig oder summierend 170 mC/kg (650 R) überschreiten. Latenzzeit 1–2 Jahre.

Randinfiltrat und Randgeschwüre, katarrhalische

In Limbusnähe gelegen.

Ät: Neben Konjunktivitiden sind trophische Störungen (auf dem Boden eines Arcus senilis) und infektiöse Faktoren mit im Spiel.

Th: Falls der Befund noch nicht ausgeprägt ist, darf hier ausnahmsweise trotz des Hornhautdefekts unter laufender Spaltlampenkontrolle lokal Cortison angewandt werden. Im übrigen Konjunktivitistherapie, antibiotische bzw. epithelisierungsfördernde Salben.

Randschlingennetz

Gefäßnetz aus oberflächlichen und tiefen Gefäßen gebildet. Es umgibt kranzförmig den Limbus und trägt zur Ernährung der gefäßlosen Hornhaut bei. Bei bestimmten Hornhautentzündungen ist das Randschlingennetz vorgeschoben.

Refraktion

Brechungszustand des Auges, abhängig von den brechenden Medien und der Länge der Augenachse.

Anomalien: Myopie, Hyperopie, Astigmatismus, Feststellung der Refraktionsanomalie subjektiv durch Gläseranpassen, objektiv durch die Skiaskopie und Refraktometrie.

Refraktive Hornhautchirurgie

Dabei wird durch Einschnitte in der Hornhautperipherie (radiäre Keratotomie), meistens bei Myopie, eine durch die entstehenden Narben bedingte Änderung der Brechkraft des Auges mit dem Ziel angestrebt, daß der Patient im Idealfall keine Brille mehr tragen muß. Die Einschnitte können mechanisch, aber auch mit Hilfe des Excimer-Lasers (s. Laserkoagulation) durchgeführt werden. Die Verfahren haben sich bis jetzt bei uns noch nicht durchsetzen können; gewisse Einwände sind nicht von der Hand zu weisen.

Regenbogenfarbensehen

Wahrnehmen verschiedener Farbhöfe um Lichtquellen. Wichtiges Zeichen des akuten Glaukomanfalls! Die Farben entstehen durch Lichtbeugung infolge des Hornhautepithelödems.

Reiter-Syndrom

Toxische Spätkomplikation nach intestinalen Infekten. Doppelseitige Konjunktivitis, dazu Urethritis und Polyarthritis, bisweilen Iritis. Neigung zu Rezidiven.

Retinitis exsudativa externa (Coats)

Sy: Meist einseitig besonders bei Jungen auftretende Erkrankung mit Hämorrhagien, lehmfarbenen subretinalen Exsudaten, Aneurysmen der Netzhautgefäße und fortschreitender exsudativer Ablatio retinae.

Ät: Unbekannt.

Th: Mydriatika, örtlich und allgemein Corticosteroide, evtl. Röntgenbestrahlung des Augenhintergrunds, Licht- oder Laserkoagulation.

Retinitis pigmentosa

(Pigmentdegeneration)

In den Formenkreis der tapetoretinalen Dystrophien (s. d.) gehörende, heredodegenerative Netzhauterkrankung, meist rezessiver Erbgang. Männer sind häufiger betroffen als Frauen.

Sy: Am Anfang fällt dem Patienten die Nachtblindheit auf, die auf dem Untergang der Stäbchen beruht. Progrediente Gesichtsfeldausfälle, zunächst in Form des Ringskotoms, dann zunehmend periphere Einschränkung bis zum Flintenröhrengesichtsfeld. Am Fundus finden sich knochenkörperchenartige und filigranähnliche Pigmentballungen, dazwischen vereinzelt manchmal auch zarte depigmentierte Herdchen sowie eine wachsgelbe (aszendierende, retinale) Atrophie der Papille mit Engstellung der Gefäße. Auch eine Cataracta complicata kann sich entwikkeln. Für die Diagnostik ist die Elektroretinographie (s. d.) wichtig.

Th: Evtl. durchblutungsfördernde Substanzen, die mehrere Monate lang in Zusammenarbeit mit dem Internisten zu geben sind.

DD: Von der Retinitis pigmentosa ist die sog. *Pseudoretinitis pigmentosa* abzugrenzen.

Hierbei kommen ähnliche Pigmentierungen am Fundus vor. Es handelt sich aber nicht um eine fortschreitende Degeneration. Die Pseudoretinitis pigmentosa entwickelt sich vielmehr auf dem Boden einer mehr oder weniger akuten Durchblutungsstörung (bei Masern, Rötelnembryopathie, nach Gefäßverschlüssen z. B.) und hat nach dem relativ raschen Abschluß dieser Entwicklung ihr endgültiges Stadium erreicht.

Retinitis proliferans

Sy und *Ät:* Proliferative Veränderungen der Retina und des Glaskörpers, die nach rezidivierenden Blutungen (nach perforierenden Verletzungen oder im Verlauf der Retinopathia diabetica und der Periphlebitis retinae) entstehen können. Gefahr der (sekundären) Netzhautablösung.

Th: Evtl. prophylaktische Anheftung der Netzhaut an ihre Unterlage durch Kryo-, Licht- und/oder Laserkoagulation, Vitrektomie.

Retinitis sclopetaria

Nach schweren Kontusionen entstehende Fundusnarben. Als Ursache sind Aderhaut- und Sklerarupturen mit Hämorrhagien anzusehen.

Retinoblastom s. Glioma retinae

Retinochorioiditis juxtapapillaris Jensen

Sy: Entgegen dem Namen nicht immer dicht bei der Papille gelegene Entzündungsherde, die, im Gegensatz zur gewöhnlichen Chorioiditis, sektorenförmige Gesichtsfeldausfälle bedingen.

Th: Wie bei Chorioiditis.

Retinopathia diabetica

Sy: Fundusveränderungen bei längerer diabetischer Stoffwechselstörung mit Gefäß- und Parenchymveränderungen, oft kombiniert mit hypertonischen und (oder) sklerotischen Fundusveränderungen. Typisch sind Mikroaneurysmen, besonders am zentralen Fundus, mit fleckförmigen, gelblichen, oft kranzförmig angeordneten Degenerationsherdchen (harte Exsudate). Daneben finden sich Cotton-wool-Herde und multiple fleckige Hämorrhagien. Bei der anfangs vorhandenen „Background"-Retinopathie sind die Veränderungen noch auf die Netzhaut beschränkt. Später entwickelt sich die maligne, proliferierende Form (s. Retinitis proliferans).

Th: Behandlung des Grundleidens, u. U. Licht- bzw. Laserkoagulation der Veränderungen, Vitrektomie.

Retrobulbäre Neuritis s. Neuritis nervi optici

Ringskotom

Konzentrisch zum Gesichtsfeldzentrum gelegener Ausfall. Vorkommen bei Retinitis pigmentosa und bei Glaukom.

Rubeolen und Auge

Bei Rötelninfektionen der Mutter zwischen der 6. und 12. Schwangerschaftswoche mit großer Wahrscheinlichkeit bei dem Neugeborenen Entwicklung einer Rötelnembryopathie: meist doppelseitige Katarakt, Mikrophthalmus, Pseudoretinitis pigmentosa, Hornhauttrübungen, Nystagmus und Mißbildungen an anderen Organen.

Rubeosis iridis

Pathologische Rotfärbung der Iris durch zahlreiche neugebildete und erweiterte Gefäße. Vorkommen z. B. im Rahmen des schweren Diabetes mellitus und bei absolutem Glaukom.

Scheitelbrechwertmesser

Gerät zur Bestimmung der Stärke der Brillengläser.

Schielen s. Strabismus

Schielschule, Sehschule

Durch eine individuelle Übungsbehandlung an besonderen Geräten (z. B. Synoptophor, Pleoptophor, Trennungstrainer, Flackerbeleuchtung im Raum) können bei meist mit Schielen verbundener Schwachsichtigkeit ein Simultansehen und weitere Qualitäten des Binokularsehens erreicht und die Fusion verbessert werden. Dies geschieht in sog. Sehschulen (orthoptisch-pleoptische Abteilungen), in denen speziell ausgebildete technische Assistentinnen, die Orthoptistinnen, die Arbeit des Arztes unterstützen.

Schiötz-Tonometer

Unentbehrliches, handliches Gerät zur Messung des Augeninnendrucks. Sein Prinzip beruht darauf, daß die Eindrückbarkeit der Hornhaut durch eine Gewichtsbelastung an einer Skala ablesbar ist. Je stärker der Augeninnendruck, desto geringer ist die Eindrückbarkeit der Kornea.

Schirmer-Probe
Methode zur Bestimmung der Menge der abgesonderten Tränenflüssigkeit: Einlegen eines Streifens Lackmuspapier von definierter Breite und Länge in den unteren Bindehautsack. Nach einer standardisierten Zeit wird normalerweise eine definierte Strecke befeuchtet.

Schlemm-Kanal
In der Limbusregion gelegener Randsinus, der für den Kammerwasserabfluß von ausschlaggebender Bedeutung ist. Bei Verlegung des Kammerwinkels, bei zu engem oder sklerosiertem Kammerwinkel sowie bei Mißbildungen entstehen Augeninnendrucksteigerungen (s. Glaukom).

Seclusio pupillae
Zirkuläre Verwachsungen zwischen Irisrückfläche und Linsenvorderfläche (zirkuläre hintere Synechie nach meist rezidivierenden Entzündungen der vorderen Uvea). *Folge:* Sekundärglaukom durch behinderten Abfluß des in die hintere Augenkammer abgeschiedenen Kammerwassers (s. Iritis).

Seelenblindheit
Unvermögen, gesehene Dinge zu erkennen und zu benennen, beruhend auf einer Störung höherer optischer Zentren, in denen die optischen Erinnerungsbilder eingeprägt sind. Der Patient behilft sich, indem er die Objekte berührt und dabei mittels des Tastsinns erkennt.

Sehbahn
Die Sehbahn beginnt im N. opticus, zieht nach der Kreuzung der nasalen Fasern im Chiasma durch den Tractus opticus zum Corpus geniculatum laterale (primäres Optikuszentrum), dann über die Gratiolet-Sehstrahlung zu den kortikalen Zentren im Bereich des Sulcus calcarinus. Läsionen der verschiedenen Abschnitte führen typische, für die Lokalisation wesentliche Gesichtsfeldausfälle herbei. Die Pupillenreflexbahn verläßt die Sehbahn hinter dem Traktus und verläuft zum Okulomotoriuskern.

Sehnervenhämatom
Papillenödem, Stauung der Netzhautvenen und Netzhautblutungen. Ursache: Traumen, subdurales Hämatom mit Fortleitung in den Zwischenscheidenraum des Sehnervs. Häufig entwickelt sich eine Sehnervenatrophie.

Sehnerventumoren
Formen: Bei den insgesamt seltenen Sehnerventumoren handelt es sich meist um Neurofibrome oder Gliome, seltener um Meningeome. Als extreme Seltenheit kennt man Angiome, Neurofibrogliome und Melanome.

Sy: Optikusatrophie, Exophthalmus, Motilitätsstörungen und Erweiterung des knöchernen Sehnervenkanals. Retinoblastome haben die Tendenz, in den Sehnerven einzuwachsen.

Sehpurpur
In den Außengliedern der Stäbchen der Netzhaut gebildete Substanz, die bei Belichtung abgebaut und während der Dunkelheit wieder regeneriert wird.

Sepsis
Als Komplikation kann auf metastatischem Weg eine Orbitaphlegmone oder eine septische Entzündung des Augeninnern entstehen.

Siderosis
Sy: Bei intraokularen eisenhaltigen Fremdkörpern „Verrostung“ des Auges mit Braunfärbung der Iris, Ablagerung von Eisenverbindungen in der Linse und in der Retina. Hauptsächlich die Stäbchen leiden darunter. Ein wichtiges Symptom der Siderosis retinae ist deshalb die Hemeralopie.

Dg: Für die Frühdiagnose der Netzhautsiderose ist das Elektroretinogramm (s. Elektroretinographie) ein wichtiges Hilfsmittel.

Simulationsproben
Spezielle Untersuchungsverfahren, bei denen der Patient nicht erkennt, mit welchem Auge und unter welchen Bedingungen er sieht, und sich deshalb gegebenenfalls in Widersprüche verwickelt.

Sinus-cavernosus-Syndrom
Trigeminusneuralgie, Ophthalmoplegie und leichter Exophthalmus bei Prozessen im Bereich des Sinus cavernosus.

Sjögren-Syndrom
Allgemeinerkrankung mit sekretorischer Insuffizienz aller Drüsen mit äußerer Sekretion, verbunden mit Polyarthritis, besonders bei Frauen in der Zeit um die Menopause. Am Auge entsteht die Keratoconjunctivitis sicca (s. Fädchenkeratitis).

Skiaskopie
Methode zur objektiven Bestimmung der Refraktion mit Hilfe der Schattenprobe, besonders bei Kindern wichtig. Bei Hyperopie wandert der in der rot aufleuchtenden Pupille im durchfallenden Licht mit einem Planspiegel erzeugte Schatten gleichsinnig, bei Myopie entgegengesetzt zur Spiegeldrehung. Durch Vorsetzen von Plus- und Minusgläsern wird der Punkt bestimmt, bei dem der Schatten in die entgegengesetzte Richtung springt. Ausschaltung der Akkommodation durch ein Mydriatikum.

Skleren, blaue s. blaue Skleren

Skleritis s. Episkleritis

Skotome
Ausfälle innerhalb des Gesichtsfelds durch Erkrankungen der Netzhaut, der Aderhaut, des Sehnervs oder der Sehbahn bis zu den kortikalen Zentren. Positive Skotome kommen dem Patienten subjektiv als graue Flekken zum Bewußtsein, negative lassen sich nur mittels der Perimetrie nachweisen. Bei typischen Ausfällen kann aus den Gesichtsfeldbefunden die Diagnose gestellt werden. *Typische Skotome:* Beim Glaukom Bjerrum-Skotom (bogenförmig, vom blinden Fleck ausgehend), bei Stauungspapille Vergrößerung des blinden Flecks, bei Retinochorioiditis juxtapapillaris Jensen sektorenförmiger Ausfall, bei Retinitis pigmentosa Ringskotom, bei Neuritis nervi optici und Veränderungen der Netzhautmitte Zentralskotom.

Sonnenfinsternis
(Augenhintergrundschäden)

Sy: Bei Betrachtung einer Sonnenfinsternis mit ungenügend geschütztem Auge kommen immer wieder Lichtschäden vor. Es handelt sich dabei zunächst um ein durch die Hitzewirkung entstandenes Ödem in der Fovea centralis, das mit einer pigmentierten Narbe, ähnlich einem alten chorioiditischen Herd, bei längerer Sonnenlichtexposition mit einem Makulaloch „abheilt". Zentralskotom, deshalb Visusherabsetzung.

Th: Nicht möglich.
Die bei diesem Krankheitsbild festgestellten Veränderungen waren der Ausgangspunkt für eine besondere Operationstechnik, die Lichtkoagulation der Netzhaut nach Meyer-Schwickerath.

Prl: Sie ist von großer Bedeutung. Eine Sonnenfinsternis sollte nur mit rußgeschwärzten Gläsern betrachtet werden; Sonnenbrillen genügen nicht.

Sphärophakie
Kugellinse, hervorgerufen durch Schwäche oder Einreißen von Zonulafasern.

Staphylom
Umschriebene dunkle Vorwölbung im Bereich der Sklera, die bei abnormer Verdünnung des Gewebes und erhöhtem intraokularem Druck vorkommt (Buphthalmus, rezidivierende Skleritis, hohe Myopie).

Star
Mittelalterliche Bezeichnung, von „starr" hergeleitet, auf der Pupillenfärbung beruhend. Grauer Star = Katarakt, grüner Star = Glaukom, schwarzer Star = mit Erblindung einhergehende Augenhintergrundserkrankung, gelber Star = Glioma retinae, Pseudogliom.

Stauungspapille
Sy und *Dg:* Prominenz der Sehnervenscheibe in den Bulbus als Zeichen intrakranialer Drucksteigerung. Deshalb sollte bei anhaltenden Kopfschmerzen der Augenhintergrund gespiegelt werden.
Zu Beginn unscharfe Papillengrenzen, vermehrte Venenfüllung. Später verwaschener Gefäßtrichter. Papillenödem mit Blutungen auf der Papille sowie in ihrer Nachbarschaft. Der Sehnerv kann in extremen Fällen mehrere Millimeter in den Glaskörper vorgetrieben sein. Gesichtsfeld: Vergrößerung des blinden Flecks. Das zentrale Sehvermögen bleibt, im Gegensatz zur Neuritis nervi optici, lange erhalten.

Ät: Die häufigste Ursache sind Hirntumoren. Weiter kommen ursächlich entzündliche intrakranielle Veränderungen (z. B. Hirnabszeß), seröse Meningitiden, ferner die Pachymeningeosis haemorrhagica interna, die Sinusthrombose und verschiedene Arten von Dyskranien in Betracht. Unter Umständen kommt die Stauungspapille auch bei einer erheblichen Herabsetzung des Augeninnendrucks bei normalem Druck in den Liquorräumen des N. opticus (Stauungspapille e vacuo) vor. Bei einseitiger Stauungspapille ist auch an eine in der Orbita gelegene Ursache zu denken.

Th: Entscheidend ist die möglichst frühzeitige Feststellung der Lage und der Art des raumbeengenden Prozesses unter Zuhilfenahme von Gesichtsfeldprüfungen und dem

Repertoire der neurologischen Untersuchungsmethodik. Bei Beseitigung der Ursache kann sich die Funktion wieder vollständig erholen. Sie verfällt jedoch schließlich, wenn es nicht gelingt, die Ursache zu beseitigen; es entsteht eine Sehnervenatrophie.

Stevens-Johnson-Syndrom
s. okulomukokutanes Syndrom

Still-Chauffard-Erkrankung
Chronische Polyarthritis im Kindesalter mit Vergrößerung der Lymphknoten, Milztumor, Gelenkschwellungen, häufig periodischem Fieber, hypochromer Anämie. Doppelseitige Iridozyklitis mit Cataracta complicata und Banddegeneration der Hornhaut.

Strabismus (Schielen)

Sy: Abweichen einer Gesichtslinie von der Parallelen. Man unterscheidet das Lähmungsschielen = paralytisches Schielen (mit Doppelbildern, s. Augenmuskeln) und das Begleitschielen = konkomitierendes Schielen. Das häufigste Begleitschielen ist der Strabismus convergens, meist mit Übersichtigkeit kombiniert, da der Übersichtige bereits beim Blick in die Ferne akkommodiert, um scharf zu sehen, und weil mit der Akkommodationsanstrengung stets ein Konvergenzimpuls verbunden ist. Ein übersichtiger Patient sieht entweder ohne Akkommodation verschwommen oder mit Akkommodation scharf. Beim Blick in die Ferne würden jedoch Doppelbilder auftreten, wenn der Patient nicht gelernt hätte, das bei der Konvergenz der Sehachsen entstehende Doppelbild zu unterdrücken oder eine anomale Korrespondenz (s. d.) zu entwickeln. Daher kommt es oft zu Schwachsichtigkeit des schielenden Auges. Strabismus divergens (Auswärtsschielen) tritt gehäuft bei höherer Kurzsichtigkeit auf. Abweichungen der Gesichtslinien nach oben und unten (Strabismus sursum vergens und deorsum vergens) kommen seltener vor. Ein scheinbares Schielen wird dadurch vorgetäuscht, daß die Gesichtslinie nicht mit der optischen Achse übereinstimmt. Es entsteht dabei der sog. Winkel γ. Ein negativer Winkel γ ist dann vorhanden, wenn die Gesichtslinie außen am Hornhautscheitel vorbeigeht. Hier wird Einwärtsschielen vorgetäuscht. Man spricht vom positiven Winkel γ, wenn die Gesichtslinie innerhalb der Hornhautmitte verläuft.

Th: Konkomitierender Strabismus: Objektive Refraktionsbestimmung und entsprechende Glaskorrektur. Allein damit lassen sich bereits rein akkommodative Schielfälle beseitigen. Prüfung der Fixation und der Korrespondenz. Bei fehlerhafter Fixation kann vor Beginn des 2. Lebensjahrs der Versuch gemacht werden, das bessere Auge zu okkludieren, um dadurch noch ein Umspringen der Fixation auf dem schlechteren Auge zu erreichen. Nach dem 2. Jahr sollte bei fehlerhafter Fixation des schielenden Auges nicht mehr grundsätzlich das bessere Auge okkludiert werden, da durch die Okklusion des guten Auges u. U. eine stärkere Ausbildung der falschen Fixation am schielenden Auge entsteht und sich damit die Möglichkeiten einer späteren Übungsbehandlung erheblich verschlechtern würden. Die nach dem 5. Lebensjahr durchzuführende Übungsbehandlung (s. Schielschule) besteht in einer Wiederherstellung der normalen Sehschärfe und Schulung eines beidäugigen Sehakts. Bei größerem Schielwinkel muß zusätzlich operiert werden. Für den Strabismus divergens concomitans gilt prinzipiell das gleiche wie für den konkomitierenden Strabismus convergens. Bereits geringe Grade von Höhenschielen sind nicht mehr durch die Fusion zu überwinden, daher lassen sich hier Operationen oft nicht umgehen, evtl. Prismengläser.

Subluxatio lentis
Verlagerung der Linse, angeboren als Folge einer Fehlbildung der Zonulafasern (s. Arachnodaktylie). Eine erworbene Subluxation entsteht bei Buphthalmus durch zu starke Ausdehnung des Bulbus, ferner nach Traumen. Bei jeder Luxation oder Subluxation muß mit einer Augeninnendrucksteigerung gerechnet werden.

Symblepharon

Sy und *Ät:* Verwachsungen zwischen Conjunctiva bulbaris und Conjunctiva tarsi. Ausgeprägte Symblepharonbildungen entstehen beim Pemphigus und anderen okulomukokutanen Syndromen (s. d.), bei der Bindehautdiphtherie sowie nach Verätzungen und Verbrennungen des Konjunktivalsacks. Bei stärkerer Symblepharonbildung ist die Beweglichkeit des Bulbus eingeschränkt. Es können dabei Doppelbilder auftreten.

Th: Chirurgische Durchtrennung der Stränge und nachfolgende Schleimhautplastik bzw. Übertragung von lyophilisierter Spenderbindehaut. Wesentlich ist die Verhinderung der Symblepharonbildung durch rechtzeitige Glasstabmassage mit Salbe.

Sympathische Ophthalmie s. Ophthalmia sympathica

Synchisis scintillans (asteroide Hyalose)
Glitzernde Einlagerungen im Glaskörper, meist bei älteren arteriosklerotischen Patienten. Sie entsprechen Kalkseifenablagerungen. Der Befund ist ohne größere pathologische Bedeutung, eine Therapie weder erforderlich noch möglich.

Synechie

Ät: Verwachsung der Regenbogenhaut mit der Hornhautrückfläche = vordere Synechie, mit der Linsenvorderkapsel = hintere Synechie (s. Iritis). Die vordere Synechienbildung erfolgt nach perforierenden Verletzungen, nach der Perforation von Hornhautgeschwüren und nach intraokularen Operationen. Hintere Synechien entstehen im Verlauf von Entzündungen der vorderen Uvea.

Th: Vordere Synechien: Bei perforierenden Verletzungen der Hornhaut muß gleich bei der Wundversorgung darauf geachtet werden, daß die Iris von der Hornhautrückfläche abgedrängt wird (Iridektomie oder Reposition mit nachfolgender Wiederherstellung der Vorderkammer). Bei ulzerösen Hornhautprozessen, die vor der Perforation stehen, ist je nach der Lage des Geschwürs die Pupille entweder weit oder eng zu stellen. Hintere Synechien: Bei Entzündungen der Iris und des Ziliarkörpers ist zur Verhinderung hinterer Synechien eine medikamentöse Mydriasis notwendig; evtl. muß eine abwechselnde Eng- und Weitstellung erfolgen, da die Pupille auch in Weitstellung synechieren kann.

Synoptophor
Gerät mit auswechselbaren und verschieblichen Bildern zur Feststellung des Schielwinkels, des Tiefensehens, der Fusion und zur Schielbehandlung.

Tapetoretinale Dystrophien
Genetisch, klinisch und histologisch in manchen Punkten ähnliche Gruppe von Erkrankungen, die durch eine Entartung der nervösen Substanz am Augenhintergrund und die Neigung zum Fortschreiten charakterisiert sind. Hierher gehört die Retinitis pigmentosa, die Retinitis pigmentosa sine pigmento, die Retinitis punctata albescens sowie die Chorioideremie. Man kann die den ganzen Fundus betreffenden disseminierten Formen den zentralen, in der Netzhautmitte ablaufenden, gegenüberstellen.

Tenonitis

Sy: Entzündung der Tenon-Kapsel, d.h. des die Sklera umgebenden Bindegewebes. Enger klinischer Zusammenhang mit der Skleritis.
Lidödem, leichte Ptosis, Chemosis, geringer Exophthalmus, Beweglichkeitseinschränkung, Schmerzen spontan und besonders bei Bewegungen des Auges. Differentialdiagnostisch muß die Orbitaphlegmone erwogen werden.

Ät, Th: wie Skleritis und Episkleritis (s. d.).

Toxocara-canis-Infektion
Infektion durch Larven des Hundespulwurms mit exsudativen chorioretinitischen Herden am Augenhintergrund.

Toxoplasmose

Ät: Durch ein Protozoon, das Toxoplasma gondii, hervorgerufene, diaplazentar auf das Kind übertragbare Erkrankung.
Auch als Ursache endogener Augenentzündungen Erwachsener kommt die Toxoplasmose in Frage. Hier besteht jedoch noch nicht die Möglichkeit eines sicheren ätiologischen Nachweises. Ein positiver Serotest im Blut genügt im Prinzip nicht.

Sy: Alte zentrale Chorioiditis (s. Macula lutea), Mikrozephalus, Kalkherde im Gehirn.

Trachom s. Konjunktivitis

Tränendrüse
Temporal oben neben dem Bulbus gelegen, durch eine Faszie des M. levator palpebrae superioris teilweise in einen orbitalen und einen palpebralen Teil gegliedert. Mangelhafte Tränensekretion führt zur Keratoconjunctivitis sicca (s. Fädchenkeratitis) und zur Xerosis. Sie kommt vor beim Sjögren-Syndrom sowie nach schweren Bindehauterkrankungen, wie Pemphigus, den anderen okulomukokutanen Syndromen durch Obliteration der Ausführungsgänge der Tränendrüse, bei Verätzungen und Verbrennungen. Entzündung der Tränendrüse s. Dakryoadenitis. *Tumoren:* Lymphosarkom, Retothelsarkom sowie relativ häufig Mischtumoren (s. d.). Diese teratoiden Geschwülste können maligne verlaufen und infiltrativ wachsen. Rezidive

sind auch nach Radikaloperationen nicht selten.

Trichiasis

Sy und *Ät:* Einwärtsdrehung der Wimpern, die auf der Hornhaut scheuern. Vorkommen nach narbiger Veränderung der Bindehaut (s. Entropium).

Th: Operative Korrektur der Lidstellung, Elektroepilation, wenn es sich nur um einzelne Zilien handelt.

Trifokalgläser

Dreistärkengläser mit Fernteil, mittlerem und näherem Nahteil.

Tuberkulose des Auges

Sy: Lupus vulgaris der Lider, tuberkulöser Primäraffekt der Lider und (oder) der Bindehaut, Keratitis parenchymatosa, Skleritis, Uveitis, Miliartuberkulose und Solitärtuberkel der Aderhaut.

Th: Spezifische Allgemeinbehandlung. Lokal Wärme, Atropin; bei Keratitis parenchymatosa Corticosteroide in Form von Tropfen, Salbe und subkonjunktivalen Injektionen.

Tyndall-Phänomen

Sichtbare Opaleszenz des Kammerwassers im Spaltlampenbüschel als Ausdruck eines pathologischen Zell- und Fibringehaltes bei Iridozyklitis.

Übersplitterung der Hornhaut

Def: Multiple Fremdkörpereinlagerungen in der Oberfläche der Kornea bei Verletzungen.

Th: Versuch der Fremdkörperentfernung mit Abrasio, die restlichen Fremdkörper sind entweder durch Salbenverbände zu entfernen (haften in den relativ festen Salbengrundlagen beim Abnehmen des Verbandes) bzw. mit Fremdkörpernadeln herauszunehmen. Bei eingebrannten Fremdkörpern sollte der Rosthof mit entfernt werden.

Ulcus serpens corneae

Sy: Aus einer infizierten Erosio corneae hervorgehendes Geschwür mit rascher Ausbreitungstendenz. In typischen Fällen Ausbildung eines eitrig infiltrierten (progressiven) Ulkusrands sowie einer begleitenden Iritis mit Hypopyon.

Ät: Es kommen verschiedene Erreger, insbesondere Pneumokokken bei bestehender Dakryozystitis, in Betracht.

Th: Abstrich aus dem Ulkusgrund für Keim- und Resistenzbestimmung. Sanierung der Tränenwege, intensive gezielte lokale und allgemeine antibiotische Therapie, medikamentöse Mydriasis.

Ultraschalluntersuchung

Wichtige Routinemethode zur Diagnostik intraokularer und orbitaler Veränderungen (Tumoren, Fremdkörper, Exsudat) und zur Biometrie (z. B. axiale Längenmessung) im Bereich des Bulbus.

Uveitis

Entzündung der Uvea (Iris, Ziliarkörper und Chorioidea).

Vakzinepusteln der Lider

Sy: Durch Kratzen entstandene Impfpusteln im Lidbereich, die größer sind als die Varizellenefflorеszenzen und mit stärkerem Lidödem und Schwellung der regionären Lymphknoten einhergehen. Gefahr der Hornhautgeschwürsbildung.

Th: Schutz vor weiterer Schmierinfektion, Verband mit antibiotischer Salbe.

Venenpuls

Ophthalmoskopisch zu beobachtende Pulsation der V. centralis retinae. Sie beruht darauf, daß der intraokulare Druck den Netzhautvenendruck überschreitet. Das Vorhandensein eines Venenpulses bzw. sein Fehlen sind als solche nicht pathologisch.

Verätzungen und Verbrennungen

Sy und *Ät:* Gehäuftes Vorkommen in der modernen Industriegesellschaft. In der Regel handelt es sich dabei um Flächenschäden der Lider, der Bindehaut und der Hornhaut. Im Vordergrund steht die Gefährdung der Kornea. Obwohl die Hornhaut infolge des Bell-Phänomens beim Lidschluß oft noch der direkten Schädigung entgeht, drohen ihr sekundär infolge von Veränderungen im Bereich des Randschlingennetzes und der Bindehaut ernste Gefahren. Ein bestehender Lidkrampf darf nicht dazu führen, daß der Bulbus selbst nicht genau untersucht wird, denn bei Verbrennungen und Verätzungen kann jede Läsion an den Lidern fehlen. Die Gefahr der Verätzungen und Verbrennungen besteht bei heftiger Einwirkung in einer Gewebsnekrose mit nachfolgenden Narben. Diese führen an der Hornhaut zu einer u. U. starken Visusherabsetzung, im Lid- und Bin-

dehautbereich zu Schrumpfungen und Fehlstellungen. Bei frischen Verätzungen bzw. Verbrennungen kann die Hornhaut primär zunächst klar bleiben, wenn die Schädigung im Bereich der Augapfelbindehaut eingewirkt hat. Bei stärkeren Schäden der Bindehaut und der Sklera kann die zunächst durchsichtige Hornhaut nach einem Intervall von etwa 8 Tagen plötzlich eitrig zerfallen. Bei diesem Ereignis spielt eine sekundäre bakterielle Infektion neben den Ernährungsstörungen eine Rolle. Besonders gefährlich sind Laugenverätzungen; hierher gehört auch die Verätzung mit ungelöschtem Kalk. Diese mit einer Kolliquationsnekrose einhergehenden Schäden dringen eher in die Tiefe, während Säureverätzungen mehr zu einer oberflächlichen Koagulationsnekrose führen.

Prgn: Sie ist in jedem Falle ernst. Wenn die Bindehaut eine blasse Farbe aufweist, keine Gefäße mehr sichtbar sind und noch eine stärkere Schwellung der Bindehaut besteht, ist die Gefahr einer Einschmelzung der Hornhaut besonders groß.

Th: Größte Bedeutung kommt der Soforttherapie zu. Bei frischen Verätzungen sollte nicht lange nach der Natur des Ätzstoffs (Lauge oder Säure) gefahndet und ein entsprechendes Neutralisationsmittel beschafft werden. Von entscheidender Bedeutung ist vielmehr die sofortige nachhaltige Spülung des Bindehautsacks an der nächsten Wasserleitung oder beim liegenden Patienten mit Hilfe von verwendungsbereiten Spülflaschen, die physiologische Kochsalzlösung enthalten. Die Spülung sollte etwa 5 Minuten lang im Strahl erfolgen. Gleichzeitig sind evtl. in der unteren oder oberen Übergangsfalte noch enthaltene Fremdkörperpartikel (Kalkbrökkel, Tintenstiftminen usw.) sorgfältig zu entfernen. Dann erfolgt die Neutralisationsbehandlung. Bei Säureverätzungen wird etwa 1 Stunde lang 2%ige alkalische Natriumbicarbonatlösung alle paar Minuten eingeträufelt. Bei Laugenverätzungen ½- bis 1%ige Essigsäurelösung. Empfehlenswert sind bei den infolge ihres Alkaligehalts schädigenden Tintenstift- und Kalkverätzungen subkonjunktivale Injektionen von Vitamin C, das chemisch neutralisiert. Erscheint bei einer Chemosis die Durchblutung des Randschlingennetzes herabgesetzt, so haben sich Inzisionen der Bindehaut sehr bewährt. Dem Ödem wird dadurch Abfluß verschafft. Anschließend intensive hyperämisierende Maßnahmen (alle 2 Stunden Einstreichen von Priscol-Salbe und anschließend Wärme, evtl. auch nachts). Die früher vielfach geübte Transplantation von Lippenschleimhaut ist weitgehend verlassen. Bei intensiven Verätzungen, die mit Symblepharonbildung abheilen, später Implantation lyophilisierter Spenderbindehaut, bei dichten Hornhauttrübungen Keratoplastik (s. d.). Jede Verätzung mit Beteiligung der Augen sollte so rasch wie möglich in die Hand eines Augenarztes kommen.

Visuell evozierte Potentiale

Ableitungen der über der Sehrinde abgegriffenen bioelektrischen Antworten nach Lichteinfall ins Auge. Aus den Kurven lassen sich Rückschlüsse auf die Funktion des Sehnervs und der Sehbahn ziehen. Wichtig u. a. für die Frühdiagnose der multiplen Sklerose.

Vitamin-A-Mangel

Auftreten von Xerose der Bindehaut, Keratomalazie und Hemeralopie.

Vitrektomie

Technisch komplizierte, aber segensreiche mikrochirurgische Methode zur Entfernung von Blut oder Exsudat aus dem Glaskörper und zur Durchtrennung von Glaskörpersträngen.

Vorderkammer

Normalerweise mit Kammerwasser (s. d.) gefüllter Raum zwischen Regenbogenhaut, Linsenvorderkapsel und Hornhautrückfläche. Blutungen in die Vorderkammer (Hyphäma) werden bei Contusio bulbi, postoperativ und bei hämorrhagischen Iritiden beobachtet. Eitrige Exsudation (Hypopyon) bei schweren Hornhautprozessen (Ulcus serpens) oder akuten Iritiden. Aufhebung der Vorderkammer nach perforierenden Verletzungen. Bei Glaukom ist die Vorderkammer oft abgeflacht, nach Entfernung oder bei bestimmten Lageveränderungen der Linse vertieft.

Weitsichtigkeit s. Hypermetropie

Winkel γ s. Strabismus

Xanthelasma

Sy und *Ät:* Scharf begrenzte, gelbliche leicht prominente Plaques, die auf einer lokalen Stoffwechselstörung beruhen. Sehr selten infiltratives Wachstum in die Orbita mit Exophthalmus. Die Xanthelasmen liegen oft symmetrisch von der Nasenwurzel ausgehend

oben und unten im Bereich der inneren Lidanteile.

Th: Bestimmung des Blutlipidgehalts, evtl. entsprechende Diät. Chirurgische Entfernung, Vorsicht vor postoperativem Ektropium.

Zentralarterienpuls

Im Gegensatz zum Zentralvenenpuls ist der Zentralarterienpuls stets pathologisch. Er entsteht bei abnorm niedrigem diastolischem Blutdruck (Aorteninsuffizienz) oder bei intraokularer Drucksteigerung, welche den diastolischen Zentralarteriendruck (etwa 40 mm Hg) übersteigt.

Zentralarterienverschluß

Sy und *Ät:* Die Zentralarterie der Netzhaut ist ein Endgefäß ohne Anastomosen! Oft als „Zentralarterienembolie" bezeichneter Verschluß der A. centralis retinae oder einer ihrer Äste, als deren Ursachen neben der sehr seltenen echten Embolie vorwiegend Wandveränderungen und Thromben mit zusätzlichen Spasmen bzw. eine Hypertonie im vorgeschalteten Zirkulationsgebiet in Betracht kommen dürften. Meist schlagartige extreme Verschlechterung des Sehvermögens bis zur Erblindung. In den Fällen einer hypertonischen Genese können Prodromalerscheinungen in Gestalt vorübergehender Sehstörungen vorkommen. *Ophthalmoskopischer Befund:* amplyope Pupillenreaktion (s. Pupillenreaktion) bis zur amaurotischen Pupillenstarre. Leuchtend rote Fovea (kirschroter Fleck) in milchig getrübter Umgebung des hinteren Pols (ischämisches Ödem), stark verminderte oder fehlende Füllung der Arterien, evtl. Fragmentation der Blutsäule.

Th: In Zusammenarbeit mit dem Hausarzt oder Internisten gefäßerweiternde Medikamente. Die Blutdruckwerte dürfen nicht unter die für den Patienten erforderlichen Werte absinken. Evtl. dabei Kopftieflagerung. In frischen Fällen Streptokinase. Als gefäßerweiternde Mittel kommen z. B. Complamin oder Cosaldon in Betracht. Zur Beseitigung eventueller Gefäßwandödeme zusätzlich Corticosteroidtherapie. Die Therapie muß längere Zeit fortgesetzt werden; noch nach einem Monat sind Besserungen beobachtet worden. Die Zeitspanne für ein erfolgreiches therapeutisches Vorgehen ist also im Vergleich zu früheren Vorstellungen nicht mehr nach Stunden oder gar Minuten zu bemessen.

Zentralskotom

Ausfall des zentralen Gesichtsfelds mit entsprechender Sehverschlechterung, charakteristisch für Neuritis nervi optici, retrobulbäre Neuritis, Optikusatrophie sowie degenerative und entzündliche Veränderungen der Fundusmitte.

Zentralvenenverschluß

Sy und *Ät:* Entsteht meist auf dem Boden arteriosklerotischer Veränderungen. Auch hier ist der Verschluß einzelner Äste möglich. Beim Stammverschluß oft langsam zunehmende Sehverschlechterung, abhängig vom Befund in der Netzhautmitte. Völlig unscharf begrenzte, geringgradig prominente Papille, erheblich gestaute und geschlängelte Venen (Einflußstauung), multiple fleckförmige und steifige Hämorrhagien. Eine gefürchtete Komplikation ist das Glaucoma secundarium (s. d.).

Th: Zusammen mit dem Hausarzt oder Internisten. In früh erfaßten Fällen Streptokinase. Fibrinolytika, durchblutungsfördernde Medikamente, Laserkoagulation.

Zephalgie

Von den Augen ausgelöste Kopfschmerzen können bedingt sein durch nicht oder ungenügend korrigierte Brechungsfehler, eine mangelhafte beidäugige Zusammenarbeit, eine Augeninnendrucksteigerung (s. Glaukom) oder durch entzündliche Veränderungen im Bereich des Auges (Iridozyklitis, Neuritis nervi optici).

Ziliarkörpermelanom

Sy: Relativ häufiger maligner Tumor, wegen seiner Lage oft spät entdeckt. Er kann in die Vorderkammer durchbrechen. Metastasen treten früh hauptsächlich in der Leber auf.

Th: In der Regel Enukleation, histologische Untersuchung. Sind Tumorzellen bereits in der Sklera nachweisbar, Evisceratio orbitae, evtl. Nachbestrahlung. In günstigen Fällen „Blockexzision" mit Erhaltung des Bulbus möglich.

Zylinderglas

Glas mit verschiedener Brechung in senkrecht zueinander stehenden Ebenen. Erforderlich zur Korrektur des Astigmatismus.

Zystinose

Weißlich aussehende Cystinkristalle können bei der Cystinspeicherkrankheit in der Hornhaut und der Bindehaut abgelagert sein.

Bildgebende Untersuchungsverfahren

5. Röntgendiagnostik

E. Grabbe, R. Buurman und G. Witte

Einleitung

Die bildgebenden Verfahren in einer röntgendiagnostischen Abteilung lassen sich aus heutiger Sicht in die konventionellen röntgendiagnostischen Methoden und die modernen Schnittbildverfahren einteilen. Die technischen Komponenten einer *radiologischen Untersuchungseinheit* sind:

- der Generator zur Erzeugung einer Hochspannung,
- die Röntgenröhre zur Emission von Röntgenstrahlen,
- die Tiefenblende zur Einblendung des Strahlenkegels,
- der Untersuchungstisch bzw. das Wandstativ zur Lagerung des Patienten,
- das Laufraster zur Absorption der Streustrahlung,
- die Kassettenlade zur Aufnahme und Fixierung der Röntgenkassette,
- die Verstärkungsfolien, bestehend aus fluoreszierenden Substanzen, zur Steigerung des Wirkungsgrades von Röntgenstrahlen,
- der Röntgenfilm zur Dokumentation des Röntgenabsorptionsprofils,
- die Entwicklungsmaschine zur Filmentwicklung und -fixierung.

Im Hinblick auf die erforderliche Hochspannung unterscheidet man die sog. Weichstrahltechnik (35–70 kV) von der sog. Hartstrahltechnik (100–150 kV). Letztere wird vorwiegend in der Thoraxdiagnostik angewandt. Ihre Vorteile sind der Ausgleich verschiedener Dichte- und Volumenunterschiede, die Reduktion der Belichtungszeit und damit die Verbesserung der Bildschärfe sowie die Senkung der Strahlenbelastung.
Voraussetzungen für eine hohe Bildgüte sind auch bei kurzen Expositionszeiten die stabile Lagerung des Patienten und der Atemstillstand während der Exposition. Zur Reduktion des Vergrößerungsfaktors sollte die interessierende Körperregion fokusfern bzw. filmnah abgebildet werden.
In der Regel werden zur vollständigen Darstellung eines dreidimensionalen Objektes sowie zur topographischen Zuordnung eines pathologischen Befundes Röntgenaufnahmen in 2 Ebenen angefertigt.
Die *Röntgendurchleuchtung* ist eine Zusatzuntersuchung zur Röntgenfilmaufnahme und kann mit Hilfe von durchleuchtungsgezielten Aufnahmen („Zielaufnahmen") dokumentiert werden. Eine radiologische Untersuchung, die sich ausschließlich auf die Durchleuchtung stützt, ist in aller Regel unzureichend. Durchleuchtungen werden heute mit der Bildverstärker-Fernseh-(BV-FS-)Technik durchgeführt. Der Bildverstärker besteht aus einer hochevakuierten Ganzmetallröhre, an deren Eingangsebene sich ein Leuchtschirm und eine Photokathode (Primärschirm) befinden. Die auf der Bildverstärkereingangsebene auftreffenden Röntgenstrahlen erzeugen am Primärschirm Lichtphotonen, die an der Photokathode zu Photoelektronen umgewandelt werden. Diese Elektronen lassen sich durch eine angelegte Hochspannung (25 kV) beschleunigen und erzeugen auf einem zweiten Leuchtschirm in der Bildverstärkerausgangsebene (Sekundärschirm) ein auf dem Kopf stehendes, verkleinertes und erheblich helleres Bild. Dieses Bild bekommt durch Lupenbetrachtung wieder seine normale Größe. Bei der Fernsehtechnik tritt an die Stelle der Betrachtungsoptik die Fernsehkamera, die das Bild auf einen Monitor überträgt.
Die BV-FS-Technik erübrigt die Dunkeladaptation des Arztes, erhöht durch die Hel-

ligkeit des Bildes den Informationsgehalt und reduziert dadurch die Durchleuchtungszeit und die Strahlenbelastung des Patienten. Wichtige Anwendungsgebiete sind die Diagnostik der inneren Organe, speziell des Magen-Darm-Traktes, des Herzens sowie Untersuchungen im intraoperativen Bereich, speziell in der Unfallchirurgie.
Bei der Schirmbildaufnahme wird das Durchleuchtungsbild vom Leuchtschirm ohne elektronische Verstärkung auf einem Rollfilm aufgenommen. Als Hauptindikationen gelten Röntgenreihenuntersuchungen. Schirmbildaufnahmen sind bei pathologischen Befunden durch konventionelle Röntgenaufnahmen zu ergänzen, die der Schirmbildaufnahme hinsichtlich der Bildqualität überlegen sind und eine wesentlich geringere Strahlendosis erfordern.
Eine Weiterentwicklung der Schirmbildphotographie ist die Dokumentation des Durchleuchtungsbildes vom Bildverstärker mit Hilfe der 70- bzw. 100-mm-Kamera mit erheblich reduzierter Strahlendosis und deutlich erhöhter Ortsauflösung. Diese Technik wird die Schirmbildphotographie in naher Zukunft vollständig ersetzen (s. auch DR).
An die Stelle der früher üblichen Handverarbeitung des belichteten Röntgenfilmes in der Dunkelkammer ist heute die automatische Filmentwicklung getreten. Hierbei wird der Röntgenfilm mit konstanter Geschwindigkeit durch Entwicklung, Fixierbad, Wassertank und Trockenvorrichtung geleitet. Bei modernen Geräten erfolgt die Be- und Entladung der Kassetten im Tageslicht (sog. day-light-system).
Vor der Anwendung von Röntgenstrahlen sind nach § 28 Abs. 1 der Röntgenverordnung (RöV) frühere Anwendungen von ionisierenden Strahlen, soweit sie für die vorgesehene Anwendung von Röntgenstrahlen von Bedeutung sind, und bei weiblichen Personen im gebärfähigen Alter Fragen nach dem Bestehen einer Schwangerschaft aufzuzeichnen. Nach jeder Röntgenuntersuchung müssen nach § 28 Abs. 2 Aufzeichnungen gemacht werden. „Aus ihnen müssen der Zeitpunkt, die Art der Anwendung, die untersuchte oder behandelte Körperregion sowie die Angaben hervorgehen, die zur Ermittlung der Körperdosen erforderlich sind.“ Die Röntgenaufnahme fixiert einen momentanen Zustand. Sie ist ein filmisches Dokument und muß nach § 28 Abs. 4 der RöV 10 Jahre aufbewahrt werden. Dies gilt auch für die Aufzeichnungen nach § 28 Abs. 1 und 2.

Bildgebende Verfahren

Angiographie

Angiokardiographie

Sie dient zur Beurteilung von Morphologie und Hämodynamik des Herzens (z. B. angeborene oder erworbene Vitien, Herztumoren, koronare Herzkrankheit). Die apparative Ausstattung besteht aus einer BV-FS-Anlage mit Systemen für schnell aufeinander folgende Serienaufnahmen als Kinematographie mit Hilfe von 16-mm- oder 35-mm-Kinokameras (bis zu 400 Bilder/s). Man unterscheidet

- die Dextrokardiographie mit Injektion des Kontrastmittels in das rechte Herz (rechter Vorhof oder rechter Ventrikel),
- die Lävokardiographie in transseptaler Technik über das rechte Herz oder arteriell retrograd mit Kontrastmittelinjektion in den linken Ventrikel,
- die Koronarangiographie als Übersichtskoronarographie mit Kontrastmittelinjektion in den Bulbus aortae oder als selektive Darstellung nach Sondierung der Koronararterien.

Aortographie

Die thorakale und abdominelle Aortographie wird mehrheitlich retrograd von der A. femoralis aus durchgeführt. Seltener wird der transaxilläre oder der transbrachiale Zugang gewählt. Alternativ kommt die direkte translumbale tiefe bzw. hohe Punktion der Aorta abdominalis in Betracht. Durch selektive Sondierung und Kontrastmittelinjektion gelingt eine isolierte Organ- und Gefäßdarstellung, z. B. Karotisangiographie, Vertebralisangiographie, Bronchialarteriographie, Renovasographie, Zöliako- und Mesenterikographie mit der Möglichkeit zur indirekten Spleno- bzw. Mesenterikoportographie, Lumbalarteriographie etc.

Arteriographie der Extremitäten

Bei der oberen Extremität wird sie entweder über die A. brachialis bzw. axillaris oder retrograd über die A. femoralis durchgeführt. Bei den unteren Extremitäten erfolgt sie als retrograde transfemorale, als direkte translumbale, als retrograde transbrachiale bzw. transaxilläre Arteriographie und in Ausnahmefällen als Gegenstrominjektion über eine Kanüle in die A. femoralis.

Becken-Bein-Arteriographie
Nach einmaliger Kontrastmittelinjektion in die distale Aorta abdominalis abschnittsweise Verschiebung der Tischplatte mit dem Patienten (Schrittverschiebung), so daß die Becken- und Beinarterien in einem Untersuchungsgang dargestellt werden können.

Digitale Subtraktionsangiographie (DSA)
Elektronische Auslöschung überlagernder Bildstrukturen in der Angiographie. Vor der Kontrastmittelinjektion wird ein Leerbild in einen digitalen Bildspeicher gegeben. Nach Kontrastmittelapplikation wird das Leerbild abgerufen und auf ein Füllungsbild projiziert. Durch Subtraktion des Bildhintergrundes und elektronische Signalverstärkung erzielt man eine Steigerung des Gefäßkontrastes mit den Folgen der Reduktion von Kontrastmitteldosis und -konzentration. Bei der i.v. DSA erfolgt eine periphere (V. brachialis) oder eine zentralvenöse Kontrastmittelinjektion über einen Pigtail-Katheter in die V. cava superior zur Darstellung der supraaortalen Arterien, der Aorta thoracica und abdominalis, der Aa. renales sowie der Becken- und proximalen Beinarterien. Hauptindikationen sind Aneurysmen, Stenosen oder Gefäßverschlüsse von großen Gefäßen sowie Kontrollen nach therapeutischen Eingriffen. Nachteilig sind die begrenzte Ortsauflösung, der schwache Bildkontrast, speziell bei mangelhafter Auswurfleistung des linken Ventrikels, und die Überlagerung von Gefäßen. Bei der i.a. DSA erfolgt eine arterielle Kontrastmittelinjektion über kleinere, weniger traumatisierende Katheter unter gleichzeitiger Reduktion von Kontrastmitteldosis und -flow. Die Bilddaten werden jeweils digital gespeichert, so daß die Möglichkeit der Bildnachverarbeitung besteht. Die Dokumentation der Befunde erfolgt auf konventionellen Röntgenfilmen.

Interventionelle Angiographie
Angiographische Untersuchungen mit therapeutischem Ansatz. Man unterscheidet:
- *Pharmakotherapie:* Nach angiographischer Lokalisation erfolgt eine arterielle Infusion von Pharmaka, z. B. von Vasopressin zur gastrointestinalen Blutstillung oder von Chemotherapeutika bei malignen Tumoren..
- *Gefäßembolisation:* Nach Plazierung des Katheters in der für die Blutung verantwortlichen Arterie erfolgt die Injektion von gefäßokkludierenden Substanzen. Als Indikationen gelten nicht stillbare Blutungen aus Erosionen und Ulzerationen im Gastrointestinaltrakt, arteriovenöse Fisteln und Aneurysmen sowie Tumorblutungen unter palliativem Gesichtspunkt.
- *Perkutane transhepatische Varizenverödung:* Nach angiographischer oder sonographischer Darstellung der V. portae erfolgt eine perkutane transhepatische Punktion des Gefäßes. Hieran schließt sich die Einführung und Plazierung des Katheters in der V. coronaria ventriculi und den Vv. gastricae breves an. Anschließend erfolgt die Embolisation mit gefäßokkludierenden Substanzen bzw. mit 50%iger Glucoselösung und Thrombin.
- *Perkutane transluminale Angioplastie (PTA):* Nach transfemoraler oder axillärer Punktion wird ein Führungsdraht oder ein Katheter über die Gefäßstenose bzw. den -verschluß vorgeschoben. Anschließend wird das System gegen einen doppellumigen Ballonkatheter ausgetauscht. Danach erfolgt eine Aufdehnung des Gefäßabschnittes durch eine manuelle Druckinjektion in den Ballon. Als Indikationen gelten kurzstreckige Stenosen der A. renalis, der A. iliaca und der supraaortalen Äste, ferner langstreckige Stenosen und Verschlüsse der A. femoralis und der A. poplitea.

Pharmakoangiographie
Siehe Interventionelle Angiographie.

Phlebographie
Zur Darstellung der peripheren Venen wird das Kontrastmittel nach Anlage einer Staumanschette in eine Arm- oder Fußrückenvene injiziert. Bei der aszendierenden Beinphlebographie, bei der der Patient in ca. 60° Schrägposition im Untersuchungsgerät steht, erhält man eine Aussage über die Morphologie und Funktion der tiefen Unter- und Oberschenkelvenen, der Beckenvene und der unteren Hohlvene.

Splenoportographie
Darstellung der V. lienalis und der V. portae, die früher durch eine direkte Kontrastmittelinjektion in die punktierte Milz erfolgte und die heute durch eine selektive Kontrastmittelinjektion in den Truncus coeliacus bzw. in die A. lienalis erreicht wird („indirekte Splenoportographie“).

Lymphographie

Darstellung der Lymphbahnen und -knoten durch langsame Injektion eines ölhaltigen Kontrastmittels in eine periphere Lymphbahn. Hierzu muß das Gefäß freipräpariert werden. Zur Identifikation der Lymphbahnen kann eine subkutane Farbstoffinjektion durchgeführt werden. Am geläufigsten ist die bipedale Lymphographie. Die Befunddokumentation erfolgt in zwei Phasen: In der sog. Füllungsphase werden die Lymphbahnen dargestellt (Lymphangiographie). In der sog. Speicherphase 24 Stunden nach Kontrastmittelapplikation können die Lymphknoten beurteilt werden (Lymphadenographie).

Arthrographie

Darstellung des Gelenkbinnenraumes und der oberflächlichen Knorpelschicht mit negativem (Luft) oder positivem Kontrastmittel (wasserlösliches nierengängiges Kontrastmittel). Bei der Doppelkontrastmethode werden Luft und wasserlösliches Kontrastmittel kombiniert. Am häufigsten wird die Arthrographie des Kniegelenks durchgeführt. Die Punktion erfolgt im oberen Drittel des Femoropatellargelenkes. Nach Injektion von 5–10 ml eines 30%igen Kontrastmittels erfolgt eine Auffüllung des Gelenkbinnenraumes mit Luft. Zur Entleerung des Recessus suprapatellaris wird der distale Oberschenkel bis zum Kniegelenk mit einer elastischen Binde komprimiert. Anschließend erfolgen Zielaufnahmen vom medialen und lateralen Meniskus sowie Übersichtsaufnahmen zum Nachweis einer etwaigen Baker-Zyste. Die Schulterarthrographie erfolgt insbesondere bei Verdacht auf eine Ruptur der Außenrotatorenmanschette. Durch eine anschließende Computertomographie kann die Diagnostik einer Bankart-Läsion verbessert werden (CT-Arthrographie). Arthrographien der Ellenbogen-, Hüft-, Hand-, Sprung- und Kiefergelenke sind seltener indiziert.

Bronchographie

Kontrastierung der Luftwege über einen Bronchialkatheter. Zur Anwendung kommen heute wässerige Suspensionen von Pyridon-Kristallen (Hytrast). Während einer Untersuchung sollte nur eine Lungenhälfte dargestellt werden. Eine Kontrastierung des Alveolarraumes ist zu vermeiden. Das Kontrastmittel wird anschließend abgesaugt oder vom Patienten abgehustet. Die Indikation beschränkt sich heute auf die exakte Ausdehnung von Bronchiektasen vor operativer Revision.

Cholangio- und Cholezystographie

Prinzip und Indikation

Darstellung der extrahepatischen Gallenwege und der Gallenblase mit trijodierten gallengängigen Kontrastmitteln. Bei der oralen Methode erfolgt 12 Stunden vor der Untersuchung die Einnahme eines Kontrastmittels in Tablettenform (z. B. 3 g Biloptin, 4,5 g Bilimiro). Die Gallenwege lassen sich auf diesem Wege selten kontrastieren. Eine Leeraufnahme ist nur vor Litholyse erforderlich. Bei der intravenösen Methode wird eine langsame Kontrastmittelinfusion durchgeführt. 10–30 Min. nach Infusionsbeginn kommt es zur Anfärbung der extrahepatischen Gallenwege, 20–90 Min. später zur Kontrastierung der Gallenblase. Das Kontraktionsvermögen der Gallenblase wird durch eine Aufnahme 30–45 Min. nach einer Reizmahlzeit geprüft. Durch den zunehmenden Einsatz der Sonographie und der endoskopischen retrograden Cholangiographie hat die Bedeutung der Cholegraphie deutlich abgenommen. Sie ist zudem bei zunehmender Bilirubinerhöhung limitiert. Bei 50 µmol/l (3 mg%) oder mehr ist eine verwertbare Kontrastierung der Gallenwege nicht mehr zu erwarten. Die intra- und postoperative Darstellung der Gallengänge erfolgt durch eine Kontrastmittelinjektion direkt in den Gallengang bzw. über einen liegenden T-Drain.

Perkutane transhepatische Cholangiographie (PTC)

In Lokalanästhesie wird die Leber unter Durchleuchtung von lateral in Richtung auf den 11.–12. BWK mit einer Feinnadel punktiert. Alternativ kommt eine ultraschallgezielte Punktion der dilatierten Gallenwege im Leberhilus in Betracht. Nach Aspiration von Galle wird ein verdünntes nierengängiges Kontrastmittel in die intrahepatischen Gallenwege injiziert. Als Hauptindikation gilt die Tumorobstruktion bei hohem Verschlußikterus und erfolgloser endoskopischer retrograder Cholangiographie. Kontraindikationen sind ausgeprägter Aszites, erhöhte Blutungsneigung, akute Cholangitis, parasitärer Leberbefall und gefäßreiche Lebertumoren.

Auf gleichem Wege läßt sich in Seldinger-Technik eine *perkutane transhepatische Drainage* (PTD) der intra- und extrahepatischen Gallenwege durchführen. Hierbei sind 3 Formen der Drainage möglich:

- äußere Drainage bei nicht überwindbarer Gallengangsobstruktion,
- Kombination von innerer und äußerer Drainage bei Passage des obstruierenden Hindernisses,
- innere Drainage durch eine eingelegte Endoprothese.

Als Komplikationen sind die intraperitoneale Blutung, die gallige Peritonitis, der intra- und perihepatische Abszeß, die cholangitische Sepsis sowie die akute Pankreatitis bekannt geworden. Als leichte Komplikationen gelten Hämatome, arterio- und bilioportale Fisteln, Pneumothorax und gallige Pleuritis. Die Kontraindikationen sind mit denen bei der PTC identisch.

Endoskopische retrograde Cholangiopankreatikographie (ERCP)

Mit einem Endoskop wird unter optischer Kontrolle die Papilla duodeni major (Vateri) aufgesucht. Nach Inspektion und Sondierung der Papille erfolgt eine retrograde Kontrastmittelinjektion in den Gallen- oder Pankreasgang. Die Indikationen zur ERCP erstrecken sich auch auf therapeutische Maßnahmen wie z. B. die Papillotomie, die Steinextraktion, die Aspirationszytologie und die endoskopische retrograde Cholangiodrainage (ERCD). Als allgemein anerkannte Kontraindikation gilt die akute Pankreatitis.

Computertomographie (CT)

Radiologisches, rechnergestütztes Verfahren zur Erstellung von überlagerungsfreien axialen Schichten. Das Prinzip der Methode besteht darin, daß ein feiner, stark eingeblendeter Röntgenstrahl in Fächerform den Körper kreisförmig abtastet. Der Röntgenstrahl wird von den verschiedenen Gewebearten unterschiedlich stark geschwächt. Das resultierende Absorptionsprofil wird von einem Detektorkranz, der mit bis zu 1000 Detektoren bestückt ist, erfaßt und nach Umwandlung in digitale Werte einem Rechner zugeführt. Aus den verschiedenen Projektionen läßt sich über Schwächungswerte ein Schichtbild rekonstruieren, wobei der Computer für jeden Punkt des Körperquerschnitts einen mittleren Dichtewert errechnet.

Die verschiedenen Schwächungswerte erscheinen in differenten Graustufen auf einem Fernsehschirm. Da das menschliche Auge nur ca. 20 Graustufen separieren kann, lassen sich bestimmte Schwächungswerte mit kleinen Absorptionsunterschieden mit Hilfe der sog. Fensterbreite und der Fensterlage auswählen und isoliert darstellen. Hilfen zur Bildauswertung sind Abstands- und Dichtemessungen sowie sekundäre Rekonstruktionen in anderen Bildebenen. Die Dokumentation der Befunde erfolgt auf Röntgenfilmen, die Speicherung der Daten auf Magnetband. Floppy-Disketten oder optischen Bildplatten.

Dakryozystographie

Nach Lokalanästhesie der Konjunktiva wird die Öffnung des Tränengangs am inneren Winkel des Unterlids mit einer Knopfkanüle sondiert. Anschließend werden 1–3 ml eines 30–60%igen wasserlöslichen Kontrastmittels injiziert. Die Untersuchung wird durch mehrere Aufnahmen in verschiedenen Ebenen dokumentiert.

Digitale Lumineszenzradiographie (DR, DLR)

Verfahren zur Speicherung, Nachverarbeitung und Dokumentation konventioneller Röntgenaufnahmen. Der herkömmliche radiologische Arbeitsplatz, bestehend aus Generator, Röntgenröhre, Bucky-Tisch bzw. Rasterwandstativ und Kassettenlade, bleibt unverändert. An die Stelle der Röntgenkassette mit konventionellen Film-Folien-Kombinationen tritt die moderne Bildplatte mit wiederverwendbaren Speicherfolien. Grundlage dieser Folien sind Schwermetallhalogenide, deren Elektronen im Kristallverband durch Röntgenstrahlen in ein höheres energetisches Niveau angehoben werden. Auf diese Weise läßt sich das aus dem Patienten austretende Absorptionsprofil als „latentes Bild" in der Folie speichern. Dieses metastabile Zwischenbild wird anschließend mit einem sehr feinen monochromatischen Lichtstrahl bestimmter Wellenlänge, der durch Laser erzeugt wird, zeilenweise ausgelesen. Bei dieser Abtastung kehren die zuvor durch Röntgenstrahlen angeregten Elektronen unter Aussendung von Licht anderer Wellenlänge in ihr ursprüngliches Energieniveau zurück. Die hierbei freigesetzten Lichtquanten werden über eine Faseroptik erfaßt, in einem Photomultiplier verstärkt, anschließend digitalisiert und in einem nachgeschalteten Bildprozessor verarbeitet. Das Ergebnis ist ein digitales Speicherbild, das auf einem hochauflösenden Monitor betrachtet und sofort befundet werden kann. Bei Bedarf ist eine Nachverarbeitung des digitalen Bildes nach verschiedenen Gesichtspunkten möglich („postprocessing"). Dabei können die bildbestimmenden Kriterien wie Filmschwärzung, Kontrast, Kantenbetonung etc. variiert werden. Die so erhältlichen Bilder lassen sich mit Hilfe eines Laserdruckers auf einem Hardcopy-Film beliebig oft dokumentieren. Die ausgelesene Speicherfolie kann anschließend nahezu unbegrenzt wiederverwendet werden.

Digitale Subtraktionsangiographie (DSA)

s. Angiographie

Dünndarmpassage

In der *konventionellen Technik* kommt es nach oraler Gabe größerer Kontrastmittelmengen im Stehen oder in Rechtsseitenlage des Patienten zu einer diskontinuierlichen Darstellung des Dünndarmes. Das Verfahren erlaubt funktionelle Aussagen, speziell zur natürlichen Passagezeit. Zur morphologischen Diagnostik ist es unzureichend, zu zeitaufwendig und daher zugunsten des sog. *Enteroklymas* nach Sellink verlassen. Hierzu wird eine Sonde in die Flexura duodenojejunalis vorgeschoben. Anschließend erfolgt die manuelle oder maschinelle Applikation von ca. 200 ml eines im Verhältnis 1:2 mit Wasser verdünnten Kontrastmittels sowie die Zuführung von ca. 1000 ml einer 1–2%igen Methylcelluloselösung. Als Vorteile imponieren die Verkürzung der Untersuchungszeit auf 15–20 Min., die vollständige und übersichtliche Kontrastierung des transparenten Dünndarmes und die dadurch bedingte bessere morphologische Beurteilung.

Duodenographie, hypotone

Isolierte Doppelkontrastdarstellung des Duodenums über eine Duodenalsonde nach Applikation eines Anticholinergikums oder Spasmolytikums zur Dilatation und Hypotonie des Zwölffingerdarmes, heute durch die obere Magen-Darm-Passage in Doppelkontrasttechnik oder die Gastroduodenoskopie ersetzt.

Enzephalographie

Darstellung der Subarachnoidalräume und der Gehirnventrikel. Hierzu wird Luft nach Lumbal-, Subokzipital- oder seltener Zisternenpunktion mit fraktioniertem protrahierten Liquor-Gas-Austausch injiziert. Das Gas steigt bis in Höhe der Medulla oblongata auf und tritt bei leicht ventral flektiertem Kopf in die Cisterna cerebellomedullaris. Von hier aus dringt es in die Hirnventrikel. Durch eine geeignete Lagerung des Patienten und durch entsprechende Schichtaufnahmen sind präzise Aussagen über Form, Lage und Gefäße der intrazerebralen Räume zu gewinnen. Die Methode ist heute durch die Computertomographie und die Kernspintomographie ersetzt.

Fistulographie

Injektion von wasserlöslichem Kontrastmittel in einen Ausführungsgang über einen Katheter oder eine Knopfkanüle. Dokumentation des Befundes in mehreren Bildebenen zum Nachweis, zur Lokalisation und zur Ausdehnung des Fistelgangs.

Hysterosalpingographie

Kontrastdarstellung der Cavitas uteri und der Tuben. Hierzu wird die Patientin in Steinschnittstellung auf einem Durchleuchtungstisch gelagert, das Füllungsinstrument durch Faßzangen an der Portio fixiert, der Konus des Instrumentes in den Uteruskanal gepreßt und das wasserlösliche Kontrastmittel manuell injiziert. Nach Übertritt des Kontrastmittels über die Eileiter in die freie Bauchhöhle erfolgen Zielaufnahmen. Die Methode dient der Sterilitätsdiagnostik zum Nachweis bzw. Ausschluß von Fehlbildungen, entzündlichen Prozessen, narbigen Veränderungen oder Tumoren (z. B. submuköse Myome). Die Methode ist selten indiziert, da heute andere Verfahren zur Überprüfung der Tubendurchgängigkeit ohne Strahlenbelastung favorisiert werden (s. auch Sterilitätsdiagnostik).

Kernspintomographie (MRT)

Die Kernspintomographie (nuclear magnetic resonance, NMR, MR-Tomographie, MRT) eröffnet der medizinischen Diagnostik eine völlig neue Dimension. Grundlage des Verfahrens ist die sog. Kernspinresonanz von solchen Atomkernen, die aufgrund einer ungeraden Anzahl von Protonen und/oder Neutronen einen Drehimpuls (Spin) und somit ein magnetisches Moment besitzen. In einem starken äußeren Magnetfeld richten sich die Drehachsen solcher Kerne parallel oder antiparallel zum äußeren Feld aus. Dabei rotieren sie wie Kinderkreisel um die Richtung des primären Magnetfeldes. Diese Bewegung nennt man Präzession. Die Frequenz der Präzessionsbewegung (Larmorfrequenz) ist jeweils proportional der Feldstärke des Hauptmagneten. Durch Einstrahlen eines kurzen Hochfrequenzsignals im Radiowellenbereich ändert sich durch Energieabsorption die Verteilung und Präzession der Kerne. Nach Abschaltung des Hochfrequenzfeldes stellt sich die ursprüngliche Verteilung der Kerne wieder ein. Die hierbei auftretenden Effekte bezeichnet man als T_1- und T_2-Relaxation, die auf der „magnetischen Reibung" der Kernspins beruhen. Die Relaxationszeiten sind für verschiedene Gewebearten unterschiedlich.

Die räumliche Auflösung der Kerne im Magnetfeld erfolgt mit Hilfe sog. Gradienten, die das homogene Magnetfeld entlang einer Ortskoordinate geringfügig verändern. Dementsprechend senden die Kerne an verschiedenen Orten Signale unterschiedlicher Larmorfrequenzen aus, die durch geeignete Rechnerprogramme dekodiert und räumlich zugeordnet werden können. Aus den einzelnen Projektionen wird dann analog zur Computertomographie ein Bild rekonstruiert. Eine Untersuchungseinheit zur Kernspintomographie besteht somit aus:

- einem starken Hauptmagnetfeld,
- einer Hochfrequenzspule als Sender und Empfänger des HF-Signals,
- den Feldgradienten zur ortsauflösenden Bildgebung,
- dem Computer zur Analyse der Signale und zur Bildrekonstruktion.

Gegenwärtig wird fast ausschließlich der Wasserstoff zur Bilderzeugung herangezogen, der im menschlichen Körper bei weitem am häufigsten vorkommt. Daneben werden auch Untersuchungen mit anderen Kernen wie Phosphor 31, Natrium 23, Fluor 19 oder Kohlenstoff 13 durchgeführt, die ebenfalls ein magnetisches Moment besitzen. Diese Kerne sind jedoch im Körper in erheblich geringerer Konzentration vorhanden, so daß sie für die Bildgebung ohne diagnostische Relevanz sind.

Kolonkontrasteinlauf

Retrograde Kontrastdarstellung des gesamten Dickdarmes in *Prallfüllung* mit einem wasserlöslichen Kontrastmittel (z. B. bei Perforationsgefahr) oder mit Bariumsulfat. Zur Darstellung des Feinreliefs des Dickdarmes dient die *Doppelkontrasttechnik* (Pneumokolon). Unabdingbare Voraussetzung hierfür ist eine sorgfältige und vollständige Reinigung des Kolons. Durch eine schlackenarme, flüssigkeitsreiche Diät 2 Tage vor der Untersuchung in Verbindung mit milden Laxantien 1 Tag vor der Untersuchung (z. B. X-Prep oder Cascara-Salax) wird ein optimaler Reinigungseffekt erzielt. Vor Beginn der Untersuchung wird Atropin zur Minderung der Schleimhautsekretion oder Glucagon zur Hypotonie des Kolons appliziert. Anschließend erfolgt die Auffüllung des Kolonrahmens mit Kontrastmittel bis in Höhe der rechten Flexur. Nach Ablassen des Kontrastmittels über das Darmrohr erfolgt die Insufflation von Luft. Durch Positionsänderung des Patienten wird ein Beschlag aller Dickdarmabschnitte erzielt. Zur kompletten Beurteilung sind Aufnahmen im Stehen, in Rechts- und Linksseitenlage bzw. in Bauch- und Rückenlage sowie Zielaufnahmen des Rektosigmoids und der Kolonflexuren erforderlich.

Magen-Darm-Passage

Kontrastuntersuchung des Verdauungstraktes beim nüchternen Patienten durch orale Einnahme eines wasserlöslichen Kontrastmittels (z. B. beim kompletten Ileus oder bei Verdacht auf Perforation) oder durch Bariumsulfat. Neben der Untersuchung in Prallfüllung sind Aufnahmen zur Darstellung des Falten- und Feinreliefs von Magen und Zwölffingerdarm üblich. Die Kontrastierung des gesamten Dünndarmes benötigt ca. 1–3 Stunden. Alternative: Dünndarmpassage (s. d.). Die Kontrastmittelpassage kann durch Pharmaka beschleunigt werden. Hierzu dient die orale oder intravenöse Applikation von Paspertin.

Mammographie

Radiologische Darstellung der Brust mit einem eigenständigen Röntgengerät, das mit Hilfe einer Spezialröntgenröhre (Molybdän-Anode), einer weichen, energiearmen Strahlung (25–35 kV) und einem beweglichen Streustrahlenraster kontrastreiche Aufnahmen ermöglicht. Zur Reduktion der Oberflächendosis werden spezielle Film-Folien-Kombinationen verwandt. Leitlinien für eine gute Bildgebung sind die Darstellung von Weichteildetails unter 3 mm Durchmesser und Mikroverkalkungen von 0,2 mm. Palpationsbefund und Mammographie sind als diagnostische Einheit aufzufassen. Sie wird heute durch die Mammasonographie (7,5 MHz-Schallkopf) und die gezielte Feinnadelaspirationspunktion komplettiert. Zur präoperativen Lokalisation von nicht tastbaren Tumoren dienen spezielle Zusatzhalterungen oder -geräte, die eine stereotaktische Markierung mit einer Nadel, einem Farbstoff oder Kohlestaub erlauben.

Pneumozystographie: Nach Punktion einer Zyste und Aspiration der Flüssigkeit wird anschließend eine entsprechende Menge Luft injiziert und eine Kontrollmammographie in 2 Ebenen durchgeführt. Die Aufnahmen ermöglichen die Beurteilung der Zystenwand.

Galaktographie: Bei spontaner Sekretion aus der Mamille wird der sezernierende Milchgang sondiert und mit Kontrastmittel gefüllt. Die anschließenden mammographischen Aufnahmen in 2 Ebenen erlauben eine komplette Beurteilung des kontrastierten Milchganges. Häufigste lokale Ursachen einer spontanen Sekretion sind Milchgangspapillome, die als Kontrastmittelaussparungen identifiziert werden können.

Myelographie

Darstellung der spinalen Subarachnoidalräume mit negativem (Luft) oder positivem Kontrastmittel (ölig oder wasserlöslich). Heute werden üblicherweise positive, nierengängige, nichtionische Kontrastmittel in isotoner Konzentration verwandt. Hierzu werden nach lumbaler oder subokzipitaler Punktion ca. 5–20 ml des Kontrastmittels injiziert, das sich durch Lageänderung des Patienten in jede Position des Spinalkanals verteilen läßt. Auch moderne Kontrastmittel sollten nicht in den Kopfbereich gelangen, da im Einzelfall tonisch-klonische Krämpfe und Entzündungen der Arachnoidea auftreten können. Daher ist bis zur Resorption des Kontrastmittels eine 6–8stündige Lagerung des Patienten mit angehobenem Oberkörper ratsam. Durch die Kernspintomographie wurde die Indikation zur Myelographie deutlich reduziert.

Pyelographie, retrograde

Kontrastfüllung des Nierenbeckens und der Ureteren über einen im Ureter liegenden Katheter.

Quantitative digitale Radiographie

Methode zur quantitativen Kalksalzbestimmung des Knochens. Sie beruht auf dem Prinzip, aus der Strahlenabschwächung eines Volumens dessen Knochenmasse zu ermitteln (Photonenabsorptiometrie). Als Strahlenquelle dient eine Röntgenröhre. Diese erzeugt entweder über eine schnelle Umschaltung der Röhrenspannung oder über eine Filterung des Röntgenspektrums Photonenstrahlen mit unterschiedlicher Absorptionseigenschaft, so daß eine rechnerische Differenzierung des Knochens vom umgebenden Weichgewebe möglich ist (dual energy x-ray absorptiometry, DEXA, DPX oder QDR). Die systematischen Fehler dieser Methode beruhen in erster Linie auf Überlagerungseffekten von verkalkten Weichgewebsstrukturen sowie von degenerativen Veränderungen der Wirbelsäule. Dies kann im Einzelfall zu einer deutlichen Überschätzung der Knochendichte führen und die Aussage einer Messung erheblich einschränken. Als Methode zur Wahl bei der Erstuntersuchung ist heute die überlagerungsfreie quantitative Computertomographie (QCT) anzusehen (s. auch Skelettentkalkung). Zur Verlaufskontrolle bietet sich aus Kosten- und Strahlengründen eher die QDR bzw. DEXA an.

Refluxzystogramm

Untersuchung zum Nachweis eines vesikorenalen Rückflusses. Sie kann entweder im Anschluß an eine Infusionsurographie oder auf retrogradem Wege durchgeführt werden. Hierzu wird die Harnblase über einen Blasenkatheter mit Kontrastmittel gefüllt. Bei einem insuffizienten Harnleiterostium kommt es bei der Füllung oder unter der Miktion zum Rückfluß des Kontrastmittels in den Harnleiter und das Nierenbeckenkelchsystem.

Sialographie

Darstellung der Ausführungsgänge der Speicheldrüsen. Hierzu werden die Öffnungen sondiert und ggf. dilatiert. Anschließend erfolgt die kurzstreckige Einführung eines Katheters in den Ausführungsgang und die Injektion von wenigen Millilitern eines wasserlöslichen Kontrastmittels.

Sonographie

Schnittbildverfahren zur Darstellung morphologischer Veränderungen im Körper durch Ultraschallwellen. Hierbei handelt es sich um periodische Schwingungen von Materieteilchen, die sich als elastische Wellen räumlich ausbreiten. Die Erzeugung der Schallwellen beruht auf dem negativen piezoelektrischen Effekt bestimmter Kristalle. Ihr Frequenzbereich liegt in der medizinischen Diagnostik zwischen 1 und 15 MHz. Nach der Art des Bildaufbaus kommt heute fast nur noch das zweidimensionale B-Bild-Verfahren (B = brightness) in Real-time-Technik (Sofortbild) zur Anwendung. Als Schallköpfe werden Linear- oder Sektorscanner eingesetzt. Für transösophageale, transurethrale und transrektale Untersuchungen, für Biopsien oder intraoperative Anwendungen stehen spezielle Schallköpfe zur Verfügung. Hauptanwendungsgebiete von Linearscannern sind schallkopfnahe Organe wie Schilddrüse, Mamma, Oberbauchorgane, Hoden und Gefäße. Bei Organen hinter kleineren akustischen Fenstern werden Sektorscanner bevorzugt. Durch Einsatz der digitalen Technik sind rechnergestützte Bildauswertungen möglich. Die Dokumentation erfolgt durch ein Sofortbild oder eine Multiformatkamera.

Doppler-Sonographie: Sonographisches Untersuchungsverfahren zum Nachweis von Strömungseffekten. Hierbei kommen zwei Methoden zur Anwendung:

- Bei der Continuous-wave-(cw-)Doppler-Sonographie wird ein kontinuierliches Signal ausgesandt. Die von den bewegten Anteilen des Blutes reflektierten Ultraschallwellen werden im Schallkopf kontinuierlich aufgezeichnet. Diese Methode ermöglicht eine rasche Identifikation von Gefäßen mit hohen Strömungsgeschwindigkeiten. Der Nachteil besteht in der gleichzeitigen Erfassung von Signalen von mehreren Gefäßen.
- Bei der gepulsten (pw-)Doppler-Sonographie werden in kurzen Abständen Impulse ausgesandt und die reflektierten Wellen nach definierten Zeitabständen im Ultraschallkopf registriert. Durch Variation des Zeitabstandes (Pulswiederholfrequenz) zwischen ausgesandtem und empfangenem Signal kann die Tiefe des Meßortes variiert werden. Durch Änderung der Impulsbreite läßt sich die Größe des Meßvolumens modifizieren. Die Methode hat den Vorteil, innerhalb eines Gefäßlumens selektiv Ultraschallsignale zu registrieren. Voraussetzung ist die Lage des Meßvolumens innerhalb des Gefäßlumens.

Duplexsonographie: Kombination eines hochauflösenden Ultraschallschnittbildes mit einer Continuous-wave- oder einer gepulsten Doppler-Sonographie. Mit Hilfe des zweidimensionalen B-Bild-Verfahrens ist es möglich, die Gefäßanatomie und -morphologie darzustellen. Mit Hilfe der Doppler-Sonographie werden die Strömungsgeschwindigkeit und -richtung des fließenden Blutes ermittelt und farblich kodiert.

Stereoradiographie

Zur räumlichen Darstellung werden durch Verschiebung einer Röhre oder durch 2 Röhren 2 Aufnahmen im mittleren Pupillenabstand angefertigt. Die Betrachtung derartiger stereoskopischer Bilder erfordert ein Binokular.

Tomographie

Konventionelle Schichtuntersuchung zur überlagerungsfreien Darstellung von schattengebenden Details innerhalb eines Objektes auf der Basis der Verwischung. Das technische Prinzip besteht darin, durch gegensinnige Bewegung von Röhre und Film nur die Strukturen einer angewählten Schichtebene auf ein und dieselbe Stelle des Röntgenfilmes zu projizieren und somit scharf abzubilden, während Details in darüber- oder darunterliegenden Ebenen verwischt und damit unscharf abgebildet werden. Moderne Schichtgeräte erlauben unterschiedliche Bewegungsfiguren wie z. B. lineare, kreisförmige, elliptische, spiralförmige oder hypozykloidale Verwischungen mit unterschiedlichen Schichtwinkeln.

Zonographie: Konventionelle Verwischungstomographie mit einem kleinen Schichtwinkel und geringer Verwischung benachbarter Details.

Urographie

Untersuchung zur Morphologie der Nieren und der ableitenden Harnwege. Als vorbereitende Maßnahmen zur Reduktion von störenden Überlagerungen dienen am Vortage der Untersuchung milde Abführmittel, schlackenarme Kost und eine vermehrte Flüssigkeitszufuhr. Auf die vorbereitenden Maßnahmen kann bei Einsatz der Verwischungstomographie oder -zonographie verzichtet werden. Am Tage der Untersuchung ist eine Nahrungskarenz ohne Einschränkung der Flüssigkeitszufuhr einzuhalten. Unmittelbar vor der Untersuchung ist die Harnblase zu entleeren.

Auf der Leeraufnahme des Beckens und Abdomens wird die mutmaßliche Region der Nieren und der ableitenden Harnwege dokumentiert, um etwaige kalkdichte Konkremente vor der Kontrastmittelapplikation zu erfassen. Nach i.v. Injektion eines wasserlöslichen nierengängigen Kontrastmittels wird eine erste Füllungsaufnahme ca. 5–10 Min. p.i. zur Darstellung der intrarenalen Hohlsysteme angefertigt. Zusätzliche Schichtaufnahmen erleichtern die Beurteilung der Nierenrandkonturen und der Kelchsysteme. Durch Anlage eines Kompressoriums kann im Einzelfall der Kontrast im Nierenbeckenkelchsystem verbessert werden. Weitere Füllungsaufnahmen 10–20 Min. p.i. dienen der Darstellung der ableitenden Harnwege und der Harnblase. Bei Ausscheidungsstörungen oder Abflußbehinderungen können Spätaufnahmen bis zu 24 Stunden p.i. sinnvoll sein. Aufnahmen nach Miktion ermöglichen eine orientierende Aussage über das Ausmaß des Restharns bei Miktionsstörungen. Das sog. *Frühurogramm* mit Aufnahmen 1, 2, 3, 4 und 5 Min. nach bolusartiger Kontrastmittelapplikation zum indirekten Nachweis einer einseitigen Nierenarterienstenose ist heute durch die digitale Subtraktionsangiographie ersetzt.

Xeroradiographie
Herstellung von Röntgenbildern mit photoelektrischen Halbleiterplatten. Hierzu wird eine mit Selen beschichtete Aluminiumplatte, die zuvor elektrisch aufgeladen ist, durch Röntgenstrahlung entladen und die örtlich unterschiedliche Ladungsverteilung anschließend fixiert. Dieses Verfahren eignet sich insbesondere zur Weichteildiagnostik. Es ist heute aufgrund seiner relativ hohen Strahlenbelastung zugunsten anderer Verfahren wie z. B. der Sonographie, der Kernspintomographie oder der digitalen Radiographie verlassen.

Zonographie
Siehe Tomographie.

Strahlenrisiko und -schutz

Die neue Röntgenverordnung (RöV), die am 1. Januar 1988 in Kraft getreten ist, schreibt für den Betrieb von Röntgeneinrichtungen und die Anwendung von Röntgenstrahlen am Menschen bestimmte Maßnahmen zur Verbesserung des Strahlenschutzes und der Bildqualität vor. Sie verschärft das geltende Strahlenschutzrecht und führt zu zahlreichen Veränderungen im medizinischen Bereich. Hierbei dürften folgende Veränderungen von besonderem Interesse sein:

- Die Zulassungsvorschriften für den Betrieb von Röntgeneinrichtungen setzen nach der neuen RöV u. a. voraus, daß der Antragsteller über die für den Betrieb erforderliche *„Fachkunde"* im Strahlenschutz verfügt. Sie umfaßt einerseits praktische Berufserfahrungen in der Radiologie (*„Sachkunde"*) und andererseits theoretisches Wissen, das durch den Besuch von Strahlenschutzkursen vermittelt wird. Ferner schreibt die neue RöV erstmalig Anforderungen an die Bildqualität eines bilderzeugenden Röntgensystems vor. Danach hat der Betreiber einer Röntgeneinrichtung im Anzeigeverfahren nachzuweisen, daß bei dem vorgesehenen Betrieb seiner Röntgeneinrichtung die erforderliche Bildqualität mit einer möglichst geringen Strahlenexposition erreicht wird.
- Die für die Leitung und den Betrieb von Röntgeneinrichtungen verantwortlichen Personen werden nach der neuen RöV in *„Strahlenschutzverantwortliche"* (Betreiber) und *„Strahlenschutzbeauftragte"* (verantwortliche Mitarbeiter), die von dem Betreiber schriftlich bestellt werden, eingeteilt. Diese begriffliche Unterscheidung hat nach dem neuen Verordnungstext zum Ziel, daß die Pflichten des Strahlenschutzverantwortlichen auch dann in vollem Umfang bestehenbleiben, wenn er Strahlenschutzbeauftragte bestellt hat. Damit ist u. a. sichergestellt, daß der Strahlenschutzverantwortliche sich seiner Verantwortung nicht durch Delegation entziehen kann. Weiter schreibt die Verordnung vor, daß nur der zum Strahlenschutzbeauftragten bestellt werden darf, wer infolge seiner Stellung im Krankenhaus oder in der radiologischen Praxis die ihm gestellten Aufgaben auch erfüllen kann. Daraus folgt, daß z. B. der Leiter einer selbständigen radiologischen Abteilung nicht die Aufgabe eines Strahlenschutzbeauftragten für die Röntgeneinrichtungen in einer eigenständigen chirurgischen Abteilung wahrnehmen kann.
- Die Qualitätssicherung für diagnostische Röntgeneinrichtungen umfaßt nach der neuen RöV vor der Inbetriebnahme und nach wesentlichen Änderungen der bildgebenden Systeme eine *„Abnahmeprüfung"*, die durch einen von der Behörde bestimmten Sachverständigen kontrolliert wird. Anschließend ist der Arzt verpflichtet, die ursprüngliche Bildqualität aufgrund der Abnahmeprüfung durch eine monatliche *„Konstanzprüfung"* sicherzustellen. Die Abnahme- und Konstanzprüfungen werden von neugebildeten „Ärztlichen Stellen" in regelmäßigen Abständen angefordert und kontrolliert.
- Hilfskräfte wie z. B. Arzthelferinnen, die unter ständiger Aufsicht und Verantwortung eines fachkundigen Arztes Röntgenstrahlen anwenden, müssen nach der neuen RöV bis zum 31. 12. 1990 über Kenntnisse im Strahlenschutz verfügen, die sie in Kursen erwerben. Aber auch Ärzte, die im Rahmen ihrer Weiterbildung Röntgenstrahlen am Menschen anwenden wollen, ohne die Fachkunde zu besitzen, müssen nunmehr Kenntnisse im Strahlenschutz

durch die Teilnahme an einer Unterweisung erwerben, bevor sie unter ständiger Aufsicht und Verantwortung eines fachkundigen Arztes ihre Röntgentätigkeit aufnehmen.
- Die Verpflichtung zur Aufzeichnung von Anwendungen von Röntgenstrahlen umfaßt nach § 28 Abs. 2 und 3 der neuen RöV auch die Frage, ob der Patient ein Röntgennachweisheft *(„Röntgenpaß")* führt. Wird dieses vorgelegt, muß der Arzt die darin vorgesehenen Eintragungen in dem Röntgenpaß vornehmen.
- Die *„effektive Dosis"* wurde als neues Dosiskonzept in die RöV eingeführt. Dieses Konzept schafft ein einheitliches, wenngleich aufwendig zu ermittelndes Berechnungsverfahren für ungleichförmige Bestrahlung und Teilkörperbestrahlung. Die Errechnung der effektiven Dosis ist für die Fälle vorgesehen, in denen der Verdacht auf eine Überschreitung der festgelegten Grenzwerte besteht.

Bei der Belastung des Patienten durch ionisierende Strahlung läßt sich eine somatische und eine genetische Wirkung unterscheiden. *Somatische* Wirkungen können nach wenigen Tagen oder Wochen auftreten. Solche Frühschäden kommen durch applizierte Dosen in der Röntgendiagnostik nicht mehr vor. Als Spätschäden können nach langjähriger Latenz bekanntlich strahleninduzierte Leukämieformen auftreten. Die Empfindlichkeit der Schilddrüse für eine radiogene Tumorinduktion ist jedoch vermutlich größer als die des roten Knochenmarks für eine Leukämie. Zu den strahlenempfindlichen Geweben zählt auch die Mamma im gebärfähigen Alter der Frau. Die Latenzzeit der Induktion eines Brusttumors durch ionisierende Strahlung wird mit ca. 23 Jahren angenommen. Gleichwohl scheinen die Vorteile von mammographischen Untersuchungen im Rahmen der Vorsorge ab dem 40. Lebensjahr das radiogene Risiko bei weitem aufzuwiegen. Die Grenzwerte für die Auslösung einer radiogenen Katarakt, die mit einer einmaligen Dosis von 4 Gy oder bei fraktionierter Dosis mit insgesamt 15 Gy angenommen wird, können auch bei wiederholten Expositionen im Rahmen der Röntgendiagnostik kaum erreicht werden. Der Uterus ist als Organ wenig strahlensensibel.
Die Festlegung eines Dosisgrenzwertes für *genetische* Risiken ist dagegen nicht unumstritten. Nach der RöV darf in den ersten beiden Monaten der Gravidität eine Dosis von 10 mGy nicht überschritten werden. Allerdings werden keine konkreten Angaben über die Konsequenzen beim Überschreiten dieser Werte gemacht. Die nordischen Länder haben für solche Fälle Empfehlungen ausgesprochen und halten einen Schwangerschaftsabbruch bei Werten über 100 mGy für indiziert. Uterusdosen bis zu 20 mGy werden dagegen als ungefährlich betrachtet, da das Risiko des Embryos, einen Schaden zu erleiden, bei linearer Extrapolation der Dosis-Wirkungs-Kurve unter 1% liegt und damit erheblich kleiner ist als andere in der Gravidität auftretende Risiken. Solche Werte werden bei röntgendiagnostischen Aufnahmen normalerweise nicht erreicht. Sie können jedoch überschritten werden, wenn die Untersuchungen mit Durchleuchtungen einhergehen und der Uterus länger im Nutzstrahlenbündel liegt wie z. B. beim Kolonkontrasteinlauf und Enteroklysma, bei der Myelo-, Hysterosalpingo- und Refluxzystographie.
Beim Mann können Dosen von 100–150 mGy zu einer vorübergehenden Sterilität führen. Weiterhin kann die Exposition der Gonaden Genmutationen induzieren. Man schätzt, daß nach einer Bestrahlung der Keimdrüsen mit 1000 mGy in einer Population von 1 000 000 lebendgeborenen Individuen die autosomal dominanten Defekte in der ersten Generation um 1500 zunehmen. Bei gleicher Dosis dürften die strukturellen Veränderungen der Chromosomen in der ersten Generation um 240/1 000 000 geborener Menschen ansteigen – die momentane Inzidenz liegt bei 400 Fällen/1 000 000.
Aus diesen Fakten wird nochmals deutlich, daß Röntgenstrahlen auf Menschen in Ausübung der Heil- oder Zahnheilkunde nur angewendet werden dürfen, „wenn dies aus ärztlicher Indikation geboten ist. Die durch eine Röntgenuntersuchung bedingte Strahlenexposition ist so weit einzuschränken, wie dies mit den Erfordernissen der medizinischen Wissenschaft zu vereinbaren ist. Körperbereiche, die bei der vorgesehenen Anwendung nicht von der Nutzstrahlung betroffen werden müssen, sind vor einer Strahlenexposition soweit wie möglich zu schützen" (§ 25 Abs. 1 der RöV). Gerade bei Kindern und bei Patienten im fortpflanzungsfähigen Alter ist die Gonadendosis auf ein Minimum zu reduzieren. Dies gelingt dadurch, daß die Gonaden möglichst außerhalb des Nutzstrahlenbündels liegen (eingeblendete Aufnahmen) und durch Bleischutz abgedeckt wer-

den. Bei jeder Röntgenuntersuchung der Gliedmaßen mit der Möglichkeit zur Mitbestrahlung von Rumpfabschnitten muß dem Patient eine Schutzeinrichtung („Röntgenschürze") von mindestens 0,4 mm Bleigleichwert angelegt werden. Anzahl und Zeit der Durchleuchtungen mit der Bildverstärker-Fernsehtechnik sind wegen der höheren Strahlenbelastung zugunsten einer Röntgenaufnahme soweit wie möglich zu reduzieren. Bei bestehender Schwangerschaft sind die Indikationen zur Röntgenuntersuchung streng zu stellen und, sofern indiziert, „alle Möglichkeiten einer Herabsetzung der Strahlenexposition der Leibesfrucht auszuschöpfen" (§ 25 Abs. 1 der RöV).
Die Strahlenbelastung von ärztlichem und technischem Personal, das sich im Kontrollbereich aufhält, ist durch fortlaufende Dosimetrie zu überwachen. Hierzu wird die Körperdosis mit einem von der nach Landesrecht zuständigen Meßstelle bereitgestellten Dosimeter ermittelt. Die entsprechenden Personen haben die Dosimeter an einer für die Strahlenexposition repräsentativen Stelle der Körperoberfläche, in der Regel an der Vorderseite des Rumpfes, zu tragen. Die Dosimeter werden monatlich an die Meßstelle weitergereicht. Die Meßstelle hat die Personendosis festzustellen, die Meßergebnisse aufzuzeichnen, sie dem Einsender schriftlich mitzuteilen und ihre Aufzeichnungen 30 Jahre aufzubewahren (§ 35 der RöV).

Kontrastmittel

Arten, Eigenschaften und Nebenwirkungen

Man unterscheidet positive Kontrastmittel, die infolge einer stärkeren Strahlenabsorption als das umgebende Gewebe einen positiven Kontrast erzeugen, und negative Kontrastmittel, deren Strahlenabsorption geringer als das umgebende Gewebe ist. Als röntgennegative Kontrastmittel finden Luft, Sauerstoff oder Lachgas Verwendung, letztere mit den Vorteilen, daß sie schneller resorbiert werden und die Gefahr der Luftembolie vermindert ist. Zu den positiven Kontrastmitteln sind das wasserunlösliche Bariumsulfat ($BaSO_4$) und die jodhaltigen Kontrastmittel zu zählen. Bariumsulfat wird zur Darstellung von Magen oder Dünndarm oral und zur Darstellung des Kolons rektal appliziert.
Jodhaltige Kontrastmittel sind gut wasserlöslich und können sowohl intravasal als auch oral (bei Bariumsulfat-Kontraindikationen) verabreicht werden. Die Wirkstoffe enthalten das Jod in chemisch fest gebundener Form und werden im Körper nicht metabolisiert. Die Ausscheidung erfolgt in Abhängigkeit von der Proteinbindung der Präparate durch das biliäre System oder über die Nieren. Gallenkontrastmittel werden zu 60–80% an Serumproteine gebunden und daher überwiegend biliär eliminiert.
Nierengängige Kontrastmittel weisen sehr geringe Proteinbindungen auf und verhalten sich pharmakologisch weitgehend inert. Sie finden bei zahlreichen radiologischen Untersuchungsmethoden Anwendung. Neben der Darstellung der Nieren und des harnableitenden Systems sowie des arteriellen und venösen Gefäßsystems werden sie auch zur Darstellung von Körperhöhlen und Drüsen eingesetzt.
Unter den nierengängigen Kontrastmitteln unterscheidet man ionische und nichtionische Präparate. Ionische Kontrastmittel haben salzartigen Charakter und dissoziieren in Kationen (Natrium oder Meglumin) und jodhaltige organische Anionen. Die Moleküle der nichtionischen Kontrastmittel enthalten mehrere stark hydrophile Substituenten, welche eine gute Löslichkeit ohne ionische Dissoziation bewirken. Osmolalität und Toxizität sind im Vergleich zu den ionischen Präparaten stark herabgesetzt.
In Häufigkeiten von 3–10% (ionische Kontrastmittel) bzw. ca. 1% (nichtionische Kontrastmittel) treten nach Kontrastmittelinjektion allergieähnliche Nebenwirkungen auf. In Einzelfällen entwickeln sie sich zum schweren anaphylaktischen Schock. Patienten mit Allergieanamnese sind in erhöhter Quote betroffen. Eine Vortestung im Sinne eines Allergietestes ist ohne praktischen Nutzen, da es sich nicht um immunspezifische Reaktionen handelt. Prophylaktische Maßnahmen führen zur Verringerung der Nebenwirkungshäufigkeiten. Bewährt haben sich die Medikation mit H_1- und H_2-Blockern sowie die kombinierte Gabe von Antihistaminika und Corticosteroiden.
Bei jeder Kontrastmittelanwendung muß zur raschen Behandlung eines Kontrastmittelzwischenfalls ein Notfallbesteck griffbereit sein. Die Kontrastmittelinjektion durch den Arzt sollte am liegenden Patienten durchgeführt werden. Es empfiehlt sich, die Braunüle 15 Min. nach Beendigung der Injektion liegen

zu lassen, da bei einem schweren Kreislaufkollaps eine Venenpunktion unmöglich werden kann.

Kontrastmittelzwischenfälle

Allgemeine Nebenwirkungen

Sy: Übelkeit, Brechreiz, Hustenreiz, Hitzegefühl, Dyspnoe, Brady- oder Tachykardie, Juckreiz, Hautreaktionen.

Th: Leichte Reaktionsformen klingen meist innerhalb weniger Minuten ohne Therapie ab. Bei erkennbarer Zunahme des Schweregrades Applikation von Antihistaminika und Corticosteroiden i.v., z. B. 100 mg Prednisolon.

Schwere Zwischenfälle

Sy: Schock, schwere Kreislaufreaktionen, Glottisödem, Atemstillstand.

Th:

- Adrenalin, 0,05–0,1 mg i.v., z. B. 1 ml Suprarenin mit 9 ml physiologischer Kochsalzlösung verdünnt, davon 0,5–1 ml i.v. Wiederholung dieser Dosis in Abhängigkeit von der Wirkung und dem Zustand des Patienten in 1–2 Min.
- Corticosteroide, z. B. Prednisolon, in einer Dosierung von mindestens 500–1000 mg i.v.
- Volumenersatz, z. B. 5%ige Albuminlösung.
- Schocklagerung, Frischluftzufuhr, gegebenenfalls Beamtung und Herzmassage.

Skelettsystem allgemein

Auswahl der Verfahren und Diagnosekriterien

Grundsätzlich müssen Aufnahmen in zwei zueinander senkrecht stehenden Ebenen, die evtl. durch Schräg- oder Zielaufnahmen sowie durch Schichtaufnahmen zu ergänzen sind, angefertigt werden. Die konventionelle Röntgendiagnostik wird ggf. komplettiert durch die Computertomographie, die Kernspintomographie, die Szintigraphie und die Angiographie. Zwei Grundregeln sind zu beachten:

- Bei einer Knochenerkrankung unbekannter Genese sind u. U. Aufnahmen des übrigen Skelettsystems, notfalls auch der Lungen, anzufertigen.
- Eine röntgenologische Diagnose darf nur unter Berücksichtigung von Anamnese, Klinik und Alter des Patienten, laborchemischen Befunden sowie in Kenntnis der exakten Lokalisation des Prozesses gestellt werden. Bei einem unklaren radiologischen Befund kann eine diagnostische Probeexzision Klärung bringen.

Die röntgenologische Beurteilung des Skelettes umfaßt folgende Punkte: Formveränderungen und Konturunterbrechungen, Veränderungen in der Kortikalis-, Kompakta- und Spongiosastruktur sowie im Kalksalzgehalt (Vergleichsaufnahmen unter gleichen Aufnahmebedingungen), Usurierungen oder Destruktionen mit oder ohne Periostreaktionen, Beurteilung der Gelenkspalten, bei jüngeren Patienten Beachtung der Epiphysenkerne und -fugen sowie der Weichteilkomponente.

Skelettentwicklung

Bei Säuglingen ist der radiologische Gelenkspalt wegen der knorpeligen Epiphyse und Epiphysenkerne breiter als beim Erwachsenen. Nach deren Ossifikation ist zwischen der Epi- und der Metaphyse noch längere Zeit die Epiphysenfuge nachweisbar. Nach Beendigung des Knochenwachstums bleibt in der Verknöcherungszone häufig eine feine Verdichtung (Epiphysennarbe) sichtbar, die Ähnlichkeit mit Wachstumslinien bei vorübergehendem Stillstand des Längenwachstums hat. Das Auftreten der Ossifikationskerne sowie die Verknöcherung der Epiphysenfugen unterliegen gewissen Gesetzmäßigkeiten, so daß Skelettaufnahmen zur Bestimmung des Alters herangezogen werden können. Die Kenntnis von Skelettvariationen in Form von persistierenden Apo- oder Epiphysenkernen, von akzessorischen Knochen, überzähligen Knochenfortsätzen, Verknöcherung von Sehnenansätzen und Sehnenbögen, Sesambeinen, Schaltknochen oder Spongiosavariationen ist zur Vermeidung von Fehldiagnosen wichtig. Wegen ihres häufig symmetrischen Auftretens sind Vergleichsaufnahmen der anderen Extremität von Wert. Einzelne Knochenzysten oder solitäre Kompaktainseln sind Nebenbefunde und ohne klinische Bedeutung. Lokalisierte, auf eine Extremität beschränkte Mißbildungen reichen von der Aplasie bis zu Mißbildungen mit überzähliger Knochenentwicklung.

Konstitutionelle Skeletterkrankungen (Dysostosen)

Entwicklungs- und Wachstumsanomalien von Knochen, Knorpel und/oder Fasergewebe, die entsprechend der Revision der Pariser Nomenklatur im Jahre 1977 (Dorst u. Mitarb.: Ann Radiol. 21 [1978] 253) wie folgt eingeteilt werden können:

A. *Osteochondrodysplasien* mit Entwicklungs- und Wachstumsstörungen des Knochens, die bei der Geburt (z. B. Achondrogenesis, Chondrodysplasia punctata, chondroektodermale Dysplasie Ellis-van-Creveld) oder im späteren Leben manifest werden;

B. *Osteochondrodysplasien* mit archaischer Entwicklung von Knorpel und Knochen (z. B. multiple kartilaginäre Exostosen, Enchondromatose Ollier, fibröse Dysplasie Jaffé-Lichtenstein, fibröse Dysplasie Albright mit Hautpigmentierung und Pubertas praecox);

C. *Osteochondrodysplasien* mit Anomalien der Knochendichte, der Kortikalis und/oder mit metaphysären Defekten (z. B. Osteogenesis imperfecta, Osteopetrose, Osteopoikilose, Melorheostose, kraniometaphysäre Dysplasie);

D. *Dysostosen* mit isolierter oder kombinierter Fehlbildung einzelner Knochen (kraniofaziale Dysostosen, Klippel-Feil-Syndrom, Madelung-Deformität, Brachydaktylie, Syndaktylie, Fanconi-Syndrom u. a.);

E. *idiopathische Osteolysen;*

F. *primäre Knochenstoffwechselstörungen.*

Entzündliche Knochenveränderungen

Osteomyelitis

Meist monostotische Lokalisation an den Metaphysen der langen Röhrenknochen, seltener an Schädel und Wirbelsäule. Beginn mit Osteoporose, später unregelmäßige Destruktion. Abhebung des Periosts durch subperiostalen Abszeß. Sequester infolge Knochennekrose mit reaktiver Knochenneubildung in der Umgebung (Totenlade). Abheilung entweder ohne wesentliche Knochenveränderungen oder mit Sklerosierungen und Konturverdickungen des Knochens.

Brodie-Abszeß

Chronisch abszedierender Knochenherd mit zentraler Höhlenbildung und randständiger Sklerosierung.

Knochenaktinomykose

Befall des Knochens mit dem Strahlenpilz Aktinomyces, der vom natürlichen Standort des Erregers (Mundhöhle, Bronchialbaum und Darmtrakt) gewöhnlich per continuitatem in den Unterkiefer oder die Rippen eindringt. Röntgenbefund: scharf begrenzter Osteolyseherd mit umgebender massiver Sklerosierung.

Knochenechinokokkose

Seltener Befall des Knochens (1–3% aller Organmanifestationen) durch den Parasiten Echinococcus cysticus sive alveolaris. Prädilektionsort: Wirbelsäule, Becken und Metaphysen der langen Röhrenknochen, Röntgenbild: ein- oder mehrkammerige Zysten mit Verdünnung der Kompakta und spärlicher Periostreaktion.

Knochenlues

Häufigkeit bei *Säuglingslues*: 95%. Formen: luische Osteochondritis mit unscharf ausgefransten und aufgetriebenen Epiphysenlinien, luische Periostitis mit appositioneller Knochenneubildung an den Diaphysen und Osteomyelitis mit gummösen Infiltraten. Bei der *juvenilen* oder *tertiären Lues* treten neben ossifizierenden Periostosen und Osteosklerosen sowie tabischen Arthropathien Destruktionen in der nasopalatinen Region auf. Folgen: Sattelnase und/oder Gaumendefekte.

Knochen- und Gelenktuberkulose

Hämatogene Frühstreuung im Anschluß an eine tuberkulöse Primärinfektion, vornehmlich im Kindesalter, oder Spätstreuung nach symptomfreiem Intervall, speziell nach Antikörperverlusten im hohen Alter, durch Diabetes mellitus, Blutkrankheiten, chronische Intoxikationen (Alkohol, Drogen) oder Medikamenteneinfluß (Cortison, Zytostatika u. a.). Häufigste Formen: Spondylitis und Gonarthritis tuberculosa sowie Skelettuberkulose der Hand und des Vorfußes (Spina ventosa). Radiologische Frühsymptome: Verschmälerung der Bandscheibe bzw. Gelenkspaltverschmälerung und -exsudat mit begleitender gelenknaher Osteoporose (Gelenkkapselbiopsie, positiver Kultur- und Tierversuch!). Spätbefunde: Knochendefekte und Kavernen infolge Einschmelzung und Resorption. Reparationsphase: Keilförmiger Zusammenbruch der benachbarten Wirbelkörper mit Gibbusbildung oder seitlicher Achsenabweichung der Wirbelsäule bzw.

Ankylose des betroffenen Gelenkes (s. auch Gelenke).

Ostitis deformans Paget

Monostotische, oligostotische oder polyostotische, aber nie generalisiert auftretende Alterskrankheit des Skelettes jenseits des 40. Lebensjahres. Lokalisation: Bei der polyostotischen Form sind am häufigsten Schädel, Wirbelsäule, Becken, Femur und Tibia betroffen. Charakteristisch ist der asymmetrische Befall. Verlauf der Erkrankung:

- Initialphase mit Osteolysen. Röntgenbefund: Osteoporosis circumscripta cranii bzw. Osteolysen der diaphysären Kompakta der langen Röhrenknochen.
- Umbauphase mit reaktiver Knochenneubildung. Röntgenbefund: Milchglasartige Trübung der Spongiosa und Aufsplitterung der Kortikalis.
- Stabilisationsphase mit Ersatz des Knochenmarks durch ein lockeres Bindegewebe bei gleichzeitiger grobsträhniger Verdickung der verbliebenen Spongiosabälkchen („hypertrophische Atrophie") sowie Spongiosierung und Auftreibung der Kortikalis mit entsprechenden Röntgenbefunden. Die reduzierte Stabilität des Skeletts führt zu charakteristischen Belastungsdeformitäten und pathologischen Frakturen.

Ostitis multiplex cystoides Jüngling

Knochensarkoidose mit Ausbildung juxtaartikulärer Knochenzysten an den Händen und Vorfüßen, die sich in der Spongiosa ausdehnen und zu schweren Gelenkzerstörungen führen können.

Osteofibrosis deformans juvenilis Uehlinger

Synonym: *fibröse Dysplasie* Jaffé-Lichtenstein. Monostotische, oligostotische oder polyostotische, örtlich umschriebene Fehldifferenzierung des knochenbildenden Mesenchyms in ein Stroma mit Ausbildung amorphen Faserknochens. Lokalisation: Meta- und Diaphysen der langen Röhrenknochen, Schulter- und Beckengürtel und kraniofaziales Skelett. Herdverteilung: bevorzugt asymmetrisch. Ätiologie: ungeklärt. Sonderform: *McCune-Albright-Syndrom* mit polyostotischer fibröser Dysplasie, multiplen Pigmentflecken und Pubertas praecox, das fast ausschließlich beim weiblichen Geschlecht beobachtet wird. Krankheitsverlauf: schubweise Progression mit Tendenz zum Stillstand nach Erreichen der Pubertät. Bei der polyostotischen Form gelegentliche Reaktivierung bis in die 3. und 4. Lebensdekade. Sarkomatöse Entartung in ca. 0,5% der Fälle möglich. Röntgenbefund: ovaläre, ein- oder mehrkammerige zystische Läsionen in der proximalen Metaphyse der langen Röhrenknochen mit Ausbuchtung, Verdünnung und Arrosion der Kortikalis. Fehlende Periostreaktion. Konsekutive Auftreibung, Verbiegung und spiralige Verdrehung der Röhrenknochen (hirtenstabartige Verformung des Schenkelhalses). Polyzystische Transformation der platten und kurzen Knochen. Häufiger Mitbefall der Rippen. Manifestation der fibrösen Dysplasie am Schädel in drei Formen: pagetoide, sklerosierende und zystoide Form mit asymmetrischer Deformierung des Schädel- und Gesichtsskelettes.

Aseptische Knochennekrosen

„Genuiner", nichtentzündlicher Schwund von Knochengewebe in den Epiphysen, Apophysen und kleineren Knochen infolge konstitutioneller Faktoren und Durchblutungsstörungen im Wachstums- und Adoleszentenalter. Häufigste Lokalisationen:

- Femurkopf (Morbus Perthes),
- Wirbelkörper (Morbus Calvé),
- Wirbelkörperrandleisten (Morbus Scheuermann),
- Tibiaapophyse (Morbus Osgood-Schlatter),
- Patella (Morbus Sinding-Larsen),
- Os lunatum (Morbus Kienböck),
- Köpfe der Ossa metacarpalia III–V (Morbus Dietrich),
- Rippenenden (Morbus Tietze),
- Sternoklavikulargelenk (Morbus Friedrich),
- Os naviculare pedis (Morbus Köhler I),
- Kopf des Os metatarsale II (Morbus Köhler II).

Röntgenbefund: umschriebene Osteoporose, Strukturverdichtung und Sklerosierung im Rahmen der pränekrotischen Anbauphase, infolge von Kalksalzablagerungen in den Nekrosezonen sowie durch Zusammensintern mit Deformierung des Knochenkernes, schließlich Reparation mit Abrundung des knöchernen Defektes. Neben Röntgenaufnahmen kann auch die 3-Phasen-Skelettszintigraphie für die Diagnose eingesetzt werden. Methode der Wahl zur Frühdiagnostik ist heute die Kernspintomographie.

Osteochondrosis dissecans

Schalenförmige Ablösung kleiner Knochensequester von der Oberfläche eines Gelenkkopfes. Der muldenförmige subchondrale Knochendefekt wird als Mausbett, das abgetrennte Knochenstück als Gelenkmaus bezeichnet, die im weiteren Verlauf zerbröckelt oder resorbiert wird. Sicherung der Diagnose ggf. durch Tomographie, Arthrographie oder Arthroskopie. Im Spätstadium Gefahr der Ausbildung einer sekundären degenerativen Arthropathie.

Skelettentkalkung

Osteoporose

Verlust an Knochengewebe in Form einer reinen Atrophie bei normaler Mineralisation des Restgewebes. Ätiologie: s. Kap. „Endokrinologie". Ursache umschriebener Osteoporosen: Inaktivitätsatrophie oder entzündlicher Prozeß in der Nachbarschaft eines Skelett-Teiles. Röntgenbefund: Bei einem Kalksalzverlust von mehr als 30% verstärkte Transparenz des Knochens infolge Verdünnung und Schwund von Spongiosabälkchen mit entsprechender Rarefizierung der Trabekel und Verdünnung der Kortikalis. Hieraus resultiert eine reduzierte statische Belastbarkeit des Achsenskeletts mit der Neigung zu Spontanfrakturen, die sich an der Wirbelsäule durch Impressionen der Grund- und Deckplatten sowie durch Kompressionsfrakturen der Wirbelkörper bis hin zur Entwicklung von Fischwirbeln manifestieren. Zur Frühdiagnostik bietet sich die quantitative digitale Radiographie (QDR) oder die quantitative Computertomographie (QCT) an.

Sudeck-Knochendystrophie

Trophische Weichteil- und Knochenveränderungen im Anschluß an traumatische, entzündliche oder nervale Läsionen, die proximal der dystrophischen Knochenveränderungen lokalisiert sind. Ursache: komplexe neurovaskuläre Funktionsstörung („Reflexdystrophie"). Klinik: s. Kap. „Orthopädie". Röntgenbefund: subchondraler bandförmiger Schwund der gelenknahen Knochenanteile ca. 2–8 Wochen nach Beginn der klinischen Symptome bis hin zur fleckigen diffusen Entkalkung im chronisch-dystrophischen Stadium. Schließlich Rarefizierung der Spongiosa und Verdünnung der Kompakta („glasige" Struktur, „Papierrolle") im Stadium der Atrophie.

D-Hypovitaminose (Rachitis, Spätrachitis, Osteomalazie)

Rachitis des Säuglings: Reduktion der normalen Knochenmineralisation mit entsprechender Wachstumsstörung. Folgen: Kraniotabes, Auftreibung der Knochen-Knorpel-Grenzen der Rippen („Rosenkranz"), Thoraxdeformierung („Glockenthorax", Hühnerbrust), Wirbelsäulenverkrümmung und Verbiegungen der Extremitäten, ferner „Becherung" der Knochenenden infolge Störung der enchondralen Knochenbildung, unscharfe Verbreiterung der präparatorischen Verkalkungszonen und schließlich Vergröberung der Spongiosa und Verdünnung der Kompakta.

Spätrachitis im Adoleszentenalter: Entkalkung des Stamm- und Extremitätenskeletts, Verbreiterung der Epiphysenlinien, Knochendeformierungen und Looser-Umbauzonen infolge von Dauerbrüchen.

Osteomalazie beim Erwachsenen: fehlende Mineralisierung von neugebildeter Knochenmatrix im Rahmen der normalen Knochengewebsregeneration. Die nicht mineralisierten Osteoidsäume an den Oberflächen der Knochenbälkchen verursachen eine Knochenerweichung, die sich im Röntgenbild durch eine diffuse Verminderung der Schattendichte, eine Unschärfe der Knochenzeichnung, bandförmige Aufhellungen an den Orten besonderer Krafteinwirkungen (Looser-Umbauzonen), symmetrische Dauerbrüche (Milkman-Syndrom) und schließlich schwere Knochendeformierungen („Glockenthorax", „Kartenherzbecken") manifestiert.

Hyperparathyreoidismus

Zeitweilige oder dauernde Überfunktion der Nebenschilddrüsen oder von Teilen davon. Unterteilung in eine primäre (genuine), sekundäre (reaktive) oder tertiäre Form (autonome Nebenschilddrüsen). Klinik, Labor und Histologie: s. Kap. „Endokrinologie". Frühe Zeichen im Röntgenbild: verwaschene Knochenstruktur, Aufsplitterung der Kortikalis langer Röhrenknochen, Schwund der Alveolarkompakta, Akroosteolysen und subperiostale Resorptionszonen an den Phalangen sowie Kalkablagerungen in den ableitenden Harnwegen. Vollbild im Röntgen: zystenähnliche Aufhellungen mit hochgradiger Verdünnung oder Zerstörung der Kortikalis durch Osteoklastenwucherungen, primitives „Fasermark", intraossäre Blutungen und regressive Veränderungen (braune Tumoren, Ostoedystrophia fibrosa cystica generalisata Recklinghausen).

Osteosklerosen

Möller-Barlow-Syndrom (infantiler Skorbut)

Schwere Allgemeinerkrankung mit Knochenveränderungen als Folge einer C-Hypovitaminose. Röntgenbefund: diffuse Osteoporose, Verbreiterung und Verdichtung sowie unregelmäßige Struktur der präparatorischen Verkalkungszonen und schließlich Ausbildung weichteildichter, später kalkhaltiger Verschattungen infolge subperiostaler Blutungen.

Osteopetrose (Mamorknochenkrankheit, Morbus Albers-Schönberg)

Ossifikationsstörung der knorpelig und bindegewebig präformierten Knochensubstanz. Ätiologie: unbekannt, vermutlich Folge einer Insuffizienz der Osteoklasten oder eines pathologischen, für die Osteoklasten unangreifbaren Kalkknorpels. Klassifikation:

- Maligne, autosomal rezessive Form im frühen Kindesalter,
- benigne, autosomal dominante Form im Erwachsenenalter.

Röntgenbefund: Metaphysär ringförmige oder diaphysär längs verlaufende knöcherne Verdichtungen (Erlenmeyer-Kolben). Ferner bestehen konzentrisch angeordnete sklerotische Herde innerhalb der Knochen („bone within the bone"). In der Wirbelsäule führen die Verdichtungen in den Grund- und Deckplatten zur typischen „Sandwich"-Form der Wirbelkörper. Häufig betroffen ist die Schädelbasis mit ausgeprägter Sklerosierung bis hin zur Pneumatisationshemmung beider Schläfenbeine.

Osteomyelosklerose (Osteomyelofibrose)

Progressive Proliferations- und Reifungsstörung aller Zellen des Knochenmarks mit Ersatz des hämatopoetischen Systems durch ein Fasermark mit Ossifikationstendenz. Ätiologie: chronisch entzündliche Prozesse, Autoimmunvorgänge und maligne Erkrankungen des Knochenmarks. Klinik-, Labor- und Biopsiebefunde: s. Kap. „Innere Medizin". Röntgenbefunde: „Hypertrophische Atrophie" des Knochenmarks mit fleckförmigen, konfluierenden Verdichtungen in der Spongiosa, vornehmlich im Stammskelett. Periostreaktionen fehlen; die äußere Form des Knochens bleibt erhalten.

Osteopathia striata

Dysplasie mit vorwiegend metaphysär lokalisierten, symmetrisch angeordneten und in der Knochenachse verlaufenden Verdichtungszügen der Spongiosa.

Osteopoikilie

Endostose mit symmetrischen nodulären Verdichtungsherden in den Epi- und Metaphysen der langen und kurzen Röhrenknochen.

Osteoarthropathia hypertrophicans Pierre Marie-Bamberger

Im Verlauf von chronisch entzündlichen Lungen- und Bronchialerkrankungen oder Herzfehlbildungen auftretende symmetrische Verdickung der Diaphysen der langen und kurzen Röhrenknochen bei gleichzeitiger kolbiger Verdickung der Endglieder der Finger und Zehen. Uhrglasartige Verkrümmung der Finger- und Zehennägel. Gleichzeitiges Auftreten schmerzhafter Polyarthritiden.

Melorheostose

Dysplasie mit breiten, streifenförmigen Sklerosebändern, die sich in mehreren Spuren über Diaphyse, Metaphyse und Epiphyse über die Gelenke hinaus zum nächsten Knochen bis hin zu den Finger- und Zehenspitzen erstrecken. Die Befunde erinnern an das Bild herabfließender Kerzentropfen.

Kraniotubuläre Dysplasie

Sammelbegriff für genetisch bedingte kraniale Dysplasien (Hyperostosen, Sklerosen und Deformierungen von Schädelbasis und Gesichtsschädel, Leontiasis ossea) in Verbindung mit metaphysärer Verbreiterung der Röhrenknochen („Erlenmeyer-Kolben") und diaphysärer Endostose. Sonderform: diaphysäre Dysplasie Camurati-Engelmann mit Verbreiterung und Sklerosierung der Diaphysen der langen Röhrenknochen.

Knocheninfarkt

Zirkulationsstörung mit den Folgen einer Knochenmarksnekrose, die sich demarkiert und im Reparationsstadium randständig verkalkt. Röntgenbefund: In der Meta- und Diaphyse streifige oder traubenförmige Verkalkungen. In der Epiphyse randständige oder keilförmige Verdichtungen mit der Basis der Keilform an der Gelenkfläche, ggf. Impression und Verformung der Gelenkfläche mit den Folgen einer sekundären Arthropathie (s. auch aseptische Knochennekrosen).

Kompaktainseln

Umschriebene, ca. linsengroße knöcherne Verdichtungen im Maschenwerk der Spongiosa (Endostosen). Bei größeren Formen von Kompaktainseln spricht man von Osteomen.

Knochentumoren

Einteilung der Knochentumoren nach klinischen Gesichtspunkten in gutartige und primär bösartige sowie metastatische Formen.

Zur Klassifikation der primären Knochengeschwülste nach pathomorphologischen Gesichtspunkten s. Tab. 5.1; eine Übersicht über die Lokalisation und die radiologischen Befunde der häufigsten Knochentumoren vermittelt Tab. 5.2.

Metastasen

In allen Skelettabschnitten solitär oder multilokulär auftretend. Osteolytische Formen: scharfe oder unscharfe Knochendestruktion von unterschiedlicher Größe in Spongiosa und Kortikalis mit den Folgen von pathologischen Frakturen. Osteoblastische Form: mehr oder weniger homogener, sklerotischer Bezirk. Mischformen möglich.

Frakturen und Luxationen

Man unterscheidet offene und geschlossene, nach der Form Längs-, Schräg-, Quer-, Spi-

Tabelle 5.1 Klassifikation der wichtigsten primären Knochentumoren

Tumorursprung	Gutartige Tumoren	Bösartige Tumoren	„Tumor-like lesions"
1. Knorpel	Chondroblastom Chondromyxoidfibrom Osteochondrom kartilaginäre Exostosen Enchondrom multiple Enchondromatose	Chondrosarkom	
2. Knochen	Kompaktainseln Osteom Osteoblastom	Osteosarkom juxtakortikales Osteosarkom	Kallus Myositis ossificans Osteoidosteom monostotische fibröse Dysplasie
3. Knochenmark		Plasmozytom Ewing-Sarkom Retikulumzellsarkom	
4. Blutgefäße	Hämangiom	Hämangiosarkom	aneurysmatische Knochenzyste
5. fibröses Gewebe	Desmoidfibrom	Fibrosarkom	fibröser Kortikalisdefekt
6. ektopische Chordazellen		Chordom	
7. unbekannt	Riesenzelltumor Grad I–II*	Riesenzelltumor Grad III–IV	solitäre Knochenzyste Adamantinom

* potentiell maligne

Tabelle 5.2 Synopsis von Alter, Lokalisation und Röntgenbefund häufiger Knochentumoren (aus *Mulder, J. D.* u. Mitarb.: Primäre Knochengeschwülste. In Schinz, H. R., W. E. Baensch, W. Frommhold, R. Glauner, E. Uehlinger, J. Wellauer: Lehrbuch der Röntgendiagnostik, 6. Aufl., Bd. II/2. Thieme, Stuttgart 1981)

Tumor	Vorzugsalter	Vorzugssitz	Röntgenbefund
Chondroblastom (Codman-Tumor)	10–25 Jahre	Epiphysen der langen Röhrenknochen, insbes. proximaler Humerus	exzentrische Osteolyse mit Randsklerosierung oder randständiger traubenförmiger Verkalkung, bei metaphysärer Ausdehnung Neigung zu Periostreaktionen
Chondromyxoidfibrom	80% <20 Jahre	Metaphysen der langen Röhrenknochen der unteren Extremitäten, insbes. Tibia	exzentrische Osteolyse mit traubenförmiger Vorwölbung der papierdünnen Kortikalis
Osteochondrom (kartilaginäre Exostose)	10–40 Jahre	Epi- und Metaphysen der langen Röhrenknochen, des Becken-, Fuß- und Handskeletts	gestielter pilzförmiger Knochenauswuchs mit traubenförmigen Verkalkungen und unverkalkter Knorpelkappe, spez. bei jüngeren Patienten
Enchondrom	10–40 Jahre	an allen Röhren- und platten Knochen, insbes. Hand, Fuß und sternale Rippenenden	rundlich-ovaläre oder traubenförmige Aufhellung mit Sklerosewall und „endozystischen" Verkalkungen
Chondrosarkom	jenseits der 1. Dekade ohne Prädilektion	Metaphysen von Becken, Femur, Tibia, Humerus und Rippen	*Zentraler Sitz:* osteolytischer Defekt mit Arrosion der Kortikalis und endotumoralen Verkalkungen sowie geringer periostaler Knochenneubildung *Exzentrischer Sitz:* exostoseähnlicher Auswuchs mit irregulärer Randkontur und strukturloser Verkalkung sowie Destruktion der äußeren Kortikalis *Subperiostale Form:* flache periostale, wenig dichte Tumorapposition mit Spiculae und Codman-Dreieck
Osteoblastom	5–20 Jahre	Bögen und Gelenkfortsätze der Wirbel und Ossa tarsalia	knochenauftreibender, verkalkender, uncharakteristischer Destruktionsprozeß, vergleichbar mit Osteoidosteom
Osteosarkom	10–25 Jahre	Metaphysen der langen Röhrenknochen, insbes. Kniegelenksregion (55%)	Mischung aus Knochendestruktion und -neubildung mit groben Spiculae, Codman-Dreieck und lamellären periostalen Knochenschalen
juxtakortikales Osteosarkom	15–40 Jahre	Metaphysen der langen Röhrenknochen, insbes. dorsale distale Femurmetaphyse (Facies poplitea)	breitbasig dem Knochen aufsitzender, kalzifizierender Tumor ohne Spiculae oder Codman-Dreieck, teils exostoseähnlicher Befund, teils irreguläre Tumorausläufer
Osteoidosteom	10–25 Jahre	Meta- und Diaphysen von Femur und Tibia, ferner Wirbelsäule und kurze Knochen	rundlich-ovaläre zentrale Aufhellung (Nidus) und randständige Sklerosierung, bei kortikaler Lokalisation starke periostale Knochenneubildung

Tabelle 5.2 Fortsetzung

Tumor	Vorzugsalter	Vorzugssitz	Röntgenbefund
Plasmozytom	60–80 Jahre	Wirbelsäule, Becken, Schädel, Oberschenkel, Rippen, Oberarm	solitäre oder multiple, scharf begrenzte, wie ausgestanzt wirkende, rundlich-ovaläre Osteolysen, bei diffusem Befall Osteoporosebild
Ewing-Sarkom	5–25 Jahre	Diaphysen von Femur, Tibia, Fibula und Humerus, Pelvis und Rippen	mottenfraßähnliche Läsionen in der Spongiosa, lochartige Destruktion der Kompakta, lamelläre periostale Reaktion, *typisch:* massiver parossaler Tumorausbruch
Retikulumzell-sarkom	20–60 Jahre	Meta-Diaphysen der langen Röhrenknochen, insbes. Kniegelenksregion	osteolytische Destruktionen von Spongiosa und Kompakta, auffallend geringe periostale Reaktionen, ausgedehnter parossaler Weichteiltumor
Hämangiom	keines	Wirbelsäule (> 50%), Schädel, selten Meta- und Diaphysen der Röhrenknochen oder kurze bzw. plane Knochen	*Wirbelsäule:* verdickte vertikale Spongiosastruktur *Schädel und plane Knochen:* runde, scharf begrenzte Osteolyse mit zarter Randsklerose und radiärer Trabekelstruktur („Sun-burst"-Trabekel)
aneurysmatische Knochenzyste	5–25 Jahre	Metaphysen der langen Röhrenknochen, insbes. der unteren Extremität, Wirbelsäule	exzentrische, blasige Osteolyse mit papierdünner Vorwölbung der Kortikalis, septierte Binnenstruktur
Fibrosarkom	> 5 Jahre ohne Prädilektion	Meta- und Diaphysen der langen Röhrenknochen, insbes. Kniegelenksregion (ca. 60%)	exzentrische Osteolyse mit glatter Begrenzung (Grad I) oder Destruktion der Kortikalis (Grad II und III) ohne Spiculae oder Codman-Dreieck, parossale Geschwulstausdehnung
fibröser Kortikalisdefekt	5–25 Jahre	Metaphyse der langen Röhrenknochen, insbes. der unteren Extremität	kortikale, traubenförmige Osteolyse mit sklerotischem Randsaum
Chordom	40–70 Jahre	Synchondrosis sphenooccipitalis, Dorsum sellae, Wirbelsäule, sakrokokzygeale Region	Weichteiltumor mit osteolytischer Destruktion, endotumorale Verkalkungen
Riesenzell-tumor	> 20 Jahre ohne Prädilektion	Epiphysen der langen Röhrenknochen, insbes. Kniegelenksregion	exzentrische, rundlich-ovaläre Osteolysen mit Aufblähung der Kortikalis, spärliche Randsklerose, bei malignen Formen unscharfe Begrenzung und kortikale Destruktion
solitäre Knochenzyste	80% < 20 Jahre	Meta- und Diaphysen der langen Röhrenknochen, insbes. der unteren Extremität	exzentrische, blasige Aufhellung mit Aufblähung der Kortikalis, septierte Binnenstruktur, diaphysäre Wanderung der Zyste infolge des Längenwachstums

ral-, T-, V-, Y-förmige, Schuß-, Kompressions-, Trümmer-, Abriß- und Luxationsfrakturen sowie Infraktionen. Die Beurteilung der Aufnahmen muß folgende Punkte berücksichtigen: Achsenstellung, Dislokation, Verkürzung und Torsion der einzelnen Knochenfragmente. Periost- und Knorpelverletzungen sowie Weichteilinterpositionen sind röntgenologisch nicht nachweisbar. Kontrollaufnahmen sind nach der Reposition, nach Osteosynthesen und Therapieänderungen sowie nach Gipsabnahme zum Nachweis von Kalk- oder Kallusbildung, zur Kontrolle der Stellung und zum Ausschluß einer Pseudarthrose notwendig.

Grünholzfrakturen vorwiegend bei Kindern: subperiostale Knochenwulstungen bei intaktem Periost. Keine Dislokation. Geringe Stauchung.

Ermüdungs- oder Marschfrakturen: Spontanfrakturen an Stellen dauernder Knochenbelastungen mit Mikrotraumen.

Pathologische Frakturen: Fraktur eines pathologisch veränderten Knochens bei normaler Belastung.

Luxationsfrakturen: Beteiligung und Dislokation eines Gelenkes bei einem Knochentrauma.

Gelenke

Aufnahmen in 2 Ebenen mit Darstellung der benachbarten Knochen oder eines zweiten Gelenkes. Folgendes ist zu beachten: Gelenkstellung, Weite der Gelenkspalten, Strukturen und Konturen der artikulierenden Gelenkflächen und der gelenknahen Knochenabschnitte. Die Arthrographie dient der Darstellung der Gelenkbinnenräume (s. Untersuchungsmethoden). Sie wird heute mehr und mehr von der Kernspintomographie verdrängt.

Luxation

Veränderung der Gelenkstellung durch traumatische Verletzung der Kapsel, der Bänder oder des Knochens.

Habituelle Luxation

Häufig wiederkehrende pathologische Gelenkstellung ohne wesentliches Trauma (Schultergelenk, Patella). Zur Ätiologie s. Kap. „Orthopädie“.

Luxatio coxae congenita

Siehe Kap. „Orthopädie“.

Arthritis

Allgemeine Charakteristik

Weichteilschwellung und Gelenkspalterweiterung durch Erguß. Später Auflockerung und Osteoporose der subchondralen Knochenabschnitte. Unschärfe und Schwund der Grenzlamelle sowie Aufhellungen in der benachbarten Spongiosa. Gelenkspaltverschmälerung durch Knorpelschwund. Bei der chronischen Arthritis kleinere Defekte an den Gelenkflächen, sog. Usuren und zunehmende Zerstörung. Bei der Mutilation vollständige Destruktion sowie Verformung der Gelenkflächen, Fehlstellung in den Gelenken und Ankylosierung. Gelegentlich Dissektion nekrotischer Knochenanteile.

Chronische Polyarthritis

Prädilektionsorte: Grund- und Mittelgelenke, Handwurzel- und Fußgelenke mit Verschmälerung der Gelenkspalten, Entkalkung der gelenknahen Knochenabschnitte. Unregelmäßige Gelenkkonturierung mit Usuren und subchondralen Aufhellungsbezirken. Seltener reaktive Randsklerosen. Später Gelenkdeformierungen, Subluxationen und Beugekontraktionen. Im Spätstadium bindegewebige und knöcherne Ankylosen.

Arthritis psoriatica

Bevorzugter Befall der distalen Interphalangealgelenke (Transversaltyp) oder gleichzeitige Manifestation an allen Finger- oder Zehengelenken eines Strahles (Axialtyp) bei Psoriasis vulgaris. Knochenabbau und -anbau an den artikulierenden Gelenkflächen. Neben Usuren, Destruktionen und Mutilationen beobachtet man ossifizierende Periostitiden und Fibroostitiden.

Arthritis bei Sklerodermie

Fehlstellung, Calcinosis interstitialis localisata, reaktionslose Akro- und Osteolysen, Zeichen der chronischen Polyarthritis, diffuse Entkalkung.

Arthritis tuberculosa

Prädilektion: Hüft- und Kniegelenke. Frühzeitige Osteoporose der gelenknahen Knochenabschnitte. Verschmälerung des Gelenkspaltes bis zur Subluxationsstellung durch Zerstörung des Gelenkknorpels. Knochenresorption und Knochendestruktion bis zu mottenfraßähnlichen Bildern. Sehr selten reaktive Sklerose und Fistelbildungen. Später Verbreiterung der Gelenkkapsel wegen periartikulärer subkutaner Weichteilverdickung. Häufige Ankylose mit knöcherner Durchbauung des Gelenkspaltes.

Morbus Bechterew

Häufigste und erste Manifestation an den Iliosakralgelenken. Konturdefekte, Sklerosen und Knochenbrücken zeichnen das sog. bunte Bild der ankylosierenden Sakroiliitis aus. Zur ankylosierenden Spondylitis s. Abschnitt Wirbelsäule.

Arthritis urica

Neben Weichteilschwellungen, Gelenkspaltverschmälerungen, Usuren und Destruktionen der Grenzlamelle asymmetrische, scharf begrenzte, randständige juxtaartikuläre Defekte durch Gichttophi an den kleinen Finger- und Zehengelenken. Direkte Darstellbarkeit der Tophi bei Calciumeinlagerungen. Häufig gleichzeitige Kalkablagerungen in der Subkutis periartikulär (Calcinosis interstitialis localisata). Zur Ätiologie, Klinik und Therapie s. Großkap. Innere Medizin.

Arthrosis deformans

Verschmälerung des röntgenologischen Gelenkspaltes. Subchondrale Verdichtungen der Spongiosa und zystische Aufhellungen. Nach Schwund des Knorpels Ausbildung knöcherner Schliffflächen. Osteophyten an der Knorpel-Knochen-Grenze. Deformitäten der Gelenkflächen an der Hand, vorwiegend an den Endgelenken und am Karpometakarpalgelenk I (Rhizarthrose). Heberden-Knoten an den distalen Phalangealgelenken. Bouchard-Osteophyten an den proximalen Phalangealgelenken. Gelegentlich Kapselosteome.

Protrusio acetabuli

Kongenitale oder durch Entwicklungsstörung bzw. Trauma hervorgerufene Vorwölbung der Hüftgelenkpfanne in das kleine Becken.

Hämophile Arthropathie

Erweiterung und Verdickung der Gelenkkapsel infolge rezidivierender Einblutungen. Endzustand: schwere Arthrosis deformans mit Luxations- und Subluxationsstellung.

Neurogene Arthropathie (Charcot-Gelenk)

Röntgenologisch identisch mit der schweren, degenerativen Arthrosis deformans. *Hypertrophische Form:* Ausgedehnte Osteophytenbildungen, Randsklerosen und parossale Knochenanlagerungen. Schwere Subluxationen, Schlottergelenk. *Atrophische Form:* Überwiegen der subchondralen Knochenzerstörungen.

Gelenktumoren

Benigne: Hämangiom der Gelenkkapsel, Gelenkchondrom und -chondromatose, Gelenkosteom, Synovitis villonodularis pigmentosa. *Maligne*: Synovialom und sekundär in die Gelenke einwachsende bösartige Tumoren.

Schädel

Routineaufnahmen

A.-p. oder p.a., seitliche, axiale und halbaxiale Aufnahmen. Bei der Beurteilung des Schädels sind folgende Punkte zu beachten:

- Form und Größe,
- Verhältnis des Hirnschädels zum Gesichtsschädel,
- Dicke der Kalotte und Differenzierung von Lamina externa, interna und Diploe,
- Strukturen der Kalotte (physiologisch: Suturen, Gefäßkanäle, Pacchioni-Granulationen, Impressiones digitatae, Fontanellen bei Kindern),
- Strukturen des Gesichtsschädels, vor allem Orbitae und Nasennebenhöhlen,
- Strukturen der Schädelbasis, vor allem Größe und Konturen der Sella turcica,
- intrakranielle Verkalkungen (ohne pathologische Bedeutung: Verkalkungen von Falx, Epiphyse, Plexus choroidei, Pacchioni-Granulationen, Commissura anterior, Dura, Bändern in der Sellaregion).

Ergänzung der Routinebilder durch Spezialaufnahmen einzelner Regionen des Schädels (z. B. Zielaufnahmen der Sella, Nasennebenhöhlen-Aufnahmen, Warzenfortsätze nach Schüller, Felsenbeine nach Stenvers oder Mayer, Canalis opticus nach Rhese) und durch die Computertomographie.

Schädelentwicklung

Verhältnis von Hirn- zu Gesichtsschädel beim Neugeborenen 8:1, beim Erwachsenen 2:1. 2 Wachstumsperioden. 1. Periode: Geburt bis 7. Lebensjahr mit raschem und gleichmäßigem Wachstum von Hirn-. und Gesichtsschädel; kaum entwickelte pneumatisierte Räume. 2. Periode: 8. Lebensjahr bis Pubertät mit starkem Wachstum des Gesichtsschädels und rascher Entwicklung der pneumatisierten Räume. Später nur noch langsames Wachstum des Gesichtsschädels. Beim Neugeborenen hat die Kalotte einen Durchmesser von ca. 3 mm, beim Erwachsenen von ca. 8 mm. Nahtverknöcherung an der Schädelbasis ab dem 25., an der Kalotte ab dem 30.–40. Lebensjahr.

Pathologische Veränderungen

Formanomalien

Kraniostenosen oder *Kraniosynostosen* sind Formvarianten des Schädels, welche durch vorzeitige Verknöcherung einzelner Nähte zustande kommen. Beispiel: Bei vorzeitigem Verschluß der Pfeilnaht dehnt sich das wachsende Gehirn vorwiegend in sagittaler Richtung aus, so daß ein Langschädel (Dolichozephalus) entsteht. Andere Kraniostenosen sind: der Turmschädel (Turrizephalus), bedingt durch vorzeitigen Verschluß der Sutura coronalis, mit den Varianten Spitzschädel (Oxyzephalus) und Rundschädel (Akrozephalus); der mit dem Turmschädel eng verwandte Kurzschädel (Brachyzephalus), bedingt durch eine vorzeitige Obliteration der Sutura coronalis oder der Sutura lambdoidea; der Kiel- oder Kahnschädel (Skaphozephalus), bei dem es sich um eine Sonderform des Langschädels handelt, bedingt durch eine nur schwache Entwicklung der Ossa parietalia; der Gesäßschädel (Natizephalus), bedingt durch eine sagittale Vertiefung der Kalotte; der Schiefkopf (Plagiozephalus), bedingt durch eine vorzeitige halbseitige Synostose von Stirn- und Scheitelbein im Bereich der Sutura coronalis.
Formanomalien anderer Genese sind die *Scoliosis capitis* (Caput obstipum), bedingt durch eine ungleiche Entwicklung der Schädelbasishälften, sowie die *Hemihypertrophie* des Schädels, allein oder in Verbindung mit einer Hemihypertrophie des Rumpfes oder der Extremitäten.

Beim *Lückenschädel* (Waben- oder Weichschädel) heben sich die verknöcherten Juga cerebralia netzförmig ungeordnet von den mit Bindegewebe ausgefüllten Zwischenräumen ab.
Der *Mikrozephalus* stellt einen allseits verkleinerten Hirnschädel infolge Unterentwicklung des Gehirns bei normal großem Gesichtsschädel dar.
Die *Hemiatrophie* des Schädels resultiert aus einer einseitigen Hirnatrophie; man sieht eine auffallende Verschmälerung der entsprechenden Schädelseite.
Eine Vergrößerung des Schädels *(Makrozephalus)* kann unterschiedliche Ursachen haben: Hydrozephalus, Akromegalie, angeborene Anomalien, Rachitis, Morbus Paget, fibröse Dysplasie u. a.
Unter *Hydrozephalus* versteht man die Folgen einer pathologischen intrakraniellen Drucksteigerung, welche in Abhängigkeit vom Alter des Patienten und von der Dauer der Erkrankung zu röntgenologisch faßbaren Veränderungen am Schädel führen kann. Bei Kleinkindern sieht man als eines der wichtigsten Röntgenssymptome klaffende Schädelnähte. Vertiefte Impressiones digitatae sind dagegen kein zuverlässiges Hirndruckzeichen. Ferner kann man nicht selten eine Abflachung und Ausweitung der Sella mit Arrosion des Dorsum sellae („Drucksella") finden. Wenn die intrakranielle Drucksteigerung erst im Jugendlichen- oder Erwachsenenalter auftritt, fehlt die Schädelvergrößerung.
Die *basiläre Impression* gehört zum Formenkreis der zervikookzipitalen Dysplasien. Es handelt sich um eine Einstülpung der um das Foramen magnum herum gelegenen Knochen in die hintere Schädelgrube hinein. Entsprechend ist auch die obere HWS mit dem Dens nach kranial verlagert. Weitere Fehlbildungen sind häufig. Die Anomalie ist auf seitlichen Schädel- oder HWS-Aufnahmen u. a. an einem auffälligen Denshochstand zu erkennen.

Mitbetroffenheit bei Skelettdysplasien

Bei einer Reihe von *Skelettdysplasien* ist auch der Schädel mitbetroffen. Hierzu gehören die Akrozephalosyndaktylie (Apert), die Dysplasia craniofacialis (Crouzon), die Dysplasia mandibulofacialis (Franceschetti), die Pfaundler-Hurler-Erkrankung, die Dysplasia cleidocranialis u. a.
Bei der *Akrozephalosyndaktylie* findet man einen charakteristischen Hochschädel mit

Brachyzephalie bei normalem Gesichtsschädel. Die *Dysplasia craniofacialis* erkennt man an einem hohen brachyzephalen Schädel mit unterentwickeltem Gesichtsschädel; daneben findet sich eine verdickte Kalotte mit verstärkten Impressiones digitatae. Aus der Verkürzung der Schädelbasis und einer Hypoplasie des Oberkiefers resultiert eine Progenie.

Die *Dysplasia mandibulofacialis* ist durch eine Hypoplasie von Jochbein und Unterkiefer, schräge Lidspalten, Ohrmißbildungen, Makrostomie und einen atypischen Haaransatz gekennzeichnet.

Bei der *Pfaundler-Hurler-Erkrankung* findet man einen großen Schädel, häufig kahnförmig oder spitz. Die Kompakta ist verdickt, Stirn und Supraorbitalwülste springen hervor.

Die *Dysplasia cleidocranialis* ist neben dem Fehlen der Schlüsselbeine durch folgende Schädelveränderungen gekennzeichnet: Brachyzephalie, kleiner Gesichtsschädel, starke Stirnhöcker, Hypertelorismus, enge Oberkiefer, spitzes Gaumendach, gestörte Zahnentwicklung.

Tumoren des Hirnschädels

Solitäre *Osteome oder Osteochondrome* verursachen glatt begrenzte Sklerosierungszonen ohne Periostreaktion. Schwierig abzugrenzen sind die häufigen *Meningeome*. Sie führen in über 50% zu Knochenveränderungen. Überwiegend handelt es sich um hyperostotische Knochenreaktionen. Daneben kommen auch Usuren oder Destruktionen des Knochens vor. Spicula sind nicht selten. Die Lokalisation dieser Veränderungen an den typischen Stellen (parasagittal in Kalotte, Siebbeinplatte, Keilbein, Tuberculum sellae, Felsenbeinkante) erlaubt in den meisten Fällen die Verdachtsdiagnose. Weitere Hinweise sind computertomographisch und angiographisch zu erhalten (hypervaskularisierter Tumor, Versorgung aus Ästen der A. carotis externa). *Osteoplastische Metastasen* sind durch das Grundleiden und ihre Multiplizität zu differenzieren.

Hyperostosen und Atrophien

Der *Hyperostosis frontalis interna* kommt keine klinische Bedeutung zu. Eine diffuse Osteosklerose, vorwiegend der Schädelbasis, findet sich bei der *Osteopetrosis* (Morbus Albers-Schönberg), seltener bei der *Engelmann-Erkrankung* oder nach einer Fluorvergiftung (s. o. Osteosklerosen). Die Verdickung des Schädeldaches bei der *Ostitis deformans Paget* ist durch eine Tüpfelung und Auflockerung der Spongiosa mit Unterbrechung der äußeren Konturen bis zur seltenen Ausprägung eines Bürstenschädels gekennzeichnet. Ähnliche Veränderungen bietet die *Osteodystrophia fibrosa generalisata Recklinghausen.* Diffuse Hyperostosen werden auch bei Erkrankungen des blutbildenden Apparates gesehen. Bei Anämien ist ein typischer, aber seltener Befund der Bürstenschädel.

Osteolytische Herde

Umschriebene solitäre oder multiple osteolytische Herde kommen bei einer Vielzahl von Erkrankungen vor: Metastasen, Plasmozytom, Histiozytosis X, Meningeom, leptomeningeale Zyste, Epidermoid, Hämangiom, Dermoidzyste, Hygrom der Dura, Meningozele, aneurysmatische Knochenzyste, fleckige Osteoporose, Morbus Hodgkin, Non-Hodgkin-Lymphome, Sarkoidose, Osteomyelitis, Sarkome des Schädeldaches u. a. Form und Begrenzung der Läsion sowie die Anamnese des Patienten ermöglichen in typischen Fällen die Verdachtsdiagnose. Meistens müssen jedoch mehrere Differentialdiagnosen in Betracht gezogen werden.

Chronisch entzündliche Prozesse der Schädelkalotte

Chronisch entzündliche Prozesse der Schädelkalotte können durch eine unspezifische *Osteomyelitis, Tuberkulose, Syphilis, Aktinomykose, Blastomykose* und *Kokzidioidomykose* bedingt sein. Man sieht mottenfraßähnliche Bilder mit Wechsel von Aufhellungs- und Sklerosierungszonen.

Osteoporose

Hormonelle und andere Stoffwechselstörungen führen zu einer Osteoporose, welche durch eine fleckig-granuläre Knochenstruktur gekennzeichnet ist (s. o. Skelettentkalkung).

Traumatische Prozesse des Hirnschädels

Zum Nachweis *traumatisch bedingter Fissuren, Spalt- und Impressionsfrakturen* müssen grundsätzlich Schädelübersichtsaufnahmen in 2 Ebenen, evtl. Schrägaufnahmen, bei klinischem Verdacht auf eine Schädelbasisfraktur axiale bzw. halbaxiale und zusätzliche Spezialaufnahmen oder besser, sofern der Zustand des Patienten es erlaubt, eine Dünnschicht-CT der Schädelbasis angefertigt werden. Die feinen, geradlinig oder bogenförmig verlaufenden Frakturlinien dürfen nicht mit den breiten Gefäßfurchen und mit Suturen verwechselt werden. Ein Bruchspalt ist im Gegensatz zu den Gefäßkanälen schärfer begrenzt und zeigt immer die gleiche Breite. Ältere Frakturen zeigen zarte Randsklerosen. Die Verbreiterung eines Bruchspaltes bei Verlaufskontrollen ist Folge einer Knochenresorption an den Frakturrändern. Wegen der langsamen Heilungstendenz können Frakturen röntgenologisch über einen sehr langen Zeitraum nachweisbar bleiben.

Pathologische Prozesse an der Sella turcica

Die formvariable Sella turcica weist folgende Maße auf: Länge 12–15 mm, Tiefe 9–12 mm, Fläche 90–120 mm^2. Extra- und intraselläre raumfordernde Prozesse sowie Hirndrucksteigerungen führen zu Form- und Größenänderungen der Sella mit Verdünnung, Vertiefung und Verbreiterung des Sellabodens, bisweilen mit Doppelkonturen, Osteoporose, Elongation und Usurierung des Dorsum sellae und der Processus clinoidei posteriores.

Intrakranielle Verkalkungen

Pathologische intrakranielle Verkalkungen sind von physiologischen Verkalkungen (s. o.) abzugrenzen. Verkalkungen des Corpus pineale oder der Plexus choroidei projizieren sich im Seitenbild auf das Os parietale, im a.-p. Bild in die Medianlinie bzw. beidseitig in die parasagittalen Abschnitte. Kalkschatten zwischen den Klinoidfortsätzen oder hinter dem Dorsum sellae sind den Ligamenta interclinoidea bzw. dem Ligamentum petrosellare zuzuordnen. In höherem Alter weisen doppelkonturierte Kalkschatten neben der Sella turcica auf eine Verkalkung der A. carotis interna hin. Pathologische Verkalkungen finden sich in etwa 15% aller Hirntumoren. Ferner sind pathologische Verkalkungen bei folgenden Erkrankungen bzw. ihren Folgezuständen nachweisbar: Arteriosklerose, arteriovenöses Angiom, arterielles Aneurysma, Meningitis tuberculosa, Tuberkulom, Enzephalitis, Toxoplasmose, Sturge-Weber-Erkrankung, tuberöse Sklerose, Zytomegalie, Hypoparathyreoidismus und Morbus Fahr, alte Hämatome, Zystizerkose, Echinokokkose.

Pathologische Prozesse der Felsenbeine und Warzenfortsätze

Pathologische Prozesse der Felsenbeine und Warzenfortsätze erfordern Spezialaufnahmen zur Darstellung des Mittelohres und der Felsenbeinpyramide, die durch Schichtaufnahmen ergänzt werden können. Zuverlässiger als die konventionellen Röntgenuntersuchungen ist die hochauflösende CT. Schädigungen des Mittelohres bei Säuglingen und Kleinkindern bedingen Entwicklungsstörungen der pneumatischen Zellen. Exsudat, Eiter, Schleimhautschwellungen und entzündliches Granulationsgewebe führen zu einer diffusen Trübung der Warzenfortsatzzellen, einer unscharfen Konturierung der Zellgrenzen oder einer zunehmenden Verdichtung der Felsenbeine. Eine periantrale Sklerose ist ein Hinweis auf einen *chronisch-rezidivierenden Mittelohrprozeß*. Einschmelzungen führen zur Zerstörung von Zellwänden und zur Usurierung der Kortikalis, evtl. sogar zur Ausbreitung des Prozesses in die Halsweichteile. Das *Cholesteatom* der Felsenbeine und Bodengänge stellt sich als umschriebene, scharf begrenzte Aufhellung in der periantralen Region in unmittelbarer Umgebung des Gehörganges dar. Bei Verdacht auf einen Kleinhirnbrückenwinkeltumor ist die CT, oder, wo vorhanden, die Kernspintomographie indiziert.

Pathologische Prozesse des Gesichtsschädels

Traumatische, entzündliche und tumoröse Veränderungen des knöchernen Gesichtsschädels sind durch konventionelle Übersichtsaufnahmen, die Schichtuntersuchung sowie durch Spezialaufnahmen nachweisbar. Die weitaus größte Bedeutung kommt jedoch der koronaren CT des Gesichtsschädels zu. Mit ihr sind neben den ossären Veränderungen auch die Weichteilprozesse bzw. Hämatome zu erfassen. Axiale CT-Untersuchungen unter laufender Kontrastmittelinfusion ermöglichen die Feststellung von tumorbedingten Verschlüssen der großen Halsgefäße. Frakturen und tumoröse Prozesse im Bereich der Orbita sind leicht zu erkennen. Einengungen der normalerweise 5 mm weiten Canales optici finden sich bei Frakturen, beim Morbus Paget, beim Morbus Recklinghausen, bei der fibrösen Dysplasie sowie beim Turmschädel; Erweiterungen sind bei Optikustumoren, Gliomen des Chiasma opticum und länger dauernder Hirndrucksteigerung

nachweisbar. Für den Fremdkörpernachweis im Bereich des Bulbus oculi genügen Aufnahmen in 2 Ebenen. Eine exakte Quadrantenlokalisation gelingt mit Spezialaufnahmen nach Comberg oder der CT.
Die Pneumatisation der Oberkieferhöhlen erfolgt gegen Ende des 1., die der Keilbeinhöhlen im 4. und die der Stirnhöhlen im 4.–12. Lebensjahr. Eine einseitige Pneumatisationshemmung oder *Aplasie der Stirnhöhlen* hat keine pathologische Bedeutung. Die Hyperplasie einer Stirnhöhle kann mit der sogenannten Bulla frontalis, einer weit nach vorn entwickelten Siebbeinzelle, verwechselt werden. *Entzündliche Veränderungen* (Sinusitis, Kieferhöhlenempyem nach Zahnextraktion) führen zu einer homogenen randständigen oder diffusen Verschattung der Nasennebenhöhlen mit oder ohne Flüssigkeitsspiegel (Aufnahme im Stehen!). *Polypen*, seltener *Mukozelen* und *Retentionszysten* bedingen konvexbogige Verschattungen. Mukozelen führen bisweilen zu Knochenarrosionen. Homogene oder inhomogene Verschattungen können durch *Osteome, Odontome, Adamantinome* oder *follikuläre Zysten* hervorgerufen werden. Charakteristische Befunde verursachen Stirnhöhlencholesteatome und Oberkieferzysten. *Maligne Tumoren des Gesichtsschädels* oder der Nasennebenhöhlen verursachen neben einer Verschattung der Nebenhöhle eine Destruktion ihrer knöchernen Wände. *Fremdkörper* oder *Zahnfragmente* sowie *Rhinolithen* rufen ebenfalls Verschattungen in den Nasennebenhöhlen hervor. *Septumdeviationen* oder Schwellungen der Nasenmuscheln, häufig mit Polypen, sind auf a.-p.-Aufnahmen darstellbar.
Im 5.–6. Embryonalmonat sind die Kronen der Schneidezähne röntgenologisch nachweisbar. Wichtig ist der Nachweis von retinierten Zähnen und gekrümmten Wurzelspitzen. Parodontopathien rufen eine Atrophie der Alveolarfortsätze hervor. Die *Zahnkaries* erkennt man an unregelmäßigen Defekten in der Zahnsubstanz, während die präparierten Füllungshöhlen scharfe Grenzen zeigen. Eine Verbreiterung des Periodontalraumes im Alveolarknochen, diffus oder lokalisiert, spricht für eine *Periodontitis*. Die lokalisierte Periodontitis an der Wurzelspitze mit umschriebener Einschmelzung wird als *Granulom* bezeichnet. Aus ihr kann sich eine radikuläre Zyste mit in ihr lokalisierter Zahnwurzel entwickeln, im Gegensatz zur follikulären Zyste mit rudimentärem Zahn. Mit einem Granulom kann die *Epulis*, ein gutartiges Osteoklastom, verwechselt werden. Einen typischen Befund bietet dagegen das *Adamantinom* mit blasiger Auftreibung des Knochens. *Entzündliche Veränderungen* (Osteomyelitis) führen zu unregelmäßigen osteolytischen Veränderungen; bei einem chronischen Prozeß sind auch sklerotische Zonen nachweisbar. Ähnliche Befunde werden durch die *Tuberkulose*, die *Aktinomykose* und *Strahlennekrosen* hervorgerufen. Die verschiedenen Formen der *Gesichtsschädelfrakturen* sind in ihrem Verlauf und in ihrem Ausmaß am einfachsten durch die koronare CT zu erfassen. Häufig kommt es infolge Blutung zur Verschattung von Nasennebenhöhlen. Eine Luftansammlung in der Orbita spricht für eine Fraktur im Bereich der Siebbeinzellen mit Einriß der Dura. Frakturen oder Luxationen des Kiefergelenkes verlangen Spezialaufnahmen bei geöffnetem und geschlossenem Mund. Bei Erkrankung der großen Speicheldrüsen erhält man durch die Sialographie wertvolle diagnostische Informationen.

Diagnostische Spezialmethoden

- Computertomographie (CT),
- Kernspintomographie (MRT),
- Karotis- und Vertebralisangiographie,
- Pneumenzephalographie,
- direkte Ventrikulographie.

Die *CT* ist die Methode der Wahl bei allen Erkrankungen des ZNS, bei Schädel-Hirn-Verletzungen und bei tumorösen und traumatischen Veränderungen des Gesichtsschädels. Die Diagnose einer intrakraniellen Läsion basiert auf dem Nachweis von 1. Hirnsubstanzdefekten, 2. Raumforderungszeichen und 3. einer pathologisch veränderten Hirngewebsdichte. Zusätzliche Informationen ergeben sich 4. aus der Lokalisation der Veränderung und 5. ihrem Verhalten nach intravenöser Injektion eines wasserlöslichen nierengängigen Kontrastmittels. Zunehmende Bedeutung in der Diagnostik von ZNS-Erkrankungen gewinnt die Kernspintomographie, welche der CT bei bestimmten Fragestellungen, z. B. Nachweis von Akustikusneurinomen oder demyelinisierenden Erkrankungen, überlegen ist.
Die *Angiographie* der Hirngefäße hat zwar seit der Einführung der CT und der MRT an Bedeutung abgenommen, ist jedoch nach wie vor unentbehrlich vor neurochirurgischen Eingriffen, in der Diagnostik von verschiede-

nen Gefäßerkrankungen (arteriosklerotische Stenosen und Verschlüsse, Angiome, Aneurysmen, Sinusthrombosen) sowie zur weiteren Abklärung von unklaren CT- oder MRT-Befunden. In der angiographischen Tumordiagnostik gelten im Prinzip die gleichen morphologischen Kriterien wie in den übrigen Körperregionen (Gefäßverlagerungen, pathologische Gefäße, arteriovenöse Shunts, tumor staining). Eine angiographische Artdiagnose ist bei einigen Tumoren möglich (Meningeom, Glioblastom, Hämangiom). Von besonderer Bedeutung ist die Aufklärung des Patienten über das Risiko der Untersuchung (embolische Verschlüsse von Hirnarterien durch Ablösung von kleinen arteriosklerotischen Plaques im Aortenbogen oder in den Karotiden oder Vertebralarterien infolge der Manipulation mit dem Führungsdraht oder dem Katheter).
Die *Pneumenzephalographie* (Einbringen von Luft in die Hirnkammern mittels Lumbal- oder Subokzipitalpunktion) zur Darstellung der Ventrikel, Zisternen und des äußeren Subarachnoidalraumes ist jedoch durch die CT und die MRT verdrängt worden.
Unter direkter *Ventrikulographie* versteht man die Kontrastmitteldarstellung des Ventrikelsystems nach transzerebraler Direktpunktion eines Ventrikels. Sie wird zur Abklärung eines Verschlußhydrozephalus durchgeführt, wenn eine Pneumenzephalographie aufgrund einer intrakraniellen Drucksteigerung nicht durchgeführt werden kann und die CT oder die MRT die Ursache des Verschlußhydrozephalus nicht klärt.

Wirbelsäule

Wirbel

Routineaufnahmen

HWS, BWS, LWS a.p. und seitlich, Schrägaufnahmen der HWS und LWS; ferner Funktionsaufnahmen.
Folgende Punkte sind zu beachten: Haltungsanomalien, Defektbildungen, Assimilationen, Beweglichkeit, Beziehung der Wirbelkörper zueinander, Weite des Wirbelkanals, Höhe der Zwischenwirbelräume, Abstände der Bogenwurzeln voneinander, Form und Struktur der Wirbelkörper, der Quer-, Dorn- und Gelenkfortsätze.

Entwicklung

Die Verknöcherung der Wirbelanlagen beginnt am Ende des 2. Fetalmonats. Es treten drei Knochenkerne auf, einer im Wirbelkörper und je einer in den Anfangsabschnitten der Wirbelbögen. Die Synostose der Bogenstücke erfolgt im 1.–2. Lebensjahr, die Kerne der Bögen verschmelzen mit denen der Körper im 3.–5. Lebensjahr. Im 12. Lebensjahr bilden sich die ringförmigen Kerne der Epiphysenplatten, die im 18. Lebensjahr mit den Knochen der Wirbelkörper verschmelzen. Physiologische Varianten sind horizontal verlaufende Gefäßkanäle in der Wirbelkörpermitte (Hahn-Spalten) (Seitenbild), Einkerbungen an den Ober- und Unterkanten der Wirbelkörper beim Kind, in die sich später die knöchernen Randleisten einfügen, sowie beim Erwachsenen die persistierenden Randleistenapophysen. Letztere dürfen nicht mit Frakturen oder retromarginalen Wirbelrandhernien verwechselt werden.

Pathologische Veränderungen

Fehlbildungen

Angeborene oder erworbene *Haltungsanomalien*, wie Hyperlordosierungen, verstärkte Kyphosen, Skoliosen und Rotationsskoliosen können durch eine atypische Belastung einzelner Wirbelsäulensegmente klinische Bedeutung erhalten. Hierzu zählen das Sacrum acutum bei Hyperlordosierung der LWS und das Sacrum arcuatum. Relativ häufig sind Fehlbildungen im zervikookzipitalen und lumbosakralen Übergangsbereich. Hierzu zählen die sogenannten *Übergangswirbel* wie bei der Okzipitalisation des Atlas, der Vertebralisation der Hinterhauptskondylen, der Sakralisation von L5 und der Lumbalisation von S1, die eine veränderte Wirbeldynamik mit Arthrosen und Wurzelkompressionen (Neuralgie von C2, L5, S1) zur Folge haben. Die Veränderungen im zervikookzipitalen Bereich werden auch unter der Sammelbezeichnung *„zervikookzipitale Dysplasie“* zusammengefaßt. Eine Vergrößerung des lumbosakralen Winkels (*Ferguson-Winkel* = Winkel zwischen der Horizontalen und der parallel zum Zwischenwirbelraum L5/S1 gezogenen Linie) über 34° hinaus weist auf eine pathologische Belastung der Lumbosakralregion hin. Stummelrippen oder fehlende Rippen am 12. Brustwirbelkörper mit gleichzeitigem Vorliegen einer Halsrippe bzw. langen Querfortsätzen am 7. Halswirbelkörper sind häufig mit der Sakralisation, lange 12.

Rippen und kurze Querfortsätze am 7. Halswirbelkörper häufig mit einer Lumbalisation vergesellschaftet.
Kongenitale *Blockwirbel* umfassen zwei oder drei benachbarte Wirbelkörper, oft mit Einschluß der Wirbelbögen oder angrenzenden Rippen. Eine unvollständige Entwicklung wird als *Keilwirbel*, die Ausbildung nur einer Wirbelhälfte als *Halbwirbel* bezeichnet. Als *Klippel-Feil-Syndrom* wird die totale Fusion aller Halswirbel zu einem einzigen Knochen bezeichnet, in dessen Kanal eine mißgebildete Medulla zu finden ist. Häufigste Anomalie der Wirbelbögen ist ein unvollständiger Bogenschluß, vor allem in der lumbosakralen Region (Spina bifida occulta), der klinische Bedeutung gewinnt, wenn er mit einer Meningozele verbunden ist. Eine Spaltbildung (Spondylolyse) in der Interartikularregion der Wirbelbögen der unteren LWS ist Ursache der *Spondylolisthesis*. Der Spaltnachweis gelingt am besten auf Schrägaufnahmen der LWS und im CT. Bei der *Pseudospondylolisthesis* infolge einer Spondylosis deformans fehlt eine Spaltbildung. Eine seitliche Verschiebung und Rotation eines Wirbels wird als Drehgleiten bezeichnet.

Degenerative Prozesse

Eine *Bandscheibendegeneration* mit sekundärer *Spondylosis deformans* der Wirbelkörper ist gekennzeichnet durch eine Verschmälerung des Zwischenwirbelraumes und Osteophytenbildung an den Grund- und Deckplatten. Verkalkungen in den Zwischenwirbelscheiben sind nicht selten. Häufig findet man bei degenerierten Bandscheiben eine umschriebene Gasansammlung in den Zwischenwirbelräumen (Vakuumphänomen). Bandscheibeneinbrüche in die Spongiosa des Wirbelkörpers führen zu scharf begrenzten, abgerundeten Lücken in den Abschlußplatten (Schmorl-Knötchen). Bandscheibeneinbrüche nahe der Vorderkanten der Wirbelkörper können zu Kantenabtrennungen (Wirbelrandhernien) führen, die nicht mit persistierenden Apophysen verwechselt oder als traumatische Kantenabrisse gedeutet werden dürfen. Hintere Randwulstbildungen oder die Dorsalverschiebung (Retrolisthesis) eines Wirbelkörpers deuten auf einen *Prolaps des Discus intervertebralis* in den Wirbelkanal hinein mit Einengung der Foramina intervertebralia hin. Die Höhenminderung eines Bandscheibenfaches wird als *Intervertebralchondrose*, in Verbindung mit reaktiver Sklerosierung der Grund- und Deckplatten als *Osteochondrose* bezeichnet. Bei Verschmälerungen der Wirbelgelenkspalten, Sklerose und Osteophyten an den gelenkbildenden Abschnitten spricht man von Spondylarthrose oder Intervertebralarthrose. Osteophyten an den Processus uncinati der HWS, die verantwortlich für Einengungen der Foramina intervertebralia sind, beweisen eine Unkovertebralarthrose.

Entzündliche Prozesse

Von *Spondylodiszitis* spricht man, wenn ein anfänglich auf die Bandscheibe beschränkter entzündlich-rheumatischer Prozeß (Diszitis) auf die angrenzenden Wirbelkörper übergreift. Dabei findet man eine Verschmälerung des Zwischenwirbelraumes und eine unscharfe Kontur der Abschlußplatten.
Wellenförmige Konturierungen und Unregelmäßigkeiten der Deckplatten, intraspongiöse Bandscheibenhernien in den Wirbelkörpern, keilförmig deformierte Wirbelkörper und eine pathologische Kyphose, vor allem an der mittleren BWS, charakterisieren die *Scheuermann-Erkrankung*. Die an den primären Ossifikationszentren eines Wirbelkörpers bei Kleinkindern lokalisierte Osteochondritis führt zum Plattwirbel, zur *Vertebra plana osteonecrotica Calvé*.
Die Höhenminderung einer Bandscheibe, zunächst ohne Wirbelkörperveränderung, ist auch auf eine *Spondylitis tuberculosa* verdächtig. Eine unscharfe Begrenzung der Grund- und Deckplatten und reaktive Randsklerosen sind weitere Röntgenzeichen. Später resultieren unregelmäßige Deformierungen benachbarter Wirbelkörper. Zentrale Defekte (Knochenkavernen) im Wirbelkörper sind im Tomogramm früher und zuverlässiger als im Übersichtsbild zu erfassen. Der Zusammenbruch eines oder mehrerer Wirbelkörper, kalkdichte, bröckelige Fragmente, eine teilweise Resorption der Bandscheiben und der Nachweis eines prä- oder paravertebralen Weichteilschattens (Abszeß) sowie Gibbus sind die Spätstadien der Wirbeltuberkulose. Der Endzustand einer spezifischen Spondylitis ist der deformierte Blockwirbel, zum Teil noch mit Bandscheibenresten. *Unspezifische Spondylitiden* zeigen im Prinzip die gleichen Veränderungen, so daß eine Differenzierung der verschiedenen Spondylitisformen röntgenologisch nicht möglich ist. Die *ankylosierende Spondylitis* (Morbus Bechterew) zeigt im Frühstadium eine Osteoporose an den Wirbelgelenkfortsätzen unter gleichzeitiger Verschmälerung

der Gelenkspalten. Charakteristisch sind flache Syndesmophyten, die in den äußeren Lamellen des Anulus fibrosus oder im prädiskalen Abschnitt, zumeist im dorsolumbalen Übergangsbereich, auftreten. Im Gegensatz zu den Osteophyten, die in Höhe der Grund- und Deckplatten in schräger kranialer oder kaudaler Richtung sich ausdehnen, zeigen die Syndesmophyten eine senkrechte Ausdehnung in kraniokaudaler oder kaudokranialer Richtung. Endresultat ist eine knöcherne Ankylose der Wirbelsäule (Bambusstabwirbelsäule). Vor dem Auftreten der Wirbelsäulenveränderungen sind gewöhnlich Befunde an den Iliosakralgelenken in Form von Usuren, Sklerosen und interartikulären Knochenbrücken nachweisbar (das sog. bunte Sakroiliakalbild). Entzündliche Periostitiden an der Symphyse, den Knie-, Hüft- und Schultergelenken sowie am Fersenbein sind seltenere Begleiterscheinungen bei der ankylosierenden Spondylitis.
Parasyndesmophyten sind typische Kennzeichen der *Spondylitis psoriatica* und der Spondylitis beim *Morbus Reiter*. Es handelt sich um Osteophyten, die von den Abschlußplatten aus zunächst in waagerechter Richtung wachsen und dann erst nach kranial oder kaudal umbiegen.

Tumoren
Wirbelsäulentumoren sind in der Hauptsache Metastasen, während primär von der Wirbelsäule ausgehende Tumoren (Chondrom, Osteochondrom, Chordom, Osteoklastom, Osteoblastom, Histiozytosis X, Plasmozytom, Sarkom, Morbus Hodgkin, Non-Hodgkin-Lymphome, Osteom u. a.) ausgesprochen selten sind. Eine Ausnahme bildet das *Hämangiom*, welches relativ häufig ist. Es ist gekennzeichnet durch eine vertikal verlaufende strähnige Spongiosazeichnung; eine Deformierung des Wirbels ist fast nie zu beobachten.
Das Röntgenbild der übrigen Tumoren ist relativ unspezifisch. Man sieht osteolytische Destruktionen oder diffuse Sklerosierungszonen. Bei fortschreitender Erkrankung kommt es zu einer Zusammensinterung des Wirbels. Große Tumoren können einen paravertebralen Weichteilschatten hervorrufen.
Neben den primären Wirbelsäulentumoren sind als zweite Gruppe die intraspinalen Tumoren zu nennen, welche vom Rückenmark sowie seinen Wurzeln und Hüllen ausgehen (Gliom, Neurinom, Meningeom). Pathognomonisch für das *Neurinom* ist die Druckaufweitung eines Foramen intervertebrale. Große intraspinale Tumoren können bei langsamem Wachstum eine umschriebene spindelförmige Aufweitung des Spinalkanals hervorrufen (Messung des Interpedunkularabstandes!). *Meningeome* rufen eine umschriebene Hyperostose oder eine Usur an der Stelle des Kontakts mit dem Wirbel hervor.
Ein wichtiges differentialdiagnostisches Zeichen ist die Unversehrtheit des Zwischenwirbelraumes bei Wirbeltumoren im Gegensatz zu den entzündlichen oder degenerativen Erkrankungen.

Entkalkung
Bei allen tumorösen Prozessen im Bereich der Wirbelsäule ist der frühzeitige Einsatz sowohl der konventionellen Schichtuntersuchung als auch der CT und der MRT indiziert. Mit den beiden letztgenannten Verfahren gelingt die präzise Erkennung einer Verdrängung oder Infiltration von Rückenmark und Nervenwurzeln.
Neben den tumorbedingten umschriebenen Destruktionen (Osteolysen) gibt es eine Reihe von Erkrankungen, welche zu diffuser Wirbelentkalkung mit Verminderung der statischen Belastbarkeit führen. Hier sind vor allem die *Osteoporose* und die *Osteomalazie* zu nennen. Bei fortgeschrittener Entkalkung kommt es durch Deckplatteneinbrüche zur Bildung von Fischwirbeln.

Sklerosierung
Krankheitsbilder mit vermehrter Sklerosierung von Wirbeln sind die seltene *Marmorknochenerkrankung (Osteopetrosis Albers-Schönberg)* mit einer typischen horizontal angeordneten bandförmigen Sklerose der Wirbelkörper sowie osteoplastische Metastasen.

Traumatische Prozesse
Zeichen der *Wirbelfraktur* sind die Deformierung, die Unterbrechung der Kontinuität zwischen zwei Wirbelabschnitten und die Stufenbildung an der Wirbelkontur. Kompressionsfrakturen führen zur Wirbelkörperhöhenminderung, gelegentlich mit einer diskreten horizontal verlaufenden Verdichtungszone. Von besonderer Bedeutung ist die Erkennung einer Dislokation von Knochenfragmenten in den Spinalkanal hinein wegen der Gefahr der Rückenmarksschädigung. Bei Verdacht auf eine Fraktur von Atlas oder Axis mit Dens ist die Indikation zur konventionellen oder Computertomographie großzügig zu stellen. Bei gleichzeitiger Bandscheibenverletzung findet man eine Hö-

henminderung des Zwischenwirbelraumes. Bänderverletzungen mit Subluxation der kleinen Wirbelgelenke sind mit Funktionsaufnahmen zu diagnostizieren (Schleudertrauma der HWS!).
Posttraumatische Folgezustände können deformierte oder völlig komprimierte Wirbelkörper sein, oft in Verbindung mit ausgeprägten Spondylophyten.
Bei der *Jefferson-Fraktur* handelt es sich um einen Berstungsbruch des Atlas mit Sprengung des Atlasringes infolge einer axialen Gewalteinwirkung. Frakturen der Wirbelbögen, der Quer-, Gelenk- und Dornfortsätze dürfen nicht als angeborene Spaltbildungen oder persistierende Apophysen angesehen werden. Ein isolierter Abriß am Dornfortsatz des 7. Halswirbelkörpers wird bei entsprechender Berufsanamnese als *Schipperfraktur* bezeichnet.

Diagnostische Spezialmethoden

- Computertomographie (CT),
- Myelographie,
- Kernspintomographie (MRT),
- spinale Arteriographie.

Die *CT* nimmt unter den speziellen Untersuchungsverfahren der Wirbelsäule und des Spinalkanals den ersten Platz ein, sofern es sich um die Abklärung von knöchernen Veränderungen oder Bandscheibenleiden handelt. Pathologische Prozesse des Rückenmarks wie die Syringohydromyelie, das Arnold-Chiari-Syndrom, dysraphische Störungen, die Megakauda, Gefäßmißbildungen und intramedulläre Tumoren lassen sich besser durch die MRT erfassen.
Die häufigste Indikation zur spinalen CT stellt der Verdacht auf einen *Bandscheibenprolaps* dar, der mit einer Sensitivität von über 90% erfaßbar ist. Die Ausdehnung des Prolaps' und die durch ihn verursachte Kompression des Duralsackes oder der Nervenwurzeln sind exakt zu bestimmen. Sequester, begleitende ossäre Veränderungen wie Spinalkanalstenosen und Facettenhypertrophien der kleinen Wirbelgelenke und die Lig.-flavum-Hypertrophie sind gleichfalls nachweisbar. Eine sichere Differenzierung zwischen Bandscheibenprotrusion (intakter Anulus fibrosus) und Bandscheibenprolaps (Ruptur des Anulus fibrosus) ist jedoch computertomographisch nicht möglich.
In der Diagnostik von *Tumoren* der Wirbelsäule und des Rückenmarks nehmen CT und MRT eine zentrale Stellung ein. Während mit der konventionellen Röntgendiagnostik lediglich das Ausmaß der ossären Destruktionen erfaßbar ist, wird im CT und im MRT die Ausdehnung des Weichteilanteils des Tumors (extravertebrales Wachstum, Beziehung zum Rückenmark) erfaßt. Eine sichere artdiagnostische Zuordnung ist jedoch meist nicht möglich. Auch *entzündliche spinale Prozesse*, d. h. das Ausmaß einer paravertebralen Weichteilreaktion und Abszeßbildung sind erkennbar. Da spondylitische Veränderungen jedoch auch mit Knochendestruktionen einhergehen, ist die Abgrenzung zu malignen Prozessen nicht ohne weiteres möglich.
Schließlich ist als großes Indikationsgebiet der spinalen CT die Diagnostik von *Verletzungen* bzw. Verletzungsfolgen hervorzuheben. Wirbelfrakturen und Luxationsfrakturen sind meist besser erfaßbar als im konventionellen Röntgenbild. Dem computertomographischen Nachweis entgehen jedoch horizontal verlaufende Frakturen wie z. B. Densfrakturen; hier kann aber die eventuelle Dislokation bzw. Rotationsfehlstellung des Dens auf eine Fraktur hinweisen.
Intraspinale Verletzungsfolgen wie Rückenmarkskompression durch dislozierte Fragmente und Hämatome sind durch CT und MRT gut erfaßbar. Eine Verfeinerung der spinalen CT ist die Kombination mit der Myelographie. Diese *CT-Myelographie* ist hilfreich bei intraspinalen Tumoren und bei der Syringohydromyelie, wenn keine Kernspintomographie zur Verfügung steht.
Mit der *Myelographie* bzw. *Radikulosakkographie* werden die Subarachnoidalräume der zervikalen und thorakalen bzw. lumbalen Wirbelsäulensegmente untersucht. Nach Kontrastmittelinjektion in den Subarachnoidalraum (lumbal, subokzipital oder zervikolateral) kommt die Begrenzung des Rückenmarkes zur Dastellung. Hierdurch sind Aussagen über dessen Konfiguration (normal, atrophisch, hypertrophisch, komprimiert) sowie über den Liquorfluß (partieller oder kompletter Stop) erhältlich. Im Lumbalbereich werden die Wurzeltaschen dargestellt, wodurch die Kompression einer oder mehrerer Wurzeln durch einen raumfordernden Prozeß (Bandscheibenprolaps, Tumor) zu erkennen ist. Die Methode wird jedoch nur noch bei unklaren CT- und MRT-Befunden durchgeführt.
Mit der spinalen *Arteriographie* werden die A. spinalis anterior und posterior dargestellt. Man sondiert für das zervikale Segment die Aa. subclavia, vertebralis, Truncus costo-

und thyrocervicalis, für das thorakale Segment die Aa. intervertebrales und für das lumbale Segment die Aa. lumbales. Erfaßt werden Stenosen, Verschlüsse, arteriovenöse Fisteln und Tumorgefäße.
Weitere, heute kaum noch durchgeführte Untersuchungsmethoden sind die *Diskographie* (= Injektion von Kontrastmittel direkt in die Bandscheibe) und die spinale *Phlebographie*.

Knöcherner Thorax

Osteolysen bzw. destruktive Veränderungen an den ersten Rippen können Hinweis auf einen *Pancoast-Tumor* sein; eine Verschattung einer Lungenspitze sollte umgekehrt an einen solchen Tumor denken lassen, so daß sorgfältig nach Veränderungen der ersten Rippen zu fahnden ist. Bei solitären osteoplastischen Veränderungen der Rippen ist neben einem *Osteom* auch an eine osteoplastische *Metastase* zu denken. Maligne Pleuratumoren können die benachbarten Rippen destruieren. Bei einem traumatisch bedingten Pneumo- oder Hämatothorax ist nach *Rippenfrakturen* zu fahnden.

Lunge

Untersuchungsmethoden

Die *Nativthoraxaufnahmen* in Inspiration im dorsoventralen (d.v.; Synonym posterior-anterior, p.a.) sowie im seitlichen Strahlengang bei einem Film-Fokus-Abstand von 2 m sind nach wie vor die radiologische Basisuntersuchung. Diese kann durch folgende Untersuchungsmodalitäten ergänzt werden: Die Durchleuchtung gestattet eine Beurteilung der Beweglichkeit des Zwerchfells sowie funktioneller Bewegungsabläufe, die *rotierende Durchleuchtung* erlaubt zusätzlich eine räumliche Befundzuordnung. Die *konventionelle Tomographie* ermöglicht ebenfalls die räumliche Zuordnung bei gleichzeitiger überlagerungsfreier Darstellung. Die *Computertomographie* wird für den Nachweis und die differentialdiagnostische Abgrenzung der mediastinalen Raumforderung angewandt. Weiterhin hat sie Bedeutung erlangt für die Darstellung von Thoraxwandveränderungen, subpleuralen sowie paramediastinalen und peripheren Lungenrundherden. Als HR-CT ist die Computertomographie die Methode der Wahl für interstitionelle pulmonale Veränderungen. Je nach klinischer Fragestellung und radiologischem Untersuchungsergebnis können als zusätzliche Untersuchungen die Pulmonalisangiographie, die Aortographie sowie die Bronchographie durchgeführt werden. Die Kernspintomographie hat z. Z. aufgrund der durch Atmung und Pulsation hervorgerufenen Bewegungsartefakte nur eine Bedeutung für die Diagnostik von Herz und Mediastinum.

Lungenveränderungen

Die lokale Verteilung der Luft als natürliches Kontrastmittel in der Lunge ermöglicht eine röntgenmorphologische Unterteilung der einzelnen pathologischen Organveränderungen. So kann man prinzipiell zwischen *vermehrtem* und *vermindertem Luftgehalt* der Lunge unterscheiden. Wird die Luft durch ein anderes Gewebe ersetzt (Flüssigkeit, Weichteil), erfolgt eine stärkere Röntgenstrahlenabsorption und folglich eine schwächere Filmschwärzung. Obwohl sich hierfür der Ausdruck *„Lungenverschattung"* eingebürgert hat, wäre es röntgenphysikalisch korrekter, bei einem verminderten Luftgehalt von einer *„Verdichtung"* zu sprechen. Entsprechend dem Verteilungsmuster unterteilt man in flächenhafte, herdförmige und solitäre sowie einseitige und doppelseitige Veränderungen.

Vermehrter Luftgehalt

Lungenemphysem

Das Lungenemphysem weist eine vermehrte Strahlentransparenz beider Lungen bei verminderter peripherer Lungengefäßzeichnung auf. Die tiefstehenden Zwerchfelle bei verminderter Zwerchfellbeweglichkeit sind ein Hinweis auf das vergrößerte Lungenvolumen ebenso wie die Verbreiterung des Retrosternalraumes. Bei einer Dilatation der zentralen Lungenarterien (über 20 mm rechte absteigende Lungenarterie) besteht zusätzlich eine arterielle pulmonale Hypertonie. Einseitige oder lokale Aufhellungen sprechen für ein lokales Emphysem; differentialdiagnostisch sind eine Hypoplasie der Lungengefäße sowie Bullae abzugrenzen.

Pneumothorax

Beim Pneumothorax ist die Lungengefäßzeichnung nicht bis zur lateralen Thoraxwand zu verfolgen; statt dessen stellt sich zwischen Pleura parietalis und Pleura visceralis der pathognomonische „Pneuspalt" dar. Bei

Vorliegen eines Ventilmechanismus (Ventilpneumothorax) wird im Pneuspalt ein Überdruck aufgebaut, der eine Verlagerung der Mediastinalorgane in die kontralaterale Seite mit entsprechender Kreislaufdepression zur Folge hat. Eine pleurale Spiegelbildung ist hinweisend auf einen Seropneumothorax, bei dem sich Flüssigkeit und Luft gleichzeitig im Pleuraspalt befinden. Der Pneumothorax ist in Exspiration immer deutlicher darstellbar als in Inspiration. Bei Patienten auf der Intensivstation ist der ventral lokalisierte Pneumothorax im sagittalen Strahlengang nicht identifizierbar. Hier ist eine Aufnahme im lateralen oder tangentialen Strahlengang hilfreich.

Verminderter Luftgehalt

Ein verminderter Luftgehalt der Lungen mit vermehrter Strahlenabsorption kann intra- und extrapulmonale Ursachen haben. So kann ein Lungenödem pulmonaler, kardialer oder renaler Genese sein. Somit muß in die differentialdiagnostischen Überlegungen immer Anamnese und Klinik miteinfließen. Weiterhin sind extrathorakale Ursachen wie Adipositas oder Thoraxasymmetrien auszuschließen. Man kann bei der Beschreibung der Form der Verschattungen prinzipiell umschriebene und flächenhafte Verschattungen unterscheiden.

Flächenhafte Verschattungen

Flächenhafte Verschattungen zeichnen sich röntgenologisch durch ihre Homogenität aus, ohne daß einzelne Herde innerhalb der Veränderungen differenzierbar sind. Die Verschattungen können hervorgerufen werden durch eine *Atelektase*, eine *Infiltration* oder einen *Erguß* oder ein unterschiedlich zusammengesetztes Mischbild der einzelnen Befunde.

Der *Infiltration* und der *Atelektase* ist die relativ scharfe Begrenzung der Verdichtung am Interlobium gemeinsam; jedoch verhält sich das Volumen der befallenen Lungenanteile unterschiedlich. Bei *Infiltrationen* ist das Volumen normal oder vermehrt, während die *Atelektase* sich durch eine Abnahme des Volumens auszeichnet, so daß durch den Sog entsprechend der Lokalisation der Atelektase das Zwerchfell hochgezogen und das Mediastinum zur atelektatischen Seite verlagert wird. Bei einer Infiltration ist auf einer durchbelichteten Aufnahme und auf der konventionellen Tomographie das positive Bronchopneumogramm der lufthaltigen Bronchien innerhalb der Verschattung erkennbar. Der basale, seitlich ansteigende *Pleuraerguß* ist mit Hilfe der p.-a. Aufnahme in Seitenlagerung durch die Verlagerung des Pleuraergusses an die seitliche Thoraxwand (frei auslaufender Erguß) einwandfrei nachweisbar.

Infiltrationen können auf unterschiedliche Erkrankungen wie Pneumonien, Tuberkulose oder Lungeninfarkt hinweisend sein.

Bei *Pneumonien* unterscheidet man in *primäre Pneumonien,* die sich aus bakteriellen, viralen, mykotischen sowie allergischen Formen zusammensetzen. Die bakteriellen Pneumonien weisen meist ein homogenes Lappen- oder Segmentinfiltrat auf. Die Viruspneumonie zeigt meist eine flächenhafte, weniger dichte und mehr schleierartige Verschattung auf, bei der mehrere Segmente gleichzeitig oder abwechselnd befallen sein können. Als Folgen von Zirkulationsstörungen oder Bronchusveränderungen können *sekundäre pneumonische Veränderungen* auftreten.

Alle Formen der *Lungentuberkulose*, die primäre Tuberkulose, die postprimäre und die chronische Form, können als radiologisches Zeichen das solitäre oder das multiple Lungeninfiltrat zeigen. Das Frühinfiltrat der postprimären Tuberkulose ist im p.-a. Bild häufig infraklavikulär lokalisiert und ist anatomisch dem apikalen Unterlappensegment zuzuordnen. Eine ausgedehnte und oft lappenbegrenzte flächenhafte Verdichtung – ähnlich wie bei der bakteriellen Pneumonie – kann auf eine verkäsende Tuberkulose hinweisen. Als Endzustand der Lungentuberkulose sieht man beim Erwachsenen häufig einen kalkdichten Lungenherd sowie Verkalkungen der Pleura und der entsprechenden Hiluslymphknoten.

Bei der *Atelektase* unterscheidet man *Obturations-, Kontraktions- und Kompressionsatelektase*. Die *Obturationsatelektase* entsteht durch Verlegung des Bronchialbaumes und Resorption der dort vorhandenen intraalveolären Luft; die Folge ist eine Volumenverminderung des entsprechenden Lungenanteils. Häufigste Ursache der Obturationsatelektase im Erwachsenenalter ist das zentrale *Bronchialkarzinom*, das als bronchusverschließender Tumor in Schichtaufnahmen nachgewiesen wird. Über zusätzlich vergrößerte hiläre oder mediastinale Lymphknoten gibt die Computertomographie Auskunft, die in dieser Fragestellung den konventionellen Methoden überlegen ist. Weiterhin können intrabronchiale Fremdkörper zu Obturationsatelektasen führen. Die *Kontraktionsatelektase* ist bei schrumpfenden chronischen Lungenprozessen (z. B. Tuberkulose, chronische Pneumonie, Lungenfibrosen unterschiedlicher Genese) zu beobachten. Hierbei wird durch narbige Schrumpfung das Volumen des Lungenabschnittes vermindert. Im Tomogramm ist jedoch im Gegensatz zur Obturationsatelektase das Bronchiallumen frei durchgängig darstellbar. Bei der *Kompressionsatelektase* wird die intrapulmonale Luft von außen aus der Lunge herausgepreßt. Häufigste Ursachen sind der Pneumothorax sowie der massive Pleuraerguß unterschiedlicher Genese.

Herdförmige Verschattungen

Die umschriebenen Verschattungen werden entsprechend ihrem Erscheinungsbild wie folgt unterschieden: *Fleckschatten* (von fein bis grobfleckig), *Rundschatten* (solitär oder multipel), *Ringschatten* (solitär oder multipel), *Streifenschatten* (meist disseminiert, selten solitär). Bei der differentialdiagnostischen Überlegung ist die Kenntnis, ob der Prozeß intraalveolär oder interstitiell liegt, hilfreich. Hinweise auf interstitielle Erkrankungen sind retikulär-wabige Zeichnung, interlobuläre Septumlinien (Kerley), peribronchiale und perivaskuläre Verdichtungen, unscharfe Begrenzung der zentralen Lungengefäße mit unscharfer perihilärer Zone.

Als *Fleckschatten* werden kleine, 2–5 mm große Verschattungen bezeichnet, die in der Regel multipel und disseminiert auftreten. Die Beurteilung ist vieldeutig und verlangt neben der Berücksichtigung der Nachbarorgane (z. B. Herz, Hili) eine Beachtung des klinischen Befundes. Häufige Ursachen sind: Lungentuberkulose (hämatogene Form), Bronchopneumonie, Silikose, Metastasen, Granulomatosen, intraalveoläre Lungenstauung bzw. Ödem.

Rundschatten sind als *solitäre Rundherde* aufgrund ihrer Größe von über 5 mm leicht diagnostizierbar; seine diagnostische Aussage kann jedoch vieldeutig sein. Ursächlich sind zu berücksichtigen: periphere Lungentumoren (Bronchialkarzinom, Sarkom, Chondrom, Neurinom, Dermoid, Teratom), Tuberkulom, Lungenmetastase, Echinokokkuszyste, geschlossene Lungen- oder bronchogene Zyste, arteriovenöse Fistel. Kalkeinlagerungen machen eine tuberkulöse Genese wahrscheinlich. Schnelles Wachstum ist hinweisend auf ein malignes Geschehen. Die Computertomographie ist den konventionellen Übersichtsaufnahmen und der konventionellen Tomographie im Nachweis von Rundherden im Bereich des Hilus, des Recessus costodiaphragmaticus (Sinus phrenicocostalis) und des Subpleuralraumes der lateralen Thoraxwand überlegen. Eine Artdiagnose ist häufig durch eine CT-gezielte Punktion mit nachfolgender zytologischer oder histologischer Aufarbeitung möglich. Nach thorakaler Punktion ist eine Kontrolluntersuchung (CT-Schicht oder konventionelle Thoraxaufnahme in Exspiration) zum Ausschluß eines Pneumothorax obligat.

Bei *multiplen Rundherden* handelt es sich in erster Linie um Metastasen eines extrapulmonalen Primärtumors (Mamma, Niere, Schilddrüse, maligner Hodentumor, osteogenes Sarkom). Seltener treten multiple Rundherde bei grobknotiger Tuberkulose und der Wegener-Granulomatose sowie Non-Hodgin-Lymphomen auf.

Ringschatten sind zu unterteilen in Veränderungen mit und ohne Flüssigkeitsinhalt. Eine Spiegelbildung ist hinweisend auf eine Verbindung des durch den Ringschatten begrenzten Raumes mit dem Bronchialsystem. Die häufigste Ursache für einen Ringschatten ist die tuberkulöse Kaverne. Wenn die tuberkulöse Kaverne von infiltriertem oder atelektatischem Lungengewebe umgeben ist, wird die kavernöse Veränderung meist erst in Tomogramm sichtbar. Der nichttuberkulöse Lungenabszeß zeigt ebenfalls eine verdickte Abszeßmembran mit Flüssigkeitsspiegeln. Hier ist durch Sputumuntersuchungen eine Ausschlußdiagnostik zu führen. Weitere Ursachen für Ringschatten sind Lungenzysten, Lungenechinokokken sowie eingeschmolzene Tumorkavernen. Multipel auftretende, meist kleinere Ringschatten finden sich bei der Zystenlunge; sind sie nur auf den Unterlappen beschränkt, ist an einen Lungensequester zu denken.

Streifenförmige Verdichtungen haben ihre häufigste Ursache in Lungenstauung bzw. Ödem. Falls nicht eine Niereninsuffizienz, eine Überinfusion oder ein toxisches Lungenödem vorliegt, ist das Lungenödem hinweisend auf eine myokardiale Linksinsuffizienz, wie sie insbesondere beim Myokardinfarkt akut auftreten kann. Durch Erhöhung des intravasalen hydrostatischen Druckes kommt es zur Änderung der Durchblutungsverteilung und zu einem interstitiellen Flüssigkeitsaustritt mit unscharfer Begrenzung der Hilusgefäße. Da sich diese Veränderungen im Interstitium abspielen, besteht zu diesem Zeitpunkt eine Diskrepanz zwischen radiologischem Befund und Auskultationsbefund. Erst wenn der Flüssigkeitsaustritt intraalveolär erfolgt, werden Rasselgeräusche auskultierbar; röntgenologisch treten zu diesem Zeitpunkt häufig basale Verschattungen auf. Dystelektatische Veränderungen können sich insbesondere basal als streifenförmige Verdichtungen darstellen.

Doppelseitige Hilusvergrößerungen

Doppelseitige Hilusvergrößerungen können pulmonale oder kardiale Ursachen haben. Diese Befunde sind in Verbindung mit einem pulmonalen oder kardialen Befund zu werten. Im Gegensatz zum doppelseitigen, scharf begrenzten *Hyperämiehilus* mit verstärkten Eigenpulsationen finden sich beim doppelseitigen *Stauungshilus* durch das zentrale Ödem eine unscharfe Begrenzung und strahlenförmige Fortsetzungen in die Peripherie mit netzförmiger Zeichnungsvermehrung und allgemeiner Trübung in der Lungenperipherie.

Pulmonale Hypertonie

Die pulmonale Hypertonie mit Erweiterung der zentralen Lungenarterien (über 20 mm rechte absteigende Lungenarterie) bei chronischen Lungenerkrankungen oder Vitien bedingt gewöhnlich eine scharf begrenzte Hilusvergrößerung ohne verstärkte Pulsation der Lungenarterien.

Hilusverbreiterungen

Hilusverbreiterungen durch vergrößerte Lymphknoten sind durch ihre scharfe, polyzyklische Begrenzung gekennzeichnet. Sie werden deutlich sichtbar im Computertomogramm mit Kontrastmittelgabe.
Häufigste Ursache einer einseitigen *Hiluslymphknotenvergrößerung* ist bei Erwachsenen das Bronchialkarzinom. Diese Befunde bedürfen der computertomographischen und bronchoskopischen Abklärung. Seltener führt eine Primärtuberkulose zu einer einseitigen Hilusverbreiterung. Neben gutartigen Tumoren bzw. einer aberrierenden Struma sind seltenere Ursachen hochsitzende Perikarddivertikel und einseitige Erweiterung einer Pulmonalarterie. Zur weiteren Klärung sind rotierende Durchleuchtung, Pulmonalisangiographie und Computertomographie mit intravenöser Kontrastmittelgabe erforderlich.

Verbreiterungen des Mediastinums

Pathologische Prozesse im *Mediastinum* mit ein- oder doppelseitigen, mehrbogigen Verbreiterungen erfordern zur Abklärung Aufnahmen in 2 Ebenen, rotierende Durchleuchtung mit Zielaufnahmen, Ösophagusbreischluck, Tomographie, Angiographie und eine CT oder MRT. Die *intrathorakale*, bisweilen *verkalkte Struma* ist durch ihre Beweglichkeit beim Husten oder Schlucken nach kranial bei der Durchleuchtung charakterisiert. Verlagerungen oder Stenosierungen der Trachea oder des Ösophagus müssen durch Tracheazielaufnahmen, Tomogramme und Ösophagogramme ausgeschlossen werden. Mediastinalverbreiterungen durch echte *Neubildungen* oder *Lymphknotenvergrößerungen* sind radiologisch nicht immer ursächlich zu deuten. Rasche Größenzunahme weist auf einen malignen Tumor hin. Die Artdiagnose ist zumeist nur in Verbindung mit der Klinik und einer CT-gezielten feingeweblichen Untersuchung möglich.
Vaskuläre Mediastinalverbreitungen sind durch eine CT mit Kontrastmittel oder MRT zu verifizieren und von tumorösen raumfordernden Prozessen sicher abzugrenzen. Das gilt vor allem für die Differentialdiagnose solider Tumor und Aortenaneurysma. Die MRT zeigt ohne Kontrastmittelgabe aufgrund des unterschiedlichen Signalverhaltens das durchströmte Lumen sowie die thrombotischen Anteile und kann aufgrund der multiplanaren Darstellungsweise mit der gleichen Untersuchung Auskunft über die interessierenden Gefäßabgänge geben. Im Kindesalter ist eine *persistierende Thymusdrüse* oder eine *Thymushyperplasie* häufig Ursache der Mediastinalverbreiterung. Das Mediastinalhämatom ist mit seinen typischen Dichtewerten im Nativ-CT darstellbar.

Thoraxtrauma

Die Röntgendiagnostik bei einem traumatisierten Patienten ist entsprechend der Schwere der Verletzung eingeschränkt. Die Thoraxaufnahme im Liegen im sagittalen Strahlengang ist die am häufigsten durchgeführte

Untersuchung. Eine ergänzende CT-Untersuchung kann insbesondere bei intrapulmonalen und mediastinalen Befunden zur Diagnosefindung beitragen.
Singuläre oder multiple, ein- oder doppelseitige *Rippenfrakturen* werden aufgrund der Kontinuitätsunterbrechung und der eventuellen Fehlstellung der Fragmente diagnostiziert. Eine isolierte, nicht dislozierte Rippenfraktur ist nicht immer erkennbar. Daher sind kurzfristige Verlaufskontrollen notwendig. Wichtig ist die Beachtung von begleitenden Komplikationen, wie Haut- oder Mediastinalemphysem, Pneumo- oder Hämatothorax. *Sternumfrakturen* werden auf Seitenaufnahmen oder eindeutiger auf Tomogrammen nachweisbar.

Pneumothorax

Der Pneumothorax wird durch den Nachweis einer Pleuralinie mit fehlender Lungenzeichnung lateral davon erkannt. Es besteht ein Kontrastunterschied zwischen der verstärkten Transparenz in den nicht lungenhaltigen Partien und den zentralen kollabierten Lungenabschnitten. Da ein kleiner Pneumothorax auf Aufnahmen in Inspiration nicht immer sichtbar ist, kann durch Aufnahmen in Exspiration oder in Seitenlage des Patienten der Pneumothorax besser erkannt werden. Die Suche nach einem Pneumothorax ist generell in Exspiration durchzuführen, da in dieser Atemstellung der unveränderten Menge Luft im Pleuraraum ein verkleinerter Thoraxraum bei reduziertem Lungenvolumen gegenübersteht.
Der *Spannungspneumothorax* zeigt neben dem Lungenkollaps eine Verdrängung des Mediastinums zur kontralateralen Seite und einen Zwerchfelltiefstand auf der betroffenen Seite infolge des Überdruckes im Pleuraraum. Die Mediastinalverlagerung muß nicht immer auf den Aufnahmen in Inspiration vorliegen. Erst die Aufnahme in Exspiration weist auf den Überdruck im Pleuraraum und die dadurch bedingte Mediastinalverlagerung hin.
Beim *Hämatopneumo-* oder *Seropneumothorax* beobachtet man neben dem Pneumothorax einen homogenen horizontalen Ergußspiegel, wobei Bilder in Seitenlage des Patienten eine Lageänderung des Ergußspiegels zeigen. Bei einer Kammerung des Ergusses finden sich Spiegel in den verschiedenen Thoraxpartien.

Lungenkontusion und -lazeration

Bei der Lungenkontusion und -lazeration zeigt das Röntgenbild singuläre oder multiple, kleinfleckige oder homogene Verdichtungen in unterschiedlicher Ausdehnung, wobei diese Veränderungen keine Beziehung zu den Lappen- oder Segmentgrenzen aufweisen. Der Befund ist in der Dünnschicht-CT in seiner räumlichen Verteilung besser darstellbar. Die radiologischen Veränderungen treten unmittelbar oder wenige Stunden nach der Gewalteinwirkung auf und zeigen einen schnellen Wechsel und eine rasche Rückbildung der Befunde. Infolge einer intrapulmonalen Blutung beobachtet man im Röntgenbild homogene Verschattungen, die bei ihrer Resorption rundliche oder ovale Aufhellungen mit einem Randsaum aufweisen können.

Obstruktionserkrankungen

Schleim- oder Blutpfröpfe, ein Schleimhautödem oder die Aspiration eines Fremdkörpers führen infolge einer Ventilstenose zu einem *Obstruktionsemphysem.* Während schattengebende Fremdkörper mit Aufnahmen in 2 Ebenen oder mit der Durchleuchtung lokalisiert werden, kann durch die Feststellung einer Bronchusverlegung, insbesondere auf Hartstrahlaufnahmen oder Tomogrammen, die Diagnose eines obstruktiven Emphysems gestellt werden. Charakteristisch sind ferner die erhöhte Transparenz der Lunge infolge der Überblähung, die vor allem auf Aufnahmen in Exspiration zur Darstellung kommt, die Mediastinalverschiebung zur kontralateralen Seite und der Zwerchfelltiefstand.
Die *Obstruktionsatelektase* infolge eines Bronchusverschlusses dokumentiert sich radiologisch durch eine scharf begrenzte Verdichtung eines Lungenabschnittes. Die *Totalatelektase* zeigt die Verschattung einer Thoraxseite, einen Zwerchfellhochstand sowie eine Mediastinalverziehung zur kranken Seite.

Thermische Lungenschädigungen

Thermische Lungenschädigungen führen zu diffusen inhomogenen Verdichtungen im Röntgenbild, gelegentlich kombiniert mit einem Lungenödem.

Verletzungen von Trachea und Bronchien

Bei *penetrierenden Thoraxverletzungen* wird durch Aufnahmen in 2 Ebenen ein schattengebender Fremdkörper lokalisiert. Infolge von *Blutungen oder Exsudationen* zeigen sich inhomogene Verdichtungszonen im Röntgenbild. Luftaustritt aus einem verletzten Bronchus oder der Trachea, oft kombiniert mit einer Fraktur der oberen Rippen, führt meist zu einem *Spannungspneumothorax* oder zu einem *Pneumomediastinum*.
Spannungspneumothorax, Mediastinalemphysem und Frakturen der oberen Rippen weisen auf eine Verletzung des Tracheobronchialbaumes hin. *Bronchusabrisse* werden durch unterschiedlichen Luftgehalt im Bronchus nachweisbar, wobei die endgültige Sicherung der Diagnose durch die Bronchoskopie erfolgt.

Pneumomediastinum

Beim Verdacht auf ein Pneumomediastinum zeigt die CT plastisch die räumliche Verteilung der Luft in den einzelnen mediastinalen Kompartimenten. Kombinationen mit einem Pneumothorax, Hydropneumothorax oder Seropneumothorax sind möglich.

Gefäßverletzungen

Die *mediastinale Blutung* führt zu umschriebenen ein- oder auch doppelseitigen Mediastinalverbreitungen. Die raumfordernde Wirkung der mediastinalen Blutung kann am besten in der CT nachgewiesen werden; frische Blutungen weisen typische Dichtewerte auf.
Eine auf der Nativaufnahme erkennbare Verbreiterung des oberen Mediastinums kann unterschiedliche Ursachen haben und erfordert eine CT oder Aortographie zur weiteren diagnostischen Abklärung. Hierbei ist die traumatische Aortenruptur die am häufigsten auftretende und schwerwiegendste Gefäßverletzung. Es sterben 85% der Patienten mit traumatischer Aortenverletzung am Unfallort. Von den restlichen 15%, die die Klinik lebend erreichen, sterben 30% am ersten Tag und weitere 30% innerhalb der nächsten 7 Tage. Nativdiagnostische Zeichen, die auf eine Aortenruptur hinweisend sein können, sind:

- Verbreiterung des oberen Mediastinums,
- Konturunschärfe oder Doppelkonturierung des Aortenbogens,
- Verlagerung des Ösophagus (Magensonde) oder der Trachea nach rechts lateral,
- Verlagerung des linken Hauptbronchus nach kaudal,
- apikales „capping“,
- linksseitiger Hämatothorax.

Die Symptome sind entsprechend ihrer prozentualen Häufigkeit bei einer traumatischen Verletzung der Aorta aufgelistet. Hierbei sind nur die Verlagerung der Trachea und des Ösophagus nach lateral und des linken Hauptbronchus nach kaudal bei der Aortenruptur signifikant häufiger anzutreffen als beim Mediastinalhämatom anderer Ursache. Sind eines oder mehrere der oben aufgeführten Symptome auf der Nativthoraxaufnahme erkennbar, ist zur weiteren diagnostischen Abklärung die sofortige Aortographie als die Methode der Wahl indiziert. Die Indikation zur Angiographie ist auch in Kenntnis eines hohen Prozentsatzes von Negativbefunden bei einem adäquaten Trauma großzügig zu stellen.
Die überwiegende Lokalisation der arteriellen traumatischen thorakalen Gefäßverletzung ist im Isthmus aortae zu finden (88,2%), gefolgt von Verletzungen der Arkusgefäße (7,9%) und anderen Lokalisationen (3,9%).

Herzvergrößerungen

Die *Herzkontusion* wird radiologisch an der Herzverbreiterung nach links oder beiden Seiten infolge einer myogenen Schädigung festgestellt. Zu ihrem Nachweis sind Verlaufskontrollen in kurzen Abständen erforderlich. Ein ähnliches Bild der Herzvergrößerung zeigt das *Hämoperikard*, wobei jedoch eine fehlende Lungenstauung, vor allem eine verminderte Lungengefäßzeichnung und eine rechtsseitige Mediastinalverbreiterung infolge oberer Einflußstauung für das Hämoperikard sprechen. Eine Lungenstauung beweist die Insuffizienz des linken Ventrikels. Sicher ist die Unterscheidung mit der CT und der Echokardiographie möglich.

Postoperativer Thorax

Nach *Thorakotomien* müssen die Entfaltungen der Lunge, Veränderungen in den Lungen und in den Pleuraräumen, die Form des Mediastinums und die Herzgröße und -konfiguration beachtet werden. Ein *Pneumothorax* oder *Seropneumothorax* kann partiell oder vollständig ausgeprägt sein. Nach Thoraxeingriffen beobachtet man gelegentlich unregelmäßig oder glatt konfigurierte Verschattungen infolge eines *intrapulmonalen Hämatoms*. Retentionen von Sekret oder Schleim sowie Blutungen im Bronchialsystem, eine verminderte Zwerchfellbeweglichkeit, eine Phrenikusparese oder ein Pneumoperitoneum können zu *Segment- oder Lappenatelektase* führen. Bei einer *Atelektase* finden sich homogene, glatt begrenzte Verschattungen, eine Überblähung der nicht kollabierten Lungenabschnitte und ein Zwerchfellhochstand der betroffenen Seite. Die *Totalatelektase* einer Lunge hat eine Verziehung des Mediastinums in die erkrankte Seite zur Folge. Die *Atelektase des linken Unterlappens* wird wegen ihrer Lage hinter dem Herzschatten eindeutiger auf Hartstrahlaufnahmen oder besser auf Tomogrammen nachweisbar. Nach Thoraxoperationen kommt es fast regelmäßig zum Pleuraerguß, der auf Aufnahmen im Liegen eine diffuse Trübung der betroffenen Thoraxseite oder auf Aufnahmen im Sitzen eine unterschiedlich große basale Verschattung zeigt. Unregelmäßige Aufhellungen in der Verschattung oder Trübung sprechen für Kammerung oder *Empyembildung*.

Nach *Herzoperation* beobachtet man häufig eine *Herzinsuffizienz* mit Verbreiterung des Herzens nach beiden Seiten, beid- oder auch einseitige Pleuraergüsse sowie eine unterschiedlich ausgeprägte Lungenstauung. Eine Linksverbreiterung des Herzens mit einem Lungenödem beweist die muskuläre Insuffizienz des linken Ventrikels. Herzvergrößerung und eine verminderte Lungengefäßzeichnung deuten auf einen *Perikarderguß* bzw. ein *Perikardhämatom* hin. Eine Mediastinalverbreiterung ist gewöhnlich Ausdruck eines *mediastinalen Hämatoms,* Befunde, die im CT abklärbar sind.

Eine *Ösophagogastrotomie* führt zu Verbreiterung des Mediastinalschattens auf der rechten Seite, die nicht mit einer Herzdilatation oder einem Mediastinaltumor verwechselt werden darf. Gewöhnlich finden sich Flüssigkeitsspiegel in dem hochgezogenen Magenabschnitt. Eine Magen-Darm-Passage klärt die Topographie.

Nach *abdominellen Eingriffen* sind basale *Pleuraergüsse, Unterlappeninfiltration* und Atelektasen keine Seltenheit. Bei der Unterlappenatelektase liegen gewöhnlich zusätzliche Infiltrationen vor, so daß Volumenverluste nicht eintreten.

Zwerchfell

Die Beurteilung der Funktion des Zwerchfells, das normalerweise in Höhe der 10.–11. hinteren Rippe steht, ist durch die Durchleuchtung möglich. Die physiologischen Insertionszacken bei tiefem Zwerchfellstand dürfen nicht mit den zeltdachförmigen *Zwerchfelladhäsionen* verwechselt werden. Ein ausgeprägtes Lungenemphysem oder eine allgemeine Enteroptose haben einen beidseitigen *Zwerchfelltiefstand* zur Folge. Pneumothorax, Pleuraergüsse oder intrathorakale Tumoren können einen einseitigen Zwerchfelltiefstand hervorrufen. Ein doppelseitiger *Zwerchfellhochstand* tritt bei erhöhtem intraabdominellen Druck auf, ein einseitiger bei Leber- oder Milzvergrößerung, subphrenischen oder peritonealen Abszessen sowie bei starker Blähung der Magenblase oder der linken Kolonflexur. Ein einseitiger Zwerchfellhochstand kann ferner durch atelektatische oder schrumpfende, pulmonale Prozesse sowie durch eine *Phrenikusparese* hervorgerufen werden. Für letztere ist die Bewegungsparadoxie des paralytischen Zwerchfells im Schnupfversuch typisch. Eine *Relaxatio diaphragmatica* zeigt im Schnupfversuch eine deutliche Funktionsbehinderung. Als Folgezustand kann links ein Magenvolvulus, rechts eine Koloninterposition zwischen Leber und Zwerchfell (Chilaiditi-Syndrom), die nicht mit einem gashaltigen subphrenischen Abszeß zu verwechseln ist, resultieren. Angeborene totale oder partielle *Zwerchfellaplasien* mit Verlagerung von Abdominalorganen in den Thoraxraum sind selten.

Zwerchfell- und Hiatushernien sind einwandfrei durch eine Ösophagusdarstellung und eine Magen-Darm-Passage in Bauch- und Kopftieflage des Patienten in In- und Exspiration zu klären. Die Hiatushernien lassen sich in paraösophageale und axiale Hernien differenzieren.

Bei einer fehlenden Abgrenzung des Zwerchfells und einer homogenen Verschattung oder beim Nachweis lufthaltiger Magen- oder Darmabschnitte im Bereich des Zwerchfells muß an eine *Zwerchfellruptur* gedacht werden.

Der *subphrenische Abszeß* wird durch den Zwerchfellhochstand oder eine verminderte Zwerchfellbeweglichkeit nachgewiesen. Ein begleitender Pleuraerguß und basale Minderbelüftungen kommen häufig vor. Seltener beobachtet man unterhalb des Zwerchfelles eine Spiegelbildung in einer Einschmelzungshöhle.

Herz und Gefäßsystem

Diagnostische Methoden und ihre Bedeutung

In der *Herzdiagnostik* kann die Deutung des Röntgenbefundes nur in Verbindung mit der Kenntnis des klinischen Befundes erfolgen. Herzfernaufnahmen (2 m Fokus-Film-Abstand) und Seitenaufnahmen mit Breischluck, digitale Subtraktionsangiokardiographie, Koronarographie, Echokardiographie, CT und MRT kommen zur Anwendung. Die p.-a. Herzfernaufnahme bringt infolge des fast parallelen Strahlenganges eine Projektion der tatsächlichen Herzgröße. Diese ist vergrößert, wenn auf der p.-a. Herzfernaufnahme der Herzquerdurchmesser größer als die Hälfte des entsprechenden Lungenquerdurchmessers ist. Die Beurteilung der Größe der Herzbinnenräume erfolgt mit der Echokardiographie (s. Kap. Kardiologie). Die Kontrastdarstellung des Ösophagus läßt Verlaufsanomalien der Aorta und eine Vergrößerung des linken Vorhofes nachweisen. Der Abschnitt zwischen vorderem oberem Herzrand und ventraler Thoraxwand wird retrosternaler, der zwischen Herzhinterwand und Wirbelsäule retrokardialer Raum genannt. Die hämodynamische Deutung von Form- und Größenänderungen des Herzens darf nur unter Berücksichtigung der Lungengefäße und der thorakalen Aorta erfolgen.
Die Angiokardiographie kann als „selektive" Dextro- oder Lävokardiographie bzw. thorakale Aortographie ausgeführt werden. Die digitale Subtraktionsangiokardiographie (DSA) ermöglicht als wenig invasive Methode bei zentralvenöser Kontrastmittelapplikation in einem Untersuchungsgang die Darstellung aller Herzhöhlen.
Die Angiokardiographie hat in der kardialen Diagnostik eine zentrale Bedeutung. Mit ihr erfolgt die Darstellung der einzelnen Herzhöhlen, abnormer Kurzschlußverbindungen auf Vorhof- oder Ventrikelebene (Shunt-Vitien), stenosierter oder insuffizienter Klappen sowie abnormer Einmündungen von Venen und Ursprung von Pulmonalarterie sowie Aorta.
Die quantitative Auswertung des linksventrikulären Angiokardiogramms ermöglicht eine reproduzierbare objektive Charakterisierung der linksventrikulären myokardialen Funktion. Hier läßt die digitale Technik mit der Möglichkeit der direkten Untersuchungsauswertung erhebliche Vorteile gegenüber der konventionellen analogen Technik erkennen. Mit der EKG-getriggerten MRT sind ohne Kontrastmittel die Größe der einzelnen Herzhöhlen, ihre Wanddicke (Myokardhypertrophie), das Septum interventriculare, Herzwandaneurysmen und intrakavitäre Raumforderungen (Tumoren – Vorhofmyxome – Thromben) zu bestimmen bzw. nachweisbar.

Lageanomalien des Herzens und der Aorta

Drei Formen der *Dextrokardie* werden unterschieden. Die Inversion oder *Spiegeldextrokardie* ist ein spiegelbildliches Verhalten der normalen Position, häufig kombiniert mit einem Situs inversus abdominalis. Die *Dextroversion* kennzeichnet sich durch eine Drehung des Herzens nach rechts bei fehlender Herzspitze im p.-a. Bild. Durch die normale linke Lage des Aortenbogens ist sie von der Spiegelbilddextrokardie mit rechtsseitiger Position des Aortenbogens zu differenzieren. Eine Verlagerung oder Verziehung des Herzens nach rechts durch extrakardiale Prozesse bestimmt die *Dextroposition*.

Erworbene Herzklappenfehler

Aortenklappenfehler

Aorteninsuffizienz

Verbreiterung des Herzens nach links bei erhaltener Herzbucht durch den vergrößerten linken Ventrikel (aortale Herzkonfiguration). Verstärkte Ausladung des linken Ventrikels nach hinten im linken Schrägdurchmesser und Seitenbild. Verstärkte Pulsationen am linken Herzrand und an der häufig erweiterten Aorta. Im Aortogramm direkter Nachweis und graduelle Beurteilung mit Stadieneinteilung der Aortenklappeninsuffizienz.

Aortenstenose

Valvuläre (häufigste; erworben und angeboren), supra- und subvalvuläre Formen.
Im p.-a. Bild normal breites oder links verbreitertes Herz. Bei der valvulären Stenose

mehr oder minder starke poststenotische Dilatation der Aorta ascendens, besonders im linken Schrägbild. Typisch für die valvuläre Stenose sind verkalkte Aortenklappen. Differenzierung in supra- und subvalvuläre Form u. a. mit Hilfe der MRT. Graduelle präoperative Beurteilung aller Aortenstenosen durch Aortolävokardiogramm und gleichzeitige Druckmessung im linken Ventrikel und in der Aorta. Operation nur bei Druckgradient über 40 mmHg.
Dekompensation des linken Ventrikels bei allen Aortenfehlern bedingt Vergrößerung des linken Vorhofes und konsekutive Lungenstauung (relative Mitralinsuffizienz).

Mitralklappenfehler

Mitralinsuffizienz

Reine Form relativ selten. Vergrößerung des linken Ventrikels und des linken Vorhofes. Ein systolisches Geräusch darf nur bei röntgenologisch nachgewiesener Vergrößerung des linken Vorhofes im Sinne einer hämodynamisch wirksamen Mitralinsuffizienz gewertet werden. Bei Kompensation des linken Ventrikels keine Lungenstauung. Später bei pulmonaler Hypertonie auch Vergrößerung des rechten Ventrikels. Direkter Nachweis und graduelle semiquantitative Beurteilung durch selektive Lävokardiographie. Dabei Reflux von Kontrastmittel aus dem linken Ventrikel in den dilatierten linken Vorhof.
Postoperative Befunde (Klappenersatz): Rückgang der Dilatation des linken Ventrikels und Vorhofes.

Mitralstenose

Vergrößerung des rechten Ventrikels und des linken Vorhofes, kleiner linker Ventrikel, schmale Aorta, kleine Pulsationen des dilatierten linken Vorhofes im Kymogramm. Meist Lungenstauung mit prominentem Pulmonalisbogen und dilatierten zentralen (über 20 mm) und schmalen peripheren Lungenarterien („Hilusamputation“) bei arterieller pulmonaler Hypertonie. Dilatierte Oberlappenvenen. Kostophrenische Septumlinien – Kerley-Linien – beweisen eine venöse pulmonale Hypertonie, häufig bei mittel- oder hochgradigen Mitralstenosen. Kleine extravasale, pulmonale Herde ohne und mit Verknöcherung durch Hämosiderose. Verkalkte Mitralklappen durch gezielte Fernsehdurchleuchtung, Zielaufnahme im rechten Schrägbild und Computertomographie nachweisbar. Häufig bei Klappenverkalkungen kombiniertes Mitralvitium. Graduelle Wertung von Insuffizienz und Stenose beim kombinierten Mitralfehler (etwa ⅓ aller Mitralfehler) durch selektives Lävokardiogramm. Fehlende Kontrastfüllung des dilatierten linken Vorhofes schließt Mitralinsuffizienz aus und beweist reine Mistralstenose. Progrediente Verbreiterung des Herzens nach rechts bei Verlaufskontrollen beweist bei Mitralstenosen relative Trikuspidalinsuffizienz.
Postoperative Befunde: (digitale oder instrumentelle Sprengung, meist Klappenersatz): Rückgang der Dilatation des linken Vorhofes. Normalisierung der arteriellen und venösen Lungengefäßzeichnung nach Senkung der pulmonalen Hypertonie. Eine postoperative persistierende Herzverbreiterung nach links weist auf eine postoperative Mitralinsuffizienz hin.

Trikuspidalfehler

Isoliert sehr selten. Herzverbreiterung nach rechts und vorn durch vergrößerten rechten Vorhof (linkes Schrägbild). Spärliche Lungengefäßzeichnung, im Kymogramm große Pulsationen am rechten Herzrand bei der Trikuspidalinsuffizienz. Sicherung und Differenzierung durch selektive Dextrokardiographie.

Pulmonalklappeninsuffizienz

Sie findet sich manchmal bei Mitralfehlern mit exzessiver pulmonaler Hypertonie als relative Pulmonalklappeninsuffizienz mit stark vorspringendem Pulmonalissegment bei spärlicher peripherer Lungengefäßzeichnung. Isoliert Rarität.

Cor pulmonale

Belastung des rechten Herzens infolge Drucksteigerung in der peripheren Lungenstrombahn, ausgenommen Vitien. Prominenz des Pulmonalissegmentes und Erweiterung der zentralen Lungenarterien (über 20 mm) bei spärlicher peripherer Lungengefäßzeichnung. Ausladung des rechten Herzrandes nach außen und oben im rechten Schrägbild nach vorn und oben durch die rechte Ausflußbahn. Radiologisch vielfach Nachweis der ursächlichen pulmonalen Erkrankung (s. auch Kap. Innere Medizin).

Koronare Herzerkrankung

Eine Schädigung des Herzmuskels kann *degenerative, infektiöse* oder *toxische* Ursache haben. Diese können akut oder chronisch auftreten, reversibel oder irreversibel sein. Durch die Schädigung der Myokardfibrillen kommt es über eine Vermehrung des systolischen Restblutes zu einer muskulären Kontraktionsinsuffizienz und als deren Folge zu einer myogenen Dilatation einer oder mehrerer Herzhöhlen. Bei Schädigung des gesamten Myokards kommt es zu einer allseitigen Herzvergrößerung bis zum Cor bovinum; bei *Insuffizienz* des linken Ventrikels (akut auftretend bei Myokardinfarkt) beobachtet man eine linksventrikuläre Herzvergrößerung sowie bei relativer Mitralinsuffizienz eine zusätzliche linke Vorhoferweiterung und eine interstitielle oder intraalveoläre *Lungenstauung* bis hin zum *Lungenödem*. Das Ausmaß der Insuffizienz ist sicherer in der Verlaufsuntersuchung beurteilbar.

Myokardinfarkt

Bei Myokardinfarkt können durch schwielige Umwandlung des infarzierten Bereiches Störungen der Herzwandkontraktion in Form von Dys- oder Akinesien auftreten. Die Wandbewegungsstörungen kann man den Versorgungsgebieten der Koronararterien zuordnen. So ist z. B. bei einem Vorderwandinfarkt die ursächliche Störung im Versorgungsgebiet der A.coronaria sinistra lokalisiert. Die Störungen der Herzwandbewegung können durch nichtinvasive Methoden wie Durchleuchtung, Echokardiographie und EKG-getriggerte Kernspintomographie beurteilt werden; bei anstehender operativer Korrektur des Aneurysmas ist jedoch eine differenzierte Abklärung mittels Lävokardiographie notwendig; hier bietet die digitale Subtraktionstechnik die zusätzliche Möglichkeit der Quantifizierung des Befundes.

Perikarderkrankungen

Das Perikard ist normalerweise auf dem Nativthoraxbild nicht vom Herzschatten abzugrenzen. Perikarderkrankungen können eine Veränderung der Größe, Kontur, Form und Pulsation des Herzens bewirken. Ein häufig im Herzspitzenbereich erkennbarer Fettbürzel ist ohne wesentlichen Krankheitswert und darf nicht als Vergrößerung des linken Ventrikels gewertet werden.

Perikarderguß

Der Perikarderguß ist erst ab einer gewissen Größe nativdiagnostisch erkennbar. Der Erguß bewirkt eine Herzvergrößerung, die zu einer kugeligen, dreieckigen oder bocksbeutelartigen Form führt. Die Echokardiographie, die Computertomographie und die Kernspintomographie ermöglichen als nichtinvasive Methoden einen frühzeitigen perikardialen Flüssigkeitsnachweis. Mit Hilfe der Computertomographie kann der Erguß zusätzlich in hämorrhagisch oder serös differenziert werden. Alle Schnittbildverfahren ermöglichen weiterhin, parakardiale Raumforderungen, die sich teilweise auf die Herzkontur projizieren, in solide und zystische zu unterscheiden.

Verschwielungen

Verschwielungen des Perikards, häufig entzündlicher Genese, sind in Accretio (Verwachsung des Perikards mit der Umgebung) sowie Concretio pericardii (Verwachsung der Perikardblätter untereinander) zu unterteilen. Verwachsungen des äußeren Perikardblattes mit der Umgebung, häufig mit der mediastinalen Pleura, sind funktionell bedeutungslos; bei der Concretio pericardii treten häufig mit der Schwielenbildung Schrumpfungsprozesse auf, die zu erheblichen funktionellen Beeinträchtigungen führen. Bei diesem Krankheitsbild, das unter dem Begriff der *„konstriktiven Perikarditis"* bekannt ist, kann das Herz normal groß oder bei gleichzeitig bestehender myogener Dilatation deutlich verbreitert sein. In der Durchleuchtung ist bei der Perikarditis eine eingeschränkte Wandbeweglichkeit erkennbar. In 30–60% der Fälle, abhängig von der ursächlichen Grunderkrankung, treten perikarditische Verkalkungen auf, die häufig schon auf den Übersichtsaufnahmen zur Darstellung kommen, jedoch unter rotierender Durchleuchtung genauer lokalisiert werden können. Die Lokalisation der Verkalkungen betrifft am häufigsten den Sulcus coronarius zwischen linkem Vorhof und Ventrikel und Sulcus interventricularis sowie den diaphragmalen und vorderen Abschnitt des rechten Ventrikels. Ausgedehnte verkalkte Perikardschwielen, die unter dem Begriff „Panzerherz" bekannt sind, bewirken eine Vergrößerung des linken Vorhofes sowie eine Lungenstauung; dies ist als Hinweis zu deuten, daß der linke Ventrikel in die Verschwielung miteinbezogen ist und sich somit diastolisch nicht mehr ausreichend expandieren kann. Eine Verbreiterung der oberen und unteren Hohlvene weist auf eine Einflußstauung hin. Die abgeschwächte Aortenamplitude läßt die Abnahme des linksventrikulären Schlagvolumens erkennen. Die Unterscheidung zwischen konstriktiver Perikarditis ohne Perikardverkalkungen und Endokardfibrose kann schwierig sein. Hier liefert die Lävokardiographie differentialdiagnostische Hinweise.

Arterien

Koronararterien

Bei der koronaren Herzerkrankung (KHK) ist häufig nativdiagnostisch eine Verkalkung in Projektion auf die extramuralen großen Koronararterienäste erkennbar. Verkalkungen sind hinweisend auf Stenosierungen der Koronargefäßlumina. Zur weiteren Differenzierung der morphologischen Veränderungen ist bei entsprechender Klinik eine selektive Angiographie der Koronararterien angezeigt. Sie gibt Auskunft über Ausmaß, Grad und Lokalisation der stenotischen Veränderungen sowie Versorgungstyp und Kollateralisierung. Für die Stellung der Indikation zur aortokoronaren Venen-Bypassoperation ist eine präoperative Koronarographie unumgänglich. Diese wird ergänzt durch eine Lävokardiographie zur Beurteilung der globalen und regionalen myokardialen Kontraktionsfunktion sowie zum Ausschluß aneurysmatischer Herzwandveränderungen. Mittels digitaler Subtraktionsangiographie (DSA) ist eine Quantifizierung des Ergebnisses möglich. Diese Methode ermöglicht postoperativ ebenfalls weniger invasiv eine Kontrolle der Durchgängigkeit des implantierten Bypasses.

Aorta und ihre Äste

Auf dem p.-a, Nativthoraxbild stellt sich nur der orthograd getroffene *Arcus aortae* als „Aortenknopf" im Übergang oberes-mittleres Drittel des Mediastinums links randbildend dar. Weder die im Mediastinum vorn rechts aszendierende noch die links hinten deszendierende Aorta sind im Mediastinalschatten differenzierbar. Im 2. schrägen (linken) Durchmesser erhält man einen besseren anatomischen Überblick über den Verlauf der Aorta. In Höhe des Aortenbogens wird normalerweise der Ösophagus umschrieben von links konkav eingedellt. Die Weite der Aorta beträgt im Arkusbereich 2–4 cm.

Röntgenpathologische Veränderungen: Kalkeinlagerungen können in allen Aortenabschnitten nachweisbar sein. In der Aorta ascendens können sie bei isoliertem Auftreten Folge einer Lues sein, während im Arkusbereich die Sklerose in der Regel Folge einer degenerativen Gefäßerkrankung ist (Aortensklerose). Verkalkungen der abdominellen Aorta projizieren sich entweder auf oder unmittelbar links neben die Lendenwirbelsäule, während sie im Seitenbild als Doppelschatten prävertebral sichtbar werden. Manchmal sind die großen Aortenäste in die Sklerosierung einbezogen. Dilatationen der Aorta können hämodynamisch, degenerativ und traumatisch bedingt sein. Eine allgemeine Verbreiterung der Aorta wird als *Dilatation,* eine Verlagerung des Aortenbogens nach links oben als *Elongation* bezeichnet. *Aneurysmen der Aorta ascendens* wölben sich nach rechts und vorn, des Arkus nach rechts oder links, ventral oder dorsal mit Verlagerung von Ösophagus und Trachea vor.

Die Kernspintomographie ermöglicht mit ihrer multiplanaren Schnittführung ohne Kontrastmittel eine Differenzierung der einzelnen Formen des Aortenaneurysmas (Aneurysma spurium, verum und dissecans). Weiterhin liefert sie eine Aussage zur kraniokaudalen Ausdehnung des Befundes sowie über den Abgang der kranialen und viszeralen Gefäße.

Für Nachweis und Wertung von *Stenosen und Verschlüssen der abdominellen Aorta* und ihrer großen Äste (Truncus coeliacus sowie A. mesenterica superior und inferior) ist die Aortographie entscheidend. Wesentlich hinsichtlich einer Operationsindikation ist die Darstellung des Kollateralkreislaufes. Die Diagnose einer *Angina abdominalis* infolge Gefäßeinengung oder -verschluß einer Mesenterialarterie kann nur angiographisch objektiviert werden.

Periphere Arterien

Kalkschatten im Verlauf der Extremitätenarterien auf Nativaufnahmen weisen auf den degenerativen Gefäßprozeß hin. Die arteriographische Darstellung der peripheren Extremitätenarterien besitzt insofern klinisches Interesse, als neben mehr oder weniger ausgedehnten Stenosen die Ausbildung eines Kollateralkreislaufes einwandfrei dargestellt werden kann. Embolische Verschlüsse sind eine absolute Indikation zur Arteriographie bezüglich der Operationsindikation.

Beim Verdacht auf eine periphere Durchblutungsstörung ist eine Angiographie heute im Regelfall als arterielle digitale Subtraktionsangiographie (DSA) indiziert. Die Angiographie ermöglicht eine Aussage über Lokalisation, Ausmaß (komplett, hochgradig, hämodynamisch relevant) und Alter (akut, chronisch) der Gefäßveränderung. Häufig kann in gleicher angiographischer Sitzung in Form der interventionellen Angiographie eine adäquate Therapie als lokale Lyse, Ballondilatation und Atherektomie oder als Kombination aus den Therapieformen durchgeführt werden.

Palliative Tumortherapie

Die interventionelle Angiographie (s. o.) bietet neben den erwähnten gefäßeröffnenden Methoden auch die Möglichkeit zu gefäßverschließenden Maßnahmen als palliative Tumortherapie.
Als Akuttherapie ist bei einer Tumorblutung eine Embolisation indiziert. Eine lokale Chemoembolisation mit superselektiver Sondierung der arteriellen Tumorgefäße ist als alternative palliative Maßnahme zur operativen Resektion z. B. bei primären Lebertumoren anzusehen.

Venen

Venographie

Morphologie sowie Hämodynamik der Venen sind durch die Extremitäten-Venographie und die Kavographie beurteilbar. Die Darstellung der Venen der unteren Extremität erfolgt durch die *aszendierende Beinphlebographie*. Indikationen für diese Untersuchung sind das postthrombotische Syndrom, Verdacht auf eine frische Beinvenenthrombose, der variköse Symptomenkomplex und Abflußstörungen durch extraluminäre Raumforderungen.
Die Phlebographie der oberen Extremität erfolgt durch Kontrastmittelinjektion in die V. brachialis oder eine Handrückenvene. Für die aszendierende Beinphlebographie wird über eine Fußrückenvene bei angelegter tiefer Unterschenkelstauung das Kontrastmittel appliziert. Der Venenverlauf ist dem der entsprechenden Arterien ähnlich, jedoch sind insbesondere an den unteren Extremitäten Variationen möglich. Hier sind hämodynamisch die Vv. perforantes bedeutsam (Cokkett-Gruppe unterhalb des Kniegelenkes, Dodd-Gruppe in Höhe Adduktorenkanal). Bei der frischen Venenthrombose erkennt man Kontrastmittelaussparungen im Venenlumen, die von einem Kontrastmittelsaum umspült sind. Kollateralkreisläufe sind noch nicht ausgebildet.
Die frische *Beinvenenthrombose* ist die häufigste Ursache für eine akute Lungenembolie. Das postthrombotische Syndrom ist durch verschiedene Schweregrade gekennzeichnet. In fortgeschrittenen Fällen stellen sich die Venen nur unregelmäßig begrenzt mit einem ausgeprägten kollateralen Netzwerk dar. Beim varikösen Symptomenkomplex ist für die Operationsindikation die Beurteilung der Funktionsfähigkeit der Vv. perforantes und die Durchgängigkeit der tiefen Unterschenkelvenen notwendig.

Lymphsystem

Für die Beurteilung des Lymphsystems sind die Lymphographie, die Computertomographie sowie die Sonographie sich ergänzende diagnostische bildgebende Methoden.
Zwar hat die *Lymphographie* durch die Entwicklung der Computertomographie und der Sonographie an Bedeutung verloren; jedoch sind metastatische Veränderungen im noch nicht vergrößerten Lymphknoten sowie Frühveränderungen einer lymphatischen Systemerkrankung nur mit der Lymphographie nachweisbar. Zur Methodik s. o. unter Bildgebende Verfahren. Man unterscheidet die *primären Lymphknotentumoren* (Lymphogranulomatose, Non-Hodgkin-Lymphome, chronische lymphatische Leukämie) von den *sekundären Lymphknotentumoren,* den Lymphknotenmetastasen. Eine exakte Artdiagnose primärer Lymphknotentumoren ist lymphographisch nicht immer möglich. Wichtiger ist, eine retroperitoneale Lokalisation dieser Erkrankungen nachzuweisen oder auszuschließen (Stadieneinteilung) und daraus therapeutische Konsequenzen zu ziehen. Karzinomatöse Lymphknotenmetastasen sind im Lymphogramm durch randständige solitäre oder multiple Füllungsdefekte (Zerstörung des Randsinus durch die Karzinommetastase) mit und ohne Lymphknotenvergrößerung sowie Lymphgefäßblockaden mit Kollateralbahnen und Verdrängung von Nachbargefäßen gekennzeichnet (Fehlerbreite etwa 10%). Durch die lange Speicherung des Kontrastmittels in den Lymphknoten (bis zu 12 Monaten) sind Therapie und Rezidive direkt beurteilbar. Im Computertomogramm sind vergrößerte Lymphknoten retroperitoneal, intraabdominell und mediastinal nachweisbar. Somit gibt das CT zusätzliche Infor-

mationen über nicht speichernde Lymphknoten.

Verdauungstrakt

Ösophagus

Untersuchungsmethoden

- Ösophagusbreischluck
- CT.

Die Untersuchung mit Breischluck erfolgt am stehenden und liegenden Patienten unter rotierender Durchleuchtung mit Zielaufnahmen in verschiedenen Positionen. Weite, Konturen und Falten des Ösophagus sowie die Passage des Kontrastmittels sind zu beachten.

Erkrankungen

Ösophagusvarizen kommen beim liegenden Patienten als konstante, bogige oder rundliche Füllungsdefekte im Schleimhautbild des distalen Ösophagus zur Darstellung. Schluckbeschwerden sind das führende klinische Symptom des *Ösophaguskarzinoms*. Faltenabbrüche sowie kleinere Konturunregelmäßigkeiten ermöglichen die Diagnose eines Karzinoms im Frühstadium. In Zweifelsfällen sind immer kurzfristige Kontrollen und/oder die Ösophagoskopie durchzuführen. Faltenzerstörungen und Füllungsdefekte, Wandstarre, höckerige Konturen und Stenosen sind Zeichen eines fortgeschrittenen Tumors. Häufig findet sich eine prästenotische Dilatation. Zur Darstellung der extraluminären Tumorausdehnung und zum Nachweis von mediastinalen Lymphknotenmetastasen wird die CT durchgeführt, die gleichzeitig die Planungsgrundlage für eine eventuelle Strahlentherapie darstellt. Bei tiefsitzenden Tumoren muß eine Mitbeteiligung der Kardia ausgeschlossen werden, da sich sonst das operative Vorgehen ändert. Eine Einengung des Ösophagus durch Spasmen, Strikturen oder gutartige Tumoren sowie durch vergrößerte mediastinale Lymphknoten ist durch die glatten Konturen der Stenose und das erhaltene Schleimhautrelief von einer karzinombedingten Stenose zu unterscheiden. Die Perforation eines Ösophaguskarzinoms wird durch Kontrastmittelübertritt in die Umgebung bewiesen. Eine wichtige Differentialdiagnose zum Tumor ist die *Achalasie*. Sie ist durch eine spindelförmige, glatte Einengung der Kardia und durch eine ausgeprägte prästenotische Ösophagusdilatation gekennzeichnet. Unter den *Hiatushernien* unterscheidet man den Brachyösophagus, den Upside-down-Magen, die axiale Gleithernie und die paraösophageale Hernie.
Beim seltenen kongenitalen Brachyösophagus ist ein Teil des Magens kranial des Zwerchfells im Thoraxraum fixiert. Beim Upside-down-Magen ist der Magen in toto in den Thorax hineinverlagert. Ursache der häufigen axialen Gleithernie ist eine Erweiterung des Hiatus oesophageus, so daß bei Erhöhung des intraabdominellen Druckes bzw. in Kopftieflage die Kardia mit oder ohne Fundus in den Thoraxraum gleitet. Cave: Die bei tiefer Inspiration nachweisbare Auftreibung des distalen Ösophagus entspricht dem Vestibulum gastrooesophageale und nicht einer Hiatushernie. Bei der paraösophagealen Hernie liegt die Kardia im erweiterten Hiatus oesophageus, während Teile des Magens neben dem Ösophagus in den Thoraxraum gleiten.
Divertikel sind in allen Ösophagusabschnitten als rundliche, ovale oder sackartige Ausstülpungen nachweisbar. Neurogene Schluckstörungen können eine Passagebehinderung im Hypopharynxbereich und einen Rückfluß des Kontrastmittels in die Trachea verursachen. Ohne wesentliche Bedeutung ist eine Retention von Kontrastmittel in den Valleculae epiglotticae oder Recessus piriformes. Bei Verdacht auf eine *Ösophagusperforation* muß die Untersuchung mit Gastrografin durchgeführt werden. Bei Schluckstörungen mit Aspirationsgefahr sind die Auffassungen über das zu verwendende Kontrastmittel nicht einheitlich.

Magen

Untersuchungsmethoden

- Konventionelle Magen-Darm-Passage
- Doppelkontrastuntersuchung.

Eine *Magen-Darm-Passage* sollte nur beim nüchternen Patienten durchgeführt werden, da durch Speisereste ein pathologischer Prozeß vorgetäuscht werden kann. Es gibt zwei verschiedene Untersuchungstechniken, die auch miteinander kombiniert werden können. Bei der *konventionellen MDP* (Monokontrastuntersuchung) werden Zielaufnahmen des Schleimhautreliefs in verschiedenen Positionen sowie Übersichtsaufnahmen von Magen und Duodenum in Prallfüllung angefertigt; dabei kommt der Beurteilung der Peristaltik und Motilität der verschiedenen

Wandabschnitte unter Durchleuchtung eine wesentliche Bedeutung zu (Wandstarre = Karzinomverdacht!). Bei der *Doppelkontrastuntersuchung* des Magens wird dem Patienten nach initialer Ruhigstellung des Magens durch i. v. Injektion von Glucagon oder Buscopan außer dem Kontrastmittel ein gasbildendes Präparat (Zitronensäure + Natriumhydrogencarbonat) verabreicht, welches den Magen aufbläht. Dadurch verstreichen die Magenfalten, so daß die Schleimhaut als glatte innere Oberfläche, benetzt mit einem feinen Kontrastmittelfilm, zur Darstellung kommt.

Vor jeder Kontrastmittelgabe ist eine orientierende Durchleuchtung vorzunehmen, wobei auf eine pathologische Luftverteilung (freie suphrenische Luft, Spiegel, stehende Darmschlingen), Verkalkungen und eventuelle Kontrastmittelreste von vorhergegangenen Untersuchungen zu achten ist.

Bezüglich der Wahl des Kontrastmittels ist zu beachten, daß bei Verdacht auf eine Magen- oder Duodenalperforation wasserlösliches Kontrastmittel zu verwenden ist. Dies gilt auch für Untersuchungen in den ersten Tagen nach einem operativen Eingriff am Magen (mögliche Nahtinsuffizienz).

Die Magen-Darm-Passage ist heute durch die Gastroskopie mit der Möglichkeit zur Biopsie weitgehend verdrängt. Ihre Indikation beschränkt sich vornehmlich auf postoperative Kontrollen.

Erkrankungen

Gastritis

Die akute Gastritis ist röntgenologisch nicht zu erfassen. Auf eine chronische Gastritis weisen vergröberte Areae gastricae hin, deren Darstellung mit der Doppelkontrasttechnik meist gut gelingt. Noch besser darstellbar sind die flachen Schleimhautdefekte bei der erosiven Gastritis.

Ulcus ventriculi

Das typische Zeichen des Ulcus ventriculi ist eine auf tangentialen Aufnahmen erkennbare Nische in der Magenwand. Bei Unterminierung der Schleimhautränder der Nische kann man eine zarte Aufhellungslinie an der Ulkusbasis erkennen (Hampton-Linie). Im Aufsichtsbild kommt das Ulkus als Kontrastmitteldepot zur Darstellung, in dessen Richtung die Schleimhautfalten (bei Monokontrasttechnik) konvergieren. Als Ulkusfinger bezeichnet man eine spastische Kontraktion an der dem Ulkus gegenüberliegenden Magenwand. Ein Ulkus, welches nicht abheilt, ist karzinomverdächtig und muß gastroskopisch weiter abgeklärt werden.

Tumoren

Unter den benignen Magentumoren stehen die *Polypen* – solitär oder multipel – an erster Stelle. Sie können breitbasig oder gestielt sein und verursachen ihrer Form entsprechende Aussparungen im Kontrastmittel bzw. heben sich im Doppelkontrastbild „plastisch" von der Magenwand ab. Bestimmte histologische Formen von Polypen gelten als Präkanzerosen. Sie sind radiologisch jedoch nicht von den übrigen Formen zu unterscheiden, so daß eine Gastroskopie erforderlich ist. Eine Reihe von Syndromen geht mit einer Polypose einher, die fakultativ (familiäre Polypose, Gardner-Syndrom, Peutz-Jeghers-Syndrom) oder obligat (Cronkhite-Canada-Syndrom) den Magen betreffen.

Das *Magenkarzinom* zeigt unterschiedliche röntgenologische Bilder. Infiltrierend wachsende Tumoren rufen eine umschriebene Wandstarre hervor mit Aufhebung der Peristaltik. Vergröberte Schleimhautfalten und Faltenabbrüche sind häufig. Der Szirrhus führt zu einer ausgeprägten Wandstarre und Schrumpfung der Wand. Ulzerierende Tumoren ähneln dem Magenulkus und können von diesem manchmal nur schwer abgegrenzt werden. Polypöse Tumoren erscheinen als unregelmäßig begrenzte Füllungsdefekte mit Starre der Magenwand an der Basis. Vom szirrhösen Magenkarzinom nicht zu unterscheiden sind Sarkome sowie der Magenbefall bei malignen Lymphomen.

Operierter Magen

Besondere Schwierigkeiten können in der Röntgendiagnostik des *operierten Magens* auftreten. Um eine gezielte Untersuchung durchführen zu können, sollte der Radiologe genau über den durchgeführten Eingriff informiert sein. Beim operierten Magen ist die frühe postoperative von der späten postoperativen Untersuchung zu unterscheiden. Die frühe Untersuchung in den ersten postoperativen Tagen dient der Suche nach einer möglichen Nahtinsuffizienz und muß deshalb mit wasserlöslichem Kontrastmittel durchgeführt werden. Die späte postoperative Untersuchung dient dem Nachweis von etwaigen Rezidiven der Grunderkrankung (Ulkus, Tumor), die meist im Anastomosenbereich auftreten. Sie wird mit Bariumsulfat durchgeführt. Neben organischen Veränderungen sind auch funktionelle Störungen erfaßbar.

Pylorusstenose
Eine Pylorusstenose ist anzunehmen, wenn man einen ektatischen, mit Flüssigkeit und Speisenresten gefüllten Magen vorfindet, bei dem trotz Umlagerung und Palpation auch etwa 1 Min. nach der Kontrastmittelgabe eine Öffnung des Pylorus nicht erfolgt. Die Ursachen können funktioneller oder organischer Natur (Tumor, Narbe, Entzündung) sein. Funktionelle Stenosen lassen sich meist nach i. v. Injektion eines Spasmolytikums überwinden.

Pelottierungen und Verlagerungen des Magens
Pelottierungen oder Verlagerungen des Magens sind durch die Magen-Darm-Passage gut erkennbar. Die Ursache einer veränderten Konfiguration (extragastrale Raumforderung) muß jedoch sono- oder computertomographisch abgeklärt werden. Im übrigen ist der Nutzen dieser beiden Verfahren in der Magendiagnostik gering.

Duodenum

Untersuchungsmethoden

- Konventionelle Magen-Darm-Passage,
- hypotone Duodenographie.

Die Darstellung des Duodenums erfolgt meist im Rahmen der normalen MDP, d. h., zu einer Untersuchung des Magens gehört obligat auch die Darstellung des Duodenums. Neben Zielaufnahmen des Bulbus in verschiedenen Positionen ist eine Übersichtsaufnahme des gesamten Duodenums anzufertigen.
Die *hypotone Duodenographie* ist die isolierte Doppelkontrastuntersuchung des Duodenums. Es werden über eine in das Duodenum vorgeschobene Sonde Bariumsulfat und Luft appliziert. Nach anschließender i. v. Injektion eines Spasmolytikums kommt es zur Hypotonie des aufgeblähten Duodenums, welches jetzt auf Zielaufnahmen überlagerungsfrei abgebildet werden kann.

Erkrankungen

Das *Ulcus duodeni* ist fast ausschließlich im Bulbus lokalisiert. Für seinen Nachweis gelten ähnliche Kriterien wie beim Magenulkus (Profilaufnahme: Nische, En-face-Aufnahme: Kontrastmitteldepot). Rezidivierende Ulzera führen zur Deformierung und Schrumpfung des Bulbus, eventuell auch zu einer Störung der Pylorusfunktion mit Ektasie des Magens (Magenausgangsstenose). Die maligne Entartung eines Ulcus duodeni kommt nicht vor. Multiple Ulzera ungewöhnlicher Lokalisation sollten den Verdacht auf ein *Zollinger-Ellison-Syndrom* lenken. *Duodenaldivertikel* finden sich meist in der Nähe der Papille. Meist besitzen sie keine klinische Bedeutung. In Einzelfällen können sie perforieren oder bei entsprechender Größe den distalen Ductus choledochus komprimieren. Eine flüchtige Bulbusfüllung mit schneller Kontrastmittelpassage durch das Duodenum und Verbreiterung der Kerckring-Falten weist auf eine *Duodenitis* hin.
Ein *Magenschleimhautprolaps* in den Bulbus duodeni hinein verursacht eine glatt begrenzte Kontrastmittelaussparung an der Bulbusbasis.
Umschriebene *Duodenalstenosen,* meist der Pars descendens, können durch unterschiedliche Erkrankungen hervorgerufen werden, wie primäres Duodenalkarzinom, Papillenkarzinom, Choledochuskarzinom, Pankreaskopfkarzinom, chronische Pankreatitis, Pancreas anulare u. a. Langstreckige Stenosen und Pelottierungen der duodenalen Kurvatur sind meist durch extraluminäre Prozesse wie Pankreaskopftumoren und Pseudozysten bedingt. Bei Zerstörung des Faltenreliefs ist in jedem Fall an ein Malignom zu denken.
Ein häufiger Befund ist die flache Pelottierung des Bulbus durch den Gallenblasenfundus. Bei schlanken Patienten können die vor der Pars horizontalis nach abwärts ziehenden Mesenterialgefäße eine Kompression dieses Duodenalabschnittes mit Stase des Kontrastmittels und häufig auch Retroperistaltik hervorrufen *(duodenomesenteriales Kompressionssyndrom).*

Jejunum und Ileum

Untersuchungsmethoden

- Abdomenübersichtsaufnahmen,
- konventionelle fraktionierte Dünndarmpassage,
- Doppelkontrastuntersuchung nach Sellink,
- Angiographie.

Die Abdomenübersichtsaufnahmen werden in Rückenlage und in Linksseitenlage mit horizontalem Strahlengang angefertigt. Die noch vielerorts allein im Stehen angefertigte Abdomenübersichtsaufnahme ist weniger aussagekräftig. Von entscheidender Bedeutung ist in jedem Fall, daß die Interpretation

der Aufnahmen nur in Kenntnis der Klinik erfolgen sollte.
Bei der *fraktionierten Dünndarmpassage* werden dem Patienten ungefähr alle 10 Min. jeweils 50 ml Kontrastmittel bis zu einer Gesamtmenge von 300 ml verabreicht, um eine gleichmäßige Kontrastmittelverteilung im gesamten Dünndarm zu erreichen. Die Untersuchung kann primär als Dünndarmpassage durchgeführt werden oder im Anschluß an eine konventionelle Untersuchung von Magen und Duodenum. Regelmäßige Durchleuchtungskontrollen, verbunden mit Palpation der Dünndarmschlingen und Zielaufnahmen aller Darmabschnitte, lassen pathologische Befunde erkennen. In den meisten Fällen wird das Zäkum innerhalb von 4 Stunden vom Kontrastmittel erreicht.
Bei der Doppelkontrastuntersuchung nach Sellink werden über eine bis zur Flexura duodenojejunalis vorgeschobene Duodenalsonde 400 ml verdünntes Kontrastmittel und 400 ml Luft appliziert. Anschließend wird die KM-Passage durch i. v. Injektion von Metoclopramid o. ä. beschleunigt, so daß das Zäkum nach etwa 30 Min. erreicht wird, worauf die Passage durch i. v. Injektion von Glucagon o. ä. gestoppt wird. Durch die Luftaufblähung und den feinen Kontrastmittelfilm auf der Schleimhaut kommt es zu einer milchig-transparenten Darstellung der Darmschlingen. Da die einzelnen Schlingen durchscheinend sind, können auch hintereinander liegende Schlingen noch beurteilt werden. Modifikationen dieser Technik (z. B. Wasser + Methylcellulose statt Luft) sind heute weiter verbreitet als die ursprünglich von Sellink angegebene Methode.
Die *Angiographie* (A. mesenterica superior, inferior, Truncus coeliacus) besitzt als wesentliche Indikation die akute gastrointestinale Blutung und den Mesenterialinfarkt. Nach Punktion der A. femoralis wird ein Katheter in das Gefäßsystem eingeführt und in die gewünschte Arterie vorgeschoben.

Erkrankungen

Ileus

Der Nachweis von Flüssigkeitsspiegeln auf den Abdomenübersichtsaufnahmen im Stehen oder in Linksseitenlage mit horizontalem Strahlengang weist auf einen Ileus hin. Beim *mechanischen Ileus* kommt es zur Blähung und Spiegelbildung in den vor dem Hindernis gelegenen Darmschlingen, während in den distalen Schlingen die Luft langsam resorbiert wird. Das Fehlen von Luft im Kolon („leerer Rahmen") bei Anwesenheit von Dünndarmspiegeln weist auf einen mechanischen Dünndarmileus hin; liegt der Schwerpunkt der Spiegelbildung im Kolon, so ist an ein mechanisches Hindernis im Kolon (meist ein Karzinom) zu denken. Bei längerem Bestehen eines mechanischen Ileus kommt es reflektorisch zur Darmparalyse, d. h. zum Übergang in einen paralytischen Ileus.
Ein *paralytischer Ileus* kann zahlreiche Ursachen haben, deren nähere Differenzierung in Kenntnis des klinischen Befundes oft gelingt. Kennzeichnend ist die Spiegelbildung sowohl im Dünn- wie auch im Dickdarm. Häufig ist jedoch eine sichere Unterscheidung von Dünn- und Dickdarmileus, mechanischem und paralytischen Ileus nicht zuverlässig möglich, da die Zuordnung von Spiegeln zu bestimmten Darmabschnitten nicht immer gelingt.
Bei Verdacht auf einen mechanischen Dünndarmileus fällt der Dünndarmpassage mit wasserlöslichem Kontrastmittel die Aufgabe zu, das Hindernis zu lokalisieren. Bei Verdacht auf einen mechanischen Dickdarmileus ist der Kolonkontrasteinlauf mit wasserlöslichem Kontrastmittel die Methode der Wahl. Eine häufige Ileusursache bei Kindern ist die ileoileale oder ileozäkale Invagination.

Adhäsionen

Adhäsionen im Dünndarmbereich sind an einer mangelhaften Verschieblichkeit von Darmschlingen sowie Störungen der Peristaltik zu erkennen. Die befallenen Schlingen können dilatiert und atonisch sein. Oft ist eine Kontrastmittelretention in ihnen zu beobachten. In ausgeprägten Fällen findet man regelrechte Konglomerattumoren.

Meckel-Divertikel

Das Meckel-Divertikel ist etwa 10–100 cm proximal der Ileozäkalklappe an der dem Mesenterialansatz gegenüberliegenden Darmwand zu suchen. Es kann Ausgangspunkt von Ulzerationen, Perforationen und Blutungen sein. Der röntgenologische Nachweis gelingt nur selten; etwas bessere Ergebnisse zeigt die Szintigraphie.

Malabsorption

Zeichen der Malabsorption bei der Dünndarmpassage sind Tonusstörungen mit erweiterten atonischen und verengten spastischen Segmenten, woraus unregelmäßige Füllungsbilder resultieren. Nach Durchlauf des Kontrastmittels bleiben fleckige Residuen in einzelnen Dünndarmschlingen liegen.

Entzündliche Erkrankungen
Bei den entzündlichen Dünndarmerkrankungen sind die akute und die chronische unspezifische Enteritis zu nennen, ferner die Yersinia-Enteritis sowie die Enteritis regionalis Crohn. Die akute unspezifische Enteritis ist keine Indikation zur Röntgenuntersuchung. Die chronische unspezifische Enteritis verursacht eine Passagebeschleunigung, Motilitäts- und Tonusstörungen sowie verplumpte und verbreiterte Kerckring-Falten. Die *Yersinia-Enteritis* spielt sich am distalen Ileum ab und ist duch typische Befunde charakterisiert. Am Anfang erkennt man noduläre Kontrastmittelaussparungen durch vergrößerte Lymphfolikel. Daneben sind ödematöse und rigide Darmwände zu beobachten. Die Zunahme des Wandödems führt zum Verstreichen der Schleimhautfalten; das befallene Darmsegment erscheint dilatiert. Nach mehreren Wochen gehen die Veränderungen meist spontan wieder zurück. Im Unterschied zum Morbus Crohn werden Fisteln, Strikturen und Ulzerationen nicht beobachtet.
Eine der wichtigsten Indikationen zur Röntgenuntersuchung des Dünndarmes ist die *Enteritis regionalis Crohn.* In 50% ist das terminale Ileum allein befallen, in 80% mitbetroffen. In 30% ist das Kolon allein befallen. Andere Abschnitte des Gastrointestinaltraktes sind selten befallen. Im Röntgenbild sieht man Wandverdickungen, Elastizitätsminderungen und Schleimhautschwellungen der befallenen Darmschlingen, ferner längerstreckige Stenosen („string sign") und verbreiterte Kerckring-Falten. Die Distanz zwischen den einzelnen Darmschlingen ist infolge eines Wandödems vergrößert. Typisch ist das pflastersteinartige Relief. In klassischen Fällen findet man eine Dreiteilung des befallenen Darmabschnittes: Auf ein stenotisches Segment folgt oralwärts das am Mesenterialansatz konkav gekrümmte Intermediärsegment mit girlandenförmiger Deformierung (Pseudodivertikel) der gegenüberliegenden Darmwand und schließlich als dritter Abschnitt ein dilatiertes Darmsegment. Häufige und typische Komplikationen sind Fisteln.

Tumoren
Gutartige Dünndarmtumoren sind selten. Die häufigsten malignen Tumoren sind Metastasen, das Leiomyosarkom und das Karzinoid. Diese Tumoren kommen entweder in Form umschriebener nodulärer Füllungsdefekte (Metastasen!) zur Darstellung, oder sie bewirken eine umschriebene Stenose mit Reliefzerstörung und prästenotischer Dilatation.

Blutungen
Bei Verdacht auf eine *Blutungsquelle* im Gastrointestinaltrakt ist nach ergebnisloser Endoskopie die Angiographie als Suchmethode einzusetzen. Ihre Anwendung ist jedoch nur während der akuten Blutung sinnvoll, da der Nachweis einer Blutung an den Austritt von kontrastmittelangereichertem Blut aus einer Läsion gebunden ist. In der Regel werden nacheinander die A.mesenterica inferior und superior sowie der Truncus coeliacus dargestellt. Bei Nachweis einer Blutungsquelle kann in geeigneten Fällen die Embolisation des blutenden Gefäßes über den Angiographiekatheter oder eine Pharmakoangiographie versucht werden.

Kolon

Untersuchungsmethoden

- Abdomenübersichtsaufnahmen,
- Doppelkontrastuntersuchung,
- Computertomographie (CT).

Bei der Doppelkontrastuntersuchung wird das Kolon über ein Darmrohr mit Kontrastmittel gefüllt. Nach Entleerung des Kontrastmittels wird das Kolon mit Luft aufgebläht, so daß die mit dem feinen KM-Film überzogenen Darmwände transparent erscheinen. Zielaufnahmen der verschiedenen Darmabschnitte sowie Übersichtsaufnahmen werden angefertigt.

Erkrankungen

Mißbildungen
Das *Dolichokolon* ist eine abnorme Verlängerung des Kolons ohne Erweiterung, das *Megadolichokolon* ist eine Verlängerung des Kolons mit Lumenerweiterung. Bei der *Hirschsprung-Erkrankung* sieht man eine ausgeprägte Dilatation des Sigmas bei meist verengtem Rektum (aganglionäres Segment). Beim *idiopathischen Megakolon* liegt eine Erweiterung des gesamten Kolons vor. Von *Caecum mobile* spricht man, wenn das normalerweise an der hinteren Bauchwand fixierte Colon ascendens bzw. Zäkum frei beweglich ist.

Divertikel – mehrheitlich erworben – stellen sich als umschriebene, manchmal gestielte Wandausstülpungen dar. Am häufigsten sind sie im Sigma lokalisiert. Die röntgenologischen Zeichen der Divertikulitis sind: verbreiterte Schleimhautfalten, Spicula, Penetrationen und Fisteln. Eine divertikulitische Sigmastenose ist oft nicht mit Sicherheit von einer Tumorstenose zu unterscheiden.

Entzündliche Erkrankungen
Zum Formenkreis der *Kolitiden* zählen die Colitis mucosa, die Colitis ulcerosa, die Colitis granulomatosa (Morbus Crohn), die Colitis ischaemica und die pseudomembranöse Kolitis. Bei der *Colitis mucosa* findet man eine tiefe spastische Haustrierung des gesamten Dickdarms. Ulzerationen, Schleimhautödem und Füllungsdefekte fehlen, wodurch die Abgrenzung von der Colitis ulcerosa möglich ist. Die *pseudomembranöse Kolitis* ist gekennzeichnet durch ein Schleimhautödem, Verdickung der mit Pseudomembranen bedeckten Schleimhaut, Verlust der Haustrierung sowie diffuse Ulzerationen. Die Differenzierung gegenüber der Colitis ulcerosa gelingt durch den Nachweis der durch die Pseudomembranen bedingten Füllungsdefekte. Bei der *Colitis ulcerosa* sieht man im floriden Stadium stecknadelkopfgroße Ulzera, die bei zunehmender Ausdehnung konfluieren und typische Kragenknopfulzera bilden. Daneben findet sich eine vermehrte Kontraktionsneigung des Darmes und eine verminderte Haustrierung. Bei perakutem Beginn sieht man auf der Abdomenübersichtsaufnahme in Rückenlage eine Dilatation des Querkolons. Wenn diese mehr als 7 cm beträgt, spricht man von *toxischem Megakolon,* welches wegen erhöhter Perforationsgefahr eine Kontraindikation gegen den Kontrastmitteleinlauf bedeutet. Bei fortschreitender Erkrankung – chronisches Stadium – erhält die Schleimhaut ein zunehmend polypoides Relief bei völlig aufgehobener Haustrierung. Die Ausbreitungstendenz der Veränderungen ist – im Gegensatz zur Colitis granulomatosa – proktozäkal. Im Endstadium ist das Kolon in ein starres geschrumpftes Rohr umgewandelt. Stenosen und Strikturen müssen als Hinweis auf eine maligne Entartung betrachtet werden. Bei den frühen Veränderungen der *Colitis granulomatosa (Morbus Crohn)* handelt es sich um Wandverdickungen und Schleimhautschwellungen, eine abgeflachte Haustrierung sowie feine Ulzerationen. Typisch ist das durch umschriebene Schleimhautschwellungen hervorgerufene Pflastersteinrelief. Mit zunehmender Dauer der Erkrankung treten die Ulzerationen zurück zugunsten eines pseudopolypoiden Bildes. Hinzu kommen Stenosen und Strikturen. Typisch ist deren exzentrische Lage mit Raffung am Mesenterialansatz und Pseudodivertikelbildung an der gegenüberliegenden Seite (s. a. Ileitis regionalis) sowie der segmentale Befall des Darmes („skip lesions").
Eine Differenzierung zwischen Colitis ulcerosa und Colitis granulomatosa aufgrund des Röntgenbildes ist begrenzt möglich. Tab. 5.3 faßt die wesentlichen Unterschiede zwischen beiden Erkrankungen zusammen.
Die *ischämische Kolitis* befällt bevorzugt die linke Kolonflexur. Bei akutem Beginn kann man auf der Abdomenübersichtsaufnahme nicht selten Spiegel als Zeichen des paralytischen Ileus finden. Beim Kontrastmitteleinlauf zeigen sich randständige Füllungsdefekte, deren Form an einen Daumeneindruck erinnert („thumbprinting"). Daneben finden sich enggestellte Darmsegmente, manchmal auch Ulzerationen. Bei einem Teil der Patienten findet man im Mesenterikogramm Gefäßstenosen und Verschlüsse als Hinweis auf eine Arteriosklerose.

Tumoren
Kolonpolypen kommen solitär oder multipel vor und sind am häufigsten im Rektum. Gestielte Polypen zeigen typische Röntgenbilder, während breitbasige Polypen oft unregelmäßige Füllungsdefekte hervorrufen, die nicht einfach vom Karzinom abzugrenzen sind. Kolonpolypen gelten als Präkanzerosen! Hinweise auf eine maligne Entartung sind: Durchmesser über 10 mm, unregelmäßige Oberfläche, Unregelmäßigkeiten an der Basis, multiples Vorkommen, Größenzunahme bei Kontrolluntersuchungen.
Beim *Kolonkarzinom* sind röntgenologisch zwei Typen zu unterscheiden, das blumenkohlähnliche, früh ulzerierende Karzinom und das szirrhöse, zirkulär stenosierende Karzinom. Der blumenkohlartig wachsende Tumor ist besonders gut im Profilbild zu erkennen. Der zirkulär wachsende Typ zeigt meist die klassische Tumorstenose mit Wandstarre der angrenzenden Darmabschnitte. Zäkumkarzinome zeigen unregelmäßige Kontrastmittelaussparungen; differentialdiagnostisch ist an Kotreste zu denken (eventuell Kontrolluntersuchung durchführen). Auch die *Ileozäkaltuberkulose* und die *Akti-*

Tabelle 5.3 Röntgenologische Differentialdiagnose von Colitis ulcerosa und Colitis granulomatosa (aus: Thurn, P., E. Bücheler: Einführung in die Röntgendiagnostik, 6. Aufl. Thieme, Stuttgart 1979)

Colitis ulcerosa	Colitis granulomatosa
diffuser oder totaler Befall	segmentärer Befall („skip lesions" beweisend)
Befall der gesamten Zirkumferenz	exzentrischer Befall der Darmwand
terminales Ileum selten beteiligt (10% Backwash-Ileitis)	terminales Ileum oft beteiligt (bis zu 90% Ileokolitis)
Rektum oft betroffen	Rektum meist frei
Distanzvergrößerung Rektum-Sakrum häufig	Distanzvergrößerung Rektum-Sakrum selten
flache Ulzera	aphthöse Ulzera
Pseudopolypen	Pflastersteinrelief
Stenosen selten	Strikturen häufig (20–30%)
Reflux in das terminale Ileum	Reflux in das terminale Ileum selten
Fisteln selten	Fisteln häufig
retrograde Ausbreitungstendenz	antegrade Ausbreitungstendenz, ausgeprägte Rezidivneigung
Karzinomentstehung (5–25% nach 10 Jahren)	Karzinom sehr selten

nomykose können tumorähnliche Kontrastmittelaussparungen hervorrufen.
Die CT des Rektums bzw. des kleinen Bekkens liefert Informationen über die extraluminäre Tumorausdehnung sowie über Lymphknoten- und Knochenmetastasen. Vor allem in der Rezidivdiagnostik ist die Methode von großem Wert, weil präsakrale Weichteilprozesse leicht zu erfassen sind. Jedoch ist eine Differenzierung zwischen präsakraler narbiger Fibrose und Tumorrezidiv computertomographisch allein nicht möglich. Hier müssen die Feinnadelpunktion oder Verlaufskontrollen (Größenzunahme des Befundes = Tumorverdacht) herangezogen werden. Wichtig ist auch die Korrelation mit dem Verlauf der CEA-Spiegel. Die übrigen Kolonabschnitte sind computertomographisch nicht zuverlässig zu untersuchen.
Die Zeichen des *Ileus* werden im Abschnitt „Jejunum, Ileum" behandelt.

Gallenblase und Gallenwege

Untersuchungsmethoden

- Leeraufnahme,
- Sonographie,
- Cholezystographie,
- i. v. Cholegraphie,
- endoskopische retrograde Cholangiographie (ERC),
- perkutane transhepatische Cholangiographie (PTC),
- Computertomographie (CT).

Die *Leeraufnahme* der Gallenblasenregion erlaubt den Nachweis von schattengebenden Konkrementen sowie Luft in den Gallenwegen. Die seitliche Leeraufnahme gestattet die Unterscheidung von ventral gelegenen Gallensteinen und dorsal gelegenen Nierensteinen.
Mit der *Sonographie* können Größe, Lage und Inhalt der Gallenblase beurteilt werden, ferner die Dicke der Gallenblasenwand sowie perivesikale Strukturen. Daneben sind die intra- und extrahepatischen Gallenwege darstellbar.
Bei der *oralen Cholezystographie* wird ein jodhaltiges Kontrastmittel per os verabreicht, welches vom Darm resorbiert wird. Über die Hepatozyten wird das KM in die Gallenwege ausgeschieden und in der Gallenblase konzentriert (s. o. Kontrastmittel). 12 Stunden nach Einnahme des KM können Lage, Form und Inhalt der Gallenblase beurteilt werden, während die Gallenwege meist nicht beurteilt werden können. Die Methode wird wegen der hervorragenden Ergebnisse der Sonographie kaum noch durchgeführt. Auch sind falsch negative Befunde nicht selten.
Bei der *i. v. Cholegraphie* wird ein ebenfalls jodhaltiges Kontrastmittel verwendet, welches über die Hepatozyten in die Gallenwege ausgeschieden wird. Nach 10minütiger Kurzinfusion sind meist schon die extrahepatischen Gallengänge angefärbt, nach 30 Min. gelingt meist die komplette Darstellung von

Hepatikusgabel, Ductus choledochus, Ductus cysticus und Gallenblase. Zielaufnahmen und Schichtaufnahmen ergänzen die Übersichtsaufnahmen. Das Kontraktionsverhalten der Gallenblase kann durch die Gabe einer sog. Reizmahlzeit (z. B. Sorbit) überprüft werden. Auch die i. v. Cholegraphie wird heute nur noch durchgeführt, wenn die Sonographie kein eindeutiges Resultat erbringt. Eine wieder zunehmende Bedeutung der Cholegraphie hat sich aber durch die Einführung der medikamentösen Litholyse und der Gallensteinzertrümmerung ergeben. Die Indikation zur Durchführung dieser therapeutischen Verfahren hängt u. a. von den Ergebnissen der oralen bzw. i. v. Cholegraphie ab.
Bei der *ERC* wird nach endoskopischer Sondierung der Papilla duodeni major (Vateri) ein jodhaltiges wasserlösliches Kontrastmittel in den Ductus choledochus injiziert. So erhält man eine Kontrastierung der intra- und extrahepatischen Gallengänge. Bei Gallengangsverschlüssen wird die distale Begrenzung des Verschlusses dargestellt.
Bei der *PTC* wird eine lange, dünne Kanüle perkutan transhepatisch in einen größeren Gallengang vorgeschoben und ein wasserlösliches jodhaltiges Kontrastmittel injiziert. Man erhält eine Darstellung der intra- und extrahepatischen Gallenwege. Bei einem Gallengangsverschluß wird die proximale Begrenzung des Verschlusses dargestellt. Die Methode wird eingesetzt, wenn mit anderen Verfahren einschließlich ERC eine Klärung der jeweiligen Situation nicht möglich ist.
Die *CT* erlaubt die Darstellung erweiterter intrahepatischer Gallengänge sowie der Gallenblase, jedoch reicht der Aussagewert nicht an den der Sonographie heran. Sie wird beim mechanischen Ikterus zur Suche des Abflußhindernisses eingesetzt.

Erkrankungen

Mißbildungen

Aplasien, Hypoplasien und *Doppelbildungen* der Gallenblase sind selten. Eine umschriebene Einschnürung der Gallenblase kann folgende Ursachen haben: Divertikel, Septen, Adenomyomatose (Sanduhrgallenblase) und perivesikale Narbenstränge. Mit „phrygischer Mütze" wird eine Gallenblase mit abgeknicktem Fundus bezeichnet.

Gallensteine

Gallensteine enthalten meist Kalk und sind deshalb oft auf der Leeraufnahme nachweisbar. Reine Cholesterinsteine sind jedoch nicht schattengebend. Sonographisch sind Gallensteine an ihrem typischen dorsalen Schallschatten erkennbar. Bei Lagewechsel des Patienten ist ihre Beweglichkeit zu verfolgen. In der kontrastmittelgefüllten Gallenblase verursachen nicht schattengebende Gallensteine typische rundliche oder auch eckige Aussparungen. Außer in der Gallenblase können Gallensteine im Ductus cysticus, in der Hepatikusgabel und im Ductus choledochus angetroffen werden. Dementsprechend können sie den Galleabfluß behindern. Zystikussteine führen zum *Gallenblasenhydrops,* der sonographisch und computertomographisch anhand einer starken Vergrößerung der Gallenblase erkennbar ist. Ein *Gallenblasenempyem* ist von einem Hydrops nicht differenzierbar. Nicht schattengebende Choledochussteine erkennt man als rundliche Aussparungen im erweiterten (gestauten) kontrastierten Ductus choledochus. Eine Erweiterung des Ganges (> 10 mm) ohne Steinnachweis ist verdächtig auf ein papillennahes Abflußhindernis (Narbenstriktur, Tumor). Komplikationen der Cholelithiasis sind die akute und die chronische Cholezystitis, die akute und die chronische Pankreatitis sowie die Perforation der Gallenblase, entweder in die Bauchhöhle (Peritonitis) oder in den Zwölffingerdarm (Gallensteinileus möglich!).

Cholezystitis

Bei der akuten wie auch der chronischen Cholezystitis kann das Cholezystogramm negativ sein. Im Sono- und im Computertomogramm ist die ödematöse bzw. narbige Gallenblasenwandverdickung zu erkennen. Während bei der akuten Entzündung die Gallenblase häufig groß und schlaff ist, zeigt sich die chronisch entzündete Gallenblase als geschrumpftes Organ. Gelegentlich kommt es bei chronisch entzündeten Gallenblasen zu einer partiellen oder kompletten Wandverkalkung (Porzellangallenblase).

Postcholezystektomiesyndrom

Bei der Abklärung des sog. Postcholezystektomiesyndrom ist nach organischen Veränderungen zu forschen. Narbige Stenosen des Ductus choledochus führen zur prästenotischen Dilatation. Jedoch ist eine Erweiterung des Gallenganges nach einer Cholezystektomie häufig ohne pathologische Bedeutung. Manchmal findet man bei Patienten mit Postcholezystektomie-Syndrom noch Steine im Gallengang. Wenn Sonographie und Chole-

graphie die Ursache des Syndroms nicht zu klären vermögen, sollte die ERC durchgeführt werden.
Nach Anlage einer biliodigestiven Anastomose findet man auf der Leeraufnahme Luft in den intrahepatischen Gallenwegen (Aerobilie).
Bei der sonographischen Untersuchung der Gallenblase findet man häufig kleine stecknadelkopfgroße *Polypen,* deren pathologische Bedeutung noch unklar ist; sie sind mit anderen Methoden nicht zu erfassen. Größere *Gallenblasentumoren* stellen sich cholegraphisch als wandständige, lagekonstante Kontrastmittelaussparungen dar. Beim Gallenblasenkarzinom ist das Cholezystogramm oft negativ. Im Sono- und Computertomogramm erkennt man das Karzinom an einer umschriebenen unregelmäßigen Wandverdikkung; oft ist die Gallenblasenkontur an der Kontaktstelle mit der Leber nicht mehr abgrenzbar, was auf eine Infiltration der Leber hinweist. Auch das Duodenum kann von Gallenblasenmalignomen infiltriert werden. *Gallengangskarzinome* führen frühzeitig zum Verschlußikterus. In diesen Fällen ist eine ausreichende Kontrastmittelausscheidung nicht mehr zu erwarten, so daß Sonographie, CT, ERC und PTC eingesetzt werden müssen, um das Abflußhindernis zu lokalisieren. Intrahepatische cholangiozelluläre Karzinome erkennt man im CT und im Sonogramm als unregelmäßige, unscharf begrenzte hypodense bzw. echoarme Zonen; eine Unterscheidung vom hepatozellulären Karzinom ist nicht möglich. Choledochuskarzinome sind oft weder sono- noch computertomographisch zu erfassen. Lediglich die gestauten Gallengänge sind gut nachweisbar. Zur genauen Lokalisation des Abflußhindernisses werden die ERC und die PTC eingesetzt.

Leber

Untersuchungsmethoden

- Abdomenübersichtsaufnahme,
- Sonographie,
- Computertomographie,
- Kernspintomographie,
- Angiographie.

Die *Abdomenübersichtsaufnahme* zeigt Verkalkungen der Leber sowie pathologische Luft innerhalb und außerhalb der Leber (Abszesse, Aerobilie, portale Pyämie). Die Differentialdiagnose der *Leberverkalkungen* umfaßt Phlebolithen, Thromben, Hämangiome, Gallensteine, Echinokokken, Amöben, Tbc, Lues, Histoplasmose, Abszesse, Tumoren, Metastasen sowie extrahepatische Verkalkungen, die sich auf die Leber projizieren.
Bei den angiographischen Methoden lassen sich entsprechend der Gefäßversorgung der Leber die *Arteriographie,* die *Pfortaderdarstellung* und die *Venographie* unterscheiden. Die Darstellung der Leberarterien erfolgt über die Sondierung des Truncus coeliacus (Zöliakographie) oder eine selektive Sondierung der A.hepatica communis (Hepatikographie). Die Darstellung des Pfortaderstromgebietes erfolgt in der Regel auf indirektem Wege über eine Kontrastmittelinjektion in die A. lienalis (indirekte Splenoportographie) und/oder in die A.mesenterica superior (indirekte Mesenterikoportographie). Die indirekte Pfortaderstellung wird zusammen mit der Arteriographie in einem Untersuchungsgang durchgeführt.
Die Darstellung der Lebervenen geschieht retrograd über die Sondierung der V. cava inferior und die Plazierung des Katheters in den einzelnen Lebervenen; auf diesem Wege wird auch die Lebervenendruckmessung durchgeführt.

Erkrankungen

Form-, Größen- und Lagevarianten der Leber sind sono- und computertomographisch einfach zu erkennen.

Diffuse Lebererkrankungen

Diffuse Leberkrankungen wie *Fettleber* und *Hämochromatose* bzw. *Hämosiderose* sind computertomographisch anhand einer verminderten bzw. erhöhten Leberdichte diagnostizierbar. Im Sonogramm gilt eine vermehrte Reflexivität als Zeichen des Leberparenchymschadens. Nur schwer von fokalen Läsionen abgrenzbar sind umschriebene Verfettungsbezirke im CT und im Sonogramm. Die *Hepatitis* verursacht keine speziellen Veränderungen im Sono- und Computertomogramm. Die *Leberzirrhose* ist mit beiden Methoden aufgrund einer Kombination mehrerer Befunde zu erkennen: große Milz, kleine Leber, vergrößerter Lobus caudatus, gebuckelte Leberoberfläche, Aszites, Varizen. Die Anfangsstadien sind jedoch meist nur schwer festzustellen.
Typische Zeichen der Zirrhose im Arteriogramm sind spiralig verlaufende Leberarterien („Korkenziehergefäße"). Umschriebene Zonen stärkerer Vaskularisation mit patholo-

gischen Gefäßen und arteriovenösen Shunts sprechen für ein Leberzellkarzinom auf dem Boden der Zirrhose. Im indirekten Portogramm findet sich bei der Zirrhose eine Rarefizierung der Pfortaderäste („entlaubter Baum"); im Endstadium der Erkrankung dominieren die Zeichen der portalen Hypertonie (s. u.).

Fokale Läsionen

Bei den fokalen Läsionen der Leber sind solitäre und multiple Herde zu unterscheiden. Multiple fokale Läsionen sind meist Zysten oder Metastasen. Während *Zysten* scharf begrenzt und (im CT) wasserisodens bzw. (im Sonogramm) echofrei sind, zeigen *Metastasen* unterschiedliche Bilder. Meist sind sie unscharf begrenzt und haben (im CT) Dichtewerte um 30–40 HE bzw. (im Sonogramm) eine echoarme Struktur. Ein typischer, jedoch nicht immer anzutreffender sonographischer Befund ist das Kokardenphänomen, d. h. eine konzentrische Anordnung unterschiedlicher Echomuster. Gelegentlich können auch Hämangiome (s. u.) multipel auftreten. Bei Nachweis einer solitären herdförmigen Läsion in der Leber ist an folgende Erkrankungen zu denken: Zyste, Echinokokkose, Metastase, Hämangiom, Abszeß, (altes) Hämatom, fokale noduläre Hyperplasie (FNH), Leberzelladenom, Karzinom. Von diesen Erkrankungen ist im Grunde nur die Zyste sicher zu diagnostizieren. Die übrigen Veränderungen ähneln einander sowohl im Sono- wie auch im Computertomogramm. Begrenzte Differenzierungsmöglichkeiten bietet die ergänzende Durchführung einer CT nach bolusartiger Injektion eines nierengängigen wasserlöslichen Kontrastmittels. Findet sich im Sonogramm ein echoreicher Herd, so ist in erster Linie an ein *Hämangiom* zu denken, jedoch können gelegentlich auch die anderen fokalen Läsionen echoreiche Strukturen zeigen. *Leberzellkarzinome* und auch *Gallengangskarzinome* zeigen oft ein unregelmäßiges landkartenähnliches Areal erniedrigter Dichte im CT.

Gelingt die sono- oder computertomographische Abklärung einer solitären fokalen Läsion nicht, so bietet sich eine gezielte *Feinnadelpunktion* unter sonographischer oder computertomographischer Kontrolle an. Die Angiographie liefert zwar auch gewisse differentialdiagnostische Hinweise; ihre Hauptbedeutung liegt jedoch heute in der vor einer eventuellen Operation erforderlichen Darstellung der Gefäßtopographie (z. B. Nachweis von Gefäßvarianten).

Leberverletzungen

Leberverletzungen, meist im Rahmen eines stumpfen Bauchtraumas, treten in Form von Leberrupturen sowie subkapsulären, peri- oder intrahepatischen Hämatomen in Erscheinung, die sono- und computertomographisch einfach nachweisbar sind. Alte intrahepatische Hämatome sind bei zystischer Umwandlung (Kolliquationsnekrose) nicht sicher von anderen zystischen Erkrankungen zu unterscheiden.

Das *Auflösungsvermögen* der CT für fokale Läsionen liegt in Abhängigkeit von der Dichte der Veränderung bei weniger als 1 cm. Jedoch können auch größere Herde dem Nachweis entgehen, wenn sie die gleiche Dichte wie das Lebergewebe besitzen. Ähnliches gilt für die Sonographie. Die Kernspintomographie ist in ihrem Stellenwert noch nicht endgültig zu beurteilen. Ihr hoher Kontrastumfang im Signalverhalten von normalem und pathologischem Lebergewebe, speziell von Lebertumoren, wird jedoch den Nachweis von fokalen Läsionen in der Leber erleichtern.

Portale Hypertonie

Die nähere Abklärung einer portalen Hypertonie ist die Domäne der Angiographie. Die indirekte Spleno- und Mesenterikographie liefert wichtige Informationen über Morphologie und Hämodynamik im Pfortaderstromgebiet und über die Umgehungskreisläufe (Magenfundus- und Ösophagusvarizen). Die Differenzierung der verschiedenen Blockformen ist möglich. Sono- und Computertomographie können im Einzelfall Hinweise auf die auslösende Erkrankung (Zirrhose, Milzvenenthrombose) geben sowie auch größere Kollateralen darstellen. Zur Hämodynamik ist jedoch keine sichere Aussage möglich.

Milz

Untersuchungsmethoden

- Abdomenübersichtsaufnahme,
- Sonographie,
- Computertomographie,
- Angiographie.

Die *Abdomenübersichtsaufnahme* zeigt Verkalkungen und andere Verdichtungen sowie pathologische Luft im Bereich der Milz. Auch eine Splenomegalie läßt sich häufig anhand des entsprechenden Weichteilschattens erkennen. *Verdichtungen* und *Verkalkungen* können bei folgenden Erkrankungen gefunden werden: Tuberkulose (am häufigsten), Histoplasmose, Brucellose, Hämangiom, Hamartom, zystische Veränderungen (kongenitale Zysten, Echinokokkuszysten, Epidermoidzysten u. a.), Metastasen, Sichelzellanämie, Thorotrastose, Hämosiderose, verkalktes Hämatom, Phlebolithen, Milzkapselverkalkung. *Pathologische Luft* in der Milzloge ist am häufigsten Ausdruck eines subphrenischen Abszesses. Von den außerhalb der Milz gelegenen Verkalkungen ist das verkalkte Milzarterienaneurysma am häufigsten.

Die *Sonographie* der Milz ist durch den linken unteren Rippenbogen und die lufthaltige linke Kolonflexur behindert, weshalb die CT bei unklaren Befunden die Untersuchungsmethode der Wahl ist.

Die *Angiographie* der Milz erfolgt entweder im Rahmen einer Zöliakographie oder nach selektiver Sondierung der A. lienalis.

Erkrankungen

Anomalien und Formvarianten

Anomalien, Formvarianten und Fehlbildungen wie Milzatrophie, -hypoplasie, -aplasie, Wandermilz (Lien mobilis), gelappte Milz (Lien lobatus), Nebenmilz und Doppelmilz können vor allem im CT gut erfaßt werden.

Die *Splenomegalie* ist sowohl konventionell röntgenologisch (Weichteilschatten im linken Ober- und Mittelbauch, Verlagerung von Magen und Darm nach medial oder kaudal) als auch sono- und computertomographisch feststellbar; die ätiologische Abklärung ist jedoch meist nur klinisch möglich.

Lymphatische Systemerkrankungen

Bei lymphatischen Systemerkrankungen (Morbus Hodgkin, Non-Hodgkin-Lymphome) ist ein Milzbefall häufig. Überwiegend handelt es sich um multiple stecknadelkopfgroße, diffus verteilte Knötchen, die mit radiologischen Methoden einschließlich der Sonographie nicht festgestellt werden können.

Fokale Erkrankungen

Die seltene umschriebene Infiltration kann sono- und computertomographisch ab etwa 1 cm Durchmesser erkannt werden; eine Differenzierung gegenüber anderen fokalen Läsionen (primäre Tumoren, Metastasen, Hämatom, Abszeß) ist aufgrund der Morphologie allein nicht möglich. Die Kriterien im Sono- und Computertomogramm sind bei den fokalen Milzerkrankungen dieselben wie bei den fokalen Lebererkrankungen (s. d.). Dies gilt auch für die zystischen Milzveränderungen.

Frische *Hämatome* der Milz (intralienal, subkapsulär, perilienal) sind an ihrer erhöhten Dichte im CT zu erkennen. Begleitende Parenchymeinrisse sind ebenfalls meist abgrenzbar. Mit zunehmendem Alter sinkt die Hämatomdichte auf hypodense Werte ab, so daß differentialdiagnostische Schwierigkeiten auftreten können. Sonographisch stellen sich Milzhämatome als echoarme bis echofreie Areale dar.

Der *subphrenische Abszeß* ist im CT und im Sonogramm als Flüssigkeitsansammlung um den oberen Milzpol herum erkennbar. Gelegentlich bereitet die Abgrenzung von einem Pleuraerguß Schwierigkeiten. Die Beachtung des Zwerchfellverlaufes ermöglicht jedoch die richtige Diagnose.

Milzinfarkte erkennt man im CT als unregelmäßig konfigurierte hypodense, im Sonogramm als echoarme Areale. *Verschlüsse* und *arteriovenöse Fisteln* der A. lienalis sind nur angiographisch zu diagnostizieren. *Aneurysmen* der A. lienalis können auch sono- und computertomographisch (nach Bolusinjektion eines wasserlöslichen nierengängigen Kontrastmittels) erkannt werden. Bei *Milzvenenthrombosen* ist sonographisch oft der reflexreiche Thrombus, der das Gefäßvolumen verschließt, zu erkennen. Im CT sieht man ihn nach KM-Bolusinjektion als hypodense Aussparung im kontrastierten Gefäßlumen. Zusätzlich lassen sich mit beiden Methoden eventuelle Kollateralen (Ösophagusvarizen, Magenfundusvarizen) nachweisen. Zur exakten Abklärung der Hämodynamik ist jedoch die Angiographie unumgänglich.

Pankreas

Untersuchungsmethoden

- Abdomenübersichtsaufnahme,
- Cholangiographie,
- Magen-Darm-Passage,
- Sonographie,
- Computertomographie,
- ERCP,
- Angiographie.

Die *Abdomenübersichtsaufnahme* weist Pankreasverkalkungen und von großen Tumoren und Pseudozysten hervorgerufene Weichteilschatten bzw. die durch sie bedingte Verlagerung von Magen- und Darmabschnitten nach. Die *Cholangiographie* zeigt Stenosen und Verschlüsse des Ductus choledochus. Hierzu stehen verschiedene Techniken zur Verfügung: i. v. Cholangiographie, PTC, ERC. Die i. v. Cholangiographie zeigt keine Anfärbung der abführenden Gallenwege, wenn schon klinisch Zeichen eines Stauungsikterus bestehen. Methode der Wahl ist die ERC, die in Verbindung mit der retrograden Darstellung des Pankreasgangsystems (ERP) erfolgt.

Die *Magen-Darm-Passage* erfaßt Verlagerungen von Magen und Darm sowie Stenosen und Wandinfiltrationen.

Mit *Sonographie* und *CT* gelingt die direkte Abbildung des Pankreas sowie der peripankreatischen Strukturen (Gefäße!) und der übrigen Oberbauchorgane. Die Sonographie gilt als Methode der Wahl, jedoch ist in den meisten Fällen eine ergänzende CT notwendig, da sonographisch oft nicht alle Pankreasabschnitte erfaßt werden.

Die *ERP* zeigt pathologische Veränderungen des Pankreasgangsystems; daneben ist im gleichen Untersuchungsgang die Inspektion der Papille, die Entnahme von Pankreassaft zur zytologischen Untersuchung sowie die retrograde Gallengangsdarstellung möglich. Die Methode besitzt eine hohe Treffsicherheit, ist jedoch mit gewissen Risiken und Unannehmlichkeiten für den Patienten verbunden.

Die *Angiographie* wird durchgeführt 1. präoperativ zur Klärung der Resektabilität beim Pankreaskarzinom sowie zur Darstellung der Gefäßanatomie, 2. im Rahmen der Suche nach einem endokrin aktiven Tumor, da hier die übrigen Untersuchungsmethoden nur enttäuschende Ergebnisse bringen. Zur kompletten Darstellung der Pankreasgefäße sind folgende Untersuchungsgänge erforderlich:

- selektive Lienalisangiographie mit indirekter Splenoportographie,
- selektive Hepatikographie,
- selektive Mesenterikographie mit indirekter Mesenterikoportographie.

Erkrankungen

Tumoren

Das *Pankreaskarzinom* ist im Sonogramm als echoarme Raumforderung mit unscharfer Begrenzung, im CT als eher isodense umschriebene Vergrößerung des Pankreas erkennbar. Sekundärveränderungen wie die Kompression des Ductus choledochus und des Ductus pancreaticus sind sonographisch ebenfalls oft gut darstellbar; im CT sind die Abbildungsverhältnisse schlechter. Andere Befunde wie erweiterte intrahepatische Gallengänge, die Kompression der unteren Hohlvene, Pfortader- und Milzvenenthrombosen mit Splenomegalie, Leber- und Lymphknotenmetastasen und Aszites sind sono- und computertomographisch nachweisbar. Auch die Ummauerung der großen peripankreatischen Gefäße durch Tumorgewebe ist mit beiden Methoden darstellbar. Die Magen-Darm-Passage hat keine wesentliche Bedeutung mehr, da resezierbare Pankreaskarzinome nur in 21% Veränderungen an Magen und Duodenum hervorrufen. Multizentrisch wachsende Pankreaskarzinome führen zur Vergrößerung des gesamten Organs und sind nur schwer von der Pankreatitis abgrenzbar. Bei fokalen Pankreasvergrößerungen (meist Pankreaskopf) sind die beiden wichtigsten Differentialdiagnosen die umschriebene chronische Pankreatitis und das Karzinom. Mit der ERCP findet man Stenosen, Verschlüsse und Verlagerungen des Ductus pancreaticus, Veränderungen der Seitenäste, Kontrastmittellakunen und beim Pankreaskopfkarzinom oft zusätzlich Verschlüsse oder Stenosen des Ductus choledochus. Ähnliche Befunde finden sich bei der chronischen Pankreatitis. Während die Veränderungen hier jedoch mehr oder weniger das gesamte Gangsystem betreffen, sind sie beim Karzinom mehr lokalisiert. Angiographisch ist das Pankreaskarzinom meist hypovaskularisiert. Leitsymptome sind unregelmäßige Stenosen („Encasement") und Verschlüsse, die wegen der Hypovaskularisation der Tumoren oft nur an den größeren peripankreatischen Gefäßen zuverlässig erfaßbar sind. Auch Stenosen und Thrombosen der peripankreatischen Venen werden gefunden. Auch angiographisch ist differentialdiagnostisch in erster Linie die chronische Pankreatitis in Erwägung zu ziehen.

Gutartige Pankreastumoren sind sehr selten. Der *muzinöse zystische Tumor* ähnelt der Pankreaspseudozyste; auch maligne Entartungen sind bekannt. Das *seröse Zystadenom* ist von anderen soliden Tumoren kaum zu unterscheiden. Vor allem sind entgegen der Erwartung radiologisch keine zystischen Areale nachweisbar, da die Zysten nur stecknadelkopfgroß sind. Häufig finden sich in gutartigen Pankreastumoren Verkalkungen; beim Karzinom stellen sie dagegen eine Rarität dar.

Die sog. *endokrin nichtaktiven Inselzelltumoren* sind weder sono- noch computertomographisch vom Karzinom zu unterscheiden. Sie erreichen oft eine beträchtliche Größe und sind meist hypervaskularisiert. Nicht selten weisen sie nekrotische Areale auf. Auch die sog. *endokrin aktiven Inselzelltumoren* (Insulinom, Gastrinom u. a.) sind überwiegend hypervaskularisiert. Da sie in der Regel sehr klein sind, entgehen sie meist dem sono- und computertomographischen Nachweis. Im Angiogramm stellt eine langanhaltende umschriebene Kontrastierung („tumor staining", „blush") einen typischen Befund dar. Sind die Tumoren anteriographisch nicht zu finden, ist die aufwendige perkutane transhepatische Venenblutentnahme aus verschiedenen Pankreasvenen nicht zu umgehen, wenn man nicht eine „blinde" Pankreasteilresektion durchführen will.

Entzündliche Erkrankungen

Die *akute Pankreatitis* führt häufig zu einer umschriebenen Atonie einer pankreasnahen Dünndarmschlinge, welche auf Abdomenübersichtsaufnahmen (besonders in Linksseitenlage) als stehende Schlinge mit Spiegelbildung zu erkennen ist. Extraluminäre Luft weist auf einen *Pankreasabszeß* hin. Sono- und computertomographisch sind bei der unkomplizierten ödematösen Pankreatitis häufig kaum pathologische Veränderungen nachweisbar. Erst hämorrhagisch-nekrotisierende und suppurativ-abszedierende Verlaufsformen führen zu deutlichen Befunden. Meist findet sich eine Volumenzunahme der Drüse mit inhomogener Struktur und unscharfer Begrenzung. Im CT ist besonders gut der Exsudataustritt in die pararenalen Räume und präformierte anatomische Wege zu beobachten. Eine Korrelation zwischen dem Ausmaß der morphologischen Veränderungen und dem klinischen Verlauf ist oft nicht vorhanden. Eine Differenzierung von nekrotischem und noch vitalem Pankreasgewebe ist mit Hilfe der dynamischen CT nach bolusartiger i. v. Injektion eines wasserlöslichen nierengängigen Kontrastmittels möglich.

Bei der *chronischen Pankreatitis* finden sich auf der Abdomenübersichtsaufnahme häufig Pankreasverkalkungen. Im Sonogramm findet man eine vermehrte Echogenität des Organs. Im CT sind neben den Verkalkungen Konturunregelmäßigkeiten und eine lipomatöse Atrophie nachweisbar. Auch eine Gangerweiterung stärkeren Ausmaßes ist sono- und computertomographisch nachweisbar. Praktisch immer ist die Diagnose mit der ERCP zu stellen, während sono- und computertomographisch nicht immer pathologische Veränderungen zu sehen sind. Eine Komplikation ist die Bildung von Pseudozysten. Sie können Magen und Darm erheblich verdrängen. Oft sind die Wände unregelmäßig verdickt und weisen Verkalkungen auf, die am besten im CT nachzuweisen sind. Wenn dabei im Pankreas selber Hinweise auf entzündliche Veränderungen fehlen, so sind differentialdiagnostisch auch andere zystische Erkrankungen zu erwägen: dysontogenetische Zysten, Echinokokkuszysten, muzinöser zystischer Tumor, zerfallende nekrotische Tumoren, Abszesse. Wenn mit keiner Untersuchungsmethode die Unterscheidung einer chronischen Pankreatitis vom Karzinom gelingt, muß eine gezielte Feinnadelpunktion des suspekten Befundes durchgeführt werden.

Verletzungen

Bei den Pankreasverletzungen unterscheidet man penetrierende und nichtpenetrierende Verletzungen. Klinisch verläuft das Pankreastrauma meist unter dem Bilde einer akuten Pankreatitis („traumatische Pankreatitis") infolge des Austrittes von Pankreassaft in die Umgebung. Begleitende Duodenalrupturen führen zum Pneumoperitoneum oder -retroperitoneum. Duodenalwandhämatome können eine Duodenalstenose hervorrufen. Ein Parenchymeinriß ist gelegentlich im CT als hypodense Kontinuitätsunterbrechung des Pankreas erkennbar. Im retrograden Pankreatikogramm beweist ein Gangabbruch mit Kontrastmittelextravasat die Pankreasruptur; im Angiogramm sieht man Gefäßabbrüche. Hämatome führen zur bogigen Verlagerung von Pankreasgang und Gefäßen. Posttraumatische Komplikationen wie Spätabszesse, Fistelbildung und Pseudozysten sind ebenfalls mit radiologischen Methoden nachweisbar.

Urogenitalsystem

Untersuchungsmethoden

Als Untersuchungsmethoden stehen in der Diagnostik der Nieren und der ableitenden Harnwege folgende Untersuchungsmodalitäten zur Verfügung:

- Abdomenleeraufnahme,
- intravenöse Ausscheidungsurographie,
- retrograde Urographie,

- Computertomographie,
- Kernspintomographie,
- Angiographie,
- Sonographie.

Die *Sonographie* ist heute üblicherweise die erste bildgebende Methode zur Darstellung der Nieren und der ableitenden Harnwege. Sie weist eine Harnabflußstörung nach, deckt zystische und solide Raumforderungen auf, identifiziert größere Konkremente und vermag Lage, Größe und Form der Nieren zu bestimmen.
Die *Abdomenleeraufnahme* gibt Auskunft über Lage und Form der Nieren, die Kontur des M.psoas sowie über intra- und extrarenale Verkalkungen.
Bei der sich häufig anschließenden *Ausscheidungsurographie* werden die intra- und extrarenalen Harnwege mittels eines nierengängigen Kontrastmittels dargestellt; die Untersuchung kann durch eine konventionelle Schicht ergänzt werden. Da auch sehr feine morphologische Veränderungen erfaßt werden, hat die Ausscheidungsurographie eine zentrale Stellung unter den verschiedenen urologischen Untersuchungsverfahren.
Die *Computertomographie* hat ihre Indikation hauptsächlich in der Abklärung renaler, pararenaler, periureteraler sowie perivesikaler Raumforderungen. Durch Gabe von nierengängigem Kontrastmittel kann der Befund häufig verdeutlicht werden.
Die *Nierenangiographie* ist in der präoperativen Tumordiagnostik meistens nur noch zur Darstellung der renalen Gefäßversorgung notwendig.

Niere

Mißbildungen

Nierenmißbildungen und Mißbildungen der ableitenden Harnwege treten in 9,6% der urologisch untersuchten Patienten auf. Es finden sich hauptsächlich die gelappte Niere (Ren lobatus), die Hufeisenniere, die kongenitale Dystopie und Hypoplasie, der Ureter bifidus, der Ureter duplex und die Ureterozele. Andere Veränderungen sind vergleichsweise selten.
Die entzündlichen Nierenveränderungen umfassen die akute und die chronische Pyelonephritis, die abakterielle Glomerulonephritis, die Nierentuberkulose sowie den intrarenalen Abszeß.
Die *akute bakterielle Pyelonephritis* wird als häufigste Nierenerkrankung klinisch diagnostiziert. Nur bei jedem 4. Patienten sind röntgenologisch verwertbare Zeichen vorhanden, die obendrein noch diskret und vieldeutig sein können. Der Wert der Ausscheidungsurographie ist vielmehr als Ausschlußdiagnostik zu sehen.
Die *chronische Pyelonephritis* ist eine bakterielle rezidivierende interstitielle Nephritis mit Narbenbildung. Bei fortgeschrittenem Stadium ist im Ausscheidungsurogramm eine narbige Parenchymdestruktion mit Nierenverkleinerung und kerbig eingezogener Kontur erkennbar. Die Kelche sind abgestumpft und keulenförmig deformiert. Ein ausgeprägter urographischer Befund ist pathognomonisch. Die morphologischen Veränderungen des Nierenparenchyms sind ebenfalls gut in der Sonographie darstellbar.
Bei den abakteriellen *Glomerulonephritiden* leisten die bildgebenden diagnostischen Methoden nur einen geringen diagnostischen Hinweis. Die Diagnose muß anhand der bioptischen, laborchemischen sowie klinischen Befunde gestellt werden.
Die *Urogenitaltuberkulose* ist mit 35% die häufigste extrapulmonale Manifestation. Das Ausscheidungsurogramm ist meist diagnostisch richtungsweisend. Es finden sich im gesamten Urogenitalsystem Kalkherde zunächst krümelig, später konfluierend. Im Endstadium kommt es zur komplett verkalkten *Mörtelniere.* Markkavernen (drainierte Tuberkulome) und Pseudokavernen (Hydrokalizes und bei Kelchhalsstenosen) füllen sich flau mit Kontrastmittel. Die endgültige Diagnose wird durch den positiven Nachweis von Mykobakterien im Urin gesichert.

Tumoren

Beim *Nierenparenchymtumor* sind benigne Veränderungen wie Adenome, Leiomyome, Fibrome, Hämangiome sowie Angiomyolipome von den Malignomen, dem hypernephroiden Karzinom und dem Wilms-Tumor zu unterscheiden; letzterer befällt fast ausschließlich Kinder unter 7 Jahren.
Das *Hypernephrom* (hypernephroides Karzinom, Grawitz-Tumor, Adenokarzinom, Granularzelltumor) macht 3% aller Karzinome und 80% der beim Patienten entdeckten Nierentumoren aus. Ein Häufigkeitsgipfel ist im 5. bis 7. Dezennium zu finden. Die Raumforderungen können sonographisch, urographisch und computertomographisch nachgewiesen werden. Im Hinblick auf die Operation ist die Ausdehnung des Tumors (Einbruch in Nachbarorgane, Nierenvene, Hohl-

vene), die metastatische Absiedlung (regionale Lymphknoten, Leber-, Lungen-, Knochenmetastasen) sowie die Funktion und die Morphologie der kontralateralen Seite abzuklären. In der Sonographie sowie im Ausscheidungsurogramm sind die Zeichen der tumorösen Raumforderung erkennbar. Eine Dignitätsaussage ist in der Regel nicht möglich. Die Computertomographie mit Kontrastinfusion ergänzt die bildgebenden Verfahren im Hinblick auf die Stadieneinteilung. In der Frühphase reichert der Tumor Kontrastmittel an, während in der Spätphase der Tumor hypodens erscheint. Falls mit der CT keine eindeutige diagnostische Aussage möglich ist, sichert eine selektive arterielle Nierenangiographie mit Darstellung der pathologischen Gefäße die Diagnose.

Zystische Erkrankungen

Einfache *Nierenzysten* sind die häufigste renale Raumforderung (bei 30% der erwachsenen Patienten). Die meist bei der Sonographie zufällig entdeckte symptomlose Raumforderung wird zunächst sonographisch abgeklärt. Falls sie sich als scharf konturierter, echofreier Rundherd mit distaler Schallverstärkung darstellt, ist sie als zystische Veränderung ausreichend diagnostiziert, so daß nur im Ausnahmefall eine weitere Abklärung der Diagnose durch Angiographie, Computertomographie oder Zystenpunktion mit Doppelkontrastierung notwendig ist.
Die *Zystenniere* ist ein autosomal dominant vererbtes Leiden. Über eine Druckatrophie des gesunden Parenchyms kommt es im Erwachsenenalter zur manifesten Niereninsuffizienz. Die Diagnose ist urographisch und sonographisch meist eindeutig. In 30% finden sich auch zystische Veränderungen in Leber und Pankreas.
Die *Markschwammniere* ist durch zylindriforme und kleinzystische Ektasien der Sammelrohre gekennzeichnet. In den zystischen Veränderungen lagert sich Kalk ab. In der Urographie zeigen sich gruppierte multiple stecknadelkopfgroße Kalkherde in der Papille. Das Kontrastmittel reichtert sich traubenförmig in den ektatischen Sammelröhrchen an.

Nierenarterienstenose

Die Nierenarterienstenose ist in etwa 5% der Fälle ursächlich für eine Hypertonie verantwortlich. Wegen der spezifischen Therapie in Form der Nierenarteriendilatation kommt ihr besondere Bedeutung zu. Die Sonographie und die Computertomographie besitzen keine wesentliche diagnostische Aussage; auch die Ausscheidungsurographie gibt nur unspezifische diagnostische Hinweise. Nur die Angiographie in konventioneller oder digitaler Technik zeigt die für die Hypertonie ursächlich verantwortliche Gefäßlumeneinengung. Bei etwa 60% der Patienten besteht eine atherosklerotisch bedingte Stenose, die sich exzentrisch gelegen, aortennah und teilweise verkalkt darstellt. Die fibromuskuläre Hyperplasie tritt in den distalen zwei Dritteln der Nierenarterien mit perlschnurartigen Stenosen und aneurysmatischen Erweiterungen auf und betrifft gehäuft Frauen (4:1) unter 45 Jahren.

Urolithiasis

Bei der Urolithiasis unterscheidet man entsprechend der Lage der Konkremente Parenchymsteine, Nierenbeckenkelchsteine, Uretersteine sowie Blasensteine. Das Steinleiden tritt gehäuft im 2. bis 4. Dezennium auf (Männer:Frauen 4:1). Die Steindiagnostik ist eine Domäne der Ausscheidungsurographie. In etwa 80% ist der Stein kalkhaltig und damit röntgenschattendicht. Die röntgennegativen Konkremente lassen sich als Füllungsdefekt und indirekt durch die Harnstauung erkennen. Häufig finden sich die Uretersteine an den physiologischen Ureterengen (subpelvin, Linea terminalis, prävesikal). Die Ektasie des Ureters und des Pyelons (Hydroureter, Hydronephrose) sind Ausdruck der steinbedingten Harnstauung. Später kommt es durch die Ausscheidungsstörung des Kontrastmittels zur „stummen Niere". Die Sonographie eignet sich zur Diagnostik und zur Verlaufsbeurteilung der Hydronephrose. Die Angiographie und die CT liefern keine wesentlichen diagnostischen Zusatzinformationen. Zur Ätiologie und Therapie der Urolithiasis s. Kap. Urologie.

Nierentrauma

Traumatische Gefäß- und Parenchymschädigungen der Nieren sind im Urogramm durch eine fehlende Kontrastierung einzelner Kelchgruppen oder durch einen Funktionsausfall einer Niere gekennzeichnet. Ein Einriß der Nierenkapsel oder des Nierenbeckens führt zu Veränderungen der Nierenkonturen oder zu ihrem völligen Fehlen. Im Computertomogramm erkennt man intrarenale, subkapsuläre oder perirenale Hämatome. Die Angiographie gibt Aufschluß über Gefäßabrisse oder Thrombosen.

Harnblase und Adnexe

Calciumhaltige *Blasensteine,* die bei Frauen nicht mit verkalkten Uterusmyomen verwechselt werden dürfen, sind im Leerbild direkt nachzuweisen. Sie können als reine Uralsteine mit Blutkoagula, Fremdkörpern, Granulomen oder intravesikalen Tumoren verwechselt werden. *Harnblasentumoren* zeigen im Uro- und Zystogramm unregelmäßige, randständige Füllungsdefekte. Sie sind durch die Sonographie direkt nachweisbar. Aussagen über perivesikales Tumorwachstum sind am ehesten durch die Computertomographie oder die Kernspintomographie (Harnblasenboden und -dach!) möglich. Extravesikale, nicht infiltrierende, raumfordernde Prozesse bedingen glatt begrenzte Impressionen. Blasenerweiterungen sind Folge einer Innervationsstörung oder einer organischen Obstruktion durch Blasensteine, Prostatavergrößerung oder Harnröhrenstriktur. Endzustand einer chronischen Zystitis ist die *Schrumpfblase* mit erheblichen Deformierungen. Angeborene oder erworbene *Blasendivertikel* sind häufig mit einem vesikoureteralen Reflux kombiniert. Intravesikale Aussparungen in Ostiumnähe können durch eine *Ureterozele* bedingt sein. Traumatische Verletzungen der Harnblase und der Harnröhre sind durch den Kontrastmittelaustritt in die umgebenden Weichteile zu beweisen. Retrograde oder Miktionszystogramme lassen kongenitale oder erworbene Strikturen, Dilatationen und Divertikel der Harnröhre erkennen. Eine Differenzierung zwischen *Prostatahypertrophie, -adenom* oder *-karzinom* ist letztlich mit keinem der modernen bildgebenden Verfahren möglich.

Nebennieren

Punktförmige Verkalkungen der Nebennieren werden beim Morbus Addison, seltener bei raumfordernden Prozessen, aber auch bei normalen Nebennieren beobachtet. Nebennierenvergrößerung oder Nebennierentumoren sind durch Ultraschalluntersuchung und Computertomographie meist zuverlässig zu erfassen, während eine Differenzierung zwischen Hyperplasie, malignen oder benignen Tumoren nicht möglich ist. In der Kernspintomographie stellen sich auf T2-gewichteten Aufnahmen Adenome mehrheitlich als Tumoren mit geringer Signalintensität dar, die der des Leberparenchyms entspricht. Demgegenüber sind Nebennierenkarzinome und -metastasen in aller Regel deutlich signalintensiver.

Bildgebende Methoden in der Geburtshilfe

In der Geburtshilfe hat die Sonographie fast alle anderen bildgebenden Untersuchungsverfahren verdrängt. Wegen der hohen Strahlenempfindlichkeit der fetalen Zellen sollten Untersuchungen mit Röntgenstrahlen nur in Ausnahmefällen durchgeführt werden. Die Fragestellungen, die mit der Sonographie beantwortet werden können, sind in einzelnen Schwangerschaftsdritteln unterschiedlich.

Im *1. Trimenon* sind folgende Nachweise möglich: Fruchthöhlennachweis (keine Blasenmole, keine extrauterine Schwangerschaft), Fruchtnachweis, Herzaktion, Bewegungen (keine abgestorbene Frucht). Die Bestimmung des Fruchthöhlendurchmessers ist die genaueste Geburtsterminbestimmung (ab 6. SSW). Mehrlinge lassen sich bereits ab der 8. SSW differenzieren.

Im *2. Trimenon* ist man in der Lage, kindliche Mißbildungen zu erkennen, da der Fetus sonographisch vollkommen transparent ist.

Zu einem späteren Zeitpunkt sind einzelne kindliche Teile aufgrund der Schallschattenbildung nicht mehr so gut beurteilbar.

Die Diagnostik im *3. Trimenon* beschränkt sich hauptsächlich auf die Plazenta und das Wachstum des Feten. Die Plazenta wird in ihrer Lage und Größe beurteilt; hier ist besonders wichtig, eine Placenta praevia zu erkennen. Eine besonders dick ausgeprägte Plazenta findet man beim Morbus haemolyticus neonatorum oder bei Kindern diabetischer Mütter. Flache und kleine Plazenten deuten auf eine Plazentainsuffizienz hin. Bei der lebensbedrohlichen vorzeitigen Lösung ist das retroplazentare Hämatom als echofreie Sichel erkennbar.

Das verzögerte Wachstum des Kindes ist ein wichtiges Zeichen, um intrauterine Mangelzustände zu erkennen. Unter der Geburt hilft die Sonographie, die Lage des Kindes zu bestimmen.

Eine *Röntgenaufnahme* des Beckens soll in der Schwangerschaft nur noch dann durchgeführt werden, wenn nicht mit einem lebensfähigen Kind gerechnet wird oder eine vitale Gefährdung von Mutter bzw. Kind vorliegt. Hierzu bietet sich heute die digitale Radiographie mit deutlich reduzierter Strahlendosis an.

Weichteildiagnostik

Indikationen zur Weichteildiagnostik

Bei der konventionellen „weichen“ Röntgenaufnahmetechnik ist innerhalb des Weichgewebes nur das Fettgewebe näher differenzierbar. Lufthaltige Aufhellungen finden sich beim Hautemphysem oder Gasbrand. Kalkdichte Verschattungen werden durch Gefäßverkalkungen, Abszesse, Hämatome, Verknöcherungen der Muskulatur (Myositis ossificans), Lymphknoten, Zysten, Parasiten und Weichteiltumoren hervorgerufen. Periartikuläre Kalkablagerungen können ferner im Rahmen einer sog. Calcinosis interstitialis bei Sklerodermie, Gicht und Hyperparathyreoidismus beobachtet werden. Eine weitere Indikation zur Weichteildiagnostik ist die Suche nach schattengebenden Fremdkörpern. Die Weichteildiagnostik ist heute eine Domäne der Sonographie, der digitalen Radiographie und der Kernspintomographie.

Bedeutung der Mammographie

Die Mammographie ist die wichtigste radiologische Organdarstellung mit Weichteiltechnik. Ihr kommt unter den physikalischen Untersuchungsmethoden in der Diagnostik und Differentialdiagnostik der Mammaerkrankungen, besonders bei der „Frühdiagnose“ des Mammakarzinoms, die größte Bedeutung zu.
Sie besitzt beim Mammakarzinom eine Sensitivität von rund 90% und erlaubt den Nachweis okkulter Karzinome (okkult = klinisch symptomlos). Jeder Mammographie gehen gezielte Anamnese, Inspektion und bimanuelle Palpation der Brust sowie der axillären und supraklavikulären Lymphknoten voraus. Zur Technik der Methode s. o.
Indikationen zur Mammographie:

- bei jedem von der Norm abweichenden Palpationsbefund;
- bei jeder pathologischen Mamillensekretion (zusätzlich zur Galaktographie), bei Hautveränderungen im Bereich der Mamille und des Warzenhofes (Morbus Paget) und generell bei Hautveränderungen (Einziehung, „Apfelsinenschalenphänomen“),
- zur Primärtumorsuche, wenn Metastasen eines Adenokarzinoms vorliegen,
- als Präventivuntersuchung bei Frauen ab dem 40. Lebensjahr in 2jährigen Abständen. Bei Risikofällen sind jährliche mammographische Kontrollen indiziert. Zwischen dem 35. und 40. Lebensjahr wird eine einmalige Basisuntersuchung empfohlen.

Durch die Mammographie wird eine größere Anzahl von Biopsien gutartiger Herdbefunde induziert, dafür werden aber auch Karzinome in früheren Stadien erfaßt, so daß eine bessere Heilungschance resultiert und vielfach eine brusterhaltende Operation möglich ist.

Mammakarzinom

Das Mammakarzinom ist die häufigste Krebstodesursache bei der Frau, kommt meist einseitig, bei 1–2% der Patientinnen bereits primär doppelseitig vor. Die Prognose des Mammakarzinoms wird von der Größe des Primärtumors, der Form, der Stadieneinteilung, dem sog. Grading und dem Rezeptorstatus bestimmt. Bei allen Mammakarzinomen beträgt die 10-Jahres-Überlebenszeit etwa 40%, bei In-situ-Karzinomen (DCIS = duktales Carcinoma in situ, CLIS = Carcinoma lobulare in situ) über 90%.
Folgende *radiologische Kriterien* sprechen für ein Mammakarzinom:
I. Primäre Karzinomzeichen:

1. umschriebene, im Vergleich zur Gegenseite asymmetrische weichteildichte Raumforderung mit unscharfer Randkontur (Ausnahme: medulläres Karzinom mit teils gelappter, teils glatter Randkontur) und „besenreiserartigen“ Krebsfüßchen in der Tumorperipherie, die bei strumareichen zirrhösen Karzinomen besonders ausgeprägt sind.
2. Mikroverkalkungen, die bei ca. ⅔ der Mammakarzinome nachweisbar sind.

II. Sekundäre Karzinomzeichen:

1. Hautverdickung,
2. Mamillen- oder Hautreaktion,
3. Gefäßdilatation (weite Vene),
4. vermehrt streifige Zeichen zwischen Tumor und Mamille, aufgehobene Symmetrie der Trabekelstruktur gegenüber der kontralateralen Seite.

Je mehr Malignitätszeichen vorliegen, um so sicherer ist die Diagnose eines Karzinoms. Amorphe, kalkspritzerartige Mikroverkalkungen sind für ein Karzinom pathognomonisch. In unklaren Fällen (Voraufnahmen?) sollte nach einer stereotaktisch gezielten

Markierung in jedem Falle eine Probeexstirpation dieses Bereiches erfolgen und das Präparat vor der histologischen Aufarbeitung einer Röntgenaufnahme unterzogen werden. Im strahlentransparenten Fettgewebe einer Involutionsmamma sind schon minimale Karzinome ab 2 mm Durchmesser nachweisbar.

Gutartige Tumoren, Zysten und Mastopathie

Fibroadenome sind bei jungen Frauen der häufigste benigne Tumor. Radiologische Zeichen: Tumor scharf begrenzt mit oft amorphen grobscholligen Verkalkungen. Da Fibroadenome in Einzelfällen maligne entarten können, sollen sie bei jungen Frauen exstirpiert oder engmaschig sonographisch kontrolliert werden. Zysten kommen solitär und multipel vor und gehen oft mit zyklusabhängigen Schmerzen einher. Von einem soliden Tumor läßt sich die palpable und radiologisch sichtbare Zyste durch perkutane Punktion und anschließende *Pneumozystographie* sicher abgrenzen. Dabei wird der Zysteninhalt abpunktiert, zytologisch untersucht und durch Luft ersetzt. Gutartige Zysten zeigen eine glatte und zarte Wand, während verdickte Wandungen mit Zotten im Lumen tumorverdächtig sind und grundsätzlich eine Biopsie erforderlich machen. Die Differenzierung einer umschriebenen Raumforderung in Zyste oder soliden Tumor ist durch die Ultraschalluntersuchung möglich, die außerdem für eine gezielte Punktion eingesetzt werden kann. Bei multiplen doppelseitigen Zysten handelt es sich um eine Mastopathie.
Man unterscheidet folgende zwei Formenkreise der Mastopathie:

1. Einfache Mastopathie:

a) Mastopathia fibrosa,
b) Mastopathia cystica,
c) Duktusektasie (im Vollbild zeigt diese Erkrankung eine periduktale chronische Entzündung sog. Plasmazellmastitis).

2. Proliferierende Mastopathie:

a) lobuläre Hyperplasie,
b) Adenose, sklerosierende Adenose,
c) intrazystische und intraduktale Epithelproliferationen.

Bei einer pathologischen Sekretion aus der Mamille (Symptom der „blutenden Mamma“) besteht die Indikation zur *Galaktographie,* wobei Papillome, Papillomatosen und intraduktale Karzinome nachweisbar werden.

Strahlenbelastung

Die Strahlenbelastung einer Mammographie hängt von der Dicke der Brust und der verwendeten Technik ab. Sie liegt für eine Aufnahme in 2 Ebenen zwischen 0,08 und 0,74 mGy. Es sollten nur noch hochverstärkende Film-Folien-Kombinationen zur Anwendung kommen. Durch Verwendung von Rastern kann die Bildgüte entscheidend gesteigert werden.
Das Strahlenrisiko einer Mammographie ist nicht exakt bekannt. Es existieren Hochrechnungen von strahlenexponierten Frauen (Hiroshima-Überlebende, Mastitisbestrahlung, Tuberkulose mit mehr als 100 Thoraxaufnahmen!). Man schätzt eine Zunahme der Brustkrebsinzidenz um 0,02–0,2% nach 10–20 Jahren bei einem Grundrisiko von ca. 6%.

6. Sonographie

G. Rettenmaier

Definition

Sonographie bedeutet Abbildung mittels Schall. Organoberflächen, Blutgefäße, Weichteilschichten reflektieren Ultraschall geeigneter Wellenlänge (meist 2,5–5 MHz). Diese Echosignale werden auf einem Bildschirm zu einem maßstabsgetreuen Abbild des reflektierenden Materials zusammengefügt. Auch aus dem Inneren der Organe oder sonstigen Weichteilformationen werden feine sogenannte Strukturechos empfangen, die durch ihre durchschnittliche Helligkeit und Anordnung die betreffenden Gewebe einigermaßen charakterisieren. So ist beispielsweise das Strukturmuster der normalen Leber körniger und heller als das des normalen Nierenparenchyms. Tumoren haben häufig ein anderes Strukturmuster als das Gewebe, auf dem sie wachsen; sie sind also aufgrund des Helligkeitskontrastes zu ihrer Umgebung erkennbar. Reine Flüssigkeiten ohne korpuskuläre Bestandteile bieten dem Schall keine Reflexionsfläche und bilden sich daher ohne Struktur, echofrei, ab.

Physikalisch-technische Grundlagen

Ultraschall läßt sich eng bündeln und richten, somit seine Ausbreitung im Körper genügend definieren. Er wird aber bei der Gewebepassage durch Absorption geschwächt, wodurch seine Reichweite begrenzt ist. Höherfrequenter Ultraschall (z. B. 5 MHz) hat ein besseres Auflösungsvermögen, aber den Nachteil erhöhter Absorption und somit geringerer Reichweite. Ultraschall geringerer Frequenz (z. B. 2,5 MHz) unterliegt geringerer Absorption, hat also eine größere Reichweite, aber ein geringeres Auflösungsvermögen. Zweckmäßigerweise wird also für oberflächlich liegende Untersuchungsobjekte (z. B. Schilddrüse oder A. carotis) hochfrequenter Ultraschall benutzt, für tieferliegende Objekte, wie im Abdomen, ein Ultraschall niedrigerer Frequenz, z. B. 3,5 MHz.

Da ein Echo an den Weichteilen jeweils nur eine relativ geringe Energieeinbuße für den vordringenden Ultraschallimpuls bedeutet, kann der Impuls an weiteren, tieferliegenden Oberflächen weitere Echos erzeugen. Die Reichweite des Schalls wird mehr durch die Absorption als durch die Reflexionsverluste begrenzt. Es können infolgedessen in Schallrichtung hintereinanderliegende Weichteile, Organe und Flüssigkeiten abgebildet werden. Die verschiedenen Grenzschichten werden zwar strenggenommen zeitlich nacheinander aufgezeichnet, sobald das betreffende Echosignal jeweils beim Gerät eintrifft, aber infolge der Trägheit des Auges kann dieses Nacheinander nicht erkannt werden. Der Untersucher sieht die verschiedenen Tiefenschichten scheinbar simultan. Das Problem der Überlagerung von Weichteilen oder Organen, das in der konventionellen Röntgenologie durch Anwendung organhervorhebender Kontrastmittel überwunden werden muß, existiert bei der Sonographie nicht.
Das *Auflösungsvermögen* wird durch die verwendete Ultraschallfrequenz bzw. die damit gegebene Wellenlänge des Ultraschalls in den Geweben sowie durch die technisch bedingte Formung des Ultraschallstrahls (die tatsächlich eine dreidimensionale „Schallkeule“ ist) bestimmt. Das Auflösungsvermögen in der axialen Richtung ist in der Regel besser als in der lateralen Richtung, senkrecht zur Schallachse. Es entspricht etwa der des unbewaffneten menschlichen Auges. Deshalb können mit den üblichen Sonographiegeräten solche anatomischen Details und solche pathologischen Veränderungen erkannt werden, die im makroskopischen Bereich liegen. Eine Quasihistologie ist also aus physikalischen Gründen nicht möglich.
Harte Materialien wie Kalk, Gallensteine oder Nierensteine absorbieren und reflektieren stärker als Weichteiloberflächen und schwächen den Schall aus beiden Gründen mehr als jene. Deshalb gibt es hinter solchen Materialien Schallschwächungszonen, die man in Anlehnung an optische Verhältnisse als *Schallschatten* bezeichnet. Diese Schatten

sind nützlich für die Erkennung von Steinen, aber hinderlich, wenn sie von Knochen ausgehen, die im Untersuchungsfeld vorhanden sind, z. B. die Rippen bei der Untersuchung der Leber, der Milz oder der Nieren. Hinderlich ist auch Luft im Schallweg, seien es nun feine Bläschen, wie z. B. jene in den Alveolen der Lunge, oder grobe Ansammlungen, wie z. B. in einem meteoristischen Darm. An der Grenzfläche zwischen Weichteil und Luft kommt es praktisch zu Totalreflexion des Ultraschalls, also zu einer sehr starken Echobildung, die den ganzen Impuls verbraucht, und damit wird eine Abbildung tieferliegender Grenzflächen unmöglich. Diese beiden Behinderungen durch Knochen und Luft müssen soweit als möglich untersuchungstechnisch ausgeglichen werden. Das ist am Abdomen z. B. durch starke Kompression der lufthaltigen Därme, Gabe von Entschäumungsmitteln oder Positionsänderungen bis zu einem gewissen Grade möglich. Die Untersuchung des Erwachsenengehirns oder der luftführenden Lunge läßt sich wegen der physikalischen Gegebenheiten jedoch nicht erzwingen. Bei der sonographischen Herzuntersuchung (Echokardiographie) ist man auf jene Zugangsstellen beschränkt, wo das Herz direkt der Thoraxwand ohne interponierte Luftschicht anliegt. Krankhafte Pleuraprozesse wie Ergüsse oder randständige pulmonale Infiltrationen können jedoch sonographisch leicht untersucht werden.

Am weitesten verbreitet ist heute die bildmäßige, zweidimensionale Sonographie. Sie wird auch als *B-Scan-Verfahren* bezeichnet (B von brightness, engl. für Helligkeit), weil die Echosignale in einer der Echostärke entsprechenden Helligkeitsabstufung wiedergegeben werden. Die Abbildung ist helligkeitsmoduliert, was eine Voraussetzung für die differenzierte Abbildung von verschiedenen Geweben ist (sonographische Gewebecharakterisierung).

Die sequentielle Abtastung beim B-Scan-Verfahren geschieht entweder durch zahlreiche nebeneinander angeordnete elektroakustische Wandler, die ein rechteckiges Schallfeld mit parallelen Schallimpulsen und damit auch ein rechteckiges Abbild erzeugen. Man nennt diese *Linearscanner*.

Wird ein divergentes Schallfeld erzeugt, entweder durch einen mechanisch rotierenden oder schwenkenden elektroakustischen Wandler oder durch elektronische Ablenkung der Schallimpulse, so entsteht ein sektorielles Bild innerhalb eines Winkels von z. B. 90 oder 60°. Diese sogenannten *Sektorscanner* haben den Vorteil einer kleinen Auflagefläche. Sie können deshalb besonders gut bei begrenzten Zugangszonen verwendet werden, etwa bei der Echokardiographie durch die Interkostalräume. Außerdem können sie leichter als die etwas sperrigen Linear-Scanner in spezielle Untersuchungssituationen gebracht werden, was z. B. für die Auffindung von kleinen Gallengangskonkrementen oder hochsitzenden kleinen Lebermetastasen sehr nützlich und wichtig ist. Die Linearscanner sind hingegen für eine gleichmäßige Gewebestrukturabbildung (Gewebecharakterisierung) sowie für die nicht deformierte Abbildung der Organgestalt, z. B. der Leber, unersetzlich. Für eine optimale sonographische Untersuchung sind deshalb beide Systeme (die am gleichen Grundgerät angeschlossen werden können) erforderlich.

Bei der *Echokardiographie* ist neben der B-Bild-Sektor-Methode das *Time-motion (TM-)-Verfahren* eingeführt. Hierbei werden die rhythmisch bewegten Echosignale, die von definierten Stellen im Herzen stammen, kurvenmäßig über einer Zeitachse aufgezeichnet. So läßt sich z. B. der typische Bewegungsmodus der Mitralklappe im normalen und im pathologischen Fall darstellen. Die betreffenden Stellen im Herzen werden vom Untersucher nicht anhand eines sonographischen zweidimensionalen Bildes aufgesucht, sondern in Kenntnis der räumlichen Topographie anhand der typischen Bewegungsabläufe des Ziels selbst. Schon deshalb stellt dieses Verfahren sehr hohe Anforderungen an den Untersucher und ist deshalb in aller Regel ein spezielles Werkzeug des Kardiologen.

Die *Ultraschall-Doppler-Untersuchung* benutzt den nach dem Physiker Doppler benannten Effekt, wonach eine sich entfernende Schallquelle gleichbleibender Frequenz scheinbar tiefer, eine sich nähernde jedoch scheinbar höherfrequent wird. Die scheinbare Frequenzänderung wird Doppler-Frequenz genannt. Die Erythrozyten des strömenden Blutes sind es, die durch die Reflexion des sie treffenden Ultraschalls als bewegte Schallquellen fungieren. Wird ein Blutgefäß schräg angepeilt, so läßt sich je nachdem, ob die Doppler-Frequenz zunehmend oder abnehmend ist, die Strömungsrichtung der Blutkörperchen ermitteln (direktionale Flußbestimmung). Aus der absoluten Größe der Doppler-Frequenz ist außerdem die mittlere Geschwindigkeit der Ery-

throzyten kalkulierbar (quantitative Strömungsmessung). Dieses Verfahren wird zur Untersuchung der Extremitätengefäße und der hirnversorgenden Gefäße angewandt.
Eine neuere Entwicklung kombiniert die zweidimensionale Abbildung mit einer Doppler-Einrichtung. Der Doppler-Strahl läßt sich damit gezielt in ein bestimmtes Gebiet lenken, das auf dem zweidimensionalen Bild eingestellt wird. So können auch tiefliegende Gefäße, die man sonst nicht zuverlässig orten könnte, hinsichtlich Strömungsrichtung und Strömungsgeschwindigkeit untersucht werden, z. B. die Pfortader. Das Verfahren wird auch auf die intrakardialen Blutströmungen angewandt und erlaubt die Erkennung von pathologischen Strömungen, z. B. bei einer Herzkrankheit mit Shunt oder Reflux. Das Verfahren heißt *Duplexsonographie*. Die verschiedenen Blutströmungsrichtungen können auch in unterschiedlichen Farben wiedergegeben werden, so daß auf dem zweidimensionalen Bild auf den ersten Blick die pathologischen Strömungsverhältnisse zu sehen sind. Die Duplexsonographie erfordert besondere Kenntnisse und ist ein spezialistisches Werkzeug des Kardiologen und Angiologen.

Bedingungen und Behinderungen der Sonographie

Prinzipiell können alle Körperweichteile und Flüssigkeitsansammlungen physiologischer und pathologischer Art untersucht werden, sofern diese dem Schall zugänglich sind. Der Schallzutritt wird in erster Linie durch Knochen oder Luft im Schallweg behindert. Auch Wunden können die Untersuchung erschweren. Geschickte Untersucher vermögen systematische Behinderungen besser auszuschalten, indem sie spezielle Untersuchungspositionen und Untersuchungstechniken anwenden. Eine hochentwickelte Untersuchungstechnik ist wie bei anderen manuell ausgeübten Diagnostikverfahren, z. B. der Endoskopie, eine Voraussetzung für zuverlässige und differenzierte Ergebnisse. Die starke Expansion der Sonographiemethode in den letzten Jahren hat dazu geführt, daß auch wenig erfahrene Untersucher die Methode anwenden und daß zahlreiche Ultraschallgeräte einfacher Leistungsfähigkeit benutzt werden. Das hat zu deutlicher Einbuße der durchschnittlichen diagnostischen Qualität geführt. Auch die Unsicherheit oder Überbewertung angesichts sonographischer Zufallsbefunde, wie z. B. „stummen" Gallensteinen, Leberhämangiomen, steht damit im Zusammenhang. Überdiagnostik und sowohl kostspielige (Computertomographie) wie auch potentiell risikobehaftete Folgeuntersuchungen (z. B. diagnostische Punktionen) sind nicht selten die Folge diagnostischer Unsicherheit wenig erfahrener Sonographiker. Deshalb ist es medizinisch wie ökonomisch sinnvoll, erfahrene und kritische Sonographiker mit dieser Untersuchung zu beauftragen.

Vorteile und Nachteile der Sonographie

Die sonographische Untersuchung ist ohne Risiko. Eine Schädigung von Geweben durch die eingestrahlte Energie ist bei modernen Geräten nicht zu erwarten. Eine Exposition gegenüber Kontrastmitteln entfällt. Es ergibt sich stets eine Gesamtabbildung der durchschallten Region, also nicht nur eine organselektive Abbildung wie mit Kontrastmittelhilfe in der konventionellen Röntgenologie. Das Zielorgan stellt sich stets mit der gesamten Umgebung dar. So kann eine ganze Region, z. B. das ganze Abdomen, untersucht und ein umfassender sonographischer Abdominalstatus erhoben werden.
Probleme der Überlagerung des zu untersuchenden Gebietes durch andere Weichteile gibt es nicht. Die Größenbestimmungen, z. B. Choledochuskaliber oder Ureterenkaliber, sind zuverlässig und nicht durch Projektionsfehler verändert. Die sonographische Abbildung ist unabhängig von der Organfunktion: Das Gallensystem kann auch bei komplettem Verschluß untersucht werden, ja gerade dann besonders gut; die Niere und die ableitenden Harnwege können auch bei Oligurie oder Anurie abgebildet werden.
Die Untersuchung ist beliebig oft wiederholbar. Sie belastet oder belästigt den Kranken ncht und ist auch am Schwerkranken und im Notfall möglich. Der technische Aufwand ist gering, technische Assistenz ist nicht erforderlich. Das Resultat ist sofort verfügbar; keine zusätzliche Auswertungs- oder Bearbeitungszeit ist erforderlich.
Nachteilig ist die systematische Behinderung des Schalldurchtritts zu manchen Objekten durch Knochen oder Luft im Schallweg. Deshalb sind z. B. die Lungen nur in den marginalen Partien, ist der meteoristische Patient

schwer zu untersuchen. Eine Funktionsbeurteilung z. B. des hepatobiliären Systems oder der Niere ist aufgrund der sonographischen Abbildung allein nicht möglich. Eine Ausnahme hiervon macht das Herz: Hier können sonographisch sehr wohl globale oder regionale Schwächungen der Herzmuskeltätigkeit direkt gesehen und hinsichtlich ihres Ausmaßes abgeschätzt werden. Die Sonographie läuft nicht gleichsam automatisch, sondern erfordert einen gut ausgebildeten Untersucher.

Anwendungen der Sonographie

Die heute praktikablen ultraschalldiagnostischen Anwendungen werden in topographischer, kraniokaudaler Reihenfolge dargestellt. Bei den Hauptanwendungsgebieten werden Indikationslisten angegeben und in einem Bildschema die wesentlichsten sonographisch erhältlichen Diagnosen zusammengestellt. Bei weniger verbreiteten Anwendungsarten wird die Fachdisziplin genannt, die die Untersuchung ausführt.

Kopf

Gehirn

Das kindliche Gehirn läßt sich mittels Sektor-Scanner sehr gut untersuchen, solange die Fontanelle noch einen Zugang bietet. Zu erkennen sind Hirnblutungen, vor allem postpartal, Erweiterungen des Ventrikelsystems und Hirntumoren. Die Untersuchung wird hauptsächlich von Pädiatern und Kinderradiologen ausgeführt.
Das Gehirn des älteren Kindes und des Erwachsenen sind wegen des knöchernen Schädels schlecht zugänglich. Die frühere Anwendung der Echoenzephalographie, welche vor allem eine Verschiebung der Falx cerebri durch einseitige Raumforderung anzeigte, ist heute durch die röntgenologische Computertomographie überholt.

Augen

An den Augen kann die Differentialdiagnose von Netzhauttumoren gegenüber der Netzhautablösung aufgrund von gewebetypischen Echomustern entschieden werden. Die Biometrie des Auges dient der genauen Vermessung des Organs, wenn nach Staroperation eine Linsenimplantation geplant ist und die Brechungseigenschaften der erforderlichen Linse bekannt sein müssen.

Nasennebenhöhlen

An den Nasennebenhöhlen kann der HNO-Arzt im Falle der röntgenologisch festgestellten Verschattung auf nichtinvasivem Weg entscheiden, ob es sich um Flüssigkeit (Empyem) oder einen Polypen oder einen anderen Tumor handelt.

Hals

Hirnversorgende Arterien

Die hirnversorgenden Arterien (A. carotis communis mit ihren 2 Hauptästen A. carotis externa und interna) können wie die A. vertebralis mittels Doppler-Methode am Hals direkt untersucht werden, die Endarterie der A. carotis interna außerdem am medialen Augenwinkel (A. supratrochlearis). Stenosen in den genannten Arterien führen zu lokaler Steigerung der Flußgeschwindigkeit und zu typischen Stenosesignalen. Reduzierte Durchströmung der A. supratrochlearis oder gar die Stromumkehr in ihr (durch Überwiegen des von der A. carotis externa ausgehenden Anastomosenzuflusses) beweist ein Strömungshindernis im Carotis-interna-Stromgebiet. Bei der direkten Beschallung der extrakraniellen Gefäßstrecken können Sitz und Ausmaß der Stenose doppler-sonographisch bestimmt werden. Mit hochauflösenden B-Bild-Geräten lassen sich die sklerotischen Plaques am Hals hinsichtlich Größe, Länge, Kalzifikation, Multiplizität bildlich genauer darstellen. Ihre hämodynamische Auswirkung ist mit der Farb-Doppler- und Duplexmethode quantifizierbar. Indikationen für diese Untersuchung sind Auskultationsphänomene an der Karotis, entsprechende neurologische Erscheinungen, besonders solche flüchtiger Art (transitorische ischämische Attacke, Amaurosis fugax, Ohrenklingen, Schwindelneigung). Die Untersuchung wird von Internisten, Angiologen und Neurologen ausgeführt. Falls sich eine Operationsindikation abzeichnet, ist meist eine digitale Subtraktionsangiographie (DSA) präoperativ ausreichend.

Schilddrüse

Die Schilddrüse läßt sich besonders gut mit Linearscannern höherer Auflösung hinsichtlich genauer Größe, Aufbau und fokalen Veränderungen untersuchen. Die normale Schilddrüse zeigt ein ganz gleichmäßiges Echostrukturmuster, ebenso die blande juvenile Struma (Tab. 6.1). Alle regressiven Ver-

Tabelle 6.1
Indikationen zur Schilddrüsensonographie

Verdacht auf blande juvenile Struma
Therapiekontrolle bei Suppressionstherapie mit Schilddrüsenhormonen (Größenabnahme?)
Knotenstruma (Diagnostik und Therapiekontrolle)
rasch entstandene Knotenbildung oder einseitige Strumaentwicklung
Verdacht auf Thyreoiditis oder Hyperthyreose
funktionsdiagnostisch begründeter Verdacht auf autonomes Adenom
szintigraphisch kalter Knoten (Zyste? Punktion?)

änderungen wie Zysten und Kalzifikationen werden leicht erkannt. Bei der Knotenstruma können die Knoten gegeneinander abgegrenzt werden. Diese unterscheiden sich z. T. von Adenomknoten und karzinomatösen Knoten. Intrathorakale Strumaanteile können vom Jugulum aus mittels Sektorscanner erfaßt werden. Die akute und die subakute Thyreoiditis zeigen ebenso wie die diffuse Hyperthyreose ein typisches echoärmeres Strukturbild. Aussagen über die Funktion der Schilddrüse sind sonographisch jedoch nicht möglich.
Die sonographische Größenbestimmung der Schilddrüse ist zuverlässiger als die szintigraphische, da leicht das Volumen aus den Maßen in allen 3 Dimensionen errechnet werden kann. Ist bei einer blanden juvenilen Struma der Schilddrüsenhormonstatus nicht auffällig und sonographisch eine nur leicht vergrößerte, strukturell nicht veränderte Schilddrüse zu sehen, so erübrigt sich die Schilddrüsenszintigraphie. Szintigraphisch kalte Knoten erweisen sich sonographisch oft als Flüssigkeitsansammlungen (Zysten, Einblutungen). Zeigen sie eine solide Struktur, so kann sonographisch gezielt mit der Feinnadel punktiert und das Aspirat zytologisch untersucht werden. Nicht selten sind große und derbe vermeintliche Knoten in einer Struma sonographisch sogleich als große Zysten zu erkennen, die durch Punktion vollständig entleert werden können. Schnell aufgeschossene Knoten in der Schilddrüse sind verdächtig auf primäres oder sekundäres Neoplasma, welches sonographisch von zirkumskripten Einblutungen zu unterscheiden ist. Malignomverdächtige Knoten können gleichfalls sonographisch gezielt feinnadelpunktiert werden. Bei allen Schilddrüsenpunktionen ist ein erhöhtes Blutungsrisiko infolge der dichten Vaskularisation dieses Organs zu bedenken. Das trifft besonders für echoarme, vermehrt durchblutete hyperthyreote Schilddrüsen zu, aber nicht nur für diese.
Durch überlegte Kombination von Schilddrüsensonographie und Schilddrüsenhormonbestimmung lassen sich viele Schilddrüsenszintigraphien vermeiden.

Zervikale Lymphknoten

Die zervikalen Lymphknoten sind gleichfalls mit dem hochauflösenden Linearscanner erfaßbar, ebenso die Lymphknotenstationen in den Sub- und Supraklavikularegionen, z. B. bei malignen Lymphomen oder Mammakarzinom. Nicht selten sieht man sonographisch in diesen Gebieten, besonders supraklavikulär, mehr Lymphknoten, als zu tasten sind. Das gilt besonders für Konglomerate und kettenartige Anordnung. Die Größenänderung unter Therapie kann hier ein wichtiges Verlaufskriterium sein.
Die Untersuchungen des Halses werden von Internisten, Radiologen und auch Nuklearmedizinern ausgeführt.

Thorax

Pleuraraum

Am besten zugänglich ist der Pleuraraum. Selbst kleine Pleuraergüsse von 10 oder 20 ml können erkannt und zur weiteren Diagnostik gezielt punktiert werden. Zum röntgenologischen Nachweis ist eine größere Flüssigkeitsmenge (ca. 200–300 ml) nötig.

Pulmonale Infiltration

Randständige pulmonale Infiltrationen entzündlicher oder neoplastischer Art lassen im Gegensatz zur gesunden lufthaltigen Lunge den Schall hindurch und können somit abgebildet werden. Dichte pneumonische Infiltrate stellen sich in einem leberähnlichen Muster dar (vgl. den alten Pathologenausdruck der „Hepatisation der Lunge" bei Pneumonie). Führen die dort enthaltenen Bronchien noch Luft, so werden diese Bronchien mit intensiver Reflexion abgebildet. Dieses sonographische Bronchogramm fehlt bei Atelektase, was differentialdiagnostisch wichtig sein kann. Beim marginal gelegenen Lungenabszeß sieht man den Eiter bei Positionsänderung sich bewegen. Er kann gezielt durch Punktion oder Einlegen eines Katheters entleert werden. Die Unterscheidung von entzündlichen oder neoplastischen Infiltrationen ist auf rein sonographischem Wege nicht möglich.

Herz

Das Herz ist nur im Bereich der absoluten Herzdämpfung, wo es ohne Luftinterposition direkt der Thoraxwand anliegt, zugänglich, also links-parasternal und in Linksseitenlage des Patienten oft auch apikal. Außerdem gibt es häufig einen Zugang vom Epigastrium aus durch Leber und Zwerchfell hindurch. Die beste Übersicht verschafft der Sektorscanner. Beurteilen läßt sich die Größe aller 4 Herzhöhlen, die Dicke der Muskulatur, das Kontraktionsverhalten der verschiedenen muskulären Abschnitte, die Bewegungsabläufe der Kammern (Ventrikelfunktion, segmentale Bewegungsstörungen, Herzwandaneurysma), die Herzhöhlen selbst (thrombotische Massen, Parietalthrombus, z. B. nach Infarkt, Vorhofmyxom), ob ein Perikarderguß vorliegt (Volumenabschätzung aufgrund der Flüssigkeitsschichtdicke), ob dieser hämodynamisch im Sinne der Herztamponade wirksam ist (Dilatation der unteren Hohlvene und der Lebervenen) und die Schließ- und Öffnungsfunktion der Herzklappen, besonders der Mitral- und Aortenklappe (Tab. 6.2). Der Bewegungsablauf der Herzklappen läßt sich im Time-motion-Verfahren (TM-Verfahren) präzise aufzeichnen und nachfolgend analysieren. Überhaupt bietet dieses TM-Verfahren die Möglichkeit zu ziemlich präziser zahlenmäßiger Erfassung von wichtigen Durchmessern, so von Herzhöhlen und Herzwänden. Daraus lassen sich wichtige Größen wie die Auswurffraktion (ejection fraction) und das „fractional shortening" ermitteln, die für die Beurteilung ausschlaggebend sind.

Herzfehler mit Shunt-Volumen können mit Hilfe der Farb-Doppler- und Duplexsonographie nichtinvasiv weitgehend geklärt werden. Wie oben (S. 388) ausgeführt, läßt sich ein Doppler-Strahl an die Stelle des z. B. vermuteten Septumdefektes placieren und durch Nachweis der pathologischen Strömungsverhältnisse in diesem Gebiet der Shunt direkt belegen. Auch pendelnde Blutvolumina bei Klappeninsuffizienz können erkannt werden, besonders leicht mittels der Farb-Doppler-Untersuchung, aber die Duplexmethode ist sensitiver und für die Quantifizierung – z. B. Gradeinteilung eines Vitiums – unumgänglich.

Tabelle 6.2 Indikationen zur Echokardiographie

Kardiomegalie ungeklärter Genese
Herzinsuffizienz ungeklärter Genese
ungeklärtes Herzgeräusch (Systolikum ohne erkennbare hämodynamische Auswirkung neu entstandenes Geräusch)
Verdacht auf koronare Herzkrankheit bzw. Zustand nach Myokardinfarkt (segmentale Kontraktionsstörungen? Ventrikelfunktion? Herzwandaneurysma? Parietalthromben?)
EKG-Veränderungen ungeklärter Genese (z. B. Linkshypertrophie ohne Hypertonie, Linksschenkelblock, Infarktnarbe ohne Infarktanamnese, Vorhofflimmern, Vorhofflattern)
Verdacht auf entzündliche Herzerkrankungen (Perikarditis – Perikarderguß? Myokarditis – Funktionsbeurteilung, Endokarditis, Klappenvegetationen bzw. -läsionen?)
angeborene Herzfehler
erworbener Herzfehler (DD, Schweregrad, Verlaufskontrolle)
intrakardiale Massen (Thromben, Tumoren)
Verdacht auf Mitralklappenprolaps
arterielle Embolien
Verdacht auf Aortendissektion
ungeklärtes Fieber (Endokarditis? Klappenvegetationen?)

Die gesamte Echokardiographie erfordert sehr gute kardiologische Grundkenntnisse und gehört in erster Linie in die Hand des Kardiologen. Jedoch kann auch der sonographisch gut ausgebildete Internist, wenn er über einen leistungsfähigen Sektorscanner verfügt, wichtige Krankheitszustände wie Perikarderguß, globale oder regionäre myokardiale Bewegungsstörungen, thrombotisches Material in den Herzhöhlen, hochgradige myokardiale Hypertrophie u. a. zuverlässig diagnostizieren.

Weibliche Brust

An der weiblichen Brust lassen sich sonographisch mit höherauflösenden Konvex- oder Linearscannern gut zystische von geweblichen Gebilden unterscheiden. Die Unterscheidung von Knoten der fibrozystischen Mastopathie gegenüber Karzinom ist schwierig, besonders in einem frühen Stadium. Die Abbildungsverhältnisse sind in der Brust der jungen Frau, wo der Drüsenkörper überwiegt, anders als in der Brust der älteren Frau, in der der Fettkörper überwiegt. Das normale Strukturbild ist also einem Altersgang unterworfen, viel mehr als bei anderen Organen. Es gibt eindeutige sonographische Karzinomzeichen, die dem infiltrativen Wachstum oder den Verkalkungen im Karzinom entsprechen. Diese Zeichen sind jedoch beim kleinen suspekten Bezirk in der Regel wenig oder nicht ausgeprägt, also gerade im frühen Stadium. Deshalb kann die Mammasonographie die Röntgenmammographie nicht ersetzen. Meist wird die Sonographie der Mamma von Röntgenologen als Zusatzuntersuchung neben der Röntgenmammographie ausgeführt, insbesondere zur eindeutigen Differenzierung von zystischen Anteilen, außerdem zur Ausführung von ultraschallgesteuerten Punktionen zwecks morphologischer Diagnostik.

Abdomen

Untersuchungsumfang und Indikationen

Das Abdomen ist das größte sonographische Untersuchungsgebiet. Untersucht werden alle parenchymatösen Organe (Leber, Milz, Pankreas, Nieren), die Hohlorgane mit Flüssigkeitsfüllung (Gallenblase und Gallengänge, Harnblase, ableitende Harnwege, die großen venösen und arteriellen Gefäße), die abdominellen Lymphknoten, der darstellbare Teil des Magen-Darm-Trakts sowie die Beckenorgane, also das innere weibliche Genitale und beim Mann die Prostata. Außerdem wird auf Veränderungen der Bauchhöhle selbst geachtet, auf Ansammlungen von freier Flüssigkeit (Aszites, Blut, z. B. posttraumatisch, Eiter bei Peritonitis, Cholaskos bei biliärem Leck, Karzinose, freie Luft) und auf Veränderungen der sonstigen Weichteile (z. B. Bauchwandabszeß, Hernie, Impfmetastasen nach Malignomoperation). Dieser ganze Untersuchungsumfang wird als „sonographischer Abdominalstatus" bezeichnet. Er *ist indiziert* bei gründlicher Gesamtuntersuchung, bei Verdacht auf okkulte Neoplasie, bei Gewichtsverlust, Anämie, Fieber oder hoher Blutsenkungsreaktion ohne ersichtliche Ursache, bei ungeklärten Abdominalbeschwerden sowie zum Staging bei neoplastischen Krankheiten im weitesten Sinne. Auch nach Bauchtrauma ist der gesamte Abdominalstatus angezeigt.

Leber

Die Leber kann hinsichtlich Größe, Form und Strukturmuster vollständig untersucht werden. Eine Vergrößerung (oder Verkleinerung) läßt sich zahlenmäßig erfassen (Tab. 6.**3**). Die vergrößerte Leber verändert auch ihre Form. Ist Fett eingelagert, so wird das Echostrukturmuster signifikant dichter, um so mehr, je höhergradig die Verfettung. Beim zirrhotischen Umbau stellen sich typische Konturänderungen ein, wie Verbiegungen des unteren Leberrandes, noduläre Oberfläche, sichtlich verminderte Biegsamkeit und – als morphologisches Substrat der sich entwickelnden portalen Hypertonie – ungleichmäßige und verkürzte Verläufe der intrahepatischen Pfortaderäste. Die sonographische Erkennung der Lebersteatose ist im allgemeinen einfach. Die Erkennung der Zirrhose kann, besonders im frühen Stadium und bei der sogenannten glatten Zirrhose, schwierig sein. Die Untersuchung der Milz und der extrahepatischen Pfortader (hinsichtlich Öffnung von portokavalen Anastomosen) sowie der obliterierten fetalen Nabelgefäße (deren Revaskularisation das Curveilhier-Baumgarten-Syndrom darstellt) gehört hierbei zum Untersuchungsumfang.

Tabelle 6.**3** Indikationen zur Lebersonographie

Lebervergrößerung
ungeklärte Resistenz im rechten Oberbauch
Beschwerden im rechten Oberbauch
Ikterus
nachgewiesene oder okkulte Neoplasie
Laborbefundkonstellation, die auf Leber hinweist
Haut-Leber-Zeichen
Stoffwechselkrankheiten (z. B. Diabetes mellitus, Hyperlipidämie, Hämochromatose)
Verdacht auf kardiogene Leberstauung
Aszitesverdacht
Zwerchfellhochstand rechts
Therapiekontrolle (z. B. bei Steatose unter Alkoholkarenz oder nach Diabeteseinstellung)

Das Bild der kardiogenen Leberstauung ist typisch: weit dilatierte untere Hohlvene und weite Lebervenen. In diesem Fall gehört die Untersuchung des rechten Vorhofs und der Perikardhöhle durch Leber und Zwerchfell hindurch zum Untersuchungsumfang.

Die zirkumskripten Leberveränderungen Abb. 6.**1** sind zum großen Teil aufgrund ihrer von der Umgebung abweichenden oder gänzlich fehlenden Struktur gut erkennbar. Flüssige Formationen, wie banale Leberzysten, Echinokokkuszysten und auch frische Hämatome, sind auf den ersten Blick als solche

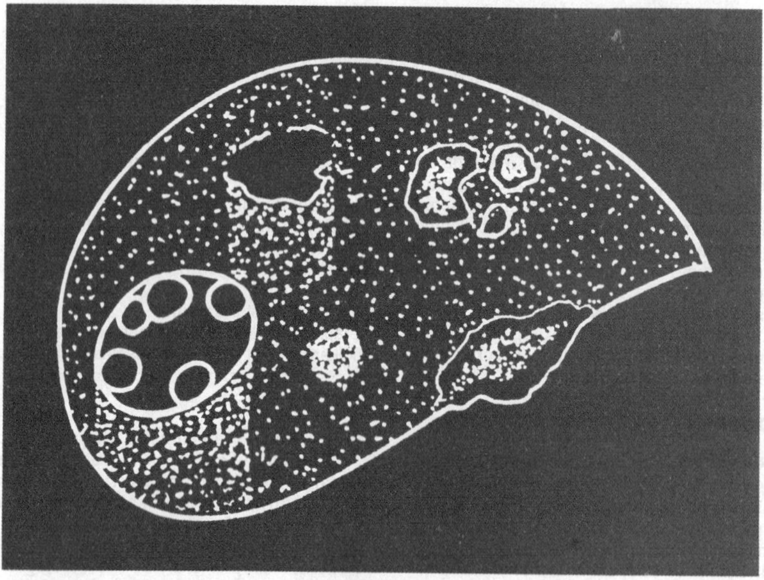

Abb. 6.1 *Sonographisch faßbare fokale Leberveränderungen.*
In der schematisierten Leber ist links ein Echinococcus cysticus mit innenliegenden Tochterzysten zu sehen, mit einer glatten reflektierenden Kapsel, rechts oberhalb davon eine Flüssigkeitsansammlung ohne eigentliche Kapsel, z. B. eine banale Leberzyste. Ähnlich können auch Hämatome oder ein Abszeß erscheinen. Darunter ein echodichtes, von der Umgebung ziemlich scharf abgegrenztes Leberhämangiom, ohne echoarmen Randsaum. Im rechten Teil der Leber sind verschiedene Formen und Phasen von malignen Tumoren in der Leber zu sehen, vom Typ der Metastasen. Der kleinste Tumor ist noch ganz echofrei, die größeren behalten einen echoarmen Randsaum, während sie zentral eine sekundäre Echoanhäufung aufweisen. Unten ist eine Metastase randständig und wölbt die Kontur vor. Im allgemeinen sind im Innern der Leber mehr Metastasen zu finden als in der Randlage. Deshalb ist die sonographische Metastasensuche meist effektiver als die laparoskopische, die hinwiederum sehr kleine subkapsuläre und kapsuläre Herde eher aufdecken kann.

erkennbar, weil sie scharfe Grenzen und im Inneren Echofreiheit aufweisen. Bei älteren Hämatomen wie auch bei Abszessen können die an den Organisationsprodukten bzw. dem Detritus entstandenen Echos ein solides Muster vortäuschen. Die häufigsten zirkumskripten Funde in der Leber sind jedoch Tumoren, vor allem Metastasen. Seltener sind primäre Lebertumoren, und von diesen kommen am häufigsten die benignen Hämangiome vor. Gerade diese bereiten dem weniger Erfahrenen häufig Probleme hinsichtlich der Dignitätseinschätzung und führen nicht selten aus Unsicherheit zu Überdiagnostik. Die malignen primären Tumoren in der Leber sind eher selten. Der wichtigste hiervon ist das primäre Leberzellkarzinom, das hierzulande fast ausschließlich in zirrhotischen Lebern wächst. Es kann sich der sonographischen Diagnostik entziehen, wenn die zirrhotische Strukturänderung das Malignom larviert und weil dieser Tumor zum anderen oft multilokulär ausgebreitet entsteht und dann eher astförmig verzweigte als kugelige Wuchsform annimmt, was seine Erkennung gleichfalls erschwert.

Die Malignome in der Leber sind in der Regel echoärmer als das vorher bestehende

Gewebe und fallen somit durch den Helligkeitskontrast auf. Sekundär bildet sich bei weiterer Größenzunahme infolge regressiver Veränderungen im schlecht ernährten Zentrum des Tumors eine zentrale Echoansammlung. Dann ist der echoarme ringförmige Randsaum oder Hof (Halo) das wichtigste Erkennungszeichen. Durch Konfluenz von multiplen Herden können sehr unübersichtliche, ja geradezu chaotische Strukturalterationen entstehen. Bei weiterer Größenzunahme des Tumors oder der konfluierten multiplen Tumoren kann im Gebiet der zentralen regressiven Veränderungen sogar eine Nekrose mit Verflüssigung eintreten, die man an zentraler Echofreiheit oder Echoarmut erkennt. Die sonographische Erscheinungsform des Tumors in der Leber hängt also von seiner Größe, damit von seiner Proliferationsgeschwindigkeit und seinem Alter ab.

Die ultraschallgezielte Feinnadelpunktion von Malignomen in der Leber ist nicht sehr riskant. Eine besondere Blutungsgefahr besteht in der Leber gewöhnlich nicht, und das Risiko einer Tumorzelldissemination ist zu vernachlässigen, weil der zugrundeliegende Tumor ja bereits in die Leber metastasiert hat.

Das Leberhämangiom als häufigster primärer Tumor in der Leber ist meistens sehr echodicht und zeigt im Gegensatz zu den Malignomen keinen echoarmen Randsaum oder Hof. Die Hämangiome haben Prädilektionsstellen in der Leber, kommen häufig multipel vor und können beim Punktionsversuch zu großen, gefährlichen Blutungen führen, zumal bei marginalem Sitz. Die Artdiagnose kann leicht und ohne Risiko durch die Angiocomputertomographie (typische Spätanfärbung) oder mit der nuklearmedizinischen Methode des Erythrozyten-Scans gemacht werden.

Fokale Leberveränderungen, die sich morphologisch nicht weit vom Normalgewebe hinweg entwickelt haben, wie z. B. Leberzelladenome, können sowohl bei der Sonographie wie auch bei der Computertomographie schwer oder nicht erkennbar sein, aus physikalischen Gründen. In solchen Fällen kann manchmal der „weichere" Ultraschallstrahl, manchmal der „härtere" Röntgenstrahl des Computertomographen noch eine Differenz aufdecken, ohne daß daraus der Schluß auf prinzipielle Überlegenheit der einen oder anderen Methode zu ziehen wäre. In diesen Fällen müssen weiterführende spezielle Diagnoseverfahren angewandt werden.

Gallensystem

Vom Gallensystem läßt sich stets die Gallenblase und der extrahepatische Gallengang darstellen. Die intrahepatischen Gallengänge kommen erst im dilatierten Zustand in den Bereich der sonographischen Sichtbarkeit. Die normale Gallenblase zeigt beim nüchternen Patienten eine glatte, dünne Wand und ein echofreies Kavum, postzenal eine Verkleinerung mit gleichsam gefältelter dickerer Wand (Tab. 6.**4**). Jede Vergrößerung der Gallenblase bei Entleerungsstörung führt zu erkennbarer Aufdehnung besonders des Gallenblasenhalses, der normalerweise sehr schlank ist (Abb. 6.**2**). Jede Reflexion im Gallenblasenlumen ist pathologisch: Steine reflektieren den Schall und verursachen einen Schallschatten; Gallenschlick ist definiert als reflektierendes, nicht schattierendes Material. Zahl und Größe der Gallensteine lassen sich akkurat feststellen, durch Positionsänderung des Patienten auch, ob die Steine mobil oder eingeklemmt sind. Die Gallenblasenentzündung führt zu Wandverdickung durch Schwellung, eventuell zu phlegmonösen Flüssigkeitsansammlungen in der verdickten Wand und zu erkennbarer Flüssigkeitsansammlung auf der Serosaseite im Sinne der Pericholezystitis. Dann ist die Gallenblase bei der sonographisch kontrollierten Einfingerpalpation schon bei zarter Berührung hochempfindlich. Die Perforation der Gallenblase ist an der größeren Flüssigkeitsansammlung in unmittelbarer Gallenblasenumgebung, also an dem Substrat der meist gedeckten lokalen Peritonitis, erkennbar.

Der normale Ductus hepatocholedochus hat ein Kaliber von etwa 4 mm oder darunter. Eine Dilatation des Ganges kann direkt gemessen werden. Bei höhergradiger Choledochuserweiterung sind gewöhnlich auch die intrahepatischen Gallengänge erweitert und

Tabelle 6.4 Indikationen zur Gallensonographie

Oberbauchkoliken
Dauerschmerz oder Druck im rechten Oberbauch
Ikterus
Unverträglichkeit bestimmter Speisen
entfärbte Stühle
Fieberschub mit Oberbauchschmerzen (und flüchtigem Ikterus)

Abb. 6.2 *Wichtigste sonographisch mögliche Diagnosen von Gallenblasenerkrankungen.*
Obere Reihe: Links normale Gallenblase mit schlankem Hals, Mitte: Gallenblasenhydrops mit aufgeweitetem Hals und allgemeiner Vergrößerung, rechts verschließender Stein im Hals bzw. im Ductus cysticus.
Mittlere Reihe: Solitärer Gallenblasenstein mit starker Reflexion und mit Schallschatten. Mitte: multiple kleinere Gallensteine jeweils mit Schatten, rechts: sedimentierter Gallenblasenschlick (reflektierendes, nicht schattierendes Material).
Untere Reihe: Nahezu ausgemauerte Steingallenblase mit einer gemeinsamen breiten Schallschattenzone und nur geringem freiem Restlumen, Mitte: Wandverdickung durch primäres Gallenblasenkarzinom bei solitärem altem Gallenblasenstein, rechts: solitärer Gallenblasenpolyp, ohne Stein.

somit darstellbar (Abb. 6.3). Die Dilatation aller 3 Etagen des biliären Systems (der Gallenblase, des extrahepatischen Gallengangs und der intrahepatischen Gallengänge) ist um so eindeutiger, je höhergradig die Obstruktion ist und je länger sie schon besteht. Die Höhe des biliären Verschlusses läßt sich daraus erschließen, welche Anteile des biliären Systems dilatiert sind. Sind alle 3 Etagen (d. h. Gallenblase, extrahepatischer Gallengang und intrahepatische Gallengänge) dilatiert, so muß der Verschluß distal sitzen, also auf Höhe der Papilla duodeni major (Vater-Papille) oder im unteren Choledochusabschnitt. Meist handelt es sich hier um Steinverschlüsse, die heute von erfahrenen Sonographikern in etwa 80% der Fälle sichtbar gemacht werden können. Seltener sind in dieser Etage tumoröse Verschlüsse. Sind bei einem Verschluß-Syndrom jedoch nur die intrahepatischen Gallengänge erweitert, so muß ein hochsitzender Verschluß vorliegen, meist durch Tumor oder Lymphknotenmetastasen an der Leberpforte. Sind bei einer Verschlußkonstellation jedoch die Abschnitte aller 3 Etagen nicht dilatiert, so kann es sich nicht um einen mechanischen Verschluß handeln – es liegt eine nichtmechanische intrahepatische Cholestase vor. Der eingeklemmte Infundibulum- oder Zystikusstein bereitet sonographisch keine diagnostischen Schwierigkeiten.

Gallenblasenschlick entsteht bei funktionell oder mechanisch bedingtem Ausbleiben der

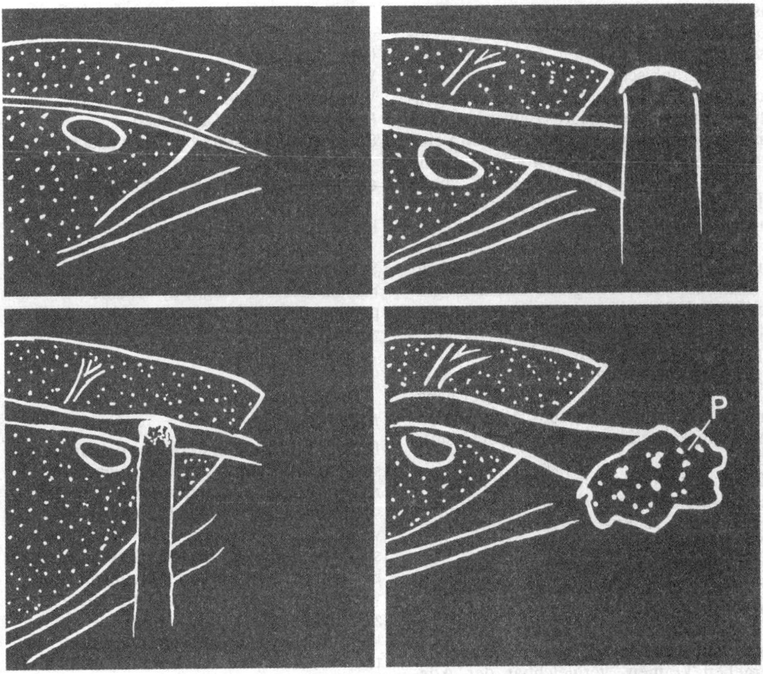

Abb. 6.3 *Wichtigste sonographisch mögliche Gallengangsdiagnosen.*
Obere Reihe: Der normale schlanke Ductus choledochus zieht über das Oval der Pfortader distalwärts. Das dickere Gefäß unten ist die untere Hohlvene in ihrem retrohepatischen Verlaufsstück. Rechts: Der Choledochus ist auf ein Mehrfaches eines Normalkalibers aufgeweitet. In der Leber sind erweiterte intrahepatische Gallengänge zu sehen. Die Verschlußursache kann wegen Überlagerung durch eine intestinale Luftblase und entsprechendem Schallschatten nicht ausgemacht werden. Diese Situation kann mit Konvex- oder Sektorscannern durch Anwendung von Kompression meist überwunden werden.
Untere Reihe: In einem mäßig erweiterten Ductus choledochus ist ein Stein mit Reflexion und Schallschatten darstellbar. Dieser sitzt so hoch, daß er als Verschlußursache nicht in Betracht kommt, es sei denn, er tritt gelegentlich als Ventilstein aus der Verschlußsituation nach oben und kehrt dann wieder zurück. Rechts: Verschluß des Ductus choledochus durch einen großen Pankreaskopftumor (P) (ähnlich bei hochgradiger entzündlicher Pankreaskopfschwellung).

Gallenblasenentleerung, also bei parenteraler Ernährung. Gallenverschluß-Syndrom und bei Tumorkrankheiten mit Inanition. Es handelt sich um ausgefällte Gallenbestandteile. Diese können je nach ihrem Gewicht im Verhältnis zur Galle flottieren oder in der Gallenblase (und im extrahepatischen Gallengang!) sedimentieren. Prinzipiell ist dieser Zustand reversibel, sobald die Gallenblasenentleerung wieder in Gang kommt. In Langzeituntersuchungen fanden sich aber auch neu gebildete Steine nach längerer Gallenschlickperiode. So muß Gallenblasenschlick als eine potentielle Vorstufe des Gallensteins angesehen werden. Bei Schlickverdichtung im extrahepatischen Gallengang kann ein distales Gallenverschluß-Syndrom resultieren.
Die Präzision der sonographischen Gallen-

blasensteindiagnostik ist mindestens so hoch wie die der röntgenologischen, bei den Zystikussteinen erheblich höher. Eine kompetente sonographische Gallensteindiagnose braucht nicht durch nachfolgende Röntgenuntersuchungen „verifiziert" zu werden. Diese ist meist nur dann erforderlich, wenn eine medikamentöse Litholyse erwogen wird und die Steinqualität (Cholesterinstein?, hohe Kalkanteile?) festgestellt werden muß. Kann sonographisch ein distales Verschluß-Syndrom, nicht aber die Ursache festgestellt werden, so ist der nächste weiterführende Schritt die endoskopische retrograde Cholangiographe (ERC, ERCP).

Ein hoher Bilirubinspiegel hindert die sonographische Untersuchung nicht. Bei akuter Hepatitis mit schwerem Ikterus wird die Gallenblase sonographisch sehr klein oder gänzlich leer gefunden – Ausdruck der mangelnden Gallensekretion infolge Leberinsuffizienz.

Gallenblasenpolypen werden mit den modernen Ultraschallgeräten häufiger gefunden. Sie zeigen sich als kugelige oder fingerförmige Vorsprünge an der Innenseite der Gallenblasenwand, die wie jene reflektieren, aber nicht schattieren. Sie sind sessil, wogegen sich Schlickbröckel bei Lagewechsel beweglich zeigen. Es sind meist Zufallsbefunde ohne klinische Zeichen. Ob sie in ein Malignom übergehen können, vergleichbar der Adenom-Karzinom-Sequenz im Kolon, ist nicht sicher entschieden. Da die Gebilde häufig nur einige Millimeter groß sind, ist die regelmäßige sonographische Verlaufskontrolle in erst vierteljährigen, dann halbjährigen oder jährlichen Abständen gerechtfertigt und vertretbar, zumal wenn nicht gleichzeitig ein Stein vorhanden ist. Im Operationspräparat sind diese Gebilde oft kaum wiederzufinden und nehmen sich oft nur wie eine Falte der Schleimhaut aus. Es sind histologisch meist keine Adenome.

Das primäre Gallenblasenkarzinom kommt fast ausschließlich bei Steinträgern vor, überwiegend im höheren Alter. Die Steine sind oft groß und häufig bis dato klinisch stumm geblieben. Die Gallenblasenwand ist in diesen Fällen nicht nur an der Stelle des Tumors, sondern entsprechend der meist vorhandenen chronischen schwieligen Cholezystitis allgemein verdickt. Meist ist zum Zeitpunkt der Diagnose die anliegende Leberpartie bereits per continuitatem infiltriert.

Tabelle 6.5 Indikationen zur Milzsonographie

Leberkrankheiten
Verdacht auf portale Hypertonie
Verdacht auf Aszites
Resistenz im linken Oberbauch
Schmerzen im linken Oberbauch oder basalen linken Thorax
atemabhängige Beschwerden im linken oberen Quadranten
Infektionskrankheiten mit Milzbeteiligung (Malaria, Mononukleose, Endokarditis)
Systemkrankheiten
Hämoblastosen, maligne Lymphome
posttraumatisch (Milzhämatom, Milzruptur?)

Milz

Bei der Milz ist in erster Linie die Größenbestimmung wichtig (Abb. 6.4). Generelle oder zirkumskripte Veränderungen der Echostruktur spielen bei der Milz nicht die Rolle wie z. B. bei der Leber. Die Milzgröße läßt sich sonographisch in allen 3 Achsen genau bestimmen. Die Größenänderung im Verlauf von Krankheiten ist ein wichtiges Kriterium, z. B. bei Malaria oder infektiöser Mononukleose. Auch Nebenmilzen und Formvarianten, wie z. B. die Kuchenmilz, können erkannt werden.

Praktisch wichtig ist die Erkennbarkeit von posttraumatischen Hämatomen oder Rupturen der Milz. Diese sind von Milzzysten leicht zu unterscheiden. Von den fokalen sonographisch feststellbaren Veränderungen seien die eher seltenen malignen Infiltrationen sowie der Milzinfarkt genannt, nach dem bei ungeklärten linksseitigen Oberbauch- oder Thoraxschmerzen gesucht werden sollte (Tab. 6.5).

Pankreas

Vom Pankreas lassen sich Kopf und Korpus in der Regel leicht darstellen, die Kauda manchmal schwer. Pathologische Veränderungen äußern sich in Vergrößerung entweder des ganzen Organs oder nur von Teilen. Die primär eher dichte Pankreasstruktur wird im pathologischen Fall häufig aufgelokkert, so bei akuten Entzündungen durch das Ödem, aber auch beim Tumor (Tab. 6.6, Abb. 6.5). Bei chronischer Entzündung mit Fibrosierungstendenz nimmt die Echodichte wieder zu, jedoch in ungleichmäßiger Vertei-

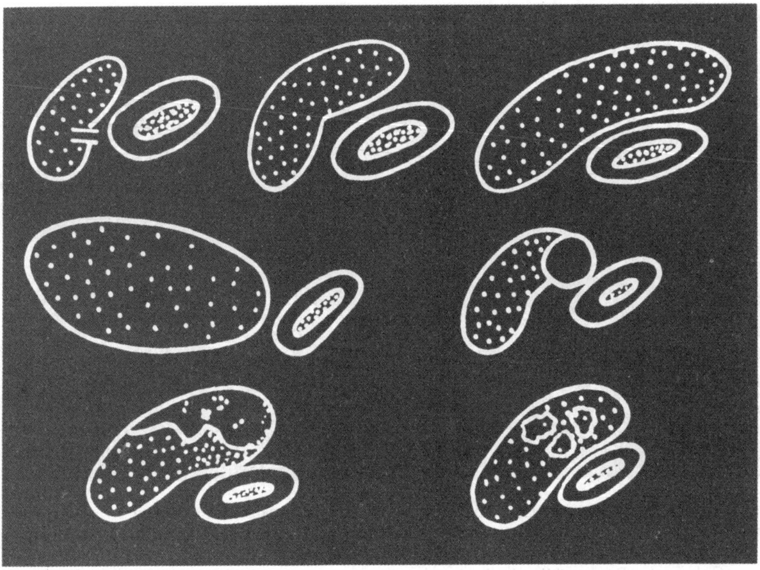

Abb. 6.4 *Wichtigste sonographisch mögliche Diagnosen bei Milzerkrankungen.*
Obere Reihe: Mit zunehmender Vergrößerung der Milz überdeckt diese in der linken Flanke zunehmend die linke Niere. Normalmaß etwa 11 × 7 × 4 cm.
Mittlere Reihe: Bei sehr starker Milzvergrößerung (20 cm und mehr) kann die linke Niere kaudalwärts verdrängt werden. Rechts: Milzzysten müssen von Nierenzysten unterschieden werden.
Untere Reihe: Das subkapsuläre, meist posttraumatische Hämatom der Milz bildet sich als Zone aufgelockerter oder völlig fehlender Struktur ab. Ausgetretenes Blut nach Ruptur kann direkt erkannt und durch gezielte Feinnadelpunktion verifiziert werden. Rechts: Relativ selten sind fokale maligne Infiltrationen der Milz.

lung. Der Pankreasgang kann mindestens abschnittsweise meist abgebildet werden, sowohl im normalen, nicht dilatierten Zustand als auch besonders leicht bei Dilatation durch Verschluß (z. B. durch einen Pankreaskopftumor) und auch im destruierten Zustand im Verlauf einer chronischen Pankreatitis. Diese Unterschiede in der Beschaffenheit des Pankreasgangs sind differentialdiagnostisch wichtig. Grobe Kalzifikationen können gleichfalls nachgewiesen werden; feinere Verkalkungen erfaßt man besser röntgenologisch mittels Leeraufnahme. Die Einbeziehung der unmittelbaren Pankreasumgebung bei der akuten Pankreatitis ist erkennbar. Besonders gut zu sehen sind die Komplikationen der akuten Pankreatitis, die Bildung

Tabelle 6.6
Indikationen zur Pankreassonographie

Verdacht auf Pankreatitis
Verdacht auf Pankreaskarzinom
ungeklärter Gewichtsverlust
Ikterus
Verdauungsinsuffizienz
chronische Diarrhö, bes. Steatorrhö
dyspeptische Beschwerden
ungeklärte epigastrische oder „Kreuzschmerzen“
Unverträglichkeit bestimmter Speisen
unerklärte Neigung zu thrombembolischen Krankheiten

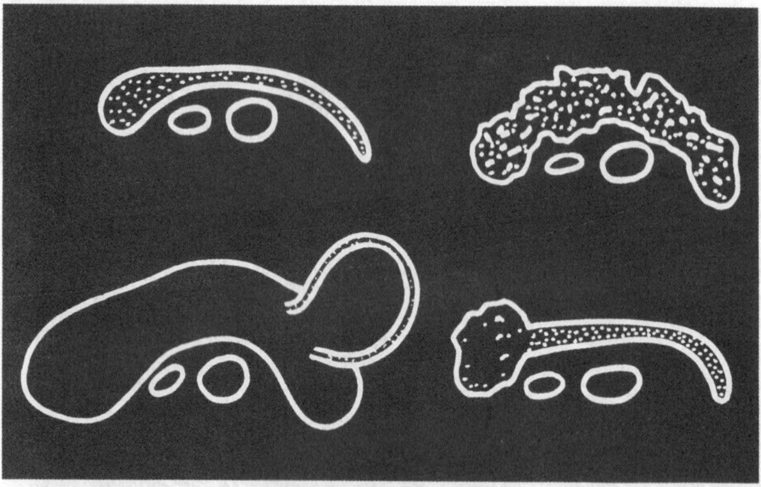

Abb. 6.5 *Wichtigste sonographisch mögliche Diagnosen von Pankreaskrankheiten.*
Obere Reihe: Links normales Pankreas mit dem dickeren Kopf und dem schlankeren Anteil in Korpus und Kauda vor der V. cava und der Bauchaorta liegend.
Rechts: Chronische Pankreatitis mit Destruktion der Kontur und der Struktur infolge der narbigen Veränderungen bis hin zu eingelagerten Kalzifikationen bei der kalzifizierenden Pankreatitis. Bei Rezidivschüben gibt es auch hierbei Pseudozysten.
Untere Reihe: Links: Generelle entzündliche Schwellung mit Strukturrarifizierung bei akuter Pankreatitis. Hierbei kann das Pankreas auf ein Mehrfaches seines Normalvolumens anschwellen (entzündliche Insudation, entsprechend dem klinisch wichtigen Volumenverlust im Kreislauf). In der Kaudaregion die Komplikation einer Pseudozyste.
Rechts: Zirkumskripte Vergrößerung und Deformierung nur eines Pankreasanteils durch Tumor (differentialdiagnostisch segmentale Pankreatitis).

von Pseudozysten und von Nekrosestraßen, welche vom Pankreas in das Retroperitoneum und in den Unterbauch ziehen. Auch biliäre und gastrale Abflußbehinderungen und die Milzvenenthrombose als häufige Komplikationen der Pankreatitis lassen sich sonographisch erkennen. Die sonographische Verlaufskontrolle bei entzündlichen Pankreaskrankheiten ist deshalb sehr nützlich.

Tumoren des Pankreas zeigen sich in umschriebener Vergrößerung eines Pankreasteils. Meist ist die Stuktur des Pankreaskarzinoms echoärmer als die des normalen Pankreasgewebes. Der Pankreasgang ist beim Pankreaskopftumor häufig gestaut und dilatiert, jedoch nicht destruiert. Ob eine zirkumskripte Pankreasvergrößerung einer segmentalen Pankreatitis entspricht oder einem Karzinom, läßt sich sonographisch nicht sicher entscheiden. In diesem Falle kann die sonographisch gesteuerte Feinnadelpunktion das Malignom verifizieren, wogegen ein Tumorausschluß auf diesem Wege weniger sicher ist.

Im allgemeinen kann durch eine kompetente Pankreassonographie eine schwere Pankreaserkrankung ausgeschlossen werden. Leichtere, passagere Störungen, die nicht zu einer deutlichen makromorphologischen Veränderung führen, können jedoch nicht erkannt und somit umgekehrt auch nicht sicher ausgeschlossen werden. Die gesonderte Untersuchung des Pankreas kommt nur bei Verlaufskontrollen in Frage. Bei entsprechendem Verdacht sollte gleichzeitig immer der ganze sonographische Oberbauchstatus erhoben

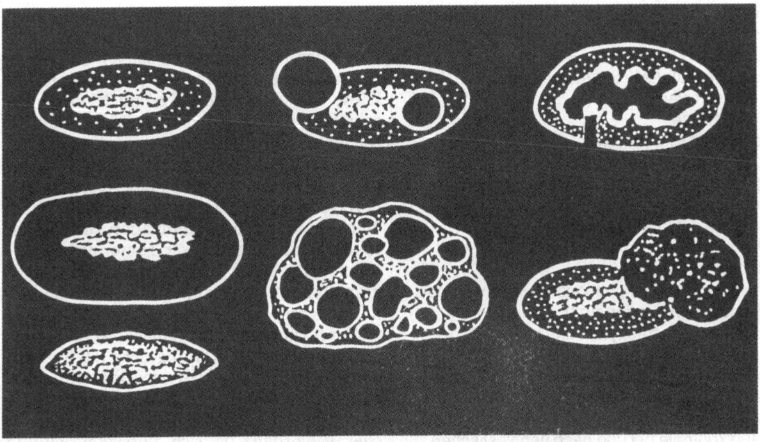

Abb. 6.6 *Wichtigste sonographisch mögliche Nierendiagnosen.*
Obere Reihe: Links normale Niere mit normaler Massenrelation zwischen echoarmem Parenchym und echoreichem Pyelonkomplex. Mitte: Nierenzysten, links eine äußere, rechts eine intrarenale. Rechts: Hydronephrose mit hochgradigem Aufstau des Nierenbeckens, in welchem ein Stein (mit Schallschatten) liegt.
Mittlere Reihe: Links diffuse Vergrößerung der ganzen Niere mit Überwiegen des geschwollenen Parenchymanteils. Der Pyelonkomplex behält die gleichen Maße wie bei der normalen Niere oben. Mitte: Angeborene Zystenniere; die normale Nierenarchitektur ist durch die disseminiert liegenden Zysten völlig aufgehoben; Funktionsbeurteilung ist jedoch nicht möglich!
Rechts: Exophytisch wachsendes hypernephroides Karzinom am unteren Nierenpol mit unregelmäßigem Tumorstrukturmuster.
Untere Reihe: Schrumpfniere: Die Trennung von Parenchym und Pyelon ist kaum mehr möglich, der Parenchymsaum ist extrem rarefiziert und die Niere insgesamt stark verkleinert.

werden, also insbesondere die Untersuchung des biliären Systems, der Leber, des Magens und der Milz.

Nieren

Die Nieren lassen sich nach Größe, Lage und Aufbau sonographisch sehr genau untersuchen. Die zahlreichen Lage- und Formvarianten sind leicht zu erfassen, z. B. die Hufeisenniere, die Beckenniere, die Senkniere und die Zystenniere (Abb. 6.6). Aus der Nierengröße lassen sich gewisse Rückschlüsse auf die Funktion ziehen, obwohl auch bei den Nieren prinzipiell gilt, daß die Funktionsbeurteilung sonographisch nicht möglich ist. Eine ausgeprägte Schrumpfniere ist jedoch sonographisch ein eindeutiger Befund, und dieser ist immer mit Funktionsbeeinträchtigung verbunden (Tab. 6.7). Auch erkennt man die kompensierende Hypertrophie der Gegenseite bei Verlust oder Funktionseinbuße der einen Seite.
Die diffuse Nephropathie ist im floriden Stadium durch eine Organvergrößerung infolge Anschwellung des Parenchymanteils charakterisiert. Da das Parenchym sich sonographisch von den Strukturen des Nierenbeckenhohlsystems und den zentralen Gefäßen deutlich unterscheidet, kann man diese Massenverschiebung zwischen Parenchym und Pyelonkomplex gut erfassen. Diese Veränderungen treten jedoch auch beim akuten Nierenversagen extrarenaler Genese ein, so daß die Differenzierung gegenüber einer akuten Glomerulo- oder Pyelonephritis auf sonographischem Wege nicht möglich ist. Im chroni-

Tabelle 6.7 Indikationen zur Nierensonographie

Verdacht auf Nephritis
Verdacht auf akutes Nierenversagen
Niereninsuffizienz
Oligurie/Anurie
Verdacht auf Nierenkolik
Makro- oder Mikrohämaturie
Rücken- oder Flankenschmerzen unklarer Genese
Hypertonie unklarer Genese
Steinabgang
Systemkrankheiten
Harnwegsinfektionen, besonders rezidivierende (Harnabflußbehinderung?)
Verdacht auf Plasmozytom und Uratverstopfungsniere
chronischer Schmerzmittelabusus (interstitielle Nephritis mit intrarenalen Gefäßverkalkungen?)
Verlaufskontrolle bei und nach neoplastischen Erkrankungen im Becken oder unteren Abdomen (narbig oder neoplastisch bedingte Harnabflußstörung?)

schen Stadium wird das Strukturmuster des Parenchyms dichter, bis schließlich bei der Schrumpfniere die Parenchymanteile sich kaum mehr von dem sonst stark kontrastierenden Pyelonkomplex sowie der gleichfalls stark reflektierenden Nierenumgebung abheben: Die Niere wird annähernd unsichtbar.

Die fokalen Veränderungen in der Niere sind leichter zu erkennen und zu beurteilen. Insbesondere die Flüssigkeitsansammlungen werden auf den ersten Blick erkannt: die häufigen Nierenzysten, die Harnabflußstörungen von geringem Ausmaß, mit leichter Dilatation des Pyelons oder Kelchektasie bis hin zur ausgeprägten Hydronephrose. Bei Uretersteinkoliken mit Aufstauung lassen sich bei guter Technik auch die Erweiterung des Ureters und der obstruierende Stein erkennen. Deshalb kann bei guten sonographischen Möglichkeiten in einer solchen Situation häufig auf das Ausscheidungsurogramm verzichtet werden. Intrarenale Steine sind in einer Größe, bei der sie röntgenologisch zu finden sind, auch sonographisch erkennbar. So können vor allem Verlaufskontrollen bei einer Steindiathese gut durch Sonographie erledigt werden. Das Verschwinden eines zuvor bei einer Ureterkolik gestauten Harnwegsystems ist ein sonographisch sicheres Zeichen für den Abgang des obstruierenden Konkrements.

Unter den Nierentumoren spielen die hypernephroiden Karzinome die wichtigste Rolle. Diese sind sonographisch ziemlich genau charakterisiert und werden häufig auf Anhieb als solche erkannt. Nicht selten wird diese Diagnose zufällig gestellt, da diese Tumoren lange in einer subklinischen Phase bleiben. Andererseits ist die Erythrozyturie ungeklärter Genese eine wichtige Indikation zur Nierensonographie, damit dieser Tumor nicht übersehen wird. Die Diagnose ist bei guter sonographischer Untersuchung so sicher, daß keine weiteren präoperativen Untersuchungen zur Verifizierung mehr gemacht werden müssen, allenfalls zur Klärung der Gefäßversorgung. Die früher schwierige Differentialdiagnose zwischen Nierenzysten und Nierentumoren ist durch die Sonographie viel einfacher geworden, da sich flüssigkeitsgefüllte Gebilde von soliden sonographisch leicht unterscheiden lassen. Schwieriger zu erkennen sind die viel selteneren Urothelkarzinome, die von den ableitenden Harnwegen ausgehen. Zu ihrer Erkennung und differentialdiagnostischen Klärung kann man auf weitere Methoden, vor allem das retrograde Pyelogramm, nicht verzichten.

Die benignen Tumoren der Nieren zeigen meist ein anderes sonographisches Erscheinungsbild als die hypernephroiden Karzinome. Es handelt sich hierbei oft um Hamartome, also Gebilde, die aus normalerweise in der Niere vorkommendem Zellmaterial in abweichender Architektur bestehen. Vor allem die Angiomyolipome zeigen ein sonographisch ziemlich charakteristisches Bild. Sie sind viel echodichter als die Parenchymstruktur, scharf abgegrenzt, öfters multipel. Wie echodicht dieser sogenannte „weiße Nierentumor" erscheint, hängt von den Anteilen der in ihm enthaltenen Komponenten ab: Hoher Lipomanteil steigert die Echodichte in diesem Tumor. Erfahrene Sonographiker können diesen Tumor mit hoher Sicherheit von anderen, besonders den malignen Neubildungen, unterscheiden, ohne daß invasive Diagnostik zur Hilfe genommen werden muß. Die Artdiagnose kann durch die röntgenologische Computertomographie gemacht werden: Diese Gebilde kommen infolge ihres hohen Fettgehalts schwarz zur Abbildung.

Gewisse Unsicherheiten bei der Nierensonographie resultieren aus den häufigen Formvarianten der Nieren. So gibt es eigentümliche

sogenannte Parenchymbrücken oder Parenchymzwickel, die in atypischer Weise durch den Pyelonkomplex hindurchziehen und nicht ohne weiteres von einem Tumor zu unterscheiden sind. Die Unterscheidung wird erleichtert durch die häufige Symmetrie dieser Erscheinungen, aber im Zweifelsfall sind zusätzliche Untersuchungen oder engmaschige Kontrollen nicht zu vermeiden.
Der Nierengefäßstiel kann auf der rechten Seite sonographisch meist vollständig dargestellt werden. Insbesondere die Nierenvene ist gut sichtbar. Man erkennt Nierenvenenthrombosen, insbesondere die Tumorthromben beim hypernephroiden Karzinom, die man mitunter bis in die untere Hohlvene oder den rechten Vorhof ragen sieht. Für den Nachweis einer Nierenarterienstenose ist die abbildende Sonographie nicht ausreichend, mittels der Duplexmethode läßt sich diese Diagnose jedoch stellen. Der längere Nierengefäßstiel der linken Seite ist infolge der anderen topographischen Gegebenheiten schwieriger und weniger komplett darstellbar.

Magen-Darm-Trakt

Am Magen-Darm-Trakt läßt sich im normalen Zustand stets der distale Magen abbilden, vom Antrum bis in das obere Duodenum, wogegen man vom Dünn- und Dickdarm im großen und ganzen mehr die Füllungszustände und peristaltischen Abläufe als die Darmwand selbst sehen kann. Pathologische Füllungszustände (Retentionsmagen bei funktioneller Magenstase oder entzündlicher oder neoplastischer Magenausgangsstenose, extendierte Darmschlingen beim Ileus oder beim toxischen Megakolon) sind auf Anhieb erkennbar. Auch eine ausgeprägte Koprostase im Dickdarm, wie sie bei alten Menschen nicht selten zu Beschwerden führt, kann man sonographisch erkennen.
Auch pathologische Wandverdickungen neoplastischer oder entzündlicher Art können sonographisch gesehen werden, bevorzugt in der Magenausgangsregion, in beiden Kolonflexuren, im Gebiet des Ileozäkalpols und der terminalen Ileumschlinge. Die Erkennung ist sicherer, wenn die Verdickung an der Vorderwand des Magens oder Darms sitzt, weil dann die Darmluft nicht stören kann. Der klassische sonographische Befund bei einem zirkulären Karzinom, z. B. des Magenantrums, ist die sogenannte Kokarde. Man versteht darunter die ringförmige konzentrische oder exzentrische Anordnung (von außen nach innen) der Serosa, der pathologisch verdickten echoarmen Magenwand, die dem Tumor entspricht, und schließlich zentral des Mageninhalts, z. B. Flüssigkeit mit Schleimflocken. Auch an den genannten Prädilektionsstellen des Kolons können solche Kokarden gesehen werden.
Entzündliche Wandverdickungen sind meist längerstreckig, so besonders beim Morbus Crohn. Auch bei dieser Krankheit ist im Darmquerschnitt die Kokarde zu sehen, in aller Regel auch der Grad der Stenose, oralwärts von der entzündlichen Läsion die prästenotische Dilatation und manchmal die prästenotische Hyperperistaltik. Der Prädilektionssitz, das terminale Ileum, läßt sich von geschickten Untersuchern mit großer Sicherheit darstellen, aber auch die anderen Lokalisationen im Dünn- oder Dickdarm sind bei entsprechender Erfahrung des Untersuchers darstellbar, sofern der morphologische Befund genügend ausgeprägt ist. Auch Verlaufskontrollen unter Therapie sind sonographisch möglich; der Rückgang der entzündlichen Schwellung oder der Stenosierung ist ersichtlich. Häufig findet sich beim Morbus Crohn in der Umgebung eine geringe Menge von entzündlichem Aszites, der dem klinischen Nachweis entgeht, aber die Verdachtsdiagnose der entzündlichen Darmerkrankung stützt. Auch bei der Colitis ulcerosa kann die Wandverdickung gesehen werden, die jedoch weniger ausgeprägt ist als beim Morbus Crohn und ohne die für jenen so charakteristische Stenosierung. Entzündliche Schwellungshöfe um ein Ulcus duodeni oder ventriculi können unter Umständen gleichfalls gesehen werden.
Für alle erwähnten gastrointestinalen Krankheiten gilt, daß die Sonographie zwar ausgeprägte Befunde darstellen kann, geringer ausgeprägte oder versteckt liegende jedoch nicht, so daß die Methode zum Ausschluß dieser Krankheiten in keinem Fall genügt. Hierzu ist stets die endoskopische oder röntgenologische Methode unerläßlich. Verlaufskontrollen sind jedoch z. B. bei Retentionsmagen und bei Behandlung der chronisch entzündlichen Darmkrankheiten möglich und nützlich, falls ein geschickter und kritischer Untersucher zur Verfügung steht.

Blutgefäße des Abdomens

Von den Blutgefäßen des Abdomens lassen sich stets die Bauchaorta und die V. cava inferior vom Zwerchfell bis zur Bifurkation und weiter die Beckengefäße mehr oder minder vollständig abbilden. Regelmäßig sind auch die im Oberbauch abgehenden Arterien zu sehen: der Truncus coeliacus mit der Milzarterie und der Leberarterie, die Abgänge beider Nierenarterien und ihre Verläufe, und die A. mesenterica superior. Vom venösen System sieht man wenigstens die beiden Nierenvenen sowie die Lebervenen in die untere Hohlvene münden und am portalen System wenigstens die beiden Hauptwurzeln der Pfortader, die Milzvene und die V. mesenterica superior. Diese Gefäßverläufe stellen wichtige Leitlinien zur topographischen Orientierung dar und müssen auch bei der Suche nach abdominellen Lymphknotenvergrößerungen abgesucht werden. Abdominelle Lymphome können in der Regel ab einer Größe von etwa 1,5–2 cm erkannt werden, je nach Sitz.

Sowohl pathologische Erweiterungen wie Verengungen größerer Abdominalgefäße werden sonographisch erkannt (Tab. 6.8). Am wichtigsten ist das Aortenaneurysma mit oder ohne Dissektion. Diese Diagnose kann vom Erfahrenen auf Anhieb und ohne jede Belastung für den Patienten sonographisch gestellt werden. Die Einbeziehung der Nierenarterien ist nur in einem Teil der Fälle zu

Tabelle 6.8 Indikationen zur Abdominalgefäß-Sonographie

pulsierende Resistenz im Abdomen
akute Abdominal- oder Kreuzschmerzen, vor allem nach Heben oder Pressen
Stenosegeräusch über Bauchaorta, Nieren- oder Beckenarterien
Verdacht auf Mesenterialinsuffizienz, Angina abdominalis
Verdacht auf Kavathrombose
Verdacht auf Pfortaderthrombose
Verdacht auf Milzvenen- oder Mesenterialvenenthrombose
Verdacht auf Beckenvenenthrombose
Verdacht auf Nierenvenenthrombose
Beurteilung einer Rechtsherzinsuffizienz, einer Trikuspidalinsuffizienz oder der hämodynamischen Wirksamkeit eines Perikardergusses
Verdacht auf Baumgarten-Cruveilhier-Syndrom (Revaskularisation der fetalen Nabelvene)
Verdacht auf Budd-Chiari-Syndrom (Lebervenenverschluß)
Verdacht auf malignes Lymphom, Staging (gleicher Untersuchungsgang)

erkennen. Die sklerotische Verengung und Erweiterung der Gefäße sowie sklerotische Plaques sind sichtbar, der Grad der sklerotischen Gefäßdestruktion kann abgeschätzt werden. Duplexsonographisch läßt sich die hämodynamische Auswirkung der morphologischen Veränderungen ermitteln.

Am System sowohl der V. cava wie der V. portae spielen die pathologischen Erweiterungen bei Stauungszuständen sowie die Thrombosen die wichtigste Rolle. Beides läßt sich sonographisch unmittelbar sehen. Die venöse Stauung ist nicht allein durch die Weite der Gefäße charakterisiert, sondern durch das Fehlen der für die großen Venen typischen kurzfristigen respiratorisch bedingten Lumenveränderungen. Die kardiogene Stauung der V. cava mit Aufstauung der Lebervenen und der Nierenvenen ist ein eindrucksvolles sonographisches Bild, das auf andere Weise nicht so leicht erhältlich ist und das die Diagnose und Gradeinschätzung der Rechtsherzinsuffizienz sehr erleichtert. Mit der Duplexsonographie können Strömungsrichtung und Strömungsausmaß durch Anwendung des Doppler-Prinzips näher bestimmt werden. Diese Methode wird zunehmend wichtig für die Diagnose und Stadienermittlung der portalen Hypertonie, für die Erkennung und Gewichtung von portokavalen Kollateral-Kreisläufen, für die Erkennung einer abdominellen Mangeldurchblutung (Angina abdominalis) und einer Stenose an den Abgängen der Mesenterial- und Nierenarterien.

Mit der einfachen Doppler-Sonographie, besser noch mittels Duplexsonographie läßt sich bei Verdacht auf Beinvenen- und Beckenthrombose prüfen, ob der venöse Rückfluß in den betreffenden Gefäßen durch die Thrombose reduziert oder gänzlich aufgehoben ist. Die Thromben selbst können mit hochauflösenden Schallköpfen abgebildet, der Grad der Obstruktion und auch das Thrombusalter abgeschätzt werden. Zumindest die Therapiekontrolle läßt sich sehr gut sonographisch erledigen.

Harnblase

Die Harnblase kann im gefüllten Zustand hinsichtlich ihrer Größe, Form, Nachbarschaftsbeziehung, ihrer Wandung und ihres Kavums beurteilt werden. Harnblasensteine bilden sich reflexreich mit Schatten ab, ähnlich wie Gallensteine. Die unregelmäßigen Wandveränderungen der Balkenblase sind erkennbar, ebenso die Blasendivertikel und auch die Harnblasentumoren, besonders die papillomatösen, die fingerförmig in das Lumen ragen. Das Harnblasenkarzinom ist gleichfalls erkennbar. Seine Tiefenausdehnung kann durch transurethrale intravesikale Sonographie, die der Urologe anwendet, näher bestimmt werden, ein Kriterium, das bei der endoskopischen Untersuchung nicht genügend zu erfassen ist.

Prostata

Die Prostata läßt sich hinsichtlich Form, Größe und struktureller Beschaffenheit bei gefüllter Harnblase gut darstellen. Prostatakarzinome sind nicht sicher von anderen Veränderungen in der Prostata zu unterscheiden, solange sie nicht eindeutige maligne Wuchsformen und Infiltrationstendenz zeigen. Insbesondere sieht man den endovesikalen Anteil, der bei der digitalen rektalen Untersuchung nicht genügend erfaßt werden kann. Mit Rektal-Scannern sind feinere Details erkennbar. Eine häufige einfache Untersuchung ist die sonographische Restharnbestimmung aufgrund von Näherungsformeln; die Resultate sind für praktische Zwecke völlig ausreichend.

Hoden

An den Hoden erkennt man sonographisch sehr leicht die Hydrozele und kann diese von soliden Tumoren unterscheiden, die ihrerseits erkennbar sind. Auch Zysten und kleine Tumoren im Hoden können erkannt werden. Die Hodentorsion läßt sich doppler-sonographisch dadurch diagnostizieren, daß über dem Hoden kein arterielles Strömungssignal mehr nachweisbar ist.

Inneres weibliches Genitale

Das innere weibliche Genitale ist bei gefüllter Harnblase gut zu untersuchen. Größe und Lage des Uterus, Myome und Malignome lassen sich ab einer gewissen Größe erkennen, auch die junge Gravidität. Der Sitz des Intrauterinpessars kann kontrolliert werden. Die normalen Adnexe und die Ovarien sind darstellbar, noch leichter pathologische Veränderungen an diesen, wie (funktionelle) Ovarialzysten, Ovarialzystome und das Ovarialkarzinom, aber auch entzündliche Veränderungen wie der Tuboovarialabszeß. Die extrauterine Gravidität läßt sich zwar darstellen, aber ein sonographischer Ausschluß ist nicht möglich.
Ergüsse und Abszesse im Douglas-Raum sind durch die gefüllte Harnblase hindurch zu sehen. Feinere Details sind mittels endosonographischer Technik von der Vagina aus zu erfassen.

Gravidität

Bei Gravidität ist im Rahmen der Mutterschaftsvorsorge eine zweimalige Untersuchung vorgeschrieben. Empfohlen wird für diese gesetzlichen Untersuchungen die Zeit zwischen 16. und 20. Schwangerschaftswoche sowie zwischen 28. und 32. Schwangerschaftswoche. Hierbei werden verschiedene Maße an dem kindlichen Körper ermittelt und mit bekannten Standardwerten verglichen, somit das normale Wachsen der Frucht kontrolliert. Sitz und Beschaffenheit der Plazenta werden festgestellt, damit riskante Überraschungen, etwa durch eine Placenta praevia, ausgeschlossen. Die kindlichen Bewegungen und Herzaktionen werden registriert, und es wird so früh wie möglich auf korrekte Anlage der kindlichen Organe, z. B. der Nieren, geachtet. Die pränatale Mißbildungserkennung mit Hilfe der Sonographie ist in Spezialistenhand erstaunlich weit vorangeschritten und hat schon zur Konsequenz der intrauterinen Therapie am Feten geführt.

Extremitäten

An den *Beinen* nehmen die Weichteiluntersuchungen in letzter Zeit rasch zu. Sie bieten dem Orthopäden und Unfallchirurgen zusätzlich zur herkömmlichen Röntgenuntersuchung wertvolle diagnostische Informationen. So kann z. B. die Koxitis mit Gelenkserguß bzw. Empyem gut erfaßt werden, ebenso eine Bursitis, z. B. im Trochantergebiet oder in der Knieregion. Auch die Baker-Zyste in der Kniekehle läßt sich erkennen, und die Kreuzbandläsionen werden sonographisch dargestellt. Beim Neugeborenen wird vom Pädiater, Kinderradiologen oder Orthopäden im Zuge der Vorsorgeuntersuchungen regelmäßig das Hüftgelenk sonographisch auf Dysplasien untersucht. Die noch weichen Teile dieses Gelenks stellen sich bei der sonographischen Untersuchung durch Reflexion eindeutig dar, wogegen sie röntgenologisch (noch) nicht genügend sichtbar zu machen sind.
Auch Weichteiltumoren, Hämatome und Abszesse, in den größeren Muskeln verborgen, lassen sich sonographisch differenzieren.
Eine gängige und wichtige Untersuchung ist die Doppler-Untersuchung der Beinarterien. Mit der Doppler-Ultraschallsonde läßt sich

auch ein schwacher, schlecht palpabler Puls, etwa bei tiefer Lage des Gefäßes, gut auffinden und hinsichtlich seiner Stärke beurteilen. Durch Verwendung einer Blutdruckmanschette am Ober- bzw. Unterschenkel läßt sich mittels Doppler-Sonde der Blutdruck auf verschiedenen Etagen des Beines prüfen und aus dem Verhältnis zwischen dem lokal gemessenen und dem systemischen Blutdruck, am Arm gemessen, weitgehend der Grad einer arteriellen Durchblutungsstörung festlegen. Normalerweise ist der Druck in den distalen Teilen der Beinarterie höher als der Druck am Oberarm; gleicher Druck kann schon eine geringe Minderdurchströmung bedeuten. Aneurysmen der Beinarterien, z. B. posttraumatisch, lassen sich mit dem Doppler-Verfahren aufspüren. Bei posttraumatischen arteriovenösen Shunts läßt sich mit der Duplexsonographie die shunt-bedingte Hyperzirkulation der betroffenen Seite quantitativ erfassen und nach operativer Revision die Restitution dadurch nachweisen, daß der arterielle Zufluß nun auf das Maß der gesunden Gegenseite zurückgegangen ist.

Sonographisch geführte Punktion

Unter sonographischer Führung können Krankheitsherde in Organen oder Weichteilen sowie Körperhöhlen gezielt punktiert werden. Man kann hierzu feine, wenig traumatisierende Nadeln verwenden, um Material für die zytologische, bakteriologische oder chemische Untersuchung zu gewinnen. Es lassen sich auch stärkere Nadelkaliber bzw. Stanznadeln verwenden, wenn histologisches Material, z. B. zur Klassifizierung von Tumoren, erforderlich ist. Das Risiko einer solchen Punktion ist kalkulierbar und muß in einer vernünftigen Relation zu dem erwarteten Ergebnis stehen. Nur Erfahrene sollten

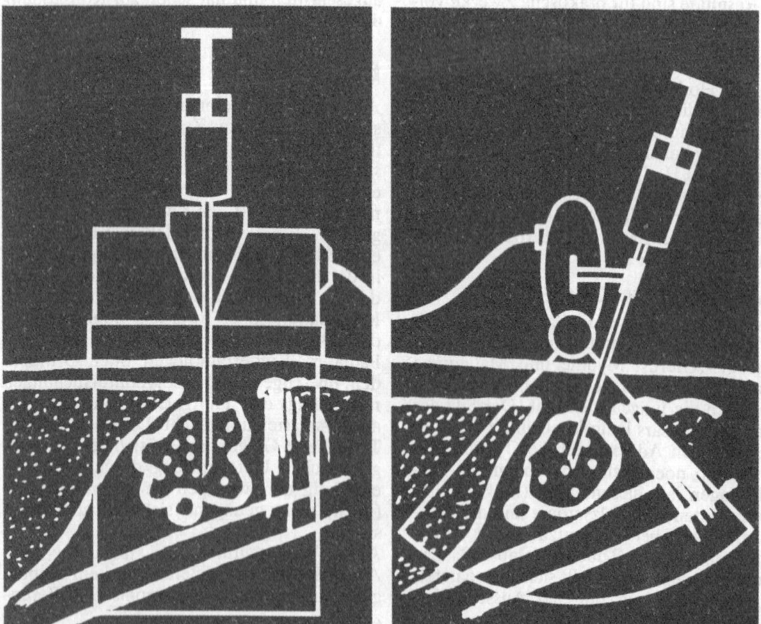

Abb. 6.7 *Sonographisch geführte Punktion.*

solche Punktionen ausführen. Es gibt zur genauen Steuerung der Nadeln spezielle Schallköpfe mit Durchlaß für die Nadel, die dann unter Sicht in das Ziel geführt wird. Bei Sektorscannern kann die Nadel freihändig oder durch eine seitlich angebrachte Führung von der Seite her in das Schallfeld vorgeführt werden (Abb. 6.**7**).

Auf die gleiche Weise kann auch therapeutisch punktiert werden, zum Zwecke der Entleerung von pathologischen Flüssigkeitsansammlungen bzw. Eiter in den Organen oder zwischen ihnen. Auch läßt sich auf die gleiche Weise ein Katheter etwa in eine Abszeßhöhle oder in ein bei Hydro- oder Pyonephrose dilatiertes Nierenbecken einlegen und so häufig eine operative Intervention vermeiden. Dieses Vorgehen wird angewandt z. B. bei Leberabszessen, Pankreasabszessen, subphrenischen postoperativen Abszessen und dergleichen.

7. Chirurgie

K. Junghanns, A. Encke, E. Krause und A. Pannike
unter Mitarbeit von K. Fey, K. Leber, J. Rueger, M. Sachs und F. Ullrich

Abszeß

Akuter Abszeß

Def: Gegen Umgebung durch Granulationswall oder durch Bindegewebsmembran abgegrenzte eitrige Gewebeeinschmelzung.

Ät: Erreger: Staphylokokken, E. coli.

Sy und *Dg:* Allgemeinsymptome: gestörtes Allgemeinbefinden, Schmerzen, Fieber, Functio laesa.
Örtlich: Schwellung, Rötung, Fluktuation.

Th: Inzision in Allgemeinanästhesie, am besten mit dem elektrischen Messer. Bei subfaszialem Abszeß Probepunktion, dann Inzision. Bei großer Abszeßhöhle nach Einführung einer Kornzange Gegeninzision am tiefsten Punkt. Bei tiefliegenden Abszessen zeigt die sonographisch gelegte Drainage mit Spülbehandlung gute Behandlungsergebnisse. Lockere Streifen- oder Gummiröhrendrainage, Ruhigstellung. Bei Zeichen von Allgemeininfektion Antibiotika nach bakterieller Resistenzprüfung.

Anorektaler Abszeß

Def: Eiteransammlung perianal oder ischiorektal. Topographisch eingeteilt in subkutane, submuköse, intramuskuläre, ischiorektale, pelvirektale Abszesse.

Ät: Abszesse gehen von der Infektion einer Krypte (Kryptitis) oder Proktodealdrüse aus (entzündete Hämorrhoiden, Analfissuren, Läsionen der Anal- oder Rektumschleimhaut durch Fremdkörper, eingedickte Kotballen). Seltenere Ursachen: Aktinomykose, Tuberkulose.

Sy und *Dg:* Häufig unklare Beschwerden der Analregion, Störung des Allgemeinbefindens, Fieber. Bei tiefen Abszessen häufig späte lokale Entzündungszeichen, hufeisenförmiges Umgreifen des Afters durch die Entzündung, manchmal auch Spontanperforation perianal. Restzustand ist häufig eine Fistel.

Th: Breite Spaltung des Abszesses durch T- oder U-förmige Schnittführung. Bei Lokalisationsmöglichkeit einer Fistel ist diese nur zu spalten, wenn keine größeren Muskelanteile durchtrennt werden müssen, sonst Inkontinenzgefahr. Drainagefadeneinlage. Postoperativ regelmäßig digitale Spreizung, Sitzbäder und Verbandswechsel nötig, um einen primären Verschluß im Hautniveau zu verhindern. Bei phlegmonöser Ausbreitung Antibiotikatherapie, evtl. Anlage eines Anus praeter naturalis.

Douglas-Abszeß

Def und *Ät:* Ansammlung von Eiter in Excavatio rectouterina bzw. rectovesicalis, meist nach entzündlichen Prozessen im Bauchraum entstanden (perforierte Appendizitis, Divertikulitis, Magen-Duodenalperforation, Peritonitis).

Sy und *Dg:* Gestörtes Allgemeinbefinden bei septischen Temperaturen, Leukozytose, häufig im Anschluß an Operationen. Örtlich: Blasen-Mastdarm-Tenesmen, Diarrhö, Abgang von glasigem Schleim. Bei rektaler und vaginaler Untersuchung Druckschmerz und evtl. fluktuierende Vorwölbung vor dem Rektum tastbar. Vorher gefüllte Blase katheterisieren. Sicherung durch Probepunktion, bei Verdacht Computertomographie, Sonographie, intrarektale Endosonographie.

Th: In Allgemein- oder Periduralanästhesie Abszeßinzision mit Röhrendrainage, nach Sphinkterdehnung Einstellen der Mastdarmvorwölbung rektal. Punktion mit langer Nadel und nach Aspiration von Eiter Stichinzision entlang liegender Punktionskanüle, Spreizen der Inzisionswunde mit der Kornzange, Einlegen einer dicken Röhrendrainage und Ausleitung aus Vagina oder After. Abstrichentnahme zur bakteriellen Resistenzprüfung. Antibiotika nur bei Allgemeininfekt (s. Peritonitis).

Paranephritischer Abszeß

Def: Abszeß im Retroperitoneum, in der Nierenfettkapsel oder im Bereich des Nierenbeckens.

Ät: Traumatisch; fortgeleitet (Stein, Nierenabszeß, Pyelitis, Nephrose, Tumor, Pleuraempyem); hämatogen (Angina, Furunkel, Osteomyelitis, Pyodermie, Erysipel, Allgemeininfektion).

Sy und *Dg:* Schmerzen in Lendengegend, ausstrahlend in die Leiste; Druckschmerz im Nierenlager, Erbrechen, steife oder entlastende Haltung der Wirbelsäule, Fieber, Leukozytose, beschleunigte Blutsenkung, evtl. Zwerchfellhochstand. Durchbruch in Pleura oder Darm (Duodenum, Kolon) möglich. Beinödem. Häufig als Senkungsabszeß in Leistengegend, Oberschenkel sichtbar werdend. Urinbefund negativ, nicht verwertbar. Computertomographie, Sonographie. Zystoskopie. Intravenöses Pyelogramm.

Th:

- *Operativ:* Lumbalschnitt, Röhren-Streifen-Drainage. Bei vorhandenem Nierenabszeß Eröffnung desselben, Nephrektomie bei multiplen Abszessen. Sonographisch gesteuerte Drainageneinlage.
- *Medikamentös:* Antibiotika nach Resistenztest.

Intraabdomineller Abszeß

Def: Abszeß im Bereich des Abdomens subhepatisch oder zwischen einzelnen Dünndarmschlingen.

Ät: Häufig als Restzustand nach Peritonitis (perforiertes Ulkus, Appendizitis, Divertikulitis) oder nach Darmresektionen.

Sy: Protrahierer Verlauf mit unklaren abdominellen Symptomen, Subileus, hohe BSG, Leukozytose, Fieber, allgemeines Krankheitsgefühl.

Dg: Lokalisation schwierig, Computertomographie, Sonographie. Eventuell Punktion unter Sonographie oder Computertomographie; markierte Lymphozyten; Verdrängung bei Kolonkontrasteinlauf oder Magen-Darm-Passage.

Th: Probelaparotomie, Drainage, evtl. auch sonographisch gesteuert.

Schweißdrüsenabszeß

Def, Vk und *Ät:* Durch Staphylokokken bedingte multiple entzündliche Infiltrate der axillären Schweißdrüsen. Teilweise mit Lymphadenitis und Lymphangitis. Meist im 2. und 3. Lebensjahrzehnt. Häufiger bei Frauen. Unterstützt durch Unreinlichkeit, Schwitzen, Reiben der Kleidung, Änderung des Hautsäuremantels in alkalischer Richtung.

Sy und *Dg:* Gerötete, ineinanderfließende entzündliche Infiltrate der Achselhaut. Sehr schmerzhaft, Bildung kleiner Abszesse, große Rezidivgefahr, langwierig.

Th:

- *Konservativ:* Abduktionsschiene zur Ruhigstellung, Rasieren der Axilla, Alkoholumschläge. Gleichzeitig Antibiotika.
- *Operativ:* Versagt die konservative Therapie, müssen die Abszesse inzidiert und drainiert werden. Bei langem, chronischem Verlauf und häufigen Rezidiven kann die Axillarhaut exzidiert werden; eventuell plastische Deckung notwendig.

Subphrenischer Abszeß

Def: Abgekapselte Eiteransammlung in einem oder mehreren der sieben subphrenischen Räume mit Durchbruchgefahr in die Bauch- oder Pleura-, in seltenen Fällen auch Perikardhöhle. Verschleierung und Verschleppung durch Antibiotikagabe möglich.

Ät: Appendizitis, perforiertes Magen-Darm-Geschwür, Cholezystitis, Pankreatitis, Pankreasnekrose, Eiterung der Milz, Pyelitis, Pleuraempyem, Rippenosteomyelitis, Mediastinitis, Geschwülste des Ösophagus, Magens und Kolons. Nach Darmresektionen, metastatisch bei pyogener Allgemeininfektion.

Sy und *Dg:* Nach Primärherd fahnden, Fistel vom Magen-Darm-Trakt ausschließen. Fieber, evtl. Druckschmerzhaftigkeit direkt unter dem Rippenbogen oder über den Interkostalräumen, Ödem der Haut über dem entsprechenden Rippenbogen. Erweiterung der Zwischenrippenräume, Verdrängung der Leber oder Milz nach unten, Zwerchfellhochstand, stark erhöhte BSG, hohe Leukozytose, röntgenologisch eingeschränkte Zwerchfellbeweglichkeit. Bei Gasentwicklung subphrenische Spiegelbildung. Nicht selten Reizerguß der Pleura oder Durchwanderungsempyem, Computertomographie oder Sonographie zur Lokalisation. Probepunktion! Vorsicht! Vermeidung von Pleuraempyem und Peritonitis. Rasch sich verschlechternder Allgemeinzustand, kleiner frequenter Puls, feuchte Hände, kühle Nase, lokale peritoneale Reizsymptome deuten auf Durchbruch in Bauchhöhle, ebenso Durchbruch in Pleura, Perikard, Magen und Darm möglich. Spontanperforation nach außen selten.

Achalasie

Pathog: Degenerative Veränderung des Plexus myentericus mit Erhöhung des Ruhedrucks im unteren Ösophagus mit Relaxationsstörung des ösophagokardialen Verschlußmechanismus.

Sy und *Dg:* Anamnese: Dysphagie: Patient hat das Gefühl, als bliebe Bissen vor dem Mageneingang stecken. Flüssigkeiten passieren, feste Speisen werden erbrochen. Das Erbrochene enthält keine Magensäure, es reagiert alkalisch. Im Röntgenbild ist die Speiseröhre oft stark erweitert (Megaösophagus) und läuft in Kardiahöhe bei glatter Wandkontur konisch zu. In Narkose weite Kardia. Komplikationen: Ösophagitis, Ulkusbildung, Blutung, Spontanperforation, Aspiration.

DD: Kardiakarzinom; Ösophagusstenose bei Endobrachyösophagus oder Refluxösophagitis, Verätzungsfolge, epiphrenische Divertikel, entzündliche oder ulzeröse Vorgänge im distalen Ösophagus.

Th:
- *Konservative* Behandlungsversuche mit Belladonna-Präparaten und täglichen Ösophagusspülungen scheitern meist. Zunächst Versuch der Sprengung mit Starck-Dilatator oder Gottstein-Sonde unter Röntgenkontrolle.
- *Operativ:* Extramuköse Kardiomyotomie (Heller-Gottstein) oder Ösophagofundostomie (Heyrovsky).

Adenoma mammae

Def: Knotenbildung im Bereich der weiblichen Brustdrüse. Betroffen hauptsächlich jüngere Frauen. Gewöhnlich Fibroadenom. Umformung in Zystadenom möglich. Hierbei myxomatöse oder sarkomatöse Entartung beobachtet (selten).

Sy und *Dg:* Derbe, scharf abgegrenzte kugelige, kirsch- bis eigroße Geschwulst, die gegen Haut und Unterlage gut verschieblich ist. Regionäre Lymphknoten nicht beteiligt. Selten ziehende Schmerzen in der Brust, die sich zur Zeit der Menses verstärken können. Mammographie, Thermographie. Lokalisation: einzeln oder in Mehrzahl in einer oder beiden Brüsten.

DD: Mastopathia chronica cystica, bei fortgeschrittenem Alter immer verdächtig auf Karzinom. Stets histologische Sicherung der Diagnose.

Th: Exstirpation des Fibroadenoms, sofortige Schnellschnittuntersuchung und Radikaloperation bei malignem Befund.

Aktinomykose (Strahlenpilzerkrankung)

Sy und *Dg:* Nekrotisierende fistelnde Granulationstumoren: Rachen, Hals, Ileozäkalbereich, Senkungsabszesse in der Leiste. Schwierige Diagnostik, keine pathognomonischen Zeichen, kein typischer Röntgenbefund. Monatelanger Verlauf, bakteriologische Bestätigung schwierig. Inkubationszeit zwischen mehreren Wochen und Jahren. Speziell Landbevölkerung betroffen. Granulationsgeschwulst mit Zellproliferation, chronischer progredienter Gewebszerfall, reaktive Bindegewebswucherung. Brettharte Infiltrationsherde mit erbsgroßen Erweichungsherden, Fistelbildung. Dünnflüssiger Eiter mit gelben Körnchen – Actinomycesdrusen. Lokalisation: Kopf- und Halsaktinomykose in 60–70% der Fälle, Lungenaktinomykose in 10–20% mit hämorrhagischer Bronchitis beginnend, Lungenabszeß, Brustwandinfiltrat mit Fistelbildung. Darmaktinomykose (10%) als harter Ileozäkaltumor, fistelnde Bauchwandinfiltration, subphrenischer Abszeß, selten Allgemeininfektion. Auch Senkungsabszeß unterhalb des Lig. inguinale, seltener metastatisch in Knochen und Gehirn. Fieber, Schmerzen, Lymphknotenschwellungen finden sich nur bei Mischinfektionen.

Th: Hohe Dosen Tetracycline oder Penicilline. Inzision und Ausräumung der Herde, Jodoformstreifeneinlage. Bei geeigneten Fällen Radikaloperation. Bestrahlung nicht empfehlenswert, da Actinomyces nicht strahlensensibel.

Analfistel s. Anorektalfistel

Analkarzinom (s. auch Rektumkarzinom)

Def: Vom Analkanal ausgehende Tumoren unterschiedlicher Histologie und Dignität: Plattenepithelkarzinom, kloakogenes Karzinom (papilläres [basaloides] Karzinom, Basaliom, Spinaliom). Metastasierung in inguinale und auch iliakale Lymphknoten.

Sy und *Dg:* s. Rektumkarzinom.

Th: Zunächst Kombination von lokaler Exzision und kombinierter Radiochemotherapie; wenn nicht möglich, abdominoperineale Rektumexstirpation, evtl. mit inguinaler Lymphadenektomie.

Aneurysma

Ät: Degenerative Gefäßwandschäden infolge Arteriosklerose, zystischer Medianekrose, bakterieller Infektion und durch direkte oder indirekte Gefäßwandverletzung.

Formen:
- *Echte Aneurysmen:* Die gesamte Gefäßwand einbeziehend.
- *Falsche Aneurysmen:* Entstanden durch einen Gefäßwandeinriß mit bindegewebiger Abkapselung des Hämatoms.

– *Dissezierende Aneurysmen:* Durch Aufspaltung der Gefäßwand.

Sy: Pulsierender Tumor.

Kompl.: Ruptur, Embolie, Thrombose.

Dg: Bei *peripherer Lokalisation* leicht, *zentral* durch Ultraschalldiagnostik und CT, DSA, konventionelle Angiographie.

Aorta ascendens

Ät: Häufiges Vorkommen in Verbindung mit Aortenklappenfehlern, z. B. Marfan-Syndrom, zystische Medianekrose, fusiform, mykotisch oder atherosklerotisch.

Symptomarm, wenn die Aortenklappe nicht beteiligt ist.

Dg: Echokardiographie, Thoraxröntgenübersichtsaufnahme, DSA bei normaler Herzleistung, CT mit Kontrastmittel.

Th und *Prgn:* Resektion, Protheseninterposition, Klappenersatz, evtl. mit Implantation der Koronarien.
Letalität um 10%.

Aortenbogen

Ät: Meist sackförmige Aneurysmen atherosklerotischer Genese, oft unter Einbeziehung der supraaortischen Äste.

Sy: Abhängig von der Größe, retrosternaler Schmerz, Stridor, Rekurrensparese, Husten.

Th und *Prgn:* Resektion mit Hilfe der Herz-Lungen-Maschine in tiefer Hypothermie, Perfusion der Karotiden.
Letalität um 10%.

Aorta descendens

Ät: Atherosklerotisch bedingte Aneurysmen meist thorakoabdominell, fusiform.

Symptomarm: Diagnose wie oben.

Th: Durchmesserabhängig, jährliche Kontrolle.
Konservative Behandlung: Blutdruckkontrolle.

Traumatisches Aneurysma der Aorta

Ät: Akzelerations-Dezelerations-Trauma der Intima und der Media unter Erhaltung der Adventitia.
Chronisch oder akut.

Dg: Thoraxübersichtsaufnahme, DSA.

Th: Akut: End-zu-End-Anastomose, chronisch: Protheseninterposition.

Kompl: Querschnittslähmung in bis zu 10%.
Im Rupturstadium ist die Prognose ausgesprochen ungünstig.

Aneurysma dissecans der thorakalen Aorta

Formen: Typ 1 (nach de Bakey) betrifft die gesamte Aorta in 65%.
Typ 2 (nach de Bakey) betrifft die aszendierende Aorta in 15%.
Typ 3 (nach de Bakey) betrifft die deszendierende Aorta in 20%.

Sy und *Dg:* Gefahr der Ruptur oder Verlegung abzweigender Arterien. Supraaortisch Hirnsymptome. Viszeral: Abdominale oder renale Symptomatik, Paraplegien im deszendierenden Teil. Heftiger Brustschmerz. Rükkenschmerz, Myokardinfarkt, Schocksymptomatik. Thoraxröntgenaufnahme, Echokardiographie, DSA.

Prgn: Tod innerhalb von 24 Stunden 25%, unbehandelt.

Th: *Operationsindikation* bei bekanntem Entry (Riß mit Eintritt des Blutes). Behandlung ist immer gegeben, evtl. konservativ bei Typ 3. Kontraindikation: Allgemeine Risikofaktoren, besonders Alter. Konsolidierung der Wandschichten im Entry-Bereich und Rückführung des Blutstroms in sein ursprüngliches Lumen durch Fixierung der Wandschichten mit Nähten oder Protheseninterposition.
Operationsletalität: Um 20%–25%.

Aneurysmen der Aorta abdominalis

Ät: 90% infrarenal gelegen atherosklerotischer Genese.

Sy: Pulsierender Tumor im Abdomen, Bauchschmerz. Ruptur: Heftiger Leibschmerz, schwere Schocksymptomatik.

Dg: Echographie, DSA. Ab 4 cm Durchmesser operationswürdig, Wachstum 0,4 cm im Jahr möglich.

Th: Operationsindikation bei Symptomatik absolut, z. B. Dauerschmerz.
Operationsletalität um 2%, bei Ruptur je nach Schockdauer bis 70%.

Aneurysmen der abdominalen Organarterien

Ät und *Vk:* Meist mykotischer Genese. Die Aa. mesenterica, lienalis und renalis sind die häufigsten Lokalisationen.

Sy: Wie abdominale Aortenaneurysmen.

Dg: Gezielte Angiographie.

Th: Absolute Operationsindikation. Meist genügt die Resektion, sonst Interposition eines Venentransplantates.

Anorektalfistel

Def: Ein mit Granulationsgewebe ausgekleideter Verbindungsgang, der den Analkanal oder das Rektum mit der perianalen Hautregion verbindet.

Pathog, Prl und *Vk:* Meist als Restzustand eines anorektalen Abszesses. Ausgehend von den Krypten des Analkanals. Wichtigste vorbeugende Maßnahme zur Verhütung einer Fistel ist die frühzeitige komplette Spaltung eines Analabszesses mit Abtragung der Wundränder, Entfernung von chronischen Analfissuren und ulzerierten prolabierten Hämorrhoidalknoten. Tuberkulöse oder traumatische Fisteln sehr selten. Männer häufiger betroffen als Frauen.

Formen: Die Einteilung der Fisteln erfolgt nach ihren topographischen Beziehungen zum Sphinkter.
Stelzner unterscheidet.

1. die intermuskulären (intersphinktären) Fisteln (80%):
   a) äußere (kurze, lange, kokzygeale, laterale, perineale);
   b) innere (blinde, obere, vollkommene);
2. die ischiorektalen Fisteln (transsphinktär) (18%):
   a) perineale;
   b) kokzygeale;
3. die subkutanen oder submukösen Fisteln (intrasphinktär);
4. die pelvirektalen Fisteln (suprasphinktär).

Es gibt auch ausgedehnte, fuchsbauartige Fistelsysteme und den Anus umgreifende Hufeisenfisteln.

Sy und *Dg:* Häufig bilden sich Fisteln nach perianalen oder periproktitischen Abszessen aus. Aus der Fistel Eiterentleerung. Patient klagt über Jucken, Nässen, ekzematöse Veränderungen in der Gegend der Fistelöffnung. Bei Sekretverhaltung Schmerzen und Entzündungserscheinungen. Gefahr der erneuten Abszeßbildung. Die Fisteln bedürfen einer subtilen Untersuchungstechnik, da der genaue Fistelverlauf exakt dargestellt werden muß. Anal- und Anorektalregion werden genau inspiziert, Sondierung der Fistel, Farbstoffinjektion. Röntgenologische Fisteldarstellung. Bei rezidivierenden Fisteln muß ein Morbus Crohn ausgeschlossen werden.

Th:

- *Konservative* Maßnahmen sind erfolglos.
- *Operativ:* Sorgfältige Vorbereitung des Patienten mit gründlicher Säuberung des Enddarmes. Allgemein- oder Spinalanästhesie. Bei allen den M. sphincter ani externus durchbohrenden inter- oder transsphinktären Fisteln darf der Schließmuskel einseitig und vollständig, am besten über einer Sonde, gespalten werden. Bei den extra- und suprasphinktären Fisteln, die den M. puborectalis und seinen Faszienansatz am Rektum durchziehen, darf nie völlig gespalten werden. Diese Puborektalisschlinge ist für die Erhaltung der Kontinenz unerläßlich. Alle Fisteloperationen müssen deshalb den M. levator ani an seinem Rektumansatz schonen! Bei ausgedehnten und verzweigten Fisteln ist mehrzeitiges Vorgehen oft unumgänglich. Nach Fistelspaltung müssen die Ränder zurückgeschnitten werden, insbesondere im Bereich der perianalen Haut (Drainagedreieck!). Das Endergebnis hängt auch wesentlich von der sorgfältigen Nachbehandlung (Laxantien, Sitzbäder, Einlage von Salbenstreifen) ab. Da die Heilung von innen nach außen erfolgen muß, ist die regelmäßige Dilatation mit dem Finger notwendig, um einen frühzeitigen oberflächlichen Hautverschluß zu verhindern. Fistelbehandlung bei Morbus Crohn ist sehr schwierig und langwierig.

Appendizitis

Akute Appendizitis

Sy, Dg und *Vk:* Häufigste chirurgische Baucherkrankung. Akute Manifestation in der katarrhalischen, eitrigen, phlegmonösen oder empyematösen Form. Übergang in appendizitisches Infiltrat oder perityphlitischen Abszeß möglich.
Schmerz, meist plötzlicher Beginn, oft begleitet von Magenbeschwerden, Durchfall oder Obstipation mit Leibschmerzen, die oft zu Beginn diffus sind, bald aber auf die rechte Unterbauchseite verlagert werden. Fieber meist vorhanden, selten hoch. Bei Rektalmessung größere Diskrepanz zwischen Axillar- und Rektaltemperatur. Puls meist erhöht, in keinem Einklang mit Temperatur stehend, bei Peritonitis bis 120 und darüber. Druckschmerz zwischen Nabel und Spina iliaca anterior superior, am stärksten am McBurney-Punkt. Blumberg-Loslaßschmerz, zunehmender Schmerz rechts bei plötzlichem Loslassen des Fingerdruckes auf der linken Seite und Rovsing-Syndrom (Schmerz in der Ileozäkalgegend bei Druck auf den linken Unterbauch und Ausstreichen des Dickdarmes gegen die Peristaltikrichtung) können positiv sein. Übelkeit und Erbrechen, reflektorisch bedingt, nur in einem Viertel der Fälle fehlend. Reflektorische Bauchdeckenspannung, frühzeitig auftretend, abhängig

von Stärke der peritonealen Entzündung. Kann fehlen, wenn Appendix retrozäkal oder im kleinen Becken versteckt liegt. Mäßige Leukozytose, verbunden mit leichter Linksverschiebung, ist kein absolut sicheres diagnostisches Zeichen. Bei Perforation unerträglicher Schmerz mit unstillbarem Brechreiz sowie hohem Pulsanstieg und Zeichen der generalisierten Peritonitis. Bevorzugung des 2. und 3. Lebensjahrzehnts. Männer werden im allgemeinen häufiger betroffen. Im Kleinkindesalter und nach dem 50. Lebensjahr verhalten sich Häufigkeits- und Sterblichkeitsziffer umgekehrt. Während der Schwangerschaft und im Kleinkindesalter Symptome der Wurmfortsatzentzündung oft uncharakteristisch. Niemals rektale Untersuchung unterlassen. Bei höherem Alter (Altersappendizitis) symptomarmer Verlauf.

DD: Adnexitis, Tubarabort, stielgedrehte Ovarialzyste, Cholezystitis, Typhus abdominalis, perforiertes Ulkus, Ileozäkaltuberkulose, Ureterstein, Ileitis terminalis.

Th: Operative Behandlung wird in jedem Stadium der Erkrankung angestrebt. Zeitliche Beschränkung der Indikation zur Operation wie 48-Stunden-Grenze wird abgelehnt. Ausschlaggebend ist immer das klinische Bild. Verfahren der Wahl ist pararektale Appendektomie mit Primärverschluß der Bauchdecken. Drainiert wird nur, wenn Perforation zum Zeitpunkt der Operation bereits besteht oder während der Operation auftritt. Antibiotikagabe nur bei generalisierter Peritonitis. Bei perityphlitischem Abszeß Versuch der Entfernung des Wurmfortsatzes. Nur wenn dies nicht möglich ist, wird der Abszeß möglichst extraperitoneal drainiert. Exstirpation des Wurmfortsatzes etwa ein Vierteljahr nach Abklingen des Abszesses. Douglas-Abszesse werden, sobald sie erweicht sind, vom Mastdarm oder hinteren Scheidengewölbe aus eröffnet und drainiert. Bei Graviden zum Schutz der Schwangerschaft Gelbkörperhormon verabreichen.

Chronische Appendizitis

Def: Zustand einer narbig veränderten Appendix, an der akut entzündliche Schübe abgelaufen sind. Häufig Verlegenheitsdiagnose bei unklaren Beschwerden im rechten Unterbauch.

Ät: Bakterielle Infektion der Schleimhaut und der darunterliegenden Lymphfollikel, Infektionsweg: hämatogen, lymphogen, meist jedoch kanalikulär durch Verschluß des Appendixlumens und retrograden Aufstau erklärt. Die oft angeschuldigten „Kotsteine" bestehen weniger aus kalkhaltigen Stuhlmassen als aus Konglomeraten zugrunde gegangener Bakterien.

Sy und *Dg:* Schmerz im rechten Unterbauch, schleichend sich entwickelnd, vorübergehend auftretend. Vorausgehen mehrerer ähnlicher Anfälle. Leichter Druckschmerz in der Ileozäkalgegend, Röntgendiagnose durch Appendikogramm.

DD: An erster Stelle Colitis spastica, weibliche Genitalerkrankungen, Pyelitis, Nephrolithiasis, Caecum mobile.

Th: Nach Ausschluß aller differentialdiagnostischen Möglichkeiten Appendektomie.

Arterielle Verschlußerkrankungen

Akuter Arterienverschluß

Def: Plötzliche Verlegung einer größeren Arterie mit Unterbrechung der Durchblutung des peripher gelegenen Versorgungsgebietes. Wegen Mangel an vorgebildeten Kollateralen hochgradige Ischämiegefahr der betroffenen Region, meist untere Extremitäten, seltener Arm-, Abdomen-, Hirngefäße.

Ät: Am häufigsten arterielle Embolie bei Arrhythmie oder nach Infarkt, seltener autochthone Thrombose, arterielle Dissektion, traumatische Kompression, funktionelle Engstellung des Gefäßlumens, Plaqueembolie bei schwerer Arteriosklerose oder Aneurysma herznaher Gefäßabschnitte. Gekreuzte Embolie bei offenem Foramen ovale.

Sy und *Dg:* Heftiger, akut einsetzender Schmerz am Verschlußort mit langsamer Ausbreitung auf das gesamte Versorgungsgebiet als Dauerschmerz. An Extremitäten fühlbare Kälte und deutliche Abblassung, Fehlen der venösen Füllung. Später Functio laesa, bläuliche Marmorierung. Hautsensibilitätsstörungen. Die Höhenlokalisation ergibt sich durch den häufig tastbaren Pulsabbruch. Eventuell Doppler-Untersuchung. Arterielle Verschlüsse im Bereich der Hirnarterien zeigen sich unter dem Bild des Schlaganfalls. Extrakranielle embolische Verschlüsse sind selten; bei Verdacht Doppler-Untersuchung und Aortenbogen- bzw. Karotisangiographie. Akute arterielle Baucharterienverschlüsse zeigen sich durch akut auftretende Bauchschmerzen, freies Intervall, paralytischen Ileus; meist nur bei absoluter Arrhythmie. Sofortige Angiographie.

Th: Sofortige Operation, Embolektomie bzw. Thrombendarteriektomie, arterielle Dissektion: Bypass- oder Fensterungsoperation. Erfolgt die Operation bei extrakraniellen embolischen Verschlüssen erst nach 6–9 Stunden, sind die Erfolgsaussichten gering. Bei akuten arteriellen Baucharterienverschlüssen Entfernung der Embolie und Darmresektion, wobei die Ergebnisse enttäuschend sind. Bei Inoperabilität kann Lysetherapie versucht werden.

Chronischer Arterienverschluß

Sy: An bestimmten Prädilektionsstellen degenerativer oder entzündlicher Gefäßprozesse langsam auftretender Arterienverschluß. Ensprechend Lokalisation und Fortschreiten der Gefäßeinengung kommt es trotz kompensatorisch wirksamer Kollateralen zur Mangeldurchblutung der von den betroffenen Arterien versorgten Gefäßabschnitte. Folgen sind Schmerzen und Ausfallerscheinungen.
Im Kopfbereich unterscheidet man A.-carotis-interna- und A.-vertebralis-Syndrom. Bei tieferem Sitz des Verschlusses (Aortenbogensyndrom) kommt es zu dem für die Hirndurchblutung hämodynamisch ungünstigen Vertebralis-Anzapfeffekt (Subclavian-steal-Syndrom) zur Aufrechterhaltung der Armdurchblutung. Im Beckenbereich und an den Extremitätenarterien lokalisierte chronische Verschlüsse führen zu Symptomen, die von Ratschow nach ihrem Schweregrad in verschiedene Stadien eingeteilt werden:
I: Fehlen spezifischer Symptome, Ameisenlaufen, Kältegefühl, Haarausfall, Interdigitalmykosen;
II: Belastungsinsuffizienz, Claudicatio intermittens;
III: ischämisch bedingter Ruheschmerz;
IV: ischämische Nekrosen.

Ät: Degenerative Intima- und Mediaveränderungen, Gefäßschlängelungen, -erweiterungen und -abknickungen bei Arteriosklerose. Bei jüngeren Patienten thrombangitische Verschlüsse im Rahmen der Winiwarter-Buerger-Erkrankung.

Vk: Entzündliche Gefäßwandprozesse mit peripherer Lokalisation betreffen meist Männer unter 40 Jahren. Chronische arteriosklerotische Gefäßverschlüsse an Aorta und großen Arterien befallen häufiger Männer jenseits des 40. Lebensjahres. Frauen sind seltener betroffen. Bevorzugt Diabetiker (periphere Mikroangiopathie), Raucher, Hypertoniekranke, Patienten mit Hypercholesterinämie.

Dg: Anamnese, Ruhe und Belastungsschmerz, Pulsausfall (Oszillogramm), trophische Störungen, Blässe, niedrige Hauttemperatur, definitive Lokalisation der Verschlüsse durch Aorto- oder Arteriographie. Für Indikation Gehstrecke von Bedeutung.

Th: Ratschow-Stadium I: *konservative* Behandlung s. Kap. Angiologie, S. 819.
Ratschow-Stadium II–IV: je nach Lokalisation und Ausdehnung *operative* Behandlung möglich. Kurzstreckige periphere und Nierenarterienstenose können unter Röntgenkontrolle perkutan transluminal aufbougiert werden (Verfahren nach Dotter). Verschlüsse oder Stenosen der Aorta und der A. iliaca können durch Thrombendarteriektomie oder Bypass behandelt werden, Femoralisverschlüsse ebenfalls. Zur Umgehung bietet sich hier die körpereigene V. saphena magna an. Als Ersatz- und Prothesenmaterial werden Dacron-Velour, Dacron, Teflon, Gore-Tex, Rinderarterien, Nabelvenen und anderes verwendet. Symptome peripherer Verschlüsse können durch thorakale oder lumbale Sympathektomie manchmal gebessert werden. Sie verbessern die Durchblutung der Haut und Unterhaut, weniger die der Muskulatur.

Asepsis

Ziel aller Hygienemaßnahmen im Operationssaal bei einem chirurgischen Eingriff ist es, der Forderung nach völliger Keimfreiheit möglichst nahe zu kommen. Die Keimeinschleppung kann durch den Patienten, durch das Personal oder durch Geräte, Instrumente und in den Operationssaal gebrachtes Inventar erfolgen, daher verschiedene Arten einer Keimbefreiung.

Asepsis: Sämtliche Maßnahmen, die das Eintreten einer bakteriellen Kontamination einer noch sterilen Wunde verhindern. Sterilisationsverfahren, disziplinierte Verhaltensweisen, klare Vorschriften für die einzelnen Funktionsabläufe im Operationssaal.

Antisepsis: Sämtliche Maßnahmen, die die oft unvermeidbare bakterielle Kontamination von Materialien und Gewebe, insbesondere Wunden, bekämpfen.

Desinfektion: Physikalische und chemische Maßnahmen zur gezielten Vernichtung unerwünschter Mikroorganismen, d. h. Sporen bzw. hochresistente apathogene Keime können weiterhin vorhanden sein (Flächendesinfektion, Raumluft, chirurgische und hygienische Händedesinfektion, Desinfektion des Operationsgebietes).

Sterilisation: Maßnahmen, die eine völlige Abtötung sämtlicher Mikroorganismen herbeiführen (Dampfsterilisation, Heißluftsterilisation, Gassterilisation, radioaktive Strahlung). Auskochen ist ungenügend, Aufbewahren von Spritzen und Kanülen in Alkohol ist unzulässig. Keime zeigen eine verschiedene Resistenz gegen Sterilisationsmaßnahmen.

Infektiöser Hospitalismus: Jede im Hospital erworbene Infektion (nosokomiale Infektion), endogen (Autoinfektion) oder exogen. Nichtindizierter Antibiotikaeinsatz führt durch Selektion zu gefährlichen antibiotikaresistenten Keimen.
Zur Erhaltung der Asepsis und Hospitalismusbekämpfung ist Aufklärung und Fortbildung aller am Kranken Tätigen erforderlich, ständige Fahndung nach Infektionsquellen und -wegen; verbindliche Desinfektionsrichtlinien; Schleusenprinzip; Prinzip der Noninfektion und Isolierung; gewebsschonendes, blutarmes Operieren; speziell ausgebildete Hygieneschwestern; Wundbücher zur Erfassung postoperativer Infekte.

Atherom

Ät und *Sy:* Retentionszyste der Talgdrüsen oder Haarbälge durch Verstopfung des Ausführungsgangs, besonders bei übermäßiger Sekretion und Schuppenbildung (Grützbeutel, Schmerbalg, Brei- oder Balggeschwulst). Vorstufen sind der Komedo (Mitesser) = Sekretpfropf eines Haarbalges sowie das Milium = Sekretpfropf einer Talgdrüse. Als Lokalisation Kopfhaut, Gesicht, Nacken, Rücken, Genitalien – meist erst nach der Pubertät. Bei Frauen häufiger als bei Männern. Als Komplikationen Entstellung, Belästigung, Verkalkung, Infektion und maligne Entartung.

Dg: Rundliche, scharf abgegrenzte, auf der Unterlage verschiebliche, mit der Haut jedoch verwachsene, erbs- bis kirsch-, mitunter sogar bis walnußgroße Geschwulst.

Th: Totale Exstirpation zur vollständigen Entfernung des Balges, da sonst Rezidivgefahr. Bei infizierten Atheromen nicht möglich, daher nur Inzision und lokale Wundbehandlung.

Bauchverletzungen

Formen: Jedes Bauchtrauma, durch stumpfe oder spitze Gewalteinwirkung hervorgerufen, mit Verdacht auf Beteiligung intraabdomineller Organe gehört in chirurgische Hand! Zu unterscheiden ist zwischen subkutanen und penetrierenden Verletzungen.

Sy und *Dg:* Je nach dem Grad der einwirkenden Gewalt stehen Schock-Kollaps-Symptome im Vordergrund des Krankheitsbildes: schneller, kleiner Puls, Blutdruckabfall, Facies abdominalis, flache Atmung, Übelkeit, Erbrechen. Bei Perforation intraabdomineller Organe entwickeln sich innerhalb weniger Stunden alle Zeichen der diffusen Peritonitis. Zur Diagnosesicherung besonders bei bewußtlosen Patienten: Peritoneallavage, Sonographie.

Th: Allgemein: Nach Sicherung der Diagnose zunächst Schock-Kollaps-Behandlung. Anschließend *chirurgische* Therapie.

Blasenruptur

Zu unterscheiden zwischen intra- und extraperitonealer Ruptur.

Intraperitoneale Ruptur

Def: Meist durch stumpfe Gewalteinwirkung bei gefüllter Blase entstehend, zeigt gewöhnlich Riß am Blasenscheitel.

Sy und *Dg:* Außer starkem Harndrang und Unvermögen der spontanen Urinentleerung oder Abgang geringer Mengen stark blutigen Harns Zeichen der fortschreitenden Peritonitis. Douglas-Raum vorgewölbt, gewöhnlich frustraner Blasenkatheterismus. Diagnostik: Urethrozystogramm.

Extraperitoneale Ruptur

Def: Meist durch stumpfe Gewalteinwirkung bei wenig gefüllter Blase entstehend. Häufig kombiniert mit Beckenbrüchen, Rißstelle am Blasenboden.

Sy und *Dg:* Meist starker Druckschmerz über dem Symphysenbereich, nicht selten mit Vorwölbung der Blasengegend durch Harninfiltration. Leichter, aber frustraner Blasenkatheterismus. Harndrang bei Unvermögen spontaner Urinentleerung. In zweifelhaften Fällen röntgenologische Blasenuntersuchung durch Füllung mit Luft oder wasserlöslichem Kontrastmittel.

Th: Operative Vernähung der Ruptur, Drainage des Wundbettes, eventuell suprapubische Fistel, Katheter.

Darm

Zu unterscheiden zwischen Quetschung, Abriß, Berstung.

Sy und *Dg:* Alle Zeichen einer diffusen Peritonitis. Bei Luftaustritt Luftsichel unter dem Zwerchfell, diagnostische Peritoneallavage.

Th: Je nach Ausdehnung der Darmverletzung chirurgische Versorgung von einfacher

Naht kleiner Serosarisse bis zur Darmresektion mit Enteroanastomose.

Leber

Bei einem Drittel aller stumpfen Bauchverletzungen betroffen.

Sy und *Dg:* Zeichen intraabdomineller Blutung: Symptome des hämodynamischen Schocks, beschleunigte Atmung, Schmerz und Défense musculaire im rechten Oberbauch, Nachweis des Blutes in der freien Bauchhöhle durch Flankendämpfung, vorgetriebener Douglas-Raum, Schulterschmerz rechts. Oft frühzeitig Resorptionsikterus mit Bradykardie. Diagnostische Peritoneallavage, Punktion oder Sonographie.
Komplikationen: Pleuritis, subphrenischer Abszeß, posttraumatische Leberabszesse, Gallenfisteln.

Th: Von den unversorgten Leberverletzten sterben innerhalb 24 Stunden 87%. Frühe Laparotomie, Tamponade, besser Naht der Leber oder partielle Resektion.

Mesenterialeinrisse

Sy und *Dg:* Blutung in die freie Bauchhöhle. Gefahr der Darmgangrän.
Bei ausgedehnter Mesenterialzerreißung frühzeitig alle Zeichen der Durchwanderungsperitonitis. Diagnostische Peritoneallavage.

Th: Laparotomie, eventuell Darmresektion.

Milz s. Milzruptur

Pankreas

At, Sy und *Dg:* Starke Schmerzen im Rükken. Häufig nach Verkehrsunfällen. Peritonitis.
Diagnose häufig verzögert. Amylaseerhöhung, starke Abwehrspannung, Schock. Computertomographie, Ultraschall.

Th: Operative Revision, Drainage, Nekrosenentfernung.

Blutstillung

Spontan durch Gerinnung und lokale Vasokonstriktion. Lokal wirken heiße Kochsalzlösung und Kompression. Als „biologische" Hämostyptika: Thrombin, Fibrin, Bluttransfusion. Vitamin K regt Prothrombinbildung an.
Im *Notfall* Blutstillung durch *Abschnürung* oder *Kompression*; besser: blutende Gefäße mit Klemmen fassen, die liegenbeiben! Beginn der Abschnürung notieren, am besten auf den Patienten schreiben, evtl. alle 30 Min. lockern, sonst Gefahr der Nervenschädigung, ischämische Kontraktur und Nekrose. Langsames Lösen der Abschnürung zur Vermeidung eines toxischen Schocks. Besser Druckverband, Abschnürung nur bei fortbestehender arterieller Blutung.

Operative Blutstillung: Gefäßunterbindung, Gefäßumstechung, Elektrokoagulation, Infrarotkoagulation, Vereisung. Blutung aus parenchymatösen Organen durch Fibrinkleber stillen. Kapilläre Blutungen in größeren Wundhöhlen können durch Einlegen gestielter Muskellappen (lebende Tamponade) gestillt werden. Gefäßnaht durchführen, wenn Unterbindung wegen Versorgung wichtiger Organe oder größerer Gebiete nicht möglich. Blutersatz, Schockbekämpfung.

Bluttransfusion

Dient zum Ersatz von Blutverlusten nach Unfällen, Operationen, intestinalen Blutungen, zur Auffüllung des Kreislaufs im Schock.

Voraussetzungen und Risiken

Die Bluttransfusion ist restriktiv zu handhaben wegen AIDS-Risiko. Ersatz durch intraoperative Autotransfusion oder präoperative dosierte Blutentnahme und intraoperative Reinfusion von Eigenblut. Grundsätzlich darf nur blutgruppengleiches Blut mit analogem Rh-Faktor übertragen werden. Exakte serologische Blutuntersuchungen von Spender und Empfänger sind daher unerläßlich. Jedes Individuum besitzt gegen die ihm fremde Blutgruppe (A, B, 0) gerichtete Agglutinine und Hämolysine (A hat das Anti-B oder β, B hat Anti-A oder α, 0 hat Anti-A + Anti-B oder α und β). Während das Vorkommen dieser Blutgruppenantikörper obligat ist, entstehen gegen Blutfaktoren gerichtete Antikörper nur nach vorheriger Sensibilisierung (durch vorangegangene Transfusionen, Schwangerschaften usw.). Am wichtigsten in diesem Zusammenhang das Rh-System (Cc, Dd, Ee) und hier wiederum der Faktor D-d (Rh-positiv – Rh-negativ). Übertragung von D-(Rh-positivem) Blut auf einen d-(rh-negativen) Empfänger führt häufig zu einer Sensibilisierung gegen den Faktor D. Eine zweite Übertragung von Rh-positivem, sonst blutgruppengleichem Blut kann daher zu einem Hämolysezwischenfall führen. Da es neben dem Rh-Faktor noch eine große Zahl weiterer Blutfaktoren gibt, die, wenn auch selten, bei Anwesenheit entsprechender Antikörper

zu einem Transfusionszwischenfall führen können, deren vorherige Bestimmung aber im allgemeinen nicht möglich ist, muß vor jeder Transfusion außerdem noch eine Kreuzprobe und ein Bedside-Test (Obergruppen A, B, 0, AB-Prüfung) durchgeführt werden. Hierbei wird in vitro das Verhalten der Spendererythrozyten im Empfängerserum (evtl. auch umgekehrt) geprüft. Tritt eine Agglutination ein, so ist die Transfusion auch bei übereinstimmender Blutgruppe auf jeden Fall zu unterlassen.
Die generelle Verwendung von 0-Personen als Universalspender ist abzulehnen. Im Notfall sollte 0-negatives Erythrozytenkonzentrat und tiefgefrorenes Hb-Frischplasma verwendet werden. Bluttransfusionen sollten nur nach strenger Indikation, d. h. bei gravierendem Erythrozytenverlust, schwerem hämorrhagischem Schock oder leerem arteriellem Kreislaufschenkel, vorgenommen werden. Durch Übertragung von Erythrozytenkonzentrat kann der Sludge und das Hepatitisrisiko vermindert werden. Durch gefilterte oder gewaschene Erythrozyten kann das Risiko weiter gesenkt werden. Beste Aufbewahrungsmöglichkeiten sind Plastikbeutel, die bei 4–6°C etwa 5–6 Wochen gelagert werden können.
Bei der Auswahl von Blutspendern werden folgende Untersuchungen empfohlen: Lues-Suchreaktion (TPHA), HBs-Antigen, Anti-HIV 3 (AIDS), SGOT, SGPT, BKS, Anti-HBs, Anti-HBc, Anti-HAV.

Technik

Im allgemeinen erfolgt die Transfusion intravenös über zentrale Venen- oder Subklaviakatheter. Warmblutübertragung kann zum Thrombozytenersatz verwendet werden.

Blutkonserven

Vorteile: Transfusion zeitlich und örtlich unabhängig vom Spender kann in Form einer Tropfinfusion langsam erfolgen. Hierdurch weniger Zwischenfälle, da eintretende Unverträglichkeitserscheinungen frühzeitig erkannt werden und eine rechtzeitige Unterbrechung der Übertragung veranlassen.

Komplikationen

Hämolysezwischenfall aufgrund von Blutgruppen- oder Blutfaktorenunverträglichkeit

Sy: Initial schwerer Schock, später Zeichen hochgradiger Nierenschädigung (Anurie).

Th: Zunächst Schockbekämpfung, Austauschtransfusion, hochdosierte Corticoide, extrakorporale Hämodialyse.

Prl: Exakte serologische Blutuntersuchung. Vor jeder Transfusion Kreuzprobe und Bedside-Test (s. o.). Bei Transfusion außerdem „biologische Probe" (Oehlecker), bei der nach den ersten 20 ml eine Pause von 2 Min. eingelegt wird, um evtl. auftretende Unverträglichkeitserscheinungen zu erkennen. (Hierbei sind allenfalls AB0-Unverträglichkeitsreaktionen feststellbar, da Rh-bedingte Zwischenfälle erst später auftreten.) Bei indirekter Transfusion langsame Tropffolge.

Pyrogene Reaktionen, verursacht durch Eiweißrückstände, Bakterienprodukte u. a.

Sy: Schüttelfrost, Übelkeit, Kreislaufreaktion.

Th: Unterbrechung der Transfusion, allgemeine kreislaufstützende, sedative, antipyretische Maßnahmen. Prognose im Gegensatz zum Hämolysezwischenfall günstig.

Prl: Zur Transfusion nicht nur exakt sterilisiertes, sondern auch von Eiweißrückständen peinlichst gesäubertes Instrumentarium benutzen. Bei indirekter Transfusion zum einmaligen Gebrauch bestimmtes, aus Kunststoff (PVC) hergestelltes Infusionsbesteck mit Filtern verwenden. Tödliche Zwischenfälle bei bakterieller Verunreinigung von Blutkonserven durch gramnegative Keime (E. coli) durch Endotoxinwirkung möglich. Daher einmal geöffnete und angebrochene Konserven nicht aufbewahren oder wiederverwenden.

Weitere Komplikationen

Weitere Komplikationen sind allergische Reaktionen, Folgen durch bakterielle Verunreinigungen, Gefahr der Übertragung einer Inokulationshepatitis, AIDS, Herzversagen infolge Übertransfusion, Citratvergiftung durch zu schnelle Transfusion mehrerer Konserven (Therapie Calcium i. v.). Blutgerinnungsstörungen bei Massivtransfusionen.

Bronchiektasen

Ät und *Formen:* Man unterscheidet zwischen angeborenen und erworbenen Bronchiektasen. Bei den angeborenen Bronchiektasen finden sich alle Übergänge von zylindrisch-sackförmiger Bronchiektasie bis zur Zysten- und Wabenlunge. Ursache der erworbenen Bronchiektasen sind meist Bronchusstenosen infolge entzündlicher Vorgänge im Bronchialbaum, bei Lymphknotendruck auf den Bronchus oder Lymphknoteneinbruch, bei obliterierender Bronchustuberkulose, bei Karzinom oder Fremdkörperverschluß.

Sy: Bevorzugter Sitz der Bronchiektase im linken Unterlappen und in der Lingula; nicht selten sind beide Unterlappen befallen. Tuberkulöse Bronchiektasen sind häufig im Oberlappen lokalisiert.
Schwere, vor allem morgendliche Hustenanfälle mit massenhaft stinkendem, eitrigem Sputum, nicht selten mit Blutbeimengungen = maulvolle Expektoration. Die Sputummenge kann bis zu 800 ml täglich betragen. Dreischichtiges Sputum, ohne elastische Fasern. Lange bestehende Bronchiektasen können zu einer toxischen Allgemeinschädigung des Organismus führen. Als weitere Komplikationen drohen rezidivierende Bronchopneumonien, Lungenabszesse und Gangrän, Pleuraempyem, Hirnabszeß, Amyloidose mit nephrotischem Syndrom, Myokardschädigung und maligne Degeneration.

Dg: Häufig Trommelschlegelfinger. Auskultatorisch klein-, mittel- und grobblasige, teils klingende Rasselgeräusche. Bei größeren Höhlenbildungen Kavernensymptome nachweisbar. Sicherung der Diagnose durch Bronchographie, die Art, Sitz und Ausdehnung der Bronchiektasen eindeutig klärt.

DD: Lungenabszeß und Gangrän, Tuberkulose, Bronchialkarzinom.

Th:
- *Konservativ* s. Kap. Pneumologie.
- *Operativ:* Lungenresektion in Form der Lobektomie oder Segmentresektion. Werden mehr als zwei Lappen entfernt, besteht die Gefahr der kardiorespiratorischen Insuffizienz. Präoperative Prüfung der Lungenfunktion.

Brustkorbverletzungen

Man unterscheidet zwischen stumpfen und penetrierenden Thoraxtraumen.

Stumpfe Brustkorbverletzungen

Commotio, Contusio und Compressio thoracis.
Folgen:

Stauungsblutung als Berstungsblutung im gesamten Kapillargebiet

Sy und *Dg:* Auftreten mit zahlreichen flohstichartigen Blutungen an Kopf, Hals und oberen Brustabschnitten. Blutungsherde fehlen dort, wo enganliegende Kleidungsstücke dem Stauungsdruck entgegenwirken.

Th: Untersuchung auf weitere intrathorakale Verletzungen und Beobachtung.

Geschlossener Pneumothorax

Ät: Durch reflektorischen Glottisverschluß kann es zu Lungenzerreißungen oder Verletzungen des Bronchialbaumes kommen.

Sy und *Dg:* Aufgehobenes Atemgeräusch und tympanitischer Klopfschall. Die betreffende Brusthälfte hinkt der Respiration nach; die Zwischenrippenräume sind verstrichen. Röntgenbild: Rippenfrakturen?

Th: Bei wandständigem Pneumothorax spontane Resorption möglich (sorgfältige Röntgenkontrolle). Allenfalls Absaugen mit Pneumothoraxapparat oder Anlegen einer Saugdrainage. Bei großen Verletzungen Thorakotomie und Naht der Lungenwunde. Bei Bronchusruptur baldmöglichst operative Versorgung (Bronchusnaht).

Ventil- oder Spannungspneumothorax

Ät: Kommt zustande, wenn die Lungenwunde bei der Inspiration Luft in den Pleuraraum gelangen läßt, bei der Exspiration jedoch durch Verschluß der Lungenwunde die im Pleuraraum befindliche Luft nicht mehr entweichen kann. Mit jeder Einatmung erfolgt eine Druckzunahme im Pleuraraum und damit eine Verdrängung des Mittelfells.

Sy und *Dg:* Zunehmende Dyspnoe, Zyanose, aufgehobenes Atemgeräusch mit tympanitischem Klopfschall. Blutdruckanstieg und Tachykardie durch Hypoxie. Venöse Druckerhöhung. Röntgenologisch: Lungenkollaps, Mediastinalverdrängung.

Th: Punktionsbehandlung des Spannungspneumothorax bis zum Druckausgleich. Bülau- oder Saugdrainage. Bei rezidivierendem Spannungspneumothorax: Thorakotomie mit Lungennaht. *Notmaßnahme:* Punktion mittels Kanüle, über die ein eingeschnittener Gummifingerling gestülpt wurde.

Hämatothorax

Ät und *Sy:* Infolge Lungenzerreißung oder Verletzung einer Interkostalarterie. Klinisch Erscheinungen des Pleuraergusses mit Dämpfung, aufgehobenem Atemgeräusch und abgeschwächtem Stimmfremitus, meist Fieberanstieg.

Th: Bei massivem Hämatothorax Einlegen einer Bülau-Drainage. Bei Fortbestehen der Blutung (>1¼ Std.) Thorakotomie mit Ausräumung der Blutkoagula und Versorgung der Blutungsquelle. Bei kleinem Hämatothorax Punktionsbehandlung meist überflüssig, der Spontanresorption überlassen. Schwartenbildung muß jedoch verhindert werden, evtl. durch Instillation von Streptokinase zur Lösung der Koagula mit folgender Punktion. Infektionsschutz durch Antibiotika.

Mediastinalemphysem

Sy und *Dg:* Gewöhnlich bei Bronchusverletzung nahe am Lungenhilus oder bei massivem Spannungspneumothorax kann Luft exspiratorisch in das vordere Mittelfeld eingepreßt werden. Gefahr der extrakardialen Herztamponade mit Zyanose, Stauungen der Hals- und Kopfvenen, Protrusio bulbi, subjektiv Todesangst. Im Jugulum erscheint zuerst eine knisternde Hautvorwölbung, die sich schnell über Kopf, Hals- und Brustbereich ausbreitet. Das Mediastinalemphysem wird zum Allgemeinemphysem. Zustandsbild charakterisiert durch unförmige Anschwellung der oberen Körperhälfte mit Knistern im Unterhautzellgewebe bei Palpation und tympanitischem Klopfschall bei Perkussion.

Th: Bei kleinem Emphysem kann unter klinischer Kontrolle Spontanresorption abgewartet werden. Bei größerem Emphysem Entleerung durch Einlegen zahlreicher langer Punktionskanülen ins Unterhautzellgewebe oder besser durch breiten Einschnitt über dem Jugulum mit Drainage des Mediastinums, notwendigenfalls über beiden Supraklavikulargruben (auch als Notmaßnahme am Unfallort).

Atemnotsyndrom (ARDS)

Sy und *Dg:* Lungenkontusion, Zellmembranschädigung der Lunge mit zunehmender Atemnot, Verschlechterung der Atemgaswerte. Röntgen: zunehmende Verschattung, ein- oder doppelseitig.

Th: Dehydrierung, Sauerstoffzufuhr, evtl. Intubation und Beatmung.

Penetrierende Brustkorbverletzungen

Ät und *Sy:* Stich- oder Schuß-, manchmal Pfählungsverletzungen.

Folgen: Meist wie bei stumpfen Thoraxverletzungen (Hämatothorax, Pneumothorax, Mediastinalemphysem). Zu fürchten ist der breit offene Pneumothorax bei klaffender Brustwunde. Lungenkollaps wird kompliziert durch Mediastinalflattern mit Behinderung des Blutabflusses aus den großen venösen Blutbahnen und Störung des Gasaustausches auch in der gesunden Lunge (Brauer-Pendelluft). Akut lebensgefährlicher Zustand.

Th: Bei breit offenem Pneumothorax sofortiges aktives Vorgehen notwendig! Als Notmaßnahme sofort durch Verband oder Folie luftdicht verschließen. Offener Pneumothorax muß operativ in geschlossenen umgewandelt werden.

Kompl: Infektionen des Brustfells und der Lungenwunde mit Entwicklung einer Pleuraphlegmone, eines Pleuraempyems und eines Pyopneumothorax. Bei penetrierenden Verletzungen häufig Herz und große Gefäße mitbeteiligt! Es muß unbedingt an die häufige Mitverletzung intraabdomineller Organe gedacht werden.

Brustwandtumoren

Definition

Alle blastomatösen Neubildungen, die von der knöchernen und knorpligen Thoraxwand sowie den sie umgebenden Weichteilen ihren Ausgang nehmen, sowie Metastasen. Ausgenommen sind die Tumoren der Pleura parietalis, der Brustdrüse, der Haut und deren Anhangsgebilde.

Symptome und Diagnose

Frühdiagnose ist aufgrund der geringen, lange Zeit fehlenden Symptome schwierig. Schließlich sind zwei Symptome besonders hervorzuheben: 1. sichtbare Vorwölbung im Bereich der Brustwand, 2. Schmerzen, die als dumpfes Druckgefühl oder als Interkostalneuralgie imponieren. Weitere Symptome wie Pleuraerguß, Fieber, Dyspnoe sind dagegen oft als Zeichen eines fortgeschrittenen Tumorwachstums zu bewerten und gehen mit einer erheblichen Beeinträchtigung des Allgemeinzustandes einher. Als diagnostische Hilfsmittel kommen folgende Untersuchungsmöglichkeiten in Betracht: Anamnese anderer Erkrankungen und früher durchgemachter Operationen, Inspektion und Palpation, Blutbild und BKS, Elektrophorese, Urinuntersuchung (Bence-Jones-Eiweißkörper), Röntgenuntersuchung, Tomographie, Computertomographie, diagnostischer Pneumothorax, Tumorpunktion mit histologischer und zytologischer Untersuchung, Biopsie (bei kleineren Tumoren Totalentfernung), radikale Tumorentfernung.

Pathologische Anatomie

Nach pathologisch-anatomischer Sicht sind die Brustwandtumoren wie folgt einzuteilen:

Tumoren des mesenchymalen Bindegewebes: Fibrome, Lipome, Myome, Mesotheliome, kartilaginäre und osteogene Tumoren, Sarkome.

Tumoren der Blut- und Lymphgefäße: Hämangiome, Lymphangiome, Hämangio- und Lymphangiosarkome.

Tumoren des Nervengewebes: Neurinome, Ganglionneurome, neurogene Mischgeschwülste.

Metastasen anderer maligner Tumoren: Hypernephrom, Magen-, Mamma-, Prostata-, Schilddrüsen-, Bronchuskarzinom usw., Melanommetastasen.

Aufgrund einer Zusammenstellung der Brustwandtumoren aus der Weltliteratur ergibt sich, daß 64% maligne und 36% benigne sind. Von den benignen Tumoren ist noch ein Teil als bedingt maligne anzusehen. Dies trifft besonders für die häufigsten gutartigen Tumoren, die Chondrome, zu. Von den malignen Tumoren der Brustwand steht das Sarkom mit all seinen Zelltypdifferenzierungen mit Abstand an erster Stelle. Als Ausgangsort können die Weichteile und die knöchernen und knorpeligen Anteile der Thoraxwand gelten.

Bösartige Tumoren

Man unterscheidet bei den malignen Tumoren der Weichteile der Thoraxwand nach der Häufigkeit ihres Vorkommens: *differenzierte Sarkome* (Fibrosarkom, lipoplastisches Sarkom, myxoplastisches Sarkom, Myosarkom, Hämangiosarkom, Lymphangiosarkom) und *unreife Sarkome.*

Differenzierte Sarkome

Die differenzierten Sarkome der Weichteile der Brustwand sind durch ein langsames Wachstum charakterisiert. Sie imponieren meist als derbe Knoten im Bereich der Thoraxwand und sind aufgrund ihres expansiven Wachstums oft gut operabel, ohne daß eine Brustwandresektion erforderlich ist. Sie metastasieren sehr selten, haben aber eine sehr große Rezidivneigung. Am häufigsten ist das Fibrosarkom.

Unreife Sarkome

Die unreifen Sarkome sind im Gegensatz zu den differenzierten Sarkombildungen durch ihre ausgesprochene Bösartigkeit mit infiltrativem Wachstum und frühzeitiger Metastasierung gekennzeichnet. Rasche Größenzunahme, Auftreten von Rippendestruktion und intrathorakale Enwicklung sind häufig. Bei fortgeschrittenem Tumorwachstum ist eine pathologisch-anatomische Aussage über den Ausgangsort nicht immer möglich. Die Prognose ist auch bei frühzeitiger Operation ungünstig. Zytostatische Therapie und Bestrahlung haben auch nur geringe Wirkung.

Bei den malignen Tumoren der knöchernen Anteile der Brustwand sind die osteogenen Sarkome an erster Stelle zu nennen. Nach Geschickter u. Copeland ist folgende Einteilung üblich: *osteogene Sarkome* (Chondromyxosarkome, osteoplastische Sarkome, chondroplastische Sarkome, osteolytische Sarkome), *Hämangiosarkome, Ewing-Sarkome, Myelome.* Diese Tumoren können sich sowohl extra- als auch intrathorakal entwikkeln. Über die Ausdehnung des Tumors kann nur röntgenologisch eine Aussage gemacht werden. Die Form dieser Sarkome kann rundlich bis oval sein; nicht selten findet sich jedoch bereits frühzeitig eine Knochendestruktion. Besonders bei intrathorakaler Entwicklung gibt es flächenhaft wachsende, zapfenartige, in die Thoraxhöhle hineinragende Tumorformen.

Sekundäre bösartige Geschwülste (Metastasen)

Sie sind besonders häufig. Anamnestisch kann eine früher durchgemachte Tumoroperation unter Umständen zur Klärung beitragen. Bekanntlich metastasieren häufig die Karzinome des Magens, der Mamma, der Prostata, der Schilddrüse, des Bronchus sowie die Hypernephrome ins knöcherne Skelett und der Häufigkeit nach an 4. Stelle in die Rippen.

Gutartige Tumoren

Chondrome

Sy und *Dg:* Von den gutartigen Tumoren der Brustwand sind an erster Stelle die Chondrome zu nennen. Sie bevorzugen die Knorpel-Knochen-Grenze der Rippe und des Sternums. Sie machen etwa 20% der Tumoren der knöchernen Brustwand aus. Charakteristisch ist ihr sehr langsames Wachstum. Sie können sich sowohl intra- als auch extrathorakal entwickeln und eine beträchtliche Größe erreichen. In der Regel findet sich eine sichtbare Vorwölbung der Brustwand, die palpatorisch von derber Konsistenz und mit den Rippen fixiert ist. Für die Klinik ist von besonderer Bedeutung, daß ⅔ der kartilaginären Geschwülste maligne sind und daß die Chondrome besonders nach ihrer operativen Entfernung sehr häufig rezidivieren und zur malignen Degeneration neigen.

Th: Sie sollte in einer möglichst frühzeitigen radikalen Tumorentfernung bestehen. Dies wird man nur erreichen können, wenn man ein Brustwandfenster reseziert, d. h. neben einer Rippen- und Periostresektion auch die anliegende Interkostalmuskulatur und Pleura mitentfernt.

Lipome

Sy und *Dg:* Unter den gutartigen Tumoren sind an zweiter Stelle die Lipome zu nennen. Sie können sich auch hantelförmig in Form einer Sanduhrgeschwulst intrathorakal entwickeln, wobei der intrathorakale Anteil gelegentlich größer ist, als der extrathorakale sein kann. Unter den gutartigen Tumoren der Brustwand, die sich intrathorakal entwikkeln, sind vor allem die neurogenen Tumoren zu nennen: Neurinome, die meist von den Interkostalnerven, und Ganglionneurome, die vom Grenzstrang ausgehen. Seltenere gutartige Tumoren der Brustwand sind: Osteome, Riesenzelltumoren (auch braune Tumoren genannt), Fibrome, Hämangiome, Lymphangiome. Differentialdiagnostisch sind Tumoren der Pleura, Pseudotumoren der Pleura und tumorähnliche Bildungen an der Brustwand durch entzündliche Erkrankungen, Osteomyelitis, Rippenkaries, parasitäre Erkrankungen, das Tietze-Syndrom, das eosinophile Granulom, die Ostitis fibrosa generalisata, die Aktinomykose, Lues sowie die Absiedlungen generalisierter und Systemerkrankungen wie Neurofibromatose, Morbus Hodgkin, Lipomatose u. a. in Betracht zu ziehen!

Th: Sie besteht in einer weit im Gesunden durchzuführenden Brustwandresektion, die im wesentlichen dem von Sauerbruch angegebenen Operationsverfahren entspricht. Das Problem der Brustwandresektion stellt die Deckung des Brustwanddefektes dar. Bei kleinen Brustwanddefekten genügt das Einlegen einer Pleuradrainage und der Verschluß des Defektes durch benachbarte Muskel- und Weichteilschichten. Auch die Verwendung des Periosts benachbarter Rippen kann die gewünschte Stabilisierung ergeben. Bei größeren Brustwandresektionen ist eine plastische Deckung durch freie Transplantate oder Kunststoff (Marlex, Vicryl) erforderlich. Zu empfehlen sind jedoch autoplastische Transplantate aus der Fascia lata, die gelegentlich in Verbindung mit einer Rippentransplantation durchgeführt werden können (Jagdschian).

Bülau-Drainage

Thoraxdrainage in Form einer geschlossenen Saugdrainage bei Hämatothorax, Pneumothorax, Spannungspneumothorax, Pluraempyem, nach intrathorakalen Eingriffen, bei massivem Thoraxtrauma (z. B. nach Rippenserienfrakturen), vor Einleitung einer Überdrucknarkose, bei Versorgung einer penetrierenden Thoraxwunde.

Technik: Lokalanästhesie. Stichinzision der Haut, gewöhnlich in der hinteren Axillarlinie des 8. Interkostalraumes, und Vorschieben eines dicken Punktionstrokars in den Pleuraraum. Nach Zurückziehen des Trokarstachels wird ein geeigneter Drainageschlauch durch die Trokarhülse in den Brustfellraum eingeführt. Nach Abstreifen der Hülse wird der Schlauch festgenäht und an eine Dauersaugung angeschlossen. Die richtige Lage des Schlauches und der Erfolg der Drainage sollten durch eine Röntgenaufnahme kontrolliert werden. Transportable leichte Sauggeräte stehen zur Verfügung.

Bursitis

Formen und Lokalisation

Stumpfe oder offene Verletzung, akute oder chronische Entzündungen von Schleimbeuteln, am häufigsten im Bereich des Ellenbogengelenks (Bursa subcutanea olecrani, Bursa bicipitoradialis), im Bereich des Kniegelenks (Bursa praepatellaris – Bursa subcutanea praepatellaris, Bursa subfascialis praepatellaris, Bursa subtendinea praepatellaris), im Bereich des Schultergelenks (Bursa subdeltoidea), im Bereich des Hüftgelenks (Bursa iliopectinea, Bursa trochanterica m. glutaei medii superficialis und Bursa trochanterica m. glutaei medii profunda) und im Bereich der Ferse (Bursa tendinis calcanei, Bursa subcutanea calcanea).

Stumpfe Verletzungen

Sy und *Dg:* Vorwölbung, die fluktuiert und relativ wenig schmerzhaft ist.

Th: Bei nur sehr langsamer Resorptionstendenz frühzeitige (jedoch nicht vor 48 Stunden nach der Verletzung) Punktion mit bakteriologischer Untersuchung und Anlage eines Kompressionsverbandes. Bei Rezidiv nach wiederholten Punktionen Exstirpation des Schleimbeutels.

Offene Verletzungen

Möglichst bei primärer Wundversorgung vollständige Entfernung der verletzten Bursa mit anschließender Ruhigstellung des Gelenks.

Akute Entzündungen

Ät und *Sy:* Nach Verletzungen der Bursa selbst, fortgeleitet nach infizierten Wunden der Umgebung bzw. selten als Metastase einer bakteriellen Allgemeininfektion. Zunächst ödematöse Schwellung mit Rötung, Vorwölbung, Fluktuation und erhöhter Hauttemperatur, folgend entzündliche Infiltration der Umgebung bei aktiv und passiv schmerzhafter Bewegungseinschränkung, hohes Fieber, Übergreifen mit Periostitis, Osteomyelitis, Gelenksempyem (bei Bursitis Entlastung in Streckstellung, bei intraartikulärer Entzündung in leichter Beugestellung).

Th: In Narkose Inzision und Gegeninzision mit Drainage, ggf. Antibiotika, Ruhigstellen in Funktionsstellung. Nach Abklingen der Entzündung ggf. sekundäre vollständige Exstirpation des Schleimbeutels.

Chronische Entzündung

Ät und *Sy:* Chronisch entzündlicher Prozeß mit Fibrinausscheidung durch fortgesetzte Mikrotraumen, z. B. berufsbedingte Dauerbelastung; differentialdiagnostisch Rheuma, Tuberkulose, Gicht, Gonorrhö; Röntgenuntersuchung zum Ausschluß von alten Frakturen mit freien Gelenkkörpern. Klinisch kaum schmerzhafte, kugelige Vorwölbung über Gelenk, teils mit Erguß, teils sog. Reiskörperchen tastbar.

Th: In Lokalanästhesie Exstirpation des chronisch veränderten Schleimbeutels bei Behinderung bzw. Schmerzen bei Belastung, beim Vorliegen von Verkalkungen oder zahlreichen Reiskörnern evtl. Drainage für 24 Stunden, Ruhigstellung für 8–10 Tage.

Carcinoma linguae

Vk und *Ät:* Meist das 6.–8. Jahrzehnt befallen. Entsteht gewöhnlich auf dem Boden einer Leukoplakie oder durch mechanische, chemische oder thermische Dauerreize. Pfeifenraucher. Männer 20mal häufiger betroffen als Frauen. Häufigster Sitz Zungengrund sowie hinterer und vorderer Zungenrand.

Sy und *Dg:* Karzinom entwickelt sich entweder als derbes Geschwür mit Infiltration seiner Umgebung oder als derber, frühzeitig zerfallender Knoten.
Fortschreitende Erschwerung der Zungenbeweglichkeit mit ins Ohr, in Gaumenbogen und Kiefer ausstrahlenden Schmerzen. Starker Foetor ex ore.
Lokal: Gewöhnlich schmutzig-grauer Geschwulstgrund mit derben, höckerigen Rändern. Bei Druck im Geschwürsbereich lassen sich nicht selten weißliche Pfröpfe aus dem Geschwürsgrund ausdrücken. Fortschreiten des Karzinoms auf Mundboden, Mandeln und Wangenschleimhaut (Abklatschmetastasen) möglich. Relativ frühzeitige Metastasierung in regionäre, submaxilläre Lymphknoten sowie Lymphknoten des Halses bis Supraklavikulargrube. Evtl. Übergreifen auf die Knoten der anderen Halsseite.

Kompl: Aspirationspneumonie, Verjauchung, Blutung.

DD: Lues: Gumma sitzt gewöhnlich mehr im Zungenspitzenbereich und ist nicht schmerzhaft.
Tuberkulose: Sitz an Zungenrand und -spitze mit hoher Schmerzhaftigkeit, Geschwülste mit unterminierten Rändern und schlaffer als Karzinomgeschwür.
Aktinomykose: flächiger Befall meist der gesamten Mundhöhle.

Th: Frühzeitig operativ: Nach Unterbindung der A. lingualis im Trigonum suprahyoideum breite Exzision im Gesunden sowie radikale Ausräumung der regionären Lymphknoten. Nachbestrahlung.

Carcinoma oesophagi

Häufigste Erkrankung der Speiseröhre. In annähernd 80% Männer befallen. Der Gipfelpunkt der Erkrankung liegt im 7. Lebensjahrzehnt. Meist Plattenepithelkarzinome, seltener Adenokarzinome.

Sy und *Dg:* Weite intraösophageale Tumorausbreitung in Lymphbahnen nach oben und unten. Regionäre Lymphstraßen vom Hals bis zum Lig. hepatogastricum reichend. Bei Sitz der Geschwulst im mittleren und unteren Speiseröhrenabschnitt besteht Tendenz zu abdominalwärts gerichteter Metastasierung. Hämatogene Metastasierung seltener: betrifft vorwiegend Wirbelsäule, Röhrenknochen, Leber und Lunge. Gesamtfünfjahresheilquote 5–10%.
Lokalisation: Häufigster Sitz im unteren Speiseröhrenabschnitt; es folgen mittleres Drittel der Speiseröhre in Höhe Aortenbogen, seltener supraaortale Lage, am seltensten Karzinom im Bereich des Halsteiles und im Bereich der Pharynx-Ösophagus-Verbindung. Relativ frühzeitige lymphogene Metastasierung, frühzeitige Infiltration lebenswichtiger Organe der Nachbarschaft möglich: Aorta, V. cava, Herzbeutel, Lunge, Bronchien.
Übermäßige Speichelsekretion und Sodbrennen werden als Frühsymptome angesehen. Dysphagische Beschwerden treten bei zirku-

lär wachsenden Krebsen frühzeitig auf; bei longitudinalem Wachstum des Krebses sind Dysphagie sowie Stenoseerscheinungen als Spätsymptome aufzufassen. Schluckunmöglichkeit schließlich auch für flüssige Speisen, Regurgitation, Foetor ex ore, blutig-stinkender Schleimauswurf sowie hochgradige Abmagerung, ausgetrocknete Haut und seelische Niedergeschlagenheit kennzeichnen das fortschreitende Leiden. Linksseitige Rekurrensparese: bereits Zeichen der Inoperabilität!
Diagnostische Methoden: Ösophagogramm und Ösophagoskopie mit Probeexzision und histologischer Untersuchung. Bronchoskopie nicht unterlassen, um eventuelle Einbeziehung von Trachea und Hauptbronchus auszuschließen. Röntgenbilder von Becken, Oberschenkelknochen, Wirbelsäule anfertigen, um Knochenmetastasen präoperativ auszuschließen. Knochenszintigramm zeigt Metastasen besser. Computertomographie zeigt lokale Umgebungsinfiltration und Metastasierung.

Kompl: Blutung, Perforation mit Mediastinitis, ösophagotracheale und -bronchiale Fistel, Lungengangrän, eventuelle Peritonitis, Gefahr der Aspirationspneumonie.

Th:
- Solange noch Nahrungsaufnahme möglich, *Ernährung* mit flüssigbreiiger, kalorienreicher Kost. Bei komplizierenden Spasmen vor jeder Mahlzeit Spasmolytika verabreichen. Wegen Foetor ex ore Trinkenlassen von kleinen Schlucken einer 1%igen Wasserstoffsuperoxidlösung.
- *Unblutige Behandlung:* Kobaltbestrahlung bei Unmöglichkeit operativer Entfernung.
- *Operative Behandlung:* Palliativ: Gastrostomie in Form einer Witzel- oder Kader-Fistel, jedoch ärztlich und klinisch nicht befriedigend, schlechte Prognose. Umgehungsanastomosen, z. B. mit langer Dünndarmschlinge (oder Magen), die kranial vom Tumor in Seit-zu-Seit-Technik mit gesundem Ösophagus anastomosiert wird; selten indiziert. Besser Ösophagusendoprothese, die endoskopisch oder nach Gastrotomie im Durchzugsverfahren in die Tumorstenose eingebracht wird. Auch hier Gefahr der Perforation oder Dislokation des Tubus. Bestrahlung bei Plattenepithelkrebs teilweise erfolgreich.
  Radikal: Bei fehlender Metastasierung ist die Resektion angezeigt. Ersatzmöglichkeiten durch Magenhochzug oder Interponat aus Dünndarm oder Kolon. Die Anastomosierung mit dem Magen kann je nach der Tumorlokalisation von links transthorakal im unteren Ösophagus gewählt werden. Bei Lokalisation im mittleren und oberen Drittel erfolgt der Magenhochzug durch die rechtsseitige Thorakotomie bis über die Bifurkation oder bis zum Halsteil der Speiseröhre, teilweise auch ohne Thorakotomie. Vorbestrahlung und neoadjuvante Chemotherapie beim Plattenepithelkarzinom umstritten.

Cholelithiasis und Cholezystitis

Vk und Ät: Frauen häufiger als Männer befallen. In Sektionsstatistiken Häufigkeit 40–60%. Auslösende Ursachen: Meist im Anschluß an Magen-Darm-Katarrh, bei chronischer Verstopfung, Fettsucht, im Anschluß an Schwangerschaft. Diabetes wirkt begünstigend. Pathogenetisch: Störung der kolloidalen Zusammensetzung der Gallenflüssigkeiten: Gallensäuren, Calcium, Cholesterin.

Sy und *Dg:* Steinleiden in etwa 40% der Fälle stumm verlaufend. Kolikanfall mit in Rücken und Schulter ausstrahlenden Schmerzen, oft nachts, meist plötzlich beginnend, ebenso im Anschluß an Diätfehler, seelische Erregungen und starke körperliche Anstrengungen. Oft begleitet von Erbrechen, evtl. bei vorhandener Infektion der Gallenblasenwand Schüttelfröste mit Temperaturanstieg; Obstipation und Meteorismus. Dauer des Anfalls von Minuten bis zu Tagen, mit ausgesprochener Neigung zu Rückfällen, bei manchmal monate- bis jahrelangem Intervall. Mitunter flüchtige Gelbfärbung.
Bei Choledochusverschlußstein intensive Gelbfärbung mit acholischem Fettstuhl, bierbraunem Urin bei positiver Bilirubinreaktion. Steinleiden fast immer verbunden mit Gallenblasenentzündung, die alle Grade von der katarrhalischen bis phlegmonösen Entzündung aufweisen kann. Je nach Stärke des Entzündungsgrades kann ein druckschmerzhafter birnenförmiger Tumor am Leberunterrand tastbar sein.
Sicherung der Diagnose: Sonographie, evtl. orale oder intravenöse Cholezystangiographie.
Laborwerte: Bei gleichzeitigem intermittierendem Verschlußsyndrom (Choledocholithiasis) stärkere Erhöhung der alkalischen Phosphatase und des direkten Bilirubins bei geringerer Erhöhung der Transaminasen. Evtl. Duodenalsonde. Bei Verschluß präoperative Diagnostik durch perkutane transhe-

patische Cholangiographie und endoskopische retrograde Cholangiopankreatikographie (ERCP).
Bei Empyem akuter, hochfieberhafter Verlauf mit schwerer Alteration des Allgemeinbefindens, Gefahr der Perforation und galligen Peritonitis. Ebenso bei fortschreitender Pericholezystitis Zeichen der lokalen Peritonitis im rechten Oberbauch. Dagegen bei Hydrops der Gallenblase sowie Schrumpfgallenblase subjektive Beschwerden gering, objektiv bei Hydrops Tumor nachweisbar. Bei Choledochusverschlußstein mit Stauung und Infektion Gefahr der aszendierenden Cholangitis und Cholangiolithiasis mit remittierenden Temperaturen, Schüttelfrösten usw. Weitere Komplikationsmöglichkeiten: Leberabszeßbildung und Pankreatitis.

DD: Nieren- und Ureterkolik, Magen- und Duodenalulkus, larvierte Pankreatitis, Appendizitis.

Th: Innere s. Kap. Gastroenterologie: Akuter Gallensteinanfall: meist konservatives Vorgehen, verlangt sofortige Schmerzlinderung durch Spasmoanalgetika. Die Tendenz zur sofortigen Cholezystektomie bei „akuter Galle" steigt. Die Cholezystektomie bei sogenannten stummen Steinen umstritten. Im allgemeinen wird während der Cholezystektomie durch Radiomanometrie, Röntgendarstellung, Sondierung oder Choledochoskopie der Choledochus kontrolliert. Bei Choledocholithiasis nach Cholezystektomie sollte die endoskopische Papillotomie durchgeführt werden. Bei gleichzeitiger Cholezysto- und Choledocholithiasis sollten Patienten über 60 Jahre zunächst endoskopisch papillotomiert und dann cholezystektomiert werden. Jüngere Patienten werden gleichzeitig cholezystektomiert und choledochotomiert. Nach operativer Gallenwegsrevision mit Cholangioskopie ist die kurzfristige Einlage einer T-Drainage angezeigt. Die konventionelle oder laparoskopische Cholezystektomie ist das einzige Verfahren, die Cholezystolithiasis endgültig zu heilen. Steinauflösung und Steinpulverisierung durch Lithotriptoren sind palliative Verfahren, die bei 10–20% der Steinträger in Frage kommen.
Beim Empyem möglichst frühzeitig Cholezystektomie. Absolute Operationsindikation bei Gefahr der Perforation. Bei Hydrops und Schrumpfgallenblase Rat zur Cholezystektomie. Bei Dyskinesien der Gallenwege ist Operation kontraindiziert.

Commotio cerebri (Gehirnerschütterung)

Sy und *Dg:* Hauptmerkmale: Bewußtseinsstörung, in verschiedenem Grad vorhanden bis zum Koma. Atmungs- und Kreislaufstörungen, im akuten Stadium evtl. Areflexie und Reaktionslosigkeit der Pupillen. Erscheinungen verbunden mit Übelkeit, Erbrechen, Blutdruckschwankungen. Später motorische Unruhe bis zu deliranten Zuständen möglich. Häufig vegetative Störungen (Polyurie, Polydipsie, Glukosurie usw.). Amnesie = Erinnerungslücke für Unfallvorgang selbst und nachher. Retrograde Amnesie = Erinnerungslücke erstreckt sich auch auf eine mehr oder weniger lange Zeitspanne vor dem Unfall. Kennzeichnend für Krankheitsbild Flüchtigkeit der Erscheinungen. Rückbildung. Ausheilung. Initiale Bewußtlosigkeit bis 60 Min. möglich.
Bei längerer Dauer der Bewußtlosigkeit oder anhaltenden Kopfschmerzen evtl. diagnostische Lumbalpunktion (blutiger Liquor spricht gegen Commotio cerebri). Computertomographie.

DD: Alkoholrausch, komatöse Zustände, Apoplexie, Elilepsie, elektrischer Unfall.

Th: Flachlagerung, strenge Bettruhe für 2–3 Tage, Eisblase auf den Kopf. Fortlaufende Puls-Blutdruck-Kontrolle und wiederholte neurologische Kontrolluntersuchung. Echoenzephalogramm. Sorge für Stuhl- und Blasenentleerung.
Medikamentös z.B. Sedativa und Analgetika.

Commotio, Compressio und Contusio cerebri

Diese Trias als Folge traumatischer Hirnschädigung ist eine althergebrachte Einteilung. Sie genügt nicht mehr ganz modernen Anforderungen. Für die Beurteilung eines Schädeltraumas scheint die Unterteilung von Tönnis u. Loewi besser, da sie im wesentlichen die Rückbildungsdauer der auftretenden Ausfallerscheinungen berücksichtigt.
Dementsprechend ist einzuteilen:

Hirnschädigung 1. Grades: Die Folgen des Schädel-Hirn-Traumas wie motorische und sensible Störungen, Herdschädigungen, Kreislaufreaktionen und vegetative wie psychische Veränderungen sind bis zum 4.–6. Tag abgeklungen.

Hirnschädigungen 2. Grades: Die Schädigungsfolgen umfassen einen Zeitraum bis zu 21 Tagen nach Eintritt der Verletzung.

Hirnschädigung 3. Grades: Die Rückbildung der Schädigungsfolgen beansprucht mehr als 21 Tage; nicht selten bleiben subjektive Beschwerden und psychische Störungen erwerbsmindernden Ausmaßes. Insolationskopfschmerzen.

Sy: Das akute Schädel-Hirn-Trauma zeigt gewöhnlich getrennt oder kombiniert ein psychisches und ein neurologisches Syndrom.
Das psychische Syndrom ist Folge traumatischer Erschütterungen des Hirnstammes, gekennzeichnet durch flüchtige oder länger anhaltende Bewußtlosigkeit und Amnesie oder retrograde Amnesie.
Das vegetative Syndrom ist Folge traumatischer Funktionsstörung des Zwischenhirns und des Hirnstamms, gefolgt von Veränderungen des Blutbildes, Wasserstoffionenhaushaltes und Kohlenhydratstoffwechsels.
Das neurologische Syndrom als Folge lokalisierter Schädigung bestimmter Rindenareale zeigt lokalisierte Ausfallerscheinungen der betroffenen Rindenbezirke.

Prgn: Eine Beurteilung des akuten Schädel-Hirn-Traumas erlaubt die Summe der klinischen Zeichen und ihre Zeitdauer. Über Tage und Wochen andauernde Bewußtlosigkeit ist als prognostisch bedenkliches Zeichen einzuschätzen. Tiefe Bewußtlosigkeit mit klinischen Streckkrämpfen und fehlender Pupillenreaktion ist Zeichen schwerer Stammhirnkontusion und trübt die Prognose. Zentral verursachte Temperatursteigerungen bis auf 40°C sind meist Zeichen traumatischer Blutung in Hirnventrikel mit fragwürdiger Prognose.

Dg: s. Commotio, Compressio, Contusio cerebri. Außer dem hier Genannten sind zur Verlaufsbeobachtung und Beurteilung des Zustandsbildes Elektroenzephalogramm, Echoenzephalogramm, Computertomographie und Karotisangiographie nicht mehr zu entbehrende Hilfsmittel.

Th: s. Commotio, Compressio, Contusio cerebri.

Compressio cerebri (akuter traumatischer Hirndruck)

Wir unterscheiden als Folge epidurale, subdurale, subarachnoidale, intrazerebrale Blutungen. Ventrikelblutung, Hirnschwellung, Arachnoiditis mit Liquorvermehrung.

Epidurales Hämatom

Ät, Sy und *Dg:* Infolge der Zerreißung der A. meningea. Bei Größe des epiduralen Hämatoms von über 5 cm^3 kommt es zu den Zeichen allgemeinen Hirndrucks in Form von Pulsverlangsamung (Druckpuls) und Atmungsirregularität (Cheyne-Stokes), zunehmender Benommenheit und schließlich eintretender Bewußtlosigkeit bei gleichzeitiger Entwicklung von Herderscheinungen.
Wichtig ist die Erkennung des „3-Phasen-Syndroms“: Bewußtlosigkeit – freies Intervall – Bewußtlosigkeit. Schwierigkeit in dessen Erkennen erwächst dann, wenn neben dieser Hirndruckbewußtlosigkeit gleichzeitig Hirnstammbewußtlosigkeit besteht. Karotisangiographie. Computertomographie.
Wichtige Herdzeichen sind: Anisokorie = einseitige Pupillenerweiterung auf Seite der Blutung. Kontralateral auftretende Herdsymptome oder Jackson-Krämpfe. Später motorische Lähmung auf kontralateraler Seite.

Th: Nach Sicherung der Diagnose, auch nur bei Wahrscheinlichkeit derselben, immer und sofort operatives Vorgehen mit Unterbindung des verletzten Astes der A. meningea. Trepanation in Form eines Bohrloches, das entsprechend der Blutungsquelle erweitert wird, evtl. bei Unklarheit des Sitzes der Blutungsquelle beidseitig vorzunehmen oder, wenn nötig, in Form der subtemporalen Entlastungstrepanation (Cushing) auszuführen ist.

Subdurales Hämatom

Sy und *Dg:* Wie bei epiduralem, nur besteht längeres Intervall, Hirndruckerscheinungen entwickeln sich langsamer, Herdzeichen sind weniger ausgeprägt. Karotisangiographie.

Th: Zur Beseitigung der Druckerscheinungen Ausräumung des Hämatoms. Operatives Vorgehen wie bei epiduralem Hämatom mit Duraspaltung.

Subarachnoidales und intraventrikuläres Hämatom

Oft gleichzeitig mit so großer Hirnzertrümmerung verbunden, daß Therapie trotz operativer Ausräumung der Hirnkontusionsbezirke meist aussichtslos ist.

Traumatische Hirnschwellung

Jede Hirnverletzung geht mit Hirnschwellung durch Hirnödem einher.

Sy und *Dg:* Tritt nach Schädel-Hirn-Verletzung mit freiem Intervall erst am 3.–6. Tag nach Verletzung zunehmende Bewußtseinstrübung auf, ist Ursache im Anwachsen von Hirnschwellung durch Hirnödem zu suchen. Gleichzeitig verstärken sich die bisher bestehenden Pupillenstörungen und andere neurologische Erscheinungen. Temperaturanstieg, Pulsverlangsamung, Senkung der Atemfrequenz.

Th: Osmotherapie, Dehydrierung, Corticoide. – Bei steigendem Hirndruck, der sich nicht auf Osmotherapie bessert, Entlastungstrepanation, wenn nötig doppelseitig, subtemporal (Cushing). – Lumbalpunktion streng kontraindiziert, da, abgesehen von der Reizung der Plexus choroidei und des Ependyms mit vermehrter Liquorproduktion, die Gefahr einer Einklemmung der Kleinhirntonsillen und der Medulla oblongata in das Foramen occipitale magnum besteht, die den Tod durch Schädigung von Atem- und Kreislaufzentrum zur Folge haben kann.

Traumatische Arachnoiditis

Sy und *Dg:* Eindringen von Blut oder Luft in Liquorräume erzeugt reizvermehrte Liquorproduktion. Folge ist eine intraventrikuläre und subarachnoidale Druckerhöhung. Zunehmende Kopfschmerzen, verbunden mit meningitischen Erscheinungen, wie Nackensteifigkeit und Erbrechen. Es liegt jedoch keine bakterielle Infektion vor; weitere Sicherung der Diagnose durch therapeutische Lumbalpunktion: anfangs blutiger, später xanthochromer Liquor.

Th: Neben Flüssigkeitsbeschränkung und Osmotherapie mehrfache Lumbalpunktion. Jedoch nur Überdruck beseitigen!

Contusio s. Kontusion

Contusio cerebri (Gehirnquetschung)

Sy und *Dg:* Im Gegensatz zur Commotio cerebri grobanatomische Schädigung des Hirns mit Auftreten eines oder mehrerer Hirnkontusionsherde. Oftmals Vorhandensein eines Contrecoup-Herdes. Bei besonders großer Gewalteinwirkung mit gleichzeitiger Kontusion des Hirnstammes sofortige Hirnstammbewußtlosigkeit. Wird dagegen Hirnstamm nicht alteriert, kann Kontusion ohne kommotionelles Syndrom verlaufen.
Allgemeinerscheinungen: Benommenheit mit Unruhe- und Erregungszuständen. Tagelang bestehendes Koma mit Kreislauf- und Atemstörungen. Unwillkürlicher Abgang von Kot und Harn.
Herderscheinungen: Je nach Sitz und Größe des Kontusionsherdes neurologische Ausfallerscheinungen. Daher genaue neurologische Untersuchung wichtig!
Besonders häufig betroffen Kerngebiete der Hirnnerven, wie Optikus, Fazialis, Akustikus. Bei Verletzungen des Hirnstamms Störung der Stoffwechselsteuerung mit Auftreten von Polyurie, Polydipsie, Glukosurie u. a.
Jede Hirnkontusion ist begleitet von Hirnschwellung durch Hirnödem. Letzteres kann bis zur Dekompensation mit allen Zeichen schwersten Hirndrucks führen. Zur Sicherung der klinischen Diagnose therapeutische Lumbalpunktion: Bei Kontusion immer blutiger Liquor! Zum Ausschluß der Raumforderung Karotisangiographie der betroffenen oder in Zweifelsfällen beider Seiten. Computertomographie bevorzugt.

Th: Aufmerksamste Beobachtung des Verletzten! Viertelstündliche Puls-, Atemkontrolle, stündliche Temperaturkontrolle. Plötzlicher und anhaltender Temperaturanstieg deutet auf steigenden Hirndruck! Möglichst Transport des Patienten zum Röntgenzimmer usw. vermeiden. Einleiten einer Osmotherapie zur Bekämpfung leichterer Hirndruckerscheinungen: Schock-Kollaps-Behandlung, bei schweren Unruhezuständen Atosil und Distraneurin. Kein Morphin oder dessen Derivate! Bei steigendem Hirndruck „Hirndrucktherapie" (s. Compressio cerebri). Im Koma aktive Tracheobronchialtoilette – sonst Pneumonie oder Atelektase. Bei zentraler Atemdepression nasopharyngeal O_2-Katheter einlegen, evtl. Respiratorbeatmung. Bei zentralem Temperaturanstieg pharmakologische und physikalische Unterkühlungsmaßnahmen. Bei länger dauernder Bewußtlosigkeit zur Pneumonieprophylaxe Tracheotomie, zweistündliches Umlagern des Patienten und regelmäßige Bronchialtoilette.

Darmbrand (Enteritis necroticans)

Ät: Umstritten. Selten. Wahrscheinlich Gefäßstörungen, die sich im Bereich des Strombahnendgebiets einzelner Mesenterialgefäßabschnitte abspielen, hervorgerufen durch Clostridium perfringens. In der Anamnese gewöhnlich nach voluminösen Mahlzeiten, vor allem rohem und gekochtem Obst, schwer verdaulichen Vegetabilien, auftretend. Vorwiegend bei Hungerdystrophie beobachtet, gelegentlich auch nach Abdominaloperationen.

Sy und *Dg:* Akuter Beginn mit kolikartigen Schmerzen, meist im linken Oberbauch, in der Nabelgegend oder im rechten Unterbauch. Durchfälle, massive Blutstühle ohne

Tenesmen, Facies abdominalis, Austrocknung, schwerer Kreislaufkollaps. Im Blutbild Leukozytose, Linksverschiebung, toxische Granulation der Leukozyten, Indikanurie. Röntgenologisch Veränderung der Wandkonturen oder Einengung des Darmlumens nachweisbar.

DD: Pankreatitis, Mesenterialvenenthrombose, Invagination, infektiöse Darmerkrankungen, Mesenterialinfarkt.

Th: Ruhigstellung des Darmes, Magensonde, Flüssigkeitsersatz durch i. v. Infusion, Bluttransfusionen, Kreislauftherapie, Entquellung und Gefäßabdichtung durch hypertonische Traubenzuckergaben und Calcium, antibakterielle Therapie, um Keimfreiheit der oberen Darmabschnitte zu erreichen. Azulfidine, Colo-Pleon oder Bifiteral durch die liegende Duodenalsonde und systemische Antibiotika.
Chirurgische Behandlung: Darmresektion.

Prgn: Starke Rezidivneigung, Letalität 25–40%.

Darminvagination

Def: Einscheidung eines Darmteiles mit Gekröse in einen benachbarten Darmabschnitt. Als Folge resultiert die vereinigte Erscheinung von Strangulation und Obturation.

Vk: Über 80% im 1. und 2. Lebensjahr, am häufigsten als Invaginatio ileocolica, seltener in Form der Invaginatio colocolica oder der Invaginatio enterica.

Ät: Meist unbekannt, evtl. bei Caecum mobile, vergrößerten Mesenteriallymphdrüsen. Auftreten bei Erwachsenen beruht auf organischer Ursache, z. B. Tumor oder Polyp.

Sy und *Dg:* Aus vollem Wohlbefinden anfallartige Bauchschmerzen, Erbrechen, Tenesmen, Abgang von blutigem Schleim, fühlbarer Invaginationstumor. Im Kolonkontrasteinlauf Darstellung des Invaginates in Amputations-, Becher-, Zapfen- oder Kokardenform.

Prgn: In den ersten 24 Stunden Letalität unter 1%, danach infolge Allgemeinschädigung rapider Anstieg.

Th: Bei ganz frischer Invagination – nicht älter als 1–3 Stunden – Versuch der Reposition durch Darmeinlauf erlaubt. Sonst in jedem Fall und jedem Alter operativ. Laparotomie, Lösung der Invagination mittels Hutchinson-Handgriff. Dabei unter keinen Umständen Zug am Invaginat ausüben, da sonst Gefahr der Zerreißung des eingestülpten Darmes. Kann die Invagination auf diese Weise nicht gelöst werden, Resektion des Invaginationstumors.

Darmkarzinoid

Vk und *Def:* Vorwiegend am Dünndarm und an der Appendix vorkommend, evtl. metastasierend. Metastasierung abhängig von Tumorgröße. Bei Zufallsbefund im Appendixpräparat keine weitere Therapie. Begriff heute umstritten. Wird als Sammelbegriff für hormonaktive gastrointestinale Tumoren verwendet (VIPome, GIPome, Oberbegriff Apudome).

Sy und *Dg:* aus den „gelben Zellen" (Feyrter) der Darmschleimhaut sich entwickelnde bis kirschgroße Adenombildungen. Den Karzinoiden werden endokrine Eigenschaften zugeschrieben, indem sie das gefäßwirksame Serotonin und auch andere gastrointestinale Hormone abgeben. Kreislaufwirkung erst bei Lungen- und Lebermetastasen. Differenzierung durch Immunhistologie möglich.
Jahre bestehende Durchfälle, anfallsartig auftretender „flush" mit fleckförmiger Rötung des Gesichts und des Halses für mehrere Minuten. In fortgeschrittenen Fällen Teleangiektasien der Haut, Ödembildung durch gestörte Diurese, endokarditische Veränderungen am rechten Herzen. Evtl. Passagestörungen des Darms mit Ileus. Sicherung der Diagnose durch den Nachweis der vermehrt im Urin ausgeschiedenen Hydroxyindolessigsäure. Karzinoid ohne Flushsymptomatik häufig.

Th: Operative Entfernung des tumortragenden Darmteils. Alle sichtbaren Metastasen sollen mitentfernt werden. Als Überlebenszeit sind 8–12 Jahre bekannt.

Darmkarzinom s. Dünndarmtumoren

Darmwandphlegmone

Ät und *Sy:* Sehr seltene phlegmonöse Entzündung mit Lokalisation meist am oberen Dünndarm, am Zäkum oder Colon ascendens. Erreger Staphylokokken oder Streptokokken. Hervorgerufen durch hämatogene Streuung oder Verletzung der Darmwand von innen.
Meist Bild der akuten Peritonitis.

Th und *Prgn:* Darmresektion, evtl. Ausschaltung durch entlastenden Anus praeternaturalis, Antibiotika parenteral. Prognose ernst!

Dauerjejunalsonde (Miller-Abbott-Sonde)

Dient zum Absaugen von Darminhalt bei Ileus. Die Sonde wird ähnlich einer Duodenalsonde bis in das Jejunum vorgeschoben. Ein am Schlauchende angebrachter aufblasbarer Ballon, der auch mit Quecksilber zur Beschwerung gefüllt werden kann, blockiert den Dünndarm. Hierdurch wird ein Reflux des gestauten Darminhalts in den Magen vermieden und das Absaugen durch den Sondenschlauch ermöglicht. Kann auch intraoperativ zur Verhinderung eines Adhäsionsileus bei Mehrfachlaparotomien eingelegt werden.

Dermoidzyste

Sy und *Dg:* Ektodermale Einstülpung aus früher Embryonalzeit. Die Wand der Zyste wird durch hautähnliche Gebilde geformt, mit lumenwärts gerichteter Epithelschicht. Als Zysteninhalt finden sich Haare und Detritus. Bevorzugter Sitz: meist innerer oder äußerer Augenwinkel, Fontanellen, Warzenfortsatzgegend, Nasenwurzel, Steißbein, seltener Mediastinum, Mesenterium oder retroperitoneales Bindegewebe.
Gewöhnlich bis 2 × 2 × 2 cm große, auf der Unterlage wenig verschiebliche, harte Geschwulst, die von unveränderter Haut bedeckt ist. Spätestes Auftreten der Geschwulst bis zum 15. Lebensjahr. Weibliches Geschlecht bevorzugt. Röntgenologisch häufig durch Wachstum der Geschwulst Eindellung der knöchernen Unterlagen nachweisbar. Gefahr der Infektion und malignen Degeneration.

DD: Atherom, Lipom und Meningozele.

Th: Totalexstirpation der Geschwulst immer angezeigt. Bei inkompletter Resektion Gefahr des Rezidivs und Fistelung.

Distorsion (Zerrung, Verstauchung)

Ät: Bei endgradiger gewaltsamer Überschreitung der Beweglichkeitsgrenzen eines Gelenkes erfolgt eine Traumatisierung des Gelenkkapsel- und ligamentären Apparates.

Sy und *Dg:* Schmerzen, Functio laesa, lokaler Druckschmerz an der Stelle einer möglichen Bandzerreißung; Kapselschwellung und Gelenkerguß, evtl. schon nach kurzer Zeit ausgedehntes Hämatom, evtl. abnorme Beweglichkeit bei Bandruptur. Röntgendiagnostik in verschiedenen Ebenen und Ausschluß von Knochenfrakturen und Knochen- bzw. Knorpelabsprengungen (flake-fractures). Gehaltene Aufnahme in maximaler Pronation und Supination (z. B. Sprunggelenk) bzw. Arthroskopie (Gelenkspiegelung; Schultergelenk, Kniegelenk, oberes Sprunggelenk).

Th: In leicheren Fällen Schienenruhigstellung für 5 Tage, feuchte Umschläge bzw. resorbierende Salbenverbände, später elastische Wickelung. Bei therapieresistenten Ergüssen evtl. Punktion. Bei nachgewiesener Bandruptur entweder sofortige operative Therapie durch Bandnaht oder Operation nach mehreren Tagen oder Abschwellung bzw. konservative Therapie mit Ruhigstellung im Gipsverband bis zu 6 Wochen.

Divertikulose

Sy und *Dg:* Vorwiegend im linken Kolon, insbesondere im Sigma, vorkommende hernienartige Ausstülpungen der Dickdarmschleimhaut. Begünstigend wirken Hyperhaustrierung mit segmentalem Überdruck, Bildung von Ausstülpungen im Bereich der mesenterialen Arteriendurchtrittsstellen, Verlangsamung der Stuhlpassage durch faserarme Diät, chronische Obstipation, Adipositas. Vorwiegend erkranken Männer nach dem 40. Lebensjahr.
Nabelwärts ausstrahlende Schmerzen des linken Unterbauchs, Meteorismus, Obstipation, gelegentliche Blut- und Schleimabgänge.

DD: Kolonkarzinom.

Kompl: Divertikulitis mit Blutung, Fistelbildung, Sigma-Blasen-Fisteln, freie oder gedeckte Perforation, Abszedierung mit der Gefahr der generalisierten Peritonitis.

Th:
- *Konservativ:* Voll resorbierbare, schlakkenlose Kost, Stuhlregulierung durch Laxantien, ggf. parenterale Antibiose.
- *Operativ:* Bei wiederholten schweren Rezidiven, Perforation oder Fistelbildungen, Ileus: vorzugsweise Resektion des Segmentes in einer Sitzung, bei stark gefährdeter Anastomose, gleichzeitiges Anlegen eines protektiven Anus praeternaturalis transversalis, Rückverlegen in 2. Sitzung. Erforderlichenfalls Vorgehen in 3 Schritten: notfallmäßiges Anlegen des Anus praeternaturalis transversalis, Übernähen des Defektes, in 2. Sitzung Resektion und in 3. Sitzung Rückverlagern des Anus praeternaturalis transversalis.

Dünndarmtumoren

Vk und *Formen:* Tumoren des Jejunums und Ileums. 1,5% aller intestinalen Tu-

moren. Meist gutartige Lipome, …
Neurinome. Selten Karzinome, K…
häufiger.

Sy und *Dg:* Diagnose schwierig, … tierende Subileus- und Ileuszuständ… darmpassage mit Selling-Technik er… kalisation.

Duodenaldivertikel

Sy: Röntgenologisch bis 5% autoptisch … 15% angegebene erworbene oder angeborene Ausstülpungen der Dünndarmwand. Primäres Duodenaldivertikel ist Schleimhauthernie durch Muskellücke, sekundäres entspricht Traktionsdivertikel im Bereich des postpylorischen Duodenums. Intraluminäres Duodenaldivertikel von Schleimhaut umkleidet. Lokalisation: juxtapapillär oder als Papillendivertikel am häufigsten. Zweiterkrankungen häufig: Ulcus duodeni 14% Gallenwegs- oder Pankreaserkrankungen 26%, Kolondivertikulose 27%.

Dg: Insbesondere kleine Divertikel meist ohne subjektive Beschwerden. Häufig Zufallsbefund bei Oberbauchdiagnostik.

Kompl: Vor allem Gefahr der Bridenbildung sowie der Stieldrehung des Gesamtdivertikels. Ikterus durch Papillenverlegung. In sehr hohem Prozentsatz Motilitätsstörungen der Papilla duodeni major (Vateri) mit Gallengangs- und Gallenblasenerkrankungen vergesellschaftet (stasebedingte Cholangitis, Cholezystolithiasis).

Th: Wegen erheblichen technischen Aufwands und erheblicher Komplikationsbelastung sehr enge Indikation zur Divertikelresektion. Intra- oder extraduodenale Resektion, extraluminäre Invagination des Divertikels, endoskopische Spaltung des intraluminalen Duodenaldivertikelsackes. Bei Papillendivertikel Neueinpflanzung nach Resektion.

Dupuytren-Kontraktur

Def und *Ät:* Narbige Schrumpfung der Palmaraponeurose mit Bindegewebehyperplasie. 4 Stadien. Genese umstritten, diabetische Stoffwechsellage häufig.

Sy und *Dg:* Männliches Geschlecht bevorzugt, Auftreten meist im 4. Lebensjahrzehnt. Leiden beginnt langsam und schmerzlos, meistens am 4. und 5. Finger in Höhe des Metakarpophalangealgelenks, und führt später zur Beugestellung. Daumen und Zeigefinger selten ergriffen. Es entwickeln sich knotige Verwachsungen mit der Haut, zunehmende Fingerbeugekontraktur, zuerst im

beim… tation.

Elektrounfälle

(s. auch Kap. Arbeitsmedizin)

Pathog: Kurzschlußwirkung auf menschlichen Organismus, der als leitendes Medium in einen Stromkreis gerät. Schädigung je nach Stromstärke, Spannung, Frequenz und Einwirkungszeit verschieden. Bis 25 mA, 110 bis 380 V und unbegrenzter Einwirkungszeit Blutdrucksteigerung und eventuell Verkrampfung der Atemmuskulatur. Bei 25–80 mA, 110–380 V und 25 Sekunden Einwirkungszeit infolge geringen Übergangswiderstandes kurzer Herzstillstand mit nachfolgender Arrhythmie. Bei 80 mA bis 8 A, 110–380 V Herzstillstand, Kammerflimmern. Bei 8 A, 2000–3000 V Herzstillstand mit Kammerflimmern oder anhaltender Arrhythmie, Verkrampfung der Atemmuskulatur und Verbrennungen durch freiwerdende Joule-Wärme. Je größer der Widerstand des Gewebes, um so stärker ist bei gleicher Stromstärke und Dauer die Verbrennung. Hand- und Fußgelenke bieten die größten Widerstände.

Sy:

- *Hautschäden:* Strommarke an Ein- und Austrittsstelle, Schädigung der Epidermis, schmerzlose, grauweiß erhabene Stelle in zentraler Eindellung.
- *Muskeln* können Substanzschädigung bis zum scholligen Zerfall und hyaliner Degeneration aufweisen. Frei werdendes Myoglobin kann die Nierentubuli schädigen und zur Anurie führen.
- *Knochen* frakturieren durch plötzlichen Muskelzug. Verkohlung der Knochen möglich. Gelenke wegen ihres großen Widerstandes besonders stark betroffen.

Gefäßverbrennungen verursachen sekundäre Ernährungsstörung der zu versorgenden Gebiete.

lem, interlobärem, mediastinalem und Spitzenempyem.
Das ausgebildete Empyem ist zu erkennen an einer Vorwölbung der betreffenden Brustkorbhälfte, am Nachschleppen der erkrankten Seite bei der Atmung, verstrichenen Zwischenrippenräumen, gedämpftem Klopfschall, abgeschwächtem oder aufgehobenem Atemgeräusch sowie aufgehobenem Stimmfremitus. Das Röntgenbild klärt Sitz und Ausdehnung des Empyems. Gleichzeitig bestehen erhöhte Temperaturen, evtl. mit Schüttelfrösten, sowie Leukozytose. Eine Probepunktion klärt die Art des Ergusses und der Erreger.

Kompl: Nichterkennen des Empyems führt zum Empyema necessitatis mit Spontandurchbruch nach außen oder Durchbruch in Lungen und Bronchien. Gefürchtetste Komplikation ist Empyemresthöhle mit innerer Fistel (bronchopleurale Fistel) und Entwicklung einer Gitterlunge.

Th:

- Bei *frischem Empyem* und dünnflüssigem Eiter Punktions- und Spülbehandlung: Absaugen des Eiters mittels Rotanda-Spritze o. ä., systemische und evtl. lokale Antibiotikagabe nach Antibiogramm. Ggf. enzymatische Fibrinolyse zur Lösung hartnäckiger Fibrinaggregate. Grundsätzlich stets: Gewährleistung einer vollständig entfalteten Lunge, nötigenfalls durch Anlegen der Bülau-Saugdrainage. Unterstützende Maßnahme: intermittierende Überdruckbeatmung bei Fehlen einer bronchopleuralen Fistel. Heute seltener erforderlich: Perthes-Behandlung (Thorakotomie mit Rippenresektion und Saugdrainage).
- *Empyemresthöhle:* Bei verspätet einsetzender Therapie Gefahr der Verschwartung der Pleurablätter und sog. „gefesselte Lunge", so daß sich die Lunge trotz Entleerung des Eiters nicht ausdehnen kann. Gefahren des verbleibenden septischen Herdes: sekundäre Anämie, Amyloiddegeneration, Nierenschädigung, Sepsisschübe mit septischen Metastasen. Die Beseitigung ist daher absolut angezeigt und wird erreicht entweder durch Dekortikation (Abschälen der viszeralen und parietalen Schwarte) mit Wiederausdehnung der Lunge oder durch Thorakoplastik.
- *Bronchusfistel* (bronchopleurale F.): Die Saugdrainage vermag den zur Ausdehnung der Lungen erforderlichen Unterdruck nicht zu erzeugen. Operativer Verschluß angezeigt. Verklebung des Pleuraspaltes heute auch durch Fibrinkleberanwendung.

Endangitis obliterans (Winiwarter-Buerger-Krankheit, Thrombangitis obliterans)

Def und *Ät:* Granulomatöse, proliferative hyperergische Gefäßentzündung. Frühzeitig verschließende Wucherung der Intima. Besonders gefährdet sind männliche Raucher unter 45 Jahren. Zusätzliche Risikofaktoren: chronische Infektionen, Autoimmunmechanismen.

Sy und *Dg:* Häufig schubweiser Verlauf, anamnestisch gehäuft rezidivierende Thrombophlebitiden.
Klinische Symptome unterscheiden sich häufig kaum von denen der chronischen arteriellen Verschlußkrankheit. Die Erkrankung verläuft jedoch häufig in Schüben. Zeitweise Erhöhung der BSG und der Temperatur. Ultraschall-Doppler-Sonographie, Funktionstests, Arteriographie. Auch: Gefäßbiopsie.

Th: Absolutes Nicotinverbot, Einleiten sämtlicher Maßnahmen zur Optimierung der peripheren Perfusion wie Normalisieren des Hämatokrits. Behandlung einer Myokardinsuffizienz, einer Hypotonie, Ausschaltung von Risikofaktoren wie Hypertonie, Adipositas, Hyperlipoproteinämie, Diabetes mellitus. Hyperurikämie, chronisch-infektiöse oder toxische Störungen, Polyzythämie. Vermeidung von lokalen Noxen wie Tragen von Kompressionsstrümpfen, zu engem Schuhwerk, Gelegenheitsverletzungen.
Ergotherapie zur Erzielung der Steigerung einer Kollateralenbildung. Ggf. antibiotische oder antithrombotische Therapie. Evtl. ist bei Bestehen einer allergisch-hyperergen Situation eine Therapie mit Corticosteroiden gerechtfertigt. Thrombozytenaggregationshemmer.
Je nach angiographischem Befund und Ablauf ist die gefäßchirurgische Intervention angezeigt.

Erfrierungen

Formen:
I. Grad: Congelatio erythematosa,
II. Grad: Congelatio bullosa,
III. Grad: Congelatio escharotica. Fließender Übergang von II zu III.

Sy und *Dg* des II. und III. Grades: Entstehung eines dunklen Schorfes neben ausgedehnter Blasenbildung. Demarkationslinie relativ bald erkennbar. Anfänglich meist trockener Brand, der aber oft durch Hinzutreten von Infektionen in Gangrän übergeht. Dann Gefahr der Phlegmone und Allgemeininfektion wie Tetanus und Gasbrand.

Th: Hochlagerung der Extremität, trockene aseptische Puder-Watte-Verbände. Zur Anregung der Durchblutung neben gefäßerweiternden Mitteln Skarifikation durchführen. Phlegmone frühzeitig spalten. Demarkationslinie abwarten bis zur Ausführung evtl. notwendiger Amputation. Nach Heilung auf Durchblutung und Trophik achten. Wechselbäder, Heißluft, Lichtbügel, Fön, Massage und medikomechanische Übungen.
Therapieversuch mit Grenzstrangblockaden, bei lang dauernden Beschwerden evtl. Indikation zur lumbalen Sympathektomie.

Erysipel (Rotlauf)

Def: Streptokokkeninfektion in den Lymphspalten der Haut.

Ät und *Formen:* Exogene, lymphogene, hämatogene Entstehung.
Zu unterscheiden: Erysipelas erythematosum, bullosum, pustulosum, phlegmonosum, necroticans, migrans.

Sy und *Dg:* Inkubation meist 8–24 Stunden. Hohes Fieber, oft in Verbindung mit Schüttelfrost. Schweres Krankheitsgefühl, Kopfschmerzen, evtl. delirante Zustände. Lokal: Druckschmerzhafte, scharf abgegrenzte, etwas erhabene Hautrötung mit flammenartig gezackten Ausläufern. Sprungweises Vorschieben der Rötung, haltmachend an festen, mit der Unterlage verbundenen Hautstellen. Dauer: 5–10 Tage, bisweilen Wochen bei Wandern des Erysipels. Lokalisation: Gesicht in 90%, Extremitäten, Genitalien, Rumpf. Zu Rezidiven neigend. Disposition: In einzelnen Familien gehäuft.

Kompl: Phlegmone tieferer Gewebsschichten, Neuritis optica mit retrobulbärer Entzündung, Endokarditis und Perikarditis, Nephritis, Thrombose, septischer Schock.

Th: Ruhigstellung, Hochlagerung, abschwellende Maßnahmen, hochdosierte parenterale Antibiose.

Fibroadenom der Mamma s. Adenoma mammae

Fissura ani

Ät: Nur teilweise geklärt. Häufig vergesellschaftet mit zweitgradigen Hämorrhoiden mit induriertem, teils reaktiv verkrampftem Analkanal bei deutlicher Vergrößerung des Hämorrhoidalplexus. Eine entscheidende Rolle bei der Entstehung und Unterhaltung der Fissura ani spielt der chronisch bestehende reflektorische Hypertonus des M. sphincter ani internus, der durch vorausgegangene Läsionen, z. B. durch Durchtritt dicker Stuhlballen nach exzessivem Pressen, ausgelöst werden kann.

Sy und *Dg:* In 75% der Fälle an der hinteren Kommissur gelegene ulkusähnliche, längs verlaufende, etwa 0,5–1 cm große Läsion des Anoderms im Analkanal mit schmierig belegtem Grund, später häufig frei sichtbarem M. sphincter ani internus, mit zunächst frisch entzündlichem, später kallösem Randwall und im weiteren Verlauf typisch ödematös geschwollener Analpapille entsprechend der sog. Vorpostenfalte.
Die Lokalisation im Bereich des sensiblen Anoderms ist verantwortlich für teils heftige, teilweise weit ausstrahlende Schmerzzustände, besonders post defaecationem. Der Häufigkeitsgipfel liegt zwischen dem 40. und 50. Lebensjahr. Das Aufschieben der häufig extrem schmerzhaften Stuhlentleerungen führt zu Obstipationsneigung, Laxantiengebrauch usw., schließlich zur Entstehung chronischer Analkrankheiten mit gegebenenfalls sogar psychischen Veränderungen.

Th: Spontanheilung möglich, aber selten (in leichten Fällen).
Prinzipien der konservativen Therapie: rascher Behandlungsbeginn zur Prophylaxe des chronischen Sphinkterspasmus bei akuter Fissur. Stuhlregulierung durch diätetische Maßnahmen, Schmerzbekämpfung durch intraanale, nicht perianale Applikation analgetischer, adstringierender Salben oder Zäpfchen. Gleitmittel. Sphinkterdehnung in Narkose (auf 4 Finger, Rezidive 25%).
Bei der chronischen Analfissur reicht die alleinige Dehnung nicht aus zur Behandlung und Aufhebung des chronischen Sphinkterspasmus. Die Methode der Wahl ist die laterale Sphinkterotomie unter stationären Bedingungen. Hierbei erfolgt die Durchtrennung der zirkulären Fasern des M. sphincter ani internus bis zur Linea dentata durch gesonderten Zugang bei 3 oder 9 Uhr. Exzision der Vorpostenfalte und der kallösen Randwälle unter Belassen eines ausreichend großen Drainagedreiecks. Postoperative Sitzbäder, Stuhlregulierung, intraanale Salben, Gleitmittel. Der Eingriff gehört in die Hand des Erfahrenen. Rezidiv und Inkontinenz sind selten.

Frakturen

Def: Zusammenhangstrennung eines Knochens.

Einteilungsprinzipien

Einteilung nach verschiedenen Gesichtspunkten:

Ät: einmaliges Trauma bei gesundem Knochen, pathologische Fraktur oder Spontanfraktur bei krankhaft verändertem Knochen, Ermüdungsbruch durch ungewohnte Dauerbeanspruchung.

Angriffspunkt der Gewalteinwirkung: direkt oder indirekt.

Bruchmechanismus: Drehbrüche, Biegungsbrüche, Stauchungsbrüche, Abscherbrüche, Abrißbrüche.

Morphologie: Fissur, Querbruch, Schrägbruch, Spiralbruch, Stückbruch, Splitterbruch, Trümmerbruch.

Sy: sichere Zeichen: abnorme Beweglichkeit, Krepitation, positives Röntgenbild. Unsichere Zeichen: Schmerz, Schwellung, Hämatom, Funktionsstörung.

Kompl: Offene Fraktur (oft unrichtig als komplizierte Fraktur bezeichnet), Nervenverletzung, Gefäßverletzung, Eröffnung von Hohlorganen, Verletzung parenchymatöser Organe (Lunge, Leber, Milz).

Beschreibung der Verschiebung des peripheren Fragments: Dislocatio ad axim, ad peripheriam, ad longitudinem (cum conctractione und cum distractione), ad latus, ad rotationem.

Therapie

Allgemeine Gesichtspunkte der Sofortbehandlung

Behandlung des Allgemeinzustandes bei frischer Verletzung vorrangig. Schockprophylaxe und Schocktherapie bei Schwerverletzten soll möglichst schon am Unfallort erfolgen (s. Schock, im Kap. Hypotonie und Schock). Ausreichende Sauerstoffzufuhr durch Freihalten bzw. Freimachen der oberen Luftwege, evtl. Intubation, Mund-zu-Mund-Beatmung. Analgetika sollen im Schockzustand nur intravenös appliziert werden. Steriler Wundverband, der erst bei der endgültigen Versorgung wieder geöffnet werden darf. Keine Repositionsmanöver im Schockzustand, vorläufige Ruhigstellung durch behelfsmäßige Schienung, die die benachbarten Gelenke mit einschließen muß.

Orientierende Untersuchungen von Brust und Bauch. Bei starker Blutung Druckverband an der Verletzungsstelle (Abschnürbinden werden fast immer falsch angelegt und verstärken daher oft die Blutung!).

Eigentliche Frakturbehandlung

Ziel ist die Wiederherstellung der Funktion, die meist eine Wiederherstellung der Form zur Voraussetzung hat. Dies wird erreicht durch:

- Einrichtung,
- Ruhigstellung,
- Übungsbehandlung.

Einrichtung

Schmerzausschaltung erfolgt durch Lokalanästhesie, Leitungsanästhesie, Allgemeinanästhesie. Reposition unter möglichst gleichmäßig wirkendem Zug und Gegenzug, manuell oder in Kombination mit Repositionshilfen (Aufhängen des Armes an „Mädchenfängern", Böhler-Schraubenzugapparat u. a.). Kontrolle des Repositionsergebnisses während des Manövers mit Bildwandler.

Ruhigstellung

Gipsverband

Ungepolsterter oder gepolsterter Gipsverband, entweder als zirkulärer Gips, der sofort bis auf den letzten Faden gespalten werden muß (cave Zirkulationsstörung), oder als Gipsschiene, die nach 2 Tagen zum zirkulären Gips ergänzt wird. Der Gipsverband schließt im allgemeinen die beiden benachbarten Gelenke mit ein. Kombination mit Extension, z. B. bei manchen Unterschenkelfrakturen, als Extensionsgipsverband. Heute Kunststoff- oder Leichtgips meist schlechter modellierbar, aber leichter zu tragen und zu pflegen.

Dauerzug

Am Knochen selbst peripher der Fraktur über einen in Lokalanästhesie gebohrten Kirschner-Draht angreifend, am Weichteilmantel mittels Heftpflasterzug einwirkend bei Kindern. Der Dauerzug kann ohne weitere zusätzliche Fixation (z. B. bei Oberschenkelfrakturen, Halswirbelfrakturen, Crutchfield-Zange) oder in Verbindung mit einem Gipsverband (z. B. bei Unterschenkelfrakturen) angewandt werden. Bei zu hohen Extensionsgewichten besteht Gefahr der Distraktion an der Frakturstelle mit Pseudarthrosenbildung. Röntgenkontrolle in Extension. Nachteil der Methode: Patient muß Bettruhe einhalten.

Operative Osteosynthese

Sie wird durchgeführt, weil sie das funktionelle Wiederherstellungsergebnis erfahrungsgemäß verbessert, die Gefahr allgemeiner Komplikationen (thromboembolische, respiratorische, kardiale, urologische) vermindert, die Pflege erleichtert und die Heilungsdauer abkürzt. Krankengymnastische Übungstherapie für den Erfolg entscheidend.

- *Marknagelung:* Sie soll Übungsstabilität, evtl. sogar Belastungsstabilität des gebrochenen Knochens gewährleisten. Geeignet sind Querfrakturen oder kurze Schrägfrakturen im mittleren Drittel langer Röhrenknochen (Femur, Tibia), da hier der Nagel schlüssig eingebracht werden kann. Der Markraum wird an vorgegebenen typischen Stellen eröffnet, evtl. durch Aufbohren künstlich erweitert, und ein Nagel von Hohlzylinderprofil wird ohne Eröffnung der Fraktur unter Röntgenkontrolle vom proximalen in das distale Fragment eingetrieben. Bei Trümmerbrüchen oder bei Frakturen, die im körpernahen oder körperfernen Drittel des Femurs bzw. der Tibia liegen, kann durch eine Verriegelung (Eindrehen eines Bolzens durch den Knochen und durch den Nagel quer zur Längsachse des Knochens) auch eine Fraktur mit einem Marknagel stabilisiert werden, die keine Verklemmung des Nagels im Markraum erlaubt.
- *Druckplattenosteosynthese* der Schweizer Arbeitsgemeinschaft für Osteosynthesefragen (AO): Breite Freilegung der Fraktur erforderlich. Weiter Indikationsbereich: Im Vergleich zu früher gebräuchlichen Plattenosteosynthesen ist hier das Unterdrucksetzen der Fraktur ein entscheidender Gesichtspunkt (gerade Platten, Winkelplatten).
- *Fixateur-externe-Osteosynthese:* Einsatz eines äußeren Festhalters. Indikationsgebiet: zweit- und drittgradig offene Frakturen. Es werden möglichst 2 Schanz-Schrauben in jedes Hauptfragment des frakturierten Knochens eingedreht. Reposition unter Bildwandlerkontrolle. Verbinden der Schanz-Schrauben durch parallele Stangen, die mit vorgefertigten Backen mit den Schanz-Schrauben verschraubt werden. Kein weiteres Einbringen von Osteosynthesematerial in die Tiefe. Keine weitere Weichteilverletzung bei der Reposition und externen Stabilisierung der offenen Fraktur.
- *Osteosynthese mit verschieden geformten Schrauben, Nägeln, Laschen* (z. B. bei Schenkelhalsfrakturen, pertrochantären Frakturen): 130°-Winkelplatte, dynamische Hüftschraube). Simon-Weidner-Ender-Nagelung zur Fixation von pertrochantären Frakturen vom medialen Oberschenkelkondylus aus. Bündelnagelung bei geschlossenen Humerusquer- oder kurzen Schrägfrakturen.
- *Osteosynthesen mit Kirschner-Drähten* zur Fixation von Abrißfrakturen, in Kombination mit Drahtcerclagen als Zuggurtung.
- *Alloarthroplastik:* Totalendoprothese verschiedenster Konstruktionen, teilweise mit auswechselbarem Kopf für das Hüftgelenk. Zur Verhinderung der Lockerung in der Grenzschicht zwischen Knochen und Zement auch knochenzementfreie Verankerungsmöglichkeit (Weil-Ring, Spotorno-Prothese an der Hüfte). Indikationsstellung: Zur Implantation einer zementierten bzw. nicht zementierten Totalendoprothese in Abhängigkeit vom Alter des Patienten. Zur Zeit noch schlechte Erfahrung mit totalendoprothetischem Ersatz des Schulter- bzw. des Kniegelenkes. Im besonderen am Kniegelenk bessere Erfahrung mit Teilprothesen (Schlittenprothesen).
- *Osteosynthese mit nichtmetallischen Fixationsmitteln:* Methylmethacrylat-Kunstharz bei pathologischen Frakturen im Sinne einer Verbundosteosynthese. Nur bei Patienten in höherem Lebensalter bzw. klar absehbarer Prognose anzuwenden.

Die operative Osteosynthese erfordert strenge Indikationsstellung, peinlich genaue Einhaltung der Asepsis und größte Erfahrung.

Übungsbehandlung

Alle nicht ruhiggestellten Gelenke und Glieder sollen selbsttätig vom Unfalltag an bewegt werden, ohne daß Schmerzen entstehen. Hierdurch werden Zirkulationsstörungen und Muskelatrophien vermieden. Nach Abnahme des Gipsverbandes wird der zuvor ruhiggestellte Körperabschnitt in diese aktive Übungsbehandlung einbezogen, wobei passive (fremdtätige) gewaltsame Bewegungen und kräftige Massage unbedingt zu vermeiden sind. Die operative Osteosynthese ermöglicht diese Bewegungstherapie zu einem frühen Zeitpunkt, dadurch wird die Entstehung der „Frakturkrankheit“ vermieden.

Behandlung offener Frakturen

Einteilung offener Frakturen in 3 Grade:

Grad 1: Eröffnung der Weichteile von innen nach außen ohne Weichteilkontusion, geringgradige Kontamination.

Grad 2: Eröffnung der Weichteile über dem Knochen von außen nach innen mit umschriebener Weichteilkontusion, mittelgradiger Kontamination der Wunde und des Knochens.

Grad 3: schwere bis schwerste Weichteilzerstörung durch Einwirken der Kraft von außen nach innen. Schwere Weichteilkontusion und ausgedehnte Kontamination der Wunde und des Knochens.

Zugrundeliegende komplexe Frakturen. Gefahr der Entwicklung eines Druckanstieges in vorgegebenen Muskelkompartimenten. Möglichkeit der Verletzung eines Nerven bzw. eines Gefäßes an der Extremität; Gefahr der Entstehung des Ischämiesyndroms (Mangeldurchblutung distal der Verletzung). Wundversorgung unter sterilen Bedingungen so früh wie möglich. Exponentielles Wachstum der die Wunde und den Knochen verschmutzenden Bakterien nach längstens 6–8 Stunden. Säuberung der Haut. Wundexzision mit Entfernung kontusionierter Haut, verschmutzten und zerfetzten Unterhaut- und Muskelgewebes. Reinigung der Weichteil- und Knochenwunde mit großen Mengen physiologischer Kochsalzlösung. Wundverschluß nicht erzwingen. Wichtig: Ausreichende Weichteildeckung des Knochens, der Sehnen, Nerven und Gefäße. Lappenverschiebungen und autoplastische Spalthautlappentransplantationen bei der zweiten oder dritten Operation. Versorgung offener Frakturen Grad 1 konservativ durch Gipsbehandlung in ihren verschiedenen Modifikationen nach Wundausschneidung oder durch primäre Osteosynthese (ebenfalls nach Wundausschneidung). Offene Frakturen Grad 2 und Grad 3: Fixateur-externe-Osteosynthese (s. oben). Hochdosierte Antibiotikaprophylaxe ist umstritten. Aktive und passive Tetanusimmunisierung. Bei ausgedehnten Zertrümmerungswunden und schon bestehender arterieller Verschlußkrankheit Gasbrandprophylaxe durch intravenöse Gabe von Penicillin G über 3 Tage.

Komplikationen

Wundinfektion, Osteomyelitis, verzögerte Knochenbruchheilung. Bereits infizierte Wunden werden offen behandelt.

Störung der Frakturheilung

Verzögerte Heilung oder Pseudarthrosenbildung folgt nach schlechter Reposition, zu häufig durchgeführten Stellungskorrekturen, ungenügender oder nicht ausreichend lange durchgeführter Ruhigstellung, Distraktion der Fragmente durch Nachbarknochen oder zu hohe Zuggewichte, gestörte Blutversorgung (Pseudarthrosenbehandlung s. auch unter Pseudarthrose).

Operative Behandlung von Pseudarthrosen

Bei den meisten Verfahren ist eine Resektion des Pseudarthrosenspaltes nicht erforderlich:

- Marknagelung nach vorherigem großzügigem Aufbohren des Markraumes.
- Druckplattenosteosynthese der AO, Druckosteosynthese mit äußeren Spannern.
- Durchführung einer autogenen Spongiosaplastik bei den avitalen Pseudarthroseformen. Ausräumung des Pseudarthrosegewebes, autogene Spongiosaplastik, Stabilisierung mit der Druckplattenosteosynthese wie unter dem vorhergehenden Punkt.

Schädelfrakturen

Formen: Fast immer ist eine Schädelfraktur von einem Hirntrauma begleitet. Die Unterscheidung zwischen gedeckten und offenen Schädelfrakturen ist vor allem hinsichtlich der Infektionsgefahr wichtig. Frakturen der Schädelbasis und der Nebenhöhlen sind zu den offenen Brüchen zu rechnen. Liquorrhö aus Nase und Ohr und Pneumenzephalus sind als Zeichen einer offenen Verbindung des Subduralraumes mit der Außenwelt anzusehen. Meningitis und Hirnabszeß stellen Früh- und Spätkomplikationen einer offenen Fraktur dar.

Th: Die Behandlung des Allgemeinzustandes ist auch hier vorrangig: Freihalten der Atemwege, Seitenlagerung zur Vermeidung von Aspiration, Schockbekämpfung. Bei den Schädel-Hirn-Traumen wird die Hirnverletzung behandelt und nicht die Schädelfraktur als solche. Daher ist die Anfertigung von Schädelröntgenaufnahmen keine Maßnahme, die erzwungen werden soll, es sei denn, wenn operative Maßnahmen erforderlich werden. Bei der Versorgung von Kopfplatzwunden ist immer darauf zu achten, ob nicht eine Knochenfissur im Wundgrund vorhanden ist. Röntgenologischer Nachweis evtl. durch Zusatzaufnahmen zu den Standardeinstellungen, Kontaktaufnahmen usw. Bei länger anhaltender Bewußtlosigkeit Tracheotomie zur Erleichterung der Bronchialtoilette und Verkleinerung des Atemtotraumes, parenterale Ernährung, Sondenernährung, Dauerkatheter, Flüssigkeitsbilanzierung, Antibiotikaprophylaxe, Ruhigstellung unruhiger Hirnverletzter, wobei neurologische Kontrollen in kurzen Zeitabständen erforderlich sind, um nicht einen intrakraniellen raumfordernden Prozeß zu übersehen. Dehydrierende Maßnahmen. Halbstündliche Kontrolle von Puls und Blutdruck, Kontrolle der Bewußtseinslage, Ventilation, Temperatur. Untersuchung jedes Schädel-Hirn-Verletzten durch Augen- und Hals-Nasen-Ohren-Arzt. Bei zunehmendem Hirndruck Karotisangiographie, CT oder Probetrepanation zum Nachweis bzw. Ausschluß einer intrakraniellen Blutung (s. a. Kap. Neurochirurgie).

Frakturen des Gehirnschädels

Gedeckte Frakturen

Spaltbrüche

Sy und *Dg:* Meist mit Commotio cerebri verbunden. Nachweis durch Röntgenbild (Spezialaufnahmen).

Th: Klärung, ob eine Verbindung in den Nasennebenhöhlen besteht, dann evtl. operative Intervention wegen der Infektionsgefahr. Strikte Bettruhe, Antibiotikaprophylaxe. Spaltbrüche im Temporalbereich erfordern wegen der Blutungsgefahr aus der A. meningea media (epidurales Hämatom) besonders sorgfältige Beobachtung.

Impressionsfrakturen

Sy und *Dg:* Gröbere gedeckte Impressionen sind bei nicht wesentlich verdickter Kopfschwarte tastbar. Kommotionelles Syndrom bzw. Herdsymptome je nach Grad der Hirnbeteiligung. Zuweilen auffällige Diskrepanz zwischen Schwere der Verletzung und klinischem Bild zu Beginn. Röntgenaufnahme.

Th: Operative Hebung der imprimierten Knochenanteile in Abhängigkeit vom neurologischen Befund, Lebensalter und Allgemeinzustand. Bei Stück- und Splitterfrakturen ist oft die Dura verletzt. Dann sorgfältige „Entsplitterung" mit Versorgung der Dura-Gefäß-Hirn-Verletzung.

Offene Frakturen

Auch bei einer harmlos aussehenden Kopfschwartenwunde kann eine offene Schädelfraktur vorliegen. Daher auch bei kleinen Wunden des Haarbodens genaue Inspektion und exakte Wundversorgung. Antibiotika.

Spaltbrüche

Zunächst ausreichendes Abrasieren der Haare über den Bereich der Kopfschwartenwunde hinaus. Wundexzision. Bei Hautsubstanzverlust Entlastungsschnitte und evtl. plastische Deckung. Eine einfache Fissur benötigt keine besondere Behandlung. Verschmutzungen durch Haare oder Fremdkörper müssen durch Abknabbern der Lamina (Tabula) externa entfernt werden.

Impressionsfrakturen

Versorgung entsprechend wie bei gedeckter Impression, erhöhte Infektionsgefahr. Hochdosierte Antibiotikatherapie. Bei Subduralhämatom vorgewölbte, prall gespannte, bläulich schimmernde Dura. Versorgung durch Stichinzision, Absaugen des Hämatoms und Duranaht. Blutungen aus der A. meningea media werden durch Umstechung gestillt. Blutungen aus den Venensinus können tödlich sein; ihre Versorgung kann große Schwierigkeiten bereiten. Bei Duradefekt Deckung mit einem Streifen aus der Fascia lata oder lyophilisierter Dura.

Frakturen der Schädelbasis

Häufig kombiniert mit Kalottenfrakturen.

Sichere Sy: Liquorabfluß aus Ohr, Rachen oder Nasenöffnung; positiver Röntgennachweis, oft erst durch Spezialaufnahmen möglich.

Unsichere Sy: Blutung aus dem Ohr (Verletzung der Ohrmuschel oder der Weichteile des äußeren Gehörganges, jedoch auch bei Felsenbeinbrüchen), Blutung aus der Nase (Weichteilverletzung oder Fraktur am Nasendach), Orbitalhämatome als Monokelhämatom oder Brillenhämatom (Weichteilkontusionen, Nasenbeinfraktur, Fraktur der vorderen Schädelgrube).

Verletzung von Hirnvenen ist in fast der Hälfte aller Basisfrakturen der Fall. Blutung im Rachen (rein örtliche Verletzung der Schleimhäute oder Blutung aus Fraktur der mittleren Schädelgrube).

Frakturen des Gesichtsschädels

Allgemeines s. o.

Frakturen mit Beteiligung der Nasennebenhöhlen (frontobasale Frakturen)

Diese Frakturen, die als offene Frakturen anzusehen sind, kommen häufig vor (s. auch Kap. HNO-Krankheiten, S. 737). Röntgenbilder in Standardebenen mit Zusatzaufnahmen. Bei Liquorabfluß aus der Nase und

Pneumenzephalus ist die Dura verletzt. Antibiotika! Operative Versorgung.

Nasenbeinfrakturen
(s. auch Kap. HNO-Krankheiten, S. 743).

Sy und *Dg:* Weichteilschwellung der Nase, Schiefstellung der Nase, Krepitation, Blutung aus den Nasenlöchern, Röntgenbefund.

Th: Bei Dislokation Reposition. Blutstillende Tamponade, evtl. Gipsverband.

Jochbeinfrakturen
Siehe Kap. HNO-Krankheiten, S. 740.

Kieferfrakturen
Siehe Kap. Zahnheilkunde.

Orbitafrakturen

Erwachsene

Operative Versorgung, evtl. mit Einlegen einer Kunststoffplatte, zur Vermeidung von Doppelbildern oft indiziert.

Kinder

Sy und *Dg:* Je nach Entwicklungsalter hat der kindliche Schädel offene Nahtlinien, geschlossene mit noch unvollständiger oder vollständiger Verknöcherung. Daher ist die Wirkung auf Schädel und Gehirn bei lokalem Trauma auch verschieden. Bei offenen Nähten wird ein Schlag wegen der Elastizität des Schädels nur gering auf das Gehirn fortgeleitet und hat mehr lokale Wirkung. Ähnlich auch bei zwar geschlossenen, aber noch nicht verknöcherten Nähten. Ein stumpfer, geschwindigkeitsarmer Schlag verursacht eine Eindellung ohne Riß oder eine Fraktur mit relativ wenig Gehirnschaden. Dagegen erzeugt eine mit hoher Geschwindigkeit wirkende Kraft eine schwere Gehirnverletzung, da der Knochenschutz durch das Schädeldach gering ist. Verknöcherte kindliche Schädel reagieren auf Traumen wie Schädel Erwachsener.

Th: Abhängig vom intrakraniellen Geschehen (s. oben). Behandlung offener Frakturen wie bei Erwachsenen. Gedeckte Impressionsbrüche sollen gehoben werden; Zeit: abhängig vom Allgemeinzustand. Selten sind sofortige Maßnahmen nötig. Gummiballschädelimpressionen verschwinden oft von selbst. Leichter Druck gegen die Ränder fördert die Reposition. Besteht die Impression mehr als 10 Tage, dann kann operative Hebung notwendig sein.

Wirbelsäulenverletzungen

Arten, Mechanismen und Lokalisation der Verletzungen

Entsprechend der Anatomie und Funktion des Wirbelrohres können sowohl der Bewegungsapparat der Wirbelsäule allein als auch zusätzlich das Rückenmark mit seinen Nervenwurzeln von einer Verletzung betroffen sein. Da die Wirbelsäule in der Sagittalebene mehrere Krümmungen aufweist, sind reine Stauchungsbrüche selten. Meist kommt es zu Biegungsbrüchen nach vorn (Beugungsbrüche), seltener nach hinten (Überstreckungsbrüche). Bei zusätzlicher schräger Gewalteinwirkung können Biegungsbrüche zur Seite beobachtet werden. Häufigster Verletzungsmechanismus ist Sturz aus großer Höhe, bei älteren Leuten Sturz auf das Gesäß (verminderte Tragfähigkeit der Wirbelsäule durch Osteoporose), Verschüttung, Schleudertraumen bei Autounfällen. Je nach Stärke und Richtung der Gewalteinwirkung kommt es zu Distorsionen, Muskeleinrissen, Frakturen von Wirbelkörpern, Wirbelbögen, Gelenkfortsätzen, Dorn- und Querfortsätzen. Entsprechend der Krümmung des Wirbelrohres und der anatomischen Eigentümlichkeiten gibt es an HWS, BWS und LWS Prädilektionsstellen für Wirbelsäulenverletzungen. Bei Luxationsfrakturen häufig Rückenmarksbeteiligung.

Dornfortsatzfrakturen

Ät: Meist beim Schaufeln, Lastenaufheben durch Muskelzug entstanden. Seltenes Beispiel für Überlastungsbruch.

Sy und *Dg:* Bevorzugt sind die obere BWS und die untere HWS. Schmerz an der Verletzungsstelle bei Armbewegungen, örtlicher Druckschmerz, Verschiebung des Fragments nach abwärts hinten.

Th: Isolierte Dornfortsatzfrakturen sind harmlose Verletzungen, die wenig Beschwerden verursachen und keiner besonderen Behandlung bedürfen. Ausbleibende knöcherne Heilung hinterläßt keine Störungen.

Querfortsatzfrakturen

Ät: Vorwiegend durch Sturz auf die Lendengegend oder Auftreffen schwerer Gegenstände als isolierte Frakturen oder kombiniert mit Wirbelkörperbrüchen.

Sy und *Dg:* Bevorzugt ist die LWS. Lokale Druckschmerzhaftigkeit, Schwellung, Bewegungsschmerz des Rumpfes und der Beine. Sichere Diagnose nur durch Röntgenuntersuchung möglich. An gleichzeitig bestehende Nierenkontusion denken!

Th: Konservativ. Anfänglich Bettruhe. Lokale Procain-Infiltration. Frühzeitige aktive Bewegungsübungen.

Frakturen und Luxationen der Halswirbelsäule

Ät: Bei Sturz auf den Kopf, Kopfsprung in niedriges Wasser, Schleudertraumen bei schweren Autounfällen.

Sy und *Dg:* Bei der Erstuntersuchung muß sofort festgestellt werden, ob neurologische Ausfallserscheinungen vorhanden sind und welche Ausdehnung sie besitzen. Hierdurch sind Anhaltspunkte für das Ausmaß einer Halsmarkläsion und für deren Lokalisation zu gewinnen (Motilitäts-, Sensibilitäts-, Reflexstörungen, Blasen-, Mastdarmlähmung). Die Röntgenuntersuchung, evtl. mit zusätzlichen computertomographischen Schichtaufnahmenuntersuchungen, klärt, ob Kompressionsfrakturen der Halswirbelkörper mit oder ohne Luxation, Wirbelbogenbrüche, Subluxationen oder reine Luxationen (sehr selten), Abbrüche des Dens axis und Raumforderungen im Bereich des Spinalkanals vorhanden sind.

Th: Wichtig ist die Unterscheidung zwischen stabilen und instabilen Frakturen. Bei stabilen Frakturen ohne Verschiebung und ohne neurologische Ausfallserscheinungen ist eine Schanz-Krawatte ausreichend. Es sollte jedoch für 3 Wochen Bettruhe eingehalten werden. Besteht eine Verschiebung, so sollen Frakturen und Luxationen ohne Lähmung und solche mit Teillähmungen sobald als möglich unter Extension in einer Glisson-Schlinge oder Crutchfield-Klammer eingerichtet werden. Neurologische Ausfälle nach einer Fraktur oder Luxation im HWS-Bereich stellen einen absoluten Notfall dar. Nach Diagnosestellung und computertomographischer Abklärung der Situation ist die Vorstellung bei einem Neurochirurgen, mit der Frage der Dekompression des Wirbelkanals und der möglicherweise durchzuführenden internen Stabilisation der Wirbelsäule, von höchster Dringlichkeit. Zwischen Unfall und operativer Dekompression sollten nicht länger als 6 bis maximal 12 Stunden vergehen.

Frakturen der Brust- und Lendenwirbelsäule

Sy und *Dg:* In der Hälfte bis zwei Drittel der Fälle sind der 12. Brustwirbel und der 1. Lendenwirbel betroffen; es folgen der Häufigkeit nach die benachbarten Wirbel. Lokaler Druckschmerz, Bewegungsschmerz, Fernstauchungsschmerz. Deformierung ist nur bei starkem Gibbus sichtbar. Sichere Diagnose nur durch Röntgenuntersuchung in 2 Ebenen, evtl. Computertomographie, möglich.

Th: Auch hier Differenzierung zwischen stabilen und instabilen Brüchen notwendig. Im Bereich der stabilen Brüche ohne Lähmung funktionelle Therapie nach Magnus (keine Einrichtung, entsprechende Matratzenlagerung ohne Gips, frühzeitige – nach 2–4 Wochen – krankengymnastische Übungstherapie). Instabile Brüche bzw. Verletzungen mit neurologischen Ausfällen müssen nach der Diagnostik (Computertomographie) kurzfristig operativ stabilisiert werden (Spondylodese, Fixateur-interne-Osteosynthese mit Überbrückung des frakturierten Segmentes).

Brust- und Lendenwirbelbrüche mit Lähmung

Erwachsene

Sy und *DG:* Genaue neurologische Untersuchung, um festzustellen, ob eine teil- oder eine vollständige Lähmung vorliegt.

Th (s. auch oben): Die operative Behandlung der instabilen Frakturen ist nur dann sinnvoll, wenn computertomographisch eine Raumforderung (Wirbelkörperfragmente, Hämatom) nachzuweisen ist und wenn die operative Versorgung frühzeitig (innerhalb der ersten 6–12 Stunden nach dem Unfall) durchgeführt werden kann. Bei Verletzungen, die zu einer vollständigen Durchtrennung des Rückenmarkes geführt haben, sollte, wie bei den oben beschriebenen Patienten, Intensivpflege durchgeführt werden; die Patienten sollten frühzeitig in ein Zentrum für Querschnittsgelähmte eingewiesen werden.

Kinder

Ät: Durch abrupte Seitwärtsdrehung des Kopfes als Spielverletzung Subluxation der kleinen Halswirbelgelenke.

Sy und *Dg:* Symptomatischer Schiefhals. Frakturen unterhalb des 1. Lendenwirbelkörpers sind extrem selten. Nicht zu verwechseln mit Skelettanomalien und persistierenden Apophysen.

Th: Reposition durch Manipulation, Schanz-Krawatte.

Frakturen des knöchernen Thorax

Rippenfrakturen (Fissuren, Serienbrüche, Stückbrüche)

Sy und *Dg:* Lokaler Druckschmerz bei Palpation, Thoraxkompressionsschmerz, Schmerz beim Husten, bei tiefer Inspiration. Evtl. Asymmetrie des Thorax, einseitige Schonung beim Atmen, Paradoxe Atmung bei Brustwandinstabilität.

Kompl.: Bei Verletzung von Pleura visceralis und parietalis kann es zu einem Hämatothorax, einem Pneumothorax und einem Hämatopneumothorax kommen. Blutiges Sputum und Hautemphysem sind ebenfalls Zeichen einer Lungenverletzung.
Lebensbedrohlich ist ein Spannungspneumothorax, der sich entwickelt, wenn bei Inspiration Luft in den Pleuraspalt angesogen wird, die infolge eines Ventilmechanismus bei der Exspiration nicht mehr entweichen kann. Gefahr der Mediastinalverdrängung.
Zeichen davon sind erhebliche Dyspnoe, Angstgefühl, Unruhe, schwerer Schockzustand. Eine weitere Komplikation ist die Verletzung von Bauchorganen, vor allem bei Gewalteinwirkung auf die unteren Thoraxpartien (Milz, Leber).
Sekundäre Komplikationen: Bronchopneumonie, Kontusionspneumonie, Empyem.

Th: Bei einfachen Rippenbrüchen ohne Komplikationen Analgetika und Expektorantien, um die Durchatmung und das Abhusten zu gewährleisten. Konsolidierungszeit der Fraktur etwa 4 Wochen.
Bei Pneumothorax von mehr als 2 Querfingern: Einlage einer Bülau-Drainage. Bei stärkerem Hautemphysem Weichteilinzision und Bülau-Drainage. Bei nur geringem Hämatothorax keine Punktion. Bülau-Drainage blind: nicht tiefer als 6. ICR oder unter sonographischer Kontrolle (8.–9. ICR). Wenn notwendig, operative Entleerung der Blutkoagula aus der Pleurahöhle und Einlage einer Bülau-Drainage. Bei Verdracht auf Spannungspneumothorax Notmaßnahme: Anlegen eines Ziegelventils: Interkostal liegende Punktionskanüle wird mit angeschnittenem Gummifingerling versehen (Ventilprinzip). Bei doppelseitigen Rippenserienfrakturen und paradoxer Atmung: Tracheotomie und Langzeitbeatmung. Operative Rippenfixation wenig erfolgreich.

Brustbeinfrakturen

At: Meist Steuerradverletzung.

Sy und *Dg:* Lokale Druckschmerzhaftigkeit, tastbare Stufenbildung am Brustbein, paradoxe Bewegung des Brustbeines bei der Atmung.
Lokalisation: meist Übergang Manubrium – Corpus sterni. Seitliche Röntgenaufnahmen anfertigen. Gleichzeitige intrathorakale Verletzung (Lunge, große Gefäße am Mediastinum, Herz, Trachea, Bronchien) oder Wirbelsäulenverletzung möglich.

Th: Bettruhe, evtl. Elastoplastzingulum. Nur in seltenen Fällen ist Reposition und operative Bohrdrahtfixation erforderlich.

Frakturen des Schultergürtels

Schlüsselbeinfrakturen

Sy und *Dg:* Neigung zu starker Dislokation durch das Gewicht des Armes einerseits und den Zug des M. sternocleidomastoideus andererseits.
Deformierung, tastbare Stufe, Krepitation, örtliche Schwellung, Schonhaltung des Armes.

Th: Ausgleich der Verkürzung durch Rückwärtsführen der Schultern. Ruhigstellung durch Achterverband, Rucksackverband aus mit Watte fest ausgefüllten Trikotschlauchbinden, wobei vorne über die Schulter und in die Achselhöhle Polster gelegt werden müssen. Der Verband muß alle paar Tage kontrolliert und nachgezogen werden, da er sich leicht lockert. Dauer der Ruhigstellung: 2–4 Wochen. Als Notverband Desault-Verband mit Abstützung auf der gesunden Schulter. Bei starker Dislokation, arterieller Durchblutungsstörung und unter „kosmetischer" Indikation gelegentlich offene Reposition mit intramedullärer Fixation oder Druckplattenosteosynthese erforderlich.

Kinder: Als relativ häufiges Geburtstrauma bei Steißlagen. Klinisch Pseudolähmung des Armes infolge Schonhaltung. Bei Kleinkindern keine besondere Behandlung erforderlich: evtl. kann eine elastische Binde in Form des Rucksackverbandes angelegt werden.

Luxation des Schlüsselbeines im Akromioklavikulargelenk
Siehe Luxationen.

Luxation im Sternoklavikulargelenk
Siehe Luxationen.

Schulterblattbrüche

Sy und *Dg:* Lokalisation an allen Stellen des Schulterblattes möglich. Am wichtigsten sind Schulterblatthalsbrüche.
Brüche des Schulterblatthalses erscheinen

klinisch wie subkapitale Oberarmbrüche: schmerzhafte Schulter, aufgegebene aktive Beweglichkeit, Schwellung.

Th: Thoraxabduktionsschiene oder Gips für 4 Wochen. Brüche des Schulterblattkörpers und des Rabenschnabelfortsatzes sollen nur einige Tage in einem Desault-Verband ruhiggestellt werden. Dann aktive Bewegungsübungen.

Armfrakturen

Frakturen des Oberarmes

Brüche im Bereich des Oberarmkopfes

Formen: Am häufigsten Frakturen am Collum chirurgicum, vorwiegend bei alten Leuten, Adduktions-Abduktionsfraktur; eingekeilte Fraktur.

Sy und *Dg:* Starke Schwellung und Schmerzhaftigkeit im Schulterbereich, Achsenknickung mit nach dorsal offenem Winkel, Knochenkrepitation. Aufgehobene aktive und sehr schmerzhafte passive Beweglichkeit im Schultergelenk. Läsion des N. axillaris möglich. Periphere Pulse an der Hand überprüfen.

Th: Eingekeilte Frakturen sollen nicht gelöst werden, außer bei starken Achsenknikkungen bei jüngeren Patienten. Desault-Verband (modifiziert mit breiten Trikotschlauchbinden) für wenige Tage, dann aktive Bewegungsübungen. Gefahr der Schultersteife bei älteren Patienten. Bei nicht eingestauchten, dislozierten Brüchen Reposition in Narkose. Ruhigstellung für maximal 10 Tage im Desault-Verband, dann krankengymnastische Übungsbehandlung.

Brüche des Tuberculum majus

Sy und *Dg:* Isoliert oder zusammen mit einer Luxation mit subkapitalen Oberarmbrüchen vorkommend.
Lokale Schwellung und Druckschmerzhaftigkeit, Seitwärtsdrehen des Armes unmöglich.

Th: Bei Frakturen ohne Dislokation Desault-Verband für eine Woche, dann aktive Übungsbehandlung.
Bei Verschiebung Versuch einer Reposition durch Abduktion und Außenrotation, Indikation zur Osteosynthese abhängig von Alter, Beruf und vom Ausmaß der Verschiebung. Postoperativ Desault-Verband.

Kinder: Subtuberkuläre Frakturen zwischen 2 und 7 Jahren (Spielverletzung).
Hängegips für 3–4 Wochen. Eine stärkere Dislokation reponiert sich dadurch von selbst. Epiphysenfraktur (Epiphysenlösung): vorwiegend bei Kindern zwischen 8 und 14 Jahren. Konservative Behandlung. Frühzeitige Reposition durch Extension des gestreckt nach oben vorne zeigenden Armes gegen die an die Schulterrundung gestemmte Ferse. Hängegips, bei Instabilität Brust-Arm-Gips bei hochgestrecktem Arm.

Luxationsfraktur des Oberarmes im Schultergelenk

Sy und *Dg:* Zusätzlich zu einer Luxation besteht ein Oberarmkopfbruch im Bereich des Collum chirurgicum mit Abriß des Tuberculum majus oder des Tuberculum minus. Palpatorisch leere Pfanne bei gleichzeitiger Krepitation, pathologischer Beweglichkeit und den übrigen, oben angeführten klinischen Zeichen. Zunehmende Schwellung kann den klinischen Befund verschleiern. Röntgenbild der Schulter in 2 Ebenen.

Th: Sofortige Reposition (Hippokrates, Arlt, Böhler) oder kurzfristiger Dauerzug. Weiterbehandlung nach gelungener Reposition wie bei Fraktur ohne Luxation. Operation bei irreponiblen Verrenkungsbrüchen. Stabilisierung der Fragmente nach Behebung der Luxation mit einer T-Platte (AO) oder durch Kirschner-Draht, Zuggurtungsdraht-Osteosynthese.

Schulterluxation

Siehe Luxationen.

Frakturen des Oberarmschaftes

Sy und *Dg:* Es kommen alle Brucharten vor. Als häufigste Komplikation droht die Mitverletzung des N.radialis. Daher stets Prüfung von Motorik und Sensibilität an der Hand. Kontrolle der Durchblutung: Radialis- und Ulnarispuls am Handgelenk.

Th: Bei bestehender Fallhand, zunehmenden Parästhesien und Bewegungseinschränkung in der betroffenen Hand: Notfallmäßige Operation und Freilegung des Nerven. Stabile Osteosynthese nach AO. Als Notmaßnahme Desault-Verband. Wegen der geringen Kraft der Oberarmmuskulatur ist die Gefahr einer Distraktion durch Extension oder zu schweren Gips mit der Möglichkeit einer Pseudarthrosenbildung besonders zu beachten. Die Art der Ruhigstellung hat sich neben der Frakturform nach dem Lebensalter und dem Allgemeinzustand des Patienten zu richten. Mit dieser Einschränkung eignen sich Querbrüche und kurze Schrägbrüche für Markraumosteosynthesen, Spiralbrüche und lange Schrägfrakturen für Gips-U-Schienen. Verkürzung und Verschiebung bis Schaftbreite bringen keine Nachteile für die künftige Funktion. Konsolidierungszeit durchschnittlich 8 Wochen.

Kinder: Oberarmbrüche sind relativ selten (zuweilen Geburtstrauma).
Hängegips. Bei Kleinkindern im Bett Extensionsbehandlung für eine Woche (seitlicher Zug am Oberarm, Ellenbogen gebeugt. Vertikalzug am Unterarm). Weitgehend selbstregulierender Dislokationsausgleich am wachsenden Knochen. Frakturen in 4 Wochen fest.

Suprakondyläre Oberarmfrakturen
Beim Erwachsenen ist der Flexionsbruch häufiger, beim Jugendlichen und Kind der Extensionsbruch. Sie unterscheiden sich durch den Verlauf des Bruchspaltes.

Flexionsbruch

Beim Flexionsbruch ist die Gefahr der Nerven- und Gefäßverletzung gering. Er bietet aber bei Reposition und Retention beträchtliche Schwierigkeiten. Daher neben Gipsbehandlung auch operative Fixation mit AO-Platte.

Extensionsfraktur

Sy und *Dg:* Bei der Extensionsfraktur der Jugendlichen und Kinder bedroht das spitze proximale Fragment an der Beugeseite der Ellenbogenregion Nerven und Gefäße beträchtlich. Neurologischer Status und Durchblutungskontrolle der Hand sowie rasche Einrichtung und Ruhigstellung sind daher von besonderer Wichtigkeit.
Die ischämische Kontraktur nach Volkmann ist die meistgefürchtete Komplikation im Sinne der Entstehung eines Kompartmentsyndroms: Bei praller Schwellung im Ellenbogenbereich wird die Hand blaß oder blau, geschwollen, kühl. Nach hochgradigen Schmerzen tritt Gefühllosigkeit ein. Durch das Kompartmentsyndrom wird die Muskulatur ischämisch geschädigt, zerfällt nach 3–7 Tagen und wird im Verlauf bindegewebig verändert.

Th: Ruhigstellung im gepolsterten, gespalteten Oberarmgipsverband, durch Manschetten und Kragen nach Blount oder durch Kirschner-Draht-Osteosynthese, perkutan oder in einer offenen Operation eingebracht. Häufige Kontrollen von Sensibilität und Durchblutung sowie kurzfristige Röntgenkontrollen. Stationäre Behandlung erforderlich.
Bei Initialzeichen eines Kompartmentsyndroms Vermeidung der Rechtwinkligstellung im Ellenbogengelenk. Entfernung des Gipsverbandes. Operative Stabilisierung der Fraktur, Spaltung der am Arm und in der Ellenbeuge vorgegebenen Kompartments.

Gelenkfrakturen im Ellenbogenbereich

Brüche am distalen Oberarmende bei Erwachsenen

Formen: Fraktur des Capitulum humeri und der Trochlea humeri sowie Brüche der Oberarmkondylen, die einzeln oder kombiniert auftreten.

Th: Da es sich um Gelenkfrakturen handelt, ist eine genaue Reposition erforderlich, die sich oft nur operativ erreichen läßt. Fixation, dann mit Spickdrähten oder Schrauben. Bei konservativ behandelten Fällen Oberarmgipsverband für 4 Wochen.

Kinder: Die ziemlich häufigen Brüche des Epicondylus medialis und des Epicondylus lateralis sind röntgenologisch wegen der noch fehlenden Schattendichte oft schwierig zu erkennen. Vergleichende Röntgenaufnahmen der gesunden Seite. Ist eine genaue Einrichtung konservativ nicht möglich, was häufiger der Fall ist, so soll die blutige Reposition und Retention mit Spickdrähten vorgenommen werden, um spätere Bewegungsstörungen zu vermeiden.

Olekranonfrakturen

Sy und *Dg:* Schwellung im Ellenbogenbereich. Schmerzhafte Bewegungseinschränkung. Unmöglichkeit, den im Ellenbogengelenk gebeugten Unterarm zu strecken (Prüfung gegen die Schwerkraft bei senkrecht herabhängendem Unterarm). Den Bruchspalt kann man oft tasten.

Th: Operative Behandlung durch Zuggurtung oder Verschraubung. Abhängig von der Stabilität der Osteosynthese evtl. zusätzlicher Gipsverband erforderlich. Konsolidierungszeit etwa 4 Wochen.

Frakturen des Radiusköpfchens

Ät und *Formen:* Nach Sturz auf die Hand bei gestrecktem Ellenbogen. Verschiedene Bruchformen.

Sy und *Dg:* Schmerzhafte Bewegungseinschränkung im Ellenbogengelenk, besonders bei den Umwendungsbewegungen des Unterarmes.

Th: Bei Brüchen ohne Verschiebung Oberarmgips für 3 Wochen in Gelenkmittelstellung. Bei Brüchen mit Verschiebung Reposition durch direkten Druck mit dem Daumen. Bei Trümmerbrüchen und Absprengungen, die mehr als ein Drittel der Gelenkfläche betreffen, sowie bei nicht reponierbaren Radiushalsfrakturen bringt die Resektion des Köpfchens im allgemeinen ein gutes funktionelles Ergebnis.

Kinder: Keine Radiusköpfchenresektion im Wachstumsalter! Bei disloziertem, konservativ nicht reponierbarem Köpfchen offene Einrichtung und evtl. Abstützung mit Knochenspan.

Abbrüche des Processus coronoideus der Ulna

Isoliert oder zusammen mit einer Ellenbogengelenksluxation (s. Luxation)

Ulnafrakturen

Die Ellenbogenfrakturen im proximalen und mittleren Drittel sind häufig mit einer Luxation des Radiusköpfchens nach ventral kombiniert.

Monteggia-Fraktur

Ät: Entsteht durch Sturz oder Schlag auf den gebeugten Unterarm.

Sy und *Dg:* Achsenknick der Elle, in der Ellenbeuge tastbares Speichenköpfchen. Bei Ellenfrakturen soll daher stets das Ellenbogengelenk röntgenologisch mit abgebildet sein. Druckschädigung des N.radialis möglich.

Th: Sofortige Reposition durch Fingerdruck auf das Radiusköpfchen bei Rechtwinkelstellung des Unterarmes. Oberarmgipsverband für 6 Wochen. Da häufig eine erneute Dislokation auftritt, wird die Monteggia-Fraktur am besten primär übungsstabil durch Osteosyntheseplatte versorgt.

Kinder: Monteggia-Fraktur ebenfalls relativ häufig. Nach Reposition Oberarmgipsverband für 4 Wochen. Operative Therapie mit 3,5er DC-Platte.

Ulnaschaftfrakturen

Ät: Meist bei Schlag gegen den schützend vorgehaltenen Arm (Parierfraktur).

Sy und *Dg:* Dislokation, evtl. unsichere Frakturzeichen. Ausschluß einer Monteggia-Fraktur! Röntgen der betroffenen Extremität mit angrenzenden Gelenken.

Th: Nach Reposition in Leitungsanästhesie Oberarmgipsverband, aufgeschnitten, für 6 Wochen. Bei sekundärer Dislokation: Druckplattenosteosynthese.

Kinder: Behandlung wie bei Radiusschaftfraktur.

Radiusfrakturen

Radiusschaftfrakturen

Sy und *Dg:* Meist kurzer Schrägbruch oder Querbruch. Achsenknick, Dislokation abhängig von der Lokalisation. Sichere Frakturzeichen. Röntgenaufnahme muß das Handgelenk mit abbilden, um Sprengung im distalen Radioulnargelenk auszuschließen.

Th: Reposition und Retention abhängig von der Lokalisation: Im proximalen Drittel Ruhigstellung in Supination, im distalen Drittel in Pronation des Unterarmes. Konsolidierungsdauer 6–8 Wochen. Wegen der Neigung zu sekundärer Verschiebung und der Schwierigkeit, gelenknahe Frakturen befriedigend zu reponieren, ist die übungsstabile Osteosynthese mit AO-Druckplatte empfehlenswert.

Kinder: Konservative Behandlung. Oberarmgipsverband einschließlich der Fingergrundgelenke (bei Erwachsenen sollen die Fingergrundgelenke frei bleiben).

Radiusfraktur Loco typico

Vk und *Ät:* Mit und ohne Handgelenksbeteiligung. Häufigste aller Knochenverletzungen. Entstehung meist durch Sturz auf die ausgestreckte Hand bei älteren Leuten, vor allem Frauen.

Sy und *Dg:* Örtliche Schwellung und Schmerzhaftigkeit, vor allem bei Handgelenksbewegungen. Häufig keine Krepitation. Je nach Grad der Verschiebung fehlende oder deutliche „Bajonettstellung“ mit Abknickung des peripheren Fragmentes nach dorsal radial und entsprechender Verkürzung. In 60% der Fälle Abriß des Processus styloideus ulnae oder Ruptur des ulnaren Kollateralbandes.

Th:

– *Gipsschiene:* Reposition in Allgemein- oder Leitungsanästhesie am liegenden Patienten mit rechtwinklig gebeugtem Ellenbogen in Mittelstellung der Hand. Gleichmäßig wirkender Zug, getrennt am Daumen (in Richtung der Speichenachse) und am 2.–4. Finger bei Gegenzug am Oberarm. Keine ruckartigen Bewegungen, keine Pronation des peripheren Fragmentes. Dorsale Unterarmgipsschiene bei Ulnarabduktion des Handgelenks in Mittelstellung zwischen Volar- und Dorsalflektion, die Handgelenk und Mittelhand (einschließlich des Os metacarpale I) seitlich umfassen und bis zu den Zwischenfingerspalten reichen soll. Anwickeln der Gipsschiene mit einer Mullbinde, die sofort bis auf den letzten Faden gespalten wird. Darüber zweite elastische Binde. Röntgenrepositionsbilder. Klinische Kontrolle am folgenden Tag. Ergänzung der Gipsschiene zum zirkulären Gipsverband nach 2–4 Tagen oder Anlegen einer Stärkebinde. Röntgenkontrollen nach 8 und 14 Tagen wegen der Neigung zu sekundärer Dislokation. Konsolidierungsdauer 3–6 Wochen. Leichte Verschiebung bei alten Patienten kann belassen werden.

- *Operativ:* Perkutane Bohrdrähte bei stark dislozierten instabilen Frakturen mit anschließender Gipsbehandlung.
- *Komplikation:* Sudeck-Dystrophie (s. auch Kap. Orthopädie) als Spätfolge durch primär zu eng anglegte Verbände, mehrfach wiederholte Repositionen, unterlassene oder unzureichende selbsttätige Übungen der nicht ruhiggestellten Gelenke des betroffenen Armes.

Fraktur beider Unterarmknochen

Sy und *Dg:* Es kommen alle Bruchformen und Verschiebungen vor. Die Brüche sind an Elle und Speiche in gleicher oder unterschiedlicher Höhe lokalisiert. Die konservative Reposition ist oft unvollständig; die erreichte Stellung geht häufig sekundär wieder verloren. Bei Annäherung der Fragmente beider Knochen besteht Gefahr der Brückenkallusbildung mit Störung der Umwendbewegungen der Hand.

Th:

- *Konservativ:* Ziel der Reposition: Achsengerechte Stellung beider Unterarmknochen mit Verzahnung der Fragmente, um einer Verschiebungsgefahr vorzubeugen. Die Einrichtung wird am liegenden Patienten in Allgemein-, Leitungs- oder Regionalanästhesie vorgenommen. Der Unterarm wird über „Mädchenfänger“ am 1., 2. und 4. Finger aufgehängt. Gegenzug durch am rechtwinkelig abduzierten Oberarm über einen Gurt angreifende Gewichte von 4–5 kg. Der Vorderarm soll bei Frakturen im mittleren und distalen Drittel in Mittelstellung zwischen Pronation und Supination, bei Brüchen im proximalen Drittel in Supination stehen. Kontrolle der Reposition mit Röntgenbildverstärker. Anlegen eines Oberarmgipsverbandes, aufgeschnitten. Ruhigstellung insgesamt 6–10 Wochen.
- *Operativ:* Wegen der Schwierigkeit, primär eine befriedigende Stellung zu erzielen, und der häufig auftretenden sekundären Dislokation hat die Osteosynthese bei Unterarmbrüchen eine breite Indikation. Die Reposition der Frakturen ist häufig nur offen möglich. Ziel ist die übungsstabile Fixation beider Knochen, die durch Druckplattenosteosynthese (AO) erreicht werden kann. Vorübergehende Gipsruhigstellung bis zum sicheren Abheilen der Weichteile.

Kinder: Grünholzfrakturen beider Knochen im Schaftbereich. Handgelenksnaher Querbruch beider Knochen mit Dorsalextension typisch für Kinder. Je jünger das Kind und je gelenknäher die Fraktur, desto eher gleicht das Wachstum eine bestehende Achsenknickung und eine Seitendislokation aus. Bei älteren Kindern (> 10 Jahre) sollen Achsenknickungen manuell korrigiert werden. In Allgemeinnarkose Reposition der Fraktur unter Bildwandlerkontrolle. Retention im aufgeschnittenen Oberarmgipsverband für 4–6 Wochen. Keine Osteosynthese.

Frakturen der Hand

Handgelenksluxationsfrakturen

Sy und *Dg:* Imponieren wie die seltenen reinen Handgelenksverrenkungen (s. Luxationen). Betroffen: Radiokarpalgelenk, Interkarpalgelenk, Karpometakarpalgelenk, perilunärer Gelenkabschnitt.
Auffällige Fehlstellung und Schwellung. Erhebliche Dislokationen sind meist gleichzeitig mit offener Fraktur vergesellschaftet. Röntgenbild!

Th: Reposition wie bei reinen Luxationen: kräftig anhaltender Zug in Armlängsachse und eventuell lokaler Druck. Ungepolsterte dorsale Gipsschiene mit umwickelter Mullbinde, die sofort gespalten wird, oder Faustgipsverband.
Konsolidierungsdauer 8–10 Wochen.

Kahnbeinfrakturen

Sy und *Dg:* Häufig als „Verstauchungen“ verkannt und übersehen. Wenn nach einer Handgelenksprellung nach 2 Wochen noch Schmerzhaftigkeit und Bewegungsstörungen vorhanden sind, besteht der dringende Verdacht auf einen Kahnbeinbruch. Zuweilen zusammen mit typischer Radiusfraktur vorkommend. Oft röntgenologisch auf den Standardaufnahmen nicht zu erkennen. Häufigste Handwurzelfraktur. Verschiedene Bruchformen, meist Querfraktur.

Sorgfältige klinische Untersuchung! Leichte Schwellung und örtlich umschriebener Schmerz in der Gegend der Tabatière auf Druck und Stauchung. Schmerzen beim festen Zugreifen und mit maximaler Dorsalflexion des Handgelenkes.
Röntgen: Bei klinischem Verdacht Aufnahmen in 4 Ebenen. Bei trotz negativen Röntgenbildern fortbestehendem klinischem Frakturverdacht Wiederholung der Spezialaufnahmen nach 10–14 Tagen.

Th: Bei klinischem Frakturverdacht, aber negativem Röntgenergebnis dorsale Unterarmgipsschiene für 2 Wochen bis zur erneuten Röntgenuntersuchung. Bei gesicherter Fraktur Oberarmgipsverband in Mittelstellung des Handgelenks mit Einschluß des Daumengrundgliedes oder Faustgipsverband (nach Rehbein und Düben). Konsolidierungszeit 8–12 Wochen, abhängig von der Lokalisation der Fraktur. Bei unzureichender Ruhigstellung Gefahr der Pseudarthrosenbildung. Pseudarthrosenoperation: Spongiosaplombe, Knochenspanverpflanzung.
Frakturen der übrigen Handwurzelknochen: Isolierte Frakturen der übrigen Handwurzelknochen sind selten.

Mittelhandfrakturen

Mittelhandfrakturen I

Vk und *Ät:* Der Bennet-Verrenkungsbruch ist die wichtigste Mittelhandfraktur. Entstehung durch Sturz auf den abgespreizten Daumen. Knochenabsprengung an der Ulnarseite an der Basis des Mittelhandknochens I mit Luxation nach radiodorsal.

Sy und *Dg:* Leichte Schwellung am Karpometakarpalgelenk I. Knochenkante an der Dorsoradialseite tastbar. Opposition des Daumens behindert.

Th: Reposition durch Aufhängen des Armes am Daumen mittels „Mädchenfänger“ oder manuellem Zug am abduzierten Daumen bei gleichzeitigem Druck auf die Basis des Mittelhandknochens I. Dorsale Unterarmgipsschiene mit Einschluß des Daumens bei mittlerer Opposition des Mittelhandknochens I und starker Abduktion im Sattelgelenk, wobei der Fingerdruck so lange aufrechterhalten werden muß, bis der Gipsverband hart geworden ist. Ruhigstellung im Gips für 6 Wochen. Da die Fraktur leicht zum Abrutschen neigt, ist auch operative Behandlung angezeigt: Fixation mit perkutan eingebohrtem Markdraht oder gekreuzten Kirschner-Drähten und zusätzlichem Gipsverband für 6 Wochen. Offene Reposition und Plattenosteosynthese mit Kleinfragmentinstrumentarium der AO heute indiziert.

Mittelhandfrakturen II–V
Fraktur eines einzigen Knochens.

Sy und *Dg:* Örtliche Schwellung, Druckschmerz, Stauchungsschmerz, Fingerbewegungsschmerz.

Th: Ohne Verschiebung: Volare Gipsschiene bis zur distalen Beugefalte der Hand reichend, mit eingelassener Aluminiumschiene, auf der der entsprechende Finger in mittlerer Beugestellung fixiert wird. Endglied steht annähernd parallel zur Handfläche. Leichte Dorsalflexion des Handgelenks. Finger II–V zeigen abgebeugt konvergierend zum Os scaphoideum. Reposition dislozierter Frakturen durch Zug und Druck. Operative Behandlung besser bei stärkerer Dislokation: offene Reposition. Kleinfragment-Instrumentarium. Geschlossene Reposition: Axiale oder gekreuzte Kirschner-Drähte.
Frakturen mehrerer Mittelhandknochen mit Verschiebung sind pseudarthrosengefährdet, daher blutige Reposition und Fixation wie vorher. Konsolidierungszeit 4 Wochen. Gefahr: Subkapitale Mittelhandfrakturen neigen zur sekundären Dislokation. Frühzeitige Röntgenkontrollen und die Entscheidung zur operativen Therapie sind beim Auftreten einer sekundären, nach volar gerichteten Abknickung erforderlich.

Fingerfrakturen

Vk und *Formen:* Offene Frakturen sind häufig. Zahlreiche Bruchformen.

Sy und *Dg:* Schwellung, Lokalschmerz, Bewegungseinschränkung, Zug- und Stauchungsschmerz, abnorme Beweglichkeit.

Th: Alle Frakturen der Finger verlangen besonders sorgfältige und sachgemäße Behandlung, da Funktionsstörungen nur eines Fingers die Gebrauchsfähigkeit der ganzen Hand beeinträchtigen können. Leitungsanästhesie oder Allgemeinanästhesie. Genaue Reposition aller Phalanxfrakturen erforderlich. Ruhigstellung der Schaftfrakturen in mittlerer Beugestellung der beiden distalen Gelenke und stärkere Beugestellung des Fingergrundgelenkes durch Unterarmgipsverband mit zusätzlicher Fingergipsschiene oder vorgebogener Aluminiumschiene. Bei dislozierten Gelenkfrakturen und instabilen Fingerluxationsfrakturen empfiehlt sich die Fixation mit perkutan eingebohrten Spickdrähten nach geschlossener oder offener Reposition bei zusätzlicher Ruhigstellung im Gips-

verband. Reine Luxationen der Fingergelenke bedürfen einer 2–6 wöchigen Ruhigstellung, abhängig vom Ausmaß der Kapsel- bzw. Seitenbandverletzung.
Nagelfortsatzfrakturen des 2.–5. Fingers sollen ungeschient bleiben. Strecksehnenabrisse am Fingerendglied (Baseballfinger) werden entweder konservativ mit Gips oder Metallschiene in Überstreckung des Endgelenkes oder operativ durch temporäre Arthrodese des Endgelenkes mit Bohrdraht bei eventuell zusätzlicher Naht des ausgerissenen Strecksehnenansatzes versorgt.
Beachte: keine Ruhigstellung der Finger in Streckstellung (Tennisschlägerverband, Holzspatelverband) wegen drohender Fingerversteifung in gebrauchsunfähiger Stellung.

Beckenfrakturen

Bei jedem schweren Unfall sollte an eine Beckenfraktur gedacht werden. Dies gilt besonders bei Oberschenkelbrüchen. Einteilung nach anatomischen und klinischen Gesichtspunkten in

- Beckenrandbrüche,
- Beckenringbrüche,
- Hüftpfannenbrüche.

Beckenrandbrüche

Sy und *Dg:* Beckenring nicht unterbrochen. Abbruch der Beckenschaufel (Duverney): Fragmentdislokation durch Muskelzug möglich. Steißbeinbrüche machen oft starke Beschwerden, die Wochen und Monate anhalten können.

Th: Bettruhe für 3 Wochen, wenn keine Verschiebung besteht. Bei starker Dislokation Lagerung des betreffenden Beines auf Braun-Schiene. Belastung nach Eintritt von Schmerzfreiheit. Abrißfrakturen der Darmbeinstachel und Sitzbeinhöcker kommen als Sportverletzungen vor und erfordern außer einigen Tagen Bettruhe wie auch Steißbeinbrüche keine besondere Behandlung. Bei Kreuzbeinquerbrüchen 2- bis 4wöchige Bettruhe; bei Dislokation besteht die Möglichkeit einer Rektumverletzung.

Beckenringbrüche

Ät: Sprengung des knöchernen Beckenringes an einer oder mehreren Stellen mit meist vertikalem Frakturverlauf durch schwere Gewalteinwirkung bei Überfahrenwerden, Einklemmung oder Sturz aus großer Höhe. Zusätzliche Wirbelverletzungen möglich.

Formen: Fraktur eines Schambein- oder Sitzbeinastes allein oder beider zugleich: vorderer Beckenringbruch. Dieser kann einseitig oder doppelseitig vorhanden sein. Vertikalfraktur im Bereich des hinteren Darmbeinanteiles und des Iliosakralgelenkes: hinterer Beckenringbruch (selten). Brüche sowohl des vorderen als auch des hinteren Beckenringes mit möglicher Verschiebung einer Beckenhälfte nach kranial (Beinverkürzung!): Malgaigne-Fraktur, ein- oder beidseitig vorkommend. Sonderformen sind die Sprengung der Symphyse, die auch in Kombination mit anderen Brucharten beobachtet wird, die Sprengung eines Iliosakralgelenkes und die Längsfraktur des Kreuzbeins.

Sy und *Dg:* In jedem Fall ist nach komplizierenden Begleitverletzungen von Harnröhre, Harnblase, Rektum, großen Gefäßen und Nerven zu fahnden. Beckenkompressionsschmerz, Schmerzen bei Betätigung der Bauchpresse (Husten), Schmerz bei Zug an den Darmbeinschaufeln, Schmerzen bei Beinbewegungen. Diagnostik der Begleitverletzungen: blutiger Urin, Harnverhaltung. Rektale Untersuchung. Prüfung von Sensibilität und Durchblutung der Beine. Häufig Ursache für ausgedehnte Retroperitonealblutungen.

Th: Schockbekämpfung. Behandlung der Begleitverletzungen erforderlich. Bei Vertikalfraktur mit Dislokation bzw. Symphysensprengung, ebenfalls mit größerer Dislokation, frühzeitige Fixateur – Externe – Osteosynthese des Beckens zur Reposition und zur Blutstillung durch Kompression des Beckens empfohlen. Zur Pflegeerleichterung Anlage eines Anus praeternaturalis transversalis. Der Fixateur muß in der Regel 10 Wochen belassen werden. Lagerung des Patienten in einem Laminar-air-Luftbett.

Hüftpfannenbrüche

Formen: Als Pfannenrand- oder Pfannengrundbrüche vorkommend, wobei beide Formen mit oder ohne gleichzeitige Hüftkopfluxation beobachtet werden.

Sy und *Dg:* Wie bei den übrigen Beckenbrüchen. Häufigste Komplikation: Ischiadikusverletzung. Gefäßverletzungen, Subileus durch peritoneale Blutungen.

Th und Prgn: Bei nicht verschobenen Brüchen ohne Luxation suprakondyläre Drahtextension für etwa 2 Wochen zur Entlastung des Gelenkes. Frühzeitige krankengymnastische Übungstherapie. Entlastung des Gelenkes für 3 Monate. Bei größeren Pfannenrandabbrüchen, die ein instabiles Gelenk bedingen können, offene Reposition und Fixation der Bruchstücke durch Schrauben oder Platten. Eine Hüftkopfluxation muß sofort eingerichtet werden (6-Std.-Grenze). Keine suprakondyläre Drahtextension. Frühzeitige krankengymnastische Übungsbehandlung. Entlastung des Hüftgelenkes. Bei zentraler Luxation (Pfannenquerbruch mit Eindringen des Hüftkopfes in das Beckeninnere) Einrichtung in Narkose und anschließende Dauerextension. Operative Stabilisierung des Azetabulums erforderlich. Spätprognose wegen der drohenden Koxarthrose ernst.

Beinbrüche

Oberschenkelfrakturen

Schenkelhalsbruch

Mediale Schenkelhalsfraktur

Die mediale Schenkelhalsfraktur (Schenkelhalsfraktur im engeren Sinne) ist eine häufige Fraktur des höheren Lebensalters. Frauen sind häufiger betroffen (stärkere Ausprägung der altersphysiologischen Osteoporose). Zu unterscheiden sind eingestauchte (selten) und nicht eingestauchte Brüche.

Nicht eingestauchte Brüche:

Sy und *Dg:* Mäßig deutliche Außenrotation und Verkürzung des Beines. Aktive Beweglichkeit im Hüftgelenk aufgehoben, passive Bewegungen sehr schmerzhaft. Kein äußerlich sichtbares Frakturhämatom. Röntgenologisch deutlich erkennbare Dislokation der Fragmente mit nach kaudal und dorsal offenem Winkel. Klassifizierung nach Pauwels I/II/III (Winkel des Frakturverlaufes mit der Horizontalen 30°/50°/70°) gibt wesentliche Hinweise auf die Prognose. Ungünstig steiler Frakturspalt entspricht einem großen Winkel.

Bei allen Frakturen des Oberschenkels großer Blutverlust in die Weichteile und Gefahr der (evtl. tödlichen) Fettembolie bei unzureichender primärer Schockbekämpfung.

Th: Früh- oder Sofortoperation als extraartikuläre Osteosynthese mit Schraube oder Nagel. Bei Patienten unter 40 Jahren wegen erhöhter Kopfnekrosengefahr durch hämatombedingte Kompression der zuführenden Gefäße: Sofortoperation. Operation auch bei reduziertem Allgemeinzustand wegen der hohen Komplikationsrate bei langdauernder Extensionsbehandlung der meist greisen Patienten (hypostatische Pneumonie, Thrombembolie, Dekubitus). Bessere Pflegemöglichkeit. Frühmobilisierung durch Aufsetzen am Bettrand, krankengymnastische Übungstherapie. Eventuell primäre Totalendoprothese bei über 60jährigen.

Eingestauchte Brüche: Eine Ausnahme bilden die eingestauchten (Abduktions-)Schenkelhalsfrakturen, die klinisch leicht übersehen werden können, da Außenrotation und Verkürzung des Beines fehlen und aktive Bewegungen je nach Ausmaß der Einstauchung noch möglich sind.

Sy und *Dg:* Röntgenologisch kleiner, nach kranial offener Winkel der Fragmente bei sonst guter Stellung.

Th: Einkeilung nicht lösen. Kurzfristige Röntgenkontrollen. Es empfiehlt sich dennoch die Schraubenosteosynthese, um eine sekundäre Verschiebung zu vermeiden. Frühbelastung nach der Schraubenosteosynthese der eingestauchten Fraktur.

Komplikationen: Partielle oder totale Hüftkopfnekrose in 20–30%. Daher Tendenz zur primären Alloarthroplastik bei über 60jährigen Patienten mit der Möglichkeit, das veletzte Bein bereits nach wenigen Tagen zu belasten. Schenkelhalspseudarthrose bei instabiler Osteosynthese und nach unbehandelten Brüchen.

Laterale Schenkelhalsfraktur

Sy und *Dg:* Frakturlinie extraartikulär an der Schenkelhalsbasis. Durchblutung des Hüftkopfes weniger stark gefährdet, daher bessere Prognose.

Behandlung mit 130°-Winkelplatten-Osteosynthese oder dynamischer Hüftschraube.

Bei Kindern und Jugendlichen ist die Schenkelhalsfraktur sehr selten, häufiger eine traumatische Epiphysenlösung. Prognose für das Überleben des Hüftkopfes bei konservativer wie operativer Therapie sehr schlecht. Idealreposition (offen) unerläßlich. Sicherste Retention mit Schrauben bzw. mit Kirschner-Drähten mit Gewinden. Entlastung des intrakapsulären Hämatoms erforderlich. Langdauernde Entlastung des Gelenkes, möglichst bis zur sicher nachweisbaren knöchernen Überbrückung der Fraktur.

Pertrochantäre Oberschenkelfraktur

Häufig fälschlicherweise ebenfalls zu den Schenkelhalsfrakturen gerechnet, was jedoch hinsichtlich der Prognose und Therapie nicht berechtigt ist.

Sy und *Dg:* Extraartikuläre Fraktur, Hüftkopfnekrose dementsprechend extrem sel-

ten. Im höchsten Lebensalter häufiger als die Schenkelhalsfraktur. Frakturformen mehr oder weniger deutlicher Torsions- oder Trümmerbruch mit und ohne Abbruch des Trochanter minor.
Deutliche Verkürzung und starke Außenrotation des Beines. Aktive Beweglichkeit aufgehoben, passive äußerst schmerzhaft. Hämatom oft sichtbar.
Th: In der Regel operativ: Übungsstabile Versorgung mit dynamischer Hüftschraube, AO-Platte, Ender-Nagelung, γ-Nagel, valgisierender Umstellungsosteotomie. Belastung nach Abschluß der Wundheilung und durchgeführtem Osteosyntheseverfahren relativ frühzeitig möglich, abhängig von der Frakturform. Operative Behandlung der Trümmerbrüche oft technisch schwierig.

- *Konservativ:* Drahtextension, zunächst für 3 Wochen am Tibiakopf, anschließend suprakondylär. Konsolidierungszeit 8–14 Wochen. Wegen der Neigung zur Außenrotation des Beines besonders sorgfältige Polsterung des Fibulaköpfchens zur Vermeidung einer Peronäusparese.

Abriß des Trochanter major
Große und stark dislozierte Fragmente werden mit einer Schraube oder mit einer Kirschner-Draht-Zuggurtungsosteosynthese fixiert. Sonst Lagerung auf einer Braun-Schiene für 3 Wochen.

Subtrochantäre Oberschenkelfraktur
Sy und *Dg:* Übergangsform vom pertrochantären zum Schaftbruch des Oberschenkels. Häufig kombiniert mit einer pertrochantären Fraktur. Starke Fragmentdislokation. Subtrochantäre Region häufige Lokalisation von Tumormetastasen mit Gefahr der pathologischen Fraktur.
Th: Reposition und Retention durch eine 95°-Kondylenplatten-Osteosynthese nach AO. Bei rein subtrochantärer Fraktur: Evtl. Verriegelungsnagel-Osteosynthese.

Oberschenkelschaftfraktur
Sy und *Dg:* Alle sicheren und unsicheren Frakturzeichen. Dislokation abhängig von der Lokalisation der Fraktur entsprechend dem Angriffspunkt der Muskulatur.
Proximales Schaftdrittel: Varus und Antekurvation.
Mittleres Schaftdrittel: Varus und Rekurvation.
Distales Schaftdrittel: Varus oder Valgus, Rekurvation.
Der Erstuntersucher muß sofort Fußpulse und Innervation prüfen.
Th: Bei starker Dislokation sofort vorsichtiger Zug am Fuß zur Beseitigung von Fragmentdruck auf das Weichgewebe. Sofern die Frakturform es zuläßt, ist die geschlossene Marknagelung die Methode der Wahl. Bei Trümmerfrakturen oder Frakturen im proximalen bzw. distalen Drittel des Femurs evtl. Verriegelungsnagel-Osteosynthese. Frühzeitige funktionelle Übungsbehandlung. Belastung stabil genagelter Frakturen nach Abheilung der Operationswunde möglich. Konservative Behandlung aufgrund allgemeiner Indikation nur bis zur ausreichenden Erholung des Patienten, um die operative Stabilisierung der Fraktur durchzuführen. Primärversorgung durch Drahtextension im Bereich der Tuberositas tibiae mit etwa einem Zehntel des Körpergewichtes. Lagerung auf einer Braun-Schiene. Einwandfreie Achsenstellung (einschließlich Rotation) der Fragmente durch entsprechende Lagerungstechnik. Oberschenkelgipsschiene nur dann sinnvoll, wenn das proximale Ende der Gipsschiene nicht im Bereich der Fraktur liegt.
Kinder: Behandlung bis etwa zum 3./4. Lebensjahr in der Overhead-Extension (Schwebestreckverband) an den senkrecht aufgehängten Beinen für etwa 3–5 Wochen. Keine Drahtextension. Zug über Pflaster- oder Trikotschlauchverband. Bei älteren Kindern (4–10 Jahre) Lagerung auf dem Weberbock. Lagerung für 3–5 Wochen. Anschließend funktionelle Übungsbehandlung bei Bettruhe für weitere 2 Wochen.
Plattenosteosynthese bei Schaftfrakturen mit Druckplatten ab dem 10. Lebensjahr möglich.

Suprakondyläre Oberschenkelfrakturen
Sy und *Dg:* Durch Dislokation des distalen Fragmentes nach dorsal Nerven- und Gefäßverletzungen möglich.
Th: Operativ. Übungsstabile Osteosynthese mit einer AO-95°-Kondylenplatte. Konservative Therapie erscheint nicht sinnvoll aufgrund der Gefahr der sekundären Dislokation durch den Zug der beiden Mm. gastrocnemii.
Kinder: Traumatische Epiphysenlösung. Gefahr der Verletzung der A. poplitea. Je nach Alter Beckengips für 4–6 Wochen.

Gelenkfrakturen im Kniebereich

Oberschenkelkondylenfrakturen

Sy und *Dg:* Abbruch des inneren oder äußeren Kondylus. Y-, V- oder T-förmiger Bruch des Kondylenmassivs.
Stets erhebliche Hämarthrose infolge Gelenkfraktur. Wackelknie. Sichere und unsichere Frakturzeichen.

Th: Exakte Reposition zur Erzielung bestmöglicher Gelenkfunktion erforderlich. *Operativ:* offene, anatomisch genaue Reposition. Osteosynthese mit Schrauben, AO-Kondylenplatte, Bohrdrähte. *Konservativ:* bei isolierten Kondylenfrakturen nach Reposition Oberschenkelgips für 4–8 Wochen. Röntgenkontrolle erforderlich, da die Gefahr der sekundären Dislokation besteht. Bei Trümmerfrakturen gelenkübergreifender unilateraler Fixateur externe für 6 Wochen, dann frühzeitige funktionelle krankengymnastische Übungsbehandlung.

Patellafrakturen

Sy und *Dg:* Schwellung, Schmerz, Kniegelenkserguß, evtl. tastbarer Bruchspalt. Bei Zerreißung des Streckapparates aktive Streckung in Seitenlage möglich. Röntgenologische Differentialdiagnose Patella (bi)partita, evtl. Kontrollaufnahme der Gegenseite.

Th:

- *Konservativ:* Nur bei Frakturen ohne Dislokation oder Diastase mit erhaltenem Streckapparat. Punktion des Kniegelenkergusses (Hämarthros), Oberschenkelgipshülse für 4–6 Wochen, Belastung nach 3 Wochen.
- *Operativ:* Ziel ist die stufenlose Wiederherstellung der Doralseite der Patella als Gelenkfläche. Naht des Streckapparates. Je nach Frakturform kann die Fixation mit Drahtcerclage (Zuggurtung) oder Schrauben erfolgen. Entfernung kleiner Fragmente. Bei starker Zertrümmerung Totalexstirpation der Patella. Postoperativ Oberschenkelgipshülse für 4–6 Wochen. Offene Brüche werden sofort operativ versorgt.

Patellaluxation

Siehe Luxationen.

Kniegelenksluxation

Siehe Luxationen.

Abrißfraktur der Eminentia intercondylaris

Entspricht ihrer funktionellen Bedeutung nach der Kreuzbandzerreißung.

Dg: Hämarthros, Streckhemmung, Beugebehinderung. Schubladenphänomen. Konventionelle Röntgenaufnahmen in 2 Ebenen, Tunnelaufnahme.

Th: Kniegelenkspunktion. Gipsruhigstellung in 180°-Streckstellung für minimal 6 Wochen. Operative Behandlung bei nicht reponierbaren Ausrissen.

Tibiakopfbrüche

Formen: Lateraler Tibiakopf weit häufiger betroffen als der mediale. Formen: bikondyläre, unikondyläre, Trümmerbrüche. (Andere Einteilung: Spalt- und Depressionsbrüche). Häufig zusätzliche Fraktur des Fibulaköpfchens, Peronäusparese möglich.

Sy und *Dg:* Zeichen des Gelenkbruches, praller Kniegelenkserguß (Hämarthros), Valgus- oder Varusstellung, pathologische Seitenbeweglichkeit.

Th:

- *Behandlungsprinzip:* weitgehende Wiederherstellung der Gelenkfläche und eines geraden Beines; früh bewegen, spät belasten.
- *Konservativ:* Punktion des Hämarthros. Bei Fraktur nur eines Kondylus folgt die Aufrichtung durch Abknicken des Beines nach der Gegenseite unter manueller Kompression. Bei bikondylären Frakturen Reposition im Dauerzug an einer Kalkaneusdrahtextension oder im Böhler-Schraubenzugapparat, ebenfalls bei zusätzlicher seitlicher Kompression. Ruhigstellung im Oberschenkelliegegipsverband für insgesamt 6–8 Wochen. Freie Belastung erst nach 12 Wochen.
- *Operativ:* Häufig läßt sich eine befriedigende Wiederherstellung des Tibiaplateaus konservativ nicht erreichen, vor allem bei Impression von Gelenkanteilen in die Spongiosa des Tibiakopfes. Anhebung der imprimierten Gelenkfläche und Spongiosaplastik zur Auffüllung des entstandenen Hohlraums. Fixation der reponierten Kondylen durch Schrauben und/oder AO-Platte (T-Platte). Gipsbehandlung je nach Grad der erreichten Stabilität. Frühmobilisierung. Spätbelastung nach 12 Wochen.

Abriß der Tuberositas tibiae

Ät: Meist als Sportverletzung.

Sy und *Dg:* Umschriebener lokaler Druckschmerz und Schwellung, Streckinsuffizienz.

Th: Gipshülse für 6 Wochen bei nicht dislozierten Brüchen, sonst operative Fixation mit Spongiosaschraube.

Frakturen beider Unterschenkelknochen

Def: Brüche von Schienbein und Wadenbein mit allen denkbaren Frakturformen.

Sy und *Dg:* Alle sicheren und unsicheren Frakturzeichen. Dislokation meist sehr deutlich. Bei nicht verschobenen Brüchen örtlicher Druck- und Belastungsschmerz. Häufigste Komplikation ist die Eröffnung der Fraktur beim Unfallereignis von außen durch die auftretende Gewalt oder von innen infolge Fragmentdurchspießung. Außerdem Verletzung von Unterschenkelarterien und -nerven (Peronäusparese) möglich.

Th:

- *Konservative Standardtherapie:* Reposition der Fragmente manuell oder im Böhler-Schraubenzugapparat. Ruhigstellung im gespaltenen Oberschenkelliegegips, der etwa 2–3 Wochen später, nach Abschwellung des Beines, gewechselt wird. Bei Verkürzungstendenz (Spiral- und Trümmerfraktur) Extensionsgipsverband mit eingegipstem Kalkaneusdraht, wobei jedoch eine Distraktion unbedingt zu vermeiden ist. Belastungsbeginn im Oberschenkelgips mit großen individuellen Unterschieden zwischen der 4. und 8. Woche. Freie Belastung nach 10–14 Wochen, wobei bei der Prüfung der Festigkeit nicht allein das Röntgenbild, sondern vor allem die klinisch-manuelle Untersuchung ausschlaggebend ist. Nach Gipsabnahme Anlegen eines Oberschenkelkompressionsstrumpfes Klasse 2 nach Maß oder täglich erneuerte elastische Bindenwickelung für mehrere Wochen bis Monate, je nach Dauer der Schwellneigung. Hinsichtlich der Fragmentstellung sind Achsenabweichungen bis höchstens 10° zu tolerieren. Besonders muß auf Vermeidung eines Rotationsfehlers geachtet werden (physiologische Außenrotation des Fußes von etwa 20°). Verschiebung bis zur halben Schaftbreite ist in Schaftmitte, jedoch nicht in Gelenknähe zulässig.
- Operative Behandlung für sehr viele Unterschenkelfrakturen heute möglich und vorzuziehen. Die Indikation hat sich jedoch nicht nur nach der Frakturform, sondern auch nach dem Alter und den sozialen Verhältnissen des Patienten (Nachbehandlung!) sowie nach den technischen Möglichkeiten und der Erfahrung des Arztes mit den einzelnen Methoden zu richten. Die primäre Osteosynthese offener Frakturen, besonders solcher mit ausgedehnten Weichteilschäden, ist am Unfalltag mittels Fixateur externe erforderlich. Zu fordern ist die übungsstabile Osteosynthese, so daß sich zusätzliche Ruhigstellung im Gipsverband erübrigt und damit eine sofortige aktive Übungsbehandlung möglich wird.
Bei geschlossenen Frakturen und erstgradig offenen Frakturen besteht die Möglichkeit der Durchführung einer Plattenosteosynthese der Tibia nach AO. Frakturen des Tibiaschaftes in Schaftmitte (geschlossene Fraktur) sind eine ideale Indikation für die Marknagelosteosynthese. Durch die Möglichkeit der proximalen bzw. distalen Verriegelung des Marknagels können auch Frakturen, die im Übergang vom proximalen zum mittleren bzw. im Übergang vom mittleren zum distalen Drittel der Tibia liegen, mit dem Marknagel stabilisiert werden.

Kinder: Ausschließlich konservative Behandlung; selten Kalkaneusdrahtextension bei stark dislozierten Frakturen älterer Kinder oder Jugendlicher. Konsolidierungsdauer in Abhängigkeit von Frakturart und -alter 3–6 Wochen. Epiphysenlösung am proximalen und distalen Tibiaende: Sofortige millimetergenaue Reposition durch kräftigen Druck unter Längszug. Ruhigstellung im Oberschenkelgips für 4 Wochen.

Isolierte Schienbeinbrüche

Prinzipiell gleiche Behandlung wie bei Unterschenkelschaftbrüchen. Eine Sperrwirkung der intakten Fibula infolge der Verkürzung der Tibia durch Knochenresorption an den Fragmentenden verzögert bisweilen die Konsolidierung und macht eventuell eine Fibulaosteotomie erforderlich.

Isolierte Wadenbeinbrüche

Sy und *Dg:* Umschriebener lokaler Druck- und Belastungsschmerz. Ausschluß einer Sprunggelenksbeteiligung. Bei isolierten Fibulaköpfchenfrakturen muß die Festigkeit des lateralen Knieseitenbandes und die Funktion des N. fibularis (peronaeus) geprüft werden. Distale Fibulafrakturen s. Sprunggelenkbrüche. Hohe Fibulafraktur kann mit Innenknöchelabriß vergesellschaftet sein.

Th: Im Schaftbereich aufgeschnittener Unterschenkelgipsverband zur vorübergehenden Entlastung ausreichend.

Sprunggelenksfrakturen (oberes Sprunggelenk, Knöchelbrüche)

Formen: Die Vielzahl der bekannten Bruchformen einschließlich der für die Behandlung wichtigen, röntgenologisch jedoch nicht sichtbaren Bandläsion wird nach Danis-Weber wie folgt unterschieden:
A Fraktur des Außenknöchels distal des vorderen Syndesmosenbandes bei Intaktheit desselben,
B Fraktur des Außenknöchels im Bereich des vorderen Syndesmosenbandes, das per definitionem erhalten ist,
C Fraktur proximal des vorderen Syndesmosenbandes, das zerrissen ist.

Sy und *Dg:* Aus dem Röntgenbild (Standardaufnahmen a.-p., in 20° Innenrotation und streng seitliches Bild) kann man nach dem Bruchlinienverlauf den Frakturmechanismus ableiten und die begleitenden Bandverletzungen erschließen. Beim Repositionsmanöver wird der Frakturmechanismus umgekehrt. Falls die Bandverletzung nicht aus dem Röntgenbild erschlossen wird, muß die Diagnose durch gehaltene Röntgenaufnahme (in Lokalanästhesie) gesichert werden.
Schwellung, Druck- und Bewegungsschmerz, eventuell Krepitation und äußerlich sichtbare Deformierung im Sprunggelenksbereich.

Th:

- *Konservative Behandlung:* Anatomisch genaue Reposition der Malleolengabel mit vollständiger Beseitigung der (Sub-) Luxationsstellung des Talus in Allgemeinanästhesie oder auch Lokalanästhesie. Repositionsmanöver entsprechen der Frakturart (s. oben). Ruhigstellung im zirkulären, aufgeschnittenen Unterschenkelgipsverband nach vorausgegangener Kalkaneusdrahtextension (außer Frakturen vom Danis-Weber-Typ A). Beim Entschluß zur konservativen Behandlung einer Außenknöchelfraktur (nicht Frakturen vom Danis-Weber-Typ B und C) kann ein Unterschenkelgehgips nach etwa 4 Wochen angelegt werden. Teilbelastung der unteren Extremität, langsam steigernd auf Vollbelastung. Vollbelastung nach konservativ versorgter Außenknöchelfraktur (Danis-Weber-Typ A) nach 6–10 Wochen. Nach Gipsabnahme erneute Röntgenkontrolle. Elastische Bindenwickelung der unteren Extremität bis zum Kniegelenk. In vielen Fällen ist die Verordnung einer krankengymnastischen Übungsbehandlung erforderlich.
  Bei einigen Bruchformen kann ein dreieckförmiger Abbruch der hinteren distalen Tibiakante (sog. Volkmann-Dreieck) vorhanden sein. Wenn hierdurch mehr als ein Drittel bis ein Viertel der distalen Tibiagelenkfläche betroffen ist, ist eine stufenlose Reposition erforderlich, die meist nur operativ gelingt.
- *Operative Behandlung:* Die Indikation zur operativen Behandlung einer Außenknöchelfraktur vom Danis-Weber-Typ B und C ist immer gegeben, sie ist zwingend bei großem Volkmann-Dreieck mit Stufenbildung an der Gelenkfläche, Verbreiterung der Knöchelgabel, Abkippung des Innenknöchels. Die Forderung nach anatomisch genauer Reposition des Gelenkbruches, und zwar einschließlich des Außenknöchels, bestimmt im Einzelfall die Operationsindikation.
  Fixation der Malleolen mit Schrauben, Spickdrähten, Zuggurtung. Mitversorgung des eventuell rupturierten Bandapparates. Dauer der postoperativen Ruhigstellung abhängig von der Stabilität der Osteosynthese. In günstigen Fällen Beginn der gipsfreien funktionellen Behandlung nach einer Woche. Freie Belastung im allgemeinen nach 8 Wochen. Offene Frakturen werden mit Vorteil primär operativ versorgt, wenn sich saubere Wundverhältnisse herstellen lassen. Häufige Spätfolge nach unvollständiger Reposition: Posttraumatische Arthrosis deformans mit Bewegungseinschränkung und Schmerzen im Gelenk.

Kinder: Gelenknahe Brüche, die die Epiphysenfugen tangieren, verlangen wegen der möglichen Wachstumsstörungen besondere Aufmerksamkeit.
Anatomisch genaue Reposition! Ist sie konservativ nicht zu erzielen, so ist in entsprechenden Fällen (Aitken-II-,III-Fraktur) operative Intervention mit Spickdraht- bzw. Zugschraubenosteosynthese erforderlich.
Luxatio pedis s. unter Luxationen.

Frakturen des Fußes

Fußwurzelfrakturen

Talusfrakturen

Formen: Meist in Kombination mit Frakturen und Luxationen im Nachbarbereich. Man unterscheidet Brüche von Processus posterior, Körper, Hals, Kopf.

Dg: Starke Schwellung im Bereich der Fußwurzel. Bei Abbruch des Processus posterior schmerzhafte Großzehenbeugung (Sehne des M. flexor hallucis longus).

Sy und *Th:* Unverschobene Brüche werden für insgesamt etwa 10 Wochen im Unterschenkelgips ruhiggestellt, ab 5. Woche als Gehgips. Dislozierte Frakturen mit Luxation des Fußes sind nur im Schraubenzugapparat mit Fersenbeindraht oder operativ einzurichten. Langsame Heilung, deshalb lange Immobilisierung. Gefahr der Talusnekrose.

Kalkaneusfrakturen

Sy und *Dg:* Zahlreiche Bruchformen. Wichtigste Unterscheidung: Brüche mit und ohne Beteiligung des unteren Sprunggelenkes, Kriterium der Schwere der Verletzung: Abflachung oder Negativwerden des Tubergelenkwinkels.
Starke Schwellung der Fußwurzel und Verbreiterung der Ferse. Seitlicher Kompressionsschmerz. Nicht immer Krepitation. Plantarer Druckschmerz. Ferse kann nicht belastet werden.

Th: Brüche ohne wesentliche Dislokation werden funktionell behandelt; anfangs Lagerung auf Braun-Schiene. Beginn mit aktiven Bewegungsübungen im oberen Sprunggelenk nach Abklingen der Schwellung. Teilbelastung frühestens nach 6 Wochen. Alle Repositions- und Retentionsmaßnahmen sind hinsichtlich des Dauerergebnisses sehr unsicher.
Behandlungsziel ist die Wiederherstellung der Gelenkfläche des unteren Sprunggelenkes und des Tubergelenkwinkels. Repositionsversuch durch Extension an einem Fersenbeindraht oder Steinmann-Nagel unter kräftiger Plantarbeugung des Fußes bei starker Kniebeugung und seitlicher Kompression des Fersenbeines. Oberschenkelgipsverband in leichter Kniebeuge- und Spitzfußstellung für 4 Wochen, anschließend 4 Wochen Unterschenkelliegegips, Stellung des Fußes im oberen Sprunggelenk in 0°. Weitere Entlastung gipsfrei für 4 Wochen. Insgesamt Entlastung der betroffenen unteren Extremität für 12 Wochen. Anschließend Verordnung eines Unterschenkelkompressionsstrumpfes Klasse 2 nach Maß. Maßeinlagen. Evtl. Verordnung von orthopädischen Schuhen. Wegen des zweifelhaften Dauerresultates wird auch bei stark verschobenen Brüchen die frühfunktionelle Behandlung empfohlen. Häufiges Auftreten einer Früharthrose nach einer Trümmerfraktur.

Kinder: Kalkaneusfrakturen selten. Behandlung wie bei Erwachsenen, Ausheilung in der Hälfte der Zeit, bessere Prognose.

Frakturen der übrigen Fußwurzelknochen (Os naviculare, Os cuboideum, Ossa cuneiformia)

Sy und *Dg:* Starke Schwellung im Fußwurzelbereich. Bei Frakturverdacht zusätzliche Spezialaufnahme.

Th: Reposition in Narkose durch Daumendruck auf die betroffenen Fußwurzelknochen unter gleichzeitigem Längszug an den Zehen. Unterschenkelliegegips für 6 Wochen. Danach frühzeitige krankengymnastische Übungsbehandlung, Teilbelastung. Vollbelastung nach 8–10 Wochen.

Mittelfußfrakturen

Formen: Brüche einzelner oder mehrerer Knochen gleichzeitig.

Sy und *Dg:* Schwellung des Fußrückens, lokaler Druckschmerz, Schmerz bei Zug und Druck an der betreffenden Zehe. Belastungsschmerz.

Th: Brüche ohne Dislokation: Hochlagerung des Fußes bis zur Abschwellung in einem Unterschenkelliegegips. Nach 4 Wochen kann ein plantar gut anmodellierter Unterschenkelgips für weitere 2 Wochen angelegt werden. Danach Gipsentfernung, Röntgenkontrolle. In Abhängigkeit von der Durchbauung der Fraktur krankengymnastische Übungsbehandlung. Teilbelastung.
Dislozierte Frakturen müssen exakt reponiert werden, um die Wiederherstellung des gestörten Längs- und Quergewölbes des Fußes zu ermöglichen. Reposition der Fraktur durch Zug an den Zehen über „Mädchenfänger“ oder quer durch die Zehenendgliedknochen eingebrachte Drahtzüge. Stabilisierung der Frakturen durch längs oder gekreuzt perkutan eingebohrte Kirschner-Drähte.
Offene Reposition und Stabilisierung mit axialen und /oder gekreuzten Kirschner-Drähten. Ruhigstellung reponierter Frakturen für 6–8 Wochen im Unterschenkelliegegips. Nach der Gipsabnahme Röntgenkontrolle. Vor Beginn der Teilbelastung sind operativ eingebrachte Kirschner-Drähte zu entfernen, um ein Brechen der Drähte zu verhindern. Elastische Bindenwickelung des Fußes und der unteren Extremität. Krankengymnastische Übungstherapie. Verordnung von Maßeinlagen.

Zehenfrakturen
Nur die Brüche der Großzehe haben Bedeutung.

Sy und *Dg:* Schwellung und Blauverfärbung der Zehe.

Th:

- *Großzehe:* Nicht verschobene Brüche werden durch Heftpflasterverband um die Zehe für 3 Wochen ruhiggestellt. Dislozierte Brüche werden nach Reposition mit einer Gips-U-Schiene immobilisiert, nach etwa 2 Wochen Unterschenkelgehgips. Dauer der Ruhigstellung 4 Wochen.
- *2.–5. Zehe:* Heftpflasterfixation an der Nachbarzehe. Nageltrepanation zur Entleerung eines subungualen Hämatoms. Besondere Vorsicht erfordern offene Frakturen wegen der Gefahr von Wundinfektionen, auch mit Anaerobiern. Stationäre Behandlung.

Fremdkörper der Blase

Ät: Entweder durch Harnröhre, Wunden oder aus der Nachbarschaft eingedrungene Fremdkörper: Haarnadeln, Stricknadeln, Bleistifte, Federhalter, Knochensplitter bei Osteomyelitis und Beckenfrakturen usw.

Sy und *Dg:* Dysurie, Pollakisurie, Hämaturie, Pyurie, alle Grade der Zystitis. Sicherung der Diagnose durch Zystoskopie und Röntgenbild. Bei spitzen Fremdkörpern Gefahr der Blasenperforation.

Th: Kleine Fremdkörper können mit Fremdkörperfaßzangen, evtl. nach Zertrümmerung der Fremdkörper durch die Harnröhre entfernt werden. Im allgemeinen bei größeren Fremdkörpern Entfernung durch Sectio alta notwendig.

Fremdkörper des Darms

Sy und *Dg:* Verschluckte Fremdkörper gehen, wenn sie einmal die Ösophagusengen und das Duodenum passiert haben, oft per vias naturales ab, jedoch ist bei spitzen und übergroßen Fremdkörpern Beobachtung und Vorsicht am Platze. Untersuchungen des Abdomens werden in den meisten Fällen, wenn keine peritonealen Reizerscheinungen vorliegen, keine Besonderheiten ergeben. Dagegen ist die röntgenologische Verfolgung des Fremdkörpers auf seinem Weg durch den Darmtrakt wichtig. Vor allem bei Kindern ist die röntgenologische Sicherung des Fremdkörpers sowie seine Art und Beschaffenheit zu klären. Auf beginnende peritoneale Reizerscheinungen ist dauernd zu achten. Ebenso Stuhl auf Beimengungen von Blut und Schleim sorgfältig überprüfen!
In diesem Sinn besondere Beachtung verdienen Fremdkörper, die von Strafgefangenen mit dem Ziel der Klinikeinweisung geschluckt wurden. Es sind dies häufig unter Spannung zusammengewickelte scharfe Metallteile (Rasierklingen o. ä.), die sich während der gastrointestinalen Passage aufspreizen (sog. Sputniks). Hier liegt eine Perforation des Hohlorgans nahe und wird auch vom Patienten beabsichtigt. Nach mehrfachem Verschlucken von Fremdkörpern wurden auch multiple Laparotomien und Enterotomien beobachtet.

Th: Bettruhe und Breidiät. Bei Festklemmen des Fremdkörpers in der Ampulle evtl. digitale oder instrumentelle Entfernung. Cave: über lange Zeit unbemerkter hochsitzender ischiorektaler Abszeß mit Sepsis und Harnverhaltung. Bei übergroßen, spitzen Fremdkörpern mit Gefahr der Perforation oder des mechanischen Ileus operatives Vorgehen in Form der Enterotomie.

Fremdkörper des Magens

Sy und *Dg:* Anamnese, besonders bei Kindern, nicht immer richtunggebend. Evtl. Magenschmerzen und Magendruck sowie Brechreiz; peritoneale Reizsymptome beachten! Röntgendiagnose! Nicht röntgenkontrastgebende Fremdkörper aus Plastikmaterial, die durch das allmähliche Herauslösen des Weichmachers sehr spröde und spitz werden können, sind in die Überlegungen mit einzubeziehen.

Th: Zunächst konservativ mit Breikost. Wenn Fremdkörper nach mehrmaliger Röntgenkontrolle nicht zu passieren vermag, Versuch der gastroskopischen Extraktion, notfalls Gastrotomie.

Gallenblasenkarzinom, Gallengangskarzinom

Sy: Histologisch in 80% Adenokarzinom. In mehr als 50% im Fundus und in einem Drittel der Fälle im Korpus der Gallenblase lokalisiert. Meistens zunächst intramural, aber auch exophytisch nekrotisierend wachsend. Per continuitatem in Leber und Ductus choledochus infiltrierend. Fernmetastasen in Leber, Lunge, Knochen sowie Nebenniere und Haut. Über 80% der Patienten sind älter als 60 Jahre. In den meisten Fällen gleichzeitiges Auftreten einer Cholelithiasis. Das Gallengangskarzinom verursacht zunächst eine derbe Verdickung und filiforme Einengung des Gallengangs, am häufigsten im supraduodenalen Abschnitt. Spätes Übergreifen der Tumore auf benachbarte Strukturen; meist handelt es sich um Adenokarzinome. Späte Metastasierung in die Lymphknoten des Lig. hepatoduodenale, der Leberpforte, der Leber, des Peritoneums, des Zwerchfells und des Mesenteriums.

Dg: Gallenblasenkarzinom vereinzelt durch sonographischen Nachweis der Wandverdickung und Feinnadelpunktionszytologie. In den weitaus meisten Fällen jedoch als Zufallsbefund bei der histologischen Aufarbeitung der Gallenblase nach Cholezystektomie bei Cholezystolithiasis. Beim Gallengangskarzinom erfolgt die Diagnostik durch die diagnostischen Schritte zur Abklärung des schleichend und schmerzlos einsetzenden Verschlußikterus: Sonographie, i. v. Cholangiogramm, ERCP und bei hochgradigem Verschlußsyndrom PTC.

Th und *Prgn:* Operationsindikation bei allen operablen Patienten. Radikaloperationen jedoch selten möglich. Bei Gallenblasenkarzinomen: Cholezystektomie, bei Resektion nicht im Gesunden: Leberkeilresektion.
Beim Gallengangskarzinom bei distalem Sitz und Aussicht auf kuratives Vorgehen: Duodenopankreatektomie. Als palliative Maßnahme Hepatikojejunostomie. Bei sehr fortgeschrittenem Wachstum ist statt einer biliodigestiven Anastomose die Implantation einer Endlosdrainage empfehlenswert und kann für ein relativ beschwerdefreies Intervall sorgen. Darüber auch Radiotherapie mit Afterloading-Technik erfolgreich.
Die Prognose der Gallenwegskarzinome ist sehr schlecht, die 5-Jahres-Heilungsquote liegt unter 5%.

Ganglion (Überbein)

Sy und *Dg:* Relativ harte, zystische, in Bindegewebshülle liegende Geschwulst, angefüllt mit gallertartigem Inhalt. Steht meist mit Sehnenscheide oder Gelenk in Verbindung. Entstehung durch Aussackung der Synovia durch die bindegewebig-faserige Gelenkkapsel. Sitz vor allem Streckseite des Handgelenks, Kniekehle und Fußrücken. Charakterisiert durch langsames Wachstum, derbe, kugelige Form und meist große Härte sowie Hervortreten bei übertriebenen Gelenkstellungen.

Th: Operativ: Ausschälung der Ganglien unter aseptischen Kautelen. Durchstechungsnaht des zum Gelenk bzw. zur Sehnenscheide hinziehenden Stieles des Ganglions. Ruhigstellung der betroffenen Region in einer Gipsschiene bis zur sicheren Wundheilung. Relativ hohe Rezidivrate. Die Punktion bzw. die Instillation eines Ganglions ist obsolet.

Gangrän (Feuchter oder trockener Brand)

Ät: Erfrierungen, Endangitis obliterans, Morbus Raynaud meist bei Frauen, diabetische Mikroangiopathie, embolischer arterieller Verschluß, thrombotischer arterieller Verschluß bei Atherosklerose, Gefäßschädigungen mit Thrombosen durch paravasale Medikamenteninjektion.

Sy und *Dg:* Beginn meist mit Auftreten von Kältegefühl, Parästhesien, Schmerzen in Form des intermittierenden Hinkens im Bereich der betroffenen Gliedmaßen, später fehlender Puls, Kälte und Zyanose der Extremität sowie Absterben des Gewebes unter Bildung einer schwarzen Stelle oder Blase. Unter Hinzutreten von Infektionserregern entwickelt sich der feuchte Brand. Die weitere klinische Sicherung der Diagnose erfolgt durch Doppler-Sonographie und ggf. Arteriographie. Ratschow-Belastungstest.

Th: Behandlungsprinzip: Vermeidung einer generalisierten Sepsis, insbesondere bei Diabetikern, Erhaltung der Extremität, erforderlichenfalls Amputation in für prothetische Versorgung günstigem Niveau. Die Beurteilung setzt große chirurgische Erfahrungen voraus.
Bei *trockener Gangrän* wird die Demarkation abgewartet, ggf. Vitalfärbung. Bei Auftreten septischer Zeichen in jedem Falle systemische Antibiotikagabe. Die intraarterielle Gabe von Sauerstoff, Ozon oder Pharmaka ist nicht indiziert (bei wiederholter Anwendung: zusätzliche narbige Stenosierung des ohnehin erkrankten Gefäßes). Die medikamentöse Behandlung, die Ganglienblockade oder die Sympathektomie haben je nach Lokalisation des Strömungshindernisses im kapillären oder höheren Niveau und den vorhandenen Perfusionsdrücken unterschiedliche Anwendungsberechtigung (Gefahr eines Steal-Mechanismus im Bereich gesunder Gefäße bzw. zugunsten der Hautregion zu Lasten von Knochen und Muskulatur). Bei operablen arteriellen Stenosen oder Verschlüssen ist möglichst rechtzeitig die Verbesserung des Perfusionsdruckes in der Peripherie anzustreben.

Bei *feuchter Gangrän* unter Antibiotikaschutz Ermöglichung des Abflusses aus allen betroffenen Gewebsschichten, damit möglichst die Rückbildung entzündlicher Veränderungen erreicht werden und in möglichst distalem Niveau amputiert werden kann. Problematisch ist die Therapie bei diabetischer Mikroangiopathie, weil in sehr hohem Prozentsatz eine arterielle Verschlußkrankheit in höherem Niveau vorliegt, ferner meist diabetische Neuropathie und bakterielle Superinfektion sowie Auftreten von Mykosen. In etwa 90% der Fälle einer diabetischen Gangrän muß trotz intensiver orthopädischer, fußpflegerischer, internistischer und chirurgischer Maßnahmen mit dem Verlust der Extremität gerechnet werden. Bei kooperativen Patienten ist daher frühzeitig mit krankengymnastischer Übungsbehandlung zu beginnen, damit ggf. eine prothetische Versorung oder aber das Gehen auf Unterarm-Gehstützen erlernt werden kann.

Gasbrand

Ät: Erreger: Clostridium perfringens, Cl. septicum, Cl. novyi, Cl. histolyticum.
Alle erdverschmutzten buchten- und taschenreichen Wunden mit größeren Gefäßverletzungen sind besonders gefährdet (Granat- und Bombensplitterverletzungen, landwirtschaftliche Berufsunfälle, Verkehrsunfälle). Inkubationszeit: 4 Stunden bis 4 Tage.

Sy und *Dg:* Charakteristisch ist der plötzlich einsetzende Wundschmerz bei Fehlen entzündlicher Erscheinungen, schnelle Verschlechterung des Allgemeinbefindens, septischer Schock mit frequentem Puls, niedrige Temperatur, erhöhte BSG, intravasale Gerinnung. Verbrauchskoagulopathie, Leukopenie, Thrombozyten- und Hb-Sturz. Psychisch oft Euphorie oder Apathie. Anschwellung der betreffenden Extremität mit Emphysem-Knistern, Schachtelton und evtl. Blasenbildung mit serös-hämorrhagischem Inhalt. Wunde faulig stinkend mit Fehlen sämtlicher Entzündungserscheinungen, trockenes Aussehen und evtl. Ausfluß hämorrhagisch-stinkenden Exsudats. Rasende Schmerzen im betroffenen Extremitätenteil. Rasches Fortschreiten der Gasinfektion rumpfwärts, frühzeitig Herz- und Kreislaufschwäche. Röntgenologisch: Nachweis der Gasbildung.

Th: Operative Wundbehandlung steht absolut im Vordergrund. Ohne Rücksicht auf Gewebsdefekte breites Eröffnen aller Wundbuchten und Wundhöhlen mit Exzision allen nekrotischen Gewebes. Drainage der großen Wundflächen mit dicken Drainagerohren. Antibiotika systemisch, evtl. zusätzlich lokal sowie Wasserstoffperoxidspülungen, heute hyperbare Oxygenation in Überdruckkammer. Schneller Hubschraubertransport nach Diagnosestellung in ein entsprechendes Zentrum. Die Prognose ist abhängig vom Beginn der Therapie.

Gonarthritis (Kniegelenksentzündung)

Ät: Traumatisch, entzündlich.
Unspezifisch: hämatogen, lymphogen; spezifisch: tuberkulös, gonorrhoisch.

Formen: Nach Art des Ergusses unterscheidet man seröse, serofibrinöse, eitrige und blutige Form; nach Art des Auftretens wird zwischen akuten und chronischen Formen unterschieden.

Traumatische Gonarthritis

Sy und *Dg:* Kniegelenk geschwollen, fühlt sich heiß an, Tanzen der Patella, Gelenkerguß, Fluktuation, Spannungsgefühl, Bewegungsschmerz, Muskelschwäche.
Punktion zur Diagnosesicherung unter sterilen Kautelen. Punktat wird bakteriologisch untersucht. Bei hämorrhagischem Erguß weitere röntgenologische Diagnostik und evtl. Arthroskopie zur Klärung der Verletzung.

Th: Bettruhe, Volkmann-Schienenlagerung, Kompressionsverband, feuchte Umschläge, Wärmebehandlung.
Bei chronischem Erguß noch längere Zeit Kompressionsbinden oder Gipstutor. Eitriger Erguß: Empyem. Je nach Schwere des Krankheitsbildes folgendes Vorgehen:
Bei beginnendem Empyem intraartikuläre Injektion von wasserlöslichen Antibiotika nach Abpunktion des dünnflüssigen Eiters. Erregertestung. Eventuell gezielte tägliche intraartikuläre Antibiotikagabe. Parenterale Antibiotikagabe. Gleichzeitig Ruhigstellung des Gelenkes durch Gipstutor und Bettruhe. Bei fehlender Besserung Spül-Saug-Drainage ohne Antibiotikazusatz.
Entwickelt sich mit dem Empyem eine Kapselphlegmone, muß neben breiter Eröffnung des Gelenkes eine ausgedehnte Spaltung der Weichteilphlegmone ohne Rücksicht auf den Gelenkapparat oder eine breite Aufklappung des Gelenkes mit Offenhalten desselben erfolgen. Später eventuell Resektion des Gelenks oder Kunstgelenk.
Bei Zeichen schwerer pyogener, nicht beherrschbarer Allgemeinfunktion ist eventuell Amputation oder Exartikulation notwendig.

Tuberkulöse Gonarthritis

Formen: Es werden 3 Formen unterschieden: Hydrops, Fungus und die käsig-eitrige Form.

Sy und *Dg:* Bei Hydrops findet sich neben praller Gelenkschwellung mit Erguß und Tanzen der Patella eine gering eingeschränkte Beweglichkeit sowie eine deutliche Abmagerung der Ober- und Unterschenkelmuskulatur.
Bei Fungus sind die Gelenkumrisse infolge des stärkeren Muskelschwunds mehr verwischt. Das Gelenk erscheint spindelförmig. Die Haut ist glänzend weiß = Tumor albus. Mäßig vorhandene Schmerzen, Flexionskontraktur oder Auftreten pathologischer Gelenkstellungen.
Bei der käsig-eitrigen Form sind oft stärkere Schmerzen vorhanden, und es treten höhere Temperaturen auf; Funktionsstörung und Formverunstaltung sind mannigfaltig. Bei Entwicklung von Fisteln, Gefahr der Sekundärinfektion des Gelenkes, außerdem Gefährdung der Umgebung, da offene Tuberkulose.

Th: Bei Hydrops und Fungus konservative Behandlung. Röntgenbestrahlung. Ruhigstellung und Entlastung des Gelenks durch Gipsverbände.
Medikamentös: INH, Myambutol, Rifampicin, evtl. PAS. Bei der käsig-eitrigen Form und fortschreitendem Fungus außer bei Kindern operatives Vorgehen in Form der Resektion unter Entfernung der fungösen Kapsel sowie aller Knochen und Weichteilherde. Bei eintretender Mischinfektion evtl. Absetzen der Gliedmaße.

Gonorrhoische Gonarthritis

Sy und *Dg:* Akuter, stürmischer Beginn mit starken Schmerzen und mäßigen Temperaturen. Die Prognose hinsichtlich Gelenkfunktion ist schwierig zu stellen.

Th: Antibiotika parenteral und intraartikulär, Ruhigstellung, Hochlagerung, Umschläge.

Gynäkomastie

Ät und *Sy:* Ein- oder doppelseitige Vergrößerung der männlichen Brustdrüse. Bei Jugendlichen in der Pubertät häufig ohne faßbare hormonelle Störungen; oft spontan reversibel. Beim älteren Mann medikamenteninduziert (z. B. Östrogene beim Prostatakarzinom) oder Östrogenabbaustörung bei Lebererkrankungen. Altersunabhängig durch hormonbildende Tumoren (z. B. Hodentumor, Hypophysentumor).

DD: Mammakarzinom des Mannes, Adipositas.

Th: Subkutane Mastektomie bei starker psychischer Beeinträchtigung oder zum Ausschluß eines Mammakarzinoms (ältere Patienten).

Halsrippen

Def und *Vk:* Ein- oder doppelseitige, vom 7. Halswirbel ausgehende rudimentäre Rippe, oft mit knöcherner oder bindegewebiger Verbindung zur 1. Rippe, weiblich: männlich = 3:1, in über 80% symptomlos.

Sy und Dg: Durch Kompression von Brachialplexus und/oder Arterie und V. subclavia lagebedingte Störung von Sensibilität, Motorik und Zirkulation (Zyanose der Finger, Abschwächung des Radialispulses). Oft in Supraklavikulargrube tastbar, klinische Sicherung durch Adson-Test und durch Angiographie (Impression der A. subclavia).

DD: Skalenussyndrom (muskuläre Kompression der entsprechenden Strukturen).

Th: Bei Beschwerden Skalenektomie oder Rippenresektion.

Hämangiom (Blutgefäßgeschwulst)

Umschriebene Erweiterung normal angelegter Gefäße oder geschwulstartig angeborene Mißbildungen von Gefäßen uni- oder multilokulär. Auch als echte Geschwülste auftretend (Hämangioblastome). Farbe abhängig von der Lokalisation: wenn oberflächlich, hellrot; bei tiefer Lokalisation dunkelrote bis blauschwarze Färbung. 3 Formen:

Haemangioma simplex (Feuermal, Storchenbiß, Portweinfleck)

Sy und *Dg:* Im Hautniveau liegende kapillare Ektasie mit flächenhafter Ausdehnung und flammenartigen Ausläufern. Bei angeborenen Formen keine Wachstumstendenz, oft spontane Rückbildung.

Th: Kosmetische Indikation – Exzision.

Haemangioma cavernosum (Blutschwamm)

Sy und *Dg:* Über das Hautniveau ragende, aus ektatischen Venen bestehende Gefäßgeschwulst, in über 50% Hals und Kopf betreffend, aber auch an inneren Organen (Leber, Milz, Nieren, Gehirn, Knochen). Maligne Entartung möglich (10–15%). Blutungsgefahr.

Th: Indikation: schnelles Wachstum, Infektion, Zerstörung von Nachbarschaftsstrukturen, Blutung. Exzision.

Haemangioma racemosum (Rankenangiom)

Sy und *Dg:* Gefäßmißbildung mit kaliberstarken Gefäßen und arteriovenösen Fisteln. Wachstumstendenz, hohe Blutungsgefahr.

Th: Exzision nach angigraphischer Darstellung der zuführenden Arterien und präliminarer Ligatur derselben.

Hämorrhoiden

Sy und *Dg:* Hyperplasie des Plexus venosus rectalis (Corpus cavernosum recti) (innerer Hämorrhoidalplexus). Arterielle Versorgung durch drei Äste der A. rectalis superior. Die venöse Drainage erfolgt durch seitlichen Abfluß durch den M. sphincter ani internus und ist abhängig von dessen Tonisierung. Lokalisation der Hauptknoten entsprechend den zuführenden Arterien bei 3, 7 und 11 Uhr in Steinschnittlage. Satellitenknoten möglich. Physiologisch für zusätzliche Abdichtung des Analkanals verantwortlich. Begünstigende Faktoren: chronische Obstipation, Sphinkterspasmus, Bindegewebsschwäche.

Stadieneinteilung der Hämorrhoidalerkrankung:

I. Nur proktoskopisch oberhalb der Linea dentata nachweisbare Hyperplasie des Plexus venosus rectalis, hellrote Blutauflagerung auf Stuhl, schmerzlos.
II. Bei Bauchpressen und Defäkation im unteren Analkanal prolabierende Knoten mit spontaner Retraktion; durch partielle Thrombosierung und Entzündung teilweise schmerzhaft; tastbar.
III. Fehlende spontane Retraktion des prolabierenden Knotens, durch Lockerung der bindegewebigen Fixierung Herabziehen der Linea dentata in den unteren Analkanal; bei Drosselung des venösen Abflusses häufig stark schmerzhafte Thrombosierung (*DD:* Perianalthrombose) mit Pruritus ani, Nässen und Analekzem.

Th: Vor jeder Therapie Rektoskopie und Kolondiagnostik zum Ausschluß eines malignen Tumors als Blutungsursache! Stadiengerechte Therapie.

I. Erziehung zu regelmäßigen Stuhlgewohnheiten, Vermeiden von Pressen bei der Defäkation, evtl. Infrarotkoagulation.
II. Sklerosierung mit Drosselung der zuführenden Arterie (submuköse Injektion von 5% Phenolöl oberhalb des Knotens).
III. Gummibandligatur bei noch fehlender bindegewebiger Umwandlung, sonst operative Therapie mit Ligatur der zuführenden Arterie und Exzision des hyperplastischen Knotens (Operation nach Milligan-Morgan oder Parks). Erhaltung von möglichst viel Anoderm zur Erhaltung der sensiblen Kontinenz (cave Whitehead-Operation).

Handchirurgie, akute

Wundversorgung, Dringlichkeit der Operation und Replantation

Der Unterschied zu Verletzungen anderer Körperregionen liegt in der engen Nachbarschaft zahlreicher funktionell wichtiger Strukturen. Grundsätzlich richtet sich das Vorgehen auch hier nach den Regeln der Wundversorgung von Friedrich, wobei die Wundexzision sich auf devitalisierte Haut und Muskulatur beschränkt. Nerven und Gefäße sowie Sehnen werden sorgfältig gereinigt, die gesamte Wunde einer exakten mechanischen Wundtoilette und Spülung mit Ringer-Lösung unterzogen. Beim Erfahrenen sollte grundsätzlich die primäre Wiederherstellung von Form und Funktion Ziel des Eingriffs sein. Somit darf die 8-Stunden-Grenze aus organisatorischen Gründen zur optimalen Erstversorgung überschritten werden (aufgeschobene Erstversorgung). Die „Dringlichkeit mit aufgeschobener Operation" (Iselin) (Versorgung nach frühestens 48 Stunden) bleibt schwersten Handverletzungen vorbehalten, wobei Verlegung oder Hinzuziehung eines erfahrenen Handchirurgen oder schwere Begleitverletzungen mit vitaler Gefährdung eine Rolle spielen. Die Replantation abgetrennter Gliedmaßen bleibt wenigen Zentren vorbehalten (Erfahrung, zeitlicher Aufwand); wichtig ist jedoch der sachgemäße Transport des Replantats (trockene Kühlung im Plastikbeutel) durch Eiswürfel.

Schwere Handwunden

Indikationen zu den verschiedenen Therapiemethoden: Für die *Erstversorgung* schwerer Handwunden ist mit Moberg zu betonen: Für die Arbeitshand ist der als mäßig zu veranschlagende Verlust eines Fingers oder von Teilen einiger Finger einer langdauernden Behandlung mit Versteifung und unverwendbaren Fingerresten vorzuziehen. Es ist falsch, Einzelfinger mit Hauttransplantaten

zu retten, wenn dadurch gefühllose Finger entstehen.
Bei einer schweren Quetschung mit Sensibilitätsstörungen in begrenzten Teilen der Hand ist daher gewöhnlich eine partielle Amputation erwünscht. Das gilt nicht für Daumen und Zeigefinger. Auch überflüssige Haut wird hier geschont, wenn die Sensibilität erhalten ist.
Sensibel versorgte Hauttüten und -falten, selbst wenn sie keinen Knochen enthalten, sind später ausgezeichnet zu rekonstruktiven Eingriffen verwendbar (Hilgenfeldt, Moberg).

Th:
- *Fingeramputationen:* Anzustreben ist die Deckung der volaren Stumpffläche mit Haut, die gute Sensibilität aufweist. Hier kann auch gelegentlich dorsale Haut, die bis zum Mittelgelenk von dorsal her sensibel versorgt wird, benutzt werden.
  Am 2. und 5. Finger kann im Bereich der Mittelhandknochen schräg abgesetzt werden im Sinne der Handverschmälerung nach Adelmann. Bei der Amputation am 3. und 4. Finger erhält man möglichst etwas vom Grundglied, da die Exartikulation im Grundgelenk immer die Funktion der Nachbarfinger durch Stabilitätsverlust schädigt. Eine Vereinigung der Enden der Beuge- und Strecksehnen über den Stumpf ist ungünstig für die Funktion der anderen Finger. Die Beugesehnen sind zu kürzen, damit spätere Verwachsungen der Stümpfe im Sehnenscheidenbereich unterbleiben. Volare Fingernervenneurome schmerzen, wenn sie in Narben eingebettet sind. Deshalb empfiehlt sich eine Nervenkürzung, so daß der Nerv in normales Fettpolster zurückschlüpft. Insgesamt ist ein voll sensibler Fingerstumpf mit kräftiger Hautdeckung wertvoller als ein gefühlloser, versteifter und schlecht durchbluteter Finger.
- *Primäre Weichteildeckung von Hand und Fingern:* Bei der Versorgung frischer Unfallwunden ist nach wie vor der spannungslose Wundverschluß mit dem Ziel der Primärheilung entscheidend, ganz gleich, ob ein- oder zweizeitig operiert wird.

Methoden:
- Fernstiellappen vom Ober- oder Unterarm oder vom Brust- und Bauchbereich;
- Verschiebelappen und Stiellappen, auch Fähnchenlappen genannt, aus der Umgebung;
- freie Transplantationen, wenn möglich in Form des Vollhaut- oder des dicken Spalthautlappens.
- Von Reverdin-Plastiken sollte in der Handchirurgie Abstand genommen werden.

Grundsätzlich ist ein gestielter oder verschobener Lappen aus der Umgebung günstiger als ein Fernstiellappen.

Nervenverletzungen

Sy und *Dg:* Vor jeder Anästhesie zu einem Wiederherstellungeingriff oder zu einer Wundversorgung ist die Sensibilität aller Fingerbeugeseiten zu prüfen, am einfachsten durch zartes Kneifen mit einer feinen chirurgischen Pinzette an der Radial- und Ulnarseite jeder Fingerbeere. Bei Spätzuständen empfiehlt sich der Ninhydrintest nach Moberg als objektive Probe; besondere subjektive Proben: Die Zweipunktunterscheidung nach Weber und die Aufleseprobe. Mit der Ninhydrinprobe weist man die Aminosäuren des Schweißes, der nur bei intakter Sensibilität sezerniert wird, in Form eines Fingerabdruckes nach.

Th: Die primäre Naht durchtrennter beugeseitiger Fingernerven, evtl. mit Operationsmikroskop oder Lupenbrille, insbesondere an Daumen und Zeigefinger, ist anzustreben, zumindest die Adaptation der Nervenenden mit atraumatischen feinsten Nähten. Sonst Nervennaht möglichst innerhalb 6 Wochen nach Erstverletzung. Nach Nervennaht 4–6 Wochen Ruhigstellung in Funktionsstellung von Hand und Fingern, d. h. in mittlerer Beugestellung vermittels dorsaler Gipsschiene und Stahlwollknäuel (Topfkratzer) in der Hohlhand. Erhaltene oder wiederhergestellte Sensibilität eines Fingers hat zumindest die gleiche Bedeutung wie erhaltene oder wiederhergestellte Beweglichkeit.

Sehnenverletzungen

Strecksehnenverletzungen

Ruptur am Mittelglied und Endgelenk der Langfinger (subkutan oder offen)

Sy und *Dg:* Hängendes Endglied, das nicht aktiv gestreckt werden kann, sog. „Hammerfinger“, „tropfender Finger“.

Th: Innerhalb der ersten Woche nach Verletzung führt eine temporäre Bohrdrahtarthrodese des Endgelenkes in Überstreckung für 4–6 Wochen zu völliger Ausheilung des Sehnenrisses. Bei frischen Verletzungen Anlage einer Stack-Schiene. Bei veralteten Fällen Raffung der mit Verlängerung geheilten Strecksehne durch entfernbare U-Draht-Naht.

Durchtrennung des mittleren Zuges der Streckaponeurose über dem Mittelgelenk

Sy und *Dg:* Endgelenk überstreckt, Mittelgelenk gebeugt („Knopflochmechanismus“).

Th: Bei *frischen Fällen* direkte Naht je nach Befund: 1. mit feinsten versenkten Einzelknopfnähten oder 2. mit Ausziehdrahtnaht nach Bunnell oder 3. mit Einroll- bzw. Achternaht nach Bunnell. Ruhigstellung danach ausnahmsweise in mittlerer Fingerstreckstellung.

Bei *veralteten Fällen:* Fowler-Plastik (s. u.) oder Abspaltung der medialen Hälften der Seitenzüge und Vereinigung derselben zu einem neuen Mittelzug nach Hellmann.

Durchtrennung der gesamten Streckaponeurose einschließlich beider Seitenzüge über dem Mittelgelenk oder Grundglied

Sy und *Dg:* Finger im Mittelgelenk gebeugt, Endgelenk leicht angebeugt.

Th: Naht der beiden Seitenzüge und des mittleren Zuges mit feinsten Nähten. Prognose über Mittelgelenk nicht sehr günstig. Bei veralteten Fällen oder frischen Fällen mit Sehnendefekt Fowler-Plastik, d. h. Bildung einer Schleife aus einer freitransplantierten dünnen Sehne, die unter der Streckaponeurose im Mittelgliedbereich durchgezogen wird und dort den Schleifenscheitelpunkt hat. Die sich über dem Grundglied kreuzenden Enden werden, in Fingerstreckstellung gespannt, an die Interosseussehnen beiderseits mit Knopfnähten fixiert.

Durchtrennung der Strecksehne über dem Grundgelenk

Sy und *Dg:* Beim Streckversuch Streckung im End- und Mittelgelenk, aber leichte Beugung im Grundgelenk.

Th: Ausziehdrahtnaht nach Bunnell oder versenkte End-zu-End-Naht nach Dychno-Bunnell. *Alte Verletzungen:* Nach Anfrischen versenkte End-zu-End-Naht der Sehnenstümpfe.

Strecksehnendurchtrennung über dem Handrücken

Sy und Dg: Nur geringe Hebeschwäche im Grundgelenk.

Th: Fast jede Nahtmethode mit feinem nichtresorbierbarem Material ergibt hier guten Erfolg. Schnell und gut: Ausziehdraht nach Lengemann. *Veraltete Verletzungen:* eventuell Sehnentransposition.

Strecksehnendurchtrennung im Unterarmbereich

Sy und *Dg:* Funktionsausfall vorwiegend im Grundgelenk. Ist nur eine Strecksehne durchtrennt, nur geringer Ausfall. Sind mehrere oder alle Sehnen durchtrennt, stärkerer Fingerhebeausfall, da die Kraftspende über die Sehnenquerzüge am Handrücken von Nachbarsehnen fehlt.

Th: Versenkte End-zu-End-Naht nach Bunnell, am besten mit Draht oder Stahllitze. Ältere Verletzungen: Da die proximalen Stümpfe meist stärker retrahiert sind, muß bei noch funktionstüchtigen Muskeln eine plastische Überbrückung mit freiem Sehnentransplanat erfolgen. Bei sehr später Versorgung und Muskelatrophie müssen andere Muskeln als Kraftspender herangezogen werden. Ruhigstellung nach belastungsfähigen Strecksehnennähten erfolgt grundsätzlich in Funktionsstellung der Hand, d. h. in Mittelstellung der Fingergelenke. Nur nach Einroll- oder Achternähten, die gleichzeitig Haut- und Strecksehne vereinigen, wird ausnahmsweise in leichter Fingerstreckstellung für 3 Wochen fixiert.

Verletzungen der langen Daumenstrecksehne

Sy und Dg: Ausfall der Streckung im Endgelenk.

Th: Versorgung wie Beugesehne, d. h. mit Ausziehdrahtnaht nach Bunnell. Bei veralteten Verletzungen ist der proximale Stumpf oft stark retrahiert, der Muskel atrophisch. Dann wird die Sehne des M.extensor indicis proprius oder communis in Grundgelenkshöhe durchtrennt und auf den distalen Daumenstrecksehnenstumpf transponiert oder eine Seit-zu-Seit-Anastomose des distalen Sehnenstumpfes des M. extensor pollicis longus mit dem Ende der Sehne des M. extensor pollicis brevis durchgeführt.

Verletzung der Sehne des M. abductor pollicis longus

Sy und Dg: Daumenabduktion im Seitenvergleich mit dem gesunden Daumen deutlich kraftloser. Radiale Begrenzung der Tabatière unschärfer, aber noch vorhanden (durch M. extensor pollicis brevis).

Th: Versorgung wie Beugesehne mit Ausziehdrahtnaht nach Bunnell oder in Form der

Lengemann-Naht. Bei veralteten Verletzungen eventuell Abspaltung eines Sehnenzügels aus dem M. extensor carpi radialis longus oder flexor carpi radialis zur Anastomosierung mit dem peripheren Stumpf.

Beugesehnenverletzungen

Formen

Zu unterscheiden ist an den Langfingern einmal zwischen Durchtrennung der tiefen Beugesehne, die am Endglied ansetzt, und der der oberflächlichen Beugesehne mit Ansatz am Mittelglied sowie der Durchtrennung beider Beugesehnen. Zum anderen ist der Ort der Läsion zu berücksichtigen.
Am Daumen ist neben den am Grundglied ansetzenden beiden kurzen Beugeköpfen, die nerval unterschiedlich versorgt werden – der oberflächliche Kopf vom N. medianus, der tiefe Kopf vom N. ulnaris –, nur eine lange Beugesehne mit Ansatz am Endglied vorhanden. Bei ihrer Läsion spielt lediglich der Ort eine Rolle. Diese eben geforderte diagnostische Differenzierung ist wesentlich für die Art der Therapie und für die Prognose.

Isolierte Durchtrennung der langen Daumenbeugesehne

Ausfall der aktiven Endgliedbeugung (bei gehaltenem Grundglied zu prüfen!).

Isolierte Durchtrennung der tiefen Langfingerbeugesehnen

Ausfall der aktiven Endgliedbeugung (bei gehaltenem Mittelglied zu prüfen!).

Isolierte Durchtrennung der oberflächlichen Langfingerbeugesehnen

Abschwächung der groben Kraft bei Beugung im Fingermittelgelenk. Genaue Prüfung: Die unverletzten Langfinger werden in Streckstellung gehalten. Dadurch werden die anatomisch zu einer „Quadriga" gekoppelten tiefen Beugesehnen in ihrer Funktion ausgeschaltet (Verdan). Auch bei unverletzter oberflächlicher Beugesehne erfolgt jetzt lediglich aktive Beugung im Grund- und Mittelgelenk. Fehlt aber die aktive Beugung im Mittelgelenk, so liegt eine Durchtrennung der oberflächlichen Beugesehne vor.

Zonale Lokalisation von Beugesehnenverletzungen

Einteilungsmethoden

Die alte Einteilung von Bunnell für die Lokalisation von Beugesehnenverletzungen entweder im „Niemandsland", d. h. im Bereich der Daumen- und Langfingersehnenscheiden, oder außerhalb des „Niemandslandes", d. h. distal im Daumen- und Langfingerendgliedbereich bzw. proximal im Hohlhand-, Handgelenks- und Unterarmbereich, war eine gute Grundlage der einzuschlagenden Therapie.
Heute sollte jedoch die verfeinerte Einteilung für den Ort der Läsion von Beugesehnenverletzungen nach Verdan und Michon, die auf der von Bunnell basiert, Anwendung finden:

Zone I: Daumen

Ansatz der langen Beugesehne bis Mitte Grundglied (Bereich distal des „Niemandslandes").
Am besten primäre oder auch frühe sekundäre Naht mit Ausziehdrahtnahttechnik nach Bunnell. Ist das distale Ende zerfetzt, Exstirpation desselben und Neoinsertion des proximalen Endes am Endgliedknochen. Ist der entstandene Sehnendefekt größer als 1 cm, wird die lange Daumenbeugesehne im distalen Unterarmbereich nahe dem Muskelbauch Z-förmig verlängert. Da Lumbrikalismuskeln am Daumen fehlen, rückt die Sehne ohne weiteres nach vorn. Im proximalen Grundgliedbereich müssen Sehnenscheide und Ringband eventuell gespalten werden, wenn bei maximaler Beugung die Nahtstelle bis hierhin gleitet.

Zone I: Langfinger

Ansatz der tiefen Beugesehne bis zum proximalen Drittel des Mittelgliedes (Bereich distal des „Niemandslandes").
Nur bei alten Patienten, begrenzten funktionellen Anforderungen, der sekundären Wiederherstellung bei Sehnenscheidenobliteration, reichlicher Narbenbildung, schlechter Durchblutung oder irreparablen Nervenläsionen ist die *Tenodese* nach Moberg mit dem distalen Ende der tiefen Beugesehne des Endgelenks in mittlerer Beugestellung sowie die Resektion des proximalen Endes der Sehne bis in den Hohlhandbereich hinein angezeigt.
Besser ist in der Mehrzahl der Fälle die primäre End-zu-End-Naht der langen Beugesehne, in der distalen Zone I möglichst mit der Ausziehdrahtnahttechnik nach Bunnell, sonst in Form der Blockierung des proximalen Sehnenendes nach Verdan unter gleichzeitiger Spaltung der Sehnenscheide sowie

des Ringbandes der Mittelphalanx und temporärer Arthrodese des Endgelenkes in Beugestellung mit einem Bohrdraht. Ist das distale Sehnenende zerfetzt, Resektion desselben und Neoinsertion des proximalen Endes bei Defekten unter 2 cm sowie Verlängerung der Sehne im Hohlhandbereich. Bei Defekten über 2 cm ist die Tenodese nach Moberg sicherer als die freie Sehnenplastik.

Zone II: Niemandsland im Langfingerbereich

Proximales Drittel des Mittelgliedes bis zur distalen Hohlhandbeugefalte, wo die Langfinger-Sehnenscheidensäcke des 2., 3. und 4. Fingers proximal enden.
In dieser Zone sind die Wiederherstellungsprobleme am schwierigsten.
Zu unterscheiden ist zwischen

- isolierter Profundussehnendurchtrennung,
- gleichzeitiger Durchtrennung beider Sehnen,
- isolierter Läsion der Superfizialissehne.

Isolierte Profundussehnendurchtrennung (bei intakter Superfizialissehne): Einfachstes Verfahren, sekundär oder primär durchführbar, funktionell nicht ganz ideal, aber sicher: Tenodese des Endgelenkes in mittlerer Beugestellung mit dem distalen Sehnenende unter Resektion des proximalen Endes in der Hohlhand.
Vollkommene Wiederherstellung läßt sich vom Erfahrenen oft durch die Resektion der gesamten Profundussehnenteile vom Ansatz bis an die Hohlhand und den Ersatz durch ein freies dünnes Transplantat (Palmarissehne, Plantarissehne, Zehenstrecksehne, evtl. auch neuerdings Konservensehne) erzielen. Neoinsertion des Transplantates mit Bunnell-Ausziehdrahtnaht, Anastomose in der Hohlhand nach Brand, Lange-Pulvertaft oder Bunnell-Dychno.

Durchtrennung beider Sehnen: Sie bedroht die funktionelle Existenz des betroffenen Fingers. Die vollständige Wiederherstellung des 2-Sehnen-Mechanismus ist fast unmöglich. Eine Funktionseinschränkung ist im Endresultat auch nach optimaler Technik zu erwarten.
Bei schlechten äußeren Umständen, die selbst eine Versorgung unter Anwendung der „Dringlichkeit mit aufgeschobener Operation" in einem Handzentrum nicht zulassen, sollte primär lediglich Hautnaht und sekundär Versorgung der Sehnen und der meist mitverletzten Nerven erfolgen.

Bei der *Sekundärversorgung* sprechen folgende Kontraindikationen gegen die hier allein erfolgversprechende *freie Sehnentransplantation:*

- Gelenkversteifung mit wesentlichem Mangel an passiver Beugung,
- ausgedehnte Vernarbung mit Hautverhärtung,
- beidseitige irreparable Nervenschädigung.

In solchem Fall ist die beste Lösung die Fingeramputation.

Primäre Sehnenblockierung im Fingerbereich nach Verdan, insbesondere bei gleichartiger Verletzung mehrerer Finger: Resektion der Superfizialissehne bis in die Hohlhand. In Beugestellung des Fingers Blockade des proximalen und distalen Profundussehnenendes durch jeweils einen queren Draht oder eine Nadel, die durch Haut, Sehnenscheide und Sehne gestochen wird, bei Adaptation der Sehnenenden. Die Adaptation wird durch feinste paratendinöse Nähte gesichert. Die distale Blockade wird bei Verletzungen in der distalen Zone II durch temporäre Arthrodese des Endgelenkes mit Bohrdraht in Beugestellung ersetzt. Fixationsdrähte sind nach 3–4 Wochen zu entfernen. Dann aktive funktionelle Behandlung. In einem Drittel der Fälle ist nach 3 Monaten wegen Adhäsionen eine Tenolyse notwendig. Darüber muß der Patient von vornherein informiert werden.

Primäre Sehnenplastik zum Ersatz der tiefen Beugesehne nach Exstirpation der Superfizialissehne wird mit Palmaris-, Plantaris-, Zehenstreck- oder Superfizialissehne (die hierfür ausnahmsweise bis zur Handwurzel exstirpiert wird) oder dünner Konservensehne durchgeführt. Die Methoden ergeben zumindest ebenso gute Resultate wie die sekundäre freie Transplantation unter denselben technischen Gesichtspunkten.

Primäre Sehnenblockierung im Hohlhandbereich durch Transfixation nach Bsteh: Hilfsschnitt in der Hohlhand, Spaltung eines evtl. vorliegenden langen Sehnenscheidensackes. Reposition der zurückgeschlüpften proximalen Sehnenstümpfe, so daß sie bei gebeugtem Finger die distalen Stümpfe berühren. Umstechung einiger Sehnenfaserbündel sowohl der Superfizialis- als auch der Profundussehne mit feiner Naht. Direkt proximal dieser Naht wird dann neben dem Hilfsschnitt durch Haut, Palmaraponeurose und beide Sehnen eine Nadel oder ein dünner Kirschner-Draht bis in das Periost des

entsprechenden Mittelhandknochens eingestochen zwecks Transfixation der Sehnen. 1–2 allerfeinste Adaptationsnähte der Sehnen im Läsionsbereich und daselbst Sehnenscheidenspaltung nach proximal und distal. Dorsale Unterarmgipsschiene sowie Aluminiumschiene zur Fingerfixation in mittlerer Beugestellung. Entfernung der Fixationsmittel nach 3–4 Wochen.
Bei *veralteten* Fällen, d. h., wenn die proximale Muskel-Sehnen-Einheit weniger als 2 cm Ausschlag hat, kommt als Kraftspender für die durch freie Plastik zu ersetzende Profundussehne eventuell die proximale Superfizialissehne des Nachbarfingers in Betracht.

Zone III: Daumen

Von der Mitte des Grundgliedes bis zur Grundgelenksbeugefalte = „Niemandsland" des Daumens.

Th: Im distalen Anteil des proximalen Ringbandes evtl. direkte Primärnaht der langen Daumenbeugesehne nach ausgiebiger Spaltung des Ringbandes bis 1 cm proximal des Punktes, bis zu dem bei aktiver Daumenbeugung im Endgelenk die Naht reicht (Verdan).
Sonst primäre oder sekundäre Sehnenverlängerung im distalen Unterarmbereich nahe des Muskelbauches, Exstirpation des distalen Stumpfes und Neoinsertion des vorgerückten proximalen Stumpfes oder freie Transplantation, oder Transposition der Sublimissehne des 4. Fingers, besonders bei alten Verletzungen mit Degeneration des Flexor pollicis longus in seinem muskulären Anteil.

Zone IV: Daumen

Grundgelenksbeugefalte bis zum Karpaltunnel. Die lange Daumenbeugesehne läuft tief im Thenarmuskelrelief direkt vor dem Mittelhandknochen.
Freie Sehnentransplantation oder Transposition der Sublimissehne des 4. Fingers.
Bei *gleichzeitigen Nervenläsionen* ist die primäre oder sekundäre End-zu-End-Naht nach Resektion der traumatisierten Nervenenden nicht immer möglich. Bei Läsion beider Nerven Benutzung eines Stücks des radialen Nerven als Transplantat für den funktionell wichtigeren ulnaren Nerven. Sonst bei schwer reparablen Sensibilitätsstörungen Transposition eines neurovaskulär gestielten Hautlappens (Insellappen) von der Ulnarseite der 4. Fingerbeere.

Zone V: Mittlerer Teil der Hohlhand

Sy und *Dg:* Die Wunden haben folgende Eigenschaften:
1. häufig Kombinationsverletzung von Sehnen und Nerven, da letztere oberflächlicher liegen,
2. Ursprünge der Mm.lumbricales an den Profundussehnen,
3. große Nähe des arteriellen oberflächlichen Hohlhandbogens und seiner oft variabel verlaufenden Fingeräste,
4. Fehlen der Sehnenscheiden des 2.–4. Fingers,
5. bei unbeachteter isolierter Sublimisdurchtrennung eventuell nach Heilung der Haut später Auftreten eines „schnellenden Fingers".

Th:

- *Primäres Vorgehen:* adäquate Wunderweiterung. Bei unsauberer Wunde und isolierter Sublimisläsion Resektion der Stümpfe distal des Sehnenscheidenanfangs und proximal bis zum Karpaltunnelanfang. Bei sauberen Wunden primäre Naht. Teilexzision der Palmaraponeurose. Durchtrennung der tiefen Beugesehne ist meist kombiniert mit Läsion der oberflächlichen, falls die Wunde nicht schräg verläuft.
  Immer primäre Naht der tiefen Beugesehne (direkte, versenkte Drahtnaht nach Dychno-Bunnell, die evtl. mit Paratenon oder Lumbrikalismuskulatur gedeckt wird). Die gleichzeitig durchtrennte Sublimissehne kann (s. o.) teilexstirpiert oder bei günstigen Verhältnissen ebenfalls genäht werden. In Frage kommt hierfür auch die Transfixation nach Bsteh (s. Zone II).
- *Sekundäre Wiederherstellung:* In alten Fällen mit Verlust von Profundussehnensubstanz: Sehnenplastik.
  Sonst entweder Anastomose des proximalen Sublimissehnenendes oder beider proximalen Sehnenenden mit dem distalen Profundussehnenende. Resektion des distalen Sublimisstumpfes bis zur Sehnenscheide oder auch Sehnentransferierung im Sinne der Verwendung einer Nachbarsublimissehne als Kraftspender für den distalen Profundusstumpf.
- Bei *verletzten Nerven* dieser Region sollten primär die Stümpfe mit feinsten Nähten adaptiert werden. Schlägt die primäre Nervennaht fehl, spätere Nervennaht.

Zone VI: Karpaltunnel

Gewöhnlich strichförmige perforierende Wunden, die den oberflächlich liegenden N. medianus mitbeteiligen.
Primäre oder auch sekundäre Versorgung. Großer S-förmiger Schnitt von der Hohlhand bis zum distalen Unterarm mit Spaltung des Retinaculum (Lig. carpi transversum) am ulnaren Rand notwendig. Direkte versenkte Naht nach Dychno-Bunnell aller tiefen Beugesehnen und der Sublimissehne des 2. Fingers. Resektion der distalen und eventuell proximalen Enden der anderen oberflächlichen Sehnen ist ratsam, um Platz für die postoperative Schwellung zu schaffen. Von einer Naht der oberflächlichen Beugesehnen des 3., 4. und 5. Fingers soll man in schwierigen Fällen Abstand nehmen, insbesondere, wenn zusätzlich tiefe Sehnen verletzt sind.

Zone VII: Handgelenksbereich

Sy und *Dg:* Häufig gleichzeitige Verletzung von N. ulnaris und N. medianus. Nur bei Verletzung in Fingerstreckung liegen auch die Sehnenwunden in Zone VII, sonst in Zone VI, d. h. im Karpaltunnelbereich (also bei Handgelenksverletzung unter Fingerbeugung).

Th: Meist ist die weite Spaltung des Karpaltunnels notwendig. Möglichst primäre Versorgung, Hautdefekt durch Quetschwunden evtl. mit Visierlappen decken.
Die Sehne des M. palmaris longus bleibt unversorgt, lediglich Kürzung der Stümpfe.
M. flexor carpi radialis und M. flexor carpi ulnaris sind primär mit direkter Naht zu versorgen.
Sind oberflächliche und tiefe Beugesehnen zerschnitten, nur die tiefen Beuger und den oberflächlichen Zeigefingerbeuger nähen.
Bei Verletzung nur der oberflächlichen Beuger evtl. Zeige-, Mittel- und Ringfingerbeuger nähen.
Im Anschluß an die Sehnennähnte Naht des oberflächlicher liegenden N. medianus.
Medianusnaht möglichst primär, ohne Anfrischung, sonst nach 3, spätestens 6–10 Wochen sekundär mit Anfrischung.
Auch bei *Kindern* möglichst immer primäre Nervennaht durchführen. Im Handwurzelbereich sind wegen starker Narbenbildung häufiger Tenolysen und Neurolysen notwendig.
Sind A. radialis und A. ulnaris gleichzeitig durchschnitten, so sollte bei einer Arterie eine End-zu-End-Anastomose angelegt werden (Tunica adventitia an jedem Stumpf 3 mm abpräparieren zwecks Thromboseverhütung; Arterienstümpfe dann mit 5-0-Naht anastomosieren, evtl. auch Einzel-U-Nähte).

Hernie (Bruch)

Def.: Ausstülpung des parietalen Peritoneums durch eine präformierte oder sekundär entstandene Faszien- bzw. Muskellücke, fakultativ mit Inhalt von Eingeweideanteilen.

Formen:
- *äußere Hernie:* an der Körperoberfläche sichtbar (am häufigsten Leistenbruch),
- *innere Hernie:* Ausstülpung in eine präformierte Bauchfelltasche (z. B. Foramen epiploieum [Winslowi], Plica duodenalis superior [Treitz-Band]),
- *vollständige Hernie:* Bruchsack allseits von parietalem Peritoneum ausgekleidet,
- *Gleithernie:* Vorfall von retroperitonealen Organen (z. B. Colon ascendens), so daß der Bruchsack nicht vollständig von parietalem Peritoneum ausgekleidet ist.

Path. Anat: Die Bruchpforte besteht aus Muskeln, Sehnen, Aponeurosen oder Narben der Bauchwand bzw. des Zwerchfells. Der Bruchsack besteht aus einer Aussackung des Peritoneum parietale. Der Bruchinhalt sind Bestandteile des Bauchraumes (Netz, Darm). Bruchhüllen sind die den Bruchsack umgebenden Bestandteile (z. B. Bauchwandschichten).

Sy und *Dg:* Bei der reponiblen Hernie besteht freie Beweglichkeit des Bruchinhaltes, Reposition in die Bauchhöhle möglich. Bei der irreponiblen Hernie ist Reposition (Taxis) nicht möglich, da der Bruchinhalt an der Bruchpforte fixiert, aber nicht inkarzeriert ist (cave: En-bloc-Reposition). Die inkarzerierte Hernie ist eine an der Bruchpforte eingeklemmte Hernie mit Ernährungsstörung des Bruchinhaltes (z. B. durch Gefäßkompression oder mit Passagestörung des Darmes, Ileus). Ein Sonderfall ist die partielle Inkarzeration von Teilen der Darmwand: sog. Richter-(Littré) Hernie.
Vorwölbung an prädisponierten Stellen sicht- und tastbar, Verstärkung bei intraabdomineller Druckerhöhung (Pressen, Husten).
Symptomatisch Schmerzen, Übelkeit, Obstipation, Erbrechen (bei Einklemmung). Innere Hernien sind klinisch fast nie zu erkennen, sondern Zufallsbefund bei Laparotomie wegen Ileus.

Stets Fahndung nach symptomatischen Hernien: chronische Druckerhöhung (Tumor, Aszites) oder andere Zweiterkrankungen, die ursächlich für die Beschwerden verantwortlich sind.
Nabelbrüche bei Kindern zeigen hohe Rate von spontanem Bruchpfortenverschluß (bis 2. Lebensjahr).

Th:

- *Operativ:* Chirurgisches Prinzip: 1. Darstellung von Bruchhüllen und Bruchpforte, 2. Reposition des Bruchsackinhaltes, 3. Beseitigung des Bruchsackes und 4. Verschluß der Bruchpforte.
  Großzügige Indikation zur operativen Behandlung auch bei symptomlosen Hernien, da inkarzerierte Hernien ein weitaus größeres Risiko darstellen.
- *Konservativ:* Reposition nur bei kurz bestehender Einklemmung (Kinder). Inkarzerierte Hernien des Erwachsenen müssen primär operiert werden. Repositionsversuch nur bei Hautinfekt, hohem Alter, sehr schlechtem Allgemeinzustand und kurzer Inkarzerationszeit.

Zwerchfellhernien

Sy und *Dg:* Vorfall abdomineller Eingeweideanteile in den Thoraxraum (Druckgefälle!) mit (echte Hernie) oder ohne (falsche Hernie) [Prolaps] Peritonealsack. Einerseits angeboren oder langsam erworben mit Prädilektionsstellen im Trigonum sternocostale und Trigonum lumbocostale sowie an den Durchtrittsstellen von Ösophagus (Hiatushernie), V.cava, Aorta, andererseits traumatisch mit Ruptur, meist im Centrum tendineum links (rechts durch Leber geschützt).

DD: Relaxatio diaphragmatica (oft fließende Übergänge) mit nervaler oder muskulärer Ursache.

Hiatushernie

Axiale Hiatushernie (Gleithernie)

Sy und *Dg:* Entweder verschieblicher oder narbig im Thorax fixierter ösophagokardialer Übergang. Sekundärer Brachyösophagus. Folgen: Kardiainsuffizienz, Refluxösophagitis, Mikroblutungen.
Oft klinisch stumm, nur röntgenologisch oder endoskopisch erfaßbar (Reflux von Kontrastmittel in Kopftieflage). Leitsymptom ist die Refluxösophagitis mit lageabhängigem Sodbrennen, retrosternalen Schmerzen, Regurgation.

DD: Primärer Brachyösophagus: angeboren verkürzter Ösophagus mit Verlagerung der von der thorakalen Aorta versorgten Magenanteile in das Mediastinum. Folgen: Kardiainsuffizienz, Refluxösophagitis.

Th: Bei Beschwerden zunächst konservativer Therapieversuch mit Gewichtsreduktion, Aufrichten des Oberkörpers nach Mahlzeiten und beim Schlafen, Antazida, H_2-Rezeptoren-Blocker. Operativ durch Fundoplicatio, Gastropexie, Pfeilerplastik.

Paraösophageale Hiatushernie

Sy und *Dg:* Bei erhaltener Lage des ösophagokardialen Übergangs Prolaps von Magenanteilen in den Thoraxraum; Spätstadium: Upside-down-Magen.
Retrosternale, teils stenokardische Beschwerden, chronische Anämie, akutes Abdomen bei Inkarzeration. Röntgenologische Diagnosesicherung.

Th: Immer operativ (Gastropexie, Fundoplikatio, Hiatoplastik) wegen Inkarzerationsgefahr.

Traumatische Zwerchfellhernie

Ät und *Sy:* Folge stumpfer Thorax- und Bauchtraumen. Stets „falsche" Hernie (Prolaps), meist im Centrum tendineum der linken Zwerchfellkuppel, mit Prolaps von Eingeweideanteilen in Thorax (Sogwirkung). Thoraxröntgenaufnahme.

DD: Pleuraerguß (cave Punktion!), Hämatothorax.

Th: Operativer Verschluß der Zwerchfell-Lücke, abdomineller oder thorakaler Zugang.

Herzchirurgie

Angeborene Herzfehler

Angeborene Herzfehler kommen in 8‰ vor. Die operablen Herzfehler entstehen ab der 4. bis zur 7. Schwangerschaftswoche. Die meisten angeborenen Herzfehler können mit klinischen Methoden diagnostiziert werden. Sie sind nur eine grobe Identifizierung; zur genaueren Diagnose und Operationsindikation muß eine Herzkatheteruntersuchung durchgeführt werden.

Ductus arteriosus apertus (Ductus Botalli)

Def: Er ist eine Verbindung zwischen dem Abgangsbereich der linken Pulmonalarterie und der Aorta descendens, umgeht im fetalen Leben die Lunge und verschließt sich nach der Geburt.

Sy: Sie sind abhängig von der Größe des aortopulmonalen Shunts. Die Kinder können klinisch völlig symptomfrei sein, oder es können die Beschwerden bis zur Herzinsuffizienz mit Dyspnoe reichen. Es besteht eine Neigung zu pulmonalen Infekten.

Dg: Auskultatorisch ist am 2. bis 3. ICR links parasternal ein systolisch-diastolisches Dauergeräusch zu hören. Auf dem Röntgenbild ist das Herz nach links verbreitert bei hervortretendem Aortenbogen; die Lungengefäßzeichnung ist vermehrt. Im EKG zeigen sich bei großen Shuntvolumen Linkshypertrophiezeichen. Das Blut, entnommen aus der Pulmonalarterie, zeigt gegenüber aus dem rechten Herzen entnommenen Proben einen Anstieg der O_2-Sättigung; die Drücke in der Pulmonalarterie sind erhöht. Die Angiographie zeigt den Duktus und seine genaue Lage.

Th: und *Prgn:* Operationsindikation: Jeder offene Ductus sollte im Kindesalter operiert werden, sonst ist die Lebenserwartung deutlich herabgesetzt durch Herzinsuffizienz und das Eintreten einer pulmonalen Hypertonie. Es gibt zwei Behandlungsmethoden:

- die Unterbindung des Gefäßes und
- die Durchtrennung mit Vernähung der Gefäßstümpfe.

Die Operationsletalität beträgt zwischen 0,5 und 5%. Die höheren Letalitäten sind bedingt durch Operationen im Erwachsenenalter und Notfalloperationen.

Aortopulmonales Fenster

Def: und Pathog: Es ist eine defektartige Verbindung zwischen der Aorta ascendens und dem Pulmonalisstamm. Die Pathophysiologie ist gleich der des Duktus. Sie ist nicht immer leicht anatomisch vom Duktus zu trennen.

Th: Eine Operationsindikation ist immer gegeben, solange ein Links-rechts-Shunt vorhanden ist. In extrakorpaler Zirkulation werden beide Gefäße getrennt und einzeln vernäht. Die perioperative Letalität beträgt um 1%.

Aortenbogenanomalien

Ät: Wenn Teile der angelegten fetalen Aorta persistieren oder eine Rückbildung nicht stattfindet, kommt es zu drei Anomalien:

- dem doppelten Aortenbogen,
- einer rechts absteigenden Aorta mit linkem Ductus arteriosus persistens und
- der sog. A. lusoria, einer retroösophagialen rechten A. subclavia.

Sy: Kompression der Trachea und des Ösophagus.

Th: Durchtrennung des Gefäßringes. Das Operationsergebnis hängt von der präoperativen Schädigung der Lunge ab; die Operationsletalität ist gering.

Aortenisthmusstenose

Def: Sie ist eine Verengung der Brustaorta, distal des Ursprungs der linken A. subclavia im Einmündungsbereich des Ductus arteriosus.

Formen: Im wesentlichen kommen zwei Formen vor: die postduktale Form und die weniger vorkommende präduktale Form.

Sy: Es besteht eine Hypertonie der oberen Körperhälfte bei herabgesetzten Blutdruckwerten der unteren Extremitäten. Kardial kann eine dekompensierte Linksherzinsuffizienz auftreten. Durch den Hochdruck in der oberen Körperhälfte kommt es zu zerebralen Symptomen wie Kopfschmerzen, Schwindelanfällen, Sehstörungen und Nasenbluten. Im Erwachsenenalter treten apoplektische Insulte auf, die dann zum Tode führen können.

Pathog: Wegen der Einschnürung der thorakalen Aorta besteht im oberen Körperbereich eine Widerstandshypertonie. Der kollaterale Kreislauf, von supraaortalen Ästen ausgehend, und die Interkostalarterien leiten das Blut in umgekehrter Strömungsrichtung wieder zur poststenotischen Aorta.

Dg: Systolisches Geräusch im linken Parasternalareal und zwischen den Schulterblättern, im EKG Linksherzbelastung. Rippenusuren sind Aussparungen in den unteren Rippenrändern durch die hypertrophierten Interkostalarterien. Herzkatheter und Angiographie lokalisieren die Einengungen.

Th und *Prgn:* Operationsindikation: Bei einem Druckgradienten von mehr als 40–50 mmHg ist die operative Beseitigung der Stenose notwendig, ebenso bei Hypertonie der oberen Körperhälfte und zerebraler Symptomatik.

Es gibt mehrere Möglichkeiten der Beseitigung der Stenose:

- End-zu-End-Anastomose nach Resektion des Schnürrings,
- Interposition einer Kunststoffprothese bei langstreckigen Stenosen,
- eine Patcherweiterungsplastik (Dacronpatch),

- direkte Plastik durch Längsinzision und Quervernähung,
- Erweiterungsplastik unter Zuhilfenahme der A. subclavia.

Die Letalität liegt zwischen 3 und 5%. Bei Erwachsenen kann sie ansteigen auf 10%. Die günstigste Operation ist zwischen dem 6. und 15. Lebensjahr mit einer Operationsletalität unter 1%. Querschnittslähmungen als Operationskomplikation sind mit 0,4% selten.

Pulmonalstenose

Formen: Es gibt 3 Arten:

- die valvuläre,
- die infundibuläre und
- die supravalvuläre Pulmonalstenose.

Pathog: Es besteht eine Ausflußbehinderung des rechten Ventrikels, ein Druckgradient zwischen rechtem Ventrikel und Pulmonalarterie. In extremen Fällen können die Drücke im rechten Ventrikel bis über 200 mmHG ansteigen. Daraus resultiert eine Rechtsherzhypertrophie und eine Verminderung der Lungendurchblutung.

Sy: Druckwerte im rechten Ventrikel über 80 mmHg führen zu Leistungsdyspnoe, höhere Drücke zu Rechtsdekompensation und hypoxischen Anfällen.

Dg: Systolisches Austreibungsgeräusch über dem 2. ICR links parasternal. Im EKG Rechtsherzhypertrophiezeichen. Im Röntgenbild Verbreiterung der Herzsilhouette.

Herzkatheteruntersuchung: Bestimmung des Druckgradienten zwischen rechtem Ventrikel und Pulmonalarterie. Das Angiogramm demonstriert die Lokalisation der Stenose.

Th: und *Prgn:* Operationsindikation: Sie besteht bei deutlichem klinischen Beschwerdebild und einem systolischen Druck im rechten Ventrikel von über 80 mmHg.
Methode der Wahl ist die offene Kommissurotomie der Pulmonalklappe bei extrakorporaler Zirkulation oder Oberflächenhypothermie. Die perioperative Letalität beträgt ca. 2%. Nach Kommissurotomie tritt eine Pulmonalklappeninsuffizienz auf, die jedoch keinen Krankheitswert besitzt. Die offene Infundibulektomie ist selten und bringt die gleichen Ergebnisse wie die Kommissurotomie. Die supravalvulären Pulmonalstenosen erfordern eine plastische Korrektur.
Die Kinder mit Pulmonalarterienatresie mit hypoplastischem rechten Ventrikel und Vorhofseptumdefekt sind nur lebensfähig, wenn die Lungendurchblutung wiederhergestellt wird, und zwar durch aortopulmonale Gefäßverbindungen oder eine Verbindung mit Ventil vom rechten Ventrikel direkt.

Aortenstenosen

Def: Es sind membranöse Stenosen der Aortenklappe selbst, oder es kann die ringförmige Endokardleiste subvalvulär fibrosieren und zur Stenose führen.

Formen:

- valvulärer Typ,
- subvalvulärer Typ.

Pathog: Die Einengung führt zu einem hohen systolischen Druckgradienten zwischen dem linken Ventrikel und der Aorta, der zwischen 150 und 200 mmHg liegen kann. Das erforderliche Schlagvolumen wird durch Myokardhypertrophie des linken Ventrikels bis zu einem gewissen Grade ausgeglichen.

Sy: Die körperliche Leistungsfähigkeit kann über lange Jahre normal bleiben; später tritt durch verminderte Koronardurchblutung Angina pectoris auf, desgleichen durch das Low-output-Syndrom Synkopen.

Dg: Auskultatorisch im 1. bis 2. ICR rechts parasternal, aber bis in die Karotiden ausstrahlendes systolisches Geräusch. Im EKG Linkshypertrophiezeichen und Linksschädigung im Sinne eines pathologischen Linkstyps.
Herzkatheteruntersuchung: Damit kann der Gradient zwischen linkem Ventrikel und Aorta festgelegt werden. Das Angiogramm zeigt die Morphologie der Stenose.

Th und *Prgn:* Operationsindikation: Bei einem Gradienten um 50 mmHg und entsprechenden Zeichen im EKG, natürlich bei den klinischen Zeichen einer Angina oder Vorkommen von Synkopen.
Mit Hilfe der extrakorporalen Zirkulation ist eine Kommissurotomie der Aortenklappen im Kindesalter anzustreben. Eine leichte Insuffizienz oder bleibende Stenose soll in Kauf genommen werden. Die Ergebnisse sind gut. Die perioperative Letalität beträgt 2%. Es wird in vielen Fällen jedoch nach Jahren ein künstlicher Klappenersatz notwendig sein. Bei subvalvulären Stenosen wird der fibröse Ring zentralwärts der meist intakten Klappe exzidiert. Die supravalvuläre Aortenstenose kann durch eine plastische Operation beseitigt werden.

Mitralstenosen
Sie sind im Kindesalter selten. Meist ist ein Klappenersatz notwendig.

Epstein-Anomalie
Def: Es ist eine Mißbildung durch Verlagerung der Trikuspidalklappe in den rechten Ventrikel. Der ursprüngliche Klappenring ist weit, als Ring, jedoch nicht als Klappe ausgebildet.
Pathog: Die verlagerte Klappe ist insuffizient und behindert die diastolische Füllung des rechten Ventrikels. Es fallen die Symptome einer Trikuspidalinsuffizienz auf, gefolgt von einer Rechtsherzinsuffizienz. Sie ist in der Hälfte der Fälle mit einem Vorhofseptumdefekt kombiniert.
Sy: Zuerst symptomlos, später Herzvergrößerung, rechtsseitige Pleuraergüsse, absolute Arrhythmie mit Vorhofflimmern.
Operationsindikation: dringend, weil eine Rechtsherzinsuffizienz schlecht beeinflußbar ist und dann ein hohes Risiko bildet.
Th: Implantation einer Kunstklappe im anatomisch richtigen Klappenring.
Komplikationen: Versagen des rechten Ventrikels durch diese plötzliche neue Belastung.

Vorhofseptumdefekte
Formen: Es gibt 3 Typen:

- Der Ostium-secundum-Defekt liegt an der Stelle des Foramen ovale.
- Der Sinus-venosus-Defekt ist unterhalb der Einmündung der oberen Hohlvene lokalisiert und vergesellschaftet mit einer partiellen Lungenfehleinmündung des rechten Ober- und Mittellappens.
- Der Ostium-primum-Defekt ist ein großer Defekt mit Beteiligung der Atrioventrikularklappen.

Pathog: Es besteht ein Links-rechts-Shunt auf Vorhofebene. Es kommt zu einer vermehrten Lungendurchblutung je nach Shunt-Größe. Es entwickelt sich eine pulmonale Hypertonie.
Sy: Im Kindesalter meist asymptomatisch, später Müdigkeit, Dyspnoe und Herzjagen. Infolge Erweiterung der Vorhöfe absolute Arrhythmie. Eine Zyanose entsteht erst dann, wenn eine Shunt-Umkehr eingetreten ist durch Pulmonalhypertonie.
Dg: Auskultatorisch ein systolisches Geräusch im 2. und 3. ICR links. Im EKG Zeichen einer Rechtsherzhypertrophie mit einem inkompletten Rechtsschenkelblock. Röntgenologisch zeigt sich eine Mehrdurchblutung der Lunge. Eine Herzkatheteruntersuchung ergibt einen Sauerstoffsättigungssprung auf Vorhofebene auf etwa 80%.
Th: Operationsindikation bei mehr als 30% eines Links-rechts-Shunts, natürlich auch bei klinischer Symptomatik.
Kontraindikation: Wenn der Lungenwiderstand den Systemgefäßwiderstand überschreitet.
Operationstechnik: Bei extrakorporaler Zirkulation direkte Naht bei kleinen Defekten oder Einnähen eines Patches bei großen Defekten. Die perioperative Letalität liegt unter 1%.

Endokardkissendefekte
Formen:

- Ostium-primum-Defekt,
- partieller oder inkompletter Atrioventrikularkanal,
- totaler AV-Kanal.

Der Ostium-primum-Defekt ist ein Vorhofseptumdefekt und dort besprochen. Besteht bei Vorliegen eines Ostium-primum-Defektes ein Spalt im aortalen Mitralsegel und weniger häufig ein Spalt des septalen Trikuspidalsegels, so spricht man von einem partiellen AV-Kanal. Kommt hier ein Ventrikelseptumdefekt hinzu, so besteht ein totaler AV-Kanal.
Sy: Der totale AV-Kanal führt zu den schwerwiegendsten hämodynamischen Veränderungen, und die Klinik wird bedingt durch Symptome des Ausmaßes des Links-rechts-Shunts auf Vorhof- und Ventrikelebene, der Schwere der pulmonalen Hypertonie und den Insuffizienzgrad der gemeinsamen atrioventrikulären Klappen.
Es besteht eine körperliche Unterentwicklung der Kinder.
Dg: Man hört ein systolisches Durchflußgeräusch. Röntgenologisch ist eine vermehrte Lungengefäßzeichnung mit prominentem Pulmonalsegment, eine Rechtsvergrößerung, eventuell auch eine Vergrößerung des linken Herzens und des linken Vorhofs sichtbar. Die Angiographie objektiviert den Fehler.
Th: und *Prgn:* Es besteht eine eindeutige Operationsindikation vor Eintritt ins Schulalter. Unter extrakorporaler Zirkulation wird bei einem partiellen AV-Kanal das Ostium primum verschlossen und der Mitralkappenspalt vernäht, während die Korrektur des totalen AV-Kanals komplizierter ist. Dabei

muß das Ventrikelseptum mit Hilfe eines Kunststoff-Patches rekonstruiert werden. Es erfolgt nun die Rekonstruktion der Klappen, und schließlich muß der Ostium-primum-Defekt wiederum durch einen Kunststoff-Patch verschlossen werden.
Das Operationsrisiko des partiellen AV-Kanals liegt um 5%. Es bleibt eventuell eine Mitralinsuffizienz zurück. Der totale AV-Kanal hat ein erheblicheres Risiko über 25% und nicht so gute Spätergebnisse.

Ventrikelseptumdefekte

- supravalvulärer Defekt (suprakristaler Typ),
- Defekt im membranösen Septum,
- Defekt unter dem septalen Trikuspidalsegel,
- Defekt im muskulären Septum.

Die Ventrikelseptumdefekte können zusammen mit Vorhofseptumdefekt, Pulmonalstenose, Transposition der großen Gefäße und Aortenisthmusstenose auftreten.

Pathog: Es besteht ein Links-rechts-Shunt, der zu vermehrter Lungendurchblutung und einer Linksherzbelastung führt. Es entwickelt sich eine pulmonale Hypertonie. Defekte unter einem Links-rechts-Shunt von 30% können sich spontan verschließen. Es kann eine Shunt-Umkehr durch den hohen pulmonalen Widerstand auftreten (Eisenmenger-Syndrom).

Sy: Wachstumsstörungen im Kindesalter, Anfälligkeit für Lungenentzündung und alle Stadien der kardialen Dekompensation können auftreten.

Dg: Man tastet und hört ein systolisches Schwirren linkspräkordial im 2. und 4. ICR. Im EKG zeigen sich die Linksherzbelastung bei einem pulmonalen Hochdruck und Rechtshypertrophiezeichen. Die Herzkatheterisierung dokumentiert die Druckverhältnisse im Herzen und bestimmt das Shuntvolumen. Angiographisch ist eventuell die Lokalisation des Defektes möglich.

Th und *Prgn:* Indikation zur Operation: Bei einem Shuntvolumen von weniger als 30% kann abgewartet werden. Bleibt der Defekt offen, muß er später verschlossen werden. Große Ventrikeldefekte stellen eine Operationsindikation dar. Übersteigt jedoch der Quotient zwischen Lungen- und Gefäßwiderstand 0,9, so soll nicht mehr operiert werden.
Chirurgische Technik: Es wird heute der Frühkorrektur in starker Hypothermie der Vorzug gegeben. Größere Defekte werden mit einem Kunststoffflicken verschlossen, wobei das Reizleitungssystem Berücksichtigung finden muß. Wird dem palliativen Verfahren der Vorzug gegeben, so besteht es in der Stenosierung der Pulmonalarterie (Banding), mit der die Lungenstrombahn vor der pulmonalen Hypertonie geschützt wird. Das Operationsrisiko liegt zwischen etwa 1% bei kleinen Defekten und 5% bei großen Defekten. Die Operationsletalität steigt mit zunehmender pulmonaler Hypertonie.

Cor triatriatum

Def: Der linke Vorhof ist durch eine Membran mit kleiner Öffnung geteilt. Es kann ein Vorhofseptumdefekt dabei bestehen.

Sy: Die Größe der Öffnung in der Membran bestimmt die Höhe des pulmonalen Hochdruckes mit seinen Symptomen.

Th: Die Operation besteht darin, die Membran zu exzidieren. Das Operationsrisiko ist ungefähr mit 2% Letalität anzunehmen.

Lungenvenenfehleinmündungen

Formen:

- Suprakardialer Typ: Alle Lungenvenen münden über ein Gefäß in die rechte obere Hohlvene. Es besteht ein Vorhofseptumdefekt.
- Kardialer Typ: Die Lungenvenen münden in den rechten Vorhof, entweder direkt oder über den Koronarsinus. Es besteht ein Vorhofseptumdefekt als Verbindung zum linken Vorhof.
- Infrakardialer Typ: Alle Lungenvenen münden über ein Sammelgefäß in die untere Hohlvene. Eine isolierte Lungenvenenfehleinmündung ohne Vorhofseptumdefekt betrifft die untere und mittlere Pulmonalvene rechts. Sie mündet in die untere V. cava, wird als Szimitar-Syndrom bezeichnet und geht mit einer Sequestration des Lungenlappens einher.

Pathog: Es kommt zu einer vollständigen Mischung des venösen und arterialsierten Blutes. Die Kinder überleben nur, wenn gleichzeitig ein Vorhofseptumdefekt besteht. Es kommt zu einer pulmonalen Hypertonie durch das Aufstauen des Blutes und zur Zyanose.

Sy und *Dg:* Die Kinder zeigen eine Zyanose und frühe kardiale Dekompensation. Im Röntgenbild sind eine Verbreiterung des oberen Mediastinums nach beiden Seiten, kongestive Veränderungen der Lunge mit entsprechender Symptomatik und ein rechts verbreitertes Herz zu sehen.

Th und *Prgn:* Es besteht die Indikation zur Operation wegen der hohen Spontanletalität. Man kann bereits im Säuglingsalter operieren.
Durch verschiedene Methoden wird das arterialisierte Blut der Lunge direkt in den linken Vorhof drainiert. Die Spätergebnisse sind gut.

Lutembacher-Syndrom

Def: Es ist ein Ostium-secundum-Defekt mit Mitralstenose.

Sy: Die Symptomatik ist die eines großen Ostium-secundum-Defektes mit Rechts-links-Shunt. Er führt zur pulmonalen Hypertonie und zeigt das klinische Bild eines großen Vorhofseptumdefektes. Es besteht die gleiche Operationsindikation.

Th: Verschluß des Vorhofseptumdefektes und Korrektur des Ventilfehlers der Mitralklappe durch Kommissurotomie oder Klappenersatz.

Fallot-Tetralogie

Def: Sie besteht in einem Ventrikelseptumdefekt, einer rechtsventrikulären Ausflußbahnobstruktion infundibulär, valvulär oder kombiniert, einer Dextroposition der Aorta (reitende Aorta) und einer Hypertrophie des rechten Ventrikels.

Sy: Es besteht eine Zyanose aufgrund eines Rechts-links-Shunts. Uhrglasnägel und Trommelschlegelfinger sind weitere Zeichen. Hypoxisch bedingte Krampfanfälle treten häufig bei infundibulären Stenosen auf. Eine Hockstellung der Kinder ist typisch.

Dg: Im EKG ist ein Rechtstyp vorhanden, auskultatorisch eine Pulmonalstenose feststellbar. Die Herzgröße im Röntgenbild ist normal.

Th und *Prgn:* Indikation zur Operation: Je nach Schwere des Krankheitsbildes nach 6 Monaten bis zum Schulalter. Ein Palliativeingriff kann bei lebensbedrohlichen hypoxischen Anfällen in Erwägung gezogen werden mit dem Zweck, einen aortopulmonalen Shunt zu bewirken, z. B. die Blalock-Anastomose, eine Verbindung zwischen A. subclavia und rechtem oder linkem Pulmonalarteriensegment. Die Totalkorrektur wird bei extrakorporaler Zirkulation vorgenommen, der Ventrikelseptumdefekt durch Patch verschlossen und die rechtsventrikuläre Ausflußbahneinengung und/oder die valvuläre Pulmonalstenose beseitigt. Besteht darüber hinaus noch ein Vorhofseptumdefekt, spricht man von der Fallot-Pentalogie. Die Operationsletalität beträgt ca. 10%. Die Haupttodesursache ist das Versagen des rechten Ventrikels.

Truncus arteriosus

Def: Die Pulmonalarterien entspringen aus der Aorta.

Formen:

- *Typ I:* Der Pulmonalisstamm entspringt unmittelbar aus der Aorta über dem Ventrikelseptumdefekt.
- *Typ II:* Die beiden Pulmonalisäste entspringen einzeln oder gemeinsam vom dorsalen Anteil der Aorta.
- *Typ III:* Die Pulmonalisäste entspringen getrennt von der aszendierenden Aorta.

Th: Eine Korrektur sollte noch vorgenommen werden, wenn kein Druckangleich besteht, sich also noch kein fixierter pulmonaler Hochdruck ausgebildet hat. Operativ muß eine künstliche Verbindung zwischen dem rechten Ventrikel und den Pulmonalästen geschaffen werden, um den Ventrikelseptumdefekt zu schließen. Die vorhandene Zyanose verschwindet dann.

Pulmonalatresie

Der Pulmonalisstamm ist nur als Strang ausgeprägt. Es besteht ein Ventrikelseptumdefekt und ein offener Ductus arteriosus. Die Korrektur ist durch einen sog. Conduit vom rechten Ventrikel zur Pulmonalisbifurkation möglich. Dies ist eine Gefäßprothese mit integrierter Klappe.

Double outlet right ventricle (DORV)

Beide große Gefäße gehen vom rechten Ventrikel ab. Es besteht zusätzlich natürlich ein Ventrikelseptumdefekt. Die Diagnose wird angiographisch gestellt. Man kann diesen Herzfehler korrigieren. Das Risiko ist jedoch hoch, bis 40% perioperative Letalität.

Transposition der großen Gefäße

Def: Die Aorta entspringt vom rechten Ventrikel, die Pulmonalis aus dem linken. Es besteht ein Vorhofseptumdefekt, zuweilen auch ein Ventrikelseptumdefekt.

Sy: Zyanose von Geburt an. Es besteht eine ausgeprägte Polyglobulie. Hämatokritwerte über 60%. Hämoglobinwerte bis 15 mmol/l (24 g%). Es entwickelt sich eine hochgradige Dyspnoe bei geringsten Belastungen. Die Angiographie identifziert den Herzfehler. Säuglinge überleben nur bei einem offenen Foramen ovale oder einem offenen Ductus arteriosus.

Th und *Prgn:* Falls sich das Foramen ovale schließt, muß eine Septostomie nach Rashkind durchgeführt werden, um das Kind über die ersten Lebensmonate hinwegzubringen. Indikation zur Gefäßaustauschoperation: Ende des 1. Lebensjahres.
Ein Austausch der Gefäße ist schwierig. Deshalb kommt nur der Austausch der venösen Zuflüsse auf Vorhofebene in Frage, nach der Methode von Mustard. Die perioperative Letalität ist unter 10%. Ebenso sind die Spätergebnisse akzeptabel.

Koronararterienanomalien
Es gibt drei Formen:

- Koronararterienfisteln,
- Ursprung der linken Koronararterie aus der A. pulmonalis,
- einzeln vorkommende Kororonararterien.

Bei den Kororonararterienfisteln kommt es zu einem Links-rechts-Herz-Shunt. Die Fistel läßt sich koronarangiographisch darstellen und wird ligiert. Den Abgang der linken Koronararterie aus der A. pulmonalis nennt man Bland-White-Garland-Syndrom. Die Symptomatik besteht in der Minderperfusion der linken Koronararterie mit Myokardinfarktneigung. Chirurgische Therapie: aortokoronarer Bypass und Ligatur des Abgangs der linken Kranzarterie. Die einzeln vorkommende Koronararterie hat keine klinische Symptomatik und therapeutische Konsequenz.

Erworbene Herzklappenfehler

Pathogenese
Durch endokarditisch oder rheumatisch veränderte Herzklappen wird deren Ventilfunktion gestört. Es treten Stenosen und Insuffizienzen auf, oder beide Formen sind kombiniert. Sekundär wird das Myokard mit den Folgerscheinungen der Herzinsuffizienz beeinträchtigt.

Indikation zum Herzklappenersatz: Klinische Symptome der Herzinsuffizienz der Stadien II–IV nach der New York Heart Association.

Stadium II: Beschwerdefrei in Ruhe und bei geringer Belastung.

Stadium III: In Ruhe beschwerdefrei, aber bei normaler Belastung symptomatisch.

Stadium IV: Beschwerden selbst bei Ruhe. Atemnot ist das Kardinalsymptom, wie auch Angina pectoris.

Kontraindikationen: Sie sind allgemeiner Art, bestehen bei nicht heilbaren Krankheiten mit kurzer Lebenserwartung.

Mitralklappenfehler
Sie treten meist als Folge rheumatischen Fiebers auf, aber auch bei Endokarditis.

Mitralstenose

Pathog: Infolge der Verengung des Ventils zwischen Vorhof und Kammer ist der Einstrom in die linke Kammer behindert. Es erhöht sich der Druck im linken Vorhof, in den Lungenvenen und im Lungenkapillarsystem. Damit kommt es auch zur vermehrten Arbeit des rechten Ventrikels, der versucht, durch erhöhten Druck alle diese Widerstände zu überwinden, um die nötige Flußmenge im kleinen Kreislauf zu gewährleisten. Gelingt dies nicht, resultiert eine geringere Herzauswurfleistung. Bei einer Druckerhöhung im linken Vorhof von mehr als 30 mmHg kommt es durch Überwiegen des Vorhofdruckes über den onkotischen Druck des Plasmas zum Lungenödem.

Sy: Die niedrige kardiale Auswurfleistung ist verantwortlich für das Gefühl der Schwäche des Patienten; das Kardinalsymptom ist jedoch die zunehmende Atemnot bei Belastung, Herzstolpern, d. h. Rhythmusstörungen, tritt durch die Vergrößerung der Vorhöfe auf. Erhöhter Venendruck führt zu Ödemen der Extremitäten, zu Aszites und Lebervergrößerung. Arterielle Embolien entstehen aus Wandthrombosen im Vorhof.

Dg:

- *Nichtinvasiv:* Auskultation: diastolisch-präsystolisch rumpelndes Geräusch, deutlich in linker Seitenlage. EKG: Arrhythmien. Rechtshypertrophie, P mitrale. Sonographie zur Beurteilung der Klappenfunktion und Morphologie. Röntgenaufnahme des Thorax. Mitralkonfiguriertes Herz (rechtverbreitert mit prominentem Pulmonalissegment, linke Vorhofvergrößerung, rechts randbildend). Eventuell Kalzifikation in Mitralposition. Vermehrte Lungengefäßzeichnung.
- *Invasiv:* Die Herzkatheteruntersuchung bestimmt den Gradienten und das Ausmaß des pulmonalen Hochdrucks. Die Angiographie läßt die Beschaffenheit der Klappe, ihre Beweglichkeit und Dicke erkennen.

Th und *Prgn:* Es stehen zwei Methoden zur Verfügung: Der Klappenersatz und klappenerhaltende Eingriffe. Die geschlossene Kommissurotomie ohne Herz-Lungen-Maschine ist möglich, wenn Verwachsungen der Kommissuren bei unverändertem, nichtverkalktem Klappenring vorliegen. Eine offene Kommissurotomie wird mit extrakorporaler Zirkulation ausgeführt. Es können dabei auch komplex veränderte Klappen, evtl. mit Insuffizienzen und Papillarmuskelbeteiligung, korrigiert werden. Schrumpfung und Kalzifikation des Klappenringes und der Segel, massive Vergrößerung des Herzens und des linken Vorhofs werden mit einem Klappenersatz behandelt, wobei Kunststoffprothesen und Bioprothesen Verwendung finden können.
Kontraindikationen: Ein Klappenersatz mit Bioprothesen ist indiziert bei Kontraindikation gegen Antikoagulantienbehandlung mit Marcumar, welches bei der Anwendung von Bioprothesen unter bestimmten Voraussetzungen entbehrlich ist, bei Sinusrhythmus, kleinem linken Vorhof und guter Auswurfleistung des Herzens. Bioprothesen haben nur begrenzte Funktionsdauer, ca. 6–8 Jahre. Sie müssen dann ausgetauscht werden. Kunstklappen sind unbegrenzt funktionstüchtig, haben aber durch die Behandlung mit Antikoagulantien Gefahren: Blutungskomplikationen oder, bei unzureichender Dosierung, arterielle Embolien. Die perioperative Letalität beträgt bei Mitralklappenersatz insgesamt 4%, die der geschlossenen Kommissurotomie um 2%.

Mitralklappeninsuffizienz

Sy: Sie hat die gleiche Symptomatik wie die Stenose.

Dg: Diagnostisch werden dieselben Maßnahmen getroffen. Es findet sich ein Systolikum an der Herzspitze, im EKG ein P mitrale und eventuell Linkshypertrophiezeichen, im Röntgenbild eine Zeltform des Herzens. Der Herzkatheter zeigt die systolische Druckerhöhung im linken Vorhof, das Angiogramm Regurgitation in den Vorhof und ihr Ausmaß.

Th: Hier stehen auch die operativen Korrekturmöglichkeiten zur Verfügung wie bei der Mitralstenose, klappenerhaltend durch Raffung oder Semiprothese (Carpentier-Ring, ein Metallring, der den Klappenring rafft und so die Segel zum Schluß bringt) oder der Klappenersatz mit Bio- oder Kunststoffprothese. Die am häufigsten verwendete Prothese ist die St.-Jude-Medical-Zweiflügel-Klappe.

Aortenklappenfehler

Aortenklappenstenose

Ät: Stenosen der Aortenklappen können angeboren sein, entstehen als Folge einer Endokarditis oder durch Kalzifikation. Bikuspid angelegte Klappen verkalken bis zum 30. Lebensjahr.

Pathog: Aortenklappenstenosen verursachen einen Druckunterschied zwischen dem linken Ventrikel und der Aorta. Dieser Gradient kann bis zu 180 mmHg betragen. Stenosen mit einer Öffnungsfläche von 0,5 mm können noch mit dem Leben vereinbar sein, wenn der linke Ventrikel durch Hypertrophie diesen Widerstand überwindet. Erhöhung des enddiastolischen Druckes im linken Ventrikel ist ein Zeichen der Herzinsuffizienz, die in der Folge auftritt.

Sy: Zeichen der Herzinsuffizienz, in diesen Fällen zusätzlich Synkopen und Angina pectoris, schließlich Lungenödem.

Dg: Die Patienten sind blaß, haben einen schnellen kleinen Puls, ein lautes Systolikum über der Aorta, das EKG zeigt Linkshypertrophiezeichen, die Röntgenaufnahme eine Linksvergrößerung des Herzens. Die Katheteruntersuchung eruiert den Gradienten, eine Koronarographie die Beteiligung der Koronarien, eine Angiographie die Lokalisation der Stenose und eine eventuelle Regurgitationskomponente. Subvalvuläre Stenosen sind selten, supravalvuläre noch weniger häufig.

Th und *Prgn:* Indikation zur Operation: Lange Zeit kann Symptomlosigkeit bestehen, fortschreitende Vergrößerung des Herzens, Zunahme der Herzinsuffizienz, Auftreten von Angina pectoris und synkopale Anfälle sind Zeichen für eine dringende Behandlung. Es besteht eine Überlebenszeit ohne Behandlung von 6,5 Jahren nach Diagnosestellung.
Klappenersatz mit Kunststoff- oder Bioprothese. Weitere Information s. Mitralklappenersatz.
Die perioperative Letalität beträgt 2–4%, je nach Ausmaß der Erkrankung, die Fünfjahresüberlebensrate bis 80%.

Aortenklappeninsuffizienz

Ät: Insuffizienzen der Aortenklappen können außer bei rheumatischen und endokarditischen Erkrankungen auch beim Marfan-Syndrom auftreten.

Pathog: Durch das Zurückströmen des Blutes in den linken Ventrikel wird das Ventrikelvolumen erhöht, gleichzeitig das Schlagvolumen. Es wird eine große Menge Blut in eine wenig gefüllte Aorta ausgeworfen. Diese Menge kommt zu einem Anteil wieder zurück in den linken Ventrikel. Es resultiert daraus eine niedrige Flußrate für die Peripherie.

Sy: Der linke Ventrikel kann eine Aorteninsuffizienz lange Zeit kompensieren. Plötzlich jedoch treten die Zeichen der Herzinsuffizienz auf: Dyspnoe, Angina pectoris und Schwindel. Lungenödem mit nachfolgendem Rechtsherzversagen endet häufig tödlich.

Dg: Es besteht eine hohe Blutdruckamplitude, ein schneller Puls, ein helles diastolisches Geräusch ist im 4. ICR zu hören, röntgenologisch zeigt sich ein links verbreitertes Herz mit abgerundetem linken Herzrand infolge der Dilatation und Hypertrophie. Die Kardioangiographie demonstriert das Ausmaß der Regurgitation, die Druckmessung, den fehlenden Gradienten, die Erhöhung des enddiastolischen Druckes und die diastolische Senkung des Aortendruckes. Im EKG läßt sich ein pathologischer Linkstyp erkennen.

Th und *Prgn:* Klappenersatz, perioperative Letalität 3%.

Trikuspidalklappenfehler

Trikuspidalinsuffizienz

Beide Formen kommen gewöhnlich zusammen mit Mitralfehlern vor.

Ät: Wie bei den Erkrankungen der anderen Klappen sind die Ursachen die gleichen: rheumatisches Fieber, aber auch eine bakterielle Endokarditis.

Sy: Eine venöse Stauung steht im Vordergrund in den Stadien III und IV nach der New York Heart Association mit Ödemen. Aszites und Leberschwellung.

Pathog: Es kommt zu einem Rückstrom des Blutes aus dem rechten Ventrikel in den rechten Vorhof und zur venösen Stauung und, wenn nicht das venöse Blut wieder vom rechten Ventrikel in der Diastole aufgenommen werden kann, zur Insuffizienz.

Dg: Im venösen Kreislauf besteht ein erhöhter Venendruck, Pulsation der V. jugularis und Leberpulsation sind vorhanden, im Röntgenbild eine Vergrößerung des rechten Vorhofs, im EKG ein Rechtstyp, Rechtsschenkelblock und Vorhofflimmern.
Die Herzkatheterisierung zeigt den positiven Venenpuls und charakteristische Veränderungen der Vorhofkurve, den Druck im rechten Vorhof und der rechten Kammer. Bei erhöhtem Mitteldruck über 15 mmHg ist die Indikation zur Operation gegeben. Bei vorliegenden Mitralklappenfehlern kann es sich um eine sog. relative Insuffizienz handeln, die keiner Korrektur bedarf.

Th: Es steht die plastische Korrektur durch Raffung der Klappe nach De Vega und der Klappenersatz bei zerstörter Klappe zur Verfügung.

Trikuspidalstenose

Die Trikuspidalstenose hat ein ähnliches klinisches Bild und die gleiche Symptomatik; sie wird entsprechend diagnostiziert und mit einem Klappenersatz behandelt, wenn eine Valvulotomie nicht möglich ist.

Pericarditis constrictiva, Panzerherz

Def: Es sind epiperikardiale Fibrosen, die die diastolische Füllungskapazität beider Ventrikel behindern.

Ät: Perikarditis, eventuell spezifisch Hämoperikard.

Sy: Venöse Stauung, Halsvenenstauung, Lebervergrößerung. Aszites, Ödeme, Herzinsuffizienz.

Dg: Kleines Herz, Veränderungen der Vorhofdruckkurve.

Th: Perikardektomie.

Koronare Herzerkrankung

Ätiologie

Verengung der Kranzgefäßarterien durch Atheromatose oder kalzifierende Arteriosklerose und Verschluß der Kranzarterie. Risikofaktor Rauchen.

Symptome

Angina pectoris in Ruhe oder bei Belastung. Als Äquivalent können auftreten: Brennen hinter dem Brustbein, Oberbauchschmerzen, bis in den Unterkiefer und ulnar in den Arm ziehende Schmerzen.
Hyperlipidämie, Hypertonie, Diabetes mellitus, Hyperurikämie.

Pathogenese

Durch mangelnde Perfusion des Myokards kommt es zu temporären und permanenten Ischämien je nach Bedarf des Herzmuskels, die auch zum Myokardinfarkt führen können. Das Beschwerdebild richtet sich nach der Ausdehnung des entsprechenden nachgeordneten Gebietes der Kranzarterien. Wir unterscheiden drei Hauptäste: Von einem gemeinsamen Stamm gehen die zwei linken Hauptäste ab, der R. interventricularis anterior und der R. circumflexus mit einem Ostium, die rechte Kranzarterie separat. Es gibt drei Versorgungstypen, einen sog. Linksversorgungstyp, bei dem der linke Ventrikel hauptsächlich von den linken Koronararterien versorgt wird, einen ausgeglichenen Versorgungstyp, bei dem die rechte Kranzarterie einen Teil der Hinterwand und des Septums des linken Ventrikels versorgt, und den Rechtsversorgungstyp, bei dem die rechte Kranzarterie einen Großteil des linken Ventrikels versorgt. Je nach Lage der Stenose sind die nachgeschalteten Gebiete unterschiedlich in der Ausdehnung.

Diagnose

Sie besteht in der Koronarangiographie und ist indiziert bei Angina pectoris, leichter Angina pectoris mit Ischämiereaktion im Belastungs-EKG, bei asymptomatischen Patienen mit pathologischem Belastungs-EKG und nach Herzinfarkt, wenn die geringsten Symptome einer Angina pectoris auftreten. Operationswürdig sind Koronarstenosen von mehr als 50%.

Therapie und Prognose

Bypassoperation

Indikation zur aortokoronaren Bypassoperation: Schwere, nicht beherrschbare Angina pectoris, leichte Angina pectoris bei Mehrgefäßerkrankung und Befall des R. interventricularis anterior, Stenose des linken Hauptstammes und Dreigefäßerkrankungen mit beeinträchtigter Ventrikelfunktion.

Operabilität: Entscheidend ist der Durchmesser des Koronargefäßes. Unter 1 mm im Durchmesser messende Koronargefäße, die umgangen werden, haben eine hohe Verschlußrate von ca. 65%.

Kontraindikationen gegen die aortokoronare Bypassoperation: Ein frischer ausgedehnter Herzinfarkt, Herzinsuffizienz bei koronarer Kardiomyopathie und Allgemeinkrankheiten mit kurzer Lebenserwartung.

Technik: Als Gefäßüberbrückung wird die autologe Vene des Beines, in den meisten Fällen die V. saphena magna, verwendet und dierekt peripher der Stenose anastomosiert. Eine weitere Möglichkeit bietet die Anastomose der Koronarien mit der A. thoracica interna (mammoria interna). Die Operationen werden bei extrakorporaler Zirkulation und stillgelegtem Herzen ausgeführt. Die perioperative Letalität beträgt um 3% insgesamt; bei geplanten Operationen liegt sie deutlich unter 1%. Die perioperative Infarktrate kann man mit 4% angeben.

Langzeitergebnisse: Die besten Ergebnisse zeigt die A. thoracica-Anastomose mit Offenraten nach 10 Jahren um 70–80%. Die Venenbypasses bleiben zu 60–70% offen. Zur Nachbehandlung und Thrombosebehandlung wird Acetylsalicylsäure verwendet oder auch Marcumar gegeben. Die Patienten sind zu 95% frei von Angina pectoris oder erheblich gebessert. Die Lebenserwartung nach Operation entspricht der Lebenserwartung der Normalbevölkerung. Sie hängt ab von der Ventrikelfunktion, ebenso wie von dem Mehrgefäßbefall und Risikofaktoren.

PTCA, perkutane transluminale Koronarangioplastie als Alternative zur Operation

Indikationen hierzu sind: Proximale Stenosen bei Eingefäßerkrankungen. Risikoreich sind Zwei- und Mehrgefäßerkrankungen und Hauptstammstenosen. Vorteil der Methode ist eine gute Erfolgsrate von ca. 80%, kurze Hospitalisierung und Wiederholbarkeit der Methode. Beim Auftreten von Komplikationen während der PTCA wird eine notfallmäßige Bypassoperation zwingend. Hierbei ist die Infarktrate hoch, um 50%, und die Letalität um 9%.

Ventrikelaneurysma

Ät, Vk und *Formen:* Ventrikelaneurysmen treten in 8–15% nach einem transmuralen Myokardinfarkt auf. Die Vorderwandaneurysmen sind mit 74% häufiger als Hinterwandaneurysmen. Eine Septumbeteiligung ist häufig vorhanden.

- Chronisch-fibröses Aneurysma ist eine Herzwandvorwölbung sowohl in der Systole als auch in der Diastole.
- Das akute Aneurysma ist entstanden aus einem frischen transmuralen myokardialen Infarkt ohne Vorwölbung der äußeren Kontur des Herzens.
- Das fibromuskuläre Aneurysma zeigt keine lokalisierte Ausbuchtung, sondern mehr eine diffuse Dilatation der Wand, imponierend als immobiles Segment, bedingt durch Wandveränderungen, gemischt aus Fibrose und Muskel.

Pathog: Ein Herzwandaneurysma führt durch den Verlust kontraktilen Gewebes

zur Verminderung der Effektivität der Ventrikelkontraktion. Wenn 20–25% des kontraktilen Myokards durch Narbengewebe ersetzt werden, übersteigt dies die Kompensationsfähigkeit des restlichen gesunden Myokards, und der linke Ventrikel muß sich dilatieren, um die gleiche Auswurfleistung zu erreichen. Die Ventrikelvergrößerung bewirkt eine höhere Wandspannung. Diese wiederum erhöht den Sauerstoffverbrauch bei herabgesetzter Perfusion der Koronarien.
Zum Beispiel: Ein doppelt normal großer Ventrikel muß 4mal mehr Kraft aufwenden, um den gleichen systolischen Blutdruck aufrechtzuerhalten wie ein normal großer. Außerdem führt auch der Rückstrom von Blut in das Aneurysma während der Systole zum verminderten systolischen Auswurf, wenn das Aneurysma mehr als 15% des enddiastolischen Volumens enthält.

Dg:

- *Nichtinvasive Methoden:* Mit Hilfe des EKG lassen sich ca. 90% der Vorderwandaneurysmen erkennen. Hinterwandaneurysmen nur in 20%. Röntgenbilder des Thorax haben keine Aussagekraft. Auch Radioisotope können eingesetzt werden.
- *Invasive Dg:* Die Ventrikulographie gibt Auskunft über das Ausmaß der Ventrikelkontraktion, über Lage und Größe des Aneurysmas und über eine etwaige Infarktlokalisation. Es können außerdem die Auswurffraktion und die Funktion der Mitralklappe bestimmt werden. Dabei wird gleichzeitig das Koronarsystem dargestellt.

Th: Indikation zur Operation: Herzinsuffizienz, Angina pectoris und Herzinsuffizienz, arterielle Embolien als Folge des Aneurysmas mit 1% recht selten, und mit relativer Indikation ventrikuläre Arrhythmien.
Kontraindikationen gegen chirurgische Behandlung sind im allgemeinen das Fehlen einer Belastungsinsuffizienz und eine diffuse koronare Herzerkrankung mit einer Auswurffraktion unter 25% und der Fibrose des Restmyokards. Außerdem für die operative Chirurgie gültige Kontraindikationen. Bei nicht notwendiger Operation erfolgt die konservative Therapie.
Technik: Das Aneurysma wird reseziert und die Herzwand geschlossen.
Die Operation wird bei extrakorporaler Zirkulation ausgeführt.

Prgn: Die *perioperative Letalität* ergab in einer Sammelstatistik 11,5% mit einem Unterschied in den Kollektiven zwischen 3,3 und 37%; die häufigsten Todesursachen sind Low-output-Syndrom und Rhythmusstörungen.
Die Überlebensraten in Prozenten nach 4 Jahren in 4 Kollektiven zeigten, daß sie mit 80–60% deutlich höher sind als die des Spontanverlaufs bei Symptomatik mit 12–46%. Bestehen zusätzlich Koronararterienstenosen, sollten diese mitbeseitigt werden.
Aneurysmektomien mit Klappenersatz haben eine relativ hohe Frühletalität bis zu 50%.
Die Patienten erreichen ein besseres Stadium nach der New York Heart Association, d. h. die Herzinsuffizienz kann aufgehalten und das Leben verlängert werden. Perfusionsdefekte verkleinern sich, der Pulmonalarteriendruck sinkt ab.

Stumpfe Herzverletzung

Ät und *Pathog:* Bei einer großen Anzahl von Verkehrsunfällen kommt es zu tödlichen Folgen stumpfer Herzverletzungen. Alle diese Verletzungen waren stets mit erheblicher Beteiligung des Thoraxskeletts verbunden und nur 7% ohne größeres Trauma des Thorax entstanden.
Verletzungsmechanismen: Akzeleration-Dezeleration des Herzens, Kompression zwischen Sternum und Wirbelsäule und plötzliche Druckerhöhung im Thorax.
Das frei an den Gefäßen aufgehängte Herz wird durch Beschleunigungskräfte gegen Sternum oder Wirbelsäule geschleudert, und es kommt so zu Verletzungen des Myokards.

Formen: Perikardruptur, Myokardkontusion, Ruptur der Herzwand, Ruptur des Septums und Rupturen der Aorten- und AV-Klappen mit Abriß von Papillarmuskeln und Läsionen von Koronararterien in Form von Rupturen und Thrombosen.

Sy: Der Angina pectoris gleichender Schmerz, Atemnot, Herzstolpern, Schocksymptomatik. Das Auftreten ist sofort oder verzögert.

Dg: Auskultation. Es besteht eine Tachyarrhythmie oder Tachykardie trotz Behebung des Volumenmangels. Es können pathologische Herzgeräusche oder ein abgeschwächtes Herzgeräusch da sein, wie auch Perikardreiben.

EKG: Es ist in 12 Ableitungen über 48 Stunden anzufertigen, zeigt eventuell ein Infarkt-EKG, ventrikuläre Extrasystolen, Arrhythmien oder Vorhofflimmern und -flattern.

Röntgen: Mediastinale oder Herzvergrößerung, Hämatothorax. Es kann außerdem eine digitale Subtraktionsangiographie zur Beurteilung der Ventrikelfunktion angefertigt werden, ebenso wie eine Technetium- und Thallium-Szintigraphie zur Bestimmung der Ejektionsfraktion und Lokalisation einer Ischämie.

Th und *Prgn:* Herzkontusionen werden wie Infarkte behandelt, Rhythmusstörungen nach Analyse mit den üblichen Antiarrhythmika. Die Ruptur mit Hämatoperikard erfordert sofortiges operatives Eingreifen. Septumrupturen und Klappendysfunktionen, wenn sie hämodynamisch wirksam sind, müssen sofort, sonst erst konservativ behandelt werden. Die Prognose hängt von dem Ausmaß der Schädigung ab und von der frühzeitigen Diagnostik.

Penetrierende Herzverletzungen

Sie müssen sofort versorgt werden.

Sy: Hämatoperikard führt zu Tamponade und kardiogenem Schock. Der arterielle Blutdruck sinkt ab bei simultanem Anstieg des Venendrucks.

Th und *Prgn:* Operativ. Selten findet sich eine Klappenbeteiligung, die Kombination endet meist tödlich.

Herzschrittmacher-Anwendung

Ind: Sinusknotendysfunktion (Sinusbradykardie, Sinusstillstand, sinuatrialer Block, Bradytachyarrhythmie-Syndrom), Vorhofflimmern mit langsamer Ventrikelfrequenz, hypersensitiver Karotissinus, kompletter AV-Block 3. Grades, alle Bündelblockarterien, die weniger als 45 Aktionen pro Minute verursachen.

Ät: Diese Krankheitsbilder treten zu 90% als Folge koronarer Minderdurchblutung und nach Myokarditis, bei Herzklappenerkrankungen und nach Herzoperationen auf.

Sy: Bradykardie, Tachykardie, Herzinsuffizienz, Schwindel, Synkopen, verwaschene Sprache oder Paresen.

Dg: EKG, Langzeit-EKG, His-Bündel-EKG, Karotissinusdruckversuch, Ausschluß von relevanten A.-carotis-Stenosen durch Doppler-Untersuchung.

Th: Sie besteht in der Implantation transvenöser Elektroden und subkutaner Schrittmacheraggregate, die programmierbar sind und verschiedene Reizarten besitzen. Die Elektrode wird im rechten Herzen plaziert, das Aggregat subkutan implantiert. Die Pulszahl kann von außen geregelt werden. Bei Zweikammersystem übernimmt der Schrittmacher die Koordination der Überleitung von Vorhof und Kammer.
Durch die normalisierte Herzfrequenz und Koordination wird die Minderdurchblutung der Organe, insbesondere des Gehirns, beseitigt, die Leistungsfähigkeit des Patienten wiederhergestellt.

Hirschsprung-Krankheit (Megacolon congenitum)

Aplasie der intraumuralen Ganglien im Kolon bzw. Rektum (Auerbach- und Meissner-Plexus). Folge eines mangelhaften Deszensus von Ganglienzellen in der 7.–12. SSW, die von oral nach aboral erfolgt. Deshalb reicht das aganglionäre Segment immer vom Analkanal aus unterschiedlich weit oralwärts. Im aganglionären Segment kommt es zu spastischen Kontraktionen der Ringmuskulatur mit funktioneller Stenosierung („enges Segment") und sekundärer Erweiterung des oralwärts gelegenen Darmes.

Sy und *Dg:* Unmittelbar nach der Geburt erschwerte Stuhlentleerung mit erheblicher Bauchauftreibung, ileusartiges Krankheitsbild, kompliziert durch Enterokolitiden (Diarrhöen) mit schnellem Verfall des Kindes und tödlichem Ausgang.
Sicherung des Verdachts durch Kolonkontrasteinlauf (Nachweis eines „engen Segmentes") und histochemisch vermehrter Nachweis von Acetylcholinesterase in Schleimhautbiopsien.

Th: Primär Versuch mit täglichen Einläufen, bei Mißerfolg Anlage einer endständigen Kolostomie oral des engen Segments, Blindverschluß der aboralen Abschnitte nach partieller Resektion der Engstelle (histologische Untersuchung!), nach 6 Monaten tiefe Rektumresektion nach Rehbein.

Hyperparathyreoidismus, primärer

Def und *Vk:* Primäre Erkrankung der Nebenschilddrüsenzellen mit vermehrter Parathormonbildung. Erkrankungsinzidenz etwa 1,5/Millionen Einwohner.

Ät: solitäre Adenome (80%), multiple Adenome (5%), Epithelkörperchenhyperplasie (15%), Epithelkörperchenkarzinome (1%).

Sy und *Dg:* „Stein-, Bein- und Magenpein": rezidivierende Erkrankungen an Nierensteinen, Nephrokalzinose, Osteoporose bis zum klassischen Bild der Ostitis fibrosa cystica (v. Recklinghausen) mit Knochenschmerzen (Spontanfrakturen!) rezidivierende Magen- und Duodenalulzera sowie akute Pankreatitis. In ihrer klinisch besonders dramatischen Verlaufsform kann die Krankheit zum hyperparathyreoten Koma führen.
Sicherung der Diagnose durch Feststellung einer Hyperkalzämie (häufig nur durch wiederholte Messungen zu erfassen, da HPT in Episoden verläuft), Hypophosphatämie, Hyperkalzurie, Hyperphasphaturie und Erhöhung der Parathormonkonzentration im Serum; pHPT kann auch im Rahmen einer erblichen Endokrinopathie vorkommen (MEN, simultan auftretende **m**ultiple **e**ndokrine **N**eoplasien [Nebeniere, Pankreas, Hypophyse, Schilddrüse]).
Präoperative Lokalisationsdiagnostik durch Ultraschall, CT. Selektive Venenkatheterisierung zur stufenweisen Parathormonbestimmung vor Wiederholungseingriff sinnvoll.

Th: Operation. Freilegen sämtlicher Nebenschilddrüsen bzw. Exploration aller Positionen, an denen regelhaft Epithelkörperchen lokalisiert sind. Bei Mißerfolg Exploration der Halsweichteile und des Thymus von zervikal. Eventuell Autotransplantation von Epithelkörperchengewebe, z. B. in den Unterarm.

Ileus

Darmverschluß. Störung der Darmpassage durch ein mechanisches Hindernis, durch Motilitätsstörung (Paralyse) oder durch Mesenterialgefäßverschluß.

Mechanischer Ileus

Ät: Ursachen sind Brucheinklemmungen (Leisten- bzw. Schenkelbrüche, Narbenbrüche, innere Brüche), Strangbildungen (Briden) und Adhäsionen nach abdominellen Operationen, benigne und maligne Neoplasien, Gallensteine, Invaginationen, Volvulus (Sigma und Colon ascendens).

Sy:

- *Dünndarmileus:* Meist plötzlich auftretende krampfartige Leibschmerzen, Gefühl „versetzter Winde", Übelkeit und Erbrechen. Bei Strangulation schlagartig einsetzender anhaltender Vernichtungsschmerz („Hypoxieschmerz"), Agitiertheit des Betroffenen.
- *Dickdarmileus:* Änderung der Stuhlgangsgewohnheiten in den zurückliegenden Wochen (Obstipation, aber auch Diarrhöen), Auftreibung des Leibes, Sistieren des Stuhlganges, kolikartige Schmerzen, gelegentlich rezidivierende Blutbeimengungen zum Stuhlgang (Ursache meist Kolonneoplasma).

Dg: Bei Auskultation Stenoseperistaltik (plätschernde, gurrende Geräusche mit metallischem Beiklang), in Spätstadien wegen Erlahmung der intestinalen Motorik Stille im Abdomen (cave!). Bei Palpation gelegentlich prall gefüllte schmerzhafte Schlinge bzw. bei Invagination Invaginationstumor fühlbar. Peritoneale, auch lokalisierte Symptomatik bei Durchwanderungsperitonitis. Kontrolle des Rücklaufs aus der Magensonde bezüglich Quantität und Qualität. Pulsfrequenz: Zunahme spricht für Brisanz des Geschehens bzw. weist auf beginnende Kreislaufdekompensation hin. Röntgenaufnahme des Abdomens im Stehen bzw. in Linksseitenlage: stehende Dünndarmschlingen mit Spiegeln bei Dünndarmileus, prall mit Luft gefüllter Kolonrahmen bei Stenose im Kolonbereich. Häufig nicht so eindeutig differenzierbar. Scheint Kolonstenose am wahrscheinlichsten, Vornahme eines Kolonkontrasteinlaufes (mit Gastrografin) nach digitaler Untersuchung und Rektoskopie. Bei Verdacht auf Hindernis im Dünndarm Sicherung der Obstruktion durch Gabe von 60–100 ml Gastrografin via Magensonde (Gastrografin sollte bei unbehinderter Passage das Zäkum in 3–4 Std. erreicht haben).

Th:

- Sofortige intravenöse Flüssigkeits- und Elektrolytzufuhr, Ausgleich von Störungen im Säure-Basen-Haushalt, Überprüfung der Nierenfunktion (Dauerkatheter).
- Operation mit Behebung der Ursache. Darmentleerung entweder durch Ausstreifen der Flüssigkeit nach oral oder Enterotomie. Bei Kolonileus im Regelfall Entlastung durch Anus praeternaturalis bzw. Umgehungsanastomose mit Dünndarm, Beseitigung der Ursache in zweiter Sitzung.

Paralytischer Ileus

Def: Motilitätsstörung des Darmes als Folge unterschiedlicher Erkrankungen, die funktionell zu einer Darmpassagestörung bis zum Darmverschluß führt.

Ät: Praktisch alle intraabdominellen Erkrankungen können über neurogen-reflektorische Mechanismen sekundär zur Paralyse führen (Entzündungen, Koliken, postoperative Komplikationen wie Abszesse oder Nahtinsuffizienz). Häufig ist der paralytische Ileus auch toxischer Genese, z. B. bei Stoffwechselstörungen (Coma diabeticum, Kaliummangel).

Sy und *Dg:* Werden in erster Linie durch das Grundleiden bestimmt. Darüber hinaus meteoristische Auftreibung des Leibes, Dauerschmerz in Form eines Spannungsschmerzes. Sistieren von Wind- und Stuhlabgang, in späteren Stadien schwallartiges Erbrechen, oft von fäkulentem Charakter. Stille im Abdomen, Zunahme der Pulsfrequenz, Rückgang der Urinproduktion.

Dg: Suche nach einer Ursache entsprechend den anamnestischen Angaben. Röntgenuntersuchung des Abdomens im Stehen bzw. in Linksseitenlage zeigt Dilatation sämtlicher Darmabschnitte, die der Dauer des Ileuszustandes entsprechend nur mit Gas oder auch mit Flüssigkeit gefüllt sind. Suche nach freier Luft (Hohlorganperforation!). Sonographie (Gallenstein, Nierenstein, Pankreasprozesse, Abszesse, Hämatome).

Th: Allgemeinbehandlung wie beim mechanischen Ileus. Sanierung des Grundleidens, Behebung etwaiger Stoffwechselstörungen. Reinigungseinläufe, Parasympathomimetika.

Karbunkel

Def: Komplex mehrerer konfluierender Furunkel mit Gewebsnekrosen und meist spontaner lochförmiger Perforation über der Kuppe. Düsterrot-bläuliche Verfärbung des umgebenden Gewebes.

Ät: Meist Staphylokokken-, auch Streptokokkeninfekte eines Haarfollikels.

Sy: Bevorzugter Sitz: Nacken (Männer), Rücken, Gesäß, äußerer Gehörgang, Nasen-Lippen-Partie.

Schmerzen, Bewegungseinschränkung, Temperaturen, Schwellung der regionären Lymphknoten. Bei Gesichtskarbunkeln Gefahr der Meningitis durch Fortleitung der Infektion über V. angularis und Sinus cavernosus (Nackensteife, neurologische Symptomatik).

Th: In Vollnarkose Inzision unter Entfernung aller Nekrosen bis auf die Faszie. Desinfizierende Salbenverbände, Wundspülungen (Dusche oder Bad). Nach Entwicklung sauberer Granulationen bei größeren Defekten Deckung mit Spalthautlappen. Bei Gesichtskarbunkeln Bettruhe, Sprechverbot, flüssige-enterale Ernährung, Kataplasmen, keine Manipulationen, Antibiotika. Bei Fluktuation Stichinzision. Nach diabetischer Stoffwechsellage fahnden (s. auch Oberlippenfurunkel).

Knochentumoren

Einteilung und *Sy:* Man unterscheidet: primäre Knochentumoren, tumorsimulierende Knochenerkrankungen (tumor-like lesions) und sekundäre Knochentumoren (Metastasen). Aktuelle detaillierte Klassifikation im Wiener Knochengeschwulstregister. Mögliche Symptome: Schmerz, Schwellung, Functio laesa, Spontanfrakturen, Allgemeinsymptome.

Dg: Allgemein- und Lokaluntersuchung, Laborwerte nur Hilfsbefunde, da uncharakteristisch, Immunologie (verminderte zelluläre Abwehrlage bei malignen Tumoren). Röntgen in zwei Ebenen, ergänzt durch Schicht- und/oder Schrägaufnahmen, Angiographie, Szintigraphie, Computertomographie, Probeexzision.

Primäre Knochentumoren

Osteom

Sy und *Dg:* Sitz dieses benignen Tumors hauptsächlich am Schädeldach, Kieferknochen und in den paranasalen Sinus.
Radiologisch dichte, strukturlose, scharf begrenzte rundliche Areale.

DD: Verkalktes Meningeom.

Th: Bei Beschwerden und Verdrängungserscheinungen operative Entfernung. Prognose gut.

Osteoidosteom

Sy: Typisches klinisches Merkmal dieses gutartigen Tumors ist der Schmerz. Häufigste Lokalisation Femur, Tibia, Wirbelsäule und Humerus.
Röntgenologisch kleiner, rundlicher bis ovaler, gut abgrenzbarer osteolytischer Defekt (Nidus) mit mehr oder weniger osteosklerotischem Randsaum. Wegen möglicher Überlagerung durch Kortikalisverdickung gelegentlich Schicht- oder Schrägaufnahmen notwendig.

Th: En-bloc-Resektion. Bei Exkochleation Rezidive möglich.

Osteoblastom

Sy, Dg und *Vk:* Seltener, solitärer, meist gutartiger Tumor, der vor allem die Wirbelsäule und die langen Röhrenknochen befällt. Männliche Jugendliche und junge Erwachsene bevorzugt betroffen.
Symptome von der Lokalisation abhängig. Lange Anamnese mit geringen Schmerzen und lokaler Schwellung im Bereich der Röhrenknochen. Die Lokalisation an der Wirbelsäule kann zu neurologischen Ausfällen führen. Röntgenologisch 2–12 cm große, überwiegend scharf begrenzte osteolytische Herde.

DD: Osteosarkom, Osteoidosteom, aneurysmatische Knochenzyste, Riesenzelltumor.

Th: Ausräumung und Spongiosaplastik.

Chondrom

Sy: Knorpelbildender, gutartiger Tumor mit vorwiegender Lokalisation in den Phalangen der Hand und des Fußes. Bei Auftreten in den langen Röhrenknochen und am Stamm potentiell maligne. Klinischer Verdacht bei plötzlichem Wachstumsschub und Schmerzen.

Dg: Spindelförmige Auftreibung der Phalangen. Häufig führen Spontanfrakturen den Patienten zum Arzt. Röntgenologisch polyzyklische, osteolytische Destruktion mit fleckförmiger Verkalkung des Knorpels, meist in der Metaphyse gelegen.

DD: Riesenzelltumor, Zysten, fibröse Dysplasie.

Th: An der Hand Exkochleation und autologe Spongiosaplastik. Bei Lokalisation an den großen Röhrenknochen und am Stamm, vor allem beim Auftreten von Schmerzen zusammen mit Wachstumsschub, En-bloc-Resektion und operative Stabilisierung. Röntgennachbestrahlung wirkungslos.

Chondroblastom

Sy, Dg und *Vk:* Selten vorkommender, meist benigner Tumor. Sitz fast immer epiphysär in langen Röhrenknochen. Betrifft vorwiegend männliche Jugendliche.
Klinik uncharakteristisch. Häufig Schmerzen im benachbarten Gelenk. Spontanfraktur selten. Röntgenologisch kleiner, rundlicher bis ovaler, zentraler osteolytischer Defekt mit dünnem sklerotischem Randsaum, der sich bei Vergrößerung in die benachbarte Metaphyse ausbreiten kann.

DD: Osteoidosteom, Riesenzelltumor.

Th: Ausräumung, Spongiosaplastik.

Prgn: Rezidive möglich, maligne Entartung extrem selten.

Chondromyxoidfibrom

Sy, Dg und *Vk:* Sehr seltener, meist gutartiger Tumor jugendlicher Patienten in der Metaphyse langer Röhrenknochen.
Schmerzen wechselnder Intensität. Oft Schwellung und lokaler Druck- und Klopfschmerz. Röntgenologisch ovaläre, metaphysär bzw. metadiaphysär gelegene, exzentrische osteolytische Herde. Kortikalis häufig aufgetrieben und verdünnt. Ränder scharf begrenzt mit unterschiedlich ausgeprägter Sklerose. Nicht selten Trabekulierung vorgetäuscht.

Th: En-bloc-Resektion führt sicher, sorgfältige Kürettage in vielen Fällen zur Heilung.

Osteosarkom

Sy, Dg und *Vk:* Häufigster, primär maligner Knochentumor. Auftreten meist zwischen dem 10. und 20. Lebensjahr und im 5. und 6. Dezennium. Bevorzugte Lokalisation distaler Femur und proximale Tibia.
Lokale Schmerzen und Schwellung bei kurzer Anamnese. Haut über dem Tumor gelegentlich livid und überwärmt. Im fortgeschrittenen Stadium pergamentartig. Laborchemisch Erhöhung von BSG und alkalischer Phosphatase, Vermehrung der α_2-Globuline und der Lactatdehydrogenase. Tumorspezifische Antigene nachweisbar. Röntgenbefunde sehr unterschiedlich. Es ist zu trennen zwischen einer zystischen, einer sklerosierenden und der am häufigsten anzutreffenden Mischform. Zerstörung der Kortikalis wichtiges Kriterium für Malignität. Bei Infiltration der Kortikalis mit subperiostaler Ablagerung von Tumorzellen unterschiedliche Periostreaktion (Spicula, Codman-Dreieck, lamelläre Auflagerungen). Extraossäre Ausbreitung durch Angiographie, intraossäre durch Szintigraphie abzuklären. Computertomographische Untersuchung des Tumors zum Nachweis der Weichteilausdehnung sowie Kontrolle der Chemotherapie. Röntgenologische und computertomographische Untersuchung der Lunge zum Ausschluß von Lungenmetastasen (bei 70% der Patienten mit einem Osteosarkom besteht bereits zum Zeitpunkt der Diagnosestellung eine Lungenmetastasierung) sowie zur Ausgangsbefundung und Operationsplanung bei Metastasenresektion. Biopsie.

DD: Ewing-Sarkom, Myelom.

Th: Wird eine Probeexzision zur Gewebegewinnung durchgeführt, so ist bei der Schnittführung genau darauf zu achten, keine zusätzlichen Kompartments zu eröffnen.
Durch die Einführung des Adriblastins und die Entwicklung einer hochdosierten Methotrexat-Therapie in Kombination mit Vincristin und Cyclophosphamid ist es heute möglich geworden, in ausgewählten Fällen extremitätenerhaltend zu resezieren statt zu amputieren (Kompartmentresektion). Patienten mit einem gesicherten Osteosarkom sollten dafür ausgestatteten Zentren (Mitbeteiligung an der COSS-Studie) zugeführt werden.

Ewing-Sarkom

Sy, Dg und *Vk:* Hochmaligner Knochentumor, der vor allem das 2. Lebensjahrzehnt betrifft. Bevorzugt befallen sind von den langen Röhrenknochen Femur, Humerus, Tibia und Fibula, von den flachen Knochen Ilium und Rippen. Innerhalb des Knochens sowohl metaphysäre als auch diaphysäre Lage.
Klinisch kurze Anamnese. Beschwerden zunächst uncharakteristisch, später Dauerschmerz. Palpatorisch derber, unverschieblicher Weichteiltumor. Typischerweise bestehen bei großen Tumoren intermittierende Fieberschübe. Laborchemisch Leukozytose, Erhöhung der BSG, Verminderung der LDH und der α_2-Globuline.
Röntgenologisch breites Spektrum von destruktiven, reaktivossären periostalen Veränderungen (Spicula, zwiebelschalenartige Auflagerungen, Codman-Dreiecke). Szintigraphie zum Ausschluß primär multipler Herde.

DD: Eosinophiles Granulom, leukämische Infiltrate, Retikulosarkom.

Th: Auch hier sind bei Kombination von Strahlen- und Chemotherapie (besonders bewährt ist die Kombination Actinomycin D, Adriamycin, Vincristin und Cyclophosphamid) extremitätenerhaltende Resektionen möglich.

Chondrosarkom

Ät, Sy, Dg und Vk: In 90% Primärgeschwulst, 10% maligne Entartung einer kartilaginären Exostose, eines Chondroms oder Morbus Paget. Tritt vorwiegend im 3. bis 6. Dezennium auf. Differenzierte Tumoren zeigen langsames Wachstum und geringe Metastasierungstendenz, während wenig differenzierte rasch zum Tod führen. Prädilektionsstellen Becken, koxales Femurende, Rippen- und Schultergürtel.
Schmerzen, Schwellung, vermehrte Hautvenenzeichnung, BSG erhöht. Röntgenologisch Knochendestruktion mit fleckförmigen Verdichtungen. An den platten Knochen, vor allem am Becken, erreicht der Tumor oft erhebliche Größe, wobei sehr oft Verkalkungen vorhanden sind. CT am Stamm unentbehrlich zur operativen Planung.

Th: Chondrosarkome sind sowohl gegenüber der Strahlen- als auch der Chemotherapie resistent. Ist die Resektion eines peripheren Chondrosarkoms im Gesunden nicht möglich, Amputation.

Fibrosarkom

Ät, Sy, Dg und *Vk:* Primär maligner Knochentumor. Kommt als zentraler, seltener als periostaler Tumor vor. Kann auch auf dem Boden eines Morbus Paget, einer fibrösen Dysplasie, einer chronischen Osteomyelitis oder nach Bestrahlung entstehen. Bei Überwiegen des männlichen Geschlechtes Häufigkeitsgipfel zwischen dem 2. und 5. Lebensjahrzehnt. Bezüglich der Lokalisation distale Femur- und proximale Tibiametaphyse bevorzugt, seltener in den Kieferknochen, der Schädelkalotte und im Becken.
Klinischer Verlauf abhängig vom Differenzierungsgrad. Anaplastische Sarkome zeigen schnelles Wachstum mit Krankheits- und Schwächegefühl, Belastungsschmerz, Spontanfrakturen selten. Bei hochdifferenzierten Tumoren u. U. jahrelange Anamnese bei gutem Allgemeinbefinden. Röntgenologisch uncharakteristische Osteolysen mit nur geringer periostaler Reaktion und Verkalkung. Das befallene Knochensegment ist in der Regel kürzer als beim Osteo- oder Chondrosarkom.

DD: Osteolytisches Osteosarkom, osteolytische Metastasen, Riesenzelltumor, Myelom.

Th: Bei hochdifferenzierten Formen gelegentlich Resektionsbehandlung. Primäre Amputation gilt als erfolgversprechendste Maßnahme bei anaplastischen Tumoren. Da das Fibrosarkom als strahlenresistent gilt, Strahlentherapie nur als palliative Maßnahme anzusehen. Früher wurde die Chemotherapie abgelehnt. Die modernen Chemotherapieschemata scheinen bessere Ergebnisse zu ermöglichen.

Malignes fibröses Histiozytom

Sy, Dg und *Vk:* Bösartiger Tumor mit histiozytärer und fibroplastischer Differenzierung, der sowohl im Knochen als auch in den Weichteilen vorkommen kann. Durchschnittsalter höher als beim Osteosarkom. Bevorzugte Lokalisation proximale Tibia und distales Femur.
Langsam wachsende Schwellung mit Schmerzen bei Anamnese zwischen ein und drei Jahren. Spontanfrakturen. Röntgenologisch osteolytische, häufig kombiniert mit osteoplastischen Veränderungen. Auffallend geringe periostale Reaktion, selbst bei ausgeprägter Weichteilschwellung.

DD: Undifferenziertes osteolytisches Osteosarkom, Fibrosarkom, Liposarkom, maligner Riesenzelltumor, Nierenkarzinom-Metastasen.

Th: Radikale chirurgische Entfernung. In hohem Prozentsatz gutes Ansprechen auf Polychemotherapie.

Plasmozytom

Sy, Dg und *Vk:* Selten solitäre, meist multiple maligne knochendestruierende Proliferation von Plasmazellen. Häufigste Lokalisation Wirbelsäule, Femur, Becken, Schädel. Höhere Altersgruppen bevorzugt.
Klinisch Schmerz im befallenen Skelettabschnitt, häufig Spontanfraktur, manchmal größerer extraossärer Tumoranteil. Bei multiplem Befall laborchemisch Paraproteinvermehrung im Serum. Im Urin Nachweis von Bence-Jones-Eiweißkörpern. Radiologisch expansiver osteolytischer Tumor mit Trabekelbildung und Kortikalisdestruktion.

DD: Knochenmetastasen, Riesenzelltumor, aneurysmatische Knochenzyste.

Th: Strahlentherapie mit und ohne vorherige chirurgische Ausräumung Behandlung der Wahl. Wegen der zu erwartenden Generalisierung adjuvante Chemotherapie.

Riesenzelltumor

Sy, Dg und *Vk:* Neben den seltenen, primär malignen Tumoren vorwiegend sekundäre Entwicklung eines Riesenzelltumors zum Sarkom (potentiell maligne). Wurde früher auch als brauner Tumor bezeichnet. Dieser Begriff ist heute ausschließlich den Resorptionsgranulomen bei Hyperparathyreoidismus vorbehalten. Haupterkrankungsalter zwischen dem 3. und 4. Lebensjahrzehnt. Vorwiegend betroffen proximale Tibia, distales Femur und distaler Radius.
Schmerzen und Schwellung. Wegen der Ausdünnung der Kortikalis gelegentliches „Pergamentknittern“ auslösbar. Aufgrund der meist epiphysären Lage oft schmerzhafte Bewegungseinschränkung. Röntgenologisch im typischen Fall epi- bzw. metaphysär gelegene, rundliche bis ovale Destruktion ohne Knochenneubildung, oft erheblich expansiv. Rarefizierung der Kortikalis. Periostale Reaktionen auch nach Spontanfrakturen selten.

DD: Myelom, Fibrosarkom, osteolytisches Osteosarkom, aneurysmatische Knochenzyste.

Th: und *Prgn:* Radikale chirurgische Entfernung in 1 bis 2 cm Abstand zum Tumorrand. Bei alleiniger Exkochleation und Spongiosaauffüllung bis zu 45% Rezidive. Aussicht auf Heilung nach erstem Rezidiv auf 50% reduziert. Alleinige Strahlentherapie wegen des geringen therapeutischen Effektes und möglicher Provokation eines Sarkoms nicht empfehlenswert. Bei primär malignem Riesenzelltumor oder Rezidiv Chemotherapie und Bestrahlung.

Tumorsimulierende Knochenerkrankung: Nicht ossifizierendes Knochenfibrom

Sy, Dg und Vk: Gutartiger fibrohistiozytärer Prozeß, vor allem an den Metaphysen der langen Röhrenknochen von Femur und Tibia bei Kindern und Jugendlichen. Das männliche Geschlecht dominiert. Häufig multiples Vorkommen.
Meist Zufallsbefund. Beschwerden abhängig von Größe und Lokalisation. Manchmal Belastungsschmerz, Spontanfraktur selten. Röntgenologisch längliche, exzentrisch gelegene, häufig polyzyklische, glatt begrenzte Osteolyse mit Sklerosesaum. Die darüberliegende Kortikalis ist häufig vorgewölbt, verdünnt oder verdickt ohne periostale Reaktion.

Th: Ausräumung und Spongiosaplastik nur bei ausgedehnten Befunden mit der Gefahr der Spontanfraktur. Kleinere Herde verschwinden oft spontan. Strahlenbehandlung kontraindiziert.

Knochenmetastasen

Sy, Dg und *Vk:* Häufigste, maligne Tumoren am Knochen überhaupt, ausgehend von Mamma-, Prostata-, Bronchial-, Nieren-, Magen-Darm-Trakt- und Schilddrüsenkarzinomen. Nur in 30% der Fälle gleichzeitige Lungenmetastasen. Größe des Primärtumors nicht ausschlaggebend für Metastasierung.

Primärtumor manchmal unbekannt. In der Regel multiple Metastasierung. Vor allem Knochen mit hämatopoetischem Mark betroffen.
Schmerzen und pathologische Fraktur. Röntgenologisch osteoplastische und osteolytische Formen zu unterscheiden. Skelettszintigraphie!

Th: In Abhängigkeit vom Allgemeinzustand und Lokalbefund chirurgische Ausräumung mit Defektüberbrückung durch Alloplastik oder Verbundosteosynthese, Amputation. In Abhängigkeit vom Tumor Strahlen- und/oder Chemotherapie.

Kokzygealfistel

Def: angeborene oder sekundär entstandene Invagination von behaarter Haut über dem Steißbein im Bereich der Rima ani (sog. Sinus pilopidalis).

Kompl: Entzündung, Fistel- oder Abszeßbildung.

Th: Sicherstes Verfahren ist die großzügige ovaläre Exzision, Heilung per secundam über Wochen durch offene Wundbehandlung.

Kokzygodynie

Def: Plötzlich von der Steißbeinspitze ausgehende, gelegentlich auch durch Berührung induzierte Schmerzen. Nicht zu verwechseln mit Proctalgia fugax.

Ät: Unbekannt, manchmal nach Traumen.

Sy und *Dg:* Schmerzauslösung durch Druck auf die Steißbeinspitze von außen bzw. vom Rektum her.

Th: Wärmeapplikation mittels Elektrotherapie, Infiltrationsanästhesie um die Steißbeinspitze.

Kolondivertikel (Divertikulitis)

Def: Ausstülpung der Mukosa durch muskelschwache Stellen (Gefäßdurchtritt) der Muscularis propria des Kolons (Pseudodivertikel), vorwiegend im Sigma und im Colon ascendens lokalisiert.

Pathog: Intraluminale Druckerhöhung, z. B. durch ballaststoffarme Ernährung, die zu Kolonmotilitätsstörungen führt. Dadurch Entwicklung einer funktionellen Stenose am rektosigmoidalen Übergang mit konsekutiver Spastik und Hypertrophie der Muscularis propria des Colon sigmoideum.

Sy: Meist Zufallsbefund ohne therapeutische Konsequenzen. Bei Entzündung der Divertikel (Divertikulitis, Peridivertikulitis) Schmerzen im linken Unterbauch mit Fieber („Appendicitis sinistra").

Kompl: gedeckte oder freie Perforation, Abszeß, Blutung, Ileus, innere Fisteln mit Dünndarm und Blase (Luft- und Kotabgang).

Th: Bei fehlenden Symptomen: Ballastreiche Ernährung.
Divertikulitis: primär Ruhigstellung des Darmes durch ausschließlich parenterale Ernährung, Antibiotika. Nach zweitem Schub einer Entzündung Sigmaresektion.

Kolonpolypen

Def: Inkorrekte, jedoch allgemein gebräuchliche Bezeichnung für primär gutartige epitheliale Geschwülste (Adenome) im Bereich des Rektums und auch des übrigen Kolons. Stellen teilweise Vorläufer eines Karzinoms dar (Präkanzerosen). Solitär oder multipel vorkommend, bis zu exzessiven Ausmaßen (s. Polyposis intestini).

Formen: 1. tubuläres Adenom, 2. tubulovillöses Adenom, 3. villöses Adenom.
Sonderformen ohne maligne Potenz: juvenile Polypen (Hamartome), metaplastische (hyperplastische) Polypen.
Jeweils in gestielter oder breitbasiger Form vorkommend, villöse Adenome häufig als Polypenrasen.
Malignitätswahrscheinlichkeit mit der Größe zunehmend. Besonders gefährdet: Träger größerer villöser Adenome (30–50% Entartungswahrscheinlichkeit). Epithel jeweils leicht, mittelgradig und schwer dysplastisch bis hin zum sog. Carcinoma in situ.
Sobald Muscularis mucosae vom Karzinom durchbrochen, als invasives Karzinom anzusehen und in der Regel chirurgisch so zu behandeln.

Sy: Blutung ex ano, Blutauflagerung auf dem Stuhl, Krämpfe, Stuhlirregularitäten.

Dg: Kolondoppelkontrasteinlauf, Koloskopie.

Th: Abtragung mit dem Koloskop bzw. chirurgisch transanal oder vom parakokzygealen Zugang aus (Proctotomia posterior). Bei großen Polypen und hoher Lokalisation Laparotomie erforderlich.

Kompartmentsyndrom

Ät und *Pathog:* Pathologische Drucksteigerung in einem an den Extremitäten vorgegebenen osteofaszialen Raum. Ein Kompartmentsyndrom findet sich vor allen Dingen am Unterschenkel und Unterarm, aber auch Oberarm, Oberschenkel, Glutäalregion, Hand und Fuß können betroffen sein. Nach einer Fraktur oder einem direkten Trauma kommt es zur pathologischen Drucksteigerung. Diese führt zu einer Verminderung der Kapillardurchblutung der Muskulatur. Die physiologischen Druckwerte in den Kompartments am Unterschenkel liegen bei 0–5 mm Quecksilbersäule. Ein drohendes Kompartmentsyndrom liegt bei einem Druckwert von 30–40 mm Quecksilbersäule vor. Ein manifestes Kompartmentsyndrom findet sich dann, wenn die Differenz zwischen dem intrakompartmentären Druck und dem diastolischen Perfusionsdruck gleich oder kleiner als 30 mm Quecksilbersäule ist.

Sy und *Dg:* Nach offener oder geschlossener Fraktur einer Extremität, nach Weichteilquetschung. Schwellung im Bereich der Extremität. Druckgefühl, Bewegungseinschränkung. Dehnungsschmerz bei passiver Bewegung der Gelenke. Parästhesien. Anästhesie und Auftreten von Spannungsblasen auf der Haut sind Spätsymptome.

Th: Spaltung der Faszien der Kompartements.

Kontusion (Quetschung)

Sy und *Dg:* Allgemeinerscheinungen: Schmerzen, Functio laesa, evtl. geringes Resorptionsfieber. – Örtliche Erscheinung: Schwellung subkutaner Blutaustritt, evtl. Fluktuation.

Th: Ruhigstellung der betroffenen Körperteile, bei Extremitäten Schienenlagerung. Bei Sugillationen und subkutanen Ergüssen zunächst leichter trockener Kompressionsverband und nach 1–2 Tagen feuchte Verbände. Bei größerem, sich nicht spontan resorbierendem Erguß: Punktion unter aseptischen Kautelen, dann Kompressionsverband. Bei größeren Quetschungen Kontrolle der Nierenfunktion (Crush-Niere): Hämodialyse kann notwendig werden.

Kreislaufstillstand

Ät: Asystolie, Kammerflimmern, ungenügende Auswurfleistung des Herzens, ausgelöst durch Myokardinfarkt, Hypoxämie, Intoxikationen, Hypovolämien, Arrhythmien.

Pathog: Sistieren der Hirndurchblutung führt in 3 Sekunden zu Bewußtlosigkeit, nach 60 Sekunden zu weiten lichtstarren Pupillen. Hirnorganische Schäden treten nach 2 Minuten auf.

Sy: Blässe, Bewußtlosigkeit, Pulslosigkeit, Pupillenweite.

Th: Ohne weitere Diagnostik. Hochheben aller vier Extremitäten (Autotransfusion), bei Freihalten der Atemwege, Mund-zu-Mund-Beatmung (kräftiger Schlag mit der Faust auf das Sternum und externe Herzmassage), Mund-zu-Mund-Beatmung durch Anheben des Kiefers, Reklination des Kopfes, Atemspende 12mal pro Minute. 16% O_2 in der Ausatemluft des Spenders reichen aus, um eine gute O_2-Sättigung des Blutes des Empfängers zu bewirken.
Kontrolle der Wirkung: Der Brustkorb des Bewußtlosen hebt und senkt sich.
Externe Herzmassage: Der Patient liegt auf dem Boden oder einem Brett. Der Handballen wird auf den unteren Teil des Brustbeins gelegt, die andere Hand zu Hilfe genommen und fest nach unten gedrückt, um das Herz zwischen Brustbein und Wirbelsäule auszudrücken, 60- bis 80mal in der Minute, aber immer unter vollständigem Loslassen des Brustkorbes (diastolische Füllung). Es werden Drücke um 60 bis 80 mmHg erreicht.
Kontrolle: Tastbarer Karotis- und Inguinalpuls.
Gesamtkontrolle der Effizienz der Wiederbelebung: Wiederauftreten des Pulses, Pupillen werden oder bleiben eng. Wenn nach 30 Minuten die Pupillen weit und lichtstarr sind, keine Herzaktion besteht und die Spontanatmung fehlt, ist die Wiederbelebung erfolglos geblieben.
Unter den o. g. Maßnahmen soll, wenn möglich,

- ein venöser Zugang gelegt und
- ein EKG abgeleitet werden.

Bei Kammerflimmern: Defibrillation.
Bei Asystolie: 0,5 ml Surpraninlösung 1:1000 intrakardial, parasternal 5. ICR nach medial unter Aspiration mit langer dünner Nadel zwischen den Massagen, oder 10 ml 10%ige Calciumchloridlösung.
Intravenös: Zur Behandlung der metabolischen Azidosen 200 ml 6%ige Natriumbicarbonatlösung. Wenn möglich sollte bei unzureichender externer Herzmassage nach 2 Minuten die Intubation erfolgen.

Leberabszeß

Def: Umschriebene solitäre oder multipel auftretende eitrige Einschmelzungen des Leberparenchyms.

Ät:

- Pyelophlebitischer Abszeß: entsteht durch Bakterienverschleppung auf dem Wege

der Pfortader bei eitriger Appendizitis, Enterokolitis, Divertikulitis usw.
- Cholangitischer Abszeß: entsteht bei eitriger Entzündung der Gallengänge und der Gallenblase.
- Pyämischer Abszeß: im Verlauf einer Pyämie durch Embolie in Leberarterienäste bedingt. Selten.
- Traumatischer Abszeß: nach Schuß- und Stichverletzungen der Leber oder posttraumatisch bei Infektion einer durch stumpfes Bauchtrauma verursachten subkapsulären Leberblutung.
- Amöbenabszeß: bei und nach Amöbenruhr auftretend.

Sy: Septische Temperaturen, Schüttelfrost, Pulsbeschleunigung, evtl. Spannungsschmerz im rechten Oberbauch. Cholestase Ikterus.

Dg: Abdomenübersichtsaufnahme (Flüssigkeitsspiegel in der Abszeßhöhle), Sonographie, Computertomographie.

DD: Echinokokkuszyste, Gallenblasenempyem, subphrenischer Abszeß.

Th: Bei großen und risikoarm zugänglichen Abszessen operative Drainage (transperitoneal, extraperitoneal), sonst sonographisch gesteuerte Punktion und Drainage, Antibiotikagabe.
Bei Amöbenabszessen in erster Linie sonographiegesteuerte Drainage in Kombination mit Chemotherapie (Metronidazol), bei Mißerfolg operative Drainage.

Leberechinokokkus

Ät: Wurmkrankheit durch Verschlucken von Eiern des Hundebandwurmes (Echinococcus granulosus [cysticus]) oder des Fuchsbandwurmes (Echinococcus multilocularis [alveolaris]). Im Dünndarm des Zwischenwirtes (u. a. der Mensch) werden Hakenlarven freigesetzt, die die Darmwand durchbohren und über die v. portae in die Leber gelangen. Dort Entwicklung der Finnen: bei E. granulosus große zystische Gebilde mit ausgeprägter, z. T. verkalkter Kapsel und bei E. multilocularis feinblasiges, tumorartig infiltrierendes Wachstum).

Sy: Druckgefühl bzw. Schmerzen im Oberbauch, allgemeiner Kräfteverfall, Cholestase. Verdächtig ist die Symptomatologie bei gefährdeten Bevölkerungsgruppen (Bewohner der Mittelmeerländer, der Schwäbischen Alb, auch Norddeutschlands).

Dg: Sonographie, Computertomographie, Abdomen-Röntgenleeraufnahmen (Verkalkungen der Zystenwand). Serologische Tests (grundsätzlich 2 Tests kombinieren).

DD: Angeborene bzw. erworbene Leberzysten. Cave Punktion!

Th: E. granulosus: Operativ in Form der Zystektomie oder Perizystektomie nach Instillation von 10%iger Natriumchlorid-Lösung bzw. 10%iger Polyvinylpyrrolidon-Jod-Lösung, bei linksseitigem Sitz auch Hemihepatektomie. Bei intraoperativer Verschleppung der Scolices infolge Zystenruptur Gabe von Mebendazol (Vermox) über 2 Jahre.
E. multilocularis: Bei geeigneter Lokalisation lieber Leberteilresektion, sonst partielle Entfernung der Zysten nach Instillation von skolizidalen Mitteln, Ausbrennen der Zysten. Medikamentöse Dauertherapie unter Leukozytenkontrolle mit Mebendazol, beginnend 2 Tage vor dem Eingriff. Bei Ikterus Endlosdrainage nach Dick.

Lebertumoren

Def: primär in der Leber entstandene benigne bzw. maligne Tumoren oder sekundär in der Leber angesiedelte Metastasen eines extrahepatischen Tumors.

Formen:
- *Benigne Tumoren:* Hämangiome, Cholangiome, Hepatoadenome, fokale noduläre Hyperplasie (FNH).
- *Maligne Lebertumoren:* hepatozelluläres Karzinom, cholangiozelluläres Karzinom, malignes Hämangioendotheliom, Sarkom.
- *Lebermetastasen:* Primärtumor meist in Kolon, Pankreas, Magen (seltener in Schilddrüse, Lunge und Mamma).

Sy: häufig symptomlos, oft Zufallsbefund bei Sonographie oder Computertomographie. Rechtsseitige Oberbauchbeschwerden, Fieber, Ikterus, Aszites, Ödeme.

Dg: Sonographie, Computertomographie (Größe und Ausdehnung), Angiographie (Gefäßreichtum, Gefäßversorgung, Gefäßkompression), endoskopische retrograde Cholangiographie (Gallenwegskompression). Tumormarker: α-Fetoprotein bei hepatozellulärem Karzinom meist erhöht. CEA u. CA 19-9 bei Lebermetastasen gastrointestinaler Tumoren meist erhöht.

Th: Beurteilung der Operabilität durch Laparotomie, Ausmaß der Resektion je nach Tumortyp, Lokalisation und Ausdehnung. Folgende Verfahren stehen zur Verfügung: atypische Keilexzision, Lebersegmentresektion, Hemihepatektomie rechts oder links

(Resektionslinie Kava-Gallenblasenlinie), erweiterte rechtsseitige Hepatektomie (Resektionslinie: Lig. falciforme), totale Hepatektomie mit Lebertransplantation. Bei diffuser Lebermetastasierung gastrointestinaler Tumoren Einlage eines Katheters (Port) in die A. hepatica zur postoperativen regionalen Chemotherapie der Leber möglich.

Lungenabszeß

Def: Ein Lungenabszeß ist intrapulmonal gelegen und abgekapselt mit Eiter gefüllt.

Ät: Er entsteht durch eine nekrotisierende Pneumonie, häufig bei Kindern durch Aspiration von Fremdkörpern oder Wasser, entwickelt sich aus einem septischen Embolus oder der Infektion eines Lungeninfiltrates nach Bronchialobstruktionen durch Tumoren und Entzündung einer Zyste oder Bulla, dem Durchbruch von Bronchiektasen des Lungenparenchyms durch perforierende Thoraxtraumen und eventuell transdiaphragmal, meist nach Tagen oder Wochen.

Sy und *Dg:* Nach einer Latenzperiode von Tagen oder Wochen tritt Fieber zusammen mit Schüttelfrost und Husten auf. Eventuell zeigt sich purulentes übelriechendes Sputum mit Blutbeimengung in großen Mengen. Die Laborbefunde sind wie bei schweren bakteriellen Infektionen verändert. Es sollte noch eine Untersuchung auf Tuberkulose vorgenommen werden. Die Röntgenaufnahme des Thorax zeigt meist eine Hülle mit Flüssigkeitsspiegel; zur genauen Abgrenzung und Lokalisation kann die Computertomographie zu Hilfe genommen werden.

Kompl: Septische Hirnembolien führen zu Hirnabszessen, es kann ein Pyopneumothorax auftreten mit Schocksymptomatik, eventuell auch ein Spannungspneumothorax, der der sofortigen Behandlung bedarf.

Th: Im Prinzip antibiotische Behandlung nach Antibiogramm. Beim Ausbleiben einer Besserung kommt die chirurgische Behandlung zum Zuge, als Segmentresektion oder Lobektomie, eventuell Pneumonektomie. Bei schlechtem Allgemeinzustand des Patienten kann in Ausnahmefällen eine direkte Drainage des Abszesses, eventuell in Lokalanästhesie, vorgenommen werden. Chronische Abszesse werden prinzipiell chirurgisch behandelt.

Lungenarterienembolien

Sy: Das Krankheitsbild der Lungenembolie manifestiert sich in Zyanose, Tachykardie, Herzrhythmusstörungen zu 40%, EKG-Veränderungen zu 60% und bei massiver Lungenarterienembolie in einem kardiogenen Schock. Das Bild kommt zustande durch die Verlegung der Lungenstrombahn mit ihren Folgen, klinisch mit Atembehinderung, Angstgefühl und Brustschmerzen.

Ät: Die Emboli werden aus Becken- und Beinvenenthrombosen eingeschwemmt. In den meisten Fällen posttraumatisch, postoperativ oder post partum.

Pathog: Es kommt zu einer mechanischen Verlegung der Lungenstrombahn, einem verminderten Rückstrom zum linken Herzen mit Hyopotonie und eventuell Schockformen, zu einer pulmonalen Hypertonie mit einem akuten Cor pulmonale und durch beides zu einer respiratorischen Insuffizienz.

Dg: Die Beurteilung der Verlegung der Lungenstrombahn durch digitale Subtraktionsangiographie bildet das Hauptfundament der Diagnostik. Weiterhin kann der Pulmonalarteriendruck und der rechtsventrikuläre Druck gemessen werden.

DD: Myokardinfarkt, Spontanpneumothorax, Pleuropneumonie.

Nach Gorham überleben 55% der Patienten mit einer massiven Lungenembolie 2 Stunden. Bei angewandter Intensivtherapie überleben 48% der Patienten 8 Stunden. Diese Gruppe der Patienten kann der Fibrinolyse oder bei einer fulminanten massiven Lungenembolie der Embolektomie mit Hilfe der Herz-Lungen-Maschine zugeführt werden. Plötzlicher, konventionell nicht behebbarer Kreislaufstillstand infolge einer massiven Lungenembolie ist eine Indikation zur Trendelenburg-Operation mit jedoch nur geringem Erfolg; ca. 18% der Patienten überleben den Eingriff.

Folgendes therapeutisches Vorgehen hat sich bewährt: Liegt ein Schockzustand vor, ist die Fibrinolyse und Heparinisierung die Therapie der Wahl. Bei kardiogenem Schock erfolgt sofortige Intensivtherapie und digitale Subtraktionsangiographie. Zeigt sich dabei eine massive Verlegung von Hauptstamm- oder Lappenarterien kommt die Embolektomie mit Hilfe der Herz-Lungen-Maschine in Frage. Zeigen sich jedoch periphere Ausfälle, sollte der Fibrinolyse der Vorzug gegeben werden, weil keine Operabilität besteht.

Indikation zur Embolektomie:

- Verlegung der Lungenstrombahn von mehr als 50% in Hauptstamm- oder Lappenarterien,

- Erhöhung des Pulmonalarterienmitteldruckes auf über 30 mmHg ohne vorherige kardiopulmonale Erkrankung und
- rechtsventrikulärer enddiastolischer Druck über 10 mmHg.

Operabilität: Sie ist bei Verlegung von Hauptstamm- und Lappenarterien gegeben. Sie verschlechtert sich bei vorausgegangenen Schockzuständen, Kreislaufstillständen und nach sog. chronischen peripheren Embolien mit einem pulmonalen Hochdruck (Mitteldruck über 40 mmHg). Die pulmonale Embolektomie bei extrakorporaler Zirkulation zeigt eine Operationsletalität um 40%. Eine Besserung ist nachweisbar, die Perfusionsdefekte werden vermindert, der Pulmonalarteriendruck wird gesenkt und der rechtsventrikuläre enddiastolische Druck sinkt ab.

Lungen- und Bronchialtumoren

Formen und Vorkommen

95% der Lungentumoren sind Bronchialneoplasmen, Plattenepithelkarzinom 54%, undifferenziertes Karzinom 30%. Adenokarzinom 10%, kleinzelliges Karzinom 5%, Alveolarzellkarzinom 1%, 5% nicht bronchogene Tumoren.

Ät: Das Vorkommen des Bronchialkarzinoms hat deutlich zugenommen mit dem Anstieg des Zigarettenkonsums. Kanzerogene Verbindungen im Tabakrauch sind ätiologisch dafür verantwortlich. Das Risiko, ein Bronchialkarzinom zu entwickeln, steigt mit der Zeitdauer des Rauchens und der Anzahl der Zigaretten pro Tag. Die Enstehung von Bronchialkarzinomen durch Luftverschmutzung wird angenommen, ist jedoch noch nicht bewiesen. Radioaktive Erz- und Asbeststäube können ebenfalls Bronchialkarzinome verursachen.

Symptome und Diagnose

Husten in 71%, Auswurf 57%, Thoraxschmerz 36%. Das Bronchialkarzinom wird meist bei Röntgenaufnahmen des Thorax entdeckt. Die Konsequenz: Alle Patienten über 45 Jahre, die rauchen, sollten sofort bei Symptomatik einer Röntgenuntersuchung unterzogen werden. Rundherde sind symptomlos, jedoch in 30% karzinomatös.
Computertomographie, Sputumzytologie, Bronchoskopie, Mediastinoskopie, bioptische Tumorpunktion bei peripheren Karzinomen und Probethorakotomien können eingesetzt werden. Verdoppelungszeit des Karzinomwachstums 6,6 Monate.

Indikation zur Operation

Sie ist beim Bronchialkarzinom gegeben; die Operabilität jedoch hängt vom Stadium des Wachstums und der Lokalisation ab. Inoperabilität liegt vor bei kardiorespiratorischer Insuffizienz, Tumorkachexie, Fernmetastasen, Rekurrens- oder Phrenikusparesen. Tumorstadien können wertvoll sein für Aussagen über Operationsverfahren und Prognose.

Prognose

Stadium 1: Beschränkung auf Segmentbronchus oder Segment. Operation: Segment- oder Keilresektion, perioperative Letalität ca. 4%, 5 Jahre Überlebenszeit in 40%.

Stadium 2: Beschränkung auf Lobärbronchus oder Lappen. Operation: Lobektomie, perioperative Letalität ca. 9%, 5 Jahre Überlebenszeit ca. 25%.

Stadium 3: Befall von Hauptbronchus oder von mehr als einem Lappen. Operation: Pneumonektomie, perioperative Letalität bis 20%, 5 Jahre Überlebenszeit 15%. Erweiterte Pneumonektomie (Ausräumung von mediastinalen Metastasen), 20% perioperative Letalität, 10% 5 Jahre Überlebenszeit.
Nicht operierte symptomatische Patienten überleben 3 Jahre in 0,8%, 1 Jahr in 11%, *Kleinzellige* Karzinome haben in 45% bei Diagnostik schon Fernmetastasen und eine Überlebenszeit bei kombinierter operativer und chemotherapeutischer Behandlung in 5 Jahren von 4,5%. Nur ca. 30% aller Bronchialkarzinome sind bei Diagnosestellung operabel.
Kleinzellige Bronchialkarzinome werden kombiniert chemo- und radiotherapiert. Sie haben bei sog. begrenzter Erkrankung nach einem Jahr 50–80% Überlebensraten, nach 2 Jahren 12–20%. *Nichtkleinzellige* Bronchialkarzinome haben radiotherapeutisch behandelt sehr unterschiedliche Überlebenschancen, bestenfalls 5-Jahres-Überlebensraten von 3,5%, mit Chemotherapie nur Monate, je nach Ansprechen auf die Therapie 8–16 Monate.
Die Immunotherapie mit BCG ist noch im Fluß.

Pancoast-Tumor

Def: Bronchialkarzinom, lokalisiert in den Lungenspitzen, mit typischer Symptomatologie.

Sy: Schmerzen in der Schulter, ulnar im Arm, Horner-Syndrom infolge der Beteiligung neuraler Strukturen: Th1-, Th2-, C8-

Wurzeln des Brachialplexus und sympathischer Ganglien.

Dg: Computertomographie, Neurologie, Zelltypen, Plattenepithelkarzinom, großzelliges und undifferenziertes Karzinom und Adenokarzinome.

Th: Resektion, eventuell mit präoperativer Radiotherapie, En-bloc-Resektion.

Prgn: Bei Beteiligung von Gefäßen und Nerven ist die Überlebensrate um 1 Jahr, sonst nach 5 Jahren ca. 30%.

Bronchialadenome

Formen und *Vk:*

- Vorkommen als Karzinoid. Sie befallen die Hauptbronchien und entsprechen denen im Gastrointestinaltrakt.
- Als Zylindrome. Sie sind an der Karina oder in der Trachea lokalisiert. Beide wachsen langsam und treten häufiger bei Frauen im 4. Lebensjahrzehnt auf.

Sy: Trockener Husten, Hämoptysen, pneumonische Bilder.

Th: Resektion des betroffenen Bronchus.

Prgn: Überlebensrate über 80% nach 5 Jahren.

Seltene Neoplasmen der Lunge, Lungenrundherde

Formen: Hamartome als häufigste Form sind embryonale Relikte aus Knorpel-, Muskel-, Fett- oder epithelialem Gewebe. Sie können kalzifizieren. Weitaus seltener sind primäre Lungentumoren wie Leiomyosarkome, Lymphome, im Erscheinungsbild auch arteriovenöse Fisteln.

Sy und *Dg:* Im Röntgenbild des Thorax als Rundherde, sonst symptomlos.

Th: Rundherde sind zu ⅔ benigne, müssen aber immer schon aus diagnostischen Gründen exstirpiert werden.

Metastasierende Geschwülste der Lunge

Pathog: Lungenmetastasen sind das Indiz einer hämatogenen Tumorausbreitung, meist von Karzinomen oder Sarkomen.

Dg: Im Röntgenbild ist bei unbekanntem Tumor die Primärtumorsuche angezeigt.

Th: Lobektomie mit Dissektion der Hiluslymphknoten, Resektion bis zu 5 Metastasen.

Prgn: 50% höhere Überlebensrate nach 6 Jahren gegenüber nichtoperierten Metastasen, wenn zwischen der Operation des Primärtumors und der Metastasenentfernung 2 Jahre liegen.

Luxation (Verrenkung)

Definition

Luxationen sind Gelenkverletzungen, bei denen ein vollständiger und dauernder Kontaktverlust der gelenkbildenden Knochenenden besteht, einhergehend mit einer Lockerung, Überdehnung oder Zerreißung des Kapsel-Band-Apparates. Bei einem teilweisen Kontaktverlust spricht man von Subluxation. Die Luxation wird nach dem peripheren Gelenkanteil benannt. Man unterscheidet:

Formen

Traumatische Luxation

Häufigste Form, durch plötzliche abnorm starke Gewalteinwirkung bei stärkerer Beugung oder Überstreckung, meist mit Kapsel-Band-Verletzung einhergehend.

Kongenitale oder angeborene Luxation

Sie betrifft meist das Hüftgelenk.

Pathologische und paralytische Luxation

Nach Gelenkentzündung oder Lähmungen durch Kapseldehnung.

Habituelle Luxation

Ät: Durch anlagebedingte Veränderungen am Gelenk (am häufigsten Schultergelenk) tritt eine Verrenkung schon bei geringfügigen Anlässen auf.

Sy und *Dg:*

- *Unsichere Symptome:* Schmerz, Funktionseinschränkung (periphere Motorik, Sensibilität und Durchblutung prüfen), Schwellung, Bluterguß.
- *Sichere Symptome:* Deformität, federnde Fixation, Fehlen des Gelenkkopfes an typischer Stelle, atypische Achsenrichtung der Gliedmaße, Röntgendiagnose. Immer Kontrollröntgen nach der Reposition. Bei fraglicher Bandstabilität zusätzlich gehaltene Aufnahmen.

Th: Reposition sobald als möglich in Vollnarkose oder Leitungsbetäubung durchführen. Zuweilen Muskelrelaxantien zur Erleichterung der Reposition.
Repositionsmanöver: Der Verrenkungsmodus bestimmt die Einrichtungsbehandlung. Zuerst erfolgt durch Zug und Gegenzug die Beseitigung einer sekundären Verschiebung, anschließend Hebelmanöver und Zurückführung des Knochens in das Gelenk auf umgekehrtem Weg, wie er das Gelenk verlassen hat. Manchmal genügt allein Zug in Richtung des luxierten Knochens mit Druck auf den

verschobenen Knochen in Gelenknähe. Bei irreponibler Luxation ist blutige Einrichtung notwendig. Offene Luxationen erfordern die Beachtung aller Punkte der exakten Wundversorgung. Die Retention hängt von der Stärke des Kapsel-Band-Apparates, den anatomischen Besonderheiten des betroffenen Gelenkes und dem Ausmaß der vermuteten Schädigung ab. So erfordern manche Luxationen nach der Einrichtung keine oder nur kurzfristige Ruhigstellung für einige Tage (z. B. Schultergelenk), andere mehrwöchige Gipsimmobilisierung (Knie-, Sprunggelenk). Anschließend krankengymnastische, aktive Übungsbehandlung. Übertriebene passive Bewegungsübungen wirken sich nachteilig auf die Funktion des Gelenkes aus.
Kriterien einer gelungenen Reposition: Deutlich hör- und fühlbares Einschnappen während des Repositionsmanövers. Normalisierung der Gelenkkontur. Weitgehende Wiedergewinnung einer schmerzfreien Gelenkbeweglichkeit. Beseitigung der Fehlrichtung.
Röntgenkontrolle: Sie gilt als Dokument für den Arzt und beweist die Reposition.

Luxation des Unterkiefers

Sy und *Dg:* Meist nach vorn und oft doppelseitig. Das Gelenkköpfchen tritt über das Tuberculum articulare nach vorn und verhakt sich. Mund steht offen, kann nicht geschlossen werden. Zahnreihe des Unterkiefers steht vor der des Oberkiefers.

Th: Die in den Mund eingeführten und auf den Alveolarfortsätzen des Unterkiefers liegenden Daumen üben einen gleichmäßig starken Druck nach unten aus und schieben dann den Unterkiefer nach hinten. Nach erfolgter Reposition für einige Tage Kinnschleuderverband, da die Unterkieferverrenkung zu rezidivierender Luxation neigt.

Halswirbelluxation

Ät und *Formen:* Reine Verrenkung sehr selten, meist kombiniert mit Wirbelfraktur. Man unterscheidet zwischen der vollständigen (beidseitigen) und der einseitigen Luxation. Die beidseitige Verrenkung entsteht durch Beugung der Halswirbelsäule nach vorn. Wirkt neben der Beugung noch eine drehende Kraft ein, entsteht die einseitige Drehverrenkung. Dabei sind nur auf einer Seite die Gelenkfortsätze gegeneinander verrenkt. Wichtig ist das Ausmaß des Halsmarkschadens (Teillähmung, Totallähmung). Von ihm sind alle weiteren Maßnahmen und das Schicksal des Verletzten abhängig.

Sy und *Dg:* Klinisch findet man den Kopf nach der unverletzten Seite gedreht. Röntgenologisch ist zwischen der vollständigen und der unvollständigen Verrenkung zu unterscheiden. Bei der vollständigen Luxation sind die kranialen Gelenkflächen des unteren Wirbelkörpers komplett gegenüber den kaudalen des darüberliegenden verrenkt. Dagegen sind bei der unvollständigen Verrenkung die Gelenkflächen mehr oder weniger stark gegeneinander verschoben, stehen aber miteinander noch in Berührung. Sie wird deshalb auch als reitende Verrenkung bezeichnet.

Th: Wie bei den Luxationsfrakturen der Halswirbel (s. Frakturen).

Luxation des Schlüsselbeines

Luxation im Akromioklavikulargelenk

Sy und *Dg:* Stufe über dem Gelenk, Hochstand der Klavikula, verstärkt durch Zug am Arm. Klaviertastenphänomen der Klavikula. Die Sprengung des Schultergelenkes wird nach Tossy in drei Schweregrade eingeteilt:

- *Grad I:* Zerrung mit partieller Ruptur des Lig. acromioclaviculare und der Gelenkkapsel. Kein wesentliches Höhertreten des peripheren Klavikulaendes.
- *Grad II:* Ruptur des Lig. acromioclaviculare und der Gelenkkapsel sowie Teilruptur des Lig coracoclaviculare. Röntgenologisch (bei Belastung des Armes mit 10 kg) tritt das periphere Klavikulaende um halbe Schaftbreite über das Akromion.
- *Grad III:* Alle Bandverbindungen zwischen Klavicula und Skapula sind vollständig zerrissen. Das laterale Klavikulaende überragt das Akromion um ganze Schaftbreite. Für die Unterscheidung zwischen den Schweregraden I–III sind Panoramaaufnahmen des Schultergürtels unter Gewichtsbelastung mit je 10 kg erforderlich.

Th: Die Verletzung des Schweregrads I wird konservativ-funktionell behandelt. Die Subluxation (II) ist im allgemeinen ebenfalls konservativ zu behandeln; Anlage eines Thorax-Abduktionsgipsverbandes mit zusätzlichem Gurt, der das akromiale Ende der Klavikula nach unten drückt. Bei der kompletten Luxation mit vollständiger Zerreißung des gesamten Bandapparates (III) wird die Indikation zur Operation gestellt. Die rupturier-

ten Bänder werden genäht, und die Naht wird entweder durch Verschraubung der Klavikula mit dem Processus coracoideus oder durch temporäre Arthrodese des Schultereckgelenkes durch Zuggurtungsosteosynthese gesichert.
Abduktionsschiene für 6 Wochen. Metallentfernung nach 6–8 Wochen, da sonst mit Metallbrüchen zu rechnen ist. Bei veralteten Fällen mit fortbestehender Luxation Bandplastik mit Faszie oder Kutis.

Luxation im Sternoklavikulargelenk

Sy und *Dg:* Der Bandapparat ist völlig zerrissen. Am häufigsten erfolgt die Verschiebung der Klavikula nach oben oder ventral, gleichzeitig immer auch zur Körpermittellinie. In selten Fällen Dislokation mediastinalwärts.
Anamnese, klinischer Befund durch Inspektion und Palpation, typische Röntgenaufnahmen, CT.

Th: Bei Subluxation kurzzeitige Schonung und anschließende funktionelle Behandlung. Bei vollständiger Luxation nach kranial oder ventral Reposition in Allgemeinnarkose durch Lagerung auf Sandsack zwischen den Schulterblättern und Druck auf beide Schultern nach hinten. Zur Retention Rucksackverband. Operative Behandlung, wenn eine vollständige Luxation nach kranial oder ventral auf konservativem Wege nicht zu beseitigen ist oder eine mediastinale Luxation vorliegt (Druck auf die großen Gefäße, die Speiseröhre, die Luftröhre, den Kehlkopf). Bei der Operation Entfernung des meist zerrissenen Discus articularis. Naht der Ligamente und Fesselung des Schlüsselbeines am Sternum durch Kutisplastik oder temporäre Drahtumschlingung. Ruhigstellung bis zur gesicherten Wundheilung im Desault-Verband. Anschließend Thorax-Abduktionsgips für 4 Wochen.

Luxation im Schultergelenk

Ät: Sie kann anlagemäßig bedingt sein durch eine Dysplasie der Gelenkpfanne mit Abflachung der unteren Gelenklippe oder aber Folge eines Limbusausrisses anläßlich der ersten traumatischen Läsion sein. Hinzu kommt in etwa 50% der Fälle ein Defekt im dorsolateralen Anteil des Humeruskopfes als Folge einer Impressionsfraktur nach vorausgegangenen Luxationen.

Formen: Häufigste Luxation. Anstelle der Luxation bei Kindern Schlüsselbeinfrakturen oder Epiphysenlösung. Man unterscheidet entsprechend der Lokalisation des verrenkten Oberarmkopfes:

- Luxatio axillaris: nach unten (am häufigsten),
- Luxatio subcoracoidea bzw. infraclavicularis: nach vorn,
- Luxatio posterior bzw. infraspinata: nach hinten (am seltensten),
- Luxatio erecta: sehr selten, Arm bleibt erhoben stehen.

Sy und *Dg:* Unsichere Luxationszeichen: Schmerzhaftigkeit, Schwellung, Funktionseinschränkung. Sichere Luxationszeichen: federnde Fixation, Deformierung der Gelenkkontur, leere Gelenkpfanne. Röntgenaufnahme in zwei Ebenen.

Komplikationen: Verletzung des Plexus brachialis und/oder der A. axillaris.

Th:

- Einrichtung
- Einrichtung nach Hippokrates (Hebelmethode): In Allgemeinanästhesie am liegenden Patienten wird nach Einstemmen des unbeschuhten Fußes und Schutz der Axilla mit Handtuch- oder Zellstoffpolster am Arm ein kräftiger, anhaltender (nicht ruckweiser) Zug in Richtung Oberkörperlängsachse ausgeübt.
- Einrichtung nach Kocher (Rotationsmethode). Sie sollte nur bei Luxation nach vorn angewandt werden. Verfahren geht vierzeitig vor sich:
  - Andrücken des Armes bis zur Berührung mit dem Brustkorb bei im Ellbogen rechtwinklig gebeugtem Arm;
  - Auswärtsrotation bei Beibehaltung der Stellung, bis der Unterarm in der Frontalebene steht;
  - Elevation des Ellbogens am Körper entlang.
  - Innenrotation des Oberarmes durch langsame Bewegung des Unterarmes in Richtung der kontralateralen Schulter.
- Einrichtung nach Arlt (Hebelmethode): Sie wird ohne allgemeine oder örtliche Betäubung durchgeführt. Der Patient sitzt seitlich auf einem Stuhl. Die mit einem Polster armierte obere Kante der Stuhllehne liegt in der Axilla. Reposition durch protrahierten Zug am Arm. Bei aufgeregten Patienten ist diese Methode wenig erfolgreich, da völlige Entspannung notwendig.
- Selbsteinrichtung nach Iselin (Rotationsmethode): Bei vorderen Verrenkungen

faßt der Patient mit der Hand des verrenkten Armes bei rechtwinklig gebeugtem Ellbogen einen feststehenden Gegenstand, hält mit der gesunden Hand den verrenkten Arm in Adduktion und dreht sich langsam mit dem Körper vom verrenkten Arm weg.
Nach Reposition Puls- und Sensibilitätskontrolle, Röntgenaufnahmen in zwei Richtungen. Ruhigstellung des Armes im Desault-Verband für 6–8 Tage. Anschließend geführte krankengymnastische Übungsbehandlung.

Operationsindikation: bei gleichzeitiger Läsion der A.axillaris, oder des Armplexus, bei Luxationsfrakturen, bei habitueller Schulterluxation.
Indikation zur Operation spätestens nach der 3. Luxation. Von zahlreichen Operationsverfahren kommen im wesentlichen drei Methoden in Betracht: Operation nach Eden-Hybinette (Verriegeln durch Einfügen eines Knochenspanes im unteren Pfannenrandanteil). Operation nach Putti-Platt (Doppelung der Gelenkkapsel als Ersatz für das abgerissene Labrum glenoidale sowie Verkürzung der Subskapularissehne und Rotationsosteotomie nach Weber.

Luxation im Ellenbogengelenk

Vk: Reine Luxationen sehr selten, meist kombiniert mit Frakturen.

Formen: hintere Luxation, seitliche Luxation, vordere Luxation, divergierende Luxation, Subluxation des Radiusköpfchens beim Kind (Chassaignac).

Sy und *Dg:* Schwellung, federnde Fixation, Verformung des Hueter-Dreiecks, Röntgenbild. Bei Kindern Vergleichsaufnahme der gesunden Seite. Mögliche Läsionen von Nerven (vor allem N. radialis) und Gefäßen (Puls der A. radialis prüfen). Wie bei allen Luxationen ist die sofortige Einrichtung erforderlich.

Th: In Allgemeinnarkose oder Leitungsanästhesie Reposition durch Zug am gebeugten Unterarm unter Fixation des Oberarmes unter gleichzeitigem Druck auf das Olekranon. Nach erfolgter Reposition Kontrolle der peripheren Durchblutung und Überprüfung der Bandstabilität. Bei stabilen Verhältnissen Ruhigstellung im Gipsverband für 3 Wochen. Anschließend krankengymnastische Übungsbehandlung. Bei irreponiblen Luxationen, verbleibender Subluxation oder Instabilität Indikation zur Operation.

Die Subluxation des Radiusköpfchens beim Kind reponiert sich häufig im Laufe der klinischen und röntgenologischen Untersuchung spontan. Wenn dies nicht der Fall ist, wird das Ellenbogengelenk unter gleichzeitigem Daumendruck auf das Radiusköpfchen gebeugt und supiniert. Ruhigstellung im Gipsverband ist nur im Rezidivfall angezeigt.

Luxation im Handgelenk

Vk und *Formen:* Ohne Knochenverletzung höchst selten (s. Frakturen). Man unterscheidet: Luxatio carpometacarpea, Luxatio mediocarpea, Luxatio radiocarpea und perilunäre Luxation.

Sy und *Dg:* Je nach Lokalisation der Verrenkung mehr oder minder auffällige Fehlstellung und Schwellung. Functio laesa. Röntgen: Cave Nerven- und Gefäßverletzungen.

Th: Reposition in Leitungsanästhesie oder Vollnarkose durch Längszug an der Hand und eventuell zusätzlichem örtlichen Druck. Bei neurologischen Aufallerscheinungen operative Revision. Resektion des Retinaculum flexorum (Lig. carpi transversum) unter Öffnung der Guyon-Loge. Bei Instabilität transartikuläre Spickung. Gesamtruhigstellung 6 Wochen.

Luxation des Daumengrundgelenkes

Sy und *DG:* Verrenkung im ersten Metakarpophalangealgelenk nach dorsal durch Überstreckung des Daumens mit Zerreißung der volaren Gelenkkapsel. Bajonettstellung des Daumens im Verhältnis zum ersten Mittelhandknochen mit Hervorspringen des entsprechenden Mittelhandköpfchens nach volar.

Th: Reposition durch starke Überstreckung des Daumens, dann Vorwärtsschieben desselben auf der Dorsalseite des Mittelhandknochens bis an das Gelenk und schließlich Beugung des Daumens. Bei Zerreißung der palmaren Membrana flaccida oder des ulnaren oder radialen Seitenbandes besteht die Indikation zur operativen Versorgung.

Luxation der übrigen Finger

Sy und *Dg:* Fehlstellung und federnde Fixation.

Th: Reposition durch Längszug in Leitungsanästhesie, zuweilen mit gleichzeitigem örtlichem Druck. Nach Einrichtung müssen die Seitenbänder auf Festigkeit geprüft werden. Sind sie rupturiert, so besteht eine Indikation zur Operation, ebenso wie bei verbleibenden Subluxationsstellungen nach Reposi-

tion, die auf eine nicht beseitigte Interposition verdächtig sind. Bei isolierten Grundgelenksluxationen der Langfinger handelt es sich meistens um eine Luxation des Mittelhandköpfchens nach palmar. Hier kann es zu einem Einschlagen der beugeseitigen Faserknorpelplatte über dem Metakarpophalangealgelenk kommen, oder das luxierte Mittelhandköpfchen kann zwischen der langen Beugesehne und dem Ansatz des zugehörigen M. lumbricalis eingeklemmt sein. Diese Luxationsformen lassen sich in der Regel nicht durch axialen Zug und Druck auf die Basis des Grundgelenkes reponieren. Es ist die offene Einrichtung erforderlich.
Bei Luxationen der Langfinger ist nach der Reposition ein Unterarmgipsverband mit Fingereinschluß für 3–4 Wochen notwendig.

Traumatisch bedingte Luxation im Hüftgelenk

Formen:

- *Hintere Luxationen:*
  - Luxatio iliaca: nach oben,
  - Luxatio ischiadica: nach unten;
- *Vordere Luxationen:*
  - Luxatio pubica: nach innen,
  - Luxatio obturatoria: nach unten innen.

Am häufigsten und daher praktisch am wichtigsten ist die Luxatio iliaca (nach hinten oben).

Sy und *DG:* Bein ist innenrotiert, adduziert und flektiert. Verkürzung des Beines mit Trochanterhochstand oberhalb der Roser-Nelaton-Linie. Federnde Fixation beim Versuch der Abduktion des Beines. Stellung des Femurkopfes an falscher Stelle. Die Gelenkpfanne ist leer; sie kann jedoch kaum getastet werden. Keine Reposition ohne vorherige Überprüfung von Motilität, Sensibilität und Durchblutung der unteren Extremität. Wichtig: Röntgen wegen eventueller knöcherner Begleitverletzung.

Th: In Allgemeinanästhesie unter Verwendung von Muskelrelaxantien Lagerung des Patienten auf dem Boden. Fixierung des Beckens am Boden durch eine Hilfsperson. Der Operateur kniet neben das im Hüft- und Kniegelenk rechtwinklig gebeugte Bein des Verletzten, schlingt ein kurzes Handtuch durch die Kniebeuge des kranken Beines und um seinen Nacken. Hier wird das Handtuch verknotet. Langsamer Längszug nach oben bei leichter Abspreizung und Außendrehung des Beines durch langsames Aufrichten des Operateurs aus der Hockstellung. Der Kopf soll dabei in die Pfanne zurückgleiten.
Oder: Rückenlagerung des Verletzten, ebenfalls mit angewinkeltem Kniegelenk. Durch die gepolsterte Kniekehle wird ein Handtuch an einem Flaschenzug verknotet. Der Patient wird mit der verletzten Beckenseite so weit hochgezogen, daß er sich gerade von der Unterlage abhebt. Durch das Eigengewicht des Patienten rastet der Hüftgelenkkopf in die Pfanne ein, meist hörbar und manchmal mit Unterstützung durch leichten Druck auf den Beckenkamm.
Eine weitere Methode ist die Bauchlagerung auf einem Tisch, die Hüfte über die Tischkante hängend, rechtwinklig wie das Knie abgewinkelt. Protrahierter Druck in Oberschenkellängsachse gegen die Kniekehle des Verletzten bei gehaltenem Unterschenkel führt ebenfalls zur Reposition. Nach der Einrichtung Kontrolle von Beinlänge, Durchblutung und Innervation. Zusätzlich Röntgenkontrolle mit ergänzenden Schrägaufnahmen zum Ausschluß knöcherner Begleitverletzung. Nach der Einrichtung Bettruhe für einige Tage, anschließend vorsichtige, aktive, schmerzfreie Bewegungsübungen. Zunehmende Belastung von der 3. Woche an. Entscheidend für das spätere Schicksal des Hüftgelenkes (Hüftkopfnekrose) ist die Reposition zum frühestmöglichen Zeitpunkt. Hierbei müssen 6 Stunden als oberste Grenze angesehen werden. Die Anlage einer Extension ist nicht erforderlich.

Luxation des Beckens

Sy und *Dg:* Reine Luxationen in den Bekkenfugen mit mehr oder weniger starker Verschiebung selten, meist mit Beckenbruch kombiniert. Sprengung der Symphyse und der Kreuz-Darmbeinfuge.
Die Verletzung imponiert wie eine Beckenfraktur (s. Frakturen) und ist nur röntgenologisch zu klären.

Th: Entscheidend für die Behandlung ist die Klärung der Frage, ob es sich um eine stabile oder instabile Verletzung handelt. In der Regel liegt bei der sog. isolierten Symphysensprengung nur eine Zerrung der iliosakralen Bänder vor, oder das Lig. sacroiliacum anterius ist zerrissen, und das stärkere Lig. sacroiliacum posterius ist erhalten. Damit ist die Stabilität des Beckens nicht beeinträchtigt. Bei gering klaffenden und wenig verschobenen Symphysensprengungen ist außer Bettruhe für 4 Wochen keine weitere Behandlung erforderlich. Bei Diastasen von

4 cm und mehr Lagerung in der Rauchfußschwebe. Eine Indikation zur operativen Stabilisierung stellt sich nur bei nicht korrigierbarer Seitverschiebung oder bei Verletzungen im Bereich der ableitenden Harnwege und der Blase. Bei einer instabilen Verletzung, d. h. Symphysensprengung und Ruptur der sacroiliakalen Bänder mit Verschiebung einer Beckenhälfte, ist eine Reposition durch Extension und Rauchfußschwebe zwar möglich, da es sich aber in der Mehrzahl der Verletzten um polytraumatisierte Patienten handelt, ergibt eine operative Stabilisierung entweder durch äußere Spanner oder Plattenosteosynthese wesentliche Vorteile für die Pflege.

Traumatische Luxation der Kniescheibe

Sy und *Dg:* In der Regel erfolgt eine Luxation nach lateral. Dabei kommt es zu einem Einriß des Kapsel- und Bandapparates auf der Medialseite (bei medialer Luxation reißen die lateralen Bänder und Kapselstrukturen ein).
Das Kniegelenk ist erheblich verbreitert. Die Kniescheibe ist deutlich neben dem Kondylus tastbar. Beugeversuche sind schmerzhaft. Vor der Reposition muß eine Röntgenaufnahme in 2 Ebenen erfolgen.

Th: In Rückenlagerung des Patienten unter ausreichender Analgesie Reposition bei gestrecktem Knie und gebeugtem Hüftgelenk. Das gestreckte Bein legt sich der Operateur auf die eigene Schulter; die Patella kann dann mit beiden Händen eingerichtet werden. Nach der Reposition erneute Röntgenaufnahme zur Kontrolle der Reposition und zum Ausschluß einer osteochondralen Fraktur. Ruhigstellung durch einen Oberschenkelliegegips und Entlastung für 4 Wochen. Danach aktive Übungsbehandlung. Mit dem Beginn der Übungsbehandlung sollten Patella-Defileeaufnahmen durchgeführt werden, um eine anlagebedingte Formvariante des Femoropatellargelenkes ausschließen zu können (Jägerhutpatella). Bei habituellen Luxationen ist ein operatives Vorgehen indiziert.

Luxation im Kniegelenk

Ät, Sy und *DG:* Durch sehr starke indirekte oder direkte Gewalt. Meist ist der Schienbeinkopf gegenüber der Oberschenkelrolle nach hinten verschoben.

Dg: Äußerlich deutlich sichtbare und fühlbare Dislokation der das Kniegelenk bildenden Knochen. In der Regel gleichzeitige Zerreißung des Innen- oder Außenbandapparates, der Kreuzbänder (eventuell Abriß der Eminentia intercondylaris) und der Gelenkkapsel.
Gefahren: Durch die hintere Luxation des Tibiakopfes kann es zu einer Verletzung der A. poplitea mit Intimaschaden kommen. Unmittelbar nach dem Eintreffen des Patienten in der Klinik muß die Durchblutung überprüft werden. Im Zweifelsfalle muß eine Angiographie durchgeführt werden. Auch im weiteren Verlauf ist engmaschig die periphere Durchblutung des Unterschenkels zu überprüfen. Läsionen der A. poplitea bei der hinteren Luxation im Kniegelenk werden mit etwa 30% angegeben. Eine Schädigung des N. fibularis peronaeus bzw. des N. tibialis kann ebenfalls vorkommen. Vor der Reposition Röntgenuntersuchung des Kniegelenkes in 2 Ebenen.

Th: In Vollnarkose und Rückenlage sofortige Reposition durch Zug am Unterschenkel in Beugestellung des Kniegelenkes (in Streckstellung Reposition häufig unmöglich wegen Interposition der Sehnen des Pes anserinus in der Fossa intercondylaris). Nach Reposition sofortige Kontrolle der Durchblutungssituation. Wenn es der Allgemeinzustand des Patienten und die lokalen Weichteilverhältnisse zulassen, sofortige Rekonstruktion aller zerstörten Strukturen. Bei Kontraindikationen Kniegelenkspunktion und Ruhigstellung im langen gespaltenen Beingipsverband in 30° Beugestellung.

Luxation im Sprunggelenk

VK: Ohne knöcherne Mitbeteiligung selten.

Formen:

- Luxation des Talus nach vorn oder hinten, immer in Kombination mit Bandzerreißung;
- Subtalare Luxation, immer zusammen mit Luxation im Talonavikulargelenk;
- totale Luxation, sowohl das obere als auch das untere Sprunggelenk betreffend.

Sy und *Dg:* Fehlstellung äußerlich erkennbar, Röntgenaufnahmen in zwei Richtungen.
Gefahren: Gefühls- und Durchblutungsstörungen.

Th: Sofortige Reposition in Allgemeinanästhesie oder rückenmarksnahe Betäubung. Anschließend Röntgenkontrolle. Bei fortbestehender Subluxation wegen Interponat offene Reposition und Naht der rupturierten

Bänder. Ruhigstellung im Gipsverband für 6 Wochen.
Wegen der Gefahr einer Talusnekrose Entlastung bei der subtalaren und der totalen Luxation bis zu einem halben Jahr.

Lymphadenitis acuta

Ät: Infizierte Wunden, Entzündungen an Zehen, Fingern, Genitalien, Zähnen, Mandeln.

Sy und *Dg:* Gestörtes Allgemeinbefinden, meist Fieber, Schwellung und Schmerzhaftigkeit der Lymphknoten. Functio laesa. Am häufigsten erkranken Lymphknoten des Halses, der Leistengegend sowie der Achselhöhle.
Komplikationen: eitrig abszedierende Einschmelzung, Phlegmonen, Thrombophlebitiden, Allgemeininfektionen.

Th: Antibiotika, Herdsanierung, Alkoholumschläge, Inzision bei Abszedierung

Lymphadenitis chronica

Ät und *Sy:* Meist aufgrund rezidivierender chronischer Entzündungen. Dabei periadenitische Erscheinungen gering.

Th: Bei der chronischen Form evtl. Exstirpation eines einzelnen Knotens zur histologischen Untersuchung, doch ist die Exstirpation ganzer Knotenpakete zu vermeiden wegen Gefahr der Lymphstauung.

Lymphadenitis tuberculosa (s. auch Mesenteriallymphknotentuberkulose)

Ät: Entstehend durch Einwanderung der Erreger aus dem Wurzelgebiet ihrer Lymphgebiete bei tuberkulösen Entzündungsherden. Aber auch bisweilen hämatogen.

Sy und *Dg:* Häufigste Lokalisation: Hilus-, Mesenterial- und Halslymphknoten.
Langsam wachsende, fast schmerzlose, derbe Knoten von Kirsch- bis Pflaumengröße. Knoten können jahrelang gegeneinander verschieblich bleiben oder zu großen Tumorpaketen miteinander verbacken und mit der Haut verlöten. Dann kommt es bald zum Durchbruch nach außen. Es entstehen tuberkulöse Fisteln. Mikroskopischer Bazillennachweis und Resistenzprüfung, Kultur- und Tierversuch sowie histologische Untersuchung nach Probeexzision sichern die Diagnose.

Th:
- *Allgemeinbehandlung* mit Freiluftliegekur, Sonnenbehandlung, kalorienreicher Kost, Chemotherapie (Myambutol-INH, Rifampicin).
- *Operativ:* Bei solitären und beweglichen Knoten Exstirpation, vorwiegend als diagnostische Maßnahme durchgeführt. Wegen Gefahr der sehr resistenten Fisteln Eingriff besser vermeiden.

Lymphangitis

Sy und *Dg:* Rote, schmerzhafte Streifen (im Volksmund „Blutvergiftung") in der Haut, später sich zu schmerzhaften Strängen entwickelnd, die von der Infektionsquelle (infizierte Wunden an Händen, Füßen) nach den regionären Lymphknoten der Kniekehle, der Leistengegend, der Achselhöhle ziehen. Regionäre Lymphknoten meist geschwollen. Temperaturanstieg, manchmal mit Schüttelfrost einsetzend. Bei fortgeschrittenen Fällen Befallensein des perivaskulären Gewebes mit Entwicklung von Abszessen und Phlegmonen. Verwechslung mit Thrombophlebitis möglich. Bei chronischem Verlauf entwickeln sich elephantiastische Verdickungen der Extremitäten, besonders an den Beinen.

Th: Erkundung des Ursprungsherds und Behandlung der primären Infektionsquelle. Alkohol-Kochsalz-Umschläge, Schienenlagerung, antibiotische Behandlung.

Lymphödem

Def und *Form:* Abnorme Ansammlung von lymphatischer Flüssigkeit im Interstitium, evtl. Organisation durch Fibroblasten und Übergang in Bindegewebe.

Stadien:

- reversibles Ödem,
- irreversibles Ödem,
- Elephantiasis

Ät:

1. angeboren, meist familiär auftretend;
2. erworben:
   - bedingt durch Abflußhindernisse,
   - Neoplasmen (Lymphknotenmetastasen, Kompression von Lymphgefäßen),
   - Lymphangitis (Erysipel, infizierte Fußmykosen, Ulcera cruris, Wuchereria bancrofti),
   - Lymphangitis obliterans.

Dg: Ausschluß venöser Stauungen und entzündlicher Ursachen. Lymphangiographie läßt Veränderungen der Lymphgefäße erkennen.

Th: Konservativ (Lymphmassage, Kompressionsverbände)
Operativ angezeigt bei Elephantiasis.

„Magenblutung" (obere gastrointestinale Blutung)

Ät: In erster Linie Komplikation eines Ulcus (duodeni sive ventriculi) oder rupturierter Ösophagusvarizen, seltener bei Magenkarzinom, Ulcus simplex Dieulafoy, Mallory-Weiss-Syndrom, Hiatushernie mit Refluxösophagitis, erosiver Gastritis.

Sy: Hämatemesis, Teerstuhl, bei massivem Blutverlust auch blutiger Stuhlgang, Kreislaufreaktionen bis zum Schock.

Dg: Umgehend Gastroduodenoskopie zur Lokalisation der Blutungsquelle.

Th: Ösophagusvarizen s. S. 495. Bei Ulcus duodeni oder ventriculi in 80% der Fälle spontane Blutstillung unter konservativer Behandlung (s. Ulkuskrankheiten im Kap. Gastroenterologie) zu erwarten. Gelingt eine Kreislaufstabilisierung nicht mit etwa 2000 ml Blut, sollte operativ vorgegangen werden. Notfalleingriff jedoch möglichst umgehen, besser frühzeitige Elektivoperation. Differenziertes Vorgehen entsprechend dem endoskopischen Befund aufgrund der Klassifizierung der Blutungsaktivität nach Forrest (und stadiengerechte Therapie):

Ia arterielle Blutung (Sofortoperation),
Ib Sickerblutung (Frühoperation),
II Koagula auf Läsion, sichtbarer Gefäßstumpf (sistierende Blutung), (Frühoperation),
III sonstige Läsionen ohne nachweisbare Blutung (zunächst konservativ, evtl. Elektivoperation).

Technisches Vorgehen:

- Ulcus duodeni: Umstechung der Blutungsquelle möglichst mit Ligatur zuführender Gefäße und selektiv-proximaler Vagotomie, bei hohem allgemeinen Risiko mit trunkulärer Vagotomie. Alternativverfahren: Zweidrittelresektion des Magens (Billroth-II-Resektion)
- Ulcus ventriculi: Magenresektion bzw. Ulkusexzision mit selektiv-proximaler Vagotomie.
- Magenkarzinom: subtotale Resektion bzw. Gastrektomie.
- Ulcus Dieulafoy: Umstechung der Blutung.

Entscheidend ist die technische Sicherheit eines Verfahrens, nicht die Art der Maßnahme, da Rezidivblutung mit hoher Letalität belastet.

Magenkarzinom

Vk und *Ät:* Bei Männern häufiger als bei Frauen vorkommend im allgemeinen leicht sinkende Häufigkeit. Angeborene Disposition wahrscheinlich, keine Erblichkeit, deutliche umwelt- und nahrungsmittelbedingte regionale Unterschiede.

Präkanzerosen: chronisch-atrophische Gastritis, besonders in Verbindung mit perniziöser Anämie, Solitäradenom, Magenpolyposis, Morbus Ménétrier, Ulcus ventriculi chronicum, Magenstumpf nach Billroth-II-Resektion (umstritten).

Formen: Pathologisch-anatomisch zu unterscheiden:

- intestinaler Typ, polypös oder ulzerierend vorkommend, gut abgrenzbar, günstigere Prognose, in vorgeschädigter Schleimhaut entstehend;
- diffuser Typ, schlecht gegen die Umgebung abgrenzbar, häufig makroskopisch-endoskopisch unsichtbar, schlechte Prognose, ohne Vorschädigung der Schleimhaut auftretend, Abhängigkeit von genetischen Faktoren wahrscheinlich.
  Histologisch Adenokarzinome unterschiedlichen Differenzierungsgrades. Lymphogene und hämatogene Metastasierung.

Sy: Bedeutende Metastasierungswege gehen über die Lymphbahnen (Zonen I–IV bzw. 1–3) entlang der Magengefäße, der A. lienalis zum Milzhilus und in das Omentum majus. Bei Kardiakarzinomen Metastasierung entlang der Lymphbahnen des unteren Ösophagus, in fortgeschrittenen Stadien in den Retroperitonealraum, Lebermetastasierung, Lungenmetastasierung, Peritonealkarzinose.
Im allgemeinen uncharakteristische Appetitlosigkeit, Abneigung gegen sonst regelmäßig genossene Speisen, Schmerzen, Völlegefühl.

Dg: Gastroskopie und Probeexzisionen, auch dringend indiziert beim chronisch Magenkranken, besonders bei Auftreten von Ulcera ventriculi. Bei diagnostischer Unklarheit mit Röntgenuntersuchung kombinieren (diffus infiltrierende Karzinome oft gastroskopisch unsichtbar und nur an der Wandstarre des Magens über die Röntgenuntersuchung zu entdecken).

Th: Operation. Methodenwahl (Subtotale Resektion oder Gastrektomie) hinsichtich der Radikalität derzeit noch unentschieden. Im allgemeinen Gastrekto-

mie anzustreben, besonders bei tumorfernen Lymphknotenmetastasen. Bei kleinen Antrumkarzinomen mit unmittelbar benachbarten Metastasen subtotale Resektion im allgemeinen ausreichend. Beide Verfahren kombinieren mit Entfernung des großen Netzes. Entscheidend für die Prognose sind sorgfältige Exstirpation der regionalen Lymphknoten und Lymphadenektomie entlang der A. hepatica und im Bereich des Truncus coeliacus, bei Befall des Milzhilus mit Splenektomie. Splenektomie auch beim Kardiakarzinom.
Beim Kardiakarzinom Gastrektomie.
Rekonstruktion nach Gastrektomie durch Ösophagojejunostomie mit Duodenalblindverschluß (Roux) oder unter Erhaltung der orthograden Nahrungspassage über eine Schlingeninterposition nach Longmire.
Bei Inoperabilität und Stenose: 1. Mageneingang: Häring-Tubus (auch endoskopische Intubation), Laserkoagulation; 2. Magenausgang: Gastroenterostomie. Eventl. auch Polychemotherapie (FAM, 5-FU, EAP) mit Remissionsraten angeblich bis 30%.

Prgn: Ungünstig. 5-Jahres-Überlebensrate 10%, Magenfrühkarzinome (auf Mukosa und Submukosa beschränkt) in Japan, neuerdings auch in Deutschland bis zu 90%.

Mastdarmkarzinom s. Rektumkarzinom

Mediastinaltumoren

Sy:
- *Allgemeine Symptome:* Husten, Brustschmerz und Atemnot;
- *Spezielle Symptomatik:* Es finden sich Einflußstauung, Heiserkeit, Horner-Syndrom und Chylothorax. Nur ⅔ aller Tumoren machen Symptome; diese sind dann meist bösartig und prognostisch ungünstig. Mediastinaltumoren werden häufig als Zufallsbefund bei Röntgenaufnahmen des Thorax entdeckt.

Dg: Es ist notwendig, Thoraxübersichten in zwei Ebenen anzufertigen und eine Computertomographie zur genauen Lokalisation und Abgrenzung des Tumors vorzunehmen. Er ist in diesem Verfahren ab 1 cm Größe sichtbar. Zur Abgrenzung von Gefäßstrukturen kann eine digitale Subtraktionsangiographie venös durchgeführt werden.
Invasive Dg: Mediastinoskopie, auch zur Gewinnung von Biopsien.

DD: Aneurysmen der Aorta, Zwerchfellhernien, Ösophagustumoren oder Divertikel-Bronchialtumor, Metastasen, Metastasen anderer Geschwülste, Tuberkulome und Echinokokkenzysten kommen in Betracht. Weitere diagnostische Maßnahmen sind Blutbild, Sputumzytologie, Radiojodassay und eventuell Knochenmarkausstriche.

Formen: Die Typisierung der Mediastinaltumoren ist im groben nach ihrer Lokalisation möglich.
Im hinteren Mediastinum: Neurogene Tumoren, ausgehend von der Pars sympathetica, von Interkostalnerven, vom Neurilemm oder als Fibrome. Sie sind vorwiegend gutartig, die gleichen Geschwülste als Blastome bösartig. Diese wachsen dann infiltrierend.
Weiterhin findet man dort Lymphome und Zysten.
Im vorderen Mediastinum: Thymome, Teratome, Strumen, Lymphome und Lipome und seltenere Tumoren wie Lymphangiome, Hämangiome und Chondrome.
Im mittleren Mediastinum sind bronchogene Zysten, Lymphome und Perikardzysten lokalisiert.

Th: In jedem Fall ist die Exstirpation bei Operabilität durch Thorakotomie oder Sternotomie indiziert. Bei den Lymphomen kann eine Diagnostik durch Biopsien aus dem Mediastinum oder Halslymphknoten notwendig sein. Inoperabilität besteht bei großen infiltrativ wachsenden Tumoren; dort kommt primär die Radiotherapie in Frage.

Mediastinitis

Ät: Sie entsteht meist durch traumatische oder instrumentelle Verletzungen, fortgeleitet von Entzündungsbezirken der Halsorgane, des Ösophagus und der Trachea. Selten sind osteomyelitische Prozesse der Rippen, des Brustbeines oder der Wirbel die Ursache.

Sy: Foudroyant verlaufendes Krankheitsbild mit hohem Fieber und Schüttelfrost, zunehmenden Atembeschwerden, frühzeitiger septischer Schock und eventuell venöse Stauungserscheinungen im Halsbereich mit Ödemen.

Dg: Eventuell ist im Mediastinum eine Verbreiterung vorhanden; es können bilaterale Pleuraergüsse vorhanden sein oder ein Pneumomediastinum.

Th: Chirurgische Entlastung des Mediastinums, Spüldrainage oder Freilegung in Kombination mit antibiotischer Behandlung.

Prgn: Es besteht eine hohe Letalität dieser Erkrankung.

Meniskusverletzungen

Ät: Drehung der Körperachse mit gebeugtem Knie und feststehendem Unterschenkel unter Belastung im Sinne einer axialen Stauchung. Der Innenmeniskus ist wegen seiner geringeren Verschieblichkeit durch Fixation am medialen Seitenband etwa 20mal häufiger verletzt als der Außenmeniskus. Degenerative Veränderungen durch jahrelange Tätigkeit im Knien. *Formen:* Längsriß, Querriß, Lappenbildung durch Längs- und Querriß, Abriß des Vorderhornes, Abriß des Hinterhornes, Korbhenkelriß.

Sy und *Dg:* Typische Anamnese. Überprüfung der folgenden Meniskuszeichen:
Steinmann-Zeichen I: Schmerzen am inneren Gelenkspalt bei Außenrotation.
Steinmann-Zeichen II: von vorn nach hinten wandernder Druckschmerz am medialen Gelenkspalt beim Übergang von der Streckung in die Beugung.
Böhler-Zeichen: Adduktionsschmerz am inneren Gelenkspalt.
Apley-Grinding-Test: Druck und Rotation bei rechtwinklig gebeugtem Knie in Bauchlage führt zu Schmerzen bei Meniskusläsion. Schmerzen beim Extensionstest weisen auf Bandverletzung hin.
Bragard-Zeichen: Bei Druck über dem Vorderhorn nimmt der Schmerz bei Innenrotation zu.
Röntgenaufnahmen des Kniegelenks im a.-p. und seitlichen Strahlengang zum Ausschluß von knöchernen Begleitverletzungen, Chondromatose oder Osteochondrosis dissecans. Arthrographie für die Diagnose einer frischen Meniskusverletzung weniger wichtig. Sie hat vor allem Bedeutung in der Diagnostik bei Restbeschwerden nach Meniskektomie. Eine arthroskopische Untersuchung ist nur bei unsicheren Meniskuszeichen notwendig.

Th: Je nach Befund partielle Resektion, Refixation, Naht oder Meniskektomie. Bei lokalem Druckschmerz, intaktem Bandapparat, ohne Ergußbildung und Blockaden *konservativ*. Behandlung durch Gipsruhigstellung für einige Tage und anschließend Übungsbehandlung. Bei anhaltenden Beschwerden operativ.
Findet sich bei degenerativen Veränderungen eine frische Rißbildung, Meniskektomie.

Mesenteriallymphknoten-Tuberkulose

Pathog und *Vk:* Meist auf enterogenem oder auf hämatogen-lymphogenem Weg entstandene Dünndarmmanifestation der Tbc. Prädilektionsstelle: Ileozäkalregion. Meist Kinder zwischen 5. und 15. Lebensjahr befallen. Heute selten.

Sy und *Dg:* Häufig als Appendizitis angesprochen, da auch hier Schmerzen im rechten Unterbauch im Vordergrund stehen. Gewichtsabnahme, Nachtschweiß, Appetitlosigkeit, subfebrile Temperaturen. Meist lange Anamnese. Zeitweise Durchfälle, verbunden mit Meteorismus. Stark erhöhte Senkung, positive Tuberkulinreaktion, evtl. Palpation eines Tumors. Röntgenologisch manchmal Rundschattenbildungen (Verkalkung).

DD: Morbus Crohn, Lymphadenitis mesenterialis (Yersinien-Enteritis).

Th: Vorwiegend konservativ. Tuberkulostatika. Indikation zur Operation bei Ileus und Durchbruch mit Peritonitis. Bei Senkungsabzessen Punktionsbehandlung mit Instillation von Tuberkulostatika.

Milzruptur

Ät:
- traumatisch infolge direkter (penetrierende Verletzungen) und indirekter Gewalt (stumpfes Bauchtrauma); Vorkommen: bei ca. 30% aller stumpfen Bauchtraumen.
- Spontan bei Malaria, Mononukleose, Kala-Azar, Typhus, akuter Leukämie.

Sy und *Dg:* Blutdruck, Pulsfrequenz, Blutbildkontrolle, Sonographie. Peritoneallavage mit 1000 ml Ringer-Lösung innerhalb von 10 Minuten (Vorsicht bei Zustand nach abdominellen Operationen, bei Schwangerschaft und bekanntem Megakolon). Thoraxuntersuchungen (Rippenserienfrakturen links, Pneumothorax?).

Th: Sicherste Methode Splenektomie (gute Blutstillung, kein Zeitverlust, Risiko einer Nachblutung minimal). Sofern es die Umstände zulassen, gezielte Blutstillung durch Fibrinkleber, Naht, gezielte anatomiegerechte Resektion oder Autotransplantation der primär entfernten Milz.

Oberlippenfurunkel

Ät, Sy und *Dg:* Umschriebene eitrige Entzündung eines Haarfollikels im Oberlippenbereich mit derber Infiltration und rüsselartiger Schwellung der Oberlippe. Häufig zentrale Nekrose. Vielfach Ödem der betreffenden Gesichtshälfte und der Lider sowie Fieber. Erreger sind Staphylokokken, Streptokokken. Gefahr der aszendierenden Thrombophlebitis mit Sinus-cavernosus-Thrombose über Gesichts- und Orbitavenen (V. angularis).

Th: Bettruhe, Sprechverbot, flüssige Ernährung, keine Manipulationen, Kataplasmen, Antibiotika. Nur bei eindeutiger Fluktation kleine zentrale Stichinzision, evtl. Ligatur der V. angularis.

Ösophagusatresie

Def und *Sy:* Angeborene Mißbildung des Ösophagus, bei der gewöhnlich im oberen Drittel der Speiseröhre eine Kontinuitätsunterbrechung vorliegt. Meist besteht außer der Ösophagusatresie gleichzeitig eine Ösophagotrachealfistel. Der am häufigsten vorkommende Mißbildungstyp ist charakterisiert durch eine Blindsackbildung des kranialen Ösophagusschlauchs, wobei der Blindsack in Höhe des 1. bis 3. Brustwirbels liegt. Der kaudale Ösophagusanteil mündet als Ösophagotrachealfistel oberhalb der Bifurkation in die Luftröhre.

Dg: Jedes Neugeborene, das beim Trinkversuch stärkeren Hustenreiz mit Ausspucken der aufgenommenen Flüssigkeit und Zeichen der Aspiration zeigt und bei dem sich bei jeder weiteren Nahrungsaufnahme die gleichen Erscheinungen einstellen, ist dringend verdächtig auf das Vorliegen einer Ösophagusatresie. Die Klärung der Diagnose ist durch Sondierung der Speiseröhre mit einem weichen Katheter, der nach etwa 10–12 cm auf ein Hindernis stößt, sehr einfach. Die Diagnose wird röntgenologisch durch Einspritzen weniger Kubikzentimeter eines wasserlöslichen Kontrastmittels durch die liegende Sonde gesichert. Sofortige klinische Einweisung dringend notwendig, da sonst bereits nach 24 Stunden die Aspirationspneumonie die Prognose erheblich trübt.

Th: Operation nach kurzfristiger Vorbereitung des Säuglings durch parenterale Ernährung, Antibiotika und sorgfältige Bronchialtoilette. Rechtsseitige hohe Thorakotomie. Darstellung der Ösophagusstümpfe und zunächst Beseitigung der Ösophagotrachealfistel mit Nahtverschluß des Trachealdefekts. Wiederherstellung der Kontinuität des Ösophagus durch End-zu-End-Anastomose. Evtl. gleichzeitig Anlage einer Magenfistel zur Anastomosensicherung.

Ösophagusvarizenblutung

Ät: Ektasie der submukösen Venen des Ösophagus aufgrund einer Drucksteigerung im Pfortadersystem als Folge einer prä-, intra- oder posthepatischen Durchflußbehinderung.

Sy: Am häufigsten intrahepatischer Block durch Leberzirrhose. Rupturgefahr im Bereich der distalen Speiseröhre wegen ihrer dort subepithelialen Lage.
Meist plötzliches schwallartiges Bluterbrechen, Teerstuhl.

Dg: Leberanamnese, dermatologische Zeichen der Lebererkrankung. Ösophagogastroskopie (zu beachten ist das häufige zusätzliche Vorkommen von Ulcera duodeni sowie von Funduserosionen, die auch bluten können!).

Th: Primäre Maßnahmen konservativ: Blutstillung durch Sengstaken- bzw. Linton-Sonde. Wenn durchführbar, Ösophagusvarizenverödung während der Ösophagoskopie durch Injektion von Sklerosierungsmitteln (Aethoxysklerol). Allgemeine internistische Therapie (Bifiteral, Vasopressin, Darmsterilisation. Ausgleich des Blutverlustes, Ausgleich der Blutgerinnungsstörungen durch Gabe von Gerinnungsfaktoren, spezielle Aminosäureinfusionen (cave: Leberkoma).
Bei konservativen Mißerfolgen bzw. im blutungsfreien Intervall stehen folgende opertive Maßnahmen zur Verfügung:
1. druckentlastende Operationen, 2. Sperroperationen.
Zu 1. Portokavaler, splenorenaler (Warren) oder mesenterikokavaler Shunt; auch als Notshunt, jedoch mit hoher Letalität (um 50%) belastet. Prophylaktischer Shunt nicht sinnvoll.
Zu 2. Transthorakale Dissektionsligatur nach Milnes-Walker-Stelzner, Ösophagusdurchtrennung mit gleichzeitiger Reanastomosierung durch das enteroenterale Anastomosierungsgerät (EEA), Magenwanddissektion, subdiaphragmale Fundektomie mit Splenektomie nach Stelzner.
Die Auswahl der einzelnen Methoden wird vom Allgemeinzustand des Patienten sowie vom Funktionszustand der Leber abhängig gemacht (Stadieneinteilung nach Child).

Ösophagusverätzung

Ät: Meist im Kindesalter durch irrtümliches Trinken von Haushaltsreinigern. Beim Erwachsenen in suizidaler Absicht (Säuren und Laugen).

Sy: Starke retrosternale Schmerzen, Oberbauchschmerzen, häufig Schocksymptomatik.

Dg: Racheninspektion. Röntgen von Lunge (Mediastinum), Abdomen (Magenperforation), in Frühphase Ösophaguspassage mit wasserlöslichem Kontrastmittel zum Ausschluß einer Perforation. Innerhalb von 72 Stunden Ösophagoskopie zur Feststellung des Verätzungsgrades und zur Festlegung der weiteren therapeutischen Maßnahmen. Die Verätzung des Ösophagus ist als Präkanzerose anzusehen, deshalb regelmäßig Ösophagoskopien.

Th:
- Soforttherapie: Schockbekämpfung, Analgesie, Prednisolon, Antibiotika, parenterale Ernährung. Nasogastrale Sonde, evtl. Wasser zur Verdünnung trinken (keine Magenspülung, keine Emetika). Gastrale Ernährungsfistel und Einlegen eines Führungsfadens in den Ösophagus zur Frühbougierung ab 8.Tag nach dem Unfall (2–4mal täglich).
  Bei schweren Verätzungen mit Nekrosen und Perforation Ösophagektomie, Gastrektomie, kollare und jejunale Fistel, später Koloninterposition.
- Spättherapie (zur Beseitigung von Strikturen, die in etwa 10% der Fälle auftreten und sich in den ersten 8 Wochen manifestieren): Dauerbougierung durch den Patienten selbst, bei Ineffizienz Ösophagektomie.

Osteochondrosis dissecans

Vk und *Ät:* Vorkommen am Knie-, Ellbogen- und oberen Sprunggelenk, vor allem bei Jugendlichen und jungen Erwachsenen, als Folge einer subchondralen Durchblutungsstörung mit Demarkierung und möglicher Abstoßung eines Dissekats. In Einzelfällen ist auch ein Trauma als Ursache anzunehmen.

Sy und *Dg:* Belastungsabhängige Beschwerden, rezidivierende Reizergüsse, Einklemmung der freien Gelenkkörper mit Gelenksperre und plötzlichen Schmerzen. Röntgenbild.

DD: Chondromatose.

Th: Operativ. Wenn möglich Refixation. Bei Inkongruenz Entfernung und Anbohren der Sklerosezone (Pride-Bohrung). Bei größeren Defekten autologe Knorpeltransplantation aus der Rückfläche der Oberschenkelrolle.

Osteomyelitis, hämatogene

Ät und *Vk:* Erkrankungen des Kindes- und Jugendalters mit einem Häufigkeitsmaximum um das 9. Lebensjahr. Entstehung durch bakterielle Streuung, ausgehend z.B. von Haut-Weichteil-Infektionen, Anginen, Infektionen der Atem- oder ableitenden Harnwege, gastrointestinalen Infektionen. In ca. 30% der Fälle bleibt der Ausgangsherd unbekannt.
Überwiegende Lokalisation ist in der Regel die Metaphyse, vor allem im distalen Drittel des Femurs, im proximalen Drittel der Tibia und im Humerus. Voraussetzung für die Manifestation ist eine herabgesetzte immunologische Abwehrlage.

Formen: akute hämatogene O., plasmazelluläre O., Brodie-Abszeß, Osteomyelitis chronica scleroticans, Kortikalisosteomyelitis.

Akute Osteomyelitis

Sy: Beginn mit hohen Temperaturen, Schüttelfrost, schwerstem allgemeinen Krankheitsgefühl, lokalem Schmerz. Erst nach 2–3 Tagen lokale Entzündungszeichen.

Dg: Röntgenologische Veränderungen finden sich erst nach 2–3 Wochen. In der 1. Phase „Mottenfraß-Struktur". In der 2. Phase, etwa zu Beginn der 3. Woche, laufen destruktive Veränderungen mit Ausbildung osteolytischer Herde parallel mit reparativen Vorgängen in Form von periostalen Auflagerungen ab.

DD: Phlegmone, Abszeß, Erysipel.

Th: Ruhigstellung, Antibiotika. Da zu diesem Zeitpunkt keine Erreger- und Resistenzbestimmung vorliegt, Breitbandantibiotika oder Antibiotikakombinationen bis zur Normalisierung der BSG, auch unter Belastung.
Frühkomplikationen: Subperiostale und Weichteilabszesse, Gelenkempyem, pyogene Allgemeininfektion. Sie bedürfen der sofortigen chirurgischen Intervention. Die Abszesse werden inzidiert, drainiert, die Markhöhle eröffnet und gespült. Fortsetzung der Ruhigstellung und Wechsel des Antibiotikums entsprechend Antibiogramm.
Zurückhaltung ist geboten bei der Entfernung von Frühsequestern, da sie oft entweder resorbiert oder revitalisiert werden können.
Nach verspäteter oder unzureichender antibiotischer Behandlung und Ruhigstellung Epiphysiolyse, pathologische Fraktur, Übergang ins chronische Stadium.

Chronische Osteomyelitis

Def: Sie ist gekennzeichnet durch Demarkierung des abgestorbenen Knochens und Entwicklung einer „Totenlade".

Sy und *Dg:* Abfall der Temperatur, Verringerung der Schmerzen, Rückgang der Weichteilphlegmone und der Leukozytose. Lokal finden sich produktive Fisteln.

Kompl. bei persistierender Fisteleiterung: Chronische Infektanämie, rezidivierende akute entzündliche Schübe, unter Umständen Entwicklung einer Sepsis. Zu einem späteren Zeitpunkt kann eine Amyloidose bzw. ein Fistelkarzinom auftreten.

Th: Sequestrektomie und Höhlenausräumung sind in der Spätfolge, d. h. nach 8–12 Wochen, durchzuführen. Die Operation erfolgt unter gezieltem Antibiotikaschutz nach Antibiogramm. Nach vollständiger Ausräumung allen nekrotischen Gewebes Einlage einer Refobacin-Palacos-Kugelkette. Die Kette sollte nach längstens 8–10 Tagen entfernt bzw. gewechselt werden. Alternativ besteht die Möglichkeit der Durchführung einer offenen Spül-Saug-Drainage-Behandlung (komplikationsträchtig!). Die Spül-Saug-Drainage darf nicht zusammen mit der Kugelkette eingelegt werden (Auswaschen des in der Kugelkette enthaltenen Antibiotikums). Bei bestehender Instabilität Stabilisierung der Extremität mit einem Fixateur externe. In einer 2. Sitzung (z. B. bei der Entfernung der Kugelkette) erfolgt die Resthöhlensanierung in Abhängigkeit von Form und Größe des Defektes, entweder durch gestielte Muskellappenplastik, freien Muskeltransfer (mikrochirurgisch angeschlossen) und/oder autogene Spongiosaplastik.

Brodie-Abszeß

Sy und *Dg:* Bei geringer Bakterienvirulenz bildet sich ein umschriebener Eiterherd in der Metaphyse, der sich abkapselt und als zentraler Abszeß jahrelang bestehen bleiben kann. Röntgenologisch rundlicher, nahe der Knochenmitte gelegener metaphysärer Aufhellungsherd mit mäßiger periostaler Apposition.

DD: Eosinophiles Granulom, osteolytisches Sarkom.

Th: Ausräumung, Defektsanierung mit autologer Spongiosaplastik.

Panaritium

Form: Paronychie, Panaritium subunguale, cutaneum, subcutaneum, tendinosum (und V-Phlegmone), ossale, articulare, Kragenknopfpanaritium, Hohlhandphlegmone, Unterarmphlegmone (eitrige Infektion des Parona-Raumes).

Ät: Ursächlich kommen kleine Verletzungen im Bereich der Hand in Betracht. Häufigster Keim Staphylococcus aureus. Die besondere Art der beugeseitigen eitrigen Infektion der Finger und der Hand hat ihre Ursache in der hier außerordentlich dicken Kutis, die einen Durchbruch nach außen erschwert. Sie begünstigt eine Ausbreitung auf die tiefen Finger-Hohlhand-Strukturen wie Sehnenscheiden, Knochen und Gelenke.

Sy: Klinisch finden sich lokal Schwellung, Rötung, Druckschmerzhaftigkeit, schmerzbedingte Funktionseinschränkung. Subjektiv klopfende Schmerzen. Allgemein subfebrile oder febrile Temperaturen.

Th: Die von Saegesser 1938 aufgestellten chirurgischen Maßnahmen haben auch heute noch ihre Gültigkeit:

- frühzeitige und ausreichende Öffnung des Entzündungsherdes,
- Sorge für einen ungehinderten Sekretabfluß,
- ununterbrochene Ruhigstellung bis zum Abklingen der Entzündungszeichen.

Paronychie

Ät: Häufig Folge von Verletzungen des Nagelhäutchens bei der Maniküre.

Sy und *Dg:* Schwellung und Rötung des Nagelfalzes, entweder einseitig oder rund um die Nagelbasis (Umlauf). Die Fingerkuppe kann geschwollen sein, jedoch keine Druckdolenz.

Th: In Leitungsanästhesie und Blutsperre Inzision, Abstrich, Kürettage, Verband mit einem lokalen Antiseptikum. Ruhigstellung.

Panaritium subunguale

Ät: Meist Folge einer Fremdkörperverletzung (z. B. Holzstecksplitter unter dem Nagel),

Sy und *Dg:* Druckschmerzhafte Schwellung des parungualen Gewebes. Unter dem Nagel Eiteransammlung nachweisbar.

Th: In Leitungsanästhesie und Blutsperre Exzision des Nagels über dem Verhalt. Bei ausgedehnter Eiteransammlung Entfernung des gesamten Nagels unter Schonung des Nagelbettes. Ausräumung des nekrotischen Gewebes. Spülung mit verdünnter wäßriger PVP-Jod-Lösung. Verband mit PVP-Jod-Salbe und Fettgaze. Ruhigstellung. Tägliche Handbäder.

Panaritium cutaneum, subcutaneum und Kragenknopfpanaritium

Sy und *Dg:* Beim Panaritium cutaneum findet sich eine flache Eiterblase, die die Epidermis von der Kutis abhebt, oft aber auch ein Kragenknopfabszeß mit Ausbreitung im subkutanen Gewebe. Bestehen starke klopfende Schmerzen, Ödem auf der Streckseite, heftiger Druckschmerz und schmerzhafte Bewegungseinschränkung, so hat der entzündliche Prozeß bereits auf das subkutane Gewebe übergegriffen.

Th: In Leitungsanästhesie und Blutsperre wird das Panaritium cutaneum tangential abgetragen und mit einer Knopfsonde der Wundgrund auf eine Verbindung mit der Tiefe kontrolliert. Liegt ein Kragenknopfpanaritium vor, muß die Inzision entsprechend der Richtlinien der Handchirurgie seitlich oder Z-förmig erfolgen. Das Gefäß-Nerven-Bündel und die Sehnenscheide sind zu schonen. Dies gilt auch für eine Lokalisation am Endglied (kein Froschmaulschnitt!). Abnahme eines Abstriches. Entfernung allen nekrotischen Gewebes. Offene Wundbehandlung. Auf das Einlegen von Gummilaschen sollte verzichtet werden. Ruhigstellung in einer Oberarmgipsschiene. Tägliche Handbäder ab dem 2. postoperativen Tag. Bei Vorliegen einer Lymphangitis und Lymphadenitis Gabe eines Breitbandantibiotikums, ggf. Wechsel des Antibiotikums nach dem Vorliegen des Abstrichergebnisses.

Panaritium tendovaginosum und V-Phlegmone

Ät: Entstehung meist als Folge einer Verletzung mit Eröffnung der Sehnenscheide oder nach insuffizient behandeltem subkutanem Panaritium.

Sy und *Dg:* Schwellung des gesamten Fingers, Schonhaltung, Schmerzen beim aktiven und passiven Strecken des Fingers, Druckschmerzhaftigkeit im Verlauf der Beugesehne. Wegen der anatomischen Besonderheiten ist ein Übergreifen der Infektion von der Sehnenscheide des Kleinfingers zu der des Daumens und umgekehrt möglich. Dabei entwickelt sich eine massive Hohlhandschwellung mit Druckschmerzhaftigkeit im Bereich der Hohlhand- und Unterarmsehnengleitlager. Handrückenödem. Zeichen der allgemeinen Infektion.

Th: In Vollnarkose oder Leitungsanästhesie und Blutsperre zunächst Eröffnung der entsprechenden Beugesehnenscheide in Höhe der distalen Hohlhandbeugefalte. Entleert sich eitriges Sekret, Abstrich und Einschieben eines dünnen Spülkatheters nach peripher. Ausräumung des entzündlichen Herdes am Finger. Überprüfung der Spülung auf Durchgängigkeit. Unter Umständen Einlage eines zweiten Katheters von distal her. Ruhigstellung. Breite antibiotische Abdeckung, ggf. Wechsel nach Vorlage der bakteriologischen Untersuchung. Stationäre Aufnahme. Entfernung der Spülung nach 2–3 Tagen. Ist die Beugesehne bereits nekrotisch, wird sie entfernt. Beugesehnentransplantation nach entzündungsfreiem Intervall.
Liegt eine V-Phlegmone vor, gleiches Vorgehen, jedoch erfolgt die Eröffnung weiter proximal mit Resektion des Retinaculum flexorum (Lig. carpi transversum). Dies führt gleichzeitig zur Druckentlastung des N. medianus.

Hohlhandphlegmone

Anatomie

Zu unterscheiden sind vier Faszienlogen:
1. Daumenballenraum,
2. Kleinfingerballenraum,
3. + 4. Mittelhohlhandraum, der durch die senkrechten scheidewandartigen Zügel der Palmaraponeurose zum 3. Mittelhandknochen in einen ulnaren Mittelhand- und einen radialen Mittelhandraum geteilt wird.

Der radiale Mittelhandraum hat Beziehung zu den Beugesehnen, Nerven und kleinen Handmuskeln für den 2. Finger, der ulnare Mittelhandraum hingegen zu den Beugesehnennerven und kleinen Muskeln des 3. und 4. Fingers, selten auch zu den Beugesehnen des 5. Fingers. Beide Hohlhandräume haben meist proximal Verbindung, stehen mit dem Karpalkanal und damit mit dem Unterarm in Verbindung.

Daumenballen-, Kleinfingerballenraum

Ät: Infektionen werden meist durch äußere Verletzungen hervorgerufen und pflegen kaum in die Nachbarschaft durchzubrechen.

Sy und *Dg:* Äußere infizierte Wunde, lokal begrenzte Schwellung, Rötung und Schmerzhaftigkeit bei Druck und Opposition.

Th: Anästhesie und Blutsperre wie oben. Ausschneidung und eventuell Verlängerung der Wunde am Daumenballen radial und parallel zur Linea vitalis. Laschendrainage. PVP-Jod-Verband in Funktionsstellung. Lange Armgipsschiene. Weiterbehandung s. oben.

Oberflächliche Hohlhandphlegmone

Ät: Direktes Trauma mit nachfolgendem Infekt führt zu einer Eiteransammlung im prätendinösen Raum.

Sy und *Dg:* Lokale Schwellung, Spontan- und Druckschmerz. Bei Sondenabtastung Sehnenscheiden im Fingerbereich frei.

Th: Inzision entlang der Linea vitalis oder stomachica bogenförmig bis zur Handwurzel über das Punctum maximum des Druckschmerzes. Bei Bedarf läßt sich diese Inzision bogenförmig zum Unterarm hin verlängern. Damit besteht die Möglichkeit zur Dekompression des Karpalkanales. Im Bereich der Eiterung Resektion der Palmaraponeurose. Laschendrainage usw.

Tiefe Hohlhandphlegmone des ulnaren Spaltraumes

Ät: Entstehung durch eitrige Sehnenscheidenentzündungen des 3.–5. Fingers, Übergreifen aus den Nachbarräumen, direkte Verletzung und aus Oberflächenhohlhandphlegmonen.

Sy und *Dg:* Hart gespannte Hohlhand, Hauptdruckschmerz mehr distal; falls Sehnenscheidenphlegmone des ulnaren Sackes die Ursache, proximales Handrückenödem.

Th: Hautschnitt im Verlauf der Linea stomachica. Resektion der Palmaraponeurose, Drainage und Weiterbehandlung s. oben.

Tiefe Hohlhandphlegmone des radialen Spaltraumes

Ät: Direkt durch infizierte Wunde, durch Übergreifen von Eiterungen aus der Nachbarschaft, insbesondere Sehnenscheidenentzündung des Daumens und Zeigefingers, seltener des Mittelfingers.

Sy und *Dg:* Starke Schwellung der Streckseite der ersten Zwischenfingerfalte und des Zeigefingers, lokaler Druckschmerz. Daumenadduktion schmerzhaft.

Th: Streckseitiger Schnitt, bogenförmig am radialen Rand des M. interosseus I. Gegeninzision palmar-radial und parallel zur Thenarfalte unter Schonung des motorischen Medianusastes. Weiterbehandlung s. oben.

Tiefe Vorderarmphlegmone

Sy und *Dg:* Es handelt sich hier um einen u. U. lebensbedrohlichen Infekt, der mit hohem Fieber und Schüttelfrösten einhergeht. Der Abszeß liegt im sog. Parona-Raum zwischen dem M. pronator quadratus und der Membrana intereossea einerseits sowie den Unterarmbeugern andererseits. Klinisch findet sich eine erhebliche Schwellung, Rötung und Druckschmerzhaftigkeit auf der körperfernen Unterarmbeugeseite. Das Handgelenk wird in leichter Beugestellung fixiert gehalten. Aktive und passive Streckung ist äußerst schmerzhaft.

Th: Da der Ausgangspunkt einer Eiterung im Parona-Raum fast immer in einer Infektion der Sehnenscheidensäcke oder der tiefen Hohlhandräume zu suchen ist, breite Eröffnung der Hohlhand mit Resektion des Retinaculum flexorum (Lig. carpi transversum), bogenförmige Verlängerung auf die Beugeseite des Unterarmes. Weiterbehandlung s. oben.

Panaritium articulare

Ät und *Sy:* Entstehung entweder primär durch direkte Verletzung, sekundären Einbruch aus der Umgebung oder metastatisch. Das Gelenk ist spindelförmig aufgetrieben und steht in leichter Beugestellung. Lokal starke Schmerzen, bereits im Anfangsstadium gestörte Gelenkfunktion.

Th: Vorgängig Punktion. Findet sich hierbei rein seröse Flüssigkeit, zunächst konservative Therapie. Ruhigstellung, Antibiotikum. Klingen die akuten Entzündungszeichen nicht innerhalb weniger Tage ab oder ergibt die Punktion einen eitrigen Erguß, so muß das Gelenk eröffnet werden. Gleiches Vorgehen ist indiziert, wenn die Infektion durch Einbruch aus der Nachbarschaft erfolgte. In Vollnarkose oder Leitungsanästhesie und Blutsperre dorsolateraler bogenförmiger Hautschnitt. Das Gelenk wird zwischen den mittleren und seitlichen Zügeln der Streckaponeurose längs eröffnet. Sind Knorpel und Knochen noch intakt, Ruhigstellung und Fortsetzung der Antibiotikabehandlung. Bei Mitbeteiligung von Knorpeln und Knochen Resektion, so daß der Finger in leichter Beugestellung steht.

Panaritium ossale

Sy und *Dg:* Zunächst subperiostaler Abszeß, kolbige Anschwellung der betroffenen Phalanx, dorsales Ödem, Temperaturerhöhung, starker örtlicher Druckschmerz, Functio laesa.

Th: Seitlicher Fingerkantenschnitt dorsal des Gefäß-Nerven-Bündels und der Sehnenscheide. Drainage. Schienenverband. Nach Inzision zunächst die mögliche Demarkierung eines Sequesters abwarten, dann Sequestrektomie. Wegen guter periostaler Regenerationsfähigkeit Zurückhaltung mit Amputation. Ruhigstellung. Antibiotika.

Pankreaskarzinom

Vk: Hohe Inzidenz in Nordeuropa, den USA, Israel und Australien, in den letzten Jahren zunehmend häufig. Das männliche Geschlecht wird bevorzugt.

Formen: Pathologisch-anatomisch zu unterscheiden sind die periampullären Karzinome (wesentlich günstigere Prognose: 30% 5-Jahres-Überlebenszeit nach Resektion) und die Pankreaskarzinome im engeren Sinn (5-Jahres-Überlebenszeit nach Resektion nur wenige Prozent). Bei den Pankreaskarzinomen im engeren Sinn ist prognostisch zu differenzieren zwischen dem Adenokarzinom, Zystadenokarzinomen und vor allem den endokrin aktiven malignen Tumoren (Insulinome, Gastrinome) und Lebermetastasierung. Karzinom mit ausgesprochen schlechter Prognose.

Ät: Als Risikofaktoren werden angeführt der Nicotinabusus und eine fett- und eiweißreiche Kost.

Sy: Gewichtsverlust, Appetitlosigkeit, Schmerzen im Epigastrium, die im Liegen besonders intensiv auftreten, schmerzloser Ikterus, Gallenblasenstauung (Courvoisier), als Spätzeichen Schmerzen im Rücken (bedeutet meist Inoperabilität), als paraneoplastische Symptomatologie Thrombosen. Profuse wäßrige Durchfälle bei endokrinen malignen Neoplasien (Verner-Morrison-Syndrom [WDHA-Syndrom]).

Dg: Bei allen ungeklärten Schmerzzuständen im Oberbauch (auch nach Cholezystektomie!) ist nach einem Pankreastumor zu fahnden, da nur die Frühdiagnose eine Aussicht auf therapeutischen Erfolg verspricht. Sonographie, Computertomographie, endoskopische retrograde Cholangiopankreatikographie (Beurteilung der Papille, Einengung des Ductus pancreaticus [Wirsungi]).

Th: Duodenohemipankreatektomie (Operation nach Whipple), subtotale und totale Pankreatektomie nur bei Aussicht auf Radikalität vertretbar. Resektabel in erster Linie periampulläre und Kopfkarzinome. Korpus- und Schwanzkarzinome zum Zeitpunkt der Diagnosestellung in der Regel inoperabel. Bei Inoperabilität je nach Beeinträchtigung der Nachbarorgane Choledochojejunostomie, Cholezystojejunostomie, Gastrojejunostomie. Ggf. auch Dekompression der Gallenwege durch Einlegen eines Pigtails mittels Endoskopie.

Pankreaszyste

Ät und *Formen:* Zu unterscheiden sind echte Zysten (mit Epithelauskleidung) und Pseudozysten.
Echte Zysten: kongenital (auch mit Nierenzysten kombiniert), neoplastische Zysten (Zystadenom, Zystadenokarzinom), Retentionszysten, vielfach mit Gangsystem kommunizierend, meist im Kopf.
Pseudozysten: häufigste Form zystischer Veränderungen im Pankreas als Folge eines Gewebszerfalls im Verlauf einer akuten oder chronischen Pankreatitis, auch posttraumatisch.

Sy und *Dg:* Tastbarer Tumor im Oberbauch, rezidivierende abdominelle Schmerzen wie bei chronischer Pankreatitis. Fieber bei Infekten der Zyste. Bei mechanischer Beeinträchtigung der Nachbarorgane: Ikterus, Erbrechen, Stuhlirregularitäten.

Th: Innerhalb der ersten 6 Wochen nach akuter Pankreatitis nur sonographische bzw. computertomographische Verlaufskontrollen. Mit spontaner Rückbildung der Pseudozyste kann gerechnet werden. Bei anhaltendem Durchmesser der Zyste von 5 cm oder mehr bzw. bei mechanischer Beeinträchtigung der Nachbarorgane Operation im allgemeinen indiziert.
Operationsverfahren:
- Drainageoperationen (innere Drainage, äußere Drainage),
- Sonographisch gesteuerte Punktion, Resektionsbehandlung.

Die Drainageoperationen (im allgemeinen innere Drainage in Form einer Zystojejunostomie zu bevorzugen) haben den Vorteil einer niedrigeren Letalität als die Resektion, den Nachteil, daß zwar die Zyste ausheilt, das Grundleiden jedoch nicht beseitigt wird. Im allgemeinen für Pseudozysten nach akutem Ereignis Drainageoperation, bei Pseudozysten im Rahmen einer chronischen Pankreatitis eher Resektionsbehandlung (Kopfresektion des Pankreas nach Whipple, Schwanzresektion).

DD: Zystadenokarzinom (s. Pankreaskarzinom).

Pankreatitis, akute nekrotisierende (Pankreasnekrose)

Def: Perakute Verlaufsform der Pankreatitis mit partieller bzw. totaler Parenchymnekrose. Außerdem Fettgewebsnekrosen des intraperitonealen und des retroperitonealen Fettgewebes durch Freisetzung von Enzymen

(u. a. Lipasen und Proteasen) aus den Pankreasnekrosen.

Ät.: Intrapankreatische Aktivierung von Pankreasenzymen, die zur Autodigestion des Organs führen. Exakte pathogenetische Zusammenhänge noch unklar. Auslösende Ursachen in erster Linie Alkoholabusus (Zellgift), Cholelithiasis mit Steinpassagen und Steineinklemmungen.

Sy: Akute abdominelle Schmerzen, oft im Anschluß an opulente Mahlzeiten und Alkoholgenuß, Erbrechen, Übelkeit, Darmparalyse mit erheblichem Meteorismus, frequente Atmung, Fieber, häufig schwerer Schock mit Oligorie Anurie.

Dg: Aktivität der Amylase und Lipase im Serum erhöht. Amylaseaktivität im Urin erhöht. Sonographie, evtl. Computertomographie (mit i.v. Kontrastmittelgabe) zeigen Vergrößerung des Pankreas und Pankreasnekrosen an. Nachweis von Gallensteinen als möglichem auslösenden Faktor durch Sonographie.

Th: Dringend intensivmedizinische Überwachung, Absaugen des Mageninhaltes und Gabe von H_2-Rezeptorenblockern (Sekretionshemmung). Verhütung von respiratorischer, renaler und hämostaseologischer Insuffizienz.

Indikation zur Laparotomie nur bei Entwicklung einer Sepsis oder einer Organinsuffizienz trotz adäquater Intensivtherapie und/oder bei computertomographischem Nachweis von Abszessen.

Operationsverfahren: Laparotomie und Nekrosektomie, anschließend je nach chirurgischer Schule Bursalavage (Spüldrainagen) oder Pankreasschwanzresektion mit Splenektomie oder Abdomen apertum, d. h. Offenlassen der Laparotomiewunde und Extraperitonealisierung des Pankreas, dadurch täglich manuelles Ausräumen von Nekrosen möglich.

Periarthritis humeroscapularis (Morbus Duplay)

Ät, Sy und *Dg:* Sammelbegriff für degenerative, traumatische und posttraumatische Veränderungen am Schultergelenk, denen das Symptom schmerzhafte Bewegungseinschränkung, u. U. bis zur vollständigen Einsteifung (frozen shoulder), gemeinsam ist. Sie kann bedingt sein durch partielle bis totale Rupturen der Rotatorenmanschette mit Kalkeinlagerungen in die Supraspinatussehne, Tendinitis und Tendovaginitis der langen Bizepssehne bis zur Sehnenruptur, Entzündung der Bursa subacromialis mit Kalkeinlagerung, Kapsulitis.

Bei der klinischen Untersuchung Druckschmerzhaftigkeit, besonders am Tuberculum majus, am vorderen Gelenkspalt, im Verlauf der langen Bizepssehne und am Processus coracoideus. Die Abduktion ist schmerzhaft und aktiv oft nicht möglich (schmerzhafter Bogen). Zusätzlich Einschränkung der Rotation. Im Röntgenbild variabel nachweisbar Verschmälerung des subakromialen Raumes, subakromiale Schliffspuren und Verkalkungen in Sehnen und Schleimbeuteln. Arthrographisch lassen sich nur komplette Rupturen der Rotatorenmanschette, der Supraspinatus- und der langen Bizepssehne nachweisen.

DD: Schulter-Arm-Syndrom, Arthrose, Chondromatose, Luxation, Fraktur, Kopfnekrose, Tumor.

Th: Zunächst konservativ mit Abduktionsschiene, Kälte, Antiphlogistika. Nach ca. 14 Tagen Einleitung krankengymnastischer Übungsbehandlung. Halten die Beschwerden länger als 6 Wochen an, ist bei Vorliegen einer Bursitis calcarea die Entfernung der Depots entweder durch Punktion oder Operation angezeigt, mit Erweiterung des subakromialen Raumes (z. B. Operation nach Grammont). Besteht gleichzeitig eine Ruptur oder Degeneration der Rotatorenmanschette, wird diese mitversorgt. Bei Rupturen der langen Bizepssehne operative Indikation nur in Ausnahmefällen bei lang anhaltender und nicht besserungsfähiger schmerzhafter Bewegungseinschränkung.

Periostitis (serös, eitrig)

Ät: Meist hämatogen, gelegentlich direkt von außen entstehend infolge Trauma. Tritt in diffuser und zirkumskripter Form auf.

Sy und *Dg:* Neben oft erheblicher Störung des Allgemeinbefindens und erhöhten Temperaturen lokale Schwellung, Überwärmung, Rötung, Druckschmerzhaftigkeit und Functio laesa.

Th: Zunächst Alkoholverband, Ruhigstellung durch Schienenlagerung und breite antibiotische Abdeckung. Bei Abszeßbildung Inzision, Abstrich, breite Drainage, Ruhigstellung, breite antibiotische Abdeckung. Gezielte Antibiotika nach Antibiogramm und Resistenzbestimmung.

Peritonitis (Bauchfellentzündung)

Ät: Meist fortgeleitet aus der Nachbarschaft von entzündeten oder durchgebrochenen Bauchorganen. Direkt traumatisch bei penetrierenden oder stumpfen Bauchverletzungen. Selten hämatogen im Anschluß an Infektionskrankheiten, Tonsillitiden, Pneumonien.

Formen:

- Der *Verlaufsform* nach zu unterscheiden: akute und chronische Peritonitis.
- Dem *Exsudat* nach zu unterscheiden: seröse, fibrinöse, fibrinös-eitrige, rein eitrige und jauchige Peritonitis.
- Der *Ausbreitung* nach zu unterscheiden: diffuse und abgekapselte Peritonitis.
- *Spezielle Formen:* Pneumokokkenperitonitis, Gonokokkenperitonitis, tuberkulöse Peritonitis.

Akute diffuse Peritonitis

Sy und *Dg:*

- Allgemeinerscheinungen: *Schwerstes subjektives Krankheitsgefühl. Facies hippocratica* = ängstliche Gesichtszüge, spitze, kalte Nase, kühle Ohren, kalter Schweiß auf der Stirn, tiefe Ränder unter den Augen, *Bewußtsein:* zuerst noch klar, später Benommenheit, *Atmung:* flach, kostal, frequent. *Puls:* sehr beschleunigt, klein, weich, leicht unterdrückbar. *Temperatur:* kann rektal gemessen sehr hoch sein, doch kommen auch Kollapstemperaturen vor. *Zunge:* im fortgeschrittenen Stadium trokken, borkig.
- Örtliche Erscheinungen: *Schmerz:* Jäh beginnender Leibschmerz, zuerst mehr oder weniger lokalisiert über Stelle des primären Krankheitsherdes, später diffus über ganzen Leib ausgebreitet. Schmerz kontinuierlich anhaltend, manchmal in Schulter ausstrahlend. Empfindlichkeit des Leibes gegen jede Erschütterung und Berührung. Druck- und Loslaßschmerz. *Bauchdeckenspannung:* Infolge reflektorischer Bauchmuskelspannung bretth arter Leib, später Meteorismus mit Tympanie im Vordergrund stehend. Dämpfungsbezirke können entstehen infolge Ansammlung eitrigen Exsudats um den Nabel, in den Flanken oder Eiteransammlung im Douglas-Raum. Hierbei schlaffer Sphincter ani mit Douglas-Vorwölbung und Douglas-Druckschmerz. *Singultus:* Im späteren Stadium infolge Zwerchfellreizung auftretend. *Erbrechen:* Ebenfalls später, aber dauernd anhaltend, mit Herauswürgen galligen, sauren Schleims. *Darmlähmung* = paralytischer Ileus: Verhaltung von Stuhl und Winden, Totenstille im Leib, gleichzeitig entwickelt sich Meteorismus mit Zwerchfellhochstand, Verschwinden der Leberdämpfung.

DD: Anamnese besonders wichtig: Magen-Darm-Krämpfe, Gallen- oder Nierenkoliken, tabische Krisen (WaR), Bleikoliken, retroperitoneale Blutungen nach Nierenverletzungen und Traumen, basale Pleuritis oder Pneumonie, Herzinsuffizienz, Rippen- und Wirbelfrakturen, Spondylitis, reflektorische Bauchdeckenspannung bei Meningitis, Pankreatitis, Urämie, Präkoma (Blutzucker).

Th: Bei diffuser Peritonitis ist eine absolute Operationsindikation gegeben. Intensivmedizinische Überwachung mit ständigem Ausgleich vorhandener Defizite. Beachtung von Atmung, Puls, Temperatur, Venendruck, Blutdruck und Urinproduktion. Laparotomie am Ort der vermuteten Ursache, bei Unklarheit mediane Unterbauchlaparotomie bzw. Querschnitt. Sanierung des Ausgangsherdes. Bei ausgedehnter Peritonitis ausgiebige Peritoneallavage mit Ringer-Lösung. Einlegen von Spüldrains oder Intervallspülung mit etwa 24 l über 24 Std. Primär Breitbandantibiotika, gezielte Antibiotikatherapie nach Erreger- und Resistenzanalyse.
In besonders gelagerten Fällen einer schweren Peritonitis (Kolonperforation) 2–3tägige geplante Relaparotomie mit Bauchtoilette in Erwägung ziehen.

Akute lokale Peritonitis

Lokale Peritonitis bei entzündlicher Erkrankung an entsprechender Stelle liegender intraabdomineller Organe (Cholezystitis, Appendizitis, Divertikulitis, isolierte Abszesse). Symptomatologie und Therapie richten sich nach der zugrundeliegenden Ursache.

Gonokokkenperitonitis

Ät und *Sy:* Im allgemeinen Pelveoperitonitis durch aszendierende Infektion bei der jüngeren Frau. Beginn mit Fieber und Unterbauchschmerzen, meist im Anschluß an die Periode. Diffuse Druckschmerzhaftigkeit des Unterbauches mit in der Regel nur diskreter Abwehrspannung. Eitrige Absonderung aus der Vagina bzw. dem Zervikalkanal (Gonokokken im Direktpräparat).

Th: In erster Linie konservativ unter Gabe von Antibiotika, bei diffuser Peritonitis bzw. bei größeren Eiteransammlungen (Douglas-Abszeß) Operation.

Pneumokokkenperitonitis
Meist vor dem 14. Lebensjahr auftretend, besonders bei Mädchen, entweder mit schwerstem Verlauf innerhalb weniger Tage tödlich endend oder nach anfänglich stürmischem Beginn unter Bildung eines sog. Nabelempyems oder abgesackter Abszesse langsam abklingend.

Peritonitis tuberculosa
Ät und *Formen:* Exsudativ-seröse Form = Ascites tuberculosa. Fibrinös-adhäsive Form = Verwachsungen. Käsig-eitrige Form = Abszesse. Erreger meist Typus bovinus.

Sy und *Dg:* Meist subfebrile Temperaturen, beschleunigter Puls, zunehmende Anämie, Kräfteverfall. Schleichender Verlauf. Anfangs geringe Leibschmerzen mit unbestimmter Druckschmerzhaftigkeit, Zeichen zunehmender Darmstenose mit häufigerem Erbrechen, Diarrhöen mit Obstipation abwechselnd. Oft freier Erguß nachweisbar. Sonstige Zeichen allgemeiner oder Organtuberkulose. Meist jugendliches Alter.

Th: Grundsätzlich konservativ: Chemotherapie. *Operativ:* Nur bei Verwachsungstumoren mit Ileuserscheinungen.

Phäochromozytom

Sy und *Dg:* In der Regel benigne Geschwülste des Nebennierenmarks (bis zu 90%) bzw. der lumbalen und thorakalen Sympathikusganglien, die entwicklungsgeschichtlich der Neuralleiste entstammen. Selten maligne, dann aggressiv verlaufend mit Metastasierung in regionäre, mediastinale und Halslymphknoten sowie Knochen. Geben anfallsweise oder konstant große Mengen Adrenalin oder Noradrenalin in die Blutbahn ab. Erfolgt die Adrenalinabgabe anfallsweise, kommt es zu Blutdruckkrisen mit paroxysmaler Hypertonie bis zu 300 mmHg systolisch und mehr. Anfälle treten plötzlich, meist nach körperlicher Anstrengung oder seelischer Belastung, auf. Phäochromozytome können auch andere Hormone des Apud-Systems (z. B. Calcitonin) produzieren (MEN IIa + IIb, S. 909).
Kranke leiden im Anfang unter rasenden Kopfschmerzen, häufig auch unter Brechreiz und Erbrechen, Schweißausbrüchen. Sie machen einen verängstigten und zerschlagenen Eindruck. Anfangs ist eine fahle Blässe, besonders der Mundpartien, auffällig. Blutdruckkontrollen während der Blutdruckkrise genügen meist zur Diagnosestellung. Anfälle können Minuten, Tage, Monate dauern und schließlich in einen Dauerhochdruck übergehen.
Schwieriger ist die Diagnose, wenn das Krankheitsbild unter den Erscheinungen des Dauerhochdrucks verläuft.
Sicherung der Diagnose durch Bestimmung der Catecholamine im Urin. Provokationstests obsolet wegen Gefahr der Krisenentwicklung (Gegenmittel Regitin). Lokalisationsstudien mittels Sonographie, Computertomographie.

Th: Adrenalektomie nach Vorbereitung mit α-Rezeptorenblockern.

Phlegmone

Def: Diffuse eitrige Entzündung tieferer Gewebsschichten (Subkutis, Muskulatur, tiefe Bindegewebsschichten).

Ät: Bevorzugt Streptokokken aufgrund von Verletzungen oder metastatisch.

Sy und *Dg:* Diffuse Schwellung, Rötung, Überwärmung und Schmerzhaftigkeit der erkrankten Partie. Fieber und Leukozytose. Gefahr der Allgemeininfektion. Besonders gefährlich Mundbodenphlegmone (Glottisödem), Halsphlegmone (eitrige Mediastinitis), Hohlhandphlegmone (Sehnenscheidenphlegmone).

Th: Bei diskreter Ausprägung Ruhigstellung (Gipsschiene), Antibiotika. Ausgedehnte Phlegmonen erfordern großzügige Inzisionen ohne Rücksicht auf Kosmetik mit Debridement nekrotischen Gewebes. Wunden breit offenlassen, Drainagen, feuchte desinfizierende Verbände. Antibiotika entsprechend der Austestung.

Pleuramesotheliom

Def:
- Lokalisierte Form meist gutartig, Fibrome,
- Diffuses Pleuramesotheliom bösartig.

Ät: Eine Asbestexposition ist die Hauptursache für die Entwicklung eines malignen Pleuramesothelioms. Autoptisch wurde es in 0,21% gefunden.

Sy: Schmerz ist das häufigste Symptom, gefolgt von Dyspnoe und Pleuraerguß.

Dg: Röntgenaufnahmen des Thorax zeigen unregelmäßige Pleuraverdickungen. Die Computertomographie präzisiert diesen Befund. Die Zytologie des Pleurapunktates ist von geringer Treffsicherheit. Thorakoskopie und Thorakotomie erbringen die besten bioptischen Ergebnisse.

DD: Sekundäre Pleuratumoren, Karzinome der Lunge, des Magens, Mamma-, Schilddrüsen- und Ovarialkarzinome.

Th und *Prgn:* Operationsindikation ist bei Operabilität gegeben, ca. 50% können bei Diagnosestellung operiert werden, palliativ und kurativ.
Dekortikation, perioperative Letalität um 9%. Pleuropneumonektomie, Letalität 12%. Eine kombinierte Behandlung mit Radio- oder Chemotherapie (Adriamycin) erreicht Überlebensraten von 20 Monaten.

Polyposis intestini

Ät, Vk und *Formen:* Generalisierter Befall des Magen-Darm-Traktes mit Adenomen („Polypen"), die sich offenbar in der Pubertät entwickeln und sich um das 20. Lebensjahr klinisch manifestieren. Hauptsächliche Formen: Peutz-Jeghers-Syndrom (pathologisch-anatomisch eher eine Hamartie, vorwiegend Dünndarmbefall) und Polyposis coli (in Kombination mit Polypen des Magens, des Dünndarms, mit Osteomen im Bereich des Schädels, Fibromen und mit Neigung zur Ausbildung von Desmoidtumoren nach Verletzungen oder operativen Eingriffen als „Gardner-Syndrom" zu bezeichnen). Das Peutz-Jeghers-Syndrom und die Polyposis coli folgen einem autosomal dominanten Erbgang, letztere wegen unterschiedlicher Penetranz nicht regelmäßig bei allen Familienmitgliedern vorkommend. Die Gefahr der Kolonpolyposis (bis zu 5000 Polypen im Kolon möglich) liegt in ihrer malignen Entartung (100% bis um das 40. Lebensjahr); beim Gardner-Syndrom zusätzlich gehäuft Duodenalkarzinome. Peutz-Jeghers-Polypen nur in 1–2% maligne (Dünndarm- und Magenkarzinom), eher Ileusgefahr durch Obstruktion, Blutung.

Sy und *Dg:* Wie bei Mastdarmpolypen. Bei Peutz-Jeghers-Syndrom Epheliden perioral, auf Lippen und Mundschleimhaut.

Th: Bei Polyposis coli Kolektomie mit Ileorektostomie bzw. Proktokolektomie mit Ileoanostomie und Ileumpouch.
Bei Peutz-Jeghers-Syndrom Entfernung symptomatischer Polypen.

Proktitis

Def: Entzündung der Schleimhaut des Proktos (= Rektums), von leichter oberflächlicher Rötung bis zu geschwürig-eitrigem Zerfall der Mukosa reichend; vielfach nicht isoliert, sondern in verschiedenen Ausprägungen auch im übrigen Kolon vorkommend.

Ät: Beginn einer Colitis ulcerosa; Colitis granulomatosa (Morbus Crohn), bakterielle Infektionen wie z. B. Amöben- und Shigellenruhr, Gonorrhö, Lamblien, Chlamydien, mechanische und chemische Reizung (Einläufe).

Sy und *Dg:* Blutabgänge beim Stuhlgang, gelegentlich mit Schleim und Eiter vermischt, häufiger Stuhldrang bis zu Tenesmen ohne wesentlichen substantiellen Erfolg. Pruritus ani sowie Brennen am After mit Entzündung der Analkanal- und Analhaut; bei Morbus Crohn glasig-ödematöse Veränderung des Afters, häufig auch Fisteln und Fissuren.
Rektoskopisch Schleimhautrötung, Kontaktblutungen, Aphthen, geschwüriger Zerfall der Schleimhaut, Eiter. Stuhluntersuchung auf pathogene Keime, Untersuchung auf Wurmeier, Suche nach Amöben im warmen Direktpräparat, Schleimhautprobeexzision, an venerische Infektionen denken (zunehmend).

Th: Behandlung des Grundleidens, Elimination exogener Schleimhautnoxen, Magen-Darm-Schonkost, keine Alkoholika. Bei unspezifischen Infektionen Versuch mit Betnesol-Rektalinstillationen (Betamethason) bzw. Azulfidineklysmen.

Pseudarthrose (Falschgelenk) (s. auch Frakturen)

Def: Ist eine Fraktur, traumatisch oder spontan entstanden, nach 4–6 Monaten nicht fest knöchern verheilt, spricht man von einer Pseudarthrose.

Formen: Auf der Grundlage von szintigraphischen und szintimetrischen Untersuchungen haben Weber und Zlech folgende Einteilung getroffen:

- Biologisch reaktionsfähige Pseudarthrose:
  - hypertrophische Pseudarthrose (Elefantenfuß),
  - leicht hypertrophische Pseudarthrose (Pferdefuß),
  - oligotrophische Pseudarthrose.
- Biologisch reaktionsunfähige Pseudarthrose:
  - dystrophische Pseudarthrose,
    - nekrotische Pseudarthrose,
    - Defektpseudarthrose,
    - atrophische Pseudarthrose.

Ät: Mangelhafte Ruhigstellung, Weichteilinterposition, Fragmentdevitalisation, Infektion.

Sy und *Dg:* Abnorme Beweglichkeit in der Kontinuität des Knochens, Schmerzhaftigkeit, eventuell Verkürzung und Verformung der betroffenen Extremität, Functio laesa. Röntgenaufnahmen!

Th: Bei hypertrophischer und leicht hypertrophischer Pseudarthrose Stabilisierung in Abhängigkeit von der Lokalisation und dem Zustand der Weichteile durch Marknagel- oder Plattenosteosynthese, gelegentlich Zuggurtung, seltener Fixateur externe.
Bei oligotrophischer Pseudarthrose Stabilisierung in gleicher Weise, ergänzt durch Dekortikation und autologe Spongiosaplastik.
Bei den biologisch reaktionsunfähigen Pseudarthrosen wird in Abhängigkeit von der Lokalisation und dem Zustand der Weichteile durch Plattenosteosynthese oder Anlage eines Fixateur externe stabilisiert, dekortiziert und autologe Spongiosa angelagert.
Liegt eine infizierte Pseudarthrose vor, ist ein zweizeitiges Vorgehen indiziert. Unter gezieltem Antibiotikaschutz, nach vorheriger Austestung, zunächst Débridement und Stabilisierung der Pseudarthrose durch einen Fixateur externe. Intraoperativ Einlage einer Refobacin-Palacos-Kugelkette (gleiches Vorgehen wie bei der chronischen Osteomyelitis). In einer zweiten Sitzung muß die Kontinuität des Knochens wiederhergestellt werden. Bei ausgedehnten Pseudarthrosen mit mangelnder Weichteildeckung gleiches Vorgehen wie bei der chronischen Osteomyelitis.

Pylorusstenose

Ät: Meist organisch bedingt durch Ulkusnarbe, Ulkustumor, maligne Neoplasie, im Säuglingsalter durch Hypertrophie der Pylorusmuskulatur.

Sy und *Dg:* Völlegefühl, Magendruck, Aufstoßen, Erbrechen alter Speisen ohne gallige Beimischung, besonders nächtliches Erbrechen, sicht- und fühlbare Magenperistaltik, Plätschergeräusche. Gewichtsabnahme.
Röntgenuntersuchung, Gastroskopie.

Th: Ausgleich vn Wasser- und Elektrolythaushaltsstörungen und von Störungen im Bereich des Säure-Basen-Haushaltes (hypochlorämische Alkalose). Bei Säuglingen primär konservativer Versuch der häufig erfolgreich ist. Bei Versagen extramuköse Pyloromyotomie nach Weber-Ramstedt. Im Erwachsenenalter in erster Linie operative Therapie durch Beseitigung der Ursache.

Rektumkarzinom

Def und *Vk:* Adenokarzinom des Mastdarms von niedrigem bis hohem Malignitätsgrad. Tritt bevorzugt jenseits der Lebensmitte in hochentwickelten Ländern auf.

Sy: Metastasiert lymphogen in erster Linie nach zentral entlang der A. mesenterica inferior. Metastasierung auch über perirektale Venen, prognostisch besonders ungünstig.
Änderungen in den Stuhlgangsgewohnheiten (Durchfälle, Verstopfung) unter sonst gleichen Lebensbedingungen sind in der entsprechenden Altersgruppe stets verdächtig. Blutbeimengung zum Stuhlgang, Stuhlabgang bei Windabgang, wiederholter imperativer Stuhldrang mit Absetzen von Schleim, Blut und Stuhl bei Gefühl der inkompletten Entleerung.

Dg: Digitale, proktoskopische und rektoskopische Untersuchung mit Vornahme einer Probeexzision, Kolondoppelkontrasteinlauf und evtl. Koloskopie (Ausschluß eines Zweittumors). Cave: Diagnose Hämorrhoiden.

Th: Die Behandlung ist bis auf die seltene Ausnahme fortgeschrittener Tumorleiden oder wegen Operationsunfähigkeit des Patienten operativ. Zwei Verfahren kommen im allgemeinen in Betracht:

- kontinenzerhaltende anteriore Rektumresektion,
- abdominoperineale Rektumamputation mit einläufigem endständigem Sigmaafter.

Beide Eingriffe implizieren die Mitnahme der sog. Metastasenstraße entlang der A. mesenterica inferior.
Aus kontinenzphysiologischen und tumorbiologischen Gründen richtet sich die Wahl des Verfahrens nach Höhenlokalisation des Tumors, Tumorgröße und Tumorgrading. Im allgemeinen muß bei Tumoren der untersten Etage unter Verlust der Kontinenz und kann bei Tumoren der mittleren und oberen Etage des Rektums mit Erhaltung des natürlichen Weges operiert werden. Ausnahmen sind möglich. Kleinste Tumoren können gelegentlich lokal entfernt werden.

Prgn: Hängt ab vom Tumorgrading und Tumorstaging. Die Wahl des operativen Verfahrens (Resektion oder Amputation) ist ohne Einfluß auf die 5-Jahres-Überlebenszeit (durchschnittlich 50–60%).
DD: Analkarzinom (s. d.)

Rektumprolaps

Def: Vorfall der gesamten Mastdarmwand vor den Anus im Sinn einer Invagination, erkennbar am zirkulären Faltenverlauf (Bienenkorb). Unterschiede: Analvorfall = ausgedehnter Hämorrhoidalprolaps, radiäre Fältelung.

Pathog und Sy: Invagination des Rektums durch Insuffizienz des bindegewebigen Halteapparates. Ursächlich ständiges, forciertes Pressen bei chronischer Obstipation. Als Teil eines Descendent-perineum-Syndroms, meist vergesellschaftet mit partieller oder totaler Inkontinenz bei Internus- und Beckenbodenteillähmung. Beginn mit Mukosaprolaps an der Vorderwand mit späterem Rektumvorderwanddeszensus. Ulcus simplex recti bzw. Colitis cystica profunda meist Ausdruck eines beginnenden Deszensus.

Th: Bei beginnendem Prolaps mit partieller Inkontinenz, postanalrepair nach Parks. Bei komplett ausgebildetem Prolaps ohne und mit Inkontinenz Implantation einer Ivalon-Schwammprothese (Polyvinylalkohol) über eine Laparotomie (Rezidivquote um 4%). Persistiert eine belästigende Inkontinenz noch nach ca. 1 Jahr, postanalrepair nach Parks anschließen.
Alternative Fixation des Rektums am Kreuzbein mit Teflonzügel nach Ripstein (etwa gleich günstiges Verfahren). Postoperativ diätetische Stuhlgangsregulierung, Pressen im Übermaß ist unbedingt zu vermeiden.

Schädel-Hirn-Trauma s. Commotio, Contusio und Compressio cerebri

Sepsis

Def: Schwere bakterielle Allgemeininfektion, bei der ständig oder in Intervallen aus einem Herd Erreger in die Blutbahn eindringen. Gefahr der Organschädigung mit funktionellem Versagen.

Sy: Hohes intermittierendes oder kontinuierliches Fieber, Pulsbeschleunigung, Muskelkloni (Schüttelfrost), schweres Krankheitsbild. Bei älteren Personen und Kranken mit Abwehrschwäche sowie bei Antibiotikavorbehandlung häufig larvierter Verlauf.

Dg: Herdsuche, Untersuchung von Blutkultur auf Anaerobier und Aerobier, gegebenenfalls Pilze.

Th: Wichtigste Maßnahme ist die Herdsanierung (Spaltung einer Phlegmone, eines Abszesses, Empyems, Behebung der Ursache einer Peritonitis). Antibiotika primär in Form eines Breitspektrumantibiotikums, später entsprechend der Erreger- und Resistenzprüfung. Intensivmedizinische Überwachung.

Sicherheitsgurtsyndrom

Bei PKW-Unfällen kann es auch bei Sicherheitsgurtträgern zu einem stumpfen Bauchtrauma mit Verletzung intraabdomineller Organe kommen. Bei hämorrhagischem Schock ohne anderweitig erkennbare Blutungsquelle Diagnose durch Peritoneallavage oder Sonographie.

Spina ventosa

Def: Tuberkulose der kurzen Röhrenknochen (Phalangen, Metakarpalia und Metatarsalia) mit starker Auftreibung der Diaphyse, Zerstörung der Kortikalis und periostaler Reaktion.

Sy und *Dg:* Spindelförmige Auftreibung im Bereich der befallenen Skelettabschnitte, gelegentlich Fistelbildung, Röntgen.

Th: Herdausräumung, Ruhigstellung, Tuberkulostatika.

Struma

Definition

Synonym für Kropf. Schilddrüsenvergrößerung aufgrund einer Parenchymhyperplasie mit konsekutiver Gefäß- und Bindegewebsvermehrung.

Formen und Pathogenese

Zu unterscheiden sind morphologisch die diffuse (Kropf des Jugendalters) und die nodöse (uni- bzw. multinodös), funktionell die euthyreote, hypothyreote und hyperthyreote Struma. In der Regel ausgebildet als zervikale Struma, selten als mediastinale bzw. echte intrathorakale Struma mit Variation in der Gefäßversorgung. Mit zunehmendem Alter Entwicklung von regressiven bzw. zystischen Veränderungen aufgrund von Degeneration des Parenchyms, gelegentlich Verkalkungen. Die Gefährdung durch eine Struma liegt in der mechanischen Beeinträchtigung der Halsorgane (Trachea) und in der Existenz einer malignen Neoplasie (Funktionelles s. unter Basedow-Struma).

Ätiologie der euthyreoten Struma

- Relativer Hormonmangel mit reaktiver Steigerung der TSH-Sekretion (Erhöhung des Hormonbedarfs z. B. in Pubertät und Gravidität; Mangel an Hormonbaustoffen, in Mitteleuropa in erster Linie Jod; Hor-

monsynthesestörung aufgrund von Enzymdefekten),
- Autoimmunmechanismus mit Bildung parenchymproliferationsfördernder Immunglobuline.

Symptome und Diagnose
Halsumfangsvermehrung, Knotenbildung, Luftnot.
Inspektion und Palpation hinsichtlich Größe, Konsistenz, Beschaffenheit – diffuse oder nodöse Parenchymhyperplasie –, Schluckverschieblichkeit, Druckschmerzhaftigkeit, Lymphknotenvergrößerungen in den lateralen Halsdreiecken und submandibular.

Sonographie zur genauen Größenbestimmung, zur Ortung nicht palpabler Knoten sowie zur Feststellung des Schallreflexionsverhaltens (schallarme Knoten häufig Karzinome).

Szintigraphie (funktionelles Verhalten einzelner Parenchymanteile; kalte Knoten, autonome Knoten bzw. diffuse Autonomie der Gesamtdrüse).

Radioimmunologische Bestimmung von Trijodthyronin bzw. Thyroxin in gebundener (cave: Wertverfälschung durch Medikamente, z. B. Ovulationshemmer) bzw. in freier Form. Ergänzung durch TRH-Test (Kontrolle des TSH-Sekretionsverhaltens).

Röntgenuntersuchung von Lunge und Trachea, im Bedarfsfall Ösophagusbreischluck (Struma permagna, mediastinale bzw. intrathorakale Struma).

Therapie: Sofern Malignitätsverdacht und eine relevante Beeinträchtigung der Halsorgane nicht gegeben sind, bei euthyreoter und hypothyreoter Struma suppressive Schilddrüsenhormontherapie in aufsteigender Dosierung (TSH subnormal und nicht stimulierbar). Bei mechanischer Beeinträchtigung bzw. Malignitätsverdacht im Regelfall beidseitige Resektion in Allgemeinanästhesie bis auf einen je 12–16 cm^3 großen Parenchymrest. Funktionskritische Operation anstreben, nicht in jedem Fall zwingend beide Seiten.
Postoperative Substitutionstherapie mit Schilddrüsenhormonen unumgänglich unter T_3-, T_4- und TSH-Kontrolle (TSH sollte regelrecht reagieren; einige Autoren bevorzugen eine suppressive Dosis). Überprüfung der Restgröße durch Ultraschall.

Postoperative Komplikationen: Rekurrensparese in etwa 2% nach Primäroperation, um 10% nach Rezidiveingriffen. Klinisch manifester Hypoparathyreoidismus um 1% nach Primäroperation. Cave latente Tetanie (persistierende, klinisch inapparente Hypokalzämie).

Basedow-Struma

Def und *Ät:* Spezielle Erscheinungsform der Hyperthyreose: Struma, kombiniert mit Tachykardie und endokriner Ophthalmopathie (eher historisch zu verstehender Begriff, Basedow 1840). Sollte nur noch für die immunogene hyperthyreote Struma (diffuse Autonomie des Organs ohne Abhängigkeit von Hypothalamus und Hypophyse, TSH niedrig und nicht stimulierbar) mit endokriner Ophthalmopathie bei Nachweis entsprechender thyreoideastimulierender Antikörper (z. B. TSH-Rezeptorantikörper) angewendet werden. Ursache Autoimmungeschehen, genetische Disposition.
Im Gegensatz hierzu Hyperthyreose durch disseminierte Autonomie ohne endokrine Ophthalmopathie, ungeklärter Genese, kein Nachweis eines Autoimmungeschehens.

Sy: Wärmeintoleranz, Tachykardie, Schwäche, Gewichtsabnahme, Haarausfall, Diarrhö, Tremor, allgemein erhöhte Reizbarkeit. Lidödeme, besonders morgens; Retraktion des Oberlids, seltener Lidschlag, Konjunktivitis, Fremdkörpergefühl, Chemosis, Ulzeration der Kornea, ein- oder beidseitiger Exophthalmus, Doppelbilder durch entzündliche Infiltration der externen Augenmuskeln. Gefahr der Erblindung.

Dg: Nachweis einer Erhöhung der Trijodthyronin- und Thyroxinkonzentration im Serum (cave Wertverfälschungen durch Medikamente), Sicherung durch TRH-Test (TSH niedrig, fehlende Stimulierbarkeit). Nachweis eines Autoimmungeschehens (mikrosomale Antikörper, Thyreoglobulinantikörper, TSH-Rezeptorantikörper).

Th: Richtet sich nach Grundsätzen der Hyperthyreosebehandlung, ohne daß die endokrine Ophthalmopathie einen Einfluß auf die Wahl des Therapieverfahrens hat. Mit konservativer Therapie beginnen (Thyreostatika). Wegen hoher Rezidivquoten unter konservativer Behandlung (50–60%) bei deutlicher Struma bzw. bei erstem Hyperthyreoserezidiv Operation indiziert.
Gefahr der thyreotoxischen Krise bei guter Vorbereitung (Euthyreose!) extrem gering (< 0,5%). Ausgedehnte Parenchymresektion anstreben (Reste je etwa 4 cm^3); postoperatives Hyperthyreoserezidiv um 5%, folgende Hypothyreose (25%) leicht medikamentös ausgleichbar. Alternative bei kleiner Struma

oberhalb des 40. Lebensjahres: Radiojodresektion. Nach jeder Therapie lebenslängliche Stoffwechselüberwachung.

Struma maligna

Def und *Vk:* Sammelbegriff für die bösartigen Neubildungen des Schilddrüsengewebes, in der Regel epithelialen (Thyreozyten, C-Zellen), ausgesprochen selten mesenchymalen Ursprungs. Insgesamt selten, etwa 1% aller bösartigen Geschwülste.

Formen: Epitheliale maligne Neoplasien unterteilen sich in papilläre, follikuläre (hierzu auch onkozytäre Karzinome), anaplastische Karzinome, C-Zell-(medulläre) Karzinome.

Prognose wird entscheidend bestimmt vom histologischen Tumortyp, lokalen Invasionsgrad und Alter des Patienten.

- *Papillär:* Vorwiegend im Jugendalter auftretend, metastasiert in erster Linie in die Lymphknoten, selten in die Lunge. 5-Jahres-Überlebenszeit etwa 95%, in höherem Alter geringer.
- *Follikulär:* Während der gesamten Lebensspanne entstehend, vorwiegend hämatogen in Lunge und Knochen, in etwa 15% lymphogen metastasierend. 5-Jahres-Überlebenszeit etwa 70%.
- *Anaplastisch:* Oberhalb der Lebensmitte sich bildender Tumor von außergewöhnlich hoher Aggressivität, meist nur palliativ operabel. Überleben zu etwa 80% höchstens 6 Monate.
- *C-Zell-Karzinom:* Während des gesamten Lebens zu beobachten, in 10% autosomal-dominant vererbbar, dann mit einseitigem bzw. doppelseitigem Phäochromozytom (Sipple-Syndrom, multiple endokrine Neoplasie [MEN Typ IIa]) bzw. zusätzlich mit mukosalen Neuromen und marfanoidem Habitus (MEN IIb) kombiniert. Metastasierung vornehmlich regional-lymphogen mit bedeutendem Einfluß auf die Prognose, später in Lunge, Knochen und Leber. 5-Jahres-Überlebenszeit 50–60%.
- *Neoplasien von fraglicher Dignität:* Atypische Adenome und Onkozytome. Gute Prognose bei ausgiebiger Entfernung (Hemithyreoidektomie).

Sy und *Dg:* Plötzliche Entwicklung einer Struma, Entstehung von Knoten in einer Struma, besonders in Form von Solitäradenomen im Jugend- und Greisenalter. Szintigraphisch kalter Knoten, jedoch auch in oder neben autonomen Adenomen existierend, Echoarmut in der Sonographie. Karzinomverdacht durch zytologische Untersuchung weitgehend auszuschließen oder zu bestätigen (Erfolgsrate 80–90%). Klinisch oft nur durch Vergrößerung der Halslymphknoten in Erscheinung tretend (papilläres, C-Zell-Karzinom). Erst in Spätstadien bzw. in anaplastischer Verlaufsform fixierter Tumor, Tracheal- und Ösophagusinfiltration, Nervenbeeinträchtigungen (Rekurrensparese, Horner-Syndrom).

Th:

- *Thyreoidektomie,* postoperativ Radiojodbehandlung (in ausgewählten Fällen auch perkutane Strahlentherapie) und Hormontherapie (substitutiv und suppressiv, da gut ausdifferenzierte Karzinome gelegentlich TSH-abhängig wachsen).
- *Radikalere chirurgische Therapie bei Lymphknotenmetastasen:*
  - *papillär:* Entfernung der makroskopisch metastasenverdächtigen Knoten;
- *C-Zell-Karzinom:* funktionelle Neck-dissection, einseitig; Gegenseite erst bei Verdacht auf Metastasierung aufgrund örtlichen Konzentrationssprungs des Calcitonins während selektiver Venenkatheterisierung.

Postoperative Komplikationen: Parese des N. laryngealis recurrens einseitig zwischen 5 und 15%, beidseitig 2–4%. Klinisch manifester Hypoparathyreoidismus in etwa 10%, insgesamt wohl seltener bei Unterlassung der Ligatur der A. thyroidea inferior im Stamm.

Tendovaginitis

(Sehnenscheidenentzündung, besser Paratendinitis crepitans)

Ät und *Sy:* Auf nichtinfektiöser Grundlage, meist durch Überanstrengung auftretend. Häufig an der Hand-Unterarm-Region lokalisiert, vor allem im Bereich der Sehnen des M. abductor pollicis longus und des M. extensor pollicis brevis. Infolge Behinderung der Gleitfähigkeit der Sehne durch Fibrinauflagerung in der Sehnenscheide oder in der Sehnenumgebung kommt es zu Schmerzen bei der Bewegung, lederartigem Knarren, Druckempfindlichkeit und eventuell Anschwellung im Bereich der Sehne. Funktion der betreffenden Gliedmaße gestört.

DD: Tendovaginitis stenosans de Quervain, Insertionstendopathie.

Th: Absolute Ruhigstellung mit dorsaler Oberarmgipsschiene für 2–3 Wochen, dann

Beginn mit aktiven Bewegungsübungen. Vermeidung von Überanstrengungen.

Eitrige Tendovaginitis
siehe Panaritium tendovaginosum

Gonorrhoische Tendovaginitis

Sy: Akutes Auftreten aller Erscheinungen der Tendovaginitis. Starke Schmerzen, kollaterales Ödem.

Th: Ruhigstellung durch Gipsschiene, Penicillin.

Tuberkulöse Tendovaginitis

Formen und *Sy:* Seröse, serofibrinöse (mit Bildung von Reiskörperchen innerhalb der Sehnenscheide), fungöse und verkäsende Formen sind zu unterscheiden. Beginn zunächst schleichend, gefolgt von rezidivierenden akuten Schüben.

Th: Bei klinischem Verdacht oder bereits gesicherter tuberkulöser Erkrankung vorgängig tuberkulostatische Therapie. Anschließend totale Synovektomie. Gipsruhigstellung.

Tetanus (Wundstarrkrampf)

Ät und *Sy:* Erreger ist der anaerobe Tetanusbazillus (Clostridium tetani) mit ubiquitärem Vorkommen im Erdboden und in Exkrementen von Tier und Mensch. Es handelt sich um eine spezifische Wundinfektion, oft ohne lokale Entzündungszeichen an der Eintrittspforte. Das Krankheitsbild wird durch ein unter anaeroben Verhältnissen entstehendes neurotropes Ektotoxin der Tetanusbazillen ausgelöst. Daher sind Wunden mit großen luftabgeschlossenen Taschen, Nekrosen und Mischinfektionen besonders tetanusgefährdet. Die Wirkung des Toxins, das eine hohe Affinität zum ZNS besitzt, besteht u. a. in einer Blockierung hemmender und regulierender Interneurone des Rückenmarks. Die Inkubationszeit liegt zwischen 4 Tagen bis mehreren Wochen, die Regel ist mit etwa 1–2 Wochen anzusetzen. Bei reaktionslos eingeheilten, tetanusinfizierten Fremdkörpern (z. B. Granatsplitter) kann jedoch auch noch nach Jahren ein Wundstarrkrampf auftreten. Erfahrungsgemäß ist bei kürzeren Inkubationszeiten die Prognose der Erkrankung besonders schlecht.

Prl: Ein sicherer Schutz gegen Tetanus ist nur durch Schutzimpfung möglich. Die aktive Immunisierung wird durch zweimalige Impfung mit Tetanus-Adsorbatimpfstoff (z. B. 0,5 ml Tetanol) in Abständen von 2–4 Wochen und einer Auffrischung nach 12 Monaten erreicht. Danach ist mit einem Vollschutz für 5 Jahre und einer wahrscheinlich jederzeit durch Toxoidgabe aktivierbaren Immunität zu rechnen. Im Verletzungsfall wird eine Auffrischungsimpfung vorgenommen.
Bei Verletzten ohne Impfschutz mit oberflächlichen, sauberen Wunden Einleitung der Grundimmunisierung. Alle anderen Patienten erhalten Tetanus-Adsorbatimpfstoff bei Einleitung der Grundimmunisierung sowie 250 IE homologes Tetanus-Immunglobulin. Bewußtlose Patienten gelten als nicht immunisiert.
Unabhängig vom Impfstatus ist bei jeder Verletzung eine korrekte Wundversorgung vorzunehmen, da sie einen wesentlichen Teil der Prophylaxe darstellt (s. Wundversorgung).

Dg: Verlaufsformen des Wundstarrkrampfes nach Devens und Schostock:
Schweregrad I: Muskelschmerzen, Schluckbeschwerden, Kiefersperre, Risus sardonicus, Rigor, keine Krämpfe, Atmung nicht beeinträchtigt.
Schweregrad II: zusätzlich Opisthotonus, Krampfneigung, vereinzelte tetanische Krampfanfälle.
Schweregrad III: generalisierte tetanische Krämpfe, Beeinträchtigung der Atmung durch Zwerchfell- und Interkostalmuskelkrampf.

Th und *Prgn:* In Abhängigkeit vom Schweregrad breite Wundausschneidung, Offenlassen der Wunde, Einleitung der aktiven Grundimmunisierung, homologes Tetanusantitoxin (Tetagam, 1000–1500 IE mehrmals über 24 Stunden), breite antibiotische Abdeckung, Abschirmung von optischen und akustischen Reizen, Sedierung, bei Beteiligung der Atemmuskulatur, Intubation oder Tracheotomie, Unterkühlung bei Hyperpyrexie.
Auch bei optimaler Durchführung dieser Therapie beträgt die Letalität des Tetanus bei schweren Fällen immer noch etwa 40%.

Tuberkulosen

Tuberkulose der Blase
Siehe Urogenitaltuberkulose, Kap. Urologie.

Tuberkulose der Gelenke
Formen und Vorkommen
Zu unterscheiden: Seröse (Hydrops tuberculosus), fungöse und käsig-eitrige Form. Am häufigsten betroffen: Knie-, Hüft-, Ellbogen-, Hand-, Sprung-, Schultergelenk. Vor

Einführung der systematischen BCG-Impfung Kindesalter prädisponiert. Früher in 80% primärossäre Form und in 20% primärsynoviale Form. Heute überwiegend synoviale Form.

Hydrops tuberculosus

Sy und *Dg:* Leichte Ermüdbarkeit bei mäßig starker Schmerzhaftigkeit im Bereich des befallenen Gelenkes. Langsam zunehmende Anschwellung mit Kapselverdickung, Gelenkerguß, Functio laesa. Da zunächst nur einzelne Abschnitte der Synovia betroffen sind, häufig negatives Ergebnis bei histologischer Untersuchung. Positiver Ausfall der Tuberkulinprobe im Kindesalter weist aktive Tuberkulose nach. Beim Erwachsenen läßt sie nur den Schluß zu, daß er sich einmal mit Tuberkulose infiziert hat. Auf den Aktivitätsgrad einer floriden Tuberkulose läßt die Mendel-Mantoux-Probe Rückschlüsse zu. Beweisend positiver Tierversuch.

Th: Gelenkpunktion, Ruhigstellung, Tuberkulostatika. Restitutio ad integrum möglich.

Fungöse Form

Größere Schmerzhaftigkeit bei aktiver und passiver Bewegung als bei der serösen Form. Spindelförmige Auftreibung des Gelenkes (Haut weißlich, glänzend – Tumor albus). Entlastungsstellung, Subluxationsstellung, Flexionskontraktur. Subfebrile Temperaturen mit herabgesetztem Allgemeinzustand, meist hohe Senkungsgeschwindigkeit. Starke Neigung zum Zerfall mit konsekutiver Entstehung von Fisteln, Gefahr der Mischinfektion. Morphologisch grau-rotes, schwammiges Granulationsgewebe mit zottenartigen Wucherungen der Membrana synovialis.

Käsig-eitrige Form

Sy und *Dg:* Meist aus Fungus entstehend, aber auch primär. Schwere Subluxation und Zwangshaltung. Stark beeinträchtigter Allgemeinzustand. Starke Schmerzhaftigkeit, insbesondere auf Druck und Stauchung. Durch paraartikuläre Abszedierung und Durchbruch nach außen meist Übergang in Mischinfektion. Röntgenologisch verwaschene Gelenkkonturen bei typischer Kalksalzminderung, ohne daß eigentliche Knochenherde nachweisbar wären.

Th: Allgemeinbehandlung mit Tuberkulostatika. Frühzeitige Synovektomie, um nach Möglichkeit die Gelenkfunktion zu erhalten. Bei bereits eingetretener Gelenkzerstörung Resektion und Ruhigstellung in Funktionsstellung.

Ulcus duodeni

Vk: Über die gesamte Lebensspanne verteilt vorkommend, vornehmlich im 3. und 4. Lebensjahrzehnt.

Ät: Mißverhältnis zwischen schleimhautaggressiven und protektiven Substanzen. Pathogenetisch wesentliche Bedeutung besitzt die Salzsäure, jedoch nicht ausschließlich (Phospholipide, Lysolecithine). Gastrinom, G-Zell-Überfunktion, primärer Hyperparathyreoidismus.

Sy: Schmerzen im rechten Oberbauch, im Epigastrium, betont im Nüchternzustand, oft Besserung nach Nahrungsaufnahme, Heißhunger, Übelkeit, Erbrechen. Auftreten im Frühjahr und Herbst wohl eher häufiger.

Dg: Gastroduodenoskopie.

Kompl: Blutung, Stenose, Perforation, Penetration in das Pankreas oder Lig. hepatoduodenale.

Th: Indikation zur Operation: Therapierefraktäres Ulkus (nach 3 Monaten), Rezidiv trotz medikamentöser Langzeittherapie. Operationsverfahren:

- Ulcus duodeni: selektiv-proximale Vagotomie ohne Pyloroplastik;
- intra- und präpylorisches Ulkus: selektiv-proximale Vagotomie mit Antrektomie (Vagotomie allein durch hohe Rezidivrate belastet, 20 bzw. 40%, s. auch Ulcus ventriculi), im Einzelfall auch Billroth-II- bzw. -I-Resektion des Magens oder mit Rekonstruktion nach Roux (hierbei entweder ausgedehntere Resektion bzw. Kombination mit Vagotomie wegen Gefahr des Anastomosenulkus)
- Ulcus duodeni, mit Komplikationen. Blutung und Stenose: Zweidrittelresektion bzw. selektiv-proximale Vagotomie mit Pyloroplastik, mit Perforation: Übernähung, neuerdings auch in Kombination mit selektiv-proximaler Vagotomie, in Sonderfällen Resektion (Billroth-II-Resektion).

Diese Verfahren stellen nur Anhaltspunkte dar. Die Wahl richtet sich nach Alter und Gesundheitszustand des Patienten sowie nach Ausprägung des Ulkusleidens.

Ulcus ventriculi

Def und *Vk:* Männer häufiger als Frauen befallen, bevorzugt 3. bis 5. Lebensjahrzehnt, selten karzinomatös entartend, jedoch ist die diagnostische Differenzierung gegenüber dem Ulkuskarzinom problematisch.

Formen: Zu unterscheiden sind 3 Typen nach Johnson:
I. Klassisches Ulkus an der kleinen Kurvatur, etwa Angulusbereich,
II. prä- bzw. intrapylorisch in Kombination mit einem Ulcus duodeni,
III. präpylorisches Ulcus ventriculi.

Sy: Schmerz etwa 1–2 Stunden nach der Nahrungsaufnahme, Übelkeit, Erbrechen mit folgender Besserung, Aufstoßen.

Dg: Gastroskopie und grundsätzlich mehrere Probeentnahmen (cave Ulkuskarzinom)

Kompl: Blutung, Perforation.

Th: Versuch der konservativen Behandlung s. S. Ulkuskrankheit im Kap. Gastroenterologie.
Sofern nach 6 Wochen keine Abheilung, Operation wegen hoher Komplikationsdichte. Bei primärem Ansprechen auf konservative Therapie in 30% der Fälle nach 2 Jahren mit Ulkusrezidiv zu rechnen.
Technik: Typ I: Billroth-I- bzw. -II-Resektion, Typ II: Billroth-I- bzw. -II-Resektion, alternativ selektiv-gastrale Vagotomie und Antrektomie, Typ III: selektiv-gastrale Vagotomie und Antrektomie.

Unguis incarnatus

Ät und *Sy:* Chronisch-eitrige, mit Granulationsbildung einhergehende Entzündung, meist am oberen äußeren Nagelfalz der Großzehe. Kommt zustande durch Druck des Seitenrandes der Nagelplatte auf den seitlichen Nagelfalz. Ursächlich sind verantwortlich zu machen: falsches Schneiden der Nägel, unpassendes Schuhwerk, Unsauberkeit.

Th: Keilexzision des seitlich deformierten Nagelwalles, des Nagels und Nagelbettes nach Kocher, evtl. Adaptation der Schnittränder durch Nähte (Emmet-Plastik). Entscheidend ist, daß auch der dorsale Anteil der Nagelmatrix mitentfernt wird. (Ausnahme: gestörte Zirkulation, vor allem bei Diabetikern.)

Varikozele (Krampfaderbruch)

Def und *Ät:* Variköse Erweiterung des Plexus pampiniformis des Samenstranges. Links häufiger als rechts. Ursächlich allgemeine Bindegewebsschwäche oder symptomatisch bei Abflußhindernis im Bereich der V. renalis (Nieren- oder retroperitoneale Tumoren).

Sy und *Dg:* Ziehende Schmerzen im Hoden oder in der Leistenregion. Regenwurmartige Geschwulst im unteren Samenstrang durch Füllung der varikös erweiterten Samenstrangvenen. Lang und schlaff herabhängender Hodensack, Oligospermie infolge venöser Stase und Hypoxie. Operativ: meist hohe Ligatur der V. testicularis (nach Bernardi) oder der Vasa testicularia (nach Palomo) retroperitoneal.

Venenerkrankungen

Physiologie

Tiefes und oberflächliches System sind durch die Vv. communicantes verbunden, die Strömungsgröße wird durch die Muskelpumpe, die Richtung durch die Klappen bestimmt. Der hydrostatische Druck in Knöchelhöhe beträgt beim Gehen 20 mmHg, beim Stehen 90 mmHg.

Varikosis

Def: Die Varikosis ist gekennzeichnet durch eine pathologische Erweiterung oberflächlicher Venen der Beine und Klappeninsuffizienz, da sich die oberflächlichen Venen bei dauernder Erhöhung des hydrostatischen Drucks ihrer Lage wegen erweitern und die tiefen nicht.

Ät und *Sy:* Spannungs- und Schweregefühl, krampfhafte Schmerzen in der Wade beim Stehen und nächtliche Wadenkrämpfe. Betroffen sind hauptsächlich die Vv. saphenae magna und parva.
Zwei Arten sind zu unterscheiden:

- Die primäre Varikosis ist Folge einer Venenwandschwäche mit familiärer Disposition und spontanem Auftreten schon in jugendlichem Alter. Sie kann sich zum *varikösen Symptomenkomplex* mit Unterschenkel- und Knöchelödemen, Verhärtung der Haut des Unterschenkels, Pigmentation, oberflächlicher Phlebitis und Ulcera varicosa bis zur Elephantiasis mit Lymphgefäßbeteiligung entwickeln.
- Die sekundäre Varikosis ist ein Symptom der Verlegung tiefer venöser Abflüsse infolge Thrombosierung oder mechanischer Verlegung tiefer Venen.

Die primäre Varikosis findet sich meist an beiden Unterschenkeln. Erweiterung, Schlängelung, Knäuelbildung, Knotenbildung im Verlaufe der V. saphena magna oder/und V. saphena parva.
Weitere Formen: Besenreiserform als Ausdruck der Erweiterung kleiner Venen, retikuläre Form als Zeichen der Ektasie mittelkalibriger Venen, Blow-outs als Symptom insuffizienter Vv. communicantes, mit Umkehr

der Strömungsrichtung vom tiefen ins oberflächliche System.
Zu denken ist außerdem an eine Erweiterung der tiefen Venen, die jedoch nur mit der Phlebographie nachzuweisen ist.
Sekundäre Varikosis: Ursache: Postthrombotisches Syndrom. Sie ist als Abflußkompensation bei Verlegung des tiefen Systems durch Thrombose oder Tumoren zu deuten.
Symptomatik: wie bei der primären Varikosis.

Th. der primären Varikosis: Exstirpation oder Verödungstherapie nach Venenfunktionsproben und evtl. Phlebographie. Im einzelnen:

- V.-saphena-magna-Varikosis bei intakten tiefen Venen = Exhärese,
  V. perforantes = Ligatur lokal,
  Seitenastvarikosis = Sklerosierung.
- Thrombose oberflächlicher Venen = Kompressionsverband, Acetylsalicylsäure,
  Thrombose tiefer Venen = Fibrinolyse, Marcumar,
  Thrombose im Beckenbereich = Thrombektomie, postoperativ Marcumar.

Thromboseprophylaxe: Acetylsalicylsäure, Kompression durch Stützstrümpfe Klasse 2.

Venöser Symptomenkomplex

Ödeme

Durch Anstieg des Venendrucks (Stauung und hydrostatischer Druck) Auspressen von Gewebsflüssigkeit, Verschwinden nach Hochlagerung.

Pigmentation

Bedingt durch den Austritt von Erythrozyten in das Gewebe aus den Kapillaren oder bei Ruptur kleiner Venen.

Ulzera

Ulcus varicosum

Sy und *Dg:* 25% der Ulzera, flach, nicht sehr groß, über dem Innenknöchel, venöse Stase, Ödem, Gewebsschädigung, kleine Blow-outs infolge Insuffizienz der Cockett-Gruppe.

Th: Durchtrennung der erweiterten Vv. communicantes.

Ulkus bei postthrombotischem Syndrom

Vk und *Sy:* Etwa 60% der Ulzera. Ist gekennzeichnet durch lokales Ödem, Induration der Umgebung, kallösen Rand, sekundäres Lymphödem. Die Schienbeinkante ist gewöhnlich einbezogen.

DD: Ulkus arteriosum, Ulkus bei Neoplasmen oder Metastasen, trophoneurotisches oder hämatopoetisches Ulkus.

Thrombophlebitis

Venenverschluß mit entzündlichen Erscheinungen.

Phlebothrombose

Verschluß ohne entzündliche Wandveränderungen.

Oberflächliche Form

Ät: Virchow-Trias: Strömungsverlangsamung, Wandschädigung, Hyperkoagulabität.

Sy und *Dg:* Tastbarer Strang mit oder ohne entzündliche Zeichen (Fieber, Rötung). Thrombophilie nachweisbar u. a. mit dem Plättchenaggregationstest.

Th: Kompressionsverbände, Bewegungstherapie, Aspirin.

Tiefe Form

Sy: Betroffen sind die Vv. femorales, popliteae und Beckenvenen. Schweregefühl in den Beinen, Fußsohlenschmerz, Wadenkrämpfe, Schmerz in der Leistengegend, subfebrile Temperaturen, Ödem bzw. Zyanose der Unterschenkel im Stehen. Erweiterung subkutaner Venen, Druckschmerz entlang der tiefen Venen.

Dg: Umfangmasse. Druck mittels Blutdruckmanschette erzeugt bei 100–120 mmHg deutlichen Schmerz. Untersuchung mit Doppler-Sonde. Phlebographie, Venendruckmessung am Fuß.

Th: Fibrinolyse in den ersten 14 Tagen, wenn dieser Zeitpunkt überschritten ist, nach 16 Tagen Thrombektomie, unbedingte Immobilisation für 14 Tage bei Fibrinolysebehandlung.

Akute Beckenvenenthrombose

Sy: Wie bei Phlebothrombose, außerdem Unruhe, Ängstlichkeit, Atemnot, Brustschmerz, Zyanose, Schwellung, starker Schmerz, Tachykardie, Fieber, erhöhter Venendruck bei niedrigem Blutdruck. Kardiogener Schock, massive pulmonale Embolie, evtl. Stuhldrang.

Kompl: Lungenembolie, von Oberschenkel- oder Beckenvenen ausgehend.

Dg: Bei leichten Schüben Lungenszintigramm und Angiographie.

Th: Fibrinolyse sofort, bei massiver Lungenembolie Embolektomie mit Herz-Lungen-Maschine.

Sonderform: Achselvenenthrombose
Gehäuft bei Einnahme von Antikonzeptiva.
Sy: Gleich der an der unteren Extremität.
Th: Fibrinolyse nach Klärung durch Phlebographie.

Postthrombotisches Syndrom
Def: Blockade des tiefen Venensystems durch Phlebothrombose mit Insuffizienz des venösen Rückflusses, am ausgeprägtesten bei Beckenvenenthrombose.
Sy: Unterschenkelschmerz beim Stehen und längeren Gehen. Ödeme, zuerst weich, später induriert, infolge diffusen Lymphödems, sekundäre Varikosis mit insuffizienten Vv. communicantes (Blow-outs), Ulzera, Ekzem, Hyperpigmentierung.
Dg: Phlebographie und Doppler-Verfahren.
Th: Thrombektomie innerhalb der ersten 3 Wochen, Bypass-Operationen nach 2 Jahren bei entsprechender Indikation (Druckmessung der Femoralvenen bei Betätigung der Muskelpumpe nach May).
Konservativ: Kompressionsverbände.

Venenfunktionsproben

Trendelenburg-Versuch
Zum Nachweis insuffizienter Verbindungsvenen, einer insuffizienten V. saphena parva und der Klappeninsuffizienz der V. saphena magna.
In Rückenlage werden die Krampfadern durch Hochheben der Beine entleert, die V. saphena magna wird dann in ihrem proximalen Anteil verschlossen (Tourniquet oder Fingerdruck).
- Nach dem Aufstehen bleibt die Vene leer: Vv. communicantes intakt = normaler Trendelenburg-Versuch.
- Nach dem Aufstehen füllt sich die Vene: Blut fließt in Gegenrichtung von den tiefen zu den oberflächlichen Venen bei insuffizienten Vv. communicantes = pathologischer Trendelenburg-Versuch.
- Loslassen der Kompression nach dem Aufstehen: eine schnelle retrograde Auffüllung spricht für eine Klappeninsuffizienz der V. saphena magna.

Perthes-Versuch zum Nachweis intakter tiefer Venen
Am stehenden Patienten wird ein Stauschlauch um den proximalen Oberschenkel gelegt, dann geht der Patient zügig auf den Zehenspitzen umher.
- Die Varizen entleeren sich: Tiefes Venensystem ist intakt.
- Die Varizen entleeren sich langsam oder unvollständig: Vv. communicantes sind insuffizient.
- Die Varizen entleeren sich nicht, sondern verstärken sich, evtl. tritt ein Schmerz auf: Das tiefe System ist blockiert, der Abfluß erfolgt in der Hauptsache über oberflächliche Venen.

Legt man Tourniquets in verschiedener Höhe am Bein an, lassen sich die insuffizienten Vv. communicantes lokalisieren.

Pratt-Versuch
Zur Lokalisation insuffizienter Vv. communicantes der bekannten Gruppen (Hunter, Dodd, Boyd, Cockett) kann man in horizontaler Lage nach Leerstreichen der V. saphena magna einen Stauschlauch anlegen und das Bein von distal her auswickeln. Nach dem Aufstehen wird diese Binde von proximal her abgewickelt. Wird dabei eine insuffiziente Verbindungsvene frei, so erfolgt ein venöser Rückfluß ins oberflächliche System – also der normalen Strömungsrichtung entgegengesetzt.

Perkussionsversuch
Zum Nachweis von Klappeninsuffizienzen und zur Lokalisation von in Verbindung stehenden Venenknäueln wird beim stehenden Patienten die V. saphena magna proximal beklopft und distal die Pulswelle palpiert. Ist sie palpabel, so sind die Klappen insuffizient und die entsprechenden Venen in Verbindung mit der V. saphena magna.

V.-cava-inferior-Thrombose
Ät: Ursache ist meist eine aufsteigende Thrombose der Beckenvenen.
Sy und *Dg:* Die Symptomatik zeigt sich in Schwellung und Glanzhaut der unteren Extremitäten und des Genitales mit Unterbauchleibschmerz. Fieber und Tachykardie kommen hinzu. An Abdomen und Rücken sind Venenerweiterungen zu sehen. Bei schnellem Fortschreiten ist eine deutliche Thrombozytopenie vorhanden. Auch Lungenembolien können vorkommen.
Die Diagnose kann aufgrund der Symptomatik gestellt und durch ein Kavogramm gesichert werden.
Th: Thrombektomie, evtl. innerhalb der ersten 5 Tage Fibrinolyse.

Nierenvenenthrombose

Formen und *Sy:* Wir können eine *primäre* und eine *sekundäre* Form unterscheiden. Die primäre Form tritt meist – intrarenal beginnend – unilateral bei Neugeborenen auf. Die sekundäre Form entsteht fortschreitend aus einer V.-cava-inferior-Thrombose und tritt vorwiegend bei Erwachsenen auf.

Sofortverschlüsse und *allmähliche* Verschüsse zeigen klinisch voneinander abweichende Symptomatik: Zeichen für einen Sofortverschluß sind heftiger Schmerz der Nierengegend (hervorgerufen durch Nierenschwellung mit Kapselspannung und evtl. Ruptur), palpabler Tumor, Fieber, Leukozytose, Hämaturie, Proteinurie und Thrombozythopenie. Bei allmählichem oder unvollständigem Verschluß dagegen besteht meist ein nephrotisches Syndrom und eine Symptomatik, wie sie Niereninfekte zeigen.

Dg: Eine spezielle Diagnostik ist mit i.v. Pyelogramm, Nierenangiographie und selektiver Phlebographie der Nierenvenen möglich.

Th: Thrombektomie oder Fibrinolyse.

Wundversorgung

Vorläufige Wundversorgung am Unfallort: Hauptaufgabe derselben ist es nicht, die primär eingedrungenen Keime zu vernichten, sondern den Wundinfektionserregern die Lebensbedingungen zu nehmen oder zumindest zu erschweren. Die Wunde wird daher mit sterilen Kompressen verbunden. Bei ausgedehnten Weichteilverletzungen mit und ohne Fraktur von Extremitäten sind ruhigstellende Schienenverbände erforderlich. Bei arteriellen Blutungen Kompressionsverband. Bei Gabe von Analgetika unbedingt Mitteilung an den weiterbehandelnden Arzt. Das Anlegen von Verbänden zur vorläufigen Wundversorgung hat als Mittel zur Infektionsbekämpfung nur Sinn, wenn es sofort geschieht, da nach Überschreiten der 6-Stunden-Grenze die Infektion kaum noch zu vermeiden ist.

Endgültige Wundversorgung: Leitsatz: Jede Gelegenheitswunde muß als primär kontaminiert betrachtet werden. Daher ist die operative Wundversorgung innerhalb der ersten 6–8 Stunden nach erfolgter Verletzung eine Conditio sine qua non für eine primäre Naht. Nach Wundranddesinfektion Lokal- oder Leitungsanästhesie, Friedrich-Wundrandexzision, spannungsfreie Naht, steriler Verband. Bei ausgedehnten Wunden oder Verletzungen in Gelenknähe Ruhigstellung, Tetanusimmunisierung (s. Tetanus).

Der Idealfall einer trichterförmigen Exzision ist bei ausgedehnten Verletzungen meist nicht zu verwirklichen. Man wird sich daher auf das sogenannte Wunddébridement beschränken müssen. Es besteht in der Entfernung von Fremdkörpern, Eröffnung von Taschen und Buchten sowie Glättung der Hautränder. Verband mit antiseptikagetränkten Kompressen (z. B. verdünnte, wäßrige PVP-Jod-Lösung). Ruhigstellung. Handelt es sich um stark verschmutzte Wunden nach landwirtschaftlichen oder Straßenverkehrsunfällen, Gasbrandprophylaxe mit 2 × 10 Mill. E. Penicillin G pro die über 3 Tage. Tetanusimmunisierung. Da zum Zeitpunkt der Erstversorgung das volle Ausmaß der Gewebeschädigung oft noch nicht abgeschätzt werden kann, Wiederholung des Débridements in kurzzeitigen Abständen. Nach Abklingen der Ödemphase Sekundärnaht oder plastische Defektdeckung.

8. Diagnostische Technik

W. Stibbe, D. Seidel und Th. Pfleiderer

Blut

Allgemeines

Die Blutentnahme sollte möglichst am ruhenden Patienten zu einer fixen Tageszeit, am besten morgens, erfolgen. Die morgendliche Blutentnahme ist bei Parametern, die eine Tagesrhythmik aufweisen, notwendige Voraussetzung für eine sinnvolle Interpretierbarkeit (z.B. Corticosteroide). Eine leichte Mahlzeit (z.B. Frühstück) wirkt sich auf klinisch-chemische Routineparameter (außer auf Glucose und Triglyceride) nur unwesentlich aus. Für fast alle Untersuchungen ist Blut aus der kurz gestauten Kubitalvene geeignet. Zu dünne Kanülen (Durchmesser <0,8 mm) und zu starkes Vakuum beim Aspirieren können die Analysenergebnisse durch Hämolyse verfälschen. Zur Entnahme von Kapillarblut aus Fingerbeere, Ohrläppchen oder Ferse (Säugling) wird nach Desinfektion zunächst eine hyperämisierende Paste dünn aufgetragen. Dann sticht man mit einer sterilen Einmallanzette durch die Paste und verwendet ausschließlich spontan heraustretendes Blut. Reiben und Drücken sind unbedingt zu vermeiden, um eine Verdünnung des Blutes durch interstitielle Flüssigkeit zu verhindern. Arterielle Blutentnahmen sind z. B. zur Blutgasanalytik erforderlich.

Die meisten klinisch-chemischen Analysen werden vorteilhafter mit NH_4-Heparinat-Plasma (P) als mit Blutserum (S) vorgenommen, da Koagulation und Retraktion des Blutgerinnsels immer mit einer leichten Hämolyse und somit einem Übertritt erythrozytärer und thrombozytärer Inhaltsstoffe ins Serum einhergehen. Blutserum wird für viele serologische Untersuchungen, elektrophoretische Trennungen und Bestimmungen von Arzneimittelspiegeln (drug monitoring) verwendet. EDTA-Vollblut (1 mg/ml) ist zur Blutzellzählung und zur Coombs-Testung geeignet. Für hämostaseologische Parameter hat sich als Antikoagulans die Verwendung von Natriumcitrat (3,8%ig) durchgesetzt. Natriumfluorid wird als Zusatz zur Gerinnungs- und Glykolysehemmung verwendet. Der Gebrauch im Handel erhältlicher entsprechend vorpräparierter Blutentnahmesysteme ist empfehlenswert. Keinesfalls darf Blut aus Spritzen in andere mit Antikoagulantien versehene Entnahmeröhrchen umgefüllt werden, um eine Verfälschung der Meßwerte durch eine initiale Gerinnung zu vermeiden.

Akute-Phase-Proteine

Als Akute-Phase-Proteine bezeichnet man Plasmaproteine, deren Konzentrationen bei akut entzündlichen Prozessen und im akuten Schub chronisch-entzündlicher Erkrankungen um ein Mehrfaches des Ausgangswertes ansteigen können. Die Konzentrationszunahme ist durch eine gesteigerte Lebersynthese bedingt. Zu den Akute-Phase-Proteinen zählen neben Fibrinogen vor allem Proteine mit α_1- und α_2-Globulin-Mobilität in der Elektrophorese (z.B. saures α_1-Glykoprotein, α_1-Antitrypsin, Haptoglobin, Coeruloplasmin und C-reactives Protein CRP). Bedingt durch große interindividuelle Schwankungen, wird die Interpretation quantitativer Einzelprotein-Befunde zuverlässiger bei Kenntnis des individuellen Ausgangswertes im entzündungsfreien Intervall. Im Vergleich zur Blutkörperchen-Senkungsgeschwindigkeit (s. d.) erfolgt bei Erkrankungsbeginn ein Konzentrationsanstieg von Akute-Phase-Proteinen schneller (z. T. nach Stunden) und normalisiert sich z. B. nach erfolgreicher Therapie auch frühzeitiger.

Albumin

Normalwerte: 510–720 µmol/l (3,5–5,0 g/dl) (P). Die isolierte Albuminbestimmung ist differentialdiagnostisch wenig aufschlußreich und nur in Ausnahmefällen indiziert (z.B. bei schweren Verbrennungen mit Hypalbuminämie zwecks gezielter Substitution zur Aufrechterhaltung des kolloidosmotischen Druckes). Eine absolute Hyperalbuminämie kommt nur bei Hämokonzentration vor. Hypalbuminämien findet man z. B. bei Schädigung oder Verminderung des synthetisierenden Leberparenchyms und bei renalen oder gastrointestinalen Verlusten. Bei Erkrankungen mit Dysproteinämie ist die Albuminbestimmung im Rahmen einer Serumeiweiß-Elektrophorese (s. d.) angezeigt.

Aldosteron

Normalwerte: 2,0–12,0 ng/dl (P). Morgendliche Blutentnahme nach Bettruhe (Tagesrhythmik). Hormon der Nebennierenrinde (NNR) mit Regulatorfunktion für den Mineralhaushalt. Primärer Hyperaldosteronismus (Conn-Syndrom) bei NNR-Adenom. Zum sekundären Hyperaldosteronismus kommt es bei zahlreichen Krankheiten wie Nierenarterienstenose, maligner Hypertonie, chronischer Niereninsuffizienz, Herzinsuffizienz und Leberzirrhose mit Aszites.

Alkalische Phosphatase (AP; 3.1.3.1)

Normalwerte: Erwachsene 60–170 U/l (S). Die Gesamtaktivität der alkalischen Phosphatase (AP) setzt sich aus verschiedenen Isoenzym-Anteilen zusammen. Bei Kindern und Jugendlichen dominiert in Abhängigkeit vom enchondralen Wachstum der knochenspezifische Isoenzymanteil. Im Serum gesunder Erwachsener überwiegt dann die Fraktion der Leberzell-AP. Personen der Blutgruppen 0 und B besizten zusätzlich eine Dünndarm-AP, deren postprandiale Aktivitätszunahme eine pathologisch erhöhte AP-Gesamtaktivität vortäuschen kann. Durch ein Plazenta-Isoenzym steigt die AP-Aktivität im Verlauf einer Schwangerschaft physiologischerweise an. Pathologisch erhöhte AP-Gesamtaktivitäten im Serum werden vor allem bei Leber- und Gallengangserkrankungen gefunden. Besonders auffällige Erhöhungen zeigen sich bei intrahepatischer Cholestase, während Parenchymaffektionen eher durch erhöhte Transaminasen imponieren. Osteopathien führen in Abhängigkeit von der Osteoblastenaktivität zur AP-Erhöhung (Morbus Paget, Osteomalazie, Knochenmetastasen).

Allergiediagnostik

Zur Abklärung der allergischen Genese von z. B. Konjunktivitis, Rhinitis, Asthma bronchiale und Erkrankungen des atopischen Formenkreises ist außer der Auswertung anamnestischer und klinischer Befunde (z. B. Epikutanteste) auch eine Testung auf allergenspezifisches IgE im Serum möglich. Es steht eine Vielzahl von Allergenen zur Verfügung (z. B. Pollen-, Tier-, Schimmelpilz-, Berufs-, Nahrungsmittel-, Staub- und Arzneimittelallergene). Der Nachweis des antigenspezifischen IgE erfolgt quantitativ mittels Radioallergosorbenttest (RAST). Eine Bestimmung des Gesamt-IgE sollte gleichfalls erfolgen (Richtwert für erwachsene Nichtatopiker < 100 U/ml).

Aluminium

Normalwerte: < 40 µg/l (S) bei Dialysepatienten. Eine Aluminiumintoxikation durch aluminiumhaltige Dialyseflüssigkeit (enthärtetes Wasser) und/oder die Gabe von aluminiumhaltigen Antazida zur Vermeidung einer Phosphatretention sind für Formen der Dialyse-Osteomalazie und Dialyse-Enzephalopathie ätiologisch verantwortlich.

Ammoniak

Normalwerte: Frauen: 12–38 µmol/l (20–65 µg/dl; Männer: 16–47 µmol/l (28–80 µg/dl) (EDTA-Plasma). Die Plasmagewinnung (Kühlzentrifuge) sollte umgehend nach der Blutentnahme erfolgen. Bis zur Analyse wird das Plasma auf Eis gekühlt (< 1 h). Auch ein Versand von tiefgefrorenem EDTA-Plasma ist möglich. Hämolyse und unkorrekte Probenbehandlung ergeben fälschlich hohe Werte. Im Leberausfallskoma (exogenes Koma) sind die Ammoniakspiegel deutlich erhöht (120–230 µmol/l = 150–400 µg/dl). Mäßig erhöhte Ammoniakspiegel (60–120 µmol/l = 100–200 µg/dl) findet man beim Leberzerfallskoma unterschiedlichster Genese.

α-Amylase (Diastase; 3.2.1.1.)

Normalwerte: 70–300 U/l (S, P) (Phadebas-Methode). Eine Standardmethode gibt es nicht; zur Bestimmung wurden zahlreiche Verfahren entwickelt. Die jeweils gemessenen Enzymaktivitäten sind oft nur ungenau ineinander umrechenbar. α-Amylase wird hauptsächlich von Pankreas und Parotis gebildet. Hohe Werte weisen oft auf eine akute oder akut-rezidivierende Pankreatitis hin. Bei chronischer Pankreatitis mit sekretorischer Insuffizienz sind keine erhöhten Amylaseaktivitäten mehr zu erwarten. Penetrierendes Duodenalulkus, Niereninsuffizienz und Erkrankungen der Parotis (Entzündung, Trauma) können gleichfalls zur Hyperamylasämie/-urie führen. Die α-Amylase sollte auch im Urin bestimmt werden, da sie bei akuter Pankreatitis im Urin länger erhöht nachweisbar bleibt als im Serum. Bei hohen Aktivitäten der α-Amylase im Serum und fehlender Enzymaktivität im Urin muß an eine Makroamylasämie gedacht werden. Hierbei handelt es sich um an Plasmaproteine (IgA, IgG) gebundene und daher glomerulär nicht filtrierbare Amylase. Die resultierende Hyperamylasämie besitzt keinen Krankheitswert (s. auch Lipase).

Antinukleäre Antikörper

Normalwerte: Erwachsene: Titer < 1:40 (S). Antinukleäre Antikörper (ANA, syn. ANF) sind Autoantikörper gegen körpereigene Zellkerne oder Kernproteine. Indiziert ist eine Bestimmung bei Verdacht auf Kollagenosen und Erkrankungen des rheumatischen Formenkreises. Erhöhte Titer werden z. B. bei Lupus erythematodes (90%), progressiver Sklerodermie (96%), Sjörgren-Syndrom (60%) und rheumatoider Arthritis (50%) gefunden. Der Pseudo-LE ist ANA-negativ, aber positiv gegen antimitochondriale Antikörper. Erhöhte Zellkern-AK-Titer zeigen häufig auch Patienten mit chronisch-aggressiver Hepatitis, Dialysepatienten und Gesunde über 60 Jahre. Zahlreiche ANA-induzierende Medikamente sind bekannt.

Antistreptolysin-O-Titer

Quantitative Antikörperbestimmung im Serum. Ein Antistreptolysintiter von mehr als 160–200 U/ml weist auf eine kürzlich erfolgte oder persistierende Infektion mit β-hämolysierenden Streptokokken hin. Streptokokkenangina ist die häufigste von β-hämolysierenden Streptokokken hervorgerufene Erkrankung. Rheumatisches Fieber und akute Glomerulonephritis können sich mit 1- bis 4wöchiger Latenzperiode nach vorheriger Streptokokkeninfektion entwickeln. Beim akuten rheumatischen Fieber ist der Titer in 75–95% der Fälle pathologisch erhöht. Unspezifisch erhöhte Titer können bei Hyperbetalipoproteinämie vorliegen. Durch vorgängige Lipoproteinfällung des Plasmas mit Dextransulfat und Calciumchlorid kann diese Störung beseitigt werden.

Antithrombin III (AT III)

Normalwerte: 75–130% (Citratplasma). AT III ist einer der wichtigsten Proteasen-Inhibitoren (vor allem Faktor X a und Thrombin) des Plasmas. Gegenüber einer AT-III-Verminderung besteht nur eine geringe Toleranz. Bereits AT-III-Konzentrationen < 70–75% beinhalten ein erhöhtes Thromboserisiko. Ein AT-III-Mangel tritt auf bei verminderter Synthese (angeborener AT-III-Mangel, Lebererkrankungen), bei vermehrtem Verlust (nephrotisches Syndrom, Proteindiarrhö) und bei erhöhtem Verbrauch (z. B. Sepsis, disseminierte intravasale Gerinnung [DIC]). Besonders bei Krankheitsbildern mit einer DIC kommt es bei einem AT-III-Mangel zu einem verminderten Schutzeffekt gegenüber einer Ausbildung von Mikrothrombosen. Als Heparin-Cofaktor ist AT III für die antikoagulatorische Wirkung des Heparins verantwortlich. Bei Ausbleiben einer sonst wirksamen Heparintherapie (TZ, PTT) ist somit an einen AT-III-Mangel zu denken.

Apolipoproteine

Apoproteine bilden den Proteinanteil der Lipoproteine (s. Lipoproteine). Heute sind hinsichtlich Struktur und Funktion zahlreiche Apolipoproteine charakterisiert. Von besonderer Bedeutung sind Apo B und Apo E als Liganden der rezeptorgesteuerten Lipoproteinelimination. Apo A I wird ein protektiver Einfluß gegen die Ausbildung atherosklerotischer Veränderungen zugeschrieben. Eine Quantifizierung der Apolipoproteine für präventivmedizinische Fragestellungen erscheint angesichts stark differierender Referenzwerte zur Zeit noch wenig sinnvoll. Als grobe Richtlinien zur Abschätzung des Atheroskleroserisikos können vorläufig folgende Werte genannt werden: Apo A I > 110 mg/dl; Apo B < 135 mg/dl; Apo B/Apo A I < 1,15.

Bilirubin

Man unterscheidet Gesamtbilirubin, konjugiertes Bilirubin (direktes) und unkonjugiertes Bilirubin (indirektes). Normalwerte: Gesamtbilirubin bis 21 μmol/l (1,2 mg/dl) (S), konjugiertes Bilirubin: nicht vorhanden (bis 5 μmol/l = 0,3 mg/dl können durch die Bestimmungsmethode vorgetäuscht werden). Als Gesamtbilirubin bezeichnet man das nach Serumvorbehandlung und Diazotierung meßbare Azobilirubin. Sowohl wasserlösliche Bilirubinester (konjugiertes) als auch an Protein (Albumin) gebundenes Bilirubin (unkonjugiertes) werden erfaßt. Unter konjugiertem Bilirubin versteht man das mit Glucuronsäure veresterte, wasserlösliche Bilirubin, das ohne Vorbehandlung zum Azobilirubin diazotierbar ist. Sinnvoll ist die Bestimmung nur bei erhöhter Bilirubinkonzentration (> 51 μmol/l = 3 mg/dl). Unkonjugiertes Bilirubin läßt sich als Differenz von konjugiertem zum Gesamtbilirubin errechnen. Bei Neugeborenen kann die Bilirubinkonzentration durch direkte Absorptionsmessung im

Serum bei 453 nm und 575 nm bestimmt werden. Bei 453 nm absorbieren Oxyhämoglobin und Bilirubin, bei 575 nm ausschließlich Oxyhämoglobin. Mit Hilfe der molaren Extinktionskoeffizienten dieser Stoffe kann aus der Differenzabsorption die Bilirubinkonzentration errechnet werden. Eine Hyperbilirubinämie von über 53 μmol/l = 2,5 mg/dl führt zum klinischen Bild des Ikterus. Differentialdiagnostisch deutet eine durch konjugiertes Bilirubin bedingte Hyperbilirubinämie auf Leberparenchymschädigung oder Gallenwegserkrankung hin (intra- oder posthepatischer Ikterus). Bei unkonjugierter Hyperbilirubinämie liegt meist ein vermehrtes Bilirubinangebot durch gesteigerten Erythrozytenzerfall vor. Häufigste Ursachen dieses prähepatischen Ikterus sind: hämolytische Anämien, Transfusionsreaktionen und Rhesus- bzw. AB0-Inkompatibilität. Differentialdiagnostisch müssen jedoch auch Konjugationsstörungen des Bilirubins wie z. B. beim Morbus Meulengracht in Betracht gezogen werden.

Blei

Normalwerte: < 1,93 μmol/l (40 μg/dl) im Vollblut. 90% des resorbierten Bleis werden im Knochen kumuliert und unterliegen einem dem Calcium vergleichbaren Stoffwechsel. Im Blut kommt Blei überwiegend erythrozytär gebunden vor. Manifestationen chronischer Bleiintoxikation sind: Enzephalopathien (beginnend mit Kopfschmerz und Müdigkeit), Koliken, periphere Neuritis und milde Anämie mit basophiler Tüpfelung der Erythrozyten. Im Harn steigt die Ausscheidung von δ-Aminolävulinsäure (ALA) und Koproporphyrin an (s. Porphyrine, S. 574).

Blutausstrich

Mit einem gereinigten, entfetteten Objektträger berührt man den aus Fingerbeere oder Ohrläppchen hervorquellenden Blutstropfen. Dieser verteilt sich sofort bei Berührung an der Unterkante eines schräg aufgesetzten geschliffenen Deckgläschens und wird dann auf dem Objektträger verstrichen, indem er im spitzen Winkel zwischen Objektträger und Deckgläschen nachgezogen wird. Ausstriche aus EDTA-Blut sind spätestens 2 Std. nach Abnahme herzustellen, um artifizielle morphologische Veränderungen (z. B. Vakuolenbildung) weitgehend zu vermeiden. Mindestens zwei Ausstriche herstellen, an der Luft trocknen lassen und dann färben. Es empfiehlt sich die Färbung nach Pappenheim, bei der man nach beendeter May-Grünwald-Färbung das Präparat sofort nach Giemsa nachfärbt. *Technik:* Auf Färbebank mit konzentrierter May-Grünwald-Lösung 5 Min. überschichten, dann Zugabe gleicher Mengen Aqua dest. (pH 6,9) auf die Objektträger und weitere 3 Min. einwirken lassen. Abspülen der Objektträger mit Aqua dest., bis der Ausstrich einen blaßrosa Farbton angenommen hat. Weitere Färbung mit 1:10 verdünnter Giemsa-Lösung für die Dauer von 20 Min. Abspülen mit Leitungswasser und lufttrocknen. Für eine optimale Färbung empfiehlt es sich, annähernd neutrale Lösungen zu verwenden. Zum Verdünnen der Farblösung ist daher frisch destilliertes oder besser ausgekochtes destilliertes Wasser zu verwenden. Saure Lösungen steigern die Eosinwirkung, heben aber die Azurmetachromasie auf. Alkalische Lösungen verstärken die Azurmetachromasie, schädigen aber im stärkeren Grad den Eosinton. Der Blutausstrich wird unter dem Mikroskop mit der Ölimmersionslinse ausgezählt. Zur Differenzierung des weißen Blutbilds werden 100 Zellen beurteilt und die einzelnen Zellarten in Prozent angegeben. Mit dem Färbeverhalten nach Wright läßt sich ohne Doppelfärbung innerhalb von 2–4 Min. ein guter panoptischer Färbeeffekt erzielen. Es sind heute Färbeverfahren im Handel, welche panoptische Schnellfärbungen innerhalb weniger Sekunden erlauben (Diff-Quick).

Blutgerinnungszeit

Normalwerte: 7–12 Min. (bei Verwendung silikonisierter Glas- oder Kunststoffröhrchen). Die Blutgerinnungszeit ist die Zeit ab der Blutentnahme bis zur Spontangerinnung von nativem Blut bei 37 °C. Suchmethode zur Erfassung schwerer Gerinnungsstörungen. Verlängerte Blutgerinnungszeit bei: Hämophilien, Prothrombinkomplexmangel, Hypofibrinogenämie, Hyperfibrinolyse und unter Heparintherapie. Methode nach Lee-White: Atraumatisch entnommenes Blut wird in Teströhrchen überführt (ca. 1 ml), die bei 37 °C im Wasserbad stehen. Nach 3 Min. werden die Röhrchen alle 30 s bis zum Festwerden des Blutes gekippt. Die Gerinnung gilt als eingetreten, wenn ein Blutkoagel beobachtet wird (s. auch Blutungszeit).

Blutgruppen

Bestimmungen der Blutgruppen A, B, AB und 0: Die agglutinablen Substanzen, nach denen die Blutgruppen benannt werden, sitzen an der Oberfläche der Erythrozyten. Im Serum findet man entsprechende, komplette Blutgruppenantikörper (Isoagglutinine), Anti-A oder/und Anti-B. Die Blutgruppe A hat somit z. B. neben der agglutinablen Erythrozyteneigenschaft A stets den entgegengesetzt korrespondierenden Serumantikörper Anti-B. Die Blutgruppe 0 besitzt keine agglutinablen Erythrozyteneigenschaften, dagegen im Serum sowohl Anti-A als auch Anti-B. Die Blutgruppe AB hat beide agglutinablen Blutkörpercheneigenschaften A und B und keine Blutgruppenantikörper im Serum. Die erythrozytäre AB0-Bestimmung gilt nur dann als gesichert, wenn die Serumgegenprobe auf Isoagglutinine durch Testblutkörperchen definierter blutgruppenserologischer Eigenschaften korrespondierende Übereinstimmung zeigt (s. BÄK-Richtlinien).

Technik:

Es werden Erythrozyten und Serum des Probanden untersucht.

- Nachweis der erythrozytenständigen Agglutinine: Man verwendet staatlich geprüfte Testseren innerhalb ihrer Laufzeit, die zwischen +2 °C und +8 °C aufbewahrt werden. Die zu prüfenden Blutzellen werden als 5–10%ige Suspension in 0,9%iger NaCl-Lösung eingesetzt, die man sich z. B. dadurch herstellt, daß man mittels Venenpunktion gewonnenes Nativblut durchgerinnen läßt, zentrifugiert (2000 U/min) und das Zellsediment mit NaCl-Lösung aufschwemmt und erneut zentrifugiert. Aus diesem einmal gewaschenen Blutzellsediment wird die Arbeitssuspension hergestellt. Bei Verwendung von Kapillarblut wird ein hervorquellender Blutstropfen (ca. 0,05 ml) sofort mit einer Blutzuckerpipette aufgezogen und in 1 ml NaCl-Lösung aufgeschwemmt. In drei geeignete Vertiefungen auf weißen Porzellan- oder Plastikplatten wird je 1 Tropfen des Blutzellsediments gebracht. Sodann wird zu der Zellaufschwemmung je 1 Tropfen Testserum A, B bzw. 0 hinzugefügt. Durch vorsichtiges Kippen und Rotieren der Tüpfelplatte werden die Ansätze gut durchmischt. Nach frühestens 2 Min. wird eine etwa auftretende Agglutination beurteilt. Agglutination in allen drei Ansätzen bedeutet Blutgruppe AB. Keinerlei Agglutination bedeutet Blutgruppe 0. Agglutination mit Testserum A und 0 = Blutgruppe B, Agglutination mit Testserum B und 0 = Gruppe A.
- Nachweis der Serumisoagglutinine: Im AB0-System geschieht dies durch Testung der sogenannten Serumeigenschaften mit bekannten Testerythrozyten der Gruppe A_1, A_2, B und 0. Es werden in diesem Falle zwei Tropfen des zu untersuchenden Serums gegen einen Tropfen der jeweiligen Testerythrozytensuspension eingesetzt. Eine Kontrolle der AB0-Blutgruppe der Testperson ist in diesem Ansatz dadurch gegeben, daß Testerythrozyten mit antigenen Eigenschaften, die denen des Untersuchten entsprechen, nicht agglutiniert werden. Der Ansatz gegen Testerythrozyten der Blutgruppe 0 deckt evtl. vorhandene irreguläre Antikörper auf.
- Bestimmung der Untergruppen A_1 und A_2: Sie ist auszuführen bei allen Trägern der Blutgruppen A und AB. Das Testserum Anti-A_1 reagiert ausschließlich mit Blutzellen der Gruppen A_1 und A_1B. Das Testserum Anti-A_2 agglutiniert außer Zellen der Untergruppe A_2 auch solche der Blutgruppe 0. Die Ausführung des Tests erfolgt, wie bei der AB0-Bestimmung (s. oben) beschrieben, man inkubiert jedoch die Reaktionsgemische insgesamt 10 Min. bei Raumtemperatur. Mit Blutproben der Gruppe A_2B zeigt das Anti-A_2-Serum meist nur eine schwach positive oder negative Reaktion an.
  Beachte: Nach zu langer Beobachtungszeit können unspezifische Agglutinationen die Diagnosestellung erschweren. Es ist daher ratsam, die angegebenen Reaktionszeiten einzuhalten. Nur frisches Blut verwenden, da man mit alten Blutproben oft schwach positive bzw. zweifelhafte Befunde erhält. Gelegentlich wird eine Blutprobe von beiden Seren agglutiniert. Ob es sich hierbei um einen seltenen intermediären A-Typ handelt oder um eine unspezifische Reaktion, muß durch Absorptionsversuche in einem serologischen Speziallabor geklärt werden.
- Bestimmung des Rh-Faktors: Etwa 85% der europäischen Bevölkerung besitzen die Blutkörpereigenschaft Rh-positiv (D+). Fehlt diese Eigenschaft, so wird dies mit Rh-negativ (D−) bezeichnet. Der Nachweis kann mit inkompletten (konglutinierenden) Testseren (Anti-D und Anti-CDE) geführt werden. Je ein Tropfen Testserum wird mit einem Tropfen Patientenblut vermischt und in feuchter Kammer bei 37 °C während 30–60 Min. im Brutschrank inkubiert. Da der Test im Albu-

minmilieu stattfindet, muß eine negative Kontrolle (1 Tropfen 22%iges Rinderalbumin und 1 Tropfen Patientenblut) mitgeführt werden, um unspezifische Agglutinationen zu erkennen. Nach der Inkubation wird der Ansatz unter vorsichtigem Schwenken auf Agglutination betrachtet. Sofern die Kontrolle einwandfrei negativ ist, bedeutet Agglutination = Rh-positiv (D+), keine Agglutination = Rh-negativ (D−). Bei negativem Reaktionsausfall mit Anti-D und gleichzeitig positiver Reaktion mit Anti-CDE müssen weiterführende serologische Untersuchungen unter Einbeziehung des Coombs-Testes erfolgen.

Die Bestimmung der AB0-Blutgruppen und des Rh-Faktors ist bei der Routine-Blutgruppenbestimmung ausreichend. Falls der Untersuchte als Blutspender in Frage kommt, ist zusätzlich die Bestimmung der Rhesus-Untergruppen (C, c, E, e) und der Kell-Merkmale erforderlich.

Blutkörperchen-Senkungsgeschwindigkeit (BSG)

Normalwerte: Männer <13 mm/h; Frauen <20 mm/h (Methode nach Westergren bei 20 °C±5 °C). In einer Spritze von 2 ml Gesamtinhalt werden 0,4 ml einer 3,8%igen Natriumcitrat-Lösung aufgezogen. Venenpunktion. Auffüllen der Spritze bis Marke 2,0 mit Blut. Der Spritzeninhalt wird ohne Schaumbildung gut durchmischt und in ein mit einer Millimetergraduierung versehenes Glas- oder Kunststoffröhrchen bis zur Marke 0 (= 200 mm) aufgezogen. Die Pipette wird senkrecht in das Westergren-Gestell gebracht. Nach 1 Stunde liest man die Höhe der Blutsäule an der Markierung ab. Alternativ kann auch EDTA-Blut verwendet werden. Eine normale Senkung wird beschleunigt, wenn 1. die Pipette schräg steht, 2. zu viel Citrat aufgezogen wurde, 3. die Raumtemperatur erhöht ist (Heizung). Heparin ist als Antikoagulans nicht geeignet.
Eine beschleunigte BSG wird vor allem durch eine Zunahme des Fibrinogens, der Globuline oder pathologischer Proteine hervorgerufen. Erythrozytenvolumen, elektrischer Ladungszustand, Oberflächenspannung und Zusammensetzung des Blutplasmas wirken sich gleichfalls auf die BSG aus. Stark lipämische oder leukozytenhaltige Blutproben (Leukosen) irritieren die Blutsenkung. Die Blutsenkung ist beschleunigt bei akuten und chronischen Entzündungsvorgängen, bei den meisten malignen Prozessen, bei Gewebsuntergang sowie bei allen Dysproteinämien oder stärker ausgeprägten Anämien. Eine schon in den ersten Minuten stark beschleunigte Senkung ist verdächtig auf das Vorliegen eines Plasmozytoms, einer Makroglobulinämie oder pathologischer Proteine. Ist die Trennung zwischen Plasma und Blutsäule unscharf, spricht man von einer „Schleiersenkung". Sie ist bedingt durch eine ungewöhnlich starke Zusammenballung der Erythrozyten z. B. bei Vorhandensein von Autoagglutininen (Wärme- oder Kälteagglutinine). Weiter kann sie auf das Vorhandensein großer Retikulozytenmengen hindeuten (Retikulozytenkrise bei Perniziosa). Die Normalisierung einer beschleunigten Senkung erfolgt meist erst längere Zeit nach Eintritt der klinischen Heilung. Die BSG ist verzögert bei z. B. Polyglobulien, Polycythaemia vera und Sichelzellanämie. Gelbfärbung des Plasmas bei Ikterus. Trübung des Plasmas z. B. bei Hyperlipämie. Eine normale Senkung schließt das Vorliegen eines krankhaften Prozesses nicht aus.

Blut-pH

Normalwerte: 7,38−7,42. Arterielle Blutentnahme unter Luftabschluß in heparinbenetzter Spritze. Eventueller Probentransport auf Eis. Bestimmung sollte möglichst umgehend erfolgen.

Blutungszeit

Normalwerte: unter 5 Min. (subaqual). Schnelltest zur Abschätzung der Blutungsgefährdung eines Patienten (z. B. vor Operation oder Blindpunktion bei Verdacht auf hämorrhagische Diathese). Erfaßt wird vor allem die Fähigkeit zur kapillären Blutstillung durch Bildung eines Plättchenthrombus. Verlängerte Blutungszeit bei schwerer Thrombozytopenie und/oder Thrombozytenfunktionsstörung. Methode nach Marx: Nach Stichinzision (3−4 mm tief) des Ohrläppchens oder der Fingerbeere taucht man die Schnittstelle in 37 °C warmes Wasser und stoppt die Zeit bis zum Abreißen des austretenden Blutfadens.

Blutzellzählung

Man bestimmt die Zellzahl pro µl Blut.

Erythrozytenzählung

Normalwerte: Männer 4,6−6,0 Mill./µl; Frauen 4,2−5,4 Mill./µl. Kapillar- oder EDTA-Vollblut wird mit der Erythrozytenpipet-

te bis zur Marke 0,5 oder 1,0 aufgezogen. Durch weiteres Aufziehen von Hayem-Lösung (Quecksilberbichlorid 0,25 g; Natriumsulfat 2,5 g; Natriumchlorid 0,50 g; Aqua dest. ad 100 ml) bis zur Marke 101 entsteht eine 200- bzw. 100fache Verdünnung. 1–2 Min. langes Schütteln und Mischen des Blutes mit der Verdünnungsflüssigkeit. Die Zählkammer hat in der Mitte drei Balken. Auf dem mittleren Balken sind verschieden große Quadrate zur Zählung der Zellen eingraviert. Die beiden seitlichen Balken dienen zur Auflage eines geschliffenen Deckgläschens, das durch langsames Hin- und Herschieben so fest auf diese beiden äußeren Balken gepreßt wird, daß zwischen Zählkammer und Deckgläschen Newton-Ringe auftreten. Der Abstand zwischen mittlerem Balken und Deckgläschen beträgt dabei 0,1 mm. Man läßt nun durch Schräghalten der Mischpipette die Zellsuspension abtropfen. Die ersten drei Tropfen werden verworfen. Der nächste Tropfen wird auf den mittleren Balken der Zählkammer an den Rand des Deckgläschens gebracht. Die Flüssigkeit verteilt sich dabei gleichmäßig im kapillären Spalt zwischen Deckgläschen und Zählkammer. Die Zellzählung erfolgt unter dem Mikroskop (40er Objektiv).
Es gibt verschiedene Systeme der Zählkammereinteilung (Türk, Neubauer, Thoma, Bürker, Schilling). Sie bauen sich im Prinzip alle aus einer Einheit kleinster Quadrate mit 1/400 mm^2 Fläche auf. Meist finden sich diese kleinsten Quadrate in quadratisch angeordneten Gruppen von $4 \times 4 = 16$ zusammengefaßt. Bei der Erythrozytenzählung zählt man 80 dieser kleinsten Quadrate, d. h. 5 Gruppen zu 16 kleinster Quadrate, aus. Es werden alle Erythrozyten gezählt, die in den erwähnten Quadraten liegen, und diejenigen, die den oberen und rechten Randstrich der äußeren Quadratbegrenzung decken oder von innen oder außen berühren. Die die entsprechende linke und untere Grenze berührenden Zellen werden nicht mitgezählt. Der dabei ausgezählte Raum beträgt 1/30 mm^3. Hat man in der Erythrozytenmeßpipette bis zur Marke 0,5 Blut aufgezogen, muß die ausgezählte Zahl mit 10 000 multipliziert werden, um die gesuchte Anzahl der Erythrozyten pro µl Blut zu erhalten (Blutverdünnung 1:200). Hat man bis zur Marke 1 aufgezogen, wird nur mit 5000 multipliziert.

Leukozytenzählung
Normalwerte: 4800–10 000/µl (bei Kindern bis 13 000). Zur Zählung der Leukozyten wird eine Leukozytenmeßpipette verwendet. Blut wird bis zur Marke 1 und Verdünnungsflüssigkeit (1–3%ige Essigsäurelösung, der auf 100 ml 1 ml 1%ige wäßrige Gentianaviolettlösung zugesetzt wird) bis zur Marke 11 aufgezogen. Die Essigsäure zerstört die Erythrozyten, während die Kerne der Leukozyten violett gefärbt und dadurch besser sichtbar werden. Die Zählkammer wird wie bei der Erythrozytenzählung mit Zellsuspension beschickt. Ausgezählt werden 4 große Quadrate mit 1 mm Kantenlänge. Zu empfehlen ist die Zählkammer nach Neubauer, bei der z. B. 4 Eckquadrate ausgezählt werden. Die erhaltene Zahl wird mit 25 (bei Verdünnung 1:20 mit 50) multipliziert. Man erhält dadurch die gesuchte Zahl der Leukozyten pro µl Blut.

Thrombozytenzählung
Normalwerte: 150 000–400 000/µl. Kapillarblut wird mittels Erythrozytenpipette bis zur Marke 0,5 aufgezogen. Als Verdünnungslösung wird eine hypotone 1%ige Ammoniumoxalatlösung verwandt, die bis zur Marke 101 aufgezogen wird. Nach kräftigem Umschütteln füllt man die auch zur Erythrozytenzählung benutzte Zählkammer und läßt sie etwa 30 Min. in einer feuchten Kammer stehen. Dann zählt man unter einem Phasenkonstrastmikroskop bei starker Trockenvergrößerung (Objekt 40mal, Okular 8mal) die als ovale homogene Scheibchen zwischen den Erythrozytenschatten sichtbaren Thrombozyten. Es werden alle in dem mittleren quadratischen Zählnetz (Kantenlänge 1 mm) liegenden Blutplättchen berücksichtigt. Man multipliziert die Zahl mit 2000 und erhält die gesuchte Zahl der Thrombozyten pro µl.

Retikulozytenzählung
Normalwert: 8–15‰ der Erythrozytenzahl. Die Zählung der Retikulozyten ermöglicht eine Beurteilung der erythropoetischen Funktion des Knochenmarks. Man streicht auf einem trockenen Objektträger eine 1%ige alkoholische Lösung von Brillantcresylblau gleichmäßig aus und läßt an der Luft trocknen. Dann bringt man einen kleinen Tropfen Kapillar- oder EDTA-Blut auf den vorbereiteten Objektträger und streicht mit einem geschliffenen Deckgläschen auf der farbstofftragenden Seite des Objektträgers aus. Nach Färbung des Präparates in einer

feuchten Kammer (10 Min.) wird der Ausstrich an der Luft getrocknet. Die Retikulozyten erkennt man an ihrer blaugefäbten Substantia granulofilamentosa. Die ausgereiften Erythrozyten erscheinen bei dieser Vitalfärbung als grünliche Scheiben. Zur Zählung der Retikulozyten bedient man sich einer Okularblende. Sie ist im Handel erhältlich. Man kann sich eine derartige Blende auch selbst herstellen, indem man in das Okular eine Pappscheibe mit einer rechteckigen zentralen Öffnung legt, die das Blickfeld des Mikroskops begrenzt. Man zählt, wie viele Retikulozyten unter 1000 Erythrozyten zu finden sind, und erhält so die Retikulozytenzahl in ‰.

Zählung mit elektronischen Geräten

In Krankenhäusern und größeren Laboratorien ist die numerische hämatologische Labordiagnostik weitgehend automatisiert. Die eingesetzten Zählautomaten arbeiten nach unterschiedlichen Arbeitsprinzipien. Bei Vollautomaten werden dabei auch alle notwendigen Verdünnungsschritte selbsttätig durchgeführt. Die Meßgenauigkeit der automatisierten Zellzählverfahren kann durch die Kammerzählung nicht erreicht werden. Während eine automatisierte Zellzählung von Erythrozyten und Leukozyten äußerst selten zu Fehlbestimmungen führt, ist die Thrombozytenzählung mit größeren technischen Problemen behaftet. Die Gründe hierfür sind vornehmlich die große Spannweite der Thrombozytenkonzentration, die kleine und variable Zellgröße sowie die Aggregationstendenz. Bei Verwendung von EDTA und/ oder Citratvollblut können sich z. B. Thrombozytenaggregate bilden, die abhängig von ihrer Größe auch als Leukozyten fehlklassifiziert werden können (Pseudoleukose und Pseudothrombopenie). Eine klinisch relevante Thrombopenie sollte immer mittels Zählkammer überprüft oder das entsprechende Ausstrichpräparat auf Vorliegen von Thrombozytenaggregaten durchgemustert werden.

Blutzucker

Normalwerte (nüchtern): 3,89–5,55 mmol/l (70–100 mg/dl). In Abhängigkeit vom Untersuchungsmaterial (Kapillarblut, venöses Vollblut, Plasma oder Serum) werden differente Referenzbereiche erhalten. Die Blutzuckerbestimmung sollte enzymatisch nach der Glucoseoxidase-, Hexokinase- oder Glucosedehydrogenasemethode erfolgen. Aufgrund der unterschiedlichen Glucosekonzentration im arteriellen und venösen Blut kann im Kapillarblut – besonders postprandial – ein deutlich höherer Glucosewert als im venösen Blut bestimmt werden. Gleichfalls zeigen Plasma- und Serumkonzentrationen gegenüber venösem Vollblut um ca. 10% höhere Nüchternglucosewerte. Zur Hemmung der Glykolyse sind Natriumfluorid und Maleinimid geeignet. Ohne Glykolysehemmer sinkt im nicht abgeserten Vollblut auch bei Lagerung im Kühlschrank die Blutglucosekonzentration innerhalb weniger Stunden deutlich ab und täuscht häufig dadurch eine hypoglykämische Stoffwechsellage vor. Zur semiquantitativen Blut- und Urinzuckerbestimmung stehen Teststreifen verschiedener Hersteller zur Verfügung.

Calcium

Normalwerte: 2,15–2,62 mmol/l (8,6–10,6 mg/dl) (S, P). Physiologisch wirksam ist der ionisierte Anteil (55%) des Gesamtcalciums. 40% kommen im Serum proteingebunden vor. Bei der Interpretation gemessener Gesamtcalciumwerte muß daher eine eventuelle Hypo- bzw. Hyperproteinämie oder eine veränderte Eiweißbindung bei Alkalose bzw. Azidose berücksichtigt werden. Das Serumcalcium ist oft erniedrigt bei Hypoparathyreoidismus, enteralen Resorptionsstörungen, chronischer Niereninsuffizienz, akuter Pankreatitis u. a. m. Hyperkalzämie bei Hyperparathyreoidismus, Plasmozytom und neoplastischen Erkrankungen mit Knochenmetastasen. Knochenmetastasen mit osteoblastischer Aktivität führen dagegen eher zur Hypokalzämie.

Carcinoembryonales Antigen (CEA) s. karzinoembryonales Antigen

Chlorid

Normalwerte: 97–107 mmol/l (S). Wichtiger Indikator für Störungen im Säure-Basen- bzw. Elektrolythaushalt. Konzentrationsveränderungen im Serum erfolgen oft gleichsinnig zu der des Natriums. Hypochlorämie mit Hypokaliämie bei intestinalem HCl-Verlust (z. B. Pylorusstenose). Hyperchlorämie bei metabolischer Azidose.

Cholesterin

Die durchschnittlichen Serumkonzentrationen sind je nach der untersuchten Bevölkerungsgruppe unterschiedlich und zudem altersabhängig. Für den mitteleuropäischen Bereich kann als ungefährer Anhaltspunkt gelten: 4,4 mmol/l (170 mg/dl) + Alter. Cholesterin wird im Serum ausschließlich von Lipoproteinen (s. Lipoproteine) transportiert. In diesen Partikeln liegt es in freier Form und mit Fettsäure verestert (60–75%) vor. Der Gesamtcholesterinwert ist die Summe der Cholesterinkonzentrationen in den einzelnen Lipoproteinfraktionen, wobei die β-Lipoproteinfraktion (LDL) die Hauptmenge des Cholesterins enthält. Die Cholesterinbestimmung sollte enzymatisch (PAP-Methode) erfolgen; postprandial werden nicht nennenswert erhöhte Cholesterinkonzentrationen im Vergleich zum Nüchternserum gefunden. Die Cholesterinmessung ist zusammen mit der Triglyceridbestimmung der Basisparameter jeder Fettstoffwechselanalytik. Eine Hypercholesterinämie (bzw. Hypertriglyzeridämie) sollte zur Beurteilung des individuellen Atheroskleroserisikos immer routinemäßig durch eine Quantifizierung der Lipoproteinfraktionen (s. Lipidelektrophorese, S. 535) ergänzt werden.

Cholinesterase (CHE; 3.1.1.8)

Normalwerte: Frauen 2000–6700 U/l, Männer 2300–7400 U/l (Substrat: Butyrylthiocholinjodid). Als Cholinesterase bezeichnet man eine ubiquitär vorkommende Gruppe von Enzymen (Pseudocholinesterase) mit ähnlicher Substratspezifität. Erniedrigte Enzymaktivitäten im Serum findet man bei Leberparenchymerkrankungen als Ausdruck verminderter Synthesekapazität. Fettleberschäden bewirken einen CHE-Anstieg. Fehlende oder atypische CHE kann unter Muskelrelaxantien vom Succinyldicholintyp zu Narkosezwischenfällen mit verlängerter Apnoe führen. Eine Intoxikation mit Thiophosphatinsektiziden (z. B. E-605) bewirkt dosisabhängig einen Abfall der CHE-Konzentration bis unter die Nachweisgrenze.

Coeruloplasmin

Normalwerte: 1,3–2,8 μmol/l (20–45 mg/dl) (Männer und nichtgravide Frauen) (S). Transportprotein des Kupfers im Serum. Erniedrigte Coeruloplasmin- und Kupferwerte sind nach Ausschluß von Eiweißverlustsyndromen (z. B. nephrotisches Syndrom) charakteristisch für Morbus Wilson (Kupferspeicherkrankheit). Erhöhte Coeruloplasminkonzentrationen beruhen meist auf seiner Funktion als Akute-Phase-Protein (s. d.)

Coombs-Test

Untersuchungsmaterial: EDTA-Blut. Methode zum Nachweis inkompletter Antikörper bei z. B. hämolytischen Anämien. Bringt man durch Tierimmunisierung gewonnenes Antihumanglobulin (Anti-IgG, Anti-C3) mit Erythrozyten in Berührung, an deren Oberfläche inkomplette Antikörper haften, kommt es zu einer Reaktion zwischen Antikörper und Antikörperglobulin, die durch Agglutination der Erythrozyten sichtbar wird.

Direkter Coombs-Test: Er setzt voraus, daß die inkompletten Antikörper bereits an der Erythrozytenoberfläche absorbiert sind. Bei Zugabe des Antihumanglobulins (Coombs-Serum mit Coombs-Antikörpern) zu den gewaschenen Probandenerythrozyten kommt es zur Präzipitation mit dem Antikörperglobulin unter Agglutination der Erythrozyten.

Indirekter Coombs-Test: Er setzt voraus, daß sich freie inkomplette Antikörper gegen Erythrozyten im Probandenserum befinden. Sie werden zunächst an kompatible Testerythrozyten absorbiert und die sorgfältig gewaschenen Erythrozyten dann entsprechend dem direkten Coombs-Test weiterbehandelt.

C-reaktives Protein (CRP)

Normalwerte: < 8 mg/l (S, P). Semiquantitative Bestimmung mit Latex-Schnelltest in der Praxis. Quantitative Bestimmung mit unterschiedlichen Methoden im Speziallabor. CRP ist als typisches Akute-Phase-Protein (s. d.) ein empfindlicher, unspezifischer Marker für infektiöse und nichtinfektiöse Entzündungsprozesse (z. B. bakterielle und virale Infektionen, viele Erkrankungen des rheumatischen Formenkreises in der akuten Phase). Erhöhte CRP-Konzentrationen werden ferner gefunden bei malignen Erkrankungen wie z. B. Morbus Hodgkin, Leukämien, Karzinomen, als Folge von Gewebsnekrosen (Herzinfarkt). Ein deutlich meßbarer CRP-Anstieg kann innerhalb von 6 Stunden nach Einsetzen eines entsprechenden Reizes erfolgen, wenn BSG und Leukozytenkonzentration noch unauffällig sind.

Creatinin, Creatinkinase s. Kreatinin, Kreatinkinase

Dicker Tropfen

Methode zum Nachweis von Malariaerregern (Plasmodien) im peripheren Blut. Obwohl auch im herkömmlichen Blutausstrich (Methode zur Leukozytendifferenzierung) Plasmodien bei Malariaerkrankung nachgewiesen werden können, gelingt mit der Methode des dicken Tropfens eine Plasmodienanreicherung und damit auch bei einer geringen Anzahl von Erregern eher ein Erregernachweis. Auf einem sauberen fettfreien Objektträger werden 2–3 Tropfen Kapillarblut auf ungefähr Zehnpfennigstückgröße ausgebreitet und bei Zimmertemperatur oder im Brutschrank getrocknet. Das luftgetrocknete Präparat wird unfixiert mit frisch bereiteter verdünnter Giemsa-Lösung (1 Tropfen auf 1 ml Leitungswasser) übergossen. Nach 2–3 Min. läßt man die Farblösung vorsichtig ablaufen und spült mit Farblösung noch so lange nach, bis das Hämoglobin entfernt ist und der Tropfen ein grau-weißes Aussehen angenommen hat. Anschließend wird noch 30 Min. mit verdünnter Giemsa-Lösung gefärbt und hierbei alle 3 Min. die Farblösung auf dem Präparat erneuert. Abspülen mit Wasser und lufttrocknen. Auswertung erfolgt unter dem Mikroskop (Ölimmersion). Die Methode ist geeignet, auch andere Protozoen im Blut nachzuweisen.

Differentialblutbild

Normalwerte: neutrophile Segmentkernige 50–70%, neutrophile Stabkernige 3–5%, Eosinophile 1–5%, Basophile 0–1%, Lymphozyten 20–40%, Monozyten 2–8%. Zur Differenzierung des weißen Blutbildes wird an einer dünnen Ausstrichstelle (s. Blutausstrich) mit nebeneinanderliegenden Erythrozyten das Präparat mäanderförmig durchgemustert. Die typisierten Leukozyten werden in Prozent der differenzierten Gesamtleukozytenzahl angegeben. Gleichfalls kann dabei eine qualitative Beurteilung der Erythrozytenmorphologie hinsichtlich Form, Größe und Färbeverhalten erfolgen. In vielen Fällen ist die Absolutzahl der jeweiligen Zellart pro µl Blut aussagekräftiger als die übliche Relativangabe. Sie wird ermittelt aus dem Quotienten Gesamtleukozytenzahl × relative Zellzahl/100.

Linksverschiebung: Vermehrtes Auftreten jugendlicher und stabkerniger Neutrophiler im peripheren Blut (reaktive Linksverschiebung bei akuten Infektionen, Tumoreinschmelzung, schwerer körperlicher Arbeit usw.). Pathologische Linksverschiebung mit Myelozyten, Promyelozyten und Myeloblasten bei Leukämien, Osteomyelofibrose usw.

Rechtsverschiebung: Auftreten von hypersegmentierten Granulozyten (mehr als 6 Kernsegmente) im peripheren Blut, z. B. bei perniziöser Anämie oder nach Milzexstirpation.

DNA-Sondentechnik

Die typenspezifische Identifizierung von Viren und Bakterien ist heute über Nachweisverfahren möglich, die auf die Erkennung erregerspezifischer Nucleinsäuresequenzen abzielen. Dazu werden unterschiedliche Hybridisierungstechniken eingesetzt, die im Prinzip darauf beruhen, daß eine markierte Nucleinsäure („Sonde“, „probe“) zur Duplexbildung mit einer Einzelstrangnucleinsäure des gesuchten Erregers gebracht wird. Eine erfolgte Hybridisiering beweist, daß die gesuchte komplementäre Nucleinsäuresequenz in der untersuchten Probe vorhanden ist.
DNA-Sondenteste für den Nachweis von Chlamydia trachomatis, Neisseria gonorrhoeae, Legionella, Mycoplasma pneumoniae und für humane Papillomviren stehen bereits für die Routinediagnostik zur Verfügung.

Drug monitoring

Unter Drug monitoring versteht man die Überwachung einer medikamentösen Therapie durch die Konzentrationsmessung von Pharmaka im Serum. Oft korreliert die pharmakologische Wirkung von Medikamenten besser mit deren Serumkonzentration als mit der eingenommenen Dosis. Die bei Patienten beobachtete große Variabilität der Dosis-Wirkungs-Beziehung erklärt sich aus der Vielzahl möglicher Einflußgrößen. Die Serumkonzentration eines Pharmakons ist z. B. abhängig von der Compliance des Patienten, der korrekten Medikation sowie von Absorption, Verteilung, Biotransformation und Exkretion der jeweiligen Substanz. Darüber hinaus wird deren Konzentration am Wirkort beeinflußt durch den regionalen Blutfluß, die Bindung an Serumproteine, die Ansprechbarkeit des Gewebes, die Gegenwart von anderen Pharmaka, Erkrankungen sowie durch das Alter des Patienten.
Bei Verfügbarkeit zuverlässiger Nachweisverfahren zur Konzentrationsmessung von Pharmaka im Serum kann ein Drug monitoring indiziert sein bei hoher Toxizität, schlecht definiertem klinischen Endpunkt der Wirkung, steiler Dosis-Wirkungs-Beziehung, engem therapeutischem Bereich, Anwendung in der Langzeitbehandlung, beträchtli-

chen individuellen Unterschieden in der Pharmakokinetik, nicht linearer Pharmakokinetik sowie bei häufiger Anwendung des Pharmakons. Dies gilt insbesondere bei Verdacht auf akute Medikamentenintoxikation (z. B. Theophyllin, Digoxin, Antiepileptika) sowie bei Gefahr schwerer Langzeitschäden durch erhöhte Serumspiegel (z. B. Nephro-, Ototoxizität bei Aminoglykosiden).
Das in größeren Laboratorien meßbare Pharmakaspektrum umfaßt z. B. Antiarrhythmika, Herzglykoside, Antiepileptika, Lithium, Theophyllin, Aminoglykoside und Methotrexat. Darüber hinaus wurde auch für andere Pharmakagruppen, wie bestimmte Immunsuppressiva (z. B. Cyclosporin A), Neuroleptika sowie Antihypertensiva, ein Drug monitoring empfohlen. Über dessen klinischen Nutzen liegen in diesen Fällen allerdings bisher nur unvollständige Daten vor. Der Zeitpunkt der Blutentnahme ist bei einer Dosierungsüberwachung medikamentenspezifisch.

Eisen

Normalwerte: Männer 14–32 μmol/l (80–180 μg/dl), Frauen 12–27 μmol/l (70–150 μg/dl) (S, P). Bestimmung aus nichthämolytischem Serum oder Heparinatplasma unter Verwendung von Plastikmaterialien. Kein EDTA-Plasma verwenden. Der Serumeisenspiegel zeigt zirkadiane Rhythmik und intraindividuelle Schwankungen von Tag zu Tag bis 27%. Der Eisenspiegel ist erhöht bei Hämochromatose, hyperchromen und hämolytischen Anämien. Verminderung bei Eisenmangelanämien, mangelnder Eisenresorption oder Eisenzufuhr, bei Schwangerschaft und Laktation (besonders bei Pluriparas). Zur Früh- und Differentialdiagnose von Eisenmangelzuständen bzw. bei Eisenüberladung ist die Bestimmung des Serumferritins (s. d.) angezeigt.

Eisenbindungskapazität (EBK)

Normalwerte: 50–72 μmol/l (280–400 μg/dl) (S, P). Die totale Eisenbindungskapazität ist die Menge Eisen, die, im Überschuß als Fe^{3+}-Ionen zugesetzt, von 100 ml Serum gebunden werden kann. Sie korreliert eng mit der Transferrinkonzentration, dem spezifischen Eisentransportprotein im Serum. Als latente Eisenbindungskapazität bezeichnet man die Differenz zwischen totaler EBK und aktuellem Serumeisenspiegel. Im Normalfall ist die totale EBK nur zu ca. 30% mit Eisen abgesättigt. Bei Eisenmangelzuständen ist die totale EBK erhöht, die freie EBK erniedrigt. Bei Hämochromatose, Hämoglobin-Synthesestörungen, Tumoren, Infekten oder Transferrinmangel ist die totale EBK erniedrigt. Heute wird eine direkte immunchemische Transferrinbestimmung aus meßtechnischen Gründen bevorzugt; diagnostisch entspricht der freien EBK hier die prozentuale Transferrin-Eisen-Sättigung, die sich wie folgt errechnet:

$$\frac{\text{Serumeisen}\,(\mu g/dl)}{\text{Transferrin}\,(mg/dl)} \times 1{,}25 = \text{Transferrin-Eisen-Sättigung}\,(\%)$$

und beim gesunden Erwachsenen 25% überschreitet.

Enzyme

Es können zwei große Gruppen von Plasmaenzymen unterschieden werden: Sekretenzyme und Zellenzyme. Die Sekretenzyme werden von bestimmten Organen – z. B. von der Leber die Gerinnungsfaktoren Prothrombin, Faktor V, VII, X und die Cholinesterase – synthetisiert und aktiv in das Plasma sezerniert, um dort wirksam zu werden. Bei Organschädigung mit Verminderung der Syntheseleistung sinkt die Aktivität dieser Sekretenzyme im Plasma ab. Die Zellenzyme haben hingegen keine physiologische Aufgabe im Blut und gelangen durch passive Diffusion bzw. Zellzerfall ins Plasma. Die normale Zellmauserung bedingt auch beim Gesunden bestimmte niedrige Enzymspiegel im Blut. Eine Organschädigung führt bei den zellständigen Enzymen zu einem Aktivitätsanstieg im Plasma. Da unterschiedliche Organe verschiedene Enzymmuster aufweisen, können durch Untersuchung eines geeigneten Enzymspektrums Rückschlüsse auf bestimmte Organerkrankungen gezogen werden. Von besonderem Interesse sind die Zellenzyme exkretorischer Drüsen (z. B. Amylase, Lipase), deren Aktivitätsanstieg im Plasma mit hoher Spezifität auf das erkrankte Organ hinweist. Dieses gelingt oft auch durch eine Isoenzymdifferenzierung (s. z. B. alkalische Phosphatase, Kreatinkinase, Lactatdehydrogenase).
Bei der Enzymdiagnostik werden keine Substanzkonzentrationen, sondern Enzymaktivitäten bestimmt, die von zahlreichen Faktoren (Aktivatoren und Inhibitoren) abhängig sind und deren Einfluß im Einzelfall oft nicht abgeschätzt werden kann. Die Angabe von Enzymaktivitäten erfolgt heute einheitlich in internationalen Einheiten pro Liter (U/l). Eine internationale Einheit ist definiert als die

Enzymmenge, welche unter Standardbedingungen ein µmol Substrat pro Minute katalysiert. Die Standardbedingungen sind international uneinheitlich. Für die Bundesrepublik wurden von der Deutschen Gesellschaft für klinische Chemie für die meisten in der klinischen Routine wichtigen Enzyme sog. „optimierte" Standardbedingungen ermittelt und als allgemein verbindlich festgelegt, so z. B. die Inkubationstemperatur mit 25 °C (USA 37 °C). Die Bedeutung einer definierten Inkubationstemperatur geht z. B. daraus hervor, daß eine Temperaturerhöhung um 1 °C die Enzymaktivität um ca. 10% steigert. Andere die Aktivitätsmessung beeinflussende und daher sinnvollerweise zu definierende Reaktionsfaktoren sind der pH-Wert, die Art des Substrats usw.
Als apparative Voraussetzung zur Enzymbestimmung wird ein Photometer mit hoher Wellenlängengenauigkeit und geringer Spektralbreite sowie ein auf ⅒ °C Genauigkeit temperierbares Wasserbad mit Gegenkühleinrichtung und temperierbarer Küvettenhalterung benötigt.
Als Untersuchungsmaterial für Enzymaktivitätsbestimmungen kann Serum oder besser Ammoniumheparinat-Plasma verwendet werden, da dieser Gerinnungshemmer Enzymbestimmungen am geringsten beeinflußt. Lediglich bei der sauren Phosphatase kann es im neutralen bis leicht alkalischen Milieu zu Aktivitätsverlusten kommen. Alle Maßnahmen, welche Hämolyse fördern können, sind zu vermeiden. Das Blut sollte daher mit möglichst großlumigen Kanülen unter leichter Stauung entnommen und möglichst frühzeitig zentrifugiert und das Serum bzw. Plasma abgetrennt werden. Dieses gilt besonders für Messungen von Enzymen, die auch in hoher Konzentration in Blutzellen vorhanden sind (z. B. GOT, LDH und saure Phosphate). Längere Aufbewahrung bei Zimmertemperatur oder Versand sind zu vermeiden. Wenn ein Verschicken der Probe unvermeidlich ist, sollte nur Serum oder Plasma, niemals Vollblut versandt werden. Lagerung der Seren bei 4 °C führt auch nach mehreren Tagen bei allen klinisch wichtigen Enzymen kaum zur klinisch relevanten Aktivitätsverminderung.

Im stark lipämischen Plasma können Enzymbestimmungen oft nicht durchgeführt werden. Eine vorherige Klärung dieser Plasmen ist auf folgende Weise möglich: Das zu untersuchende Plasma wird zunächst mit 10 Vol.-% einer Lösung von 2,5% Heparin und 1 molare $MgCl_2$ versetzt. Nach kurzem Durchmischen des Ansatzes und 5 Min. Inkubation bei Raumtemperatur wird die Probe 10 Min. bei 3000 UpM zentrifugiert. Die für die Plasmatrübung verantwortlichen Lipoproteine flottieren an der Oberfläche; der Unterstand erscheint klar. Nach Filtration kann am Filtrat in üblicher Weise die Enzymaktivitätsbestimmung durchgeführt werden. Bei der Berechnung des Meßergebnisses ist der Verdünnungsfaktor von 1,1 zu berücksichtigen. Mit dieser Methode lassen sich auch in lipämischen Seren die Enzymaktivitäten der GOT, GPT, γ-GT, AP, LAP, LDH und CK zuverlässig bestimmen. Saure Phosphatase und α-Amylase werden durch diese Maßnahmen inaktiviert. Alternativ kann auch ein kommerziell erhältlicher Klärzusatz (z. B. Lipoclean, Behring) nach Herstellerangaben verwendet werden, der auch für Aktivitätsbestimmungen der sauren Phosphatase und der α-Amylase geeignet ist.

Eosinophile Zellen

Vermehrt in der Heilphase von Infektionserkankungen. Scharlach, Erythema infectiosum und Masern zeigen häufig von vornherein eine Eosinophilie. Eine Eosinophilie ist gleichfalls Kennzeichen einer allergischen Reaktionslage (z. B. Asthma bronchiale, Arznei- und Nahrungsmittelallergie, Heuschnupfen, Wurmbefall). Eosinopenie im peripheren Blut bei verstärkter Ausschüttung von ACTH oder NNR-Steroiden (s. auch Differentialblutbild).

Erythrozytenkonstanten

Aus den Meßparametern Hämoglobin, Erythrozytenkonzentration und Hämatokrit lassen sich rechnerisch die Erythrozytenkonstanten bestimmen.

MCH (Hb_E) = mittleres Zellhämoglobin: Normalwert: 28–32 pg (1,7–2,0 fmol). Errechnet sind nach: Hb-Konzentration (g/dl) × 10/Erythrozytenzahl (Mill./µl). Klinische Bedeutung zur Differenzierung von hypochromen und hyperchromen Anämien.

MCV = mittleres Zellvolumen: Normalwert: 82–97 fl. Errechnet sich nach: Hämatokrit × 10/Erythrozytenzahl (Mill./µl). Klinische Bedeutung zur Differenzierung von mikro- bzw. makrozytären Erythrozyten.

MCHC = mittlere Zellhämoglobinkonzentration: Normalwert: 32–36 g Hb/dl Erythrozyten (19,9–22,3 mmol/l). Errechnet sich nach: Hb-Konzentration (g/dl)/Hämatokrit.

Das MCHC gibt die durchschnittliche Hämoglobin-Packungsdichte wieder.

Erythrozytenzählung s. Blutzellzählung

Ferritin s. Serumferritin

α_1-Fetoprotein (AFP)
Normalwerte: < 10 U/ml. AFP ist ein onkofetales Antigen (s. Tumormarker), das im Serum oder Fruchtwasser mittels RIA- oder ELISA-Technik quantitativ bestimmt wird. Der Stellenwert der AFP-Diagnostik ist in der hohen Koinzidenz von primärem Leberzellkarzinom (> 90%) bzw. malignem Hodentumor (75%) mit erhöhten AFP-Serumkonzentrationen begründet. Es werden vornehmlich Hodentumore mit stark endodermalen Dottersackanteilen erfaßt. Sekundäre Lebertumore verursachen selten einen markanten AFP-Anstieg. Gastrointestinale Tumore und nichtmaligne Lebererkrankungen (besonders virale Hepatitiden) führen in unterschiedlichem Ausmaß gleichfalls zu – allerdings weniger ausgeprägten – AFP-Erhöhungen.
In der *Pränataldiagnostik* kommt der AFP-Bestimmung im Serum bei der Überwachung von Risikoschwangerschaften hinsichtlich einer intrauterinen Mangelentwicklung des Feten (drohender Abort, Früherkennung von intrauterinem Fruchttod) eine besondere Bedeutung zu. Zur frühzeitigen Erkennung von Neuralrohrdefekten wie Spina bifida und Anenzephalie sollte eine AFP-Bestimmung zwischen der 16. und 17. SSW (erhöhte AFP-Konzentration) erfolgen.
Erniedrigte AFP-Konzentrationen zeigen ein erhöhtes Risiko für ein Down-Syndrom oder eine Trisomie 18 des Feten an. Als „Normalbereich" gilt die Spanne zwischen dem 0,7- und 2,0fachen des Medianwertes (MOM = multiples of median) eines möglichst großen Kollektivs. Die Bereiche zwischen dem 0,5- und 0,7fachen sowie 2,0- und 2,5fachen gelten als Grauzone. Meßergebnisse außerhalb des Normalbereichs sollten kurzfristig überprüft werden und bei Befundbestätigung eine weiterführende Mißbildungsdiagnostik (z. B. Amniozentese, gezielte Ultraschalluntersuchung, fetale Chromosomenanalyse etc.) nach sich ziehen.
Da die AFP-Normbereiche (Serum und Fruchtwasser) Schwangerer in Abhängigkeit vom Gestationsalter speziellen Nomogrammen zu entnehmen sind, ist ein unzutreffendes Gestationsalter häufige Ursache für eine Fehlinterpretation scheinbar pathologischer AFP-Konzentrationen. Mehrlingsschwangerschaften, fetale Omphalozelen und fetomaternale Transfusion (z. B. bei invasiver Diagnostik) führen zu erhöhten AFP-Konzentrationen.

Fibrinogen
Normalwert: 200–400 mg/dl (Citratplasma). In der letzten Phase der Blutgerinnung bildet sich aus Fibrinogen bei Anwesenheit von Thrombin Fibrin. Eine angeborene Hypofibrinogenämie ist selten, erworbene Formen bei schweren Leberparenchymschäden, Verbrauchskoagulopathie und bei Hyperfibrinolyse. Eine Hyperfibrinogenämie findet man z. B. bei akuten oder chronischen Entzündungen, Karzinomen (vor allem Bronchial- und Pankreaskarzinom) und nach Blutverlust. Die Fibrinogenbestimmung nach Clauss ergibt bei Hyperfibrinolyse durch Fibrinogenspaltprodukte (FSP) und/oder Heparingabe oft fälschlich niedrige Fibrinogenspiegel. In solchen Fällen kann der Fibrinogengehalt abschätzend durch Hitzefällung bei 56 °C (Methode nach Schulz) mit nachfolgender Zentrifugation (3000 UpM; 10 Min.) im Nissel-Röhrchen ermittelt werden.

Gerinnung s. Blutgerinnungszeit

Gesamteiweiß
Normalwerte: 6,2–8,6 g/dl (62–86 g/l) (S). Bestimmung meist nach der Biuret-Methode, wobei alle Substanzen mit mindestens zwei Peptidbindungen erfaßt werden. Die Blutentnahme soll im Liegen erfolgen. Aufrechte Körperhaltung, starke Venenstauung und vorherige Muskelarbeit führen zu erhöhter Gesamteiweißkonzentration. Abhängig vom verwendeten Analysensystem kann die Gesamteiweißbestimmung bei Patienten unter Infusionstherapie (z. B. Dextrane) fälschlich hohe oder tiefe Werte ergeben. Hyperproteinämien sind oft Ausdruck einer Dehydratation. Absolute Hyperproteinämien beim Plasmozytom und Morbus Waldenström. γ-Globulinerhöhungen bei chronisch entzündlichen Prozessen, Leberzirrhose usw. werden meist durch eine Hypalbuminämie so weit kompensiert, daß der Gesamteiweißgehalt im Normbereich erscheint. Hypoproteinämien bei Mangelernährung, Erkrankungen mit Malabsorption, Proteinverlustsyndrom oder schwersten Leberschädigungen (s. Serumeiweißelektrophorese).

Glucose s. Blutzucker

Glutamatdehydrogenase (***GLDH;*** 1.4.1.3)
Normalwerte (opt. Methode): Männer <4,0 U/l, Frauen <3,0 U/l (S, P). Die GLDH kommt vor allem in den Mitochondrien der Leber vor. Ihre erhöhte Aktivität im Serum ist daher ein deutlicher Hinweis auf einen Leberzelluntergang. Relativ hohe Werte können auch bei Gallengangsverschlüssen beobachtet werden. Die Transaminasen (GOT, GPT) sollten immer miterfaßt werden, da der GOT + GPT/GLDH-Quotient wichtige diagnostische Hinweise liefert. Er liegt unter 20 bei akuter Leberdystrophie, Lebertumor, Lebermetastasen oder Verschlußikterus, zwichen 20–50 bei Leberzirrhose oder akutem Schub einer chronischen Hepatitis, über 50 bei akuter Hepatitis.

Glutamatoxalacetattransaminase (***GOT;*** 2.6.1.1)
Normalwerte (opt. Methode): Männer <19 U/l, Frauen <15 U/l (S, P). Das Enzym ist im Organismus ubiquitär. Da es im Zytoplasma und in den Mitochondrien der Herzmuskel- und Leberzellen eine hohe Aktivität hat, wird es vor allem zur Diagnostik und Verlaufskontrolle der Herz- (z. B. Herzinfarkt) und Lebererkrankungen (Leberzellnekrosen) bestimmt.

Glutamatpyruvattransaminase (***GPT;*** 2.6.1.2)
Normalwerte (opt. Methode): Männer <23 U/l, Frauen <19 U/l (S, P): Das Enzym GPT findet sich in hoher Aktivität im Zytoplasma der Leberzellen, in geringerer Aktivität in Niere, Herz- und Skelettmuskulatur. Die Aktivität der GPT im Serum wird daher vor allem bei Verdacht auf Lebererkrankungen bestimmt.

γ-Glutamyltransferase (***γ-GT;*** 2.3.2.1)
Normalwerte: Männer 6–28 U/l, Frauen 4–18 U/l (S, P): Das Enzym ist zwar in allen Organen vorhanden, spielt aber vor allem bei der Leber- und Gallenwegsdiagnostik eine wesentliche Rolle. Bei erhöhten γ-GT-Werten sollten zur Differentialdiagnose die Transaminasen (GOT, GPT) und die Cholestase anzeigenden Enzyme (AP, LAP) mitbestimmt werden.

Glykosylierte Hämoglobine (***HbA_{1a-c}***)
Normalwert: 7,3±1% bei gut eingestelltem Diabetes mellitus (EDTA-Vollblut). Die Bestimmung erfolgt z. B. durch Mikrosäulen-Chromatographie. HbA_{1a-c} ist eine physiologische Hämoglobinkomponente, die nichtenzymatisch glykosylierte Form von HbA_1 der Hämoglobin-Hauptfraktion. Da die Konzentration glykosylierten Hämoglobins positiv mit dem langfristigen Blutzuckerspiegel korreliert, eignet sich die HbA_{1a-c}-Bestimmung besonders zur retrospektiven Langzeitüberwachung von Diabetikern.

Granulozyten s. Differentialblutbild

Gruber-Widal-Reaktion
Sie dient zur serologischen Diagnostik einer Reihe von Infektionskrankheiten durch Nachweis von Agglutininen im Patientenserum. Dieses läßt man in abgestuften Verdünnungen mit bekannten abgetöteten oder inaktivierten Bakterien inkubieren und beobachtet dann, ob und bis zu welcher Serumverdünnung in einer bestimmten Zeit und Temperatur eine Verklumpung der Bakterien eingetreten ist. Die spezifischen Agglutinine (komplette Antikörper) bilden sich unter der immunologischen Einwirkung entsprechender Bakterien im Verlauf der Infektionskrankheit oder auch nach Schutzimpfung oder Vakzination. Das zeitliche Auftreten der Agglutinine und die Stärke des Reaktionsausfalls sind von vielen Faktoren, insbesondere von der Reaktionsfähigkeit des befallenen Organismus, vom Krankheitsstadium, von der antigenen Wirkung des Infektionserregers usw., abhängig. Die Widal-Reaktion wird bei folgenden Infektionskrankheiten angewandt: Typhus, Paratyphus, Enteritis, Ruhr, Fleckfieber, Brucellosen, Tularämie, Rotz, Pest, Cholera, Q-Fieber, Listeriosen, Meningokokkeninfektion, Leptospirosen, Lepra usw. Die Bewertung der Ergebnisse hängt von der Höhe des Titers bzw. der Titerbewegung ab.

Hämatokrit
Normalwerte: Männer 40–52%, , Frauen 37–47%. Man versteht unter dem Hämatokritwert den prozentualen Anteil des Erythrozytenvolumens (Zellpackvolumen) am Gesamtblut. Prinzip: Eine ungerinnbare Blutprobe wird zentrifugiert und die Höhe der Zellsäule in Bezug zur Gesamtblutsäule gesetzt. In der Praxis hat sich zur Hämato-

kritbestimmung die Verwendung von heparinisierten Glaskapillaren in speziellen Hämatokritzentrifugen bewährt. An der Höhe der Erythrozytensäule kann direkt der Hämatokritwert abgelesen werden; die darüber befindliche Leukozytenschicht bleibt unberücksichtigt. Die Zellpackung ist u. a. abhängig von der Zentrifugalkraft, von Form und Größe der Erythrozyten und vom verwendeten Blut (venös, arteriell oder kapillär). Mit automatisierten Blutzellzählern kann die Hämatokritbestimmung z. B. aus dem mittleren Zellvolumen (MCV, S. 526) und der Erythrozytenzahl erfolgen. Erhöhter Hämatokrit bei Polyglobulie, Exsikkose und Polycythaemia vera. Verminderter Hämatokrit bei Anämie und Überwässerung.

Hämoglobin

Normalwerte: Männer 8,7–11,2 mmol/l (14–18 g/dl), Frauen 7,5–10,0 mmol/l (12–16 g/dl). Hämoglobinbestimmung: Das genaueste Verfahren ist die Cyanhämiglobinmethode. Dabei wird Hämoglobin durch Kaliumferricyanid zu Hämiglobin oxidiert, welches wiederum mit Kaliumcyanid Cyanhämiglobin bildet, das für ca. 24 Std. stabil ist. Bestimmung: Zu 5 ml einer sog. Transformationslösung (Natriumhydrogencarbonat 1,0 g, Kaliumhexacyanoferrat (III) 200 mg, Kaliumcyanid 50 mg, destilliertes Wasser ad 1000 ml; 4 Wochen in dunkler Flasche haltbar) wird mittels einer Hämoglobinpipette aus der Fingerbeere entnommenes Blut (0,02 ml) gegeben. Die Hb-Pipette wird 2- bis 3mal mit Transformationslösung nachgespült. Die Ablesung erfolgt frühestens nach 20 Min. in einem Photometer bei 540 nm gegen eine im Handel befindliche Cyanhämiglobin-Standardlösung.

Hämoglobinelektrophorese

Indiziert bei Verdacht auf Hämoglobinopathie. Durch elektrophoretische Hämoglobinauftrennung auf unterschiedlichen Trägern (z. B. CAF-oder Stärkeblock-Elektrophorese) sind sowohl pathologische Hämoglobinvarianten (HbS, HbC, HbD u. a. m.) als auch physiologische Hämoglobine, die in ihrem relativen Verhältnis zueinander verschoben sind, erkennbar; pathologische Hämoglobine z. B. bei Sichelzellanämie (HbS), erhöhte Konzentrationen der physiologischen Hämoglobine HbA_2 und HbF z. B. bei β-Thalassämie.

Harnsäure

Normalwerte: 160–400 µmol/l (2,7–7,0 mg/dl) (S, P). Harnsäure ist das Endprodukt des Purinstoffwechsels. Ihre Konzentration korreliert daher positiv mit dem Abbau endogener Purine (z. B. Zellmauserung, körperliche Arbeit) und exogener Purine (eiweißreiche Kost). Sie ist zudem abhängig von der Urat-Clearance der Nieren. Mit steigender Harnsäurekonzentration (> 400 µmol = 7,0 mg/dl) wächst die Gefahr, an manifester Gicht zu erkranken. Sekundäre Hyperurikämie findet man z. B. bei Niereninsuffizienz, gesteigertem Zellzerfall (bei malignen Tumoren, Leukosen) und unter Chemo- oder Strahlentherapie.

Harnstoff

Normalwerte: 1,7–8,3 mmol/l (10–50 mg/dl) (S, P). Die Harnstoffkonzentration ist eine Funktion der Eiweißbilanz und der Nierenfunktion. Erst bei einer auf 25% der Norm reduzierten glomerulären Filtrationsrate kommt es zu erhöhten Harnstoffspiegeln (Azotämie), z. B. bei Niereninsuffizienz oder kataboler Stoffwechsellage. Bei diätetisch gut geführten Patienten mit Niereninsuffizienz bewegt sich die Harnstoffkonzentration oft noch im Normbereich, während eine erhöhte Kreatininkonzentration (S. 532) weiterhin den Grad der Niereninsuffizienz anzeigt.

Harnstoff-N (BUN)

Normalwerte: 1,7–8,3 mmol/l (4,7–23 mg/dl) (S,P). Berechnung aus der Harnstoffkonzentration durch Multiplikation mit 0,46 (s. o. Harnstoff).

α-HBDH s. Lactatdehydrogenase

Hepatitisserologie

Hepatitis A (HA), Hepatitis B (HB) und die Non-A-non-B-Hepatitis (NANB) zählen zu den Virushepatitiden im engeren Sinne.

Hepatitis A

Positive Serumtiter des Hepatitis-A-Antikörpers (Anti-HAV) sind Ausdruck einer abgelaufenen HAV-Infektion mit lebenslanger Immunität. Das Auftreten von Hepatitis-A-Antikörpern der IgM-Klasse (Anti-HAV-IgM) ist beweisend für eine akute HAV-Infektion. Der direkte Erregernachweis im Stuhl kann zur Früherkennung eventuell infizierter Kontaktpersonen in der Inkubationszeit sinnvoll sein.

Hepatitis B

Der allgemeine Suchtest auf eine akute, chronische oder abgelaufene HBV-Infektion ist die Untersuchung auf Anti-HBc (Enzym- oder Radioimmunoassay) im Serum. Bei akuter oder chronischer Hepatitis B liegt fast immer Anti-HBc, meistens auch HBsAg im Serum vor. Der Nachweis von HBsAg ist beweisend für eine HBV-Infektion. Ein Persistieren des HBsAg für mehr als 6 Monate deutet auf eine Chronifizierung der HBV-Infektion hin. Nach überstandener Infektion und Immunität wird Anti-HBc und Anti-HBs im Serum gefunden. Bei allgemeinem Nachweis von Anti-HBc muß auf Antikörper der IgM-Klasse (Anti-HBc-IgM) untersucht werden, da ca. 5% der akuten HBV-Hepatitiden HBsAg-negativ sind. Anti-HBc-IgM dient auch zur Unterscheidung zwischen akuter und chronischer Infektion. Bei akuten Infektionen ist es hochtitrig, bei chronischen fehlt es oder ist niedertitrig. Die Untersuchung auf HBe-Antigen ist zur Abschätzung der Infektiosität des Patienten sinnvoll. HBeAg ist ein Hinweis auf akute Virusvermehrung und Virämie. Gesunde chronische HBsAG-Träger haben meist Anti-HBe und keine Virämie. Der Nachweis viraler Nucleinsäure ist heute der sicherste Indikator zur Abschätzung des Infektionspotentials. Die aktive Impfung mit HBsAg-Impfstoff wird exponierten und nicht immunen Personen empfohlen. Ein Impferfolg wird durch die Bestimmung des Anti-HBs-Titers gemessen.

Hepatitis C

Kürzlich wurde das sog. Hepatitis-C-Virus (HCV) entdeckt, das für die meisten Posttransfusionshepatitiden verantwortlich gemacht wird (*Non-A-non-B-Hepatitis*). Ein Screening auf Anti-HCV-Antikörper ist z. Z. vor allem bei chronischen Infektionen möglich. Bei positivem Antikörpernachweis sollten Bestätigungsteste folgen. Eine zuverlässige und umfassende HCV-Antikörpertestung ist erst nach vollständiger Aufklärung der Immunologie der HCV-Infektion zu erwarten.

Hirst-Test

Hämagglutinationshemmtest, vor allem zur Diagnostik von Viruserkrankungen (Influenza, Mumps, Pocken, Virusenzephalitis usw.). Er beruht auf der Tatsache, daß in vielen Virus- und Bakterienkulturen Substanzen auftreten, die in der Lage sind, menschliche oder tierische Erythrozyten direkt zu agglutinieren. Versetzt man nun z. B. spezielle Virustestsuspensionen in Gegenwart von Testerythrozyten mit Patientenserum, das gegen das entsprechende Virus gerichtete Antikörper enthält, so läßt sich diese Hämagglutination hemmen. Der Titer der agglutinationshemmenden Antikörper (Hemmungstiter) wird bestimmt. Eine unveränderte Agglutination ist als negatives Testergebnis zu bewerten, d. h. mithin kein Hinweis auf Vorliegen einer Infektion mit dem Virus der Testsuspension.

Humanes Choriongonadotropin (HCG)

Normalwerte: <5 U/l bei nichtschwangeren Erwachsenen (S). Tumormarker. Bestimmung durch Radio- oder Enzymimmunoassay mittels gegen die β-Kette des HCG gerichteter Antikörper. Es wird sowohl das intakte HCG (α + β) als auch die freie α-Kette erfaßt. Erhöhte β-HCG-Konzentrationen finden sich stets bei trophoblastischen Tumoren testikulären oder plazentaren Ursprungs. Auch gastrointestinale, urogenitale, Bronchial- und Mammakarzinome können zu erhöhten Serumspiegeln führen. β-HCG-Werte >10 U/l weisen bei ausgeschlossener Schwangerschaft mit hoher Spezifität auf malignes Wachstum hin.

Die β-HCG-Konzentration während der Schwangerschaft ist abhängig vom Gestationsalter (s. spezielle Nomogramme). Eine ektopische Schwangerschaft zeigt z. B. subnormale Werte, bei Mehrlingsschwangerschaft liegen die HCG-Konzentrationen über dem Referenzbereich (s. auch Schwangerschaftstest im Harn, S. 574).

Immunelektrophorese (IEP)

Von zahlreichen immunelektrophoretischen Trennmethoden findet die IEP nach Scheidegger breite Anwendung. *Technik:* Die zu analysierende Serumprobe wird in die Mitte eines mit Agarose oder Celluloseacetat beschichteten Trägers aufgetragen und analog zur Eiweißelektrophorese (S. 537) im elektrischen Feld aufgetrennt. Anschließend füllt man einen parallel zur Trennrichtung liegenden vorgestanzten Trog mit Antiserum und beläßt den Elektrophoreseträger für 12–16 Stunden in feuchter Kammer. Innerhalb dieser Zeit diffundiert das Antiserum in das Trägermedium und präzipitiert sich (Antigen-Antikörper-Reaktion) an der Stelle, wo es auf ein homologes Antigen (vorgetrennte Eiweißfraktion) trifft. Es entstehen meist bogenförmige Präzipitationslinien (Immunpräzipitate), die z. B. im Durchlicht oder auf färberischem Wege sichtbar gemacht werden. Je nach verwendetem Antiserum (z. B. polyvalentes oder spezifisches Antihumanserum) können bis zu 30 verschiedene Serumproteine aufgrund ihrer Position und der Form und Stärke der Präzipitationslinien identifiziert und grob quantitativ beurteilt werden. Indiziert ist die IEP z. B. zur Differenzierung von Gammopathien hinsichtlich polyklonalen oder monoklonalen Ursprungs.

Intrinsic factor s. Schilling-Test, S. 559

Jolly-Körper

Es handelt sich dabei um Chromatinreste innerhalb der Erythrozyten, die mit Giemsa-Färbung rot sichtbar gemacht werden (Howell-Jolly-Körper). Sie treten auf bei Fehlen oder Atrophie der Milz sowie bei sonstigen Formen überstürzter Blutneubildung.

Kalium

Normalwerte: 3,5–5,0 mmol/l (S, P). Die Kaliumbestimmung erfolgt mit dem Flammenphotometer oder mittels ionenselektiver Elektroden. Kaliumkonzentrationen sind im Plasma aufgrund geringerer Hämolyse meist etwas niedriger als entsprechende Serumwerte. Bei der Blutentnahme ist darauf zu achten, den Blutkuchen möglichst schnell zu separieren, um hämolysebedingte, fälschlich erhöhte Kaliumwerte zu vermeiden. Erythrozyten enthalten etwa die 25fache Kaliummenge wie Plasma oder Serum. Zustände mit Hyperkaliämie z. B. bei fortgeschrittener Niereninsuffizienz, unter kaliumsparenden Diuretika und bei Mineralocorticoidmangel. Hypokaliämie z. B. bei Laxantienabusus, unter diuretischer Therapie (Thiazide) und beim Hyperaldosteronismus. Die Kaliumkonzentration im diabetischen Koma ist abhängig von der jeweiligen Phase (erhöht während der Entwicklung, vermindert in der Erholungsphase). Sowohl eine Hypo- als auch eine Hyperkaliämie können zu lebensbedrohlichen Herzrhythmusstörungen bzw. zur Lähmung quergestreifter Muskulatur (z. B. Herz) führen.

Kälteagglutinine

Man versteht darunter Autoantikörper (oft IgM-Klasse) des Serums, die bei Temperaturen unter 37 °C zu einer Agglutination der körpereigenen Erythrozyten führen. Zur Erythrozytenzählung dürfen nur gewärmte und/oder verdünnte Blutproben eingesetzt werden, da anderenfalls die Agglutination zu fälschlich erniedrigten Erythrozytenkonzentrationen führt, erkennbar als sog. Pseudohyperchromasie (HB_E>2,5 fmol = 40 pg). Zum Nachweis der Kälteagglutinine muß die Blutprobe so lange bei 37 °C gehalten werden, bis das Serum vom Blutkuchen separiert ist, um eine Anlagerung der Autoantikörper an die Blutzellen zu vermeiden. In einer geometrischen Verdünnungsreihe des Patientenserums mit physiologischer NaCl-Lösung werden Testerythrozyten resuspendiert und über Nacht auf 0 bis 5 °C abgekühlt. Die höchste Patientenserum-Verdünnungsstufe, die noch hämagglutiniert, wird als Kälteagglutinintiter angegeben. Serumtiter bis 1:32 sind normal; klinische Bedeutung haben meist erst Titer ab 1:128. Erhöhte Serumtiter finden sich bei Viruspneumonie, seltener bei infektiöser Mononukleose, Hepatitis, Leberzirrhose, grippalen Infekten, Leukämien, Karzinomen, Morbus Waldenström und erworbenen hämolytischen Anämien. Sie führen klinisch oft zu einem der Raynaud-Krankheit ähnlichen Syndrom.

Kältehämolysine

Wie bei den Kälteagglutininen handelt es sich um Autoantikörper, die in Kälte an menschliche Erythrozyten gebunden werden und auch nach Wiedererwärmung auf Körpertemperatur haftenbleiben. Bei Komplementaktivierung während dieser Antigen-Antikörper-Reaktion kommt es im Anschluß an Unterkühlungen zu hämolytischen Krisen, wie z. B. bei der paroxysmalen Kältehämoglobinurie. Der Nachweis erfolgt im Donath-Landsteiner-Versuch.

Karzinoembryonales Antigen (CEA)

Normalwerte: Unter 3–5 ng/ml (S). Erhöhte Serumkonzentrationen werden bei einer Vielzahl von Neoplasien gefunden. Während bei Mamma-, Zervix-, Magen-, Pankreas-, Bronchial- und Prostatakarzinomen erhöhte CEA-Konzentrationen meist in fortgeschrittenen Tumorstadien und/oder nach erfolgter Fernmetastasierung auftreten, ist die Sensitivität bei kolorektalen Tumoren sehr hoch.

Die Domäne der CEA-Analytik liegt somit in der prä- und postoperativen Bestimmung bei intestinalen Tumoren. Hier korreliert die CEA-Konzentration gut mit der Gesamttumormasse, so daß bereits präoperativ Rückschlüsse auf das Ausmaß des malignen Prozesses möglich sind. Postoperative (nach 1–2

Wochen) CEA-Konzentrationen unter 3–5 ng/ml deuten auf eine kurative Operation hin. Ein ausbleibender CEA-Abfall oder ein postoperativer Anstieg sind Zeichen für okkulte Metastasen oder Rezidive.
Leberzirrhose, Lungenemphysem und Colitis ulcerosa sind z. B. Ursachen für erhöhte CEA-Konzentrationen bei nichtmalignen Erkrankungen. Raucher und ältere Menschen haben höhere individuelle Normwerte als gesunde, jüngere Nichtraucher.

Komplementbindungsreaktion (KBR)

Die KBR ist ein immunologisches Verfahren zum Antikörpernachweis bei Infektionskrankheiten. *Technik:* komplementfreies Patientenserum (30 Min. Erhitzen auf 56 °C), das auf Vorliegen eines bestimmten Antikörpers geprüft werden soll, wird mit dem nachzuweisenden Antigen (Antiserum) und einer definierten Menge an Komplement versetzt. Bei einer positiven Antigen-Antikörper-Reaktion wird das zugesetzte Komplement sofort unter Verbrauch an den gebildeten Immunkomplex gebunden. Als Indikatorreaktion verwendet man mit dem gesuchten Antikörper beladene Schaferythrozyten, die nun aufgrund des fehlenden Komplements nicht mehr hämolysieren, sondern sedimentieren. Fehlt der gesuchte Antikörper im Patientenserum, kommt es hingegen zur Lyse der Testerythrozyten, d. h., die Reaktion ist negativ. Die KBR findet Anwendung bei Verdacht auf Lues, Gonorrhö, Friedländer-Pneumonie, Pertussis, Listeriose, Aktinomykose, Tularämie, Leptospirosen, Q-Fieber, Flecktyphus, Viruserkrankungen, Toxoplasmose, Amöbenruhr, Trichinose, Histoplasmose sowie bei Wurminfektionen z. B. durch Echinokokkus.

Kreatinin

Normalwerte: < 100 µmol/l (1,2 mg/dl). Die Kreatininbestimmung im Serum ist die Basisuntersuchung auf Vorliegen einer Nierenfunktionsstörung. Da Kreatinin im Muskel durch Abbau von Kreatinphosphat entsteht, muß die Kreatinin-Serumkonzentration in Abhängigkeit von der Muskelmasse und dem Alter des Patienten bewertet werden. Bei muskelarmen kachektischen Patienten kann z. B. schon bei normalen Serumwerten eine klinisch bedeutsame Nierenfunktionseinschränkung vorliegen. Als Bestandteil der Rest-N-Substanzen ist Kreatinin bei Niereninsuffizienz erhöht. Erst eine auf ca. 50 % der Norm verminderte glomeruläre Filtrationsrate (GFR) wird durch einen Kreatininanstieg im Serum erfaßt. Da Kreatinin bei normalen oder nur leicht erhöhten Serumkonzentrationen fast vollständig glomerulär filtriert wird, dient es zur Bestimmung des Glomerulusfiltrats (endogene Kreatininclearance s. Funktionsproben, Niere, S. 560).

Kreatinkinase (***CK;*** 2.7.3.2)

Normalwerte: < 70 U/l (NAC-aktiviert) (S). Das Enzym kommt in hoher Konzentration in der Herz-, Skelettmuskulatur und im Gehirn vor. Die Blut-Liquor-Schranke verhindert jedoch grundsätzlich einen Übertritt der ZNS-CK in die Blutzirkulation. Die Bestimmung der CK dient fast ausschließlich zur Diagnostik und Verlaufskontrolle des Herzinfarktes. Die Aktivität steigt 4–8 Stunden nach einem Infarkt an, erreicht nach ca. 24 Stunden einen Maximalwert und sinkt innerhalb von 6 Tagen wieder auf normale Serumaktivitäten ab. Bei Muskelerkrankungen, Operationen, Hypothyreose und schwerer körperlicher Arbeit ist die Aktivität der CK ebenfalls häufig erhöht. Eine intramuskuläre Injektion kann die CK-Aktivität bereits bis zum 6fachen der Norm ansteigen lassen.

Formen der Kreatinkinase: Die CK kommt im Organismus in Form von drei Isoenyzmen vor, die aus zwei Untereinheiten (M und B) bestehen, welche sich zu drei Dimeren (MM, BB und MB) kombinieren. Die CK MM bildet über 95% der Kreatinkinaseaktivität der quergestreiften Muskulatur (CK MB <5%), während die CK BB nahezu ausschließlich im Gehirn lokalisiert ist. Im Herzmuskel hat die CK MB einen Anteil von 40% an der Gesamt-CK-Aktivität (CK MM ca. 60%). Im Normalserum findet sich unter physiologischen Bedingungen fast nur CK MM. Beim Herzinfarkt kommt es im Serum zu einem Anstieg des CK-MB-Isoenzymanteils, dessen B-Aktivität sich spezifisch nach immunologischer Hemmung der M-Komponenten erfassen läßt. Ein CK-MB-Anteil von mehr als 6% der Gesamtaktivität ist nahezu beweisend für einen Herzinfarkt (95% der Patienten), selten bei Lungenembolie. Der Wert ist diagnostisch jedoch nur verwertbar, wenn bei einer Gesamtaktivität der CK >160 U/l der MB-Anteil über 10 U/l liegt.

Kreuzprobe

Obligatorische Probe der Verträglichkeit zwischen Spender- und Empfängerblut vor Transfusionen. Majortest: Empfängerserum gegen Spendererythrozyten. Minortest:

Spenderserum gegen Empfängererythrozyten. Neben dem letzten Ausschluß einer Blutgruppen- bzw. Konservenverwechslung vor der Transfusion dient die Kreuzprobe vor allem der Erfassung irregulärer Antikörper. Da das Serum von Blutspendern routinemäßig auf Abwesenheit irregulärer Antikörper getestet wird, kann der Minortest bei der Kreuzprobe entfallen. Der Majortest wird in der Regel als Dreiphasen-Röhrchentest ausgeführt. *Technik:* Es werden zwei Tropfen Empfängerserum mit einem Tropfen 2–5%iger Spendererythrozytensuspension versetzt und im Röhrchen 1–2 Min. bei 1000 UpM zentrifugiert. Anschließend wird das Sediment vorsichtig aufgeschüttelt und über einer beleuchteten Milchglasscheibe (Rhesusschaukel) abgelesen. Läßt sich das Erythrozytensediment nicht homogen verteilen, sondern bleiben mehr oder minder starke Erythrozytenagglutinate zurück, so enthält das Serum des Empfängers Antikörper gegen antigene Erythrozyteneigenschaften des Spenderbluts. Diese Beurteilung ist allerdings nur dann zutreffend, wenn eine mitgeführte Eigenkontrolle (Empfängerserum gegen Empfängererythrozyten) negativ ausfällt. In der ersten Phase wird nach 5minütiger Inkubation bei Raumtemperatur abgelesen. In dieser Phase werden vorwiegend komplette Antikörper, in erster Linie die AB0-Agglutinine, erfaßt. Nach Zusatz von 3 Tropfen 22%igen Rinderalbumins wird in der 2. Phase der gleiche Ansatz 45 Min. bei 37 °C im Wasserbad inkubiert, anschließend wiederum zentrifugiert und abgelesen. Bei der 2. Ablesung werden bereits etwa 80% aller irregulären Antikörper erfaßt. In der 3. Phase erfolgt eine dreifache Waschung der Erythrozyten mit physiologischer NaCl-Lösung. Anschließend werden 2 Tropfen käuflichen Antihumanglobulinserums zugesetzt (indirekter Coombs-Test). Nach erneuter Zentrifugation und Ablesung ist die letzte Phase der Verträglichkeitsprobe abgeschlossen. Mit dem vollständigen Dreiphasentest werden in der Kreuzprobe neben den AB0-Agglutininen über 95% aller irregulären Antikörper erfaßt.

Kupfer

Normalwerte: 11–24 µmol/l (70–150 µg/dl) (S). Serumkupfer ist zu 94% an Coeruloplasmin gebunden. Erhöhte Kupferspiegel sind bei Östrogeneinnahme und im letzten Trimenon der Schwangerschaft physiologisch; unspezifisch erhöhte Werte findet man bei akuten und chronischen Infektionen, zahlreichen Tumoren und Leberschädigung mit Cholestase. Erniedrigte Kupferspiegel z. B. bei Morbus Wilson, intestinaler Malabsorption und nephrotischem Syndrom (Coeruloplasminverlust).

***Lactadehydrogenase* (*LDH;* 1.1.1.27)**

Normalwerte (opt. Methode): 120–240 U/l (P). Die zytoplasmatische LDH findet sich ubiquitär; sehr hohe Aktivitäten lassen sich in Leber, Herz- und Skelettmuskulatur, Erythrozyten und Thrombozyten nachweisen. Hämolyse bei der Blutentnahme täuscht stark erhöhte LDH-Aktivitäten im Plasma vor, da die eryhtrozytäre LDH-Konzentration 360fach gegenüber dem Plasma erhöht ist. Hohe Serumaktivitäten deuten vor allem auf Leberschaden, Herzinfarkt, Muskelerkrankungen oder hämolytische Anämien hin. Es sind fünf Isoenzyme differenzierbar, von denen LDH 1 und LDH 2 neben der Reaktion von Pyruvat zu Lactat auch die Umsetzung von α-Oxobutyrat zu α-Hydroxybutyrat katalysieren. Beide Isoenzmye werden zusammen als α-Hydroxybutyratdehydrogenase (α-HBDH) bezeichnet und sind gemeinsam bestimmbar. Normalwerte: 60–140 U/l. Da vorwiegend aus Herzmuskel und Erythrozyten hohe Aktivitäten an α-HBDH zu erfassen sind, ist ihre Serumbestimmung bei Infarkten und hämolytischen Anämien – im Vergleich zur Gesamt-LDH – von differentialdiagnostischer Bedeutung.

Latextest

Immunologische Nachweismethode von Antikörpern bzw. Antigenen im Patientenserum. Prinzip: Sichtbarmachung einer Antigen-Antikörper-Reaktion durch Agglutination von antigen- bzw. antikörperbeladenen Latexpartikeln mit Patientenserum. Üblicherweise dient das Verfahren zur Bestimmung von sog. Rheumafaktoren, die sich mit IgG-beladenen Latexpartikeln agglutinieren. In 60–80% der Fälle von rheumatoider Arthritis (primär-chronische Polyarthritis = PCP) findet sich ein positiver Latextest (seropositive PCP). Die Bestimmung ist sowohl als schnell durchführbarer Objektträgertest als auch als empfindlicherer Röhrchentest durchführbar. Bei Agglutination kann durch Verdünnung die Titerhöhe bestimmt werden. Die vom Testhersteller angegebenen Ablesezeiten sind zu beachten; bei der Objektträgermethode kommt es bei Austrocknung zur unspezifischen Agglutination. Unspezifisch positive Ergebnisse werden bei zahlreichen Erkrankungen vor allem bei systemischen Autoimmunerkrankungen, beobachtet. Außer den Rheumafaktoren sind weitere Proteine (z. B. C-reaktives Protein) mit ähnlicher Methodik nachweisbar.

Leucinaminopeptidase (LAP)
s. Leucinarylamidase

Leucinarylamidase (***LAP;*** 3.4.1.1)
Normalwerte (opt. Methode): 15–35 U/l (S, P). Die LAP zählt zu den Peptidasen. Sie spaltet Aminosäuren sukzessive vom N-terminalen Peptidende her ab. Das in zahlreichen Organen vorhandene Enzym liegt in den Gallenwegsepithelien in besonders hoher Konzentration vor. Stark erhöhte LAP-Aktivitäten werden vornehmlich bei Cholestase und Leberzirrhose gefunden. Differentialdiagnostische Bedeutung kommt der LAP-Bestimmung bei erhöhter Aktivität der alkalischen Phosphatase (AP) zu. Ein normaler Serumwert der LAP bei stark erhöhter AP deutet eher auf eine Osteopathie hin, während bei gleichzeitiger Erhöhung beider Enzyme eine intra- oder extrahepatische Cholestase vermutet werden kann. Im Verlauf einer Schwangerschaft steigt die LAP physiologischerweise bis zum 5fachen der Norm an.

Leukozytenzählung s. Blutzellzählung

LE-Zellen-Test
Bei dem LE-Zell-Phänomen handelt es sich um auf das 2- bis 3fache der Norm vergrößerte neutrophile Granulozyten, die in ihrem Protoplasma Reste eines phagozytierten Zellkernes enthalten, der sich zuvor durch Nukleolyse unter Verlust der Chromatinstruktur amorph umgebildet hatte. Als Pseudo-LE-Zellen bezeichnet man hingegen Granulozyten, die phagozytierte Zellkernanteile mit noch erhaltener Chromatinstruktur aufweisen. Vorkommen des echten LE-Zell-Phänomens besonders häufig beim Lupus erythematodes visceralis (80%), bei primär-chronischer Polyarthritis (10%), anderen Kollagenosen und auch unspezifisch, besonders bei älteren Menschen. Technik: Venenblut wird zur völligen Defibrinierung mit Glasperlen für 2 Stunden bei 37 °C unter Schütteln inkubiert und dann bei 1500 UpM kurz zentrifugiert. Das Serum wird abpipettiert, und aus der Leukozytenschicht der Zellsäule werden Ausstrichpräparate nach Pappenheim angefertigt. Es müssen mehrere hundert Zellen beurteilt werden. Je nach Intensität der Erkrankung (LE) werden bis zu 10% LE-Zellen gefunden.
Das LE-Zell-Phänomen beruht auf dem Vorhandensein von Antikörpern gegen körpereigene Zellkerne (antinukleäre Antikörper ANA bzw. antinukleäre Faktoren ANF), die beim Lupus erythematodes vorwiegend Anti-DNA-Spezifität haben. Technisch einfacher ist der Nachweis der Zellkernantikörper, z. B. mittels indirekter Immunfluoreszenz unter Verwendung käuflicher Testkits. Gleichfalls gibt es einen einfach durchführbaren LE-Latexschnelltest, der jedoch unspezifischer ist.

Lipase
Sammelbegriff unterschiedlicher Esterhydrolasen. Diagnostische Bedeutung besitzt vor allem die organspezifische Pankreaslipase. Die Normwerte schwanken je nach verwendeter Bestimmungsmethode. Pankreasläsionen bei akuter, akut rezidivierender und chronisch rezidivierender Pankreatitis führen zu einem deutlich meßbaren Serumanstieg der Pankreaslipase innerhalb weniger Stunden nach Einsetzen der Schmerzsymptomatik. Im Gegensatz zur α-Amylase (s. d.) zeigt die Pankreaslipase meist keinen konsekutiven Aktivitätsanstieg bei gastrointestinalen Erkrankungen wie z. B. Cholezystitis, Cholangitis, Cholelithiasis, Appendizitis und Ulcus duodeni. Erhöhte Serumaktivitäten der Pankreaslipase normalisieren sich z. B. nach akuter Pankreatitis erst nach 5–20 Tagen, während Erhöhungen der α-Amylase dann höchstens noch im Urin nachzuweisen sind. Bei chronischer Pankreatitis mit exokrinsekretorischer Insuffizienz sind keine Lipaseanstiege mehr zu erwarten.

Lipoproteine
Als Lipoproteine bezeichnet man die Transportformen der Lipide im Plasma. Bestehend aus Triglyceriden, Cholesterin und Phospholipiden, bilden sie zusammen mit einer Proteinkomponente (Apoproteine) komplex zusammengesetzte Partikel mizellaren Aufbaus. Die relativen Massenverhältnisse der Komponenten zueinander können erheblich variieren. Zudem bestehen qualitative Unterschiede hinsichtlich des Proteinanteils. Hierdurch ergeben sich zwischen den Lipoproteinen Unterschiede bezüglich ihres physikochemischen und biologischen Verhaltens. So hat z. B. die Trennung der Lipoproteine nach ihrer Dichte zu einer gebräuchli-

chen Nomenklatur geführt. Die Lipoproteine werden danach unterteilt in Very-low-density-Lipoproteine (VLDL, d< 1,006 g/ml), Low-density-Lipoproteine (LDL, d 1,006 bis 1,063 g/ml) und High-density-Lipoproteine (HDL, d 1,063–1,21 g/ml). Die gleiche Bedeutung wie diese Nomenklatur für praktische Belange hat die Differenzierung nach elektrophoretischer Mobilität (s. Lipoproteinelektrophorese), wobei α-Lipoproteine mit HDL, Prä-β-Lipoproteine mit VLDL und β-Lipoproteine mit LDL gleichgesetzt werden können. Zur klinischen Beurteilung des Fettstoffwechsels wird heute einer differenzierten Lipid- und Lipoproteinanalytik gegenüber einer alleinigen Quantifizierung von Cholesterin und Triglyceriden im Plasma der Vorzug gegeben. Bestimmten primären oder sekundär induzierten Normabweichungen vom Lipoproteinmuster (Hyper-, Hypolipoproteinämie und Dyslipoproteinämie) kommt klinische Bedeutung vor allem als Risikofaktor der Koronarsklerose zu.

Lipoproteinelektrophorese (quantitativ)

Normalwerte: β-Cholesterin < 4,7 mmol/l = 180 mg/dl (Grenzbereich 3,6–4,7 mmol/l = 140–180 mg/dl); Prä-β-Cholesterin < 1,0 mmol/l = 40 mg/dl (Grenzbereich: 0,8–1,0 mmol/l = 30–40 mg/dl); α-Cholesterin bei Frauen: 1,2–1,7 mmol/l = 45–65 mg/dl, bei Männern: 0,9–1,5 mmol/l = 35–55 mg/dl (S). Die angegebenen Normwerte sind als Richtwerte hinsichtlich einer Beurteilung des individuellen Koronarrisikos zu verstehen. Für grenzwertige β-Cholesterin-Konzentrationen bei gleichzeitigem β/α-Massenquotienten > 1,6 bzw. einem β/α-Cholesterinverhältnis > 4 (relative Hyperbetalipoproteinämie) muß gleichfalls von einem erhöhten Koronarrisiko ausgegangen werden.

Technik: Auftrennung der Lipoproteine aufgrund ihrer unterschiedlichen Wanderungsgeschwindigkeit in der Agarosegel-Elektrophorese. Lipoproteinfraktionen nach abnehmender Wanderungsgeschwindigkeit: α-, Prä-β-, β-Cholesterin und Chylomikronen. Die üblicherweise nur postprandial im Serum auftretenden Chylomikronen zeigen keine elektrophoretische Mobilität und verbleiben in der Agarosegel-Elektrophorese an der Auftragungsstelle. Somit ist eine Analytik der verbleibenden Lipoproteinfraktionen auch an postprandial gewonnenen Seren möglich. Die Sichtbarmachung der elektrophoretischen Banden erfolgt durch Polyanionen-Präzipitation, wobei im Gegensatz zur früher üblichen Lipoproteinanfärbung eine Quantifizierung der Lipoproteinfraktionen mittels Densitometrie ermöglicht wird. Zur routinemäßigen Quantifizierung der Lipoproteinfraktionen ist ein Testsystem kommerziell erhältlich (Immuno, Heidelberg). Indikationen zur quantitativen Lipoproteinelektrophorese: Serumcholesterinkonzentrationen > 5,7 mmol/l (220 mg/dl); Hypertriglyzeridämie > 2,8 mmol/l (250 mg/dl).

Lipoprotein-X (LP-X)

Abnormes Lipoprotein im Plasma, das ausschließlich bei intra- und extraheptischer Cholestase (Verschlußikterus) gefunden wird, auch wenn sich diese noch im subklinischen Stadium befindet. LP-X zeichnet sich gegenüber allen anderen bekannten Lipoproteinen durch kathodische Wanderung in der Agarosegel-Elektrophorese aus und kann auf diesem Wege leicht mit Hilfe einer Polyanionenpräzipitationstechnik nachgewiesen werden (s. Lipoproteinelektrophorese). Zur Differentialdiagnose der Cholestase gegenüber anderen hyperbilirubinämischen Erkrankungen ist das LP-X ein eindeutiger und sicherer Parameter, dessen Aussagekraft die bisher üblichen Enzymtests übersteigt.

Lymphozytendifferenzierung

Die Untersuchung erfolgt mit EDTA-Blut zur Überprüfung der zellulären Immunreaktion bei Verdacht auf primäre oder sekundäre Defektimmunopathien. Differenziert wird z. B. in T- und B-Zellen (Richtwerte: T-Zellen 70–81%, B-Zellen 8–15%) und in T-Zell-Subpopulationen (Richtwerte: T4-Zellen 55–65%, T8-Zellen 25–40%). Den T4-Zellen werden Helferzelleigenschaften, den T8-Zellen Suppressoreigenschaften zugeschrieben. Das T4/T8-Verhältnis der peripheren Lymphozyten liegt bei Normalpersonen bei ca. 2:1. Als pathologisch wird ein T4/T8-Quotient < 1,2 erachtet.

Magnesium

Normalwerte: 0,78–1,03 mmol/l (1,9–2,5 mg/dl) (S). Eine Hypermagnesiämie findet sich selten bei akutem oder chronischem Nierenversagen. Das klinische Bild einer Hypomagnesiämie ähnelt in vielem dem der Hypokalzämie mit neuromuskulärer Übererregbarkeit (Tremor, Tetanie) und kardialen Beschwerden (Tachykardie, Arrhythmie). Vorkommen z. B. unter längerer Diurese, bei chronischem Alkoholismus und assoziiert mit Hypokalzämie.

Natrium
Normalwerte: 135–145 mmol/l (S, P). Hyponatriämie findet man z. B. bei Dehydratation mit überwiegendem Salzverlust (schweres Erbrechen, Diarrhö, Gastrointestinalfistel, tubuläre Schädigung mit verminderter Na-Rückresorption); bei Hyperhydratation (Herzinsuffizienz, Leberzirrhose, Ödeme, inadäquate ADH-Sekretion). Hypernatriämie kommt z. B. vor bei Hämokonzentration (ungenügende Zufuhr von freiem Wasser, dekompensierter Diabetes mellitus, Diabetes insipidus) und bei Hypervolämie (z. B. Conn-Syndrom).

Nelson-Test s. Treponema-pallidum-Hämagglutinationstest (TPHA-Test)

Partielle Thromboplastinzeit (PTT)
Normalwerte: 35–45 s (Citratplasma). Man mißt die Zeit bis zum Eintritt der Gerinnung nach Zugabe von partiellen Thromboplastinen (Phospholipide) und Calciumionen zum Plasma. Eine verlängerte PTT deutet häufig auf einen Mangel an Vorphasenfaktoren (Faktoren VIII, IX, XI und XII) hin. Lediglich ein Mangel an Faktor VII und/oder XIII wird nicht miterfaßt. Zur Kontrolle einer Heparintherapie eignet sich die PTT-Bestimmung besonders gut, da sie sich linear mit steigender Heparinkonzentration (0,2–1,0 E Heparin/ml) im Plasma verlängert. Eine verkürzte PTT tritt bei vermehrter Gerinnungsneigung (Hyperkoagulabilität) auf.

Phosphat (anorganisch)
Normalwerte: 0,8–1,5 mmol/l (2,5–4,5 mg/dl) (S, P). Kinder zeigen in Abhängigkeit vom Knochenwachstum höhere Werte (bis 2,3 mmol/l = 7,1 mg/dl). Hämolyse und Stehenlassen der Serumprobe bei Raumtemperatur (>6 Stunden) führen zu fälschlich hohen Phosphatkonzentrationen. Eine Beurteilung des Serumphosphats ist vor allem in Bezug zur Calciumkonzentration sinnvoll. Hyperphosphatämie findet sich z. B. bei Niereninsuffizienz, Hypo- und Pseudohypoparathyreoidismus und Morbus Paget. Eine Hypophosphatämie kann auf Osteomalazie und Rachitis, Hyperparathyreoidismus, intestinale Malabsorption u. a. m. hinweisen.

Quick-Test (Thromboplastinzeit, Prothrombinzeit)
Normalwerte: 70–125%. Man bestimmt die Rekalzifizierungszeit von Citratplasma nach Zugabe von Gewebsthromboplastin und Calcium. Über das Extrinsic-System aus Prothrombin gebildetes Thrombin wandelt dabei Fibrinogen in Fibrin um. *Technik:* 0,1 ml Citratplasma (1 Teil 3,8%iges Natriumcitrat, 9 Teile Blut) werden in einem Reaktionsgefäß bei 37 °C mit 0,1 ml Thromboplastinlösung versetzt, durchmischt und für 20 s inkubiert. Dann fügt man 0,1 ml 0,025 m $CaCl_2$-Lösung hinzu und mißt mit der Stoppuhr die Zeit bis zum Eintritt der Gerinnung (faßbare Fibrinbildung). Dies kann durch Eintauchen einer Plastiköse oder bei Verwendung von automatisierten Koagulometern nach unterschiedlichster Methodik erfolgen. Anhand einer Bezugskurve aus unterschiedlich verdünntem Normalplasma (gepooltes Plasma) werden die Werte der Prothrombinzeit in Prozent der Norm angegeben, welches dem sog. Quick-Wert entspricht. Ein erniedrigter Quick-Wert spricht in erster Linie für eine isolierte oder kombinierte Verminderung der Faktoren Prothrombin (Faktor II), Faktor VII und Faktor X. Untergeordnet können Hypofibrinogenämie, Faktor-V-Mangel oder eine Vermehrung von Hemmfaktoren eine Rolle spielen. Bei Leberzellschädigung oder Vitamin-K-Mangel sind die Quick-Werte gleichfalls erniedrigt. Die Untersuchung sollte an möglichst frischem Plasma durchgeführt werden. Große Bedeutung besitzt der Quick-Wert bei der Kontrolle einer gerinnungshemmenden Behandlung mit Antikoagulantien vom Dicumaroltyp. Die Patienten sollten optimalerweise auf Quick-Werte zwischen 15 und 25% eingestellt sein. Quick-Werte unter 10% zeigen immer eine spontane Blutungsgefährdung an; Quick-Werte über 30% sind therapeutisch sinnlos.

Rekalzifizierungszeit
Normalwerte: 80–30 s (Citratplasma). Globaltest zur Diagnose von Gerinnungsstörungen, indem man die Zeit bis zur Fibrinbildung nach Zugabe von Calciumionen zum Plasma mißt. Eine pathologisch verlängerte Rekalzifizierungszeit kann Ausdruck jeglicher Gerinnungsfaktorenverminderung – ausschließlich Faktor XIII – sein. Anwesenheit von Heparin führt konzentrationsabhängig gleichfalls zu einer verlängerten Rekalzifizierungszeit.

Retikulozyten s. Blutzellzählung

Rheumafaktoren s. Latextest

Saure Phosphatase (SP; 3.1.3.2)
Normalwerte: Gesamt-SP <11 U/l (S, P); Prostata-SP (PAP) <3,7 U/l (S, P). Die Gesamt-SP ist ein Gemisch von 5 Isoenzymen mit vorwiegender Lokalisation in Prostata, Leber, Knochen, Niere, Milz, Erythrozyten und Thrombozyten (cave: Hämolyse bei der Blutentnahme). Die Prostata-SP ist durch Tartrat hemmbar. Ihre Aktivität läßt sich daher aus der Differenz von Gesamtaktivität zu nicht mit Tartrat gehemmter Restaktivität ermitteln. Die Prostata-SP läßt sich auch spezifisch mit immunchemischen Verfahren nachweisen. Die Normalwerte sind methoden- und reagentienabhängig. Eine erhöhte Aktivität der Gesamt-SP und der Prostata-SP findet sich häufig bei penetrierendem Prostatakarzinom und dessen Metastasierung (cave: auch bei Prostatamassage). Zu einer Erhöhung der Gesamt-SP bei normaler Prostata-SP können akute myeloische Leukämie, akuter Thrombozytenzerfall, Knochenerkrankungen und Morbus Gaucher führen.

Serumeiweiß-Elektrophorese
Normalwerte in rel. % (g/dl): Albumin 55–70% (4,0±0,4 g/dl), α_1-Globuline 1,4–4,5% (0,3±0,11 g/dl), α_2-Globuline 5,0–10,0% (0,6±0,15 g/dl), β-Globuline 8,5–13,0% (0,76±0,2 g/dl), γ-Globuline 13,5–22% (1,24±0,32 g/dl). Die Werte sind je nach Labor, d. h. Handhabung der Elektrophoresemethode und Färbung, etwas verschieden. Zur Durchführung benötigt man 0,1 ml natives, frisches Serum. Fibrinogen im Plasma kann zur Bildung eines Extragradienten im β-Globulin-Bereich führen. Man versteht unter einer Serumeiweiß-Elektrophorese die Auftrennung der Serumproteine aufgrund ihrer unterschiedlichen Wanderungsgeschwindigkeit im elektrischen Feld. Im alkalischen Milieu wandern die Proteine anodenwärts. Albumin hat die größte, γ-Globulin die geringste Wanderungsgeschwindigkeit. Die Serumproteine werden somit in eine Albumin-, α_1-, α_2-, β- und γ-Globulin-Fraktion aufgetrennt. Die elektrophoretische Auftrennung erfolgt zumeist auf Celluloseacetatfolie. Anschließend werden die Proteinfraktionen gefärbt (z. B. Amidoschwarz, Ponceaurot S) und z. B. photometrisch über eine Extinktionsortskurve quantifiziert. Die integrierte Fläche unter dieser Kurve präsentiert – in gewissen Grenzen – die Proteinkonzentrationen der einzelnen Fraktionen.

Normale Serumeiweißverhältnisse bezeichnet man als Euproteinämie. Krankhafte oder von der Norm abweichende Befunde werden unter dem Begriff Pathoproteinämie zusammengefaßt. Man unterscheidet:

- Defektproteine, d. h. völliges oder fast völliges Fehlen einer elektrophoretischen Fraktion, z. B. Analbuminämie, Agammaglobulinämie usw.
- Erbliche Anomalien einer elektrophoretischen Fraktion, z. B. Bisalbuminämie.
- Paraproteinämien, mit vom gewöhnlichen Proteinverteilungsmuster abweichenden Proteingipfeln (Extragradient). Monoklonale Gammopathien verursachen meist schmalbasige, hohe, spitze Gradienten im γ-Globulin-Bereich, z. B. Myelom, Makroglobulinämie Waldenström.
- Bei Dysproteinämien handelt es sich um eine Verschiebung der relativen Mengenanteile der einzelnen Proteinfraktionen zueinander im Elektropherogramm. Dysproteinämien machen mehr als 99% aller Pathoproteinämien aus.

Die Form der Dysproteinämie (Konstellationstyp) besitzt für sich allein keine spezifische Signifikanz. Ein und dieselbe Krankheit bzw. Krankheitsgruppe kann ganz verschiedene Formen und Grade einer Dysproteinämie aufweisen. Trotzdem gehen einige Erkrankungen in großer Regelmäßigkeit mit dem typischen Muster einer Dysproteinämie einher. Auch zur Verlaufsbeurteilung der Aktivität einer Erkrankung besitzt die Serumeiweiß-Elektrophorese große diagnostische Bedeutung. Bei akuten Entzündungsreaktionen sind aufgrund der Akute-Phase-Proteine die α_1- und α_2-Globulin-Fraktionen häufig erhöht. Spätstadien akuter Entzündungen und chronisch entzündliche Prozesse imponieren oft durch γ-Globulin-Vermehrung mit kompensatorischer Albuminverminderung, wodurch die Gesamteiweißkonzentration im Normalbereich gehalten wird. Bei der Leberzirrhose fällt ein breitbasiger, ausgeprägter γ-Globulin-Gipfel auf; die Albuminabnahme korreliert mit der Verminderung an Parenchymgewebe. Für das nephrotische Syndrom ist eine Hypoproteinämie mit verminderter Albumin- und γ-Globulin-Fraktion bei erhöhten α-Globulinen charakteristisch.

Serumferritin
Die Normwerte für Serumferritin weisen eine große interindividuelle Spannweite auf. In

Abhängigkeit von der Meßmethode (RIA, ELISA) können folgende Serumkonzentrationen als Normbereich gelten: Frauen: 15–210 ng/ml, Männer 20–280 ng/ml. Der intrazelluläre Ferritinpool enthält ungefähr 20% des Körpereisens gespeichert. Das im Serum zirkulierende Ferritin korreliert direkt und quantitativ mit dem vornehmlich im RES gespeicherten Reserveeisen, so daß die Konzentration des Serumferritins als Füllungsgrad für den Eisenspeicher des Organismus gilt.
Hauptindikation zur Serumferritinbestimmung sind Diagnose und Differentialdiagnose von Eisenmangelzuständen und der Verdacht auf Eisenüberladung (z. B. Hämochromatose). Serumferritinkonzentrationen im unteren Normbereich signalisieren z. b. einen prälatenten Eisenmangel, während die Serumeisenkonzentration und die Transferrin-Eisen-Sättigung noch unauffällig sein können. Die simultane Bestimmung von Serumeisen, Serumferritin und %Transferrinsättigung ist auch das labordiagnostisch geeignetste Vorgehen bei Verdacht auf Hämochromatose.
Bei Infektionskrankheiten, Malignomen und hepatozellulärer Nekrose werden fälschlich hohe Serumferritinkonzentrationen gemessen, die nicht mit dem intrazellulären Ferritinpool korrelieren.

Sichelzellen

Unter Sauerstoffmangel verformen sich HbS-haltige Erythrozyten typischerweise zu kommaförmigen Zellen, die als diagnostisches Merkmal der Sichelzellanämie gelten. Besonders bei heterozygot Erkrankten läßt sich das Sichelphänomen sicherer nach reduktivem O_2-Entzug nachweisen. *Technik:* Auf einem Objektträger mischt man 1 Tropfen Patientenblut mit 2 Tropfen 2%iger Natriumdithionit-Lösung und bedeckt das Ganze dann mit einem Deckgläschen. Die Ränder des Deckgläschens verschließt man möglichst luftdicht (z. B. Wachs, Vaseline, Parafilm) und beurteilt das Ausstrichpräparat nach kurzer Inkubation auf 37 °C.

Standardbicarbonat

Normalwerte: 23–27 mmol/l (heparinisiertes Kapillarblut). Man versteht darunter die Bicarbonatkonzentration im Plasma bei Vollsättigung des Hämoglobins mit Sauerstoff bei 37 °C unter einem CO_2-Druck von 40 mmHg. Die Bestimmung erfolgt meist rechnerisch aus gemessenem pH-Wert und P_{CO_2} nach Äquilibrierung der Probe mit zwei Gasen von bekannter P_{CO_2}-Konzentration. Das Standardbicarbonat gibt als Parameter des Säure-Basen-Haushalts die basische Bindungskapazität (Alkalireserve) des Blutes wieder. Vermehrt z. B. infolge respiratorischer Azidose oder metabolischer Alkalose; vermindert bei respiratorischer Alkalose oder metabolischer Azidose.

Thrombelastographie (TEG)

Normalwerte: r-Zeit: 8–12 Min., k-Zeit: < 5 Min.; m_ε 90–150 (Nativblut). Spezialmethode zur Diagnose und Interpretation von Blutgerinnungsstörungen aufgrund verminderter Gerinnungsfaktoren, Antikoagulantiengabe oder von Thrombopenien bzw. Thrombopathien. Durch fortlaufende Aufzeichnung des Gerinnungsablaufes einschließlich der Fibrinretraktion und der Fibrinolyse lassen sich folgende Stadien beurteilen:

- die Zeit bis zur Bildung erster Fibrinfäden (Gerinnungs- oder Reaktionszeit r),
- die Zeit bis zur Thrombusausbildung (Fibrinbildungszeit k),
- die Thrombuselastizität (m_ε),
- die Zeit bis zum Beginn der Lyse sowie das Ausmaß der Fibrinolyse.

Die Untersuchung mit Vollblut muß sofort nach der Blutentnahme erfolgen. Bei Verwendung von Citratblut muß rekalzifiziert werden.

Thrombinzeit (TZ)

Normalwerte: 16–20 s (Citratplasma). Man mißt die Zeit bis zum Eintritt der Gerinnung nach Zugabe einer standardisierten Thrombinlösung. Es wird vor allem der Einfluß gerinnungshemmender Substanzen wie z. B. Heparin, Fibrinogenspaltprodukte (FSP) oder eine ausgeprägte Hypofibrinogenämie durch eine konzentrationsabhängige Verlängerung der TZ erfaßt.

Thromboplastinzeit s. Quick-Test

Thrombozyten s. Blutzellzählung

TPA (tissue polypeptide antigen)

TPA zählt zu den onkofetalen Antigenen und ist Bestandteil von Zellmembranen. Es gilt aufgrund seiner geringen Tumor- und Lokalisationsspezifität als universelles tumorassoziiertes Antigen. Besonders proliferierende Malignome wie z. B. Mammakarzinome,

Bronchialkarzinome, gynäkologische Tumore, Kolon- und Urogenitalkarzinome zeigen erhöhte Serumkonzentrationen (RIA >100 U/l). TPA reagiert sensibel auf eine Proliferationshemmung unter zytostatischer Therapie und wird deshalb speziell zur Tumornachsorge in Hinsicht auf eine evtl. verbliebene Tumorrestaktivität oder Rezidivierung eingesetzt. Bedingt durch den Proliferationsantigencharakter (evtl. Abbauprodukt aus epithelialen Zytoskelettstrukturen), findet man erhöhte TPA-Serumkonzentrationen auch bei vielen Wundheilungsprozessen, Infektionen und einigen Lebererkrankungen.

Transaminasen s. GOT und GPT, S. 528

Treponema-pallidum-Hämagglutinationstest (TPHA-Test)

Als Suchtest hoher Spezifität und Sensitivität auf treponemenspezifische Antikörper wird heute weitgehend der TPHA-Test eingesetzt. Er beruht auf der Agglutination tierischer Erythrozyten, an die zuvor Treponemen-Fragmente absorbiert werden, durch Antitreponemen-Antikörper im Patientenserum. Bei positivem Testausfall muß im Speziallabor eine weitergehende Syphilisdiagnostik erfolgen.

Tumormarker

Als Tumormarker bezeichnet man Indikatorsubstanzen, deren Konzentration im Idealfall mit dem Auftreten und der Ausdehnung maligner Prozesse korreliert. Sie werden entweder direkt von der Tumorzelle produziert oder entstehen durch unmittelbare Beeinflussung aus anderen Zellen. Zu den tumorassoziierten Laborparametern zählen: Plasmaproteine, Enzyme, Hormone, Spurenelemente, schwangerschaftsassoziierte Proteine, onkofetale Antigene und Zellabbauprodukte. Als klinisch etablierte Tumormarker im engeren Sinne gelten heute, aufgelistet nach ihrer Tumororganzugehörigkeit:

HNO-Bereich: SCC.
Schilddrüse: Calcitonin (HCT), Thyreoglobulin (TG).
Lunge: CEA, NSE, SCC, TPA.
Ösophagus: SCC, CEA.
Mamma: CEA, CA 15-3, MCA.
Magen/Pankreas: CEA, CA 19-9, CA 50.
Leber: AFP.
Dickdarm: CEA, CA 19-9, CA 50.
Blase/Harnwege: TPA.
Ovar: CA 125, AFP, HCG.
Zervix: SCC.
Prostata: PSA, PAP.
Hoden: AFP, HCG.

Die ursprünglichen Erwartungen in die Tumormarker hinsichtlich einer Krebsfrüherkennung (Massenscreening) konnten bis jetzt im wesentlichen nicht erfüllt werden. Das Haupteinsatzgebiet liegt vielmehr in der postoperativen Kontrolle der Früherkennung von Rezidiven und etwaiger Metastasierungsprozesse. Zur Erhöhung von Sensitivität und Spezifität einzelner Tumormarker werden oft Simultanbestimmungen unterschiedlicher Marker durchgeführt. Bei allen bisher bekannten Tumormarkern kommen sowohl falsch negative als auch falsch positive Befunde vor.

Zink

Normalwerte: 9–15 mmol/l (60–100 µg/dl) (S, P). Klinisch relevant sind vor allem langanhaltende Zustände von Hypozinkämie unter parenteraler Ernährung. Frühsymptom von Zinkmangelzuständen sind oft therapieresistente Durchfälle. Auch postoperative Wundheilungsstörungen, Haut- und Schleimhautveränderungen, Haarausfall und ZNS-Beeinflussungen sind möglich. Die Acrodermatitis enteropathica ist eine autosomal rezessiv erbliche Zinkmangelerkrankung. Bei allen Zinkmangelzuständen erfolgt die Therapie durch Zinksubstitution.

Fäzes

Allgemeines

Die tägliche Stuhlmenge beträgt normalerweise weniger als 300 g. Mengen von über 300 g/Tag sprechen für eine Malassimilation. Die Konsistenz ist normalerweise fest und geformt (abhängig vom Wassergehalt), bei spastischer Obstipation gelegentlich schafkotförmig. Fettstuhl ist massig und tonig-schmierig-weich. Bei Gärungsdyspepsie ist der Stuhl schaumig-hell, bei Sprue weißlich-schaumig-glänzend und voluminös. Die Farbe ist normalerweise braun durch den Gehalt an Gallenfarbstoffen (Stercobilin und Stercobilinogen). Die Farbe variiert zudem mit der Nahrungsmittelzufuhr. Bei Gallengangsverschluß wird sie tonfarben-weißlich, bei Steatorrhö lehmgrau, silberglänzend, bei Diarrhö (Dünndarmstühle) gelb-grün. Blutungen aus dem oberen Gastrointestinaltrakt sowie Heidelbeeren, Kohle- und Eisenpräparate können zu schwarzen Teerstühlen führen. Bei gemischter Kost findet sich eine neutrale Reaktion des Stuhls. Bei Gärungsdyspepsie reagiert der Stuhl sauer (Fettsäuren), bei Fäulnisdyspepsie alkalisch (Ammoniak).

Bakteriennachweis im Stuhl

In der normalen Bakterienflora des Intestinaltrakts überwiegen je nach Lokalisation Anaerobier (z. B. Milchsäurestäbchen, Bacteroides, Streptokokken, Klostridien) oder aerobe, gramnegative Stäbchen (z. B. E. coli, Enterobacter, Klebsiella, Serratia, Proteus), von denen zahlreiche Stämme lediglich fakultativ pathogen sind. Andere Bakterien (Salmonella, Shigella, Vibrio, Yersinia enterocolitica, Campylobacter jejuni) führen in Abhängigkeit von der Infektionsdosis zumeist zu Darmerkrankungen. Zur Isolierung pathogener Keime aus dem Stuhl müssen somit in Speziallaboratorien Isolierverfahren angewendet werden, um eine Abtrennung von den Keimen der normalen Flora zu erzielen. Die Mehrzahl von akuten infektiösen Durchfallserkrankungen wird jedoch durch Viren hervorgerufen.

Zum Versand an ein bakteriologisches Laboratorium verwendet man nur frisch entleerten Stuhl und füllt das Stuhlröhrchen bis höchstens zur Hälfte unter Benutzung des im Korken befestigten Löffelchens, ohne den Rand, das Äußere des Gefäßes oder den Korken zu beschmutzen. Um die besonders bei Ruhr- und Cholerastühlen wichtigen Schleimflocken auszusuchen, verrühre man den Stuhl in einer Schale mit sterilem Wasser; bei Amöbenruhr Stuhl in frischem, körperwarmem Zustand untersuchen, wenn vegetative Formen nachgewiesen werden sollen. Zysten sind dagegen in tagelang aufbewahrten Stuhlproben noch nachweisbar. Provokatorisch wirkt eine einmalige Gabe von Karlsbader Salz. Zur Untersuchung geeignet sind besonders die himbeergeleeartig-schleimigen Auflagerungen bei dünnflüssigen Entleerungen sowie Schleimflocken. Der typische Stuhl bei Amöbenruhr ist bei makroskopischer Betrachtung fleischwasserfarben mit himbeergeleeartiger Beschaffenheit und glasig-durchsichtigen Schleimbeimengungen (bei Bakterienruhr trüb, gelblich, leukozytenreich). Bei Bakterienruhr ist in den Schleimflocken, besonders in den ersten Tagen der Erkrankung, fast eine Reinkultur von Bakterien (Shigella) nachweisbar. Schnellster Transport ist erforderlich, da die Ruhrbakterien außerhalb des Körpers infolge Kälte und insbesondere auch durch Phageneinwirkung schnell zugrunde gehen. Am besten werden die Kulturen am Krankenbett angelegt. Bei Versand wird zur Aufhebung der Phagenwirkung das Verrühren der Stuhlprobe in 30%iger Glycerinlösung mit 0,6% Kochsalzzusatz empfohlen. Stuhlentnahme möglichst vor Anwendung von Therapeutika. Bei Typhus und Paratyphus gelingt der Bakteriennachweis im Stuhl in der 3. und 4. Krankheitswoche (Abstoßung des Schorfs der Darmgeschwüre). Nahezu 100% positive Befunde ergibt die Blut-Galle-Kultur in der 1. Krankheitswoche, manchmal schon am 2. oder 3. Krankheitstage.

Blutnachweis im Stuhl

Bei größeren Blutverlusten (Mindestmenge eine Kaffeetasse) aus dem oberen Teil des Gastrointestinaltrakts ist der Stuhl schwarz gefärbt (Teerstuhl). Bei Blutungen aus dem Rektum (Hämorrhoiden usw.) erscheint das Blut als hellrote Auflagerung auf dem Stuhl. Auf makroskopisch nicht sichtbares Blut (okkultes Blut) wird heute weitestgehend mit der Testbriefchen-Methode (s. Gebrauchsanweisung) getestet. Das Nachweisprinzip beruht auf der Peroxidasewirkung von Hämoglobin nach Zugabe von H_2O_2, wodurch ein mit Guajak-Harz imprägniertes Filterpapier blau gefärbt wird (positives Testergebnis). Die Testempfindlichkeit ist dabei so gewählt, daß erst Blutvolumina von 3–7 ml/100 g Stuhl zu einer Blaufärbung führen und die physiologischen Blutverluste über den Gastrointestinaltrakt nicht erfaßt werden. Es sollten mindestens Stuhlproben von drei aufeinanderfolgenden Tagen getestet werden; jede Blaufärbung ist als pathologisch zu bewerten. Bei schwachen Blutungen aus Magen oder Dünndarm kann das peroxidaseaktive Hämoglobin während der Darmpassage quantitativ proteolytisch zu Porphyrin abgebaut werden und sich somit dem Testbriefchennachweis entziehen. Um falsch positive Blutnachweise aufgrund von Hämorrhoidalblutungen oder Analfissuren zu vermeiden, muß die Stuhlprobe aus der Mitte der Kotsäule mit Hilfe eines Spatels gewonnen werden.

Kolorektale Karzinome (Treffsicherheit >90%), Divertikel und große Polypen sind die häufigsten Blutungsquellen bei positiven Testergebnissen. Sowohl der Verzehr größerer Mengen roten Fleisches als auch Zahnfleisch- und Nasenbluten können zu falsch positivem Testausfall führen. Eine Salicylat- oder Steroidmedikation kann die physiologischen Blutverluste über den Gastrointesti-

naltrakt so weit erhöhen, daß sie über der Nachweisgrenze liegen. In 1–3% der Fälle werden positive Resultate erzielt, für die kein klinisch relevantes Korrelat gefunden werden kann. Vitamin-C-Gaben (>1 g/die) oder eine orale Eisentherapie ergeben falsch negative Befunde.
Aufgrund der hohen Empfindlichkeit der bisher üblichen Bestimmungsmethoden (o-Toluidin, Benzidin) mit bis zu 80% fälschlich positiven Befunden sollten sie nicht mehr eingesetzt werden.

Chymotrypsin

Normalwerte: >15 U/g Stuhl (photometrische Bestimmung mit chromogenem Substrat). Suchtest auf Vorliegen einer exkretorischen Pankreasinsuffizienz. Eine Stuhlprobe kann ohne wesentlichen Aktivitätsverlust an Chymotrypsin für einige Tage bei Raumtemperatur aufbewahrt werden. Chymotrypsin ist eine pankreasspezifische Peptidase, die im Darm durch Trypsin aus dem sezernierten Chymotrypsinogen freigesetzt wird. Eine beschleunigte Darmpassage (Durchfallserkrankungen, Colitis ulcerosa) kann zu fälschlich hohen Chymotrypsinaktivitäten führen. Falsch niedrige Werte z. B. nach Billroth-II-Resektion, bei erhöhtem Stuhlgewicht (>300 g/Tag), Verschlußikterus und einheimischer Sprue. Pankreassubstitutionspräparate müssen mindestens 3 Tage vor Untersuchung abgesetzt werden (s. auch Pankreolauryl-Test, S. 559).

Stuhlfette

Normalbereich: <7 g Fettsäuren/24 Std. bei Normalkost mit bis zu 150 g Fettanteil täglich. Eine Stuhlfettbestimmung sollte an drei aufeinanderfolgenden Tagen durchgeführt werden. Eine pathologisch erhöhte Stuhlfettausscheidung (> 8 g/24 Std.) wird als Steatorrhö bezeichnet und kann sowohl Ausdruck einer Maldigestion als auch einer Malabsorption sein. Maldigestion tritt auf bei exokriner Pankreasinsuffizienz mit Lipasemangel (z. B. chronische Pankreatitis, Pankreaskarzinom, Mukoviszidose) oder bei Leberfunktionsstörungen mit konsekutivem Mangel an konjugierten Gallensäuren (z. B. bei Hepatitiden, intra- und extrahepatischer Cholestase, Zirrhose), da hierbei die physiologischen enteralen Verluste die De-novo-Synthese übersteigen können. Ein intraluminaler Gallensäuremangel kann bei bakterieller Überwucherung (z. B. der Bacteroidesgruppe) des proximalen Dünndarms besonders ausgeprägt sein. Ursache eines Malabsorptionssyndroms ist vornehmlich Sprue oder ein Morbus Crohn des Ileums. Dünndarmneoplasien, Systemerkrankungen (Amyloidose, Kollagenosen, Sklerodermie), Hyperthyreose, Morbus Addison u. a. m. können gleichfalls zu Steatorrhö führen.

Nachweistechnik: Der Verdacht auf Steatorrhö ergibt sich vielfach aus der makroskopischen Stuhlbeschaffenheit (S. 539). Ein qualitativer Fettnachweis gelingt mikroskopisch auf einem Objektträger durch Anfärbung mit zwei Tropfen Sudanlösung (einige Körnchen Sudan III in Eisessig gelöst). Nach kurzer Erwärmung (Bunsen-Brenner) des Präparates erscheinen Neutralfette und freie Fettsäuren in roter Tropfen- oder Schollenform. Zum quantitativen Fettnachweis wird ein ausgewogener aliquoter Teil der Stuhlprobe mit alkoholischer KOH-Lösung hydrolysiert, die Fettsäuren dann durch Kochen mit 25%iger HCl-Lösung (20 Min.) freigesetzt und im Soxhlet-Apparat mit Petroläther extrahiert. Nach Abdampfen des Lösungsmittels wird der Rückstand in Alkohol gelöst und mit 0,1molarer NaOH gegen Thymolblau titriert.

Stuhlmikroskopie

Makroskopisch sind Spulwurm, Rinder- und Fischbandwurm sowie Madenwürmer (Oxyuren) zu erkennen. Wurmeier im Stuhl lassen sich entweder im einfachen Stuhlausstrich oder besser nach vorheriger Anreicherung (z. B. durch Flotation) mikroskopisch nachweisen und klassifizieren.

- Einfacher Stuhlausstrich: Ein linsengroßes Stück Stuhl wird in 2%iger Eosinlösung suspendiert und ein kleiner Tropfen davon auf einem Objektträger bei aufsitzendem Deckgläschen mikroskopiert (100- bis 400fache Vergrößerung). Mehrere Präparate durchmustern.
- Anreicherungsverfahren nach Telemann: Ein ca. haselnußgroßes Stück Stuhl wird in einem Becherglas mit 5 ml Aqua dest. zu einem dünnen Brei verrührt. Dazu gibt man 5 ml Salzsäure und 10 ml Äther und schüttelt, bis eine gleichmäßige Mischung entsteht. Filtrieren durch Drahtnetz oder Mulltuch. Filtrat in einem Zentrifugengläschen etwa 10 Min. scharf zentrifugieren. Überstehende Flüssigkeit verwerfen, Bodensatz auf einem Objektträger aufstreichen, mit dem Gläschen bedecken und unter dem Mikroskop betrachten. Das

Anreicherungsverfahren ist für alle Wurmeier geeignet.
- Flotationsverfahren: Flotationskits sind im Handel erhältlich. Die Ei-Anreicherung erfolgt dabei durch Ansammlung der spezifisch leichteren Eier an der Oberfläche einer hochkonzentrierten Salzlösung. Die Flotationstechnik ist vor allem für Nematodeneier geeignet; die schwereren Trematodeneier sinken ab.
- Klebestreifenverfahren: Zum Nachweis von Oxyureneiern wird ein Klebestreifen mehrmals auf die unmittelbare Afterumgebung gedrückt. Der Klebestreifen wird dann mit der Klebeseite auf einen Objektträger aufgedrückt und bei schwacher Vergrößerung unter dem Mikroskop betrachtet. Die günstigsten Nachweiszeiten sind die Abendstunden nach 1- bis 2-stündiger Bettruhe oder morgens vor der ersten Defäkation.

Funktionsproben und spezielle Organdiagnostik

Blut

Alkalische Leukozytenphosphatase

Die Bestimmung der alkalischen Leukozytenphosphatase dient in erster Linie zur Differentialdiagnose zwischen Osteomyelofibrose bzw. Osteomyelosklerose und einer chronischen myeloischen Leukämie. Während die Osteomyelofibrose einen erhöhten Index über 100 aufweist, finden sich bei der chronischen Myelose erniedrigte Werte. Ein hoher Index schließt eine chronische Myelose aus! Die alkalische Leukozytenphosphatase findet sich nahezu ausschließlich in reifen neutrophilen Granulozyten. Nachweis an luftgetrockneten Blutausstrichen, die nicht älter als 3 Tage sein dürfen, im Speziallabor. Bei positiver Reaktion finden sich braunschwarze, feinkörnige Niederschläge, deren Intensität der Enzymmenge parallel geht. Ausgezählt werden 100 segmentkernige Neutrophile. Die Intensität der Farbreaktion in diesen Zellen wird mit Punkten von 0–5 beurteilt. Alle Punkte summiert ergeben den sog. Phosphataseindex. Normaler Index 10–100. Rasche und vorübergehende Erhöhungen sind auch bei Gesunden unter verschiedenen Einflüssen möglich, wie z. B. bei Streßsituation, Infekten, Schwangerschaft, Gewebszerfall, Koma und Tumorleiden. Nur eine konstante Erhöhung bei wiederholter Bestimmung ist differentialdiagnostisch verwertbar. Sie findet sich bei Osteomyelofibrose, Osteomyelosklerose, Polycythaemia vera und essentieller Thrombozytopenie. Auch bei Morbus Hodgkin, Cholestase und Leberzirrhose werden oft erhöhte Werte gefunden.

Eiswürfeltest zur Diagnose einer chronischen Kälteagglutininkrankheit

Nachdem eine Hand des Patienten durch Eintauchen in heißes Wasser sehr stark durchblutet ist, wird ein Eiswürfel fest und mit leicht kreisenden Bewegungen auf den Kleinfingerballen der Handinnenfläche aufgepreßt. Dieses geschieht 1–2 Min. lang. Beim Vorliegen von Kälteagglutininen werden die zu dem scharf ausgesparten völlig anämisierten abgekühlten Hautbezirk führenden Hauptblutgefäße durch Autoagglutinine verlegt. Deshalb bleibt im Gegensatz zum Gesunden, bei dem das Blut in Sekundenfrist wieder einfließt, bei dem Kranken der Hautbezirk minutenlang bleich. Ein zyanotischer Randsaum kündigt nach einiger Zeit die beginnende Desagglutination und Wiederdurchblutung an. Derselbe Versuch kann anstatt an der Haut des Kleinfingerballens an der zarten Haut unterhalb der Ellenbeuge durchgeführt werden. Erwärmt man diese Stelle sofort nach Wegnahme des Eiswürfels wieder, so entsteht dadurch bei positivem Ausfall eine leicht juckende Quaddel in Größe des abgekühlten Hautbezirks (s. auch Kälteagglutinine, S. 531).

Erythrozytenlebensdauer

Die bei allen hämolytischen Anämien vorhandene Verkürzung der Erythrozytenlebensdauer kann sehr einfach mit Hilfe radioaktiv markierter Erythrozyten gemessen werden. Halbwertszeit normal 24–32 Tage. Bei der Untersuchung werden Erythrozyten des Patienten entnommen, in vitro mit radioaktivem Chrom markiert und dem Patienten wieder injiziert. Das Verhalten der Radioaktivität des Blutes, gemessen an Blutproben, die in bestimmten Intervallen über 4 Wochen abgenommen werden, ergibt Hinweise auf die Lebensdauer der roten Blutkörperchen. Durch Messung der Radioaktivität über Leber und Milz kann auf den Abbauort der Zellen geschlossen werden.

Hämolysetests

Bei verstärkter intravasaler Hämolyse lassen sich folgende Veränderungen finden:

- Anstieg des indirekten Bilirubins;
- Erhöhung des LDH-Spiegels im Serum;
- Anstieg des freien Hämoglobins im Serum (Normalwert < 620 nmol/l = 1 mg%), Abfall des Gesamthämoglobins im Serum, wenn das Ausmaß der Hämolyse einen bestimmten Grad übersteigt (hämolytische Anämie);
- Erhöhung des Eisenspiegels bei länger dauernder Hämolyse;
- Erhöhung der Retikulozytenzahl im Blut;
- Verminderung des Haptoglobins im Serum (Nachweis im Speziallabor);
- Verkürzung der Erythrozytenlebensdauer (zuverlässigste, aber auch aufwendigste Methode!).

Heinz-Körpertest nach Beutler

Der Test dient zur Diagnostik enzymopenischer, hämolytischer Anämien, denen ein Mangel oder eine Instabilität des reduzierten Glutathions der Erythrozyten zugrunde liegt (Mangel an Glutathionreduktase oder Glutathionsynthetase). 0,1 ml Heparinblut werden mit 2 ml Phosphatpufferlösung mit einem pH-Wert von 7,6, die 200 mg% Glucose und 100 mg% β-Acetylphenylhydrazin enthält, bei 37 °C 4 Stunden inkubiert. Anschließend werden mit wäßriger Brillantkresylblaulösung, wie bei der Retikulozytenzählung, Ausstriche angefertigt. Erythrozyten, die mehr als 4 Heinz-Innenkörper enthalten, werden ausgezählt. Sie betragen normalerweise weniger als 10% der Gesamterythrozyten. Ein höherer Prozentsatz gilt als Hinweis auf einen Mangel an Glutathion als Ursache der hämolytischen Anämie.

Knochenmarkbiopsie

Die Untersuchung des Knochenmarks als der Bildungsstätte der Blutzellen ist bei allen Blutkrankheiten unerläßlich. Neben der Beurteilung der Erythropoese, Leukopoese und Thrombopoese bzw. deren quantitativer oder qualitativer Störung lassen sich oft Tumorzellmetastasen im Knochenmark finden. Beim Plasmozytom finden sich typische Plasmozytomzellen usw. Normalerweise wird man sich auf die Untersuchung des Sternalmarks beschränken können. Läßt sich bei der Sternalpunktion jedoch kein Mark gewinnen, empfiehlt sich eine Knochenbiopsie aus dem Beckenkamm. Beide Untersuchungen werden in Lokalanästhesie vorgenommen und sind bei sorgfältiger Technik wenig belästigend. Bei der Beckenkammbiopsie wird der Knochenzylinder mit Hilfe eines speziellen Hohlzylinders aus der Crista illiaca ventralis entnommen und anschließend auf einem Objektträger abgestrichen. Färbung anschließend wie beim Differentialblutbild.

Rosenbach-Test

Der Test dient zur vorsichtigen Provokation eines generalisierten Anfalls der chronischen paroxysmalen (syphilitischen) Kältehämoglobinurie. Er ist zwar für den Patienten unangenehm, jedoch nicht gefährlich und gibt wichtige Anhaltspunkte für die Beurteilung eines späteren Therapieerfolgs. Durch 15 Min. lange Eiswasserfußbäder oder Armbäder oder durch ein kaltes Vollbad kommt es bei der paroxysmalen Kältehämoglobinurie zum Bild eines typischen Anfalls mit Absinken des Blutdrucks, Zunahme der Pulsfrequenz, Absinken der Leukozyten mit relativer Lymphozytose und positiven Nachschwankungen im Lauf der nächsten 6 Stunden. Die Thrombozyten zeigen ähnliches Verhalten. Während des Anfalls finden sich im Blutausstrich Phagozytosen. Die Benzidinprobe im Urin wird durch Überschreiten der Nierenschwelle und Austritt von Hämoglobin aus dem Blut in den Urin stark positiv. Es ist wichtig, den Patienten während des Versuchs genau zu beobachten und Unwohlsein, Schwindel, Schwarzwerden vor den Augen, Brechreiz usw. genau zu registrieren. Gleichzeitig Kontrolle von Temperatur, Blutdruck, Puls, Leukozyten- und Thrombozytenwerten. Damit der Patient alle 5 oder 10 Min. Harnportionen abgeben kann, trinkt er vor Versuchsbeginn 1 l starken Tee.

Rumpel-Leede-Test

Der Test dient zur Differenzierung von Blutungsübeln. Bei Schädigung der Kapillarwand kommt es während des Versuchs zu punktförmigem Blutaustritt. Am Oberarm wird mittels Blutdruckmanschette 5 Min. lang gestaut, und zwar wird der Staudruck ca. 10–20 mmHg unterhalb des systolischen Blutdrucks gehalten. Nach Lösen der Stauung und Verschwinden der lividen Verfärbung werden die vorhandenen Petechien mit der Lupe gezählt (weitere Differenzierung von Blutungsübeln s. Blutgerinnungszeit, S. 518).

Schilling-Test s. S. 559

Herz und Kreislauf

Allgemeines

Zur Diagnose einer Herzinsuffizienz bzw. eines Herzfehlers sind klinische Daten, wie z. B. Zyanose, Dyspnoe, periphere Ödeme, Herzgröße und -form, Einflußstauung, Auskultationsphänomene usw., von größter Wichtigkeit. Atemnot bei Treppensteigen, Nykturie usw. ergeben weitere wertvolle Hinweise.

Atemanhaltevermögen s. S. 554

Belastungs-EKG

Das Belastungs-EKG ermöglicht in bestimmten Fällen den Nachweis einer Störung der koronaren Durchblutung und ist damit geeignet, eine Koronarinsuffizienz zu objektivieren. Ein Belastungs-EKG ist dann angezeigt, wenn sich die subjektiven Beschwerden eines Patienten im Ruhe-EKG nicht hinreichend objektivieren lassen, ferner zur Verdeutlichung geringfügiger Veränderungen im Ruhe-EKG, zur Klärung mehrdeutiger Befunde, insbesondere für die Unterscheidung funktioneller von organischen Ursachen bei pathologischem Erregungsablauf. Kontraindiziert ist ein Belastungs-EKG bei schweren, anfallsartigen Zuständen von Angina pectoris, dekompensierten Vitien, schweren Formen der Hypertonie und akut entzündlichen Erkrankungen des Herzens. Die körperliche Belastung muß evtl. der individuellen Leistungsfähigkeit des Patienten bzw. seinem Beschwerdebild angepaßt werden. Physiologischen Belastungen, die im täglichen Leben auftreten, wie z. B. Treppensteigen, ist der Vorrang zu geben. Andererseits hat die Belastung mit Hilfe eines Fahrradergometers den großen Vorteil, die jeweilige Belastung genau dosieren zu können. Als Faustregel gilt, daß normalerweise beim Mann ca. 2,6 Watt/kg Körpergewicht, bei der Frau 2,3 Watt/kg Körpergewicht erreicht werden sollten. Eine Senkung der ST-Strecken, Abflachung der T-Zacken oder Reduktion der R-Amplitude gegenüber dem Ruhe-EKG ist bei entsprechendem klinischen Befund für eine Koronarinsuffizienz typisch. Funktionell bedingte Rhythmusstörungen bzw. Extrasystolen verschwinden nicht selten nach Belastung, desgleichen Veränderungen der PQ- und QRS-Zeit.

Echokardiographie

Die Untersuchung beruht auf der Reflexion von Ultraschallsignalen an Medien unterschiedlicher Dichte. Mit einem kleinen Schallkopf werden die Signale durch die Zwischenrippenräume auf die verschiedenen Regionen des Herzens abgegeben. Es lassen sich die Herzwände, die Binnenräume des Herzens sowie der Klappenapparat darstellen und die Bewegungsabläufe studieren. Neben der Erkennung morphologischer Defekte (Herzklappenfehler, Thromben, Tumoren, Perikarderguß, Wandaneurysma bzw. inaktive Areale etc.) lassen sich auch Aussagen über die Kontraktionsgeschwindigkeit und das Ausmaß der Muskelkontraktion (Herzinsuffizienz?) machen. Durch gleichzeitige Darstellung von EKG, Phonokardiogramm und Karotispulskurve wird die Aussagekraft durch exakte Zuordnung der einzelnen Phänomene zueinander erhöht. Die Untersuchung erfolgt ohne jegliche Belästigung des Patienten. Die Aussagekraft wird eingeschränkt durch ein ausgeprägtes Emphysem oder dicke Brustwandschichten. Invasive Untersuchungsmethoden sind teilweise durch die Ultraschallkardiographie verdrängt worden.

Farbstoffverdünnungskurven

Eine Farbstofflösung (z. B. Cardiogreen) wird in eine Kubitalvene injiziert und das Erscheinen der Farbe im Kapillarsystem des Ohrläppchens mittels Photozelle registriert. Kreislaufzeiten, Rechts-links-Shunts usw. lassen sich so feststellen. Bei Shuntvitien z. B. erscheint ein erster, verfrühter Extinktionsgipfel.

Herzkatheter

Nach Venae sectio in Lokalanästhesie wird über die V. mediana cubiti bzw. V. femoralis oder über die A. brachialis bzw. die A. femoralis ein dünner Katheter in das rechte bzw. linke Herz vorgeschoben. Es gelingt mit dieser Methode eine Druckmessung innerhalb der Herzkammern und im Lungenkreislauf (Normalwerte s. Tab. 8.1). Gleichzeitig wird aus dem Herzen und dem kleinen Kreislauf Blut zur Gasanalyse entnommen. Injektion von Kontrastmittel erlaubt die Darstellung der Herzkammern des Lungenkreislaufs und eventuell vorhandener Kurzschlüsse. Die Methode dient in erster Linie zur Objektivierung und Beurteilung von Herzfehlern. Dies ist besonders deshalb von Interesse, weil eine

Tabelle 8.1 Druck und Sauerstoffsättigung des Blutes im normalen Herzen

	Druck mmHg	O_2-Sättigung
rechter Vorhof	1–5	venös
rechter Ventrikel	20/1–30/7	
Truncus pulmonalis	20/4–30/12	
Lungenkapillare	4–12	arteriell
linker Vorhof	4–10	
linke Kammer diastolisch	4–10	

große Anzahl von Herzfehlern einer wirksamen operativen Behandlung zugänglich sind. In der Hand des Geübten ist die Methode unter Berücksichtigung bestimmter Indikationsstellung für den Patienten völlig gefahrlos.

Kreislauffunktionsprüfung nach Schellong

Belastungsversuch: Man mißt Blutdruck und Pulsfrequenz in Ruhelage mehrfach und legt die Durchschnittswerte fest. Danach läßt man den Patienten eine Treppe mit 25 Stufen zweimal hinauf- und herunterlaufen. Das Tempo soll ziemlich schnell sein, und der Patient soll sich einigermaßen anstrengen. Die Arbeit soll subjektiv dosiert, aber nicht erschöpfend sein. Anschließend legt sich der Patient wieder hin, und Pulsfrequenz und Blutdruck werden in Abständen von 1 Min. kontrolliert. Normalerweise kommt es zu einer sofortigen Steigerung des systolischen Blutdrucks um 30–80 mmHg. Der diastolische Druck bleibt gleich oder sinkt leicht ab. Nach 2 Min. kehren Blutdruck und die um 20 bis 30 Schläge/min angestiegene Pulsfrequenz wieder zu den Ruhewerten zurück. Pathologischerweise bleibt der systolische Druck gleich, sinkt sogar vielleicht etwas ab.

Stehversuch: Es handelt sich um eine Funktionsprüfung der peripheren Kreislaufregulation. Blutdruck und Pulsfrequenz werden zunächst in Ruhe, sodann nach ruhigem Stehen in Abständen von 1–2 Min. gemessen. Der Patient bleibt 10 Min. in aufrechter entspannter Haltung stehen. Normalerweise bleibt der systolische Blutdruck gleich oder sinkt nur kurze Zeit gering ab. Der diastolische Druck bleibt ebenfalls gleich oder steigt leicht, d. h. um 5–10 mmHg, an. Die Pulsfrequenz kann besonders bei Jugendlichen bis um normalerweise 40 Schläge/min ansteigen.

Langzeit-EKG

Mit Hilfe eines kleinen, an einem Gurt tragbaren Bandspeichergeräts lassen sich EKG-Signale über 24 Stunden und länger fortlaufend registrieren. Damit können passager oder auch unter bestimmten Bedingungen auftretende Rhythmusstörungen des Herzens erfaßt und identifiziert werden. Die Untersuchungsmethode liefert wichtige Gesichtspunkte bei der Indikation zur Schrittmacherimplantation sowie für den Einsatz einer antiarrhythmischen Therapie und deren Kontrolle.

Myokardszintigraphie mit technetiummarkierten Polyphosphaten

Im Gegensatz zu Thallium 201 werden Technetiumpyrophosphat oder Technetiumdiphosphonat nur im infarzierten Myokardareal angereichert. Sie verursachen im Szintigramm einen „heißen Fleck" (Hot-spot-Markierung). Der normale Herzmuskel nimmt keine Phosphate auf. Die positive Markierung eines Infarktes beginnt 6–7 Stunden nach Gefäßverschluß und hält dann über 3–5 Tage an. Nach dieser Zeitspanne ist ein Infarkt anhand dieser Methode nicht mehr nachweisbar. Innerhalb der Nachweisphase ist die Sensitivität 85–100%. Der Vorteil der Methode ist, daß Infarkte ohne sichere EKG- oder Laborzeichen erkannt und ihre Größe abgeschätzt werden können.

Myokardszintigraphie mit Thallium 201

Intravenös injiziertes radioaktives Thallium 201 verteilt sich in allen Körperorganen. Zirka 5% der injizierten Aktivität findet sich bei normaler Durchblutung gleichmäßig im Herzmuskel angereichert. Jede umschriebene Durchblutungsstörung des Herzmuskels verursacht im Thalliumszintigramm einen Speicherdefekt. Dieser kann Folge einer akuten Ischämie, aber auch einer alten Narbe sein. Aus der Veränderung eines Speicherdefekts in zeitlichem Ablauf lassen sich reversible Veränderungen von einer alten Myokardnarbe unterscheiden. Defekte unter 1 cm^3 Ausdehnung können nicht erfaßt werden. Kommt ein Speicherdefekt erst im Zusammenhang mit einer körperlichen Belastung zustande, kann daraus auf eine Koronarinsuffizienz geschlossen werden. Besser als durch das Belastungs-EKG lassen sich im Belastungsszintigramm Auswirkungen morphologischer Veränderungen der Koronararterien auf das Myokard und dessen Funktion abschätzen. Der Thallium-201-Belastungstest ist heute die zuverlässigste Methode zur Erkennung oder zum Ausschluß einer koronaren Herzkrankheit bei Patienten mit typischen oder atypischen Beschwerden. Sensitivität und Spezifität liegen bei ca. 90%. Mit Hilfe eines mobilen Aufnahmesystems kann die Myokardszintigraphie auch bei schwerstkranken Patienten auf Intensivstationen durchgeführt werden. Bereits innerhalb der ersten 5 Stunden nach einem Infarkt läßt sich dieser in nahezu 100% der Fälle nachweisen.

Radionuklidangiographie

Die Untersuchung wird mit Technetium-99m-Pertechnetat durchgeführt, welches als Bolusinjektion intravenös gegeben wird. Die Pumpfunktion des Herzens läßt sich über mehrere Stunden in Ruhe, unter Belastung oder nach therapeutischen Maßnahmen beurteilen. Für die Diagnostik der koronaren Herzkrankheit spielt die Radionuklidangiographie eine dominierende Rolle. Das Verhalten des endsystolischen und enddiastolischen Volumens sowie die Austreibungsfraktion in Ruhe und unter Belastung erlaubt eine funktionsdiagnostische Aussage über die Auswirkung einer Koronarinsuffizienz auf den Herzmuskel. Neben einer globalen Analyse können gezielt regionale Funktionsparameter des linken Ventrikels untersucht werden. Dabei findet sich eine gute Übereinstimmung zwischen Koronarmorphologie und Radionuklidangiographie. Das Verhalten der obengenannten Funktionsparameter unter Nitropräparaten liefert wichtige Gesichtspunkte für die Indikation zu einer aortokoronaren Bypassoperation. Auf nichtinvasive Weise kann andererseits damit der Erfolg einer solchen Operation überprüft werden.

Sinusknotenerholungszeit

Die Methode dient zur Erkennung des „Syndroms des kranken Sinusknotens" (Sick-sinus-Syndrom, Tachykardie-Bradykardie-Syndrom). Zahlreiche Herzrhythmusstörungen können als Folge dieses Syndroms auftreten: Sinusbradykardie, sinuatriale Blockierungen, Sinusstillstand, supraventrikuläre Tachykardien, Vorhofflimmern oder Vorhofflattern. Es handelt sich in der Regel um eine chronische Erkrankung mit Neigung zur Progredienz, meist als Folge einer koronaren Herzkrankheit. Weitere ätiologische Faktoren sind häufig eine Hypertonie, seltener ein Zustand nach Diphterie, Myokarditis, Hyperthyreose usw. Mit Hilfe einer in den rechten Vorhof eingeführten Stimulationselektrode wird die Vorhoferregung stufenweise bis auf 150 Schläge/min angehoben. Nach Beendigung der Stimulation wird im EKG die Zeit gemessen, die zwischen der letzten künstlichen Vorhofstimulation und der ersten spontanen Sinuserregung des Vorhofs verstreicht. Normalwert bis maximal 1400 ms. Sensitivität ca. 90%. Eine pathologische Verlängerung des Intervalls gilt in den meisten Fällen als Indikation zu einer Schrittmacherimplantation.

Two-step-exercise-Test nach Master

Es handelt sich um eine Kreislaufbelastungsprobe, während der der Patient innerhalb von 60 s auf zwei Stufen wiederholt hinauf- und hinuntersteigen muß. Jede Stufe hat eine ungefähre Höhe von 23 cm. Der Vorteil dieses Tests ist die genaue Dosierung der Belastung pro Zeiteinheit. In einer Tabelle ist angegeben, wie oft ein Patient bestimmten Alters, Gewichts und Geschlechts die Treppe zu begehen hat. Unmittelbar nach dem Test werden Blutdruck, Pulsfrequenz und EKG registriert. Normalerweise kehren Blutdruck und Pulswerte innerhalb 2 Min. nach dem Test zur Norm zurück. Werte, welche die Ausgangszahlen um mehr als 10 mmHg oder 10 Pulsschläge/min überschreiten, liegen noch im Bereich des Normalen. Im EKG werden ST-Strecke, T-Zacke, Extrasystolen, Verbreiterung von QRS usw. beurteilt. Normalerweise ist nach dem Test keine EKG-Veränderung zu beobachten.

Venendruck

Der Venendruck schwankt normalerweise beim Gesunden zwischen 40 und 80 mmWS. Eine einfache Methode zur Prüfung der Druckverhältnisse in Venen besteht darin, daß der Patient langsam seinen Arm hebt und der dabei eintretende Kollaps der sichtbaren Venen des Handrückens beobachtet wird. Normalerweise erfolgt dieser in Höhe der Einmündungsstellen der großen Hohlvenen in den rechten Vorhof. Dieser Punkt befindet sich beim Liegen des Patienten etwa 5 cm unterhalb der Thoraxvorderfläche. Bei venöser Stauung erfolgt der Venenkollaps deutlich oberhalb dieses Niveaus bzw. bleibt in schweren Fällen ganz aus.

Periphere Gefäße

Doppler-Sonographie

Unter dem „Doppler-Phänomen" versteht man die Tatsache, daß von bewegten Objekten reflektierte Wellen ihre Frequenz ändern. Diese Frequenzänderung ist proportional der Geschwindigkeit des sich bewegenden, reflektierenden Körpers. Zur Messung der Blutströmung in Körpergefäßen (Arterien oder Venen) werden Ultraschallwellen mit einer bestimmten Sendefrequenz auf das entsprechende Blutgefäß gerichtet. Die an der Oberfläche strömender Erythrozyten reflektierten Schallwellen werden registriert und ihre Empfangsfrequenz bestimmt. Je größer die Differenz der Sende- und Empfangsfrequenz, desto höher die Blutströmungsgeschwindigkeit. Eine Flußmessung ist auch an kleinen, nicht palpablen Gefäßen möglich, jedoch durch die Eindringtiefe des Ultraschallstrahls limitiert. Eine minimale Strömungsgeschwindigkeit von 3 cm/s ist Voraussetzung. Unter Zuhilfenahme einer Druckmanschette können Blutdruckmessungen an den verschiedenen Gefäßen vorgenommen werden. In gewissem Umfange sind auch quantitative Aussagen über das Stromzeitvolumen möglich. Neben der Diagnostik arteriell bedingter Durchblutungsstörungen lassen sich mit Hilfe der Doppler-Technik z. B. tiefe Venenthrombosen und insuffiziente Venenklappen nachweisen.

Gehstrecke

Zur Beurteilung des Grads der Durchblutungsstörungen kann die Strecke in Metern herangezogen werden, die auf ebener Erde bei mittlerem Gehtempo (90 Schritte pro Minute) bis zum Auftreten von Schmerzen zurückgelegt werden kann (Verlaufskontrolle bei Therapie).

Lagerungsprobe (Lewis)

Der liegende Patient hält beide Beine in der Vertikalrichtung nach oben. Man beobachtet die Abblassung der Füße bzw. Fußsohlen. Sie kann beschleunigt werden durch langsames Rollen in den Sprunggelenken. Normalerweise ist auch bei langem Hochstrecken der Beine und Rollen in den Sprunggelenken noch ein roter Farbton der Haut an den Füßen wahrnehmbar. Es treten keine Schmerzen auf. Bei arteriellen Durchblutungsstörungen kommt es zu einem völligen Abblassen des Fußes und zu Schmerzen. Bei Auftreten derselben setzt sich der Patient auf und hängt die Beine in der Vertikalrichtung nach unten. Normalerweise tritt jetzt nach 1–2 s eine Rötung der Gliedmaßen und spätestens nach 5 s eine Wiederauffüllung der kollabierten Venen ein. Bei Durchblutungsstörungen ist der Eintritt der reaktiven Hyperämie und die Wiederauffüllung der Venen auf 20–30 s und noch mehr verzögert.

Oszillographie

Über Oberschenkelwade, Knöchel und Fußrücken bzw. Ober-, Unterarm und Hand werden Blutdruckmanschetten angelegt und mit Hilfe eines Oszillographen die Pulse graphisch dargestellt. Bei Arterienverschlüssen finden sich über den genannten Partien keinerlei Ausschläge bzw. eine Seitendifferenz der Ausschläge. Differenzen der Ausschlaghöhe von mehr als 30% bei gleicher Ableitungsstelle sind pathologisch. Die Höhe der Ausschläge nimmt normalerweise zur Peripherie hin ab. Besondere Bedeutung haben Seitendifferenzen. Kleine Ausschläge finden sich auch bei Hypotonie, Ödemen oder Fettsucht.

Pulstastbefund

Schon mit Hilfe des einfachen Pulstastbefundes der peripheren Arterienpulse (A. radialis, A. poplitea, A. tibialis posterior und A. dorsalis pedis) kann ein großer Teil der arteriellen Verschlußkrankheiten diagnostiziert werden. Das Fehlen der A. dorsalis pedis kann nicht sicher zur Diagnose herangezogen werden, da der Tastbefund schon physiologischerweise in einer geringen Zahl der Fälle negativ sein kann.

Keimdrüsen

Hypogonadismus

Zur Differentialdiagnose eines primären von einem sekundären Hypogonadismus injiziert man dem Patienten 5 Tage lang täglich 1000–3000 IE Choriongonadotropin (z. B. Predalon oder Prolan oder Primogonyl). Beim sekundären Hypogonadismus (Hypophysenvorderlappeninsuffizienz) steigt wie beim Normalen die Ketosteroidausscheidung am 3.–4. Tag im Harn deutlich an. Beim primären Hypogonadismus ist dies nicht der Fall. Dieser Test ist geeignet, den zentral bedingten Hypogonadismus zu objektivieren, bei dem die Gonaden zwar atrophisch, aber nicht funktionsuntüchtig sind und deshalb auch die 17-Ketosteroid-Ausscheidung nach Gonadotropinbelastung ansteigt (s. auch S. 572).

Ovarialfunktionsprüfung

Eine relativ einfache Funktionsprüfung der Ovarialfunktion der Frau ist die Messung der Basaltemperatur. Die Messungen müssen jeden Morgen sofort nach dem Aufwachen nach mindestens 7stündigem Schlaf im Bett erfolgen. Etwa um die Mitte des Zyklus überschreitet die Temperaturkurve plötzlich das zuvor eingehaltene Niveau und bleibt bis unmittelbar vor dem neuen Menstruationstermin erhöht. Dieser thermogenetische Effekt beweist eine erfolgte Ovulation und schließt damit eine höhergradige Ovarialinsuffizienz mit Sicherheit aus. Die Phase der etwas erhöhten Temperatur entspricht der Corpus-luteum-Phase. Bleibt bei einer Frau mit relativ regelmäßigem Zyklus 6 Tage nach Ausbleiben der Menses die rektale Morgentemperatur mehr als 37 °C, so ist das Vorliegen einer Schwangerschaft sehr wahrscheinlich.

Nebennieren

Nebennierenmark

Praktische Bedeutung hat lediglich eine Überfunktion des Nebennierenmarks beim Phäochromozytom. Es handelt sich dabei um einen Tumor des chromaffinen Systems, der zu einer vermehrten Ausschüttung von Adrenalin und Noradrenalin führt. Deren Abbauprodukte (Catecholamine s. S. 567) sind im Urin erhöht. Folgende Tests können zur Diagnose herangezogen werden, haben jedoch gegenüber dem Catecholaminnachweis (erhöhte Ausscheidung ist beweisend) nur begrenzte Bedeutung:

Provokationsmethoden

Nach deren Anwendung werden Blutdruckkrisen erzeugt. Die Provokationstests sind für den Patienten sehr unangenehm und nicht ungefährlich. Es sollte deshalb stets das Adrenolytikum Regitin zur intravenösen Gabe bereitgehalten werden.

Massagetest: Nach energischer Palpation der Nierengegend kann es manchmal zu einer Blutdruckkrise kommen.

Cold-pressure-Test: Beim liegenden Patienten werden durch mehrmaliges Messen innerhalb von 15 Min. die Ruheblutdruckwerte ermittelt. Danach wird eine Hand des liegenden Patienten 1 Min. lang in Eiswasser von 4 °C eingetaucht. Am anderen Arm wird der Blutdruck sofort beim Eintauchen sowie in Abständen von 1 Min. bis zur Rückkehr zur Ausgangslage gemessen. Normalerweise erhöht sich der Blutdruck unter Einwirkung dieses Kältereizes systolisch um 10–25 mmHg. Bei Hyperthyreosen kurzfristiger Anstieg um 30–60 mmHg. Beim Phäochromozytom kann eine charakteristische Blutdruckkrise mit Blutdruckanstieg und klinischen Beschwerden hervorgerufen werden.

Histamintest: 0,015–0,05 mg Histamin werden in 1–2 ml physiologische Kochsalzlösung i. v. gespritzt. Es kommt dabei zu einer starken Kapillardilatation mit vermehrter Durchblutung des Phäochromozytoms und Adrenalinausschüttung aus dem Tumor. Krisenhafte Erhöhungen des Blutdrucks. Messungen des Blutdrucks in Abständen von 1 Min. Neben dem Blutdruckanstieg, der sein Maximum bereits 1–3 Min. nach Injektion erreicht, kommt es zu einer generalisierten Blässe mit Pupillenerweiterung und Tachykardie.

Adrenolytische Tests

Nach Ermittlung des erhöhten Ruheblutdrucks durch mehrmaliges Messen innerhalb von 5–15 Min. werden 0,1 mg Regitin/kg Körpergewicht i. v. injiziert. Beim Phäochromozytom kommt es zu einem starken Blutdruckabfall, der systolisch mindestens 35 mm und diastolisch mindestens 25 mm betragen soll. Der Blutdruckabfall kann bis zu 1 Stunde anhalten. Bei Hypertonien anderer Genese und bei Normotonie ist, wenn überhaupt, nur eine geringe Veränderung des Blutdrucks festzustellen. Trotz dieser Kriterien ist in 15–20% der Fälle mit einem fälschlich positiven Ausfall des Tests zu rechnen (Suchtest).

Nebennierenrinde

Überblick über die Methoden

Für die Funktionsdiagnostik der Nebennierenrinde hat neben den unten genannten Funktionstests der direkte Hormonnachweis im Plasma, evtl. unter speziellen Bedingungen, eine immer größere praktische Bedeutung. Mit Hilfe der Radioimmunoassays lassen sich im Plasma ACTH, Cortisol, Aldosteron, Testosteron, Renin mit großer Exaktheit nachweisen. Anhand dieser Hormonspiegelbestimmungen sind Funktionsstörungen der Nebennierenrinde recht zuverlässig zu erkennen. Gleichzeitig kann damit bereits eine Differenzierung in primäre oder sekundäre Formen einer solchen Funktionsstörung vorgenommen werden. Indirekte Testverfahren, wie z. B. der früher empfohlene Trinkversuch oder der sog. Thorn-Test in alter Ausführung, sind deshalb heute hinfällig. Als Funktionstests sind noch von Bedeutung der Dexamethasonsuppressionstest, der ACTH-Stimulationstest und evtl. der Metopirontest.

Cortisol-Tagesprofil im Plasma und Urin

Der Cortisolspiegel im Plasma zeigt eine ausgesprochene Tagesrhythmik. Die höchsten Werte finden sich morgens, die niedrigsten Werte spät am Abend. Die Blutentnahme (5 ml) erfolgt deshalb am besten morgens 8.00 Uhr und abends 23.00 Uhr. Normalwert morgens: 110±40 ng/ml, abends um 23.00 Uhr 40±20 ng/ml. Beim Cushing-Syndrom finden sich insgesamt erhöhte Werte und keine Tagesrhythmik. Antikonzeptiva erhöhen das Bindungsprotein für Cortisol und damit auch den Cortisolspiegel im Plasma.

Die Ausscheidung von freiem Cortisol im Urin liegt bei 30±15 µg/die (Bestimmung aus 1 ml des 24-Stunden-Urins). Die Werte sind beim Cushing-Syndrom erhöht, beim Morbus Addison erniedrigt. Die Unterscheidung zwischen primärem und sekundärem Hyperkortizismus erfolgt anhand zusätzlicher ACTH-Spiegelbestimmung im Plasma (Normalwert 30–100 pg/ml). Beim primären, autonomen Cushing-Syndrom (Adenom oder Karzinom der Nebennierenrinde) ist der ACTH-Spiegel erniedrigt. Beim sekundären Cushing-Syndrom (hypothalamisch, hypophysär, ektopisch) ist der ACTH-Spiegel im Serum erhöht.

Dexamethason-Suppressionstest

Der Test dient zum Nachweis eines Cushing-Syndroms und zur Abgrenzung gegenüber funktionell erhöhten Cortisolspiegeln (z. B. Östrogentherapie, Schwangerschaft etc.). Morgens 8.00 Uhr Blutentnahme (5 ml) zur Bestimmung des Cortisolspiegels. Abends Injektion von 3 mg Dexamethason. Am folgenden Tag 8.00 Uhr erneute Blutentnahme und Bestimmung des Cortisolspiegels. Der morgendliche Cortisolspiegel im Plasma beträgt 110±40 ng/ml. Unter Dexamethason Absinken der Werte unter 10 ng/ml. Beim Cushing-Syndrom kann die endogene Cortisolproduktion nicht oder nur ungenügend supprimiert werden. Anstelle des Plasma-Cortisolspiegels kann auch die 24-Stunden-Ausscheidung im Urin zur Diagnostik herangezogen werden.

ACTH-Stimulationstest

Der Test dient zum Nachweis einer primären Nebenniereninsuffizienz (Morbus Addison). Nach Blutentnahme (5 ml) zur Bestimmung des Plasmacortisols werden 0,25 mg eines synthetischen ACTH-Präparates intravenös verabreicht. 60 Min. später erneute Blutabnahme mit Bestimmung des Plasma-Cortisolspiegels. Normalerweise erfolgt nach ACTH-Gabe ein Anstieg des Cortisolspiegels auf das 2- bis 5fache des Ausgangswerts. Bei primärer Nebennierenrindeninsuffizienz ist der Cortisolbasalwert erniedrigt oder liegt im Normbereich. Nach Gabe von ACTH erfolgt kein oder nur ein geringer Anstieg.

Metopirontest

Der Enzymblocker Metopiron hemmt die 11β-Hydroxylase und damit den wichtigen Syntheseschritt von 11-Desoxycortisol (Substanz S) zum Cortisol. Dies führt beim normalen Menschen zu einer Steigerung der ACTH-Produktion und so zu vermehrter Stimulation der Nebennierenrinde, die unter dem Einfluß von Metopiron nur noch die Vorstufen des Cortisols bildet. Diese lassen sich vermehrt im Urin als konjugierte 17-Hydroxycorticosteroide nachweisen. Entgegen der ursprünglichen Annahme wird mit Hilfe des Metopirontests nicht die ACTH-Reserve, sondern ein Sekretionsprodukt der Nebennierenrinde, d. h. deren Funktion, gemessen. Falsch negative Teste wurden beobachtet bei Myxödem, Lebererkrankungen, Schwangerschaft, unter Östrogen, anabolen Steroiden und Chlorpromazin.

Durchführung: Nach einem Kontrolltag werden am 2. und 3. Tag je 4 g Metopiron oral gegeben. An jedem der 3 Tage wird die 24-Stunden-Harnmenge gesammelt und der Gehalt an 17-Hydroxycorticosteroiden bestimmt. Normalerweise erfolgt ein Anstieg dieser Substanzen von einem Mittelwert von 0,3 mg/24 Std. auf 16 mg/24 Std. Eine Hypophysenvorderlappeninsuffizienz muß allerdings ausgeschlossen sein.

Schilddrüse

Die Möglichkeit, Schilddrüsenhormone und insbesondere auch deren frei verfügbare, nicht an Eiweiß gebundene Fraktionen im Blut direkt zu messen, hat viele Testverfahren der Vergangenheit, so z. B. Grundumsatz, Radiojodtests, Bestimmung von PBJ oder BEJ, überflüssig gemacht. Die indirekten Bestimmungen des Hormonspiegels, denen die Kapazität von thyroxinbindenden Globulin (TBG) zugrunde liegt, wie z. B. ETR-Test, T_3-Test, T_4-Test, haben damit ebenfalls an Bedeutung verloren.

Effective-thyroxine-ratio-Test (ETR-Test)

In vitro-Test, dessen Ergebnis sehr gut mit dem Gehalt an freiem Thyroxin im Plasma korreliert. Methodisch handelt es sich um eine Kombination von T_3- und T_4-Test unter bestimmten Bedingungen. Die Störanfälligkeit der ETR-Bestimmung ist gegenüber den Einzeltests stark vermindert, und damit ist die Aussagekraft wesentlich erhöht. Bestimmung im Speziallabor aus 6 ml Plasma. Normalwerte: 0,92–1,08. Hyperthyreose >1,08; Hypothyreose <0,92.

Radiojodtest

Der seit ca. 30 Jahren praktizierte Zweiphasen-Radiojodtest ist heute in der Schilddrüsendiagnostik weitgehend überholt.

Schilddrüsenszintigraphie

Mit dieser Methode lassen sich Form, Größe und Lage der Schilddrüse feststellen. Außerdem bekommt man Aufschluß über Veränderungen innerhalb der Schilddrüse durch unterschiedliche Speicherung, wie z. B. beim toxischen Adenom. Schließlich lassen sich dystopes Schilddrüsengewebe oder Metastasen von Schilddrüsenneoplasmen, soweit sie Jod speichern, feststellen. Die Untersuchung läßt sich ohne weitere Belastung mit dem Radiojodtest kombinieren, indem 24 Stunden nach Beginn ein Szintigramm angefertigt wird. Die Schilddrüsenszintigraphie kann unter Suppression oder Stimulation des Organs vorgenommen werden.

Stimulationstest (TSH-Stimulation)

Die Schilddrüsenszintigraphie erfolgt nach Gabe von TSH. Je nach Ausfall läßt sich durch die TSH-Stimulation zwischen primärer und sekundärer Hypothyreose unterscheiden (primär und sekundär verminderte Jodspeicherung). Bei primärer Hypothyreose kommt es nach TSH-Gabe (5–15 IE TSH i. m.) zu keinem Anstieg der Radiojodaufnahme im Schilddrüsengewebe. Bei sekundär verminderter Jodspeicherung (z. B. bei toxischem Adenom) führt TSH auch in solchen Bezirken zur Jodaufnahme (Differentialdiagnose kalter Knoten/Karzinome).

Suppressionstest

Die Szintigraphie wird nach Gabe von Thyroxin durchgeführt, welches die Radiojodaufnahme der normalen Schilddrüse vermindert. Autonom arbeitendes Schilddrüsengewebe (toxisches Adenom, Hyperthyreose) zeigt keinen Rückgang der Jodaufnahme unter Thyroxingabe (negativer Suppressionstest).

Thyroxin

Gesamtthyroxin-Bestimmung

Die Bestimmung erfaßt das an Eiweiß gebundene und freie Thyroxin (T_4) im Plasma. Bestimmungsverfahren mit Hilfe des Radioimmunoassays. Normalwert 60–150 nmol/l Serum (5–12 µg/100 ml). Zusammen mit der T_3-Bestimmung ist die Analyse des Thyroxins im Serum wesentlichster Parameter zur Beurteilung der Schilddrüsenfunktion.

Freies Thyroxin (FT_4)

Die ebenfalls mit Radioimmunoassay durchgeführte Bestimmung erfaßt das freie, d. h. nicht an Protein gebundene Thyroxin. Für die Hormonwirkung im Organismus ist die Höhe der nichtgebundenen Thyroxinfraktion entscheidend. Bei Abweichungen der Schilddrüsenfunktion von der Norm sind Zu- oder Abnahme der freien Hormonfraktion stärker ausgeprägt als die der Gesamtfraktion. Dies hängt mit der Absättigung der Proteinbindungsstellen zusammen. Die freie Hormonfraktion ist somit ein sehr sensibler Parameter für eine Hyper- oder Hypothyreose. Normalwert 13–30 pmol/l Serum (1,0–2,3 ng/100 ml).

T_4-Test

Thyroxin wird mittels Alkohol aus 2 ml Patientenserum extrahiert und mit einer bekannten Menge TBG (thyroxinbindendes Globulin) sowie radioaktiv markiertem Thyroxin versetzt. Ähnlich wie beim T_3-Test ist die aus dem Trägerprotein freigesetzte markierte Thyroxinmenge abhängig vom Thyroxingehalt des Patientenplasmas. Normalwerte: 60–150 nmol/l (5–12 µg%) Thyroxin (3,2–7,8 µg% Thyroxinjod).

TRH-Test

Wichtigster Test zur Diagnose einer Schilddrüsenfunktionsstörung. Thyreotropin-releasing-Hormon (TRH) wird im Hypothalamus gebildet und stimuliert den Hypophysenvorderlappen zur Sekretion von TSH (thyreoideastimulierendes Hormon). Beide Hormone können heute im Serum mit Hilfe eines Radioimmunoassays bestimmt werden. 30 Min. nach i. v. Gabe von 100–400 µg TRH steigt beim Gesunden der basale TSH-Spiegel im Serum von 1–2 Mikroeinheiten pro ml auf 5–20 Mikroeinheiten pro ml im Serum an. Bei *primärer Hypothyreose* ist bereits der basale TSH-Spiegel erhöht. Nach TRH-Stimulation ist der TSH-Anstieg größer und länger als normal, woran bereits präklinische Hypothyreosen erkannt werden können. Die *sekundäre Hypothyreose* (Hypophyseninsuffizienz) hat normale oder erniedrigte TSH-Spiegel bei gleichzeitig erniedrigtem Schilddrüsenhormonspiegel. Auch unter Stimulation mit TRH ist eine Steigerung der TSH-Produktion nicht mehr möglich. Bei *Hyperthyreose* ist die TSH-Sekretion supprimiert. Nach TRH-Gabe erfolgt kein TSH-Anstieg im Serum. Dies ist ein wichtiges Faktum bei der Interpretation erhöhter T_3-Spiegel im Serum und bei der Sicherung der Diagnose eines dekompensierten autonomen Adenoms. Die Hormonbehandlung einer Hypothyreose ist dann richtig dosiert, wenn der TRH-Test normal ausfällt.

Trijodthyronin im Serum (T_3-RIA)

Trijodthyronin wird in einem geringen Teil von der Schilddrüse sezerniert, überwiegend jedoch in der Körperperipherie durch Dejodierung des Thyroxins gebildet. Bei jeder Erhöhung des Thyroxinspiegels ist somit auch mit einer Steigerung des Trijodthyroningehaltes zu rechnen. Es gibt jedoch auch Hyperthyreosen, bei denen lediglich der T_3-Gehalt im Serum erhöht ist (sog. T_3-Hyperthyreosen). Normalwert im Serum 60–200 ng/100 ml (Radioimmunoassay [RIA]).

T_3-Test

Mit dem T_3-Test wird im Serum die Kapazität der Bindung von Schilddrüsenhormonen an ein spezifisches Trägerprotein (TBG = thyroxinbindendes Globulin) bestimmt. Diese Bindungskapazität wird normalerweise nicht voll abgesättigt. Das Schilddrüsenhormon Trijodthyronin wird wesentlich schwächer gebunden als das in größerer Menge im Serum vorhandene Thyroxin. Der Sättigungsgrad des TBG mit Schilddrüsenhormon wird als Maß für die im Blut vorhandene Hormonmenge angesehen und indirekt mit dem T_3-Test bestimmt: Nach Zugabe von radioaktiv markiertem Trijodthyronin sowie eines Ionenaustauschers zu dem zu untersuchenden Serum wird nach 1 Stunde die Radioaktivität des Ionenaustauschers gemessen. Sie ist um so höher, je weniger T_3 an TBG gebunden wurde, d. h. je höher die im Serum schon vorhandene Thyroxinmenge war. Normalerweise beträgt die an den Ionenaustauscher gebundene Menge an T_3 ca. 20–30% der zugegebenen Gesamtmenge (starke Schwankung je nach angewandter Methode). Verminderte Werte sprechen für eine Hypothyreose, gesteigerte Werte für eine Überfunktion der Schilddrüse. Eine vermehrte Speicherung wird jedoch auch beobachtet nach Medikation mit Heparin, Salicylaten, Butazolidin, Dicumarol, Prednison, Androgenen, anabolen Steroiden, großen Dosen Penicillin sowie bei Nephrosen, kardialer Insuffizienz, Lebererkrankungen, Malignomen, schwerer pulmonaler Insuffizienz, Polyzythämie, Leukämie, Diabetes, Schwangerschaft usw. Vorteile des T_3-Tests ist seine Unabhängigkeit von vorausgegangener Jodmedikation.

Leber und Galle

Bromthaleintest

Anhand der Ausscheidungsgeschwindigkeit des Farbstoffs Bromthalein wird auf die Funktionstüchtigkeit des Leberparenchyms geschlossen. Es handelt sich um einen sehr brauchbaren und empfindlichen Test zur Diagnose von Leberparenchymschäden. Der Test soll am liegenden Patienten vorgenommen werden. Nach Entnahme von 10 ml Nüchternblut werden dem Patienten 5 mg/kg Körpergewicht (0,1 ml/kg) einer Bromthaleinlösung intravenös injiziert. Genau 60 Min. nach dieser Injektion erfolgt die zweite Entnahme von 10 ml Blut. Der Farbstoffgehalt des Serums der zweiten Blutentnahme wird in mg% angegeben. Eine Erhöhung auf über 1,2–2,4 µmol/l (0,1–0,2 mg%) ist als pathologisch anzusehen. Die Messung des Farbstoffgehalts erfolgt im Speziallabor. Der Bromthaleintest wird in verschiedenen Modifikationen ausgeführt. Zum Beispiel bei Blutentnahme nach 3 und 45 Min. post injectionem Angabe der Farbstoffkonzentration in % der maximal erreichten Konzentration: Normalwerte bis 5%. Sehr gut reproduzierbare Werte bekommt man mit dem Zweifarbstofftest: Normalwert = 100%. Injektion einer Mischampulle mit Trypanrot und Bromthalein. Blutentnahme nach 10 Min. und Vergleich beider Farbstoffkonzentrationen. Wichtig ist dabei die genaue Blutentnahme nach 10 Min.

Galactosebelastung

Der liegende nüchterne Patient bekommt 40 g Galactose in 1 l lauwarmen Tees. Die Urinportion der ersten beiden Stunden sowie der dritten Stunde nach Galactoseeinnahme wird gesammelt und die Galactosekonzentration gemessen. Normalerweise finden sich in der ersten Zweistundenportion 0 bis 0,2% Galactose (0–2 g). Die dritte Stundenportion soll galactosefrei sein. Eine Ausscheidung von über 2,5 g in der ersten Zweistundenportion ist sicher pathologisch.

Gallensonde

Die diagnostische Bedeutung dieser Methode wurde früher zweifellos überschätzt. Die Aussagekraft einer bakteriologischen Gallensaftuntersuchung wird heute von namhaften Autoren u. E. zu Recht stark in Zweifel gezogen. Die Untersuchung wird folgendermaßen durchgeführt:

Man führt dem nüchternen Patienten in sitzender Position einen dünnen röntgenkontrastgebenden Duodenalschlauch bis zur Marke 55 cm ein, saugt dann den Mageninhalt durch die Sonde mit einer Spritze ab und bringt den Patienten in die rechte Seitenlage, das Becken durch ein Kissen leicht erhöht. Bei richtiger Sondenlage (reibende Bewegungen im Epigastrium erleichtern die Pyloruspassage) fließt (kein Absaugen) eine klare, mehr oder weniger gelbe Flüssigkeit ab, deren pH maximal bei 5,7 liegt. Die spontan abfließende Galle wird als A-Galle bezeichnet. Eine Probe wird zur bakteriologischen und parasitologischen Untersuchung abgezweigt. Anschließend werden 30 ml 33%ige Magnesiumsulfatlösung durch die Sonde in das Duodenum instilliert. Die darauffolgende dunkelbraune Galle, die aus der Gallenblase stammt, wird als B-Galle bezeichnet. Von der B-Galle wird wiederum eine Probe zur bakteriologischen Untersuchung entnommen. Nach der B-Galle fließt wieder eine helle Galle, die als C-Galle (Lebergalle) bezeichnet wird.

Das Fehlen der A-Galle bei richtiger Sondenlage (Röntgenkontrolle) auch nach Instillation von 20 ml 1%iger Novocainlösung ist auf eine Abflußbehinderung im Choledochus stark verdächtig. Das Fehlen der B-Galle kann sowohl durch organische (Zystikusstein, Schrumpfgallenblase usw.) oder funktionelle Störungen (Cholezystatonie usw.) bedingt sein.

Laparoskopie

Makroskopische Betrachtung von Leber, Galle, Milz, Pfortaderkreislauf, eventueller Tumoren, Uterus, Ovarien. Möglichkeit der gezielten Gewebsentnahme. Die Untersuchung wird in Lokalanästhesie durchgeführt und dauert ca. 15–30 Min. Sie ist bei Beherrschung der Technik gefahrlos und kaum belästigend. Auch Kinder und hinfällige Patienten können laparoskopiert werden. Kontraindikationen sind schwere kardiale und pulmonale Insuffizienz, Reizleitungsstörungen des Herzens, große Zwechfellhernien, schwere hämorrhagische Diathese, akute Entzündungen im Abdomen.

Durchführung: Nach Anlegen eines Pneumoperitoneums mit ca. 2 l Luft oder CO_2 wird die ca. doppeltbleistiftdicke, stabförmige Optik in unmittelbarer Nähe des Nabels eingeführt und die Inspektion vorgenommen. Durch die Hülse der Optik läßt sich eine verlängerte Menghini-Nadel oder eine Knipszange zur Gewebsentnahme einführen. Blitzlichtphotographie ist heute mit allen Geräten möglich und erlaubt so eine Dokumentation der Befunde.

Leberblindpunktion

Die Sekundenbiopsie nach Menghini mit Hilfe einer ultradünn geschliffenen Hohlnadel (Menghini-Nadel) gilt heute als die Methode der Wahl. Voruntersuchung: Bestimmung der Thrombozytenzahl und des Quick-Wertes (s. Indikation und Kontraindikation). Nach Lokalanästhesie wird im Bereich der mittleren Axillarlinie rechts im Zentrum der Leberdämpfung eingestochen. Der entnommene Zylinder wird in 10%iger Formalinlösung zur histologischen Untersuchung weitergeleitet. Nach der Punktion ist eine 24stündige Beobachtung des Patienten dringend zu empfehlen (Kontrolle von Blutdruck und Pulsfrequenz zur Erkennung einer eventuellen Blutung). Das Punktionsrisiko ist bei Beachtung der Kontraindikationen in der Hand des Geübten äußerst gering.

Indikation: Alle diffusen Lebererkrankungen, unklare Hepatosplenomegalie, funktionelle Hyperbilirubinämien, Siderophilie, Verlaufskontrollen chronischer Lebererkrankungen, unklare Stoffwechselerkrankungen, Fettleber, Miliartuberkulose usw.

Kontraindikationen: Hämorrhagische Diathesen (Quick-Wert <50%, Thrombozytenzahl <50000/mm^3), Pleuraempyem, subphrenischer Abszeß, Leberzysten, Hämangiomleber, kardiale Leberstauung, Cholestase (alkalische Phosphatase >250 U/l). Metastasenleber, fehlende Leberdämpfung (Koloninterposition), eitrige Cholangitis.

Leberszintigraphie

Mit Hilfe eines Leberszintigramms können Größe, Form und Lage der Leber bestimmt werden. Es erlaubt Hinweise auf umschriebene Parenchymdefekte (Abszesse, Tumoren, Metastasen, Zysten). Mindestgröße eines nachweisbaren Parenchymdefektes 2–3 cm Durchmesser.
Die gebräuchlichsten radioaktiv markierten Substanzen zur Leberszintigraphie sind J-131-Bengalrosa und Gold 198 in kolloidaler Form. Bengalrosa wird kurzfristig in der Leberparenchymzelle, Gold im RES, d. h. überwiegend in den Kupffer-Sternzellen, angereichert. Beide Substanzen sind γ-Strahler und können mit entsprechenden Detektoren über der Leber angereichert nachgewiesen werden, entsprechend ihrer topographischen Verteilung innerhalb des Organs. Die Untersuchung ist komplikationsfrei und für den Patienten nicht belastend. In der Regel werden 3,7–5,6 MBq (100–150 μCi) i. v. appliziert, die rasch wieder ausgeschieden werden. Die Strahlendosis in der Leber liegt dabei niedriger als bei einer Röntgenuntersuchung des Magen-Darm-Traktes. Die Untersuchung kann nur in speziell eingerichteten Laboratorien durchgeführt werden.

Perkutane transhepatische Cholangiographie

Die röntgenologische Darstellung der Gallenblase und der großen Gallenwege nach oraler oder i. v. Gabe eines Kontrastmittels ist bei Vorliegen eines Ikterus nicht möglich, da das Kontrastmittel bei solchen Zuständen genauso wenig wie Bilirubin über die Galle ausgeschieden wird. Zum Ausschluß bzw. Nachweis eines Verschlußikterus kann in solchen Fällen durch perkutane Punktion der Leber Kontrastmittel in die Gallenwege appliziert und eine Röntgendarstellung erzielt werden. Beim Verschlußikterus sind auch die intrahepatischen Gallenwege gestaut und damit weit, so daß bei entsprechender Übung spätestens nach 2–3 Blindpunktionsversuchen Gallenflüssigkeit aspiriert werden kann. Unter Röntgenkontrolle wird jetzt Kontrastmittel injiziert. Die Methode ist nicht ohne Gefahr und sollte nur bei strenger Indikation und Einsatzbereitschaft eines Chirurgen bzw. einer chirurgischen Klinik durchgeführt werden. Neben einer Blutung kann es zu einer galligen Peritonitis kommen, was genauso wie ein positiver Steinnachweis im Choledochus eine sofortige Laparotomie nach sich zieht. Unter Beachtung obiger Richtlinien ist die Methode von unschätzbarem Wert für die Differentialdiagnostik eines länger bestehenden, unklaren cholestatischen Ikterus. Bei freien Gallenwegen vermag sie eine Probelaparotomie zu ersparen.

Retrograde Cholangiographie

Mit Hilfe eines Duodenoskops kann ohne große Schwierigkeit die Papilla duodeni major (Vateri) vom Duodenum her betrachtet und katheterisiert werden. Nach Einführen eines dünnen Plastikkatheters in das Lumen der Papille werden Kontrastmittel injiziert und Röntgenaufnahmen der Gallenwege (und Gallenblase) angefertigt. Die Methode ist ungefährlich und von großer Bedeutung für die Differentialdiagnose eines unklaren Verschlußikterus. Dem Geübten gelingt in 70–90% der Fälle die röntgenologische Darstellung der Gallenwege.

Splenoportographie

Durch Injektion von Kontrastmittel in die Milz gelingt die röntgenologische Darstellung der Milzvene und Pfortader als obligate Voruntersuchung für eine portokavale Shuntoperation. Gleichzeitig lassen sich mit dieser Methode Umgehungskreisläufe bei portaler Hypertonie wie z. B. Ösophagusvarizen darstellen.

Lunge

Allgemeines

Eine ausreichende Analyse der Lungenfunktion bzw. ihrer Störungen ist nur in einem Speziallabor möglich. Sie umfaßt spirometrische Untersuchungen (Vitalkapazität, Residualvolumenbestimmungen, Atemminutenvolumenbestimmung, Atemgrenzwert, Atemstoßtest) sowie Alveolarluft- bzw. Blut-

gasanalysen. In besonderen Fällen ergeben Röntgendiagnostik, EKG und Herzkatheter noch weitere Aufschlüsse. Bei den spirometrischen Methoden ist man sehr von der Bereitwilligkeit und Mitarbeit des Patienten abhängig. Dies muß bei der Beurteilung der Ergebnisse berücksichtigt werden (Begutachtung!). Unabhängig von der Bereitwilligkeit des Probanden gelingt die Messung der Atemwegswiderstände, der Lungendehnbarkeit und verschiedener Volumina mit Hilfe des Ganzkörperplethysmographen.
Störungen der Lungenfunktion können bedingt sein durch ungenügende Ventilation der Lunge, ungenügende Durchblutung der Lunge, behinderte Diffusion von Sauerstoff. Man unterschiedet dementsprechend:

- ventilatorische Verteilungsstörung: obstruktiv, z. B. Asthma bronchiale; restriktiv, z. B. Lungenfibrose, Pleuraschwarte, Atelektase usw.;
- zirkulatorische Verteilungsstörungen: Embolie, AV-Shunt usw.;
- alveolare Hypoventilation: globale Minderbelüftung der Lunge im Endstadium vieler Lungenkrankheiten, aber auch bei Atemmuskellähmung oder Störungen des Atemzentrums;
- Diffusionsstörungen: z. B. bei Lungenfibrose, chronischer Pneumonie usw.

Der äußere Aspekt des Patienten, seine Lage, Haltung, vor allem der Ablauf der Atembewegungen selbst (Tiefe, Rhythmus, Frequenz und Symmetrie der Thoraxbewegung mit oder ohne Zuhilfenahme der Auxiliarmuskulatur) können bei bestehenden Atmungsstörungen bereits wichtige Aufschlüsse geben (Kußmaul-Atmung, Cheyne-Stokes-Atmung). Wichtig ist das Verhältnis von Inspirations- und Exspirationszeit = Atemzeitquotient, normal ca. 1:1 bis 1,5, bei spastischer Emphysembronchitis z. B. 1:2. Die Beobachtung der Thoraxexkursion von mittlerer Atemlage zu maximaler Inspiration ergibt einen Anhalt für die inspiratorische Reserve. Sie ist vermindert beim Emphysem zugunsten des minimalen Lungenvolumens (Residualvolumens).
Unter Totraum versteht man den bei der Atmung mit Luft gefüllten Raum, in dem jedoch kein Gasaustausch stattfindet (Mundhöhle, Nase, Trachea usw.). Er umfaßt normalerweise ca. 140 ml.

Atemanhaltevermögen

Bei maximaler Inspiration beträgt die normale Atempause mindestens 30–40 s., nach Exspiration 20 s. Bei Erhöhung der CO_2-Spannung im Blut ist die Atempause verkürzt (z. B. Emphysem, Herzinsuffizienz). Psychische Faktoren spielen bei dieser Prüfung eine besonders große Rolle, so daß ihr Wert mit Vorsicht zu beurteilen ist.

Atemäquivalent (spezifische Ventilation)

Man versteht darunter die Beziehung zwischen Ventilation und Sauerstoffaufnahme (Atemzeitvolumen: Sauerstoffverbrauch). Der Normalwert für Erwachsene beträgt 25 bis 31. Der Quotient drückt aus, wieviel ml Luft/ml O_2-Verbrauch ventiliert werden. Normalerweise ändert sich das Atemäquivalent beim Gesunden unter Belastung nicht. Bei Hyperventilation ist es vergrößert, bei Störung der Ventilation infolge verminderter Erregbarkeit des Atemzentrums (Morphin, Barbituratvergiftungen) erniedrigt.

Atemgrenzwert

Es handelt sich dabei um die maximale willkürliche Atemleistung in l/min. Die Messung wird über kurze Zeit (15–20 s.) durchgeführt und der ermittelte Wert auf 1 Min. umgerechnet. Die Untersuchung ist sehr von der Mitarbeit des Probanden abhängig. Der Sollwert ist abhängig von Atemfrequenz, Vitalkapazität, Alter usw. Er ist erniedrigt bei restriktiven (Verminderung des maximalen Lungenvolumens) und obstruktiven Ventilationsstörungen (Erhöhung des Strömungswiderstands bei normalem maximalen Lungenvolumen). Unterscheidung zwischen diesen beiden Ventilationsstörungen unter Umständen nach Gabe von Broncholytika. Die Differenz zwischen Atemgrenzwert und Atemzeitvolumen in Ruhe bezeichnet man als Atemreserve. Die Normalwerte des Atemgrenzwertes liegen bei 70–120 l/min.

Atemstoßtest nach Tiffeneau (1-Sek.-Wert)

Es handelt sich um die maximale exspiratorische Förderleistung pro Sekunde nach maximaler Inspiration. Sie beträgt normalerweise 70–80% der Istvitalkapazität. Der Test erlaubt eine Aussage über die Weite der Luftwege bzw. über Atemwiderstände im Bronchialsystem sowie über die Elastizität der Lunge, die Beweglichkeit des Thorax und die Kraft der Atemmuskulatur. Zwischen Atemstoßtest und Atemgrenzwert besteht eine lineare Beziehung (Atemstoßtest = Atemgrenzwert: 30). Der Test ist normal bei restriktiven Ventilationsstörungen, erniedrigt bei obstruktiven Ventilationsstörungen (s. Atemgrenzwert).

Compliance

Man versteht darunter die Volumendehnbarkeit bzw. Elastizität der Lunge, bestimmt mit Hilfe des Ganzkörperplethysmographen. Es handelt sich um einen „statischen", zeitunabhängigen Meßwert, der angibt, wie stark der Druck in der Lunge nach Auffüllung mit einem definierten Volumen ansteigt. Normalwert 100–300 ml/cm H_2O. Einschränkung der Compliance auf Werte unter 80 ml/cm H_2O sind sicher pathologisch und Ausdruck einer restriktiven Ventilationsstörung (Emphysem, Zustand nach Pneumonektomie, Pleuraerguß usw.).

Ergospirometrie

Man versteht darunter die Untersuchung der Atemfunktion während dosierter Belastung. Zur Belastung werden meist Fahrradergometer verwandt, die es erlauben, dem Patienten eine konstante, stufenlos einstellbare Arbeit abzuverlangen.
In erster Linie werden Atemzeitvolumina und Sauerstoffverbrauch gemessen und mit Normwerten verglichen. Training eines Probanden spielt eine nicht unerhebliche Rolle im Ergebnis. Bei restriktiven Ventilationsstörungen oder bei Diffusionsstörungen kommt es typischerweise mit Zunahme der körperlichen Belastung zu einem kontinuierlichen Abfall des arteriellen Sauerstoffdruckes. Bei Obstruktion kann es zunächst über eine Verbesserung des Belüftungs-Durchblutungs-Verhältnisses zu einem Anstieg des O_2-Druckes kommen.

Gasanalysen

Arterielles und venöses Blut werden unter strengem Luftabschluß gewonnen und sofort analysiert. Normalwerte s. Tab. 8.**2**.

Die Blutgaswerte können bei krankhaften Veränderungen der Gesamtlunge typische Veränderungen zeigen. Beim Emphysem z. B. kann die arterielle O_2-Sättigung erniedrigt, der CO_2-Gehalt noch normal sein, da CO_2 viel leichter diffundiert als der Sauerstoff. Bei funktionellen oder nur partiellen organischen Erkrankungen finden sich jedoch meist keine eindeutigen Veränderungen der Blutgaswerte. Eine fortlaufende Registrierung der Atemgaswerte ist neuerdings mit Ultrarot-Absorptionsschreibern möglich und erlaubt in speziellen Fällen weitere Aufschlüsse.

Intrathorakales Gasvolumen – funktionelles Residualvolumen

Beim Lungengesunden sind intrathorakales Gasvolumen (IGV) und funktionelles Residualvolumen (FRV) identisch (Abb. 8.**1**). Das IGV wird plethysmographisch, das FRV mit Hilfe der Helium-Verdünnungsmethode gemessen. Einen meist reversiblen Anstieg von IGV und FRV findet man bei obstruktiven Ventilationsstörungen; eine irreversible Zunahme ist typisch für das Lungenemphysem. Vermindert sind beide Volumina bei Adipositas, Aszites (Zwerchfellhochstand), Pleuraerguß (Lungenkompression), Pneumonie (Verkleinerung des Alveolarraumes), interstitieller Fibrose oder sonstiger Verkleinerung des Thorax (z. B. Thorakoplastik). Bei einer solchermaßen bedingten Verkleinerung des IGV und des FRV (z. B. Adipositas) kann die Diagnose eines Lungenemphysems mit Hilfe dieser Methodik sehr erschwert sein, da sich beide Volumenveränderungen gegenseitig aufheben. Bei peripherer Bronchialobstruktion mit sog. Ventilstenosen ohne offene Verbindung mit dem Tracheobronchialsystem (sog. Air-trapping) werden unterschiedliche Werte gemessen: Das IGV ist größer als das FRV.

Tabelle 8.**2** Arterielle und venöse Blutgaswerte beim Gesunden

	O_2-Gehalt (Vol.-%)	HbO_2-Sättigung	O_2-Druck (mmHg)	Ges.-CO_2-Gehalt (Vol.-%)	CO_2-Druck (mmHg)
arteriell	16–22	98%	94	45–60	39–41
venös	13–16	74%	40	50–65	43–47

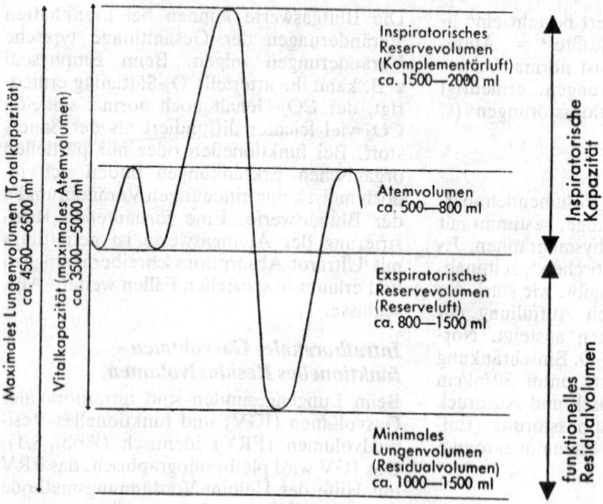

Abb. 8.1 Funktionell unterscheidbare Lungenvolumina

Resistance

Man versteht darunter die Strömungswiderstände bei Ein- und Ausatmung eines bestimmten Luftvolumens. Gemessen wird mit Hilfe des Ganzkörperplethysmographen die Druckdifferenz, die erforderlich ist, um eine bestimmte Luftstromstärke zu erreichen. Normwert 1–3 cm H_2O/l/s. Bei einer Resistance von 5–10 beginnt bereits eine Dyspnoe. Bei Werten von 20–40 cm H_2O/l/s. besteht eine schwere Dyspnoe.

Röntgenologische Atemfunktionsprüfungen

Sie geben Aufschluß über die Beweglichkeit des Zwerchfells.

Inspirationsversuch nach Müller: Nach vollkommener Ausatmung läßt man den Patienten bei geschlossenem Mund und zugehaltener Nase kräftig zu inspirieren versuchen. Normalerweise beobachtet man dabei ein deutliches Tiefertreten der kuppelartig gewölbten Zwerchfellhälften. Seitendifferenz oder eingeschränkte Beweglichkeit sind pathologisch.

Hitzenberger-Schnupfversuch: Der Patient wird aufgefordert, mit geschlossenem Mund kräftig aufzuschnupfen. Das normale Zwerchfell zeigt dabei eine Abwärtsbewegung beider Kuppen. Pathologisch ist jede einseitige (Waagebalkenphänomen) oder doppelseitige paradoxe Beweglichkeit, d. h. Aufwärtsbewegung des Zwerchfells bei Inspiration und Abwärtsbewegung bei Exspiration. Sie ist Zeichen einer ein- oder doppelseitigen Lähmung des N. phrenicus.

Hustenversuch: Der Patient wird aufgefordert, nach kräftiger Inspiration zu husten. Das normale Zwerchfell steigt dabei blitzartig beiderseits hoch. Anschließend Rückkehr in Inspirationslage. Pathologisch sind Seitendifferenzen. Es handelt sich dabei um die Folgen von Druckunterschieden zwischen der rechten und linken Thoraxhälfte, z. B. bei Pneumothorax.

Vitalkapazität

Das in aufrechter Körperposition nach maximaler Inspiration und tiefster Exspiration gewonnene Volumen. Normalwert ca. 3500–5000 ml (Abb. 8.1). Die Bestimmung geschieht mittels eines einfachen Spirometers, in welches der Patient nach tiefster Inspiration bei verschlossener Nase so tief wie möglich ausatmet. Der Versuch wird 3 mal in Abständen von einigen Minuten wiederholt und der erzielte Höchstwert zur Beurteilung herangezogen. Im Liegen ist die Vitalkapazität infolge veränderter Zwechfellbeweglichkeit und Höhertreten des Zwerchfells um ca.

5–10% niedriger. Der Sollwert der Vitalkapazität ist abhängig von Körpergröße, Gewicht, Alter und Geschlecht. Er kann unter Zuhilfenahme dieser Größen geschätzt werden, z. B. Männer = Körperoberfläche × 2,5, Frauen = Körperoberfläche × 2,0. Eine Verminderung der Vitalkapazität unter 70% des Sollwerts ist pathologisch. Bei Werten unter 40% des Sollwerts tritt bereits Ruhedyspnoe auf. Eine erniedrigte Vitalkapazität bedeutet eine Ventilationsstörung der Lunge, z. B. bei Ausschaltung größerer Lungenbezirke infolge Pneumonie, Atelektase, Bronchospasmen, Tumoren, kardial bedingter Lungenstauung, Pleuraerguß, Pneumothorax, Zwerchfellhochstand infolge Schwangerschaft oder Aszites, Einschränkung der Thoraxbeweglichkeit bei Kyphoskoliose, Fettsucht, Pleuritis, Rippenfrakturen. Durch einen Normalwert kann eine Atemstörung nicht ausgeschlossen werden.

Magen

Magensaftuntersuchung

Sondierung

Zur Gewinnung von Magensaft wird dem nüchternen Patienten in sitzender Position ein dünner, mit einer Markierung versehener Magenschlauch eingeführt, bis der tiefste Punkt des Magens (55–77 cm von der Zahnreihe) erreicht ist. Als wichtige Meßgrößen zur Beurteilung der Magenfunktion gelten heute nur noch das Magensaftvolumen und der Gesamtsäuregehalt des Magensekrets, und zwar unter Ruhe- und Belastungsbedingungen.

Basalsekretion: Nach Einführen des Magenschlauchs beim nüchternen Patienten Aspiration des Nüchternsekrets, das normalerweise weniger als 50 ml beträgt. Es ist farblos und viskös, kann kleine Blutflocken (Sondentrauma) enthalten. Galle in mehreren Fraktionen zeigt einen Reflux aus dem Duodenum an, der als ätiologischer Faktor bei der Entstehung einer Gastritis (Refluxgastritis) eine Rolle spielen kann. Die Messung der Basalsekretion erfolgt, indem man aufeinanderfolgend 4mal 15-Min-Portionen sammelt. Normalwerte: 60–100 ml Magensaft/Stunde, 1–4 mmol Gesamt-HCl/Stunde. Die Messung der Basalsekretion ist wichtig für die Diagnostik des Zollinger-Ellison-Syndroms (Volumen und Gesamt-HCI stark vermehrt) sowie für die pharmakologische Prüfung antisekretorischer Medikamente.

Sekretion nach Histaminreiz: Zur Auslösung der Magensaftsekretion haben sich heute histaminähnliche Substanzen wie z. B. Histalog (Betazol) (50–100 mg) bzw. Pentagastrin (6 µg/kg Körpergewicht i. m. od. s. c.) durchgesetzt. Histaminähnliche Substanzen haben gegenüber Histamin den Vorteil einer sehr geringen Nebenwirkung auf Herz und Kreislauf bei voller Wirkung auf die Magensekretion. Wird reines Histamin verwendet (Imido 0,5 mg s. c.), so empfiehlt sich 30 Min. zuvor die i. m. Gabe eines Antihistaminikums zur Abschirmung eventuell auftretender Nebenwirkungen. Kontraindikationen gegen die Anwendung von Histamin sind eine erfolgte Magenblutung, Niereninsuffizienz, allergische Erkrankungen wie z. B. Asthma bronchiale, schwere Herzleiden, allgemeine Gefäßsklerose bei hohem Alter und ein Phäochromozytom. Histamin vermag die Belegzellen des Magens direkt zu einer maximalen Sekretionsleistung anzuregen. Der Coffeinprobetrunk ist heute weitgehend verlassen, da das Ergebnis dieser relativ schwachen Stimulation nicht reproduzierbar ist und in sehr weiten Grenzen schwankt. Sehr starke Abhängigkeit vom jeweils vorliegenden Vagotonus!

Normalwerte nach Stimulation mit Histamin bzw. Histalog: Magensaftvolumen 120–200 ml in der ersten Stunde, gesamt-HCl 15–25 mmol in der ersten Stunde. Darunterliegende Werte ergeben Hinweise auf verschiedene Grade einer Sekretionsschwäche der Belegzellen, meist im Rahmen einer Gastritis. Histaminrefraktäre Anazidität entspricht in der Regel einer Atrophie der Belegzellen (atrophische Gastritis).

Die Unterscheidung von freier und gebundener Säure mit Hilfe der Titration des Magensaftes nach Töpfer ist heute weitgehend verlassen. Der Begriff der sog. freien Säure wird heute als unphysiologisch von den meisten Autoren abgelehnt. Er ergibt gegenüber den Maßgrößen des Saftvolumens und der Gesamt-HCI keine weiteren diagnostischen Aufschlüsse.

Farbstofftest

Das Prinzip besteht darin, daß ein an einen Eiweißkörper gekoppelter Farbstoff im Magen unter dem Einfluß der vorhandenen Säure freigesetzt, resorbiert und durch die Nieren ausgeschieden wird. Er kann dann im Urin nachgewiesen werden. Diese einfache, relativ zuverlässige und für den praktischen Arzt sehr vorteilhafte Untersuchungsmetho-

de gestattet den Nachweis freier HCl im Magen. Über Menge und Konzentration der freien HCl kann aber keine genaue Aussage gemacht werden.
Der Patient erscheint nüchtern zur Untersuchung und entleert seine Blase in einen Behälter. Falls die Säureverhältnisse im Nüchternsekret untersucht werden sollen, werden sofort die Testpillen, z.B. Desmoidpillen, verabreicht. Danach wird nach Vorschrift der Urin gesammelt und mit dem Kontrollurin nach Vorschrift verglichen. Man kann auch die Säureverhältnisse unter dem Einfluß eines Reizstoffs, z.B. Coffeintabletten, Probemahlzeit, Histaminreiz, untersuchen. Wenn das Maximum der Säuresekretion im Magensaft erreicht ist (ca. 30–60 Min. später), schluckt der Patient die Testpillen. Der weitere Untersuchungsgang ist wie oben. Patienten mit Magenresektion oder Gastroenterostomie sind für diese Untersuchungen ungeeignet.

Ösophagogastroduodenoskopie

Mit Hilfe der vollflexiblen Glasfiberinstrumente mit Geradeausoptik gelingt heute in einem Untersuchungsgang die Betrachtung des Ösophagus, des Magens, des Bulbus duodeni sowie wesentlicher Teile des Duodenums ohne größere Belästigung des Patienten. Neben der makroskopischen Beurteilung besteht die Möglichkeit, Gewebe aus den genannten Darmabschnitten zur histologischen Untersuchung zu entnehmen. Der direkte optische und mechanische Zugriff gilt als wesentlicher Vorteil gegenüber der indirekten Röntgendiagnostik. Der nüchterne Patient bekommt als Vorbereitung Valium und Atropin. Sodann wird der Rachenraum mit einem Oberflächenanästhetikum eingesprüht und der ca. kleinfingerdicke Schlauch in den Ösophagus und die tiefer liegenden Abschnitte eingeführt.

Indikation zur Ösophagogastroduodenoskopie: unklare Magen- bzw. Oberbauchbeschwerden, sichere Diagnose großer und kleiner Wandläsionen wie z.B. Ulzera, Erosionen, Frühkarzinom, akute Blutungsquellen (Notgastroskopie), Therapiekontrolle, Polypektomie usw.

Darm und exokrines Pankreas

Chymotrypsinausscheidung

Das Pankreasenzym Chymotrypsin kann heute auf einfache und sichere Weise photometrisch in Stuhlproben bestimmt werden. Werte unter 3 Einheiten/g Stuhlgewicht gelten als pathologisch und bedeuten eine eingeschränkte exokrine Pankreasfunktion. Die diagnostische Treffsicherheit ist derjenigen von sondenlosen Funktionstests vergleichbar.

Dünndarmbiopsie

Die Dünndarmbiopsie wird heute meist im Rahmen einer Duodenoskopie durchgeführt, wobei Biopsiematerial aus dem tiefen Duodenum bzw. aus dem oberen Jejunum entnommen werden kann. Die histologische Untersuchung des Biopsiematerials erlaubt die Diagnose einer Sprue, eines Morbus Whipple, einer Amyloidose. Ist es erforderlich, aus tieferen Dünndarmabschnitten zu biopsieren, so gelingt dies mit Hilfe einer doppelläufigen Darmsonde. Durch eine vorne angebrachte, seitliche Öffnung läßt sich Schleimhaut ansaugen und mit Hilfe eines Ringmessers abtrennen. Gleichzeitige Röntgenkontrolle gibt über die Lage der Kapsel Auskunft. Komplikationen, wie z.B. stärkere Blutungen oder Perforationen, sind nur äußerst selten beobachtet worden. Gerinnungsstörungen gelten als Kontraindikation.

Gordon-Test (PVP-Test)

Die Untersuchung dient zum Nachweis einer exsudativen Enteropathie. Radioaktiv markiertes Polyvinylpyrrolidon wird intravenös verabreicht und über mehrere Tage seine Ausscheidung im Stuhl gemessen. Normalerweise werden nur bis ca. 1% der zugeführten Aktivität im Stuhl wiedergefunden. Vermehrte Ausscheidung spricht für das Vorliegen eines enteralen Eiweißverlustsyndroms.

Koloskopie

Mit Hilfe eines vollflexiblen Glasfiberinstrumentes mit Geradeausoptik kann das Kolon in seiner gesamten Länge bis zum Zäkum eingesehen und biopsiert werden. Zur Säuberung des Darms ist eine Vorbereitung des Patienten mit Diät und Einläufen erforderlich. Die Untersuchung kann ambulant durchgeführt werden. Die diagnostische Ausbeute ist erheblich größer und sicherer als bei der Röntgen-Kontrastuntersuchung des Kolons. Besonders wichtig ist, daß während der Untersuchung mit der Diathermieschlinge Polypen bis Pflaumengröße abgetragen werden können, wenn diese z. B. als chronische Blutungsquelle in Frage kommen. Da eine maligne Entartung außerdem nie ausgeschlossen werden kann, dient die Polypektomie im weitesten Sinne der Karzinomprophylaxe.

PABA-Test

Bezüglich technischem Ablauf, Indikation und diagnostischer Aussage ist der PABA-Test dem Pankreolauryltest vergleichbar. Oral verabreichte Benzoyl-Tyrosyl-para-Aminobenzoesäure wird im Dünndarm durch Chymotrypsin gespalten, resorbiert, in der Leber konjugiert und renal ausgeschieden. Innerhalb von 9 Stunden wird normalerweise mehr als 60% der verabreichten para-Aminobenzoesäure im Urin ausgeschieden bzw. wiedergefunden.

Pankreolauryltest

Er dient zur indirekten Bestimmung der exokrinen Pankreasfunktion und ist damit bedeutsam für die Diagnostik der chronischen Pankreatitis sowie für die Differentialdiagnose einer Maldigestion und Malabsorption. Ein oral verabreichter nicht resorbierbarer Fluorescindilaurinsäureester wird im Dünndarm durch Pankreasenzyme (Arylesterasen) gespalten. Das frei werdende Fluorescin wird resorbiert und im Urin ausgeschieden. Die Menge des über 10 Stunden ausgeschiedenen Fluorescins dient als Maß für die in den Darm sezernierten Pankreasenzyme. Sie wird verglichen mit der Ausscheidung reinen Fluorescins, welches nach ein- bis dreitägiger Pause als Kontrolltest gegeben wird. Eine Ausscheidung von weniger als 20–30% beim Kontrolltest ist pathologisch. Die Untersuchung scheint für praktische Belange auszureichen, wenngleich mehr oder weniger geringe Einschränkungen der Pankreasenzymsekretion (z. B. bei chronischer Pankreatitis) nicht immer zuverlässig erfaßt werden können. Die Sensivität und Spezifität des Tests wird mit ca. 80–90% angegeben.
Bei Magenresektion, gestörter Gallenblasenfunktion, entzündlichen Darmerkrankungen, Anorexie oder Vegetariern sollen gehäuft pathologische Testergebnisse vorkommen, ohne daß eine exokrine Pankreasinsuffizienz vorliegt.
Die Untersuchung sollte deshalb nicht ohne Kenntnis klinischer Daten im Screening-Verfahren eingesetzt werden. Ein normales Testergebnis schließt eine relevante Pankreasinsuffizienz jedoch mit über 95% Wahrscheinlichkeit aus.

Retrograde Pankreatographie

Mit Hilfe eines Duodenoskops wird ein Katheter in die Mündung des Pankreasausführungsgangs an der Papilla duodeni major (Vateri) eingeführt und das Gangsystem mit Röntgenkontrastmittel vorsichtig aufgefüllt. Normalerweise zeigt sich im Röntgenbild eine gleichmäßige Darstellung glatt begrenzter, zur Peripherie sich verjüngender Gänge (Hauptgang mit Seitenästen). Abbrüche, Kaliberschwankungen usw. sieht man bei chronischer Pankreatitis, Pankreaskarzinom, Pankreaszysten usw. Eine sichere Unterscheidung zwischen chronischer Pankreatitis und Karzinom ist nur selten möglich. Die Darstellung des Gangsystems gelingt dem Erfahrenen in ca. 80–90% der Fälle. Bei frischen Entzündungszeichen sollte die Untersuchung wegen der Gefahr einer Exazerbation nicht durchgeführt werden. Eine stationäre Nachbeobachtung ist in allen Fällen ratsam.

Schilling-Test

Bestimmung der Vitamin-B_{12}-Resorption zur Diagnose einer perniziösen Anämie bzw. Malabsorption. Ein pathologischer Test (verminderte B_{12}-Ausscheidung) kann in bis zu 80% der Fälle von Malabsorption gefunden werden. Der tägliche Vitamin-B_{12}-Bedarf liegt bei 5 µg und wird normalerweise aus der Nahrung gedeckt. Die Resorption ist an die Gegenwart von Intrinsic factor im Magensaft geknüpft. Bei perniziöser Anämie, Sprue, Steatorrhö, intestinalen Divertikeln und Anastomosen, Dysbakterie oder Befall mit Fischbandwurm findet sich eine mangelhafte Resorption von Vitamin B_{12}. Der Vitamin-B_{12}-Spiegel im Serum ist erniedrigt. Der obengenannte Test beruht auf der Tatsache, daß überschüssig aufgenommenes oder parenteral zugeführtes Vitamin B_{12} sehr rasch über die Nieren wieder ausgeschieden wird. Es wird zunächst eine kleine Menge radioaktives Vitamin B_{12} oral verabfolgt. 2 Stunden danach gibt man eine hohe Dosis inaktives Vitamin B_{12} intravenös und schließt aus der Messung der Radioaktivität im darauffolgenden 24-Stunden-Urin auf die Menge des nach oraler Verabreichung resorbierten radioaktiven Vitamins B_{12}. Während sich normalerweise eine Steigerung der B_{12}-Ausscheidung im Urin von mehr als 10–12% der oralen Dosis ergibt, findet sich bei Perniziosakranken mit verminderter B_{12}-Resorption nur eine Ausscheidung von etwa 1%. Bei gleichzeitiger Zuführung von Intrinsic factor steigt die Ausscheidung von radioaktivem Vitamin B_{12} an und kann sogar nahezu normale Werte erreichen. Bei Vorliegen einer Sprue ist auch bei gleichzeitiger Gabe von Intrinsic factor kein Anstieg der B_{12}-Ausscheidung im Urin zu beobachten.

Secretintest

Eine direkte Methode zur Beurteilung der exokrinen Pankreasfunktion ist die Untersuchung des Pankreassaftes nach Secretin- und Pankreozyminstimulierung. Man verwendet zur Aspiration des Pankreassaftes eine doppelläufige Sonde (z. B. nach Lagerlöf oder Barthelheimer), deren richtige Lage (Flexura duodenojejunalis) röntgenologisch kontrolliert wird. Nach Messung der sog. Basalsekretion während einer „Leerperiode" in den ersten 30 Min. nach Einführen der Sonde wird ein Sekretionsreiz gesetzt. Die hierzu früher angewandte Gabe von Äther, Galle, Alkohol, Fleischbouillon oder Salzsäure intraduodenal ist heute verlassen zugunsten der i. v. Gabe von Secretin und Pankreozymin. Beide Hormone werden in einer Dosierung von 1–1,7 E/g Körpergewicht dosiert und die resultierende Saft-, Bicarbonat- und Enzymausschüttung über einen Zeitraum von 60–80 Min. registriert. Beide Hormone sind die physiologischen Aktivatoren der exokrinen Pankreasfunktion. Während Secretin zu einer Steigerung der Saft-, Bicarbonat- und Enzymmengen bei gleichzeitigem Abfall der Enzymkonzentration führt, provoziert Pankreozymin die Abgabe eines geringen Volumens von konzentriertem enzymreichen Pankreassaft über einen Zeitraum von 20 Min. Das Untersuchungsmaterial wird in eisgekühlten Behältern aufgefangen und muß sofort verarbeitet werden. Innerhalb von 80 Min. nach Gabe von Secretin und Pankreozymin werden normalerweise ausgeschüttet: 50–300 ml Pankreassaft, 6–14 mmol Bicarbonat, 360 Somogyi-Einheiten Amylase, 3000–18000 Tietz-Einheiten Lipase und 2500–8000 Einheiten proteolytische Aktivität.

Trioleintest

Differentialdiagnose zwischen Malabsorption und Maldigestion. Mit radioaktivem Jod (1850 kBq = 50 μCi) markiertes Triolein (Neutralfett) wird oral gegeben. Nach 3,5 und 7 Stunden wird die Radioaktivität im Blut bestimmt. Sie steigt normalerweise auf über 8% der gegebenen Aktivitätsmenge an. Anstiege im Blut auf weniger als 5% sprechen für eine Pankreasinsuffizienz, d. h. für einen verminderten Abbau von Triolein (Abspaltung der markierten Fettsäuren) im Darm und für eine dadurch bedingte Störung der Fettresorption. Bei Messung der Radioaktivität im Stuhl während 3 Tagen sollte diese normalerweise nicht über 2% ansteigen.

Xylosetest

Differentialdiagnose zwischen Maldigestion und Malabsorption. D-Xylose wird von der normalen Dünndarmschleimhaut gut resorbiert und rasch über die Nieren ausgeschieden. Nach oraler Gabe von 25 g D-Xylose werden in den folgenden 5 Stunden im Harn mehr als 5 g wiedergefunden. Bei intestinaler Resorptionsstörung (Malabsorption) werden in 5 Stunden weniger als 4 g im Urin ausgeschieden. Bei Maldigestion (Pankreasinsuffizienz) beobachtet man dagegen normale Ausscheidungsmengen von Xylose. Erniedrigte Ausscheidung bei normaler Resorption kann bei verminderter Nierendurchblutung vorkommen.

Niere

Clearancemethoden

Unter Clearance versteht man die Plasmamenge/Minute, die von einer bestimmten Testsubstanz bei einer Passage der Niere vollständig befreit wird. Sie errechnet sich nach folgender Formel:

$$\text{Clearance (Cl)} = \frac{\text{Urinvolumen/min} \cdot \text{Urinkonzentration}}{\text{Plasmakonzentration}}$$

Inulin- und PAH-Clearance

Je nach Wahl der Testsubstanz erfaßt man bestimmte Abläufe der Nierenfunktion. Die gebräuchlichsten Testsubstanzen sind Inulin und p-Aminohippursäure (PAH). Die Inulinclearance entspricht der Glomerulusfiltrationsmenge. Normalwert ca. 100–140 ml/min. Die PAH-Clearance entspricht dem Gesamtplasmadurchstrom der Niere. Normalwerte ca. 500–800 ml/min. Die Normalwerte beziehen sich auf eine Körperoberfläche von 1,73 m^3. Umrechnung anhand einer Tabelle. Die Durchführung einer Inulin- und PAH-Clearance ist nur im Speziallabor möglich. Herabgesetzte Clearancewerte sind der empfindlichste Hinweis für eine gestörte Nierenfunktion.

Endogene Kreatininclearance
Der Normalwert entspricht dem der Inulinclearance. Bei normalem bis mittelgradig erhöhtem Kreatininspiegel im Blut wird damit ebenfalls die Glomerulusfiltratmenge erfaßt. Die Urinmenge einer bestimmten Zeit (z. B. 12 oder 24 Stunden) wird genau gesammelt und der Kreatininspiegel bestimmt. In derselben Zeit wird im Blut der Kreatininspiegel gemessen. Mit Hilfe obiger Formel läßt sich die Clearance errechnen.

Seitengetrennte Clearance (Stamey-Test)
Mit Hilfe eines Ureterenkatheters läßt sich die Clearance jeder Niere getrennt bestimmen. Normalwert einer Niere = 50% der normalen Globalfunktion. Wertvoll ist die seitengetrennte Clearancebestimmung für die Diagnose einer sog. renovaskulären Hypertonie (Nierenarterienstenose), deren Annahme berechtigt ist bei einem auf 50–60% verminderten Urinvolumen und einer um 100% erhöhten PAH-Konzentration auf der betroffenen Seite. Weitaus einfacher und sicherer gelingt der Nachweis einer Nierenarterienstenose heute allerdings mit Hilfe der digitalen Subtraktionsangiographie (DSA) der Niere. Für die Angiographie geeignetes Röntgenkontrastmittel wird im Bolus i. v. injiziert. Mit Hilfe einer speziellen Röntgentechnik läßt sich dieses Kontrastmittel ausreichend gut auch in arteriellen Gefäßen nachweisen und erlaubt deshalb z. B. die Diagnose einer Nierenarterienstenose mit sehr großer Wahrscheinlichkeit.

Filtrationsfraktion
Man versteht darunter das Verhältnis Inulinclearance: PAH-Clearance × 100. Normalwerte 17–23%.

Frühurogramm (Minutenpyelogramm)
Die Untersuchung unterscheidet sich von der gewöhnlichen Pyelographie dadurch, daß der Patient hydriert ist, 60 ml Kontrastmittel schnell injiziert werden und möglichst nach 1, 2, 3, 4, 5, 7 und 10 Min. eine Röntgenaufnahme gemacht wird. Es lassen sich dabei einseitige Nierenfunktionsstörungen erfassen. Normalerweise erfolgt die Darstellung beider Nieren gleichzeitig nach 1–3 Min. Eine um mindestens 1 Min. verzögerte Anfärbung der betroffenen Seite bei Frühbildern gilt als pathologisch. Ebenfalls als pathologisch gilt eine einseitige Verminderung der Nierengröße um mindestens 1 cm. Nach manchen Autoren lassen sich dabei bis zu 90% der renovaskulär bedingten Hypertonien erfassen. Die Untersuchung gewinnt an diagnostischer Aussagefähigkeit, wenn 10 Min. nach Kontrastmittelinjektion 100 ml einer 10%igen Mannitlösung in 10 Min. infundiert werden und weitere Röntgenaufnahmen 15, 20 und 30 Min. nach Kontrastmittelgabe angefertigt werden. In dieser Spätphase sieht man auf der betroffenen (kranken) Seite eine verstärkte Kontrastmittelanfärbung, die auf einem verminderten Auswascheffekt unter osmotischer Diurese beruht. Obwohl die Methode nicht von spezifisch diagnostischer Bedeutung ist, liefert sie doch wesentliche Informationen (s. auch seitengetrennte Clearance).

Howard-Test
Nachweis einer einseitigen Nierenfunktionsstörung bzw. Nierendurchblutungsminderung als Ursache einer Hypertonie (sog. renovaskuläre Hypertonie). Mittels Ureterenkatheter wird Urin beider Nieren getrennt aufgefangen. Als positive Reaktion gilt die Reduktion des Urinvolumens auf der kranken Seite um mindestens 50% und die Verminderung der Natriumkonzentration um mindestens 20%. Die Kreatininkonzentration soll auf der betroffenen Seite um mindestens 50% erhöht sein (Test nach Rapoport). In ca. 10% der durchgeführten Tests verbieten mangelnder Urinfluß, undichte Katheter und andere technische Fehler eine Beurteilung. Mit falsch negativen Tests kann in 10–20% gerechnet werden. Bei pathologischem Ausfall kann in 70–80% mit einer erfolgreichen Operation gerechnet werden (s. auch seitengetrennte Clearance).

Isotopennephrogramm
Nach Injektion einer radioaktiv markierten nierengängigen Substanz (z. B. Radiohippuran) wird die Radioaktivität vom Rücken her ca. 20 Min. fortlaufend über beiden Nieren getrennt mit einem Szintillationszähler bestimmt. Die Änderung der Radioaktivität nach Injektion der Substanz gibt Aufschluß über Nierendurchblutung und Nierenfunk-

tion. Die Strahlenbelastung entspricht nur einem Bruchteil derjenigen bei i. v. Pyelographie und stellt für den Patienten keine Belastung dar. Anwendung auch im Säuglings- und Kindesalter möglich. Ein großer Vorteil dieser Methode ist die getrennte Funktionsbeurteilung beider Nieren.

Konzentrationsversuch nach Volhard

Der Patient bekommt am Abend zuvor nur Trockenkost. Am anderen Morgen wird das spezifische Gewicht der am nüchternen Patienten stündlich abgenommenen Urinportionen bestimmt. Das maximale spezifische Gewicht soll mindestens 1026–1028 erreichen. Bei der Bestimmung des spezifischen Gewichts ist auf die Temperatur und auf Zukker- und Eiweißfreiheit zu achten. Bei manifester Niereninsuffizienz mit Harnstofferhöhung ist der Konzentrationsversuch kontraindiziert. Der Verdünnungsversuch nach Volhard ist heute wegen seiner geringen Aussagekraft als Nierenfunktionsprüfung verlassen.

Nierenpunktion

Zur histologischen Diagnostizierung unklarer Nierenerkrankungen kann die Entnahme eines Gewebszylinders mittels Silverman-Nadel vorgenommen werden. In der Hand des Geübten handelt es sich um eine nahezu gefahrlose Methode mit hoher diagnostischer Wertigkeit. Kontraindikationen: große Zysten, Nierentumor, Aneurysma der Nierenarterie, ausgeprägte Arteriosklerose, hämorrhagische Diathese, Solitärniere, perinephritischer Abszeß, Hydro- oder Pyelonephrose, Urämie (Rest-N über 70 mmol/l = 100 mg%).

Phenolrotprobe

Der Farbstoff Phenolrot wird durch die Nierentubuli ausgeschieden. Bei tubulären Schäden ist die Ausscheidungskraft vermindert. Eine Stunde nach Trinken von 600–1000 ml dünnen Tees wird der Urin über 15 Min. gesammelt. Unmittelbar darauf werden genau 6 mg Phenolrot i. v. injiziert. 15 Min. nach der Injektion erneute gründliche Blasenentleerung mit Bestimmung der Urinmenge. Bestimmt wird der Farbstoffgehalt der zweiten Urinportion gegenüber der ersten. Normalerweise sollen mehr als 30% der injizierten Farbstoffmenge innerhalb von 15 Min. ausgeschieden werden. Der Test ist nur als eine sehr grobe Funktionsprobe der Nieren aufzufassen, da er von einer Reihe extrarenaler Faktoren beeinflußt werden kann. Wahrscheinlich spielt auch die Größe des Urinflusses eine Rolle, weshalb meist eine Mindestmenge von 100 ml Urin während der 15-Min.-Sammelperiode gefordert wird.

Rapoport-Test s. Howard-Test

Stamey-Test s. seitengetrennte Clearance

Stoffwechsel

Eisenstoffwechsel

Eisenresorptionstest

Der Eisenresorptionstest dient zur Klärung eines Eisenmangels. Ist dieser durch eine Resorptionsstörung im Darm bedingt (z. B. Malabsorptionssyndrom usw.), so wird nach oraler Gabe eines Eisenpräparats kein Anstieg des Serumeisenspiegels erfolgen. Zur Durchführung bleibt der Patient im Bett und nüchtern. Versuchsbeginn mit Abnahme von 10 ml Venenblut für die Eisenbestimmung, sodann Gabe von 200–400 mg zweiwertigen Eisens in Form eines handelsüblichen Präparates per os (z. B. 2–5 Tabl. Plastulen). Nach 2, 4, 6 Stunden werden jeweils wiederum 10 ml Blut zur Eisenbestimmung abgenommen. Normalerweise steigt der Serumeisenspiegel nach oraler Gabe von 200–400 mg Ferroeisen auf 32–36 μmol/l (180–200 μg%) an. Bei larvierten Eisenmangelzuständen mit intakter Eisenresorption wird nicht selten ein sehr starker Anstieg auf über 36 μmol/l (200 μg%) beobachtet. Infekt- oder Tumoranämien verhalten sich ähnlich wie Resorptionsstörungen, d. h., es erfolgt kein Anstieg des Eisenspiegels im Serum. Ferrosalze werden auch bei Anazidität des Magensaftes in ausreichender Menge resorbiert und führen zu einem entsprechenden Anstieg im Serum.

Desferaltest

Der Test dient zur Diagnostik einer vermehrten Eisenspeicherung im Organismus. Nach Gabe von 500 mg Desferal i. m. wird über 6 Stunden der Urin gesammelt und darin die Eisenausscheidung gemessen. Werte von mehr als 1 mg gelten als pathologisch, d. h. als Hinweis auf eine Eisenspeicherkrankheit (s. auch Eisengehalt im Blut, S. 525).

Fettstoffwechsel

Freie Fettsäuren, Glyceride, Cholesterin und Cholesterinester sowie Phospholipide bilden die Hauptgruppen der im Plasma vorkom-

menden Lipide. Hinzu kommen eine Reihe von Carotinen und fettlöslichen Vitaminen. Der Fetttransport geschieht durch Bindung dieser Lipide an Proteine. Die Kenntnis der Lipoproteine hat zu einer Differenzierungsmöglichkeit der Hyperlipidämien (besser: Hyperlipoproteinämien) geführt. Mit Hilfe geeigneter elektrophoretischer Verfahren (Papierelektrophorese, Agarose-Elektrophorese) läßt sich ein sog. Lipoproteinmuster bestimmen, das für die verschiedenen Hyperlipoproteinämien jeweils charakteristisch ist. Man unterscheidet heute 5 verschiedene Typen von Hyperlipoproteinämien (Typen I bis V), die sowohl primär, familiär als auch sekundär im Verlaufe anderer Erkrankungen auftreten können (Einzelheiten s. Kap. Stoffwechsel).
Prinzipiell sind vor allen Lipoproteinanalysen folgende Gesichtspunkte zu beachten:

- Blut muß nüchtern – 14 Stunden nach der letzten Nahrungsaufnahme – abgenommen werden.
- Es soll möglichst kühl (4 °C), aber nicht gefroren transportiert werden.
- Vor allen Analysen sollte zumindest eine Woche lang von dem Patienten eine „normale“ Kost gegessen worden sein.

Vor allen Laboruntersuchungen ist eine Betrachtung des Nüchternserums angezeigt. Trübes oder milchig-sahniges Plasma kann sowohl durch eine Erhöhung der exogenen Triglyceride (Chylomikronen) als auch der endogenen Triglyceride (Präbetalipoproteine) bzw. durch beide Komponenten hervorgerufen werden.
Folgende Einzelanalysen werden durchgeführt:

- Cholesterin- und Triglyceridbestimmungen im Nüchternplasma,
- Bestimmung des Lipoproteinmusters durch elektrophoretische Auftrennung der Plasmalipoproteine,
- spezielle Präzipitationstechniken (Heparin-Manganchlorid-Fällung, s. S. 535),
- aufgrund charakteristischer Dichteklassen der Lipoproteine Analysierung in der Ultrazentrifuge, wichtig für die Diagnose der Hyperlipoproteinämie Typ III (s. Kap. Stoffwechsel, S. 525)

Die Normalwerte für Triglyceride und für das Plasmacholesterin sind altersabhängig und steigen mit zunehmendem Alter.

Kohlenhydratstoffwechsel

Blutzuckerdoppelbelastung nach Staub-Traugott: Der Versuch erfolgt am nüchternen Patienten. Entnahme des Nüchternblutzuckerwertes um 8 Uhr (S. 522). Gabe von 50 g Glucose (Dextropur) in ¼ l Tee. 1½ Stunde später zweite Gabe von ebenfalls 50 g Glucose in ¼ l Tee. In den ersten beiden Stunden halbstündliche Bestimmung des Blutzuckers, sodann Blutzuckerbestimmung in Abständen von einer Stunde. Versuchsdauer 5 Stunden. Normalerweise erfolgt ein Blutzuckeranstieg bis maximal 180 mg nach Gabe der ersten 50 g Glucose. Die zweite Glucosegabe führt nur zu einem ganz geringen Blutzuckeranstieg. Bei latenten Formen eines Diabetes mellitus oder auch bei dienzephal-hypophysären Regulationsstörungen erfolgt der erste Blutzuckeranstieg auf Werte über 11 mmol/l (200 mg%). Der Blutzuckeranstieg nach der zweiten Dextrosegabe übertrifft den ersten Gipfel um mindestens 20 %. Bei Entleerungsstörungen des Magens, Anazidität, Nicotin, Coffein, körperlichen und psychischen Belastungen, tagesrhythmischen Schwankungen kann es zu einem falschen Ergebnis kommen.

Einfache Glucosebelastung: Während früher bei der Diagnostik eines Diabetes mellitus die Blutzuckerdoppelbelastung nach Staub-Traugott eine große Rolle spielte, wird heute von den meisten Autoren die einfache Glucosebelastung (100 g oral; 0,5 g/kg Körpergewicht i. v.) bevorzugt. Beurteilt werden Anstieg und Abfall des Blutzuckers innerhalb von 1–2 Stunden.
Die maximale Glucosekonzentration im Blut sollte normalerweise 10–11 mmol/l (180–200 mg%) nicht überschreiten. Nach 2 Stunden muß der Glucosegehalt im Blut unter 6–8 mmol/l (120–140 mg%) liegen. Bei diabetischer Stoffwechsellage erfolgt ein höherer Anstieg bei anschließend verzögertem Abfall.

Glucosebelastung unter Prednison: Wesentlich empfindlicher zur Erkennung eines latenten Diabetes wird die Glucosebelastung dann, wenn 8 Stunden und 2 Stunden vor Belastungsbeginn mit 100 g Glucose oral je 10 mg Prednison oral verabfolgt werden. Ein maximaler Anstieg auf über 11 mmol/l (200 mg%) Glucose ist verdächtig auf eine prädiabetische Stoffwechsellage.

Rastinontest: Zur Diagnose eines latenten Diabetes mellitus oder eines Hyperinsulinismus (Inselzelladenom). Rastinon stimuliert die Insulingabe aus den β-Zellen des inkretorischen Pankreasgewebes. Nach Abnahme des Nüchternblutzuckers wird 1 Ampulle Rastinon (1 g) i. v. injiziert und 20 sowie 30 Min. nach Injektion eine Blutzuckerbestimmung durchgeführt. Normalerweise sinkt der Blutzucker nach 20 Min. um 20% bzw. nach 30 Min. um 25% des Ausgangswertes ab. Bei latentem oder auch manifestem Diabetes ist der Abfall geringer, bei einem Insulinom wesentlich stärker.

Hungerversuch: Bei Überfunktion des Inselzellapparates (Hyperinsulinismus) kommt es nach eintägigem Hungern bei gleichzeitiger körperlicher Bewegung zu einem Blutzuckerabfall auf unter 3 mmol/l (50 mg%) und entsprechenden klinischen Zeichen einer Hypoglykämie (s. auch Rastinontest).

Harnuntersuchungen

Allgemeines

Verwertbare Resultate liefert eine Harnanalyse nur, wenn bei Gewinnung und Aufbewahrung der Urinproben mögliche Fehlerquellen weitgehend ausgeschlossen werden. In Abhängigkeit vom Untersuchungsziel wird spontan gelassener Morgenurin, Mittelstrahlurin oder ein 24-Stunden-Sammelurin untersucht. Auf jeden Fall müssen die benutzten Sammelgefäße absolut sauber, frei von Detergentienrückständen und für bakteriologische Untersuchungen auch steril sein. Generell sollte Urin so rasch wie möglich nach der Gewinnung zur Untersuchung gelangen, um z. B. eine autolytische Zersetzung, eine bakterielle Überwucherung oder eine Veränderung des Harnsedimentes (s. d.) durch Präzipitation bzw. Wiederauflösung geformter Elemente zu vermeiden. Bei Kühlhaltung auf 4 °C für 2 Stunden ist bei den meisten Untersuchungen nicht mit gravierenden Veränderungen zu rechnen. Einen universell verwendbaren chemischen Konservierungsstoff gibt es nicht. Geeignete Konservierungszusätze sind ggf. unter den betreffenden Untersuchungsparametern aufgeführt. Den vielfach für bakteriologische Untersuchungen diskutierten Uringewinnungsmethoden durch Katheterisieren bzw. suprapubische Punktion der Blase sollte eine strenge Indikationsstellung zugrunde liegen. Für eine seitengetrennte Nierenuntersuchung ist eine Katheterisierung der Ureter unumgänglich.

Morgenurin: Geeignet zur routinemäßigen Untersuchung auf Harnsedimente (s. d.) und für qualitative bzw. semiquantitative chemische Nachweise. Er stellt die konzentrierteste Harnportion des Tages dar und bietet zudem wegen des meist sauren pH-Wertes (<6) eine längere Haltbarkeit der geformten Elemente.

Mittelstrahlurin: Gebräuchlichste Uringewinnung für bakteriologische Untersuchungen. Nach sorgfältiger Reinigung des äußeren Genitales werden die erste und letzte Urinportion beim spontanen Entleeren der Blase verworfen, und nur die mittlere Portion wird in einem sterilen Auffanggefäß gesammelt.

24-Std.-Sammelurin: Für quantitative chemische Analysen und für Clearance-Bestimmungen wird ein aliquoter Teil der vollständigen, gut durchmischten 24-Std.-Harnmenge untersucht. Das Gesamtvolumen ist anzugeben. Zu Beginn der Urinsammlung (gewöhnlich morgens) wird der Patient angehalten, die Blase zu entleeren. Dieser erste Harn wird verworfen. Von diesem Zeitpunkt ab sammelt man über 24 Stunden jeden entleerten Harn (auch bei der Stuhlentleerung) in einem ausreichend großen Gefäß. Am Ende der Sammelperiode wird die Blase nochmals entleert und diese Portion dem Sammelurin zugefügt. Zwischenzeitlich ist der Sammelurin kühl aufzubewahren. Je nach gewünschtem Untersuchungsparameter (z. B. Catecholamine, Vanillinmandelsäure, 5-Hydroxyindolessigsäure u. a. m.) sind spezielle diätetische Hinweise vor und während der Sammelperiode zu beachten. Weiterhin ist z. B. für die genannten Parameter ein Sammeln über vorgelegter 25%iger Salzsäure (10 ml) zur Urinsäuerung (pH 1–3) unerläßlich. Zur Sammlung photosensibler Substanzen (z. B. Porphyrine, Porphobilinogen, Urobilin) hat sich die Verwendung brauner 2-l-Plastikflaschen bewährt.

Die Analyse zahlreicher im Harn gelöster Substanzen wird heute zumindestens für eine orientierende Routineuntersuchung mittels trockenchemischer Verfahren durchgeführt. Diese Harnanalyse mit Teststreifen sollte spätestens 4 Stunden nach der Miktion erfolgen. Die Handhabung der Teststreifen ist nach den jeweiligen Herstellerangaben durchzuführen. Zur raschen Erfassung verschiedener Parameter im Harn sind neben den Einzelschnelltests auch zahlreiche kombinierte Teststreifen entwickelt worden, mit denen bis zu neun Parameter gleichzeitig kontrolliert werden können. Mehrere Hersteller bieten Reflexionsphotometer zur Teststreifenauswertung an, wodurch z. B. Ablesefehler durch individuell unterschiedliches Farbunterscheidungsvermögen vermieden werden können. In jedem Fall ist auf eine vorschriftsmäßige Aufbewahrung sowie auf das Verfalldatum der Teststreifen zu achten. Detailliertere Hinweise und eventuelle Fehlerquellen sind unter den betreffenden Stichworten aufgeführt.

Albumin

Normalwerte: 36–390 nmol (2,5–27 mg)/24 Std. Die im Endharn ausgeschiedene Albuminmenge liegt damit unter der Nachweisgrenze aller kommerziellen Eiweißteststreifen sowie vieler quantitativer Proteinbestimmungsmethoden. Die Diagnose einer „Mikroalbuminurie" (410–3690 nmol = 28–250 mg/24 Std.) kann beim Diabetiker von großer Bedeutung sein, da sie frühzeitig eine glomeruläre Permeabilitätsstörung bei beginnender diabetischer Nephropathie signalisiert. Eine Mikroalbuminurie kann durch körperliche Belastung (Fahrradergometer) provoziert werden. Als Nachweismethoden stehen heute radioimmunologische (Empfindlichkeit 0,9 mg/l) und nephelometrische Verfahren zur Verfügung. Ein einfacher, empfindlicher radialer Immundiffusionstest (untere Nachweisgrenze unter 5 mg/l) befindet sich in klinischer Erprobung. Durch exakte Einstellung des Diabetes läßt sich die Albuminurie normalisieren und die Langzeitprognose des Diabetes hinsichtlich der Entwicklung einer diabetischen Nephropathie verbessern.

Aldosteron

Normalwerte: 8–55 nmol (3–20 µg)/24 Std. Radioimmunologische Bestimmung als Aldosteron-18-oxoglucuronid. Mineralocorticoid der Nebennierenrinde mit zentraler Stellung im Regelkreis der Elektrolyt- und Flüssigkeitsbilanzierung und der Blutdruckregulation. Von den Komponenten des Renin-Angiotensin-Aldosteron-Systems ist die Bestimmung des Urinaldosterons bei ambulanten Patienten am praktikabelsten. Indiziert ist die Bestimmung z. B. zur Differentialdiagnostik von Hochdruckerkrankungen. Erhöhte Aldosteronausscheidung z. B. bei primärem Hyperaldosteronismus (Conn-Syndrom), Nierenarterienstenose und maligner Hypertonie.

Alkaptonurie

Bei Alkaptonurie findet man im Harn Homogentisinsäure aufgrund eines seltenen, rezessiv vererbbaren Defektes des Tyrosinabbaus (es fehlt die Homogentisinsäure-Oxidase). Der Harn ist im Augenblick der Entleerung normal gefärbt und nimmt beim Stehenlassen an der Luft langsam eine schwarz-braune Farbe an. Durch Zugabe von 25%iger Natronlauge tritt eine sofortige Verfärbung ein. Unter L-Dopa-Medikation und bei Phenacetinabusus können ähnliche Harnverfärbungen auftreten. Beweisend ist lediglich z. B. ein chromatographischer Nachweis der Homogentisinsäure im Harn.

α-Amylase (Diastase)

Normalwerte (Phadebas-Test): 100–2000 U/l. Bestimmung aus 1 ml frischem Harn. Bei akut entzündlichen Pankreatitiden, manchmal auch bei akuter Gallensteinkolik, penetrierendem Ulcus ventriculi oder Ulcus duodeni sind erhöhte Harnkonzentrationen nachweisbar. Im Vergleich zur Serumamylase normalisiert sich die Urinamylase erst einige Tage später. Teststreifen für Urinamylase sind im Handel erhältlich, sollten jedoch nur bei positivem Befund bewertet werden, da bei hoher Sensitivität nur eine geringe Spezifität (zahlreiche falsch negative Resultate) beobachtet wird.

Bakterien

Mehr als 100 000 Bakterien/ml Harn (Mittelstrahl) gelten als signifikante Bakteriurie. Bakterienkonzentrationen zwischen 10 000 und 100 000/ml sind verdächtig auf das Vorliegen einer Harnwegsinfektion und somit kontrollbedürftig. Bei Pyelonephritis (aber auch Prostatitis und Epididymitis) oder einer Infektion der ableitenden Harnwege sind Bakterien im Urin nachweisbar. Nach den Infektionen des Respirationstraktes sind sie die häufigsten bakteriellen Erkrankungen. Als pathogene Keime kommen vor allem Escherichia coli, Pseudomonas, Proteus, Klebsiellen, Staphylococcus aureus und Enterokokken in Frage. Zur bakteriologischen Harnuntersuchung wird üblicherweise Mittelstrahlurin in sterilen Einmalgefäßen aufgefangen, ohne den Harnstrahl zu unterbrechen. Der Urin wird möglichst umgehend untersucht, um eine bakterielle Überwucherung infolge Kontaminationen weitgehend auszuschließen. Eine Erregertypisierung und Resistenzbestimmung muß vor Einsetzen einer antibakteriellen Behandlung erfolgen. Eine Harnwegsinfektion darf erst dann als abgeheilt gelten, wenn durch wiederholte Harnkulturen ein Persistieren der Bakteriurie ausgeschlossen werden konnte. Für den labordiagnostischen Nachweis bakterieller Harnwegsinfektionen kommen mehrere Möglichkeiten in Betracht. Am eindeutigsten ist der direkte Bakteriennachweis mittels mikroskopischer (s. Harnsediment) und kultureller Verfahren. Zur Keimzahlbestimmung und Differenzierung sind verschiedene Eintauchnährböden im Handel erhältlich, die auch zum Versand an bakteriologische Speziallaboratorien geeignet sind. Orientierend gelingt ein Bakteriennachweis oft durch Teststreifenprüfung auf bakterielle Stoffwechselprodukte.

Bence-Jones-Proteine

Der Normalurin enthält ca. 2,4 mg Kappa-(ϰ-) und 1,5 mg Lambda-(λ-)Leichtketten, die täglich bei der polyklonalen Immunglobulinsynthese im Überschuß anfallen und glomerulär filtriert werden. Als Bence-Jones-Proteine werden die bei ca. 16% der monoklonalen Gammopathien (Plasmozytom, Makroglobulinämie Waldenström, Amyloidose u. a.) exzessiv produzierten und filtrierten Leichtketten-Monomere (MG 22 kD) und -Dimere (MG 44 kD) bezeichnet, die bei Erhitzung des Urins auf ca. 60 °C als Präzipitat ausfallen und sich bei ca. 100 °C spontan auflösen. Der Nachweis erfolgt mittels Urin-Immunelektrophorese in Agargelen, wobei sich an die elektrophoretische Trennung der Harnproteine im alkalischen Milieu (Barbitalpuffer) eine Präzipitation der Leichtketten mittels spezifischer Anti-ϰ- bzw. Anti-λ-Antiseren anschließt. In der SDS-(Mikro-)Polyacrylamidgel-Elektrophorese (PAGE) des Urins zeigen sich zwei ausgeprägte Gipfel im kleinmolekularen Bereich (Leichtketten-Dimere und -Monomere). Zur weiteren Identifikation können die Dimere mit 2-Mercaptoäthanol in ihre Monomer-Untereinheiten gespalten werden und erscheinen dann als isolierter Gipfel mit einem MG von 22 kD. Außer zur Erstdiagnose eignet sich die SDS-(Mikro-)PAGE besonders gut zur Verlaufskontrolle der Bence-Jones-Proteinurie unter zytostatischer Therapie. Mit den üblichen Eiweißbestimmungsmethoden wird eine Bence-Jones-Proteinurie um ca. 30% unterschätzt und von Teststreifen überhaupt nicht erfaßt. Bence-Jones-Proteine mit hohem PKI-Wert (> 6,2) tragen zur Entwicklung eines Nierenversagens bei, da sie besonders beim dehydrierten Patienten (Röntgenkontrastmittel vermeiden!) zur intratubulären Aggregation neigen.

Bilirubin

Eine Bilirubinurie tritt auf, wenn die Ausscheidung von Bilirubindiglucuronid (direktes, konjugiertes Bilirubin) in die ableitenden Gallenwege behindert ist. Dies ist am ehesten der Fall beim Verschlußikterus (Verschluß des Ductus choledochus durch Stein oder Tumor) und bei primärer biliärer Zirrhose. Auch bei viralen Hepatitiden kommt es durch entzündliche Schwellungsvorgänge der Gallenkapillaren zu einer mäßigen Erhöhung der Bilirubinausscheidung im Harn, wobei allerdings eine erhöhte Urobilirubinausscheidung im Vordergrund steht. Eine Bilirubinurie setzt ein, wenn die Serumkonzentration an Bilirubindiglucuronid Werte über 35 µmol/l (2 mg/dl) erreicht. Das indirekte (unkonjugierte) Bilirubin ist im Serum vornehmlich an Albumin gebunden und kann somit nur dann im Urin erscheinen, wenn gleichzeitig eine Proteinurie besteht.

Zum semiquantitativen Nachweis werden Tablettentests oder Teststreifen verwendet, mit denen bei Gesunden Bilirubin im Harn üblicherweise nicht nachweisbar ist. Die Nachweisgrenze liegt je nach Hersteller zwischen 0,9 und 9 µmol/l (0,05–0,5 mg/dl). Nach der Einnahme großer Mengen an Vitamin C kann die im Harn ausgeschiedene Ascorbinsäure ebenso wie Nitritbildung bei Harnwegsinfektionen zu herabgesetzter Testempfindlichkeit führen. Falsch negative Resultate können zudem durch oxidativen Abbau des Bilirubins durch zu langes Stehenlassen des Harns unter Lichteinwirkung bedingt sein. Eine rote Harnfarbe führt zu falsch positiven Werten.

Blut s. Hämaturie und Hämoglobinurie

Calcium

Normalwerte: 2,5–7,5 mmol/24 Std. (100–300 mg/24 Std.) bei Normalkost. Die Bestimmungsmethode der Wahl ist die Atom-Absorptionsspektroskopie. Der 24-Stunden-Urin ist vorher mit 10 ml konzentrierter HCl anzusäuern, um ausgefallene Calciumsalze wieder aufzulösen. Die Calciumausscheidung korreliert eng mit der Serumkonzentration. Bei einer Kost ohne Milchprodukte kann eine Hyperkalzurie auf Nierensteine, primären Hyperparathyreoidismus (bei gleichzeitiger Hyperkalzämie), akute Osteoporose, Morbus Boeck, multiples Myelom, maligne Tumoren mit Knochenmetastasen u. a. m. hinweisen. Eine Hyperkalzurie ist z. B. typisch für eine durch

Vitamin-D-Mangel bedingte Osteomalazie. Semiquantitativ kann die Calciumkonzentration nach Sulkowitch abgeschätzt werden: Zu einigen Tropfen Sulkowitch-Reagens (2,5 g Oxalsäure, 2,5 g Ammoniumoxalat, 5 ml Eisessig ad 150 ml Aqua dest.) gibt man 5 ml sauren Urin, schüttelt und beurteilt nach 2 Min. eine eventuelle Trübung. Eine fehlende Trübung schließt Hyperkalzurie und Hyperkalzämie aus. Bei vermehrter Calciumausscheidung kommt es zu milchiger Trübung und dicker Ausfällung.

Catecholamine (gesamt)

Normalwerte: < 885 nmol/24 Std. (150 µg/24 Std.). Die Bestimmung wird im Speziallabor an einem aliquoten Teil eines 24-Std.-Sammelurins durchgeführt; Hinweise zur Urinsammlung sind unter Vanillinmandelsäure (VMS) aufgeführt. Erfaßt werden die nicht metabolisierten Catecholamine (Adrenalin und Noradrenalin), wobei ein Adrenalinanteil von über 20% Hinweis auf eine Lokalisation des catecholaminproduzierenden Tumors im Nebennierenmark oder Zuckerkandl-Organ sein kann. Aufgrund vielfältiger Medikamteninteraktion auf die Wertlage der Catecholaminkonzentration ist die Prämedikation des Patienten unbedingt anzugeben bzw. bei der Befundinterpretation in Betracht zu ziehen.

Chlorid

Normalwerte: 170–250 mmol/24 Std. Die durchschnittliche Tagesausscheidung ist ernährungsabhängig. Eine Bewertung der Chloridkonzentration im Urin sollte immer im Vergleich mit dem Plasmaspiegel erfolgen. Verminderte Chloridausscheidung z. B. bei Nierenschäden mit Oligurie; erhöhter Chloridverlust (> 250 mmol/24 Std.) bei tubulären Nierenschäden (Salzverlustniere).

Dreigläserprobe

Die Dreigläserprobe kann in der Akutdiagnostik einen orientierenden Hinweis auf die Blutungsquelle bei Hämaturie geben. Blutbeimengungen am Anfang der Harnentleerung weisen auf Verletzungen der Harnröhre hin. Zeigt die zweite Harnprobe einen stärkeren Blutgehalt, so ist die Blutungsquelle eher in der Harnblase oder in den oberen Harnwegen lokalisiert. Eine gleichmäßige Blutbeimengung in allen Harnportionen spricht für einen höheren Sitz der Blutung (Niere, Nierenbecken), selten bei hämorrhagischen Diathesen.

Eiweiß (quantitativ)

Normalwerte: 50–300 mg/24 Std. Eine Proteinurie ist das Leitsymptom vieler Nierenerkrankungen, besonders der Glomerulo- und Tubulopathien. Der Verlust von Plasmaproteinen wird trotz einer täglichen Plasmafiltration von ca. 170 l auf im Mittel 120 mg/24 Std. begrenzt, da aufgrund des morphologischen Aufbaues des einzelnen Nephrons sowohl eine glomeruläre Selektion nach Größe und Ladung der Proteine als auch eine nahezu quantitative tubuläre Rückresorption der filtrierten kleinmolekularen Proteine (MG < 68 kD) erfolgt.

Nachweistechniken: Zur semiquantitativen Gesamteiweißbestimmung hat sich der Teststreifen weitgehend durchgesetzt. Die Bestimmung erfolgt üblicherweise mit Morgenurin. Das Nachweisprinzip dieser trockenchemischen Bestimmung ist der sog. „Eiweißfehler" von pH-Indikatoren. Erfaßt wird vor allem Albumin ab einer Konzentration > 430 nmol/l (300 mg/l) (+ Bewertung). Die Harnazidität muß zwischen pH 5 und 9 liegen, um z. B. falsch positive Ergebnisse im alkalischen Harn zu vermeiden. Eine Bence-Jones-Proteinurie (s. d.) wird nicht erfaßt. Die früher üblichen semiquantitativen Eiweißbestimmungsverfahren (z. B. Esbach-Probe, Sulfosalicylsäure-Methode) sind zugunsten exakterer quantitativer Methoden verlassen worden. Dabei stellten sich moderne Farbstoffbindungsverfahren (z. B. Ponceau-S-Reagens, Coomassie Brilliant Blue) gegenüber der traditionellen Biuretmethode als sensibler, schneller und weniger störanfällig heraus. Allen diesen Methoden ist jedoch gemeinsam, daß Bence-Jones-Proteinurien quantitativ unterschätzt werden (ca. 30%) und daß der Nachweis einer in der Frühphase der diabetischen Nephropathie auftretenden Mikroalbuminurie (S. 565) (360–3600 nmol = 25–250 mg/24 Std.) kaum gelingt. Bei positivem Eiweißnachweis sollte sich wegen der differentialdiagnostischen Bedeutung eine qualitative Proteinuriediagnostik mittels Urinelektrophorese (s. Eiweiß qualitativ) in Polyacrylamidgelen anschließen.

Eiweiß (qualitativ)

Die in Speziallaboratorien durchführbare Auftrennung der Harnproteine in Polyacrylamid-Elektrophorese-Systemen resultiert in definierten Proteinmustern, die Auskunft über Ort und Ausmaß der renalen Schädigung geben können. Die Kenntnis des Pro-

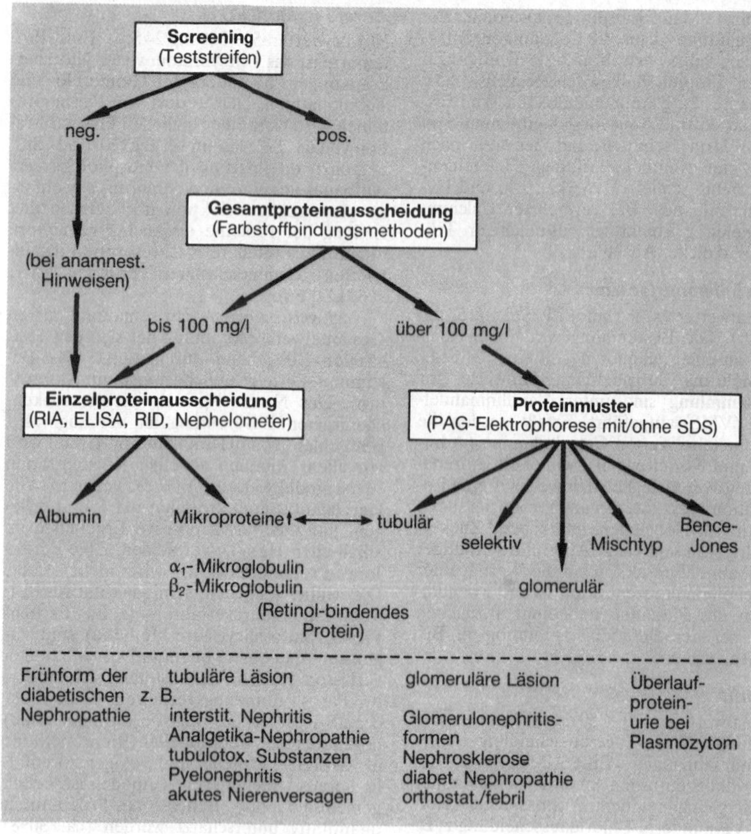

Abb. 8.2 Proteinuriediagnostik

teinurietyps ist zudem hilfreich bei der Verlaufs- und Therapiekontrolle von Nierenerkrankungen. Neben dem Makroelektrophoreseverfahren in Rund- und Flachgelen hat sich besonders die Mikroelektrophorese in 10-µl-Gradienten-Gelen oder 3,2 × 3,7-cm-Flachgelen als schnelle, empfindliche und gut reproduzierbare Methode bewährt. Es können im wesentlichen 4 Proteinuriemuster unterschieden werden (Abb. 8.2):

- Bei der glomerulären Proteinurie kann entweder ein „unselektiver" (MG 10000 bis 1000000 D) (Beispiel: nekrotisierende Glomerulonephritis) oder ein streng „selektiver" Typ (MG 67000 bis 90000 D) (Beispiel: glomeruläre Minimalveränderungen) vorliegen.
- Die tubuläre Proteinurie besteht aus kleinmolekularen Proteinen (MG <68 kD), vorwiegend bei nichtglomerulären Schädigungen wie interstitielle Nephritis, akutes Nierenversagen, Medikamentenschäden.
- Überlaufproteinurie findet sich beispielsweise bei exzessiver Synthese und Filtration von leichten Immunglobulinketten (Bence-Jones-Proteinurie, s. d.)

– Postrenale Proteinurie findet sich bei (chronischer) Pyelonephritis und ist eine Kombination von kleinmolekularer Proteinurie mit (hochmolekularer) Immunglobulinausscheidung, wobei Zeichen einer glomerulären Permeabilitätsstörung fehlen.

Erythrozytenmorphologie

Eine Mikrohämaturie wird als häufiges Symptom glomerulärer Entzündungen sowie Erkrankungen der ableitenden Harnwege gefunden. Mit der üblichen lichtmikroskopischen Sedimentuntersuchung des Urins ist eine Differenzierung zwischen Erythrozyten glomerulären und nichtglomerulären Ursprungs allerdings nicht möglich. Erst mit Hilfe der Phasenkontrastmikroskopie oder nach Sedimentanfärbung mit Eosin-Methylenblau (Wright's stain) kann der geübte Untersucher deformierte „glomeruläre" von intakten „nichtglomerulären" Erythrozyten unterscheiden. Die glomerulären Formen zeichnen sich durch Konturdeformitäten, Endo- und Exozapfen, Ring- und Zwergformen aus. Finden sich mehr als 30% deformierte Erythrozyten, ist eine glomeruläre Genese wahrscheinlich. Die Bestimmung der Erythrozytenmorphologie stellt eine sinnvolle Ergänzung anderer nichtinvasiver Verfahren (z. B. Proteinuriediagnostik) zur Differentialdiagnose von Nierenerkrankungen dar.

Glucose

Normalwert: $<0{,}84$ mmol/l (15 mg/dl) im Morgenurin. Quantitative Bestimmung enzymatisch nach der Glucoseoxidase- oder Hexokinase-Methode. Zur Therapiekontrolle und zum Screening auf Diabetes mellitus haben sich Teststreifennachweise nach der Glucoseoxidase-Methode durchgesetzt. Die bei Glukosurie resultierende Farbentwicklung ist von unspezifischen Störungen weitgehend frei und gestattet somit halbquantitative Konzentrationsschätzungen. Die Nachweisgrenze liegt je nach Hersteller zwischen 0,8 und 2,2 mmol/l (15–40 mg/dl) Glucose im Harn. Größere Mengen Ascorbinsäure (Nahrung, Vitaminpräparate) im Harn können zu falsch negativen Ergebnissen führen. Im stehengelassenen Harn (>2 Std.) kann eine Glukosurie durch bakteriellen Abbau unerkannt bleiben. Waschmittelrückstände an den benutzten Gefäßen können falsch positive Ergebnisse bedingen. Eine Glukosurie tritt vor allem bei Blutglucosekonzentrationen über 8,9–10,0 mmol/l (160–180 mg/dl) auf, wenn die renale Rückresorptionsfähigkeit („Nierenschwelle") überschritten wird. Bei gestörter Glucoserückresorption (renaler Glukosurie) oder abnorm gesteigerter glomerulärer Filtration findet man gleichfalls positive Harnglucosekonzentrationen. Eine fehlende Glukosurie schließt einen manifesten Diabetes mellitus nicht aus. Als Faustregel zur Therapiekontrolle des Diabetes mellitus kann gelten: Unter oralen Antidiabetika sollte keine Glukosurie auftreten; bei insulinpflichtigem Diabetes sind bis 5 g/24 Std. Glucoseausscheidungen tolerabel.

Gonokokkennachweis

Gonokokken sind Diplokokken, die an der Berührungsstelle abgeflacht wie eine „Semmel" erscheinen. Sie sind meist intrazellulär (Leukozyten, Eiterzellen) zu finden. Zum Nachweis wird eitriges Sekret aus Urethra oder Zervix mit einer Platinöse dünn auf einen Objektträger ausgestrichen und anschließend mit Methylenblaulösung oder nach Gram gefärbt. Beweisend für eine Gonokokkeninfektion sind letztlich Kulturversuche oder immunfluoreszenzserologische Untersuchungen des Ausstrichpräparates im Speziallabor.

Hämaturie

Normalwerte: <5 Erythrozyten/µl. Eine Mikrohämaturie hat keinen Einfluß auf die Harnfarbe. Eine Rotfärbung des Harns durch Blutbeimengung (Makrohämaturie) wird erst ab ca. 0,5 ml Blut/l Harn sichtbar (entsprechend ca. 2500 Erythrozyten/µl Harn). Als Ursache einer Hämaturie kommen extrarenale (z. B. hämorrhagische Diathesen), renale und postrenale Erkrankungen in Betracht. Urolithiasis, Nephritiden und Harnwegsinfektionen gehen besonders häufig mit einer Hämaturie einher. Pathognomisch für den renalen Ursprung der Erythrozyten ist das gleichzeitige Auftreten von Erythrozytenzylindern (s. Harnzylinder). Als mögliche Ursache einer Hämaturie ist differentialdiagnostisch auf jeden Fall ein Tumor (Niere, Blase, Prostata, ableitende Harnwege) in Betracht zu ziehen.

Nachweistechnik: Die Kammerzählung der Erythrozyten im nichtsedimentierten Harn ist weitgehend durch chemische Schnellteste (z. B. Sangur-Test) abgelöst worden, bei denen intakte Erythrozyten auf dem Teststreifen hämolysieren und das freigesetzte Hämoglobin die Oxidation eines Farbstoffindikators initiiert. Es entstehen sichtbare grüne

Punkte auf dem Teststreifen, von denen jeder 1 Erythrozyten repräsentiert. Aufgrund der größeren Harnauftragsmenge ist deren Anzahl üblicherweise höher als die Zahlenangaben unter den entsprechenden Vergleichsfarben, die sich auf 1 µl Harn beziehen. Die praktische Nachweisgrenze des Sangur-Testes liegt für intakte Erythrozyten bei ca. 5 Erythrozyten/µl. Wie bei der Kammerzählung muß für Streifentests frisch gelassener und umgeschüttelter Harn untersucht werden. Größere Mengen an Ascorbinsäure im Harn führen bei der Teststreifenreaktion zu falsch negativen Ergebnissen.

Hämoglobinurie

Eine Hämoglobinurie findet man z. B. nach intravasaler Lyse der Erythrozyten (vor allem bei hämolytischen Anämien, Verbrennungen, schweren Vergiftungen), wenn die Bindungskapazität der hämoglobinbindenden Proteine (z. B. Haptoglobin) überschritten und zudem die Rückresorptionskapazität der proximalen Tubuli für filtriertes Hämoglobin überfordert wird. Dies ist üblicherweise bei Hämoglobin-Plasmakonzentrationen > 62 µmol/l (100 mg/dl) der Fall. Ein Erythrozytenzerfall intrarenal oder im Urin selbst führt gleichfalls zur Hämoglobinurie. Der Nachweis erfolgt meist mit kommerziellen Teststreifen. Im Gegensatz zum Vorliegen von intakten Erythrozyten (s. Hämaturie) erfolgt in Abhängigkeit von der Hämoglobinkonzentration im Urin eine homogene grüne Verfärbung. Ein positiver Testausfall kann gleichfalls durch eine Myoglobinurie (z. B. bei Muskelnekrosen, Myositiden, idiopatischer Rhabdomyolyse, schwerer körperlicher Arbeit) bedingt sein. Eine deutliche Teststreifenverfärbung bei nichthämolytischem Plasma und nahezu erythrozytenfreiem Sediment macht eine Myoglobinurie wahrscheinlich. Zum spezifischen Myoglobinnachweis stehen z. B. immunologische Verfahren zur Verfügung. Bei der Teststreifenuntersuchung beobachtet man häufig eine Teilhämolyse, die sich durch grüne Punkte auf einem diffus verfärbten Testbezirk bemerkbar macht. Eine nochmalige Untersuchung mit frischem Urin ist angezeigt.

Harnazidität

Normbereich: pH 4,8–7,5. Messung mit Teststreifen, Intervall-Indikatorpapieren oder pH-Elektrode. pH-Schwankungen in Abhängigkeit von der Nahrungszufuhr. Eiweißreiche Kost ergibt einen sauren Harn, vorwiegende Pflanzenkost einen alkalischen Harn. Bei über den Tag anhaltenden pH-Werten > 7–8 muß an eine Harnwegsinfektion gedacht werden.

Harnfarbe

Der normale Harn ist hell- bis dunkelgelb gefärbt. Konzentrierter Harn erscheint stärker gefärbt. Trübungen können durch Ausfällung unterschiedlicher Salze bedingt sein. Im alkalischen oder neutralen Harn Ausfällung von Phosphaten; Lösung durch Zusatz verdünnter Essigsäure. Im sauren Harn fallen Calciumoxalate aus; Lösung durch Zugabe verdünnter Essigsäure. Ziegelmehlsediment (durch mitgerissene Harnfarbstoffe rötlich aussehendes Natriumurat) bildet sich z. B. beim Abkühlen des Harns und geht beim Erwärmen oder nach Zugabe von Natronlauge wieder in Lösung. Geformte Harnelemente, z. B. Eiter, Blutzellen, Bakterien, verschwinden weder auf Laugen- noch Säurezusatz. Abnorme Harnfärbungen müssen abgeklärt werden; am häufigsten sind Medikamente bzw. deren Metaboliten dafür verantwortlich. Hämoglobin – oder selten Myoglobin – färbt den Harn fleischwasserfarben bis blutrot, nach Zersetzung bis braunschwarz. Porphyrine färben den Urin rot bis dunkelbraun. Bei ausgeprägter Bilirubinurie ist der Harn dunkelbraun gefärbt mit gelbem Schüttelschaum. Harn, der zunächst normal gefärbt ist und bei längerem Stehen nachdunkelt, ist verdächtig auf das Vorliegen von Homogentisinsäure (Alkaptonurie) oder von Melanogenen (malignes Melanom).

Harnkonkremente

Man unterscheidet
- Steine des sauren Harns: Oxalat- und Uratsteine;
- Steine des alkalischen Harns: Carbonat- und Phosphatsteine;
- Steine bei Stoffwechselerkrankungen: Xanthinsteine, Cystinsteine;
- medikamentös bedingte Ablagerungen.

Bei Steinleiden ist eine Überwachung der Harnazidität (s. d.) angezeigt. Durch Alkalisierung des Urins (pH > 5,85) läßt sich z. B. die Bildung von Harnsäuresteinen weitgehend vermeiden.

Am häufigsten findet man phosphat- und calciumcarbonathaltige Steine. Uratsteine sind relativ hart, fast immer geschichtet und durch Harnfarbstoffe braunrot gefärbt. Oxalatsteine sind sehr hart; die größeren zeigen eine rauhe Oberfläche (Maulbeersteine) und sind häufig mit Blut inkrustiert. Carbonatsteine sind grauweiß, glatt und von eher weicher Konsistenz. Die chemische Analytik bleibt einem Speziallabor vorbehalten.

Harnmenge

Die tägliche Harnmenge ist stark von Flüssigkeitszufuhr und Kostform abhängig. Harnvolumina unter 500 ml/24 Std. und über 2000 ml/24 Std. sind als pathologisch anzusehen (s. auch S. 560 ff).

Harnsäure

Normalwerte: 1,5–4,5 mmol (250–750 mg)/24 Std. Die Harnsäureausscheidung im Urin ist stark ernährungsabhängig (Puringehalt). Analog zur Hyperurikämie (S. 529) wächst mit steigender Hyperurikosurie das Risiko, an Urolithiasis und/oder Nephrolithiasis zu erkranken. Bei einer täglichen Ausscheidung von über 6,0 mmol (1100 mg) Harnsäure liegt die Erkrankungsinzidenz bei etwa 50% (entsprechend einer Serumkonzentration > 770 µmol/l = 13 mg/dl). Bei entsprechender Disposition ist vor Chemotherapie bzw. Bestrahlung maligner Erkrankungen einem verstärkten Purinkatabolismus durch massiven Zellzerfall mit Allopurinol und/oder Alkalisierung des Harns vorzubeugen.

Harnsediment

Sedimentbestandteile werden üblicherweise im Lichtmikroskop identifiziert und umfassen Zellen aus der Blutbahn oder den Harnwegen, Schleim, Mikroorganismen, Kristalle und Harnkanälchenausgüsse (Zylinder). Spezielle mikroskopische Techniken (z. B. Polarisations- und Phasenkontrastmikroskopie) sowie Sedimentfärbungen zur besseren Differenzierung der Sedimentbestandteile bleiben Speziallaboratorien vorbehalten. Eine semiquantitative Sedimenttechnik ist für die meisten Fragestellungen ausreichend.

Technik: Frisch gelassener Harn wird bei ca. 3000 UpM für 5 Min. zentrifugiert, der Überstand abgegossen, das Sediment mit den an der Wand haftenden Urintropfen aufgeschwemmt, auf einen Objektträger gebracht, mit einem Deckgläschen bedeckt und unter dem Mikroskop (40er Objektiv) beurteilt. Bei dieser Vergrößerung finden sich im normalen Harn pro Gesichtsfeld 1–2 Plattenepithelien, 1–2 Erythrozyten, 2–4 Leukozyten sowie vereinzelt hyaline Zylinder und unterschiedliche Kristalle. Eine quantitativ exakte Sedimentanalyse (z. B. hinsichtlich einer Erythrozyturie oder Leukozyturie) ist bei einem 24-Std.-Sammelurin wegen der unvermeidbaren Spontanhämolyse nicht möglich. Kürzere Sammelperioden sind je nach Dauer mit einem entsprechend hohen Multiplikationsfehler behaftet. Als brauchbarer und wenig aufwendig hat sich die Auszählung von Erythrozyten und Leukozyten im Spontanurin mit der Zählkammer erwiesen. Im Morgenurin (Mittelstrahl) können bis 5 Erythrozyten/µl bzw. 10 Leukozyten/µl noch als Normalbefund angesehen werden.

Teststreifen zum Leukozytennachweis sind im Handel. Sie basieren auf dem Nachweis der Esteraseaktivität intakter oder bereits lysierter Granulozyten und Histozyten. Ablesezeit und Vergleichsfarbe sind den Herstellerangaben zu entnehmen. Eine erhöhte Ausscheidung an Ascorbinsäure kann zu falsch negativen Befunden führen.

Von den seltenen Fällen einer Aminoazidurie (Cystin, Tyrosin, Leucin) abgesehen, ist eine Harnkristallanalyse diagnostisch meist wenig aufschlußreich. Bakterien (s. Bakteriurie, S. 565) sind aufgrund ihrer Form und Eigenbeweglichkeit im Sediment gut zu erkennen. Hefen (eiförmig, Sproßwachstum) dürfen nicht mit Erythrozyten verwechselt werden. Trichomonaden sind etwas größer als Leukozyten, beweglich, mit Geißeln versehen und können bei Harnröhren- und Blasenentzündungen vorkommen. Zylinder s. Harnzylinder (s. u.).

Harnzylinder

Harnzylinder sind Eiweißausgüsse der distalen Nierentubuli, deren Nachweis im Harnsediment (s. d.) pathognomonische Bedeutung haben kann. Die Matrix stellt das von der Niere synthetisierte und sezernierte Tamm-Horsfall-Mukoprotein dar; der Anteil an Serumproteinen ist je nach Zylindertyp verschieden. Je nach Art evtl. inkorporierter Zellen unterscheidet man unterschiedliche Zellzylinder.

Hyaline Zylinder: Bei sonst unauffälligem Harnsediment sind vereinzelte hyaline Zylinder als Normalbefund zu bewerten.

Granulierte Zylinder: Fein- bis grobgranulierte Zylinder finden sich sowohl im Harn Gesunder als auch gehäuft z. B. bei chronischer Glomerulonephritis.

Wachszylinder: Sie bestehen ausschließlich oder überwiegend aus Serumproteinen und stellen immer einen pathologischen Befund dar. Zeichen einer Nephropathie (z. B. diabetische Nephrosklerose, Amyloidose) mit Proteinurie.

Epithelzylinder: Zylinder, an deren Oberfläche Tubulusepithelien haften. Vorkommen bei fast allen chronischen Nierenerkrankungen, gehäuft beim nephrotischen Syndrom.

Erythrozytenzylinder: Zylinder mit in die Eiweißmatrix ein- und darauf aufgelagerten Erythrozyten. Auftreten durch transtubuläre Blutung bei Glomerulonephritiden, Endocarditis lenta und Lupus erythematodes.

Leukozytenzylinder: Beweisend für die renale Herkunft einer Leukozyturie. Chronische Pyelonephritis (in 80% der Fälle), Glomerulonephritis und Kollagenosen sind die häufigsten zugrundeliegenden Krankheitsbilder.

Bakterienzylinder: Beweisend für die renale Herkunft einer Bakteriurie und somit einer Pyelonephritis. Die Abgrenzung gegen feingranulierte Zylinder gelingt nur z. B. bei Gram-Färbung oder Interferenzkontrastmikroskopie des Sediments im Speziallabor.

17-Hydroxycorticosteroide (17-OHCS)

Normalwerte: Frauen 22–44 µmol (8–16 mg)/24 Std.; Männer 28–55 µmol (10–20 mg)/24 Std. Photometrische Bestimmung als totale 17-ketogene Steroidfraktion aus 24-Std.-Sammelurin. Die 17-OHCS-Bestimmung ist geeignet zur Erfassung der adrenalen Glucocorticoidproduktion. Eine stark erhöhte Ausscheidung findet sich bei Morbus Cushing, Akromegalie, ACTH-Therapie, Nebennierenrindentumoren, Streß usw. Erniedrigte Werte bei Nebennierenrindeninsuffizienz (Morbus Addison).

5-Hydroxyindolessigsäure (5-HIES)

Normalwerte: 3,6–42,8 µmol/24 Std. (0,7–8,3 mg/24 Std.). Die 5-HIES ist ein über die Nieren ausgeschiedenes Abbauprodukt des Serotonins, eines biogenen Amins, das verstärkt von endokrin aktiven Karzinoiden gebildet wird. Erhöhte 5-HIES-Konzentrationen im Urin sind nicht obligat für das Karzinoidsyndrom. 5-HIES-Konzentrationen über 130 µmol (25 mg)/24 Std. sind nahezu beweisend für ein Karzinoid. Die Bestimmung erfolgt im Speziallabor (HPLC) mit einem aliquoten Teil eines gut durchmischten 24-Std.-Sammelurins, der durch vorgelegte 25%ige Salzsäure (10 ml) angesäuert wurde. Drei Tage vor und während des Sammelns dürfen keine Bananen, Walnüsse, Ananas und rote Pflaumen verzehrt und Medikamente mit Guajacol (Hustensaft), Segontin, Reserpin und MAO-Inhibitoren eingenommen werden. Die Bestimmung sollte an drei aufeinanderfolgenden Tagen durchgeführt werden.

Kalium

Normalwerte: 26–132 mmol/24 Std. Die Kaliumausscheidung ist z. B. erhöht beim Hyperaldosteronismus, unter Diuretikamedikation (vor allem Thiazidderivate und Furosemid), bei metabolischer Azidose sowie bei osmotischer Diurese im Stadium der polyurischen Niereninsuffizienz. Extrarenale Kaliumverluste (z. B. durch Fisteln), Nephropathien mit verminderter Diurese, Mineralocorticoidmangel u. a. m. können zur Hypokaliurie führen.

Katecholamine s. Catecholamine

Ketonkörper

Acetessigsäure und Aceton bezeichnet man als Ketonkörper, die vorwiegend bei Ketoazidose im Gefolge eines Diabetes mellitus, bei Hungerzuständen (z. B. Nulldiät), gelegentlich bei Hyperemesis gravidarum sowie bei neuropathischen Kleinkindern im Zusammenhang mit Magen-Darm-Erkrankungen im Harn ausgeschieden werden. Ein Schnellnachweis ist durch Teststreifen oder Testtabletten möglich. Eine positive Reaktion ergibt eine konzentrationsabhängige Violettfärbung, die mit der beigegebenen Farbskala semiquantitativ bewertet werden kann. Die Nachweisgrenze für Acetessigsäure liegt bei ca. 480 µmol/l (5 mg/dl), für Aceton zwischen 7 und 12 µmol/l (40 und 70 mg/dl). Falsch negative Ergebnisse sind bei zu langer Aufbewahrung des Harns möglich, da die Acetessigsäure zum flüchtigen Aceton dekarboxyliert wird, dessen Nachweisgrenze zudem ca. 10fach höher auf den Teststreifen eingestellt ist. Eine Prüfung auf Ketonkörper ist vor allem bei insulinpflichtigen Diabetikern indiziert, um eine durch Insulinmangel bedingte ketoazidotische Stoffwechselentgleisung frühzeitig erkennen zu können.

17-Ketosteroide

Normalwerte: Frauen 17–55 µmol (5–16 mg)/24 Std.; Männer 28–87 µmol (8–25 mg)/24 Std. Die Bestimmung ist bei Verdacht auf eine Überfunktion der androgenen Fraktion der Nebennierenrindenhormone indiziert, wie z. B. beim adrenogenitalen Syndrom, beim Nebennierenrindenkarzinom und in Verbindung mit dem Choriongonadotropintest zur Unterscheidung zwischen primärem und sekundärem Hypogonadismus (S. 547). Erhöhte Ausscheidungen finden sich bei Morbus Cushing (auch ohne klinische Cushing-Symptomatik), Nebennierenrindentumoren, Akromegalie, Hodentumoren, adrenogenitalem Syndrom, Streß und unter ACTH-Therapie. Verminderungen (nicht obligatorisch) bei Nebennierenrindeninsuffizienz (Morbus Addison), Hypothyreose, Hypophyseninsuffizienzen (Sheehan-Syndrom) sowie bei Leber- und Nierenparenchymerkrankungen.

α_1-Mikroglobulin

Normalwerte: 3–8 mg/l. α_1-Mikroglobulin ist ein von den Hepatozyten synthetisiertes kleinmolekulares Glykoprotein (MG 33 kD) mit noch unklarer physiologischer Bedeutung. Da es glomerulär filtriert und tubulär reabsorbiert und katabolisiert wird, muß eine Konzentrationserhöhung im Urin als Hinweis auf eine tubuläre Störung bewertet werden. In der Diagnostik von Tubulusschäden (z. B. interstitielle Nephritis) hat es sich gegenüber anderen Indikatorproteinen als besonders geeignet herausgestellt, da es im Urin pH-stabil ist. Sein Nachweis erfolgt mittels radialer Immundiffusion oder Latextest. Isolierte Tubulusschäden sind bei normaler bzw. gering eingeschränkter Nierenfunktion (Creatinin-Clearance > 0,6 mmol = 70 mg/min) sicher nachweisbar, während die diagnostische Aussage bei fortgeschrittener Niereninsuffizienz wegen tubulärer Überladung nicht eindeutig ist.

β_2-Mikroglobulin

Normalwerte: 0,004–0,3 mg/l. β_2-Mikroglobulin wird als leichte Kette der HLA-Antigene nahezu auf allen Körperzellen in gebundener Form gefunden, in freier Form glomerulär filtriert und tubulär reabsorbiert. Eine Konzentrationserhöhung im Urin signalisiert bei normaler bzw. gering eingeschränkter Nierenfunktion eine tubuläre Reabsorptionsstörung. Im Gegensatz zum α_1-Mikroglobulin (s. o.) ist β_2-Mikroglobulin im Urin äußerst pH-labil, so daß quantitative Messungen (z. B. mit RIA oder ELISA) eine mindestens 12stündige intravenöse oder orale Alkalisierung des Patientenharns voraussetzen.

Osmolalität

Die Osmolalität (Konzentration aller osmotisch aktiven, gelösten Teilchen in Mol/kg Lösungsmittel) des Urins erreicht bei Normalpersonen nach 12–24 Stunden Dürsten ca. 900–1400 mmol/kg. Als Isosthenurie wird die Ausscheidung eines plasmaisotonen Harns (ca. 290 mmol/kg), als Hyposthenurie die Ausscheidung eines hypotonen Urins (< 290 mmol/kg) bezeichnet, wie sie bei renalen Konzentrationsdefekten (interstitielle Nephropathien, akutes Nierenversagen) beobachtet wird. Die Osmolalität wird im Osmometer durch Messung der Gefrierpunktserniedrigung bestimmt. Zwischen Osmolalität und spezifischem Gewicht besteht lediglich eine lose Beziehung, da die Osmolalität vorwiegend vom Anteil einwertiger Ionen, Harnstoff und Ammoniak, das spezifische Gewicht von Glucose, Phosphaten und Carbonaten bestimmt wird.

Phenylketonurie

Autosomal rezessiv vererbbare Aminosäurestoffwechselstörung, die unbehandelt fast immer zu hochgradigem Schwachsinn führt. Im Urin findet sich vermehrt Phenylbrenztraubensäure. Nachweis z. B. mit Phenistix-Teststäbchen oder 10%iger $FeCl_3$-Lösung. Zu 1–2 ml frisch gelassenem Harn gibt man 5–8 Tropfen $FeCl_3$-Lösung (10%ig). Positive Reaktion bei Auftreten einer grünen bis grünblauen Farbe. Die Farbreaktion ist flüchtig und blaßt bei schwachem Ausfall nach 1½ Min. wieder ab. Die Reaktion gelingt auch an der urinfeuchten Windel des Säuglings.

Phosphat, anorganisches

Normalwerte: 110–329 mmol/24 Std. (0,34–1,0 g/24 Std.). Die Phosphatausscheidung unterliegt einem zirkadianen Rhythmus und ist zudem stark von der Ernährung abhängig. Die Bewertung der Phosphatkonzentration im Urin sollte in Bezug zum Serumspiegel und zum Calciumhaushalt erfolgen. Eine zusätzliche radioimmunologische Bestimmung des Parathormons (S) ist vor allem bei Verdacht auf Vorliegen regulatorischer Unter- bzw. Überfunktion der Nebenschilddrüsen indiziert. Erniedrigte Phosphatausscheidung häufig bei chronischen Nierenerkrankungen (Phosphatstau), akuter Leberdystrophie und Hypoparathyreoidismus. Erhöhte Ausscheidung nach laktovegetatibiler Kost bei Alkalose, primärem Hyperparathyreoidismus, Insuffizienzen der proximalen Tubuli (Phosphatdiabetes), Osteomalazie und osteolytischen Tumormetastasen.

Porphyrine

Normalwerte: < 150 mg/24 Std. Unter einer Porphyrinurie versteht man die Ausscheidung von Vorstufen der Porphyrinbiosynthese, von denen Uro- und Koproporphyrine den Hauptanteil bilden. Im erweiterten Sinne werden auch δ-Aminolävulinsäure und Porphobilinogen hinzugezählt. Je nach ausgeschiedener Menge färben sie den Harn braunrot bis fast schwarz. Eine vermehrte Ausscheidung findet sich bei primären Porphyrien (Porphyria erythropoetica, Porphyria hepatica) und sekundär als Folge zahlreicher Krankheiten mit Störungen der Porphyrinsynthese (z. B. Lebererkrankungen, hämolytische/perniziöse Anämie sowie bei Intoxikationen mit Blei, chlorierten Kohlenwasserstoffen und Medikamenten wie z. B. Barbituraten und Sulfonamiden). Eine differenzierte Porphyrinanalytik im Speziallabor sollte zumindest die Bestimmung von Uroporphyrin (I und III), Koproporphyrin, Porphobilinogen und δ-Aminolävulinsäure umfassen. Mit einfachen Hilfsmitteln ist oft die akute intermittierende Porphyrinurie aufgrund der vermehrten Ausscheidung von Porphobilinogen (> 9 µmol = 2 mg/l) erkennbar. *Technik:* Zu 5 ml Harn gibt man 5 Tropfen Ehrlich-Reagens (2% p-Aminobenzaldehyd in 20%iger HCl) und 5 ml Chloroform und schüttelt kräftig. Bleibt nach Stehenlassen die obere Schicht (wäßrige Phase) rot, so ist Porphobilinogen vorhanden. Rotfärbung des Chloroforms beruht auf Anwesenheit von Sterkobilinogen, Urobilinogen usw. Bei stark erhöhter Ausscheidung von Uroporphyrin erkennt man unter ultraviolettem Licht bereits am unvorbehandelten Harn eine Rotfluoreszenz. Für den Versand der Urinproben ist wichtig, daß durch Lichteinwirkung, Albuminurie, Sedimentbildung oder Bakterienwirkung größere Porphyrinverluste entstehen können. Harnsammlung und Versand sollten deshalb in Kälte, in sauberen Gefäßen, unter Lichtausschluß und nach Zugabe einiger Thymolkristalle erfolgen. Die Untersuchung auf Porphobilinogen muß möglichst sofort erfolgen; wenn dies nicht möglich, dann Konservierung des Harns durch Zusatz von Bicarbonat bis pH 7.

Schwangerschaftstest

Das Nachweisprinzip immunologischer Schwangerschaftstests beruht auf dem Anstieg der HCG-Ausscheidung (Humanchoriongonadotropin) im Urin während der Frühphase einer Gravidität. Indirekte Schwangerschaftsteste (HAH-Test, LAH-Test): Schwangerenurin wird mit HCG-Antiserum und HCG-beladenen Latexpartikeln oder HCG-sensibilisierten Testerythrozyten vermischt. Ist HCG im Urin vorhanden, so wird das HCG-Antiserum im Ansatz absorbiert, und es kommt nicht zur Agglutination der Antigenträger (Latexpartikel, Testerythrozyten) und umgekehrt. Keine Agglutination = positiver Schwangerschaftstest; Agglutination = negativer Schwangerschaftstest. Direkte Schwangerschaftstests (HA-Test, LA-Test): Schwangerenurin wird mit Anti-HCG-beladenen Latexpartikeln oder Testerythrozyten versetzt. Ist HCG im Urin vorhanden, so kommt es zur Agglutination mit dem Antigenträger. Agglutination = positiver Schwangerschaftstest; keine Agglutination = negativer Schwangerschaftstest. Ein zuverlässiger Schwangerschaftstest ist ab dem 5. Tag nach Ausbleiben der Menses möglich. Die Angaben der Testhersteller sind genau zu beachten.

Spezifisches Gewicht

Beim spezifischen Gewicht (SG) handelt es sich um eine Dichtemessung, die von der Anzahl und Masse der gelösten Teilchen im Urin abhängig ist. Beim Gesunden schwankt der Normalbereich je nach Diurese zwischen 1002 und 1030. Nach einem standardisierten Durstversuch (12 Std.) soll das SG mindestens 1020 erreichen. Unter 1010 liegt der Verdacht auf eine renale Konzentrationsstörung nahe. Die herkömmliche SG-Bestimmung mittels Tauchurometer ist mit zahlreichen Störmöglichkeiten behaftet. Wenn die Urintemperatur nicht der Eichtemperatur des Urometers entspricht, muß das abgelesene spezifische Gewicht korrigiert werden. Liegt die Temperatur darüber, wird pro 3 °C Temperaturunterschied dem gemessenen Wert ein Teilstrich hinzugezählt; liegt sie darunter, so wird pro 3 °C ein Teilstrich abgezogen. Glukosurie und Proteinurie führen zu falsch hohen Werten. Pro 3–5 g Eiweiß/l Urin kann ein Teilstrich vom SG abgezogen werden. Für jedes g% Glucose sind vier Teilstriche vom gemessenen SG zu subtrahieren. Durch Messung der Ionenstärke des Urins mittels Teststreifen ist eine Abschätzung des SG möglich, wenn der Einfluß des pH-Wertes auf die Meßwerte nach Herstellerangaben beachtet wird.

Urobilinogen

Normalwerte: 17 µmol/l (1 mg/dl). Urobilinogen wird vornehmlich im terminalen Ileum und Kolon durch bakterielle Reduktion von Bilirubindiglucuronid gebildet und z. T. rückresorbiert. Bei Rückresorption über den enterohepatischen Kreislauf gelangt Urobilinogen in die Leber, wo es entweder weiter abgebaut oder über die Galle ausgeschieden wird. Dagegen wird das über den Plexus venosus rectalis (haemorrhoidalis) – unter Umgehung des portalen Kreislaufs – rückresorbierte Urobilinogen renal eliminiert. Eine Urobilinogenurie kann somit durch ein erhöhtes Bilirubinangebot an die Leber (relative Leberinsuffizienz bei hämolytischen Erkrankungen), Leberparenchymerkrankungen (z. B. Hepatitiden, Stauungsleber) oder durch krankhafte Umgehung des Leberkreislaufs (z. B. bei Zirrhose mit portaler Hypertension, Pfortaderthrombose) bedingt sein. Urobilinogen fehlt im Urin, wenn aufgrund eines Verschlußikterus kein Bilirubin in den Darm gelangt, bei Versiegen der Gallenproduktion oder fehlender Darmflora.

Nachweis: Ein semiquantitativer Urobilinogennachweis gelingt mittels Teststreifen, auf dem Urobilinogen spezifisch zu einem Azofarbstoff gekoppelt wird. Die Intensität der resultierenden Rotfärbung ist der Urobilinogen-Konzentration proportional. Die sog. Ehrlich-Probe ist aufgrund ihrer Störanfälligkeit (häufig falsch positiv) abzulehnen. Ein etwaiges völliges Fehlen von Urobilinogen im Urin läßt sich mit einem Teststreifentest nicht nachweisen. Bei längerem Stehen des Urins kann sich vorhandenes Urobilinogen durch Oxidation dem Nachweis entziehen, wodurch fälschlich negative Befunde resultieren können.

Vanillinmandelsäure (VMS)

Normalwerte: < 35 µmol/24 Std. (< 7 mg/24 Std.). Die nierengängige VMS ist das Hauptabbauprodukt der Catecholamine (Adrenalin, Noradrenalin). Bei sympathoadrenalen Tumoren (Phäochromozytom, Neuroblastom, Sympathoblastom) sind die VMS-Konzentrationen oft um ein Vielfaches der Norm erhöht; es können jedoch auch normale oder nur leicht erhöhte Werte vorkommen. Generell muß bei allen Streßsituationen aufgrund verstärkter Catecholaminausschüttung mit erhöhten VMS-Urinkonzentrationen gerechnet werden (z. B. operative Eingriffe, Herzinfarkt, hämorrhagischer Schock u. a. m.). Technik: Der 24-Std.-Sammelurin muß über 10 ml 25%iger Salzsäure gesammelt werden. Ein Tag vor und während der Sammelperiode Kaffee, Tee, Schokolade, vanillehaltige Speisen, Bananen, Tonic Water und Tabak vermeiden. Da zahlreiche Pharmaka mit der VMS-Bestimmung interferieren, sollte 3 Tage vor und während der Sammelperiode – wenn möglich – die Medikation ausgesetzt werden. α-Methyldopa-Präparate müssen 3 Wochen vorher abgesetzt werden. Eine gleichzeitige Bestimmung der Catecholamine im Urin (S. 567) wird empfohlen.

Liquor

Allgemeines

Normaler Liquor ist klar, farblos und durchsichtig. Jede Trübung oder Verfärbung ist als pathologisch zu bewerten. Bei Zellzahlvermehrung über 500/3 Zellen erscheint der Liquor getrübt. Gelbliche Verfärbung (Xanthochromie) findet sich nach geringer oder längerer Zeit zurückliegender Blutung in den Liquorraum (z. B. bei Ventrikeldurchbruch, Apoplexie, Subarachnoidalblutung, Hirntumor, chronisch entzündlichen Prozessen) oder bei ausgeprägter Hyperbilirubinämie. Ein grüngelber Liquor kann bei bakteriellen Meningitiden vorliegen. Blutiger Liquor z. B. bei Angiom- oder Aneurysmablutung, hypertensiver Massenblutung mit Einbruch in das Ventrikelsystem oder kontusionsbedingt. Erscheint der Überstand des zentrifugierten Liquors hämolytisch (kirschfarben), so spricht dies für eine frische Blutung in den Liquorraum. Bei rotem Bodensatz und braunrotem Überstand kann eine einmalige, einige Tage zurückliegende Blutung vermutet werden. Eine artifizielle Blutung (Gefäßverletzung bei Punktion) zeichnet sich bei fraktionierter Liquorgewinnung durch Abnahme der Erythrozytenzahl mit steigender Fraktionszahl aus. Nach Liquorzentrifugation erhält man einen klaren Überstand über dem Blutkuchen.

Spinnwebsgerinnsel (Fibringerinnsel) sind Zeichen einer starken Gesamtproteinvermehrung, wie sie z. B. bei tuberkulöser Meningitis häufig vorkommt. Sie sind am besten zu sehen, wenn der Liquor 24 Stunden im Kühlschrank gestanden hat.

Albumin

Normalwerte: 145–435 μmol/l (100–300 mg/l) (Bestimmung in zellfreiem Nativliquor). Eine Erhöhung der Albuminkonzentration im Liquor deutet auf eine Funktionsstörung der Blut-Liquor-Schranke hin, da Albumin nahezu ausschließlich hepatisch synthetisiert wird. Bei gleichzeitiger Bestimmung der Serumalbuminkonzentration gibt ein erniedrigter Albuminquotient (Albumin im Serum/Albumin im Liquor) einen Hinweis für das Ausmaß der Schrankenfunktionsstörung. Referenzbereich des Albuminquotienten: 183–350. Verminderter Albuminquotient z. B. bei zerebralen Durchblutungsstörungen und multipler Sklerose (s. auch α_2-Makroglobulin).

Druck

Normalwerte: 10–16 mmHg. Nach Punktion des Liquorraums (typischerweise zwischen dem 3. und 4. LWK) wird ein Gummischlauch mit graduiertem Steigrohr (steril) mit der Punktionsnadel verbunden. Der Patient wird in Seitenlage gebracht und der Abstand zwischen Flüssigkeitsspiegel und Punktionsnadel gemessen. Phänomen nach Queckenstedt: Man komprimiert beiderseits durch Händedruck die Jugularvenen und beobachtet normalerweise einen Anstieg der Liquorsäule im Steigrohr. Der Anstieg ist hervorgerufen durch eine Vermehrung des intrakraniellen Drucks. Ist die Verbindung zwischen Punktionsstelle und Ventrikel unterbrochen, kommt es zu keinem Anstieg des Liquorspiegels im Steigrohr.

Glucose

Normalwerte: 2,2–4,2 mmol/l (40–75 mg/dl). Bestimmungsmethoden wie Blutzucker (S. 522). Es sollte immer simultan eine Bestimmung der Serumglucosekonzentration erfolgen, da die Liquorkonzentration üblicherweise ca. 60% davon beträgt. Orientierende Abgrenzung akuter bakterieller Meningitiden von viralen Meningoenzephalitiden. Bei bakterieller Genese ist in etwa 50% der Fälle die Liquorglucosekonzentration vermindert. Primäre oder sekundäre Tumoren des ZNS führen gleichfalls häufig zu einer erniedrigten Glucosekonzentration.

Zum Schnellnachweis einer Liquorrhö (z. B. nach Unfall) sind Glucose-Teststreifen geeignet, wenn das fragliche Sekret farblos ist und keine Blutbeimengungen enthält.

IgG

Normalwerte: ≤40 mg/l (Bestimmung in zellfreiem Nativliquor). Gleichzeitig sollte eine Serum-IgG-Konzentrationsbestimmung erfolgen. Bei Schädigung der Blut-Liquor-Schranke ist der IgG-Quotient (IgG im Serum/IgG im Liquor) wie auch der Albumin- und der α_2-Makroglobulin-Quotient vermindert. Referenzbereich des IgG-Quotienten: 470–570. Für eine intrathekale IgG-Synthese spricht eine isolierte Verminderung des IgG-Quotienten bei Albumin- und α_2-Makroglobulin-Quotienten im Referenzbereich. Vor allem subakut entzündliche Erkrankungen des ZNS (viraler, bakterieller oder mykotischer Genese), subakute sklerosierende Panenzephalitis, multiple Sklerose oder Polyradikulitis Guillain-Barré zeigen diese Befundkonstellation. Eine Erhöhung des

$$\text{IgG-Index} = \frac{\text{IgG (Liq.)} \times \text{Albumin (S)}}{\text{IgG (S)} \times \text{Albumin (Liq.)}} \geqslant 0{,}7$$

stützt den Verdacht auf intrathekale IgG-Produktion

Lactat

Normalwerte: 1,2–2,1 mmol/l (11–19 mg/dl). Bestimmung in Nativliquor innerhalb von 3 Stunden; sonst Stabilisierung durch NaF- bzw. EDTA-Zusatz. Geeignet zur Schnelldifferenzierung zwischen bakteriellen und viralen Meningitiden. In Kombination mit erniedrigter Liquorglucosekonzentration (<2 mmol/l = 40 mg/dl) sind Lactatwerte >3 mmol/l (30 mg/dl) nahezu beweisend für eine bakterielle Genese. Bei zerebralen ischämischen Insulten korreliert die Lactatkonzentration positiv mit der Größe des infarzierten Areals und gestattet daher prognostische Rückschlüsse. Das Lactatmaximum tritt am 3. Tag nach Insult auf.

Liquorproteine

Der Liquor ist ein eiweißarmes Ultrafiltrat des Blutes, wobei ein Konzentrationsgefälle von Plasma > Lumballiquor von ca. 200:1 vorliegt. Neben der Serumeiweißkonzentration bestimmen die Integrität der Blut-Hirn- und Blut-Liquor-Schranke sowie eine evtl. im ZNS lokalisierte Proteinbiosynthese die Liquorproteinkonzentration.

Semiquantitativer Nachweis: Zur orientierenden Schnellbestimmung des Liquorgesamtproteingehalts läßt man in einem Uhrglasschälchen mit 2 ml gesättigter wäßriger

Phenollösung (Pandy-Reagens) vom Rand her 30 µl Liquor zusammenlaufen und beurteilt gegen einen dunklen Untergrund. Normalerweise entsteht keine oder nur leichte Opaleszenz; pathologisch sind starke Trübung sowie Niederschlag.

Quantitativer Nachweis: Normalwerte: < 50 mg/dl (0,5 g/l) im Lumballiquor. Die Bestimmung erfolgt meistens mit der Biuretmethode nach vorgängiger Anreicherung durch Proteinfällung oder mittels hochempfindlicher photometrischer Proteinquantifizierung (z. B. Coomassie-Blau-, Folin-Reagens) in Nativliquor. Bei turbidimetrischer Bestimmung ist auf völlige Partikelfreiheit zu achten. Erhöhungen der Liquorgesamtproteinkonzentration sind weitgehend krankheitsunspezifisch und sollten, wenn sie nicht zur Verlaufsbeurteilung bei bekannter Diagnose dienen, eine Liquorproteinelektrophorese (s. u.) nach sich ziehen.

Liquorproteinelektrophorese

Normalwerte: Präalbumin 4,4–8,3; Albumin 46,9–59,6; α_1-Globulin 2,0–6,2; α_2-Globulin 1,9–5,6; β_1+β_2-Globulin 18,5–31,2; γ-Globulin 3,9–11,4, jeweils Rel.-%. Die Elektrophorese wird mit zellfreiem, nicht eingeengtem Liquor durchgeführt (z. B. Mikrozonenelektrophorese auf Celluloseacetatfolie). Albumin, α_1- und α_2-Globulin sind üblicherweise in gleich großen Anteilen wie im Serum vorhanden (s. Eiweißelektrophorese, S. 537). Der β-Globulin-Anteil ist im Liquor deutlich erhöht, wobei in eine β_1- und eine β_2-Fraktion unterschieden werden kann. Die γ-Globuline sind hingegen im Liquor gegenüber dem Serum vermindert. Das Liquorpherogramm liefert keine krankheitsspezifischen Bandenmuster, zeigt jedoch für bestimmte Erkrankungen vielfach charakteristische Proteinverteilungsmuster. Akute bakterielle oder virale Meningitiden imponieren z. B. oft durch eine breitbasige γ-Globulin-Vermehrung bei erhöhtem Gesamtproteingehalt, während ausgeprägte Funktionsstörungen der Blut-Liquor-Schranke zu einer Erhöhung aller Proteinfraktionen führen. Eine Subfraktionierung des diffusen γ-Globulin-Bereichs gelingt durch isoelektrische Fokussierung in Polyacrylamidgelen. Schmalbasige Gradienten findet man u. a. bei multipler Sklerose (MS), Neurolues, Toxoplasmose und tuberkulöser Meningitis. Oligoklonales IgG tritt z. B. bei MS schon während des Früh- oder Latenzstadiums in nahezu 90% der Fälle auf. Stets sollte vergleichend eine Serumeiweißelektrophorese mit durchgeführt werden, um eine intrathekale Oligoklonie ZNS-lokalisierter Immunprozesse abzugrenzen von Liquorveränderungen durch Übertritt entsprechender Serumproteine bei Paraproteinämie (Morbus Waldenström, Plasmozytom).

α_2-Makroglobulin

Normalwerte: 1–5 mg/l (Bestimmung in zellfreiem Nativliquor). α_2-Makroglobulin tritt als hochmolekulares Protein (MG 820 kD) nur bei ausgeprägten Blut-Liquor-Schranken-Störungen in den Liquor über. Bei erniedrigtem α_2-Makroglobulin-Quotienten (Konz. Serum/Konz. Liquor) ist der Albuminquotient bereits gleichfalls vermindert. Referenzbereich des α_2-Makroglobulin-Quotienten: 840–1500. Beide Quotienten sind z. B. vermindert bei bakterieller Meningitis, Polyradikulitis, Enzephalitis und ZNS-Tumoren (s. auch Albumin).

Zellausstrich

Er dient zur Differenzierung der Liquorzellen sowie zur Anfärbung und Erkennung von Bakterien.

Zelldifferenzierung: Frisch gewonnener Liquor wird schonend zentrifugiert (5 Min. bei 1200 UpM) und ein Tropfen Sediment auf einen Objektträger getropft, ausgestrichen, nach Pappenheim gefärbt und mikroskopiert (s. Blutausstrich, S. 518). Normale zelluläre Liquorbestandteile sind Lymphozyten und Monozyten im Verhältnis von ca. 2:1. Erythrozyten werden im normalen Liquor nicht angetroffen. Neutrophile Granulozyten dominieren bei bakteriellen und viralen akut entzündlichen Prozessen. Bei Virusmeningitiden kommt es nach der Akutphase zur Ausbildung einer lymphozytären Pleozytose. Eosinophile bei parasitären Erkrankungen, allergischen Prozessen und zuweilen auch bei einer reaktiven Meningitis. Bei chronisch verlaufenden Erkrankungen des ZNS können Makrophagen und Fibroblasten gefunden werden. Plasmazellen sind immer als pathologischer Befund (z. B. Neurolues, MS, Polyradikulitis, virale oder tuberkulöse Meningitis) zu werten. Mitunter sieht man Tumorzellen von einem Glioblastom, Medulloblastom oder von Karzinommetastasen (z. B. häufig malignes Lymphom). Die Zelldifferenzierung im Liquor muß innerhalb 1 Stunde durchgeführt werden, um degenerative Zellveränderungen durch Zytolyse zu vermeiden.

Bakteriologische Untersuchung: Bei Patienten mit entsprechender neurologischer Symptomatik werden zur schnellen ätiologischen Klärung Ausstrichpräparate nach Gram oder mit Methylenblau gefärbt und auf Bakterien durchmustert. Bei Verdacht auf tuberkulöse Meningitis kommt zum Nachweis säurefester Stäbchen eine Ziehl-Neelsen-Färbung in Betracht. Das Auftreten von intrazellulär gelegenen gramnegativen Diplokokken in polymorphkernigen Granulozyten ist z. B. nahezu beweisend für das Vorliegen einer Meningokokkenmeningitis und erfordert umgehende antibiotische Behandlung. Die Diagnosesicherung erfolgt aufgrund von mit Liquor beimpften Kulturmedien.

Zellzählung

Normalwerte: 0–10/3 Zellen. Zur Zählung der Liquorzellen benötigt man eine Leukozytenpipette, in die zunächst Verdünnungsflüssigkeit (Eisessig 2,0 ml, 1 ml Gentianaviolett 1%ig, destilliertes Wasser ad 50 ml) bis zur Marke 1 aufgezogen wird. Sodann wird Liquor bis zur Marke 11 nachgezogen. Der Liquor sollte frisch entnommen sein. Pipette eta 3 Min. schütteln. Die Zählung erfolgt in der Fuchs-Rosenthal-Zählkammer. Deckgläschen bis zur Bildung von Newton-Ringen auf die Zählkammer aufpressen und nach Verwerfen der ersten 3 Tropfen den nächsten Tropfen vom oberen Rand des Deckgläschens wieder in die Zählkammer einfließen lassen. 3 Min. warten, sodann die ganze Kammer wie bei Leukozytenzählung auszählen. Der Inhalt der Kammer beträgt 3,2 mm^3. Um auf 1 mm^3 zu kommen, muß die Gesamtzahl durch 3 dividiert werden. Diese Division wird normalerweise nicht ausgeführt, sondern die Gesamtzahl als Drittelzellen angegeben.

Punktionen

Allgemeines

Mit Hilfe einer Punktion hat man die Möglichkeit,

- Flüssigkeiten (Blut, Exsudate, Transsudate),
- lose Zellverbände oder schließlich
- zusammenhängende Gewebsverbände dem Organismus zu entnehmen.

Teils geschieht dies zu therapeutischen (Punktion eines Pleuraergusses, Aszites, Pleuraempyems, Abszesses usw.), teils zu diagnostischen Zwecken (Sternalpunktion, Lumbalpunktion, Tumorpunktion, Leberpunktion, Nierenpunktion, Knochenpunktion usw.).

Flüssiges Punktionsmaterial

Allgemeines: Jede Punktion hat selbstverständlich unter sterilen Kautelen zu erfolgen. Auf die einzelne Punktionstechnik soll in diesem Rahmen nicht eingegangen werden. Es wird verwiesen auf Hansen, K., K. Bloch: Therapeutische Technik für die ärztliche Praxis, 4. Aufl., Thieme, Stuttgart 1956. Zur Charakterisierung der Punktionsflüssigkeit unterscheidet man zwischen Trans- und Exsudaten. Transsudate sind durch venöse Stauungen bedingt. Die Flüssigkeit ist hellgelb, durchsichtig, setzt beim Stehen Fibringerinnsel ab. Das spezifische Gewicht liegt unter 1015, der Eiweißgehalt unter 2,5%. Exsudate kommen bei Entzündungen vor. Man findet fließende Übergänge von serösen zu blutig-eitrigen und jauchigen Flüssigkeiten. Das spezifische Gewicht liegt über 1018, der Eiweißgehalt über 2,5%.

Rivalta-Probe: Die Probe dient zur weiteren Differenzierung zwischen Exsudaten und Transsudaten. In Exsudaten findet sich ein durch Essigsäure ausfällbarer Eiweißkörper. In einem Reagenzglas werden 15 ml Aqua dest. und 1 Tropfen Eisessig kurz umgeschüttelt. Sodann wird 1 Tropfen Punktat in die Flüssigkeit eingetropft. Bei weißlicher Schleierbildung ist die Probe positiv, d. h. es handelt sich um ein Exsudat. Bei Transsudaten bleibt die Lösung klar.

Spezifisches Gewicht: Die Messung des spezifischen Gewichts geschieht mit einem Urometer (Einzelheiten s. S. 574).

Zellen s. Zytologie, S. 580 f. Schnellorientierung zur Differenzierung von Zellen in Pleura- oder Aszitespunktat, in Harn oder Liquor mit der Farblösung nach Quensel (Hersteller: Kahl, Wertheim a. M.). Auf einem Objektträger werden 1 Tropfen Sediment und 1 Tropfen der Farblösung gut vermischt und mit einem Deckgläschen bedeckt. Nach 10 Min. wird unter dem Mikroskop mit mittlerer Vergrößerung das Präparat betrachtet. Zelluläre Elemente färben sich blau, Fettbestandteile gelbrot.

Lose Zellverbände oder einzelne Zellen s. Zytologie, S. 580 ff

Zusammenhängende Gewebsverbände

Neben der Gewebsentnahme durch Probeexzision hat heute die Blindpunktion der Organe mit speziellen Nadeln und Entnahme eines Gewebszylinder eine zunehmende Bedeutung. In der Hand des Geübten ist bei entsprechender Indikation und Kontrolle die Gefahr für den Patienten gering. Die Technik ist nicht immer ganz einfach und bleibt dem speziell geübten Arzt vorbehalten. Das Gewebsstück wird sofort in verdünntem Formalin (1 Teil 40%iges Formalin + 3 Teile Aqua dest.) fixiert und anschließend in einem Speziallabor histologisch aufgearbeitet. Die Entnahme von Gewebe ist indiziert, wenn

- serologische oder funktionelle Grenzbefunde vorliegen zur Klärung der Diagnose,
- die Ätiologie und damit u. U. die Prognose unklar ist,
- keine spezielle Kontraindikation besteht (z. B. Störung der Blutgerinnung usw.).

Bei folgenden Organen ist eine Punktion mit Entnahme von Gewebe möglich:

Leber: Entweder Blindpunktion oder Punktion unter Sicht während Laparoskopie. Unterscheidung von Zirrhose, chronischer Hepatitis, cholangitischer Zirrhose, Fettleber, posthepatischer Hyperbilirubinämie, Hämochromatosen, Speicherkrankheiten. Cave: Periarteriitis nodosa, Lupus erythematodes visceralis. Kontraindikationen: totale Stauung, Metastasenleber, Echinokokkus, unklarer fieberhafter Ikterus.

Niere: Blindpunktion unter Zuhilfenahme eines intravenösen Pyelogramms und Röntgenkontrolle. Indikation: nephrotisches Syndrom, asymptomatische Albuminurie, Differentialdiagnose verschiedener Formen der Glomerulonephritis, Lupusnephritis, Purpuranephritis, Aufdeckung larvierter Formen einer Pyelonephritis, Frühdiagnose einer Nephrokalzinose, diabetische Nephropathie, unklare anurische oder oligurische Zustände. Kontraindikation: hämorrhagische Diathese, Urämie, anatomische oder funktionelle Einzelnieren, Nierentumoren, Hydro- oder Pyonephrosen, Abszesse, Zysten und Aneurysmen der Nierenarterie, Nierentuberkulose.

Knochen: Blindpunktion des Beckenkamms bei Differentialdiagnose der Osteopathien (Osteoporose, Osteomalazie, renale Osteopathie, Morbus Paget, Ostitis fibrosa generalisata u. a.), bei Hämoblastomen, wenn Sternalmark unergiebig (besonders bei Osteomyelofibrose), bei Karzinommetastasen.

Sternum: Gewinnung von Sternalmark bei allen Erkrankungen des blutbildenden Systems.

Lymphknoten: Indikation: Bei lymphatischen Systemerkrankungen, Tumormetastasen, Hämoblastosen, Tuberkulose, Morbus Boeck, Morbus Bang, Tularämie, Lepra, Lues.

Milz: Bedeutung bei Speicherkrankheiten, Hämoblastosen, allen leukämischen Formen der Lymphadenose usw. Kontraindikationen: hämorrhagische Diathese, Sepsis, Milzinfarkt, totale Stauung.

Skelettmuskulatur: Gewebsentnahme durch Biopsie bei generalisierter Arteriitis. In 20% der Fälle gelingt die Diagnose.

Nachweis von Tuberkelbakterien

Direktnachweis im Objektträgerausstrich (sog. färberischer Nachweis). Anfertigung eines Objektträgerpräparates aus dem jeweiligen Untersuchungsmaterial, lufttrocknen, zur Fixierung 3mal durch die Flamme ziehen. Färbung nach Ehrlich-Ziehl-Neelsen, Präparat vollständig überschichten mit Carbol-Fuchsin-Lösung, 3mal mit Sparflamme bis zur Dampfbildung erhitzen (nicht kochen!), zwischendurch wieder abkühlen lassen. Färbedauer ca. 5 Min. Farbstoff abgießen, mit Aqua dest. abspülen, entfärben mit HCI-Alkohol (7% Alkohol + konz. Salzsäure) für 3–5 s., dann 30 s. mit reinem Alkohol, mit Aqua dest. nachspülen, bis Präparat nur noch schwach rosa gefärbt ist. Nachfärben mit Methylenblau, spülen mit Aqua dest., unter Flamme trocknen, mit Ölimmersion betrachten. Tuberkelbakterien erscheinen leuchtend rot in heller Umgebung. – Andere Direktmethoden, wie Carbol-Nachtblau-Färbung (Hallberg) und Auraminfärbung mit Fluoreszenzmikroskopie, sind nicht vorteilhafter. – Bei geringer Keimzahl empfiehlt sich das *Anreicherungsverfahren nach Uhlenhuth:* 1 Teil Untersuchungsmaterial mit 2 Teilen 40%igem Antiformin (Natriumhypochlorit + Natronlauge) gut durchschütteln und 20 Min. stehenlassen. Nach Homogenisierung mit gleichen Teilen Brennspiritus versetzen (Tuberkelbakterien bleiben erhalten, während andere Bakterien abgetötet und aufgelöst werden), zentrifugieren, vom

Sediment Objektträgerpräparat anfertigen und färben. Angabe der Keimzahl nach der Einteilungsskala von Gaffky (G 1 bis G 10, wobei G 1 bedeutet: 1–4 Bakterien im ganzen Präparat, G 10: enormes Überwachsen des gesamten Präparats). – Es werden lediglich die nichtsäurefesten Bakterien entfärbt; alle säurefesten (z. B. saprophytische: Mycobacterium lacticola nach Milch- und Buttergenuß, Mycobacterium smegmatis und phlei) bleiben neben den Tuberkelbakterien dargestellt. Zur sicheren Differenzierung in jedem Fall die bakteriologische Untersuchung erweitern (Untersuchungsämter) durch *Anlegen von Spezialkulturen* nach Hohn (fester Nährboden, auch für Resistenzbestimmungen verwendet) und nach Kirchner (flüssiger Nährboden). Akrobes Wachstum, positiv ablesbar frühestens nach 2 Wochen, im allgemeinen nach 6–8 Wochen (bovine Stämme später, aviäre früher), sicher ablesbar nach 2 Wochen. Tierversuch (Untersuchungsämter).

Grundsätzlich bei Einsendungen angeben: bakteriologische Untersuchung im Direktverfahren (färberisch), gleichzeitig Anlegung mehrerer fester und flüssiger Kulturen und bei positivem Ausfall Durchführung einer Resistenzbestimmung.

Eine Nichteinhaltung dieser vorgeschriebenen Untersuchungsgänge ist eine schwere Unterlassungssünde, deren Folgen (unzulängliche Chemotherapie und damit Verzögerung des Heilungsablaufes aufgrund nicht bestimmter Empfindlichkeit) der Kranke trägt! Die *Resistenzbestimmungen* werden in Deutschland einheitlich nach internationalen Gesichtspunkten durchgeführt und die Ergebnisse in vorgeschriebenen Protokollen registriert. Objektträgerkulturen oder Reinkulturaufschwemmungen werden auf tuberkulostatikahaltige Nährböden überimpft. Dauer des Verfahrens 3–5 Wochen (Schnelltest aufgrund von Objektträgerkultur 8 bis 10 Tage). Nach Ablesungsskala wird angegeben; (+) = Einzelkolonien unter 50 (Einzelkolonien unter 20 = Hemmwert) bis ++++ = dichter Bakterienrasen ohne Sichtbarwerden des Nährbodens. Totale Resistenz, wenn Koloniezahl in Testsubstanz gleich der unbehandelten Kontrollkultur ist. Partielle Resistenz, wenn Koloniezahl in Testsubstanz geringer ist als in Kontrollkultur. Volle Empfindlichkeit, wenn in Testsubstanz weniger als 20 Kolonien wachsen, bei vollem Wachstum in Kontrollkultur. Die normale Empfindlichkeit liegt für INH bei 0,05 µg/ml Nährboden, für Streptomycin bei 5,0 µg/ml; für PAS bei 1,0 µg/ml; für Thiosemicarbazon bei 1,0 µg/ml; für Iridocin zwischen 10 und 20 µg/ml.

Gewinnung von Material für bakteriologische Untersuchung: grundsätzlich bei Behandlungsbeginn erst mit der Therapie anfangen, nachdem ausreichend Material zur Untersuchung gewonnen wurde. Unter laufender Behandlung Therapieaussetzung 3 Tage vor geplanter Untersuchung. Kein Milch- oder Buttergenuß unmittelbar vor der Untersuchung zur Vermeidung von Fehlbeurteilungen durch saprophytische Flora!

Sputum: Morgendlich expektorierter Auswurf bei reichlicher Expektoration oder Sammelsputum bei wenig Auswurf oder „Provokation" mit 8%iger Kaliumjodidlösung; 3 × 1 Eßlöffel (ohne Milchzusatz!) über 3 Tage oder Trachealspülung (nach Einstellen mit dem Kehlkopfspiegel – Mundschutz für den Untersucher – werden durch eine an eine 5-ml-Rekordspritze arretierte gebogene Spezialkanüle unter raschem Druck 5 ml einer hypertonischen Kochsalzlösung in die Trachea eingebracht, das sofort danach expektorierte Sputum wird steril aufgefangen), mehrmalige Einsendungen erforderlich! – *Kehlkopfabstrich* oft wenig ergiebig. *Magensaftsediment* oft unangenehmer empfunden als Trachealspülung und weniger ergiebig. (Kein vorheriger Milchgenuß!) – *Urin* (Katheterurin, um saprophytisches Mycobacterium smegmatis auszuschließen!); hochverdünntes Material, geringe Keimzahl deshalb hierbei besonders gleich Tierversuch mit ansetzen, ebenso bei *Punktaten* (Pleuraerguß, Aszites, Liquor usw.). *Menstrualblut* mittels Dauerabsaugung (Klinik).

Zytologie

Überblick über Methoden und Material

Man unterscheidet grundsätzlich die Exfoliativzytologie von der Aspirationszytologie. Zwischen beiden liegt eine Form der Materialgewinnung, die während Endoskopien oder mittels Kürettagen vorgenommen wird.

Exfoliativzytologie

Bläscheninhalt und Ulkusabstrich der Haut, Urin, Exprimat nach Prostatamassage, Spontanmamillensekret, Mamillensekret nach Massage, Vaginalsekretabstrich, Spontansekret und Schleimhautabstrich des Mundes,

Schleimhautabstrich von Nase, Nebenhöhlen, Pharynx, Larynx, Erbrochenes und Spülwasser aus dem Ösophagus, Spülwasser des Magens, durch Sondierung aufgefangenes Sekret von Duodenum, Galle und Pankreas, Schleimhautabstrich des Kolons, Spülwasser aus dem Kolon, Sputum.

Exfoliativmaterial

Es wird durch zusätzliche Endoskopie, Punktion oder Kürettage gewonnen. Tumorzellennachweis im peripheren Blut, Abstrich von freigeschabten intradermalen Veränderungen, Ureterenkatheterurin, Hodenergußpunktion, Punktion von Mammazysten, Aspiration von Uterussekret, Aspiration während der Sondierung von Speicheldrüsen, Punktion von Nebenhöhlensekret, Abstrich während der Ösophagoskopie, Abstrich von der Magenschleimhaut, Bronchialabstrich, Absaugung, Spülung oder Kürettage der Bronchialschleimhaut während der Bronchoskopie, Punktion seröser Höhlen, Lumbal-, Zisternen- und Hirnpunktion.

Aspirationszytologie (Punktion mit dünner Nadel)

Palpable Schwellung in der Haut und der Muskulatur einschließlich Lymphknotenschwellungen, gezielte oder ungezielte Knochenpunktion, Schilddrüsenpunktion, Milzpunktion, Leberpunktion, Nierenpunktion, Prostatapunktion, Hodenpunktion, Mammapunktion, Punktion von Ovartumoren durch die Vagina, Punktion von Veränderungen des Douglas-Raumes, Punktion von Nebenhöhlen, perthorakale, perbronchiale und perösophageale Lungenpunktionen, perthorakale und perbronchiale Mediastinalpunktionen, gezielte Punktionen während der Thorako- oder Laparoskopie. Leber- und Nierenpunktate sind bei zytologischer Auswertung in der Regel wenig aufschlußreich und haben lediglich für die Tumordiagnose eine Bedeutung.

Aspirative und exfoliative Materialgewinnung

Während die Auswertung zytologischer Präparate speziell ausgebildeten Ärzten vorbehalten ist, sollte der praktizierende Arzt über einige grundsätzliche Kenntnisse hinsichtlich der Materialsammlung verfügen. Eine sachgerechte Gewinnung des Untersuchungsmaterials stellt die wesentlichste Voraussetzung für eine erfolgreiche Zytodiagnostik dar.

Färbemethoden in der Zytologie

Für die Routinediagnose reichen die Papanicolaou- und die aus der Hämatologie bekannten May-Grünwald-Giemsa-Färbungen aus. Das Phasenkontrastverfahren eignet sich besonders für die Schnelldiagnostik.

Färbeanweisungen – Papanicolaou-Färbung (speziell für Zwecke der inneren Medizin, insbesondere bei schleimreichem Material).

Präparate für die Papanicolaou-Färbung sofort in einem Alkohol-Äther-Gemisch o. ä. fixieren. Nach Fixierung werden die Ausstriche, ohne daß sie trocken werden, über die absteigende Alkoholreihe, bei 80% beginnend, in Aqua dest. gebracht (in jeder Lösung etwa ½ Min. belassen).

Färbung mit Harris-Hämatoxylin für 6 Minuten (Harris-Hämatoxylin ohne Essigsäure angesetzt und mit einem gleichen Volumen Aqua dest. verdünnt). In destilliertem Wasser spülen.

6mal in 0,25%ige wäßrige HCl-Lösung eintauchen.

Bläuen in Leitungswasser für 6 Min.

In Aqua dest. spülen und in die aufsteigende Alkoholreihe bis zu einer Konzentration von 95% bringen (in jeder Lösung etwa ½ Min. belassen).

In OG-6 1½ Min färben.

2mal in 95%igem Alkohol spülen.

In EA-65 1½ Min. färben.

3mal in 95%igem Alkohol spülen.

Anmerkung: EA-65 wird von Papanicolaou für die Färbung des Sputums, Bronchialsekrets, Magensekrets und der Exsudate empfohlen, da es eine hellere und transparentere Plasmafärbung als EA-36 oder EA-50 ergibt. Er hält diese Eigenschaft in Fällen von schleimreichem Untersuchungsmaterial für wichtig, betont jedoch, daß die EA-36- und die EA-50-Lösung eine bessere Differenzierung der basophilen und azidophilen – nach der neuen Nomenklatur zyanophilen und eosinophilen – Zellen ergibt, und empfiehlt deshalb deren Anwendung bei der Untersuchung von Abstrichen aus der Vagina, der Zervix und dem Uterus. Die Farblösung EA-65 unterscheidet sich von der Formel der EA-36-Lösung lediglich darin, daß die Lichtgrünstammlösung nur halb so stark, also 0,05%, ist.

Die hier wiedergegebenen technischen Anleitungen sind detaillierter und mit Abbildungen versehen sowie zusätzlichen Darstellungen des Normalzellgehaltes und der Malignitätskriterien enthalten in: Grunze, H.: Zytologische Geschwulstdiagnostik. In: Diagnostik der Geschwulstkrankheiten, hrg. von H. Bartelheimer, H.-J. Maurer, Thieme 1962.

Ösophagus- und Magenspülung

Ösophagusspülung: Letzte (leichte) Mahlzeit am Abend zuvor, danach Fasten, Duodenalsonde oder geringfügig stärkeren Schlauch nach eventueller vorheriger Rachenanästhesie bei etwa 35 cm Tiefe einführen (Kardialhöhe). Bei liegender Sonde 100 ml lauwarme physiologische Kochsalzlösung trinken lassen und die herunterkommende Kochsalzlösung in Kardiahöhe durch die Sonde wieder absaugen. Sonde herausziehen und dabei in Abständen von jeweils 5 cm mit 20–40 ml physiologischer Kochsalzlösung spülen. Das gesamte Aspirat wird bei 5000 Umdrehungen 2 Min. zentrifugiert. Zellsediment auf stark vorgekühlten Objektträgern ausstreichen.

Magenspülung: Fasten, wie unter Ösophagus beschrieben. Duodenalsonde und geringfügig stärkeren Schlauch bis zum Antrum einführen und Nüchternsekret absaugen. Dieses ist meist zu stark autolysiert und daher für die Zytodiagnostik untauglich. Darauf forcierte Spülung mit 300 ml physiologischer Kochsalzlösung. Absaugen, für die Zytoanalyse aufbewahren. Nun Instillieren von 500 ml Natriumacetatpufferlösung (0,1 m, pH 5,6). Es kann auch physiologische Kochsalzlösung verwandt werden. Den Patienten auf die rechte Seite legen mit der Aufforderung, sich alle 2 Min. um 90° zu drehen. Nach der Volldrehung den Patienten 2 Min. auf dem Bauch und 2 Min auf dem Rücken liegenlassen. Bei der Rückenlage Magengegend massieren. Abschließend Linksseite einnehmen lassen, etwas nach hinten gedreht, so daß die linke Gesäßhälfte aufliegt. Jetzt die Natriumacetatpufferlösung absaugen. Material, wie unter Ösophagus beschrieben, verarbeiten. Aus den Anleitungen geht hervor, daß man für die Zytodiagnostik des Digestionstrakts Zentrifugen mit großem Fassungsvermögen benötigt. Sofortverarbeitung ist bei allen enzymreichen Sekreten wie solchen aus dem Magen-Darm-Trakt von entscheidender Bedeutung.

Fixierung und Färbung: Nach Papanicolaou oder Giemsa.

Tupfsonde nach Henning: Dem nüchternen Patienten wird (evtl. nach Rachenanästhesie) die Tupfsonde in sitzender Position in die Speiseröhre eingeführt und bis in die Nähe des zu untersuchenden Abschnitts im Bereich des Ösophagus oder Magens gebracht. Dann streift man durch auf- und abfahrende Bewegungen der Sonde die Schleimhaut mehrmals ab, wobei ein Schwämmchen am Sondenende ausgefahren wird, das vorher durch ein Gelatinescheibchen bedeckt war. Danach wird das Instrument wieder herausgezogen und anschließend das Schwämmchen in physiologischer Kochsalzlösung ausgetupft. Die weitere Verarbeitung ist wie oben.

Punktion palpabler Schwellungen in Subkutis und Muskulatur sowie Lymphknotenpunktion

Materialgewinnung: Nach eventueller vorheriger röntgenologischer Untersuchung und Markierung der zu punktierenden Stelle wird das den Tumor umgebende Gewebe mit 1%iger Novocainlösung unter Verwendung einer möglichst dünnen Nadel anästhesiert. Die Hautsäuberung und Desinfektion erfolgen nach vorheriger Reinigung mit Äther am besten durch Jodtinktur oder, sofern eine Jodüberempfindlichkeit vorliegt, durch absoluten Alkohol. Die zu punktierende Geschwulst oder der Lymphknoten selbst sollten nicht mit Novocain infiltriert werden, da dies eine erhebliche Zellalteration verursacht und die spätere Färbung darunter leidet.

Für die Punktion verwendet man nicht zu lange – weil leichter dirigierbare –, scharf und lang angeschliffene Nadeln mit einem Kaliber, das der Tumorgröße angepaßt ist, in der Regel 0,8–2,5 mm Durchmesser. Liegt die Veränderung in der Nähe des Pleuraspalts oder der Lunge bzw. im Bereich großer Venen, so sollte man keine Nadeln verwenden, die über 2 mm Durchmesser hinausgehen. Bei solchen Lokalisationen, wo erfahrungsgemäß die Gefahr von Luftembolien besonders groß ist, darf während der Punktion auch nicht die Spritze von der Nadel genommen werden, sofern diese nicht mit einem Absperrhahn bewehrt ist. Evtl. Punktion in Beatmungsnarkose. Möglichst dünne Nadeln und Einstich von einem oberhalb der Veränderungen gelegenen Orte sind bei Verdacht auf entzündliche, insbesondere tuberkulöse Veränderungen zu empfehlen, um einer Fistelbildung vorzubeugen. Vor der Punktion vergewissert man sich, daß die Spritze gut zieht und der Stempel dicht schließt. Das Saugvermögen ist am stärksten bei 20-ccm-Glasspritzen, deren gesamter Stempel zuvor mit Ringer-Lösung benetzt wurde. Für die Punktion zum Zweck der zytologischen Materialgewinnung sind auch spezielle Rekordspritzen empfohlen worden, die mit einer Arretierung versehen sind. Durch diesen Mechanismus fällt es leichter, während der Punktion zu jeder Zeit einen negativen, allerdings nur konstanten Sog in der Spritze aufrechtzuerhalten. Bei der Punktion kann man eine mit einem Mandrin versehene Nadel oder auch eine einfache Injektionsnadel benutzen. Nimmt man erstere, so wird sie bis an das zu punktierende Gebilde herangeführt und der Mandrin erst kurz vor dem Tumor oder der Lymphknotenkapsel entfernt.

Die Punktion der Geschwulst geschieht in der Weise, daß in die Veränderung langsam drehend eingestochen wird unter Erhaltung eines ständigen negativen Sogs in der Spritze. Dann geht man zurück und wiederholt die Aspiration noch an zwei oder drei anderen Punkten des Tumors. Während der Punktion ist es zweckmäßig, durch die nicht punktierende Hand das fragliche Gebilde ständig gegen die Unterfläche zu fixieren, so daß es nicht der Nadel ausweichen kann. Bevor man überhaupt mit der Aspiration beginnt, sollte man sich weiterhin vergewissern, daß die Nadelspitze tatsächlich in der fraglichen Veränderung liegt. Dies geschieht dadurch, daß die Geschwulst in der Unterhaut verschoben wird. Der Nadelansatz bewegt sich darauf in entgegengesetzter Richtung.

Beim Zurückziehen der Spritze hält man weiterhin ständig einen negativen Druck aufrecht. Dadurch wird natürlich auch aus der Umgebung des Tumors Material aspiriert. Es ist deshalb erforderlich, stets mit der Normalzytologie des angrenzenden Gewebes vertraut zu sein; zum Beispiel können Talgdrüsenzellen für Adenokarzinomzellen gehalten werden.

Kurz bevor die Nadelöffnung die Haut verläßt, mindert man den Sog stark und unterhält nur noch einen geringen negativen Druck in der Spritze. Anderenfalls wird das ganze Material explosionsartig durch die Nadel hindurch auf den Spritzstempel geschleudert. Lopes-Cardozo verwendet eine Rekordspritze, die einen vorn flach geschliffenen Spritzenstempel hat. Nicht selten ist das Aspirat spärlich und befindet sich in der Punktionsnadel. Für diese Fälle ist es wichtig, eine neue Rekordspritze zu nehmen, die Punktionsnadel von der Aspirationsspritze abzusetzen und sie nun mit der neuen, trokkenen Spritze intensiv durchzublasen. Dabei muß das Material von vornherein auf einen Objektträger gebracht werden, denn die zur Untersuchung gelangenden Stückchen sind manchmal so klein, daß man es sich nicht leisten kann, auch nur kleinste Partikelchen verlorengehen zu lassen.

Bei ausreichendem Aspirat hat man zu entscheiden, ob Gewebsbröckel zusätzlich histologisch verarbeitet werden sollten. Ist das Material dagegen nur spärlich, der Verdacht auf eine bakterielle Infektion jedoch stark, so sollte die zur Aspiration benutzte Spritze und Nadel mit steriler Ringer-Lösung ausgespült und dieses Spülwasser in Kulturröhrchen überimpft werden. Ein solches Vorgehen ist natürlich nur dann notwendig, wenn zu wenig Material erhalten wurde und sonst für die Zytologie nichts mehr übriggeblieben wäre.

Hat das Aspirat flüssige oder breiige Konsistenz, so versucht man es zunächst auf mehrere Objektträger zu verteilen und dann wie Blut auszustreichen. Gelingt dies nicht, so werden zwei Objektträger übereinandergelegt und das Material unter nur ganz sanftem Druck langsam zu einem Film auseinandergezogen.

Sofort nach der Punktion, also schon während der Materialzubereitung, ist die Einstichregion mit einem sterilen Tupfer und Daumen- oder Handdruck zu tamponieren. Besonders bei leicht blutenden Organen ist dies wichtig. Nach der Materialpräparierung pflegt man die Punktion durch Injektion einer Streptomycin-Penicillin-Lösung in den Stichkanal abzuschließen und die Einstichstelle mit einem Hansaplaststreifen zu schützen.

Empfehlenswerte Färbungen für Weichteil- und Lymphknotenpunktate: Stets sollte eine Giemsa- oder Pappenheim-Färbung gemacht werden (s. Blutausstrich, S. 518). Ist das Präparat dünn, so reicht eine dieser beiden Färbungen immer aus. Handelt es sich dagegen um ein sehr unregelmäßiges und dickes Präparat, so kann eine zusätzliche Papanicolaou-Färbung (s. Sputum und Bronchialsekrete) vorteilhafter sein, da sie eine bessere Transparenz gewährleistet. Besteht von vornherein der Verdacht, daß das Material stark zur Auflösung und zum Verfall neigt, so sollte man vor dem Ausstreichen eine Öse Material entnehmen und dieses der Phasenkontrastuntersuchung zuführen.

Manchmal ist bei dieser schonenden Methodik noch eine morphologische Untersuchung durchführbar, die in dem späteren Ausstrichpräparat wegen der hinzugekommenen technischen Artefakte nicht mehr möglich wäre.

Wenn in der Regel auch nicht so gut wie in histologischen Schnitten gelingend, lassen sich auch in Ausstrichpräparaten Spezialfärbungen, wie die Silberimprägnierung oder die PAS-Färbung, ausführen.

Punktion seröser Höhlen

Materialgewinnung: Eine exakte Vorbereitung der Punktion, wozu u. a. röntgenologische Lokalisation, Überprüfung der Punktionsgeräte vor dem Eingriff, Bereitstellung eines Bestecks für Notsituationen und ausreichende Anästhesie gehören, garantiert einen schmerzlosen, gefahrlosen Eingriff und ein adäquates Untersuchungsmaterial. Außerdem empfiehlt es sich, einer Anweisung von Ehrlich zu folgen und bettlägerige Patienten vorher zu bewegen, um das zelluläre Material, welches einer natürlichen Sedimentation unterliegt, zu suspendieren. Gerinnung ist bei der Untersuchung hinderlich. Deshalb vorher pro 100 ml zu erwartendem Erguß 0,5 ml einer 5%igen Heparinlösung in das Auffanggefäß füllen. Weiterhin sterile Reagenzgläser ohne jeden Zusatz zum Auffangen des für die bakteriologische Untersuchung bestimmten Materials bereitstellen. Artifizielle Blutungen während der Punktion oder frischere krankheitsbedingte Hämorrhagien in serösen Höhlen können in der Regel dadurch erkannt werden, daß das Überstehende nach Absetzen oder Zentrifugieren nicht blutig oder gar schokoladefarben tingiert ist, sondern normale Serumfarbe zeigt.
Die Ausführung erfolgt im Prinzip, wie oben unter „Palpable Schwellungen" dargestellt. Besonders sorgfältige Interkostal- und Pleuraanästhesie; die Richtlinien zur Vermeidung von Luftembolien beachten.
Materialzubereitung, Ausstrichfertigung: Material frisch zentrifugieren (15 Min. 2000 Umdrehungen) bei ausreichendem oder reichlichem Zellgehalt. Sonst Exsudat in Meßzylinder umfüllen, in den Eisschrank stellen, absetzen lassen, Überstehendes dekantieren und dann zentrifugieren. Sofern immer noch nicht genügend Sediment vorhanden ist, die Sedimente der verschiedenen Zentrifugengläser zusammengießen, umschütten bzw. in ausreichend hinzugeführter zellfreier, überstehender Flüssigkeit von dem vorhergehenden Zentrifugat suspendieren und erneut zentrifugieren. Dekantieren. Mit der Öse von der weißen Zellschicht – in der Regel oben gelegen – Material für den Ausstrich zur zytologischen Untersuchung abnehmen. Falls sich auch unter der Erythrozytenablage weiße Zellen befinden (oft stark schleimbildende Adenokarzinome), versuchen, von dieser Lage getrennt oder sonst nach Aufrühren des Sediments weitere Ausstriche zu machen.
Färbung: Nach Papanicolaou, Pappenheim oder Giemsa. Eventuell zytologische Sofortuntersuchung mittels Phasenkontrastverfahren oder im Tangentiallicht mit heruntergedrehtem Kondensator wie bei Urinsedimenten.

Sputum und Bronchialsekrete

Materialgewinnung: Eine eingehende Belehrung des Patienten durch den Arzt reduziert die störende Speichelbeimengung merkbar. Stets 2 Gefäße zur Verfügung stellen, eines zum Ausspeien von Material, von dem der Patient selbst spürt, daß es nur aus dem Rachen oder der Mundhöhle kommt – zum späteren Verwerfen –, und eines zur Aufnahme des diagnostischen Materials aus den tieferen Luftwegen. Falls möglich, vor dem ersten Hustenstoß morgens den Mund spülen lassen.
Neben den bekannten Maßnahmen, wie erhöhte Flüssigkeitszufuhr, Kaliumjodatgaben, Tracheal- und Bronchialspülung, hat sich in neuerer Zeit die Inhalation von hypertonischen Kochsalzlösungen zur Auswurfgewinnung bewährt: Durch ein Pumpenaggregat wird ein feines Aerosol versprüht, bestehend aus hypertonischer Kochsalzlösung und Prophylenglykol zu gleichen Teilen. Der Gehalt an Propylenglykol ist stets konstant mit 15%, während die Kochsalzkonzentration variiert wird: 15% für nichthustende Patienten, 10% für hustende, 5% für hustende mit spastischer Komponente und nur physiologische Konzentration von 0,9% für Asthmatiker. Eventuelle vorherige oder gleichzeitige Verabreichung von Bronchodilatatoren. Die Temperatur der zu versprühenden Lösung soll zwischen 37° und 40 °C liegen. Dauer der Prozedur etwa 20 Min. In einem Fläschchen den Auswurf während des Inhalierens und bis zu ½ Stunde danach auffangen, in einem zweiten Fläschchen bis zum Abend desselben Tages den Auswurf auffangen und über Nacht im Eisschrank deponieren und in einem dritten Fläschchen das Morgensputum des nächsten Tages auffangen. Danach sofortige Verarbeitung im Laboratorium. Falls das Sputum frisch verarbeitet werden kann, keine Fixationsmittel hinzufügen. Wenn dies

nicht der Fall ist, zum Beispiel bei Einsendungen in 70%igem Alkohol auffangen.

Materialselektion: Frisches Sputum intensiv über dunklem Untergrund in einem Petri-Schälchen mustern, fixiertes ebenfalls. Die Koagulation erschwert jedoch die Selektion. Mit 2 Ösen verdächtige Partikel entnehmen. Falls keine makroskopisch verdächtigen Stellen vorhanden sind, von 6 verschiedenen Stellen des Materials Proben entnehmen und auf Objektträgern unter leichtem Druck zügig ausstreichen. Bei vorfixiertem Auswurf eventuell albuminpräparierte Objektträger verwenden zwecks besserer Haftung. Präparate für die Papanicolaou-Färbung sofort in einem Alkohol-Äther-Gemisch aa fixieren. Für die Giemsa-Färbung mit der Fixierung in reinem Methylalkohol warten, bis das Präparat an den Rändern trocken wird.

Färbung: Nach Papanicolaou oder Giemsa. Sputum kann mittels einer Zellblocktechnik auch histologisch verarbeitet werden. Bronchialabstrich, Bronchialabsaugung mit und ohne Kürettage und Bronchialabspülung. Hierbei handelt es sich um spezielle bronchoskopische Methoden.

Für die Verarbeitung und Färbung des Materials, in der Regel nach Papanicolaou und ergänzend auch nach Giemsa erfolgend, ist wichtig zu wissen, daß Sedimente von Bronchialspülwasser manchmal schlecht haften und die Objektivträger deshalb eventuell mit Albumin vorpräpariert sein müssen.

Es hat sich herausgestellt, daß die fünfmalige Sputumuntersuchung verläßlicher ist als die einmalige Bronchialsekretabsaugung. Wurde zuvor durch Bronchoskopie und Bronchographie gesichert, daß der Bronchus des fraglichen Segmentes offen ist, so hat die fünfmalige Sputumuntersuchung bei segmentärem und Lappenbefall auch einen verläßlichen Ausschlußwert bei der Frage: Tumor oder nicht? Für periphere Rundherde, insbesondere kleinere, gilt dies jedoch nicht (Näheres s. Dtsch. med. Wschr. 91 [1966] 1476).

9. Flugmedizin (einschließlich Flugtouristikmedizin)

H. S. Fuchs

Bedeutung der Flugmedizin

Trotz der dynamischen Entwicklung von Technik und Biowissenschaften spielt der „Faktor Mensch" heute und auch in nächster Zukunft noch immer die entscheidende Rolle beim Fliegen und im Luftverkehr. Die Toleranzgrenzen des Menschen limitieren hierbei zwar in erster Linie den aktiven Flieger, den Piloten, gelten aber auch für den passiven Mitflieger, den Flugpassagier.

Nach sorgfältigen Statistiken und Analysen handelt es sich bei 3–5% aller Flugpassagiere um ständig in Behandlung befindliche Kranke. In jedem Großraumflugzeug (wie etwa B-747, DC-10, L-1011 oder Airbus 340) würden demnach durchschnittlich 10–20 ständig behandlungsbedürftige Kranke mitfliegen. Und wer häufig, besonders auf interkontinentalen Langstrecken fliegt, wird entsprechende Erfahrungen bereits gemacht haben!

Dem Arzt – in der Praxis und in der Klinik – wird vom Patienten, aber auch von seiner Verantwortung her die Frage gestellt: Welche behandlungsbedürftigen Kranken sollten im Hinblick auf körperliche Belastungen beim Fluge vorsichtig sein – welche Indikationen und Kontraindikationen sind zu beachten? Und: Welcher ärztlichen Ratschläge bedarf auch der Gesunde für eine Flugreise – besonders dann, wenn diese in Länder mit anderem Klima, Zeitverschiebung, geringerem Hygienestandard, ungewohnter Ernährung und eigenem Lebensrhythmus führt?

Sicherheitseinrichtungen im Flugzeug

Die allen Flugreisenden verfügbaren Informationen (safety informations) geben, mit Bildern und leicht verständlich geschrieben, schnell Auskunft über alles Wissenswerte im Flugzeug. Kurz nach dem Start informieren darüber hinaus die Flugbegleiter (Kabinenpersonal) über den Gebrauch von Notsauerstoff und geben Hinweise über Notausstiege und den Gebrauch von Schwimmwesten, Rettungsflößen und Schlauchbooten im Falle einer Notwasserung auf See.

- *Sauerstoffmaske:* bei Druckabfall in der Kabine wird bereits weit vor dem kritischen, zur Hypoxie führenden atmosphärischen Sauerstoffpartialdruck die Sauerstoffmaske über dem Sitz ausgelöst, aus der der Flugpassagier 100% O_2 so lange atmen kann, bis die kritische Flughöhe verlassen ist. Darüber hinaus stehen für Zwischenfälle noch Druckflaschen mit O_2 zur Verfügung.
- *Notausstiege* (emergency exits): Diese sind besonders gekennzeichnet, werden von den Flugbegleitern im Rahmen der „emergency procedures" gezeigt und beschrieben und gestatten im Bedarfsfalle den Notausstieg nach einer Landung.
- *Rettungswesten und Rettungsflöße* (Schlauchboote): Bei Flügen über See befinden sich Rettungs-(Schwimm-)Westen unter jedem Sitzplatz; über ihren Gebrauch unterrichten die Flugbegleiter. Für Notwasserungen stehen Rettungsflöße (-boote) für alle Passagiere zur Verfügung.
- *Feuerlöschgeräte:* Diese sind in der Kabine an verschiedenen Stellen angebracht; sie werden vom Kabinenpersonal bedient.

Besonderheiten beim Fliegen und mögliche Beeinträchtigungen des Befindens

Überblick über die beeinträchtigenden Faktoren

Ausmaß und Grad von Beeinträchtigung sind im allgemeinen gering: sie hängen im wesentlichen vom Typ des Flugzeugs und von dessen Ausstattung (Klima- und Druckkabine, hygienische Einrichtung, Anordnung der Triebwerke usw.) ab, ferner von der Start- und Landegeschwindigkeit, der Flughöhe und den Richtungsänderungen sowie den von diesen Faktoren ausgelösten oder betroffenen physiologischen Reaktionen. Hinzu kommt die individuelle psychische Verhaltensweise und vegetative Reaktionslage des einzelnen Fluggastes.

Lärm

Trotz aller technischen Anstrengungen, den Lärm der Flugzeugtriebwerke soweit wie möglich herabzusetzen, wird er auch im Verkehrsflugzeug, selbst bei Anbringung der Triebwerke am Heck, immer zu hören sein – als Belästigung wird er jedoch nicht empfunden. Am lautesten ist noch immer der Hubschrauber; eine Gefährdung des Fluggastes besteht jedoch nicht: die schädliche Lärmwirkung auf das Gehörorgan beginnt erst bei 85 dB(A) und einer entsprechend langen Einwirkungsdauer. Wer – besonders bei langen Interkontinentalflügen – ungestört schlafen möchte, sollte einen Gehörschutz (z. B. Ohropax, EAR) und natürlich auch die sog. „Schlafbrille" benützen.

Vibration

Die Schwingungen, die von Aggregaten – gleich welcher Art – erzeugt werden, übertragen sich mechanisch auf alle festen Teile des Flugzeuges. Sie werden durch Dämm-Materialien, wo dies möglich ist, weitgehend gedämpft, jedoch ist auch in modernen Verkehrsflugzeugen – synchron mit dem Geräusch bzw. Lärm – ein gewisser Vibrationspegel feststellbar. Die Vibration wird jedoch nicht als unangenehm empfunden und führt auch bei langen Flugreisen zu keinen Resonanzphänomenen oder gar gesundheitlicher Beeinträchtigung; sie wirkt, ganz im Gegenteil, eher beruhigend und einschläfernd.

Druckwerte im Flugzeug während des Fluges

Alle Verkehrsflugzeuge sind heute mit Druckkabinen ausgerüstet. Der Aufstieg auf Reisehöhe (ca. 10000–12000 m) erfolgt relativ langsam (binnen 12–16 Min.), und erst ab einer Flughöhe von 7000 m nimmt auch im Flugzeug der barometrische Gesamtdruck und damit auch der Sauerstoffpartialdruck (P_{O_2}) ab, maximal bis zu einem „Druckäquivalent" von etwa 2300 m Höhe (P_{atm} 575 mmHg = 766,48 kPa; P_{O_2} 120,5 mmHg = 160,63 kPa). Diese von einem Kompressordrucksystem gewährleistete „Kabinendruckhöhe" dient der Sicherheit der Flugpassagiere wie auch des Bordpersonals: Ab einer barometrischen Höhe von 2400 m nimmt erfahrungsgemäß die psychomotorische Leistung ab. Je nach Flugzeugtyp, Flugroute und -höhe kann u. U. die Kabinendruckhöhe bis zu maximal 2440 m (8000 Fuß) betragen; in der Regel ist jedoch mit einem Druckäquivalent (Kabinendruckhöhe) von 2100 m zu rechnen (P_{atm} 585 mmHg = 779,81 kPa; P_{O_2} 122 mmHg = 162,63 kPa) – in der „Concorde" beträgt bei einer Reiseflughöhe von 15–18 km die Kabinendruckhöhe sogar nur 1500–1800 m!

Das Druckgefälle zwischen alveolärem und arteriellem P_{O_2} gewährleistet eine O_2-Sättigung des Hämoglobins von 90–95% auch noch in einer Kabinendruckhöhe von rd. 3000 m, wie dies in der O_2-Dissoziations-(O_2-Bindungs-)Kurve zum Ausdruck kommt. Die physiologische Konstante (Plateau) bietet einen Schutz gegen Hypoxie bis zur Höhe von 3050 m (10000 Fuß): Während es beim Aufstieg in diese Höhe zur Abnahme des alveolären P_{O_2} von 103 mmHg = 137,30 kPa auf 60 mmHg = 79,98 kPa kommt, nimmt die Hämoglobinsättigung mit O_2 nur gering ab. Erst über der „kritischen Schwelle" von 3050 m fällt die O_2-Sättigung des Hämoglobins steil ab, und es resultiert eine Hypoxie.

Auch bei einem Dekompressionszwischenfall (langsame Abnahme des Kabineninnendrucks auf den Außendruck) besteht noch eine genügende zeitliche und Druckreserve, innerhalb der dann automatisch die über dem Sitz befindliche Sauerstoffmaske ausgelöst und dem Fluggast damit 100% Sauerstoff zur Atmung angeboten wird. Das Flugzeug wird zugleich in eine sichere Flughöhe (etwa 6300 m) gesteuert.

Kabinenklima

In den Flugzeugen mit Druckkabine wird auch die Innentemperatur automatisch gesteuert (die Außentemperatur in 10000 m Flughöhe beträgt −52 °C!) und auf etwa 20–24 °C gehalten. In den meisten Flugzeugen kann außerdem der Fluggast selber eine Belüftungsdüse über oder am Sitzplatz bedienen und sich Kühlung zuführen. In den größten Verkehrsflugzeugen gibt es eigene Nichtraucherkabinen, in allen übrigen Verkehrsflugzeugen sind besonders gekennzeichnete Sitze (Sitzreihen) für die Nichtraucher reserviert. Die Kabinenluft wird etwa 18mal pro Stunde ausgetauscht; Luftverschmutzungen (Tabakrauch, Küchen- und Körpergerüche, Treibstoffgeruch und geringe CO-Anteile [ca. 15 ppm beim „taxying" auf der Rollbahn]) werden so schnell eliminiert.

Die trockene Luft in der Druckkabine eines Verkehrsflugzeuges (Luftfeuchtigkeit um 10%) führt – besonders bei länger dauernden Flügen – zur vermehrten Flüssigkeitsabgabe durch Exspiration und Transpiration; dies macht sich manchmal in einer Austrocknung der Nasen- und Rachenschleimhäute, auch Reizhusten, bemerkbar. Die auf manchen Flugrouten und unter bestimmten meteorologischen Voraussetzungen höheren Ozonwerte können durch Katalysatoren reduziert, auch durch Änderung der Flugroute vermieden werden; eine Reizung der Atemwege durch Ozon ist wenig wahrscheinlich. Der Fluggast soll deshalb mehr als gewöhnlich trinken. Hierbei ist allerdings zu bedenken, daß Kaffee und Tee, gern als Aufmunterungsmittel genommen, infolge ihrer diuretischen Wirkung leicht zu einer negativen Flüssigkeitsbilanz führen. Zu empfehlen sind also Fruchtsäfte und Wasser, allein oder zusätzlich, sowie Bier. (Bei kohlensäurehaltigen Getränken s. Ausdehnung von Gasen usw.)

Beim Tragen von Kontaktlinsen (Haftschalen) kann es zur Hornhautreizung kommen; Augentropfen müssen deshalb immer griffbereit sein, ebenso wie eine Reservebrille!

Abnahme des atmosphärischen Drucks und die Folgen

Ausdehnung von Gasen in Körperhöhlen

Mit zunehmender Höhe nimmt der barometrische Umgebungs-(Luft-)Druck progressiv ab; ein eingeschlossenes wasserdampfgesättigtes Gas dehnt sich hierbei aus (in 2500 m Höhe bereits um 40% seines Volumens) bzw. sein Druck steigt an (Boyle-Gesetz). Weil in Reisehöhe das Kabinendruckäquivalent (Kabinendruckhöhe) rd. 2100 m beträgt, kann sich die Ausdehnung der wasserdampfgesättigten Körpergase für den Fluggast ab und zu unangenehm bemerkbar machen:

- *Magen und Darm:* Es kommt zu Meteorismus und Flatulenz, mitunter auch zu Spasmen; durch Hochdrängen des Zwerchfells können auch stenokardische Beschwerden (Roemheld) auftreten. Hierbei empfiehlt sich Aufstehen, Lockerung der Kleidung und Umhergehen sowie Aufsuchen der Toilette (Versuch zu defäkieren).
- *Nasennebenhöhlen:* Wenn durch katarrhalische Veränderungen (Schleimhautschwellungen, Schleim) die Ausgänge verlegt oder eingeengt sind, ist ein Druckausgleich nicht möglich, und es treten stechende Schmerzen bei Auf- und Abstieg auf *(Barosinusitis).* Die beste und schnellste Hilfe bringen hierbei Dekongestiva (als Tropfen, Spray oder Trockeninhalator), aber auch der Valsalva-Versuch kann besonders beim Abstieg (Sinkflug) zu einem Druckausgleich führen.
- *Mittelohr:* Wenn die Tuba auditiva durch Schleim verlegt oder zugeschwollen ist *(Barotitis media),* helfen auch hier Dekongestiva oder der Valsalva-Versuch zur Behebung des *„Ohrblocks".* (Eine Trommelfellperforation bewahrt vor diesen Beschwerden, denn sie ermöglicht den Druckausgleich.) Um die Tuba auditiva zu bewegen und den Druckausgleich bei Start und Landung zu erleichtern, sollte man entweder schlucken und/oder ein Bonbon lutschen; besonders bei Kleinkindern erreicht man damit am leichtesten diesen Zweck.
- *Zähne:* Wenn in defekten Zahnfüllungen, in Apikalabszessen, aber auch in kariösen Zähnen sich beim Aufstieg (ab 1500 m Kabinendruckhöhe) kleinste Luft-(Gas-)Blasen ausdehnen *(Aerodontalgie),* hilft nur ein Analgetikum – und nach dem Flug der Zahnarzt.

Aeroembolismus

Sehr rasche Abnahme des Umgebungsdrucks *(rapid decompression)* kann in Flughöhen über 7600 m zum Aeroembolismus führen: Die in Blut und Geweben gelösten Atemgase, besonders der Stickstoff, geraten in den Zustand einer kritisch übersättigten Lösung und gehen in den gasförmigen Aggregatzustand über. Es kann sich ein Syndrom entwickeln, das durch Schmerzen in den Gelenken *(bends),* Beklemmungsgefühl in Epigastrium und Thorax *(chokes),* Husten und auch Hautjucken charakterisiert sein kann. Solche Zwischenfälle sind im Passagierflug-

zeug kaum zu befürchten. Selbst Dekompressionen von 2100 m Kabinendruckhöhe auf 9000 m absolute Höhe werden bis zu einem Zeitraum von 12–20 s toleriert; innerhalb dieser Zeit wird Sauerstoff durch die Maske verfügbar und das Flugzeug wird in eine sichere Flughöhe (4600 m) gesteuert.
Der Gefahr des Aeroembolismus während des Fluges ist jedoch der Sport-(Druckluft-)Taucher ausgesetzt: Hat er noch am Tage des Fluges getaucht, so hat er in jeder Höhe über NN – also auch in der Druckkabine! – ein erhöhtes Risiko, selbst wenn er seine Tauch- und Dekompressionszeiten streng nach den einschlägigen Tabellen (z. B. der US Navy) eingehalten hat.
Die Ursache liegt darin, daß sich beim Tauchen (zunehmend mit der Tauchtiefe) Stickstoff vermehrt im Blut und im (Fett-)Gewebe löst. Werden die Tauch- und Dekompressionszeiten korrekt eingehalten, so wird zwar in Seehöhe (NN) der gelöste Stickstoff problemlos freigesetzt. Im Flug (Kabinendruckhöhe max. 2400 m!) kann es aber zum Aeroembolismus bis zum Postdekompressionsschock kommen. Die Behandlung muß in einer (Re-)Kompressionskammer erfolgen, die jedoch nicht überall verfügbar ist. Sport-(Druckluft-)Taucher sollen deshalb am Tage des Fluges, besser schon am Tage vor dem Flug keinesfalls mehr tauchen: 24 Stunden nach dem letzten Tauchgang sind das absolute Minimum!

Beschleunigungswirkungen bei Start, Flug und Landung

Beschleunigungskräfte treten beim Start sowie bei Änderungen der Flugrichtung und -höhe und bei der Landung mehr oder weniger ausgeprägt in Erscheinung; sie hängen u. a. von Typ, Flug- und Steiggeschwindigkeit des Flugzeugs ab. Im Verkehrsflugzeug ist jedoch der Fluggast niemals derartigen Beschleunigungswirkungen ausgesetzt wie im Segel-, Sport- oder Militärflugzeug. Bei Start und Landung – entsprechend den internationalen Vorschriften – fest angegurtet, die Rückenlehne des Sitzes senkrecht gestellt und an diese angelehnt, ist die Start- und Steigbeschleunigung nur mäßig zu bemerken; sie hört mit Erreichen der Reisehöhe und -geschwindigkeit auf. Unangenehm können Turbulenzen während des Fluges sein; dann ist unbedingt der Sitz aufzusuchen und der Sitzgurt geschlossen zu halten!

Folgen langer Immobilisierung

Durch langes Sitzen auf engem Sessel und fehlende Aktivität der Beinmuskeln kommt es auf langen Nonstopflügen zu venöser Stase in den unteren Extremitäten: Knöchelödeme sind ein untrügliches Symptom. Gefährdet sind besonders ältere Menschen und Raucher, Schwangere, Frauen unter Kontrazeptiva-Behandlung, Adipöse, Patienten mit Varizen, Thromboseneigung und kardialer Insuffizienz: Es besteht die Gefahr der Lungenembolie – vor allem nach dem Fluge – das „economy-class-syndrome“! Diesen Patienten – wie allen Flugreisenden – ist zu empfehlen, die Kleidung (Gürtel, Hüfthalter) zu lokkern, öfters im Flugzeug umherzugehen und auch isometrische wie isotonische Übungen der Beinmuskeln auszuführen („mit den Muskeln spielen“ – die Musik im Kopfhörer bietet den Rhythmus!). Der Varizenpatient soll elastische Strümpfe bzw. Binden tragen.

Bordverpflegung

Auf Langstreckenflügen (über 8 Std.) werden mehrere reichliche Mahlzeiten gereicht. Bei geringer Bewegungsmöglichkeit sollte ggf. auf eine Mahlzeit verzichtet, Alkoholkonsum eingeschränkt werden (cave: Magenbeschwerden, Gichtanfall!). Bei rechtzeitiger Buchung kann Diätkost vorbestellt werden.

Strahlenexposition während des Fluges

Auch für denjenigen, der häufig und lange Strecken fliegt, stellt die ionisierende Gesamtstrahlung (primäre kosmische und Sekundärstrahlung in der Erdatmosphäre) hinsichtlich ihrer biologischen Wirkung in den üblichen Flughöhen (8000–12000 m), aber auch in den Reiseflughöhen eines Ultraschallflugzeuges („Concorde“ 20000 m) kein gesundheitliches Risiko dar: Die kritische Maximaldosis von 50 mSv = 50 mJ/kg = 5 rem/Jahr wird nicht überschritten (Sv, mJ/kg, rem gem. SI).

Luftkrankheit

Nicht nur bei sensiblen, vegetativ labilen und ängstlichen Fluggästen, auch bei sonst stabilen Menschen können neben psychischen

Einflüssen, Unruhe – sog. Reisefieber –, visuellen und olfaktorischen Eindrücken auch unruhiger Flug, progressive lineare Beschleunigungen in horizontaler, mehr noch in vertikaler Richtung (Turbulenzen), besonders aber zentrifugale und vor allem anguläre Beschleunigungskräfte (letztere durch seitliche Kopfbewegungen während einer zentrifugalen = radialen Beschleunigung) zur Reizung des Vestibularapparates führen. Diese Erregungimpulse greifen von den vestibularen Gehirnzentren auf die benachbarten Schichten über, die die Tätigkeit des Verdauungstraktes, des Kreislaufs und der Atmung regeln.

Das Symptomenbild der Luftkrankheit, einer Kinetose wie der Seekrankheit, wird dadurch ausgelöst: Kopfschmerzen, Unbehagen, Müdigkeit (Gähnen), Übelkeit mit Brechreiz und – manchmal lang anhaltendem – Erbrechen, das unabhängig vom Füllungsstand des Magens ist. Gleichzeitig kann es auch zu Durchfall kommen. Der Kreislauf ist mehr oder minder stark beteiligt: kleiner, frequenter Puls, niedriger Blutdruck, Kollapsneigung. Die Atmung kann vertieft und beschleunigt sein. Mattigkeit, Teilnahmslosigkeit, Willensschwäche bis zur Apathie oder aber gesteigerte Reizbarkeit bestimmen bei längerer Dauer das Bild, das individuell große quantitative und qualitative Unterschiede aufweisen kann. Ist die Ursache beseitigt, sind die Symptome meist rasch wieder behoben.

Die gegen eine Kinetose Empfindlichen, vor allem aber Kinder und Kleinkinder, sollten vor Antritt der Flugreise ausreichend geschlafen und eine leichte, sättigende Mahlzeit eingenommen haben. Reizmittel wie Kaffee, Tabak und Alkohol sollten von Anfälligen vermieden werden. Wenn die Flugreise länger als 2 Stunden dauert, sollte eine medikamentöse Vorbeugung erfolgen: In Frage kommen Kombinationspräparate von Barbituraten mit Scopolamin: gut ist Scopoderm TTS (transdermales therapeutisches System: ein rundes Pflaster auf die Haut hinter dem Ohr geklebt – auch ein psychologischer Effekt!), das eine gleichmäßige Resorption des Scopolamins und damit sichere Wirkung gewährleistet. Des weiteren Antihistaminika mit Sedativwirkung, Antiemetika, Antivertiginosa (Bonamine, Peremesin, Rodavan, Vomex A – dieses auch bei schon aufgetretener Luftkrankheit) 1–2 Stunden vor dem Start. Ggf. muß die Medikation auch während des Fluges wiederholt werden; am zweckmäßigsten sind dann Suppositorien. Dem Disponierten ist ein Sitz in Flugzeugmitte, ferner ein Nachtflug zu empfehlen, um sowohl optische Reizung des Vestibularapparats zu vermeiden als auch bei entspannter Lage den Schlaf zu nützen. Bei Tagflügen ist der Kopf fixiert zu halten, der Blick aus dem Fenster zu vermeiden; der Film im Bordkino ist eine gute Ablenkung. Eine Sedierung (u. a. mit Bellergal, Benadon usw.) vor dem Fluge ist auch beim „Erst- und Seltenflieger“ immer zu empfehlen; dies gilt auch für die Flugangst wie die Klaustrophobie. Kommt es als Folge von Aufregung und Kinetose zur *Hyperventilation* (und damit zur Gefahr der Hyperventilationstetanie), so muß ein Plastikbeutel zur Aus- und Rückatmung und damit zur Anreicherung von Kohlendioxid in der Atemluft angewandt werden.

Höhenkrankheit

Von der Luftkrankheit, einer Kinetose, ist die Höhenkrankheit oder *Bergkrankheit* (acute mountain sickness) mit der ihr eigenen Kausalität, Pathogenese und Symptomatik als klar definiertes Krankheitsgeschehen genau zu unterscheiden. Es handelt sich hierbei nicht, wie oftmals angenommen und dargestellt, etwa nur um eine Hypoxie, sondern zusätzlich zu dieser spielt die Reduzierung des barometrischen Umgebungsdrucks, eine stärkere UV-Strahlung, trockene Luft und Schwitzen mit stärkerem Na- und K-Verlust und schließlich die durch vertiefte Atmung (infolge O_2-Mangel) sich einstellende respiratorische Alkalose eine auslösende bzw. verursachende Rolle.

Diese zuerst von José d'Acosta 1590 beschriebene Krankheit der Anden und die von Bergsteigern, Skiläufern, Jägern erlebten und berichteten Symptome sind von verschiedenen Untersuchern bereits in Höhen von 1524 m, aber auch erst ab 4572 m Höhe beobachtet worden. Im Rahmen des zahlenmäßig steil angestiegenen Flugtourismus haben in Einzelfällen sogar die schweren Symptome (Zerebral- und Lungenödem) schon in Höhenlagen von 2600–3900 m beobachtet werden können.

Um dies vorwegzunehmen: In dem mit einer Druckkabine (Kabinendruckhöhe max. 2400 m) ausgestatteten modernen Verkehrsflugzeug tritt eine Höhenkrankheit praktisch nicht in Erscheinung; ihr Auftreten ist auch

bei längeren Flugreisen (max. 12 Std.) nicht zu befürchten.
Führt jedoch die Flugreise den Fluggast in Gebiete, die höher als 1500 m über dem Meeresspiegel liegen, oder muß in Gebirgen, wie in den Anden und im Himalaya, in denen nicht immer die für die großen Verkehrsflugzeuge notwendigen langen Landebahnen angelegt werden können, die Flugreise mit kleineren Flugzeugen ohne Druckkabine fortgesetzt werden, so kann eine Höhenkrankheit mit mehr oder weniger ausgeprägten Beschwerden und objektiv wahrnehmbaren Symptomen auftreten. Dies kann bereits vorkommen, wenn der Flug in Höhen über 2500 m über dem Meeresspiegel führt und längere Zeit dauert. Dies droht, unabhängig vom Lebensalter, auch dem „Trekker" im Hochgebirge (Anden, Himalaya); weit von der Zivilisation entfernt, steht ärztliche Hilfe weder sofort noch immer zur Verfügung!
Die allgemeinen, meist zuerst wahrnehmbaren typischen 5 Symptome sind Kopfschmerzen, Schlaflosigkeit, Appetitmangel, Müdigkeit, Atemnot. Als kardiorespiratorische Symptome treten hinzu: Druckgefühl auf der Brust bis zum Brustschmerz, Kurzatmigkeit und trockener Husten, Zyanose, Steigerung von Atemfrequenz und Puls. Es können Brechreiz und Erbrechen, Leibschmerzen (Spasmen), Meteorismus und Flatulenz, auch Diarrhö auftreten. Es kann schließlich zum Höhenkollaps kommen und – als schwerstem Symptom – zum Höhen-Lungenödem (schaumiges Sputum mit Blutspuren) und -Zerebralödem. Neurologisch finden sich Kopfschmerz, Sehstörung bis zur Diplopie, Verwirrung und nervöse Erregung, Störungen von Tast- und Geruchssinn, Benommenheit.
Je größer der Höhenunterschied zwischen dem Heimatort (oder dem letzten Ort längeren Aufenthalts) und dem Zielort ist (z. B. Lima/Peru 50 m, Cuzco 3467 m, Titicaca-See 3812 m, La Paz-Airport 4010 m; Lhasa/Tibet 3600 m), desto größer ist auch die Möglichkeit, daß Symptome der Höhenkrankheit bereits nach 6–12 Stunden auftreten können. Sie halten je nach Reaktionsweise und Höhe bis zu 72 Stunden an. Ganz offensichtlich besteht eine individuell sehr unterschiedliche Reaktionsbereitschaft und Reizschwelle. Übergewicht (Adipositas) ist ein Risikofaktor.
Die Frage an den Arzt, ob und welche hoch gelegenen Orte ein Flugreisender ohne Gefährdung besuchen darf, ist also ohne genaue Kenntnis der individuellen Reaktionsbereitschaft nicht sicher zu beantworten. Im allgemeinen sollten Höhenlagen von mehr als 2500 m über dem Meeresspiegel über mehrere Tage nur dann besucht werden, wenn wenigstens eine einwöchige Akklimatisierung (Adaptationsperiode) zwischen 1500 und 2000 m Höhe vorangegangen ist; die Höhenanpassung ist jedoch kein linearer Prozeß, sie verläuft in Schüben und Phasen. Treten die genannten Symptome auf, so ist die Rückkehr in tiefer gelegene Orte zwingend. Dies ist zugleich die beste Therapie, falls nicht lebensbedrohende Lungen- und/oder Zerebralsymptome eine klinische Behandlung erfordern!
Einen gewissen Schutz gegen die mit zunehmender Höhe auftretende Hypoxie und damit auch gegen eine Komponente der Höhenkrankheit bieten kohlenhydratreiche Nahrung, Vermeiden von Alkohol und Tabakrauchen.
Als Prophylaktikum scheint Acetazolamid (Diamox), in der Dosierung von 500–750 mg/Tag einige Tage vor und während der Reise in hochgelegene Gegenden einen gewissen Schutz zu bieten. Auch Nifedipin (mehrmals 10 mg sublingual, dann 20 mg Nifedipin retard alle 6 Std.) ist bei geringen bis mäßigen Beschwerden prophylaktisch und therapeutisch – durch Senkung des Pulmonalarteriendrucks – wirksam. Zugleich haben sich Antihypotonika (z. B. Effortil) als Kreislaufstütze und leichte Analeptika zur Toleranzsteigerung bewährt oder – nach alter Inka-Empirie – das Kauen von Coca-Blättern bzw. Trinken von Coca-Tee. Aber auch Aspirin, Paracetamol und Tyrosin (0,5–1,0 g morgens nüchtern – in Deutschland noch nicht im Handel) werden als geeignete Medikamente beschrieben.

Zeitverschiebung (Desynchronisation)

Überschreitet der Flugreisende mehrere Zeitzonen, also in Richtung des Verlaufs der Breitengrade nach Ost oder West, so wirkt sich die Zeitverschiebung zwischen Start- und Landeort (je 15 Meridiane = 1 Std. Zeitdifferenz) in der Regel erheblich aus. Bei einem Flug nach Westen verlängert sich der Tag, nach Osten verkürzt er sich. Beim Flug von Deutschland in die westliche Hemisphäre „gewinnt" der Flugreisende bei Ankunft in den Zielorten jeweils Stunden entsprechend den überflogenen Zeitzonen; beim Flug nach Osten, „gegen die Uhr", hat er einen „Zeitverlust". Unterschiede ergeben sich auch aus den örtlichen „Sommerzeiten" und örtlichen Abweichungen vom „Weltzeitsystem". Anders als bei der langsamen Schiffsreise oder bei Zeitverschiebungen von maximal 2 Stunden, die sich binnen 24 Stunden synchronisieren, besteht dann am Zielort ein deutlicher Unterschied zwischen der „neuen" Ortszeit und der auf den Heimatmeridian eingestellten „inneren Uhr" des Reisenden – es kommt zur „Desynchronisation" oder zum „transmeridianen Dyschronismus": Die äußeren Zeitgeber sind gegenüber der zirkadianen Rhythmik der Körperfunktionen und des Verhaltens phasenverschoben. Tageszeitlich fixierter Schlaf-Wach-Rhythmus, Körpertemperatur, Aufmerksamkeit und geistige Leistung, aber auch Verdauungs- und Darmtätigkeit, Hunger- und Durstgefühl, diese den tagesrhythmischen Schwankungen unterliegenden biologischen Funktionen und psychophysiologischen Parameter, entsprechen noch der gewohnten „alten" Ortszeit – und treten infolge der Persistenz des Zirkadianrhythmus zu nunmehr ungewohnten Tageszeiten auf: das Syndrom des „Jet lag" (aus dem Englischen: *lag* = zurückbleiben; Latenzzeit). Die Anpassung (Resynchronisation) der biologischen Rhythmik und der psychophysiologischen, vegetativen Funktionen wie z. B. psychomotorische Leistungen, Reaktionszeit, Temperatur, Ausscheidung von 17-OHCS, Adrenalin, Noradrenalin, damit Atmung, Pulsfrequenz, O_2-Aufnahme, ergotrope und trophotrope Einstellung des Organismus (mit einem Hoch während der Tagesstunden, dem absoluten Tief nachts zwischen 2–3 und 6 Uhr) nimmt – mit individuell unterschiedlicher Toleranz – bei Westreisen 4–5 Tage, bei Ostreisen auch längere Zeit in Anspruch.

Besonders belastend und für das subjektive Wohlbefinden lästig ist das unvermeidbare Unvermögen, zur neuen Ortszeit zu schlafen, und das dadurch erzeugte Schlafdefizit. Für die Flugzeugbesatzungen ist dieses Problem zwar nicht von geringerer Bedeutung, hat jedoch im allgemeinen weniger ausgeprägte Wirkungen: Sie fliegen bereits am nächsten oder übernächsten Tag wieder zum Heimatflughafen zurück, so daß sich die Zeitverschiebung nur kurzfristig auswirken kann.

Der Flugreisende dagegen, der meist längere Zeit am Zielort verbringt, sollte mit geeigneten Medikamenten (Durchschlafmittel nach Flug in Westrichtung mit Überschreiten mehrerer Zeitzonen, Einschlafmittel nach einem Flug in Ostrichtung) diese lästigen und störenden Folgen der Zeitverschiebung auszugleichen suchen; er sollte aber vor allem extreme Belastungen in den ersten Tagen vermeiden. Für den verantwortlichen Politiker, Geschäftsmann, Wissenschaftler stellt sich zwingend die Forderung, seiner für rd. 4 Tage desynchronisierten psychomotorischen Leistungsrhythmik, d. h. seiner gestörten Leistungsfähigkeit und Vigilanz, Rechnung zu tragen und deshalb entweder diese erforderliche Anpassungszeit bereits *vor* seiner Verhandlung usw. am Zielort zu verbringen oder aber wichtige Verhandlungen usw. in den ersten 2–3 Tagen nicht zu den Stunden des dysrhythmisch bedingten Leistungstiefs zu führen. Zur Behebung des „Jet-lag-Syndroms", also für die notwendige Umstellung und Zeitanpassung, scheint das kurz wirkende *Temazepam* (Benzodiazepin) geeignet: Es hat eine kurze Halbwertszeit (5 Std.), keine aktiven Metaboliten und keine Kumulationsgefahr. Rechtzeitig eingenommen führt es zu tiefem Schlafe, beeinträchtigt Allgemeinbefinden und Leistungsfähigkeit nicht und hilft – ohne „hang over" – zur beschleunigten Anpassung an den neuen örtlichen Rhythmus. Ob *Melatonin* eine gleich gute Wirkung (durch einen „phase-setting effect") hat, ist noch umstritten. Wer es sich leisten kann, sollte sich schon mehrere Tage vor Antritt der interkontinentalen Flugreise an die zu erwartenden Zeitdifferenzen durch tägliches Verschieben des Schlaf-Wach-Rhythmus um je 1 Stunde anzupassen suchen.

Jüngste Studien zeigen, daß eine mehrstündige Exposition gegenüber extrem hellem Licht (2500–10000 Lux) im Raum oder in prallem Sonnenlicht im Freien (cave: Solarerythem!) die Adaptationszeit um ein Drittel (ca. 2–3 Tage) verkürzen kann.

Flugreisende, die von bestimmten Arzneimitteln abhängig sind, müssen einen ausreichenden Vorrat griffbereit mit sich führen. Für den chronisch Kranken, der bestimmte Medikamente regelmäßig einnehmen muß, ist es lebenswichtig zu wissen, wie er die Medikation der Zeitverschiebung anpassen muß, denn sie muß natürlich in Übereinstimmung mit dem jeweils gegebenen Tagesrhythmus erfolgen (s. Abschnitt „Die ärztliche Beurteilung der Flugreisefähigkeit von Kranken" und insbesondere „Abhängigkeit von bestimmten Medikamenten").

Die Zeitspanne bis zur vollständigen Resynchronisation ist von Kontakten zur Umwelt und von physischer Aktivität abhängig – dies gilt für alle psychischen und physiologischen Funktionen. Diese – recht unterschiedliche – individuelle Zeitspanne zeigt aber auch eine verschiedene Anpassungsgeschwindigkeit der einzelnen Funktionssysteme während der Desynchronisation von endogener Rhythmik und Umweltperiodizität an, eine „innere Dissoziation" (Klein).

Die Resynchronisationsverläufe der einzelnen Funktionen dagegen zeigen an, daß ihre Normalisierung im allgemeinen um so länger dauert, je komplexer die Leistungsanforderung ist.

Bei repräsentativen Befragungsaktionen des fliegenden Personals großer Luftverkehrsgesellschaften im interkontinentalen (transmeridianen) Flugverkehr gab zwar ein relativ großer Prozentsatz Schlafstörungen und gastrointestinale Beschwerden an, jedoch muß hierbei die Bedeutung einer individuellen Prädisposition für entsprechende psychosomatische Reaktionen ausreichend berücksichtigt werden: auch bei Schichtarbeitern, (also auf dem „Heimatmeridian") treten ja solche Beschwerden auf; jedoch kann als erwiesen gelten, daß vor allem disponierte Individuen darunter leiden.

Für die posttransmeridiane Dissoziation sind Alter, Persönlichkeitsstruktur und vegetative Labilität von Bedeutung. Deshalb muß sich der Flugreisende wie auch das einzelne Besatzungsmitglied ausreichende Ruhezeiten gönnen, um eventuelle gesundheitliche Auswirkungen der Zeitverschiebung so gering wie möglich zu halten.

Besonderheiten des Klimas bei Flugreisen in die Subtropen/Tropen

Zusätzlich zum „jet-lag" erhöhen anderes Klima, veränderte Lebensbedingungen, ungewohnte Ernährung und die oft unzureichenden hygienischen Verhältnisse die Anfälligkeit des Flugreisenden. Er muß sich deshalb den örtlichen klimatischen Gegebenheiten in seiner Kleidung und seiner Lebensführung anpassen.

Die Sonnenstrahlung in den Subtropen und Tropen, auch bei bedecktem Himmel und besonders am Meeresstrand, hat eine wesentlich größere Intensität (hohe UV-Dosis) als in Mitteleuropa und kann leicht zu phototraumatischen Reaktionen der Haut (Sonnenbrand bis zur Verbrennung) und zur Keratoconjunctivitis photoelectrica führen. Sonnenschutzcreme mit Schutzfaktor 12 und Sonnenbrille mit mindestens 65% Lichtabsorption sind dringend anzuraten. Den nassen Badeanzug sollte man nicht auf der Haut trocknen lassen. Der Wechsel aus Hitze und Schwüle in kühle, klimatisierte Räume bedeutet einen erheblichen Temperaturunterschied: Es kommt leicht zu Erkältungen, die auch Magen- und Darmerkrankungen und Infektionen begünstigen. Es ist deshalb zu empfehlen, nachts die Klimaanlage abzuschalten, auf jeden Fall aber im Bett leichte Baumwollwäsche zu tragen. Häufig entspricht die ärztliche Versorgung im fernen Urlaubsland nicht unseren Verhältnissen (und Ansprüchen) – sie ist oft nicht sofort erreichbar!

Vorbeugen gegen Durchfallerkrankungen

Die bekannte und zu Recht gefürchtete „Reise-Diarrhö", euphemistisch als „traveller's disease", „Montezumas Rache", „Strafe der Pharaonen", „Touristika" usw. bezeichnet, wird von Escherichia coli, seltener von Shigellen, Salmonellen oder Campylobacter verursacht – meist durch kontaminierte Nahrungsmittel und Getränke. Der persönlichen Hygiene und Lebensführung kommt zur Vorbeugung größte Bedeutung zu – sie fängt bereits im Flugzeug an: nicht zuviel essen, Alkohohl möglichst meiden. Wesentliche Vorsichtsmaßnahmen im Zielland: kein Leitungswasser zum Trinken oder zum Zähneputzen; keine Eiswürfel in Drinks, keine Salate, keine Meeresfrüchte (Muscheln), kein bereits geschältes oder angeschnittenes Obst, kein Speiseeis – nur gut gegarte (durchgekochte, -gebratene) oder selber geschälte Speisen; Getränke (Mineralwasser, Limonaden, Fruchtsäfte, Bier, Wein) nur aus original verschlossenen, unangebrochenen Flaschen/Dosen.

Als Prophylaktikum bei unspezifischen Diarrhöen hat sich *Tannacomp* bewährt; kommt es zu starken Durchfällen, muß viel getrunken werden (Tee ohne Zucker, verdünntes oder Diät-Coca-Cola, frisch gepreßter Zitronensaft), möglichst mit *Elotrans*-Pulver oder *Oralpädon*-Tabletten zum Flüssigkeits- und Elektrolytersatz, zugleich sollte ein Fastentag eingelegt werden (z. B. nur Salzstangen). Zur Behandlung haben sich u. a. bewährt *Sulfamethoxazol* + *Trimethoprim* (z. B. TMS) und die medizinische Kohle! *Loperamid* (z. B. Imodium) hemmt die Peristaltik; gegen Tenesmen helfen Spasmolytika.

Notwendige Impfungen im internationalen Reiseverkehr

Gesetzliche Bestimmungen und Infektionsrisiko

Zweck aller Impfungen ist es, den Einreisenden in ein Endemiegebiet gegen eine Ansteckung zu schützen und zugleich zu verhindern, daß er bei Weiterreise in andere Länder oder bei Rückkehr in seine Heimat die Krankheitserreger in ein unverseuchtes Land einschleppt.

Alle von der WHO international verbindlich für bestimmte Länder (Gebiete) vorgeschriebenen Impfungen sind den jeweils gültigen Bestimmungen der WHO, den „Vaccination Certificate Requirements and Health Advice for International Travel" zu entnehmen. Änderungen und Ergänzungen werden im Bundesgesundheitsblatt veröffentlicht; sie sind bei den Gesundheitsämtern einzusehen. Auch nationale Bestimmungen mancher Zielländer sind zu beachten. Es sind aber nicht nur die für die Tropen typischen Infektionen (Cholera, Gelbfieber, Typhus, Malaria etc.), die zu Erkrankung und bleibenden Schäden führen können – auch die in den meisten westlichen Ländern als besiegt geltenden Krankheiten wie Poliomyelitis, Tetanus und Tuberkulose sind (nicht nur) in den Entwicklungsländern noch an der Tagesordnung. Besonders gefährdet sind die Kinder, bei denen die empfohlenen Impfungen (gegen Diphtherie, Masern, Mumps, Polio, Röteln, Tetanus und ggf. auch gegen Tuberkulose) vor Reiseantritt durchgeführt sein müssen.

Das gesundheitliche Risiko beim Aufenthalt in Subtropen und Tropen wird, besonders von den Jüngeren, häufig unterschätzt; es besteht selbst bei strenger Einhaltung hygienischer Grundregeln und wird erst durch eine geeignete Immun- und Chemoprophylaxe verringert.

Der Flug- und Fernreisende muß deshalb, beraten von seinem Arzte, mindestens 6–8 Wochen vor Reisen nach Südosteuropa, nach Kleinasien und in den mittleren Osten, besonders aber in die Subtropen und Tropen über die *vorgeschriebenen* Impfungen hinaus auch von den notwendigen *empfohlenen* Impfungen und Immun- und Chemoprophylaxen Gebrauch machen – Impfschäden treten wesentlich seltener auf als Schäden durch eine vermeidbare Erkrankung!

Eine fehlende Impfung wird ggf. bei Einreise in das betreffende Land als Zwangsimpfung nachgeholt, oder dem Reisenden wird die Einreise verwehrt. Dies ist bei „Last-minute"-Buchungen zu bedenken! Die einzelnen Länder können ihre Gesundheitsbestimmungen kurzfristig ändern!

Von der WHO vorgeschriebene/empfohlene Impfungen für Seuchengebiete

Cholera

Die 1960 ausgebrochene El-Tor-Cholera-Pandemie ist noch nicht zum Stillstand gekommen. Ihre Seuchengebiete liegen heute noch in Kleinasien, Afghanistan, Irak, Iran, südlicher asiatischer GUS; Pakistan, Indien, Bangladesch; Südostasien; Nord-, West- und Zentralafrika. Auch Südamerika ist seit 1991 wieder Seuchengebiet. Obwohl im internationalen Reiseverkehr in der Regel nicht mehr verlangt, wird die Impfung gelegentlich bei grenzüberschreitenden Reisen in oder aus Endemie- und Epidemiegebieten von nationalen Behörden gefordert.

Die *Grundimmunisierung* besteht für Erwachsene aus 2 subkutanen Injektionen von je 0,5 ml Impfstoff im Abstand von einer Woche bis maximal 6 Wochen. Der Impfschutz (70–80%) erstreckt sich ausschließlich auf die bakterielle und nicht auf die toxische Komponente einer Cholera-Infektion. Die Impfung hat eine *Gültigkeit* von 6 Monaten, beginnend am 6. Tage nach der Impfung.

Die *Schutzdauer* beträgt etwa 6 Monate; bei anhaltender Exposition sind deshalb Auffrischungsimpfungen im Abstand von 6 Monaten erforderlich.

Nebenwirkungen sind lokale Infiltrate an der Impfstelle, Fieber, Abgeschlagenheit und Kopfschmerzen für 1–2 Tage, auch Kontraktionen der glatten Muskulatur des Darms (Durchfälle), aber auch der Gefäßmuskulatur (cave Herzinfarkt-Anamnese!).

Gelbfieber

Seuchengebiete liegen im „Gelbfiebergürtel" im tropischen Afrika zwischen 17° Nord und 17° Süd und im südlichen Afrika, im südlichen Mittelamerika, in der tropischen Urwaldregion Südamerikas. Eine spezifische Behandlung der Erkrankung ist noch nicht möglich; die Letalität beträgt bis zu 50%.
Die *Einmalimpfung* muß spätestens 10 Tage vor Einreise in das Endemiegebiet ausgeführt worden sein; sie gewährt einen *Schutz* von 10 Jahren Dauer, beginnend etwa 10 Tage nach der Impfung. *Gültigkeit* der Impfung: 10 Jahre. Gelbfieber-Schutzimpfungen werden mit einem von der WHO zugelassenen Impfstoff nur von autorisierten Impfstellen durchgeführt, über die die Gesundheitsämter informieren. Injektionsdosis 0,5 ml s. c. oder i. m.
Nebenwirkungen treten sehr selten auf: leichte Temperaturerhöhung sowie geringe Kopf- und Rückenschmerzen 5–6 Tage nach der Impfung.
Kontraindikationen sind akute fieberhafte Zustände bis 2 Wochen nach Entfieberung, Immunmangelzustände (maligne Erkrankungen), laufende immunsuppressive Therapie, Hühnereiweißallergie, Rekonvaleszenz nach schweren Erkrankungen, Schwangerschaft. Bei Kindern im ersten Lebensjahr muß das Expositionsrisiko gegen das Impfrisiko (Enzephalitis) abgewogen werden.

Japanische Enzephalitis

Die Japanische Enzephalitis ist in Fernost und Südostasien endemisch und führt häufig zu neurologischen Schäden; hohe Mortalität. In Japan jetzt praktisch ausgerottet, besteht das Infektionsrisiko noch in allen anderen Gebieten: außerhalb der großen Städte, in den Monaten April bis Oktober, besonders bei längerem Aufenthalt auf dem Lande (z. B. Entwicklungshelfer). Die Schutzimpfung, die ausschließlich in anerkannten Gelbfieber-Impfstellen durchgeführt wird, besteht aus der *Grundimmunisierung* (2 Injektionen s. c. von je 1,0 ml lyophilisiertem Impfstoff im Abstand von 1–2 Wochen) und der *Auffrischungsimpfung* nach 1 Jahr. Der *Impfschutz* tritt 10–14 Tage nach der Grundimmunisierung ein und bleibt etwa 4 Jahre erhalten.
Nebenwirkungen sind selten: lokale Reizung, leichte Temperatursteigerung, Mattigkeitsgefühl.
Kontraindikationen: akute Erkrankungen, Rekonvaleszenz, chronische Nieren- und Stoffwechselkrankheiten, Schwangerschaft.

Pocken

Das weltweite Schwinden der Pocken hat die Weltgesundheitsorganisation (WHO) veranlaßt, die Pocken als ausgerottet zu erklären; sie hat empfohlen, die Pockenschutzimpfung in jedem Lande aufzugeben und nicht länger ein internationales Pockenimpfzertifikat von Reisenden zu fordern.
Eine freiwillige Pockenschutzimpfung (Erstimpfung) kommt nur noch für Personen mit besonderem Risiko in Frage („investigators", die mit dem Variolavirus im Laboratorium Umgang haben).

Von der Ständigen Impfkommission des Bundesgesundheitsamtes empfohlene Impfungen für Fernreisen

Diphtherie

Infektionsgebiete sind Afrika, Südostasien, Mittel- und Südamerika, Westpazifikregion und östliche Mittelmeerländer. Prophylaxe ist nur durch *aktive Immunisierung* (Impfung) möglich; belastbare antitoxische Immunität besteht für 3–6 Jahre. Zur Auffrischung für Erwachsene *Wiederholungsimpfung* (ggf. mit Boosterung gegen Tetanus).

Frühsommer-Meningoenzephalitis (FSME)

Naturherde der durch Zecken übertragenen Viren sind z. Z. in Ost- und Südosteuropa, in Österreich, Süddeutschland und in den neuen Bundesländern, Südschweden und -finnland, aber auch in der Schweiz zu finden. Über Infektionsgebiete informiert die WHO und das Gesundheitsamt. Impfung: *aktive Immunisierung* mit formalininaktivierter Vakzine (z. B. FSME-Immun) ist auch für den nur vorübergehenden Aufenthalt in FSME-Gebieten dringend zu empfehlen; Impfbeginn möglichst schon im Winter! Zur prä- und postexpositionellen Prophylaxe dient Hyperimmunglobulin (z. B. FSME-Bulin). Durch Zecken wird auch die *Lyme-Borreliose* übertragen.

Meningokokken-Infektionen

Gehäuft im Meningokokken-Gürtel Afrikas, in Brasilien, im Südhimalaya, aber auch in anderen unterentwickelten Gebieten. Besondere Gefahr bei längerer Exposition und engem Kontakt zur Bevölkerung.
Impfung: *aktive Immunisierung* z. Z. nur mit Meningokokken-Polysaccharid-A-C-Impfstoff möglich; Impfstoff gegen *Serotyp B* (sehr selten) ist in Vorbereitung; Impfstoff gegen *Haemophilus influenzae* ist in klinischer Prüfung.

Poliomyelitis

Verbreitung weltweit, gehäuft in den Entwicklungsländern, aber auch in den Ländern der Mittelmeer-Anrainer noch vorhanden. Risiko für jeden Nichtgeimpften, auch für den Erwachsenen („Erwachsenenlähmung“)!
Impfung: *Grundimmunisierung* bzw. *Auffrischung* mit trivalentem Schluckimpfstoff nach Sabin. *Impfschutz:* 10 Jahre (*Wiederimpfung* besser schon nach 5 Jahren mit einer Impfdosis des Dreifachimpfstoffes).

Rubeola (Röteln)

Die Schutzimpfung gegen die als Infektionskrankheit harmlosen Röteln dient der Prophylaxe bei einer Schwangerschaft und damit der Verhinderung von Embryopathien. Sie ist vorrangig für alle Kinder im 2. Lebensjahr mit M-M-R-Impfstoff, ferner für alle Mädchen präpubertär zwischen 11. und 14. Lebensjahr angezeigt. Postpubertär sollte nur nach Ausschluß von Antikörpern und bestehender Schwangerschaft geimpft werden – dies gilt insbesondere bei erhöhtem beruflichen Risiko, z. B. bei jungen Lehrerinnen, Kindergärtnerinnen und Kinderkrankenschwestern.
Impfung: *einmalige subkutane Injektion* von 0,5 ml Rötelnlebendvirus-Impfstoff (Mindestabstand zu anderen Impfungen: 1 Monat!).
Nebenwirkungen: leichtes Fieber, Kopfschmerzen bis zu 2–4 Wochen nach der Impfung, auch leichte Gelenkschmerzen.
Kontraindikation: Schwangerschaft; hier ist bei seronegativen Schwangeren im ersten Trimenon Röteln-Immunglobulin zu geben.

Tetanus

In warmen und exotischen Ländern ist der Wundstarrkrampf noch sehr verbreitet.
Impfung: *Grundimmunisierung* mit Tetanus-Adsorbat-Impfstoff oder *Auffrischung* (5 Jahre nach letzter Impfung); *Impfschutz:* 10 Jahre.

Tuberkulose

In den Entwicklungsländern ist die Tuberkulose auch heute noch Volksseuche. Infektionsgefahr besteht bei langem und engem Kontakt mit der einheimischen Bevölkerung (Entwicklungshelfer, Ärzte und Pflegepersonal, besonders aber Kinder).
Impfung: nur bei tuberkulinnegativen Menschen mit BCG-Vakzine (Stamm Kopenhagen 1331); Chemoprophylaxe nur unter bestimmten Bedingungen.

Typhus abdominalis

Ubiquitär, abhängig von den hygienischen Verhältnissen; deutliches Nord-Süd-Gefälle. Jeweilige Endemiegebiete beim Gesundheitsamt erfragen.
Impfung: orale *aktive Immunisierung* mit lyophilisiertem Lebendimpfstoff (z. B. Typhoral L) für Reisende jeden Alters (Ausnahme: Kinder unter 3 Monaten) empfohlen. *Impfschutz* etwa 12 Monate.

Virushepatitis

Virushepatitis A (HA)

Deutliches Risiko bei schlechten hygienischen Verhältnissen!
Impfung: *passive Immunisierung* mit polyvalentem Standard-Immunglobulin kurz vor Reiseantritt. Der *Schutz* dieser Prophylaxe besteht für 3–4 Monate (bei 96%).

Virushepatitis B (HB)

HB-Viren sind vor allem in Afrika und Asien häufig; gefährdet sind alle, die sich längere Zeit dort aufhalten und engen (körperlichen) Kontakt mit der Bevölkerung haben.
Die *Grundimmunisierung* erfolgt mit inaktiviertem Impfstoff gegen HB in 3 Impfungen i.m. in monatlichen Abständen. *Auffrischungsimpfungen* sind – in Abhängigkeit von der Konzentration spezifischer Antikörper (Anti-HBs) nach der Grundimmunisierung – nach 1 Jahr, sonst alle 3–5 Jahre notwendig.

Nebenwirkungen sind leichte lokale Reaktionen (Rötung, Schwellung) an der Impfstelle, Kopf-, Muskel- und Gelenkschmerzen, gelegentlich gastrointestinale Mißempfindungen und Temperaturerhöhung. *Kontraindikationen* bestehen nicht.

Prinzipielle Richtlinien für Impfungen

Für *alle* Impfungen gilt:
- eventuelle Kontraindikationen (s. Rote Liste, Beipackzettel usw.) sind zu beachten,
- notwendige Zeitabstände zwischen den einzelnen Impfungen sind einzuhalten,
- der Impfling ist auf Begleiterscheinungen, Nebenwirkungen und eventuelle Komplikationen hinzuweisen!

Internationaler Impfpaß

Nach den Vorschriften der WHO und nach § 16 des Bundesseuchengesetzes (BSeuchG) muß jede Gabe von Sera und Impfstoffen dokumentiert und bescheinigt werden (Tag der Impfung, Art, Herkunft und Chargennummer des Impfstoffes). Diese Angaben sind in den international gültigen gelben Impfpaß (International Certificates of Vaccination – Internationale Bescheinigungen über Impfungen und Impfbuch gemäß § 16 Bundesseuchengesetz – mit Ausweis für den Notfall) einzutragen und von einer Gesundheitsbehörde (oder einer dieser gleichgestellten Institution) mit Unterschrift und Stempel zu bestätigen.
Der Impfpaß ist ebenso sorgfältig wie der Reisepaß aufzubewahren – der Verlust des einen wie des anderen kann im grenzüberschreitenden Reiseverkehr zu erheblichen Schwierigkeiten führen!

Malaria-Prophylaxe für Erwachsene

Malaria-Endemiegebiete liegen in Höhenlagen unter 1600 m N.N. zwischen 45° Nord und 40° Süd; innerhalb dieses Gürtels besteht kein Infektionsrisiko in Europa (ausgenommen die Türkei), Nordamerika, Australien, Neuseeland, Japan. Malaria-Erkrankungen nehmen wieder zu infolge Insektizidresistenz der Überträger (Anopheles-Mücken) und 4-Chloroquin-Resistenz der Erreger (Plasmodien); auch gegen Kombinationen von Sulfadoxin und Pyrimethamin *(Fansidar)* besteht Resistenz in Ozeanien, Südostasien, im Amazonasbecken und in Ostafrika.

1. Bei Reisen in Gebiete, in denen die Erreger noch gegen Chloroquin sensibel sind, muß 2 Wochen vor Reiseantritt eine Grundprophylaxe begonnen werden: einmal wöchentlich 2 Tabletten je 0,25 g (z. B. *Resochin*) stets nach der Hauptmahlzeit unzerkaut mit etwas Flüssigkeit zu schlucken, und zwar immer am gleichen Wochentage (etwa am Sonntag als „Sonntagstablette"). Bei einem Gewicht über 70 kg ist die Dosis auf 3 Tabletten wöchentlich zu erhöhen (am Sonntag 2 Tabletten, am Mittwoch 1 Tablette, also 0,75 g pro Woche). Bei Durchfällen oder Erbrechen muß die Dosis auf 2mal 2 Tabletten erhöht werden. Diese Prophylaxe ist während des Aufenthaltes im Malariagebiet und noch 6 Wochen nach dem Verlassen fortzusetzen. Bei plötzlichem Reiseantritt: je 2 Tabletten 2 Tage vor dem Abflug und am Flugtage selber.
2. In Endemiegebieten, in denen die Plasmodien gegen Chloroquin Resistenz entwickelt haben, ist außer der oben angegebenen Prophylaxe zusätzlich pro Woche 1 Tablette *Fansidar* (500 mg Sulfadoxin und 25 mg Pyrimethamin) einzunehmen. In Gebieten mit hoher Resistenz des *Plasmodium falciparum* (Malaria tropica) gegen Chloroquin und Fansidar: 2 Tabletten Chloroquin (= 0,5 g) und täglich 2 Tabletten Proguanil *(Paludrin)* je 0,1 g (z. Z. nur in Belgien, Dänemark, Finnland, Großbritannien, Holland und Schweden erhältlich).
   Liegt eine Sulfonamid-Intoleranz vor, so ist anstelle des Fansidars 1 Tablette Daraprim (25 mg Pyrimethamin) einmal wöchentlich (am gleichen Wochentage) einzunehmen.
   Mefloquin (z. B. *Lariam*), das zur Behandlung des gegen mehrere Malariamittel resistenten Plasmodium falciparum angewandt wird, hat jedoch Nebenwirkungen, die von Schwindel, Übelkeit und Erbrechen bis zu psychotischen Episoden reichen: bei Kurzaufenthalt 1 Tablette (250 mg) pro Woche.
   Bedingt durch häufige und schnelle Resistenzentwicklung des P. falciparum, haben sich die nationalen und internationalen Empfehlungen zur Chemoprophylaxe laufend geändert; der aktuelle Stand muß deshalb beim Gesundheitsamt erfragt werden.

Ob das 1991 zugelassene „stand-by"-Präparat *Halfan* (Halofantrin) mit grundlegend anderer chemischer Struktur die Resistenzentwicklung verzögert und wirklich ein „Malariakiller" ist, bleibt abzuwarten: Ab dem 8. Tage nach Einreise in ein Gebiet mit Chloroquin-Resistenz *und* bei malariaverdächtigen Symptomen (Kopfschmerz, Abgeschlagenheit, Schüttelfrost): 3mal 500 mg *Halfan* täglich.

3. Trotz der nach Vorschrift durchgeführten *spezifischen* Prophylaxe können noch Monate nach Rückkehr Erkrankungen an Malaria tertiana/quartana auftreten; eine Malaria tropica tritt meist sofort nach Heimkehr auf: bei unklarem Fieber, Schweißausbruch, Stirn-Kopfschmerz und schwerem Krankheitsgefühl ist immer daran zu denken!
Auch bei Zwischenlandungen in einem malariaverseuchten Gebiete können Malaria-Infektionen erworben werden – wenn die Moskitos in die Flugzeugkabine eindringen („Runway-Malaria") und die Kabine nur unzureichend mit Insektiziden ausgesprüht wird!
4. Allgemeine Vorbeugungsmaßnahmen (*unspezifische* Prophylaxe):
   - *mechanisch:* Mückengaze an Fenstern und Türen; Moskitonetz, das allseitig unter die Matratze geschlagen werden muß; lockere Kleidung, die außer Gesicht und Händen den gesamten Körper bedeckt, ab Dämmerung und nachts – wenn die Anopheles-Mücken fliegen und stechen;
   - *chemisch:* Insektizid-Sprays im Schlaf- und Wohnraum; Räucherstäbchen (-spiralen); Einreiben der Haut an ungeschützten Körperstellen mit Mückenabwehrmittel (Repellent), alle 1–2 Stunden.
5. Empfehlungen für den Arzt, den sein Patient um Rat fragt:
   - Aufklärung über die notwendige Malaria-Prophylaxe;
   - Mitgabe der erforderlichen Medikamente, insbesondere bei Reisen in resistenzgefährdete Gebiete (beim Gesundheitsamt nachfragen!);
   - gezielte Frage nach Sulfonamid-Empfindlichkeit, wenn Kombinationspräparate mit Sulfonamidanteil in Frage kommen;
   - Aufforderung, auch bei leichten Beschwerden *nach* der Reise sofort ärztlichen Rat zu suchen.

Malaria-Prophylaxe bei Kindern und Schwangeren: s. „Tropenkrankheiten".

Parasitäre Tropenkrankheiten

Tropenreisende, ausländische Studenten, Entwicklungshelfer und auch Gastarbeiter haben uns mit den Problemen parasitärer Tropenkrankheiten konfrontiert. Über Prophylaxe und Behandlung sollte heute jeder Arzt informiert sein, um auch seine „gesunden" Patienten vor Antritt einer Flugreise in tropische Gebiete beraten zu können.
Im Gegensatz zur Malaria gibt es noch keine medikamentöse Prophylaxe gegen *Leishmaniose* (viszeral und kutan), *Filariose, Bilharziose* (Schistosomiasis) sowie gegen *Lamblien* und *Amöben*, jedoch spezifische und gut wirksame Mittel, die aber nur in der Klinik zur Anwendung kommen sollten.

Würmer: Die beste Prophylaxe ist peinliche Sauberkeit, Vermeiden von Speiseeis, ungekochten Speisen und ungeschältem Obst sowie rohem Fleisch, Fisch und Muscheln. Zum Trinken und Zähneputzen sollte nur Mineralwasser aus der Flasche, die man selber geöffnet hat, verwendet werden. Kommt es zum Wurmbefall, so ist die genaue Diagnose und Bestimmung des Parasiten erste Voraussetzung für eine gezielte Behandlung mit dem jeweils zuverlässig wirksamen Medikament.
(Ausführliche Darstellung im Kapitel „Tropenkrankheiten".)

Ärztliche Beurteilung der Flugreisefähigkeit von Kranken

Bei dem Flug- und Abenteuertourismus in exotische Gebiete der Subtropen und Tropen muß heute jeder Arzt in der Lage sein, den Gesunden wie den Kranken, der eine Flugreise antreten will, entsprechend zu beraten.

Kriterien und Kontraindikationen bezüglich des Transports

Die Luftverkehrsgesellschaften (LVG) sind bemüht, jeden Kranken zu transportieren, es

sei denn, daß der Kranke ansteckend oder akut schwer krank ist, so handelt oder aussieht oder abnorm riecht – in solchen Fällen muß vom Mitflug in einem Passagierflugzeug abgesehen werden, um nicht die anderen Fluggäste unerträglich zu belästigen.
Alle für einen Flug vorgesehenen Kranken müssen, besonders wenn sie behindert oder pflegebedürftig sind oder einer dauernden Betreuung bedürfen (die das Kabinenpersonal nicht leisten kann), bei der LVG angemeldet werden. Von dieser erhält der Kranke (oder sein Angehöriger bzw. Betreuer) ein besonderes Formular (MEDIF), das er vom behandelnden Arzt hinsichtlich

- Art der Erkrankung (Diagnose, kardiorespiratorischer Befund, Anämie, Dyspnoe, Schmerzen, Zustand nach Operation),
- Betreuungshinweisen (Begleitperson, notwendige ärztliche Betreuung bei Zwischenlandungen, Transport sitzend oder liegend im Flugzeug, An- und Abtransport im Rollstuhl, Krankenwagen, auf Krankentrage usw.) und
- Beurteilung der Flugreisefähigkeit (ärztliche Bestätigung, daß der Kranke nicht an einer ansteckenden Krankheit leidet usw.)

ausfüllen lassen muß.
Die Ablehnung der Mitnahme eines Kranken im Verkehrsflugzeug erfolgt (z. B. bei der Deutschen Lufthansa) im Inland grundsätzlich erst nach Rücksprache des Ärztlichen Dienstes der LVG mit dem behandelnden Arzt; im Ausland wird dies dagegen nicht immer möglich sein.
Alle größeren LVG sind nach jahrzehntelangen Erfahrungen für die Mitnahme von Kranken, Verletzten und Behinderten mit unterstützenden Hilfsmitteln ausgerüstet: angefangen vom Rollstuhl, der bereits für den Transport des Fluggastes vom Schalter zum Flugzeug und umgekehrt zur Verfügung steht, bis zu transporterleichternden Maßnahmen wie O_2-Gaben, Krankentragen, Vakuummatratzen usw. Wichtig ist für die Nutzung dieser Hilfsmittel die rechtzeitige Anmeldung!
Folgende *Kontraindikationen* (aus gesundheitlichen, sozialen oder technischen Gründen) stehen dem Lufttransport von Kranken im Linien- und Charterluftverkehr in der Regel entgegen:

- an Infektionskrankheiten Leidende mit Ansteckungsgefahr,
- Epileptiker und gefährliche Geisteskranke,
- frisch Operierte unmittelbar nach der Operation,
- Patienten nach frischer Apoplexie oder frischem Herzinfarkt,
- Schwangere nach der 36. Gestationswoche,
- Patienten, die während des Fluges auf die Benutzung pneumatisch und/oder elektrisch betriebener Geräte *und* gleichzeitige O_2-Versorgung angewiesen sind.

Ist bei diesen Patienten eine Flugreise quo ad vitam indiziert, so ist sie als „Ambulanzflug“ (s. dort) durchzuführen; hierfür stehen kommerzielle wie auch gemeinnützige Fluggesellschaften für den Lufttransport Kranker und Verletzter zur Verfügung.

Problematische Erkrankungen im einzelnen

Bei den folgenden Erkrankungen ist eine Flugreise nur unter Einhaltung bestimmter Vorschriften der LVG und gewisser Vorsichtsmaßnahmen möglich:

Abortneigung, habituelle

Flugreisefähigkeit ist für Langstreckenflüge auf jeden Fall zu verneinen; für Kurzstreckenflüge ist der Rat des Arztes der Luftverkehrsgesellschaft (LVG) einzuholen.

Anämie

Bei Hämoglobinwerten von weniger als 75–90 g/l ist bei einer notwendigen Flugreise eine Bluttransfusion vor Reiseantritt zu empfehlen, während des Fluges zusätzlich O_2-Atmung (Maske).
Trotz der relativ geringen Differenz des P_{O_2} der Inspirationsluft auf Meereshöhe (159 mmHg = 211,95 kPa) und derjenigen in der üblichen „Kabinendruckhöhe“ von 2300 m (120,5 mmHg = 160,63 kPa) kann es bei Patienten mit Anämien, nach traumatischen Blutungen, mit Herz- und chronischen obstruktiven Lungenkrankheiten zu einer zwar unauffälligen, aber signifikanten Hypoxämie kommen. Besteht bereits vor Beginn einer Flugreise ein oxymetrisch ermittelter arterieller P_{O_2} von weniger als 70 mmHg = 93,31 kPa, so müssen solche Patienten während des Fluges zusätzlich O_2 atmen. Bei Lufttransport im Hubschrauber oder im Flugzeug ohne Druckkabine sollten Flughöhen von 400 m nicht überschritten werden, im Hochgebirge nur mit zusätzlicher O_2-Atmung!

Aneurysma – subarachnoidale Blutung

6 Monate nach einer Blutung bestehen keine Bedenken gegen eine Flugreise – zu bedenken ist, daß bei mehrstündigen interkontinentalen Flügen ärztliche Hilfe zu spät kommen kann.

Anfallsleiden (Epilepsie)

Eine Flugreise stellt für diese Kranken eine nicht geringe Aufregung dar; durch eine – psychisch bedingte – Hyperventilation können Anfälle ausgelöst werden. Außer einer Einstellung mit Antiepileptika benötigen solche Patienten eine zusätzliche Sedierung vor Reiseantritt. Die LVG verlangen außerdem ein Attest des behandelnden Arztes.

Angina pectoris – koronare Mangeldurchblutung (KHK)

Nur symptomfreie Patienten sollten fliegen; sie sollten in der Lage sein, etwa 100 m spazierend ohne Beschwerden zurückzulegen oder Treppen bis zu einem Stockwerk zu steigen – sie müssen also imstande sein, sitzend eine Kabinendruckhöhe von maximal 2400 m zu tolerieren und einen Anfall erfahrungsgemäß medikamentös zu beherrschen. Im Ausnahmefall entscheidet der Arzt der LVG im Einvernehmen mit dem behandelnden Kardiologen. Bei rechtzeitiger Anmeldung stellen die LVG Zusatz-O_2 zur Atmung bereit; das Mitführen eigener O_2-Geräte ist nicht gestattet. Um die oft sehr langen Strekken auf Flughäfen zu bewältigen, kann bei der LVG ein Rollstuhl-Service angefordert werden.

Apoplektischer Insult

Wie beim Herzinfarkt entscheidet allein die Schwere der Erkrankung über die Reisebzw. Transportfähigkeit im Flugzeug. Bei Rezidivgefahr ist diese zu verneinen. Erhöhter Blutdruck sollte normalisiert, klinische Heilung (frühestens nach 6 Wochen) erzielt sein. Hat der Patient den Schlaganfall während der Reise erlitten, so ist zu prüfen, ob die schonende Flugreise bzw. der Lufttransport dem Rücktransport mit Eisenbahn oder Auto vorzuziehen ist: Entscheidend ist, ob bei Komplikationen ein Krankenhaus schnell zu erreichen ist. Ausnahme: Ambulanzflüge mit ärztlicher Begleitung.

Asthma bronchiale

Patienten, die einen Anfall erfahrungsgemäß mit der verordneten Medikation beherrschen (Medikamente sind im Handgepäck griffbereit mitzuführen!), dürfen fliegen. Bei mehrstündigen Flügen ist weder Arzt noch Krankenhaus erreichbar; die Bordapotheke (auch Doctor's Kit) ist zur Behandlung nicht ausreichend.

Augenkrankheiten

Die geringfügige Abnahme von Luftdruck und P_{O_2} in Kabinendruckhöhe kann gegenregulatorisch zur Erweiterung der Netzhautarterien und zur Druckerhöhung in bereits geschädigten Gefäßen führen. Bei frischer Netzhautblutung muß der Ophthalmologe beurteilen, ob eine (notwendige!) Flugreise zu verantworten ist; nach einzelner isolierter Netzhautblutung (-ablösung) sollte nach Koagulation nicht vor Ablauf eines Monats, nach schwerer Blutung nicht vor Ablauf von 3 Monaten eine Flugreise angetreten werden.

Behinderte (geistig – körperlich)

Für solche Patienten ist bei der LVG eine entsprechende Betreuung bzw. Unterstützung am Boden wie an Bord zu beantragen. Begleitpersonen sind je nach Fall zweckmäßig; geistig Beeinträchtigte müssen ohne Zeichen einer Psychose sein. Die Bundesarbeitsgemeinschaft „Hilfe für Behinderte e. V." (Kirchfeldstr. 149, 4000 Düsseldorf 1) gibt im Sonderheft „Reisen mit Handicap" wichtige Hinweise.

Chronische obstruktive Lungenkrankheiten

(chronische Bronchitis, Emphysem usw.; auch Bronchiektasen, Lungenfibrosen, Cor pulmonale)
Bei respiratorischer Insuffizienz (Dyspnoe und Zyanose) ist von einer längeren Flugreise abzuraten – der geringfügig reduzierte P_{O_2} in Kabinendruckhöhe führt bereits zur Hypoxämie und zur Drucksteigerung in den Pulmonalarterien (s. *Anämie*). Bei vitaler Indikation unbedingt Hypoxietest vor Reiseantritt, O_2-Atmung durch Nasen-Mund-Maske (2–4 l/min) während des Flugs. Bei bullösem Emphysem Gefahr des "air trapping" und Einrisse einer (subpleuralen) Emphysenblase (s. *Pneumothorax*).
Im übrigen sind Lungenfunktion (die Ausdehnung der Darmgase engt die Ventilation weiter ein!) sowie Menge und Art des Auswurfs maßgebend – die anderen Passagiere dürfen dadurch nicht belästigt werden.

Diabetes mellitus

Nur Patienten mit ausgeglichener Stoffwechsellage, genauer Diät und eingestelltem Medikamentenbedarf sollten eine längere Flugreise unternehmen. Auf Antrag stellen die LVG eine Diabetesdiät bereit. Der Patient muß seine Medikamente griffbereit bei sich führen und die Selbstbehandlung während der Flugreise durchführen können. Der Patient mit oraler Medikation kann sich leichter behelfen als der auf Insulininjektionen angewiesene Patient. Der Typ-I-Diabetiker mit Insulinpumpe sollte nur nach Rücksprache des behandelnden Arztes mit dem Arzt der LVG eine mehrstündige Flugreise antreten! Bei transmeridianen Flugreisen (Zeitverschiebung!) sind Medikation und Diät nach den entsprechenden Tabellen zu korrigieren; besonders die beiden ersten Reisetage sind wichtig (S. 607).

Bei Luftkrankheit mit Erbrechen kann es leicht zur Hypoglykämie kommen; der Patient muß deshalb Würfelzucker mit sich führen. Eine solche Komplikation ist ebenso einzukalkulieren wie eine nicht vorherzusehende Verlängerung der Flugreise (durch Schlechtwetter, Streiks, Umleitung auf andere Flughäfen usw.).

Dialysepatienten

Der letzte notwendige Dialysetermin kurz vor Abflug; eine eventuelle Anämie ist gesondert zu beurteilen. Wird bei solchen Patienten eine mehrstündige Flugreise notwendig, so ist Rücksprache zwischen behandelndem Arzt und Arzt der LVG erforderlich.

Elektrisch betriebene Geräte

Bei gleichzeitig notwendiger O_2-Versorgung ist die Benutzung eines elektrisch betriebenen Gerätes an Bord *nicht* gestattet.

Ohne O_2-Versorgung bedürfen alle elektrisch betriebenen Geräte der Zustimmung der LVG.

Flugangst (fear of flying)

Der Klaustrophobie ähnliche Neurose; solche Patienten benötigen Sedierung vor Flugantritt; an Bord lenken Lektüre und das Bordkino ab. Verhaltenstherapie und autogenes Training können helfen; die Deutsche Lufthansa bietet besondere „Seminare für entspanntes Mitfliegen“ an.

Gehbehinderung

Ein Rollstuhl-Service kann bei der LVG angefordert werden – für lange Wege auf den Flughäfen, aber auch für die Flugzeugkabine.

Geisteskrankheiten

Zerebralsklerose: Diese Patienten sollten nur dann eine Flugreise antreten, wenn sie nicht unter Anfällen oder Orientierungsstörungen leiden – eine Begleitperson ist immer notwendig!

Geisteskranke: Diese Patienten dürfen nur dann eine Flugreise antreten, wenn sie weder für das Flugzeug, die Besatzung noch für die anderen Passagiere eine Gefahr darstellen. Solche Patienten können nur in Begleitung des ihnen vertrauten Arztes oder Pflegers nach entsprechender Sedierung eine Flugreise durchführen – sofern dafür eine Notwendigkeit besteht.

Gicht

Viele Mahlzeiten auf Langstreckenflügen (über 8 Stunden), reichlicher Alkoholgenuß und wenig Bewegung lösen leicht einen Gichtanfall aus; der Disponierte sollte dem Rechnung tragen.

Glaukom

Für die Dauer des Fluges muß die gewohnte Medikation bzw. Prophylaxe bei Neigung zu Glaukomanfällen sichergestellt sein.

Hernien

Bei Patienten mit Eingeweidebrüchen besteht die Gefahr, daß durch die Gasausdehnung in den Därmen Beschwerden auftreten, ja der Bruch durch die Bruchpforte gedrängt wird. Blähungsarme Diät schon Tage vor Reiseantritt, Darmentleerung und ein Spasmolytikum kurz vor dem Start, lockere Kleidung, Herumgehen im Flugzeug machen auch längere Flugreisen für diese Patienten verträglich.

Herzinfarkt

Nach komplikationslosem Herzinfarkt und wenn keine Kreislaufdekompensation besteht, kann nach 8 Wochen (in Ausnahmefällen nach 4–6 Wochen) eine längere Flugreise angetreten werden; eine Behandlung mit Antikoagulantien ist keine Gegenindikation. Grundsätzlich entscheidet der Arzt der LVG im Einvernehmen mit dem zuständigen (behandelnden) Kardiologen.

Herzinsuffizienz, Herzklappenerkrankungen, Arrhythmien

Bei Dekompensation (Zyanose, Dyspnoe) sollte der Patient nur dann eine Flugreise unternehmen, wenn zusätzliche O_2-Atmung das Abgleiten in eine bedrohliche Dekompensation verhindern kann – sonst ist die Flugreisefähigkeit zu verneinen.

Herzschrittmacher

Diese Patienten können ohne Bedenken eine Flugreise unternehmen. Eine gegenseitige Beeinflussung von Schrittmacher und Flugzeugelektronik besteht nicht; Metalldetektoren an den Sicherheitskontrollen sind zu beachten: Um eine Störung des Schrittmachers zu vermeiden, sollte der Patient ein ärztliches Attest bei sich führen und auf direkter Leibesvisitation bestehen.

Hyperthyreose

Der behandelte Patient wird durch den Flug nicht beeinträchtigt, zumal wenn er vor Antritt der Flugreise ausreichend sediert wird.

Hypertonie

Der Blutdruck sollte eingestellt sein und Werte von 200/120 mmHg nicht überschreiten; entscheidend ist jedoch die klinische Bewertung! Vor dem Flug empfiehlt sich ein Sedativum, um dem möglichen Auftreten der Luftkrankheit (mit Folgen für den Blutdruck) vorzubeugen. Nebenwirkungen der Antihypertonika, besonders der β-Blocker, sind gerade bei einer Flugreise zu berücksichtigen!

Hyperventilation

Bei Ängstlichkeit, Erregung jeder Art, Neigung zur Kinetose können Vibration im Flugzeug und Turbulenzen während des Fluges besonders beim Seltenflieger zur Hyperventilation, damit zur Hypokapnie (respiratorische Alkalose) führen – in seltenen Fällen bis zur Bewußtseinstrübung und Tetanie. Für solche Individuen ist vor dem Start ein Sedativum zu empfehlen, lockere Kleidung und entspanntes Sitzen während des Fluges. Hyperventiliert der Fluggast, so ist er zu beruhigen, und er muß langsam in einen Plastikbeutel aus- und aus diesem wieder rückatmen, um so den durch Hyperventilation verursachten CO_2-Verlust, die Hypokapnie, auszugleichen.

Hypotonie (orthostatische Intoleranz)

Bei ausreichender Flüssigkeitszufuhr lassen sich Kreislaufschwächen vermeiden; 3–4 l Flüssigkeit pro Tag sind besonders bei großer Hitze und Schwüle, aber auch in der extrem trockenen Luft im Flugzeug erforderlich. Getränke mit diuretischer Wirkung (Kaffee, Tee) beeinträchtigen eine ausgewogene Flüssigkeitsbilanz. Verordnete Kreislaufmedikamente sind im Handgepäck mitzuführen. Erwartung und Anspannung können normalisierend wirken!

Infektionskrankheiten

Nach den Richtlinien der LVG sind Patienten mit akuten Infektionskrankheiten und Ansteckungsgefahr grundsätzlich vom Mitflug ausgeschlossen; besteht keine Ansteckungsgefahr, sollte der Patient fieberfrei sein. Bei diesen Patienten wird es jedoch allein von ihrer Vernunft und ihrem guten Willen abhängen – eine Kontrollmöglichkeit besteht nicht.

Knochenfrakturen

Gipsverbände sollten eingeschnitten sein, um Ödemen vorzubeugen.

Kolostomie (Anus praeternaturalis)

Solche Patienten sind nur dann flugreisefähig, wenn sie selber gut für sich sorgen können: Der Verschluß muß sicher dicht sein, Komplikationen durch Blähungen mit Kotaustritt müssen beherrscht werden können. Wegen der Ausdehnung der Darmgase während des Fluges sollte ein größerer Kolostomiebeutel getragen werden; zusätzliche Beutel müssen zur Hand sein. Die Toilette im Flugzeug steht bei Bedarf nicht immer sofort zur Verfügung – der Patient sollte sich einen Sitzplatz in Nähe der Toilette reservieren lassen. Die Mitreisenden dürfen nicht belästigt werden!

Kongenitale Vitien

Sofern nicht ein erheblicher arteriovenöser Shunt (starke Zyanose) besteht, dürfen solche Patienten im Flugzeug mit Druckkabine reisen, sonst nur mit zusätzlicher O_2-Atmung und unter ärztlicher Überwachung (z. B. zur Operation).

Kontaktlinsen

Bei Langstreckenflügen kann es infolge der trockenen Kabinenluft leicht zur Hornhautreizung kommen. Augentropfen müssen griffbereit mitgeführt werden, ebenso eine (Reserve-)Brille im Handgepäck. Bei Reisen in die Tropen sind Trage- und Reinigungsvorschriften genau einzuhalten, Reinigungsmittel mitzuführen (Nachschub im fremden Lande fraglich!).

Koronare Herzkrankheit s. Angina pectoris

Krebskrankheiten
Diese Patienten sind je nach Lage des Falls und Stadium der Erkrankung zu beurteilen; eventuelle Schmerzen, Behinderung usw. sowie die Flugreisefähigkeit zum Zeitpunkt der beabsichtigten Rückreise sind zu berücksichtigen.

Lungenemboliegefährdung
Risikofaktoren sind Adipositas, Herzleiden, Varikosis, Zustand nach kürzlichen abdominalen oder Hüftgelenksoperationen, persönliche oder Familienanamnese, Einnahme von Ovulationshemmern – aber auch das „economy-class-syndrome" mit der durch enges und langes Sitzen verursachten venösen Hämostase, die durch Flüssigkeitsverlust (trockene Kabinenluft!) verursachte Hämokonzentration und eine relative Hypoxie. Beste Prophylaxe sind lockere Kleidung (Hüfthalter bzw. Hosenbund), isometrische Muskelübungen im Sitzen, häufiges Aufstehen und Gehen, reichliche Flüssigkeitszufuhr und das Vermeiden von längerem Schlaf in sitzender Position, um tiefen Beinvenenthrombosen und nachfolgender Lungenembolie (noch Tage nach dem Fluge!) vorzubeugen. Für besonders gefährdete Individuen mit zusätzlicher Bewegungsbehinderung sind auch Antikoagulantien angezeigt. Der Sitzkomfort der „first class" ist die beste Prophylaxe!

Lungenkrankheiten, chronische obstruktive s. chronische obstruktive Lungenkrankheiten

Magen- und Darmerkrankungen
Patienten mit Magen- oder Duodenalulkus sollten nur dann mit dem Flugzeug reisen, wenn dies aus gesundheitlichen Gründen erforderlich ist. Vor dem Fluge sollte ein Antiemetikum eingenommen werden, blähungsfreie Kost und Karminativa bereits Tage vor dem Reiseantritt. Ein Spasmolytikum muß zur Hand sein, am besten kurz vor dem Start angewandt werden.

Multiple Sklerose
Jeweils individuell zu beurteilen; erforderliche Unterstützungen (z. B. Rollstuhl) sind zu berücksichtigen.

Nahrungsmittelallergien
Bei dem vielfältigen Speise- und Getränkeangebot auf Langstreckenflügen werden allergische Diathesen oft mißachtet – der Patient sollte davor gewarnt werden.

Nasennebenhöhlenentzündungen, Otitis media
Im akuten Stadium ist wegen des gestörten Druckausgleichs von der Nebenhöhle zur Umgebungsluft mit erheblichen Schmerzen zu rechnen; eine Flugreise sollte nur dann angetreten werden, wenn durch geeignete Sympathomimetika (ggf. auch Antiallergika) eine sichere Abschwellung der Schleimhäute im Nasenbereich gewährleistet werden kann.

Nierenerkrankungen
Je nach Art der Erkrankung sind evtl. Anämie, Oligurie, Retentionswerte sowie die Dauer eines Fluges entscheidende Kriterien.

Pneumatisch betriebene Geräte
Die Benutzung solcher Geräte, auf die ein Schwerkranker während des Fluges angewiesen sein sollte, ist an Bord in der Regel nicht gestattet (s. Ambulanzflüge).

Pneumothorax
Beim Spontanpneumothorax ist Flugreisefähigkeit so lange nicht gegeben, als er röntgenologisch noch nachweisbar ist. Die Rezidivgefahr in der niedrigeren Kabinendruckhöhe ist statistisch erheblich größer als am Boden – auf einem mehrstündigen Interkontinentalflug ist ein Spontanpneumothorax-Rezidiv eine ernste Gefahr. Ein therapeutischer oder kompensatorischer Pneumothorax nach Thoraxoperationen sollte – bei zwingender Notwendigkeit einer Flugreise – vor Reiseantritt durch Absaugen verkleinert werden (bei einer Kabinendruckhöhe von 2100 m dehnt sich die Luft im Pleuraraum um ca. 40% aus!); nach Beendigung der Flugreise ist er wieder nachzufüllen. Dies gilt sinngemäß auch für ein Pneumoperitoneum.
Ein Patient mit Spannungspneumothorax (Ventilpneumothorax) darf nur mit liegender Ausgleichskanüle (-drainage) mit Flatterventil (z. B. nach Heimlich) eine Flugreise, d. h. einen Lufttransport aufgrund medizinischer Indikation, antreten.

Postoperatives Stadium
Der frisch Operierte gehört ins Bett und nicht ins Flugzeug, es sei denn, daß eine vitale Indikation vorliegt. Nach einer zuverlässigen Heilung (Narbenbildung) ist das Flugzeug das schonendste Transportmittel. Nach Operationen im Bauchraum können bei Verwachsungen die geblähten Därme zu Beschwerden führen: entsprechende Diät, Darmentleerung, ein Spasmolytikum vor dem Fluge sowie ein Antiemetikum zur Verhütung der Luftkrankheit sind zu empfehlen.

Querschnittslähmung s. Behinderte

Respiratorpatienten
Die Benützung eines Respirators (nicht zu verwechseln mit einer O_2-Versorgung!) ist an Bord eines Verkehrsflugzeuges *nicht* zulässig.

Sauerstoffversorgung an Bord
Für den Fluggast, der gelegentliche oder kontinuierliche O_2-Gabe während des Fluges benötigt, ist diese zusätzliche O_2-Versorgung zu beantragen (meist mit zusätzlichen Kosten in Höhe des Flugpreises).

Schwerkranke
Als Schwerkranke gelten nach den internationalen Bestimmungen solche Passagiere, die auf einer Krankentrage liegend befördert werden müssen und/oder auf die Benutzung besonderer Geräte (z. B. kontinuierliche O_2-Versorgung, Infusionen usw.) oder auf außergewöhnliche Maßnahmen und/oder Vorkehrungen angewiesen sind.

Steinleiden
Chronisch Kranke mit Nieren-, Ureter-, Gallensteinen sind vom Mitflug nicht auszuschließen – ein Rezidiv (Kolik) läßt sich nicht vorhersagen. Der Patient muß jedoch schon Tage vor Reiseantritt eine blähungsarme Diät einhalten, um eine Ausdehnung der Darmgase und damit eine die Kolik auslösende Ursache zu verhindern. Kurz vor dem Start Darmentleerung, Spasmolytikum und Antiemetikum zur Verhinderung der Luftkrankheit. Bequeme, lockere Kleidung, möglichst viel Bewegung. Weil die trockene Kabinenluft zur relativen Exsikkose führt, sollten Patienten mit Nierensteinen mehr als sonst trinken (Mineralwasser, leichtes Bier).

Thrombophlebitis
Patienten mit akuter oder chronischer Thrombophlebitis im Bereich der unteren Extremitäten sind durch längeres Sitzen, insbesondere auf engen Sitzen, mit nur geringem Abstand zum Vordersitz, gefährdet: Es besteht die Gefahr, daß sich infolge der Stauung nach dem Aufstehen ein Thrombus löst und zur Lungenembolie führt. Solche Patienten sollten es deshalb vermeiden, längere Zeit stillzusitzen (s. Folgen langer Immobilisierung, S. 589). Die „first class" ist ihren Preis als Prophylaktikum wert! Bei hohem Risiko subkutane Heparinanwendung (12500 IE fraktioniertes Heparin) vor und nach der Flugreise.

Urinal
Der Fluggast, der ein Urinal tragen muß, hat unbedingt Ersatzurinale im Handgepäck zum Auswechseln während des Fluges mitzuführen.

Varikosis
Die gewohnten elastischen Binden, Stützstrümpfe usw. sind auch bei Flugreisen zu tragen (s. auch Lungenemboliegefährdung und Thrombophlebitis).

Verbrennungen
Grad, Art und Ausdehnung und notwendige Betreuung entscheiden über die Mitflugmöglichkeit in einem Flugzeug einer LVG (s. Ambulanzflüge).

Wirbelsäulenverletzungen
Für den Transport solcher Patienten stellt die LVG außer der Krankentrage (Stretcher) auch eine Vakuummatratze (gegen zusätzliche Gebühr) zur Verfügung.

Schwangerschaft und besondere Probleme des Lebensalters des Flugreisenden

Schwangerschaft

Die LVG erlauben bei unkomplizierter Schwangerschaft den Mitflug bis zur 36. Woche, sofern allgemeine Reisefähigkeit besteht. Nach diesem Termin muß der behandelnde Arzt bescheinigen, daß er keine ärztli-

chen Bedenken gegen eine Flugreise geltend macht – in den letzten 4 Wochen vor dem errechneten Geburtstermin erlauben die LVG die Flugreise nicht.
Bei Schwangerschaftskomplikationen ist von einer Flugreise abzuraten; allein die Luftkrankheit kann zu Komplikationen bis zum Abort führen. Auf Antrag stellen die LVG den Schwangeren bequemere Sitze zur Verfügung. Sonst ist der Schwangeren zu raten, sich einen Sitz am Gang (aisle seat) in der Nichtraucherzone reservieren zu lassen. Die bestehende Thrombophlebitisgefahr wird durch langes Sitzen erhöht: Die Schwangere sollte deshalb jede (Flug-)Stunde etwa 10–15 Min. auf und ab gehen und genügend Flüssigkeit zu sich nehmen. Der Mutterpaß ist mitzuführen!
Der Fetus wird weder durch die Magnetometer bei den Sicherheitskontrollen noch durch die geringe Reduzierung des P_{O_2} in Kabinendruckhöhe gefährdet.
Rascher Klimawechsel kann die Abortgefahr erhöhen. Innerhalb der ersten Woche post partum ist von einer längeren Flugreise abzuraten.

Säuglinge und Kleinkinder

Die Erfahrungen der vergangenen dreißig Jahre haben bewiesen, daß es für den Flugpassagier keine Altersbegrenzung gibt. Auch Säuglinge und Kleinkinder können selbst an längeren Flugreisen teilnehmen, vorausgesetzt, daß keine katarrhalischen Erkrankungen (Schnupfen) zu Störungen im Nasen- und Rachenraum und im Mittelohr führen – dagegen muß bei Start und Landung am besten ein Bonbon, Lutscher oder Kaugummi gegeben werden; ein schleimhautabschwellendes Mittel (Tropfen, Nasenspray oder Trockeninhalator) muß zur Hand sein, um die sehr schmerzhafte blockierte Nasennebenhöhle oder das Mittelohr wieder zu ventilieren. Ängstliche Kinder müssen vor Antritt der Flugreise ein Beruhigungsmittel erhalten, am besten auch ein Antiemetikum. Brust- und Flaschenkinder können im Flugzeug gestillt werden; bei letzteren muß die Mutter (oder Begleitperson) ausreichend Fertignahrung in Flaschen mitführen, die vom Kabinenpersonal aufgewärmt werden kann. Flaschen usw. können an Bord nicht sterilisiert werden! Ein Wickeltisch ist in einer Toilette im Flugzeug vorhanden; Wickelmaterial usw. muß jedoch mitgeführt werden. Die Bekleidung des Säuglings und Kleinkindes muß locker und variabel sein.

Ältere Menschen

Gerade für den älteren Menschen ist das Flugzeug ein angenehmes, wenn auch auf langen Strecken nicht immer das bequemste Verkehrsmittel: Die Economy-Klasse oder manchmal die auf Raumausnützung bedachten Charterflugzeuge bieten auf längeren Strecken wenig Bewegungsmöglichkeit. Gerade aber der Ältere sollte sich auf längeren Flugreisen öfters Bewegung verschaffen (Hin- und Hergehen in den Zwischengängen). Der Raum- und Liegekomfort der „first class" rechtfertigt den Preis!
Besteht eine Polyurie, sollte sich der ältere Fluggast möglichst in der Nähe der Toilette einen Sitzplatz am Gang (aisle seat) geben lassen. Leidet er unter chronischen Erkrankungen, so muß er die ihm verordneten Medikamente griffbereit (im Handgepäck!) mit sich führen und sie regelmäßig wie zu Hause einnehmen.
Bei Ödemneigung sollte ein möglichst nebenwirkungsfreies Diuretikum zur Hand sein.

Abhängigkeit von bestimmten Medikamenten

Patienten, die vom Gebrauch bestimmter Medikamente abhängig sind (Insulin und andere Antidiabetika, Herzglykoside, Antikoagulantien usw.), benötigen einen entsprechenden Vorrat (einschließlich notwendiger Injektionsbestecke) für die Dauer der Flugreise und wenigstens einen Tag danach, der griffbereit – im Handgepäck, nicht im Reisegepäck! – mit entsprechender schriftlicher Dosierungsanweisung bereitliegen muß, damit ein Helfer bei eventuellen Zwischenfällen unterrichtet ist!

Antidiabetika

Der Diabetes mellitus erfordert eine exakte Dosierung des jeweiligen Medikaments (z. B. mit OptiPen) im zeitlichen Abstand; der Rhythmus ist im allgemeinen der Nahrungsaufnahme angepaßt. Depot-Insulin wird entweder einmal am Morgen oder zweimal (am Morgen und Abend) angewandt.
Vor Antritt einer transmeridianen Flugreise sollte jeder Diabetiker die Blut- und Urinzuckerwerte kontrollieren lassen!

Bei Flügen in Westrichtung (Nord-, Mittel- oder Südamerika) erreicht der Diabetiker, der auch abends injizieren muß, beim Start um 13.00 Uhr nach 5 Stunden Flugzeit (= 3 Std. vor der Landung in New York) den Zeitpunkt seiner abendlichen Injektion. Er sollte sie sich dann auch zu diesem Zeitpunkt – wie zu Hause – geben. Fliegt er direkt zur Westküste (Los Angeles, San Francisco = 12 Std. Flugzeit), ist am Zielort (Landung 20.00 Uhr Ortszeit) die heimatliche Morgeninjektion fällig. In Anbetracht der Tatsache jedoch, daß der Reisende nun müde ist und kaum größere körperliche Aktivität entfaltet, kann er mit einer kleinen Zwischeninjektion auskommen, auch wenn er noch eine leichte Abendmahlzeit zu sich nimmt. Am darauffolgenden Tage injiziert sich der Diabetiker dann die fällige Morgendosis zur neuen Ortszeit. Startet das Flugzeug dagegen schon 10.00 Uhr vormittags von Europa nach Amerika, ist vor der Abendmahlzeit an Bord eine kleine Zwischeninjektion zu empfehlen. Alle weiteren Injektionen richten sich sodann nach der neuen Ortszeit.
Beim Flug nach Osten, also „gegen die Uhr", verhält es sich umgekehrt:
Fliegt der Diabetiker um 21.00 Uhr von Frankfurt am Main ab, erreicht er Karatschi zur Ortszeit 09.30 Uhr (= 05.30 Uhr Ortszeit in Deutschland) und Bangkok (nach weiteren 4 Flugstunden) zur Ortszeit 16.40 Uhr. Zwischen Karatschi und Bangkok wird an Bord das Mittagessen serviert. Weil Depot-Insulin nach 4–5 Stunden seinen höchsten Wirkungsgrad erreicht, muß also bereits nach dem Bordfrühstück, d. h. vor der Landung in Karatschi, die normale (Heimat-)Morgendosis injiziert werden.
Fliegt der Reisende weiter nach Osten, so wird ihm an Bord zwischen Bangkok und Singapur, ebenso zwischen Singapur und Sydney (Frankfurt–Sydney = 25 Stunden Flugzeit = 9 Stunden Zeitdifferenz!) je einmal ein Dinner serviert.
Der Diabetiker wird sich deshalb bei Abflug in Singapur (21.00 Uhr Ortszeit bzw. 14.30 Uhr Ortszeit in Deutschland) bereits eine kleine Zwischeninjektion geben. Vor Ankunft in Sydney (Singapur–Sydney = 7,5 Stunden Flugzeit) wird ein Bordfrühstück serviert; jetzt muß der Diabetiker seine reguläre Abenddosis injizieren; ist er auf eine einmalige (Morgen-)Dosis eingestellt, muß er jetzt eine kleine Zwischeninjektion anwenden.
Wenn der Flugreisende um 07.00 Uhr Ortszeit in Sydney landet, sollte er zunächst einige Stunden ruhen. Vor dem Mittagessen (Lunch) (etwa 13.00–14.30 Uhr) ist die heimatliche Morgendosis fällig – damit ist zugleich für das „Sydney-Dinner" am Abend (dies entspricht zeitlich der Mittagsmahlzeit zu Hause) der größte Insulin-Wirkungsspiegel gewährleistet. Die „Abendspritze" fällt damit aus. Ab nächstem Morgen wird jedoch auch in Sydney so zur lokalen Uhrzeit verfahren wie – bisher – in Deutschland.
Für alle *oralen* Antidiabetika gilt diese Dosisverschiebung sinngemäß. Der Zwischeninjektion entspricht die Hälfte der normalen Tablettendosis.
Für die Rückflüge nach Osten bzw. Westen gelten die Dosierungsvorschläge sinngemäß wie für Ost- bzw. Westreisen. (Der Typ-I-Diabetiker mit Insulinpumpe sollte nur nach Rücksprache des behandelnden Arztes mit dem Arzt der LVG eine längere [interkontinentale] Flugreise antreten!)

Antikoagulation

Vor Antritt der Reise ist eine mehrwöchige Einstellung auf konstante Quick-Werte erforderlich; nach Ankunft am Zielort muß eine entsprechende (Selbst-)Kontrolle erfolgen!
Anwendung und Dosierung der betreffenden Medikamente entspricht den Richtlinien für den Diabetiker, der auf orale Antidiabetika eingestellt ist und der diese Medikamente am Morgen einnimmt (Tab. 9.**1**).

Ovulationshemmer

Bereits einen Monat vor Antritt der transmeridianen Flugreise soll Einstellung auf Ovulationshemmer mit 36 Stunden Wirkungsdauer erfolgen. Bei Flugreisen nach Westen: Einnahme der „Pille" nach Ankunft an der Ostküste Amerikas – an den darauffolgenden Tagen zur lokalen Uhrzeit wie zu Hause.
Bei Flügen nach Osten ist die Abendtablette in Deutschland einzunehmen – die nächste dann erst bei Landung in Sydney (also am Morgen des übernächsten Tages); bei Zwischenstationen entsprechend verschoben.
Der Flug dauert ca. 25 Stunden (ohne Berücksichtigung der Zeitverschiebung!); von nun an den Ovulationshemmer statt abends immer morgens einnehmen – so kann der gewohnte Rhythmus eingehalten werden.
Beim Rückflug nach Deutschland ist so zu verfahren wie beim Flug zur Westküste Amerikas.

Tabelle 9.1 Applikation von Medikamenten auf Flügen (nach Baark)

Dosierung	*1. Tag*	*2. Tag*
a) *bei Flug an die Ostküste Amerikas* (= 6 Std. Zeitdifferenz)		
1 × tägl.	½ Tabl. 20.00 Uhr Ortszeit	1 × wie zu Hause
2 × tägl.	1 Tabl. nach Ankunft ½ Tabl. 22.00 Uhr Ortszeit	2 × wie zu Hause
3 × tägl.	1 Tabl. zwei Std. nach Abflug 1 Tabl. nach Ankunft ½ Tabl. 22.00 Uhr Ortszeit	3 × wie zu Hause
b) *bei Flug an die Westküste Amerikas* (= 9 Std. Zeitdifferenz)		
1 × tägl.	½ Tabl. 3 Std. vor der Landung	1 × wie zu Hause
2 × tägl.	1 Tabl. 3 Std. vor der Landung ½ Tabl. nach Landung an der Westküste	2 × wie zu Hause
3 × tägl.	1 Tabl. 3 Std. vor der Landung 1 Tabl. nach Landung an der Westküste	3 × wie zu Hause
c) *bei Flug nach Australien* (= –9 Std. Zeitdifferenz)		
	2. Tag	*3. Tag*
1 × tägl.	1 Tabl. nach Start von Karatschi	abends anstatt morgens
2 × tägl.	1 Tabl. nach Start von Karatschi	1 Tabl. vor Landung in Sydney 1 Tabl. abends in Sydney
3 × tägl.	1 Tabl. nach Start von Karatschi 1 Tabl. vor Landung in Singapur	nach Sydney-Ortszeit im Tagesrhythmus wie zu Hause

Übrige Medikamente

(Tab. 9.1)

Das prinzipielle Behandlungsschema kann natürlich vom behandelnden oder konsultierten Arzt variiert werden.

Rat und Regel für den Arzt, den sein Patient befragt, ob er ein gesundheitliches Risiko bei einer Flugreise eingeht: Erkundigen Sie sich in allen Zweifelsfällen bei dem von der jeweiligen Luftverkehrsgesellschaft benannten Arzt (Vertragsarzt); er wird Sie und damit Ihren Patienten richtig beraten.

Gefälligkeitsatteste können tödlich sein!

Reiseapotheke für den Flugreisenden

Das „Merkblatt für die Reiseapotheke" (Deutscher Apothekerverlag, Postf. 101061, 7000 Stuttgart 1) gibt wichtige Hinweise für Medikamente/Präparate und „Ratschläge für Reisen in warme Länder".

Medizinische Notfälle während des Fluges

Langjährige Erfahrungen zeigen, daß die folgenden Notfälle während des Fluges, hinsichtlich ihrer Häufigkeit etwa in dieser Reihenfolge, auftreten: Synkope bzw. Fastsynkope (vagovasal), Herz- und Brustschmerz unterschiedlicher Genese, Asthma, Atembeschwerden infolge chronischer obstruktiver Lungenkrankheiten und Dyspnoe, allergische Reaktionen (meist Nahrungsmittelallergien), Anfallsepisoden, Ängstlichkeit (mit Hyperventilation), hyper- oder hypoglykämisches Syndrom bei Diabetes mellitus.

Häufig spielen die üblichen „Risikofaktoren" beim Langstreckenflug eine auslösende Rolle: Flüssigkeitsverlust, Immobilisierung, Alkoholkonsum, Diätfehler, Störung der zirkadianen Rhythmik.

Große Statistiken des letzten Jahrzehnts zeigen, daß ein medizinischer Notfall auf 150000 Flugpassagiere (bzw. auf 1900 Flüge) kommt – 75% jedoch auf dem Flughafen, nur 25% während des Flugs!

Bordapotheke und „doctor's kit"

In jedem Passagierflugzeug befindet sich ein Kasten für Erste Hilfe (first aid kit) und eine Bordapotheke (cabin attendant medical kit) mit Medikamenten (auch für Kinder), für deren Anwendung die Flugbegleiter (cabin attendants) ausgebildet worden sind. Erfahrungsgemäß befindet sich auf jedem Fluge eines Großraumflugzeugs (wenigstens) ein Arzt als Flugpassagier an Bord: Ihm steht für Notfälle ein „doctor's kit" mit einer Notarztausstattung zur Verfügung: Stethoskop, Blutdruckmeßgerät, Beatmungsmundstücke, Nitroglycerin (sublingual), Epinephrin per injectionem, Diphenhydramine (Antihistaminika), Dextroselösung, O_2-Beatmungsgerät.

Ambulanzflüge

Richtlinien

Für die von kommerziellen Flugunternehmen durchgeführten „Ambulanzflüge" für schwer erkrankte oder verletzte Personen, die bereits (in einem Krankenhaus) ärztlich versorgt und lufttransportfähig sind und zur Weiterbehandlung in eine Klinik in Deutschland gebracht werden sollen (sog. Sekundärtransport), hat die Deutsche Gesellschaft für Luft- und Raumfahrtmedizin e. V. (DGLRM) eine besondere Richtlinie für die Durchführung erarbeitet. Diese ist vom Bundesminister für Familie, Jugend und Gesundheit im Einvernehmen mit dem Bundesminister für Verkehr herausgegeben worden (Bundesgesundheitsblatt vom 25. Juni 1977; geändert bei Nr. 7.1.2 im Bundesgesetzblatt vom 3. Februar 1978; geändert bei Nr. 7.1.1 im Bundesgesetzblatt vom 22. September 1978):

- Diese Richtlinien gelten für Ambulanzflüge, die mit Flugzeugen in Deutschland oder im grenzüberschreitenden Verkehr durchgeführt werden.
- Ambulanzflüge sind Lufttransporte von schwer erkrankten oder verletzten Personen, die bereits (in einem Krankenhaus) von einem Arzt versorgt wurden, lufttransportfähig sind und zur Weiterbehandlung in ein Krankenhaus in Deutschland gebracht werden.
- *Durchführung:* Ambulanzflüge dürfen nur von solchen Luftfahrtunternehmen oder Organisationen durchgeführt werden, die die Genehmigung nach § 20 Abs. 1 LuftVG oder die entsprechende Genehmigung von Drittstaaten besitzen oder als in Deutschland anerkannte gemeinnützige Einrichtung eine entsprechende karitative Aufgabe (Selbstkostenflüge) wahrnehmen.
- Schwer erkrankte oder verletzte Personen sind solche, auf die eine oder mehrere der nachstehend aufgeführten Diagnosen oder andere, diesen vergleichbare, schwere Krankheitsbilder zutreffen:
  - Zustand nach frischem Herzinfarkt,
  - Zustand nach frischem apoplektischem Insult,
  - akute Herz-, Lungen-, Leber- und Nierenerkrankungen,
  - innere Blutungen,
  - akute Verbrennungen 2. und 3. Grades von mehr als 15% der Körperoberfläche,
  - akute posttraumatische Hirnschäden und Querschnittslähmungen,
  - noch nicht endgültig chirurgisch versorgte komplizierte Frakturen,
  - unfallbedingte Polytraumen im akuten Stadium,
  - infektiöse Erkrankungen mit Isolierbedürftigkeit.

Ambulanz-Flugdienste

Für alle Kranken, die die LVG aus bestimmten Gründen von einer Beförderung ausschließen, stehen gemeinnützige oder kommerzielle Organisationen mit ihren Flugdiensten bereit. Sie übernehmen den Lufttransport von Schwerkranken und -verletzten, auch von ansteckend Kranken aus dem Ausland nach Deutschland und umgekehrt (Repatriierungsflüge) sowie innerhalb Deutschlands (Sekundärtransporte) mit notfallmedizinischer und ärztlicher Betreuung an Bord; indizierte Flug- und Kabinendruckhöhen können eingehalten, Zeitverzögerungen vermieden werden.

Vor Antritt einer Fernreise sollte die Kostenübernahme für einen evtl. notwendigen Ambulanzflug (Repatriierungsflug) bei der Krankenversicherung geklärt, ggf. eine gesonderte Versicherung hierfür abgeschlossen werden – nach Grundsatzurteil des Bundessozialgerichts (1978) sind Krankenkassen und Berufsgenossenschaften (anders als bei Rettungsflugtransporten nach ärztlicher Erstver-

sorgung im Inland) nicht zur Kostenübernahme für Repatriierungsflüge verpflichtet. Einige Organisationen bieten besondere Schutz- und Deckungsbriefe an.
Die Durchführung von Repatriierungsflügen (Sekundärtransporten) übernehmen u. a. folgende Organisationen; ihre Alarmzentralen haben 24-Stunden-Einsatzbereitschaft (Stand: 20. April 1992):

1. Allgemeiner Deutscher Automobil-Club e.V. (ADAC)
   – Luftrettung –, 8000 München 70
   Telefon: 089/222222
   Telex: 529231
   Für Inhaber des ADAC-Schutzbriefes:
   Telefon 089/767676
2. Deutsche Flugambulanz e.V., 4000 Düsseldorf
   Telefon: 0211/431717
   Telex: 8584755 airtd
3. Deutsche Rettungsflugwacht e.V. (DRF), 7000 Stuttgart
   Telefon: 0711/701070
   Telex: 7255447 drfd
4. Deutsches Rotes Kreuz e.V. (DRK) –
   – DRK-Flugdienst –, 5300 Bonn 1
   Telefon: 0228/230023
   Telex: 8869524
   Für DRK-Mitglieder ist eine Flugdienstleistung frei.
5. Internationale Flugambulanz e.V. (IFA), 8551 Röttenbach (Alarmzentrale in Hamburg)
   Telefon: 0911/522077
   Telex: 0406571202
   (Telefon innerhalb Deutschlands: 0130/7999)
6. Malteser-Hilfs-Dienst e.V. (MHD) –
   MHD-Rückholdienst –, 5000 Köln
   Telefon: 0221/435555
   Telex: 8883037 mhdnwd

10. Frauenkrankheiten

V. Friedberg und G. Strauss

Abortus

Definition

Die Fehlgeburt ist definiert als Geburt eines toten Feten mit einem Geburtsgewicht unter 1000 g. Alle unter 1000 g schweren totgeborenen Kinder unterliegen somit nicht der Meldepflicht und gelten nicht als Geburt. Lebendgeborene Kinder unter 1000 g (Lungenatmung und/oder Herzschlag) sind keine Fehlgeburten und daher standesamtlich zu melden.

Vorkommen

Die Häufigkeit der Aborte kann zum einen wegen der fehlenden Meldepflicht und zum andern wegen des hohen Anteils subklinischer Fehlgeburten (bis zu 50%) nicht exakt angegeben werden. Der Anteil erkannter klinischer Aborte nimmt im Verlauf der Schwangerschaft kontinuierlich ab von ca. 15% in der 6. bis 8. SSW bis auf 2–3% in der 17. SSW.

Die Aborthäufigkeit nimmt mit dem mütterlichen Alter zu (z. B. unter 19 Jahren: 7,1%, über 35 Jahre: 17,3%), ebenso steigt die Aborthäufigkeit mit zunehmender Parität an, insbesondere wenn mehrere Aborte oder Abruptiones vorausgegangen sind.

Differentialdiagnose

Es kommen zahlreiche andere Blutungsursachen in der Schwangerschaft in Frage, wie z. B. die Extrauteringravidität (Einsetzen der uterinen Blutung meistens zwischen 5.–8. SSW, verbunden mit einseitigen wehenartigen Schmerzen), die Blasenmole (Blutung im allgemeinen zwischen 16.–20. SSW mit Abgang von Bläschen). Zu beachten sind sog. schwangerschaftsunspezifische Blutungen durch Portioerosionen, Polypen, Zervixkarzinom usw. Eine Menstruatio spuria (= periodenähnliche Blutung bei bestehender Gravidität zur Zeit des Regeltermins) ist belanglos, obwohl zu dieser Zeit die Abortgefahr am größten ist.

Die Abgrenzung zwischen drohendem Abort mit noch lebender Frucht und abgestorbener Schwangerschaft sowie zwischen nicht mehr aufzuhaltendem und inkomplettem Abort ist bis zur 8. SSW oft sehr schwierig und erst aufgrund des weiteren Verlaufs und der fortlaufenden Kontrolle durch abgestufte Schwangerschaftsteste und Ultraschalluntersuchungen möglich (ab ca. 7. Woche Darstellung des Fruchtsackes, ab ca. 8.–10. Woche Herzaktion, ab ca. 10.–12. Woche Kindsbewegungen).

Ätiologie

Fetale Ursachen

Man vermutet, daß ca. 25% der befruchteten Eizellen das Blastulastadium bzw. das Implantationsstadium nicht erreichen. Ursachen dieser hohen frühen Eliminierungsrate sind umfangreiche chromosomale Aberrationen und Mißbildungen, wie z. B. Monosomie X, Trisomie, Triploidie usw. Dazu kommen ebenfalls etwa 25% Fehlbildungen des Zytotrophoblasten, Nidationsstörungen, Störungen der Vaskularisation der Plazenta (z. B. Wind-, Molen- oder Glatzeneier). Leider sind diese Abortursachen erst nach Ausstoßung der Frucht und nur durch histologische Untersuchung feststellbar.

Endokrine Ursachen

Die frühere Ansicht, daß viele Aborte durch einen *Hormonmangel* entstünden (z. B. Corpus-luteum-Insuffizienz), ist wohl kaum noch aufrechtzuerhalten, da die Plazenta schon sehr früh die Progesteronbildung übernimmt.

Mütterliche Ursachen

Hypoplasie des Uterus: Der kleine, bindegewebig-derbe Uteruskörper kann sich während der Gravidität nicht ausreichend auflokkern, so daß eine Raumbeengung für das wachsende Ei eintritt.

Uterus myomatosus: Besonders bei submukösen, aber auch bei multiplen intramuralen Myomen kommt es häufig zum Abort. Subseröse Myome verursachen dagegen selten Fehlgeburten.

Mißbildungen des Uterus: Besonders Uterus bicornis oder Uterus subseptus, auch Synechien (intrauterine Verklebungen, z. B.

nach Abrasionen). Eine *Retroflexio uteri mobilis* ist nur selten Abortursache. Es ist daher nicht angebracht, einen retroflektierten graviden Uterus aufzurichten, um einen Ring einzulegen. Der retroflektierte mobile Uterus richtet sich in der 16.–18. SSW von selbst auf. Kontrolle ist jedoch notwendig. Eine Inkarzeration eines retroflektierten und fixierten Uterus ist eine Rarität.
Für gehäuft auftretende Spätaborte (4.–7. Monat) spielt die Insuffizienz der Zervix eine große Rolle, die entweder konstitutionell vorhanden sein kann oder aber sekundär entstanden ist, z. B. durch hochreichende Zervixrisse bei Geburtsverletzungen (s. auch Therapie bei habituellen Aborten, S. 613f).
Akute fieberhafte Erkrankungen der Mutter wie Typhus, Pyelitis, Lungenentzündung usw. Wahrscheinlich wirken die hohen Temperaturen wehenauslösend, evtl. durch Toxine oder durch Sauerstoffmangel. Folgende Mikroorganismen und Viren können mit einem Spontanabort in Verbindung gebracht werden: Toxoplasmen, Mykoplasmen, Listerien, Chlamydien, Zytomegalieviren und Herpesviren. Bei *chronischen Erkrankungen,* wie Diabetes, Morbus Basedow, chronischer Nephritis, und bei chronischen und akuten Lebererkrankungen soll eine höhere Abortrate bestehen. Ebenso müssen *chronische Vergiftungen* (Blei, Quecksilber, Phosphor, Arsen, Benzol) berücksichtigt werden, besonders bei Frauen, die in der Industrie tätig sind. Dasselbe gilt auch für Mißbrauch von Alkohol, Nicotin und Morphium. Der endgültige Beweis des Einflusses bestimmter Noxen auf eine erhöhte Abortrate steht aber noch aus.
Mechanische Ursachen wie Stoß, Unfall usw. dürften wohl sehr viel seltener als Abortursache in Frage kommen, als allgemein angenommen und von den Frauen selbst meist behauptet wird. Auch gegenüber Auto-, Motorrad- oder Zugfahrten ist die Schwangerschaft sehr resitent. Nur bei labilen und zu Aborten neigenden Frauen können diese mechanischen Belastungen u. U. abortauslösend wirken; sie sollten also bei habitueller Abortneigung (S. 613) vermieden werden. Ein Zusammenhang zwischen psychischem Trauma und gestörter Schwangerschaft ist noch umstritten und nur selten beweisbar.
In letzter Zeit werden als Ursachen, vor allem von habituellen Aborten, immunologische Faktoren vermutet, da das Schwangerschaftsprodukt ein genetisch differenzierter Organismus mit eigener Immunkompetenz ist (semiallogenes Transplantat). Das Fehlen von blockierenden Antikörpern müßte zu einer Abstoßung führen (s. Therapie).

Symptomatologie

Frühabort (bis zum 4. Monat)
Blutung und ziehende Unterbauchbeschwerden bei noch geschlossenem Muttermund = *Abortus imminens;* Wehentätigkeit bei mittelstarker Blutung und klaffendem Zervikalkanal = *Abortus incipiens.* Ausstoßung von Frucht, Plazenta und Eihäuten, mehr oder weniger vollständig = *Abortus incompletus* bzw. *completus.*

Spätabort (4. bis 7. Monat)
Wehentätigkeit ohne Blutung (Abortus imminens). Wehen bei klaffendem Zervikalkanal (Abortus incipiens), Ausstoßung der Frucht, danach Einsetzen einer Blutung und vollständige oder (öfter) unvollständige Ausstoßung der Plazenta (Abortus completus oder incompletus). Der Vorgang läuft bei Spätaborten ab wie bei einer normalen Geburt.

Diagnose und Prognose

Bei drohender Fehlgeburt kann man mit einer Spontanheilung von nur weniger als 50% rechnen. Die Ergebnisse mit entsprechender Therapie sind nur unwesentlich besser. Trotzdem wird, nicht zuletzt aus psychologischen Gründen, meist behandelt. Als diagnostische oder prognostische Kriterien hinsichtlich des Gefährdungsgrades einer Schwangerschaft sind die HCG-Ausscheidung, die Ergebnisse der Ultraschalluntersuchung und (mit Vorbehalt) die HPL-Werte (= human placental lactogen) verwertbar. Eine erhöhte fetale Mißbildungsrate nach einer drohenden Fehlgeburt ist nicht erwiesen.
Dauert die Blutung trotz intensiver Behandlung länger als 10 Tage, wird die Prognose sehr ungünstig; meist handelt es sich dann um eine abgestorbene Fehlgeburt (S. 613).

Drohender Abort

Die genannten Abortursachen machen es verständlich, daß bei weniger als 50% der drohenden Spontanaborte mit einer Erhaltung der Schwangerschaft zu rechnen ist. Obwohl eine Hormoninsuffizienz nur selten die Ursache einer Fehlgeburt ist, hat man seit etwa drei Jahrzehnten meist mit hohen Dosen Depot-Prolution oder dem Östrogen-Progesteron-Kombinationspräparat Gravibinon behandelt, ohne daß die schwangerschaftserhaltende Wirkung dieser Therapie bisher überzeugend nachgewiesen werden konnte. – In den letzten Jahren wird aber insbesondere aufgrund retrospektiver und prospektiver amerikanischer Untersuchungen die Möglichkeit einer teratogenen Wirkung der Sexualsteroide mit Gestagenwirkung immer wieder behauptet. Die mathematisch-statistische Ableitung eines Kausalzusammenhangs zwischen der Anwendung von Sexualsteroiden und Mißbildungen scheint allerdings einer kritischen Analyse nicht standzuhalten (Nocke). Trotzdem sollte man sich vorerst an die Empfehlung der „Ständigen Kommission Steroidtoxikologie" der Deutschen Gesellschaft für Endokrinologie halten und Zurückhaltung bei der Anwendung von Sexualhormonen zur Schwangerschaftserhaltung üben, auch wenn das Risiko – wenn ein solches überhaupt existiert – minimal sein dürfte.

Dementsprechend bleibt für die Behandlung des drohenden Abortes weitgehend nur eine abwartende Haltung mit Ruhigstellung der Patienten durch Bettruhe, Vermeidung von Auto- und Bahnfahrten sowie Anstrengungen aller Art übrig. Keine drastischen Abführmittel.

Besteht trotz Ruhigstellung der Patienten die Blutung noch nach 14 Tagen weiter, ist wenig Aussicht auf Erhaltung der Schwangerschaft gegeben. Sind die abgestuften Schwangerschaftsteste (die noch 8–10 Tage nach Absterben der Frucht positiv sein können) rückläufig und bringt die Ultraschalluntersuchung keinen dem Zeitpunkt der Schwangerschaft entsprechenden Nachweis kindlichen Lebens mehr, wird man schließlich abradieren müssen.

Unkomplizierter Abortus incompletus

Bei fieberfreien Frühaborten sollte möglichst immer eine Abrasion folgen, selbst wenn man den Eindruck hat, daß ein kompletter Abort vorliegt. Meist bleiben doch Zottenreste zurück, die zu einer hartnäckigen Endometritis post abortum führen können. Nach dem 5. Monat (Spätaborte) ist die Plazenta jedoch so weit entwickelt, daß ihre normale Ausstoßung wie bei einer ausgetragenen Schwangerschaft erfolgen kann. Eine Abrasion erübrigt sich daher bei diesen Spätaborten, sofern die Plazenta vollständig ist. Die Behandlung erfolgt dann wie bei einem normalen Wochenbett.

Die *Kürettage* eines unvollständigen Aborts sollte aus verschiedenen Gründen (Narkosezwischenfall, Blutungen, Schock, Perforationsgefahr usw.) nicht zu Hause erfolgen, möglichst auch nicht ambulant in der Praxis, sondern im Krankenhaus. Dabei ist immer eine ausreichende Narkose erforderlich und – sofern der Zervikalkanal nicht weit genug offen ist – eine genügende Zervixdilatation, da bei enger Zervix Verletzungen gesetzt werden oder nicht vollständig ausgeräumt wird.

Fieberhafter und komplizierter Abort

Ät und *Sy:* Fieber tritt besonders häufig bei artifiziellem Abort durch direktes Einbringen von Keimen in die Uterushöhle auf, ebenso auch bei länger dauerndem inkomplettem Abort durch spontane Aszension von Bakterien und Infektion der Chorionreste. Beim Übergreifen der Infektionserreger auf das mütterliche Gewebe spricht man von *kompliziertem Abort* mit Metritis, Parametritis, Adnexitis, Pelveoperitonitis und sogar diffuser Peritonitis. Die fieberhafte Fehlgeburt kann in den *septischen Abort* übergehen.

Th: Beim fieberhaften Abort muß jeder intrauterine Eingriff vermieden werden, bis die Patientin mindestens 3 Tage fieberfrei war (Ausnahme: lebensbedrohliche Blutung). Im allgemeinen sind relativ hohe Dosen von Antibiotika und ggf. Heparinzufuhr (20 000–25 000 IE/24 Std.) zur Vermeidung einer Verbrauchskoagulopathie (s. u.) ausreichend. Nach drei fieberfreien Tagen unter Antibiotikaschutz Ausräumung. Bei gleichzeitig bestehenden transuterinen Komplikationen, wie Adnexitis, Parametritis möglichst noch weitere Tage abwarten, bis der Entzündungsprozeß abgeklungen ist. Meistens ist die Blutung relativ gering, so daß abwartende Therapie möglich ist. Nach Ausräumung weitere konservative Behandlung des Adnexprozesses (s. Adnexitis). Manche verzichten bei komplizierten Aborten auf die Ausräumung des Uterus.

Schwere Komplikationen sind zu befürchten beim septischen Abort, der zum Endotoxinschock führen kann.

Endotoxinschock (bakterieller Schock; septischer Schock)

Ät und *Vk:* Einschwemmung von Endotoxinen gramnegativer, seltener grampositiver Erreger. Kommt häufiger bei septischem Abort, seltener bei Chorionamnionitis und Pyelonephritis vor. Hohe Mortalität (ca. 50%).

Sy: Fieber, zuweilen mit Schüttelfrost, Tachykardie, Hypotonie, evtl. Bewußtseinsstörung: unklare Schmerzen im Abdomen und in den Extremitäten; Diskrepanz zwischen geringem Lokalbefund und schwer beeinträchtigtem Allgemeinzustand; akutes Nierenversagen bis zur Anurie, Verbrauchskoagulopathie mit unstillbaren Blutungen.

Dg: Laufende Kontrolle von Blutdruck und Puls; Dauerkatheter zur Kontrolle der Harnmenge; Bakteriogramm (Venenblut, Zervixabstrich); Fahnden nach Blutgerinnungsstörung; Thrombozytenzählung, Blutungs-, Gerinnungszeit, Fibrinogenspiegel.

Th: Reichlich Flüssigkeit i. v. (Glucose, Lävulose oder Plasmaexpander). Sedierend (lytischer Cocktail); Corticosteroide (Solu-Decortin H = Prednisolon) zumindest 300–1000 mg pro Tag (geringere Dosen wirkungslos). Antibiotika in hohen Dosen, möglichst nach Sensibilitätstestung (Bakteriogramm). Ist der Schock nach ca. 6–8 Stunden nicht zu beheben, *Uterusexstirpation,* aber keine Kürettage, da hierdurch massive Toxineinschwemmung. Sofern Niereninsuffizienz auftritt (erkennbar durch Abnahme der Ausscheidung durch den Dauerkatheter), 200 ml Mannit (Osmofundin) i. v. Bei Zunahme der Niereninsuffizienz rechtzeitige Dialyse; Ionogramm. Da die Verbrauchskoagulopathie eine der wesentlichen Ursachen für die Mikrozirkulationsstörungen darstellt, sollte bei beginnendem Endotoxinschock heparinisiert werden (Anfangsdosis 15000 IE Liquemin, weiter tgl. 20–40000 IE, Dauertropfinfusion).

Prl: Genaue Überwachung aller Aborte mit Fieber über 38 °C (Blutdruck, Harnausscheidung, Thrombozyten). Bei allen Aborten mit höherem Fieber und/oder Schüttelfrost: Heparinisieren, Sedieren, Antibiotika und kontinuierliche Überwachung der Patienten auf einer Intensivstation.

Protrahierter Abort/missed abortion

Sy: Wenn die Blutung sich über längere Zeit hinzieht, ohne daß das Ei ausgestoßen wird, liegt ein protrahierter Abort vor. Das Ei kann wochenlang oder monatelang im Uterus verweilen, da die Wehentätigkeit ausbleibt (missed abortion). Zuweilen wird das Schwangerschaftsprodukt spontan erst am normalen Ende der Schwangerschaftszeit ausgestoßen. Es ist zu beachten, daß die Schwangerschaftsteste oft noch 8–10 Tage nach Absterben der Frucht positiv ausfallen.

Th: Da bei abgestorbener Frucht das Risiko der Blutgerinnungsstörung auftritt, wird heute aktiv behandelt. Jedoch ist zuerst eine eindeutige Sicherung der Diagnose (kleiner werdender Uterus, negativer Schwangerschaftstest, fehlender Nachweis kindlichen Lebens bei Ultraschalluntersuchung) notwendig. Bei kleinem Uterus ist meist „einzeitig" die Aufdehnung der Zervix und anschließende Abrasion möglich. Gelingt das nicht oder ist der Uterus relativ groß, d. h., war die abgestorbene Gravidität schon weiter fortgeschritten, kann man bei vollständig geschlossenem Muttermund mit einer Dauertropfinfusion hochdosierter Wehenmittel (z. B. 100 E Syntocinon oder Orasthin auf 500 ml Infusionslösung oder auch Anwendung von Prostaglandinen) die Frucht zur Teilausstoßung bringen. Zur schonenden Aufdehnung einer rigiden Zervix ist dabei gleichzeitig die intravaginale Einlage von Prostaglandin-E_2-Zäpfchen zu empfehlen (z. B. Minprostin).

Habitueller Abort

Ät und *Sy:* Bei drei nacheinander erfolgten spontanen Unterbrechungen der Gravidität spricht man von habitueller Abortneigung. Auch nach zwei Fehlgeburten kann man noch in 60–70% der Fälle mit einer ausgetragenen Schwangerschaft rechnen. Wohl nur selten wird die Ursache eine ungenügende Corpus-luteum-Hormon-Bildung sein (s. o.). Häufiger handelt es sich um Mißbildungen des Uterus oder Myome (Hysterographie notwendig) oder aber eine unzureichende Umwandlung des Endometriums. Bei habituellen Aborten zwischen dem 4. und 7. Monat ist die Ursache meist eine zervikale Insuffizienz. Typisch hierfür ist die plötzliche Ausstoßung der Frucht ohne wesentliche Vorzeichen oder längere Wehentätigkeit.

Th: Operative Behebung anatomischer Störungen des Uterus. Zur Frage der Behandlung mit Sexualsteroiden s. S. 611 f (drohender Abort). Keine Reisen oder Autofahrten, Kohabitationsverbot, Berufsverbot, evtl. sogar konsequente klinische Behandlung, zumindest während des abortgefährdeten Zeitraums. Da bei habituellen Aborten häufig eine immunologische Inkompetenz vermutet wird (s. o.), werden Transfusionen von Leukozyten des Partners empfohlen, wodurch die Schwangere in die Lage versetzt werden kann, die bei ihr fehlenden HLA-Antikörper zu bilden (evtl. auch durch intradermale Injektion von Leukozyten des Partners). Bei Verdacht auf zervikale Insuffizienz (habituelle Spätaborte) und bei bestehender Gravidität sog. Cerclageoperation (nach Shirodkar), bei der der klaffende Zervikalkanal mechanisch bis zum Schwangerschaftsende verschlossen wird. Außerhalb einer Gravidität plastische Operation des inneren Muttermunds (nach Lash). Beide Verfahren weisen ausgezeichnete Erfolge auf.

Legaler Schwangerschaftsabbruch

Im Grundsatz gilt, daß der Abbruch einer Schwangerschaft strafbar ist (§ 218, Abs. 1 StGB). Ausnahmen hiervon werden in § 218 a anerkannt:

1. mütterliche Indikation (z. B. schwere Erkrankungen der Mutter wie chronische Nephritis, Herzvitien usw.),
2. kindliche Indikation (z. B. genetische Störungen, schwere Mißbildungen),
3. kriminologische Indikation (z. B. Vergewaltigung),
4. Notlagenindikation (z. B. sozialmedizinische Gründe, die so schwerwiegend sind, daß von der Schwangeren die Fortsetzung einer Schwangerschaft nicht verlangt werden kann).

Eine Schwangerschaftsunterbrechung aufgrund von kindlicher Indikation (s. 2.) ist bis zur 24. SSW post menstruationem erlaubt, bei 3 und 4 nur bis zur 14. SSW. Der antragstellende Arzt darf nicht gleichzeitig derjenige sein, der die Unterbrechung vornimmt. Der Unterbrechung hat eine Beratung vorauszugehen, die mindestens 3 Tage zurückliegen muß (gilt zumindest nicht für Ind. 1).

Adnexitis

Ätiologie und Pathogenese

Im Vordergrund steht die Entzündung der Eileiter (Salpingitis). Da aber die Umgebung meist mitbeteiligt ist, was palpatorisch nicht abgrenzbar, spricht man meist von Adnexitis; überwiegend durch Keimaszension aus den unteren Genitalabschnitten hervorgerufen (Kolpitis → Zervizitis → Endometritis → Salpingitis). Begünstigend wirken hierbei: Mangelhafter Verschluß des Muttermundes infolge von Zervixrissen, chronische Zervizitis (s. Fluor), Zervikalpolypen oder Korpuspolypen, die in die Vagina ragen, oder Veränderungen der Uterushöhle, die einen günstigen Nährboden abgeben, wie z. B. puerperale Dezidua, zurückgebliebene Plazenta-, Eihaut- und Abortreste, submuköse Myome und Korpuskarzinome.

Eine besondere Gefährdung der Frau liegt während der Menstruation vor, so daß man in dieser Zeit alles vermeiden sollte, was eine Infektion begünstigt (schwere körperliche Arbeit und sportliche Leistungen), Scheidenspülungen, Kohabitationen). Manche sehen auch in der Anwendung von Tampons zur Menstruationshygiene eine Gefahrenquelle. Erreger sind: Staphylokokken, Streptokokken, seltener Kolibakterien, heute am häufigsten Chlamydien. Während früher die gonorrhoische Adnexitis etwa 10% aller entzündlichen Adnexerkrankungen ausgemacht hat, kommen heute die Gonokokken als Erreger seltener in Frage. Seit einem Jahrzehnt ist die Gonorrhö jedoch wieder häufiger, besonders bei jungen Mädchen.

Neben dem aszendierenden Infektionsweg kommt der hämatogene Weg nur bei der Tuberkulose in Frage (selten auch einmal bei septischen Allgemeinerkrankungen). Ebenfalls nicht aszendierend, sondern fortgeleitet entstehen manchmal rechtsseitige Adnexitiden, wenn ein entzündlicher Prozeß von der Appendix auf die Adnexe übergreift.

Nach der Keiminvasion in das Tubenlumen schließt sich durch Reizung der submukös gelagerten Längsmuskelfasern der Fimbrientrichter, so daß der Entzündungsprozeß oft auf das Tubenlumen beschränkt bleibt. Ausmaß und Stärke der entzündlichen Reaktion hängen von dem Verhältnis zwischen Menge und Virulenz der Keine einerseits und der Abwehrlage des Körpers andererseits ab. Unter günstigen Bedingungen entsteht somit nur ein leichter *Tubenkatarrh,* der fast ohne Symptome abläuft und völlig ausheilen kann. Andererseits können die Keime auch durch das Tubenostium oder durch die Tubenwand in die Bauchhöhle gelangen und dort zu einer Pelveoperitonitis führen. Wenn die Ampulle sich geschlossen hat, wird die Tube durch den Eiterinhalt aufgetrieben, und es entsteht eine *Pyosalpinx.* Nach Abklingen der akuten Erscheinungen wird der Eiter resorbiert, und es entsteht eine *Hydrosalpinx* als Endstadium.

Eine typische Begleiterscheinung ist die Pelveoperitonitis (s. d.), die nur selten in eine allgemeine diffuse Peritonitis übergeht, wenn, dann noch am ehesten nach Ruptur einer Pyosalpinx. Die Pelveoperitonitis greift auf die Oberfläche aller Organe des kleinen Beckens über. Durch Verklebungen von Dünndarmschlingen, Netz, Zäkum usw. wird der Prozeß meist auf den Unterbauch lokalisiert (*Pelveo*peritonitis). So können kindskopfgroße Konglomerattumore entstehen. Wegen der Abkapselung des Entzündungsprozesses soll man im akuten Stadium möglichst nicht operieren, da dann diese Abdekkung durchbrochen wird. Eine Indikation zur Frühoperation ist nach heutiger Ansicht wohl aber gegeben, wenn sich eine Pyosalpinx, ein Tuboovarialabszeß oder ein Douglas-Abszeß ausbilden, die sich durch Tastbefund, bleibende klinische Symptomatik, evtl. Punktion erkennen lassen. Obwohl die Ovarien ebenfalls mit in den Prozeß einbezogen werden, dringen die Keime nur selten in das ovarielle Gewebe ein, höchstens in einen soeben gesprungenen Follikel; es entsteht ein *Ovarialabszeß*.

Bei einer Pelveoperitonitis kann Eiter abgekapselt werden; dann bildet sich ein *Douglas-Abszeß*. Dieser kann unter Umständen spontan in Blase, Rektum oder Vagina durchbrechen. Daher ist bei diesen schweren Fällen häufige vorsichtige Untersuchung notwendig, um festzustellen, ob sich ein solcher Abszeß bildet. Diesen dann rechtzeitig per vaginam eröffnen.

Bei den leichteren Fällen kommt es häufig zur Spontanheilung, bei schweren bleiben meist ausgedehnte Gewebsschwarten und Adhäsionen mit Organverlagerungen zurück. Die häufigste Spätfolge der Adnexentzündung ist bei beidseitiger völliger Tubenundurchgängigkeit die Sterilität, bei partiellem Verschluß (Verklebungen der Tubenfalten) die Tubargravidität.

Symptomatologie und Diagnose

Die Beschwerden stehen oft in keinem Verhältnis zu dem Tastbefund, da schwere Veränderungen mit geringen Symptomen einhergehen können und umgekehrt. Meist erfolgt im Anschluß an die Menstruation der erste heftige und plötzliche Schmerz, oft hohes Fieber, Spannungsgefühl im Unterbauch und Kreuzschmerzen. Bei zusätzlicher peritonealer Reizung: Übelkeit, Brechreiz, Abwehrspannung, Durchfälle und evtl. vorübergehend paralytischer Ileus. In leichten Fällen kann das Blutbild uncharakteristisch sein, bei schweren Fällen hohe Leukozytose und Blutkörperchensenkungsgeschwindigkeit.

Der Untersuchungsbefund ist im Frühstadium uncharakteristisch. Auffallend sind nur der starke Schiebeschmerz der Portio und die Druckempfindlichkeit der Adnexgegend ohne eine wesentliche tastbare Resistenz. Erst im weiteren Verlauf ist dann die Verdickung der Adnexe gut zu tasten.

Differentialdiagnose

Große Schwierigkeiten kann die Abgrenzung gegen *Appendizitis* bereiten. Hier aber liegt das Punctum maximum des Schmerzes bei rektaler Untersuchung höher und wird bei Betasten nach unten geringer. Auch ist der Portioschiebeschmerz bei Appendizitis nicht so ausgeprägt. Ebenso kann die Abgrenzung gegen *Tubargravidität* (s. Extrauteringravidität) schwierig sein. Wichtig ist für die Diagnose der Tubargravidität die kurze Amenorrhö und die nachfolgend einsetzende Schmierblutung bei Tubarabort (Schmierblutungen sind aber auch als Folge der die Salpingitis meist begleitenden Endometritis möglich). Dazu sind die Schmerzen meist wehenartig, und die HB-Werte sinken ab. Bei chronischer Adnexitis Abgrenzung gegen Ovarialtumor, Endometriose und Adnextuberkulose. Sicher wird in der Praxis aber die Diagnose Adnexitis irrtümlicherweise zu häufig gestellt, und oft liegen einem geklagten Schmerz nur neurovegetative Störungen zugrunde (s. auch Pelipathie). Klärung durch Laparoskopie (Indikation für akutes Stadium ist umstritten).

Die Therapie der Adnexitis ist je nach dem Stadium (akute, subakute, chronische Adnexitis) unterschiedlich.

Therapie

Akute Adnexitis

Th: Es muß das Ziel der Behandlung sein, die Salpingitis im akuten Stadium zur Ausheilung zu bringen, um das chronische Stadium mit seinen vielseitigen Folgen zu vermeiden. Hierzu bedient man sich zweier Wirkstoffgruppen, der Antibiotika und – unter der Vorstellung der Vermeidung von Verklebungen – der Glucocorticosteroide. Da Keime meist nur vom Zervikalkanal erhältlich und nicht immer mit dem tatsächlichen Erreger identisch sind, sollte man in schweren Fällen immer Breitbandantibiotika benutzen (bei vermuteter oder nachgewiesener Chlamydieninfektion: Tetracycline). Gleichzeitig über 6–10 Tage 30–50 mg Prednison täglich. Man hofft damit die Verklebung von Tubenfalten und damit eine spätere Sterilität vermeiden zu können, da die Corticosteroide die Eigenschaft haben, die hyperergische Reaktion des Mesenchyms auf einen Entzündungsreiz zu hemmen. *Niemals* aber *ohne* Antibiotika verwenden. Im akuten Entzündungsstadium immer strenge Bettruhe, evtl. Eisblase zur subjektiven Schmerzlinderung, Regelung des Stuhlgangs und Kohabitationsverbot. Nach Abklingen der akut entzündlichen Erscheinungen baldiger Beginn mit Kurzwellentherapie. Möglichst stationäre Behandlung in einer Klinik. Man sollte besonders bei jüngeren Frauen und wenn noch

Schwangerschaften erwünscht sind, den Therapieerfolg möglichst durch Laparoskopie mit Chromopertubation kontrollieren.
Auch bei den Symptomen einer schweren Pelveoperitonitis konservativ verfahren. Um den abgekapselten Prozeß nicht zu aktivieren, Frühoperation möglichst nur bei bleibender klinischer Symptomatik und antibiotisch nicht beherrschbarer diffuser Peritonitis. Die Operation führt – außer der Eröffnung eines Douglas-Abszesses – oft zu einer Verstümmelung, da dann meist die in den Entzündungsprozeß einbezogenen Ovarien mitentfernt werden müssen. Nach Abklingen der akuten Erscheinungen und bei Normalisierung der Temperatur Weiterbehandlung wie bei einer chronischen Adnexitis.

Subakute Adnexitis

Th: Im subakuten Stadium (subfebrile Temperaturen, annähernd normale Leukozyten- und BSG-Werte) ist eine Applikation von Antibiotika und Glucocorticosteroiden meist nicht mehr sinnvoll. Hier ist eine antiphlogistische Behandlung mit Voltaren oder Traumanase ausreichend. Diese besitzen eine antiexsudative Wirksamkeit und begünstigen den Rückgang lokaler Reiz- und Schwellungszustände. In diesem Stadium auch frühzeitig mit Kurzwellenbehandlung (nach Wärmebelastungstest) beginnen (von 3 Min. bis 20. Min. langsam steigernd) und zusätzliche Allgemeinbehandlung wie bei der chronischen Adnexitis.

Chronische Adnexitis

Th: Im chronischen Stadium sind Antibiotika und Corticosteroide kaum wirksam, da die evtl. noch vorhandenen Bakterien in den unzugänglichen Gewebsschwielen für diese nicht erreichbar sind. Das Ziel der Behandlung ist hier also die Steigerung der körpereigenen Abwehrkraft. Hierfür wird meist der Ausdruck „resorptive Therapie" gebraucht. Dazu gehört vorsichtige Anwendung von Kurzwellen oder lokaler Wärme (feuchtwarme Packungen, Heizkissen, Heizbogen, warme Sitzbäder [Salhumin]). Recht günstig sind hier die lokal wirkenden Ichthyol-Präparate, wie z. B. tägliche intravaginale Einlagen von Ichtho-Bellol compositum. Bei älteren chronischen Prozessen wird die Reizkörpertherapie mit Euflamin usw. empfohlen, um das stabil gewordene Gleichgewicht zwischen Infektion und Abwehr zu labilisieren und damit die körpereigene Abwehr zu aktivieren.
Nach Abklingen aller entzündlichen Reaktionen schließlich Moorbadekuren, wobei hier neben der Wärme vor allem die körperliche Ruhe sehr wesentlich ist (Bad Aibling, Pyrmont, Schwalbach, Landstuhl, Kohlgrub usw.). Eine operative Behandlung ist der letzte Ausweg, um bei ausgedehnten Verschwartungen oder manifesten derben Resttumoren und nach Ausnutzen aller konservativen Maßnahmen durch Entfernung der erkrankten Organe Beschwerdefreiheit zu erzielen, was auch ein psychologisches und soziales Problem wegen des ständigen „Krankseins" der Patientin sein kann.

Adnexitis tuberculosa s. Tuberkulose

Amenorrhö

(Fehlen der monatlichen Regelblutung)

Physiologisch in der Jugend bis zur Menarche, in der Schwangerschaft, während der Laktation und nach der Menopause. Die Ursachen der pathologischen Amenorrhö liegen in einer anatomischen oder funktionellen Störung des Hypothalamus, der Hypophyse, der Ovarien (einschließlich testikulärer Feminisierung und gonosomaler Störungen) oder des Uterus und der Scheide (Gynatresien und Aplasien). Als weitere Ursachen kommen noch verschiedene Endokrinopathien in Frage (besonders ist zu achten auf Funktionsstörungen der Nebennierenrinde und der Schilddrüse).

Primäre Amenorrhö

Vk: Nach dem 18. Lebensjahr ist noch keine Menstruation aufgetreten.

Ät: Anatomische Ursachen: Hymenal-, Vaginal- oder Zervikalatresie (mit Hämatokolpos bei Hymenalverschluß, Hämatometra, Hämatosalpinx), Vagina- oder Uterusaplasie, Uterushypoplasie. *Chromosomale Aberrationen mit Anlagefehlern der Keimdrüsen:* Gonadendysgenesie, Ovardysgenesie, testikuläre Feminisierung (s. u. Mißbildungen), Ovarialhypoplasie. *Extragenitale Störungen:* Unbehandeltes kongenitales adrenogenitales Syndrom; vor der Menarche auftretende Erkrankungen wie: Fröhlich-, Cushing-Syndrom, Morbus Addison, Geschwülste im Bereich der Hypophyse, des Hypothalamus oder der Nebennierenrinde, Hypothyreose.

Th: Bei Endokrinopathien entsprechende Behandlung. Hormonelle Substitutionstherapie, wenn Keimdrüsen fehlen. Operationsversuch bei Atresien. Bei Scheidenaplasie evtl. Kunstscheide.

Sekundäre Amenorrhö

Sie ist häufig nur Begleitsymptom eines anderen Grundleidens, wie z. B. Basedow-Erkrankung, Myxödem, Diabetes, Morbus Addison, Cushing-Syndrom, Tbc, schwere Infektionskrankheiten; Geisteskrankheiten, Kachexie usw.

Zentrale Amenorrhö

Hypothalamische Amenorrhö

Ät und *Sy:* Häufig durch starke psychische Belastungen = sog. Notstandsamenorrhö (Gefängnis, Lager, Kasernierung, Flucht usw.). Je stärker die psychische Noxe, um so mehr werden auch zyklusstabile Frauen davon betroffen. Zykluslabilere Frauen reagieren schon auf Veränderungen der Lebensweise, berufliche Überanstrengungen, Reisen, familiäre Schwierigkeiten.
Von der reaktiv-psychogenen hypothalamischen Amenorrhö läßt sich eine *idiopathische Form* mit weniger klarer Ätiologie abgrenzen (späte Menarche, juvenile Blutungen, von Anfang an Zyklusstörungen, evtl. frühkindliche Erkrankungen). Bei jeder zentral bedingten Amenorrhö ist der Grad der ovariellen Funktionsstörung weiter zu differenzieren. Man unterscheidet eine generative (1) von einer vegetativen (2) Ovarialinsuffizienz.
Zu 1: Von generativer Ovarialinsuffizienz spricht man, wenn die basale Östrogenbildung erhalten ist. Nach Gestagengaben Abbruchblutung (WHO-Gruppe II). FSH-, LH- und Östrogenwerte normal. Ursache: Hypothalamisch-hypophysäre *Dys*funktion; Häufigkeit ca. 70% aller hypothalamisch-hypophysär bedingten Amenorrhöen.
Zu 2: Bei vegetativer Ovarialinsuffizienz weitgehendes Fehlen auch der basalen Östrogenbildung. Auf Gestagentest (s.u.) keine Blutung, aber Blutung nach Östrogengaben (= Östrogentest, s. u.). Generative und vegetative Ovarialinsuffizienz WHO-Gruppe I: hypothalamisch-hypophysäre *Unter*funktion (hypogonadotrop-hypoöstrogen) (GnRH-Test zur Abgrenzung rein hypophysärer Ursachen). Seltener als Gruppe II (ca. 20% aller hypothalamisch-hypophysär bedingten Amenorrhöen).

Th und *Prgn:* Die Dauer der Amenorrhö bestimmt weitgehend die Prognose der zentral bedingten Ovarialinsuffizienz. Normalisierung in ¼ der Fälle spontan; wenn nicht: ohne Kinderwunsch zyklische Substitution von Sexualsteroiden (z. B. Progylut oder Cyclo-Progynova); bei Kinderwunsch Ovulationsauslösung: bei Normogonadotropie mit Clomifen (o. a.), bei Hypogonadotropie mit Gonadotropinen (s. Therapie S. 619).

Hypophysäre Amenorrhö

Teilweiser oder vollständiger Ausfall der Adenohypophyse.

Ät: Meist nach langdauernden, blutreichen Entbindungen = Morbus Sheehan (Adynamie, Agalaktie, Hypotonie, Verlust der Achsel- und Schambehaarung, Pigment- und Libidoverlust). Ähnliches Bild möglich nach einigen spezifischen Entzündungen und Schädeltrauma.

Sy: Die Diagnose ergibt sich aus dem Funktionsausfall der Ovarien mit Amenorrhö und Involution des Genitales. Zusätzlich pluriglanduläre Insuffizienz. Niedrige Gonadotropin-, Sexualsteroid-, NNR-Hormonwerte.

Th und *Prgn:* Prognose nur bei Abortivformen günstig. Bei schweren Formen des Morbus Sheehan Substitutionstherapie notwendig, da Erkrankung sonst tödlich.

Hyperprolaktinämische Amenorrhö
(ca. 16% der Fälle)

Ät: Bei jeder sekundären Amenorrhö (aber auch bei Oligomenorrhö, anovulatorischen Zyklen und Corpus-luteum-Insuffizienz) kann eine Hyperprolaktinämie die Ursache sein, in etwa der Hälfte der Fälle verbunden mit gleichzeitiger Galaktorrhö. Daher *sollte am Anfang jeder endokrinologischen Untersuchung die Bestimmung des Prolactinspiegels (aber auch des Androgenspiegels) stehen.* Gonadotropine meist normal oder erniedrigt. Ursache der Hyperprolaktinämie in ca. 30% Prolaktinome (Forbes-Albright-Syndrom = Hypophysentumor + Amenorrhö + Galaktorrhö) (Fahnden nach raumforderndem Prozeß im Bereich der Sella turcica durch Röntgenaufnahme der Sella; Computertomographie; ophthalmologische Untersuchung). Weitere Ursachen der Hyperprolaktinämie können Medikamente (z. B. Psychopharmaka) sein, aber auch ein Weiterbestehen des puerperalen Status (Chiari-Frommel-Syndrom = Galaktorrhö und Amenorrhö). Idiopathische Formen ohne erkennbare Ursachen werden als Argonz-del-Castillo-Syndrom bezeichnet.

Th: Die funktionelle Hyperprolaktinämie (aber auch ein Teil der Mikroadenome) wird mit Bromocriptin (Pravidel; 2,5–5 mg/tgl. = 1–2 Tabletten) oder Lisurid (Dopamin) behandelt. Hypophysenadenome sind im allgemeinen zu operieren.

Ovarielle Amenorrhö

Überblick über Ätiologie, Therapie und Prognose

Ät: Primär ovarielle, nicht übergeordnete, zentrale Störung; meist anlagebedingt: Gonadendysgenesie, Ovarialdysgenesie (insuffizientes Keimparenchym bei X-Polysomie), Ovarialhypoplasie (vermindertes Keimparenchym). Stark erhöhte Gonadotropinwerte. WHO-Gruppe III (hypergonadotrope primäre Ovarialinsuffizienz). Primäre, seltener sekundäre (Ovarialhypoplasie) Amenorrhöe und genitale Hypoplasie.

Th: Sexualsteroide (Zweiphasenpräparate) zum Ausgleich des Sexualhormondefizits.

Prgn: Hinsichtlich Gravidität *obsolet* oder ungünstig (Ovarialhypoplasie).

Zu den primär gonadal bedingten Amenorrhöen kann man auch die testikuläre Feminisierung („Frauen" mit Hoden) rechnen. Als ovariell bedingt sieht man auch Amenorrhöen bei polyzystischen Ovarien und entzündlichen oder tumorösen Ovarialveränderungen an.

Polyzystische Ovarien

Sy: Oft auffallende Vergrößerung der Ovarien mit glatter, grauer Tunica albuginea und subkapsulär zahlreichen zystischen Follikeln. Histologisch verdichtetes Ovarialstroma (Stromatosis) und Theca-interna-Reste (Hyperthekosis). Früher in Verbindung mit anovulatorischen Zyklen oder Amenorrhö und Hirsutismus sowie Adipositas als *Stein-Leventhal-Syndrom* bezeichnet. Da meist nicht alle Merkmale ausgeprägt, heute unverbindlicher Syndrom der polyzystischen Ovarien genannt (PCO-Syndrom). Wichtig Tastbefund und Laparoskopie, evtl. mit Probeexzision.

Ät: Ursache noch nicht sicher geklärt. Störung bestimmter Enzymsysteme im Ovar, die an Östrogensynthese beteiligt → vermehrte Androgenbildung (Hirsutismus, Akne, Seborrhö). Zusätzlich „übergeordnete" Störung infolge Fehlens der zentral hemmenden Progesteronwirkung (fehlende Ovulation) möglich. Daher kann „tonische" LH-Freisetzung erhöht sein. Östrogenbildung meist normal, da Kompensation der Enzymblockaden durch erhöhtes Substratangebot.

Th: Ziel: Herbeiführung ovulatorischer Zyklen bei Kinderwunsch. Früher meist Keilexzision der Ovarien; heute Keilexzision erst, wenn Clomifen- oder Gonadotropin-Behandlung (Achtung: bei Gonadotropingaben Gefahr der Überstimulierung besonders groß) versagen. Wenn ohne Wunsch nach Ovulationsauslösung nur die Androgenisierungserscheinungen beseitigt werden sollen: Antiandrogenanwendung (Cyproteronacetat [Androcur], das zum Beispiel im Ovulationshemmer Diane enthalten ist).

Prgn: Günstig.

Durch Entzündung oder Tumoren der Ovarien bedingte Amenorrhö

Entzündungen oder Tumoren der Ovarien stellen selten die Ursache einer ovariell bedingten Amenorrhö dar, am ehesten noch die androgenbildenden Androblastome durch Virilisierung der Trägerin.

Adrenaler Hyperandrogenismus

Ät und *Sy:* Angeborenes AGS, s. Intersexualität; S. 648. Erworbenes postpuberales AGS = Androgenüberproduktion bei NNR-Hyperplasie oder -Tumoren. Dadurch Bremswirkung auf Abgabe von Gonadotropinen; führt zu Amenorrhö oder anfangs zu monophasischer Zyklusstörung. Daneben klinisch vor allem Hirsutismus, Virilismus (Klitorishypertrophie).

Th: Glucocorticosteroide (meist weniger wirksam gegen Hirsutismus, aber Zyklusnormalisierung möglich). Gegen Hirsutismus eher Epilierungsmaßnahmen oder Antiandrogene (Cyproteronacetat = Androcur, Diane) erfolgreich (Nebenwirkungen u. a. Durchbruchsblutungen, Libidoverminderung). Bei Tumoren Operation.

Uterine Amenorrhö, Gynatresien und Aplasien

Traumatische Atresie der Cavitas uteri nach zu scharfer Kürettage meist nach Geburten oder Fehlgeburten. Atresie der Zervix nach Abrasion oder Konisation der Portio. Selten: verkäsende Form der Endometritis-Tbc. Atresien der Vagina meist nach (frühkindlichen) Traumen. Aplasien sind angeboren (S. 647).

Diagnose der Amenorrhöursachen

Wichtig ist eine möglichst exakte Familien- und Eigenanamnese, Erhebung des Allgemeinstatus (Größe, Körperbau, Fettverteilung, Behaarung, Beschaffenheit der Schilddrüse usw.), exakte gynäkologische Untersuchung (wobei immer eine Gravidität auszuschließen ist; Beachtung der Ovarialgröße, Beurteilung des Zervixschleims usw.). Wichtig kann auch die Hysterosalpingographie zum Ausschluß von Mißbildungen sowie Laparoskopie/Pelviskopie zur Klärung der anatomischen Situation sein. Beurteilung der chromosomalen Verhältnisse durch Chromosomenanalyse. Untersuchung des Vaginalabstrichs nach Papanicolaou-Färbung zur Bestimmung des zellulären Reifegrades, Röntgenaufnahme des Schädels zum Ausschluß eines Hypophysentumors. Von besonderer Bedeutung für die weitere Abklärung der Amenorrhöursachen sind die Untersuchungen von Hormonspiegeln und die Ergebnisse von Hormontesten. An ihrer Spitze sollte stets die Bestimmung des Prolactin- (und Androgen)-Spiegels im Blutserum stehen. Ist der Prolactinspiegel erhöht, erfolgt Hypophysenuntersuchung. Bei Tumor entsprechende Behandlung; kein Tumor: Behandlung mit Bromocriptin (Pravidel). Bei erhöhtem Androgenspiegel DXM- (= Dexamethason-)Test. Sind beide nicht erhöht und es liegt eine Amenorrhö vor, so wird zunächst der Gestagentest durchgeführt.

Gestagentest: Es werden 10 Tage lang täglich Progestagene (z. B. 2 mal 1 Tbl. Clinofem à 5 mg oder 2 mal 1 Tbl. Primolut-Nor à 5 mg) gegeben. Tritt 2–3 Tage nach Absetzen des Hormonpräparates eine Blutung auf, ist der Test positiv, d. h. es werden Östrogene gebildet; eine schwere Störung kann nicht vorliegen. Man spricht auch von einer generativen Ovarialinsuffizienz oder Amenorrhö 1. Grades, deren Ursache meist in hypothalamisch-hypophysärer Dysfunktion (WHO-Gruppe II) zu suchen ist. Bei negativem Test liegt entweder eine Gravidität vor oder eine uterine Amenorrhö (fehlende Schleimhaut) bzw. Vaginal- oder Zervisatresie oder aber eine vegetative Insuffizienz des Ovars, deren Ursache entweder im Ovar selbst oder im Hypophysen-Zwischenhirn-System oder in anderen endokrinen Störungen zu suchen ist. Zur Klärung, ob bei negativem Gestagentest eine uterine Amenorrhö oder andere Gynatresien oder Aplasien oder die anderen Möglichkeiten gegeben sind, wird der Östrogentest durchgeführt.

Östrogen- bzw. Östrogen-Gestagen-Test: Entweder 14 Tage täglich 3 mal 1 Tablette Progynon C oder einmal 20 mg Progynon-Depot. Evtl. von der Mitte der oralen Behandlung an zusätzlich ein oral wirksames Progestagen (z. B. Primolut-Nor, 5 mg tgl.). Erfolgt danach eine Blutung, so ist der Test positiv. Das bedeutet, daß Endometrium vorhanden ist, die Ovarien aber keine oder kaum Östrogene bilden. Man spricht jetzt auch von einer vegetativen Ovarialinsuffizienz oder Amenorrhö 2. Grades. Die Ursache dafür kann entweder in den Gonaden selbst oder aber im Hypophysen-Hypothalamus-System oder aber in einer Störung anderer endokriner Drüsen liegen.

Zur weiteren Klärung ist die Gonadotropinbestimmung (FSH, LH) notwendig. Man unterscheidet zwischen Hypo-, Eu- (bzw. Normo-) und Hypergonadotropie. Diese Unterscheidung ist wichtig, da nur die beiden ersteren therapeutisch angehbar sind. Dagegen liegt bei *Hypergonadotropie* eine *primäre ovarielle Insuffizienz* (WHO-Gruppe III), vor, die der Therapie (zur Beseitigung einer Sterilität) wegen des weitestgehend fehlenden Keimgewebes nicht zugänglich ist. Sind die Gonadotropine nicht erhöht, muß eine Hypophysenuntersuchung auf das Vorliegen eines Tumors (WHO-Gruppe VII) erfolgen. Liegt ein solcher nicht vor, so handelt es sich um eine hypothalamisch-hypophysäre Unterfunktion (WHO-Gruppe I), die der Therapie gut zugänglich ist. Weitere ergänzende Untersuchungen (Hypothalamus, Hypophyse, Ovar) durch Stimulationsteste (Clomifen, LH-RH, HMG) oder bei Androgenisierung zur Differenzierung der NN-Beteiligung durch Suppressionstests (z. B. Dexamethason-Langzeit-Suppressionstest mit Bestimmung von Testosteron, Dehydroepiandrosteronsulfat sind Aufgabe des Spezialisten.

Ist der Östrogentest negativ, d. h. erfolgt nach Gabe von Östrogen keine Blutung, so handelt es sich um angeborene oder erworbene Anomalien des Genitaltraktes: Agenesie des Uterus, der Scheide oder Hymenalatresie oder Atresie von Scheide, Cervix- oder Cavitas uteri.

Therapie der sekundären Amenorrhö

Hyperprolaktinämisch bedingte Amenorrhöen werden bei bestehendem Makroprolaktinom operativ, ansonsten mit Bromocriptin (Pravidel) oder Lisurid behandelt. Ist der Prolactinspiegel nicht erhöht und erfolgt bei bestehender Amenorrhö nach Progestagen eine Entzugsblutung, d. h., liegt eine hypothalamisch- hypophysäre Dysfunktion (= generative Ovarialinsuffizienz zentraler Genese) mit normalen FSH-, LH- und Östrogenwerten vor (= normogonadotrope A.), so sind die Behandlungschancen hinsichtlich einer Ovulationsauslösung mittels Clomifen (Dyneric), Cyclofenil (Fertodur) und Epimestrol (Stimovul) gut. Dosierung z. B. für Dyneric: 5 Tage (5.–9. Zyklustag) 50–100 mg täglich (= 1 bis 2 Tabletten) (kann auch auf 10 Tage verlängert werden). Ovulation 9. bis

17. Tag (meist 13. Tag nach Behandlungsbeginn). 60–70% der Patienten bekommen darunter einen biphasischen Zyklus. Diese Therapie der Ovulationsauslösung sollte jedoch wie die Gonadotropinbehandlung (s. u.) wegen der Gefahr der Überstimulierung der Ovarien *nur bei dringendem Kinderwunsch* und bestehender Möglichkeit genauer Überwachung durchgeführt werden. – Liegt aber eine vegetative Ovarialinsuffizienz zentraler Genese vor (= hypothalamisch-hypophysäre Unterfunktion = hypogonadotrope Ovarialinsuffizienz) mit erniedrigten Östrogenwerten, negativem Gestagentest, aber Ansprechen des Endometriums auf Östrogene (WHO-Gruppe I) bei erniedrigten FSH- und LH-Werten, so ist dies der bevorzugte Anwendungsbereich der Gonadotropintherapie. Dagegen sind Frauen mit *erhöhter* Gonadotropinausscheidung *(Hypergonadotropie)* nicht für diese Therapie geeignet, da es sich dann um eine *primäre ovarielle Insuffizienz* handelt, die hinsichtlich der Prognose in bezug auf Fertilität infaust ist. Man kann der Behandlung mit Gonadotropinen eine sog. „Scheinschwangerschaft" vorausschicken, um die Entwicklung des Genitales (besonders des Uterus) zu fördern: Dauer ca. 8 Wochen; Vorgehen: Depotöstrogene (Progynon Depot, 10 mg am Tag 1,8,15; 20 mg am Tag 22,29, 36,43 i. m.), zusätzlich orale Progestagene (z. B. Clinofem 15 mg [= 3 Tbl.] von Tag 22–26; 20 mg [= 4 Tbl.] von Tag 37–51). Danach Gonadotropin-Behandlung: Anwendung von standardisierten Gonadotropin-Präparaten aus Postmenopausenharn (HMG) als Humegon, Pergonal mit 75 IE FSH und 75 IE LH pro Ampulle. Normdosis 2 Ampullen täglich (= 150 IE); kann auf 3 gesteigert werden. Dauer, bis eine Östrogenstimulierung der Zervix erkennbar wird (Spinnbarkeit des Zervixsekrets), etwa nach 12–14 Tagen. Dann zur Auslösung der Ovulation für 2–3 Tage Choriongonadotropin-(HCG-)Stoß (z. B. Predalon) mit täglich 5000–10 000 IE. Durch HMG sollen Follikelwachstum und -reifung durch HCG der Follikelsprung (Ovulation) bewirkt werden. Kontrolle der Therapie durch Basaltemperaturmessung möglich. Die Nebenwirkungen der Behandlung können erheblich sein, vor allem Mehrlingsschwangerschaften und Überstimulierung der Ovarien (Druckschmerz, Ovarialzystenbildung, evtl. sogar mit Erscheinungen des akuten Bauches; Operation aber selten notwendig). Voraussetzung jeder derartigen Behandlung deshalb exakte klinische Überwachungsmöglichkeit mit möglichst täglicher Tastuntersuchung, Ultraschall-, Laparoskopiemöglichkeit, möglichst tägliche Östrogenbestimmung. Die Therapie ist für die Patientin und den Arzt daher sehr aufwendig. Sie läßt sich nicht beliebig lange fortsetzen und sollte nach 2–3 Versuchen vorerst abgebrochen werden. Es sind damit bei richtiger Patientenauswahl 80% Ovulationen und 40% Schwangerschaften möglich. – Die Anwendung des Gonadotropin-releasing-Hormons (Gn-RH/LH-RH) bei hypothalamischer Amenorrhö ist noch nicht sehr verbreitet. Mit dem „Zyklomat" ist die physiologische Applikation in 90minütigen Abständen über einen Verweilkatheter möglich.

Die Nebenwirkungen und Gefahren der Gonadotropin-, aber auch der Clomifen-Behandlung erlauben diese Therapie nur bei dringendem Kinderwunsch. Oft liegt ein solcher aber nicht vor, und es kommt nur darauf an, aus psychologischen Gründen „Menstruationsblutungen" zu erzeugen, um der Patientin das Gefühl der „Vollwertigkeit" zu geben. Dann empfiehlt sich zuerst bei entsprechenden Hinweisen auf seelische Belastung das aufklärende Gespräch, daß bei hypothalamisch-hypophysärer Dysfunktion (positiver Gestagentest) durchaus wieder spontan Zyklen ohne Behandlung eintreten können. Man kann aber auch (nach Ausschluß einer Gravidität!) eine Substitutionstherapie mit Ovarialsteroiden einleiten (am ehesten bei hypothalamisch-hypophysärer Unterfunktion = negativer Gestagen-, positiver Östrogentest, Hypogonadotropie). Am besten zyklusgerechte Gabe von Östrogenen und Gestagenen: vom 5. bis 15. Tag nach Beginn einer durch Östrogen-Progestagen-Gemisch (z. B. Oestro-Primolut) ausgelösten Blutung täglich 1–2 Tabletten Progynon C; vom 16. bis 25. Zyklustag täglich 1–2 Tabletten Primosiston. Einfacher ist die Verschreibung von Progylut, Nuriphasic oder Cyclo-Progynova. Nach Absetzen der Medikation können spontan Zyklen auftreten. Man kann die Behandlung, insbesondere der Amenorrhöen zentraler Genese, auch durch *Allgemeinbehandlung* mittels diätetischer und hydrotherapeutischer Maßnahmen wie Moor- und Solbäder, Massagen, Klimawechsel, evtl. sogar Berufswechsel unterstützen. Bei Abmagerung Mastkuren, Vitamine, Eisen-Arsen-Präparate usw., bei Fettsucht Abmagerungskur. Evtl. Versuch mit einer Kurzwellenbehandlung der Hypophyse.

Tritt nach Gestagentest *und* nach Östrogentest keine Blutung auf, so liegt eine angeborene oder erworbene Anomalie des Genitaltraktes (Uterus-Vaginalplasie; Hymenal-, Vaginal-, Zervix- oder Korpusatresie), meist eine uterine Amenorrhö, vor. Uterusaplasien sind selten; traumatische Synechien und Atresien des Uteruscavums und des inneren Muttermundes sind häufiger. Therapieversuch durch vorsichtige Uterussondierung und Kürettage. Fehlt das Endometrium vollständig, Versuch der Endometriumtransplantation möglich. Manchmal genügt bei minimalsten Endometriumresten aber auch eine stumpfe Eröffnung der Cavitas uteri mit Hegar-Stiften und nachfolgender wochenlanger Östradiolbehandlung (Ober). Zur Behandlung der hypophysären Amenorrhö, der Amenorrhö bei polyzystischen Ovarien und bei adrenalem Hyperandrogenismus siehe diese Amenorrhöformen. Amenorrhöe bei Endokrinopathien: Hier steht die Behandlung der Endokrinopathie im Vordergrund. Danach Spontanzyklen möglich, wenn nicht Therapie wie oben.

Bartholinitis

Ät und *Sy:* Entzündung der Glandula vestibularis major bzw. ihres Ausführungsganges. Erreger häufig Gonokokken, jedoch auch Staphylo- und Streptokokken. Fieber, heftige Schmerzen, besonders beim Gehen, Rötung und Schwellung der Labien, bisweilen spontane Perforation. Neigung zu Rezidiven.

Th: Im akuten Stadium Borwasser-Kaliumpermanganat-Rivanol-Umschläge, Kamillensitzbäder. Bei Fluktuation breite Eröffnung, Drainage des Abszesses bzw. richtiger des Empyems, da es sich meist um eine Eiteransammlung im Ausführungsgang der Bartholin-Drüse handelt. Im chronischen Stadium bildet sich nach Verklebung der Öffnung des Ausführungsganges eine Retentionszyste (sog. Bartholin-Zyste), die hühnereigroß werden kann. Heute wird die Zyste, aber auch das Empyem meist marsupialisiert, d. h. durch eine fingernagelgroße Öffnung entleert und der Zystenbalg mit der Haut vernäht. Öffnung verkleinert sich bis auf Stecknadelkopfgröße. Vorteil: Befeuchtung des Introitus bleibt erhalten.

Carcinoma mammae

Vorbemerkungen

Die häufigste Ursache von umschriebenen Verhärtungen in den Mammae ist die Mastopathia (chronica) fibrosa cystica (s. d.), seltener sind Fibrome, Fibroadenome, Lipome, Papillome der Milchgänge. Bei Frauen mit Mastopathie ist das Mammakarzinom etwa 4–5mal häufiger als bei anderen. Vorstufen des Mammakarzinoms: atypische Epithelproliferationen in den Milchgängen (Grad 3 bei Mastopathie); präinvasives Milchgangkarzinom; Carcinoma lobulare in situ (Clis). 18% aller Krebstodesfälle sind durch das Mammakarzinom bedingt. Heute ist das Mammakarzinom der häufigste Krebs der Frau überhaupt; bis vor ca. 30 Jahren war dies noch das Zervixkarzinom. Obwohl für den Tumor ab einer gewissen Größe gute Möglichkeiten der Erkennung durch Tastuntersuchung bestehen, kommen nur 30–40% der Frauen mit noch lokalisiertem Prozeß (bei zumindest noch fehlender Nachweisbarkeit von Fernmetastasen) zum Arzt, während über 50% zu diesem Zeitpunkt bereits regionäre Lymphknotenmetastasen haben. Frühe Fernmetastasierung auch bei geringer Größe des Primärtumors ist häufig und macht das Mammakarzinom sehr früh zur Systemerkrankung. Für die Einteilung der Mammakarzinome in Stadien wird heute statt der alten Klassifizierung nach Steinthal die Beurteilung nach dem TNM-System (Tumor, Lymphknoten, Metastasen) empfohlen, das Größe, Verschieblichkeit und Ausbreitung des Tumors besser erfaßt und gleich oder ähnlich gelagerte Fälle in Gruppen zusammenfassen läßt.

Symptomatik

Einziehung der Mamille, Fixierung und Retraktion der Haut über dem Tumor, Ödem der Haut mit auffallend großen Poren (Apfelsinenschalenhaut), evtl. Fixierung des Tumors auf dem M. pectoralis. Schwellung der Achsellymphknoten. *Blutiges Sekret* aus der Mamille ist ein zu beachtendes Symptom, aber kein sicherer Karzinomhinweis, da es auch bei Milchgangspapillomen auftritt. Zu achten ist auch auf therapieresistente Ulzera an der Mamille, hinter denen sich ein Morbus Paget (Einwandern von Zellen eines Milchgangkarzinoms in die Epidermis der Mamille) verbergen kann.

Diagnose

Die Palpation kann unergiebig sein, wenn der Tumor noch zu klein ist oder manchmal so tief sitzt, daß er nicht zu tasten ist, oder er ist durch eine ausgedehnte Fibrose oder durch reichliches Fettgewebe nicht als umschriebene Resistenz feststellbar. Wichtig ist zuerst die Betastung bei liegender Patientin, beide Arme nach oben geschlagen. Dann aufsetzen lassen und unter Heben und Senken der Arme auf Einziehungen der Haut achten sowie die Verschieblichkeit der Haut und des Knotens beobachten. Patientin zur Selbstuntersuchung anleiten. Als zusätzliche Methode, vor allem zur Früherkennung, bewährt sich die *Mammographie,* da bis zu 90% richtige Ergebnisse erzielt werden und die Methode auf – nicht tastbare – Mikrokalzifikationen als möglichen Ausdruck noch sehr kleiner Mammakarzinome (s. aber auch Mastopathie) hindeuten kann. Sie ist besonders bei sehr fettreichen Mammae wertvoll. Sie kann bei sezernierender Mamma zusammen mit der *Galaktographie* (Milchgangsdarstellung) zur Lokalisation intrakanalikulärer Papillome und Duktektasien angewandt werden. Von manchen wird die *Xeroradiographie* wegen der kontrastreichen Darstellung für besser als die Mammographie gehalten. Sie geht von einem photoelektrischen (statt photochemischen) Prozeß auf selenbeschichteten Aluminiumplatten aus, hat sich hierzulande aber nicht durchgesetzt. – Die *Sonographie* (Ultraschalluntersuchung) ist für die Früherkennung eines Mammakarzinoms mit den zur Zeit üblichen Geräten noch nicht brauchbar. Immersionsscanner mit mehreren radiär angeordneten Schallköpfen befinden sich in Entwicklung. Schon jetzt wertvoll ist die Sonographie mit Punktion vor allem zur Unterscheidung zwischen zystischen und soliden Veränderungen. Dagegen hat die *Thermographie* (Registrierung von Temperaturerhöhung in stärker durchbluteten Tumoren) die in sie gesetzten Erwartungen zur Frühdiagnose nicht erfüllt, da sie eine bestimmte Mindestgröße des Tumors voraussetzt, der dann aber auch bereits palpabel ist. Die Thermographie kann aber bei der Suche nach Rezidiven gute Dienste leisten. Die *zytodiagnostische Untersuchung* des Mammasekrets kann Hinweise auf ein mögliches Karzinom geben. Auch die *gezielte Punktion* mit Gewebsaspiration und zytologischer Untersuchung wird geübt. Wir halten sie nicht für sehr sinnvoll, da die Deutung der aspirierten Zellen schwierig sein kann und ein negativer Befund die Probeexzision nicht erübrigt. Die sichere Diagnose eines Mammakarzinoms ist nur durch die histologische Untersuchung nach Exzision des Tumorknotens möglich.

Therapie

Operative Therapie und Nachbestrahlung

Die Meinungen über die Therapie des Mammakarzinoms sind auch heute noch sehr geteilt. Nur wenige vertreten noch die Ansicht, daß man der Operation eine Vorbestrahlung vorausschicken solle mit dem Ziel, die Krebszellen zu devitalisieren und die Lymphbahnen zu obliterieren, um die Streuung von Krebszellen unter der Operation zu vermeiden. Die Operation verfolgt folgende Ziele:

- lokale Sanierung sowohl bei lokoregionär begrenztem als auch bei bereits streuendem Tumor,
- Entfernung der regionären Lymphknoten aus diagnostischen, prognostischen und therapeutischen Gründen.

Zu Beginn der Operation wird der tastbare Knoten in toto entfernt und im Schnellschnitt untersucht. Die Behauptung, eine Probeexzision mobilisiere die Tumorausbreitung, ist nicht bewiesen. In 95% ergibt der Schnellschnitt eine sichere Diagnose suspekter Knoten. Bei mammographischen Verdachtsfällen und sofern die Diagnose zweifelhaft bleibt, wird das Material in Paraffin eingebettet und weiter untersucht. Bei positivem Befund erfolgt dann die Operation in einer zweiten Sitzung. Bei sicher positivem Schnellschnitt wird der Probeexzision die Operation sofort angeschlossen. Die früher übliche klassische Radikaloperation nach Rotter-Halsted (= Mastektomie mit beiden Brustmuskeln und Ausräumung der axillären und infraklavikulären Lymphknoten) ist heute meist verlassen und wird nur noch bei Einwachsen des Tumors in den M. pectoralis major angewandt. Bei der „Radikaloperation" des Mammakarzinoms werden heute entweder beide Brustmuskeln belassen oder häufiger (nach Patey) nur der M. pectoralis minor entfernt, natürlich in beiden Fällen mit Entfernung der regionären Lymphknoten. In allen Fällen ist heute aus kosmetischen Gründen beim Hautschnitt der Längsschnitt zugunsten des Querschnittes (nach Stewart) verlassen. – Die Diskussion um die Einschränkung der stark verstümmelnden Operation ist noch im Gange. Sie reicht bei kleineren Karzinomen bis 2 cm Größe von der subkutanen Mastektomie mit Augmentationsplastik über die alleinige Tumorexzision oder Quadrantenresektion (sollte immer mit Lymphknotenausräumung und Nachbestrahlung der Restmamma [60 Gy = 6000 rd] erfolgen), bis zur Beibehaltung der Radikaloperation mit und ohne Augmentationsplastik. Dabei stehen kosmetische Gesichtspunkte sehr stark im Vordergrund. Die Anwendung eingeschränkter Eingriffe bei kleinen Karzinomen (bis 2 cm Größe) wird zur Zeit noch an großen Kliniken auf ihre Unbedenklichkeit untersucht. Bis zum Vorliegen einwandfreier statistischer Ergebnisse sollte in jedem Fall die Radikaloperation, derzeit in der Modifikation nach Patey, angestrebt werden. Ob der Operation sofort oder später durch Einlage einer Prothese oder mit Eigengewebe eine Augmentationsplastik folgt, richtet sich nach den Wünschen der Patientin, die über die möglichen Nachteile einer Prothese (erschwerte Beobachtung des Operationsgebiets, Kapselfibrose usw.) vom Arzt aufzuklären ist. Wichtig für die weitere Behandlung der Patientin ist die saubere Entfernung und die genaue histologische Untersuchung der axillären und infraklavikulären Lymphknoten und die Kenntnis der Größe und des histologischen Aufbaus sowie des Sitzes des Tumors. Die Prognose ist ganz wesentlich abhängig vom Befall der axillären Lymphknoten (Therapieerfolge nach 5 Jahren bei Fällen ohne Lymphknotenmetastasen 70–80%, mit positiven Lymphknoten nur 30–40%). Bei Sitz des Karzinoms im medialen Anteil der Brust kann es mit dem Lymphabfluß zu retrosternalen Metastasen kommen. Frühere superradikale Operationen, die auch diese Lymphknoten entfernten, haben keine Besserung der Heilungsergebnisse gebracht und sind deshalb verlassen worden. Allerdings wird bei medialem Tumorsitz retrosternal nachbestrahlt. Ansonsten Nachbestrahlung nur bei nicht sicher im Gesunden entferntem Tumor mit ungenügendem Sicherheitsbereich zum gesunden Gewebe oder bei Lokalrezidiv und schließlich, wenn die axillären Lymphknoten nicht radikal entfernt wurden. Ansonsten sehen die meisten Therapeuten die systematische Nachbestrahlung, insbesondere der Axilla, nach Radikaloperationen wegen der Spätfolgen (Fibrosierung der Axilla, Armödem) ohne Verbesserung der Ergebnisse als nicht sinnvoll an.

Endokrine und zytostatische Therapie

Das Mammakarzinom kann sehr früh metastasieren, d. h., es treten Rezidive auf, entweder lokal oder als multiple Fernmetastasen. Bis auf einzelne lokoregionäre Rezidive, die zu exzidieren und zu bestrahlen sind, erfordern diese Sekundärfälle eine *systemische Therapie entweder* a) als *endokrine* oder/und b) als *zytostatische Therapie.* Remissionen sind möglich, Heilungen nur in den seltensten Fällen.

Endokrine Therapie

Sollte bei nicht erfolgseiligen Fällen wegen geringer Nebenwirkungen der Chemotherapie vorausgehen. Voraussetzung: Bestimmung der Hormonrezeptoren (Östrogen- und Progesteronrezeptoren), welche die „Hormonsensibilität" anzeigen. Hormontherapie: 1. *ablative Th.* 2. *additive Th.*

Ablative Therapie

Ausschaltung der Ovarien, operativ, aktinisch oder hormonell (GnRH-Analoga). Adrenalektomie: seltene Therapie; Hypophysektomie: sehr selten angewandt bei schmerzhaften Knochenmetastasen.

Additive Therapie

Östrogene: heute seit Einführung der Antiöstrogene nur noch selten im Gebrauch, evtl. bei älteren Frauen mit Haut- und Lymphknotenmetastasen. Gefahren: Uterine Blutungen, Thrombembolie.

Progestagene: (zentrale [Gonadotropin-] Bremsung, Mitosenhemmung) bei Weichteil- und Knochenmetastasen (Präparate: z. B. Clinovir, Farlutal, Depostat, Primolut-Nor u. a.).

Androgene: erhebliche Nebenwirkungen (Virilisierung, Libidosteigerung, Hyperkalzämie), daher eher Androgenderivate wie Fludestrin zu empfehlen.

Antiöstrogene: Tamoxifen (Nolvadex 3 mal 10 mg tgl.; Kessar; Tamofen) blockiert die Östrogenrezeptoren an den Zellen des Erfolgsorgans; besonders gute Wirkung bei älteren Frauen; Aminoglutethimid = Antiöstrogen mit Aromatasehemmung (Orimeten) verhindert Entstehung von Östrogenen aus Androgenen. Anwendung nach eingetretener Tamoxifenresistenz. – Der Einsatz der Antiöstrogene hat die Androgen- und Östrogentherapie weitestgehend verdrängt.

Glucocorticosteroide: werden meist zusammen mit Zytostatika eingesetzt, selten alleine bei Hirnmetastasen.

Die Auswahl der Hormone für die Therapie des rezeptorpositiven metastasierenden Mammakarzinoms ist u. a. auch von der Lebensphase der Frau abhängig.

Richtlinien zur endokrinen Therapie

Ablativ: Bei *jungen* Frauen (bis ca. 5 Jahre nach Menopause: Kastration (operativ, hormonell oder radiologisch), selten Ausschaltung der NN und der Hypophyse.

Additiv werden in der *Prämenopause* Androgenderivate und Progestagene bevorzugt:

Antiöstrogene wirken oft nicht so gut wie in der Postmenopause. *Postmenopause:* Östrogene und Androgene werden heute kaum noch angewandt und durch Antiöstrogene ersetzt (evtl. auch bei fehlendem Rezeptornachweis; dann sind die Remissionsraten aber wesentlich geringer). Progestagene werden hochdosiert gegeben. Glucocorticoidanwendung meist in Verbindung mit Chemotherapie. Die endokrine Therapie kann anabole und euphorisierende Nebeneffekte haben und Metastasenschmerzen lindern. – Die endokrine Therapie wird wie die zytostatische (s. u.) auch adjuvant eingesetzt.

Zytostatische Chemotherapie

Mit alkylierenden Substanzen (z. B. Endoxan), Antimetoboliten (z. B. Methotrexat, Fluorouracil), Antibiotika (z. B. Actinomycin, Adriblastin), Spindelgiften (z. B. Vincristin) und anderen (z. B. Cisplatin). Die zytostatische Therapie wird meist nicht als Mono-, sondern als Polychemotherapie (= Kombination mehrerer Präparate) angewandt. Die Chemotherapie hat folgende Indikationen:

- Als *adjuvante (befristete) Chemotherapie* bei Mammakarzinomen mit lateralem Tumorsitz und positiven axillären Lymphknoten (in Abhängigkeit von der Zahl derselben), aber noch nicht nachweisbaren Fernmetastasen oder bei medialem Tumorsitz ohne Fernmetastasen im Anschluß an die retrosternale Bestrahlung in Form der CMF-(Cyclophosphamid – Methotrexat – Fluorouracil-)Behandlung nach Bonadonna (und Fisher). Soll die Rezidivrate senken; geringere Nebenwirkungen als bei aggressiver Chemotherapie. Bessere Wirkung bei jungen als bei älteren Frauen. Bei lateralem Tumorsitz und negativen axillären Lymphknoten sollte die adjuvante zytostatische Behandlung unterbleiben.
- *Aggressive (unbefristete) Chemotherapie:* bei Versagen der Hormontherapie, bei hormonrezeptornegativen und erfolgseiligen (High-risk-)Fällen metastasierender Mammakarzinome. Meist als Polychemotherapie. Beginn meist mit Kombination Adriblastin (oder Farmorubicin) und Endoxan (Salmon u. Jones). Achtung: Adriblastin hat kardiotoxische Wirkung; Höchstdosis 500–550 mg/qm Körperoberfläche (neuerdings mit Farmorubicin höhere Dosen möglich). Fortsetzung mit einer der vielen Kombinationen, z. B. nach Cooper: 5er Kombination mit Methotrexat, Vincristin, 5-Fluoroucarcil, Endoxan und Prednison. Die Nebenwirkungen der Zytostatika sind erheblich (Knochenmarksdepression, Stomatitis, Nausea, Neurotoxizität, Zystitiden, besonders aber Alopezie). Daher ständige Überwachung vor allem der Leukozytenwerte; bei Adriblastin EKG.

Prognose

Wesentlich abhängig von Zahl der bereits befallenen Lymphknoten. Fast 50% der Frauen haben zum Zeitpunkt der Operation bereits positive axilläre Lymphknoten und sind demnach potentielle Trägerinnen disseminierter Metastasen. Die statistische Fünf- bzw. Zehnjahresheilung beträgt nach Stadien: I 95 bzw. >60%, II 50 bzw. <40%, III 25 bzw. bis 10%, IV ca. 1% bzw. praktisch 0%. Die mittlere Zehnjahresüberlebensrate aller Stadien liegt bei etwa 40%. Von großer Bedeutung ist die posttherapeutische weitere Betreuung der Patientin über 10 Jahre (und länger), da auch nach dieser Zeit Rezidive noch möglich.

Carcinoma uteri

Fast 74% aller Genitalkarzinome gehen vom Uterus aus.

Zervixkarzinom

Vorkommen

Ausgedehnte epidemiologische Studien zeigen seit etwa 2 Jahrzehnten eine signifikante Verringerung der Inzidenzrate invasiver Zervixkarzinome und mehr Frühformen, z. T. wohl infolge der Vorsorgeuntersuchungen. Der Häufigkeitsgipfel invasiver Karzinome, früher im 5. Lebensjahrzehnt, hat sich gegen das Ende des 6. Lebensjahrzehnts hin verschoben. Bevorzugter Entstehungsort: Zylinder-Plattenepithel-Grenze (distales Drüsenfeld) der Zervix. Histologisch 92–95% Plattenepithel-, 5–8% Adenokarzinome.

Ätiologie

Für Reizfaktoren spricht die Häufigkeit der Zervixkarzinome nach häufigen Geburten, rezidivierenden Portioerosionen, frühzeitiger sexueller Aktivität und bei Prostituierten sowie ihre Seltenheit bei Nonnen. Auf auslösende Wirkung des männlichen Smegmas wird aus der geringeren Zahl von Zervixkarzinomen bei Frauen beschnittener jüdischer Männer geschlossen, (aber nicht beweisend, da auch bei anderen Religionsgemeinschaften beschnitten wird, dieser Effekt aber nicht zu beobachten ist).

Stadieneinteilung und Verlauf

Stadium 0: Sog. Carcinoma in situ (Synonyma: Oberflächenkarzinom, präinvasives Karzinom, intraepitheliales Karzinom), das dem invasiven Karzinom ca. 5–15 Jahre vorausgeht. Die Zellveränderungen sind auf die Epithelschicht begrenzt und entsprechen morphologisch sowie bio- und histochemisch dem echten Karzinom. Da aber das infiltrierende und destruierende Wachstum fehlt, ist die Anwendung des Karzinombegriffes im Grunde unberechtigt, zumal viele Carcinomata in situ lange stationär bleiben und ein Teil vielleicht sogar spontan zurückgebildet werden kann (Beweis dafür aber schwierig). Als Vorstadien des Carcinoma in situ gelten leichte, mäßige und schwere Dysplasien des Plattenepithels. Nach neueren Vorstellungen muß aber das Carcinoma in situ nicht unbedingt kontinuierlich über diese Vorstufen entstehen. Zumindest die mäßigen und schweren Dysplasien können auch direkt in ein invasives Karzinom übergehen. Da man heute annimmt, daß keine grundsätzlichen Unterschiede zwischen Dysplasie und Carcinoma in situ bestehen, faßt man beide gerne als „zervikale intraepitheliale Neoplasie" (= CIN I–III) zusammen.

Stadium I: Das Karzinom ist auf die Zervix begrenzt und wächst entweder endophytisch (Ulkusbildung) oder exophytisch (Blumenkohltumor). Bei vorwiegender Ausbreitung im Zervixkanal spricht man von einem Zervixhöhlenkarzinom. Sehr kleine Karzinome der Gruppe I, die klinisch symptomlosen (präklinischen) Frühfällen entsprechen, werden in der internationalen Nomenklatur als Gruppe I A (unterteilt in I A_1 = eben beginnende Stromainvasion und I A_2 = Mikrokarzinom) von den übrigen Karzinomen (I B) des Stadiums I abgegrenzt. 10–30% der Zervixkarzinome metastasieren bereits im Stadium I diskontinuierlich in die regionalen Lymphknoten der Fossa obturatoria und diejenigen entlang den Gefäßen der Beckenwand (V. illiaca, A. illiaca). Davon diskontinuierliche Metastasen bei kleinem Karzinom = Mikrokarzinom in 1–5% der Fälle.

Im Stadium II überschreitet das Karzinom kontinuierlich die Grenzen der Zervix und geht auf das uterusnahe Parametrium (II B) und/oder das obere Scheidendrittel (II A) über.

Stadium III: Das Karzinom erreicht die Beckenwand (III B) und/oder das untere Drittel der Scheide (III A). Dabei kann es die Ureteren, die Ischiasnerven und die Gefäße ummauern. Grundlage der Stadieneinteilung I–III ist im wesentlichen (neben Beurteilung der Scheide) der parametrane Tastbefund (rektale Untersuchung!). Er ermöglicht nicht immer die sichere Abgrenzung der (mehr knotigen) Infiltrate des Karzinoms von Narben und entzündlichen Veränderungen.

Stadium IV: Befall von Blase und/oder Rektum (IV A) und/oder Fernmetastasen in Lunge, Leber, Knochen, Niere und Hirn (IV B).

Symptomatologie

Präklinische Karzinome (Stadium 0 und die frühinvasiven Fälle des Stadiums I) sind definitionsgemäß symptomfrei. Erstsymptome (leider meist nicht Frühsymptome) bei beginnendem Tumorzerfall: Metrorrhagien; Kontaktblutungen bei Kohabitation oder Defäkation; fleischwasserfarbener, bei Infektionen jauchiger und süßlich riechender Ausfluß. Spätsymptome: Schmerzen (schwer beeinflußbare Ischialgien oder Periostschmerzen). Ureterkompression führt zu Hydronephrose, bei Sekundärinfektion zu septischer Pyelonephritis, bei Beidseitigkeit zu Urämie. Gefäßkompressionen: Stauungserscheinungen oder Arrosionsblutungen. Einbruch in Blase und/oder Darm erzeugt entsprechende Organsymptome (Zystitis, Obstipation, Diarrhö, Fistelbildung).

Differentialdiagnose

Ovula Nabothi, Erosionen und Ulzera der Portio anderer Genese (Tbc, Lues, Druckulzera). Polypen, submuköse Myome in statu nascendi.

Diagnose

Bei *makroskopisch erkennbaren (klinischen) Karzinomen* leicht durch Spekulumuntersuchung. Sonde bricht in Ulzerationen oder Blumenkohltumoren ein (Chrobak-Sondenprobe). Sicherung der Diagnose durch Probeexzision (Bröckelentnahme) und histologische Untersuchung. Bei Zervixhöhlenkarzinomen (zuweilen mit tonnenförmiger Auftreibung des Kollums) kann die Portiooberfläche glatt erscheinen. Diagnose durch histologische Untersuchung des Zervixabradats. Stadieneinteilung je nach Tastbefund und Ergebnis zusätzlicher Untersuchungen: Zystoskopie; Rektoskopie; i. v. Pyelographie; Röntgendarstellung der Lunge. Weitere Untersuchungen: Szintigraphie des Skeletts, Sonographie (evtl. Szintigraphie) der Leber, Blutuntersuchung (harnpflichtige

Substanzen!), evtl. Computer- und Kernspintomographie der Parametrien.

Dg der makroskopisch nicht erkennbaren (präklinischen) Frühfälle: Sie hat größte Bedeutung, da in den Frühstadien beste Therapieerfolge. *Bei Patienten über 30 Jahre, möglichst aber auch schon bei Frauen zwischen 20 und 30 Jahren grundsätzlich in mindestens jährlichen Abständen Kontrolluntersuchung mit Anwendung frühdiagnostischer (Such-) Methoden:*

Spiegeleinstellung: Älteres Verfahren der Differenzierung suspekter Portioerosionen = Schiller-Jodprobe: Mit Lugol-Lösung (Jodjodkali) färbt sich nur das glykogenhaltige normale geschichtete Plattenepithel braun an, nicht aber das glykogenfreie präinvasive oder invasive Karzinom. Da aber auch Erosionen jodnegativ (also hell) bleiben, ist nur *der (seltene) Befund einer vollständig jodpositiven Portio diagnostisch verwertbar, der dann allerdings mit 99% Wahrscheinlichkeit das Fehlen eines Karzinoms bedeutet* (Kern).

Kolposkopie (Hinselmann): Betrachtung der Portio unter 10–40facher Lupenvergrößerung. Die Beurteilung der normalen, atypischen und karzinomverdächtigen Befunde erfordert Spezialkenntnisse des Untersuchers. Treffsicherheit geringer als Zytodiagnostik.

Zytodiagnostik (Papanicolaou): Ausstriche (Smear) abgeschilferter Zellen werden mikroskopisch untersucht. Die (sorgfältig durchzuführende) Entnahme (von Portiooberfläche und aus der Zervix) mit einem Wattetupfer ist einfach. Fixierung in Äther-Alkohol (1:1) oder mit Spray. Spezialfärbung, Auswertung in Speziallaboratorien. Die positiven Ergebnisse aller Suchmethoden bedürfen stets der Sicherung durch die histologische Untersuchung. Zur Gewebsentnahme reicht dabei aber die einfache Probeexzision oder die Durchführung multipler Knipsbiopsien nicht aus und kann höchstens orientierend angewandt werden. Negative Befunde besagen nichts, da der Sitz eines Oberflächenkarzinoms verfehlt worden sein kann; ebensowenig schließt die Diagnose eines Oberflächenkarzinoms ein eventuelles benachbartes, bereits invasives Karzinom aus. Endgültige Klärung nur durch Entnahme eines Gewebskegels (Konus) oder durch Portioamputation möglich. Konisation entweder mit dem Messer (für die histologische Aufarbeitung günstiger) oder als Elektrokonisation, in beiden Fällen immer mit getrennter Zervix-Korpus-Abrasion.

Therapie

Therapie des Carcinoma in situ (Stadium 0): Bei älteren Frauen und fehlendem Kinderwunsch halten wir, auch bei vollständiger Entfernung des Befundes durch die Konisation, die Exstirpation des Uterus (ohne Adnexe und Parametrien) bzw. bei allgemeiner internistischer Inoperabilität, vor allem wenn die Veränderung nicht sicher im Gesunden entfernt werden konnte, Radiumeinlage (60–100 Gy im Radiumkontaktbereich) oder entsprechende Iridium-, Kobalt- oder Cäsiumdosen (Afterloading), in Übereinstimmung mit der Anschauung anderer Autoren für angebracht. Bei jungen Frauen und dringendem Kinderwunsch kann die Konisation bzw. Portioamputation selbst bei eben beginnender Stromainvasion (Stad. I A_1) dann als Therapie angesehen werden, wenn das Oberflächenkarzinom durch die Konisation vollständig entfernt wurde und Smearkontrollen über mehrere Jahre gewährleistet sind.

Behandlung der Stadien I und II durch Operation oder Bestrahlung möglich. Beide leisten in geübter Hand das gleiche. *Operation* meist vorgezogen, da sich die Patienten danach rascher erholen. Entfernt werden: Uterus, Adnexe, oberes Scheidendrittel und Parametrien, entweder abdominal (nach Wertheim) oder vaginal (nach Schauta). Beide Methoden werden heute meist durch die planmäßige Mitentfernung der regionären Lymphknoten erweitert (nach Meigs bzw. Purandare). Diese hat aber mehr für die Frage der Prognose und der Notwendigkeit der Nachbestrahlung als für den kurativen Effekt Bedeutung. Extrem radikale Verfahren bei fortgeschrittenen Karzinomen (z. B. Exenteration im Stadium IV nach Brunschwig) haben in Deutschland keine große Verbreitung gefunden.

Postoperative Radiumeinlage (ca. 40 Gy Oberflächendosis) bzw. gleiche Iridium-, Kobalt- oder Cäsiumdosis (Afterloading) in den Scheidenstumpf zur Vermeidung lokaler Rezidive. Verzicht auf weitere Nachbestrahlung, sofern die Parametrien und vollständig entfernten Lymphknoten der Beckenwand histologisch karzinomfrei sind. Andernfalls (evtl. auch bei sehr großem Primärtumor und ausgedehnten Lymphbahneinbrüchen) perkutane (divergierende) Nachbestrahlung der Beckenwand (Hochvolttherapie: Telekobalt; Linearbeschleuniger).

Ausschließliche Strahlentherapie bei Zervixkarzinomen im Stadium III bzw. palliativ im Stadium IV und bei internistisch bedingter

Inoperabilität auch in den Stadien I und II. Kombinierte (fraktionierte) Radium-Hochvolt-Therapie: lokal Radium (150 Gy im Kontaktbereich) oder gleiche Dosis Afterloading mit Iridium, Kobalt, Cäsium. Dabei wird an der Beckenwand eine Dosis von nur 10–20 Gy erreicht. Sie wird durch perkutane Hochvoltbestrahlung auf 40–50 Gy aufgefüllt. Die ausschließliche homogene Hochvolttherapie unter grundsätzlichem Verzicht auf Radium hat sich bislang nicht durchgesetzt; Anwendung z. Z. lediglich bei ungünstiger Applikationsmöglichkeit von Radium oder palliativ im Stadium IV als *homogene* Durchstrahlung des kleinen Beckens.
Seit einigen Jahren wird die Radiumbehandlung immer mehr durch die sog. Afterloading-Methode ersetzt. Vorteil: Strahlenschutz, gefahrloses Einlegen der Strahlenträger, die erst danach mit der Strahlenquelle (Iridium, Kobalt oder Cäsium) beschickt werden. Frage aber, ob biologisch gleiche Wirkung.

Zusatztherapie: Die Anwendung von Zytostatika hat bei Plattenepithelkarzinomen keine große Erfolgsaussicht.
Bei progredienten Fällen oder Rezidiven: Verbesserung des Allgemeinzustandes durch Vitaminpräparate und Anabolika. Auch Glucocorticosteroide (z. B. 20–30 mg Prednison tgl.) beeinflussen in schweren Fällen Psyche und Allgemeinzustand günstig. Die Wirksamkeit anderer Präparate, welche allgemein die Abwehrkräfte des Organismus aktivieren sollen, ist umstritten. Schmerzbehandlung anfangs mit Analgetika (wie Dolviran, Saridon usw.), deren Effekt durch Phenothiazinderivate (Atosil) gesteigert werden kann. Später sind Opiate unter ständiger Dosissteigerung meist nicht zu umgehen. Bei behandlungsresistenten Schmerzen: Chordotomie. Stenosen und Strahlenulzera des Rektums mit quälenden Tenesmen oder Rektum-Scheiden-Fisteln erfordern oft die Anlage eines Anus praeternaturalis, zusätzliche Blasen-Scheiden-Fisteln zuweilen die einer Ileum- (Bricker-)Blase oder andere Harnableitung. Von größter Bedeutung ist auch die weitere Betreuung und Beobachtung der operierten und/oder bestrahlten Patienten ohne Progredienz oder Rezidiv. Regelmäßige Nachuntersuchungen mit BSG-, Gewichts- und urologischen Kontrollen (etwa 10% der Patienten sterben an Harnwegskomplikationen trotz geheilten Karzinoms). Sorge für ausreichende Ernährung, evtl. Invalidisierung auf 2 Jahre. Auch Patienten mit infauster Prognose sollten nicht das Gefühl bekommen, „aufgegeben" zu sein.

Behandlungsergebnisse: Mittlere Fünfjahresüberlebensrate aller Stadien: 53,5%, davon Stadium 0 100%; Stadium I 75,7%; Stadium II 54,6%; Stadium III 30,6%; Stadium IV 7,3%.

Rezidive: Meist Beckenwand-, seltener Lokalrezidive. Laufende BSG- und Gewichtskontrolle können frühzeitig auf sie hinweisen. Narbe und Rezidiv sind im Parametrium nach alleiniger Bestrahlung oft schwer unterscheidbar. Wegen des hohen Risikos einer erneuten Bestrahlung sollte stets die histologische Sicherung der karzinomatösen Natur eines verdächtigen Infiltrats durch Probeexzision, Punktion (Silverman-Nadel) oder sogar operative Freilegung angestrebt werden. Zusätzliche Diagnostik: Rekto- und Zystoskopie; Blutuntersuchungen; röntgenologisch: Phlebo- und Lymphographie, Kontrastdarstellung des Kolons, Infusionsurogramm, röntgenologische Darstellung des Skeletts. Prognose bei Rezidiven außerordentlich schlecht. Bestrahlung, da operative Therapie meist zu risikoreich und erfolglos. Ergebnisse der Bestrahlung aber auch sehr schlecht.

Korpus- oder Endometriumkarzinom

Vorkommen und pathologische Anatomie
Größte Häufigkeit zwischen 55. und 70. Lebensjahr. Unter 40. Lebensjahr selten (höchstens 2–3%). Bevorzugt virginelle, unverheiratete und nullipare Frauen. Histologisch Adenokarzinom, drüsig-solide Mischformen. Sonderformen: Adenokankroid (angelsächsisch Adenokanthom), adenosquamöses Karzinom, „clear cell carcinoma".
Präkanzerosen sind adenomatöse (nicht glandulär-zystische!) Hyperplasien.
Makroskopisch: umschriebene oder diffuse exophytische oder endophytische Formen. Sitz meist Fundus uteri.

Stadieneinteilung

Stadium 0: Carcinoma in situ. Histologisch verdächtige, aber nicht sicher maligne Befunde. (Die Verwendung des Begriffes Carcinoma in situ ist bei Korpuskarzinomen in Frage zu stellen.) Fälle des Stadiums 0 sollten nicht in therapeutischen Statistiken aufgenommen werden.

Stadium I: Das Karzinom ist auf das Corpus uteri begrenzt. Das Stadium I läßt sich je nach Länge des Corpus uteri in I A und I B unterteilen, zusätzlich kann es auch nach dem Grad der Differenzierung der Adenokarzinome in G I, G II und G III unterteilt werden.

Stadium II: Das Karzinom greift zusätzlich auf die Zervix über.

Stadium III: Das Karzinom überschreitet die Uterusgrenzen, aber nicht die des kleinen Beckens.

Stadium IV: Ausbreitung über das kleine Becken hinaus, Fernmetastasen (IV B) oder Einbruch in Blase und/oder Rektum (IV A).

Sekundäre Karzinome sind im Endometrium selten, entweder durch intrakanalikuläre oder lymphogene Ausbreitung von Karzinomen der Ovarien, Tuben oder Zervix, selten Fernmetastasen vom Gastrointestinum oder von der Mamma.

Ausbreitung

Neigung zum Wachstum in den Endometriumgrenzen. Meist späteres Tiefenwachstum als Zervixkarzinom. Bei Durchwachsen der Uteruswand direkte Ausbreitung auf das Pertitoneum (selten). Intrakanalikuläre Ausbreitung in die Tuben ist möglich. Lymphogene Ausbreitung bei Sitz im Fundus entlang den Ovarialgefäßen in die paraaortalen Lymphknoten. Ovarialmetastasen dabei in 7–13% (Lehrbuchansicht, wahrscheinlich geringer [ca. 6%] nach eigenen und anderen Beobachtungen). Es werden bei diesen „Metastasen" aber auch Zweitkarzinome im Sinne von „Systemkarzinomen" diskutiert. Bei Sitz im übrigen Korpus oder in der Zervix Metastasierung in die Lymphknoten der Beckenwand möglich. Die hämatogene Ausbreitung erfolgt nach dem unteren Hohlvenentyp. Vaginale Mestastasen (wohl Implantationsmetastasen) in 7,5%. Ihre Häufigkeit sinkt bei postoperativer Radiumeinlage (oder „Afterloading"-Ausstrahlung) in den Vaginalstumpf auf 0,5%.

Ätiologie

Es werden endogene hormonelle Faktoren wegen auffallend häufiger Koinzidenz der Erkrankung mit Adipositas, Diabetes und Hypertonie erwogen. Östrogene als Ursachen werden noch diskutiert, sind aber wohl abzulehnen. Östrogene als „Terrainbildner" oder Kofaktoren bei vorhandenen Östrogenrezeptoren sind dagegen nicht auszuschließen.

Sy: Im wesentlichen unregelmäßige Blutungen. Blutung in der Postmenopause bedeutet um so eher Endometriumkarzinom, je größer der Abstand vom Sistieren der Regelblutungen (Menopause) ist (nach 1 Jahr ca. 25%, nach 20 Jahren ca. 65%). Andere Blutungsursachen: Gefäßfragilität bei Hypertonie, Diabetes, Polypen, Endometritis usw. Schmerzen und Gewichtsverlust erst im fortgeschrittenen Stadium.

Begleiterkrankungen: Adipositas, Diabetes, Hypertonie, Myome, Pyometra (Pyosalpinx).

Diagnose

Spiegeleinstellung zur Sicherung der Blutung aus dem Uterus; Zytodiagnostik wenig brauchbar (Fehler über 50%). Versuch der Frühdiagnostik durch ambulant mögliche Spülmethoden (Jet-wash-Technik und Kratz- und Aspirationsmethoden). Hysterographie und Hysteroskopie (Gefahr: Verschleppung von Tumorzellen und Bakterien). Sichere Diagnose nur durch (getrennte) Zervix-Korpus-Abrasion und histologische Untersuchung möglich.

Therapie

Bevorzugt durch abdominale Operation: Entfernung des Uterus mit beiden Adnexen, evtl. mit Scheidenmanschette oder mit Lymphonodektomie. Bauchraumlavage und Zytologie der Spülflüssigkeit. Bei Zervixbeteiligung Behandlung wie bei Zervixkarzinom. – Nachbehandlung: Ausstrahlung des Scheidenstumpfes zur Vermeidung von Vaginalmetastasen entweder mit Radium (40 Gy in 1–2 cm Tiefe) oder durch Afterloading-Methode. Nachbestrahlung der Beckenwandlymphknoten (sofern diese belassen wurden) zumindest bei einer Karzinom-Eindringtiefe, welche ein Drittel des Myometriums überschreitet; bei nachweislich freien Lmyphknoten (sofern diese nach Meigs entfernt wurden) kann darauf verzichtet werden.

Strahlentherapie: Ergebnisse schlechter als bei operativer Therapie wegen negativer Auslese (Allgemeinerkrankungen, fortgeschrittene Karzinome). Radiumdosis: 90 Gy in 1 cm Tiefe. Applikationsart: Packmethode mit Radiumeiern in 3–4 Sitzungen (davon einmal als Platte mit Stab, damit das obere Scheidendrittel zur Vermeidung von Vaginalmetastasen mit ausgelastet wird). Oder Anwendung der Afterloading-Methode (s. S. 627). Zusätzliche Hochvoltbestrahlung der Beckenwand. „Auffüllung" der Strahlendosis hier auf 40–50 Gy.

Medikamentöse Therapie: Bei fortgeschrittenen Fällen kann die Therapie mit Progestagenen (z. B. Clinovir, Farlutal, Depostat, Primolut-Nor, Prothil, Niagestin) zu Remissionen führen. Wirkungsmechanismus wohl vorwiegend Mitosehemmung. Zytostatikatherapie wenig erfolgreich. Vorgehen etwa wie bei Ovarialtumoren (s. d).

Behandlungsergebnisse: Statistische mittlere Fünfjahresüberlebensdauer 65,1%. Davon Stadium I 72,3%; Stadium II 56,4%; Stadium III 31,5%; Stadium IV 9,2%.

Carcinoma vaginae

Ca. 3% der Genitalkarzinome.

Ät und *Pathog:* Primäre Karzinome sind meist Plattenpithel-, ganz selten Adenokarzinome. Letztere möglicherweise auf der Basis einer Adenosis vaginae (= kleine multiple Drüsen vom Zervixtyp) bei Frauen, deren Mütter während der Gravidität mit Diäthylstilböstrol behandelt wurden. Bevorzugter Sitz im oberen Drittel und an der Hinterwand der Scheide. Makroskopisch: Umschrieben (knotig-ulzerierend) oder flächenhaft. Häufiger sind *sekundäre* Vaginalkarzinome

- durch Übergreifen von Zervix- oder Vulvakarzinomen auf die Scheide oder durch Einbruch von Karzinomen der Nachbarorgane (Blase, Urethra, Mastdarm);
- durch lymphogene Aussaat oder Implantation eines Korpuskarzinoms (bei Adenokarzinom der Vagina stets getrennte Zervix-Korpus-Abrasion!) oder Chorionkarzinoms.

Prgn: Vor allem der sekundären, aber auch der primären Karzinome sehr ungünstig. Greifen rasch auf paravaginales Gewebe, Rektum, Blase, Uterus und Vulva über. Frühzeitiger Befall der regionären Lymphknoten.

Th: Die Radikaloperation hat wegen der raschen Metastasierung, der schlechten operativen Bedingungen und der hohen Operationsmortalität schlechte Erfolge; daher Strahlenbehandlung bevorzugt. Anderen Primärtumor, vor allem bei Adenokarzinomen, ausschließen. Bei umschriebenen hochsitzenden Formen evtl. Operation nach Wertheim-Meigs mit großer Scheidenmanschette möglich. Bei Sitz in der übrigen Scheide Bestrahlung durch schnelle Elektronen oder Telekobalt; bei zirkulärem Wachstum Einlage von stabförmigen Trägern mit Kobalt 60 oder Cäsium 137 oder Iridium 192 mittels Afterloading-Verfahren. Zusätzliche Perkutanbestrahlung der Lymphabflußgebiete.

Carcinoma vulvae

Vk: 3–4% aller Genitalkarzinome
Prädilektionsalter 60.–70. Lebensjahr.

Pathog und *Sy:* Bevorzugte Lokalisation: Große Labien, Sitz aber auch an Klitoris, Harnröhrenmündung, kleinen Labien, Bartholin-Drüsen (selten). Meist Plattenepithelkarzinome. Makroskopisch: Ulzerierend, knotig, zuweilen Abklatschmetastasen. Frühzeitige Metastasierung in die inguinalen, femoralen und iliakalen Lymphknoten. Rascher kontinuierlicher Übergang auf die Nachbarorgane; Scheide, Harnröhre, Blase, Mastdarm.
Entstehung häufig auf dem Boden einer Dystrophie der Vulva mit Zellatypien, vor allem bei atrophischen Formen (Craurosis vulvae). Daher stets sofortige Probeexzision und histologische Untersuchung kleiner Knötchen oder Defekte im Bereich solcher Veränderungen. Auf das Epithel begrenztes Vorstadium (ähnlich dem Carcinoma in situ der Portio) = *Morbus Bowen* (und Queyrat-Erythroplasie). Seltene Sonderform: *Morbus Paget* mit oder ohne Schweißdrüsenkarzinom.

DD: Harnröhrenkarunkel, paraurethrale Zysten, Papillome, unspezifische oder spezifische Ulzera.

Th: Bevorzugt Radikaloperation: Vulva mit Leisten- und Femorallymphknoten, wenn diese positiv, auch mit Lymphknoten der Beckenwand. Bei eingeschränkter Operabilität Elektrokoagulation (Bervén) oder Elektroresektion (Weghaupt) des Primärtumors mit operativer Ausräumung oder (weniger günstig) Bestrahlung der regionären Lymphknoten.
Alleinige Strahlenbehandlung: Früher Radiumspickung oder -moulagen mit schlechten Ergebnissen. Wenn Strahlentherapie, dann schnelle Elektronen. Anwendung von Zytostatika nicht erfolgversprechend.
Behandlungsergebnisse: Mittlere Fünfjahresüberlebensrate ca. 40–50%.

Chorionkarzinom

Pathog: Sehr bösartiges Malignom, das sich aus synzytialen und Langhans-Zellen der Plazenta entwickelt. In 25% der Fälle ging eine normale Schwangerschaft, in 25% eine Fehlgeburt und in 50% eine Blasenmole voraus.
Sehr rasches Wachstum und frühe Metastasierung, meist entweder lymphogen als Knoten in die Vagina oder hämatogen als röntgenologischer Rundschatten in die Lunge. Rein histologisch nicht zu unterscheiden von der klinisch benignen Chorionepitheliosis, die sich spontan zurückbilden kann.

Sy und *Dg:* Der Uterus bildet sich nach der Gestation nicht zurück, oft unregelmäßige Blutabgänge aus dem Uterus, Luteinzysten der Ovarien, Verschlechterung des Allgemeinzustandes. Die biologischen Schwangerschaftsreaktionen bleiben stark positiv, oft noch in extremer Verdünnung.

Th: Nur noch selten in Ausnahmefällen (starke Blutung) Exstirpation des Uterus. Heute statt Exstirpation des Uterus meist Chemotherapie mit dem Folsäureantagonisten Amethopterin (Methotrexat). Stark toxisch, Stoßtherapie. HCG-Kontrolle. Mittlere Fünfjahresüberlebensrate über 50%. Es ist aber möglich, daß es sich in manchen Fällen von „Heilung" um (benigne) Chorionepitheliosis gehandelt hat.

Climacterium s. Klimakterium

Condylomata acuminata s. Vulvitis

Deszensus s. Lageveränderungen des Uterus

Douglas-Abszeß s. Adnexitis und Pelveoperitonitis

Dysmenorrhö
(schmerzhafte Periodenblutung)

Sy: Die typischen dysmenorrhoischen Schmerzen treten kurz vor und zu Beginn der Blutung auf und dauern etwa 24–36 Stunden, wobei jedoch erhebliche Schwankungen hinsichtlich des Zeitpunktes des Beginns der Beschwerden und ihrer Dauer möglich sind. Vom leichten Ziehen und Druck im Unterleib geht die Skala bis zu kolikartigen, wehenartigen Schmerzen, oft kombiniert mit Übelkeit, Erbrechen und migräneähnlichen Kopfschmerzen. Bei Dysmenorrhö, die durch Endometriose oder submuköse Myome bedingt ist, steigern sich die Schmerzen im Verlauf der Periodenblutung und nehmen auch an Heftigkeit von Menstruation zu Menstruation zu.

Ät: Die Dysmenorrhö ist keine Störung mit einheitlicher Genese, sondern ein Symptom, das verschiedene Ursachen haben kann. Sie kann ohne nachweisbare organische Ursache auftreten und steht damit oft in enger Beziehung zur psychischen Gesamtsituation und zur vegetativen Reaktionslage. Man unterscheidet organische (Uterushypoplasie, Endometriose, Myome, Entzündungen, Zervixstenosen, Retroflexio uteri fixata), statisch bedingte und psychisch-nervöse Ursachen. Eine Sonderform ist die Dysmenorrhoea membranacea, bei der die Uterusschleimhaut in toto bis auf die Basalis unter wehenartigen Kontraktionen ausgestoßen wird (Ursachen unbekannt). Auch Molimina menstrualia (S. 648) kann man zu den Sonderformen zählen.

Bei der *primären* Dysmenorrhö ist sehr häufig eine nachweisbare organische Ursache nicht zu erkennen. In manchen Fällen mag eine Uterushypoplasie vorliegen, wobei der Uteruskörper klein, die Zervix dagegen relativ lang und derb ist, so daß durch die menstruelle Blutfülle Kapselschmerzen bzw. wehenartige Kontraktionen auftreten. Es scheinen auch die unter Progesteroneinfluß stehenden Spiralarterien des Endometriums eine Rolle zu spielen, da bei anovulatorischen Zyklen Dsymenorrhöen fehlen. Typisch für die primäre Dysmenorrhö ist das Nachlassen der Beschwerden im Anschluß an die erste Gravidität. Sicher spielen aber auch neurovegetative Labilität oder Erziehungsfaktoren und Milieuschäden eine Rolle.

Bei den *sekundären,* erst im Verlauf der Geschlechtsreife auftretenden Dysmenorrhöen handelt es sich ursächlich häufig um Endometriose, submuköse Myome, seltener einmal um Zervixstenosen oder um eine Retroflexio uteri fixata. Können diese organischen Ursachen bei der sekundären Dysmenorrhö ausgeschlossen werden, muß man psychische Ursachen annehmen, wie nervöse Überreizung, Ehedifferenzen, Berufsschwierigkeiten, Dyspareunien (s. d.) usw. Heute werden für die psychisch-funktionell bedingte Dysmenorrhö verstärkte Uteruskontraktionen infolge vermehrter Prostaglandinsynthese in Endo- und Myometrium angenommen.

Th: Die organisch und statisch bedingte Dysmenorrhö wird kausal behandelt. Für die übrigen gilt:

- Da die Schmerzen nach heutiger Ansicht durch Prostaglandin verursacht sein sollen, gibt man Prostaglandinsynthetasehemmer (Indometacin, Ibuprofen, Naproxen, Acetylsalicylsäure). Spezifische Wirkung aber fraglich, da sie einen starken analgetischen Effekt haben.
- Da aus bisher unbekannten Gründen eine Dysmenorrhö meist nur bei ovulatorischem Zyklus eintritt (s. o.), ist in schweren Fällen eine entscheidende Besserung durch Unterdrückung der Ovulation möglich. Dies ist mittels einer Östrogen-Gestagen-Kombination zu erreichen (s. Kontrazeption). Diese Therapie sollte jedoch nur

vorübergehend über 4–6 Monate angewandt werden, um durch die momentane Schmerzbeseitigung einen wichtigen psychologischen Effekt zu erzielen. Danach erreicht man dann häufig durch Analgetika weitere ausreichende Schmerzfreiheit.

- Man kann auch mit Progestagenen behandeln (z. B. Duphaston, Primolut-Nor, Orgametril, vom 16.–25. oder 6.–25. Zyklustag), da Gestagene mutmaßlich eine Prostaglandinhemmung bewirken können.
- Eine kausale Therapie ist bei dem hypoplastisch-rigiden Uterus möglich. Durch eine intensive Hormonbehandlung im Sinne einer sog. hormonalen Scheinschwangerschaft (s. Amenorrhö) wird das Uteruswachstum beträchtlich angeregt und eine Größenzunahme des Uterus von 1–2 cm erzielt. Kontrolle durch Sondierung des Uterus möglich.
- Wichtig ist immer die Psychotherapie; evtl. hydrotherapeutische Maßnahmen, Klimawechsel, Massagen, Sedativa.

Dyspareunie
(Pareunos = Lagergenosse)
Manche verstehen darunter das Nichtzusammenpassen der Partner in der Ehe, andere schmerzhafte Kohabitationen. Es handelt sich weniger um eine Krankheit als um ein Partnerschaftsproblem, dessen Auswirkungen jedoch sehr weitgehend sein können.

Primäre Dyspareunie
Hier datieren die Beschwerden seit den ersten Sexualbeziehungen. Sie sind meist emotionellen Ursprungs und hängen oft mit Ungeschicklichkeiten des Ehepartners zusammen, jedoch häufig auch anatomisch bedingt durch vorausgegangene Verletzungen des Introitus (Ostium) vaginae oder des Meatus urethrae. Die Abwehrreaktion gegen den erwarteten Schmerz kann sich bis zum Vaginismus steigern.

Sekundäre Dyspareunie
Ät: Diese ist meist organisch bedingt durch Entzündungen der unteren Genitalabschnitte, Narben am Damm oder in der Vagina nach Geburten, Verklebungen der Fornix vaginae. Häufig auch nach abgelaufener Adnexitis, Parametritis, Parametropathia spastica, auch bei Endometriose und fixierten Ovarialzysten, seltener bei einer Retroflexio uteri fixata. Oft greifen aber auch hier organische und psychische Störungen ineinander. Die vorwiegend psychischen Ursachen der sekundären Dyspareunie sind meist sog. „Ausweichphänomene“ bei ehelichen Schwierigkeiten, Furcht vor weiteren Schwangerschaften usw.

Th: Erst nach genauer Erhebung der Anamnese und der Schmerzsymptome kann die Ursache (meist) geklärt werden. Bei organisch bedingter Dyspareunie vermögen entsprechende, therapeutische Maßnahmen gut zu helfen, wie vor allem hyperämisierende Behandlungen mit Kurzwellen, Moorbädern usw. oder Dilatation des Introitus vaginae in Narkose. Bei Hyperästhesie, Rhagaden u. ä. scheinen cortisonhaltige Salben günstig zu sein. Bei älteren Frauen Besserung der fortgeschrittenen senilen Atrophie der Vagina durch Hormone, am besten östriolhaltige Salben lokal, z. B. Ovestin- oder Ortho-Gynest-Creme. Bei psychischen Ursachen genaue Aufklärung der Ehepartner, evtl. psychotherapeutische Behandlung.

Eklampsie s. Geburtshilfe, S. 684

Emesis gravidarum s. Geburtshilfe, S. 684

Endometriose (= heterotopes Auftreten von Endometriumgewebe)
Die Endometriose ist ein häufiges gynäkologisches Krankheitsbild, das bei ca. 10% aller Laparotomien gefunden wird. Ihre Entwicklung ist an die Zeit der Geschlechtsreife gebunden.

Endometriosis genitalis
Endometriosis genitalis interna
Dabei dringen Endometriumherde aus der Basalis in die Uteruswand ein. In seltensten Fällen besteht eine reine Stromaendometriose (Stromatosis) im Myometrium. Da es sehr häufig zur reaktiven Hypertrophie der Muskulatur um die Endometrioseherde herum kommt, spricht man auch von Adenomyosis uteri. Zur Endometriosis genitalis interna gehört auch die Tubenendometriose. Dabei wächst die Uterusschleimhaut in die Tube vor und kann die Tubenschleimhaut ersetzen, aber auch in die Tubenwand selbst vordringen. So entstehen knotenförmige Auftreibungen im isthmischen Tubenabschnitt, die als Endometriosis tubae isthmica nodosa bezeichnet werden und nicht selten doppelseitig sind. Sie können die Ursache von Sterilität oder Tubargravidität sein.

Endometriosis genitalis externa
Am häufigsten Ovarial- oder Retro- bzw. Rektozervikalendometriose. Im Ovar entstehen sog. Schokoladen- oder Teerzysten. Rekto- und Retrozervikalendometriosen können zu differentialdiagnostischen Schwierigkeiten gegenüber Rektumkarzinomen und Ovarialkarzinomen führen (weitere DD: retrozervikales Myom; Tbc-Knoten; Bauchfellkarzinose. Achtung: Retrozervikale Endometrioseknoten sind außerordentlich druckschmerzhaft!). Sie können eine der Ursachen einer fixierten Retroflexio(-versio) uteri (S. 642) darstellen.
Andere Lokalisationen der Endometriose im Bereich des Genitales sind wesentlich seltener: Sie treten als blaurote Knoten an der Portio, der Scheide und der Vulva auf, die durch ihre starken paramenstruellen Volumenschwankungen auffallen. Sehr häufig ist die Endometriose der Sakrouterinligamente, ganz selten die des seitlichen Parametriums.

Endometriosis extragenitalis

Vk: Kleinere Endometrioseherde auf dem Peritoneum bleiben meist symptomlos. Endometrioseherde im Bereich des Rektums oder der Blase können mit zyklischen Blutungen einhergehen. Traumatisch verschleppt sind Endometrioseherde in Operationsnarben von Laparotomien, Episotomien oder Vaginalrissen. Sehr selten sind Endometrioseherde in den oberen Darmabschnitten und außerhalb der Bauchhöhle wie z. B. in der Leistengegend, am Nabel, in der Bauchwand und als Rarität in der Muskulatur der Schulter, der Arme oder in der Haut und sogar in der Brusthöhle. Nicht so selten dagegen sind Endometrioseherde in den Beckenlymphknoten.

Ät: Die Endometriosis genitalis interna beruht auf der Neigung des Endometriums, insbesondere gegen Ende der Geschlechtsreife in das Myometrium unter reaktiver Hyperplasie desselben einzuwachsen. Durch kontinuierliches Wachstum entstanden sein dürfte auch die Endometriose der Tube und evtl. der Zervix.
Für die Entstehung der Endometriosis genitalis externa und der extragenitalen Endometriose werden zwei Theorien diskutiert.

- Die sog. Verschleppungstheorie (Sampson) geht von der Annahme aus, daß abgelöste Endometriumteilchen während der Menstruation aus dem Uterus retrograd durch die Tube in die Bauchhöhle oder auf dem Blut- und Lymphweg in andere Körperteile gelangen und sich dort ansiedeln.
- Die Theorie der „Entstehung der Endometriose an Ort und Stelle" besagt, daß die Endometriose autochthon aus paramesonephrischem Zölomepithel entstehen kann. Dieser Entstehungsmodus wäre am ehesten im Bereich der Ovarien zu diskutieren.

Von diesen beiden Theorien hat die Verschleppungstheorie die größere Akzeptanz.

Sy und *Dg:* Die Symptome der Endometriose erklären sich aus der zyklischen Hormonbeeinflussung der Endometrioseherde und aus deren Sitz. Durch Blutungen in die Herde und spätere Narbenbildung kommt es zu „erworbenen" (sekundären) Dysmenorrhöen, die fast als pathognomonisch für die Endometriose gelten. Manchmal haben die Endometrioseherde keine Hormonrezeptoren und können dann symptomlos bleiben. Außerhalb der Menstruation treten Schmerzen nur bei stärkeren Adhäsionen im Bereich der Heterotopien auf. Blutungsanomalien in Form von Hypermenorrhöen vorwiegend nur bei der Endometriosis uteri interna. Manchmal ist auch der Tastbefund charakteristisch, da es sich oft um doppelseitige unregelmäßige und harte Tumoren im Adnexbereich handelt. Häufig wird aber die Diagnose erst bei der Laparotomie oder bei der Laparoskopie oder bei der vaginalen Punktion von Tumoren im Becken gestellt. Auf Endometriose verdächtig sind immer *zyklisch* auftretende Blutungen aus dem Rektum oder der Blase.

DD: Entzündliche Adnextumoren, Ovarialtumoren, Uterus myomatosus, Genitaltuberkulose, Extrauteringravidität.

Th: Ist grundsätzlich operativ, hormonell und durch Kastration möglich. Bei Frauen unter 40 Jahren möglichst konservativ operieren, besonders bei gleichzeitig bestehender Sterilität. Die Rezidivgefahr muß dabei in Kauf genommen werden (in mindestens 10–20% der konservativ operierten Fälle; dann weiter Hormontherapie, wenn erneute Operation nicht möglich). Bei Frauen über 40 Jahre und bei ausgedehnten Befunden mit stärkeren Verwachsungen „radikale" Operation. Ist man nicht von der vollständigen Entfernung des Ovarialgewebes überzeugt, evtl. anschließend Hormontherapie.
Die grundsätzlich mögliche Behandlung mit Androgenen (z. B. 100 mg Testoviron-Depot im Anschluß an die Menstruation) ist heute wegen der virilisierenden Wirkung dieser Hormone verlassen. Derzeit wird die Thera-

pie mit Progestagenen (Clinofem, Primolut-Nor oder Orgametril), langfristig (Östrogen-Gestagen-Kombinationen können vorbereitend kurzfristig gegeben werden, da Progestagene nur am proliferierten Endometrium wirksam werden), zyklisch oder als Dauermedikation, bevorzugt. Behandlungsdauer: mehrere Monate oder Jahre. Auch Therapie durch Pseudogravidität ist möglich. – Ob der Gonadotropinhemmer, das synthetische Ethisteronderivat Danazol (Winobanin), das für mehrere Monate in einer Dosierung von 200–600 mg täglich angewandt wird, bessere Ergebnisse als die Progestagene bringt, läßt sich u. E. noch nicht abschließend beurteilen. Die Behandlung ist sehr kostspielig. Behandlung durch Strahlenkastration nur in der unmittelbaren Prämenopause. In Erprobung: Behandlung mit GnRH-Agonisten (z. B. Buserelin [Supfrefact], Enantone).

Endometritis

Ät: Die Uterushöhle ist normalerweise keimfrei. Die Infektion erfolgt überwiegend durch Aszension von Keimen aus dem Zervikalkanal und der Vagina. Eine wesentliche Rolle spielt dabei das Einbringen von Keimen durch intrauterine Eingriffe bei mangelhafter Asepsis (geburtshilfliche Operationen, Aborte, Kürettagen, Sondierungen, Pertubationen, Intrauterinpessare). Daneben spielt auch eine selbständige Aszension von Keimen während der Menstruation und im Wochenbett eine Rolle (s. auch Ursachen bei Adnexitis). Eine Endometritis senilis geht oft mit Pyometra einher: Ursache oft Korpus- oder Zervixkarzinom. Endometritis tuberculosa (einzige deszendierend entstandene Form) s. Adnexitis.

Sy: Das typische und oft einzige Zeichen einer Endometritis (die nicht, wie leider oft, in die Adnexe [Adnexitis] aszendiert) ist die Zusatzblutung, d. h., nach einer normalen oder verstärkten Menstruation bleibt eine meist schwache Blutung über einige Tage bzw. Wochen bestehen (Ursache der Blutung: die entzündlich veränderte Schleimhaut kann sich nicht innerhalb von 4–6 Tagen epithelisieren). Weitere Symptome treten nur bei Fortschreiten der Entzündung in das Myometrium oder die Adnexe auf, wie Schmerzen, Fluor und Fieber. Eine gleichzeitige Myometritis geht einher mit einem vergrößerten, weichen und druckschmerzhaften Uterus (häufig nach Aborten und Geburten). Bei der im Verlauf der Endometritis häufigen Keimaszension in die Tuben werden die an sich schon spärlichen „Endometritissymptome“ dann durch die Symptome der Adnexitis verdeckt.

Th: Die leichte unkomplizierte Endometritis wird mit Östrogenen und danach mit einem Östrogen-Gestagen-Mischpräparat behandelt. Hierzu werden über mindestens 10–14 Tage 2- bis 3mal täglich 1 Tablette Progynon C, anschließend für weitere 10 Tage ein Präparat wie Primosiston oder Duoluton gegeben. Zur Rezidivprophylaxe über 2–3 Zyklen wiederholen. Östrogene begünstigen den (entzündlich gestörten) Epithelisierungsprozeß der menstruellen Wunde. Bei Endometritis sollte man im allgemeinen die Abrasion vermeiden und nur zum Ausschluß von Plazentaresten, Polypen, Karzinom usw. durchführen. Voraussetzung: entzündungsfreies Restgenitale, BSG und Leukozytenwerte weitgehend normal. – Die Therapie mit Antibiotika wird nur bei schweren Endomyometritiden und Aszension in die Tuben notwendig. Zur Behandlung der Endometritis senilis mit Pyometra führt man zuerst nach Zervixdilatation ein Fehling-Röhrchen ein und nimmt Spülungen des Uteruskavums vor. Später wird zum Ausschluß eines Karzinoms eine Abrasion durchgeführt.

Erosio portionis

Ät und *Pathog:* Wird heute meist unverbindlicher als „Erythroplakie“ bezeichnet. Dabei kann es sich um einen Plattenepitheldefekt (Erosio vera) oder um den Ersatz des Plattenepithels durch Zylinderepithel auf entzündlicher oder nicht entzündlicher (Ektopie) Basis handeln. In einem gewissen Umfang ist die Ektopie, d. h. die Verschiebung der Zylinderepithel-Plattenepithel-Grenze auf die Portio, während der Geschlechtsreife hormonell bedingt und damit physiologisch. Die Grenzzone beider Epithelarten findet sich im Senium im Zervikalkanal. Dem ist bei Konisationen auch die Form des Konus anzupassen.

Die Ursachen der „Portioerosion“ sind dementsprechend unterschiedlich. Neben entzündlichen Prozessen, chemischen und mechanischen Reizen haben Milieuveränderungen in der Vagina große Bedeutung. Das Plattenepithel hat seine optimalen Bedingungen nur bei saurem, das Zylinderepithel der Zervix dagegen bei alkalischem Milieu. Eine für das saure Scheidenmilieu ungünstige Verschiebung des pH-Wertes tritt besonders bei einer Hypersekretion des alkalischen zervikalen Fluors auf, wodurch eine wesentliche Voraussetzung für eine „Erosion" gegeben ist. Wenn die Milieubedingungen es zulassen, kann das Zylinderepithel wieder durch das Plattenepithel zurückgedrängt oder durch indirekte Metaplasie plattenepithelial ersetzt werden. Als Restzustand dieser Epidermisierung bleiben nach Überwachsen der „Drüsen"-Öffnungen häufig Ovula Nabothi (= Retentionszysten) bestehen.

Dg: Wichtig ist die Abgrenzung der Erythroplakie gegenüber dem Karzinom mittels Kolposkopie, Zytodiagnostik oder Probeexzision (s. Zervixkarzinom). Bei Betupfen mit Lugol-Lösung wird nur das normale Plattenepithel braun gefärbt, während Zylinderepithel, plattenepithelfreies und atypisches oder karzinomatöses Gewebe durch Jod nicht angefärbt werden.

Th: Sofern überhaupt notwendig und erst nach sicherem Ausschluß eines Karzinoms mehrmaliges Ätzen mit dem Silbernitratstift oder mit Albothyllösung. Auch Verschorfung mit Kaltkaustik nach Semm oder Elektro-, Infrarot-, Laser-, Kältekoagulation sind möglich. Gleichzeitig aber immer den zervikalen Fluor behandeln, da sonst Rezidive auftreten (s. Fluor). Schlecht heilende Erosionen sind immer karzinomverdächtig. Daher in solchen Fällen stets Probeexzision, besser Konisation, d. h. Herausschneiden eines kegelförmigen Ausschnitts aus Zervix und Portio mit der Diathermieschlinge oder dem Messer. Histologie. Anschließend Salbenbehandlung mit Bepanthen, östrogenhaltigen Salben, Lebertran oder Granugenol. Kosmetische Erfolge sehr gut.

Extrauteringravidität

Nidation des Eies außerhalb der Cavitas uteri; meistens im ampullären, seltener im isthmischen Teil der Tube, ganz selten in der freien Bauchhöhle oder im Ovar.

Ät und *Pathog:* Vorwiegend partieller Tubenverschluß (nach Entzündung oder bei Endometriose) infolge Verklebungen der Tubenfalten oder Störungen der Eiwanderung bei mangelhafter Tubenperistaltik. Die Tubargravidität endet entweder (häufiger) mit einem *Tubarabort* (innerer Fruchtkapselaufbruch), besonders bei Sitz des Eies im ampullären Tubenabschnitt, oder (seltener) mit einer *Tubenruptur* (äußerer Fruchtkapselaufbruch) bei Implantation des Eies im Isthmus der Tube. In beiden Fällen erfolgt eine Blutung in die Bauchhöhle, die bei der Ruptur durch das Zerreißen größerer Gefäße zu einer akuten massiven Blutung mit Verblutungsgefahr führen kann. Beim Tubarabort meist protrahierter Verlauf mit leichter Sikkerblutung und Ausbildung einer Haematocele retrouterina.

Sy: Die ersten Symptome treten vorwiegend in der 5. bis 7. Woche post menstruationem auf. Die Regelblutung ist daher meist einmal, selten zweimal ausgeblieben, und es setzen dann beim Tubarabort geringe Blutabgänge aus dem Uterus (Schmierblutung) ein. Diese entstehen durch Abstoßung der Dezidua infolge des Hormonabfalls (Choriongonadotropin und Progesteron), da das Ei zugrunde geht. Häufig ist das erste Symptom der wehenartige Schmerz auf einer Seite durch Tubenperistaltik (wichtig gegenüber dem Intrauterinabort).

Bei der *Ruptur* wird manchmal ein plötzlicher schneidender Schmerz angegeben, und anschließend tritt unter zunehmender Blässe, Tachykardie und frequenter oberflächlicher Atmung ein Peritonealschock ein. Durch den stärkeren intraabdominellen Blutverlust kommt es schließlich zu Schläfrigkeit, Schwindel, Ohnmachtsneigung usw. Das klinische Bild entspricht einem „akuten Abdomen" mit zunehmender Anämie. Wegen der Akuität des Ereignisses kommt es nicht zur Hormonentzugsblutung aus dem Uterus.

Beim *Tubarabort* ist der Blutverlust geringer und protrahierter, so daß die Symptome nicht so dramatisch ablaufen. Bei protrahiertem Tubarabort kann die Anämie geringfügig sein, so daß hier Fehldiagnosen besonders häufig sind. Ansonsten Zeichen zunehmender Anämie.

Dg: Der Uterus ist etwas vergrößert, aufgelockert, und vor allem besteht ein starker Portioschiebeschmerz. Weiterhin tastet man beim Tubarabort einen weichen einseitigen „Adnextumor" („Bluttumor"), der ziemlich druckempfindlich ist. Im Douglas-Raum fühlt man oft eine weiche Resistenz (Haematocele retrouterina), Vorwölbung und meist erhebliche Druckschmerzhaftigkeit. Der Nachweis der intraabdominellen Blutung ist durch die Douglas-Punktion möglich (nur in der Klinik ausführen). In unklaren Fällen hintere Kolpotomie oder besser Laparoskopie. Ein weiterer Hinweis ist durch die Hb-Kontrolle möglich, wobei jedoch im akuten Blutungsstadium die Hb-Werte normal sein können und erst nachträglich absinken. Es ist daher eine fortlaufende Hb-Kontrolle (stets mit Hämatokrit) notwendig. Mit der Ultraschalluntersuchung kann eine Intrauteringravidität oft ausgeschlossen werden. Wichtig ist auch der Flüssigkeitsnachweis (Blut) im Abdomen durch Ultraschall. Von großer differentialdiagnostischer Bedeutung sind die Schwangerschaftsteste, deren negativer Ausfall (z. B. bei einem protrahiert verlaufenden Tubarabort) jedoch nicht unbedingt gegen eine Extrauteringravidität sprechen muß. Bei Tubarruptur dagegen muß der Schwangerschaftstest wegen der Akuität des Ereignisses positiv sein.

DD: Entzündliche Adnextumoren, kleine stielgedrehte Ovarialzyste, perforierte Appendix, intrauteriner Abort (dieser aber eher um die 12. SSW). Harnleiterkoliken, Follikelzystenblutung.

Th: Sofortige Klinikeinweisung. Die einzig mögliche Therapie zur Versorgung der Blutungsquelle ist die Laparotomie, früher meist mit Entfernung der Tube bzw. der erkrankten Adnexe, heute häufiger konservative mikrochirurgische Operationen mit Belassen der Tube. Sie beinhalten die Gefahr einer neuen Tubargravidität, da Tuben*funktion* gestört. Da der Blutverlust nie exakt zu bestimmen ist, sollte schon während der Operation der Blutersatz durch Bluttransfusion oder wenigstens durch Blutersatzmittel in Form von sog. Volumenexpandern (Periston, Dextran) ausgeführt werden.

Fluor genitalis und Kolpitis

Physiologische Gegebenheiten

Das normale Scheidensekret der geschlechtsreifen Frau ist die Folge einer Funktionskette, die sich aus folgenden Gliedern zusammensetzt: Der Östrogenspiegel bewirkt Glykogenbildung in den Scheidenepithelien, die abschilfern. Das Glykogen wird von den Döderlein-Vaginalbakterien fermentativ u. a. zu Milchsäure aufgespalten (pH ~4,0). Dadurch entsteht ein saures Milieu und dementsprechend Keimarmut. Durch diesen Vorgang wird die Vagina, die normalerweise dauernden Bakterieninvasionen ausgesetzt ist, von Bakterien freigehalten. Für diese Selbstreinigung spielt die saure Reaktion des Scheideninhalts eine wesentliche Rolle. Daher sollte man auch keine Scheidenspülungen, die aus hygienischen Gründen mit irgendwelchen Zusätzen durchgeführt werden, zulassen. Erlaubt wäre höchstens die Anwendung von ½%iger Milchsäure. Jede Störung dieser Funktionskette zieht alle anderen Glieder in Mitleidenschaft; das Ergebnis ist immer ein pathologischer Fluor.

Fluor

Als Fluor werden alle Absonderungen aus dem Genitale außer Blut bezeichnet. Häufigstes Symptom, das in der gynäkologischen Sprechstunde genannt wird. Herkunftsorte: Vestibulum, Vagina, Zervix, Korpus, Tuben.

Ät und *Sy:*

- *Vestibulärer Fluor:* physiologisch als Lubrikatio bei sexueller Erregung; pathologisch bei Entzündungen.
- *Vaginaler Fluor:* physiologisch als Transsudat von unterschiedlicher Konsistenz je nach Zyklusphase; noch im Rahmen des physiologischen als psychoreaktiver Fluor bei vegetativer Dystonie; unphysiologischer vaginaler Fluor durch mikrobiologische Störungen (atypische Bakterien, Protozoen, Pilze, Epizoonosen [Oxyuren]), mechanische und chemische Reize. Blutiger Fluor ist oft erstes Anzeichen eines Karzinoms (Vaginal-, Zervix-, Korpuskarzinom).
- *Zervikaler Fluor:* physiologisch in der Ovulationsphase durch Vermehrung und Verflüssigung des Zervixsekretes (Spinnbarkeit). Bei großen Ektopien oft lästig und dann behandlungsbedürftig. Pathologisch: meist eitrige Sekretion bei mechanischen (IUP), bakteriellen (Gonorrhö, Chlamydien), proliferativen (Zervixpolypen) oder tumorösen (Zervixkarzinom, Blutung) Prozessen. Verstärkter zervikaler, auch eitriger Fluor führt zur Alkalisierung der Scheide und Durchbrechung von deren Säureschutz. Deshalb bei rezidivierenden Kolpitiden stets auf Erkrankung der Zervix achten.
- *Korporaler Fluor:* Gibt es physiologisch praktisch nicht. Daher fast immer Hinweis auf entzündliche, hyperproliferative oder blastomatöse Veränderungen im Corpus uteri. Entzündungs- und tumorbedingt ist die Entstehung einer Pyometra, manchmal mit schubweiser Eiterentleerung, möglich. Bei Pyometra immer an Korpuskarzinom denken!
- *Tubarer Fluor:* sehr selten als schubweiser Abgang seröser Flüssigkeit aus den Tuben (= Hydrops tubae profluens).

Dg: Anamnese: zeitliches Auftreten, Farbe und Geruch, Konsistenz, Verbindung mit anderen Symptomen vegetativer Dystonie? *Inspektion:* nur mit geteilten, nicht mit Einhandspekula; Zuhilfenahme der Kolposkopie. *Mikroskopische Untersuchung:* zwischen Inspektion und Palpation. Möglichst Sofortuntersuchung am Nativpräparat (1 Tropfen physiologische Kochsalzlösung, in den das Sekret eingerührt wird – Deckglas; bei Verdacht auf Mykose besser 20%ige Kalilauge). Beurteilung am besten mittels Phasenkontrastmikroskopie (besser als abgeblendetes Hellfeld). Auch Anfärbung des Nativpräparats mit Brillantcresylblau, eventuell auch Methylenblau- oder Giemsa-Färbung möglich.) Zu erkennen sind: Vaginalepithelien, Leukozyten (eitrig/nichteitrig), Bakterien (typische/atypische Flora), Protozoen, Pilzelemente, Wurmeier. *Kulturelle Untersuchung:* bei Bakterien meist sinnlos. Sinnvoll nur bei Therapieresistenz von Zervikokolpitiden. Vorgehen: 6 Tage lokale Tetracyclin-Behandlung, danach Zervixsekret entnehmen zur aeroben und anaeroben Bebrütung. Kultureller Erregernachweis für Hefebefall (nur 10–30% der Hefeträgerinnen sind durch mikroskopische Untersuchung erfaßbar) auf Sabouraud-Agar oder Nickerson-Medium. Nachweis von Chlamydien neuerdings durch Test auf spezialpräparierten Objektträgern möglich, oder Kultur. Kultureller Nachweis von Trichomonaden, Mykoplasmen (harnstoffspaltende, kleinste Bakterien ohne Zellwand) sowie Viren für die gynäkologische Routine noch irrelevant. Die *Palpation* dient im Rahmen der Abklärung der Fluorursache der Ergründung von organischen Veränderungen, insbesondere Tumoren, die sich der Inspektion entziehen.

Th: Oft werden sinnlose polypragmatische Therapieversuche gemacht, oder der Fluor wird ärztlicherseits bagatellisiert. Therapie bei Infektionen gezielt antimikrobiell, bei organischen Veränderungen operativ. Bei vegetativer Dystonie Sedativa, Aufklärung. Bei physiologischem Fluor Aufklärung, daß Therapie oder übertriebene Hygiene nicht nötig. In den beiden letzten Fällen ist jede Lokalbehandlung oder antibiotische Therapie falsch und von Schaden.

Kolpitis

Ätiologie und Pathogenese

Kolpitis = entzündliche Reaktion der Scheide auf eine Infektion, a) *primär:* bei normaler Scheidenflora durchbrechen hochvirulente Erreger den Schutzmechanismus; b) *sekundär:* zuerst Zerstörung des Schutzmechanismus (artifiziell, organische Veränderungen, Tumoren), dann Einwandern von Erregern. Unterscheidung wichtig für Therapie, da zuerst Grundleiden zu beseitigen ist. Häufigste Erreger: atypische Bakterien (Aerobier und Anaerobier), Trichomonaden, Hefepilze, seltener: Mykoplasmen, Chlamydien, Viren, ganz selten: Würmer.

Bakterielle Kolpitis

Ät: Erreger: Escherichia coli, Enterokokken, Staphylo- Streptokokken, Haemophilus vaginalis u. a. Meist mehrere gleichzeitig. Kultur sinnlos. Bei Anaeorbiern meist auffallender, süßlich-übler Geruch. Wird durch Kalilauge verstärkt. Häufig als „Aminkolpitis" bezeichnet. Ursache: anarobierbedingte Freisetzung von Aminen (vorwiegend ohne Entzündung). Begriff „Kolpitis" daher meist nicht zutreffend. Besser: bakterielle Vaginose.

Sy: Befinden unterschiedlich, leichtes bis schweres Krankheitsgefühl. Nativpräparat: nur atypische Bakterien, Eiterabsonderung, evtl. massiv.

Dg: Ausschluß von Fremdkörpern, Organveränderungen, Trichomonaden und Mykosen.

Th: Zunächst lokal mit Tetracyclin plus Amphotericin (Mysteclin). (Dem Antibiotikum wird ein Antimykotikum zugesetzt, da das Antibiotikum Tetracyclin alleine evtl. vorhandene Hefepilze stimuliert und es dann zu einer Mykose der Scheide käme.) Kohabitation nicht verboten, sondern erwünscht, da Partner dadurch mitbehandelt wird. Bei Verdacht auf Anaerobierinfektion (Geruch süßlich-fischig) Behandlung mit Clont (6 Tage 2mal 250 mg oral, evtl. lokal 6 Tage täglich 0,1 g). Partnerbehandlung. Im Anschluß an die Behandlung empfiehlt sich Wiederaufbau des pyhsiologischen Vaginalmilieus (sog. Zweiphasentherapie) mit Östrogenen (z. B. Ovestin oral und/oder als Salbe) und Einbringen von Laktobazillen (z. B. Vagiflor). Nur bei chronisch rezidivierenden bakteriellen Kolpitiden sind Erreger- und Resistenzbestimmung sowie genaue mikrobiologische Untersuchung des Partners zwecks gezielter Therapie notwendig.

Trichomonaden-Kolpitis

Ät und *Pathog:* Die Trichomoniasis ist eine venerische Parasitose, d. h. Übertragung erfolgt überwiegend bei Kohabitation. Ganz selten Schmierinfektion (letztere als „Alibi" nicht auszuschließen). Bevölkerungsdurchseuchung 10% (bei starker Promiskuität bis 50%). Nach Erstinfektion akute Kolpitis (erhebliche Beschwerden, massenhaft Trichomonaden); diese geht unbehandelt in chronisches Stadium (oft symptomlos, Rötung der

Scheide, reichlich Trichomonaden) und schließlich in das chronisch-latente Stadium (keine anamnestischen und keine klinischen Zeichen, nur vereinzelte Trichomonaden im Nativpräparat, Mischflora, evtl. sogar Döderlein-Bakterien) über. Das chronisch-latente Stadium kann jederzeit erneut akut werden, was zu der nicht berechtigten Anschauung geführt hat, daß Trichomonas nur fakultativ pathogen sei. – Trichomonaden können auch Nachbarorgane (Urethra, Blase, Zervix) mit Aszension (Pyelon, Tuben) befallen. Trichomonadeninfektion geht meist mit bakterieller (vorwiegend Anaerobier) Infektion einher.

Sy: Leichter Juckreiz, zunehmendes Brennen und Gefühl des Wundseins. Zunehmend eitriger, übelriechender Fluor (schaumig). Rötung von Vagina und Introitus. Evtl. Entzündung von Urethra und Blase mit entsprechenden Symptomen.

Dg: Nativpräparat: Massenhaft stark bewegliche Trichomonaden. Beurteilbar am besten im Phasenkontrastmikroskop, schlechter im Dunkelfeld oder im gefärbten (Methylenblau, Brillantcresylblau) Ausstrich.

Th: Sichere *orale* Therapie mit Imidazol-Abkömmlingen (Metronidazol: Clont; Tinidazol: Simplotan). Dos.: Clont 6 Tage 2 mal 1 Tablette oral à 0,25 + täglich 1 Vaginaltablette à 0,1; Simplotan: 2 Filmtabletten à 1 g Tinidazol als Einmaldosis, oral. Partnerbehandlung obligat! Bei Mißerfolg der Behandlung nach fehlender Partnerbehandlung und Einnahmefehlern fragen.

Vaginalmykose (Soor-Kolpitis)

Ät und *Pathog:* Erreger: Hefen, meist Candida albicans (ca. 80%) oder Torulopsis glabrata (ca. 15%). Hefen sind fakultativ pathogen. Finden sich bei 10% gesunden, 15% gynäkologisch kranken und 30% graviden Frauen. Symptomlose Kontamination häufig. Zu infektiösen Symptomen, plötzlich aus der symptomlosen Kontamination heraus, kommt es durch hormonale Änderungen (Gravidität; Ovulationshemmer), Stoffwechselstörungen (Diabetes), thermische Reize, Antibiotika (!), Corticosteroide. Warum es vom saprophytären zum pathogenen Zustand kommt, ist noch ungeklärt.

Sy: Pruritus, Brennen, wäßriger Fluor, Rötung und Ödem der Vagina und evtl. der Vulva. Pruritus zwar Leitsymptom, aber nicht pathognomonisch. Weißliche Beläge an der Vaginalwand. Käsig-bröckliger Scheideninhalt. – Partner kann, muß aber keine Symptome haben. Wenn Symptome, meist Brennen, Jucken, Pustelbildungen an der Glans penis.

Dg: Nativpräparat, am besten nach Aufschwemmen mit 20% Kalilauge (zerstört Zellen unter Erhaltung der Pilze) mit Phasenkontrastmikroskopie. Mikroskopischer Pilznachweis oft nicht möglich. Daher bei entsprechender Symptomatik immer kultureller Nachweis notwendig.

Th: Lokal: Mit Imidazolen (Clotrimazol: Canesten; Miconazol: Gyno-Daktar, Gyno-Monistat) als Vaginalcreme oder in Form von Vaginaltabletten. Behandlungsdauer 1–6 Tage je nach Präparat. Vulva mitbehandeln. Partner mitbehandeln, auch wenn symptomfrei. Resistenzen gegen moderne Antimykotika sind nicht bekannt. Achtung: Reinfektionsgefahr vom Orogastrointestinaltrakt her: ⅔ aller Menschen beherbergen hier Pilze. Behandlung mit Amphotericin B (Ampho-Moronal) oder Natamycin (Pimafucin). Die Präparate werden nicht resorbiert, wirken nur lokal im Bereich des Intestinums. Am besten als Emulsion oder Lutschtabletten verordnen (zur Mitbehandlung der Mundhöhle). Systemische Behandlung der Vaginalmykose wird selten notwendig, nur bei hartnäckigen Fällen und Übergreifen auf die Haut. Sie ist möglich mit Miconazol (Daktar) i. v., oral mit Ketoconazol (Nizoral). Achtung: erhebliche Nebenwirkungen (u. a. Leber) möglich. Anwendung daher nur in Ausnahmefällen.

Seltenere mikrobielle Kolpitiden

Bedeutung von Mykoplasmen und Chlamydien als eigenständige Kolpitiserreger noch unklar. Bei Verdacht Behandlung mit Tetracyclin lokal oder oral. Virusinfektionen (Herpes genitalis) sind selten; Behandlung symptomatisch.

Colpitis senilis (atrophe Kolpitis, Alterskolpitis, Colpitis vetularum)

Ät und *Sy:* Durch Ausfall der Östrogene wird das Vaginalepithel dünner und leichter verletzlich; zusätzlich fehlt Glykogen und damit die Milchsäurebildung. Daher geringerer Schutz der Scheide. Infolge dünnen Epithels scheinen die Gefäße durch. Deshalb Rötung möglich wie bei Entzündung, manchmal punktförmig (Colpitis granularis). Manchmal bei bakterieller Infektion Ulzera (Colpitis ulcerativa). Unbehandelt: Folge zuweilen Adhäsionen und Obliteration der Scheide.

Th: Lokal-hormonell mit Östrogenen (Ovestin-, Ortho-Gynestcreme), evtl. auch orale Behandlung mit Östriolpräparaten mit oder ohne Lokalbehandlung. Bei zusätzlicher bakterieller Infektion der Scheide lokal Tetracyclin (besser Mysteclin [S. 636]) abwechselnd mit Östrogensalben.

Hyperemesis gravidarum s. Geburtshilfe S. 684

Klimakterium

Definition

Als Klimakterium bezeichnet man die Übergangszeit zwischen der Geschlechtsreife und dem Senium und charakterisiert damit das allmähliche Versiegen der Geschlechtsfunktionen. Im Durchschnitt tritt das Klimakterium zwischen dem 45. und 55. Lebensjahr ein, wobei zuweilen schon sehr früh (40. Lebensjahr) sich die ersten Anzeichen einstellen. Als Menopause bezeichnet man den Zeitpunkt der letzten Blutung, der eine einjährige Amenorrhö folgt. Menopausenalter heute 50. bis 51. Lebensjahr. Die Zeitspanne davor wird als Prä-, die danach als Postmenopause benannt. Letzterer folgt das Senium oder die späte Postmenopause.

Symptomatologie

Es stellen sich im Klimakterium typische Veränderungen im Funktionskreis der Ovarien ein. Die Östrogenbildung nimmt ab (Hypoöstrogenismus) und damit reaktiv die Ausschüttung der Gonadotropine zu (Hypergonadotropismus). Dadurch treten folgende Symptome auf:

Blutungsstörungen

Als Menstruationsverschiebungen (Poly-, Oligomenorrhö), meist aufgrund anovulatorischer Zyklen bis hin zur ausgesprochenen Follikelpersistenz (mit glandulär-zystischer Hyperplasie des Endometriums) und in der Folge klimakterischer Dauerblutung. Daher sind klimakterische Blutungen meist dysfunktionelle Blutungen (aber stets Ausschluß von Genitalkarzinom, Polypen, Myomen, Abort usw.!). Erlaubt ist der Versuch einer sogenannten „hormonellen Abrasion" (6 oder 10 Tage lang oral Östrogen-Gestagen-Gemisch (z. B. Primosiston, 3mal 1 Tabl. täglich). Steht die Blutung nach 48–72 Stunden und erfolgt nach Absetzen der Behandlung eine befristete Entzugsblutung, erübrigt sich die Abrasion. Ansonsten stets fraktionierte Abrasion. Dieses Vorgehen ist in der Postmenopause *nicht* erlaubt. Hier bei Blutung stets sofort fraktionierte Abrasion. Findet sich dann histologisch eine glandulär-zystische Hyperplasie, ist nach vorausgegangener Östrogengabe und nach hormonbildenden Ovarialtumoren zu fahnden.

Vegetative Störungen

Mit fortschreitendem Klimakterium (meist in der Postmenopause) treten auch gehäuft Störungen des vegetativen Nervensystems auf. Bei neurovegetativ stabilen Frauen sind diese Allgemeinerscheinungen so gering, daß keine Verminderung der körperlichen Leistungsfähigkeit eintritt; bei nervösen und labilen Frauen (etwa 30%) können die vegetativen Störungen so stark sein, daß sie ärztlicher Hilfe bedürfen.

Durch Überwiegen des Sympathikotonus (Verminderung der Östrogene vermindert parasyhmpathikotonen Einfluß) finden sich Schweißausbrüche, Hitzewallungen, Schwindelanfälle, Herzklopfen, Atemnot, Ohnmacht.

Psychische Auffälligkeiten

Veränderungen des Gemütszustandes, Gedächtnisschwäche, Änderungen im Sexualverhalten, Schlaflosigkeit, Depressionen, in schweren Fällen klimakterische Psychosen.

Organische Veränderungen

Meist erst in der späten Postmenopause = Senium: Schrumpfung der Genitalorgane (Uterus, Vagina, Vulva, Mammae; an der Vulva in übersteigerter Form als Dystrophie [Kraurose]), Fettansatz, Haarausfall, Arthrosen, Hypertonie, Koronarsklerose, Diabetes, Stoffwechsel- und Elektrolytstörungen und vor allem Osteoporose.

Therapie

Bei der Behandlung des klimakterischen Syndroms versucht man die hormonale Dysbalance auszugleichen, wobei die *Östrogene* am wirkungsvollsten sind. Manchmal reichen zur Behandlung von Hitzewallungen auch Progestagengaben aus. Bei der Therapie mit Hormonpräparaten sollte nicht nur die Stärke der Ausfallserscheinungen, sondern auch das Alter der Patientin und damit die hormonale Situation berücksichtigt werden. In der Prämenopause, wenn die Zyklusstörungen im Vordergrund stehen, sollte man, immer nach Ausschluß organischer Blutungsursachen, die Zweiphasentherapie oder Sequenztherapie, z. B. mit Cyclo-Progynova oder Presomen comp., durchführen (vom 5. bis 25. Zyklustag tägl. 1 Tabl.), wodurch vor allem der Zyklus normalisiert wird und gleichzeitig klimakterische Beschwerden verschwinden. Diese Therapie ist jahrelang möglich. Pausen sind zu empfehlen, um festzustellen, ob überhaupt noch Spontanblutungen auftreten oder klimakterische Störungen vorhanden sind. Treten Menstruationsblutungen nur noch sehr selten oder nicht mehr auf, ist zur Behandlung vor allem der psychovegetativen Störungen der Postmenopause grundsätzlich der Einsatz von Östrogenen (auch transdermal) alleine (seltener von Gestagenen alleine) oder zyklisch in Kombination mit Progestagenen möglich. Bevorzugt werden „natürliche" Östrogene: Ester natürlicher Östrogene, mikronisierte Östrogene (z. B. Estrifam) und konjugierte Östrogene (z. B. Presomen, Transannon). Konjugierte Östrogene sind ein Komplex aus Stutenharn gewonnener Östrogene, die an Glucuron- oder Schwefelsäure gebunden sind. – Besser als Östrogene alleine ist die zusätzliche Gabe von Progestagenen (s. u.). Als Behandlungsprinzip gilt heute: Zyklische Anwendung natürlicher Östrogene in möglichst niedrig ausgeloteter Dosierung und in der zweiten Phase kombiniert mit Gestagenen (Präparate: Cyclo-Progynova, Presomen compositum oder Trisequens). Rein synthetisches Estradiol (Ethinylestradiol (Progynon C) und sein Derivat Mestranol (beide Östrogenbestandteil praktisch aller Ovulationshemmer), sollte man (s. u.) wegen der starken Östrogenwirkung (zur Prophylaxe von Endometriumkarzinomen [?] sowie kardiovaskulären und Stoffwechselerkrankungen) vermeiden. Deshalb im Klimakterium auch keine Ovulationshemmer geben; sofern Konzeptionsschutz erwünscht, besser Intrauterinpessar oder Sterilisation. Estriolpräparate (Ovestin, Synapause) sind gut zur Behandlung klimakterischer Beschwerden geeignet, wirken eutrophierend auf Vulva und Vagina, aber nicht(!) prophylaktisch gegen Osteoporose. Sie können kontinuierlich gegeben werden. Bei alleinigen Östrogengaben, aber auch bei Östrogen-Gestagen-Medikation können Zwischenblutungen auftreten, welche die Abrasion notwendig machen. Das gilt aber nicht für geplante Entzugsblutungen bei Östrogen-Gestagen-Gaben. – Eine sehr begrenzte Indikation haben Psychopharmaka mit oder ohne Östrogene.

Bei sehr schweren klimakterischen Ausfallserscheinungen, besonders wenn diese mit Depressionen, Arthropathien, Osteoporose u. ä. verknüpft sind, ist die vorübergehende Therapie mit Östrogen-Androgen-Mischpräparaten möglich. Durch den Zusatz von androgenem Hormon zu den Östrogenen wird der erwünschte zentrale Effekt gesteigert und die Gefahr unerwünschter Nebenwirkungen vermindert, aber nicht aufgehoben. Die Injektion dieser Präparate (Primodian, Gynodian u. a.) erfolgt im Abstand von 4–8 Wochen (je nach Dauer des Wiederauftretens der subjektiven Erscheinungen), wobei man unbedingt auf Virilisierungssymptome achten muß; nach Angabe des Herstellers soll Gynodian Depot (= Estradiol + Prasteronenantat) keine Virilisierungserscheinungen machen, da der Androgenanteil so metabolisiert wird, daß ein virilisierender Effekt kaum wirksam werden kann. Man sollte diese Östrogen-Androgen-Präparate nur über einen kürzeren Zeitraum anwenden und möglichst bald wieder auf Östrogen-Gestagen-Präparate (s. oben) übergehen.

Die zusätzliche *lokale Anwendung von Östrogenen* empfiehlt sich bei Colpitis senilis, Dystrophie (Kraurose) der Vulva und evtl. bei Pruritus. Präparate: Ovestin Creme, Ortho-Gynest Vaginalcreme u. a. – Bei der Anwendung von Östrogenen ist zu berücksichtigen, daß insbesondere von amerikanischer Seite immer wieder das erhöhte Risiko der Induktion von Korpuskarzinomen behauptet wird. Die hierzu vorgelegten Untersuchungen und Statistiken sind nicht überzeugend oder gar beweiskräftig. Trotzdem wird heute grundsätzlich geraten, Östrogene nicht über längere Zeit ohne zusätzliche Gestagene zu geben, um den Proliferationsreiz der Östrogene am Endometrium zu hemmen. Vor allem sind endometriumkarzinomgefährdete Patienten (frühe Menarche, späte Menopause, unverheiratete Frauen, nullipare Frauen, Adipositas, Diabetes, Hypertonie) besonders zu überwachen (halbjährliche Untersuchung, zusätzliche Zellgewinnung aus der Cavitas uteri [jet wash oder andere Methoden]). – Derzeit wird auch die prophylaktische Östrogen-Gestagen-Langzeitbehandlung zur Vermeidung altersbedingter Östrogenmangelerkrankungen (z. B. Osteoporose) diskutiert.

Kolpitis s. Fluor genitalis und Kolpitis

Kontrazeption

Wenn das Eintreten einer Gravidität aus medizinischer Indikation oder aus Gründen der Familienplanung vermieden werden soll, bestehen gegen die Anwendung der hormonellen Kontrazeptiva kaum Bedenken.

Wirkungsmechanismus: Bremsung des Ovarial-Hypothalamus-Hypophysenvorderlappen-Systems durch Progestagene und Östrogene; dadurch bedingte Ovulationshemmung. Weitere zusätzliche schwangerschaftsverhütende Wirkungsmechanismen: Beeinflussung des Zervixschleims, Veränderungen des Endometriums, Beschleunigung der Tubenmotilität.

Präparate: Angewandt werden heute etwa 2 synthetische Östrogene und etwa 9 Progestagene in unterschiedlicher Zusammensetzung. Die Progestagene leiten sich vom Hydroxyprogesteron und vom 19-Nortestosteron ab und unterscheiden sich deutlich in ihrer Wirkung. Östrogene und Progestagene werden in unterschiedlicher Dosierung und Aufeinanderfolge miteinander kombiniert. Nach der Art der Kombination unterscheidet man: *Einphasenpräparate* und *Sequenzpräparate*. Letztere gibt es als Zweiphasen-, Zweistufen- und Dreistufenmethode. – Bei der Einphasenmethode (von manchen auch Kombinationsmethode genannt) werden Östrogene und Progestagene für 20–22 Tage (vom 5.–24. oder 25. Zyklustag) in gleichbleibender Dosierung gleichzeitig gegeben. 1–3 Tage nach Absetzen des Präparats erfolgt die Entzugsblutung. Als Einphasenpräparate mit besonders niedrigem Gehalt beider Hormone sind z. B. Marvelon und Microgynon 21 im Handel. Die Zweiphasenpräparate (Sequenzmethode) enthalten in der ersten Phase nur Östrogene und erst in der zweiten Phase zusätzlich Progestagene. Zweiphasenpräparate gelten als physiologischer und besser verträglich, aber in der ursprünglich dem natürlichen Zyklus angepaßten Aufeinanderfolge der Hormone als weniger „sicher“. Dies, weil möglicherweise zusätzliche Schutzmechanismen (s. o.) zu spät wirksam werden und Ovulationen nicht ausreichend sicher unterdrückt werden. Deshalb hat man bei den Sequenzpräparaten die Östrogenphase inzwischen von 14 auf bis zu 7 Tage verkürzt und gibt danach vom 8.–22. Einnahmetag eine Östrogen-Progestagen-Kombination (Präparate z. B.: Ovanon, Oviol, Eunomin). Eine Übergangsform zwischen der Einphasen- und der Sequenzmethode stellt die Zweistufenmethode dar. Die Östrogendosis bleibt während der ganzen Einnahmedauer konstant. Wie bei den Einphasenpräparaten werden bereits in der ersten Phase von 11 Tagen Progestagene mitgegeben, die in der zweiten Phase (Stufe) auf das 2–2,5fache erhöht werden (Beispiele: Sequilar, Sinovula). Es sind auch Dreistufenpräparate auf dem Markt (Triquilar, TriNovum, Tristep, Trinordiol). Bei den meisten Präparaten hat die Patientin die Möglichkeit, die an sich „tablettenfreie Zeit“ durch Plazebo-Präparate zu überbrücken, um Einnahmefehler durch Vergessen zu vermeiden. – Zur hormonellen Kontrazeption werden schließlich auch reine Progestagene („Minipille“), z. B. Levonorgestrel (Microlut) verwandt, die immer zur gleichen Zeit und kontinuierlich einzunehmen sind. Die Anwendung von Progesteron-Depot-Präparaten zur Ovulationshemmung wie z. B. Depo-Clinovir hat sich u. E. nicht bewährt. Menstruationsstörungen und vor allem Zwischenblutungen sind häufig. Hormonelle Kontrazeptiva sollten möglichst erst gegeben werden, wenn ovulatorische Zyklen bestehen (Basaltemperaturmessung). Regelmäßige Pillenpausen sind heute nicht mehr notwendig, bei Frauen mit späterem Kinderwunsch zwecks zwischenzeitlicher Basaltemperaturmessung aber angeraten.
Die Versagerquote, d. h. ungewollte Schwangerschaften, (berechnet auf 100 „Frauenjahre“ = 1200 Anwendungsmonate = Pearl-Index) liegt bei den meisten Ovulationshemmern zwischen 0,2 bis 0,5, bei der Minipille zwischen 0,8 und 1,5 (im Vergleich hierzu bei Intrauterinpessaren zwischen 1,6 und 2,7).

Nebenwirkungen können durch den östrogenen oder progestagenen Anteil verursacht sein. Meist verschwinden sie wieder nach 2 bis 3 Einnahmezyklen. Als häufigste Nebenwirkungen gelten: *subjektiv:* Müdigkeit, Kopfschmerzen, Nervosität, Varizenbeschwerden, Libidoveränderungen, Brustspannung, Übelkeit, Depressionen; *objektiv:* Thromboembolien in Abhängigkeit vom Östrogengehalt. Nach amerikanischen Untersuchungen nimmt das Risiko eines tödlichen Herzinfarktes mit und ohne Pille nach dem 40. Lebensjahr um das 6fache zu, mit Pille etwas mehr als ohne. Eklatant erhöhen sich diese Zahlen bei Raucherinnen mit Pille. Nach dem 40. Lebensjahr wird daher vor allem bei Raucherinnen von der Pille abgeraten (Ersatz: IUP, Sterilisation). Weitere Risikofaktoren (nach dem 40. Lebensjahr): Varikosis, Übergewicht, Hypertonie, Diabetes. Blutdruckerhöhung tritt wahrscheinlich nur bei besonders disponierten Frauen auf. Auch Leberschädigung kann zu befürchten sein. Daher bei Leberschäden Ovulationshemmer möglichst absetzen. Häufig (ca. 10%) ist Gewichtszunahme (meist östrogenbedingt, wenn schnell auftretend, aber auch anabole Wirkung der Progestagene bei langsamer Gewichtszunahme). Hyperpigmentierungen (Achtung: meist nur gering reversibel). Akne, Seborrhö, Haarausfall meist durch Nortestosteronderivate verursacht (androgener Effekt). Wechsel auf Präparate, die Antiandrogene (Cyproteronacetat) enthalten (z. B. Diane). Erfolgen Durchbruchsblutungen in mehreren Zyklen, Präparatewechsel entweder östrogenbetont (falls Blutung in der ersten Zyklushälfte) oder gestagenbetont (falls Blutung in der zweiten Zyklushälfte). Treten Amenorrhöen durch Endometriumatrophie ein, Wechsel auf östrogenbetonteres Präparat. Arzneimittelinterferenzen bestehen mit Barbituraten, Hydantoinen und Rifampicin. Neuropharmaka können zu Zwischenblutungen führen. Die Gefahr der Karzinomentstehung an Mamma, Corpus oder Cervix uteri durch Ovulationshemmer ist nicht gegeben. Allerdings fördert die Gabe von Ovulationshemmern wohl die Frühsexualität und damit indirekt ein bekannt höheres Risiko für das Zervixkarzinom.

Kontraindikationen: Absolut: Schwangerschaft, schwere Lebererkrankungen, thrombembolische Erkrankungen, hormonbildende Tumoren, bestimmte Anämieformen, Hyperlipidämie und einige endokrine interne Erkrankungen. *Relativ:* vorausgegangene Thrombophlebitis, Varikosis, Migräne, multiple Sklerose, Blutdruckerhöhung, Diabetes, Tetanie, Neigung zur Hyperpigmentierung, Otosklerose, Epilepsie. Unter Gabe von Ovulationshemmern sollten halbjährliche ärztliche Kontrollen die Regel sein mit Überprüfung der Mammae, zytologischem Abstrich, Kontrolle des Blutdrucks und Kontrolle des Urins auf Zucker.

Nichthormonelle Verhütungsmethoden: Sind Nebenerscheinungen nicht durch Wechsel des Ovulationshemmers oder dessen niedrigere Dosierung (Microgynon) bzw. reine Gestagene (Microlut) zu beseitigen oder bestehen absolute oder relative Kontraindikationen gegen die hormonelle Kontrazeption, so muß bei dem Wunsch oder der dringenden Notwendigkeit zur Schwangerschaftsverhütung auf mechanische, chemische oder biologische Verhütungsmethoden oder unter gegebenen Voraussetzungen auf die Sterilisation der Patientin oder des Ehemannes zurückgegriffen werden. Von allen nichthormonellen Verhütungsmethoden (Basaltemperaturmessung, chemische Mittel, Coitus condomatus, Scheidendiaphragma, Portiokappe) ist (außer der Sterilisation) die Kontrazeption durch intrauterin eingelegte *Kunststoffpessare* (IUP) (z. B. die ältere Lippes-Schlinge oder die neueren kupferhaltigen wie Gyne T, Multiload Cu 250 u. a. oder Biograviplan [zusätzlich lokal hormonwirksam]) mit einem Pearl-Index von 1,5–2,7 am zuverlässigsten.

Nidationshemmung: Nach ungeschütztem Koitus während der fruchtbaren Tage läßt sich nachträglich (bis zu höchstens 24–48 Stunden post coitum) durch Nidationshemmung eine Schwangerschaft verhindern. Früher wurden hierzu hohe Östrogendosen mit erheblichen Nebenwirkungen angewandt, heute bietet die Fa. Schering zum selben Zweck Tetragynon an. Nebenwirkungen geringer. Wirkungsweise: Beeinträchtigung des Endometriums, ungünstigere Verhältnisse für Nidation; evtl. Verkürzung der Lutealphase. – Sicherheit in den angegebenen Grenzen 99% Interzeption auch durch IUP-Einlage möglich (innerhalb 3–4 Tagen postkoital). Beides keine Routinemethoden, sondern Ausnahmen.

Kraurose der Vulva

Def: Heute als atrophische Dystrophie (= Lichen sclerosus) bezeichnet, abgegrenzt von einer hyperplastischen und einer gemischten Dystrophie.

Sy: Bei der atrophischen Dystrophie (Craurosis vulvae) Schrumpfung des Unterhautzellgewebes. Die kleinen Labien verschwinden oder werden narbig, starr; Fettpolster der großen Labien bildet sich zurück. Haut blaß, pergamentartig, glatt und rissig. Die Dystrophien der Vulva sind *keine* Präkanzerosen, aber disponierende Erkrankungen für das Vulvakarzinom. Auf ihrem Boden können Dysplasien (leicht–mittel–schwer) und Carcinomata in situ (Morbus Bowen und Queyrat-Erythroplasie entstehen. – Bei Kraurose häufig Pruritus.

Th: s. Pruritus.

Lageveränderungen des Uterus und der Vagina

Definitionen

Die „normale" Lage des Uterus ist eine leichte Anteflexio-Anteversio-Stellung, die aber schon physiologisch durch den veränderten Füllungszustand der Nachbarorgane (Blase, Darm) großen Abweichungen unterworfen ist. Die jeweilige Stellung des Gesamtuterus im kleinen Becken wird als Positio uteri (z. B. Retro- und Sinistropositio) bezeichnet, der Winkel der Zervixlängsachse mit der Achse der Scheide als Versio uteri (z. B. Retroversio uteri). Das Verhältnis der Achsen von Corpus und Cervix uteri zueinander bezeichnet man als Flexio uteri (z. B. Retroflexio). Häufig handelt es sich um Kombinationen dieser einzelnen Lageveränderungen.

Retroflexio (-versio) uteri mobilis oder fixata

Ät: Eine *Retroflexio uteri mobilis* kann konstitutionell bedingt sein oder entsteht (häufiger) durch Geburten bei der Rückbildung des schweren Uteruskörpers, der bei Erschlaffung der Ligg. rotunda (Ligg. teretia uteri) evtl. nach hinten überkippt und im Douglas-Raum liegenbleibt. Zu frühe körperliche Belastung kann eine Mitursache sein. Die *fixierte Retroflexio uteri* ist meist die Folge *entzündlicher* oder *endometriotischer* Veränderungen, wobei die Fixierung durch Narbenzüge und Adhäsionsstränge entsteht.

Sy: Es gibt *kein* für eine Retroflexio uteri mobilis charakteristisches Symptom. Evtl. werden prämenstruell durch den gestauten Uterus Druckerscheinungen und vorübergehende Kreuzschmerzen ausgelöst, während ständige Kreuzschmerzen hierdurch nur selten zu erklären sind (Ursachen meist statisch bedingt [Wirbelsäule untersuchen(!)]). Daneben zuweilen auch dysmenorrhoische Beschwerden (S. 630), Blutungsanomalien oder Obstipation. Eine Retroflexio hat keine Sterilität zur Folge, was aber öfter behauptet wird. Bei einer eingetretenen Gravidität muß kaum je eine Inkarzeration des retroflektierten (mobilen) Uterus befürchtet werden, da das Corpus uteri sich in der 15.–18. SSW fast immer aufrichtet.
Meist treten nur bei einer *fixierten Retroflexio* verschiedenartige Beschwerden auf. Durch die Narbenstränge im Douglas-Raum entstehen oftmals Kreuzschmerzen sowie Kohabitationsbeschwerden durch Bewegung des fixierten Uterus. Druckgefühl auf den Darm, evtl. auch Dysmenorrhöen und Hypermenorrhöen und/oder Menorrhagien infolge Blutstauungserscheinungen. Typisch für die fixierte Retroflexio ist der Aufrichte- oder Schiebeschmerz des Uterus.

Th: Im Prinzip ist eine bewegliche Lageanomalie des Uterus nicht behandlungsbedürftig. Die für die Therapie sehr wichtige Klärung, ob eine bewegliche oder fixierte Retroflexio vorliegt und ob die gynäkologischen Beschwerden darauf zu beziehen sind, kann durch den bimanuellen Aufrichtungsversuch des Uterus in Narkose erfolgen. Man kann dann, sofern der Uterus aufrichtbar und nicht fixiert ist, evtl. vorübergehend einen sog. „Probepessar“ legen (Hodge- oder Thomas-Pessar), um festzustellen, ob bei der jetzt normalen Lage des Uterus die vorher geklagten Beschwerden verschwinden. Erst wenn man durch diese Maßnahme eindeutig klären konnte, daß entweder die bestehende Retroflexio fixiert ist oder nach Aufrichtung des Uterus die gynäkologischen Beschwerden verschwinden, sollte eine operative Lagekorrektur vorgenommen werden (z. B. nach Webster-Baldy-Franke). Man wird sich eher hierzu entscheiden können, wenn gleichzeitig eine langjährige Sterilität mit Verdacht auf Adnexadhäsionen besteht. Ansonsten bei fixierter Retroflexio Hysterektomie.

Hyperanteflexio uteri

Def: Spitzwinklige Anteflexio (und oft Sinistropositio) des meist infantil hypoplastischen Uterus. Oft besteht gleichzeitig eine allgemeine genitale Hypoplasie.

Sy: Dysmenorrhö, Sterilität oder Infertilität, Blutungsstörungen.

Ät: primäre oder sekundäre Ovarialinsuffizienz (Gonadotropinspiegel!).

Th: Nur bei sekundärer Ovarialinsuffizienz Ovulationsauslösung möglich. Ansonsten Therapie mit Sexualsteroiden.

Descensus vaginae et uteri und Prolaps

Ät: Der sog. „Eingeweideblock“ wird vorne und seitlich durch die Bauchdecken, oben durch das Zwerchfell und unten durch den Beckenboden umschlossen und bei normalem negativen Intraabdominaldruck in Schwebe gehalten. Wenn eine Lücke entsteht, z. B. die Bauchdecken an einer Stelle auseinanderweichen, kann eine Hernie mit Verlust des negativen Intraabdominaldrucks auftreten. Das gilt auch für den unteren Abschluß des Bauchraums, den Beckenboden. Er ist besonders gefährdet, da der Hiatus genitalis mit Öffnungen für Harnröhre, Vagina und Darm als besonders schwache Stelle anzusehen ist. Hinzu kommt die natürliche statische Belastung und außerdem bei der Frau, daß die Verschlußmechanismen mit Rücksicht auf die Geburtsvorgänge zwar bis zu einem gewissen Grade anpassungsfähig, jedoch auch überdehnungsanfällig sind. Die Gefahr wird besonders groß, wenn durch die Schwangerschaft eine Auflockerung des Beckenbodens und durch die Geburt des Kindes

eine beträchtliche Erweiterung eintritt. Die Genitalorgane der Frau sind im Hinblick auf die Gestation beweglich durch einen Band- und Haftapparat befestigt, der erschlaffen kann. Daher findet man die Senkung der Genitalorgane bei konstitutioneller Bindegewebsschwäche auch bei jungen Nulliparen. Zerreißungen und Überdehnungen der Beckenbodenmuskulatur unter der Geburt erzeugen eine Hernie und fördern durch zusätzlichen Verlust des negativen Intraabdominaldrucks das Tiefertreten des Genitales. Begünstigend wirkt sich dabei eine Retroversion oder -flexion des Uterus aus, da dann der Eingeweidedruck auf ihm voll in Richtung auf den Hiatus genitalis lastet.
Man spricht von *Deszensus*, wenn Uterus (und/oder Scheide) mit Blase (Zystozele) und Mastdarm (Rektozele) tiefer treten, ohne in der Vulva sichtbar zu werden. Beim Prolaps (stärkerer bzw. stärkster Grad der Senkung) treten Uterus und Scheide entweder nur zum Teil (Partialprolaps) oder vollständig (Totalprolaps) vor die Vulva.

Sy: Durchaus nicht immer muß ein stärkerer Deszensus mit Beschwerden verbunden sein. Bei sensiblen Frauen kann dagegen schon eine leichte Zystozele typische Deszensuserscheinungen bewirken. Hierzu gehören ein Gefühl des Drucks nach unten, ein Schwäche/Schmerz-Gefühl bei körperlichen Belastungen („schwebende Pein") sowie evtl. Rückenschmerzen. Häufig kommt es unter Belastungen (Husten, Niesen, Springen, Gehen usw.) zu einer Verschlußinkontinenz der Blase bzw. des oberen Harnröhrenanteils (relative Harninkontinenz [Streßinkontinenz]) mit spontanem Urinabgang. Sie entsteht mit einer Zystozele durch Dislokation der Blasenhalsregion (rotatorischer Deszensus), aber auch ohne Zystozele, wenn nur die Verankerung des Blasenhalses versagt (vertikaler Deszensus). Bei größeren Zystozelen besteht Restharn und nachfolgend nicht selten eine chronische Zystitis. Beim Prolaps treten durch mechanisches Reiben leicht Entzündungen und Ulzera an Scheide und Portio auf.

Th: Möglichst operative Behandlung. Nur bei muskulärer Beckenbodeninsuffizienz (ohne Zerreißungen) und postoperativ ist Beckenbodengymnastik sinnvoll. Bei der Operation muß neben einer Fixierung des Blasenbodens und des Rektums der Beckenboden durch eine gute Dammplastik wieder neu formiert werden (vordere und hintere Scheidenplastik). Nach Möglichkeit sollte man mit der Operation so lange warten, bis kein Kinderwunsch mehr besteht, da es im Sinne der Wiederherstellung normaler intraabdominaler Druckverhältnisse günstig ist, den Uterus zu exstirpieren und einen hohen Peritonealverschluß vorzunehmen. Die parametranen Stümpfe werden an den Scheidenwundrand genäht und vereinigt, so daß eine „tragende" Bindegewebsplatte entsteht. Dieses Vorgehen ist bei fortgeschrittenem Lebensalter wohl immer vorzuziehen.
Soll aber der Frau die Möglichkeit einer erneuten Schwangerschaft belassen werden, so kann der Uterus auf vaginalem Wege durch Verkürzung der seitlichen Parametrien eleviert werden (sog. Manchester-[Fothergill-] Operation); die elongierte Portio, die ein Rezidiv begünstigt, wird zusätzlich amputiert. Bei bestehender Retroflexio uteri wird durch diese Operation gleichzeitig der Uterus in Anteflexionsstellung gebracht. Bei nochmaliger Schwangerschaft mit vaginaler Entbindung ist aber das Operationsergebnis gefährdet.
In Verbindung mit Senkungszuständen des Genitales tritt sehr häufig Harninkontinenz verschiedener Schweregrade auf. Vor jeder Deszensusoperation, die auch der Behebung einer Harninkontinenz dient, ist die Ursache der Harninkontinenz zu prüfen (genaue Anamnese, Urinuntersuchung, Zystoskopie, evtl. urodynamische Untersuchung, Fisteldiagnostik, neurologischer Status). Vor allem ist die Streßinkontinenz von der Drang-(Urge-)Inkontinenz zu unterscheiden. Nur bei der Streßinkontinenz ist mit einem Kontinenzerfolg bei Wiederherstellung des normalen vesikourethralen Winkels durch eine der verschiedenen Operationsmethoden und deren Ergänzungen (vaginale oder abdominale Schlingenoperationen, Kolposuspension) zu rechnen.
Bei einem Totalprolaps muß die operative Technik darauf Rücksicht nehmen, ob die Kohabitationsfähigkeit erhalten bleiben soll oder nicht. Im ersteren Fall dürfte das beste Vorgehen die Ventrifixation des hochgezogenen Uterus nach Kocher sein, im zweiten die Kolpohysterektomie nach Williams.
Pessareinlagen stellen für die Behandlung des Deszensus höchstens eine Palliativmaßnahme dar und sollten nur vorübergehend oder bei Inoperabilität der Patientin angewandt werden. Der Zustand wird durch das Pessar nicht besser, sondern immer ungünstiger, da im Alter die Scheidenwand durch den ständigen Pessardruck überdehnt wird, sich

häufig entzündet und ulzeriert. Aus einer größeren Anzahl von Ringen muß der richtige angepaßt werden. Der Erfolg hängt von der richtigen Größe und Form des Pessars ab (Schalenpessar nach Schatz, Bügelpessar oder Falk-Pessar mit Gummieinlage, um bei engem Introitus den Ring komprimieren zu können). Solange Pessare getragen werden, muß der Ring alle zwei Monate durch den Arzt gewechselt und gesäubert werden. Belehrung der Patientin über Ringhygiene (Scheidenspülungen mit Kamillosan) ist notwendig. Bei Ringkolpitis Behandlung mit 5%iger Silbernitratlösung oder Albothyl, danach Bepanthensalbe. Bei einem Druckulkus muß der Ring für einige Zeit entfernt werden. Eingewachsene Ringe, die manchmal mehrere Jahre ohne Wechsel gelegen haben, werden in Narkose mit einer Knochenzange, einer starken Schere oder einer Gigli-Säge gesprengt und entfernt.

Mammakarzinom s. Carcinoma mammae

Mastitis s. Geburtshilfe, S. 710

Mastodynie

Sy: Zyklische Schwellung und Schmerzhaftigkeit der Mammae ohne wesentliche pathologische Veränderungen. Diese treten meist im Prämenstruum auf und sind häufig mit zusätzlichen Allgemeinsymptomen verknüpft (s. prämenstruelles Syndrom).

Ät: Als mögliche Ursache der Mastodynie wird die Neigung zur Wasserretention angesehen. Vorwiegende Vorstellung, aber nicht allgemein bestätigt: relativer Östrogenüberschuß bei Gestagenmangel.

Th: Hormonbehandlung: Entweder vom 17.–26. Zyklustag reine Progestagenbehandlung, z. B. mit täglich 5 oder 10 mg Primolut-Nor, Duphaston, Orgametril u. a. Mehrmonatige Behandlung notwendig. Behandlung auch durch Ovulationsunterdrückung mit niedrig östrogendosierten (z. B. Microgynon) oder gestagenbetonten Ovulationshemmern möglich. Auch die äußerliche Behandlung mit progesteronhaltigem Gel (Progestogel) kann versucht werden. Neuerdings werden auch Erfolge durch Anwendung des Prolactin-Hemmers Bromocriptin (Pravidel) gesehen. Die frühere, als Antiöstrogentherapie gedachte Androgenbehandlung ist wegen der Virilisierungserscheinungen bei längerer Anwendung weitestgehend verlassen worden.

Mastopathia cystica fibrosa

Ät und Pathog: Eine Erkrankung der weiblichen Brustdrüse, die weder ein echtes Blastom noch eine echte Entzündung darstellt und Veränderungen im Bereich der Milchgänge und des intralobulären Bindegewebes in Form epithelialer Hyperplasien und bindegewebiger Veränderungen (Fibrosen, Hyalinosen) umfaßt. Daraus resultieren multiple ein- oder beidseitige Knotenbildungen in der Brust, die histologisch teils mehr zystisch, teils mehr fibrös *oder gemischt* sind. Ursache der M. dürfte eine Östrogen-Gestagen-Dysbalance sein. Häufigstes Auftreten im 4.–5. Lebensjahrzehnt. Man teilt heute die Mastopathie in verschiedene Schweregrade (I, II, III nach Prechtel) ein. Gutartige Epithelzellwucherungen werden als proliferierende Mastopathie bezeichnet und erfordern weitere Aufmerksamkeit. Zu atypischen Epithelproliferationen in den Ducti und Ductuli lactiferi kommt es im Stadium III (ca. 10% der Mastopathiefälle) als Vorstufe des Mammakarzinoms. Das Clis (Carcinoma lobulare in situ), von den Drüsenläppchen ausgehend, ist als Vorstufe wesentlich seltener.

Sy: Viele Frauen klagen über Schmerzen, besonders in der prämenstruellen Phase, die nach der Axilla ziehen. Dabei sind die Knoten oft sehr druckempfindlich. Gelegentlich läßt sich aus den Mamillen ein wäßriges Sekret abpressen.

DD: Die Differenzierung gegenüber Karzinom kann sehr schwierig sein und ist rein palpatorisch unmöglich. Ein wichtiger mammographischer Befund, der auf Karzinom suspekt sein kann, sind *Mikroverkalkungen* in typischer Anordnung. Solche Mikroverkalkungen finden sich bei Mastopathie und Karzinom und sind nicht pathognomonisch, veranlassen aber in jedem Fall zur Probeexzision auch bei nicht tastbarem Befund. In Zweifelsfällen werden *Knotenbildungen auch bei unauffälliger Mammographie immer exzidiert.*

Zuweilen muß wegen proliferierender Mastopathien mehrmals probeexzidiert werden. Es kann dann die Frage einer subkutanen Mastektomie mit plastischem Ersatz des entfernten Gewebes zu erwägen sein.

Th: Symptomatische Behandlung, aber nur bei gesicherter Benignität des Prozesses. Günstig wirken Progestagene per os (z. B. Primolut-Nor, 5–10 mg/Tag vom 16.–26. Zyklustag) oder gestagenbetonte Ovulationshemmer. Günstig können auch äußerliche Einreibungen mit progesteronhaltigem Gel

(Progestogel) oder selbstrezeptierten androgenhaltigen Tinkturen, z. B. 50 mg Testoviron, Spiritus dilutus 70% ad 10,0 (ähnlich dem früher als Testoviron T auf dem Markt befindlichen Firmenpräparat, sein. Von der früher häufiger geübten allgemeinen Androgenbehandlung ist man abgekommen.

Menopause

Man bezeichnet mit Menopause die letzte Regelblutung im Klimakterium, der eine mindestens einjährige Amenorrhö folgt. Die Zeit bis zum Senium heißt Postmenopause. Seniumbeginn ca. 65. Lebensjahr.

Menstruationsanomalien

Amenorrhö s. d.

Zyklussstörungen, Menorrhagie, Metrorrhagie

Die Menstruationsblutung ist die Folge der Abstoßung des sekretorisch umgewandelten Endometriums nach einer geringer werdenden Progesteron- und Östrogenproduktion. Die normale Menstruationsdauer beträgt höchstens 5 Tage. Warum derselbe Vorgang bei manchen Frauen sehr schwach und sehr kurz ist, bei anderen aber stärker und länger, ist oft nicht sicher zu erklären. Wahrscheinlich handelt es sich um Unterschiede der lokalen Blutstillung im Endomyometrium. Nicht jede Blutung ist ein sicherer Nachweis für eine normale Hormonbilanz des Ovars, da auch beim anovulatorischen Zyklus die Blutungen regelmäßig auftreten können (Nachweis durch Basaltemperatur, s. Sterilität). Bei den Zyklusanomalien unterscheidet man

- organische Blutungen (auch Terrainblutungen genannt), die z. T. unabhängig von der normalen Ovarialfunktion auftreten, und
- dysfunktionelle Blutungen.

Organische Blutungen

Als Ursache organischer Blutungen kommen verschiedene Krankheitsprozesse in Frage: Karzinom, submuköse Myome, Polypen, Endometritis, evtl. Endometritis-Tbc, Adenomyose, graviditätsbedingte Veränderungen.
Organische Blutungen sind oft zyklusunabhängig (Methorrhagien). Aber auch bei regelmäßigen Zyklusabständen ohne unregelmäßige Zwischenblutungen muß man meist an organische Ursachen bei Hypomenorrhö (Tbc, zu energische Kürettage) oder bei Hypermenorrhö (Endometriose, intramurale oder submuköse Myome, Polypen, Stauung bei Retroflexio uteri, chronische Endometritis) denken.

Dysfunktionelle Blutungen

Zusatzblutungen

Wesentlich seltener organisch, viel häufiger dysfunktionell bedingt sind Zusatzblutungen, wie *Vorblutungen* (Ursache meist Corpus-luteum-Insuffizienz; *Th:* Östrogen-Gestagen-Gaben 3mal 1 Tabl. vom 17.–26. Zyklustag, bei Verdacht auf organische Ursache; Kürette) oder *Nachblutungen* (Ursache meist verzögerte menstruelle Abstoßung infolge verzögerter Corpus-luteum-Rückbildung, sofern organisch bedingt meist Endometritis); *Th:* Ovulationshemmer 5.–25. Zyklustag oder bei Endometritis: Progynon C 5–6 Tage 2mal 1 Tabl. (oder 1–2 Zyklen Progylut). Auffallende, dysfunktionell bedingte Zusatzblutungen sind Mittel- oder Ovulationsblutungen, die durch vorübergehenden Östrogenabfall (Durchbruchsblutung) z. Z. der Ovulation entstehen.

Regeltempostörungen

Praktisch stets dysfunktionell bedingt sind als Regeltempostörungen die *Oligo-* (zu seltene) und *Poly-* (zu häufige) *Menorrhö*. Außer Veränderungen in der Dauer der Follikel- und Corpus-luteum-Phase spielen hier oft anovulatorische Zyklen eine ursächliche Rolle. Es ist daher stets wichtig zu klären, ob ein monophasischer (anovulatorischer) oder biphasischer Zyklus besteht.

Langdauernde Follikelpersistenz

Die häufigste pathologische Funktionsstörung mit anovulatorischem Zyklus ist die langdauernde Follikelpersistenz. Durch die verlängerte und verstärkte Östrogenproduktion entsteht am Endometrium eine glandulär-zystische Hyperplasie. Nach 5–6 Wochen reicht der Östrogenspiegel nicht mehr zur Erhaltung der hyperplastischen Schleimhaut aus. Es kommt zu einer Durchbruchsblutung, die bis zur vollständigen Abstoßung der Funktionalis des Endometriums andauern kann (oft 3–6 Wochen).
Die Follikelpersistenz mit der daraus resultierenden glandulär-zystischen Hyperplasie tritt häufig nach der Menarche auf *(juvenile Blutung)* oder in den Wechseljahren *(klimakterische Blutungen)*. Diese Bezeichnungen haben demnach keine ätiologische Bedeutung.

Dg: Basaltemperaturmessung (monophasischer Verlauf) und Abrasion. Letztere ist zum Ausschluß organischer Prozesse (Karzinom!), vor allem bei Frauen nach dem 40. Lebensjahr, wenn die Blutung auf hormonelle Therapie (s. u.) nicht nach 48–72 Stunden steht, notwendig.

Th: 10 Tage 3mal 1 Tablette Primosiston oder Menova o. ä. oder 1 Ampulle Primosiston oder Sistocyclin. Die Blutung sistiert meist 2–3 Tage später und etwa 2–3 Tage nach Beendigung der oralen Therapie, oder 10–14 Tage nach der Injektion setzt dann die Abbruchblutung ein. Die Patientin ist davon zu unterrichten, daß die einsetzende „Entzugsblutung" kein Blutungsrezidiv ist, sondern einer „normalen" Menstruation entspricht. Dieses therapeutische Vorgehen ist vor jeder Abrasion auch diagnostisch im Sinne einer probatorischen Hormonbehandlung als sog. „hormonelle Abrasion" durchführbar und kann vor allem bei rezidivierenden klimakterischen Blutungen zahlreiche Abrasionen ersparen. Wenn aber 2–3 Tage nach Beginn der Hormonmedikation die Blutung nicht steht oder die nachfolgende Abbruchblutung nicht befristet ist, wird die (nach Zervix und Korpus getrennte = fraktionierte) Ausschabung der Gebärmutter *unbedingt* notwendig. (Den juvenilen Blutungen unterstellt man heute häufig auch einen Östrogenmangel. *Th:* zyklisch Östrogen-Gestagen-Präparate, z. B. Progylut.)
Zur Rezidivprophylaxe glandulär-zystischer Hyperplasien gibt man vom 15.–25. Tage nach dem Menstruationsbeginn täglich 2mal 1 Tablette Primosiston oder Primolut-Nor (5 mg) über mehrere Zyklen.
Die früher üblichen häufigen Abrasionen sind sinnlos und sollten bei juvenilen Blutungen ganz vermieden werden.

Therapie bei rezidivierender dysfunktioneller Hypermenorrhö und Menorrhagie
Bei regelmäßigen, aber zu starken und evtl. zusätzlich verlängerten Periodenblutungen (Hypermenorrhö, Menorrhagien) hat man die Möglichkeit, über längere Zeit durch Ovulationshemmer (s. Kontrazeption) die Stärke der Menstruationsblutung ganz erheblich zu reduzieren. Die ethinylestradiol- oder mestranolhaltigen Ovulationshemmer sollten jenseits des 40. Lebensjahres nicht mehr gegeben werden (s. S. 639).
Bei immer wieder auftretenden präklimakterischen Menorrhagien oder Hypermenorrhöen kommt folgende Therapie in Frage: Frauen unter 40 Jahren möglichst nur hormonal behandeln (s. Rezidivbehandlung), über 45 Jahre γ-Strahlen-Menolyse mit Radium (2000 mgeh) oder Röntgenstrahlen (75 mC/kg = 290 R am Ovar). Bei Frauen zwischen dem 40. und 45. Lebensjahr wird man meist die Uterusexstirpation unter Belassung eines Ovars empfehlen. Die früher übliche β-Strahlenmenolyse mit monelgefiltertem Radium, wodurch die ovarielle Funktion erhalten blieb, ist weitestgehend verlassen worden. Unbedingt abzulehnen ist die ebenfalls früher zuweilen angewandte Atmokausis oder Formalinverätzung der Cavitas uteri.

Mißbildungen des weiblichen Genitales, Intersexualität

Einteilung

Von *echtem Hermaphroditismus* (sehr selten) spricht man, wenn bei einem Individuum unabhängig vom Geschlechtshabitus Testes und Ovarialgewebe vorhanden sind. Unter *Pseudohermaphroditen* verstehen wir Individuen mit Gonaden des einen und Geschlechtsorganen des anderen Geschlechts. Die klassische Einteilung der verschiedenen Intersexualitätsformen in Pseudohermaphroditismus masculinus bzw. femininus usw. wird dem Formenreichtum der bekannten Störungen nicht mehr gerecht. Man unterteilt daher die bekannten Störungen der Geschlechtsdifferenzierung und -ausreifung unter praktischen Gesichtspunkten in 3 Gruppen, Fälle mit

- abnormer Gonade,
- abnormem Genitale bei normalen Testes,
- abnormem Genitale bei normalen Ovarien.

Abnorme Gonadenentwicklung

Hier sind zu unterscheiden:

- Gonadendysgenesie (Turner-Syndrom),
- reine Gonadendysgenesie (Swyer-Syndrom),
- Sonderformen (selten und daher praktisch ohne Bedeutung).

Gonadendysgenesie, Ullrich-Turner-Syndrom

Ät und *Sy:* Chromosomal 45/X0-Konstellation, funktionsfähige Gonaden fehlen. Inneres und äußeres weibliches Genitale unreif angelegt (enge Scheide, infantiles äußeres Genitale). Primäre Amenorrhö. Oft verminderte Intelligenz. Skelettmißbildungen (Schlottergelenke, Pes cavus, Fingermißbildungen, Knochendystrophie), Kleinwuchs, kurzer Hals, tiefer Haaransatz, Pterygium colli. Wichtig ist, daß innere Mißbildungen (Aorta, Harnwege) rechtzeitig erkannt werden. Östrogene stark herabgesetzt oder fehlend. Gonadotropine erhöht.

Th: Östrogene, besser Zweiphasenpräparate. Nicht zu früh beginnen (möglichst nicht vor dem 13. Lebensjahr), da sonst verfrühter Epiphysenfugenschluß bei den an sich schon minderwüchsigen Patienten.

Reine Gonadendysgenesie (Swyer-Syndrom)

Ät, Sy und *Dg:* Hier fehlen Kleinwuchs und Dysmorphiezeichen. Chromosomal 46/XX oder 46/XY. Rudimentäre funktionslose Keimplatten. Die Patientinnen erscheinen weiblich; zuweilen eunuchoide Körperproportionen, meist überdurchschnittliche Körpergröße. Müller-Gänge erhalten, daher auch weibliches Genitale, aber wie bei Turner-Syndrom unreif-infantil. Krankheitsbild wird *meist erst in der Pubertät bemerkt* durch Amenorrhö. Bestätigung durch Laparoskopie und Probeexzision aus den rudimentären Keimplatten. Es finden sich wenig oder praktisch keine Östrogene. Gonadotropine erhöht.

Th: Wie bei Morbus Turner. Hier aber (im Gegensatz zu Morbus Turner) zumindest in den XY-Fällen Exstirpation der Keimleisten wegen vermehrten Auftretens von Gonadoblastomen und Dysgerminomen anzuraten.

Sonderformen

Verschiedene Kombinationsmöglichkeiten der chromosomalen Störungen bedingen zahlreiche Krankheitsformen, die hier nicht alle darstellbar sind. Hierhin gehört auch der Hermaphroditismus verus.

Abnorme Genitalentwicklung bei normalen Testes

Hier sind zu unterscheiden:

- die testikuläre Feminisierung,
- seltene spezielle Formen wie die Oviduktpersistenz.

Testikuläre Feminisierung

Ät, Sy und *Dg:* Früher als Extremform des männlichen Pseudohermaphroditismus angesehen. Androgenresistenzsyndrom (Anomalie der Androgenrezeptoren). Wahrscheinlich X-chromosomal rezessiv vererblich. Als Kinder oft dem Chirurgen wegen Leistenhernie zugeführt. Primäre Amenorrhö. Typisch weibliche Erscheinung (meist hochgewachsen), aber ohne Scham- und Achselhaare (sog. hairless women). Uterus, Tuben und Ovarien nicht nachweisbar. Manchmal Scheide verkürzt. Hoden evtl. in Leisten tastbar oder laparoskopisch in der Bauchhöhle nachweisbar. Hormonbefund: Androgene und Östrogene wie bei männlichem Individuum. Gonadotropine normal bis leicht erhöht. Chromosomal 46/XY. Achtung: Kinder mit Leistenhernien möglichst immer auch auf testikuläre Feminisierung untersuchen!

Th: Früher wurden die Hoden zur Prophylaxe vermeintlicher Malignome exstirpiert. Diese Kastration ist nicht notwendig. Die weiblich empfindenden Patienten aufklären, daß sie steril sind, aber verschweigen, daß sie dem männlichen Geschlecht zugehören.

Sonderformen

Es handelt sich u. a. um *Oviduktpersistenz* = hormonal, chromosomal, phänotypisch und psychosexuell männlich geprägte Individuen ohne Rückbildung der Müller-Gänge, wahrscheinlich weil der X-Faktor der Hoden (Müller-Gang-Hemmfaktor) nicht wirksam wird. Daher Eileiter, Gebärmutter nachweisbar, evtl. auch abortiv die Scheide.

Abnorme Genitalentwicklung bei normalen Ovarien

Hier sind zu unterscheiden:

- *Störungen im Bereich des Ovidukts* einschließlich der Scheide (Aplasien, Atresien, Doppelmißbildungen),
- *adrenogenitales Syndrom,* diaplazentare Virilisierung.

Störungen im Bereich des Ovidukts

Ät und *Sy:* Es handelt sich um Mißbildungen (Fehlentwicklungen) am weiblichen Genitale, ohne daß das chromosomale Geschlecht gestört wäre. Das Individuum ist demnach genetisch weiblich. Ovarien normal. Auffällig ist, daß *oft gleichzeitig Fehlbildungen im uropoetischen System* bestehen.

Im einzelnen finden sich

1. *Aplasien und Hypoplasien* von Eileitern, Uterus, Vagina;
2. *Doppelmißbildungen:*

- *Symmetrische Doppelmißbildungen:* Vagina und/oder Uterus duplex, Uterus bicornis, Uterus septus, Uterus subseptus u. a.;
- *asymmetrische Doppelmißbildungen,* wenn eine Seite der Anlage der Müller-Gänge in der Entwicklung zurückbleibt; Möglichkeit von Atresien mit Sekret- und Menstrualblutretention;

3. *Atresien* (außer Hymenalatresie): im Gegensatz zu Aplasien (= fehlende Anlage) Verschluß der Scheide, der Zervix oder der Cavitas uteri durch vorausgegangene Entzün-

dungen, Verätzungen und für die Cavitas uteri durch zu brüsk ausgeführte Abrasionen nach Aborten oder Geburten (s. Amenorrhö).

4. Spaltmißbildungen: Hypo- und Epispadie.

Sy: Typisch sind für die Atresien oder Aplasien des Hymens, der Scheide und der Zervix kolikartige Schmerzen während der Menstruation ohne Blutung nach außen (Molimina menstrualia), die durch das im Genitale retinierte Blut (Hämatometra, Hämatosalpinx, Hämatokolpos) verursacht werden.

Adrenogenitales Syndrom (AGS)

Ät und *Sy:* Gegengeschlechtliche Entwicklung des äußeren Genitales bei weiblichen Feten durch embryonal vermehrte (endogene) Bildung von Androgenen, die in der Nebenniere entstehen. Unterscheidung zwischen *konnataler* (unkomplizierter und komplizierter) Form und *erworbenem AGS* sowie diaplazentarer Virilisierung. – Beim kongenitalen AGS bestehen Enzymdefekte aufgrund autosomal rezessiver Vererbung. Mangel von Enzymen, die an Cortisolsynthese beteiligt sind (z. B. 11- oder 21-Hydroxylase). Schwere Störungen im Zusammenspiel zwischen Nebennierenrinde, Ovar und Hypophyse. Bildung von endokrin aktiven Substanzen, z. T. mit Androgeneffekt. Cortisolmangel, vermehrte Abgabe von ACTH, Nebennierenrindenhyperplasie. Die stark vermehrten Cortisolvorstufen mit androgenem Charakter wirken auf die Gonadotropinausscheidung bremsend, aber nicht auf ACTH. Beginn in der Embryonalzeit. Daher bei dem chromsomal weiblichen Feten verschiedene Grade der Vermännlichung des äußeren weiblichen Genitales. Übergänge von der Klitorishypertrophie und verschiedenen Ausbildungen eines Sinus urogenitalis bis zur penilen Urethra (Pseudohermaphroditismus femininus internus). Bei unbehandelten Patienten im späteren Leben frühzeitiger Epiphysenschluß mit Minderwuchs, zunehmend auch äußere Vermännlichung (Bartwuchs, tiefe Stimme, Stirnglatze usw.), Amenorrhö und fehlende Brustentwicklung.

Dg: Entsprechende Symptomatik bei unauffälligem inneren Genitalbefund in der Kindheit. Hormonanalyse: Ungewöhnlich hohe Testosteron- und Dehydroepiandrosteronwerte im Serum, die sich durch Dexamethasongaben senken lassen (Bremsung von ACTH, nicht aber bei androgenbildendem Tumor [DD]). Chromosomal 46/XX. Verdacht auf AGS immer, wenn bei kerngeschlechtlich weiblichen Neugeborenen eine vergrößerte Klitoris vorliegt.

DD: Diaplazentare Virilisierung und postpuberales AGS. Die diaplazentare Virilisierung durch Progestagene (19-Nortestosteronderivate) oder Testosteron-Präparate, die in der Frühschwangerschaft (etwa ab 8.–10. SSW) in hohen Dosen gegeben werden, spielt heute bei der Kenntnis dieser Gefahren keine Rolle mehr. Virilisierende Tumoren in der Gravidität sind Raritäten. – Dem postpuberalen AGS liegt entweder eine Nebennierenrindenhyperplasie mit schwach ausgeprägtem angeborenem 21-Hydroxylase-Defekt oder ein androgenbildender Tumor zugrunde.

Th: Die Intersexualanomalien gehören immer in die Hand des Spezialisten. Es ist aber wichtig zu wissen, daß Personen mit weiblichem Phänotypus auch männlich determiniert sein können und umgekehrt. Dies gilt vor allem für Fälle mit einer primären Amenorrhö, bei denen man immer durch ein Karyogramm das genetisch determinierte Geschlecht bestimmen sollte. Von den Mißbildungen des weiblichen Genitales lassen sich die Atresien und Doppelmißbildungen im allgemeinen operativ gut behandeln. Konnatales AGS: Glucocorticosteroide: Cortisolderivate (Prednison u. a.). Dosierung nach dem Testosteron- und DHEAS-Spiegel im Serum. Dauer: während des ganzen Lebens. Bei postpuberalem durch androgenbildende Tumoren verursachtem AGS: Operation.

Myome des Uterus

Vk und Pathog: Gutartige Neubildungen des Uterus aus glatter Muskulatur und Bindegewebe (Fibro[leio]myome). Häufigste Tumoren des weiblichen Genitales. Absolute Häufigkeit ca. 20%, jedoch zumeist symptomlos; nur 5% der Frauen haben ausgeprägte Myomsymptome. Das Wachstum dieser Muskelknoten ist an die ovarielle Funktion (Östrogene) gebunden, daher in der Menopause oft Rückbildung der Myome. Wächst ein Myom in der Menopause weiter, besteht Verdacht auf ein Sarkom.

Ät: Nicht geklärt. Wahrscheinlich handelt es sich um aus dem Verband geratene und in der embryonalen Entwicklung undifferenziert liegengebliebene Myomzellen, die durch Östrogene zum Wachstum angeregt werden.

Sy: Je nach Sitz und Wachstumsrichtung unterscheidet man *subseröse* Myome (knolli-

ge Oberfläche des Uterus), die zuweilen gestielt sind, dann die *intramuralen* Myome und schließlich die *submukösen* Myome, die gelegentlich spontan geboren werden können. Daneben finden sich diffuse, manchmal unregelmäßige Wandverdickungen des Uterus, zuweilen als Kugelmyome bezeichnet. Eine besondere Wachstumsrichtung verfolgen die intraligamentären Myome, die sich zwischen den Blättern der Plica lata (Lig. latum uteri) entwickeln. Je nach Lokalisation unterscheidet man zwischen Myomen des Corpus und der Cervix uteri (letztere sind selten).
Neben Sitz und Wachstumsrichtung bedingen noch Größe und sekundäre Veränderungen die Verschiedenheit der Symptome. *Subseröse Myome:* Keine Blutungsstörungen, bei zunehmender Größe Druck auf die Nachbarorgane (Blase, Rektum). Sehr selten kommt es zu einer Stieldrehung der subserösen Myome. *Intramurale Myome:* Infolge der mechanisch behinderten Kontraktionsfähigkeit der Uterusmuskulatur kommt es hier zu Hypermenorrhö. Bei *submukösen Myomen* verursachen Atrophie oder Usuren der Schleimhaut verlängerte Blutungen (Zusatzblutungen) und schließlich auch azyklische Blutungen (Metrorrhagien). Manchmal neben den Blutungen auch starke wehenartige Schmerzen (der Uterus will das Myom ausstoßen). Die Blutungen können sowohl bei den intramuralen wie den submukösen Myomen erheblich sein und schließlich zu einer sekundären Anämie führen. *Sekundäre (regressive) Veränderungen:* Ödem, myxomatöse oder fettige Degeneration, Nekrose, Erweichung, Verjauchung, Vereiterung, Verkalkung. Hauptkomplikation ist die Stieldrehung der subserösen Myome. Maligne Entartung (Sarkom) ist sehr selten (unter 0,5%), so daß diese Komplikation keine Indikation zu einer prophylaktischen operativen Therapie darstellt (im Gegensatz zu den Ovarialtumoren). In der Schwangerschaft häufig Erweichung, Neigung zu Fehl- und Frühgeburten. Während der Geburt Wehenschwäche. Plazentalösungsschwierigkeiten, atonische Nachblutung; selten sind Myome ein Geburtshindernis.

DD: Schwangerschaft, bei subserösen Myomen Ovarialtumor, Adnextumor, evtl. Extrauteringravidität.

Th: Der Befund eines kleinen symptomlosen Uterus myomatosus rechtfertigt noch keine operative Behandlung. Wenn sich die Myomträgerin schon im Klimakterium befindet, ist auch bei geringen Symptomen eine Beobachtung ausreichend. Bei stärkeren Myomsymptomen sollte man aber möglichst immer eine vaginale oder abdominale Uterusexstirpation ausführen (möglichst immer Exstirpation des Uterus [nicht supravaginale Uterusamputation], um spätere Zervixstumpfkarzinome zu vermeiden). Eine operative Enukleation einzelner Myome kommt nur bei jüngeren Frauen mit Kinderwunsch in Frage. Die Strahlentherapie (Radium- oder Röntgenkastration) zur Blutstillung und Myomwachstumshemmung kommt nur in Betracht, wenn die Myomträgerin über 45 Jahre alt ist oder eine allgemeine Inoperabilität besteht. Bei kleinen Myomen mit nicht sehr ausgeprägten Hypermenorrhöen oder bei Ablehnung der Operation durch die Patientin ist eine konservative hormonelle Behandlung durchführbar: Nach einer diagnostischen Abrasion zum Ausschluß eines Karzinoms, die oft auch hinsichtlich der Hypermenorrhö zumindest vorübergehend einen therapeutischen Nutzen hat, wird bei gleichzeitigen dysfunktionellen Blutungen mit Östrogen-Progestagen-Gemischen (z. B. Primosiston, Sistometril u. a.) behandelt. Zur Beeinflussung der Hypermenorrhö und des Uteruswachstums ist die ausschließliche Progestagenbehandlung besser geeignet (entweder vom 5.–25. oder vom 16.–25. Zyklustag). Dadurch werden meist auch verstärkte Menstruationsblutungen erheblich vermindert, so daß man die Operation besonders bei Frauen im Klimakterium vermeiden oder bei jüngeren Frauen wenigstens verschieben kann. Neuerdings wird über die erstaunliche Rückbildung von Myomen bei Behandlung mit GnRH-Analoga berichtet. Letztlich sollte man sich jedoch auch bei jüngeren Frauen zur Entfernung des myomatösen Uterus entscheiden, insbesondere bei Beschwerden der Patientin nicht beeinflußbaren Blutungen, raschem Tumorwachstum (Sarkomverdacht!, Blutung in das Myom, Myomerweichung) sowie beim Überschreiten einer bestimmten Größe (Kindskopfgröße) des Tumors und bei fehlender Abgrenzungsmöglichkeit gegenüber Ovarialtumoren. Submuköse Myome, die an einem Stiel in die Zervix (in statu nascendi) oder in die Scheide „geboren" werden, sollte man abdrehen, damit der Stiel torquiert wird. Abrasion erst 3–4 Wochen später, um erneute Blutungen aus dem torquierten Stiel zu vermeiden.

Oophoritis und Ovarialabszeß s. Adnexitis

Ovarialtumoren

Keiner der zahlreichen Klassifizierungsversuche befriedigt vollständig. Die nachfolgende Einteilung nach geweblicher Herkunft erscheint noch am ehesten logisch.

Nicht neoplastische (funktionelle) Zystenbildungen

Retentionszysten: Follikelzysten (*Sy:* Metrorrhagien nach kurzfristiger Amenorrhö), Corpus-luteum-Zysten, Thekaluteinzysten (meist beidseitig bei Blasenmole oder Chorionkarzinom, evtl. bei ovulationsauslösender Behandlung), polyzystische Ovarien, endometrioide Teerzysten, Parovarialzysten.

Echte Ovarialgeschwülste

I. Geschwülste aus Derivaten des paramesonephrischen Zölomepithels (ca. 70% aller Ovarialtumoren)

Zu diesen epithelialen Tumoren existiert auch eine WHO-Einteilung von 1973.

Gutartige Formen (häufigste Ovarialtumoren [35–40%]):

- Seröses Kystadenom;
- muzinöses Kystadenom, beide entweder glattwandig (ein- oder vielzystisch) oder papillär (maligne entarten können vor allem die papillären Formen = sekundäre Ovarialkarzinome);
- Oberflächenpapillom (selten, meist mit Aszites, gutartige Implantate am Peritoneum möglich);
- Kystadenofibrom (besondere Form des Kystadenoms mit stärkerer Bindegewebsbeteiligung);
- Brenner-Tumor: aus Walthard-Zellnestern und Bindegewebe bestehend, maligne Umwandlung äußerst selten;
- Adenomatoidtumor: meist Zufallsbefund bei Operation, lymphangiomähnlich.

Bösartige Formen

- Zystisches, primäres und sekundäres Ovarialkarzinom (primärzystische Karzinome selten, meist sekundär aus gutartigen Kystomen entstanden);
- solides, primäres und sekundäres Ovarialkarzinom.
- Klarzelltumoren: früher wegen glomerulusähnlicher Bildungen als Mesonephrome angesprochen.

Formen mit besonderer klinischer Dignität Zwischenformen der Malignität; als proliferierende Kystome oder „Borderline-Typen" bezeichnet. Keine Stromainvasion. Zu behandeln aber wie Ovarialkarzinom.

II. Geschwülste des sexuell nicht differenzierten Gonadenmesenchyms (ca. 5% aller Ovarialtumoren):

- *Gutartig:* Fibrom (öfter mit Aszites und Hydrothorax = Demons-Meigs-Syndrom: gibt es aber auch bei anderen Ovarialtumoren), Fibroadenom, Leiomyom, Häm- und Lymphangiom, Osteom, Chondrom usw.;
- *bösartig:* Sarkom: sehr schnelles Wachstum, schlechte Prognose.

III. Geschwülste des sexuell differenzierten Gonadenmesenchyms

Gutartige Form

Luteoma gravidarum; Entstehung in der Schwangerschaft, manchmal multipel; bildet sich von selbst zurück.

Fakultativ bösartige Tumoren

- *Granulosazelltumor:* doppelseitig in 27%, Malignität 25–30%, fakultativ Östrogenbildung (bei Jugendlichen: Pubertas praecox, im Alter: Postmenopausenblutung mit glandulär-zystischer Hyperplasie des Endometriums; in der Geschlechtsreife Zyklusstörungen;
- *Thekazelltumor:* meist mit Granulosazelltumor vergesellschaftet, meist gutartig, Östrogenbildung (*Sy:* wie Granulosazelltumor);
- *Androblastom* = Arrhenoblastom, sehr selten: Sertoli-Leydig-Zelltumor, fakultativ (80%) Androgene produzierend, Entweiblichung-Vermännlichung, Auftreten meist zwischen 15.–40. Lebensjahr, Malignität 20–30%, Pick-Adenom (tubuläres testikuläres Adenom) als rein epitheliale (Samenkanälchen), hormonell inaktive Variante der Androblastome;
- *Gynandroblastom:* ganz selten, nebeneinander Anteile von Granulosa- bzw. Thekazelltumoren und Androblastom, entweder hormonstumm oder Östrogene oder Androgene (meist diese) produzierend;
- *Hiluszelltumor* (Berger-Tumor): sehr selten, aus Leydig-Zellen aufgebaut, daher meist virilisierend.
- *unklassifizierbare Formen:* saubere Einteilung nicht möglich, manchmal auch Hormone bildend.

IV. Geschwülste der Keimzellen

Direkt aus Keimzellen oder aus deren Differenzierungsgeweben entstehend.

Gutartige Formen

- *Teratoma adultum* = solide Form; *Dermoidkystom* = zystische Form dieses aus Anlagen aller Keimblätter aufgebauten Tumors (Inhalt u. a. Haare, Zähne, Darmschleimhaut, Knorpel usw.); Sonderform des Teratoms = Struma ovari: Entwicklung nur einer Gewebsart eines Teratoms, zuweilen mit Hyperthyreoidismus.

Fakultativ bösartige Form = Gonadoblastom

Selten; meist gutartig, meist Frauen mit Genitalmißbildungen oder dysgenetischen Ovarien. Urgeschlechtszellähnliche Elemente (ähnlich Dysgerminom). Können gelegentlich Hormone bilden.

Bösartige Formen

- *Teratoblastom* (= Teratoma embryonale), sehr maligne;
- *ovarielles Chorionkarzinom:* außerordentlich bösartig; früh metastasierend.
- Dysgerminom (auch als Carcinoma ovarii puellarum bezeichnet), selten, schnell wachsend, bösartig, hormoninaktiv;
- seltene Keimzelltumoren: Endodermaler Sinustumor (= Teilum-Tumor) besteht aus frühembryonalen Gewebsformationen: Dottersack- und glomerulusähnliche Formationen. Frühmetastasierung. Strahlenresistent. Prognose sehr schlecht. Kann nach Operation zur Frage eines Rezidivs oder der Metastasierung anhand des Nachweises von α-Fetoproteinen im Blutserum überwacht werden. – Ebenfalls von Teilum beschrieben wurde eine Variation des endodermalen Sinustumors als polyvesikulärer Dottersacktumor. Die bösartigen Keimzelltumoren sprechen auffallend gut auf Zytostatika (vor allem Cisplatin) an, so daß heute oft die Operation eingeschränkt und zytostatisch weiterbehandelt wird.

V. Geschwülste aus Organheterotopien

Adrenalresttumor (früher gelegentlich als hypernephroide Tumoren bezeichnet). Sollen von versprengten Nebennierenrindenkeimen im Ovarialhilus ausgehen. Aufbau nebennierenähnlich. In 10% Virilisierung. Nur gelegentlich maligne.

VI. Metastatische Geschwülste

Häufig; meist doppelseitig. Primärtumor in 75% im Magen-Darm-Kanal, in 11% Brustdrüse, in ca. 7% Uteruskörper. Rest andere Primärtumoren. Sehr typische, aber nicht obligate histologische Form (meist bei primärem Magen-Darm-Karzinom) = *Krukenberg-Tumor* (mit typischen Siegelringzellen). Sarkommetastasen im Ovar selten.

Diagnose

Benigne und maligne Tumoren anfangs meist symptomarm bzw. symptomlos. „Frühdiagnose" nur durch regelmäßige Kontrolluntersuchungen möglich. Schwierig ist die Abgrenzung kleiner echter Blastome von Retentionszysten. Da etwa jeder vierte Ovarialtumor bösartig ist oder wird, sollte jeder Tumor über Apfelgröße operativ entfernt werden, sofern er über die nächste Periode hinaus bestehenbleibt und demnach keine „funktionelle Zyste" darstellt.

Differentialdiagnose

Vielfältig. Vorwiegend: Subseröse Myome, chronisch entzündliche Adnextumoren, Gravidität, Mesenterialzysten, retroperitoneale Zysten, Organverlagerungen, Aszites, Hydronephrose, Nierentumoren usw. Eine wertvolle diagnostische Hilfe ist die Laparoskopie und evtl. die Computer- oder Kernspintomographie oder Ultraschall.

Komplikationen

Stieldrehung meist mit hämorrhagischer Infarzierung (typischer, plötzlich auftretender Schmerz nach ruckartigen Bewegungen; bald danach peritonealer Schock, Abwehrspannung, Erbrechen, Leukozytose). Ruptur von Zysten. Selten Vereiterung oder Verjauchung. Aszites: Meist bei malignen Tumoren. Metastasen bevorzugen den Bauchraum, später die Knochen. Lymphogene Ausbreitung vorwiegend paraaortal.

Therapie

Bei evidenter Benignität operative Entfernung nur des Tumors. Bei dringendem Verdacht oder erwiesener Malignität (evtl. histologische Schnellschnittdiagnose unter der Operation). Entfernung des Uterus, der Adnexe und des Omentum majus. Nachbestrahlung nach unvollständiger Operation bei gut abgegrenzten Resttumoren, die bei der Operation mit Silberclips markiert wurden. Bei peritonealer Aussaat wird außer Zytostatika auch die „Moving-strip"-Bestrahlung des Abdomens, zunehmend von kranial (25–30 Gy) nach kaudal (ca. 50 Gy), empfohlen. Intraperitoneale Radiogoldtherapie (6–9 GBq = 150–250 mCi) nur selten bei feinpapillärer peritonealer Aussaat oder zur Minderung der Aszitesproduktion üblich. Von den Zytostatika vor allem alkylierende Substanzen wie

Endoxan: Früher häufig, heute seltener als Monotherapie, meist als Stoßtherapie in Verbindung mit Adriblastin bzw. dem weniger kardiotoxischen Farmorubicin. Endoxan als Stoßtherapie (20–30 mg/kg Körpergewicht, Gesamtdosis in 8–10 Stößen ca. 15 g), in etwa 17tägigen Abständen. Fortsetzung später entweder als Stoßtherapie in gleicher Form, aber Abständen von 4 Wochen oder (weniger zu empfehlen, da häufiger hämorrhagische Zystitis) als orale Langzeittherapie (100–150 mg Endoxan tgl.). Bei gleichzeitiger Gabe von Adriblastin bzw. Farmorubicin Dosierung s. Herstellerprospekt. Achtung: Grenzdosierung wegen Kardiotoxizität beachten. EKG, Blutbildkontrollen. Auch andere Polychemotherapie möglich (z. B. Cisplatin/Endoxan; Cisplatin/Adriblastin/Endoxan; Hexamethylmelamin/Endoxan/Methotrexat/5-Fluorouracil; Endoxan/Hexamethylmelamin/Adriblastin/Cisplatin. Unter der zytostatischen Behandlung wird zuweilen die „Second-look"-Operation primär inoperabler Fälle möglich. Anabolisierend (vor allem bei Progredienz) zusätzlich männliche Keimdrüsenhormone oder deren Derivate.

Prognose

Für die Ovarialkarzinome sehr schlecht. Fünfjahresheilung höchstens 20–30%. Bessere Prognose nur für die semimalignen Tumoren.

Ovula Nabothi

Ät: Retentionszysten von Zervixdrüsen. Sie entstehen, wenn die „Drüsen"-Ausführungsgänge bei Abheilen einer Ektopie durch das reepidermisierende Plattenepithel verlegt werden.

Th: Stichelung mit dem Messer oder Abdrehen mit der Kornzange, wenn es sich um ein Ovulum Nabothi pendulans handelt.

Paget-Erkrankung s. S. 621 (Mamma), S. 629 (Vulva) und Kap. Osteopathien

Parametritis

Pathog: Sie entsteht durch Eindringen von Keimen durch die Uteruswand – ausgehend von einer Zervizitis (endometritis cervicis) – in das lockere Bindegewebe des Beckens. Es entsteht praktisch eine fortschreitende Phlegmone, die sich meist in die lateralen parametranen Anteile bis zur Beckenwand ausbreitet (immer extraperitonealer Prozeß). In Analogie zu allen Bindegewebsphlegmonen neigt die Parametritis zu eitriger Einschmelzung (Abszedierung), wobei auch eine Perforation in die Blase, den Darm oder die Vagina erfolgen kann. Auch Durchbruch oberhalb des Lig. inguinale, am Damm oder an der Innenseite der Oberschenkel möglich.

Ät: Es kommen alle Ursachen in Frage, die auch zur Adnexitis führen (s. d.), wobei natürlich mechanische Zervixverletzungen (z. B. durch forcierte Dilatation bei Abrasion) die Keimdurchwanderung ins Parametrium begünstigen. Erreger: Streptokokken, Staphylokokken und Anaerobier; so gut wie nie Gonokokken, Chlamydien, Tuberkelbakterien.

Sy: Diese sind denen der Adnexitis (s. d.) sehr ähnlich. Es fehlen meist die peritonealen Erscheinungen (Entzündung kann aber auch auf Peritoneum übergehen). Im Gegensatz zur Adnexitis ist die Parametritis meist einseitig. Der Uterus wird dabei häufig im akuten Stadium durch die entzündliche Resistenz zur gesunden Seite verdrängt, im chronischen Stadium durch Narbenschrumpfung zur kranken Seite verzogen. Fieber, BSG-Erhöhung, Leukozytose. Typischer rektovaginaler Tastbefund.

DD: Intraligamentäre Myome, Ovarialtumoren, Senkungsabszeß (Nieren), Neoplasma (auch vom Rektum ausgehend), Adnexitis (anderer Tastbefund vor allem bei rektovaginaler Untersuchung).

Th: Die Therapie der akuten und chronischen Parametritis entspricht weitgehend der einer Adnexitis. In den schweren Fällen häufigere Kontrolluntersuchung notwendig, um bei einer Einschmelzung den günstigsten Zeitpunkt zur Inzision festzustellen. Konservative Therapie s. Adnexitis.

Pelipathie (Parametropathia spastica. Pelvic congestion)

Dieses Leiden hat keine einheitliche Benennung, keine einheitliche Ursache und keine einheitliche Symptomatik.

Ät: Ob hier wirklich spastische Zustände der glatten Muskulatur der Aufhängebänder des Uterus eine Rolle spielen, wie vielfach angenommen wird, ist sehr fraglich. Viel eher handelt es sich wohl um Residuen latenter Gewebsentzündungen, deren Eintrittspforte im Bereich der Portio (Erosion) und der Zervix (Zervizitis) zu suchen ist. Diese narbigen Indurationen oder Kollagenosen im Beckenbindegewebe verursachen besonders bei Blutanschoppung (menstruell) Stauungsbeschwerden (Pelvic congestion). Als weitere Ursachen sollen psychische Faktoren, Coitus interruptus, Onanie, Dyspareunie, Angst vor einer Schwangerschaft, aber auch lebhafter Kinderwunsch bei befürchteter Sterilität u. a. eine Rolle spielen.

Sy: Bei der Beurteilung der Beschwerden spielen die sich oft im Subjektiven erschöpfenden Symptome der Patientin bei geringem oder fehlendem Lokalbefund und darüber hinaus die subjektive Auffassung des Arztes eine große Rolle. Dumpfe, ziehende, manchmal auch wehenartige Schmerzen in der Gegend von Kreuz- und Steißbein (immer Wirbelsäule untersuchen), manchmal zunehmend bei psychischer Erregung, bei Stuhlentleerung und bei Kohabitationen. Es werden auch oft ein unangenehmes Völlegefühl im Leib oder Senkungsbeschwerden ohne Vorliegen eines Deszensus angegeben. Der zumeist gleichzeitig vorhandene zervikale Hypersekretionsfluor (s. Fluor genitalis) weist auf die überwiegend vegetativ-psychische Komponente hin. Daher findet man dieses Bild auch meist kombiniert mit extragenitalen vegetativen Beschwerden, wie Appetitlosigkeit, Übelkeit, Obstipation, häufiger Harndrang, Tachykardie, feuchte und kalte Hände, Schlaflosigkeit usw.
Die objektiven Befunde bei diesen Beschwerden können gering sein. Es finden sich aber auch Verdickungen des Parametriums, vor allem in seinen hinteren Anteilen (Ligg. sacrouterina) (rektovaginale Untersuchung!), mit manchmal erheblicher Zug- und Druckempfindlichkeit und deutlichem Schiebe- oder Anhebeschmerz der Portio. Manchmal besteht auch eine Druckempfindlichkeit der seitlichen Beckenwand und der Symphysenhinterfläche.

Th: Die Behandlung soll entsprechend der überwiegend neurovegetativen Komponente immer sedierend sein (Omca, Bellergal, Sedapon usw.). Evtl. ist bei Erkennung der psychischen Ursachenkomponente die Psychotherapie angebracht. Oft erreicht man aber auch durch hydrotherapeutische Maßnahmen wie Moor-, Solbäder, Kneipp-Kuren, Bindegewebsmassagen usw. Ausgezeichnetes. Zuweilen hilft auch eine eingehende Rücksprache mit dem Ehemann. Angebracht ist auch der Versuch mit hyperämisierenden Maßnahmen, wie Kurzwellen, Einlage von Pelvichthol-Globuli und rektale Applikation von Ichtho-Bellol compositum. Empfohlen wird auch die Infiltration vor allem der Sakrouterinligamente mit Impletol oder Scandicain. Gleichzeitige Anwendung von Hyaluronidase (z. B. Kinetin) ermöglicht die günstigere Verteilung des Medikaments im Gewebe. Aufgrund der vielfältigen neurovegetativen Ursachen ist aber sehr oft die Behandlung erfolglos, und nur zu oft finden diese Patientinnen schließlich einen Operateur, der die inneren Genitalorgane partiell oder vollständig entfernt.

Pelveoperitonitis (s. auch Adnexitis)

Ät und Pathog: Entzündung des Beckenbauchfells durch Keimaszension nach Zervizitis, Endometritis, Adnexitis oder nach Uterusperforation. Tritt besonders häufig nach kriminellen Aborten auf. Meist wird der Entzündungsprozeß durch Darmschlingen und Netz im Unterbauch abgegrenzt. Nur sehr selten entwickelt sich daraus eine diffuse Peritonitis. Bei Bildung von Eiter und dessen Ansammlung an der tiefsten Stelle des Bauchraums entsteht der Douglas-Abszeß.

Sy: Fieber, kleiner frequenter Puls, Brechreiz. Auf den Unterbauch begrenzte Abwehrspannung und starke Druckschmerzhaftigkeit. Oft vorübergehend paralytischer Ileus. In leichteren Fällen ist das Allgemeinbefinden wenig gestört, in schweren Fällen durch die hohen Temperaturen erhebliche Beeinträchtigung des Allgemeinzustandes.
Bei der bimanuellen Untersuchung besteht ein starker Bewegungsschmerz des Uterus, eine starke Druckempfindlichkeit des hinteren Scheidengewölbes und des ganzen Beckenraums. Dadurch ist ein exakter gynäkologischer Befund kaum zu erheben. Bei einem Douglas-Abszeß fühlt man die Vorwölbung und Fluktuation oft nur bei der rektovaginalen Untersuchung.

DD: Tubargravidität, kleiner stielgedrehter Ovarialtumor, akute Appendizitis.

Th: Bei Douglas-Abszeß aktive Therapie durch Eröffnung und Drainage des Douglas-Raumes vom hinteren Scheidengewölbe aus. Operative Behandlung durch Laparotomie nur, wenn die Pelveoperitonitis in eine diffuse Peritonitis übergeht oder aber ein konservativ nicht zu behebender paralytischer Ileus auftritt. Ansonsten konservative Therapie (s. Adnexitis).

Polypen der Gebärmutter

Pathog und *Sy:* Gutartige fibroepitheliale Geschwülste, die entweder von der Mucosa corporis (Korpuspolypen) oder von der Zervixschleimhaut (Zervixpolypen) ausgehen. Sie verursachen blutigen Fluor oder Metrorrhagien (s. Menstruationsanomalien).

Th: Abdrehen der aus dem Muttermund hervorragenden Polypen (meist Zervix-, selten langgestielte Korpuspolypen) mit Kocher-Klemme oder Kornzange, anschließend Abrasion und histologische Untersuchung des Abrasionsmaterials! Rezidive häufig.

Portioerosion s. Erosio portionis

Prämenstruelles Syndrom

Ät und Sy: Man versteht darunter einen Symptomenkomplex, der besonders bei Frauen im fünften Dezennium bis zur Menopause auftritt. Hierzu gehören in der 2. Zyklushälfte schmerzhafte Schwellung der Mammae, Völlegefühl im Leib, Stauungszustände im Becken und oft auch deutliche Ödeme an den unteren Extremitäten. Gleichzeitig wird über eine nervöse Übererregbarkeit, Unfähigkeit, sich zu konzentrieren, Depressionen und Kopfschmerzen geklagt. Die Symptome verschwinden mit Eintreten der Menstruation. Verantwortlich für die prämenstruellen Spannungszustände, die verbunden sind mit einer Wasserretention, scheint das Übergewicht der Östrogene gegenüber dem Corpus-luteum-Hormon zu sein (= östrogene Dominanz).

Th: Ziel: Behebung der Wasserretention und der vegetativen Veränderungen durch Hormonbehandlung. Entweder vom 16.–26./27. Zyklustag Progestagene (z. B. Primolut-Nor, Orgametril, Prothil, Clinofem u. a.) 5–10 mg täglich, über mehrere Zyklen. Oder Unterdrückung der Ovulation durch niedrig östrogendosierte oder gestagenbetonte Ovulationshemmer. Auch Behandlung mit Prolactin-Hemmern (Pravidel oder Dopergin) bringt vor allem prämenstruelle Mammaödeme zur Ausschwemmung, ebenfalls Diuretika.

Prolaps s. Lageveränderungen des Uterus

Pruritus vulvae

Sehr lästiger Juckreiz an der Vulva und perianal.

Ät: Tritt entweder ohne erkennbare äußere Ursache auf (*primärer,* essentieller, idiopathischer Pruritus) oder aber *sekundär* durch exogene oder endogene Erkrankungen.

Die Ätiologie des sog. *primären essentiellen Pruritus* ist weitestgehend unbekannt. Im Klimakterium spielen möglicherweise infolge des Östrogenmangels trophische Rückbildungsvorgänge der Haut eine Rolle. Auch allergische und psychische Faktoren werden diskutiert. – Für den *sekundären (wesentlich häufigeren) Pruritus* kommen in Betracht: meist Vulvitis und Reize bei vaginalem oder zervikalem Fluor, insbesondere bei Trichomoniasis oder Pilzbefall der Scheide. Reize von außen: mangelhafte Hygiene, thermische, mechanische, chemische Reize, vor allem aber auch Oxyuren, Skabies, Pediculi pubis. Von den internistischen Erkrankungen spielen für die Auslösung des Pruritus vulvae Blutkrankheiten, Avitaminosen, Hyper- und Hypothyreoidismus, Allergien, Überempfindlichkeit gegen Medikamente und Stoffwechselerkrankungen (Leber, Niere, Darm, Diabetes) eine Rolle. Man sollte bei unklarem Pruritus nie vergessen, nach einem (auch latenten) Diabetes zu suchen.

Sy: Manchmal nur geringer Befund, aber erhebliche Beschwerden. Bei Entzündung finden sich Rötung und Schwellung der großen und kleinen Labien. Kratzeffekte mit Sekundärentzündungen, seltener geschwürige Gewebsdefekte. – Häufig ist der Pruritus bei atrophischer Dystrophie (Kraurose) der Vulva (s. d.) mit ausgedehnten Schrumpfungserscheinungen von Haut und Unterhaut und mit Kratzeffekten und Sekundärentzündungen.

Th: Kausal möglich, wenn das Grundleiden (Vulvitis, Kolpitis, chemische, thermische und andere Reize der Vulva, internistische Erkrankungen) erkennbar ist. Symptomatische Behandlung mit Sitzbädern (Kamille und Eichenrinde). Keine Sagrotan- oder Seifenwaschungen. Sehr günstig sind Salben, die Glucocorticoide enthalten, bei stark entzündlichen Veränderungen mit Antibiotikazusätzen (Terracortril, Volon A antibiotikahaltig usw.). Oder Tumenol-Zinkoxid-Schüttelmixtur. Bei allergischen Reaktionen sind Antihistaminsalben (Euraxil, Soventol, Ingelan u. a.) angebracht und orale Antihistaminika (z. B. Tavegil). Bei essentiellem Pruritus sollte man stets, besonders bei klimakterischen Patienten, eine lokale und enterale oder parenterale Östrogenbehandlung durchführen. Lokal eignen sich besonders östriolhaltige Cremes (z. B. Ovestin Creme); oral bieten sich wegen der geringen Nebenwirkungen die sog. konjugierten Östrogene (Presomen, Transannon u. a.) oder Östriolpräparate (z. B. Ovestin, beginnend 3mal 1 Tabl. tägl., reduzierend über mehrere Wochen) an. In besonders hartnäckigen Fällen kann man auch Östrogene parenteral geben. Da bei Prurituspatienten häufig gleichzeitig

eine starke neurovegetative Belastung vorliegt, sind zusätzlich oft Sedativa angebracht (Sedapon, Omca, Librium, Valium u. a.).
In therapieresistenten Fällen von essentiellem Pruritus subkutane Infiltration mit Hydrocortison oder Alkoholinjektionen: In Narkose werden die juckenden Bezirke der Vulva subkutan mit 96%iger Alkohollösung unterspritzt (0,2 ml pro cm^2 Haut). Die Unterspritzung evtl. in 2–3 Sitzungen ausführen. Achtung; Nekrosegefahr! Betrifft der Pruritus das Ausbreitungsgebiet des N. pudendus, kann man den Nerven probatorisch im Bereich der Spina ischiadica mit Scandicain oder Carbostesin vorübergehend blokkieren und später durch Injektionen verdünnter Phenollösung an gleicher Stelle den zugehörigen Hautbezirk dauernd desensibilisieren. (Nicht für die Praxis geeignet, nur in der Klinik durchführen. Achtung! nicht ungefährlich!). Einen wesentlichen therapeutischen Fortschritt stellt schließlich in verzweifelten Fällen die operative Tunnelierung der Haut dar, bei der von einem kleinen Schnitt an den großen Labien aus die gesamten Nervenverbindungen zur Haut unterbrochen werden. Von der Vulvektomie sollte man dagegen als verstümmelnder Operation möglichst Abstand nehmen, zumal der therapeutische Erfolg fraglich ist. Die Röntgenreiztherapie bringt manchmal vorübergehende Besserung, aber keine befriedigenden Dauerergebnisse.

Pubertas praecox

Def: Unter Pubertas versteht man die Entwicklungsstufe des Menschen, in der er geschlechtsreif wird, bzw. die Zeit vom ersten Auftreten der sekundären Geschlechtsmerkmale bis zur Fortpflanzungsfähigkeit. Zunehmende Vorverlegung (Akzeleration) der Menarche (= erste Blutung) wird seit Jahrzehnten beobachtet.
Pubertas praecox = Hypergenitalismus juvenilis = Frühreife: Verfrühte Geschlechtsreife, die sich durch vorzeitige Entwicklung der Mammae, Auftreten der Schamhaare, Menstruatio praecox und verstärktes Wachstum vor dem 8. Lebensjahr manifestiert. Die geistige Entwicklung bleibt aber dem Lebensalter entsprechend.

Ät: Zwei Formen:

- *echte hypothalamische Pubertas praecox:* idiopathisch, konstitutionell (vorzeitige Ausreifung des Sexualzentrums) oder organisch bedingt bei Erkrankungen im Zwischenhirnbereich mit dessen Aktivierung, vorzeitige Gonadotropinbeeinflussung der Ovarien;
- *Pseudopubertas praecox:* autonome Hormonbildung in den Ovarien; meist östrogenbildende Ovarialtumoren (Granulosazell-Thekazell-Tumor), seltener gonadotropinbildende Tumoren (Chorionkarzinom).

Dg: Ausschluß bzw. Nachweis von Ovarial- oder Hirntumoren (neurologisch, radiologisch, ophthalmologisch). Hormonanalysen.

Th: Tumoren werden entfernt. Bei idiopathischer Form Gefahr des Kleinwuchses durch die vorzeitige Östrogenbildung. Vorbeugend Progestagene, neuerdings auch GnRH-Analoga, die hypophysäre Gonadotropinauschüttung hemmen.

Pyelitis gravidarum s. Kap. Nephrologie

Rektozele s. Lageveränderungen des Uterus

Retroflexio s. Lageveränderungen des Uterus

Salpingitis s. Adnexitis

Sarcoma uteri

Myosarkom des Uterus

Vk: Es kommt sehr selten vor, im Verhältnis zum Korpuskarzinom etwa 1:30 und tritt am ehesten in Myomen auf, so daß lange ein benigner Tumor vorgetäuscht werden kann. Sarkomhäufigkeit bei Myomen ca. 3–5‰.

Dg: Für ein Sarkom sprechen die rasche Vergrößerung des Uterus (bei Myosarkomen der Uteruswand), evtl. anhaltende Genitalblutungen, beschleunigte BSG, Verschlechterung des Allgemeinzustandes. Die Diagnose erfolgt aber besonders bei Sarkomen in Myomen meist erst post operationem durch den Histologen.
Bei allen Sarkomen Röntgenkontrolle der Lunge auf Metastasen.

Th: Operation, möglichst radikal, wenn Tumor bereits auf Umgebung übergreift.

Prgn: 50%–75% 5-Jahres-Überlebensrate, je nach Sitz (Uteruswand/Myom).

Endometriale Stromasarkome, maligne Mischtumoren

Formen: Es gibt reine homologe Stromasarkome und heterologe Stromasarkome; endolymphatische Stromatose. Maligne mesodermale Mischtumoren: homolog = Karzinosarkome, heterolog = maligne Müller-Mischtumoren.

Sy: Nicht typisch: Uterusvergrößerung, Blutungen, rasche Kachexie.

Th: Möglichst radikale Operation. Strahlen-, Hormon- und Zytostatikabehandlung wenig aussichtsreich.

Prgn: Sehr schlecht.

Sterilität (weibliche), Infertilität

Definitionen

Eine *Sterilität* liegt vor, wenn trotz regelmäßiger Kohabitationen und bei dringendem Kinderwunsch nach mindestens 2 Jahren keine Schwangerschaft eingetreten ist. Diese Zweijahresgrenze sollte eingehalten werden, um eine überflüssige Frühdiagnostik und -therapie zu vermeiden. Man unterscheidet primäre und sekundäre Sterilität; bei letzterer ist eine Geburt oder Fehlgeburt vorausgegangen.

Infertilität bedeutet dagegen, daß bei erhaltener Konzeptionsfähigkeit die Frucht nicht bis zur Lebensfähigkeit ausgetragen wird.

Ätiologie der Sterilität

a) *Anatomische (organische) Ursachen:* Beidseitiger Tubenverschluß nach einer abgelaufenen Adnexitis, Genitaltuberkulose, Tubenendometriose, Hemmungsmißbildungen, chromosomale Entwicklungsstörungen; mit Vorbehalten: submuköse Myome, Emmet-Risse, Entzündung der Vagina, der Zervix oder des Endometriums, Portioamputation. Eine Retroflexio uteri ist kaum je die Ursache einer Sterilität. Ursachen scheinbarer Sterilität: Fehlen der Immissio penis, vaginaler Reflux, fortgeschrittenes Lebensalter.

b) *Endokrine Ursachen: funktionelle ovarielle Sterilität:* hypothalamisch-hypophysäre Dys- oder Unterfunktion; Androgenämie, Hyperprolaktinämie, polyzystische Ovarien, primäre Ovarialinsuffizienz: Gonadendysgenesie, Ovarialhypoplasie (hypergonadotrop).
Bedingt zu den hormonabhängigen Ursachen gehören auch Störungen im physikochemischen Verhalten des *zervikalen Schleims,* Funktionsanomalien anderer endokriner Systeme (Nebenniere, Schilddrüse, Adipositas oder Magersucht, Diabetes mellitus).

c) *Extragenitale Ursachen:* Schwere Allgemeinerkrankungen, Alkohol-, Nicotin-, Opiatabusus. Letalfaktoren. Vitaminmangelzustände?

d) *Psychische Ursachen:* Bei Frigidität, Dyspareunie, seelischen Störungen und Belastungen ist die Konzeptionsfähigkeit nur vermindert.

e) *Sensibilisierungserscheinungen* (immunologische Ursachen): Gegen das Sperma werden Antikörper gebildet; oder Abstoßungsreaktion nach Nidation des Eies.

Diagnose

Zu a): Exakte Erhebung des gynäkologischen Befundes zum Ausschluß anatomischer Veränderungen (Gynatresien, Aplasien). Die Tubendurchgängigkeit kann mittels CO_2-Pertubation geprüft werden. Aufschlußreicher ist die Röntgenaufnahme nach Instillation einer Kontrastflüssigkeit in den Uterus und die Tuben (Hysterosalpingographie). Der Wert der Hysterosalpingographie liegt mehr in der Darstellung des Uteruskavums als der Tubenuntersuchung. Hierzu eignet sich unter gleichzeitiger Vermeidung der Strahlenschädigung am besten die Laparoskopie (Pelviskopie). Dabei wird die Tubendurchgängigkeit unter Sicht mittels Farbstofflösung kontrolliert, die unter Druck in das Uteruskavum eingebracht wird. Bei der Pelviskopie sieht man vor allem auch peritubare Adhäsionen, die sonst nicht festgestellt werden können. Auch die Hysteroskopie wird zur Beurteilung des Uteruskavums (evtl. Mißbildungen) angewandt. Diese Untersuchungsverfahren sollten aber nur stationär ausgeführt werden und nie in der zweiten Zyklushälfte (evtl. eingetretene Gravidität).

Zu b): Seltene Sterilitätsursache: Primäre Ovarialinsuffizienz mit Hypergonadotropie. Sie ist der Therapie nicht zugänglich. Häufigste Ursache einer funktionell bedingten Sterilität ist die Insuffizienz der hypothalamischen Steuerungszentren. Bei manchen Frauen findet sich als Ursache anovulatorischer Zyklen oder einer Corpus-luteum-Insuffizienz oder auch Amenorrhö eine Hyperprolaktinämie. Als Ursache hypothalamischer Störungen (mit Zyklusstörungen) finden sich im allgemeinen psychische Faktoren: Arbeitsüberlastung, Milieuwechsel, Notstand usw. Als funktionelle Sterilitätsursache ist auch an polyzystische Ovarien zu denken (Tastbefund, Laparoskopie). Für die Diagnostik wichtig ist die Klärung der Art der funktionellen ovariellen Fehlfunktion. *Mangelhafte Östrogenbildung* ist meist leicht an der Unterentwicklung des Genitales und auch am Phänotyp zu erkennen (Infantilismus, genitale Hypoplasie). Werden ausreichend Östrogene gebildet (bei Amenorrhö positiver Gestagentest), läuft die Fragestellung meist darauf hinaus, ob bei nicht erhöhtem Prolactinspiegel ein Eisprung stattfindet oder nicht = *anovulatorischer Zyklus* oder ob eine *Gelbkörperinsuffizienz* (mit vorausgegangener Follikelreifungsstörung) vorliegt bzw. ob bei einer Amenorrhö (s. d.) Anomalien des Genitaltraktes vorliegen (dann aber negativer Gestagen- und Östrogentest) oder ob bei negativem Gestagen-, aber positivem Östrogentest (= Entzugsblutung nach Östrogengabe) die FSH-Bestimmung eine primäre ovarielle Insuffizienz (*hyper*gonadotrop) oder eine hypothalamisch-hypophysäre Unterfunktion (hypo- oder normogonadotrop) ergibt. Bei erhöhtem Prolactinspiegel ist zu klären, ob ein Prolaktinom vorliegt oder nicht. Immer auch Androgenspiegel untersuchen und an Störungen anderer endokriner Organe (Schilddrüse, NNR) denken. Diese Fragen sind bei Besprechung der Amenorrhö erörtert.

Zum Teil sind Art und Schwere der hormonellen Störung durch einfache Maßnahmen in der Praxis feststellbar, wie genaue Anamnese (psychische Faktoren), Messung der Basaltemperatur über 3–4 Monate zur Zyklus-, Eisprung- und Corpus-luteum-Insuffizienz-Diagnostik (Messung vor Aufstehen rektal oder sublingual): Körpertemperaturdifferenzen zwischen 1. und 2. Zyklusphase ca. 0,5°C; Anstieg 1–2 Tage nach Eisprung. Ergibt sich ein monophasischer Zyklus (ohne Eisprung), dann Strichkürettage, besser Vollabrasion kurz vor Zyklusende zur Bestätigung der Diagnose und Diagnostik von Endometriumveränderungen (z. B. mangelhafte Sekretionsphase bei Corpus-luteum-Insuffizienz). Auch die Zytodiagnostik kann wertvolle Beiträge zum jeweiligen Hormonstatus liefern. – Aufwendigere Untersuchungsverfahren wie Chromosomenanalysen, Laparoskopie und Hormonanalysen (und -Tests): Prolactin-, Androgen-, Gonadotropinbestimmung, von denen letztere vorwiegend der Unterscheidung der primär ovariellen von primär zentral bedingten Störungen der Ovarialfunktion dient sowie vor allem bei Hirsutismus und Virilismus die Analyse der Androgene (Testosteron, Dehydroepiandrosteronsulfat, mit Tests) müssen der Klinik bzw. Speziallaboratorien überlassen bleiben. Zu den endokrin bedingten Veränderungen lassen sich auch in einem größeren Prozentsatz Abweichungen der Beschaffenheit des Zervixschleims rechnen, dessen physikochemischer Zustand hormonabhängig ist und dessen Depolymerisation die *Spinnbarkeit* und nach Trocknen das sog. *Farnkrautphänomen* bedingt. Hierzu ist eine ausreichende Östrogenwirkung notwendig. Nicht nur das Ausbleiben dieser physiologischen Veränderungen, sondern auch pathologische Vorgänge wie Entzündungserscheinungen der Zervix können sich hemmend auf das Eindringen der Spermien auswirken. Zur groben Kontrolle der Verträglichkeit zwischen Zervixschleim und Samen dient der Sims-Huhner-Test (Postkoitaltest), wobei am Zervixsekret geprüft wird, ob 3–4 Stunden post cohabitationem (am Ovulationstermin!) noch mindestens 50% bewegliche Spermien vorhanden sind. Der Test kann bei normalem Spermiogramm des Ehemanns, normaler Ovarialfunktion und richtiger Wahl des Zeitpunktes eine Unverträglichkeit zwischen Zervixschleim und Samen anzeigen. Instruktiver, aber umständlicher in der Durchführung sind die In-vitro-Tests (Kurzrock-Miller; Kapillar-Sperma-Penetrationstest; Sperma-Zervikalmukus-Kontakttest [SZMK-Test]). Ein pathologischer Zervixfaktor in der präovulatorischen Phase läßt sich durch orale Östrogene (z. B. mehrtägig 2mal 1 Tabl. Progynon C = Ethinylestradiol) täglich versuchsweise behandeln.

Zu d): Hierzu ist eine exakte Anamnese notwendig, besonders zur Klärung einer bestehenden Dyspareunie oder Frigidität. Die Bedeutung der Frigidität als Sterilitätsursache wird meist erheblich überschätzt. Der Orgasmus der Frau ist für den Spermientransport nicht notwendig.

Zu e): Auf eventuelle immunologische Ursachen der Sterilität kann bereits der Sims-Huhner-Test hinweisen. Der Nachweis der Spermainkompatibilität läßt sich noch durch den gekreuzten Invasionstest (Same des Ehemanns wird gegen Schleim einer sicher fertilen Frau, Schleim der Patientin gegen Samen eines sicher fertilen Mannes auf Invasion geprüft = Kurzrock-Miller-Test) weiter erhärten. Der Test stößt meist aber auf erhebliche Schwierigkeiten wegen der Koordination der Probanden (das gilt auch für die übrigen In-vitro-Tests) und wird daher äußerst selten durchgeführt. – Die Frage der immunologischen Faktoren ist noch weitgehend ungeklärt. Allerdings spricht fehlende Spermatozoeninfiltration an Tagen optimaler Sekretbeschaffenheit der Zervix und bei normalem Spermiogramm sehr für solche. Immobilisierende und agglutinierende Antikörper gegen Spermatozoen im Serum wurden nachgewiesen. Wichtiger scheint aber ihr Nachweis im Zervixsekret selbst zu sein.

Therapie

Sensibilisierungserscheinungen: Nach längerer Enthaltsamkeit oder Coitus condomatosus Kohabitation zu optimalem Termin.
In die Sterilitätsdiagnostik muß immer unbedingt auch die Untersuchung der Zeugungsfähigkeit des Ehemanns (meist durch einen Dermatologen oder Urologen) einbezogen werden, da der Ehemann in ca. 35–40% die Ursache der Kinderlosigkeit ist. *Diese Untersuchung ist allen anderen voranzustellen.*

Chirurgische Therapie und extrakorporale Befruchtung: Die Therapie der anatomischen Sterilitätsursachen ist, zumindest was den „Tubenfaktor“ betrifft, noch immer recht unbefriedigend. Von konservativen Maßnahmen (Tubenspülungsversuche, orale Prednisongaben, Kurzwellenbehandlung, Badekuren) ist bei nachgewiesenem Tubenverschluß wenig zu erwarten. Die plastische Wiederherstellung der Tubendurchgängigkeit führt in höchstens 20–30% der Fälle zu einer Gravidität, da zwar die Durchgängigkeit, aber nicht – besonders bei Entzündungsresiduen – die Funktion der Tuben wiederherstellbar ist. Dabei sollte die Patientin unbedingt auch auf die Möglichkeit einer späteren Eileiterschwangerschaft aufmerksam gemacht werden. An diesen Tatsachen hat auch das mikrochirurgische Vorgehen nur wenig ändern können. Allerdings sind die mikrochirurgischen Ergebnisse dann besser, wenn es gilt, die Durchgängigkeit der Tuben nach Sterilisation wiederherzustellen, da hier keine Entzündung vorausgegangen ist. Bei Mißerfolgen der reparativen Eileiterchirurgie oder nach Verlust beider Tuben haben in jüngerer Zeit Versuche der *extrakorporalen Befruchtung* (In-vitro-Befruchtung) zu Erfolgen geführt. Dazu sind folgende Schritte nötig: 1. Gewinnung einer präovulatorischen Eizelle, 2. Befruchtung der Eizelle in vitro, 3. Übertragung der Morula in den Uterus (= Embryotransfer) und 4. Austragen einer normalen Schwangerschaft. Das Vorgehen eröffnet neue Möglichkeiten bei gestörtem Tubenfaktor, ohne aber schlagartig die Probleme zu lösen, da bei der Kompliziertheit des Verfahrens die Ergebnisse noch nicht wesentlich besser sind als die der Tubenchirurgie. – Als weitere eventuelle Sterilitätsursachen lassen sich unter Umständen operativ beseitigen: Uterusfehlbildungen, Myome, Zervixveränderungen (z. B. Emmet-Risse). Es wird immer wieder behauptet, daß bei einer Retroflexio uteri durch die unter die Symphyse gerichtete Portio die Aufnahmemöglichkeit der Spermatozoen ungünstig beeinflußt und damit die Fertilität vermindert würde. Ohne daß man dem allzuviel Bedeutung beimessen sollte, kann man unter dieser Vorstellung bei einer Retroflexio uteri mobilis nach Aufrichtung des Uterus die vorübergehende Ringeinlage (Hodge-Pessar) vornehmen oder eine Operation durchführen. Entzündliche Veränderungen der Vagina, der Zervix und des Endometriums sind entsprechend zu behandeln.

Künstliche Insemination: Gegen die heterologe Insemination (Verwendung von Fremdsperma) bestehen erhebliche ethische und juristische Bedenken. Dagegen ist die homologe Insemination (Verwendung von Sperma des Ehemanns) zu erwägen, wenn bei erhaltener Zeugungsfähigkeit das Ejakulat durch den Mann nicht in die Vagina eingebracht werden kann oder wenn Störungen im Vagina- und/oder Zervixbereich das Eindringen der Spermien in den Uterus erschweren oder verhindern. Die direkte Instillation des Ejakulates in das Uteruskavum bietet gegenüber der präzervikalen Deponierung (mit Portiokappe und Einbringen eines Teils des Samens in die Zervix selbst) keine Vorteile. Im Gegenteil scheint für die Aktivierung der Spermien (Kapazitation) das Zervixsekret unbedingt notwendig zu sein.

Hormontherapie: Die Ergebnisse der Sterilitätsbehandlung bei hormonellen Störungen sind relativ günstig (ca. 40–50% Schwangerschaften). Das Behandlungsziel ist 1. die Auslösung von Eisprüngen, 2. die Behebung der Gelbkörperinsuffizienz. Für beide Zwekke stehen heute bei normogonadotropen Fällen oral wirksame *Ovulationsauslöser,* deren Wirksamkeit wohl über den Hypothalamus läuft, zur Verfügung (Clomifen = Dyneric; Cyclofenil = Fertodur; Epimestrol = Stimovul). Die Behandlung der Corpus-luteum-Insuffizienz durch Ovulationsauslöser unter dem Gesichtspunkt einer besseren Follikelreifung hat die frühere umstrittene Behandlung mit Sexualsteroiden, die nur am Endometrium angreifen, weitgehend verdrängt. – Bei anovulatorischen Zyklen läßt sich mit den Ovulationsauslösern bei ⅔ aller Patienten eine Ovulation (Basaltemperatur!) erreichen. Dosierung: z. B. Clomifen 5.–9. Zyklustag 50–100 mg = 1 bzw. 2 Tabletten täglich oder Cyclofenil 600 mg = 3 Tabletten täglich; Ovulation meist zwischen 9.–17. Tag nach Behandlungsbeginn. Ist durch die obigen Präparate insbesondere bei Hypogonadotropie die Auslösung der Ovulation nicht möglich, so steht als weitere Therapiemöglichkeit die Behandlung mit *Gonadotropinen* zur Verfügung (s. unter sekundärer Amenorrhö, S. 620). Ungeeignet für die Behandlung sind Frauen mit vermehrter Gonadotropinausscheidung (LH- und FSH-Kontrolle). Man kann bei Uterushypoplasie der Behandlung eine sog. Scheinschwangerschaft (hormonale Pseudogravidität) vorausschicken (Durchführung: s. Amenorrhö) zwecks „Reifung" des Uterus. Nebenwirkungen der Ovulationsauslösung: Mehrlingsschwangerschaften (meist überhöhte Östrogenkonzentration, daher Östrogenkontrolle); Überstimulierung der Ovarien: Ovarialzysten (rückbildungsfähig; Op. selten notwendig). Stets Überwachung der Ovarien durch Palpation und Ultraschallkontrollen. Erfolgsquote der Behandlung ca. 70–80% Ovulationen und 40% Schwangerschaften. Die Anwendung des als Dekapeptid identifizierten Releasing-Hormons (GnRH/LH-RH) (Anwendung beim Zyklomaten) ist noch weniger gängig. Bei Zyklusstörungen infolge von Hyperprolaktinämie (nach Ausschluß eines Prolaktinoms) Bromocriptin- oder Lisuridbehandlung. – Adrenal bedingter Hyperandrogenismus läßt sich mit Corticosteroiden (z. B. Dexamethason) behandeln, evtl. zusätzlich Ovulationsauslösung: Clomifen oder Gonadotropine. – Bei jeder Art der Therapie der weiblichen Sterilität sollte man Allgemeinmaßnahmen (Hydrotherapie, Moorbadekuren, Kurzwellenbehandlung, seelische und körperliche Entlastung) zusätzlich veranlassen.

Tuberkulose (Genitaltuberkulose)

Die Diagnose ist oft sehr schwierig und wird häufig nur anläßlich einer Abrasion oder Adnexoperation gestellt.

Vk und Pathog: Die Infektion des Genitales kann hämatogen, lymphogen oder direkt aus der Nachbarschaft (z. B. Peritonealtuberkulose) erfolgen. Der hämatogene Weg ist der häufigste; meist sind Lunge und Pleura primärinfiziert, seltener der Darm (Achtung: anamnestisch immer nach früherer Pleuritis fragen).

Am häufigsten erkranken die Tuben, meist deszendierend auch das Endometrium, dagegen ist eine reine (alleinige) Endometritis tuberculosa ungewöhnlich. Bei einer Peritonealtuberkulose kann die Tubenserosa befallen sein, ohne daß das Organ selbst betroffen ist. Die Häufigkeit der Genitaltuberkulose, die früher mit etwa 10% an den chronischen Adnexitiden beteiligt war, ist mit der Abnahme der Tuberkulosehäufigkeit durch verbesserte Fürsorge und Heilmaßnahmen auf ca. 1% zurückgegangen. Sie spielt aber nach wie vor bei der Sterilität eine gewisse Rolle, da bei etwa 3% der Sterilitätspatientinnen eine Genitaltuberkulose nachweisbar ist.

Sy: Die Genitaltuberkulose zeichnet sich gegenüber der unspezifischen Adnexitis durch geringe klinische Zeichen bei oft beträchtlichen Adnexbefunden aus (meist doppelseitig). In ca. 30% findet sich eine Amenorrhö. Anorexie, Gewichtsabnahme, subfebrile Temperaturen, besonders zur Zeit der Menstruation, schlechte Verträglichkeit von Wärme und Kurzwellen kennzeichnen das klinische Bild.

Dg: Die Diagnose gründet sich auf bakteriologische Untersuchungen des aufgefangenen Menstrualbluts (z. B. durch Portiokappen). Bei Verdacht auf Tbc sind mehrfache Kontrollen des Menstrualbluts erforderlich. Daneben Diagnostik durch Untersuchung des Abrasionsmaterials, wobei die Kürettage kurz vor der Regel mit nachfolgender prophylaktischer Streptomycintherapie ausgeführt werden sollte. Das Abradat zur Hälfte histologisch untersuchen, zur Hälfte bakteriologisch in der Kultur und im Tierversuch (Dauer des Tierversuches 8–10 Wochen). Ein negativer Endometriumbefund schließt aber eine Genitaltuberkulose nicht aus, da der spezifische Prozeß nicht immer deszendierend auf die Cavitas uteri übergreifen muß. Weitere Diganostik durch Laparoskopie (Pelviskopie), möglichst mit Probeexzision (Blutungsgefahr).

Achtung: an gleichzeitige Urotuberkulose denken. Häufigkeit ca. 10%. Wenn im Endometrium, Menstrualblut oder Urin Keime nachweisbar sind, handelt es sich um eine *offene* Tbc, die meldepflichtig ist.

Prgn: Quoad vitam gut, da Miliartuberkulosen selten sind; quoad sanationem, besonders hinsichtlich der Fertilität, ungünstig.

Th: Vorwiegend konservativ, jedoch über mehrere Monate: Zur Chemotherapie stehen zur Verfügung 1. Isoniazid (INH) = Isozid, Dosierung: einschleichend bis 5 mg/kg Körpergewicht = 300–400 mg/Tag. Hohe Toleranz. 2. Rifampicin einschleichend bis 10 mg/kg Körpergewicht täglich (Achtung: Urin und Schweiß können rötlich werden). 3. Ethambutol (Myambutol) Tagesdosis: 0,8–1,2 g; Augensymptome möglich. 4. Streptomycin: 1 g/Tag i. m. Gesamtdosis ca. 50 g; Achtung: otologische Kontrolle. 5. Weitere, weniger gebräuchliche Chemotherapeutika: Protionamid (ektebin), Pyrazinamid (Pyrafat). Da die Substanzen meist unterschiedliche Angriffspunkte haben, Kombinationstherapie zu empfehlen, z. B. als Standardtherapie: INH + Rifampicin + Ethambutol. Aus dieser Behandlung kann man Rifampicin nach frühestens 3 Monaten herausnehmen und mit den beiden anderen Substanzen weitertherapieren. Streptomycin wird vorwiegend zur Vermeidung von Streuungen oder bei akuten exsudativen Formen der Tuberkulose verwandt. Zweckmäßig ist es, das Behandlungsergebnis durch bakteriologische Menstrualblutkontrollen zu überprüfen. Weiterhin gehören auch Liegekuren in einer Heilstätte, kräftige Ernährung, vorsichtige Sonnenbäder zur Behandlung. Nur bei erfolglosen konservativen Maßnahmen (Verbleib großer Pyosalpingen, Verkäsung, Abszesse mit Sepsis usw.) soll unter dem Schutz von Tuberkulostatika operiert werden. Da es sich durch die Ausdehnung der Schwartenprozesse aber meist um eine radikale Operation handelt, sollte man jüngere Frauen solange wie möglich und verantwortbar von der Operation ausschließen.

Uterusmyome s. Myome

Vaginismus

Ät und Sy: Krampf der Scheidenmuskulatur, des M. bulbospongiosus und des M. levator ani, der zum Penis captivus führen kann. Ursachen meist Deflorationsverletzungen, auch rein psychoneurotische Abwehrreaktion der Frau: Dyspareunie (s. d.).

Th: Aufklärung, Gynodal-Applikation, evtl. Dehnung der Vagina, evtl. mit Einlage eines Phantoms, sonst Psychotherapie.

Vulvitis (Entzündung der Vulva)

Ät: Entstehung entweder sekundär bei Kolpitis (s. Fluor) oder exogen durch falsche bzw. mangelhafte Hygiene, Masturbation, Traumen, Urinabfluß bei Inkontinenz, chemisch reizende Spülungen, thermische Reize, Oxyuren, Mykosen, Pediculi pubis. Endogene Störungen, welche die Entstehung einer Vulvitis fördern: hormonal: Östrogenmangel; innere Krankheiten: Diabetes, Nieren-, Leber- und Blutkrankheiten. Auf dem Boden starken Fluors gehen oft spitze Kondylome (bedingt durch Viren, die bei sexuellem Kontakt übertragen werden) relativ gut an. Vorsicht vor Verwechslung mit Condylomata lata bei Lues).

Sy: Pruritus (s. d.), Schwellung, Rötung, Brennen, Beschwerden beim Gehen und beim Wasserlassen.

Dg und Th (s. auch Fluor und Pruritus vulvae): Ursachen beseitigen! Lues, Gonorrhö, Tbc, Karzinom, Ulcus molle ausschließen. Urinuntersuchung auf Zucker! – Vollkommene Sauberkeit! – Kürzen der Schamhaare, Voll- und Sitzbäder mit Kamillenzusätzen oder Eichenrindenextrakt, jedoch keine Seife, Sagrotan u. ä. Durch cortisonhaltige Salben oder Lösungen, evtl. mit Antibiotikazusatz (Ficortril-Lotio, Terracortril-Spray, Volon A Salbe [antibiotikahaltig] u. a.) wird die entzündliche Veränderung beseitigt und damit ein Kratzen verhindert. In schweren Fällen mehrere Tage täglich 20 mg Prednison. Bei älteren Frauen evtl. zusätzlich Östrogene geben, oral oder lokal, oder beides. Wichtig aber immer die Beseitigung eines zugleich vorhandenen Fluors, da dieser die Ursache der Vulvitis sein kann.

Zervikalkatarrh s. Fluor

Zystitis s. Kap. Nephrologie

Zystozele s. Lageveränderungen des Uterus

11. Geburtshilfe

TH. SCHWENZER und A. W. SCHWENZER

Statistische Angaben

Müttersterblichkeit

In der Klinik versteht man unter der Müttersterblichkeit die Zahl der mütterlichen Todesfälle im Verhältnis zur Zahl der Entbindungen; sie liegt heute durchweg unter 1‰. Landesweit wird die Zahl der mütterlichen Todesfälle bezogen auf 10 000 Lebendgeborene (obwohl auch mütterliche Todesfälle bei Totgeburten vorkommen) oder gar auf 100 000 Einwohner. In Deutschland erfolgt der Bezug auf 100 000 Lebendgeborene. Der Bezug auf Lebendgeborene ist deshalb nötig, weil die Gesamtzahl der Schwangerschaften nicht bekannt ist.

Tab. 11.**1** zeigt den Verlauf der Müttersterblichkeit in diesem Jahrhundert . Es ist erkennbar, daß auch die letzten 20 Jahre noch einmal einen deutlichen Rückgang der Sterblichkeit gebracht haben. Wenn die Müttersterblichkeit weiter gesenkt werden soll, müssen genaue Erhebungen angestellt werden, zu welchem Zeitpunkt der Schwangerschaft, der Geburt, des Wochenbetts der Todesfall erfolgt; auch müssen die Schwangerschaftstodesfälle der ersten Monate (vorwiegend durch Aborte, Extrauteringraviditäten und Schwangerschaftsunterbrechungen) von den die Geburtshelfer besonders interessierenden Todesfällen der letzten Schwangerschaftsmonate getrennt werden. Besonders ausgewiesen müssen diejenigen Todesfälle werden, bei denen die Schwangerschaft nur einen Nebenbefund darstellt und vielleicht nur zur Verschlechterung des Grundleidens geführt hat. Vor allem aber muß festgestellt werden, wo der Todesfall eintrat: in der großen geburtshilflichen Klinik mit modernen personellen und apparativen Möglichkeiten, in der kleinen Fachabteilung mit nur geringer geburtshilflicher Frequenz oder sogar im Privathaus. Schließlich sollte jeder einzelne mütterliche Todesfall genau aufgeschlüsselt und diskutiert werden, am besten gestützt auf einen Obduktionsbefund.

Tabelle 11.**1** Müttersterblichkeit in der Bundesrepublik Deutschland

Jahr	Pro 100 000 Lebendgeborene
1910	324,3
1930	528,5
1950	205,5
1970	51,8
1980	20,6
1985	10,9
1990	7,3

Ein Großteil der Müttersterblichkeit (bis zu 50%) wird in Zusammenhang mit einem Kaiserschnitt beobachtet; in allen Statistiken wird eine 4- bis 5mal höhere Kaiserschnittmortalität gegenüber Todesfällen nach vaginaler Entbindung angegeben. Auch hier muß wieder untersucht werden, ob ein Kausalzusammenhang zwischen dem Kaiserschnitt und dem Tod der Patientin bestand. Die Zahlen zeigen, daß die Indikation zur Sectio caesarea nach wie vor streng gestellt werden muß und daß ein weiterer Anstieg der Kaiserschnittfrequenz, die zur Zeit in nahezu allen großen Kliniken über 10% liegt und in einigen Kliniken mit hohem Anteil an Risikogeburtshilfe (Perinatalzentren) 20% überschritten hat, sorgfältig analysiert werden muß.

Wichtigste Todesursachen sind heute:

- Infektionen,
- Hämorrhagien,
- Embolie,
- Präeklampsie/Eklampsie,
- Uterusruptur,
- Schwangerschaftsabbrüche,
- Anästhesietodesfälle.

Perinatale Mortalität

Unter der perinatalen Mortalität werden alle kindlichen Todesfälle von der 29. SSW bis zum Ende der Neugeborenenperiode (7. Le-

benstag) verstanden. Sie umfaßt alle Totgeburten und alle Neugeborenentote.
Auch die perinatale Mortalität konnte in den letzten Jahren beträchtlich gesenkt werden, liegt aber immer noch wesentlich höher als die Müttersterblichkeit (Tab. 11.**2**). In Deutschland wird bei der Registrierung der Neugeborenen das Personenstandsgesetz von 1957 angewendet, nach dem als lebendgeboren alle Kinder zu gelten haben, bei denen nach der Geburt unabhängig von Gewicht und Gestationsalter Zeichen des Lebens nachweisbar sind (Herzschlag, Pulsieren der Nabelschnur, Atmung, Bewegungen). Damit werden im Gegensatz zur Definition der WHO auch alle lebendgeborenen Kinder mit Gewichten von unter 1000 g erfaßt.
Wichtigste Ursache der perinatalen Mortalität ist die Frühgeburtlichkeit, die für etwa 75% der Todesfälle verantwortlich ist. Die suffiziente Behandlung der drohenden Frühgeburt wird also die wirksamste Maßnahme zur weiteren Senkung der perinatalen Mortalität in der Zukunft sein. Ein wesentlicher Schritt auf diesem Weg ist die rechtzeitige Erkennung von Schwangerschaftsrisiken und die daraus folgende engmaschige Überwachung der Patientin als Risikoschwangere (s. u.).
Die intensivmedizinische Betreuung Früh- und Mangelgeborener hat in den letzten Jahren erhebliche Fortschritte gemacht und die Überlebensrate von Kindern unter 1000 g deutlich verbessert. Dabei ist die enge Kooperation zwischen Geburtsklinik und Kinderklinik ein entscheidender Faktor. Lange Transportwege müssen unbedingt vermieden werden; Hochrisikogeburten sollten in speziellen Zentren mit maximaler personeller und apparativer Ausstattung erfolgen.

Tabelle 11.**2** Perinatale Mortalität in der Bundesrepublik Deutschland

Jahr	Pro 1000 Lebend- und Totgeborene
1950	49,9
1970	26,4
1980	11,6
1985	7,9
1990	6,0

Säuglingssterblichkeit

Unter der Säuglingssterblichkeit (Erstjahressterblichkeit) versteht man die Zahl der während eines Jahres – oder einer anderen beliebigen Zeitspanne – vor Vollendung des 1. Lebensjahres gestorbenen Kinder im Verhältnis zu der Zahl der in dem gleichen Zeitraum erfolgten Lebendgeburten. Sie wird in Deutschland auf 100 000 Lebendgeborene bezogen.
Wie Tab. 11.**3** zeigt, wurde auch die Säuglingssterblichkeit in den letzten Jahren deutlich gesenkt. Den wesentlichsten Anteil an der Säuglingssterblichkeit hat die Neugeborenensterblichkeit und damit wieder die Frühgeburtenrate (s. o.).
Schonende, dem individuellen Einzelfall angepaßte Geburtsleitung, Erkennung und Überwachung von Risikokindern und eine weitere Verbesserung des sozialen Netzes werden in der Lage sein, die Säuglingssterblichkeit weiter zu senken.

Tabelle 11.**3** Säuglingssterblichkeit in der Bundesrepublik Deutschland

Jahr	Gestorbene Säuglinge auf 100 000 Lebendgeborene
1960	3383
1970	2344
1980	1275
1985	895
1990	698

Schwangerschaft

Eireifung, Befruchtung und Eiwanderung

Schon während der Embryonalzeit entwikkeln sich in jedem Ovar mehrere Millionen Primärfollikel und somit auch primäre Oozyten, von denen jedoch bis zur Geburt schon die meisten wieder zugrunde gehen. Bei der Geburt finden sich noch 500 000 – 700 000 Primärfollikel, die sich durch weitere Atresie bis zum Eintritt der Geschlechtsreife auf 200 000 – 300 000 Follikel reduzieren.
Die primären Oozyten machen von der Embryonalzeit bis zur Geschlechtsreife schon einen wesentlichen Teil ihrer Reifung durch:

Die 1. Reifeteilung, also die Aufteilung gleicher Chromosomen auf zwei verschiedene Zellen, wird in diesem Zeitraum bereits bis zur 1. Prophase durchlaufen. In diesem Stadium verharren die Oozyten bis kurz vor dem Zeitpunkt der Ovulation. Unter dem Einfluß der Gonadotropine findet während der Geschlechtsreife zyklisch eine Follikelreifung zu Sekundär- und Tertiärfollikeln (Graaf-Follikel) und schließlich zu sprungreifen Follikeln statt. Für das Follikelwachstum ist ein ungestörtes Zusammenspiel besonders zwischen Östrogenen und follikelstimulierendem Hormon (FSH) notwendig.

Normalerweise reift in jedem Zyklus nur ein sprungreifer Follikel heran. Einige Stunden vor der Ovulation wird durch den Anstieg des luteinisierenden Hormons (LH) die bis dahin über Jahre ruhende Reifeteilung fortgesetzt. Die erste meiotische Teilung wird abgeschlossen; es bildet sich eine sekundäre Oozyte mit haploidem Chromosomensatz aus. Ein erstes Polkörperchen, ebenfalls mit haploidem Chromosomensatz, wird ausgestoßen. Die zweite Meiose beginnt unmittelbar anschließend, spaltet die zwei Chromatiden jedes Chromosoms und verteilt sie auf zwei Zellen. Diese 2. Reifeteilung wird jedoch im Stadium der 2. Metaphase wiederum unterbrochen und erst dann abgeschlossen, wenn ein Spermatozoon in die Zona pellucida eindringt, eine amorphe Substanz, die aus Glykoproteinen besteht und die Eizelle umgibt. Endprodukt der Reifeteilungen ist eine Eizelle sowie drei Polkörperchen mit jeweils haploidem Chromosomensatz (22 Autosomen, 1 Gonosom).

Die Ovulation findet etwa 24–36 Stunden nach dem LH-Peak statt, der etwa am 13.–15. Zyklustag zu erwarten ist. Im Gegensatz zur zweiten Zyklushälfte, die als Corpus-luteum-Phase bezeichnet wird, ist die erste Zyklushälfte (Follikelphase) relativ inkonstant. Ausgelöst wird die Ovulation durch den schon erwähnten steilen Anstieg des LH, der wiederum durch einen vorangehenden Anstieg bzw. abrupten Abfall des Serumöstradiols ausgelöst wird, das vorwiegend aus dem sprungbereiten Follikel selbst stammt. Der sprungreife Follikel steuert also seine Ovulation weitgehend selbst.

Während der Ovulation gewinnt die Tube mit ihrem ampullären Teil Kontakt zum Ovar und nimmt die Eizelle mit rhythmischen Kontraktionen auf. Innerhalb von 1–2 Tagen wird die Eizelle in den Übergang vom ampullären Teil zum Isthmus der Tube transportiert, wo normalerweise die Befruchtung stattfindet.

Die Spermien aszendieren durch Zervix, Cavum uteri und Eileiter mit Hilfe von Muskelkontraktionen, Eigenmotilität und Flüssigkeitszirkulation sehr rasch, so daß schon 1 Stunde nach Einbringen des Ejakulats in die Vagina Spermien in der Tube gefunden werden.

Die Befruchtung findet in der Regel 24–48 Stunden nach der Ovulation statt. Wesentliche Vorraussetzung für eine erfolgreiche Befruchtung ist die sog. Kapazitation der Spermien, d. h., die Spermien müssen zunächst penetrationsfähig gemacht werden. Während man früher glaubte, daß die Kapazitation auch mit wesentlichen morphologischen Veränderungen verbunden sei, weiß man heute, daß die Kapazitation hauptsächlich auf biochemischen Veränderungen beruht.

Nach der Befruchtung verbleibt das Ei noch für weitere 24–48 Stunden im ampullären Teil der Tube und entwickelt sich durch Teilungsvorgänge über 2-, 4-, 8-Zeller-Stadien zur Blastozyste. Dabei wird die Gesamtmasse des Zellverbandes zunächst nicht erhöht.

Im Morulastadium erreicht die befruchtete Eizelle am 4. Tag nach der Befruchtung das Cavum uteri. Bis zu diesem Zeitpunkt ist die sich teilende Eizelle von der Zona pellucida umgeben. Es erfolgt bereits eine Differenzierung in eine äußere (Trophoblast) und eine innere Zellschicht (Embryoblast).

Auch im Uteruskavum verweilt die Blastozyste zunächst ohne Aufnahme eines Kontakts zur Dezidua. Erst am 6.–7. Tag nach der Befruchtung beginnt die Nidation, stets am embryonalen Pol der Blastozyste. Etwa am 13. Tag nach der Befruchtung ist die Blastozyste so weit in die Schleimhaut eingedrungen, daß sich der Defekt in der Dezidua wieder vollständig geschlossen hat.

Legt man eine Lebensdauer der Spermien von 3 Tagen zugrunde und rechnet mit einer Befruchtungsfähigkeit der Eizelle von maximal 12 Stunden, ergibt sich ein fruchtbarer Zeitraum von höchstens 4 Tagen, der ein Konzeptionsoptimum in der Nähe der Ovulation aufweist. Da sich der genaue Zeitpunkt der Ovulation jedoch immer retrospektiv (Anstieg der Basaltemperatur) feststellen läßt, muß für eine Zeitwahlmethode als Antikonzeption mit weit größeren Sicherheitszeiträumen gerechnet werden. Es kann durch psychische oder Umwelteinflüsse zu erheblichen Verschiebungen der Ovulation kommen.

Feststellung der Schwangerschaft und Berechnung des Geburtstermins

Zunächst müssen aus der Anamnese verschiedene Fragen beantwortet werden:

- Wann war der erste Tag der letzten Monatsblutung?
- War die Blutung normal stark, normal lang?
- War das Intervall zur vorhergehenden Blutung normal lang?
- Ist das Konzeptionsdatum bekannt, oder läßt es sich aus einer geführten Basaltemperaturkurve bestimmen?

Routinemäßig ist es heute für jeden Arzt möglich, einen Schwangerschaftsverdacht immunologisch zu bestätigen. Diese Tests stehen in ganz verschiedener kommerzieller Konfektionierung zur Verfügung und haben alle den Nachweis des vom Zytotrophoblasten gebildeten humanen Choriongonadotropins (HCG) zum Ziel. Sowohl die Urin- als auch die Serumwerte dieses Hormons steigen bis etwa zur 11. SSW rasch und stetig an. Mit Schnelltesten, die heute in wenigen Minuten ein Ergebnis liefern, ist im Falle einer intakten Gravidität bei Bestimmung in Morgenurin zwischen dem 36. und 40. Tag nach der letzten Periodenblutung ein positiver Nachweis möglich. Diese Tests sind in der Regel auf 1000 IE eingestellt. Empfindlichere Tests (50–75 IE) erlauben schon einen Nachweis um den ersten Tag einer zu erwartenden Periodenblutung. Die modernen Tests reagieren spezifisch mit der β-Kette des HCG, so daß Kreuzreaktionen mit dem luteinisierenden Hormon (LH) ausgeschlossen sind. Bestimmungen durch Radioimmunoassay (RIA) im Serum liefern sogar schon vor dem Ausbleiben der Periodenblutung positive Nachweise. Solche Methoden sind für die Routineuntersuchung zu aufwendig und auch völlig unnötig, für die Differentialdiagnose einer gestörten Schwangerschaft (Abort, Extrauteringravidität) jedoch von Interesse.

Nach den Mutterschaftsrichtlinien ist allerdings ein immunologischer Schwangerschaftsnachweis nur bei Vorliegen einer medizinischen Indikation durchzuführen. Auf der anderen Seite kommt heute schon eine große Anzahl von Frauen in die Sprechstunde, die bereits in der Apotheke auf eigene Kosten einen Schwangerschaftstest haben durchführen lassen.

Gegenüber diesen immunologischen Schwangerschaftsnachweisen haben die früher weitverbreiteten unsicheren Schwangerschaftszeichen ihre Bedeutung verloren. Normalerweise stellt sich um die 5. SSW im Ultraschallbild ein kreisrunder Fruchtsack dar, in dem zunächst noch keine embryonalen Anteile sichtbar sind. In der 7. SSW dann ist der Embryo innerhalb des Fruchtsackes als homogenes walzenförmiges Gebilde deutlich erkennbar, und positive Herzaktionen sind nachweisbar. Damit ist der sichere Nachweis einer intakten Gravidität erbracht. Etwa ab der 12. SSW ist der Nachweis kindlichen Lebens dann auch mit relativ preiswerten, auf dem Doppler-Ultraschallprinzip beruhenden Herztonsensoren möglich.

Diese technischen Möglichkeiten, die heute schnell den positiven Nachweis einer intakten Gravidität liefern, werden von den früher als unsichere oder mutmaßliche Schwangerschaftszeichen bezeichneten Veränderungen begleitet, die die Mutter erfährt: Zunahme des Leibesumfanges, Striae, Pigmentvermehrungen: Zwischen Nabel und Symphyse entsteht die Linea fusca, Auftreten eines Chloasma uterinum, Pigmentverschiebungen an Operationsnarben der Bauchdecken, morgendliches Erbrechen, veränderte Eßgewohnheiten (Verlangen nach saueren Speisen), nervöse und vasomotorische Störungen, Ohnmachten, Veränderungen der Psyche usw.

Steht eine Schwangerschaft fest, stellt sich die Frage nach dem zu erwartenden Geburtstermin. Bei der Berechnung dieses Termines geht man von einer durchschnittlichen Tragzeit von 281–282 Tagen aus, gerechnet vom ersten Tag der letzten regelmäßigen Periode. Die wahre Tragzeit, die vom Zeitpunkt der Imprägnation an gerechnet werden muß, ist um 10–17 Tage kürzer.

Zur Berechnung des Termines bedient man sich der Naegele-Regel:

Geburtstermin = 1. Tag der letzten Regel – 3 Monate + 7 Tage

Bei einer regelmäßigen Zykluslänge, die von 28 Tagen abweicht, muß der voraussichtliche Geburtstermin entsprechend korrigiert werden:

Zykluslänge 28 Tage +/– n Tage:

Geburtstermin = 1. Tag der letzten Regel – 3 Monate + 7 Tage +/– n Tage

Geht man bei der Berechnung von einem evtl. bekannten Konzeptionstermin aus, rechnet man mit 266 Tagen:

Geburtsdatum = Konzeptionsdatum – 3 Monate –7 Tage
Eine einfache Berechnung erfolgt mit der Schwangerschaftsscheibe oder dem Schwangerschaftsrechenschieber (Gravidarium), die darüber hinaus noch zahlreiche zusätzliche Informationen über Daten der Schwangerschaft enthalten (erste Kindsbewegungen, Fundusstand, Gewicht, Länge usw.).
Bestehen Unklarheiten bezüglich des Datums der letzten regelmäßigen Periodenblutung oder ist der Zyklus der Patientin so unregelmäßig, daß eine Festlegung unmöglich ist, hilft eine Ultraschalluntersuchung weiter. Eine solche Untersuchung zur Festlegung des Schwangerschaftsalters sollte bis spätestens in der 18. SSW erfolgen, da bis zu diesem Zeitpunkt durch die Biometrie eine sichere Aussage über das Schwangerschaftsalter mit einer Genauigkeit von 3–5 Tagen möglich ist. Je nach Schwangerschaftsalter werden für diese Biometrie die Scheitel-Steiß-Länge, der biparietale Schädeldurchmesser, der Thoraxquer- und längsdurchmesser und fetale Knochenmaße (z. B. Femur und Humerus) herangezogen.

Überwachung der ungestörten Schwangerschaft

Anamnese

Bei der Erstuntersuchung der Schwangeren wird zunächst eine gründliche Anamnese erhoben, bei der folgenden Gesichtspunkte Berücksichtigung finden:

Alter der Schwangeren

Die Zeit um das 20. Lebensjahr ist für die erste Geburt am günstigsten. Mit zunehmendem Alter werden die Weichteile rigide. Auch Schwangerschaften vor dem 16. Lebensjahr sind mit erhöhtem Risiko verbunden; insbesondere sind vermehrt hypertensive Schwangerschaftserkrankungen zu beobachten. Deshalb werden Erstgebärende unter 16 Jahre und über 34 Jahre (Mehrgebärende über 38 Jahre) als Risikoschwangere eingestuft und bedürfen besonders intensiver Überwachung (s. u.).

Zahl und Art der vorausgegangenen Schwangerschaften

Die vorausgegangene Geburt eines reifen Kindes (Probegeburt) schließt Beckenanomalien ernsteren Grades aus. Wehenschwäche oder Atonie können sich wiederholen. Auch Vielgebärende – von der 6. Geburt an spricht man von Vielgebärenden, sonst von Mehrgebärenden – müssen als Risikoschwangerschaft überwacht werden; es besteht hier z. B. eine Neigung zu Querlagen.
Die Ätiologie von Fehl-, Früh- und Totgeburten ist nach Möglichkeit zu ergründen (Insuffizienz der Cervix uteri, Rh-Faktor-Inkompatibilität, Lues, Listeriose, Toxoplasmose?).
Sind mindestens drei Fehlgeburten vorausgegangen, spricht man von habitueller Abortneigung, Risikoschwangerschaft!

Erkrankungen und Operationen

- Kinderkrankheiten, sonstige Infektionskrankheiten (Hepatitis, Lues, Gonorrhö, Tuberkulose), Diabetes, Rachitis;
- Allergien;
- regelmäßige Medikamenteneinnahme;
- vorangegangene nichtgynäkologische Operationen (Appendektomie, Cholezystektomie, Strumektomie);
- vorangegangene gynäkologische Operationen an Uterus (Myomenukleation, Konisation) und Adnexen (Refertilisierungsoperation).

Ovarialfunktion

- Menarche, regelmäßige Perioden, Menstruationsanomalien, Basaltemperaturmessungen?
- Datum der letzten regelmäßigen Menstruation.

Konzeptionstermin

Läßt sich das Alter der Schwangerschaft eventuell durch Kenntnis des Konzeptionstermins genau festlegen (Basaltemperaturkurve)?

Schwangerschaftsabhängige Beschwerden

Haben sich bei der Patientin schon schwangerschaftsspezifische Beschwerden (Emesis, Hyperemesis, Ödeme, Schwindel, Blutungen) eingestellt oder bestehende Veränderungen verschlimmert (Varizen)?

Berufliche Tätigkeit und soziales Umfeld

Übt die Patientin einen Beruf aus, für den nach dem Mutterschutzgesetz ein Beschäftigungsverbot besteht und von dessen weiterer Ausübung aus ärztlicher Sicht dringend abzuraten ist?

Erkrankungen in der Familie

Diabetes, Krampfleiden, Mißbildungen?

Erstuntersuchung

Es folgt die Untersuchung der Patientin, die folgende Schritte obligat umfassen muß:

Inspektion

Die Inspektion richtet ihr Augenmerk auf: Pigmentverschiebungen (Chloasma uterinum, Linea fusca), alte oder frische Striae rubrae, Varizen, Ödeme, Form der Michaelis-Raute (s. u.).

Allgemeine Untersuchung

Herz, Lunge, Nierenlager und Abdomen sollten mit in den Untersuchungsgang einbezogen werden, um zu verhindern, daß eine bestehende, nicht spezifisch geburtshilflich-gynäkologische Erkrankung übersehen wird. Im Rahmen dieser Untersuchung erfolgt auch die Messung des Körpergewichts, der Körpergröße und des Blutdruckes.

Das Sollgewicht in kg vor der Schwangerschaft errechnet sich aus Körpergröße in cm minus 100 cm minus 10% (Broca-Index). Liegt das Gewicht der Patientin um mehr als 20% über dem Sollgewicht, besteht eine klinisch relevante Adipositas.

Die durchschnittliche wöchentliche Gewichtszunahme während der Schwangerschaft beträgt 400 g, die Gesamtzunahme ungefähr 10–15 kg. Ein übermäßiger Gewichtsanstieg muß an eine hypertensive Schwangerschaftserkrankung denken lassen.

Bei einer Körpergröße unter 156 cm handelt es sich definitionsgemäß um einen Kleinwuchs, der – speziell bei normal großem Partner – geburtsmechanische Hindernisse häufiger macht.

Eine klinisch relevante Hypertonie in der Gravidität besteht bei Blutdruckwerten über 140 mmHg systolisch oder 90 mmHg diastolisch und muß Veranlassung zu weiterer Diagnostik geben (schwangerschaftsbedingte Hypertonie [EPH-Gestose], schwangerschaftsunabhängiger Hypertonus). Wirkt die Patientin sehr aufgeregt, findet man in einigen Fällen nach 10minütiger Ruhe wieder Normalwerte. In diesen Fällen wird man sich zunächst auf eine Blutdruckkontrolle beschränken können.

Gynäkologische Untersuchung

Die gynäkologische Untersuchung umfaßt immer die Spekulumeinstellung und die bimanuelle Palpation. Während der Spekulumeinstellung wird bei bestehender Gravidität die Lividität von Vagina und Portio auffallen, die man auch zu den wahrscheinlichen Schwangerschaftszeichen zählt. Ein evtl. bestehender Fluor genitalis bedarf der Abklärung (s. dort).

Die Entnahme eines Krebsvorsorgeabstriches von Portio und Zervikalkanal, der einer zytologischen Diagnostik nach Papanicolaou zugeführt wird, ist obligatorisch.

Eine bestehende Blutung (uterin, vaginal) sollte zunächst immer als pathologisch eingestuft und entsprechend abgeklärt werden.

Die bimanuelle Untersuchung bestimmt die Größe der Gebärmutter und beantwortet damit die Frage, ob die Größenzunahme zeitgerecht erfolgt. Bis zur 8. SSW palpiert man keine wesentliche Größenzunahme, sondern nur eine allgemeine Auflockerung des Gewebes. Etwa um die 12. SSW wird der Fundus uteri die Symphysenoberkante erreichen (s. u.).

Normalerweise tastet man eine etwa 2 cm lange formierte Portio, bei der höchstens in den äußeren Muttermund eine Fingerkuppe eingelegt werden kann. Eine deutliche Verkürzung, evtl. sogar zusammen mit einem klaffenden Zervikalkanal, ist Hinweis auf eine Zervixverschlußinsuffizienz und muß ggf. behandelt werden (Cerclage).

Die äußere Beckenmessung hat in den letzten Jahren viel an Bedeutung verloren, da die rachitischen Beckenveränderungen selten geworden sind. Heute spielen die Austastung des Beckens und die sog. „funktionelle Diagnostik“, d. h. die Kontrolle des Verhaltens des Kopfes unter der Geburt, eine größere Rolle.

Distantia spinarum	durchschnittlich 26 cm
Distantia cristarum	durchschnittlich 28 cm
Distantia trochanterica	durchschnittlich 31 cm
Conjugata externa (Baudelocque)	durchschnittlich 18–20 cm

Die Conjugata externa wird vom Dornfortsatz des 5. Lendenwirbels (dem oberen Grübchen der Michaelis-Raute) bis zum oberen Rand der Symphyse gemessen und gibt einen ungefähren Anhaltspunkt für die Größe der in Wirklichkeit interessierenden Conjugata vera obstetrica, die normalerweise 11 cm beträgt. Es gilt daher die Regel, daß man ungefähr die Größe der Conjugata vera

erhält, wenn man von dem Maß der Conjugata externa 9 cm abzieht.
Bei den Quermaßen sind die absoluten Zahlen weniger wichtig als die Differenz der Distantiae cristarum und spinarum, deren Verkürzung auf unter 2 cm oder gar ein negativer Wert für ein plattrachitisches Becken spricht.
Eine rasche und zuverlässige Orientierung über die Beckenverhältnisse gestattet die Betrachtung der Michaelis-Raute. Stellt sie ein gleichseitiges Viereck dar, ist mit Beckenanomalien kaum zu rechnen. Ist sie dagegen asymmetrisch, verzogen oder der oberste Punkt nach unten gedrückt, so daß kein Viereck, sondern ein auf der Spitze stehendes Dreieck zu sehen ist, liegt mit Sicherheit eine Beckenverengung vor.
Weitere Hilfe bei der funktionellen Beckendiagnostik leisten der 4. Leopold-Handgriff und der Zangemeister-Handgriff (s. u.).

Laboruntersuchungen

Urinuntersuchung: Die Routineuntersuchung des Urins erfolgt im Rahmen eines Urinstatus. Dabei bedient man sich Teststreifen, die folgende Nachweise ermöglichen müssen:

Eiweiß im Urin: Eine Proteinurie von mehr als 200 mg/l sollte sicher nachgewiesen werden. Ein positiver Eiweißnachweis mit der Teststreifenmethode muß die quantitative Eiweißbestimmung im 24-Stunden-Urin nach sich ziehen. Dabei werden Werte bis 300 mg/l im 24-Stunden-Urin (entsprechend 0,5‰ nach Esbach) noch als physiologische Schwangerschaftsproteinurie bewertet. Eine regelmäßige Kontrolle ist in diesen Fällen angezeigt.

Glukose im Urin: Eine vorübergehende, meist geringfügige Glukosurie ist in der Schwangerschaft ein häufiges Ereignis. Werte ab 5,5 mmol/l (100 mg/dl, 1 g/l) müssen zuverlässig angezeigt werden und Veranlassung zur quantitativen Bestimmung im 24-Stunden-Urin geben. Hier gilt als obere Normgrenze eine tägliche Blutzuckerausscheidung von 9,8 mmol/l (140 mg).

Nachweis von Nitrit: Der Nitritnachweis als Zeichen einer bestehenden Bakteriurie ist nicht obligat, wird aber heute auf den meisten Teststreifen mit angeboten. Das Prinzip beruht auf der Reduktion von Nitrat zu Nitrit durch Bakterien des Harntraktes. Nicht alle Keime verfügen über diese Stoffwechselleistung; der Nachweis von Nitrit ist aber pathognomonisch für einen Harnwegsinfekt.

Der Urinstatus wird durch die Untersuchung des *Harnsediments* vervollständigt: Bei 300facher mikroskopischer Vergrößerung sind gelegentlich als Normalbefund 1–2 Erythrozyten, 1 Leukozyt und 1 hyaliner Zylinder zu finden. Findet man mehr Erythrozyten, Leukozyten oder hyaline Zylinder oder aber Leukozytenzylinder, Erythrozytenzylinder, granulierte Zylinder, breite Wachszylinder, Fettkörperchenzylinder oder Epithelzylinder, ist der Befund im Sinne einer Nephropathie zu werten.

Hämoglobinbestimmung: Im Zusammenhang mit der Schwangerschaft kommt es zu einer Hydrämie, die zu einem in bestimmtem Umfang physiologischen Absinken des Hämoglobingehaltes führt. Werte unter 7,5 mmol/l (12 g/100 ml, 120 g/l) müssen als echte Anämie eingestuft werden. Bis 6,2 mmol/l (10 g/100 ml) handelt es sich um eine leichte, zwischen 5,0 und 6,1 mmol/l (8 und 9,9 g/100 ml) um eine mittelschwere und unter 5,0 mmol/l (8 g/100 ml) um eine schwere Anämie. Ergibt die Bestimmung des Hämoglobinwertes einen Wert unter 7,0 mmol/l (11,2 g/100 ml), folgt die Zählung der *Erythrozyten,* am besten kombiniert mit der Bestimmung der Hämoglobinbeladung des einzelnen Erythrozyten (Hb_E). Damit läßt sich festlegen, um welche Form einer Anämie es sich handelt (normochrom, hypochrom): Bei einer normochromen Anämie beträgt die Beladung des einzelnen Erythrozyten 28–32 pg, ist sie hypochrom, werden Werte unter 28 pg gefunden.

Bestimmung der Blutgruppe und des Rh-Faktors: Sofern die Blutgruppe und der Rh-Faktor nicht aus einem amtlichen Ausweis zu ersehen sind, erfolgt die Bestimmung und der Eintrag in den Mutterpaß durch ein autorisiertes Labor. Erweist sich die Patientin als Rh-positiv (D), braucht keine weitere Kontrolle durchgeführt zu werden. Bei rh-negativer Patientin muß das weitere Vorgehen von der Antikörper-Suchreaktion abhängig gemacht werden (s. u.). Eine rh-negative Patientin muß als Risikoschwangere besonders überwacht werden (s. u.)!

Antikörpersuchtest: Ein Suchtest auf Rh-Antikörper und andere, sog. irreguläre Antikörper (indirekter Coombs-Test) ist Bestandteil jeder Schwangeren-Erstuntersuchung, nicht nur bei der rh-negativen Frau. Werden Antikörper gefunden, muß versucht werden, deren Herkunft zu klären (z. B. Anti-D-Antikörper). Es besteht eine Risikoschwangerschaft. Findet man bei der rh-negativen Patientin keine Antikörper, muß der Coombs-Test zwischen der 25. und 28. SSW wiederholt werden. Danach muß eine Immunglobulingabe vorgenommen werden (z. B. 1 Amp. Rhesogam i.m.).

Luessuchreaktion: Im Rahmen der Schwangerschaftserstuntersuchung hat routinemäßig eine entsprechende Untersuchung zu erfolgen. Dabei ist die klassische Wassermann-Reaktion durch den Treponema-pallidum-Hämagglutinationshemmtest (TPHA-Test) ersetzt, der neben der leichten Durchführbarkeit über eine hohe Sensitivität bei relativ guter Spezifität verfügt. Positive Befunde müssen durch spezielle Tests entsprechend bewertet werden, da der TPHA-Test in der Regel auch bei ausreichender Behandlung lebenslänglich reaktiv bleibt.

Röteln-Antikörper-Suchtest: Titer bis 1:8 im Hämagglutinationshemmtest (HAH-Test) müssen als negativ eingestuft werden. Titer ab 1:32 sind sicherer Hinweis auf eine bestehende Immunität und bedürfen keiner weiteren Kontrolle, falls es keine Anzeichen für einen Rötelnkontakt oder eine frische Rötelninfektion gibt. Die Titerstufe 1:16 bedarf der Kontrolle und muß durch einen anderen spezifischen Test auf Rötelnantikörper, z. B. den Hämolyse-in-Gel-Test (HIG-Test), abgeklärt werden. Besteht keine Immunität, ist diese Problematik mit der Patientin eingehend zu besprechen. Sie muß nach Möglichkeit den Umgang mit Infektionsgefährdeten meiden (Kinder im Kindergarten, Schule). Wenn in der Umgebung eine Infektion bekannt wird, muß differenziert werden: Da durch die Gabe von Rötelnimmunglobulin eine Infektion in der Regel nicht aufzuhalten ist, sondern nur die Inkubationszeit verlängert wird, ist die Gabe dann sinnvoll, wenn die Patientin auch für den Fall einer Erkrankung eine Interruptio in jedem Fall ablehnt. Durch diese Vorgehensweise werden die Chancen des Kindes u. U. verbessert. In jedem anderen Fall sollte auf die Gabe von Immunglobulinen verzichtet werden, da die Wahrscheinlichkeit einer Erkrankung gering ist und nicht beeinflußt werden kann. Nur die Diagnostik wird erschwert. In jedem Fall ist die sofortige Titerbestimmung der IgG- und IgM-Antikörper notwendig, die 3 Wochen nach dem Kontakt kontrolliert werden. In Abhängigkeit von den Befunden kann eine Infektion dann ausgeschlossen werden, oder es ist beim Auftreten von Antikörpern eine Interruptio zu indizieren. Eine aktive Impfung ist während der Schwangerschaft kontraindiziert, sollte aber unbedingt im Wochenbett nachgeholt werden. Mit Einführung der Nabelschnurpunktion und Gewinnung von fetalem Blut ab der 22. SSW hat sich die Vorgehensweise bei einer Rötelninfektion geändert. Durch diese Methode kann mit hoher Treffsicherheit eine fetale Infektion ausgeschlossen oder nachgewiesen werden. Bei fetaler Infektion ist die Interruptio indiziert.

Gehört die Schwangere einer Hepatitis-B-gefährdeten Risikogruppe an, ist nach den Mutterschaftsrichtlinien nach der 32. SSW, möglichst nahe am Geburtstermin, eine Untersuchung auf das „hepatitis B surface antigen" *(HBsAg)* vorzunehmen. Bei positivem Befund muß das Neugeborene unmittelbar post partum mit spezifischem Immunglobulin passiv immunisiert werden. Welche Schwangeren zum gefährdeten Personenkreis gehören, ist der Anlage 4 der Mutterschaftsrichtlinien zu entnehmen. Wird von einer Schwangeren aus der Risikogruppe eine ausreichende Immunität nachgewiesen, entfällt die Hepatitis-Suchreaktion.

Folgeuntersuchungen

Besteht nicht bereits nach der Erstuntersuchung eine Risikoschwangerschaft, erfolgen die weiteren Untersuchungen im Abstand von zunächst 4 Wochen. Während der letzten 2 Schwangerschaftsmonate sollte die Untersuchung vierzehntäglich durchgeführt werden, so daß man mit insgesamt 12 Untersuchungen während der ungestörten Schwangerschaft rechnen kann.

Bei diesen Folgeuntersuchungen werden nach Erhebung der Zwischenanamnese in jedem Fall wieder die folgenden Untersuchungen durchgeführt:

- Urinuntersuchung,
- Hämoglobinbestimmung (ab 24. SSW, falls die Erstuntersuchung Normalwerte ergab),
- Bestimmung des Körpergewichts,
- Blutdruckmessung.

Die Laboruntersuchungen geben in Verbindung mit der gynäkologischen Untersuchung einen Hinweis auf die Frage, ob es sich um eine ungestörte und intakte Gravidität handelt, ob Gründe für die Einstufung als Risikoschwangerschaft vorliegen oder ob sogar schon manifeste Störungen feststellbar sind. Die Entscheidung darüber beantwortet sich durch die folgenden Fragen:

- Ist das Uteruswachstum zeitgerecht?
- Sind sichere Lebenszeichen (Herzaktionen, Kindsbewegungen) der Frucht nachweisbar?
- Sind alle klinischen Befunde und Laborparameter regelrecht?

Zur vollständigen Beantwortung dieser Fragen muß man das zeitabhängige Größenwachstum des Uterus kennen:
Fundusstand am Ende der folgenden SSW:

12. SSW etwa in Höhe der Symphysenoberkante,
16. SSW etwa 2–3 Querfinger oberhalb der Symphyse,
20. SSW zwischen Nabel und Symphyse,
24. SSW etwa in Höhe des Nabels,
28. SSW ungefähr 3 Querfinger oberhalb des Nabels,
32. SSW zwischen Nabel und Rippenbogen,
36. SSW am Rippenbogen,
40. SSW wie in der 32. SSW zwischen Nabel und Rippenbogen.

Man bedient sich zur äußeren Untersuchung der Schwangeren der vier Leopold-Handgriffe:
Der 1. Leopold-Handgriff gibt Auskunft über den Fundusstand des Uterus. Der Untersucher sitzt so neben der auf dem Rücken liegenden Patientin, daß sein Gesicht ihrem Kopf zugewandt ist. Die beiden flach aufgelegten und sich mit den Fingerspitzen berührenden Hände dringen dann mit ihrer ulnaren Kante vorsichtig in die Tiefe.
Der 2. Leopold-Handgriff bestimmt die Stellung des kindlichen Rückens und der kleinen Teile. Dazu führt der Geburtshelfer, der, wie beim 1. Leopold-Handgriff, neben der Patientin sitzt, die Hände vom Fundus etwas nach abwärts bis ungefähr in Nabelhöhe, so daß die beiden flach am Mutterleib liegenden Hände abwechselnd tastend in die Tiefe drücken, um so entweder die große Fläche des Rückens oder aber „kleine Teile" zu erkennen.
Der 3. Leopold-Handgriff klärt die Frage, ob der vorangehende Teil der Kopf oder der Steiß ist. Dazu legt der Untersucher, der, ebenso wie bei den beiden vorigen Handgriffen, neben der Patientin sitzt, den Daumen seiner rechten Hand auf die eine Seite des unteren Uterinabschnittes und die abgespreizten 4 Finger auf die andere Seite, wenn er auf der rechten Seite der Patientin sitzt; befindet er sich auf der linken Seite der Patientin, führt er den Handgriff mit seiner linken Hand aus. Kurze Wackelbewegungen der in der geschilderten Weise auf der Symphyse aufgestützten Hand sollen nun den vorangehenden Teil in Bewegung setzen. Der Kopf imponiert dabei als harte runde Kugel, die sich leicht bewegen läßt (Ballotement), während der Steiß als breite Resistenz ziemlich unbeweglich zu tasten ist.
Der 2. und 3. Leopold-Handgriff führen meist zur eindeutigen Diagnose der Lage.

- Man versteht unter Lage das Verhältnis der Längsachse der Frucht zur Längsachse des Uterus und unterscheidet demnach Quer-, Schräg- und Längslagen. Letztere werden wiederum in Schädel- und Beckenendlagen unterteilt.
- Man versteht unter Stellung das Verhältnis des kindlichen Rückens zur Seite der Mutter und spricht von einer I. Stellung, wenn der kindliche Rücken links, von einer II., wenn der kindliche Rücken rechts liegt.
- Man versteht unter Haltung die Beziehung der einzelnen Fruchtteile zueinander.

Einstellung ist die Auswirkung von Lage, Stellung und Haltung. Der vorangehende Kindsteil, der bei der inneren Untersuchung erreicht wird, hat sich eingestellt.
Die Bezeichnung „1. Hinterhauptslage" besagt also, daß es sich um eine Schädellage 1. Stellung (Rücken links) handelt, bei der die Flexionshaltung des Kopfes bewirkt, daß das Hinterhaupt zum führenden Teil wird.
Der 4. Leopold-Handgriff stellt fest, ob der vorangehende Teil schon Beziehungen zum Becken gewonnen hat. Der Untersucher setzt sich so neben das Bett der Patientin, daß sein Gesicht ihren Füßen zugewandt ist. Die beiden über den Schambeinästen vorsichtig in die Tiefe dringenden Hände fühlen dann den Stand des vorangehenden Teiles.
Bei der Mehrgebärenden bleibt der Kopf meist bis zum Wehenbeginn beweglich über dem Beckeneingang, während er bei der Erstgebärenden im allgemeinen 4 Wochen vor der Niederkunft fest ins kleine Becken eintritt. Ist der Kopf bei einer Erstgebärenden am Ende der Schwangerschaft noch nicht ins Becken eingetreten, muß besonders sorgfältig untersucht werden, ob nicht irgendwelche Komplikationen vorliegen.
Die Untersuchungen in der ersten Hälfte der Schwangerschaft finden auf dem gynäkologischen Untersuchungsstuhl statt und unterscheiden sich nicht von einer üblichen gynäkologischen Untersuchung. Nach dem 5. Schwangerschaftsmonat werden die Untersuchungen zweckmäßig auf einem Untersu-

chungssofa durchgeführt. Eine vaginale Untersuchung ist nach der 32. SSW nur noch mit dem sterilen Handschuh und sterilen Instrumenten gestattet.
Die Auskultation der kindlichen Herztöne, deren Frequenz normalerweise zwischen 120 und 160 Schlägen pro Minute liegt, erfolgt heute nach dem Doppler-Ultraschallprinzip. Die gleichzeitige Palpation des mütterlichen Pulses verhindert Verwechslungen. Die beste Stelle für die Auskultation ist der Punkt, an der das kindliche Herz der Bauchwand der Mutter am nächsten liegt; also bei Flexionslagen auf der Seite des kindlichen Rückens, bei Deflexionslagen auf der Seite der kindlichen Brust, bei Schädellagen unterhalb des Nabels, bei Beckenendlagen oberhalb des Nabels.
Ergeben sich bei der Routineuntersuchung Anhaltspunkte für eine Herzfrequenzalteration, ist die Indikation zu einer kontinuierlichen Überwachung mittels Kardiotokographie über einen längeren Zeitabschnitt (mindestens 30 Min.) oder evtl. zu einer zusätzlichen Ultraschalluntersuchung gegeben (s. d.).
Die letzte normale Schwangerschaftsuntersuchung sollte etwa am Termin erfolgen. Dabei wird dann besonders der Zervixbefund beurteilt, um zu prüfen, ob es sich um einen geburtsreifen Befund (s. d.) handelt. Ergeben sich bei dieser Untersuchung noch keine Hinweise auf einen in Richtung Geburt fortschreitenden Befund, wird die Patientin, falls keine anderen auffälligen Befunde erhoben werden, alle zwei Tage wieder einbestellt, um dann über das weitere Vorgehen entscheiden zu können:
Eine Abklärung, ob es sich um einen Terminirrtum handeln könnte oder ob tatsächlich eine Terminüberschreitung vorliegt, ist einzuleiten (Ultraschallbefunde aus der Frühschwangerschaft, Überprüfung der Terminangaben usw.), wenn der Termin um 10 Tage überschritten ist.
Kommt man zu dem Ergebnis, daß der errechnete Termin richtig sein muß, ergeben sich zwei Möglichkeiten:

- Man entschließt sich zum aktiven Handeln und leitet die Geburt ein (s. d.).
- Man entschließt sich zum Abwarten und überwacht die Patientin nun als Risikoschwangere in engen Abständen, am besten stationär.

Zu welcher Entscheidung man sich entschließt, hängt vom Einzelfall ab und muß mit der Patientin gründlich besprochen werden. Grundsätzliche Regeln lassen sich nicht aufstellen; man wird jedoch bei den geringsten Anzeichen für einen pathologischen Befund seine abwartende Haltung aufgeben und zu aktivem Handeln übergehen.
Im Rahmen der normalen Schwangerschaftsüberwachung sollen 2 Ultraschalluntersuchungen durchgeführt werden. Die erste Untersuchung sollte in der 16.–20. SSW erfolgen, die andere wird am günstigsten zwischen der 32. und 36. SSW durchgeführt. Weitere Ultraschalluntersuchungen sind im Rahmen der normalen Schwangerschaftsvorsorge nach den zur Zeit gültigen Mutterschaftsrichtlinien nicht indiziert.

Überwachung der Risikoschwangerschaft

Einstufungskriterien und Kooperation

Eine Schwangerschaft ist immer dann als Risikoschwangerschaft einzustufen, wenn sich aus der Anamnese oder im Verlauf der Schwangerenvorsorge Hinweise auf Faktoren ergeben, die Komplikationen für Mutter und/oder Kind erwarten lassen. In anderen Fällen ergibt sich die Einstufung als Risikoschwangerschaft aus einem bei der Routineuntersuchung bereits erhobenen pathologischen Befund. Eine Übersicht über die Kriterien, die zu einer Einstufung als Risikoschwangerschaft führen, liefern die Tab. 11.**4** und 11.**5**.
Wird eine Risikoschwangerschaft festgestellt, ergeben sich daraus verschiedene Konsequenzen, die im einzelnen besprochen werden müssen:
Wichtigste Basis für einen möglichst ungestörten weiteren Schwangerschaftsverlauf ist die enge Kooperation der werdenden Mutter bei allen nun anstehenden Maßnahmen. Das setzt voraus, daß der behandelnde Arzt in der Lage ist, bei der Schwangeren Verständnis für die erforderlichen Schritte zu wecken und sie insbesondere auch psychisch intensiv zu betreuen.

Allgemeine Maßnahmen

Sie kommen bei jeder Risikoschwangerschaft in gradueller Abstufung zur Anwendung: Diese Gruppe umfaßt nur relativ wenige unterschiedliche Ansatzmöglichkeiten, die jedoch in ihrer Wirkung spezifische Therapien

Tabelle 11.4 Anamnestische Schwangerschaftsrisiken

1. Allgemeine Anamnese

a) Abgelaufene bzw. bestehende Erkrankungen
Herzerkrankungen
Thrombosen
hämatologische Erkrankungen
Leberkrankheiten
Hypo-, Hyperthyreose
Diabetes mellitus
psychiatrische Erkrankungen
größere operative Eingriffe
Lungenerkrankungen
Infektionskrankheiten
gastrointestinale Erkrankungen
Nieren-, Harnwegserkrankungen
Hypertonie
neurologische Erkrankungen
Becken- und Skelettdeformitäten
Erbkrankheiten

b) Erscheinungsbild
Adipositas (mehr als 20%)
Kleinwuchs (unter 155 cm)
Untergewicht

c) Sozialstatus und Lebensgewohnheiten
schlechte sozioökonomische Verhältnisse
Alkoholabusus
Rauchen

Spezielle gynäkologisch-geburtshilfliche Anamnese
Drogenabhängigkeit
genitale Mißbildungen
vorausgegangene Sterilitätsbehandlung
vorausgegangene Operationen an Uterus und Adnexen
junge Erstgebärende (unter 16 J.)
alte Erstgebärende (über 34 J.)
alte Mehrgebärende (über 38 J.)
Vielgebärende (mehr als 5 Geburten)
habituelle Abortneigung
vorausgegangene Interruptiones
vorausgegangene Frühgeburten
vorausgegangene Mangelgeburten
Geburt eines Riesenkindes
vorausgegangene regelwidrige Geburten (Mißverhältnis usw.)
Zustand nach Sectio caesarea
Zustand nach Placenta praevia
vorausgegangene Präeklampsie/Eklampsie
vorausgegangene Totgeburt
perinataler Verlust eines Kindes
vorausgegangene Geburt eines geschädigten/mißgebildeten Kindes

Tabelle 11.5 Befundete Schwangerschaftsrisiken

a) Befunde der Mutter
Akute Erkrankungen:
Pyelonephritis
Präeklampsie/Eklampsie
Diabetes
Anämie
Zervixverschlußinsuffizienz
Infektionen

b) Befunde bei der Frucht
drohender Abort
Blutungen in der Spätschwangerschaft (Placenta praevia)
Mehrlingsschwangerschaft
Lageanomalie
Hydramnion
Plazentainsuffizienz – Mangelentwicklung
abnormes Größenwachstum
retardiertes Wachstum
Terminunklarheit – Übertragung
Blutgruppeninkompatibilität
drohende Frühgeburt – vorzeitige Wehentätigkeit

nicht nur unterstützen, sondern vielmehr oft zum wichtigsten Instrumentarium in der Behandlung von Risikoschwangerschaften werden.

Zunächst wird man die Risikoschwangere in wesentlich engeren Abständen überwachen, als dies für die ungestörte Schwangerschaft notwendig ist. Auch apparative Überwachungsmaßnahmen, wie Ultraschall, Kardiotokographie, Amnioskopie usw. können in jeweils erforderlich erscheinender Frequenz angewendet werden. Diese intensive und z. T. auch apparativ aufwendige Betreuung setzt spezielle Fachkenntnisse, auch im Hinblick auf eine zu vermeidende – weil unzweckmäßige und teure – „Über- Überwachung“, voraus. Deshalb wird sich jeder verantwortungsbewußte Arzt im Einzelfall fragen müssen, ob er eine Betreuung noch kompetent durchführen kann oder ob es nicht für die Patientin zweckmäßiger wäre, sie an einen Spezialisten oder gar an die Ambulanz einer größeren Fachklinik zu überweisen.

Bei einer anstehenden Klinikeinweisung muß die Abteilung nach den notwendigen Erfordernissen ausgewählt werden: Ist z. B. mit einer Früh- oder Mangelgeburt zu rechnen,

ist es ein Versäumnis, diese Patientin in eine Klinik einzuweisen, die eine rasche intensivpädiatrische Betreuung des Neugeborenen nicht gewährleisten kann.
Die zweite Stufe in diesem Behandlungskonzept besteht in der Herausnahme der Schwangeren aus dem Arbeitsprozeß durch die Bescheinigung der Arbeitsunfähigkeit. Es kommt zur Entlastung der werdenden Mutter von beruflichen Streßsituationen, die heute oft weniger in körperlicher Überanstrengung als in psychischen Belastungen ihre Ursache haben. Viele Frauen sind ganz besonders durch die Doppelverantwortung für Familie und Beruf gefordert. Eine Reduktion dieser Belastung kann meist nur im Arbeitsplatzbereich erfolgen.
Der nächste in Erwägung zu ziehende Schritt ist die Verordnung von mehr oder minder strenger Bettruhe. Gerade weil diese Maßnahme für die Risikoschwangere – ganz besonders für die ohne Krankheitsempfinden – oft sehr einschneidend ist, sollte eine enge Führung, die das Vertrauen der Patientin fördert, gegeben sein. Die Bettruhe stellt aber für einige geburtshilfliche Krankheitsbilder (z.B. Abortus imminens) die einzig durchführbare Therapie dar und sollte in ihrer Wirkung nicht unterschätzt werden.
Als einschneidendste Maßnahme wird von den meisten Schwangeren die frühzeitige und oft über einen langen Zeitraum notwendige Hospitalisierung empfunden. Sie ist aber bei einigen schweren Störungen unumgänglich, da nur unter diesen Bedingungen eine praktisch kontinuierliche Überwachung mit apparativem Aufwand (Ultraschall, Kardiotokographie) möglich ist.

Spezielle Maßnahmen

Sie stellen darauf ab, die im Einzelfall vorliegende Krankheitsursache zu beseitigen (z.B. Antibiotikatherapie einer Pyelitis) oder zu mildern und so den Schwangerschaftsverlauf zu normalisieren. In zahlreichen Fällen ist eine solche spezifische Therapie nicht möglich, und man muß sich auf die oben beschriebenen symptomatischen Maßnahmen beschränken.
In den letzten Jahren sind zahlreiche Risikokataloge angegeben worden, bei deren strikter Beachtung zwischen 50 und 70% aller Schwangerschaften als Risikoschwangerschaft eingruppiert werden müssen. Ganz abgesehen von den ungeheuren finanziellen Belastungen, die sich als Konsequenz ergeben, ist eine wesentliche Gefahr einer Überbeanspruchung solcher Kataloge in der Abstumpfung zu sehen, die unausbleiblich ist, wenn mehr als jede zweite Patientin in ein Risikokollektiv fallen soll, damit aber gleichzeitig schon fast wieder zum Normalfall wird.
Die Verwendung dieser Kataloge ist dann nützlich, wenn sie als Anhaltspunkte für die Betreuung dienen. Eine Verängstigung der Schwangeren durch eine auch schon bei geringfügigen Störungen einsetzende Maximalüberwachung und -therapie muß vermieden werden. Vielmehr sollten die Konsequenzen aus anamnestischen oder befundeten Schwangerschaftsrisiken sehr sorgfältig auf den Einzelfall abgestimmt werden.

Spezielle Überwachungsmethoden

Ultraschall

Ein Ausdruck der Bedeutung, die dem Ultraschall in der modernen Geburtshilfe zukommt, findet sich in der Tatsache, daß in den Mutterschaftsrichtlinien für Deutschland zwei Ultraschalluntersuchungen als „Screening“ vorgeschrieben sind.
Die Ultraschallerstuntersuchung sollte in der 16.–20. SSW erfolgen und Aufschluß über folgende Punkte geben:

- Nachweis des fetalen Lebens (rhythmische Herzaktionen, Kindsbewegungen),
- Ausschluß oder Nachweis von Mehrlingen,
- Vorläufige Plazentalokalisation,
- Beurteilung der Furchtwassermenge als möglicher Hinweis auf fetale Mißbildungen
- Darstellung und Messung des kindlichen Kopfes (biparietaler Durchmesser),
- Darstellung und Messung des kindlichen Rumpfes (Thoraxquerdurchmesser),
- Darstellung der Wirbelsäule,
- Gesamtdarstellung des Feten im Längsschnitt,
- Nachweis und Ausschluß eines Anenzephalus.

Durch die Biometrie läßt sich das Schwangerschaftsalter in diesem Zeitraum auf etwa eine Woche genau bestimmen. Zu diesem Zweck existieren zahlreiche biometrische Tabellen für biparietalen Durchmesser, Thoraxquerdurchmesser, a.-p.-Thoraxdurchmesser sowie einzelne Extremitätenknochen (Hume-

rus, Femur, Tibia). Eine Wachstumsretardierung gibt es zu diesem Zeitpunkt der Schwangerschaft noch nicht, so daß die erhobenen biometrischen Daten und die daraus resultierende Bestimmung des Schwangerschaftsalters im weiteren Verlauf der Schwangerschaft von großer Bedeutung sein können.
Die Basisuntersuchung zum Ausschluß bzw. zum Nachweis von Mißbildungen dürfte für die meisten in der Schwangerschaftsvorsorge tätigen Ärzte am schwierigsten zu erfüllen sein. Dieser Punkt fordert die meiste Erfahrung und es kann nur angeraten werden, die Patientin schon bei dem geringsten Verdacht einem in Mißbildungsdiagnostik erfahrenen Kollegen zuzuweisen.
Zwischen der 32. und der 36. SSW sollte dann eine zweite Ultraschalluntersuchung erfolgen, mit deren Hilfe die folgenden Punkte beantwortet werden können:

- Handelt es sich bei der nun vorliegenden Kindslage, die voraussichtlich die endgültige sein wird, um eine normale oder pathologische Lage?
- Wo befindet sich die Lokalisation der Plazenta, und ergeben sich aus dem Sitz Konsequenzen für das weitere Vorgehen (Placenta praevia)?
- Ergeben sich aus der Biometrie – gestützt auf die Meßwerte der Erstuntersuchung – Anhaltspunkte für eine Wachstumsretardierung (Plazentainsuffizienz) oder ein abnormes Größenwachstum (z. B. Diabetes mellitus)?

Zusätzliche Ultraschalluntersuchungen können nach Maßgabe der Anlage 1 der zur Zeit gültigen Mutterschaftsrichtlinien nur durchgeführt werden, wenn dazu eine der in Tab. 11.**6** aufgeführten Indikationen gegeben ist und der Befund nicht durch andere klinische Untersuchungsmethoden zu klären ist.

Tabelle 11.**6** Indikationen für zusätzliche Ultraschalluntersuchungen nach den Mutterschaftsrichtlinien

A. 1. Trimenon
1. Verdacht auft gestörte intrauterine Frühschwangerschaft (z. B. bei liegendem IUP, Uterus myomatosus, Adnextumor, uteriner Blutung)
2. Nachweis einer intrauterinen Schwangerschaft bei zwingendem Verdacht auf extrauterine Schwangerschaft
3. Diskrepanz zwischen Uterusgröße und Gestationsalter
4. schwangerschaftsgefährdende Unfälle und Verletzungen sowie Intoxikationen

B. 2. Trimenon
5. als notwendige Ergänzung zu anderen diagnostischen Maßnahmen (z. B. Amniozentese)
6. bei Verdacht auf intrauterinen Fruchttod

C. 3. Trimenon
7. Rh-Inkompatibilität (Plazentadiagnostik)
8. Verdacht auf intrauterine Retardierung (z. B. EPH-Gestose)
9. Verdacht auf Hydramnion
10. Diabetes mellitus
11. drohende Frühgeburt (vorzeitige Wehen, Zervixinsuffizienz)
12. Lageanomalien (nur nach Durchführung der zweiten Routineuntersuchung)

Kardiotokographie

Indikation, physiologische Grundlagen und Technik

Die Kardiotokographie erlaubt eine kontinuierliche Kontrolle des fetalen Befindens mit hoher Sensitivität und Aussagekraft. Sie ist deshalb aus der modernen Geburtshilfe nicht mehr wegzudenken. Man wird davon ausgehen können, daß in Deutschland die weit überwiegende Anzahl der Entbindungen kontinuierlich kardiotokographisch überwacht wird. Aber auch zur Überwachung der Schwangerschaft hat die antepartale Kardiotokographie weite Verbreitung gefunden. Hier muß allerdings berücksichtigt werden, daß nach den Mutterschaftsrichtlinien eine kardiotokographische Überwachung nur bei Vorliegen einer Indikation erfolgen soll (Tab. 11.**7**).
Die fetale Herzfrequenz ist das Produkt nervaler Einflüsse (Sympathikus und Parasympathikus), wird aber auch über das Volumenangebot an das fetale Herz sowie über den Auswurfwiderstand direkt moduliert. Das Ergebnis dieser Regulation ist ein ständiges Schwanken der fetalen Herzfrequenz um einen Mittelwert (Oszillation oder Fluktuation), der bei Schlag- zu Schlag-Registrierung, wie sie von allen modernen Geräten heute geliefert wird, physiologischerweise aufgezeichnet wird. Es sind also typische Frequenzverhaltensmuster, die eine Aussage über das fetale Befinden erlauben. Die Aussagefähigkeit wird dadurch wesentlich erhöht, daß eine gleichzeitige Registrierung der Wehentätig-

Tabelle 11.7 Indikationen zur Kardiotokographie nach den Mutterschaftsrichtlinien

A. Indikationen zur erstmaligen Kardiotokographie (ab der 28. SSW)
1. auskultatorisch festgestellte Herztonalterationen
2. Verdacht auf vorzeitige Wehentätigkeit

B. Indikationen zur CTG-Wiederholung (CTG-Alterationen)
1. anhaltdende Tachykardie (> 160/min)
2. Bradykardie (< 100/min)
3. Dezeleration(en) (auch wiederholter Dip 0)
4. Hypooszillation, Anoszillation
5. unklarer Kardiotokogramm-Befund bei Verdacht auf vorzeitige Wehentätigkeit
6. Mehrlinge
7. intrauteriner Fruchttod bei früherer Schwangerschaft
8. Verdacht auf Plazentainsuffizienz nach klinischem oder biochemischen Befund
9. Verdacht auf Übertragung
10. uterine Blutung
11. medikamentöse Wehenhemmung

keit erfolgt und so erlaubt, die Veränderungen der Herzfrequenz in Beziehung zu einer Streßsituation, wie sie jede Wehe physiologischerweise für den Feten darstellt, zu setzen. Technisch erfolgt die Registrierung der Herzfrequenz so, daß die Periodendauer (Zeitintervall zwischen zwei fetalen Herzschlägen) gemessen wird und sich die aktuelle (instantane) Herzfrequenz als reziproker Wert der Periodendauer ergibt. Mit 60 multipliziert, ergibt sich dann die aktuelle Herzfrequenz in Schlägen pro Minute (spm).

Antepartal wird das Kardiotokogramm heute meist mittels Ultraschall abgeleitet, wobei jeweils das Bewegungsmaximum der fetalen Herzklappen zur Signaltriggerung dient. Durch die Einführung der Autokorrelation wurde eine deutliche Verbesserung des Nutzsignals möglich, so daß kaum noch Ableitungsschwierigkeiten auftreten.

Das direkte fetale EKG erlaubt die kindliche Zustandsdiagnostik nur sub partu, wenn die Fruchtblase gesprungen ist. Eine Kopfschwartenelektrode wird mittels einer Führungshülse in den vorangehenden Kindsteil, in der Regel den kindlichen Skalp, eingeschraubt. Hiermit läßt sich ein nahezu störungsfreies Nutzsignal gewinnen.

Zur Beschreibung der Veränderung der kindlichen Herzfrequenz bedient man sich einer speziellen Terminologie (Abb. 11.**1**):

Langfristige Veränderungen der fetalen Herzfrequenz

Basalfrequenz (Baseline): Als Basalfrequenz bezeichnet man den über einen längeren Beobachtungszeitraum etwa konstanten Mittelwert der kindlichen Herzfrequenz. Die Basalfrequenz liegt normalerweise zwischen 120 und 160 Schlägen pro Minute. Normalerweise werden um die Basalfrequenz kurzfristige (Fluktuationen = Oszillationen) und mittelfristige (Akzelerationen und Dezelerationen) Frequenzschwankungen beobachtet. Diese kurz- und mittelfristigen Schwankungen bleiben bei der Festlegung der Basalfrequenz unberücksichtigt.

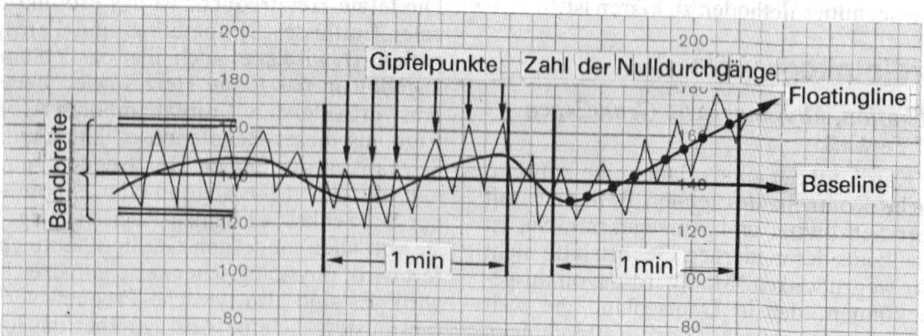

Abb. 11.1 Schematische Darstellung der Oszillationsamplitude und -frequenz (aus Dudenhausen, J. W.: Praxis der Perinatalmedizin. Thieme, Stuttgart 1984)

Floating line: Im Gegensatz zur Baseline folgt die Floating line den mittelfristigen Frequenzveränderungen (Akzelerationen, Dezelerationen). Um die Floating line erfolgen normalerweise noch kurzzeitige Frequenzschwankungen (Oszillationen).

Tachykardie: Jeder Frequenzanstieg über das physiologische Maximum hinaus, der länger als 10 Min. anhält, wird als Tachykardie bezeichnet. Dabei versteht man unter einer leichten Tachykardie den Frequenzanstieg bis 180 spm, zwischen 180 und 200 spm spricht man von einer schweren Tachykardie, und die Tachykardie über 200 Schläge pro Minute wird als extreme Tachykardie bezeichnet.

Bradykardie: Sinkt die Frequenz für länger als 3 Min. unter 120 Schläge pro Minute, bezeichnet man diesen Frequenzabfall als Bradykardie. Zwischen 120 und 100 spm spricht man von leichter Bradykardie, darunter von schwerer Bradykardie.
Tachykardien und Bradykardien stellen also definitionsgemäß eine Änderung der Basalfrequenz dar.

Mittelfristige Veränderungen der fetalen Herzfrequenz

Akzeleration: Jede Frequenzerhöhung bis zu einer Zeitdauer von 10 Min. wird unabhängig von der Höhe des Frequenzanstieges als Akzeleration bezeichnet.

Dezeleration: Jede Frequenzverlangsamung, die 3 Min. nicht überdauert, wird unabhängig von dem Ausmaß der Frequenzabnahme als Dezeleration bezeichnet.
In Beziehung zur Wehentätigkeit bzw. zu Kindsbewegungen unterscheidet man drei verschiedene Typen von Dezelerationen (Abb. 11.**2**).
Als *Dip 0* bezeichnet man eine Frequenzverlangsamung bis zur Dauer von 30 s im Zusammenhang mit registrierten Kindsbewegungen. Das Ausmaß der Frequenzverlangsamung spielt dabei keine Rolle.
Unter *Dip 1* versteht man eine Dezeleration, die mit Wehenbeginn einsetzt und am Ende der Wehe die Ausgangsfrequenz wieder erreicht.
Dip 2 oder späte Dezeleration beschreibt einen Frequenzabfall, der nicht gleichzeitig mit

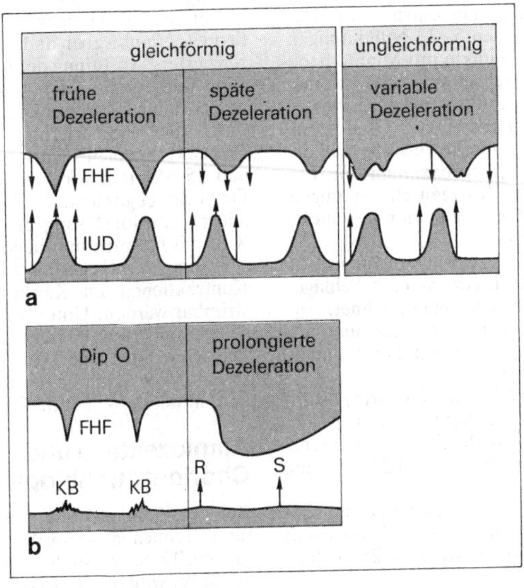

Abb. 11.2 Schematische Darstellung der verschiedenen Dezelerationsformen (aus Dudenhausen, J. W.: Praxis der Perinatalmedizin. Thieme, Stuttgart 1984)

der Kontraktion beginnt, sondern meist erst mit dem Wehengipfel oder innerhalb der ersten 15 s nach dem Wehengipfel einsetzt. In nahezu gleichen Zeitintervallen kommt es ebenfalls zu einer Rückkehr zur Basalfrequenz, so daß die späte Dezeleration wie eine zeitlich verschobene frühe Dezeleration aussieht.

Variable Dezelerationen: Dezelerationen, die in stets wechselnden Zeitabständen zur Wehe einsetzen und immer wieder unterschiedliche Formen bieten, werden als variable Dezelerationen bezeichnet. Sie stellen die häufigste Form der mittelfristigen Frequenzverlangsamung dar.

Prolongierte Dezeleration beschreibt eine über Minuten andauernde Frequenzverlangsamung, die einem bestimmten Ereignis (Wehe, Blutdruckabfall der Mutter) zuzuordnen ist.

Kurzfristige Veränderungen der fetalen Herzfrequenz

Die kurzfristigen Frequenzveränderungen werden durch die beiden Begriffe Oszillationsamplitude und Oszillationsfrequenz beschrieben.

Oszillationsfrequenz: Unter Oszillationsfrequenz versteht man die Schwingung des fetalen Herzschlages um einen Mittelwert. Normalerweise werden 5–13 Nulldurchgänge oder 2–6 Gipfelpunkte pro Minute beobachtet. Diese Kurzzeitschwankungen werden als Oszillation oder Fluktuation bezeichnet.

Oszillationsamplitude: Unter Oszillationsamplitude oder Bandbreite versteht man den Abstand von Frequenzmaximum zu Frequenzminimum der Kurzzeitschwankungen. Es erfolgt eine Einteilung in vier verschiedene Oszillationstypen:

Kurzzeitige Frequenzschwankungen mit einer Oszillationsamplitude unter 5 Schlägen pro Minute werden als silent bezeichnet.

Eingeschränkt undulatorisch bezeichnet man die Oszillationsamplitude zwischen 5 und 10 Schlägen pro Minute.

Eine undulatorische Oszillationsform, die zugleich Normalzustand signalisiert, liegt immer dann vor, wenn die Kurzzeitfrequenzschwankungen zwischen 10 und 25 Schlägen pro Minute liegen.

Der saltatorische Oszillationstypus beschreibt Kurzzeitfrequenzschwankungen mit einer Oszillationsamplitude über 25 Schläge pro Minute.

Die Anwendung spezieller Scores zur Beurteilung eines Kardiotokogramms zwingt den Untersucher, sich über alle genannten Punkte Rechenschaft abzulegen, und nimmt eine Einstufung vor, wie schwer eine bestimmte CTG-Veränderung zu werten ist und welche Konsequenzen daraus zu ziehen sind.

Im deutschen Sprachraum haben sich zwei Bewertungsschemata in der praktischen Anwendung bewährt. Beide Scores setzen voraus, daß die Registrierung über einen Zeitraum von mindestens 30 Min. erfolgt ist.

Der Fischer-Score (Tab. 11.**8**) stellt ein einfaches Schema dar, das 5 verschiedene Kriterien mit jeweils 0–2 Punkten in Anlehnung an das bekannte Apgar-Schema bewertet. Eine Punktzahl zwischen 8 und 10 Punkten signalisiert ebenfalls den physiologischen Normalzustand, 5–7 Punkte werden als suspekt eingestuft und bedürfen einer weitergehenden Kontrolle mit Wiederholung der Kardiotokographie, und 0–4 Punkte signalisieren einen sicher pathologischen Zustand, aus dem der Geburtshelfer entsprechende Konsequenzen ziehen muß. Die Anwendung des Fischer-Scores ist nur für antepartale Kardiotokogramme zulässig.

Der Hammacher-Score kann demgegenüber zur Beurteilung sowohl des antepartalen als auch des intrapartalen Kardiotokogramms herangezogen werden. Seine Anwendung gestaltet sich schwieriger als die des Fischer-Scores, erlaubt aber andererseits eine differenziertere Abstufung der CTG-Bewertung.

Eine Verbesserung der Aussagefähigkeit des antepartalen Kardiotokogramms läßt sich durch die Registrierung unter Belastung (Wehen) erzielen: Nach einer Vorlaufzeit von 15 Minuten wird mit der Infusion von Oxytocin begonnen. 5 IE werden dazu in 500 ml Infusionslösung gelöst. Die Infusion wird mit 0,5 mIE/min begonnen und alle 10 Min. um 0,5 mIE gesteigert, bis regelmäßige Kontraktionen im Kardiotokogramm registrierbar werden. Unter diesen Bedingungen sollen mindestens 30 Min. registriert werden. Danach erfolgt eine Weiterregistrierung bis zum völligen Sistieren der Kontraktionstätigkeit, mindestens aber für 30 Min.

Amniozentese und Chorionzottenbiopsie

Bei der Amniozentese, durchgeführt meist im 2. Trimenon – günstigster Zeitpunkt um die 16./17 SSW, spätestens jedoch bis zur 20. SSW, wird durch perkutane Punktion der Amnionhöhle Fruchtwasser gewonnen, und Untersuchungen werden durchgeführt, die

Tabelle 11.8 Fischer-Score zur Bewertung des antepartalen CTG (aus Dudenhausen, J. W.: Praxis der Perinatalmedizin. Thieme, Stuttgart 1984)

		0	1	2	Σ
basale FHF	Niveau (spm)	< 100 > 180	100–120 160–180	120–160	
	Bandbreite (spm)	< 5	5– 10 > 30	10– 30	
	Nulldurchgänge (n/min)	< 2	2– 6	> 6	
FHF-Alterationen	Akzeleration	keine	periodische	sporadische	
	Dezeleration	späte, variable mit prognostisch ungünstigen Zusatzkriterien	variable	keine, sporadisch auftretende Dip 0	
Zustandsindex					

Registrierdauer: 30 Min.
Berücksichtigung des jeweils ungünstigsten Musters
zusätzliches Zeitkriterium für basale FHF: 10 Min. Mindestdauer

das pränatale Erkennen fetaler Erkrankungen ermöglichen.

Die Amniozentese sollte heute ultraschallkontrolliert durchgeführt werden, da nur diese Technik eine geringstmögliche Komplikationsrate gewährleistet. Unter sorgfältiger Einhaltung von Sterilität und in der Hand Erfahrener ist das Komplikationsrisiko unter 1%.

Wichtigste Komplikationen sind die Amnionitis, die sowohl für die Mutter als auch für den Feten nicht nur eine Bedrohung darstellt, sondern meist auch zur Beendigung der Schwangerschaft zwingt, sowie der Abgang von Fruchtwasser, der in vielen Fällen nur vorübergehend auftritt und bei dem die Schwangerschaft intakt bleibt, der manchmal aber auch zum Abort führt. Verletzungen des Feten sind demgegenüber Raritäten, da er bei Berührungen durch die Punktionsnadel meist sofort ausweicht.

Blutungskomplikationen lassen sich weitgehend dadurch umgehen, daß die Punktion an der Plazenta vorbei erfolgt. Meist ist zumindest ein ganz begrenzter Raum dafür frei und nur ganz selten wird man sich zur transplazentaren Punktion entschließen müssen.

Routinemäßig werden im gewonnenen Fruchtwasser bzw. in entsprechend angezüchteten fetalen Zellen Zahl und Struktur der Chromosomen untersucht, das α-Fetoprotein als sehr empfindlicher Indikator zum Ausschluß bzw. Nachweis von Neuralrohrdefekten bestimmt sowie eine Reihe von Enzymen auf ihr Vorhandensein als Ausschluß eines entsprechenden Enzymdefektes untersucht. In Tab. 11.9 ist eine Reihe von Defekten aufgelistet, die auf diese Weise erkennbar sein sollten. Sie kann keinen Anspruch auf Vollständigkeit erheben, da jedem Laboratorium unterschiedliche Möglichkeiten zur Verfügung stehen und da zudem ständig neue Nachweismöglichkeiten hinzukommen. Ausdrücklich betont werden muß aber, daß eine Vielzahl von Stoffwechselstörungen dieser Pränataldiagnostik nicht zugänglich ist.

Eine weitere Indikation zur Amniozentese ist in der späteren Schwangerschaft dann gegeben, wenn im Blut rh-negativer Schwangerer Antikörper gegen Erythrozyten nachweisbar sind. Dann ergibt die Bilirubinbestimmung im Fruchtwasser anhand spezieller Normkurven, wie stark der Grad der kindlichen Hämolyse ist, und läßt zugleich den Zeitpunkt ermitteln, ab dem eine intrauterine Bluttransfusion auf den Feten, die in Zentren mittels Ultraschallkontrolle mit Erfolg durchgeführt wird, indiziert ist.

Bei unklarem Termin oder auch bei drohender Frühgeburt ergibt sich zuweilen die Indikation zur Fruchtwassergewinnung als Möglichkeit des Nachweises der fetalen Lungen-

Tabelle 11.9 Durch Fruchtwasseranalyse nachweisbare Enzymdefekte

1. *Kohlenhydratstoffwechsel*	
Galakosämie	
Galaktokinasemangel	
Glykogenspeicherkrankheit Typ II, III und IV	
Pyruvatdehydrogenasemangel	
Glukose-6-phosphat-Dehydrogenase-Mangel	
2. *Aminosäurestoffwechsel*	
Ahornsirupkrankheit	Hyperlysinämie
Zystathioninurie	Methylmalonazidurie
Homozystinurie	Histidinämie
Argininbernsteinsäuresyndrom	Propionazidämie
	Zystinose
Zitrullinämie	Hyperammonämie
3. *Fettstoffwechsel*	
Hyperlipoproteinämie Typ II	Morbus Fabry
Morbus Gaucher	verschiedene Gangliosidosen
Morbus Grabbe	Morbus-Niemann-Pick
metachromatische Leukodystrophie	Morbus-Wolman
4. *Mukopolysaccharidosen*	
Morbus Pfaundler-Hurler	Morbus Scheie
	Morbus Sanfillipo A + B
Morbus Hunter	
Morbus Morquio	Morbus Maroteaux-Lamy
Mukolipidosen Typ II, III und IV	Fukosidose
Mannosidose	
5. *Verschiedene*	
β-Thalassämie	Sichelzellanämie
Fanconi-Anämie	Akatalasämie
Morbus Menkes	Lesch-Nyhan-Syndrom
Xeroderma pigmentosum	Orotazidurie
lysosomaler Saure-Phosphatase-Mangel	

Tabelle 11.10 Indikationen zur Amniozentese

1. *Pränataldiagnostik im 2. Trimenon zum Ausschluß fetaler Erkrankungen*
   a) Chromosomenanalysen
   Alter der Schwangeren ab 35. Lebensjahr
   Alter des Vaters ab 45. Lebensjahr??
   Chromosomenanomalie bei Kind aus vorhergegangener Schwangerschaft
   Chromosomenanomalie bei einem Elternteil
   Strahlenbelastung um den Konzeptionstermin oder davor
   Geschlechtsbestimmung bei X-chromosomalem Erbleiden
   b) α-Fetoprotein-Bestimmung
   bekannte Familienbelastung
   begründeter Verdacht (durch Ultraschall, hohes AFP im mütterlichen Serum)
   c) Enzymbestimmungen
   familiäre Belastung
2. *Bilirubinoidnachweis bei Blutgruppenunverträglichkeit*
3. *Lungenreifebestimmung*

reife. Dabei werden im Fruchtwasser der Gehalt verschiedener Lecithine und Sphingomyeline bestimmt und z. T. auch noch Quotienten gebildet, die Aufschluß über die Surfactantkonzentration der fetalen Lunge liefern. Lecithine und Sphingomyeline sind Hauptbestandteile des Surfactant, der Substanz, die als Antiatelektasefaktor für die Entfaltungsfähigkeit der kindlichen Lunge post partum maßgeblich ist.

Die Indikationen zur Amniozentese sind in Tab. 11.**10** aufgelistet. Dabei stellt die Altersindikation die größte Gruppe dar: Allgemein sollte der Graviden ab dem 35. Lebensjahr zur Amniozentese geraten werden.

Anstelle der Amniozentese kann seit einigen Jahren die Chorionzottenbiopsie vorgenommen werden. Dabei wird in der 9.–11. SSW transzervikal – seltener auch transabdominal – ultraschallkontrolliert ein flexibler Kunststoffkatheter in den Bereich des Chorion frondosum vorgeschoben und Trophoblastgewebe aspiriert. Anhand dieses Materials wird die Chromosomenanalyse entsprechend der Amniozentese durchgeführt. Mit Ausnahme der α-Fetoprotein-Bestimmung in Fruchtwasser zum Nachweis oder Ausschluß neuraler Spaltbildungen können alle Untersuchungen vorgenommen werden. Die Methode ist z. Z mit einer Abortrate um 1% verbunden; sie liegt damit noch etwas höher als das Amniozenteserisiko. Man muß allerdings beachten, daß in dieser frühen Schwangerschaftsphase, in der die Chorionzottenbiopsie durchgeführt wird, das spontane Abortrisiko noch ca. 5% beträgt. Vorteile der Methode liegen zweifelsfrei darin, daß die Pränataldiagnostik zu einem Zeitpunkt abgeschlossen ist, der bei einer Interruptioindikation ein Eingreifen erlaubt, bevor durch spürbare Kindsbewegungen und deutliche Größenzunahme des Leibesumfangs die psychische Belastung der Frau weiter verstärkt wird. Es ist zu erwarten, daß sich mit Vervollkommnung der Methode die Pränataldiagnostik weiter zugunsten der Chorionzottenbiopsie verschieben wird.

Hormonbestimmungen

Techniken und Bedeutung

Eine Fülle von einzelnen Hormonen und hormonähnlichen Substanzen ist zur Überwachung der Schwangerschaft – durch Kontrolle der Stoffwechselleistung der fetoplazentaren Einheit – vorgeschlagen worden. Dazu werden Einzelwertbestimmungen, Verlaufskontrollen und teilweise auch dynamische Funktionstests nach Applikation von Hormonen durchgeführt. Viele dieser Analysen bieten durchaus Hilfestellungen bei der Erkennung fetaler Gefahrenzustände; ihr großer Nachteil besteht jedoch in der relativ geringen Sensitivität und ganz besonders im großen zeitlichen Nachhinken in der Anzeige von pathologischen Befunden. Dies ist der Hauptgrund dafür, daß sich diese Tests wenig in der klinischen Routine haben durchsetzen können. An dieser Stelle sind die wichtigsten Hormonbestimmungen vorgestellt:

Humanes Choriongonadotropin (HCG)

Dieses Hormon mit dem Molekulargewicht 23000 wird im Zytotrophoblasten ab dem 8.–10. Tag nach der Ovulation gebildet und zeigt einen raschen und stetigen Anstieg im Serum und im Urin bis etwa zur 10. SSW. Danach kommt es zu einem geringfügigen Abfall bis zur 20. SSW, um dann bis zum Termin etwa konstante Werte zu zeigen. Als Wirkungsanalogon zum luteinisierenden Hormon (LH) dient es in der Frühschwangerschaft zur Aufrechterhaltung der Funktion des Corpus luteum und ist damit für die Schwangerschaft lebenswichtig.

Die Bestimmung des HCG, sowohl im Urin als auch im Serum, hat weite Verbreitung zum globalen Nachweis einer Schwangerschaft (s. o.) gefunden. Daneben wird es mit Erfolg in der Differentialdiagnose des Abortes und der Extrauteringravidität eingesetzt, da in den ersten Schwangerschaftswochen die quantitativ ermittelten Serumwerte eng mit dem Gestationsalter korrelieren. Ein unzeitig niedriger Wert signalisiert bei bekanntem Alter der Schwangerschaft eine Funktionsstörung. Verlaufskontrollen in 48stündigen Abständen sind notwendig.

Bei Trophoblasterkrankungen (Blasenmole, Chorionkarzinom) kann der Therapieerfolg durch Verlaufskontrollen überwacht und gesichert werden.

Humanes plazentares Lactogen (HPL)

HPL ist ein aus 191 Aminosäuren bestehendes Polypeptid mit einem Molekulargewicht von 21600. Es wird vom Synzytiotrophoblasten gebildet und kann bereits ab der 5. SSW im Serum nachgewiesen werden. Bis zur 35. SSW steigt die Konzentration kontinuierlich auf Werte um 5–6 µg/ml an, um dann etwa bis zum Termin konstante Werte aufzuweisen. Die Serumhalbwertszeit ist mit etwa 20 Min. sehr gering.

In der zweiten Schwangerschaftshälfte wird das HPL mit Erfolg zur Überwachung der Plazentafunktion bei solchen Risikoschwangerschaften eingesetzt, bei denen die Gefahr einer Plazentainsuffizienz besteht. Sauerstoffmangelzustände des Feten, die nicht mit einer Plazentamangelfunktion einhergehen (z. B. mütterliche Anämien), werden durch die HPL-Bestimmung jedoch nicht erfaßt. Auch beim Diabetes, der an sich in einer Anzahl von Fällen mit Vaskularschäden der Plazenta einhergeht, sind die HPL-Werte durch die gleichzeitig meist vorliegende Plazentahypertrophie eher erhöht. Insgesamt ist die Bestimmung des HPL zur Überwachung der Plazentafunktion nicht sehr sensitiv, da auch Normalwerte (sie sind methoden- und laborabhängig) eine Plazentainsuffizienz nicht ausschließen. Die Bestimmung des HPL zur Schwangerschaftsüberwachung sollte immer nur in Verbindung mit anderen Methoden (z. B. Kardiotokogramm) vorgenommen werden.

Östrogene

Die Kontrolle der Östriol- und Gesamtöstrogenausscheidung im 24-Stunden-Urin bzw. die Bestimmung der Östriolwerte im Serum gibt Aufschluß über das Befinden der „fetoplazentaren Einheit“. Die Östrogensynthese wird während der Schwangerschaft weitgehend vom Feten gesteuert, dessen Nebennierenrinde die Vorstufen (u. a. Dehydroepiandrosteronsulfat) liefert. Die Plazenta selbst ist zu einer De-novo-Synthese von Östrogenen aus Acetat nicht befähigt. Nach Hydroxylierung in der fetalen Leber erfolgt in der Plazenta die Umwandlung in Östriol, das wiederum in der mütterlichen Leber mit Glucuronsäure gekoppelt wird. Die Östrogenausscheidung, die in den letzten Schwangerschaftswochen 30–40 mg/24 Stunden beträgt, steigt bis zur Geburt kontinuierlich an. Die Serumöstriolbestimmung liefert Werte um 35 pmol/ml (10 ng/ml). (Normwerte des Labors beachten!) Wegen der größeren physiologischen Schwankung der Ausscheidungswerte sind Einzeldaten weniger verwertbar als Verlaufskontrollen. Neben der Plazentainsuffizienz liefert die Bestimmung der Östrogenwerte auch bei schweren fetalen Mißbildungen und bei Enzymmangelzuständen (z. B. Sulfatasemangel) gute Ergebnisse. Die prospektive Sicherheit der Methode wird mit etwa 70% angegeben, so daß sowohl falsch positive als auch falsch negative Ergebnisse möglich sind.

In der Praxis wird zur Erhöhung der Aussagefähigkeit meist eine Kombination verschiedener Verfahren angewandt (z. B. HPL- und Östriolbestimmung im Serum), die zusätzlich durch apparative Methoden (Kardiotokogramm, Oxytocinbelastungstest) ergänzt wird.

Amnioskopie

Die Technik der Amnioskopie besteht in einer Beurteilung des Fruchtwassers in der Spätschwangerschaft bei noch stehender Fruchtblase. Dazu wird nach Desinfektion des äußeren Genitales und vaginaler Untersuchung zur Erhebung des Muttermundsbefundes ein konisches Rohr, das zunächst noch mit einem Trokar versehen ist, in den Zervikalkanal eingeführt. Nach Entfernung des Trokars wird die Fruchtblase über den Konus mittels einer Kaltlichtquelle ausgeleuchtet. Je nach Muttermundsweite kommen Amnioskope zwischen 12 und 20 mm lichter Weite zur Anwendung. Mit zunehmendem Durchmesser wächst die Übersicht und damit die Beurteilungsfähigkeit.

Bei der Beurteilung werden folgende Punkte berücksichtigt:

- Farbe des Fruchtwassers: Normalerweise ist das Fruchtwasser klar (pergamentfarben) und je nach Gestationsalter mehr oder weniger mit Vernixflocken angereichert. Ein grünliches mekoniumhaltiges Fruchtwasser weist auf eine abgelaufene bzw. bestehende intrauterine Sauerstoffmangelversorgung hin und bedarf der Intervention zumindest in Form einer Intensivüberwachung mittels Kardiotokogramm. Daraus leiten sich dann weitere Konsequenzen in Abhängigkeit von Schwangerschaftsalter und Befund ab.
- Menge des Fruchtwassers: Wenig oder kein Fruchtwasser bei stehender Blase weist auf den fehlenden Wasseraustausch zwischen Mutter und Fetus hin, der wiederum Ausdruck einer fetalen Gefährdung ist.

Die Indikationen zur Amnioskopie sind in den letzten Jahren durch die Aussagekraft des antepartalen Kardiotokogrammes – kombiniert u. U. mit einem Wehenstimulationstest – eingeschränkt worden. Eine weitere Einschränkung ergibt sich darauf, daß auch in den letzten vier SSW eine Amnioskopie nicht immer möglich ist, da Voraussetzung für die Durchführbarkeit ist, daß der Zervikalkanal mindestens für den Finger des Untersuchers passierbar sein muß.

Als wesentliche Indikation gilt heute noch die Übertragung, bei der ab dem errechneten Geburtstermin die Amnioskopie in zweitägigen Abständen durchgeführt werden sollte. Auch hier sollte sie jedoch nicht isoliert, sondern immer in Verbindung mit der Kardiotokographie zum Einsatz kommen.

Eine Erhöhung der Gesamtbeurteilbarkeit ergibt sich immer dann, wenn ein Oxytocin-Belastungstest durch die Amnioskopie ergänzt wird.

Mikroblutuntersuchung

Die Mikroblutuntersuchung (MBU) oder auch Fetalblutanalyse ist ein Verfahren zur direkten Zustandsdiagnostik des Feten sub partu durch Gewinnung von kindlichem Blut. Nach Einstellen des vorangehenden Teiles – in der Regel des Schädels – mittels Amnioskop oder Spekula wird mit einer Lanzette eine kleine Inzision durchgeführt und mit dem Mund über eine Ansaugevorrichtung Fetalblut in eine lange Glaskapillare aspiriert. Dieses Kapillarblut zeigt im Säuren-Basen-Status eine gute Korrelation zum arteriellen Blut und gibt Hinweise auf eine evtl. vorliegende kindliche Gefährdung.

Bei der Beurteilung des aktuellen pH-Wertes gelten folgende Standardwerte:

pH über 7,25	Normalwerte
pH 7,24–7,20	Präazidose
pH 7,19–7,15	leichte Azidose
pH 7,14–7,10	mittelschwere Azidose
pH 7,09–7,00	fortgeschrittene Azidose
pH unter 6,99	schwere Azidose

Besteht die Möglichkeit der Bestimmung eines kompletten Säuren-Basen-Status, kann zwischen metabolischer und respiratorischer Azidose unterschieden werden, wobei die erstere mehr Ausdruck eines chronischen Sauerstoffmangels mit konsekutiver anaerober Glykolyse, letztere Hinweis auf eine akute Unterbrechung der O_2-Zufuhr ist.
Die Indikation zur MBU wird heute dann gestellt, wenn die Kardiotokographie bestimmte auffällige Frequenzmuster erkennen läßt und eine Spontangeburt nicht in kurzer Zeit erreichbar scheint: Bradykardien mit einer Schlagfrequenz über 100 pro Minute oder wiederholte späte oder schwere variable Dezelerationen (s. Kardiotokographie) sollten eine MBU zur Konsequenz haben.
Steile Abfälle des fetalen Blut-pH-Werts weisen auf eine ernste Bedrohung des Feten durch Nabelschnurkomplikationen, akute Plazentainsuffizienz (z. B. vorzeitige Lösung) oder eine Minderperfusion des Uterus hin und geben Veranlassung zum raschen Einschreiten. Dabei kann man in weniger schweren Fällen durch vorübergehende Unterbrechung der Wehentätigkeit mittels Gabe von Tokolytika („intrauterine Reanimation") die Situation zum Teil so weit beherrschen, daß es nach erneuter Etablierung von Wehen zum Spontanpartus kommt. In schweren Fällen ist man stets gezwungen, die Geburt so rasch wie möglich zu beenden. Die Wahl des operativen Vorgehens wird vom Geburtsbefund abhängig gemacht (s. d.).
Kardiotokographisch angezeigte fetale Gefahrenzustände, die erst auf dem Beckenboden auftreten, sollten nicht mehr durch eine MBU kontrolliert werden; hier sollte die Geburt durch ein vaginaloperatives Verfahren rasch beendet werden.

Ernährung und Hygiene in der Schwangerschaft

Wenn der Kalorienbedarf der Schwangeren – besonders im letzten Schwangerschaftsdrittel – auch gesteigert ist, so soll die Nahrungszufuhr gegenüber dem nichtschwangeren Zustand doch möglichst nicht erhöht werden. Der tägliche Kalorienbedarf einer Schwangeren beträgt 2600 kcal (10 900 kJ). Sie wird im Laufe einer normalen Schwangerschaft ca. 11–12 kg zunehmen, davon am meisten in der zweiten Schwangerschaftshälfte.
Die Speisen sollen kalorisch ausreichend und leicht verdaulich sein. Allgemein soll die Nahrung reich an Vitaminen, Proteinen und Mineralien sein. Es wird empfohlen, die Fett-, Kohlenhydrat- und Salzzufuhr einzuschränken. Die Schwangere nimmt besser viele kleinere Mahlzeiten zu sich als die drei üblichen Hauptmahlzeiten. Nie sollten bei Übergewichtigen während einer Schwangerschaft drastische Abmagerungskuren stattfinden. In den ersten Schwangerschaftsmonaten soll die Schwangere alles zu sich nehmen, was ihr bekömmlich erscheint, und alles vermeiden, wogegen sie Abneigung hat. Besonders in den ersten Schwangerschaftswochen kommt es häufig zu Appetitveränderungen. Die Schwangere verspürt plötzlich ungewöhnlichen Appetit auf Saures, Fisch, Kraut usw. Gleichzeitig tritt in vielen Fällen leichte morgendliche Übelkeit auf. Ein weit größeres medizinisches Problem kann eine schwangerschaftsbedingte Obstipation (Tonusherabsetzung des Uterus, des Darmes und der Ureteren mit eventuellem Stuhlverhalt und Urinstau begünstigen die Pyelitisentstehung) mit sich bringen. Generell versucht man diese durch schlackenreiche Kost und Ballaststoffe (Vollkornbrot, Sauerkraut, Obst, Gemüse, Fruchtsäfte, Dörrobst) zu verhindern. Wenn man hiermit nicht zum Ziel kommt, empfehlen sich leichte Abführmittel.
In der zweiten Hälfte der Schwangerschaft muß besonders auf die Zusammensetzung der Nahrung und die Zufuhr von zusätzlichen Aufbaustoffen geachtet werden (s. dazu auch Tab. 11.**11**).

Calcium (Milch, Milchprodukte): Der tägliche Schwangerschaftsbedarf liegt bei 1200 mg. Eine gesunde Ernährung kann diesen Bedarf decken. Es besteht lediglich eine Unterversorgungsgefährdung (dies gilt auch für die im folgenden genannten Aufbaustoffe) für Frauen mit Übergewicht, ungesunder Lebensweise und für Mehrgebärende. Die aus dem Darm resorbierte Menge an Calcium wird durch den Bedarf geregelt bzw. in Verbindung mit dem im Regelkreis befindlichen Parathormon, dem Calcitonin und Östrogen entgegenwirken, auch der Anteil aus dem Skelettsystem.

Proteine: Durch größeres Blutvolumen der Schwangeren sinken die Proteine im Plasma relativ ab. Allgemein hat die Schwangere bei normaler Kost genügend Proteinzufuhr.

Eisen: Die Resorptionsfähigkeit des Organismus der Schwangeren ist auf das 3fache erhöht. Im letzten Trimenon liegt ein Tagesbedarf von 12–15 mg Eisen vor. Letztlich entscheidend für die zusätzliche Zufuhr von

Tabelle 11.11 Durchschnittlicher Tagesbedarf an Aufbaustoffen

	Nicht schwangere Frau	Schwangere Frau im letzten Trimenon	Stillende Frau
Kalorien	2500 kal (10500 kJ)	2500 kal (10500 kJ)	3000 kal (12600 kJ)
Eiweiß	55–65 g	80–90 g	100–110 g
Calcium	0,8 g	1,2 g	2,0 g
Eisen	12 mg	25 mg	15 mg
Vitamin C	70 mg	100 mg	150 mg
Nicotinsäure	12 mg	15 mg	15 mg
Vitamin B_2	1,4 mg	2,0 mg	2,5 mg
Vitamin B_1	1,5 mg	1,8 mg	2,3 mg

Eisen sind die Gesamtverfassung der Schwangeren und ihr Hämoglobinwert.
Vitamin B und Pantothensäure können zusätzlich bei bestehenden Wadenkrämpfen gegeben werden.

Genußmittel: Es ist klinisch nachgewiesen worden, daß die Menge der in der Schwangerschaft gerauchten Zigaretten mit der somatischen Retardierung der Kinder korreliert. Dieses Wissen soll man jeder stark rauchenden Schwangeren vermitteln. Für starken Alkoholgenuß gilt ähnliches. Ab und zu ein Glas Wein oder Bier und eine Zigarette können einer Schwangeren sicherlich nicht abgeschlagen werden.

Hygiene: Wegen der verstärkten Sekretion der Schweiß- und Talgdrüsen ist eine sorgfältige Körperpflege angezeigt. Die Schwangere bemerkt von sich aus manchmal aknoide Pusteln und die oft fettigen Haare. Sie sollte nur milde und hautfreundliche Seifen benutzen, wenn sie das Bedürfnis hat, sich häufiger zu waschen.
In der Schwangerschaft besteht physiologischerweise ein verstärkter Fluor, den die Schwangere als „Ausfluß" bemerkt. Dieser Fluor ist auf unphysiologische Keime (Pilze, Trichomonaden, Gonorrhö) zu untersuchen.
Im Beruf soll sich die Frau nicht überbeanspruchen (s. auch Bestimmungen des Mutterschutzgesetzes).
Im Sport sollte kein Leistungstraining erfolgen, wenig Sprünge, Läufe usw. Viele Frauen freuen sich auf die willkommene Abwechslung der Schwangerschaftsgymnastik (Beginn in der zweiten Schwangerschaftshälfte).
Reisen, insbesondere Flugreisen und Einreisen in Länder mit Impfpflicht, müssen genau überdacht werden. Fluggesellschaften lassen Frauen in den letzten 6 Wochen ante partum nicht mehr mitfliegen!
Geschlechtsverkehr: Der Geschlechtsverkehr ist grundsätzlich in der Schwangerschaft möglich, auch in den letzten Wochen. Allerdings sind auch hier Übertreibungen nicht am Platze, da jeder Streß die Durchblutung des Uterus drosselt und jeder Orgasmus Wehen auslösen kann. Nicht sicher nachgewiesen ist eine Prostaglandinwirkung der Spermien sowie die Verursachung eines vorzeitigen Blasensprunges durch die Kohabitation. Bei Frühgeburtsbestrebungen soll auf jeden Fall vom Geschlechtsverkehr abgeraten werden.

Impfungen in der Schwangerschaft

Impfungen in der Schwangerschaft sollten nur dann vorgenommen werden, wenn sie notwendig und ihre Nebenwirkungen unter den gegebenen Umständen akzeptabel sind. Bestimmte Formen der Impfungen sind somit in der Schwangerschaft streng kontraindiziert, streng zu indizieren oder aber durchaus erlaubt.
Wie aus Tab. 11.**12** zu ersehen ist, werden bei der passiven Immunisierung mit Immunglobulinen spezielle Antikörper übertragen, die sofortigen Schutz bieten, aber zeitlich begrenzte Wirksamkeit zeigen. Sie ist in der Schwangerschaft besonders dann aktuell, wenn eine Exposition bei ungenügendem Antikörper-Titer stattgefunden hat. In den meisten Fällen handelt es sich um Hyperimmunglobuline, also spezielle Immunglobuline mit definiertem Antikörper-Titer.
In Tab. 11.**13** sind Impfmodalitäten der aktiven Immunisierung mit Lebend- und Tot-

Tabelle 11.12 Passive Immunisierung in der Schwangerschaft

Erreger	Impfmodalitäten
Röteln	Röteln-Immunglobulin, z. B. Bering-Röteln-Immunglobulin 6000 Dos.: 0,03 ml/kg KG, mind. 15 ml Bem.: zuvor und laufend AK-Titer-Kontrolle
Tetanus	Tetanus-Immunglobulin Dos.: 250 IE
Hepatitis A	Gammaglobulin Dos.: 0,1 ml/kg KG
Hepatitis B	Hepatitis-B-Immunglobulin, z. B. Aunativ Dos.: 0,06 ml/kg KG Bem.: nach 4 Wochen wiederholen
Masern	Gammaglobulin Dos.: 0,3 ml/kg KG Bem.: bis 3 Tage nach Exposition wirksam
Mumps	Mumps-Immunglobulin Dos.: s. Gebrauchsinformation
Pertussis	Gammagobulin-Schutzwirkung fraglich
Varizellen	Varizellen-Zoster-Immunglobulin, z. B. Gammaprotect-Varizellen Dos.: 0,2-0,4 ml/kg KG Bem.: möglichst sofort nach Exposition, auch für Neugeborene, wenn Mutter 0–4 Tage vor der Geburt erkrankte
FSME	FSME-Immunglobulin, z. B. FSME-Bulin Dos.: 0,1 ml/kg KG
Tollwut	Tollwut-Immunglobulin, z. B. Berirab Dos.: 20 IE/kg KG Bem.: gleichzeitig aktive Immunisierung dringend erforderlich

impfstoffen genannt. Es werden Antigene appliziert, mit denen sich der Körper einige Tage lang unter Bildung der korrespondierenden Antikörper auseinandersetzt. Bei den Totimpfstoffen handelt es sich um inaktivierte Erreger oder Teilprodukte (Toxoide); bei den Lebendimpfstoffen werden vermehrungsfähige abgeschwächte Erreger benutzt.

Tabelle 11.13 Aktive Immunisierung in der Schwangerschaft

Erreger	Impfmodalitäten
a) Lebendvakzine	
Röteln	kontraindiziert
Polio	auch in der Gravidität für Kontaktpersonen erlaubt und anzuraten
Mumps	kontraindiziert
Masern	kontraindiziert
Pocken	wenn für Auslandsreise unbedingt erforderlich, dann nur zusammen mit Pocken-Immunglobulin
Gelbfieber	wenn für Auslandsreise unbedingt erforderlich, Impfberechtigung nur durch Impfärzte
b) Totvakzine	
Tollwut	Simultanimpfung zur passiven Immunisierung nach den entsprechenden Richtlinien dringend erforderlich, HDC-Impfstoff, z. B. Rabivac 6mal i.m.
Pertussis	kontraindiziert
Diphtherie	nach Möglichkeit vermeiden, bei Expositionsgefahr nach Impfung Antitoxin-Titer-Bestimmung
Influenza	kontraindiziert
Cholera	wenn für Auslandsreise unbedingt erforderlich

Erkrankungen in der Schwangerschaft

Allgemeinerkrankungen in der Gravidität sind eine der häufigsten mütterlichen Todesursachen. Auch für das Kind stellt fast jede Erkrankung seiner Mutter eine erhöhte Gefahr dar. Deshalb ist möglichst früh in der Schwangerschaft durch internistische Kontrolle und Beratung mit dem Geburtshelfer festzustellen, welche Risiken für Mutter und Kind bestehen und welche therapeutischen bzw. prophylaktischen Konsequenzen sich ergeben (Einzelheiten s. Risikoschwangerschaft).

Schwangerschaftsspezifische Erkrankungen

Verschiedene Störungen bei der Mutter sind durch die vorhandene Schwangerschaft bedingt. Sie wurden früher als Gestosen bezeichnet. In den ersten Schwangerschaftsmonaten stellen sich vorwiegend Störungen des vegetativen Nervensystems ein, während gegen Ende der Schwangerschaft der eklamptische Symptomenkomplex im Vordergrund steht.

Im ersten Trimenon sind vor allem zu nennen:

Emesis gravidarum (Schwangerschaftserbrechen)

Sy: Dabei entleert der Magen, vor allem frühmorgens, das in ihm angesammelte Sekret ohne wesentliche Störungen des Allgemeinbefindens. Speisen werden nur selten erbrochen, so daß auch kein Gewichtsverlust eintritt.

Th: Es wird empfohlen, das Frühstück im Bett einnehmen zu lassen und, wenn nötig, Antiemetika (z. B. Dimenhydrinat = Vomex A, Suppositorien zu 150 mg) zu verordnen. Gelegentlich hat sich auch das Kauen roher Haferflocken bewährt. Es bestehen fließende Übergänge zur Hyperemesis gravidarum.

Hyperemesis gravidarum

Sy: Dabei besteht häufiges, sich bei allen Gelegenheiten wiederholendes, in schweren Fällen sogar unstillbares Erbrechen, gleichgültig, ob Nahrungsaufnahme erfolgt oder nicht. Das Allgemeinbefinden ist mitunter wesentlich gestört. Doch bedarf heute kaum eine von tausend Schwangeren klinischer Behandlung.

Ät: Die Ursachen der Reizung des Brechzentrums sind nicht ganz geklärt. In vielen Fällen besteht unverkennbar eine psychische Wurzel! Ein Erbrechen aus anderen Ursachen (Subileus, Magen-Darm-Erkrankungen, Urämie, Meningitis, Hirntumoren, in späteren Schwangerschaftsmonaten Gestationshypertonie) muß differentialdiagnostisch ausgeschlossen werden.

Th: Bettruhe! Zunächst keine orale Nahrungszufuhr, sondern parenterale Flüssigkeits- und Energiezufuhr (Infusionen mit Glucoselösung, Elektrolytlösungen, Vitaminzusätze)! Chlorverarmung des Organismus durch das Erbrechen beachten und gegebenenfalls entsprechend ausgleichen! Kleine Eisstückchen lutschen lassen, eisgekühlte Milch in kleinen Portionen, dazu bei Bedarf Antiemetika (Dimenhydrinat = Vomex A, 1 Suppositorium = 150 mg). In manchen Fällen ist eine gewisse psychische Abkoppelung der Patientin von Streßfaktoren angezeigt. Hier haben sich Diazepam (Valium, 1 Tablette = 2 mg, 5 mg oder 10 mg, 1 Suppositorium = 5 oder 10 mg) oder Haloperidol (Haldol-Janssen, Tropfen, 1 ml = 2 mg, Dosierung 3 mal täglich 3–10 Tropfen) besonders bewährt.

Ptyalismus (Salivation)

Sy: Er kann zusätzlich bei der Hyperemesis vorhanden sein, jedoch auch als selbständiges Krankheitsbild auftreten. Es können dabei Speichelmengen von mehr als einem Liter täglich entleert werden. Der Ptyalismus als Einzelsymptom ist ausgesprochen selten.

Th: Anticholinergika, z. B. Atropin-Tabletten, 3mal täglich 0,5 mg. In leichteren Fällen genügen Mundspülungen mit Adstringentien oder mit Tinctura Myrrhae.

Hypertensive Erkrankungen in der Schwangerschaft

Def und *Sy:* Seit 1986 werden die schwangerschaftsspezifischen Hypertonien mit Anerkennung durch die WHO neu definiert. Ausschließlich Hypertonie und Proteinurie sind danach noch für die Einteilung bedeutsam, Ödeme allein sind für die Einteilung ohne Belang.

Eine Schwangerschaftshypertonie liegt vor, wenn bei zuvor normotensiver, nicht proteinurischer Patientin bei einmaliger Messung der diastolische Blutdruck über 110 mmHg, bei 2maliger Messung im Abstand von 4 Stunden über 90 mmHg liegt.

Eine Gestationsproteinurie besteht, wenn bei einer zuvor normotensiven, nicht proteinurischen Patientin eine Eiweißausscheidung von mehr als 0,3 g/l im 24-Stunden-Urin bzw. mehr als 1 g/l im Mittelstrahl- oder Katheterurin bei zwei Proben im Abstand von 6 Stunden gefunden wird.

Bestehen sowohl Schwangerschaftshypertonie als auch Gestationsproteinurie gleichzeitig, spricht man von proteinurischer Hypertonie, die synonym als Präeklampsie bezeichnet wird.

Besteht vor der 20. SSW bereits ein chronischer Hochdruck, spricht man von chronischer Hypertonie. Eine chronische Nierenerkrankung mit Proteinurie vor der 20. SSW wird ebenfalls von der Gestationsproteinurie abgegrenzt. Bei chronischer Hypertonie mit Proteinurie spricht man von Pfropfpräeklampsie.

Die Eklampsie schließlich beschreibt das Auftreten tonisch-klonischer Krämpfe mit Koma und der Gefahr von Aspiration, Laryngospasmus und bleibendem Atemstill-

stand. Das Gesicht ist gedunsen, blau verfärbt. Schaum steht vor dem Mund, die Zähne sind fest aufeinandergebissen. Die Atmung steht während des Anfalls, der durchschnittlich ½–2 Min. dauert, völlig still, bis ein tiefer, röchelnder Atemzug sein Ende anzeigt.
In seltenen Fällen kommt es erst im Wochenbett zur Ausbildung einer Gestationshypertonie, oder die bestehende Erkrankung exazerbiert post partum. In der Regel schwinden die Krankheitszeichen mit der Geburt des Kindes jedoch rasch.
Als Sonderform der Präeklampsie ist in den letzten Jahren das HELLP-Syndrom (H=hemolysis, EL=elevated liver enzymes, LP=low platelets) in das Interesse gerückt. Dieses Krankheitsbild ist meist durch eine Oberbauchsymptomatik mit Schmerzen, gelegentlich auch Erbrechen charakterisiert. Der Blutdruck ist manchmal nur mäßig erhöht. Laborchemisch stehen die Bilirubinerhöhung infolge Hämolyse, die Erhöhung der Transaminasen und die Erniedrigung der Thrombozytenzahl (in schweren Fällen $<20\,000/mm^3$) im Vordergrund. Bei dieser schweren Verlaufsform liegt die Therapie in der möglichst raschen Entbindung (innerhalb 24 Stunden), da die Erkrankung sonst in der Regel progredient ist und durch die Verschlechterung der Gerinnungsparameter die mütterliche Situation immer ungünstiger wird.

Ät: Über die Entstehung der hypertensiven Schwangerschaftserkrankungen weiß man bis heute nichts Sicheres. Es besteht kein Zweifel, daß die Durchblutung der Plazenta bei Gestosen erheblich vermindert ist. Mit einem generalisierten Gefäßspasmus lassen sich jedenfalls die Hypertonie und andere funktionelle oder morphologische Veränderungen erklären, die z. B. an Gehirn, Niere, Leber, Augenhintergrund usw. festgestellt werden können. Heute ist man der Auffassung, daß die hypertensiven Schwangerschaftserkrankungen Folge einer Prostaglandin- und Prostacyclin-Stoffwechselstörung sind. Die PGE_2-Synthese ist deutlich vermindert, so daß die sonst ausgeglichene Bilanz zwischen dem Vasodilatator und Thrombozytenaggregationshemmer Prostacyclin (PGI_2) und dem Vasokonstriktor und Induktor der Thrombozytenaggregation Thromboxan (TxA_2) stark zur Seite des Thromboxans verschoben ist.

Dg: Die Diagnose ist beim Auftreten von Krämpfen leicht. Die Symptome der leichteren Formen müssen durch die routinemäßige Kontrolle von Blutdruck und Urin sowie die körperliche Untersuchung im Rahmen der Schwangerschaftsüberwachung so rechtzeitig erkannt werden, daß eine Behandlung möglichst noch vor Ausbildung des vollen Krankheitsbildes möglich wird. Die Blutdruckwerte sollen 135/85 mmHg nicht überschreiten; die Eiweißausscheidung im Urin liegt normalerweise unter 0,5 g in 24 Stunden. Gewichtszunahmen über 500 g pro Woche sind verdächtig!

DD: Gegenüber dem eklamptischen Anfall müssen Epilepsie, Urämie, Meningitis, Hirntumoren und Hysterie, gegenüber der Wochenbettseklampsie noch eine Gehirnvenenthrombose abgegrenzt werden.

Kompl: Jede Form der Schwangerschaftshypertonie kann sich in ihrem Erscheinungsbild bis zum eklamptischen Anfall verschlimmern! Deshalb ist eine rechtzeitige Behandlung auch schon der leichteren Formen dringend geboten.
Als Folge der Minderperfusion der Plazenta kommt es zu chronischer Plazentainsuffizienz; eine vorzeitige Lösung mit akuter Durchblutungsstörung der Plazenta wird ebenfalls häufig beobachtet. Schwerere Formen haben u. U. Gerinnungsstörungen, Nierenversagen, Ateminsuffizienz durch Lungenödem oder einen apoplektischen Insult zur Folge. Bei Ausbildung von Krämpfen liegt die mütterliche Mortalität zwischen 2 und 10%. Die perinatale Mortalität bewegt sich – je nach Schwere des Krankheitsbildes – zwischen 10 und 30%.

Th und *Prl:* Von größter Bedeutung ist die Prophylaxe! Der Ausbruch eklamptischer Anfälle muß unbedingt vermieden werden.
Die antihypertensive Therapie sollte zunächst nur bei leichten Formen ambulant eingeleitet werden! Die Herauslösung aus dem Arbeitsprozeß und evtl. auch einer familiären Streßsituation muß Teil des Behandlungskonzeptes sein.
Leichtere Formen werden zunächst diätetisch eingestellt. Die Ernährung soll dabei eiweißreich (Milchprodukte, Eier, Fleisch, Fisch) und kochsalzarm (weniger als 3 g NaC1/Tag) sein. Reichen diese Maßnahmen allein für eine Blutdrucksenkung nicht aus, ist die Verabreichung von Medikamenten notwendig.
Zur Blutdrucksenkung werden heute nahezu ausschließlich Dihydralazin (Nepresol, Tabletten zu 25 mg, Dosierung 2–3mal ½ bis zu 3mal 1 Tablette/Tag) oder α-Methyldopa (Presinol mite, Tabletten zu 125 mg; Presinol, Tabletten zu 250 mg und 500 mg, Dosie-

rung 125–375 mg/Tag) eingesetzt. In schweren Fällen wird Dihydralazin (Nepresol) über einen Perfusor zur kontinuierlichen Blutdruckregulierung i. v. verabreicht.
Eine Ödemausschwemmung mittels Diuretika ist kontraindiziert; bei schwerer Proteinurie mit manifester Hypoproteinämie, die nicht rasch genug durch die gezielte Ernährung ausgeglichen werden kann, wird Humanalbumin als Ersatz infundiert. Durch die Erhöhung des intravasalen onkotischen Druckes erfolgt meist eine deutliche Reduzierung der Ödeme.
Man wird auf diese Weise versuchen, das Ende der Schwangerschaft zu erreichen. Ist die Erkrankung nicht ausreichend beeinflußbar oder progredient, muß rechtzeitig der Entschluß zur Entbindung gefaßt werden, bevor das Vollbild der Eklampsie auftritt. Die Entscheidung dazu wird einmal durch die Ergebnisse der regelmäßig durchzuführenden kindlichen Zustandsdiagnostik (2–3mal täglich Kardiotokographie-Kontrolle, Hormonanalysen, usw.), zum anderen durch die Überwachungsparameter bei der Mutter getroffen. Schwere Fälle bedürfen einer Intensivüberwachung mit Bilanzierung der Ein- und Ausfuhr, Messung des zentralvenösen Drucks und kurzfristiger Blutdruck-, Puls- und Atemfrequenzkontrolle. Zur Verhinderung äußerer Reize soll die Patientin in einem ruhigen, abgedunkelten Zimmer liegen. Ein Gummikeil liegt bereit, um beim Anfall, der durch den Katheterismus, durch eine Spritze oder dergleichen ausgelöst werden kann, zur Verhütung von Zungenbissen zwischen die Zähne geschoben zu werden. Die Möglichkeit der jederzeitigen Intubation und Beatmung sollte gegeben sein.
Kommt es zum Vollbild der Eklampsie, ist zunächst der Akutzustand zu beherrschen, dann muß im Intervall die Schwangerschaft ohne Rücksicht auf das Gestationsalter beendet werden. In den seltenen Fällen, in denen die Schwangere den Anfall unter der Geburt erleidet und die Entbindung rasch und ohne größeres Risiko durchzuführen ist, kann evtl. vaginal entbunden werden, sonst muß die Sectio caesarea durchgeführt werden.
Bei schwerer Präeklampsie wird Dihydralazin (Nepresol) über einen Perfusor kontinuierlich appliziert. Dabei ist darauf zu achten, daß der Blutdruck nicht zu rasch gesenkt wird, da sonst die Erfordernisschwelle einer ausreichenden Plazentaperfusion unterschritten wird. In der Regel ist eine Senkung auf Werte um 150/90 mmHg zunächst ausreichend. Bei Hyperreflexie und zur Therapie des akuten Krampfanfalles wird Magnesiumsulfat (Magnorbin, 5-ml-Ampullen 10%ige oder 20%ige Lösung, Dosierung initial 3–4 g, danach ungefähr 1 g/Stunde) i. v. verabreicht. Eine gute Sedierung und Dämpfung läßt sich mit Diazepam (Valium, Dosierung 10–20 mg = 1–2 Ampulle langsam i. v.) erreichen. Die Kombination dieser beiden Medikamente gestattet in aller Regel eine rasche Durchbrechung des Anfalls. In der Akutphase der Präeklampsie und Eklampsie haben andere Antihypertonika als Dihydralazin und Magnesium keine Verwendung! In der Regel ist der Hämatokrit stark erhöht, so daß eine vorsichtige Volumensubstitution sinnvoll ist, die jedoch auf die meist stark eingeschränkte Ausscheidung Rücksicht nehmen muß. Zur Anhebung des kolloidosmotischen Druckes und Rückverteilung der als Ödeme imponierenden Volumina in den Intravasalraum sind Humanalbumin und Frischplasma zu verabreichen.
Eine möglichst kontinuierliche Registrierung des fetalen Zustandes mittels Kardiotokographie rundet die Überwachungs- und Therapiemaßnahmen ab.
Nach Abschluß des Wochenbettes, also 8–12 Wochen nach der Entbindung, muß jede Patientin mit Gestationshypertonie durch einen Internisten nachuntersucht werden. Dabei ist zu klären, ob mit Spät- und Restschäden der Erkrankung zu rechnen ist. Vielfach ist erst zu diesem Zeitpunkt eine Beurteilung möglich, ob es sich um eine nur schwangerschaftsbedingte Hypertonie gehandelt hat oder ob das Krankheitsbild Ausdruck einer Exazerbation eines bestehenden Grundleidens in der Schwangerschaft war. Diese Unterscheidung kann für die prognostische Beurteilung von weiteren Schwangerschaften entscheidend sein.

Diabetes

Sy: Während in der Vorinsulinära Diabetikerinnen meist steril waren und von den wenigen Frauen, die schwanger wurden, etwa 50% im Verlauf der Gestation starben, ist die Fertilität heute kaum beschränkt und die Prognose für Mutter und Kind bei sachgerechter Betreuung durch den Internisten, den Pädiater und den Gynäkologen relativ günstig. Da etwa 3–4 von 1000 Schwangeren an Diabetes erkrankt sind (mit einer weiteren Zunahme der Erkrankungshäufigkeit ist zu rechnen) und Komplikationen wesentlich häufiger auftreten als bei gesunden Frauen, stellt die Kombination Diabetes und Gravidität ein wichtiges Problem in der Geburtshilfe dar.

Dg: Der Diabetes ist vor der Schwangerschaft gelegentlich nicht bekannt (latenter Diabetes). Da aber auch hier alle Komplikationen auftreten können, die vom klinischen Diabetes bekannt sind, ist es erforderlich, alle prädisponierten Schwangeren mittels des oralen Glucosebelastungstests zu untersuchen.

Als verdächtig müssen gelten:

- Diabetes bei Verwandten ersten und zweiten Grades,
- Riesenkinder (Makrosomie) oder Hydramnion in einer früheren Schwangerschaft,
- ungeklärter Fruchttod,
- Glukosurie,
- Schwangere mit Adipositas,
- Schwangere über 32 Jahre.

Der Glucosetoleranztest wird mit Oligosacchariden, die 100 g Glucose entsprechen, durchgeführt. Als Grenzwerte gelten:

nüchtern	5 mmol/l (90 mg/dl),
nach 60 Min.	9mmol/l (170 mg/dl),
nach 120 Min.	8mmol/l (145 mg/dl),
nach 180 Min.	7mmol/l (125 mg/dl).

Kompl: Diabetische Komplikationen bestehen in einer Gefährdung für Mutter und Kind.

Mütterliche Gefährdungen sind:

- Schwangerschaftstoxikosen, die bei 15–40% der Diabetikerinnen beobachtet werden, wobei eine Differenzierung zwischen Gestose und diabetischer Nephropathie (Kimmelstiel-Wilson-Syndrom) schwierig vorzunehmen ist;
- Beschleunigung von Retinaveränderungen;
- Entgleisung des Diabetes mit Azidose, weil die Alkalireserve in der Schwangerschaft meist vermindert ist;
- Harnwegsinfekte.

Kindliche Gefährdungen liegen in:

- wiederholten Spontanaborten, besonders bei Frauen mit Angiopathien,
- diabetischen Embryopathien, diabetischen Fetopathien,
- plötzlichem Fruchttod am Ende der Schwangerschaft,
- Riesenkindern (Makrosomie),
- Ödemneigungen,
- Hepatomegalie,
- NNR-Hypertrophie,
- Inselzellhyperplasie,
- Persistenz extramedullärer Blutbildungsherde.

Th: Wird bei einer Schwangeren, die zur normalen Schwangerschaftsbetreuung in die Praxis kommt, ein Diabetes festgestellt, oder ist aus der Anamnese ein Diabetes bekannt, erfordert das weitere Vorgehen ein enges Zusammenarbeiten zwischen Internisten, Geburtshelfer und zur Geburt auch mit dem Pädiater.

Selten muß heute von dem Austragen einer Gravidität bei Diabetes mellitus abgeraten werden, z. B. bei schwerer diabetischer Nephropathie, Verkalkungen der Beckenarterien oder bei einem Herzinfarkt in der Vorgeschichte.

Folgender Betreuungsfahrplan hat sich als nützlich erwiesen:

Zu Beginn der Schwangerschaft und in ihrem Verlauf wird in enger Absprache mit dem Internisten die optimale Einstellung des Diabetes angestrebt. Dies wird in den meisten Fällen stationär über einige Tage geschehen. Anhand von Blutzuckertagesprofilen soll die Blutglucose auf Werte zwischen 3 und 7 mmol/l (60–120 mg/dl) eingestellt sein. 8 mmol/l (140 mg/dl) sollen auf keinen Fall überschritten werden, auch nicht im dritten Trimenon und auch nicht kurz nach den Mahlzeiten. Weiter wird eine strenge Selbstdisziplin der Diabetikerin verlangt, da sie in der Lage sein soll, ihre Diät und ihre Insulingaben nach eigenen Blutzuckermessungen und nach dem eigenen Befinden optimal zu regulieren. Eine Umstellung der Insulinmedikation auf ein gut streubares Insulin (Alt-Insulin) ist obligatorisch; es wird intensiviert, d. h. in 4 Tagesportionen, gespritzt. Kann damit keine optimale Blutzuckereinstellung erreicht werden, ist eine Insulinpumpe mit kontinuierlicher Insulinapplikation indiziert. Labortechnisch werden Urinbefunde und spezielle Blutwerte, besonders das glykolysierte Hämoglobin als Langzeitparameter zur Glucoseeinstellungskontrolle, überwacht. Es erfolgen Kontrollen von Gewicht, Blutdruck, Puls, Ödemen, Halsumfang, Schilddrüsenhormonen und Insulinantikörpern. Eine Diät soll festgesetzt werden. Die Patientin stellt sich mindestens alle 2 Wochen vor. Wenn Probleme auftauchen, muß ein kompetenter Arzt jederzeit zugänglich sein. In allen Fällen ist auf einen plötzlichen Rückgang des Insulinbedarfs zu achten.

Die stationäre Aufnahme soll bei mittelschwerem Diabetes in der 36. Woche erfolgen, bei leichtem Diabetes und komplikationslosem Verlauf spätestens in der 38. Woche. Eine Geburt per vias naturales ist bei komplikationslosem Verlauf zum errechneten Termin anzustreben, da die Komplikationsrate danach deutlich ansteigt. Eventuelle Plazentainsuffizienzen sind durch Oxytocinbelastungsteste (OST) auszuschließen.
Das Neugeborene ist als Risikokind zu betrachten und muß im Anschluß an seine Geburt durch den Pädiater versorgt werden.

Harnwegserkrankungen

Ät und *Pathog:* Die Pyelonephritis stellt die schwerwiegendste Komplikation der Keimbesiedelung des Harntraktes in der Schwangerschaft dar. Sie beruht meist auf einer Infektion mit Escherichia coli, seltener findet man Enterokokken, Streptokokken, Staphylokokken, Proteus oder Bacterium pyocyaneum. Eine Resistenzverminderung des Organismus, eine Virulenzsteigerung der Keime, Obstipation und Harnstauung wirken begünstigend. Die Harnstauung ist Auswirkung der Tonusminderung der glatten Muskulatur (Ureter, Darm, Uterus) unter den Schwangerschaftshormonen. Die Harnleiter unterliegen dieser tonogenen Dilatation und erfahren eine Weitstellung sowie eine verstärkte Schlängelung. Häufiger kann es zum vesikoureteralen Reflux kommen.
Die Keimbesiedelung erfolgt fast ausschließlich aszendierend; hämatogene oder lymphogene Infektionen sind selten.

Sy: Die Pyelonephritis gravidarum tritt bei 2% aller Schwangeren auf. Eine asymptomatische Bakteriurie besteht bei 6–8% aller Graviden. Weil die Erkrankung häufig symptomlos oder symptomarm verläuft und die Diagnose nur in knapp der Hälfte der Fälle richtig gestellt wird, geht sie manchmal unbemerkt in eine chronische Pyelonephritis über. Hypertonie, Propfgestose, Schrumpfniere und Urämie können die Folge sein. Eine bisher stumme Pyelonephritis kann durch eine Schwangerschaft manifest werden.
Selten sind heute die massiven Anzeichen wie Schüttelfrost, hohes Fieber, Schmerzen in der Nierengegend, oft in das Hypochondrium oder in den Unterbauch ausstrahlend, starke Klopfempfindlichkeit des Nierenlagers, bei besonders schweren Formen Schockzustände. Es zeigen sich eher diskrete Hinweise auf eine Entzündung wie: allgemeines Unwohlsein, Rückenschmerzen, Abgeschlagenheit und Müdigkeit, Pollakisurie und Dysurie. Im Urin finden sich Leukozyten und Leukozytenzylinder, selten auch Erythrozyten, Bakterien, Eiweiß und Nierenepithelien.

Dg: Die Diagnose stellt sich aus den o. g. Kriterien und aus dem Urinbefund, wobei darauf hinzuweisen ist, daß auch ein negativer Urinbefund sich bei Kontrolle über einige Tage ändern kann. Bei pathologischem Urinstatus wird eine Urinkultur auf Keimzahl sowie Erreger und Resistenz angelegt. Die BKS und die Leukozyten im Blut sind in den meisten Fällen erhöht. Eine Ultraschalluntersuchung liefert Hinweise auf Urolithiasis und Nierenstau.

Th: Wenn die Therapie zur Ausheilung führen soll, sind Behandlungen über 10 Tage durchzuführen. Kurzzeitbehandlungen sind in der Gravidität nicht indiziert. Bei der Behandlung ist immer auch auf eine gründliche Entleerung des Darmes zu achten. Bei den Medikamenten kommen zunächst Amoxicillin (3 g/Tag) oder Oralcephalosporine in Betracht. Nach Bestimmung der Erreger und Resistenzen wird gezielt behandelt. Wiederholte Kontrolle des Harnsediments, der Urinkultur, der Leukozyten und der BKS ist erforderlich. Es besteht Neigung zu Rezidiven, vor allem auch in späteren Schwangerschaften.

Infektionen in der Schwangerschaft

Während bakterielle Infektionen in der Schwangerschaft heute meist rasch antibiotisch behandelt werden können, bevor es zu einer Gefährdung von Mutter und Kind kommt, stellen viele Viruserkrankungen und Zoonosen eine ernste Gefahr besonders für den Feten dar.

Viruserkrankungen

Ät und Dg: Neben der klassischen Rötelnembryo- und fetopathie sind in den letzten Jahren andere Viruserkrankungen wie Ringelröteln (Erythema infectiosum), Zytomegalie, Herpes-simplex-Infektionen, Varizellen, Infektionen mit Hepatitis-A- und B-Erregern, Coxsackieviren, ECHO-Viren, Mumps, Masern u. a. verstärkt in das Interesse gerückt, weil man erkannt hat, daß diese Viruserkrankungen in unterschiedlichem Ausmaß und Schweregrad ebenfalls für eine intrauterine Fruchtschädigung verantwortlich sein können. Es würde den Umfang sprengen, sollten alle Erkrankungen im einzelnen besprochen werden. Der behandelnde Arzt muß aber wissen, daß bei einer Viruserkrankung in der Schwangerschaft eine fachkundige Abklärung erfolgen muß. Wenn es sich um eine fragliche Erkrankung mit potentieller Gefährdung des Feten handelt, ist die Serologie mit spezifischer IgG- und IgM-Bestimmung erforderlich, um eine frische Erkrankung zu diagnostizieren. Durch ein perinatologisches Zentrum muß beraten werden, welche Maßnahmen notwendig sind, um festzustellen, ob der Fetus gefährdet ist. Die meisten mütterlichen Erkrankungen gehen nicht mit einer obligaten Infektion des Feten einher; die Rate der Übertragung auf den Feten schwankt zwischen wenigen Prozent und 60–80%. In Abhängigkeit vom Gestationsalter ist u. U. eine weiterführende Pränataldiagnostik mit Amniozentese und Nabelschnurpunktion sinnvoll. Die Gewinnung von fetalem Blut gibt Aufschluß, ob der Fetus tatsächlich infiziert ist.

Th: Bei einer Infektion ist in Abhängigkeit vom Schweregrad einer zu erwartenden Schädigung und vom Gestationsalter ggf. einem Schwangerschaftsabbruch indiziert.

Toxoplasmose

Ät und *Dg:* Auch eine Toxoplasmoseinfektion in der Schwangerschaft kann schwere fetale Schädigungen auslösen, wenn sie nicht rechtzeitig behandelt wird. Daher sind Frauen mit erhöhtem Infektionsrisiko (Genuß von rohem Fleisch, Haustiere, insbesondere Hunde und Katzen) in der Schwangerschaft routinemäßig serologisch abzuklären, da viele Infektionen inapparent verlaufen.

Th: Bei frischer Toxoplasmoseinfektion kann durch eine rechtzeitige Kombinationsbehandlung mit Pyrimethamin (Daraprim, Tabletten à 25 mg, 1. Tag 50 mg, dann 2.–30. Tag je 25 mg ab der 16. SSW) und Sulfametoxydiazin (Durenat, Tabletten à 0,5 g, 1. Tag 1 g, dann 2.–30. Tag je 0,5 g) die fetale Infektion mit einer Sicherheit von 60–100% verhindert werden.

Orthopädische Beschwerden

Ät: In der Schwangerschaft kommt es zu einer allgemeinen Auflockerung des Gewebes, die Voraussetzung für die Passage des Geburtskanales durch die Frucht ist. Diese Auflockerung findet aber nicht nur im Bereich der Geburtswege, sondern auch des gesamten Bindegewebes einschließlich der Gelenke und Symphysen statt.

Gelenk- und Kreuzschmerzen sind deshalb ein relativ häufiges Beschwerdebild in der Schwangerschaft, dem die Patientin durch entsprechende Bewegungseinschränkung und Verminderung der Belastung meist von selbst Rechnung trägt.

In seltenen Fällen kann es jedoch einmal zu behandlungsbedürftigen Beschwerden kommen, die meist Folge einer Beckenringlockerung im Bereich der Symphysis pubica oder der Iliosakralfugen ist. Sie kann schon während der Schwangerschaft oder aber erst – als Folge der Entbindung – im Wochenbett auftreten.

Sy: Typischerweise werden Schmerzen bei Bewegungen ausgelöst, die Schwerkräfte auf die Symphyse wirken lasssen (Laufen, Treppensteigen; in schweren Fällen ist jedes Gehen oder sogar das wechselseitige Treten von einem auf das andere Bein ummöglich). Die Patientinnen zeigen meist einen typischen „Watschelgang".

Dg: Das vermehrte Spiel der beiden Schambeinknochen kann bei der liegenden Patientin palpiert werden und löst die typische Schmerzsymptomatik aus. Da die Hauptsymptomatik meist nach der Geburt auftritt, braucht die Strahlenbelastung nicht gefürchtet zu werden.

Th: Die Therapie besteht in der Ruhigstellung des Beckens (Bettruhe). In schweren Fällen muß ein angepaßtes Korsett getragen werden oder es muß ein spezieller Schlaufenverband, der eine Kompression der Ossa pubica bewirkt, angelegt werden. Bei zu früher Belastung kommt es zum Wiederauftreten der Beschwerden, die in seltenen Fällen bis zur Pseudarthrose reichen können.

Blutungen in der Frühschwangerschaft

In den ersten drei Schwangerschaftsmonaten kann es, solange das Ei das Uteruskavum noch nicht vollständig ausfüllt, zur Zeit der fälligen Periode zu Blutabgängen kommen, die aber bei aufmerksamer Beobachtung als schwächer als normale Menstruationsblutungen zu erkennen sind.

Fehlgeburtsblutungen s. Gynäkologie.

Blutungen aus Varizen der Vulva oder der Vagina sind sehr selten. Therapie: Kompressionsversuch, besser aber Umstechung.

Blutungen bei Zervixpolypen oder Portioerosionen (s. Gynäkologie): Die bestehende

Schwangerschaft berücksichtigen! Portioveränderungen sind während der Schwangerschaft oftmals schwierig zu deuten. Kolposkopie! Zytologie!
Blutungen bei Portiokarzinomen (s. Gynäkologie): Die Frage, wieweit bei der Therapie eines Portiokarzinoms auf die bestehende Schwangerschaft Rücksicht genommen werden kann, muß individuell entschieden werden.

Geburt

Geburtsweg

Der knöcherne Geburtsweg ist durch das kleine Becken gegeben, dessen Form während des Lebens einer Frau im allgemeinen keine Veränderung erfährt. Das große Bekken oberhalb der Linea terminalis interessiert den Geburtshelfer nur so weit, als er aus seiner Beschaffenheit Schlüsse auf die Gestalt des kleinen Beckens ziehen kann.
Am knöchernen Geburtsweg unterscheidet man den Beckeneingang, die Beckenweite, die Beckenenge, den Beckenausgang. Der lichte Raum zwischen Beckeneingang und Beckenausgang wird als Beckenhöhle bezeichnet.
Der Beckeneingang stellt ein Queroval dar, dessen gerader Durchmesser, die Conjugata vera, vom Promontorium bis zum hintersten Punkt der Symphyse 11 cm beträgt. Sein Querdurchmesser, der Abstand der beiden Lineae terminales, beträgt 13 cm, während die Schrägdurchmesser (der 1. Schrägdurchmesser von links vorn nach rechts hingen, der 2. Schrägdurchmesser von rechts vorn nach links hinten) 12 cm betragen.
Die Beckenweite ist etwa kreisförmig. Ihr gerader Durchmesser, von der Mitte des 3. Kreuzbeinwirbels bis zur Mitte der Symphyse, und ihr querer Durchmesser, der Abstand der Innenflächen der beiden Azetabula, betragen etwa 12 cm. In der Beckenenge beträgt der gerade Durchmesser, von der Kreuzbeinspitze zum unteren Rand der Symphyse, nur noch 11 cm, der Querdurchmesser, der Abstand der beiden Spinae ischiadicae, 10,5 cm.
Der Beckenausgang stellt in der Projektion annähernd ein Längsoval dar. Praktisch wird er jedoch durch zwei Dreiecke begrenzt, die sich mit der Basis berühren und deren Spitzen einmal am Gipfel des Schambeinwinkels und zum anderen an der Steißbeinspitze liegen. Der Querdurchmesser, der Abstand der beiden Tubera ischiadica, der also die gemeinsame Basis der beiden Dreiecke bildet, beträgt 11 cm, der Längsdurchmesser (nach Ausnutzung der Ausweichmöglichkeit des Steißbeins nach hinten) 11–12 cm. Man spricht auch von der Beckeneingangs- bzw. Beckenausgangsebene.
Die gedachte Verbindungslinie der Mittelpunkte aller Geraddurchmesser wird als Bekkenführungslinie oder Achse des Geburtskanals bezeichnet.
Der weiche Geburtsweg umfaßt den Ausführungsgang des Uterus, die Scheide und die Beckenbodenmuskulatur, die unter der Geburt zu einer Hohlrinne ausgebildet wird. Dieses Röhrensystem ist umlagert von den kleinen Rollmuskeln (M. pyramidalis, M. obturator internus usw.), die das kleine Becken gewissermaßen auspolstern.
Unter der Geburt wird der Isthmus uteri, der während der Schwangerschaft einen Teil des Fruchthalters darstellt, dem Dehnungsschlauch einbezogen. Er gehört also während der Geburt wieder zum Verschlußapparat der Gebärmutter, wie es auch in ihrem nichtschwangeren Zustand der Fall ist.
Die Beckenbodenmuskulatur besteht aus drei Schichten:
Der äußeren Schließmuskelschicht gehören an: der M. sphincter ani, der M. bulbospongiosus, der M. transversus perinei superficialis und der M. ischiocavernosus.
Die Muskelplatte der mittleren Schicht, die vor allem den Schambogenwinkel abschließt, wird als Diaphragma urogenitale bezeichnet. Sie enthält den M. transversus perinei profundus.
Die dritte, tiefste Schicht, wird im Gegensatz zum Diaphragma urogenitale als Diaphragma pelvis bezeichnet. Sie umfaßt den M. levator ani mit seinen beiden Anteilen (Pars pubica und Para iliaca) und den M. coccygeus.

Geburtsobjekt

Als Geburtsobjekt muß der gesamte Uterusinhalt angesehen werden. Plazenta, Eihäute und Fruchtwasser spielen jedoch geburtsmechanisch keine Rolle, so daß die Aufmerksamkeit des Geburtshelfers lediglich auf die Frucht gelenkt zu sein braucht.
An ihr müssen dem Geburtshelfer Durchschnittsmaße und die einprägsamsten Orientierungspunkte geläufig sein, nach denen er sich bei seinen Untersuchungen richten kann.

Kopf

Der geburtshilflich wichtigste Teil der Frucht ist der Kopf. An ihm interessieren vor allem:

Nähte

Pfeilnaht =	Sutura sagittalis, die die beiden Scheitelbeine miteinander verbindet;
Stirnnaht =	Sutura frontalis, die zwischen den beiden Stirnbeinen verläuft;
Kranznaht =	Sutura coronalis, die beiderseits die Stirn- und Scheitelbeine verbindet;
Lambdanaht =	Sutura lambdoidea, die zwischen den beiden Scheitelbeinen und dem Hinterhauptbein verläuft.

Fontanellen

Große Fontanelle, in der vier Nähte zusammenstoßen: die Pfeilnaht, die Stirnnaht und die beiden Kranznähte. Sie hat die Form einer Raute und wird auch als Stirnfontanelle bezeichnet.
Kleine Fontanelle, in der nur drei Nähte zusammenstoßen: die Pfeilnaht und die beiden Schenkel der Lambdanaht.
Seitenfontanellen befinden sich auf jeder Seite zwei. Sie liegen vor bzw. hinter der Pars squamosa und haben geburtshilflich keine wesentliche Bedeutung. Sie werden bei abnormen Kopfeinstellungen gelegentlich einmal mit den beiden Hauptfontanellen verwechselt.

Durchmesser

gerader Durchmesser = Diameter frontooccipitalis = 12 cm,
großer schräger Durchmesser = Diameter mentooccipitalis = 13,5 cm,
kleiner schräger Durchmesser = Diameter suboccipitobregmaticalis = 9,5 cm.
großer querer Durchmesser = Diameter biparietalis = 9 cm,
kleiner querer Durchmesser = Diameter bitemporalis = 8 cm.

Umfänge

großer Kopfumfang, der dem Planum frontooccipitale entspricht = 34 cm,
größter Kopfumfang, der dem Planum mentooccipitale entspricht = 35 cm,
kleiner Kopfumfang entsprechend dem Planum suboccipitobregmaticum = 32 cm.

Schulter und Hüfte

Außer dem Kopf interessieren die Schulter- und Hüftbreite, die 12 cm bzw. 9,5 cm betragen. Die entsprechenden Umfänge betragen 35 cm bzw. 27 cm beim reifen Kind.

Fruchtwalze

Die Frucht, die sich während der Schwangerschaft im Fruchtwasser frei bewegen kann, wird während der Geburt walzenförmig zusammengepreßt und so dem zylindrischen Geburtsschlauch angepaßt. Die Länge dieser Fruchtwalze beträgt ungefähr die Hälfte der Länge eines reifen Kindes, also etwa 25 cm, ihr Umfang, bei nach oben geschlagenen Beinen, sowohl in Schulter- als auch in Hüfthöhe durchschnittlich 34 cm.

Treibende Kräfte

Physiologie

Die treibenden Kräfte sind die Wehen. Es sind schmerzhafte rhythmische Kontraktionen der Korpusmuskulatur, die rasch einsetzen, ihren Höhepunkt erreichen und langsam wieder abklingen. Der Nachweis zerebrospinaler Wehenzentren oder auch eines lokalen Schrittmachers im Uterus, von dem aus sich die Erregung ausbreitet, ist nicht gelungen. Trotzdem scheint die Uterusmuskulatur autonom zu sein. Normalerweise wird die Gegend der Tubenecken als Ausgangspunkt der Kontraktionserregung bevorzugt. Die Wehentätigkeit wird reflektorisch durch den Geburtsfortschritt, vor allem durch den Zustand der Zervix, gesteuert.
Man unterscheidet den Ruhetonus des Uterus (in der 1. und 2. Geburtsphase 8–12 mmHg), die Wehenintensität (10–15 mmHg in der Gravidität, kurz ante partum und unter der Geburt 25–50 mmHg), die Wehenfrequenz (2–5/10 Min.) und die Wehendauer (30–90 s). Wehenfrequenz und Wehendauer werden genauer als durch die aufmerksame Beobachtung durch die äußere Tokographie erfaßt. Mit der inneren Tokographie werden zusätzlich die Wehenintensität und der Uterustonus registriert. Man unterscheidet Schwangerschafts-, Geburts- und Nachgeburtswehen. Erstere stellen als Contractiones insensibiles gewissermaßen eine Übung der Uterusmuskulatur für die zu erwartende Uterusarbeit dar und haben klinisch keine größere Bedeutung. Dabei unterscheiden sich die

späten Schwangerschaftswehen tokometrisch weder in der Stärke noch in der Frequenz von den Eröffnungswehen. Ein wichtiges Unterscheidungsmerkmal scheint jedoch der in der Gravidität sehr niedrige, in der Eröffnungsphase sehr hohe Ruhetonus zu sein.
Bei den Geburtswehen werden die Eröffnungswehen den folgenden Austreibungswehen gegenüber als schmerzhafter empfunden; vielleicht nur deshalb, weil die Patientin bei der Austreibung mitpressen kann.
Die Nachgeburtswehen fördern die Lösung und Austreibung der Plazenta und verhindern normalerweise eine stärkere Blutung aus den eröffneten uteroplazentaren Gefäßen.
Beim Stillen des Kindes treten manchmal sehr schmerzhafte Uteruskontraktionen (Nachwehen) auf, die die Involution unterstützen. Sie können durch Spasmolytika oder Analgetika gemildert werden.

Beeinflussung durch Wehenmittel

Die treibenden Kräfte können nötigenfalls durch Wehenmittel beeinflußt werden. Es kommen folgende Anwendungsmöglichkeiten in Betracht:

- Verstärkung einer ungenügenden Wehentätigkeit,
- Koordinierung eines unregelmäßigen Wehenrhythmus,
- Geburtseinleitung,
- Prophylaxe und Therapie atonischer Blutungen in der Nachgeburtsperiode,
- Therapie der Lochiometra und Unterstützung der Rückbildung des Uterus im Wochenbett.

Oxytocin wird in den Zellen des Nucleus supraopticus und des Nucleus paraventricularis gebildet, gelangt von dort in die Neurohypophyse, wo es gespeichert und bei Bedarf in das Blut abgegeben wird. Es wird im Magen-Darm-Trakt inaktiviert und kann daher nur parenteral zugeführt werden.
Die i. v. Einzelinjektion von 3–5 IE führt zu einer innerhalb von 20–30 s einsetzenden starken Uteruskontraktion, die relativ rasch wieder abklingt. Sie kommt nur für die Nachgeburtsperiode in Frage, und zwar, wenn sich die Plazenta schnell lösen soll, ebenso bei der Sectio caesarea nach der Geburt des Kindes, weiter nach manueller Lösung oder zur Behandlung einer atonischen Blutung.

Zur Geburtseinleitung oder Wehenregulation hat sich die i. v. Dauertropfinfusion am besten bewährt. Sie kommt den physiologischen Verhältnissen am nächsten und erlaubt am einfachsten eine der gewünschten Wirkung entsprechende Dosierung (s. d.).
Auch die Secale-Alkaloide können heute synthetisch hergestellt werden. Sie kontrahieren die Uterusmuskulatur ebenfalls, und zwar die Ergotamingruppe stark und lang anhaltend, jedoch erst nach einer gewissen Zeit wirksam werdend, die Ergobasingruppe dagegen rasch und heftig, aber relativ kurz dauernd. Das Methylergobasin (Methergin) hat in der Geburtshilfe die größte Verbreitung erlangt.
Die Mutterkornalkaloide sind wegen der Dauerkontraktion, die sie veranlassen, und wegen ihrer fehlenden Fähigkeit zur Wehenkoordinierung zur Anwendung in der Nachgeburtsperiode (i. v. oder i. m.) und im Wochenbett prädestiniert. Zur Involutionsförderung können sie auch als Tropfen (Methergin liquidum) oder Dragees verabreicht werden.
Für die Geburtseinleitung ist neben Oxytocin auch eine Prostaglandin E_2 enthaltende Vaginaltablette (Minprostin E_2, 1 Tablette = 3 mg) zugelassen. Neben Auslösung von Wehen wird eine Reifung der Zervix bewirkt. Wegen gelegentlicher Überstimulierung mit heftigen Wehen und kritischer Minderung der Plazentaperfusion ist eine kardiotokographische Überwachung immer notwendig.

Ursachen des Geburtseintritts

Der Geburtsbeginn wird offenbar durch hormonale, chemische und physikochemische Regulationen gesteuert. Es ist jedoch unbekannt, wodurch die während der Schwangerschaft zu beobachtenden Kontraktionen zu einem für jede Spezies bestimmten Zeitpunkt in Geburtswehen übergehen.
Heute wird den Prostaglandinen eine überragende Rolle für den Geburtsbeginn zugeschrieben. Sie lösen Myometriumkontraktionen aus, führen zu einer Auflockerung der Zervix und schlagen gleichzeitig Zellbrükken, die für eine koordinierte Erregungsübertragung wichtig sind. Weiter bewirken Prostaglandine eine Sensibilisierung des Myometriums gegenüber Oxytocin. Letzteres hat aber nicht nur die Funktion der Kontraktionsauslösung im Myometrium, sondern auch gleichzeitig die der Stimulation der

Prostaglandinsynthese in der Dezidua. Man weiß, daß der Geburtsbeginn komplex vom Hypothalamus und von der Hypophyse sowie von der Nebennierenrinde des Feten gesteuert wird und daß die fetoplazentare Steroidproduktion und die uterine Prostaglandinproduktion von wesentlicher Bedeutung sind.

Eröffnungsperiode

Sie beginnt mit dem Einsetzen der Eröffnungswehen und ist beendet, wenn der Muttermund vollkommen verstrichen ist. Sie dauert bei Erstgebärenden durchschnittlich 10 Stunden, bei Mehrgebärenden durchschnittlich 4–6 Stunden. Durch die Wehen, von denen zu Anfang etwa 4, später 12–15 in einer Stunde auftreten, zieht der aktive Teil des Uterus den passiven über dem unteren Eipol auseinander. Eine Phasenverschiebung der Korpusmuskulatur läßt die in einer Wehe erreichte Retraktion in der Wehenpause nicht wieder verlorengehen. So kommt es zu der allmählichen Erweiterung des Muttermundes, bei der die Blase nicht im Sinne einer Keilwirkung unterstützend als Dilatator mitwirkt, sondern durch die Hemmung, die sie auf die dynamischen Eröffnungskräfte ausübt, eine Förderung der biologischen Eröffnungskräfte der Zervix bewirkt.

Bei den biologischen Kräften handelt es sich um Stoffwechselvorgänge im Kollagenfaserbereich und in der Grundsubstanz des Bindegewebes, die zu einer Einweichung der Zervix führen. Die Entfaltung des Zervikalkanals geht bei der Erstgebärenden von innen nach außen vor sich. Erst wenn der Zervikalkanal schon ziemlich weit verkürzt ist, weicht auch der Muttermund auseinander. Bei der Mehrgebärenden dagegen ist der äußere Muttermund nicht mehr so fest verschlossen wie bei der Erstgebärenden, so daß er von vornherein im gleichem Tempo entfaltet wird wie der innere Muttermund.

Ist eine gewisse Erweiterung des Muttermundes erreicht, hebt das am Kopf vorbeigepreßte Fruchtwasser während der Wehen die Eihäute vom Kopf ab: „Die Blase stellt sich", wie die Hebammen sagen.

Bei einer großen Anzahl aller Geburten tritt der Kopf auch bereits während der Eröffnungsperiode tiefer; manchmal bleibt er auch bis zur vollständigen Eröffnung der Zervix im Beckeneingang stehen. Durch seinen sog. Berührungsgürtel mit der Beckenwand wird im ersten Fall das Zurückfließen des Fruchtwassers, welches die Blase vorwölbt, verhindert und dadurch das Vorwasser vom Hauptwasser geschieden. Häufig wird die Fruchtwalze bereits während der Eröffnungsperiode nach unten gepreßt.

Um den knieförmig gebogenen Geburtskanal zu passieren, muß das Kind – entsprechend dem Gesetz vom kleinsten Zwang – Drehungen ausführen. Bei der gewöhnlichen vorderen Hinterhauptslage tritt der Kopf mit quer verlaufender Pfeilnaht in das Becken ein. Dabei nimmt er eine Mittelstellung ein, d. h., er befindet sich weder in Flexions- noch in Deflexionshaltung. Die kleine Fontanelle steht bei der 1. Hinterhauptslage links, die große rechts. Bei der 2. Hinterhauptslage ist es umgekehrt.

Beim Tiefertreten entwickelt sich aus der Mittelstellung eine Flexionshaltung. Damit wird das Hinterhaupt zum führenden Teil.

Anschließend dreht sich der Kopf in der Beckenweite über den Schrägdurchmesser so, daß am Beckenboden das Hinterhaupt vorn steht und die Pfeilnaht gerade oder wenigstens fast gerade verläuft. Der Kopf hat damit die für einen Austrittsmechanismus günstige Position eingenommen: Er kann durch maximale Deflexion das Knie des Geburtskanals überwinden.

Mit durchschnittlich 150 Wehen ist jeder Niveauunterschied zwischen Muttermund und Scheide verschwunden. Der Kopf ist meist vom Beckeneingang bis zum Beckenboden gewandert und hat neben einer Flexion auch eine Rotation erfahren, so daß die ursprünglich quer verlaufende Pfeilnaht in den geraden oder wenigstens schrägen Durchmesser zu liegen kam.

Die Aufgabe der Eröffnungsperiode ist erfüllt. Der rechtzeitige Blasensprung und der Beginn der Preßwehen leiten die Austreibungsperiode ein.

Austreibungsperiode

Sie beginnt mit der vollkommenen Erweiterung des Muttermundes und dem Auftreten von Preßwehen. Das Einsetzen der Bauchpresse ist anfangs dem Willen der Gebärenden unterworfen, gegen Ende der Geburt aber der Willkür entzogen. Durch starkes Pressen mit geschlossenem Mund und auf die Brust gebeugtem Kopf kann die Austreibung beschleunigt werden. Wenn es aber eine zu rasche Austreibung zu vermeiden gilt, kann man durch Lagerung der Kreißenden auf die

Seite den Einfluß der Bauchpresse wesentlich verringern.
Die Austreibungsperiode dauert bei Erstgebärenden durchschnittlich eine, bei Mehrgebärenden eine halbe Stunde. Sie hat die Aufgabe, das Kind durch den erweiterten Geburtskanal, der sich aus Isthmus, Zervix, Vagina und Vulva gebildet hat, nach außen zu befördern. Wie bereits erwähnt, wird jedoch das Geburtsobjekt in vielen Fällen auch schon während der Eröffnungsphase tiefertreten, so daß der Kopf, wenn der Muttermund verstrichen ist, gar nicht selten schon auf dem Beckenboden steht. Immerhin hat er dann erst die eine Hälfte seines Weges zurückgelegt, und es bleibt für die Austreibungsperiode noch der Muskelschlauch zu überwinden, der durch den andrängenden Kopf aus der Beckenbodenmuskulatur geformt wird. Dieser Weg bereitet bei Erstgebärenden oftmals erhebliche Schwierigkeiten!
Der Kopf, an dessen führendem Teil sich nach dem Blasensprung durch Transsudation die Geburtsgeschwulst ausbildet, wölbt zunächst den Damm vor, so daß die Analöffnung schließlich markstückgroß klafft, und schneidet einige Wehen später ein, d. h., er wird in der Vulva sichtbar. Beim Durchschneiden des Kopfes (d. h., wenn er auch in der Wehenpause sichtbar bleibt und nicht mehr verschwindet) muß der durch die Deflexion gefährdete Damm durch Handgriffe geschützt werden, bis Stirn, Gesicht und Kinn geboren sind.
Die Kopfgeschwulst entsteht durch Behinderung des venösen Abflusses aus der Leitstelle infolge von Druckunterschieden durch die Schnürwirkung des Genitalschlauches und hält sich in ihrer Ausdehnung – im Gegensatz zu einer Blutung unter das Periost (dem Kephalhämatom) – nicht an die Grenzen der Schädelbeine. Sie sitzt bei der Hinterhauptslage in der Gegend der kleinen Fontanelle und – entsprechend dem um die Symphyse wandernden Scheitelbein – bei 1. Hinterhauptslage auf dem rechten, bei 2. Lage mehr auf dem linken Os parietale. Die Stärke des Auftretens hängt von der Geburtsdauer nach dem Blasensprung ab, doch zeigt manchmal das rasche Anwachsen eine besondere Gefahr für das Kind an. Noch Stunden nach der Geburt kann aus dem Sitz der Kopfgeschwulst auf den führenden Teil geschlossen werden. Im allgemeinen bildet sich aber im Verlauf des folgenden Tages die Geschwulst sehr schnell zurück.

Nach der Geburt des Kopfes zeigt seine äußere Drehung im Verlauf der nächsten Wehen, daß sich die Schultern – über den schrägen Durchmesser in Beckenweite – am Beckenboden in den Geraden eingestellt haben. Das Gesicht des Kindes schaut bei 1. Hinterhauptslage nach dem rechten, bei 2. Lage nach dem linken Oberschenkel der Mutter. Die Geburt der vorderen und hinteren Schulter und anschließend des Rumpfes erfolgt meist ohne ernstere Komplikationen.

Nachgeburtsperiode

Die Nachgeburtsperiode beginnt nach der Geburt des Kindes und endet, wenn sich der Uterus nach Ausstoßung der Plazenta und der Eihäute fest kontrahiert. Sie dauert durchschnittlich 10 Min. bis ½ Stunde. Durch wenige Nachgeburtswehen wird die Plazenta in der spongiösen Schicht der Decidua basalis von der Uteruswand abgelöst und in die Zervix getrieben. Die weitere Geburt der Plazenta geschieht durch die Bauchpresse. Man unterscheidet zwei Lösungsarten der Plazenta:

- Beim Schultze-Modus bildet sich ein zentrales retroplazentares Hämatom, das die fortschreitende Ablösung bewirkt. Durch den Zug der Plazenta werden die Eihäute auf die mütterliche Seite geschlagen.
- Beim Duncan-Modus beginnt sich die Plazenta vom Rande zu lösen, und die Eihäute bleiben auf der kindlichen Seite liegen. Da es zu keiner Bildung eines begrenzten Hämatoms kommt, ist der Blutverlust meist etwas größer als bei dem Schultze-Modus. Beide Lösungen sind physiologisch.

Bei der Ablösung der Plazenta werden natürliche Gefäße eröffnet, so daß eine Blutung in der Nachgeburtsperiode an sich physiologisch ist. Die normalerweise verlorene Blutmenge schwankt zwischen 200 und 500 ml. Der Verschluß der uteroplazentaren Gefäße, d. h. die postpartale Blutstillung, erfolgt durch Kompression und Abknickung infolge der Muskelkontraktion und durch Gerinnungsvorgänge.

Leitung der normalen Geburt

Überblick über die Untersuchungsmethoden und Beachtung von Risikofaktoren

Ergeben die Anamnese, die äußere und innere Untersuchung einer Gebärenden, daß mit einem normalen Geburtsverlauf zu rechnen ist, so besteht die Aufgabe der Leitung der Geburt im wesentlichen in einer sorgfältigen Überwachung der Wehen und der kindlichen Herztöne. Selbstverständlich sind auch Puls und Körpertemperatur der Mutter zu beobachten, und in regelmäßigen Abständen ist der Blutdruck zu kontrollieren. Nach einem Aufnahme-Kardiotokogramm wird heute die intermittierende oder kontinuierliche kardiotokographische Überwachung durchgeführt.
Bei Risikogeburten werden evtl. weitere Untersuchungen, wie Amnioskopie und Mikroblutanalyse des fetalen Blutes, in Betracht kommen.
Ein erhöhtes kindliches Risiko ist zu erwarten:

- bei anamnestischen Angaben über Totgeburten, Riesenkinder, Konzeptionsschwierigkeiten;
- bei schweren Erkrankungen der Mutter (z. B. Herz, Kreislauf, Lunge, Niere, Leber, Blut, Diabetes, Schwangerschaftstoxikosen, bei starker Adipositas, Blutgruppenunverträglichkeit);
- bei besonderen geburtshilflichen Befunden: Vielgebärende, Mehrlingsschwangerschaft, Hydramnion, Blutungen in der Schwangerschaft, Übertragung (Plazentainsuffizienz).

Jede Risikoschwangerschaft muß auch als Risikoentbindung besonders sorgfältig überwacht und betreut werden!
Die vaginale Untersuchung der Schwangeren und Gebärenden hat sich gegen die früher durchgeführte rektale Untersuchung durchgesetzt. Sie muß unter aseptischen Kautelen vorgenommen werden. Dazu gehören das Abspülen der Vulva mit Desinfektionslösung und die Benutzung eines sterilen Handschuhs.
Man gehe bei der vaginalen Untersuchung systematisch vor, um keine wesentlichen Befunde zu übersehen.
Die Untersuchung soll Aufklärung bringen über folgendes:

- Portio- bzw. Muttermundsbefund:
- Steht die Portio noch kreuzbeinwärts, der Führungslinie genähert, oder schon in der Führungslinie?
- Ist sie noch zapfenförmig und mehr als 2 cm lang, oder ist sie schon verstrichen?
- Ist die Portio derb, von mittlerer Konsistenz oder weich?
- Ist der Muttermund geschlossen, kann eine Fingerkuppe eingelegt werden, oder ist er schon mehr als 2–3 cm geöffnet?

Die Beurteilung der Portio hat sich als wichtigstes Kriterium für die Oxytocinansprechbarkeit und die Schnelligkeit der Muttermundseröffnung erwiesen. Durch die Angabe eines Scores mit Bewertung der einzelnen Befunde mit 1, 2 oder 3 Punkten (Tab. 11.**14**)

Tabelle 11.**14** Bishop-Score zur Beurteilung der Zervixreife

Zervixbefund	Punktzahl		
	1	2	3
Stand	kreuzbeinwärts	nahe der Führungslinie	Führungslinie
Länge	2 cm und mehr	1 cm	flach
Konsistenz	derb	mittel	weich
Weite	geschlossen	1–2 cm	2–3 cm
Höhe des vorangehenden Teiles	über Beckeneingang	zwischen oberem und unterem Schoßfugenrand	unterer Schoßfugenrand und tiefer

Beurteilung: Ab 10 Punkte ist der Muttermundsbefund geburtsreif

Tabelle 11.**15** Bestimmung des Höhenstandes der Leitstelle und des vorangegangenen Teiles (physiologische Hinterhauptslage)

Höhenstand der Leitstelle	Höhenstand des vorangegangenen Teils	Abstand zur Interspinalebene (cm)
obere Schoßfugenebene	frei beweglich über Beckeneingang	−4
zwischen oberem und unterem Schoßfugenrand (Terminalebene)	dem Becken aufgesetzt	−3
Untere Schoßfugenrandebene	schwer beweglich im Beckeneingang	−2
zwischen unterem Schoßfugenrand und Interspinalebene	fest im Beckeneingang	−1
Interspinalebene	tief und fest im Beckeneingang	0
zwischen Interspinalebene und Beckenboden	in Beckenmitte	+1 +2 +3
Beckenausgang	auf Beckenboden	+4

versucht man zu einem einheitlicheren Prognoseindex für den Geburtseintritt bzw. -ablauf zu kommen.

- Verhalten der Fruchtblase (stehend oder gesprungen?).
- Tiefstand des Kopfes (bzw. des vorangehenden Teiles).

Bei der Beurteilung des Höhenstandes des vorangehenden Teiles bezieht man sich auf die parallelen Beckenebenen bzw. gibt den Stand in Zentimetern Abstand von der Interspinalebene an.
Von großer Bedeutung ist die Tatsache, daß für die Beurteilung des Höhenstandes natürlich nicht die Leitstelle (tiefster Punkt des vorangehenden Teiles), sondern der geburtsmechanisch bestimmende Umfang des vorangehenden Teils (bei regelrechter Schädellage also die Circumferentia suboccipitobregmatica) entscheidend ist. Es muß vielmehr aus dem Stand der Leitstelle auf den Stand des vorangehenden Teils (seines bestimmenden Umfangs) geschlossen werden. Ein typischer Fehler liegt darin, daß der Stand des vorangehenden Teiles oft zu tief eingeschätzt wird. Einen Überblick über die verschiedenen Höhenstandsbeziehungen liefert Tab. 11.**15**.

- Verlauf der Pfeilnaht und die Stellung der Fontanellen.
- Möglicherweise vorliegende kleine Teile.
- Etwaige pathologische Veränderungen des knöchernen Beckens.

Auch die äußere Untersuchung gestattet schon gewisse Rückschlüsse auf die Weite des Muttermundes: Der Kontraktionsring, der bei der Palpation während einer Wehe feststellbar ist, steht etwa zweifingerbreit über der Symphyse, wenn der Muttermund fünfmarkstückgroß ist, und dreiquerfingerbreit über der Symphyse, wenn er kleinhandtellergroß ist (Beobachtung der Bandl-Furche). Steht die Bandl-Furche vierquerfingerbreit über dem oberen Symphysenrand, ist ein Verstrichensein des Muttermundes anzunehmen.

Geburt des Kopfes

Manueller Dammschutz

Wenn gegen Ende der Austreibungsperiode der Kopf durchschneidet, beginnt der Dammschutz. Er hat die Aufgabe,

- den Kopf an einer frühen Deflexion zu hindern und ihn gleichzeitig mit seinem günstigsten Durchtrittsplanum zu entwikkeln,
- durch dosierte Abbremsung des Kopfes eine zu rasche Dehnung des Dammes zu vermeiden,
- durch eine mit der Hand gebildete Brücke die Mitte des Dammes zu entlasten,
- durch die Bedeckung des Anus mit einer Kompresse das Operationsgebiet vor Verunreinigung zu schützen.

Der Dammschutz kann in Rücken- und Seitenlage ausgeführt werden. Wenn man darauf achtet, daß die Kreißende beim Durchtritt des Kopfes die Bauchpresse ausschaltet und mit offenem Munde atmet, bietet die Seitenlage gegenüber der Rückenlage keine Vorteile.
Der Geburtshelfer steht auf der rechten Seite des Bettes und legt den abduzierten Daumen der rechten Hand auf die eine, die vier Finger auf die andere Seite des Dammes, während die linke Hand von oben kommend flach auf dem Kopf liegt, so daß sich die Fingerspitzen nahe am Rande des Dammes befinden. Beide Hände ergänzen sich in dieser Stellung in der Erfüllung der obengenannten Aufgaben.
Ob der Damm reißt, hängt neben der Elastizität des Dammgewebes von vielen Umständen ab (Größe des Kindes, Flexions-, Deflexionslage, anatomische Beschaffenheit des Dammes, Größe des Schambeinwinkels, Beschleunigung der Austreibung usw.). Es darf nicht der Stolz des Geburtshelfers sein, die äußere Intaktheit des Dammes um jeden Preis, beispielsweise mit der Verletzung der Levatorenschenkel, zu erkaufen. Die Folgen einer Sprengung der Beckenbodenmuskulatur bei intakter äußerer Haut sind weit unangenehmer als ein Dammriß, dessen exakter Versorgung nichts im Wege steht.

Episiotomie

Der beste Dammschutz ist jedoch eine zum rechten Zeitpunkt und genügend weit angelegte Episiotomie. Sie führt nicht nur zu einer Schonung von Damm und Beckenboden und zu glatten Wundverhältnissen, sondern bewirkt auch eine beträchtliche Druckentlastung des kindlichen Kopfes, was besonders bei Frühgeburten wichtig ist! Ebenso empfiehlt es sich, bei operativen Geburten (bei Zangengeburten und Extraktionen am Beckenende) von vornherein durch eine Episiotomie besseren Zugang zum Kind zu schaffen.
Wenn keine Narkose besteht, wird der Damm auf der Höhe einer Wehe mit einer geraden Schere so weit wie nötig eingeschnitten.
Die Episiotomie muß angelegt werden, bevor es zu einer Überdehnung der Beckenbodenmuskulatur und zu Verletzungen des Diaphragma urogenitale gekommen ist, andererseits auch nicht zu früh, weil es – besonders bei Varizen am Damm – aus der Wunde heftig bluten kann. Der richtige Augenblick ist gekommen, wenn der Kopf in der Höhe der Wehe kleinhandtellergroß einschneidet und wenn mit seiner Geburt innerhalb der nächsten Wehen zu rechnen ist.
Die mediane Episiotomie bietet den Vorteil, daß die Wunde ausgezeichnet heilt und vernarbt, weil keine funktionstüchtige Muskulatur durchtrennt wird. Sie hat allerdings den Nachteil, daß bei einem Weiterreißen des Operationsschnittes der Sphincter ani verletzt wird.
Die mediolaterale Episiotomie hat den Vorteil, diese Gefahr meist auszuschließen, sie hat aber den Nachteil, daß manchmal etwas schlechtere Wund- und Narbenverhältnisse entstehen können.
Die hohe laterale Episiotomie wird heute kaum noch ausgeführt.

Dammrisse

Man unterscheidet 3 Grade von Dammrissen.
Beim Dammriß 1. Grades ist das Frenulum labiorum pudendi und die Dammhaut bis auf höchstens 2 cm eingerissen.
Beim Dammriß 2. Grades ist auch die Dammmuskulatur betroffen, der Sphincter ani externus ist aber unversehrt.
Beim Dammriß 3. Grades, dem kompletten oder totalen Dammriß, ist auch der Sphincter ani externus durchtrennt.
Alle Dammrisse, die eigentlich Scheidendammrisse sind und deren Gefahr in einer späteren Insuffizienz des Beckenbodens liegt, werden nach Beendigung der Nachgeburtsperiode sorgfältig vernäht. Die Naht eines Scheiden-Damm-Risses beginnt am obersten Wundwinkel in der Scheide. Die Wundränder werden durch Einzelknopfnähte bzw. durch eine fortlaufende Naht vereinigt, wobei darauf zu achten ist, daß der tiefste Punkt des Wundgebietes mitgefaßt ist und keine Hohlräume entstehen.

Geburt der Schultern

Nach der Geburt des Kopfes folgt die Entwicklung der Schultern, die im allgemeinen keine Schwierigkeiten macht. Der Kopf wird flach mit beiden Händen gefaßt und vorsichtig so lange gesenkt, bis die vordere Schulter genügend weit geboren ist. Erst dann wird der Kopf gehoben, damit auch die hintere Schulter über den Damm treten kann. Wird die hintere Schulter zu früh entwickelt, kommt es leicht zu einer Fraktur des Schlüsselbeins. Wird bei starkem Zug die Lateralflexion übertrieben, besteht die Gefahr der

Plexusschädigung. Gelegentlich macht die Entwicklung der Schultern jedoch Schwierigkeiten, entweder weil das Kind zu groß und der Schulterumfang entsprechend ist oder aber weil sich der Schultergürtel statt im schrägen im geraden Durchmesser eingestellt hat. Es besteht die Gefahr ausgedehnter Weichteilverletzungen (Dammriß 3. Grades) für die Mutter und der Asphyxie und von Kompressionsverletzungen für das Kind. Obwohl der Kopf geboren ist und Mund und Nase abgesaugt werden können, kann das Kind ersticken, weil die Lungenatmung nicht möglich und die Nabelschnur abgeklemmt ist. Die gefährliche Situation läßt sich durch Druck vom Rücken her und den Versuch der Drehung der Schulterbreite in den schrägen Durchmesser oder auch durch das Herauslösen des hinteren Armes über die Brust des Kindes meist beheben.
Gelegentlich wird es bei der Entwicklung der Schultern überhaupt günstig sein, mit dem Zeige- oder Kleinfinger von hinten her in die Achselhöhle einzugehen, um den Zug an der Wirbelsäule zu vermindern.

Geburt der Plazenta

Technik

Während der Nachgeburtsperiode verhält sich der Geburtshelfer normalerweise abwartend. Blutet es nach der Geburt des Kindes nicht, besteht kein Grund, die Lösung der Plazenta zu beschleunigen. Man kann unter Kontrolle des Kontraktionszustandes der Gebärmutter bis zu ½ Stunde auf ihre Lösung warten. Es ist jedoch falsch, den Lösungsmechanismus der Plazenta durch Kneten oder Massieren des Uterus beschleunigen zu wollen. Die Frage, ob die Lösung der Plazenta bereits erfolgt ist, wird durch folgende Untersuchungen beantwortet:

- Beurteilung des Fundusstandes: Nach der Geburt des Kindes steht der Fundus uteri etwa in Nabelhöhe. Sein Aufsteigen nach rechts oben unter deutlicher Verschmälerung seines Körpers und sein Kantigwerden beweisen die erfolgte Lösung der Plazenta und gelten als sichere Zeichen dafür. Ein hochstehendes, breites und weiches Korpus aber verrät eine innere Blutung nach partieller Lösung der Plazenta. Nach der Geburt der Plazenta steht der Uterus ungefähr in der Mitte zwischen Nabel und Symphyse, steigt aber bis zum 1. Wochenbettstag wieder bis zur Nabelhöhe an.
- Küstner-Nabelschnurzeichen: Bei dem Eindrücken der Bauchdecken mit steilgestellter Hand oberhalb der Symphyse wird die Nabelschnur in die Vagina gezogen, wenn die Plazenta noch an der Uteruswand festsitzt; bei gelöster Plazenta bleibt sie jedoch ruhig liegen.

Heute hat sich aus dem Bestreben heraus, unnötige Blutverluste zu vermeiden, die aktive medikamentöse Leitung der Nachgeburtsperiode durchgesetzt. Das heißt, es werden als prophylaktische Wehenmittelgabe beim Durchschneiden der vorderen Schulter oder unmittelbar nach der Geburt des Kindes Secale-Alkaloide (0,1–0,2 mg) oder Oxytocin (3–5 IE) einzeln oder in Kombination verabreicht. Der durchschnittliche Blutverlust ist durch die rasche und vollständige Ablösung der Plazenta, die in den meisten Fällen innerhalb von 6 Minuten erfolgt, tatsächlich geringer.
Wird Methergin (0,1–0,2 mg) schon beim Durchtritt der Schultern i. v. gegeben, besteht die Gefahr, daß ein nicht erkannter zweiter Zwilling asphyktisch wird und abstirbt, bevor er extrahiert werden kann. Deshalb scheint es empfehlenswerter zu sein, erst unmittelbar nach der Geburt des Kindes 3–5 IE Oxytocin zu verabreichen und – sofern das für erforderlich gehalten wird – zusätzlich 0,2 mg Methergin i. m.
Besteht kein Zweifel, daß die Plazenta bereits gelöst ist und in der Zervix oder in der Vagina liegt, wird sie durch die Bauchpresse der Patientin oder durch Händedruck des Geburtshelfers herausbefördert. Diese Expressio placentae ist von dem weiter unten beschriebenen Credé-Handgriff zu trennen.
Ebenso wie die medikamentöse Leitung der Nachgeburtsperiode hat sich in vielen Kliniken auch die Entwicklung der Nachgeburt durch die sog. „Cord-traction“ eingebürgert. Ausführung: Während die eine Hand leicht an der Nabelschnur in Richtung der Führungslinie zieht, streckt die andere den Uterus durch Druck auf seine Vorderwand.
Nach der Geburt der Plazenta ist diese eingehend auf der mütterlichen und kindlichen Seite zu besichtigen und einer sorgfältigen Prüfung auf Vollständigkeit zu unterziehen.

Normale Plazenta

Die reife, nach der Geburt des Kindes ausgestoßene Plazenta ist durchschnittlich 2–3 cm dick, kreisrund oder oval, mit einem Durchmesser von 16–20 cm, ihr Gewicht schwankt zwischen 300 und 1200 g, beträgt im Durchschnitt 550 g.

Anomalien der Plazenta

Placenta membranacea wird eine besonders dünne und ausgezogene Plazenta von häutiger Beschaffenheit und großer Ausdehnung genannt, deren Lösung oftmals zu Komplikationen Anlaß gibt.
Als Placenta fenestrata bezeichnet man eine Plazenta, deren Kontinuität durch Gewebslücken unterbrochen ist.
Placenta partita, bi-, tri- oder multilobulata: Der Mutterkuchen ist in zwei oder mehrere Lappen geteilt, die durch Gefäße miteinander verbunden sind. Es besteht die Gefahr der Retention eines Lappens und die Möglichkeit der Verblutung des Kindes, wenn der Eihautriß die verbindenden Gefäße durchtrennt.
Von einer Placenta succenturiata (Nebenplazenta) spricht man, wenn neben der normal großen Plazenta noch ein kleinerer Mutterkuchen vorhanden ist. Ihre klinische Bedeutung liegt ebenfalls in der möglichen Retention und in der Verblutungsgefahr für das Kind.
Placenta marginata und in ihrer weiteren Ausdehnung Placenta circumvallata nennt man Plazenten, deren Ränder von einem weißen Fibrinstreifen umgeben bzw. wallartig nach der kindlichen Seite umgestülpt sind, weil die Zotten infolge einer zu schmalen und oberflächlichen Berührungsfläche des Eies die Grenze der ursprünglichen Chorionplatte überschritten haben. Die kindliche Fläche ist daher wesentlich kleiner als die mütterliche. Klinisch werden bisweilen Blutungen während der Schwangerschaft und Schwierigkeiten bei der Ablösung als Folgen dieser Anomalie beobachtet.
Weiße Infarkte sind als weiße, harte homogene Knoten auf der fetalen Seite der Plazenta zu tasten und entstehen durch Verklebungen und Nekrosen des geschädigten Choriongewebes. Sie werden häufiger bei Gestose der Mutter beobachtet und können je nach ihrer Ausdehnung die Entwicklung des Kindes gefährden. Bei Übertragungen finden sich oftmals auf der mütterlichen Seite Kalkinfarkte.
Weniger klinische Bedeutung haben kleine Fibrinknoten oder -streifen, die ebenfalls Folgen von Durchblutungsstörungen sein können.
Plazentazysten sind bernsteingelbe, bräunliche oder rötliche subchoreale Blasen von Bohnen- bis Kastaniengröße, die auf der fetalen Seite der Plazenta sitzen und klinisch keine Bedeutung haben.
Angiome oder andere echte Neubildungen sind selten und neigen kaum zu Malignität.

Normale Nabelschnur

Sie inseriert normalerweise im Zentrum der Plazenta, häufig auch exzentrisch (Insertio lateralis), seltener am Rande (Insertio marginalis) und ist durchschnittlich 50–60 cm lang und 1,5–2 cm dick. Die sauerstoffreiches Blut führende V. umbilicalis ist von zwei venöses Blut führenden Arterien umflochten und von embryonalem Bindegewebe (Wharton-Sulze) umgeben. Fehlt eine Nabelarterie, besteht die Möglichkeit kindlicher Mißbildungen.

Anomalien der Nabelschnur

Ein falscher Ansatz der Nabelschnur liegt eigentlich nur bei Insertio velamentosa vor. Bei ihr inseriert die Nabelschnur an den Eihäuten, und die Gefäße verlaufen zwischen Amnion und Chorion zur Plazenta. Die Gefahr dieser Anomalie liegt wieder in der Möglichkeit der Durchtrennung eines Gefäßes beim Blasensprung und der dadurch bedingten Verblutung des Kindes. Die exzentrische und marginale Insertion müssen als physiologische Varianten gelten und haben insofern Bedeutung, als beispielsweise eine zu kurze Nabelschnur bei marginaler Insertion am unteren Plazentarand noch genügend lang sein kann.
Eine zu kurze Nabelschnur erschwert das Tiefertreten des vorangehenden Teiles und ist manchmal die Ursache ausgesprochen schmerzhafter Wehen oder vorzeitiger Lösung der normal sitzenden Plazenta. Es ist schwierig, die absolute Länge der Nabelschnur als zu kurz zu bezeichnen, da ihre Dehnbarkeit, die bis zu 30% ihrer Gesamtlänge betragen kann, sowie Ausgleichsbewegungen des Uterus auf der einen Seite normale Geburten möglich machen, während auf der anderen Seite eine normal lange, aber durch Umschlingungen relativ zu kurze Nabelschnur Ursache einer ernstlichen Komplikation werden kann.
Eine zu lange Nabelschnur begünstigt die Umschlingung fetaler Teile, echte Knotenbildung und Nabelschnurvorfall, ist aber klinisch weit weniger gefährlich als eine zu kurze.
Bei den Knoten der Nabelschnur unterscheidet man:

- Wahre Knoten kommen dadurch zustande, daß der Fetus durch eine Nabelschnurschlinge schlüpft. Die Knoten werden meist erst bei der Geburt zugezogen und bewirken nur selten Zirkulationsstörungen.
- Falsche Knoten, wie man eine umschriebene Verdickung der Wharton-Sulze (Nodi spurii gelatinosi) oder eine Knäuelbildung der Nabelschnurgefäße (Nodi spurii vasculosi) bezeichnet, haben keine klinische Bedeutung.

Prüfung der Plazenta auf Vollständigkeit

Inspektion der mütterlichen Seite der flach auf beiden Händen liegenden Plazenta. Alle Kotyledonen, besonders die an den Randpartien gelegenen, müssen vollständig, und die Lösung muß in der richtigen Schicht erfolgt sein. Die Decidua compacta glänzt dann nämlich bei schräg auffallendem Licht als zartgraues Häutchen.

Bei der Betrachtung der kindlichen Seite ist der Verlauf der Gefäße entscheidend. Sie verschwinden normalerweise 1–2 cm vor dem Rand der Plazenta in der Tiefe. Überschreiten also Gefäße den Rand, muß die von ihnen versorgte Nebenplazenta aufgefunden werden. Besteht aufgrund der sorgfältigen Inspektion der Plazenta auch nur der Verdacht der Unvollständigkeit, hat die sorgfältige Nachtastung zu erfolgen. Es ist völlig falsch, die Nachtastung davon abhängig zu machen, ob es nach der Geburt der Plazenta blutet oder nicht. Es geht darum, schwere Retentionsblutungen im Wochenbett und die Gefahr einer Infektion bei der später nötigen Austastung zu vermeiden. Ergibt die Prüfung der Plazenta, daß diese zwar vollständig ist, daß aber Eihautreste zurückgeblieben sein müssen, ist ein Eingreifen nur im Falle der Blutung erforderlich, da retinierte Eihautreste meist spontan ausgestoßen werden.

Festsitzende Plazenta

In der Mehrzahl aller Fälle löst sich die Plazenta innerhalb einer halben Stunde spontan, meist sogar innerhalb von 15 Min. Ist sie daher nach dieser Zeit noch nicht gelöst, so empfiehlt es sich, 3–5 IE Syntocinon i. v. zu verabreichen. Bleibt diese Maßnahme wirkungslos, kann zunächst noch einmal abgewartet werden, es kann jedoch auch bereits der Versuch einer Expression unternommen werden. Es handelt sich in solchen Fällen meist um eine Placenta adhaerens infolge einer Überdehnung der Uterusmuskulatur; vielleicht liegen auch Muskelgeschwülste oder eine sehr flächenhafte und dünne Plazenta (Placenta membranacea) vor. Viel seltener ist die Inkarzeration, bei der die gelöste Plazenta durch einen Spasmus im Isthmusbereich zurückgehalten wird. Es kann sich jedoch auch um eine Placenta accreta (oder auch increta genannt) handeln, bei der die Zotten infolge dürftiger Entwicklung der Decidua basalis mit dem Myometrium verwachsen sind.

Besteht bei festsitzender Plazenta keine nennenswerte Blutung, kann bis zu 1 Stunde auf ihre Lösung gewartet werden. Da 98% aller Plazenten jedoch innerhalb von 30 Min. ausgestoßen sind, empfiehlt es sich, schon nach dieser Zeit aktiv zu werden. Bei längerem Zuwarten erhöht sich die Gefahr einer Infektion zwar nicht beträchtlich, doch ist ein Eingreifen auch deshalb vonnöten, weil die Frau nach ihrer anstrengenden Geburtsarbeit endlich zur Ruhe und Entspannung kommen muß. Folgende Maßnahmen sollen in der angeführten Reihenfolge durchgeführt werden:

Der Credé-Handgriff (stellt eine Maßnahme zur Lösung und Expression der zumindest noch teilweise festsitzenden Plazenta dar): Der Uterus wird entweder mit einer Hand oder mit beiden Händen gefaßt, so daß die Finger an seiner Hinterwand und die Daumen an seiner Vorderwand liegen, und wird unter gleichzeitigem Druck des Fundus in die Kreuzbeinhöhle kräftig ausgepreßt. Das Gelingen dieses Handgriffs setzt die Erfüllung dreier Vorbedingungen voraus: 1. die Blase muß entleert, 2. der Uterus muß, um eine Inversion zu vermeiden, gut kontrahiert sein. Zur Anregung der Kontraktion reibt man ihn nochmals mit den Fingerspitzen oder verabreicht i. v. Oxytocin. 3. Der Uterus soll in der Mittellinie stehen.

Führt der vorschriftsmäßig ausgeführte Credé-Handgriff nicht zum Ziel, hat es im allgemeinen wenig Zweck, ihn in der gleichen Form mehrmals zu wiederholen. Er wird vielmehr jetzt in Narkose ausgeführt. Durch die vollkommene Entspannung der Muskulatur ist es möglich, einen kräftigeren Druck auszuüben, so daß häufig der gewünschte Erfolg eintritt. Wenn auch der Credé-Handgriff in Narkose erfolglos bleibt, soll man sich jedoch nicht mit weiteren Expressionsversuchen aufhalten, sondern unter Ausnutzung der Narkose unverzüglich die manuelle Lösung vornehmen. Manche Geburtshelfer halten den Credé-Handgriff für allzu traumatisierend, so daß sie sich, ohne ihn zu versuchen, sogleich zur manuellen Lösung entschließen.

Technik: Nach sorgfältiger Desinfektion geht die behandschuhte Hand mit konisch zusammengelegten Fingern in das Genitale ein, tastet sich an der durch die äußere Hand gespannten Nabelschnur zur Ansatzstelle der Plazenta vor und löst sie in der richtigen Schicht vom Rande her ab, während die äußere Hand den Uterus fixiert. Nach Entfernung der Plazenta wird das Kavum sorgfältig ausgetastet. Prophylaktisch werden Antibiotika verordnet.

Schmerzausschaltung unter der Geburt

Bei vielen Frauen führen die Ungewißheit über das, was sie während der Geburt erwartet, und die Unkenntnis der Zusammenhänge zu Angst und Verspannung. Verspannung und Verkrampfung führen ihrerseits zu ausgeprägter Schmerzempfindung, und stärkere Schmerzen haben wieder Angst zur Folge. Dieser Circulus vitiosus kann von Arzt und Hebamme durchbrochen werden, wenn Aufklärung und psychologische Betreuung zu einem vertrauensvollen Kontakt zwischen der Patientin und dem Geburtshelfer führen. Entspannung ist daher eine wichtige Komponente der Geburtserleichterung, die die Gebärende erwartet und auf die sie ein Anrecht hat.

Tendenz zur Schmerzausschaltung bei vollem Bewußtsein

In den letzten Jahren hat sich die Einstellung zu der Schmerzausschaltung unter der Geburt sowohl auf seiten des Arztes als auch auf seiten der Schwangeren gründlich gewandelt. Der Wunsch der Schwangeren, möglichst alle Phasen der Geburt bei vollem Bewußtsein miterleben zu können, hat dazu geführt, daß Verfahren, die nur zum Zwecke der Analgesie auch gleichzeitig das Sensorium der Kreißenden wesentlich beeinträchtigen, heute kaum noch Verwendung finden. Dies gilt vor allem für Inhalationsnarkotika, die die Patientin selbststeuernd sich verabreichen kann.

Auf der anderen Seite hat der Wunsch nach möglichster Schmerzfreiheit bei vollständigem Erhalt der Wahrnehmungsfähigkeit dazu geführt, daß regionale Anästhesieverfahren, wie die kontinuierliche Periduralanästhesie, weite Verbreitung gefunden haben.

Medikamentöse Sedierung und Analgesie

In der Eröffnungsperiode kommen meist Pharmaka aus der Gruppe der Tranquilizer und der Spasmolytika zur Anwendung.

Aus der Gruppe der Tranquilizer hat sich besonders das Diazepam (Valium, Tabletten zu 5 und 10 mg, 1 Ampulle = 10 mg) bewährt. Ebenfalls gute Erfahrungen bestehen in der Verabreichung von Triflupromazin (Psyquil, Suppositorien zu 70 mg).

Aus der Gruppe der Spasmolytika kommen Butylscopolamin (Buscopan, Suppositorien zu 10 mg, Ampullen zu 20 mg) und Vetrabutin (Monzal, 1 Ampulle = 50 mg, 1 Suppositorium = 100 mg) zur Anwendung.

Die analgetische Wirkung und das günstige Verhältnis bezüglich Wirkung und Nebenwirkung hat das Pethidin (Dolantin, 1 Ampulle = 50 bzw. 100 mg) zum am weitesten verbreiteten Analgetikum in der Geburtshilfe werden lassen.

Die Anfangsdosierung sollte 50 mg nicht übersteigen; im späteren Verlauf der Eröffnungsperiode können weitere 50 mg gegeben werden; eine Gesamtdosis von 100 mg (max. 150 mg) sollte keinesfalls überschritten werden. Es gilt zu beachten, daß Dolantin nicht mehr zur Anwendung kommen sollte, wenn mit der Geburt des Kindes innerhalb der nächsten 2–3 Stunden zu rechnen ist, da sonst evtl. ein nachteiliger Effekt im Sinne einer Atemdepression für das Kind zu befürchten ist. Sollte die Geburt wider Erwarten früher eintreten und noch Zeichen einer Atemdepression bei dem Neugeborenen erkennbar sein, ist die Gabe von Levallorphan (Lorfan) als Antidot eine wirksame Therapie.

Andererseits sollte die Gabe des Analgetikums nicht zu früh erfolgen, um die Ausbildung einer regelmäßigen und kräftigen Wehentätigkeit nicht zu behindern. Der richtige Augenblick scheint deshalb dann gekommen, wenn bei der Erstgebärenden der Muttermund 2–3 cm weit geöffnet ist. Bei der Mehrgebärenden kann die Verabreichung entsprechend früher erfolgen.

Lokal- und Leitungsanästhesien

Damminfiltration

Die Damminfiltration kann bei all den Geburten erfolgen, bei denen bis zum Einschneiden des kindlichen Kopfes in den Damm keine weitere Schmerzausschaltung als die oben besprochene medikamentöse Analgesie erfolgt ist. Sie erfolgt nach der Episiotomie, die selbst ohne Anästhesie auf der Wehenakme erfolgen kann. Die Versorgung wird nach Infiltration des Dammes mit 10–30 ml 1%iger Mepivacainlösung (Scandicain) durchgeführt. Auch zur Versorgung von Dammrissen ist diese Methode geeignet.

Pudendusanästhesie

In der Mitte der Verbindungslinie zwischen Anus und Tuber ischiadicum wird bei langsamem Vorgehen der N. pudendus etwa ½ cm unter der Spina ischiadica durch wenigstens 20 ml 1%iger Scandicainlösung leitungsunfähig gemacht. Bei transvaginaler Injektion, bei der eine kleinere Menge des Anästhetikums genügt, kann eine besondere Führungshülse (Jova) benutzt werden. Die Pudendusanästhesie eignet sich besonders bei Eingriffen am Damm und Beckenboden; sie führt auch bei der Vakuumextraktion zu einer Erschlaffung des Beckenbodens.

Parazervikalblockade (PCB)

Der parazervikale Block sollte wegen der zahlreich beschriebenen Irritationen der kindlichen Herzfrequenz mit konsekutiven schwersten Schädigungen keine Verwendung mehr in der Geburtshilfe finden.

Rückenmarksanästhesien

Hier hat sich besonders die kontinuierliche Periduralanästhesie mittels eines in den Periduralraum eingeführten Katheters bewährt. Sie hat sich in dieser Technik wegen der individuellen Steuerbarkeit gegenüber der Einzelinjektionstechnik (single shot) durchgesetzt. In Periduralanästhesie sind alle Entbindungstechniken einschließlich der operativen möglich. Um die Etablierung einer regelmäßigen Wehentätigkeit nicht zu behindern, sollte die Applikation der Periduralanästhesie nicht zu früh erfolgen. Auf der anderen Seite gilt es zu bedenken, daß ein gewisser Zeitaufwand notwendig ist, so daß bei der Erstgebärenden die Muttermundsweite von 5–6 cm und bei der Mehrgebärenden von ungefähr 5 cm nicht überschritten sein sollte.
Andere Techniken der Rückenmarksanästhesie, wie die Sakralanästhesie, die Spinalanästhesie, die in der Geburtshilfe als Sattelblock Verwendung fand, sowie die Kaudalanästhesie sind gegenüber der kontinuierlichen Periduralanästhesie weit in den Hintergrund getreten.

Vollnarkose

Eine Vollnarkose wird u. U. dann nötig, wenn unvorhergesehene Ereignisse eintreten, die eine sofortige Analgesie der Kreißenden notwendig machen. Sie wird in der Regel durch ein i. v. Kurznarkotikum eingeleitet und dann mittels Inhalationsnarkotika weitergeführt. Eine Indikation zur Vollnarkose ist auch dann gegeben, wenn die Patientin bei einer notwendig werdenden Sectio caesarea den Ablauf bewußt nicht miterleben möchte. Bei einem Entschluß zu einer primären Sectio caesarea sollte jedoch heutzutage die Möglichkeit einer Periduralanästhesie immer mit der Patientin besprochen werden.

Neugeborenes

Versorgung des Neugeborenen

Nach der Geburt des Kindes, noch vor dem Abnabeln, werden die Augen mit einem Tupfer ausgewischt, damit bei dem ersten Lidaufschlag keine Verunreinigung mit evtl. pathogenem Material erfolgt. Mund und Rachenhöhle sowie der Nasen-Rachen-Raum werden mit einem Einmalkatheter abgesaugt. Dann wird die Nabelschnur – meist nachdem die Pulsation erloschen ist – zwischen zwei Klemmen durchschnitten, von denen die eine etwa 5 cm vom Hautnabel des Kindes entfernt liegt. Es ist nicht zu befürchten, daß später abgenabelte Kinder wegen des erhaltenen Reserveblutes ikterischer werden als frühzeitig abgenabelte.
Ein Stück Nabelschnur wird zur Bestimmung des pH-Wertes in einer der Nabelarterien, eventuell auch in der Nabelvene benutzt. Das gesunde Neugeborene hat einen Nabelarterien-pH-Wert von durchschnittlich 7,27. Der unterste noch als normal geltende Grenzwert liegt bei 7,20. pH-Werte unter 7,20 sind pathologisch und erfordern eine besonders intensive Überwachung des Neugeborenen. Eventuell ist die Erstellung eines kompletten Säuren-Basen-Status notwendig.
Die mütterliche Nabelschnurklemme wird in die Leistenbeuge der Mutter gelegt. Während der Arzt die Lösung der Plazenta über-

Tabelle 11.**16** Apgar-Score zur Beurteilung des Neugeborenenzustandes

Punkte	0	1	2
Hautfarbe	blau oder weiß	Stamm rosig Extremitäten blau	rosig
Atmung	keine	Schnapp- oder unregelmäßige Atmung	regelmäßig, kräftig schreiend
Muskeltonus	schlaff	mittel, träge, Flexionsbewegung	gut, Spontanbewegungen
Reflexe beim Absaugen	keine	Grimassieren	Husten/Niesen, Schreien
Herzfrequenz	keine	unter 100/min	über 100/min

Beurteilung nach 1 Min., 5 Min. und 10 Min.
Bewertung: 10–8 Punkte lebendfrisch
7–5 Punkte leicht asphyktisch
4–1 Punkte schwer asphyktisch

wacht, kann die Hebamme bzw. ein weiterer Arzt die Versorgung des Kindes beginnen.
5 Zustandskriterien des Kindes werden, wie in Tab. 11.**16** erläutert, 1, 5 und 10 Min. nach seiner Geburt mit Punkten bewertet (Apgar-Score). Dabei bedeuten Apgar-Werte von 8–10 Punkten ein lebendfrisches Neugeborenes, das mäßig gestörte Neugeborene weist Apgar-Werte zwischen 7 und 5 auf und das schwer asphyktische Neugeborene Apgar-Werte zwischen 1 und 4 Punkten. Dieses Apgar-Schema hat sich bei der Beurteilung des Neugeborenen bewährt und wird in den Krankenpapieren dokumentiert.
Nach Entfernung der Vernix caseosa und leichtem Frottieren erfolgt die endgültige Versorgung des Nabels und die gründliche Untersuchung (U1) des Kindes auf Mißbildung und Verletzung (Hydrozephalus, Epikanthus, Polydaktylie, Spaltbildungen, Atresien, Nabelbruch, Abweichungen im Genitalbereich). Zwischen dem 3. und 10. Lebenstag wird diese Untersuchung durch eine weitere Untersuchung (U2), die vom Kinderarzt durchgeführt wird, ergänzt. Beide Untersuchungen werden im Untersuchungsheft dokumentiert.
Der Nabel wird mit einem sterilen Bändchen bzw. mit einer Nabelklemme versorgt. Dann wird der Nabelschnurrest mit einer Schere gekürzt, so daß ein etwa 1 cm langer Stumpf vor dem Knoten bzw. der Klemme bleibt. Schließlich folgt ein steriler Nabelverband, der nach Möglichkeit bis zum Abfall des mumifizierten Nabelstrangrestes liegenbleibt. Es muß darauf hingewiesen werden, daß eine Nabelinfektion das Neugeborene auf das schwerste gefährdet und deshalb der Versorgung des Nabels größte Sorgfalt gewidmet werden muß.
Zur Blennorrhöprophylaxe nach Credé träufelt man in jedes Auge einen Tropfen einer 1%igen Argentum-nitricum- oder Argentum-aceticum-Lösung. Auch spezielle Antibiotika-Lösungen finden Verwendung.
Die Maße und sonstige Reifezeichen werden im Krankenblatt und Untersuchungsheft für Kinder dokumentiert.

Reifezeichen der Frucht und Geburtsgewicht

Die Maße eines Kindes werden im allgemeinen als die sicheren Reifezeichen angesehen. Es betragen: die Länge (vom Scheitel bis zur Ferse, exakte Messung mit festem Maß!) 45 bis 54 cm, das Gewicht 2800 bis 3800 g.
Unsichere, weil nicht meßbare Reifezeichen: Es sollen das subkutane Fettpolster ausreichend entwickelt, die Haut blaßrosa, die Lanugobehaarung nur noch an den Oberarmen und zwischen den Schultern vorhanden, die Stirn-Haar-Grenze ausgeprägt, die Ohren- und Nasenknorpel gut tastbar sein, die Fingernägel die Fingerkuppe überragen, die Fußnägel mit den Zehenkuppen enden, bei Mädchen die großen Schamlippen die kleinen und die Klitoris überdecken und bei Knaben die Hoden in das Skrotum deszendiert sein. Weiter soll der Nabel sich in der

Mitte zwischen Processus xiphoideus und Symphyse befinden.
Da die objektive Feststellung des „Frühgeborenseins" in der Praxis oftmals Schwierigkeiten macht, hatte die Weltgesundheitsorganisation vorgeschlagen, alle (lebenden) Kinder, die 2500 g oder weniger wiegen, als Frühgeburten zu bezeichnen. Da sich bei einem solchen Vorgehen aber Unstimmigkeiten mit echten Frühgeburten und Untermaßigen ergaben, hat man sich geeinigt, bei dieser Gruppe nur von Kindern mit einem Geburtsuntergewicht (infants of low birth weight) zu sprechen.
In dieser Gruppe der Kinder mit einem Geburtsgewicht unter 2500 g können also sowohl echte Frühgeburten mit einer Tragzeit von weniger als 37 vollen Wochen bzw. weniger als 260 Tagen post menstruationem als auch Mangelgeburten mit normaler oder fast normaler Tragzeit erfaßt sein. Aber auch die Frühgeburten können tragzeitgerecht entwickelt (normotroph) sein oder aber hypotroph. Zur Beurteilung der Entwicklung des Kindes kann auf Standardwachstumskurven verwiesen werden, die für Länge, Gewicht und Kopfumfang bei großen Untersuchungen erstellt und in der Fachliteratur zu finden sind.
Kinder unter 2500 g Geburtsgewicht finden sich bei 6–9% aller Geburten. Davon sind wiederum die Hälfte, also 3–4,5% aller Geburten, Frühgeburten (vor der 38. SSW. Diese Frühgeburten unterteilen sich wieder zu ⅔ in normotrophe, d. h. zeitgerecht entwickelte Frühgeburten und zu ⅓ zusätzlich noch in hypotrophe Frühgeburten. Die andere Hälfte, d. h. 3–4,5% der Geburten mit einem Geburtsgewicht unter 2500 g, stellt die Gruppe der Mangelgeburten dar. Hier beträgt die Tragzeit mindestens 37 volle Wochen.

Krankes Neugeborenes

Asphyxie

Ät und *Dg:* Die postnatale Asphyxie ist meist die Fortdauer einer intrauterinen Asphyxie, die durch Kompression der Nabelschnur, vorzeitige Ablösung der Plazenta, Plazentainsuffizienz, Hirndruck bei überlanger Geburtsdauer, Narkosen, Erkrankung der Mutter oder andere Schädigungen des Atemzentrums der Frucht hervorgerufen wird. Beim Kind bestehen zunächst eine respiratorische, später eine respiratorisch-metabolische Azidose (pH-Wert unterhalb von 7,20), ein niedriger O_2-Druck und eine stark erhöhte CO_2-Konzentration.
Die Aspiration von mekoniumhaltigem Fruchtwasser kann die Folge der durch Asphyxie angeregten intrauterinen Lungenatmung sein. Doch ist die „Fruchtwasseraspiration" häufig nur eine unvollständige Expression oder Resorption der intrauterin physiologischerweise immer intrapulmonal vorhandenen Fruchtwassermenge.

Th: Neben den Maßnahmen, die bei jedem Neugeborenen durchgeführt werden (Absaugen, Warmhalten usw.), kommen beim mäßig bis schwer gestörten Neugeborenen in Abhängigkeit vom Störungsgrad weitere Maßnahmen zum Tragen. Einen Überblick über diese Maßnahmen gibt Tab. 11.**17**.

Atemnotsyndrom

Def: Dieses Krankheitsbild, das auch unter den Synonymen RDS (respiratory distress syndrome) bzw. hyalines Membransyndrom bekannt ist, liegt vor, wenn die Lungenalveolen von einem Exsudat aus Fibrin und einem Mukopolysaccharid-Eiweiß-Komplex ausgekleidet sind, das bei erhöhter Kapillarpermeabilität entsteht. Dadurch wird die respiratorische Oberfläche stark eingeschränkt.

Ät: Die post partum entfalteten Lungenalveolen neigen zu neuerlichem Kollaps, wenn nicht ein oberflächenaktiver Faktor (Dipalmityllecithin), ein „Antiatelektasefaktor", vorliegt und eine ausreichende fibrinolytische Aktivität der Alveolarwand besteht. Der von den Alveolarepithelien gebildete Surfactant setzt bei ungestörter Aktivität die Oberflächenspannung stark herab. Bei Frühgeburten fehlen diese Faktoren; bei geburtsgeschädigten reifen Kindern kann trotz ausreichender Lungenreifung die Nachproduktion unzureichend sein.

Sy: Nach zunächst unauffälliger Atmung tritt wieder Schluck- oder Schnappatmung auf, die Atemfrequenz steigt an, der Puls wird bradykard. Inspiratorisches Einziehen der Zwischenrippenräume und der Xiphoidgegend und exspiratorisches Stöhnen sind bedenkliche Zeichen. Erneut kommt es zu einer respiratorischen Azidose. Da bei der Entstehung die Unreife des Lungengewebes eine wichtige Rolle spielt, sind vorwiegend Frühgeburten betroffen. Aber auch bei Kaiserschnitt-Kindern oder bei Kindern diabetischer Mütter besteht ein erhöhtes Risiko.

Th: Die Kinder müssen so rasch wie möglich und unter optimalen Transportbedingungen einer Neugeborenen-Intensivstation

Tabelle 11.**17** Maßnahmen zur Versorgung des Neugeborenen

A. Versorgung des lebendfrischen Neugeborenen (Apgar-Werte 10–8)	
1. Absaugen	zuerst Mund-Rachen-Höhle, dann Nasen-Rachen-Raum, Sondierung des Ösophagus zum Ausschluß einer Atresie
2. Warmhalten	Wärmelampe, geheizte Unterlage, warme Windeln
B. Versorgung des mäßig gestörten Neugeborenen (Apgar-Werte 7–5)	
1. und 2. wie unter A	
3. Sauerstoff	Anreicherung der Inspirationsluft mit Sauerstoff
4. Beatmung	Maskenbeatmung, wenn Spontanatmung nicht ausreichend
C. Versorgung des schwer asphyktischen Neugeborenen (Apgar-Werte 4–1)	
1. bis 3. wie unter A. und B	
4. Beatmung	zuerst Maskenbeatmung, dann Intubation mit Tubus Charr. 12–16, Beatmungsfrequenz 40/min, Beatmungsvolumen 10–15 ml, Beatmungsdruck 5–10 cmH_2O, zur Entfaltung kurzfristig bis 30 cmH_2O
5. Medikamente	über Nabelvene bzw. peripher-venös *a) Pufferung* blind: 2–3 ml/kg KG 8,4%ige Natriumbicarbonatlösung gezielt: Puffermenge = -BE × kg KG × 0,4 *b) Energiezufuhr* 50–100 mg/kg KG 5%ige Glucoselösung (1–2 g/kg KG) *c) Volumenersatz* 5–10 ml/kg KG 5%ige Humanalbuminlösung *d) Spezielle Medikamente* Opiatantagonisierung: Lorfan 0,02 mg/kg KG
6. Kardiale Reanimation	wenn extreme Bardykardie (Frequenz unter 60/min) oder Herzkreislaufstillstand externe Herzmassage 100/min Medikamente wie unter 5., zusätzlich: Atropin 0,01–0,02 mg/kg KG, Orciprenalin (Alupent) 0,1 mg/kg KG, Adrenalin 1 : 1000 (Suprarenin) 0,1 mg/kg KG

überwiesen werden. Zu den wesentlichen therapeutischen Maßnahmen gehört die Beatmung mit positivem endexspiratorischen Druck (PEEP). Seit kurzem steht künstlicher Surfactant aus tierischen Lungenextrakten zur Verfügung, der die Prognose des RDS-Syndroms deutlich verbessert.

Prl: Die Produktion des Surfactant kann durch die Gabe von Glucocorticoiden an die Mutter angeregt werden, da fetale Alveolarzellen Rezeptoren für Glucocorticoide besitzen. Die Mutter erhält Betamethason (Celestan, Dosierung: 3 Tage lang täglich 8 mg = 16 Tabletten à 0,5 mg) oder Prednyliden (Decortilen, Dosierung: 3 Tage lang 1 Tablette à 60 mg) oder Prednisolon (Hostacortin H solubile, Dosierung: 3 Tage lang täglich 75 mg i. v.). Die Prophylaxe hat möglichst 3 Tage vor Geburtsbeginn einzusetzen. Bei drohender Frühgeburt kann versucht werden, mit Hilfe der Tokolyse ausreichend Zeit bis zum Wirksamwerden der Hormone zu gewinnen. Bei Tokolysebeginn vor der 32. SSW soll die prophylaktische Gabe etwa alle 10 Tage (maximal jedoch zweimal) wiederholt werden.

Die Wirksamkeit der Prophylaxe ist in die Diskussion geraten. Kontraindiziert ist sie ohne Zweifel bei vorzeitiger Wehentätigkeit und Blasensprung: Die durch die Corticoide deutlich vermehrten Komplikationen – insbesondere schwere Verlaufsformen des Amnioninfektionssyndroms – stehen in keinem günstigen Verhältnis zu den Vorteilen der Prophylaxe.

In Kooperation mit einer leistungsfähigen pädiatrischen Intensivstation bevorzugen wir bei unvermeidbarer Frühgeburt die aktive Vorgehensweise ohne antenatale Prophylaxe. Die Versorgung des Frühgeborenen erfolgt durch den Intensivpädiater, ggf. mit Applikation von künstlichem Surfactant.

Geburtshilflich bedingte Traumen

Durch die zurückhaltende Anwendung schwieriger vaginaloperativer Entbindungsverfahren und die Zunahme der Kaiserschnittfrequenz sind geburtshilflich bedingte Verletzungen des Neugeborenen heute selten; dennoch sind bestimmte Störungen auch bei schonendster Entbindung nicht immer vermeidbar.

Das Kephalhämatom ist eine umschriebene Blutansammlung zwischen einem flachen Schädelknochen und dem Periost und kommt sowohl bei spontaner wie auch bei operativer Geburt vor. Es entsteht meist, wenn eine tangentiale Kraftwirkung das Periost über dem Knochen verschiebt, so daß es zu Gefäßeinrissen kommt. Das Kephalhämatom überschreitet im Gegensatz zur Geburtsgeschwulst, mit der es gelegentlich verwechselt wird, die Nähte und Fontanellen nicht. Es nimmt auch in den ersten Lebenstagen meist an Stärke zu, während sich die einfache Geburtsgeschwulst (Caput succedaneum) rasch zurückbildet. Ein Kephalhämatom findet sich gelegentlich auch auf beiden Scheitelbeinen, so daß die Pfeilnaht die beiden Geschwülste als tiefe Furche trennt.

Klavikulafrakturen sind bei Armlösungen, aber auch bei Spontangeburten häufig. Sie werden vielfach gar nicht erkannt oder nur zufällig bei einer Röntgenaufnahme festgestellt. Sie heilen ohne bleibende Schäden aus.

Humerus- und Femurfrakturen sind heute selten; sie enstehen gelegentlich als Folge einer schwierigen Armlösung oder bei einer vollständigen Extraktion (2. Zwilling). Auch bei einer Sectio caesarea kann ausnahmsweise einmal die Entwicklung sehr schwierig sein, so daß Frakturen auftreten können.

Eine Fazialisparese ist auch unter modernen Entbindungsmodalitäten nicht immer zu vermeiden. Meist handelt es sich um periphere Fazialisschädigung durch den Druck eines Zangenlöffels. Die Prognose ist auch ohne Therapie im allgemeinen günstig, so daß nur selten eine Faradisierung nötig sein wird. Die zentrale Fazialislähmung, bei der der Stirnast frei bleibt, ist oft Symptom einer Hirnblutung (häufig hypoxisch) mit entsprechend schlechter Prognose.

Plexusschädigungen infolge Zerrung oder Drucks der Fingerspitzen auf den Plexus brachialis (Erb-Punkt) sind heute ebenfalls selten. Meist handelt es sich dann um den sog. „Oberarmtypus“ der Entbindungslähmung, die Erb-Lähmung (C5 und C6): schlaffe Lähmung der Mm. biceps, brachialis, deltoideus, brachioradialis und infraspinatus. Der Arm hängt schlaff herab, der Oberarm ist nach innen rotiert, der Unterarm in starker Pronationsstellung. Sensibilitätsstörungen fehlen. Viel seltener ist der „Unterarmtypus“ (Klumpke-Lähmung), dem eine Schädigung von C7 und C8 sowie Th1 zugrunde liegt. Neben einer Lähmung der Unterarm- und Fingermuskulatur („Fallhand“) bestehen Sensibilitätsstörungen; Ptosis, Miosis und Enophthalmus (Horner-Symptomenkomplex), wenn der R. communicans des Sympathikus beteiligt ist. Die Prognose der Erb-Lähmung ist meist günstig, die der Klumpke-Lähmung oftmals zweifelhaft.

Intrakranielle Blutungen entstehen bei Hindernissen im knöchernen Geburtskanal, durch zu große Druckdifferenzen bei der Weichteilpassage des Kopfes, bei Zangenextraktionen, bei Anwendung des Vakuumextraktors, bei zu kräftig ausgeführtem Kristeller-Handgriff, bei Beckenendlagen usw. Doch kommen intrakranielle Blutungen nicht selten auch ohne mechanische Momente, lediglich als Folge der Asphyxie vor. Asphyxieblutungen werden vorwiegend bei Frühgeburten beobachtet, während intrakranielle Blutungen mechanischer Genese hauptsächlich reife Kinder betreffen.

Wochenbett

Rückbildung

Das Wochenbett (Puerperium) beginnt, wenn sich die Uterusmuskulatur nach der Geburt der Plazenta fest kontrahiert hat, und dauert 6–8 Wochen. Es steht unter dem Zeichen der Rückbildung und Heilung der durch Schwangerschaft und Geburt veränderten Organe, wenn auch der prägravide Zustand nicht erreicht wird. Die Rückbildungsvorgänge sind Ausdruck der veränderten endokrinen Situation nach Ausstoßung der Plazenta.

Blutgruppenserologische Untersuchung nach der Geburt und Anti-D-Immunglobulinprophylaxe: Bei jedem Kind einer Rh-negativen Mutter ist nach der Geburt der Rh-Faktor und die Blutgruppe zu bestimmen sowie der direkte Coombs-Test durchzuführen. Ist das Neugeborene Rh-positiv und sind bei der rh-negativen Mutter keine Antikörper gefunden worden, so soll der Wöchnerin innerhalb von

72 Stunden nach der Geburt Anti-D-Immunglobulin (250–300 μg) injiziert werden, um einen schnellen Abbau der insbesondere während der Geburt in den mütterlichen Kreislauf übergetretenen kindlichen Rh-positiven Erythrozyten zu bewirken und die Bildung von Antikörpern zu verhindern.

Der Uterus, der am 1. Wochenbettstag in Nabelhöhe steht, bei einer Dicke seiner Muskulatur von 4–5 cm rund 1000 g wiegt und 15 cm lang ist, reicht am 5. Wochenbettstag nur noch bis zur Mitte zwischen Nabel und Symphyse und verschwindet am 10. Tag hinter der Schoßfuge, um am Ende des Puerperiums wieder sein normales Gewicht von 50 g und seine normale Sondenlänge von 7–8 cm zu erreichen.

Die Lochien, deren im allgemeinen fader Geruch bei Stagnation widerlich jauchig wird, sind zunächst blutig geronnen (Lochia cruenta), dann bräunlich-rot (Lochia rubra) und schließlich durch Leukozytenbeimischung gelblich (Lochia alba). Sie werden um den 10. Wochenbettstag spärlicher und bleiben, bis sie nach 4–6 Wochen versiegen, serös (Lochia serosa). Doch können die Lochien auch bei unkomplizierter Rückbildung bis in die 4. oder 5. Woche Blutbeimengungen enthalten. Für unbehinderten Abfluß der Lochien ist zu sorgen; der Änderung ihrer Farbe und Beschaffenheit ist größte Beachtung zu schenken.

Ein Lochiometra wird mit Secale-Präparaten, Eisblase und nötigenfalls (zur Erschlaffung des inneren Muttermundes, der im allgemeinen am 10.–12. Wochenbettstag wieder geschlossen ist) mit spasmenlösenden Mitteln behandelt. Während der ersten Tage des Wochenbettes ist für regelmäßige Entleerung von Blase und Darm zu sorgen; außerdem müssen Puls und Temperatur sorgfältig überwacht werden.

Massage und Wochenbettgymnastik setzen frühzeitig ein und kräftigen Bauchmuskulatur und Beckenboden. Doch vermeide man Übertreibung in jeder Hinsicht und vergesse nie, was das Wochenbett wirklich sein soll: Entspannung und Erholung von den Strapazen der Schwangerschaft und Geburt. Bei Frauen mit Dammrissen braucht das Aufstehen nicht wesentlich hinausgeschoben zu werden, doch ist bei der Wochenbettgymnastik eine besondere Beanspruchung des Wundgebietes zu vermeiden.

Hinsichtlich des Auftretens der ersten Periode gibt es bei der stillenden Frau keine Norm. Meist ist dies nach 6 Wochen der Fall. Besteht aber während der Stillzeit eine Laktationsamenorrhö, muß darauf hingewiesen werden, daß trotzdem eine Ovulation und Konzeption möglich ist. Zur Kontrolle des Genitales ist eine Nachuntersuchung nach 6 Wochen zu empfehlen. Dann auch Krebsfrüherkennungsuntersuchung mittels zytologischem Abstrich.

Stillen

Kinder sollten von der Geburt an wenigstens 2–3 Monate gestillt werden, wobei die optimale Stilldauer bei 4–6 Monaten liegt. Über den 8. Monat hinaus zu stillen ist nicht mehr sinnvoll, da der Bedarf an Mineralien und Proteinen nun nicht mehr genügend gedeckt werden kann.

Das erste Anlegen erfolgt in der Regel im Kreißsaal. Die Mutter soll ihr Kind in Ruhe und unter der geduldigen Anleitung einer geschulten Säuglingsschwester anlegen. Wenn es in diesem Moment auch nicht darauf ankommt, daß das Kind nun schon genügend Kolostralmilch bekommt, ist es doch für die weitere Entwicklung der Beziehung zwischen Mutter und Kind wichtig, einen engen Körperkontakt herzustellen. Der Saugreflex des Kindes erreicht sein erstes Maximum ca. ½ Stunde nach der Geburt.

Anfangs „melden" sich die Kinder im 2–3 Stundenrhythmus, später nach 4–5 Stunden, wobei der Nachtrhythmus meist verlängerte Pausen kennt. In vielen Kliniken hat sich das „feeding on demand", also das Stillen auf Verlangen, durchgesetzt. Dies fällt besonders dort leicht, wo das „Rooming-in" problemlos möglich ist.

Die Trinkmenge errechnet sich nach folgender Formel: Lebenstage minus 1 × 50–80 ml, wobei es bei den gestillten Kindern nicht auf die absolut getrunkene Menge pro Mahlzeit ankommt, sondern auf die Gewichtszunahme pro Woche (100–200 g). Die Zufütterung bei gesunden Neugeborenen erfolgt bis zum endgültigen Einschießen der Milch meist mit 5%iger Glucoselösung. Dystrophe oder exsikkierte Neugeborene müssen schon in den ersten Lebensstunden adaptierte Milch erhalten. Man bedenke jedoch, daß das Saugen eines hungrigen Kindes wiederum die Milchproduktion anregt.

Galaktogenese: Die Laktation beginnt unmittelbar post partum, wenn es zu einem plötzlichen Abfall der Östrogene und des Progesterons kommt. Wenn die Sekretion einmal in Gang gekommen ist, unterliegt sie nicht mehr primär den hormonalen Einflüssen, sondern wird durch den Regelkreis „Saugreiz des Kindes – Oxytocinausschüttung aus dem Hypophysenhinterlappen – Myofibrillenkontraktion" unterhalten. Die gesteigerte Syntheseleistung der Mammae äußert sich in ihrer Volumenzunahme, in dem oft beklagten Spannungsschmerz der ersten Tage post partum und evtl. in einer Hyperämie sowie einer ödematösen Schwellung. Wird hier frühzeitig und sorgfältig abgepumpt und leergetrunken, läßt die unangenehme Spannung der Brüste bald nach. Differentialdiagnostisch sollte jedoch bei derartigen Beschwerden immer auch an eine beginnende Mastitis gedacht werden.

Zusammensetzung der Muttermilch: Die Vormilch der ersten Tage post partum, auch Kolostrum genannt, zeichnet sich durch einen hohen Gehalt an Eiweißen (3,5%) und phagozytierten Fetttröpfchen (Kolostrumkörperchen) aus. Außerdem ist ihr Gehalt an spezifischen Immunglobulinen, besonders IgA, erwähnenswert. Bis ca. zum 15. Tag löst dann die Übergangsmilch das Kolostrum ab, um dann zur endgültigen Muttermilch zusammengesetzt zu werden. Die reife Milch enthält etwa 1 g/100 ml Protein, 4,5 g/100 ml Fett, 7 g/100 ml Kohlenhydrate und 0,2 g/100 ml Mineralien. Zu den Bestandteilen der Muttermilch gehören auch Zucker, die das Wachstum des Lactobacillus bifidus fördern, der wiederum die Ausbreitung von Escherichia coli im Darm hemmt. Weiterhin enthält die Frauenmilch antibakterielles Lysozym sowie Lactoferrin, welches Bakterien Eisen entziehen kann. Der entscheidende Vorzug der Muttermilch gegenüber der adaptierten oder teiladaptierten Nahrung ist aber der Gehalt an spezifischen Abwehrfaktoren (Immunglobuline).

Ein gestilltes Kind zeigt eine verminderte Allergie- und Infektanfälligkeit, dem Kind wird eine günstige Vitamin- und Fettversorgung angeboten, und die Anforderungen an seine Verdauungsleistungen halten sich in physiologischen Grenzen.

Der Wöchnerin ist genau zu erklären, wie sie es mit der Stillhygiene halten sollte. Vor dem Stillen sind die Hände gründlich zu waschen; am besten stehen an jedem Wöchnerinnenbett ein Händedesinfektionsmittel, sterile Mullkompressen, ein desinfizierendes Brustwarzenspray sowie eine Salbe zur Brustwarzenpflege. Die Wöchnerin sollte wissen, daß sie unter keinen Umständen mit dem infektiösen Lochialsekret in Berührung kommen soll, während sie ihr Kind in der Nähe hat. In den Still-BH wird zum Auffangen von eventuell nachtropfender Milch eine Mullkompresse eingelegt.

Jede Brust soll, um die weitere Milchproduktion anzuregen, leergetrunken werden. Gibt es hierbei Schwierigkeiten, wird sie leergepumpt. Länger als 15–20 Min. sollte der Säugling bei einer Mahlzeit nicht an der Brust bleiben, da sonst das Weich- und Wundwerden der Warzen die Folge ist. Es gilt, daß häufigeres Stillen die Milchproduktion anregt. Gibt die Mutter Schmerzen beim Stillen an, weil sie vielleicht wunde Warzen hat, gibt man ihr ein auf die Warze zu setzendes Hütchen, oder man läßt sie die Milch für einige Zeit abpumpen.

Während der Stillperiode ist für eine ausreichende Ernährung der Wöchnerin zu sorgen. Es soll viel getrunken werden (Milch, Säfte), und auf genügende Kalorienzufuhr ist zu achten. Reichlicher Obstgenuß!

Gegenanzeigen gegen das Stillen sind relativ selten. Von seiten der Mutter kommen höchstens einige akute oder konsumierende Erkrankungen in Frage, die den Allgemeinzustand stark beeinträchtigen: Kreislaufinsuffizienz, Thrombose- und Emboliegefahr usw. Infektionskrankheiten, wie Wochenbettfieber, Scharlach oder Erysipel, verbieten ein Anlegen des Kindes u. U. auch in seinem Interesse. Allerdings sollte, wenn es sich im Rahmen des Gesundheitszustandes der Mutter ermöglichen läßt, die Milch weiterhin regelmäßig abgepumpt und verworfen werden, damit ein späteres Stillen nach Genesung möglich bleibt. Bei Erkältung der Mutter kann weitergestillt werden, wenn ein Mund- und Nasenschutz getragen und die Händedesinfektion vor Stillbeginn besonders sorgfältig gehandhabt wird.

Da manche Arzneimittel in die Muttermilch übergehen, ja zum Teil in ihr angereichert werden, sollte bei unvermeidlicher Medikamentengabe in der Stillperiode die Unbedenklichkeit des Medikamentes an Hand spezieller Listen überprüft werden. Andernfalls ist abzustillen. Da auch Nicotin in der Milch konzentriert wird, ist es höchste Zeit, daß die Wöchnerin das Rauchen einstellt, wenn sie sich nicht schon während der Schwangerschaft zu diesem Entschluß durchringen konnte. Bei Mißbildung der Brustwarzen (Hohlwarzen, Flachwarzen) gibt man der Mutter Saughütchen zum Aufsetzen auf die Brust. Wenn eine Mastitis beginnt, pumpt man weiterhin regelmäßig ab und verwirft zunächst die Milch (s. Mastitis). Die Hypogalaktie beobachtet man oft bei nervösen oder unerfahrenen Müttern, die sich in vielerlei seelischen Konflikten befinden oder die sich zu sehr auf das Stillgeschehen fixieren. Hier ist wiederum die erfahrene Säuglingsschwester gefragt, die beratend und geduldig die Probleme zu lösen hilft.

Abstillen: Das primäre Abstillen wird nur selten aus mütterlicher oder kindlicher Indikation notwendig, häufiger wünschen Mütter schon vor der Geburt ihres Kindes, nicht zu stillen. Dann kann man direkt post partum Prolactinhemmer, z. B. Bromocriptin (Pravidel, 1 Tablette = 2,5 mg, Dosierung: 2mal 1 Tablette über 14 Tage) verabreichen. Es kann dabei zu hypotonen Nebenerscheinungen kommen, die man mit einer Verminderung der Dosis abfangen kann. Secale-Alkaloide sollten nicht gleichzeitig mit Prolactinhemmern verabreicht werden, da es manchmal zum Auftreten zerebrovaskulärer Insulte kommen kann.

Erkrankungen im Wochenbett

Blutungen

Vk, Ät und *Sy:* Blutungen im Wochenbett treten nicht allzu selten auf und müssen stets als ernstes Ereignis angesehen werden. Folgende Möglichkeiten sind ursächlich in Erwägung zu ziehen:

Blutungen mäßigen oder auch stärkeren Grades kommen vor, wenn sich Thromben an der Plazentastelle im Zuge einer Endometritis post partum lösen. Am häufigsten stellen sich jedoch Blutungen ein, wenn Teile der Plazenta zurückgeblieben sind. Durch die schalenförmige Anlagerung von Blutgerinnseln an dem zum Teil noch festsitzenden Plazentarest bildet sich ein sog. Plazentapolyp aus, der bisweilen sogar aus dem Ostium uteri herausragen kann.

Arterielle Blutungen im Wochenbett sind relativ selten. Sie kommen gelegentlich nach operativer Geburtsbeendigung vor, wenn Zervixrisse entstanden waren.

Gelegentlich bluten auch Karzinome oder submuköse Myome, die post partum in die Vagina geboren wurden, im Wochenbett.

Th: Bei der Behandlung der Wochenbettblutung muß man sich im klaren sein, daß das Uteruskavum mit Sicherheit keimhaltig ist, so daß man mit operativen Eingriffen zurückhaltend sein sollte. Ob das Kavum leer ist, kann mittels Ultraschall beurteilt werden. Ist eine Abrasio indiziert, ist die Gefahr unter Antibiotikaschutz und Gaben von Wehenmitteln im allgemeinen gering. Bei fiebernden Wöchnerinnen wird man allerdings besonders vorsichtig sein müssen.

Puerperalfieber

Die vom Genitale ausgehenden Infektionen im Wochenbett werden unter dem Begriff des Puerperalfiebers zusammengefaßt.

Ät: Die während der Geburt entstandenen Wunden werden durch Streptokokken (oft hämolysierende), Staphylokokken, Kolibakterien, Pneumo-, Meningokokken oder eine Reihe Anaerobier besiedelt. Diese Keime können entweder durch den Arzt oder die Hebamme an die Patientin herangetragen werden (exogene Infektion) oder können sich bereits an dem Körper der Frau befinden (endogene Infektion) und dann entweder spontan mit dem verletzten Genitale in Berührung kommen (Selbstinfektion) oder auch artifiziell (z. B. bei einer Untersuchung mit primär steriler Hand) von der Vulva in das innere Genitale verschleppt werden.

Prgn: Am günstigsten ist die Beschränkung der Infektion auf die Wunden am Genitale (am Damm, an der Vulva, an der Portio, d. h. also die Entstehung sog. Puerperalgeschwüre). Auch wenn die Erreger den intrakanalikulären Weg nehmen und aus der Cavitas uteri in die Tuben gelangen, ist die Prognose nicht allzu ungünstig, da die Tuben rasch verkleben und die Infektion lokalisiert bleibt. Ungünstiger ist es schon, wenn auch das Peritoneum befallen wird, das sowohl auf diesem als auch auf dem Lymphweg über die Uterusmuskulatur oder das Parametrium (puerperale Parametritis) erreicht werden kann. Die Ausbreitung auf dem Lymph-, besonders aber auf dem Blutweg muß unbedingt als die ernsteste Form der puerperalen Infektion angesehen werden. Meist geht sie von der Ansatzstelle der Plazenta aus. Es entstehen Thrombophlebitiden der uterusnahen Venen, die häufig die Ursprungsstätten einer puerperalen Sepsis oder Pyämie sind. Die Virulenz der betreffenden Keime und die Abwehrkraft des betroffenen Organismus sind dann für den Ausgang entscheidend.

Sy: Sie sind ebenso vielseitig wie die Ausbreitungsmöglichkeiten der Erkrankung und ihre Lokalisationen. In dem einen Falle werden die Lokalerscheinungen, im anderen die

Allgemeinerscheinungen mehr im Vordergrund stehen. Fieber, Pulssteigerung, Abgeschlagenheit, Brechreiz, Übelkeit, Schüttelfröste, Durchfälle, Ikterus, Druckschmerzhaftigkeit des Uterus bzw. der befallenen Organe lassen neben den bakteriologischen Untersuchungen (Ausstriche, Blutkulturen) die Diagnose leicht stellen. Bei Infektionen mit gramnegativen Bakterien kann durch deren Endotoxine ein schwerer Schockzustand mit Gerinnungsstörungen ausgelöst werden. Verbrauchskoagulopathie!

Th: An erster Stelle steht bei der Behandlung die Anwendung von Antibiotika. Resistenzbestimmungen vor Beginn der Behandlung gestatten die Wahl eines optimal wirksamen Präparates. Als unterstützende Maßnahmen kommen die zusätzliche tonisierende Behandlung mit Secale-Alkaloiden und evtl. eine lokale Behandlung mit physikalischen Mitteln in Frage. Ein operatives Eingreifen mit Hysterektomie ist bei diffuser Peritonitis, bei Einschmelzung einer Parametritis oder metastatischen Abszessen indiziert.

Mastitis

Ät: Die Mastitis ist eine typische Wochenbettkomplikation im Krankenhaus. In der Mehrzahl der Fälle (ca. 80%) befällt sie nur eine Brust und wird durch Keime, die der Säugling im Nasen-Rachen-Raum beherbergt, beim Stillen auf die Brust der Mutter übertragen. Erreger ist hauptsächlich der Staphylococcus aureus haemolyticus.

Sy: Bei der Mastitis gilt es die Frühphase zu erfassen, um eine Abszedierung zu vermeiden. Zeichen der beginnenden Mastitis sind Schmerzen, Fieber und Rötung. Die Schmerzen sind im frühen Stadium uncharakteristisch und werden häufig übersehen oder fehlgedeutet. Wenn sie massiv und eindeutig einsetzen, sind in der Regel Fieber und Rötung schon vorhanden. Das Fieber kann plötzlich auftreten oder auch langsam ansteigen. Subfebrile Temperaturen oder Fieber am Ende der ersten Wochenbettswoche lassen immer zunächst an eine Mastitis denken. Eine Rötung setzt meist einige Stunden nach Beginn des Temperaturanstiegs ein. Oft wird sie von einer Lymphadenitis mit Schwellung der axillären Lymphknoten begleitet.

Th: Abstriche von Milch und Mamille auf Erreger und Resistenz. In der Frühphase antibiotische Behandlung mit Dicloxacillin (Dichlor-Stapenor, Kapseln zu 250 mg, Dosierung 4 mal 2 Kapseln/Tag) mindestens bis 5 Tage nach Entfieberung. An der gesunden Brust weiterstillen und die Milch der erkrankten Brust regelmäßig mit den Stillzyklen abpumpen und verwerfen. Zwei Tage nach Entfieberung kann auch auf der erkrankten Seite – noch unter Antibiotikaschutz – weiter gestillt werden. Es ist zusätzlich noch möglich, kühlende Alkoholumschläge zu verabreichen. Kommt es trotzdem zur Abszeßbildung, erfolgt zunächst Infrarotbestrahlung zur Einschmelzung des Abszesses. Nach Einschmelzung muß über dem Abszeß breit inzidiert (meist radiär) und eine Lasche eingelegt werden.

Spezielle geburtshilfliche Fragestellungen

Lage-, Haltungs- und Stellungsanomalien des Kindes

Dorsoposteriore Lagen

Überblick über vordere und hintere Lagen

Die überwiegende Mehrzahl aller Kinder (94%) wird aus vorderer Hinterhauptslage geboren. Vordere heißt diese Hinterhauptslage deshalb, weil der kindliche Rücken bzw. das Hinterhaupt vorne liegt. Die hintere, d. h. dorsoposteriore Hinterhauptslage entsteht nur in 1% aller Geburten. Wenn daher von einer Hinterhauptslage schlechthin gesprochen wird, ist immer die physiologische vordere Hinterhauptslage gemeint.

Die Deflexionslagen, ein Begriff, unter dem man die Vorderhauptslagen, die Stirn- und die Gesichtslagen zusammenfaßt, sind im Gegensatz dazu hintere, d. h. dorsoposteriore Lagen. Die vorderen Einstellungen der Deflexionslagen, bei denen also trotz einer Deflexionshaltung des Kopfes der Rücken vorn liegt, sind extrem selten. (Bei Stirn- und Gesichtslagen hat sich die Bezeichnung mentoanterior und mentoposterior anstelle von hinterer und vorderer Lage eingebürgert.) Charakteristisch für die okzipitoposteriore Rotation ist der zweimalige Geburtsstillstand: zunächst im Beckeneingang und dann im Beckenausgang.

Hintere Hinterhauptslage

Bei der hinteren Hinterhauptslage führt – wie bei der vorderen – die kleine Fontanelle. Die physiologische Flexionshaltung des Kopfes ist also nicht gestört. Auch das Durchtrittsplanum, das Planum suboccipitobregmaticum, ist das gleiche wie bei der vorderen Hinterhauptslage. Da der Rücken hinten und die große Fontanelle vorn steht, kann die hintere Hinterhauptslage leicht mit einer Vorderhauptslage verwechselt werden.

Die Entwicklung des stark gebeugten Kopfes erfolgt durch eine weitere maximale Beugung, wobei die Stirn-Haar-Grenze oder die Gegend der großen Fontanelle als Hypomochlion dient. Die Austreibungsperiode zieht sich häufig in die Länge, weil die extreme Beugung des Kopfes gegen starke Spannung stattfinden muß, die breite Stirngegend sich nicht so vollkommen dem Schambogenwinkel anpassen kann wie das Hinterhaupt und das unnachgiebige Hinterhaupt den Damm stärker beansprucht als das weiche Gesicht.

Vorderhauptslage

Bei der Vorderhauptslage ist der Kopf etwas deflektiert, so daß die große Fontanelle als Leitstelle zu tasten ist. Als Durchtrittsplanum gilt das Planum frontooccipitale mit einem Umfang von 34 cm. Bei der Entwicklung des Kopfes dienen die Tubera frontalia als Hypomochlion. Wie bei der hinteren Hinterhauptslage ist die Austreibungszeit aus den obengenannten Gründen verlängert, nur daß die Schwierigkeit der maximalen Flexion, die bei der hinteren Hinterhauptslage besteht, hier entfällt, aber dafür eine vermehrte Dehnungsarbeit durch das vergrößerte Durchtrittsplanum erforderlich ist.

Stirnlage

Die Stirnlage ist die ungünstigste, zum Glück aber auch weitaus seltenste Deflexionslage und Regelwidrigkeit überhaupt. Der Kopf ist stärker deflektiert als bei der Vorderhauptslage, aber nicht so stark wie bei der Gesichtslage. Die Leitstelle ist die Stirn. Das große Durchtrittsplanum maxillo- bzw. zygomaticoparietale mit einem Umfang von 35,5 cm gibt oft Anlaß zu Weichteilquetschungen. Die Geburtsdauer ist stets erheblich verlängert. Beim Durchschneiden des Kopfes, das meist mit einer Schrägeinstellung geschieht, dient die Gegend der Nasenwurzel bzw. des Oberkiefers als Hypomochlion.

Eine Drehung des Kinns nach hinten (also eine mentoposteriore Stirnlage) ist sehr selten. Wenn auch die Geburt in dieser Stellung nicht – wie bei der Gesichtslage – absolut unmöglich ist, ist sie doch ungeheuer erschwert, so daß eine Geburt per vias naturales heute praktisch nicht mehr in Frage kommt.

Eine Stirneinstellung, die zu Beginn jeder Gesichtslagengeburt vorkommt, persistiert nur in einzelnen Fällen, wenn der Kopf aus irgendeinem Grund an einer völligen Deflexion gehindert ist oder wenn die Frucht so klein ist, daß sie auch in dieser Stellung den Geburtskanal mühelos passieren kann.

Nur dann ist man berechtigt, eine Stirnlage zu diagnostizieren, wenn der touchierende Finger das Kinn nicht erreicht!

Die Leitung der Stirnlagengeburt kann so lange konservativ bleiben, wie ein guter Geburtsfortschritt zu verzeichnen ist und keine Gefahr für das Kind besteht. Bei Schwierigkeiten jedoch frühzeitiger Entschluß zur Sectio caesarea, insbesondere, wenn neben der Haltungsanomalie noch andere Risiken vorliegen. Extraktionsversuche mit der Zange werden heute auch vom Geübten abgelehnt. Die Alternative heißt also Spontangeburt oder Schnittentbindung.

Gesichtslage

Bei der Gesichtslage, die etwa unter 200–600 Fällen einmal vorkommt, ist der Kopf am weitesten deflektiert, so daß das Gesicht zum führenden Teil wird und der touchierende Finger das Kinn erreicht. Dadurch, daß der Umfang des Durchtrittsplanums (Planum tracheoparietale) wieder etwas kleiner ist als bei der Stirnlage (34,5 cm) und der Kopf bei seinem Austrittsmechanismus eine ausgiebigere Bewegungsfreiheit hat, ist noch gelegentlich mit einer Spontangeburt zu rechnen.

Bei der Entwicklung des Kopfes, bei der er in dem gleichen Ausmaß einer Beugung unterliegt wie bei der Hinterhauptslage einer Streckung, stemmt sich die Gegend des Zungenbeines gegen die Symphyse. Die Geburtsdauer ist im Verhältnis zu der bei Hinterhauptslage verlängert, und die Gefahr für die Kinder liegt in intrakraniellen Blutungen, Hirnödem oder zentraler Asphyxie.

Die unangenehmste Komplikation entsteht dann, wenn sich am Knie des Geburtskanals das Kinn nicht nach vorn, sondern nach hinten dreht und daher eine mentoposteriore und damit geburtsunmögliche Gesichtslage resultiert.

Die Entstehung einer Gesichtslage kann u. a. auf Tumoren am Hals, Steiß oder Rücken des Kindes, auf Mißbildungen, Gefäßveränderungen, Dolichozephalie, Muskelgeschwülsten der Mutter oder auf dem Vorfall kleiner Teile beruhen und zeitlich schon in die Schwangerschaft fallen (primäre Gesichtslage) oder erst während der Geburt erfolgen (sekundäre Gesichtslage). Die Geburtsleitung kann – wie bei Vorderhaupts- und Stirnlagen – bei gutem Geburtsfortschritt und fehlenden Indikationen zum Eingreifen konservativ bleiben. Bestehen neben der Haltungsanomalie noch weitere Risiken oder Bedenken, so ist der Kaiserschnitt angezeigt. Auch bei der Gesichtslage ist die Alternative Spontangeburt oder Sectio caesarea.

Tiefer Querstand

Man spricht von einem tiefen Querstand, wenn der Kopf mit quer verlaufender Pfeilnaht über längere Zeit auf dem Beckenboden steht und die Pfeilnaht trotz ausreichender Wehen keine Neigung zur Rotation zeigt. Befindet sich die kleine Fontanelle links, handelt es sich um einen 1., befindet sie sich rechts, handelt es sich um einen 2. tiefen Querstand. Bei kleinen, runden, wenig konfigurierten Köpfen bleibt gelegentlich die Beugung aus, die der Kopf normalerweise auf dem Wege durch das kleine Becken erfährt. Dadurch fehlt ihm auch der Zwang zur Drehung mit seiner kleinen Fontanelle nach vorn.

Somit stellt der tiefe Querstand eine Haltungs- und auch eine Einstellungsanomalie dar. Nur in äußerst seltenen Fällen werden kleine und unreife Kinder auch einmal mit quer-verlaufender Pfeilnaht geboren.

Oftmals handelt es sich nur um eine vorübergehende Einstellung des Kopfes, so daß bei Verstärkung der Wehen die ausgebliebene Rotation auf dem Beckenboden doch noch spontan nachgeholt wird.

Die Diagnose des tiefen Querstandes wird meist erst gestellt, wenn sich die Austreibung ohne ersichtlichen Grund in die Länge zieht.

Zur Behebung dieser Regelwidrigkeit kommen in Frage: die Verstärkung der Wehen durch Wehenmittel (Oxytocininfusion) oder die Lagerung der Patientin auf die Seite der kleinen Fontanelle. Führen diese Maßnahmen und auch ein Versuch der Drehung des Kopfes von der Vagina aus nicht zum Ziel, ist meist, um keine Gefahr für Mutter oder Kind aufkommen zu lassen, die Extraktion mit der Zange bzw. mit der Saugglocke nötig (s. d). Der tiefe Querstand an sich stellt aber noch keine Indikation zur operativen Geburtsbeendigung dar.

Hoher Geradstand

Während der Kopf normalerweise mit quer verlaufender Pfeilnaht in das kleine Becken eintritt, kommt es gelegentlich vor, daß er durch die Wehen mit gerade verlaufender Pfeilnaht auf den Beckeneingang gepreßt wird. Wenn dabei das Hinterhaupt nach vorn zeigt, spricht man von einer Positio occipitalis pubica (einem vorderen hohen Geradstand), ist es dagegen nach dem Kreuzbein gerichtet, von einer Positio occipitalis sacralis (einem hinteren hohen Geradstand). Bei der Positio occipitalis pubica ist eher mit einer Spontangeburt zu rechnen als bei der Positio occipitalis sacralis. Beckenverengungen mäßigen Grades, besonders das längsovale bzw. querverengte, aber auch das „lange Becken", disponieren im allgemeinen zu dieser Einstellungsanomalie. Führen Abwarten, vorsichtige Gaben von Wehenmitteln und Seitenlagerung nicht zum Eintritt des Kopfes, muß die Sectio caesarea durchgeführt werden.

Beckenendlagen

Etwa 3–4% aller Geburten verlaufen als Beckenendlagen.

Je nach der Haltung der unteren Extremitäten unterscheidet man:

1. Steißlagen
   a) einfache (die Beine sind an der Bauchseite des Kindes hochgeschlagen, sind also neben dem Steiß nicht zu tasten; etwa 60% aller Beckenendlagen),
   b) gedoppelte (auch Steiß-Fuß-Lagen genannt);
      α) vollkommen gedoppelte (neben dem Steiß sind beide Füße zu tasten, etwa 4% aller Beckenendlagen),
      β) unvollkommen gedoppelte (neben dem Steiß ist nur ein Fuß zu tasten, etwa 10% aller Beckenendlagen);
2. Fußlagen:
   a) vollkommene (beide Füße vorliegend, etwa 15% aller Beckenendlagen),
   b) unvollkommene (nur ein Fuß vorliegend, etwa 10% aller Beckenendlagen);
3. Knielagen:
   a) vollkommene (beide Knie vorliegend),
   b) unvollkommene (nur ein Knie vorliegend).

Die Knielagen werden als Übergang zu den Fußlagen aufgefaßt und sind sehr selten (höchstens 1% aller Beckenendlagen).
Bei der Beckenendlagengeburt dreht sich die Frucht – wie auch bei den Schädellagen – so, daß ihr Biegungsfazillimum stets in die Richtung der vom Geburtskanal geforderten Abbiegung fällt. Wer sich einigermaßen ein Bild vom Geburtskanal und von der Bewegungsfreiheit der Wirbelsäule machen kann, weiß daher, daß der Steiß mit etwas schräg verlaufender Hüftbreite ins Becken eintritt, daß sich der Rücken am Knie des Geburtskanals nach der Seite und nach dem Austritt aus der Vulva nach vorn drehen muß, um den Durchtritt der Schultern zu ermöglichen.
Da eine Beckenendlagengeburt völlig spontan höchstens einmal bei Vielgebärenden mit schlaffen Weichteilen so rasch erfolgt, daß das Kind keinen Schaden erleidet, muß praktisch immer in dem Augenblick eine Kunsthilfe einsetzen, in dem die Nabelschnur im kleinen Becken durch den nachfolgenden Kopf komprimiert wird. Die Kompression der Nabelschnur beginnt, wenn der untere Skapulawinkel in der Vulva erscheint. Die zur Entwicklung des Schultergürtels und des nachfolgenden Kopfes anzuwendenden Handgriffe werden als Manualhilfe bei Beckenendlage bezeichnet. Ihre Durchführung hängt also von keiner besonderen Indikation ab.
Die Manualhilfe kann entweder nach der Methode von Bracht oder in Form der Schulterentwicklung nach Arthur Müller und der Entwicklung des Kopfes mit dem Mauriceau-Veit-Smellie-Handgriff (Reit-, Mund-, Nakkenhandgriff) durchgeführt werden.
Der Bracht-Handgriff ist durch seine Einfachheit bestechend und gelingt bei der überwiegenden Mehrzahl aller Mehrgebärenden sowie bei einer großen Anzahl von Erstgebärenden. Er sollte daher bei jeder bis zum Erscheinen des Nabels spontan verlaufenden Beckenendlage zuerst versucht werden. In den wenigen Fällen, in denen er wegen straffer Weichteile nicht zum Erfolg führt, ist nichts verloren, wenn man nach einem ersten Versuch der Bracht-Methode gewissermaßen umschaltet, die Arme löst und den nachfolgenden Kopf mit dem Veit-Smellie-Handgriff herausbefördert.
Bei der Bracht-Methode muß die Fruchtwalze mit beiden Händen zusammengehalten werden, so daß sie bei verstärktem Druck von oben, der meist von der Hebamme geleistet wird, leicht um die Symphyse rotiert.
Beim Veit-Smellie-Handgriff reitet das Kind auf dem seiner Bauchseite entsprechenden Arm des Geburtshelfers. Der Zeigefinger dieser inneren Hand wird in den Mund geführt und garantiert, ohne einen Zug auszuüben, lediglich eine optimale Beugung des Kopfes. Dabei schienen Daumen und Mittelfinger den Unterkiefer. Die andere, äußere Hand umfaßt hakenförmig den Nacken des Kindes mit Zeige- und Mittelfinger, wobei aber die Fingerspitzen soweit wie möglich nach unten zu führen sind, so daß sie nicht auf dem Erb-Punkt liegen (Plexusschäden). So werden vorsichtig unter langsamem Anheben Kinn, Gesicht, Stirn und schließlich das Hinterhaupt über den Damm geführt. Wenn der Mund geboren und die Lungenatmung möglich ist, ist es ratsam, die Entwicklung der Stirn zur Schonung des Dammes nur sehr langsam durchzuführen.
Wegen der noch immer erhöhten Mortalität der Kinder bei Beckenendlagengeburten wird von manchen Geburtshelfern die prophylaktische Wendung auf den Kopf während der Schwangerschaft versucht. Diese Wendungsversuche nach der 38. SSW sind berechtigt, wenn eine Placenta praevia und der Sitz der Plazenta an der Uterusvorderwand vorher ausgeschlossen werden (Ultraschall). Als Gefahren der äußeren Wendung, deren Erfolgsaussichten mit etwa 40% angegeben werden, gelten die vorzeitige Lösung der Plazenta, Nabelschnurkomplikationen, ein vorzeitiger Blasensprung und die Wehenauslösung. Wegen der Komplikationsmöglichkeiten sollte der Wendungsversuch in Kaiserschnittbereitschaft erfolgen.
Häufiger als die äußere Wendung wird jedoch die Schnittentbindung angewandt. Die Indikation wird weit gestellt: Bei Älteren oder Erstgebärenden wird in Absprache mit der Patientin häufig die primäre Sectio caesarea durchgeführt, ebenso bei zusätzlichen Risiken wie z. B. Präeklampsie, Diabetes, Plazentainsuffizienz und ähnlichem.

Querlagen

Bei den Querlagen, deren Häufigkeit mit 0,2–1% angegeben wird, spricht man von einer 1. Querlage, wenn der Kopf links von einer 2., wenn der Kopf rechts liegt. Die dorsoanteriore Querlage kommt häufiger vor als die dorsoposteriore. Dorsosuperiore und dorsoinferiore Querlagen sind gleich selten.
Die Querlage wird in erster Linie der Schlaffheit der Uterusmuskulatur und der Bauch-

decken bei Vielgebärenden, in zweiter Linie dem engen Becken zugeschrieben, das einer Längseinstellung der Frucht Schwierigkeiten bereitet. Weiter kommen Placenta praevia, Tumoren oder Formanomalien des Uterus oder ein Hydramnion als Ursache in Frage.
Die Diagnose wird meist schon durch die äußere Untersuchung gestellt. Die innere Untersuchung muß im Hinblick auf die Therapie mit größter Sorgfalt und unter Vermeidung einer Blasensprengung durchgeführt werden. Eine vaginale Untersuchung ist zu unterlassen oder nur dann vorzunehmen, wenn im Anschluß daran die Sectio caesarea durchgeführt werden könnte. Bei der Untersuchung ist das Becken zunächst leer. Später tastet man manchmal vorliegende kleine Teile oder das Gitterwerk der Rippen. Ein vorgefallener Arm spricht für Querlage. Paßt er zum Handschlag in die rechte Hand, ist es der rechte, paßt er nicht, ist es der linke Arm des Kindes. Aus der Richtung des Schulterschlusses und der Kenntnis des vorliegenden Armes kann auf die genaue Lage geschlossen werden. Eine Ultraschalluntersuchung sichert die Diagnose und gibt weitere Aufschlüsse über Größe und Lage des Kindes.
Die Querlagen gehören zu den absolut ungünstigen Lagen, die normalerweise spontan nicht geboren werden können. Gelegentlich wandelt sich jedoch eine Querlage vor dem Blasensprung in eine Längslage um (Versio spontanea), oder es erfolgt in ganz, ganz seltenen Fällen schließlich doch eine Selbstentwicklung (Evolutio spontanea). Eine Conduplicatio-corpore-Geburt kommt nur bei mazerierten, die Selbstentwicklung nur bei kleinen, unreifen Kindern und günstigen Raumverhältnissen vor.
Wenn eine Querlage nicht rechtzeitig unter ärztliche Aufsicht gelangt, bleibt die Verschleppung nicht aus. Ihr folgt unweigerlich die Uterusruptur und dieser der Tod der Mutter durch Verblutung oder Sepsis, während das Kind meist schon bei dem die Ruptur anbahnenden Tetanus uteri ad finem kommt.
Als verschleppt bezeichnet man die Querlage dann, wenn der vorgefallene Arm und die vorangehende Schulter nach dem Blasensprung fest im kleinen Becken verkeilt sind und die Uterusmuskulatur die Frucht so straff umfaßt, daß eine Änderung der Lage unmöglich ist, ohne die Intaktheit des Uterus zu gefährden. Die Verschleppung einer Querlage sollte heute nicht mehr vorkommen. Die Gefahr einer verschleppten Querlage, der nur durch die schonende Entwicklung des Kindes ohne Beanspruchung des überdehnten Uterus, d.h. also durch Sectio caesarea, begegnet werden kann, besteht in der Uterusruptur.
Zeichen der drohenden Uterusruptur: sehr schmerzhafte Wehen, die sich zu einem Tetanus uteri steigern können. Aufsteigen des Kontraktionsringes (der Bandl-Furche) bis in Nabelhöhe. Gelegentlich täuscht die überfüllte Blase einen hochsteigenden Kontraktionsring vor, eine Situation, die sich jedoch durch Katheterismus leicht klären läßt. Druckschmerzhaftigkeit des unteren Uterinsegments auch in der Wehenpause. Vorspringen der Ligg- teretia uteri (Ligg. rotunda). Unruhe, Pulsbeschleunigung, häufig Temperatursteigerung infolge der langen Geburtsdauer.
Eine Uterusruptur droht im allgemeinen erst bei verstrichenem Muttermund, da vorher alle Wehenkraft zur Eröffnung verwandt wird. Zeichen der erfolgten Ruptur ist ein schlagartiges Aufhören der Wehen. Die Patientin hat den Eindruck, daß etwas in ihr zerrissen ist. Teile des Kindes können unmittelbar unter den Bauchdecken getastet werden. Die kindlichen Herztöne sind verschwunden. Zeichen äußerer oder innerer Blutung, Schocksymptome (kleiner und frequenter Puls usw.).

Geburtsleitung bei Querlagen: Vor Wehenbeginn, bei stehender Blase, kann evtl. der Versuch einer äußeren Wendung auf den Kopf unternommen werden. Die Möglichkeit der Tokolyse verbessert die Erfolgsaussichten. Bei Schräglagen kann versuchsweise eine Lagerung der Patientin auf die Seite, nach der der Kopf bzw. der Steiß abgewichen ist, erfolgen.
Gelingt die äußere Wendung nicht, ist die Schnittentbindung kurz vor dem Termin oder bei Blasensprung bzw. Beginn der Wehentätigkeit das Behandlungsverfahren der Wahl. Selbst bei intrauterinem Fruchttod wird man heute dem Kaiserschnitt den Vorzug geben, wenn es sich um eine Erstgebärende mit etwa reifem Kind handelt. Bei einer Mehrgebärenden mit totem Kind wird sich der Geburtshelfer entscheiden müssen, ob er sich von einer rechtzeitigen inneren Wendung mit anschließender Extraktion oder von einer lege artis durchgeführten Dekapitation weniger Schaden für die Mutter verspricht.

Beckenanomalien

Die Häufigkeit des zu geburtshilflichen Komplikationen führenden „engen Beckens" ist durch die heutige Lebensweise der Bevölkerung und die weitverbreitete Rachitisprophylaxe stark zurückgegangen. Die konstitutionellen Beckenvarianten mit ihren Auswirkungen auf die Geburt stehen daher mehr im Vordergrund.
Unter der Geburt kommt es darauf an, eine funktionelle Beckendiagnostik durchzuführen. Die Geburtsleitung bei einer Komplikationen verheißenden Beckendystokie hat also zu berücksichtigen: das Ausmaß der Beckenverengung, vor allem aber die Form des Beckens, die Größe des kindlichen Kopfes und seine Konfigurabilität, die Einstellung des Kopfes und die Wehentätigkeit.
Eine gute Vorstellung von den Verhältnissen des Kopfes zum Becken bietet der 4. Leopold-Handgriff sowie die Prüfung, ob der Kopf die Symphyse überragt (Zangemeister-Handgriff). Dazu wird die eine Hand des Geburtshelfers flach auf die Symphyse, die andere flach auf den Kopf gelegt. Bei normalem Becken ergibt sich eine Stufe zwischen beiden Händen, da die obere, den Kopf tastende Hand etwa einen Finger breit tiefer liegt. Befinden sich beide Hände in gleicher Höhe, so besteht eine Beckenverengerung geringen Grades. Doch ist hierbei im allgemeinen ein Eintritt des Kopfes zu erwarten, wenn Wehenkraft und Verformbarkeit des Kopfes gut sind. Liegt dagegen die obere Hand deutlich höher als die untere, die die Symphyse markiert, ist mit einem Eintritt des Kopfes kaum zu rechnen.
Man wird sich zur Sectio caesarea entschließen, wenn der Kopf nach vollständig erweitertem Muttermund, gesprungener Blase und bei regelmäßiger, kräftiger Wehentätigkeit innerhalb ½–1 Stunde nicht in das Becken eingetreten ist, sofern andere Komplikationen nicht schon früher zum Eingreifen gezwungen haben. Intensivüberwachung! Tritt der Kopf in das Becken ein, müssen die Haltung und die Einstellung des Kopfes, seine Verformbarkeit und die weitere Wehentätigkeit gut beobachtet werden. Für das allgemein verengte Becken ist die übermäßige Beugung des Kopfes charakteristisch (Roederer-Einstellung), der auf diese Weise am ehesten in den verengten Beckeneingang eintreten kann. Beim platten Becken stellt sich der Kopf dagegen so ein, daß nicht der größte biparietale, sondern der kleinere bitemporale Durchmesser mit der verkürzten Conjugata vera zusammenfällt. Er nimmt also eine leichte Deflexionshaltung ein. Darüber hinaus übernimmt häufig das vordere Scheitelbein die Führung, so daß die Pfeilnaht dem Promontorium etwas genähert ist. Diese vordere Scheitelbeineinstellung (Naegele-Obliquität) ist für die Überwindung des Mißverhältnisses zwischen Kopf und Becken relativ günstig, während umgekehrt durch die hintere Scheitelbeineinstellung (Litzmann-Obliquität), bei der die quer verlaufende Naht der Symphyse genähert ist, die Situation wesentlich ungünstiger wird, da da hintere Scheitelbein an der Symphyse nicht genügend Platz zum Ausweichen hat. Natürlich hängt der Geburtsverlauf auch wesentlich von der Stärke der Wehentätigkeit ab. Vor einer zu reichlichen Gabe von Wehenmitteln sei aber gerade bei einem engen Becken ausdrücklich gewarnt.
Kommt es, nachdem der Kopf in das Becken eingetreten ist, bei der Austreibung zu einem Geburtsstillstand, vielleicht weil die Gebärende durch die lange Geburt wirklich erschöpft ist, kann auch bei engem Becken (jedoch nicht wegen des engen Beckens) eine Zangen- bzw. Vakuumextraktion durchgeführt werden.

Vorfall kleiner Teile

Von einem Vorfall kleiner Teile spricht man, wenn nach dem Blasensprung entweder die Nabelschnur, ein Arm oder eine Hand vor dem führenden Teil getastet werden kann (oder gar zu sehen ist). Dagegen spricht man nur von einem Vorliegen kleiner Teile, wenn die Blase bei der gleichen Situation noch steht.
Der Vorfall kleiner Teile wird dadurch begünstigt, daß bei Querlagen, Beckenendlagen oder Schädellagen bei engem Becken der Beckeneingang nicht vollkommen ausgefüllt ist.
Beim Vorliegen eines Armes genügt es, wenn die Patientin auf die dem Arm entgegengesetzte Seite gelagert wird, um ein Zurückziehen des Armes zu ermöglichen.
Der Vorfall des Armes bzw. der Hand kann den Eintritt des Kopfes in das kleine Becken bzw. seinen Durchtritt unmöglich machen oder zumindest sehr erschweren; im Anschluß an eine Überdehnung des unteren Uterinsegmentes kann es sogar zur Uterusruptur kommen. Beim Vorfall eines Armes bzw. einer Hand wird, wenn es sich nicht um

sehr kleine Kinder handelt, nur die Sectio caesarea in Frage kommen.
Beim Vorliegen der Nabelschnur, wenn überhaupt erkannt, lagert man die Patientin mit erhöhtem Becken auf die der Nabelschnur entgegengesetzte Seite.
Die Gefahr des Vorfalls der Nabelschnur liegt in ihrer Kompression durch den vorangehenden Kindsteil und in der damit verbundenen kindlichen Asphyxie. Der Nabelschnurvorfall ist nur ganz selten so ausgedehnt, daß eine größere Schlinge vor der Vulva erscheint. Er wird meist erst vermutet, wenn die kindlichen Herztöne ohne andere erklärliche Ursache absinken. Deshalb ist es besonders wichtig, nach dem Blasensprung die Herztöne sorgfältig zu kontrollieren und bei Unregelmäßigkeiten zu untersuchen. Mit Hilfe der Kardiotokographie können Nabelschnurkomplikationen heute sicher erfaßt werden.
Bei der Behandlung des Nabelschnurvorfalls müssen zwei Prinzipien unterschieden werden: Das eine besteht in der Beseitigung des gefährlichen Drucks, das andere in der raschen Beendigung der Geburt, so daß die natürliche Atmung des Kindes einsetzen kann.
Die Schädellage ist am gefährlichsten, die Steißlage viel weniger gefährlich, und bei der Querlage braucht der Nabelschnurvorfall kaum gesondert beachtet zu werden. Ist der Muttermund vollständig erweitert und steht die Leitstelle entsprechend tief (mindestens auf +2), kann die rasche vaginale Entbindung durch Zange, Saugglocke oder manuelle Extraktion die günstigste Lösung sein. Bei noch nicht erweitertem Muttermund kommt nur die Sectio caesarea in Frage. Während ihrer Vorbereitung bzw. während des Transportes der Patientin in die Klinik sollte das Becken hochgelagert und die weitere Wehentätigkeit durch Tokolyse unterbunden werden. Zur Beseitigung der Nabelschnurkompression kann der kindliche Kopf von der Vagina aus hochgeschoben werden. Wenn möglich, sollte der Mutter Sauerstoff appliziert werden.

Wehenanomalien (Dystokien)

Sy: Die Wehenintensität kann zu gering sein, d. h., die Kontraktionsamplitude kann z. B. nur 25–30 mmHg betragen. Es kann auch die Frequenz vermindert sein, so daß in 10 Min. nur 2 oder noch weniger Wehen auftreten. Daneben kann der Ruhetonus des Uterus sehr niedrig sein (hypotone Wehenschwäche).
Im Gegensatz zu solcher hypotoner Wehenschwäche kann es gelegentlich zu einer Hyperaktivität des Uterus kommen, wenn z. B. mehr als 5 Kontraktionen innerhalb von 10 Min. auftreten und 50 mmHg und mehr bei den einzelnen Kontraktionen gemessen werden. Es handelt sich dann um einen Zustand, den man auch als Tetanus uteri zu charakterisieren pflegt.
Von einer Tachysystolie spricht man, wenn lediglich die Wehenfrequenz und nicht gleichzeitig auch die Intensität gesteigert ist.
Von einer hypertonen Motilität spricht man, wenn der Ruhetonus des Uterus sehr hoch liegt, gleichgültig, ob die Intensität und die Frequenz der Wehen gesteigert sind oder nicht. Diesen Zustand, der recht schmerzhaft sein und zu einer erheblichen Verzögerung der Geburt führen kann, wird gelegentlich als „hypertone Wehenschwäche" bezeichnet.
Schließlich gibt es noch die verschiedensten Formen der Koordinationsstörungen: etwa in der Form, daß die Kontraktionen – im Gegensatz zur Norm – im unteren Uterinbereich (Spasmen) stärker sind als im Fundus, oder daß die Kontraktionswellen eine aufsteigende statt normalerweise absteigende Tendenz haben. Ebenso können verschiedene Erregungszentren wirksam werden, die zu voneinander völlig unabhängigen Kontraktionsbezirken führen.
Es ist verständlich, daß alle diese Störungen zu einer mehr oder minder beträchtlichen Geburtsverzögerung führen können. Es besteht jedoch kein Zweifel, daß die verschiedenen Wehenatypien auch häufig bei regelrechten Geburten vorkommen und in diesem Rahmen nur als unbedeutende Abweichung von einer „normalen" Wehentätigkeit angesehen werden können.

Th: Die hypotone Wehenschwäche und die Koordinationsstörung werden durch die i. v. Oxytocininfusion beherrscht (Dosierung s. o.). Bei der Hyperaktivität und auch bei der hypertonen Motilität kommen die vorübergehende Tokolyse mit β-Mimetika und die Applikation von Pethidin (Dolantin) in Betracht. Wenn möglich, sollte eine Periduralanästhesie angelegt werden, die einen ausgesprochen günstigen therapeutischen Effekt auf die koordinierte Eröffnung des Muttermundes hat.

Mehrlingsschwangerschaften und -geburten

Auf etwa 80–90 Einlingsschwangerschaften kommt eine Mehrlingsschwangerschaft. Nach der Hellin-Regel entfallen

- 1mal Zwillinge auf etwa 80 Geburten,
- 1mal Drillinge auf etwa 80 × 80 Geburten,
- 1mal Vierlinge auf etwa 80 × 80 × 80 Geburten usw.

Bei Überstimulierung der Ovarien mit Ovulationsauslösern (Clomifen, Cyclofenil) kommen Mehrlingsschwangerschaften häufiger vor.
Bei Mehrlingsschwangerschaften ergeben sich wegen der größeren mechanischen und biologischen Belastung der Patientin häufiger Komplikationen. Die Schwangerschaftsbeschwerden und Störungen (Hyperemesis, EPH-Gestose, Varizen, intrapartale Infektionen, Blutungen unter der Geburt und in der Nachgeburtsperiode) sind meist stärker ausgeprägt als bei einer Einlingsschwangerschaft. Die Gefahren für die Kinder sind deutlich erhöht, besonders deshalb, weil Frühgeburten etwa 5mal häufiger als bei Einlingen vorkommen. Die durchschnittliche Schwangerschaftsdauer beträgt 37 Wochen. Die Mortalität des zweiten Zwillings ist deutlich höher als die des ersten.
Die Diagnose einer Zwillingsschwangerschaft ist heute mittels Ultraschall leicht. Schon in der 7.–8. SSW sind getrennte Fruchthöhlen, Embryonalanlagen und die getrennte Herztätigkeit nachweisbar. Ohne diese diagnostischen Möglichkeiten wurden in knapp 40% aller Fälle Geburtshelfer und Patientin erst unter der Geburt von einem zweiten Kind überrascht.
In etwa 40–45% aller Fälle befinden sich beide Zwillinge in Schädellage, in 35–40% befindet sich ein Zwilling in Schädellage, der andere in Beckenendlage. In etwa 10% befinden sich beide in Beckenendlage. Kombinationen mit Querlagen (1 Zwilling in Schädellage oder Beckenendlage, beide Zwillinge in Querlage) kommen in etwa 5–10% aller Fälle vor.
Wenn kein Zweifel darüber besteht, daß sich der erste Zwilling in Schädellage befindet, ist die Leitung der Zwillingsgeburt abwartend. Befindet sich der führende Zwilling in Beckenendlage, wird die Indikation zur Schnittentbindung gestellt. Überhaupt wird die Indikation zur primären Sectio caesarea heute großzügig gestellt: Nicht nur bei Lage- bzw. Einstellungsanomalien des ersten Kindes, sondern z. B. auch bei älterer Primipara mit straffen Weichteilen, bei EPH-Gestosen oder anderen Komplikationen entschließt man sich primär zum operativen Geburtsmodus.
Ist der erste Zwilling spontan geboren, muß auf eine sorgfältige Unterbindung der Nabelschnur geachtet werden, da der noch in utero befindliche Zwilling möglicherweise über einen sog. „dritten Kreislauf" verbluten kann. Er befindet sich durch die Geburt des ersten Kindes und die nachfolgende Uteruskontraktion sauerstoffmäßig ohnedies in einer schlechteren Situation.
Die Lage des zweiten Zwillings wird sofort nach der Entbindung des ersten vaginal kontrolliert und – bei Querlage – korrigiert. Befindet sich auch das zweite Kind in Längslage und zeigt das Kardiotokogramm keinerlei Gefährdung an, wird nach Sprengung einer evtl. vorhandenen zweiten Fruchtblase auch die Spontangeburt dieses Kindes abgewartet. Allerdings sollte das Intervall zwischen der Geburt des ersten und des zweiten Kindes nicht zu groß sein, da sich gezeigt hat, daß die Mortalität des zweiten Zwillings mit größer werdendem Intervall zunimmt.
Führt eine Oxytocininfusion nicht zum Erfolg, wird das Kind der Geburtssituation entsprechend operativ entwickelt: bei festsitzendem Kopf mit vorsichtiger Zangenextraktion oder mit der Saugglocke, bei Beckenendlage mit manueller Extraktion, evtl. auch durch Wendung und Extraktion.
Viele Geburtshelfer bevorzugen heute wegen des dadurch besonders gering zu haltenden Risikos primär ein aktives Vorgehen beim zweiten Zwilling mit Sprengung der Fruchtblase, Herableiten des kindlichen Kopfes und bei Bedarf Forzeps- oder Vakuumextraktion bzw. bei Quer- und Beckenendlagen die manuelle Extraktion am Beckenende.
War bereits zur Entbindung des ersten Kindes ein operativer Eingriff erforderlich, wird das zweite, gleichgültig in welcher Lage es sich befindet, unter Ausnutzung der Narkose ebenfalls sofort entbunden. Dabei wird auch die Plazenta manuell gelöst.
Sonst hat die Überwachung der Nachgeburtsperiode wegen der verstärkten Atoniegefahr mit besonderer Aufmerksamkeit zu erfolgen.
Nach Geburt der Plazenta muß festgestellt werden, ob die Zwillinge eineiig oder zweieiig sind.
Etwa ein Viertel aller Zwillinge sind eineiig oder erbgleich, etwa drei Viertel zweieiig

oder erbverschieden. Eineiige (monozygote) Zwillinge kommen in allen Rassen in gleicher Häufigkeit vor, dagegen findet man bei zweieiigen (dizygoten) eine gewisse Abhängigkeit von der Rasse, von familiär bedingten Faktoren und von dem Alter und der Parität der Mutter.

Zweieiige Zwillinge enstehen durch

- zwei gleichzeitige Ovulationen, in jedem Ovar eine,
- zwei Ovulationen in einem Ovar,
- eine Ovulation in einem Ovar, wobei aber zwei reife Eier aus einem sog. „Zwillingsfollikel" austreten.

Eineiige Zwillinge entstehen durch Teilung der Zygote zu einem früheren oder späteren Zeitpunkt in zwei vollständige Keime. Dabei kann die Teilung in folgenden Stadien erfolgen:

- Kurz nach der Befruchtung, im Morulastadium, noch bevor sich Embryoblast und Trophoblast gebildet haben, wobei solche Zwillinge dann zwei getrennte Plazenten, zwei Chorien und zwei Amnien haben; gelegentlich jedoch eine sekundäre Verschmelzung zu einer Plazenta erfolgt (30% der monozygoten Zwillinge);
- im Blastulastadium (zwischen dem 4. und 7. Tag nach der Konjugation), bevor sich eine Amnionhöhle gebildet hat, wobei diese Zwillinge eine Plazenta, ein Chorion und zwei Amnien haben (ca. 70% aller monozygoten Zwillinge);
- zwischen dem 7. und 13. Tag nach der Konjugation, nach Ausbildung einer Amnionhöhle, wenn sich der Embryonalschild entwickelt. Solche Zwillinge besitzen eine Plazenta, ein Chorion und ein Amnion, d. h. also keine Scheidewand der Fruchtblase (unter 1% aller monozygoten Zwillinge).

Daraus ergibt sich für die Praxis:

- Mit Sicherheit zweieiig sind alle Pärchenzwillinge.
- Mit Sicherheit eineiig sind alle Monoamnioten-Monochoriaten.
- Bei dichorisch-diamniotischen Fruchthöhlen muß man in 80% der Fälle mit zweieiigen Zwillingen, in den restlichen 20% mit monozygoten Zwillingen rechnen.
- Die monochorisch-diamniotische Anlage der Fruchthöhlen spricht nahezu zu 100% für eineiige Zwillinge; Ausnahmen sind jedoch in ganz seltenen Fällen in der Literatur beschrieben worden.

Ergeben sich aus diesen Punkten keine eindeutigen Hinweise auf die Mono- bzw. Dizygotie, muß die Frage evtl. bis zu dem Zeitpunkt offenbleiben, an dem eine Ähnlichkeitsdiagnose der Zwillinge möglich wird; dies wird etwa ab dem 3. bis 4. Lebensjahr gelingen. Sollte eine frühere Klärung unbedingt notwendig werden, kann eine serologische Diagnostik erfolgen.

Unzeitiger Blasensprung

Def: Beim vorzeitigen Blasensprung, der in etwa 15–30% aller Geburten beobachtet wird, springt die Blase vor Wehenbeginn. Springt sie vor völliger Eröffnung des Muttermundes, d. h. also in der Eröffnungsperiode, spricht man vom frühzeitigen Blasensprung. Genau rechtzeitig, d. h. im Augenblick der vollendeten Erweiterung des Muttermundes, springt die Blase jedoch nur in relativ wenigen Fällen. Von verzögertem Blasensprung spricht man, wenn die Blase erst in der Austreibungsperiode springt.

Ät: Über die Ursachen des vorzeitigen Blasensprunges weiß man wenig Sicheres. Eine erhöhte Uterusaktivität oder eine verminderte Zugfestigkeit der Eihäute wird ebenso diskutiert wie eine mangelhafte Flächenverschieblichkeit der einzelnen Grenzschichten. Mehrlingsschwangerschaften, Querlagen und Beckenendlagen, bei denen die Abdichtung durch den führenden Teil unzureichend ist, sind prädisponierend. Aszendierende Infektionen können ebenfalls zum vorzeitigen Blasensprung führen.

Sy: Man weiß, daß die Blase das regelrechte Zusammenspiel der dynamischen Geburtskräfte des Korpus und der biologischen der Zervix garantiert. Durch die Hemmung der treibenden Geburtskräfte gibt sie den biologischen Kräften der Zervix Gelegenheit zu einer langsamen Entfaltung. Ist die Blase gesprungen, werden die dynamischen Kräfte verstärkt und die biologischen Eröffnungskräfte gehemmt: Die Geburt verläuft rascher!

Während der vorzeitige Blasensprung in Terminnähe, speziell nach Vollendung der 37. SSW, zunächst keiner weiteren Therapie als der stationären Aufnahme und der Überwachung bedarf, da er als physiologische Variante des normalen Geburtsverlaufs erscheint, bedarf die Patientin mit vorzeitigem Blasensprung vor der 37. SSW intensiver therapeutischer Bemühungen.

Die Gefahren des vorzeitigen Blasensprungs bestehen in erster Linie in der Infektion der Eihöhle (Amnionitis), dem Nabelschnurvorfall mit u. U. konsekutiver akuter intrauteriner Asphyxie und – vor der 37. SSW – der Frühgeburtlichkeit.

Dg: Sie ist, wenn sich das Fruchtwasser nicht gerade im Schwall entleert, manchmal recht schwierig. Vor einer Verwechslung des abfließenden Fruchtwassers mit Harn schützt die Prüfung der Reaktion: Fruchtwasser reagiert alkalisch. Aufschlußreich kann auch die i. m. Injektion von einigen Kubikzentimetern Indigocarmin sein, die den Urin auf Stunden hinaus blau färben, während das Fruchtwasser ungefärbt bleibt. Auch finden sich bei der mikroskopischen Untersuchung im Fruchtwasser Lanugohaare, Fetttropfen und Hautschuppen, die bei der Färbung nach Papanicolaou besonders gut zu erkennen sind. Die Restfruchtwassermenge wird heute mittels Ultraschall abgeschätzt.

Th: Ist die 37. SSW überschritten und besteht keinerlei Terminunklarheit, wird man zunächst über etwa 24 Stunden abwarten, ob sich spontan Wehen einstellen, die einen Geburtsfortschritt bedingen. Voraussetzung für dieses Abwarten ist die regelmäßige Kontrolle der Körpertemperatur. Auch die Leukozytenkontrolle gibt Hinweise auf ein beginnendes Amnioninfektionssyndrom, wenn auch hier angesichts der schwangerschaftsbedingten physiologischen Leukozytose weniger auf Absolutwerte zurückgegriffen werden kann, sondern ein Leukozytenanstieg innerhalb weniger Stunden die beginnende Amnionitis signalisiert. Während dieser Wartezeit scheint eine antibiotische Prophylaxe nicht indiziert.
Kommt nach einer Latenzzeit von 24–48 Stunden keine Wehentätigkeit in Gang, wird die Geburt eingeleitet (s. d.). Treten jedoch früher Anzeichen einer Infektion auf, wird die Geburt so rasch wie möglich beendet. Ist trotz der Verabreichung von Breitspektrumantibiotika eine aufsteigende Infektion nicht zu verhindern und ist die baldige Beendigung der Geburt per vias naturales nicht herbeizuführen, muß die Sectio caesarea durchgeführt werden.
Anders stellt sich die Situation vor der 36. SSW dar. Hier muß abgewogen werden zwischen den Risiken der aufsteigenden Infektion und den Risiken der fetalen Unreife. Man kann zunächst unter Bettruhe versuchen abzuwarten, um Zeit zu gewinnen. Beim Auftreten von Wehen ist die Indikation zur Tokolyse besonders streng zu stellen. Wenn eine neonatologische Intensivstation zur Verfügung steht, entschließt man sich bei geburtsreifem Befund und Fehlen zusätzlicher Risiken auch zwischen der 32. und 36. SSW zur Geburtseinleitung, bei Zusatzrisiken oder vor der 32. SSW zur Schnittentbindung. Der Wert einer RDS-Prophylaxe mit Glucocorticoiden zur Verbesserung der pulmonalen Situation des Feten ist gerade bei Blasensprung umstritten. Eine generelle Antibiotika-Prophylaxe ist wegen der Keimselektionierung nicht sinnvoll. Mit den Möglichkeiten einer neonatologischen Intensivstation und der Applikation von Surfactant post partum entbinden wir heute bei Blasensprung vor der 36. SSW ohne Zeitverzug mittels Geburtseinleitung bzw. Sectio caesarea. Bei Fehlen einer Kinderintensivstation ist die Verlegung der Schwangeren in ein perinatologisches Zentrum notwendig.

Vorzeitige Wehentätigkeit

Die drohende Frühgeburt stellt heute das wichtigste Problem in der modernen Geburtshilfe und Perinatologie dar, weiß man doch, daß für 60–75% der perinatalen Mortalität die Frühgeburtlichkeit verantwortlich ist. Die Frühgeburtenrate liegt aber heute immer noch international zwischen 5 und 10%.

Sy: Voraussetzung auch für die Frühgeburt sind aber geburtsmechanisch wirksame Wehen. Die Verabreichung wehenhemmender Medikamente (Tokolytika) stellt deshalb einen wichtigen Faktor in der Therapie der drohenden Frühgeburt dar.
Schon ab der 20. SSW lassen sich mit tokographischen Verfahren Kontraktionen der Gebärmutter nachweisen, die allmählich bis zum Entbindungstermin an Häufigkeit und Stärke zunehmen. Man unterscheidet einzelne Kontraktionen, die in der 30. Woche etwa einen intrauterinen Druck von 30 mmHg erzeugen (Braxton-Hicks-Kontraktionen), und sog. Alvarez-Wellen, die in einer Häufigkeit von etwa 10 in 10 Min. mit einem intrauterinen Druck von höchstens 2–3 mmHg auftreten.
Beide Formen der Uteruskontraktion finden sich physiologischerweise bei jeder Schwangeren, so daß nur die Anzahl der Kontraktionen, verbunden mit der Kontrolle des Muttermundsbefundes, Aufschluß darüber gibt, ob eine behandlungsbedürftige vorzeitige Wehentätigkeit vorliegt. Bei der Beurteilung, welche Wehenfrequenz noch als phy-

siologisch angesehen werden kann, wird man sich stark am Gestationsalter orientieren müssen. Um die 28. SSW findet man Frequenzen von nur einer Kontraktion während vieler Stunden, um die 38. SSW sind 2–3 Kontraktionen in der Stunde durchaus normal.
Bei der unbehandelten vorzeitigen Wehentätigkeit muß damit gerechnet werden, daß es zu einer ständigen Verkürzung der Portio und einer Eröffnung des Muttermundes kommt. Daraus resultiert wiederum die Gefahr des vorzeitigen Blasensprunges.

Th: In den β-Mimetika stehen heute Substanzen zur Verfügung, die in der Lage sind, die Uterusmuskulatur ruhigzustellen. Für die praktische therapeutische Anwendung gibt es mehrere verschiedene Präparate in unterschiedlicher pharmakologischer Zubereitung (Ritodrin [Pre-par], Buphenin [Penitardon], Fenoterol [Partusisten]). Die wohl weiteste Verbreitung hat das Partusisten erfahren. Es steht in 10-ml-Ampullen mit 0,5 mg Fenoterol und Tabletten zu 5 mg Fenoterol zur Verfügung.
Eine ausgeprägte vorzeitige Wehentätigkeit wird zunächst i. v. behandelt. Für die i. v. Therapie wird üblicherweise eine Ampulle Partusisten in 250 ml einer 5%igen Glucose- oder Lävuloselösung gegeben. 1 ml (20 Tropfen) dieser Lösung entsprechen dann 2 μg Partusisten. Die Dosierung wird individuell angepaßt und liegt im Bereich zwischen 1 μg (10 Tropfen) und 4 μg (40 Tropfen) pro Minute. Sind keine Wehen mehr nachweisbar, geht man auf eine orale Tokolytika-Medikation über, die bei Anwendung von Partusisten individuell zwischen 4 und 12 Tabletten à 5 mg dosiert wird.
Typische Nebenwirkungen der tokolytischen Therapie, bedingt durch die Stimulierung anderer β-Rezeptoren im Organismus, sind Tachykardie, Unruhe, Schweißausbrüche, Schwindel, Brechreiz, evtl. auch Darmatonien. Puls und Blutdruck der Mutter sind sorgfältig zu überwachen. Die kindliche Herzfrequenz muß kardiotokographisch kontrolliert werden. Herz-Kreislauf-Erkrankungen der Mutter, Schock, Thyreotoxikosen, Diabetes mellitus, schwere genitale Blutungen sowie ein Amnion-Infektionssyndrom stellen Kontraindikationen gegen eine tokolytische Therapie dar.
Eine tokolytische Therapie vor der 20. SSW bleibt ganz speziellen Indikationen (Amniozentese?) vorbehalten; nach der 36. SSW wird man davon ausgehen können, daß die fetalen Reifungsvorgänge weitgehend abgeschlossen sind.
Sub partu finden die Tokolytika Anwendung bei der sog. „intrauterinen Reanimation": Zur Behandlung einer akut auftretenden intrauterinen Asphyxie, die meist Folge einer Verminderung der uteroplazentaren Durchblutung während der Wehe ist, wird Partusisten entweder mit 40–60 Tropfen/min in einer wie oben beschrieben zubereiteten Lösung infundiert, oder es werden aus einer Partusisten-Originalampulle 2 ml mit 8 ml einer 5%igen Glucoselösung in einer 10-ml-Spritze verdünnt. In dieser so hergestellten Lösung enthält 1 ml 10 μg Partusisten. Mit 0,5–1 ml wird eine sichere Ruhigstellung des Uterus erreicht. Die tokolytischen Maßnahmen werden durch Beckenhochlagerung und Sauerstoffgabe (4–6 l O_2/min) an die Mutter unterstützt. Nach Abklingen der Tokolyse zeigt sich, ob mit erneuter regelmäßiger Wehentätigkeit die Spontangeburt gefahrlos angestrebt werden kann oder ob beim Wiederauftreten schwerer fetaler Gefahrenzustände die Geburt operativ beendet werden muß.
Bei vorzeitiger Wehentätigkeit, die bereits zu deutlicher Portioverkürzung und Erweiterung des Muttermundes geführt hat, kommt neben den medikamentösen Maßnahmen auch ein operativer Verschluß des Muttermundes in Betracht. Bei dieser sog. Cerclage wird die Portio mit Klemmen vorsichtig in die Scheide hineingezogen und unter dem Portioepithel eine kräftige Naht oder ein spezielles Band zirkulär um die Portio gelegt. Der Muttermund soll dabei noch etwas durchgängig bleiben, damit der Abfluß von Sekret weiter gewährleistet ist. Diese Cerclage wird dann gelöst, wenn regelmäßige Wehen auftreten, die medikamentös nicht mehr zu beeinflussen sind, oder wenn die Schwangerschaft in Terminnähe gekommen ist.

Übertragung

Def: Von einer Übertragung spricht man, wenn die durchschnittliche Schwangerschaftsdauer von 281 Tagen mehr als 10 Tage verlängert ist, vorausgesetzt, daß die subjektiven Angaben der Patientin (letzte Periode, Datum der ersten Kindsbewegungen, Senkungserscheinungen usw.) mit dem objektiven Befund (Fundusstand, Leibesumfang, Portiobefund, Fetometrie) übereinstimmen.

Dg: Eine Übertragung ist ante partum nur schwer zuverlässig zu bestimmen. Sie wird im

Hinblick auf die Periodentragzeit 4mal so häufig angenommen (etwa 10% aller Schwangerschaften) wie im Hinblick auf die „wahre Tragzeit" (etwa 2,5%), die sich berechnen läßt, wenn Basaltemperaturmessungen vorgenommen werden oder wenn das Konzeptionsdatum feststeht.
Zur Diagnose der Übertragung können weiter die Abnahme des Leibesumfanges und der Fruchtwassermenge und die Fruchtwasserbeschaffenheit, die amnioskopisch kontrolliert werden kann, herangezogen werden.
Die Fetometrie mit Hilfe des Ultraschalls ist für die Diagnose einer Übertragung die wichtigste Untersuchung. Sie ist aber nur aufschlußreich, wenn Untersuchungsbefunde (Fruchtsackdurchmesser, Fetometrie mit Scheitel-Steiß-Länge, Thoraxquerdurchmesser, a.-p. Thoraxdurchmesser) aus der ersten Schwangerschaftshälfte vorliegen. Auch das Datum des ersten positiven Schwangerschaftstestes gibt brauchbare Hinweise.

Sy: Die Zeichen der Übertragung bei der Frucht (Mazeration der Haut, bräunlich-grüne Verfärbung, Fehlen der Lanugobehaarung und der Vernix caseosa, Überlänge der Fingernägel, „Waschfrauenhände", Blutbildveränderungen usw.) können ante partum nicht verwertet werden.

Ät: Die Ursache der Übertragung ist nicht bekannt. Man denkt an konstitutionell bedingte Faktoren (Inertia uteri) und an ein Ausbleiben der Reaktion des Uterus auf die geburtsauslösenden Reize (welche?).

Th: Ist der errechnete Geburtstermin überschritten, wird man sich zunächst abwartend verhalten und die Schwangere in regelmäßigen zweitägigen Abständen kontrollieren. Die Kontrolluntersuchungen, bei denen die Geburtsreife der Portio beurteilt wird (Tab. 11.**14**), werden durch eine kardiotokographische Untersuchung sowie eine Amnioskopie ergänzt. Ist bis zum 14. Tag nach dem errechneten Termin die Geburt nicht in Gang gekommen, wird man nach nochmaliger Überprüfung des vermuteten Geburtstermines die Geburt einleiten, da man weiß, daß ein weiteres Abwarten mit einer zunehmenden Gefährdung des Kindes verbunden wäre. Diese Gefahren für das Kind liegen in der Alterung der Plazenta, die zu deren Insuffizienz führt.

Plazentainsuffizienz

Sy: Eine Plazentainsuffizienz liegt vor, wenn das Organ im Laufe der Schwangerschaft die erforderliche Leistung im Hinblick auf Stoffwechsel und Gasaustausch nicht erbringt und dem nötigen Leistungszuwachs nicht gerecht wird. Man kann eine akute und eine chronische Plazentainsuffizienz unterscheiden.
Die akute Plazentainsuffizienz (Folge vorzeitiger Lösung, Nabelschnurkompression, Wehensturm usw.) mit ihrem Symptomenkomplex der intrauterinen Asphyxie führt entweder unerkannt und rasch zum intrauterinen Fruchttod, oder aber sie zeigt sich – wenn sie z. B. sub partu auftritt – in schwersten Veränderungen des Kardiotokogrammes, die dann noch ein therapeutisches Vorgehen durch sofortige Entbindung (je nach geburtshilflichem Befund per vias naturales oder durch Sectio caesarea) ermöglichen.
Die chronische Plazentainsuffizienz führt zu Untergewichtigkeit und Wachstumsretardierung der Kinder (small-for-date-baby) und zu leichterer Anfälligkeit für perinatale Belastungen (Asphyxie, Hypoglykämie, gestörte Thermoregulation). Doch ist „Untermaßigkeit" und „funktionelle Unreife" nicht immer auf eine Plazentainsuffizienz zurückzuführen.

Dg: Die Diagnose der Plazentainsuffizienz ist problematisch, weil die gestörten Partialfunktionen der Plazenta schwer deutlich zu machen sind. Deshalb ist eine erhöhte Aufmerksamkeit bei Komplikationen in der Schwangerschaft geboten, die vermehrt zu einer Plazentainsuffizienz führen, z. B. bei

- Diabetes,
- Gestationshypertonie (EPH-Gestose),
- Pyelonephritis,
- Mehrlingsschwangerschaften,
- Übertragung,
- Nicotinabusus.

Wachstumsverzögerung der Frucht bei evtl. gleichzeitigem unterdurchschnittlichem Wachstum des Uterus und fehlender Gewichtszunahme der Mutter, in den letzten Schwangerschaftswochen durch Abnahme der Fruchtwassermenge, muß den Verdacht auf eine Plazentainsuffizienz verstärken.
Folgende Verfahren helfen, die Diagnose zu sichern, bzw. dienen der Überwachung des fetalen Befindens:

- wiederholte Ultraschalluntersuchungen zur Kontrolle des Wachstumsverlaufes (Mindestabstand 10 Tage),
- Bestimmungen des HPL und der Östrogene zur Kontrolle der Stoffwechselleistungen der fetoplazentaren Einheit (s. d.),

- engmaschige kardiotokographische Überwachung als empfindlicher Indikator des kindlichen Wohlbefindens, kombiniert mit Oxytocinbelastungstesten (s. d.),
- regelmäßige Amnioskopien, die jedoch nur in Verbindung mit den anderen Untersuchungsverfahren sinnvoll sind, da die meisten Kinder mit mekoniumhaltigem Fruchtwasser dennoch lebensfrisch zur Welt kommen (s. d.).

Th: Die optimale Therapie bestünde in einer Verbesserung der uteroplazentaren Durchblutung, die medikamentös noch nicht sicher und ausreichend gelingt. Bettruhe bringt zweifellos eine gewisse Entlastung. So bleibt meist nur die vorzeitige Entbindung, deren Termin nach wie vor schwierig sein kann. Es gilt, die Gefahr der intrauterinen Asphyxie gegenüber der der Unreife und Organinsuffizienz abzuwägen.

Intrauteriner Fruchttod

Vk und *Ät:* Ein intrauteriner Fruchttod in der zweiten Schwangerschaftshälfte tritt in knapp 1% aller Schwangerschaften ein. Die häufigste Ursache ist die Plazentainsuffizienz bzw. die Anoxie. Eine diabetische Erkrankung der Mutter, Rh-Inkompatibilität, schwere Mißbildungen und Infektionen sind weitere erkennbare Ursachen, während bei einem größeren Anteil der Fälle trotz sorgfältiger Abklärung die Ursache unbekannt bleibt.

Dg: Den ersten Hinweis gibt meist die Schwangere, die das Ausbleiben der Kindsbewegungen bemerkt. Sichergestellt wird die Diagnose heute mittels der Sonographie.

Sy: In den meisten Fällen kommt es innerhalb von 2–3 Wochen zur Spontanausstoßung des abgestorbenen Feten. Wenn die Frucht länger als 4 Wochen retiniert wird, besteht die Gefahr von Gerinnungsstörungen im Sinne einer Verbrauchskoagulopathie (dead fetus syndrome). Deshalb wird man aktiv werden und die Geburt einleiten, wenn die Ausstoßung nach 14 Tagen nicht spontan erfolgt ist. Doch zwingen psychische Momente den Geburtshelfer, meist schon früher einzugreifen.

Die Mazerationserscheinungen beginnen schon bald nach dem Absterben der Frucht und sind je nach dem Zeitraum der Retention ausgeprägt: Die Haut verfärbt sich, hebt sich in Blasen ab und wird schließlich in großen Fetzen abgeledert. Die Knochen- und Gelenkverbindungen werden aufgelockert; die Autolyse der inneren Organe führt zur Flüssigkeitsansammlung in Brust- und Bauchhöhle.

Th: Die Geburtseinleitung erfolgt in prinzipiell gleicher Weise wie bei lebender Frucht. Kommt es nach Eröffnung des Muttermundes nicht in zumutbarer Zeit zur Ausstoßung, kann ein Dauerzug mit der Saugglocke oder der Kopfschwartenzange ausgeübt werden, der mitunter schon in der Eröffnungsperiode angezeigt und möglich ist.

Geburtseinleitung

Unter Geburtseinleitung versteht man die artifizielle Induktion einer Wehentätigkeit zur Beendigung der Schwangerschaft. Ziel der Geburtseinleitung ist es, die Geburt so rechtzeitig zu beenden, daß fetale und/oder maternale Gefahrenzustände abgewendet werden und das Resultat hinsichtlich perinataler Morbidität und Mortalität bei Mutter und Kind optimiert wird (Tab. 11.**18**).

Streng zu trennen ist die Geburtseinleitung bei Vorliegen von Indikationen von der sog. programmierten oder terminierten Geburt, von der man dann spricht, wenn die Geburt ohne Vorliegen einer medizinischen Indikation beendet werden soll. Sie dient nur dazu, bei der Schwangeren sowie beim Geburtshelfer und in der Klinik optimale organisatorische Voraussetzungen für die Geburt zu schaffen. Man weiß, daß bei dieser Art der Geburtshilfe zahlreiche Risiken, insbesondere für den Fetus, wie überstürzte und protrahierte Geburt, Frühgeburtlichkeit, Zervixrisse usw. in einer beachtlichen Anzahl an Fällen zu befürchten sind. Aus dieser Erkenntnis heraus ist die Einstellung zur programmierten Geburt inzwischen sehr zurückhaltend.

Tabelle 11.**18** Indikationen zur Geburtseinleitung

Übertragung
Plazentainsuffizienz
Diabetes mellitus
Rh-Inkompatibilität
Gestationshypertonie – Präeklampsie
Blasensprung
Amnioninfektionssyndrom
intrauteriner Fruchttod

Bei den Techniken der Geburtseinleitung werden mechanische von medikamentösen Methoden unterschieden. Mechanisch kommt die Eipollösung und die Amniotomie in Frage, während medikamentös Oxytocin und Prostaglandine Verwendung finden. Meist werden mechanische und medikamentöse Verfahren zur Geburtseinleitung kombiniert.
Mit Hilfe einer Oxytocininfusion können Wehen induziert werden. Als Initialdosis werden 1–2 mIE/min infundiert. Dann wird die Dosis bis zum Auftreten regelmäßiger Wehen alle 10 Min. um 0,5–1 mIE gesteigert. In aller Regel liegt die notwendige Erhaltungsdosis zwischen 2 und 10 mIE. Führt die regelmäßige Wehentätigkeit dann zu einem Fortschreiten des Befundes mit Muttermundseröffnung, wird man die Wehentätigkeit zusätzlich durch die Amniotomie unterstützen. Voraussetzung dafür ist, daß der kindliche Kopf engen Kontakt mit dem Becken aufgenommen hat, um zu verhindern, daß es zu einem Vorfall kleiner Teile oder der Nabelschnur kommt.
Bei unreifer Zervix werden zunächst Prostaglandin-Vaginaltabletten (Minprostin E_2) oder ein Prostaglandin-E_2-Gel (0,4 mg PGE_2) eingesetzt. Die Tablette (3 mg) wird dabei ins hintere Scheidengewölbe plaziert, das Gel direkt in den Zervikalkanal. Vor und nach der Applikation muß ein Kardiotokogramm registriert werden; mit dem Einsetzen von Wehentätigkeit beginnt die Dauerüberwachung. Ist der Effekt ungenügend, kann frühestens 6 Stunden nach der ersten Tablette eine zweite verabreicht werden; eine erneute Gelapplikation ist etwas früher möglich. Oxytocin soll nicht gleichzeitig, sondern frühestens 6 Stunden nach der letzten Prostaglandin-Applikation gegeben werden.
Bei sorgfältiger kardiotokographischer Überwachung des fetalen Befindens handelt es sich um ein risikoarmes Verfahren, das in den meisten Fällen zum Erfolg führt. Spätestens mit dem Sprengen der Fruchtblase ist ein Rückzug nicht mehr möglich. Man ist gezwungen, bei sehr protrahiertem Geburtsverlauf oder bei Geburtsstillstand sowie bei jeder schweren fetalen Notsituation die Geburt operativ zu beenden.

Fruchtwasseranomalien

Physiologie

Für das Verständnis von Fruchtwasseranomalien ist zunächst eine kurze Darstellung der Fruchtwasserphysiologie notwendig:
Vom Fruchtwasser fließt bei dem Blasensprung hauptsächlich das Vorwasser ab. Die Hauptmenge entleert sich, um den Geburtsweg schlüpfrig zu machen, bei jeder folgenden Wehe und mit der Geburt des Rumpfes. Das Fruchtwasser, dessen Menge normalerweise nur 0,5–1 l beträgt, ist ein Sekretionsprodukt des Amnionepithels. Von der 12. SSW an spielen auch die fetalen Nieren bei der Fruchtwasserproduktion eine Rolle. Das Fruchtwasser enthält Fett, Eiweiß, Lanugohaare, Epidermisschuppen, Hautschmiere, Kochsalz, Harnstoff, Kreatinin usw. und reagiert alkalisch. In 24 Stunden findet eine mehrmalige vollkommene Erneuerung der Gesamtmenge statt (durchschnittlich innerhalb von 2 Stunden einmal).
Während der Schwangerschaft hilft es, das große Flüssigkeitsbedürfnis des Feten zu dekken, der etwa vom 6. Schwangerschaftsmonat an reichliche Mengen trinkt. Der fetale Respirationstrakt ist mit Fruchtwasser gefüllt, was für die Vaskularisation der Lungen von großer Bedeutung ist.
Das Fruchtwasser hat weiter die Aufgabe, den Feten vor Traumen zu bewahren und seine Bewegungen für die Mutter weniger schmerzhaft zu machen. Während der Geburt reguliert die Blase mit dem Fruchtwasser das Zusammenspiel der dynamischen und biologischen Kräfte.

Hydramnion

Ät und *Sy:* Von einem Hydramnion (Polyhydramnion) spricht man, wenn die Fruchtwassermenge mehr als 2 l beträgt. Es sind Mengen bis zu 30 l beobachtet worden. Bei der Mutter können, besonders bei rascher Entwicklung eines Hydramnions (sog. akutes Hydramnion), Verdrängungserscheinungen von seiten des Herzens und Stauungen in den Gefäßen auftreten.
Kindliche Mißbildungen, wie Anenzephalus, Hydrozephalus, Spaltbildungen der Wirbelsäule und Atresien des Verdauungstraktes sind häufige Ursachen eines Hydramnions. Aber auch Diabetes und monoamniotische Zwillinge lassen vermehrt ein Hydramnion entstehen.

Bei der Geburt droht die Gefahr einer Wehenschwäche durch Überdehnung der Uterusmuskulatur, und es besteht die Neigung zu atonischen Nachblutungen. Wegen der großen Beweglichkeit der Frucht sind pathologische Lagen häufig, wie überhaupt die Prognose für das Kind durch die Möglichkeit eines vorzeitigen Blasensprungs, eines Nabelschnurvorfalls oder anderer Komplikationen nicht immer günstig ist.

Dg: Objektivieren läßt sich das Hydramnion durch die Ultraschalluntersuchung. Hinweise geben subjektive Beschwerden der Frau und entsprechende objektive Befunde, die durch den rasch größer werdenden Leibesumfang, den Uterus, der prall und fluktuierend getastet wird sowie oftmals die fehlende Möglichkeit der Palpation des Kindes bzw. der Auskultation kindlicher Herztöne bedingt sind.

DD: Andere klinische Möglichkeiten wie Zwillinge, ein gleichzeitig vorliegendes Ovarialkystom oder Aszites lassen sich durch eine Ultraschalluntersuchung sicher abgrenzen.

Th: Im allgemeinen ist ein Eingreifen im Sinne einer Blasensprengung oder einer transabdominalen Amniozentese zum Ablassen von Fruchtwasser nur bei bedrohlichen Erscheinungen von seiten der Atmung und des Kreislaufs erforderlich. Wenn die Erscheinungen nicht bedrohlich sind, kann abgewartet werden.

Oligohydramnion

Ät: Beträgt die Fruchtwassermenge weniger als 100 ml, so spricht man von einem Oligohydramnion. Das Oligohydramnion beruht entweder auf einer zu geringen Sekretion oder auf einer zu starken Resorption des gebildeten Fruchtwassers. Es tritt besonders bei Mißbildungen der Nieren und der ableitenden Harnwege der Frucht, aber auch bei Chromosomenaberrationen auf. Mitunter ist die Verminderung der Fruchtwassermenge auch ein Zeichen einer Plazentainsuffizienz.

Sy: Durch die enge Berührung der Frucht mit dem Amnion und der Uteruswand werden ihre Bewegungen als sehr unangenehm schmerzhaft empfunden. Auch kann es durch die Raumbegrenzung zur Deformierung der Frucht kommen.

Dg: Sowohl bei Hydramnion als auch bei Oligohydramnie ist heute eine weiterführende Pränataldiagnostik zum Ausschluß oder Nachweis fetaler Fehlbildungen erforderlich. Fruchtwasserveränderungen sind als Leitsymptom aufzufassen!

Geburts- und Nachgeburtsblutungen

Placenta praevia

Ät: Blutungen bei Placenta praevia treten auf, wenn durch Verschiebungen der Uterusmuskulatur unter der Plazenta uteroplazentare Gefäße aufgerissen werden. Es ist daher verständlich, daß die Placenta-praevia-Blutungen mit Wehenbeginn und bei der Eröffnung des inneren Muttermundes ihren Höhepunkt erreichen.
Jede Frau, die in der 2. Hälfte der Schwangerschaft, besonders in den letzten Wochen oder bei Wehenbeginn, blutet, ist auf eine Placenta praevia verdächtig. Eine gynäkologische Untersuchung hat unbedingt zu unterbleiben, wenn nicht gewährleistet ist, daß die Patientin nötigenfalls schnellstmöglich operativ entbunden werden kann.

DD: Es kommen bei Blutungen in der 2. Schwangerschaftshälfte differentialdiagnostisch in Betracht: vorzeitige Lösung der normal sitzenden Plazenta, Randsinusblutung, Placenta circumvallata und Blutungen, die mit der Gravidität nicht in Zusammenhang stehen (z. B. Erosionen, Polypen, Portiokarzinome, Varizen).
Mit Hilfe der Sonographie läßt sich heute die Diagnose einer Placenta praevia fast immer richtig stellen bzw. ausschließen.

Formen: Man unterscheidet bei der Plazenta „prae via“, d. h. also bei dem „vor dem Geburtsweg“ liegenden Mutterkuchen;

- Placenta praevia marginalis oder lateralis, wenn die Plazenta gerade den Rand des inneren Muttermundes erreicht,
- Placenta praevia partialis, wenn sie teilweise den inneren Muttermund überdeckt,
- Placenta praevia totalis, wenn der Muttermund vollständig von Plazentagewebe überdeckt ist, wobei jedoch nicht gesagt ist, daß eine Placenta totalis auch eine
- Placenta praevia centralis ist, bei der also die Mitte der Plazenta auf dem Zervikalkanal liegt.
- Von einer Placenta praevia cervicalis spricht man, wenn sich die Plazenta noch mit einem Zapfen in den Zervikalkanal erstreckt. Diese Form der Plazenta ist ganz besonders gefährlich.

Bei der Eröffnung des Muttermundes kann sich aus einer Placenta praevia partialis eine Placenta praevia marginalis und aus einer Placenta praevia totalis eine Placenta praevia partialis entwickeln.

Sy: Für die Praxis sind diese Einteilungsprinzipien ziemlich belanglos, da sich die Art der Therapie neben der Weite des Muttermundes und der Vagina, der Parität, dem Zustand der Patientin, der Infektionsgefährdung und der Lebensfähigkeit des Kindes vorwiegend nach der Stärke der Blutung richtet. Eine Placenta praevia marginalis wird im allgemeinen weniger bluten als eine Placenta praevia partialis und diese weniger als eine Placenta praevia totalis, wenn darin auch keine Gesetzmäßigkeit besteht.

Im allgemeinen besteht bei der Placenta praevia eine mütterliche Blutung aus dem intervillösen Raum oder aus dem Randsinus. Doch können auch Zottengefäße einreißen, so daß es zur Anämie des Kindes kommt. Deshalb müssen nach der Geburt beim Kind Hämoglobin und Erythrozytenzahl kontrolliert werden.

Th: Bei jeder Patientin mit Placenta praevia, die eine der gefährlichsten geburtshilflichen Komplikationen darstellt, ist die stationäre Aufnahme die erste Maßnahme. Denn nur so ist jederzeit eine abdominelle Schnittentbindung möglich. Deshalb sei nochmals darauf hingewiesen, daß zunächst keine vaginale Untersuchung erfolgen soll! Es soll nur derjenige vaginal untersuchen, der in der Lage und willens ist, die Therapie endgültig zu übernehmen.

Kann die Diagnose allein aufgrund einer Ultraschalluntersuchung nicht sicher gestellt werden, kommt in der Klinik zur Diagnosesicherung die Einstellung des Muttermundes mit dem Spekulum in Operationsbereitschaft in Frage.

Vor der 36. SSW wird man versuchen, sich zunächst abwartend zu verhalten, um eine Frühgeburt zu vermeiden. Durch strenge Bettruhe kommt es in den meisten Fällen wieder zum Sistieren der Blutung. Wird die Blutung jedoch stärker, so bleibt meist nur die Schnittentbindung.

Nach der 36. SSW richtet sich das geburtshilfliche Vorgehen nach dem geburtshilflichen Befund, der Blutungsstärke und dem Ausmaß der Placenta praevia. Bei Placenta praevia marginalis oder partialis kann es sein, daß sich nach Blasensprung bzw. Blasensprengung die Plazenta mit dem Korpus retrahiert und gleichzeitig durch den nachfolgenden Kopf so komprimiert wird, daß die Blutung sistiert und eine Geburt per vias naturales möglich wird. In diesen Fällen wird man für eine regelmäßige, gleichmäßige Wehentätigkeit, ggf. durch die Verabreichung von Oxytocin, sorgen.

Bei Placenta praevia totalis oder jeder stärkeren vaginalen Blutung, die so beschaffen ist, daß die vaginale Entbindung nicht ohne wesentliche Gefahren für Mutter und Kind durchgeführt werden kann, bleibt nur die Sectio caesarea.

Eine Scheidentamponade ist bei einer vaginalen Blutung in der 2. Schwangerschaftshälfte auch als Notfallmaßnahme durch den erstbehandelnden Arzt kontraindiziert, da bei einer Placenta praevia durch die Scheidentamponade eine Wehentätigkeit verstärkt wird und der weiteren Ablösung der Plazenta und damit einer Verstärkung der Blutung Vorschub geleistet wird. Für den Transport zur Klinik sollte als einzige Maßnahme die Ruhigstellung des Uterus mit β-Mimetika (z. B. Partusisten) erfolgen.

Vorzeitige Lösung der normal sitzenden Plazenta (Abruptio placentae)

Die vorzeitige Lösung kündigt sich häufig durch eine Blutung nach außen an, wenn andererseits auch nicht in jedem Fall ein solches alarmierendes Zeichen, wie es eine Blutung am Ende einer Schwangerschaft darstellt, auftritt. In einer Reihe von Fällen bildet sich lediglich ein retroplazentares Hämatom aus, ohne daß Blut durch die Vagina abfließt. Man rechnet auf ca. 1000 normale Geburten etwa eine vorzeitige Lösung.

Ät: Es werden Traumen, Tumoren an der Ansatzstelle der Plazenta, Zerrungen durch eine zu kurze Nabelschnur, der Fruchtwasserabfluß bei Hydramnion, Infektionskrankheiten wie Grippe, Lues o. a. genannt, die aber im Verhältnis zu den vorzeitigen Lösungen, die bei Schwangerschaftshypertonie, Nephropathien oder Gefäßerkrankungen vorkommen, selten sind. Man denkt vor allem an Rupturen von Spiralarterien aufgrund atheromatöser Prozesse. Sie kommen bei Schwangerschaftstoxikosen gehäuft vor.

Sy: Die Blutungen im Rahmen der Präeklampsie erfolgen in schweren Fällen nicht nur retroplazentar, sondern auch in die gesamte Uterusmuskulatur, ins Parametrium und unter die Serosa, so daß der Uterus blaurot-fleckig verändert ist und ein charakteristisches Aussehen hat (Couvelaire-Uterus). In schweren Fällen ist die Prognose für das Kind infaust und für die Mutter äußerst bedrohlich. Die Schwere der klinischen Erscheinungen hängt natürlich – abgesehen von dem Schweregrad der Gestose – von dem Ausmaß der Ablösung des Plazentagewebes ab.

Dg: Stark umschriebene Schmerzhaftigkeit des prall gespannten Leibes, bei der die Patientin den Eindruck eines plötzlichen Wachstums der Gebärmutter hat, peritoneale Reizerscheinungen, Aufhören der Kindsbewegungen, Zeichen der intrauterinen Asphyxie im Kardiotokogramm und Anämie der Mutter ohne entsprechend starken Blutverlust nach außen lassen in schweren Fällen die Diagnose leicht stellen. Entscheidende Hilfe leistet auch hier die Sonographie, die jedoch bei ungünstigem Plazentasitz (z. B. tiefer Hinterwandsitz) keineswegs immer die exakte Diagnosestellung erlaubt.

Th: Sie besteht in möglichst rascher und möglichst schonender Entbindung: wenn die Vorbedingungen gegeben sind, Forzeps- oder Vakuumextraktion. Bei noch nich eröffnetem Muttermund und lebendem Kind Sectio caesarea. Dabei muß der Uterus inspiziert werden, der bei nicht beherrschbarer Blutung exstirpiert werden muß, bevor sich die Gesamtsituation für die Patientin dramatisch verschlechtert. Zuvor Ausschöpfen aller Möglichkeiten mit Zuführen gerinnungsaktiver Substanzen, Prostaglandin-Infusionen usw. Die schweren Blutungen, die bei der vorzeitigen Lösung in etwa 20–25% der Fälle beobachtet werden, beruhen auch auf einer Hypofibrinogenämie und dem Mangel anderer Gerinnungsfaktoren, der Folge einer Verbrauchskoagulopathie ist. Durch die zahlreichen, meist notwendigen Bluttransfusionen werden diese Gerinnungsstörungen noch verstärkt.

Nachgeburtsblutungen

Die Lösung der Plazenta ist schon natürlicherweise mit Blutungen (sog. Lösungsblutungen) verbunden. Eine verlorene Blutmenge bis zu 500 ml kann noch als physiologisch angesehen werden. Stets sollte aber das in der Nachgeburtsperiode abfließende Blut in einem Gefäß aufgefangen und gemessen werden.

Ät und *Dg:* Bei der pathologischen Blutung kann es sich um folgende Ursachen handeln:

- atonische Blutung aus der Plazentastelle,
- Rißblutung, d. h. Blutung aus einer Läsion von Zervix, Vagina oder Klitoris,
- Blutung bei Mangel an gerinnungsfähigen Substanzen (Verbrauchskoagulopathie).

Ein fest kontrahierter Uterus spricht gegen eine atonische Blutung, ein weicher Uterus, aus dem bei leichtem Druck Blutmassen quellen, dafür. Kontrahiert sich ein atonischer Uterus auf Massage oder Oxytocingabe gut und kommt die Blutung trotzdem nicht zum Stillstand, handelt es sich mit größter Wahrscheinlichkeit um eine Rißblutung.
Zeigt das abfließende Blut wie auch das Venenblut bei kontrahiertem Uterus keine Gerinnungsneigung und können Verletzungen ausgeschlossen werden, ist eine Verbrauchskoagulopathie wahrscheinlich. Die Kontrolle der Gerinnungsfaktoren bringt dann die endgültige Klärung.

Th: In solchen Fällen, die zum Glück recht selten sind, müssen die Gerinnungsfaktoren durch entsprechende plasmatische Zubereitungen in ausreichender Menge substituiert werden.
Verletzungsblutungen sind durch einwandfreie Versorgung der Weichteile mit entsprechenden Nähten zu stillen, nachdem man sich die Zervix bzw. die Vagina nach der Geburt der Plazenta im Spekulum eingestellt hat. Blutet es aus einem Zervixriß sehr stark, so müssen evtl. die Ränder des Risses zunächst mit Klemmen gefaßt werden.
Handelt es sich um eine starke Blutung bei noch teilweise festsitzender Plazenta, muß in erster Linie die völlige Lösung bzw. Entfernung der Plazenta erfolgen (s. Leitung der Nachgeburtsperiode).
Eine Blutung aus der Plazentastelle nach ausgestoßener, mit Sicherheit vollständiger Plazenta wird als „echte Atonie" oder als „Nach-Nachgeburtsblutung" bezeichnet. Zu ihrer Behebung stehen folgende Maßnahmen zur Verfügung, die je nach dem Schweregrad der Atonie in der angegebenen Reihenfolge durchgeführt werden können:
Medikamentöse Kontraktionsanregung des Uterus, z. B. 3 IE Oxytocin (Syntocinon) i. v. und gleichzeitig 1 ml Methylergobasin (Methergin) i. m. Anschließend hochdosierte (30–50 IE in 500 ml Glucoselösung) Oxytocininfusion.
Kräftiges Reiben des Uterus von den Bauchdecken aus und Entleerung des Blutes aus seinem Kavum durch Druck von außen. Ist dies geschehen, erfolgt das Halten des von

den Bauchdecken aus fest umfaßten Uterus, so daß sich kein Blut in seiner Höhle ansammeln kann. Das Prinzip dieser Art der Blutstillung wird am konsequentesten eingehalten bei den sog. Blutstillungshandgriffen.
Beim Fritsch-Handgriff preßt die eine Hand des Geburtshelfers die Vulva mit einer Kompresse stark in die Vagina hinein, während die zweite Hand den Fundus uteri umfaßt und Gegendruck leistet.
Beim Zweifel-Handgriff, der prinzipiell in der gleichen Weise durchgeführt wird, erfaßt die untere Hand nicht die Vulva, sondern wird in die Vagina eingeführt und ergreift die Portio, während die andere Hand der inneren den Fundus entgegenpreßt.

Diese Handgriffe sind sehr wirkungsvoll, allerdings für den Geburtshelfer auch außerordentlich anstrengend, so daß sie höchstens 10–15 Min. intensiv durchgeführt werden können. Sie werden heute auch nur noch in Ausnahmefällen zur Anwendung kommen müssen, da mit den zur Verfügung stehenden Uterotonika in den meisten Fällen eine ausreichende Blutstillung erreicht werden kann.
Sehr wirksam werden heute Prostaglandine angewendet. Dazu werden 25 mg Prostaglandin $F_{2\alpha}$ (Minprostin $F_{2\alpha}$ oder 5 mg Prostaglandin E_2 (Minprostin E_2) in 500 ml Infusionslösung gelöst und mit 20 oder 30 Tropfen pro Minute infundiert.

Operative Geburtsbeendigung

Allgemeine Richtlinien

Bei allen geburtshilflichen Operationen, bei denen es in der Regel sowohl Leben und Gesundheit der Mutter als auch des Kindes zu erhalten gilt, müssen zwei Faktoren berücksichtigt sein:

- die Indikation,
- die Vorbedingungen.

Indikationen sind solche Gesichtspunkte, die einen Eingriff erfordern, um die aufgetretene Gefahr für Mutter oder Kind zu beseitigen. Man unterscheidet absolute und relative Indikationen.
Die Art des erforderlichen Eingriffs muß sich aus der Geburtssituation ergeben. Es gibt keine speziellen Indikationen für eine einzelne Operation, sondern nur allgemeine Indikationen für ein geburtshilfliches Eingreifen überhaupt.
Die Vorbedingungen sind diejenigen Momente, ohne deren Erfüllung das schadlose Gelingen der geplanten Operation gar nicht möglich ist. Der Geburtshelfer hat sich also stets folgende Fragen vorzulegen:

- Ist ein operatives Eingreifen überhaupt nötig? (d. h., bestehen irgendwelche Indikationen zum Eingreifen?)

Wenn ja,

- welche operativen Maßnahmen kommen bei der gegebenen Geburtssituation zur Behebung der aufgetretenen Komplikationen in Frage?

Und nachdem eine bestimmte Operation in Aussicht genommen wurde:

- Ist die Durchführung dieser Operation überhaupt möglich? (d. h., sind die Vorbedingungen für diese Operation überhaupt erfüllt?)

Aus dieser Überlegung ergibt sich, daß die Vorbedingungen im Gegensatz zu den Indikationen, die ganz allgemein gültig sind, im Zusammenhang mit den einzelnen geburtshilflichen Operationen gesehen werden müssen.

Zangenoperationen

Die in der Austreibungsperiode von oben wirkende Wehenkraft kann, wenn die Notwendigkeit dazu besteht, durch Zug mit der Zange von unten ersetzt werden. Jeder Versuch, die Zange anders, als den physiologischen Geburtsmechanismus nachzuahmen, zu verwenden, rächt sich an Mutter und Kind! Die Zange darf vor allem nicht dazu benutzt werden, den kindlichen Kopf zu verkleinern.
Erscheint nach eingehender Prüfung eine Zangenoperation nötig, müssen erst folgende Vorbedingungen erfüllt werden:

- Der Muttermund muß verstrichen sein. Wird bei nicht erweitertem Muttermund extrahiert, können Zervixrisse und bedrohliche Blutungen auftreten.
- Der Kopf muß zangengerecht stehen, d. h., sein größter Umfang muß mindestens in das kleine Becken eingetreten sein. Heute soll der Kopf voll im kleinen Becken (Leitstelle mindestens bei +2 nach Tab. 11.**15**), noch besser auf dem Beckenboden stehen.

Die folgenden Vorbedingungen haben eine wesentlich geringere Bedeutung:

- Es darf kein Mißverhältnis zwischen kindlichem Kopf und Becken bestehen. Die Zange kann weder ein enges Becken erweitern, noch einen zu großen Kopf komprimieren. Sie kann auch keinen zu kleinen Kopf fassen.
- Die Fruchtblase muß gesprungen sein. Diese Vorbedingung kann gegebenenfalls durch die Sprengung der Blase erfüllt werden.
- Das Kind soll leben. Bei totem Kind soll der Mutter keine schwere Zangenextraktion zugemutet werden.

Die Naegele-Schulzange besteht aus zwei Blättern, die sich im Schloß vereinigen lassen. Der zum Schloß gebildete Teil der Blätter wird Hals, der zum Fassen des kindlichen Kopfes dienende Teil Löffel und der als Handhabe mit Zughaken versehene Teil der Blätter Griff genannt. Die Löffel sind gefenstert, um Druckschäden am Kopf des Kindes zu vermeiden. Die Löffel der Zange sind in zwei Ebenen gekrümmt: Sie haben eine Kopf- und eine Beckenkrümmung!

Bei der einfachen Beckenausgangszange, bei der der Kopf mit gerade verlaufender Pfeilnaht auf dem Beckenboden steht, liegt die Zange ideal (d.h. biparietal) am Kopf und ideal im Geburtskanal (d.h., ihre Krümmungsachse deckt sich mit der Beckenführungslinie). Bei allen Zangen aber, bei denen der Kopf seine innere Drehung noch nicht vollendet hat, kommt sie auch bei idealer Lage am Kopf des Kindes nicht ideal für das Becken zu liegen.

Neben der Naegele-Zange hat sich die Kjelland-Zange durchgesetzt, die sich wegen ihrer fehlenden Beckenkrümmung besonders gut zur Rotation des Kopfes eignet.

Sämtliche geburtshilfliche Operationen werden am zweckmäßigsten auf dem Querbett durchgeführt (Steinschnittlage); jede Extraktion mit der Zange soll unter Schmerzausschaltung und vollkommener Entspannung durchgeführt werden. Zuvor muß die Vulva desinfiziert und die Blase mit einem Katheter entleert werden.

Es ist eine sorgfältige innere Untersuchung notwendig; die Kenntnis der Einstellung des Kopfes, des Verlaufs der Pfeilnaht und des Standes der Fontanellen muß jeden diagnostischen Irrtum ausschließen. Danach wird die Zange zusammengesetzt und vor die Vulva gehalten: Das bietet 1. den Vorteil, daß der Geburtshelfer sich noch einmal die Lage der Zange im Becken und die von ihr evtl. zu beschreibende Drehung vor Augen halten kann, und daß er 2. bei richtiger Haltung das linke Blatt bereits in seiner linken, das rechte in seiner rechten Hand hält und auf diese Weise vor einer Verwechslung der Löffel bewahrt bleibt.

Anlegen der Zange: Der linke Löffel wird immer zuerst eingelegt! (Von dieser Regel gibt es nur eine Ausnahme: Bei 2. tiefem Querstand kann der rechte Löffel zuerst eingelegt werden.) Der linke Löffel wird mit der linken Hand in die linke Seite der Mutter gelegt, der rechte mit der rechten Hand in die rechte Seite der Mutter. Dabei schützen die in die Vagina eingeführten vier Finger der freien Hand die Weichteile und dienen wie auch der abduzierte Daumen als Schiene für den einzuführenden Löffel.

Schließen der Zange: Dazu werden die beiden Löffel in die volle Faust genommen. Ist ein Zangenschluß nicht möglich, weil sich ein Löffel „wirft", muß er entweder „wandern", bis sein Einfügen in das Schloß gelingt, oder er muß neu eingelegt werden.

Kontrolle der Lage der Zange durch Inspektion und Palpation: Es wird festgestellt, ob keine Weichteile mitgefaßt sind und ob die Löffel richtig am Kopf liegen.

Probezug: Durch ihn ist festzustellen, ob der Kopf der Zange folgt. In den Fällen, in denen eine Drehung nachzuholen ist, tritt diese an die Stelle des Probezuges. Es darf aber keine Drehung ohne gleichzeitigen Zug geben.

Extraktion: Sie erfolgt rhythmisch wie Wehe und Wehenpause, mit Antagonistenspannung und unter Vermeidung eines Abgleitens der Zange, das in horizontaler und vertikaler Richtung vorkommen kann. Die Zugrichtung ist bei den einzelnen Kopfeinstellungen verschieden. Sie ändert sich beim Anstemmen des Hypomochlions an der Symphyse, von dessen Auswahl wiederum die Größe des Durchtrittsplanums abhängt. Bei der vorderen Hinterhauptslage ist die Zugrichtung zunächst horizontal mit einer Neigung nach unten (Zugrichtung 1). Wenn sich das Hypomochlion anstemmt (in diesem Falle die Nacken-Haar-Grenze), ändert sich die Zugrichtung um etwa 45° nach oben (Zugrichtung 2) und geht schließlich, um das Gesicht über den Damm treten zu lassen, in einen senkrechten Zug nach oben über (Zugrichtung 3). Dabei ist (beim Rechtshänder) der Dammschutz mit der freiwerdenden linken Hand zu leisten, der trotz Episiotomie immer notwendig ist.

Abnehmen der Zange: Erst wird der rechte Löffel, dann der linke Löffel abgenommen.
Die Entwicklung der Schultern geschieht – wie bei der Spontangeburt – in der Weise, daß der Operateur den Kopf flach in seine Hände nimmt und nach unten zieht, bis die vordere Schulter hinter der Symphyse hervortritt. Bei dem folgenden Zug nach oben erscheint die hintere Schulter über dem Damm.

Die Zange bei den verschiedenen Kopfeinstellungen:
Bei der hinteren Hinterhauptslage und bei der Vorderhauptslage liegt die Zange, sofern die Pfeilnaht gerade verläuft, wie bei der gewöhnlichen (vorderen) Hinterhauptslage im queren Durchmesser des Beckens und faßt den Kopf biparietal. Nur die Traktionen erfolgen in etwas anderer Weise, da sie den Geburtsmechanismus der hinteren Hinterhauptslage bzw. Vorderhauptslage berücksichtigen müssen.

Nach dem Zug in horizontaler Richtung (Zugrichtung 1) bis zum Anstemmen des Hypomochlions muß in vertikaler Richtung gezogen werden (Zugrichtung 3), um durch eine Beugebewegung das Hinterhaupt über den Damm zu bringen. Erst nachdem dies geschehen ist, wird die Zange wieder um 45° gesenkt (Zugrichtung 2), um durch diese Streckung das Gesicht des Kindes zu entwikkeln. Bei dem Übergang von Zugrichtung 1 in Zugrichtung 3 dürfen die Zangenspitzen den Kopf nicht überragen, da sonst die Hinterwand der Vagina aufgepflügt werden kann.

Als Hypomochlion dienen bei der Vorderhauptslage die Tubera frontalia, so daß das funktionierende Durchtrittsplanum das Planum frontooccipitale ist, während bei der hinteren Hinterhauptslage die Gegend der großen Fontanelle als Hypomochlion dient und das funktionierende Planum wie auch bei der vorderen Hinterhauptslage das Planum suboccipitobregmaticum ist.

Bei tiefem Querstand wird die Zange im schrägen Durchmesser des Beckens angelegt, so daß sie also nur halb günstig für den Kopf und ebenfalls nur halb günstig für das Becken zu liegen kommt. Dabei muß der vordere Löffel, der zunächst an typischer Stelle eingelegt wird, von der Gegend der Articulatio sacroiliaca nach vorn „wandern". Wenn die Zange richtig liegt, zeigt ihre Spitze nach dem Hinterhaupt des Kindes. Meist dreht sich der Kopf durch den Druck der hinteren Rippe des vorderen Löffels und der vorderen Rippe des hinteren Löffels bereits beim Schluß der Zange in den entsprechenden Schrägdurchmesser. Die so begonnene Drehung wird dann bei gleichzeitigem Zug vollendet und schließlich die Extraktion wie bei der vorderen Hinterhauptslage ausgeführt.

Bei tiefem Querstand wird auch mit gutem Erfolg die Kielland-Zange eingesetzt, deren fehlende Beckenkrümmung sich hierbei als besonders günstig erweist.

Auch bei den seltenen Deflexionshaltungen (Gesichtslage, Stirnlage) kann gelegentlich und unter besonderen Umständen eine Zangenextraktion in Frage kommen, doch wird man in solchen Fällen, besonders wenn die Erfahrung des Geburtshelfers klein ist, die Schnittentbindung durchführen.

Vakuumextraktion

Anstelle der Zange kann auch ein Vakuumextraktor Verwendung finden. Die Saugglokke mit meist 5 cm Durchmesser wird mit einem Sog von 0,4–0,8 atm (40–80 kPa) am vorangehenden Teil des Kindes fixiert. Der auf dem Manometer abzulesende Sog wird durch eine elektrische Pumpe erzeugt. Es kann dann – wie mit der Zange – bei vollständig erweitertem Muttermund sofort extrahiert werden oder aber es kann ein wehensynchroner Zug ausgeübt werden.

Mit der Vakuumextraktion steht ein besonders schonendes Entbindungsverfahren zur Verfügung. Vor allem die schweren mütterlichen Weichteilverletzungen, die beim „Wandern" des Zangenlöffels oder bei Drehzangen häufig vorkommen, werden vermieden. Kindliche Verletzungen, in erster Linie die intrakranielle Blutung, werden nicht häufiger beobachtet als bei Zangenextraktionen.

Manuelle Extraktion am Beckenende

Der Zug, der bei einer Schädellage mit der Zange erfolgt, wird bei einer Beckenendlage mit den Händen des Geburtshelfers ausgeübt. Die manuelle Extraktion wird – genau wie eine Zangenoperation oder eine Vakuumextraktion – nur dann ausgeführt, wenn besondere Indikationen eine rasche Entbindung erfordern. Sie ist also streng zu trennen von der Manualhilfe, die bei jeder Beckenendlagengeburt geleistet wird und die keine speziellen Indikationen erfordert.

Die wichtigste Vorbedingung ist ohne Zweifel die vollständige Erweiterung des Muttermundes. Außerdem darf kein Mißverhältnis zwischen kindlichem Kopf und Becken bestehen. Daher wird heute die vaginale Beckenendlagengeburt nur empfohlen, wenn vorher mittels geeigneter Verfahren (Ultraschall, Röntgen) ein Mißverhältnis zwischen kindlichem Kopf und Becken nach Möglichkeit ausgeschlossen worden ist und eine ultrasonographische Gewichtsschätzung ein Geburtsgewicht zwischen 2500 und 3500 g erwarten läßt.
Bei der Technik der Extraktion am Beckenende unterscheidet man:

- die Extraktion bis zum Nabel,
- die Entwicklung des Schultergürtels
- die Entwicklung des Kopfes.

Die Extraktion bis zum Nabel erfolgt nach Möglichkeit am Fuß, auch wenn es sich nicht von vornherein um eine Fußlage handelt. Liegt jedoch eine reine Steißlage vor, kann auch am Steiß extrahiert werden, wenn dieser bereits auf dem Beckenboden steht. Steht der Steiß noch wesentlich höher und läßt er sich noch aus dem Becken hinausschieben, ist als Voroperation ein Fuß herunterzuholen und dann am Fuß zu extrahieren. Gelingt es allerdings nicht mehr, den Steiß über den Beckeneingang hochzuschieben, muß von dem Versuch, einen Fuß herunterzuschlagen, Abstand genommen werden, da dieser bei im Becken stehendem Steiß unweigerlich zur Oberschenkelfraktur führen müßte. Die nötige Extraktion am hochstehenden Steiß kann erhebliche Schwierigkeiten bereiten.
Bei der Extraktion am Steiß hakt der Zeigefinger so in die vordere Schenkelbeuge ein, daß der Daumen auf dem Kreuzbein des Kindes Halt findet. Es muß also bei einer 1. Steißlage der linke, bei einer 2. der rechte Zeigefinger sein. Es wird nun stark abwärts gezogen, bis auch die hintere Schenkelbeuge für den Zeigefinger der freien Hand zugänglich wird, der dann den Zug unterstützt. Beide Daumen liegen dabei parallel auf dem Kreuzbein. Wenn der untere Schulterblattwinkel sichtbar wird, ist die erste Phase der Extraktion vollendet.
Bei der Extraktion am Fuß muß die Tendenz bestehen, immer möglichst hoch hinaufzufassen, so daß die ziehende Hand in unmittelbarer Nähe der Vulva bleibt. Es wird unter ständigem Nachfassen auf die Wade bzw. den Oberschenkel so lange in der Führungslinie gezogen, bis der Zeigefinger der entsprechenden Hand in die hintere Schenkelbeuge fassen kann. Gelingt dies, ist die Extraktion bis zum unteren Skapulawinkel nicht mehr schwer.
Handelt es sich um eine vollkommene Fußlage, erfaßt stets die rechte Geburtshelferhand das rechte, die linke Hand das linke Bein des Kindes.
Entwicklung des Schultergürtels: Wenn der untere Skapulawinkel in der Vulva erscheint, kann die Entwicklung des Schultergürtels beginnen. Dazu stehen drei Methoden zur Verfügung:

- die Müller-Schulterentwicklung,
- die Armlösung nach Lövset,
- die klassische Armlösung.

Bei der Schulterentwicklung nach Arthur Müller wird das Kind bei nach der Seite gekehrtem Rücken so gefaßt, daß beide Daumen parallel auf dem Kreuzbein liegen, die Zeigefinger das Hüftbein fixieren und die drei letzten Finger den Oberschenkel umgreifen. Dann wird maximal nach unten gezogen, bis die vordere Schulter unter der Symphyse erscheint, so daß der Arm von selbst vorfällt oder leicht mit zwei Fingern herausgewischt werden kann. Anschließend wird das Kind mit dem gleichen Griff angehoben, bis die hintere Schulter über dem Damm erscheint und der Armt entweder herausfällt oder mit zwei Fingern ebenfalls leicht herausgestreift werden kann.
Bei der Armlösung nach Lövset wird das Kind wie bei der Müller-Schulterentwicklung so gefaßt, daß beide Daumen parallel auf dem Kreuzbein bzw. etwas höher auf der Wirbelsäule liegen. Unter gleichzeitigem Zug wird die Frucht dann um 180° so gedreht, daß die hintere Schulter nach vorn und unter die Symphyse gelangt. Fällt der Arm nicht von selbst aus dem Genitale heraus, kann er mit zwei Fingern meist leicht herausgestreift werden. Anschließend wird die andere, jetzt in der Kreuzbeinhöhle liegende Schulter mit einer rückläufigen Drehbewegung von 180° herausbefördert. Stets ist darauf zu achten, daß der Rücken bei der Drehung unter der Symphyse vorbeigeführt wird.
Technisch am schwierigsten, dafür aber auch am sichersten ist die klassische Armlösung, weshalb man ihr bei der manuellen Extraktion, bei der häufig mit Komplikationen bei der Entwicklung des Schultergürtels zu rechnen ist, meist den Vorzug geben wird:
Zunächst wird der in der Kreuzbeinhöhle liegende Arm mit der gleichseitigen Hand

des Geburtshelfers gelöst und, indem Zeige- und Mittelfinger die Schienung übernehmen, von hinten nach vorn herausgeschlagen. Das ist bei der 1. Beckenendlage die rechte, bei der 2. die linke Hand des Geburtshelfers. Indessen werden mit der anderen, freien Hand die Füße der Frucht von hinten zwischen Daumen, Zeige- und Mittelfinger an der Malleolengabel gefaßt und bei der 1. Beckenendlage kräftig in die rechte, bei 2. in die linke Schenkelbeuge der Mutter gezogen, damit die lösende Hand in der Kreuzbeinhöhle genügend Spielraum bekommt. Ist der hintere Arm frei, wird das Kind unter stopfenden Bewegungen – wobei der gelöste Arm zur Fixation des Schultergürtels mitgefaßt werden muß – um 180° so gedreht, daß der andere Arm ebenfalls in die Kreuzbeinhöhle zu liegen kommt, weil dort für seine Lösung genügend Platz ist. Die Drehung hat so zu erfolgen, daß der kindliche Rücken unter der Symphyse vorbeigeführt wird. Bei einem in den Nacken geschlagenen Arm soll nach der Regel in die Richtung gedreht werden, in die der hochgeschlagene Arm zeigt.

In der Kreuzbeinhöhle wird der zweite Arm mit der gleichseitigen Hand des Geburtshelfers in der gleichen Weise gelöst wie der erste. Man läßt nun das Kind einen Augenblick aushängen und kann dann die Entwicklung des Kopfes beginnen.

Entwicklung des Kopfes: Steht der Kopf im Becken, wird er mit dem Mauriceau-Veit-Smellie-Handgriff herausbefördert (s. d.). Zeigt das Gesicht dabei noch nach der Seite, macht es keine Schwierigkeiten, die Drehung des Kopfes während der Extraktion nachzuholen. Befindet sich der Kopf noch über dem Beckeneingang, muß er zunächst in das kleine Becken hineingezogen werden. Dazu steht eine Reihe von Handgriffen zur Verfügung. Der geläufigste ist der „hohe“ Veit-Smellie-Handgriff.

„Hoher“ Veit-Smellie-Handgriff: Dabei muß der Kopf durch den im Mund liegenden Finger etwas deflektiert gehalten werden (nicht flektiert, wie bei dem gewöhnlichen Veit-Smellie-Handgriff), damit der kleinere bitemporale und nicht der größere biparietale Durchmesser die Conjugata vera passiert.

12. Hals-Nasen-Ohrenkrankheiten

H.-G. BOENNINGHAUS

Adenoide Vegetationen

Sy: Rachenmandelhyperplasie führt zu Behinderung der Nasenatmung, offenstehendem Mund, unruhigem Schlaf, Schnarchen, Katarrhen der oberen Luftwege, Mittelohrentzündungen, Schalleitungsschwerhörigkeit. Vorkommen vor allem bei Kindern, Rückbildung im 2. Lebensjahrzehnt.

Dg: Durch Rhinoscopia posterior oder Austasten des Nasen-Rachen-Raumes. Außerdem bestehen adenoider Habitus mit hohem spitzen Gaumen, Prognathie, verstrichene Nasolabialfalten, dümmlicher Gesichtsausdruck. Häufig Trommelfellretraktion, serös-schleimiger Paukenerguß (s. Leimohr), Dauerschnupfen, geschlossenes Näseln.

Th: Adenotomie in Intubationsnarkose. Keine Operation bei frischen fieberhaften Infekten und während einer Poliomyelitisepidemie. Bei gleichzeitiger Hyperplasie der Gaumenmandeln im Kindesalter mit erheblicher Behinderung der Atmung und der Nahrungsaufnahme, ebenso bei rezidivierenden Anginen zusammen mit der Adenotomie auch *Tonsillektomie. Tonsillotomien* sind abzulehnen, da sie zu oberflächlicher Vernarbung der Gaumenmandeln, zu Verhaltungen in den Krypten und zu späteren Herdkrankheiten führen können.

Aerootitis media (Barotrauma)

Ät: Druckdifferenzen zwischen Mittelohr und Außenwelt. Beim Abstieg oder Landen eines Flugzeugs wird die Tube infolge des erhöhten Drucks im umgebenden Gewebe zusammengepreßt. Der Druckaustausch wird verhindert, und es entsteht ein relativer Unterdruck in der Paukenhöhle.

Sy und *Dg:* Nach der Landung Trommelfellveränderungen in Form von Retraktion, Rötung, Blutungen und u. U. Paukentranssudat (keine Entzündung!).

Th: Gegen die Tubenventilationsstörung abschwellende Nasentropfen, Wärmeanwendung, Tubendurchblasungen, ggf. Abpunktieren des Transsudats durch das Trommelfell.

Prl: Bereits bei den ersten Beschwerden während der Landung (Druck und Stiche im Ohr) Druckausgleich durch Gummikauen, Schlucken oder den Valsalva-Versuch schaffen (bei zugehaltener Nase und geschlossenem Mund Luft ins Ohr drücken).

AIDS

Im Bereich des HNO-Gebietes ist an eine HIV-Infektion zu denken, wenn sich ein Mundsoor als besonders therapieresistent erweist oder wenn sich leistenartige weißliche Veränderungen am Zungenrand finden (= orale Haarleukoplakie, ein prognostisch ungünstiges Zeichen). Lymphknotenschwellungen am Hals – insbesondere im Nacken hinter dem M. sternocleidomastoideus – können im Rahmen des Adenopathiesyndroms auftreten. Kaposi-Sarkome werden bei AIDS-Kranken am Gaumen, selten auch im Kehlkopf beobachtet.

Akustikustumor
(Kleinhirnbrückenwinkeltumor, Akustikusneurinom)

Sy und *Dg:* Einseitige Schallempfindungsschwerhörigkeit bei nicht selten negativem Lautheitsausgleich (Recruitment) = Nervenschwerhörigkeit, pathologische Hörermüdung, Latenzverlängerung bei Messung der akustisch evozierten Hirnstammpotentiale (BERA). Später Gleichgewichtsstörungen mit einseitiger peripherer Untererregbarkeit des Vestibularapparates, Erweiterung des inneren Gehörgangs auf der Röntgenaufnahme nach Stenvers, erster Nachweis durch Computertomogramm oder – besser – Kernspintomogramm. In weiteren Stadien Fazialisparese, Störungen im Trigeminusbereich und Hirndrucksymptome, Eiweißvermehrung im Liquor.

Th: Operation durch Neurochirurgen, bei Tumoren im inneren Gehörgang auch durch Otologen.

Akustisches Trauma

Ät: Schallschädigung des Innenohres durch Knall, Explosion, Lärm oder stumpfes Schädeltrauma.

Sy und *Dg:* Schallempfindungsschwerhörigkeit mit c^5-Senke oder Steilabfall der Hörschwellenkurve im Tonaudiogramm bei positivem Lautheitsausgleich (Recruitment) = Innenohrschwerhörigkeit. Häufig verbunden mit subjektiven Ohrgeräuschen.

DD: Altersschwerhörigkeit, psychogene Hörstörung, toxische Innenohrschäden, akuter Hörverlust (Hörsturz).

Prgn: Unmittelbar nach einmaligem Trauma zunächst Besserung des Hörvermögens, dann stationär bleibende Hörstörung. Bei wiederholter Exposition langsame Zunahme der Schwerhörigkeit.

Th: Bei Vorliegen einer Lärmschwerhörigkeit, die als Berufskrankheit anerkannt wird, weitere Lärmbelastungen vermeiden oder persönlichen Schallschutz tragen (Gehörschutzstöpsel aus Watte, z. B. Bilsom, oder elastischem Kunststoff, z. B. Selectone, Kapselgehörschützer, Gehörschutzhelme). Bei akuter Schallschädigung Infusionsbehandlung wie bei Menière-Krankheit (s. d.).

Allergische Rhinitis s. Rhinitis, allergische

Altersschwerhörigkeit (Presbyakusis)

Ät: Mit 55–60 Jahren beginnende, allmählich zunehmende Schallempfindungsschwerhörigkeit beiderseits durch Degeneration der Sinnes- und Ganglienzellen im Innenohr.

Sy und *Dg:* Höreinschränkung zunächst im Bereich der hohen Frequenzen. Telephon, Klingel, Zischlaute werden nicht mehr gehört. Schlechte Sprachverständlichkeit, sobald mehrere Personen durcheinandersprechen (Konferenz, Cockailparty).

Th: Wenig erfolgversprechend. Versuche mit Rovigon können gelegentlich vorübergehend zu geringen Besserungen führen. Hörverbessernde Operationen sind nicht angezeigt, da es sich um eine Schallempfindungsschwerhörigkeit handelt. Bei hochgradiger Hörstörung Anpassung eines Hörgerätes – auch beiderseits, um räumliches Hören zu erreichen.

Angina lacunaris (Tonsillitis acuta, akute Entzündung des lymphatischen Rachenringes)

Sy und *Dg:* Gerötete und geschwollene Gaumenmandeln mit lakunären Belägen. Fieber, Schluckbeschwerden, Ohrenschmerzen, Speichelfluß. Häufig verdickte und druckschmerzhafte Kieferwinkellymphknoten. Gelegentlich Mitbeteiligung oder Alleinerkrankung der Rachentonsille (*Angina retronasalis* mit Schwellung der Nackenlymphknoten) oder des lymphatischen Gewebes am Zungengrund (*Angina lingualis,* s. Glottisödem) oder beiderseits seitlich an der Rachenhinterwand (*Seitenstrangangina*).

Th: Bettruhe, feuchtwarme Halswickel, Analgetika und Antipyretika, Mundspülen mit Kamillentee. Schwitzpackung. Zur Verhütung von Peritonsillarabszessen, rheumatischen Erkrankungen, Endokarditis und Nierenkomplikationen ist die Allgemeinbehandlung der durch Streptokokken verursachten Angina lacunaris mit Penicillin erforderlich. Bei Angina retronasalis zusätzlich abschwellende Nasentropfen. Rezidivierende Anginen oder Herderkrankungen nach einer Angina lacunaris erfordern eine Tonsillektomie.

DD: Bei der *Angina agranulocytotica* und bei akuten Leukosen entstehen tiefgreifende, schmutzig belegte, gelegentlich schwärzlich verfärbte Nekrosen auf den Tonsillen oder der Mundschleimhaut ohne Lymphknotenbeteiligung (Blutbild!). Die *Herpangina* (Viruserkrankung, Coxsackie-A-Virus) ist an kleinen, weißlich belegten Erosionen auf den vorderen Gaumenbögen zu erkennen. Bei der *Scharlachangina* sind die Tonsillen oft düsterrot verfärbt. Bei *Diphtherie* finden sich weiße fibrinöse Beläge (Pseudomembranen), die über die Tonsillen hinausragen und sich nicht abwischen lassen (Abstrich!). Außerdem bestehen ein süßlicher Geruch und erhebliche Lymphknotenanschwellungen. Ähnlich ausgedehnte Fibrinbeläge kommen bei der seltenen *Pneumokokkenangina* vor. Beim *Pfeiffer-Drüsenfieber (Lymphoidzellenangina, infektiöse Mononukleose)* sind die gelegentlich einseitigen Beläge auf die Tonsillen beschränkt; allgemeine Lymphknotenschwellungen vor allem an Hals und Nacken, Milz- und Leberschwellungen (im Blutbild Lymphozytose und vermehrt atypische Lymphozyten, Antikörpernachweis durch Monosticon-Test oder Paul-Bunnell-Test). Die Ulzerationen bei der *Schleimhauttuberkulose* im Bereich der Tonsillen sind flach, blaß, kleinhöckerig, und verursachen erhebliche Schluckbeschwerden (Lungenuntersuchung!). Im 1. Stadium der *Lues* des Rachens gelegentlich Primäraffekte an der Tonsille als hochrote, oberflächlich ulzerierte, harte Infiltrationen mit indolenten Lymphknotenschwellungen am Hals (Dunkelfeldpräparate!). Das 2. Stadium (*Angina specifica)* zeichnet sich durch Plaques muqueuses, schleierartig weißlich-trübe Beläge auf Tonsillen und Mundschleimhaut aus. Es bestehen über Wochen geringe Schluckbeschwerden (Lues-Suchreaktionen. Nach Hautexanthemen fahnden!). Die gummösen Prozesse des 3. Stadiums zeigen sich an Tonsillen, Gaumen oder Rachenhinterwand in speckig-schmierigen Ulzerationen mit steilem Rand und hochroter, erhabener Infiltration in den Randgebieten (Probeexzision zum Ausschluß eines Neoplasmas!).

Angina Plaut-Vincent
(Angina ulceromembranacea)

Sy und *Dg:* Einseitiges, schmierig belegtes, kraterförmiges Ulkus, das tief in die nur wenig gerötete und infiltrierte Tonsille reicht. Mäßige, einseitige Schluckbeschwerden ohne allgemeines Krankheitsgefühl. Geringe Lymphknotenschwellung am Kieferwinkel. Im Abstrich aus dem Ulkus finden sich Fusobacterium und Borrelia plaut-vincenti.

Th: Kräftiges Auswischen des tiefen Ulkus mit einem Wattestäbchen und Ätzen des Geschwürsgrundes mit 5%iger Chromsäure oder Antibiotikalösung.

Anosmie (Verlust des Riechvermögens)

Ät: Mechanische Verlegung der Riechspalte *(respiratorische Anosmie)* bei Nasenscheidewandverbiegung, Muschelschwellungen, Polypen oder nach Traumen mit Nasenbeinfraktur oder Septumhämatom.
Störung der Sinnesfunktion *(neurogene Anosmie)* durch Erkrankungen des Riechepithels (atrophische Rhinitis, Lues, toxische Schäden), durch Erkrankungen der Riechnerven (Neuritis bei Grippe, Abriß der Riechfäden bei Schädelbasisbrüchen), durch zentrale Schädigung der Riechbahnen und -zentren (Tumoren, Hirnabszeß, Gehirnerschütterung).

Dg: Riechprüfung, für jede Nasenseite getrennt, mit reinen Riechstoffen: Seife, Terpentin, Rosenwasser, Anis, Schwefelwasserstoff. Riechstoffe mit Trigeminuskomponente, z. B. Ammonium carbonicum oder Spiritus Menthae, müssen auch bei Anosmie gespürt, Riechstoffe mit Geschmackskomponente, z. B. Chloroform süß, Pyridin bitter, geschmeckt werden.

Th: Bei respiratorischer Anosmie Beseitigung der mechanischen Behinderung, bei neurogener Anosmie oder Geruchsstörungen Versuch mit Vitamin-B-Komplex, nach Grippe Corticosteroide.

Audiometrie

Tonaudiometrie: Messen der Hörschwelle für reine Töne (meist in Oktavabständen) über Luftleitung und über Knochenleitung. Durch Audiogramm Feststellen des Ausmaßes einer Schalleitungs- oder Schallempfindungsschwerhörigkeit (unerläßlich vor und nach gehörverbessernden Operationen!). Überschwellige Messungen können Rückschlüsse auf labyrinthären oder retrolabyrinthären Sitz einer Schallempfindungsschwerhörigkeit erlauben. Bei Lautheitsausgleich (positivem Recruitment) werden geringe Intensitäten rechts und links verschieden laut, größere dann jedoch gleich laut empfunden. Der positive Lautheitsausgleich spricht für einen Corti-Organ-Schaden = Innenohrschwerhörigkeit, negativer Lautheitsausgleich kann eine retrolabyrinthäre Hörstörung = Nervenschwerhörigkeit anzeigen.

Sprachaudiometrie: Prüfen des Sprachgehörs (Hörverlust für Zahlworte und Feststellen des Wortverständnisverlustes = Diskriminationsverlustes). Die Sprachaudiometrie wird bei der Begutachtung, bei der Anpassung von Hörgeräten und vor und nach hörverbessernden Operationen durchgeführt.

Objektive Audiometrie =electric response audiometry (ERA): Auswertung des EEG mit Hilfe der Computertechnik während periodisch einwirkender Schallreize. Bei Erkrankungen der Hörnerven oder des Hirnstammes Einfluß auf die akustisch evozierten Hirnstammpotentiale (BERA = brainstem electric response audiometry).

Pädaudiologie: Hörprüfung bei Kindern durch akustische Reflexauslösung (bis 2. Lebensjahr) oder Spielaudiometrie (ab 3. Lebensjahr). Screeningtest: Messung otoakustischer Emissionen (Geräuschaussendungen des Innenohres) schon bei Säuglingen.

Tympanometrie: Funktionsdiagnostik des Mittelohrapparates bei Schalleitungsschwerhörigkeiten durch Messung der Impedanzänderung, des Stapediusreflexes u. a.

Bronchoskopie

Technik und Indikationen

Untersuchung der Trachea *(Tracheoskopie)* und des Bronchialbaumes mit starren Metallrohren, die mit distaler oder proximaler Beleuchtung ausgerüstet sind. Die Untersuchung wird nach Dolantin-Atropin-Vorbereitung in Oberflächenanästhesie (Einpinseln und Einsprayen von höchstens 3 ml 1%iger Novesine Lösung in Kehlkopf und Trachea) oder in Allgemeinnarkose unter Verwendung des Beatmungsbronchoskops durchgeführt. Die Indikationen zur Bronchoskopie sind der Verdacht auf Bronchialfremdkörper oder Bronchialtumor und die „Bronchialtoilette" bei Sekretstauungen im Bronchialbaum. Zur diagnostischen Bronchoskopie werden auch dünne flexible Fiberglasbronchoskope eingesetzt.

Bronchialfremdkörper

Vk und *Ät:* Meist bei Kindern unter 6 Jahren, die mit Nahrungsstückchen oder Fremdkörpern im Mund (Erdnüsse, Apfelstücke, Bohnen, Spielzeugteilchen usw.) erschrecken und aspirieren. Bei Erwachsenen finden sich auch Nadeln, Gebißteile, Zahnkronen, Pfennigstücke und Knochensplitter.

Sy und *Dg:* Plötzlicher, sehr heftiger Hustenanfall und Atemnot, die bei Ösophagusfremdkörpern fehlen. Bleibt eine Aspiration unbemerkt oder wird das Ereignis falsch gedeutet oder vergessen, so bleibt ein Fremdkörper u. U. Monate und Jahre im Bronchialbaum liegen („chronischer Fremdkörper") und kann zu Lungenabszessen führen. Die Röntgenuntersuchung deckt bei obturierenden Fremdkörpern eine Atelektase, bei einem Ventilverschluß eine Überblähung der Lungenseite oder des betreffenden Lungenlappens auf. Fremdkörpersitz meist rechter Haupt- oder Unterlappenbronchus.

Th: Endobronchiale Entfernung mit entsprechenden Zangen durch das Bronchoskop. Bei Kindern unter einem Jahr kann im Anschluß an eine länger dauernde Bronchoskopie ein Larynxödem auftreten. Falls trotz Corticosteroiden das Ödem stärker wird und Atemnot auftritt, kann eine Intubation, selten eine Tracheotomie notwendig werden.

Bronchialtumor

Mit Hilfe von verschiedenen, durch das starre Bronchoskop eingeführten Winkeloptiken oder mit flexiblen Bronchoskopen lassen sich die Bronchialschleimhaut, bis in die Segmentbronchien auch der Oberlappen genauestens ableuchten und mit Spezialzangen oder Küretten unter Sicht Gewebe zur histologischen Untersuchung (Karzinom, Tbc u. a.) entnehmen. Außerdem kann man gezielt Sekret zur zytologischen Untersuchung gewinnen, u. U. Bronchusspülung. Der Bronchoskopie haben Röntgenuntersuchungen (Tomographie, u. U. Bronchographie) vorauszugehen.

Caisson-Krankheit (Preßluftkrankheit)

Ät: Sie tritt nach dem Aufenthalt unter dem Wasserspiegel im Senkkasten (Caisson) auf, in dem bei komprimierter Luft unter mehrfachem Atmosphärendruck gearbeitet werden muß. Erfolgt das Ausschleusen – also die Dekompression – zu rasch, so wird Stickstoff in Form von Gasblasen im Blut frei, und es kommt durch Gasembolien zu indirekten Innenohrschäden.

Sy und *Dg:* Kurze Zeit nach dem Ausschleusen auf dem Heimweg von der Arbeit oder bei zu raschem Hochkommen der Sporttaucher aus größerer Tiefe plötzlich Schwerhörigkeit, Ohrensausen, Schwindel und Erbrechen, ähnlich wie bei einem Menière-Anfall.

Th: Sofortiges Wiedereinschleusen mit anschließender, sehr langsamer Dekompression. Sporttaucher sofort in Druckkammer schaffen.

Choanalatresie

Def: Angeborene Mißbildung ein- oder beidseitig. Der Verschluß der Choanen ist gelegentlich nur membranös, meist jedoch knöchern.

Sy und *Dg:* Einseitige Atresie häufig zunächst nicht bemerkt. Bei doppelseitiger Atresie schwere Trinkstörungen der Säuglinge, da die Atmung während der Nahrungsaufnahme unmöglich ist. Durch Sondierung der Nase mit weichem Gummikatheter und Röntgenuntersuchung mit Kontrastmittelfüllung der Nase ist die Diagnose zu stellen.

Th: Ernährung der Säuglinge durch Magensonde. Nach Kräftigung der Kinder operative Eröffnung der Choanen durch Entfernung der Verschlußplatte und Schleimhautplastik am besten vom Gaumen aus. Durch Wiederverengung der Choanen kommen Rezidive vor. Günstige Aussichten für eine auf die Dauer erfolgreiche Operation bestehen, wenn die Kinder bereits einige Jahre alt sind.

Cholesteatom

Pathog: Chronische Mittelohrentzündung mit Knocheneiterung und Einwandern von Plattenepithel in die Mittelohrräume (sekundäres Cholesteatom). Das primäre (genuine) Cholesteatom entsteht ohne vorangegangene Eiterung und entwickelt sich im Bereich der Shrapnell-Membran (Pars flaccida des Trommelfells).

Sy und *Dg:* Randständiger Trommelfelldefekt in den oberen Quadranten der Pars tensa oder Defekt in der Pars flaccida des Trommelfells. Fötide, häufig seit Jahren bestehende Eiterung. Im Trommelfelldefekt weiße Epithelmassen, die gelegentlich durch Granulationen oder Polypen verdeckt sind. Schalleitungsschwerhörigkeit. Bei Arrosion des knöchernen horizontalen Bogengangs Schwindelgefühl und positives Fistelsymptom: Bei Druckerhöhung im Gehörgang durch einen Politzer-Ballon oder durch einen den Gehörgang abschließenden Finger pflanzt sich der Druck direkt auf den freiliegenden häutigen Bogengang fort und führt zu einer Endolymphströmung und zum Nystagmus mit heftigen Schwindelerscheinungen. Der Nystagmus ist bei Kompression meist zur kranken Seite, bei Aspiration zur gesunden Seite gerichtet. Bei weiteren Knochenzerstörungen sind Komplikationen möglich: Fazialislähmung, Meningitis, Schläfenlappenabszeß, Kleinhirnabszeß, Sinusthrombose, Labyrinthausfall (s. Otitis media acuta, Komplikationen).
Die Ausdehnung der Knochenzerstörung im fast stets kompakten oder spongiösen, nicht pneumatisierten Warzenfortsatz ist durch Spezialröntgenaufnahmen des Schläfenbeins nach Schüller, Stenvers und E. G. Mayer sowie im Computertomogramm nachzuweisen.

DD: Die chronische Mittelohrentzündung mit randständigem Trommelfelldefekt und Knochenbeteiligung kann auch ohne Cholesteatombildung auftreten, hat jedoch den gleichen Verlauf, die gleiche Prognose und erfordert die gleiche Behandlung. Dagegen geht die chronische Mittelohrentzündung mit zentralem Trommelfelldefekt, bei der es sich um eine Schleimhauteiterung handelt, ohne Knochenzerstörung und daher ohne Komplikationen einher.

Th: Stets operativ zur Vermeidung von Komplikationen und zur Erhaltung bzw. zur Verbesserung des Hörvermögens: Radikaloperation des Mittelohres. Transmeatal oder von retroaurikulär Auffräsen des Warzenfortsatzes, Entfernen des Cholesteatoms sowie der Granulationen und Wegnahme der hinteren knöchernen Gehörgangswand, so daß ein bohnenförmiger Raum entsteht, der aus Gehörgang, Paukenhöhle, Antrum und Warzenfortsatzhöhle besteht und vom Gehörgangseingang aus zugänglich ist. Die Höhle wird möglichst klein gehalten oder durch gestielte Muskelfaszientransplantate verkleinert und mit Transplantaten ausgekleidet. In den letzten Jahren versucht man, die hintere knöcherne Gehörgangswand bzw. die laterale Attikwand zu erhalten, nur vorübergehend zu entfernen oder zu rekonstruieren, um die Bildung einer „Radikalhöhle" zu vermeiden. Zur Hörverbesserung Wiederherstellung der Schalldruckübertragung zum Innenohr durch Wiederaufbau der zerstörten Gehörknöchelchenkette und Verschluß der Trommelfelldefekte (Tympanoplastik, s. d.).

Epithesen

Sie dienen zum Ausgleich von Gewebsdefekten im Gesicht, zum Nasen- oder Ohrmuschelersatz. Die Epithesen bestehen aus weich bleibenden Kunststoffen, die in Haltbarkeit, Farbe, Gewicht und Gewebsfreundlichkeit besonders vorteilhaft sind.

Erysipel der Ohrmuschel oder der Nase

Ät: Es geht von einer Rhagade oder einem Ekzem im Gehörgang bzw. im Nasenvorhof aus (Streptokokkeninfektion).

Sy und *Dg:* Ohrmuschel bzw. Haut der Nase teigig-prall geschwollen, glänzend, rot, schmerzhaft.

DD: Perichondritis der Ohrmuschel, bei der die Konturen der Ohrmuschel verschwinden und das Ohrläppchen meist frei von entzündlichen Veränderungen ist.

Th: Antibiotika, Salbenverbände mit Aureomycin-Salbe. Behandlung der Rhagaden durch Touschieren mit 5%iger Argentum-nitricum-Lösung.

Fazialislähmung

Ät: Akute und chronische Mittelohrentzündungen, Traumen (Felsenbeinfrakturen), Zoster oticus, Karzinome der Glandula parotidea, Kleinhirnbrückenwinkeltumoren, ischämische Lähmung = Bell-Lähmung, abortive Form einer Poliomyelitis.

Sy und *Dg:* Stirnrunzeln, Augenschluß, Mundspitzen unmöglich.

Prgn: Sie ergibt sich aus dem Ausfall der elektrischen Untersuchungsmethoden des Nerven und der mimischen Muskulatur (Prüfung der Nervenerregbarkeit und Durchführung der Elektromyographie).

Th: Bei entzündlichen Mittelohrerkrankungen operative Eingriffe (Parazentese, Antrotomie, Radikaloperation je nach Art der Otitis). Tritt nach Felsenbeinbrüchen bei Unfall eine Frühlähmung (primäre Lähmung) auf, ist mit einer Zerreißung oder Quetschung des Nerven im Fazialiskanal zu rechnen. Nach Abklingen des Verletzungsschocks ist eine operative Revision mit Dekompression oder Naht des N. facialis im Felsenbein erforderlich. Bei Spätlähmungen (sekundäre Lähmung), die 4–10 Tage nach dem Unfall durch ein Ödem oder eine Blutung verursacht sind, zunächst konservative Behandlung (Corticosteroide, Vitamin-B-Komplex, Galvanisieren, Vibrationsmassage der Muskulatur); wenn sich die elektrische Erregbarkeit nach 2–4 Wochen verschlechtert (Entartungsreaktion) oder Zeichen einer Denervierung im Elektromyogramm nachweisbar werden. Operation mit Dekompression des N. facialis. Nach gleichen Gesichtspunkten kann eine Dekompression bei der Bell-Lähmung indiziert sein.

Frakturen, frontobasale

Ät: Schädelbasisbrüche mit Beteiligung der Nase und der Nasennebenhöhlen (Impressionsbrüche, Stückbrüche), meist Verkehrsunfälle, seltener Arbeitsunfälle; häufig mit einer Commotio oder Contusio cerebri verbunden.

Sy und *Dg:* Brillenhämatom bzw. Monokelhämatom. Blutung aus Nase und Mund. Liquorabfluß aus der Nase beweist eine gleichzeitige Durazerreißung (Liquorfistel); Nachweis durch Glukoteststreifen, β_2-Transferrin im Liquor (Immunelektrophorese) oder Einbringen von Farbstoff (Fluorescin) bzw. Isotopen in den Liquorraum, die dann in der Nase festgestellt werden. Anosmie durch Abriß der Riechfäden. Die äußeren Wunden sagen nichts über die Schwere und Gefährlichkeit der Zertrümmerung der knöchernen Schädelbasis aus. Auf Röntgenübersichtsaufnahmen des Schädels in 2 Ebenen stellen sich die Frakturen durch die oberen Nebenhöhlen (Stirnhöhlenfraktur, Siebbeinfraktur, Keilbeinhöhlenfraktur) häufig nicht dar, daher sind zusätzliche okzipitonasale, okzipitodentale, überkippte axiale, axiale Nebenhöhlenaufnahmen und Computertomogramme anzufertigen. Im Röntgenbild und im Computertomogramm lassen sich auch Pneumatozelen nachweisen, die nach Durazerreißung und ventilartiger Verlegung des Risses durch Schleimhautteile, Knochensplitter oder Hirngewebe entstehen. Gefürchtete Komplikationen sind die Frühmeningitis und auch die Spätmeningitis, die noch Monate nach dem Unfall bei einem Schnupfen auftreten kann. Seltener sind Hirnabszesse.

Th: Konservativ bei glatten Fissuren und Frakturen, operative Revision der oberen Nebenhöhlen nach Abklingen des traumatischen Schockzustands bei Trümmer- und Splitterbildungen der Schädelbasis im Nebenhöhlenbereich oder Auftreten einer rhinogenen Meningitis. Bei Durazerreißung außerdem Duraverschluß durch Naht oder Plastik.

Gaumensegellähmung nach Diphtherie

Sy und *Dg:* Offenes Näseln, Flüssigkeiten laufen beim Trinken zur Nase heraus. Bei einseitiger Parese Verziehen des Gaumensegels zur nichterkrankten Seite.

Th: Eine Behandlung der postdiphtherischen Gaumensegellähmung ist nicht erforderlich, da sich die Lähmung von selbst gibt.

Gaumenspalte

Sy und *Dg:* Häufig kombiniert als Lippen-Kiefer-Gaumen-Spalte, dann im Säuglingsalter Ernährungsschwierigkeiten. Offenes Näseln.

Th: Operativ. Lippenplastik am günstigsten mit 6 Monaten. Verschluß des weichen Gaumens ab 2. Lebensjahr. Der harte Gaumen wird vielfach erst einige Jahre später (möglichst bis zur Einschulung) verschlossen, um das normale Kieferwachstum nicht durch Narbenzüge oder operativ gesetzte Durchblutungsstörungen zu behindern.

Gehörgangsekzem (Otitis externa diffusa)

Nässende Form

Ät: Selbständig (z. B. nach Baden in verschmutzten Gewässern = „Badeotitis“) oder als Folge einer Mittelohreiterung.

Sy und *Dg:* Dünnflüssige, schmierige, fötide Sekretion aus dem Gehörgang. Bei Schleimzusatz gleichzeitig Sekretion aus dem Mittelohr. Trommelfellbefund erheben! Erregernachweis und Resistenzbestimmung!

Th: Gehörgangssäuberung, Rhagaden mit 5%iger Argentum-nitricum-Lösung ätzen, später Jellin-Neomycin-Salbenstreifen oder Medikamente entsprechend der Resistenzbestimmung örtlich. Bei gleichzeitigen Ekzemen auch an anderen Körperstellen s. Ekzem, S. 772f. Außerdem gegebenenfalls Behandlung der verursachenden Mittelohreiterung.

Trockene Form

Sy und *Dg:* Starker Juckreiz, Schüppchenbildung. Jucken und Versuch der Gehörgangsreinigung durch die Patienten führen häufig zu rezidivierender Furunkelbildung.

Th: Streifeneinlage mit 2%igem Salicylöl oder Jellin-Neomycin-Salbe, bei mykotischem Ekzem Myco-Jellin-Creme oder Mycospor-Creme.

Nekrotisierende Form (sog. maligne Otitis externa)

Ät, Sy und *Dg:* Granulierende Ostitis mit Knochenarrosionen bei Diabetikern im hohen Alter. Starke Ohrenschmerzen. Erreger stets Pseudomonas aeruginosa.

Th: Antibiotika (Securopen, Pseudocef, Ciprobay, Tarivid). Ostitischen Knochen operativ entfernen.

Gehörgangsfremdkörper

Beschwerden bei größeren oder eingekeilten Fremdkörpern (Perlen, Bohnen, abgebrochene Streichhölzer). Insekten können durch Berührung des Trommelfells Ohrgeräusche hervorrufen.

Th: Nie Extraktionsversuche mit Häkchen oder Pinzette ohne Sicht durchführen, da sonst die Gefahr einer Trommelfellverletzung, einer Gehörknöchelchenluxation, u. U. einer labyrinthogenen Meningitis besteht. Die Fremdkörper sind mit der Ohrspritze auszuspülen (s. Zerumen). Insekten oder gequollene Hülsenfrüchte vorher mit Alkohol abtöten bzw. entquellen. Ist bekannt, daß eine Trommelfellperforation vorliegt, muß das Spülen unterbleiben und der Fremdkörper instrumentell durch den Facharzt entfernt werden (bei unruhigen Kindern in Narkose).

Gehörgangsfurunkel

(Otitis externa circumscripta)

Sy und *Dg:* Sehr starker Spontanschmerz, der sich bei Druck auf den Tragus, bei Zug an der Ohrmuschel oder beim Kauen noch verstärkt. Auch Weichteil- oder Lymphknotenschwellung vor und hinter der Ohrmuschel können vorkommen.

DD: Bei einer Mastoiditis besteht eine Schwerhörigkeit, und der Schmerz bei Druck auf den Tragus fehlt. Klärung in Zweifelsfällen durch Trommelfellbefund oder durch Röntgenaufnahme des Ohres nach Schüller zu erreichen.

Th: Ist der Gehörgang zugeschwollen, zunächst Alkoholstreifen, später Streifeneinlage, z. B. mit Jellin-Neomycin-Salbe oder Aureomycin-Salbe. Alkoholaufschläge. Bei Abszeßbildung (Fluktuation!) Inzision. Bei rezidivierenden Furunkeln gezielte Chemotherapie nach Resistenzbestimmung, Diabetes mellitus ausschließen!

Gehörknöchelchenluxation

Ät, Sy und *Dg:* Schalleitungsschwerhörigkeit nach Unterbrechung der Gehörknöchelchenkette durch Felsenbeinlängsfraktur, Explosionen, fehlerhaften Extraktionsversuchen von Gehörgangsfremdkörpern oder nach Antrotomien mit Luxation des Amboß. Das Trommelfell kann geschlossen sein, wodurch die Diagnose erschwert wird (hinweisende Befunde bei der Tympanometrie). In diesen Fällen ist bei begründetem Verdacht eine Probetympanotomie gerechtfertigt (transmeatale Aufklappung des Trommelfells).

Th: Wiederherstellung der Schalldrucküberbragung durch Reposition der Gehörknöchelchen oder Tympanoplastik (s. d.).

Globusgefühl

Def: Funktionelle Schluckstörungen, oft verbunden mit Karzinophobie.

Sy und *Dg:* Nicht selten trockene Rachenschleimhaut (s. Pharyngitis sicca). Organische Ursachen (Osteochondrose der Halswirbelsäule, verlängerter Processus styloideus, Struma, beginnendes Tumorwachstum in Oro- oder Hypopharynx!) müssen unbedingt ausgeschlossen werden.

Th: Psychische Führung, bei stärkeren subjektiven Beschwerden Linderung durch Valium, Librium.

Glottisödem (Larynxödem)

Ät: Bei Zungengrundangina *(Angina lingualis)* häufig Epiglottisödem *(Angina laryngis)*. Weitere Ursachen: langdauernde Bronchoskopie beim Kleinkind, Laryngitis subglottica (Pseudokrupp), Kehlkopfperichondritis, Ödem bei Kehlkopftumoren, allergisches Ödem, Epiglottitis, hereditäres angioneurotisches Ödem.

Sy und *Dg:* Bei Zungengrundangina und Perichondritis erhebliche Schmerzen, Stridor. Heiserkeit bei Ödem der Stimmlippen (Reinke-Ödem).

DD: Kehlkopfstenose durch Fremdkörper. Narbenbildungen. Blutungen nach Trauma. Doppelseitige Rekurrenslähmung mit Paramedianstellung der Stimmlippen. Stenose durch Kehlkopftumoren.

Th: Bei entzündlichen Ödemen hochdosierte Antibiotika, bei akuter Atemnot und bei allergischer Genese außerdem Corticosteroide, z. B. Solu-Decortin H, Ultracorten-

H i.v., Eiskrawatte. Bei Erstickungsgefahr Intubation oder Tracheotomie. Bildet sich ein Epiglottisabszeß, ist eine Stichinzision notwendig. Reinke-Ödeme sind in direkter Laryngoskopie unter dem Operationsmikroskop abzutragen (Dekortikation der Stimmlippen).

Halslymphknotentuberkulose

Der meist in der Tonsille gelegene primäre Infektionsherd ist klinisch nicht zu diagnostizieren. Bei der sekundären hämatogenen oder lymphogenen Form sind die Tonsillen nicht beteiligt.

Sy und *Dg:* Fast schmerzlose, langsam wachsende Lymphknoten, meist vor dem M. sternocleidomastoideus auf der Gefäßscheide. Die Lymphknoten sind zunächst verschieblich; sie verbacken später zu größeren Konglomeraten. Bei Einschmelzung Fistelbildung, Lungenuntersuchung!

DD: Unspezifische Lymphadenitis, Lymphogranulomatose, Sarkoidose, Sarkom, Toxoplasmose, branchiogene Zyste (s. Halszysten, -fisteln), Neurinom, Glomustumor, malignes Lymphom, Malignommetastasen, Lymphknotenschwellung bei AIDS.

Th: Die operative Entfernung der Lymphome – auch der fistelnden – ist ratsam, u.U. nach Probeexzision. Gleichzeitig Allgemeinbehandlung mit Tuberkulostatika. Kontraindikationen gegen eine operative Behandlung sind eine offene Lungentuberkulose und sekundär hämatogen entstandene Lymphome, die beiderseits am Hals und an anderen Körperstellen gleichzeitig auftreten.

Halszysten, -fisteln

Mediane Halszysten

Ät: Sie sind Residuen des Ductus thyroglossalis.

Sy und *Dg:* Prallelastische Vorwölbung in der Mittellinie des Halses zwischen Zungenbein und Kehlkopf. Der Fistelgang kann sich durch das Zungenbein bis zum Foramen caecum der Zunge ziehen.

Th: Exstirpation unter Resektion des Zungenbeinkörpers.

Laterale Halszysten

Ät: Laterale Halszysten und Fistelgänge (branchiogen) bilden sich in unmittelbarer Nähe des zweiten Schlundbogens durch Persistieren des Sinus cervicalis.

Sy und *Dg:* Zysten seitlich am Hals auf der Gefäßscheide. Äußere Öffnung eines Fistelganges am Vorderrand des M. sternocleidomastoideus, innere Öffnung unmittelbar über der Gaumenmandel in der Fossa supratonsillaris.

Th: Exstirpation.

Hämatotympanon

Ät: Blutung in die Paukenhöhle bei Felsenbeinlängs- und -querbrüchen, seltener bei Zerreißen von Gefäßen beim Husten, bei der Aerootitis media, beim Glomustumor oder als Geburtstrauma. Außerdem nach Adenotomien und Nasentamponaden durch Eindringen von Blut durch die Tube in die Paukenhöhle.

Sy und *Dg:* Trommelfell infolge des durchscheinenden Blutes blauschwarz, Trommelfellkonturen erhalten, Schalleitungsschwerhörigkeit.

Th: Resorption kann abgewartet und durch Wärmeanwendung unterstützt werden, anschließend Tubendurchblasungen. Bei unklarer Ätiologie Probetympanotomie.

Hörgeräte

In den modernen Hörgeräten wird der Schall elektronisch verstärkt und über einen kleinen Hörer, der an einem dem Gehörgangseingang individuell angepaßten Kunststoffgehäuse (Ohrpaßstück) sitzt, dem Ohr zugeleitet. Besonders klein gehaltene Geräte können hinter der Ohrmuschel (HdO-Geräte) oder im Gehörgang (IdO-Geräte) getragen oder im Brillengestell eingebaut werden (Hörbrille). Neuerdings ultraschallgesteuerte Handfernbedienung. Bei beiderseitiger Versorgung stereophones Hören möglich.

Vor dem Kauf eines Geräts ist eine ohrenärztliche – einschließlich einer audiometrischen – Untersuchung notwendig, um Ohrerkrankungen und ggf. Schwerhörigkeiten, die durch entsprechende Behandlung gebessert werden können, aufzudecken. Bei Schallempfindungsschwerhörigkeiten werden im Frequenzband veränderliche Breitbandgeräte benötigt, die bis zu 4000 Hz verstärken und bei denen sich die Lautstärkespitzen abschwächen lassen (wichtig bei positivem Lautheitsausgleich, s. Audiometrie). Bei Schalleitungsschwerhörigkeiten reichen meistens technisch weniger aufwendige Geräte aus. Hörgeräte können auch bei Hörresten noch Gutes leisten, wenn der Schwerhörige durch ein entsprechendes *Hörtraining* mit Gerät (Vokal-, Konsonanten- und Lautunterscheidungsübungen) sein Lautunterscheidungsvermögen voll ausnutzen lernt.

Hörsturz

Ät: Akuter einseitiger Hörverlust, wahrscheinlich infolge Innenohrdurchblutungsstörung, Virusinfekt(?) oder allergischer Reaktion.

Sy und *Dg:* Plötzlich einsetzende reine Innenohrschwerhörigkeit (Lautheitsausgleich positiv, s. Audiometrie) und Völlegefühl im Ohr. Kein Schwindel.

Th: Infusionen mit HAES oder Rheomacrodex (s. Menière-Krankheit) unter Zusatz von Dusodril o. ä.

Prgn: Bei Behandlungsbeginn in der ersten Krankheitswoche Gehörverbesserung in 90% der Fälle.

Hypopharynxdivertikel

Def: Sackartige Ausstülpung der Hypopharynxschleimhaut nach dorsal an der muskelschwachen Stelle in Höhe des Ösophaguseinganges (Zenker-Pulsionsdivertikel).

Sy und *Dg:* Die geschluckte Speise bleibt im Hals stecken und wird unverdaut regurgitiert. Bei der Röntgenbreipassage (Ösophagusbreischluck) füllt sich das Divertikel.

Th: Abtragen des Divertikels von außen. Durchtrennen der Fasern des Schleudermuskels, um Rezidive zu verhindern.

Hypopharynxkarzinom

Sy und *Dg:* Entstehung im Recessus piriformis, am Zungengrund oder Ösophaguseingang („äußeres Kehlkopfkarzinom"). Anfangs nur geringe Schluckbeschwerden, Fremdkörpergefühl, „Kloß im Hals", Stiche ins Ohr. Erst bei sekundärer Ausdehnung auf das Kehlkopfinnere und die Stimmlippen kommt es zur Heiserkeit. Probeexzision!

Prgn: Ungünstig, da frühzeitige Metastasierung (zunächst in die seitlichen Halslymphknoten auf der Gefäßscheide, Nachweis durch Ultraschalluntersuchung, Computertomographie und Kernspintomographie).

Th: Wenn operabel, ausgedehnte Radikaloperationen einschließlich Exstirpation von Teilen des Pharynx, der Zunge und Kehlkopfexstirpation. Gleichzeitig Neck dissection, d. h. Ausräumen der seitlichen Halsweichteile (einschließlich V. jugularis, M. sternocleidomastoideus, Lymphknoten und Fettgewebe) im Block. Bei inoperablen Tumoren und als Nachbehandlung nach der Operation Telegammatherapie. Im Endstadium häufig Tracheotomie und perkutane endoskopische Gastrostomie erforderlich. Fünfjahresheilungen in 20% der Fälle.

Intubation

Eine Intubation wird erforderlich bei akuter, voraussichtlich nur kurz dauernder und nicht länger als einige Tage anhaltender Atembehinderung im Kehlkopfbereich; außerdem kann sie einer notwendigen, aber wahrscheinlich erschwerten Tracheotomie vorausgeschickt werden. Häufigste Routineanwendung erfolgt bei der Intubationsnarkose. „Dauerintubationen" über mehrere Tage und evtl. Wochen bei maschineller Beatmung können zu entzündlichen Veränderungen der Trachea mit anschließenden Trachealstenosen führen (Kontrolle der Schleimhaut bei liegendem Tubus mit Hilfe von flexiblen, dünnen Endoskopen zu empfehlen). Epithelläsionen durch den Druck des Tubus haben 4–6 Wochen nach der Intubation Granulombildungen am Aryknorpel zur Folge *(Intubationsgranulom)*.

Ausführung: Entweder in Oberflächenanästhesie (Einsprayen der Pharynx- und Kehlkopfschleimhaut mit höchstens 3 ml 1%iger Novesine) oder in Allgemeinbetäubung unter Relaxation wird die Stimmritze mit dem Leuchtspatel von MacIntosh eingestellt und der Tubus aus Gummi oder Kunststoff durch die Glottis in die Trachea eingeführt.

Jochbein-Kieferhöhlen-Orbita-Fraktur

Sy und *Dg:* Nach der Gewalteinwirkung einseitig abgeplattetes Gesicht und Doppelbilder durch Absinken des Bulbus. Bei Fraktur durch das Foramen infraorbitale Sensibilitätsstörungen im Ausbreitungsgebiet des 2. Trigeminusastes. Bei *Jochbogenfraktur* ist das Öffnen des Mundes erschwert. Bei der *„Blow-out fracture"* bricht nach direkter Gewalteinwirkung auf den Bulbus das Kieferhöhlendach (= Orbitaboden) isoliert ein: Enophthalmus und Bewegungseinschränkung des Bulbus.

Th: Ist der Jochbeinkörper in die Kieferhöhle eingebrochen, so muß im Rahmen einer Kieferhöhlenoperation der Jochbeinkörper reponiert und u. U. durch einen Ballon oder eine federnde Kunststoffstütze, die in die Kieferhöhle eingebracht werden, nach lateral gehalten werden. Sie sind nach einigen Wochen wieder zu entfernen. Bei isolierten Brüchen des Jochbogens (meist Dreieckbrüche) wird der Jochbogen vom Mundvorhof aus ohne Eröffnung der Kieferhöhle herausgehebelt oder mit einem Häkchen durch die Haut herausgezogen, Drahtung der Bruchstücke bzw. Miniplattenosteosynthese.

Bei „Blow-out fracture" Einbringen einer Knorpelscheibe oder Kunststoffplatte auf den Orbitaboden, um den Bulbus zu stützen.

Kehlkopfkarzinom

Man unterscheidet nach Lokalisation, Prognose und Behandlungsmöglichkeiten das supraglottische, das glottische und das subglottische Karzinom.

Sy und *Dg:* Führendes Symptom ist die Heiserkeit. Im günstigsten Fall eines isolierten Stimmlippenkarzinoms findet sich eine einseitig verdickte, gerötete, evtl. ulzerierte Stimmlippe ohne Einschränkung der Beweglichkeit (T1N0M0). Bei ausgedehnten Kehlkopfkarzinomen ist die Stimmlippenbeweglichkeit eingeschränkt und die Taschenfalte, die laryngeale Epiglottisfläche oder der subglottische Raum befallen. Probeexzision!

Prgn: Relativ günstig bei Stimmlippenkarzinomen, da sie langsam wachsen, spät metastasieren und wegen der Heiserkeit meist frühzeitig entdeckt werden.

Th: Beim Carcinoma in situ in Stützautoskopie und Intubationsnarkose unter dem Operationsmikroskop (Mikrochirurgie des Kehlkopfes) direktes Abtragen des Stimmlippenepithels. Bei Stimmlippenkarzinom Thyreotomie und Exstirpation der Stimmlippe oder endolaryngeale Abtragung der Stimmlippe mit dem CO_2-Laser (Chordektomie, Fünfjahresheilung in über 90% der Fälle). Ähnlich gute Ergebnisse durch perkutane Röntgen- oder Telegammatherapie. Bei Karzinomen, die zwar über die Stimmlippe hinausreichen und zur Bewegungseinschränkung geführt haben, aber noch innerhalb des Kehlkopfgerüsts liegen, Totalexstirpation (Laryngektomie) oder Teilresektion des Kehlkopfes. Bei Metastasen (Nachweis durch Ultraschalluntersuchung, Computertomographie oder Kernspintomographie) Neck dissection (s. Hypopharynxkarzinom), anschließend Nachbestrahlung (Fünfjahresheilungen in 50–70% der Fälle).

Kehlkopfpapillom

Ät, Sy und *Dg:* Häufig im Kindesalter, wahrscheinlich virusbedingt. Bei Erwachsenen echte Tumoren, die maligne entarten können.

Kleinhöckrige, blumenkohlartige, blaßrote Wucherungen auf Stimmlippen, Taschenfalten und Kehldeckel, seltener in der Trachea. Heiserkeit, Stridor.

Prgn: Rezidivgefahr trotz sorgfältiger Behandlung.

Th: Operative Entfernung in Stützautoskopie unter Schonung der Stimmlippen (CO_2-Laser-Chirurgie). Stets histologische Untersuchung. Bei hochgradiger Atemnot ist gelegentlich eine Tracheotomie erforderlich. Röntgenbestrahlungen des kindlichen Kehlkopfs sind kontraindiziert.

Kehlkopfpolyp (Stimmlippenpolyp, Stimmlippenfibrom)

Sy und *Dg:* Am freien Rand der Stimmlippe – meist am Übergang vom vorderen zum mittleren Drittel – blaßblauer gestielter erbsgroßer Tumor mit glatter Oberfläche. Heiserkeit.

Th: In örtlicher Betäubung indirekt Abtragung mit Doppellöffel oder Stanze, schonender für die Stimmlippe direkte Abtragung unter Verwendung des Operationsmikroskops in Intubationsnarkose. Histologische Untersuchung!

Kehlkopftuberkulose

Ät: Meist sputogen durch offene Lungentuberkulose, seltener hämatogen.

Sy und *Dg:* Flache Ulzerationen oder höckrige, blaßrote Infiltrate auf den Stimmlippen oder Taschenfalten (meist einseitig!), im Bereich der Aryknorpel, der Kehlkopfhinterwand und der Epiglottis. Heiserkeit. Hustenreiz. Schluckbeschwerden. Bei gleichzeitiger Perichondritis Ödeme und besonders heftige, zum Ohr ausstrahlende Schmerzen. Probeexzision, Lungenuntersuchung, Sputumbefund!

DD: Karzinom, Papillom oder tertiäre Lues.

Prgn: Abhängig von dem Erfolg der Lungenbehandlung.

Th: Tuberkulostatika (Funktion des N. vestibulocochlearis bei ototoxischen Medikamenten durch mehrfache Hör- und Gleichgewichtsprüfungen kontrollieren). Bei starken Schmerzen Anästhesie oder Ausschaltung des N. laryngealis superior.

Kochleaimplantat (elektronische Hörprothese)

Bei beiderseitiger Taubheit und erhaltener Leitfähigkeit des Hörnerven können Elektroden in die Schnecke eingebracht werden, mit denen sich verschiedene Abschnitte der Basilarmembran reizen lassen. Die akustische Information wird in einem am Körper zu tragenden Prozessor in elektrische Signale umgewandelt und transkutan auf einen im Mastoidknochen eingelassenen Empfänger übertragen. Es kann ein begrenztes Sprachverständnis erreicht werden. Die Ergebnisse sind bei Ertaubten besser als bei gehörlos Geborenen.

Koniotomie

Notoperation in eiligsten Fällen bei Verlegung des Kehlkopfes, wenn eine Intubation nicht möglich ist und eine Tracheotomie zu lange dauern würde. Die Koniotomie ist schnell und technisch nicht schwierig durchzuführen: Abtasten des Schildknorpels und des Ringknorpels. Zwischen beiden läßt sich durch einen kleinen Querschnitt das Lig. cricothyroideum durchtrennen und damit der Luftweg eröffnen. Freihalten des Schlitzes mit Pinzette, Nasenspekulum, kleiner Kanüle o. ä., bis eine typische Tracheotomie (s. d.) ausgeführt werden kann. Ein spezielles Koniotomiebesteck gibt es im Handel; es besteht aus einem Handgriff, der in eine gebogene, vierseitige scharfe Spitze ausläuft, über die eine flache Kanüle geschoben ist. Nach Durchstechen des Lig, cricothyroideum (= Lig. conicum) braucht nur der Trokar herausgezogen zu werden.

Lärmschwerhörigkeit s. akustisches Trauma

Laryngitis acuta

Sy und *Dg:* Beide Stimmlippen gerötet, aufgelockert, häufig Gefäßzeichnung. Grobe Beweglichkeit der Stimmlippen nicht eingeschränkt. Schleimhaut im Rachen und Kehlkopf gerötet und häufig mit Schleimfäden bedeckt. Beschwerden bestehen in Heiserkeit, Husten, Kratzen im Hals, Rauhigkeitsgefühl.

DD: Einseitige Stimmlippenrötung und Verdickung spricht für spezifische Entzündung (Tbc) oder Tumor (Karzinom).

Th: Stimmschonung, Rauchverbot, kein Alkohol, keine scharfen Gewürze. Inhalation mit Kamillen- oder Salbeidämpfen, nicht mehr als 1mal täglich. Hustensaft. Bei ödematösen Stimmlippen Ficortril instillieren (Reinke-Ödem s. Glottisödem).

Laryngitis chronica

Ät: Kann aus einem akuten Kehlkopfkatarrh bei Nichtbeachten des Sprechverbots und Vernachlässigung der Behandlung entstehen. Weitere Ursachen: Langdauernder Aufenthalt oder Arbeit in staubreicher Umgebung oder im Rauch, Behinderung der Nasenatmung, chronische Nasennebenhöhlenentzündungen, Nicotinabusus, falsche Stimmtechnik.

Sy und *Dg:* Kehlkopfschleimhaut und Stimmlippen gerötet und verdickt, meist mit zähem, angetrocknetem Schleim bedeckt. Häufig Epithelverdickung oder weiße Flecke (Pachydermie, Leukoplakie). Rauhe und belegte Stimme, Reizhusten, Trockenheitsgefühl im Hals. Auch nach Ausheilung bleibt gelegentlich eine Stimmlippenschwäche („Internusparese“) zurück.

DD: Wie bei Laryngitis acuta. Bei längerer als 4wöchiger Heiserkeit sorgfältig nach beginnendem Kehlkopfkarzinom fahnden! Carcinoma in situ durch Probeexzision ausschließen.

Th: Stimmschonung. Wie bei akuter Laryngitis. Verbot von Tabak, Alkohol und scharfen Gewürzen. Feuchtinhalationen mit Emser Salz. Instillationen von Tacholiquin. Bei starker Trockenheit Bisolvon, Fluimucil. Örtlich Wärme durch Solluxbestrahlungen oder Halslichtkasten. Kuraufenthalt in Bad Ems, Reichenhall oder Sooden-Allendorf. Nasenatmung freimachen, Nebenhöhlenentzündung behandeln!

Leimohr (Seromukotympanum)

Ät: Serös-schleimiger Mittelohrerguß vorwiegend im Kindesalter durch Tubenventilationsstörungen bei Rachenmandelhyperplasie, Gaumenspalte u. ä. (s. Tubenkatarrh).

Sy und *Dg:* Schalleitungsschwerhörigkeit bei mattrosa, gelegentlich vorgewölbtem Trommelfell. Nachweis durch fehlende Impedanzänderung des Trommelfell-Gehörknöchelchen-Apparates bei Über- und Unterdrücken im Gehörgang während der Tympanometrie *(Tympanogramm).*

Th: Parazentese, Absaugen des Schleimes aus der Pauke und Einlegen eines kragenknopfähnlichen Kunststoffröhrchens („Paukenröhrchen“) in die Trommelfellperforation für einige Monate. Entfernung der Rachenmandel.

Mediastinoskopie

Untersuchung des vorderen oberen Mediastinums mit Hilfe eines beleuchteten Rohrspatels, der von einem Hautschnitt über dem Jugulum aus an der vorderen Trachealwand bis in Höhe der Bifurkation vorgeschoben wird. Die Untersuchung wird in Intubationsnarkose ausgeführt und dient zur Probeexzision aus prä- und paratrachealen Lymphknoten.

Menière-Krankheit

Ät: Wahrscheinlich Durchblutungsstörungen des Innenohrs, die zu einem Labyrinthhydrops führen. Durch eine Ruptur des Endolymphschlauches wird der Anfall ausgelöst.

Sy und *Dg:* Drehschwindelanfall mit Erbrechen, Ohrensausen, Schwerhörigkeit. Während des Anfalls Nystagmus nachweisbar. Im Tonaudiogramm Baßschwerhörigkeit mit wannenförmigem Verlauf der Tongehörschwellenkurve. Lautheitsausgleich positiv (Recruitment, s. Audiometrie). Im Intervall Besserung der von Anfall zu Anfall zunehmenden Schwerhörigkeit, bei den experimentellen Vestibularisprüfungen häufig periphere Erregbarkeitsdifferenzen.

Th: Bettruhe. Im Anfall Vomex A. Nach Abklingen des akuten Anfalls täglich Infusionen mit HAES oder Rheomacrodex unter Zusatz von Dusodril, Complamin o. ä. Bei Verdacht auf allergische Ursachen Corticosteroide, Antihistaminika und u. U. Herdentfernung. Gegen Schwindel und Ohrensausen Vasomotal während der Nachbehandlung. Ggf. Herz- und Kreislauftherapie. Falls die konservative Menière-Therapie nicht zum Sistieren der Schwindelanfälle führt, operative Therapie (einseitig: Sakkotomie oder Durchschneidung des N. vestibularis oder Labyrinthzerstörung unter Opferung des Restgehörs).

DD: Akustikustumor (s. d.).

Mukozele

Vk und *Ät:* Am häufigsten im Bereich der Stirnhöhlen, seltener im Siebbein oder in der Kieferhöhle. Entsteht durch Verschluß des Nebenhöhlenausführungsganges und ist meist Folge eines Traumas oder einer vorangegangenen Operation.

Sy und *Dg:* Die Auftreibung des abgeschlossenen Stirnhöhlenlumens durch das serös-schleimige Sekret führt zu einer schmerzlosen, sehr langsamen Verdrängung des Bulbus nach unten außen. Doppelbilder! Der ballonartig vorgewölbte Stirnhöhlenboden läßt sich eindrücken. Röntgenaufnahmen, Computertomogramm.

Th: Operation der Nasennebenhöhle.

Nasenbeinbruch

Sy und *Dg:* Verschwellung der äußeren Nase, Dislokation, Krepitation, Nasenblutung, Schmerzen, Behinderung der Nasenatmung. Seitliche Röntgenaufnahme.

Kompl: Septumhämatom (Verlegung der Nasenatmung!), bei Infektion *Septumabszeß.*

Th: Reposition in Lokalanästhesie, bei stärkerer Blutung in Intubationsnarkose. Bei seitlichem Abweichen des Nasengerüstes genügt häufig ein kräftiger Druck mit dem Daumen. Ist die knöcherne Nase eingesunken, wird das Aufrichten von innen her mit Elevatorium und einer Nasentamponade (für einige Tage) notwendig. Gipsschiene. Ein Septumhämatom oder -abszeß muß endonasal inzidiert werden. Bei ungenügender Versorgung des Nasenbeinbruchs bleibt eine traumatische Septumdeviation oder eine Verunstaltung der äußeren Nase (Schiefnase, Breitnase, Sattelnase) zurück, die operativ im Rahmen einer korrektiven Rhinoplastik behoben werden kann.

Nasenbluten

Def und *Ät:* Meist Blutung aus dem Gefäßgeflecht des Kiesselbach-Locus im vorderen Septumbereich. Neben örtlichen Gründen wie Trauma oder Tumoren kommen als Ursache einer Nasenblutung fieberhafte Infektionskrankheiten, Gefäß- und Kreislaufkrankheiten (Hochdruck!), hämorrhagische Diathesen und ein Morbus Osler in Frage.

Th: Aufrecht sitzen, durch den Mund atmen, Blut ausspeien lassen. Kalte Aufschläge auf Nase und Nacken. Möglichst keine ätzende Watte verwenden. Zusammendrücken der knorpligen Nase von beiden Seiten mit Daumen und Zeigefinger bringt häufig die Blutung zum Stehen. Blutet es weiter, ist mit Hilfe der Rhinoskopie zunächst eine Schleimhautanästhesie notwendig (Spray und Streifeneinlage unter Verwendung von – höchstens 3 ml – 1%iger Novesine-Lösung). Danach entweder umschriebene Ätzung des blutenden Gefäßes mit 20%iger Trichloressigsäure (dünner Watteträger!) oder Tamponade der Nasenhöhle von unten nach oben mit mehreren Schichten streifenförmig zusammengelegter Salbengaze. Bei Blutung aus den hinteren Nasenabschnitten, wie sie häufig bei älteren Menschen und Hypertonikern vorkommt, kann eine Bellocq-Tamponade des Nasen-Rachen-Raums notwendig werden: An einen durch beide Nasenseiten eingeführten und zum Mund herausgeleiteten Gummikatheter wird ein zusammengeschnürter Gazetampon oder Schaumstoffblock angebunden, der beim Zurückziehen des Katheters in den Nasen-Rachen-Raum gleitet. Die Fäden des Tampons werden – nach vollständiger Gazetamponade der vorderen Nase beiderseits – über einem weiteren Tupfer vor dem Naseneingang geknotet. Die Entfernung des Bellocq-Tampons geschieht mit Hilfe des Haltefadens durch die Mundhöhle. Auch aufblasbare Ballonkatheter eignen sich zur Stillung einer Nasenblutung. Wegen der Gefahr der akuten Otitis media sollen Nasen-Rachen-Tamponaden nur wenige Tage liegen. Prophylaktische Antibiotikagaben sind bei der Bellocq-Tamponade zu empfehlen, um durch die Tube aufsteigende Mittelohrinfektionen zu verhindern. Bei Schädelbasisbruch mit Nasenblutung sind Nasentamponaden wegen der Gefahr einer aufsteigenden Meningitis nach Möglichkeit zu vermeiden. Kann die Nasenblutung durch Tamponade nicht beherrscht werden, Gefäßunterbindungen (A. maxillaris, Aa. ethmoidales anterior und posterior).

Naseneingangsekzem

Sy und *Dg:* Borken im Naseneingang, Juckreiz. Häufig verbunden mit Rhagaden im oberen Rezessus.

Th: Aufweichen der Borken mit weicher Nasensalbe (Bepanthen), zur Behandlung Jellin-Neomycin oder Terracortril-Salbe. Rhagaden mit 5%iger Argentum-nitricum-Lösung ätzen. Nebenhöhlenerkrankungen ausschließen!

Nasenfurunkel (Naseneingangsfurunkel)

Sy und *Dg:* Rötung, Schwellung und Schmerzhaftigkeit der Nasenspitze und des Nasenvorhofs, gelegentlich auf die Oberlippe übergehend (Staphylokokkeninfektion).

Th: Aureomycin-Salbe, Auszupfen der Haare im Nasenvorhof auf der Furunkelkuppe führt zum schnelleren Abstoßen des Pfropfes. Keinesfalls Ausdrücken des Furunkels! Bei Abszeßbildung in der Oberlippe Inzision vom Mundvorhof aus. Bei Temperatursteigerung Antibiotika.
Bei den Komplikationen Thrombophlebitis der V. angularis (Druckschmerz im Nasen-Augen-Winkel) und – fortgeleitet – Sinus-cavernosus-Thrombose (Protrusio bulbi!), im Beginn Durchtrennen der V. angularis, bei Sinus-cavernosus-Thrombose Entlastung der Orbita durch Entfernen der angrenzenden Nasennebenhöhlenwände. Hohe Dosen Antibiotika, u. U. Antikoagulantien und fibrinolytische Therapie.

Nasennebenhöhlenentzündung (Sinusitis)

Lokalisation

Meist rhinogen, selten odontogen. Oft erkranken nur einzelne Höhlen, häufiger Siebbein und Kieferhöhle, seltener Stirnhöhle und Keilbeinhöhle. Es können auch alle Nebenhöhlen einer oder beider Seiten befallen sein *(Pansinusitis)*.

Akute Entzündung

Sy und *Dg:* Wenige Tage nach einem einfachen Schnupfen mit verlegter Nasenatmung treten besonders am Vormittag Kopfschmerzen auf, die häufig – auch bei isolierter Kieferhöhlenentzündung – über oder hinter das Auge lokalisiert werden. Die Absonderung aus der Nase wird eitrig. Gelegentlich Temperatursteigerung.
Bei der Rhinoskopie verdickte Muscheln und im mittleren Nasengang Eiter, der bei verschwollenen Ausführungsgängen der Nasennebenhöhlen erst nach Abschwellen der Nasenschleimhaut sichtbar wird. Druckschmerz oder Klopfschmerz über der betroffenen Nebenhöhle. Bei der Diaphanoskopie, bei der ein hell brennendes Lämpchen in den Mund eingeführt oder an den Stirnhöhlenboden gebracht wird, leuchten im verdunkelten Raum die erkrankten Kieferhöhlen oder Stirnhöhlen gegenüber gesunden lufthaltigen nur ungenügend auf. Eine Röntgenaufnahme der Nasennebenhöhlen in okzipitomentaler oder -nasaler Richtung bestätigt durch eine Verschattung oder eine Spiegelbildung in der betroffenen Nebenhöhle die Diagnose. Auch mit Hilfe der Sonographie (A-Bild) lassen sich Schleimhautschwellungen und Sekret nachweisen.

DD: Trigeminusneuralgie.

Th: Abschwellende Nasentropfen (z. B. Otriven, Tyzine, Nasivin) sind Voraussetzung zur Anwendung der erforderliche Wärmebehandlung in Form von Solluxbestrahlungen, Kopflichtkasten, Kamillendampfbad. Bei Temperatursteigerung Bettruhe, Schwitzpackung und Antibiotika. Sind die akuten Erscheinungen abgeklungen, ohne daß die Eiterung nachläßt, Spülungen der Nebenhöhlen und Füllung mit Antibiotika. Die Punktion und die Spülung der Kieferhöhle erfolgen durch den unteren Nasengang, die der Stirnhöhle im Bereich der Stirnhöhlenvorderwand (Beck-Bohrung).
Treten unerträgliche Schmerzen auf, ist der Abfluß aus der Nebenhöhle behindert oder drohen Komplikationen (Einbruch in die Or-

bita, Durchbruch ins Schädelinnere oder nach außen), zunächst Abspreizen der mittleren Muschel und Watteeinlagen mit 0,01%iger Suprareninlösung in den mittleren Nasengang und Absaugen des Sekretes oder Eröffnung von Siebbein und Kieferhöhle von der Nase aus. Bei eingetretenen Komplikationen (Orbitalphlegmone, Meningitis, Hirnabszeß) Operation der Stirnhöhle und des Siebbeins von außen.

Chronische Entzündung

Auftreten in 2 Formen: 1. eitrige, 2. serös-polypöse Nebenhöhlenentzündung.

Eitrige Form

Ät, Sy und *Dg:* Die eitrige chronische Nebenhöhlenentzündung – meist Kieferhöhlenentzündung – macht weniger Beschwerden als die akute. Es kommt zu dumpfen Kopfschmerzen, Eiterabsonderung, Behinderung der Nasenatmung als Folge einer nicht ausgeheilten akuten Eiterung oder nach Wurzelspitzenabszessen oder Zahnextraktionen mit Eröffnung der Kieferhöhle (Alveolarkammfistel). Mit Hilfe der Rhinoskopie, der Diaphanoskopie, der Sonographie oder Röntgenaufnahmen ist die Diagnose zu stellen. Die Spülung der Nasennebenhöhlen ergibt Eiter, der bei odontogener Kieferhöhlenentzündung fötid ist.

Th: Spülbehandlung und Füllung der Kieferhöhle mit Antibiotika, bei Versagen der Therapie nach 4–6 Spülungen Operation des Siebbeins und der Kieferhöhle. Chronische Stirnhöhleneiterungen sind selten und werden operativ von außen behandelt. Zahnbehandlung.

Serös-polypöse Form

Sy und *Dg:* Bei der serös-polypösen chronischen Nebenhöhlenentzündung entstehen Polypen in den Nasennebenhöhlen, die sich zunächst nur sonographisch, röntgenologisch, im Computertomogramm oder bei einer Endoskopie nachweisen lassen. Später sieht man rhinoskopisch und postrhinoskopisch die in die Nasenhaupthöhle vorgedrungenen Schleimhautpolypen. Da sie meist aus Siebbein und Kieferhöhle stammen, läßt sich der Polypenstiel in den mittleren Nasengang verfolgen. Die Polypen sind grauglasig, können die Muscheln verdrängen, die Nase auftreiben und als große gestielte Polypen in den Nasen-Rachen-Raum reichen *(Choanalpolyp)*. Selten sind isolierte oder allein aus der Nasenschleimhaut entstandene Polypen. Durch das ständig im Rachen herabfließende Sekret kommt es bei chronischen Nebenhöhlenerkrankungen häufig zu Rachenkatarrhen und Katarrhen der unteren Luftwege (sinubronchiales Syndrom). Eine Polyposis nasi findet sich nicht selten bei Asthmatikern und kann Ausdruck einer allergischen Schleimhautentzündung oder einer Analgetikaintoleranz sein. Im Röntgenbild und im Computertomogramm sieht man eine diffuse wolkige oder wandständige Verschattung der Nebenhöhle. Die polypöse Kieferhöhlenschleimhaut läßt sich nach Punktion der Nebenhöhle und Einbringen eines wasserlöslichen Kontrastmittels auch auf der anschließenden Röntgenaufnahme gut darstellen.

Th: Im Beginn bei geringer Schleimhautschwellung in den Nebenhöhlen Versuch einer konservativen Behandlung mit Kurzwellenbestrahlungen und Tantum, bei allergischer Genese auch mit Corticosteroiden gerechtfertigt, bei Polypenbildung Operation der Nebenhöhle mit Ausräumen der erkrankten Nebenhöhlenschleimhaut: Endonasales Vorgehen durch die Nasengänge in Siebbein und Kieferhöhle, bei starker Polypose selten auch Kieferhöhlenoperation durch den Mundvorhof oder Stirnhöhlenoperation von außen erforderlich. Gelegentlich kommt es zu Rezidiven. Kuraufenthalt im Mittelgebirge ratsam.

Nasennebenhöhlentumoren

Gutartige Tumoren

Am häufigsten *Osteome* der Stirnhöhlen und der Siebbeinzellen.

Sy und *Dg:* Lange Zeit Kopfschmerzen über der Stirn, schließlich allmählich Verdrängung des Bulbus. Sicherung der Diagnose durch bildgebende Verfahren.

Th: Osteoplastische Stirnhöhlenoperation und Entfernen des Osteoms.

Bösartige Tumoren

Am häufigsten *Kieferhöhlenkarzinom.*

Sy und *Dg:* Diagnose je nach Sitz Tumorgewebe im Bereich des Alveolarfortsatzes und des Gaumens (Prothese paßt nicht mehr, Zahnlockerung) oder Auftreibung der Wange. Bei Entstehung in der Kieferhöhle oder der seitlichen Nasenwand blutig-schleimige Absonderung aus der Nase, fötider Geruch. Bei Einwachsen in die Orbita Bewegungseinschränkung des Bulbus und Protrusio bulbi. Die Tumorausdehnung ist durch Röntgenaufnahmen der Nasennebenhöhlen (einschließlich axialer Aufnahme der Schädelbasis und Schichtaufnahmen), durch

Computertomographie und Kernspintomographie nachzuweisen. Probeexzision.

Th: Oberkieferresektion oder Teilresektion, u. U. mit Exenteratio orbitae, und bei Metastasen Neck dissecton (s. Hypopharynxkarzinom), anschließend Nachbestrahlung. Später Defektprothese. Bei inoperablen Tumoren Telegammatherapie.

Nasen-Rachen-Tumoren

Sy und *Dg:* Postrhinoskopie bei verlegter Nasenatmung. Schalleitungsschwerhörigkeit infolge Verlegung der Tubenöffnung. Blutungen aus der Nase. Probeexzision!

Am häufigsten handelt es sich um *Nasen-Rachen-Karzinome.* Sie führen zur Destruktion der Schädelbasis und zu Hirnnervenausfällen (axiale Röntgenaufnahme der Schädelbasis und Schichtaufnahmen sowie Computertomogramm und Kernspintomogramm) und setzen frühzeitig nuchale Lymphknotenmetastasen.

Das *Nasen-Rachen-Fibrom,* histologisch gutartig, ist klinisch durch Blutungen und expansives Wachstum keineswegs harmlos. Es kommt bei männlichen Jugendlichen vor und wird durch Angiographie und Kernspintomographie diagnostiziert.

Th: Bei Karzinomen im Anfangsstadium permaxillär operative (elektrochirurgische) Entfernung und Nachbestrahlung. Bei *Retothelsarkomen* (malignen Lymphomen), *lymphoepithelialen Tumoren* (undifferenzierten Nasopharynxkarzinomen) und ausgedehnteren Karzinomen alleinige Telegammatherapie.

Das *Nasen-Rachen-Fibrom* wird nach Spaltung des weichen Gaumens oder permaxillär durch die Kieferhöhle entfernt.

Nasenscheidewandverbiegung

Ät, Sy und *Dg:* Angeborene oder traumatische Verlegung der Nasenatmung durch Septumdeviation, Septumsubluxation, Leisten- oder Spornbildung. Häufig verbunden mit Hypertrophie der hinteren Enden der unteren Muscheln. Durch die behinderte Nasenatmung entstehen Kopfschmerzen, Beeinträchtigung des Riechvermögens und chronische Nasennebenhöhlenentzündungen. Infolge der Mundatmung kommt es zu rezidivierenden Katarrhen der unteren Luftwege. Prüfung der Luftdurchgängigkeit der Nase durch Rhinomanometrie.

Th: Septumplastik (Einstellen der Knorpelplatte in die Mitte der Nase) und Resektion knorpliger und knöcherner Leisten- und Spornbildungen.

Neuronitis vestibularis

Ät: Plötzlich einsetzende Vestibularis-Funktionsstörung infolge Durchblutungsstörung oder Virusinfekt (?).

Sy und *Dg:* Heftiger Drehschwindel. Spontannystagmus zur gesunden Seite. Keine Schwerhörigkeit. Bei den experimentellen Vestibularisprüfungen einseitige periphere Unter- oder Unerregbarkeit, oft nur vorübergehend.

Th: Vomex A gegen den Schwindel. Vitamin-B-Komplex. Infusionen mit HAES oder Rheomacrodex unter Zusatz von Dusodril. Nachbehandlung mit Vasomotal oder vestibulärem Training.

Nystagmus

Vestibulärer Nystagmus besteht aus einer langsamen peripheren und aus einer schnellen zentralen Komponente. Nach letzterer wird die Nystagmusrichtung bezeichnet.

Spontannystagmus (pathologisch!) wird in den 5 Hauptblickrichtungen geprüft. *Provokationsnystagmus* (pathologisch!) tritt bei Leuchtbrillenbeobachtung nach Kopfschütteln oder bei der Lageprüfung (Lage- bzw. Lagerungsnystagmus) auf. *Experimenteller Nystagmus* läßt sich durch thermischen (kalorischen) oder rotatorischen Reiz (Vestibularisprüfung) auslösen und fällt bei Gesunden seitengleich aus. Vestibulärer Nystagmus als Krankheitszeichen findet sich bei entzündlichen Labyrintherkrankungen, Menière-Krankheit, Akustikustumor, Zoster oticus, Neuronitis vestibularis, Hirnabszeß, Hirntumoren und nach Schädel- bzw. Innenohrtraumen.

Oberkieferosteomyelitis der Säuglinge

(sequestrierende Zahnkeimentzündung)

Sy und *Dg:* Rötung und Schwellung des Alveolarfortsatzes und des Gaumens sowie der Lider und der Wange. Eiterdurchbruch und Fistelbildung am Alveolarfortsatz. Fieber, schlechter Allgemeinzustand.

Th: Inzision im Mundvorhof auf der Höhe der Vorwölbung oder Erweiterung der spontanen Durchbruchstelle. (Schonendes Vorgehen wegen der gefährdeten Zahnkeime! Keine Auskratzung mit scharfem Löffel!) Breitbandantibiotika, da es sich häufig um penicillinresistente Staphylokokken handelt.

Ohrensausen (Ohrgeräusch)

Sy und *Dg:* Subjektive Empfindungen. Häufig – aber nicht immer – Begleiterscheinung von Ohrkrankheiten. Bei Erkrankungen des äußeren Ohrs und des Mittelohrs meist tiefe Geräusche (Summen, Fauchen, Sausen), bei Erkrankungen des Innenohrs eher hohe Geräusche (Pfeifen, Zischen, Singen).

Th: Behandlung der ursächlichen Ohrerkrankung, sonst symptomatisch durchblutungsfördernde Medikamente oder Sedativa. Ggf. Herz- und Kreislaufbehandlung. Gelegentlich Unterdrückung des Ohrgeräusches durch Antiarrhythmika oder transkutane Elektrostimulation sowie durch Rauschgeneratoren (Tinnitusmasker), die wie ein Hörgerät im Ohr getragen werden.

Ohrmißbildungen

Am häufigsten sind *abstehende Ohrmuscheln,* die vor der Einschulung im 5. bis 6. Lebensjahr operativ durch Knorpelinzisionen oder -exzisionen mit Neubildung der Anthelix behandelt werden sollen. *Mikrotien mit Gehörgangsatresien* (letztere auch traumatisch) erfordern eingehende Untersuchung einschließlich Funktionsprüfungen und Röntgenaufnahmen, um festzustellen, ob es sich um häutige oder knöcherne Verschlüsse handelt und ob gleichzeitig eine Mißbildung des Mittelohrs (Gehörknöchelchenkette!) vorliegt. Bei normal angelegtem und funktionstüchtigem Innenohr ist eine operative Behandlung der Gehörgangsatresie mit tympanoplastischem Eingriff im Mittelohrbereich (s. Tympanoplastik) oder Fensterung des horizontalen Bogengangs angezeigt. (Gehäuftes Auftreten von Ohrmißbildungen als Thalidomidschaden). Bei *Anotie* (Fehlen der Ohrmuschel) Ohrmuschelersatz durch Epithese (s. d.).

Ohrmuschelperichondritis

Ät: Meist traumatisch nach Bißverletzungen, Verbrennungen, unsachgemäßer Behandlung eines Othämatoms und nach Ohroperationen. Erreger oft Pseudomonas aeruginosa.

Sy und *Dg:* Sehr schmerzhafte Rötung und Schwellung der Ohrmuschel, Ohrmuschelrelief verschwunden, Ohrläppchen bleibt von der Entzündung frei. Einschmelzung (Fluktuation!) führt meist zu weitgehender Zerstörung des Knorpels und zur Verunstaltung der Ohrmuschel.

DD: Erysipel.

Th: Antibiotika (z. B. Securopen, Pseudocef, Ciprobay, Tarivid, Fosfocin). Nekrotisch gewordenen Knorpel frühzeitig von retroaurikulär freilegen und im gesunden Gewebe herauspräparieren.

Ohrverletzungen

Ohrmuschelverletzungen

Th: Bei *blutigen Ohrmuschelverletzungen* baldigst primäre Naht der Haut; vorstehende Knorpelteile werden vorher reseziert. Bei gleichzeitiger Zerreißung des häutigen Gehörgangs sorgfältige Naht und Tamponade, um einer späteren Stenose des Gehörgangs vorzubeugen.

Bei traumatischem oder operativem Verlust der Ohrmuschel (z. B. nach Ohrmuschelkarzinom) Ohrmuschelersatz durch Epithese (s. d.).

Bei Ödembildung nach *Erfrierung und Verbrennung der Ohrmuschel* wird mit Cortison-Salben behandelt (erfrorene Ohrmuscheln sofort reiben). Blasen sind zu eröffnen. Nekrosen müssen abgetragen werden. Bei Frostbeulen Cortison-Salben gegen den Juckreiz.

Kompl: Sehr schmerzhafte sekundäre Ohrmuschelperichondritis (s. d.).

Othämatom

Sy und *Dg:* Nach tangentialer Gewalteinwirkung serös-blutiger Erguß zwischen dem abgeschobenen Perichondrium und dem Knorpel. Schmerzlose pralle Auftreibung und Fluktuation in den oberen Abschnitten der Ohrmuschelvorderfläche.

Th: Punktion unter strenger Asepsis (Perichondritisgefahr!) mit anschließendem Druckverband kann mehrfach wiederholt werden. Bei Versagen der Therapie und bei Rezidiven Fensterung des Knorpels von der Rückseite her und Aneinandernähen des Perichondriums der Ohrmuschelvorder- und -rückfläche.

Trommelfellverletzungen

Ät und *Sy:*

- *direkte* Verletzungen (Pfählungsverletzungen, Stichverletzungen) vom Gehörgang aus durch perforierende Gegenstände (Streichhölzer, Stricknadeln, Ästchen) oder Einsprengungen von Metalltropfen beim Schweißen; Gefahr der Gehörknöchelchenluxation und Innenohreröffnung (Labyrinthitis!);

– *indirekte* Verletzungen durch Luftdruckeinwirkung nach Explosion oder Schlag aufs Ohr (Überdruckrupturen).

Th: Die Trommelfellperforationen heilen von selbst, wenn es sich um einfache Risse handelt und keine Infektion eintritt. Es genügt in diesen Fällen, den Gehörgang steril abzudecken. Bei ausgedehnten Trommelfellzerreißungen, umgeschlagenen Defekträndern oder Fremdkörpern in der Paukenhöhle operativ transmeatale Revision und Verschluß des traumatischen Trommelfelldefekts durch Reponieren umgeschlagener Trommelfellappen oder Einbringen eines freien Faszientransplantats unter dem Operationsmikroskop.

Felsenbeinbrüche (laterobasale Frakturen)

Sy und *Dg:* Bei Schädelbasisfrakturen durch das Schläfenbein (meist Verkehrsunfälle) kann es sich je nach Verlauf der Bruchlinien in der Felsenbeinpyramide um Felsenbeinlängs- oder Felsenbeinquerfrakturen handeln.

Felsenbeinlängsbrüche zeigen sich an durch Blutungen aus dem Gehörgang. Die Otoskopie deckt einen Trommelfellrandbruch mit Trommelfellzerreißung auf. Die Frakturen zeigen sich besonders gut auf Röntgenaufnahmen nach Schüller und E. G. Mayer oder im Computertomogramm. Der Bruch durch das Mittelohr führt zu einer Schalleitungsschwerhörigkeit, die besonders ausgeprägt ist bei gleichzeitiger Gehörknöchelchenluxation. In 20% der Fälle kommt es zur primären oder sekundären Fazialisparese (s. Fazialislähmung).

Bei *Felsenbeinquerbrüchen* ist das Trommelfell nicht zerstört. Otoskopisch erkennt man ein Hämatotympanon. Der Bruch durch den Labyrinthblock oder den inneren Gehörgang (Röntgenaufnahme nach Stenvers, Computertomogramm) hat eine Taubheit und einen peripheren Vestibularisausfall zur Folge (anfangs Spontannystagmus und heftiger Schwindel). In 50% der Fälle kommt es außerdem zu einer bleibenden Fazialisparese.

Th: Konservativ. Keine Ohrspülung! Keine Manipulation im Gehörgang! Bei Komplikationen (Durazerreißung mit anhaltendem Liquorfluß, Pneumatozele, Meningitis, Hirnabszeß) operative Revision. Bei primärer Fazialislähmung Freilegen und Versorgung des Nerven. Tritt die Lähmung erst einige Tage nach dem Unfall auf (sekundäre Lähmung), meistens Funktionswiederkehr, anderenfalls erst Wochen nach dem Unfall zur Besserung der Funktion u. U. Fazialisdekompression (s. Fazialislähmung) und bei Gehörknöchelchenluxation Tympanoplastik (s. d.).

Ösophagoskopie

Technik und Indikationen

Untersuchungen des Ösophagus mit flexiblem Endoskop oder beleuchtetem starren Metallrohr (Ösophagoskop) in Oberflächenanästhesie von Rachen-, Hypopharynx- und Kehlkopfschleimhaut (höchstens 3 ml 1%iger Novesine-Lösung) oder in Intubationsnarkose. Vorbereitung: Dolantin – Atropin. Indikationen zur Ösophagoskopie sind Fremdkörper, Tumoren (*DD:* Kardiospasmus), Verätzungen. Mit flexiblen Endoskopen lassen sich außer der Speiseröhre auch Magen und obere Darmabschnitte untersuchen.

Ösophagusfremdkörper

Sy und *Dg:* Sie bleiben in den 3 Engen des Ösophagus stecken (Kehlkopfhöhe, Aortenbogenhöhe, Kardia). Schluckbeschwerden, Stiche hinter dem Brustbein. Durch seitliche Röntgenaufnahme des Halses erhält man auch bei nicht schattengebenden Fremdkörpern Hinweise durch einen Luftschatten im Ösophaguslumen in Höhe des Fremdkörpers. Außerdem fällt eine Streckhaltung der Halswirbelsäule auf.

Die Zerreißung der Ösophaguswand durch einen Fremdkörper oder einen unglücklichen Extraktionsversuch mit Eröffnen des Mediastinums zeigt sich durch Schmerzen zwischen den Schulterblättern, Fieber und im Röntgenbild durch ein Luftemphysem periösophageal an. Die Perforationsstelle läßt sich bei der Röntgenbreipassage mit wasserlöslichem Kontrastmittel lokalisieren.

Th: Extraktion mit entsprechenden Zangen bei der Ösophagoskopie (starres Rohr!). Niemals blind mit Münzenfängern oder ähnlichen Instrumenten eine Extraktion versuchen! Sperrige Fremdkörper (Gebißteile) müssen u. U. zertrümmert, spitze oder mit Haken versehene (Knochen, Prothesen) vorsichtig aus der Wand gelöst werden. Der Ösophagus kann durch Einschieben eines zweiten Ösophagoskops erweitert werden.

Die Ösophagusperforation erfordert bei Verletzungen im oberen Ösophagusabschnitt eine kollare Mediastinotomie und Naht, sonst transthorakale Eingriffe. Mediastinalabszesse lassen sich durch endoskopische Schlitzung des Ösophagus eröffnen.

Ösophagustumoren

Dg: Hierbei wird die Ösophagoskopie (starres Rohr oder flexibles Endoskop) nach vorausgegangenen Untersuchungen und bildgebenden Verfahren durchgeführt, um Material aus dem Tumor zur histologischen Untersuchung zu gewinnen und um in Zweifelsfällen ein *Kardiakarzinom* von einem *Kardiospasmus* abzugrenzen.

Th: Letzterer läßt sich nicht selten durch Dehnung der Kardia mit dem Ösophagoskop oder mit Bougies beheben. Als Spezialinstrumente zur Sprengung der Kardia bei Achalasie werden Ballonsonden und der Starck-Dilatator angewandt.

Ösophagusverätzung

Sofortbehandlung durch Magenspülung in den ersten 2 Stunden, falls keine Perforationsgefahr besteht. In ganz frischen Fällen Neutralisieren des Ätzmittels, bei Lauge Zitronensaft, bei Säure Magnesia usta (Tierkohle, Milch) und Schockbekämpfung. Antibiotika, Corticosteroide. Bei frischen Verätzungen wird eine erste Ösophagoskopie nach 8–10 Tagen vorgenommen, um die Stärke der Schleimhautverätzungen festzustellen. Danach richtet sich die Notwendigkeit einer Frühbougierungsbehandlung, um einer Stenose entgegenzuwirken. Nach Säurenverätzung oberflächliche Koagulationsnekrosen, nach Laugenverätzung tiefgreifende Kolliquationsnekrosen, meist im Bereich der 3 Ösophagusengen. An diesen Sellen findet man bei alten Verätzungen auch die Stenosen, die heute durch Corticosteroide (unter gleichzeitiger Gabe von Antibiotika im frischen Verätzungsstadium) weitgehend vermieden werden können. Bei Stenosen Bougierung mit Hohlbougies über einen vorher geschluckten und im Darm festliegenden Faden.

Otitis media acuta

Symptome und Diagnose

Der Patient klagt über stechende Schmerzen im Ohr, die schlagartig nachlassen, wenn es zum Trommelfelldurchbruch und zur Sekretentleerung kommt. Es besteht eine Schwerhörigkeit (Schalleitungsschwerhörigkeit); häufig kommt es zu Fieberanstiegen. Gelegentlich ist ein Druckschmerz des Warzenfortsatzes am 1. oder 2. Tag der akuten Otitis media (Frühschmerz) vorhanden. Er bedeutet jedoch noch keine Mastoiditis mit Einschmelzung der Warzenfortsatzzellen, zeigt aber an, daß sich die Infektion auf die Schleimhaut der gesamten Mittelohrräume ausgedehnt hat. Bei der Spiegeluntersuchung sieht man ein gerötetes, oft vorgewölbtes Trommelfell, an dem die einzelnen Konturen nicht mehr zu erkennen sind. Bei der sog. *Grippeotitis* finden sich Blutblasen auf dem Trommelfell, gelegentlich auch im Gehörgang. Ist das Trommelfell perforiert, so entleert sich pulsierend erst seröses, später schleimig-eitriges Sekret (pulsierender Reflex!).

Therapie

Bettruhe bei Fieber, Wärmebehandlung, Antibiotika (Penicillin in ausreichender Dosis mindestens 4 Tage). Da die akute Otitis media meist im Anschluß an eine Rhinitis auftritt, abschwellende Nasentropfen. Bei Sekretion Säuberung des Gehörgangs durch Spülung mit körperwarmem Wasser und Auswischen mit Wattetupfer. Kommt es nicht zur Spontanperforation und nehmen Schmerzen und Trommelfellvorwölbung zu oder zeigen sich beginnende Komplikationen (s. u.), so ist eine *Parazentese* erforderlich, die in Narkose oder in örtlicher Betäubung (Umspritzen des Ohres mit einem Lokalanästhetikum) im hinteren unteren Quadranten des Trommelfells ausgeführt wird. Nach Abklingen der entzündlichen Trommelfellveränderungen bleiben häufig eine Trommelfellretraktion und eine Schalleitungsschwerhörigkeit zurück, die eine Politzer-Behandlung erforderlich machen. Bei rezidivierenden akuten Otitiden, besonders im Kindesalter, ist wegen der meist vorliegenden Rachenmandelhyperplasie (s. adenoide Vegetationen) eine Adenotomie notwendig. Eine unkomplizierte akute Otitis media muß in 2–3 Wochen abgeheilt sein. Hält die Eiterung länger an, ist mit der Entwicklung einer Mastoiditis zu rechnen.

Komplikationen der akuten Otitis media

Mastoiditis

Sy und *Dg:* Im Verlauf einer akuten Otitis media kommt es in der 3. oder 4. Woche zu Senkung der hinteren oberen Gehörgangswand, vermehrter eitriger Sekretion, stärkerer Schwerhörigkeit, pulssynchronem Klopfen im Ohr, Druckschmerz über dem Warzenfortsatz und u. U. zu Durchbrüchen am Planum mastoideum (abstehende Ohrmuschel), an der Warzenfortsatzspitze (Bezold-Mastoiditis) oder am Jochbogen (Zygomatizitis). Im Röntgenbild nach Schüller erkennt man die Einschmelzung des Zellsystems.

Häufig besteht Fieber, die BKS ist erheblich erhöht. *Besondere Verlaufsformen:* Ist eine akute Otitis media durch den Streptococcus mucosus verursacht, so kann sich eine schleichende und symptomenarme Mastoiditis entwickeln *(Mukosusotitis)*. Ein ähnlicher Verlauf wird gelegentlich auch bei anderen Erregern nach ungenügender Antibiotikadosierung beobachtet, wenn es zwar zu einer Abschwächung der entzündlichen Reaktion, aber nicht zu einer Ausheilung und später unverhofft wieder zu einem Aufflackern der Entzündung kommt. Die *okkulte Mastoiditis* im Säuglingsalter kann eine Dyspepsie auslösen oder unterhalten. Hierbei handelt es sich um osteomyelitische Prozesse im spongiösen Warzenfortsatz, die nur zu äußerst geringen Trommelfellerscheinungen führen. Beim älteren Säugling oder Kleinkind kommt es infolge der dünnen Kortikalis bei einer akuten Otitis media mit Mastoiditis häufig schon sehr frühzeitig zu einem Durchbruch hinter dem Ohr.

DD: Gehörgangsfurunkel (s. d.) mit Weichteilschwellung hinter dem Ohr. Der Trommelfellbefund und die Röntgenaufnahme nach Schüller klären die Diagnose.

Th: Mastoidektomie (Antrotomie). Von einem retroaurikulären Schnitt aus werden alle Warzenfortsatzzellen ausgeräumt, bis das Antrum mastoideum weit freiliegt.

Labyrinthitis

Sy und *Dg:* Bei Einbruch der Infektion durch die Fenster ins Innenohr plötzlicher Funktionsausfall. Es kommt zur Taubheit (beim Weber-Versuch wird die auf die Mitte des Schädels aufgesetzte Stimmgabel nicht mehr im kranken, sondern nun im gesunden Ohr gehört), zu Drehschwindelerscheinungen und Erbrechen. Der Nystagmus kann anfangs für einige Stunden zum kranken Ohr gerichtet sein (Reizzustand), schlägt dann aber nach der gesunden Seite um (Funktionsausfall). Es besteht stets Meningitisgefahr. Bei Verdacht Lumbalpunktion.

Th: Tritt die Labyrinthitis (evtl. zusammen mit einer Meningitis) bereits am ersten Tage der akuten Otitis media auf *(„Otitis media acutissima")*, genügen hohe Dosen Antibiotika und eine Parazentese. Besteht die akute Otitis media bereits einige Tage, so sind Knocheneinschmelzungen möglich, und es muß eine Mastoidektomie (Antrotomie) ausgeführt werden.

Meningitis

Sy und *Dg:* Nackensteife, positives Kernig-Zeichen, Kopfschmerzen, Unruhe, Lichtscheu, Erbrechen, Fieber. Im Liquor hohe Zellzahlen (bis mehrere 1000/3 Zellen, vorwiegend Granulozyten), Eiweißvermehrung, Druckerhöhung. Bakteriennachweis gelingt nicht immer.

Th: Wie bei einer Labyrinthitis kommt man nur bei Auftreten der Meningitis am 1. oder 2. Tag einer akuten Otitis media noch ohne Operation aus, sonst sofortige Mastoidektomie unter Freilegen der Dura. Auf Extraduralabszesse achten. (Bei Meningitis nach chronischer Otitis media Radikaloperation des Mittelohres.) Hohe Dosen Antibiotika. Anfangs wiederholte Lumbalpunktionen.

Hirnabszeß

Sy und *Dg:* Bei Schläfenlappenabszeß zunächst Kopfschmerzen, Erbrechen, kaum Fieber. Später Herdsymptome (amnestische Aphasie; sofern der Abszeß bei Rechtshändern im linken Schläfenlappen sitzt, gekreuzte Pyramidenzeichen). Im Liquor (vorsichtiges, nur tropfenweises Ablassen von Liquor!) Lympozytenvermehrung, Eiweißvermehrung, Druckerhöhung. Bei Kleinhirnabszeß Schwindel, Nystagmus zur kranken Seite, Fallneigung zur kranken Seite, Ataxie, Adiadochokinese. Später allgemeine Hirndrucksymptome, Stauungspapille. Abszeßnachweis durch Computertomogramm.

Th: Nach der Mittelohroperation (Mastoidektomie bzw. Radikaloperation) Eröffnung des frischen Abszesses, sofern noch eine Wegleitung vom Ohr nachweisbar ist. Bei älteren Abszessen osteoplastische Operation und Exstirpation einschließlich der Abszeßkapsel bzw. Punktion und Spülung des Abszesses durch den Neurochirurgen.

Sinusthrombose

Sy und *Dg:* Schüttelfrost, septisches Fieber, erhebliche Linksverschiebung im Blutbild. Druckschmerz der V. emissaria mastoidea am Foramen mastoideum, später auch im Verlauf der V. jugularis interna. Während der Lumbalpunktion bei Druck auf die betreffende V. jugularis interna kein Ansteigen des Liquordruckes, dagegen Druckanstieg im Liquor bei Kompression allein der gesunden V. jugularis interna. Meist mäßig hohe Zellzahl. Angiographie.

Th: Mastoidektomie bzw. Radikaloperation des Mittelohres, Schlitzung der Sinus sigmoideus und transversus, Ausräumen des

Thrombus, vorher Resektion oder Unterbindung der V. jugularis interna. Hohe Dosen Antibiotika.

Fazialislähmung s. d.

Otitis media chronica

Tritt als Schleimhauteiterung oder als Knocheneiterung auf.

Chronische mesotympanale Otitis media (Schleimhauteiterung)

Sy und *Dg:* Zentraler Trommelfelldefekt. Bei akuter Exazerbation sondert die gerötete Paukenschleimhaut schleimiges, nicht fötides Sekret ab, oder sie ist blaß und trocken. Keine nennenswerten Schmerzen. Schalleitungsschwerhörigkeit, Ohrgeräusch.

Th: Konservativ. Bei Absonderung Spülung des Gehörgangs mit körperwarmem Wasser, anschließend mit Wattetupfer austrocknen. Incut-Ohrentropfen oder Puderbehandlung (Terramycin-Puder). Beim Baden Ohr durch gefettete Watte im Gehörgang vor Wasser schützen. Bei behinderter Nasenatmung für gute Luftdurchgängigkeit der Tube sorgen (Septumoperation, Adenotomie, Behandlung chronischer Nasennebenhöhlenentzündungen). Der Verschluß des Trommelfelldefektes ist operativ im Rahmen einer Tympanoplastik (s. d.) möglich.

Chronische epitympanale Otitis media (Knocheneiterung)

Sy und *Dg:* Randständiger Trommelfelldefekt in den oberen Quadranten der Pars tensa oder in der Pars flaccida des Trommelfells. Im Defekt häufig Granulationen und Cholesteatom (s. d.). Fötide Eiterung. Schalleitungsschwerhörigkeit. Durch die Knochenzerstörung Komplikationen, insbesondere Labyrinthfistel, außerdem die gleichen Komplikationen wie bei der akuten Otitis media (s. d.) und der Mastoiditis (Meningitis, Hirnabszeß, Sinusthrombose, Fazialislähmung). Das Ausmaß der Knochenzerstörung ist durch Röntgenaufnahmen nach Schüller, Stenvers und E. G. Mayer und Computertomographie festzustellen.

Th: s. Cholesteatom: Mittelohroperation, um Komplikationen vorzubeugen, und Tympanoplastik (s. d.), um eine bessere Schalldruckübertragung zum Innenohr und einen Verschluß des Trommelfelldefekts zu erreichen.

Otosklerose

Def und *Vk:* Knochenumbau im Bereich der Labyrinthkapsel mit Fixierung des Steigbügels im ovalen Fenster *(Stapesankylose)*. Beginn zwischen 20 und 30 Jahren. Häufiger bei Frauen, Verschlechterung durch Schwangerschaft. Familiäres Auftreten.

Sy und *Dg:* Anfangs Schalleitungsschwerhörigkeit, später kombiniert mit Schallempfindungsschwerhörigkeit. Häufig besteht Ohrensausen. Die Schalleitungsschwerhörigkeit zeigt sich im negativen Rinne-Versuch und in der Differenz Knochenleitung/Luftleitung im Tonaudiogramm. Die Stapesfixierung ist außerdem am negativen Ausfall des Gellé-Versuchs zu erkennen (bei Druckänderung der Luft im Gehörgang mit dem Politzer-Ballon hört der Normalhörige eine Stimmgabel über Knochenleitung in ihrer Lautstärke schwanken, der Patient mit Stapesankylose hört sie gleich laut). Bei der Impedanzmessung fehlt der Stapediusreflex. Trommelfellbefund normal. Warzenfortsatz meist pneumatisiert. Tube durchgängig. Zunächst einseitige, später beidseitige Erkrankung.

Th: Das Hörvermögen läßt sich operativ bessern. Der fixierte Steigbügel wird entfernt *(Stapedektomie)* und durch Draht mit eingebundenem Bindegewebe zum Abschluß des ovalen Fensters ersetzt *(Stapesplastik)*, oder – heute bevorzugt – die Steigbügelfußplatte wird durchbohrt, und ein eingesetzter Draht-Kunststoff-Stempel überträgt die Schwingungen ins Innenohr *(Stapedotomie)*. Falls eine Operation abgelehnt wird oder wegen schlechter Innenohrleistung nicht durchführbar ist, besteht die Möglichkeit einer Hörverbesserung durch elektrische Hörgeräte (s. d.). Die Schwerhörigkeit nimmt mit Fortschreiten der Stapesankylose dann jedoch allmählich zu.

Ozäna (Stinknase)

Vk: Familiäres Auftreten, häufiger beim weiblichen Geschlecht.

Sy und *Dg:* Atrophie der Nasenmuscheln und der Nasenschleimhaut. In der weiten Nase setzen sich auf der atrophischen Schleimhaut grüngelbe Borken ab. Der widerlich aashafte Fötor wird wegen der Atrophie auch der Riechschleimhaut von den Patienten selbst nicht empfunden. Eine trockene Entzündung der Nasenschleimhaut ohne fötide Borkenbildung wird als *Rhinitis sicca*, bei stärkerer Schleimhautatrophie als *Rhinitis atrophicans* bezeichnet. Die trockene Schleimhaut erstreckt sich nicht selten über

den Rachen bis in den Kehlkopf (Pharyngitis sicca [s. d.] und Laryngitis sicca).
Die *Rhinitis sicca anterior* besteht in einer umschriebenen Schleimhautatrophie im vorderen Septumabschnitt im Bereich des Kiesselbach-Locus, die zur Septumperforation führen kann. (Nicht selten durch die mechanische Einwirkung des bohrenden Fingers! Weiche Nasensalbe gegen die Krustenbildung!)

Th: Die Behandlung ist symptomatisch und zielt darauf ab, die Schleimhaut feucht zu halten und die Borken zu entfernen. Bei Rhinitis sicca und Rhinitis atrophicans Lubrirhin-Spray (keine abschwellenden Nasentropfen!). Bei der Ozäna mit Borkenbildung müssen die Borken durch tägliche Nasenspülungen mit Salzwasser oder mechanisch entfernt werden. Anschließend im Wechsel ölige Nasentropfen, Nasensalben und Aufschnupfen von Traubenzucker, um die Sekretion anzuregen. Hohe Dosen Vitamin A. Operativ können zur Verengerung der Nase und damit zur Verringerung der Borkenbildung Knochen oder Knorpelspäne zwischen Perichondrium oder Periost und Septum bzw. lateraler Nasenwand oder Nasenboden eingepflanzt werden. Kuraufenthalt an der See zu empfehlen .

Peritonsillarabszeß (Paratonsillarabszeß)

Sy und *Dg:* Im Anschluß an eine oft fast abgeheilte Angina lacunaris (s. d.) heftige einseitige Schluckbeschwerden, kloßige Sprache, Speichelfluß und Kieferklemme. Vorwölbung und Rötung des vorderen Gaumenbogens einer – selten beider – Seiten, Zäpfchenödem, Schwellung der regionären Lymphknoten am Kieferwinkel.

Th: Im Beginn, solange es sich nur um eine *Peritonsillitis* handelt, geht die Entzündung auf Antibiotika nicht selten zurück. Sonst Inzision an der Stelle der größten Vorwölbung lateral von der Tonsille (evtl. nach vorheriger Punktion zur Abszeßsuche). Anschließend mehrere Tage Inzisionswunde mit einer Kornzange spreizen! Bei rezidivierenden Abszessen Tonsillektomie 4 Tage nach der Inzision oder im Intervall. Bei drohenden Komplikationen (tonsillogene Sepsis) oder durch Inzision schlecht zu erreichendem *Retrotonsillarabszeß* auch Abszeßtonsillektomie.

Pharyngitis acuta

Sy und *Dg:* Rötung der Rachenhinterwand, oft besonders der Seitenstränge (*Pharyngitis lateralis, Seitenstrangangina,* s. Angina lacunaris) mit Kratzen im Hals, Schluckbeschwerden, ins Ohr ausstrahlenden Schmerzen.

Th: Warme Halswickel. Lutschtabletten (z. B. Hexoraletten, Tyrosolvetten, Iversal, Targophagin) schaffen Linderung.

Pharyngitis chronica

Ät: Meist Folge von Staubeinwirkungen, chemischen Reizen, trockener Luft, Nicotin- oder Alkoholmißbrauch. Ursächlich kommen auch Nasenerkrankungen mit behinderter Nasenatmung, chronische Rhinitis, Nebenhöhlenentzündung und Rachenmandelhyperplasie in Frage.

Sy und *Dg:* Verdickte und gerötete Schleimhaut. Besonders geschwollen sind häufig die Seitenstränge und einzelne Follikel an der Rachenhinterwand *(Pharyngitis granulosa)*. Die Beschwerden bestehen in Druck und Kratzen im Hals, Fremdkörpergefühl, Hustenreiz, Räusperzwang, Schleimabsonderung.

Th: Beseitigung von Nasenerkrankungen, Wiederherstellung der Nasenatmung. Vermeiden von Schädlichkeiten (Rauch, Staub, Nicotin, Alkohol, scharfe Gewürze). Lutschen von Emser oder Isla-Moos-Pastillen. Hyperplastische Lymphfollikel einzeln mit 10%iger Argentum-nitricum-Lösung oder Trichloressigsäure (20%ig) ätzen oder kryo- bzw. laserchirurgisch behandeln.

Pharyngitis sicca

Sy und *Dg:* Durch die erhebliche Trockenheit, die Schmerzen beim Leerschlucken, das Kratzen im Hals und das Durstgefühl besonders unangenehme Form der chronischen Pharyngitis, häufig zusammen mit Rhinitis atrophicans oder Laryngitis sicca. Globusgefühl (s. d.).
Die Schleimhaut an der Rachenhinterwand ist atrophisch, trocken, firnisglänzend und häufig mit zähem Schleim oder Krusten bedeckt. Auf Plummer-Vinson- und Sjögren-Syndrom achten (Blutbild und Magensaftuntersuchung, Polyarthritis, s. Sjögren-Syndrom im Kap. Rheumatologie.

Th: Wie bei Pharyngitis chronica und zusätzlich Inhalieren mit Emser Salz. Emser Pastillen. Vitamin A. Sedativa wirken oft dämpfend auf die lästigen subjektiven Erscheinungen.

Rachenmandelhyperplasie s. adenoide Vegetationen

Rachentumoren (Oropharynxtumoren)

Sy und *Dg:* Meist Karzinome, seltener maligne Lymphome. Kommen hauptsächlich als *Tonsillentumoren* und *Zungengrundtumoren* vor. Schluckbeschwerden treten erst spät auf. Frühzeitige Metastasierung. Computertomogramm, Kernspintomogramm.

Th: Kombination von chirurgischer und strahlentherapeutischer Behandlung. Bei verhornenden Zungengrundkarzinomen und Mundbodenkarzinomen zusätzlich auch Zytostatika (Cisplatin). Bei malignem Lymphom alleinige Strahlentherapie oder Zytostatika.

Reisekrankheit

Ät, Sy und *Dg:* Durch Vestibularisreize Erregung der vegetativen Zentren mit Übelkeit und Erbrechen bei Schiffsreisen *(Seekrankheit)*, Flugreisen, langen Autofahrten usw.

Th: Vomex-A-Dragees oder Zäpfchen, Bonamine, Scopoderm TTS Membranpflaster am besten schon ½ Stunde vor Antritt der Reise. Diese Mittel eignen sich auch zur symptomatischen Bekämpfung des *Schwindels* bei vestibulären Funktionsstörungen anderer Genese. Achtung, die Medikamente machen schläfrig!

Retropharyngealabszeß

Sy und *Dg:* Vorwölbung, Rötung und Fluktuation der Rachenhinterwand, meist bei Kindern infolge Infektion der retropharyngealen Lymphknoten. Steife Kopfhaltung. Selten kalte Abszesse nach tuberkulöser Halswirbelkaries (seitliche Röntgenaufnahme der HWS!).

Th: Inzision am reklinierten Kopf und Absaugen des Eiters. Anschließend mehrere Tage nachspreizen. Antibiotika wegen der Gefahr einer absteigenden Phlegmone.

Rhinitis acuta

Ät: Virusinfektion, die durch eine „Erkältung" (allgemeine oder örtliche Abkühlung) begünstigt wird.

Sy und *Dg:* Nasenschleimhaut aufgelokkert, geschwollen, gerötet. Muscheln verdickt. Wäßriges oder schleimiges Sekret, besonders am Nasenboden. Nasenatmung verlegt. Geschlossenes Näseln, Augentränen, Beeinträchtigung des Riechvermögens, Kopfschmerzen.

Th: In manchen Fällen gelingt es, einen beginnenden Schnupfen durch ein Antihistaminikum zu kupieren. Bei stärkerer Sekretion abschwellende Nasentropfen (z. B. Otriven, Tyzine, Endrine) oder Tabletten zur Sekretionshemmung (z. B. Rhinopront). Bei Kleinkindern Otriven für Kleinkinder (0,05%ige Lösung) verwenden. Kamillendampf. Jede Nasenseite wegen der Gefahr einer über die Tube aufsteigenden Mittelohrinfektion stets getrennt ausschneuzen. Als Folge einer akuten Rhinitis nicht selten Nasennebenhöhlenentzündungen (s. d.).

Rhinitis, allergische

Vk und *Ät:* Am häufigsten in Form des *Heuschnupfens* während der Gräserblüte von Mai bis Juli. Bei nichtsaisonbedingter, perennialer allergischer Rhinitis kommen als Allergene Nahrungsmittel (Erdbeeren, Milch, Fische u. a.), Tierhaare, Hausstaub (Milben, Schimmelpilze) oder Bettfedern in Frage. „Pseudoallergie" bei Analgetikaintoleranz.

Sy und *Dg:* Starke wäßrige Sekretion aus der Nase, Niesanfälle, Behinderung der Nasenatmung, bläulich-blasse (livide) verdickte Muscheln, Konjunktivitis. Hauttestung führt zur Erkennung des Allergens (Prick-Test), Bestätigung durch Intranasalteste.

Th: Wenn möglich Eliminieren des Allergens oder Versuch einer Hyposensibilisierung. Im akuten Anfall einige Tage Corticosteroide (z. B. Decortin), länger anhaltende Wirkung durch Depotcorticosteroide (Volon A 40). Antihistaminika (z. B. Tavegil, Teldane), evtl. zusammen mit Corticosteroiden (Celestamine) und örtlich cortisonhaltige Nasentropfen (Otriven-Millicorten, Beconase-Spray) oder Intal nasal Pulver bzw. Lomupren Lösung tragen zur Linderung bei. Mit Rhinopront kann ein Abschwellen der Nasenschleimhaut erreicht und die starke Sekretion gehemmt werden.

Rhinitis chronica

Sy und *Dg:* Schwellung, Hypertrophie und blaurote Verdickung der Muscheln mit Behinderung der Nasenatmung. Die Schleimhaut der Muscheln ist mitunter polypös verändert. Schleimig-eitrige Sekretion. Begünstigt wird die Entstehung einer Rhinitis chronica durch eine Nasenscheidewandverbiegung. Gleichzeitig häufig Nasennebenhöhlenentzündungen. Riechvermögen gelegentlich aufgehoben. Die chronische Rhinitis kann in eine Rhinitis sicca bzw. Rhinitis atrophicans (s. Ozäna) übergehen.

Th: Bei hyperplastischen Muscheln Versuch mit abschwellenden Nasentropfen (z. B. Otriven oder Tyzine, nicht länger als 1–2

Wochen). Bei stärkerer eitriger Sekretion Extracort Rhin Spray. Beseitigung einer evtl. vorhandenen Nasenscheidewandverbiegung und Behandlung einer Nasennebenhöhlenentzündung. Vermeiden von staubiger, rauchiger Luft.

Rhinitis vasomotorica

Ät: Hyperreflektorische Rhinopathie durch Freisetzung von neurogenen Peptiden, nicht IgE-abhängig.

Sy und *Dg:* Blaß-bläulich verdickte Muscheln mit Behinderung der Nasenatmung. Häufig abhängig von Temperatur und Witterung. Wechselseitige Verstopfung der Nasenseiten je nach Körperlage. Niesreiz. Seröse Sekretion oder geringe Absonderung von schleimigem Sekret, ausgelöst nicht selten durch übermäßig langen Gebrauch von abschwellenden Nasentropfen (Privinismus). Eine allergische Rhinitis (s. d.) kann gleiche Symptome verursachen, zeichnet sich aber meist durch heftigere, kurzdauernde und plötzlich auftretende Beschwerden aus. Nach Gabe von Rauwolfia-Alkaloiden kommt es zu behinderter Nasenatmung durch Muschelschwellungen („Reserpin-Schnupfen").

Th: Medikamentös 2–3mal täglich 1 Tablette Celestamine, Tavegil oder Teldane. Zu empfehlen sind Muschelkaustik (Kaltkaustik) bei verdickten Muscheln, Abtragen verdickter hinterer Muschelenden und Beseitigen einer Septumverbiegung oder Septumleiste.

Rhinophym

Sy und *Dg:* Wucherung der Talgdrüsen im Bereich der knorpligen Nase. Entstehung auf dem Boden einer Rosazea. Die Nase bekommt knollige, rot verfärbte Verdickungen und gelappte Auswüchse.

Th: Abtragen (Abschälen) mit flachem Messer oder Abschleifen ohne Verletzung des knorpligen Nasengerüstes, bis die Nase ihre natürliche Form hat. Die Epithelisierung erfolgt von selbst aus der Tiefe der angeschnittenen Talgdrüsen.

Sängerknötchen, Schreiknötchen der Kinder

Ät, Sy und *Dg:* Zwischen vorderem und mittlerem Drittel der Stimmlippen – das entspricht der Mitte des schwingenden Teiles – symmetrische stecknadelkopfgroße Knötchen (Fibrome) durch falsche Stimmbildung, Überanstrengung der Stimme oder Überschreien bei Kindern.

Th: Durch Stimmschonung und Stimmbehandlung fast stets Rückbildung. Nur in seltenen Fällen Abtragung notwendig.

Schnarchen

Ät: Entsteht beim Atmen in Rückenlage mit geöffnetem Mund durch das im Schlaf schlaff herabhängende, im Luftstrom flatternde Gaumensegel mit Zäpfchen oder durch das Zurückfallen der Zunge.

Th: Ggf. Behinderung der Nasenatmung beseitigen. Möglichst nicht auf dem Rücken, sondern in Seitenlage schlafen. Durch Hochbinden des Kinns mit einer elastischen Binde läßt sich – bei guter Nasenatmung – das Schnarchen verhindern. In verzweifelten Einzelfällen Resektion von Zäpfchen und Teilen des Gaumens. Bei Apnoephasen Versuch mit Überdruckbeatmung (Nasenmaske).

Schwindel

Vestibulärer Schwindel tritt als Drehschwindel, Liftschwindel oder Schwankschwindel auf. Anfallschwindel wird bei Menière-Krankheit (s. d.) – zusammen mit Schwerhörigkeit und Ohrgeräuschen – beobachtet. Eine entzündliche Labyrintherkrankung führt eher zu Dauerschwindel (Labyrinthausfall) bzw. Lage- oder Lagerungsschwindel. Retrolabyrinthär bedingter Schwindel kommt vor bei Neuronitis vestibularis (s. d.), Zoster oticus (s. d.) und Akustikustumor (s. d.), zentral ausgelöster Schwindel bei zerebralen Affektionen.

Sepsis nach Angina

Ät: Die Sepsis entsteht entweder hämatogen über die kleinen Mandelvenen oder auf dem Lymphwege (Lymphbahnen und Kieferwinkellymphknoten) oder über eine seitliche Halsphlegmone im Spatium parapharyngeum. Es kommt zur Thrombose der V. jugularis interna.

Sy und *Dg:* Intermittierendes Fieber, Schüttelfröste, septisches Blutbild, schlechter Allgemeinzustand im Verlauf oder im Anschluß an eine Angina lacunaris (s. d.). Häufig Lymphknotenschwellung am Hals und Druckschmerz entlang der V. jugularis interna.

Th: Von einem seitlichen Halsschnitt aus Resektion der thrombosierten V. jugularis interna bis in den gesunden bluthaltigen Teil oberhalb und unterhalb der Thrombose. Gleichzeitig Freilegen und Drainieren der seitlichen Halsweichteile bei phlegmonösen

Prozessen. Tonsillektomie. Hohe Dosen Antibiotika.

Sialosen

Ät, Sy und *Dg:* Rezidivierende nichtentzündliche Parotisschwellungen bei hormonellen Störungen (z. B. Diabetes mellitus), Vitamin- und Eiweißmangelkrankheiten und bei Dysfunktion des vegetativen Nervensystems sowie nach Antihypertonika oder Antidepressiva.

Th: Grundleiden behandeln.

Singultus (Schluckauf)

Ät, Sy und *Dg:* Ruckartiges Einatmen und rascher Glottisschluß, ausgelöst durch krampfartige Zwerchfellkontraktionen. Tritt bei hastigem Essen oder schneller Magenfüllung sowie bei Erkrankungen mit Reizung des Zwerchfells auf.

Th: Atem anhalten und Pressen oder Ablenken und Erschrecken. Behandlung der Grundkrankheit. Evtl. Narkose mit Relaxantien.

Skalenusbiopsie (Daniels)

In örtlicher Betäubung wird das Trigonum omoclaviculare freigelegt und eine Exzision der im Fettgewebe auf dem M. scalenus anterior liegenden Lymphknoten vorgenommen.

Speicheldrüsenentzündung

Sy und *Dg:* Als Miterkrankung oder Nacherkrankung bei Kachexie, infektiösen Erkrankungen, Traumen oder nach Bauchoperationen meist akute Entzündung der Ohrspeicheldrüse *(Parotitis)*. Bei Speichelsteinen ist häufiger die Glandula submandibularis betroffen (über Virusinfektionen s. Mumps, im Kap. Kinderheilkunde.

Stark schmerzhafte Schwellung der Speicheldrüse, häufig Rötung der Haut, bei Abszedierung Fluktuation. Aus dem Ausführungsgang entleert sich bei bakterieller Entzündung nach Druck auf die Drüse trüber, flockiger Speichel oder Eiter.

Th: Antibiotika. Zur Anregung des Speichelflusses Zitrone essen oder Gummi kauen lassen. Bei chronischer Sialadenitis (oft sog. Elektrolyt-Sialadenitis) außer Antibiotika zusätzlich Trasylol. Bei Abszedierung Inzision (im Bereich der Glandula parotidea entlang dem Verlauf der Fazialisäste inzidieren!). Speichelsteine (s. d.) sind operativ zu entfernen.

Speicheldrüsentumoren

Am häufigsten *Parotismischtumoren* (pleomorphe Adenome).

Sy und *Dg:* Kaum schmerzender, langsam wachsender, derber Tumor, der in der Speicheldrüse liegt und über dem die Haut verschieblich ist. Keine Fazialisparese.

Th: Enukleation wegen der Gefahr, einen Tumorrest zurückzulassen, und der Möglichkeit einer Fazialisverletzung nicht zu raten, besser subtotale oder totale Parotidektomie unter Präparation und Erhaltung des N. facialis. Bestrahlungsbehandlung ist nicht erfolgversprechend.

DD: Das *Parotiskarzinom* (kann sich in Mischtumoren entwickeln!) zeichnet sich durch schnelles Wachstum, schlechte Abgrenzbarkeit bzw. Verschieblichkeit und frühzeitige Fazialisparese aus. Ebenso zu bewerten ist das langsamer wachsende *Parotiszylindrom* (adenoidzystisches Karzinom). Als Therapie kommt entweder eine totale Parotidektomie mit Opferung des N. facialis und Neck dissection (s. Hypopharynxkarzinom) sowie Nachbestrahlung oder – mit geringerer Aussicht auf Erfolg – alleinige Bestrahlung (Telegammatherapie) in Frage. Postoperativ häufig Frey-Syndrom.

Speichelsteine

Sy und *Dg:* Spannungsgefühl und Anschwellung der Speicheldrüse beim Essen, am häufigsten in der Glandula submandibularis. Röntgenbild (Schrägaufnahme und enorale Mundbodenaufnahme). Bei Sondierung des Ausführungsgangs läßt sich der Stein häufig tasten und bei der Sialographie darstellen. Vielfach als Folge der Stauung im Ausführungsgang Entzündung der Speicheldrüse.

Th: Bei Sitz der Steine im Gang genügt enorale Gangschlitzung und Entfernung der Steine, bei intraglandulären Steinen der Glandula submandibularis muß die Drüse von außen exstirpiert werden, bei den seltenen Parotissteinen wird der Stein unter Erhaltung der Fazialisäste herauspräpariert.

Sprachstörungen

Formen

Man unterscheidet nach den sehr verschiedenen Ursachen: zentrale Entwicklungshemmungen der Sprache (verzögerte Sprachentwicklung, akustische Agnosie, grammatische und syntaktische Redestörungen), Sprachstörungen durch Lautbildungsfehler (Stammeln), durch Gehörstörungen (Taubstummen-, Spätertaubten- und Schwerhörigensprache), Sprachstörungen durch Mißbildungen oder Erkrankungen der peripheren Sprechorgane (Kieferanomalien, Gaumenspalte, Gaumensegellähmung), Sprachstörungen bei Gehirnerkrankungen (Aphasien, Dysarthrien) und die konstitutionellen Störungen der Rede (Stottern, Poltern). Die häufigsten Sprachstörungen sind Stammeln und Stottern.

Stammeln

Funktionell bedingtes Stammeln

Sy: Beim funktionellen Stammeln werden einzelne Laute falsch gebildet, z. B. die S-Laute *(Sigmatismus = Lispeln)* oder die K-Laute *(Kappazismus)*.

Dg und *Th:* Die richtige Zungenstellung muß den Patienten durch Logopäden beigebracht werden. Der Laut ist sprechphysiologisch neu zu bilden. Vorsprechen allein genügt nicht. Zahnstellungsanomalien sind zu beseitigen. Bei Lisplern ist eine Untersuchung des Gehörs erforderlich, da häufig eine Schallempfindungsschwerhörigkeit vorliegt und der Patient die S-Laute selbst nicht hört.

Organisch bedingtes Stammeln

Ät: Rhinophonia clausa bei verlegter Nase und *Rhinophonia aperta* bei Gaumensegellähmung oder Gaumenspalte sind organische Stammelfehler. *Näseln* kommt zustande, wenn der verlegte Nasenraum bei den Nasenlauten m, n und ng nicht in die Resonanz einbezogen werden kann (Rhinophonia clausa) oder wenn der Nasenraum bei allen anderen Lauten vom Rachenraum eigentlich abgeschlossen sein müßte, der Abschluß jedoch nicht möglich ist (Rhinophonia aperta). Funktionelles Näseln ohne organische Ursache ist selten.

Th: Operative Beseitigung der Verlegung (Tumoren, Rachenmandelhyperplasie, Nasenpolypen) bzw. Gaumenspaltenoperation mit anschließender Sprachbehandlung.

Stottern

Ät und *Sy:* Hauptsächlich beim männlichen Geschlecht vorkommende Neurose, die das harmonische Zusammenspiel der verschiedenen dem Sprechen dienenden Muskeln verhindert (spastische Koordinationsneurose, tonisch oder klonisch). Krampfhafte Kontraktionen an den Verschlußstellen des Ansatzrohrs behindern die Aussprache.

Th: Sprachbehandlung (ruhiges Atmen, langsames und rhythmisches Sprechen), Verhaltenstherapie, Psychotherapie, autogenes Training.

Stimmstörungen

Sie können organisch oder funktionell bedingt sein und entstehen im Gegensatz zu den Sprachstörungen durch Behinderung der Stimmbildung im Kehlkopf.

Organisch bedingte Stimmstörungen

Dg: Bei der Spiegeluntersuchung des Kehlkopfs erkennt man entzündliche Veränderungen, Tumoren, Fremdkörper oder Stimmlippenlähmungen, letztere durch Erkrankungen der Kehlkopfmuskulatur oder durch periphere bzw. zentrale Schädigungen der Kehlkopfnerven (z. B. Bulbärparalyse, Hirntumoren).

Ät und *Sy:* Die häufigste Stimmlippenlähmung ist die Folge einer *Rekurrensparese,* die nach Strumaoperationen oder bei Mediastinaltumoren auftreten kann und sich in einer Paramedianstellung der betreffenden Stimmlippe zeigt. Bei doppelseitiger Rekurrensparese besteht hochgradige Atemnot.

Th: Bei einseitiger Rekurrenslähmung nach Strumaoperationen Stimmübungen und Elektrisieren. Bei doppelseitiger Lähmung mit Atemnot kann eine Tracheotomie notwendig werden. Besteht die doppelseitige Lähmung länger als ein halbes Jahr, ist eine Laterofixation einer Stimmlippe durchzuführen, wobei man wissen muß, daß nach der Operation die Atmung desto besser, die Stimme jedoch desto schlechter (hauchiger) wird, je weiter die Stimmlippe nach lateral versetzt worden ist.

Funktionell bedingte Stimmstörungen

Ät, Sy und *Dg:* Normaler Kehlkopfspiegelbefund bei Stimmwechselstörungen (Mutationsstörungen), bei Stimmschwäche (Phonasthenie) durch falsche Stimmtechnik und Überbeanspruchung der Stimmlippen (hypo- und hyperfunktionelle Dysphonien) oder bei funktioneller Aphonie nach psychischen Traumen.

Th: Überführen der Mutationsfistelstimme in die normale Sprechstimmlage und Änderung der falschen Stimmtechnik durch Stimmübungen. Logopädiche Behandlung bei hypo- und hyperfunktioneller Dysphonie. Bei funktioneller Aphonie gelingt es meist rasch, den Patienten durch Stimmübungen, psychische Führung, Hustenlassen, durch vorübergehendes Ausschalten des Gehörs mit der Lärmtrommel, während der Patient liest, davon zu überzeugen, daß er mit tönender Stimme sprechen kann.

Taubheit

Angeborene Taubheit hat ein Fehlen der Sprachentwicklung zur Folge. Bestehen noch Hörreste, sind leistungsfähige Hörgeräte zu verordnen, um durch ein Hörtraining das Lautunterscheidungsvermögen voll auszunutzen und zusammen mit einem Lippen-Ablesetraining das Verstehen der Sprache zu verbessern (elektronische Hörprothese s. Kochleaimplantat).

Taucherkrankheit s. Caisson-Krankheit

Tonsillitis acuta s. Angina lacunaris

Tonsillitis chronica

Sy und *Dg:* Die Tonsillen zeigen entzündliche Veränderungen, sind zerklüftet und oberflächlich vernarbt (besonders nach vorausgegangenen Tonsillotomien). Detritus oder Eiter entleert sich aus den Krypten bei Druck auf die vorderen Gaumenbögen, Rötung der vorderen Gaumenbögen, schlechte Luxierbarkeit der Tonsillen, Schwellung der Kieferwinkellymphknoten. Die chronisch entzündeten Gaumenmandeln kommen neben Zahnwurzelerkrankungen häufig als Fokus in Frage. Die örtlichen Beschwerden sind gering.

Th: Detritus läßt sich durch Absaugen oder Ausdrücken der Mandeln aus den Krypten entfernen. Bei chronischer Tonsillitis und Fokusverdacht oder bei rezidivierenden Anginen Tonsillektomie (Mandelausschälung. Bei Mandelkappung oder Kryotonsillektomie oft zurückbleibende Mandelreste!).

Tracheotomie

Indikation

Sie ist notwendig bei Verlegung des Kehlkopfs oder des subglottischen Raumes, z. B. durch Tumoren, Glottisödem, doppelseitige Rekurrensparese, Perichondritis des Kehlkopfs, bei Bewußtlosen zur Verhinderung der Sekretstauung in Trachea und Bronchien, bei längere Zeit erforderlicher Beatmung oder falls nach dem Versuch einer Intubation (s. d.) nach einigen Tagen keine Besserung der Dyspnoe eintritt.

Obere Tracheotomie

Die obere Tracheotomie wird am häufigsten ausgeführt und ist technisch einfacher als die untere. Bei zu erwartenden Schwierigkeiten oder besonders akuter Atemnot empfiehlt es sich – falls die instrumentellen Möglichkeiten dazu bestehen –, unmittelbar vor der Tracheotomie eine Intubation vorzunehmen, um danach bei liegendem Rohr oder Tubus ohne Zeitnot tracheotomieren zu können (bei akuter Atemnot s. auch Koniotomie).

Technik: In örtlicher Betäubung oder Intubationsnarkose Durchtrennen der Weichteile in Höhe des Ringknorpels in der Mittellinie. Vom Ringknorpel aus Abschieben des Schilddrüsenisthmus nach unten. Dadurch werden die ersten, hier relativ oberflächlich liegenden Trachealringe frei. Inzision und Ausstanzen eines kleinen Fensters aus der vorderen Trachealwand in Höhe des 2. Trachealknorpels und Einsetzen der Kanüle. Strikte Schonung des Ringknorpels!

Untere Tracheotomie

Sie kommt nur in besonderen Fällen bei Stenosen im oberen Teil der Trachea in Frage. Gefahr einer Arrosionsblutung durch liegende Kanüle, daher Tracheostoma bei voraussichtlich längerem Kanülentragen von vornherein durch Hautplastik epithelisieren („plastisches" Tracheostoma).

Nachsorge

In den ersten Tagen nach der Tracheotomie ist die Luft im Krankenzimmer feucht und warm zu halten. Sekretborken sind durch Einträufeln von Tacholiquin-Lösung aufzuweichen.

Trauma, akustisches, s. akustisches Trauma

Tubenkatarrh

Ät: Entsteht fortgeleitet durch Nasen- und Rachenkatarrh, vergrößerte Rachenmandel, behinderte Nasenatmung.

Sy und *Dg:* Retraktion des Trommelfells (Vorspringen des kurzen Hammerfortsatzes und einer hinteren Trommelfellfalte, perspektivische Verkürzung des Hammergriffs, Veränderung des dreieckigen Lichtreflexes). Oft Exsudate in der Paukenhöhle (gelblich durchscheinend und Spiegelbildung bei serösen Ergüssen. Bei mehr schleimigem Sekret „Leimohr", s. d.). Schalleitungsschwerhörigkeit, veränderte Tympanogrammkurven und dumpfes Gefühl oder Druck im Ohr. Tubenkatarrh bei der Landung des Flugzeugs s. Aerootitis media.

Th: Politzer-Behandlung (Lufteinblasung in ein Nasenloch mit dem Politzer-Ballon: die Luft streicht bei Verschluß des anderen Nasenlochs und Abschluß des Nasen-Rachen-Raumes durch „Kuckuck"-Sagen in Tube und Mittelohr) oder Tubenkatheter, falls keine akut entzündlichen Erkrankungen der Nase oder des Nasen-Rachen-Raumes bestehen (Gefahr der akuten Otitis media!). Abschwellende Nasentropfen (Otriven, Tyzine). Wärmebestrahlung des Ohres. Beseitigung der behinderten Nasenatmung durch Rachenmandelentfernung, Septumoperation usw. Bei Exsudat u. U. Parazentese, bei Leimohr Paukenröhrchen.

Tympanoplastik

Gehörverbessernde Operationen am Mittelohr. Die Operationen werden bei Schalleitungsschwerhörigkeit durchgeführt, um die Schallzuleitung über das Mittelohr zum Innenohr wiederherzustellen, und bestehen in Trommelfellverschlüssen, Trommelfellersatz durch Transplantate (Haut, Faszie), Aufbau der Gehörknöchelchenkette möglichst unter Verwendung von Teilen der Kette oder einem Keramikstempel, Schaffung einer Kolumella zwischen Trommelfell und ovalem Fenster, Schallabschirmung des runden Fensters zur Vermeidung von Interferenzen usw. Man unterscheidet verschiedene Typen, je nach Art der vorliegenden Mittelohrdefekte. Diese Defekte sind Folgen von chronischen Mittelohrentzündungen, Ohrtraumen oder angeborenen Mißbildungen. Die tympanoplastischen Eingriffe zur Hörverbesserung werden unter dem Operationsmikroskop endaural (Zugang durch den Gehörgang) durchgeführt.

Zerumen (Ohrenschmalzpfropf)

Sy und *Dg:* Bei der Ohrenspiegelung sieht man gelbe oder braune Massen, die den Gehörgang ausfüllen können (Cerumen obturans). Beschwerden (Schwerhörigkeit, dumpfes Gefühl im Ohr, Fremdkörpergefühl) treten meist erst auf, wenn z. B. beim Baden Wasser in den Gehörgang kommt und der Gehörgang dann plötzlich durch Quellen des Zerumens vollständig verschlossen wird.

Th: Wenn der Verdacht auf eine alte Trommelfellperforation besteht (Befragen des Patienten!), muß das Zerumen durch einen Facharzt instrumentell entfernt werden. Sonst Entfernung durch Spülung des Gehörgangs mit körperwarmem Wasser (Ohrspritze). Der Gehörgang wird dabei durch Ziehen der Ohrmuschel nach hinten oben begradigt und der Wasserstrahl gegen die hintere obere Gehörgangswand gerichtet. Bei „verhärtetem Ohrenschmalz" vorher Aufweichen durch Einträufeln von Cerumenex oder Glycerin.

Zervikalsyndrom

Sy und *Dg:* Fehlstellung der Halswirbelsäule am kraniozervicalen Übergang (Kopfgelenke) oder Durchblutungsstörung der A. vertebralis im unteren Halswirbelsäulenbereich.

Zervikal ausgelöster Schwindel (u. U. propriozeptiver Zervikalnystagmus). Schmerzhafte Verspannung der Hals- und Rückenmuskulatur. Ziehende Hinterkopfschmerzen.

Th: Orthopädische Behandlung, Manualtherapie.

Zoster oticus

Ät: Erkrankung durch spezifisch neurotropes Virus.

Sy und *Dg:* Fieber, Ohrenschmerzen, Bläschen im Gehörgang, auf dem Trommelfell oder an der Ohrmuschel. Einseitige Funktionsstörungen im Bereich des N. facialis, des N. cochlearis (Schallempfindungsschwerhörigkeit bis Taubheit, Ohrensausen) und seltener auch des N. vestibularis (periphere Untererregbarkeit bis Ausfall, subjektiv Gleichgewichtsstörungen). Gelegentlich sind auch der N. trigeminus und der N. glossopharyngeus beteiligt. Häufig Zellvermehrung im Liquor (Lymphozyten). Virusserologie.

DD: Komplikationen einer Otitis media (Fazialisparese, Labyrinthitis), Akustikustumor.

Prgn: Je schwerer die Ausfallerscheinungen sind, desto geringer ist die Aussicht auf eine Restitutio ad integrum.

Th: Analgetika gegen die Schmerzen, Vitamin-B-Komplex, im Frühstadium Zovirax. Strombehandlung und Massage bei Fazialislähmung. Bei Sekundärinfektion der Bläschen antibiotikahaltige Salbe.

Zungenbrennen

Ät: Tritt auf als Symptom bei Candidabefall der Mundschleimhaut, Glossitis mit Entzündung oder Atrophie der Zungenpapillen, Vitmain-B_{12}-Mangel (perniziöse Anämie, Hunter-Glossitis), Eisenmangel (z. B. Plummer-Vinson-Syndrom), Erkrankungen der

Speicheldrüsen oder psychogen (Angst, Karzinophobie, Depression) und im Rahmen klimakterischer Beschwerden.

Dg: Ursache abklären durch Abstrich auf Pilze, Blutuntersuchungen, Speicheluntersuchungen. Zustand des Zahnersatzes überprüfen!

Th: Entsprechend der zugrundeliegenden Krankheit.

13. Haut- und Geschlechtskrankheiten

D. Petzoldt und A. Schulze-Dirks

Acanthoma fissuratum

Syn: Granuloma fissuratum.

Def: Reaktives Granulations- und Schwielengewebe durch Druckstellen der Brille hinter der Ohrmuschel und am seitlichen Nasenrücken.

Ät und *Pathog:* Mechanisch bedingte Entzündung mit Granulationsgewebe und Hyperkeratose durch Brillendruck.

Sy: Entzündlich gerötetes, druckempfindliches Knötchen mit zentraler Fissur.

DD: Keratosis actinica, Carcinoma spinocellulare, Morbus Bowen, Basaliom, Kontaktekzem.

Th: Druckentlastung durch Brillenkorrektur. Kurzfristig Antibiotika-Corticoidcreme, ggf. Exzision.

Acanthosis nigricans

Def: Seltene Erkrankung mit graubraunen, papillomatös-keratotischen Hauterscheinungen in bestimmten Lokalisationen.

Sy: Graubraune Hyperpigmentierung, Papillarhyperplasie und Hyperkeratose mit samtartigem Aspekt.
Befallen sind intertriginöse Bereiche, aber auch die Beugen der großen Gelenke, Gesicht, Nabel- und Mamillenregion, selten andere Lokalisationen und Mundschleimhaut.
Folgende Formen können unterschieden werden:

- Acanthosis nigricans benigna: Unregelmäßig-dominant vererbbare Erkrankung ohne interne Störungen. Auftreten bis zur Pubertät. Spontanregression möglich.
- Acanthosis nigricans benigna bei hereditären Syndromen: Vererbungsmodus entsprechend dem zugrundeliegenden Syndrom. Auftreten der Erkrankung bis zur Pubertät.
  Wichtige assoziierte Syndrome sind: Blum-Syndrom, Crouzon-Syndrom (Dysostosis craniofacialis hereditaria), Lawrence-Syndrom (Lipodystrophie-Syndrom), Rud-Syndrom.
- Acanthosis nigricans maligna: Paraneoplastisches Syndrom, vorwiegend bei Adenokarzinomen. Häufig Mitbeteiligung der Mundschleimhaut und der distalen Extremitäten. Nach Beseitigung des Tumors oftmals Rückbildung der Hauterscheinungen.
- Pseudoacanthosis nigricans: Vorkommen bei adipösen und meist dunkel pigmentierten Menschen in den intertriginösen Räumen, im seitlichen Halsbereich und im Nacken. Rückbildung nach Reduktion des Gewichtes.

DD: Ichthyosis nigricans, Morbus Darier, Pemphigus vegetans.

Acrodermatitis chronica atrophicans

Syn: Morbus Herxheimer.

Def: Zum Stadium 3 einer Borrelien-Infektion gehörende Hauterkrankung, die in erster Linie die distalen Extremitäten befällt und über ein entzündlich-ödematöses in ein atrophisches Stadium führt.

Ät: Erreger ist Borrelia burgdorferi, die durch Insektenstich – insbesondere durch Zecken – übertragen wird.

Sy:

- entzündlich-ödematöses Stadium: entzündlich-ödematöse bis livide flächenhafte Rötung an den distalen Extremitäten, vorzugsweise an den Streckseiten;
- atrophisches Stadium: zigarettenpapierartige Fältelbarkeit der schlaff-atrophischen Haut mit Durchscheinen der oberflächlichen Gefäße; zusätzliche Symptome: fibroide Knoten, Sklerosierungen, Anetodermie. Chronischer Verlauf mit nach proximal gerichteter Ausbreitungstendenz.

Dg: In etwa 90% der Fälle erhöhter Titer borrelienspezifischer IgG-Antikörper. Gelegentlich unspezifisch reaktiver Ausfall der Luesserologie (FTA-ABS-Test, Reiter-Spirochäten-KBR).

DD: Perniosis, Akrozyanose.

Th: Innerliche Behandlung mit Antibiotika, in erster Linie mit Tetracyclinen, Cephalosporinen und Penicillin über ca. 3 Wochen.

Acrodermatitis continua suppurativa

Syn: Dermatitis repens.

Def: Chronisch rezidivierende pustulöse Hauterkrankung an den Endgliedern von Fingern und Zehen mit nachfolgender Onychodystrophie und Nagelverlust.

Ät: Mit größter Wahrscheinlichkeit Variante der Psoriasis pustulosa.

Sy: An den Endphalangen von Fingern oder Zehen Auftreten von scharf begrenzten, entzündlich geröteten Herden mit konfluierenden Pusteleruptionen, blätterteigartiger Schuppung, entzündlicher Verdickung der Endphalangen, Onychodystrophie und Nagelverlust.

DD: Panaritium, bakterielle und mykotische Paronychie, Acrodermatitis enteropathica.

Th: Glucocorticoidexterna in fettarmer Grundlage, intraläsionale Injektion von verdünnter Triamcinolon-Kristallsuspension, Photochemotherapie (PUVA), intern Etretinat.

Acrodermatitis enteropathica

Def: Seltene, genetisch determinierte Erkrankung mit Zinkmangel, Diarrhöen, diffuser Alopezie und erythematovesikulösen Eruptionen an den distalen Extremitätenenden und den Körperöffnungen. Auftreten in den ersten Lebensjahren.

Ät und *Pathog:* Gastrointestinale Zinkabsorptionsstörung mit sekundärem Zinkmangel.

Sy: Im Bereich der Körperöffnungen und distalen Extremitäten Auftreten von chronischen polymorphen, erythematösen, teils psoriasiformen Hauterscheinungen mit Bläschen, Pusteln und Krusten. Superinfektion durch Bakterien und Pilze, insbesondere durch Candida albicans, möglich. An den Nägeln chronische Paronychien mit Onychodystrophie. Diffuse Alopezie, auch im Bereich der Augenbrauen und Wimpern. Häufige Diarrhöen; Spontanheilungen, insbesondere in der Pubertät, möglich.

Dg: Zinkspiegel im Serum erniedrigt (normal 13–18 μmol/l), gelegentlich im Normbereich.

DD: Kandidose, Epidermolysis bullosa hereditaria, Psoriasis vulgaris, Morbus Reiter, Acrodermatitis continua suppurativa.

Th: Orale Gabe von Zinksulfat oder Zink-DL-Aspartat.

Acrodermatitis papulosa eruptiva infantilis

Syn: Gianotti-Crosti-Syndrom.

Def: Entzündliche Hautkrankheit bei Hepatitis (vor allem Hepatitis B, auch EBV-Infekt) bei Kindern.

Sy: Eruptives Auftreten von entzündlich geröteten, nicht juckenden Papeln oder Papulovesikeln an den Wangen, am Gesäß und an den Streckseiten der Extremitäten von Kindern. Zusätzlich bestehen eine reaktive Lymphadenopathie, eine Hepatomegalie und eine anikterische Hepatitis. Spontane Abheilung der Hauterscheinungen nach einigen Wochen.

Dg: Im Serum Zeichen der akuten Hepatitis-B-Infektion, auch EBV-Infektion.

DD: Akrolokalisiertes infantiles papulovesikuläres Syndrom, andere Virusexantheme.

Th: Symptomatische Behandlung mit entzündungshemmenden Externa (Lotio alba).

Adenoma sebaceum

Def: Nävoide talgdrüsenreiche Fibroangiome im Gesicht.

Ät: Isoliertes Vorkommen, aber auch als Teilsymptom nävoider Systemerkrankungen, wie Morbus Pringle und Morbus Bourneville.

Sy: Meist glasstecknadelkopfgroße rötlich-gelbliche Papeln zentrofazial mit Betonung der Nasolabialregion.

- Morbus Pringle: ein autosomal dominantes Syndrom, bestehend aus Adenoma sebaceum, Café-au-lait-Flecken, weißlichen Hypopigmentierungen, Koenen-Tumoren, lumbosakralen Bindegewebsnävi und knotigen Zahnfleischwucherungen.
- Morbus Bourneville: tuberöse Hirnsklerose, in ca. 60% mit Morbus Pringle kombiniert.

Th: Versuch der Dermabrasion oder der Lasertherapie.

Akne

Acne aestivalis

Syn: Mallorca-Akne.

Def: Akneiforme Dermatose nach intensiver Sonnenexposition.

Ät: Lichtprovokation, möglicherweise gefördert durch Sonnenschutzcremes.

Sy: Gerötete Papeln, selten Pusteln, vorwiegend im Schultergürtel- und Dekolletébereich. Spontane Rückbildung nach Beendigung der Sonnenexposition.

DD: Polymorphe Lichtdermatose, akneiforme Arzneiexantheme.

Th: Im akuten Stadium austrocknende Behandlung mit Zinkschüttelmixtur; Rezidivprophylaxe mit Lichtschutz-Gel.

Acne vulgaris

Def: Erkrankung des Talgdrüsenfollikels in follikelreichen Regionen mit follikulärer Keratose, Seborrhö, Bildung von Komedonen und entzündlichen Papulopusteln.

Ät und *Pathog:* Es besteht eine genetisch bedingte Disposition zu follikulären Verhornungsstörungen und Entzündungen sowie zur Seborrhö. Der Auftreibung des Follikelganges durch Hornmassen mit Talg und Bakterien zu einem Komedo folgt eine akute Perifollikulitis durch Zerstörung der Komedowand. Hieran sind die Lipasen von Propionibacterium acnes beteiligt.

Sy: Auftreten von Komedonen, entzündlichen geröteten follikulären Papeln und Papulopusteln im Gesicht und in den oberen Brust- und Rückenregionen mit Beginn der Pubertät; allmähliches Abklingen nach dem 20. Lebensjahr, längere Persistenz allerdings möglich.

Sonderformen

Acne conglobata

Schwere Verlaufsform, vorwiegend bei männlichen Patienten, mit Neigung zur Konfluenz, Bildung von abszedierenden Knoten, Zysten, Fistelkomedonen und Fistelgängen.

Acne cosmetica

Durch komedogen wirkende Inhaltsstoffe von Kosmetika (vor allem bei zu hohem Fettgehalt) hervorgerufene Akne bei Frauen mit Seborrhö.

Acné excoriée des jeunes filles

Durch ständige Manipulation (Ausdrücken) veränderte Akne mit resultierenden Erosionen, Krusten, Pigmentverschiebungen und Narben.

Acne fulminans

Schwere Erkrankung mit akuter febriler ulzerierender Acne conglobata mit Polyarthralgien und leukämoider Reaktion. Ursache unbekannt, immunologischer Entstehungsmechanismus wahrscheinlich.

Acne infantum

In den ersten zwei Lebensjahren auftretende Akne im Wangenbereich mit ungeklärter Ursache, möglicherweise durch vorübergehende erhöhte Testosteronspiegel.

Acne neonatorum

In den ersten Lebenswochen auftretende Akne, wahrscheinlich bedingt durch mütterliche Androgene.

Aknetetrade

Acne conglobata mit abszedierenden Entzündungen in folgenden zusätzlichen Regionen:

- axillär, inguinal, perigenital: klinisches Bild einer Hidradenitis suppurativa;
- Kapillitium: klinisches Bild einer abszedierenden Follikulitis;
- Sakralregion: klinisches Bild eines Pilonidalsinus (postinflammatorisches, epithelausgekleidetes, verhornendes Gangsystem der Steißbeingegend).

Acne venenata

Ät: Durch komedogen wirkende Substanzen hervorgerufene Aknevariante. Auslöser sind Chlorverbindungen, Asbest, Glasstaub, Öle und Teerprodukte.

Sy: Lokalisation entsprechend der Einwirkung der Noxe, z. B. an Armen und Beinen bei ölverschmutzter Kleidung.

DD: Akneiforme Exantheme, Acne aestivalis, Rosazea, periorale Dermatitis, Follikulitiden, gramnegative Follikulitis.

Th:

- Antikeratotisches Prinzip: äußerlich: Benzoylperoxid 3–10%ig; Vitamin-A-Säure 0,05–1%ig, UV-Licht; innerlich: 13-cis-Retinsäure bei schweren Formen.
- Antimikrobielles Prinzip: äußerlich: Antibiotika und Antiseptika; innerlich: Antibiotika, in erster Linie Tetracyclin und Tetracyclin-Derivate, Erythromycin.
- Antiseborrhoisches Prinzip: äußerlich: alkoholische Lösungen und Lotionen, Hautreinigung mit Syndets; innerlich: östrogenhaltige orale Kontrazeptiva mit Antiandrogenzusatz, in schweren Fällen 13-cis-Retinsäure.
- Antiinflammatorisches Prinzip: äußerlich: austrocknende Lotionen, Pasten, UV-Licht; innerlich: 13-cis-Retinsäure, Tetracycline und Tetracyclin-Derivate.

Akneiforme Exantheme

Def: In der Lokalisation einer Acne vulgaris auftretende, follikulär gebundene Exantheme. Im Unterschied zur Acne vulgaris keine follikuläre Keratose mit Komedobildung, sondern primäre follikuläre Entzündung.

Ät: ACTH, Trimethadion, Diphenylhydantoin, Chinin, Disulfiram, Glucocorticosteroide, Isonicotinsäurehydrazid, Jod- und Bromverbindungen, Lithium, 8-Methoxypsoralen, Phenobarbiturate, Tetracycline, Thyreostatika, Vitamin B_1, B_6, B_{12}, D_2.

Sy: Im Gesicht, auf Brust- und Rückenpartie sowie an den Oberarmen follikulär gebundene, entzündlich gerötete Papeln und Papulopusteln. Monomorphes Bild; akuter bis subakuter Verlauf. Abheilung nach Absetzen der auslösenden Medikamente zu erwarten.

DD: Acne vulgaris, Follikulitiden, gramnegative Follikulitis, Acne aestivalis.

Th: Absetzen der auslösenden Medikamente, Austrocknung mit Lotionen.

Akrolokalisiertes infantiles papulovesikuläres Syndrom

Def: Hauterkrankung, die klinisch der Acrodermatitis papulosa eruptiva infantilis enspricht, bei der jedoch eine begleitende virale Hepatitis nicht besteht.

Ät und *Pathog:* Wahrscheinlich infektallergisches Geschehen unbekannter Genese. In der Anamnese häufig Hinweise auf Infekte.

Sy: Eruptives Auftreten von nichtjuckenden, kleinfleckigen erythematösen, papulösen, teils hämorrhagischen Hauterscheinungen an den Wangen, den Extremitäten einschließlich der Handflächen, Fußsohlen, Kniekehlen und Ellenbeugen, gelegentlich auch Befall des Rumpfes. Keine Lymphadenopathie und Lebervergrößerung.
Abheilung nach einigen Wochen zu erwarten.

Dg: Serologischer Ausschluß einer Hepatitis.

DD: Acrodermatitis papulosa eruptiva infantilis, multiforme Erytheme, Virusexantheme.

Th: Symptomatische Behandlung mit austrocknenden Externa (Lotio alba), bei Bedarf glucocorticoidhaltige Cremes.

Alopecia androgenetica

Männliche Form

Syn: Männliche Glatzenbildung, Calvities hippocratica, Alopecia praematura.

Def: Genetisch determinierter, durch Androgene realisierter Haarausfall mit charakteristischem klinischem Bild.

Ät und *Pathog:* Ätiopathogenetische Faktoren sind genetische Determinierung, Androgenwirkung und Disposition mit zunehmendem Alter. Die androgenetische Alopezie entwickelt sich durch zunehmende Verkürzung der Anagenphase mit prozentualer Zunahme von Telogenhaaren und allmählichem Übergang von Terminalhaarbildung auf Vellushaarbildung.

Sy: Allmähliches Zurückweichen der Stirn-Haar-Grenze, vor allem seitlich (Geheimratsecken, Grad I), okzipital Haarlichtung (Tonsur, Grad II), Konfluenz beider Bereiche in der Scheitelregion (Grad III), weitere Ausbreitung mit hufeisenförmiger temporaler und okzipitaler Restbehaarung (Calvities hippocratica, Grad IV). Die Follikelmündungen sind erhalten; eine Vellusbehaarung kann bestehen.
Der Verlauf ist progredient, die Progressionsgeschwindigkeit ist individuell unterschiedlich.

Dg: Im Trichogramm bei stärkerer Progression erhöhter Anteil telogener Haare.

DD: Diffuser Haarausfall bei schweren Allgemeinerkrankungen, toxischen Schädigungen durch Medikamente und hormonellen Veränderungen.

Th: Sicher und befriedigend wirksame Behandlungsmethoden sind zur Zeit nicht bekannt. In Frage kommen eine operative Behandlung in Form von Haarverpflanzungen sowie ein Behandlungsversuch mit lokaler Anwendung von Minoxidil.

Weibliche Form

Def: Durch Androgenwirkung bedingter Haarausfall mit typischem Verteilungsmuster.

Sy: Zwei Formen werden unterschieden:

- Androgenetische Alopezie der Frau vom männlichen Typ: Der Verlauf und das klinische Bild entsprechen der androgenetischen Alopezie des Mannes. Neben der erblichen Disposition bestehen erhöhte Spiegel androgener Hormone (adrenogenitales Syndrom, Androgen produzierende Tumoren).
- Androgenetische Alopezie der Frau vom weiblichen Typ: Haarlichtung mit stärkerer Betonung des mittleren und frontalen Bereiches des Kapillitiums. Nur in seltenen Fällen Progression bis zur vollständigen Kahlheit auf der Scheitelhöhe. Hierbei bleibt stets auch frontal ein Haarkranz erhalten.

Dg: Im Trichogramm bei stärkerer Progression Erhöhung der Telogenrate. Bei Verdacht auf erhöhte Androgenproduktion Bestimmung der Spiegel von Testosteron und Dehydroepiandrosteronsulfat im Serum.

Th: Behandlung mit östrogenhaltigen Lokaltherapeutika, systemische Hormontherapie mit Antiandrogenen und Östrogenen, evtl. kosmetischer Haarersatz.

Alopecia areata

Syn: Kreisförmiger Haarausfall.

Def: Nicht atrophisierende entzündliche Alopezie unbekannter Genese mit meist kreisförmigen Herden. Häufig bereits im Kindesalter auftretend. Völliger Verlust aller Kopfhaare möglich.

Ät und *Pathog:* Letztlich unbekannt. Es besteht eine gehäufte Assoziation mit Immunthyreoiditis, perniziöser Anämie, Vitiligo und Atopie. Familiäres Auftreten sowie Manifestation nach Streß möglich.
Histologisch vorwiegend T-lymphozytäre Entzündungsreaktion im Bereich der Haarfollikel, möglicherweise als Ausdruck einer autoimmunologisch bedingten Spättypreaktion. Herdweiser Übergang von der Anagen- in die Telogenphase, aber auch in Matrixdystrophie. Es handelt sich um einen reversiblen Prozeß.

Sy: Solitäre oder multiple, weitestgehend haarlose Areale, zum Teil mit dystrophen Resthaaren, wie stummelartige „Peladehaare" und komedoartige „kadaverisierte Haare". Haut im Herdbereich unverändert mit erhaltenen Follikelöffnungen. Keine Atrophie, gelegentlich Hautniveau gegenüber der Umgebung leicht eingesunken. Beginn zumeist am Kapillitium oder im Bartbereich. Besondere Verlaufsformen sind:

- Ophiasis: Rasch konfluierende Herde in den Randgebieten des Kapillitiums, wie Schläfen und Nacken; ungünstige Prognose.
- Alopecia areata diffusa: Diffuser Befall des Kapillitiums ohne Ausbildung typischer kreisrunder Herde.
- Alopecia areata totalis: Ausfall sämtlicher Kopfhaare.
- Alopecia areata universalis: Ausfall sämtlicher Körperhaare einschließlich Augenbrauen, Wimpern und Schambehaarung.

In 20% der Fälle sind Nagelwachstumsstörungen in Form von Grübchennägeln assoziiert.
Der Verlauf der Erkrankung ist unterschiedlich, die Prognose abhängig vom Schweregrad. Bei solitären oder wenigen Alopezieherden kann mit einer Spontanheilung gerechnet werden. Ungünstiger ist die Prognose der Ophiasis. Bei Alopecia areata totalis und Alopecia areata universalis ist die Prognose mit großer Vorsicht zu stellen, in Einzelfällen kann es jedoch auch nach Jahren noch zu einem Wiederwachstum der Haare kommen.

Dg: Histologisch peribulbäre lymphozytäre Infiltrate mit erhaltenen Haarfollikeln. Im Trichogramm ist der Anteil telogener Haare entweder normal oder erhöht. Im Schub vermehrtes Vorkommen dystrophischer Haarwurzeln möglich.

DD: Brocq-Pseudopelade, Alopecia specifica bei sekundärer Lues, Trichotillomanie.

Th: In erster Linie örtliche Anwendung von Glucocorticoiden in Form von Cremes und Lösungen, aber auch intraläsional. Bei schweren Verlaufsformen PUVA-Therapie oder örtliche Behandlung mit Kontaktallergenen, wie Diphenylcyclopropenon (DPCP), sowie mit toxischen Irritantien wie Dithranol (Cignolin). Nach neueren Beobachtungen ist auch ein Versuch mit Diaminodiphenylsulfon (DADPS) innerlich angezeigt.

Amyloidosen

Definition und Formen

Extrazelluläre Ablagerung von Amyloid im Interstitium verschiedener Organe. Amyloide sind Glyko- und Lipoproteine unterschiedlicher Aminosäurezusammensetzungen, denen ultrastrukturelle, physikalische und färberische Eigenschaften gemeinsam sind.
Es werden systemische und lokalisierte Hautamyloidosen unterschieden.

Generalisierte idiopathische systemische Amyloidose

Def: Systemische Amyloidablagerung in mesenchymalen Geweben mit Beteiligung innerer Organe (Leber, Gastrointestinaltrakt, Herzmuskel und Nieren) sowie von Haut und Zunge.

Ät und *Pathog:* Ätiologie unbekannt. Histologisch perikollagene Ablagerung von Amyloid, insbesondere im Stratum papillare des Koriums und in der Adventitia kleinerer Blutgefäße. In vielen Fällen ist die Erkrankung Symptom – auch Frühsymptom – eines Plasmozytoms.

Sy: Im Vordergrund interne Symptomatik mit Gewichtsabnahme, Leibschmerzen, Diarrhöen, Hepatomegalie, Herzinsuffizienz und gelegentlicher Polyneuropathie.

In etwa einem Drittel der Fälle Vorkommen von Hauterscheinungen: Disseminierte wachsartige Papeln von Stecknadelkopfgröße, insbesondere zentrofazial, an den Augenlidern, nuchal, zervikal, axillär, inguinal und anal. Langsame Größenzunahme der Papeln. Auch flächenhafte Amyloidablagerungen sind möglich (Scleroderma amyloidosum). Auch petechiale Blutungen und Blasenbildung nach minimalen Traumen kommen vor. An der Zunge finden sich glasige Knötchen oder eine diffuse Infiltration, die zur Makroglossie führen kann. Durch Larynx- und Pharynxbeteiligung entstehen Heiserkeit und Schluckbeschwerden. Die Prognose ist infaust.

Dg: Suche nach einem Plasmozytom: Bence-Jones-Protein, Röntgenuntersuchung des Knochensystems, Immunelektrophorese, Sternalpunktat.

Th: Eine zuverlässig wirksame Therapie ist nicht bekannt. Versuch mit Zytostatika, Immunsuppressiva und D-Penicillamin.

Lichen amyloidosus

Def: Auf die Haut beschränkte Amyloidose, vorzugsweise an den Schienbeinen, mit gelegentlicher familiärer Häufung.

Ät und *Pathog:* In manchen Fällen familiärer Häufung. Perikollagene Amyloidablagerungen in der Dermis.

Sy: Vorwiegend an den Unterschenkelstreckseiten vorkommende, dicht stehende, derbe, hautfarbene bis bräunliche Papeln, gelegentlich mit hyperkeratotisch-verruziformer Oberfläche. Starker Juckreiz.

Dg: Histologischer Nachweis vom Amyloid im Stratum papillare des Koriums.

DD: Lichen ruber verrucosus.

Th: Glucocorticoid-Externa, Versuch mit PUVA oder Etretinat.

Makulöse Hautamyloidose

Def: Seltene Form der lokalisierten Hautamyloidose mit vorwiegend interskapulärem Befall.

Ät: Unbekannt. Gelegentlich gemeinsames Vorkommen mit Lichen amyloidosus.

Sy: Pigmentierte Maculae unterschiedlicher Größe an beliebigen Stellen des Integuments, vorzugsweise zwischen den Schulterblättern. Gelegentlich Auftreten kleinster Papeln. Mäßiger Juckreiz.

Dg: Histologisch geringfügige epidermale Amyloidablagerungen im Stratum papillare corii.

DD: Lichen simplex chronicus, postinflammatorische Hyperpigmentierung.

Th: Glucocorticoid-Externa.

Analfissur

Syn: Darmriß.

Def: Ovalärer Gewebsdefekt des Anoderms, der manchmal bis auf die Fasern des inneren Schließmuskels reicht.

Ät: Multifaktoriell: Hämorrhoidalleiden, mechanisch (z. B. harter Stuhl), Traumen, Spasmus des M. sphincter ani internus, Entzündungen.

Sy: Distal der Linea dentata in 75% bei 6 Uhr in Steinschnittlage befindliche kleine, längliche Ulzeration. Im akuten Stadium heftige Schmerzen während und nach der Defäkation mit Sphinkterkrampf und gelegentlicher leichter Blutung. Bei chronischen Formen Ausbildung eines kallösen Ulkusrandes und einer außen vor der Fissur liegenden Hautfalte, der sog. Vorpostenfalte, sowie nachlassende Schmerzen.

Dg: Darstellung der Fissur wegen starker Schmerzhaftigkeit manchmal nur in Lokalanästhesie möglich.

DD: Morbus Crohn, Syphilis im Primär- oder Sekundärstadium.

Th:

- Akute Fissur: Konservative Behandlung mit Analtampons, nichtsteroidalen Salben, Analdilatator;
- chronische Fissur: Exzision und laterale Sphinkterotomie, Analdilatator.

Analfistel

Def: Fistelgang infolge Durchbruchs eines periproktalen Abszesses in den Analkanal (inkomplette Fistel) oder zusätzlich in die perianale Haut (komplette Fistel).

Ät und *Pathog:* Entzündung einer Proktodealdrüse in einer Krypte im Bereich der Linea dentata mit nachfolgender Abszedierung und Fistulation.

Sy:

- komplette Fistel: Sekretion aus der Fistelöffnung im Anal- und Dammbereich
- inkomplette Fistel: nach Betätigung der Bauchpresse Eitersekretion aus dem Anus.

Dg: Tastuntersuchung, Sondierung, Proktoskopie.

DD: Morbus Crohn, Pyodermia fistulans sinifica, Sinus pilonidalis.

Th: Vollständige Exzision des Fisteltraktes einschließlich des Fisteldachs. Fadendrainage zur vorübergehenden Prophylaxe eines Abszeßrezidivs.

Analvenenthrombose

Syn: Perianale Thrombose.

Def: Akut entstehender, schmerzhafter, perianaler thrombosierter Venenknoten.

Ät: Thrombose der perianalen Venen durch übermäßiges Pressen, Alkoholabusus und Kälte- oder Wärmeexposition, meist bei bestehenden Hämorrhoiden.

Sy: Schmerzhafter dunkellivider Knoten des anokutanen Überganges. Nachlassen der Schmerzen innerhalb von wenigen Tagen; Rückbildung des Knotens über einige Wochen, selten Spontanperforation mit Blutung. Rezidivneigung.

DD: Marisken, Perianalabszeß.

Th: Inzision oder Exzision in Lokalanästhesie, Antiphlogistika, Sanierung des Hämorrhoidalleidens.

Angiokeratoma circumscriptum

Syn: Angiokeratoma corporis circumscriptum naeviforme.

Def: Teleangiektatischer Nävus mit warzenartiger Hyperkeratose.

Sy: Meist seit Geburt bestehendes, vorwiegend an der unteren Extremität lokalisiertes blaurotes, scharf begrenztes Angiom mit keratotischer Oberfläche. Keine spontane Rückbildungstendenz.

DD: Verruköses malignes Melanom.

Th: Exzision.

Angiokeratoma corporis diffusum

Syn: Morbus Fabry.

Def: X-chromosomal rezessiver Defekt der Ceramidtrihexosidase mit Speicherung von Trihexosylceramid in den Zellen verschiedener Gewebe.

Ät und *Pathog:* Im Endothel und in der Media der Blutgefäße, den Epithelzellen der Kornea, in Perineuralscheiden und Ganglienzellen des autonomen Nervensystems Ablagerung von Trihexosylceramid.

Sy: Vorwiegend bei Männern auftretende, langsam progrediente Erkrankung mit disseminierten kleinen Angiomen und Angiokeratomen an der Haut, nephrogener Hypertonie, Linksherzhypertrophie, Kornea- und Linsentrübungen, Ektasie der Fundusvenen, zerebralen Blutungen, Paresen, Kopfschmerzen, Parästhesien und Schmerzsensationen, vorzugsweise in den distalen Extremitäten. Ernste Prognose mit herabgesetzter Lebenserwartung.

Dg: Histologisch Kapillarektasien, bereits im Kryostatschnitt positive Polarisation von Endothelzellen. Elektronenmikroskopisch osmiophile Einschlußkörper in Endothel- und Perithelzellen. α-Galactosidase im Serum und in Haarwurzeln vermindert, Ceramidtrihexosid im Serum erhöht.

DD: Senile Angiome, Angiokeratoma circumscriptum, Morbus Osler.

Angiokeratoma scroti/vulvae

Im Genitalbereich meist multipel auftretende kleine purpurrote Hämangiome, teilweise mit keratotischer Oberfläche. Behandlung nicht erforderlich.

Angioödem, hereditäres

Syn: Hereditäres Quincke-Ödem, hereditäres angioneurotisches Ödem.

Def: Seltene familiäre Krankheit, gekennzeichnet durch akut auftretende subkutane Ödeme.

Ät: Wahrscheinlich autosomal dominanter Erbgang mit inkompletter Penetranz. Vererbt wird eine mangelhafte oder fehlende Aktivität des C1-Esterase-Inhibitors.

Sy: Akut auftretende umschriebene, subkutane Ödeme, vorzugsweise im Gesicht. Submukös lokalisierte Ödeme können zu Atemnot oder gastrointestinalen Symptomen führen. Auslösung durch Traumen oder Streßsituationen möglich. Durch Larynxödem kann es zu akuter Atemnot kommen.

Dg: Verminderung des C1-Esterase-Inhibitors oder des Trägerproteins, des Gesamtkomplements oder von C4. Blutentnahme in der akuten Phase erforderlich.

DD: Angioödem, Quincke-Ödem, angioneurotisches Ödem.

Th: Im akuten Stadium Gabe von C1-Esterase-Inhibitor oder Frischplasma. Prävention durch ε-Aminocapronsäure, Tranexamsäure und Danazol.

Angioödem, nicht hereditäres

Syn: Quincke-Ödem, angioneurotisches Ödem, Urticaria profunda.

Def: Akut auftretende, umschriebene Schwellung durch urtikarielles Ödem im subkutanen Gewebe, meist Ausdruck einer allergischen Reaktion vom Soforttyp.

Ät: Als auslösende Mechanismen kommen allergische und pseudoallergische Reaktionen auf Medikamente, Nahrungsmittel und Inhalationsallergene in Betracht. Meist bleibt die Ursache unbekannt.

Sy: Akut auftretende, umschriebene, teigig-ödematöse subkutane Schwellungen der Haut und der Schleimhäute, insbesondere an den Augenlidern, den Lippen, den Genitalien und über den Gelenken. Kein Juckreiz. Nicht selten Assoziation mit Urtikaria. Durch Schwellungen im Larynx- und Pharynxbereich lebensbedrohliche Atemnot möglich.

DD: Hereditäres Angioödem.

Th: Ausschaltung der auslösenden Noxe; symptomatisch Corticoide und Antihistaminika, im Notfall Adrenalin.

Angry-back-Syndrom

Mehrere falsch positive Reaktionen bei der Epikutantestung infolge einer Hyperreagibilität der Haut durch eine gleichzeitig bestehende Kontaktdermatitis.

Aphthen, Chronische habituelle

Syn: Chronisch-rezidivierende Aphthen.

Def: Rezidivierendes Auftreten meist linsengroßer kreisrunder schmerzhafter Erosionen, die mit einem gelblich-weißen Fibrinbelag bedeckt sind.

Ät: Ungeklärt. Gelegentlich familiäre Häufung.

Sy: Rezidivierendes Auftreten von kreisrunden Schleimhauterosionen, meist bis Linsengröße, umgeben von einem hochroten Randsaum und bedeckt von einem fibrinösen Belag. Es besteht eine starke Schmerzhaftigkeit.

DD: Morbus Behçet, traumatischer Gewebsdefekt.

Th:

- äußerlich: entzündungshemmende Spülungen (Kamillenextrakte), schmerzstillende anästhesierende Externa, vorübergehend Glucocorticoide;
- innerlich: in schweren Fällen systemische Glucocorticoidgabe oder Immunsuppressiva.

Arzneiexanthem

Def: Unerwünschte Nebenwirkung von Medikamenten an der Haut bei systemischer Gabe in nichttoxischer Dosierung.

Ät: Allergische, pseudoallergische und toxische Mechanismen sind auslösend. Vielfach ist eine genaue Definition der Entstehungsweise nicht möglich. Infekte begünstigen die Entstehung.

Sy: Nach der vorherrschenden Morphe werden folgende Arzneiexantheme unterschieden, wobei wichtig ist, daß das klinische Bild keinen eindeutigen Rückschluß auf die auslösende Noxe zuläßt:

- urtikarielle Exantheme;
- erythematovesikulöse Exantheme;
- hämorrhagische Exantheme;
- makulöse und makulopapulöse Exantheme;
- Dermatitis exfoliativa;
- erythematobullöse Exantheme;
- nodöse Erytheme;
- fixe Arzneimittelexantheme, bei denen es sich um umschriebene, stets in gleicher Lokalisation vorkommende rezidivierende Hautreaktionen handelt, bevorzugt an den Extremitäten und im Genitalbereich auftretend, meist solitäre, weniger als kinderhandtellergroße livide Erytheme mit scharfer Begrenzung, evtl. mit blasiger Abhebung der Epidermis;
- Lyell-Syndrom als Maximalvariante eines Arzneiexanthems (s. Lyell-Syndrom).

Sonderformen: Psoriasiforme, dem Lichen ruber oder dem Lupus erythematodes ähnliche Arzneiexantheme.

Dg: Genaue Anamnese von großer Wichtigkeit, da Hauttests wegen häufigem falsch negativem Ausfall nur bedingt aussagekräftig sind und der RAST nur zur Abklärung weniger Allergien (z. B. Penicillin-Allergie) verfügbar ist. Auch andere In-vitro-Tests, wie Lymphozytentransfusionstests, haben in die Routinediagnostik kaum Eingang gefunden.

Th: Allergenkarenz; symptomatisch Glucocorticoide systemisch und äußerlich, Antihistaminika, austrocknende Lotionen.

Atopie

Familiär auftretende Überempfindlichkeit von Haut und Schleimhäuten gegen Umweltstoffe, assoziiert mit erhöhter IgE-Bildung und/oder veränderter pharmakologischer Reaktivität. Atopische Erkrankungen sind: Rhinoconjunctivitis allergica, Asthma bronchiale allergicum, Neurodermitis atopica.

Balanitis

Entzündliche Veränderungen der Glans (Balanitis) und des inneren Präputialblattes (Posthitis) aus verschiedenen Ursachen.

Ät: Begünstigende Faktoren sind Diabetes mellitus, Behandlung mit Antibiotika und Corticosteroiden, mangelnde Hygiene, Phimose. Auslöser sind: Bakterien, Pilze, Kontaktallergien, kumulativ-toxische Einflüsse, auch stark übertriebene Reinlichkeitsprozeduren:

Sy: Flächenhaftes Erythem mit Ödematisation, seltener Erosionen. Konfluierende kleinfleckige Erytheme hinweisend auf Candida albicans. Schmerzhaftes Jucken oder Brennen.
Sonderformen:

- Balanitis erosiva circinata: Chronische Balanitis ungeklärter Ursache, manchmal Teilsymptom des Morbus Reiter, klinisch gekennzeichnet durch kleinfleckige Erytheme und Erosionen, begrenzt durch einen aufgeworfenen weißlichen Epithelsaum.
- Balanitis chronica circumscripta plasmacellularis (Zoon): Chronische Balanitis unbekannter Ursache, klinisch gekennzeichnet durch umschriebene, scharf begrenzte Erytheme von braun-rötlichem Farbton.

Dg: Erregernachweis, ggf. Epikutantestung oder histologische Untersuchung.

DD: Fixes Arzneiexanthem; Queyrat-Erythroplasie, Psoriasis vulgaris, Lichen ruber.

Th: Je nach Ursache antimikrobielle oder antientzündlich-austrocknende Behandlung.

Basaliom

Syn: Basalzellenkarzinom.

Def: Vorzugsweise im Gesicht vorkommender Tumor, der örtlich destruierend wächst, aber nicht metastasiert und deswegen als semimaligne bezeichnet wird. Histologisch ist der Tumor gekennzeichnet durch eine palisadenartige Anordnung der Zellen im Randbereich des Tumorparenchyms.

Ät: Ätiologische Faktoren sind: Heller Hauttyp, chronische Lichtschädigung, chemische Karzinogene wie Arsen.

Sy: Langsam wachsender hautfarbener Tumor von derber Konsistenz mit Tendenz zu perlartiger Randwallbildung und zentraler Einsenkung mit nachfolgender Ulzeration. Diagnostisch kennzeichnend sind Teleangiektasien im Randbereich.
Sonderformen:

- sklerodermiformes Basaliom: plattenartiger, teilweise eingesunkener, weißlich-gelblich glänzender Herd, gegen die Umgebung schwer abgrenzbar;
- Rumpfhautbasaliom: ein oder mehrere Basaliome an der Haut des Rumpfes, klinisch gekennzeichnet durch flache Herde mit ekzematoidem Aussehen und nur kleinen perlartigen Knötchen, meist im Randgebiet lokalisiert;
- pigmentiertes Basaliom: durch erhöhten Melaningehalt gekennzeichnetes Basaliom.

DD: Carcinoma spinocellulare, zirkumskripte senile Talgdrüsenhyperplasie, malignes Melanom, nicht pigmentierte Nävuszellnävi.

Th: Therapie der Wahl: operative Totalexzision.
Alternativtherapien: Kryotherapie, Strahlentherapie, Chemochirurgie. Tumornachkontrolle erforderlich.

Basalzellnävussyndrom

Syn: Gorlin-Goltz-Syndrom.

Def: Autosomal dominant vererbliches Syndrom mit hoher Penetranz, gekennzeichnet durch zahlreiche Basaliome und durch andere Haut- und Skelettveränderungen.

Sy: Multiple Basaliome mit Bevorzugung des Gesichtes, an Handtellern und Fußsohlen mit grübchenförmigem Aussehen. Assoziierte Erscheinungen sind: Kieferzysten, ossäre Anomalien und eine lamelläre Verkalkung der Falx cerebri. Weniger charakteristische Veränderungen sind Ovarialfibrome und Hypertelorismus.

Th: Wie beim Basaliom: Prophylaxeversuch mit aromatischem Retinoid (Etretinat).

Behçet, Morbus

Def: Chronische Systemerkrankung mit orogenitalen Aphthen sowie entzündlichen Veränderungen an den Augen und anderen Organen.

Ät: Unbekannt; gehäuftes Auftreten bei bestimmten HLA-Mustern.

Sy: Multiple orogenitale Aphthen, Konjunktivitis, Iridozyklitis, Hypopyon, Iritis, Uveitis.
Weitere Manifestationen sind: Seronegative Polyarthritis, Sakroiliitis, Nephropathien, Orchitis, Epididymitis, Meningoenzephalitis, Enzephalomyelitis, Proktitis, Erythema nodosum, Thrombophlebitis migrans. Chronisch-rezidivierender Verlauf; letaler Ausgang möglich.

Dg: HLA-Typisierung, Prüfung der erhöhten Entzündungsbereitschaft durch intrakutane Injektion von physiologischer Kochsalzlösung.

DD: Habituelle Aphthen.

Th: Glucocorticosteroide, Zytostatika, Immunsuppressiva, Antikoagulantien, Levamisol, Interferon.

Bowen, Morbus

Def: Chronisch entzündliche, umschriebene Hautveränderung, der ein intraepidermales Karzinom (Carcinoma in situ) zugrunde liegt.

Ät: Licht- oder chemisch (z. B. Arsen) induziertes Carcinoma in situ.

Sy: Bis mehrere Zentimeter großer, scharf begrenzter, geröteter Herd mit Schuppen, Krusten oder samtartig roter Oberfläche. Übergang in ein invasives Karzinom (Bowen-Karzinom) möglich.

Dg: Histologische Untersuchung.

DD: Keratosis actinica, Rumpfhautbasaliom, Psoriasis vulgaris, Ekzem.

Th: Exzision, Kryotherapie, fraktionierte Röntgenweichstrahlbehandlung, 5-Fluorouracil-Salbe.

Bowenoide Papulose

Def: Papulöse Genitalerkrankung mit histologischen Zeichen eines Morbus Bowen, häufig assoziiert mit humanen Papillomviren (HPV 16, HPV 18).

Ät: Virusinduzierte Papulose.

Sy: Multiple plaqueartige und papulöse, konfluierende Herde im Präputialraum oder an den Labien. Intravaginale und perianale Ausbreitung möglich.

Dg: Histologische Untersuchung, serologische Virustypisierung.

DD: Condylomata acuminata, Morbus Bowen.

Th: Exzision, Laser.

Carcinoma spinocellulare

Syn: Spinaliom, verhornendes Plattenepithelkarzinom, Stachelzellkarzinom.

Def: Lokal destruierender, metastasierender epithelialer Tumor der Haut und der Schleimhäute. Die Tumorzellen ähneln den Zellen des Stratum spinosum der Epidermis.

Ät: Lang anhaltende Sonnenlichtexposition, chronische Entzündungen und chemische Karzinogene sind ursächliche Faktoren für die Entstehung eines Carcinoma spinocellulare.

Sy: Knotiges, derbes schmerzloses Infiltrat mit oberflächlicher, festhaftender Keratose. Neigung zu Ulzeration.
Prädilektionsorte sind lichtexponierte Körperpartien sowie die Schleimhäute von Mund und Genitale.
Durch die Möglichkeit der Früherkennung haben spinozelluläre Karzinome der Haut eine günstige Prognose. Karzinome im Bereich der Genitalien, der Lippen und der Mundschleimhaut haben durch rasch eintretende lymphogene und hämatogene Metastasierung eine ungünstigere Prognose.

Dg: Histologische Untersuchung.

DD: Basaliom, Keratoakanthom, aktinische Keratose, Morbus Bowen.

Th: Exzision im gesunden Gewebe, fraktionierte Röntgenbestrahlung, im Stadium der Metastasierung auch Chemotherapie.

Chlamydieninfektion, genitale

Def: Durch die Serovars D–K von Chlamydia trachomatis hervorgerufene Urethritis und Zervizitis mit der Möglichkeit zur Aszension.

Ät: Sexuelle Übertragung des Bakteriums Chlamydia trachomatis.

Sy: Entzündung von Urethra und Zervix mit Brennen beim Wasserlassen, bei zervikalem Befall vielfach asymptomatischer Verlauf. Möglichkeit zur Aszension in die Tuben und in das Peritoneum sowie über die ableitenden Samenwege in den Nebenhoden. Häufige Komplikation: Weibliche Sterilität durch Tubenverschluß.

Dg: Nachweis des Erregers im Abstrich durch immunologische Verfahren oder Gewebekultur.

Th: Doxycyclin, Tetracyclin, Erythromycin.

Condylomata acuminata

Syn: Spitze Kondylome, Feigwarzen.

Def: Genitoanal vorkommende Erkrankung durch Warzenviren.

Ät: Erreger sind humane Papillomviren, insbesondere HPV 6, 11. Vorwiegend sexueller Übertragungsmodus.

Sy: Meist multiples Auftreten von unterschiedlich großen, oft filiformen Papeln an Penis, Vulva und in der Perianalregion.

Dg: Histologie, HPV-Serotypisierung.

DD: Condylomata lata.

Th: Elektrokoagulation, Lasertherapie, Exzision, Interferon, Ätzung mit Podophyllotoxin.

Darier, Morbus

Syn: Dyskeratosis follicularis.

Def: Autosomal dominante Verhornungsstörung, histologisch durch follikuläre und nichtfollikuläre Dyskeratose gekennzeichnet.

Ät und *Pathog:* Genetisch bedingte Verhornungsstörung mit suprabasaler akantholytischer Spaltbildung und vorzeitiger Verhornung einzelner Keratinozyten (Dyskeratose).

Sy: Millimetergroße braun-rötliche keratotische Papeln; durch Konfluenz Entstehung großflächiger, manchmal nässender Herde. Hauptlokalisation: Gesicht, Kapillitium, Brust, Rücken. An den Herden keratotische Papeln und Unterbrechungen des Papillarreteleistenmusters. Außerdem weißliche Papeln in der Mundschleimhaut, gelegentliche oder auffällige psychische Verhaltensmuster.

Dg: Histologische Untersuchung.

DD: Seborrhoisches Ekzem, Pemphigus chronicus benignus familiaris (Morbus Hailey-Hailey).

Th: Retinoide lokal, in schweren Fällen systemisch (Etretinat). Bei Sekundärinfektionen antiseptische Externa, evtl. kurzfristig mit Glucocorticoid-Zusatz.

Dermatitis herpetiformis

Syn: Morbus Duhring.

Def: Chronische blasenbildende Erkrankung mit subepithelialen IgA-Ablagerungen, zum Teil assoziiert mit einer Enteropathie.

Ät: Ätiologie unbekannt. Wahrscheinlich handelt es sich um eine klinisch polymorphe allergische Reaktion der Haut auf polyätiologischer Grundlage.

Sy: Prädilektionsstellen sind oberer Schultergürtel, Glutäalregion und Kapillitium sowie die Streckseiten der Extremitäten. Es finden sich erythematöse, teils urtikarielle Hautveränderungen mit gruppiert stehenden Bläschen. Meist wird brennender Juckreiz geklagt. Durch impetiginisierte Kratzeffekte kommt es zu einem polymorphen Bild. Bei über 70% der Patienten finden sich im Jejunum Zottenatrophie, lymphozytäre Infiltrate und gestörte enzymatische Leistungen, wie sie bei Zöliakie vorkommen. Der Verlauf ist chronisch-intermittierend; provozierend wirken jodhaltige Nahrungsmittel.

Dg: Histologische und immunhistologische Untersuchung zum Nachweis der subepithelialen Lokalisation der Blasenbildung, der IgA-Ablagerungen und der Gewebseosinophilie mit eosinophilen Mikroabszessen.

DD: Bullöses Pemphigoid, Erythema exsudativum multiforme, Ekzeme.

Th: Orale Verabfolgung von DADPS (Diaminodiphenylsulfon), jodarme Diät, bei Juckreiz Antihistaminika. Äußerlich Glucocorticoide in fettarmer Grundlage.

Dermatitis perioralis

Syn: Rosazeaartige Dermatitis.

Def: Auf die Gesichtshaut beschränkte entzündliche Dermatose, vorwiegend bei jüngeren Frauen, mit meist chronisch-rezidivierendem Verlauf.

Ät: Unbekannt. Lokal angewandte Glucocorticoide können die Erkrankung auslösen. Als weitere ätiologische Faktoren werden vermutet: Kosmetika, atopische Disposition, erregerbedingte Follikulitiden, Hefepilze und Sonnenlicht.

Sy: Vorzugsweise bei jungen Frauen finden sich perioral, in der Kinnregion und periorbital entzündlich gerötete millimetergroße Papeln, Papulovesikel und Papulopusteln. Chronischer Verlauf.

Dg: Klinisch.

DD: Rosazea, seborrhoisches Ekzem, Acne vulgaris.

Th: Orale Gabe von Tetracyclinen, keine Anwendung von Kosmetika, insbesondere von fettenden Kosmetika. Anwendung von leicht austrocknenden Externa.

Dermatofibrom

Syn: Nodulus cutaneus.

Def: Gutartiger kleiner Hauttumor, meist an den unteren Extremitäten lokalisiert.

Ät: Mikrotraumen und Insektenstiche sind mögliche auslösende Faktoren.

Sy: Derbes pastillenförmiges Knötchen mit glatter Oberfläche und grau-braun-rötlichem Farbton; Zentrum oft heller gefärbt. Gelegentlich Juckreiz.

Dg: Histologische Untersuchung.

DD: Neurofibrom, Nävuszellnävus, pigmentiertes Basaliom.

Th: Ggf. Exzision.

Dermatofibrosarcoma protuberans

Def: Lokal infiltrierend wachsender Tumor mit hoher lokaler Rezidiv- und seltener Metastasierungsneigung, meist bei jungen Erwachsenen vorkommend.

Pathog: Derber, plattenartiger Tumor mit unregelmäßig knotigen Anteilen von rötlicher Farbe. Langsames infiltratives Wachstum auch in die Nachbargewebe wie Faszie und Muskulatur. In 1–2% der Fälle späte Metastasierung.

Sy: Prädilektionsstelle ist der Stamm.

Dg: Histologische Untersuchung.

DD: Dermatofibrom, Keloid, Fibrosarkom.

Th: Exzision weit im gesunden Gewebe.

Dermatomyositis

Def: Schwere entzündliche Systemerkrankung, die in erster Linie Haut und Muskulatur betrifft. Bei Erwachsenen besteht in

20–70% eine Koinzidenz mit malignen Tumoren.

Ät: Die Erkrankung wird zu den Autoimmunkrankheiten gerechnet, obwohl hierfür sichere Beweise fehlen.

Sy: Die Erkrankung kann in jedem Lebensalter auftreten.

- Haut: An den Oberlidern, der Augenumgebung und den Wangen lividrote Erytheme bei weinerlichem Gesichtsausdruck. Meist streifenförmige Erytheme über Ellbogen, Knien und Fingerstreckseiten sowie am Nagelfalz. Im weiteren Verlauf Auftreten von Teleangiektasien und festhaftenden Hyperkeratosen, schließlich weißlich-porzellanfarbene Atrophien sowie Hyper- und Depigmentierungen (Poikilodermatomyositis). Gelegentlich Pannikulitis mit Kalzinose.
- Muskulatur: Zunehmende Muskelschwäche, zunächst meist des Schultergürtels, später auch der Schluck-, Atem- und Herzmuskulatur.
- Innere Organe: Myokarditis, Glomerulonephritis, Beteiligung der Lunge sowie des Magen-Darm-Traktes, Neuritiden und Arthralgien möglich.

Dg: Bei Muskelbeteiligung Erhöhung von Kreatinkinase (CK), Lactatdehydrogenase (LDH) und Transaminasen im Serum, erhöhte Kreatininausscheidung im Urin. Elektromyographisch polyphasische Potentiale, Fibrillationen und bizarre hochfrequente Entladungen.

DD: Systemischer Lupus erythematodes, progressive systemische Sklerodermie, gemischte Bindegewebserkrankung (Sharp-Syndrom), Trichinose.

Th: In erster Linie systemisch Glucocorticosteroide in absteigender Dosierung, Zytostatika, in zweiter Linie Immunsuppressiva wie Azathioprin.

Dorsalzyste

Syn: Mukoide Fingerzyste.

Def: Meist solitäre Pseudozyste an den Streckseiten der Fingerendglieder.

Ät und *Pathog:* Umschriebene Degeneration von Bindegewebe, gelegentlich infolge von Traumen.

Sy: An der Dorsalseite der Fingerendglieder zystisches, meist derbes Knötchen mit zentraler Transparenz. Bei Punktion entleert sich ein schleimiges Sekret.

Dg: Die histologische Untersuchung ergibt ein myxomatöses Bindegewebe mit starker Rarefizierung des Kollagens.

Th: Exzision, alternativ Injektion von verdünnter Glucocorticoidkristallsuspension mit anschließendem Druckverband.

Dyshidrose

Def: Juckende, häufig rezidivierende Bläschen- oder Blaseneruptionen an Händen und Füßen.

Ät: Dermatitis mit spongiotischen Bläschen in schweißdrüsenreicher Region bei dicker Hornschicht.
Mögliche Ursachen: Atopie, Nickelallergie, Fußmykosen („Id-Reaktion"), psychischer Konflikt und Streßsituation, oftmals genuin.

Sy: Meist symmetrische Eruption von sagokornartigen derben Bläschen, vorwiegend an den Fingern, beginnend an den Seitenkanten, aber auch an den Handinnenflächen und Fußsohlen. Vielfach besteht gleichzeitig eine Hyperhidrose.
Bei der *Cheiropompholyx* handelt es sich um eine massive Eruption konfluierender großflächiger Blasen. Die *Dyshidrosis lamellosa sicca* stellt eine Minimalvariante dar, bei der als Reste von Blasen halskrausenartige Schuppensäume das klinische Bild bestimmen.

DD: Tinea manuum et pedum.

Th: Ausschaltung möglicher Noxen. In schweren Fällen kurzfristige systemische Verabfolgung von Glucocorticosteroiden. Örtlich austrocknende Lotionen, ggf. mit Corticosteroidzusatz.

Ecthyma contagiosum

Syn: Orfviruserkrankung.

Def: Durch Schmierinfektion auf den Menschen übertragbare Viruserkrankung von Schafen mit Auftreten von meist isolierten entzündlichen Knoten an den Händen.

Ät: Erreger ist ein Quadervirus aus der Gruppe der Pockenviren.

Sy: Nach einer Inkubationszeit von 3–11 Tagen Auftreten einer entzündlich geröteten Papel, die zu einem Knoten heranwächst. Oftmals zentrale Erosion mit Krustenbildung. Spontanheilung nach einigen Wochen.

Dg: Anamnestisch Kontakt mit Schafen, Ziegen oder Gänsen. Virusnachweis durch Negativkontrastierung.

DD: Melkerknoten und Melkergranulom, Granuloma pyogenicum, Anthrax.

Th: Örtlich desinfizierend.

Eczema herpeticatum

Def: Disseminierte HSV-Infektion bei Patienten mit chronischen Ekzemen, insbesondere bei Atopie.

Ät: Infektion von entzündlicher, meist ekzematös veränderter Haut durch Herpes-simplex-Virus.

Sy: Eruptives Auftreten gedellter, isoliert stehender Bläschen in entzündlichen Hautveränderungen. Rasches Zerplatzen unter Hinterlassung von Erosionen, teils krustenbedeckt. Bevorzugter Sitz sind Gesicht und Hals. Auch hohes Fieber kann vorhanden sein.

Dg: Virusnachweis.

DD: Impetigo contagiosa, impetiginisiertes Ekzem.

Th: Systemisch Aciclovir; örtlich austrocknende antiseptische Maßnahmen.

Ehlers-Danlos-Syndrom

Syn: Cutis elastica.

Def: Genetische Bindegewebserkrankung mit Überdehnbarkeit und Verletzbarkeit der Haut sowie Überstreckbarkeit der Gelenke.

Ät: Entsprechend dem molekularen Defekt der vererblichen Kollagenbiosynthese-Störung werden verschiedene Typen unterschieden.

Sy: Überdehnbarkeit der Haut, leichte Verletzlichkeit und Wundheilungsstörungen, Blutungsneigung. Molluskoide Pseudotumoren, insbesondere an den Streckseiten der Extremitäten. Überstreckbarkeit und Subluxationen der Gelenke.

Dg: Zuordnung zu den neun bekannten Typen auf der Basis der Klinik, des Erbganges und biochemischer Untersuchung.

DD: Cutis laxa.

Th: Aufklärung des Patienten über Komplikationsmöglichkeiten bei Schwangerschaft und operativen Eingriffen; Erbberatung.

Ekthym (s. auch Ecthyma contagiosum)

Def: Umschriebene ulzerierende Pyodermie.

Ät: Streptokokken-Infektion der Haut bei Vorliegen von Kofaktoren, wie feuchtheißes Klima, Durchblutungsstörungen, Mangelernährung.

Sy: Vorwiegend an den Unterschenkeln nekrotisches Ulkus, wie ausgestanzt wirkend.

Dg: Nachweis von Streptokokkus A, gelegentlich Staphylococcus aureus.

DD: Ulzeröses Syphilid, Lues maligna.

Th: Antiseptische bzw. antibiotische Lokalbehandlung sowie Beseitigung der disponierenden Kofaktoren.

Ekzem

Definition und Formen

Das Ekzem ist eine nichtinfektiöse Epidermodermatitis mit typischen klinischen Symptomen und einem charakteristischen histologischen Erscheinungsbild. Die klinischen Symptome sind: Juckreiz, Erythem, Papel, Bläschen, Schuppung, Krustenbildung und Lichenifikation. Das histologische Bild ist gekennzeichnet durch Spongiose, Akanthose, Parakeratose und lymphozytäre Infiltration. Zu unterscheiden sind:

- allergisches Kontaktekzem,
- irritativ-toxisches Kontaktekzem,
- mikrobielles Ekzem,
- seborrhoisches Ekzem.

Allergisches Kontaktekzem

Def: Allergische Reaktion durch exogen auf die Haut einwirkende Antigene.

Ät: Immunologische Reaktion vom Spättyp (Typ IV nach Coombs und Gell).

Sy: Meist unscharf begrenzte Erytheme mit Papeln, Bläschen, Schuppung, Krusten und Lichenifikation am Ort der Einwirkung der Noxe. Ausbildung von Streuherden möglich. Juckreiz.

Dg: Nachweis des auslösenden Allergens durch Epikutantestung.

Th: Allergenkarenz. Lokal antientzündliche Dermatika, örtlich Glucocorticoidzubereitungen.

Irritativ-toxisches Kontaktekzem

Syn: Kumulativ-toxisches Ekzem, degeneratives Ekzem.

Def: Folge wiederholter Einwirkung von Noxen in geringer, primär die Haut nicht schädigender Konzentration über einen längeren Zeitraum bei vorhandener Ekzembereitschaft.

Ät: Wiederholte Einwirkung von primär nicht obligat toxischen Substanzen, wie organischen Lösungsmitteln, Detergentien, Wasser, alkalischen und sauren Lösungen, hauteigenen Sekreten o. ä. bei nicht ausreichender Abwehrfunktion der Haut (erschöpfte Pufferkapazität, vermindertes Wasserbindungsvermögen, unzureichender Lipoidfilm).

Sy: Meist unscharf begrenzte Rötung mit Schuppung, Rhagaden, später auch festhaftenden Keratosen, seltener Bläschen und Lichenifikation.

Dg: Anamnese, Ausschluß eines allergischen Entstehungsmechanismus.

Th: Antientzündliche, ggf. antikeratotische, fettende und feuchtigkeitserhaltende Dermatika.

Mikrobielles Ekzem

Syn: Nummulär-mikrobielles Ekzem.

Def: Disseminierte münzförmige, scharf begrenzte Ekzemherde.

Ät: Die Bedeutung der bakteriellen Besiedlung der Herde und die Beziehung zu herdfernen Fokalinfekten ist nicht geklärt.

Sy: Meist scharf begrenzte, münzförmige Erytheme in disseminierter Aussaat mit Papulovesikeln, Krusten oder Schuppen, vorzugsweise an den Streckseiten der Extremitäten.

DD: Tinea corporis, Psoriasis vulgaris.

Th: Sanierung von Fokalinfektionen, in resistenten Fällen systemisch Antibiotika. Externe antiseptische oder antibiotische sowie entzündungshemmende (Corticoide) Dermatika.

Seborrhoisches Ekzem

Def: Durch Seborrhö und mikrobielle Faktoren (Hefepilze, Bakterien) bedingte Ekzemform, vorwiegend in talgdrüsenreichen und intertriginösen Hautarealen.

Ät: Letztlich ungeklärt. Als ätiologische Faktoren werden diskutiert: Mikrobielle Einflüsse, insbesondere Pityrosporum ovale, Seborrhö, psychische Faktoren, Streß, Psoriasis vulgaris.

Sy: Flächenhaftes Erythem mit feiner, manchmal gelblicher Schuppung.

DD: Psoriasis vulgaris.

Th: Fettarme oder fettfreie Lokaltherapie mit antiinflammatorischen und antimikrobiellen Zusätzen.

Eczema herpeticatum s. d.

Ekzematid

Vorstufe eines Ekzems mit Rötung und Schuppung, jedoch ohne Papulovesikeln oder Lichenifikation.

Epheliden

Syn: Sommersprossen.

Def: Kleinfleckige Hyperpigmentierungen, insbesondere bei Hellhäutigen in lichtexponierten Arealen.

Ät und *Pathog:* Verstärkte Melaninsynthese einzelner Melanozyten.

Sy: Vorwiegend bei Menschen mit blondem oder rötlichem Haar auftretende kleinfleckige Pigmentierungen, vorzugsweise im Gesicht, über den Schultern und an den Armen. Verstärkung der Pigmentierung im Frühling und Sommer.

Th: Die Epheliden sind therapeutisch schwer zugänglich. Lichtschutz ist nur von geringer Wirkung. Es kann ein Versuch mit Quecksilberpräzipitat- oder hydrochinonhaltigen Bleichcremes gemacht werden.

Epidermolysis bullosa acquisita

Def: Heterogene Gruppe von im Erwachsenenalter auftretenden, nichterblichen blasenbildenden Hautkrankheiten. Assoziation mit Amyloidose, multiplem Myelom, chronischer Thyreoiditis, Lupus erythematodes, Diabetes mellitus und Morbus Crohn möglich.

Ät: Ungeklärt, möglicherweise Autoimmunkrankheit.

Sy: Bullöses Exanthem, vorwiegend an mechanisch traumatisierten Hautregionen wie Händen, Ellbogen, Knien, Füßen und in der Mundschleimhaut. Abheilung unter Atrophie und Milienbildung möglich.

Dg: Histologisch subepidermale Spaltbildung, die sich elektronenmikroskopisch als unterhalb der Basallamina gelegen erkennen läßt. In einigen Fällen lineare Ablagerungen von IgG an der Basalmembran, vereinzelt auch zirkulierende Antibasalmembranantikörper vom IgG-Typ.

DD: Bullöses Pemphigoid, Epidermolysis bullosa hereditaria.

Th: Versuch mit Sulfonen (Diaminodiphenylsulfon).

Epidermolysis bullosa hereditaria

Definition und Formen

Gruppe von seltenen blasenbildenden erblichen Hautkrankheiten mit unterschiedlichem Erbgang und unterschiedlicher Prognose. Blasen entwickeln sich meist nach mechanischer Belastung, aber auch spontan.

Entsprechend der Lokalisation der Kontinuitätstrennung der Haut werden folgende Klassen unterschieden:

- *Intraepidermale Epidermolysen:* Epidermolysis bullosa simplex (Köbner), Epidermolysis bullosa simplex (Weber-Cockayne);
- *junktionale Epidermolysen:* Epidermolysis bullosa atrophicans generalisata gravis (Herlitz);

– *dermolytische Epidermolysen:* Epidermolysis bullosa dystrophica (Hallopeau-Siemens).

Weitere Epidermolysen sind bekannt, jedoch sehr selten.

Epidermolysis bullosa simplex (Köbner)

Ät: Autosomal dominante Vererbung.

Sy: Bei der Geburt oder im frühesten Säuglingsalter Auftreten von Hautblasen an mechanisch exponierten Stellen. Selten Schleimhaut- oder Nagelbeteiligung. Narbenlose Abheilung. Besserung mit zunehmendem Alter.

Dg: Histologie, Elektronenmikroskopie, Familienanamnese.

Th: Vermeidung von Traumatisierungen und von Superinfektion der Blase.

Epidermolysis bullosa simplex (Weber-Cockayne)

Ät: Autosomal dominanter Erbgang.

Sy: Im Anschluß an stärkere mechanische Belastung (Fußmarsch), vor allem im Sommer, Auftreten von Blasen an den Füßen, seltener an den Händen.

Dg: Histologie, Elektronenmikroskopie, Familienanamnese.

Th: Vermeidung der Traumatisierung und der Superinfektion von Blasen und Erosionen.

Epidermolysis bullosa atrophicans generalisata gravis (Herlitz)

Ät: Autosomal rezessiver Erbgang.

Sy: Teilweise hämorrhagische Blasen bei Geburt oder in den ersten Lebenstagen. Beteiligung der Mundschleimhaut und der Trachea, vielfach Nagelverlust. Überlebenschance wegen Superinfektion und Sepsis meist nur einige Monate.

Th: Versuch mit Diaminodiphenylsulfon (DADPS) oder Glucocorticoiden. Vermeidung von Traumatisation und Superinfektion.

Epidermolysis bullosa dystrophica (Hallopeau-Siemens)

Ät: Autosomal rezessiver Erbgang.

Sy: Bei Geburt vorhandene oder kurz danach auftretende Blasen in unterschiedlich starker Ausprägung: generalisiert, lokalisiert oder mit Mutilationen einhergehend. Frühzeitig einsetzende Atrophie und Narbenbildung, Nageldystrophien und Syndaktylien. Befall der Schleimhäute mit Strikturen und Leukoplakien, Zahnschmelzdefekte. Prognose je nach Eruptionsdruck unterschiedlich, insgesamt jedoch meist schwerste Beeinträchtigung.

Dg: Histologie, Elektronenmikroskopie, Familienanamnese.

Th: Versuch mit Phenytoin (Kollagenaseinhibitor). Äußerlich symptomatische Behandlung mit Infektionsprophylaxe.

Erysipel

Syn: Wundrose.

Def: Durch Streptokokken bedingte flächenhafte Hautinfektion.

Ät: Eintritt der β-hämolysierenden Streptokokken in das Lymphsystem der Haut durch oberflächliche Defekte (z. B. Fußpilzerkrankung). Angehende Infektion begünstigt durch bestehendes Lymphödem.

Sy: Unter Fieber und Schüttelfrost Auftreten eines meist scharf begrenzten hellroten flächenhaften Erythems mit Druckschmerzhaftigkeit und Ödem. Vielfach regionäre Lymphadenitis. Ausbildung von Blasen, Hämorrhagien und Nekrosen möglich. Bei rezidivierendem Verlauf kann ein Persistieren des Lymphödems entstehen.

Dg: Klinisches Bild mit Fieber und Schüttelfrost.

DD: Kontaktekzem.

Th: In erster Linie systemisch Penicillin und -abkömmlinge. Örtlich Ruhigstellung und desinfizierende Maßnahmen (feuchte antiseptische Umschläge). Sanierung der Terrainfaktoren.

Erysipeloid

Syn: Schweinerotlauf.

Def: Zoonose von Tieren, auch Fischen; auf den Menschen übertragbar.

Ät: Hautinfektion durch Erysipelothrix insidiosa, grampositives, nicht sporenbildendes Stäbchen.

Sy: Nach Inkubationszeit von 1–4 Tagen Ausbildung eines umschriebenen Erythems mit peripherer Ausbreitung und zentraler Rückbildung. Regionäre Lymphadenitis möglich. Selten Arthritis, Endokarditis und Sepsis. Gelegentlich rezidivierender Verlauf.

Dg: Anamnese.

Th: Systemisch Penicillin und -abkömmlinge, Erythromycin. Örtlich Ruhigstellung.

Erythema chronicum migrans

Def: Durch Borrelia burgdorferi hervorgerufene Hauterkrankung mit zentrifugaler Ausbreitung und Randbetonung.

Ät: Übertragung meist durch Zecken, seltener Stechfliegen. Inkubationszeit 2–10 Wochen.

Sy: Randbetontes, zentrifugal sich ausbreitendes Erythem mit zentraler Abheilungstendenz. Persistenz der Stichreaktion in Form einer geröteten Papel möglich. Gelegentlich Müdigkeit, Kopfschmerzen und Fieber.

Dg: Borrelienserologie.

Th: Systemisch Antibiotika, in erster Linie Ceftriaxon, Tetracycline.

Erythema exsudativum multiforme

Syn: Stevens-Johnson-Syndrom.

Def: Akute Hauterkrankung mit charakteristischen kokardenartigen Effloreszenzen.

Ät und *Pathog:* Ungeklärt, immunologischer Entstehungsmechanismus wahrscheinlich. Auftreten vielfach nach Virusinfektionen, vor allem Herpes simplex, gelegentlich nach Medikamenteneinnahme, selten nach bakteriellen Infektionen.

Sy: Vorwiegend an den Streckseiten der Extremitäten Auftreten von kleinfleckigen, scharf begrenzten hellroten kokardenartigen Erythemen mit Vergrößerungstendenz und Neigung zur Blasenbildung (Minorform). Bei der Majorform sind die Hauterscheinungen meist stärker ausgeprägt und neigen zur Hämorrhagie. Außerdem werden die Schleimhäute mitbefallen. Auch isolierter Schleimhautbefall ist möglich. Allgemeinsymptome, wie Abgeschlagenheit, Fieber und rheumatische Beschwerden, können gleichzeitig bestehen.

Dg: Histologie.

DD: Polymorphe Lichtdermatose.

Th: In schweren Fällen systemisch Glucocorticosteroide, äußerlich Trockenpinselungen oder glucocorticoidhaltige Lotionen, ggf. antiseptische und heilungsfördernde Mundspülungen.

Erythema nodosum

Def: Mit entzündlicher druckdolenter Knotenbildung einhergehende Hauterkrankung, wahrscheinlich allergisch bedingt.

Ät: Häufig mit Erythema nodosum assoziiert und möglicherweise von ursächlicher Bedeutung: bakterielle Infektionen, vor allem Yersiniose, Streptokokkeninfekte, virale Infektionen, tiefe Mykosen, Sarkoidose und Medikamenteneinnahme.

Sy: Vorzugsweise an den Streckseiten der Extremitäten auftretende flache, unscharf begrenzte kutan-subkutane erythematöse, deutlich druckschmerzhafte Knoten, gewöhnlich verbunden mit Krankheitsgefühl und erhöhter Körpertemperatur.

Dg: Histologie.

DD: Pannikulitiden.

Th: Systemisch Antiphlogistika, in erster Linie Salicylate, Bettruhe, Glucocorticoide, Unterschenkelkompressionsverbände.

Erythrasma

Def: Bakteriell bedingte Dermatose mit intertriginösem Sitz und charakteristischem bräunlichen Farbton.

Ät: Infektion mit Corynebacterium minutissimum.

Sy: Blaßrotes, scharf begrenztes, flächenhaftes Erythem mit zunehmendem bräunlichen Farbton; geringfügige Schuppung. Intertriginöse Lokalisation.

Dg: Karminrote Fluoreszenz im Wood-Licht (langwelliges UV-Licht).

DD: Tinea inguinalis, Intertrigo.

Th: Örtliche antimikrobielle Behandlung mit Imidazolderivaten, Trockenpinselungen.

Erythrosis interfollicularis colli

Def: Feine Teleangiektasien im Halsbereich, meist im mittleren Erwachsenenalter auftretend.

Ät: Lang anhaltende Lichtexposition bei hellem Hauttyp.

Sy: Flächenhaftes teleangiektatisches Erythem mit Aussparung der Haarfollikel. Keine Rückbildungstendenz.

Th: Nicht möglich.

Exfoliatio areata linguae

Syn: Lingua geographica.

Def: In der Lokalisation wechselnde belagfreie Herde der Zunge.

Ät: Unbekannt. Beziehungen zu Psoriasis und Atopie werden diskutiert.

Sy: An Zungenrücken und -rand einzelne oder mehrere scharf begrenzte belagfreie Flecken, an deren Rändern der Zungenbelag verdichtet erscheint. Rasche Veränderung der Läsion innerhalb von Tagen. Gelegentlich leichtes Brennen.

Th: Symptomatisch mit heilungsfördernden Mundspülungen.

Fasziitis, eosinophile

Syn: Shulman-Syndrom.

Def: Symptomenkomplex mit sklerodermieartigen Hautveränderungen und Bluteosinophilie, möglicherweise Variante der progressiven systemischen Sklerodermie.

Ät: Ursache unbekannt. Häufig Beginn nach Traumen oder körperlicher Überanstrengung.

Sy: Sklerodermiforme Induration, meist der Extremitäten, teilweise bretthart, kutan/subkutan lokalisiert und zu Gelenkkontrakturen führend. Keine Raynaud-Symptomatik.

Dg: Bluteosinophilie, Hypergammaglobulin- und BSG-Beschleunigung; Histologie.

DD: Progressive Sklerodermie, Scleroedema adultorum Buschke.

Th: Systemisch Glucocorticosteroide.

Favus

Def: Durch Trichophyton schoenleini hervorgerufene Tinea capitis, die zu narbiger Alopezie führen kann.

Sy: Entzündliche Rötung der Kopfhaut, später konfluierende schüsselartige Schuppenkrusten (Skutula) mit perforierenden Haaren, Superinfektion, narbige Alopezie.

Dg: Erregernachweis in Nativpräparat und Kultur, hellgrüne Fluoreszenz im Wood-Licht.

Th: Systemische und lokale antimykotische Therapie.

Follikulitis

Def: Entzündliche Erkrankung des Haarfollikels.

Ät: Erreger meist Staphylococcus aureus, selten gramnegative Keime, Pityrosporumarten. Übertragung durch Schmierinfektion; Diabetes mellitus prädisponiert.

Sy: Kleine follikulär gebundene Papeln mit zentraler eitriger Einschmelzung. Isoliert oder disseminiert auftretend.

Dg: Erregernachweis.

Th: Lokale antiseptische und austrocknende Maßnahmen.

Follikulitis, gramnegative

Def: Durch gramnegative Erreger meist zentrofazial lokalisierte Hauterkrankung, vorwiegend bei Aknepatienten.

Ät: Erreger sind Enterobacter, Klebsiella, Escherichia coli sowie Proteus. Erregerreservoire sind auch die Nasen- und Rachenschleimhäute.

Dg: Erregernachweis.

DD: Acne vulgaris.

Th: Systemisch Antibiotika nach Antibiogramm, 13-cis-Retinsäure. Örtlich antiseptisch; austrocknende Maßnahmen.

Frambösie

Syn: Yaws.

Def: Endemisch in den Tropen vorkommende nichtvenerische Treponematose mit stadienhaftem Verlauf.

Ät: Der Erreger Treponema pertenue wird vorwiegend durch Körperkontakt übertragen. Begünstigende Faktoren sind schlechte hygienische Verhältnisse.

Sy:

- Primärstadium: Nach einer Inkubationszeit von 3–5 Wochen Entstehung einer geröteten Papel, später Erosion und Ulzeration. Narbige Abheilung innerhalb von einigen Monaten. Schmerzlose Lymphknotenschwellung.
- Sekundärstadium: Nach einigen Monaten disseminiertes Auftreten fleischfarbener, himbeerartig papulöser, ulzerierender, granulomatöser Veränderungen, mit rezidivierendem Verlauf.
- Tertiärstadium: Ostitis, Periostitis, Gummen, juxtaartikuläre Knoten.

Dg: Erregernachweis im Dunkelfeld, Syphilisserologie.

DD: Syphilis.

Th: Penicillin.

Furunkel

Def: Tiefe bakterielle abszedierende Entzündung des Haarfollikels.

Ät: Schmierinfektion des Haarfollikels mit Staphylococcus aureus. Begünstigende Faktoren sind Diabetes mellitus, Unsauberkeit.

Sy: Gerötete druckschmerzhafte Knoten mit zentraler Einschmelzung, Fluktuation und Perforation; multiples, rezidivierendes Auftreten: Furunkulose. Lymphadenitis möglich.

Dg: Erregernachweis.

DD: Karbunkel.

Th: Intern Antibiotika; lokal im Frühstadium ichthyolhaltige Salbenverbände, bei Fluktuation Inzision und Tamponade. Ruhigstellung.

Fußinfekt, gramnegativer

Def: Bakterielle Infektion der Zehenzwischenräume, vorwiegend durch gramnegative Bakterien.

Sy: Akut einsetzende Mazeration und Entzündung der Haut der Zehenzwischenräume mit Ausbreitung auf den Vorfuß.

Dg: Bakteriennachweis (häufig Pseudomonas aeruginosa).

DD: Tinea pedum.
Th: Zunächst antiseptische Umschläge, später austrocknende Externa und antibiotische Lösungen oder Cremes.

Gianotti-Crosti-Syndrom s. Acrodermatitis papulosa eruptiva infantilis

Glomustumor

Def: Gutartige Tumoren, die sich von den arteriovenösen Anastomosen ableiten; gelegentlich familiäres Vorkommen.
Sy: Livide, höchstens erbsgroße Knötchen mit charakteristischer Druckschmerzhaftigkeit.
Prädilektionsorte solitärer Glomustumoren sind Finger und Zehen. Multiple Glomustumoren kommen in gruppierter, segmentaler oder disseminierter Verteilung in jeder Körperregion vor.
Dg: Druckschmerzhaftigkeit, Histologie.
DD: Gefäßtumoren.
Th: Exzision.

Glossitis mediana rhombica

Def: Entwicklungsanomalie mit Persistenz des gegenüber äußeren Reizen irritierbaren Tuberculum impar mit häufiger Besiedelung durch Candida albicans.
Sy: In der Längsachse des hinteren Zungendrittels ist ein rhombisches Areal gegenüber der Umgebung durch einen vermehrten rötlichen Farbton abgesetzt. Die Oberfläche kann glatt, eingesunken oder auch wulstartig erhaben sein.
DD: Zungenkarzinom.
Th: Mundspülungen, ggf. örtliche antimykotische Behandlung.

Gonorrhö

Syn: Tripper.
Def: Sexuell übertragbare Krankheit der Urogenitalschleimhäute mit Tendenz zur Aszension.
Ät: Erreger ist Neisseria gonorrhoeae, ein gramnegativer Diplococcus.
Sy: Nach einer Inkubationszeit von 2–7 Tagen Auftreten von Urethritis und/oder Zervizitis. Leitsymptome sind urethraler Fluor und/oder Dysurie bzw. zervikaler Fluor. Asymptomatischer Verlauf bei Frauen und Männern möglich. Seltenere Infektionsorte sind Rektum, Konjunktiven oder Pharynx. Durch aufsteigende Infektion entstehen Salpingitis, akute Beckenentzündung, Prostatitis und Epididymitis, durch hämatogene Streuung disseminierte Gonokokken-Infektion (benigne Gonokokken-Sepsis), Arthritis und Perihepatitis acuta.
Dg: Abstrichuntersuchung mit Nativpräparat, Kulturverfahren mit Bestätigungsreaktion, immunologischer Direktnachweis mittels Immunfluoreszenz oder ELISA-Technik.
DD: Nichtgonorrhoische Urethritiden, genitale Chlamydieninfektion, genitale Mykoplasmeninfektion.
Th: Systemische antibiotische Behandlung, in erster Linie mit Spectinomycin, Ciprofloxacin, Tetracyclin u. a.

Graft-versus-host-Krankheit

Def: Übertragene immunkompetente Zellen (Knochenmarkstransplantation, evtl. Bluttransfusion) können bei Patienten unter immunsuppressiver Therapie zu schweren Schäden des Empfängerorganismus führen.
Ät und *Pathog:* Immunologische Reaktion von Lymphozyten des Spenders mit HLA-Antigenen des Empfängers.
Sy:

- akute Graft-versus-host-Reaktion: Auftreten innerhalb von 3 Monaten mit makulopapulösen, lichenoiden oder multiformen Exanthemen, Erythrodermie sowie Epidermolyse, daneben Darm-, Leber- und Lungenaffektionen;
- chronische Graft-versus-host-Reaktion: Auftreten ab ca. 100 Tagen, Pigmentverschiebungen, dem Lichen ruber bzw. der Sklerodermie ähnliche Dermatose, dem Sjögren-Syndrom ähnliche Sicca-Symptomatik, daneben Schäden innerer Organe wie bei akuter Graft-versus-host-Reaktion.

Dg: Histologie.
Th: Systemische immunsuppressive Therapie, Versuch mit Photochemotherapie.

Granuloma anulare

Def: Granulomatöse Dermatose mit chronischem Verlauf und Spontanheilungstendenz, meist mit ringförmig angeordneten Papeln.
Ät und *Pathog:* Wahrscheinlich polyätiologische Hautreaktion auf dem Boden einer hyperergischen Reaktion bei prädisponierten Patienten.
Sy: Derbe, rötliche bis hautfarbene Papeln, durch zentrifugale Ausbreitung und zentrale Rückbildung zunehmend anulär, vorzugsweise an den Streckseiten der Extremitäten. Disseminiertes Auftreten möglich.

Dg: Histologie.
DD: Necrobiosis lipoidica, anulärer Lichen ruber.
Th: Intraläsionale Injektion von Glucocorticoid-Kristallsuspension, verdünnt mit einem Lokalanästhetikum, Corticoid-Okklusivverband, UVA-Bestrahlung.

Granuloma glutaeale infantum

Def: Granulomatöse Erkrankung im Windelbereich, meist nach lokaler Glucocorticoid-Therapie auftretend.
Ät: Ungeklärt.
Sy: Im Windelbereich runde bis ovale, kissenartige, livide Knoten von fester Konsistenz.
Dg: Histologie.
DD: Pseudolymphom, Mastozytom.
Th: Austrocknende Behandlung mit Lotionen und Pasten, Vermeidung von Glucocorticoiden und Okklusionen.

Granuloma inguinale

Syn: Granuloma venereum, Donovaniosis.
Def: Sexuell übertragbare Krankheit, vorzugsweise in den Tropen und Subtropen auftretend.
Ät: Erreger ist Calymmatobacterium granulomatis, ein gramnegatives Stäbchen.
Sy: Nach einer Inkubationszeit von 1–12 Wochen Auftreten von erodierten Papeln mit Übergang in schmerzlose, leicht blutende ulzerative Granulome, die sich bis zu monströsen Wucherungen vergrößern. Absiedelung der Erreger in Leber und Knochen möglich.
Dg: Im Quetschpräparat von kürettiertem Gewebe intrazelluläre, sich bipolar färbende kokkoide Strukturen (Donovan-Körperchen).
DD: Condylomata lata, Herpes genitalis, Pemphigus vegetans.
Th: Systemisch Tetracyclin bzw. Trimethoprim-Sulfamethoxazol.

Granuloma pyogenicum

Syn: Granuloma teleangiectaticum.
Def: Eruptives Angiom mit oberflächlicher Ulzeration und sekundärer granulomatöser Entzündung.
Ät: Oftmals nach Traumen entstehend.
Sy: Bis erbsgroße, meist kugelige, aufsitzende, rasch wachsende Neubildung mit rotem Farbton, oberflächlicher Erosion und Blutungsneigung.
Dg: Histologie.
DD: Amelanotisches malignes Melanom.
Th: Exzision.

Haemangioma cavernosum

Syn: Blutschwamm.
Def: Nävoide Fehlbildung mit Manifestation bei Geburt oder kurz danach.
Sy: Lividrote weiche Knoten, selten flächenhaftes Wachstum. Ausdehnung in die Subkutis sowie isoliertes subkutanes Vorkommen möglich. In über 90% Spontanrückbildung innerhalb der frühen Kindheit.
Dg: Histologie.
Th: Zuwartendes Verhalten. Nur bei aktivem Wachstum Röntgenbestrahlung oder systemisch Corticoide, bei Funktionsbeeinträchtigung chirurgische Therapie.

Hämorrhoiden

Def: Vergrößerung der arteriovenösen Gefäßpolster am anorektalen Übergang.
Ät: multifaktoriell: balaststoffarme Ernährung, Obstipation, starkes Pressen, erbliche Disposition, Laxantienabusus.
Sy:

- Grad 1: allein proktoskopisch diagnostizierbar;
- Grad 2: beim Pressen außen sichtbar, spontane Retraktion;
- Grad 3: bei Druck prolabierend, nur manuell reponibel;
- Grad 4: ständig außerhalb des Anus, nicht mehr reponibel (fixierter Analprolaps), Blutung, Nässen, Juckreiz.

Dg: Proktoskopie.
DD: Anorektalkarzinom, Polypen.
Th: Sklerosierung, Ligatur, ballaststoffreiche Ernährung.

Hand-Fuß-Mund-Krankheit

Def: Erreger sind Coxsackie- und ECHO-Viren.
Sy: Nach einer Inkubation von 3–5 Tagen und anfänglichen Halsschmerzen Auftreten von Bläschen in der Mundschleimhaut und an der Haut von Händen und Füßen. Gelegentlich grippale Allgemeinerscheinungen.
Dg: Virusnachweis.
DD: Disseminierte Gonokokkeninfektion.
Th: Symptomatisch, Mundspülungen.

Herpes gestationis

Def: Seltene, blasige und intensiv juckende, polymorphe Hauterkrankung, während der Schwangerschaft oder postpartal auftretend.
Ät und *Pathog:* Dem bullösen Pemphigoid nahestehende Erkrankung mit Nachweis von

IgG und Komplementfaktoren in der Lamina lucida der Basalmembran. Gelegentlich Nachweis eines zirkulierenden komplementfixierenden Faktors.

Sy: Eruption von polymorphen Hauterscheinungen mit juckenden urtikariellen Erythemen und Blasen. Schleimhautbefall möglich. Bei Neugeborenen erkrankter Mütter kommen gleichartige Veränderungen vor. Grippale Allgemeinsymptome.

Dg: Histologie, Immunhistologie, Bluteosinophilie. Nachweis des Herpes-gestationis-Faktors im Blutserum.

DD: Erythema exsudativum multiforme, Dermatitis herpetiformis Duhring.

Th: Glucocorticoidhaltige Externa, in schweren Fällen und bei fortgeschrittener Schwangerschaft auch systemisch.

Herpes simplex

Def: Häufige Haut- und Schleimhauterkrankung durch Herpes-simplex-Viren mit Rezidivneigung.

Ät: Erreger ist ein DNA-Virus. Serologisch kann ein Typ 1 mit vorwiegend extragenitalem von einem Typ 2 mit vorwiegend genitalem und glutäalem Befall unterschieden werden. Übertragung durch Körperkontakt.

Sy:

- Erstinfektion mit HSV Typ 1: Meist klinisch stumm, selten Gingivostomatitis oder Vulvovaginitis herpetica.
- Erstinfektion mit HSV Typ 2: Meist nach einer Inkubationszeit von 3–7 Tagen Auftreten einer schmerzhaften Rötung mit gruppiert stehenden Bläschen, vorwiegend im Genitalbereich. Regionäre Lymphknotenschwellung, Harnverhaltung, Fieber möglich. Rezidivmanifestationen verlaufen blander und ohne Allgemeinerscheinungen.

Kompl: Herpessepsis der Neugeborenen, persistierende und generalisierte Herpesinfektionen beim Patienten unter immunsuppressiver Therapie.

Dg: Virusnachweis.

Th: Bei Rezidivmanifestationen symptomatisch mit austrocknenden, antiviralen und antibakteriellen Dermatika, in besonderen Fällen und bei HSV-2-Erstinfektion systemisch Aciclovir.

Hidradenitis suppurativa

Syn: Schweißdrüsenabszesse.

Def: Furunkuloide Entzündung vorwiegend der Achselregion bei Erwachsenen mit chronisch-rezidivierendem Verlauf.

Ät: Häufig Nachweis von Staphylococcus aureus. Es ist ungeklärt, ob die Entzündung primär die apokrinen Schweißdrüsen oder die Haarfollikel betrifft. Genetische Faktoren, starkes Schwitzen, scheuernde Kleidung und Ausrasieren der Achselhaare haben eine begünstigende Wirkung. Möglicherweise ist die Hidradenitis suppurativa ein Symptom der Aknetetrade.

Sy: Furunkuloide, meist in der Mehrzahl vorkommende, schmerzhafte einschmelzende Knoten mit Neigung zu Narbenbildung.

Th: 13-cis-Retinsäure, großzügige Exzision, in zweiter Linie systemische und örtliche antiseptische und antibiotische austrocknende Therapie.

Ichthyosis acquisita

Def: Symptomatischer ichthyosiformer Hautzustand als Folge verschiedener Allgemeinerkrankungen.

Ät: Paraneoplastisch (Lymphome, Karzinome), stoffwechselbedingt (Dialysepatienten, Mangelernährung, Hypovitaminosen), altersbedingt.

Sy: Kleieförmige Schuppung oder fischschuppenartiger Hautzustand bei Sebostase.

Dg und *DD:* Anamnestisch, histologisch und elektronenmikroskopisch Ausschluß hereditärer Ichthyosen.

Th: Behandlung der Grunderkrankung, fettende und wasserbindende Externa.

Ichthyosis-congenita-Gruppe

Definition und Formen

Gruppe überwiegend autosomal rezessiv vererbter Ichthyosen mit großer Formenvielfalt. Die wichtigsten Erkrankungen dieser Gruppe sind:

- Ichthyosis congenita gravis,
- Ichthyosis congenita mitis und tarda,
- Ichthyosis lamellosa.

Ichthyosis congenita gravis

Syn: Harlekinfetus, Ichthyosis congenita Riecke I.

Ät und *Pathog:* Wahrscheinlich autosomal rezessiver Abgang. Anstelle des normalen α-Keratins wird β-Keratin gebildet, das normalerweise in Reptilienhaut und Vogelfedern vorkommt.

Sy: Bereits bei Geburt panzerartige Hautverdickung mit tiefen Hauteinrissen, Kontrakturen und Ektropien. Überlebensfähigkeit nicht gegeben, oftmals intrauteriner Fruchttod.

Ichthyosis congenita mitis und tarda

Syn: Erythrodermia congenitalis ichthyosiformis sicca, Ichthyosis congenita Riecke II und Riecke III.

Def: Autosomal rezessiv vererbte Verhornungsstörung mit unterschiedlichen Schweregraden.

Ät: Genetisch bedingte Proliferationshyperkeratose.

Sy: Meist bei der Geburt manifeste fischschuppenartige Verhornungsstörung der gesamten Haut einschließlich der Gelenkbeugen. Auch Ektropionierung der Lider, Nagelveränderungen, Hypotrichose, Oligophrenie, Minderwuchs und andere Fehlbildungen kommen vor.

Dg: Familienanamnese, Histologie.

Th: Systemisch und örtlich Glucocorticosteroide und aromatische Retinoide. Entschuppende, fettende und wasserbindende Lokalbehandlung.

Ichthyosis lamellosa

Def: Eigenständigkeit gegenüber Ichthyosis congenita nicht sicher.

Ät: Verhornungsstörung mit wahrscheinlich autosomal rezessivem Erbgang.

Sy: Diffuse Rötung und lamelläre Schuppung bei Neugeborenen, manchmal gelblichbräunlicher filmartiger Hautüberzug, der sich nach ca. 3 Wochen abschält („Kollodium-Baby").

Dg: Anamnese.

Th: Glucocorticoidexterna, ggf. auch innerlich. Fettende und feuchtigkeitsbindende Dermatika.

Ichthyosis-hystrix-Gruppe

Sehr seltene Gruppe unterschiedlicher hereditärer Ichthyosen mit grau-braunen, verhornten, hyperkeratotischen stachligen Platten. Wichtigste Erkrankung: Erythrodermia ichtyosiformis congenitalis bullosa.

Erythrodermia ichthyosiformis congenitalis bullosa

Def: Kongenitale Verhornungsstörung mit Rötung, Schuppung und möglicher Blasenbildung.

Ät: Unregelmäßig autosomal dominanter Erbgang.

Sy: Bei Geburt universelle Rötung und lamellöse Schuppung der Haut. Schubweise Entwicklung von schlaffen Blasen, im Laufe des Lebens nachlassend. Mit zunehmendem Alter Ausbildung streifiger Hyperkeratosen.

Th: Symptomatisch fettende, entschuppende und feuchtigkeitsbindende Dermatika. Versuch mit oraler Verabfolgung von aromatischem Retinoid; in schweren Fällen intern Glucocorticosteroide.

Ichthyosis vulgaris

Def: Häufigste hereditäre Ichthyose mit häufiger Assoziation mit atopischen Erkrankungen.

Ät und *Pathog:* Autosomal dominanter Erbgang. Defekt der Keratohyalinsynthese mit verminderter Abschuppung (Retentionshyperkeratose).

Sy: Vorwiegend an den Extremitätenstreckseiten, unter Aussparung der Beugen, flächenhafte Schuppung, wobei die Einzelschuppe sehr fein sein kann, aber auch Fischschuppengröße erreicht. Oftmals bräunliche Verfärbung der Schuppung und vermehrte Linienzeichnung an Handflächen und Fußsohlen (Ichthyosehand). Vielfach follikuläre Keratosen, besonders an den proximalen Extremitäten. Sebostatischer Hautzustand. Neigung zur Besserung im Verlauf des Lebens.

Dg: Familienanamnese, Histologie.

DD: Andere Ichthyoseformen, Sebostase, Ekzem bei Atopie.

Th: Systemisch aromatisches Retinoid, fettende, feuchtigkeitsbindende und entschuppende Externa.

Ichthyosis, X-chromosomal rezessive

Def: Seltenere ichthyosiforme Verhornungsstörung bei Männern, gelegentlich bei heterozygoten Frauen in schwächerer Ausprägung vorkommend.

Ät und *Pathog:* X-chromosomal rezessiv vererbte Form der Ichthyose mit Retentionshyperkeratose, möglicherweise durch Verminderung der Keratinosomen und verspätete Auflösung der Desmosomen. Mangel an Arylsulfatase C.

Sy: Vorwiegend an den Streckseiten der Extremitäten unter Einschluß der großen Beugen festhaftende, schmutzig-braune Schuppung. Keine „Ichthyosehand" und keine Ichthyosis follicularis. Häufig asymptomatische punktförmige Hornhauttrübungen, sowohl bei den Erkrankten als auch bei heterozygoten Überträgerinnen.

Dg: Familienanamnese, Histologie, biochemischer Nachweis von Sulfataseaktivität in Leukozyten.

DD: Ichthyosis lamellosa, Ichthyosis vulgaris.
Th: Versuch mit aromatischen Retinoiden oral; fettende, entschuppende und feuchtigkeitsbindende Externa.

Id-Reaktion

Allergische hämatogene Streureaktion bei Dermatophytose (Mykid), bei bakteriellen Erkrankungen (Bakterid) und viralen Krankheiten (Virid).

Impetigo contagiosa

Oberflächliche Pyodermie der Haut durch Streptokokken und Staphylokokken, vorwiegend bei Kindern auftretend.

Impetigo contagiosa, kleinblasiger Typ

Ät: Durch Schmierinfektion übertragene Streptokokkeninfektion. Selten und offenbar sekundär sind auch Staphylokokken nachweisbar.
Sy: Honiggelbe Krusten auf geröteter Haut in asymmetrischer Verteilung, konfluierend, Progressionstendenz. Vorwiegende Lokalisation im Gesicht.
Dg: Erregernachweis.
DD: Herpes simplex, Eczema herpeticatum.
Th: Örtlich antiseptische und antibiotische Dermatika, nur in schwersten Fällen (Gefahr der Impetigonephritis) systemische Antibiotika.

Impetigo contagiosa, großblasige Form

Ät: Durch Staphylococcus aureus, meist Phagentyp 71, durch Schmierinfektion übertragene Hauterkrankung.
Sy: Größere schlaffe Blasen mit rascher Eintrübung, als Restzustand wenig verkrustete Erosionen mit halskrausenartigem Schuppensaum.
Dg: Erregernachweis.
Th: Antiseptische und antibiotische Dermatika.

Incontinentia pigmenti

Syn: Bloch-Sulzberger-Syndrom.
Def: Vererbliche Pigmentdermatose, vorzugsweise bei Mädchen mit multiplen Fehlbildungen.
Ät: Genetisch determinierte, X-chromosomal gebundene Entzündung der Haut mit Pigmentinkontinenz, bei männlichen Feten letal.
Sy: Vor der Geburt oder in den ersten Lebenswochen schubweises Auftreten linearer oder gruppiert angeordneter praller Blasen, vorzugsweise am Rumpf. Später ulzerierende Papeln und Knoten. Blut- und Gewebseosinophilie. Schubweiser Verlauf und Sistieren zwischen dem 4. und 6. Lebensmonat. Abheilung mit bräunlichen oder schiefergrauen Pigmentflecken in strichförmiger Anordnung. In etwa 50% der Fälle Assoziation mit unterschiedlichen Fehlbildungen.
Dg: Histologie, Bluteosinophilie.
Th: Antientzündliche örtliche Behandlung mit lokaler Infektionsprophylaxe. In schweren Fällen systemisch Glucocorticoide.

Induratio penis plastica

Syn: Morbus Peyronie.
Def: Fibrose im Bereich der Tunica albuginea.
Ät: Unbekannt. Genetische Disposition wahrscheinlich. Bei einem Drittel der Fälle gleichzeitiges Bestehen von Dupuytren-Kontraktur, Fibrosis mammae virilis und Fingerknöchelpolstern.
Sy: Tastbare Induration an der Dorsalseite des Penisschaftes. Bei Erektion Penisabknikkung. Spontane Rückbildung möglich.
Th: Antientzündliche Röntgenbestrahlung, in schweren Fällen auch operative Sanierung.

Intertrigo

Def: Entzündung in den großen Hautfalten, vorzugsweise bei Adipösen.
Ät und *Pathog:* Durch Verminderung der Feuchtigkeit, Abdunstung und mechanische Einflüsse bedingte irritative Entzündung mit Möglichkeit bakterieller oder mykotischer Superinfektion.
Sy: Flächenhafte, scharf begrenzte Rötung mit Mazeration und evtl. Erosion in intertriginösen Räumen.
DD: Allergisches Kontaktekzem, Kandidose.
Th: Vermeidung der Okklusion, austrocknende lokale Maßnahmen, ggf. Behandlung der Superinfektion.

Kandidose

Syn: Soormykose.
Def: Durch pathogene Hefen, insbesondere Candida albicans, hervorgerufene Erkrankung von Haut und Schleimhäuten mit der Möglichkeit der Generalisierung.
Ät: Begünstigender Faktor für eine Erkrankung durch den an sich saprophytären Keim ist eine allgemeine oder örtliche Min-

derung der Abwehrlage durch Anwendung von Antibiotika, Ovulationshemmern, Kortikosteroiden oder Zytostatika, Diabetes mellitus, konsumierende Erkrankungen, Immunstörungen wie auch durch mazerativ-erosive Intertrigo.

Sy:

- Kandidosen der Haut: kleinfleckige, zentral konfluierende Erytheme mit Pusteln oder halskrausenartigen Schuppungen in intertriginösen Räumen sowie im Nagelbereich (Paronychie);
- Kandidosen der Schleimhaut: fleckige Erytheme mit konfluierenden weißlichen Belägen, meist abstreifbar;
- chronische mukokutane Kandidose: durch Therapieresistenz und Manifestation meist im Kindesalter gekennzeichnete Kandidose der Haut und der Schleimhäute bei Endokrinopathien oder Immunstörungen, teilweise auch ohne erkennbare zugrundeliegende Störung.

Dg: Pilznachweis nativ und im Kulturverfahren.

DD: Intertrigo, Psoriasis intertriginosa, intertriginöses Ekzem, Lichen ruber mucosae, Leukoplakie.

Th: Lokale und systemische Antimykotika, lokal austrocknende Behandlung. Sanierung einer ggf. vorhandenen gastrointestinalen Kandidose.

Kaposi-Sarkom

Syn: Morbus Kaposi, Sarcoma idiopathicum multiplex haemorrhagicum.

Def: Multifokale Proliferation von Kapillaren und perivaskulären Bindegewebszellen an der Haut und an den inneren Organen. Neigung zur Progredienz.

Ät: Bei der klassischen Form des Kaposi-Sarkoms, die in erster Linie bei älteren Männern und in Südost- und Osteuropa vorkommt, werden genetische Faktoren diskutiert. Die Ätiopathogenese des im Rahmen der HIV-Infektion und bei anderweitig bedingter Immunsuppression auftretenden Kaposi-Sakoms ist ungeklärt.

Sy:

- Klassische Form: Beginn meist an Füßen oder Unterschenkeln mit blau-roten Flekken, die zu größeren Knoten heranwachsen. Befall innerer Organe und tödlicher Ausgang möglich.
- Kaposi-Sarkom bei Immunsuppression: meist lokalisierter Beginn mit zunächst roten, dann bläulichen, später bräunlichen Flecken und Knoten in den Spaltlinien der Haut, zunächst an Kopf, Hals und Stamm, später disseminiert. Befall innerer Organe häufig.

Dg: Histologie, HIV-Serologie.

DD: Angiosarkom, Angiokeratom.

Th: Röntgenbestrahlung, Zytostatika, Interferon, Exzision.

Karbunkel

Def: Schwerste Verlaufsform eines Furunkels mit phlegmonöser Ausbreitung.

Ät: Schmierinfektion mit Staphylococcus aureus, gelegentlich Streptokokken.

Sy: Schmerzhafter, unscharf begrenzter, entzündlich geröteter Knoten mit multizentrischer Einschmelzung und wabenartigen Durchbrüchen durch die Oberfläche. Manchmal foudroyanter Verlauf mit Krankheitsgefühl und Fieber. Lymphadenitis häufig. Vorzugslokalisation: Nacken und Rücken.

Dg: Erregernachweis.

Th: Antibiotika, Inzision mit Drainage, Ruhigstellung.

Keloid

Def: Umschriebene hypertrophische benigne Fibrosierungen der Haut mit Progressionstendenz.

Ät: Meistens nach Traumen – auch unbemerkten Mikrotraumen – sowie häufig nach Acne vulgaris auftretend. Für genetische Faktoren spricht familiäres Vorkommen.

Sy: Derbe, blaß-rötliche bis livide fibrotische Knoten mit peripherer Ausbreitungstendenz und Randbetonung. Juckreiz. Lokalisation: Vorwiegend obere Körperhälfte.

Th: Fraktionierte Röntgenbestrahlung, Corticoide äußerlich und intraläsional.

Keratoakanthom

Def: Rasch wachsender karzinomartiger Tumor, meist an unbedeckten Hautregionen.

Ät: Wahrscheinlich vom Haarfollikel ausgehende Pseudokanzerose mit Neigung zur spontanen Rückbildung.

Sy: Derber entzündlicher Knoten mit zentralem Hornpfropf.

Dg: Histologie.

DD: Carcinoma spinocellulare, Basaliom, Molluscum contagiosum.

Th: Exzision, fraktionierte Röntgenbestrahlung.

Keratosis actinica

Syn: Keratosis senilis.

Def: Häufige Präkanzerose in lichtexponierten Bereichen.

Ät: Durch chronische Lichteinwirkung bedingt.

Sy: Umschriebene festhaftende weiß-gelbliche Schuppung auf blassem Erythem. Allmählicher Übergang in spinozelluläres Karzinom.

Dg: Histologie.

DD: Carcinoma spinocellulare, Morbus Bowen.

Th: Exzision, Elektrokoagulation, Kryotherapie, Laser, zytostatische Externa.

Keratosis palmoplantaris diffusa circumscripta

Syn: Morbus Unna-Thost.

Def: Häufigste Palmoplantarkeratose mit Manifestation im Kleinkindesalter.

Ät: Autosomal dominanter Erbgang.

Sy: Zunächst flächenhafte Erytheme, später palmare und plantare Hyperkeratosen mit persistierendem erythematösem Randsaum.

Dg: Familienanamnese, Histologie.

DD: Hyperkeratotisches Handekzem.

Th: Versuch mit systemischem Retinoid, keratolytische Dermatika, mechanisches Abtragen der Hornschicht.

Klavus

Syn: Hühnerauge.

Def: Kallusbildung mit zentralem keratotischen Hornpfropf.

Ät: Druckbelastung durch enge Schuhe, Fehlstellung von Zehen.

Sy: Schwielenartige Keratose mit zentralem schmerzhaftem dornartigem Hornkegel, meist an Zehengelenken vorkommend.

DD: Verruca vulgaris.

Th: Salicylsäurehaltige Pflaster, mechanische Druckentlastung.

Klinefelter-Syndrom

Def: Häufigste Chromosomenaberration mit Infertilität.

Ät: Kerngeschlecht meist XXY, jedoch auch andere Konstellationen möglich.

Sy: Erst mit der Pubertät auftretend: Eunuchoider Hochwuchs, primärer Hypogonadismus, spärliche Körperbehaarung, Neigung zu chronischer venöser Insuffizienz; Impotentia generandi.

Dg: Kerngeschlechtsbestimmung, Nachweis der Azoospermie, erhöhter FSH-Spiegel im Urin, 17-Ketosteroide vermindert; Hodenhistologie.

Th: Androgensubstitution.

Klippel-Trénaunay-Syndrom

Syn: Naevus varicosus osteohypertrophicus.

Def: Meist quadrantenbezogener Riesenwuchs mit Gefäßfehlbildungen.

Ät: Embryonale Entwicklungsstörung.

Sy: Meist im Bereich einer Extremität (Quadrantensyndrom) ausgeprägter Naevus flammeus mit varikösen Venektasien, Weichteil- und Knochenhypertrophie. Kreislaufkomplikationen durch arteriovenöse Fisteln möglich.

Dg: Sonographie.

Th: Kompression, ggf. Unterbindung arteriovenöser Fisteln.

Kranzfurchen-Lymphangitis

Syn: Nichtvenerische sklerosierende Lymphangitis.

Def: Thrombotisch-fibrosierende Entzündung von Gefäßen der Kranzfurche mit Spontanheilung.

Ät und *Pathog:* Traumatische Auslösung.

Sy: Oberflächlich gelegene, geschlängelte, derbe hautfarbene Gefäßstränge im Bereich der Kranzfurche. Spontane Abheilung innerhalb einiger Wochen.

Th: Aufklärung über Spontanheilungstendenz.

Larva migrans

Def: Parasitose durch Nematoden oder durch Fliegenlarven mit charakteristischen bizarren geröteten Gängen.

Ät: Die Larven entwickeln sich im Tierkot und dringen perkutan in die Haut.

Sy: Girlandenförmige erythematöse, teils unregelmäßig gewundene Linien mit täglicher Progredienz. Starker Juckreiz, zumeist an den unteren Extremitäten lokalisiert.

Dg: Histologie.

Th: Systemische Verabfolgung von Tiabendazol; evtl. Vereisung der Larve am Gangende.

Leishmaniose

Definition und Formen

Durch Leishmanien (Protozoen) hervorgerufene Hautkrankheit. Vorkommend in warmen Ländern; Übertragung durch Sandmükken von Tier zu Mensch.

Drei verschiedene Leishmaniaarten rufen drei verschiedene Krankheiten hervor:

- Leishmania tropica: kutane Leishmaniose, Orientbeule,
- Leishmania donovani: Kala-Azar;
- Leishmania brasiliensis: kutane amerikanische Leishmaniose.

Die in Deutschland meistgesehene Form ist die kutane Leishmaniose (Orientbeule).

Kutane Leishmaniose

Syn: Orientbeule, Aleppobeule.

Def: Durch Leishmania tropica hervorgerufene Hauterkrankung; Auftreten vorwiegend im Mittelmeerraum, in den Tropen und Subtropen.

Ät und *Pathol:* Überträger ist die Sandfliege. Die Krankheitserscheinungen sind abhängig von der Virulenz der Erreger und der immunologischen Reaktionslage des Infizierten.

Sy: Auftreten eines geröteten Knotens, vorwiegend an unbedeckten Körperpartien, ulzeröser Zerfall, Krustenauflagerung. Gewöhnlich nach einem Jahr Spontanheilung unter Narbenbildung. Bei 10% der Erkrankten rezidivierender Verlauf mit lupoiden Knoten, meist in Narbennähe, mit ausgesprochener Neigung zur Chronizität.

Dg: Histologie, Erregernachweis.

DD: Syphilitischer Primäraffekt, Ekthym, tuberkulöser Primäraffekt, Lupus vulgaris, tuberkuloide Lepra.

Th: Systemische Behandlung mit Glucantim (Antimonat) oder Antimalariamitteln; Kryotherapie.

Lentigo maligna

Syn: Melanosis circumscripta praecancerosa (praeblastomatosa), Morbus Dubreuilh, melanotische Präkanzerose.

Def: Prämaligne Hautveränderung mit sehr langsamem Wachstum und Proliferation atypischer Melanozyten innerhalb der Epidermis.

Ät: Wahrscheinlich Folge langanhaltender Lichtexposition.

Sy: In Hautniveau gelegene Hyperpigmentierung mit unterschiedlich intensiven Brauntönen, teilweise fleckig angeordnet, mit bogiger Begrenzung.

Dg: Histologie.

DD: Oberflächlich spreitendes Melanom.

Th: Exzision, Röntgenbestrahlung.

Leukoplakie

Def: Umschriebene weißliche Hautveränderung an Schleimhäuten und Übergangsschleimhäuten.

Ät: Entstehung durch chronische, exogen-irritative Einwirkungen.

Sy:

- Leucoplakia simplex: plane homogene, wenig infiltrierte, scharf abgesetzte, weißliche Verfärbungen;
- Leucoplakia verrucosa: unregelmäßige warzige Oberfläche, tastbare Infiltration, fließender Übergang zum Karzinom.

Dg: Histologie.

Th: Ausschaltung der Noxe, ggf. systemisch Etretinat, Exzision, Kryotherapie.

Lichen ruber planus

Def: Relativ häufige papulöse Hauterkrankung mit typischer Histologie.

Ät: Virale, autoimmunologische und psychosomatische Faktoren werden diskutiert.

Sy: Meist zahlreiche polygonale Papeln von lividem Farbton mit plateauförmiger Oberfläche. Nach Benetzung mit Xylol oder Öl wird das „Wickham-Phänomen" sichtbar, wobei es sich um eine weißlich-streifige Zeichnung innerhalb des Herdes handelt. Meist starker Pruritus. Prädilektionsstellen sind die Unterarmbeugeseiten. Schleimhautbefall häufig; hier keine Papeln, sondern netzige bzw. farnkrautartige, weißliche Zeichnung oder Erosion.

Dg: Histologie.

DD: Lichenoide Arzneiexantheme.

Th: Örtlich glucocorticosteroid- und teerhaltige Externa sowie Vitamin-A-Säure. Bei ausgeprägten Erosionen der Schleimhäute systemisch Etretinat bzw. 13-cis-Retinsäure, ggf. systemisch Glucocorticoide.

Lichen sclerosus et atrophicus

Def: Zu Depigmentierung und Atrophie führende fleckige Hautkrankheit, vorzugsweise an Penis und Vulva.

Ät: Unbekannt. Erniedrigte Testosteronspiegel werden diskutiert.

Sy: Im Genitalbereich weißlich-atrophische Herde mit deutlicher narbiger Schrumpfung in den späteren Stadien. Meist Juckreiz. An der freien Haut porzellanfarben-weißliche Herde mit glatt-atrophischer Oberfläche sowie follikulären Keratosen; selten hämorrhagische Blasenbildung.

Dg: Histologie.

DD: Zirkumskripte Sklerodermie.

Th: Intraläsionale Injektion mit verdünnter Glucocorticoid-Kristallsuspension; Zirkumzision; glucocorticoid-, östrogen- und testosteronhaltige Externa.

Lichtdermatose, polymorphe

Def: Durch Sonneneinwirkung, meist im Frühjahr auftretende Dermatose mit polymorphen Hautveränderungen.

Ät: Ungeklärt; möglicherweise photoallergische Reaktion bei unbekannten Antigenen.

Sy: An belichteten Körperpartien von Patient zu Patient polymorphe, beim einzelnen Patienten jedoch monomorphe Hauterscheinungen in Form von geröteten Papeln, Papulovesikeln auf erythematösem Grund, urtikariellen Herden sowie dem Erythema exsudativum multiforme ähnlichen Veränderungen und Seropapeln.

Dg: Anamnese; Provokation mit UVA-Licht.

DD: Erythema exsudativum multiforme.

Th: Chloroquin, langsame Lichtgewöhnung mit künstlichen Bestrahlungsquellen, Lichtschutzmittel, lokal glucocorticoidhaltige und austrocknende Externa.

Lichtreaktion, persistierende

Def: Schwerste Form der Photoallergie mit Neigung zur Persistenz.

Ät und *Pathog:* Entwicklung aus einer Photokontaktallergie mit Neigung zu Persistenz, auch nach Ausschaltung der Noxe.

Sy: An lichtexponierten Hautpartien flächenhafte ekzematöse Hauterscheinungen, gelegentlich mit starker Infiltration, manchmal Streuherde an bedeckten Körperpartien.

Dg: Anamnese, Lichttestung.

Th: PUVA-Therapie; Lichtschutz; glucocorticoidhaltige Externa.

Lingua geographica s. Exfoliatio areata linguae

Lipom

Def: Umschriebene gutartige Fettgewebshypertrophie, solitär oder multipel auftretend.

Sy: Weicher subkutaner Tumor mit Pseudofluktuation, gelappt. Manchmal schmerzhafte Sensationen.

Dg: Histologie.

DD: Epidermale Zysten.

Th: Ggf. Exzision.

Livedo racemosa

Syn: Livedo reticularis des angloamerikanischen Schrifttums.

Def: Persistierende netzförmige, bizarre Erytheme.

Ät: Durch Vaskulitis bedingte Stauung in Kapillaren und kleinen Venen. Auftreten idiopathisch oder bei Autoimmunkrankheiten, Paraproteinämien, Thrombozythämien.

Sy: Livide bizarre, streifig-netzige persistierende Zeichnungen, vorzugsweise an Gesäß und Extremitäten. Selten Ulzeration. Gelegentlich zerebrale Manifestation mit Gefahr der Apoplexie.

Dg: Histologie.

DD: Cutis marmorata.

Th: Antiphlogistika, ggf. Glucocorticosteroide, Antikoagulantien.

Lupus erythematodes chronicus discoides

Def: Chronische fleckige Hauterkrankung im Gesicht mit Neigung zu Atrophie.

Ät: Wahrscheinlich Autoimmunkrankheit mit genetischer Prädisposition.

Sy: Vorzugsweise im Gesicht und am behaarten Kopf auftretende persistierende fleckförmige, elevierte Erytheme mit zentraler festhaftender Schuppung, follikulärer Keratose, Hyperästhesie und Atrophie.

Dg: Histologie, direkte Immunfluoreszenz.

DD: Keratosis actinica.

Th: Innerlich Chloroquin. Äußerlich intraläsionale Injektion von verdünnter Glucocorticosteroid-Kristallsuspension, glucocorticoidhaltige Dermatika, Kryotherapie.

Lupus erythematodes subacutus cutaneus

Syn: Lupus erythematodes chronicus superficialis disseminatus.

Def: Disseminierte, meist symmetrisch auftretende Hauterscheinungen mit wahrscheinlich erhöhtem Risiko zur systemischen Mitbeteiligung.

Sy: Zahlreiche disseminierte kleinfleckige, scharf begrenzte Erytheme ohne Vernarbung im Gesicht, am oberen Thorax und an den Armen.

Dg: Histologie; serologisch antinukleäre Antikörper häufig und seltener Anti-DNS-Antikörper nachweisbar.

DD: Lichtprovozierte Psoriasis vulgaris.

Th: Systemisch Chloroquin, ggf. Immunsuppressiva, äußerlich glucocorticosteroidhaltige Externa.

Lupus erythematodes systematisatus

Syn: Systemischer Lupus erythematodes (SLE), Lupus erythematodes visceralis.

Def: Letale entzündliche Systemerkrankung mit Bildung verschiedenartiger Autoantikörper.

Ät: Letztlich unbekannt. Diskutiert werden virale, autoimmunologische und genetische Faktoren.

Sy: Fieber, Gelenkbeschwerden und Hauterscheinungen in Form uncharakteristischer Erytheme, vorzugsweise im Gesicht, sowie unterschiedlicher Exantheme im oberen Brust- und Rückenbereich. An den Akren Nagelfalzerytheme, Splitterhämorrhagien. Gelegentlich Livedo racemosa. Unterschiedliche interne Manifestationen; Nierenbeteiligung häufig.

Dg: Histologie mit direkter Immunfluoreszenz, serologisch Nachweis verschiedener Autoantikörper.

DD: Arzneimittelexantheme, Dermatomyositis.

Th: Systemisch Glucocorticoide, Immunsuppressiva, Zytostatika, örtlich glucocorticoidhaltige Dermatika.

Lupus vulgaris

Syn: Tuberculosis cutis luposa.

Def: Häufigste Form der Hauttuberkulose mit charakteristischem apfelgeleeartigem Infiltrat.

Ät: Postprimäre Hauttuberkulose, meist durch lymphogene oder hämatogene Erregeraussaat.

Sy: Meist solitäre bräunlich-rote Papel mit zunehmender Flächenausdehnung. Später zunehmende Schuppung, verruköse Oberfläche, Ulzeration.

Dg: Bei Diaskopie apfelgeleefarbenes kleinfleckiges Infiltrat sichtbar; positives Mandrinphänomen; Histologie; Erregernachweis.

DD: Sarkoidose.

Th: Systemisch Tuberkulostatika; Exzision.

Lyell-Syndrom, medikamentöses

Syn: Toxische epidermale Nekrolyse.

Def: Maximalvariante eines Arzneiexanthems mit ernster Prognose.

Ät und *Pathog:* Meist nach Arzneimittelzufuhr bei fieberhaften Infekten auftretend. Pathogenetisch werden angeborene Idiosynkrasie und das Shwartzman-Sanarelli-Phänomen diskutiert.

Sy: Plötzliches Auftreten von rasch konfluierenden Erythemen mit großflächiger Ablösung der Epidermis. Schleimhautbeteiligung.

Dg: Histologie.

Th: Intensivbehandlung wie Verbrennung; Glucocorticoide.

Lyell-Syndrom, staphylogenes

Syn: Dermatitis exfoliativa neonatorum Ritter von Rittershain.

Def: Durch Staphylokokkentoxin ausgelöste schwere Hautkrankheit, vorwiegend bei Kleinkindern.

Ät: Ablösung der Epidermis durch Staphylokokkenexotoxin.

Sy: Zunächst skarlatiniformes Exanthem, nach 24–48 Stunden großflächige Bildung schlaffer Blasen und flächenhafter Erosionen.

Dg: Histologie, Erregernachweis.

Th: Systemisch Antibiotika, äußerliche Pflege wie bei Verbrennung.

Lymphadenosis cutis benigna

Syn: Lymphozytom.

Def: Pseudolymphom der Haut.

Ät: Reaktives Lymphom durch Borrelia burgdorferi.

Sy: Meist solitärer Knoten von braun-rötlichem Farbton, manchmal lupoides Infiltrat. Prädilektionsstellen sind Ohrläppchen, Nase, Mamille.

Dg: Histologie, Borrelienserologie.

DD: Lymphom, Sarkoidose.

Th: Cephalosporine, Tetracycline systemisch.

Lymphocytic infiltration

Syn: Lymphocytic infiltration of the skin Jessner-Kanof.

Def: Pseudolymphom, meist im Gesicht lokalisiert.

Sy: Solitäres infiltriertes Erythem, platten- bzw. beetartig erhaben, manchmal zirzinär.

Dg: Histologie.

DD: Lymphome, Sarkoidose.

Th: Karenz der Noxe, Versuch mit Antimalariamitteln.

Lymphogranuloma venereum

Syn: Lymphogranulomatosis inguinalis.

Def: Sexuell übertragbare Krankheit durch Chlamydia trachomatis.

Ät: Erreger ist Chlamydia trachomatis, Serotypen L1–L3.

Sy: Nach Inkubationszeit von 2–6 Wochen und länger Auftreten eines Bläschens oder einer Papel mit Erosion und Ulkus, häufig unbemerkt. Abheilung nach 14 Tagen. Gleichzeitig oder nachfolgend einseitiges Anschwellen regionärer Lymphknoten mit Entzündungszeichen. Beteiligung der Anorektal- und Iliakallymphknoten. Abheilung unter Fistel- und Narbenbildung.

Dg: Erregernachweis, serologischer Nachweis von Chlamydienantikörpern.

Th: Tetracycline.

Lymphome, kutane maligne

Maligne kutane B-Zell-Lymphome

Def: Primäre oder sekundäre maligne Proliferation von Zellen der lymphatischen B-Zellreihe in der Haut.

Sy: Rötliche bis rötlich-braune Knötchen, Knoten oder mehr flächenhafte Infiltrate mit glatter Oberfläche, einzeln oder multipel vorkommend.

Dg: Histologie, Immunozytologie.

DD: Pseudolymphome, Sarkoidose.

Th: Systemische Zytostatika.

Maligne kutane T-Zell-Lymphome s. Mycosis fungoides und Sézary-Syndrom

Mariske

Syn: Analfalte.

Def: Hautfalte am anokutanen Übergang.

Ät: Meist idiopathisch, seltener am distalen Ende einer Analfissur, postpartal.

Sy: Indolenter, manchmal derber Hautlappen am anokutanen Übergang, solitär oder multipel.

DD: Perianalvenenthrombose.

Th: Abtragung in Lokalanästhesie.

Mastozytom

Def: Umschriebene kutane Mastzellenhyperplasie.

Sy: Auftreten bei Geburt oder in der Kindheit, seltener bei Erwachsenen. Es handelt sich um solitäre oder multiple, meist flache Infiltrate von braun-rotem bis gelb-bräunlichem Farbton. Gelegentlich Blasenbildung, Juckreiz.

Dg: Bei mechanischem Reiben urtikarielle Schwellung.

Th: Häufige Spontanregression berechtigt zum abwartenden Verhalten. Bei Flush-Symptomatik Exzision.

Melanodermitis toxica

Def: Entzündlich bedingte Hyperpigmentierung in lichtexponierten Arealen.

Ät: Meist phototoxische Kontaktreaktion durch Kosmetika, Teerprodukte.

Sy: Nach Erythemen in lichtexponierter Lokalisation zunehmende Pigmentierung mit gräulich-bräunlichem Farbton.

Th: Meidung der Noxe, abdeckende Kosmetika.

Melanom, benignes juveniles,

s. Spitz-Nävus

Melanom, malignes

Syn: Schwarzer Hautkrebs.

Def: Maligner melanozytärer Tumor.

Ät und *Pathog:* Begünstigende Faktoren sind Licht, helle Komplexion, familiäre Belastung und Vorhandensein dysplastischer Nävi. Entstehung auf normaler Haut, auf einer Lentigo maligna und auf präexistenten, insbesondere kongenitalen Nävuszellnävi.

Sy: Meist tiefbraune bis blau-schwärzliche, oft unterschiedlich pigmentierte Tumoren mit großer morphologischer Vielfalt. Selten Pigmentfreiheit (amelanotisches Melanom). Verdachtskriterien sind: Sehr dunkler Farbton, Unterschiede in der Farbqualität, Auftreten von Regressionszonen, Größenzunahme, Juckreiz, Blutung.

Morphologisch werden folgende Typen unterschieden:

- superfiziell spreitendes Melanom (SSM),
- primär knotiges Melanom (NM),
- Lengito-maligna-Melanom (LMM),
- akral-lentiginöses Melanom (ALM).

Metastasierung erfolgt vorwiegend in regionäre Lymphknoten, Lunge, Gehirn, Leber, Haut und Knochen.

Eine günstige Prognose (90%ige Rezidivfreiheit nach 5 Jahren) besteht bei einer Tumordicke < 0,7 mm.

Dg: Histologie mit Bestimmung der prognostisch wichtigen Tumordicke nach Breslow.

DD: Nävuszellnävus, Naevus coeruleus, Spitznävus, pigmentiertes Basaliom.

Th: Exzision mit Sicherheitsabstand zwischen 1 und 3 cm je nach Tumordicke. Die Wertigkeit zahlreicher experimenteller adjuvanter Therapieverfahren, wie Immunmodulation (Interferon, Interleukin), hypertherme Extremitätenperfusion mit Zytostatika, prophylaktische Lymphknotendissektion, läßt sich noch nicht abschließend beurteilen. Beim Auftreten von Metastasen Exzision, Röntgenbestrahlung, Chemotherapie und Immunmodulation möglich, jedoch im Stadium der Fernmetastasierung meist nur von palliativer Wirkung.

Melanosis circumscripta praeblastomatosa (Dubreuilh) s. Lentigo maligna

Melkerknoten

Syn: Paravakzineknoten.

Def: Knötchenförmige virusbedingte Erkrankung bei Melkern.

Ät: Erreger ist ein spiralenförmiges Virus der Pockengruppe, das meist bei Kontakt mit Eutern infizierter Tiere auf die Hände übertragen wird.

Sy: Nach Inkubationszeit von 5–7 Tagen Auftreten solitärer oder multipler, meist erbsgroßer entzündlicher Knoten mit blauschwärzlicher Kuppe.

Dg: Histologie und elektronenmikroskopische Negativkontrastierung.

DD: Melkergranulationsknoten (Fremdkörpergranulom durch Tierhaare), Ecthyma contagiosum.

Th: Austrocknende Externa.

Melkersson-Rosenthal-Syndrom

Def: Syndrom bestehend aus Cheilitis granulomatosa, Fazialisparese und Lingua plicata.

Ät: Unbekannt.

Sy: Zuerst rezidivierende, später permanente Lippenschwellung mit Konsistenzvermehrung (Cheilitis granulomatosa), gelegentlich Schwellung der Wangen (Pareiitis granulomatosa), der Augenlider (Blepharitis granulomatosa), der Stirn (Metopitis granulomatosa) und des Gaumens (Uranitis granulomatosa). Meist einseitige periphere Fazialisparese. Verdickung der Zunge mit Furchenbildung.
Schubweiser, chronischer Verlauf. Spontanremission möglich.

Dg: Histologie.

Th: Versuch mit Diaminodiphenylsulfon, Immunsuppressiva, in schweren Fällen Corticoide. Bei hochgradiger Makrocheilie ggf. chirurgische Intervention.

Mikrosporie

Def: Durch Microsporumarten hervorgerufene Dermatophytose.

Sy:

- bei Infektion mit Microsporum canis oder Microsporum gypseum: disseminierte, kleinfleckige Erytheme mit scharfer Begrenzung am Stamm oder Extremitäten,
- bei Infektion mit Microsporum audouinii: kleinste multiple, pityriasiforme schuppende Herde mit Konfluenz mit geringem oder fehlendem Erythem. In den betroffenen Arealen mehlstaubartige Schuppung und abgebrochene Haare. Hohe Kontagiosität.

Dg: Erregernachweis durch Fluoreszenz mit der Wood-Lampe sowie im Kulturverfahren.

Th: Griseofulvin und Ketoconazol innerlich, antimykotische Externa.

Miliaria

Syn: Schweißfrieseln.

Def: Durch Verlegung der Schweißdrüsenausführungsgänge verursachte Schweißretention.

Ät: Verschluß der Schweißdrüsenausführungsgänge durch parakeratotische Verhornung, eiweißfällende Externa, hitzebedingte Quellung der Hornschicht und Bakterientoxine, starkes Schwitzen.

Sy:

- Miliaria cristallina: bis stecknadelkopfgroße, wasserklare pralle Bläschen mit äußerst dünner Decke;
- Miliaria rubra und Miliaria profunda: derbe hautfarbene Papeln und stabile Bläschen auf leicht gerötetem Grund, Pruritus.

Rückbildung innerhalb von Stunden oder Tagen.

Th: Vermeidung von starkem Schwitzen, austrocknende Externa.

Milien

Def: Sehr oberflächlich gelegene epidermale Zysten.

Ät: Idiopathische oder posttraumatische Verlagerung von Zellen des Stratum basale oder des intraepithelialen Akrosyringiums.

Sy: Weißliche stecknadelkopfgroße, kugelige Zysten, insbesondere orbital und periorbital sowie in Verbrennungsnarben und in Läsionen von Epidermolysis bullosa, Porphyria cutanea tarda und bullösem Pemphigoid an jeder beliebigen Körperstelle vorkommend.

Th: Ausdrücken nach Anritzen mit dem Skalpell.

Molluscum contagiosum

Syn: Dellwarzen.

Def: Durch Viren bedingte papulöse Hautkrankheit.

Ät: Erreger ist ein DNA-Virus der Pockengruppe.
Sy: Multiple, der Haut aufsitzende hautfarbene, meist glasstecknadelkopfgroße Knötchen mit zentraler Eindellung. Gelegentlich entzündliche Reaktion der Umgebung.
Dg: Histologie.
Th: Exkochleation.

Mondor-Krankheit

Syn: Strangförmige Phlebitis.
Def: Subkutane, oberflächliche sklerosierende Endophlebitis unbekannter Ursache im Bereich der V. thoracoepigastrica.
Ät: Unbekannt. Gelegentlich im Zusammenhang mit Traumen und Tumoren sowie Fokalinfekten auftretend.
Sy: An der seitlichen Brustwand entsprechend der Vene verlaufender, stricknadel- bis bleistiftdicker, derber Strang. Spontanremission möglich.
Dg: Histologie.
Th: Ggf. Sanierung der Ursache, Versuch mit Antiphlogistika.

Morphäa s. Sklerodermie, zirkumskripte

Morsicatio buccalis

In Höhe des Zahnschlusses verlaufende Kauschwiele der Wangenschleimhaut.

Mycosis fungoides

Def: Kutanes T-Zell-Lymphom der Haut.
Ät: Unbekannt. Virus- und immunologische Genese werden diskutiert.
Sy:

- Stadium 1: ekzematoide fleckige Erytheme mit Pruritus;
- Stadium 2: zunehmende Infiltration einzelner Erytheme, Lichenifikation;
- Stadium 3: Entstehung von Knoten und Tumoren;
- Stadium 4: zusätzliche Beteiligung der Lymphknoten;
- Stadium 5: zusätzliche Beteiligung der Lymphknoten und innerer Organe.

Dg: Histologie.
DD: In frühen Stadien Ekzem.
Th: PUVA-Behandlung, Röntgenbestrahlung, Glucocorticoide, Interferon, Zytostatika.

Mykoplasmeninfektion, genitale

Def: Durch die pleomorphen, zellwandlosen Bakterien Mycoplasma hominis und Ureaplasma urealyticum hervorgerufene genitale Infektionen.
Sy:

- Ureaplasma urealyticum: nach einer Inkubationszeit von 7–21 Tagen Auftreten von Urethritis mit urethralem Fluor und Dysurie, durch aufsteigende Infektion Prostatitis möglich;
- Mycoplasma hominis: durch Aufsteigen dieses vaginalen Kommensalen akute Bekkenentzündung sowie unter der Geburt bzw. beim Abort durch Einschwemmung in die Blutbahn Fieber post partum bzw. post abortum möglich.

Dg: Erregernachweis im Kulturverfahren.
DD: Urethritis durch Neisseria gonorrhoeae oder Chlamydia trachomatis.
Th: Systemische Antibiotikabehandlung, in erster Linie Doxycyclin.

Myxoedema circumscriptum praetibiale

Def: Prätibiale dermale Muzinose, meist im Zusammenhang mit Hyperthyreose.
Ät: Anreicherung mesenchymaler interfibrillärer Grundsubstanzen, wahrscheinlich als Folge der Wirkung thyreotroper Hormone.
Sy: Gelbliche, prätibiale, meist symmetrische, kissenartige Ödeme mit trichterförmig eingesunkenen Follikelöffnungen.
Dg: Histologie.
Th: Behandlung der Grundkrankheit.

Nävus

Definition und Formen

Umschriebene, meist nicht erbliche Fehlbildung auf dem Boden einer embryonalen Entwicklungsstörung, die erst im Laufe des Lebens manifest zu werden braucht. Man unterscheidet Pigmentzellnävi, Nävuszellnävi und organoide Nävi.

Naevus anaemicus

Def: Angeborene Hypoplasie oberflächlicher Hautgefäße.
Sy: Meist isolierter weißer Fleck, bei dem sich durch Reiben keine oberflächliche Hyperämie erzeugen läßt.

Naevus araneus

Syn: Spider naevus.
Def: Umschriebene sternförmige Teleangiektasie mit zentraler Arteriole.
Sy: In Ein- oder Mehrzahl am Gesicht oder Oberkörper vorkommende Fleckbildungen, bestehend aus einem zentralen Gefäß mit

sternförmig ausstrahlenden Teleangiektasien. Vermehrtes Vorkommen bei Lebererkrankungen und Karzinoidsyndrom.
Th: Lasertherapie, Elektrokoagulation.

Naevus coeruleus

Syn: Blauer Nävus.
Def: Blau-schwarzes Knötchen durch dermale Aggregation von Melanozyten.
Sy: Meist solitäres blaugraues Knötchen mit glatter Oberfläche; gutartig, maligne Entartung sehr selten.
Dg: Histologie.
DD: Malignes Melanom, Schmutztätowierung.
Th: Exzision.

Dysplastischer Nävus

Def: Histologisch atypischer Nävuszellnävus.
Sy: Entzündlicher, rötlicher Farbton, unregelmäßige Begrenzung, ungleichmäßige Pigmentierung und Wachstum können auf das Vorliegen eines dysplastischen Nävuszellnävus hinweisen.
BK-mole-Syndrom: Familiäres Vorkommen multipler dysplastischer Nävi (BK = Initialen des erstbeschriebenen Patienten).
Dg: Histologisch atypische Melanozytenhyperplasie mit Einzelveränderungen, die auch beim malignen Melanom vorkommen.
DD: Malignes Melanom.
Th: Exzision.

Naevus flammeus

Syn: Naevus vinosus, Feuermal.
Def: Hamartom von oberflächlichen Blutgefäßen.
Sy: Angeborener oder in den ersten Lebenstagen auftretender roter Fleck ohne Wachstumstendenz. Bei medialer Lokalisation Rückbildung möglich. In fortgeschrittenem Alter kann eine planotuberöse Umwandlung auftreten. Symptom vom Hippel-Lindau-Syndrom, Klippel-Trénaunay-Syndrom und Sturge-Weber-Syndrom.
Th: Laserbehandlung, kosmetische Abdeckung.

Naevus sebaceus

Def: Epitheliales Hamartom mit Vermehrung von Adnexstrukturen.
Sy: Flach erhabener gelblich-bräunlicher, manchmal papillomatöser Tumor, vorwiegend am Kapillitium. Selten Assoziation mit neurokutanen Syndromen. In ca. 30% Entwicklung von Basaliomen, seltener Karzinomen.
Dg: Histologie.
DD: Nävuszellnävus.
Th: Exzision.

Sutton-Nävus

Syn: Halonaevus.
Def: Nävuszellnävus in Regression mit entzündlicher Infiltration.
Sy: Nävuszellnävus mit umgebendem depigmentiertem Randsaum. Repigmentierung möglich.
Dg: Histologie.
Th: Nicht erforderlich.

Naevus verrucosus

Epidermaler Nävus mit verruköser Oberfläche und schmutzig-grauer Farbe.

Nävuszellnävus

Def: Fleckförmige, papulöse oder papillomatöse Bildungen, hautfarben oder pigmentiert, durch Aggregation von Nävuszellen in der Epidermis und der Dermis.
Sy: Meistens in Kindheit und Jugend auftretende hautfarbene bis dunkelbraune Flecken oder Papeln, manchmal von Terminalhaaren durchsetzt. Kongenitales Vorkommen möglich. Prognose insgesamt günstig, Umwandlung in ein Melanom jedoch möglich, insbesondere bei kongenitalen Nävuszellnävi.
Dg: Histologie.
DD: Malignes Melanom, Dermatofibrom, Verruca seborrhoica.
Th: Exzision von kongenitalen sowie von wiederholt irritierten Nävuszellnävi.

Spitz-Nävus

Syn: Benignes juveniles Melanom.
Def: Benigner melanozytärer Tumor mit charakteristischem epitheloid- und spindelzelligem Aufbau.
Ät: Sonderform des Nävuszellnävus.
Sy: Meist rötlich-braunes Knötchen von Erbsgröße, meist im Gesicht von Kindern. Multiples Vorkommen selten.
Dg: Histologie.
DD: Nävuszellnävus, malignes Melanom.
Th: Exzision.

Necrobiosis lipoidica

Def: Fleckförmige granulomatöse, zur Nekrobiose führende Entzündung der Haut.
Ät: Unbekannt; gehäuftes Vorkommen bei Diabetes mellitus.
Sy: Meist an den Unterschenkelstreckseiten vorkommende rötlich-bräunliche indu-

rierte Flecken mit gelblichen, manchmal atrophischen Arealen.

Dg: Histologie.

Th: Versuch mit Glucocorticoidexterna.

Neurodermitis atopica

Syn: Atopisches Ekzem, endogenes Ekzem.

Def: Chronische entzündliche Hauterkrankung auf dem Boden einer Atopie, häufig gemeinsam vorkommend mit allergischer Rhinokonjunktivitis und allergischem Asthma bronchiale.

Ät: Erbliche Dispositionskrankheit, wahrscheinlich polygen. Multifaktorielle Pathogenese: Erhöhte IgE-Spiegel, Defekte der zellulären Immunität, vegetative Dysregulation, psychische Faktoren.

Sy: Beginn ab 3. Lebensmonat mit nässenden, unscharf begrenzten Erythemen. Im Jugendalter meist im Bereich der Gelenkbeugen lichenifizierte Erytheme mit Pruritus. Im Erwachsenenalter mehr flächenhaftes Vorkommen, teilweise mit pruriginösen Knötchen. Allgemeine Sebostase, dyshidrosiforme Handekzeme häufig.

Dg: Lokalisation in den Gelenkbeugen, Familienanamnese, Nachweis der Sebostase, Erhöhung des IgE-Spiegels sowie gesteigerte Reaktivität bei intrakutanen Hauttests.

Th: Eine mehrschichtige Behandlung ist erforderlich. Im akuten Stadium in erster Linie glucocorticoidhaltige Externa, ansonsten teerhaltige, vorwiegend fettende Externa, Lichttherapie; intern Antihistaminika. Zusätzlich psychosomatische Behandlung, Klima- und Badetherapie sowie ggf. diätetische Maßnahmen.

Neurofibromatosis generalisata

Syn: Morbus Recklinghausen.

Def: Dominant vererbliche, nicht selten spontan auftretende neuroektodermale Systemerkrankung.

Sy: Haut: Multiple Café-au-lait-Flecke, Neurofibrome, Dermatochalasis, axilläre Epheliden.
Weiterhin Veränderungen am Skelett und Nervensystem sowie Störungen innerer Organe. Maligne Entartung möglich.

Dg: Familienanamnese.

Th: Exzision kosmetisch störender oder wachsender Tumoren. Genetische Beratung.

Onychomykose

Def: Pilzerkrankung von Nagelbett und Nagelplatte.

Ät: Durch Dermatophyten oder Hefepilze bedingte Nagelerkrankung. Begünstigend wirken Durchblutungsstörungen.

Sy: Distal beginnender und nach proximal fortschreitender Prozeß mit zunehmender Gelbverfärbung und Ausbildung subungualer Keratosen; Abhebung des Nagels vom Nagelbett; in schweren Fällen Onychodystrophie.

Dg: Erregernachweis im Nativpräparat und im Kulturverfahren.

DD: Idiopathische Onychodystrophie, Nagelpsoriasis.

Th: Nach chemischer Auflösung der Nägel oder Nagelextraktion innerliche und äußerliche antimykotische Behandlung.

Paget-Krankheit

Def: Intraepidermales Adenokarzinom der Brustdrüse mit klinisch ekzemähnlichem Bild.

Ät: Epidermotropes Karzinom der Milchdrüsenausführungsgänge.

Sy: Ekzemähnliches, flächenhaftes, flaches, meist einseitiges, scharf begrenztes, gerötetes Infiltrat im Bereich der Mamille und deren Umgebung. Sehr selten extramammäres Vorkommen im Bereich apokriner Schweißdrüsen.

Dg: Histologie.

DD: Mamillenekzem.

Th: Exzision weit im gesunden Gewebe; Vorgehen wie bei Mammakarzinom.

Parapsoriasis en plaques

Def: Chronisch entzündliche mehrherdige Hauterkrankung.

Ät: Unbekannt.

Sy:

- kleinfleckige Parapsoriasis (Morbus Brocq); vorwiegend in den seitlichen Partien des Stammes und den proximalen Extremitäten meist ovale gelblich-rötliche Flecke mit geringer Schuppung, meist nicht juckend;
- großfleckige Parapsoriasis: unterschiedlich große, helle Erytheme mit wenig Schuppung und mäßigem Juckreiz, Lokalisation meist in Schulter- und Beckengürtel sowie proximalen Extremitäten.

Gutartiger Verlauf; bei der großfleckigen Form Übergang in Mycosis fungoides möglich.

Dg: Histologie.

DD: Ekzematide, Mycosis fungoides.

Th: Lichtbehandlung (SUP, PUVA).

Pediculosis capitis

Def: Befall durch Kopfläuse.

Ät: Übertragung von Mensch zu Mensch.

Sy: Meist im Kapillitium, selten im Bart- oder Schamhaarbereich urtikarielle, stark juckende Papeln mit bakterieller Superinfektion, Ekzematisation, gelegentlich Lymphadenitis. An den Haaren festhaftende Nissen.

Dg: Nachweis von Nissen oder Läusen.

DD: Ekzem.

Th: Äußerliche Behandlung mit Insektiziden (z.B. Hexachlorcyclohexan); Entfernung der Nissen durch Essigwaschungen und Läusekamm.

Pediculosis pubis

Syn: Phthiriasis.

Def: Befall durch Filzläuse.

Ät: Übertragung von Mensch zu Mensch.

Sy: Vorwiegend in der Schambehaarung Juckreiz, Nissen am Haarschaft sowie sich bewegende Läuse, seltener Exkoriationen. Gelegentlich bis markstückgroße blaugraue Flecke (Maculae coeruleae) am unteren Stamm und an den Oberschenkeln.

Dg: Nachweis von Nissen oder Läusen.

Th: Äußerlich Insektizide (z.B. Hexachlorcyclohexan).

Pediculosis vestimentorum

Def: Befall durch Kleiderläuse.

Ät: Übertragung von Mensch zu Mensch.

Sy: Pruritus, Kratzeffekte, Exkoriationen und Ekzematisation am gesamten Integument.

Dg: Nachweis von Nissen und Läusen in der Wäsche.

DD: Ekzem.

Th: Desinfektion der Wäsche.

Pemphigoid, bullöses

Syn: Alterspemphigus.

Def: Autoimmunkrankheit der Haut mit subepidermaler Blasenbildung.

Ät und *Pathog:* Fixierung von IgG und Komplement im Bereich der Basalmembran durch eine immunologische Reaktion mit Antigenen der Lamina lucida.

Sy: Auftreten von Blasen auf geröteten Hautarealen oder auch auf normaler Haut. Hämorrhagische Blasenbildung häufig. Nach Rupturierung unter Hyperpigmentierung abheilende Erosionen. In ca. 20–30% der Fälle Mitbeteiligung der Mundschleimhaut. Chronisch-rezidivierender Verlauf.

Dg: Histologie, Immunhistologie, Nachweis zirkulierender Antibasalmembran-Antikörper.

DD: Pemphigus vulgaris, Dermatitis herpetiformis Duhring.

Th: Systemisch Glucocorticoide und Immunsuppressiva, örtlich Glucocorticoidexterna.

Pemphigus vulgaris

Def: Autoimmunkrankheit der Haut mit intraepidermaler Blasenbildung.

Ät und *Pathog:* Akantholyse durch immunologische Reaktion zwischen Autoimmunantikörpern und Strukturproteinen im Bereich der Interzellularsubstanz der Epidermis.

Sy: Beginn häufig mit chronischen Erosionen der Mundschleimhaut. Auf normal erscheinender Haut wasserklare Blasen und Erosionen. Abheilung mit Hyperpigmentierung.

Dg: Histologie, Immunhistologie, Nachweis von antiepidermalen Antikörpern im Serum, Verschieblichkeit der obersten Epidermisschicht (Nikolski-Phänomen I) und Möglichkeit zum seitlichen Weiterdrücken der Blase (Nikolski-Phänomen II).

DD: Bullöses Pemphigoid, Dermatitis herpetiformis Duhring.

Th: Systemisch Glucocorticoide und Immunsuppressiva; örtlich Glucocorticoidexterna.

Perniones

Syn: Frostbeulen.

Def: Reversible schmerzhafte entzündliche Schwellungen bei Kälteeinwirkung und Vorliegen funktioneller Gefäßstörungen.

Ät: Auslösende Faktoren sind Feuchtigkeit, Kälte und eine gestörte Gefäßfunktion.

Sy: Umschriebene, unscharf begrenzte, teigig-ödematöse Erytheme mit lividem Farbton. Bei Erwärmung schmerzhaftes Brennen und Juckreiz.

Dg: Anamnese.

DD: Lupus erythematodes chronicus.

Th: Innerlich und äußerlich durchblutungsfördernde Präparate, Kälteschutz.

Pityriasis lichenoides chronica

Syn: Parapsoriasis guttata.

Def: Chronische exanthematische, papulosquamöse Hauterkrankung.

Ät: Unbekannt, möglicherweise infektallergisch bedingt.

Sy: Disseminiertes Auftreten von kleinfleckigen, blaßroten Erythemen, teilweise mit leichter Infiltration und oblatenartiger Schuppung. Chronischer Verlauf.
Dg: Nachweis der oblatenartigen Schuppung.
DD: Kleinfleckige Psoriasis vulgaris, sekundäre Syphilis.
Th: Lichttherapie, glucocorticoidhaltige Externa; Versuch einer systemischen Penicillinbehandlung.

Pityriasis lichenoides et varioliformis acuta
Syn: Morbus Mucha-Habermann.
Def: Akut oder subakut verlaufende Hauterkrankung mit nekrotisierender Vaskulitis.
Ät: Unbekannt, möglicherweise infektallergisches Geschehen.
Sy: Vor allem am Rumpf schubweise auftretende kleinfleckige Erytheme, zum Teil mit zentraler hämorrhagischer Nekrose. Diskrete Schuppung.
Dg: Histologie.
DD: Varizellen.
Th: Glucocorticoidexterna, Versuch einer Lichttherapie. Innerlich Versuch mit Antibiotika. Sanierung von Fokalinfekten.

Pityriasis rosea
Syn: Röschenflechte.
Def: Akute entzündliche Hauterkrankung mit typischen erythematosquamösen Effloreszenzen und zeitlich begrenztem Verlauf.
Ät: Unbekannt; eine Virusinfektion wird diskutiert.
Sy: Beginn mit einem meist münzgroßen ovalen, randbetonten Erythem (Primärplaque); nach einigen Tagen disseminiertes Auftreten kleinerer randbetonter Herde mit halskrausenartiger Schuppung. Anordnung zumeist entlang der Spaltlinien der Haut. Begrenzung auf Stamm, Hals und proximale Extremitäten. Wenig Juckreiz, Selbstheilung meist innerhalb von 5 Wochen.
Dg: Klinisch.
DD: Bei Bedarf niedrigpotente Corticoidexterna.

Pityriasis versicolor
Def: Oberflächliche Pilzerkrankung der Haut.
Ät: Erreger ist der Pilz Malassezia furfur (Pityrosporum ovale); Begünstigung durch Schwitzneigung und Seborrhö.
Sy: Meist am Oberkörper vorkommende kleinfleckige Herde mit bräunlicher kleieförmiger Schuppung, konfluierend. Bei sonnengebräunten Patienten weißlich hypopigmentierte Herde, durch die depigmentierende Wirkung der Mikroorganismen bedingt (Pityriasis versicolor alba).
Dg: Auslösung des Hobelspanphänomens durch Holzspatel, Erregernachweis im Nativpräparat.
DD: Vitiligo.
Th: Antimykotische Externa; Mitbehandlung des behaarten Kopfes notwendig.

Porphyria cutanea tarda
Def: Hepatische Porphyrie mit charakteristischen Hautveränderungen.
Ät und *Pathog:* Vermehrte Bildung von Uro- und Heptaporphyrin, gelegentlich hereditär oder symptomatisch bei Alkoholabusus, chronischen Lebererkrankungen und verschiedenartigen Medikamenten. Die Hautveränderungen entstehen durch die photosensibilisierende Wirkung der Porphyrine.
Sy: An lichtexponierten Hautarealen nach geringen mechanischen Traumen auftretende, zum Teil hämorrhagische Blasen und Erosionen. Abheilung unter atrophischen Narben. Milienbildung häufig. Begleitsymptome sind Melanose, Hypertrichose und Gesichtszyanose sowie aktinische Elastose.
Dg: Bierbrauner Urin mit rötlicher Fluoreszenz, Nachweis von Uro-, Hepta- und Koproporphyrin. Nachweis von Koproporphyrin im Stuhl und Uroporphyrin im Serum.
DD: Porphyria-cutanea-tarda-artige Hautveränderungen bei Langzeithämodialyse.
Th: Wiederholte Aderlässe, Chloroquin, Vermeidung porphyrinogener Noxen (Alkohol, Medikamente, orale Kontrazeptiva). Äußerlich Lichtschutz und Vermeidung von Traumatisierungen.

Pringle, Morbus s. Adenoma sebaceum

Prurigo simplex subacuta
Syn: Strophulus adultorum.
Def: Subakute bis chronische, durch Seropapeln gekennzeichnete Dermatose.
Ät: Meist ungeklärt, gelegentlich Zusammenhänge mit Grunderkrankungen wie Diabetes mellitus, Lebererkrankungen, Nierenstörungen, Gravidität und Neoplasien gegeben.
Sy: Vorzugsweise im Bereich des Schultergürtels, seltener an den Außenseiten der Oberschenkel lokalisierte Seropapeln. Juckreiz sistiert oft nach Zerkratzen, weswegen häufig nur zerkratzte Primäreffloreszenzen

sichtbar sind. Narbige Abheilung mit Hyperpigmentierung, manchmal zentral depigmentiert.

Dg: Juckreiz, Anamnese, Histologie.

DD: Ekzem, Dermatitis herpetiformis Duhring, Skabies.

Th: Sanierung von Grunderkrankungen; äußerlich glucocorticoid- und teerhaltige Externa; Lichtbehandlung.

Pseudoxanthoma elasticum

Syn: Grönblad-Strandberg-Syndrom.

Def: Seltene angeborene Systemerkrankung des elastischen Bindegewebes.

Ät: Degeneration und Fragmentierung elastischer Bindegewebsfasern mit unterschiedlichem Vererbungsmodus.

Sy: Leicht erhabene Papeln von blaß-gelblicher Farbe in streifen- bis netzförmiger Anordnung, vorzugsweise an den Halsseiten und den Gelenkbeugen auftretend. Am Augenhintergrund peripapilläre, radiäre, gefäßähnliche Streifen („angioid streaks"), arterielle Hypertonie und Arteriosklerose. Langsam chronisch-progredienter Verlauf.

Dg: Histologie.

Th: Nicht möglich.

Psoriasis vulgaris

Normales Krankheitsbild

Syn: Schuppenflechte.

Def: Entzündliche Hauterkrankung auf der Basis einer vererbten Disposition.

Ät: Hereditäre polygene Erkrankung, die durch Provokationsfaktoren, wie exogene Reizung, Infektionskrankheiten, Medikamente, Alkohol und psychische Faktoren, manifest werden kann.

Sy: Scharf begrenzte, konfluierende erythematosquamöse Effloreszenzen mit Bevorzugung der Ellenbogen, der Knie und der Sakralregion. An den Fingernägeln bei 30–50% kleinste Einsenkungen (Tüpfelnägel), Onycholyse oder Ölflecke (subunguale Manifestation der Psoriasis) sowie Krümelnägel vorkommend.
In ca. 5% Gelenkbeteiligung (Psoriasis arthropathica).

Psoriasis pustulosa generalisata (von Zumbusch)

Maximalvariante der Psoriasis vulgaris mit hohem Eruptionsdruck.

Psoriasis pustulosa palmoplantaris

Syn: Psoriasis pustulosa Königsbeck-Barber.

Def: Variante der Psoriasis mit Pustulation an Handtellern und Fußsohlen.

Dg: Histologie, Auslösbarkeit von Psoriasisphänomenen (Kerzenphänomen, Phänomen des letzten Häutchens, Auspitz-Phänomen).

DD: Ekzeme.

Th:

- äußerlich Dithranol, UV-Bestrahlungen, teerhaltige Externa, Glucocorticoide;
- intern Etretinat, in besonderen Fällen Glucocorticoide und Methotrexat.

Purpura pigmentosa progressiva

Syn: Morbus Schamberg.

Def: Chronische Dermatose mit kleinfleckiger Purpura.

Ät: Chronische hämorrhagische Kapillaritis meist ungeklärter Ursache. Mögliche auslösende Faktoren: Carbamide, Diazepame, Kontaktallergien (Textilien).

Sy: Meist an den Unterschenkeln vorkommende, unregelmäßig konfigurierte, bräunlich-rote Flecken mit randständigen, stippchenartigen Petechien und gelblich-bräunlichem Farbton.

Dg: Histologie.

Th: Karenz der auslösenden Noxe, Versuch mit niedrigpotenten Glucocorticoidexterna.

Purpura Schönlein-Henoch

Syn: Purpura rheumatica.

Def: Exanthematisches Krankheitsbild bei Vasculitis allergica mit Neigung zu Polymorphie.

Ät und *Pathog:* Als Auslöser werden diskutiert: Bakterielle und virale Infekte, möglicherweise in Kombination mit Medikamenten. Histologisch leukozytoklastische Vaskulitis mit Erythrozyten-Extravasaten. Ablagerung von Immunglobulinen (IgG, IgA) und Komplementbestandteilen (C3) in den Gefäßwänden.

Sy: Meist akuter Beginn mit grippalen Symptomen. Symmetrisches Exanthem, vorwiegend an den Streckseiten der Beine, bestehend aus punkt- bis markstückgroßen petechialen Blutungen, ggf. auch juckenden Urticae, urtikariellen Papeln und hämorrhagischen Bläschen. Polyarthralgien mit Gelenkschwellungen, in ausgeprägten Fällen hämorrhagische Nephritis oder hämorrhagische Entzündung im Darm mit Darmblutungen. Neigung zu Rückfällen; Remission innerhalb von Wochen bis Monaten möglich.

Dg: Histologie, Immunhistologie.
DD: Hämorrhagisches Arzneiexanthem.
Th: Ausschaltung von Infekten und Noxen (Medikamenten), systemisch Glucocorticosteroide.

Pustulose, subkorneale

Syn: Subkorneale pustulöse Dermatose (Sneddon-Wilkinson).
Def: Seltene chronisch-rezidivierende Dermatose mit primär pustulösen Hauterscheinungen, gelegentlich mit Paraproteinämie einhergehend.
Ät: Unbekannt.
Sy: Disseminierte pralle, später schlaffe gelbliche Pusteln mit schmalem entzündlichen Randsaum sowie krustenbedeckte Erosionen. Rezidivierender Verlauf. Abheilung oft unter Hyperpigmentierung.
Dg: Histologie.
DD: Psoriasis pustulosa, Pustulosis acuta generalisata.
Th: Diaminodiphenylsulfon (DADPS), Versuch mit aromatischem Retinoid, Glucocorticoidexterna.

Pustulosis acuta generalisata

Def: Akutes pustulöses Exanthem mit Selbstheilungstendenz.
Ät und *Pathog:* Infektallergische Genese, vor allem im Zusammenhang mit Medikamenten. Histologisch diskrete leukozytoklastische Vaskulitis.
Sy: Disseminierte Pusteln mit gerötetem Randsaum am gesamten Integument sowie oberflächliche Erosionen. Meist grippaler Allgemeinzustand. Spontanheilung meist nach wenigen Wochen.
Dg: Histologie, Immunhistologie.
DD: Psoriasis pustulosa, subkorneale Pustulose.
Th: Systemisch Glucocorticoide, Glucocorticoidexterna, austrocknende Behandlung.

Pustulosis palmaris et plantaris

Syn: Pustulöses Bakterid Andrews.
Def: Chronisch-rezidivierende Eruptionen von sterilen Pusteln an Handtellern und Fußsohlen.
Ät: Unbekannt; Beziehungen zu bakteriellen Infekten auf der einen und zu Psoriasis pustulosa palmoplantaris auf der anderen Seite werden gesehen.
Sy: Zunächst meist einseitiges, später doppelseitiges Auftreten von Pusteln an den Handinnenflächen und Fußsohlen. Schubweiser Verlauf mit Eintrocknung der Pusteln und Abschuppung.
Dg: Histologie.
Th: Glucocorticoidexterna, Photochemotherapie, Versuch mit Sulfonen, in schweren Fällen mit aromatischem Retinoid.

Pyoderma gangraenosum

Syn: Dermatitis ulcerosa.
Def: Umschriebene nekrotisierende Dermatose mit häufiger Assoziation zu anderen Erkrankungen.
Ät: Unbekannt; umschriebene nekrotisierende allergische Vaskulitis pathogenetisch wahrscheinlich bedeutungsvoll; keine Besiedelung der Ulzera sekundär.
Sy: Zunächst eine oder mehrere Pusteln mit gerötetem Randsaum mit zunehmender Einschmelzung und größer werdender Ulzeration. Nekrotischer Ulkusgrund und meist düsterrote schmerzhafte Geschwürränder. Häufige Koinzidenz mit malignen Lymphomen, Leukämien, monoklonalen Gammopathien, Colitis ulcerosa, Morbus Crohn, systemischem Lupus erythematodes.
Dg: Klinisch.
DD: Carcinoma spinocellulare, Ulzera bei arteriellen und venösen Durchblutungsstörungen.
Th: Sanierung von Begleitkrankheiten; intern Glucocorticosteroide, Immunsuppressiva, Diaminodiphenylsulfon (DADPS), Azulfidine, örtliche Wundbehandlung.

Quincke-Ödem s. Angioödem

Reiter-Syndrom

Syn: Morbus Reiter.
Def: Symptomenkomplex von Urethritis, Konjunktivitis, Arthritis; zusätzlich Balanitis circinata, psoriasiforme Hautveränderungen und andersartige Organmanifestationen möglich.
Ät und *Pathog:* Infektallergische Pathogenese möglich. Auslösende Rolle von Mikroorganismen wie Mykoplasmen, Chlamydien, Gonokokken und Viren wird diskutiert. Familiäre Häufung, insbesondere bei Patienten mit HLA-B27-Histokompatibilitätsantigen.
Sy: Urethritis, Arthritis meist der Knie- oder Fußgelenke, in ca. 50% Konjunktivitis, seltener Keratitis, Iritis und Uveitis. In ca. 10% psoriasiforme, manchmal schwielenartige oder auch pustulöse Hauterscheinungen mit Betonung der Finger und Zehen, gelegentlich Balanitis erosiva circinata. Auch

Myo-, Perikarditis, Pleuritis und Thrombophlebitis möglich.
Dg: Klinisches Gesamtbild, HLA-Typisierung.
Th: Antibiotische Behandlung der Urethritis, systemisch Glucocorticosteroide, in schweren Fällen aromatisches Retinoid oder Methotrexat.

Rhinophym

Syn: Pfundsnase.
Def: Hyperplasie von Bindegewebe und Talgdrüsenfollikeln sowie Gefäßerweiterungen an der Nase.
Ät: Unbekannt, meist im Verlauf einer Rosazea auftretend.
Sy: Wulstartige Auftreibung des Bindegewebes der Nase, hautfarben oder livid gerötet.
Dg: Klinik.
Th: Operative Abtragung, hochtourige Fräsung.

Rosazea

Def: Häufige chronische entzündliche zentrofaziale Dermatose.
Ät: Ungeklärt, Beziehungen zu Magen-Darm-Erkrankungen und Demodex-folliculorum-Milben werden diskutiert.
Sy: Bevorzugt befallen sind Nase, angrenzende Wangenbereiche, Glabella und seltener Kinn.

- Stadium I: persistierende livide Erytheme und Teleangiektasien;
- Stadium II: livide Papeln, Papulopusteln und Pusteln;
- Stadium III: großflächige entzündliche Knoten und Infiltrate.

Zusätzlich Blepharitis, Konjunktivitis, Iritis, Iridozyklitis oder Keratitis möglich.
Dg: Histologie.
DD: Acne vulgaris, Dermatitis perioralis.
Th: Intern Tetracycline, in schweren Fällen 13-cis-Retinsäure. Äußerlich antiseborrhoische, antibiotische und austrocknende Zubereitungen.

Sarkoidose

Syn: Morbus Boeck.
Def: Granulomatöse Systemerkrankung mit Hautbeteiligung in ca. 20% der Fälle.
Ät: Unbekannt; Beziehungen zur Tuberkulose fraglich. Häufig Hemmung der zellulären Immunität mit negativer Tuberkulinreaktion.
Sy:

- Akute Sarkoidose (Löfgren-Syndrom): Akut einsetzende grippale Symptome, Erythema nodosum, akute Arthralgien bzw. Arthritis (häufig der Sprunggelenke), bihiläre Lymphadenopathie.
- Chronische Sarkoidose:
- Haut: Meist multiple, unterschiedlich große, bräunlich-rote Papeln oder Knoten, flach-infiltrierte, zirzinär begrenzte, randbetonte, braun-rote Plaques, selten subkutane, unterschiedlich große Knoten. Prädilektion: Gesicht, Extremitäten, Narben.
- Lunge: Bihiläre Lymphknotenvergrößerung, später Parenchymbeteiligung, schließlich Fibrose.
- Knochen: Röntgenologisch Ostitis multiplex cystoides Jüngling mit lamellärer Trabekelbildung in den Endphalangen, metakarpal oder metatarsal sowie charakteristischen kreisrunden Aufhellungen.
- Weitere extrakutane Manifestationen: Lymphknoten, Augen, Leber, selten andere Organe.

Dg: Unter Glasspateldruck lupoides Infiltrat nachweisbar; Histologie; herabgesetzte Tuberkulinempfindlichkeit; bei stärkerer Ausprägung Erhöhung von „angiotensin-converting enzyme" (ACE).
DD: Lymphom, Lupus vulgaris.
Th: Glucocorticoidexterna. Systemische Glucocorticoidbehandlung nur bei Progredienz interner Manifestationen.

Schleimretentionszyste

Def: Pseudozyste des Speicheldrüsenausführungsganges.
Ät: Traumatisch, meist Bißverletzung.
Sy: Meist an der Unterlippe auftretendes glasiges Knötchen.
Dg: Histologie.
Th: Exzision.

Schocksyndrom, toxisches

Def: Akut auftretende Erkrankung mit Schockfragmenten und Exanthem durch bakterielle Toxine.
Ät: Auslösend sind bakterielle Toxine, insbesondere von Staphylococcus aureus, meist bei Anwendung saugfähiger Tampons.
Sy: Hohes Fieber, Kreislaufstörung bzw. Schock, skarlatiniformes Exanthem, Enanthem und Konjunktivitis.
DD: Scharlach, Arzneiexanthem.

Th: Ausschaltung der Noxe, internistische Schockbehandlung.

Schwimmbadgranulom

Syn: Aquariumgranulom.

Def: Durch Infektion mit einem atypischen Mykobakterium hervorgerufene granulomatöse Hautreaktion.

Ät: Der Erreger, Mycobacterium marinum oder Mycobacterium ulcerans, dringt beim Baden oder Reinigen von Aquarien durch Bagatellverletzungen in die Haut ein.

Sy: Bevorzugt am Handrücken Auftreten eines livid-roten Knötchens mit keratotischer Oberfläche und gelegentlicher Ulzeration.

Dg: Histologie, Erregernachweis.

DD: Tuberculosis cutis verrucosa, Sporotrichose.

Th: Interne Behandlung mit Tetracyclinen, Cotrimoxazol; Exzision.

Seborrhö

Def: Gesteigerte Talgproduktion.

Ät: Meist genetisch bedingt.

Sy: Fettige Gesichtshaut und schnell fettende Haare. Prädisponierender Faktor für Acne vulgaris und Rosazea.

Th: Äußerlich alkoholische Lösung, Puder, synthetische Detergentien. Innerlich bei Frauen Antiandrogene und östrogenbetonte Kontrazeptiva.

Seborrhoisches Ekzem s. Ekzem.

Sebostase

Def: Trockenheit von Haut und Haaren.

Ät: Ätiologische Faktoren sind: Atopische Diathese, Ichthyosen, Alter, zu häufiges Waschen, Hypothyreose, Hämodialyse, chronischer Zinkmangel, Medikamente, Mangel von Vitamin A und Vitamin F, A-Hypervitaminose.

Sy: Trockenes Hautorgan, vorwiegend an den unteren Extremitäten und im Flankenbereich.

Th: Ggf. Behandlung der Grundkrankheit, Änderung der Waschgewohnheiten, fettende Externa.

Sézary-Syndrom

Def: Malignes T-Zell-Lymphom mit Erythrodermie und Lymphadenopathie.

Ät und *Pathol:* Ätiologie unbekannt; Proliferation von Sézary-Zellen (Lymphozyten mit charakteristischer Morphologie und funktionellen Eigenschaften von T-Helfer-Zellen).

Sy: Großflächige Erytheme mit Übergang in Erythrodermie, Pruritus, diffuse Alopezie, Onychodystrophie. Generalisierte Lymphknotenschwellung, Hepatosplenomegalie.

Dg: Nachweis von Sézary-Zellen im peripheren Blut und im Gewebe.

DD: Erythrodermien.

Th: Photochemotherapie, Ganzkörperbestrahlung mit schnellen Elektronen, Zytostatika.

Sharp-Syndrom

Syn: Mixed connective tissue disease.

Def: Autoimmunkrankheit mit Zügen des systemischen Lupus erythematodes, der progressiven Sklerodermie und der Dermatomyositis.

Ät: Autoimmunkrankheit unbekannter Ätiologie.

Sy:

- Haut: Ödem und Sklerose der Finger und Hände, Raynaud-Symptomatik, Hauterscheinungen wie bei Lupus erythematodes chronicus oder systematisatus, diffuse Alopezie;
- extrakutane Manifestationen: Myositis, interstitielle Lungeninfiltrate, Hypomotilität des Ösophagus;
- Allgemeinsymptome: Fieber, Arthralgien.

Dg: Serologisch Nachweis von Antikörpern gegen „extractable nuclear antigen“ (ENA) sowie antinukleärer Faktoren. Darüber hinaus, je nach Ausprägung, Veränderungen der Laborparameter wie bei Dermatomyositis oder Lupus erythematodes.

DD: Systemischer Lupus erythematodes, progressive Sklerodermie, Raynaud-Syndrom, Dermatomyositis.

Th: Glucocorticoide, Immunsuppressiva, Zytostatika.

Skabies

Syn: Krätze.

Def: Stark juckende Milbenerkrankung durch Acarus siro var. hominis (Sarcoptes scabiei).

Ät: Von Mensch zu Mensch übertragbare Kontaktparasitose mit Gangbildung durch die Weibchen in der unteren Hornschicht.

Sy: Juckreiz, besonders in der Bettwärme auftretend. An der Haut Knötchen, Milbengänge und Kratzeffekte, besonders interdigital, an Beugeseiten der Handgelenke, vorderen Achselfalten, Mammae, Penis, bei Säuglingen auch Hand- und Fußflächen.

Dg: Nachweis von Milben, Milbeneiern und Skybala im Nativpräparat.

DD: Pruriginöses Ekzem.

Th: Insektizide wie γ-Hexachlorcyclohexan, bei Säuglingen und Schwangeren Benzylbenzoat. Auskochen bzw. Reinigung der Wäsche.

Sklerodermie, progressive systemische

Syn: Diffuse Sklerodermie.

Def: Chronische, progrediente Systemerkrankung des Bindegewebes der Haut und der inneren Organe.

Ät und *Pathog:* Ursache unbekannt. Pathogenetische Teilfaktoren sind eine Vaskulopathie, eine Regulationsstörung der Kollagensynthese sowie Autoimmunphänomene.

Sy:

- Akrosklerodermie: an den Händen initial Raynaud-Syndrom, zunehmende Sklerodaktylie mit eingeschränkter Verschieblichkeit der Haut mit zunehmender Fibrose, Fingerspitzennekrosen und Beugekontrakturen;
- Gesicht: Mikrostomie, periorale radiäre Falten und verdicktes Zungenbändchen, verstrichene Gesichtshaut.
- Stammsklerodermie: vorzugsweise am Stamm beginnende flächenhafte Sklerose, später auch an den Extremitäten mit Hyper- und Hypopigmentierungen, nicht selten Arthralgien, rasche Progredienz.
- CREST-Syndrom: Kalzinose bei fortgeschrittener Sklerose, Raynaud-Syndrom, Ösophagusbeteiligung, Sklerodaktylie, progressive Teleangiektasien.
- Extrakutane Manifestationen: Mitbeteiligung des Verdauungstraktes, der Lungen, der Gelenke, der Nieren, des Herzens und der Muskulatur häufig. Nachweis antinukleärer Antikörper in der Mehrzahl der Fälle, Nachweis der Beteiligung innerer Organe.

DD: Sharp-Syndrom.

Th: Intern D-Penicillamin, niedrig dosierte Glucocorticosteroide, Calciumantagonisten, Dextrane, Zytostatika. Äußerlich Vermeidung von Kälte, physikalische Therapie mit Bewegungsübungen und Massagen.

Sklerodermie, zirkumskripte

Syn: Morphäa.

Def: Auf die Haut und ggf. die Unterhaut beschränkte Fibrose mit nachfolgender Sklerose.

Ät: Unbekannt. In einem Teil der Fälle Zusammenhang mit Borrelien-Infektion möglich. In Einzelfällen traumatische Genese wahrscheinlich.

Sy: Solitär und multiple entzündlich gerötete Herde mit zentraler, weiß-gelblicher, auf der Unterlage nur mäßig verschieblicher Sklerose, umgeben von einem lividen Erythem (lilac ring). Später Atrophie mit Hyper- oder Depigmentierung.

Sonderformen:

- „sclérodermie en coup de sabre“: bandförmige frontoparietale, zirkumskripte Sklerodermie, manchmal mit rinnenförmiger Atrophie des Knochens;
- Sklerofaszie: Sklerose mit Sitz im Bindegewebe der Faszien und der Sehnenscheiden mit möglicher Entwicklung von Gelenkkontrakturen.

Dg: Histologie, Borrelien-Serologie.

Th: Intern Penicillin; äußerlich Glucocorticosteroide, Bäder, Massagen.

Sneddon-Wilkinson-Syndrom s. Pustulose, subkorneale

Spider naevus s. Naevus araneus

Striae distensae

Syn: Schwangerschaftsstreifen.

Def: Nicht rückbildungsfähige streifige Atrophien der Haut.

Ät: Auftreten an Orten stärkerer Hautdehnung unter dem Einfluß von Glucocorticosteroiden.

Sy: An Bauch, Hüften, Mammae, Oberschenkeln und Axillen multipel auftretende, mehrere Zentimeter lange, zunächst lividrote, später silbrig-glänzende, leicht eingesunkene Streifen.

Th: Nicht möglich.

Sweet-Syndrom

Syn: Akute febrile neutrophile Dermatose.

Def: Akute fieberhafte, entzündliche Hautkrankheit mit Leukozytose.

Ät: Ungeklärt. Infektallergische und paraneoplastische Genese wahrscheinlich.

Sy: Düsterrote, langsam wachsende, kissenartige, sukkulente Erytheme mit Ausbildung von Pusteln, vorzugsweise im Gesicht und an den Extremitäten. Hohes Fieber und neutrophile Leukozytose. Abklingen nach einigen Wochen.

Dg: Nachweis der Leukozytose, Histologie.

DD: Erythema exsudativum multiforme.
Th: Intern und extern Glucocorticosteroidbehandlung.

Syphilis

Syn: Lues.
Def: Sexuell übertragbare Krankheit durch Treponema pallidum.

Sy:

- Lues I: Nach einer Inkubation von 3 (2–10) Wochen Auftreten einer meist solitären, kleinen Papel mit Übergang in induriertes, schmerzloses Ulkus, vorzugsweise im Genitoanalbereich. Nachfolgend meist beidseitiges Anschwellen regionärer Lymphknoten (schmerzlos, derb).
- Lues II: Etwa 9 Wochen nach Infektion Allgemeinerscheinungen mit generalisierter Lymphknotenschwellung (Polyskleradenitis) und intervallartigem Auftreten zunächst makulöser (Roseola), später makulopapulöser Exantheme in abnehmender Intensität. Charakteristische Symptome: Palmoplantarsyphilid, Condylomata lata, Plaques muqueuses der Zunge, Angina syphilitica, Alopecia specifica und syphilitisches Leukoderm. Nach Abklingen der Haut- und Schleimhautsymptome klinisch erscheinungsfreie Phase: *Lues latens (seropositiva).*
- Lues III: Nach 3–5 Jahren Auftreten von granulomatösen Herden mit Tendenz zu Ulzeration und narbiger Abheilung an der Haut (Syphilide), selten an der Schleimhaut und in inneren Organen (Gummen). Granulomatöse Gefäßveränderungen bedingen die Mesaortitis luica. Gummen im Gehirn und granulomatöse Hirngefäßveränderungen erzeugen – je nach Lokalisation – sehr unterschiedliche neurologische Symptomatik (Lues cerebrospinalis).
- Lues IV: Chronische Entzündung des ZNS mit Atrophie der grauen Hirnsubstanz bzw. Entmarkung der Hinterwurzeln und -stränge des Rückenmarks mit den Folgen der progressiven Paralyse und der Tabes dorsalis.
- Konnatale Lues: In Abhängigkeit vom Stadium der Lues, in der sich die Schwangere befindet, kommt es durch diaplazentare Übertragung zu Abort bzw. Totgeburt, beim Neugeborenen zu der Lues II ähnlichen Bildern (Koryza durch Papeln der Nasenschleimhaut, bullöse und ulzeröse Exantheme an Hand- und Fußflächen, Parrot-Furchen, generalisierte Lymphadenitis, Splenomegalie) oder im Schulalter zu Hutchinson-Trias (Keratitis parenchymatosa, Innenohrschwerhörigkeit, Zahnveränderungen) und sog. Türkensäbeltibia.

Dg: Mikroskopischer Erregernachweis (Dunkelfeld) aus Reizsekret vom Primäraffekt oder nässenden Effloreszenzen des Sekundärstadiums. Nachweis von antitreponemalen Antikörpern im Blutserum mit Treponema-pallidum-Hämagglutinationstest (TPHA-Test), Fluoreszenz-Treponema-pallidum-Antikörper-Absorptionstest (FTA-ABS-Test) und Anticardiolipin-Antikörpern mit Venereal-disease-research-laboratory-Test (VDRL-Test). Beurteilung der Behandlungsbedürftigkeit durch den Titer des VDRL-Tests sowie durch treponemenspezifischen IgM-Nachweis mittels 19-S-IgM-FTA-ABS-Test. Nachweis oder Ausschluß einer Neurosyphilis mittels üblicher Liquordiagnostik zum Nachweis entzündlicher Erkrankungen des ZNS, Bewertung der lokalen Antikörperproduktion im ZNS durch Bestimmung des Albuminquotienten und des TPHA-Tests.
Th: Intramuskuläre Injektionen von Clemizol-Penicillin G über 14 (Frühsyphilis) bzw. 21 Tage (Spätsyphilis). Infusionen von Penicillin G bei Neurosyphilis. Bei Penicillinallergie Doxycyclin oder Erythromycin.

Talgdrüsenhyperplasie, zirkumskripte senile

Def: Umschriebene Hyperplasie einzelner Talgdrüsen bei älteren Patienten mit Seborrhö.
Sy: Meist an der Stirn millimetergroßes weiß-gelbliches Knötchen mit zentraler Einsenkung, häufig multipel.
Dg: Histologie.
DD: Initiales Basaliom.
Th: Ggf. Exzision.

Thrombophlebitis migrans

Syn: Phlebitis saltans.
Def: In wechselnden Lokalisationen auftretende rezidivierende oberflächliche Thrombophlebitis.
Ät: Wahrscheinlich Gefäßschädigung auf allergischer Basis. Gehäuftes Vorkommen bei Neoplasien und Morbus Behçet sowie Polyglobulie.
Sy: Meist an den Extremitätenstreckseiten, vor allem der Beine, auftretende strangförmige oberflächliche Thrombophlebitis eines

wenige Zentimeter langen Venenabschnittes mit wechselnder Lokalisation.

Th: Ausschaltung einer eventuellen Ursache. Intern Antiphlogistika, Antikoagulantien, extern gerinnungshemmende Dermatika, feuchte Umschläge.

Thrombophlebitis, oberflächliche

Def: Umschriebene Entzündung der Venenwand mit Thrombenbildung.

Ät und *Pathog:* Strömungsverlangsamung, Wandschädigung, erhöhte Gerinnungsbereitschaft. Gehäuftes Auftreten bei chronischer venöser Insuffizienz, toxischen Schädigungen der Venenwand (z. B. Injektionen oder Traumen).

Sy: Umschriebene strangförmige, entzündlich gerötete, schmerzhafte Anschwellung im Bereich einer oberflächlichen Vene.

Th: Intern Antiphlogistika, Antikoagulantien; extern Kompressionsverband, feuchte Umschläge, gerinnungshemmende Externa.

Tinea

Syn: Trichophytie, Epidermophytie.

Def: Dermatophytenerkrankung der Haut und der Hautanhangsgebilde.

Ät: Erreger sind Trichophyton rubrum, Trichophyton mentagrophytes, Epidermophyton floccosum, Microsporumarten (s. Mikrosporie) und Trichophyton schoenleini (s. Favus). Übertragung von Mensch zu Mensch, auch durch indirekten Kontakt, seltener von Tier zu Mensch.

Sy:

- Tinea barbae: Dermatophyteninfektion im Bartbereich. Zunächst pustulierende Follikulitiden, später weiche infiltrierte furunkuloide Knoten. Regionäre Lymphadenitis.
- Tinea capitis: Dermatophyteninfektion des behaarten Kopfes. Kleinfleckige Alopezie mit Schuppung und abgebrochenen, manchmal grau umscheideten Haaren (Tinea capitis superficialis). In anderen Fällen stärkere entzündliche Rötung und Infiltration mit umschriebener Alopezie (Tinea capitis profunda).
- Tinea corporis: Scharf und unregelmäßig begrenzte, unterschiedlich große, nummuläre Herde mit Rötung, Schuppung und Papeln, besonders im Randbereich, zentrifugale Ausbreitungstendenz. In manchen Fällen stärkere Infiltration mit kutaner Knotenbildung und Abszedierung (Tinea profunda).
- Tinea inguinalis: Dermatophytose des Leistenbereiches mit flächenhaftem, scharf begrenzten, oft randbetontem Erythem, gelegentlich mit peripheren Pusteln versehen. Ausbreitung auf die Glutäalregion und das Skrotum möglich.
- Tinea manuum: Palmar lokalisierte, meist einseitige Dermatophytose mit flächenhafter, unscharf begrenzter Rötung und feiner, oft handlinienbetonter Schuppung.
- Tinea pedum: Dermatophytose der Füße; begünstigend wirken feuchtes Milieu und Durchblutungsstörungen.
  - Intertriginöser Typ: weißliche Mazeration in erster Linie des 3. und 4. Zehenzwischenraumes, Rhagaden und Erosionen;
  - squamös-hyperkeratotischer Typ: flächenhafte, plantare, blasse Erytheme mit linienbetonter und zirzinärer Schuppung;
  - dyshidrotischer Typ: besonders im Bereich des Fußgewölbes dyshidrosiforme Bläschen auf leicht entzündlich gerötetem Grund.

Dg: Erregernachweis im Nativpräparat und im Kulturverfahren, Histologie.

DD: Ekzem, Psoriasis vulgaris, Hefepilzerkrankungen, gramnegativer Fußinfekt.

Th: Antimykotische Externa. Sanierung begünstigender Faktoren; bei ausgedehntem Befall oder infiltrierten Herden intern Griseofulvin oder Ketoconazol.

Trichomycosis palmellina

Syn: Trichobacteriosis axillaris.

Def: Ansiedlung saprophytärer Keime auf den Achselhaaren.

Ät: Erreger sind Corynebakterien, vor allem Corynebacterium tenuis. Begünstigend wirken Hyperhidrose und unzureichende Körperpflege.

Sy: Umscheidung der Haare mit weißgelblichen, manchmal rötlichen Auflagerungen. Keine subjektiven Beschwerden.

Th: Vermehrte Körperhygiene, antiseptische Seifen.

Trombidiose

Syn: Erntekrätze.

Def: Durch Trombidien (Laufmilben) hervorgerufene Hauterkrankung.

Ät: Erreger sind Larven von Trombicula autumnalis, die von Gräsern und Sträuchern auf die Haut gelangen.

Sy: Multiple gerötete Papeln und Seropapeln unter enganliegender Kleidung.
Th: Austrocknende Lokaltherapie.

Ulcus cruris venosum s. venöse Insuffizienz

Ulcus molle
Syn: Weicher Schanker.
Def: Durch das gramnegative Stäbchen Haemophilus ducreyi hervorgerufene sexuell übertragbare Krankheit.
Sy: Nach einer Inkubationszeit von 2–6 Tagen Auftreten von meist multiplen pustulierenden Papeln mit Übergang in konfluierende, weiche druckschmerzhafte Ulzera; meist gleichzeitiges einseitiges Anschwellen regionärer Lymphknoten; später entzündlich gerötete Haut, nicht selten Einschmelzung.
Dg: Erregernachweis im Abstrich vom Geschwürsrand und Färbung nach Gram oder Unna-Pappenheim; Kulturverfahren.
DD: Syphilis.
Th: Ceftriaxon, Ciprofloxazin, Erythromycin, Trimethoprim-Sulfamethoxazol.

Ulerythema ophryogenes
Syn: Keratosis pilaris rubra atrophicans faciei.
Def: Vererbliche Störung mit follikulärer Keratose und Atrophie.
Ät: Unregelmäßiger autosomal dominanter Erbgang.
Sy: Follikuläre Keratosen mit leichter Rötung der seitlichen Augenbrauen mit zunehmendem Augenbrauenverlust. Symmetrische Rötung der Wangen mit kleinsten follikulären Keratosen. An den Armen und Beinen häufig gleichzeitig Keratosis follicularis. Meist Besserung im Laufe des Lebens.
Th: Ggf. keratolytische Externa und vorübergehend niedrigpotente Glucocorticosteroidcremes.

Unguis incarnatus
Syn: Eingewachsener Nagel.
Def: Seitliches Einwachsen des Nagels.
Ät: Begünstigend wirken seitlicher Druck durch enges Schuhwerk sowie zu starkes Zurückschneiden des Nagels.
Sy: Entzündung des lateralen Paronychiums mit überschießender Granulation.
Th: Druckentlastung durch weites Schuhwerk, Unterschieben von Watteröllchen, Keilexzision der Nagelmatrix nach Emmet.

Urethritis, unspezifische
Def: Urethritis, die nicht durch Neisseria gonorrhoeae verursacht ist.
Ät: Hauptursachen sind: Chlamydia trachomatis (s. Chlamydieninfektion, genitale), Mykoplasmen (s. Mykoplasmeninfektion, genitale). Seltenere Ursachen sind andere Bakterien, Trichomonaden, Viren, Hefepilzerkrankungen sowie psychogene Faktoren.
Sy: Brennen beim Wasserlassen, evtl. Ausfluß aus der Harnröhre.
Dg: Mikrobiologische Untersuchung.
DD: Gonorrhö.
Th: Systemische antibiotische Behandlung in Abhängigkeit vom Erreger, Vermeidung von Kälte.

Urtikaria
Auch Nesselsucht genannt. Durch Quaddeln (Urticae) charakterisierte Hauterkrankung.

Urticaria acuta
Def: Weniger als 6 Wochen bestehende Urtikaria.
Ät und *Pathog:* Auslösende Faktoren sind in erster Linie Nahrungsmittel und Medikamente. Entstehung durch allergische und pseudoallergische Mechanismen möglich.
Sy: Flächenhafte, scharf begrenzte Quaddeln von unterschiedlicher Größe in wechselnder Lokalisation. Juckreiz. Bei Beteiligung der Glottis Erstickungsgefahr.
Dg: Anamnese.
Th: Ausschaltung der Noxe, Antihistaminika, Glucocorticoide. Äußerlich austrocknende Externa.

Cholinergische Urtikaria
Syn: Schwitzurtikaria, Anstrengungsurtikaria.
Def: Bei Erhöhung der Körpertemperatur auftretende kleinfleckige Urtikaria.
Ät: Auslösung durch Schwitzen, Hitze, emotionelle Faktoren. Möglicherweise Histaminfreisetzung durch Ausschüttung von Acetylcholin an sympathischen Nervenfasern. Disseminierte kleinfleckige Erytheme und Quaddeln. Juckreiz.
Dg: Auslösung durch Anstrengung oder Hitzeeinwirkung (Heißwassertest). Intrakutantest mit Acetylcholin.
DD: Chronische Urtikaria.
Th: Vermeidung von Provokationsfaktoren, psychosomatische Behandlung, Sedativa.

Chronische Urtikaria

Def: Nicht länger als 6 Wochen bestehende Urtikaria.

Ät: In 5–10% allergische Ursachen: Nahrungsmittel, Arzneimittel, Aeroallergene, Kontakturtikariaallergene. In 15–20% pseudoallergische Ursachen: Acetylsalicylsäure, Analgetika, Konservierungsmittel, Farbstoffe. In 15–20% physikalische Ursachen: Mechanische Faktoren (Urticaria factitia, Druckurtikaria), thermische Faktoren (Kälteurtikaria, Wärmeurtikaria), Wasser, Licht, Strahlen. In 50–65% andere Ursachen, psychosoziale Konflikte. In einem großen Teil der Fälle bleibt die Ursache unbekannt.

Sy: Meist multiple, scharf begrenzte, in der Lokalisation wechselnde Quaddeln. Juckreiz.

Dg: Ursachenforschung.

Th: Ausschaltung der Ursache, Antihistaminika, Mastzellblocker, in schweren Fällen vorübergehend systemisch Glucocorticosteroide.

Urticaria factitia

Def: Durch Reiben und Kratzen ausgelöste chronische Urtikaria.

Ät: Ätiologie meist ungeklärt, psychovegetative Störungen häufig.

Sy: Urtikarielle Hautreaktionen an Scheuerstellen von Kleidung, innerhalb von Kratzstrichen oder nach Reiben der Haut. Juckreiz.

Dg: Auslösung eines urtikariellen Dermographismus.

Th: Antihistaminika, Sedativa, antihistaminhaltige Externa.

Urticaria pigmentosa

Def: Benigne generalisierte Mastozytose der Haut.

Ät und *Pathog:* Ätiologie unbekannt. Hauterscheinungen bedingt durch herdförmige Vermehrung von Mastzellen, die durch mechanische oder thermische Irritation vasoaktive Stoffe freisetzen.

Sy: Disseminierte, meist kleinfleckige, scharf begrenzte, bräunliche Erytheme oder flache Papeln. Nach Reiben urtikarielles Anschwellen.

Dg: Urtikarielles Anschwellen der Herde nach Reiben; Histologie.

Th: Vermeidung histaminliberierender Einflüsse durch Pharmaka und plötzliche Abkühlung der Haut. Versuch einer PUVA-Behandlung, Antihistaminika.

Urticaria profunda s. Angioödem

Varizen

Def: Erweiterte und geschlängelt verlaufende Venen, vorwiegend im Bereich der Unterschenkel.

Ät: Angeborene Bindegewebsschwäche oder Klappeninsuffizienz (primäre Varizen), Phlebothrombose (sekundäre Varizen).

Sy: Venen unterschiedlicher Größe können betroffen sein:

- Stammvarikose (Vv. saphenae magna und parva),
- Seitenastvarikose (Nebenäste),
- retikuläre Varizen, Besenreiservarizen (kleine und kleinste Venen),
- Perforansinsuffizienz (Insuffizienz von Vv. perforantes). Oberflächlich gelegene, erweiterte und geschlängelt verlaufende Venen, Schweregefühl, Ödeme.

Dg: Doppler-Sonographie, Lichtreflexionsrheographie, Lichtplethysmographie, Phlebographie.

Th: Kompressionsbinden und -strümpfe; Sklerosierung, operative Verfahren.

Vasculitis allergica

Def: Hämorrhagisches Exanthem auf dem Boden einer Immunkomplexvaskulitis.

Ät und *Pathog:* Im Gefäßbereich präzipitierte Immunkomplexe induzieren chemotaktisch Ansammlungen von neutrophilen Granulozyten (Leukozytoklasie). Als Antigene kommen Bakterien, Viren, Pilze, Protozoen, Neoplasien, Medikamente und Autoantigene im Rahmen von Autoimmunkrankheiten in Betracht.

Sy: Disseminierte, vorwiegend akrale Petechien (hämorrhagischer Typ), zusätzlich kleinfleckige zentrale Nekrosen und Pusteln, später varioliforme Narben (hämorrhagisch- und papulonekrotischer Typ); Petechien, Papeln, hämorrhagische Bläschen, Pusteln und Nekrosen (polymorph-nodulärer Typ).

Bei der Urtikariavaskulitis finden sich urtikarielle, aber persistierende Quaddeln mit hämorrhagischer Note.

Beteiligung innerer Organe (Niere, Magen-Darm-Trakt, ZNS, Herz) möglich.

Dg: Histologie, Immunhistologie.

DD: Purpura.

Th: Beseitigung der Ursache, systemische Glucocorticoidgabe, äußerlich Glucocorticosteroidcremes, austrocknende Externa.

Venöse Insuffizienz, chronische

Def: Klinisch-funktioneller Begriff für die durch eine chronische venöse Abflußstörung verursachten Krankheitserscheinungen, vorwiegend an den unteren Extremitäten.

Ät: Chronische venöse Rückflußstörung durch Varikose, Thrombose, Perforansvenen-Insuffizienz und postthrombotisches Syndrom.

Sy: Die klinische Symptomatik wird von dem Schweregrad der Erscheinungen bestimmt:

- Grad I: Stauungsödeme, zunächst intermittierend (z. B. abends), später persistierend, zunächst meist in der Knöchelregion lokalisiert, Corona phlebectatica: Venektasien am medialen Fußrand;
- Grad II: Hyperpigmentierungen durch Hämosiderinablagerung und Melanose, Dermatosklerose, Atrophie blanche, Stauungsekzem, persistierendes Ödem;
- Grad III: Ulcus cruris.

Dg: Venöse Funktionsdiagnostik (Ultraschall-Doppler-Sonographie, Lichtreflexionsrheographie, Lichtplethysmographie), invasive Diagnostik (Phlebographie).

DD: Lymphödeme, Ulcera crurum bei diabetischer Mikroangiopathie und Arteriosklerose.

Th: Kompression, Sklerosierung, operative Verfahren (Venenstripping, Crossektomie, Perforansunterbindung), antiödematöse und venentonisierende medikamentöse Therapie.

Verrucae planae juveniles

Syn: Plane Warzen.

Def: Besonders bei Kindern vorkommende virusbedingte papulöse Hauterkrankung.

Ät: Erreger sind humane Papillomviren, vorwiegend Typ 3.

Sy: Meist im Gesicht vorkommende, oft gruppierte, flache, hautfarbene bis bräunliche Papeln von 1–2 mm Durchmesser.

Dg: Histologie.

DD: Milien, Syringome.

Th: Spontanheilung möglich, Exkochleation, Vitamin-A-Säure.

Verruca seborrhoica

Syn: Alterswarze.

Def: Benigner epidermaler, meist in Mehrzahl vorkommender Tumor unbekannter Ursache; meist familiäre Häufung.

Sy: Papillomatös-keratotischer, schmutzigbis tiefbrauner, sehr langsam wachsender Tumor mit stumpfer Oberfläche.

Dg: Histologie.

DD: Pigmentierte aktinische Keratose, pigmentiertes Basaliom, malignes Melanom, Nävuszellnävus.

Th: Elektrokoagulation, Exkochleation, Exzision.

Verruca vulgaris

Def: Virusbedingtes Papillom.

Ät: Erreger sind humane Papillomviren, vorwiegend die Typen 1, 2, 4 und 7. Begünstigend wirken lokale Durchblutungsstörungen und Immunsuppression.

Sy: Zunächst hartes hautfarbenes Knötchen mit zunehmender zerklüfteter Verhornung, meist multiples Vorkommen, beetartige Konfluenz möglich.

Dg: Histologie.

DD: Klavus.

Th: Elektrokoagulation, Laserbehandlung, Exzision, Kryotherapie, salicylsäure- und zytostatikahaltige Externa, Pschotherapie.

Vitiligo

Def: Herdförmiger Pigmentverlust der Haut mit Neigung zur Progredienz.

Ät und *Pathog:* Degeneration und Verlust der Melanozyten unbekannter Ursache. Diskutiert werden Autoimmunvorgänge, genetische und neurogene Faktoren.

Sy: Meist multiple, scharf begrenzte, wachsende depigmentierte Flecken mit Neigung zur Konfluenz. Bevorzugt befallen ist die Haut in der Umgebung von Körperöffnungen, in den Axillen, an Hand- und Fingerrükken. Depigmentierung von Haaren meist nur innerhalb von länger persistierenden Herden (Poliosis).

DD: Postinflammatorische Hyperpigmentierungen, Pityriasis versicolor alba.

Th: Versuch einer PUVA-Therapie, abdeckende Kosmetik, Dihydroxyaceton zur Braunfärbung der Hornschicht.

Wiesengräserdermatitis

Syn: Dermatitis pratensis.

Def: Phototoxische Dermatitis bei Kontakt mit bestimmten Pflanzen.

Ät: Auslöser sind photosensibilisierende Substanzen, meist Furocumarine, in Pflanzen.

Sy: Streifige, mit Bläschenbildung einhergehende, bizarre Erytheme an den Stellen des Hautkontaktes mit Pflanzen. Nach Abheilung länger persistierende Hyperpigmentierung.

Dg: Anamnese.

Th: Glucocorticoidhaltige Externa, Lotio zinci.

Xanthelasma palpebrarum

Def: Xanthome im Lidbereich, meist ohne Störung des Fettstoffwechsels.

Ät und *Pathog:* Umschriebene Ablagerung von Lipiden in Histiozyten unbekannter Ursache.

Sy: Meist im medialen Bereich der Oberlider vorkommende flache gelbliche Einlagerungen.

Dg: Histologie.

Th: Exzision.

Xanthoma eruptivum

Kleine rötlich-gelbliche eruptive Papeln, disseminiert an Stamm und Extremitätenstreckseiten. Vorkommen bei Hyperlipoproteinämie Typ I, III, IV, V.

Xanthoma palmare

Gelbliche Verfärbung der Handlinien und der Beugefalten der Finger mit nachfolgender Ausbildung von Papeln. Auftreten bei Hyperlipoproteinämie Typ III.

Xanthoma planum

Gelbliche oder orangenfarbige, flache Lipideinlagerungen, meist am Rumpf. Auftreten bei Lymphomen, Leukämien und bei multiplem Myelom.

Xanthoma tendinosum et articulare

Meist im Bereich der Fingerstreckseiten, Handrücken sowie an Achillessehne und Patellarsehnenansatz vorkommende hautfarbene Knoten. Manifestation bei Hyperlipoproteinämie Typ II.

Xanthoma tuberosum

Große, manchmal halbkugelige, weiche gelbliche Knoten an Ellenbogen, Knien, Achillessehnen und Handflächen. Vorkommen bei Hyperlipoproteinämie Typ II, III und IV.

Zerkariendermatitis

Def: Hauterkrankung durch Schistosomen.

Ät: Trichobilharzien, welche Schnecken als Zwischenwirte benutzen, dringen als Zerkarien in die menschliche Haut ein, woraus sich eine Dermatitis entwickelt. Infektion beim Baden in zerkarienhaltigen Gewässern.

Sy: Heftig juckende kleinpapulöse oder urtikarielle Effloreszenzen. Auftreten bereits wenige Minuten nach Kontakt.

Dg: Anamnese.

Th: Austrocknende Lotionen, glucocorticosteroidhaltige Externa, Antihistaminika.

Zoster

Syn: Herpes zoster, Gürtelrose.

Def: Zweitinfektion des Varizellen-Zoster-Virus mit segmentalem Befall.

Ät und *Pathog:* Erreger ist der Varizellen-Zoster-Virus. Zunächst Ganglionitis posterior, dann Ausbreitung über die sensiblen Nervenfasern in die Haut und in die dem Segment entsprechenden Organe.

Sy: Nach Abgeschlagenheit und ziehenden segmentalen Schmerzen Auftreten von gruppierten Bläschen in fleckigen Erythemen. Segmentale Anordnung. Aberrierende Bläschen in anderen Segmenten häufig. Bei schwerem Verlauf Nekrosen möglich. Auch nach Abheilung der Hauterscheinungen lang anhaltende, teils einschießende Schmerzen möglich (postzosterische Neuralgien).

Dg: Virusnachweis mittels ELISA-Test und direkter Immunfluoreszenz.

DD: Herpes simplex, Eczema herpeticatum.

Th: Systemisch Aciclovir; äußerlich antiseptische, austrocknende Behandlung; Analgetika.

14. Humangenetik

F. VOGEL

Medizinisch-genetische Diagnostik

Chromosomenaberrationen

Die Chromosomenaberrationen haben in den letzten Jahrzehnten eine zunehmende Bedeutung gewonnen. Die wichtigste Ursache dafür war die Entdeckung von Methoden zur Darstellung menschlicher Chromosomen, zunächst in Lymphozytenkulturen, Fibrolasten und Knochenmark, später in Amnionzellen. Die Chromosomendiagnostik hat sich so weit eingeführt und ist auch bei Ärzten so populär geworden, daß viele Ärzte der irrtümlichen Meinung sind, medizinisch-genetische Diagnostik sei identisch mit Chromosomendiagnostik. In Wirklichkeit sieht man bei den typischen „Erbkrankheiten", also Krankheiten mit einfachem Erbgang, und auch bei „multifaktoriellen" Erkrankungen wie der Mehrzahl der angeborenen Fehlbildungen, Konstitutionskrankheiten und geistigen Störungen, *nichts* an den Chromosomen. Die in ihrer Kapazität begrenzten Chromosomen-Laboratorien sollten also in diesen Fällen in der Regel nicht in Anspruch genommen werden.

Die wichtigsten Indikationen für eine Chromosomenuntersuchung sind die folgenden:

- Verdacht auf Down-Syndrom oder Bestätigung der klinischen Diagnose dieses Syndroms. Liegt nicht eine freie Trisomie 21, sondern eine Translokation vor, so ist eine Untersuchung der Eltern (und evtl. weiterer Verwandter) dringend anzuraten: denn es besteht evtl. ein hohes Risiko auch bei entfernten Verwandten, und eine vorgeburtliche Diagnostik ist oft angezeigt. Die klinische Diagnose eines Down-Syndroms bei einem Neugeborenen ist manchmal sehr schwierig.
- Störungen der Geschlechtsentwicklung, beim Manne vor allem Infertilität, z. B. Aspermie, insbesondere wenn sie mit anderen körperlichen Erscheinungen des Klinefelter-Syndroms und vielleicht mit Leistungsmängeln im geistig-seelischen Bereich verbunden sind. Bei der Frau die primäre Amenorrhö, insbesondere wenn sich weitere Zeichen eines Turner-Syndroms finden. Außerdem die zahlreichen, verschiedenen Formen der Intersexualität. Bei allen diesen Störungen sollte die Abklärung des Chromosomenbefundes im Rahmen einer umfassenden, gynäkologischen oder andrologischen und endokrinologischen Diagnostik erfolgen.
- Verschiedene Kombinationen der folgenden Zeichen oder eines Teiles von ihnen: Mangelgeburt; verzögerte und gestörte psychische und motorische Entwicklung; multiple Fehlbildungen, z. B. unter Beteiligung des Herzens und/oder der Nieren; Dysplasien von Gesicht, Ohren, Händen und Fingern. Die körperlichen Zeichen neben der gestörten psychischen Entwicklung sind manchmal sehr diskret. Abklärung des Chromosomenbefundes (Trisomie, reziproke Translokation, Deletion?) ist jedoch wichtig, da manchmal ein hohes Wiederholungsrisiko in der Familie besteht und eine pränatale Diagnostik angezeigt sein kann.
- Verdacht auf einen X-chromosomalen Schwachsinn mit Marker-(X-)Chromosom. Findet sich bei einem männlichen Patienten schwere geistige Behinderung, kombiniert mit Makroorchidie und (weniger regelmäßig) den typischen Gesichtsmerkmalen, z. B. deutlich betontem Kinn, großen Ohren, so kann der sehr häufige X-chromosomal erbliche Marker-(X-) (Fragile-[X-], fra-[X-]-)Schwachsinn vorliegen. Besteht dieser Verdacht, so sollte das Chromosomenlabor darüber aufgeklärt werden, da spezielle Kulturmethoden angewandt werden müssen.
- Habituelle Aborte: In einigen Prozent der Fälle sind habituelle Aborte durch Chromosomenaberrationen bei einem der Ehepartner verursacht. Eine Chromosomenuntersuchung sollte jedoch erst dann erfolgen, wenn alle anderen möglichen Abortursachen ausgeschlossen wurden, z. B.

durch geeignete gynäkologische und andrologische Untersuchungen.

In jedem Fall benötigt das Chromosomen-Laboratorium, um Untersuchungen sinnvoll durchführen zu können, möglichst genaue Angaben nicht nur zur speziellen Fragestellung, sondern auch zum klinischen, endokrinologischen usw. Befund. Am besten arbeitet man immer mit dem gleichen Chromosomen-Labor zusammen.

Erbkrankheiten

Bedeutung und Einteilung

In dem Maße, in dem man exogene Krankheitsursachen wie Infektionen und Fehlernährung zu beherrschen lernt, nimmt die relative Bedeutung genetischer Erkrankungen in der ärztlichen Praxis zu. Für einige medizinische Fachrichtungen gilt das mehr als für andere; besonders wichtig wurden sie etwa in der Kinder- und Augenheilkunde. Man unterscheidet drei Gruppen: Die erste Gruppe umfaßt die numerischen und strukturellen Chromosomenaberrationen (vgl. eigenes Stichwort). Daneben gibt es zahlreiche Anomalien und Krankheiten mit ausschließlich genetischer Ursache und einfachem Mendel-Erbgang. Diese Erbkrankheiten im engeren Sinne sind in der Regel jede für sich selten; es gibt jedoch viele Hundert von ihnen. Daneben gibt es zahlreiche Anomalien und Krankheiten, bei denen die besondere genetische Disposition des Individuums in höherem oder geringerem Grade beteiligt ist, die aber weder eine sichtbare Chromosomenaberration noch einen einfachen Erbgang zeigen (= multifaktorielle Erkrankungen). Viele von ihnen sind häufig.

Dominant erbliche Erkrankungen

Hier erfolgt die Übertragung in der Regel, unabhängig vom Geschlecht, von einem Elternteil auf durchschnittlich die Hälfte der Kinder. So können umfangreiche, durch viele Generationen sich fortsetzende Stammbäume entstehen, wie etwa bei der Huntington-Chorea. Bei der Mehrzahl der dominanten Erkrankungen findet man jedoch Stammbäume mit nur wenigen Kranken, und gerade bei schweren, die Fortpflanzung ihrer Träger erheblich herabsetzenden Krankheiten gibt es auch oft „sporadische" Fälle, d.h., der Kranke ist der einzige Merkmalsträger in seiner Familie; Eltern und Geschwister sind merkmalsfrei (Beispiel: Achondroplasie). Es handelt sich dann um eine Neumutation. Dementsprechend haben Kinder eines solchen Kranken ein Risiko von 50%, das mutierte Gen zu erben. – Bei manchen dominanten Erkrankungen variieren Erkrankungsalter und/oder Schwere der Erkrankung erheblich von einem Individuum zum anderen (= variable Expressivität) (Beispiel: Neurofibromatose). Gelegentlich kann die Manifestation ganz unterbleiben (= unvollständige Penetranz). – Die biochemische Grundlage dominant erblicher Erkrankungen ist nur in wenigen Fällen bekannt (Beispiel: Rezeptordefekt bei der Hypercholesterinämie Typ II a). Schon nach Kenntnis dieser wenigen Fälle ist sie von einer Krankheit zur anderen sehr verschieden.

Autosomal rezessive Erkrankungen

Eine autosomal rezessiv erbliche Krankheit kann nur auftreten, wenn der Kranke von jedem seiner Eltern ein mutiertes Gen ererbt hat. In der Regel entstehen so Familien mit zwei nicht erkrankten Eltern und 25% erkrankter Kinder. Angesichts der durchschnittlich geringen Kinderzahl in der deutschen Bevölkerung bedeutet das, daß die meisten Patienten die einzigen Erkrankten in einer gesunden Familie sind. Da beide Eltern das gleiche mutierte Gen im mischerbigen (heterozygoten) Zustand besitzen müssen, ist das Risiko für das Herausspalten von erkrankten Reinerbigen (Homozygoten) erhöht, wenn die Eltern miteinander blutsverwandt sind, denn Blutsverwandte haben einen Teil ihrer Gene durch Abstammung gemeinsam. Eine große Zahl rezessiver Erkrankungen konnte auf spezifische Enzymdefekte zurückgeführt werden (Beispiele: Phenylketonurie, Galaktosämie). Bei anderen ist das noch nicht gelungen.

X-chromosomal rezessiv erbliche Erkrankungen

Das Geschlecht des Menschen wird in der Regel durch seine Geschlechtschromosomen bestimmt: Die Frau hat zwei X-Chromosomen, der Mann hat ein X- und ein Y-Chromosom. Eines der X-Chromosomen der Frau ist immer das X-Chromosom ihres Vaters; das Y-Chromosom des Mannes kommt ebenfalls immer vom Vater. Auf dem Y-Chromo-

som finden sich keine Gene, deren Mutation zu einer Erbkrankheit führen könnte; dagegen enthält das X-Chromosom zahlreiche derartige Gene. Eine X-chromosomal rezessiv erbliche Mutation wird sich bei einem männlichen Träger immer manifestieren, da dieser ja kein normales Allel zum Ausgleich besitzt. Bei der Frau erfolgt die Manifestation (in der Regel) nur, wenn sie zwei mutierte Gene besitzt, also homozygot ist. Gerade bei seltenen Krankheiten kommt das nur äußerst selten einmal vor. – So entstehen die typischen Stammbäume, wonach männliche Individuen erkrankt sind, das mutierte Gen aber durch gesunde Frauen übertragen wird. Ist die Mutter als Überträgerin nachgewiesen, so hat die gesunde Schwester eines Kranken ein Risiko von 50%, Überträgerin zu sein (Beispiel: Hämophilie). Gerade bei schweren X-chromosomal rezessiv erblichen Erkrankungen wie der Duchenne-Muskeldystrophie gibt es jedoch auch relativ viele „sporadische" Fälle, die auf Neumutationen zurückzuführen sind. Bei einem Teil der heterozygoten Frauen finden sich Mikrobefunde (Hämophilie A: Faktor VIII vermindert; Duchenne-Muskeldystrophie: Kreatinphosphokinase vermehrt). Diese Befunde sind dann für die genetische Beratung wichtig. – Bei X-chromosomal dominantem Erbgang sind auch weibliche Heterozygote erkrankt, wenn auch im Durchschnitt leichter als die männlichen „Hemizygoten".
Aus den Erbgängen ergeben sich die Risiken für zukünftige Kinder, wie man sie für die genetische Beratung benötigt. Bei einer zunehmenden Zahl von Krankheiten mit einfachem Erbgang ist es heute möglich, zusätzliche Informationen zu gewinnen und die Prognose für weitere Kinder wesentlich präziser zu gestalten durch Einbeziehung molekulargenetischer Methoden, die Untersuchungen an der DNA selbst möglich machen (für Einzelheiten s. u. Pränatale Diagnostik).

Multifaktorielle Erkrankungen

Bei vielen, auch häufigen Erkrankungen spielen die besonderen Erbanlagen eines Individuums – neben anderen Faktoren – eine mehr oder weniger große Rolle; das äußert sich in einer familiären Häufung wie auch in häufiger gemeinsamer Erkrankung eineiiger Zwillinge. Es findet sich jedoch weder ein einfacher Erbgang noch eine sichtbare Chromosomenanomalie. Andererseits läßt sich oft der Einfluß bestimmter Umweltfaktoren (Ernährung, Infektion, Suchtverhalten) auf das Erkrankungsrisiko nachweisen. Der genetische Aspekt wird für den Arzt dann wichtig, wenn er etwa einem selbst noch gesunden Menschen, dessen nahe Verwandte an Diabetes erkrankt sind oder gar einen Herzinfarkt erlitten haben, eine gesunde Lebensweise nahelegt. Genetische Beratung wird vor allem gewünscht, wenn ein Kind eine angeborene Fehlbildung aus dieser Gruppe gehabt hat (Beispiele: Neuralrohrdefekt, Lippen-Kiefer-Gaumen-Spalte, angeborene Herzfehler) oder wenn das Risiko für eine Erkrankung aus dem neurologisch-psychiatrischen Bereich erhöht ist (Schizophrenie, Affektpsychosen, Epilepsie). Die Beratung erfolgt weitgehend aufgrund sog. empirischer Belastungsziffern; heute werden diese Ziffern mehr und mehr durch Methoden ergänzt, die z. B. eine pränatale Diagnostik zulassen (s. u.). Die Beratung darf hier nicht schematisch erfolgen, sondern muß viele Besonderheiten des Einzelfalles berücksichtigen. Sie sollte dem Spezialisten, also der genetischen Beratungsstelle, vorbehalten bleiben.

Genetische Beratung

Indikationen

Eine genetische Familienberatung ist immer dann angezeigt, wenn ein erhöhtes Risiko für das Auftreten einer genetisch bedingten oder mitverursachten Anomalie oder Krankheit bei einem bestimmten Personenkreis – etwa Kindern eines bestimmten Ehepaares – befürchtet werden muß. Das kann z. B. der Fall sein, wenn der Ratsuchende oder ein naher Verwandter an einer Erkrankung leidet, für die eine genetische Ursache bekannt ist oder vermutet wird, wenn der Ratsuchende als (gesunder) Überträger einer genetischen Erkrankung bekannt ist oder wenn die Ehepartner miteinander verwandt sind. Besonders häufig kommt es vor, daß ein Paar bereits ein oder mehrere Kinder mit einer Anomalie gehabt hat und nun bezüglich weiterer Kinder besorgt ist. Ein erhöhtes genetisches Risiko für eine bestimmte Personengruppe kann also auch dann bestehen, wenn der Patient der einzige Kranke in einer gesunden Familie ist. Beispiele dafür sind u. a. autosomal rezessiv erbliche Krankheiten (dazu gehören die meisten Stoffwechselkrankheiten), dominante oder X-gebundene Neumutationen,

Chromosomenaberrationen und manche multifaktorielle Erkrankungen. Wenn immer möglich, sollte eine genetische Beratung schon vor der Eheschließung durchgeführt werden. Ist das nicht möglich – etwa weil ein erhöhtes Risiko zu diesem Zeitpunkt noch nicht erkannt werden kann –, so sollte die Beratung auf jeden Fall möglichst schon erfolgen, bevor eine neue Schwangerschaft eingetreten ist.

Durchführung

Im Rahmen einer genetischen Beratung müssen die folgenden Fragen geprüft werden:

- Am wichtigsten ist eine exakte Diagnose. Der medizinische Genetiker muß eine spezifischere Diagnose stellen, als das sonst in der Medizin oft notwendig ist, denn gleiche oder sehr ähnliche Anomalien haben nicht selten eine verschiedene genetische Grundlage und bringen deshalb verschiedene genetische Risiken mit sich.
- Die Erstellung eines Stammbaumes muß durch objektive Daten, z. B. ärztliche Untersuchungsbefunde, ergänzt werden.
- Sodann muß geprüft werden, welche Unterlagen über Erbgang oder empirische Belastungsziffern in der Fachliteratur für das betreffende Leiden vorliegen. Daraus und aus dem Stammbaum ergibt sich die *spezielle Erbprognose* für den vorliegenden Fall.
- Es genügt nicht, dem Ratsuchenden diese spezielle Erbprognose mitzuteilen, sondern es werden nun die sich daraus ergebenden Optionen ausführlich mit ihm diskutiert. Man muß sich bemühen, zu einer dem Einzelfall entsprechenden optimalen Lösung zu kommen.
- Dabei ist auch zu bedenken, ob zusätzliche Untersuchungen möglich sind, die einem vielleicht erlauben, ein Risiko noch genauer zu erfassen. In einer zunehmenden Zahl von Fällen gelingt das z. B. durch *pränatale Diagnostik* (s. u.).
- Das Ergebnis der Beratung einschließlich der sich daraus ergebenden, gemeinsam mit dem Ratsuchenden erarbeiteten Beschlüsse für zukünftiges Verhalten wird in einem schriftlichen Bericht vom beratenden Arzt an den (die) Ratsuchenden zusammengefaßt.
- Alle Unterlagen werden so gut dokumentiert, daß sie auch späterhin leicht verfügbar bleiben – etwa wenn Angehörige der gleichen Familie später wieder beraten werden wollen.

In Deutschland ist die genetische Beratung – einschließlich der notwendigen diagnostischen Maßnahmen, wie z. B. pränatale Diagnostik und Chromosomenuntersuchung – Kassenleistung.

Wer soll die Beratung ausführen? – Im Prinzip ist nichts dagegen einzuwenden, wenn der Arzt, der eine Familie betreut, auch die genetische Beratung durchführt, vorausgesetzt, daß die Diagnose wirklich klar und die genetische Situation eindeutig ist. Er muß jedoch die ausreichenden Fachkenntnisse über die genetischen Grundlagen einer Krankheit besitzen und die Zeit und die Fähigkeit aufbringen, die im vorigen Abschnitt angegebenen Minimalvoraussetzungen zu erfüllen. Dazu gehört vor allem die Zeit für ausführliche, oft mehrfache, manchmal mehrere Stunden in Anspruch nehmende Gespräche und die Bereitschaft, deren Ergebnisse in einem schriftlichen Bericht zusammenzufassen.

In der überwiegenden Mehrzahl der Fälle werden diese Voraussetzungen jedoch in der Praxis nicht erfüllt sein. Dann empfiehlt es sich, die Ratsuchenden an eine genetische Beratungsstelle zu überweisen. Derartige Beratungsstellen gibt es meistens an den humangenetischen Universitätsinstituten, aber vermehrt auch bei praktizierenden Ärzten. Da genetische Beratung Zeit erfordert, halten sie meist keine offiziellen Sprechstunden, sondern man muß einen Termin vereinbaren. In Deutschland gibt es u. a. die folgenden Beratungsstellen:

Berlin:	Institut für Humangenetik, Heubnerweg 6, 1000 Berlin 19, Tel.: 030/3203376
Bochum:	Universitätsstr. 150, 4630 Bochum 1, Tel.: 0234/7005600
Bonn:	Institut für Humangenetik, Wilhelmstr. 31, 5300 Bonn 1, Tel.: 02221/652981, App. 346 oder 347
Braunschweig:	Gaußstr. 17, 3300 Braunschweig, Tel.: 0531/3912530
Bremen:	Abt. Humangenetik, Leobener Str., 2800 Bremen 33, Tel.: 0421/2182390, Horner Str. 60–70, 2800 Bremen 1, Tel.: 0421/4975569
Düsseldorf:	Institut für Humangenetik, Universitätsstr. 1, Geb. 23.12, 4000 Düsseldorf 1, Tel.: 0211/3112355 oder 3963

Erlangen:	Institut für Humangenetik, Bismarckstraße 10, 8520 Erlangen, Tel.: 0 91 31/85 23 19
Essen:	Institut für Humangenetik, Hufelandstr. 55, 4300 Essen 1, Tel.: 02 01/7 23 25 60 oder 25 61
Frankfurt:	Kennedyallee 123, 6000 Frankfurt/Main 60, Tel.: 06 11/63 01 56 78
Freiburg:	Institut für Humangenetik und Anthropologie, Albertstr. 11, 7800 Freiburg, Tel.: 07 61/2 03 46 39
Gießen:	Institut für Humangenetik, Schlangenzahl 14, 6300 Gießen, Tel.: 06 41/7 02 41 46 oder 41 45
Göttingen:	Institut für Humangenetik, Gosslerstr. 12 d, 3400 Göttingen, Tel.: 05 51/39 75 90
Hamburg:	Institut für Humangenetik, Martinistr. 52, 2000 Hamburg 20, Tel.: 0 40/6 38 54 00
Hamburg:	Rübenkamp 148, Haus 36, 2000 Hamburg 60, Tel.: 0 40/6 38 54 00
Hannover:	Abt. Humangenetik der Medizinischen Hochschule, Karl-Wiechert-Allee 9, 3000 Hannover 61, Tel.: 05 11/5 32 32 00 oder 32 01.
Heidelberg:	Institut für Humangenetik und Anthropologie, Im Neuenheimer Fels 328, 6900 Heidelberg, Tel.: 0 62 21/56 38 91
Homburg:	Universitätskliniken, Bau 68, 6650 Homburg, Tel.: 0 68 41/16 22 72
Kiel:	Institut für Humangenetik, Schwanenweg 24, 2300 Kiel, Tel.: 04 31/5 97 27 90, Schwanenweg 20, 2300 Kiel, Tel.: 04 31/5 97 38 78
Lübeck:	Institut für Humangenetik, Ratzeburger Allee 160, 2400 Lübeck, Tel.: 04 51/ 5 00 29 31
Mainz:	Große Langgasse 29, 6500 Mainz, Tel.: 0 61 31/1 07 91
Marburg:	Institut für Humangenetik, Bahnhofstr. 7 A, 3550 Marburg/Lahn, Tel.: 0 64 21/ 28 22 13
München:	Institut für Anthropologie und Humangenetik, Richard-Wagner-Str. 10/I, 8000 München 2, Tel.: 0 89/5 20 33 81 Kinderpoliklinik der Universität, Goethestr. 29, 8000 München 2, Tel.: 0 89/ 51 60 37 20 oder 5 99 63 40
Münster:	Institut für Humangenetik, Vesaliusweg 12–14, 4400 Münster, Tel.: 02 51/83 54 22 oder 54 23
Tübingen:	Institut für Anthropologie und Humangenetik, Wilhelmstr. 27, 7400 Tübingen, Tel.: 0 70 71/29 64 58
Würzburg:	Institut für Humangenetik, Genetische Beratungsstelle, Koellikerstr. 2, 8700 Würzburg, Tel.: 09 31/3 12 94
Ulm:	Abt. Klinische Genetik, Frauenstr. 29, 7900 Ulm, Tel.: 07 31/17 82 02 oder 2 05, Prittwitzstr. 8, 7900 Ulm, Tel.: 07 31/1 79 40 11

Mutationen und mutagene Noxen

Spontanmutation

Genetische Anomalien entstehen in der menschlichen Bevölkerung ständig neu, indem Erbänderungen (Mutationen) auftreten. Daß nicht innerhalb kurzer Zeit die gesamte Bevölkerung von defekten Genen und Chromosomen überschwemmt ist, beruht darauf, daß immer wieder Mutanten aus der Bevölkerung verschwinden, weil sie ihre Träger an der Fortpflanzung hindern. Ein Beispiel sind die (numerischen und strukturellen) Chromosomenaberrationen: Ca. 0,5–1% aller Neugeborenen tragen eine Chromosomenanomalie, die in der Keimzelle eines der Eltern entstanden ist; unter den Spontanaborten ist die Zahl noch wesentlich höher. Die große Mehrzahl von ihnen verschwindet jedoch schon nach einer Generation wieder, da die Träger sich nicht fortpflanzen. Dominante und X-chromosomal rezessive Neumutanten für individuelle Krankheiten haben Mutationsraten von 10^{-4}-10^{-7} pro Keimzelle oder noch darunter; die praktische Bedeutung kommt dadurch zustande, daß es viele Hundert verschiedene derartige Erbkrankheiten gibt (für autosomal rezessive Mutationen und solche, die an multifaktoriellen genetischen Systemen beteiligt sind, kann die Mutationsrate aus theoretischen Gründen nicht bestimmt werden).

Induktion von Mutationen durch ionisierende Strahlen und chemische Mutagene

Wie aus zahlreichen experimentellen Untersuchungen bekannt ist, kann die Mutationshäufigkeit in dem genetischen Material aller Lebewesen durch ionisierende Strahlen wie auch durch mit der DNA reagierende chemische Verbindungen (z. B. Zytostatika) erhöht werden. Da die meisten Mutationen für ihre Träger schädliche Wirkungen haben, entsteht so eine zusätzliche Belastung. Beobachtungen an Menschen, die erheblichen Strahlenbelastungen ausgesetzt waren – wie den Überlebenden der Atombomben-Abwürfe von Hiroshima und Nagasaki und ihren später erzeugten Kindern –, sowie Modellrechnungen aufgrund von Tierversuchen zeigen, daß die zusätzliche Belastung der Menschheit durch strahleninduzierte Mutationen bei der gegenwärtigen Exposition im Verhältnis zur spontanen Mutabilität relativ geringfügig ist. Trotzdem ist große Vorsicht am Platze; denn jede einzelne Mutation kann sich als schwere Schädigung manifestieren.
Genetische Schädigungen durch mutagene Arzneimittel bleiben so lange dem Ausmaß nach geringfügig, als die Behandlung mit Zytostatika sich im wesentlichen auf Patienten mit bösartigen Neubildungen beschränkt, denn diese pflanzen sich sehr oft nicht mehr fort. Eine Abschätzung des genetischen Schadens durch chemische Umweltmutagene ist heute noch nicht einmal der Größenordnung nach möglich.

Somatische Mutationen

Außer in Keimzellen können Mutationen auch in somatischen Zellen auftreten. In diesen Fällen werden sie natürlich nicht auf folgende Generationen übertragen; sie können jedoch zur Bildung bösartiger Tumoren und Leukämien führen. Mutagene Noxen wie ionisierende Strahlen und chemische Mutagene führen deshalb auch zu einer Erhöhung der Tumorrate bei exponierten Individuen; die Tumoren können viele Jahre oder Jahrzehnte nach der Exposition auftreten (Beispiele: Vermehrung von Leukämien und soliden Tumoren bei den Überlebenden von Hiroshima und Nagasaki).

Pränatale Diagnostik

In den letzten Jahren hat die pränatale Diagnostik genetischer Defekte große Fortschritte gemacht. Sie ist zum wirksamsten Mittel der sekundären Prävention schwerer Fehlbildungen und Anomalien geworden. Man unterscheidet nichtinvasive und invasive Methoden.

Nichtinvasive Methoden

Zu den nichtinvasiven Verfahren gehören eine Reihe von Vorsorgeuntersuchungen, die z. T. an anderer Stelle besprochen werden, wie die Untersuchung auf irreguläre Antikörper im Blut der Schwangeren oder die Rötelnserologie. Eine besonders wichtige Methode ist die *Ultraschalluntersuchung*. Sie ermöglicht nicht nur die Beurteilung des Wachstums des Feten, der Lage der Plazenta oder der Menge des Fruchtwassers, sondern gestattet auch die Erkennung von Zwillingsschwangerschaften und in zunehmendem Maße die Diagnose von Fehlbildungen wie Anenzephalie, Spina bifida, Herz- und Nierenfehlbildungen sowie vielen anderen. Die Treffsicherheit der Methode hängt jedoch in hohem Maße von der Erfahrung des einzelnen Untersuchers und dem technischen Stand der Geräte ab.
Zu den nichtinvasiven Methoden gehört auch die *α-Fetoprotein-(AFP)-Bestimmung* im mütterlichen Serum. Sie sollte mindestens dann in der 16.–20. SSW durchgeführt werden, wenn ein erhöhtes Risiko für die folgenden Anomalien und Fehlbildungen bekannt ist: Neuralrohrdefekte (Anenzephalie und Spina bifida), Omphalozelen, kongenitale Nephrosen. Auch bei einigen anderen Fehlbildungen wurden erhöhte mütterliche AFP-Werte beschrieben. In Großbritannien, wo Neuralrohrdefekte häufiger vorkommen als auf dem europäischen Festland, werden schon heute fast alle Schwangeren auf Serum-AFP untersucht („screening"). Es wird diskutiert, ein derartiges Screening auch in Deutschland einzuführen.

Invasive Methoden

Amniozentese

Die z. Z. noch wichtigste invasive Methode zur pränatalen Diagnostik ist die Amniozentese. Sie wird meist in der 16.–17. SSW durchgeführt. Nach Lokalisation der Plazenta und des Feten durch Ultraschall sticht man mit einer langen und dicken Mandrinnadel von der Bauchdecke aus unter Sichtkontrolle in die Amnionhöhle ein und entnimmt ca. 20 cm^3 Fruchtwasser. Der Eingriff wird heute in der Regel ambulant durchgeführt. Im Fruchtwasser kann man dann gelöste Bestandteile nachweisen – insbesondere eine Vermehrung von AFP oder der neuralgewebsspezifischen Acetylcholinesterase, wie sie besonders für Neuralrohrdefekte typisch ist. Wie im mütterlichen Serum, so findet man im Fruchtwasser AFP-Vermehrungen auch bei einigen anderen Fehlbildungen und manchmal sogar ohne erkennbare Ursache. Andererseits bleibt die AFP-Vermehrung bei gedeckter Spina bifida in der Regel aus. Verminderungen findet man beim Down-Syndrom.

Das wichtigste *Ziel* der Amniozentese ist jedoch die Gewinnung kindlicher Zellen aus dem Fruchtwasser. Diese Zellen können durch geeignete Zellkulturmethoden zur Vermehrung angeregt werden; nach 2–3 Wochen pflegen so viele Mitosen vorhanden zu sein, daß der Chromosomenstatus des Feten festgestellt werden kann. Auf diese Weise kann man numerische und strukturelle Chromosomenaberrationen wie z. B. bei Down-Syndrom zuverlässig diagnostizieren. Auch eine zunehmende Zahl erblicher Stoffwechselkrankheiten läßt sich heute mit Hilfe spezieller biochemischer Methoden an Amnionzellen feststellen. Das Risiko der Amniozentese für die Mutter ist vernachlässigbar gering. Das fetale Risiko (Auslösung eines Abortes) hängt sehr von der Übung des den Eingriff durchführenden Arztes ab; unter geeigneten Bedingungen und bei einem geübten Untersucher liegt es um 0,5%.

Eine Amniozentese sollte nur dann durchgeführt werden, wenn eine *Indikation* in Form eines erhöhten Risikos für eine mit Hilfe dieser Methode diagnostizierbare Fehlbildung oder Krankheit besteht, die so schwer und so schlecht behandelbar ist, daß im Falle eines pathologischen Befundes ein Schwangerschaftsabbruch ethisch diskutabel und gesetzlich erlaubt wäre. Als untere Grenze des spezifischen Risikos nimmt man vielfach – etwas willkürlich – das Risiko für einen durch den Eingriff induzierten Abort an.

Die wichtigsten Indikationen sind: Alter der Schwangeren von 35 Jahren und darüber, da das Risiko für Trisomien, insbesondere für das Down-Syndrom, innerhalb dieser Altersgruppe mit dem Alter stark ansteigt; Down-Syndrom oder eine andere Chromosomenaberration bei einem vorangegangenen Kind derselben Frau oder desselben Mannes: Nachweis einer balancierten Translokation bei einem der Eltern; Neuralrohrdefekt bei einem vorangegangenen Kind oder/und bei einem der Eltern; eine zunehmende Zahl von Erbkrankheiten mit einfachem Erbgang, insbesondere wenn ein autosomal rezessiv erblicher Enzymdefekt bei einem vorangegangenen Kind aufgetreten war. Die Zahl der pränatal diagnostizierbaren Krankheiten dürfte in Zukunft rasch ansteigen, insbesondere seit es die Methoden der Gentechnologie möglich machen, Erbkrankheiten durch Untersuchungen an dem genetischen Material selbst, der DNA, zu erkennen.

Bei sehr schweren, unbehandelbaren X-chromosomal rezessiven Krankheiten hat man gelegentlich, wenn eine rechtzeitige Diagnose nicht möglich war, trotz schwerer ethischer Bedenken einen Schwangerschaftsabbruch nur bei den ausschließlich gefährdeten männlichen Feten auch dann durchgeführt, wenn das Erkrankungsrisiko bei 50% oder darunter lag. Heute ist es bei mehr und mehr derartigen Krankheiten möglich, bereits pränatal eine Diagnose aufgrund von direkten Untersuchungen an der DNA der Patienten und/oder ihrer Familienangehörigen zu stellen, entweder indem man eine Deletion (= den Ausfall eines Gens) in der DNA der Merkmalsträger direkt nachweist oder indem man mit dem Krankheitsgen eng gekoppelte DNA-Polymorphismen – sog. Restriktionsfragmentlängen-Polymorphismen (RFLPs) – untersucht. Praktisch besonders wichtig ist hier die Frühdiagnose der Duchenne-Muskeldystrophie, denn diese Krankheit ist relativ häufig, und es gibt keine wirksame Therapie. Bei einem großen Teil der Fälle liegt eine direkt nachweisbare Deletion vor; bei den anderen ist vielfach eine DNA-Diagnose aufgrund von RFLPs möglich. Auch andere X-chromosomal erbliche Krankheiten wie z. B. die Chorioideremie oder die Hämophilie A und B sind auf diesem Wege diagnostizierbar. Auch bei autosomal dominant erblichen Krankheiten wie der polyzystischen Nierenerkrankung und bei autosomal rezessiven Erkrankungen wie der zystischen Pankreasfibrose ist eine Diagnose mit Hilfe von RFLPs möglich. Dieses Gebiet befindet sich zur Zeit in überaus rascher Entwicklung. Dem Arzt, der mit genetischen Erkrankungen zu tun hat, ist deshalb anzuraten, Verbindung mit einer genetischen Beratungsstelle zu halten, damit seinen Patienten auch neuere Entwicklungen zugute kommen.

Chorionbiopsie

Vor einigen Jahren ist eine Methode entwikkelt worden, mit deren Hilfe man schon in der 10.–11. SSW für Chromosomenstudien auswertbares Material gewinnen kann: die Chorionzottenbiopsie. Man kann sie entweder auf vaginalem oder auf transabdominalem Wege durchführen. Bei der vaginalen Methode geht man mit einem biegsamen Katheter in den Uterus ein und gewinnt durch Aspiration Material von Trophoblastzotten. Trotz vorsichtigen Vorgehens kann man so gelegentlich Infektionen nicht ganz vermeiden. Deshalb geht man heute mehr und mehr dazu über, das Trophoblastmaterial auf transabdominalem Wege unter Ultraschallkontrolle zu gewinnen. Nach beiden Vorgehensweisen ist nur eine kurze Zellkultivierung erforderlich, so daß die Diagnose viel rascher vorliegt als nach Amniozentese. Gewisse gelegentlich auftretende diagnostische Schwierigkeiten und auch das noch immer etwas höhere Abortrisiko lassen es doch geraten erscheinen, sich in vielen Fällen für die Amniozentese zu entscheiden.

Pränatale Diagnostik als Teil der genetischen Beratung

Die pränatale Diagnostik mit invasiven Methoden ist eine Hilfsmethode der genetischen Beratung. Sie sollte deshalb auch nur im Rahmen einer solchen angeboten werden. Die Indikation zum Eingriff sollte der genetische Berater nach ausführlicher Besprechung aller Aspekte mit den Ratsuchenden stellen. Er teilt ihnen auch das Ergebnis mit und bespricht mit ihnen die möglichen Optionen, insbesondere dann, wenn ein Schwangerschaftsabbruch aufgrund kindlicher Indikation ins Auge gefaßt wird. Gerade in Fragen der pränatalen Diagnostik sollte der praktizierende Arzt Verbindung zu einer genetischen Beratungsstelle halten.

INNERE MEDIZIN

Angiologie

Blutgerinnung

Endokrinologie

Gastroenterologie

Hämatologie

Infektionskrankheiten

Kardiologie

Kreislauf: Hypertonie
Hypotonie
Schock

Nephrologie

Onkologie

Osteopathien

Pneumologie

Rheumatologie

Stoffwechsel

Innere Medizin

15. Angiologie

R. Hild und F. P. Nobbe

Arterielle Verschlußkrankheiten

Definition und Formen

Durch Einengung oder Verlegung des Arterienlumens bedingte Durchblutungsmangelzustände. Die zugrundeliegenden ätiologisch, pathologisch und morphologisch unterschiedlichen Prozesse betreffen in der Regel das gesamte Arteriensystem. Einzelne Gefäßprovinzen werden bevorzugt befallen, wobei es in Abhängigkeit vom Verschlußtyp zu ganz verschiedenen Krankheitsbildern kommt. So zeigen die koronaren, intrakraniellen und renalen Manifestationen der arteriellen Verschlußkrankheiten hinsichtlich ihrer Symptomatologie, Diagnostik und vitalen Bedeutung für die Gesamtfunktion des Organismus derart weitgehende Besonderheiten, daß sie zweckmäßigerweise im Rahmen der entsprechenden Organerkrankungen abgehandelt werden (s. d.).
Ätiologie und Therapie machen eine Unterscheidung in akute und chronische Arterienverschlüsse erforderlich.

Chronischer Arterienverschluß

Vorkommen und Prognose

Arterielle Durchblutungsstörungen der Extremitäten sind häufig die erste Manifestation einer Verschlußkrankheit. Männer sind etwa 4mal häufiger betroffen als Frauen. Das Häufigkeitsmaximum der Gliedmaßenarterienverschlüsse liegt bei Männern in der zweiten Hälfte der 6. Lebensdekade. Beim weiblichen Geschlecht besteht während des generationsfähigen Lebensabschnittes ein hormoneller Schutz gegenüber der Arteriosklerose. Jenseits der Menopause steigt die Morbiditätskurve jedoch stark an und erreicht ihr Maximum durchschnittlich ein Jahrzehnt später als die des Mannes.
Begleitende Koronarkrankheiten sind entsprechend der Natur des Grundleidens häufig. Bei mehr als der Hälfte der Patienten mit intermittierendem Hinken findet sich eine Koronarinsuffizienz.
Rund 50% der männlichen Patienten mit chronischem Gliedmaßenarterienverschluß werden meist unmittelbar nach Manifestation der Erkrankung vorzeitig zu Rentnern, die Mehrzahl erwerbsunfähig, knapp ein Viertel berufsunfähig.
90% der chronischen Arterienverschlüsse liegen im Bereich der unteren Gliedmaßen einschließlich der Aorta und der Beckengefäße, 8% betreffen die Schultergürtel- und zuführenden Kopfarterien, 2% entfallen auf die viszeralen Aortenäste.
Die Mortalität ist hinsichtlich der peripheren Durchblutungsstörungen gering. Die Kranken sterben meist an anderen Manifestationen der arteriellen Verschlußkrankheit, insbesondere an Myokardinfarkt oder Apoplexie.

Ätiologie

Neun Zehntel der chronischen Arterienverschlüsse beruhen auf arteriosklerotischen Wandveränderungen. Die *obliterierende Arteriosklerose* ist gekennzeichnet durch Wandverhärtung, Elastizitätsverlust und Lumeneinengung. Sie unterscheidet sich grundsätzlich von den physiologischen Alterswandlungen des Arteriensystems, die in Zunahme der Wanddicke, Verlängerung des Gefäßrohres, Lumenerweiterung und Dehnbarkeitsabnahme bestehen.
Streng abzugrenzen von der obliterierenden Arteriosklerose ist die Mönckeberg-Sklerose der Arterien muskulären Typs, die zu langstreckigen Verkalkungen der Media führt,

jedoch primär keine Einengung des Gefäßvolumens bewirkt.

Prädisponierende Erkrankungen: Von besonderer Bedeutung für Pathogenese und Verlauf der arteriellen Verschlußkrankheiten sind die sog. *Risikofaktoren der Arteriosklerose:* Nicotinabusus, Diabetes mellitus, Fettstoffwechselstörungen und Hypertonie.

1. Nicotinabusus: Der schädigende Einfluß des Rauchens, vor allem des Zigarettenrauchens, auf den Ablauf einer obliterierenden Gefäßerkrankung ist unbestritten. Es ist bis heute jedoch noch nicht geklärt, ob das Nicotin vorwiegend als begünstigender Faktor der Arteriosklerose oder ihrer thromboembolischen Komplikationen anzusehen ist.

2. Diabetes mellitus: Wir unterscheiden zwei Arten der Gefäßschädigung: a) Der Befall der mittleren und großen Arterien ist eine besondere Spielart der Arteriosklerose *(Makroangiopathie)*, die grundsätzlich von einer bereits etablierten gewöhnlichen Arteriosklerose unterschieden werden muß, zu welcher im Laufe des meist höheren Lebensalters sekundär ein Diabetes mellitus hinzutritt, ohne bestimmenden Einfluß auf den Gefäßprozeß zu nehmen. b) Bei der spezifisch diabetischen Angiopathie sind die Arteriolen und die Endstrombahn im Sinne einer gesteigerten Kapillarresistenz beteiligt. Klinische Erscheinungsformen dieser diabetischen *Mikroangiopathie* sind: Retinopathie, Nephropathie und Angiolopathie der Haut mit Neigung zur Gangränbildung. Etwa ein Drittel der akralen Gewebsläsionen wird hauptsächlich durch die diabetesspezifische Mikroangiopathie verursacht. Ausgedehntere Nekrosen bis hin zur Gangrän entstehen hingegen aus dem Zusammenwirken von diabetischer Makro- und Mikroangiopathie, Neuropathie und lokaler Abwehrschwäche gegenüber Infektionen (diabetischer Fuß).

Die Verschlüsse finden sich zu zwei Dritteln in den Unterschenkel- und Fußarterien, zu knapp einem Viertel in den Oberschenkelgefäßen, während sich die restlichen Veränderungen zu etwa gleichen Teilen auf die Bekken-, Schultergürtel- und Armarterien verteilen. Weitaus am häufigsten liegt jedoch ein kombinierter Mehretagenverschluß vor. Im Gegensatz zu den für die gewöhnliche Arteriosklerose angegebenen Zahlen ist die Geschlechtsverteilung bei der diabetischn Angiopathie ungefähr 1:1.

3. Primäre Fettstoffwechselstörungen: Von Bedeutung für die Arteriosklerose sind vor allem die familiären Hyperlipoproteinämien vom Typ II, III und IV (früher bekannt als: familiäre Hypercholesterinämie, Hypercholesterinämie mit Begleithypertriglyzeridämie, essentielle Hyperlipidämie). Es finden sich beim Typ II und III schwere, zum Teil aneurysmatische und ulzeröse Veränderungen der Pars abdominalis aortae, der Becken- und Oberschenkelarterien, beim Typ IV vorwiegend Arterienverschlüsse der unteren Extremiäten, meist in den peripheren Abschnitten.

4. Auch *sekundäre Hyperlipoproteinämien* (z. B. bei Hypothyreose und Eiweißverlustniere) können zu schweren arteriosklerotischen Gefäßveränderungen führen.

5. Chronische arterielle Hypertonie: Sie spielt unter den prädisponierenden Krankheiten nebst dem Diabetes mellitus die Hauptrolle. Es kommt zu schweren Veränderungen der Pars thoracica aortae, der Koronar- und Zerebralgefäße sowie der kleinen und kleinsten Arterien der Peripherie einschließlich der Arteriolen (hypertonische Arteriosklerose). Für die Entstehung peripherer arterieller Verschlüsse ist die Hypertonie von untergeordneter Bedeutung.

6. Nur ein knappes Zehntel der arteriellen Verschlußkrankheiten sind auf die sog. entzündlichen Gefäßkrankheiten (Immunangiopathien) zurückzuführen (s. auch S. 824ff). Die *Thrombangiitis obliterans* oder *Winiwarter-Buerger-Krankheit,* deren Prävalenz in Mitteleuropa 1:20000 beträgt und nur 1–3% der arteriellen Durchblutungsstörungen ausmacht, bildet zumindest aus klinischer Sicht eine nosologische Einheit. Sie ist gekennzeichnet durch periphere Verschlußlokalisation, Manifestation vor dem 45. Lebensjahr und häufige Koinzidenz mit einer Phlebitis migrans sive saltans. Betroffen sind in 90% starke Zigarettenraucher, weshalb dem Nicotinabusus eine kausale Bedeutung beigemessen wird. Der Altersgipfel der Erstmanifestation liegt im 30. Lebensjahr, wobei Männer im Verhältnis 6–11:1 überwiegen. Im Vordergrund des klinischen Erscheinungsbildes dieser schubartig verlaufenden Gefäßkrankheit, welche die Beine 4mal häufiger befällt als die Arme, steht ein akrales Ischämiesyndrom, in einem Drittel der Fälle mit schmerzhaften Läsionen, wobei die fast immer bestehende Hyperhidrose als Schrittmacher von bakteriellen Infektionen und Mykosen fungiert. Dementsprechend übertrifft die Fünfjahres-Amputationsrate von 20% diejenige der Arteriosklerose um das Doppelte. Eine für den akuten Schub der Thrombangiitis charakteristische *Phlebitis migrans* findet sich

allerdings nur bei einem Viertel bis zur Hälfte der Patienten. Einige immunologische Befunde, so der Nachweis von Antielastin-Antikörpern, besonders im akuten Krankheitsschub, die gehäufte Erhöhung von Komplementfaktoren sowie der Nachweis von HLA-A9- und HLA-B5-Antigenen und anderer unspezifischer Indikatoren eines immunologischen Geschehens stützen die Vermutung, daß es sich bei der Thrombangiitis obliterans um eine Autoimmunkrankheit handelt.

Pathogenese

Das Wesen der Verschlußkrankheit liegt in einer Stofftransportstörung, als deren Folge ein adäquater Substratumsatz und somit eine ausreichende Energiebereitstellung der Zelle nicht mehr gewährleistet wird. Die Stenosierung einer Zubringerarterie um etwa zwei Drittel ihres Querschnittes hat noch keine Änderung des Stromvolumens zur Folge. Erst bei weiterer Lumeneinengung reicht die Durchblutung während längerer Muskelarbeit zur Deckung des erhöhten Stoffbedarfes nicht mehr aus, und es kommt zum Latenzschmerz (z. B. Claudicatio intermittens, Angina abdominalis). Unter Ruhebedingungen bleibt das Stromvolumen allein infolge des poststenotischen Druckabfalles sogar bis zu einer Querschnittsabnahme um 95% nahezu unbeeinflußt. Überschreitet die Lumeneinengung diesen kritischen Wert, so kommt es im Gefolge einer unzureichenden Sauerstoffversorgung des Gewebes zu einer lokalen Anhäufung gefäßerweiternder Metaboliten, wodurch der periphere Widerstand herabgesetzt wird. Inwieweit das Druckgefälle über das Strömungshindernis durch diesen Nutritionsreflex vergrößert und ein dem Stoffbedarf des Gewebes adäquater Blutzustrom erreicht werden kann, hängt von der Funktionstüchtigkeit des Kollateralkreislaufes ab. Dieser ist der wichtigste Kompensationsmechanismus bei Arterienverschlüssen. Verminderte Druckgradienten in der Kreislaufperipherie hängen eng zusammen mit den Strömungsbedingungen im rheologischen Bereich. Die Verkleinerung des Druckgradienten verringert die Fließgeschwindigkeit des Blutes, was eine verstärkte Aggregation von Erythrozyten und somit eine erhöhte Strukturviskosität des Blutes zur Folge hat. Dies bewirkt wiederum eine Verlangsamung der Strömungsgeschwindigkeit, und so schließt sich der Circulus vitiosus. Ergänzend sei erwähnt, daß die lokale Azidose über eine Herabsetzung der Erythrozytenflexibilität zu einer weiteren Verschlechterung der Mikrozirkulation führt. Eine Dekompensation des Verschlußprozesses, die auf einem anhaltenden Mißverhältnis zwischen Blutzufuhr und Stoffbedarf beruht und klinisch als Ruheschmerz oder schließlich als Nekrose in Erscheinung tritt, ist also bei einer nahezu vollständigen Verlegung des Arterienlumens und einer ungenügenden Kollateralfunktion zu erwarten.

Symptome

Im allgemeinen führen den Patienten erst Schmerzen zum Arzt. Art und Lokalisation des Schmerzes lassen häufig Rückschlüsse auf den Sitz des Strömungshindernisses zu. Die Patienten klagen über belastungsabhängigen Schmerz und rasche Ermüdbarkeit in den Extremitäten bei Gliedmaßenarterienverschlüssen, über postprandiale Leibschmerzen bei Okklusionen der viszeralen Arterien, über Schwindel, Halbseitenschwäche und andere neurologische Ausfälle bei Obliterationen der zuführenden Kopfarterien. Parästhesien weisen auf eine Überlagerung durch vertebragene oder diabetische Polyneuropathien hin. Trophische Störungen wie brüchige Nägel, Haarausfall, Haut- und Muskelatrophie, Blässe, marmorierte oder zyanotische Haut, schlecht heilende Wunden, Interdigitalmykosen, Nekrosen oder Gangrän sind darüber hinaus richtungweisende Symptome. Sie lassen häufig schon eine Aussage über den Schweregrad der Durchblutungsinsuffizienz zu (s. auch Stadieneinteilung nach Fontaine beim chronischen Gliedmaßenarterienverschluß, S. 820ff).

Diagnose

Anamnese und Lokalbefund: Sie geben bereits wichtige differentialdiagnostische Hinweise auf das Vorliegen eines Arterienverschlusses und dessen Lokalisation. Die Schmerzphänomene bei Gliedmaßenischämie sind dadurch gekennzeichnet, daß sie unter Belastung entweder auftreten oder sich verschlimmern, im Gegensatz zu den durch Venenerkrankungen, Wirbelsäulen- und Gelenkveränderungen verursachten Beschwerden, die sich unter Bewegung häufig bessern.

Palpation der Arterienpulse: Alle der Palpation zugänglichen Pulse werden betastet, hinsichtlich ihrer Qualität geprüft und mit den kontralateralen verglichen. Fehlende Arterienpulsationen sprechen mit hoher Wahrscheinlichkeit für einen Verschluß. Der Ausfall eines Fußpulses beruht allerdings mitun-

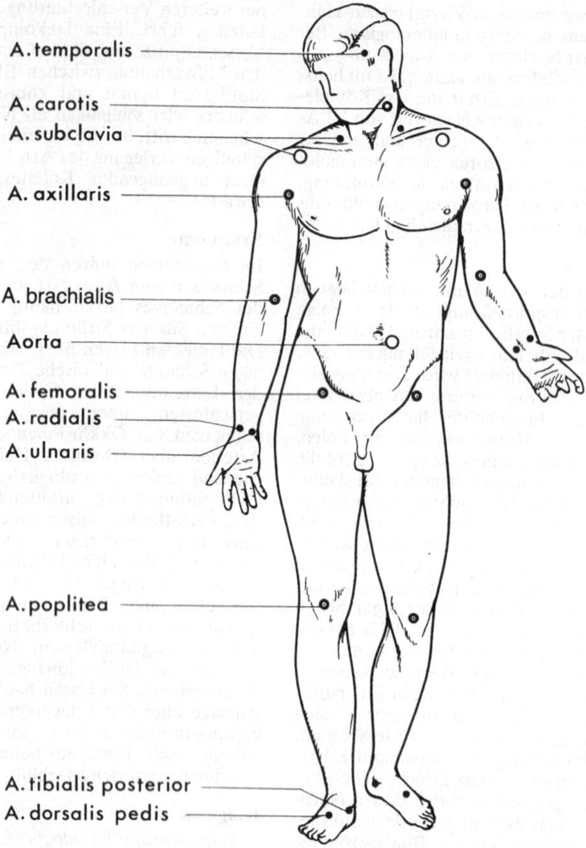

Abb. 15.1 Palpationsstellen (●) und Auskultationspunkte (○) der Arterien. ⊙ Palpations- und Auskultationsstelle.

ter auf einer physiologischen Variante der arteriellen Versorgung des Fußes.

Auskultation der Arterien: Das Stethoskop ist nur leicht aufzusetzen, weil bei starkem Druck artifizielle Stenosegeräusche erzeugt werden können. Pulssynchrone Geräusche sprechen für eine Einengung der Strombahn proximal der Auskultationsstelle. Dies gilt nur bedingt für über der distalen Aorta wahrgenommene Schallphänomene, welche auch durch Aneurysmen oder kongenitale Stenosen im Bereich des thorakalen Abschnittes verursacht sein können (Abb. 15.1). Von besonderer Bedeutung ist die Auskultation der Halsschlagadern, um hier frühzeitig Stenosen zu erfassen. Denn jeder 3. Schlaganfall entsteht durch einen extrakraniellen Arterienverschluß!

Lagerungsprobe nach Ratschow: Sie gibt einen Hinweis auf die Funktionstüchtigkeit des Kollateralkreislaufes. Der liegende Patient führt mit erhobenen Beinen (dabei dürfen die Oberschenkel von den Händen gestützt werden) Fußrollübungen bis zum Auf-

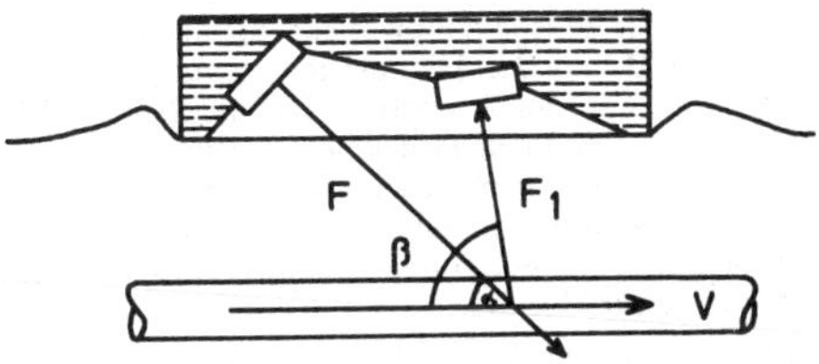

Abb. 15.**2** Prinzip der perkutanen Messung der intravasalen Blutströmungsgeschwindigkeit mittels Ultraschall-Doppler-Technik (aus Seipel, L., u. Mitarb.: Med. Techn. 2 [1973] 36).

treten von Schmerzen aus, höchstens aber 5 Minuten lang. Dabei werden beobachtet: Hautfarbe der Fußsohle, die normalerweise nicht oder nur gering abblaßt, und die Klaudikationszeit, d. h. die Zeit, die bis zum Auftreten von Schmerzen verstreicht. Dann setzt sich der Patient auf und läßt die Beine locker herabhängen. Man beobachtet: Reaktive Hyperämie, die beim Gesunden innerhalb von 5–10 s eintritt, ferner die Venenauffüllungszeit, beim Gesunden maximal nach 20 s. Sie ist naturgemäß bei Patienten mit Veneninsuffizienz nicht zu beurteilen.

Faustschlußprobe: Nach 30 mit erhobenen Armen ausgeführten Faustschlüssen gibt der Untersucher den am Handgelenk durch manuelle Kompression gedrosselten arteriellen Einstrom frei. Beim Gesunden kommt es zu einer gleichmäßigen Anfärbung der Handflächen, beim Kranken zu verzögerter fleckförmiger Rötung. Diffuses Abblassen der Handflächen bei Faustschluß unter Kompression der A. radialis oder ulnaris spricht für einen Verschluß im Bereich der jeweils nicht komprimierten Arterie (Allen-Test).

Gehtest: Auf ebenem Boden wird bei 120 Schritten pro Minute die Gehstrecke bis zum Auftreten von Schmerzen bestimmt. Der Test ist weitgehend der subjektiven Einstellung des Patienten unterworfen.

Beinergometrie: Die Belastung der von einer Durchblutungsstörung meist am stärksten betroffenen Wadenmuskulatur auf einem Beinergometer erlaubt die getrennte Funktionsprüfung beider Beine und läßt außerdem Gliedmaßenarterienverschlüsse zu einem wesentlich früheren Zeitpunkt erkennen als der Gehtest.

Oszillographie: Dieses Verfahren erlaubt in Grenzen eine Orientierung über das Vorliegen und den Sitz fortgeschrittener Arterienveränderungen. Mittels pneumatischer Manschetten werden die pulssynchronen Druck- und Volumenschwankungen von korrespondierenden Extremitätenabschnitten abgeleitet und entweder mechanisch oder elektronisch registriert.

Kriterium des Oszillogramms: Maximale Amplitudenhöhe, die während der Reduktion des Manschettendruckes durchlaufen wird (oszillometrischer Index). Die Bewertung des Indexes ist jedoch häufig problematisch, da die Amplitudenhöhe vom Umfang des Extremitätenabschnittes mitbestimmt wird. Die Formen der Oszillationen entsprechen normalerweise denen des arteriellen Druckpulses. Stärkere einseitige Amplitudenverkleinerungen dürfen nur dann als Ausdruck eines Gefäßverschlusses gewertet werden, wenn sie mit einer Abrundung des Kurvenverlaufes und einer Indexverschiebung zu niedrigeren Manschettendrücken einhergehen. Solche Veränderungen treten auf, wenn die Arterie auf etwa die Hälfte des Ausgangswertes eingeengt ist.

Belastungsoszillographie: Nach Muskelarbeit (Zehenstand, Plantarflexion der Füße gegen den Widerstand der Hände des Untersuchers) werden die Oszillationen infolge der Arbeitshyperämie normalerweise größer. Bei Vorliegen einer Stenose oder Obliteration nehmen sie jedoch ab, da die Kollateralen nicht in der Lage sind, ein adäquates Stromvolumen zu fördern.

Doppler-Ultraschalldetektoren: Das Prinzip dieses Verfahrens besteht in der Reflexion von transkutan gesendetem Ultraschall an den Oberflächen der korpuskulären Elemente des strömenden Blutes, wobei es analog dem Doppler-Effekt zu einer Frequenzänderung kommt (Abb. 15.**2**). Diese verhält sich proportional zu den Änderungen der Strömungsgeschwindigkeit des Blutes, welche sich somit in Form akustischer Signale mit einem Kopfhörer bzw. Lautsprecher direkt wahrnehmen oder elektronisch aufzeichnen läßt. Mittels dieser einfachen, leicht transportablen und nicht allzu aufwendigen Geräte können pulsatile Strömungssignale auch von solchen Arterien gewonnen werden, die der Pulspalpation nicht zugänglich sind, so z. B. von den Digitalarterien, der A. vertebralis und der A. carotis. Die Möglichkeit einer unblutigen Druckmessung in den postokklusiven Abschnitten selbst kleinerer Gefäße, die unter Zuhilfenahme spezieller Manschetten erfolgt, bildet einen weiteren Vorzug dieser Methode.

Zur Bestimmung des effektiven Perfusionsdruckes wird die Differenz zwischen systolischem Druck der A. brachialis (Systemdruck) und der A. tibialis posterior oder einer anderen Fußarterie (postokklusiver Druck) berücksichtigt = brachiokruraler Doppler-Druck-Gradient. Eine bessere Vergleichsmöglichkeit bei wiederholten Messungen bietet der Doppler-Druck-Quotient (postokklusiver Druck: Systemdruck).
Die Methode ist jedoch nicht aussagefähig bei Inkompressibilität der peripheren Arterien infolge Mediasklerose, vor allem bei der diabetischen Makroangiopathie.
Während die periphere Druckmessung mit einfachen cw-Doppler-Geräten möglich ist, erfordert die Bestimmung der Flußrichtung direktionale und die Darstellung von Strömungsprofilen gepulste Doppler-Ultraschallsysteme.
Die Flußmessung in der akralen Strombahn (Finger und Zehen) durch die neuerdings zur Verfügung stehende Laser-Doppler-Flowmetrie dient vorerst weitgehend wissenschaftlichen Fragestellungen.

Venenverschlußplethysmographie: Methode zur quantitativen Bestimmung des arteriellen Stromvolumens in bestimmten Extremitätensegmenten. Zur Verfügung stehen pneumatische Verfahren mit Hilfe luftgefüllter Manschetten (Vasoscript nach Barbey und Brecht und die Strain-gauge-Apparate [Dehnungsstreifen, deren Widerstandsänderungen in einer elektrischen Brückenschaltung gemessen werden]). Mit dieser Methode lassen sich Ruhedurchblutung, reaktive Hyperämie nach vorheriger Drosselung und Venenkapazität bestimmen. Die entsprechenden Werte werden in ml pro 100 ml Gewebe pro Minute angegeben. Kontinuierliche Messungen und Differenzierungen zwischen Haut- und Muskeldurchblutung sind nicht möglich.

Lichtplethysmographie: Es werden pulssynchrone Schwankungen der Blutfülle der Haut und damit reine Volumenpulse registriert. Einschränkung der Amplitude und Abrundung der Kurvenverlaufsform sind hier ebenso wie beim Oszillogramm Kriterien einer Einengung bzw. Verlegung der distalen Strombahn.

Röntgenologische Darstellung der Arterien: Nur eine Injektion von Kontrastmitteln und anschließende Serienaufnahmen erlauben eine unmittelbare Beurteilung der Verschlußlokalisation und -ausdehnung sowie der Entwicklung des Kollateralkreislaufes. Grundsätzlich stehen drei Methoden zur Verfügung:

- *Direkte translumbale Aortographie:* Die Pars abdominalis aortae wird zur Darstellung der Beckengefäße und der Peripherie in Höhe des 3. oder 4. und zur Darstellung der viszeralen Äste in Höhe des 2. oder 1. Lendenwirbelkörpers punktiert.
- *Indirekte oder Katheterangiographie:* Über die A. femoralis, brachialis oder axillaris wird ein Hartgummi- oder Kunststoffkatheter perkutan eingeführt. Es ist so möglich, die gesamte Aorta und die supraaortischen Äste darzustellen oder duch Sondierung einzelner Aortenäste (Viszeralarterien) eine selektive Füllung zu erzielen.
- *Direkte Arteriographie:* Mit dieser Methode können gut die peripheren Extremitätenabschnitte (über die A. femoralis oder A. brachialis) sowie die Karotiden dargestellt werden.

Die *digitale Subtraktionsangiographie (DSA)* eignet sich bei der nichtinvasiven intravenösen Applikation größerer Kontrastmittelmengen nur zur Darstellung größerer Arterien (Aorta, Viszeralgefäße, supraaortische Äste). Bei Anwendung intraarterieller Kathetertechnik lassen sich unter Einsparung von Kontrastmittel auch von den peripheren Arterien aussagekräftige Bilder gewinnen.

Nichtinvasive bildgebende Verfahren: Die Ultraschallsonographie gibt zweidimensionale Querschnittsbilder (B-mode) der anatomischen Strukturen der Gefäße und ihres Inhalts wieder. Vor allem die hochauflösenden Ultraschall-Echtzeitdarstellungssysteme (Real-time-Technik) erlauben es, funktionelle Abläufe an den großen Gefäßen aufzuzeichnen und darüber hinaus Frühveränderungen – Plaques – sowie Blutgerinnsel sichtbar zu machen. Im Duplexsystem sind B-mode und Ultraschall-Doppler-Sonographie kombiniert.
Sensitivität und Spezifität bei der Diagnostik extrakranieller Gefäßprozesse liegen für beide Methoden bei über 90%. Die farbkodierte Doppler-Sonographie (Angiodynographie)

kombiniert die hochauflösende Echtzeit-Sonographie mit gepulster Doppler-Sonographie, wobei unterschiedliche Strömungsgeschwindigkeiten in verschiedenen Farben wiedergegeben werden.
Die hämodynamische Relevanz einer Karotisstenose wird allerdings nach wie vor durch direkte (A. carotis) und indirekte (A. supratrochlearis und A. supraorbitalis) direktional gepulste Doppler-Sonographie mit Bestimmung von Strömungsprofil und Flußrichtung diagnostiziert.

Therapie

Allgemeine Maßnahmen

Ausschaltung der Risikofaktoren und Behandlung prädisponierender Krankheiten. Eine abrupte Drucksenkung bei Hypertonikern mit arterieller Verschlußkrankheit muß vermieden werden.
Sekundärprophylaxe thromboembolischer Komplikationen durch Langzeitantikoagulation oder Thrombozytenaggregation (s. a. S. 848f).

Spezielle Maßnahmen

Die Wahl des Behandlungsverfahrens hängt von Lokalisation und Ausdehnung des Verschlusses sowie von der Funktionstüchtigkeit des Kollateralkreislaufes ab, welche den Schweregrad der Gliedmaßenischämie bestimmen.

Chirurgische Behandlung

Die Möglichkeit einer operativen Wiederherstellung der arteriellen Strombahn sollte immer geprüft werden. Sie ist in Abhängigkeit vom Allgemeinzustand des Kranken und der Verschlußlokalisation bei ca. 20% der Patienten gegeben. Gebräuchliche Verfahren sind: Ausschälplastik (Thrombendarteriektomie) und Umgehungsoperation (Bypass) mit kunststoff- oder körpereigenen Venenprothesen. Die Sympathektomie ist als alleinige chirurgische Maßnahme nur noch indiziert bei ganz peripheren Verschlüssen mit drohender oder bereits vorhandener Gangrän zur Verbesserung der Hautdurchblutung.

Konservative Behandlung

Die konservativen Maßnahmen dienen der Förderung des Kollateralkreislaufes und der Mikrozirkulation. Ihre Indikation ist von der Verschlußlokalisation und dem vorliegenden Stadium abhängig.
Im Stadium II a (Gehstrecke über 200 m) ist ein *aktives Gefäßtraining* in Form von Gehübungen angezeigt. Der Patient legt bei freier Wahl der individuellen Schrittlänge in gleichmäßigem Tempo möglichst von 120 Schritten pro Minute zwei Drittel seiner beschwerdefreien Gehstrecke zurück, bleibt dann zur Förderung des hydrostatischen Bluteinstromes kurz stehen und setzt diesen Rhythmus von Belastungs- und Erholungsphase 10–20 Min. lang fort. Dieses Intervalltraining wird mehrmals täglich durchgeführt und in Abhängigkeit von der erzielten Gehstreckenzunahme langsam gesteigert. Das Gehtraining erweist sich als geeignet bei Manifestation der arteriellen Verschlußkrankheit bis zu einem Jahr, gutem Kompensationsgrad, isolierten Oberschenkelverschlüssen, besonders einseitig, und keiner anderweitigen Begrenzung der Gehfunktion. Andere Formen des aktiven Gefäßtrainings sind Zehenstand- oder Rollübungen. Bei Becken- und Oberschenkelarterienverschlüssen hat sich besonders gut die Beinergometrie bewährt, zumal sie auch bei körperbehinderten, insbesondere bereits einseitig amputierten Patienten gut durchgeführt werden kann und durch die isolierte Betätigung der Wadenmuskulatur auch ein objektives Maß für die Leistungsfähigkeit der minderdurchbluteten Extremität bietet.
Im Stadium II b (Gehstrecke unter 200 m) erweist sich die perkutane transluminale Angioplastie (PTA) als besonders wirksam. Dabei werden mittels Ballonkatheter hochgradige Stenosen der Beckenarterien und im femoropoplitealen Abschnitt, aber auch kurzstreckige Verschlüsse der A. femoralis und der A. poplitea bis zu einer Länge von 10 cm aufgedehnt. Bei chronischen Stenosen oder Verschlüssen im Bereich der Beckenarterien – weniger erfolgversprechend auch der Oberschenkelarterien – kommt in besonderen Fällen eine Lysebehandlung mit Streptokinase oder Urokinase in Betracht. Einen wesentlichen Fortschritt brachte die *lokale Fibrinolyse mittels Kathetertechnik.* Die Überlegenheit dieses Verfahrens liegt in der großen thrombolytischen Potenz durch hohe lokale Strepto- bzw. Urokinasekonzentrationen sowie in der Reduktion allgemeiner Nebenwirkungen und Komplikationen durch weitgehend örtliche Begrenzung der Fibrinolyse. Nicht selten lassen sich lokale Fibrinolyse und Katheterdilatation verbleibender Reststenosen bzw. Verschlüsse erfolgreich miteinander kombinieren. Die Entwicklung neuer Angioplastiekatheter – Rotationskatheter, Simpson-Katheter, Laser-Katheter – wird auch die Besei-

tigung stark verkalkter Verschlüsse oder exzentrischer Stenosen in Zukunft möglich machen.
Die Therapie mit Vasodilatantien ist nicht unproblematisch und sollte kritisch angewandt werden. Die meisten handelsüblichen Pharmaka bewirken eine Stromvolumenzunahme in der Haut, häufig auf Kosten der Muskeldurchblutung. Bei systemischer Applikation kommt es darüber hinaus zu Blutverteilungsänderungen zuungunsten des durchblutungsgestörten Gewebsbereiches, wenn der Blutdruck proximal des Strömungshindernisses abnimmt und die Strombahn distal der arteriellen Okklusion nicht mehr erweiterungsfähig ist (s. auch u. Vasodilatantien). Eine lokale Durchblutungsverbesserung kann am besten duch intraarterielle Infusionen erreicht werden. Hierzu eignen sich allerdings nur Substanzen mit kurzer Halbwertzeit, z. B. Adenosintriphosphorsäure (Triadenyl) und einige Adenylkörpergemische (Laevadosin) sowie die vasoaktiven Prostanoide (Prostavasin, Iloprost). Man appliziert sie über einen möglichst langen Zeitraum direkt in die Versorgungsarterie des kranken Gewebebezirkes. Gerade im Stadium II hat es sich bewährt, aktives und passives Gefäßtraining zu kombinieren, indem man die durchblutungsgestörte Gliedmaße während einer intraarteriellen Infusion ergometrisch belastet. Voraussetzung für eine intraarterielle Applikation ist jedoch die Tastbarkeit der betreffenden Arterie (A. femoralis, A. brachialis), so daß höher gelegene Verschlußprozesse sich dieser Therapie zwangsläufig entziehen.
In den *Stadien III und IV* ist die Gliedmaße ruhigzustellen, tiefzulagern und durch lockere Watteverbände gleichmäßig warmzuhalten. Keine direkte Wärmeanwendung oder Unterkühlung (Eiskasten)! Kein aktives Gefäßtraining! Eine intraarterielle Infusion mit Laevadosin oder Prostavasin wird empfohlen. Die systemische Gabe von Vasodilatantien ist nicht indiziert. Eine Viskositätssenkung durch therapeutische Defibrinierung mit Schlangengiften (Arwin, Defibrase) oder die isovolämische Hämodilution mit niedermolekularen Dextranen (Rheomacrodex) oder Hydroxyäthylstärke (HAES) kann eine Verbesserung der Fließeigenschaften des Bluts in der Endstrombahn bewirken. Die Rückführung in ein ruheschmerzfreies Stadium ist so in vielen Fällen möglich. Bei ischämischen Läsionen nach Wundabstrich und Antibiotikatest Lokalbehandlung mit Breitspektrumantibiotika. Keine Salben! Trockenbehandlung von Nekrosen und Gangränen! Zusätzlich langsame intraarterielle Verabreichung eines Antibiotikums, um die Konzentration im kranken Gewebsbereich zu erhöhen. Sorgfältige Behandlung des bei ischämischen Gliedmaßen fast immer anzutreffenden Fußpilzes: antimykotische Farbstoffe (Gentianaviolett, Brillantgrün, Solutio Castellani u. a.), Tonoftal, Multifungin, Fungiplex, Canesten, Epi-Monistat usw. Auch bei der Anwendung von Antimykotika sollten Lösungen der Puder- oder Salbenbehandlung vorgezogen werden.

Verschlüsse der Gliedmaßenarterien

Zur Epidemiologie und Ätiologie s. S. 813ff.

Pathogenese und Formen

(s. auch S. 815)
Wir unterscheiden nach Fontaine 4 Stadien nach pathophysiologischen und klinischen Gesichtspunkten.

Stadium I: Pulsausfall ohne Beschwerden. Häufig Zufallsbefund. Blut-(Substrat-)Zufuhr und Stoffbedarf des Gewebes entsprechen sich in Ruhe und unter Belastung.

Stadium II: Claudicatio intermittens. Latenzschmerz aufgrund belastungsabhängiger Muskelischämie. Bei einer bestimmten Gehstrecke (oder Armbetätigung) treten krampfartige Schmerzen in der Wade (oder Muskulatur des Unterarmes bzw. der Hand) auf, die zum Stehenbleiben zwingen. Schon nach wenigen Minuten Ruhe schwindet der Schmerz, und der Kranke kann wieder eine bestimmte Wegstrecke (oder Armleistung) bewältigen. Blutzufuhr deckt unter Ruhebedingungen den Stoffbedarf des Gewebes, jedoch nicht mehr unter Belastung.

Stadium III: Ruheschmerz im Bereich der Akren, vor allem in Horizontallage der Gliedmaße. Bei herabhängender Extremität meist vorübergehendes Nachlassen der Beschwerden durch Erhöhung des hydrostatischen Bluteinstromes.
Blutzufuhr selbst unter Ruhebedingungen nicht mehr ausreichend für den Stoffbedarf des Gewebes.

Stadium IV: Nekrose oder Gangrän. Scharf begrenzte, schlecht heilende Gewebsläsionen an den Zehen, besonders interdigital, an der lateralen Fußkante, über dem äußeren Knöchel, in der Fersenregion und prätibial. Die trockene Gangrän der Zehen und des Vorfußes unterscheidet sich durch scharfe Demarkation der mumifizierten Par-

tien deutlich von der stark sezernierenden und zur Ausbreitung neigenden feuchten Form, die sich hauptsächlich bei Diabetikern findet.
Die Durchblutungsinsuffizienz ist so groß, daß auch der Minimalstoffwechsel – vorwiegend in den Akren – nicht mehr gewährleistet ist.
Die Symptomatik und die Therapie der Gliedmaßenarterienverschlüsse richten sich nach ihrer Lokalisation. Die wichtigsten Verschlußlokalisationen sind: Aortentyp, Beckentyp, Oberschenkeltyp, peripherer Typ, Armtyp, Raynaud-Phänomen (digitale Verschlüsse). Näheres s. unter den entsprechenden Typen.

Aortentyp

Def: Totalverschluß der Pars abdominalis aortae oder Aortenbifurkation führt zum Leriche-Syndrom.

Ät: Arterielle Thrombose, sehr selten Embolie.

Sy: Zunächst Schwächegefühl in beiden Beinen, Impotenz, trophische Störungen des Nervenplexus des Beckens. Dann Latenzschmerz in Hüft-, Becken- und Oberschenkelmuskulatur. Cutis marmorata. Keine wesentliche Störung der Hauttrophik. Häufig gute Kollateralisation.

Dg: Pulsausfall von den Leistenbeugen an nach distal beiderseits. Atrophie der Ober- und Unterschenkelmuskulatur. Im Oszillogramm Einebnung aller Oszillationen über den unteren Extremitäten. Angiographie!

DD: Rückenmarkstumoren, Koxarthrose.

Th: Nach Möglichkeit Operation (Ausschälplastik oder aortoiliakaler Bypass). Konservative Maßnahmen: u. U. systemische Fibrinolyse mit Strepto- oder Urokinase.

Beckentyp

Def und *Ät:* Verschluß der Beckenarterien, am häufigsten nach distal. Latenzschmerz in der Oberschenkel-, gelegentlich auch in der Wadenmuskulatur. Bei doppelseitigem Verschluß der A. iliaca interna: Impotenz.

Dg: Pulsausfall, Höhenminderung, gelegentlich auch völlige Einebnung der Oszillationen im Oszillogramm. Pathologischer Ausfall der Lagerungsprobe. Angiographie.

DD: Neuritis des N. femoralis oder ischiadicus, Koxarthrose.

Th: Operation (Ausschälplastik, aortofemoraler Bypass, PTA [S. 819]). Häufig sehr gute Kollateralisation. Medikamentöse Therapie im allgemeinen wenig erfolgreich. Zur Verhinderung eines Fortschreitens der arteriellen Thrombose nach proximal oder distal Antikoagulantientherapie.

Oberschenkeltyp

Def und *Pathog:* Häufigster isolierter Verschluß im Bereich der Gliedmaßen. Beginn meist in Höhe des Adduktorenkanals, dann aszendierend. Die A. profunda femoris bleibt häufig durchgängig. Sie ist die wichtigste Kollateralstrombahn für den Unterschenkel.

Ät: In den meisten Fällen thrombotischer Verschluß bei arteriosklerotischem Grundleiden, selten Endangiitis obliterans.

Sy: Typische Claudicatio intermittens der Wadenmuskulatur. Pulsausfall von der A. poplitea an nach distal. Kältegefühl und Parästhesien der Füße.

Dg: Pulsausfall, verminderte postokklusive Doppler-Drücke, Höhenminderung der Oszillationen im Oszillogramm über dem Unterschenkel, gelegentlich auch über dem distalen Oberschenkelabschnitt (hoher Oberschenkelarterienverschluß). Pathologischer Ausfall der Lagerungsprobe. Angiographie.

DD: Lumbales Wurzelreizsyndrom (meist bei L5/S1)!

Th: Kombination von aktivem und passivem Gefäßtraining: PTA, lokale Fibrinolyse (S. 819), intraarterielle Infusionen mit Laevadosin oder Triadenyl unter gleichzeitiger ergometrischer Belastung. Im Stadium II (Gehübungen, Zehenstandübungen und Fußrollübungen). In den Stadien III und IV nur intraarterielle Infusionen.
Operation (Ausschälplastik oder femoropoplitealer Bypass) nur in Ausnahmefällen.

Peripherer Typ

Def: Verschluß im Bereich der Unterschenkel-, Fuß- oder Digitalarterien.

Ät: Thrombotische Verschlüsse auf arteriosklerotischer Basis oder – besonders häufig bei jungen Männern – Endangiitis obliterans.

Sy: Zyanotische Verfärbung der Akren. Häufig nekrotisierende Interdigitalmykosen. Läsionen an den Zehen und im Vorfußbereich. Drucknekrosen an der Ferse. Bohrender Schmerz im Fußgewölbe. Bei Endangiitis häufig begleitende Venenentzündungen (Phlebitis migrans).

Dg: Pulsausfall der Peripherie, niedrige Doppler-Drücke, deutliche Höhenminderung oder Einebnung der Oszillationen über

Knöchel und Fuß. Pathologische Lagerungsprobe. Angiographie.

DD: Senk-Spreiz-Fuß, Kalkaneussporn, ischämische Volkmann-Kontraktur der kleinen Fußmuskeln. Funktionelle Zirkulationsstörung.

Th: Fußrollübungen, intraarterielle Infusionen mit Laevadosin oder Triadenyl. Lokalbehandlung der Interdigitalmykosen und ischämischen Läsionen (s. auch Therapie des chronischen Arterienverschlusses, S. 819). Systemische Applikation von Vasodilatantien.

Armtyp

Def: Verschlüsse im Bereich der A. axillaris, A. brachialis, der Unterarm-, Hohlhand- und Digitalarterien.

Ät: Thrombosen auf arteriosklerotischer Basis, entzündliche Gefäßerkrankungen (s. auch Raynaud-Phänomen, S. 827).

Sy: Die selteneren Verlegungen der proximalen Armarterien verursachen außer einem Schweregefühl und rascher Ermüdbarkeit der Extremität meist keine stärkeren Beschwerden. Verschlüsse der Hohlhand- und Digitalarterien führen schon bei leichter Arbeit zu kalten, schmerzenden Händen.

Dg: Pulstastbefund, digitale Doppler-Druck-Messung, Lichtplethysmographie, Faustschlußprobe, Allen-Test, Angiographie.

DD: Funktionelles Schulter-Gürtel-Syndrom, Morbus Raynaud, Brachialgia paraesthetica nocturna.

Th: Bei Verlegung der proximalen Armarterien symptomatisch: Faustschlußübungen, leichte Gymnastik. Bei Verschlüssen der peripheren Armarterien intraarterielle Infusionen in die A. brachialis mit Laevadosin, Triadenyl oder Prostavasin.
Chirurgisch: Thorakale Sympathektomie.

Akrales Verschlußsyndrom

Ät: Primär organischer Verschluß der Digital- oder Hohlhandbogenarterien durch Arteriosklerose, Endangiitis obliterans, Endstadium des Morbus Raynaud, Kollagenosen und Periarteriitis nodosa. Ischämie bei Blutdruckabfall unter den kritischen Verschlußdruck. Arterienverschlüsse im Bereich der Hand können auch durch *mechanische Einflüsse* entstehen, so z. B. infolge von Erschütterungstraumen bei Preßlufthammerarbeit oder in Form der „Anklopferkrankheit" bei der Schuhfabrikation, wie überhaupt bei Verwendung vibrierender Werkzeuge. Schließlich kommen *Intoxikationen* mit Blei, Phenol, Drogen und Medikamenten als Ursache akraler Durchblutungsstörungen in Betracht. In der letzten Zeit beanspruchen insbesondere Gefäßschädigungen durch ergotaminhaltige Medikamente das klinische Interesse, wobei sich auch die dihydrierten Substanzen in der Diskussion befinden.

Sy: Beschwerden treten nicht symmetrisch auf, sonst ähnlich wie bei Morbus Raynaud.

Dg: Pulstastbefund, Oszillographie, Lichtplethysmographie, Faustschlußprobe, Angiographie. Bestimmung des postokklusiven Digitalarteriendrucks mit Doppler-Sonde.

DD: Morbus Raynaud, sonst wie unter Armtyp.

Th: Behandlung des Grundleidens. Bei akralen Läsionen intraarterielle Infusionen von Vasodilatantien mit kurzer Halbwertszeit (Laevadosin, Triadenyl sowie Prostavasin) und Antibiotika in die A. brachialis, neuerdings auch Viskositätssenkung des Blutes durch i.v. oder s.c. Gaben des Schlangengiftes Arwin.
Chirurgisch: Thorakale Sympathektomie.

Verschlüsse der supraaortischen Äste

Übersicht

Anat und *Physiol:* Die vom Aortenbogen entspringenden großen Äste, Truncus brachiocephalicus, A. carotis communis und A. subclavia, bilden mit ihren Aufzweigungen drei Versorgungsbezirke. Karotisbezirk: Gesicht, Augen sowie vordere und mittlere Hirnabschnitte. Subklaviabezirk: Arm, Vertebralis-Basilaris-Bezirk: Okzipitalhirn, Brücke, Kleinhirn, Medulla oblongata und Innenohr. Alle drei Versorgungsgebiete sind extrakraniell durch das arterielle zervikale Kollateralnetzwerk und intrakraniell durch den Circulus arteriosus cerebri anatomisch und funktionell so eng miteinander verknüpft, daß eine Durchblutungsstörung eines Strombahnabschnittes über die Kollateralverbindungen voll ausgeglichen werden kann.

Ät: Meistens Thrombosen auf arteriosklerotischer Basis, selten entzündliche Gefäßerkrankungen.

Sy: Entspricht der Verschlußlokalisation.

- *Insuffizienz der A. carotis externa:* Claudicatio masticatoria, Gesichtsatrophie und Parodontose.
- *Insuffizienz der A. carotis interna:* Gleichseitige monookuläre Sehstörungen, kontralaterale motorische und sensorische Ausfälle, Aphasie und Apoplexie. Bei Ka-

rotisstenosen häufig TIA (transitorische ischämische Attacken).

- *Insuffizienz der A. subclavia:* Parästhesien, Kältegefühl, seltener Claudicatio brachialis.
- *Insuffizienz des Vertrebralis-Basilaris-Kreislaufes:* Doppelseitige kortikale Sehstörungen, Hemianopsie, Diplopie, Ausfälle der Hirnnervenkerne und Pyramidenbahnen, Schwindel, Nystagmus.

Dg: Pulsausfall (Aa. subclavia, carotis), neurologische Symptomatik, Oszillographie (A. subclavia), Ophthalmodynamographie, Angiographie. Blutdruckmessung an *beiden* Armen!

Th: Operative Korrektur einer Karotisstenose durch Ausschälplastik, der übrigen supraaortischen Verschlüsse durch Umgehungsoperation. Bei inoperablen Fällen Dauerantikoagulation (s. auch unten Aortenbogensyndrom, Subclavian-steal-Syndrom und Carotis-interna-Syndrom).

Aortenbogensyndrom (Martorell-Fabré-Syndrom, Pulseless disease)

Ät und *Pathog:* Organische Wandveränderungen des Aortenbogens mit Verschluß oder hochgradiger Stenosierung der Abgangsstellen einzelner oder mehrerer Äste durch Arteriosklerose oder Arteriitis. Letztere befällt vorwiegend junge Frauen und führt meistens zu einseitigem Verschluß der A. carotis und subclavia bzw. des Truncus brachiocephalicus (Takayasu-Syndrom). Pathogenetisch kommen ferner Aortenbogenaneurysmen mit sekundärer Stenosierung der Gefäßabgänge (Lues, Aneurysma dissecans) in Betracht.

Sy: s. oben Verschlüsse der supraaortischen Äste.

Dg: Pulsausfall, Angiographie.

DD: Funktionelles Schultergürtelsyndrom bei Halsrippe, intrakranielle Gefäßverschlüsse, angioneurotische Oktavuskrise.

Th: s. oben, Verschlüsse der supraaortischen Äste.

Subclavian-steal-Syndrom

Def und *Ät:* Meist arteriosklerotischer Verschluß der A. subclavia unmittelbar distal ihres Ursprunges aus der Aorta und proximal des Vertebralisabganges. Infolge des poststenotischen Druckabfalles Stromumkehr in der homolateralen A. vertebralis, die der A. subclavia über einen vertebrovertebralen Shunt oder aus dem Circulus arteriosus cerebri Blut zuführt und somit zur Kollateralstrombahn für den Arm wird.

Sy: Anfallsweise Auftreten von Schwindel, Sehstörungen, Nystagmus bei Armarbeit (Basilarisentzugssyndrom). Blutdruckdifferenz zwischen rechtem und linkem Arm. Schnelle Ermüdung, gelegentlich Kältegefühl und Parästhesien der betroffenen Extremität.

Th: Bypass von der A. carotis zur A. subclavia.

A.-carotis-interna-Syndrom

Def: Meist von der Karotisgabel ausgehende hochgradige Stenosierung oder Obliteration der A. carotis interna.

Sy: Zeichen der Durchblutungsinsuffizienz der A. carotis interna. Die zerebrovaskuläre Insuffizienz läßt vier Schweregrade unterscheiden:

- *Stadium I:* asymptomatische Stenosen;
- *Stadium II:* intermittierende, relative Insuffizienz, meist anfallsweise auftretende, kurz dauernde neurologische Ausfallserscheinungen; Rückbildung innerhalb von 24 Stunden = TIA (transitorische ischämische Attacken), verzögerte Rückbildung über 24 Stunden hinaus = PRIND (prolongiertes reversibles ischämisches neurologisches Defizit);
- *Stadium III:* fortschreitende, manifeste Insuffizienz (progressive stroke);
- *Stadium IV:* Endstadium mit stationären und neurologischen Symptomen (complete stroke).

DD: Intrakranielle Gefäßverschlüsse und -rupturen.

Th: S. oben, Verschlüsse der supraaortischen Äste.

Verschlüsse der Eingeweideschlagadern
(Truncus coeliacus, Aa. mesentericae superior und inferior)

Ät und *Pathog:* Arteriosklerose, seltener Endangiitis obliterans, Immunangiopathien oder fibromuskuläre Mediahyperplasie.
Die intestinale Durchblutungsinsuffizienz wird in erster Linie durch Abgangsstenosen oder kurzstreckige Segmentverschlüsse der Hauptstämme der drei Eingeweideschlagadern verursacht.

Sy: Intermittierende uncharakteristische Schmerzattacken im Abdomen, meist postprandial (Angina abdominalis). Malabsorptionssyndrom: Gewichtsverlust, Nachweis von Fett und Muskelfasern im Stuhl. Gefäßgeräusche paraumbilikal oder im Oberbauch.

Dg: Typische Anamnese, Auskultation des Abdomens, Aortographie in zwei Ebenen bzw. selektive Gefäßdarstellung mit Katheter, Stuhluntersuchung.

DD: Pankreatitis, Neoplasma ventriculi, Ulcus ventriculi oder duodeni, Cholelithiasis, arteriomesenteriale Duodenalkompression.

Th: Chirurgische Rekonstruktion der Strombahn. Bei Inoperabilität konservativ symptomatische Maßnahmen (leichte, gut verdauliche Kost, mehrere kleine Mahlzeiten). Bei kolikartigen Beschwerden helfen häufig Nitroglycerin-Präparate (Nitrolingual).

Akuter Arterienverschluß

Vk und *Ät:* Betroffen ist vorwiegend das weibliche Geschlecht. Häufigste Ursache: arterielle Embolien (80–90%), hauptsächlich bei Herzklappenfehlern mit Vorhofflimmern, vor allem Mitralvitien (70–75%), ferner nach frischen Herzinfarkten mit wandständigen Thromben im linken Ventrikel (10–12%), thromboulzeröse Endokarditiden (2–4%), thrombosierte Aortenaneurysmen (1–2%), extrem selten Thrombosen der Lungenvenen oder Phlebothrombosen bei offenem Foramen ovale (paradoxe Embolie). Am häufigsten betroffen: supraaortische Äste, insbesondere Karotiden bzw. Truncus brachiocephalicus. In ca. einem Drittel werden die Gliedmaßen betroffen. Arterielle Thrombosen nur in 10 bis 20% meist auf dem Boden arteriosklerotischer Gefäßwandveränderungen, seltener bei Arteriitiden, Aneurysmen, Gerinnungsstörungen, Polycythaemia vera sowie bei Malignomen als paraneoplastisches Syndrom. Nur in knapp 1% der akuten Arterienverschlüsse sind dissezierende Aneurysmen und traumatische Gefäßschädigungen die Ursache.

Sy: Funktionsausfall des betroffenen Organs. Bei Verschluß der A. carotis interna: apoplektischer Insult mit typischer motorischer und sensorischer Halbseitensymptomatik. Die plötzliche Verlegung der Eingeweideschlagadern verläuft unter dem Bild des akuten Abdomens mit paralytischem Ileus. Bei akuten Gliedmaßenarterienverschlüssen: peitschenschlagartiger Schmerz, kalte, anfänglich blasse, später zyanotische (blaumarmorierte) Haut, Par- bzw. Hypästhesien, Lähmung, Pulsausfall und kollabierte Venen der betroffenen Extremität. Bei arteriellen Thrombosen ist das Ischämiesyndrom infolge meist bereits entwickelter Kollateralen nicht selten weniger intensiv als bei Embolie.

Dg: Charakteristische Anamnese und Lokalbefund. Pulstastung, Angiographie.

DD: Phlegmasia coeruela dolens (s. akute Beckenvenenthrombose, S. 829f), neurologische Erkrankungen wie Neuritis oder Diskopathien.

Th: Sofortmaßnahmen: Schmerzbekämpfung, Tieflagerung der Gliedmaße, lockerer Watteverband, keine Wärme- oder Kälteanwendungen, „Bettenbahnhof“! Vasodilatantien sind kontraindiziert! Sofortige Krankenhauseinweisung, evtl. Applikation von 15000–20000 IE Heparin (dem weiterbehandelnden Arzt unbedingt mitteilen). Schockbekämpfung.

Operative Beseitigung des Gerinnsels oder thrombolytische Therapie: lokale Katheterlyse mit Streptokinase, Urokinase oder rt-PA.

Immunangiopathien

Ätiologie und Formen

Arterien, Kapillaren, Venen und vermutlich auch Lymphgefäße können an hyperergischen Reaktionen beteiligt sein.

Nach Alexander liegen ihnen infektionsallergische, nutritivallergische, pharmakoallergische, toxikoallergische und autoimmunisatorisch-allergische Vorgänge zugrunde.

Die hyperergischen Reaktionen können vorwiegend serös-exsudativ (Kapillarpermeabilitätsstörung), nekrotisierend oder proliferativ (sichtbare Wandschäden an kleinen und mittleren Arterien) sein (Abb. 15.**3**). Im Gegensatz zu den exsudativen Formen sind Ätiologie und Pathogenese der proliferativ-granulomatösen Gefäßerkrankungen bis heute weitgehend ungeklärt.

Therapie

Prednison, Vasodilatantien.

Arteriitis temporalis sive cranialis (senile Riesenzellarteriitis)

Def und *Vk:* Thrombosierend und nekrotisierende Gefäßerkrankung, die vorwiegend die Arterien des äußeren Schädeldaches, extrem selten auch periphere Gliedmaßenarterien befällt. Sie tritt meist jenseits des 6. Lebensjahrzehntes auf und ist bei Frauen häufiger als bei Männern.

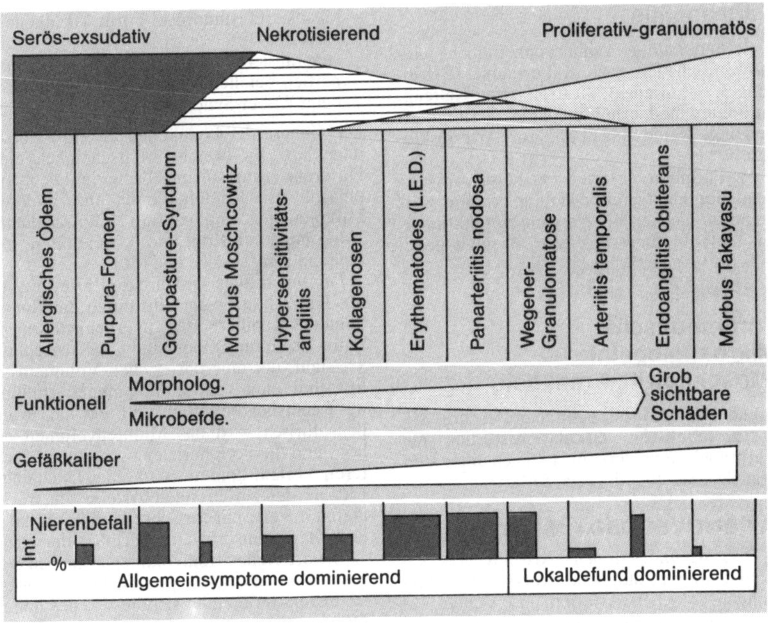

Abb. 15.3 Übersicht der Immunangiopathien (nach H. E. Bock) (aus Alexander, K.: Arterienerkrankungen, Fischer, Stuttgart 1977)

Pathog: Hyperergische Gefäßreaktion mit Elastikazerstörung.

Sy und *Dg:* Heftige Kopf- und Gesichtsschmerzen, besonders beim Kauen, Fieber, Anämie, Leukozytose, Senkungsbeschleunigung. In der Hälfte der Fälle Sehstörungen und Bulbusschmerzen.

Th: Symptomatisch mit Antiphlogistika und Corticosteroiden.

Sklerodermie

Die progressive Sklerodermie ist eine generalisierte Bindegewebserkrankung, die schwere Veränderungen am Gefäßsystem, in der Haut und nahezu allen Organen verursacht. Aufgrund neuerer serologischer Erkenntnisse spricht vieles dafür, daß es sich um eine Autoimmunerkrankung handelt.
Die vorwiegend in den Akren lokalisierten Durchblutungsstörungen (raynaud-ähnliche Symptomatik) können der Manifestation der Sklerodermie an anderen Organen um Jahre vorausgehen (s. a. Kap. Rheumatologie).

Periarteriitis (Panarteriitis) nodosa (Kussmaul-Maier-Krankheit)

Vielschichtiges, anfangs uncharakteristisches Krankheitsbild. Im Vordergrund stehen Symptome der inneren Organe. In seltenen Fällen kommt es auch zur Beteiligung kleinerer Extremitätenarterien.

Pathog und Sy: s. Kollagenkrankheiten im Kap. Rheumatologie.

Hypersensitivitätsangiitiden

Ät und *Pathog:* Hyperergische Gefäßreaktion bei Arzneimittelunverträglichkeit (Sulfonamide, Antibiotika, insbesondere Penicillin, Thiouracil, Hydantoin, Phenylbutazone, Pyrazolone, Salicylate, Stilbamide, Jod-, Arsen- und Quecksilberpräparate, selten auch Prednisonpräparate).

Sy: Befall von Lungen-, Nieren-, Pankreas-, Haut- und Digitalgefäßen.

Kälteangiitis

Ät und *Pathog:* Lokale entzündliche Gefäßwandschäden nach Kältetrauma (Erfrierung 3.–4. Grades). Auftreten von Kälteagglutininen und erhöhte lokale Gerinnungsneigung. Keine Beziehung zur Arteriosklerose.

Sy: Periphere Arterienverschlüsse, vorwiegend der Hautgefäße. Häufig erhöhte Kälteempfindlichkeit mit Neigung zu funktionellen Durchblutungsstörungen. Niemals generalisierte Angiopathie.

Thrombotische Mikroangiopathie (Moschcowitz-Krankheit)

Bild der thrombozytopenischen Purpura. Mikrothrombotische Zirkulationsstörung mit Verbrauchskoagulopathie (s. auch unter Verbrauchskoagulopathien, S. 838).

Arteriovenöse Fisteln

Def, Ät und *Formen:* Arteriovenöse Fisteln sind pathologische Kurzschlußverbindungen zwischen Arterien und Venen. Ihr Shuntvolumen unterliegt im Gegensatz zu demjenigen der physiologischen arteriovenösen Anastomosen nicht der Regulation durch den Organismus. Wir unterscheiden erworbene und konnatale arteriovenöse Fisteln.

- *Erworbene Fisteln:* Traumatischer arteriovenöser Kurzschluß bei gleichzeitiger Läsion einer Arterie und Vene durch Stich- oder Schußverletzung, scharfkantige Knochenfragmente bei Frakturen oder sehr selten auch durch stumpfe Traumen. Spontane arteriovenöse Fisteln sind meist Folge einer primären Arterienerkrankung: Einbruch eines syphilitischen, mykotischen oder auch arteriosklerotischen Aneurysmas in eine benachbarte Vene. Gelegentlich Arrosion benachbarter Arterien und Venen durch ein Malignom oder multiple Kurzschlüsse zwischen neugebildeten atypischen Gefäßen in einer stark vaskularisierten Geschwulst.
- *Konnatale Fisteln:* Sie können im Gegensatz zu den vorgenannten Formen generalisiert auftreten. Man unterscheidet drei Typen:
- lokalisierte direkte Fistel, z. B. Ductus arteriosus apertus, zwischen mittelgroßen Gefäßen;
- lokalisierte tumoröse Form (Rankenangiom);
- generalisierte Form, die größere Körperpartien befallen kann (ganze Gliedmaßen beim Weber-Syndrom).

Die Genese der konnatalen Fisteln ist noch ungeklärt. Es besteht wahrscheinlich eine Differenzierungsstörung des primitiven Kapillarplexus. Kombinationen mit anderen Mißbildungen sind häufig. Hauptsächliches Vorkommen an Kopf und Extremitäten, seltener an Herz, Lunge und Milz.

Pathog: Infolge des direkten arteriovenösen Kurzschlusses entsteht durch die Umgehung des Kapillarbettes ein erheblich erniedrigter Strömungswiderstand im Kurzschlußkreislauf, der einen arteriellen Volumenverlust und eine venöse Volumenüberfüllung mit Rechtsherzbelastung zur Folge hat. Kompensatorisch wird das Minutenvolumen erhöht und die Peripherie eng gestellt. Im weiteren Verlauf kommt es zu einer fistelnahen Ektasie der zuführenden Arterie und rückläufigen Vene mit fortschreitender Varikose und Klappeninsuffizienz. Peripher der Fistel ist das arterielle Stromvolumen erheblich eingeschränkt. Zwischen proximaler und distaler Fistelarterie bildet sich infolge des hohen Druckgefälles meist ein ausgeprägter Kollateralkreislauf.

Sy: Erweiterung und Schlängelung der zuführenden Arterie mit großem Volumenpuls. Schwirrender Tumor. Auskultatorisch Maschinengeräusch, das bei Kompression der zuführenden Arterie verschwindet. Pulsierende Venen in Fistelnähe. Arterielle Durchblutungsstörung distal der Fistel, Längenwachstum der betroffenen Extremität bei noch offener Epiphysenfuge (Weber-Syndrom). Herzhypertrophie bis -insuffizienz.

Dg: Palpation und Auskultation und Bestimmung des Herzzeitvolumens und der Blutumlaufzeit. Arteriographie.

Th: Operativer Verschluß der Fistel.

Funktionelle Zirkulationsstörungen (Angioneuropathien)

Definition

Primäre funktionelle Fehlreaktionen mit krankhafter Weitenänderung der vorwiegend nerval gesteuerten Hautgefäße. Sie können früher oder später zu organischen Wandveränderungen führen. Im Hinblick auf die Therapie ist eine Unterscheidung zwischen konstitutionell gebundener angiopathischer Reaktionslage und erworbenen Schäden erforderlich.

Morbus Raynaud und Digitus mortuus

Vk, Ät und *Pathog:* Intermittierende Konstriktion einzelner (Digitus mortuus) oder mehrerer (Morbus-Raynaud) Digitalarterien aufgrund funktioneller nervaler Störung der peripheren Vasomotorik, ausgelöst durch Kälteeinwirkung oder psychische Erregung. Der Digitus mortuus findet sich bei beiden Geschlechtern, der Morbus Raynaud fast ausschließlich bei Frauen. Schon im Frühstadium des Morbus Raynaud können organische Wandveränderungen auftreten; im Spätstadium liegen regelmäßig Obliterationen der Digitalarterien vor (Raynaud-Phänomen, s. auch akrales Verschlußsyndrom, S. 822).

Sy und *Dg: Digitus mortuus:* anfallsweises Abblassen einzelner Finger („Leichenfinger"). *Morbus Raynaud:* Akrozyanose der Hände. Intermittierende symmetrische Ischämie der Hände, extrem selten auch der Füße, Parästhesien, häufig heftiger Schmerz. Nach dem Anfall oft starke Rötung der Akren. Kein Pulsausfall, jedoch pathologisches Lichtplethysmogramm. Im Spätstadium nicht selten trophische Störungen der Haut.

Th: Kälteschutz der Gliedmaße. Reserpin. α-Sympatholytika, physikalische Maßnahmen. Bilaterale transthorakale Sympathektomie.

Akrozyanose

Ät: Konstitutionell, symptomatisch bei angeborenen Herzfehlern, hypophysären Störungen, ovariellen Dysregulationen und bei Anorexia mentalis.

Sy: Livide fleckförmige Hautverfärbung der Akren, vorwiegend bei Jugendlichen. Kein Pulsausfall, keine trophischen Störungen. Starke Kälteempfindlichkeit.

Th: Physikalische Maßnahmen, Reserpin, Hydergin. Korrektur hormoneller Störungen.

Postischialgische Zirkulationsstörungen

Einseitige neurovaskuläre Störung der unteren Gliedmaßen bei Bandscheibenkompression der Spinalwurzel L5, wodurch ein organisches Verschlußleiden vorgetäuscht werden kann („Claudicatio nervosa").

Schultergürtelsyndrom

Sy:

- *Scalenus-anterior-Syndrom:* Durch Hypertrophie des M. scalenus anterior kommt es zu einer Einengung der hinteren Skalenuslücke und damit zur Kompression der A. subclavia und des Plexus brachialis. Gelegentlich Thrombosierung der Arterie an der Einengungsstelle.
- *Halsrippensyndrom:* Kompression der A. subclavia durch ein- oder doppelseitig angelegte Halsrippen.
- *Kostoklavikularsyndrom:* Kompression der A. subclavia zwischen erster Rippe und Klavikula.
- *Pectoralis-minor-Syndrom:* Kompression der A. und der V. subclavia und des Plexus brachialis durch den hypertrophischen M. pectoralis minor.

Dg: Adson-Test: Der Kranke beugt den Kopf nach hinten und dreht ihn bei tiefer Inspiration nach der gesunden Seite hin, wobei es beim Vorliegen der aufgeführten Syndrome zu einer Abschwächung des Radialispulses kommt. Röntgenaufnahme der HWS.

Th: Resektion der Halsrippe, Skalenotomie. Evtl. Ausschälplastik der A. subclavia.

Kompressionssyndrome der A. poplitea und der A. brachialis

Ät und *Pathog:* Kompression der A. poplitea durch den medialen Gastroknemiuskopf bzw. Sehnenansatz sowie der A. brachialis durch den muskulotendinösen Anteil des medialen M. biceps meist bei jüngeren Männern.

Sy: Akutes Ischämiesyndrom während Muskelarbeit bei definitivem Verschluß durch sekundäre Thrombose bzw. chronische Durchblutungsinsuffizienz des Unterschenkels bzw. Unterarmes und der Hand.

Th: Operative Beseitigung der Zwinge durch Verlagerung des Muskelansatzes: bei Verschluß Thrombendarteriektomie oder lokale Fibrinolyse.

Venenthrombose und postthrombotisches Syndrom

Definition, Vorkommen und Formen

Unter venösen Thrombosen versteht man die Verlegung des Venenlumens durch autochthone Blutgerinnsel. Folgezustände werden als postthrombotisches Syndrom bezeichnet. Rund 90% aller Venenthrombosen entwickeln sich im Bereich der unteren Extremitäten und der Beckenvenen. Die sehr viel selteneren Thrombosen der Eingeweide- und Kopfvenen führen zu ganz verschiedenen Syndromen und werden deshalb im Rahmen der jeweiligen Organerkrankungen abgehandelt. Entsteht der Thrombus auf dem Boden einer Entzündung der Gefäßwand, sprechen wir von Thrombophlebitis, bei Gerinnselbildung anderer Genese von Phlebothrombose. Eine scharfe Trennung beider Krankheitsbilder ist meist nicht möglich. Von Bedeutung, vor allem hinsichtlich der Emboliegefährdung, ist die Unterscheidung von Thrombosen der oberflächlichen und tiefen Venen. Sie können akut, subakut oder chronisch verlaufen.

Ätiologie und Pathogenese

Drei Faktoren spielen in der Thrombogenese prinzipiell eine Rolle:

- Schädigung der Gefäßwand,
- Verlangsamung der Strömungsgeschwindigkeit,
- Erhöhung der Gerinnungsneigung des Blutes.

Die einzelnen Glieder dieser Virchow-Trias stehen untereinander in enger Wechselbeziehung, können jedoch an der Entwicklung des Thrombus in unterschiedlichem Maß beteiligt sein. Läsionen der Gefäßwand infolge mechanischer Traumen, Wärme- und Kälteeinwirkung, toxischer Noxen sowie entzündlicher bzw. allergisch-hyperergischer Reaktionen begünstigen die Abscheidung von Thromben durch lokale Freisetzung und Aktivierung von Gerinnungsfaktoren. Auch ein Antithrombin-III-(AT-III-)Mangel kommt als Ursache in Betracht. Die Verlangsamung der Blutströmung, z. B. bei längerer Bettlägerigkeit, Lähmungen, Frakturen, Herzinsuffizienz, Kreislaufschock, vegetativer Tonusschwäche des Venensystems aufgrund konstitutioneller und klimatischer Einflüsse, leistet der Entwicklung von Thrombosen Vorschub, indem sie einerseits zu einer gesteigerten Permeabilität der Gefäßwand führt, andererseits die Gerinnungstendenz erhöht. Thrombosen treten häufig nach Operationen, besonders der Beckenorgane, während der Gravidität oder im Wochenbett auf, ferner bei Gefäß- und Blutkrankheiten, beim nephrotischen Syndrom sowie als paraneoplastisches Syndrom bei Malignomen, insbesondere des Pankreas. Die Thrombosehäufigkeit steigt mit zunehmendem Alter und erreicht ihr Maximum in der 7. Lebensdekade.

Symptome und Therapie

Die Symptome und die entsprechende Therapie richten sich weitgehend nach der Lokalisation des thrombotischen Geschehens und differieren darüber hinaus bei akuten und bei chronischen Venenleiden. Wir unterscheiden die akute Thrombophlebitis der oberflächlichen Venen, die akute Thrombophlebitis bzw. Phlebothrombose der tiefen Venen, die akute Beckenvenenthrombose, seltenere Lokalisationen akuter Venenthrombosen, die chronische Thrombophlebitis der tiefen Venen sowie das postthrombotische Syndrom. Da die Klinik und Therapie dieser verschiedenen Spielarten der Venenthrombose außerordentlich unterschiedlich sind, werden sie bei den einzelnen oben erwähnten thrombotischen Venenerkrankungen gesondert abgehandelt.

Akutes Venenleiden

Akute Thrombophlebitis der oberflächlichen Venen

Sy und *Prgn:* Unscharf begrenzte Rötung, Druckschmerz und lokale Temperaturzunahme im Breich der strangartig verdickten Hautvenen. Meist kein stärkeres Ödem. Lokaler Schmerz. Beeinträchtigung des Allgemeinzustandes und leichteres Fieber nur bei ausgedehnteren Prozessen oder Übergreifen der Thrombophlebitis auf die tiefen Beinvenen. Oberflächliche Thrombosen verursachen nur selten Lungenembolien. Sie klingen bei spontanem Verlauf innerhalb weniger Wochen unter Zurücklassung indolenter Stränge ab und führen nicht zum postthrombotischen Syndrom. Als Varikophlebitis bezeichnet man die thrombotische Obliteration entzündlicher Krampfadern. Bei septischer Thrombophlebitis intensivere lokale Reaktion, Schüttelfrost und hochfebrile Temperaturen. Häufig Begleiterkrankung bei Malignomen (paraneoplastisches Syndrom).

Dg: Charakteristische Anamnese und Lokalbefund.

DD: Phlebitis migrans, Lymphangiitis, Erysipel, andere Dermatosen.

Th: Lokalbehandlung mit heparin- oder heparinoidhaltigen Salben oder Cremes, Kompressionsverband. Keine Bettruhe! Bei starken Schmerzen oder Allgemeinreaktion Antiphlogistika. Bei septischen Thrombophlebitiden Antibiotika. In solchen Fällen Bettruhe und mäßig straffe Kompression mit weißen elastischen Binden ohne Gummifäden. Bewährt hat sich bei Varikophlebitiden das chirurgische Vorgehen: Stichinzision, Ausdrücken des Gerinnsels, straffer Kompressionsverband.

Akute Phlebothrombose der tiefen Venen

Sy und *Progn:* Im Frühstadium besonders bei bettlägerigen Patienten häufig symptomarm. Nicht selten Lungenembolie als Initialsymptom. Erst mit Beginn der Reaktion in Form von Wandveränderungen auf das zunächst nur locker anhaftende Gerinnsel Schweregefühl und ziehende, gelegentlich krampfartige Schmerzen in der Tiefe des Unter- bzw. Oberschenkels, gelegentlich auch „Zerreißschmerz", wodurch die Gehfunktion erheblich beeinträchtigt wird. In diesem Stadium meist Fieber und Tachykardie, mitunter auch nur Pulsfrequenzerhöhung (Mahler-Zeichen). Die Haut ist leicht zyanotisch und ödematös geschwollen, stärkere Füllung der oberflächlichen Venen nur bei hochsitzenden Thrombosen. Bei Druck auf die mediale Plantarmuskulatur häufig lokaler Schmerz der Fußsohle (Payr-Zeichen), bei Dorsalflexion des Fußes tiefer Wadenschmerz (Homans-Zeichen). Die tiefe Beinvenenthrombose zählt zu den häufigsten Ursachen der oft tödlichen Lungenembolie (s. Lungenembolie im Kap. Pneumologie). Bei spontanem Verlauf oder unsachgemäßer Behandlung führt die tiefe Beinvenenthrombose regelmäßig zum postthrombotischen Syndrom.

Dg: Anamnestische Befragung nach Art des Schmerzes, Zunahme beim Stehen, Abnahme bei längerem Gehen. Inspektion der Gliedmaße und vergleichende Umfangsmessung. Palpation des Venenverlaufes und des umgebenden Gewebes. Positives Payr- und Homans-Zeichen. Doppler-Ultraschalluntersuchung, Phlebographie.

DD: Ischiasneuritis, Femoralisneuritis, postischialgische Zirkulationsstörungen, akuter Gliedmaßenarterienverschluß, Muskelriß, statische Beschwerden und rheumatische Polyarthritis.

Th: Keine Bettruhe, sondern fester Kompressionsverband (Zinkleimverband, Durelastbinden). Systematische Gehübungen. Verordnung von Antiphlogistika, aber keine i.m. Injektion, weil sonst keine spätere Thrombolyse möglich. Antikoagulation mit Heparin oder Cumarinen (Marcumar, Sintrom) nur bei ausgedehnten Thrombosen mit Übergriff auf die Beckenvenen, bei Lungenembolie oder aus anderen Gründen erforderlicher Bettruhe. Vorsicht bei Kombination von Antikoagulantien mit Pyrazolonderivaten (Kumulationseffekt)! Fibrinolytische Therapie innerhalb der ersten 48 Stunden erfolgversprechend, vorzugsweise als ultrahohe Fibrinolyse (S. 847). Wesentlich ist darüber hinaus die Beseitigung statischer Beschwerden (z. B. Einlagen bei Senk- und Spreizfüßen).

Akute Beckenvenenthrombose

Sy: Heftiges Spannungsgefühl und anhaltender Schmerz im ganzen Bein mit Ausstrahlung in die Hüfte, die Leistengegend und das Kreuz. Ausgeprägtes Ödem der Gliedmaße, intensive Zyanose der Haut mit deutlichem Hervortreten der als Kollateralen fungierenden oberflächlichen Venen. *Sonderformen:*

- *Phlegmasia alba dolens:* Aus den Beinvenen aszendierte Beckenvenenthrombose. Blässe, pralle Schwellung und heftige Druckschmerzhaftigkeit des Beines einschließlich der Leisten- und Hüftregion. Fieber, erhebliche Beeinträchtigung des Allgemeinzustandes und Emboliegefährdung. Unbehandelt häufig Übergang ins postthrombotische Syndrom.
- *Phlegmasia coerulea dolens:* Perakute Thrombose der oberflächlichen und tiefen Beinvenen bis in die feinsten Verzweigungen mit Übergriff auf die Beckengefäße. Rasche Anschwellung, tiefzyanotische Verfärbung, intensiver Spontan- und Druckschmerz sowie Pulslosigkeit der Gliedmaße. Neigung zu akraler Nekrosenbildung. Oft hohes Fieber und Kreislaufschock.

Dg: Wie bei tiefer Beinvenenthrombose. Ödem des gesamten Beines, der Hüft- und Beckenregion, gelegentlich Anasarka und Proteinurie. Doppler-Ultraschallverfahren.

DD: Entzündliche Prozesse der Beckenorgane mit venöser Stauung. Koxarthritis. Akuter Gliedmaßenarterienverschluß (Phlegmasia coerulea dolens).

Th: Absolute Bettruhe! Hochlagerung der Beine einschließlich des Beckens durch Anhebung des unteren Bettendes. Fibrinolyse nach sorgfältiger Indikationsstellung zunehmend als vorrangige Methode anerkannt. Konsekutive bzw. primäre Antikoagulation mit Heparin und Cumarinen. Eine Thrombektomie sollte immer erwogen werden.

Seltenere Lokalisation akuter Venenthrombosen

Thrombophlebitiden und Thrombosen der Armvenen

Ät und *Sy:* Meist Folge von Traumen, Injektionen hypertonischer oder die Gefäßwand anderweitig reizender Lösungen, Venenverweilkanülen bzw. -kathetern und paravasaler Applikation von Medikamenten. Nur selten Gefahr einer Lungenembolie. Die akute Thrombose der V. axillaris oder subclavia (Paget-Schroetter-Syndrom) tritt besonders bei Jugendlichen nach anstrengenden Armbewegungen (Sport), aber häufig auch ohne ersichtlichen Grund auf.

Th: Lokale Auflage heparinoidhaltiger Salben, Kompressionsverband. Bei akuter Axillarvenenthrombose evtl. Fibrinolyse.

Thrombosen der Vv. cavae superior und inferior

Ät und *Sy:* Die meisten infolge Kompression durch Mediastinaltumoren hervorgerufenen *Thrombosen der V. cava superior* führen zu hochgradiger oberer Einflußstauung mit Schwellung sowie Zyanose des Gesichts, des Halses und der Arme. *Thrombosen der V. cava inferior* entstehen durch Aszension thrombophlebitischer Prozesse der Beckenvenen, Druck oder Einbruch von Tumoren. Das klinische Bild ist durch massive Anschwellung, Zyanose und verstärkte Hautvenenfüllung der Beine sowie der Beckenregion gekennzeichnet. Bei Überschreitung der Nierenveneneinmündung kommt es zu Flankenschmerz, ausgeprägter Proteinurie und meist vorübergehender Hämaturie.

Th: Bei aszendierenden Thrombosen der V. cava inferior kann unter Umständen eine Kavaligatur die einzige Rettung vor rezidivierenden Lungenembolien sein.

Thrombophlebitis migrans

Ät und *Sy:* Die Thrombophlebitis migrans betrifft die kleinen und kleinsten Hautvenen vorwiegend im distalen Bereich der Beine, seltener der Arme. Schubartiges Auftreten und wechselnde Lokalisation kurzer schmerzhafter phlebitischer Stränge charakteristisch. Sie wird pathogenetisch mit allergischen Reaktionen, malignen Tumoren, schweren Infektionskrankheiten sowie der Endangiitis obliterans in Zusammenhang gebracht.

Th: S. akute Thrombophlebitis der oberflächlichen Venen, S. 829.

Mondor-Krankheit

Strangförmige Thrombophlebitis subkutaner Venen entlang der Milchleiste am Rumpf, häufig paraneoplastisch.

Chronische Veneninsuffizienz: chronische Thrombose der tiefen Venen

Sy: Schwere- und Spannungsgefühl der Beine nach längerem Stehen und Sitzen, besonders in der warmen Jahreszeit, bei Witterungswechsel, Föhn, prämenstruell und in der Frühgravidität. Kühle Haut, gelegentlich Cutis marmorata und Induration des Subkutangewebes. Druckschmerzhaftigkeit der tiefen Venen und der Schienbeinfläche. Prallelastische Spannung der Muskulatur infolge endofaszialer Ödembildung.

Th: Feste und elastische Kompressionsverbände (Fischer-Verband). Aktives Venentraining in Form regelmäßiger Spaziergänge, Schwimmen bei Wassertemperaturen von 18 bis 20 °C, Radfahren und Beingymnastik. Vermeidung lokaler Wärmeeinwirkung (nach Möglichkeit kein Wannenbad, sondern Dusche).

Postthrombotisches Syndrom

Pathog: Bei thrombotischem Verschluß tiefer Bein- und Beckenvenen erfolgt der Rückstrom des Blutes zunächst über Kollateralen, für deren Entwicklung von distal nach proximal zunehmend ungünstigere anatomische Voraussetzungen bestehen. Die venöse Stauung und lokale Druckerhöhung sind deshalb um so ausgeprägter, je weiter zentral sich die Thrombose abgespielt hat. Infolge einer Klappeninsuffizienz der überdehnten Rr. communicantes wird das Blut aus dem tiefen System in die oberflächlichen Venen gedrückt, die auf Dauer der Druckbelastung nachgeben und dilatieren. Diese sog. sekundären Varizen gewährleisten den Rücktransport des Blutes im Stehen nicht mehr voll und tragen somit zur venösen Stase bei. Die anhaltende Erhöhung des peripheren Venendruckes bewirkt eine gesteigerte Filtration von Flüssigkeit in das Gewebe und führt im Zusammenspiel mit der regelmäßig vorliegenden Störung des Lymphabstromes zum Stauungsödem. Dieses beeinträchtigt seinerseits den Stoffaustausch und wird dadurch zur Grundlage entzündlicher und degenerativer Reaktion des vasalen und perivasalen Gewebes, welche die Entwicklung neuer Thrombosen begünstigt.

Sy: Das Krankheitsbild des postthrombotischen Syndroms ist nicht einheitlich. Es reicht in Abhängigkeit von Lokalisation und Ausdehnung des zugrundeliegenden Prozesses sowie seiner Dauer von der anfänglich nur tagsüber auftretenden Schwellung des Fußes bzw. Unterschenkels bis zum chronischen deformierenden Phleblymphödem mit Zyanose, Induration, Atrophie, Pigmentierung, Ekzem (meist durch Externa verursacht) und Ulcus cruris. Die enge Beziehung zum varikösen Symptomenkomplex geht aus Abb. 15.**4** hervor.
Die Kranken klagen über Schweregefühl der Beine und ziehende Schmerzen, besonders im Stehen, bei fortgeschrittenen Fällen auch über anhaltenden Ruheschmerz. Der Tastbefund entspricht dem der chronischen Thrombophlebitis.

Dg: Wie bei chronischer Thrombose der tiefen Venen, Inspektion!

Th: Kompressionsbehandlung, zunächst mit elastischen Verbänden, nach Beseitigung des Ödems mit Zweizuggummistrümpfen nach Maß! Bei isolierter unilateraler Verlegung der V. iliaca Versuch einer operativen Korrektur durch Implantation der mobilisierenden V. saphena magna der kranken Seite in die frei durchgängige kontralaterale V. femoralis (Palma-Operation) unter dem Schutz einer für 3 Monate angelegten arteriovenösen Fistel. Förderung des venösen Rückstromes durch hydrotherapeutische und physikalische Maßnahmen unter strikter Vermeidung jeglicher lokaler Wärmeanwendung sowie durch Geh-, Schwimm- und gymnastische Übungen.

Variköser Symptomenkomplex

Def: Der Begriff variköser Symptomenkomplex umfaßt die primären Varizen, d. h. die auf der Basis einer Bindegewebsschwäche durch mechanische und hormonelle Einflüsse hervorgerufene Ausweitung der oberflächlichen Beinvenen und deren Folgezustände. Trotz des grundsätzlichen Unterschiedes zwischen varikösem Symptomenkomplex und postthrombotischem Syndrom bestehen zwischen beiden enge Beziehungen (Abb. 15.**4**). So bieten Varizen und ihre Folgezustände günstige Voraussetzungen für die Entstehung einer Varikophlebitis, die über die Rr. communicantes häufig auf das tiefe Venensystem übergreift und letztlich zum postthrombotischen Syndrom führen kann. Dieses begünstigt auf die Dauer seinerseits die Entwicklung sekundärer Varizen, indem die oberflächlichen Beinvenen der Drucküberlastung nachgeben. Das ausgeprägte klinische Erscheinungsbild läßt eine scharfe Trennung beider Syndrome nicht zu.

Ät: Ätiologische Grundlage der Varikose ist wahrscheinlich eine konstitutionelle Bindegewebsschwäche. Das häufig erste Auftreten in der Pubertät und während der Frühschwangerschaft sowie die vorwiegende Beteiligung des weiblichen Geschlechtes weisen auf die pathogenetische Bedeutung hormoneller Einflüsse hin. Begünstigende Faktoren sind darüber hinaus: Druckbelastung des Venensystems durch langes Stehen und Sitzen sowie durch Heben und Tragen schwerer Lasten, Fehlstatik (Senk-, Spreizfuß). Mechanische Ursachen einer Rückstrombehinderung sind intraabdominelle Tumoren, die Spätschwangerschaft und einschnürende Kleidungsstücke, wie Korsette, Kniestrümpfe und Sockenhalter. Auch Obstipation und Übergewicht spielen pathogenetisch eine Rolle.

Pathog: Die variköse *Dilatation* der oberflächlichen Beinvenen wird über ihre kosmetische Bedeutung hinaus zur Krankheit, wenn der physiologische Rücktransport des Blutes über das tiefe System beim Gehen infolge einer Klappeninsuffizienz der Rr. communicantes nicht mehr voll gewährleistet ist. In diesem Fall wird das Blut durch die Sog- und Druckwirkung der tätigen Beinmuskulatur in die insuffizienten oberflächlichen Venen zurückgepumpt, auf welchen bereits das Gewicht der ungeteilten Blutsäule lastet. So kommt es zur Zunahme des peripheren

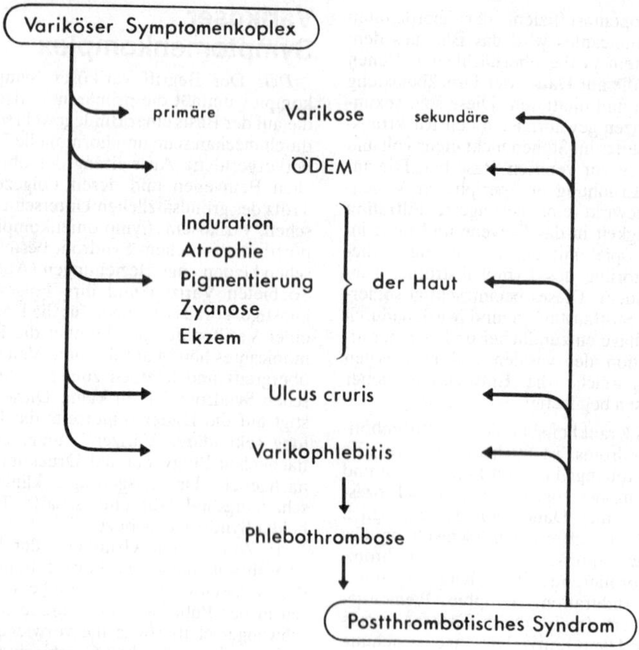

Abb. 15.4 Beziehungen zwischen varikösem Symptomenkomplex und postthrombotischem Syndrom (nach Hild 1967)

Venendruckes und als Folge der erhöhten Flüssigkeitsfiltration zum Ödem. Die venöse Stase ist der pathologische Grundmechanismus aller Folgezustände der Varikose.

Sy: Zunächst Erweiterung, dann Schlängelung und Knotenbildung der V. saphena magna oder parva sowie deren Aufzweigung. Im weiteren Verlauf Beteiligung des tiefen Venensystems, Ödem, trophische Hautveränderungen wie beim postthrombotischem Syndrom.

Dg:

- *Perthes-Test:* Prüfung der Durchgängigkeit der tiefen Beinvenen und der Klappenfunktion der Rr. communicantes. Nach Anlegen einer Staubinde am Oberschenkel oder unterhalb des Kniegelenkes entleeren sich die prall gefüllten Varizen während des Gehens nur bei durchgängigem tiefem System und suffizienten Rr. communicantes.
- *Trendelenburg-Test:* Entleerung der Varizen durch steiles Anheben des Beines in Rückenlage und Anlegen eines Stauschlauches knapp unterhalb der Leiste. Rasches retrogrades Wiederauffüllen der Krampfader im Stehen nach Abnahme des Stauschlauches spricht für eine Klappeninsuffizienz der V. saphena magna.
- *Doppler-Ultraschallverfahren:* Strömungshindernisse der Becken- und Oberschenkelvenen lassen sich unschwer mit dem Doppler-Ultraschallverfahren erfassen, während hiermit im Unterschenkelbereich eine eindeutige diagnostische Aussage meist nicht mehr möglich ist. Das bei frei durchgängiger venöser Strombahn in seiner Intensität inspiratorisch ab- und exspiratorisch anschwellende Strömungssignal (Abb. 15.5) findet sich bei Stenosen oder Verschlüssen der Beckenvenen in der V. femoralis abgeschwächt oder aufgehoben. Statt dessen hört man ein kontinuierliches

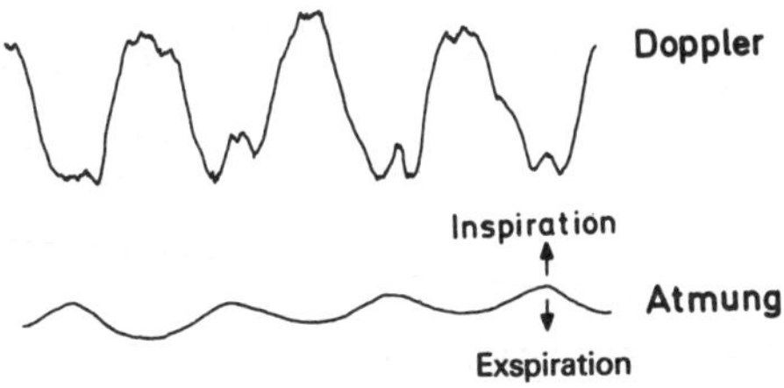

Abb. 15.**5** Änderungen der venösen Strömungsgeschwindigkeit während der Atmung (aus Hild, R.: Med. Welt 25 [1974] 1169)

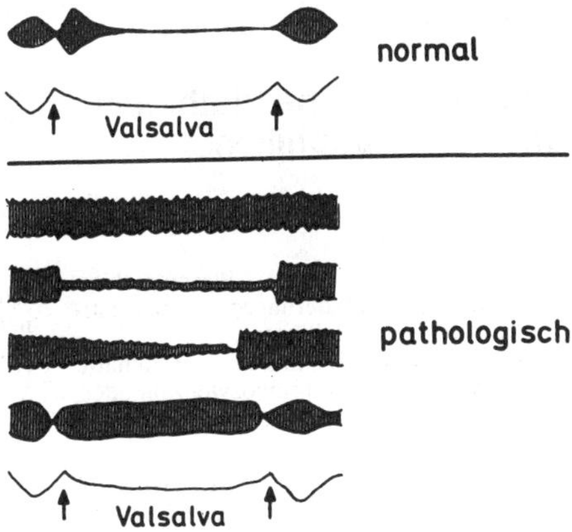

Abb. 15.**6** Normales und pathologisches Verhalten des Ultraschall-Doppler-Signales bei der Preßdruckprobe nach Valsalva (aus Spies, H. F.: Kapsel 29 [1972] 1253)

Geräusch. Das bei intakten Venenklappen charakteristische Sistieren des Strömungssignals während der Preßdruckprobe wird bei einer Klappeninsuffizienz der oberflächlichen oder tiefen Venen in typischer Weise verändert (Abb. 15.**6**). In diesem Falle kommt es bei manueller Kompression der proximalen Gliedmaßensegmente infolge des zentrifugalen Strömungsstoßes im klappeninsuffizienten distalen Abschnitt der venösen Strombahn zu einem kurzen hochfrequenten Signal.
Zur Beurteilung der Muskelpumpenfunktion wird der Druck in einer Fußrückenvene während wiederholter Zehenstände gemessen. Bei freiem venösem Rückstrom und intakter Schlußfähigkeit der Klappen, vor allem in den Perforatorvenen, kommt es dabei zu einer wesentlich deutlicheren und nachhaltigeren Senkung des Venendruckes als bei einem tiefen Abstromhindernis oder bei Klappeninsuffizienz.

– *Phlebographie:* Die Röntgendarstellung des Beinvenensystems nach Kontrastmittelinjektion in die Fußvenen oder den Kalkaneus ist eine wichtige diagnostische Maßnahme zur Klärung der Operabilität und in der Begutachtung.

Prl und *Th:* Elimination von Faktoren, welche eine Venenstauung verursachen, sowie Anregung der venösen Zirkulation durch aktives und passives Venentraining, Gehübungen, Bewegungsbäder, Radfahren und Beingymnastik fördern den venösen Rückstrom durch Kräftigung der Muskelpumpe. Bei allen lokalen Applikationen von Massagen, hydro- und balneotherapeutischen Maßnahmen muß die erhöhte Vulnerabilität der Haut berücksichtigt werden. Keine Wärmeanwendung! Die Ausschaltung oberflächlicher Varizen kann operativ oder durch Verödung erfolgen. Chirurgische Behandlung besteht in der radikalen Entfernung varikös veränderter subkutaner Venengeflechte sowie in der Unterbindung insuffizienter Rr. communicantes. Eine erfolgreiche Verödung setzt die Ausschaltung der Varizen in allen Etagen voraus, insbesondere auch im Bereich der Rr. communicantes. Bei voll ausgeprägtem varikösem Symptomenkomplex beschränkt sich die Behandlung auf Kompressionsverbände und Zweizuggummistrümpfe.

16. Blutgerinnung

K. Schimpf und R. Zimmermann

Hämorrhagische Diathesen und Thrombophilien

Formen

Die Einteilung in

- Koagulopathien oder Plasmopathien (krankhafte Veränderungen der plasmatischen Gerinnungsfaktoren),
- thrombozytäre Diathesen (krankhafte Veränderung der Thrombozytenzahl oder/ und der Thrombozytenfunktion) und
- vaskuläre Störungen

entspricht oft nicht den klinischen Gegebenheiten. Vor allem bei erworbenen hämorrhagischen Diathesen können plasmatische, thrombozytäre und vaskuläre Störungen miteinander kombiniert sein.

Koagulopathien

Definition und Formen

Die Koagulopathie ist eine durch Störung der plasmatischen Gerinnungsfaktoren bedingte Diathese. Man unterscheidet angeborene und erworbene Koagulopathien. Bei den angeborenen Koagulopathien ist der Gerinnungsdefekt meist selektiv; bei den erworbenen Formen sind mehrere Gerinnungsfaktoren in ihrer Aktivität vermindert. Die auftretenden Blutungen sind bei den Koagulopathien häufig flächenhaft, bei den thrombozytären und vaskulären Störungen oft petechial. Neuerdings werden unter Koagulopathien auch Störungen des Gerinnungssystems subsumiert, die mit Hyperkoagulabilität und Thromboseneigung verbunden sind, ohne daß dabei immer gleichzeitig eine Blutungsneigung vorliegen muß. In diesen Fällen liegt, falls es erworbene Koagulopathien sind, auch fast immer eine Beteiligung des thrombozytären Systems vor.

Angeborene Koagulopathien

Von-Willebrand-Jürgens-Syndrom

Def, Vk und *Ät:* Es handelt sich um eine hereditäre, autosomal vererbte hämorrhagische Diathese mit vielen Varianten und einem meist dominanten Erbgang. Ursache ist eine Verminderung, ein Fehlen oder eine Funktionsstörung des Willebrand-Faktors, der einerseits den Faktor VIII vor schnellem Abbau im strömenden Plasma schützt, andererseits Thrombozyten (besonders bei schneller Strömung) an defekte Gefäßwände und untereinander über spezifische Bindungsstellen anheftet. Der Erbgang bedingt, daß Frauen und Männer gleich häufig erkranken. Die Expressivität des Leidens schwankt, so daß die Blutungsneigung bei den einzelnen Mitgliedern einer Familie in sehr unterschiedlicher Schwere ausgeprägt sein kann.

Dg: Blutungszeit und Gerinnungszeit (oder PTT) sind in klassischen Fällen verlängert, können bei Varianten oder schwacher Ausprägung jedoch ständig oder vorübergehend normal ausfallen. An Laboratoriumstesten sind in klassischen Fällen im Sinne einer Verminderung gestört: Faktor-VIII-Aktivität, Von-Willebrand-Faktor (Faktor-VIII-assoziiertes Antigen), Aggregationen von in dem Patientenplasma aufgeschwemmten Normalthrombozyten nach Zugabe von Ristocetin, Plättchenretention an Glasperlen. Es gibt Von-Willebrand-Formen, bei denen die Aggregation der Plättchen auf Zugabe von Ristocetin gesteigert ist. Falls der Von-Willebrand-Faktor keinen Faktor VIII bindet, wird durch die Gerinnungsanalyse zunächst nur ein Abfall des Faktors VIII entdeckt, was zur Annahme einer Hämophilie A verleiten kann. Eine relativ gute Auskunft über die zu erwartende Blutungsneigung gibt die Blutungszeit, die bei Operationen möglichst in der Norm gehalten werden soll.

Sy: Schleimhautblutungen, dabei besonders häufig Nasenbluten, langes Nachbluten bei kleinen Verletzungen und Neigung zu blauen Flecken von Jugend an stehen im Vordergrund. Muskel- und Gelenkblutungen sind seltener als bei der Hämophilie. Wenn sie beobachtet werden, waren sie meist traumatisch bedingt. Bei Frauen mit ausgeprägtem Willebrand-Syndrom können starke Regelblutungen zu schweren Blutungsanämien führen.

Th: Bei Schleimhaut- und gynäkologischen Blutungen kann versucht werden, durch Gabe von Antifibrinolytika (4mal 500 mg Tranexamsäure pro 24 Std.) über die Regeldauer oder bis zur Wundheilung die spontane Blutstillung zu unterstützen. Reichen diese Maßnahmen (auch eine eventuelle Therapie mit Ovulationshemmern) oder tägliche Injektionen von 1-Desamino-8-D-Arginin-Vasopressin (falls nicht kontraindiziert) nicht aus, muß die Substitution mit Von-Willebrand-Faktor enthaltenden virusinaktivierten Konzentraten (Kyropräzipitate, Hochkonzentrate) eingeleitet werden.

Hämophilie

Def: Es handelt sich um hereditäre plasmatische hämorrhagische Diathesen mit X-chromosomal rezessivem Erbgang.

Vk, Ät und *Formen:* Da die Hämophilien X-chromosomal gebunden sind, ist die Zahl der Patienten im Vergleich zu den übrigen rezessiven hereditären plasmatischen hämorrhagischen Diathesen mit 10 pro 100000–125000 Personen relativ hoch. 82% der Betroffenen leiden an Hämophilie A (Faktor-VIII-Aktivitätsmangel), 18% an Hämophilie B (Faktor-IX-Aktivitätsmangel). Beide Formen sind klinisch nicht zu trennen. Sie müssen laboratoriumsdiagnostisch unterschieden werden. In bezug auf die Schweregrade finden sich die in Tab. 16.**1** aufgeführten Verteilungen.

Pathog: Das angeborene Fehlen von Faktor-VIII- bzw. Faktor-IX-Aktivität führt bei notwendigen Gerinnungsvorgängen viel zu langsam zu einem strukturgestörten Fibringerinnsel. Wunden werden insuffizient verschlossen.

Sy und *Dg:* Patienten mit schweren und mittelschweren Formen bluten ohne besonderes Trauma unter alltäglichen Belastungen oder aus dem Schlaf heraus, vor allem in Gelenke und Muskeln (sog. Spontanblutungen). Sie benötigen deshalb schon ab dem 1. Lebensjahr eine spezielle Betreuung. Schwere Hämophilien bluten durchschnittlich alle 19 Tage, und zwar nach außen (einschließlich Schleimhäute) zu 6%, in die Gelenke zu 70–80% und die Muskeln zu 10–15%. 70–80% aller Blutungen sind Spontanblutungen.

Tabelle 16.1 Verteilung der Schweregrade unter den Hämophilen

Bezeichnung	F-VIII- oder F-IX-Aktivität	Anteil
schwere Hämophilie	unter 1%	55%
mittelschwere Hämophilie	1– 5%	20%
milde Hämophilie	6–25%	20%
Subhämophilie	25–45%	
nicht klassifiziert		5%

Patienten mit milden Hämophilien und Subhämophilien erleiden fast nur traumatische Gelenk- und Muskelblutungen und bluten bedrohlich nur bei größeren Operationen oder Verletzungen.

Haut- und subkutane Blutungen sind im allgemeinen ohne klinische Bedeutung. Aus den Gelenk- (vor allem Knie-, Ellenbogen-, Sprunggelenk-) und Muskelblutungen entwickeln sich aber ohne sofortige Behandlung reaktive Dauerschädigungen am Bewegungsapparat. Erste Symptome der Gelenkblutung sind Kribbeln, Fremdkörpergefühl, Druckgefühl, schmerzlose oder schmerzhafte endgradige Bewegungseinschränkung. Wird nicht schnell und ausreichend mit Gerinnungsfaktorenkonzentraten substituiert, entwickeln sich Reizzustände in den Gelenken, die zu chronischer Synovitis und sekundär zu chronischer Arthropathie mit Schädigung des umgebenden Bandapparates und der umgebenden Muskulatur führen. Es kommt zu schmerzbedingten Schonhaltungen, Muskelatrophien und Kontrakturen und über reaktive Entzündungsvorgänge zu Knorpel-, Knochenusuren (bei Kindern zusätzlich zu Wachstumsstörungen) und schließlich zu Gelenkversteifungen. Hämaturien sieht man oft im Zusammenhang mit leichten Infekten. Lebensbedrohlich können Blutungen im Magen-Darm-Bereich und im zentralen Nervensystem werden, aber auch durch massive „spontane“ Blutungen in die Muskulatur (Iliopsoas, Rückenmuskeln, Oberschenkelmuskulatur) kann es zu Verblutungen nach innen mit beginnendem hämorrhagischen Schock kommen, bevor der Nichteingeweihte an eine Blutung gedacht oder die Größe der Gefahr erkannt hat. Resorptionsfieber bei retroperitonealen Blutungen gibt zu Verwechslungen mit Appendizitis Anlaß. Da die Blutungen nach außen heute meist beherrscht werden können, stellt die mögliche Körperbehinderung durch die rezidivierenden Gelenk- und Muskelblutungen die Hauptgefahr für den Hämophilen dar. Patienten mit schweren und mittelschweren Hämophilien sind als von Körperbehinderungen bedroht zu betrachten.

Als Folge der notwendigen intensiven und ständigen Substitutionstherapie waren praktisch alle schweren und mittelschweren Hämophilen als mit Hepatitisviren infiziert zu betrachten. Wie histologisch diagnostizierbar, leiden ⅔ der daraufhin untersuchten Patienten mit schwerer Hämophilie an chronischer persistierender oder chronischer aktiver Hepatitis. Die Serumtransaminasen SGOT, SGPT und γ-GT schwanken zwischen normalen und 10fach erhöhten Werten.

Die Verunreinigung der Faktorenkonzentrate mit Retroviren (HIV) hat dazu geführt, daß bis Ende 1984 48% der Hämolysepatienten nach Substitutionstherapie Anti-HIV-Antikörper gebildet haben.

Th: Bei ersten Anzeichen von Gelenk- und Muskelblutungen müssen sofort virusinaktivierte Faktor-VIII- (bei Hämophilie A) bzw. Faktor-IX – (bei Hämophilie B) Konzentrate substituiert werden, sonst kommt es zu massiven hämorrhagischen Ergüssen. Um dem Patienten örtliche Unabhängigkeit vom Arzt zu gewährleisten, ist es üblich geworden, Patienten mit schweren Hämophilien (bzw. ihre Eltern) in der Selbstinjektion von Gerinnungsfaktorenkonzentraten auszubilden, wozu auch die Schulung in der Selbstdiagnostik beginnender Gelenk- und Muskelblutungen gehört. Die Patienten führen die Faktorenkonzentrate mit sich und melden die durchgeführten Injektionen in Kontrollbögen an den sie betreuenden Arzt bzw. an das Hämophiliezentrum. Hämophiliezentren sind für die zu betreuenden Patienten rund um die Uhr telefonisch zu erreichen.

Bei Verdacht auf Blutung in das zentrale Nervensystem, die Weichteile der Hals- und Kopfregion und bei sonstigen inneren und äußeren Blutungen müssen 50 Einheiten pro Kilogramm Körpergewicht injiziert und der Arzt sofort aufgesucht werden. Die Mindestdosen bei beginnenden Gelenk- und Muskelblutungen betragen pro Injektion 25 Einheiten Faktor-VIII- oder Faktor-IX-Konzentrat pro Kilogramm Körpergewicht. Kann diese ambulante Frühbehandlung bei Bedarf nicht konsequent eingehalten werden, muß u.U. für bestimmte Perioden auf eine Dauerbehandlung übergegangen werden.

Die Substitutionstherapie bei und nach Operationen darf erst mit Abschluß der Wundheilung beendet werden. Die Injektionsabstände richten sich nach den Halbwertszeiten (Faktor VIII 13 Stunden, Faktor IX 24 Stunden).

Die Behandlung der Veränderungen am Bewegungsapparat muß funktionelle Gesichtspunkte berücksichtigen. Durch frühzeitige und regelmäßige krankengymnastische Übungen und Sport (Schwimmen, Radfahren) unter Überwachung der Faktorenaktivität kann der Ausbildung von Muskelatrophien und Kontrakturen entgegengewirkt werden. Schmerzen und entzündliche Veränderungen sollen nicht mit acetylsalicylsäurehaltigen Verbindungen behandelt werden. Die wirksamste Schmerztherapie ist die schnelle und ausreichende Substitution.

Hemmkörperhämophilie s. S. 839.

Seltene plasmatische Koagulopathien

X-chromosomal rezessiv vererbte plasmatische Koagulopathie: Faktor-VIII-Störung mit Thromobophilie

Sy: Es kommt zu familiärer, sich bei den männlichen Mitgliedern manifestierender Thrombose- und Embolieneigung wie beim Protein-C-Mangel.

Ät: Der aktivierte Faktor VIII kann weder durch patienteneigenes noch durch zugeführtes aktiviertes Protein C inaktiviert werden.

Th: Antikoagulantien- und, wenn indiziert, Thrombolysetherapie.

Autosomal rezessiv vererbte plasmatische Koagulopathien

Faktor-II-, -VII- und -X-Mangel

Wenn notwendig, wird eine Substitutionstherapie mit virusinaktivierten Faktorenkonzentraten nach den gleichen Prinzipien wie bei den Hämophilen angewandt. Dabei wird ein Prothrombinkomplexkonzentrat (enthält

Faktoren II, VII, IX und X) bzw. Faktor-VII-Konzentrat injiziert.

Faktor-V-Mangel
Zur Therapie ist kein spezielles Konzentrat vorhanden.

Faktor-XI-Mangel
Die Therapie erfolgt mit virusinaktivierten Plasmakonserven.

Faktor-XII-Mangel
Es liegt eine verlängerte Gerinnungszeit, jedoch keine hämorrhagische Diathese vor.

Faktor-XIII-Mangel
Zur Therapie virusinaktiviertes Faktor-XIII-Konzentrat i. v.

Afibrinogenämie
Sy: Nabelschnurblutungen, Haut-, Schleimhaut- und Verletzungs- sowie verstärkte Regelblutungen. Auch spontane ZNS-Blutungen kommen vor. Gelenkblutungen sind selten.
Th: Virusinaktivierte Fibrinogenkonzentrate i. v.

Autosomal dominant vererbte plasmatische Koagulopathien

Dysfribrinogenämie
Sy: Schleimhautblutungen, Verletzungsblutungen, starke Regelblutungen.
Th: Virusinaktivierte Fibrinogenkonzentrate i. v.

Von-Willebrand-Jürgens-Syndrom
Siehe S. 834.

Antithrombin-III-Mangel
Ät: Ein hereditärer Antithrombin-III-Mangel ist bei mehreren Familien beschrieben worden. Der Erbgang scheint autosomal dominant zu sein.

Sy: Schon bei einer Erniedrigung des Antithrombins auf 70%, sicher aber bei stärkerer Erniedrigung kommt es zu gehäufter Manifestation von Venenthrombosen und Lungenembolien.
Th: Virusinaktiviertes Antithrombin-III-Konzentrat i. v. Bei hereditärem Mangel Dauerbehandlung mit Cumarinen.

Protein-C-Mangel
Ät: Ein hereditärer Mangel ist beschrieben worden. Aktivierter Faktor V und Faktor VIII können nicht inaktiviert werden. Der Erbgang scheint autosomal dominant mit unterschiedlicher Expressivität zu sein.

Sy: Das klinische Bild beim Mangel dieses Vitamin-K-abhängigen Faktors ähnelt stark dem Antithrombin-III-Mangel und tritt bei dem gleichen Grad der Erniedrigung auf.
Th: Virusinaktivierte Protein-C-haltige Plasmapräparate und bei angeborenem Mangel mit klinischen Symptomen Cumarintherapie, die unter Heparinschutz eingeleitet werden muß (Sonst Gefahr der Marcumarnekrose).

Protein-S-Mangel
Das Bild gleicht stark dem Antithrombin-III- und Protein-C-Mangel. Das Protein S ist ein Kofaktor des Proteins C und ebenfalls Vitamin-K-abhängig. Ein hereditärer Mangel ist ebenfalls beschrieben worden. Die Therapie gleicht der bei Protein-C-Mangel.

Erworbene Koagulopathien

Bei erworbenen Koagulopathien sind fast immer mehrere Gerinnungsfaktoren in die Störung einbezogen (s. auch Definition der Koagulopathien, S. 474).

Vitamin-K-Mangel

Bei Verschlußikterus, Malabsorptionssyndrom oder Antibiotikatherapie (Vernichtung der Darmflora, die Vitamin K produziert) wird zu wenig fettlösliches Vitamin K resorbiert. Es ist nötig zur Synthese der Faktoren II, VII, IX, X, Protein C und Protein S in der Leber. Die sich aus seinem Mangel entwickelnde hämorrhagische Diathese mit verlängerter Blutungs- und Gerinnungszeit und erniedrigtem Quick-Wert wird durch parenterale Verabreichung von Vitamin K geheilt.

Hepatogene Koagulopathie

Pathog, Sy und *Dg:* Bei einer abrupt einsetzenden Parenchymschädigung der Leber sinkt der Faktor VII wegen seiner kurzen Halbwertszeit von knapp 2 Stunden zuerst ab, danach auch die Faktoren II, IX, X, Protein C und S, bei schweren Schäden zusätzlich die Faktoren V, I, XIII und Antithrombin. Um einen Vitamin-K-Mangel als Ursache des Abfalls der Faktoren II, VII, IX und X auszuschließen, werden 10 mg Vitamin K parenteral verabreicht (Koller-Test). Bleiben die Faktoren II, VII, IX und X niedrig, spricht dies gegen Vitamin-K-Mangel und für einen Leberparenchymschaden. Dagegen fällt der Faktor VIII bei Vitamin-K-Mangel und akuten Lebererkrankungen nicht ab. Bei chronischen Erkrankungen ist er häufig erhöht, bei gleichzeitiger Erhöhung der fibrinolytischen Aktivität wegen mangelnder Clearance der Fibrinolyseaktivatoren durch die Leberzellen. Besteht Pfortaderhochdruck, kann ein Hypersplenismus zusätzlich eine Thrombozytopenie verursachen. Über evtl. entstandene portokavale Shunts aus den Darmvenen resorbierte und unentgiftet im großen Kreislauf zuströmende Endotoxine können eine generalisierte chronische Verbrauchskoagulopathie (s. d.) unterhalten und die Thrombozytopenie verstärken.

Th: Behandlung des Grundleidens und, wenn notwendig, symptomatische Gaben von Gerinnungsfaktoren, am besten in Form des Inhibitoren enthaltenden Frischplasmas (cave: Virusübertragung) oder von Plasmapräparaten; bei gleichzeitigem Bestehen einer chronischen Verbrauchskoagulopathie kann zusätzlich eine Antikoagulantientherapie mit Heparin durchgeführt werden, falls nicht schon eine manifeste Blutung vorliegt.

Verbrauchskoagulopathie

Def: Durch intravasales Auftreten von freiem Thrombin werden plasmatische Gerinnungsfaktoren und Thrombozyten in einem Maße verbraucht, daß die Gerinnungsfähigkeit des strömenden Blutes absinkt. Dem Absinken geht eine Phase von Hyperkoagulabilität voran.

Ät und *Pathog:* Der gesteigerte Umsatz von Gerinnungsfaktoren kann ausgelöst werden durch:

1. Schädigung des Gefäßendothels:
   - immunbedingt: z. B. Mikroangiopathie, Immunkomplexnephritis;
   - degenerativ bedingt: z. B. Homozystinurie;
   - infektiös-toxisch bedingt: z. B. Virämie, Bakteriämie;
   - durch lokalisierte Schäden bedingt: z. B. Herz-Lungen-Maschine, künstliche Niere, künstliche Herzklappe;
2. intravasales Eindringen von Thromboplastinen;
3. intravasales Auftreten von Antigen-Antikörper-Komplexen und fein verteilten Partikeln, z. B.: inkompatible Bluttransfusion, Fruchtwasserembolie, Fettembolie;
4. intravasales Auftreten von proteolytischen Enzymen, z. B. Schlangengifte, Trypsin.

Sy: Aus den unterschiedlichen pathogenetischen Ursachen ergeben sich akute und chronische Verläufe, u. U. kommt es nur zum Initialstadium der Hyperkoagulabilität.

Dg: Durch die Gerinnungsanalyse kann nur die Tatsache, nicht aber die Ursache der Verbrauchskoagulopathie festgestellt werden; denn das Gerinnungssystem reagiert als Ganzes, durch welchen Schritt die Reaktion auch angestoßen wurde. Man könnte sagen: Die akute Verbrauchsreaktion ist der epileptische Krampfanfall des Gerinnungssystems. Freies Thrombin läßt sich aus methodischen Gründen intravasal nur schwierig nachweisen (z. B. Anstieg des Thrombin-Antithrombin-Komplexes), wohl aber die Folgen seines Auftretens. Sie sind: Abfall der Thrombozyten, des Fibrinogens, der Faktoren V, VIII, XIII und des Antithrombins. Als Folge der Thrombineinwirkung auf das Fibrinogen entstehen Fibrinmonomere, die bei geringer Konzentration im Blut löslich bleiben. Auf das Vorhandensein der Monomere und des löslichen Fibrins läßt sich mit folgenden einfachen Testen schließen: Äthanoltest, Protaminsulfattest, Fibrinmonomertest, Agglutination von Erythrozyten, die mit Fibrinmonomeren beladen sind. Bei Aktivierung des plasmatischen Gerinnungssystems wird zwangsläufig das fibrinolytische System mitaktiviert. Als Folge verkürzt sich die Euglobulinlysezeit und verlängern die auftretenden Fibrinogen- und Fibrinspaltprodukte Thrombinzeit, Reptilasezeit und Thrombinkoagulasezeit.

Th: Das Mittel der Wahl ist die Behandlung der auslösenden Grundkrankheit und zusätzlich die i. v. Infusion von Plasma (wegen seines Gehaltes an Gerinnungsinhibitoren, Fibrinolyseinhibitoren und Fibrinogen), von dem 30 ml pro kg Körpergewicht in 24 Stunden zu geben sind. Sinkt das Antithrombin unter 75% ab, sollte Antithrombin-III-Konzentrat i. v. gegeben werden. Bei manifesten Blutungen soll kein Heparin infundiert werden. Die Heparintherapie hat bei der Verbrauchskoagulopathie und der vorausgehenden Hyperkoagulabilität vor allem prophylaktischen Charakter.

Fibrinolyse und Hyperfibrinolyse

Ät: Eine Fibrinolyse kann, wenn auch selten, bei ausgedehnten nekrotisierenden Vorgängen (Verbrennungen, Traumen usw.), bei chirurgischen Eingriffen an Lunge, Niere, Prostata, nach Herzoperationen mit der Herz-Lungen-Maschine, im Rahmen einer Verbrauchskoagulopathie und bei schwerer Lebererkrankung beobachtet werden.

Dg: Bei einer isolierten Fibrinolyse bleibt die Thrombozytenzahl normal. Fibrin(ogen) spaltprodukte werden nachweisbar; die Fibrinogenkonzentration kann abfallen.

Th: Mittel der Wahl bei der Hyperfibrinolyse sind Aprotinin (Trasylol, Antagosan) oder Tranexamsäure (Anvitoff) und evtl. gleichzeitiger Ersatz der erniedrigten Gerinnungsfaktoren. Aprotinin und Tranexamsäure hemmen die Plasminogenaktivierung. Bei Eingriffen, unter denen eine Aktivierung der Fibrinolyse zu erwarten ist (Lungen- oder Prostataoperationen), bewährt sich eine prä- und postoperative Infusionsbehandlung, um fibrinolytischen Blutungen vorzubeugen.

Nephrogene Koagulopathie

Die *urämische Blutungsneigung* begleitet lediglich das urämische Finalstadium. In diesem Stadium zeigen ⅓ der Patienten Blutungen in Haut, Schleimhäute, Hirnhäute, Peri- und Endokard, Pleura, Magen-Darm-Kanal und Schleimhäute der ableitenden Harnwege. Ursache ist eine schwere Störung der Thrombozytenfunktion, ausgelöst durch eine toxische Schädigung der Thrombopoese im Knochenmark und durch Hemmung des Energiestoffwechsels der Plättchen im urämischen Blut. Stickstoffmonoxid aus den Gefäßendothelien verlängert zusätzlich die Blutungszeit, die durch Anheben des Hämokrits auf 30% mittels Erythropoetin normalisiert werden kann. Konjugiertes Östrogen (Premerin) normalisiert sie für 3–14 Tage. Akute Blutungen sollen mit DDAVP (S. 846) behandelt werden.

Bei allen anderen Stadien akuter oder chronisch entzündlicher Nierenerkrankungen und bei Nierentumoren steht eine Hyperkoagulabilität des Gerinnungssystems im Vordergrund. Sie wird ausgelöst durch seine Aktivierung in der veränderten Endstrombahn der erkrankten Niere. Bei nephrotischem Syndrom besteht durch einen Antithrombinverlust durch die Harnwege ein hohes Thromboserisiko.

Dysproteinämische Purpura

Def und *Ät:* Hierzu gehören die Blutungen bei der Makroglobulinämie (Waldenström), bei welcher die β_2-M-Fraktion der Bluteiweiße pathologisch vermehrt ist, und die sog. Purpura hyperglobulinaemica (Waldenström), eine Sammelbezeichnung für hämorrhagische Diathesen, die mit einer Vermehrung der Immunglobuline des Blutes, gleichgültig welcher Genese, verknüpft sind.

Pathog: Die vermehrten Globuline können, besonders wenn es sich um Paraproteine handelt, an die Oberfläche der Thrombozyten absorbiert werden und deren Eintritt in den Blutstillungsmechanismus verhindern.

Dg: Der Rumpel-Leede-Test ist meist positiv. Wechselnd sind die Thrombozytenadhäsivität, die Thrombozytenaggregation und die Freisetzung des Thrombozytenlipids gestört. Eine Inaktivierung aller plasmatischen Gerinnungsfaktoren kann isoliert oder kombiniert vorkommen. Auch das Auftreten von Hemmkörpern wird häufiger beobachtet (s. Hemmkörperhämophilie).

Th: Neben der Behandlung der Grundkrankheit versucht man eine Suppression der Immunglobulinproduktion durch Glucocorticoide, die bei Auftreten von Gerinnungshemmkörpern aber oft wenig wirksam sind. In diesen Fällen kann eine immundepressive Therapie Erfolg haben. Bei Kryoglobulinämie schützt eine Antikoagulatien-Dauertherapie mit Cumarinen vor Akronekrosen und Raynaud-Syndrom.

Erworbene Koagulopathien durch die Bildung von Hemmkörpern

Def und *Ät:* Die Bildung von Hemmkörpern gegen einzelne oder mehrere Gerinnungsfaktoren oder ihre Aktivierungsprodukte führt zu hämorrhagischen Diathesen, die der Hämophilie ähneln können.
Diese Krankheitsbilder werden nach ihrer Entstehung unter dem Begriff *Immunkoagulopathien* zusammengefaßt.

Th: Die akute Blutung wird mit virussicherem aktiviertem Prothrombinkomplex (FEIBA, factor eight inhibitor bypassing activity) behandelt. Eine Immuntoleranz kann bei mehr als ⅔ der Hämophiliepatienten durch hochdosierte Langzeitbehandlung mit Faktor VIII erzielt werden. Bei spontaner Inhibitorbildung kommt dagegen den Immunsuppressiva eine entscheidende Bedeutung zu.

Thrombozytopenien, Thrombozytopathien und Thrombozytosen

Thrombozytopenien

Thrombozytopenien sind die häufigsten unter allen hämorrhagischen Diathesen.

Idiopathische thrombozytopenische Purpura (ITP, Morbus Werlhof)

Def: Isolierte, chronische oder chronisch-rezidivierende nichttoxische Verminderung der Plättchenzahl.

Ät und *Pathog:* Eine immunologische Ursache wird als sicher angenommen. In etwa 65% der Fälle läßt sich ein Antiplättchenfaktor nachweisen. Die durch ihn geschädigten Plättchen werden vor allem in der Milz oder in der Leber beschleunigt abgebaut. Bei 10 bis 20% der Patienten besteht eine familiäre Belastung, jedoch läßt sich eine familiäre Thrombozytopenie mit eindeutigem Erbgang nur in sehr seltenen Fällen nachweisen. Die erbliche Belastung dürfte in einem immunologischen Defekt zu suchen sein.

Vk und *Sy:* Das weibliche Geschlecht wird bevorzugt befallen (Frauen:Männer = 3:1). Die Krankheit beginnt häufig im Kindes- und Jugendalter (60% unter 21 Jahren, 10% nach dem 40. Lebensjahr). Sie kann aus voller Gesundheit ohne Vorerkrankung auftreten. Häufig sind aber in der Anamnese schon längere Zeit Nasenbluten und Hämatome bekannt. Ein Virusinfekt kann vorausgehen. Charakteristisch ist die petechiale Blutung. Auch wenn es zu größeren Sugillationen kommt, lassen sich am Rand – im Gegensatz zu den Koagulopathien – meist noch Petechien, d. h. flohstichartige Blutungen, finden. Daneben treten Nasen- und Zahnfleischblutungen und Hämaturie, evtl. periodenweise verstärkt, auf. Als nächsthäufige Manifestation tritt bei Frauen eine Menorrhagie auf. Selten bestehen gastrointestinale Blutungen, die nicht wie beim Schönlein-Henoch-Syndrom mit Schmerzen verbunden sind. Die Milz ist nur in etwa 20% der Fälle palpabel. Die Erkrankung verläuft schubartig; es können monatelange, aber auch mehrjährige Remissionen auftreten. Eine Schwangerschaft stellt keine zusätzliche Belastung dar. Bei der Geburt ist die Blutungsgefahr nach Dammriß erhöht. Das Kind weist in vielen Fällen für einige Wochen noch eine Thrombozytopenie (neonatale Thrombozytopenie) auf. Die Mortalität des chronischen Werlhof-Syndroms wird mit 6–8% angegeben. Häufigste Todesursache sind intrazerebrale Blutungen.

Dg: Die Untersuchung des blutbildenden Systems zeigt keine Zeichen einer Systemerkrankung, bei stärkeren Blutungen im Blutbild aber eine mäßige Anämie und beim akuten Schub u. U. eine Leukozytose und Linksverschiebung. Im Knochenmark findet sich eine Vermehrung, nur selten eine Verminderung (Erschöpfung) der Megakaryozyten. Sie zeigen vermehrt unreife Formen, Vakuolisation und Degeneration. Die Lebensdauer ^{51}Cr- oder ^{111}In-markierter Thrombozyten (normal 8–10 Tage) ist verkürzt, auch wenn keine klinischen Symptome bestehen. Die Plättchenzahl ist je nach Ausmaß der Erkrankung erniedrigt und steigt selten auf über 100000/µl an. Bei einer Plättchenzahl unter 30000/µl ist die Blutungszeit auf über 30 Min. verlängert, die maximale Amplitude im Thrombelastogramm erheblich vermindert.

Th: Ziel des therapeutischen Vorgehens ist das Erreichen einer Dauerremission oder zumindest von Thrombozytenzahlen oberhalb von 30000/µl. Als erste therapeutische Maßnahme werden Glucocorticoide (initial 1–2 mg Prednison/kg KG) verabreicht, die wahrscheinlich durch eine Senkung des Spiegels des Antiplättchenfaktors eine Verminderung der Abbaurate der geschädigten Plättchen in der Milz und einen gewissen gefäßabdichtenden Effekt bewirken. Etwa 20% der Fälle erweisen sich als refraktär gegenüber der Steroidtherapie. Hier und bei Patienten, die eine Dauertherapie von über 15 mg Prednison pro Tag benötigen, ist als zweite therapeutische Maßnahme eine Splenektomie nach einer halbjährigen Beobachtungszeit zu erwägen. Die Splenektomie führt bei etwa 85% der Betroffenen zu einer Normalisierung der Thrombozytenzahl. Bei 10–40% der Patienten kommt es nach vorübergehender Thrombozytose wieder zu pathologisch erniedrigten Werten. Wiederum kann eine Behandlung mit Corticoiden versucht werden. In schweren Fällen können Immunsuppressiva eingesetzt werden. Die Gabe von Thrombozytenkonzentraten (ca. 5–10 E täglich) sollte erst bei Thrombozytenzahlen < 10000/µl oder bei drohender Blutung erfolgen. Die Gabe von hochdosiertem intaktem Immunglobulin (0,5 g/kg/Tag) führt bei ⅔ der Patienten zur vorübergehenden Normalisierung der Thrombozytenzahl über bis zu 4 Wochen.

Akute Thrombozytopenie (akutes Werlhof-Syndrom)

Ät und *Pathog:* In etwa ⅔ der Fälle liegt ein infektallergisches Geschehen (z. B. nach Röteln und anderen Virusinfektionen), in etwa ⅓ eine Arzneimittelallergie (Chinin, Chinidin, Goldverbindungen, Heparin, Sulfonamide, Indometacin; grundsätzlich kommt jedes Medikament in Betracht) vor. Das Medikament kann dabei als Hapten, zusammen mit einem makromolekularen Körper, mit den Thrombozyten selbst reagieren, oder die Plättchen werden durch eine Antigen-Antikörper-Reaktion, an der das Medikament beteiligt ist, sekundär geschädigt.

Sy und *Dg:* 85% der Erkrankten sind Kinder. Im Kindesalter überwiegen die postinfektiösen Formen, im Erwachsenenalter die medikamentallergischen Ursachen. Das Krankheitsbild ist gekennzeichnet durch ein akutes Auftreten der überwiegend petechialen, aber auch flächenhaften Blutungen an Haut- und Schleimhäuten sowie durch eine stark erniedrigte Thrombozytenzahl bei normaler Anzahl von Megakaryozyten (nicht immer) und kurzer Plättchenüberlebenszeit. Die Symptomatik begrenzt sich auf Wochen bis wenige Monate. Nur in 10% der Fälle geht die Erkrankung in die chronisch-rezidivierende Form über.

Th: Ausschaltung aller als Allergene in Frage kommenden Medikamente. In den meisten Fällen sind hohe Dosen Prednison (bis zu 200 mg/Tag) ausreichend. Bei bedrohlichen Zuständen ist die Gabe von Thrombozytenkonzentraten erforderlich, obwohl auch die transfundierten Plättchen sehr rasch abgebaut werden.

Symptomatische Thrombozytopenie

Symptomatische Thrombozytopenien finden sich bei systemischem Lupus erythematodes, posttransfusioneller Thrombozytopenie, als neonatale Thrombozytopenie bei Blutgruppen-Inkompatibilität, dissiminierter intravasaler Gerinnung und Hyperspleniemus; weiterhin bei hämatologischen Systemerkrankungen und malignen Prozessen mit Beteiligung des Knochenmarks, Zytostatikatherapie, Röntgenbestrahlung, aplastischer Thrombozytopenie (z. B. Panzytopenie, megaloblastäre Anämie). Ein erhöhter Verbrauch findet sich z. B. bei Verbrauchskoagulopathie und Hypersplenismus.

Thrombozytosen

Essentielle hämorrhagische Thrombozythämie

Sy und *Dg:* Ätiologisch ungeklärt. Es kann zu thromboembolischen Komplikationen oder trotz hoher Thrombozytenzahl (bis >1 Mill./μl) zu einer hämorrhagischen Diathese kommen. Häufig findet sich eine Leukozytose.

Th: Insbesondere im jugendlichen Alter ist, wenn die Erkrankung nicht als Symptom eines myeloproliferativen Symptoms anzusehen ist, eine Therapie nicht notwendig. Erst bei Auftreten von Komplikationen ist eine Zytostatikatherapie und evtl. auch eine Antikoagulation indiziert.

Symptomatische Thrombozytosen

Sie treten vorübergehend nach Operationen post partum, nach akuten Blutungen, nach Splenektomie und bei hämatologischen Systemerkrankungen wie chronischer Myelose, Erythrämien, Polycythaemia vera und Morbus Hodgkin auf. Es kommt zu Störungen der Thrombozytenfunktion.

Thrombozytopathie (Störung der Thrombozytenfunktion)

Ät: Diese seltenen Störungen sind meist angeboren und werden meist autosomal rezessiv vererbt. Erworbene Thrombozytopathien kommen bei Urämie, hepatogener Blutungsneigung, Verbrauchskoagulopathie, Dysproteinämie oder nach Gabe thrombozytenaggregationshemmender Substanzen (wie z. B. Acetylsalicylsäure, Sulfinpyrazon, Clofibrat, Bezafibrat und hochdosierter Penicillintherapie) vor.

Sy: Das klinische Bild unterscheidet sich nicht von dem bei Thrombozytopenie.

Dg: Bei normaler Thrombozytenzahl besteht eine Verlängerung der Blutungszeit, eine Störung der medikamentös induzierten Thrombozytenaggregation oder eine pathologische Gerinnselretraktion.

Th: Symptomatisch: Frischblut- oder Plättchentransfusionen, evtl. Kryopräzipitat.

Vaskuläre hämorrhagische Diathesen

Angeborene Gefäßveränderungen

Morbus Osler

Sy: Der Morbus Osler ist charakterisiert durch schubweises Auftreten leicht verletzlicher Teleangiektasien und arteriovenöser Aneurysmen in Haut, Schleimhäuten und inneren Organen. Die Gefäßveränderungen nehmen vor allem ab dem 2. und 3. Lebensjahrzehnt an Schwere zu und führen zu plötzlichen Blutungen.

Th: Bei schwerem Blutverlust wird transfundiert. Gerinnungsfaktorenkonzentrate sind nur indiziert, wenn es zu ihrem sekundären Abfall bei Weiterbestehen der Blutung gekommen ist. Zusätzlich muß fachgerecht tamponiert und der Tampon über der Blutungsstelle mit Antifibrinolytika und Thrombin getränkt werden. Verätzen der Nasenschleimhaut ist kontraindiziert. Um der mit zunehmendem Lebensalter zwangsläufig entstehenden Rhinitis sicca vorzubeugen, ist frühzeitig eine regelmäßige Nasenpflege mit einer fast flüssigen Nasensalbe 2mal/Tag zu empfehlen. Bei bedrohlichen Organmanifestationen kann die Teilresektion von Partien vorgenommen werden, aus deren Angiektasien es häufig blutet oder deren großvolumige Shunts zur Kreislaufdekompensation beitragen.

Purpura bei Ehlers-Danlos-Syndrom

Mangelhafter kollagener Halt der Blut- und Lymphgefäße bei auffallender Windung, Schlängelung, Verfilzung und Zusammenballung der elastischen Fasern läßt Blutungen per rhexin entstehen. Der Rumpel-Leede-Test kann positiv sein.

Gefäßveränderungen allergischer oder wahrscheinlich allergischer Grundlage

Gefäßveränderungen ohne zelluläre Reaktion: Morbus Moschcowitz (thrombotische thrombozytopenische Purpura, TTP)

Def und *Ät:* Im charakteristischen Fall liegen Thrombozytopenie, hämolytische Anämie, petechiale Blutungen, bizarre Ausfallserscheinungen des zentralen Nervensystems und weiterer innerer Organe vor, bedingt durch nichtentzündliche Gefäßveränderungen der Endstrombahn. Man findet im Plasma antientotheliale Antikörper, vorwiegend vom IgG-Typ. Mit steigendem Titer sinkt die Plättchenzahl. Das Endothel produziert weniger Gewebeplasminogenaktivator und Prostacyclin und mehr hochmolekularen Von-Willebrand-Faktor und Gewebethromboplastin.

Sy: Es besteht eine Tetrade von mittelhohem Fieber ohne Schocksyndrom (abgesehen vom Endstadium), hämolytischer Anämie, thrombozytopenischer Purpura und bizarren schwankenden neurologischen Befunden. Dazu kommen Zeichen von Mitbeteiligung des Herzens, der Nieren und Nebennieren, der Leber, der Milz oder des Pankreas. Petechiale Blutungen sind meist nur spärlich ausgeprägt.

Dg: Histologisch.

Th: Unter hohen Prednisondosen sind in ⅔ Erfolge beschrieben worden, neuerdings auch durch eine Kombinationstherapie mit Dipyridamol und Acetylsalicylsäure; mehrfacher Plasmatausch kann lebensrettend sein.

Gefäßschäden mit zellulärer Reaktion analog dem Arthus-Phänomen

Arthus-Phänomen

Sy: Die lokale Reaktion beginnt mit leichter Rötung und kann über starkes Erythem und Blasenbildung in Stunden bis zur Nekrose fortschreiten.

Th: Fortlassen des Antigens. Verhüten der Superinfektion.

Vasculitis allergica superficialis

Sy und *Dg:* Das makroskopische Bild ähnelt milden Hauterscheinungen beim Morbus-Schönlein-Henoch (s. u.).
Doch steht die erythematöse Komponente gegenüber der hämorrhagischen im Vordergrund. Die Lokalisation ist nicht ausgeprägt typisch. Histologisch findet man die Reaktion vom Arthus-Typ nur in der oberen Gefäßetage der Haut. Die Vasculitis allergica superficialis tritt immer im Zusammenhang mit Infekten auf.

Th: Behandeln wird man sie mit Corticoiden, aber nur bei rezidivierenden Schüben.

Morbus Schönlein-Henoch

Def: Es handelt sich um ein Syndrom von entzündlichen, sekundär hämorrhagischen Haut- und Schleimhautveränderungen (papulös, zusätzlich auch urtikariell oder erythematös), Polyarthritis und viszeralen Erscheinungen. Die Komponenten können unterschiedlich ausgeprägt sein.

Ät und *Pathog:* Nach allgemeiner Ansicht liegt eine allergische Angiitis vor. Arzneimittel-, nahrungsmittel- und infektallergische Auslösung sind nachgewiesen. Die hämorrhagischen Erscheinungen sind sekundär, machen das klinische Bild aber besonders eindrucksvoll. Wahrscheinlich bedingt die Größe der vorhandenen Immunkomplexe den Ablagerungsort an der Gefäßwand.

Sy: Die auftretenden Hauteffloreszenzen finden sich hauptsächlich an den Streckseiten der Extremitäten und an den lateralen Stamm- und Glutäalgebieten, selten an Gesicht, Hals, Rücken oder Mundschleimhaut. Die Erkrankung verläuft schubweise. Spontanes Abklingen ist möglich. Die Hauptkomplikationen sind Glomerulonephritis und Magen-Darm-Koliken ohne oder mit leichten oder schweren Blutungen, Schleimhautnekrosen und Darmulzera oder Invagination und Ileus, die zum operativen Eingriff zwingen.

Purpura necroticans
Bei ihr sind die Gefäßwandnekrosen subendothelial und weiter bis hin zur Media ausgedehnt und in Längsrichtung bis in die Arteriolen, kleinen Arterien und Venen.

Purpura hyperglobulinaemica Waldenström
Neben der seltenen idiopathischen Form existieren sehr viel häufiger sekundäre Formen, z.B. bei Leberzirrhose, Morbus Boeck, Amyloidose, Erythemathodes, Diabetes mellitus, Lungentuberkulose und anderen Erkrankungen. Histologisch ähnelt der Befund sehr dem Morbus Schönlein-Henoch. Man vermutet deshalb, daß die beobachtete Hyperglobulinämie und die hämorrhagische Diathese unabhängige Folgen des gleichen chronischen entzündlich-allergischen Prozesses sind. Die Definition des Kranheitsbildes müßte deshalb lauten: Es handelt sich um allergische Vaskulitiden bei chronischen Krankheitsbildern, die mit einer unspezifischen Vermehrung der Immunglobuline einhergehen (s. auch dysproteinämische Purpura [S. 839]).

Purpura fulminans
Def: Innerhalb von Stunden oder Tagen treten schnell konfluierende Nekrosen von Haut und Subkutis mit nachfolgenden Blutungen hauptsächlich im Bereich der Extremitäten und des Stammes auf. Es konnte ein Zusammenhang mit dem Protein-C-Mangel, insbesondere dem homozygoten, gezeigt werden.
Sy: Hellrote, nicht erhabene Flecken, zunächst nur stecknadelkopfgroß, dehnen sich schnell aus, verfärben sich im Zentrum schwarz und konfluieren an Extremitäten und Stamm zu gelegentlich riesigen, tiefrotschwarzen, von Blut durchsetzten Hautnekrosen.
Th: Steroide und Heparin, gegebenenfalls Protein-C-haltige virusinaktivierte Plasmapräparate oder -konzentrate; bei Aufbrechen der Hautnekrosen antibiotische Abschirmung.

Gefäßschäden mit zellulärer Reaktion analog der Reaktion vom verzögerten Typ: Purpura pigmentosa progressiva
Hierzu gehören die morphologisch nicht trennbaren Purpura anularis Majocchi, Morbus Schamberg und Dermatitis lichenoides purpurica pigmentosa Gougerot-Blum.
Def: Chronische und progressive Entwicklung von umschriebenen petechialen Hautblutungen in einem Gebiet knötchenförmiger ekzematoider Entzündung. Bei Abklingen bleibt eine braune Pigmentierung zurück.
Ät und *Pathog:* Wahrscheinlich besteht eine allergische Ätiologie (Arzneimittel, Nahrung, Kleidungsstücke, Infekte?). Es werden Spasmen der Präkapillaren mit konsekutiver Erweiterung der distalen Kapillarsegmente und Austritt von Erythrozyten ausgelöst.
Sy: Am häufigsten erscheinen die Blutungen zuerst in der Fußknöchelregion, können sich aber auf Stamm und obere Extremitäten ausbreiten. Der aus den Kapillaren ausgetretene Blutfarbstoff schimmert zunächst purpurrot, dann dunkelrot durch die Epidermis und wird in braunes Hämosiderin übergeführt, welches später das Aussehen der Haut bestimmt.
Th: Die Behandlung erfolgt mit Glucocorticoiden und die Prophylaxe durch Vermeidung des Allergens.

Erworbene Gefäßschäden auf degenerativer Basis

Purpura senilis
Def: Stecknadelkopf- bis 5 cm große unregelmäßig begrenzte dunkelrote Blutflecken in altersdegenerierten, pigmentierten, weichen, dünnen, unelastischen Hautbezirken.
Ät: Ursachen sind Kollagenverarmung und Strukturveränderung. Es scheint also lediglich ein mechanischer Faktor von Bedeutung zu sein.
Sy: Es handelt sich um ein Altersleiden, das meist nicht vor dem 60. Lebensjahr entsteht. Die Ekchymosen oder Petechien erscheinen vorzugsweise an der Streckseite der Vorderarme und am Handrücken, selten an Gesicht und Beinen. Sie treten nur an der altersveränderten Haut auf. Die Blutungen können wenige Tage bis einige Wochen bestehenbleiben und machen den verzögerten Farbwechsel des Bilirubinabbaues durch. Das Gerinnungssystem ist nicht verändert.
Th: Vitamin E, 200–400 mg täglich parenteral, dann p. o., soll während der Behandlungsperiode die Purpuraschübe unterdrükken.

Cortisonpurpura bei Morbus Cushing und Hyperkortizismus
Bei Morbus Cushing wird gelegentlich eine Blutungsbereitschaft beobachtet, die sich in Petechien oder auch flächenhaften Suffusionen an mechanisch belasteten Körperstellen zeigt, besonders an den Streckseiten der Vorderarme. Leichte Traumen begünstigen sie.

Ursache sind Schädigungen des Kollagens des Bindegewebes, ähnlich wie bei der Purpura senilis.

Purpura simplex

Besonders an den unteren Extremitäten, gelegentlich am Stamm treten spontane Ekchymosen, manchmal mit Petechien auf. Die Purpura simplex wird fast nur bei Frauen beschrieben und entwickelt sich häufig erst während des Klimakteriums (Östrogenmangel). Die Kapillarresistenz ist zum Teil erniedrigt. Ob es sich um ein Krankheitsbild sui generis handelt, ist noch unklar.

Erworbene Gefäßschäden durch Mangelernährung: Skorbut

Def, Ät und *Sy* s. Avitaminosen im Kap. Tropenkrankheiten.

Dg: Der Rumpel-Leede-Test kann positiv sein. Die Thrombozytenadhäsivität ist gelegentlich vermindert. Störungen des plasmatischen Gerinnungssystems wurden bisher nur bei Tierexperimenten beobachtet.

Therapie der hämorrhagischen Diathesen

Allgemeine Maßnahmen

Es kann lokale Blutstillung mit Kompressionsverband, Tamponade oder lokale Applikation von Hämostyptika notwendig werden. Daneben sind oft allgemeine Maßnahmen wie Bettruhe, Verzicht auf intramuskuläre Injektionen (Gefahr der Hämatombildung), Obstipationsprophylaxe und Verabreichung von flüssig-breiiger Kost zur Vermeidung von Schleimhautverletzungen und Blutungen unerläßlich.

Patienten mit angeborenen hämorrhagischen Diathesen brauchen lebenslänglich Betreuung und Beratung. Dieser Aufgabe hat sich die *Deutsche Hämophiliegesellschaft zur Bekämpfung von Blutungskrankheiten* (Halenseering 3, 2000 Hamburg 73) gewidmet. Man sollte seinen Hämophiliepatienten und Patienten mit anderen angeborenen hämorrhagischen Diathesen raten, der Gesellschaft beizutreten.

Spezielle Maßnahmen

Voraussetzungen und Indikationen

Eine kausale Therapie ist oftmals unmöglich, so daß die Blutung mittels einer Substitutionsbehandlung symptomatisch gestillt werden muß. Hierzu sind die Kenntnis der Halbwertszeit der einzelnen Gerinnungsfaktoren, der Verweildauer im Organismus sowie ihrer unterschiedlichen Aktivität in Frischplasma, Blut- und Plasmakonserven, Blutserum und Plasmafraktion unerläßlich (Tab. 16.2). Die Konzentrate von Blutgerinnungsfaktoren haben den Vorteil, daß sie einen besseren Substitutionseffekt bei kleineren Infusionsvolumina bieten. Hohe Faktorenaktivitäten, wie sie zu operativen Eingriffen unter Umständen nötig sind, können nur durch Gabe von Konzentraten erreicht werden. Es besteht jedoch wie bei allen Transfusionen die Gefahr der Virusübertragung. *Deshalb dürfen nur noch virusinaktivierte Plasmapräparate und Gerinnungsfaktorenkonzentrate injiziert werden.* Daher sind die im folgenden beschriebenen Frischplasmatransfusionen und Tiefkühlplasma nur in Notfällen indiziert, da sie nicht virusinaktiviert sind.

Frischplasmatransfusionen

Sie besitzen das größte Wirkungsspektrum, da sie in verhältnismäßig normaler Konzentration alle Gerinnungsfaktoren mit Ausnahme von Faktor IV (Calcium) enthalten. Mit ihnen verabfolgt man aber relativ wenig Gerinnungsfaktorenaktivität im Vergleich zum infundierten Volumen. In allen Fällen, bei denen der Spiegel eines Gerinnungsfaktors um mehr als 10–15% angehoben werden muß, sollte deshalb unbedingt auf Konzentrate übergegangen werden. Trat beim Patienten Volumenverlust auf, dann kombiniert man Gerinnungsfaktorenkonzentrat mit Erythrozytenkonzentrat. Die Infusion von Vollblut ist bei hämorrhagischen Diathesen als überholt zu betrachten. Wertlos, sogar schädlich sind Frischplasma- oder Konzentratinfusionen bei Defibrinierungsblutungen und postoperativer Fibrinolysesteigerung, wenn nicht gleichzeitig eine entsprechende gerinnungshemmende bzw. antifibrinolytische Therapie durchgeführt wird.

Tiefkühlplasma

Bei −30 °C gelagertes Frischplasma.

Indikation: Wie bei Plasma: Faktor-II-, -VII-, VIII-, -IX-, -X-, -XIII-, Protein-C-, Protein-S- und Antithrombin-III-Mangelzustände geringen Ausmaßes. Da es nicht virusinaktiviert ist, versuche man seine Anwendung möglichst zu umgehen.

Ist eine Substitutionstherapie mit Fibrinogen nötig, muß der Fibrinogenspiegel auf 150–500 mg% gebracht werden (physiologischer Fibrinogenspiegel 150–200 mg%). Da-

Tabelle 16.2 Halbwertszeiten und Aktivitäten der Gerinnungsfaktoren in den verschiedenen Präparaten

Gerinnungskomponente	Halbwertszeit	Frischplasma, Tiefkühlplasma	Gelagertes Plasma	Human-fibrinogen	AHG, AHF, Humankryo-präzipitat	PPSB
Fibrinogen (F. I)	2–5 Tage	+	++	+++++	Ø	
Prothrombin (F. II)	2–3 Tage	+	+	Ø	Ø	++++
Ca^{2+} (F. IV)		Ø	Ø	Ø	Ø	
Accelerin (F. V)	20 Std.	++	Ø	Ø	Ø	
Proconvertin (F. VII)	2 Std.	+	+	Ø	Ø	++++
antihämophiles Globulin A (F. VIII)	10–13 Std.	+	Ø	Ø	++++	
antihämophiles Globulin B (F. IX)	36 Std.	+	++	Ø	Ø	++++
Stuart-Prower-F. (F. X)	30–40 Std.	+	++	Ø	Ø	++++
Plasmathromboplastin antecedent (F. XI)	unbekannt	++	+	Ø	Ø	Faktor-XIII-Konzentrat
Hageman-Faktor (F. XII)		+	+	Ø	Ø	
fibrinstabilisierender Faktor (F.XIII)	4 Tage	+		++	++	++++
Thrombozyten		+Ø	Ø	Ø		
Von-Willebrand-Jürgens-Faktor		++		++	++++	

zu sind beim Erwachsenen etwa folgende Gesamtmengen notwendig: Bei einem In-vivo-Fibrinogengehalt von 0 mg%: 7 g Fibrinogen, bei 50 mg%: 3 g Fibrinogen, bei 75 mg%: 1 g Fibrinogen. Die Fibrinogenlösung, welche man infundiert, muß eine Mindestkonzentration von 1%, besser 2% haben.

Faktor-VIII-Hochkonzentrate (AHF human), Kryopräzipitate (human)

Die Präparate sind lyophil getrocknete Konzentrate des Faktor-VIII. Kryopräzipitate enthalten neben Faktor-VIII Fibrinogen und Von-Willebrand-Faktor in unterschiedlichem Ausmaß. Die derzeitigen Präparate werden in 10 bis 100 ml Aqua destillata aufgelöst und enthalten dann etwa 4–50 IE Faktor VIII/ml (eine Einheit entspricht dem Gehalt von 1 ml Plasma eines Gesunden).

Indikation: Angeborene Faktor-VIII-Mangelzustände: Hämophilie A und Willebrand-Syndrom. Erworbene Faktor-VIII-Mangelzustände bei Verbrauchskoagulopathie oder Hyperfibrinolyse (unter gleichzeitiger Gabe von Heparin bzw. Antifibrinolytika).

Bei Von-Willebrand-Faktor-Mangel achte man darauf, Präparate anzuwenden, die Von-Willebrand-Faktor enthalten; bei Fibrinogenstörungen sollen sie genügend Fibrinogen enthalten.

PPSB, Prothrombinkomplex-Faktor-IX-Konzentrat, Faktor-VII-Konzentrat

Diese lyophilisierten Präparate enthalten ein durch Adsorptionsverfahren aus Plasma gewonnenes Konzentrat, PPSB von Prothrombin (Faktor-II), Proconvertin (Faktor VII), Stuart-Prower-Faktor (Faktor X) und antihämophilem Faktor B ((Christmas-Faktor, Faktor IX). Nach Auflösen mit der beigegebenen Menge Aqua destillata enthalten die Konzentrate etwa 20–50 IE pro ml Faktor (eine Einheit entspricht dem normalen Gehalt von 1 ml Plasma eines Gesunden).

Indikationen: Kongenitale Mangelzustände von Faktor IX (Hämophilie B, Willebrand-Syndrom mit Faktor-IX-Mangel), Faktor X (Stuart-Prower-Faktor-Mangel, selten), Faktor VII (Proconvertinmangel, sehr selten) und Faktor II (kongenitaler Prothrombinmangel, sehr selten), erworbene Mangelzustände bei Leberparenchymschäden (Faktoren II, VII, IX und X), Avitaminosen (Faktoren II, VII, IX und X) und bei Überdosierung von oralen Antikoagulantien (Faktoren II, VII, IX und X).

Therapie des Faktor-VIII-Mangels und des Von-Willebrand-Faktor-Mangels mit DDAVP (1-Desamino-8-D-Arginin-Vasopressin)

Adrenalin- und Vasopressininjektionen bewirken ein vorübergehendes Ansteigen des Faktor-VIII-Spiegels im Blut, sind jedoch wegen ihrer starken Nebenwirkungen zur hämostatischen Therapie nicht geeignet. Dies gilt nicht für das Vasopressinderivat DDAVP.

Die Infusion von 0,4 µg/kg KG i. v. (nicht schneller als in 25 Min.) verursacht einen Anstieg der Faktor-VIII-Gerinnungsaktivität um das 2- bis 4fache, des Faktor-VIII-Antigens um das 2½fache und des Von-Willebrand-Faktors um das 2fache. Die Wirkung erfolgt über das Hypophysen-Zwischenhirn-System, welches auf die DDAVP-Injektion hin wahrscheinlich einen Releaser abgibt, der die oben geschilderten Faktor-VIII-Aktivitäten aus den Speichern freisetzt. Der maximale Anstieg ist nach 80–120 Min. erreicht. Die Halbwertszeit des freigesetzten Faktor-VIII-Materials ist die übliche. Bereits im Blut vorhandener Faktor VIII wird nicht aktiviert. Zu häufige DDAVP-Stimulation (öfter als 12stündlich) erschöpft die Speicher.

Bei Patienten mit milden Hämophilie-A- und Von-Willebrand-Formen und genügend Spontanaktivität (ab 6–10%) läßt sich der Spiegel des Faktors VIII mit seinen verschiedenen Aktivitäten so weit anheben, daß Blutungen bei leichten Verletzungen oder z. B. bei Zahnextraktionen beherrscht werden können. Die Gefahr der Hepatitisübertragung bei Gabe von Gerinnungsfaktorenkonzentraten wird durch eine DDAVP-Therapie vermieden.

Antithrombotische Therapie

Ätiologie und Pathogenese der Thrombose

Das von Virchow 1856 aufgestellte Prinzip der Thrombogenese hat auch heute noch seine Gültigkeit behalten. Während allerdings bei der Entstehung der arteriellen Thrombose die Schädigung der Gefäßwand mit der Bildung von thrombozytenreichen Thromben im Vordergrund steht, sind für die Pathogenese der venösen Thrombose die Verlangsamung des Blutflusses und die Hyperkoagulabilität von entscheidender Bedeutung. Damit gelten für die venöse Thrombose Herzinsuffizienz, Status varicosus, Adipositas, Wochenbett, orale Kontrazeption, Operationen, Verletzungen und Malignome als prädisponierend. Auf der arteriellen Seite sind insbesondere die Arteriosklerose, orale Kontrazeptiva, entzündliche Gefäßleiden und Gefäßverletzungen pathogenetisch bedeutsam.

Symptome

Bezüglich klinischer Symptomatik wird auf das angiologische Kapitel verwiesen.

Diagnose

Für die ätiologische Abklärung einer Thrombose sind labormäßig zu erfassende Parameter von Bedeutung, die bei Veränderung auf eine sog. thrombophile Diathese hinweisen. Der familiäre, angeborene Antithrombin-III-, der Protein-C- und der Protein-S-Mangel sind jeweils bei etwa 2% aller Patienten mit tiefen venösen Thrombosen nachweisbar. Bei 15% liegt eine Störung des Fibrinolysesystems vor. Weitere thrombogene Risikofaktoren stellen Lupusinhibitoren, Dysfibrinogenämie und der Faktor-XII-Mangel dar. Zur Kontrolle von Fibrinolysetherapie und Antikoagulation mit Heparin und Cumarinen ist die Verfügbarkeit folgender Blutgerinnungstests sinnvoll: Quick-Wert (Thromboplastinzeit), Thrombinzeit, aktivierte partielle Thromboplastinzeit (APTT) und Bestimmung des Fibrinogens.

Thromboseprophylaxe

In Kenntnis des hohen Thromboserisikos von immobilisierten Patienten, frisch Operierten, Wöchnerinnen, Patienten mit schwerer Varizenbildung, Herzinsuffizienz usw. müssen diese Patienten bei Operationen und längerer Bettlägerigkeit im Sinne einer primären Thromboseprophylaxe gerinnungshemmend behandelt werden. Dazu bieten sich insbesondere Heparin in mittlerer bis niedriger Dosierung sowie die oralen Antikoagulantien und mit Einschränkung Dextran und Thrombozytenaggregationshemmer an. Je nach Indikation wird dabei die eine oder andere Substanz bevorzugt angewendet. Der Einsatz

der oralen Antikoagulantien beschränkt sich auf den ambulanten und nichtoperativen Bereich. In der konservativen Medizin hat sich die Gabe von 3mal 5000 bis 7500 IE Heparin/ 24 Stunden s. c. bewährt. Bei Patienten mit zerebralen Durchblutungsstörungen kann Heparin in einer Dosis von 2- bis 3mal 5000 IE eingesetzt werden. In der chirurgischen Thromboseprophylaxe beginnt die Anwendung von Heparin 2 Stunden präoperativ (5000 IE s. c.), gefolgt von postoperativ 8- bis 12stündlich 5000 IE Heparin. Bei Operationen mit der Gefahr stärkerer postoperativer Blutungen oder extrem gesteigertem Thromboserisiko muß dieses Vorgehen modifiziert werden. Zur vollen Wirksamkeit einer Heparintherapie muß ein Antithrombin-III-Spiegel von normaler Höhe vorhanden sein.
Niedermolekulare Heparine haben den Vorteil einer längeren Halbwertszeit mit der täglich nur 1maligen Verabreichungsweise. Für jedes niedermolekulare Heparin gelten eigene Dosierungsrichtlinien.

Therapie der frischen Thrombose

(s. auch Kap. Angiologie)

Fibrinolytische Therapie

Der Erfolg einer Thrombolyse ist auf den Anteil eines Thrombus beschränkt, der Fibrin enthält und noch nicht bindegewebig organisiert ist. Plättchenthromben und die plättchenreichen Anteile sog. gemischter Thromben können nicht thrombolytisch abgebaut werden. Zur medikamentösen Aktivierung des körpereigenen fibrinolytischen Systems stehen zur Zeit zwei Medikamente zur Verfügung: Die *Streptokinase,* die aus Kulturen β-hämolysierender Streptokokken gewonnen wird, und die *Urokinase,* eine körpereigene Substanz, die aus menschlichem Urin oder fetalem Nierengewebe extrahiert werden kann. Der Gewebeplasminogenaktivator (rt-PA) befindet sich in der Phase klinischer Prüfung.

Wirkungsmechanismus: Streptokinase verbindet sich zunächst mit Plasminogen zu einem stabilen Komplex. Erst dieser Streptokinase-Plasminogen-Komplex stellt den eigentlichen Aktivator dar und wandelt weiteres freies Plasminogen in Plasmin um (2-Phasen-Aktivierung). Nach Infusion einer initialen Dosis von Streptokinase wird zunächst ein Teil des zirkulierenden Plasminogens in Aktivator überführt. Erst dann setzt der Aktivator das noch freie Plasminogen in Plasmin um. Plasmin baut den Thrombus an seiner Oberfläche ab, der Aktivator kann aber auch in das Thrombusinnere eindringen und dort fibrinolytisch wirken. Urokinase wandelt Plasminogen direkt zu Plasmin um. Neben der Proteolyse im Thrombusinnern wird auch Fibrinogen gespalten, und Fibrinspaltprodukte werden frei, die ihrerseits einen gerinnungshemmenden Effekt haben. Im Gegensatz dazu wirkt der Gewebsplasminogenaktivator nur auf das im Thrombus enthaltene Fibrin (sog. fibrinspezifische Thrombolyse).

Indikationen: Über den Unterschenkelbereich hinausgehende Phlebothrombosen, Thrombosen der oberen Extremität (nur bei schwerem Verschlußsyndrom), schwere Lungenembolien und Nierenvenenthrombosen bei einem Thrombosealter bis zu 7(−14) Tagen, akuter Myokardinfarkt (erste 4−6 Stunden). Dagegen werden akute arterielle Thrombosen und Embolien der Extremitäten, chronische arterielle Verschlußkrankheiten und arterielle und venöse Verschlüsse der Eingeweidearterien primär chirurgisch angegangen.

Kontraindikationen: Die Kontraindikationen sind in gleicher Weise wie bei der Antikoagulantientherapie zu berücksichtigen, aber bei der Stellung der Indikation zur Fibrinolyse besonders streng zu beachten. Bei vorausgegangenen Streptokokkeninfekten, hohem Antistreptokinase-Titer und einer vorausgegangenen Fibrinolyse mit Streptokinase darf eine Streptokinase-Therapie nicht durchgeführt werden. Hier bietet sich die Urokinase an. In den ersten 3 Monaten der Schwangerschaft, postpartal und vor dem 10. postoperativen Tag sollte nicht lysiert werden.

Durchführung und Überwachung: Nach Applikation einer initialen Streptokinasedosis wird die fibrinolytische Aktivität durch eine Dauerinfusion aufrechterhalten (z. B. 250 000 IE initial, dann 100 000 IE/Stunde oder ultrahoch [UHSK] 9 Millionen IE/6 Stunden 1mal pro Tag über 2 (–4) Tage. Unter Anwendung von Streptokinase muß in 50% mit pyrogenen Reaktionen gerechnet werden. In etwa 25% aller Fälle treten allergische Frühreaktionen auf, wie Gelenkschmerzen, Rückenschmerzen, Exanthem, Flush, Unruhe, Übelkeit und Schweißausbruch. Dagegen ist die Behandlung mit Urokinase und rt-PA nahezu frei von allergischen Reaktionen. Bei Anwendung in mittlerer Dosierung ist wegen des geringen gerin-

nungshemmenden Effektes die gleichzeitige Gabe von Heparin notwendig. Dosierung initial 250 000 IE, gefolgt von 2 Millionen IE Urokinase/24 Stunden in Kombination mit Heparin, 25 000–40 000 IE/24 Stunden. Die Therapie mit Streptokinase wird über 3–6, die mit Urokinase über 7–14 und die mit rt-PA über 4–8 Tage in Abhängigkeit vom phlebographischen Befund durchgeführt. Dosierung von rt-PA 5 mg initial, 0,25–0,5 mg/kg KG/24 Stunden in Kombination mit Heparin.
Bei akutem Myokardinfarkt wird Streptokinase in einer Dosierung von 1,5 Millionen IE/90 Min., Urokinase 1,5–2 Millionen IE/90 Min. und rt-PA 80–100 mg/90 Min. verabreicht, gefolgt von einer Therapie mit Heparin.
Die *Therapiekontrolle* erfolgt bei längerfristiger thrombolytischer Therapie mit Hilfe von Thrombinzeit, PTT und Bestimmung der Fibrinogenkonzentration. Mit der Thrombinzeit wird der gerinnungshemmende Effekt der Fibrinogenspaltprodukte bzw. des Heparins erfaßt. Die Thrombinzeit sollte auf das 2–4fache, die PTT auf das 1½–2fache der Norm verlängert sein. Unter Behandlung mit Urokinase sollte die Fibrinogenkonzentration 50 mg% nicht unterschreiten. In Abhängigkeit von den 1–2mal täglich zu prüfenden Gerinnungsverhältnissen muß ggf. eine Korrektur der Streptokinase- oder Urokinasedosis erfolgen. Dabei ist unter der Therapie mit Streptokinase bei konventioneller Dosierung die paradoxe Dosierungsweise zu berücksichtigen.
Komplikationen können gut mit Fibrinolyseinhibitoren beherrscht werden: sofortige Injektion von 500 000 IE Aprotinin (Trasylol oder Antagosan) oder 2 g Tranexamsäure (Anvitoff), evtl. in Kombination mit Fibrinogen.

Nachbehandlung mit Antikoagulantien: Nach Beendigung der Fibrinolysetherapie wird die antithrombotische Behandlung mit Heparin weitergeführt. Im Anschluß wird auf eine mindestens 6monatige orale Antikoagulation mit Cumarinen übergegangen.

Antikoagulantientherapie

Heparin

Im Vergleich zu den Antikoagulantien vom Cumarin-Typ ist Heparin sofort wirksam. Heparin hat im wesentlichen Antithrombineigenschaften, geht mit Antithrombin III eine Komplexbildung ein und bewirkt eine sofort einsetzende Hemmung der Blutgerinnung. Die Hemmung der Faktor-X-Aktivierung erfolgt bereits bei geringen Heparindosen (Wirkungsprinzip der Low-dose-Heparin-Therapie). Heparin wird in einer Dosis von 25 000–40 000 IE täglich im Dauertropf verabreicht. Die Applikation kann auch in der subakuten Phase der manifesten Thrombose oder zur Thromboseprophylaxe in 3 oder 4 Einzeldosen s. c. erfolgen.

Therapiekontrolle: Unter Heparin-Therapie wird eine 2–4fache Verlängerung der Thrombinzeit und das 1,5–2,5fache der APTT angestrebt. Anhand täglicher Gerinnungskontrollen wird die Heparindosis um täglich 5000 IE/24 Stunden korrigiert. Die PTT sollte nicht auf über 100 s verlängert sein. Der Heparineffekt kann durch das Protaminchlorid oder -sulfat infolge salzartiger Bindung mit Heparin aufgehoben werden.

Orale Antikoagulantien

Cumarine wirken mit einer Latenz von 3–4 Tagen. Über einen Antagonismus zum Vitamin K wird die Bildung der Blutgerinnungsfaktoren II, VII, IX und X reduziert. Der Wirkungseintritt erfolgt entsprechend der Halbwertszeit dieser Gerinnungsfaktoren mit einer Latenz von mindestens 36–48 Stunden. Die ersten 48 Stunden sind durch eine Kombination mit Heparin zu überbrücken.

Therapiekontrollen: Unter Therapie mit oralen Antikoagulantien sollte die Thromboplastinzeit (Quick-Wert) auf 10–35%, gemessen am Thrombotest auf 6–11% vermindert sein. Dabei ist allerdings der jeweilige therapeutische Bereich der zahlreichen auf dem Markt vorhandenen Thromboplastin-Präparate zu berücksichtigen. Die Cumarinwirkung kann durch Verabreichung von 5–10 mg Vitamin K aufgehoben werden; ein wesentlicher Effekt ist aber erst nach Stunden und relevant erst nach etwa 24 Stunden zu registrieren. Bei bedrohlichen Blutungen müssen Prothrombinkomplex-Präparate appliziert werden (S. 845).

Hemmung der Thrombozytenfunktion

Acetylsalicylsäure (Aspirin, Colfarit). Aspirin beeinträchtigt über die Hemmung der Prostaglandinsynthese die Thrombozytenfunktion und führt zu einer leichten Verlängerung der Blutungszeit und einer Hemmung der kollageninduzierten Thrombozytenaggregation. Eine Dosis von 0,1–0,5 g Aspirin führt zur sofortigen Hemmung der Thrombozytenaggregation und ist noch 3–6 Tage (!)

nach Absetzen des Medikamentes nachweisbar. Weitere Substanzen mit Beeinträchtigung der Thrombozytenfunktion sind Sulfinpyrazon (Anturano) und Antirheumatika wie z. B. Indometacin und Phenylbutazon. Penicilline können, in hoher Dosierung verabreicht, zu schweren Störungen der Thrombozytenfunktionen führen.

Therapiekontrollen: Eine regelmäßige Kontrolle der Wirkung ist nicht notwendig. Thrombozytenfunktionshemmer (insbesondere Aspirin) werden zur Prophylaxe des Myokardinfarkts und des ischämischen Hirninfarkts eingesetzt. Die Wirksamkeit der thrombozytenaggregationshemmenden Substanzen zur Thromboseprophylaxe ist noch nicht ausreichend belegt. Bei der Behandlung venöser Thrombosen ist der antithrombotische Effekt dieser Substanzen mit Sicherheit geringer als der der Antikoagulantien einzuschätzen. Zunächst sollten diese Substanzen nur bei Kontraindikationen gegen eine Antikoagulation eingesetzt werden. Die üblichen Kontraindikationen gegen eine Antikoagulation gelten nur bedingt für die Thrombozytenaggregationshemmer. Blutungen treten offenbar seltener auf. Von 4% der Patienten wird Acetylsalicylsäure allerdings von seiten des Magens (erosive Gastritis) nicht vertragen. Die Neigung zu Magen-Darm-Ulzera und Asthma bronchiale stellt eine absolute Kontraindikation gegen die Gabe von Acetylsalicylsäure dar. Wirksame Antagonisten dieser Substanzen sind nicht bekannt.

Indikationen zur gerinnungshemmenden Behandlung

- Tiefe Bein- und Beckenvenenthrombosen, Thrombosen der Venen der oberen Extremität und anderer großer Venen;
- Lungenembolie, arterielle Embolien und Thrombosen;
- Bettruhe bei bestehenden thromboembolischen Folgezuständen;
- eine entwässernde Therapie oder die rekompensierende Behandlung einer Herzinsuffizienz mit Lungenstauung oder peripheren Ödemen, wenn Bettruhe eingehalten werden muß;
- vorübergehende Extremitätenlähmung;
- Vorhofarrhythmien, 2 Wochen bis 3 Monate vor einer geplanten Defibrillation oder Operation, wobei eine Dauertherapie nur bei gleichzeitiger Vergrößerung des Vorhofs indiziert ist;
- Herzinfarkt während der stationären Behandlung, wobei bei Patienten mit komplikationslosem Herzinfarkt, d. h. ohne Herzrhythmusstörungen und Herzinsuffizienz, keine Antikoagulation vorgenommen werden sollte;
- obliterierende Angiopathien (Dauertherapie bei kritischen Verschlüssen);
- Marchiafava-Anämie (Dauertherapie);
- bei Entwicklung thrombohämorrhagischer Syndrome in Kombination mit Substitution verbrauchter Gerinnungsfaktoren;
- Kryoglobulinämie.

Kontraindikationen gegen gerinnungshemmende Behandlung

Absolute Kontraindikationen

- Mangelnde Mitarbeit oder Uneinsichtigkeit des Patienten;
- manifeste oder kurz zurückliegende Blutungen (mit Ausnahme der Verbrauchskoagulopathie);
- Magen-Darm-Ulzera;
- Zustand nach vorausgegangener translumbaler oder transfemoraler Aortographie, Zustand nach frischen Operationen;
- Hypertonie mit systolischen Werten über 200 mmHg, diastolischen über 100 mmHg;
- akute Pankreatitis;
- schwere hämorrhagische Pneumonie;
- alle Formen einer schweren akuten zerebralen Durchblutungsstörung einschließlich zerebraler Metastasen;
- Gravidität. Diese Kontraindikation gilt besonders für Cumarinpräparate. Heparin passiert die Plazentaschranke nicht, so daß die Anwendung bei dringlicher Indikationsstellung möglich ist.

Relative Kontraindikationen

- Akute und chronische Nephritis, Glomerulosklerose;
- Zerebralsklerose;
- schwerer Diabetes mellitus mit Netzhautblutung;
- Leberzirrhose;
- Ulkusneigung;
- akute kavernöse Lungentuberkulose;
- schwere Niereninsuffizienz, Urolithiasis, Blasenkatheter, blutende Urogenitalaffektionen.

Vorsichtsmaßnahmen bei Antikoagulantien- und Fibrinolysetherapie

Kenntnis der Blutgruppe, nach Möglichkeit keine i. m. Injektionen, wenn trotzdem erforderlich, Injektion in die Streckseite des Oberschenkels. Kein gleichzeitiges Ansetzen von Blutegeln (Therapie gilt heute als überholt) wegen der Gefahr starker Nachblutungen und von der Bißstelle ausgehender Ulcera cruris.

Medikamente, die die Wirksamkeit oraler Antikoagulantien verstärken (Blutungsgefahr): Phenylbutazon, Clofibrat, Bezafibrat, Breitbandantibiotika, D-Thyroxin, Anabolika, Chinidin.

Medikamente, die die Cumarinwirkung abschwächen: Barbiturate, Colestyramin, Vitamin-Kombinationen, orale Kontrazeptiva, Nebennierenrindensteroide.

17. Endokrinologie

R. Ziegler unter Mitarbeit von G. Rohr und K. H. Usadel

Untersuchungsmethoden

Überblick über die verschiedenen Methoden

Bei einem Teil der endokrinen Krankheitsbilder ist eine Blickdiagnose möglich (Akromegalie, Cushing-Syndrom). Bei anderen sind trotz des Fehlens äußerlicher Veränderungen die Krankheitssymptome pathognomonisch (Flushs bei Karzinoid). Ein Teil der Hormone ist klinisch „stumm" (Calcitonin); das Krankheitsbild wird nur zufällig oder aufgrund systematischer Untersuchungen, etwa bei familiärer Belastung, entdeckt.

Für die Frühdiagnose hormonabhängiger Erkrankungen ist eine exakte Anamnese unabdingbar, um diskrete Frühzeichen nicht zu übersehen. Die Kenntnis auch seltener Symptome (z. B. endokrines Psychosyndrom) ist wesentlich. Die gleiche Sorgfalt hat bei der körperlichen Untersuchung zu gelten, um diskrete Stigmata nicht zu übersehen. Durch die Verfügung über Labormeßmethoden für praktisch alle wichtigen Organe besteht die Versuchung, die Möglichkeiten der Patientenuntersuchung nicht ausreichend zu nutzen und die Wertigkeit der Labordiagnostik zu überschätzen bzw. ein Übermaß an Diagnostik zu betreiben.

Tab. 17.**1** gibt eine Übersicht über die klinisch-chemische Diagnostik der wesentlichen Hormone bzw. Hormonachsen. Die direkte Hormonmessung im Plasma bzw. Serum steht im Vordergrund. Die Urindiagnostik ist weitgehend in den Hintergrund getreten, da sie viel störanfälliger ist und nur noch bei wenigen Hormonen gegenüber der Analytik von Blutproben Vorteile bietet (z. B. beim Karzinoid). Bei der Frage einer *Unterfunktion* eines endokrinen Organs spielen *Stimulationstests* eine wesentliche Rolle, zumal bei vielen Hormonen nicht sicher zwischen niedrig-normalen basalen und erniedrigten Spiegeln differenziert werden kann. *Suppressionstests* finden Verwendung, um bei Hormonspiegeln im oberen Grenzbereich zu differenzieren, ob es sich noch um einen Normalwert handelt, der reguliert werden kann, oder ob eine autonome *Überfunktion* ohne Beeinflußbarkeit vorliegt.

Funktionstests der Sekretion von Wachstumshormon (STH, GH)

Stimulationstests

Exercise-Test

Prinzip: Nach starker körperlicher Belastung kommt es zum Anstieg des STH.

Durchführung: Der Proband muß sich 10 Min. lang körperlich stark anstrengen (z. B. Treppenlaufen in schnellem Tempo); nach einer 30minütigen anschließenden Liegepause wird Blut für STH entnommen.

Bewertung: Beim Gesunden steigt das STH bei derartiger Belastung auf über 10 ng/ml an. Der Test ist als Orientierung geeignet; bei negativem Ausfall (Δ STH <7 ng/ml) muß ein weiterer Stimulationstest erfolgen, ehe ein STH-Mangel angenommen wird.

Arginin-Belastung

Prinzip: Die Aminosäure Arginin stimuliert direkt die STH-Sekretion.

Durchführung: Beim nüchternen Patienten wird morgens nach einer Ruhepause (30

Tabelle 17.1 Labordiagnostik bei endokrinologischen Erkrankungen

Hormonsystem	Parameter im Plasma/Serum	Parameter im Urin	Stimulationstest	Suppressionstest	Indirekter Parameter
Hypothalamus-Hypophyse	STH (GH)		Exercise, Arginin, Hypoglykämie, GRH (paradox: TRH)	Glucosebelastung	Somatomedin C
	Prolactin		TRH (Metoclopramid)	(Bromocryptin)	
	ADH		Durstversuch		spez. Gewicht im Urin, Osmolatität
Nebennierenachse	ACTH		Hypoglykämie, Metopiron, CRH	Dexamethason	Cortisol
	Cortisol	freies Cortisol, Metaboliten	ACTH	Dexamethason	
	11-Desoxycortisol (Substanz S)		Metopiron		
	Aldosteron	Aldosterонglucuronid	Furosemit Orthostase	NaCl	K, Na
	DHEA, DHEAS		ACTH	Dexamethason	
Nebennierenmark	Adrenalin, Noradrenalin	Vanillinmandelsäure, Catecholamine	(Glucagon, Histamin, „cold pressure test“)	Clonidin (Regitin)	
Schilddrüsenachse	TSH T_4, T_3 FT_4, FT_3 TBG TG Schilddrüsenantikörper		TRH (TSH)	(T_4, T_3)	(Cholesterin)
Gonadenachse	LH (= ICSH)		LHRH (= GnRH)		
	FSH		(LHRH)		
	Testosteron		HCG		Spermiogramm
	17β-Östradiol				Chromosomenanalyse
Calciumstoffwechsel	PTH	cAMP	(EDTA)	(Calciumbelastung)	
	25-OH-D_3 1,25-$(OH)_2$-D_3				
	Calcitonin		Pentagastrin		
Karzinoid		5-Hydroxyindolessigsäure			

(in Klammern: zweitrangige bzw. wenig bewährte Maßnahmen)

Min.) und basaler Blutentnahme für die STH-Bestimmung die Menge von 0,5 g L-Argininhydrochlorid pro kg KG i. v. infundiert. Blutabnahmen alle 30 Min. über 2 Stunden.

Bewertung: Am Gesunden erfolgt ein STH-Anstieg um mindestens 7 ng/ml; bei STH-Mangel fehlt ein Anstieg. Dazwischenliegende Werte sind verdächtig auf partiellen STH-Mangel; ergänzende Tests sind anzuschließen.

Hypoglykämie-Test

Prinzip: Ein Blutzuckerabfall nach Insulingabe stimuliert die STH-Sekretion.

Durchführung: Nach basaler Blutentnahme für die STH-Bestimmung werden 0,1 IE Alt-Insulin pro kg KG i. v. injiziert; Blutabnahme für Blutzucker und STH erfolgen nach 20 bis 30 Min. Eine Injektionsspritze mit Glucoselösung muß zum Abfangen von hypoglykämischen Reaktionen bereitliegen.

Bewertung: Beim Gesunden kommt es zum STH-Anstieg um über 7 ng/ml; bei STH-Mangel bleibt der Anstieg aus. Dazwischenliegende Werte sprechen für partiellen STH-Mangel.

GRH-Test

Nach Entdeckung, Analyse und Synthese des hypothalamischen STH-stimulierenden Hormons GRH wird dieses Hormon zu Testzwecken erprobt. Die Standardisierung ist im Gange.

TRH-Test

Prinzip: TRH beeinflußt die STH-Sekretion des Gesunden nicht, führt jedoch bei Hypersomatotropismus zu einem paradoxen STH-Anstieg.

Durchführung: Nach Blutentnahme zur STH-Bestimmung werden 200 µg TRH i. v. injiziert, nach 30 Min. erneute Blutabnahme zur STH-Bestimmung. Nebenwirkungen (leichte Übelkeit, Schwindelerscheinungen) sind möglich. Zunehmend bewährt sich der nasale TRH-Spray.

Bewertung: Bei Akromegalie erfolgt ein deutlicher STH-Anstieg, der beim Gesunden ausbleibt.

Glucose-Suppressionstest

Prinzip: Ein Anstieg des Blutzuckers supprimiert beim Gesunden die STH-Sekretion.

Durchführung: Der Proband erhält einen normalen oralen Glucosetoleranztest (100 g Glucose p. o.). Blut für die STH-Bestimmung wird vor der Zuckergabe und alle 30 Min. über 2 Stunden abgenommen.

Bewertung: Beim Gesunden erfolgt eine Suppression des innerhalb der Norm (bis 5 ng/ml) oder streßbedingt darüberliegenden STH-Spiegels auf unter 1 ng/ml. Beim Hypersomatotropismus erfolgt höchstens eine partielle Suppression.

Prolactin-Stimulationstest mit TRH

Prinzip: TRH stimuliert die Prolactinausschüttung; ob diesem Effekt eine physiologische Bedeutung zugrunde liegt, ist ungewiß.

Durchführung: Nach Blutentnahme für die Prolactinbestimmung werden 200 µg TRH i. v. injiziert, nach 30 Min. erfolgt Blutentnahme für Prolactinbestimmung.

Bewertung: Beim Gesunden erfolgt ein Prolactinanstieg von Werten im Normbereich (unter 15 ng/ml beim Manne, unter 20 ng/ml bei der Frau) auf ein Mehrfaches (in der Regel unter 100). Bei Hypophyseninsuffizienz bleibt der Anstieg aus. Bei Hyperprolaktinämie ist der Anstieg überschießend.

Durstversuch zur ADH-Stimulation

Prinzip: Bei kontrolliertem Dursten kommt es zum Anstieg von spezifischem Gewicht und Osmolalität im Urin; bei ADH-Mangel bleibt der Anstieg aus.

Durchführung: Nach Möglichkeit trinkt der Proband über Nacht nicht. Eine Therapie mit Minirin o. ä. sollte möglichst 24 Stunden, spätestens 12 Stunden vor dem Test abgesetzt werden. Nach Bestimmung des Körpergewichts wird der Urin in stündlichen Portionen gesammelt und auf spezifisches Gewicht und Osmolalität untersucht. Bei unverändert anhaltender Diurese kommt es zur fortschreitenden Gewichtsabnahme. Bei der Abnahme des Körpergewichtes um 3% wird der Test abgebrochen. Ein Ansteigen des spezifischen Gewichtes und der Osmolalität belegt die Konzentrationsfähigkeit der Niere; beim Diabetes insipidus bleibt sie aus. Bei habitueller Polydipsie kann das Konzentrationsvermögen ungenügend sein – es empfiehlt sich dann, den Test nach mehrtägiger Behandlung mit Minirin zu wiederholen.

Minirin kann auch am Ende des Durstversuches (bei fehlender Konzentrationsfähigkeit) verwendet werden, um zu belegen, daß der vorhandene Diabetes insipidus ein zentraler und kein renaler ist.

Funktionstests der ACTH-Sekretion

Stimulationstests

Insulin-Hypoglykämie-Prinzip

Ein insulinbedingter Blutzuckerabfall in die Hypoglykämie stimuliert die ACTH-Sekretion.

Prinzip: S. 852

Bewertung: Bei ausreichender Hypoglykämie (Blutzuckerabfall unter 2 mmol/l = 40 mg/dl) steigt das ACTH um das Zweifache und darüber an. Bei Hypophysenvorderlappeninsuffizienz bleibt der Anstieg aus.

Metopiron-Test

Prinzip: Metopiron (= Metyrapon) hemmt in der Nebennierenrinde die 11β-Hydroxylase, so daß zu wenig Cortisol gebildet wird. Seine Hemmwirkung entfällt zentral – das reaktiv vermehrte ACTH stimuliert die Bildung von 11-Desoxycorticosteron (Substanz S).

Durchführung: Am ersten Tag um 8 Uhr Blutabnahme für ACTH, Substanz S (und evtl. Cortisol). Anschließend alle 4 Stunden Einnahme von 750 mg Metopiron p. o., Kontrollblutabnahme morgens 8 Uhr am nächsten Tag.

Beurteilung: Beim Gesunden steigt ACTH beim Metopiron-Test um ein Mehrfaches an, der Anstieg von Substanz S hat auf mindestens 5 ng/dl zu erfolgen. Bei Hypophysenvorderlappeninsuffizienz bleibt der ACTH-Anstieg (und auch der Anstieg von Substanz S) aus.

CRH-Test

Das kürzlich entdeckte, analysierte und synthetisierte Corticotropin-releasing-Hormon steht zur Zeit in Erprobung. CRH stimuliert direkt die ACTH-Ausschüttung. Die Standardisierung für klinische Zwecke ist im Gange.

Dexamethason-Hemmtest

Prinzip: Dexamethason hemmt als hochpotentes Glucocorticoid über die negative Rückkopplung die Ausschüttung von ACTH (und vermutlich auch CRH).

Durchführung: Am ersten Testtag werden morgens um 8 Uhr Blutproben für Cortisol (und ACTH) abgenommen. Um 22 Uhr Einnahme von 1 mg Dexamethason (bei sehr Adipösen 2 mg) p. o. Am nächsten Morgen um 8 Uhr neuerlich Blutabnahme für Cortisol (und ACTH).

Beim prolongierten Test werden über 2 Tage 4mal 0,5 mg und über anschließende 2 Tage 4mal 2 mg Dexamethason verabreicht. Fallweise kann die Tagesdosis auch auf 12 oder 16 mg Dexamethason pro Tag gesteigert werden.

Neben den Blutparametern können auch Corticoide im Urin bestimmt werden (freies Cortisol u. a.).

Bewertung: Beim Gesunden fällt der ACTH-Spiegel beim Test deutlich ab, der Cortisol-Spiegel fällt auf unter 1,4 nmol/l (50 ng/ml), in der Regel sogar unter 0,6 nmol/l (20 ng/ml). Beim zentralen Cushing-Syndrom ist eine Suppression erst bei höheren Dexamethason-Dosen (8 mg oder darüber) nachweisbar. Beim peripheren Cushing-Syndrom erfolgt keine Suppression.

Funktionstests für die Glucocorticoid-Sekretion

ACTH-Stimulationstest

Prinzip: ACTH stimuliert direkt die Ausschüttung von Cortisol und anderen Glucocorticoiden (und auch von Androgenen der NNR).

Durchführung: Nach Leerblutabnahme werden 25 IE ACTH i. v. injiziert, Blutproben für die Cortisol-Bestimmung werden nach 1 und 2 Stunden abgenommen. Beim Lang-Test werden 50 IE ACTH i. v. über 8 Stunden infundiert, Blutentnahmen erfolgen zuvor, nach 4 und nach 8 Stunden für die Cortisol-Bestimmung.

Bewertung: Beim Gesunden steigt das Cortisol auf das 2- bis 5fache des basalen Spiegels an. Bei der primären Nebennierenrindeninsuffizienz bleibt der Anstieg aus. Gleiches gilt für die Nebennierenrindenatrophie nach länger dauernder Suppression durch hohe Glucocorticoid-Spiegel im Blute. Hier kann der Test nach mehrtägiger täglicher ACTH-Gabe wiederholt werden.

Beim zentralen Cushing-Syndrom erfolgt ein übersteigerter Cortisol-Anstieg, beim peripheren Cushing-Syndrom erfolgt kein weiterer Cortisol-Anstieg (von hohen Ausgangswerten).

Zu beachten ist, daß der ACTH-Test beim unerkannten Morbus Addison durch Erschöpfung der Restfunktion der Nebennierenrinde eine Krise auslösen kann. Diesem

Risiko ist durch Gabe von 0,5 mg Dexamethason vorzubeugen.

Metopiron- und Dexamethason-Test
siehe oben.

Funktionstests für die Aldosteron-Sekretion

Furosemid-Belastung

Prinzip: Furosemid bewirkt eine akute Diurese-Steigung. Die hieraus resultierende Hypovolämie stimuliert die Ausschüttung von Renin und (nachfolgend) von Aldosteron.

Durchführung: Nach einer Ruhepause von 30 Min. erfolgt basale Blutentnahme für Renin und Aldosteron, danach i. v. Injektion von 40 mg Furosemid. Nach 30 Min. Kontrollblutabnahme für Renin und Aldosteron.

Bewertung: Beim Gesunden kommt es zum Anstieg von Renin und Aldosteron jeweils auf das Doppelte und darüber. Bei insuffizienter Aldosteron-Sekretion ist das Renin erhöht und steigt exzessiv an. Bei primärer Aldosteron-Überfunktion ist das Renin supprimiert und das Aldosteron erhöht; beide reagieren praktisch nicht.
Ähnlich wirkt *Orthostase.*

Suppressionstest mit Kochsalz-Prinzip

Eine erhöhte NaCl-Zufuhr hat eine Hypervolämie zur Folge, die das Renin und nachfolgend auch das Aldosteron supprimiert.

Durchführung: An drei Tagen mit NaCl-armer Ernährung wird Blut für Aldosteron abgenommen, anschließend erhält der Proband 3 Tage lang mindestens 12 g NaCl/Tag (Nahrung plus entsprechender Zusatz). An diesen Tagen erfolgen ebenfalls Blutabnahmen für Aldosteron.

Beurteilung: Beim Gesunden kommt es zum Abfall des Aldosteron-Spiegels in den Normbereich, wenn zuvor ein erhöhter Wert vorlag. Beim primären Hyperaldosteronismus erfolgt kein Abfall des Aldosterons.

Funktionstests für die Nebennierenmarksfunktion

Stimulationstests

Histamin-Test und Cold-pressure-Test

Durch die verbesserte Bestimmung der Catecholamine im Plasma und im Urin haben Tests wie der Histamin-Test und der Cold-pressure-Test ihre Bedeutung verloren.

Glucagon-Test

Prinzip: Glucagon führt direkt zur Ausschüttung präformierter Catecholamine im Nebennierenmark.

Durchführung: Unter minütlicher Blutdruckkontrolle wird 1 mg Glucagon i. v. injiziert. Die Kanüle bleibt als Zugang für eine eventuelle Antidotgabe (Regitin) liegen.

Bewertung: Beim Phäochromozytom kommt es zum raschen und starken Blutdruckanstieg, während beim Gesunden lediglich eine milde, unspezifische Reaktion erfolgt. Cave: Auslösung einer kritischen Hypertonie!

Suppressionstests

Regitin-Test

Der Regitin-Test als Hypertonie-Lysetest hat seine Bedeutung weitgehend verloren.

Clonidin-Test

Prinzip: Clonidin (Catapresan) führt beim Gesunden zum Abfall der Plasmacatecholamine, selbst wenn diese leicht erhöht sind.

Durchführung: Nach basaler Blutentnahme für die Bestimmung von Adrenalin und Noradrenalin im Plasma werden 300 μg Catapresan p. o. verabreicht. Nach 2 Stunden erfolgt die Kontrollblutentnahme.

Bewertung: Beim Gesunden erfolgt ein Catecholamin-Abfall in den sicheren Normbereich, nicht dagegen beim Phäochromozytom.

Funktionstest der Schilddrüsenachse: TRH-Test

Prinzip: Der hypothalamische Regulator für die Schilddrüsenfunktion stimuliert über das TRH im Hypophysenvorderlappen die TSH-Sekretion. Erhöhte Spiegel der peripheren Schilddrüsenhormone hemmen die TRH-Ausschüttung. Nach exogener TRH-Gabe steigt das peripher meßbare TSH in Abhängigkeit von der Aktivierung der Achse unterschiedlich stark an.

Durchführung: Nach Blutentnahme für das basale TSH werden 200 μg TRH i. v. injiziert. Nach 20–30 Min. erfolgt die Kontrollblutabnahme für TSH. Alternativ zur i. v. TRH-Gabe können 40 mg TRH oral eingenommen werden, die Blutabnahme erfolgt dann nach 3 Stunden.
In letzter Zeit bewährt sich der nasale TRH-Test (1 mg) mit Blutabnahme ebenfalls 30 Min. später.

Bewertung: Negativer TRH-Test: TSH-Anstieg um weniger als 1–2 μE/ml bei Hypophysenvorderlappeninsuffizienz oder Hyperthyreose. Normaler TSH-Anstieg zwischen 3 und bis zu 20 μE/ml (dabei bereits Hypothyreosetendenz). Darüber gesteigerter TSH-Anstieg als Hinweis auf primäre Hypothyreose.

Stimulationstests der Gonadenachse

LHRH-(= GnRH-)Test

Prinzip: Das hypothalamische Releasing-Hormon für die Gonadotropine stimuliert direkt die Ausschüttung von LH und (weniger stark) FSH.

Durchführung: Nach basaler Blutentnahme für LH und FSH werden 100 μg LHRH i. v. injiziert. Nach 25 Min. erfolgt die Kontrollblutabnahme.

Bewertung: Beim Gesunden steigt LH um das 3- bis 10fache, FSH weniger stark an. Bei Hypophysenvorderlappeninsuffizienz erfolgt kein Anstieg. Bei primärer Gonadeninsuffizienz erfolgt ein gesteigerter Anstieg von erhöhten Werten.

HCG-Stimulationstest

Prinzip: Das Humanchoriongonadotropin stimuliert in den Leydig-Zellen des Hodens die Testosteron-Ausschüttung.

Durchführung: Nach basaler Blutentnahme werden 5000 IE HCG i. m. verabreicht oder über 4 Stunden infundiert. Nach 24 Stunden erfolgt die Kontrollblutabnahme für Testosteron.

Bewertung: Beim Gesunden steigt das Testosteron bereits nach 24 Stunden deutlich meßbar an; bei primärer Hodeninsuffizienz bleibt der Anstieg aus. Bei supprimierter Hodenfunktion kann der Test nach mehrtägiger täglicher HCG-Gabe wiederholt werden.

Tests der Hormone des Calciumstoffwechsels

Calcium-Suppressionstest und EDTA-Stimulationstest

Sie sind seit der Verfügbarkeit der zuverlässigen PTH-Bestimmung (intaktes Molekül) überflüssig.

Ellsworth-Howard-Test

Prinzip: Exogenes PTH bewirkt beim Gesunden einen Anstieg der Ausscheidung von cAMP und von anorganischem Phosphat.

Durchführung: Nach Sammlung von 4 getrennten Urinportionen über je eine Stunde zur Bestimmung von cAMP und anorganischem Phosphat sowie nach basaler Blutentnahme werden 200 IE PTH i. m. oder i. v. injiziert. Anschließend erfolgen neuerlich Urinsammlungen in 4 Portionen über je eine Stunde sowie evtl. eine Blutentnahme für cAMP nach 1, 2 und 4 Stunden.

Bewertung: Beim Gesunden kommt es nach exogener PTH-Gabe zur Verdoppelung der Phosphaturie. Beim primären Hyperparathyreoidismus bleibt der Anstieg in der Regel aus. Beim Hypoparathyreoidismus ist ein gesteigertes Ansprechen der cAMP-Urinausscheidung und der Phosphaturie zu verzeichnen. Letzteres bleibt beim Pseudohypoparathyreoidismus Typ I aus.

Pentagastrin-Stimulationstest für Calcitonin

Prinzip: Pentagastrin stimuliert in den C-Zellen der Schilddrüse die Calcitonin-Ausschüttung.

Durchführung: Nach basaler Blutentnahme werden 0,5 μg Pentagastrin pro kg KG i. v. injiziert. Blutentnahmen für die Calcitonin-Bestimmung erfolgen nach 2 und 5 Min.

Bewertung: Beim Gesunden steigt das Calcitonin beim Test nicht über die obere Normgrenze (100 pg/ml) an. Bei Patienten mit C-Zell-Karzinom erfolgt ein kräftiger Anstieg, über die Normgrenze hinausgehend.

Überfunktionszustände von Hypothalamus und Hypophyse

Innerhalb der meisten Hormonachsen des hypothalamohypophysären Apparates ist eine Überfunktion möglich. In diesem Kapitel werden nur die Überfunktionszustände dargestellt, bei denen die sezernierten hypophysären Hormone (STH, Prolactin, Adiuretin) durch ihre periphere Wirksamkeit direkt Krankheitsbilder induzieren, während die Überproduktion von ACTH oder TSH in den Kapiteln über die entsprechenden peripheren endokrinen Drüsen (Nebennierenrinde bzw. Schilddrüse) dargestellt werden, da sich das Krankheitsbild vor allem durch die Überproduktion der peripheren Hormone (Glucocorticoide bzw. Schilddrüsenhormone) auszeichnet.

Akromegalie (bzw. Riesenwuchs im Kindesalter)

Def: Die autonome Überproduktion von Wachstumshormon (STH, GH) führt nach Schluß der Epiphysenfugen zum Krankheitsbild der Akromegalie. Bei Beginn der Erkrankung im Kindesalter entsteht ein zunächst symmetrischer Riesenwuchs, der später durch akromegale Stigmata zusätzlich verändert wird.

Ät und *Pathog:* Zumeist liegt ein eosinophiles Adenom des Hypophysenvorderlappens zugrunde, wobei nicht geklärt ist, wie häufig der Defekt eher übergeordnet im Hypothalamus angesiedelt ist und über eine dauernde Stimulation der somatotropen HVL-Zellen wirksam wird. Eine dauernde Stimulation durch GRH (= GH-Releasing-Hormon) vermag durchaus (vermutlich über ein Stadium der Hyperplasie) ein HVL-Adenom zu induzieren. Das vermehrt im Blut kreisende STH (Hypersomatotropismus) bewirkt folgende Veränderungen: In der Leber wird vermehrt Somatomedin C gebildet, das das Knochenwachstum anregt. Vor Schluß der Epiphysenfugen wachsen die Knochen proportioniert in die Länge; nach Abschluß des Wachstums erfolgt nur noch ein Breitenwachstum charakteristischer Skelettanteile (Akren). Der hypertrophe Reiz betrifft auch Weichteilorgane (Viszeromegalie). Die blutzuckersteigernde Wirkung des STH belastet den Kohlenhydrathaushalt.Nach einer Phase des Hyperinsulinismus kommt es zur Erschöpfung der Insulinsekretion, dem Diabetes mellitus.

Sy: Tab. 17.**2** führt die typischen Symptome der Erkrankung auf. Sie gliedern sich in Folgen des Hypersomatotropismus an Skelett und Weichteilorganen, Auswirkungen im Stoffwechsel (Diabetes mellitus), vegetative Störungen (vermehrtes Schwitzen!) und Folgen des Tumorwachstums im Bereich der Hypophyse (Druck auf die Sehnerven mit den Folgen bitemporale Hemianopsie, Kopfschmerzen, selten zentralnervöse Ausfälle). Peripher deutet ein Karpaltunnel-Syndrom auf eine mögliche Akromegalie hin.
Unbehandelt mündet die Erkrankung in einen Zustand der Herzinsuffizienz (durch Kardiomegalie), die häufig die Todesursache darstellt. Auch Erblindung ist bei fortschreitendem Tumorwachstum möglich. Ein spontaner Krankheitsstillstand durch Einblutung und Nekrosebildung im Tumor kommt selten vor – dieser Verlauf ist jedoch kein Grund, auf eine frühzeitige, konsequente Therapie zu verzichten.
Die Akromegalie kommt auch als Komponente einer multiplen endokrinen Neoplasie Typ I (Wermer) vor. Sie kann dann mit einem primären Hyperparathyreoidismus und/oder einem endokrinen Pankreastumor (Gastrinom, Insulinom usw.) vergesellschaftet sein (S. 899).

Tabelle 17.**2** Symptome bei Akromegalie

Äußerliche Veränderungen
Vergrößerung von Händen und Füßen
Vergröberung der Gesichtszüge (Stirnwülste, Jochbeinbetonung, Prognathie)
Zunahme der Hutgröße
Viszeromegalie
Vergrößerung der Zunge
Struma
Kardiomegalie
Hepatomegalie
Neurologische (und ophthalmologische) Symptome
bitemporale Hemianopsie
Kopfschmerzen
Karpaltunnel-Syndrom
Symptome des Stoffwechsels
Diabetes mellitus
vermehrtes Schwitzen
Anamnese
familiäre Belastung
Veränderung des Gesichts bei Vergleich früherer Photos

Dg: In charakteristischen Spätfällen ist eine Blickdiagnose möglich – anzustreben ist die Frühdiagnose bei erst diskreten Anzeichen eines Hand- und Fußwachstums beim Erwachsenen, eines Karpaltunnel-Syndroms in Verbindung mit starkem Schwitzen u. a. Die STH-Bestimmung liefert deutlich erhöhte Spiegel weit jenseits der oberen Normgrenze von 5 ng/ml. STH-Spiegel von 30–50 ng/ml und darüber sind praktisch beweisend für eine Akromegalie. Leicht erhöhte STH-Spiegel können Streßfolge der Blutabnahme sein – durch einen Glucose-Suppressionstest wird überprüft, ob das STH in den Normbereich abfallen kann. Typisch für die Akromegalie ist ein paradoxer STH-Anstieg nach

TRH (S. 852). Als zusätzlicher Parameter der Krankheitsaktivität scheint sich die Messung von Somatomedin C zu bewähren.
Die morphologische Diagnostik des Hypophysenbereichs erfolgt durch Röntgen-, Computer- bzw. Kernspintomographie. Die augenärztliche (Bestimmung der Gesichtsfelder, Perimetrie) und die neurologische Untersuchung ergeben Aufschlüsse über die Folgen des Tumorwachstums im Bereich der Hypophyse.

DD: Einzelne Charakteristika der Akromegalie kommen als familiäre Eigenart (Habsburger Kinn) vor. Die STH-Sekretion ist bei diesen Menschen normal; Veränderungen der Hypophyse liegen nicht vor.
Gelegentlich können Knochenerkrankungen wie Morbus Paget oder fibröse Dysplasie Jaffé-Lichtenstein an eine Akromegalie erinnernde Veränderungen des Gesichtsschädels zur Folge haben. Der kindliche Riesenwuchs durch Hypersomatotropismus kann von einem konstitutionellen Hochwuchs im Rahmen der Akzeleration abzugrenzen sein.

Th: Therapie der Wahl ist die transsphenoidale neurochirurgische Entfernung des Hypophysenadenoms. Bei größeren Tumoren mit supraselllärer Ausdehnung kann eine transkranielle Operation erforderlich sein. Wenn die Operation nicht zur Normalisierung der STH-Sekretion geführt hat oder eine Kontraindikation gegen eine Hypophysenoperation vorliegt, ist eine externe Bestrahlungstherapie sinnvoll, jedoch nicht als Therapie der ersten Wahl. Mit Betatron-Bestrahlung u. ä. werden 40–50 Gy verabreicht. Liegt trotz operativer und nachfolgender Strahlentherapie immer noch ein Hypersomatotropismus vor, ist als drittes ein Behandlungsversuch mit Bromocriptin sinnvoll. Die dabei erforderlichen Dosen liegen wesentlich höher als beim Prolaktinom (bis zu 50 mg/Tag). Da Bromocriptin bei der Akromegalie nur eine Erfolgsaussicht um 50% hat, ist eine medikamentöse Primärtherapie ohne Ausschöpfung des Operations- und Bestrahlungsweges nicht anzuraten.
Ist eine Akromegalie trotz Operation, Nachbestrahlung und Bromocriptingabe nicht normalisiert, ist durch das Somatostatin-Analogon Sandostatin (Dosis: 3–4mal 100 mg täglich s. c.) bei manchen Patienten eine weitere STH-Senkung zu erreichen.
Der sekundäre Diabetes mellitus bei Akromegalie spricht schlecht auf eine Behandlung an und macht oft hohe Insulindosen erforderlich. Eine Abnahme des Insulin-Bedarfs geht dem Absinken des STH-Spiegels bei erfolgreicher Therapie parallel.
Zu beachten ist, ob die Funktion der restlichen Hypophyse intakt ist. Hat das verdrängende Wachstum des eosinophilen Adenoms die Resthypophyse zerstört, liegen Ausfallerscheinungen einzelner oder mehrerer benachbarter hypophysärer Hormonachsen vor und müssen entsprechend substituiert werden.
Wenn bei einem hochwüchsigen Kind ein Riesenwuchs durch Nachweis einer normalen STH-Sekretion ausgeschlossen worden ist, kann sich der Frage einer Therapie zur Bremsung des Größenwachstums stellen. Ergibt die Berechnung der vermutlichen Endgröße aus dem Knochenalter bei Mädchen einen Wert von über 185 cm und bei Knaben über 200 cm, kann durch eine Hormontherapie (Östrogene beim weiblichen Geschlecht, Testosteron beim männlichen Geschlecht) ein rascherer Schluß der Wachstumsfugen erreicht werden. Voraussetzung ist ein rechtzeitiger Beginn der Therapie.

Prolaktinom

Physiol, Ät und *Pathog:* Prolactin ist beim weiblichen Geschlecht im Rahmen der Fortpflanzung für die Laktation verantwortlich. Das Hormon kommt auch beim Manne vor, hat jedoch bei ihm wohl keine physiologische Bedeutung. Prolactin wird von den entsprechenden HVL-Zellen ohne besondere Stimulation sezerniert. Die Steuerung der Sekretion erfolgt vor allem über hemmende Faktoren. Ein wesentlicher Hemmfaktor ist Dopamin (evtl. identisch mit PIF = prolactininhibierender Faktor bzw. dem PIF vorgeschaltet). Prolactinstimulierende Faktoren haben keine besondere Bedeutung; der physiologische Sinn der Prolactin-Stimulation durch TRH ist unklar. Die Ursachen einer Hyperprolaktinämie sind vielfältig. Beim klassischen Prolaktinom liegt eine adenomatöse Vermehrung der Prolactin produzierenden HVL-Zellen vor. Die Ursache ist unklar. Der Wegfall von PIF reicht zur Erklärung der Zellproliferation nicht aus. Ein derartiger Wegfall tritt als Enthemmungs- oder Entkoppelungshyperprolaktinämie auf, wenn hypothalamischer PIF infolge Hypophysenstieldurchtrennung oder Wachstumsdruck eines andersgearteten Tumors auf den Hypophysenstiel nicht mehr in den Hypophysenvorderlappen gelangt. Im Sinne einer Blockade des PIF oder direkt stimulierend auf die Pro-

lactin-Sekretion wirken zahlreiche zentral angreifende Medikamente (Psychopharmaka) vom Typ des Dogmatils. Als endogener Stimulator vermag ein erhöhtes TRH (etwa bei der primären Hypothyreose) eine Hyperprolaktinämie zu induzieren.
Ein erhöhter Prolactin-Spiegel wirkt hemmend auf die Gonadotropin-Sekretion ein; möglicherweise wird auch die Wirkung der Gonadotropine an den Gonaden vermindert.

Sy: Das Prolaktinom tritt einerseits durch die Folgen einer Hyperprolaktinämie in Erscheinung; zum anderen treten die Symptome eines wachsenden Hypophysentumors hinzu, sobald die Grenze vom Mikro- zum Makroadenom (über 10 mm Durchmesser) überschritten ist. Es treten dann Gesichtsfeldausfälle, Kopfschmerzen und andere Symptome auf.
Die Hyperprolaktinämie führt beim weiblichen Geschlecht in der Phase eines regelmäßigen Zyklus rasch zu Periodenstörungen bis zur Amenorrhö. Eine Galaktorrhö findet sich bei gut der Hälfte der Betroffenen. Seltenere Beschwerden sind Libidostörungen, Hirsutismus oder Akne.
Beim männlichen Geschlecht muß der Prolactin-Spiegel wesentlich höher ansteigen, bis es zu Störungen der Sexualfunktion kommt. Die Patienten klagen über die Abnahme von Libido und Potenz. Eine Galaktorrhö als Begleiterscheinung kommt viel seltener vor als beim weiblichen Geschlecht.
Fortgeschrittene Stadien weisen die Zeichen eines wachsenden Hypophysentumors auf. Gelegentlich tritt das Prolaktinom auch im Rahmen der multiplen endokrinen Neoplasie Typ I auf (S. 909).
Die Begleithyperprolaktinämie findet sich bei zahlreichen anderen Hypophysentumoren wie Akromegalie oder inaktiven Adenomen. In früherer Zeit, als die Prolaktinome noch nicht im Sammeltopf der chromophoben Hypophysenadenome differenziert werden konnten, war der Begriff Galaktorrhö-Amenorrhö-Syndrom üblich (Forbes-Albright-Syndrom); in Verbindung mit einer schizophrenieartigen postpartalen Symptomatologie wurde der Begriff Chiari-Frommel-Syndrom verwendet.

Dg: Die Prolactin-Bestimmung ergibt beim Makroprolaktinom eindeutig erhöhte Spiegel von mehreren 100–1000 ng/ml (Normbereich beim gesunden Mann bis 15, bei der Frau bis 20 ng/ml). Mikroprolaktinome haben entsprechend niedrigere Spiegel, die von Begleithyperprolaktinämien unterschiedlicher Ursachen nicht zu differenzieren sind. Bei fraglich erhöhten Spiegeln kann durch einen TRH-Stimulationstest geprüft werden, ob ein exzessiver Anstieg erfolgt. Bei jeder Hyperprolaktinämie sollte eine morphologische Hypophysendiagnostik erfolgen (Röntgen der Sella, Computer- bzw. Kernspintomographie), um ein Mikroprolaktinom oder einen andersgearteten Tumor nicht zu übersehen. Die augenärztliche (Perimetrie) und die neurologische Untersuchung ergänzen das Programm. Die paraneoplastische Prolactin-Sekretion kommt extrem selten vor.

DD: Die Differentialdiagnose der Hyperprolaktinämie ist recht breit (Tab. 17.**3**). Zu beachten ist die physiologische Hyperprolaktinämie der Schwangerschaft und Stillzeit. Bei der Abklärung einer Hyperprolaktinämie ohne Nachweis eines Hypophysenadenoms

Tabelle 17.**3** Differentialdiagnose der Hyperprolaktinämie

Vermehrte neurogene afferente Reize
Thoraxverletzungen
Saugreiz, mechanische Stimulation der Brustwarze
Streß
Hypothalamische Ursachen
diffuse Erkrankungen des Hypothalamus (Enzephalitis)
granulomatöse infiltrative Erkrankungen (Sarkoidose, Histiozytose)
metabolische Einflüsse (Urämie)
traumatische Einflüsse (Hypophysenstiel-durchtrennung)
Hypophysenerkrankungen
Prolaktinom
gemischtzellige laktotrope und somatotrope Adenome
Stammzelladenome
Sonstige endokrine Ursachen
Östrogenerhöhung
– Schwangerschaft
– orale Kontrazeptiva
Hypothyreose (über erhöhtes TRH)
Störungen der dopaminergen Übertragung: Dopamin-Blocker
Phenothiazine
Butyrophenone
Benzamide (Metoclopramid, Sulpirid)
α-Methyldopa
Reserpin

kommt der Medikamentenanamnese große Bedeutung zu. Erkrankungen wie primäre Hypothyreose, basale Meningitis u. a. sind ebenfalls in Betracht zu ziehen.

Th: Die Behandlung der Wahl beim Prolaktinom ist die Gabe von Bromocriptin (Pravidel). Dieser Dopamin-Agonist hemmt in der Regel nicht nur die gesteigerte Ausschüttung des Prolactins, sondern bewirkt auch eine Verkleinerung des Prolaktinoms selbst, in günstigen Fällen bis zum Verschwinden. Die Dosierung des Medikaments ist langsam zu steigern, da es anfangs zu hypotonen Kreislaufstörungen kommen kann. Oft reichen beim Prolaktinom Dosen von 2,5–10 mg/Tag aus. Es ist eine Dauertherapie erforderlich. Selten kann es bei rascher Tumorreduktion zur akuten Einblutung in das Tumorgewebe mit entsprechender zentralnervöser Symptomatik kommen – die sofortige neurochirurgische Intervention ist dann erforderlich. Ob ein Prolaktinom nach medikamentöser Therapie überhaupt noch operiert werden muß, ist im Einzelfall zu entscheiden. Bei ungenügender Tumorreduktion bzw. gar Progression trotz Therapie ist die Operation unerläßlich. In den sonstigen Fällen kann man den Erfolg der medikamentösen Therapie abwarten. Das gleiche abwartende Verhalten gilt für die Strahlentherapie des Prolaktinoms.

Beim Mikroprolaktinom ist kaum je mehr eine neurochirurgische Intervention erforderlich – die Therapie mit Bromocriptin reicht in der Regel aus, das Prolactin zu normalisieren. Damit normalisiert sich auch die Periodenstörung; eine Empfängnis ist möglich. Bei fehlendem Kinderwunsch ist dann die Gabe von Ovulationshemmern erforderlich.

Bromocriptin und andere Dopaminergika eignen sich auch zur Behandlung der Begleithyperprolaktinämien praktisch aller Ursachen, wenn eine Normalisierung des Prolactins wünschenswert ist. Ansonsten führt die jeweilige Therapie der Grundkrankheit zur Normalisierung des Prolactin-Spiegels.

Syndrom der inadäquaten Adiuretin-Sekretion (Schwartz-Bartter-Syndrom)

Ät und *Pathog:* Wenn Adiuretin (ADH) über den Bedarf des Organismus hinaus sezerniert wird, kommt es zu folgenden Veränderungen im Salz-Wasser-Haushalt: Hyponatriämie mit Hypoosmolalität des Plasmas, anhaltende Natriurie trotz Hyponatriämie, Fehlen von Hypovolämie und Exsikkose. Die hypotone Hydratation findet sich bei normaler Nieren- und Nebennierenfunktion.

Ursächlich liegt zumeist eine paraneoplastische Produktion von Adiuretin oder ADH-ähnlichen Substanzen durch maligne Tumoren wie Bronchialkarzinome, Duodenal- oder Pankreaskarzinome, auch Thymome zugrunde; das Syndrom findet sich auch bei zentralnervösen Erkrankungen wie Meningitis, Hirnabszeß oder -tumor, Hirntrauma, Subarachnoidalblutungen, gelegentlich bei der akuten intermittierenden Porphyrie. Seltene Ursachen des Syndroms sind Lungenerkrankungen wie Pneumonie, Tuberkulose, Aspergillose mit Kavernenbildung.

Dg: Die Diagnose wird durch den Befund von Hyponatriämie bei hypertonem oder ungenügend verdünntem Harn gestellt, wenn Exsikkose, Niereninsuffizienz, terminale Herzinsuffizienz mit schweren Ödemen und Nebennierenrindeninsuffizienz ausgeschlossen sind.

Th: Typisch ist für das inappropriate ADH-Syndrom, daß die Einschränkung der Flüssigkeitszufuhr zur Besserung der Hyponatriämie führt. Diese Maßnahme findet auch therapeutisch Verwendung. Weiterhin kann das Ansprechen der Niere auf ADH durch Lithium (1 g täglich) vermindert werden.

Unterfunktionszustände von Hypothalamus und Hypophyse

Zwischen dem Ausfall einzelner hypothalamohypophysärer Hormonachsen und dem Ausfall der gesamten Hypophyse (Vorderlappen und Hinterlappen) finden sich Defekte verschiedener Hormonachsen in unterschiedlichen Kombinationen. In diesem Abschnitt wird der Ausfall des Wachstumshormons (hyperphysärer Minderwuchs), aller Hypophysenvorderlappenhormone und des Adiuretins (Diabetes insipidus) besprochen, während der Ausfall des ACTH, des TSH und der Gonadotropine in den Abschnitten über die peripheren Drüsen abgehandelt wird, da die Symptomatik in der Hauptsache das Fehlen der peripheren Hormone betrifft.

Wachstumshormonmangel

Ät und *Pathog:* Die Folgen des Wachstumshormonmangels beim ausgewachsenen Menschen werden z. Z. analysiert (Risiko von koronarer Herzkrankheit oder Osteoporose? Beim Kind bleibt das von STH abhängige Wachstum vom Zeitpunkt des Ausfalls dieses Hormons an aus. Der STH-Mangel (Hyposomatotropismus oder hypophysärer Zwergwuchs im engeren Sinne) kommt als isolierte Störung angeboren vor (Geburtstrauma?), des weiteren kann er in jedem Lebensalter erworben werden, wobei zusätzliche Hormonausfälle im hypothalamohypophysären Bereich zumeist hinzutreten. Ursachen für einen STH-Mangel können sein: Tumorbildungen (inaktive Hypophysenadenome, Kraniopharyngeome), Schädeltraumen, entzündliche Erkrankungen wie Meningitis, Enzephalitis. Selten ist bei ausreichender STH-Sekretion ein Fehlen der STH-Wirkung durch Mangel an Somatomedin C (sog. Laron-Zwergwuchs).

Sy: Bis zum 2.–3. Lebensjahr ist das körperliche Wachstum STH-unabhängig, danach ist der Beitrag des STH zum Längenwachstum wesentlich. Kinder mit STH-Mangel bleiben ab dieser Zeit deutlich im Wachstum zurück, die Endgröße liegt bei 120–140 cm. Die Kinder sind durchaus proportioniert, imponieren allerdings etwas puppenhaft. Hände und Füße sind zierlich (Akromikrie). Reifungsstörungen am Skelett und am Gebiß können hinzutreten. Je nach Hypophysenfunktion können die Symptome eines Gonadenhormonmangels, einer Hypothyreose oder auch eines Glucocorticoidmangels hinzutreten.
Liegt dem STH-Mangel ein Tumor im Hypophysenbereich zugrunde, treten die Beschwerden von seiten des Tumorwachstums hinzu (Gesichtsfeldeinschränkung, Kopfschmerzen, Hirndruckzeichen u. a.).

Dg: Die basale STH-Bestimmung reicht für die Diagnosestellung nicht aus, da häufig nicht zwischen niedrig-normal und erniedrigt zu differenzieren ist. Aus diesem Grunde sind Stimulationstests unerläßlich. Eine erste Orientierung liefert der Exercise-Test; bei negativem Ausfall ist unbedingt ein exakterer Stimulationstest (Arginin-Belastung, Insulin-Hypoglykämie – S. 850, 852) anzuschließen. Beim Hypoglykämie-Test ist besonders bei Verdacht auf Ausfall weiterer Hypophysenhormone eine verstärkte Hypoglykämiegefahr in Betracht zu ziehen. Somatomedin-C-Bestimmungen stehen in Erprobung; ihre Bedeutung liegt in der Diagnose des seltenen Laron-Zwergwuchses (beobachtet bei jüdischen Kindern). Auf jeden Fall ist eine Röntgenaufnahme des Hypophysenbereiches sinnvoll (bzw. Computer- oder Kernspintomogramm). Bei nachgewiesenem STH-Mangel und dem geringsten klinischen Verdacht empfiehlt sich auch eine Überprüfung der anderen Hormonachsen der Hypophyse. Ei-

Tabelle 17.4 Differentialdiagnose des Minderwuchses

Endokrine Ursachen	
STH-Mangel	
– hypothalamisch (überwiegend)	mit und ohne weitere Hormonausfälle
– hypophysär	mit und ohne weitere Hormonausfälle
– funktionell (Deprivation)	
STH-Resistenz ohne Somatomedinmangel	
STH-Resistenz mit Somatomedinmangel (Laron-Zwergwuchs)	
Schilddrüsenhormonmangel (Hypothyreose)	
Diabetes mellitus mit schlechter Einstellung (Mauriac-Syndrom)	
Hyperkortisolismus (endogenes u. exogenes Cushing-Syndrom)	
Pubertas praecox (vorzeitiger Epiphysenschluß)	
Gonadendysgenesie (partielle STH-Resistenz)	
Hypoparathyreoidismus/Pseudohypoparathyreoidismus (s. u.)	
D-Hypovitaminose: Rachitis	
primärer Hyperparathyreoidismus	
Komplexe Stoffwechselstörungen	
Niereninsuffizienz (sekundärer Hyperparathyreoidismus, Rachitis)	
Lebererkrankungen	
Malabsorption	
Mangelernährung	
Herzvitien, O_2-Mangel	
Speicherkrankheiten	
Infektionen	
Kryptogene Minderwuchsformen	
Chondrodystrophie	
Trisomien (Down-Syndrom)	
Pseudopseudohypoparathyreoidismus (Pseudohypoparathyreoidismus)	
Silver-Russel-Syndrom	u. a.
Noonan-Syndrom	u. a.
Seckel-Syndrom	u. a.
Progerie	u. a.

ne Knochenalterbestimmung (Röntgenaufnahme der linken Handwurzel) ermöglicht eine exakte Bestimmung des biologischen Alters des Kindes.
Beim Erwachsenen dient die Diagnostik der STH-Sekretion der Übersicht über die Hypophysenfunktion insgesamt – eine Therapie würde bei STH-Mangel z. Z. jedoch nicht erfolgen (Substitutionsstudien laufen an).

DD: Die Differentialdiagnose des hypophysären Minderwuchses umfaßt neben dem isolierten STH-Mangel Formen des Ausfalls mehrerer Hypophysenhormone, die für das Wachstum verantwortlich sind (z. B. gleichzeitiger Mangel von STH, TSH und Gonadotropinen – letzteres ist erst ab dem Zeitpunkt der Pubertät erkennbar). Abzugrenzen sind Minderwuchsformen infolge Mangelernährung und Stoffwechselerkrankungen. Schließlich sind zahlreiche Wachstumsstörungen genetisch bedingt und ursächlich nicht immer aufgeklärt (Tab. 17.**4**).

Th: Die Behandlung des STH-Mangels des Kindes besteht in der regelmäßigen Therapie mit biosynthetischem menschlichem STH. Die Dosierung beträgt 12(−16) IE/m^2 Körperoberfläche pro Woche in Einzeldosen täglich s. c. oder i. m.
Mit Beginn der Therapie kommt es zu einem gewissen Aufholwachstum. Die Behandlung kann bis zum Schluß der Wachstumsfugen fortgesetzt werden. Fehlen weitere Hypophysenhormone, erfolgt etwa im Falle des ACTH-Mangels eine Substitution mit Glucocorticoiden, im Falle des TSH-Mangels eine Substitution mit Schilddrüsenhormonen. Kommt die Pubertät nicht von selbst in Gang, wird nach Ablauf der Jahre, während derer die Pubertät spontan eintreten kann, eine hormonelle Induktion vorgenommen (S. 892). Sind die Epiphysenfugen bereits geschlossen, hat eine STH-Therapie keinen Sinn.

Hypophysenvorderlappen-insuffizienz

Ät und *Pathog:* Wenn der gesamte Hypophysenvorderlappen (HVL) ausfällt, addieren sich beim Patienten die Symptome des Glucocorticoid-, Schilddrüsenhormon- und Gonadenhormon-Mangels. Erstreckt sich der Ausfall auch auf den Hinterlappen, ist die Symptomatik eines Adiuretinmangels (Diabetes insipidus) nur selten zusätzlich zu beobachten, da die Hormonproduktion des ADH ja im Hypothalamus erfolgt und der Hinterlappen nur den Speicher für das ADH darstellt. Somit ist die Symptomatik eines Ausfalls der gesamten Hypophyse in der Regel auf Erscheinungen des Ausfalls der HVL-Hormone beschränkt. Ursachen können sein: inaktive Hypophysentumoren, Traumen (Schädelbasisfraktur), Infektionen (Meningitis, Enzephalitis), zerebrale Durchblutungsstörungen, Speicherkrankheiten, Metastasierungen in der Hypophyse, operative Eingriffe oder auch Strahlentherapie.

Sy: Nachdem die Produktionsstätten der peripher wirksamen Hormone (Nebennieren, Schilddrüse, Gonaden) im Prinzip intakt sind, entwickeln sich die Ausfallerscheinungen bei der HVL-Insuffizienz viel langsamer und schleichender, als es nach akutem Ausfall der peripheren endokrinen Drüsen der Fall ist. Häufig weisen Nebennieren und Schilddrüse noch eine niedrige Restsekretion ihrer Hormone auf, die über lange Zeiträume ein Abgleiten in die Krise verhindert. Infolge des ACTH- und Cortisolmangels leiden die Patienten unter Hypotonie, Schwäche und Hypoglykämieneigung. Durch einen sekundären Hyperaldosteronismus werden die Symptome zum Teil ausgeglichen. Infolge des Mangels an melanozytenstimulierendem Hormon (MSH) einschließlich der MSH-Aktivität des ACTH kommt es zum Pigmentverlust („alabasterne Blässe"). Das Fehlen der adrenalen Androgene bewirkt den Ausfall der sekundären Behaarung (Achsel- und Schambehaarung, laterales Drittel der Augenbrauen). Beim Mann ist für diesen Haarverlust natürlich der Mangel an Testosteron Voraussetzung. TSH- und Schilddrüsenhormonmangel bewirken Zeichen der Hypothyreose (S. 884) mit Verlangsamung, Bradykardie, Frieren usw. Der Gonadotropin- und Gonadenhormonmangel bewirkt bei der Frau Amenorrhö, beim Mann Verlust von Libido und Potenz sowie Hodenatrophie. Längerfristiger Gonadenhormonmangel führt später zur Osteoporose. Oft ist mit den endokrinen Ausfällen ein Psychosyndrom mit Antriebsverlust, Teilnahmslosigkeit, depressiven Zügen verbunden.
Liegt eine Erkrankung bereits beim Kind vor, kommt es nicht zur Pubertät. Je nach Alter macht sich ein Wachstumsstillstand bemerkbar.
Das Krankheitsbild des Sheehan-Syndroms = postpartale Hypophysennekrose nach starkem Blutverlust wird durch die Verbesserung der peripartalen Betreuung der Entbindenden kaum noch beobachtet.

Dg: Die wesentlichen Hypophysenhormone sind der Messung zugänglich (Tab. 17.**1**). Häufig sind Stimulationstests erforderlich, um zwischen niedrig-normalen und erniedrigten Hormonspiegeln unterscheiden zu können. Typisch ist, daß die peripheren Organe auf die Gabe exogener Hypophysenhormone ansprechen (Cortisolanstieg beim ACTH-Test, Anstieg von T_3 und T_4 nach TSH-Gabe [wenig üblich], Gonadenhormonanstieg nach HCG-Gabe). Gelegentlich können die peripheren Drüsen atrophisch sein, so daß erst eine mehrtägige Stimulation erfolgen muß, ehe eine Aussage möglich ist, ob das periphere Organ anspricht oder nicht. Derartige Tests sind jedoch nur selten erforderlich.
Nachdem der zentrale Defekt sowohl im Bereich des Hypothalamus als auch der Hypophyse liegen kann, ist gelegentlich beim Fehlen des Nachweises eines Hypophysentumors eine Differenzierung wünschenswert. Hier helfen Tests mit den Releasing-Hormonen weiter. Bei hypothalamischer Störung kann das hypophysäre ACTH durch CRH stimuliert werden, das TSH durch TRH, LH und FSH durch LHRH, das STH durch GRH. Auch hier besteht die Möglichkeit, daß ein länger dauernder nicht diagnostizierter Ausfall eine HVL-Atrophie zur Folge hatte, die erst durch eine mehrtägige „Berieselung" mit dem Releasing-Hormon überwunden werden muß.

DD: Gelegentlich steht einerseits die Differenzierung zwischen hypothalamischen, hypophysären und peripher-endokrinen Defekten zur Diskussion, zum anderen die Frage, ob eine oder mehrere Hypophysenachsen betroffen sind. Hier ist auf gegenseitige Beeinflussung zu achten: Eine Hypothyreose z. B. vermindert die STH-Sekretion auch bei ungestörter somatotroper Hormonachse. Dies ist bei der Reihenfolge des Einsetzens der Therapie zu beachten.
Am häufigsten ist eine Anorexia nervosa auszuschließen. Bei der hochgradigen Abmagerung kommt es bald zur Amenorrhö; die Hormonmessung ergibt niedrig-normale oder erniedrigte Spiegel im Sinne eines Niveaus auf „Sparflamme". Es fehlt bei der Anorexie die Pigmentabnahme; das Cortisol ist eher hoch. Weitere Erkrankungen mit teilweise ähnlicher Symptomatik sind kachektische Zustände bei Tumor oder schwerem Infekt, Sprue und andere Erkrankungen mit Malabsorption – Maldigestion. Die Hypoglykämieneigung kann auch an einen Hyperinsulinismus denken lassen.

Tabelle 17.**5** Substitutionstherapie der Hypophysenvorderlappeninsuffizienz (Dosen der Erwachsenen)

Nebennierenrinde:
tgl. 25 (morgens) + 12,5 (mittags/nachm.) mg Cortison
oder 15 (morgens) + 5 (mittags) + 5 (abends) mg Hydrocortison (Mineralocorticoide = 0,5–0,1 mg Fludrocortison nur ausnahmsweise)

Schilddrüse:
tgl. 150–200 µg L-Thyroxin (morgens nüchtern)

Gonaden – Mann:
alle 3–4 Wochen 250 mg Testosteron(enanthat) i.m.

Gonaden – Frau:
Östrogen-Gestagen-Sequenzpräparat zyklisch

Wachstumshormon (vor Schluß der Epiphysenfugen):
12(–16) IE pro m^2 KO pro Woche in Einzeldosen tgl. s.c. oder i.m.

Th: Tab. 17.**5** enthält die für die Dauersubstitution erforderlichen Hormondosen. Am akutesten ist der Glucocorticoidmangel. Nach Diagnosestellung (oder bei begründetem Verdacht) wird höher dosiert mit 200–300 mg Hydrocortison (bei schlechtem Allgemeinzustand als Dauerinfusion) begonnen, um dann in einigen Tagen auf die Erhaltungsdosis herunterzugehen. Die Therapie mit Schilddrüsenhormon erfolgt einschleichend – vor allem bei älteren Menschen mit arterieller Gefäßerkrankung soll die volle Substitutionslösung nur sehr langsam im Laufe von Wochen aufgebaut werden. Der Beginn der Therapie mit Gonadenhormonen ist nicht so eilig wie bei den Nebennierenrinden- und Schilddrüsenhormonen; die Vollsubstitution mit Glucocorticoiden und Schilddrüsenhormonen sollte zuvor erreicht sein.
Zu beachten ist, daß die Glucocorticoide (wie auch bei Patienten mit Morbus Addison [S. 868]) bei besonderen körperlichen Belastungen wie schweren Infekten, Operationen, Traumen um ein 2- bis 5faches heraufgesetzt werden müssen. Der Patient ist auf die lebenslange Substitutionsbedürftigkeit hinzuweisen und mit einem Notfallausweis auszustatten.

Ist die Ursache der HVL-Insuffizienz in einem Hypophysentumor gelegen, hat die adäquate neurochirurgische Therapie (evtl. auch Bestrahlungstherapie) zu erfolgen. Wenn ein derartiger Tumor diagnostiziert und operiert wurde, ehe ein HVL-Ausfall vorlag, sollte postoperativ eine exakte Überprüfung aller Hypophysenhormone erfolgen, um einen isolierten oder kombinierten Mangel nicht zu übersehen.

Diabetes insipidus

Physiol, Ät und *Pathog:* Der Mangel an ADH führt im Organismus zum Krankheitsbild des Diabetes insipidus (centralis). Normalerweise stimuliert ein Anstieg der Osmolalität im Plasma sowie die Hypovolämie im linken Vorhof die Produktion und Sekretion von ADH im Hypothalamus; das Hormon gelangt via Neurosekretion in den Hypophysenhinterlappen als Speicher. Von dort aus wird es in die Blutbahn abgegeben, um in den Nieren die Diurese zu hemmen. Zerstörungen im hypothalamischen Kerngebiet bewirken einen ADH-Mangel. Bei etwa der Hälfte der Patienten mit Diabetes insipidus liegt ein hirnorganisches Leiden zugrunde (Tumoren, Metastasen, Traumen, postinfektiöse Schäden, Gefäßveränderungen, Speicherkrankheiten).

Bei den meisten übrigen Patienten ist das Leiden „idiopathisch"; es wird eine Autoimmungenese in Betracht gezogen. Selten ist der hereditäre Diabetes insipidus centralis (dominant vererbt mit häufiger Ausprägung beim männlichen Geschlecht).

Bei isoliertem Ausfall der Hypophyse ist der Diabetes insipidus keinesfalls obligatorisch, da sich nach Wegfall der Speicherfunktion des Hinterlappens bei erhaltener Produktionsstätte Ersatzspeicher in den Nervenendigungen ausbilden können. Daher sieht man einen Diabetes insipidus gelegentlich nach traumatischer Hypophysenstieldurchtrennung oder operativer Hypophysektomie. Die Symptome verschwinden dann wieder allmählich. Die Persistenz des posttraumatischen Diabetes insipidus kommt natürlich ebenfalls vor.

Sy: Leitsymptome sind eine Zwangspolyurie und Polydipsie; die Urinmengen liegen zwischen 4 und 20 l. Ohne die Möglichkeit des Nachtrinkens entwickelt sich rasch eine Exsikkose. Unter den Zeichen der Bluteindickung, des Temperaturanstiegs sowie deliranter Erscheinungen kann es zum Koma und zum Exitus kommen. Seltenere Begleitsymptome der Erkrankung sind Hauttrokkenheit, Verstopfung, psychische Störungen – letztere sind auch reaktiv durch das dauernde Trinken- und Wasserlassenmüssen bei Tag und Nacht erklärlich.

Polyurie und Polydipsie sind weniger stark ausgeprägt, wenn eine komplette Hypophyseninsuffizienz vorliegt, d. h. außer dem ADH auch die Glucocorticoide fehlen. Letztere steigern die Diurese, die also bei Glucocorticoidmangel vermindert ist. So kann beobachtet werden, daß bei Patienten mit Hypophysenausfall die Substitution mit Glucocorticoiden zur Zunahme von Polyurie und Polydipsie und damit erst in zweiter Linie zur Diagnosestellung des gleichzeitigen Diabetes insipidus führt.

Dg: Typisch ist eine konstante Erniedrigung des spezifischen Gewichts des Urins, das beim Durstversuch (S. 852) nicht ansteigt. Die Osmolalität des Urins überschreitet nicht die des Plasmas. ADH ist im Plasma nicht meßbar.

Am Ende des Durstversuchs kann durch Gabe von ADH bzw. seinem für die Therapie üblichen Analogon Desmopressin = Desamino-D-Arginin-Vasopressin, DDAVP (Minirin) getestet werden, ob die Niere auf das Hormon anspricht. Beim nephrogenen Diabetes insipidus findet sich kein Ansprechen – bei chronischer habitueller Polydipsie muß die Miniringabe evtl. an mehreren Tagen wiederholt werden.

Zusätzlich zur endokrinologischen erfolgt eine morphologische Diagnostik (Röntgen der Sella, Computertomographie), eine ophthalmologische (Perimetrie) und eine neurologische Untersuchung, um hirnorganische Erkrankungen nachzuweisen oder auszuschließen.

DD: Bei den Symptomen der Polyurie und Polydipsie ist zum einen zu prüfen, ob ein Diabetes insipidus centralis vorliegt oder eine andere Ursache, zum anderen sind die Formen des Diabetes insipidus centralis nach Möglichkeit zu differenzieren (Tab. 17.**6**). Verhältnismäßig einfach sind Diabetes mellitus und Diabetes hypercalcaemicus auszuschließen – schwierig ist oft die Abgrenzung des psychogenen Diabetes insipidus. Hier hilft gelegentlich nur ein längerer stationärer Aufenthalt mit Durchführung aller Arten von Belastungen weiter, wobei die Kooperation des Patienten oft fragwürdig ist. Bei den Formen des nephrogenen Diabetes insipidus ist genügend ADH vorhanden; es kommt

Tabelle 17.6 Differentialdiagnose des Diabetes insipidus

Formen des Diabetes	Mechanismus	Diagnostik
Diabetes mellitus	osmotische Diurese durch Glukosurie	Harnzucker, Blutzucker
Diabetes hypercalcaemicus	osmotische Diurese durch Kalzurie	Calcium im Serum
psychogener Diabetes insipidus	neurotische Fehlhaltung	Durstversuch, allmähliche Entwöhnung der Trinkmenge
nephrogener Diabetes insipidus bei Pyelonephritis, Glomerulonephritis, Zystennieren, Hypoglykämie u. a. medikamentös induziert durch Lithium, Demeclocyclin, Methoxyfluran	Tubulopathie	Durstversuch und DDAVP-Gabe
zentraler Diabetes insipidus bei hirnorganischen Erkrankungen (Tumor, Infekt, Trauma, Operation, Gefäßleiden)	Zerstörung der hypothalamischen Produktionsstätte (bzw. der Speicherfunktion des Hypophysenhinterlappens)	Durstversuch und DDAVP-Gabe
idiopathisch	(Autoimmundestruktion?)	
hereditär	(Defekt im Kerngebiet?)	

jedoch nicht zur Wirkung. Ursächlich können Tubulopathien (bei chronischer Pyelonephritis, Glomerulonephritis, Zystennieren u. a.), Einflüsse von Medikamenten (Lithium, Methoxyfluran) verantwortlich sein. Beim zentralen Diabetes insipidus ist zu klären, ob eine idiopathische Form vorliegt, bei der lediglich eine lebenslange Substitution zu erfolgen hat, oder ein hirnorganisches Leiden zugrunde liegt, das gesondert betrachtet und behandelt werden muß.

Th: Mittel der Wahl beim zentralen Diabetes mellitus ist die Therapie mit DDAVP. Der Patient kann sich das Medikament intranasal applizieren (als Dosierspray à 10 µg oder als Einmalpipette (Rhinette) zu 20µg). DDAVP (Minirin) hat Pitressin-Injektionen und -Schnupfpulver weitgehend ersetzt.
Bei Verdacht auf partiellen Diabetes insipidus kann versucht werden, Medikamente einzusetzen, die das Ansprechen der Niere auf ADH steigern (Clofibrat, Chlorothiazide, Tegretal, Chlorpromazin). Die Medikamente finden auch beim renalen Diabetes insipidus Anwendung. Bei dieser Störung wird auch kochsalzarme Diät empfohlen.
Ein evtl. zugrundeliegender Tumor im Bereich von Hypothalamus und/oder Hypophyse muß bei Progression neurochirurgisch angegangen werden.

Als „Nebenwirkung“ steigert DDAVP die Faktor-VIII-Gerinnungsaktivität; dies wird bei Hämophilie A therapeutisch genützt (0,2–0,6 µg/kg KG über 30 Min. i. v.).

Erkrankungen der Nebennierenrinde

Überblick über die Nebennierenhormone

Als komplexes Organ beherbergt die Nebenniere höchst unterschiedliche Hormone. Die Steroidhormone werden in der Rinde, die Catecholamine im Mark gebildet. Die Steroide zerfallen in drei differenzierte Gruppen mit unterschiedlichen Krankheitsbildern bei Überproduktion: Der Hyperkortisolismus führt zum Cushing-Syndrom, der Hypermineralokortizismus zum Conn-Syndrom, die Androgenvermehrung bei der Frau zu Zeichen der Vermännlichung. Beim Untergang der Nebenniere fallen zumeist alle Rindenhormone aus, während die Catecholamine ersatzweise in anderen Abschnitten des sympathischen Systems gebildet werden.

Cushing-Syndrom

Def: Der Neurochirurg Cushing beschrieb 1932 das später nach ihm benannte Krankheitsbild (Morbus Cushing), verursacht durch einen basophilen Hypophysentumor und ausgestattet mit den Symptomen des Hyperkortisolismus. Das gleiche Krankheitsbild wird durch unterschiedliche andere Ursachen hervorgerufen. Synonym wird der Begriff „Cushing-Syndrom" verwendet.

Ät und Pathog: Am häufigsten ist der endogene Hyperkortisolismus Ausdruck eines zentralen = hypothalamohypophysären Cushing-Syndroms. Aus ungeklärter Ursache ist der Stellwert des „Adrenostaten" im Hypothalamus auf einem höheren Niveau einreguliert – er reagiert im Sinne einer hemmenden Rückkoppelung erst auf höhere Glucocorticoidspiegel im Blut. Dementsprechend ist die hypothalamische CRH-Sekretion und nachfolgend die hypophysäre ACTH-Sekretion gesteigert. Die Nebennieren hypertrophieren unter dem dauernden ACTH-Reiz. Vermehrt werden sowohl Glucocorticoide als auch adrenale Androgene gebildet. Die Rückkoppelung funktioniert erst wieder auf einem erhöhten Cortisol-Niveau (Abb. 17.**1**).
Die vermehrte CRH-Sekretion führt zunächst zur Hyperplasie der kortikotropen HVL-Zellen; im Laufe der Zeit kann sich dort wahrscheinlich ein Adenom ausbilden. Ob die primäre Adenombildung auch ohne CRH-Exzeß stattfindet (klassischer Morbus Cushing), ist ungewiß. Der Hypophysenadenombefund schließt die übergeordnete Störung keinesfalls aus. Selten wird ACTH paraneoplastisch von malignen Tumoren wie dem kleinzelligen Bronchialkarzinom produziert. In letzter Zeit wurde nach Entdeckung des CRH auch die paraneoplastische CRH-Sekretion mit nachfolgender Aktivierung von HVL und Nebennierenrinden beobachtet.
Beim peripheren Cushing-Syndrom findet sich zumeist ein Adenom, seltener ein Karzinom mit der Möglichkeit der Metastasierung in einer der beiden Nebennierenrinden. Extrem selten ist die primäre Hyperplasie beider Nebennierenrinden, ohne daß ACTH vermehrt sezerniert wird. Schließlich findet sich das Cushing-Syndrom exogen – iatrogen induziert bei Langzeittherapie mit ACTH (heute selten) oder Glucocorticoiden.

Sy: Ein chronischer Hyperglukokortizismus oder Hyperkortisolismus führt beim Patienten zu Veränderungen des Äußeren wie Mondgesicht, Stammfettsucht, roten Striae, pergamentener Haut mit leichter Verletzlichkeit (Tab. 17.**7**). Im jahrelangen Verlauf entwickelt sich eine Osteoporose mit Wirbelzusammenbrüchen. Die den Anabolismus hemmenden Eigenschaften der Glucocorticoide bewirken eine Atrophie von Muskulatur, Haut, Knochengrundsubstanz u. a. Stoffwechselwirkungen des Hyperkortisolismus sind Blutzuckeranstieg und schließlich die Entwicklung eines Diabetes mellitus, Hyperkalzurie mit gelegentlicher Nierensteinbildung, seltener Hyperazidität mit Ausbildung peptischer Ulzera.
Ist Cortisol selbst im Exzeß vorhanden, führt die intrinsische Mineralocorticoidwirkung zu Natriumretention, renalem Kaliumverlust sowie Hypertonie – bei Therapie mit synthetischen Glucocorticoiden ohne Mineralocorticoidwirkung fehlen diese Symptome.
Ein Hyperkortisolismus vermag ein klassisches endokrines Psychosyndrom, vor allem mit Depressionen, hervorzurufen. Die psychische Veränderung kann bis zur Suizidgefährdung gehen.

Tabelle 17.**7** Symptome bei Cushing-Syndrom

Hyperkortisolismus
- Vollmondgesicht
- (Stamm-)Fettsucht, Büffelnacken
- Plethora
- Striae rubrae
- Osteoporose
- Muskelatrophie, Muskelschwäche
- Psychosyndrom
- schlechte Wundheilung, hämorrhagische Diathese

Intrinsische Mineralocorticoidwirkung
- Hypertonie
- Hypokaliämie
- (Muskelschwäche)
- (Knöchelödeme)

Androgenwirkung
- Hirsutismus
- Amenorrhö (♀)
- Hypogonadismus (♂)

ACTH-Wirkung: Hyperpigmentierung

Folgen des Tumorwachstums
- zentral:
  - Gesichtsfeldausfälle
  - HVL-Hormonausfälle
- peripher (Druck auf Nachbarorgane eines Nebennierentumors)

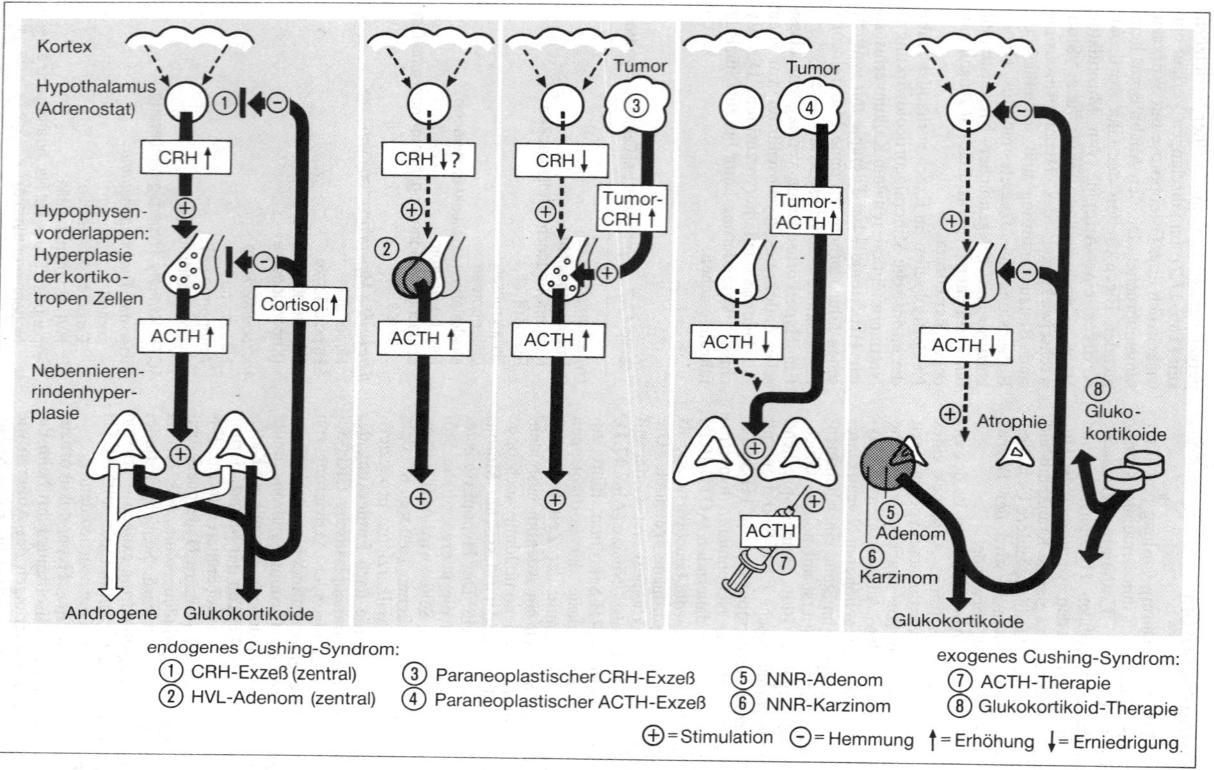

Abb. 17.1 Ursachen des Cushing-Syndroms

Beruht das Cushing-Syndrom auf einer beidseitigen NNR-Hyperplasie durch ACTH-Exzeß, werden auch vermehrt adrenale Androgene gebildet. Sie führen bei der Frau zu Hirsutismus und Periodenstörungen (Amenorrhö). Beim Mann supprimieren sie ebenfalls die Gonadotropine; es kommt zur Hodenatrophie, auch zur Impotenz.
Zu den Zeichen des Hyperkortisolismus gesellen sich Symptome des lokalen Krankheitsprozesses, etwa im Falle des Hypophysenadenoms in Gestalt von Gesichtsfeldausfällen (bitemporale Hemianopsie), Kopfschmerzen. Maligne Tumoren mit paraneoplastischer CRH- oder ACTH-Sekretion können je nach Sitz Symptome verursachen. Das Nebennierenrindenkarzinom kann in die Leber und andere Bereiche metastasieren und dann als allgemeine Tumorerkrankung mit Kachexie das Schicksal des Kranken entscheiden.
Cushing-Syndrome mit vermehrtem ACTH neigen zur eher vermehrten Pigmentierung – dies gilt auch für die exogene Therapie mit ACTH.

DG: Die Eingangsdiagnostik bei Verdacht auf oder zum Ausschluß eines Cushing-Syndroms ist der Dexamethason-Hemmtest (mit Cortisol-Messung [S. 853]) und die Cortisol-Tagesrhythmik mit morgendlichen hochnormalen oder erhöhten Cortisol-Spiegeln, die im Laufe des Tages nicht wie beim Gesunden abfallen. Die Urindiagnostik zeigt eine Erhöhung des freien Cortisols im 24-Stunden-Urin. Eine normale Suppression des morgendlichen Cortisol-Spiegels durch Dexamethason schließt ein Cushing-Syndrom mit ausreichender Sicherheit aus. Selten bestehen Irrtumsmöglichkeiten bei veränderter Tagesrhythmik, bei manchen psychischen Erkrankungen oder Anorexia nervosa. Die Überprüfung des Kohlenhydrathaushaltes ist wesentlich, um einen Diabetes mellitus durch Hyperkortisolismus nicht zu übersehen.
Bestätigt sich der Verdacht auf Cushing-Syndrom, ist zwischen den verschiedenen Formen zu differenzieren. Frühzeitig wird man heute die bildgebende Diagnostik hinzuziehen (Röntgen der Sella und Computer- bzw. Kernspintomographie des Schädels, Ultrasonographie und Computertomographie der Nebennierenregion). Häufig ergibt diese Lokalisationsdiagnostik bereits Verdachtsmomente, die durch parallele Tests unterbaut werden. Beim zentralen Cushing-Syndrom ist ACTH meßbar, ohne daß es erhöht sein muß. Beim ACTH-Test kommt es bei der bilateralen NNR-Hyperplasie zur Mehrsekretion von Cortisol, während der Nebennierentumor (Adenom und Karzinom) und die dabei atrophierten Anteile der gesunden Nebenniere nicht ansprechen. Ähnliche Aussagen liefern der Metopiron- und der CRH-Test: Die Aktivität hyperplastischer Nebennieren läßt sich auf diesem Wege stimulieren, während Nebennierenrindentumoren nicht auf diesen Reiz reagieren. Der prolongierte Dexamethasontest mit steigenden Dosen läßt beim zentralen Cushing-Syndrom eine Suppression durch hohe Dexamethason-Dosen erkennen, die beim peripheren Tumor ausbleibt. Gelegentlich kann die Körpervenenkatheterisierung mit nachfolgender Cortisol- und ACTH-Bestimmung dazu beitragen, die Quelle der Überproduktion der gemessenen Hormone ausfindig zu machen. Selten ist eine Nebennierenrindenszintigraphie (Jodcholesterin) erforderlich.

DD: Bei der Differentialdiagnose ist natürlich die Ursache eines Cushing-Syndroms zu ergründen, wie dargestellt, zum anderen sind Erkrankungen mit ähnlichem Aspekt auszuschließen. Dies gilt insbesondere für die alimentäre Adipositas. Hierbei ist die Fettverteilung gleichmäßig und schließt die Extremitäten mit ein. Der Dexamethason-Hemmtest ergibt eine ausreichende Suppression. Die Differenzierung des Hirsutismus ist auf S. 874 dargestellt.
Ein chronischer Alkoholismus kann zur Ausbildung eines sog. Pseudo-Cushing-Syndroms führen; möglicherweise stimuliert Äthanol die ACTH-Sekretion.

Th: Beim zentralen Cushing-Syndrom wird zunächst die neurochirurgische selektive transsphenoidale Adenomektomie versucht. Selbst wenn das Computertomogramm kein intraselläres Adenom erkennen läßt, vermag der Neurochirurg häufig ein Mikroadenom aufzuspüren und zu entfernen. Danach ist zu überprüfen, ob die Erkrankung zum Stillstand gekommen ist.
Ergibt sich eine Persistenz trotz hypophysärer Adenomentfernung, muß von einer Hyperplasie der kortikotropen Zellen im Restgewebe ausgegangen werden, und die beidseitige Adrenalektomie ist die Therapie der Wahl. Eine Bestrahlungstherapie der Hypophyse kommt erst in zweiter Linie bei sehr schlechtem Allgemeinbefinden und Kontraindikationen gegen eine Operation in Betracht.
Nach der Adrenalektomie ist wie beim Morbus Addison lebenslang eine Substitution mit

Gluco- und Mineralocorticoiden durchzuführen (S. 870).
Bei etwa 5% der beiderseits adrenalektomierten Patienten mit zentralem Cushing-Syndrom entwickelt sich im Laufe der Jahre ein Hypophysenadenom (sog. Nelson-Tumor). Es muß bei zunehmenden Hirnnervenausfällen (N. opticus) neurochirurgisch angegangen werden. Beim peripheren Cushing-Syndrom erfolgt eine operative Entfernung des Tumors. Der anhaftende atrophische Nebennierenrest kann dabei nicht geschont werden. Beim fortgeschrittenen Karzinom, das bereits in die Umgebung infiltriert ist oder Metastasen gesetzt hat, ist zum Teil nur ein palliativer Eingriff möglich.
Nach Entfernung eines Nebennierenrindenadenoms ist über Monate an eine ausreichende Substitution mit Glucocorticoiden zu denken, bis die atrophische Nebennierenrinde der Gegenseite angesprungen ist.
Eine *medikamentöse* Therapie des endogenen Cushing-Syndroms ist durch Gabe des Adrenostatikums o,p'-DDD (USA-Präparat Lysodren) möglich. Von diesem DDT-Abkömmling müssen pro Tag 6–10 g verabreicht werden, um vor allem beim NNR-Karzinom einen Rückgang der Glucocorticoid-Produktion zu erzielen. Erfreuliche Remissionen sind möglich, da auch Metastasen ansprechen können. Beim gutartigen Cushing-Syndrom findet das Medikament nur ausnahmsweise Verwendung. Andere Hemmstoffe der Glucocorticoid-Produktion wie Metopiron bewährten sich nicht besonders; Ketoconazol und Germanin stehen in Erprobung.

Morbus Addison

Beim beidseitigen Nebennierenausfall entwickeln sich Symptome des Glucocorticoid-, Mineralcorticoid- und evtl. auch des Androgenmangels – der Ausfall des Nebennierenmarks wird durch die Catecholaminproduktion in sympathischen Ganglien kompensiert. Das Krankheitsbild der primären (= in der Nebennierenrinde selbst angelegten) Insuffizienz wird Morbus Addison genannt.
Fehlt lediglich ACTH (= sekundäre Nebennierenrindeninsuffizienz), fallen Glucocorticoide und adrenale Androgene aus; die Mineralocorticoidproduktion ist weitgehend ungestört.

Ät und Pathog: Die Mehrzahl der Fälle von Morbus Addison ist heutzutage „idiopathisch". Vermutlich liegt eine Autoimmunerkrankung zugrunde. Infolge des Absinkens des Cortisols entfällt die hemmende Rückkopplung im Bereich von Hypothalamus und Hypophyse – CRH und ACTH steigen reaktiv an, ohne daß die Nebennierenrinde noch reagieren kann.
Seltenere Ursachen des Morbus Addison sind infektiöse Erkrankungen wie Tuberkulose, Mykosen oder Lues, Amyloidose oder beidseitige Nebennierenvenenthrombose, die ein akutes Bild mit Addison-Krise bedingt. Dies gilt auch für die hämorrhagische Infarzierung der Nebennieren bei akuter Meningokokkensepsis (Waterhouse-Friderichsen-Syndrom).
Für den übergeordneten Ausfall des ACTH kommen Erkrankungen im Bereich von Hypothalamus oder Hypophyse in Betracht (S. 861). Als seltene Störung kommt der idiopathische CRH-Mangel vor. Eine diffuse Krebsmetastasierung kann sowohl den Bereich der Hypophyse als auch den beider Nebennieren betreffen.

Sy: Typisch ist ein scheinbar gesundes Aussehen infolge vermehrter Pigmentierung wie nach Sonnenbestrahlung (infolge der intrinsischen MSH-Aktivität des ACTH) bei gleichzeitig stark eingeschränkter körperlicher Leistungsfähigkeit: Die Kranken leiden unter Müdigkeit und Muskelschwäche, rasch nachlassender Leistungsfähigkeit. Kreislaufschwäche, Bauchschmerzen, Übelkeit und Erbrechen (mit der Folge der regelmäßigen Gewichtsabnahme) treten hinzu. Auch eine Hypoglykämieneigung ist möglich. Ein endokrines Psychosyndrom äußert sich durch Konzentrationsschwäche. Gedächtnisstörungen, Antriebsverminderung, psychotische Reaktionen und Bewußtseinsverlust sind in der Addison-Krise möglich. Diese kündigt sich durch Zunahme der körperlichen Schwäche an. Das Sprechen wird erschwert. Trokkenheit von Haut und Schleimhäuten belegen eine Exsikkose. Eine Neigung zur Untertemperatur kann in zentrales Fieber übergehen. Erbrechen und kolikartige Bauchschmerzen sind ebenfalls ernst zu nehmende Zeichen.
Störungen der Sexualfunktion bei beiden Geschlechtern und Salzhunger sind seltenere Symptome (Tab. 17.**8**). Der Verlust der Sekundärbehaarung bei der Frau deutet auf den Ausfall der adrenalen Androgene hin.
Verständlicherweise droht einem Morbus Addison ohne Hyperpigmentierung (sog. „weißer" Addison) am ehesten die Verkennung. Die Hyperpigmentierung kann auch

Tabelle 17.8 Symptome bei Morbus Addison

Primäre Nebennierenrindeninsuffizienz
Schwäche und Ermüdbarkeit (100%)
Gewichtsverlust (100%)
Hyperpigmentierung (94%)
Hypotonie
Psychosyndrom
Anorexie, Nausea, Erbrechen, Abdominalschmerzen (32%)
Obstipation, Diarrhö
Salzhunger (19%)
Muskelschmerzen (16%)
hypoglykämische Erscheinungen
verminderte Pubes- und Axillarbehaarung
Nykturie
Addison-Krise
Reizbarkeit, Unruhe
erschwertes Sprechen
Exsikkose
Hyperpigmentierung, Zyanose
Untertemperatur
Hypotonie (systolisch unter 70 mmHg)
Erbrechen, Durchfälle
Koliken
Niereninsuffizienz
Kollaps, Koma
(Exitus)

mit Vitiligo vergesellschaftet sein und dann besonders auffallend in Erscheinung treten.

Die zum idiopathischen Morbus Addison führende Störung des Immunsystems kann auch andere Organe einschließen. Im Rahmen einer polyendokrinen Autoimmunerkrankung kann der Morbus Addison mit einer primären Hypothyreose, auch mit einem Hypoparathyreoidismus vergesellschaftet sein (sog. Schmidt-Syndrom). Der Immundefekt kann auch das Angehen von Mykosen erleichtern. Zum Morbus Addison gesellt sich eine Kandidose (Moniliase).

Fällt bei einer sekundären Nebennierenrindeninsuffizienz nur das ACTH (und damit Glucocorticoide und adrenale Androgene) aus, sind die Symptome weniger dramatisch, zumal noch eine minimale Restsekretion bestehen kann. Zudem ist der Regelkreis des Aldosterons zumeist ungestört. Undifferenziert wird über körperliche Schwäche, im Laufe des Tages abnehmende Leistungsfähigkeit, gelegentlich auch Hypoglykämieneigung geklagt. Die typische Hyperpigmentierung des Morbus Addison fehlt naturgemäß.

Dg: Die exakte Anamneseerhebung in Verbindung mit der klassischen Hyperpigmentierung der belichteten Körperstellen, aber auch der Innenhandlinien, zum Teil des Zahnfleisches und der Wangeninnenseiten, auch im Bereich von Mamillen, Genitalregion und eventuellen Narben am Körper, macht die Diagnose sehr wahrscheinlich. Zu sichern ist sie durch erniedrigte Cortisol-Spiegel am Morgen, in Verbindung mit erhöhten ACTH-Spiegeln. Das Kalium im Serum ist erhöht, das Natrium niedrig oder erniedrigt. Das Blutbild zeigt eine Eosinophilie, evtl. eine Lymphozytose. Selten liegt beim akuten Morbus Addison eine Begleithyperkalzämie vor.

Zur Absicherung der Diagnose kann der ACTH-Test durchgeführt werden. Bei schlechtem Allgemeinbefinden sollte er unter dem Schutz einer beginnenden Dexamethason-Substitution erfolgen, um den Patienten nicht in eine Addison-Krise geraten zu lassen. In diesem Sinne kann auch mit einer Substitution mit Mineralocorticoiden (Fludrocortison) begonnen werden. Wünschenswert ist jedoch eine Blutabnahme zur basalen Hormonbestimmung vor Therapiebeginn. Beim ACTH-Test bleibt der normale Cortisol-Anstieg aus. Bei Verdacht auf ACTH-Mangel können die zentral einwirkenden Tests (Metopiron-, CRH-Test) durchgeführt werden. Im Hinblick auf die Mineralocorticoid-Produktion ist im Plasma das Renin erhöht, das Aldosteron erniedrigt. Die Androgene werden über die Bestimmung des DHEAS erfaßt.

DD: Hyperpigmentierungen finden sich bei intestinalen Erkrankungen wie Sprue oder als Melanosis cutis bei Polyposis intestini, in der Schwangerschaft als Chloasma uterinum oder auch nach Einnahme von Ovulationshemmern, bei Miliartuberkulose, Hämochromatose, terminaler Niereninsuffizienz oder schweren Metallintoxikationen. Zu achten ist auf die natürliche Hyperpigmentierung von Südländern (einschließlich Handlinien).

Hypotonie und körperliche Schwäche finden sich bei vegetativer Dystonie, Anorexia nervosa, Kachexie durch Infektionen oder Tumorerkrankungen. Muskelschwäche tritt auch bei Thyreotoxikose, Hyperkalzämie u. a. auf. Hypoglykämische Erscheinungen können bei Insulinom oder dem Ausfall anderer kontrainsulinärer Hormone auftreten.

Hyponatriämie findet sich bei Salzverlustniere u. a.

Th: Zur Behandlung ist eine lebenslange Substitution mit Glucocorticoiden und Mineralocorticoiden erforderlich. Man verabreicht täglich morgens 25 mg und mittags 12,5 mg Cortisonacetat, alternativ etwa 20% weniger Hydrocortison (z. B. morgens 15 mg, mittags 5 mg, nachmittags 5 mg). Als Mineralocorticoid empfiehlt sich Fludrocortison (Astonin H) in einer täglichen Dosis von 0,1 bis maximal 0,2 mg. Unter dieser Therapie sinkt das erhöhte ACTH ab, ohne jedoch in den Normbereich einzutauchen. Für einen gut eingestellten Morbus Addison ist ein mäßig erhöhtes ACTH typisch. Natrium und Kalium sind in längeren Abständen zu kontrollieren. Ein Notfallausweis ist erforderlich. Er enthält den Vermerk, daß bei stärkerer Belastung (schwere Infektionen mit Fieber, Traumen, Operationen), eine vorübergehende Erhöhung der Glucocorticoiddosis auf das 2- bis 5fache erforderlich ist.

Die Therapie der *Addison-Krise* hat unter Intensivbedingungen zu erfolgen. Man injiziert nach Diagnosestellung sofort 100 mg Hydrocortison (oder ein äquipotentes Glucocorticoid) i. v. und schließt eine Infusion der gleichen Dosis über 24 Stunden an; zusätzlich kann ein Mineralcorticoid injiziert werden. Zum Exsikkose-Ausgleich wird physiologische Kochsalzlösung infundiert. Glucoselösung dient dem Auffangen der Hypoglykämieneigung. Zur Schockbekämpfung kann auch Noradrenalin gegeben werden. Auch Plasmaexpander sind möglich.

Bei der sekundären Nebennierenrindeninsuffizienz ist nur eine Glucocorticoid-Substitution erforderlich. Die Dosen liegen um etwa ein Drittel niedriger als beim Morbus Addison, da noch eine gewisse Restsekretion erfolgt. Bei Patienten mit langjähriger Hypophysenvorderlappeninsuffizienz kann auch die Mineralocorticoidsekretion mit der Zeit infolge der Nebennierenrindenatrophie abnehmen – niedrige Dosen (0,05 mg–0,1 mg) Fludrocortison sind dann hilfreich. Immer sollte jedoch der Kalium-Spiegel überwacht werden, da eine Hypokaliämie auf eine Überdosierung von Mineralocorticoiden hinweist.

Tab. 17.9 gibt eine Übersicht über gängige natürliche und synthetische Glucocorticoide mit Angabe ihrer Potenz, bezogen auf das Cortisol = Hydrocortison. Für die Substitution des Nebennierenrindenausfalls sind die genuinen Glucocorticoide zu empfehlen, da hier die intrinsische Mineralocorticoidwirkung erwünscht ist. Wenn man mit Glucocorticoiden antiinflammatorisch oder zur Immunsuppression therapiert, sind die synthetischen Glcocorticoide vorzuziehen, da die Mineralocorticoidwirkung hier unerwünscht ist und zur Natriumretention mit Blutdruckanstieg und zum Kaliumverlust führen kann. Aus der verabreichten Dosis von Glucocorti-

Tabelle 17.9 NNR-Steroide und ihre Wirksamkeit

Präparation	Glucocorticoidwirkung (+ antiphlogistische W.)		Mineralocorticoid-wirkung
	Prednison = 1	Hydrocortison = 1	Hydrocortison = 1
Hydrocortison (= Cortisol)	0,25	1	1
Cortison	0,2	0,7–0,8	0,7–0,8
1,6-Methylprednisolon	0,8	3,5	0
Prednison	1	4	0,7–0,8
Prednisolon	1	4	0,7–0,8
Fluocortolon	1	4	0,5
6α-Methylprednisolon	1,25	5	0,5
Triamcinolon	1,25	5	0
Paramethason	2,5	10	0
Dexamethason	5–7	30	2
9-Fluorhydrocortison (Fludrocortison)	2,5	10	400

coiden kann berechnet werden, wann mit einer Beeinträchtigung der endogenen Cortisolsekretion gerechnet werden muß.

Conn-Syndrom (primärer Hyperaldosteronismus)

Def: Die vermehrte Sekretion von Aldosteron führt zu Natriumretention (mit Blutdruckanstieg) und Kaliumverlust. Der Hyperaldosteronismus kommt primär als Störung der Nebennierenrinde vor. Bei Hypotonie, Hypovolämie u. a. wird die Aldosteronsekretion sekundär über das Renin-Angiotensin-System angeregt (S. 872).

Ät und Pathog: In der mineralocorticoidproduzierenden Zona glomerulosa der Nebennierenrinde kann sich ein Tumor (Adenom oder Karzinom) entwickeln. Auch die primäre Hyperplasie dieser Zone in beiden Nebennieren ohne erkennbare übergeordnete Störung kommt vor. Aldosteron wird im Überschuß gebildet. Eine hemmende Rückkoppelung kommt nicht zur Wirkung; trotz niedriger Renin- und Angiotensin-Spiegel setzt sich die Überproduktion fort (Abb. 17.**2**). Iatrogen findet sich ein exogener Hyperaldosteronismus bei unkontrollierter Gabe von Mineralocorticoiden (etwa Fludrocortison). Beim Pseudohyperaldosteronismus kommt die Mineralocorticoidwirkung anderer Substanzen (z. B. Glycyrrhizinsäure in der Lakritze) zum Tragen.

Sy: Ein Leitsymptom des Conn-Syndroms ist die Hypertonie (Tab. 17.**10**). Nicht selten sind damit Kopfschmerzen verbunden. Gleichzeitig leidet der Patient unter Muskelschwäche, gelegentlich Lähmungserscheinungen, Polyurie (Nykturie) und Polydipsie, seltener Parästhesien und tetanische Beschwerden.

Dg: Die Labordiagnostik ergibt Hypokaliämie und hoch-normales bzw. erhöhtes Natrium im Serum. Die Kaliurie ist auch unter kaliumarmer Diät gesteigert. Das Plasma-Aldosteron ist erhöht, das Renin erniedrigt. Die Aldosteron-Ausscheidung (z. B. als Aldosteronglucuronid) ist vermehrt. Hypomagnesiämie und Hypochlorämie können ebenfalls vorliegen.

Die morphologische Nebennierendiagnostik erfolgt mit Hilfe der Ultrasonographie und Computertomographie, seltener mit seitengetrennter Venenblutabnahme für Renin- und Aldosteronbestimmung oder Jodcholesterinnebennierenrindenszintigraphie (hohe Strahlenbelastung). Diese Techniken werden bei schwierigen Fällen der Differenzierung zwischen primärem und sekundärem Hyperaldosteronismus herangezogen, desgleichen bei der Frage des Involviertseins einer (solitäres Adenom) oder beider Nebennierenrinden (primäre Hyperplasie).

Hilfreich kann die Kochsalzbelastung sein: Die autonome Aldosteronsekretion läßt sich durch mehrtägige Kochsalzgabe (Gesamtzufuhr pro Tag 10–12 g NaCl) nicht supprimieren, während die regulative Mehrsekretion unter dieser Belastung zurückgeht.

DD: Bei allen Patienten mit Hochdruck und Hypokaliämie ist ein Conn-Syndrom in Betracht zu ziehen. Bei einem Hypertoniker mit sicherer Normokaliämie ist die Suche nach einem primären Hyperaldosteronismus in der Regel nicht sinnvoll, obwohl diese Möglichkeit extrem selten besteht. Schwierigkeiten bereitet, daß viele Hypertoniker über längere Zeiträume bereits u. a. mit Diuretika behandelt wurden; dies kann eine Hypokaliämie erklären. Im Zweifelsfalle muß erst ein Medikamentenauslaßversuch erfolgen, um eine ungestörte Diagnostik zu ermöglichen.

Tabelle 17.**10** Symptome bei Conn-Syndrom

Subjektive Beschwerden	% Häufigkeit
Muskelschwäche	73
Polyurie	72
Kopfschmerzen	51
Polydipsie	46
Parästhesien	24
Sehstörungen	21
intermittierende Lähmungen	21
tetanische Beschwerden	21
Müdigkeit	19
Muskelschmerzen	16
Paralysen	4
Meßbare Befunde	
Hypertonie	100
Hypokaliämie	100*
Proteinurie	85
Hyposthenurie	80
EKG-Veränderungen	80
Hypernatriämie	65
Retinopathie	50
Kardiomegalie	41
Ödeme	3
Keine Symptome	6

* Mit seltenen Ausnahmen

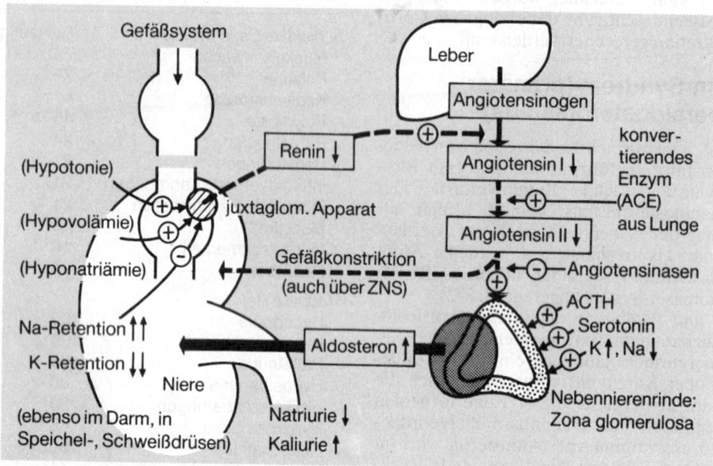

Primärer Hyperaldosteronismus:
a) NNR-Adenom (Conn-Adenom) b) NNR-Karzinom
c) beiderseitige Nebennierenrindenhyperplasie

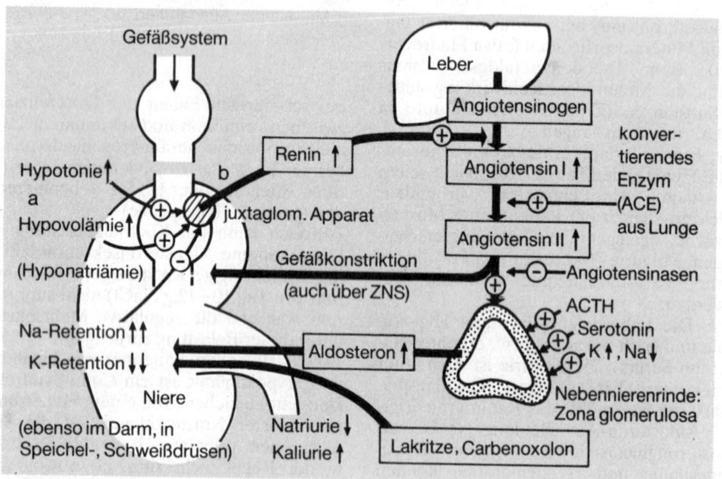

Sekundärer Hyperaldosteronismus:
a) Minderdurchblutung der Niere(n)
b) Tumor des juxtaglomerulären Apparates (Reninom)

Pseudohyperaldosteronismus:
Exzeß von Lakritze } mit mineralokortikoidartiger Wirkung
Therapie mit Carbenoxolon

Abb. 17.2 Formen des Hyperaldosteronismus

Th: Läßt sich beim primären Hyperaldosteronismus auf einer Seite ein Adenom lokalisieren, wird dieses operativ entfernt. Die Empfehlung zur Tumorentfernung gründet sich auch auf die Möglichkeit des Vorliegens eines Karzinoms, das später auch metastasieren kann. Im Falle einer beidseitigen Hyperplasie der Zona glomerulosa wird die medikamentöse Therapie mit einem Aldosteron-Antagonisten (Spironolactone, z. B. Aldactone oder Osyrol) als Langzeittherapie vorgezogen. Die beidseitige Adrenalektomie bietet demgegenüber keinen Vorteil.
Ist bei einem malignen Conn-Syndrom bereits die Metastasierung erfolgt, kann ein Behandlungsversuch mit o,p'-DDD (USA-Präparat Lysodren) erfolgen.

Sekundärer Hyperaldosteronismus

Def: Alle Zustände, die in einer oder beiden Nieren mit Hypotonie, Hypovolämie, Hyponatriämie einhergehen und auf diese Weise im juxtaglomerulären Apparat eine gesteigerte Reninsekretion zur Folge haben, aktivieren über das Angiotensin die Aldosteron-Sekretion im Sinne eines sekundären Hyperaldosteronismus. Der Vorgang ist somit zunächst gegenregulatorisch-kompensatorisch einzustufen – krankhafte Folgen können dann aus der Aldosteron-Wirkung resultieren.

Ät und Pathog: Ein einseitiger Hyperreninismus findet sich bei der unilateralen Nierenarterienstenose, desgleichen bei einseitiger Nierenparenchymerkrankung. Extrem selten liegt ein Reninom (Hämangioperizytom) zugrunde (Tab. 17.**11**). Eine gesteigerte Reninsekretion beider Nieren findet sich bei ödematösen Zuständen wie dem nephrotischen Syndrom, der Leberzirrhose sowie jeder hochgradigen Herzinsuffizienz. Zur Hypovolämie führende Medikamente wie Diuretika haben einen sekundären Hyperaldosteronismus im Gefolge. Der die Einnahme von Antikonzeptiva gelegentlich begleitende Hochdruck beruht bei prädisponierten Frauen auf einer direkten Aktivierung des Renin-Angiotensin-Systems.
Beim Bartter-Syndrom liegt eine komplexe Störung vor, in deren Verlauf das Gefäßsystem nicht genügend auf Angiotension II anspricht. Trotz eines sekundären Hyperaldosteronismus wird der Blutdruck kaum aufrechterhalten. Kaliumverlust paart sich mit Hypotonie.

Tabelle 17.**11** Differentialdiagnose des sekundären Hyperaldosteronismus

Durch einseitigen Hyperreninismus
bei Nierenarterienstenose oder einseitiger Nierenerkrankung
bei „Reninom" (Hämangioperizytom)
Durch beidseitigen Hyperreninismus
bei ödematösen Zuständen (nephrotisches Syndrom, Leberzirrhose, Herzinsuffizienz, idiopathisches Ödem)
nach Medikamenteneinnahme (Diuretika, östrogenhaltige Anitkonzeptiva)
bei maligner Hypertonie
bei Bartter-Syndrom (Hyperplasie des juxtaglomerulären Apparates durch Nichtansprechen der Blutgefäße auf Angiotensin II → Hyperaldosteronismus ohne Hypertonie)

Sy: Beherrschend ist zumeist das klinische Bild der Grunderkrankung. Hinzu gesellen sich die klinischen Folgen der Wirkung des Aldosterons: Im Vordergrund steht die Hypokaliämie mit den Folgen der Muskelschwäche, der hypokaliämischen Nierenfunktionsstörung, der kardialen Folgen der Hypokaliämie (Extrasystolie, insbesondere bei Digitalisierung; Herzinsuffizienz). Die metabolische Alkalose bei Hypokaliämie kann mit Parästhesien und Tetanie einhergehen.

Dg: Richtungweisend ist der Befund von Hypokaliämie und hoch-normalem bis erhöhtem Natrium im Blut. Erhöht sind sowohl Reninaktivität als auch Aldosteronspiegel. Bei Verdacht auf einseitig erhöhte Reninproduktion (Nierenarterienstenose) kann neben der Arteriographie zum Nachweis des stenosierenden Prozesses der Nierenarterie eine beidseitige retrograde Phlebographie mit venöser Blutabnahme für die Reninbestimmung erfolgen. Dieser Weg müßte auch bei Verdacht auf Reninom auf einer Seite beschritten werden.

Th: Wenn eine kausale Therapie der ursächlichen Erkrankung gelingt, normalisiert sich der sekundäre Hyperaldosteronismus. Dies ist aber nur bei einem Teil der Fälle (z. B. Beseitigung einer Nierenarterienstenose) möglich, so daß in vielen Fällen (etwa bei Leberzirrhose, Herzinsuffizienz) u. a. eine symptomatische Bekämpfung der Folgen des sekundären Hyperaldosternismus erfolgen muß. Bewährt ist der Einsatz von Aldosteron-Antagonisten wie Spironolactonen. Diese Therapie bleibt natürlich ohne Einwirkung auf etwa das Angiotensin II, so daß bei Formen des sekundären Hyperaldosteronismus mit Hochdruck Hemmer des „angiotensin-converting enzyme" (ACE) hilfreich sind. Kompetitiv verdrängende, unwirksame Analoga des Angiotensins II wie Saralasin haben eine zu kurze Halbwertszeit, um therapeutisch eingesetzt zu werden – sie können lediglich diagnostisch von Nutzen sein.

Hypoaldosteronismus

Die Folgen eines Ausfalls des Aldosterons im Rahmen der kompletten Nebennierenrindeninsuffizienz wurden auf S. 868f (Morbus Addison) abgehandelt. Als seltene Rarität kommt ein isolierter Aldosteron-Mangel vor. Charakteristisch sind Hypotonie mit Hyponatriämie und Hyperkaliämie bei normaler Cortisolsekretion. Ist das Renin dabei erhöht, liegt der Defekt in der Zona glomerulosa. Niedrige Reninwerte sprechen für einen Defekt im juxtaglomerulären Apparat. Therapeutisch kommt die Gabe von Mineralocorticoiden (Fludrocortison) in Betracht.

Adrenogenitales Syndrom

Def: Im weiteren Sinne schließt der Begriff des adrenogenitalen Syndroms (AGS) jede Form der Vermännlichung beim weiblichen Geschlecht durch eine Nebennierenerkrankung ein – also auch den seltenen androgenproduzierenden Tumor. Im engeren Sinne ist jedoch der Begriff des AGS auf die Enzymdefekte der Nebennierenrinde beschränkt, die einen relativen Cortisol-Mangel zur Folge haben, so daß hieraus eine gesteigerte ACTH- und Androgen-Produktion resultiert.

Ät, Pathog und Sy: Das kongenitale AGS ist ein rezessiv vererbtes Leiden, das bei Mädchen bereits frühzeitig Zeichen der Vermännlichung hervorrufen kann und bei beiden Geschlechtern, sofern auch die Aldosteron-Sekretion gestört ist, ein lebensbedrohliches Salzverlust-Syndrom bedingen kann (s. Lehrbücher der Kinderheilkunde). Mildere Formen des AGS prägen sich erst im späteren Lebensalter aus, d. h. ab der Pubertät. Obwohl man sie als „erworbenes" AGS bezeichnet, liegt auch hier eine vererbliche Verankerung vor.

Infolge eines Defektes der 21-Hydroxylase, der 11β-Hydroxylase oder der 3β-Dehydrogenase (am seltensten zu beobachten) ist die Sekretion des Cortisols als des wichtigsten Glucocorticoids für die negative Rückkoppelung vermindert. Der relative Hypokortisolismus hat einen leichten Anstieg von CRH und nachfolgend ACTH zur Folge – der Stimulationsreiz in der Nebennierenrinde kann sich jedoch nur bis zur Substratstufe vor dem Enzymdefekt auswirken. Dementsprechend werden vermehrt androgenwirksame Vorstufen, insbesondere DHEA und Androstendion und nachfolgend auch Testosteron, gebildet. Vor der Aktivierung der Nebennierenrinde während der Pubertät (Adrenarche) spielen milde Enzymdefekte noch keine Rolle; danach manifestiert sich jedoch die Androgenvermehrung als Hirsutismus (Ausprägung des Haarkleides in männlicher Richtung im Gesicht, auf der Brust, auf dem Bauch, an den Innenseiten der Oberschenkel). Selten kommt es noch zum Virilismus mit Klitorishypertrophie, Brusthypotrophie usw. Leichtere Störungen bedingen lediglich die Behaarungsvermehrung ohne Störung der Ovarfunktion; stärkere Defekte haben Zyklusstörungen oder Amenorrhö zur Folge. Auch ein Teil der Frauen mit einem vergeblichen Kinderwunsch leidet an einem AGS.

Beim 11β-Hydroxylase-Mangel kann neben den Androgenen vermehrt Desoxycorticosteron gebildet werden, das eine Hypertonie (über Natriumretention) bewirkt. Beim männlichen Geschlecht wird ein erworbenes AGS nur selten diagnostiziert, da die adrenalen Androgene im größeren Pool der testikulär gebildeten aufgehen. Immerhin können stark erhöhte adrenale Androgene die Gonadotropin-Sekretion beeinträchtigen und auf diese Weise die Hodenfunktion stören.

Dg: Bei der Untersuchung ist darauf zu achten, daß eine Hypertrichose (allgemein vermehrter Haarwuchs ohne Betonung der männlichen Prädilektionsstellen) nicht mit einem Hirsutismus verwechselt wird. Die gynäkologische Untersuchung ist erforderlich, um eine Aussage zu erhalten, ob evtl. polyzystische Ovarien vorliegen, die ebenfalls einen Hirsutismus bedingen können.

Wesentliche Aufgabe ist es, einen androgenproduzierenden Tumor (von Nebennieren oder Ovarien) auszuschließen. Zu diesem Zwecke bestimmt man Testosteron und Dehydroepiandrosteronsulfat (DHEAS) im Plasma. Als tumorverdächtige Werte gelten Testosteron-Spiegel über 0,05 nmol/l (150 ng/dl) oder DHEAS-Werte über 700 μg/dl. Liegen die Meßwerte unter diesen Grenzkonzentrationen, aber oberhalb der oberen Normgrenze für das weibliche Geschlecht, kann mit Hilfe des Dexamethason-Tests geprüft werden, ob sie supprimierbar und damit ACTH-abhängig sind. Dieses Verhalten spricht für ein AGS. Eine darüber hinausgehende Differenzierung der verschiedenen Enzymdefekte ist durch sehr aufwendige Tests (ACTH-Stimulationstest nach vorausgehender Dexamethason-Suppression und Bestimmung zahlreicher Steroidmetaboliten) möglich, jedoch für die Praxis nicht erforderlich.

Finden sich erhöhte Androgenwerte, die auch einen Tumor möglich erscheinen lassen, ist mit der entsprechenden Lokalisationsdiagnostik (Röntgen, Computertomographie, Laparoskopie) ein Tumorausschluß an Nebennieren bzw. Ovarien möglich.

Th: Sind die Androgene bei einer Frau mit Hirsutismus völlig normal, muß von einem idiopathischen Hirsutismus ausgegangen werden, bei dem ein überempfindliches Ansprechen der Haarfollikel auf normale Androgene anzunehmen ist. Hier kommt therapeutisch die Gabe von Antiandrogenen (Cyproteronacetat im Antikonzeptivum Diane, Androcur) in Betracht.

Ist ein AGS infolge leicht erhöhter Androgene mit Supprimierbarkeit durch Dexamethason erwiesen und sind polyzystische Ovarien ausgeschlossen, bestehen zwei Möglichkeiten der Behandlung:

Bei fehlendem Kinderwunsch kommt die Therapie mit Antiandrogenen (Cyproteronacetat) in Betracht. Eine derartige Therapie muß immer gleichzeitig antikonzeptiv sein, damit nicht eine Schwangerschaft eintritt und ein Embryo männlichen Geschlechts durch das Antiandrogen in der Geschlechtsentwicklung zwitterig verändert wird. Besteht Kinderwunsch, ist die Therapie der Wahl niedrig dosierte Glucocorticoide, z B. 0,25–0,5 mg Dexamethason pro Tag. Dieses Glucocorticoid gleicht den relativen Cortisolmangel aus und supprimiert das erhöhte ACTH, so daß der Stimulationsreiz auf die Androgen-Sekretion entfällt. Unter dieser Therapie normalisiert sich der gestörte Zyklus in der Regel, und Schwangerschaften sind möglich. Die Medikation muß auch während der Schwangerschaft fortgesetzt werden.

Unterfunktion des Nebennierenmarks

Ein Ausfall des Nebennierenmarks tritt kaum je klinisch in Erscheinung, wie im Abschnitt über den Morbus Addison dargelegt. Als seltene Störung existiert ein Anlagedefekt im Nebennierenmark in Verbindung mit Störungen des sensorischen Nervensystems (familiäre Dysautonomie). Bei manchen Patienten mit orthostatischer Hypotonie könnte eine ungenügende Catecholaminausschüttung auf Positionswechsel vorliegen; gelegentlich entwickelt sich ein derartiges Beschwerdebild bei diabetischer Neuropathie. Therapeutisch kommen Druckanzüge aus elastischem Material und vasokonstriktorische Medikamente in Betracht.

Überfunktion des Nebennierenmarks (Phäochromozytom)

VK: Häufiger als die Unterfunktion, wenngleich immer noch selten findet sich eine Überfunktion des Nebennierenmarks. Unter den Patienten mit Hypertonie macht die Erkrankung des Phäochromozytoms weniger als 1% aus.

Pathog: Die Zellen des Nebennierenmarks können in gutartige, selten bösartige Tumorbildungen übergehen. Die Tumoren entwickeln sich zumeist im Nebennierenmark einer oder beider Seiten. Extraadrenal ist die Phäochromozytom-Entstehung in Ganglien des Abdominal- oder Brustraumes möglich. Die Tumoren schütten unterschiedliche Spektren von Adrenalin und Noradrenalin aus. Dopamin als Vorstufe ist ebenfalls beteiligt und vor allem bei unreiferen Tumoren (Phäochromoblastomen, Neuroblastomen) feststellbar.

Sy: Die klinischen Symptome sind die des Catecholamin-Exzesses, selten Lokalsymptome durch Tumorwachstum im Bauchraum oder Metastasierung in andere Organe (Skelett, Leber).

Tab. 17.**12** zählt die typischen Symptome des Phäochromozytoms auf. Einerseits kommt das Bild der paroxysmalen Hypertonie mit entsprechenden Beschwerden vor, zum anderen der Dauerhochdruck. Blutdruckanstiege können mechanisch durch Bauchpresse, Palpation u. ä. ausgelöst werden. Pharmakologisch wirken Nicotin oder Narkotika anfallsauslösend. Ein Hochdruck-

Tabelle 17.12 Symptome bei Phäochromozytom

Beschwerden	% Häufigkeit bei	
	anfallsweisem Hochdruck	Dauerhochdruck
Kopfschmerzen	92	72
Schweißausbrüche	65	70
Herzklopfen, Tachykardie	73	51
Abblassen des Gesichtes	60	28
Unruhe-, Angstgefühle	60	28
Zittrigkeit, Tremor	51	26
Übelkeit, Erbrechen	43	26
Schwächegefühl	38	15
Thoraxschmerz	32	13
Abdominalschmerz	16	15
Sehstörungen	3	21
Gewichtsabnahme	14	15
Dyspnoe	11	18

anfall kann Angstgefühle, Herzsensationen, Schweißausbrüche verursachen. Auch Gesichtsblässe (selten Röte) kommt vor. Nach einem Anfall ist die Diurese gesteigert. Zumeist nehmen die Patienten im Laufe der Erkrankung an Gewicht ab. Ein Diabetes mellitus kann sich durch die blutzuckererhöhende Wirkung der Catecholamine sekundär entwickeln.

Das Phäochromozytom kommt auch im Rahmen der multiplen endokrinen Neoplasie Typ II in Verbindung mit dem C-Zell-Karzinom vor (S. 903). Auch die familiäre Häufung lediglich des Phäochromozytoms wurde beobachtet.

Dg: Bei jedem Patienten mit arteriellem Hochdruck sollte an die Möglichkeit eines Phäochromozytoms gedacht werden – bei typischen Hochdruckanfällen und entsprechenden subjektiven Beschwerden ist eine Ausschlußdiagnostik des Phäochromozytoms gerechtfertigt. Die Labordiagnostik bedient sich der direkten Catecholaminbestimmung im Plasma sowie der Messung (quantitativ) von mindestens zwei Parametern der Urinausscheidung (meßbar sind Vanillinmandelsäure, Metanephrin, Adrenalin und Noradrenalin als Einzelkomponenten oder Gesamtcatecholamine). Werte im sicheren Normalbereich schließen ein Phäochromozytom aus. Bei leicht erhöhten Werten sind Streßreaktionen nicht ausgeschlossen, insbesondere bei ambulanter Urinsammlung. Hier empfiehlt sich der Clonidin-(Catapresan-)Test: Nach 300 µg Clonidin fallen streßbedingt erhöhte Plasmacatecholamine in den sicheren Normbereich ab, während die Spiegel beim Phäochromozytom oberhalb der Normgrenze verharren. Der Clonidin-Test hat früher übliche Tests (Lyse-test bei Dauerhypertonie mit Regitin, Stimulationstest mit Glucagon oder Tyramin bei Normotonie) entbehrlich gemacht. zur Lokalisationsdiagnostik eignen sich Ultrasonographie und Computertomographie des Nebennierenbereiches. Nur noch ausnahmsweise ist die retrograde Phlebographie erforderlich. Als hilfreich hat sich die Nebennierenmarkszintigraphie mit Jodbenzylguanidin erwiesen. Hiermit kann auch der Nachweis eines extraadrenalen Phäochromozytoms oder von Metastasen geingen, für die früher die etagenweise Blutabnahme zur Catecholamin-Bestimmung mit beträchtlichen Irrtumsmöglichkeiten herangezogen wurde.

DD: Differentialdiagnostisch kommen andere Hypertonie-Ursachen in Betracht. Besonders die Abgrenzung des essentiellen Hypertonus mit anfallsweisen Blutdruckanstiegen kann Probleme bereiten.

Th: Die Therapie der Wahl ist die chirurgische Entfernung des Phäochromozytoms. *Unabdingbar* ist eine medikamentöse Vorbehandlung, ohne die der Patient auch bei milde erscheinender Verlaufsform mit weitgehender Normotonie intraoperativ versterben kann. Man stellt den Patienten auf den α-Blocker Phenoxybenzamin (Dibenzyran) ein (mit 5–10 mg/Tag beginnen und auf 60–100 mg steigern). Wenn es nach einigen Tagen darunter zur Tachykardie kommt, kann dann ein β-Blocker (z. B. Propranolol = Dociton) verabreicht werden. Mittel der Wahl bei Hochdruckkrisen bei Phäochromozytom ist Regitin.

Liegt ein malignes Phäochromozytom vor, muß die Tumormasse nach Möglichkeit verkleinert werden – eine spezielle Chemotherapie steht nicht zur Verfügung. Eine lokale Strahlentherapie ist möglich, wenn die Metastasen das zur Szintigraphie verwendete Jodbenzylguanidin ausreichend speichern.

Schilddrüsenerkrankungen

Wenn man die euthyreote Jodmangelstruma einbezieht, stehen die Schilddrüsenerkrankungen unter den Endokrinopathien an erster Stelle. Dabei besitzt die euthyreote Stru-

ma in der Regel noch keinen Krankheitswert, trägt jedoch das Risiko späterer Komplikationen in sich.
Funktionsstörungen der Schilddrüse finden sich bei der Hyper- und Hypothyreose; beide Erkrankungen können in lebensgefährliche Krisen entgleisen.
Weiterhin kann die Schilddrüse Sitz einer Entzündung (Thyreoiditis) oder einer malignen Entartung sein.

Endemische euthyreote Struma

Vk: In Abhängigkeit vom geographischen Jodmangel findet sich die euthyreote Struma an den Küsten Norddeutschlands bei 5% der Bevölkerung, in den Alpenregionen bei über 30%. Frauen sind 4- bis 8fach häufiger betroffen als Männer.

Ät und Pathog: Jegliche Vergrößerung der Schilddrüse wird als Struma bezeichnet. In den meisten Fällen ist die Funktionslage dabei normal. Bei der Mehrzahl der euthyreoten Strumen (früher blande Struma genannt) liegt eine gewisse Schwierigkeit der Schilddrüse vor, genügend Hormon herzustellen. Kompensatorisch kommt es zur TRH- und nachfolgend TSH-Erhöhung. Unter dem TSH-Reiz wächst die Schilddrüse allmählich. Bei einer kleinen Zahl der Strumen funktioniert das Gewebe normal; die Organvergrößerung beruht auf raumfordernden Prozessen (Zyste, Blutung, autonomes Adenom) innerhalb des Organs.
Jod als wichtiger Hormonbaustein wird in geographisch ungünstigen Regionen unzureichend angeboten; die Produktionsrate der Schilddrüsenhormone Thyroxin (T_4) und Trijodthyronin (T_3) geht zurück. Die in der Blutbahn verminderten Hormonkonzentrationen bremsen die Ausschüttung des hypothalamischen TRH bzw. des hypophysären TSH nur ungenügend, so daß diese übergeordneten Hormone aktiviert werden. Unter dem TSH-Reiz vergrößert sich die Schilddrüse im Sinne eines Kompensationsversuches, durch Vergrößerung des Endorgans leichter den Erfordernissen des Organismus gerecht zu werden.
In den Anfangsstadien ist die Struma bei diesem Prozeß gleichmäßig aufgebaut. Im Laufe der Zeit kommt es durch Einblutungen, Zystenbildungen, Adenombildungen, Vernarbungen zur Knotenbildung; die Möglichkeit zur Restitutio ad integrum nimmt ab.
Bei einer kleinen Zahl der Patienten liegt eine sog. Jodfehlverwertung zugrunde. Infolge eines Defekts im Enzymmuster der Jodhormonbiosynthese wird auch trotz eines ausreichenden Jodangebots nicht genügend Hormon gebildet und ausgeschüttet. Die Folgen sind die gleichen wie bei der Jodmangelstruma: Die hemmende Rückkopplung durch T_4 und T_3 im Niveau der übergeordneten Organe ist geschwächt, TRH und nachfolgend TSH steigen an. Die Schilddrüse wächst unter dem TSH-Reiz.
Selten entsteht eine euthyreote Struma unter dem Einfluß thyreostatisch wirksamer Substanzen – hieraus kann auch eine echte Unterfunktion resultieren. Ein Jodexzeß über längere Zeit vermag durch Hemmung der Schilddrüsenhormonabgabe zur Verminderung des zirkulierenden T_4 und T_3 zu führen – wiederum kommt es durch Aktivierung der oberen Etagen der Schilddrüsenachse zur Strumabildung.
Allen TSH-abhängigen Strumaformen ist gemein, daß Situationen des erhöhten Hormonbedarfs die Strumabildung fördern. Dies trifft vor allem für das weibliche Geschlecht zu, da die Östrogene im Zeitraum von der Pubertät bis zur Menopause das thyroxinbindende Globulin (TBG) im Blut erhöhen und durch diese Erhöhung der Transportkapazität für die Schilddrüsenhormone eine zusätzliche Sekretionsleistung abfordern. Das Testosteron des Mannes hat dagegen eher eine TBG-senkende Wirkung. Beim weiblichen Geschlecht beginnt das Strumawachstum häufig in der Pubertät; es nimmt zu in Zeiten der Gravidität oder Pilleneinnahme; es läßt nach mit der Menopause.
Euthyreote Strumen ohne TSH-Reiz können durch Blutungen, Zystenbildungen, Adenombildungen verursacht sein; in vielen Fällen ist auch bei derartigen Entwicklungen ein begünstigender TSH-Reiz vorhanden. Der STH-Exzeß bei der Akromegalie führt TSH-unabhängig zur Struma.

Sy: Kleine Strumen sind klinisch stumm. Ein besonders oft von sensiblen Frauen angegebenes Globusgefühl steht in keinem kausalen Zusammenhang mit derartigen kleinen Strumen und findet sich in gleicher Häufigkeit ohne dieselben. Größere Strumen können Druckgefühle zur Folge haben; mechanische Störungen der Nachbarorgane sind möglich: Trachealeinengung mit Dyspnoe und Stridor, Ösophaguseinengung mit Schluckbeschwerden, ganz selten Nervenausfälle (Rekurrensparese, Horner-Komplex).

Dg: Inspektion und Palpation zeigen, ob überhaupt eine Struma vorliegt:

Tabelle 17.13 Parameter der Schilddrüsenfunktion

Parameter		Dimension	Normalbereich (z. T. methodenabhängig)
T_4	= Gesamtthyroxin	ng/ml	40 –120
T_3	= Gesamttrijodthyronin	ng/ml	0,8– 2,0
FT_4	= freies T_4	pg/ml	20 – 50
FT_3	= freies T_3	pg/ml	2 – 6
TBG	= thyroxinbindendes Globulin	µg/ml	15 – 25
TG	= Thyreoglobulin	ng/ml	5 – 60
MAK	= mikrosomale Antikörper	Titer	< 1 : 1600
TAK	= Thyreoglobulin-Antikörper	Titer	< 1 : 160
TRAK	= TSH-Rezeptor-Antikörper	mE/ml	< 5
TSH	(basal)	mE/l	0,3– 4
TSH	(TRH-stimuliert)	ΔmE/l	3 – 20

Tabelle 17.14 TBG-Veränderungen

Erhöhung	Erniedrigung
Östrogeneinfluß	Katabolismus
Schwangerschaft	schwerer Streß
Kontrazeptiva	Leberzirrhose
Neugeborenes	Nephrose
Hepatitis	Medikamenteneinnahme
Porphyrie	Glucocorticoide
hereditäre Hyper-	Anabolika
TBG-Ämie	Hydantoine
	Salicylate

- Strumagrad I = palpatorisch vergrößertes Organ, ohne daß dies sichtbar ist;
- Strumagrad II = auch sichtbar leicht vergrößerte Struma;
- Strumagrad III = deutlich vergrößerte, häufig nodöse Struma.

Die euthyreote Funktion wird belegt durch normale Hormonspiegel (z.B. normales T_4 und FT_3 oder FT_4 und T_3 bzw. normales TSH). Bei Verdacht auf gestörte Schilddrüsenfunktion ist der TRH-Test zum Beleg der Euthyreose empfehlenswert (Tab. 17.13).
Als morphologische Diagnostik empfiehlt sich zunächst die Ultrasonographie. Bei palpablen und auch sonographisch feststellbaren Knotenbildungen wird ergänzend das Szintigramm herangezogen. Sogenannte kalte Knoten (ohne Speicherung des Isotops) können sonographisch echofrei sein – in der Regel liegt dann eine Zyste zugrunde. Echoarme Knoten können gutartige, aber auch bösartige Neoplasien sein. Isodense Knoten sind in der Regel gutartig, hyperdense Knoten ebenfalls. Mehrspeicherungen im Sinne einer regionalen Überaktivität des Schilddrüsengewebes werden als „warme" oder „heiße" Knoten bezeichnet und deuten auf die Möglichkeit eines autonomen Adenoms hin. Solitärknoten werden in der Regel, insbesondere bei fehlender Speicherung und echoarmem Schallmuster, durch Feinnadelpunktion mit zytologischer Auswertung des Aspirats abgeklärt. Bei größeren Strumen müssen evtl. die Nachbarorgane (Ösophagus, Trachea) geröntgt werden.

DD: Die euthyreote Struma ist abzugrenzen von Überfunktion oder Unterfunktion. Die wichtigste Differentialdiagnose ist die maligne Struma. Der Abklärung verdächtiger Knotenbildungen gilt daher ein intensiver Einsatz. Glücklicherweise ist die maligne Struma nicht sehr häufig – um so größer ist das Problem, in endemischen Strumagebieten eine möglichst frühzeitige Diagnosestellung zu erzielen.

Th: Bei kleineren Strumen (Grade I und II), die im Hinblick auf das Tumorrisiko unverdächtig sind, bemüht man sich um eine Organverkleinerung durch Strumaprophylaxe. Die Verwendung von jodiertem Speisesalz ist als Basis unbedingt zu empfehlen (Ausnahme: Verdacht auf Autonomie der Schilddrüse bzw. Hyperthyreose), dazu Jodidtabletten, pro Tag 100–200 µg. Ist die Struma bereits nodös verändert und zeigt der TRH-Test einen sehr lebhaften TSH-Anstieg, empfiehlt sich die sicherere Strumaprophylaxe mit L-T_4. Der Tagesbedarf an die-

sem Hormon liegt beim gesunden Erwachsenen bei 150–200 µg; je nach Ausgangssituation dosiert man die Strumaprophylaxe mit 100–150 oder auch 200 µg pro Tag. Der TRH-Test sollte unter dieser Therapie nicht völlig negativ werden.
Mischpräparate aus T_4 und T_3 bieten keinen Vorteil, da die T_3-Komponente besonders bei sensiblen Frauen leichte hyperthyreote Symptome induzieren kann. Nachdem im Organismus durch Konversion genügend T_3 aus T_4 entsteht, entfällt die Begründung für die Verwendung der Kombinationspräparate.
Die operative Verkleinerung der Struma ist erforderlich, wenn mechanische Beschwerden vorliegen oder auch Tumorverdacht.

Immunhyperthyreose (Morbus Basedow)

Formen der Hyperthyreose: Überfunktionszustände der Schilddrüse können hervorgerufen werden durch TSH-Überproduktion (extrem selten), thyreoideastimulierende Antikörper (Morbus Basedow), eine Autonomie bestimmter Schilddrüsenanteile oder auch iatrogen durch Einnahme zu hoher Schilddrüsenhormonmengen (Abb. 17.**3**). Am häufigsten ist unter den Hyperthyreosen der Typ der Immunhyperthyreose (bis zu 1% der Bevölkerung) mit einem Überwiegen beim weiblichen Geschlecht.

Ät und Pathog: Erblich verankert liegt ein Defekt der Lymphozyten vor. Durch die Entwicklung eines „verbotenen Zellklons“ kommt es zur Ausbildung von Autoantikörpern, die sich an den TSH-Rezeptor der Thyreozyten binden und ihn aktivieren, ohne mit dem TSH identisch zu sein. Es existieren verschiedene Arten dieser thyreoideastimulierenden Immunglobuline (TSI); auch das Schilddrüsenwachstum stimulierende Immunglobuline (TGI) kommen vor (die frühere Bezeichnung derartiger stimulierender Antikörper war LATS = long acting thyroid stimulator). Die TSI induzieren eine diffuse Hyperthyreose. Alle Schilddrüsenfollikelzellen werden zur Überaktivität angetrieben. Das vermehrt sezernierte Schilddrüsenhormon bewirkt die klinischen Zeichen der Erkrankung und hemmt zentral die Sekretion von TRH und TSH.
Bei einem Teil der Patienten mit Immunhyperthyreose spielen sich auch retroorbital Antigen-Antikörper-Reaktionen ab; Lymphverbindungen zwischen Schilddrüse und Retrobulbärraum lassen vermuten, daß schilddrüsenbezogene Antigene dort anzutreffen sind und mit entsprechenden zirkulierenden Antikörpern reagieren. Es kommt zur Verdickung sowohl des Bindegewebes als auch der äußeren Augenmuskeln – durch die Massenzunahme wird der Augenbulbus nach vorn geschoben (endokriner Exophthalmus bzw. Immunorbitopathie). Warum nur ein Teil der Patienten mit Immunhyperthyreose unter der Augenbeteiligung leidet, ist unbekannt.

Sy: Patienten mit Schilddrüsenüberfunktion aller Typen leiden unter Gewichtsabnahme, Nervosität und Schlaflosigkeit, Wärmeintoleranz, Herzklopfen und Tachykardie, Haarausfall. Ein feinschlägiger Tremor ist typisch (Tab. 17.**15**). Bei Patienten mit Immunhyperthyreose kann die Orbitopathie hinzutreten – es sind dann die Bedingungen des Morbus Basedow (englisch Graves' disease) gegeben. Bei der Untersuchung findet sich eine typische samtartige feuchtwarme Haut. Eine Tachykardie mit vergrößerter Blutdruckamplitude ist nicht selten mit einem Systolikum über dem Herzen vergesell-

Tabelle 17.**15** Symptome der Hyperthyreose

Klagen des Patienten bzw. anamnestische Angaben
- Gewichtsabnahme
- Unruhe, Nervosität, Schlaflosigkeit
- Schwitzen auch bei normaler Temperatur
- Wärmeintoleranz
- Neigung zur Diarrhö
- Herzklopfen
- Haarausfall
- Durst, vermehrter Appetit
- rasche Ermüdbarkeit
- endokrines Psychosyndrom

Häufige, charakteristische Befunde
- feinschlägiger Tremor, Hyperkinesie
- Tachykardie
- Hypertonie (große Amplitude)
- feuchtwarme Haut
- schwirrende Struma (bei Immunhyperthyreose)
- endokrine Orbitopathie (bei Immunhyperthyreose = Morbus Basedow)

Seltenere Befunde
- prätibiales Myxödem (bei Immunhyperthyreose)
- Gynäkomastie

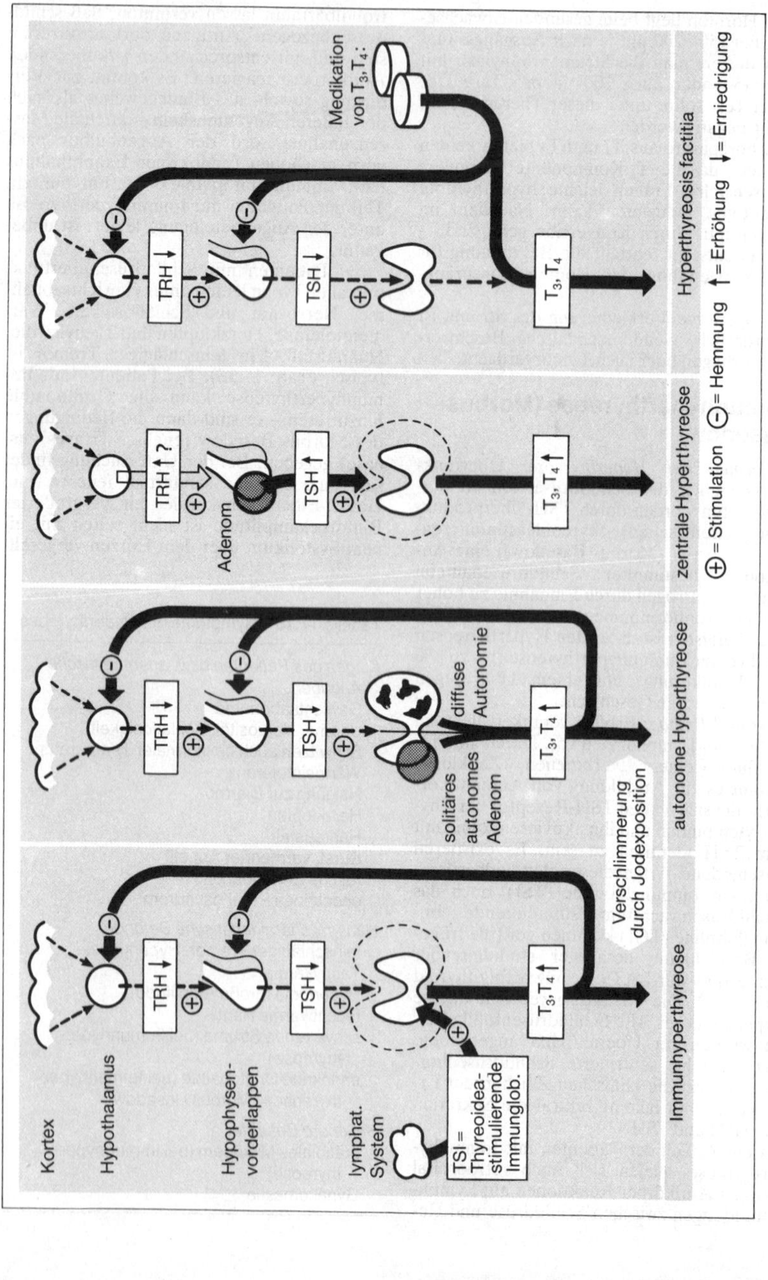

Abb. 17.3 Formen der Hyperthyreose

Tabelle 17.**16** Symptome der Immunorbitopathie

I:	Oberlidretraktion (Dalrymple-Zeichen), Konvergenzschwäche
II:	Bindegewebsbeteiligung (Lidschwellung, Chemosis – Ödem der Bulbusbindehaut, Augentränen, Lichtscheu)
III:	Exophthalmus (mit und ohne Lidschwellung)
IV:	Augenmuskelparesen (Unscharf- und Doppeltsehen, Konvergenzschwäche, Heberschwäche, seitliche Blockade)
V:	Hornhautaffektionen (bei Lagophthalmus)
VI:	Sehausfälle bis Sehverlust

schaftet. Die Schilddrüse selbst kann schwirren (durch Palpation oder Auskultation feststellbar). Auch leichte Temperaturerhöhungen kommen vor.

Ein erhöhter Sympathikotonus kann bei allen Hyperthyreoseformen ein Glanzauge und eine etwas erweiterte Lidspalte hervorrufen (ohne Beschwerden). Bei der Immunorbitopathie findet sich nicht selten eine Chemosis der Ober- und Unterlider oder ein Exophthalmus unterschiedlichen Grads (Tab. 17.**16**). Die Beschwerden reichen von sandigen Gefühlen und Augenreiben bis zum Sehverlust beim sog. malignen Exophthalmus.

Beim älteren Menschen kann die Hyperthyreose oligosymptomatisch verlaufen und damit über längere Zeit verkannt werden. Besonders Gewichtsabnahme und tachykarde Herzrhythmusstörungen (absolute Arrhythmie bei Vorhofflimmern) geben Anlaß, eine Hyperthyreose auszuschließen.

Dg: Bei Verdacht auf Hyperthyreose empfiehlt sich die Ermittlung eines Parameters des Gesamthormons und eines des freien Hormons (z. B. T_4 und FT_3 oder T_3 und TBG). Stark erhöhte Hormonspiegel belegen die Hyperthyreose; bei mäßig erhöhten sollte auf jeden Fall ein TRH-Test durchgeführt werden, der bei der Hyperthyreose jeglicher Genese supprimiert ist (extrem seltene Ausnahme: Hypophysenadenom mit TSH-Produktion). Bei einem kleinen Teil der Hyperthyreosen ist nur das T_3 erhöht (bei normalem T_4). Die Schilddrüsenantikörper können bei der Immunhyperthyreose erhöht sein – die Meßmöglichkeiten für TSI sind noch beschränkt. Für die endokrine Orbitopathie steht keine sichere diagnostische Labormethode zur Verfügung.

Das Schilddrüsensonogramm zeigt bei der diffusen Hyperthyreose eine allgemeine Auflockerung und Echoarmut. Das Szintigramm zeigt eine diffuse Mehrspeicherung. Für die Diagnostik der Orbitopathie kann in Zweifelsfällen das Computertomogramm herangezogen werden.

Gelegentlich pathologische Anschlußparameter sind: Erhöhung von alkalischer Phosphatase und Transaminasen, selten Glukosurie, gelegentlich Hyperkalzämie.

Th: Die Therapie der Wahl der Immunhyperthyreose ist die Gabe von Thyreostatika (Tab. 17.**17**). Man therapiert in der Regel über ein Jahr, um dann in einem Auslaßversuch zu überprüfen, ob eine Remission der Erkrankung eingetreten ist. Zeigt sich eine Persistenz der Erkrankung, kann erneut mit Thyreostatika therapiert werden. Je länger der Krankheitsverlauf ohne Remissionsneigung geht, desto eher kommen alternative Behandlungsformen in Betracht. Zur Operation wird man sich vor allem bei großen Strumen, jüngeren Patienten und eventuellen Knotenbildungen entscheiden. Etwa ab dem 20. Lebensjahr wird eine Radiojodtherapie in Betracht gezogen, insbesondere wenn die Struma klein ist und mechanisch kein Problem darstellt oder im höheren Alter ein gesteigertes Operationsrisiko ersichtlich wird. Die thyreostatische Therapie muß im Hinblick auf mögliche Nebenwirkungen überwacht werden. Neben Allergien sind ins-

Tabelle 17.**17** Gängige Thyreostatika (Tagesdosen)

	Anfangsdosis	*Erhaltungsdosus*
Carbimazol (neo-morphazole)	30 mg (selten 60)	10– 5 mg
Thiamazol (Favistan)	40 mg (selten 60)	10– 5 mg
Propylthiouracil (Propycil)	150 mg (selten 300)	100–50 mg
Natriumperchlorat (Irenat)	1200 mg (3 mal 20 Tropfen)	(5–10 Tropfen)

besondere Leukozytopenien zu fürchten, die dosisabhängig bei weniger als 1% der Behandelten auftreten. Leukozyten-Kontrollen sind daher indiziert, kommen jedoch wegen der erforderlichen Abstände derartiger Kontrollen auch einmal zu spät. Die heute üblichen niedrigeren Thyreostatikadosen haben die Häufigkeit derartiger Komplikationen reduziert. Seltene Nebenwirkungen sind Arthritiden und Hepatosen.

Sobald die erhöhten Schilddrüsenhormonspiegel in den Normbereich abgesunken sind, kann das TSH wieder „anspringen" und einen Strumareiz beinhalten. Um dem entgegenzuwirken, empfiehlt es sich, in dieser Behandlungsphase L-T_4 hinzuzugeben. Es ist jedoch auch eine Monotherapie mit Thyreostatika möglich.

Ein hilfreiches Adjuvans bei der Hyperthyreose-Therapie ist der β-Blocker Propranolol (Dociton). Die Substanz mindert einerseits die Beschwerden (Tachykardie), zum anderen hemmt sie in schwacher Weise die Konversion von T_4 zu T_3 und unterstützt auf diese Weise die Entwicklung zur Euthyreose.

Bei der durch Jodexzeß ausgelösten Hyperthyreose (Jod-Basedow) wirken Thyreostatika häufig ungenügend – hier kann die Behandlung mit Lithium, unterstützt durch β-Blocker, versucht werden. Frühzeitig ist die Operation zu diskutieren.

Die Therapie der endokrinen Orbitopathie ist in der Regel mit der der Immunhyperthyreose identisch. Die Tatsache, daß die Thyreostatika auch eine gewisse immunsuppressive Wirkung entfalten, erklärt, daß die meisten Patienten mit endokriner Orbitopathie mit dem Rückgang ihrer Schilddrüsenüberfunktion auch eine Besserung der Augensymptomatik erfahren. Die Augenkomponente der Erkrankung kann sich jedoch auch entkoppeln und dann zusätzliche Behandlungsmaßnahmen erforderlich machen: Es empfiehlt sich ein Glucocorticoid-Stoß (50 mg Decortin pro Tag, wochenweise um 5 mg zu reduzieren). Reicht diese Maßnahme nicht aus, kommt eine retrobulbäre Röntgenbestrahlung in Betracht. Immunsuppressiva haben leider keine wesentliche Wirkung entfaltet. Zur Zeit werden Versuche mit Ciclosporin A unternommen.

Beim malignen Exophthalmus müssen die Lider gelegentlich vorübergehend vernäht werden. Eine Dekompressionsoperation ist extrem selten erforderlich. Zu überlegen ist in schweren Fällen eine totale Thyreoidektomie im Sinne einer Antigen-Eliminierung, ohne daß diese Antigen-Komponente exakt definiert wäre.

DD: Bei der Hyperthyreose ohne Augensymptome gilt es insbesondere, eine Schilddrüsenautonomie (s. nächster Abschnitt) auszuschließen. Andere seltene Hyperthyreoseformen sind: Hyperthyreosis factitia durch Überdosierung von Schilddrüsenhormonen, hyperthyreote Phase einer Thyreoiditis, TSH-induzierte Hyperthyreose mit Hypophysentumor (Rarität).

Euthyreote Erkrankungen, die mit einer Hyperthyreose verwechselt werden können, sind insbesondere Syndrome der vegetativen Labilität, gelegentlich klimakterische Beschwerden, konsumierende Tumorerkrankungen und Alkoholismus mit Prädelir oder Delir.

Die Differentialdiagnose der Immunorbitopathie kann insbesondere dann Schwierigkeiten bereiten, wenn die Schilddrüsenfunktionslage euthyreot (oder gar hypothyreot) ist, wie es gelegentlich vorkommt. Es müssen dann ophthalmologischerseits vor allem Entzündungen und Tumoren, aber auch Gefäßerkrankungen des Retrobulbärraums ausgeschlossen werden. Die Computertomographie leistet hier wesentliche Beiträge.

Sonderform der Immunhyperthyreose: thyreotoxische Krise

Ät und Sy: Eine schwerere Hyperthyreose kann in die Krise entgleisen, wenn etwa eine Jodexposition erfolgt, intensive Manipulationen den Halsbereich belasten oder sich eine Exsikkose entwickelt. Leitsymptome sind starker Gewichtsverlust, Tachykardie von 140–160 und darüber, Temperaturanstieg auf 40 °C, Erbrechen und Durchfälle. Ein Psychosyndrom gesellt sich hinzu – nach Erregungsphasen (Stadium I) kann sich über Halluzinationen (Stadium II) ein Koma entwickeln (Stadium III). Die thyreotoxische Krise bedeutet Lebensgefahr.

Th: Unter Intensivbedingungen wird das Thyreostatikum Favistan i.v. verabreicht (40–160 mg/Tag), etwa 2 Stunden später wird Jod (Lugol-Lösung) verabreicht, um die Abgabe fertigen Schilddrüsenhormons zu blockieren. Bei jodinduzierter Thyreotoxikose kann Lithium verabreicht werden. Zusätzlich sind β-Blocker indiziert, des weiteren Glucocorticoide wegen der relativen Nebennierenrindeninsuffizienz, die die thyreotoxi-

sche Krise bedingt. Wasser- und Elektrolytersatz sowie Kaloriengabe, bedarfsweise Antibiotika ergänzen das therapeutische Spektrum.
Die Auslösung einer Krise durch eine Schilddrüsenoperation ist lediglich bei nichtgestellter Diagnose einer diffusen Hyperthyreose bzw. inadäquater Vorbehandlung mit Thyreostatika zu befürchten.

Hyperthyreose durch Schilddrüsenautonomie

Pathog: Während die Schilddrüsenzellen normalerweise der TSH-Steuerung unterliegen, können sich Zellkomplexe in ihrer Funktion verselbständigen und Schilddrüsenhormon autonom sezernieren. Diesem Prozeß kann ein umschriebener Knoten folgen (sog. autonomes Adenom); daneben sind auch Zustände einer diffusen Autonomie möglich, wobei der Grad der Selbständigkeit in verschiedenen Abschnitten der Schilddrüse unterschiedlich sein kann. Autonomien entwickeln sich häufiger in TSH-stimulierten Schilddrüsen der Strumagebiete, aber auch in der STH-induzierten Struma des Akromegalen.
Solange ein autonomes Adenom noch klein ist, wird es nicht in Erscheinung treten, da die von ihm produzierte Hormonmenge im Gesamtpool untergeht. Je größer das Adenom jedoch wird und je mehr seine Aktivität zunimmt, desto eher kann die produzierte Hormonmenge den Tagesbedarf des Menschen zunächst einnehmen und dann übersteigen – es entwickelt sich schließlich die Hyperthyreose. Abb. 17.**4** stellt dieses dynamische Geschehen dar, das jedoch nicht zwangsweise abläuft. Autonome Adenome mit mäßiger Aktivität können ohne Progression auf ihre Funktionslage über Jahre verharren und dann wieder verschwinden.

Sy: Häufig tritt das autonome Schilddrüsenadenom äußerlich als Schilddrüsenknoten in Erscheinung, ohne jedoch größere mechanische Beschwerden zu verursachen. Mit zunehmender Hormonproduktion stellen sich dann die Symptome der Hyperthyreose ein (Tab. 17.**15** – die typischen Erscheinungen der Immunhyperthyreose wie Orbitopathie und prätibiales Myxödem fehlen natürlich!).

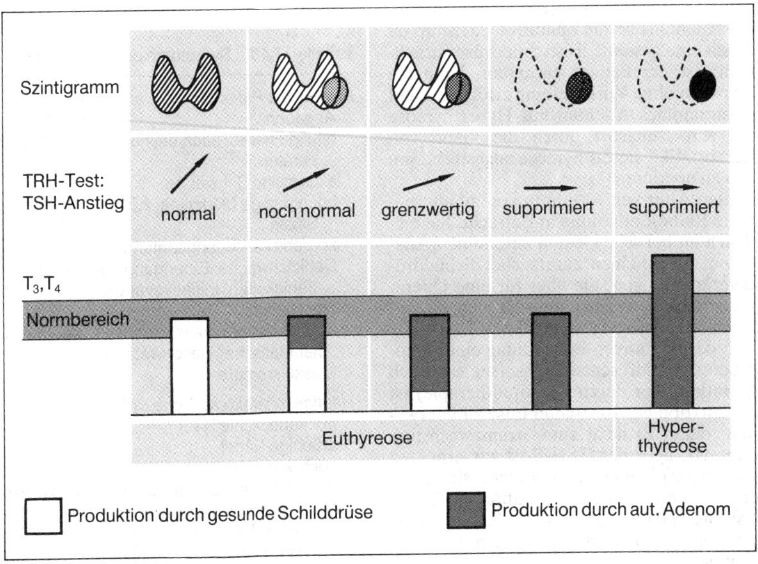

Abb. 17.**4** Aktivitätsstadien des autonomen Schilddrüsenadenoms

Milde Hyperthyreosen durch ein autonomes Adenom werden gelegentlich als vegetative Sensibilität verkannt. Auch kardiale Irritationen kommen vor.

Dg: Kleine autonome Adenome können noch mit euthyreoten Schilddrüsenwerten und positivem TRH-Test einhergehen. Szintigraphisch zeigt sich ein „warmer" Knoten. Bei Zunahme der Aktivität wird der TRH-Test negativ, ohne daß bereits hyperthyreote Schilddrüsenhormonspiegel vorliegen müssen. Allmählich verlöscht die Darstellung der Restschilddrüse – die Schilddrüsenhormonspiegel steigen in den erhöhten Bereich an. Ganz wesentlich ist somit der TRH-Test als Ergänzung der peripheren Schilddrüsenhormonspiegel.
Ist die Restschilddrüse im Szintigramm neben einem vermuteten autonomen Adenom noch dargestellt, kann man ein Suppressionsszintigramm durchführen: Nach Gabe von etwa 60 µg T_3 über 7 Tage ist gesundes Schilddrüsengewebe supprimiert, während autonome Bezirke weiterhin das Isotop der Szintigraphie aufnehmen.
Ultrasonographisch imponiert das autonome Adenom in der Regel echoarm, häufig sind aber echofreie zystische Bezirke zentral eingestreut.

Th: Die Behandlung der Wahl des autonomen Adenoms ist die operative Exzision, da danach eine gesunde Restschilddrüse zurückbleibt. Ist der Patient euthyreot, kann die Operation ohne Vorbereitung erfolgen. Liegt ein autonomes Adenom mit Hyperthyreose vor, wird zunächst durch die Gabe von Thyreostatika die Euthyreose angestrebt, um dann zu operieren.
Ab dem Alter von 20 Jahren kommt alternativ die Radiojodtherapie in Betracht. Sie bietet sich an bei sehr kleinen autonomen Adenomen, dem Fehlen zusätzlicher Schilddrüsenveränderungen, die eher für eine Operation sprechen würden und für den älteren Patienten mit gesteigertem Operationsrisiko.
Nach der definitiven Behandlung eines autonomen Schilddrüsenadenoms (sei es durch Operation oder durch Radiojodtherapie) ist die Funktion der Restschilddrüse zu überwachen, damit es nicht zum Strumawachstum (und evtl. über den TSH-Reiz zur erneuten Autonomie) kommt. Es empfiehlt sich mehrere Wochen nach der Operation ein TRH-Test. Steigt dabei das TSH sehr lebhaft an, ist unbedingt die Strumaprophylaxe mit L-T_4 zu empfehlen.
Ist die Autonomie der Schilddrüse eher diffus, muß eine partielle Strumaresektion durchgeführt werden (bwz. Radiojodtherapie).

Hypothyreose

Vk: Die Schilddrüsenunterfunktion tritt etwa in gleicher Häufigkeit auf wie die -überfunktion.

Ät und Pathog: Am häufigsten kommt die primäre Hypothyreose vor, bei der die Störung im Niveau des Endorgans, d. h. der Schilddrüse selbst, angelegt ist (Abb. 17.**5**). Ohne äußere Einwirkungen entsteht diese Unterfunktion durch Autoimmunprozesse, etwa eine Hashimoto-Thyreoiditis. Selten liegt eine Zerstörung des Schilddrüsengewebes durch einen Tumor vor. Ausnahmen sind Hypothyreosen durch unkontrollierte Thyreostatikaeinnahme oder Jodexzeß. Hingegen muß in einem gewissen Prozentsatz sowohl nach Schilddrüsenoperation (Strumaresektion) als auch nach Radiojodtherapie einer Schilddrüsenüberfunktion mit einer späteren Hypothyreose gerechnet werden. Bei allen diesen Hypothyreoseformen ist die übergeordnete Zentrale intakt und dementsprechend das TSH erhöht.

Tabelle 17.**18** Symptome der Hypothyreose

Klagen des Patienten bzw. anamnestische Angaben
häufig Frieren, auch bei normaler Außentemperatur
allgemeine Schwäche
hochgradige Müdigkeit, z. T. Einschlafen im Sitzen
körperliche Verlangsamung
Denkschwäche, Einengung der geistigen Fähigkeiten, Initiativeverlust
Obstipation
Gewichtszunahme (nur mäßig ausgeprägt)
„rheumatische" Beschwerden
Muskelkrämpfe
Häufige, charakteristische Befunde
trockene, kühle Haut
brüchige Nägel
spröde Haare
teigige Schwellung der Subkutis (Myxödem)
Gesichtsschwellungen
Heiserkeit bzw. tiefe, rauhe Stimme
Schwerhörigkeit
Bradykardie

Bei der sekundären Hypothyreose ist der Hypophysenvorderlappen ausgefallen. Bei der tertiären Hypothyreose fehlt das TRH, während die Hypophyse durch exogene Zufuhr dieses Hormons noch stimuliert werden kann.

Klin. Bild: Tab. 17.**18** enthält die typischen Beschwerden des hypothyreoten Patienten.

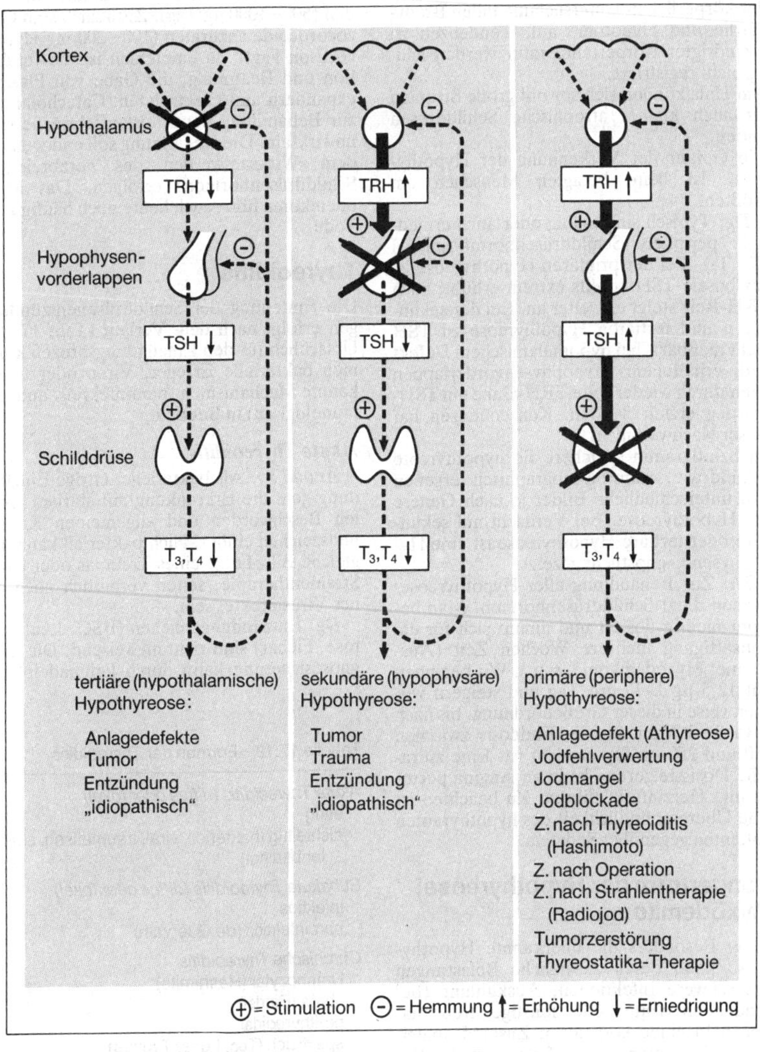

Abb. 17.**5** Formen der Hypothyreose

Im Vordergrund steht Frieren in Verbindung mit Schwäche, Müdigkeit, Verlangsamung, insbesondere auch der intellektuellen Fähigkeiten. Man sieht den Patienten die Müdigkeit an. Ein verquollenes Aussehen ist durch die teigige Hautschwellung (Myxödem) bedingt. Die Stimme wird heiser und tief. Bei der körperlichen Untersuchung fallen Bradykardie und Hypotonie auf. Tendenzen zu erniedrigter Körpertemperatur werden häufig nicht registriert.

Am Hals können sich sowohl große Strumen als auch kleine, atrophische Schilddrüsen finden.

Die Gefahr der Verkennung der Hypothyreose ist beim betagten Menschen am größten.

Dg: Typisch sind mäßig oder auch erniedrigte periphere Schilddrüsenhormonspiegel (T_4, T_3). Bei der primären Hypothyreose ist das basale TSH bereits extrem erhöht; nach TRH-Reiz steigt es weiter an. Bei der sekundären und tertiären Hypothyreose ist TSH nicht meßbar – bei hypothalamischem Defekt und erhaltenem Hypophysenvorderlappen kann durch wiederholte TRH-Gabe ein TSH-Anstieg erzielt werden. Konsequenzen hat dieser Nachweis nicht.

Im Szintigramm speichert die hypothyreote Schilddrüse kaum. Sonographisch ergeben sich unterschiedliche Bilder je nach Genese der Hypothyreose. Bei Verdacht auf sekundäre oder tertiäre Hypothyreose ist eine Hypophysendiagnostik angezeigt.

Th: Zur Behandlung aller Hypothyreoseformen dient Schilddrüsenhormon. Man beginnt niedrig dosiert und nimmt sich für die Aufsättigung mehrere Wochen Zeit (Ausnahme: Myxödemkoma, s. u.). Wir beginnen mit 12,5 μg L-T_4 pro Tag und steigern wochenweise in dieser Größenordnung, bis nach etwa 2–3 Monaten die Enddosis zwischen 150 und 250 μg/Tag erreicht ist. Eine zu rasche Dosissteigerung kann zu Angina pectoris und Herzinfarkt führen. Zu beachten ist eine Überempfindlichkeit des hypothyreoten Patienten gegenüber Sedativa.

Sonderform der Hypothyreose: Myxödemkoma

Sy: Besonders die unerkannte Hypothyreose kann durch zusätzliche Belastungen wie schwere Infektionen, Auskühlung (besonders im Winter) oder sonstige Streßsituationen in einen komatösen Zustand abgleiten. Leitsymptome sind: Erlöschen des Bewußtseins, Entwicklung von Untertemperatur, Obstipation, Bradykardie, Hypotonie.

Dg: Laborchemisch fallen respiratorische Azidose, Hyponatriämie und Hypochlorämie sowie auch gelegentlich Hypoglykämie auf.

Th und Prgn: Unter Intensivbedingungen muß L-T_4 hochdosiert i. v. verabreicht werden (500–1000 μg/Tag). Zusätzlich sind Glucocorticoide anzuraten (100–200 mg Hydrocortison/Tag). Zu empfehlen ist die Intubation und Beatmung, die Gabe von Plasmaexpandern und Elektrolyten. Catecholamine zur Behandlung der Kreislaufschwäche sind unwirksam. Die Erwärmung soll endogen mit dem Wirksamwerden des verabreichten Schilddrüsenhormons erfolgen. Das Myxödemkoma führt auch heute noch häufig zum Tode.

Thyreoiditis

Die Einteilung der Schilddrüsenentzündungen erfolgt nach dem Verlauf (Tab. 17.**19**). Ursächlich für den Entzündungsprozeß kommen bakterielle Erreger, Viren oder unbekannte Mechanismen (parainfektiös, autoimmunologisch) in Betracht.

Akute Thyreoiditis

Ät und Sy: Als bakterielle, eitrige Entzündung geht die Erkrankung mit starken lokalen Beschwerden und allgemeinen Krankheitszeichen einher. Nichtbakteriell kann das gleiche Bild Folge eines Traumas oder einer Strahlentherapie, selten vermutich auch eines Virusinfektes sein.

Dg: Entzündungszeichen (BSG, Leukozytose, Fieber) sind richtungweisend. Die Diagnosesicherung kann durch Feinnadelpunk-

Tabelle 17.**19** Formen der Thyreoiditis

Akute Thyreoiditis (diffus oder fokal)
eitrig
nichteitrig (bakteriell, viral, traumatisch, strahlenbedingt)
Subakute Thyreoiditis (diffus oder fokal)
infektiös
parainfektiös (de Quervain)
Chronische Thyreoiditis
lymphozytär (Hashimito)
fibrös (Riedel)
perithyreoidal
spezfisich (Tbc, Lues, Typhus)

tion erfolgen. Ultrasonographisch erscheint das Organ aufgelockert und eher echoarm.

Th: Es sind Antibiotika indiziert, evtl. auch Antiphlogistika. Lokal lindernd wirken kühle Auflagen (Eiskrawatte). Bei Abszeßbildung wird der Chirurg tätig.

Subakute Thyreoiditis de Quervain

Sy: Bei dieser als parainfektiös eingestuften subakuten Entzündung treten sehr typische Lokalbeschwerden auf (Schmerzen im Bereich der Schilddrüse mit Ausstrahlung zumeist zum Kopf, seltener kaudalwärts). Die Patienten leiden unter starkem Krankheitsgefühl.

Dg und *DD:* Die BSG ist enorm beschleunigt, ohne daß eine stärkere Leukozytose vorliegt. Die Zytologie nach Feinnadelpunktion ergibt die typischen Langhans-Riesenzellen. Der Wert von Schilddrüsen-Antikörperbestimmungen ist gering. Vorübergehend kann eine hyperthyreote Schilddrüsenfunktionslage vorliegen. Differentialdiagnostisch sind Entzündungsprozesse des lymphatischen Gewebes, selten auch einmal maligne Erkrankungen abzugrenzen. Die Ultraschalluntersuchung ergibt ein echoarmes, aufgelokkertes Schallmuster.

Th: Mit Antiphlogistika kann eine symptomatische Linderung versucht werden (Acetylsalicylsäure = Aspirin). Bei ungenügendem Ansprechen sollte man sich rasch für eine Glucocorticoid-Therapie entscheiden. Unter einem Prednison-Stoß (50 mg/Tag, wochenweise um 5 mg zu reduzieren) geht es den Patienten schlagartig besser; sowohl das schwere Krankheitsgefühl als auch die Lokalbeschwerden verschwinden rasch. Über Wochen gestaltet man die Therapie, um bei Rezidivneigung erneut bei einer etwas höheren Glucocorticoid-Dosis zu verharren, bis die Erkrankung im Laufe von Monaten ausgeklungen ist.

Chronische lymphozytäre Thyreoiditis Hashimoto

Sy: Diese autoimmunologische Schilddrüsenentzündung verläuft häufig asymptomatisch. Leichtere Halsbeschwerden können auch übersehen werden. Nicht selten wird die Diagnose erst im Stadium der Hypothyreose gestellt.

Dg: Das Organ ist häufig verkleinert. Die Labordiagnostik ergibt den Befund einer primären Hypothyreose (niedrige T_4- und T_3-Spiegel, hohes TSH). Die Antikörpertiter gegen Thyreoglobulin und Mikrosomen sind oft stark erhöht. Eine Feinnadelpunktion läßt Rundzellinfiltrate erkennen.

Th: Eine Behandlung der Entzündung selbst ist meist nicht erforderlich – substituiert werden muß jedoch die Hypothyreose. Üblich sind 150–200 (selten 250) µg L-Thyroxin pro Tag. Der TRH-Test sollte fast supprimiert sein.

Eisenharte Riedel-Struma

Die Genese dieser sklerosierenden Schilddrüsenumwandlung mit geringer Infiltration auch in die Nachbarorgane ist unklar. Klinisch steht eine starke Organverhärtung im Vordergrund. Eine therapeutische Beeinflußbarkeit durch Medikamente ist kaum möglich. Bei Beschwerden wird man eine partielle Resektion vornehmen und anschließend Schilddrüsenhormon substituieren.

Struma maligna

Vorkommen und Formen

Jährlich ist pro Million Einwohner in 30 Fällen mit der Manifestation eines Schilddrüsenkarzinoms zu rechnen. Etwa zwei Drittel sind differenzierte Karzinome der Thyreozyten (papilläres und follikuläres Schilddrüsenkarzinom [Tab. 17.**20**]); etwa ein Viertel der Malignome ist undifferenziert (anaplastisch). 5% sind C-Zell-Karzinome (= medulläres Schilddrüsenkarzinom). Daneben kommen selten Tumoren des Schilddrüsenstromas vor (Sarkome, Hämangioendotheliome, Lymphome, Teratome). Die Schilddrüse kann auch Ort der Absiedlung extrathyreoidaler Malignome sein.

Papilläres und follikuläres Schilddrüsenkarzinom

Sy: Der Tumor tritt als langsam wachsender Schilddrüsenknoten in Erscheinung – in

Tabelle 17.**20** Formen der Struma maligna

Karzinome
follikuläres Karzinom
papilläres Karzinom
Pflasterzellkarzinom
anaplastisches Karzinom (undifferenziert)
medulläres Karzinom (C-Zell-Karzinom)
Sarkome
maligne Lymphome
Metastasen extrathyreoidaler Malignome

endemischen Strumagebieten ist die Verkennung und Verwechslung mit gutartigen Knotenbildungen über lange Zeit möglich. Zusätzlich verdächtig ist das Auftreten von Lymphknoten am Halse. Neurologische Zeichen eines Tumorwachstums sind Heiserkeit, Schluckstörungen und Auftreten eines Horner-Syndroms. Gelegentlich tritt weniger der Primärtumor als vielmehr bereits die Metastase in Erscheinung. Betroffen sind Lunge, Skelett, seltener der übrige Organismus. Die Funktionslage der Schilddrüse ist im allgemeinen euthyreot; nur bei totaler Zerstörung der Schilddrüse kann eine Hypothyreose auftreten. Extrem selten verursacht das Karzinom eine Hyperthyreose. Fortgeschrittene Tumorstadien bringen die Infiltration der umgebenden Organe mit sich (Trachea, Ösophagus, Blutgefäße des Halses). Das papilläre Karzinom tritt in etwas jüngeren Jahren (ab dem 20. Lebensjahr) auf als das follikuläre.

Dg: Der Tumorverdacht erhebt sich bei der Abklärung einer Knotenstruma bzw. verdächtiger Halslymphome. Unter den diagnostischen Maßnahmen steht die Sonographie an erster Stelle; Schilddrüsenkarzinomgewebe stellt sich in der Regel echoarm dar. Im Schilddrüsenszintigramm speichern sich Tumorzellen nicht – der Tumorknoten imponiert szintigraphisch „kalt“. Anzumerken ist, daß die Tumorzellen zwar das Isotop speichern, jedoch im geringeren Umfang als das gesunde Schilddrüsengewebe (s. u.). Sonographisch und szintigraphisch auffällige Knoten werden der Feinnadelbiopsie zugeführt – die Zytologie liefert Hinweise auf einen möglichen oder den Nachweis eines sicheren Tumors. Eine Biopsie verdächtiger Knoten kommt nur bei Lymphknoten in Betracht – im Organbereich der Schilddrüse selbst entscheidet man sich in der Regel direkt zur Resektion verdächtiger Bereiche. Die Schilddrüsenparameter sind euthyreot. Als Tumormarker kann das Thyreoglobulin (TG) im Falle einer weiteren Metastasierung erhöht sein.

Th: Die Therapie der Wahl des differenzierten Thyreozytenkarzinoms ist die Schilddrüsenresektion. Liegt ein nach histologischer Diagnose abgegrenztes papilläres Schilddrüsenkarzinom von weniger als 1,5 cm in einem Lappen vor und ist der andere Lappen völlig unverdächtig, kann die Restschilddrüse belassen werden. Bei allen anderen Situationen (papilläres Karzinom über 1,5 cm Durchmesser und follikuläres Karzinom) wird die totale Thyreoidektomie durchgeführt, und zwar entweder bei feststehender Diagnose als Ersteingriff oder bei Diagnosestellung aufgrund des Resektats mit Hilfe einer Zweitoperation. Nachfolgend wird das nach Thyreoidektomie immer vorhandene restliche Schilddrüsengewebe durch eine Radiojodtherapie eliminiert, um die Schilddrüsenszintigraphie als Kontrollmöglichkeit der Tumornachsuche heranziehen zu können. Nur wenn die normal speichernden Thyreozyten inaktiviert sind, besteht die Chance, eventuelle Metastasen szintigraphisch darzustellen und durch eine hochdosierte Radiojodtherapie ebenfalls zu eliminieren. Eine wichtige Kontrollmöglichkeit ist die TG-Bestimmung. TG-Blutspiegel sind bei total thyreoidektomierten Patienten nicht meßbar; sie steigen parallel zum Rezidiv oder Metastasenwachstum an. Bei total thyreoidektomierten Schilddrüsenkarzinom-Patienten erfolgt mit mindestens 200, häufig auch 250–300 µg L-T_4 eine so hohe Substitution, daß das TSH auf jeden Fall völlig supprimiert ist, da unter seinem Wachstumsreiz verbliebene Tumorzellen wachsen könnten. Für die differenzierten Thyreozytenkarzinome liegen die Heilungsraten zwischen 90% (papilläres) und 80% (follikuläres Schilddrüsenkarzinom). Bei diffuser Metastasierung und Nichtansprechen auf Radiojodtherapie kommt eine Polychemotherapie mit Adriamycin, Bleomycin, wahrscheinlich auch Cisplatin in Betracht.

Anaplastisches Karzinom

Sy und *Dg:* Das anaplastische Schilddrüsenkarzinom schießt innerhalb weniger Wochen zu einer meist asymmetrischen Halsschwellung auf. Nicht selten wächst es sichtbar während eines Zeitraumes für diagnostische Maßnahmen von 2–3 Wochen. Infiltrationen in die Umgebung sind bei Diagnosestellung die Regel. Ultrasonographie (Echoarmut), Szintigraphie (fehlende Speicherung) und Feinnadelbiopsie erlauben die Verdachtsdiagnose. Allgemeinsymptome einer Tumorerkrankung können hinzukommen.

Th und *Prgn:* Die Operation dient zumeist nur der Diagnosesicherung und hat als Palliativmaßnahme praktisch nie die Aussicht eines ausreichenden Behandlungserfolges – die externe Bestrahlung ist die Therapie der Wahl. Sie kann für eine begrenzte Zeit eine Remission erbringen; eine Heilung kommt kaum vor. Zytostatika versprechen keinen Erfolg. Der Tod tritt zumeist innerhalb weniger Monate infolge Tumorwachstums am

Halse, Infiltration in die Halsorgane oder Komplikationen von seiten der Lunge auf. Die Fünfjahresüberlebensrate ist für das anaplastische Schilddrüsenkarzinom mit unter 20% am niedrigsten unter allen Schilddrüsenmalignomen.

Andrologie und Erkrankungen der männlichen Gonaden

Überblick über beteiligte Fachgebiete, Symptome und Untersuchungsmethoden

Der Begriff der Andrologie umfaßt Bau und Funktion der männlichen Sexualorgane mit Einschluß der Störungen der Sexualfunktion und Zeugungsfähigkeit. Verschiedene Fachdisziplinen beteiligen sich an der ärztlichen Versorgung: Endokrinologen mit dem Schwerpunkt der hormonellen Störungen, Urologen mit dem chirurgischen Aspekt einschließlich der Onkologie, Dermatologen von seiten der venerischen Erkrankungen und häufig auch der Spermadiagnostik. Je nach Erfahrung der genannten Fächer sind die Anlaufstellen lokal unterschiedlich.

Andrologische Beschwerden können sein: Zeugungsunfähigkeit bei vorhandenem Kinderwunsch, Impotenz, lokale Entzündungen, Tumorbildungen. Im folgenden werden vor allem Infertilität und Impotenz abgehandelt.

Die *Untersuchung* umfaßt folgende Komplexe: exakte Anamneseerhebung zur Eruierung von Angaben zur Pubertät, zum Funktionieren der Geschlechtsorgane (Erektion, Pollutionen), zu Änderungen im Sexualverhalten. Bei der körperlichen Untersuchung ist der Entwicklungsstand des Genitales zu beachten, die Hodengröße wird mittels eines Orchidometers ermittelt. Maskuliner Behaarungstyp, Beurteilung der Mammae (Gynäkomastie?) und Körperbau sind weitere Parameter. Bei der Nebenhodenuntersuchung ist auf Entzündungszeichen, Varikozelen und Hydrozelen zu achten.

Die *Laboruntersuchungen* umfassen einerseits die Hormonbestimmungen (LH, evtl. stimuliert durch LHRH [S. 855], FSH, Testosteron – gegebenenfalls Prolactin, 17β-Östradiol).

Das Spermiogramm gibt Auskunft über Spermienzahl, -motilität und -morphologie; gemessen wird der Fructosegehalt. Bakterielle Beimengungen sind bei Infektionsverdacht zu beachten. Die Stoffwechselaktivität der Spermien kann noch durch Techniken wie den Fruktolysetest abgeschätzt werden.

Spezialuntersuchungen erstrecken sich auf die Nervenversorgung, das Erektionsvermögen und die Registrierung nächtlicher Erektionen.

Nichtendokrine Erkrankungen

Infertilität (Impotentia generandi)

Ät, Dg und *Sy:* Bei erhaltener Potenz bis zum Orgasmus kommt es trotz Kinderwunsch nicht zur Befruchtung – das Spermiogramm ergibt Defekte unterschiedlichen Ausmaßes (zum Beispiel Asthenospermie, Teratospermie, Oligozoospermie, Azoospermie oder Aspermie beziehungsweise Mischformen). Beim Aspermatismus ist dagegen kein Ejakulat vorhanden. Eine übergeordnete endokrine Störung wird durch den Beleg normaler Hormonspiegel ausgeschlossen. Es handelt sich somit um lokale Erkrankungen des Keimdrüsenepithels, seien es angeborene oder erworbene Defekte, etwa nach ionisierender Bestrahlung, sklerosierenden Infektionen usw.

Th: Der Einsatz von Hormonen ist in der Regel wirkungslos, da diese ja in normaler Konzentration vorhanden sind. Bei der Auslösung der Störung durch Infektionen wird mit Antibiotika therapiert. Bei postinfektiösen Zuständen kann versucht werden, durch Kallikrein (Padutin) die Wegsamkeit der Kanälchen zu verbessern. Die Resultate sind selten ermutigend. Viele Störungen wie Zustand nach Mumpsorchitis sind nicht kausal therapierbar und irreparabel.

Infertilität trotz Normospermie kann immunologische Ursachen haben, die bei der Partnerin liegen. Wenn sich bei deren Untersuchungen Zervixschleim-Antikörper finden, kann versucht werden, derartige Antikörper zu senken – in Betracht kommt auch der Versuch der homologen Insemination zur Durchbrechung der Zervixschleimbarriere.

Gelegentlich führt eine Varikozele zur Minderung der Spermaqualität. Bei unerfülltem Kinderwunsch und grenzwertigen Spermabefunden sollte man eine Varikozele operativ sanieren.

Eine anamnestisch eruierbare Ursache der Infertilität ist die Sterilisationsoperation mittels Vasektomie. Die Erfolgsrate bei Restitutionsoperationen ist technikabhängig begrenzt.

Bei neurogenen Störungen (etwa Diabetes mellitus) kann es zur retrograden Ejakulation kommen, d. h., das Sperma wird in die Harnblase ausgestoßen. Hier kann man versuchen, Sperma aus dem Urin nach dem Verkehr zu gewinnen, um dann eine homologe Insemination vorzunehmen. Nicht selten ist die retrograde Ejakulation mit Erektionsstörungen durch diabetische Neuropathie verbunden (s. u.).
Bei allen Formen der Verminderung motiler Spermien kann versucht werden, mehrere Spermaportionen zu sammeln und jeweils einzufrieren, um dann mit einer größeren Anzahl motiler Spermien eine homologe Insemination zu versuchen. Optimaler Zeitpunkt für den Versuch ist die Zeit vor der Ovulation, eruiert durch Basaltemperaturmessung.
In Studien wird versucht, bei unterschiedlichen Formen der gestörten Spermatogenese trotz der fehlenden Hormonstörung Medikamente einzusetzen – zu nennen sind Gonadotropine, Antiöstrogene, Dopaminagonisten zur Prolactinhemmung und der Aromatasehemmer Testolacton. Auch Testosteron wurde in hohen Dosen eingesetzt, um eine Art „Rebound"-Effekt zu erzielen.

Impotenz (Impotentia coeundi)

Hierbei handelt es sich um unterschiedliche Grade der Störung, den Verkehr auszuüben – häufig sind *Störungen der Erektion und der Ejakulation* miteinander verbunden. Die Störung kann einen Hypogonadismus (s. u.) zur Ursache haben oder trotz normaler Gonadenhormone auftreten.
Ein Teil der Kranken leidet an Nervenausfällen. Ursächliche Erkrankungen sind Ausfälle des Rückenmarks, multiple Sklerose und Stoffwechselstörungen wie der Diabetes mellitus mit der Folge der diabetischen Neuropathie. Eine Therapie ist nur über die Grundkrankheit möglich – bei Irreparabilität wird gelegentlich die Implantation einer Penisprothese vom Patienten gewünscht.
Zum gleichen Resultat der Erektionsstörung können vaskuläre Erkrankungen führen (Makroangiopathien mit und ohne Diabetes). Die Therapie strebt die Besserung der Grundkrankheit an.
Recht häufig beruhen Erektionsstörungen auf psychischen Ursachen. Die „mechanische" Seite der Gonadenfunktion ist sowohl endokrin als auch funktionell ungestört; psychische Blockaden oder andere Störungen verhindern Erektion und Ejakulation. Die Behandlung besteht in der Psychotherapie.
Als *Climacterium virile* bezeichnet man die nachlassende Potenz des alternden Mannes. Nach Ausschluß definierter neurogener oder vaskulärer Ursachen bleibt das aufklärende Gespräch über die natürlicherweise nachlassende Potenz beim Manne mit dem Älterwerden ohne Krankheitswert. Forderungen der Umwelt (jüngere Partnerin) können den Betroffenen jedoch unter erheblichen Erfolgszwang setzen. Medikamente zur lokalen Durchblutungsförderung wie Yohimbin helfen nur bedingt. Nachdem die Testosteronproduktion altersentsprechend normal ist, vermag eine Dosiserhöhung zwar vorübergehend eine gewisse Aktivierung der Gonadenachse einschließlich Libido und Potenz hervorzurufen – zu Dauererfolgen einer bleibenden Potenzsteigerung kommt es jedoch nicht. Dagegen ist vor einer dauernden Erhöhung des Testosterons durch eine derartige Therapie zu warnen (Prostatakarzinom-Risiko des älteren Mannes).
Am sinnvollsten ist eine Sexualberatung über Entspannungsbedingungen beim Verkehr, ausreichende Abstände, evtl. Beratung der Partnerin zur Verhinderung der Überforderung des Mannes.

Endokrine und chromosomale Erkrankungen

Pubertas praecox

Def: Wenn Testosteron beim Knaben vor dem Lebensalter der beginnenden Pubertät wirksam wird, wird die entsprechende Ausprägung sekundärer Geschlechtsmerkmale als Pubertas praecox bezeichnet. Die echte Form geht von den normalen Zentren der Gonadensteuerung aus; bei der Pseudopubertas praecox kommen Androgene anderer Quellen (mit der Folge der Suppression des hypothalamohypophysären Gonadostaten) in Betracht.

Idiopathische Pubertas praecox: Ohne ersichtlichen Anlaß setzt die LHRH- und Gonadotropin-Sekretion ein und induziert den Beginn der Pubertät. Die Knaben erfahren einen Wachstumsschub an den Altersgenossen vorbei. Sie entwickeln die typischen Pubertätszeichen und beenden dann ihr Wachstum vorzeitig durch den Schluß der Epiphysenfugen. Mit dem Bild eines minderwüchsigen, proportionierten Mannes entsprechen sie dem Begriff „kleiner Herkules". Bei rechtzeitiger Diagnosestellung kann ein Behandlungsversuch mit Antiandrogenen unternommen werden.

Hirnorganische Pubertas praecox: Hierbei läßt sich eine zerebrale Erkrankung wie Ausbildung eines Pinealoms, Hydrocephalus internus, Vernarbung nach tuberkulöser Meningitis u. ä. feststellen. Eine entsprechende kausale Therapie kann im Falle eines Tumorwachstums versucht werden – als symptomatische Therapie kommt die Gabe von Antiandrogenen bzw. Buserelin in Betracht.

Pseudopubertas praecox: Androgene können vermehrt im Rahmen eines adrenogenitalen Syndroms des Mannes anfallen, darüber hinaus durch androgenproduzierende Tumoren der Nebennierenrinde und der Testes. Typisch ist die Nichtmeßbarkeit von Gonadotropinen bei hohen Androgenspiegeln. Therapeutisch wird die Entfernung des verantwortlichen Tumors versucht – im Falle eines adrenogenitalen Syndroms kann eine Glucocorticoid-Therapie versucht werden.
Extrem selten werden Gonadotropine paraneoplastisch etwa von Hepatomen gebildet, die im Jugendalter sehr selten sind. Gonadotropine werden auch von Chorionepitheliomen oder Teratomen gebildet.

Hypogonadismus

Überblick über Physiologie und Ätiologie

Im Hypothalamus wird das Hormon LHRH (luteinizing hormone releasing hormone) = GnRH (Gonadotropin-RH) gebildet. Es stimuliert im Hypophysenvorderlappen die Ausschüttung sowohl von LH (= ICSH) als auch von FSH. LH stimuliert die Leydig-Zellen zur Testosteronsekretion; FSH stimuliert (unterstützt von Testosteron) die Ausbildung des Tubulusapparates sowie die Spermaproduktion. Testosteron wirkt über eine negative Rückkoppelung hemmend auf die LH- und wahrscheinlich auch die LHRH-Sekretion ein. Das vom Tubulusapparat gebildete Inhibin hemmt rückkoppelnd das FSH.
Beim tertiären Hypogonadismus ist die LHRH-Sekretion gestört, beim sekundären Hypogonadismus liegt der Defekt im Hypophysenvorderlappen, beim primären Hypogonadismus im Hoden selbst. Tab. 17.**21** gibt eine Übersicht über die Formen des männlichen Hypogonadismus.

Tabelle 17.**21** Formen des männlichen Hypogonadismus

Tertiärer Hypogonadismus = LHRH-Mangel (hypothalamisch)	Kallmann-Syndrom (mit Anosmie) idiopathisch (ohne Anosmie)
Sekundärer Hypogonadismus = LH/FSH-Mangel (hypophysär)	Hypophysenläsion durch Tumor, Trauma, Blutung, Entzündung u. a. Suppression durch Sexualhormontherapie
Primärer Hypogonadismus	
interstitielle (Leydig-Zell-) *und* tubuläre Insuffizienz	Anorchie, Hodenverlust durch Trauma, Entzündung, Torsion u. a. Anlagestörung: XXY = Klinefelter-Syndrom (vorwiegend tubulär) Myotonia dystrophica (M. atrophica Steinert)
tubuläre Insuffizienz (Spermiogenese)	idiopathische Germinalaplasie (Del-Castillo-Syndrom), idiopathisches Sertoli-Zell-Syndrom) erworbenes Sertoli-Zell-Syndrom bei Kryptorchismus, nach ionisierenden Strahlen, nach Zytostatika Fehlbildungen der Spermien (Terato-, Astheno-, Oligozoospermie)
interstitielle Insuffizienz (Testosteronproduktion)	„Climacterium virile“ Therapie mit Antiandrogenen (supprimiert auch Gonadotropine)

Primärer Hypogonadismus

Angeborene oder präpubertär erworbene Form

Sy: Bei den betroffenen Knaben kommt die Pubertät nicht in Gang. Hoden und Genitale bleiben infantil; die Sekundärbehaarung bildet sich nicht aus. Die Körperproportionen können leicht eunuchoid-gynäkoid ausgeprägt sein. Der Stimmbruch bleibt aus. Die Körpergröße kann die Zielgröße, berechnet aus den Daten der Eltern, übersteigen. Die Diagnose wird anfangs zunächst als Pubertas tarda angesehen, bis aufgrund der überfälligen Pubertät zu unterschiedlichen Zeitpunkten gegen Ende des 2. Lebensjahrzehnts eine Diagnostik erfolgt. Der Befund erhöhter Gonadotropine belegt, daß die Zentrale intakt ist und der Schaden peripher im Niveau der Hoden liegt. Neben einer Anorchie (Hodenaplasie) kommen Zustände nach Trauma, Infektion (Mumps) usw. in Betracht.

Dg: Wesentlich ist eine exakte körperliche Untersuchung mit Beachtung der Pubertätsmerkmale und die Bestimmung der Hodengröße (falls vorhanden) mit dem Orchidometer. Sinnvoll ist auch eine Knochenalterbestimmung (Röntgenaufnahme der linken Hand). Die Laboratoriumsdiagnostik ergibt erhöhte LH- und FSH-Spiegel im Serum bei Testosteronspiegeln im Bereich eines männlichen Kindes vor der Pubertät. Eine Chromosomenanalyse ist zum Ausschluß eines Klinefelter-Syndroms anzuraten, vor allem wenn diskrete Zeichen einer Testosteronwirkung sichtbar sind.

Th: Die Behandlung besteht in der regelmäßigen Substitution mit Testosteron; die Normaldosis für den erwachsenen Mann liegt bei 250 mg als Depot alle 3–4 Wochen i. m. Orale Testosteron-Präparate können eine Belastung für die Leber darstellen – eine Ausnahme mag das bevorzugt über den Lymphweg in die Zirkulation strömende Testosteronundecanoat (Andriol) darstellen.

Postpubertär erworbene Form

Ät und *Sy:* Nach vorausgegangener normaler Pubertät kann es im Laufe des Lebens des Mannes zum Ausfall der Hodenfunktion kommen. Ursachen sind Traumen (Verkehrsunfälle, Sportverletzungen, früher Verwundungen im Kriege). Entzündliche Erkrankungen kommen ebenfalls vor, selten Tumoren.
Wenn nur die tubuläre Hodenfunktion betroffen ist, ergibt sich eine Infertilität – bei erhaltener Testosteronproduktion jedoch keine Impotenz. Fällt dagegen auch die endokrine Hodenfunktion (Testosteronproduktion) aus, erfahren die betroffenen Männer eine Abnahme von Libido und Potenz bis zur vollständigen Impotenz. Das männliche Haarkleid bleibt in der Regel erhalten; die Ausprägung der Muskulatur kann jedoch im Laufe der Jahre nachlassen.

Th: Die Therapie der Wahl besteht in der regelmäßigen Substitution von Testosteron (s. o.). Die Gabe von Gonadotropinen ist nicht sinnvoll, da deren Zielorgan ja fehlt.
Die Hodenausschaltung als ärztliche Maßnahme beim Prostatakarzinom ist eine gesonderte Situation, da hier ja keine Substitutionstherapie erfolgen darf.

Klinefelter-Syndrom

Ät und *Sy:* Beim männlichen Geschlecht findet sich in der Häufigkeit von 1:600 eine Chromosomenanomalie mit der Konstellation 47, XXY. Die Verdoppelung des X-Chromosoms geht mit folgenden Veränderungen einher: Nach unauffälliger Kindheit erfolgt die Entwicklung in der Pubertät diskret submaskulin. Die Hoden bleiben klein (Volumen unter 5 ml), während der Penis nahezu erwachsen-männlich wird. Die Sekundärbehaarung bildet sich etwas spärlich aus. Der Körperbau ist angedeutet gynäkoid. Die Brustwarzen stehen etwas weiter auseinander. Eine Gynäkomastie ist häufig.

Dg: Die Hoden weisen eine starke Hyalinisierung des Tubulusapparates auf, während die Leydig-Zellen normal entwickelt sind. Die Testosteronspiegel sind vor allem in jüngeren Jahren niedrig-normal, fallen jedoch vorzeitig ab. Die Gonadotropinerhöhung betrifft besonders das FSH, aber auch das LH. Hieraus ist ein relativer Mangel an Testosteron-Wirksamkeit abzulesen. Es liegt eine Infertilität bei Aspermie vor.
Anlaß zur *Diagnosestellung* kann Infertilität bei bestehendem Kinderwunsch sein – aus ärztlicher Sicht sollte sie auch ohne Beschwerden bei dem Befund kleiner Hoden und der Möglichkeit einer ungenügenden Vermännlichung erfolgen. Der Befund der absolut oder relativ erhöhten Gonadotropine bei niedrig-normalem oder erhöhtem Testosteron in Verbindung mit dem Chromosomenbefund sichert die Diagnose.

Th: Nachdem die Testosteronproduktion beim Klinefelter-Syndrom vorzeitig abnimmt, sollte eine Substitutionstherapie frühzeitig genug erfolgen – die Vollsubstitution besteht in der Gabe von Testosteron als Depot-Präparat (250 mg alle 3–4 Wochen i. m.). Es kann aber keine Fertilität erzielt werden. Die Testosteronsubstitution dient nicht nur der Erhaltung oder Besserung der Potenz, sondern auch der Osteoporoseprophylaxe. Unbehandelte Patienten mit Klinefelter-Syndrom sind vorzeitig von einer Osteoporoseentwicklung bedroht.

Sonstige Chromosomenanomalien
Ähnlich wie das Klinefelter-Syndrom imponieren Chromosomenanomalien wie das XXXY-Syndrom, das XYY-Syndrom oder das Syndrom der XX-Männer.

Sekundärer Hypogonadismus
Die Störung der Gonadenachse im Niveau des Hypophysenvorderlappens kommt angeboren, präpubertär oder postpubertär erworben vor.

Präpubertäre Form
Die präpubertären Formen sind selten isoliert, häufiger kombiniert mit anderen Ausfallserscheinungen hypophysärer Genese (S. 861). Jugendliche mit festgestellten Störungen der Hypophysenfunktion werden im Alter der späteren Pubertät sehr sorgfältig im Hinblick darauf untersucht, ob die Pubertät in Gang kommt oder nicht. Bei ausbleibender Pubertät ist eine Induktion möglich: Über Monate werden kombiniert Gonadotropine (HCG und HMG) in 2–3 Injektionen pro Woche verabreicht, um das Genitale wachsen zu lassen. Vorübergehend wird dann auch endogen Testosteron produziert. Als Dauersubstitution kommt anschließend die einfachere Testosteron-Gabe in Betracht (250 mg als Depot alle 3 Wochen). Auf diesem Wege ist die exogene Induktion der Pubertät möglich – die Potenz kann durch die Dauersubstitution mit Testosteron ermöglicht und erhalten werden. Die Fertilität ist nur in Einzelfällen mit sehr großem Aufwand durch dauernde Gonadotropin-Gaben zu erzielen.

Postpubertär erworbene Form
Die erworbene Insuffizienz der gonadotropen Hypophysenzellen macht sich klinisch als Impotenz und Infertilität nach vorausgegangener normaler Pubertät und Sexualfunktion bemerkbar. Der isolierte Gonadotropin-Mangel ist sehr selten; häufiger ist der sekundäre Hypogonadismus Komponente einer partiellen oder totalen Hypophysenvorderlappeninsuffizienz (S. 861).

Dg: Die Diagnose wird gestellt durch die Koinzidenz von erniedrigtem Testosteron und erniedrigten bzw. nicht adäquat erhöhten Gonadotropinen; durch LHRH findet keine Gonadotropin-Ausschüttung statt.

Th: Die Therapie besteht in der Dauersubstitution mit Testosteron (Dosierung wie oben). Fertilität wird hierdurch nicht ereicht. In Einzelfällen ist es möglich, durch eine diffizile Gonadotropin-Therapie auch eine Samenproduktion in Gang zu setzen.

Tertiärer Hypogonadismus
Ät und *Sy:* Ein Ausbleiben der Pubertät kann auf einem isolierten idiopathischen Fehlen des LHRH beruhen. Der gleiche Defekt kommt vergesellschaftet mit einer Anosmie vor; dieses dysraphische olfaktogenitale Syndrom wird auch als *Kallmann-Syndrom* bezeichnet. Bei diesem familiär gehäuft vorkommenden Bild zeigt sich ein typischer gynäkoider Habitus, Genitalhypoplasie durch fehlende Pubertät und Gynäkomastie.

Dg: Die Diagnose ist bei den Fällen mit Anosmie als Vermutung sehr einfach bei Patienten ohne Riechstörung und zur Absicherung der Kallmann-Patienten ergibt sich das Laborspektrum von erniedrigtem Testosteron und niedrigen Gonadotropinen (auch im postpubertären Alter), die sich jedoch durch mehrfache Gabe von LHRH stimulieren lassen.

Th: Die Therapie folgt der wie beim präpubertären sekundären Hypogonadismus. Versuche sind im Gange, durch eine pulsierende LHRH-Therapie eine möglichst normale Hodenfunktion zu erzielen. Der therapeutische Aufwand (Tragen einer Pumpe mit regelmäßigen LHRH-Pulsen etwa alle 90 Min.) ist erheblich.

Gynäkomastie
Ät, Sy und *Dg:* Die Verdickung der Brust mit Ausbildung eines Drüsenkörpers beim männlichen Geschlecht kommt physiologisch selten in der Neugeborenen-Periode, recht häufig während der Pubertät vor (bei etwa 40% aller Jungen). Die Bedeutung einer Krankheit kann die Gynäkomastie haben, wenn sie progredient ist oder im späteren Lebensalter unabhängig von der Pubertät auftritt. Tab. 17.**22** enthält die *Differentialdiagnose* der Gynäkomastie. Pubertätsgynäkomastien bilden sich in der Regel spontan zurück – nur selten ist eine persistierende Pubertätsgynäkomastie so störend, daß sie nach Abschluß der Pubertät (nicht vor dem

Tabelle 17.22 Differentialdiagnose der Gynäkomastie

Physiologische Formen	
bei Neugeborenen	
in der Pubertas	
(bei Adipositas)	
Pathologische Formen	
Testosteronmangel	Hodenausfall (angeboren, erworben) Klinefelter-Syndrom
Androgen-Resistenz	testikuläre Feminisierung Reifenstein-Syndrom echter Hermaphroditismus
Östrogen-Überschuß	Hodentumor mit Östrogenproduktion (NNR-, Leber-, Lungentumor mit Östrogenüberproduktion
Hypergonadotropismus	LH-, HCG-produzierende Tumoren
Hyperprolaktinämie	Prolaktinom medikamentös induzierte Hyperprolaktinämie
Schilddrüsenerkrankungen	Hypothyreose Hyperthyreose
Lebererkrankungen	(Zirrhose)
Hungerzustand und Auffütterung	
Morbus Hodgkin	
Medikamentös	Östrogene (Pillen, Salben, Haarwasser) Dopamin-Antagonisten (via Prolactin) Spironolactone Digitalis Cimetidine Cannabis-Marihuana
Niereninsuffizienz	Hämodialyse

20. Lebensjahr) operativ korrigiert werden muß.

Bei der progredienten oder später erworbenen Gynäkomastie sollten zunächst exogene Auslösungen anamnestisch ausgeschlossen werden (Einnahme von Medikamenten wie Digitalis, Spironolactone, Cimetidine? Gebrauch von Cannabis?). Ist eine derart induzierte Genese unwahrscheinlich, sind Hormonanalysen erforderlich, um zu differenzieren, ob die Gynäkomastie auf einer Vermehrung der Östrogene beruht oder auf einer Abnahme des Testosterons (mit dann relativem Überwiegen der Östrogenwirkung). Somit kommen alle Hypogonadismusformen mit Testosteronmangel als Ursache einer Gynäkomastie in Betracht. Durch Messung des Testosterons und der Gonadotropine lassen sich hier sichere Hinweise gewinnen. Beim Mann kann eine Hyperprolaktinämie durch Entwicklung eines Hypogonadismus ebenfalls zur Gynäkomastie führen. Östrogenbedingte Gynäkomastien können auf einem Hodentumor beruhen; diagnostisch ist die direkte Bestimmung des 17β-Östradiols und des β-HCG im Blute anzuraten. Selten kommt beim Mann die Verwendung von Östrogenen vor (östrogenhaltiges Haarwasser, Verwendung östrogenhaltiger Vaginalcremes der Ehefrau u. ä.).

Th: Kosmetisch störende Gynäkomastien müssen operativ entfernt werden. Bei hormoneller Verursachung soll eine kausale Therapie angestrebt werden: östrogenproduzierende Tumoren sind selbstverständlich zu exstirpieren; ein Testosteronmangel sollte substituiert werden, sofern keine Kontraindikation besteht. Die Situation einer Kontraindikation wäre beim Prostatakarzinom gegeben. Antiöstrogene befinden sich im Stadium der Erprobung.

Intersexualität

Def und *Formen:* Unter diesem Begriff versteht man das gleichzeitige Vorkommen männlicher und weiblicher Geschlechtsmerk-

male. Die Formen des echten Zwittertums sind vielfältig. Für Einzelheiten sei auf Lehrbücher der Kinderheilkunde verwiesen, da sich das Problem der Intersexualität bei der Geburt bzw. der Kleinkindbetreuung beim Kinderarzt stellt.
Im Rahmen endokrinologischer Untersuchungen von Heranwachsenden und Erwachsenen kommen vor allem Erkrankungen der späteren Vermännlichung in Betracht.

Testikuläre Feminisierung: Bei diesem Syndrom der haarlosen Frauen liegt ein normaler äußerer weiblicher Aspekt vor (normale Ausbildung der Mammae und des äußeren Genitales); es fehlen Achsel- und Schambehaarung fast völlig. Die Vagina endet blind. Gelegentlich lassen sich rechts und links des Mons pubis Vorwölbungen erkennen, in denen Hoden liegen. Die Hoden können auch im Abdomen angesiedelt sein. Dem Defekt liegt eine Resistenz der Körperzellen gegenüber Testosteron zugrunde. Vermutlich ist das Enzym 5α-Reduktase gestört, das aus dem Testosteron das biologisch wirksame Dihydrotestosteron herstellt.
Der Chromosomensatz ist normal-männlich XY, die Testosteronspiegel liegen im männlichen Bereich. Therapeutisch kommt eine beidseitige Orchidektomie in Verbindung mit einer dauernden Östrogensubstitution in Betracht.

Erkrankungen der Hormone der Calciumhomöostase

Überblick über die Physiologie

Die Hormone der Calciumhomöostase kooperieren, um den Serumcalciumspiegel konstant zu halten und den Organismus immer ausreichend mit Calcium zu versorgen, sobald dieses Mineral mit der Nahrung angeboten wird. Das Skelett dient als Depotorgan für Zeiten des Calciummangels – für eine gewisse Zeit ist die Überbrückung einer fehlenden Calciumzufuhr möglich. Ein länger dauernder nutritiver Calciummangel führt dagegen zu Schäden am Skelett durch Angreifen dieses Depots. Die Aufgabenverteilung unter den Hormonen ist unterschiedlich. Parathormon (PTH) dient vor allem der Aufrechterhaltung der Normokalzämie bei fehlender Zufuhr; unter dem Einfluß des PTH wird die Kalzurie vermindert und gegebenenfalls Calcium aus dem Skelett durch verstärkte Resorption abgerufen (gleichzeitig wird dabei überflüssiges Phosphat über die Niere ausgeschieden). PTH fördert aber auch die Bildung des 1,25-$(OH)_2$-D_3 (Calcitriol) in der Niere, das für eine optimale Calciumabsorption über den Darm zuständig ist (über die Bildung des calciumbindenden Proteins, CaBP). Somit fördert PTH indirekt die Calciumaufnahme. Das in der Vergangenheit als PTH-Antagonist angesehene Calcitonin hat wahrscheinlich auch eine Aufgabe bei der Calciumkonservierung. Wenn Calcium mit der Nahrung reichlich angeboten wird, könnte es über einen Calciumanstieg im Blute (und Suppression des PTH) über die Niere verlorengehen. Damit dies nicht geschieht, wird Calcitonin, über gastrointestinale Hormone stimuliert, vermehrt sezerniert. Es verzögert dann die Verdauung und die Calciumabsorption über eine Hemmung von Magen- und Pankreassekretion u. ä. Kurzfristig blokkiert es dabei auch die Osteolyse, um kein Calcium aus dem Knochen ausströmen und zum Calciumanstieg beitragen zu lassen. Wenn der Calciumspiegel ausreichend hoch oder gar erhöht ist, wird Calcitonin nicht mehr durch einen Calciumanstieg stimuliert; die Endorgane sprechen auch auf einen chronisch erhöhten Calcitoninspiegel nicht mehr an. Somit ist das Hormon kein verläßlicher Protektor gegen eine gesteigerte Osteolyse, wie früher vermutet.

Primärer Hyperparathyreoidismus (pHPT)

Formen: Bei dieser autonomen Mehrsekretion von PTH über den Bedarf des Organismus hinaus liegt in etwa 80% der Fälle ein solitäres Adenom eines der vier Epithelkörperchen zugrunde. Bei etwa 15% sind mehrere Drüsen beteiligt – zwischen der Ausbildung von zwei oder gar mehr Adenomen und der primären Hyperplasie aller vier Drüsen bestehen Übergänge, die pathologischerseits nicht immer exakt differenziert werden können. Bei 1–3% (eigene Erfahrung) der Patienten findet sich ein Nebenschilddrüsenkarzinom. Abzugrenzen ist der Pseudohyperparathyreoidismus, bei dem PTH paraneoplastisch sezerniert wird – dieser Mechanismus trifft jedoch nur für eine kleine Zahl der Patienten mit Tumorhyperkalzämie zu. Bei der Mehrzahl von ihnen werden andere hyperkalzämische Faktoren wie das PTH-artige Peptid (PLP) freigesetzt.

Vk, Ät und *Pathog:* Im gemischten klinischen Krankengut weist etwa jeder 1000. Patient eine Hyperkalzämie auf. Unter den klinisch relevanten Hyperkalzämien beruhen 20% auf einem primären Hyperparathyreoidismus, fast ⅔ der Patienten haben eine Tumorhyperkalzämie, die restlichen Fälle haben seltenere Ursachen (s. Differentialdiagnose). Die Ursache der Nebenschilddrüsenautonomie ist in der Regel unbekannt; bei einzelnen Patienten kann eine Röntgenbestrahlung im Halsbereich 20 oder mehr Jahre zuvor eruiert werden. Der PTH-Exzess hat im Organismus folgende Auswirkungen: Die Osteoklasten werden aktiviert; es kommt zur vermehrten Skelettresorption. Das freigesetzte Calcium steigt im Blut an; das gleichzeitig freigesetzte Phosphat wird durch die phosphaturische PTH-Wirkung an der Niere eliminiert. Zunächst wirkt PTH an der Niere auch antikalzuretisch – dieser Effekt wird jedoch später durch das hohe Calciumangebot überspielt, und es zeigt sich eine Hyperkalzurie, die in Verbindung mit der Hyperphosphaturie das recht häufige Nierensteinleiden erklärt. In der Niere verstärkt PTH die Bildung des Calcitriols, so daß auch vermehrt Calcium über den Darm aufgenommen wird. Diese Mechanismen erklären die ossäre Manifestation der Erkrankung mit Skelettabbau und die renale Manifestation der Nephrolithiase/Nephrokalzinose. Sobald der Serum-Calciumspiegel die Norm überschreitet, treten funktionelle Störungen und intestinale Manifestationen durch Hyperkalzämie hinzu (Tab. 17.**23**).

Sy: Unter den Organmanifestationen des primären Hyperparathyreoidismus führt die

Tabelle 17.**23** Symptome bei primärem Hyperparathyreoidismus

Betroffenes Organ	Funktionelle Störung (hyperkalzämiebedingt-reversibel)	Dekompensation bei parathyreotoxischer Krise	Morphologische Veränderung („Organmanifestation")
Niere	Hyposthenurie, Polyurie (Polydipsie), Elektrolytverlust (Ca, Na, K → Hypokaliämie)	Oligurie, Anurie → Niereninsuffizienz	Nephrolithiasie, Nephrokalzinose
Skelett	(Pseudogicht)		Osteolyse – mikroskopisch – makroskopisch Maximalform: Osteodystrophia fibrosa generalisata cystica (v. Recklinghausen) (heute selten)
Intestinum	Übelkeit, Erbrechen, Obstipation	(verstärkt)	
Magen	vermehrte Säuresekretion		peptisches Ulkus (?)
Pankreas	vermehrte Enzymsekretion		Pankreatitis
Gallenblase	–		Cholelithiase (?)
Muskulatur	Adynamie, Reflexabschwächung		
Zentralnervensystem	Müdigkeit, Kopfschmerzen, EEG-Veränderungen Psychosyndrom: Antriebsverminderung, Verstimmung, Somnolenz, Koma	Somnolenz, Koma → Exitus	Liquorveränderungen

Nephrolithiase bzw. Nephrokalzinose (bei 50–70% der Erkrankten (Tab. 17.**23**). Bei jedem Patienten mit rezidivierendem Nierensteinleiden sollte ein pHPT ausgeschlossen werden. Ossäre Manifestationen sind seltener: Es können diffuse, „rheumatische" Knochenschmerzen sein. Auch Frakturen an unterminierten Skeletteilen sind möglich. Es liegt dann die schwerste Form der Manifestation am Skelett vor, die Ostitis fibrosa generalisata cystica von Recklinghausen.

Als intestinale Manifestation finden sich (hyperkalzämieinduziert) gehäuft peptische Gastroduodenalulzera, verkalkende Pankreatitiden und schattengebende Gallensteinbildungen.

Den Organmanifestationen sind die funktionellen Störungen des Hyperkalzämie-Syndroms gegenüberzustellen (Tab. 17.**23**) – sie werden nicht selten lange Zeit übersehen. Eine Hyperkalzämie führt zu Polyurie und Polydipsie sowie Hypokaliämie. Es kommt zu Inappetenz, Übelkeit und Erbrechen mit der Folge einer Gewichtsabnahme. Zentralnervös fallen Muskelschwäche und Reflexabschwächung auf. Als endokrines Psychosyndrom kommen Antriebsarmut, Verstimmungen, Depressionen und Gedächtnisschwäche vor. Seltenere Störungen sind Herzrhythmusstörungen und Gelenkbeschwerden (Pseudogicht).

Die Hyperkalzämie kann in einer hyperkalzämischen Krise kulminieren. Diese zeichnet sich durch einen Umschlag von Polyurie in Oligurie bzw. Anurie aus (ausgelöst etwa durch eine Exsikkose); das Bewußtsein wird eingetrübt bis zu Somnolenz oder Koma. Bei unklaren Zuständen der Bewußtlosigkeit ist unbedingt an die Möglichkeit eines Calcium-Komas zu denken.

Sehr seltene Manifestationen einer lange Zeit unbehandelten Erkrankung sind Zeichen einer Kalkgicht (Calcinosis cutis).

DG und *DD:* Die Möglichkeit der direkten PTH-Bestimmung hat die Diagnosestellung erleichtert. Bei der Mehrzahl der Patienten ist die Diagnose eines primären Hyperparathyreoidismus aufgrund der Koinzidenz von erhöhtem Calcium und PTH im Blute zu stellen, sofern keine Tumorhinweise vorliegen (Tab. 17.**24**). Bei der Frühdiagnose findet sich der PTH-Spiegel noch im Normbereich. Hier muß, ein verläßliches Meßsystem wie das Intakt-PTH vorausgesetzt, aufgrund der Koinzidenz von Hyperkalzämie und nichtsupprimiertem PTH mit einem pHPT gerechnet werden.

Wenn ein Patient mit pHPT-Verdacht klinische Symptome von seiten des Skelettes aufweist, werden die entsprechenden Regionen geröntgt. Als Suchaufnahme ist die dorsovolare der Hände empfehlenswert. Als Frühzeichen eines Hyperparathyreoidismus zeigen sich subperiostale Usuren an der Radialseite besonders des Zeigefingers. In diagnostisch schwierigen Fällen kann auch eine Knochenbiopsie am Beckenkamm entnommen werden; histologisch zeigt sich in fortgeschrittenen Fällen die typische Fibroosteoklasie, in frühen Fällen lediglich ein gesteigerter Um-

Tabelle 17.**24** Diagnose und Differentialdiagnose des primären Hyperparathyreoidismus (pHPT)

PTH im Serum (intaktes Molekül!)	bei pHPT erhöht (nicht supprimiert, auch normal), sonst supprimiert
Phosphat im Serum	bei pHPT teilweise erniedrigt
alkalische Serumphosphatase	bei pHPT teilweise erhöht
Blutkörperchensenkungsgeschwindigkeit, Blutbild, Knochenmark, Immunelektrophorese	Hinweise auf Systemerkrankungen wie Leukämien, Plasmozytom?
Röntgen-Skelettstatus Skelettszintigramm Knochenhistologie	Metastasen; Osteopathie, die bei Immobilität zur Hyperkalzämie führt? Histologische Einordnung der Erkrankung?
Tumorsuche, venöse Katheterisierung mit PTH-Bestimmung	Hinweise auf Tumor mit paraneoplastischer PTH-Sekretion?
Thorax-Röntgenaufnahme, Leberbiopsie	Morbus Boeck?
25-OH-D_3-Bestimmung	Vitamin-D-Intoxikation
T_3 (Trijodthyronin), T_4 (Tetrajodthyronin) TRH-(Thyreotropin-releasing-hormone-)Test	Hyperthyreose?
NNR-(Nebennierenrinden-)Diagnostik	Morbus-Addison? Morbus Cushing post operationem?

bau oder auch ein Normalbefund. Die Bedeutung der Knochenbiopsie liegt mehr in ihrer differentialdiagnostischen Aussage (Ausschluß einer Tumorerkrankung, insbesondere einer Hämoblastose).
Die häufigste Differentialdiagnose ist also die Tumor-Hyperkalzämie; ein entsprechendes diagnostisches Programm zum Ausschluß klassischer Tumoren mit Begleithyperkalzämie ist empfehlenswert (Ausschluß eines Bronchialkarzinoms, eines Hepatoms, eines Pankreaskarzinoms, eines Nierenzellkarzinoms, einer hämatologischen Systemerkrankung). Ist das PTH erhöht und kommt ein seltener echter Pseudohyperparathyreoidismus in Betracht, kann die Katheterisierung der Epithelkörperchenvenen mit PTH-Bestimmung wichtige Hinweise zur Herkunft des PTH liefern. Diese diagnostische Maßnahme ist beim sicher diagnostizierten pHPT vor der Erstoperation nicht indiziert, dagegen nach *erfolgloser* Erstoperation. Lokalisierungsmethoden zum Auffinden eines Nebenschilddrüsentumors sind die Halssonographie, ggf. auch die Computertomographie des sonographisch nicht erreichbaren oberen Mediastinums. Szintigraphische Methoden haben sich nicht bewährt. Ganz wesentlich ist, daß die Operation durch einen erfahrenen Chirurgen erfolgt.

Th: Die Behandlung der Wahl ist die Halsrevision zur Entfernung des überaktiven Nebenschilddrüsengewebes. Der erfahrene Chirurg wird in weit über 90% fündig. Sicher identifizierbare Adenome werden entfernt. Nach Möglichkeit sollen immer alle vier Nebenschilddrüsen angesehen werden. Im Falle einer Vier-Drüsen-Erkrankung ist heute die totale Parathyreoidektomie mit Reimplantation kleiner Fragmente der kleinsten der vier Drüsen, etwa in die Unterarmmuskulatur, zu erwägen. Im Falle eines metastasierenden Nebenschilddrüsenkarzinoms sollten auch erreichbare Metastasen entfernt werden.
Häufig nimmt der diagnostische Prozeß eine ganze Zeit in Anspruch – symptomatische Maßnahmen zur Calciumsenkung sind erforderlich. Sie dienen auch u. U. der Besserung des präoperativen Zustandes. Im Falle einer hyperkalzämischen Krise darf jedoch auf die Besserung, die kaum je eintritt, nicht gewartet werden – die einzige Überlebenschance des Patienten besteht dann in rechtzeitiger Operation.

Tabelle 17.**25** Maßnahmen zur Calciumsenkung

Mittel	Dosis	Mechanismus
Schnelle Wirkung		
reichliches Trinken	3–4 l/Tag (Urinmenge bis 3 l)*	Diurese- und Kalziuresesteigerung
Infusion von 9%iger Kochsalzlösung	3–6 (bis 10) l/Tag i.v.	Diurese- und Kalziuresesteigerung
Calcitonin	4–6 Ampullen/Tag s.c. oder als Infusion i.v.	Osteolysehemmung
Clodronat (Ostac)	300 mg/Tag i.v. oder 1600–3200 mg/Tag oral	Osteolysehemmung
Dialyse	gegen calciumfreies Dialysebad	Calciumeliminierung
Langsame Wirkung		
Cortison	100–200 mg/Tag (Dauertherapie)	Verminderung der Calciumabsorption Wirkung auf Grundkrankheit, Prolongierung der Wirksamkeit des Calcitonins
calciumarme Diät	weniger als 100 mg Calcium pro Tag	Verminderung der Calciumabsorption

Cave: Bei Hyperkalzämie kein Digitalis
* Evtl. Furosemid zur Diuresesteigerung

Tab. 17.**25** zählt Maßnahmen zur Calciumsenkung auf: Reichliches Trinken (calciumfreier Flüssigkeiten!) ist bereits eine einfache Prophylaxe bei nicht dekompensierten Hyperkalzämien. Kann nicht ausreichend getrunken werden, ist die Infusion physiologischer Kochsalzlösung das Mittel der Wahl. Bei ungenügender Ausscheidung kann Furosemid eingesetzt werden, nicht dagegen Thiazide, da sie sogar durch ihre Hemmung der Calciumausscheidung die Störung verstärken können! Calcitonin kann als Adjuvans eingesetzt werden. Für die höhergradige Hyperkalzämie, insbesondere durch Tumoren, empfiehlt sich Clodronat (300 mg über 2–4 Stunden i. v. pro Tag); es hat Mithramycin in dieser Hinsicht ersetzt. Die Prognose der rechtzeitig operierten Erkrankung ist sehr gut; Knochenläsionen heilen ausgezeichnet.

Sonderformen: Selten kommt die Nebenschilddrüsenüberfunktion familiär gehäuft vor – besonders bedrohlich ist dabei die angeborene Form der familiären Hyperplasie. Diese Kinder müssen rechtzeitig im Neugeborenenalter operiert werden. Des weiteren kann ein primärer Hyperparathyreoidismus im Rahmen der multiplen endokrinen Neoplasie (MEN) Typ I (Wermer-Syndrom) vorkommen. Bei dieser sowohl episodisch als auch familiär gehäuft vorkommenden Endokrinopathie ist am häufigsten ein pHPT beteiligt (über 80%), es folgt an zweiter Stelle ein Pankreastumor (Gastrinom, Insulinom u. a.), an dritter Stelle werden die Hypophysentumoren registriert (Akromegalie, Prolaktinom). Manche Patienten haben einen Befall aller drei Regionen. Entscheidend ist, an die Möglichkeit einer MEN zu denken, wobei die Überfunktionszustände und ihre Manifestation über Jahre versetzt auftreten können.

Intestinaler sekundärer Hyperparathyreoidismus (isHPT)

Ät und *Pathog:* Bei langdauernder Calcium-Mangelernährung oder Malabsorptions- Maldigestions-Syndromen kann sich mit der Zeit eine chronische Hypokalzämie entwickeln. Sie stimuliert chronisch die Nebenschilddrüsen zur Mehrarbeit und zum Wachstum – das reaktiv vermehrt sezernierte PTH führt zu Hyperosteolyse und Phosphaturie, da die Nieren intakt sind.

Sy: Im Vordergrund stehen Knochenschmerzen. Die Knochen werden nachgiebig und verbiegen sich. Frakturen sind eher seltener, da der Knochen elastisch reagiert. Das Bild ähnelt einer Osteomalazie mit der gleichzeitigen Komponente eines Hyperparathyreoidismus. Bei Erkrankungen des Magen-Darm-Traktes addieren sich diese hinzu. Als Folge der Hypokalzämie kommen Tetanien vor.

Dg: Röntgenbilder der schmerzhaften oder verbogenen Skelettanteile zeigen eine Demineralisierung sowie auch Zeichen sowohl des Hyperparathyreoidismus als auch der Osteomalazie. Die Labordiagnostik zeigt Hypokalzämie (häufig auch Eiweißmangel), Hypophosphatämie, Erhöhung der alkalischen Phosphatase und des PTH. Die Vitamin-D-Metaboliten im Blute sind erniedrigt. Die Beckenkammknochenbiopsie kann die Diagnose absichern.

Th: Wesentlich sind prophylaktische Substitutionen mit Calcium, sofern der Mangel rechtzeitig erkannt wird. Die entstandene Erkrankung wird durch Vitamin D therapiert (10 000–20 000 E pro Tag), zusätzlich sind Calcium-Präparate sinnvoll. In der Heilungsphase nach Therapiebeginn kann es durch den Calcium-Einstrom in den Knochen zur Verstärkung der Hypokalzämie mit Tetanie kommen. Zu beachten ist die Phase der Aufsättigung (Normalisierung der alkalischen Phosphatase), in der auf Erhaltungsdosen von Vitamin D und Calcium übergegangen werden kann.

Hypoparathyreoidismus

Formen, Ät und *Pathog:* Die Nebenschilddrüsenunterfunktion wird in idiopathische und akquirierte (in der Regel Operationsfolge) Formen untergliedert. Es kommt ein angeborener Hypoparathyreoidismus durch Nebenschilddrüsenaplasie vor (Di-George-Syndrom); des weiteren ist ein Hypoparathyreoidismus auf dem Boden einer Immunerkrankung (idiopathischer Hypoparathyreoidismus im eigentlichen Sinne) in jedem Lebensalter möglich. Operative Eingriffe mit der Folge eines Hypoparathyreoidismus können sowohl Schild- als auch Nebenschilddrüsenoperationen sein. Patienten mit Schilddrüsenkarzinom oder Vier-Drüsen-Hyperplasie mit pHPT sind naturgemäß am stärksten bedroht. Nur ausnahmsweise kommt eine Zerstörung aller vier Nebenschilddrüsen, etwa durch Tumorwachstum im Halsbereich u. ä. vor.

Folge des PTH-Mangels ist eine Hypokalzämie, da PTH nicht mehr die Osteolyse stimuliert und die Wirkung des Hormons auf die Calcitriol-Bildung entfällt; infolge der fehlenden phosphaturischen PTH-Wirkung entwickelt sich eine Hyperphosphatämie. Tetanische Bilder und paradoxe Verkalkungen (infolge Hyperphosphatämie) sind die Folge. Die Endorganresistenz des Organismus gegenüber PTH wird als Pseudohypoparathyreoidismus bezeichnet (s. u.).

Sy: Etwa ⅔ aller Patienten mit Hypoparathyreoidismus leiden an tetanischen Anfällen: Durch Erniedrigung der Schwelle der neuromuskulären Erregbarkeit kommt es zu Krämpfen der Gesichtsmuskulatur, besonders um den Mund herum, der Arm- und auch der Beinmuskulatur (Geburtshelferstellung der Hände, Spitzfußstellung der Füße). Rumpfmuskulatur und viszerale Darmmuskulatur (viszerale Tetanie) können ebenfalls beteiligt sein. Die Krämpfe werden von Parästhesien begleitet, die als Pelzigkeitsgefühl, Ameisenlaufen usw. auch im Intervall und vor den Anfällen auftreten können. Die Anfälle versetzen die Patienten in verständliche Angst, ohne daß der Anfall als solcher eine vitale Bedrohung beinhaltet. Nur ausnahmsweise wird durch einen tetanischen Anfall bei Disposition ein epileptischer Anfall ausgelöst. Beim Kind kann ein Laryngospasmus zur Bewußtlosigkeit infolge zerebraler Hypoxie führen.

Organmanifestationen eines lange unbehandelten Hypoparathyreoidismus können paradoxe Verkalkungen der Augenlinsen (Tetaniestar) und der Basalganglien im Gehirn sein. Sonstige Weichteilverkalkungen sind eine Rarität. Der unbehandelte kindliche Hypoparathyreoidismus geht mit Wuchs- und Zahnbildungsstörungen einher.

Dg und *DD:* Bei Patienten mit Tetanie oder auch den Organmanifestationen paradoxer Verkalkungen ist der diagnostische Eingangsparameter das Serumcalcium. Ist es normal, liegt eine normokalzämische Tetanie vor. Die Hypokalzämie muß differentialdiagnostisch weiter abgeklärt werden (Tab. 17.**26**). Der Phosphatspiegel ist beim Hypoparathyreoidismus erhöht, das PTH sollte erniedrigt sein, wobei die meisten heutigen Meßsysteme hier nicht differenzieren können. Ein scheinbar meßbares PTH schließt den Hypoparathyreoidismus nicht aus – we-

Tabelle 17.**26** Differentialdiagnose der hypokalzämischen Tetanien

Erkrankung, Störung	Mechanismus der Entstehung
Hypoparathyreoidismus	idiopathisch bei fehlender Organanlage als Autoimmuninsuffizienz nach Schild- bzw. Nebenschilddrüsenoperation vorübergehend beim Neugeborenen mit Unreife oder mütterlichem primärem Hyperparathyreoidismus
pseudoidiopathischer Hypoparathyreoidismus	Produktion von unwirksamen PTH
Pseudohypoparathyreoidismus	Typ I: Defekt des Adenylatcyclasesystems Typ II: Defekt in Übertragung der cAMP-Botschaft
nutritive Hypokalzämie	Calcium-Mangelernährung
intestinale Hypokalzämie	Calcium-Malabsorption, -Maldigestion
Rachitis, Osteomalazie	Vitamin-D-(Metaboliten-)Mangel
Niereninsuffizienz*	Hyperphosphatämie, Mangel an Vitamin-D-Hormon
Pankreatitis	Gewebsverkalkung, Glucagonwirkung
Oxalatavergiftung Citratbluttransfusion Phosphatgabe Sulfatgabe	Calciumkomplexbildung
Viomycintherapie	Calciumsenkung durch Hyperphosphatämie
Leukämie	Calciumsenkung durch Hyperphosphatämie

* in der Regel ohne Tetanie

Tabelle 17.**27** Differentialdiagnose der normokalzämischen Tetanien

Erkrankung, Störung	Mechanismus
Hyperventilatonstetanie	respiratorische Alkalose
Magentetanie	Hyperemesis mit Salzsäureverlust
akute Hyperkalzämie	bei Therapie einer Hypokaliämie
Magnesiummangeltetanie	bei Alkoholismus u. a.
Intoxikationen	mit Strychnin, Atropin, Blei, u. a.
Infektionskrämpfe	ohne Elektrolytentgleisung
zerebrale Tetanie	bei hirnorganischen Erkrankungen

sentlich ist, daß ein erhöhtes PTH auf das Vorhandensein von Nebenschilddrüsengewebe hindeutet.

Die hypokalzämische Tetanie, insbesondere verursacht durch Hypoparathyreoidismus, ist ein sehr seltenes Ereignis – weitaus die Mehrzahl aller Tetanien ereignen sich bei Normokalzämie: Häufigste Ursache ist das Hyperventilationssyndrom. Hierbei wird unwillkürlich durch Überatmung Kohlensäure abgeraucht – die respiratorische Alkalose bedingt die tetanische Bereitschaft. Tab. 17.**27** enthält die differentialdiagnostischen Möglichkeiten einer normokalzämischen Tetanie.

Die tetanische Bereitschaft gleich welcher Ursache kann durch Reflexprüfung (Chvostek) abgeschätzt werden. Das Elektromyogramm erlaubt eine exakte Erkennung und zeigt Duplett und Triplett. Durch Stauung am Oberarm des Patienten mit der Blutdruckmanschette kann eine Geburtshelferstellung provoziert werden (Versuch nach Trousseau); durch Hyperventilierenlassen kann der Versuch empfindlicher gestaltet werden.

Th: Wenn ein Patient mit tetanischem Syndrom zum Arzt kommt, ist eine rasche Differenzierung häufig nicht möglich. Es empfiehlt sich dann, eine Blutprobe für die spätere Calciumbestimmung zu entnehmen und anschließend als symptomatische Hilfe Calciumlösung i. v. zu injizieren (langsam!). Die Calciumgabe hilft natürlich kausal beim Hypoparathyreoidismus und anderen Hypokalzämien, aber auch symptomatisch, etwa beim Hyperventilationssyndrom. Somit darf aus dem Ansprechen nicht auf einen ursächlichen Calciummangel geschlossen werden. Beim Status tetanicus kann eine Calciuminfusion erforderlich werden. Ist die Diagnose des Hypoparathyreoidismus gesichert, muß sich an die Akuthilfe die Langzeittherapie anschließen (Tab. 17.**28**). Durch Vitamin D

Tabelle 17.**28** Therapie des tetanischen Anfalls, des Hypoparathyreoidismus und des Hyperventilationssyndroms

Akuttherapie des tetanischen Anfalls

- beim tetanischen Anfall (nach Blutentnahme für Ca): 10–20 ml 10%ige Kalzium-Lösung (90–180 mg Calcium-Ionen)
  oder 20%ig (180–360 mg Calcium-Ionen) i.v. in 2–5 Min.
- beim Status tetanicus: 10–20 mg Calcium-Ionen/kg KG als Dauerinfusion über 2–12 Std. i.v. (Beispiel: 10 Amp. 10%ige oder 5 Amp. 20%ige Calcium-Lösung in 500 ml physiol. NaCl- oder 5%iger Glucose-Lösung)

Langzeittherapie des Hypoparathyreoidismus

- zur Steigerung der Calcium-Absorption: Vitamin D_3 oder Vitamin D_2: 0,5–2,5 mg/Tag p.o.
  oder Dihydrotachysterol 0,5–1,5 mg/Tag
- zur Garantie eines gleichmäßigen Calcium-Angebots: 500–1500 mg Calcium-Ionen pro Tag p.o.

Beachte: Regelmäßige Serumcalcium-Kontrollen dienen der Sicherheit

Therapie des Hyperventilationssyndroms

- psychagogische Führung: Aufklärung der Zusammenhänge
- Unterrichtung in Selbsthilfe: Rückatmung aus Beutel oder Tüte (Calcium-Trinkampullen in der Handtasche)
- Unterrichtung in Atemtechnik, autogenes Training

Im akuten schweren Anfall bei Wirkungslosigkeit der Rückatmung:

- Calcium i.v.
- Diazepam

keine Indikation für Dauertherapie mit Calcium oder gar Vitamin D bzw. Dihydrotachysterol

Tabelle 17.**29** Vergleich der Wirksamkeit von Vitamin D und seinen Metaboliten

	Vitamin D (1 mg = 40000 IE)	Dihydrotachysterol (AT 10)	25-OH-D_3 (Calciferol)	1,25-$(OH)_2$-D_3 (Calcitriol)
Erhaltungsdosis/Tag, µg	500–2500	250–1500	50–200	0,5–1,5
Potenz (bezogen auf Vitamin D)	1	2–3	10–15	1000–1500
Dauer bis zum Erreichen der Normokalzämie, Wochen	4–6	2–4	1–2	½–1
Dauer des Abklingens einer Hypokalzämie, Wochen	6–18 (bis viele Monate!)	3–12	1–12	½–1

oder Dihydrotachysterol wird die Calciumabsorption gesteigert. Durch Calciumpräparate wird für ein ausreichendes, gleichmäßiges Angebot gesorgt. Die erforderlichen Vitamin-D-Dosen liegen in einem Bereich, der beim Gesunden zu Intoxikationen führen kann. Regelmäßige Serumcalcium-Kontrollen sind daher erforderlich. Calcitriol ist nur selten erforderlich, wenn genuines Vitamin D unzureichend anspricht. Tab. 17.**29** gibt eine Übersicht über die äquipotenten Dosen. Calcitriol hat eine erfreulich kurze Halbwertszeit. Wegen seiner höheren Kosten soll es jedoch auf die echten Bedarfsfälle beschränkt bleiben.
Für das Hyperventilationssyndrom sollte eine Dauertherapie mit Calcium oder gar Vitamin D unbedingt vermieden werden. Der Selbsthilfe dient die Unterrichtung der Rückatmung aus einer Plastiktüte. Eine psychosomatische Betreuung ist anzuraten. Im akuten Anfall kann alternativ zur Calciumgabe auch Diazepam (Valium) verabreicht werden (Tab. 17.**28**).

Polyendokrine Autoimmuninsuffizienz (Schmidt-Syndrom)

Der idiopathische Hypoparathyreoidismus auf dem Boden einer Autoimmunerkrankung kann familiär gehäuft auftreten. Mit der Nebenschilddrüsenunterfunktion können andere endokrine Insuffizienzzustände vergesellschaftet sein: Morbus Addison, primäre Hypothyreose, primäre Ovarialinsuffizienz. Der Krankheitskomplex wird auch als Schmidt-Syndrom bezeichnet. Das Schmidt-Syndrom kommt hereditär und episodisch ohne erkennbare familiäre Belastung vor. Immundefekte können sich dabei offenbar auch auf die Haut und ihre Anhangsgebilde erstrecken; Moniliasis der Finger- und Zehennägel und auch Alopezie kommen dabei vor.

Pseudohypoparathyreoidismus

Ät und *Pathog:* Durch die Konstellation von Hypokalzämie und Hyperphosphatämie wird ein Hypoparathyreoidismus vorgetäuscht – die Nebenschilddrüsen sind jedoch intakt und sogar überaktiv, das sezernierte PTH kommt jedoch infolge Endorganresistenz nicht zur Wirkung. Der Defekt liegt im N-Protein des PTH-Rezeptors – bei einer Unterform des Bildes liegt er jedoch nicht in der Zellmembran, sondern intrazellulär, da z. B. der Second messenger zyklisches Adenosinmonophosphat noch gebildet werden kann, aber unwirksam bleibt (Pseudohypoparathyreoidismus Typ II).

Sy: Beim Typ I (Rezeptordefekt an der Zellmembran) finden sich klassische körperliche Stigmata: Rundgesicht, Kleinwuchs, Brachymetakarpie und -tarsie. Die Intelligenz kann eingeschränkt sein. Beim Pseudopseudohypoparathyreoidismus liegen die gleichen Stigmata ohne erkennbare Calcium-Stoffwechselstörung vor; bedeutsam ist, daß der Defekt des Pseudohypoparathyreoidismus durch Therapie (Anhebung des Calcium-Spiegels) vorübergehend oder bleibend zum Verschwinden gebracht werden kann. Somit kommen im Leben einzelner Individuen Phasen sowohl des Pseudo- als auch des Pseudopseudohypoparathyreoidismus vor.

Th: Die Therapie besteht wie beim Hypoparathyreoidismus in der Gabe von Vitamin D und Calcium. Im Hinblick auf die Möglichkeit des Verschwindens des Defektes bei Normokalzämie ist in der Anfangsphase der Behandlung Calcitriol anzuempfehlen. Sinkt der Calciumspiegel beim Auslaßversuch wieder ab, kann die übliche Therapie mit genuinem Vitamin D erfolgen. Auf die körperlichen Stigmata hat die Therapie keinen Einfluß.

Calcitonin und dadurch bedingte Erkrankung: C-Zell-Karzinom

Calcitonin

Die physiologische Bedeutung des Hormons ist noch nicht endgültig abgeklärt. Vermutlich wirkt es synergistisch mit PTH und Vitamin-D-Hormon calciumkonservierend. Bemerkenswert ist, daß sich der Organismus an chronisch erhöhte Calcitonin-Spiegel adaptiert – Krankheitsbilder mit Hyperkalzitonismus sind daher symptomfrei. Eine Calcitonin-Mangel-Erkrankung ist fragwürdig.

Calcitonin als Therapeutikum: Obwohl verschiedene Befunde besagen, daß die Calcitonin-Sekretion bei älteren Frauen mit Osteoporose vermindert sein könnte, ist nicht bewiesen, daß hier ein kausaler Zusammenhang besteht. Therapieversuche sind dennoch bei der Osteoporose mit Calcitonin im Gange, insbesondere bei Schmerzen durch osteoporotische Frakturen.

Ein wertvolles Adjuvans ist Calcitonin bei der Behandlung der Hyperkalzämie.

Beim Morbus Paget des Skeletts ist die Calcitonin-Therapie ein Behandlungsweg der Wahl.

Hilfreich ist Calcitonin im akuten Stadium des Morbus Sudeck (über etwa 4 Wochen gegeben).

C-Zell-Karzinom

Pathog: Die calcitoninproduzierenden C-Zellen der Schilddrüse können maligne entarten. Das entstehende Karzinom geht mit einer vermehrten Calcitonin-Sekretion einher. Durch einen Prozeß der Adaptation bleibt das Hormon dabei unwirksam.

Sy und *Dg:* Der Tumor tritt als solitärer Schilddrüsenknoten, in Form von Lymphomen am Hals (lokale Metastasen) oder durch Fernmetastasen in Erscheinung. Die Diagnose erfolgt daher in der Regel histologisch postoperativ nach der Exstirpation eines „kalten“ Knotens mit verdächtiger Zytologie. Nur ausnahmsweise erfolgt präoperativ eine Calcitonin-Bestimmung im Serum, die stark erhöhte Spiegel ergibt. Histologisch ist der Tumor durch Amyloidablagerungen (kongorotpositiv) ausgezeichnet; hiervon rührt die Bezeichnung „medulläres Schilddrüsenkarzinom“. Etwa ein Drittel der Patienten leidet unter therapieresistenten Durchfällen infolge der paraneoplastischen Sekretion vasoaktiver Substanzen (Histamin, Prostaglandine u. a.). Eine Tetanie tritt bei den normokalzämischen Patienten nicht auf. Beim familiären C-Zell-Karzinom sind mehrere Blutsverwandte von der Erkrankung betroffen. Bei der multiplen endokrinen Neoplasie (MEN) Typ II, die episodisch und familiär gehäuft vorkommt, ist das C-Zell-Karzinom mit einem Phäochromozytom vergesellschaftet. Bei der MEN Typ IIa kann in 20% der Fälle ein primärer Hyperparathyreoidismus hinzutreten. Bei der MEN Typ IIb ist das C-Zell-Karzinom mit einem Marfan-Habitus der Betroffenen einhergehend; die Patienten zeigen außerdem Neurome an der Zunge, an den Lippen, an den Augenlidern. Eine Blickdiagnose ist möglich.

Die Diagnose wird durch den Befund des erhöhten Calcitonins im Serum gestellt. Als Stimulationstest für Frühstadien der familiären Form kann der Pentagastrin-Test dienen (0,5 μg/kg KG i. v., Blutabnahme für Calcitonin vor der Injektion und nach 2 sowie 5 Min.). Neben dem Calcitonin sezerniert das Karzinom karzinoembryonales Antigen (CEA), das ebenfalls als Tumormarker dienen kann. Bei Hinweisen auf eine MEN sollten auch die Nebennierenmarkfunktion und der Calcium-Haushalt überprüft werden.

Th: Die Therapie ist eine chirurgische – reseziert wird nicht nur der Primärtumor (im Rahmen einer Thyreoidektomie), sondern alle diagnostizierten Metastasen, soweit möglich: Bei der langsamen Progredienz der Erkrankung ist auch die Resektion von Fernmetastasen sinnvoll. Der Calcitonin-Spiegel gibt Hinweise auf die vorhandene Tumormasse. Eine Radiojodtherapie ist bei dem nichtjodspeichernden C-Zell-Karzinom nicht aussichtsreich (Ausnahme: Verdacht auf restliche Tumorzellen in der Nähe speichernder Thyreozyten ohne Hinweis auf Metastasen). Eine externe Strahlentherapie ist nur bei schmerzhnaften Hautmetastasen oder Knochenmetastasen palliativ sinnvoll. Versuche mit einer Chemotherapie wie beim differenzierten Schilddrüsenkarzinom sind im Gange.

Endokrine Tumoren des Gastrointestinaltraktes

Überblick über Physiologie, Symptome und Diagnose

Ausgehend von hormonbildenden Zellen des Gastrointestinaltrakts, können endokrinaktive oder endokrininaktive Tumoren mit einer bevorzugten Lokalisation im Pankreas, aber aufgrund der entwicklungsgeschichtlichen Ableitung auch extrapankreatisch im gesamten Gastrointestinaltrakt gefunden werden. Im Gastrointestinaltrakt ist in den letzten Jahren ein breites Spektrum von Hormonen und hormonähnlichen Substanzen, sog. „regulatory peptides", identifiziert worden (Tab. 17.**30**). Der Gastrointestinaltrakt ist deshalb als größtes endokrines Organ des Körpers anzusehen. Über die physiologische Bedeutung dieser regulierenden Hormone und hormonähnlichen Peptide bestehen noch viele Unklarheiten. Teilweise erfolgt eine Wirkung als lokale Modulatoren oder als Neurotransmitter. Klinische Störungen werden erst bei pathologischer Überproduktion in endokrin aktiven Tumoren manifest. Ausgeprägte klinische Störungen aufgrund von Ausfallserscheinungen gastrointestinaler Hormone sind außer bei Insulin nicht bekannt.

Das Wirkungsspektrum dieser bis heute bekannten gastrointestinalen Hormone und Peptide (Auswahl) ist nur z. T. bekannt, ist sehr breit und überlappt sich häufig. Die

Tabelle 17.**30** Auswahl gastrointestinale Polypeptide

Peptid	Hauptlokalisation	Hauptwirkung
Insulin	Pankreas	Glucosehomöostase
Glucagon	Pankreas	Hemmung von Magen- und Pankreassekretion, Gastrointesinalmotilität; Glucosemobilisierung
PP (pankreatisches Polypeptid)	Pankreas	Stimulation der Bicarbonatsekretion in Dünndarm und Magen
Somatostatin	Pankreas, Magen-Darm-Trakt	Hemmung von Hormonsekretion, Magen-Pankreas-Sekretion
Gastrin	Magenantrum	Stimulation von Magensäure, Trophik
Secretin	Dünndarm	Stimulation von Pankreasbicarbonat und Volumen
VIP (vasoaktives intestinales Polypeptid)	Magen, neuronal	Pankreasstimulation, Neurotransmitter
GIP (gastric inhibitory peptide)	Dünndarm	Stimulation der Insulinfreisetzung
CCK (Cholecystokinin)	Dünndarm, neuronal	Stimulation von Gallenblasenkontraktion, Pankreassekretion, Neurotransmittern
Motilin	Magen-Darm-Trakt	Neurotransmitter, Stimulation des Interdigestionskomplexes
Bombesin	Magen	Stimulation der Gastrinfreisetzung
Substanz P	Magen-Darm-Trakt	Neurotransmitter
Neurotensin	Ileum	Stimulation der Darmmotilität
Enkephalin	Magen-Darm-Trakt	Neurotransmitter, Opiatantagonist
Galanin	Magen-Darm-Trakt	Neurotransmitter, Stimulation der Muskelkontraktion
Coherin	neuronal	Regulation der Motorik

Feinregulation der gastrointestinalen Steuerung über endokrine, parakrine und neuronale Mechanismen ist deshalb höchst kompliziert und heute nur in den Ansätzen verstanden. Überproduktion einiger gastrointestinaler Hormone in Tumoren kann zu den unten aufgeführten Krankheitsbildern führen; außer bei Insulin ergeben sich durch Sekretionseinschränkung oder vollständigen Sekretionsverlust einzelner dieser Hormone keine massiven klinischen Ausfallserscheinungen.
Endokrin inaktive Tumoren können, da sie keine hormonell ausgelöste klinische Wirkung zeigen, Zufallsbefunde sein; sie können zu Obstruktionssymptomen des Gallenwegssystems oder des Duodenums sowie zu Blutungen in den Gastrointestinaltrakt führen oder durch ihre Größe als abdominelle Tumoren auffallen. Die Klinik aufgrund von Hypersekretion eines bestimmten Hormons durch endokrin aktive Tumoren kann infolge der Wirkung des jeweiligen Hormons sehr unterschiedlich sein: z. B. Spontanhypoglykämie mit allen Folgeerscheinungen (Insulinom), Magenhypersekretion und rezidivierende, therapieresistente Ulzera (Gastrinom), wässrige Diarrhö (Gastrinom, Karzinoid, VIPom), Flush (Karzinoid), nekrotisierendes Erythem mit Diabetes (Glukagonom), Cushing-Syndrom, verursacht durch paraneoplastische ACTH-Überproduktion. Auch endokrin aktive Tumoren können asymptomatisch verlaufen wie beim PPom (Überproduktion von pankreatischem Polypeptid), bei dem im Serum nachweisbare erhöhte PP-Spiegel zu keiner klinischen Symptomatik führen. Die Tumoren können einzeln oder multipel auftreten. Sowohl endokrin aktive wie inaktive Tumoren können ein oder mehrere Hormone/Peptide gleichzeitig produzieren, wobei jedoch bei aktiven meist die Klinik eines Hormons führend ist.
Zur Abklärung der Tumoren ist eine genaue Anamnese der klinischen Symptomatik notwendig. Beim Nachweis von erhöhten Hormonspiegeln im Serum basal oder bei Funktionstests sollte eine möglichst breite Palette von Hormonen geprüft werden, da auch in asymptomatischen Fällen eine Übersekretion von radioimmunologisch nachweisbaren, jedoch biologisch veränderten und inaktiven Peptiden erfolgen kann (vgl. auch MEN I). Insbesondere zur chirurgischen Intervention ist eine genaueste Lokalisationsdiagnostik unerläßlich: Mit Sonographie, Computertomographie, Angiographie oder Kernspintomographie können Tumoren bis zu einer Größe von etwa 1 cm erfaßt werden. Invasivere Verfahren wie ERCP oder transhepatische Pankreasvenenkatheterisierung mit Bestimmung der Hormonspiegel in den einzelnen Venen können wichtige weitere Lokalisationshinweise, insbesondere bei multiplen Tumoren, geben. Durch Feinnadelbiopsien können zytologische oder immunhistochemische Aussagen gemacht werden. Da die Tumoren multipel auftreten können, sollte intraoperativ neben ausführlicher Tumorsuche durch Palpation auch intraoperative Sonographie, insbesondere des Pankreas, durchgeführt werden. Weil diese Tumoren semimaligne oder maligne sein können, ist eine genaue Abklärung der Metastasierung notwendig.
Endokrine Tumoren des Gastrointestinaltrakts sind sehr selten; ihre Inzidenz liegt bei etwa 1:100 000.

Insulinom und Nesidioblastose

Das Insulinom, ein vorwiegend aus β-Zellen bestehender Pankreastumor, produziert autonom Insulin in überphysiologischen Mengen. Bei der Nesidioblastose, die meist im frühen Kindesalter auftritt, kommt es ebenfalls zu einer unphysiologischen Überproduktion von Insulin aufgrund vermehrten Auftretens von Pankreasinseln und insulinproduzierenden Zellen.

Gastrinom (Zollinger-Ellison-Syndrom)

Pathog und *Sy:* Gastrinome sind gastrinproduzierende Tumoren, die solitär oder multipel auftreten können und im Pankreas, jedoch auch insbesondere im Duodenum oder im Magen oder Milzhilus lokalisiert sind. Pankreasgastrinome enthalten oft weitere Hormone wie ACTH, Glucagon, Insulin oder pankreatische Polypeptide, jedoch werden diese häufig nicht freigesetzt und führen nicht zu klinischen Symptomen. Klinisch stumme Gastrinome ohne Gastrinfreisetzung können ebenfalls vorkommen. Gastrinome sind häufig maligne und metastasieren insbesondere in umgebende Lymphknoten oder in die Leber. Maligne Gastrinome wachsen langsam, Verläufe über mehrere Jahre sind üblich. Die Übersekretion von Gastrin führt zum Zollinger-Ellison-Syndrom, das durch ausgeprägte Hypergastrinämie, Hypersekre-

tion des Magens und Ulzerationen in Magen und Duodenum charakterisiert ist. Bei etwa der Hälfte der Patienten besteht eine Diarrhö, die von einer Steatorrhö begleitet sein kann. Die Ulzerationen des Gastrointestinaltrakts können singulär oder multipel sein und auch an untypischen Stellen wie im Jejunum auftreten. Die Komplikationen hinsichtlich Perforation, Blutung und Obstruktion sind häufig und lebensbedrohlich.
Die Kombination von Gastrinomen mit endokrinen Tumoren im Rahmen oder außerhalb einer multiplen endokrinen Neoplasie (MEN I, s. d.) ist ebenfalls möglich.

Dg und *DD:* Eine typische Krankengeschichte mit endoskopisch oder radiologisch nachgewiesenen Ulzera im Magen und Duodenum mit ausgeprägt ödematösen, hyperplastischen Magen- und Duodenalfalten, vermehrtem Magennüchternsekret sowie histologisch eine glanduläre Hyperplasie lenken den Verdacht auf ein endokrin aktives Gastrinom. Die Hypersekretion des Magens ist mit einer Magensekretionsanalyse (basal und nach maximaler Histaminstimulation) diagnostisch zu verwerten. Zuverlässiger ist der Nachweis einer Hypergastrinämie: Der Serumbasalwert im Radioimmunoassay ist häufig bereits auf das Doppelte des Normalwertes oder mehr erhöht; nach Stimulation durch Secretin i. v. (1 IE/kg KG) steigt der Serumgastrinspiegel paradoxerweise beim Zollinger-Ellison-Syndrom um mehr als 50% an; bei Hypergastrinämie anderer Genese sinkt er ab. Differentialdiagnostisch sind bei Hypergastrinämie auszuschließen: chronische atrophische Gastritis, perniziöse Anämie, Niereninsuffizienz oder ausgedehnte Dünndarmresektionen. In sehr wenigen Fällen von Zollinger-Ellison-Syndrom finden sich keine Tumoren, sondern nur eine mehr oder weniger stark ausgeprägte G-Zellhyperplasie des Magenantrums, die durch den Secretintest (kein Anstieg) von aktiven Gastrinomen unterschieden werden kann. Weitere Tests (Calciumprovokationstest, Testmahlzeit) sind diagnostisch unsicherer zu verwerten.

Th: Es wird die Resektion des Primärtumors angestrebt. Ist der Primärtumor jedoch nicht aufzufinden oder ist die Resektion des gesamten Tumors nicht möglich, wie z. B. bei multiplen kleinen Gastrinomen, oder ist der Tumor bereits metastasiert, so wurde früher eine totale Gastrektomie durchgeführt. Nach Entwicklung der H_2-Blocker, Omeprazol und lang wirksamer Somatostatinanaloga ist heute eine medikamentöse Therapie üblich. Am effektivsten ist Omeprazol, das bis zum Mehrfachen (60 mg) der üblichen Tagesdosis gegeben werden kann. H_2-Blocker und Omeprazol haben jedoch keinen Einfluß auf Gastrinspiegel, Tumorwachstum und Metastasierungstendenz. In einzelnen Fällen hat sich hierfür die Therapie mit Octreotid (SMS 201–995 Sandoz) als erfolgreich erwiesen. Neben Abklingen der Symptome wurden bei metastasierten Gastrinomen auch Tumorregressionen beschrieben. In Einzelfällen kann bei Patienten mit progressiven invasiven Gastrinomen zusätzlich zu Omeprazol eine zytostatische Therapie mit Streptozotocin und 5-Fluorouracil hilfreich sein.
Vor der Entwicklung der H_2-Blocker war die Morbidität und Mortalität bei Patienten mit Zollinger-Ellison-Syndrom hauptsächlich durch die Komplikationen der schweren Ulkuskrankheit bestimmt. Jedoch sind in den letzten Jahren bei früherer Diagnose, effektiver Ulkustherapie und längeren Follow-up-Untersuchung die Konsequenzen der invasiven Eigenschaften von malignen Gastrinomen erkannt worden. Eine komplette Heilung durch vollständige chirurgische Tumorentfernung kann bei etwa 25% der Patienten mit Zollinger-Ellison-Syndrom erreicht werden.

VIPom

Sy: Verner-Morrison-Syndrom, WDHA (*w*ässrige *D*iarrhö, *H*ypokaliämie, *A*chlorhydrie), WDHH (*w*ässrige *D*iarrhö, *H*ypokaliämie, *H*ypochlorhydrie), pankreatische Cholera.

Pathog und *Sy:* VIPome sind Inselzelltumore des Pankreas, die VIP (vasoaktives intestinales Polypeptid) sezernieren und dadurch wässrige Diarrhöen mit 10 und mehr Entleerungen bei Stuhlmengen bis über 5 l täglich auslösen. In einigen Fällen wurden jedoch auch andere Peptide wie GIP (gastric inhibitory peptide), Calcitonin oder auch Prostaglandine als Auslöser des WDHA-Syndroms beschrieben. Etwa die Hälfte der Patienten leidet unter einer relativ konstanten Diarrhö; die übrigen haben alternierende Perioden von schweren und leichteren Diarrhöen. Als Folge entsteht ein Elektrolytverlust mit insbesondere schwerer Hypokaliämie. Häufige Symptome der Patienten sind Lethargie, Schwindel, Erbrechen, Muskelschwäche oder krampfartige abdominelle Schmerzen. In seltenen Fällen kann es während der Durchfallattacken zu einer Flush-

Symptomatik ähnlich wie beim Karzinoidsyndrom kommen. Gelegentlich findet sich eine diabetische Stoffwechsellage oder eine Hypokalzämie mit Tetanie. In über 50% der Fälle sind VIPome maligne.

Dg und *DD:* Diagnostisch sollten andere Ursachen einer sekretorischen Diarrhö sowie Laxantienabusus ausgeschlossen werden. Erhöhte VIP-Spiegel im Plasma müssen mehrfach gemessen werden; zuverlässige Funktionstests gibt es nicht. Die Magensäuresekretion ist eher vermindert bei normaler, nichtatrophischer Magenschleimhaut, Pankreassekretionstests sind ebenfalls unauffällig. Da VIPome häufig größer als andere Inselzelltumoren sind, können sie meist durch bildgebende Verfahren wie Ultraschall, Computer- oder Kernspintomographie gefunden werden.

Th: Es sollte eine Tumorexstirpation angestrebt werden, sobald Flüssigkeit und Elektrolyte substituiert sind. Bei Patienten mit einem metastasierten Tumor kann die Resektion aller erfaßbaren Tumoranteile zu einer begrenzten Symptomerleichterung führen. Als medikamentöse Therapie hat sich auch beim VIPom der Einsatz des Somatostatinanalogs Octreotid (SMS 201-995 Sandoz) bewährt. Es kommt dadurch meist zu einer vollständigen Rückbildung der Symptome und Normalisierung der VIP-Spiegel. Teilweise wurden Tumorregressionen beobachtet. Weitere bei VIPomen eingesetzte Medikamente sind Steroide wie Prednisolon; bei Metastasen sind durch perioperative oder postoperative Infusion von Streptozotocin/Fluorouracil langdauernde Remissionen beschrieben worden.

Glukagonom

Pathog, Sy und *Prgn:* Ein Glukagonom ist ein α_2-Inselzelltumor, der Glucagon produziert. Bei Freisetzung in die Zirkulation tritt am häufigsten ein charakteristisches exfoliatives braunrotes Erythem mit oberflächlichen zentralen Nekrosen an Stamm und Extremitäten auf (Erythema necroticum migrans). Es kommt zu Glossitis, Stomatitis und Mundwinkelrhagaden. Häufig bestehen Gewichtsverluste, normochrome und normozytäre Anämie, erhöhte Nüchternglucosespiegel, pathologische Glucosetoleranztests oder ein manifester Diabetes mellitus. Plasmaaminosäurespiegel und Serumcholesterin sind erniedrigt; die Ketonkörper können trotz normaler freier Fettsäurekonzentration erhöht sein. Glukagonome sind zu einem großen Prozentsatz maligne. Sowohl der Primärtumor wie auch die Metastasen wachsen sehr langsam. Überlebensraten von 10–15 Jahren sind häufig.

Dg: Die Diagnose wird durch Messen erhöhter zirkulierender Glucagonwerte mittels Radioimmunoassay und/oder durch immunhistochemischen Nachweis in Feinnadelbiopsien aus den meist mehrere Zentimeter großen und dadurch mittels Ultraschall, Computer- oder Kernspintomographie lokalisierbaren Tumoren gestellt. Eindeutige Funktionstests gibt es nicht.

Th: Die Therapie der Wahl ist die chirurgische Tumorexstirpation. Medikamentöse Maßnahmen mit Steroiden, Zink oder Streptozotocin/5-Fluorouracil sind in den meisten Fällen unbefriedigend. Auch hier hat sich der therapeutische Einsatz des Somatostatinanalogons Octreotid (SMS 201-995 Sandoz) in vielen Fällen bewährt.

Karzinoid, Karzinoidsyndrom

Pathog und *Sy:* Karzinoidtumoren sind langsam wachsende Neoplasmen der enterochromaffinen Zellen. Diese Tumoren produzieren eine oder mehrere biologisch aktive Substanzen (meist Serotonin), welche das charakteristische Karzinoidsyndrom mit Flush, Diarrhöen, Darmspasmen und/oder asthmoiden Zuständen auslösen können, sobald diese Substanzen in den großen Kreislauf gelangen. Die Lokalisation dieser Tumoren ist häufig im Einzugsgebiet der Pfortader; da die aktiven Substanzen meist in der Leber als First-pass-Effekt weiter metabolisiert werden, tritt das Vollbild des Karzinoidsyndroms erst nach erfolgter Lebermetastasierung auf. Jedoch können bei Lokalisation im Rektum sowie außerhalb des Gastrointestinaltrakts (z. B. Ovarien, Bronchien, Thymus) auch Karzinoidsyndrome ohne bestehende Lebermetastasierung auftreten. Im Gastrointestinaltrakt ist die Lokalisation eines Karzinoidtumors in der Appendix am häufigsten, wobei jedoch extrem selten eine Metastasierung erfolgt. Die zweithäufigste Lokalisation liegt im Dünndarm. Die Primärtumoren haben meist nur eine Größe bis zu einem Zentimeter. Bei Metastasierungen ist die Leber das weitaus am häufigsten betroffene Organ. In seltenen Fällen sind von Metastasen Knochen, Lunge, Pankreas, Milz oder Keimdrüsen betroffen. An biologisch aktiven Substanzen wird meistens Serotonin sezer-

niert; jedoch können zusätzlich weitere biogene Amine wie Histamin, Stoffwechselprodukte des Tryptophan- und Histidinstoffwechsels, Kinine oder andere Polypeptide oder Prostaglandine sezerniert werden.
Klinisch imponieren insbesondere Flush, Diarrhöen, Darmspasmen und asthmoide Zustände. Der Flush ist eine anfallsweise auftretende und ca. 5–10 Min anhaltende Rötung von Gesicht und Oberkörper, begleitet von innerem Wärmegefühl. Häufig bestehen Tachykardie und Blutdruckabfall. Neben körperlicher Anstrengung, Emotionen und verschiedenen unspezifischen Reizen können Flush-Attacken häufig durch Alkoholeinnahme oder von Adrenalin oder Noradrenalin i. v. induziert werden. Sie können gehäuft bis zu vielmals täglich auftreten. Nach längerer Zeit entwickeln sich Teleangiektasien mit Dauerzyanose am gesamten Körper. Es kann im Herzen zur Endokardfibrose oder zu einer Pulmonalstenose mit Rechtshypertrophie und Rechtsdilatation kommen. Im Peritoneum können sich in der Umgebung des Tumors fibröse Schwarten wie bei retroperitonealer Fibrose bilden. Die häufig chronische Diarrhö kann zu Malabsorptionssyndromen führen.
Bronchokonstriktionen mit asthmatischen Beschwerden treten häufig während Flush-Attacken auf. Die Tumoren selbst oder ihre Metastasen können Ursache intestinaler Obstruktion oder von Blutungen sein. Die Leber kann bereits extensiv metastasiert sein, bevor es zu Auffälligkeiten bei klinisch-chemischen Leberfunktionswerten kommt.

Dg und *DD:* Ein sicherer Diagnosehinweis ist der Nachweis einer erhöhten Ausscheidung des Serotoninmetaboliten 5-Hydroxyindolessigsäure im 24-Stunden-Urin. Der Patient sollte vor diesem Test mehrere Tage serotoninfrei ernährt werden (z. B. keine Bananen, Tomaten, Pflaumen, Avocados, Walnüsse); ebenso wird der Test durch verschiedene Medikamente wie Phenothiazine gestört. Erhöhte Serotonin- und Histaminspiegel im Blut sollten insbesondere nach Flush-Provokation durch i. v.-Gabe von Adrenalin (10–20 µg) oder Noradrenalin innerhalb weniger Minuten gemessen werden. Eine Lokalisationsdiagnostik des Primärtumors sollte sehr intensiv durchgeführt werden. Meist werden die kleinen Primärtumoren (< 1 cm) im Gastrointestinaltrakt nur aufgrund von Okklusionen gefunden. Lebermetastasen lassen sich mit Sonographie, Computer- oder Kernspintomographie darstellen. Manche Karzinoide lassen sich szintigraphisch mit Jodbenzylguanidin darstellen. Histologisch zeigen viele Karzinoide eine typische argentaffine Reaktion. Das histologische Spektrum selbst kann insbesondere bei Tumoren aus dem Bereich des embryonalen Vordarms sehr vielfältig sein. In seltenen Fällen kann der Übergang zu verschiedenen hochmalignen Tumoren wie z. B. kleinzelligen Bronchialkarzinomen fließend sein. Differentialdiagnostisch sollten Flush-Attacken aufgrund anderer Ursachen wie z. B. bei Mastozytose oder bei medullärem Schilddrüsenkarzinom ausgeschlossen werden.

Th: Es sollte immer eine Lokalisation des Primärtumors zur chirurgischen Exstirpation angestrebt werden. Primäre Bronchuskarzinoide sind häufig kurativ zu entfernen. Bei ausgedehnter Lebermetastasierung kann es durch Metastasenteilresektion für etliche Jahre zur Besserung der klinischen Symptomatik kommen. Weitere Möglichkeiten bestehen angiologisch durch Okklusion der zuführenden Blutgefäße von z. B. Lebermetastasen. Die Chemotheraie des Karzinoids mit 5-Fluorouracil, Cyclophosphamid, Streptozotocin, Doxorubicin oder Methotrexat ist nur in wenigen Fällen palliativ erfolgreich. Die Tumoren sind nicht strahlensensibel. Auch bei Karzinoiden hat sich in vielen Fällen der Einsatz des Somatostatinanalogons Octreotid (SMS 201-995 Sandoz) bewährt. Bei vielen Patienten tritt eine deutliche Besserung der Symptome des Karzinoidsyndroms mit Reduktion von Flush und Diarrhöen auf. Die Dosierung sollte individuell angepaßt werden und kann bis mehrere 100 µg täglich, 3–4mal s. c. appliziert, betragen. Bei höheren Dosierungen ist mit Nebenwirkungen wie Steatorrhö zu rechnen; die Patienten sollten häufig auf das Auftreten von Gallensteinen kontrolliert werden. In einigen Fällen ist durch Applikation dieses Somatostatinanalogons eine deutliche Reduktion der Lebermetastasierung beschrieben worden. In letzter Zeit wurde über den erfolgreichen Einsatz von Interferon berichtet. Weiterhin können zur Behandlung der Diarrhöen symptomatisch eingesetzt werden: Loperamid, Codeinphosphat oder Diphenoxylat sowie periphere Serotoninantagonisten wie Cyproheptadin oder Methysergid wie auch die Enzyminhibitoren Methyldopa oder Phenoxybenzamin. Flush-Attacken können zusätzlich mit Phentolamin oder Phenothiazinen sowie Steroiden wie Prednisolon behandelt werden.

Weitere endokrine gastrointestinale Tumoren

Als Einzelfälle sind weitere endokrin aktive gastrointestinale Tumoren beschrieben worden.

Somatostatinom

Pathog und *Sy:* Beim Somatostatinom handelt es sich um einen δ-Zellinseltumor, der Somatostatin produziert. Bei Sekretion in die Zirkulation können Abdominalbeschwerden, Diarrhöen, Steatorrhöen, Gewichtsabnahme, Hypochlorhydrie und Hypotonie der Gallenwege mit Dilatation der Gallenblase und Tendenz zur Steinbildung eintreten. Die Tumoren sind bei Diagnosestellung meist in die Leber metastasiert. Insbesondere bei Somatostatinomen werden häufig zusätzliche Hormone produziert und sezerniert, was das klinische Spektrum entsprechend erweitert.

Dg: Die Diagnose wird durch Messung erhöhter Plasmasomatostatinwerte sowie durch Tumornachweis mittels bildgebender Verfahren und Immunhistologie gestellt. Es sind intestinale Somatostatinome gefunden worden, die histologisch psammomatöse Tumoren sind und kein Somatostatin in die Zirkulation sezernieren.

Th: Nach Lokalisation sollte eine Tumorexstirpation oder Teilresektion erfolgen.

PPome

Pathog und *Sy:* PPome mit isolierter PPSekretion sind ebenfalls beschrieben worden. Diese Tumoren verursachen keine hormoninduzierte klinische Symptomatik, können jedoch mehrere Zentimeter Größe erreichen und durch ihr lokal verdrängendes Wachstum oder die in einigen Fällen aufgetretenen Metastasierungen die Umgebung komprimieren (z. B. Gallenwege) und somit zu einer klinischen Symptomatik führen. Das Wachstum von PPomen ist langsam.

Th: Therapie der Wahl ist auch hier die Tumorexstirpation oder Teilresektion. Auch Therapieversuche mit lang wirksamen Somatostatinanaloga sind beschrieben.

Weitere Tumoren

Weitere gastrointestinale endokrine Tumoren, die Neurotensin, GIP oder andere Peptide sezernieren, sind publiziert worden. Bei der in den letzten Jahren verbesserten Diagnostik biochemischer, immunhistologischer und elektronenmikroskopischer Art werden immer häufiger multihormonproduzierende Tumoren festgestellt, bei denen ein oder mehrere Peptide in die Zirkulation sezerniert werden, andere Substanzen jedoch nur produziert und mittels Immunhistochemie nachgewiesen werden können.

Möglicherweise entstehen die Tumoren aus einer Stammzelle, die sich dann in verschiedene Richtungen differenzieren kann. Im klinischen Verlauf derartiger Tumoren können nach Jahren aus unbekannter Ursache plötzlich neue klinische Symptome aufgrund einer neu aufgetretenen oder aktivierten Hormonsekretion eintreten, so kann z. B. der Verlauf eines Gastrinoms durch ACTH-Sekretion mit darauffolgender Cushing-Symptomatik kompliziert werden. Häufig sezernieren Mischtumoren auch pankratisches Polypeptid, welches jedoch keine klinische Symptomatik verursacht.

Multiple endokrine Neoplasie I (MEN I)

Pathog, Sy und *Th:* Die multiple endokrine Neoplasie I (MEN I), eine familiäre Erkrankung, umfaßt neben endokrinen gastrointestinalen Tumoren außerdem noch das gleichzeitige oder aufeinanderfolgende Auftreten von Tumoren der Nebenschilddrüse und der Hypophyse. Mit der MEN I können noch Lipome, Schilddrüsenerkrankungen oder Nebennierentumoren assoziiert sein. Bei etwa einem Drittel dieser Patienten entwickeln sich im Erkrankungsverlauf Tumoren in drei oder mehr Organsystemen. Sämtliche hier beschriebenen gastrointestinalen endokrinen Tumoren können als Bestandteil einer MEN I auftreten. Diese Tumoren sind häufig mischfunktionell.

Bei den meisten Patienten tritt als erste Manifestation, häufig zu Beginn des 2. Lebensjahrzehntes, ein Hyperparathyreoidismus mit Hyperkalzämie auf. Oft werden multiple Adenome oder eine diffuse Hyperplasie gefunden. Aufgrund der Rezidivneigung sollten sämtliche Nebenschilddrüsen exploriert und exstirpiert werden. Auch eine Reimplantation von Nebenschilddrüsengewebe zur Aufrechterhaltung der Calciumhomöostase ist möglich.

Hypophysentumoren werden bei etwa zwei Drittel der Patienten mit MEN-I-Syndrom gefunden. Diese Tumoren sezernieren insbesondere Wachstumshormon, Prolactin oder ACTH mit meist entsprechender klinischer Symptomatik; auch die Sekretion von mehreren weiteren Hormonen ist beschrieben wor-

den. Neben Nachweis der hormonellen Sekretion ist insbesondere die morphologische Diagnostik mittels Computer- und Kernspintomographie wichtig für die Diagnosestellung. Therapeutich ist vor allem ein chirurgisches Vorgehen indiziert; medikamentös kann der Einsatz des Somatostatinanalogons Octreotid (SMS 201-995 Sandoz) oder Bromocriptin indiziert sein.
Die mit der MEN I assoziierten Schilddrüsen- und Nebennierenadenome sowie adenomatöse Hyperplasien weiterer endokriner Organe sind meist nicht hormonaktiv.

Dg: Da jeder der beschriebenen endokrinen gastrointestinalen Tumoren Bestandteil einer MEN sein kann, ist eine möglichst vollständige endokrinologische Untersuchung nicht nur in Richtung multifunktioneller gastrointestinaler Tumoren, sondern bei endokrinen gastrointestinalen Tumoren auch in Richtung MEN notwendig, insbesondere bei familiärer Vorbelastung. Neben gründlicher Anamneseerhebung der klinischen Symptomatik (Ulkuserkrankung, Diarrhö, Nephrolithiase, Hypoglykämiesymptomatik, Diabetes, Hypophysensymptomatik) sollte bei der körperlichen Untersuchung insbesondere auf akromegale Veränderungen, cushingoide Aspekte und subkutane Lipome geachtet werden. Serumbestimmungen von Calcium und Phosphat sowie von Prolactin, Wachstumshormon und ACTH sollten routinemäßig mit durchgeführt werden. Eine periodische Untersuchung sowohl der erkrankten Individuen wie auch der nicht betroffenen Verwandten ist notwendig.

18. Gastroenterologie

H. Kaess, B. Kommerell, P. Linhart, J.-G. Mikulicz-Radecki und Th. Pfleiderer

Speiseröhre, Magen und Darm

Achalasie (Kardiospasmus)

Def, Ät und *Pathog:* Neuromuskuläre Erkrankung der glatten Muskulatur mit Störung der postganglionären parasympathischen Innervation; unbekannte Ätiologie. Es besteht eine ungenügende Peristaltik des erweiterten tubulären Ösophagus und eine inkomplette Erschlaffung des unteren Ösophagussphinkters im Kardiabereich. Die peristaltische Aktivität des Ösophagus ist durch unkoordinierte segmentale Kontraktionen ersetzt. Die Folge davon ist eine verzögerte Passage von Speisen, welche in späteren Fällen mit Stase, Regurgitation und nächtlicher Aspiration einhergehen kann. Morphologisch findet sich eine starke Verminderung der intramuralen Ganglienzellen.

Sy: Schluckbeschwerden bei festen und flüssigen Speisen. Retrosternales Druckgefühl, Regurgitation, Gewichtsverlust, nächtliche Hustenattacken und respiratorische Komplikationen mit zunehmender Schwere der Erkrankung.

Dg: In der Röntgenuntersuchung (Breischluck) sieht man eine Dilatation und Elongation des tubulären Ösophagus mit spindelförmiger Engstellung der Kardia. Das sicherste diagnostische Verfahren ist die Ösophagusmanometrie, welche eine gestörte Peristaltik im Ösophagus und einen erhöhten Druck des unteren Ösophagussphinkters mit fehlender Erschlaffung beim Schluckakt aufweist.

DD: Die wichtigste Differentialdiagnose ist das Kardiakarzinom, welches in seltenen Fällen die röntgenologischen und manometrischen Veränderungen der Achalasie aufweisen kann. Weitere Differentialdiagnosen sind:

- diffuser Ösophagusspasmus mit Dysphagie infolge intermittierender, unkoodinierter spastischer Kontraktionen des Ösophagus,
- der Nußknackerösophagus, meist bei ängstlichen Patienten mit heftigen peristaltischen Kontraktionswellen,
- der nichtkardiale Thoraxschmerz, bei dem nach ausgeschlossener Erkrankung Motilitätsstörungen des Ösophagus, nicht selten ein gastroösophagealer Reflux, Ursache der Schmerzen sind. Bei letzterer Erkrankung Therapieversuch mit Calciumantagonisten und H_2-Blockern.

Th: Die Therapie der Wahl ist die Ballondilatation. Eine medikamentöse Behandlung ist erfolglos. Bei Therapieversagen (sehr selten) Ösophagokardiomyotomie (Heller-Operation).

Adenome, villöse, s. villöse Adenome

Colitis ulcerosa

Def, Ät und *Pathog:* Entzündliche Erkrankung unbekannter Ätiologie und Pathogenese, welche die Schleimhaut des Dickdarms, vorzugsweise von Rektum und linksseitigem Kolon, nicht selten das gesamte Kolon befällt und einen chronischen oder rezidivierenden Verlauf aufweist. Die erkrankte Kolonschleimhaut zeigt vielfältige immunologische Störungen. Psychische Ereignisse können den Verlauf der Colitis ulcerosa beeinflussen. Die familiäre Häufung von Colitis ulcerosa und Morbus Crohn spricht für gemeinsame genetische Faktoren. Ungeklärt ist der große Anteil von Nichtrauchern unter diesen Patienten im Vergleich zu Patienten mit Morbus Crohn und zur Normalbevölkerung. Nachgewiesene Antikörper gegen Nahrungsbestandteile, z. B. Milchproteine im Blut, sind ein Sekundärphänomen.

Vk und *Sy:* Häufigkeitsgipfel zwischen 10 und 30 Jahren. Beide Geschlechter sind gleichmäßig betroffen. Man kann 3 Verlaufsformen unterscheiden:

- Die leichte Form (ca. 60%) mit Befall von Rektum und Sigma hat eine gute Prognose. Die Erkrankung beginnt schleichend mit unklaren abdominellen Beschwerden, breiig-schleimigen und bluthaltigen Stühlen sowie Tenesmen.
- Bei der mittelschweren Form (ca. 25%) sind Rektum und größere Abschnitte des Kolons befallen, z. B. linksseitige Kolitis. Hier stehen blutige Diarrhöen, Fieber und Gewichtsverlust im Vordergrund.
- Bei der schweren Verlaufsform (ca. 15%) ist das gesamte Kolon befallen. Diese Patienten weisen Fieber (über 38 °C), eine Anämie, einen beschleunigten Puls (mehr als 90/min), Leukozytose und Diarrhöen (mehr als 6 Stühle/24 Stunden) auf, welche zu Dehydratation, Elektrolyt- und Eiweißverlusten führen. In einigen Fällen Entwicklung eines fulminant-toxischen Verlaufes mit Ausbildung eines toxischen Megakolons, d. h. Durchmesser des Colon transversum in der Leeraufnahme mehr als 7 cm. Große Perforationsgefahr!

Kompl: Zu den Komplikationen, in der Regel bei schweren und mittelschweren Verlaufsformen, gehören perianale und rektale Abszesse und Fistelperforationen in Blase und Genitaltrakt, Blutungen, toxisches Megakolon, Strikturen, Pseudopolypenbildung sowie Karzinomentwicklung nach 15 Jahren. Zu den systematischen Komplikationen zählen Eisenmangelanämie, Hypoproteinämie, Elektrolytstörungen, Pericholangitis, Arthralgie, Spondylitis, Uveitis, Episkleritis, Thrombosen. Bei Jugendlichen kann es zur Verzögerung des Wachstums und der Sexualentwicklung kommen.

DD: Morbus Crohn, infektiöse Kolitiden durch Salmonellen, Shigellen, Campylobacter jejuni, Clostridium perfringens, Zytomegalie bei AIDS-Patienten sowie Divertikulitis und Kolonkarzinome.

Dg: In leichten und mittelschweren Fällen Koloskopie oder Röntgenkontrasteinlauf. In schweren Fällen Röntgenuntersuchung: Abdomenübersichtsaufnahme sowie Rektoskopie. Endoskopisch findet man eine geschwollene, hyperämische Mukosa, erhöhte Kontaktblutungsbereitschaft, petechiale Blutungen und Ulzerationen, welche in schweren Fällen konfluieren. Bei chronischem Verlauf Aufhebung der Haustrierung mit Verengung und Verkleinerung des Darmlumens sowie Pseudopolypen. Röntgenologisch sieht man Veränderungen der Randkonturen mit Spikula, eine fehlende Haustrierung, Umwandlung des Darmes in ein starres verkürztes Rohr. Bei toxischem Megakolon Verzicht auf Koloskopie und Röntgenkontrastdarstellungen wegen hoher Perforationsgefahr!

Th: Die Mehrzahl der Patienten spricht auf eine konservative Therapie an. Bei der leichten Verlaufsform kalorien- und vitaminreiche Kost mit Ausschaltung von Nahrungsmittelunverträglichkeiten. Bei mittelschweren Fällen zusätzlich chemotherapeutische Behandlung mit 3 g/Tag Sulfasalazin (Azulfidine, Colo-Pleon) sowie Corticosteroiden als Stoßtherapie, z. B. 1–1,5 mg/kg/Tag Prednison; nachfolgend stufenweise reduzieren innerhalb 5–6 Wochen bis zu einer Erhaltungsdosis von 10–15 mg/Tag. Anstelle von Sulfasalazin kann auch das besser verträgliche Olsalazin verwandt werden (Dipentum), täglich 1,0 g (2 mal 2 Kapseln). Bei der distalen Lokalisation der Erkrankung lokale Behandlung mit 5-Aminosalicylat in Form von Klysmen. Bei Verschlechterung sofortige Klinikeinweisung. Bei Nichtansprechen auf eine konservative Therapie sollte rasch die Indikation für einen operativen Eingriff gestellt werden. Absolute Operationsindikationen sind Perforation und toxisches Megakolon. In der Regel wird eine totale Kolektomie mit linksseitigem Anus praeter naturalis, seltener mit Erhalt des Anus und Ileumpouch durchgeführt. Eine Intervalltherapie in mittelschweren Fällen mit 2–3 g/Tag Azulfidine ist anzustreben. Eine psychotherapeutische Behandlung in erfahrenen Händen kann eine günstige Wirkung auf den Patienten ausüben.

Progn: Der Schweregrad bei Krankheitsbeginn beeinflußt die Prognose. Durch die rechtzeitige Operation der schweren Verlaufsform wurde die Mortalität auf 2,5% gesenkt. Besondere Probleme werfen Patienten mit einem Totalbefall des Kolons nach 15jährigem Krankheitsverlauf wegen der häufig endoskopisch schlecht erkennbaren Entwicklung von Karzinomen im erkrankten Darm auf.

Colon irritabile

Def: Wechselnde Störungen der Kolonmotilität, chronisch oder rezidivierend, ausgeprägt bei Streß mit motorischer Dysfunktion anderer Abschnitte des Gastrointestinaltraktes. Frühere Definition: spastisches Kolon mit Schmerz, Obstipation, Schafskot- oder Bleistiftstuhl oder schmerzlose emotionelle (nervöse) Diarrhö mit und ohne Schleimbeimengungen im Stuhl (Colica mucosa)

Ät: Ungeklärte motorische Funktionsstörung von Dünn- und Dickdarm.

Sy: Abdominelle Schmerzen im Dickdarmbereich, abwechselnd mit Obstipation und Diarrhö. Völlegefühl im Oberbauchbereich. Bei Stuhlentleerung und Abgang von Gasen deutliche Besserung. Bei gesteigerter Peristaltik im proximalen Kolon und vermindertem Tonus im distalen Kolon und Sigmoid können kleinvolumige Durchfälle auftreten. Bei Patienten mit neurotischer Persönlichkeitsstruktur Beschwerdesymptomatik bereits nach geringen emotionalen Reizen, besonders häufig postprandial. Extraintestinale Begleitbeschwerden: funktionelle Herzschmerzen, Hyperventilationssyndrom, Zephalgien, Flush.

Dg: Palpation des Kolons, Kolonkontrasteinlauf, evtl. Koloskopie.

Th: Schlackenarme Diät, evtl. morgens nüchtern 1 l warmes Wasser mit 10–20 g Seignette-Salz 1 Stunde vor der Mahlzeit. Medikamentös: Anticholinergika (Buscopan, Spasmex), autogenes Training.

Crohn-Krankheit (Ileocolitis regionalis)

Def, Ät und *Pathog:* Segmentäre, granulomatöse, proliferierende, in Schüben verlaufende, nekrotisierende, chronische, unspezifische Entzündung unbekannter Ätiologie, welche vorwiegend Ileum und Kolon (50%), in 30% das terminale Ileum, in etwa 20% die Analregion und das Rekum sowie in etwa 20–30% isoliert das Kolon befallen kann. In 5–20% der Fälle ist der obere Gastrointestinaltrakt mit einbezogen. Nicht selten sind erkrankte Darmabschnitte durch eine Brücke gesunden Gewebes voneinander getrennt = skip lesions. Selten werden obere Abschnitte des Gastrointestinaltraktes (Ösophagus, Magen, Duodenum) befallen. Systemische Manifestationen sind selten; hierzu zählen Polyarthritis und Erythema nodosum. Die transmurale Entzündung mit Befall von Mesenterium und regionalen Lymphknoten neigt zu Ulzerationen, Konglomerattumoren, Fistelbildungen (Darmschlingen untereinander, zu Vagina, Blase, Rektum, Haut), Verwachsungen und Stenosebildungen.
In über 50% granulomatöse Entzündung mit Epitheloidzellen, Lymphozyten und Riesenzellen in Submukosa und Lymphknoten mit Erweiterung der Lymphgefäße, Ausbildung ulzeröser Veränderungen, Verdickung der Muscularis mucosae, häufig unspezifische Infiltration mit Lymphozyten, Plasmazellen und Granulozyten. In bis zu 80% diskontinuierliche Entzündung. Schwierige Abgrenzung gegenüber anderen unspezifischen Erkrankungen. Typisch sind Erosionen über den Lymphfollikeln = aphthoide Läsionen.

Vk und *Sy:* Krankheitsbeginn vorwiegend bei relativ jugendlichen Patienten unter 35 Jahren (Männer häufiger als Frauen betroffen). Eine familiäre Häufung von Morbus Crohn und Colitis ulcerosa ist bekannt. Akutes Beschwerdebild (etwa 20% der Fälle) mit krampfartigen Schmerzen, Abwehrspannung und unter Umständen Palpation einer Resistenz im rechten Unterbauch, Fieber (30%), Leukozytose und Durchfall. Oft schleichender Beginn mit breiigen Stühlen. Selten Beginn mit mechanischem Ileus infolge Stenose. Wechselnder Verlauf, schubweise, chronisch mit häufiger Entwicklung von Komplikationen bis hin zu Anorexie durch Gewichtsverlust.
Wichtiges Leitsymptom: rezidivierende Analfistel!

Extraintestinale Manifestationen (bei ca. 50% der Patienten): Erythema nodosum, Dermatitis, Stomatitis aphthosa, granulomatöse Hepatitis, Pericholangitis, sklerosierende Cholangitis, Nephropathien, Amyloidosen, Augenkomplikationen, Arthritis.

Kompl: Obstruktion, Blutung, selten Perforation und Fisteln zu anderen Darmabschnitten und zum Urogenitaltrakt, Abszeßbildung. Verlust an Wasser und Elektrolyten (s. Colitis ulcerosa) sowie an Eiweiß (exsudative Gastroenteropathie). Bei ausgedehntem Befall des terminalen Ileums Malabsorption von Vitamin B_{12} und Gallensäuren = chologene Diarrhö und Steatorrhö. Die Karzinomgefährdung ist nach 10–15 Jahren erhöht.

Dg: Röntgenbefund: pflastersteinartige Füllungsdefekte, Zerstörung des Schleimhautreliefs, Wandstarre, Strikturen, distale Einengung des Darmlumens auf etwa Bleistiftdicke = String sign, davor Schlinge mit erweitertem Darmlumen und Pflastersteinrelief. Endoskopische Inspektion des Kolons und terminalen Ileums mit Biopsien (Histologie) unbedingt erforderlich.
Akute Aktivitätsparameter: BKS, CRP, Orosomukoid-Nachweis (= saures α_1-Glykoprotein), Abfall der Cholinesteraseaktivität im Serum.
Erhöhte BKS, Anämie, Dysproteinämie mit Hyper-α_2 und β-Globulinämie, bisweilen Malabsorptionssyndrom und exsudative Enteropathie.

DD: Appendizitis, Darmtuberkulose, Colitis ulcerosa, Amöbenruhr, Ileitis follicularis, Yersinia enterocolitica, ischämische Kolitis, Strahlenkolitis, Divertikulitis, toxisches Megakolon. *Th:* Im Akutstadium parenterale Ernährung, später auch „Astronautenkost" möglich. Bei Dünndarmbefall Glucocorticoide, z. B. 1–1,5 mg/kg KG Prednisolon, besonders wichtig bei schwerem Befall. Bei reinem Dickdarmbefall ist auch Dipentum gut wirksam, da das Molekül bakteriell erst im Dickdarm gespalten wird. Anfängliche Dosen von täglich 3 g, später 2 g/Tag. Am besten wird das Sulfasalazin mit Prednisolon kombiniert. Neuerdings empfielt sich anstelle des Sulfasalazins reine 5-Aminosalicylsäure (5-ASA), welche als Metabolit des Sulfasalazins eine deutlich verbesserte Verträglichkeit hat. Wir bevorzugen Mesalazin (Salofalk, Claversal) in einer Dosis von 1,5 g/Tag, später eine Erhaltungsdosis von 1 g/Tag. Bei Befall des Ileums wird durch entsprechende Galenik 5-ASA erst im distalen Dünndarm freigesetzt und kann somit auch bei Befall des Ileums und des rechtsseitigen Dickdarms eingesetzt werden. Besonders bewährt haben sich bei linksseitigem Dickdarmbefall die Einläufe mit 5-ASA. Relativ seltene Nebenwirkungen, allergische Exantheme, erhöhte Methämoglobinwerte.
Metronidazol (Clont, Flagyl) ist heute ein Therapeutikum zweiter Wahl, hat sich aber bei perianalem und anorektalem Befall gut bewährt. Eine Rezidivprophylaxe ist mit einer Mesalazin-Dauertherapie möglich, aber im beschwerdefreien Intervall nicht obligat. Wichtig ist eine hochkalorische, eiweißreiche Kost, um eventuelle enterale Eiweißverluste zu kompensieren. Regelmässige Gewichtskontrollen sind daher notwendig.
Chirurgische Behandlung: Bei Perforation, Stenose, Abszeß, komplettem Ileus, nichtbeherrschbarer Blutung, toxischem Megakolon, Fistelbildung. Nach Resektionsoperationen hohe Rezidivquote (bis über 80% nach 10 Jahren). Nicht selten enterale Fisteln.

Darmtuberkulose

Def, Ät und *Pathog:* Die tuberkulöse Enterokolitis ist überwiegend sekundärer (verschlucktes Sputum, z. B. bei Lungentuberkulose), seltener primärer (z. B. Milchinfektion durch Mycobacterium bovis) Genese, besonders bei gestörter Resistenzlage. Vorkommen überwiegend im Ileozäkalbereich. Dabei treten ulzeröse Schleimhautveränderungen mit Befall der regionären Lymphknoten und des Peritoneums auf. Relativ selten ist die fibrosierende, stenosierende Tbc, mit Kontraktion des Zäkums (hypertrophische Zäkumtuberkulose).

Sy: Häufig uncharakteristisch, unbestimmte Schmerzen im rechten Unter- und Oberbauch, Meteorismus, Diarrhöen und Obstipation im Wechsel. Zeitweilig Erbrechen, Mattigkeit. Subfebrile bis febrile Temperaturen. Häufig Gewichtsabnahme, Appetitverlust, lokale Abwehrspannung im rechten Unterbauch, leichte Anämie, BKS nur mäßig beschleunigt.

Kompl: Blutung, Obstruktion bzw. Stenosen nach Rückbildung bei Chronizität, Fistelbildung, Abszeßbildung, Ileus.

Dg: Röntgenuntersuchung: Ulzerationen, Schleimhautreliefveränderung, Störung der Motilität mit spastischen Kontrastmitteldefekten (Stierling-Zeichen, String sign). Manchmal tastbarer Ileozäkaltumor. Nachweis von säurefesten Stäbchen im Stuhl, gelegentlich Nachweis einer gleichzeitigen Lungen- oder anderen Organtuberkulose. Primäre enterale Tuberkulosen lassen sich zumeist nur in einer Kultur von Gewebeproben aufgrund der ulzerösen Schleimhautläsionen diagnostizieren (Endoskopie). In der Flüssiganreicherung von Biopsiematerial können säurefeste Stäbchen bereits nach 2 Wochen nachgewiesen werden.

DD: Auch histologisch schwierig gegenüber dem Morbus Crohn sowie der Colitis ulcerosa mit Dünndarmbeteiligung. Bei einer hypertrophischen Zäkaltuberkulose unbedingt Zäkumkarzinom ausschließen. Weiterhin Amöbenruhr.

Th: Frühzeitige Kombination von Tuberkulostatika (INH 5 mg/kg/Tag, Myambutol 15–20 mg/kg) oder INH und Rifampicin (450-750 mg/Tag). Hochkalorische vitamin- und mineralstoffreiche Diät. Bei Strikturen, Stenosen und Fisteln chirurgische Korrekturen erst nach guter chemischer Vorbehandlung.

Diarrhö

Def, Ät: Es liegen folgende einzelne oder mehrere Störungen vor:
- erhöhter Wassergehalt des Stuhles (> 80%)
- ein erhöhtes tägliches Stuhlvolumen > 250 g/Tag,
- Anzahl der täglichen Stuhlentleerungen > 3.

Die Ursache der Diarrhö ist eine überforderte Resorptionsfunktion von Dünndarm und Kolon für Wasser und Elektrolyte. Die Ätiologie von Durchfällen ist in Tab. 18.**1** aufgeführt.

Tabelle 18.**1** Ätiologie von Durchfällen

1. *Irritables Kolon*
2. *Infektionen*
   a) *Bakterien*
      Salmonellen
      Shigellen
      Escherichia coli
      Yersinien
      Campylobacter jejuni
      Clostridium difficile
      Clostridium perfringens
   b) *Viren*
      Norwalk-Virus
      Rotavirus
      Zytomegalievirus
      Herpesvirus
   c) *Parasiten*
      Lamblien
      Isospora belli
   d) *Mykosen*
      Candida
      Cryptosporidium
3. *Intoxikationen*
   a) *Bakterien*
      Staphylococcus aureus
   b) *Pharmaka*
      Antibiotika
      Diuretika
      Digitalis
      Chinidin
      Colchicin
      Zytostatika
   c) *Alkohol*
   d) *Schwermetalle*
4. *Entzündliche Darmerkrankungen*
   Morbus Crohn
   Colitis ulcerosa
   membranöse Kolitis
   kollagene Kolitis
5. *Erkrankungen mit Malabsorption*
6. *Neoplastische Darmerkrankungen*
   Adenome (villös)
   Karzinome
   Lymphome
   endokrine Tumoren (Karcinoid, medulläres Schilddrüsenkarzinom, VIPom)
7. *Fäkalome, Stuhlinkontinenz*
8. *Divertikulitis*
9. *Vaskuläre, neurale, muskuläre Darmerkrankungen*
   mesenteriale Durchblutungsstörungen
   Kollagenosen
   Amyloid
   Diabetes-mellitus-Spätsyndrom
10. *Strahlenenteritis*
11. *Nahrungsmittelinduzierte Durchfälle*
    Lactasemangel
    Allergien
12. *AIDS*

Sy: Die klinischen Beschwerden werden durch Art, Schwere und Dauer der zugrundeliegenden Ursachen und des Zustandes des Patienten bestimmt. Wegen ihrer Häufigkeit verdienen alimentäre Intoxikationen Erwähnung, meist bei Genuß von mit Bakterien oder Bakterientoxinen verunreinigten Speisen (Staphylococcus aureus). Sie äußern sich durch Brechdurchfall und kolikartige Schmerzen, die sich wenige Stunden nach der Speisenaufnahme einstellen und innerhalb 24–36 Stunden spontan sistieren. Bei den Reisediarrhöen mit heftigen, oft wäßrigen Stühlen handelt es sich meist um Infektionen mit Salmonellen, Escherichia coli, seltener mit Amöben und Cholerabakterien durch verunreinigtes Wasser.

Kompl: Persistieren heftiger Diarrhö führt zu Wasser- und Elektrolytverlust mit Exsikkose und Gefahren eines Organversagens, z. B. der Niere infolge der Hypovolämie, insbesondere bei älteren Patienten. Entzündliche Darmerkrankungen verursachen Eiweißverluste und ein Malabsorptionssyndrom mit Gewichtsverlust, Ödembildung, Anämie sowie Mangel an Vitamin und Spurenelementen bei chronischem Verlauf.

Th: Die symptomatische Behandlung umfaßt in schweren Fällen Bettruhe, Fasten, aber ausreichende orale Zufuhr von Flüssigkeit. Diätetische Maßnahmen bei akuten Diarrhöen z. B. fettfreie Bouillon, Zwieback, Knäckebrot für 24 Stunden, dann leicht aufschließbare Kohlehydrate, z. B. Reis, Kartoffelbrei, Pudding, kein Fett, keine cellulosenhaltigen Speisen, kein Alkohol oder Kaffee. In schweren Fällen Infusionstherapie und Pharmakotherapie mit Loperamid, z. B. 4 mal 12 mg/Tag.
Kausale Therapie entsprechend der zugrundeliegenden Erkrankung.

Dickdarmpolypen

Def: Neoplastische Polypen (meist Adenome), nichtneoplastische Polypen (entzündliche Polypen = Pseudopolypen).

Sy: Hohe Prävalenz von adenomatösen Polypen. Die Prävalenz großer Polypen (< 1 cm) beträgt 4–13% im mittleren und höheren Lebensalter. Die meisten Polypen sind symptomlos; in Abhängigkeit von ihrer Größe kommt es zu okkulten, selten zu manifesten Blutungen. Villöse Polypen können größere Mengen einer eiweiß- und kaliumhaltigen Flüssigkeit sezernieren. Die Gefahr einer malignen Transformation besteht bei größeren Polypen (> 1 cm), schweren dysplastischen Veränderungen des Polypen, dem Vorhandensein mehrerer Adenome sowie bei tubulovillösen und villösen Adenomen.

Dg: Die Diagnose wird vorzugsweise endoskopisch gestellt, da sowohl eine Biopsie als insbesondere eine Polypektomie angeschlossen werden können.

Th: Vollständige Entfernung des Polypen während der Koloskopie mit genauer histologischen Untersuchung. Nach Ektomie größerer Polypen sowie zahlreicher kleineren Polypen jährliche Kontrollen.

Divertikulose

Def, Vk, Ät und *Pathog:* Meist erbs- bis kirschgroße sackförmige Ausstülpungen, überwiegend im Kolon lokalisiert. Nur selten angeboren, entstehen sie im höheren Lebensalter (55.–65. Lebensjahr), besonders an den Gefäßaustrittsstellen durch intraluminale Druckerhöhung und nachlassende Widerstandsfähigkeit der Darmwand. Duodenaldivertikel sind meistens im Bereich der Vater-Papille lokalisiert, bleiben klinisch stumm, können jedoch zu Gallenstau oder Pankreatitis führen. 80–90% der Dickdarmdivertikel sind im Sigma bzw. im Colon descendens lokalisiert. 14% der Bevölkerung über 50 Jahre unter Bevorzugung des männlichen Geschlechts sind davon betroffen, mit zunehmender Tendenz. Ursache: schlackenarme Kost mit ausgemahlenem Mehl und raffiniertem Zucker, Immobilität.

Sy: Häufig klinisch stumm, Zufallsbefund bei Kolonkontrasteinlauf, Obstipation mit Schleimabgang, Flatulenz, Druckgefühl im linken Unterbauch mit Ausstrahlung in den Nabelbereich wie bei spastischem Kolon.

Dg: Rektokoloskopie, Röntgenkontrastdarstellung, cave: bei akuter Divertikulitis!

DD: Kolonkarzinom, Reizkolon, ischämische Kolitis, Morbus Crohn, Colitis ulcerosa, Amöbendysenterie.

Kompl: Divertikulitis (Zunahme der lokalen Schmerzen bei Defäkation) mit Peridivertikulitis bzw. Perikolitis. Dabei nicht selten Perforationen, Abszeßbildungen (auf dem Boden einer gedeckten Perforation) in die Nachbarorgane, entzündliche Darmobstruktionen mit Subileus, Peritonitis (evtl. mit septischen Metastasen). Klinische Beschwerden: Schmerzen, Druckschmerzhaftigkeit im linken Unterbauch, Diarrhö mit Fieber und Leukozytose. In seltenen Fällen Blutungen.

Th: Schlackenreiche, nicht blähende Kost, gelegentlich Gleit- oder Quellmittel als Laxantien.

Therapie der Komplikationen: Ballastarme Kost, Antibiotika, Spasmolytika. Häufig Rückbildung der Komplikationen unter konservativer Behandlung. Operative Therapie mit Resektion des betroffenen Segments: rezidivierende Divertikulitis, Zustand nach Blutung im blutungsfreien Intervall sowie bei nicht beherrschbaren Komplikationen.

Dünndarmtumoren

Vorkommen

Dünndarmtumoren machen ca. 1–2% aller Neoplasien des Gastrointestinaltrakts aus (benigne : maligne Tumoren = 1 : 1). Aus bisher ungeklärten Gründen ist der Dünndarm, der mehr als 75% der Länge und mehr als 90% der Resorptionsfläche des gesamten Gastrointestinaltrakts besitzt, deutlich weniger von Tumoren als Kolon, Magen oder Ösophagus betroffen. Die Diagnose von Tumoren des Dünndarms ist oft schwierig, da die Symptome häufig unspezifisch sind oder in bis zu 50% der Fälle fehlen.

Benigne Tumoren

Vk: Insgesamt ist das Ileum am häufigsten von benignen Tumoren betroffen (49%), gefolgt von Jejunum (30%) und Duodenum (21%).

Formen: Je nach Dünndarmlokalisation finden sich:

- Adenome (Duodenum 33%, Jejunum 25%, Ileum 42%), wobei Histologie und Entartungstendenz denen des Kolons entsprechen,
- Fibrome,
- Leiomyome,
- Lipome,
- Häm- und Lymphangiome,
- Pseudolymphome,
- Neurofibrome.

Eine aktuelle Untersuchung von jungen Patienten mit Peutz-Jeghers-Polypen zeigte, daß diese Tumoren – entgegen früherer Auffassung – eine gewisse maligne Entartungstendenz besitzen.

Sy: Abdominelle Koliken, Blutung (okkult und manifest), Ileus-Subileus, Diarrhöen.

Maligne Tumoren

Ebenso wie bei den benignen Dünndarmtumoren ist das Ileum (50%) gefolgt von Jejunum (28%) und Duodenum (22%) am häufigsten betroffen. Die malignen Tumoren sind noch seltener als die benignen. Je nach Dünndarmlokalisation finden sich:

- Adenokarzinome,
- Sarkome,
- Lymphome,
- Karzinoide.

Das Adenokarzinom ist im gesamten Dünndarm der häufigste Tumor (46%), gefolgt vom Karzinoid (34%), Sarkom (18%) und Lymphom (2%). Sehr selten Dünndarmmetastasen (z. B. beim malignen Melanom).

Karzinoide (Inzidenz ca. 2/100000) finden sich in folgender Häufigkeit in den einzelnen Darmabschnitten: Appendix (45%), restlicher Dünndarm, vor allem terminales Ileum (35%), Kolon und Rektum (20%). Ca ⅓ aller Dünndarmkarzinoide treten multilokulär auf. Extragastrointestinale Karzinoide machen weniger als 15% aller NE-Tumoren aus.

Sy: Die Klinik ist ähnlich wie bei den benignen Tumoren. Bei den relativ symptomarmen Karzinoiden wird als häufigstes Syptom neben der Diarrhö der sog. Flush des Karzinoidsyndroms (Flush, Diarrhö, Bronchospasmen, Endokardfibrose) bei etwa der Hälfte aller symptomatischen Patienten angetroffen. Weniger häufig finden sich kardiale Symptome ($\leq 20\%$) sowie asthmoide Anfälle ($\leq 10\%$).

Nur ausnahmsweise im Dünndarm vorkommende Tumoren

Weitere gastroenteropankreatische NE-Tumoren wie VIPome, Gastrinome, Glukagonome, Insulinome und Somatostatinome werden praktisch immer ($\geq 90\%$) als Primärtumor im Pankreas gefunden. Eine Lokalisation des Primärtumors im Dünndarm ist eine Rarität. Zur Diagnostik und Therapie dieser Tumoren s. S. 905.

Diagnose

- Primär röntgenologisch: fraktionierte Magenbreipassage und/oder Dünndarmdoppelkontrast (Sellink-Technik),
- Endoskopie, soweit möglich,
- Sonographie,
- Computertomographie,
- Probebiopsie unter Ultraschallkontrolle,
- Angiographie,
- Tumorlokalisation
- Nachweis einer eventuellen Blutungsquelle.

Diese neuroendokrinen (NE) Karzinoide, welche sich von den enterochromaffinen Zellen der Dünndarmmukosa ableiten, sind in weniger als der Hälfte der Fälle hormonaktiv. Entsprechend finden sich die typischen Tumormarker 5-Hydoxyindolessigsäure im Harn und Serotonin im Serum nur bei ca. 50% der Fälle.

Prognose

Zum Zeitpunkt der Diagnose weisen bis zu 90% aller Patienten bereits Metastasen (vor allem Leber) auf. Trotz dieser hohen Metastaseninzidenz beträgt die Fünf-Jahresüberlebenszeit ca. 20%.

Therapie

Chirurgische und zytostische Therapie

Wie bei allen NE-Tumoren gilt als einzige kurative Behandlungsmöglichkeit die Totalresektion des Tumors. Bei Inoperabilität des Tumors bietet sich als zytostatische Therapie die Kombination von Streptozotocin und 5-Fluorouracil bzw. Doxorubicin an. Jedoch sprechen Karzinoide deutlich weniger auf diese Therapie an als Inselzelltumoren. In letzter Zeit wurden wenige Fälle beobachtet, wo mit der Applikation des Somatostatin-Analogs SMS 201–995 neben einer Symptomreduktion eine gewisse antineoplastische Wirkung gesehen wurde. Neben diesem Somatostatin-Analog ist für α-Interferon in dieser Tumorgruppe ebenfalls eine antineoplastische Wirkung gezeigt worden.

Symptomatische Therapie

Als symptomatische Therapie hat sich mit Abstand am besten das sekretionshemmende langzeitig wirkende Somatostatin-Analog SMS 201–995 bewährt, das zu einer Reduktion der Symptome bei hormonaktiven Tumoren führt.
Zum Schluß sei darauf hingewiesen, daß eine Behandlung dieser relativ seltenen Tumoren jedoch nur im Rahmen von klinischen Studien in einzelnen Zentren durchgeführt werden sollte.

Dysphagie

Def: Unter Dysphagie versteht man jede Erschwernis des Schluckaktes mit Gefühl des Steckenbleibens infolge Passagebehinderung von Nahrung durch funktionelle Störungen oder morphologische Veränderungen von der Mundhöhle bis zur Cardia ventriculi. Bei organisch bedingten Läsionen entwickelt sie sich progressiv vornehmlich für feste Speisen, während funktionelle Störungen des Schluckaktes wechselhaft und psychisch beeinflußbar sind. Das Globusgefühl tritt unabhängig von der Nahrungszufuhr auf.

Ät: Bei älteren Patienten (über 50 Jahre) muß in erster Linie an ein Ösophaguskarzinom gedacht werden (häufig jedoch bereits Spätsyndrom). Bei jüngeren Patienten Refluxösophagitis, Divertikel, Fremdköper, Achalasie, äußere Kompression durch Gefäßanomalien, Mediastinaltumoren, tracheobronchiale Fisteln, Sklerodermie. Der diffuse Ösophagospasmus tritt oft bei psychischen Spannungen auf. Nicht selten neurologische Störungen mit diskreten bulbären Schluckstörungen.

Sy: Anamnese, Schluck-, Retrosternal- und epigastrischer Schmerz, Engegefühl, Passagebehinderung für Flüssigkeit, Brennen nach heißen Getränken, Alkoholschmerz, Regurgitation. Der Presbyösophagus hat nur eine diskrete Symptomatik.

Dg: Endoskopie mit Biopsie und Bürstenzytologie. Röntgenologie, Langzeit-pH-Messung zum Ausschluß einer Sphinkterinsuffizienz bei Refluxösophagitis.

Exsudative Gastroenteropathie

Def und *Ät:* Polyätiologisches Syndrom mit vermehrtem Austritt von Plasmaproteinen in den Gastrointestinaltrakt. Die wichtigsten Ursachen sind:

- Schleimhauterkrankungen ohne Ulzerationen: Morbus Ménétrier (Riesenfalten-Gastritis), akute virale Enteritiden, Morbus Whipple, Glutenenteropathie (Sprue);
- Schleimhauterkrankungen mit Erosionen und Ulzerationen: Karzinome und Lymphome des Magens, Morbus Crohn, Colitis ulcerosa, pseudomembranöse Enterokolitis, infektiöse Enterokolitiden;
- Obstruktion intestinaler Lymphbahnen: intestinale Lympfisteln, intestinale Lymphome sowie die primäre Lymphangiektasie.

Sy: Im Vordergrund stehen Gewichtsverlust und Ödembildung sowie krankheitsspezifische Symptome.

Dg: Erhöhte α_1-Antitrypsin-Clearance im Stuhl, vermehrte ^{51}Cr-Albumin-Ausscheidung im Stuhl, gezielte Diagnostik der verursachenden Erkrankungen.

Th: Therapie und Prognose werden durch die zugrundeliegenden Erkrankungen bestimmt. Die symptomatische Behandlung beschränkt sich auf enterale und parenterale Substitution von Eiweiß und Eiweißfraktionen.

Gastritis

Akute Gastritis

Def, Pathog und *Ät:* Die akute Gastritis ist charakterisiert durch ein Ödem, eine zelluläre Infiltration der Magenschleimhaut, überwiegend mit Granulozyten, sowie eine Gewebsschädigung mit Blutungen und Erosionen. Ursachen sind exogene Noxen, wie Bakterientoxine (z. B. Staphylokokken), Pharmaka (z. B. Acetylsalicylsäure, nichtsteroidale Antiphlogistika und Zytostatika) sowie energiereiche Strahlen bei der Behandlung abdomineller Tumoren. Besonderes Interesse hat in der letzten Zeit die akute Gastritis durch Infektion mit Helicobacter pylori gefunden, die in eine chronische Antrumgastritis übergehen kann.

Sy: Epigastrische Schmerzen, Übelkeit, Brechreiz, Erbrechen, Inappetenz, drückender krampfartiger Schmerz im Oberbauch. Die akute Gastritis klingt in der Regel nach Beseitigung der Noxe wieder ab.

Dg: Der Verdacht ergibt sich aus anamnestischen Angaben (s. o.) sowie der Gastroskopie, welche nur eine erosive akute Gastritis erfassen kann. Ohne erosive Veränderungen gelingt der Nachweis der akuten Gastritis häufig nur histologisch aufgrund der Biopsie.

DD: Ulkuskrankheit, Gallenwegserkrankungen, akute Pankreatitis.

Th: Entsprechend dem Beschwerdebild: Kurzfristige Nahrungskarenz bzw. reduzierte Kost, z. B. Kamillentee, Zwieback, Knäckebrot, daran anschließend Aufbaudiät und Schonkost. Lokale Behandlung mit Antazida, z. B. Maalox. Bei Ätzgastritis, z. B. Verschlucken von Essigsäure oder Essigsäureessenz, orale Gabe von Magnesia usta (20 g) und Novocain (30–40 ml ¼%ige Lösung), Klinikeinweisung

Chronische Gastritis

Def, Vk, Ät und *Pathog:* Seltenere diffuse lokale chronische Magenschleimhautentzündung, welche histologisch durch eine zelluläre Infiltration der Schleimhaut mit Lymphozyten, Plasmazellen sowie eine Gewebsschädigung charakterisiert ist. Liegt eine Infiltration von Granulozyten in der Schleimhaut vor, spricht man von chronischer aktiver Gastritis. Die chronische Gastritis ist der häufigste pathologische Magenbefund. Morphologisch unterscheidet man:

- Oberflächengastritis,
- chronische atrophische Gastritis.

Die chronische Gastritis ist ein dynamischer Prozeß, welcher in eine atrophische Gastritis mündet. Häufigkeit, Schweregrad und Ausbreitung aboralwärts nehmen mit dem Lebensalter zu. Man unterscheidet folgende Gastritisformen:

- Bei der Fundusgastritis mit normaler Antrumschleimhaut werden Antikörper gegen Belegzellen sowie eine Hypergastrinämie gefunden (Immungastritis). In diesen Formenkreis fällt die perniziöse Anämie mit Atrophie der Fundusschleimhaut, Achlorhydrie sowie Antikörpern gegen Intrinsic factor.
- Für die Antrumgastritis wird die Infektion mit Helicobacter pylori, einem gramnegativen Stäbchen, ätiopathogenetisch angenommen. Der Keim besitzt eine starke Ureaseaktivität und weist eine säurefeste kokkoide Sporenform auf. Der Keim liegt unter der Mukusschicht auf dem Oberflächenepithel und in den Drüsenschläuchen. Er verursacht eine Schädigung der Epithelzellen und löst eine lokale Immunreaktion mit humoralen Antikörpern im Magensaft und im Serum aus. 50% der Menschen höheren Alters (über 50 Jahre) weisen einen Befall mit diesem Keim auf.
- Gastritis von Antrum und Fundus tritt gehäuft bei exogenen Noxen auf, z. B. Alkohol, aber auch als Spätform einer chronischen oralwärts progredienten Antrumgastritis mit Helicobacter-pylori-Befall.

Nach Magenoperationen, z. B. Billroth-II-Resektion, nimmt in den folgenden 1–2 Jahren die Inzidenz der Gastritis zu, und die Entwicklung zur atrophischen Gastritis ist beschleunigt, wobei der Anastomosenbereich stärker als die Schleimhaut im Restmagen befallen ist. Möglicherweise spielt der gallige Reflux ätiopathogenetisch eine Rolle. Die seltene Gastropathia gigantea (Morbus Ménétrier), eine hypertrophisch-atrophische Gastritis, ist durch extrem verbreiterte Schleimhautfalten (Röntgenbild) gekennzeichnet und wird als Präkanzerose betrachtet.

Sy: In 50% keine oder nur geringe Beschwerden. Druck- und Völlegefühl im Epigastrium, Sodbrennen, bisweilen Entwicklung eines Früh- oder Spätschmerzes bzw. Nüchternschmerzes sowie Schmerzes bei einem peptischen Geschwür. Unverträglichkeit bestimmter Speisen.

Dg: Ausschluß anderer Magenerkrankungen, insbesondere einer Ulkuskrankheit und eines Karzinoms, durch Endoskopie. Untersuchung von Gewebe aus dem Magenkorpus und Antrum während der Gastroskopie mit 2 Partikeln aus dem Antrum zur histologischen Untersuchung und 2 Partikeln für einen Ureaseschnelltest zum Nachweis von Helicobacter pylori. Die Röntgenuntersuchung ist für die Diagnostik der Gastritis nicht geeignet.

DD: Ulkuskrankheit, Reizmagen (Non-ulcer-Dyspepsie), Malignome des Magens, Gallenblasen- und Lebererkrankungen, Refluxkrankheit.

Th: Bei Speisenunverträglichkeit Eliminationskost (s. auch Magen-Diät). Antazida (z. B. Maaloxan-Beutel) bei Beschwerden und Wismutsalze, (z. B. Jatrox) haben eine gewisse antibakterielle Wirkung auf Helicobacter pylori.

Prgn: Bei Patienten mit chronischer atrophischer Gastritis im jugendlichen Alter besteht eine erhöhte Gefährdung für die chronische Geschwürskrankheit. Bei Patienten mit perniziöser Anämie und atrophischer Gastritis besteht eine erhöhte Gefährdung für die Entwicklung eines Magenkarzinoms. Gastroskopiekontrollen alle 2–3 Jahre.

Gastrokardialer Symptomenkomplex (Roemheld-Komplex)

Def, Ät und *Sy:* Ansammlung von Luft im Magen durch Aerophagie sowie von Gas in der linken Kolonflexur durch bakterielle Gasbildung. Dieser Zustand führt neben Meteorismus und Flatulenz zu Beschwerden einer Angina pectoris.

Dg: Herzdrücken mit Atemnot, eine röntgenologisch nachweisbare Gasansammlung im Oberbauch mit Besserung bei oralem oder analem Gasabgang.

Th: Möglichst Vermeiden der Aerophagie bei Essen und Trinken, leichte eiweiß- und cellulosearme Kost, Enzymsubstitution (z. B. Pankreon forte), Entschäumer (z. B. Paractol).

Haemoccult-Test

Das Testverfahren ist erstrangig zum Nachweis okkulter Blutungen aus dem Dickdarm geeignet. Die Empfindlichkeit des Tests liegt bei Blutverlusten zwischen 5 und 10 ml/Tag. Falsch positive Ergebnisse entstehen bei reichlichem Genuß von Blutwurst, großen Mengen roten Fleisches sowie von Brokkoli, Meerrettich, Radieschen und Spinat, welche eine Pseudoperoxidaseaktivität besitzen. Falsch negative Ergebnisse sind auf intermittierende Blutungen und inhomogene Verteilung des Bluts im Stuhl sowie Fehler bei der technischen Durchführung des Tests zurückzuführen. Vitamin C hemmt die Oxidationsreaktion und führt zu falsch negativen Ergebnissen. Die Sensitivität beträgt für das Kolonkarzinom 70–85%, für größere Kolonpolypen ca. 50%. Die Spezifität von 95–97% bedeutet bei der niedrigen Inzidenz der Kolonmalignome eine hohe Anzahl von Patienten mit falsch positiven Befunden, so daß die Methode als Suchtest ungeeignet ist, d. h. jeder symptomatische Patient muß einer endoskopischen Abklärung unterzogen werden.

Hämorrhoidalleiden

Def, Ät und *Sy:* Hyperplasie des Plexus venosus rectalis (Corpus cavernosum recti), eines vorwiegend arteriell, aber auch venös gespeisten Schwellkörpers am distalen Ende des Mastdarms, der am analen Verschlußmechanismus mitbeteiligt ist. Hämorrhoiden sind anlagebedingt, werden durch Obstipation verschlechtert, ebenso bei stärkeren Diarrhöen. Es können 3 Hauptknoten und bis 4 Satellitenknoten entstehen. Äußere Hämorrhoiden werden besser als perianale Varizen bezeichnet.
Erstes Stadium: Blutung aus vergrößerten, weichen Hämorrhoidalknoten.
Zweites Stadium: Fibrotische Umwandlung der Hämorrhoidalknoten, reversibler Prolaps bei Defäkation.
Drittes Stadium: Permanenter Prolaps, häufig Komplikationen.

Kompl: Akute Hämorrhoidalthrombose, Analfissuren, Inkarzeration, Sphinkterinsuffizienz.

Dg: Digitale Austastung und Rektoskopie sind nicht ausreichend. Nur durch funktionelle Proktoskopie ist eine suffiziente Diagnostik im Analbereich möglich. Hierzu gehören Manometrie und Defäkogramm.

Th: Stuhlregulierug (s. Obstipation), lokales konservatives Vorgehen mit antiphlogistischen Medikamenten, z. B. Anusol-Suppositorien, in den Stadien 1 und 2 Ligatur der Varizen, im Stadium 3 operativer Eingriff. Bei Thrombose eines perianalen Hämorrhoidalknotens feuchte Umschläge, Inzision des Knotens.

Hiatushernie

Def, Vk, Ät und *Pathog:* Durch Lageanomalie des Magens verursacht. Bei der gastroösophagealen Gleithernie (75%) bildet die in den Thoraxraum verlagerte Kardia den oberen Anteil der Hernie, bei der paraösophagealen Hernie kommt es zum Durchtritt des oberen Magenteiles parallel zur durch das Zwerchfell veränderten Position des Ösophagus. Die Hernie beruht auf einem verminderten Muskeltonus oder einer kongenitalen Schwäche des Zwerchfells einerseits und wird durch Steigerung des intraabdominellen Drucks (Husten, Erbrechen, Bauchpresse bei Anstrengungen, Bauchtrauma, Schwangerschaft, Adipositas, chronische Obstipation) begünstigt. Deutliche Zunahme ab dem 50. Lebensjahr. Das Auftreten eines gastroösophagealen Refluxes ist häufig und kann zur Refluxkrankheit führen. Der Reflux von saurem und alkalischem Mageninhalt verursacht Störungen der Ösophagusmotilität und Schleimhautläsionen (Refluxösophagitis).

Dg: Röntgenuntersuchung in Kopftieflagerung, Endoskopie.

Kompl: Refluxösophagitis, Ulzerationen, Stenosen, Karzinom, selten Blutungen.

Sy: Häufig symptomlos. Große Hernien verursachen oft geringe, kleine Hernien oft große subjektive Beschwerden. Aufstoßen und Sodbrennen sind die häufigsten Beschwerden als Folge der Kardiainsuffizienz (endoskopisch erfaßbares inspiratorisches Hochgleiten der Magenschleimhaut durch den Hiatus). Druckgefühl und brennende Schmerzen hinter dem Sternum und linken Oberbauch, die in Rücken, linke Schulter und Arme ausstrahlen, können eine Angina pectoris vortäuschen. Deutliche Lageabhängigkeit der Beschwerden mit Zunahme in Horizontallage oder beim Bücken besonders nach reichlichen Mahlzeiten.

DD: Achalasie, Karzinom, Ulkuskrankheit, Cholelithiasis, chronische Pankreatitis, Angina pectoris.

Th: Häufige kleine Mahlzeiten, Schlafen mit erhöhtem Oberkörper, kein Essen unmittelbar vor der Nachtruhe, Gewichtsreduktion. Ist endoskopisch eine Refluxkrankheit nachgewiesen, Behandlungen mit antisekretorischen Pharmaka, erstrangig Omeprazol (Antra) (40–60 mg/Tag). Zur Behandlung der Schmerzen Antazida.

Kolonkarzinom

Vk, Ät und *Pathog:* 60–70% der Dickdarmkarzinome sind im Rektosigmoidbereich lokalisiert und liegen damit innerhalb der Reichweite flexibler Fibersigmiodoskope. Der Häufigkeitsgipfel liegt meist nach dem 50. Lebensjahr, wobei Frauen häufiger an einem Kolonkarzinom erkranken als die beim Rektumkarzinom deutlich dominierenden Männer. In 90% handelt es sich um Adenokarzinome, selten Lymphome oder Sarkome. Die lymphogene und hämatogene Metastasierung erfolgt in Leber, Lungen, Knochen, Gehirn.

Als Ursachen der zunehmenden Inzidenzrate, besonders in der westlichen Welt, werden eine balastarme (fettreiche, fleischreiche, faserarme) Kost verantwortlich gemacht sowie eine zunehmende Immobilität (Arbeit im Sitzen). Karzinome entwickeln sich meistens aus Adenomen sowie aus einer Polypose oder aus einem sog. Frühkarzinom; dabei ist das infiltrative Wachstum auf die Submukosa beschränkt. Nicht selten tritt das Kolonkarzinom als Doppelblastom auf.

Ein erhöhtes Karzinomrisiko besteht bei Zustand nach operiertem Kolonkarzinom, familiärer Anamnese bzw. Belastung, Adenomen, Magen-, Mamma-, Ovarialkarzinom (sog. Zweitkarzinom), Colitis ulcerosa bei Totalbefall nach 15jähriger Krankheitsdauer, Morbus Crohn und familiärer Polypose.

Sy: Beginn häufig mit Stuhlunregelmäßigkeiten (Obstipation und Diarrhö im Wechsel). Tenesmen, Blutabgang, Völlegefühl (bei Lokalisation im Colon descendens).

Komp: Obstruktion, Blutungen, Perforation mit Abszeß- oder Fistelbildung, infiltratives Wachstum in die Nachbarschaftsorgane.

Dg:

- Koloskopie und Biopsie;
- Röntgenuntersuchung im Doppelkontrast, wobei ein blumenkohlähnliches, polypoides, früh ulzerierendes Wachstum von einem zirrhösen, zirkulär stenosierenden Tumor abzugrenzen ist;
- Allgemeines Screening mit entsprechender Frühdiagnostik: okkulter Blutnachweis im Stuhl (bereits positiv bei 5 ml Blut);
- Computertomographie und Sonographie, wichtig bei extraluminärer Tumorausdehnung sowie Lymphknoten- und Knochenmetastasen;
- Nachweis eines Tumormarkers (CEA), auch bei Therapieüberwachung;
- direkte abdominelle Palpation mit positivem Tastbefund bei größeren Kolontumoren.

Th: Abhängig von Allgemeinbefund, lokalem Tumor bzw. Metastasen; primär operatives Vorgehen. Anwendung von ultraharten

Strahlen vorwiegend bei Inoperabilität, bisweilen auch prä- und postoperativ. Zytostatika, vorwiegend als Palliativmaßnahme in Form einer Monotherapie mit 5-Fluorouracil.

Prgn: Fünfjahresüberlebenszeit bei Dukes-Stadium A (Befall von Mukosa und Submukosa): 80–90%, Dukes-Stadium B (alle Wandschichten durchsetzend): 60–80%, Dukes-Stadium C (zusätzlicher Befall regionärer Lymphknoten): 50–60%, Dukes-Stadium D (mit Fernmetastasen): auf längere Sicht infaust.

Lactoseintoleranz (s. auch Malabsorption)

Vk und *Ät:* Zu den primären Enzymdefekten in der Dünndarmschleimhaut zählt der Disaccharidasenmangel, welcher als solitäre Saccharose-Isomaltose-Malabsorption mit zunehmendem Lebensalter meistens kompensiert werden kann.

Die hereditäre kongenitale Lactosemalabsorption (= Lactoseintoleranz), die sofort bei der Zufuhr von Mutter- oder Kuhmilch in Erscheinung tritt, kann auch im Erwachsenenalter fortbestehen und ist von einer später erworbenen Lactoseintoleranz, deren Pathogenese häufig unklar ist, abzugrenzen.

Ein Lactasemangel kommt bei etwa 25% der Erwachsenen vor.

Eine sekundäre Lactaseintoleranz gibt es bei idiopathischer Sprue, Morbus Whipple, parasitären Erkrankungen, akuten viralen Darminfektionen, nach Bestrahlungen und bei Neomycintoxizität.

Sy: Rezidivierende Diarrhöen, gashaltige, säurebildende Stühle (ph 4,2–6), Krämpfe, Darmkollern, Meteorismus, Blähungen, Nausea.

Dg: Dünndarm- oder Duodenalbiopsie mit niedriger Lactaseaktivität. Flacher oraler Laktoseintoleranztest (50 g p. o.) mit einem Blutzuckeranstieg unter 1,1 mmol/l (20 mg/100 ml).

Th: Lactosefreie Diät bzw. Weglassen von Milchprodukten.

Magen, operierter s. operierter Magen

Magendiät

Die Magendiät soll 2 Forderungen genügen:

- Speisen- und Genußmittel, die die Magenschleimhaut schädigen oder die der Patient schlecht verträgt, sollen gemieden werden. Hierher gehören in erster Linie alkoholische Getränke, insbesondere jene mit höherem Alkoholgehalt, z. B. Spirituosen (etwa 40 Vol.-%), Wein (10 Vol.-%), Bier (4–5 Vol.-%). Der Genuß von Alkohol zusammen mit Schmerzmitteln, insbesondere nichtsteroidalen Antiphlogistika, ist zu vermeiden. Speisen- und Genußmittel mit schlechter Verträglichkeit in absteigender Reihenfolge: Kaffee, Nikotin, stark gesalzene und gesüßte Speisen, Zitrusfrüchte, Gewürze in größerer Menge, stark cellulosehaltige Nahrungsmittel, z. B. Kohl und Hülsenfrüchte, erhitzte Fette und Kuchen.
- Speisen- und Genußmittel, die vom Patienten gut vertragen werden, sollen bevorzugt empfohlen werden. Die Empfehlung lautet: kleinere Mahlzeit über den Tag verteilt; Mahlzeiten kurz vor dem Schlafengehen sind ungünstig. Zu den Speisen, die Magenschmerzen lindern, gehören Zwieback, Haferschleim, Milchbrei, Kompott, Öl, Butter, Marmelade in geringen Mengen.

Entscheidend für die diätetische Behandlung ist der Schweregrad der klinischen Beschwerden. Folgendes diätetisches Stufenschema hat sich bewährt:

- *Stufe I bei akuten Beschwerden:* Tee, Zwieback, Knäckebrot, Schleim und Reissuppe. Diese Kost sollte nicht länger als 1–3 Tage gegeben werden.
- *Stufe II bei abklingenden Beschwerden oder mittelschweren Beschwerden:* Leicht verdauliche Kohlenhydrate, z. B. Kartoffelschnee, Kartoffelbrei, Reis gedünstet, cellulosearme feinste Gemüse. Die Speisen sollen mild gesalzen oder gesüßt sein. Für Stufe I und Stufe II striktes Verbot von Alkohol, Nikotin und Kaffee.
- *Stufe III bei weitgehender Schmerzfreiheit:* Gestattet sind tierische, leicht verdauliche Eiweiße, Fette in mäßigen Mengen, d. h. gekochte und gegrillte Speisen. Gewürze sind erlaubt. Kaffee und Alkohol sind in geringen Mengen im Zusammenhang mit einer Mahlzeit gestattet.
- *Stufe IV bei Patienten mit Neigung zu Magenschmerzen:* Erweiterung der Kost entsprechend der individuellen Verträglichkeit. Schlecht vertragen werden im allgemeinen Röstprodukte, geräucherte oder gepökelte Speisen, Kohl, Hülsenfrüchte oder frisches Hefegebäck.

Magenkarzinom

Def, Vk, Ät und *Pathog:* Genetische Faktoren und Umweltfaktoren, insbesondere diätetische Gewohnheiten spielen eine Rolle; z. B. nimmt die Häufigkeit des Magenkarzinoms bei Japanern nach ihrer Einwanderung in die USA ab. Hohe Prävalenz in Japan, niedrige Prävalenz in den USA. Histologisch unterscheidet man

- den intestinalen Typ, der sich auf dem Boden der chronischen atrophischen Gastritis mit intestinaler Metaplasie entwikkelt
- den diffusen Typ, der weitgehend von Umwelteinflüssen unabhängig ist.

Die maligne Entartung eines Ulcus ventriculi ist umstritten; es handelt sich primär um Ulkuskarzinome. Geschlechtsverteilung Männer : Frauen 2 : 1. Häufigkeitszunahme nach dem 30. Lebensjahr mit einem Gipfel zwischen dem 50. und 60. Lebensjahr. Über ein oft jahrelang bestehendes Frühstadium entwickelt sich ein polypös-ulzerös infiltrierender Tumor. Metastasierung: Leber, Gehirn, Lunge, Knochen, Ovarien (Krukenberg-Tumor); subklavikuläre Lymphknoten links = Virchow-Drüse.

Sy: Die klinischen Beschwerden im Frühstadium sind sehr diskret, intermittierend und uncharakteristisch. Selten ist ein pseudoulzeröses Beschwerdebild. Die makroskopische Blutung ist häufig erst im Spätstadium zu beobachten, bei dem Kachexie und Anämie im Vordergrund stehen.

Dg: Entscheidend ist die Diagnose im Frühstadium, d. h. bei isoliertem Befall der Schleimhaut. Bei neu aufgetretenen, uncharakteristischen epigastritischen Schmerzen, insbesondere jenseits des 40. Lebensjahres, bei familiärer Disposition, perniziöser Anämie und therapieresistenten Ulzera eingehende Abklärung:
Die Gastroskopie erlaubt neben der Inspektion die Sicherung der Diagnose durch Biopsie und Zytologie (Bürstenabstrich). Mit Kontrastdarstellung des Magens lassen sich Faltenabbruch, Wandstarre bei infiltrativem Wachstum sowie Änderungen der Konturen und des Faltenreliefs bei polypösen Tumoren nachweisen.

DD: Ulcus ventriculi, polypöse Lymphome, Pseudolymphome.

Th: Frühzeitige subtotale oder totale Gastrektomie. Bei radikal operierten Patienten bis zu ca. 10% Fünfjahresheilung. Palliativeingriffe bei Stenosen. Die Fünfjahresheilung postoperativ bei Magenkarzinomen im Frühstadium beträgt über 90%.

Bei Magenlymphomen operativer Eingriff, anschließende zytostatische Therapie.
Die seltenen benignen Tumoren (Adenome) sollten wegen der Möglichkeit einer malignen Entartung operativ entfernt werden.

Malabsorption

Ät und Sy: Zu den Darmerkrankungen mit Malabsorption gehören Glutenenteropathie, tropische Sprue, Morbus Whipple, intestinale Lymphome, das sog. Kurzdarmsyndrom bzw. ausgedehnte Dünndarmresektionen, das Syndrom der blinden Schlinge, Amyloidosen, Strahlenenteritiden, die AIDS-Erkrankung sowie die primäre intestinale Lymphangiektasie. 20% der Bevölkerung im Erwachsenenalter haben einen Lactasemangel, der meist nur bei erhöhtem Milchkonsum symptomatisch wird.

Th: Die Therapie umfaßt entsprechend den Mangelzuständen ggf. die parenterale Gabe von Vitaminen, Mineralien, Spurenelementen und Folsäure. Colestyramin (3 mal 1–2 Beutel Quantalan vor den Mahlzeiten) wird beim Gallensäurenverlust-Syndrom zur Besserung der Durchfälle eingesetzt. Mittelkettige Triglyceride, z. B. Ceres-Margarine, verbessern die Kalorienzufuhr bei Steatorrhö. Loperamid (4–16 mg/Tag) sowie Opium (z. B. 10–30 Tropfen Opium-Tinktur) verzögern die intestinale Passage.

Maldigestion

Def: Ungenügender Abbau der Nahrung infolge enzymatischer und/oder mechanischer Störungen im oberen Gastrointestinaltrakt.

Ät und *Sy:* Zur Maldigestion kommt es nach *resezierenden Magenoperationen* mit ausgeschaltetem Duodenum (Billroth-II-Resektion, totale Gastrektomie). Ein 90%iger Ausfall der exokrinen Pankreasfunktion bei chronischer Pankreatitis, Pankreaskarzinom, Pankreasresektion führt zu einer Steatorrhö und einer Malabsorption von fettlöslichen Vitaminen. Die Steatorrhö beim *Zollinger-Ellison-Syndrom* geht auf die Inaktivierung von Pankreasenzymen durch Zufluß von Salzsäure in das Duodenum zurück. Die Maldigestion infolge einer Cholestase bei Verschlußikterus (Hepatitis und Leberzirrhose) ist meist gering, da die orale Fettaufnahme durch den Patienten meist reduziert ist.

Th: Die Therapie der Maldigestion besteht entsprechend der zugrundeliegenden Störung

- in einer Diät, welche enzymatisch leicht aufschließbare Speisen enthalten sollte (s. Magendiät),

– einer Enzymsubstitution, insbesondere bei Pankreaserkrankungen, z. B. 3 Tabletten Pankreon vor jeder Mahlzeit.

Nahrungsmittelallergie

Alimentäre Allergien im Erwachsenenalter werden häufig vermutet, können aber nur selten gesichert werden, da der Nachweis duch Ausschlußdiäten und Belastungsdiäten umständlich ist. In zahlreichen Fällen handelt es sich um Pseudoallergien bei neurovegetativ stigmatisierten Patienten. Blähungen, Durchfälle und abdominelle Schmerzen, allergische Reaktion von Haut und Schleimhäuten (z. B. urtikarielle Exantheme) und das Auftreten von Asthma- und Migräneanfällen sind die wichtigsten Allgemeinsymptome. Schokolade, Milch, Eier, Getreide, Gemüse, Zitrusfrüchte und Fische, sowie Hummer werden am häufigsten als Allergene angeschuldigt.

Obstipation

Def und *Ät:* Stuhlentleerung unter 3mal wöchentlich, verlängerter anstrengender Preßvorgang, Schafkotstuhl.
Ursachen einer primären chronischen Obstipation sind

- eine verlangsamte Kolonpassage und/oder
- eine Störung des Entleerungsmechanismus.

Zu letzterem gehören das Megarektum (Morbus Hirschsprung), eine Schwäche des Beckenbodens mit Rektozele, innerem oder sogar äußerem Prolaps von Rektumschleimhaut und das seltene sog. spastische Beckenbodensyndrom.
Eine sekundäre Obstipation hat folgende Ursachen:

- *Medikamente:* Analgetika, Anticholinergika, Antikonvulsiva, Antidepressiva, MAO-Hemmer, Antiparkinson-Medikamente, Eisen-Präparate, Opiate, Antazida, Calcium-Antagonisten, α-Methyldopa, Antikonzeptiva;
- *metabolische, endokrinologische Ursachen:* Porphyrien, Urämien, Hypophyseninsuffizienz, Bleivergiftung, Diabetes mellitus;
- *neurogenen Ursprung:* Morbus Hirschsprung, Erkrankungen und Verletzungen des lumbalen Rückenmarks, multiple Sklerose, Tabes dorsalis, Morbus Parkinson;
- *Erkrankungen des Gastrointestinaltrakts:* Darmobstruktionen, insbesondere Tumorerkrankungen sowie Erkrankungen des Analkanals (Fissur, Fistel), entzündliche und tumoröse Stenosen.

Sy: Der Patient erzählt, daß seine Stuhlentleerung nicht täglich erfolgt und er darunter leidet. Bei der primären chronischen Obstipation wird oft erst auf Befragen ein verlängerter schmerzhafter Preßvorgang, die Inanspruchnahme manueller Hilfe bei der Stuhlentleerung und der Gebrauch von Laxantien berichtet. Eine Sonderform der primären chronischen Obstipation betrifft junge Frauen, bei denen die Obstipation mit heftigen abdominellen Schmerzen verbunden sein kann. Die sekundäre Obstipation ist meist kurzfristig; sie tritt mit der zugrundeliegenden Erkrankung in Erscheinung.

Dg: Zunächst muß die Ursache einer *sekundären Obstipation* ausgeschlossen werden, insbesondere eine Tumorerkrankung im Gastrointestinaltrakt. Bei der *primären chronischen Obstipation* kann die Transitzeit im Verdauungskanal durch röntgenkontrastdichte Marker erfaßt werden. Als pathologisch gilt eine Transitzeit von mehr als 96 Stunden. Die funktionelle proktologische Untersuchung, das Defäkogramm und die Rektomanometrie dienen der Diagnostik von Störungen des Entleerungsmechanismus. Bei Laxantienabusus findet man häufig eine Melanose der Rektum- und Kolonschleimhaut.

Kompl: Die häufigste Komplikation beim alten Menschen ist das Fäkalom, welches sich nicht selten als Durchfall manifestiert, da proximal der Obstruktion der Stuhl durch Schleimhautirritation und bakterielle Zersetzung verflüssigt wird. Seltener sind der äußere Prolaps der Rektumschleimhaut sowie das isolierte Rektumulkus.

Th: Die wirkungsvollste Behandlung der primären chronischen Obstipation erfolgt durch Laxantien. Beim Mißbrauch entstehen Elektrolytverluste (Hyopkaliämien). Diätetische Maßnahmen wie eine ballastreiche Kost und eine ausreichende Flüssigkeitszufuhr haben meist einen unzureichenden Effekt.

Operierter Magen

Magenoperationen werden zur Behandlung der Geschwürskrankheit und von Tumoren des Magens durchgeführt. Bei der Behandlung der Geschwürskrankheit besteht das Ziel in der Verminderung der Salzsäuresekretion um ca. 70%, bei der Tumorerkrankung in der Entfernung des neoplastischen Prozesses.

Ät und *Pathog:* Nach einer Vagotomie, meist einer selektiv-proximalen Vagotomie (SPV), kommt es nicht selten zur Magenstase, wenn vagale Antrumfasern durchtrennt werden. Dieser Komplikation, welche sich meist nach wenigen Wochen zurückbildet, kann durch eine Pyloroplastik vorgebeugt werden. Die postoperativen Beschwerden sind davon abgesehen gering. Innerhalb von 8–10 Jahren entwickeln sich bei 10–20% der Patienten Rezidivulzera.

Die wichtigsten pathophysiologischen Mechanismen bei Magenresektionen sind der Verlust von Antrum- und Pylorusfunktion, die Reduktion des Fundusreservoirs und der Nebenschluß des Duodenums bei Billroth-II-Operationen. Die Störungen nehmen zu in der Reihenfolge: Antrektomie mit erhaltener gastrointestinaler Kontinuität (Billroth-II-Resektion), distale ⅔-Resektion mit gastrointestinaler Anastomose (Billroth-II-Resektion oder Anastomose nach Roux) sowie subtotale bzw. totale Resektion des Magens mit gastro- bzw. ösophagointestinaler Anastomose.

Sy:

- Beschwerden des kleinen Magens infolge einer Diskrepanz zwischen Magen- und Speisevolumen mit postprandialem Völle- und Druckgefühl im Epigastrium;
- Syndrom der zuführenden Schlinge (sehr selten) infolge einer mechanischen Behinderung des Abflusses aus der zuführenden Schlinge bei Billroth-II-Operation, klinisch gekennzeichnet durch postprandiale Druckschmerzen im rechten Mittelbauch, welche sich nach galligem Erbrechen bessern;
- Dumping-Syndrom: Blässe, Schweißausbruch, Übelkeit, Herzklopfen und Schwindelgefühl mit Kollapsneigung nach der Nahrungsaufnahme, insbesondere nach Genuß leicht verdaulicher Kohlenhydrate;
- postalimentäre Hypoglykämie (sog. Spätsyndrom) 2–3 Stunden nach einer kohlenhydratreichen Mahlzeit;
- Malabsorption bei ausgedehnten Magenresektionen, verursacht durch eine beschleunigte Magenentleerung und die mangelhafte Stimulation zu Pankreas- und Gallenblasenfunktion (pankreatozibale Asynchronie);
- hypochrome Anämie wegen mangelnder Eisenresorption infolge der fehlenden Salzsäuresekretion des Magens und der schnellen Passage in Duodenum bzw. Dünndarm;
- Durchfälle, vermutlich bedingt durch die Überschreitung der intestinalen Absorptionskapazität infolge Magensturzentleerung, beschleunigter Dünndarmpassage und bakteriellem Überwuchs;
- Ulcus pepticum jejuni oder Rezidivulkus im Restmagen. Bei diesen Patienten muß ein Gastrinom mit Bestimmung des Serumgastrins ausgeschlossen werden. Die klinischen Beschwerden äußern sich in meist nahrungsabhängigen Schmerzen. Die Schmerzlokalisation ist selten links oberhalb des Nabels. Im Restmagen entwickelt sich häufig eine atrophische Gastritis. Eine Häufung von Magenstumpfkarzinomen ist nach 20 Jahren bei Patienten zu beobachten, die wegen eines Ulcus ventriculi operiert worden waren.

Dg: Die klinischen Beschwerden haben einen hohen Stellenwert für die Diagnosestellung, insbesondere bei Syndrom des kleinen Magens und Dumping-Syndrom. Bestimmung des Eisenspiegels und bei totaler Gastrektomie des Vitamin-B_{12}-Spiegels im Serum. Gastroskopie zur Erfassung von Rezidivulzera und Malignomen.

Th:

- *Syndrom des kleinen Magens:* Häufige kleine Mahlzeiten (5–8 täglich), gutes Kauen, leicht aufschließbare Speisen wie Reis, gekochte Kartoffeln (s. auch Magendiät);
- *Dumping-Syndrom und postalimentäres Spätsyndrom:* Meiden leicht aufschließbarer Kohlenhydrate, Ruhe nach dem Essen;
- *Malabsorption:* Enzymsubstitution, z. B. Pankreon-Granulat und Verzögerung der intestinalen Passage, Substitution von Eisen und Vitaminen;
- *Rezidivulzera:* Behandlungsversuch mit 40 mg Omeprazol (Antra), ggf. Dauertherapie mit einem H_2-Blockern, z. B. 40 mg Pepdul, oder Nachoperation, z. B. Umwandlung einer Vagotomie in eine Magenresektion.

Ösophagitis

Ät: Akute Ösophagitis bei Verätzungen, Strahlenbehandlung, Sondierung, anhaltendem Erbrechen sowie als Begleiterscheinung von schweren Allgemeinerkrankungen.

Refluxkrankheit (chronische Ösophagitis) infolge gastroösophagealem Reflux von peptisch-aktivem Magen- oder gallenhaltigem Duodenalsaft.

Dg: Röntgenuntersuchung, Ösophagoskopie mit gezielter Biopsie zur Lokalisation und Ausdehnung der Schleimhautveränderungen und Nachweis von Komplikationen wie Erosion, Fissuren sowie oberflächlichen Ulzerationen.

DD: s. Ösophaguskarzinom.

Th: Breiförmige, blande Diät mit Kombination von Antazida und Metoclopramid (Paspertin) bei exogener Genese. Schwere Verätzungen benötigen eine sofortige klinische Therapie. Die Behandlung der chronischen Refluxkrankheit wird mit H_2-Blokkern, z. B. 2mal 1 Retardkapsel Roxit/-mite, u. U. als Dauertherapie, oder 20 mg Antra durchgeführt. Diese erfolgreiche Behandlung hat die operative Wiederherstellung des Kardiaverschlusses zur Refluxprophylaxe weitgehend überflüssig gemacht. Bei Soorösophagitis Nystatin (Moronal 3mal 2 Drag. tgl.).

Prgn: Wenn keine narbigen Stenosen vorhanden, im allgemeinen günstig.

Ösophaguskarzinom

Def und *Ät:* Man unterscheidet Zylinderepithelkarzinome, von der Kardiaschleimhaut ausgehend, und Plattenepithelkarzinome, von der Ösophagusschleimhaut ausgehend. Ätiologisch wird eine chronische Schädigung der Ösophagusschleimhaut durch chemische und thermische Noxen angenommen, z. B. Refluxkrankheit bei Endobrachyösophagus, Alkohol und Nicotinabusus.

Sy: Wichtigstes Frühsymptom ist eine Dysphagie gegenüber flüssigen und festen Speisen im Spätstadium substernales Druckgefühl, Aufstoßen, Würgen, schlechter Mundgeruch.

Kompl: Frühzeitige Metastasierung in regionale Lymphknoten, häufig in Lunge, Leber, seltener in Knochen, Nieren und Nebennieren. Lokal Obstruktion.

Dg: Ösophagoskopie mit gezielter Biopsie zur histologischen Klassifizierung; Röntgenuntersuchung, welche Füllungsdefekte, Veränderungen des Schleimhautreliefs und Wandstarre zeigt. Computertomographie zum Nachweis regionaler Lymphknoten.

DD: Refluxkrankheit, Achalasie, Kollagenosen.

Th: Entsprechende Lokalisation, Ausdehnung und Histologie sowie Allgemeinzustand des Patienten Operation mit oder ohne Bestrahlung. Palliative Maßnahmen: Lasertherapie oder Überbrückung der Stenose durch Einführen eines thermostabilen Polyäthylenschlauches.

Prgn: Nur ca. ¼ aller Karzinome sind resezierbar, Fünfjahresüberlebungsquote ca. 5%.

Refluxkrankheit

Def und *Pathog:* Unter Refluxkrankheit wird das Auftreten von Sodbrennen, Dysphagie und Odynophagie mit oder ohne Zeichen der Ösophagitis im Zusammenhang mit gehäuften gastroösophagealen Refluxepisoden im Verlaufe einer 24-Stunden-ph-Messung verstanden. Fehlende Entzündungszeichen im Ösophagus = Schweregrad 0, einzelne Erosionen = Schweregrad I, konfluierende Erosionen = Schweregrad II, konfluierend-zirkuläre Erosionen = Schweregrad III, peptische Stenosen, Barrett-Ulkus in einem Endobrachyösophagus = Grad IV. Ein Endobrachyösophagus, d. h. eine kranialwärts fortschreitende Umwandlung der Plattenepithelschleimhaut in ein kardiaähnliches Zylinderepithel, ist eine Präkanzerose.

Sy: Refluxpatienten haben in unterschiedlicher Weise Sodbrennen und Schmerzen beim Schlucken spontan oder postprandial, welche retrosternal oder epigastrisch lokalisiert sind, Aufstoßen, manchmal Übelkeit, Brechreiz und Singultus. Es lassen sich „Tagrülpser" (meist leichte Formen) von „Nachtbrennern" (meist schwere Formen) unterscheiden.

Dg und *DD:* Erstrangig Nachweis durch Endoskopie. Beim Nachweis von Stadium 0 24-Stunden-pH-Messung im Ösophagus. Differentialdiagnose: Koronare Herzerkrankung, Achalasie.

Th: In leichten Fällen Antazida bei Beschwerden. In den anderen Fällen antisekretorische Therapie, erstrangig mit Omeprazol (20–60) mg/Tag, ggf. Dauertherapie mit H_2-Blockern, z. B. 20 mg Omeprazol oder 150 mg Roxit.

Reizmagen (non-ulcer dyspepsy)

Def und *Ät:* Klinische Beschwerden der Ulkuskrankheit, d. h. postprandiale epigastrische Schmerzen, Druck-, Völle-, brennendes Gefühl, ohne daß anamnestisch oder bei der aktuellen Untersuchung eine Ulkuskrankheit nachgewiesen werden kann, ebensowenig wie eine akute Gastritis oder andere Erkrankung des Gastrointestinaltrakts. Die Ursache des Reizmagens ist unbekannt. Möglicherweise liegt ähnlich wie beim Reizkolon eine erniedrigte Empfindungsschwelle gegenüber der Magenfüllung vor.

Sy: Häufig gibt es Speiseunverträglichkeiten, insbesondere gegenüber Kaffee, erhitzten Fetten, Fruchtsäften, Alkohol, sowie Beschwerden nach großvolumigen Mahlzeiten.

Dg: Ausschluß einer Ulkus- und Refluxkrankheit durch Endoskopie sowie einer Gallenwegs- und Pankreaserkrankung durch Ultraschalluntersuchung und klinisch-chemische Diagnostik.

DD: Reizkolon.

Th: Diätetische Empfehlungen: Meiden unverträglicher Speisen und Genußmittel, Behandlungsversuch mit Metoclopramid (z. B. 3 mal 15 Tropfen zu den Mahlzeiten) oder Antazida, z. B. Maaloxan bei Beschwerden.

Rektumkarzinom

Vk und *Pathog:* Kolon und Rektum gehören zu den häufigsten Lokalisationen maligner Tumoren des Verdauungstrakts. Der Häufigkeitsgipfel liegt bei etwa gleicher Geschlechtsverteilung zwischen dem 4. und 6. Lebensjahrzehnt. In etwa 25% werden gleichzeitig gutartige Dickdarmadenome, sog. Satelittenpolypen, gefunden, bei 4–5% gibt es synchron oder metachron multiple Kolon- und Rektumkarzinome. Adenomatosis recti und Colitis ulcerosa nach 10jährigem Verlauf können als Präkanzerosen gelten und erfordern daher strenge Kontrollen. Lymphogene und hämatogene Metastasierung der Adenokarzinome in Leber, Knochen, Lunge und Gehirn.

Sy: Gehen häufig mit plötzlichem Wechsel der Stuhlgewohnheiten einher, mit gelegentlichen Blutbeimengungen, was leider als Hämorrhoidalblutung fehlgedeutet wird. Rektumkarzinome verursachen einen relativ plötzlichen Stuhldrang mit blutig-schleimigen Absonderungen. Systemische Veränderungen erst relativ spät.

Kompl: Obstruktion, Blutung, Perforation mit Abszeß- und Fistelbildung sowie Ausbreitung durch infiltratives Wachstum.

Dg: Rektale und digitale Untersuchung besonders wichtig bei allen Patienten jenseits des 40. Lebensjahres, da über 40% der Tumoren bei entsprechender Technik erreichbar sind. Weiterhin Rektosigmoidoskopie bei gleichzeitiger Koloskopie mit Mehrfachbiopsien. Screening-Test: Haemoccult mit einer Sensitivität von 50–70% und einer Spezifität von 93–97%. Positives Testergebnis bereits bei 5 ml Blutausscheidung im Stuhl (pro 24 Stunden).

DD: Polypen, Divertikulitis, Tuberkulose, Lues, Sarkom, selten Colitis ulcerosa.

Th: Abhängig vom Allgemeinzustand des Patienten sowie vom Lokalbefund und Nachweis von Metastasen entsprechende chirurgische Therapie, wobei auch eine Segmentresektion mit Entfernung lokaler und regionaler Lymphknoten möglich ist; Verbesserung der Prognose durch prä- oder postoperative Strahlentherapie. Die Anlage eines Anus praeternaturalis ist beim Rektumkarzinom nur dann erforderlich, wenn dieses weniger als 5 cm oberhalb des Schließmuskels lokalisiert ist. Eine derartige Maßnahme ist auch bei palliativem Vorgehen möglich. Bei Inoperabilität, aber auch bei stenosierenden Tumoren Laserapplikation, evtl. Kryochirurgie oder lokale Elektroresektion (auch transanale Verkochung), um die Passage offenzuhalten. Bei einer Chemotherapie hat nur 5-Fluorouracil eine nachgewiesene Wirksamkeit.

Prgn: Abhängig von Sitz und Ausbreitung des Karzinoms. Bei resezierbaren Karzinomen 50–60% Fünfjahresheilung, bei noch tumorfreien regionalen Lymphknoten 70%.

Sprue (Glutenenteropathie)

Df, Ät und *Pathog:* 3 Kriterien müssen erfüllt sein:

- ein Malabsorptions-Syndrom,
- charakteristische, aber unspezifische Schleimhautveränderungen des Dünndarms,
- Rückbildung von Malabsorptionssyndrom und Schleimhautschädigung unter einer glutenfreien Kost.

Das schädliche Agens ist im Gluten der verschiedenen Getreidekörner enthalten. Unter Glutenbelastung kommt es zur Entwicklung von abgeflachten Mikrovilli und Villi der Schleimhaut sowie Verbreiterung der Krypten. In der Lamina propria ist eine Infiltration von Rundzellen (Lymphozyten) nachweisbar. Die Absorptionsoberfläche der Schleimhaut ist vermindert und die Absorptionskapazität der Epithelzellen verringert. Die pathologischen Schleimhautveränderungen betreffen den oberen Dünndarm, das Duodenum in geringerer Intensität; bei 30% (in schweren Fällen) werden auch die proximalen Abschnitte des Ileums miterfaßt.

Vk und *Sy:* Seltene Erkrankung (Prävalenz ca. $15-20 \times 10^5$). Die Erkrankung manifestiert sich meist im Kindesalter, aber nicht selten auch im späteren Erwachsenenalter. In leichten Fällen wird zunächst die Fettabsorption beeinträchtigt. In schweren Fällen liegt ein globales Malabsorptionssyndrom vor.

Kompl: Nach langer manifester Sprue-Erkrankung (mehr als 30 Jahre) entwickeln sich gehäuft Non-Hodgkin-Lymphome und Karzinome des Dünndarms.

Dg: Dünndarmbiopsie mit Nachweis einer Zottenatrophie, verplumpter, verbreiterer Villi, entzündlicher Infiltrate in der Submukosa und einer verminderten Enzymaktivität, z.B. der Disaccharidasen. Im Röntgenbild Erweiterung einzelner Dünndarmschlingen sowie Vergröberung und Distorsion des Dünndarmschleimhautreliefs. Die metabolischen und morphologischen Veränderungen bilden sich nach einer glutenfreien Kost zurück.

Th: Grundlage ist eine glutenfreie Kost. Das Ansprechen der klinischen Symptome auf eine Behandlung erfolgt oft erst nach Wochen und Monaten. Nahrungsmittel aus Weizen, Roggen oder Hafer sind verboten und müssen durch Reis, Mais und Kartoffeln ersetzt werden.

Ulkuskrankheit

Def und *Pathog:* Peptische Geschwüre bezeichnet man als unspezifische Ulzerationen in Ösophagus, Magen und Duodenum, welche sich in Gegenwart von saurem peptischen Magensaft entwickeln.
Man unterscheidet

- akute Ulzerationen, welche durch eine Noxe ausgelöst werden und nach deren Beseitigung abheilen;
- chronische Ulzerationen des Magens und Duodenums (Bulbus duodeni), welche nach Häufigkeit, Ursachen und Verlauf verschiedenartige Erkrankungen sind.

Pathologisch-anatomisch werden unterschieden:

- Erosionen, d.h. Defekte des oberflächlichen Epithels ohne Mitbeteiligung der Muscularis mucosae;
- Ulzerationen, bei denen die Läsion in tiefere Schlichten hineinreicht = Ulkus.

Die Pathogenese *akuter Ulzerationen* geht häufig auf Pharmaka, insbesondere nichtsteroidale Antiphlogistika und Acetylsalicylsäure, zurück. Diese Substanzen hemmen die Prostaglandinsynthese in der Magenschleimhaut und vermindern somit die Mukosaresistenz. *Streßulzerationen* entstehen postoperativ nach Gehirnoperationen und starken chirurgischen Eingriffen. *Chronische Geschwüre* zeichnen sich durch eine spontane Heilung, in vielen Fällen aber auch durch häufige Rezidive aus, die bis zu 50% anfänglich asymptomatisch sein können. Vergleichsweise heilen Wunden nach Schleimhautbiopsien sowie akute Ulzerationen folgenlos ab. Die Salzsäuresekretion ist eine Conditio sine qua non für die Ulkusentstehung. Die Reduktion der Azidität beschleunigt die Ulkusheilung und unterdrückt die Rezidivblutung. In jüngster Zeit wird einer Infektion mit Helicobacter pylori eine pathogenetische Rolle für die Entwicklung des Ulcus duodeni zugesprochen, da Ulkusrezidive nach Beseitigung des Keims aus der Magenschleimhaut nicht mehr auftreten. Für das Ulcus ventriculi wird dieser Mechanismus nicht als allgemeine Hypothese angenommen. Zu den endogenen Risikofaktoren gehören männliches Geschlecht, eine familiäre Disposition und eine erhöhte Prävalenz der Blutgruppe 0. Exogene Risikofaktoren sind schwere körperliche Arbeit, Leberzirrhose, Alkoholkonsum, Nikotingenuß sowie Pharmaka (s.o.). Über den Einfluß von Streß beim Menschen liegen widersprüchsvolle Befunde vor. Glucocorticoide sind nicht ulzerogen, verzögern aber die Ulkusheilung. Die Ulkusneigung ist extrem erhöht bei Zuständen vermehrter Gastrinfreisetzung durch einen Tumor, ein Gastrinom.

Sy: Krampfartige, drückende, kneifende Schmerzen im Epigastrium, oft mit Hungergefühl verbunden. Sie können von konstanter Intensität sein und bis zu mehreren Stunden andauern. Vorübergehende Besserung durch Nahrungsaufnahme oder Antazida. Deutliche Nahrungsabhängigkeit. Auftreten der Schmerzen sofort bis zu 2 Stunden nach der Nahrungsaufnahme. Eine sichere Ulkuslokalisation ist aufgrund dieser Zeitangabe nicht möglich. Bei Schmerzausstrahlung in den Rücken an Penetration eines Hinterwandulkus in das Pankreas denken! Häufig fehlen typische Ulkusbeschwerden.

Kompl:

- *Blutung:* Häufig entsteht die Blutung bei asymptomatischen Patienten. Klinische Symptome einer schweren Blutung sind Hämatemesis und Teerstühle mit klinischen Zeichen der Hypovolämie, d.h. kleinem frequentem Puls, Schwindelzuständen und Schwitzen. Unverzügliche

Einweisung in ein Krankenhaus ist unerläßlich.

- *Perforation:* Heftiger Schmerz im Oberbauch mit Ausstrahlung zwischen beiden Schultern. Schockzustand, abdominelle Abwehrspannung sowie subdiaphragmatische Luftsichel im Röntgenbild (Abdomenleeraufnahme im Stehen). Nach einigen Stunden Peritonitis. Sofortige chirurgische Behandlung erforderlich.
- *Pylorusstenose:* Bei juxtapylorischen und Ulcera bulbi infolge narbigen und entzündlichen Wandveränderungen kann sich eine Magendilatation mit Retention von Mageninhalt entwickeln.

Dg: Die Gastroskopie ist das meist angewandte diagnostische Verfahren und ermöglicht auch den histologischen Nachweis von Gewebsveränderungen, die Differentialdiagnose zum Karzinom mit Hilfe zytologischer und histologischer Gewebsproben sowie die Lokaltherapie bei einem blutenden Ulkus. Die Röntgenuntersuchung zeigt direkte und indirekte Ulkuszeichen als Nische, Faltenkonvergenz mit oder ohne Ulkuswall. Bei Entwicklung eines derben Ulkusrandwalles spricht man von einem Ulcus callosum, das eine schlechte Heilungstendenz hat. Gastrinbestimmungen sind wichtig zu Diagnose eines Zollinger-Ellison-Syndroms (Gastrinoms). An diese Diagnose muß bei therapieresistenten oder sehr häufig rezidivierenden Ulzera gedacht werden.

DD: Funktionelle Störungen wie der Reizmagen (non-ulcer dyspepsy), die Refluxkrankheit des Ösophagus, Pankreas- und Gallenwegserkrankungen. Die wichtigste Differentialdiagnose des Ulcus ventriculi ist das Magenkarzinom. In unklaren Fällen sollen nach 8wöchiger Ulkusbehandlung, während der ein benignes Geschwür gewöhnlich abheilt, erneut alle diagnostischen Verfahren, d. h. Gastroskopie mit Biopsie (2 aus Ulkusgrund, 2 aus Ulkusrand, 2 aus Umgebung), angewandt werden.

Th: Bei der Behandlung des Ulcus ventriculi ist das Ziel die nachgewiesene Heilung, welche nach spätestens 3 Monaten erreicht werden muß; andernfalls ist der Befund verdächtig auf ein Ulkuskarzinom. Beim Ulcus duodeni sollen die Beseitigung der Beschwerden des Patienten, von Komplikationen und eine Rezidivprophylaxe erreicht werden. Unkomplizierte Ulzera können zur Beschwerdebekämpfung mit Antazida behandelt werden. Chronisch-rezidivierende Ulzera heilen mit antisekretorischen Medikamenten wie H_2-Blokkern, z. B. 150 mg Roxit abends, ab. Omeprazol (Antra) führt auch zur Heilung sonst therapieresistenter Ulcera duodeni und beschleunigt im Vergleich zu anderen Medikamenten den Heilungsvorgang bei einer Gabe von 40 mg/Tag. Die Rezidivprophylaxe ist bisher nicht befriedigend gelöst, da sie eine „Erhaltungsdosis" von antisekretorischen Medikamenten auf Dauer erfordert. Die Indikation zur *operativen Behandlung* ergibt sich bei chronisch-rezidivierenden Ulzera im jugendlichen Alter sowie beim Auftreten von Komplikationen. Bei der Diät sollen subjektiv schlecht verträgliche Speisen weggelassen werden; dazu gehören in der Regel Kaffee, sehr süße oder stark gewürzte Speisen und Getränke, erhitzte Fette und Alkoholika. Die Ulkusheilung wird durch eine Diät nicht beschleunigt.

Untersuchungsverfahren, gastroenterologische

Endoskopie

Die Ösophagogastroduodenoskopie (ÖGD) ist das Verfahren mit der durchschnittlich höchsten Trefferquote zur Diagnostik morphologischer Läsionen. Sie erlaubt Biopsie und Zytologie. Bei akuten gastroduodenalen Blutungen Notfallendoskopie. Darüber hinaus können polypöse Tumoren mittels Elektroschlingenresektion entfernt und geborgen werden. Die endoskopische Laser-Koagulation erlaubt die kurzfristige Stillung von akuten Blutungen, z. B. Ösophagusvarizen, Ulzera (Dieulafoy). Blutende Ösophagusvarizen können endoskopisch verödet werden.

Koloskopie: Abklärung unklarer Röntgenbefunde, DD chronischer Kolitiden (Colitis ulcerosa, Colitis granulomatosa), unklare rektale Blutungen, postoperative Anastomosenkontrolle, *Polypektomie*. Kontraindiziert bei toxischem Kolon, Peritonitis. *Besondere Vorsicht* bei Divertikulitis bzw. Divertikulose (Perforationsgefahr).

Magensaftanalyse

Makroskopische Beurteilung zum Nachweis von Blut, Nahrungsresten und Geweberesten.

Untersuchung der Säuresekretionsleistung mit der Nüchtern- und Basalsekretion und nach maximaler Stimulierung mit Betazol

(1,5–2,0 mg/kg). Als maximale Säuresekretionsleistung bezeichnet man die Säuresekretion/60 Min. nach maximaler Stimulierung. Sie beträgt 17,4±6,9 mmol und liegt bei Frauen um 30% niedriger (Normazidität). Subazidität ist die Säuresekretionsleistung unterhalb und Superazidität oberhalb der Normazidität. Als Anazidität bezeichnet man einen pH-Wert des Magensaftes oberhalb 3,5 und als Achylie die fehlende Magensaftbildung. Die Indikationen zur Bestimmung der Säuresekretionsleistung sind:

- atrophische Gastritis (Biermer-Anämie),
- Verdacht auf ein Zollinger-Ellison-Syndrom.

Gastrinbestimmung

Messung (radioimmunologisch) der Gastrinkonzentration im Serum. Erhöht bei primärer Hypergastrinämie: Zollinger-Ellison-Syndrom. Ein Anstieg der Serumgastrin-Konzentration nach Secretin (1 E/kg i.v.) kann in den meisten Fällen von Zollinger-Ellison-Syndromen nachgewiesen werden; sekundäre Hypergastrinämie: atrophische Fundusgastritis, Zustand nach Vagotomie, bei Antrumtest nach Billroth-II-Operation.

Schilling-Test

Mit Hilfe des Schilling-Tests Absorption von ^{58}Co- oder ^{60}Co-Vitamin B_{12}, welche bei Intrinsic-factor-Mangel oder Malabsorption für Vitamin B_{12} eingeschränkt ist (Urinausscheidung weniger als 7%/24 Stunden der Testdosis).

Absorptionsteste

Der Xylosetest zum Nachweis einer Malabsorption für Monosaccharide, z. B. bei der Sprue, ist pathologisch, wenn nach 25 g oraler Belastung im Harn weniger als 4 g/5 Stunden erscheinen. Der ^{131}J-Triolein-Test zum Nachweis einer Malabsorption für Lipide ist pathologisch, wenn in den Fäzes mehr als 7%/72 Stunden der Testdosis nachgewiesen werden können und im Serum die ^{131}J-Gipfelaktivität/Blutvolumen mehr als 9% der Testdosis beträgt. Der Test ist mit einer erheblichen Fehlerbreite belastet. Genauer ist die chemische Untersuchung des Stuhles nach Van de Kamer (weniger als 7–8 g/24 Stunden). Grob orientierend genügt die mikroskopische Untersuchung nach Sudanfärbung. Die intravenöse Verabreichung von ^{131}J- oder ^{51}Cr-Albumin dient zum Nachweis einer exsudativen Gastroenteropathie (s. d.).

Villöse Adenome

Sy: Papilläre Adenome, Zottentumoren usw.

Vk: 2–14% der Dickdarmpolypen zeigen villöse Strukturen mit bevorzugter Lokalisation im Rektum. Über 50% sind rektoskopisch erreichbar und darstellbar.

Pathog und *Formen:* Adenome mit beetartigem Wachstum und weicher Konsistenz, daher nicht immer bei digitaler Untersuchung tastbar. Tendenz zur malignen Entartung. Einteilung nach Malignitätsgrad in vier Gruppen:

- eindeutig benigne Adenome,
- Adenome mit fokalen Atypien,
- Adenome mit fokalem, auf die Mukosa beschränktem Karzinom („Carcinoma in situ“),
- Adenome mit invasivem Wachstum.

Sy: Blutungen, Schleimabgang, wäßriger Durchfall, mit kolikartigen Schmerzen im Unterbauch und Analbereich. Veränderte Stuhlgewohnheiten, Übelkeit, Gewichtsverlust. Neigung zu schweren hydromineralischen Störungen: Verlust von kaliumreichem Sekret möglich: Muskelschwäche, Kollaps, psychische Störungen, Delirien, Inappetenz, Erbrechen bis hin zum Koma.

Dg: Digitale Untersuchung, Koloskopie, röntgenologische Doppelkontrastuntersuchung, Labor (Hypokaliämie, Hypoproteinämie usw.), charakteristisches Krankheitsbild mit therapieresistenten wäßrigen Diarrhöen.

DD: Neoplasma, Reizkolon, Colitis granulomatosa (Crohn-Syndrom), Wurmerkrankungen, exsudative Enteropathie.

Th: Villöse Adenome unterhalb des Beckenbodens werden durch transanale submuköse Exzision (Parks) behandelt im Sinne einer kontinenzerhaltenden Resektion bis hin zur anterioren Resektion. Lokale Exzisionen führen häufig zu Rezidiven. Häufig Kontrolluntersuchungen. Villöse Adenome oberhalb des Beckenbodens: Resektion bis hin zur Rektumamputation.

Whipple-Krankheit

Def und *Vk:* Die Whipple-Krankheit (früher fälschlicherweise intestinale Lipodystrophie bezeichnet) ist eine sehr seltene Erkrankung, bei Männern (40–50 Jahre) 6mal häufiger als bei Frauen.

Ät: Funktioneller-T-Zell-Defekt (= Immundefekt) führt zu einer Störung der Funktion der Makrophagen, die PAS-positiv nachweisbares Glykoprotein zeigen.

Sy: Ohne antibiotische Therapie progressiver, fataler Verlauf. Organbeteiligungen: Herz (in 25% Endokarditis), Lunge (Pleuritis, Erguß), Zerebrum (organisches Psychosyndrom, Ataxien, Paresen, Hörverlust), Polyserositis, Gelenk- und Gastrointestinaltrakterkrankungen. In einem Drittel der Fälle ist der gesamte Dünndarm betroffen. In 60% periphere Lymphknotenschwellung (zervikal, axillär, inguinal): Lymphadenopathie.
Eisenmangelanämie, stark beschleunigte BKS, Hautpigmentation, Arthralgien und Arthritis, Gewichtsverlust, Diarrhö, ausgeprägte Malabsorption, im Spätstadium dann Steatorrhö. Rezidivierende Fieberschübe, unklare Bauchschmerzen, bisweilen Husten und Pleurareizungen. Klassischer Symptomenkomplex: Diarrhö, Arthritis, Gewichtsverlust, abdominelle Beschwerden, alle nicht obligatorisch.

Dg: Primär durch Dünndarmschleimhautbiopsie: schwere Schädigung der Dünndarmmukosa mit SPC-Zellen (sickleform particles containing cells). Dilatierte Lymphgefäße, partielle Atrophie der Mikrovilli. In der Lamina propria vorwiegend Makrophagen = sog. Schaumzellen (s. o.). Diese Veränderungen können auch in Leukozyten, Lymphozyten, Plasmazellen und Enterozyten auftreten, daher Polysymptomatologie. Elektronenmikroskopischer Nachweis von stäbchenförmigen Bakterientrümmern, womit die Wirksamkeit von Antibiotika erklärbar ist.

Th: Tetracyclin, Ampicillin, Penicillin, Chloramphenicol, auch Streptomycin. Schema: 1,2 Millionen IE Procain-Penicillin G und 1 g Streptomycin für 14 Tage, danach 4mal 250 mg Tetracyclin oral für mindestens 8–12 Monate. Zur Vermeidung von Rezidiven unbedingt Langzeittherapie, da histologische Ausheilung bis zu 2 Jahren dauern kann. Damit ist eine Ausheilung und auch die Vermeidung von Spätkomplikationen (irreversible neurologische Störung, Endokarditis mit Klappenbeteiligung) möglich.

Pankreas, Leber und Galle

Cholangitis

Ät: Die Cholangitis (akute und chronisch-rezidivierende Form) ist wie die Cholezystitis eine Sekundärerkrankung. Beide sind häufig miteinander kombiniert. Ihre ätiologischen Faktoren sind nicht voneinander verschieden (s. Cholezystitis). Davon zu trennen:

Sy:

- *Akute Cholangitis:* Charakteristisch sind Schmerzen im rechten Oberbauch, Fieber und Ikterus. Schmerzen können aber auch nichteitrige chronische destruierende Cholangitis (s. Leberzirrhose, primäre biliäre) und primäre sklerosierende Cholangitis (gelegentlich bei Colitis ulcerosa) ganz in den Hintergrund treten. Häufig besteht Juckreiz. Die Leber ist vergrößert und druckempfindlich. Zeichen einer Cholestase (Erhöhung von alkalischer Phosphatase und alkalischer Leukozytenphosphatase) sind fast immer vorhanden. Nicht selten sind auch Serumtransaminasen (GOT und GPT) erhöht. Als Komplikation können eine eitrige Cholangitis mit septischem Bild und Leberabszesse auftreten.
- *Chronische Cholangitis:* Entsprechend der chronischen Cholezystitis können auch bei der chronischen Cholangitis die Beschwerden in ähnlicher Weise und sehr uncharakteristisch ablaufen. Fast obligat ist die Einbeziehung des Leberparenchyms in den chronisch entzündlichen Prozeß bis hin zur sekundären biliären Zirrhose. Die Symptome sind in abgeschwächter Form die gleichen wie bei der akuten Cholangitis und ähneln denjenigen der chronischen Cholezystitis bzw. chronischen Hepatitis.

Dg: Unter Beachtung der Kontraindikationen kann die Diagnose histologisch (Leberblindpunktion, Laparoskopie) gestellt werden.

DD und *Th:* Entsprechen denjenigen der akuten und chronischen Cholezystitis.

Choledocholithiasis

Vk: In ca. 20% der Fälle einer Cholelithiasis kann mit dem gleichzeitigen Vorhandensein von Steinen im Ductus choledochus gerechnet werden (s. Cholelithiasis).

Sy: Das klinische Bild ist geprägt durch kolikartige Schmerzen im rechten Oberbauch mit Begleitikterus (meist 12–24 Stunden nach Kolikbeginn). Sehr häufig geht infolge einer gleichzeitigen Cholangitis die Kolik mit Schüttelfrost und Fieber einher. Die Leber ist vergrößert und druckempfindlich; oft besteht Hautjucken. Abhängig vom Ausmaß eines Verschlusses (Größe, Beweglichkeit der Steine) kann die Symptomatologie mehr oder weniger stark ausgebildet sein.

Kompl:

- *Kompletter Verschluß:* Bei komplettem Verschluß der abführenden Gallengänge kommt es zu einem zunehmenden Ikterus. Nach 8–14 Tagen muß mit einer progredienten Leberzellschädigung gerechnet werden. (Erhöhung von GOT und GPT). Wird das Hindernis nicht beseitigt, muß mit einem Leberzerfallskoma gerechnet werden.
- *Pankreatitis:* In 50–70% der Fälle mündet der Ductus pancreaticus kurz vor der Papilla duodeni major (Vateri) in den Ductus choledochus. Sitzt der verschließende Stein unmittelbar in Papillennähe, kommt es gleichzeitig zu Abflußstörungen des Pankreassekrets mit der Gefahr einer akuten Pankreatitis.
- *Papillitis stenosans:* Ein in Papillennähe lokalisierter Stein kann durch mechanische Irritation oder beim Durchtritt durch die Papille eine Papillitis hervorrufen, die fast immer durch narbige Schrumpfung eine Abflußstörung des Gallesekrets nach sich zieht.

Dg: Röntgenologischer und sonographischer Nachweis von Choledochussteinen. Laborchemisch Zeichen der Cholestase (Erhöhung der alkalischen Phosphatase). Im übrigen s. Verschlußikterus unter Ikterus.

Th: Der Nachweis von Choledochussteinen ist immer eine Indikation für eine endoskopische Entfernung durch Spaltung der Papilla duodeni major (Vateri) oder chirurgische Operation. Der Abgang beweglicher Choledochuskonkremente erfolgt spontan in den folgenden Tagen.
Festsitzende Konkremente können mit Dormia-Körbchen, evtl. nach Zerkleinerung, entfernt werden.

Cholelithiasis

Vk, Formen, Ät und Pathog: Das Gallensteinleiden ist die häufigste Erkrankung der Gallenblase und der Gallenwege. Bei ca. 15–20% aller Sektionen werden Gallensteine gefunden. Eine Häufung wird mit zunehmendem Alter, bei Frauen (Männer : Frauen = 1:3), bei Diabetes, hämolytischen Anämien, Adipositas, Leberzirrhose, nach Typhus beobachtet. Man unterscheidet Cholesterinsteine (meist groß, rund, solitär), Pigmentsteine (klein, unregelmäßig konfiguriert) und gemischte Steine (am häufigsten). Einlagerung von Kalksalzen führt zu positivem Röntgenkontrast. Cholesterin und Gallepigmente werden durch Anwesenheit von Gallensäuren in Lösung gehalten. Störungen dieses Gleichgewichts (Dyscholie) können zur Steinbildung führen. Weitere pathogenetische Faktoren sind die Stase und die Entzündung. Steine in der Gallenblase sind ca. 5mal häufiger als in den großen Gallengängen.

Sy: Ungefähr 30–50% aller Gallensteinträger bleiben zeitlebens beschwerdefrei. Bei dem übrigen Teil finden sich Folgekrankheiten wie akute und chronische Steineinklemmungen, Cholezystitis, Cholangitis, Choleangiohepatitis, sekundäre biliäre Zirrhose und Pankreatitis mit entsprechendem Beschwerdebild.
Die *akute Galleabflußstörung* (z. B. Steineinklemmung) führt zur sog. Gallenkolik, d. h. zu folgenden typischen Symptomen:

- plötzlich einsetzender, heftiger Schmerz im rechten Oberbauch mit Ausstrahlung in die rechte Schultergegend,
- Nausea (Schwindel, Übelkeit und Erbrechen).

Typisch ist die Auslösung der Symptomatik durch Speisen, die eine Kontraktion der Gallenblase nach sich ziehen, wie z. B. durch Fett (insbesondere erhitzte, denaturierte Fette), durch Öl, Kaffee, Eier, Milch, Schokolade, kalte Speisen und Getränke. Auch psychische Faktoren wie Ärger, Wut usw. können einen Anfall auslösen. Erhöhter Vagustonus fördert die Anfallsbereitschaft.
Bei der *chronischen Galleabflußstörung* finden sich obengenannte Symptome in mehr oder weniger stark abgeschwächter Form, zusammen mit uncharakteristischen Beschwerden wie z. B. Völlegefühl, Blähung, Durchfall, Obstipation, Aufstoßen, Appetitlosigkeit. Hierbei ist ein Gallensteinleiden meist kombiniert mit chronisch entzündlichen Veränderungen der Gallenwege.

Dg: Anamnese (episodisches Auftreten, Fettunverträglichkeit) und klinische Symptomatik (Schmerz, Nausea) sind von großem Gewicht. Bei 90% der Fälle findet sich auch im Intervall eine Druckempfindlichkeit (Murphy-Zeichen). Ikterus besteht bei Choledochusverschluß oder bei entzündlichen Komplikationen. Erhöhung der alkalischen Phosphatase im Serum ist ein empfindlicher Parameter einer Galleabflußstörung. Erhöhung von GOT und GPT weist auf Leberzellzerfall, Erhöhung der Amylase auf eine Begleitpankreatitis als mögliche Komplikationen hin. Auch Zeichen einer gleichzeitigen

Cholezystitis bzw. Cholangitis können auftreten. Lokale Abwehrspannung findet sich bei Pericholezystitis, Empyem. Acholischer Stuhl ist beweisend für einen kompletten Gallenwegverschluß. Die Urobilinogenprobe im Urin ist dabei negativ. Der Steinnachweis erfolgt sonographisch oder röntgenologisch. Im Sonogramm (Ultraschall-Echographie) erscheint die Gallenblase als echofreies Gebilde leicht abgrenzbar. Konkremente ergeben einen Reflex mit Schatten. Auch millimetergroße Konkremente können mit guten Geräten gesehen werden. Bei Verschlußikterus ist die Sonographie Methode der Wahl. Röntgenologisch stehen zur Verfügung: Abdomenleeraufnahme, orale oder intravenöse Füllung der Gallenblase bzw. Gallenwege mit Kontrastmittel, evtl. Schichtaufnahmen! Bei Zystikusverschluß positive Darstellung der Gallenwege bei negativem Cholezystogramm. Bei bestehendem Ikterus ist eine Anreicherung von Kontrastmitteln in der Galle nicht mehr möglich; dann Vorgehen wie bei Verschlußikterus.

DD: Ulkusperforation, Nierenkolik, akute Appendizitis, Mesenterialinfarkt, Pleuritis, Ileus, chronische Hepatitis usw.

Th und *Prgn:* Wenn keine Komplikationen wie Peritonitis, Empyem oder Perforation hinzutreten, wird die akute Gallensteinkolik konservativ behandelt: Bettruhe, heiße Kompressen, heißes Bad. Spasmoanalgetika: z. B. Baralgin i.v., Fortral i.v., Novalgin i.v., Nitrite (Nitrolingual), Dolantin-Zäpfchen (100 mg) oder Dolantin (1 Amp. à 100 mg i.m. oder langsam i.v.). Antibiotika (Cephalosporine i.v., Mezlocillin i.v.) Nahrungskarenz. Sorgfältige Kontrolle des Patienten: Peritonitis, Perforation (10%), Empyem (20%), Pankreatitis.

Im Intervall mit oder ohne chronische Beschwerden ist die Cholezystektomie dringend anzuraten, da die Kolik als erste Komplikation eines Gallensteinleidens zu betrachten ist. Über kurz oder lang finden sich in bis zu 90% dieser Fälle eine entzündliche Erkrankung der Gallenwege und histologisch ein pathologischer Leberbefund. Ein mehrmals nachgewiesenes negatives Cholezystogramm weist auf eine Komplikation einer Steingallenblase hin und ist ebenfalls eine Indikation zur Operation. Bei rein konservativer Therapie werden diese Komplikationen in ca. 15% der Fälle zur Todesursache. In bis zu 80% der Gallenblasenkarzinome findet sich eine Cholelithiasis. Bei 90% der Cholezystitis- oder Cholangitisfälle lassen sich Steine nachweisen. Die Operationsmortalität steigt bei über 60jährigen Menschen von 0,5% auf bis zu 5%. Komplikationen wie Pankreatitis, Cholangiohepatitis, Verschlußikterus usw. erhöhen ebenfalls die Operationsmortalität erheblich. Heute ist deshalb die Frühoperation des Gallensteinleidens zu fordern (s. auch Chirurgie, S. 423). Der spontane Steinabgang ist selten, die Gefahr der Steineinklemmung groß! Beim Durchtritt eines Steines durch die Papilla duodeni major kommt es meist zu Einrissen an der Papille mit nachfolgender bindegewebiger Schrumpfung (Papillitis stenosans) und Galleabflußstörung. Die medikamentöse Gallensteinlyse mit Chenodeoxycholsäure oder Ursodeoxycholsäure ist möglich, wenn es sich um Cholesterinsteine (im Röntgenbild nicht schattengebend, keine Kalkablagerungen) handelt, die nicht größer als 1–2 cm im Durchmesser sind, und wenn sich die Gallenblase mit Röntgenkontrastmittel gut füllen läßt. Das Prinzip der Lyse beruht darauf, daß durch Zufuhr obengenannter Gallensäuren die Löslichkeit von Cholesterin in der Galleflüssigkeit erhöht wird. Die Erfolgsrate einer 1–2 Jahre dauernden Therapie liegt bei ca. 50–70%. Einzelne Steine von bis zu 3 cm Durchmesser können durch Stoßwellen zertrümmert werden (ESWL = extrakorporale Stoßwellenlithotripsie).

Cholezystitis

Ät und *Pathog:* Man trennt aufgrund der klinischen Symptomatik eine akute und eine chronische Form der Cholezystitis. Beide Formen können ineinander übergehen. Die akute Cholezystitis entsteht in 90–95% der Fälle auf dem Boden einer Cholelithiasis. Bei der chronischen Cholezystitis finden sich in ca. 70% der Fälle Gallensteine. Weitere ätiologische Faktoren einer Cholezystitis sind: Galleabflußstörungen bei Papillenstenose, akuter Pankreatitis, Strikturen im Bereich der Gallenwege, Karzinomen, Lymphknotenschwellungen (Morbus Hodgkin usw.), Duodenaldivertikeln usw. In seltenen Fällen findet sich eine Cholezystitis ohne Abflußstörung bei Typhus, Sepsis oder allgemeiner Resistenzschwäche wie z. B. im hohen Alter. Gallensteine können über eine mechanische Irritation der Gallenblasenwandung zu einer zunächst abakteriellen Entzündung führen. Im weiteren Verlauf folgt, begünstigt durch eine Galleabflußstörung, eine Bakterienbesiedelung mit progredientem Verlauf der lokalen Entzündungszeichen. Diese bestehen pathologisch-anatomisch je nach Schweregrad in einem entzündlichen Wandödem, einer ulzerösen, phlegmonösen oder gangränösen Entzündung. Hauptsächliche Keime sind Escherichia coli, Proteus, Pseudomonas, Enterokokken sowie auch Streptokokken und Staphylokokken.

Sy: Die *akute Cholezystitis* entsteht in 90–95% der Fälle im Rahmen eines akuten Zystikusverschlusses. Die Symptomatik ist die des akuten Gallensteinanfalls (s. Cholelithiasis). Schüttelfrost, Fieber, Schweißausbruch, Tachykardie, Leukozytose mit Linksverschiebung des Blutbildes, erhöhte BKS sind Zeichen, die über eine reine Steineinklemmung hinausgehen. Pericholezystitis führt zu peritonealen Reizsymptomen wie zum Beispiel einer umschriebenen Abwehrspannung. Bewegung und tiefes Atmen sind schmerzhaft und werden vermieden. Oft ist die Gallenblase als prallelastischer schmerzhafter Tumor palpabel. Gelegentlich findet sich bei entzündlicher Mitreaktion des Ductus choledochus ein leicher Ikterus. In 20% der Fälle entwickelt sich ein Empyem, in 10% der Fälle eine Perforation.

Die *chronische Cholezystitis* ist die häufigere Verlaufsform! Die Beschwerden sind oft uncharakteristisch: Druckgefühl im rechten Oberbauch, Völlegefühl, Aufstoßen, Meteorismus, Leistungsschwäche, Unverträglichkeit von Fett und zahlreichen anderen Speisen usw. Körperliche Belastungen, Emotionen, Menstruation usw. verstärken oft die Beschwerden. Allgemeinentzündliche Zeichen können fehlen oder sind nur gering ausgeprägt. Vergrößerung der Leber, rezidivierender Ikterus, Zeichen der Cholestase sind verdächtig auf gleichzeitige Cholangitis.

Dg: Anamnese und Untersuchungsbefund. Allgemeinentzündliche Zeichen wie Fieber, Beschleunigung der BKS, Leukozytose usw. Weitere Sicherung durch Sonographie möglich: Geschrumpfte oder dilatierte funktionslose Gallenblase, Wandveränderungen, Detritus oder Eiter im Lumen. Bei sonographisch unklaren Befunden kann noch eine Computertomographie indiziert sein.

DD: Pankreatitis, akute Appendizitis, akute Pyelonephritis, Ulkusperforation, Nierenkolik, Hiatushernie, chronische Hepatitis, Herzinfarkt, Mesenterialinfarkt, Pleuritis, Ileus usw. Für die Praxis von großer Bedeutung ist die Differentialdiagnose gegenüber einer akuten Appendizitis und auch akuten Pankreatitis.

Th:

- *Akute Cholezystitis:* Wie bei Gallenkolik, s. Cholelithiasis. Anstelle von Wärme jedoch besser Eisbeutel. Sorgfältige Kontrolle! Stationäre Behandlung!
- *Chronische Cholezystitis:* Meiden von tierischen Fetten, Gebratenem, Eigelb, Alkohol, Schokolade, kalten Speisen und Getränken, Kaffee usw. kann Exazerbationen verhindern. Wenn allgemeinentzündliche Zeichen auftreten, kann die i.v. Gabe von Baypen oder eines Cefalosporins helfen. Heilung ist nur durch die frühzeitige Cholezystektomie zu erreichen, bevor sich die chronische Entzündung auf die Gallenwege ausgedehnt hat.

Fettleber

Ät: Alkohol (10–50%), Diabetes mellitus, Überernährung, Stoffwechselstörungen (Morbus Basedow, Morbus Cushing, Myxödem), exogene Gifte (z. B. Tetrachlorkohlenstoff), Sauerstoffmangel.

Sy: Leber meist vergrößert. Appetitlosigkeit, Druckgefühl im rechten Oberbauch, Meteorismus, Leistungsabfall usw. Milz nur selten palpabel.

Dg: Leberblindpunktion, Laparoskopie. In 20–40% Serumbilirubin erhöht. In 30–50% normale Laborwerte.

DD: Bei anderen parenchymatösen Lebererkrankungen Transaminasen meist erhöht und bei Leberzirrhose typische klinische Symptomatik.

Th: Ausschaltung der ätiologisch wirksamen Noxe.

Prgn: Günstig; solange kein Umbau eingetreten ist, immer reversibel.

Gallenblasenempyem

Das Empyem der Gallenblase ist eine in ca. 20% anzutreffende Komplikation der akuten Cholezystitis bzw. Pericholezystitis. Die Symptomatik ist zunächst die der akuten Cholezystitis. Persistenz dieser Symptome über mehr als 2–3 Tage, septische Temperaturen, Leukozytose, schmerzhafte, prallelastisch vergrößerte und tastbare Gallenblase mit lokaler Abwehrspannung erwecken den Verdacht auf ein Gallenblasenempyem. *Sofortige Einweisung zum Chirurgen* ist dringend zu empfehlen. Perforationsgefahr besteht bei ca. 50% der Fälle.

Gallenblasenhydrops

Unter einem Gallenblasenhydrops versteht man eine meist tastbare Vergrößerung der Gallenblase infolge Abflußstörung der Galleflüssigkeit. Schmerzhafte Vergrößerung der Gallenblase weist auf eine entzündliche Ursache hin. Bei langsam zunehmendem Verschluß durch Pankreastumoren kommt es zum sog. Courvoisier-Syndrom: großer, nicht druckschmerzhafter Gallenblasenhydrops. Bei länger bestehendem Steinleiden mit chronischer Cholezystitis und entzündlich indurierter Blasenwand ist oft eine Ausdehnung des Organs nicht mehr möglich.

Gallenblasenperforation

Die Perforation der Gallenblase ist eine in 10% der Fälle auftretende Komplikation einer akuten Cholezystitis mit Cholelithiasis. Bei Perforation in die Bauchhöhle kommt es zur eitrigen, galligen Peritonitis. Eine gedeckte Peforation kann gelegentlich lokal begrenzt bleiben. In seltenen Fällen kann ein großer Solitärstein in das Duodenum perforieren und zu einem Gallensteinileus führen.

Gallenwegdyskinesie

Ät: Gallenwegdyskinesien sind sehr seltene, rein funktionell bedingte Störungen des Galleabflusses. Man hüte sich vor der Diagnose einer Gallengangsdyskinesie, ehe nicht alle Möglichkeiten einer mechanischen oder entzündlich bedingten Abflußstörung an der Papilla duodeni major sicher ausgeschlossen sind! Von manchen Autoren wird das Vorkommen einer reinen Dyskinesie als Ursache klinischer Symptome sehr in Zweifel gezogen!

Sy: Die Beschwerden sind die der Gallenabflußstörung (s. Cholelithiasis): Schmerzen und Druck im rechten Oberbauch, Dyspepsie, Schweregefühl usw., manchmal mit kurzfristigem Transaminasenanstieg. Die Symptomatik kann durch völlig harmlose Speisen ausgelöst werden. Oft findet sich gleichzeitig eine relativ gute Toleranz gegenüber fetthaltiger Nahrung.

Dg: Sorgfältiger Ausschluß mechanisch oder entzündlich bedingter Galleabflußstörungen. Mangelndes Ansprechen auf physiologische Entleerungsreize der Gallenblase während Cholezystographie (hypotone Form). Röntgenologisch nachweisbare unvollständige Entfaltung der Gallenblase bzw. überstürzte Entleerung sprechen bei gleichzeitig bestehendem Beschwerdebild für eine hypertone bzw. hyperkinetische Dyskinesie.

DD: Darmfunktionsstörungen (Colon irritabile).

Th: Je nach Ausprägung allgemeiner vegetativer Begleitsymptome sind sedierende Maßnahmen, evtl. Tranquilizer, als Basistherapie zu empfehlen. Stehen hypertone oder hyperkinetische Momente im Vordergrund, so sind Spasmolytika (Papaverin, Spasmo-Cibalgin-Suppositorien, Baralgin usw.) angezeigt. Auch Calciumantagonisten (Nifedipin) können Schmerzfreiheit bewirken. In seltenen Fällen ist die Indikation zur endoskopischen Papillotomie gegeben.

Gallenwegstumoren

Vk: Gutartige Geschwülste der Gallenwege sind selten. Karzinome überwiegen bei weitem. Bei über 80% der Karzinome liegen gleichzeitig Gallensteine vor. Zirka 5–10% der Gallensteinträger müssen mit der Entstehung eines Karzinoms rechnen! Über 70% der Karzinome sind in der Gallenblase lokalisiert. Der Rest verteilt sich zu ähnlichen Teilen auf den Ductus hepaticus, den Ductus choledochus und die Papille. Histologisch handelt es sich in der überwiegenden Mehrzahl der Fälle um Adenokarzinome.

Sy und *Dg:* Das Karzinom der Gallenblase entwickelt sich in ca. 40% der Fälle bei Patienten mit einer symptomlosen Cholelithiasis und in 60% bei Menschen mit oft jahrelanger „Gallensteinanamnese". Bei letzteren ist deshalb die Diagnose schwierig. Bei ersteren werden Beschwerden zunächst ebenfalls häufig mit der Steindiathese in Zusammenhang gebracht. Die Frühdiagnose ist sonographisch möglich. Häufig wird die Diagnose aber erst bei Penetration in die Leber gestellt (Ikterus). Das Karzinom des Ductus hepaticus macht zwar relativ frühzeitig Symptome des Verschlußikterus. Es ist jedoch fast ausnahmslos inoperabel. Das Karzinom des Ductus choledochus und der Papille führt frühzeitig zum Verschlußikterus und zu schmerzfreiem Gallenblasenhydrops (Courvoisier-Syndrom). Gelegentlich kommt es zu Blutungen in den Magen-Darm-Trakt und zu Pankreatitis.

Th: Die Frühoperation der Steingallenblase ist die beste Präventivtherapie des Gallenblasenkarzinoms (K. H. Bauer). Falls noch möglich, sollte bei der Diagnose eines Gallenwegskarzinoms eine operative Behandlung versucht werden; evtl. Palliativoperation zur Beseitigung der Galleabflußstörung. Die Prognose des Gallenblasenkarzinoms wird jedoch durch Operation im Durchschnitt nur unwesentlich verbessert.

Gilbert-Krankheit s. Ikterus

Hepatitis

Akute Hepatitis – Virushepatitis

Durch verschiedene Viren verursachte akute Leberentzündung.

Ätiologie, Infektion, immunologische Nachweismethoden und Prophylaxe

Hepatitisvirus A: Hepatitis A

Infektionsweg: fäkal-oral, z. B. über Stuhl, Lebensmittel, Trinkwasser usw.

Inkubationszeit: 15–50 Tage (Mittel: 32 Tage).

Vk, Pathog und *Sy:* Das Virus ist 3 Wochen vor und 2–3 Wochen nach Beginn der klinischen Erscheinungen im Stuhl nachweisbar. So lange ist der Patient infektiös. In der ikterischen Phase sind Antikörper (Anti-HAV) vom Typ des IgM im Serum nachweisbar. Mit der Ausheilung verschwinden diese Antikörper, und solche vom Typ IgG zeigen den Heilungsprozeß an. Sie sind ein Leben lang nachweisbar und schützen vor einer weiteren Infektion mit Hepatitis-A-Virus. Die Hepatitis-A-Infektion verläuft in 80–90% unbemerkt. Es besteht eine hohe Durchseuchungsrate (Anti-HAV-Nachweis), besonders bei älteren Menschen und in subtropischen und tropischen Ländern. Die Entwicklung einer chronischen Hepatitis ist nicht bekannt; allerdings sind längere Krankheitsverläufe bis zu 1 Jahr möglich.

Prl: passive Immunisierung mit Standardimmunglobulin (anti-HAV-haltig).

Hepatitisvirus B: Hepatitis B

Infektionsweg: parenteral (Bluttransfusionen, Plasma, Nadelstiche u. a.) oder oral. Blut, Speichel, Sexualsekrete sind potentiell infektiös.

Inkubationszeit: 50–180 Tage.

Der Nachweis des HBsAg im Blut beweist die Infektion des Organismus mit Hepatitis-B-Virus. Antikörper gegen dieses Antigen (Anti-HBs) treten meist 3–4 Monate nach überstandener Infektion auf. Diese Antikörper zeigen die Ausheilung der Infektion an und schützen vor einer Zweitinfektion mit Hepatitis-B-Virus. Im HBsAg-positiven Blut ist ein gegen den Kern des Virus gerichteter Antikörper (Anti-HBc) nachweisbar. Dieser Antikörper beweist ebenfalls die Hepatitisinfektion und erscheint zum Beginn der klinischen Erscheinung. (Anti-HBc vom Typ IgM = frische Infektion, Anti-HBc vom Typ IgG = ältere oder abgelaufene Infektion.) Dieser Antikörper ist meist auch nach einer überstandenen Infektion zusammen mit dem HBs nachweisbar. Er hat aber keine Schutzfunktion, und bei höheren Konzentrationen weist dies auf eine Reduplikation der Viren hin.

Als weiterer Marker einer akuten oder chronischen Infektion gilt das HBeAg bzw. Anti-HBe-System. Positiver HBe-Ag-Nachweis zeigt eine hohe Viruskonzentration im Organismus und hohe Infektiosität an. Bei der akuten Hepatitis ist dieses Antigen fast immer nachweisbar; es kann aber auch bei chronischen Verlaufsformen positiv sein. In der Heilungsphase verschwindet das HBeAg. Eine Persistenz dieses HBeAg im Verlauf einer akuten Virushepatitis weist auf eine chronische Verlaufsform hin. Umgekehrt weist ein positiver Anti-HBe-Nachweis auf eine niedrige Infektion hin.

Der Nachweis der HBV-DNA (=DNA des Hepatitis-B-Virus) bedeutet Nachweis des Hepatitisvirus. Das Hepatitis-B-Virus (Dane-Partikel) enthält eine zirkuläre und doppelsträngige DNA.

Das HBsAg ist nicht nur bei den akuten Virushepatitiden, sondern auch bei 10–70% der Patienten mit chronischer Hepatitis bzw. Zirrhose nachweisbar. Das HBsAg erscheint 2–3 Wochen vor Auftreten der klinischen Symptome und wird mit der Ausheilung aus dem Serum eliminiert. Eine Persistenz des HBsAg über 3 Monate weist auf einen protrahierten Verlauf mit Übergang in eine chronische Hepatitis hin. In etwa 10% aller akuten Hepatitis-B-Erkrankungen ist mit einer chronischen HBsAg-positiven Hepatitis zu rechnen. In 0,1–1% ist HBsAg im Blut auch bei gesunden Personen nachweisbar, ohne daß wesentliche Veränderungen in der Leber bestehen (Carrierstadium). Die Virushepatitis B hinterläßt eine lebenslange Immunität gegen das B-Virus.

Prophylaxe: Nach erfolgter Infektion (z. B. Nadelstiche) ist innerhalb 12–24 Stunden ein Hyperimmunglobulin (angereichert mit Anti-HBs) zu verabreichen. Präexpositionell ist eine aktive Impfung mit Hepatitisvakzinen vorzunehmen. Antikörperbildung und Schutzwirkung nach einer aktiven Impfung sind in 95–98% zu erwarten.

Hepatitis D (δ-Hepatitis)

Das Virus dieser Hepatitis D ist das δ-Virus oder Virus D. Eine Infektion mit diesem Virus ist nur bei HBsAg-positiven Virusträgern möglich. Das δ-Virus benötigt für seinen Aufbau das HBsAg als Hülle. Zu einer Vermehrung benötigt es daher die Helferfunktion des Hepatitis-B-Virus. Nachweismethode ist die Bestimmung von Antikörpern vom IgM-Typ (IgM-Anti-D), was eine frische Infektion beweist oder von Antikörpern vom IgG-Typ (IgG-Anti-D), welcher bei chronischen Verlaufsformen nachgewiesen wird.

Folgende Infektionen mit dem δ-Virus sind möglich:

- Bei gleichzeitiger Infektion mit einem Hepatitis-B- und Hepatitis-D-Virus verläuft die Erkrankung besonders schwer, oft in Form einer fulminanten Hepatitis.
- Ein positiver HBsAg-Träger mit oder ohne chronische Hepatitis kann sich zusätzlich mit dem δ-Virus infizieren. Dann kommt es zu einer Exazerbation der vorher mild verlaufenden chronischen Hepatitis. Die Prognose ist dann hinsichtlich der Progredienz meist schlecht.

Das Virus ist in Mittel- und Nordeuropa selten, dagegen in Süditalien, Griechenland, Afrika, Südamerika und Mittlerem Osten häufig.

Non-A-non-B-Hepatitis-Viren (Hepatitis-C-Virus):

Non-A-non-B-Hepatitis (NANB-Hepatitis, C-Hepatitis)

Hier handelt es sich um mehrere Viren, die bis heute vor allem durch epidemiologische und Tierversuche unterschieden werden. Die Diagnose erfolgt durch Ausschluß einer A- bzw. B-Hepatitis. Spezielle Nachweismethoden gibt es für die Praxis noch nicht. Man unterscheidet vorerst die enteral (Indien, Mexiko usw.) und die parenteral bedingte NANB-Hepatitis. Die Posttransfusionshepatitis ist in 80–90% eine NANB-Hepatitis. Sporadische Fälle ohne bekannte Inokulation sind in Europa und den USA häufig.

In jüngster Zeit wurden bei Patienten mit einer Non-A-non-B-Hepatitis zwei Viren isoliert und identifiziert.

Das Virus, das parenteral übertragen wird und für die Non-A-non-B-Hepatitis nach Bluttransfusionen oder Blutprodukten verantwortlich ist, wird heute Hepatitis-C-Virus (HCV) genannt, die parenteral bedingte Non-A-non-B-Hepatitis Hepatitis C. Die gegen dieses Virus gerichteten, nicht neutralisierenden Antikörper (Anti-HCV) wurden charakterisiert, und ihr Nachweis im Serum beweist die Diagnose einer Hepatitis C. Der Antikörper ist nicht sofort zu Beginn der Erkrankung positiv, sondern wird erst im Verlauf der Erkrankung nach mehreren Wochen nachweisbar und persistiert bei chronischen Verlaufsformen. Er ist bei der akuten und der chronischen Hepatitis C in etwa 80% nachweisbar, entsprechend auch bei Patienten mit Hämophilie (70%), Dialysepatienten (20%), kryptogenen Lebererkrankungen und Leberkarzinom (60%) sowie bei Blutspendern, durch deren Blut eine Hepatitis C übertragen wurde. Dieser Antikörper wurde aber nicht nur bei der parenteral übertragenen Hepatitis C, sondern auch bei Patienten mit einer sporadisch erworbenen Hepatitis C gefunden, so daß wahrscheinlich für die parenterale und sporadische Infektion dasselbe Virus verantwortlich gemacht werden muß.

Ein weiteres Virus wurde aus dem Stuhl von Patienten mit epidemischer enteraler Non-A-non-B-Hepatitis isoliert. Diese Infektion, die epidemisch in Burma, Borneo, Mexiko, Pakistan, Indien und Somalia, aber nicht in Europa oder USA auftritt, wird demnach durch ein Virus hervorgerufen, das von der parenteral bedingten Hepatitis C verschieden ist. Dieses Virus wurde Hepatitis-E-Virus (HEV) genannt. Weitere Ergebnisse und neuere Erkenntnisse zu dieser Erkrankung sind in den nächsten Jahren zu erwarten; offensichtlich ist diese Non-A-non-B-Hepatitis weltweit sehr häufig.

Infektionsweg: Gesichert parenteral und enteral. Weitere Infektionsmöglichkeiten noch ungeklärt.

Inkubationszeit: Im Mittel zwischen 6–9 Wochen, kürzere oder längere Inkubationszeit möglich.

Die NANB-Hepatitis bzw. Hepatitis C verläuft meist milder. Diphasische und rezidivierende Verläufe mit monatelanger, persistierender Hepatitis sind nicht selten. Ausheilungen danach möglich. Chronische Verläufe in 40–60%, besonders nach der Posttransfusionshepatitis. Auch chronische Träger ohne Krankheitserscheinungen sind beschrieben.

Klinik

Im Einzelfall erlaubt das klinische Bild keine Differenzierung zwischen den Hepatitisformen, vielmehr geschieht dies durch den Nachweis der Hepatitismarker und der Anamnese. Appetitlosigkeit, Abgeschlagenheit, Brechreiz, Übelkeit, Fettintoleranz, evtl. Meteorismus und stumpfe Schmerzen unter dem Rippenbogen sowie grippale Symptome mit Fieber, Gelenkbeschwerden und Exanthemen gehen der eigentlichen ikterischen Phase voraus. Beim Auftreten des Ikterus klingen die Temperaturen ab, der Urin verfärbt sich dunkel, und der Stuhl wird acholisch. Der Ikterus nimmt innerhalb der ersten 2 Wochen an Intensität zu, das Bilirubin steigt auf 85–170–340 µmol/l (5–10–20 mg/dl) oder höher an. Die Leber ist vergrößert, die Milz in 10–20% der Fälle tastbar. Mit dem Rückgang des Ikterus werden Urin und Stuhlfarbe normal, der Ikterus dauert im allgemeinen 2–6 Wochen, die Krankheit insgesamt gelegentlich bis zu Monaten.

Besondere Verlaufsformen

Anikterische Hepatitis: Die Krankheit verläuft ohne Bilirubinämie, sonst aber wie die ikterische Hepatitis (Risiko der Umgebungsinfektion bei Nichterkennen). An- bzw. subikterische Formen gehen wahrscheinlich häufiger in eine chronische Verlaufsform über.

Fulminante oder nekrotisierende Hepatitis: Etwa in 0,2–0,4% verläuft die Hepatitis unter einem schweren Krankheitsbild, das sich ganz plötzlich entwickeln und nicht selten innerhalb weniger Tage im Leberkoma zum Tode führen kann (s. Leberkoma). Eine Ausheilung ist möglich; es kann aber auch innerhalb von 2–3 Jahren zu einer diffusen Leberzirrhose kommen.

Cholestatische Hepatitis: Hier bestehen klinische Zeichen eines Verschlußikteruses (rasch ansteigende Bilirubinwerte, Juckreiz) und eine stark erhöhte alkalische Phosphatase, so daß die Differentialdiagnose gegenüber einem extrahepatischen Verschlußikterus schwer sein kann. Zur Klärung ist eine ERCP notwendig.

Persistierende Hepatitis: Gelegentlich bestehen Zeichen einer mäßigen Hepatitis über Monate (auch bei der Hepatitis A möglich) ohne histologische Zeichen eines Übergangs in einen chronischen Verlauf. Auch hier ist die Prognose bei körperlicher Schonung im allgemeinen günstig.

Diagnose

Urin: In der präikterischen Phase ist im Urin Bilirubin nachweisbar. Mit Beginn des Ikterus ist das Urobilinogen im Harn vermehrt.

Blut: Konjugiertes und nichtkonjugiertes Bilirubin sind vermehrt, starke Bilirubinämien von über 260 µmol/l (15 mg/dl) sprechen für einen schweren Verlauf. Diagnostisch wichtig ist die Erhöhung der SGPT, die bei der akuten Virushepatitis immer höher ist als die SGOT und γ-GT. Sie kann der Bilirubinerhöhung vorausgehen und auch mit den anikterischen Formen erfolgen. Bewegungen der Transaminasen stimmen im allgemeinen mit den histologischen Befunden des Leberpunktats überein und erlauben so eine Verlaufsbeurteilung. Die alkalische Phosphatase ist normal oder gering erhöht (Ausnahme cholestatische Verlaufsformen). Die Elektrophorese zeigt besonders bei schweren Verläufen eine Albuminabnahme und Zunahme der β-, evtl. auch der Immunglobuline. Der Serum-Eisenspiegel ist erhöht. Die Gerinnungsfaktoren können vermindert sein. Bei einem Quick-Wert unter 20% ist die Gefahr eines Leberkomas gegeben (Prognosemarker). Das Absinken der Cholinesterase und der Cholinester ist ebenfalls ein schlechtes prognostisches Zeichen. Die Blutsenkung ist meist normal. Im Blutbild findet sich evtl. eine Leukozytopenie mit Lymphozytose.

DD: Durch Medikamente ausgelöste Hepatitis (Anamnese, Eosinophilie), alkoholische Hepatitis (hohe γ-GT und GOT höher als GPT), Verschlußikterus (hohe alkalische Phosphatase, hohe γ-GT, hohe Blutsenkung, Gallenblasentumor), Infektionskrankheiten, akuter Schub von Leberzirrhose (Elektrophoresen, Zeichen einer portalen Hypertonie, Leberhautzeichen), hämolytische Anämien (morphologische Erythrozytenveränderungen, Erhöhung des nichtkonjugierten Bilirubins, Retikulozytenvermehrung.

Therapie

Eine kausale Therapie der Virushepatitis gibt es nicht. Die Basistherapie besteht in Bettruhe und einer kalorisch ausreichenden Diät. Die Kost sollte pro Tag 2000 Kalorien (8400 kJ) enthalten. Leicht verdauliche und gut aufspaltbare Nahrungsmittel sind zu bevorzugen. Nur bei schweren Verlaufsformen und komagefährdeten Patienten ist die Eiweißzufuhr auf 20–50 g pro Tag einzuschränken. Bei anfänglichem Erbrechen und Inappetenz sind mindestens 1200 Kalorien (5000 kJ) pro Tag in Form von Glucoselösungen zuzuführen. Alkohol ist streng zu meiden. Eine gute Darmentleerung ist wichtig. Bei unkomplizierten Verläufen ist nach Normalisierung der biochemischen Befunde noch eine 4- bis 8wöchige Schonung angebracht.

Verlauf und Prognose

In 90% heilt die Virushepatitis aus. Die Letalität schwankt je nach Epidemie zwischen 0,2 und 0,4%. Gelegentlich gibt es Epidemien mit höherer Letalität. Der Tod erfolgt meist im Leberkoma, das bei allen drei Hepatitisformen auftreten kann. In 10% kommt es bei der Hepatitis B und in 40–60% bei der Hepatitis C (NANB-Hepatitis) zu einer chronischen Verlaufsform, die ausheilen, aber auch in eine Zirrhose übergehen kann. Das Persistieren des HBsAg bzw. HBeAg oder von höheren Konzentrationen von Anti-HBc stellt ein prognostisch ungünstiges Zeichen dar.

Andere Hepatitisinfektionen

Vorkommen als Begleiterkrankung

Viele Viruserkrankungen sind von einer Hepatitis begleitet. Relativ häufig kommt es bei der infektiösen Mononukleose und der Zytomegalie zu einer Hepatitis. Schwere Verlaufsformen sind bei Spirochätenerkrankungen wie Morbus Weil beschrieben. Granulomatöse Hepatitiden werden vor allen Dingen bei Tuberkulose, Brucellosen, Salmonellosen und Morbus Boeck beobachtet. Die Prognose der Hepatitis ist bei diesen Formen im allgemeinen gut.

Alkoholische Hepatitis

Ät und *Pathog:* Man versteht darunter eine unter dem Bild einer Hepatitis verlaufende alkoholische Leberschädigung. Histologisch bestehen intralobuläre Nekrose und granulozytäre Infiltrate, evtl. Councilman-Bodies. Die Erkrankung kann sich in jedem Stadium der alkoholischen Leberschädigung entwikkeln (z. B. Fettleber oder Zirrhose).

Sy: Typisch sind Ikterus, Fieber, Erbrechen und Oberbauchschmerzen. Neurologische Symptome (Polyneuritis, Delir) weisen auf die Alkoholgenese hin.

Dg: Laborchemisch findet sich in typischer Weise eine starke Erhöhung der γ-GT, weniger stark der GOT und der GPT. Die alkalische Phosphatase ist häufig mäßig und das Bilirubin in wechselnder Stärke erhöht. Häufig findet sich ein Abfall des T_3-Spiegels, eine Erhöhung des IgA sowie eine makrozytäre Anämie und eine Vermehrung der Triglyceride.

DD: Virushepatitis (GBsAg, längerer Verlauf, Histologie), Verschlußikterus (Anamnese, Oberbauchsymptomatik, evtl. persistierender Ikterus, zum Ausschluß ERCP notwendig).

Th: Alkoholabstinenz, Bettruhe, vollkalorische Ernährung. Glucocorticoide und Propycil haben enttäuscht. In schweren Fällen Cortisontherapie.

Prgn: Letalität sehr unterschiedlich je nach Schweregrad der Erkrankung. Bei leichten Formen nach Absetzen des Alkohols sehr rasches Abklingen der klinischen Erscheinungen innerhalb von Tagen bis Wochen. Die Alkoholhepatitis gilt als Schrittmacher für die Zirrhose, und ihr wiederholtes Auftreten fördert die Entwicklung einer Zirrhose.

Chronische Hepatitis

Die chronische Hepatitis stellt nosologisch keine einheitliche Erkrankung dar. Potentiell ist sie ein Stadium der Leberzirrhose.

Ät: Folge einer Virushepatitis. Immunologisch bedingte HBsAg-negative (lupoide) Hepatitis. Toxisch: Alkohol, Medikamente, wie Methyldopa, Salicylate, INH, Halothan, Sulfonamide, Drogen usw. Nichteitrige chronische destruierende Cholangitis (primäre biliäre Zirrhose), primäre sklerosierende Cholangitis, Stoffwechselerkrankungen (Hämochromatose, Morbus Wilson) und unbekannte Ätiologie.

Pathog: Aufgrund von histologischen Kriterien, serologischen Befunden, Verlauf und Prognose wird prinzipiell unterschieden zwischen einer chronischen persistierenden und einer chronischen aktiven Hepatitis.

Bei der chronischen persistierenden Form finden sich histologisch in der Leber Zeichen einer milden chronischen Hepatitis mit Verbreiterung der periportalen Felder, Infiltraten, einer mäßigen Fibrose, die die Leberläppchen umschließen kann. Der architektonische Bau der Läppchen ist erhalten, immunologische Phänomene fehlen. Diese Form findet sich auch häufig unter den HBsAg-positiven chronischen Verlaufsformen. Nur in 3–10% gehen diese Formen in eine Zirrhose über. Die Ausheilungstendenz ist gut.

Bei der chronischen aktiven Hepatitis sind die histologischen Veränderungen ausgeprägter, die Läppchengrenzen sind durchbrochen, Infiltrate und Bindegewebe schieben sich in das Zentrum vor, mottenfraßähnliche Nekrosen charakterisieren das Bild. Diese Form zeigt eine aktive Progredienz, wobei es zu Zirrhosebildung kommen kann. Serologisch können hier vor allen Dingen immunologische Phänomene wie positive Antikörper gegen Lebergewebe, antinukleäre Faktoren, positive Rheumafaktoren und hohe Immunglobulinwerte vorhanden sein. Beim Vorherrschen von Immunphänomenen und negativem HBsAg spricht man auch von lupoider Hepatitis. 20–30% der chronischen HBsAg-positiven Hepatitis gehen auch mit einer solchen aktiven chronischen Hepatitis einher. Zur Klärung der verschiedenen Formen sind sowohl histologische als auch Laboruntersuchungen und klinischer Verlauf heranzuziehen.

Sy und *Dg:* Meist fehlt ein stärkerer Ikterus. Die Patienten klagen über uncharakteristische Oberbauchbeschwerden, Leistungsverminderung und Müdigkeit. Eine vergrößerte und indurierte Leber ist ein wichtiger Hinweis. Eine Milzvergrößerung ist selten. Hautveränderungen sind weniger häufig als bei der Leberzirrhose. Persistierende Hepatitiden können über Jahre relativ stumm verlaufen. Nur gelegentlich kommt es zum Ikterus und zu entsprechenden Transaminaseerhöhungen. Im allgemeinen liegen die Transaminasen aber unter 100 U/l. Die chronischen aktiven Formen zeigen häufiger einen schlechten Allgemeinzustand sowie Ikterusschübe mit deutlicher Erhöhung der Serumtransaminasen, die im Intervall je nach der Aktivität mäßig erhöht sind. Für die Stadieneinteilung ist die klinische Untersuchung unumgänglich.

Th: Alkoholverbot. Bei nekrotisierenden Schüben ähnlich wie bei einer akuten Virushepatitis. Schwere körperliche Arbeit sollte vermieden werden. Bei der chronischen persistierenden Hepatitis ist keine medikamentöse Therapie angezeigt. Bei der HBsAg-negativen chronischen aktiven Hepatitis, insbesondere bei der immunologisch geprägten lupoiden Hepatitis, ist die Behandlung mit Glucocorticoiden über Monate, evtl. auch über Jahre notwendig. Frühzeitiges Absetzen führt zu Rezidiven. Meist sprechen diese Patienten dann wieder auf Glucocorticoide an. Durch eine Kombinationstherapie mit Immunsuppressiva kann die Glucocorticoidtherapie evtl. reduziert werden. Bei HBsAg-positiven chronischen akuten Hepatitiden ist die Glucocorticoidtherapie nicht indiziert, da sie keine Besserung des Krankheitsverlaufes erbringt. Neuerdings wird die chronische HE-positive Hepatitis erfolgreich mit Interferon behandelt. Nach 3–4monatigen Interferon-Injektionen (3mal pro Woche) kommt es in 40% zu einer Serokonversion von HEAg-positivem zu HEAg-negativem Nachweis. Gleichzeitig bessern sich die Transaminasen und der histologische Befund. HBsAg wird allerdings nur in 10–20% negativ. Bei erfolgreicher Therapie werden die Patienten HBsAg-positive Träger mit nur noch geringfügigen Veränderungen in der Leber. Bei der NANB-Hepatitis bzw. Hepatitis C sind die Ergebnisse unterschiedlich, da nach Absetzen der Interferon-Therapie die Transaminasen wieder ansteigen können. Allerdings scheinen bei längerer Interferon-Therapie die Ergebnisse besser zu sein.

Prgn: Die chronische persistierende Hepatitis verläuft jahrelang gleichmäßig, ohne dramatische Änderung und ohne Veränderungen im histologischen Leberaufbau. Keine Neigung zur Zirrhose. Ausheilung möglich. Ein kleiner Teil kann in eine chronische aktive Hepatitis übergehen. Die chronische aktive Hepatitis verläuft grundsätzlich schwerer; aber auch hier gibt es klinisch leichtere Formen, die aber nach jahrzehntelangem Verlauf in eine Zirrhose übergehen können. Andere chronische aktive Hepatitiden verlaufen von vornherein schwer mit wiederholten nekrotisierenden Schüben und können bald in eine Zirrhose übergehen. Sämtliche Zwischenformen sind möglich. Bei HBsAg-positiven Zirrhosen ist der Übergang in ein Leberkarzinom möglich. Der Versuch einer Rehabilitation ist bei den leichteren Formen unter sorgfältiger Transaminasekontrolle anzustreben.

Hyperbilirubinämie s. Ikterus

Ikterus

Bilirubinformen

Das *prähepatische indirekte Bilirubin* ist noch nicht mit Glucuronsäure verestert und kaum wasserlöslich bzw. ausscheidungsfähig. Dieses Bilirubin gibt bei der Van-den-Berg-Reaktion mit Sulfanilsäuren erst nach Vorbehandlung mit Alkohol eine positive Farbreaktion: „indirekt reagierendes“ oder nicht verestertes bzw. nichtkonjugiertes Bilirubin.

Das *posthepatische (direkte) Bilirubin* wird in dem endoplasmatischen Retikulum der Leberzelle durch die Wirkung der Glucuronyltransferase mit Glucuronsäure verestert, ist wasserlöslich. Es gibt in der Diazoreaktion unmittelbare Rotfärbung: „direkt reagierendes“ oder verestertes bzw. konjugiertes Bilirubin.

Produktionsikterus

Physiologischerweise entstammen 80–90% des Bilirubins aus dem Hämoglobinabbau reifer Erythrozyten, 10–20% aus anderen

Hämoproteinen. Bei einer Hämolyse wird der Leber vermehrt Bilirubin angeboten, die Glukuronidierung und damit Ausscheidung wird überfordert, es entsteht ein Ikterus. Ähnliches gilt für die Shunthyperbilirubinämie.

Transportikterus
Physiologischerweise ist im Plasma das Bilirubin an Albumin gebunden; bei der Passage in die Leberzelle wird diese Bindung gelöst und in der Leberzelle das Bilirubin für seinen intrazellulären Transport an ein anderes Eiweiß (Ligandin oder Z-Protein) gebunden. Mangel an Ligandin oder Z-Protein verhindert den Transport in das glatte endoplasmatische Retikulum (Glukuronidierung) und kann mit einer unkonjugierten Hyperbilirubinämie einhergehen. Wahrscheinlich ist auch bei der Virushepatitis bzw. ikterischen Leberzirrhose der Ikterus teilweise durch eine Störung des Bilirubintransports bedingt.

Konjugationsikterus
Pathog: Physiologischerweise wird im endoplasmatischen Retikulum das Bilirubin unter Einwirkung der Glucuronyltransferase verestert und damit ausscheidungsfähig. Bei angeborenem geringfügigem Mangel an Glucuronyltransferase entsteht die prognostisch günstige intermittierende Meulengracht-Hyperbilirubinämie, bei stärkerem Mangel das klinisch schwerwiegende Crigler-Najjar-Syndrom (s. Icterus neonatorum, S. 1175).
Der *Morbus Meulengracht (Morbus Gilbert)* wird meist bei Kindern und Jugendlichen entdeckt und stellt mehr ein kosmetisches Problem dar. Der Ikterus ist gering, 35–70 µmol/l (2–4 mg%), rezidivierend (vorwiegend nichtkonjugiertes Bilirubin), nur gelegentlich auftretend. Lebertests, Retikulozyten, Erythrozyten, Überlebenszeit sind normal. Durch längeres Fasten und Nicotinsäureverabreichung läßt sich die Bilirubinämie provozieren. Eine Therapie ist bis auf eine genaue Aufklärung der Patienten nicht erforderlich.

Exkretionsikterus
Pathog: Störung der Ausscheidung des konjugierten Bilirubins in die Gallenkapillaren. Man zählt hierzu die mit Vermehrung des konjugierten Bilirubins einhergehenden Erkrankungen: die intrahepatische Cholestase, den Arzneimittelikterus, das Dubin-Johnson-Syndrom, das Rotor-Syndrom und – selten vorkommend – die gutartige Hyperbilirubinämie.

Beim *Dubin-Johnson-Syndrom* ist das konjugierte Bilirubin vermehrt und wird nicht ausreichend durch die Galle ausgeschieden. Koliken, Müdigkeit, Übelkeit können vorkommen. Transaminasen und Gerinnungsfaktoren sind normal, die alkalische Phosphatase ist leicht erhöht, der Bromthaleintest pathologisch, die Gallenblase läßt sich röntgenologisch nicht darstellen. Histologisch findet man ein zentroazinäres gelbbraunes Pigment.

Mechanischer Ikterus
Extrahepatischer Gallengangsverschluß. Bei dem extrahepatischen Verschluß (s. Verschlußikterus) besteht eine Störung des Bilirubintransports und der Konjugation. Konjugiertes und nichtkonjugiertes Bilirubin sind vermehrt.

Arzneimittelikterus
Ät, Pathog und *Sy:* Leberschäden durch Schadstoffe können direkt hepatotoxisch wirken (Tetrachlorkohlenstoff, Knollenblätterpilze) und sind im Tierversuch dosisabhängig reproduzierbar. Darüber hinaus gibt es Medikamente, die ebenfalls bei entsprechender Dosierung häufig Cholestase verursachen (Anabolika). Dem gegenüber gibt es indirekt hepatotoxisch wirkende Arzneimittel mit nicht reproduzierbaren Leberschäden, die dosisunabhängig nur in einem geringen Prozentsatz zu einer Leberschädigung führen. Die Einteilung der Arzneimittelschädigung der Leber kann nach klinisch-pathologischen Gesichtspunkten erfolgen:

- *Ikterus – Hyperbilirubinämie:* Hämolyse, z. B. nach Phenacetin; Verdrängung des Bilirubins aus der Albuminbindung, z. B. Sulfonamide;
- *Cholestase – unkompliziert, ohne Leberparenchymschaden* z. B. anabole Steroide, antikonzeptive Steroide;
- *Cholestase aufgrund einer Überempfindlichkeitsreaktion mit Leberparenchymschädigung:* Phenothiazin, Sulfonylharnstoffderivate, Laxantien, Chlordiazepoxid, Antibiotika, manche Tuberkulostatika, Thyreostatika u. a.

Klinisch beginnen diese Formen häufig mit Appetitlosigkeit, Übelkeit, evtl. Fieber und Schmerzen im Oberbauch, möglicherweise Exanthem und Arthralgien, Bluteosinophilie, Ikterus. Der Verlauf ist gutartig und nach Absetzen der Medikamente kommt es zu einer Rückbildung der Symptome. Differentialdiagnostisch ist die Abgrenzung gegen einen Verschlußikterus oft schwierig, da hier auch die alkalische Phosphatase stark erhöht sein kann.

- *Arzneimittelschäden mit hepatitischem Verlauf:* Dipromiazid, Phenylbutazon, Sulfonamid, Pyrazinamid, Narkotika, 6-Mercaptopurin, Methotrexat, Allopurinol, Indometacin, PAS, Ethioniamid, Diphenylhydantoin, Methyldopa u. a.

Klinisch besteht 1–10 Wochen nach Exposition Fieber, Anorexie, Übelkeit, Erbrechen, Ikterus. Der klinische Verlauf ähnelt der einer Virushepatitis, und die Differentialdiagnose ist schwierig. Bei schweren Fällen können ausgedehnte intralobuläre und portale Nekrosen entstehen. Auch Komafälle sind beschrieben (s. Koma bei Virushepatitis). Die Diagnose ist auch deshalb schwierig, weil der Ikterus erst 2–3 Wochen nach Absetzen der Medikamente auftreten kann.

Th: Absetzen aller ursächlich für die Leberschädigung in Frage kommenden Medikamente. Bei Leberschädigung im Sinne einer Überempfindlichkeitsreaktion Versuch mit Glucocorticoiden. Beim Auftreten eines Leberkomas entsprechende Behandlung.

Leberzellverfettung durch Arzneimittel: Manche Medikamente, besonders hohe Dosen von Tetracyclin bei Schwangeren, können infolge Leberverfettung zu schwerer Leberinsuffizienz führen.

Verschlußikterus

Ät: Die Ursache einer Abflußbehinderung im Ductus choledochus ist in 70–80% eine Choledocholithiasis, danach folgen Karzinome des Pankreaskopfes, der Papilla duodeni major und der Gallenblase. Bei Cholezystektomien nicht selten auch entzündlich-narbige Stenosen der Papille.

Sy: Der Verschlußikterus kann mit Koliken (Steine) oder auch ohne Koliken (Karzinomverdacht) entstehen. Begleitend sind rezidivierende Fieberschübe, bierbrauner Urin, acholischer Stuhl. Die Leber ist meist deutlich vergrößert. Ein positives Courvoisier-Zeichen (Gallenblasenhydrops) spricht eher für einen Tumor, weniger für Steinverschluß. Die Milz ist meist nicht vergrößert.

Kompl: Cholangitis (Fieberschübe), Pankreatitis. Bei länger dauerndem Verschlußikterus kann es zur Ausbildung einer sekundären biliären Zirrhose kommen.

Dg: Laborchemisch findet sich neben der Bilirubinämie eine Erhöhung der alkalischen Phosphatase und der γ-GT, während die Serumtransaminasen meist nur mäßig erhöht sind. BSG erhöht, evtl. Leukozytose, Eisenspiegel normal bis vermindert, Triglyceride und Cholesterin evtl. erhöht, bei längerem Bestehen des Ikterus Verminderung der Gerinnungsfaktoren (Vitamin-K-Test nach Koller: auf parenterale Gabe von Vitamin K Ansteigen der Gerinnungsfaktoren). Die Differentialdiagnose kann manches Mal sehr schwierig sein. Primäre Methode der Wahl ist die Sonographie. Erweiterte intrahepatische Gallengänge sind pathognomonisch. Oft sind Tumoren sichtbar. Wichtigste weiterführende Untersuchungen sind die retrograde endoskopische Cholangio- bzw. Pankreasgangdarstellung bzw. die perkutane transhepatische Cholangiographie. Mit diesen Maßnahmen können Kontrastmittel in die Gallen- und Pankreasgänge injiziert werden, so daß die röntgenologische Darstellung der Gallengänge ermöglicht wird.

Bei der Laparoskopie findet man eine Grünverfärbung der Leberoberfläche und eine Stauung der Gallenblase. Die Leberpunktion ist wegen der Gefahr der galligen Peritonitis kontraindiziert.

DD: Schwierig ist die Abgrenzung gegen eine intrahepatisch bedingte Cholestase (cholestatische Hepatitis, Arzneimittelikterus, primäre biliäre Zirrhose). Beim hepatischen Ikterus sind die Transaminasen höher, dagegen die γ-GT eher niedriger, die alkalische Phosphatase meist weniger hoch, der Serumeisenspiegel erhöht, BSG normal, evtl. HBsAg- bzw. Anti-A-Positivität.

Th: Bei sicherem Nachweis von Tumoren oder hochsitzender Choledochusstenose Operation. Bei Inoperabilität endoskopisch bzw. transhepatisch Einführen eines Katheters bzw. einer Spezialsonde, durch die ein Abfluß der Galle gewährleistet wird. Bei Choledochussteinen mehrere therapeutische Möglichkeiten. Bei Gallenblasen- und Gangsteinen in der Regel Operation. Bei alleinigen Choledochussteinen (z. B. vorausgegangene Cholezystektomie) endoskopische Papillenspaltung. Der Stein kann dann spontan abgehen, oder er kann mit einem kleinen Körbchen gefaßt und herausgezogen werden. Bei Mißlingen kann durch eine endoskopisch eingelegte Sonde der Choledochus gespült und der Stein aufgelöst werden. Choledochussteine können auch mit einem speziellen Drahtkörbchen erfaßt, zerkleinert und anschließend entfernt werden.

Schwangerschaftsikterus

In der Schwangerschaft können Ikterusschübe auftreten, meist durch eine Virushepatitis bedingt. In ⅕ besteht eine idiopathische Cholestase. Selten ist diese bedingt durch eine akute Verfettung der Leber während der Schwangerschaft. Klinisch ähnelt letztere der akuten Virushepatitis und endet oft tödlich. Der Verlauf der Cholestase ist rezidivierend-gutartig. Sie tritt im letzten Trimester auf, kann sich bei weiteren Geburten und nach Einnahme von Ovulationshemmern wiederholen und verschwindet nach Entbindung ohne Therapie wieder. Klinisch besteht eine Cholestase mit Juckreiz, Appetitlosigkeit und Brechreiz. Auch allergische Symptome wie Exanthem und Eosinophilie können vorhanden sein. Bilirubin, alkalische Phosphatase, Leucinaminopeptidase und Lipoprotein X sind erhöht, die Serumtransaminasen normal bis leicht erhöht.

Infektionskrankheiten und Pankreatitis

s. Pankreatitis

Leberabszeß

Ät:

- bei Cholangitis und besonders bei Abflußhindernis der Gallenwege;
- bei Eiterherden im Magen-Darm-Bereich (Appendizitis, Darmerkrankung, Pankreatitis), mit Eintrittspforte Pfortader;
- bei septischen Erkrankungen, wie Endokarditis, Osteomyelitis, parametrischem Abszeß usw., mit Eintrittspforte A. hepatica;
- bei perforierenden Traumen, sekundären Vereiterungen von Amöbenabszessen oder Karzinomen.

Häufig bleibt die Ursache unbekannt: Kryptogener Leberabszeß. Meist handelt es sich um gramnegative Keime (Escherichia coli), bei Mischinfektionen häufig um Staphylokokken. Der Erregernachweis gelingt durch Kulturen aus Abszeßhöhle, Blut und Galle.

Sy: Allgemeinsymptome wie Schüttelfrost, hohes Fieber, Hinfälligkeit und Schock. Die Leber ist vergrößert und druckschmerzhaft, manchmal in Rücken und Schulter ausstrahlende Schmerzen. Gelegentlich nur wenig Allgemeinsymptome.

Dg: BSG stark beschleunigt, Leukozytose, evtl. Bilirubinämie, Erhöhung von Phosphatase und γ-GT; weniger stark sind SGOT und SGPT erhöht. Röntgenologisch auffallender rechtsseitiger Zwerchfellhochstand, bei gasbildenden Erregern Flüssigkeitsspiegel. Sonographisch, szintigraphisch und mit dem Computertomogramm lassen sich Abszesse in der Leber diagnostizieren und lokalisieren. Unter Umständen kann eine Arteriographie weiterhelfen.

Th: Chirurgische Eröffnung der Aszeßhöhle und Drainage, Verabreichung von wirksamen Antibiotika-Kombinationen. Neuerdings wird unter sonographischer Kontrolle die Abszeßhöhle anpunktiert und entleeert. Die Erfolge mit dieser Methode sind ausgezeichnet, insbesondere da über diesen Weg auch eine Drainagesonde eingelegt werden kann.

Prgn: Je nach Grundkrankheit, oft nicht günstig.

Leberkoma

Ät, Pathog und *Prgn:*

- *Leberzerfallskoma:* Rasch einsetzende Bewußtseinsstörung, die durch die Insuffizienz der Leberzellen infolge ausgedehnter Lebernekrosen bedingt ist. Es kann sich im Rahmen einer Virushepatitis und nach Intoxikationen (Pilze, Narkotika, Gifte) entwickeln. Ein Koma kann im Rahmen einer Hepatitis innerhalb 12–24 Stunden entstehen. Die Prognose ist schlecht, Letalität im Koma Stadium IV 90%. Das Koma wird neben klinischen Zeichen (s. u.) vor allem durch den Abfall der Gerinnungsfaktoren unter 20% und der Cholinesterase unter 1000 U/l angezeigt. Das Bilirubin und die Serumtransaminasen sind meist hoch.
- *Leberausfallskoma:* Bei dekompensierter Leberzirrhose können exogene Faktoren zu einem Leberkoma führen. Voraussetzungen dafür sind die Entwicklung von portokavalen Anastomosen und eine Leberinsuffizienz. Vor allem sind es stickstoffhaltige Substanzen (Ammoniumchlorid u. a.) sowie eine erhöhte Proteinzufuhr und gastroösophageale Blutungen, die bei einem Umgehungskreislauf in der Leber nicht metabolisiert werden, sondern z. B. als Ammoniak vermehrt ins Gehirn kommen und dort gehirntoxisch wirken. Die genaue Pathophysiologie ist noch nicht geklärt. Darüber hinaus findet man im Blut eine Erhöhung von Methandion und aromatischen Aminosäuren wie Phenylalanin, Thyroxin, Tryptophan sowie γ-Aminobuttersäure. Es wird diskutiert, daß ihre Konzentrationserhöhung im Gehirn toxisch wirkt. Der genaue Wirkungsmechanismus

ist noch nicht genau definiert und wird kontrovers diskutiert. Aus diesen Ergebnissen wurden therapeutische Maßnahmen entwickelt (s. u.).

Sy:

- *Stadium I:* Launenhafte Verstimmung, Unruhe, Apathie, leichte Verwirrtheit und Schlafsucht. Patienten ansprechbar, Flapping-Tremor, Hyperreflexie, Störung des Formsinns (Streichholzlegen), Störung des Intellekts (Rechenaufgaben), Handschrift fahrig und zerrissen.
- *Stadium II:* Deliranter Erregungszustand, zunehmende Verwirrung, Desorientiertheit, Verminderung von Reaktion und Ansprechen auf Schmerzreize, Flapping-Tremor, zunehmend pathologische Reflexe.
- *Stadium III:* Übergang in Apathie und Schlafneigung, nur noch geringe Reaktion auf Schmerzreize, starke Verwirrung, zunehmender Babinski-Reflex, Spastik und Ataxie mit unkoordinierten Bewegungen; Tachykardie, Blutdruckabfall.
- *Stadium IV:* Tiefes Koma mit völliger Bewußtlosigkeit und Reflexverlust, Tachykardie und Rhythmusstörungen, evtl. Störungen der Atmung.

DD: Andere Komaformen, z. B. diabetisch (Hypoglykämie), urämisch, Delirium tremens.

Th: Diät anfangs eiweißfrei, bei Besserung des Komastadiums langsame Steigerung des Eiweißgehaltes auf 40–60 g/Tag. Kalorienzufuhr anfangs parenteral durch Glucoseinfusionen. Beim endogenen Zerfallskoma sollten keine Aminosäurelösungen gegeben werden, auch nicht neuere, besonders adaptierte Lösungen. Dagegen haben sich beim exogenen Leberausfallskoma besondere Aminosäuren bewährt, die angereichert sind mit Leucin, Isoleucin und Valin und arm sind an aromatischen Aminosäuren (s. o.). Intravenös verabreicht sollen sie beim exogenen Leberausfallskoma günstig wirken.
Antibiotika: Nicht resorbierbare Antibiotika (Neomycin, Paromomycin, 2–6 g p. o. oder durch die Sonde) vermindern die Darmbakterien, die die Ammoniakbildung begünstigen.
Lactulose: 20–60 ml p. o. zur Reduzierung der Ammoniakbildung und Resorption.
Stuhlentleerung: Einläufe oder orale Infusionen von 40%iger Mannit- oder 10%iger Magnesiumsulfat-Lösung, Absaugen von Blut aus dem Magen.
Elektrolytstoffwechsel: Ausgleich und Substitution.
Bei Leberzerfallskoma Blutaustauschtransfusionen, homologe Leberperfusion (Affe). Hämoperfusionen mit Kohleaustauschsäulen und Plasmapherese haben nicht den gewünschten Erfolg gebracht.
Bei der hepatischen Enzephalopathie infolge Leberzirrhose ist langfristig eine eiweißarme Ernährung (50 g/Tag) notwendig. Da es unter dieser eiweißarmen Ernährung über längere Zeit zu Eiweißmangelsyndromen kommt, ist die zusätzliche orale Zufuhr von adaptierten Aminosäuren (s. o.) eine gute unterstützende Maßnahme, da die Stickstoffbilanz unter dieser Therapie positiv wird und katabole Zustände vermieden werden.
Bei akutem Leberkoma ist eine Lebertransplantation indiziert.

Lebertumoren

Ät und *Path:* Das primäre Leberzellkarzinom entsteht meist auf dem Boden einer Leberzirrhose. Ausgangspunkt ist entweder die Leberparenchymzelle (malignes Hepatom) oder das Epithel der intrahepatischen Gallengänge (malignes Cholangiom). Beim Leberzellkarzinom sind Hepatitis-B-Marker häufig positiv. Auch Leberkarzinome mit positiven Antikörpern gegen das NANB-Hepatitisvirus (Hepatitis C) sind beschrieben.

Sy und *Dg:* Beim primären Karzinom sind meist Symptome einer Leberzirrhose vorhanden. Verdacht auf maligne Entartung bei raschem Gewichtsverlust, starkem Anstieg der alkalischen Phosphatase, großer, sehr harter Leber, evtl. Fieber, Leukozytose, extrem hoher BKS, blutigem Aszites. Lebermetastasen entstehen vorwiegend bei Kolon-, Magen-, Pankreas-, Leber- und Gallenblasenkarzinom, häufig auch bei Mamma- und Lungenkarzinom. Bei unklarem Leberbefund, hoher alkalischer Phosphatase, hoher γ-GT und evtl. hoher LDH ist immer an einen malignen Prozeß in der Leber zu denken. Eine große, harte und höckerige Leber ist nahezu beweisend für Lebermetastasen.
Beweisend für ein primäres Leberkarzinom ist die Erhöhung des α_1-Fetoproteins, das allerdings bei malignem Cholangiom nicht erhöht ist. Wesentlichste diagnostische Maßnahmen sind Sonographie, gezielte Feinnadelbiopsie unter Sonographiekontrolle, Computertomogramm, Angiographie und Laparoskopie.

Th: Gelegentliche Erfolge mit partieller Hepatektomie beim primären Leberkarzinom, evtl. Chemotherapie, lokal mit Hilfe eines Katheters, der z. B. in die A. mesenterica eingebracht wird oder systemisch. Auch eine Lebertransplantation muß erwogen werden; die Dreijahresüberlebenszeit liegt aber nur bei etwa 20%.

Prgn: Maligne Tumoren: infaust. Benigne Tumoren wie Adenome und Hämangiome sind nicht durch ihr Wachstum als vielmehr durch ihre Komplikationen gefährlich. Bei größeren Adenomen kommt es nicht selten zu schweren Blutungen oder Perforationen. Ovulationshemmer fördern die Entwicklung von benignen Tumoren. Die Diagnose erfolgt wie bei den malignen Tumoren.

Leberzellinsuffizienz und Nierenversagen

Ät, Pathog und *Sy:* Bei fortgeschrittener Leberzellinsuffizienz (vor allem bei dekompensierter Leberzirrhose mit Aszites) können funktionelle und im Prinzip reversible Nierenstörungen zum terminalen Nierenversagen führen, auch wenn keine präexistente Nierenerkrankung vorhanden ist. Zur Pathogenese nimmt man an, daß das effektive Plasmavolumen der Niere infolge Verteilungsstörungen (arteriovenöse Shunts der Splanchnikusgefäße) vermindert ist. Außerdem besteht eine Vasokonstriktion der äußeren Kortikalis mit relativer Umverteilung des Blutzuflusses zugunsten der juxtamedullären Nephrone. Intrarenale Shunts akzentuieren diese Vorgänge. Sehr wahrscheinlich verursachen diese Vasokonstriktion in den Nierengefäßen humorale bzw. hormonale Faktoren (gestörer Angiotensin-Renin-Aldosteron-Mechanismus, vasoaktive Peptide, Prostaglandine u. a.). Die Folgen dieser Vorgänge sind ein Absinken des Glomerulusfiltrats, Oligurie und Azotämie. Die Auslösung erfolgt nicht selten durch eine starke Diuresetherapie bei Aszitespatienten. Diese Verlaufsform wird auch als sog. „hepatorenales Syndrom" bezeichnet.

Th und *Prgn:* Die Prognose ist infaust. Bei vorausgegangenem Volumenmangel ist ein Volumenersatz notwendig. Ein peritovenöser Shunt kann hilfreich sein, aber meist ist jede therapeutische Maßnahme erfolglos.

Leberzirrhose

Pathogenese

Die Leberzirrhose ist eine diffuse chronische Lebererkrankung, bei der Nekrosen zu einem Untergang mit konsekutiver Parenchymregeneration und Bindegewebsvermehrung führen. Die Bindegewebssepten verbinden Zentralvenen mit portalen Gebieten und schnüren Parenchyminseln (Pseudolobuli) ab. Der normale Läppchenaufbau ist zerstört.

Formen

Portale oder septale Zirrhosen mit kleinen Regeneratknoten und schmalen Bindegewebssepten (meist bei alkoholischer Zirrhose), postnekrotische Zirrhosen mit breiten Bindegewebssepten (Zirrhosetyp nach Virushepatitis), biliäre Zirrhose (Zirrhosetyp nach Cholestase und Cholangitis).

Ätiologie

50- bis 60%iger Alkohol. Das Zirrhoserisiko steigt proportional zur Menge und Zeitdauer des eingenommenen Alkohols. Menschen, die 60–80 g Alkohol täglich über 15–20 Jahre einnehmen, sind als zirrhosegefährdet anzusehen (Vorstadium häufig Alkoholhepatitis). Bei nicht abgeheilter Virushepatitis HBsAg in 10–25% positiv, nicht selten Kombination mit Alkoholschaden. Auch die chronische Hepatitis C (NANB-Hepatitis) kann zur Zirrhose führen (20%). Cholangitische (Choledochussteine) und idiopathische Zirrhosen (immunologisch, genetisch?), besondere Formen der Leberzirrhose: Hämochromatose, hepatolentikuläre Degeneration, kardiale und vaskuläre Zirrhosen, primäre biliäre Zirrhosen, Galaktosämie und Glykogenspeicherkrankheit.

Symptome und Diagnose

- inaktive Form mit diskreten klinischen Symptomen, mäßiger Leberzellinsuffizienz und wenig veränderten biochemischen Befunden;
- aktive Form mit dystrophischem Schub, ausgeprägter Symptomatik (Leberhautzeichen) und Leberzellinsuffizienz, die in fortgeschrittenen Fällen zum Leberkoma führen kann, wobei die biochemischen Befunde stark pathologisch sind;
- portal dekompensierte Form mit Pfortaderhochdruck und Ösophagusvarizen und/oder Aszites.

Wichtig sind anamnestische Daten, Alkoholverbrauch, Hepatitiserkrankung, Verschiebung der Elektrolyte, Hyponatriämie, Hypokaliämie! Häufigste Todesursache: Ösophagusvarizenblutung, Leberkoma, Nierenversagen, nicht beherrschbare Infektionen.

Prognose
Die Überlebensrate beträgt nach 1 Jahr 70% (oder mehr), je nach dem Zeitpunkt der Diagnosestellung. Nach 5 Jahren leben bei Alkoholabstinenz noch über 50%, bei Ösophagusvarizenblutungen versterben 50% nach der 1. Blutung, weitere 10–20% nach der 2. Blutung. Etwa 40% sterben im Leberkoma.

Besondere Formen der Leberzirrhose

Hämochromatose

Ät und *Pathog:* Dominant vererbbarer Stoffwechseldefekt mit beschleunigter und vermehrter Eisenresorption sowie gesteigerter Gewebsaffinität für Eisen. Eisenablagerung in der Leber führt zur Zirrhose. Weitere Eisenablagerung in Pankreas, Herzmuskel, Nebennieren, Hoden, Hypophysenvorderlappen, Speicheldrüsen und Schweißdrüsen der Haut.

Sy: Typisch ist graubraune Haut (Achselhöhle, Genitale und an Licht ausgesetzten Hautbezirken). Bei 80% besteht ein Diabetes mellitus. 15% haben EKG-Veränderungen oder eine Herzinsuffizienz.

Dg: Das Serumeisen ist erhöht, die totale Eisenbindungskapazität erschöpft und die latente Eisenbindungskapazität fast Null. Ferritin im Blut stark erhöht (2000–8000 ng/ml). Biochemische Zeichen einer Leberzirrhose: Desferaltest positiv, histologisch Eisenablagerung in der Magenschleimhaut und in der Leber mit begleitendem Parenchymumbau. Die Diagnose kann durch Probebiopsie aus Haut, Magenschleimhaut und Leber erleichtert werden.

Th: Eisenarme Kost (Verbot von Wein, Bier, vergorenen Obstsäften, Blutwurst und Leber), Aderlaß 500 ml/Woche (Eisenentzug: 250 mg), später in 4wöchigem Abstand bis zur Normalisierung des Eisenspiegels und Ansteigen der latenten Eisenbindungskapazität sowie Abfall des erhöhten Ferritinspiegels. Deferoxamin (Desferal) nicht anhaltend wirksam.

Hepatolentikuläre Degeneration (Wilson-Krankheit)

Vk, Ät und *Pathog:* Rezessiv vererbbare Kupferstoffwechselstörung, vorwiegend bei Kindern und Jugendlichen. Neben der Leberzirrhose besteht eine doppelseitige Erweichung und Degeneration der Basalganglien des Gehirns und meist ein graugrüner Pigmentring an der Peripherie der Kornea (Kayser-Fleischer-Kornealring). Kupfer wird vermehrt im Zentralnervensystem und in der Leber abgelagert.

Sy: Häufig Beginn der Erkrankung mit diskreten neurologischen Symptomen, Sprach-Gang-Störungen sowie Tremor, häufig begleitet von einer Leberzirrhose. Gelegentlich ist die Leberzirrhose das einzige klinisch dominierende Zeichen bei der Wilson-Krankheit, auch ohne Kayser-Fleischer-Kornealring. Bei jugendlichen Zirrhosen ohne sonstige ätiologische Ursache immer auch an Wilson-Krankheit denken. Entsprechende Untersuchungen durchführen!

Dg: Niederer Kupferspiegel (kleiner als 13 μmol/l = 80 μg%), Coeruloplasminspiegel unter 200 mg/l. Entscheidend ist eine erhöhte Kupferausscheidung im Urin (mehr als 16 μmol/l = 100 μg% täglich) sowie die Kupferkinese und der erhöhte Kupfergehalt in der Leber. Pathognomonisch ist der Kayser-Fleischer-Kornealring. Eine Aminoazidurie ist häufig.

Th: Kupferarme Kost und Kaliumsulfid (20–40 mg/Mahlzeit), D-Penicillamin in einer Dosierung von 1–1,5 g täglich. Die Prognose ist durch die D-Penicillamintherapie wesentlich verbessert worden.

Kardiale und vaskuläre Zirrhose
Chronische Rechtsinsuffizienz, konstriktive Perikarditis und Trikuspidalinsuffizienz führen über die chronische Stauungsleber zu Bindegewebsvermehrung mit Zirrhose. Eine Sonderform der vaskulären Zirrhose ist das Budd-Chiari-Syndrom, das durch einen Lebervenenverschluß mit hochgradiger Stauung in dem Lebervenengebiet gekennzeichnet ist. Ursachen sind häufig Tumoren, gelegentlich auch entzündliche Vorgänge auf immunologischer Basis (Ovulationshemmer?).

Primäre und sekundäre biliäre Zirrhose

Primäre biläre Zirrhose

Ät und *Vk:* Die primäre biliäre Zirrhose ist eine Erkrankung unklarer Genese, wahrscheinlich eine Autoaggressionskrankheit. Vorwiegend werden Frauen befallen.

Sy und *Dg:* Die Erkrankung beginnt schleichend, meist mit einem länger bestehenden Juckreiz; erst später kommt es zum Ikterus. Klinisch imponiert das Bild eines Verschlußsyndroms mit Verdinikterus und Erhöhung von alkalischer Phosphatase, Leucinaminopeptidase und γ-GT. Phosphatide, Triglyceride und Cholesterin sind häufig vor Ausbruch des Ikterus erhöht. Typisch ist der Nachweis von antimitochondrialen Antikörpern sowie eine starke Erhöhung von IgM. Nicht selten finden sich darüber hinaus noch andere immunologische Phänomene. Im Vorstadium, der nichteitrigen chronisch-destruierenden Cholangitis, fehlt die Bilirubinämie, dafür imponieren die hohe alkalische Phosphatase und die hohe γ-GT bei nur geringfügig erhöhten Serumtransaminasen, aber schon vorhandenen antimitochondrialen Antikörpern und hoher IgM-Fraktion. Im ausgeprägten Vollbild ist die Leber groß, laparoskopisch im Bild grün. Histologisch liegt eine entzündliche Infiltration der periportalen Felder, jedoch erhaltene Läppchenstruktur vor. Erste Schädigungen finden sich am Endothel der kleinen Gallengänge. Die großen Gallengänge sind frei durchgängig.

Th: Ob asymptomatische Formen behandelt werden sollen, ist noch in der Diskussion. Bei starkem Juckreiz Colestyramin (8–12 g/Tag) oder Phenobarbital (Luminal), bei Ikterus Substitution von Vitamin D, A, K und Calcium wegen der bestehenden Resorptionsstörung dieser Vitamine. Die bisherige Therapie mit Corticosteroiden, Azathioprin und D-Penicillamin hat enttäuscht. Möglicherweise ist die Therapie mit Colchicin (1 mg pro Tag) erfolgreicher, da längere Überlebenszeiten beschrieben wurden. Neuerdings sind gute Erfolge mit Ursodeoxycholsäure (10 mg/kg/Tag) beschrieben. Bei leichteren und mittelschweren Fällen (Stadien I–III) sanken die Transaminasen und die alkalische Phosphatase in 60–80% ab; die histologischen Veränderungen besserten sich nach einer 2jährigen Therapie. Inwieweit damit die Überlebenszeit verlängert wird, bleibt abzuwarten. Im Endstadium der primären biliären Zirrhose wird heute eine Lebertransplantation erfolgreich durchgeführt (Dreijahresüberlebenszeit 70%).

Sekundäre biliäre Zirrhose

Die *sekundären biliären Zirrhosen* entstehen durch langdauernden extrahepatischen Verschluß durch Steine, Strikturen oder Tumoren und eine dabei bestehende Entzündung der Gallenwege (S. 930).

Therapie der Leberzirrhose

Ausschaltung aller schädlichen Noxen (Alkohol), vollkalorische und vitaminreiche Kost, Vermeidung schwer verdaulicher Speisen, geregeltes Leben, Vermeidung stärkerer körperlicher Belastung, ausreichende Ruhepausen, bei sekundärer biliärer Zirrhose intensive Langzeittherapie mit Antibiotika. Frühzeitige operative Beseitigung von Abflußhindernissen. Regelmäßige Kontrolluntersuchungen, um dystrophische Schübe rechtzeitig zu erfassen.

Bei dystrophischem Schub Bettruhe bis zum Abklingen der biochemischen Veränderungen, oft über mehrere Wochen und Monate. Strenge Diät: Reduktion des Nahrungseiweißes auf 20–50 g/Tag, je nach Zeichen der hepatischen Enzephalopathie. Bei Ödem und Aszitesneigung kochsalzarme Diät. Inwieweit bei dystrophischen Schüben Prednison hilfreich ist, ist fraglich; Alkoholzirrhosen sprechen nicht auf Prednison an. Bei Zirrhosen mit Aszites wurde ebenfalls kein Erfolg beobachtet. Am ehesten kommt eine Prednisontherapie bei jüngeren Menschen mit dystrophischen Schüben und ohne Aszites in Frage oder wenn Hinweise auf immunpathologische Prozesse gegeben sind. Die Wirksamkeit einer früher propagierten Leberschutztherapie mit Vitaminkombinationen, lipotropen Substanzen, Leberextrakten und Leberhydrolysaten sowie anabolen Steroiden usw. ist nicht erwiesen. Bei starkem Juckreiz und langdauerndem Ikterus können Colestyramin und kleine Dosen Luminal versucht werden.

Im Endstadium ist eine Lebertransplantation indiziert. Der Allgemeinzustand sollte nicht zu schlecht sein, da sonst das Operationsrisiko zu groß wird.

Th der Komplikationen: s. dort.

Ösophagusvarizenblutung s. Pfortaderkreislauf und portale Hypertonie

Pankreasinsuffizienz

(s. auch Maldigestions- und Malabsorptionssyndrom S. 922, 929)

Ät und *Pathog:* Unter einer Pankreasinsuffizienz versteht man die dauerhafte Einschränkung der exokrinen Pankreasfunktion, z. B. bei chronischer Pankreatitis, Pankreasfibrose, Mukoviszidose, Pankreaskarzinom usw. Infolge Fehlens ausreichender Mengen von fett- und eiweißverdauenden Pankreasenzymen im Dünndarmlumen kommt es zu dem Syndrom der Maldigestion. Das Ausmaß der Maldigestion hängt ab vom Grad der Zerstörung exkretorischen Drüsengewebes.

Sy: Im Vordergrund der Symptomatik stehen voluminöse Fettstühle (Steatorrhö), wenn mehr als 90% der exokrinen Funktion ausgefallen sind. Sie enthalten reichlich Neutralfette, Fettsäuren, Calcium, fettlösliche Vitamine und nicht vollständig abgebaute

Kohlenhydrate. Als Folge der Verdauungsinsuffizienz finden sich Gewichtsverlust, Schwäche, Muskelschwund, Ödeme, Knochenschmerzen (Osteoporose), Anämie, Vitaminmangelzustände usw.

DD: Maldigestion bei Magenresektion, mit Achlorhydrie einhergehenden Magenerkrankungen, Darmresektion, Passagebeschleunigung, Zollinger-Ellison-Syndrom, Leber- und Galleerkrankungen, Malabsorption.

Th: Häufige kleine Mahlzeiten, vorwiegend aus Eiweiß und Kohlenhydraten. Fettzufuhr möglichst in Form von mittelkettigen Triglyceriden (z. B. Portagen-Öl bzw. -Pulver, Ceres-Öl bzw. -Margarine). Ausreichende Substitution (bis zu 12 Tabletten täglich) mit oral zugeführten Pankreasenzympräparaten zu den Mahlzeiten. Fettstühle müssen verschwinden! Bei zusätzlicher Gabe von Antazida entfalten Pankreaspräparate volle Wirksamkeit. Gelegentlich parenterale Substitution der fettlöslichen Vitamine A, K und D.

Pankreaskarzinom

Vk: Auf das Pankreaskarzinom entfallen 2% aller Karzinomsterbefälle. In ca. 60% ist das Karzinom im Pankreaskopfteil lokalisiert, 30% verteilen sich auf Korpus und Schwanzteil, und 10% wachsen diffus. Histologisch handelt es sich meist um Adenokarzinome.

Sy: Die Beschwerden sind oft sehr uncharakteristisch und treten meist sehr spät auf. Aber auch schon bei kleinen, früh entdeckten Karzinomen ist die Prognose meist sehr schlecht. Ca. 50% der Patienten sterben bereits innerhalb von 6 Monaten nach Auftreten der ersten Symptome. Gewichtsverlust und Schmerzen im Oberbauch bis in den Rücken werden in ca. 80% der Fälle beobachtet. Oft ist der Schmerz stetig und von bohrendem Charakter, gelegentlich bei aufrechter Haltung. Daneben bestehen aber auch kolikartige Schmerzen mit Ausstrahlung nach rechts oder auch plötzlich einsetzende Schmerzen in der Umbilikalgegend. Appetitlosigkeit, Übelkeit, Erbrechen, Blähungen, Obstipation, gelegentlich Durchfälle, allgemeine Schwäche, Anämie sind häufige, aber wenig spezifische Symptome. Phlebitiden unklarer Genese als sog. paraneoplastisches Syndrom finden sich in ca. 20% der Fälle. Beim Pankreaskopfkarzinom tritt in einem Drittel der Fälle als erstes Symptom ein Verschlußikterus auf; in fortgeschrittenen Stadien sind 60–80% der Patienten ikterisch. 50% der Patienten mit Pankreaskopfkarzinom weisen das Courvoisier-Zeichen der gestauten Gallenblase auf. Diabetes mellitus wird bei bis zu 50% der Kranken beobachtet.

Dg:

Laboruntersuchungen: Die BSG ist in fortgeschrittenen Stadien meist beschleunigt, die Leukozytenzahl gelegentlich erhöht. Das karzinoembryonale Antigen (CEA) ist bei resezierbarem Pankreaskarzinom in 30%, bei metastasierendem Karzinom in etwa 80–90% der Fälle positiv, das tumorassoziierte Antigen CA 19-9 auch beim nicht metastasierten Karzinom in ca. 85% der Fälle. 50–70% der Patienten weisen einen abnormen Glucose-Toleranztest auf. Die Amylase im Serum ist nur in 10% der Fälle erhöht. Die alkalische Phosphatase ist bei Galleabflußstörungen oft schon vor Auftreten des Ikterus erhöht. Der Secretin-Text (in 80–90% gestörte exkretorische Funktion) und die Sonographie sind die empfindlichsten Untersuchungsmethoden zur Erfassung von Pankreastumoren.

Sonographie, Computertomographie: Mit Hilfe der Ultraschallechographie können Größe, Form und Struktur des Pankreas dargestellt werden. Tumoren des Organs lassen sich unter günstigen Bedingungen ab einem Durchmesser von 1–2 cm nachweisen. Es besteht die Möglichkeit einer sonographisch gezielten Punktion mit Gewebsaspiration und zytologischer Untersuchung. Die Computertomographie bietet nur bei schlechten Untersuchungsbedingungen für die Sonographie (Adipositas, starker Luftgehalt des Darmes) gelegentlich Vorteile. Die endoskopische retrograde Pankreatikographie (ERP) erlaubt als Routinemethode die Auffüllung des Pankreasgangsystems mit Röntgenkontrastmittel. Gangabbruch, Verdrängung usw. können typische Symptome des Karzinoms sein. Für die Erkennung des Papillenkarzinoms ist die ERP die Methode der Wahl.

Die konventionelle Röntgendiagnostik (Magen-Darm-Passage, hypotone Duodenographie) ist heute von untergeordneter Bedeutung. Nur größere Tumoren sind damit erfaßbar. Die Angiographie ist in der Hand des Spezialisten eine wertvolle Methode. Als invasive Technik steht sie am Ende der Diagnostik. Im Hinblick auf eine eventuelle Operation gibt sie wichtige Informationen. Die Szintigraphie des Pankreas ist heute verlassen. Die Laparoskopie mag durch die Möglichkeit, mit Ultraschallsonden intraabdominell zu untersuchen, wieder an Bedeutung gewinnen.

DD: Die Differentialdiagnose gegenüber entzündlichen Pankreastumoren kann mit Sicherheit oft nur durch Feinnadelpunktion (nur der positive Befund gilt) oder die histologische Untersuchung operativ gewonnenen Materials gestellt werden.

Th: Die chirurgische Intervention ist so früh wie möglich anzustreben (partielle oder evtl. totale Pankreatektomie). In praxi ist jedoch die Radikaloperation nur in wenigen Prozent der Fälle möglich. Die totale Pankreatektomie ist ein großer Eingriff mit entsprechend hoher Mortalität (bis zu 20%). Konservative Therapie ist rein palliativ. Eine relativ gute Prognose hat das Papillenkarzinom, das postoperativ eine Fünfjahresüberlebenszeit von über 30% besitzt.

Pankreaszysten

Ät und *Pathog:* Die überwiegende Zahl der Pankreaszysten sind sog. Pseudozysten ohne Epithelauskleidung. Sie entstehen im allgemeinen rasch und weisen oft eine imponierende Größe auf. Sie können als Folge der akuten Pankreasnekrose, posttraumatisch sowie durch zentrale Nekrose von Tumoren entstehen. Für die Größenzunahme ist entscheidend, daß die Verbindung mit dem sezernierenden System erhalten bleibt, so daß Flüssigkeit zuströmen kann. Die Pseudozyste kommt am häufigsten im Schwanzteil des Pankreas vor.

Neben den genannten Pseudozysten unterscheidet man Retentionszysten, die bei chronischer indurativer Pankreatitis durch Kompression des Pankreashauptganges von außen oder durch eine Obstruktion des Hauptganges von innen bei einem Steinleiden, bei Parasiten oder bei chronischer Entzündung entstehen. Daneben gibt es neoplastische Zysten, insbesondere Zystadenome und zystische Epitheliome.

Sy und *Dg:* Bei ausgesprochener Symptomarmut ist das dominierende klinische Symptom bei Pseudozysten ein rasch wachsender, rundlicher, prallelastischer Tumor. Die Diagnose wird bei uncharakteristischen Beschwerden wie Druck- und Völlegefühl im Oberbauch, Inappetenz und gelegentlich Schmerzanfällen im Oberbauch erleichtert, wenn in der Anamnese vorangegangene Traumen oder eine akute bzw. chronisch-rezidivierende Pankreatitis angegeben werden. Der Nachweis von Pankreaszysten erfolgt am besten durch die Sonographie.

Th: Die chirurgische Intervention ist bei Zysten mit klinischer Symptomatik notwendig (Gefahr der Ruptur in Peritoneal- oder Pleurahöhle, Möglichkeit des Vorliegens eines zystischen Tumors). Bei kleinen Zysten, die auf dem Boden einer Pankreatitis oder traumatisch entstanden sind, kann eine sonographische Verlaufskontrolle durchgeführt und mit der Operation abgewartet werden.

Pankreatitis

Akute Pankreatitis

Ät: In 60–80% der Fälle entsteht eine akute Pankreatitis auf dem Boden einer chronischen Gallenwegserkrankung oder eines chronischen Alkoholismus, wobei ein „opulentes Mahl" oft als auslösender Faktor fungiert. Daneben wird eine akute Pankreatitis beobachtet bei Mumps, Scharlach, Typhus, Morbus Pfeiffer, Hyperlipämien, Urämie, Coma diabeticum, Hyperparhyreoidismus, Lupus erythematodes, nach Trauma oder bestimmten Medikamenten wie z. B. Cortison, Ovulationshemmern. Bei 5–20% der Patienten ist die Krankheit „idiopathisch".

Pathog: Austritt von aktivierten Pankreasenzymen in das interstitielle Drüsengewebe ist der entscheidende Faktor. Es folgt eine Entzündungsreaktion mit Ödem, Zellinfiltration, Zirkulationsstörungen (Hämorrhagie) und Nekrose. Bei längerer Dauer besteht die Gefahr einer Superinfektion der nekrotischen Gewebspartien durch intestinale Bakterien (eitrige Pankreatitis, Pankreasabszeß). Je ausgeprägter die morphologischen Veränderungen, desto schwerer das klinische Bild. Bei Ausheilung werden nekrotische Bezirke durch Bindegewebe mit gelegentlicher Kalkeinlagerung ersetzt.

Sy: Das klinische Bild ist geprägt durch folgende Trias: Schmerz, Schock, Stoffwechselstörung. Daneben besteht an allgemeiner Symptomatik häufig Fieber, Übelkeit und Erbrechen.

Der Schmerz wird verursacht durch die ödematöse Schwellung des Organs mit Kapselspannung, Obstruktion abführender Pankreas- und Gallengänge und tryptische regionale Peritonitis. Er beginnt oft plötzlich, ist selten kolikartig und kann sehr intensiv sein. Unter der Diagnose akutes Abdomen erfolgt nicht selten Einweisung zum Chirurgen. Hauptlokalisation ist die Oberbauchmitte (in 50% der Fälle). Typisch ist Ausstrahlung nach links und in den Rücken. Gelegentlich führt der in die linke untere Thoraxhälfte ausstrahlende Schmerz zur Differentialdiagnose eines Herzinfarktes. Seltener wird Ausstrahlung der Schmerzempfindung nach rechts angegeben. Oft erfolgt Besserung der Beschwerden in aufrechter Hockstellung („Position pancréatique"). Die Bauchdecken sind elastisch gespannt, bei Vorhandensein einer Peritonitis bretthart. Brechreiz oder Erbrechen ohne Erleichterung sind häufig. Darmgeräusche finden sich reduziert bis zum Subileus oder Ileus. Daneben besteht häufig ein Meteorismus.

Schocksymptome sind einmal bedingt durch vasodilatierende, bei der Pankreasnekrose frei werdende Substanzen (Kinine), die u. a. die Rötung des Gesichtes und eine fleckige Marmorierung der Haut, besonders in der Nabelgegend usw., bewirken können. Daneben sind Schocksymptome bedingt durch einen akuten intravasalen Volumenmangel, der nach Ausbildung eines retroperitonealen Ödems und interstitieller Blutungen entsteht. Mehrere Liter extrazellulären Ödems können sich retroperitoneal ausbreiten. Anfängliche Bradykardie wechselt dann oft sehr rasch in eine Tachykardie mit Blutdruckabfall, kühlen Extremitäten und kaltem Schweiß. In dieser Phase kann es innerhalb weniger Stunden zum Tode kommen.

Stoffwechselstörungen äußern sich meist weniger dramatisch. In wechselndem Ausmaß findet sich eine Hypokalzämie mit latenter oder selten manifester Tetanie. Ein normaler Calciumspiegel bei akuter Pankreatitis sollte immer den Verdacht auf einen Hyperparathyreoidismus als Grundleiden lenken. Die Hypokalzämie entsteht über die Bildung von Kalkseifen im nekrotischen Gewebe aus Fettsäuren (Lipasewirkung) und Calciumionen. Als weitere Stoffwechselstörungen sind zu nennen eine passagere Hyperglykämie in bis zu 30% der Fälle sowie Hyperlipämien. In ca. 20% findet sich ein leichter bis mittelschwerer Ikterus (meist Verschlußikterus). Auch eine Nierenbeteiligung mit Proteinurie, Leukozyturie, Erythrozyturie bis zum reversiblen akuten Nierenversagen mit Kreatinin-Anstieg ist möglich. Nicht selten wird eine Neigung zu venösen Thrombosen beobachtet.

Dg: Charakteristisch bei den Laboruntersuchungen ist die Erhöhung der Amylase in Blut und Urin. Der Amylaseanstieg im Blut ist oft nur sehr kurzfristig meßbar. Als Ausdruck einer entzündlichen Allgemeinreaktion ist meistens die BSG beschleunigt und die Leukozytenzahl erhöht. Ein Anstieg von Kreatinin, Transaminasen, Bilirubin und alkalischer Phosphatase kann die Pankreatitis begleiten und auf entsprechende Komplikationen hinweisen. Eine wertvolle diagnostische Maßnahme ist die Sonographie des Oberbauchs. Die Vergrößerung des akut entzündeten Organs läßt sich oft erkennen. Die ödematöse Durchtränkung findet in Echoverminderung ihren Ausdruck. Die Bildung von Nekrosebezirken kann rechtzeitig auch durch ein ET erkannt werden.

DD: Aufgrund der klinischen Symptomatik müssen folgende Erkrankungen differentialdiagnostisch ausgeschlossen werden: akute Cholezystitis, Ulkusperforation, Ulkuspenetration, Appendizitis, Ileus verschiedenster Genese, inkarzerierte Hernie, Mesenterialvenenthrombose, Mesenterialarterienembolie.

Th: Zum Zeitpunkt der Diagnosestellung ist der pathologisch-anatomische Prozeß einer akuten Pankreatitis meist bereits so weit fortgeschritten, daß eine direkte Beeinflussung nicht mehr möglich ist. Die Therapie muß sich daher weitgehend auf Maßnahmen zur Beeinflussung und Prophylaxe von Folgeerscheinungen konzentrieren (Schmerzen, Schock, Nierenversagen, pulmonale Insuffizienz, Elektrolytentgleisung, paralytischer Ileus, Sepsis, Abszedierung, Ruhigstellung der Drüse usw.).

Die Behandlung muß in der Klinik, bei mittelschweren bis schweren Verläufen auf einer Intensivstation erfolgen.

- *Schmerzbekämpfung:* Als Basisbehandlung Dauerinfusion von Procainhydrochlorid bis zu 2 g/Tag. Bei höherer Dosis Reizleitungsstörungen des Herzens möglich. Zusätzlich bei Bedarf z. B. Baralgin, Spasmo-Cibalgin, Dolantin, Fortral, Temgesic usw. Kein Morphium wegen Spasmus des M. sphincter ampullae.
- *Nahrungs- und Flüssigkeitskarenz, Magenverweilsonde:* Ziel ist Ruhigstellung des Pankreas mit oberem Gastrointestinaltrakt und eine subjektive Erleichterung. Eine günstige Wirkung sekretionshemmender Medikamente wie z. B. Atropin, Glucagon, Calcitonin, Somatostatin usw. auf den Verlauf einer akuten Pankreatitis konnte nicht bewiesen werden. Dasselbe gilt für Enzyminhibitoren wie z. B. für Aprotinin (Trasylol).
- *Schockbekämpfung:* Frühzeitiger und ausreichender Volumenersatz mit Plasmaexpandern, Albumin- und Elektrolytlösun-

gen ist außerordentlich wichtig. Kontrolle anhand von zentralem Venendruck, Urinproduktion, Serumelektrolytbestimmungen. Bilanzierte Flüssigkeitszufuhr bei eintretender Niereninsuffizienz. Bei kompletter Anurie Dialysebehandlung. Bei Schocklunge evtl. maschinelle Beatmung.

- *Breitbandantibiotika* bei Hinweisen auf Superinfektion von Nekrosebezirken oder bei gleichzeitiger Cholangitis.
- *Endoskopische Papillotomie* bei Choledocholithiasis (eingeklemmter Papillenstein) mit rasch progredienter Cholestase bzw. Ikterus.
- *Chirurgische Intervention* kann als Ultima ratio notwendig werden bei schwerem progredientem Verlauf mit massiven Nekrosen (Ultraschallkontrolle), eitrig abszedierender Pankreatitis, vor allem wenn sich eine Peritonitis entwickelt.
- *Dauer* und *Intensität* der Therapie richten sich nach dem Schweregrad des klinischen Bildes bzw. der Amylaseerhöhung im Serum. Das Therapieschema darf nicht zu früh reduziert werden. Langsamer Aufbau der Diät mit Tee, Zwieback, Hafer, Reis, Eiweiß und zuletzt Fett.

Chronische Pankreatitis

Pathog und *Sy:* Der klinische Verlauf einer chronischen Pankreatitis ist außerordentlich variabel. Die „schmerzlose" Pankreatitis wird bei schleichendem Verlauf oft erst im Stadium der exokrinen Insuffizienz entdeckt. Die chronisch-rezidivierende Form führt bereits im Frühstadium zu erheblichen Beschwerden und evtl. Komplikationen. Dazwischen gibt es zahlreiche Varianten. In allen Fällen wird das Drüsengewebe durch entzündliche tryptische Prozesse in zunehmendem Maße zerstört und funktionsuntüchtig.
Pathologisch-anatomisch und insbesondere röntgenologisch lassen sich in entsprechenden Fällen Verkalkungen innerhalb des narbig umgewandelten Drüsenorgans finden. Zwischen solchen Narben eingeschlossene Drüsenanteile können durch laufende Enzymproduktion ohne ausreichenden Abfluß immer wieder zu neuen tryptischen Nekroseherden führen. Je mehr Narbenbarrieren, desto seltener kommt es jedoch zu solchen Zuständen. Am Ende finden wir eine „ausgebrannte" Drüse ohne Sekretionsvermögen. Dann werden Schmerzattacken immer seltener und verschwinden häufig völlig. Eine Verdauungsinsuffizienz wird klinisch manifest bei Zerstörung von mehr als 80% des funktionierenden Drüsengewebes. Das führende Symptom ist in den allermeisten Fällen der rezidivierende Schmerz. Die Lokalisation entspricht derjenigen bei akuter Pankreatitis (s. d.). Aufgrund ihrer stark wechselnden Intensität sind die Schmerzen oft sehr uncharakteristisch und vieldeutig. Sie wechseln häufig innerhalb von Wochen und Monaten, dauern Stunden oder Tage, ohne daß immer eine Enzymentgleisung faßbar wäre.
Neben den Schmerzen finden sich an weiteren Beschwerden häufig Übelkeit und Erbrechen, Unverträglichkeit von süßen Speisen, Fett, Alkohol und Milch. Durchfall zeigt eine sich entwickelnde Maldigestion an (Diagnose der Maldigestion s. Funktionsproben, S. 929). Die Maldigestion wird mit zunehmender Leistungsminderung der Drüse zum führenden Symptom der chronischen Pankreatitis und ist verantwortlich für die oft rasch zunehmende Kachexie. Massige breiige Fettstühle werden allerdings selten beobachtet (Stuhlvisite!). In bis zu 80% der Fälle kann ein latenter Diabetes gefunden werden, wohingegen sich eine manifeste diabetische Stoffwechsellage nur in 10–20% der Fälle entwickelt.

Dg: Röntgenologische Suche nach Pankreasverkalkungen (Abdomenleeraufnahme), Wandveränderungen des Magens oder Duodenums (evtl. hypotone Duodenographie) oder Galleabflußstörungen sollten in jedem Falle durchgeführt werden. Die Sonographie hat bei chronischer Pankreatitis eine Treffsicherheit von 70–80%.
Für die Diagnose der chronischen Pankreatitis hat sich die retrograde Pankreasgangdarstellung nach Sondierung der Papilla duodeni major (Vateri) über ein Duodenoskop bewährt. Für die Indikation zur chirurgischen Therapie einer chronischen Pankreatitis ist die Röntgendarstellung des Pankreasganges unerläßlich. Eine differentialdiagnostische Abgrenzung pathologischer Veränderungen gegenüber dem Pankreaskarzinom ist jedoch morphologisch nicht sicher möglich. Eine chronische Pankreatitis führt in über 70% der Fälle zu morphologischen Veränderungen am Ausführungsgangsystem.
Labordiagnostik: evtl. Erhöhung der Amylasewerte in Blut und Urin, insbesondere bei akuten Schüben. Nachweis einer eingeschränkten exokrinen Pankreasfunktionsleistung (Secretintest). Fettstühle usw. als Zeichen einer Maldigestion.

Th:

- Diät: Ausreichend kalorische Kost in Form häufiger kleiner Mahlzeiten, evtl. unter Zusatz von Insulin und Pankreasenzympräparaten. Fett in Form langkettiger Triglyceride (weniger als 50 g/Tag) zur Vermeidung von Schmerzen und evtl. Diarrhö. In schweren Fällen Zusatz von mittelkettigen Triglyceriden (MKT), die jedoch wegen des schlechten Geschmakkes oft nicht toleriert werden.
  Margarine oder entsprechende Speiseöle enthalten bis zu 90% mittelkettige Triglyceride!
  Bei schwerer Kachexie oder Anorexie evtl. Zufuhr einer hochkalorischen Elementardiät über eine Ernährungssonde. Bei fortgeschrittenen Formen ausreichende Substitution fettlöslicher Vitamine (A, D, E, K) durch parenterale Gabe. Absolute Alkoholkarenz!
- Ausreichende Substitution mit Pankreasenzympräparaten, denen auch eine schmerzlindernde Wirkung zugesprochen wird.
- Schmerzbekämpfung mit Spasmoanalgetika.
- Chirurgische Revision bei Abflußbehinderung durch Papillenstenose, Divertikel usw.
- Bei häufigen und schweren Schmerzattakken einer rezidivierenden Pankreatitis muß die Teilresektion des Organs in Erwägung gezogen werden. In entsprechenden Fällen ist dies die einzige Methode, mit der ein erträgliches und schmerzfreies Leben erzielt werden kann.

Pfortaderkreislauf und portale Hypertonie

Ätiologie und Pathogenese

Der venöse Rückstrom des Blutes aus Magen-Darm-Trakt und Milz entsteht durch Einengung der Pfortaderstrombahn. Bei 90% der Fälle einer portalen Hypertonie liegt die Durchflußbehinderung intrahepatisch, meistens als Folge einer Leberzirrhose (intrahepatischer Block). Ein prähepatischer Block entsteht meist als Folge einer Pfortaderthrombose oder einer Einengung der Pfortader durch Tumoren der Umgebung. Ein posthepatischer Block wird verursacht durch eine Pericarditis constrictiva, eine Trikuspidalinsuffizienz oder eine Thrombose der Lebervenen (Budd-Chiari-Syndrom). Die Milz ist bei portaler Hypertonie meist vergrößert. In fortgeschrittenen Stadien kann dies zu einer Panzytopenie führen (Hyperspleniesyndrom). Als weitere Folge eines portalen Hochdruckes kommt es zur Ausbildung von Umgehungskreisläufen (Ösophagusvarizen, Hämorrhoidalvenenvarizen, Caput medusae u. a.). Mit zunehmender Entwicklung von Umgehungskreisläufen steigt der Ammoniakspiegel im peripheren Blut an, und zwar in Abhängigkeit vom Volumen des Shunts zwischen Pfortaderkreislauf und V. cava inferior. Auch andere Aminosäuren, besonders aromatische Aminosäuren (Phenylalanin, Tyrosin, Tryptophan u. a.), steigen an. Diese und andere Eiweißprodukte gelangen so unter Umgehung der Entgiftungsstation Leber direkt ins Gehirn. Gefahr: Enzephalopathie, Koma (s. Leberkoma). Klinische Bedeutung besitzen vor allem die varikös erweiterten Umgehungsbahnen der unteren Speiseröhre (Ösophagusvarizen), die zu lebensbedrohlichen Blutungen führen können.

Der prähepatische Block in der Pfortader kann zwar ebenfalls Blutungen aus Ösophagusvarizen verursachen, ist jedoch meist weniger bedrohlich, weil ein Leberschaden fehlt und damit ein Leberkoma als Komplikation einer Blutung nicht eintritt.

Ösophagusvarizenblutung

Sy und *Prgn:* In etwa 60% der Fälle führen Ösophagusvarizen zu einer Blutung. Je fortgeschrittener das Stadium der Varizen, desto größer das Blutungsrisiko! Große, das Lumen der Speiseröhre einengende variköse Gefäße mit bunter Oberfläche und ein Pfortaderhochdruck über 12 mmHg sind besonders gefährdend. In bis zu 20% der Fälle muß bereits bei der ersten Blutung infolge Kreislaufschocks und konsekutivem Leberkoma mit einem tödlichen Ausgang gerechnet werden. Die Prognose ist um so schlechter, je fortgeschrittener die Lebererkrankung ist. Insgesamt sterben ca. 30–40% der Patienten mit einer Leberzirrhose letztendlich an den Folgen einer Ösophagusvarizenblutung.

Eine Blutung kann als Sickerblutung mit Meläna oder seltener als Bluterbrechen sichtbar werden. In mindestens 30% der Blutungen bei Leberzirrhose ist die Ursache ein Magengeschwür oder eine erosive Gastritis (Kaffeesatzerbrechen). Erbrechen von hellrotem Blut spricht für eine Blutung aus Varizen.

Th: Die akute Ösophagusvarizenblutung ist immer bedrohlich. Sie erfordert rasches und konsequentes Vorgehen.

Sofortmaßnahmen:
Schocksituation beseitigen!
Volumenauffüllung mit Blut oder Blutersatzmitteln. Blutstillung mit der Sengstaken-Blakemore-Sonde (oder auch Liton-Nachlas-Sonde). Eine primäre Blutstillung wird in 70–90%, eine länger anhaltende jedoch nur in 40–50% erzielt. Aus diesem Grunde muß zur dauerhaften Blutstillung so früh wie möglich eine Varizenverödung angestrebt werden. Bei geringer Blutung kann dies unter Umständen auch als erste therapeutische Maßnahme eingesetzt werden. Die Kompressionssonde kann 2 bis höchstens 3 Tage belassen werden. Eventuell können zusätzlich H_2-Blocker verabreicht werden, insbesondere dann, wenn die Ursache der Blutung nicht sicher geklärt ist.
Octapressin-Dauerinfusionen senken den Pfortaderdruck über eine Verminderung des arteriellen Zustroms. Deshalb werden sie als unterstützende Maßnahmen eingesetzt. In erster Linie wird heute Glycylpressin, ein Octapressinderivat, empfohlen, initial 1 mg i.v. und als Erhaltungsdosis in 4–6stündigem Abstand jeweils 1 mg. Nebenwirkungen dieser druckentlastenden Maßnahme sehr gering. Gabe von gerinnungsfördernden Mitteln: Frischplasma mit Vitamin K, Gerinnungsfaktoren (PPSB), sog. Fresh-frozen-Plasma. Bei Vorliegen einer Verbrauchskoagulopathie kleine Dosen von Heparin und Antithrombin.
Prophylaktische Maßnahmen zur Verhütung eines Leberausfallskomas. Bei Versagen der konservativen Blutstillung bzw. zur Verhütung einer Rezidivblutung, die in 60–70% der Fälle eintritt, wird eine endoskopische Sklerosierungsbehandlung der Ösophagusvarizen vorgenommen. Dabei wird in oder um die Varizen endoskopisch 0,5–1%ige Aethoxysklerol-Lösung injiziert. Dies führt zu einer Thrombose bzw. einer paravenösen Entzündung, was eine weitere Blutung verhindert. Bis zur vollständigen Beseitigung der Varizen werden je nachdem 4–8 Sitzungen benötigt. Es gelingt in über 90%, eine Blutungsfreiheit zu erreichen. Als Nebenwirkung der Sklerosierung kann es zu Blutungen, seltener zu Narbenstenosen des Ösophagus oder einer Kardiainsuffizienz kommen. Auch Perforation des Ösophagus und Mediastinitis bzw. Abszeßbildung sind beschrieben. Die prophylaktische Sklerosierung von Ösophagusvarizen konnte sich bis jetzt nicht durchsetzen. Ein Effekt auf die Überlebensrate so behandelter Leberzirrhotiker ist bis jetzt nicht nachgewiesen. Wenn konservative Maßnahmen nicht zu einer Blutstillung führen, kommen evtl. Notoperationen wie operative Umstechung, Sperroperation oder ein Not-Shunt in Frage.
Spätmaßnahmen:
Eine Senkung des Pfortaderdruckes mit Rückbildung von Ösophagusvarizen und Aszites wird mit einer künstlichen portokavalen oder splenorenalen Anastomose erreicht. Solange ein ausreichend großer Shunt offen ist, gibt es keine Ösophagusvarizenblutung! Eine Besserung der Lebenserwartung ließ sich bei größeren Kollektiven durch eine Shunt-Operation jedoch nicht erzielen. Ein Leberkoma tritt als Todesursache stark in den Vordergrund. Mit einer vermehrten Rate an ammoniakalischer Enzephalopathie muß gerechnet werden.

Aszites

Ät und *Pathog:* Ein Aszites bei der Leberzirrhose ist durch folgende Faktoren bedingt:

- *Erhöhung des hydrostatischen Drucks* (Pfortaderhochdruck): Durch die Zirrhose Umbau der dünnwandigen Portalvenen, Bildung von Regeneratknoten sowie arteriovenösen Shunts, dadurch verminderter Abfluß und erhöhter intrasinusoidaler Druck. Das Volumen des Abflußtraktes beträgt nur noch 55% des Einflußtraktes, der Rest geht auf Kollateralbahnen in die Leber.
- *Vermehrte Lymphproduktion in die Leber* (Norm 1–3 l/Tag, bei Zirrhosen 7–11 l/Tag): Bei intrasinusoidalem Druckanstieg Zunahme des Lymphvolumens. Bei Überschreiten der Transportkapazität des Lymphsystems tropft die Lymphe von der Leberkapsel ab.
- *Verminderung des kolloidosmotischen Drucks durch Hypalbuminämie:* Dieser ist besonders bei Aszitesbildung über die Peritonealvenen wichtig. Durch den erhöhten Druck wird die Resorption interstitieller Flüssigkeit vermindert. Bei Hypalbuminämie wird die Resorptionsfähigkeit so vermindert, daß die Lymphdrainage erschöpft wird und die Aszitesbildung beginnt.
- *Sekundärer Hyperaldosteronismus:* Wahrscheinlich als Folge der Verminderung des effektiven Blutvolumens (Volumenrezeptoren) kommt es über das Renin-Angiotensin-Aldosteron-System zur vermehrten tubulären Natriumrückresorption mit ei-

ner entsprechenden Rückdiffusion von Wasser.

Sy und *Dg:* Allmähliche Zunahme des Leibumfanges mit Spannungsdruck im Abdomen, Meteorismus, Zuengwerden der Kleidung. Das Auftreten des Aszites kann plötzlich oder langsam erfolgen. Verstreichen und Tiefertreten des Nabels mit Flankendämpfung. Undulationsphänomen bei zunehmendem Aszites, Pleuraerguß und periphere Ödeme nicht selten. Der Eiweißgehalt des Aszites beträgt meistens 1–2 g%.

Th: Natriumarme Kost, Aldosteronantagonisten (Spironolactone), Triamteren, gelegentliche Hyperkaliämie bei gleichzeitiger Einschränkung der Nierenfunktion. Bei längerer Verabreichung Hyponatriämie. Saluretika, z.B. Furosemid (20–40 mg/Tag), evtl. zusätzlich. Cave Hypokaliämie, besonders bei alleiniger Verabreichung von Saluretika. Daher Kombination von Aldosteronantagonisten und Saluretika empfehlenswert. Bei therapieresistentem Aszites kann ein Versuch mit Albumininfusionen oder hyperosmolaren Lösungen (Mannit, Sorbit usw.) durchgeführt werden. Beim Auftreten einer stärkeren Hyponatriämie und Azotämie sollten die Flüssigkeitsmenge auf 1000 ml eingeschränkt und die Diuretika abgesetzt bzw. reduziert werden. Weitere Maßnahmen bei therapieresistentem Aszites: Aszitesentlastung mit nachfolgender Reinfusion mittels Pumpe, evtl. über Dialysator, zur Abtrennung des Wassers vom Eiweiß. Dadurch wird die Aszitesausschwemmung ohne Eiweißverlust erheblich beschleunigt. Neuerdings versucht man, durch intraoperative Verbindung über einen Kunststoffschlauch von der Bauchhöhle zur V. jugularis (LeVeen-Shunt) den Aszites zu entleeren. Bei Funktionieren des Shunts gute Ergebnisse; häufig verschließt sich jedoch der Shunt.
Neuerdings werden Aszitespunktionen (3–4 l) und gleichzeitige 20%ige Albumininfusion erfolgreich eingesetzt. Diese Punktionen können wiederholt werden, wenn gleichzeitig der Eiweißverlust ausgeglichen wird.

Postcholezystektomiesyndrom

Vk und *Ät:* Man versteht darunter Beschwerden, die trotz Cholezystektomie bestehenbleiben („Trotz-Cholezystektomiesyndrom"). Die Häufigkeit dieses Syndroms schwankt in der Literatur zwischen 5 und 40% der operierten Patienten. In 70–80% der Fälle gehen die Symptome auf extrabiliäre Ursachen zurück, wie z.B. chronische Hepatitis, Ulcus duodeni oder ventriculi, Hiatushernie, Reizkolon, Gastritis usw. Bei dem Rest handelt es sich um vergessene Steine im Choledochus, um Papillenstenosen oder um eine chronische Pankreatitis. Seltene Ursachen sind akzidentelle Strikturen des Ductus hepaticus oder des Ductus choledochus, Tumoren oder sog. Dyskinesien. Die Häufigkeit des Postcholezystektomiesyndroms ist somit eine Frage der präoperativen Diagnose und der Operationstechnik.

Dg: Mit Hilfe einer sorgfältigen Diagnostik muß versucht werden, die Ätiologie des jeweiligen Beschwerdebildes (s.o.) zu klären (biliär oder extrabiliär?).

Th: Die Therapie richtet sich nach der zugrundeliegenden Ätiologie. Besteht ein mechanisch bedingter Gallerückstau, muß eine Reoperation durchgeführt werden.

Zystikusverschluß

Sy: Der Verschluß des Ductus cysticus ist eine Komplikation der Cholelithiasis. Bei 95% der Fälle ist ein Steinverschluß des Ductus cysticus primäre Ursache einer akuten Cholezystitis. Die Symptomatik ist die des akuten Gallensteinanfalls. In ca. 20% muß bei länger bestehendem Zystikusverschluß mit der Ausbildung eines Gallenblasenempyems und der Gefahr einer gangränösen Entzündung der Gallenblasenwand mit Perforation gerechnet werden (s. Cholezystitis, akute).

Dg und *Th:* s. Cholezystitis bzw. Cholelithiasis. Der Zystikusverschluß führt zu einem negativen Cholezystogramm.

19. Hämatologie

P. Drings und H. Wohlenberg

Agranulozytose

Def: Akuter oder chronischer Abfall der neutrophilen Granulozyten im peripheren Blut auf unter 2,0/nl oder völliges Fehlen der neutrophilen Granulozyten im peripheren Blut mit der Gefahr bakterieller Infektionen.

Vk: Das Infektionsrisiko ist bei Abfall der neutrophilen Granulozyten auf 1,5–1,0/nl gering, nimmt unter 1,0/nl kontinuierlich zu und ist unter 0,5/nl sehr hoch.

An akuter Agranulozytose erkranken Frauen häufiger als Männer (2:1). Die jährliche Erkrankungsinzidenz liegt nach aktuellen epidemiologischen Untersuchungen bei 6 auf 1 Millionen Einwohner.

Ät und *Pathog:* Es lassen sich 5 Typen einer Neutrozytopenie unterscheiden:

- Typ I = granulozytopoetische Proliferationshemmung im Knochenmark,
- Typ II = ineffektive granulozytopoetische Proliferation im Knochenmark,
- Typ III = gesteigerte Destruktion oder Utilisation von Granulozyten im peripheren Blut,
- Typ IV = Kombination von I, II und III,
- Typ V = Pseudoneutrozytopenie infolge einer Verschiebung zirkulierender Granulozyten zum Marginalpool oder Vergrößerung des Reservepools im Knochenmark.

Typ-I-Neutrozytopenien können schon als seltene hereditäre Störung vorkommen: Infantile Agranulozytose, familiäre oder zyklische Neutrozytopenie. Am häufigsten sind jedoch erworbene akute und chronische Typ-I-Neutrozytopenien, vor allem durch eine dosisabhängige Medikamentenschädigung: Analgetika (Metamizol, Butazolidin, Aminophenazon, Indometacin), Sulfonamide, Antibiotika (Chloramphenicol, synthetische Penicilline), Thyreostatika (Thiouracil), Phenothiazine, Antikonvulsiva, Schwermetallverbindungen (Goldsalze und Zytostatika). Weniger häufig ist eine dosisunabhängige Medikamentenidiosynkrasie zu beobachten (Metamizol. Phenylbutazon, Aminophenazon, Chloramphenicol, Sulfonamide, Thyreostatika, Goldsalze, Chinin). Typ-II-Neutrozytopenien finden sich beim Vitamin-B_{12}-Mangel. Sie können auch dosisabhängig durch Medikamente ausgelöst werden, die die Absorption (Diphenylhydantoin) oder die Utilisation (Methotrexat) von Folsäure hemmen. Eine besondere Bedeutung kommt der Typ-III-Neutrozytopenie infolge einer medikamenteninduzierten Granulozytendestruktion durch Leukozytenagglutinine mit daraus resultierender häufig fataler Agranulozytose zu (Schultz-Agranulozytose). Dieser Typ der Neutrozytopenie kann durch Aminopyrin (Pyramidon) ausgelöst werden, das als Hapten mit Leukozytenprotein ein Antigen bildet. Im sensibilisierten Organismus lösen gegen diesen Komplex gerichtete Antikörper bei einer Exposition gegenüber dem induzierenden Medikament eine Leukozytenagglutination aus. Weitere Typ-III-Neutrozytopenien finden sich bei schweren bakteriellen Infekten (Sepsis), Typhus abdominalis, Virusinfekten (Masern, Influenza), Malaria, systemischem Lupus erythematodes, Kollagenkrankheiten und Hyperspleniesyndrom. Bei fast allen Neutrozytopenien sind die normalen Zellfunktionen der Phagozytose und Bakterizidie beeinträchtigt.

Sy: Die akute Agranulozytose beginnt meist dramatisch mit allgemeinem Krankheitsgefühl, Fieber, Schüttelfrost, nekrotisierender Angina tonsillaris und seltener auch gangränösen Entzündungen an der Haut und im Analbereich. Der Krankheitsverlauf dauert unbehandelt 3–9 Tage mit meist tödlichem Ausgang infolge einer Septikämie mit bakteriellem Schock durch grammnegative Keime (Pseudomonas, Enterobacter, Escherichia coli). Bei chronischen Neutrozytopenien besteht lediglich eine Neigung zu rezidivierenden fieberhaften Infekten.

Dg: Bei der akuten Agranulozytose Leukozytenabfall mit völligem Fehlen von neutrophilen Granulozyten im Differentialausstrich bei normaler Erythrozyten- und Thrombozytenzahl. Gelegentlich Monozytose als günstiges Prognosezeichen. Im Knochenmark entweder völliges Fehlen der Granulozytopoese oder ausgeprägte Reifungshemmung mit überwiegendem Vorkommen von Promyelozyten. Nachweis von Leukozytenagglutininen äußerst schwierig. BSG immer stark erhöht. Bei chronischer Neutrozytopenie absolute Erniedrigung der neutrophilen Granulozyten im Blut und im Knochenmark entweder Reduktion oder Ineffektivität der Granulozytopoese.

DD: Aleukämische Leukämie.

Th: Bei akuter Agranulozytose sofortige Hospitalisierung. Auffinden und Ausschalten der schädigenden Noxe. „Supportive-care"-Maßnahmen: Isolierung, Antibiotika. Therapie nach Möglichkeit in sterilen Behandlungseinheiten („life island"). Effekt von Corticosteroiden unsicher. Bei chronischen Neutrozytopenien Antibiotika nur bei fieberhaften Infekten.

Prgn: Bei akuter Agranulozytose ist die Prognose günstig, wenn Sekundärinfekte überwunden werden können. Der früher fast immer fatale Ausgang konnte durch „Supportive-care"-Maßnahmen und Behandlung in der „life island" auf unter 10% gesenkt werden.

Anämien

Normwerte und Symptome

Def: Anämie bedeutet einen Abfall der Erythrozytenzahl, des Hämoglobins und des Hämatokrits unter die Norm.

Normwerte: Erythrozyten bei Männern 5,4±0,8 Mill./µl, bei Frauen 4,8±0,6 Mill/µl, Retikulozyten unter 50000/µl, Hämoglobin bei Männern 9,8 (8,7–11,2) mmol/l = 15,8 (14,0–18,0) g%, bei Frauen 8,6 (7,1–9,3) mmol/l = 13,9 (11,5–16,0) g%. Hämatokrit bei Männern 47%, bei Frauen 42%. Mittleres Zellvolumen (MCV), errechnet aus Erythrozytenzahl und Hämatokrit, 82–92 fl. Mittlerer korpuskulärer Hämoglobingehalt (MCH) bzw. Hämoglobingehalt des Einzelerythrozyten (Hb_E) errechnet aus Erythrozytenzahl und Hämoglobin, 1,7–1,9 fmol (27–31 µµg bzw. pg). Mittlere erythrozytäre Hämoglobinkonzentration (MCHC), errechnet aus Hämoglobin und Hämatokrit, 20–22 mmol/l (32–36 g%).

Sy: Die klinischen Symptome, hervorgerufen durch eine Mangelversorgung des Organismus mit Sauerstoff als Folge der Blutarmut, sind unabhängig von der Genese der Anämie. Es werden beobachtet: eine Blässe der Haut und der Schleimhäute, Müdigkeit, Schwäche, mangelnde Konzentrationsfähigkeit, Kopfschmerzen, Schwindel, Schlaflosigkeit, Psychasthenie, Parästhesien und Atemnot bei Belastung. Die Pulsfrequenz ist erhöht. Als Folge des erhöhten Herzminutenvolumens ist das Herz vergrößert. Oft hört man akzidentelle systolische Geräusche über dem Herzen und Strömungsgeräusche über den großen Gefäßen. Viele Patienten klagen über pektanginöse Beschwerden. Eine koronare Minderdurchblutung manifestiert sich in Form von Senkungen der ST-Strecke im EKG. Der Blutdruck ist häufig erniedrigt, die Körpertemperatur mäßig erhöht. Menstruationsstörungen (Amenorrhö, Menorrhagien) und ein Verlust der Libido können Folge einer chronischen Anämie sein. Sehr oft sind Anämien Begleiterscheinungen anderer Grundleiden.

Nach pathogenetischen Gesichtspunkten bietet sich folgende Einteilung der Anämien an:

Blutungsanämien

Anämien durch akuten Blutverlust

Ät und *Pathog:* Hervorgerufen durch massive Blutungen aus verletzten großen Gefäßen, Ösophagusvarizen, Magen- und Zwölffingerdarmgeschwüren, Hämorrhoiden, durch Tubargravidität und hämorrhagische Diathesen, hängt der Schweregrad dieser Anämien von Ausmaß und Schnelligkeit des Blutverlustes ab.

Sy und *Dg:* Symptome sind ein Volumenmangelkollaps mit Pulsfrequenzanstieg, Blutdruckabfall, Schweißausbrüchen, motorischer Unruhe, Atemnot, Beklemmungsgefühl und in schweren Fällen Bewußtlosigkeit. Die Anämie ist zunächst normochrom. Hämoglobin und Erythrozytenzahl können in den ersten Stunden normal sein. Erst nach 3–5 Tagen ist das volle Ausmaß des Blutverlustes zu erkennen, wenn durch das Nachströmen von Gewebsflüssigkeit das Blutvolumen wieder aufgefüllt ist. Das Blutbild zeigt eine Leukozytose (bis 30000/µl) mit Linksverschiebung und Thrombozytose (bis 1 Mill./µl). Nach einigen Tagen entwickelt sich eine Retikulozytose. Im Blutausstrich sieht man unreife rote Vorstufen und eine Anisozytose bzw. Poikilozytose der Erythrozyten.

Th: Blutstillung, Volumenersatz mit Plasmaexpandern (Haemaccel, Macrodex) und Vollbluttransfusionen. Bluttransfusionen sind bei einem Hämoglobinabfall auf 5,6 mmol/l (9 g%) und besonders beim Auftreten von Sehstörungen und zentralnervösen Symptomen indiziert. Schocktherapie! In der Phase der Regeneration ist Eisensubstitution erforderlich.

Anämien durch chronischen Blutverlust

Ät und *Pathog:* Ursachen sind chronische Blutungen aus dem Magen-Darm-Trakt (Hiatushernie, Geschwürsleiden, Karzinome, Hämorrhoiden) und gynäkologische Blutungen. Es entwickelt sich zunächst ein latenter, später ein manifester Eisenmangel.

Anämien durch Hämoglobinsynthesestörungen

Eisenmangelanämien

Physiol, Ät und *Pathog:* Der Körper des Erwachsenen enthält 4–5 g Eisen, 65–70% als Hämoglobineisen, 12–15% als funktionelles Gewebseisen (Myoglobin, Enzyme, Plasma) und 15–20% als Reserve- oder Speichereisen (Ferritin, Hämosiderin). Die Eisenresorption erfolgt überwiegend im oberen Dünndarm (Duodenum und Jejunum). Die starke Azidität des Darminhaltes in diesen Abschnitten hält das im Magen aus den Nahrungsmitteln freigesetzte Eisen in Lösung. Vom Nahrungsmitteleisen werden durchschnittlich 8,5% resorbiert, das sind bei normal zusammengesetzter Nahrung 0,5–1 mg täglich. Die Resorption ist abhängig vom Eisenbedarf des Organismus. Im Plasma wird das Eisen von dem Trägerprotein Transferrin, einem β-Globulin, transportiert. Die Plasmaeisenkonzentration beträgt bei Männern 22 (16–32) μmol/l = 120 μg/100 ml (90–180 μg) und bei Frauen 20 (13–27) μmol/l = 110 μg/100 ml (70–150 μg). Der Transferringehalt des Plasmas kann direkt gemessen werden. Die Summe aus Plasmaeisen und der zur Absättigung des Transferrins notwendigen Eisenmenge (freie oder latente Eisenbindungskapazität) ergibt die totale Eisenbindungskapazität (Normwert 50–72 μmol/l = 280–400 μg/100 ml). Die Bestimmung des Serumferritins gestattet eine Beurteilung des Körpereisenbestandes. Der Serumferritinspiegel korrespondiert mit dem Ferritingehalt in den Eisenspeichern. Als Mittelwert gilt für beide Geschlechter 60 ng/ml, für erwachsene Männer 94 ng/ml, für erwachsene Frauen 34 ng/ml. Die Bestimmung des Serumferritinspiegels erleichtert die Differentialdiagnose chronischer Anämien (Tab. 19.**1**). Es ist zu beachten, daß das Serumferritin bei malignen Tumoren und chronischen Infekten deutlich erhöht sein kann.

Das beim Abbau des Hämoglobins freiwerdende Eisen steht einer erneuten Synthese wieder zur Verfügung. Über abgeschilferte Darmepithelien, Urin, Galle und Schweiß werden täglich 0,5–1 mg Eisen ausgeschieden. Bei geschlechtsreifen Frauen ist der Eisenverlust doppelt so hoch, denn pro Menstruation gehen 15–32 mg oder pro Zyklustag 0,5–1 mg zusätzlich verloren. Da der Eisengehalt des Hämoglobins mit 0,34% konstant ist, lassen sich Eisenverluste quantitativ exakt bestimmen, wenn der Blutverlust bekannt ist. In den meisten Ländern mit ausreichender Ernährung ist die Eisenbilanz der Männer, der Frauen nach der Menopause und der Kinder bei einer alimentären Eisenzufuhr von 18 mg täglich ausgeglichen. Diese Mengen genügen für menstruierende Frauen gerade noch; für Säuglinge und schwangere Frauen reichen sie jedoch nicht mehr aus. Da der Organismus täglich kaum mehr als 1 mg Eisen ausscheiden kann, entwickeln sich Eisenmangelzustände, abgesehen von stärkeren Blutverlusten, nur sehr langsam. Im Stadium des latenten Eisenmangels werden die Eisendepots entleert. Erst später sinkt der Plasmaeisenspiegel, und eine Eisenmangelanämie wird manifest. Sie ist zu Beginn normozytär und normochrom und wird im weiteren Verlauf mikrozytär und hypochrom. Ursachen für einen Eisenmangel sind ein chronischer Blutverlust, eine unzureichende Eisenzufuhr (eisenarme Diät, Kuh- und Zie-

Tabelle 19.1 Labordiagnostik des Eisenmangels und der chronischen (nicht auf Eisenmangel beruhenden) Anämien

	Serumferritin	Knochenmarkeisen	Serumeisen/ totale Eisenbindungskapazität	Hämoglobin
prälatenter Eisenmangel	↓	↓	–	–
latenter Eisenmangel	↓	↓	↓	–
manifester Eisenmangel (Eisenmangelanämie)	↓	↓	↓	↓
chronische Anämien	↑	↑	↓	↓

↑ = erhöhte Werte, ↓ = erniedrigte Werte, – = keine Veränderungen

genmilchernährung der Säuglinge), eine Behinderung der Resorption (Malabsorptionssyndrome, Ileitis terminalis, Wurmbefall mit Ancylostoma duodenale), ein vermehrter Verbrauch (Säuglingsalter, Spätschwangerschaft, Remissionsphase megaloblastärer Anämien, Hämolyse, idiopathische Lungensiderose), Transportstörungen (Atransferrinämie) und eine interne Eisenblockade (Abwanderung des Eisens in das retikulohistiozytäre System bei Tumoren und chronischen Infekten.

Sy: Zeichen des Eisenmangels sind eine trockene und rissige Haut, Nagelveränderungen (Hohlnägel, Koilonychie, brüchige Nägel), Störungen des Haarwachstums, Mundwinkelrhagaden, Atrophie der Mundschleimhaut, Glossitis mit Zungenbrennen, retrosternale Schmerzen, Dysphagie (Plummer-Vinson-Syndrom), Temperaturerhöhungen (Eisenmangelfieber) und eine allgemeine Schwäche.

Dg: Der Serumeisenspiegel ist auf unter 11 μmol/l (60 μg/100 ml) erniedrigt, die latente und totale Eisenbindungskapazität erhöht. Der ^{59}Fe-Gesamtkörperretentionstest zeigt eine vermehrte intestinale Eisenresorption. Serum und Urin sind hell. Die Anämie ist hypochrom (Hb_E unter 1,7 fmol = 27 μμg bzw. pg). Unter den Erythrozyten sind Target-Zellen und Anulozyten zu erkennen. Die Retikulozytenzahl ist erniedrigt. Im Knochenmark kann die Erythrozytopoese gesteigert sein. Als Folge der gestörten Hämoglobinbildung ist eine mangelhafte Ausreifung mit Vermehrung basophiler und polychromatischer Erythroblasten zu erkennen.

Th und *Prl:* Ausschalten der Ursachen des Eisenmangels, Berechnung des Eisendefizits und Substitution. Als therapeutische Dosis ist die tägliche Zufuhr von 200–300 mg Fe^{2+} erforderlich. Diese Menge ist in 800 mg Eisensulfat enthalten. Es muß berücksichtigt werden, daß hiervon bei einer Resorptionsquote von 20% lediglich 40–50 mg täglich vom Organismus aufgenommen werden. Für die Eisentherapie eignen sich neben dem Eisensulfat auch Verbindungen mit Bernsteinsäure, Milchsäure und Glutaminsäure. Zur Berechnung der zu applizierenden Eisendosis hat sich folgende Formel bewährt:

(Soll-Hb − Ist-Hb in g/100 ml Blut) × 10 = Hb-Defizit in g/l Blut
Hb-Defizit in g/l Blut × Blutvolumen in l (etwa 70 ml/kg Körpergewicht) = Gesamt-Hb-Defizit in g
Gesamt-Hb-Defizit in g × 0,0034 (Eisengehalt der Hb) = Hb-Eisen-Defizit in g
Hb-Eisen-Defizit in g+0,5 g Reserveeisen = parenteral zu applizierende Eisenmenge in g
Parenteral zu applizierende Eisenmenge in g × 5 = oral zu applizierende Eisenmenge in g

Aus dieser Berechnung wird deutlich, daß die intravenöse Behandlung mindestens über 4–8 Wochen und die orale über Monate fortgesetzt werden muß. Eine prophylaktische Eisenbehandlung ist im Säuglingsalter bei Ernährung mit eisenarmen Milchformen und während der Schwangerschaft angezeigt. Frühes Zeichen eines Therapieerfolges ist ein Anstieg der Retikulozytenzahl, die nach 10–14 Tagen ihr Maximum erreicht. Der Hämoglobinanstieg beginnt zwischen dem 7. und 10. Tag je nach Schweregrad der Anämie mit 0,06–0,19 mmol/l (0,1–0,3 g/100 ml)/Tag.

Sideroachrestische Anämien

Die Anämien sind hypo- oder normochrom. Trotz eines erhöhten Serumeisenspiegels wird zu wenig Hämoglobin synthetisiert; es liegt eine Eisenverwertstörung vor.

Anaemia hypochromica sideroachrestica hereditaria

Vk, Ät und *Pathog:* Es handelt sich um ein geschlechtsgebundenes, partiell rezessives Erbleiden der Männer, das bereits in der Kindheit beginnen kann, aber in der Regel erst im jungen Erwachsenenalter auftritt. Der Verlauf ist chronisch und gutartig. Der Erkrankung liegt ein hereditärer Enzymdefekt, der zu einer Störung der Protoporphyrinsynthese führt, zugrunde.

Sy und *Dg:* Als Folge sind die Erythrozyten-Koproporphyrine erhöht. Im Urin werden vermehrt Urobilin, Koproporphyrin und δ-Aminolävulinsäure ausgeschieden. Die Erythrozyten sind hypochrom und unterschiedlich in Form und Größe, ihre osmotische Resistenz ist erhöht. Hämolysezeichen fehlen. Das Blutbild zeigt oft eine Panzytopenie mit Verminderung der Retikulozyten. Das Serumeisen ist stark erhöht. Im Knochenmark ist eine erythroide Hyperplasie mit starker Ringsideroblastenvermehrung und Reifungsstörungen zu erkennen. Die Patienten sind sehr blaß und haben wegen der Hämosiderineinlagerungen ein schmutzigbraunes Hautkolorit. Es besteht eine Siderose der inneren Organe. Die Milz ist gelegentlich vergrößert.

Th: Bluttransfusionen. Versuch einer Behandlung mit Vitamin B_6, in hohen Dosen, Folsäure, Vitamin B_{12}, Corticoiden und Deferoxamin (Desferal).

Anaemia refractoria sideroblastica

Ät: Im Gegenatz zur o. g. Anämie ist diese Form erworben (Anaemia sideroblastica acquisita). Ihr liegt ebenfalls ein Enzymdefekt zugrunde, durch den die Vereinigung von Eisen und Protoporphyrinring gestört ist.

Sy und *Dg:* Die Anämie ist häufiger normozytär und normochrom, da neben der Hämoglobinbildung auch die Zellbildung vermindert ist. Die Zahl der Leukozyten und Thrombozyten ist weniger erniedrigt; die Knochenmarksveränderungen entsprechen der vorher beschriebenen Anämie. In den Erythrozyten sind im Gegensatz zur kongenitalen Form die Protoporphyrine erhöht. Gelegentlich entwickeln sich eine Lebervergrößerung und ein leichter Ikterus. In 15–20% der Fälle wurden Übergänge in Leukämien beobachtet.

Th: Wie bei der hereditären Form.

Vitamin-B_6-Mangel-Anämie

Ät, Pathog und *Dg:* Das Vitamin B_6 (Pyridoxin) ist als Koenzym an der Porphyrinbiosynthese beteiligt und wird für die Synthese der δ-Aminolävulinsäure aus Vorstufen (Glycin und Succinyl-CoA) benötigt. Reine Vitamin-B_6-Mangel-Anämien kommen bei Menschen selten vor. Häufiger wird beobachtet, daß Pyridoxin bei einigen sog. sideroblastischen Anämien die gestörte Porphyrin- bzw. Hämsynthese aktiviert und damit zu einem Anstieg der Hämoglobinkonzentration führt, ohne daß allerdings eine Normalisierung zu erzielen ist. Die reine Vitamin-B_6-Mangel-Anämie entspricht in ihrem Blutbild mit hypochromen, mikrozytären, sehr formenreichen Erythrozyten und den Zeichen der Eisenverwertungsstörung (hohes Plasmaeisen, hyperplastisches, ringsideroblastenreiches Knochenmark und Organsiderose) einem Krankheitsbild, das im Tierexperiment durch eine Vitamin-B_6-Mangel-Diät ausgelöst werden kann. Die Erythrozytenporphyrinvorstufen sind erniedrigt. Der Tryptophan-Belastungstest ist bei der Hälfte der Patienten pathologisch positiv (erhöhte Xanthurensäureausscheidung im Urin). Die Gruppe dieser Anämien ist nicht einheitlich, denn mehr als ⅔ der beschriebenen Fälle entsprechen nicht dem klassischen Bild. Die Anämie braucht nicht mikrozytär zu sein, und im Knochenmark kann eine megaloblastäre Hyperplasie bestehen. Der pathogenetische Mechanismus der pyridoxinempfindlichen Anämien ist unbekannt. Bis auf wenige Ausnahmen scheint der Vitamin-B_6-Mangel nicht die primäre Ursache zu sein, denn außer der Anämie bestehen keine weiteren Zeichen eines Pyridoxinmangels, und nach Substitution brauchen die hämatologischen Veränderungen nicht vollständig zu verschwinden.

Th: Man versucht eine Behandlung mit Vitamin B_6. In einigen Fällen können nach mittleren oralen Dosen der Substanz (40 mg täglich) die Symptome verschwinden; in anderen Fällen hat die Therapie selbst bei hoher Dosierung von 200 mg täglich nur einen vorübergehenden Effekt.

Bleianämie

Pathog und *Dg:* Diese Form ist eine sog. symptomatische sideroachrestische Anämie. Die Vereinigung zwischen Eisen und Protoporphyrinring ist gestört. Im Urin werden vermehrt Porphyrine und δ-Aminolävulinsäure ausgeschieden. Blei- und Eisenspiegel im Blut sind erhöht. Die chronische Form weist die Zeichen einer Hämolyse auf. Im Blutausstrich fallen eine basophile Tüpfelung der Erythrozyten, Jolly-Körperchen und Cabot-Ringe auf. Im Knochenmark ist die Erythrozytopoese zunächst gesteigert, kann aber bei weiterer Intoxikation zurückgehen.

Sy: Zeichen der Bleiintoxikation (hochgradige Blässe, Bleisaum am Zahnfleisch, Darmkoliken, Obstipation, Nierenschädigung, neurologische Ausfallserscheinungen und psychische Veränderungen).

Th: Die Therapie der Wahl ist die Verwendung von Calcium-EDTA in einer Dosis von 20 mg/kg KG/Tag in einer Infusion. Diese Therapie wird 3 Tage lang durchgeführt; anschließend erfolgt eine Pause von 2 Tagen. Diese Kuren werden insgesamt 5–10mal wiederholt. Cave Nierenschäden! Eine geringere Bleiausscheidung kann durch Applikation von Natriumcitrat, täglich 20 g p. o., verteilt auf 3–4 Einzeldosen 3–4 Wochen lang, erreicht werden. Außerdem hat sich die Behandlung mit Vitamin B_{12}, Folsäure, Leberextrakten, Cystein und Methionin bewährt.

Anämien durch Zellreifungsstörungen

Diese Anämien sind megaloblastär und hyperchrom. Sie entstehen durch einen Vitamin-B_{12}- oder Folsäuremangel.

Perniziöse Anämie (Morbus Biermer-Addison)

Vk: Die perniziöse Anämie ist eine Erkrankung älterer Menschen. Sie kommt häufiger in der gemäßigten Zone und bei Angehörigen der weißen Rasse vor, kann familiär gehäuft auftreten und betrifft Frauen und Männer in nahezu gleichem Ausmaß.

Physiol, Ät und *Pathog:* Die perniziöse Anämie, die bei uns häufigste Vitamin-B_{12}-Mangel-Erkrankung, beruht auf einem erworbenen Mangel an Intrinsic factor als Folge einer Magenschleimhautatrophie und Umbaugastritis mit histaminrefraktärer Achylie. Ein immunologischer Prozeß ist hier wirksam. Es wurden bei ⅔ der Patienten Antikörper gegen Magenschleimhaut und Intrinsic factor nachgewiesen. Das Vitamin B_{12} ist ein bedeutender Faktor des Zellwachstums. Der menschliche Organismus enthält 3 mg, die vorwiegend in Leber und Muskulatur gespeichert sind. Bei einem Tagesbedarf von 1–3 μg wird sich also eine fehlende Vitamin-B_{12}-Zufuhr erst nach frühestens 3 Jahren klinisch bemerkbar machen. Da das für die Darmbakterien im Kolon synthetisierte Vitamin B_{12} nicht resorbiert werden kann, ist der Mensch auf die Zufuhr mit der Nahrung angewiesen. Besonders reich an Vitamin B_{12} sind Fleisch, Leber, Milch und Eier. Die Resorption des Vitamins B_{12} (Extrinsic factor) erfolgt im unteren Ileum, nachdem es mit dem von der Magenschleimhaut gebildeten Intrinsic factor eine Verbindung eingegangen ist. Bei Zufuhr sehr großer Vitamin-B_{12}-Mengen ist eine Resorption auch ohne Intrinsic factor im ganzen Dünndarm möglich. Vitamin B_{12} ist indirekt als Katalysator bei der De-novo-Synthese der DNA beteiligt. Für die Bildung der Tetrahydrofolsäure (FH_4) aus 5-Methyl-FH_4 ist ein Vitamin-B_{12}-abhängiges Enzymsystem erforderlich. Die Tetrahydrofolsäure wiederum wird zur Thymidin- und damit zur DNA-Synthese benötigt. Außerdem katalysiert Vitamin B_{12} die Reduktion von Ribose zu Desoxyribose. Bei einem Mangel von Vitamin B_{12} muß es wegen der gestörten Bildung von Nucleoproteinen zu Kernreifungsstörungen in allen Geweben mit einer hohen Umsatzrate (z. B. Knochenmark) kommen.

Sy: Die Krankheit entwickelt sich schleichend. Neben allgemeinen Anämiesymptomen findet man Störungen von seiten des Magen-Darm-Traktes, ein Völlegefühl im Oberbauch, Appetitlosigkeit, Aufstoßen und Durchfälle. Sehr häufig wird über Zungenbrennen geklagt. Die Zunge ist glatt und rot (Hunter-Glossitis). Die Magensaftuntersuchung ergibt eine histaminrefraktäre Anazidität. Leber und Milz können mäßig vergrößert sein. Das Herz ist gering dilatiert, die Körpertemperatur oft subfebril erhöht. Neurologische Symptome sind für diese Krankheit charakteristisch; sie können den übrigen Beschwerden jahrelang vorausgehen. Ihnen liegt eine funikuläre Spinalerkrankung zugrunde, über deren pathogenetischen Mechanismus noch keine Klarheit herrscht. Besonders charakteristisch ist eine Abnahme des Vibrationsempfindens. Diese Sensibilitätsstörung, fehlende Reflexe, eine Hypotonie der Muskulatur, Gang- und Koordinationsstörungen sind Folge einer Degeneration der Hinterstränge des Rückenmarks. Bei einer Beteiligung der Seitenstränge kommt es zu spastischen, gesteigerten Reflexen und einer Hypertonie der Muskulatur mit einem positiven Babinski-Reflex. Außerdem können periphere und Hirnnerven degenerieren. Selten entwickeln sich Blasen- und Mastdarmstörungen. Die neurologische Symptomatik wechselt unter den einzelnen Patienten und kann sich im Verlaufe der Erkrankung mehrfach ändern. Psychische Störungen können sich in Merkschwierigkeiten, Nervosität und psychotischen Bildern äußern.

Dg: Als Folge der Reifungshemmung, einer ineffektiven Erythrozytopoese und Hämolyse entsteht eine ausgeprägte Anämie mit unter Umständen nur 1 Mill. Erythrozyten/μl. Zusätzlich findet man Leukozytopenie und Thrombozytopenie. Im Blutausstrich fällt eine Aniso- und Poikilozytose auf. Die Basis der Price-Jones-Kurve ist sehr breit, ihr Gipfel nach rechts verschoben. Es können auch kernhaltige rote Vorstufen auftreten. Viele Erythrozyten haben einen Durchmesser über 7 μm – es sind Megalozyten. Das erhöhte Zellvolumen ermöglicht bei ungestörter Hämoglobinsynthese eine höhere Hämoglobinbeladung des Einzelerythrozyten – die Anämie ist hyperchrom (Hb_E größer als 2,0 fmol = 32 pg).

Viele Granulozyten sind übersegmentiert. Im Gegensatz zum peripheren Blut ist das Knochenmark sehr zellreich mit einer erheblich gesteigerten und qualitativ veränderten Erythrozytopoese. Das morphologische Bild wird von den Megaloblasten geprägt. Als Folge der Kernentwicklungsstörung ist die Kern-Plasma-Relation zugunsten des Plasmas verschoben, die Kerne sind unreifer als das Plasma, und es treten atypische Kernformen und später Kernabsprengungen auf. Neben den geschilderten Blutbildveränderungen finden sich die Zeichen der Hämolyse: Eine mäßige Erhöhung des Gesamtbilirubins im Serum bei normalen Bilirubinestern, gesteigerte Urobilinogenausscheidung im Stuhl und Urin, verminderte Erythrozytenlebensdauer und eine Erhöhung der Lactatdehydrogenase und des Serumeisens. Der erhöhte Serumeisenwert ist gleichzeitig Ausdruck einer Eisenverwertungsstörung durch die Reifungshemmung. Weitere pathologische Laborbefunde sind: Eine beschleunigte BSG, eine negative Stickstoffbilanz, Abnahme des Gesamteiweißes und des kolloidosmotischen Druckes im Plasma, Hypogammaglobulinämie, Hypoprothrombinämie und Verminderung des Gesamtblutvolumens, besonders der Erythrozytenmasse. Deutlich erniedrigt ist der Vitamin-B_{12}-Spiegel im Serum (unter 74 pmol/l = 100 pg/ml). Der Vitamin-B_{12}-Resorptionstest (Schilling-Test) fällt pathologisch aus. Die Ausscheidung im Urin liegt unter 8% der applizierten Dosis. Beweisend für einen Vitamin-B_{12}-Mangel ist ebenfalls eine erhöhte Urinausscheidung von Methylmalonsäure, denn das Vitamin ist für die Umwandlung von Methylmalonyl-Koenzym A zu Succinyl-Koenzym A erforderlich.

Kompl: Die Lebenserwartung der Patienten ist bei ausreichender und konsequenter Behandlung normal. Die Veränderungen an der Magenschleimhaut stellen aber eine Präkanzerose dar, die bei etwa 10% der Patienten zu einem Magenkarzinom führt. Regelmäßige Untersuchungen des Magens sind erforderlich. Übergänge von einer perniziösen Anämie in andere Blutkrankheiten, wie Leukämien, Polycythaemia vera und Osteomyelosklerose, werden beobachtet, sind jedoch selten.

Th: Die kausale Therapie der perniziösn Anämie mit Vitamin B_{12} hat die früher infauste Prognose, der diese Krankheit ihren Namen verdankt, entscheidend verbessert. Bereits einen Tag nach der ersten Vitamin-B_{12}-Injektion sind die Knochenmarksveränderungen kaum mehr nachweisbar. Zur Wiederauffüllung der auf 5–10% erniedrigten Vitamin-B_{12}-Depots werden nach pharmakokinetischen Untersuchungen von Heinrich im akuten Stadium entweder 62 i. m. Injektionen von je 500 μg Cyanocobalamin (z. B. Cytobion) oder 22 Injektionen von je 500 μg Hydroxocobalamin (z. B. Aquo-Cytobion) benötigt. Als physiologische Speicherform des Vitamins B_{12} wird Hydroxocobalamin bei parenteraler Anwendung wesentlich besser vom Gewebe retiniert als Cyanocobalamin. Zur Erhaltungstherapie genügt 1 i. m. Injektion von 500 μg Cyanocobalamin monatlich oder eine i. m. Injektion von 500 μg Hydroxocobalamin vierteljährlich. Eine Behandlung mit Folsäure- oder Polyvitamin-Präparaten gilt als kontraindiziert, da sie den Vitamin-B_{12}-Mangel nicht ausreichend ausgleichen kann. Die hämatologische Remission ist im allgemeinen nach 40–60 Tagen erreicht. Die neurologischen Ausfallserscheinungen bilden sich nur sehr langsam zurück; Restsymptome können zurückbleiben. Nach 2–3 Tagen beginnen die Retikulozyten anzusteigen, um nach 5–8 Tagen das Maximum in Form einer sog. „Retikulozytenkrise" zu erreichen. Bei sehr schwerer Anämie können zu Beginn Bluttransfusionen erforderlich sein. Außerdem wird im Verlauf der antiperniziösen Behandlung oft eine zusätzliche orale oder parenterale Eisentherapie erforderlich. Wegen des Salzsäure- und Enzymmangels muß entsprechend substituiert werden. Wird die Vitamin-B_{12}-Behandlung unterbrochen, entwickeln sich erneut die Symptome nach einer individuell unterschiedlichen Latenz. Eine orale Substitutionsbehandlung mit Vitamin B_{12} ist prinzipiell in Kombination mit Intrinsic factor möglich. Da sich aber im Verlaufe der Behandlung Antikörper gegen den Intrinsic factor bilden und die Resorption behindern können, ist die orale Therapie bei dieser Form der Vitamin-B_{12}-Mangelanämie inzwischen verlassen worden.

Andere Vitamin-B_{12}-Mangel-Anämien

Ät und *Pathog:* Nach Gastrektomien, ausgedehnten Dünndarmresektionen, bei Enteroanastomosen, Fisteln und Magentumoren können sich Vitamin-B_{12}-Mangel-Anämien entwickeln. Infektionen mit dem Fischbandwurm (Diphyllobothrium latum), der dem Organismus Vitamin B_{12} entzieht, und eine Besiedlung oberer Darmabschnitte mit Escherichia coli, welches das Vitamin B_{12} zerstört, führen ebenfalls zu Mangelanämien. Blindsackbildungen im Dünndarm und eine Anazidität des Magensaftes fördern die pathologische Darmbesiedelung durch Bakterien. Andere megaloblastäre, auf dem Fehlen eines antiperniziösen Prinzips beruhende Anämien gibt es in der Schwangerschaft und bei einigen Hämoblastosen wegen des erhöhten Bedarfs. Bei schweren Leberparenchymschäden (Zirrhosen, Hämochromatosen) kann sich als Folge einer verminderten Utilisation und Speicherung eine megaloblastäre hyperchrome Anämie entwickeln.

Sy: Sie entsprechen denen der Perniziosa.

Th: Bei den irreversiblen Resorptionsstörungen ist eine Dauertherapie wie bei der Perniziosa erforderlich. Ist die Anämie durch einen Fischbandwurm hervorgerufen, so genügt allein seine Abtreibung oder Abwanderung aus dem Jejunum ins Ileum, um den Vitaminmangel zu beheben. Die Symptome können hier schon allein nach hohen Vitamin-B_{12}-Gaben verschwinden. Bei einer pathologischen Bakterienbesiedelung des Darmes reicht schon eine Sterilisierung durch Antibiotikamedikation aus, um die Vitamin-B_{12}-Mangel-Anämie zu heilen. Enteroanastomosen und Blindsackbildungen des Dünndarmes können operativ korrigiert werden. Ein exogener Mangel kann allein durch orale Vitamin-B_{12}-Zufuhr ausreichend substituiert werden.

Folsäuremangelanämien

Physiol, Ät und *Pathog:* Neben dem Vitamin B_{12} hat auch die Folsäure wichtige Funktionen in der DNA-Synthese. Sie überträgt unter Bildung von aktiviertem Formaldehyd bzw. aktivierter Ameisensäure C_1-Bruchstücke, die zur Synthese von Purinen und Pyrimidinen erforderlich sind. Folgen des Folsäuredefizits müssen also wie bei Vitamin-B_{12}-Mangel Kernreifungsstörungen sein, besonders in schnell profilierenden Geweben. Der Tagesbedarf von 50 μg wird meist durch die Nahrung gedeckt. Blattgemüse, Leber und Hefe sind reich an diesem Vitamin. Außerdem wird es von den Darmbakterien synthetisiert. Ein Folsäuremangel kann bei ungenügender Zufuhr (allgemeine Unterernährung, Kwashiorkor) entstehen. Ausschließlich mit Ziegenmilch ernährte Säuglinge erkranken mitunter an einer megaloblastären Anämie, deren Ursache noch ungeklärt ist. Mit einer Kombinationstherapie von Folsäure, Vitamin B_{12} und Vitamin C ist diese Anämie zu behandeln. Bei Zöliakie und Sprue, einem Malabsorptionssyndrom, bei Gastroenteritiden und Darmfisteln verursacht eine gestörte Resorption einen Folsäuremangel. In der Schwangerschaft und im Wochenbett kann es durch den physiologisch erhöhten Bedarf neben einem Eisen- und Vitamin-B_{12}-Mangel auch zu einem relativen Folsäuremangel kommen. Im Verlauf einer antiepileptischen Therapie mit Hydantoinkörpern entwickeln sich gelegentlich megaloblastäre Anämien, die zum Teil auch auf Folsäuregaben ansprechen. Den Folsäurestoffwechsel hemmende Folsäureantagonisten, die sich in der Behandlung akuter Leukämien bewährt haben, verursachen ebenfalls megaloblastäre Anämien.

Sy, Dg und *DD:* Die Symptome ähneln denen der Perniziosa; neurologische Symptome sind jedoch sehr selten. Die Anämien sind ebenfalls megalozytär und hyperchrom. Beweisend für einen Folsäuremangel ist eine verminderte Konzentration im Serum (unter 9 mmol/l = 4 μg/l) und eine erhöhte Urinausscheidung von Formiminoglutaminsäure, einem Zwischenprodukt im Histidinstoffwechsel, bei dessen weiterem Abbau zu Glutaminsäure die Formiminogruppe auf Tetrahydrofolsäure übertragen wird. Die Abgrenzung gegenüber einer megaloblastären Anämie bei Vitamin-B_{12}-Resorptionsstörungen ist mit Hilfe des Schilling-Testes möglich.

Th: Es werden täglich 5–10 mg des Vitamins oral oder parenteral gegeben. Bei einigen symptomatischen perniziosaähnlichen megaloblastären Anämien empfiehlt sich eine Kombinationsbehandlung mit Vitamin B_{12}. Ohne sorgfältige Abklärung der Ätiologie sollte eine megaloblastäre Anämie nicht mit Folsäure behandelt werden, denn eine perniziöse Anämie kann allein mit Folsäure in eine hämatologische Remission gebracht werden, ohne daß die neurologischen Störungen beeinflußt werden. Sie können sogar zunehmen.

Anämien durch Beeinträchtigung der Zellregeneration (aplastische Anämien)

Die Zellregeneration kann bei verschiedenen Krankheitsbildern gehemmt sein. Es zählen hierzu chronische Infekte (Polyarthritis rheumatica), Endokrinopathien (Hypothyreose), Systemerkrankungen und Verdrängungsmyelopathie (Lymphogranulomatose, Leukämie, Knochenmarkskarzinose).

Erworbene Erythroblastophthise (Panmyelophthise)

Ät und *Pathog:* Es besteht ein Defekt im blutbildenden System. Im Gegensatz zu den Mangelanämien ist das Krankheitsbild nicht durch die Zufuhr der zur Hämatopoese benötigten Wirkstoffe zu beheben. Es kann entweder die Erythrozytopoese allein oder das gesamte blutbildende System betroffen sein. Das Krankheitsbild ist selten angeboren (Fanconi-Anämie, Erythrogenesis imperfecta). Von den wesentlich häufiger erworbenen

Krankheitsbildern lassen sich in etwa 50% der Fälle exogene Schäden (Zytostatika, Strahlentherapie, Chloramphenicol, Gold, Benzol, Mesantoin u. a.) nachweisen.

Sy und *Dg:* Infolge der allgemeinen Blutbildungsstörung im Knochenmark findet man die Zeichen einer Anämie (s. klin. Symptomatik, S. 955), einer Leukozytopenie (s. Agranulozytose) und Thrombozytopenie. Die Anämie ist normochrom; Retikulozyten fehlen. Der Zellgehalt im Knochenmark kann wechseln; oft sieht man fast nur retikuläre Zellelemente. Der Krankheitsbeginn ist schleichend. Zunächst klagen die Patienten nur über Kopfschmerzen, eine allgemeine Hinfälligkeit und Gewichtsabnahme; später können Fieber mit septischen Temperaturen und Blutungen hinzukommen. Fast regelmäßig pathologische Laboratoriumsbefunde sind Anisozytose und Poikilozytose der Erythrozyten, eine erhöhte BSG, ein erhöhter Serumeisenspiegel und Veränderungen im Elektrophoresediagramm (Erhöhung der α_2- und γ-Globuline). Der Verlauf ist wechselnd. Die meisten Patienten sterben innerhalb der ersten 6 Monate an Blutungen oder Infekten. Es sind aber auch Verläufe über mehrere Jahre und sogar einzelne Spontanheilungen bekannt. Auch Übergänge in akute Leukämien sind möglich. In einigen Fällen wird ein Zusammenhang mit Thymomen angenommen.

Th: Ausschaltung der möglichen schädlichen Noxe. Sofort Überweisung des Patienten in ein Zentrum mit besonderer Erfahrung. Prüfung der Möglichkeit einer Knochenmarktransplantation bei Patienten mit schlechter Prognose (rasche Entwicklung, niedrige Retikulozytenzahlen, stark ausgeprägte Neutro- und Thrombozytopenie). Umkehrisolation bei kurzdauernder Leukozytopenie. Im Falle eines Infektes Kombinationsbehandlung mit Antibiotika (z. B. Breitbandspektrum-Penicillin plus Aminoglykosid). Eine prophylaktische Antibiotikatherapie ist umstritten. Konservative Maßnahmen: Therapieversuch mit Glucocorticoiden, Beginn in hoher Dosis von 100 mg/Tag, danach rasche Reduktion auf 20 mg und weniger. Evtl. in Kombination mit Androgenen.
Selten bringt eine Splenektomie Besserung (Hypersplenismus). Wenn eine isolierte aplastische Anämie in Verbindung mit einem Thymom auftritt, ist nach Thymektomie eine Besserung zu erwarten.

Fanconi-Anämie

Ät: Die Ätiologie ist unklar; diskutiert werden rezessive Gene oder eine reziproke chromosomale Translokation. Häufig bestehen Chromosomenveränderungen.

Sy und *Dg:* Kongenitale, familiäre Anämie mit Panzytopenie, Knochenmarkshypoplasie und multiplen Mißbildungen wie Kleinwuchs, Pigmentanomalien, aseptischen Knochennekrosen, Hypogonadismus, Mikrozephalus, Strabismus und Schwachsinn. Die Anämie ist normozytär bis makrozytär, die Retikulozyten sind gelegentlich erhöht, die Erythrozytenüberlebensdauer ist verringert. Die spontane Leukämierate ist hoch.

Th: Eine kausale Therapie ist unmöglich. Bluttransfusionen, Glucocorticoide und Androgene können lebensverlängernd wirken.

Erythrogenesis imperfecta (Blackfan-Diamond-Syndrom)

Ät: Die Ätiologie ist unklar, in einigen Fällen wurde familiäres Auftreten beschrieben.

Sy und *Dg:* Die Krankheit beginnt in den ersten Lebensmonaten, zeigt eine Hepatomegalie, aber keine Splenomegalie. Im Knochenmark fehlen die Vorstufen der Erythrozytopoese. Die Anämie ist normozytär und normochrom, die Retikulozytenzahl liegt unter 1%. Auch andere kongenitale Mißbildungen kommen vor. Der Verlauf ist deletär, jedoch wurden einzelne Spontanremissionen beschrieben.

Th: Bluttransfusionen, Versuch einer Behandlung mit Glucocorticoiden.

Hämolytische Anämien

Überblick über Diagnose, Symptome und Regeneration

Hämolytische Anämien treten auf, wenn die Erythrozytenüberlebensdauer um mehr als die Hälfte verringert ist ($T\frac{1}{2}\,^{51}Cr$ unter 26 Tagen).

Hämolysezeichen: Ikterus ohne Pruritus (Gesamtbilirubin über 17 µmol/l = 12 mg%), Bilirubinester unter 9 µmol/l = 0,5 mg%), Urobilinogen in Urin und Stuhl erhöht, freies Haptoglobin im Serum erniedrigt, Serumlactatdehydrogenase und Eisen erhöht, bei akuter Hämolyse Hämoglobinämie (Erhöhung des Serumhämoglobins) und Hämoglobinurie.

Zeichen der Regeneration: Erhöhung der Retikulozytenzahl im peripheren Blut und Knochenmark, Erythroblasten im peripheren Blut, erythroide Hyperplasie im Knochenmark, erythroide Metaplasie in Leber und Milz.

Es gibt alle Übergänge zwischen einer akuten hämolytischen Krise mit plötzlichem Beginn, Übelkeit, Erbrechen, Tachykardie, Kreislaufkollaps, Anurie, die zum Exitus führen kann, und chronischen Verläufen, bei denen die Anämie im Vordergrund steht. Man findet bei hämolytischen Anämien nebeneinander die Zeichen der Hämolyse und der Regeneration. Häufige Komplikationen sind Gallensteinbildung und Siderose von Leber, Milz und Nieren.

Korpuskuläre hämolytische Anämien

Diese Anämien entstehen durch einen Strukturdefekt der Erythrozyten, der zu einer verminderten Überlebensdauer führt. Ursachen sind Membran- und Enzymdefekte, abnorme Hämoglobine und Störungen im Porphyrin- und Nucleoproteinstoffwechsel.

Membrandefekte

Konstitutioneller (familiärer) hämolytischer Ikterus (Kugelzellenanämie, Minkowski-Chauffard-Syndrom)

Vk, Ät und *Pathog:* Die Krankheit wird dominant vererbt. Sie beruht auf einer abnormen Durchlässigkeit der Erythrozytenmembran für Natriumionen, wahrscheinlich als Folge eines Membranskelettdefekts. Es entstehen die Sphärozyten (Kugelzellen), die bei der Milzpassage im Gegensatz zu normalen Erythrozyten abgebaut werden. Krankheitsbeginn ist in der Jugend, seltener im späteren Alter.

Sy und *Dg:* Beherrschende Symptome sind Anämie, Ikterus und Milztumor. Es finden sich die Hämolyse- und Kompensationszeichen. Die Anämie ist normochrom, mikrozytär, die Price-Jones-Kurve nach links verschoben, die osmotische und mechanische Resistenz der Erythrozyten vermindert. Der MCHC-Wert ist häufig erhöht. Die Retikulozyten sind nahezu regelmäßig vermehrt, können aber auch im Stadium der Remission im Normbereich sein. Das Ausmaß des Milztumors wechselt; gelegentlich füllt die Milz den ganzen linken Oberbauch aus. Häufig sind Anomalien am Skelettsystem (Turmschädel, spitzer gotischer Gaumen und Verschmälerung der Kortikalis der langen Röhrenknochen) sowie Mikrophthalmie und retardiertes Wachstum. Gelegentlich bestehen Ulcera cruris. Der Verlauf ist wechselnd: Einige Patienten haben lediglich einen leichten Ikterus, andere sind schwer beeinträchtigt. Hämolytische Krisen können zum Tode führen, doch in der Regel ist die Prognose günstig. 60% aller Patienten erkranken an Gallensteinen mit entsprechenden Komplikationen.

Th: Die frühzeitige Splenektomie ist die Therapie der Wahl. Sie beseitigt zwar nicht den konstitutionellen Erythrozytendefekt, verhindert aber die Hämolyse. Die Erythrozytenüberlebensdauer normalisiert sich. Während der akuten hämolytischen Krise sollte die Milzexstirpation vermieden werden; hier verhält man sich konservativ mit Bettruhe und Bluttransfusionen.

Elliptozytose

Seltene kongenitale Formanomalie der Erythrozyten, die oft nur belanglos ist. Gelegentlich findet sich das abgeschwächte Krankheitsbild eines familiären hämolytischen Ikterus. In schweren Fällen bewährt sich die Milzexstirpation. Mitunter sind nur 20–30% der Erythrozyten elliptisch verformt.

Akanthozytose

Sehr seltenes kongenitales Syndrom mit Stechapfelformen. Das Syndrom ist durch ein retardiertes Wachstum, Steatorrhö, neurologische Störungen und Retinitis pigmentosa charakterisiert. Mehr als die Hälfte der Erythrozyten können Stechapfelformen sein. Im Plasma sind Cholesterin, Phospholipide, Triglyceride und β-Lipoproteine vermindert oder fehlen. Möglicherweise sind die Membranen als Folge der Fettstoffwechselstörungen alteriert. Die Überlebenszeit der Erythrozyten kann normal oder vermindert sein, die Säureresistenz ist normal, die osmotische Resistenz gering vermindert, aber die mechanische Resistenz erhöht. Die Zellen unterliegen in vitro bei 37 °C einer starken Hämolyse, die durch Zugabe von normalem Serum behindert werden kann.

Paroxysmale nächtliche Hämoglobinurie (PNH, Strübing-Marchiafava-Micheli-Syndrom)

Vk: Der Krankheitsbeginn liegt zwischen dem 20. und 40. Lebensjahr. Es bestehen keine rassischen, familiären oder geschlechtlichen Dispositionen.

Ät und *Pathog:* Es handelt sich um einen seltenen oder erworbenen Defekt der Erythrozyten im Sinne einer noch nicht bekannten Membranschädigung. Die Patienten haben eine chronische hämolytische Anämie, die während des Schlafes durch eine Anreicherung von Kohlensäure und ein dadurch hervorgerufenes Absinken des pH-Wertes im Blut krisenhaft verstärkt werden kann. Die komplementabhängige Hämolyse wird zusätzlich durch Thrombin aktiviert. Wegen der intravasalen Hämolyse entwickelt sich schnell eine Hämoglobinämie mit Hämoglobinurie.

Sy und *Dg:* Charakteristisch ist die besonders nachts auftretende Schwarzfärbung des Urins. Die Krankheit entwickelt sich langsam; ihr Schweregrad ist unterschiedlich. Die Krankheit kann durch chirurgische Maßnahmen, Vollbluttransfusionen und Medikation von Eisen verstärkt werden. Das klinische Bild ist durch allgemeine Anämiesymptome, einen unterschiedlich stark ausgeprägten Ikterus und eine mäßige Milzvergrößerung geprägt. In schweren Fällen liegt die Erythrozytenzahl unter 2 Millionen bei Hämoglobinwerten um 4,3 mmol/l (7 g%). Die Erythrozyten zeigen eine leichte Makrozytose und Polychromasie. Mikro- und Sphärozytose fehlen immer. Häufig wird die Anämie von Leukozytopenie und Thrombozytopenie begleitet. Abhängig vom Ausmaß der Hämolyse sind die Retikulozyten erhöht. Das Knochenmark zeigt eine erythroide Hyperplasie. Im Harn läßt sich durch die Berliner-Blau-Färbung Hämosiderin nachweisen. Wichtige diagnostische Tests sind der Säurehämolysetest (Ham-Test) und der Wärmeresistenztest (Hegglin-Maier-Test). Die Patienten haben eine besondere Neigung zu Thrombosen im Bereich der peripheren Venen, der Pfortader und des Gehirns und sind hierdurch zusätzlich gefährdet. Eine Heilung ist nicht möglich; die Prognose ist ungünstig. Es gibt Todesfälle durch akute hämolytische Krisen mit Anurie oder durch Thrombosen.

Th: Vollbluttransfusionen müssen vermieden werden, da sie die Hämolyse verstärken. Es dürfen nur gewaschene Erythrozyten transfundiert werden. Wegen der Thromboseneigung sind gelegentlich Antikoagulantien indiziert. Die Möglichkeit einer Knochenmarktransplantation ist zu prüfen.

Enzymdefekte

Überblick

Ät, Pathog, Sy und *Dg:* In den letzten Jahren wurde eine Gruppe hereditärer nichtsphärozytärer hämolytischer Anämien entdeckt, als deren Ursache dominant oder rezessiv vererbte Enzymdefekte im Stoffwechselsystem der Glykolyse, des Hexosemonophosphatzyklus und der Glutathionreduktion anzusehen sind. Es können die Hexokinase, die Triosephosphatisomerase, die 2,3-Diphosphoglyceromutase, die Pyruvatkinase, die Glucose-6-Phosphatdehydrogenase, die Glutathionreduktase, die Glutathionsynthetase die 6-Phosphogluconatdehydrogenase und die ATPase vermindert sein oder fehlen. Bei einer Störung der anaeroben Glykolyse in den Erythrozyten ist die Bildung von energiereichen Phosphaten (ATP), die zur Erhaltung der Zellstruktur und Zellfunktionen erforderlch sind, vermindert. Enzymdefekte im Rahmen der aeroben Glykolyse sind durch einen Mangel oder eine Instabilität des reduzierten Glutathions charakterisiert. Die Anämien sind normozytär bis leicht makrozytär und normochrom. Sie werden bereits im Kindesalter manifestiert. Ihr Schweregrad wechselt. Fast immer besteht eine Milzvergrößerung. Die osmotische Resistenz ist normal, die Autohämolyse erhöht. In einigen Fällen kann sie durch Glucosezusatz mäßig reduziert werden; in anderen Fällen wird sie dadurch nicht beeinflußt. Die Erythrozytenlebensdauer ist immer verkürzt.

Th: Bei stärkerer Anämie (Hb unter 5 mmol/l = 8 g%) Bluttransfusionen. Steroide sind ohne Effekt. Bei Nachweis eines erheblichen Erythrozytenabbaus in der Milz ist evtl. die Splenektomie indiziert.

In einer besonderen Gruppe dieser Anämien wird die Hämolyse durch Exposition gegenüber bestimmten Medikamenten und Vegetabilien, die per se nicht hämolytisch wirken, ausgelöst.

Glucose-6-Phosphatdehydrogenase-Mangel

Physiol, Ät und *Pathog:* Dieses Enzym katalysiert einen wichtigen Schritt im Hexosemonophosphatzyklus, in dem das $NADPH_2$ regeneriert wird, das für die Glutathionreduktionen erforderlich ist. Das reduzierte Glutathion schützt die SH-Gruppen von Membranproteinen, Hämoglobin und Enzymen vor der Oxidation und erhält damit die Zellintegrität. Der Enzymmangel wird X-chromosomal inkomplett dominant vererbt. Eine hämolytische Krise wird erst durch Einnahme von Analgetika (Phenacetin, Pyramidon, Acetylsalicylsäure), Sulfonamiden (Sulfanilamid, Azulfidine), Antimalariamitteln (Primaquin), Antibiotika (Chloramphenicol) oder Leguminosen (Vicia faba) ausgelöst. Hervorgerufen durch verschiedene Isoenzyme der Glucose-6-Phosphatdehydrogenase, wurden mehrere Formen dieser Krankheit beschrieben. Bei der einen Form handelt es sich um eine schon in der Kindheit manifeste chronische Hämolyse, bei der auch schon junge Erythrozyten und Retikulozyten von dem Enzymmangel betroffen sind. Der Erbgang hat einige Besonderheiten. Die Enzymaktivität ist niedriger. Die hämolytisch Anämie wird durch exogene Noxen verstärkt. Es fehlen eine spontane Regenerationsphase und eine Refraktärphase. Bei einer anderen Form sind die Merkmalsträger primär klinisch-hämatologisch gesund. Bei einer Exposition gegenüber den genannten Substanzen entwickelt sich eine hämolytische Krise. Eine dritte Gruppe stellen der Favismus (Mittelmeervariante, Rassenbevorzugung, Neger, Juden) und die primaquinsensitive hämolytische Anämie (afrikanische Variante) dar, bei denen die Merkmalsträger ebenfalls klinisch-hämatologisch primär gesund sind und die hämolytischen Krisen ausschließlich nach Exposition gegenüber den genannten Substanzen entstehen. Die Hämolyse klingt hier jedoch trotz weiterer Exposition nach einigen Tagen spontan ab, kann jedoch nach einigen Wochen bei erneuter Exposition wieder auftreten.

Sy und *Dg:* Das Bild wird durch die bekannten Symptome der chronischen Anämie bzw. der akuten Hämolyse bestimmt. Es findet sich eine partielle Heinz-Körper-Bildung und eine leichte Methämoglobinämie. Der Glutathionsstabilitätstest nach Beutler und der Innenkörpertest fallen pathologisch aus. Die Diagnose wird durch die erniedrigte Enzymaktivität in den Erythrozyten bewiesen.

Th: Vermeidung der hämolyseauslösenden Mittel.

Glutathionreduktasemangel

Ät und *Pathog:* Bei Fehlen dieses Enzyms ist die Reduktion des oxidierten Glutathions, bei der das $NADPH_2$ als Koenzym wirkt, gestört und als Folge der Erythrozytenstoffwechsel beeinträchtigt (s. o.). Das Krankheitsbild wird autosomal dominant vererbt. Nach Einnahme von verschiedenen Medikamenten (Phenylbutazonderivate, Resochin, Primaquin, Sulfonamide, Chloramphenicol) und nach Vergiftungen mit Nitrolacken und Thallium können schwere hämolytische Krisen entstehen.

Sy und *Dg:* Da das Enzym auch in den Leukozyten und Thrombozyten vermindert ist, wird häufig eine Panzytopenie beobachtet. Zusätzlich bestehen eine Hepatosplenomegalie und neurologische Symptome mit spastischen Zeichen und allgemeinen EEG-Veränderungen. Der Innenkörpertest ist pathologisch. Die Krankheit kann tödlich enden.

Th: Vermeidung hämolyseauslösender Substanzen. Gelegentlich sieht man eine Besserung nach Splenektomie oder Therapie mit Glucocorticoiden.

Hämoglobinopathien

Das Hämoglobinmolekül setzt sich aus 4 Häm-Gruppen und 2 Polypeptidkettenpaaren (2 α- und 2 β-Ketten) zusammen. Die normalen Hb-Moleküle werden mit HbA_1, HbF und HbA_2 bezeichnet. Von diesen unterscheiden sich die pathologischen Varianten durch eine andere Zusammensetzung des Globulinanteils.

Sichelzellenanämie

Vk, Ät und *Pathog:* Das Krankheitsbild wird durch ein besonderes Hämoglobin, das HbS, hervorgerufen. Es unterscheidet sich durch bestimmte physikochemische Eigenschaften vom normalen HbA des Erwachsenen. Durch eine besondere Kristallisationstendenz führt es zur Sichelzellenbildung. Die Krankheit wird hauptsächlch bei Negern, Negermischlingen, den Einwohnern Süd- und Mittelamerikas, Indiens, Vorderasiens und des Kaukasus beobachtet. Nur die homozygote Anlage führt zur Krankheit. Es besteht eine erhöhte Tendenz zur Thrombosierung.

Sy und *Dg:* Der Krankheitsbeginn liegt meist im Kindesalter. Die körperliche Entwicklung der Patienten ist verzögert. Charakteristisch sind eine deutliche Splenomegalie und Herzdilatation mit Herzinsuffizienz. 75% der Patienten haben Unterschenkelgeschwüre. Die Anämie ist mäßig. Durch wiederholte hämolytische Krisen und multiple Thrombosen ist die Prognose der Erkrankung schlecht. Die meisten Patienten sterben bereits vor dem 30. Lebensjahr. Im Verlauf der Erkrankung entwickelt sich eine Milzatrophie. Die Diagnose wird durch Hämoglobinelektrophorese oder den Nachweis der typischen Sichelzellen in einem während 24 Stunden bei 37 °C inkubierten Bluttropfen gesichert.

Th: Es ist nur eine symptomatische Therapie möglich.

Thalassämien

Ät, Pathog und *Formen:* Durch eine genetische Störung der Globinsynthese wird das fetale HbF gebildet. Es werden die homozygote Thalassaemia major (Erythrozytenanämie, Cooley-Anämie) und die heterozygote

Thalassaemia minor und minima unterschieden.

Sy und *Dg:* Die Patienten mit der homozygoten Majorform sterben in der Regel, bevor sie das Erwachsenenalter erreichen. Die Krankheit beginnt bereits im 1. Lebensjahr mit starker Anämie und Splenomegalie. Im Blutausstrich fallen eine Aniso- und Poikilozytose und Schizozyten sowie eine Polychromasie, basophile Tüpfelung und rote Vorstufen auf. Typisch ist der Nachweis von Schießscheibenzellen (Target-Zellen). Es finden sich die üblichen Hämolyse- und Regenerationszeichen. Die osmotische Resistenzbreite der Erythrozyten ist nach unten erhöht. Im Knochenmark besteht eine erheblich erythroide Hyperplasie mit Nachweis PAS-positiver Paraerythroblasten. Im Blutausstrich gelingt der färberische Nachweis von HbF. Die Leukozyten sind vermehrt. Sterben die Patienten nicht bereits in den ersten 2 Lebensjahren, kann man später charakteristische Knochenveränderungen (Bürstenschädel, Turmschädel), einen Infantilismus und eine erhöhte Lebervergrößerung nachweisen.
Die gutartigen heterozygoten Formen beginnen später; Splenomegalie und Blutbildveränderungen sind weniger ausgeprägt. Typisch ist die Vermeidung von HbA_2. Die Lebenserwartung ist bei diesen Formen nicht eingeschränkt. Die Minimaform wird oft klinisch nicht diagnostiziert. Die Thalassämien kommen hauptsächlich in den Mittelmeerländern vor.

Th: Symptomatisch, Bluttransfusionen, evtl. Kobalt, Lactoflavin und Nicotinsäureamid.

Hämoglobin-C-Krankheit

Diese Krankheit ist viel seltener, kommt nur bei Negern vor, wird durch den Nachweis des pathologischen HbC charakterisiert und äußert sich in einer hämolytischen Anämie mit Splenomegalie, Schießscheibenzellen, Mikrozytose, Aniso- und Poikilozytose. Die heterozygoten Träger weisen nur die Erythrozytenveränderungen ohne klinische Symptome auf.

Extrakorpuskuläre oder serogene hämolytische Anämien

Diese Anämien sind erworben. Sie werden durch serogene Faktoren (Immunantikörper, Toxine, Chemikalien oder mechanische Einflüsse) hervorgerufen.

Immunhämolytische Anämien

Isoimmunhämolytische Anämien

Ät, Pathog und *Sy:* Diese Formen werden durch eine Rh- oder AB0-Blutgruppenunverträglichkeit ausgelöst. Ihre Erscheinungsformen sind Transfusionszwischenfälle (akut und verzögert) und der Morbus haemolyticus neonatorum. Die kompletten Antikörper führen zu einer sofort sichtbaren Agglutination. Bei den inkompletten Antikörpern wird die Agglutination erst durch besondere Techniken (Coombs-Test) sichtbar. Beide Reaktionstypen verursachen den verzögerten Transfusionszwischenfall, bei dem es zu einer langsamen Hämolyse im retikulohistiozytären System kommt. Hämolysierende Antikörper führen zu einer intravasalen Hämolyse der Erythrozyten, wie sie beim akuten Transfusionszwischenfall gefunden wird. Die akute Transfusionsreaktion ist in 50% der Fälle tödlich, während die verzögerte Reaktion folgenlos abklingt.

Th: Abbruch der Bluttransfusion, Schockbekämpfung, Therapie des Nierenversagens.

Autoimmunhämolytische Anämien

Ät und *Pathog:* Ausgelöst durch abnorme Plasmaeiweißkörper, die sich den Erythrozyten gegenüber wie Autoantikörper verhalten, werden diese Krankheitsbilder oft im Zusammenhang mit anderen Krankheiten (Viruspneumonie, chronische lymphatische Leukämien, Erythematodes disseminatus) beobachtet. Es werden Wärme- und Kälteantikörper unterschieden. Die Wärmeantikörper, nachzuweisen durch den direkten und indirekten Coombs-Test, führen zu Erythrozytenphagozytose und Hämolyse. Kälteantikörper lösen bei Temperaturen unter 37 °C eine Erythrozytenagglutination mit nachfolgender Hämolyse aus.

Sy und *Dg:* Neben den Zeichen der Hämolyse und Regeneration, die sehr stark ausgeprägt sein können (Retikulozytenzahlen bis zu 500‰), findet man einen positiven Coombs-Test oder einen erhöhten Kälteagglutinationstiter. Die BSG ist stark beschleunigt, das Serumbilirubin bis auf 85 µmol/l (5 mg%) erhöht. Im Urin sind die Gallenfarbstoffe positiv, das Bilirubin ist negativ. Im Blutausstrich sieht man eine erhebliche Aniso- und Poikilozytose. Die Leukozyten können vermehrt sein und eine deutliche Linksverschiebung aufweisen. Es werden jedoch auch Leuko- und Thrombozytopenien – wahrscheinlich als Folge entsprechender Antikörper – beschrieben. Das Krankheitsbild kann schleichend progredient, aber auch akut mit einer hämolytischen Krise verlaufen. Die Prognose hängt vom Grundleiden ab.

Th: Glucocorticoide, Immunsuppression, Bluttransfusionen. Behandlung der Grundkrankheiten.

Paroxymale Kältehämoglobinurie: Das Krankheitsbild ist heute selten. Früher wurde es oft im Zusammenhang mit einer Syphilis beobachtet. Die Krankheit wird durch bithermische Antikörper ausgelöst und ist durch hämolytische Krisen nach Kälteexposition gekennzeichnet. Der Beginn ist akut mit Schüttelfrost, Fieber, Brechreiz, heftigen Glieder- und Leibschmerzen und einem gelegentlichen Exanthem. Nach dem Anfall ist der Urin als Folge der intravasalen Hämolyse blutrot. Donath-Landsteiner-Versuch und Luesreaktionen sind positiv. Sehr selten tritt das Krankheitsbild auch ohne Lues auf. Antisyphilitische Behandlung, Vermeidung der Kälteexposition.

Medikamentöse immunhämolytische Anämien

Selten vorkommende hämolytische Anämien nach bestimmten Medikamenten (Phenacetin, Furadantin, Chinidin, Chinin, Penicillin, PAS und α-Methyldopa). Der Coombs-Test ist positiv. Die Symptome entsprechen den übrigen immunhämolytischen Anämien.

Toxische hämolytische Anämien

Ät und *Pathog:* Nach Exposition gegenüber chemischen Blutgiften (Phenylhydrazin, Phenol, Resorcin, Tyrosin, Tyramin und Benzin), Gewerbegiften (Trichloräthylen) und Arzneimitteln (Atebrin, Conteben, bestimmte Sulfonamide, Phenacetin) kann eine akute Hämolyse ausgelöst werden. Bei besonders raschem Blutzerfall zeigt das freie Serumhämoglobin über 62 mmol/l (100 mg%) an; es entsteht eine Hämoglobinurie. Folgende exogene Blutgifte können eine Hämoglobinurie verursachen: Arsenwasserstoff, Schwefelwasserstoff, gallensaure Salze, Amylnitrit, nitrose Gase, Nitrobenzol, Phenol, Lysol, Anilin, Pyrogallol, Kresol, Saponine, Morchelgift, das Gift des Knollenblätterschwamms, Schlangengifte und das Gift des Wurmfarns. In diese Gruppe gehört ebenfalls die Hämoglobinurie beim Seifenabort. Einige Toxine bilden Innenkörper in den Erythrozyten (Anilin, Dinitrobenzol, Phenylhydrazin) und Methämoglobin (Chlorate, Nitrite, Sulfite). Eine Sonderform dieser Anämien ist die Bleianämie. Endogene Intoxikationen (schwere Verbrennungen, dekompensierte Nieren- und Lebererkrankungen) können ebenfalls hämolytische Syndrome hervorrufen.

Sy: Das klinische Bild entspricht den übrigen hämolytischen Anämien.

Th: Symptomatische Maßnahmen, Ausschaltung der hämolyseauslösenden Noxe.

Mechanische hämolytische Anämien

Diese Anämien entstehen durch mechanische Zerstörung der Erythrozyten, z. B. infolge turbulenter Strömungen bei Herzklappenfehlern und besonders nach Klappenersatz. Die Marschhämoglobinurie und die thrombotische thrombozytopenische Purpura führen zu einer verstärkten Erythrozytenfragmentation und intravasalen Hämolyse. Das klinische Bild ist durch die Symptome der Hämolyse und Regeneration charakterisiert.

Granulozytopenien

Ät und *Sy:* Die Ursachen für einen Abfall der Granulozyten auf unter 2000/μl sind vielfältig und uneinheitlich. Die *periodische Neutrozytopenie* kann in jedem Alter beginnen und bleibt häufig jahrzehntelang bestehen. Die leukozytopenischen Episoden wiederholen sich regelmäßig alle 3–4 Wochen mit einer Dauer bis zu 10 Tagen. Die klinische Symptomatik ist durch eine Infektneigung geprägt, die jedoch nur selten bedrohliche Ausmaße annimmt. *Splenopathische Neutrozytopenie* s. Hyperspleniesyndrom. Bei Kindern kommen in seltenen Fällen besondere Formen der Granulozytopenie vor. Die *kongenitale Neutrozytopenie* ist bereits bei der Geburt vorhanden. Die betroffenen Kinder erreichen nur ausnahmsweise das 3. Lebensjahr. Die *neonatale Neutrozytopenie* hat transitorischen Charakter und damit eine bessere Prognose. *Therapeutisch induzierte Granulozytopenien* sind die Regel bei der Behandlung mit Zytostatika, radioaktiven Substanzen und Röntgenstrahlen.

DD: Agranulozytose.

Th: Infektprophylaxe bei Abfall der Granulozyten auf unter 600/μl (s. Agranulozytose).

Prgn: Günstiger als bei der Agranulozytose.

Hyperspleniesyndrom (Syndrom der großen Milz)

Def: Der Begriff ist vage und beruht auf der klinischen Beobachtung, daß Anämie, Leuko- und Thrombozytopenie allein oder kombiniert in Verbindung mit einer großen Milz vorkommen und durch eine gesteigerte Zellsequestration in der Milz verursacht werden.

Ät und *Pathog:* Die pathogenetischen Zusammenhänge sind immer noch unklar. Vom seltenen primären Hyperspleniesyndrom (primäre splenopathische Neutrozytopenie oder Panzytopenie), das wenige Wochen oder viele Jahre bestehen kann und sich meistens ohne faßbare Ursache entwickelt, sind die sekundären Hyperspleniesyndrome abzugrenzen, die im Rahmen verschiedener Grundkrankheiten auftreten. Ein sekundäres Hyperspleniesyndrom kann folgende Ursachen haben: Infektionskrankheiten (Typhus, Sepsis, infektiöse Mononukleose), chronische Infektionskrankheiten (Tuberkulose, Sarkoidose [Morbus Boeck], konnatale Lues, Malaria, subakute Endokarditis), rheumatische und Autoimmunkrankheiten (Felty-Syndrom, Erythematodes), Speicherkrankheiten (Morbus Gaucher, Amyloidose), portale Hypertonie (Leberzirrhose, hydropische Herzinsuffizienz) und maligne lymphoretikuläre Systemkrankheiten (z. B. Lymphogranulomatose).

Sy: Die klinische Symptomatik wechselt und hängt besonders beim sekundären Hyperspleniesyndrom von der Grundkrankheit ab. Die Milzvergrößerung erreicht wechselnde Ausmaße. Sie ist auch bei sorgfältiger klinischer Untersuchung nicht immer durch Palpation, sicher jedoch durch eine sonographische oder szintigraphische Untersuchung zu erfassen.

Dg: Im peripheren Blutstatus können Erythrozyten, Leukozyten und Thrombozyten allein oder kombiniert erniedrigt sein. Die Retikulozyten sind häufig leicht erhöht. Das Haptoglobin kann erniedrigt sein als Zeichen einer Hämolyse. Das Knochenmark ist im allgemeinen hyperplastisch. Erythrozyten- und Thrombozytenüberlebenszeit (bestimmt mit Hilfe der Radiochromierung) können verkürzt sein.

Milzsonographie und Milzszintigraphie sind weitere diagnostische Methoden.

Die Durchführung von Splenoportographie, Milzszintigraphie sowie Erythrozyten- und Thrombozytenüberlebenszeitbestimmung ist in allen Fällen wünschenswert.

Th: Beim primären Hyperspleniesyndrom tritt nach Splenektomie eine Normalisierung der Blutbildveränderung ein. Beim sekundären Hyperspleniesyndrom hat die Behandlung des Grundleidens Vorrang. Erst bei persistierender und beträchtliche Ausmaße annehmender Splenomegalie wäre eine Splenektomie zu erwägen.

Leukozytopenie

Ein Abfall der Gesamtleukozytenzahl unter den Normwert (< 4800/μl) kann mehrere Ursachen haben:

- bakterielle Infekte (Typhus, Paratyphus, Tularämie),
- Virusinfekte (Influenza, Masern, Röteln, infektiöse Hepatitis),
- Protozoeninfekte (Malaria, Kala-Azar),
- allgemeine Kachexie,
- hämatologische Systemkrankheiten (megaloblastäre Anämien, aplastische Anämien, aleukämische Leukämien, Agranulozytose),
- chemische oder physikalische Noxen (ionisierende Strahlen, Zytostatika, Thyreostatika, Antikonvulsiva, Antiphlogistika).

Methämoglobinämien

Ät und *Pathog:* Methämoglobin entsteht nach Oxidation des Hämoglobins. Es fällt für den Sauerstofftransport und die Atmungsfunktion aus. Ein Enzymsystem in den Erythrozyten (Met-Hb-Reduktase-System) verhindert normalerweise die langsame Oxidation des Hämoglobins. Es kann anlagebedingt fehlen (familiäre Methämoglobinämie) oder toxisch geschädigt sein (nach Anilin, Phenylhydrazin und Nitrobenzol). Außerdem wird es gebildet, wenn ein pathologisches Hämoglobin (HbM) vorliegt. Bei Säuglingen können Methämoglobinämien nach Verwendung von nitrithaltigem Wasser und nach Spinatmahlzeiten auftreten.

Sy und *Dg:* Schon bei einer Konzentration von 1,5 g/100 ml Blut besteht eine deutliche Zyanose, die durch eine reaktive Polyglobulie noch verstärkt wird. Das Methämoglobin kann spektroskopisch bei einer Bande von 630 μm (bzw. nm) nach Cyanidzusatz sichtbar gemacht werden.

Th: Ascorbinsäure (200 mg/kg), Methylenblau (als 1%ige Lösung mit 10%iger Glucoselösung hergestellt, 1–2 mg/kg), i. v. Bluttransfusionen, evtl. Austauschtransfusionen. Kreislaufbehandlung.

Polyglobulien

Ät und *Pathog:* Sie sind durch eine symptomatisch gesteigerte Erythrozytopoese mit relativer oder absoluter Zunahme der zirkulierenden Erythrozytenzahl gekennzeichnet. In der Regel fehlen Leukozytose und Thrombozytose. Es werden kompensatorische Polyglobulien und Reizpolyglobulien unterschieden. Die kompensatorischen Polyglobulien sind durch einen äußeren oder inneren Sauerstoffmangel verursacht (Höhenpolyglobulie, pulmonale Insuffizienz, Lungenemphysem, Pulmonalsklerose, chronische Linksinsuffizienz des Herzens, kongenitale Herzvitien, chronische Kohlenmonoxidvergiftung, Methämoglobinämien). Die Reizpolyglobulien haben ihre Ursache in einer unmittelbaren Reizung der Erythrozytopoese. Sie werden bei chemischen Intoxikationen (Blei, Benzol), neuroendokrinen Störungen (Morbus Cushing, Hyperthyreosen, dienzephale Reizungen, gastrogene Polyglobulie) beobachtet. In der Initialphase anderer Bluterkrankungen (Leukosen) oder bei Nierenerkrankung (Hypernephrom, Hydronephrose) werden ebenfalls Polyglobulien gesehen. Zur *Pseudoglobulie* kommt es bei starker Exsikkose.

DD: Wichtig ist die Differentialdiagnose gegenüber der Polycythaemia vera, bei der die drei Reihen der Hämatopoese vermehrt sind (S. 1077).

Th: Symptomatisch, je nach Grundleiden.

20. Infektionskrankheiten

H. Hof

Aciclovir (Zovirax)

Dies ist eines der wenigen wirksamen Virustatika. Es wirkt lokal wie systemisch gegen Herpes-simplex-Virus. Eine völlige Ausheilung der latenten Infektion ist damit nicht zu erzielen. Bei hoher Dosierung (Zovirax 400) können auch Infektionen mit Varizellen-Zoster-Virus beeinflußt werden.

Adenovirusinfektionen

Derzeit sind etwa 30 verschiedene Antigentypen dieser DNA-Viren bekannt, die jeweils keine gegenseitige Immunität hinterlassen. Sie infizieren in allen Altersgruppen verschiedene Schleimhäute, z. B. des Auges (Keratokonjunktivitis) und der oberen Luftwege (Rhinitis, Pharyngitis, Tracheobronchitis). Manche Serotypen induzieren auch eine Enteritis. Auch latente Infektionen, die lange Zeit persistieren können, sind bekannt. Möglicherweise sind einzelne Adenoviren ursächlich bei der Tumorentstehung beteiligt.

Aeromonas

Gramnegatives Stäbchenbakterium, das in tropischen Ländern häufig, in gemäßigten Zonen etwas seltener Enteritis hervorruft. Auch Wundinfektionen mit diesem Erreger treten auf. Der Keim ist primär resistent gegenüber Ampicillin, aber gut empfindlich gegen Cephalosporine (Cefuroxim, Cefotaxim) und Chinolone (Ciprofloxacin, Ofloxacin).

Aflatoxin B

Aspergillus-*flavus*-*Toxin:* eines von vielen Mykotoxinen. In tropischen Ländern Ursache des primären Leberzellkarzinoms, da der Pilz häufig auf Erdnüssen wächst, die dort häufig in ungeröstetem Zustand verzehrt werden, wo sie schnell verschimmeln. Es wird aber auch in vielen anderen Nahrungsmitteln, allerdings meist nur in Spuren, gefunden. Es ist relativ temperaturstabil.

AIDS (erworbenes Immundefektsyndrom)

Ät: Der Erreger (HIV) ist ein Retrovirus, wovon es mindestens 2 Antigentypen (HIV 1 und HIV 2) gibt, die ihrerseits aber starke Antigenvariationen durchmachen.

Pathog: Durch Übertragung von Körpersekreten (z. B. Samenflüssigkeit) und Blut gelangt das Virus in CD4-rezeptorhaltige Zellen (T-Helferzellen, Makrophagen, Hirnzellen) und wird dort in das Wirtszellgenom integriert. Zu den Risikogruppen gehören Homosexuelle, Drogenabhängige, Prostituierte, Bluter. Nach variabler Latenzzeit (bis zu 10–15 Jahren) kommt es zu einer Aktivierung der Virusvermehrung, wobei in diesem Sekundärstadium die Wirtszellen, vornehmlich die T-Helferzellen, zerstört werden. Dadurch entsteht allmählich eine Infektanfälligkeit. Superinfektionen mit Candida, Kryptokokken, Pneumocystis, Toxoplasma, Kryptosporidien, Salmonellen, Mykobakterien,

Herpes- und Zytomegalieviren führen dann zum Tode.

Sy: Das Primärstadium verläuft wie eine unspezifische fieberhafte Infektion und hört meistens spontan auf.

Die Virusreaktivierung macht sich zunehmend durch Fieber, Nachtschweiß, Gewichtsverlust, Lymphknotenschwellungen bemerkbar. Später folgen Superinfektionen (Soor, Enteritis, Pneumonie, Enzephalitis, Retinitis). An Haut und Mundschleimhaut manifestiert sich die Erkrankung in Form des Kaposi-Syndroms.

Das Center for Disease Control (CDC) hat versucht, eine schematische Stadieneinteilung bei HIV-Infektionen aufzustellen (Tab. 20.**1**).

Dg: Bestimmung spezifischer Antikörper im Serum gegen Oberflächenantigene (env) und Binnenstruktur (core). Prognostisch ungünstig ist der Abfall der Antikörpertiter gegen Core-Antigen. Zur Sicherung der Diagnose sollte noch ein Bestätigungstest, z. B. Western blot, durchgeführt werden. Außerdem ist die Untersuchung einer zweiten Serumprobe zum Ausschluß von Verwechslungen oder Fehlbestimmungen sinnvoll.

Th: Die Gabe von Azidothymidin (Zidovudin) führt zu einer Unterbrechung der Bildung von virusspezifischer Nucleinsäure, so daß die aktive Virusvermehrung dadurch gestoppt werden kann. Eine endgültige Ausheilung, nämlich eine Vernichtung der bereits in die Wirtszellen integrierten Virusnucleinsäure, gelingt dadurch nicht. Folglich muß nach Infektion eine lebenslange Therapie erfolgen. Dabei besteht die Gefahr, daß nach Jahren sich eine Resistenz des Virus gegenüber dieser Wirksubstanz entwickelt. Indiziert ist diese Substanz hauptsächlich bei einer manifesten Erkrankung (CDC-Stadien III und IV). Die Wirksamkeit einer Gabe im asymptomatischen Stadium oder gar prophylaktisch vor bzw. nach Exposition ist noch nicht bewiesen. Verschiedene andere Präparate, die andere Wirkungsmechanismen besitzen, z. B. Immunmodulatoren oder Hemmer der Protease, werden derzeit erprobt. Antivirale Mittel, z. B. Ganciclovir gegen Zytomegalie, Daraprim plus Sulfonamid (Fansidar) gegen Toxoplasmose, Trimethoprim plus Sulfonamid (Bactrim, Eusaprim) bzw. Pentamidin (Pentacarinat) gegen Pneumocystis carinii oder Antibiotika gegen bakterielle Superinfektionen müssen entweder prophylaktisch oder therapeutisch meist gleichzeitig und über lange Zeit verabreicht werden. Ein Absetzen dieser vielfältigen Therapeutika aus Gründen der Unverträglichkeit oder der fehlenden Compliance kann

Tabelle 20.1 Stadieneinteilung bei HIV-Infektion

Gruppe I	akute HIV-Infektion	fieberhafte Erkältung
Gruppe II	latente, asymptomatische Infektion	praktisch keine klinischen Beschwerden; dabei aber Seropositivität
Gruppe III	generalisierte Lymphadeno pathie (LAS)	geringe subjektive Zeichen; aber Lymphknotenschwellungen
Gruppe IV	Auftreten von HIV-assoziierten Krankheitszeichen (eigentliches AIDS-Stadium)	
Untergruppe A	Allgemeinsymptome	Fieber, Nachtschweiß, Gewichtsverlust, Durchfall
Untergruppe B	neurologische Symptome	ZNS-Defekte (Demenz, Myelopathie)
Untergruppe C	opportunistische Infektionen	orale Candidamykose, Tuberkulose und andere Mykobakteriosen, Salmonellose, Pneumocystis-carinii-Pneumonie, Toxoplasmose, Kryptokokkose, Kryptosporidiose, Zytomegalie
Untergruppe D	sekundäre Tumorerkrankungen	Kaposi-Syndrom, Lymphome
Untergruppe E	andere Komplikationen	

zu einem Aufflackern der opportunistischen Infektionen führen.

Aktinomykose

Ät: Obwohl die anaeroben Aktinomyzeten auf den Schleimhäuten häufig vorkommen, sind sie als Erreger von eitrigen Infektionen selten. Meist findet man sie dann kombiniert mit anderen, aeroben und anaeroben Keimen.

Sy: Ausgehend von Mund, Darm oder Bronchien, dringen die Erreger in andere Gewebe destruierend vor und erzeugen unter Fistelbildung, entfernt vom Entstehungsort, Symptome. Folglich ist das Erscheinungsbild sehr variabel. Neben allgemeinen Infektionszeichen, wie Fieber, BSG-Erhöhung, Leukozytose, beherrschen die lokalen Komplikationen der Haut (häufig im Kiefer- und Halsbereich), in der Lunge, im Darm und im Gehirn das Bild.

Dg: Typischer granulierter Eiter aus Fistelgängen. Mikroskopischer und kultureller Nachweis der Bakterien im Eiter. Auch histologischer Nachweis im granulomatösen Gewebe in dem und um das infizierte Gebiet.

Th: Penicillin G ist wirksam gegen Aktinomyzeten. Nur bei Allergie könnte man Clindamycin gegen diese Anaerobier einsetzen oder auch Tetracyclin. Zur Therapie der Begleitflora sind evtl. zusätzliche Antibiotika (Doxycyclin, Cephalosporine, Metronidazol) erforderlich. Wegen der großen Rezidivneigung sollte die Therapie über recht lange Zeit (3 Monate) erfolgen, und auch danach sollten noch Kontrollen durchgeführt werden. Bei Therapieversagen wäre auch eine chirurgische Intervention indiziert.

Aminoglykoside

Durch Störung der Proteinsynthese vieler aerober Bakterien hat diese Gruppe von Antibiotika (Streptomycin, Kanamycin, Gentamicin, Tobramycin, Sisomicin, Netilmicin, Amikacin) eine breite Anwendung gefunden. Anaerobier sind jedoch ausnahmslos resistent. Spectinomycin wird allein für die Behandlung von β-Lactamase bildenden Gonokokken eingesetzt. Ausschließlich p. o. werden Neomycin und Paromomycin gegeben.
Eine Resistenz kann recht schnell auftreten, wobei diese Resistenz meist nicht sofort gegen alle Vertreter dieser Gruppe gerichtet ist. Meist weitet sich die Resistenz gegen Gentamicin (Refobacin) auf Tobramycin (Gernebcin) und zuletzt auf Amikacin (Biklin) aus, so daß man die letztere Substanz als Reservepräparat nicht primär einsetzen sollte, wenn noch keine Resistenz gegen Gentamicin besteht. Wegen ihrer meist synergistischen Wirkung auf β-Lactamantibiotika werden Aminoglykoside gern kombiniert, was auch die Entwicklung einer Resistenz vermindert. So wird z. B. sogar die Kombination von Ampicillin oder Amoxicillin mit Gentamicin bei Enterokokkeninfektionen empfohlen, trotz Resistenz der Erreger gegen Gentamicin.
Wegen der potentiellen Neuro-, Oto- und Nephrotoxizität der Aminoglykoside sollte ihre Dosierung genau beachtet werden. Eine exakte Wirkspiegelbestimmung im Blut von behandelten Patienten, die zumindest für einige Aminoglykoside möglich ist, kann dabei helfen. Aber aus Angst vor möglichen Schäden werden diese Präparate oft unterdosiert!

Amöbeninfektionen

Ät und *Pathog:* Freilebende Amöben (Acanthamoeba, Naegleria) können auch bei unseren klimatischen Bedingungen, z. B. in Baggerseen, gedeihen. Eine Übertragung auf Menschen ist möglich, wobei sich dann meist tödlich verlaufende Meningitiden entwikkeln, die oft nicht richtig erkannt werden. Die anderen einheimischen Amöben (Entamoeba coli) sind völlig apathogen. In tropischen Regionen lebt in aquatischen Medien Entamoeba histolytica. Bei oraler Aufnahme besiedelt sie den Dickdarm. Die recht gutartige vegetative Minutaform residiert im Darmlumen ohne Schädigung des Wirts. Gelegentlich kann diese Form aber in die invasive Magnaform übergehen. Diese anaeroben Protozoen dringen in die Dickdarmschleimhaut ein und führen zu einer entzündlichen Reaktion, was eine Ulkusbildung bedingt. Spontane Heilungen sind häufig, doch Rezidive aus dem Darmlumen können immer wieder, sogar noch nach Jahren, auftreten.
Eine weitere Komplikationsmöglichkeit ist die Verschleppung, wobei subphrenische Leberabszesse oder sogar Meningitiden auftreten können.

Sy: Neben dem völlig symptomlosen Trägerstadium, das sogar jahrzehntelang anhalten kann, gibt es akute, fieberhafte, krampfartige Durchfälle, wobei, charakteristisch für die Ruhr, Blutauflagerungen zu sehen sind.
Nach Wochen und Monaten kann es zu den extraintestinalen Abszessen in Leber und Hirn kommen.

Dg und *DD:* Der Nachweis der lebenden Amöben im Stuhl ist äußerst schwierig. Die amöboide Bewegung der vegetativen Keime in lebendem Zustand ist in einer Stuhlaufschwemmung im Mikroskop erkennbar. Vor allem der Nachweis von phagozytierten Erythrozyten im Zytoplasma der Amöben ist ein Beweis für die Invasivität. Daneben und vor allem auch nach Anreicherung sieht man auch die Zysten, die Dauerformen, was besonders nach Silberfärbung gut zu erkennen ist. Schwierig ist die Abgrenzung der relativ häufig vorkommenden Zysten der apathogenen Entamoeba coli. Die mikroskopische Untersuchung kann häufig negative Befunde liefern, durch Unerfahrene aber auch leider oft falsch positive. Eine serologische Untersuchung ist vor allem bei generellen Manifestationen, d. h. Abszessen, zuverlässig.

Th: Wie bei Anaerobiern, d. h. Metronidazol, Tinidazol, Ornidazol.

Amphotericin B

Dieses Polyenderivat hat eine zuverlässige fungizide Wirkung auf nahezu alle Sproß- und Schimmelpilze. Resistenzen kommen praktisch nicht vor. Für eine superfizielle Infektion kann es lokal hoch dosiert werden. Nach p. o. Gabe oder lokal auf der Haut oder Schleimhaut wird es nicht resorbiert. Bei i. v. Gabe für eine systemische Pilzinfektion wird erst verzögert nach 2–3 Tagen ein Wirkspiegel erreicht. Eine allzu große Anfangsdosis verbietet sich jedoch wegen der Verträglichkeit. Wegen einer möglichen, aber reversiblen Nephrotoxizität sollte die Dosierung beachtet werden (ausreichende Zufuhr von Kochsalz reduziert die Komplikationen!). Amphotericin, inkorporiert in Liposomen, (AmBisome) ist deutlich weniger toxisch.
Über den Abbau und die Verteilung ist nur wenig bekannt; im Urin wird jedoch nur ganz wenig aktive Substanz ausgeschieden, so daß eine Pilzpyelonephritis damit kaum zu behandeln ist.

Anaerobier

Neben den anaeroben Protozoen (Trichomonaden, Lamblien, Amöben) sind vor allem die obligat anaeroben Bakterien (Bacteroides, Klostridien, Aktinomyzeten) als Krankheitserreger bekannt (Plaut-Vincent-Angina, Botulismus, Gasbrand, Tetanus). Sie besiedeln normalerweise die Schleimhäute in großer Zahl und regulieren dabei das Auftreten von anderen Mikroorganismen. Für die Aufrechterhaltung der physiologischen Flora sind hauptsächlich sie verantwortlich.
Bei Eintritt in das Körperinnere verursachen sie, oft in Assoziation mit aeroben Bakterien, entzündliche und auch eitrige Infektionen, die oft schon an ihrem stinkenden Geruch erkennbar sind.
Manche Anaerobier produzieren hochwirksame Gifte. Gelegentlich werden diese schon außerhalb des menschlichen Körpers produziert, so daß allein eine Intoxikation mit diesen bakteriellen Toxinen die Krankheitssymptome hervorruft.
Alle Anaerobier (bis auf wenige Ausnahmen) sind naturgemäß gegen Metzronidazol (Clont) empfindlich. Ornidazol und Tinidazol (Simplotan), die ebenfalls Nitroimidazolderivate darstellen, wirken ebenso gut; wegen ihrer doppelt so langen Halbwertszeit ist meist nur eine Tagesdosis erforderlich. Unter der Therapie mit Nitroimidazolen kann es zu einer Alkoholunverträglichkeit kommen, die sich durch Hitzegefühle, Tachykardie und Übelkeit bemerkbar macht. Auch Clindamycin (Sobelin) hat gegenüber sehr vielen anaeroben Bakterien eine hohe Aktivität. Imipenem (Zienam) hat von allen β-Lactamantibiotika die beste Anaerobierwirksamkeit. Die Kombination von Amoxicillin mit Clavulansäure (Augmentan) hat noch gute Wirkung. Bei Hirnabszessen mit anaeroben Bakterien ist auch Chloramphenicol indiziert.

Angina

Ät und *Pathog:* Viele verschiedene Viren (z. B. Adeno-, Coxsackie-, Epstein-Barr-, Rhino-, RS-Viren) und mehrere Bakterienarten (z. B. hämolysierende Streptokokken der Serogruppe A = Streptococcus pyogenes, Corynebacterium diphteriae, Pneumokokken, Branhamella, Borrelien, Anaerobier) können eine akute Angina hervorrufen. Bei viralen Infekten sind die Tonsillen meist nur geschwollen und gerötet, außerdem bestehen gleichzeitig Konjunktivitis und Rhinitis. Eiterstippchen sind dagegen charakteristische Hinweise für bakterielle Erreger.

Sy: Die lokale Entzündung führt je nach Ausdehnung zu schmerzhaften Reizungen oder sogar zu bedrohlichen Schwellungen der Tonsillen und der umgebenden Schleimhaut. Bei bakteriellen Infektionen besteht oft ein Foetor ex ore. Generelle Zeichen sind Fieber und Schwellung der regionalen Lymphknoten.

Dg: Virusdiagnostik ist zu aufwendig. Bei Verdacht auf Plaut-Vincent-Angina mikroskopische Untersuchung eines Gram-Präparats! Sonst kulturelle Untersuchung auf Bakterien, z. B. hämolysierende Streptokokken. Immunologischer Antigennachweis von Streptococcus pyogenes ist recht zuverlässig als Schnelltest. Nach einer solchen Infektion steigt der Antikörper gegen Streptokokkenantigene an, z. B. Streptolysin O, Streptodornase, Streptokinase.

Th: Penicillin ist Mittel der 1. Wahl, ggf. Erythromycin. Lokale Antibiotika sind unwirksam (sogar Gefahr der Allergisierung!). Vorsicht mit Ampicillin bei infektiöser Mononukleose (S. 981). Ggf. lokale Desinfizientien.

Prgn: Racheninfektionen mit bestimmten – rheumatogenen oder nephritogenen – Stämmen von Streptococcus pyogenes, die in den letzten Jahren allerdings seltener geworden sind, führen 2–3 Wochen nach dem akuten Infekt zu einer immunpathologischen Reaktion, z. B. zu akutem rheumatischem Fieber bzw. zu Glomerulonephritis. Diese besonderen Bakterienstämme tragen ein M-Protein an der Oberfläche, welches Antigeneigenschaften mit körpereigenen Strukturen besitzt, so daß die Antikörper z. B. in Gelenkkapseln, Endokardklappen bzw. Glomerulum fixiert werden und Komplement aktivieren, was zu einer heftigen Entzündung führt. Der Nachweis eines Anstiegs der Antikörper gegen Streptokokkenantigene ist beweisend!

Bei solchen postinfektiösen Komplikationen muß Depot-Penicillin (z. B. Tardocillin) 1mal pro Monat über längere Zeit, mindestens 5 Jahre lang, injiziert werden, um Rezidive zu verhindern.

Chronische Infektionen mit verschiedenen Bakterien werden als Herde für entfernte Organsymptomatik verantwortlich gemacht. Ggf. Tonsillektomie.

Arbovirusinfektionen

Arboviren (*ar*thropod-*bo*rne), wovon es 150 verschiedene Arten gibt, werden hauptsächlich durch Insekten übertragen. Meningoenzephalitis ist die häufigste Manifestation beim Menschen. Die wichtigste Art bei uns ist die Frühsommermeningoenzephalitis (FSME).

Azolderivate

Azole wirken auf die Zellwandsynthese von Sproßpilzen. Resistenzen sind selten. Deshalb sind diese Präparate bei systemischen Sproßpilzinfektionen indiziert. Ketoconazol (Nizoral) ist nicht wasserlöslich und kann deshalb nur p. o. verabreicht werden. Eine Resorption findet jedoch nur bei normaler Magensäuerung statt, weswegen bei Schwerstkranken, die Antazida erhalten, eine Anwendung sinnlos ist. Ketoconazol überwindet nur mäßig gut die Blut-Hirn-Schranke, so daß eine Kryptokokkenmeningitis damit nicht ausreichend zu behandeln ist. Nur ein geringer Anteil wird über die Niere ausgeschieden. Wegen potentieller Leberschädigung und feminisierende Wirkung ist die Anwendung manchmal eingeschränkt.

Im Vergleich zu Miconazol (Daktar), das zwar oral *und* parenteral gegeben werden kann, das aber vor allem wegen seiner pharmakologischen Eigenschaften unzuverlässig ist und folglich in seiner therapeutischen Potenz meist überschätzt wird, wirkt Ketoconazol besser.

Itraconazol hat im Vergleich zu Ketoconazol einen Vorteil, weil es manchmal auch gegen Schimmelpilze wirkt. Fluconazol hat eine hervorragende Wirkung auf Sproßpilze, weniger jedoch auf Schimmelpilze. Da es wasserlöslich ist, kann es oral wie parenteral verabreicht werden. Wegen seiner guten Liquorgängigkeit kann es zur Behandlung der Kryptokokkenmeningitis eingesetzt werden. Da es zu 90% in der Niere ausgeschieden wird, ist es von allen Antimykotika am besten für die Therapie von Harnwegsinfektionen mit Sproßpilzen geeignet.

Bang-Krankheit s. Brucellose

Bornholm-Krankheit

s. Coxsackievirusinfektion

Borreliose

Ät, Pathog und *Sy:* Borrelien sind schraubenförmige, gramnegative Bakterien, die ganz verschiedene Krankheitsbilder verursachen, z. B. Plaut-Vincent-Angina und Rückfallfieber. Bei uns am häufigsten ist Borrelia burgdorferi, die durch Zecken übertragen wird, wobei etwa jede 10. Zecke Überträger sein kann. Ähnlich wie bei der Lues verläuft diese Infektion meistens in mehreren Stadien ab. Primär entsteht nach Zeckenbissen ein lokales entzündliches Infiltrat, das Erythema migrans. Während in den meisten Fällen die Krankheit nach diesem Stadium ausheilt, kommt es manchmal zu einer Persistenz der Erreger, und nach variablem Zeitintervall – sogar noch nach vielen Jahren – kann es dann zu einem Rezidiv kommen. Arthritis, Karditis oder Polyneuritis bzw. Enzephalitis sind dann die möglichen Manifestationen.

Dg: Nachweis von spezifischen Antikörpern; gelegentlich auch kultureller Nachweis.

Th: Penicillin, Minocyclin, Cefotaxim.

Prl: Möglichst baldige Entfernung der Zecken. Eine Impfung ist nicht möglich.

Botulismus

Meldepflichtig (Tab. 20.2).

Ät und *Pathog:* Ursache ist ein neurogenes Toxin von Clostridium botulinum, einem anaeroben, grampositiven Bakterium, dessen Sporen bei unsachgemäßer Konservierung von Lebensmitteln (geräucherter Schinken, Wurst, nichtgesäuertes Gemüse, z. B. Bohnen) überleben und dann während der Lagerung auskeimen. Die vegetativen Keime produzieren dann unter günstigen Bedingungen ein hitzelabiles Toxin. Davon gibt es 8 ver-

Tabelle 20.2 Meldepflicht nach § 3 des Bundesseuchengesetzes in der Fassung vom 19. 12. 1986

I. *Krankheitsverdacht, Erkrankung sowie Tod*		
1. Botulismus 2. Cholera 3. Enteritis infectiosa a) Salmonellose b) Übrige Formen einschließlich mikrobiell bedingter Lebensmittelvergiftung 4. Fleckfieber 5. Lepra	6. Milzbrand 7. Ornithose 8. Parathyphus A, B u. C 9. Pest 10. Pocken 11. Poliomyelitis 12. Rückfallfieber 13. Shigellenruhr	14. Tollwut (zu melden ist die Verletzung eines Menschen durch ein tollwutverdächtiges Tier sowie die Berührung eines solchen Tieres oder Tierkörpers) 15. Tularämie 16. Typhus abdominalis 17. virusbedingtes hämorrhagisches Fieber
II. *Erkrankung sowie Tod*		
1. Brucellose 2. Diphtherie 3. Gelbfieber 4. Leptospirosen 5. Listeriose (angeboren) 6. Lues (angeboren) 7. Malaria	8. Meningitis/Enzephalitis a) Meninkokken-Meningitis b) andere bakterielle Meningitiden c) Virusmeningoenzephalitis d) übrige Formen 9. Q-Fieber 10. Röteln (angeboren) 11. Rotz 12. Toxoplasmose (angeboren)	13. Trachom 14. Trichinose 15. Tuberkulose (aktive Form) 16. Virushepatitis 17. Wundinfektion (anaerob) a) Gasbrand/Gasödem b) Tetanus 18. Zytomegalie (angeboren)
III. *Tod*		
1. Influenza (Virusgrippe) 2. Keuchhusten	3. Masern 4. Puerperalsepsis 5. Scharlach	
IV. *Jeder Ausscheider*		
1. Choleravibrionen 2. Salmonellen 3. Shigellen		

Nach dem Bundeseuchengesetz ist *krank* eine Person, die an einer übertragbaren Krankheit erkrankt ist, *krankheitsverdächtig* eine Person, bei der Erscheinungen bestehen, welche das Vorliegen einer bestimmten übertragbaren Krankheit vermuten lassen, *Ausscheider* eine Person, die Krankheitserreger ausscheidet, ohne krank oder krankheitsverdächtig zu sein.

schiedene Serovarietäten, wovon der Typ A am häufigsten vorkommt. Nach Verzehr von toxinbeladenen Nahrungsmitteln kommt es beim Erwachsenen zu Krankheitserscheinungen, wobei bereits weniger als 1 μg tödlich sein kann.
Bei Neugeborenen kann es, z. B. durch sporenhaltigen Honig, auch zu einer Besiedlung des Darmes mit vegetativen Bakterien kommen, so daß nachfolgend im Darm erst das Toxin produziert wird.
Das Toxin hemmt in der neuromuskulären Endplatte die präsynaptische Freisetzung von Acetylcholin und lähmt somit cholinergische Nerven.

Sy: 12–36 Stunden nach Toxinaufnahme treten gastrointestinale Beschwerden, wie Übelkeit und Erbrechen, auf. Später kommen Lähmungserscheinungen hinzu. Zuerst ist die Augenmuskulatur betroffen, was zu Sehunschärfe, zum Sehen von Doppelbildern und zu Ptosis führt. Bulbäre Symptome wie Sprach-, Schluck- und Atemstörungen kommen hinzu, ebenso wie Störungen der Sekretion von Speichel und Tränen. Gelegentlich fällt auch die Darm-, Blasen- und Skelettmuskulatur aus.

Dg: Nachweis des Toxins im Serum durch Tierversuch. Auch verdächtige Nahrungsmittel können untersucht werden.

DD: Enzephalitiden, andere Intoxikationen.

Th: Derzeit gibt es nur ein heterologes(!) Antiserum vom Pferd, welches bei rechtzeitiger Gabe vielleicht die Toxine A, B und E neutralisieren kann, wegen der Gefahr der Serumkrankheit aber nur bei strenger Indikation angebracht ist. Die symptomatische Therapie mit Cholinergika ist eine wichtige Maßnahme. Atmung und Kreislauf sollten ständig kontrolliert und unterstützt werden, da plötzlicher Atemstillstand die häufigste Todesursache ist.

Brucellose (Morbus Bang, Malta-Fieber, Mittelmeerfieber)

Meldepflichtig.

Vk: Im Mittelmeerraum, aber auch in tropischen Ländern sind immer noch Rinder, Schafe, Ziegen und selten auch Schweine mit Brucellen infiziert. Durch direkten Kontakt mit infizierten Tieren oder, was viel häufiger ist, durch Verzehr von roher Milch oder Käse

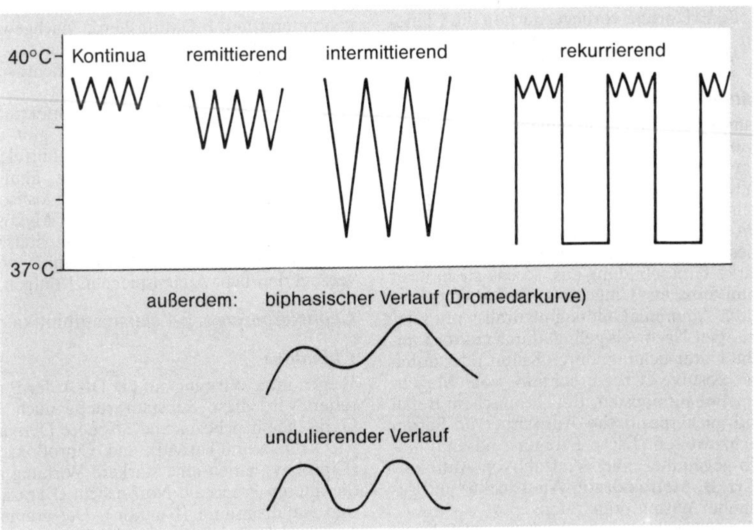

Abb. 20.1 Unterschiedliche Fiebertypen.

aus Rohmilch kommt es zur Infektion. Der Umgang mit Brucellen im Labor ist höchst gefährlich. Folglich sind Landwirte, Tierärzte, MTAs und Touristen betroffen; bei letzteren bringt die Frage nach dem Verzehr von Schafs- bzw. Ziegenkäse einen Hinweis.

Ät und *Pathog:* Die gramnegativen Bakterien (Brucella abortus vom Rind, B. melitensis von Schaf und Ziege. B. suis vom Schwein) führen im Menschen zu einer Bakteriämie und zu einer Besiedlung verschiedener Organe, vor allem des retikuloendothelialen Systems (Milz, Leber, Knochenmark). Die Erreger vermehren sich dabei intrazellulär in den Makrophagen. Nur eine T-zellvermittelte Immunität kann eine solche Infektion beenden. Gelegentlich kommt es zu chronisch-persistierenden Infektionen.

Sy: Nach einer Inkubation von 3 Wochen kommt es zu undulierendem Fieber (Abb. 20.**1**), Milz- und Leberschwellung. Seltener sind auch andere Organe betroffen, z. B. Endokarditis, Osteomyelitis.

DD: Typhus, Kala-Azar, Toxoplasmose.

Dg: In der akuten Phase sind die Bakterien in Blut- oder Knochenmarkkulturen nachweisbar; sonst serologischer Nachweis von spezifischen Antikörpern.

Th: Tetracycline über einen langen Zeitraum. Auch Cotrimoxazol wirkt gegen die intrazellulären Erreger. Obwohl noch keine große Erfahrung vorliegt, dürften die Chinolone ebenfalls gute Aktivität haben.

Prl: Eliminierung infizierter Tierbestände.

Campylobacter-Infektionen

Campylobacter sind gramnegative, gebogene Stäbchenbakterien, die nur bei vermindertem Sauerstoffgehalt wachsen (mikroaerophil).

Helicobacter pylori ist bei der Entstehung von Gastritis und Ulcus ventriculi beteiligt. Diese Bakterien zeichnen sich durch eine starke Ureasebildung aus, so daß sie in ihrer unmittelbaren Umgebung die Magensäure durch Ammoniakbildung neutralisieren können. Der Nachweis gelingt durch mikroskopische Untersuchung, durch Kultur oder durch die positive Ureasereaktion von Magenschleimhautbiopsien. Bei chronischem Befall sind auch spezifische Antikörper im Serum nachzuweisen. Diese Erreger sind empfindlich gegenüber einer Vielzahl von Antibiotika (z. B. Metronidazol, Amoxicillin) und gegenüber Wismutpräparaten.

Fleisch von Hühnern, Rindern und Schweinen ist in einem sehr hohen Prozentsatz mit Campylobacter jejuni bzw. coli kontaminiert. Diese Bakterien infizieren den Dickdarm und erzeugen eine akute fieberhafte Enteritis, wobei oft blutige Stühle produziert werden. Meldepflicht! Meist spontane Heilung. Evtl. Therapie mit Erythromycin. Die Diagnose wird durch den kulturellen Nachweis der Erreger gestellt.

Campylobacter fetus: Seltener Erreger von septischen Infektionen.

Candidamykose (Kandidose, Soor)

Ät und *Pathog:* Sproßpilze sind weit verbreitet. Auch Haut und Schleimhäute sind recht häufig saprophytär besiedelt. Gelegentlich kann es jedoch zu endogenen Sproßpilzinfektionen kommen, wobei Candida albicans weitaus der häufigste Krankheitserreger von den insgesamt ca. 200 Arten ist.

Sy: Überall auf der Haut, wo es feucht, warm und dunkel ist, besteht ein günstiges Terrain, z. B. zwischen den Fußzehen, in Achsel, Speckfalten, Mundhöhle, Vagina, so daß eine massive Ausbreitung möglich ist, die zu einer entzündlichen Rötung und zu weißen Belägen führt. Bei Abwehrschwäche, vor allem der Granulozyten und der Makrophagen, kommt es gelegentlich auch zu einer Invasion und zu variablen Systemerkrankungen, z. B. Ösophagitis, Pneumonie. Nach septischer Ausbreitung können oft am Augenhintergrund Infektionsherde nachgewiesen werden. Bei Fieber unklarer Genese, das auf Antibiotikatherapie nicht anspricht, sollte man an Pilze denken.

Dg: Kultureller Nachweis aus Infektionsherd oder aus Blut. Gelegentlich gibt ein Antikörpernachweis im Serum hilfreiche Aufschlüsse. Der Candidinhauttest, ähnlich dem Tuberkulintest, hat keine diagnostische Bedeutung für die Diagnose einer Mykose, ist aber ein Hinweis für den Aktivitätszustand der T-zellabhängigen Immunität vom verzögerten Typ. Augenspiegeln, Röntgen.

Cephalosporine s. β-Lactamantibiotika

Chinolone

Wegen ihrer Wirkung auf die DNA der Bakterien wird diese Substanzgruppe auch als Gyrasehemmer bezeichnet. Neuere Derivate wie Ofloxacin (Tarivid) und Ciprofloxacin (Ciprobay) haben eine stärkere Wirkung als die älteren Präparate Norfloxacin (Barazan) und Nalidixinsäure (Nogram). Die gramnegativen aeroben Bakterien sind weitgehend empfindlich, während die grampositiven

Aerobier zwar auch noch ansprechen, aber doch deutlich weniger. Anaerobier sind völlig resistent. Vor allem bei Darminfektionen mit Enteritiserregern sind diese Präparate derzeit unschlagbar. Daneben können aber auch Harnwegsinfektionen, Pneumonien und andere lokale und septische Infektionen damit behandelt werden. Bei der Therapie sollte man auf die Möglichkeit der ZNS-Wirkung achten. Kleinkinder sollten nicht therapiert werden, da Schädigungen des Gelenkknorpels nicht auszuschließen sind.

Chlamydieninfektionen

Ät: Diese zellwandlosen Bakterien sind obligate intrazelluläre Parasiten, d. h., sie vermehren sich wie Viren nur innerhalb von Wirtszellen und nicht, wie die meisten anderen Bakterien, auf künstlichen Nährböden.

Sy: Chlamydia trachomatis ist nicht nur Erreger der Einschlußkonjunktivitis sowie weltweit die häufigste Ursache von Blindheit, nämlich durch die Induktion des Trachoms (s. Kap. Augenkrankheiten), und eine der häufigsten sexuell übertragenen Krankheiten, nämlich z. B. als Erreger von Kolpitis und Salpingitis, sondern auch Ursache von Pneumonien.
Diese Infektion wie auch die mit Chlamydia pneumoniae verläuft meist als sog. atypische Pneumonie (s. Tab. 20.**3**).
Chlamydia psittaci ist der Erreger der Ornithose, der Papageienkrankheit, die von diesen Vögeln und von Sittichen übertragen wird. 1–3 Wochen nach Infektion kommt es zu einer fieberhaften Erkrankung mit deutlichem Krankheitsgefühl. Husten, anfangs trocken, später mukopurulent, ist typisch. Manchmal entwickelt sich eine atypische Pneumonie. Meldepflicht!

Dg: Der Nachweis von Chlamydien gelingt durch Kultur in Zellen. Ein Antigennachweis direkt im Fluoreszenzmikroskop bzw. im ELISA mittels monoklonaler Antikörper ist möglich. Daneben ist auch der Anstieg von Antikörpern im Serum im Verlaufe der Infektion ein Hinweis. Die Ornithose-KBR erfaßt Antikörper gegen die ganze Gruppe der Chlamydienantigene. Auf viele Monate und selbst auf Jahre hinaus kann der Titer erhöht bleiben. Ein positiver Ausfall der Reaktion beweist also nicht unbedingt ein akutes Geschehen. Andererseits bleibt bei nur lokaler Infektion, z. B. des Genitaltrakts, die KBR negativ. Der empfindlichere Mikroimmunfluoreszenztest zum Nachweis von IgM- und IgG-Antikörpern steht nur in Speziallabors zur Verfügung.

Th: β-Lactamantibiotika, also z. B. Penicilline und Cephalosporine, sind nutzlos. Tetracycline und Makrolidantibiotika, wie Erythromycin, sind Mittel der ersten Wahl.

Prl: Sittiche und Papageien kommen nach dem Import meist in eine Quarantäne. Dennoch kommt es immer wieder zu Infekten mit Chlamydia psittaci durch Vögel, die frisch aus dem Handel bezogen wurden. Diese Gefahr sollte gemieden werden. Eine Expositionsprophylaxe ist auch die wichtigste Maßnahme bei der Verhütung der Infektion mit Chlamydia trachomatis.

Chloramphenicol

Trotz seiner breiten Wirkung auf viele aerobe und anaerobe Bakterien sollte dieses Präparat wegen der lebensbedrohlicher Knochenmarkschädigung nur noch wenig eingesetzt werden, allenfalls extern oder bei vitalen Indikationen, z. B. Meningitis und Hirnabszessen, weil es recht gut die Blut-Hirn-Schranke passiert.

Clindamycin (Sobelin)

Neben seiner Wirkung auf grampositive Aerobier ist vor allem die hervorragende Wirkung dieses Antibiotikums auf Anaerobier zu nennen. Wegen seiner guten Knochengängigkeit wird es auch oft bei Osteomyelitis eingesetzt. Als Nebenwirkung kommen allergische Reaktionen vor; neben der Gefahr der Nierenschädigung ist auch die Komplikation der pseudomembranösen Kolitis zu beachten. Verwandt mit Clindamycin ist Lincomycin (Albiotic).

Cotrimoxazol (Bactrim, Eusaprim, Omsat)

Die Kombination von Trimethoprim und Sulfamethoxazol hat eine synergistische Wirkung auf grampositive wie gramnegative Bakterien, wobei der Folsäuremetabolismus gestört wird, hauptsächlich der aeroben Bakterien. Die orale Gabe kann den Darm weitgehend frei von potentiell pathogenen gramnegativen Stäbchenbakterien machen, ohne die Anaerobier zu vernichten, so daß dieses Präparat zur selektiven Darmdekontamination geeignet ist, um die endogene Infektion von abwehrgeschwächten Patienten (Leukämie) mit der eigenen Darmflora zu verhindern. Außerdem wirkt es gegen Pneumocystis carinii. Auch zur Behandlung von lokalen und systemischen Infektionen, hauptsächlich mit gramnegativen Keimen, wie z. B. Pyelonephritis oder Pneumonie, ist es geeignet. Wegen der Gefahr der Knochenmarkdepression und der Sulfonamidallergie ist ein kritischer Einsatz angeraten.

Coxsackievirusinfektionen

Ät und *Pathog:* Unterteilung in Gruppe A (mit 24 Serotypen) und Gruppe B (mit 6 Serotypen). Übertragung von Mensch zu Mensch auf oralem Wege oder als Tröpfcheninfektion. Primäre Infektion hinterläßt anhaltende Immunität.

Sy: Einzelne Serotypen erzeugen ganz unterschiedliche Krankheitsbilder: Schnupfen und Pharyngitis, auch Herpangina, „Sommergrippe", Pleurodynie (Bornholm-Erkrankung), Meningitis, polioähnliche Lähmungen (meist reversibel), Myokarditis, Exantheme (gelegentlich rötelnähnlich, aber auch wie Mund-Hand-Fuß-Krankheit; nicht zu verwechseln mit Maul- und Klauenseuche).

Dg: Serologischer Nachweis, gelegentlich Kultur.

Diphtherie

Vk, Ät und *Pathog:* Toxinbildende Corynebakterien erzeugen eine lokale Infektion der Schleimhaut – überwiegend des Rachens – oder der Haut, mit variabler entzündlicher Reaktion. Das Exotoxin dieser Diphtheriebakterien kann systemisch verbreitet werden und an verschiedenen Organen (Herz, Leber, Nieren) Zellnekrosen hervorrufen, was auch beim Erwachsenen lebensbedrohliche Folgen hervorrufen kann.

Heute selten, da nicht mehr endemisch. Meist importiert aus tropischen Ländern. In Epidemiezeiten können gesunde Träger durch Tröpfcheninfektion die Erreger verbreiten.

Sy: Die eitrige Angina mit grauweißen Belägen, die so fest an den Tonsillen haften, daß beim Abreißen blutende Lücken entstehen, ist die häufigste Form. Übergreifen der entzündlichen Reaktion auf Gaumenbögen, Uvula und Rachenwand ist möglich. Manchmal ist auch die Nasenschleimhaut oder der Kehlkopf primärer Ort der Infektion, was je nach Ausprägung zur Beeinträchtigung (Heiserkeit, Dyspnoe, Stridor, Krupp, Zyanose, Schluckbeschwerden) führt. Typischer Geruch. Bei insgesamt schwerem fieberhaften Krankheitsbild kommt es zur Schwellung der regionalen Lymphknoten. Bei importierten Fällen wird häufig eine Hautdiphtherie (Eiterherde) gesehen.

Th: Bei ausgeprägtem Krankheitsbild bringt nur eine Gabe von neutralisierendem Antitoxin einen unmittelbaren Schutz. Da aber derzeit humanes Hyperimmunglobin noch nicht in ausreichendem Maße zur Verfügung steht, muß man heute noch mit heterologem Antiserum vom Pferd behandeln (Gefahr der Serumkrankheit). Eine antibiotische Therapie mit Penicillin G für 10 Tage sollte gleichzeitig einsetzen, um eine weitere Toxinproduktion durch die Bakterien zu hemmen. Als Ersatzpräparat kommt Erythromycin in Frage. Glucocorticoide sind ggf. notwendig für die Linderung der akuten Störungen. Bei Atemstörungen Intubation. Strenge Bettruhe wegen der möglichen Herzschädigung. EKG-Kontrollen. Kontrolle der Therapie durch bakteriologische Untersuchungen nach Abschluß der Therapie. Bei Trägern sollte über 14 Tage Erythromycin gegeben werden.

Prl: Aktive Impfung mit Toxoid. Da Erwachsene manchmal heftig reagieren, müssen sie mit einer Vakzine geimpft werden, die im Vergleich zum Impfstoff für Kinder nur einen deutlich reduzierten Gehalt hat (d). Wegen der geringen Immunogenität enthält der Impfstoff Aluminiumsalz als Adjuvans, was gelegentlich Ursache für lokale Unverträglichkeit sein kann. Empfohlen wird eine Impfung auch von Erwachsenen, z. B. gleichzeitig mit einer Tetanusauffrischung (Td).

Endotoxin

Bestandteil der Zellwand von gramnegativen Bakterien. Der Lipidanteil des Lipopolysaccharidmoleküls ist die eigentlich toxische Komponente. Bereits geringe Mengen von Endotoxin erzeugen im Menschen eine Reihe von Folgen. Endotoxin ist das stärkste exogene Pyrogen, denn durch Stimulierung der Makrophagen, Interleukin 1 (IL 1) und Tumornekrosefaktor (TNF), die endogenen Pyrogene, zu produzieren und zu sezernieren, wird Fieber erzeugt. Darüber hinaus bewirken IL 1 und TNF noch eine Vielzahl anderer Reaktionen. Endotoxin stört aber auch die Blutgerinnung und das Gefäßsystem, so daß oft ein fataler Kreislaufschock entsteht.

Bei vielen bakteriellen Infektionen spielt also Endotoxin eine entscheidende pathogenetische Rolle. Da die Endotoxinmoleküle aller gramnegativen Keime ziemlich ähnlich sind, bestehen Vorstellungen, durch spezielle Antiseren gegen diese bakteriellen Produkte einen Schutz zu vermitteln. Die Ergebnisse sind jedoch nicht überzeugend. Polymyxin B blockiert mehrere toxische Effekte von Endotoxin.

Enteritis infectiosa
Meldepflicht beachten!
Ät:

- mikrobielle Toxine,
- Viren (Enteroviren, Zytomegalievirus, Rotaviren, Norwalk agent, Parvoviren u. a.),
- Bakterien (Aeromonas, Campylobacter, Dyspepsiekolibakterien, Salmonellen, Shigellen, Yersinien, Vibrionen),
- Protozoen (Amöben, Lamblien, Kryptosporidien),
- Würmer.

Sproßpilze sind dagegen selten primäre Ursache von Durchfall. Als Folge von Störungen der Darmflora können sie sich massiv vermehren und dann sekundär vielleicht Beschwerden verursachen.
Sy: Übelkeit, Erbrechen, Bauchschmerzen, Durchfälle, begleitet von Fieber und gelegentlich von Tenesmen und Blutbeimengung.
Kompl: Meist nur akuter Verlauf; gelegentlich Persistenz der Erreger; selten septische Ausbreitung der Erreger und Möglichkeit der Absiedelung, z. B. im Knochen. Gelegentlich tiefe Ulzerationen und Darmperforation. Einige Wochen nach dem akuten Geschehen treten bei einzelnen, vorwiegend Frauen, immunpathologische Reaktionen in Form von Arthritis, Urethritis, Konjunktivitis und Erythema nodosum auf.
Dg: Die Häufigkeit, Konsistenz, Geruch und Aussehen der Stühle geben Aufschluß über ihre Ursachen. Mikroskopische Untersuchung von Stuhl (Protozoen), Antigennachweis im Stuhl (Rotaviren), kultureller Nachweis im Stuhl (Bakterien, evtl, auch Viren); ggf. serologischer Nachweis von spezifischen Antikörpern.
Th: Symptomatisch, d. h. Ersatz des Wasser- und Elektrolytverlustes, oder mit Imodium (bei anhaltenden Beschwerden kann eine solche Therapie jedoch unter Umständen die Krankheit verschlimmern, wenn z. B. die Toxinresorption dadurch nur begünstigt wird). Bakterielle Infektionen sprechen gut auf orale Gabe von Gyrasehemmern an (Ciprofloxacin [Ciprobay]. Amöben und Lamblien sind gut gegen Metronidazol (Clont) empfindlich.

Enteroviren
Umfassen Polioviren (3 Typen), Coxsackieviren (30 Typen) und ECHO-Viren (33 Typen). „Sommerdiarrhöen".

Erysipel
Hochfieberhafte Hautinfektion durch β-hämolysierende Streptokokken der Serogruppe A (Streptococcus pyogenes).
Ät und *Pathog:* Dieselben Erreger, die Angina und Scharlach hervorrufen können, erzeugen auch das Erysipel. Sie produzieren eine Vielzahl von Exotoxinen, darunter auch Streptokinase und Streptolysin O, welche das Eindringen in das Gewebe und seine Irritation ermöglichen.
Sy: Scharf begrenzte, schmerzhafte Rötung der Haut mit progressivem Rand, meist an der unteren Extremität, z. B. bei Vorliegen eines Ulcus cruris oder einer Venenstauung. Nachfolgend Schwellung der regionalen Lymphknoten. Reaktivierter Herpes simplex labialis oft als Begleitinfektion.
Dg: Kultur der Erreger im Abstrich, evtl. auch in der Blutkultur. Rheumaserologie, z. B. Antistreptolysin-O-Titer oder Antistreptodesoxyribonuclease-Titer.
DD: Phlegmonöse Infektionen, Erysipeloid.
Th: Penicillin, ggf. Erythromycin.
Prgn: Rezidivneigung.

Erysipeloid (Schweinerotlauf)
Ät und *Vk:* Der Erreger Erysipelothrix rhusiopathiae wird von erkrankten Tieren (Schweinen) vorwiegend auf Landwirte, Tierärzte, Metzger übertragen.
Sy: Lokale Rötung (meist am Finger) *ohne* Fieber, die meist spontan nach wenigen Tagen abklingt. Gelegentlich jedoch septische Ausbreitung und Endokarditis.
Th: Penicillin, ggf. Tetracyclin.

Erythromycin
Dieses Antibiotikum gehört in die Gruppe der Makrolidantibiotika, wie z. B. Josamycin (Wilprafen), Roxithromycin (Rulid) und Clarithromycin (Klacid). Es hemmt die Proteinsynthese von Bakterien und wirkt bakteriostatisch. Haupteinsatzgebiet ist die Therapie von Infektionen mit grampositiven Bakterien, vor allem als Ersatz von Penicillin bei Allergie. Auch bei einigen gramnegativen Bakterien, wie Bordetella pertussis, Legionella pneumophila und Campylobacter jejuni, ist es gut wirksam. Auch zellwandlose

Bakterien, etwa Mykoplasmen, Rickettsien, Chlamydien und L-Formen, sprechen darauf an. Da die Erythromycinbase, die eigentlich antibakteriell wirksame Substanz, enteral nicht resorbiert wird, müssen für die orale Gabe Ester gegeben werden, z. B. Erythromycin-Estolat oder -Äthylsuccinat. Für die parenterale Darreichung stehen andere Ester zur Verfügung.
Gelegentlich sind die Ester und nicht das Erythromycin selbst für Nebenwirkungen verantwortlich, z. B. sollte Estolat nicht bei Lebererkrankungen verordnet werden. Die neuen Präparate, wie Rulid und Klacid, haben bessere pharmakologische Eigenschaften (höhere Gewebsspiegel) als Erythromycin und sind somit meist vorzuziehen.
Für die Behandlung der Akne stehen zur örtlichen Behandlung Lösungen, Gele und Salben zur Verfügung.

Fluconazol (Diflucan)

Azolderivat mit hervorragender Wirkung auf Sproßpilze. Wegen der guten Liquorgängigkeit kann es auch für die Behandlung von Kryptokokkenmeningitis eingesetzt werden. Besonders hervorzuheben ist seine gute Nierengängigkeit. Kann oral und parenteral angewandt werden. Resistenzen sehr selten.

Flucytosin (Ancotil)

Dieses Nucleosidanalogon wird von Sproßpilzen für ihre Nucleinsäuresynthese verwertet, und in der Folge kommt es durch den Einbau dieser fehlerhaften Bausteine zu einer Vermehrungshemmung. Einzelne Sproßpilzarten, wie Candida tropicalis, sind primär resistent. Die meisten anderen Sproßpilze, darunter auch 90% aller Stämme von C. albicans, sind bei uns primär empfindlich. Unter der Therapie entstehen jedoch innerhalb von 14 Tagen resistente Stämme, so daß eine Labortestung der Empfindlichkeit empfohlen wird.
Da in vitro eine synergistiche Wirkung mit Amphotericin B besteht, wird eine Kombinationstherapie empfohlen, obwohl eine klinische Bestätigung für diesen Vorteil noch aussteht.
Eine orale wie parenterale Gabe ist möglich, wobei in der Niere und auch im ZNS recht gute Wirkspiegel erreicht werden. Wegen einer Vielzahl von Nebenwirkungen (Leukozytopenie, Leberschädigung, gastrointestinale Beschwerden) muß eine Therapie oft abgebrochen werden.

Fosfomycin

Chemisch ist dieses Präparat mit keinem der üblichen Antibiotika verwandt, so daß es keine Kreuzresistenzen gibt. Obwohl es breit gegen gramnegative und grampositive Bakterien wirkt, hat es sein Haupteinsatzgebiet bei Staphylokokkeninfektionen. Da es an einer anderen Stelle der Zellwandsynthese der Bakterien als Penicillin angreift, ist eine Kombination mit β-Lactamantibiotika sinnvoll. Wegen seiner guten Gewebepenetration ist es, z. B. bei Osteomyelitis und Meningitis, von Wert.

Frühsommermeningoenzephalitis (FSME)

Meldepflichtig.

Vk, Ät und *Pathog:* Diese Arbovirusinfektion, die durch Zecken (Holzbock) übertragen wird, manifestiert sich hauptsächlich als Enzephalitis, weswegen sie auch Zeckenenzephalitis genannt wird (nicht zu verwechseln mit der bakteriellen Zeckenenzephalitis, der Borreliose, die sehr viel häufiger ist). Selbst in den eigentlichen Endemiegebieten, wie Bayerischer Wald, Kärnten und Jugoslawien, sind aber nur wenige Zecken (nur etwa jede 1000.) Träger, so daß das Risiko einer FSME niedrig ist.

Sy: Nach einer Inkubationszeit von 6–21 Tagen treten Fieber (Dromedarkurve [Abb. **20.1**]), Übelkeit, Erbrechen, Kopfschmerzen, Desorientierung auf. Die Symptome können über mehrere Monate anhalten.

Dg: Antikörpernachweis (evtl. auch Virusisolierung).

DD: Andere Virusenzephalitiden, Tularämie, tuberkulöse Meningitis, Leptospirose.

Prl: Möglichst frühe Entfernung der Zekke, um die übertragene Virusmenge gering zu halten. Aktive Immunisierung vor Exposition mit Totimpfstoff. Die Grundimmunisierung besteht in einer dreimaligen Injektion von Antigen (0, 4–6 Wochen, 9–12 Monate). Später alle 5 Jahre Auffrischimpfungen. Gute Wirksamkeit. Auch die Möglichkeit einer passiven Immunisierung mit Hyperimmunglobulin kurz nach Zeckenbefall besteht, ist jedoch nur selten wirklich indiziert.

Herpes simplex

(s. auch Hautkrankheiten, Augenkrankheiten, Geschlechtskrankheiten)

Ät und *Pathog:* Herpes-simplex-Viren der Typen 1 und 2 vermehren sich in den Wirtszellen und zerstören sie im akuten Geschehen. Danach lebenslange Persistenz in den

Ganglienzellen. Unter bestimmten Einflüssen (Fieber, Strahlen, Menstruation) können sie wieder in das Vermehrungsstadium übergehen und sich zentrifugal entlang der Nervenfasern ausbreiten, so daß dann eine Hautläsion entsteht.

Sy: Typ 1 ist meistens bei Infektionen oberhalb der Gürtellinie beteiligt. Erstinfektion erfolgt meist in der frühen Kindheit, und zwar häufig, so daß 99% der Erwachsenen die Erkrankung bereits durchgemacht haben. Primär sind Schleimhäute infiziert (Konjunktivitis, Stomatitis, Pharyngitis), was aber oft inapparent verläuft. Sehr selten entwickelt sich während der Primärinfektion eine bedrohliche Erkrankung, z. B. Enzephalitis. Die nachfolgende Immunität schützt, wenn auch nicht ganz zuverlässig, vor schweren Verläufen bei endogenen Rezidiven wie auch bei exogenen Reinfektionen. Bei Abwehrschwäche gibt es jedoch bedrohliche Rezidive auf Haut, Schleimhäuten und in Organen. Typ 2 ist hauptsächlich bei genitalen Infektionen (Vulvovaginitis, Balanitis) zu finden. Möglichkeit der Infektion von Neugeborenen während der Geburt!

Dg: Kultureller Nachweis, Antigennachweis, serologischer IgG- bzw. IgM-Nachweis.

Th: Aciclovir (entweder lokal oder systemisch).

Hospitalismus (nosokomiale Infektionen)

Beim abwehrgeschwächten Patienten können selbst wenig pathogene Mikroorganismen Infektionen erzeugen. Gerade Patienten, die wegen schwerer Grundkrankheiten längere Zeit in stationärer Behandlung sind, werden durch solche Keime gefährdet, die entweder aus der patienteneigenen Keimflora stammen oder aber erst im Krankenhaus erworben werden. Dabei handelt es sich oft um selektionierte, antibiotikaresistente Bakterien, z. B. koagulasenegative Staphylokokken, Escherichia coli, Klebsiellen, Serratia, Pseudomonaden. Auch Acinetobacter und Sproßpilze nutzen die Chance. Neben Harnwegsinfektionen treten Pneumonien, Sepsis und Wundinfektionen auf. Kunststoffkatheter sind häufig Eintrittspforten für diese opportunistischen Erreger.

Infektiöse Mononukleose (Pfeiffer-Drüsenfieber, Kissing disease, Monozytenangina)

Vk: Weit verbreitet. Meist im kindlichen und jugendlichen Alter erfolgt die Infektion, so daß Erkrankungen im Erwachsenenalter selten sind, denn es entsteht eine lebenslange Immunität. Über lange Zeit wird aber infektiöses Virus vor allem im Speichel ausgeschieden, wodurch die Infektkette Mensch–Mensch aufrechterhalten bleibt.

Ät und *Pathog:* Das Epstein-Barr-Virus (EBV) ist ein Virus der Herpesgruppe. Es infiziert hauptsächlich B-Lymphozyten, die z. T. zerstört und z. T. vorübergehend transformiert und immortalisiert werden können.

Sy: Inkubationszeit 5–12 Tage. Im kindlichen Alter meist asymptomatisch. Bei Jugendlichen und Erwachsenen protrahierter Verlauf, zumeist als katarrhalischer Infekt. Häufig starke Angina, Halsschmerzen, Fieber bis 40 °C und allgemeines Krankheitsgefühl, gelegentlich begleitet von einem masernähnlichen Exanthem. Nachfolgend Schwellung der Halslymphknoten im gesamten Halsbereich. Gelegentlich sind auch Milz und Leber mitbetroffen, wobei die Transaminasen deutlich ansteigen. Auch Myokarditis, seltener Enzephalitis treten auf.
Durch die Störung des Immunsystems vorübergehende Abwehrschwäche (Anergie) und immunologische Dysregulationen. Oft lange Rekonvaleszenzzeit.
In seltenen Fällen, bekannt vor allem in bestimmten afrikanischen Gebieten, kann dasselbe Virus das Burkitt-Lymphom, charakteristiert durch eine maligne Entartung der B-Lymphozyten oder ein nasopharyngeales Karzinom, hervorrufen.

Dg: Das Blutbild zeigt charakteristische Veränderungen, was zur Bezeichnung „Monozytenangina“ geführt hat. Es fällt eine Leukozytose auf, wobei hauptsächlich T-Lymphozyten und Monozyten, darunter pathologische mononukleäre Formen, vermehrt sind. Bereits während der akuten Phase einer Infektion sind in ca. 80% der Fälle heterophile Antikörper nachzuweisen, so daß im Paul-Bunnell-Test erhöhte Titer (>1:56) festgestellt werden können. Im Vergleich zum Paul-Bunnell-Test etwas verzögert treten dann spezifische antivirale Antikörper (zuerst IgM, später IgG) auf, deren Titerverläufe durch serologische Tests (Immunfluoreszenztest, ELISA) nachgewiesen werden können. Später werden Antikörper gegen Epstein-Barr nuclear antigen (EBNA) gebildet, die lebenslang auf niedrigem Niveau persistieren und als Zeichen einer Immunität gewertet werden können.

DD: Andere Anginaformen. Cave: Pathognomonisch ist das Auftreten eines massiven

Exanthems mit Hautschuppen nach Gabe von Ampicillin (fälschlicherweise wird danach oft eine Allergie gegen Ampicillin vermutet). Hepatotrope Viren, Zytomegalie.

Th: Symptomatisch (Aciclovir und Ganciclovir, die auf andere Viren der Herpesgruppe gut wirken, haben auf EBV keine zuverlässige Wirkung). Antibiotika nur bei bakteriellen Superinfektionen der Tonsillen.

Prgn: Gut, trotz gelegentlich schweren Verläufen, die sogar stationär behandelt werden müssen.

Kolitis, pseudomembranöse

s. pseudomembranöse Kolitis

Kryptokokkose

Ät und *Pathog:* Cryptococcus neoformans hält sich längere Zeit im Taubenkot. Durch Aerosole gelangt dieser bekapselte Sproßpilz auf den Menschen und befällt primär die Haut oder Lunge. Meist nur bei Abwehrschwäche kommt es zu einer Ausbreitung im Körper.

Sy: Rundherde in der Lunge; nässende chronische Ekzeme und Ulzera auf der Haut, Meningoenzephalitis.

Dg: Immunologischer Antigennachweis in Serum und Liquor (sehr zuverlässig, evtl. auch zur Verlaufskontrolle). Kultureller Nachweis in Liquor und Haut. (Bei der mikroskopischen Untersuchung des Liquors werden Kryptokokken oft mit Lymphozyten verwechselt, wenn nicht im Tuschepräprat die Kapsel der Erreger gesucht wird).

Th: Amphotericin B, evtl. kombiniert mit Flucytosin (Ancotil); Fluconazol.

Prgn: Schlecht, abhängig von der Abwehrlage.

Kryptosporidiose

Das Protozoon Cryptosporidium vermehrt sich in den Epithelzellen des Dünndarms. Die Intensität und die Vermehrungsdauer sind abhängig von der Abwehrlage des Menschen. Bei Immunschwäche kommt es zu profusen wäßrigen Durchfällen (bis zu 70mal/Tag und bis zu 17 l/Tag). Andere Krankheitszeichen wie Fieber, Bauchschmerzen und Übelkeit sind nur gering ausgeprägt. Der mikroskopische Nachweis von Zysten im Kot ist die einzige diagnostische Möglichkeit. Eine spezifische Therapie gibt es nicht.

β-Lactamantibiotika

Überblick über Wirkung und Nebenwirkungen

Dieser Gruppe von zellwandaktiven Antibiotika ist als chemischer Grundbaustein der β-Lactamring gemeinsam. Er hemmt die Enzymsysteme der Mureinsynthese, die bei allen Bakterien außer den zellwandlosen (Mykoplasmen, Chlamydien, Rickettsien, L-Formen) zum Überleben der Erreger notwendig ist. Da in menschlichen Zellen keine ähnlichen Syntheseschritte ablaufen, wirken sie ganz selektiv und zeichnen sich somit durch eine geringe Nebenwirkungsrate aus. Die Allergie ist die wichtigste Einschränkung, wobei jedoch meist keine anaphylaktische Reaktion, sondern nur eine Hautallergie auftritt, die nicht lebensbedrohlich ist. In manchen Fällen allerdings, vor allem bei parenteraler Applikation, können schwerste Reaktionen auftreten. Auch Kreuzallergien unter den verschiedenen β-Lactamgruppen kommen vor, sind jedoch nicht zwangsläufig. Probleme entstehen bei hoher Dosierung gelegentlich durch Überladung mit Natrium, das in manchen Präparaten enthalten ist. Eine Schädigung des Knochenmarks wird nur bei längerer Therapie von praktischer Bedeutung. Einzelne Cephalosporine, wie etwa Cefoperazon (Cefobis), können Störungen der Blutgerinnung erzeugen.

Penicilline

Penicillin G ist vor allem gegen Streptokokken (außer Enterokokken) hervorragend wirksam. Deswegen ist Penicillin immer noch Mittel der ersten Wahl bei der Behandlung von Infektionen mit hämolysierenden Streptokokken der Serogruppe A (Streptococcus pyogenes), also bei vielen Fällen von eitriger Angina und beim Erysipel, mit Streptokokken der Serogruppe B und mit Pneumokokken. Auch Diphtheriebakterien sprechen gut an. Meningokokken sind bei uns noch fast immer gegen Penicillin empfindlich. Dies gilt auch für Gonokokken, es sei denn, daß diese aus fernen Ländern importiert sind.

Clostridium perfringens, der Erreger von Gasbrand, ist ebenfalls meist anfällig, ebenso wie Aktinomyzeten. Staphylokokken, vor allem in Krankenhäusern und besonders die koagulasenegativen Staphylokokken, sind zu einem Großteil wegen der Produktion von β-Lactamasen resistent gegen Penicillin. In solchen Fällen wirkt oft noch Oxacillin (Stapenor) bzw. Flucloxacillin (Staphylex), die β-lactamasestabil sind. Wenn jedoch keine β-Lactamase gebildet wird, wirken sie wesentlich schwächer als Penicillin G. Für die p. o. Therapie sollte wegen der höheren Resorption Penicillin V oder Propicillin (Baycillin) verordnet werden. Zur Langzeittherapie, etwa bei rheumtischem Fieber, kann z. B. Tardocillin gegeben werden. Auch Procain kann durch Interferenz mit der Ausscheidung in der Niere die Wirkungsdauer von Penicillin erhöhen.

Ampicillin
Wie der Name bereits ausdrückt, hat Ampicillin (Amblosin, Binotal) ein breiteres Wirkungsspektrum als Penicillin, von dem es abgeleitet ist und mit dem es einen gemeinsamen Wirkungsmechanismus hat. Nicht nur grampositive Bakterien und Neisserien, sondern auch gramnegative Stäbchenbakterien, z. B. die Kolibakterien, werden damit erfaßt. Auch Enterokokken sind empfindlich. Dies wird nicht durch eine größere β-Lactamasestabilität, sondern durch eine bessere Fähigkeit der Penetration durch die Zellwand der Bakterien erreicht. In Kombination mit Inhibitoren der bakeriellen β-Lactamasen, z. B. Sulbactam bzw. Clavulansäure, kann Ampicillin sogar auch bei β-Lactamase bildenden Bakterien wirken. Da jedoch eine 100%ige Neutralisation der β-Lactamase nicht möglich ist, wäre prinzipiell im Falle einer Infektion mit einem nachgewiesenermaßen β-Lactamase bildenden Stamm ein Cephalosporin, das absolut β-lactamasefest ist, vorzuziehen.

Amoxicillin (Clamoxyl)
Es hat eine nahezu identische Wirkung wie Ampicillin, nur wird es bei p. o. Gabe wesentlich besser resorbiert, so daß die Wirkung auf die Darmflora geringer ist. Das gilt auch für andere Derivate, wie Bacampicillin oder Pivampicillin. Zu beachten ist eine mögliche Kreuzallergie mit Penicillin.

Ureidopenicilline
Azlocillin (Securopen), Mezlocillin (Baypen) und Piperacillin (Pipril) haben eine noch bessere Penetrationsfähigkeit als Ampicillin und wirken somit sogar noch günstiger auf manche gramnegative Erreger, in einigen Fällen selbst auf Pseudomonaden. Sie sind jedoch nicht β-lactamasestabil. Da sie nur wenig enteral resorbiert werden, stehen sie nur für eine parenterale Therapie zur Verfügung.

Cephalosporine
Diese Gruppe von Antibiotika ist ziemlich stabil gegen β-Lactamasen, wobei sich die einzelnen Generationen jedoch unterscheiden. Cephalosporine der ersten Generation, z. B. Cephalotin (Cephalotin, Cepovenin), sind nur gegen wenig Keime mehr als z. B. Ampicillin wirksam. Einige verwandte Präparate, wie Bidocef, Panoral, sind auch p. o. zu verabreichen.
Cephalosporine der zweiten Generation, z. B. Cefazolin (Gramaxin, Elzogram), Cefuroxim (Zinacef), Cefuroximaxetil (Zinnat) als p. o. Präparat, Cefotiam (Spizef), sind deutlich breiter wirksam im Bereich der gramnegativen Bakterien, haben jedoch einen Verlust an Aktivität im Bereich der grampositiven Bakterien im Vergleich zu den Cephalosporinen der ersten Generation und zu Ampicillin. Dieser Trend setzt sich fort bei Cephalosporinen der 3. Generation, z. B. Cefotaxim (Claforan), Ceftriaxon (Rocephin), Ceftazidim (Fortum), die gegen die meisten gramnegativen Keime hervorragend wirken.
Während in der direkten antibakteriellen Aktivität die Präparate einer Generation weitgehend gleich sind, wobei einige Präparate wie etwa Cefoxitin (Mefoxitin) und Latamoxef (Moxalactam) wegen ihrer guten Anaerobierwirkung hervorzuheben wären, unterscheiden sie sich jedoch in ihren pharmakologischen Eigenschaften erheblich, so daß eine unterschiedliche therapeutische Wertigkeit resultiert.

Peneme
Vertreter dieser Gruppe, z. B. Imipenem (Zienam), zeichnen sich durch eine extrem breite Wirkung auf grampositive und gramnegative Aerobier sowie Anaerobier aus. Nur ganz wenige Erreger, z. B. einige Pseudomonaden, sind dagegen resistent (wegen der raschen Eliminierung über die Niere wird dem Antibiotikum noch Cilastatin als Carboanhydrasehemmer zugesetzt).

Monobactame
Diese Gruppe von Substanzen, wozu z. B. Aztreonam (Azactam) zählt, ist extrem stabil gegen β-Lactamasen. Sie wirken jedoch ausschließlich auf gramnegative Keime.

Lambliasis

Ät und *Pathog:* Lamblia (Giardia) intestinalis ist ein anaerobes Protozoon, das auf der

Schleimhaut des Dünndarms und evtl. der Gallenwege sich vermehrt. Die Erkrankung entsteht nicht durch ein Eindringen der Erreger in die Darmwand, sondern vielmehr durch eine Rasenbildung von Erregern auf der Schleimhaut, so daß eine Resorption der Nahrungsmittel gestört wird.

Vk und *Sy:* Meistens bei Kleinkindern, gelegentlich auch bei Erwachsenen, sogar in kleinen Epidemien auftretend, kommt es zu Druck- und Schmerzgefühl im Oberbauch und Enteritis. Voluminöse, fettreiche Stühle als Zeichen einer Malabsorption.

Dg: Am ehesten gelingt der mikroskopische Nachweis von Lamblienzysten, den Dauerformen, im Stuhl erst nach Anreicherung. Evtl. kann auch in frischem Duodenalsaft die zappelnde vegetative Lamblie mikroskopisch erkannt werden.

Th: Metronidazol, Ornidazol oder Tinidazol. Als Mittel der 2. Wahl gilt Acranil.

Legionellose (Legionärskrankheit)

Vk und *Ät:* Neben Legionella pneumophila gibt es noch eine Reihe von verwandten Bakterien, die pathogen für den Menschen sind. Sie sind mit routinemäßigen Verfahren nicht nachweisbar und entgehen somit der Erkennung, wenn nicht speziell danach gesucht wird.

Legionellen sind ganz weit verbreitet, vor allem in Leitungen und Reservoiren von Kalt- und Warmwasser. Erst längeres Erhitzen auf über 60 °C tötet sie ab; jedoch droht eine baldige Rekontamination, wenn die Temperaturen wieder Normalwerte erreichen. Wenn sich Aerosole aus infiziertem Wasser bilden, beim Waschen, Duschen oder beim Befeuchten von Luft für Klimaanlagen, können die Erreger in die Atemwege des Menschen gelangen.

Sy: Pneumonie, begleitet von kontinuierlichem Fieber bis 40 °C, Schüttelfrost, Schwäche, Myalgie; relative Bradykardie, wenig eitriges Sputum, hauptsächlich in abwehrgeschwächten Patienten. Leichtere Formen, das sog. Pontiac-Fieber, verlaufen ohne Pneumonie grippeähnlich mit Pharyngitis, Husten, Kopf- und Brustschmerzen.

Dg: Direkter Nachweis von Bakterien in Trachealsekret mit fluorescinmarkierten Antiseren. Kultureller Nachweis auf Spezialnährböden. Nachweis von Serumantikörpern. Das Röntgenbild zeigt ein fleckförmiges alveoläres Infiltrat, überwiegend in den Unterlappen.

Th: Erythromycin und andere Makrolidantibiotika gelten als Mittel der Wahl. Da die Erreger sich auch intrazellulär in den Wirtszellen aufhalten können, muß eine verlängerte Therapiedauer beachtet werden, da zudem die Ausheilung im abwehrgeschwächten Patienten eher schwierig ist. Andere Mittel wären z. B. Rifampicin und evtl. Gyrasehemmer. Auf die Therapie hin bessert sich der Zustand ziemlich schnell, obwohl das Fieber noch eine Zeit andauern kann.

Aminoglykoside und β-Lactamantibiotika sind erfolglos.

Prl: Expositionsprophylaxe durch Vermeidung von Aerosolbildung von Leitungswasser (keine Perlatoren an Wasserhähnen!) oder durch Sanierung der Rohrleitungen. In Warmwasserboilern kann durch Intervalle von Temperaturerhöhungen vorübergehend eine Keimverminderung erzielt werden.

Leptospirosen

Meldepflichtig!

Ät: Reservoir sind Säugetiere, die mit dem Urin die Bakterien ausscheiden, z. B. Leptospira icterohaemorrhagiae bei Ratten, L. canicola bei Hunden, L. pomona bei Schweinen und L. grippotyphosa bei Mäusen. Eine Übertragung erfolgt hauptsächlich bei beruflicher Exposition, z. B. Landwirte, Tierpfleger, Metzger und Kanalarbeiter. Auch beim Baden im Baggersee können Infektionen erworben werden.

Sy: Nach einer Inkubationszeit von 2–20 Tagen setzt plötzlich eine septisch hochfieberhafte Erkrankung ein. Nach kurzer Erholung beginnt dann eine Organmanifestation, wobei je nach Erregerart mehr eine Hepatitis, Nephritis oder Meningitis in Erscheinung tritt. Konjunktivitis, Iritis und Myokarditis können diese Erkrankungen begleiten. Eine lange Rekonkvaleszenzzeit schließt sich an.

Dg: Der mikroskopische und kulturelle Nachweis in Blut, Liquor und Urin in der akuten Phase gelingt meist nur in Speziallabors. Die Produktion von spezifischen Antikörpern wird erst nach 14 Tagen erkennbar.

Th: Nur bei frühzeitigem Behandlungsbeginn, d. h. bereits in den ersten Tagen der akuten Phase, also meist vor der mikrobiologischen Diagnose, kann eine Antibiotikatherapie Erfolg haben, und selbst dann bei manchen Erkrankungsfällen nicht. Penicillin G bzw. Ampicillin ist noch am ehesten wirksam. Doxycyclin wurde ebenfalls eingesetzt.

Prgn: In den Organen können manchmal sehr schwere Schäden entstehen, so daß eine relativ hohe Mortalitätsrate von 20% je nach Erregerart resultiert.

Listeriose

Ät: Erreger ist Listeria monocytogenes, ein grampositives bewegliches Stäbchenbakterium. Sehr selten können auch andere Listeria-Arten Infektionen des Menschen erzeugen. Übertragen wird der Keim von der Umwelt auf den Menschen, z. B. durch Lebensmittel wie Salate, Wurst, Hähnchen, Milch und Milchprodukte (weiche Käse, Joghurt).

Sy: In vielen Fällen, aber durchaus nicht immer sind Patienten mit einer Abwehrschwäche betroffen, z. B. Neugeborene, Nierentransplantatempfänger, Leukämiepatienten, Cortisonbehandelte, Alte. Die häufigste Manifestation ist eine Sepsis, oft gefolgt von einer Meningitis. Als einziges Bakterium können Listerien auch eine Enzephalitis erzeugen, deren Symptomatik je nach Lokalisation, z. B. Hirnstamm, ganz variabel sein kann. Bei normalen Erwachsenen, z. B. auch bei Schwangeren, verläuft ein erster Kontakt oft nur als leichte atypische fieberhafte Erkrankung. Gefahr einer intrauterinen Infektion!

Dg: Mikroskopischer oder noch besser kultureller Erregernachweis in Blut und Liquor. Serologische Methoden sind ganz unzuverlässig. Eine Monozytose in Blut und Liquor kann manchmal ein Hinweis sein.

Th: Ampicillin (kombiniert mit einem Aminoglykosid). Wegen der intrazellulären Lagerung der Erreger in den Wirtszellen ist eine rasche Ausheilung nicht möglich, so daß die Therapie 2–3 Wochen lang fortgesetzt werden sollte.
Als Mittel 2. Wahl beim Erwachsenen gelten Tetracyclin und Cotrimoxazol. Auch Rifampicin hat gute Wirkung.

Prgn: Je nach Grundkrankheit oft ungünstig; ca. 30% Letalität.

Masern

Im Erwachsenenalter ist diese Infektion selten, da bereits eine Immunität im Kindesalter durch eine natürliche Infektion bzw. durch eine Impfung mit attenuiertem Lebendimpfstoff erworben wurde.
Monate bis Jahre nach einer Maserninfektion mit dem Wildvirus können bei 10 von 1 Million Infizierter trotz einer Immunreaktion disseminierte entzündliche Reaktionen im ZNS entstehen. Dies führt zu Krämpfen, zu motorischen und später auch zu geistigen Störungen. Oft endet diese Erkrankung tödlich. Diese *s*ubakute *s*klerosierende *P*an*e*nzephalitis (SSPE) ist durch die Persistenz von inkompletten Masernviren bedingt. Im Serum und im Liquor findet man extrem hohe Antikörpertiter gegen Masernvirus. Eine Masernimpfung kann eine solche gefährliche Komplikation der Maserninfektion verhindern.

Miconazol (Daktar) s. Azolderivate

Metronidazol (Clont, Flagyl) s. Anaerobier

Mononukleose, infektiöse s. infektiöse Mononukleose

Mykobakteriosen

Ät: Mykobakterien stellen eine Gruppe von aeroben Stäbchenbakterien dar, die nahezu überall in der Umgebung des Menschen und auch auf und im Menschen (oft als harmlose Saprophyten) vorkommen.
Wegen Wachsschichten in ihrer Zellwand sind sie mit den üblichen wasserlöslichen Farbstoffen nicht anzufärben. In der Ziehl-Neelsen-Färbung allerdings erscheinen sie als „säurefest". Wegen ihrer meist langsamen Vermehrung und ihren besonderen Ansprüchen sind sie mit üblichen Kulturverfahren nicht anzüchtbar. Auf Spezialnährböden wachsen sie auch oft erst nach Wochen zu erkennbaren Kolonien heran. Einige dieser Mykobakterien sind tierpathogen und können sich z. B. im Meerschweinchen vermehren. Aus praktischen Gründen unterscheidet man „*m*ycobacteria *o*ther *t*han *t*uberculosis" (MOTT), auch atypische Mykobakterien genannt, von den eigentlichen Tuberkelbakterien, den Erregern der Tuberkulose (S. 991). Zu dieser Gruppe von Bakterien wäre auch noch Mycobacterium leprae zu zählen, der Erreger des Aussatzes, der jedoch in Europa nicht mehr vorkommt.

Pathog und *Sy:* Die sog. „atypischen" Mykobakterien können eigentlich nur im abwehrgeschwächten Patienten, z. B. bei AIDS, eine fortschreitende Infektion erzeugen, wobei noch am häufigsten Mykobakterien der M.-avium-intracellulare-Untergruppe beteiligt sind. Je nach Ort der Invasion geht dies in variabler Intensität mit einer Pneumonie, einer Enteritis oder einer lokalen Eiterung einher. Wenn die Abwehrreaktion noch einigermaßen funktionstüchtig ist, kommt es zu einer Akkumulation von Leukozyten, Makrophagen und Lymphozyten am Ort der Infektion, was dann von generellen Entzündungszeichen, wie Fieber, allgemeines Krankheitsgefühl, begleitet wird.

Dg: Die klinischen Untersuchungen (Röntgen, Endoskopie, Punktion) richten sich nach den vorhandenen Organmanifestationen. Die Erreger können in Blutkulturen, Sputum, Urin und sogar in Fäzes auftreten. Die mikrobiologischen Untersuchungen solcher Proben zeigen oft bereits bei der mikroskopischen Darstellung der Untersuchungsmaterialien massenhafte Keimzahlen. Der Nachweis von „säurefesten Stäbchen" mit der Ziehl-Neelsen-Färbung mit gelegentlich erstaunlich geringer Gewebsreaktion läßt natürlich noch keine endgültige Unterscheidung zu, ob es sich um eine bloße Besiedlung, evtl. sogar mit völlig apathogenen Mykobakterien, oder um eine wirkliche Infektion handelt. Erst eine Differenzierung der Erreger nach Kultur erlaubt eine prognostische Wertung.

Th: Das eigentliche Ziel einer erfolgreichen Therapie müßte die Restitution der körpereigenen Abwehr sein. Wenn dies nicht gelingt, so können Antibiotika versucht werden. Da die atypischen Mykobakterien sehr oft gegenüber den Tuberkulostatika der ersten Wahl resistent sind, worin sie sich also ebenfalls von den Tuberkelbakterien unterscheiden, kann eine gezielte Therapie erst nach einem Antibiogramm erfolgen. Evtl. kann man durch Kombination von bis zu 6 verschiedenen Tuberkulostatika empirisch therapieren. Gelegentlich sind diese Mykobakterien aber gegen solche Antibiotika empfindlich, die üblicherweise nicht in der Behandlung der Tuberkulose verwendet werden, z. B. Ansamycin. Sogar Chinolone, wie z. B. Ciprofloxacin, sind gelegentlich erstaunlich wirksam, ohne daß jedoch eine generelle Empfindlichkeit besteht.

Nystatin

Ein Polyenderivat wie Amphotericin B, das die Permeabilität der Zellwand von Pilzen verändert. Gute Wirkung gegen verschiedene Sproßpilze und mäßige Wirkung gegen manche Schimmelpilze. Zur lokalen Behandlung von Sproßpilzinfektionen der Haut- und Schleimhäute.

Ornithose s. Chlamydieninfektion

Pneumonie s. S. 1104 ff und Tab. 20.**3**

Paratyphus

Meldepflichtig!

Vk und *Ät:* Salmonella paratyphi A, B und C sind heute meist nur bei Reisenden nach Rückkehr aus tropischen Ländern zu finden. Die Pathogenität dieser Salmonellen liegt intermediär zwischen Salmonella typhi und den übrigen Enteritis-Salmonellen.

Sy: Meist steht im Vordergrund die Enteritis wie bei den meisten Salmonellosen, aber manchmal kommt es auch zu „typhösen" Verläufen, wobei die Erkrankung jedoch meist milder als beim echten Typhus verläuft.

Tabelle 20.**3** Ätiologie, Symptome und Diagnose der Pneumonie

	„typisch"	„atypisch"
Ät	Bakterien	Viren, Mykoplasmen, Chlamydien, Pilze, Protozoen
Sy und Dg:		
Beginn	schlagartig	schleichend
Fieber	hoch	mäßig
Husten	stark	mäßig
Dyspnoe	deutlich	mäßig
Auswurf	rotfarben	mäßig
Leukozytose	stark	mäßig
BSG	hoch	mäßig
Krankheitsgefühl	ausgeprägt	mäßig
Röntgen	lobäre Verschattung	streifige Verschattung (broncholobulär)
Histologie	alveoläre, leukozytäre mononukleäre Infiltration	interstitielle, plasmazelluläre Infiltration

Th: Wie bei Typhus: Ciproflaxacin (Ciprobay).

Pseudomembranöse Kolitis

Ät und *Pathog:* Clostridium difficile, ein anaerob wachsendes grampositives Stäbchenbakterium, kann ein Enterotoxin (Toxin A) und ein Zytotoxin (Toxin B) produzieren. Wenn durch eine Störung der physiologischen Flora des Dickdarms, etwa durch eine Antibiotikatherapie, eine Überwucherung mit diesen Erregern erfolgt, so kann durch die große Menge Toxin eine Schädigung der Kolonschleimhaut erfolgen. Eine solche Komplikation wird relativ häufig bei Einsatz von Clindamycin beobachtet.

Sy: Variabel von leichter, blutiger Diarrhö bis zum toxischen Megakolon; dabei Fieber und Bauchschmerzen.

Dg: Rektoskopie, kultureller Nachweis im Abstrich oder Stuhl von Clostridium difficile und/oder Toxin B.

Th: Eine Reduktion der Zahl dieser Klostridien wird durch Vancomycin oder Metronidazol erreicht.

Respiratory syncytial virus (RS-Virus)

Ät und *Sy:* Dieses Paramyxovirus ist einer der häufigsten Erreger von katarrhalischen Infektionen der oberen Luftwege, Beim Erwachsenen verläuft die Infektion zumeist mild, kann aber andere Infektionen bahnen. Im Kleinkindesalter entwickeln sich Bronchiolitiden und Pneumonien.

Dg und *Th:* Der Direktnachweis von Virusantigen im Untersuchungsmaterial (Sputum, Trachealsekret) mit Hilfe immunologischer Techniken ist ein praktikabler Weg zur Diagnose. Eine spezifische Therapie existiert nicht.

Rhinoviren

Davon gibt es etwa 115 Arten. Etwa die Hälfte der uncharakteristischen Erkältungskrankheiten ist dadurch bedingt. Eine gezielte Diagnostik und Therapie ist praktisch nicht möglich. Die Abgrenzung von Influenza-, Parainfluenza-, Corona- und Coxsackieviren ist gelegentlich sinnvoll.

Ringelröteln (Erythema infectiosum)

Vk: 60% der Erwachsenen in Europa sind seropositiv, wobei die Infektion meist schon im Kindesalter abgelaufen ist.

Ät und *Pathog:* Parvovirus B 19 ist ein kleines DNA-Virus, das umweltbeständig ist und durch Tröpfchen übertragen wird (eine Verwandtschaft zum Rötelnvirus besteht nicht). Es vermehrt sich im Zellkern vorzugsweise von Wirtszellen, die sich rasch teilen, also z. B. Knochenmarkszellen. Vorläuferzellen der Erythrozyten werden dadurch lysiert. 7–14 Tage nach Infektion kommt es dann zu einer Virämie, die 4 Tage anhält, und zum Nachweis des Virus im Rachen. Einige Krankheitssymptome, z. B. das Erythem, sind vielleicht auf Immunkomplexe zurückzuführen.

Sy: Meistens verläuft die Infektion asymptomatisch oder als uncharakteristischer Virusinfekt, evtl. begleitet von einem Erythem, das zuerst zircumskript an den Wangen beginnt, wobei der Mundbereich typischerweise ausgespart bleibt. Später greift das netzartige Erythem auf den Stamm und die Extremitäten über. Handflächen und Fußsohlen bleiben ausgespart. Unter Streß kann eine Rötung rezidivieren. Bei Erwachsenen, bevorzugt bei Frauen, treten Komplikationen in Form von Arthritiden, gelegentlich auch von intestinalen Beschwerden viel häufiger auf als bei Kindern. Eine lang anhaltende Rekonvaleszenzzeit schließt sich an. Bei Patienten mit Blutbildungsstörungen kommt es durch die zytozide Wirkung der Viren zu einer transienten aplastischen Krise. Infektionen während der Schwangerschaft können zu Mißbildung oder intrauterinem Fruchttod führen.

Dg: Die Hauterscheinungen erlauben allenfalls einen Verdacht, jedoch keine sicheren Beweise. Laboruntersuchungen zeigen eine Reduktion der Retikulozytenzahlen und eine Verminderung des Hämoglobins in der akuten Phase. Der serologische Nachweis von spezifischen IgM-Antikörpern ist derzeit erst nur in wenigen Speziallabors möglich, ebenso wie der gentechnische Nachweis mittels DNA-Hybridisierung.

DD: Röteln, Masern, Enteritisviren, Yersiniosen.

Th: Eine spezifische Therapie oder Prophylaxe ist unbekannt. Immunglobulin (Beriglobin) hat manchmal eine günstige Wirkung.

Ruhr (bakteriell)

Meldepflichtig!

Vk, Ät und *Pathog:* Neben den Amöben (Entamoeba histolytica), protozoären Erregern, die eigentlich nur in tropischen Ländern übertragen werden (s. Amöbeninfektion), sind bei uns meistens Shigellen die Erreger der Ruhr. Bereits wenige Keime können durch Übertragung von Mensch zu Mensch eine Erkrankung induzieren, oft in kleinen Epidemien. Betroffen sind meist Kinder in Heimen und Kindergärten, wo eine orale Aufnahme mit fäkal verunreinigten Mahlzeiten und Gegenständen eben noch vorkommen kann. Erwachsene haben die Infektion meist von Reisen ins tropische Ausland mitgebracht, gerade wenn Shigella dysenteriae nachgewiesen wird. Je nach Menge des gebildeten Zelltoxins, dem Shiga-Toxin, einem hitzelabilen Toxin, können S. dysenteriae, S. sonnei und S. flexneri mehr oder weniger starke Entzündungen im Dickdarm hervorrufen.

Sy und *Kompl:* Nach einer Inkubationszeit von nur wenigen Stunden bis Tagen kommt es zu einer fieberhaften Gastroenteritis mit Erbrechen und Durchfällen. Häufige (30 pro Tag) und schmerzhafte Entleerungen sind typisch, wobei charakteristischerweise rote Blutauflagerungen auf dem Kot zu sehen sind.

Als postinfektiöse, immunpathologische Komplikationen sind Hauterscheinungen (Erythema nodosum) und auch das Reiter-Syndrom (Konjunktivitis, Urethritis, Arthritis) bekannt.

Dg: Kultureller Nachweis der Shigellen im Stuhl. Da diese Erreger schwieriger zu erkennen sind als z. B. Salmonellen, gelingt einem wenig Erfahrenen der Nachweis meist nicht.

Th: Bei Erwachsenen dürften Chinolone (Ciprobay) die besten Ergebnisse liefern. Bei Kindern wäre Cotrimoxazol indiziert.

Prl: Individuelle Hygiene.

Salmonellosen

Meldepflichtig!

Ät und *Pathog:* Mehr als 1800 verschiedene Serovarietäten, wobei Salmonella enteritidis bei uns mit Abstand der häufigste Vertreter ist. Die meisten dieser Erreger haben ihr Reservoir im Tierreich und können von dort auf den Menschen übertragen werden, oder die Erreger werden indirekt über Lebensmittel (Eier, Fleisch- und Milchprodukte) übertragen. In den allermeisten Fällen kommt es zu einer akuten Enteritis. Die entzündliche Reaktion im Dünndarm führt zu Durchfall (ohne Blutauflagerung). Selten, bei Alten und Immungeschwächten, kommt es zu einer systemischen Ausbreitung wie beim Typhus und Paratyphus.

Sy: Gastroenteritis mit Übelkeit, Fieber und Durchfall. Dabei ist das Allgemeinbefinden eingeschränkt. Die ersten Zeichen treten meist schon wenige Stunden nach Infektion auf. Meist tritt eine spontane Heilung ein. Gelegentlich jedoch wochenlange Diarrhöen. Im allgemeinen verschwinden die Salmonellen nach wenigen Monaten. Symptomlose Dauerausscheider über Jahre gibt es auch.

Th: Eine Antibiotikatherapie ist nicht in jedem Falle erforderlich. Im Gegenteil, die Ausscheidungsdauer kann dadurch sogar verlängert werden! Chinolone (Ciprofloxacin), stellen jedoch insofern eine Ausnahme dar, weil sie sogar in der Lage sind, Dauerausscheider innerhalb von ca. 10 Tagen zu kurieren. Eine Gabe von Lactulose kann eine Ausheilung unterstützen. Beim akuten Durchfall hilft Imodium.

Sepsis

Def und *Ät:* Wenn die Krankheitserreger (Viren, Bakterien, Pilze und Protozoen) die Eintrittspforte in den Körper überschritten und irgendwo im Gewebe einen entzündlichen Herd ausgelöst haben, so kann es geschehen, daß von dort (Pneumonie, Pyelonephritis, Cholezystitis, Osteomyelitis, Endokarditis, andere Eiterherde) ausgehend, Erreger über die Lymphwege oder direkt in die Blutbahn gelangen. Wenn solche Streuherde nur kurzfristig oder intermittierend Keime abgeben, spricht man von einer Bakteriämie bzw. Virämie. Wenn dagegen ständig eine Einschwemmung erfolgt oder die Erreger sich auch noch in der Blutbahn vermehren, so handelt es sich um eine Sepsis. Eine exakte Unterscheidung ist klinisch oft nicht möglich und hängt meist vom Schweregrad der Erkrankung ab.

Als Folge einer septischen Phase der Erregerausbreitung kann es sekundär zu einer metastatischen Besiedelung von entfernten Organen kommen, was dann eine eigene Symptomatik auslöst.

Pathog: Die Makrophagen der Leber und der Milz versuchen die zirkulierenden Keime aus der Blutbahn herauszufiltern. Diese gesteigerte Aktivität führt zu einer manchmal sogar schon tastbaren (aber weichen) Milz- und Leberschwellung. Je nach Art und Menge der Keime kommt es dabei zum Auslösen einer ganzen Serie von Mediatoren aus den Makrohpagen; Interleukin 1 und Tumornekrosefaktor führen zu einem Fieberanstieg. Endotoxin aus der Zellwand von gramnegativen Bakterien ist vor allen anderen Substanzen der stärkste Induktor. Solche Mediatoren führen aber auch zu einer Leukozytose, zu einer Erhöhung der BSG und der Akute-

Phase-Proteine (C-reaktives Protein, Haptoglobin, α_2-Makroglobulin, C4) und zu einer Stimulierung der B- und T-Lymphozyten und damit schlußendlich zu einer erhöhten Abwehrbereitschaft. Auch die Blutgerinnungskaskade wird an manchen Stellen durch frei werdende Entzündungsmediatoren mitangeregt.

Sy: Fieber (Abb. 20.**1**), oft schlagartig als Schüttelfrost beginnend, tritt etwa 1 Stunde nach der Invasion der Erreger auf. Im hohen Alter, wenn die Funktion der Makrophagen gestört ist, kann eine solche warnende Fieberreaktion ausbleiben. Leukozytose, Eosinopenie, Tachykardie, Tachypnoe, Hyposiderinämie, leichte Leberfunktionsstörung, Proteinurie sind weitere häufige Zeichen. Bei anhaltender Sepsis tritt dann mehr und mehr eine Schocksymptomatik mit Beeinträchtigung der Lungen- und Nierenfunktion in den Vordergrund. Bei septischen Metastasen treten dann spezielle Organstörungen auf, z. B. Befall des ZNS oder der Nebennierenrinde.
Wenn die Abwehr nicht mehr funktioniert, z. B. nach Splenektomie, kann eine solche Sepsis sich fulminant entwickeln (OPSI = overwhelming postsplenectomy infection), wobei bestimmte Erreger, nämlich bekapselte Bakterien, wie Pneumokokken, Haemophilus influenzae, Klebsiella pneumoniae und Escherichia coli, die hauptsächlichen Erreger sind.

Dg: Wenn die Quelle für die Sepsis bekannt ist, kann man daraus schon gewisse Schlüsse über die mögliche Erregernatur ziehen. Jedesmal, wenn die Infektion ursprünglich von einer Schleimhaut (oral, nasal, bronchial, enteral) ausgeht, sollte man an die Möglichkeit von Anaerobiern denken. Bei Urosepsis wie bei Cholangiosepsis sind meistens gramnegative Stäbchenbakterien, besonders Escherichia coli, beteiligt. Bei einer Epiglottitis gelangen typischerweise Haemophilus-influenzae-Bakterien ins Blut. Meningokokken verursachen daneben oft eine Meningitis. Salmonellen treten häufig im Rahmen einer Enteritis ins Blut.
Da die Prognose der Infektion von der Art der Erreger abhängt, ist eine präzise Diagnose wünschenswert, was nur durch einen immunologischen Nachweis von spezifischem Antigen, z. B. Candida und Cryptococcus, oder noch besser durch Erregerkultur möglich ist. Für die Blutkulturen stehen heute verschiedene Versionen zur Verfügung; die gängige Methode besteht darin, daß mindestens 10 ml Blut (bei Kindern reichen geringere Mengen, da dort meist höhere Bakterienkonzentrationen auftreten) in eine Nährbouillon gegeben werden, die dann über viele Tage bebrütet wird, so daß evtl. vorhandene Erreger sich so vermehren können, daß ihre Präsenz erkannt wird. Für Aerobier und Anaerobier wird meistens jeweils ein anderes Milieu angeboten. Nach einiger Zeit läßt sich damit also feststellen, ob überhaupt Erreger in der Blutprobe vorhanden waren und welche. Bei einem anderen System (Isolatorsystem) werden 10 ml Blut lysiert, scharf zentrifugiert, und der Bodensatz wird sofort mikroskopisch untersucht und auf feste Nährböden ausgestrichen, so daß sich nicht nur die Erregernatur, sondern sogar die Erregerzahl bestimmen läßt, was als prognostischer Parameter von Wert sein kann, aber auch das Ansprechen auf die Therapie erkennen läßt.
Da diese Blutentnahmen immer nur Stichproben sind, kann es natürlich geschehen, vor allem wenn die Erreger nur intermittierend in der Zirkulation erscheinen, daß bei einer einzigen Probenentnahme das Testergebnis negativ ausfällt. Bis zu 3 Blutentnahmen in engen Abständen sind sinnvoll; höhere Probenzahlen sind praktisch wenig ergiebig.
Die arterielle Blutentnahme hat gegenüber der venösen nur geringe Vorteile; allenfalls Sproßpilze könnten evtl. in den Arteriolen hängenbleiben und somit nicht mehr nachweisbar sein. Beim Nachweis von typischen Hautkeimen wie plasmakoagulase-negativen Staphylokokken bzw. Propionibakterien (die meist erst 1 Woche nach Bebrütung erkennbar werden) handelt es sich möglicherweise um eine simple Kontamination, weil die Bakterien durch die Punktion zufällig in die Kulturflasche geraten sind.

Th: Primäres Ziel ist es, den Infektionsherd zu beseitigen. Bei ätiologisch ungeklärter Sepsis sollte man Aerobier und Anaerobier breit abdecken, z. B. mit Imipenem (Zienam); auch Kombinationen von verschiedenen Antibiotika wie etwa β-Lactamantibiotika (Ureidopenicillin bzw. Cephalosporin) + Aminoglykoside + Metronidazol oder Chinolone + Metronidazol sind indiziert. Bei Verdacht auf gramnegative Infektion mit möglicher Endotoxinbelastung soll Polymyxin B eine günstige Wirkung durch Hemmung mancher Endotoxinwirkungen haben.
Daneben ist die fiebersenkende Therapie und die Kreislaufkontrolle von entscheidender Bedeutung. Die Volumensubstitution ist

kritisch, da andererseits eine Überladung die Neigung zum Lungenödem noch verstärkt. Bei Manifestation einer Schocklunge mit Diffusionsstörungen wäre eine Beatmung mit O_2 angebracht.

Sulfonamide

Diese Gruppe von synthetischen Substanzen hemmt die Folsäuresynthese von verschiedenen Bakterien, wie Streptokokken (außer Enterokokken) und Meningokokken. Auch eine Reihe gramnegativer Bakterien ist mäßig empfindlich, und selbst manche Protozoen, wie Malariaerreger und Toxoplasmen, sprechen darauf an. Erstens wegen einer relativ schnellen Resistenzentwicklung, zweitens wegen einer besseren Wirkung anderer Präparate und nicht zuletzt auch wegen allergischen Reaktionen ist eine Monotherapie von Infektionen mit Sulfonamiden heute obsolet. Die Kombination mit Trimethoprim (Cotrimoxazol) oder mit Daraprim (Fansidar) hat dagegen breite Anwendung und Berechtigung. Die lokale Gabe, z. B. in Form von Salben, sollte wegen der Gefahr der Allergisierung vermieden werden.

Tetracycline

Diese Gruppe von Antibiotika wirkt bakteriostatisch auf ein breites Spektrum von grampositiven und gramnegativen Bakterien. Da sie die Proteinsynthese der Bakterien hemmen, wirken sie auch gegen die zellwandlosen Bakterien, wie Chlamydien und Mykoplasmen. Therapeutische Unterschiede sind weitgehend durch unterschiedliche pharmakologische Eigenschaften der verschiedenen Derivate bedingt. Die Wirkung ist stark abhängig vom Milieu, so daß z. B. Minocyclin (Klinomycin), das über die Galle ausgeschieden wird, dort nicht wirken kann. Unter den möglichen Nebenwirkungen ist vor allem der Einbau dieser Substanzen in die Zähne von Kindern zu nennen, was zu irreversiblen Zahnschäden führt.

Tollwut (Lyssa, Rabies)

Meldepflichtig!

Ät und *Pathog:* Ursache ist ein Rhabdovirus, das durch Biß erkrankter Tiere übertragen wird, wobei Hunde und Füchse die Hauptrolle spielen. Andere Wildtiere, wie Eichhörnchen, Rehe und Fledermäuse, und Haustiere, wie Rinder, Schafe und Pferde, kommen jedoch prinzipiell schon als Überträger in Frage. Die Tiere sind dabei schon auffällig krank oder werden in der Zeit danach krank und gehen ein, so daß verdächtige Tiere, wenn möglich, eine Zeitlang in amtstierärztlicher Beobachtung gehalten werden sollen. Auf keinen Fall sollte das verdächtige Tier unmittelbar nach dem Biß getötet werden. Das Virus kann auch aus dem Speichel des Tieres über offene Wunden eindringen. Speichel, Tränen und Urin von erkrankten Menschen enthalten infektiöse Viren, aber eine Übertragung von Mensch zu Mensch ist extrem selten. Das Virus wandert zentripetal entlang der Nervenfasern, vermehrt sich dann im ZNS und erzeugt eine Enzephalitis und/oder eine Meningitis.

Sy: Die Inkubationszeit ist äußerst variabel, je nach Ort des Eindringens der Erreger; je näher am ZNS, desto früher die Erkrankung. Im Vorstadium der eigentlichen Erkrankung besteht eine Hyperästhesie der Bißwunde. Auch Fieber und Kopfschmerzen sind erste Anzeichen.

Während der manifesten Erkrankung zeigt sich je nach Ort der Entzündung bei einer Enzephalitis mehr eine aggressive Wut, bei einer Myelitis mehr eine stille Wut. Typischerweise reagiert der Patient auf den Anblick von Wasser mit einer Hydrophobie und mit Krämpfen der Schluckmuskulatur. Er hat geradezu Angst, etwas zu trinken; dabei läuft ihm selbst der Speichel aus dem Mund. Im Endstadium entwickelt sich dann eine Paralyse.

Dg: Erst bei einer manifesten Erkrankung lassen sich die Viren, evtl. durch Immunfluoreszenz in Abklatschpräparaten der Kornea, nachweisen. Auch virusspezifische Antikörper im Serum, evtl. auch im Liquor, lassen sich dann nachweisen. Deswegen ist besonders der Anamnese und vor allem dem Infektionsgeschehen beim verdächtigen Tier Aufmerksamkeit zu schenken. Das Tier sollte nicht sofort getötet werden, sondern mindestens 10 Tage amtstierärztlich beobachtet werden. Bei auffälligen Krankheitszeichen können dann am Tier die Viren nachgewiesen werden.

Prl: Eine sofortige Wunddesinfektion der Bißwunde mit einem viruziden Mittel (z. B. Betaisodona)und eine sorgfältige chirurgische Wundversorgung sind primär wichtig.

Da in der Inkubationszeit eine Diagnose nicht möglich ist, sollte alleine bei Verdacht schon eine postexpositionelle Impfung durchgeführt werden. Je nach Intensität des Kontaktes kommt eine Aktiv- oder sogar eine Aktiv-Passiv-Impfung in Frage. Besonders nach Biß an Kopf und oberer Extremität ist

möglichst bald eine Gabe von Immunglobulin und gleichzeitig der Beginn einer Aktivimpfung einzuleiten. Das Tollwutimmunglobulin (20 IE/kg KG) kann zur Hälfte um die Bißstelle herum und zur Hälfte (oder ganz) i. m. verabreicht werden.
Bei der relativ langen Inkubationszeit kann nämlich eine Aktivimpfung auch noch mit gutem Erfolg nach der Infektion begonnen werden.
Diese besteht aus mehrmaligen Injektionen von abgetöteten Viren, z. B. an den Tagen 0, 3, 7, 14, 28 und 90. Da dieser Impfstoff heute in menschlichen Zellen gezüchtet wird, entsteht keine Gefahr der Impfenzephalitis, wie das von früheren Impfstoffen her bekannt war, so daß eine großzügige Indikation für diese aktive Impfung gestellt werden sollte.
Die präexpositionelle Grundimmunisierung mit demselben Totimpfstoff erfolgt an den Tagen 0, 28 und 56. Eine regelmäßige Impfung der Haustiere kann das Infektionsrisiko stark reduzieren. Versuche, auch die Wildtiere zu immunisieren, sind im Gange.

Prgn: Eine manifeste Erkrankung verläuft immer tödlich, da eine spezifische Therapie nicht existiert. Durch Sedierung und Schutz vor Licht und Geräuschen sind die Patienten weniger belästigt.

Toxoplasmose

Ät und *Pathog:* Toxoplasma gondii gehört zu denjenigen Protozoen, die sich nur innerhalb von Wirtszellen vermehren, und zwar in virtuell allen kernhaltigen Zellen von Säugetieren und Vögeln. Folglich gibt es eine große Zahl von Wirtsorganismen, und in jedem kann eine sehr variable Krankheit auftreten, je nach – zufälliger – Lokalisation der Vermehrung, präferentiell aber in Lymphknoten, Muskulatur und ZNS. In Katzendarmepithelzellen kann sogar ein geschlechtlicher Vermehrungszyklus entstehen, wobei die infizierte Katze dann mit dem Kot Oozysten ausscheidet, die auch in der Umgebung beständig sind und infektiös bleiben. Eine Infektion führt beim Wirt zu einer Immunantwort, die zwar die akute Vermehrung stoppt, aber eine völlige Eradikation nicht erreicht. Innerhalb von Pseudozysten, umgeben von wirtseigener Zellmembran, werden die Toxoplasmen vom Immunsystem nicht erkannt und persistieren zu Tausenden oft über viele Jahre ohne erkennbare Auswirkungen.
Der Verzehr von rohem Fleich eines infizierten Schlachttiers führt somit ebenfalls zu einer Infektion. Der Verlauf und die Ausbreitung einer Toxoplasmainfektion hängt ab von der individuellen Empfänglichkeit eines Wirts und der Virulenz des Erregerstamms. Beides kann ziemlich stark variieren. Eine Toxoplasmainfektion des Menschen ist häufig (mehr als 60% aller Erwachsenen), eine Toxoplasmose selten.

Sy: Im allgemeinen verläuft ein erster Kontakt mit Toxoplasmen milde, meist ein uncharakteristischer, fieberhafter Infekt, vielleicht begleitet von einer Lymphknotenschwellung, z. B. am Hals. Gelegentlich aber kann jedes Organ befallen sein und auch Schaden erleiden. Dramatisch und spürbar wird die Infektion, wenn essentielle Orte betroffen sind, z. B. Augenhintergrund.
Gefährlich kann eine Toxoplasmainfektion auch für den Fetus bei der Erstinfektion einer Schwangeren werden; die Toxoplasmose ist die häufigste konnatale Infektion.
Da die Erreger persistieren, droht das Risiko einer Exazerbation. In der Tat kommt es bei einem Verlust der Immunität, z. B. bei AIDS, zu einer disseminierten Infektion, meistens des ZNS.

Dg: Da das klinische Bild so variabel ist, muß der Verdacht einer Toxoplasmainfektion durch Labortests erhärtet werden. Der kulturelle Nachweis gelingt selten. Dagegen ist die Diagnose mit Hilfe der Bestimmung von Antikörpern im Serum möglich.

Th: Mittel der 1. Wahl zur Eindämmung der akuten Phase ist die Kombination von Daraprim und Sulfonamid (Fansidar). Da diese Therapie über mehrere Tage durchgeführt werden muß, treten Nebenwirkungen am Knochenmark auf. Durch Gabe von Bäkkerhefe oder Folinsäure (Leucovorin) können diese reduziert werden, ohne die Wirkung zu beeinträchtigen. Mittel der 2. Wahl sind Spiramycin (Rovamycine) oder Clindamycin (Sobelin).

Prl: Kein rohes Fleisch essen; zumindest vorher bei −20°C einfrieren. Umgang mit Katzen meiden. Da Katzen nur 1mal in ihrem Leben, während einer Erstinfektion, Oozysten mit ihrem Kot ausscheiden, geht die größte Gefahr von jungen Kätzchen aus. Katzen nicht mit rohem Fleisch füttern; evtl. dem Futter Monensin (0,02%) beigeben. Katzenklo mit Handschuhen reinigen!

Tuberkulose

Ät: Die Tuberkulose des Menschen kann von 2 Mykobakterienarten hervorgerufen werden, nämlich Mycobacterium tuberculo-

sis und Mycobacterium bovis, wobei M. tuberculosis deutlich überwiegt.
M. bovis tritt bei nicht kontrollierten Rinderbeständen auf, kann mit nicht pasteurisierter Frischmilch übertragen werden und dann eine Darmtuberkulose auslösen.
Für beide Arten besteht eine Meldepflicht!

Vk und *Pathog:* M. tuberculosis wird ausschließlich von Mensch zu Mensch übertragen, z. B. durch Tröpfcheninfektion. Da die Erreger in der unbelebten Umwelt lange überleben können, besteht auch die Möglichkeit der unmittelbaren Infektübertragung, z. B. durch Staub. Deswegen kann sich dieser Erreger vor allem unter schlechten sozialen Bedingungen (enge Wohnräume, Gastarbeiter) ausbreiten. Bislang sank die Zahl der Neuzugänge von Jahr zu Jahr auf derzeit ca. 25 Fälle pro 100 000 Einwohner.
Die primäre Eingangspforte kann unterschiedlich sein, Lunge, Haut, Darm usw., wobei die Lunge mit Abstand der häufigste Ort ist. In dem Primärherd kommt es zu einer entzündlichen Reaktion, wobei im Laufe von Tagen bis Wochen eine zelluläre Abwehrreaktion eintritt, die histologisch weniger durch Eiterung als durch ein Granulom gekennzeichnet ist. Im Röntgenbild imponiert es als Rundherd. Bei ineffektiver Abwehr und anhaltender Erregervermehrung kann es zu fortschreitenden, heftigen Entzündungen kommen, die mit Nekrosen (Verkäsungen) einhergehen. Bei ausgedehnten Gewebseinschmelzungen bilden sich Kavernen. Wenn dabei Blutgefäße arrodiert werden, kommt es zu Blutungen. Ausgehend von diesen lokalen Herden, breitet sich die Infektion entlang der Lymphbahnen aus mit Befall der regionalen Lymphknoten. Dieses Stadium mit entzündlicher Reaktion des Primärherdes, der Begleitlymphangitis und der Schwellung der Lymphknoten ist im Röntgenbild als Primärkomplex zu erkennen. Wenn die Abwehrreaktion auch jetzt noch nicht eine Ausheilung erreichen kann, folgt eine weitere Ausbreitung als Sepsis und eine Manifestation an entfernten Organen.
Eine spontane Ausheilung kann eigentlich in jedem Stadium der Infektion erfolgen, wenn das zelluläre Immunsystem dazu in der Lage ist. Hinterher ist als Zeichen der durchgemachten Immunreaktion der Tuberkulintest positiv. Aber selbst wenn mit Hilfe des Immunsystems die akute Erkrankung überwunden ist, bleibt die Wahrscheinlichkeit bestehen, daß in abgekapselten Nischen, z. B. in narbigen Resten der Entzündungsherde, die bei lang anhaltender Entzündung auch häufig verkalken, oder innerhalb von Makrophagen einige wenige Keime für lange Zeit überleben. Noch nach Jahrzehnten können diese Erreger bei nachlassender Abwehr, z. B. im Alter, bei Leukämie, bei AIDS, reaktiviert werden und erneut eine entzündliche Erkrankung auslösen.

Sy:

- *Pulmonale Manifestation:* Am häufigsten ist bei Infektion mit M. tuberculosis die Lunge befallen, wobei die Entzündungen meistens in den subpleuralen Teilen der Oberlappen ablaufen. Gelegentlich ist die Pleura selbst betroffen. Wenn diese Primärherde Zugang zum Bronchialtrakt erlangt haben und somit bakterienhaltiger Auswurf nachgewiesen wird, handelt es sich um eine offene Tuberkulose, d. h. eine ansteckungsfähige Krankheit. Allgemeine Zeichen, wie Fieber, Abgeschlagenheit, Nachtschweiß, Gewichtsverlust, begleiten diese lokalen Entzündungen. Chronischer Husten ohne oder mit Auswurf, besonders aber blutiger Auswurf sollten an eine Tuberkulose denken lassen. Alte Menschen und sozial schwache Patienten oder exponierte Personen, z. B. bei Familienkontakt, sind besonders verdächtig. Bei Fortschreiten der entzündlichen Gewebszerstörung kommt es dann zur Auszehrung (Schwindsucht, Phthise) und zu Organversagen, z. B. bei miliarer Aussaat in der Lunge.
- *Extrapulmonale Manifestation:* Kalte Abszesse können in jedem Organ, bevorzugt aber in Lymphknoten, Niere und Knochen, auftreten. Blutiger Urin oder Nierenkoliken können erste Hinweise für eine Nierentuberkulose sein. Die tuberkulöse Meningitis, die oft erst Jahre nach einer Lungeninfektion manifest wird, ist eine der schwerwiegendsten Komplikationen. Eine schleichende basale Meningitis mit mäßig erhöhter Zellzahl (hauptsächlich Monozyten), erniedrigten Glucosewerten und Vermehrung von Eiweiß im Liquor sollte diesen Verdacht erwecken, zumal wenn eine frühere Tuberkelinfektion bekannt ist. Bedrohliche Symptome können bei Affektion von lebenswichtigen Organen, wie etwa der Nebenniere, entstehen. Die Darmtuberkulose durch M. bovis ist seit der konsequenten Eliminierung tuberkulöser Rinderbestände äußerst selten geworden.

Dg: Die Anamnese kann erste wichtige Hinweise erbringen. Frühere Tuberkulose, Kontakt mit Erkrankten, schlechte Wohnverhältnisse, unerklärlicher Gewichtsverlust, Fieber, Nachtschweiß, Husten sind oft zu eruieren. „Antibiotikaresistente Pneumonien" können durch Tuberkelbakterien bedingt sein.
Der auskultatorische Befund hängt von der Ausdehnung des Lungenherdes ab. Feuchte Rasselgeräusche und pleuritisches Reiben sind bei fortgeschrittener Erkrankung zu vernehmen. Eine mäßige Leukozytose und eine erhöhte BSG sind nachweisbar.
Röntgenologisch sieht man je nach Stadium Rundherde und evtl. den Primärkomplex während der Anfangsphase, Pleuraergüsse und/oder Kavernenbildung bei fortgeschrittener Erkrankung und Verkalkungen und Pleuraverschwartungen als Zeichen einer durchgemachten Erkrankung.
Der Beweis der Infektion wird mikrobiologisch durch den Nachweis der Tuberkelbakterien erbracht. Der Nachweis von M. tuberculosis mittels Gensonden ist möglicherweise bereits in naher Zukunft machbar. Derzeit muß jedoch der mikroskopische Nachweis als erster, schneller Test genügen. Wegen der relativ geringen Sensitivität des mikroskopischen Nachweises von säurefesten Stäbchen mittels Ziehl-Neelsen-Färbung und wegen der morphologischen Gleichheit von pathogenen und apathogenen Mykobakterien kann dies jedoch nur als orientierende Maßnahme verstanden werden. Vor allem in Materialien wie Stuhl und Sputum könnten ja auch irrelevante säurefeste Stäbchen aus der Umwelt, die sog. atypischen Mykobakterien (s. Mykobakteriosen) enthalten sein. Der mikroskopische Nachweis in Liquor und Organpunktaten hat selbstverständlich schon eine höhere Aussagekraft. Da bei offener Lungentuberkulose die Bakterien auch in den Magen gelangen und dort angereichert werden, ist die Untersuchung von Magennüchternsaft indiziert, vor allem bei Kleinkindern. Auf alle Fälle sollte der kulturelle Nachweis versucht werden, wobei der Tierversuch heute fast nicht mehr nötig ist, da es gute künstliche Nährböden gibt. Je nach Methode und Keim ist aber erst nach 3–6 Wochen ein positives Ergebnis zu erwarten. Wenn anschließend noch eine Differenzierung und ein Antibiogramm erstellt werden, dauert dies nochmals ca. 3 Wochen. Nicht zuletzt wegen der langen Kulturdauer sollten möglichst mehrere Proben hintereinander untersucht werden, wenn der Keimnachweis wegen geringer Anzahl evtl. in einem Material nicht gelingen sollte.
Der indirekte Beweis einer Tuberkelinfektion durch Nachweis einer Immunreaktion des Patienten gegenüber den Bakterien ist ebenfalls möglich. Serologische Methoden sind dabei jedoch unsicher, während die zelluläre Immunreaktion vom verzögerten Typ in Form der Tuberkulinprobe erkennbar wird. Heute wird dieser Test meistens mittels der Stempelmethode (Tine-Test) durchgeführt, während die klassische Methode der Mendel-Mantoux-Probe, wobei aufsteigende Dosen von Tuberkulin i.c. injiziert werden, nur noch bei unklarem Ausfall des Stempeltests erforderlich ist. Ein positiver Ausfall nach 48–72 Stunden bei einem früher negativen Befund zeigt die Tatsache einer Immunkonversion. Sonst erlaubt der positive Ausfall keine Aussage über die Akuität einer Infektion. Auch nach BCG-Impfung kommt es zu einer positiven Tuberkulinprobe. Ein negativer Ausfall schließt andererseits eine Infektion nicht völlig aus, da einerseits die Infektion noch sehr früh sein könnte und andererseits bei einer Schädigung der zellulären Immunität (Anergie), z. B. nach Masern oder unter Cortisontherapie, eine Hautreaktion unterbleiben kann; in einem solchen Falle sind auch andere Immunreaktionen, z. B. gegen Sproßpilze, die mit dem Multiantigenstempel getestet werden können, negativ.

DD: Histoplasmose, Kokzidioidomykose, Candidapneumonie.

Th:

- *Allgemein stimulierende Maßnahmen,* um die körpereigene Abwehr zu stimulieren. Bei Abwehrschwäche sollte möglichst eine Restitution versucht werden, z. B. durch Sistieren einer Cortisontherapie oder einer anderen immunsuppressiven Therapie.
- *Antibakteriell:* Mehrere Gründe gibt es für eine außergewöhnliche Strategie der Bekämpfung dieser bakteriellen Infektion: Die Bakterien haben einen besonderen Zellaufbau, einen langsamen Zellzyklus und im Vergleich zu anderen Bakterien auch ein eigentümliches Antibiogramm. So wirken z. B. Penicillinderivate und auch manche andere der üblichen Antibiotika nicht. Außerdem sitzen die Tuberkelbakterien z. T. versteckt in den Makrophagen des Wirts, wo sie vor dem Zugriff der Antibiotika geschützt sind. Folglich haben sich besondere Therapieschemata durchgesetzt. Diese enthalten spezielle Antibio-

tika, immer in Mehrfachkombinationen, und dies auch für recht lange Zeit, wobei man heute allerdings von den früher geübten jahrelangen Therapien abgekommen ist. Prinzipiell ergeben sich 2 verschiedene Situationen:
Wenn die Erreger sich aktiv und stark vermehren und dabei im intra- und extrazellulären Raum zu finden sind, gibt man Isoniazid (INH), Rifampicin und Streptomycin. Wenn im späteren Infektionsverlauf die Keime sich weniger stark vermehren, und zwar hauptsächlich intrazellulär, so sind Kombinationen von Rifampicin, INH und Pyrazinamid vorzuziehen.
Selbstverständlich muß bei nachgewiesener Resistenz gegenüber einem dieser Präparate ein wirksamer Ersatz verwendet werden. Im allgemeinen gelingt es damit, bereits in der Initialphase der Therapie, nämlich innerhalb von 2 Monaten, die Ausscheidung von infektiösen Erregern zu unterbinden, so daß keine offene Tuberkulose mehr besteht und eine Isolation des Patienten nicht mehr notwendig ist, obwohl eine Ausheilung erst nach monatelanger (6–9 Monate) Therapie erreicht wird. Durch die Kombination von mehreren wirksamen Medikamenten wird die Entstehung einer Resistenz der Erreger verringert, was sonst bei so langer Therapie durchaus möglich wäre.

Prl:

- *Expositionsprophylaxe:* Durch verbesserte Lebensbedingungen, z. B. Wohnverhältnise, läßt sich die Inzidenz noch weiter senken. Die Erkennung von Angesteckten durch Untersuchungen von Kontaktpersonen Erkrankter mittels Röntgenuntersuchung oder Tuberkulintest sowie eine frühzeitige Therapie dieser Personen, noch bevor Krankheitszeichen auftreten, sind ebenfalls wirkungsvolle Maßnahmen zur Senkung der Fallzahlen. Generelle Röntgenreihenuntersuchungen der Bevölkerung erscheinen bei einer Inzidenz unter 40 Fällen pro 100000 Einwohner pro Jahr nicht mehr gerechtfertigt.
  Die Desinfektion der Exkremente von Erkrankten muß sorgfältig durchgeführt werden, da die Tuberkelbakterien gegen Umwelteinflüsse recht resistent sind und lange in der Umgebung überleben könnten. Für diesen Zweck müssen geeignete Desinfektionsmittel aus der BGA-Liste in entsprechender Konzentration verwendet werden.
- *Impfprophylaxe:* Durch eine streng intrakutane Injektion, z. B. über dem Trochanter, von lebenden attenuierten Tuberkelbakterien vom Stamm BCG kommt es zu einer lokalen Vermehrung der Erreger und zu einer Immunreaktion. Dabei entwickelt sich fast regelmäßig am Ort der Injektion eine leichte eitrige Infektion, die nach Wochen zu Nekrose und Fistelbildung führt, begleitet von einer Schwellung des regionalen Lymphknotens (in einigen Fällen, z. B. bei unerkannter Abwehrschwäche, kann diese Infektion fortschreiten und zu einer bedrohlichen, therapiebedürftigen BCGitis führen). Wegen dieser Bakterienvermehrung kommt es zu einer Aktivierung des zellulären Immunsystems, was durch eine Konversion in der Tuberkulinprobe erkennbar wird.
  Der Erfolg der Impfung ist abhängig von der Art des Impfstammes, der Applikationsart und der Reagibilität des Impflings. Einen absolut sicheren Schutz vermittelt diese Impfreaktion jedoch nicht, obwohl zumindest die schwersten Komplikationen, z. B. die tuberkulöse Meningitis, dadurch verhindert werden können. Da durch den positiven Ausfall der Tuberkulinreaktion der diagnostische Wert dieser Testmethode verbaut wird und auch wegen der niedrigen Inzidenz, wird diese Impfung heute nicht generell empfohlen.

Prgn: Durch die verbesserten allgemeinen Lebensbedingungen und durch die Einführung wirksamer Antibiotika hat die Morbidität ebenso wie die Mortalität der Tuberkulose deutlich abgenommen, obwohl sie in Einzelfällen immer noch eine schwere, auszehrende Krankheit ist. Abhängig von der Abwehrlage des Patienten führt aber nicht jede Tuberkelbakterieninfektion zu einer Tuberkulose. Im Gegenteil, die meisten Kontakte verlaufen blande. Prädisponierende Faktoren, wie etwa Silikose, führen dagegen zu einem deutlich erhöhten Risiko.
Im Anschluß an eine frühere Tuberkulose, z. B. wenn sich eine Kaverne gebildet hat, kann eine erhöhte Anfälligkeit gegenüber anderen Infektionen, z. B. mit Aspergillus fumigatus, resultieren.

Tularämie

Meldepflichtig!

Ät: Als Erregerreservoir von Francisella tularensis dienen Nagetiere. Durch Bisse, Kontakt mit infiziertem Fleisch oder über

Tröpfcheninfektion wird der Erreger auf den Menschen übertragen. Gelegentlich können auch Insekten Zwischenträger sein.

Sy: An der Eintrittspforte entwickelt sich eine Primäraffektion in Form eines scharf begrenzten Geschwürs auf der Haut oder als Konjunktivitis oder als Pneumonie. Danach erfolgt eine lymphangitische Ausbreitung mit Schwellung der regionalen Lymphknoten und gelegentlich eine Sepsis.

Dg: Der kulturelle Nachweis ist schwierig. Der Nachweis von spezifischen Antikörpern mittels Bakterienagglutination (Widal-Reaktion) ist dagegen leicht möglich.

Th: Frühere Erfahrungen mit Streptomycin waren recht gut. Heute würde Gentamicin eingesetzt werden. Auch Doxycyclin hat einen nachgewiesenen therapeutischen Effekt. Chinolone erscheinen prinzipiell geeignet, aber es liegen noch keine Erfahrungen damit vor.

Typhus (abdominalis)

Meldepflichtig!

Ät und *Pathog:* Salmonella typhi ist eine der mehr als 1800 verschiedenen Salmonellenserovarietäten. Die Infektion mit diesen besonders virulenten Salmonellenarten geschieht meist durch direkten Kontakt von Mensch zu Mensch, während die übrigen Salmonellosen meist durch Lebensmittel (Eier, Fleisch, Wurst, Milchprodukte, Eis) übertragen werden, wobei das Reservoir hauptsächlich im Tierreich zu suchen ist. Meistens sind heute echte Typhusfälle aus dem tropischen Ausland importiert, vor allem S. typhi C.
Da ein normaler niedriger pH im Magen Salmonellen abtötet, müssen schon relativ große Bakterienmengen oral aufgenommen werden, damit eine Infektion angeht. Kleinkinder und alte Menschen sind mehr gefährdet. Zuerst vermehrt sich S. typhi in der Schleimhaut des Dünndarms, wobei z. B. auch die Peyer-Plaques mitbetroffen sind. Es kommt zu einer entzündlichen Reaktion. Virulente Stämme können nun von dort aus in die Blutbahn gelangen und eine Sepsis hervorrufen. Als Folge davon können sich septische Metastasen, z. B. in Haut und Knochen, bilden. Durch eine starke zelluläre Immunantwort kommt es 2–3 Wochen nach Beginn zu einer heftigen Entzündung am Ort, wo Salmonellen bis dann noch überlebt haben, hauptsächlich in den Peyer-Plaques. Eine Erweichung dieses Gewebes kann zu einer Darmperforation als Spätkomplikation führen. Bei manchen Menschen können die Salmonellen sich in den Gallenwegen und in Nischen auf der Schleimhaut trotz Immunreaktion halten, so daß sich ein chronisches Trägerstadium entwickeln kann.

Sy: Die ersten Zeichen weisen nicht unbedingt auf eine Infektion mit einem Enteritiserreger hin. Kontinuierliches Fieber (Abb. 20.**1**), Kopfschmerzen, typischerweise trokkener Husten, sind erste, uncharakteristische Zeichen. Dann kommt es zunehmend auch zu Darmsymptomatik. Zu Beginn Obstipation, Leibschmerzen, dann breiige Stühle (kein Blut). Noch vor dem Beginn des Durchfalls kommt es zur Sepsis mit Fieber und Allgemeinsymptomen (erstaunlicherweise Leukozytopenie mit relativer Lymphozytose als zuverlässiges Merkmal, Pulsverlangsamung, Milz- und Leberschwellung; gelegentlich starke „typhöse" Benommenheit, Roseolen auf der Haut). Als gelegentliche Komplikationen treten Osteomyelitis und Darmperforation auf.

Dg: Kultureller Nachweis von S. typhi in Blutkultur und nach der 1. Krankheitswoche auch im Stuhl. Im Laufe von wenigen Wochen hört die Ausscheidung der Erreger mit dem Kot auf. Erst wenn 3 Stühle kulturell negativ sind, gilt die Infektion als beendet. Im Serum können mit der Widal-Reaktion nach 14 Tagen ansteigende Antikörpertiter gegen die O- und H-Antigene festgestellt werden.

DD: Typhus exanthemicus (Fleckfieber), Paratyphus, Kala-Azar.

Th: Chinolone (Ciprofloxacin) zuerst i. v., später p. o., Ampicillin, Cephalosporine. Chloramphenicol sollte trotz guter therapeutischer Wirkung heute nicht mehr primär eingesetzt werden. Sonst symptomatische Therapie. Evtl. Gabe von Lactulose, um die Ausscheidungsdauer zu verkürzen.

Prl: Schlechte hygienische Lebensbedingungen begünstigen eine Übertragung. Beim Auftreten einer Erkrankung sollten die Ausscheidungen sorgfältig desinfiziert werden. Eine Tätigkeit im Lebensmittelgewerbe ist für infizierte Personen sowie für Träger untersagt. Die Impfung mit Typhoral L, d. h. mit lebenden attenuierten Typhusbakterien, gibt keinen hundertprozentigen Schutz. Da aber die Impfung völlig ungefährlich ist und selbst bei einem abwehrgeschwächten Patienten keine Gefahr besteht, könnte zumindest vor Reisen in tropische Länder eine solche Schluckimpfung empfohlen werden. Der frühere TAB-Impfstoff aus abgetöteten Bakterien ist heute wegen der möglichen lokalen und systemischen Nebenwirkungen nicht mehr zu empfehlen.

Ureidopenicilline (Azlocillin [Securopen], Mezlocillin [Baypen], Piperacillin [Pipril], Apalcillin [Lumota])
siehe β-Lactamantibiotika

Vancomycin

Dieses Glykopeptidantibiotikum hemmt die Zellwandsynthese grampositiver Bakterien und wirkt somit bakterizid. Da unter den prinzipiell empfindlichen Keimen praktisch keine Resistenz existiert, gilt es als Reservepräparat, z. B. bei Behandlung von Infektionen mit oxacillinresistenten Staphylokokken und antibiotikaresistenten Corynebakterien. Dazu muß es jedoch i. v. in Form von Infusionen – niemals als rasche Injektion – verabreicht werden. Bei schneller Infusion kann das sog. Red-man-Syndrom mit Juckreiz, Erythem, Blutdruckabfall bzw. sogar Schock auftreten. Wegen möglicher oto- und nephrotoxischer Wirkung sollten diese Organfunktionen regelmäßig kontrolliert werden. Orale Behandlung von Infektionen durch Clostridium difficile, z. B. einer pseudomembranösen Kolitis (s. d.), wirkt zuverlässig. Teicoplanin (Targocid) ist nahe verwandt.

Wurminfektionen (einheimische)

Ascaris lumbricoides (Spulwurm)

Ät und *Pathog:* Nach Aufnahme der Wurmeier mit rohen Gemüsen können die Larven ausschlüpfen und durch die Darmwand in die Zirkulation gelangen. In der Lunge reifen sie heran, was von einer entzündlichen Reaktion begleitet ist. Der Röntgenologe beschreibt diese als eosinophiles Lungeninfiltrat (Löffler). Danach wandern die jugendlichen Larven über die Bronchien in den Digestionstrakt. Im Dünndarm reifen sie zu getrenntgeschlechtlichen adulten Würmern heran. Gelegentlich gelangen sie von dort in den Ductus hepaticus bzw. Ductus pancreaticus, was zu einer Abflußbehinderung führt.

Sy: Die erste Phase mit der Lungenaffektion äußert sich manchmal wie ein grippaler Infekt. Die intestinale Störung ist abhängig von der Zahl der Würmer. Solange die Würmer im Darmlumen sind, bestehen nur geringe Beeinträchtigungen. Erst das Einwandern der Würmer in die Gallenwege oder den Pankreasgang erzeugt bedrohliche Komplikationen, wie Ikterus oder Pankreatitis.

Dg: Eosinophilie und erhöhtes IgE im Blut. Nachweis der adulten Würmer (männlich *und* weiblich) bzw. der Eier. Da die typische Form der Eier gelegentlich durch äußere Einflüsse modifiziert sein kann, ergeben sich für den Unerfahrenen manchmal Schwierigkeiten.

Th: Die intestinalen Würmer sprechen gut auf Pyrantel (Helmex) oder auf Mebendazol (Vermox) an. Andere Präparate wie Pyrvinium (Molevac) und Thiabendazol (Mintezol) sind etwas schwächer wirksam.

Prl: Durch Kopfdüngung von Gemüsen mit menschlichen Exkrementen gelangen die Wurmeier auf die Nahrungsmittel. Durch Waschen werden die Eier entfernt.

Echinococcus (Hundebandwurm)

Ät und *Pathog:* In manchen Gegenden Deutschlands, z. B. Schwäbische Alb und Norddeutsche Tiefebene, und in südeuropäischen Ländern sind Hund bzw. Fuchs Hauptwirte, d. h. Träger des adulten Wurmes. Diese sind so winzig klein, daß sie mit dem bloßen Auge kaum erkannt werden können. Deswegen sind Angaben der Patienten, sie hätten bei ihrem Hund den Bandwurm gesehen, falsch (es handelt sich dabei um Spulwürmer des Hundes, der nur extrem selten den Menschen als Zwischenwirt befällt). Die Eier dieses Bandwurmes werden oral aufgenommen, und die Larven dringen in den Körper ein und besiedeln meistens die Leber, nur gelegentlich Lunge, Hirn oder andere Körperteile. Sie vermehren sich dort im Gewebe (Finnen).
E. cysticus (granulosus) bildet eine solitäre Zyste, die gefüllt ist mit Hydatidenflüssigkeit und umgeben von einer dicken Bindegewebskapsel. E. multilocularis (alveolaris) wächst destruierend in das Gewebe, bildet im Laufe von Jahren in der Nähe, aber auch weit weg von der primären Zyste Tochterblasen, also Metastasen.

Sy: Abhängig vom Ort der Blasenbildung. Meist Druckgefühl im Oberbauch, Cholestase, allgemeines Krankheitsgefühl.

Dg: Sonographische oder szintigraphische Darstellung der Zysten. Bei chronischer Infektion entwickeln sich Verkalkungen, die bereits in der Röntgenleeraufnahme erkennbar sind. Die serologischen Tests sind sehr zuverlässig und haben den Casoni-Hauttest weitgehend verdrängt. Mikroskopischer Nachweis der Finnen mit dem charakteristischen Haken.

DD: Hamartome, Metastasen.

Th: Womöglich operative Entfernung der Zyste in toto. Keine Punktion, da die Hydatidenflüssigkeit eine heftige allergische Reaktion auslösen könnte und zusätzlich eine Verschleppung der Finnen möglich wäre. Bei Inoperabilität medikamentöse Therapie mit Mebendazol (Vermox) oder Albendazol (Eskazole) über Jahre.

Oxyuren (Madenwurm, Enterobius vermicularis)

Ät und *Pathog:* Dies sind die häufigsten Würmer des Menschen in unseren Zonen, vor allem bei Kindern. Nach oraler Infektion mit den Eiern reifen im Darm getrenntgeschlechtliche adulte Würmer heran. Die Weibchen kriechen meist nachts aus dem After, um außen auf der Haut die Eier abzuladen und danach wieder zurückzukriechen. Diese Wanderungsbewegungen werden als Juckreiz empfunden und mit Kratzen beantwortet. Dadurch gelangen die Eier auf die Finger und von dort in den Mund, so daß eine autologe Reinfektion unterhalten wird.

Sy: Die Symptome sind gering. Evtl. besteht bei starkem Befall ein Völlegefühl und eine Verdauungsstörung. Selten kommt es zu einer Invasion der adulten Würmer in die Darmschleimhaut und zu einer Reizung, was z. B. als Appendizitis fehlgedeutet werden könnte. Die Nachtruhestörung durch den Juckreiz ist meist die einzige Belästigung.

Dg: Meist fallen den Betroffenen selbst die kurzen, ca. 1 cm langen, weißen Würmchen auf dem Kot an ihren zuckenden Bewegungen auf. Der Nachweis der Eier im Kot ist nicht sicher, so daß man besser am frühen Morgen, wenn die Weibchen in der Nacht die Eier abgelegt haben, mit einem Tesafilmstreifen einen Abklatsch von der Haut um den Anus macht. Wenn man diesen Tesafilmstreifen gleich auf einen Objektträger klebt, kann man im Mikroskop die Eier entdecken.

Th: Pyrantel (Helmex) wirkt gut. Jedoch sollte wegen der Gefahr der autologen Reinfektion die Therapie nach 1 Woche wiederholt werden. Enge Familienangehörige, aber auch besonders Kindergartenkinder sollten gleichzeitig behandelt werden.

Prl: Da trotz Therapie die Autoinokulation häufig ist, wenn die Eier in großer Menge ausgeschieden werden und in die Körper- und Bettwäsche fallen, sollte durch eng anliegende Körperwäsche, z. B. Badehose, eine Kontamination der Umgebung vermindert werden. Auch häufiges Wechseln der Wäsche reduziert die Möglichkeit der Reinfektion.

Taenia saginata (Rinderbandwurm)

Ät: Im Fleisch von Rindern können die Larven (Finnen) vorkommen, die dann nach oraler Aufnahme von rohem Fleisch im Magen des Menschen zum adulten Wurm auswachsen, der bis zu mehreren Metern lang werden kann. Spontan gehen einzelne Glieder, sog. Proglottiden, ab, die mit dem Stuhl ausgeschieden werden, ebenso wie die Eier.

Sy: Uncharakteristische Oberbauchbeschwerden und Völlegefühl sind häufige Symptome. Je nach Zahl der Würmer und der Dauer der Infektion kommt es auch zu wesentlichen Beeinträchtigungen, wie Gewichtsverlust und Anämie.

Dg: Proglottiden im Stuhl, die sich eine Zeitlang danach noch aktiv bewegen können, sind beweisend. Dabei sollten im Labor die Uterusverzweigungen identifiziert werden, weil allein dadurch eine exakte Artbestimmung möglich ist. Dafür dürfen die Proglottiden jedoch nicht in Formalin, sondern nur im Nativzustand oder in physiologischer Kochsalzlösung eingeschickt werden. Im Stuhl werden auch zahlreiche charakteristische Wurmeier ausgeschieden, die jedoch keine Typisierung in Taenia saginata bzw. T. solium erlauben. Eosinophilie im Blutbild und eine Erhöhung des Serum-IgE-Spiegels sind uncharakteristische, aber zuverlässige Hinweise.

Th: Niclosamid (Yomesan), in Einzelfällen auch Praziquantel (Cesol) sind gut wirksam und gut verträglich. Bei Abgang des adulten Wurmes sollte kontrolliert werden, ob auch tatsächlich der ganze Wurm mitsamt dem Kopf (Skolex) eliminiert wurde, da andernfalls ein Nachwachsen möglich ist. Wenn der Kopf nicht nachgewiesen ist, sollte nach 3–4 Wochen eine erneute Kontrolle des Stuhls auf Wurmeier erfolgen, um evtl. eine Wiederholung der Therapie zu erwägen.

Prl: Die Finnen im Rindfleisch werden entweder durch Erhitzen (Kochen oder Braten) oder durch Einfrieren auf −20 °C in der Haushaltskühltruhe und Auftauen zerstört. Folglich sollten Tartar und ähnliche Gerichte nur mit tiefgefrorenem Fleisch bereitet werden.

Taenia solium

Vk, Ät und *Pathog:* Diese Infektion ist bei uns recht selten, denn allenfalls bis zu 10% der Bandwürmer gehören zu dieser Art, die durch rohes Schweinefleisch übertragen wird. Die Infektion verläuft wie mit T. saginata, mit dem einen wesentlichen Unterschied, daß die Larven im Menschen, dem Hauptwirt, bereits infektiös werden. In der Folge können sie im selben Wirt dann zusätzlich auch noch das Finnenstadium durchlaufen.

Sy: Zusätzlich zu den Symptomen der enteralen Infektion mit dem adulten Bandwurm kann in zeitlicher Verzögerung eine Zystizerkose, d. h. eine Finnenblase mit entzündlicher Reaktion, entstehen. Je nach Lokalisation, z. B. in Gehirn oder Lunge oder sonst irgendwo, variiert die Symptomatik.

Dg: Der Befall mit dem adulten Wurm wird durch Nachweis der Proglottiden bzw. der Eier bewiesen. Bei Zystizerkose sind neben einer deutlichen Eosinophilie auch noch spezifische Antikörper im Serum nachzuweisen.

Trichuris trichiura (Peitschenwurm)

Vor allem bei Gastarbeitern ist dieser Wurm relativ häufig. Symptomatik, Diagnose und Therapie sind ähnlich wie bei Oxyurenbefall, nur sind die adulten Würmer etwas größer und deswegen schon deutlich auf dem Kot zu erkennen. Charakteristische Wurmeier sind im Kot nachweisbar.

Zeckenenzephalitis s. Borreliose und Frühsommermeningoenzephalitis

Zytomegalie

Ät: Virus der Herpesgruppe.

Vk und *Pathog:* Weit verbreitet; Erstinfektion oft schon im frühen Kindesalter, gelegentlich schon kongenital bzw. perinatal. 80% der Erwachsenen sind bereits infiziert, wobei es zu latenten persistierenden Infektionen der Lymphozyten kommt. Aber auch viele epitheliale Zellen werden infiziert. Die Übertragung erfolgt von Mensch zu Mensch über Körpersekrete (Speichel, Milch) und Bluttransfusion oder Organtransplantate.

Sy: Die frühkindlichen Infektionen sind variable Krankheitsbilder wie Mißbildungen oder Organstörungen (Pneumonie, Enzephalitis, Enteritis, Hepatitis). Aber auch symptomlose Verläufe werden beschrieben, vor allem bei Erwachsenen. Bei Abwehrschwäche (Organtransplantation, Leukämie, AIDS) kommt es entweder zu einer endogenen Reaktivierung oder zu einer exogenen Infektion mit fatalen Folgen, wie beim Neugeborenen.

Dg: Mikroskopischer Nachweis von zytomegalen Zellen (angeschwollene Zellen mit intranukleären Einschlüssen („Eulenaugen") im histologischen Präparat, z. B. Darmbiopsie, oder im Urin. Kultureller Nachweis. Titeranstieg von spezifischen Antikörpern im Serum.

Th: Ganciclovir wirkt mäßig gut (Aciclovir hat keine Wirkung). Auch Interferon wird versucht. Vakzine derzeit noch in Erprobung.

21. Kardiologie

F. Schwarz

Aortenerkrankungen

Arteriosklerotisches infrarenales Bauchaortenaneurysma

Def: Die normale Aorta beim Erwachsenen mißt 2 cm im Durchmesser. Die meisten abdominellen Aortenaneurysmen, die klinisch signifikant sind, messen 4 oder mehr Zentimeter. In der Regel liegt das Aortenaneurysma zwischen dem Abgang der Nierenarterien und der Aortenbifurkation.

Ät: Die arterielle Hypertonie ist ein wesentlicher Risikofaktor für die Ausbildung eines Bauchaortenaneurysmas.

Sy: Die Mehrzahl der abdominellen Aortenaneurysmen verursachen keine Symptome. Häufig wird bei der Bauchsonographie ein Aortenaneurysma als Zufallsbefund gefunden. Es können Bauchschmerzen auftreten. Durch Palpation findet man eine abnorme Pulsation der Aorta in der Nabelgegend. Die bevorstehende Ruptur kündigt sich durch starke Bauchschmerzen an. Nach erfolgter Ruptur ist der Patient kritisch krank. Es besteht ein Blutungsschock.

Dg: Die Diagnose wird durch die körperliche Untersuchung sowie die Bauchsonographie gestellt. Die Sicherung der Diagnose erfolgt durch digitiale Substraktionsangiographie, Computertomographie oder Aortographie. Die Angiographie erlaubt auch eine

exakte Zuordnung der Gefäßabgänge zum Aneurysma.

Th und *Prgn:* 50% der Aneurysmen, die größer als 6 cm im Durchmesser sind, rupturieren innerhalb eines Jahres. Eine Ruptur wird nur selten überlebt. Die Notoperation ist mit einem sehr hohen Risiko verbunden (80% Letalität). Bei Aneurysmen zwischen 4 und 6 cm besteht eine Rupturgefahr von 20% pro Jahr. Eine chirurgische Therapie sollte erfolgen, wenn das Aneurysma größer als 4 cm ist. Da bei den Patienten eine schwere Arteriosklerose besteht, sollte präoperativ eine Beurteilung der supraaortalen Äste erfolgen (Doppler-Sonographie). Bei Patienten, bei denen eine Angina pectoris oder ein Zustand nach Myokardinfarkt existiert, sollte präoperativ eine Koronarangiographie erfolgen. Besteht eine hochgradige koronare Herzkrankheit, sollte zunächst diese durch Koronarangioplastik oder aortokoronare Bypassoperation behandelt werden. In zweiter Sitzung kann dann das Aortenaneurysma operiert werden. Die Überlebensrate nach Operation eines Aortenaneurysmas ist im Vergleich zum natürlichen Verlauf besser.

Thorakales Aortenaneurysma

Sy: Häufig Zufallsbefund bei der Thoraxaufnahme.

Dg: Angiographie der Aorta.

Th: Chirurgische Exzision bei Aneurysmen, die größer als 6–7 cm im Durchmesser sind. Es besteht Rupturgefahr genau wie beim abdominellen Aortenaneurysma.

Aortendissektion (disseziierendes Aortenaneurysma)

Def: und *Formen:* Riß der Intima der Aorta mit Einblutung in die Media und Ausbildung eines zweiten Lumens innerhalb des Aortenlumens.
Man unterscheidet nach DeBakey drei Formen:
Typ 1: proximale und distale Dissektion,
Typ 2: proximale Dissektion,
Typ 3: distale Dissektion.
Heute besser Einteilung in proximale Dissektion (Typen 1 und 2) und distale Dissektion (Typ 3).

Ät: Ursache der Aortendissektion ist eine Degeneration der Media der Aortenwand. Dieser Prozeß wird zystische Medianekrose genannt. Ein wesentlicher Faktor, der die Krankheit begünstigt, ist die arterielle Hypertonie. Zusätzlich kommen genetische Defekte der Aortenwand in Frage: Marfan-Syndrom, Ehlers-Danlos-Syndrom, bikuspide Aortenklappe sowie Aortenisthmusstenose. Schließlich kann eine Aortendissektion während oder direkt nach einer Schwangerschaft auftreten.

Sy: Bei Entstehen der Dissektion leidet der Patient unter heftigen Thoraxschmerzen, die anhaltend sind, Schweißausbruch, Erbrechen, Übelkeit, Synkope, Paraplegie.
Untersuchung: Häufig findet man eine Blutdruckdifferenz zwischen beiden Armen, eine Aorteninsuffizienz sowie neurologische Ausfälle. Dies ist eine charakteristische Trias. Eine Aorteninsuffizienz kommt insbesondere dann zustande, wenn eine proximale Dissektion besteht und die Architektur der Aortenklappe durch die einseitige Dissektion stark gestört wird. Die Aorteninsuffizienz kommt dann durch ein Herabhängen eines der Aortensegel zustande. Neurologische Defizite können durch Kompression des Abganges der supraaortalen Äste verursacht werden.

Dg: Elektrokardiogramm: Normal.
Echokardiographie und Farb-Doppler-Echokardiographie: Insbesondere die transösophageale Farb-Doppler-Echokardiographie ist in der Lage, das falsche sowie das wahre Lumen der Aorta zu identifizieren und die Eintrittspforte der Dissektion zu lokalisieren.
Angiographie: Zur exakten Diagnoseabklärung gehört die Angiographie der Aorta und die Koronarangiographie. Damit wird auch die Operationsstrategie festgelegt.

Th und *Prgn:* Ohne chirurgische Therapie ist die Aortendissektion mit einer schlechten Prognose behaftet: Mehr als 75% der Patienten sterben innerhalb eines Monats, 90% innerhalb eines Jahres. Die Notfalltherapie bedeutet zunächst eine i.v.-Behandlung mit β-Blockern. β-Blocker haben den Sinn, den Blutdruck und die Herzfrequenz zu senken. Nach der Notfallangiographie muß die chirurgische Intervention erfolgen. Die chirurgischen Resultate sind bei der akuten proximalen Dissektion medikamentösen Behandlungsversuchen überlegen. Dies bedeutet, daß bei proximaler Dissektion immer operiert werden sollte. Insbesondere droht dem Patienten die akute Perikardtamponade, die meist tödlich verläuft. Im Gegensatz dazu ist die distale Dissektion in erster Linie medikamentös zu behandeln. Eine Überlegenheit der chirurgischen Therapie bei dieser Dissektionsform ist nicht nachgewiesen. Die chirurgische Therapie der proximalen Dissektion bedeutet in der Regel Implantation eines Compositegraft.

Traumatische Aortenruptur

Def: Einriß der Intima und der Media der Aorta im Bereich des Abgangs des Ductus arteriosus. Falsches Aneurysma.

Ät: Trauma, meistens Verkehrsunfall.

Sy: Meist besteht ein Polytrauma. Es fällt auf, daß im Bereich der oberen Extremität eine Hypertonie besteht, im Bereich der unteren Extremität ein reduzierter Blutdruck. Gelegentlich systolisches Geräusch über dem Präkordium.

Dg: Verbreiterung des Mediastinums im Bereich des Aortenknopfs auf mehr als 8 cm. Die Diagnosesicherung erfolgt durch die Aortographie. Im typischen Fall findet man eine aneurysmatische Aussackung der Aorta nach dem Aortenbogen etwa am Abgang des Ductus arteriosus.

Th und *Prgn:* Sofortige operative Sanierung ist angezeigt. Es besteht Rupturgefahr. Die Operation muß notfallmäßig erfolgen.

Entzündliche Herzerkrankungen

Infektiöse Endokarditis

Def, Ät und *Formen:* Eine infektiöse Erkrankung der Herzklappen mit Besiedelung der Herzklappen durch Bakterien oder Pilze nennt man Endokarditis. Die häufigsten Bakterien sind: Staphylococcus aureus, Streptococcus pneumoniae, Neisseria meningitidis, Neisseria gonorrhoeae, Streptococcus pyogenes und Haemophilus influenzae. Bei subakuter Endokarditis finden wir meistens Streptococcus viridans oder Staphylococcus epidermidis. Die Unterscheidung in akute und subakute Form ist klinisch nicht übermäßig wichtig. Die Unterscheidung in Nativklappenendokarditis und Prothesenendokarditis ist klinisch wichtig, wobei die Prothesenendokarditis nochmals in die sog. Frühendokarditis (Erreger meist Staphylococcus aureus) und die Prothesenspätendokarditis (Erreger meist Streptococcus viridans) unterteilt wird.

Pathog und *Kompl:* Ursache ist häufig eine kleine Verletzung im Bereich der Zähne oder des Darmes oder ein bakterieller Herd der Haut. Keime kommen in die Blutbahn und setzen sich an der Herzklappe fest. Häufig besteht vor der Endokarditis eine angeboren deformierte Klappe oder bereits ein geringgradiger Herzklappenfehler. Diese Herzklappen sind besonders infektionsanfällig. Die Endokarditis betrifft meist die Aorten- oder Mitralklappe. Bei Drogenabhängigen kann die Trikuspidalklappe betroffen sein. Tab. 21.**1** zeigt die lebensgefährlichen Komplikationen einer infektiösen Endokarditis. Die Destruktion der Klappe führt häufig zu einer therapierefraktären Herzinsuffizienz. Infolge Infektion des Klappenringes kann es zum Klappenringabszeß, zum mykotischen Aneurysma und zu Myokardabszessen sowie zu einer infektiösen eitrigen Perikarditis kommen. Die extrakardialen Komplikationen sind Schlaganfall, Milzabszeß und Nierenabszeß.

Sy: Untersuchung: Bei der akuten Endokarditis werden die Patienten rasch schwer krank. Rasch entwickelt sich eine Herzinsuffizienz (Lungenödem), insbesondere wenn die Aortenklappe betroffen ist. Multiple Petechien in der Haut und akute neurologische Zeichen können auftreten.

Bei der subakuten Verlaufsform stehen Fieber, Gewichtsverlust, Müdigkeit, Husten, Übelkeit, Hämaturie im Vordergrund. Embolische Komplikationen mit Oberbauchschmerzen oder Sehstörungen können auch auftreten. Das Fieber ist meist vorhanden, bei älteren Patienten kann es tückischerweise jedoch fehlen. Meist besteht auch ein Herzgeräusch. Eine Anämie fehlt selten. Die klassische Trias ist also: Fieber, Herzgeräusch, und Anämie. An der Haut können Petechien, subunguale Hämorrhagien oder Osler-Knötchen (kleine rötliche schmerzhafte Knötchen) gefunden werden. Die Milz kann vergrößert sein. Bei akuter Aorteninsuffizienz tritt häufig plötzlich ein Lungenödem (mit Hämoptyse) auf.

Tabelle 21.1 Lebensgefährliche Komplikationen einer infektiösen Endokarditis

Kardiale Komplikationen	Extrakardiale Komplikationen
therapierefraktäre Herzinsuffizienz	Schlaganfall
Klappenringabszeß	Milzabszeß (Staphylococcus aureus)
mykotisches Aneurysma (des Sinus aortae)	Nierenabszeß (Staphylococcus aureus)
Myokardabszesse	
infektiöse Perikarditis	

Dg: EGK: Meist Sinustachykardie, keine typischen diagnostischen Veränderungen.
Echokardiographie: Methode der Wahl für die Diagnose. Die Vegetationen auf der Aorten- oder Mitralklappe können ab einer Größe von 3–4 mm erkannt werden. Häufig findet sich ein Sehnenfadenabriß der Mitralklappe. Bei Aorteninsuffizienz häufig ein vorzeitiger Mitralklappenschluß. Ein Ringabszeß der Aortenklappe kann erkannt werden.
Farb-Doppler-Echokardiographie: Darstellung einer Aorten-, Mitral- oder Trikuspidalklappeninsuffizienz.
Thoraxröntgenbild: Uncharakteristisch.
Herzkatheter: Sicherung der Diagnose sowie Abklärung, ob eine zusätzliche koronare Herzkrankheit besteht.
Bei der klassischen Trias Fieber, Herzgeräusch und Anämie müssen Blutkulturen abgenommen werden, entweder venös oder arteriell. Die Treffsicherheit beider Methoden ist etwa gleich hoch. Es müssen mehrere Blutkulturen, am besten während des Fieberanstieges, abgenommen werden (schwer nachzuweisen). Die Diagnosesicherung erfolgt durch den Nachweis eines Keimes in mehreren Blutkulturen. Bei der Sicherung der Diagnose Prothesenendokarditis spielt der Zeitpunkt der Protheseninplantation eine wesentliche Rolle: 6 Monate nach dem prothetischen Aortenklappenersatz finden wir die Frühendokarditis, die meist durch Staphylococcus aureus verursacht wurde. Besteht ein Intervall zwischen Operation und Auftreten der Endokarditis von mehr als 6 Monaten, so besteht eine Spätendokarditis, die mit hoher Wahrscheinlichkeit durch einen Streptococcus viridans verursacht ist.

Th: Die Prothesenfrühendokarditis muß meist medikamentös und chirurgisch behandelt werden, während die Prothesenspätendokarditis in aller Regel mit der medikamentösen Therapie beherrscht werden kann.
Bei Nachweis einer positiven Blutkultur wird i.v. antibakteriell behandelt, entsprechend dem Antibiogramm. Bei negativer Blutkultur empfiehlt es sich, wie folgt zu behandeln: Claforan, 3mal 2 g; Refobacin oder Gernebcin, 3mal 80 mg, Staphylex, 3mal 2 g (eine normale Nierenfunktion vorausgesetzt). Bei Penicillinresistenz kann auf Vancomycin übergegangen werden. Bei Penicillinallergie muß z. B. auf Chloramphenicol oder Zienam übergegangen werden. Bei einer Streptococcus-viridans-Endokarditis wird mit 30 Millionen IE Penicillin G und 3mal 80 mg Gernebcin behandelt. Die Therapie sollte immer i.v. durchgeführt werden; die Therapiedauer sollte wenigstens 6 Wochen betragen. Die Pilzendokarditis muß mit Amphotericin B sowie Flucytosin behandelt werden. In der Regel wird die akute Endokarditis für 8 Tage medikamentös behandelt. Sofortige Indikationen zur Operation während dieser Phase sind

- das Auftreten einer Herzinsuffizienz (Lungenödem),
- kein Ansprechen auf die konservative Therapie innerhalb von acht Tagen,
- ein embolisches Ereignis,
- das Auftreten eines Ringabszesses oder eines septalen Abszesses,
- große mobile Vegetationen,
- der Nachweis von Staphylococcus aureus,
- der Nachweis einer Pilzinfektion,
- der Nachweis des Befalles des Sinus,
- ein vorzeitiger Mitralklappenschluß

Besteht die subakute Form der Endokarditis (insbesondere an der Mitralklappe) oder eine Prothesenspätendokarditis und ist die hämodynamische Läsion nur gering, so kann bei Erfolg der medikamentösen Therapie nach acht Tagen (kein Fieber mehr) weiter konservativ behandelt werden. Bei Auftreten einer der obengenannten Komplikationen jedoch ist unverzüglich der Klappenersatz durchzuführen.
Bei Vorliegen einer Staphylokokken- oder Pilzendokarditis reicht in keinem Falle die konservative Therapie aus.
Bei Vorliegen einer Staphylokokkenendokarditis an der Trikuspidalklappe findet sich eine Ausnahme: In der Regel wird hier konservativ behandelt und die Exzision der Trikuspidalklappe erst empfohlen, wenn 4–6 Wochen eine antibiotische Therapie durchgeführt wurde. Ein prothetischer Trikuspidalklappenersatz ist dann nicht erforderlich. Bei Vorliegen einer Prothesenfrühendokarditis (Intervall zwischen Operation und Endokarditis unter 6 Monaten) ist in jedem Falle eine Reoperation erforderlich, da die Infektion (Keim meist Staphylococcus aureus) nicht mit medikamentösen Mitteln beherrscht werden kann.

Prgn: Die Prognose bei Endokarditis ist im allgemeinen schlecht (Letalität nach 5 Jahren zwischen 50 und 90%). Die Operation, insbesondere bei der akuten Endokarditis, der Prothesenfrühendokarditis und der medikamentös nicht beherrschten subakuten Endokarditis, hat die Prognose in den letzten Jahren dramatisch verbessert.

Myokarditis

Vk und *Ät:* Virale oder bakterielle Entzündung des Myokards. Seltene Erkrankung. Am häufigsten ist die Virusmyokarditis. Sie kann akut oder chronisch auftreten.

Sy und *Dg:* Untersuchung: Häufig sind die Patienten asymptomatisch. Es besteht lediglich eine Sinustachykardie. In schweren Fällen kann eine akute Linksherzinsuffizienz auftreten.
EKG: T-Wellen-Inversion, ST-Strecken-Senkung, Sinustachykardie.
Echokardiographie: Normale oder eingeschränkte linksventrikuläre Funktion.
Herzkatheter: Wichtig zur Diagnosestellung ist die Myokardbiopsie. In ihr sollten zelluläre Infiltration des Interstitiums sowie Einzelfasernekrosen gefunden werden. Dieser Befund ist sehr selten.

Th: Symptomatische Therapie (Acetylsalicylsäure).

Perikarditis

Definition
Entzündliche Erkrankung des Perikards.

Ät: Viren, Operation, Myokardinfarkt, Urämie, bakterielle Infektion, Tuberkulose, Trauma, Neoplasma.

Symptome und Diagnose
Untersuchung: Häufig atemabhängige Brustschmerzen. Es kann Perikardreiben getastet werden.
EGK: Zunächst ST-Hebung nach oben konkav in allen EKG-Ableitungen (Vorderwand und Hinterwand). Im Abheilungsstadium T-Wellen-Inversion in allen Ableitungen. Zusätzlich Sinustachykardie.
Echokardiogramm: Häufig findet sich ein Perikarderguß, der echokardiographisch von parasternal oder subkostal gut darstellbar ist.

Therapie
Acetylsalicylsäure 1–2 g oder Indometacin, 4mal 50 g p.o. Antikoagulantien sollten vermieden werden.

Perikarderguß

Sy und *Dg:* Sinustachykardie, Pulsus paradoxus und Halsvenenstauung sind die typische Trias.
EKG: Häufig findet man eine Niedervoltage.
Echokardiographie: Nachweis des Perikardergusses.
Es droht bei Perikarderguß immer die Perikardtamponade, d. h. eine Kompression des rechten Vorhofes und des rechten Ventrikels, die zum Low-output-Syndrom führen kann, mit niedrigem HZV und Sinustachykardie. Diese Situation ist immer ein kardiologischer Notfall. Als Warnzeichen tritt häufig ein Pulsus paradoxus auf, d. h. ein inspiratorisches Absinken des systolischen Blutdrucks, den man am Radialispuls tasten kann. Besteht ein Pulsus paradoxus, eine Halsvenenstauung, eine Sinustachykardie und echokardiographisch ein Perikarderguß, ist die sofortige Perikardpunktion angezeigt.

Th: Bei großem Perikarderguß und insbesondere bei Perikardtamponade ist die sofortige Perikardpunktion erforderlich. Dazu wird ein venöser Zugang gelegt. Die Perikardpunktion findet im Herzkatherlabor unter kardiologischer oder echokardiographischer Kontrolle statt. Punktiert wird von subkostal sternumnah in Richtung auf den rechten Vorhof. Eine Perikardiographie erleichtert die Identifikation der Lage der Nadel im Perikarderguß.

Konstriktive Perikarditis

Ät: Meist Tuberkulose.

Sy und *Dg:* Untersuchung: Typische Symptomatik mit Halsvenenstauung, peripheren Ödemen, Leberstauung, Aszites. Häufig auch Ausbildung eines Pleuraergusses.
Auskultation: Häufig Perikardton.
EKG: Sinustachykardie, Niedervoltage, Vorhofflimmern.
Echokardiogramm: Uncharakteristisch.
Röntgen: Häufig schalenförmige Perikardverkalkungen, insbesondere im Bereich des rechten und linken Vorhofes (Seitbild!).
Herzkatheter: Identischer diastolischer Druck in allen vier Herzkammern mit frühdiastolischem Dip-Phänomen. Der diastolische Druck ist deutlich auf meist 15–20 mmHg erhöht. Als diagnostische Abgrenzung der Pericarditis constrictiva von der restriktiven Kardiomyopathie ist die Myokardbiopsie wertvoll: Bei Vorliegen einer Perikarditis findet sich normales Myokard, bei Vorliegen einer restriktiven Kardiomyopathie findet sich pathologisch verändertes Myokard.

Th: Perikardektomie. Danach meist dramatische Befundbesserung.

Herz- und Gefäßanomalien, angeborene

Bikuspidale Aortenklappe

Vk und *Pathog:* Der häufigste angeborene Herzfehler ist die bikuspidale Aortenklappe. Sie führt häufig zur angeborenen Aortenklappenstenose. Die angeborene Aortenklappenstenose ist häufig assoziiert mit einer

Aortenisthmusstenose. In anderen Fällen führt die bikuspidale Aortenklappe häufig zu einer Aortenklappenstenose im meist noch jugendlichen Alter. Alternativ entwickelt sich eine verkalkte Aortenklappenstenose im Alter von über 50–60 Jahren.

Sy und *Dg:* Untersuchung: Bei jugendlicher Aortenklappenstenose häufig lautes systolisches Geräusch mit systolischem Ejektionsklick.
EKG: Linksventrikuläre Hypertrophie und Linksschädigungszeichen.
Echokardiographie: Methode der Wahl für die Diagnose. Man erkennt eine verdickte Aortenklappe mit Domstellung.
Farb-Doppler-Echokardiographie: Quantifizierung des Gradienten ist möglich.
Herzkatheter: Systolischer Druckgradient zwischen linkem Ventrikel und Aorta.

Th: Die Ballonvalvuloplastik im jugendlichen Alter ist erfolgversprechend. Die kurzfristigen und langfristigen Resultate sind gut. Ist eine Valvuloplastik nicht möglich, muß eine chirurgische Intervention erfolgen.

Vorhofseptumdefekt

Vk und *Formen:* Häufig im Erwachsenenalter. Man unterscheidet drei Formen:

- den häufigen Ostium-secundum-Defekt, d. h. einen im Bereich des Foramen ovale liegenden Defekt;
- den Ostium-primum-Defekt, der am Boden des Vorhofseptums gelegen ist und häufig mit einer zusätzlichen Mitral- oder Trikuspidalklappeninsuffizienz einhergeht (inkompletter AV-Kanal, Endokardkissendefekt) oder noch zusätzlich einen hoch sitzenden Ventrikelseptumdefekt aufweist (kompletter AV-Kanal);
- den Sinus-venosus-Defekt, der zwischen der Mündung der oberen Hohlvene und dem linken Vorhof gelegen ist und häufig mit zusätzlichen fehleinmündenden Lungenvenen vergesellschaftet ist. Isolierte Lungenvenenfehleinmündungen in den rechten Vorhof führen zum identischen klinischen Bild wie ein Vorhofseptumdefekt.

Sy und *Dg:* Untersuchung: Die Patienten leiden an Müdigkeit, Luftnot sowie häufigen respiratorischen Infekten. Ein Teil der Patienten ist lange Jahre vollkommen asymptomatisch.
Auskultation: Fixierte Spaltung des zweiten Herztones, systolisches Geräusch über dem Pulmonalfokus.
EKG: Beim Ostium-secundum-Defekt häufig inkompletter Rechtsschenkelblock. Beim Ostium-primum-Defekt überdrehter Linkstyp.
Echokardiographie: Rechtsventrikuläre Dilatation, paradoxe Septumbeweglichkeit, häufig Mitralklappenprolaps. Im subkostalen Schnitt ist der Vorhofseptumdefekt häufig darstellbar. Die transösophageale Echokardiographie ist sehr geeignet, den Vorhofseptumdefekt darzustellen.
Farb-Doppler-Echokardiographie: Der Übertritt des Blutes vom linken in den rechten Vorhof kann direkt dargestellt werden (subkostal oder transösophageal).
Herzkatheter: Damit ist die exakte Quantifizierung des Vorhofseptumdefektes möglich. Gleichzeitig wird beurteilt, ob eine schwere pulmonale Hypertonie vorliegt.

Th und *Prgn:* Ein Vorhofseptumdefekt wird operiert (verschlossen mit oder ohne Patch), wenn der Links-rechts-Shunt über 33% beträgt. Es wird immer dann operiert, wenn der Lungengefäßwiderstand im Verhältnis zum Körpergefäßwiderstand unter 0,7 beträgt. Bei höherem Lungengefäßwiderstand bringt eine Operation keine Verbesserung der Prognose mehr. Das Eisenmenger-Syndrom bedeutet bei einem Shunt-Vitium mit Links-rechts-Shunt die Entwicklung einer schweren pulmonalen Hypertonie mit dann auftretendem Rechts-links-Shunt. Besteht ein Eisenmenger-Syndrom, so ist die Prognose der Erkrankung meist sehr ernst. In diesen Fällen kann eine Herz-Lungen-Transplantation als Ultima-ratio-Therapie durchgeführt werden.

Ventrikelseptumdefekt

Formen: Vier anatomische Typen eines Ventrikelseptumdefektes werden gefunden: Der membranöse Typ, der muskuläre Typ, der Defekt des AV-Kanal-Typs und der suprakristale Defekt, der häufig mit einer Aortenklappeninsuffizienz vergesellschaftet ist.

Sy und *Dg:* Untersuchung: Der Ventrikelseptumdefekt führt zu einer Volumenüberlastung des linken Vorhofes und des linken Ventrikels. Häufig sind die Patienten asymptomatisch; es kann sich jedoch auch ein Eisenmenger-Syndrom entwickeln.
Auskultation: Hochfrequentes, lautes holosystolisches Geräusch an der Herzbasis. Wenn eine pulmonale Widerstandserhöhung besteht, kann das Geräusch leiser werden, und der Pulmonalton kann betont werden.
EKG: Meist normal. Linksventrikuläre Hy-

pertrophie kann auftreten. Bei Eisenmenger-Syndrom rechtsventrikuläre Hypertrophie.
Echokardiogramm: Vergrößerung des linken Ventrikels.
Farb-Doppler-Echokardiogramm: Erlaubt die exakte Diagnose.
Herzkatheter: Ist zur Sicherung der Diagnose und zur Bestimmung des Lungengefäßwiderstandes und des Körperkreislaufwiderstandes erforderlich.

Th und *Prgn:* Ein kleiner Ventrikelseptumdefekt mit einem Shunt-Volumen unter 33% muß beim asymptomatischen Patienten nicht operativ behandelt werden. Insbesondere ein muskulärer Ventrikelseptumdefekt kann sich spontan verschließen. Entwickelt sich eine progressive pulmonale Hyertonie, so ist die Prognose der Patienten deutlich eingeschränkt. Eine Herz-Lungen-Transplantation ist dann letzte Therapiemöglichkeit. Ein größerer Ventrikelseptumdefekt mit einem Links-rechts-Shunt über 33% sollte immer operativ verschlossen werden. Die Operationsergebnisse sind sehr gut.

Aortenisthmusstenose

Path, Anat und *Pathog:* Die Isthmusstenose liegt beim Erwachsenen genau gegenüber dem Lig. arteriosum. Häufig ist in die Isthmusstenose der Abgang der linken Subclavia einbezogen. Es findet sich dann eine Blutdruckdifferenz zwischen rechtem und linkem Arm. Infolge der Isthmusstenose entwickelt sich ein reicher Kollateralkreislauf (zwischen proximaler und distaler Aorta), der die A. thoracica interna und die Interkostalarterien einbezieht.

Sy und *Dg:* Untersuchung: Die Patienten leiden an Kopfschmerzen, Müdigkeit und hohem Blutdruck in der oberen Körperhälfte. Häufig sind zerebrale Hämorrhagien infolge Ruptur eines Aneurysmas der Hirnbasisarterie. Der Blutdruck in der oberen Körperhälfte ist höher als in der unteren (Palpation der Aa. radialis und femoralis.
EKG: Häufig inkompletter Rechtsschenkelblock, Linkshypertrophiezeichen.
Echokardiogramm: Die Darstellung der Isthmusstenose gelingt häufig von suprasternal oder transösophageal. Der Druckgradient kann dann gemessen werden.
Farb-Doppler-Echokardiographie: Messung des Druckgradienten ist möglich.
Röntgenbild: Rippenusuren, poststenotische Dilatation. Häufig ist auch die Einziehung in der deszendierenden Aorta direkt sichtbar.
Herzkatheter: Erlaubt die exakte Diagnose und Darstellung der Isthmusstenose.

Th: Die Ballondilatation hat sich nicht bewährt. Besser erscheint die Therapie mittels Patch-Angioplastik (operativ). Häufig persistiert postoperativ eine arterielle Hypertonie, die dann mittels ACE-Hemmern oder β-Blockern medikamentös eingestellt werden sollte. Eine Isthmusstenose sollte in der Regel operativ behandelt werden. Da bei den Patienten häufig zusätzliche vaskuläre Fehler vorliegen (biskupidale Aortenklappe, Aneurysma der Hirnbasisarterien), sollten die Patienten anschließend regelmäßig kardiologisch überwacht werden.

Ductus arteriosus apertus

Sy, Dg und *DD:* Untersuchung: Hohe Blutdruckamplitude, Patient häufig asymptomatisch, Zufallsbefund.
Auskultation: Typisches Maschinengeräusch (systolisch und diastolisch, keine Phase ohne Geräusch). Wenn der pulmonale Widerstand ansteigt, wird das Geräusch leiser und kann nur noch systolisch gehört werden.
EGK: Häufig normal.
Echokardiographie: Uncharakteristisch.
Farb-Doppler-Echokardiographie: Darstellung des Ductus arteriosus direkt möglich. Messung des Druckgradienten zwischen Aorta und Pulmonalis ist ebenfalls möglich.
Herzkatheteruntersuchung: Ist zur exakten Diagnosestellung unerläßlich. Folgende Krankheitsbilder müssen abgetrennt werden: AV-Fistel, rupturiertes Sinus-aortae-Aneurysma, Ventrikelseptumdefekt mit gleichzeitiger Aorteninsuffizienz, Koronararterienfistel, aortopulmonales Fenster.

Th: Operativer Verschluß des Ductus arteriosus. Bei älteren Patienten kann der Verschluß mittels Kathetertechnik nichtinvasiv erfolgen.

Pulmonalstenose (ohne Begleitvitium)

Formen: Es kann eine valvuläre Pulmonalstenose isoliert beim Erwachsenen gefunden werden. Häufig findet sich eine sekundäre infundibuläre Stenose zusätzlich.

Sy und *Dg:* Die Patienten leiden an Luftnot und Müdigkeit. Man hört ein lautes systolisches Geräusch über dem Pulmonalfokus. Das EKG zeigt eine schwere Rechtshypertrophie. Das Röntgenbild weist eine poststenotische Dilatation auf. Im Echokardiogramm kann die Diagnose exakt gestellt werden.

Th: Besteht eine valvuläre Pulmonalstenose und ein Druckgradient über 40–50 mmHg, so kann die Stenose mittels Ballonvalvuloplastik beseitigt werden.

Idiopathische Pulmonalektasie

Eine Erweiterung des Pulmonalarterienhauptastes kann idiopathisch vorkommen. Wichtig ist, daß dieser Befund mittels Echokardiographie und Farb-Doppler-Echokardiographie weiter abgeklärt wird. Er ist abzugrenzen von einer valvulären Pulmonalstenose sowie von einem Vorhofseptumdefekt. Die idiopathische Pulmonalektasie hat keinen Krankheitswert. Sie wird häufig bei der Routine-Thoraxuntersuchung festgestellt.

Fallot-Tetralogie

Sy und *Dg:* Die Kombination von vier Komponenten nennt sich Fallot-Tetralogie:

- Ventrikelseptumdefekt,
- Obstruktion der rechtsventrikulären Ausflußbahn,
- überreitende große Aorta,
- rechtsventrikuläre Hypertrophie.

Die wesentliche Anomalie ist eine Rechtsverlagerung des Septums zwischen Aorta und Pulmonalis in der frühen Entwicklungsstufe. Verschiedene klinische Ausprägungen sind möglich. Die Diagnose kann nichtinvasiv mittels Echokardiographie gestellt werden. Das EKG zeigt eine schwere Rechtshypertrophie. Im Röntgenbild Holzschuhform. Die Herzkatheteruntersuchung sichert die Diagnose.

Th: Die Therapie ist die operative Totalkorrektur. Die Patienten müssen später weiter überwacht werden, weil sie häufiger eine Reihe von Komplikationen aufweisen: Rhythmusstörungen oder Pulmonalklappeninsuffizienz.

Komplette Transposition der großen Arterien

Zyanotischer Herzfehler. Verschiedene Formen sind möglich. Häufig letal bereits im Neugeborenenalter. Die Diagnose kann mittels Echokardiographie und Farb-Doppler-Echokardiographie erstellt werden. Heute ist eine Totalkorrektur mit der Switch-Operation möglich.

Totale Lungenvenentransposition

Alle Lungenvenen münden in eine anomale linke persistierende obere Hohlvene und werden dann in den rechten Vorhof drainiert. Es besteht gleichzeitig ein Vorhofseptumdefekt. Aus dem linken Vorhof entspringen keine Lungenvenen. Häufig tödlich schon im Säuglingsalter. Patienten im Erwachsenenalter mit diesem Defekt können mittels Röntgenbild (Schneemannsilhouette) und Echokardiographie sowie Herzkatheteruntersuchung identifiziert werden. Eine operative Korrektur ist möglich.

Herzinsuffizienz

Ät und *Pathog:* Die Herzinsuffizienz ist ein Symptom, keine Diagnose. Deshalb ist es immer erforderlich nach der Ursache der Herzinsuffizienz zu suchen (Tachyarrhythmie, akuter Herzinfarkt, dekompensierte Aortenklappenstenose, dilatative Kardiomyopathie). Herzinsuffizienz bedeutet, daß das Herz die Gewebe nicht genügend mit Blut versorgt.

Man unterscheidet ein Vorwärtsversagen und ein Rückwärtsversagen. Man unterscheidet weiterhin ein Vorwärts- und Rückwärtsversagen des linken Ventrikels sowie ein Vorwärts- und Rückwärtsversagen des rechten Ventrikels. Das Herzversagen kann akut oder chronisch auftreten. Beispiel: Ein Myxom verlegt das Mitralostium, es kommt zum akuten Rückwärtsversagen des linken Herzens = Lungenödem. Weiteres Beispiel: Eine konstriktive Perikarditis bedeutet ein chronisches Rückwärtsversagen, vor allem des rechten Ventrikels. Eine akute massive Lungenembolie bedeutet akutes Vorwärtsversagen für den rechten Ventrikel mit kardiogenem Schock. Ein ausgedehnter Vorderwandinfarkt kann zum akuten Vorwärtsversagen des linken Ventrikels führen = kardiogener Schock. Es ist für die Therapie von entscheidender Bedeutung, eine exakte Diagnose der Ursache der Herzinsuffizienz zu stellen, wie aus den Beispielen hervorgeht, um die richtige Therapie einschlagen zu können.

Sy: Luftnot in Ruhe, bei Belastung oder in der Nacht, Lungenödem, systemische venöse Stauung, Lungenstauung, Leberstauung.

Eine klinische Einteilung erfolgt nach der NYHA-Klassifikation:

- Klasse I = keine Einschränkungen,
- Klasse II = Beschwerden bei starker Belastung,
- Klasse III = Beschwerden bei alltäglichen Belastungen,
- Klasse IV = Ruhebeschwerden.

Pleuraerguß, Aszites, periphere Ödeme und kardiale Kachexie sind das Endstadium der schweren Herzinsuffizienz.

Tabelle 21.**2** Diuretikatherapie bei Herzinsuffizienz

Gruppe	Substanz	Handelsname	Einzeldosis	
Thiazide	Hydrochloridthiazid	Esidrix	1 Tabl.	(25 mg)
Schleifendiuretika	Furosemid	Lasix	1 Amp.	(20 mg, 40 mg, 250 mg)
	Piretanid	Arelix	1 Amp.	(6 mg, 12 mg)
	Etacrynsäure	Hydromedin	1 Amp.	(50 mg)
kaliumsparende Substanzen	Triamteren	Jatropur	1 Kps.	(50 mg)
	Amilorid	z. B. in Moduretik	1 Tabl.	(5 mg)

Th: Da die Herzinsuffizienz ein Symptom ist, muß die Ursache diagnostiziert werden. Besteht eine schwere dilatative Kardiomyopathie mit Myokardinsuffizienz, so wird gehandelt wie folgt: Bettruhe, Sauerstoffgabe über die Nase (4–6 l/min), Entfernung von Pleuraergüssen, gegebenenfalls Hämofiltration. Die medikamentöse Behandlung beinhaltet die Gabe von Diuretika (Tab. 21.**2**). Weiterhin sollte der Patient mit schwerer Myokardinsuffizienz Digitalis erhalten, z. B. Digoxin (orale Sättigungsdosis 2 mg, orale Erhaltungsdosis 0,25 mg). Da Digoxin renal eliminiert wird, sind die Dosen bei Niereninsuffizienz zu reduzieren. Besser ist bei Niereninsuffizienz Digitoxin zu verabreichen (Sättigungsdosis 1,5–2 mg, Erhaltungsdosis 0,1 mg p.o.). Digitoxin wird vor allem hepatisch eliminiert.
Bei Digitalistherapie muß eine Digitalisintoxikation rasch erkannt werden, die mit Übelkeit, Kopfschmerzen, Farbensehen, Erbrechen und einem ventrikulären Bigeminus oder einer AV-Knoten-Reentry-Tachykardie einhergeht. Häufig ist auch eine paroxysmale atriale Tachykardie mit AV-Blockierung oder ein Sinusknotenstillstand zu finden. Die Digitalisintoxikation wird mit Kaliumgabe, Absetzen von Digitalis sowie Phenhydan behandelt. Bei schwerer Digitalisvergiftung kann ein spezifischer Antikörper gegen Digitalis i.v. verabreicht werden. Bei Verabreichung von Diuretika über längere Zeit muß der Kaliumspiegel kontrolliert werden. Gegebenenfalls sind kaliumsparende Diuretika zu verabreichen (Tab. 21.**2**). Die Myokardinsuffizienz wird weiterhin mit ACE-Hemmern und mit Nitraten oder Molsidomin behandelt (Tab. 21.**3**).
Wichtig bei der Behandlung mit ACE-Hemmern ist immer, daß die Kombination mit einem Diuretikum verwendet wird. Man sollte sehr vorsichtig mit kaliumsparenden Diuretika bei ACE-Hemmer-Gabe sein, da häufig eine Hyperkaliämie beobachtet wird. Die Einstellung auf ACE-Hemmer sollte bei schwerer Myokardinsuffizienz in der Klinik erfolgen, da häufig bei der ersten Gabe hypotone Kreislaufregulationen ausgelöst werden. Bei weiterer Gabe der Medikamente stabilisiert sich in der Regel der Blutdruck. Prinzip der ACE-Hemmer ist: Senkung des peripheren Widerstandes, der bei der schweren Herzinsuffizienz in der Regel erhöht ist.
Inotrope Pharmaka können bei Patienten mit schwerer Herzinsuffizienz parenteral verab-

Tabelle 21.**3** Vasodilatatorentherapie bei Herzinsuffizienz

Gruppe	Substanz	Handelsname	Einzeldosis
Molsidomin	Molsidomin	Corvaton	2–8 mg
Nitrat	Isosorbiddinitrat	Isoket IsoMack ISDN	10–60 mg
ACE-Hemmer	Captopril	Lopirin tensobon	6,25–25 mg
	Enalapril	Xanef Pres	2,5– 20 mg

reicht werden: Dopamin in einer Dosis von 2–5 μg/kg/min über 1–2 Tage. Wichtig ist, daß die Diurese durch Dopamin stimuliert wird. Dobutamin kann zusätzlich in einer Dosis von 2,5–10 μg/kg/min i.v. verabreicht werden. Häufig erholen die Patienten sich dramatisch innerhalb von 2–3 Tagen. Amrinon kann i.v. verabreicht werden und führt zu einer Besserung durch direkten positiv inotropen und systemisch vasodilatierenden Effekt. Die Gabe von Amrinon wirkt additiv zur Gabe von Digitalisglykosiden. Eine Toleranz wurde unter Amrinon bisher nicht beobachtet. Die Dosis beträgt 5–10 μg/kg/min. Es sollte 1–2 Tage therapiert werden.
Nach Diagnosesicherung und medikamentöser Therapie besteht als Ultima ratio bei Patienten mit schwerer Herzinsuffizienz infolge Myokardinsuffizienz des linken und rechten Ventrikels die Möglichkeit zur Herztransplantation. Die 1-Jahres-Überlebensrate beträgt heute 80%. Nach 3 Jahren leben noch 70% der Patienten. Die Behandlung ist an spezielle Zentren gebunden, die die Patienten auch nach der Operation kurzfristig kontrollieren und betreuen.

Herzklappenfehler, erworbene

Mitralklappenstenose

Def: Verengung der Mitralklappe durch entzündliche Klappenveränderungen.

Ät: Meist Folge eines rheumatischen Fiebers.

Sy und *Dg:* Untersuchung: Hauptsymptom ist Luftnot. Ein Lungenödem tritt selten auf, kann aber durch Schwangerschaft oder plötzliches Auftreten von Vorhofflimmern ausgelöst werden. Eine Hämoptyse kann bei schweren Fällen auftreten. Bei Vorhofflimmern oder intermittierendem Vorhofflimmern droht immer eine periphere Embolie (meist Hirnembolie).
Auskultation: Typischer Befund mit Betonung des ersten Herztones. Bei Sinusrhythmus kann ein präsystolisches Geräusch bestehen.
EKG: Vorhofflimmern, bei Sinusrhythmus häufig P sinistroatriale, Rechtstyp, rechtsventrikuläre Hypertrophie.
Echokardiographie: Vergrößerung des linken Vorhofes, Verdickung und eingeschränkte Beweglichkeit der Mitralklappe. Konkordante Bewegung des vorderen und hinteren Mitralsegels. Im zweidimensionalen Echokardiographiebild kann die Mitralklappe eingestellt und die Mitralklappenöffnungsfläche quantifiziert werden.
Farb-Doppler-Echokardiographie: Die Flußbeschleunigung im Mitralostium kann gemessen werden; die Mitralklappenöffnungsfläche kann daraus bestimmt werden. Mit der transösophagealen Echokardiographie kann man linksatriale Thromben identifizieren. Die Farb-Doppler-Echokardiographie kann eine zusätzliche Mitralinsuffizienz quantifizieren.
Die Herzkatheteruntersuchung sichert die Diagnose, schließt begleitende Herzklappenfehler aus und schließt eine koronare Herzkrankheit aus bzw. stellt sie fest.

Th: Bei Vorhofflimmern sollte auf Dauer antikoaguliert werden. Bei Tachyarrhythmie sollte Digitalis oder Dilzem eingesetzt werden. Die Tachyarrhythmie kann auch mittels β-Blockern beherrscht werden. Eine Elektrokonversion ist meist nicht angezeigt. Bei Sinusrhythmus und Mitralklappenstenose ist eine Antikoagulation nicht dringend erforderlich. Bei erfolgter Thrombembolie muß immer antikoaguliert werden, unabhängig davon, ob Sinusrhythmus oder Vorhofflimmern besteht. Unter medikamentöser Therapie leben nach 5 Jahren noch 62%, nach 10 Jahren noch 38% der Patienten mit dem klinischen Schweregrad III.
Heute ist die Therapie mittels Ballondilatation bei Patienten in den klinischen Schweregraden III und IV möglich. Voraussetzung für die Ballondilatation der Mitralklappe ist, daß diese nicht verkalkt ist, und kein Thrombus im linken Vorhof und keine Fusion der Chordae tendineae des subvalvulären Apparates besteht. In allen anderen Fällen ist die offene Mitralkommissurotomie oder der prothetische Mitralklappenersatz erforderlich. Der prothetische Mitralklappenersatz ist immer dann erforderlich, wenn zusätzlich eine schwere Mitralklappeninsuffizienz, eine schwere Mitralklappenverkalkung oder eine zusätzliche schwere Aorteninsuffizienz besteht. Die Indikation zur Ballondilatation oder zur Operation besteht dann, wenn die Mitralklappe eine Öffnungsfläche unter 1,5 cm^2 hat und der Patient deutlich herzinsuffizient ist (NYHA-Grad III oder IV). Die NYHA-Klassen sind wie folgt:

- Klasse I = keine Beschwerden,
- Klasse II = Beschwerden bei starker körperlicher Belastung,
- Klasse III = Beschwerden im täglichen Leben bei geringen Belastungen,
- Klasse IV = Ruhebeschwerden.

Indikation zur Ballondilatation oder Operation besteht auch bei Patienten, die asymptomatisch sind, aber eine systemische Embolie erlitten haben. Vor Operation oder Dilatation müssen diese Patienten selbstverständlich einer Antikoagulationstherapie unterzogen werden (wenigstens 6 Wochen).

Mitralklappeninsuffizienz

Ät: Häufigste Ursache ist die myxomatöse Degeneration der Mitralsegel. Daneben rheumatisches Fieber, Mitralringverkalkung, infektiöse Endokarditis und Dilatation des Mitralringes bei schwerer Dilatation der linken Herzkammer (relative Mitralklappeninsuffizienz).

Sy und *Dg:* Untersuchung: Hohe Blutdruckamplitude, gelegentlich präkordiales Schwirren.
Auskultation: Holosystolisches Geräusch, am lautesten über der Herzspitze, meist hochfrequent. Das Geräusch ähnelt dem systolischen Geräusch eines Ventrikelseptumdefektes bzw. ist von ihm abzugrenzen.
EKG: P sinistroatriale, Vorhofflimmern, Linkshypertrophiezeichen (selten).
Echokardiogramm: Vergrößerung von linkem Vorhof und linkem Ventrikel. Hyperkontraktiler linker Ventrikel.
Farb-Doppler-Echokardiographie: Man kann die Regurgitation direkt sichtbar machen und quantifizieren. Es besteht eine gute Korrelation zwischen Echokardiogramm und Angiographie.
Röntgen: Vergrößerung des linken Vorhofes und des linken Ventrikels. Meist kein Klappenkalk. Kalk sichtbar bei Mitralringverkalkung.
Tab. 21.4 zeigt die klinische Manifestation der schweren Mitralklappeninsuffizienz bei akuter im Vergleich zur chronischen Mitralklappeninsuffizienz. Die akute Mitralklappeninsuffizienz ist meist Folge einer akuten Endokarditis, die chronische Mitralklappeninsuffizienz meist Folge eines Mitralklappenprolapses bei myxomatöser Degeneration der Mitralklappe.
Die Diagnose wird durch Rechts- und Linksherzkatheter gesichert. Der Schweregrad der Mitralregurgitation wird direkt aufgrund des Angiogramms bestimmt. Bei kleinem linkem Vorhof findet sich eine hohe V-Welle in der linksatrialen Druckkurve, bei großem linkem Vorhof meist eine niedrige V-Welle. Zusätzlich wird abgeklärt, ob eine koronare Herzkrankheit besteht.

Th: In den klinischen Schweregraden III und IV besteht die Indikation zur Operation. Häufig müssen auch Patienten mit schwerer Mitralregurgitation in der klinischen Klasse II schon operiert werden. Dies ist nötig, da häufig postoperativ die linksventrikuläre Funktion (Ejektionsfraktion der linken Herzkammer) eingeschränkt ist und bleibt. Als Operationsmethode kommt eine Rekonstruktion der Mitralklappe oder der prothetische Mitralklappenersatz in Frage.

Aortenklappenstenose

Vk und *Ät:* 90% der Patienten mit Aortenklappenstenose haben entweder eine angeborene bikuspidale Aortenklappe, die im Verlauf des Lebens verkalkt und sich verengt, oder eine trikuspidale Klappe, die im Verlaufe des Lebens sich degenerativ verändert hat und verkalkt ist. Nur 10% der Patienten mit Aortenklappenstenose haben in ihrer Anamnese ein rheumatisches Fieber. Typische Alterserkrankung.

Sy und *Dg:* Untersuchung: Typische Symptomentrias: Belastungsabhängige Angina pectoris, belastungsabhängige Synkope, belastungsabhängige Luftnot (auch akutes Lungenödem kann als Erstsymptom auftreten).

Tabelle 21.4 Klinik der schweren Mitralklappeninsuffizienz

	Akut	Chronisch
Lungenödem	früh	spät
Herzfrequenz	erhöht	normal
systolisches Geräusch	leise	laut
EKG: Hypertrophie, Schädigungszeichen	nein	ja
Echokardiogramm linksventrikuläre Dilatation	nein	ja
Echokardiogramm linksatriale Dilatation	nein	ja
Farb-Doppler-Echokardiographie: Regurgitation	ja	ja
Röntgen: Herzvergrößerung	nein	ja

Arelix®
Arelix® mit
Arelix® R
Das Herz-Diuretikum
ab 1. Juli 1992
zum **Festbetrag!**
Ohne Zuzahlung.
Bei Herzinsuffizienz. Ödemen und Bluthochdruck.
Zusammensetzung: 1 Tablette Arelix mite enthält 3 mg Piretanid. 1 Tablette Arelix enthält 6 mg Piretanid. 1 Retardkapsel Arelix enthält 6 mg Piretanid. **Indikationen:** Bei Herzinsuffizienz zur Herzentlastung; kardiale, renale, hepatogene Ödeme. Leichte bis mittelschwere Hypertonie; bei schwerer Hypertonie in Kombination mit anderen nicht diuretisch wirkenden Antihypertonika. **Kontraindikationen:** Schweres Nierenversagen (Anurie); Hypokaliämie, Hyponatriämie, Hypovolämie, Hypotonie; hepatisches Koma oder Präkoma; Überempfindlichkeit gegen Piretanid bzw. Sulfonamide; 1. Trimenon der Schwangerschaft, Erfahrungen in späteren Phasen liegen nicht vor; Stillzeit; Kinder. **Nebenwirkungen:** Selten gastrointestinale Beschwerden. Nach langdauernder hochdosierter Therapie in Einzelfällen Störungen des Elektrolyt- und Flüssigkeitshaushaltes mit Kreislaufstörungen und erhöhter Gerinnungsneigung des Blutes möglich. Ein anderweitig bedingter Kaliummangel kann verstärkt werden, bei zu stark eingeschränkter Kochsalzzufuhr kann ein Natriummangel auftreten. Die Calciumausscheidung kann erhöht werden. In Einzelfällen Verschlechterung einer diabetischen Stoffwechsellage oder einer bestehenden metabolischen Alkalose sowie Anstieg von Kreatinin, Harnstoff, Harnsäure im Serum. Selten allergische Reaktionen wie Hautausschläge oder Lichtüberempfindlichkeit, in Einzelfällen wurde eine Thrombocytopenie beobachtet. Bei gestörter Blasenentleerung oder Prostatahypertrophie Symptomverstärkung möglich. Die Fähigkeit zur aktiven Teilnahme am Straßenverkehr oder zum Bedienen von Maschinen kann beeinträchtigt werden. **Weitere Informationen** enthält die Fachinformation. **Handelsformen und Preise: Arelix mite** 20 Tabletten (N1) DM 9,99; 50 Tabletten (N2) DM 21,75; 100 Tabletten (N3) DM 39,11; Krankenhauspackung. **Arelix** 20 Tabletten (N1) DM 19,10; 50 Tabletten (N2) DM 41,50; 100 Tabletten (N3) DM 74,68; Krankenhauspackung. **Arelix RR** 20 Retardkapseln (N1) DM 19,10; 50 Retardkapseln (N2) DM 41,50; 100 Retardkapseln (N3) DM 74,68; Krankenhauspackung. Stand bei Drucklegung.
cassella riedel
Cassella-Riedel Pharma GmbH
6000 Frankfurt (Main) 60

Auskultation: Man tastet ein präkordiales Schwirren. Rauhes systolisches Geräusch über dem Aortenfokus mit Ausstrahlung in die Karotiden, Pulsus parvus et tardus. Das systolische Geräusch wird typischerweise an der Herzspitze gut gehört.
EKG: Ausgeprägte Linkshypertrophie und Linksschädigungszeichen, häufig P sinistroatriale, häufig kompletter Linksschenkelblock.
Echokardiographie: Verdickte und verkalkte Aortenklappe. Segelseparation deutlich eingeschränkt, meist unter 6 mm.
Farb-Doppler-Echokardiographie: Geeignet zur Quantifizierung des systolischen Druckgradienten zwischen linkem Ventrikel und Aorta und zur Erkennung einer zusätzlichen Aortenklappeninsuffizienz.
Die Diagnose wird durch die Herzkatheteruntersuchung gesichert, die in jedem Fall durchgeführt werden muß. Zusätzliche Erkrankungen (Aortenklappeninsuffizienz, Mitralklappeninsuffizienz, Erkrankung der aszendierenden Aorta, koronare Herzkrankheit) müssen erkannt werden.

Th: Indikationen für die Operation bestehen dann, wenn die Aortenklappenöffnungsfläche unter 1 cm^2 beträgt und der Patient symptomatisch ist. Eine Operation sollte erfolgen, wenn der systolische Gradient zwischen linkem Ventrikel und Aorta 50 mmHg oder mehr beträgt. Auch bei diskreten Symptomen muß operiert werden. Die Progression der Aortenklappenstenose erfolgt meist rasch. Eine Ballondilatation ist nicht sinnvoll, da die Früh- und Spätergebnisse mit dieser Methode schlecht sind. Es muß der prothetische Aortenklappenersatz erfolgen, der auch bei Patienten mit einem Alter bis zu 90 Jahren mit niedrigem Risiko (Operationsletalität ca. 5%) durchgeführt werden kann. Insbesondere die älteren Patienten erholen sich sehr rasch nach der Operation auch dann, wenn präoperativ eine schwer eingeschränkte linksventrikuläre Funktion vorgelegen hat.

Aortenklappeninsuffizienz

Ät: Rheumatisches Fieber, infektiöse Endokarditis, Trauma, schwere arterielle Hypertonie, anuloaortische Ektasie, Marfan-Syndrom.

Sy und *Dg:* Untersuchung: Pulsus celer et altus, Wasserhammerpuls. Bei akuter Aortenklappeninsuffizienz: Sinustachykardie, kein Pulsus celer et altus, meist schwerkranke Patienten. Bei chronischer Aortenklappeninsuffizienz Patient häufig asymptomatisch oder oligosymptomatisch.
Auskultation: Bei schwerer chronischer Aortenklappeninsuffizienz hört man ein diastolisches hochfrequentes Decrescendo-Geräusch. Bei akuter Aortenklappeninsuffizienz hört man meistens lediglich ein systolisches Strömungsgeräusch und ein leises frühdiastolisches Geräusch.
EKG: Bei chronischer Aortenklappeninsuffizienz Linkshypertrophie und Linksschädigungszeichen.
Farb-Doppler-Echokardiographie: Der Regurgitationsjet kann gut dargestellt werden. Bei der akuten Aortenklappeninsuffizienz finden wir häufig einen vorzeitigen Mitralklappenschluß (die Vorhofkontraktion ist nicht imstande, die Mitralklappe enddiastolisch nochmals zu öffnen).
Röntgen: Bei chronischer Aortenklappeninsuffizienz deutliche Vergrößerung des linken Ventrikels.
Tab. 21.**5** zeigt die Manifestation der schweren Aortenklappeninsuffizienz, aufgeteilt nach akuter Aortenklappeninsuffizienz (Fol-

Tabelle 21.**5** Klinik der schweren Aorteninsuffizienz

	Akut	Chronisch
Lungenödem	früh	spät
Blutdruckamplitude	normal	erhöht
Herzfrequenz	erhöht	normal
diastolisches Geräusch	kurz (schwer zu hören)	lang (leicht zu hören)
EKG: Hypertrophie, Schädigungszeichen	nein	ja
Echokardiographie: vorzeitiger Mitralklappenschluß	ja	nein
Echokardiographie: linksventrikuläre Dilatation	nein	ja
Farb-Doppler-Echokardiographie: Regurgitation	ja	ja
Röntgen: Herzvergrößerung	nein	ja

ge einer bakteriellen Endokarditis) und chronischer Aortenklappeninsuffizienz (meist Folge eines rheumatischen Herzleidens).

Th: Bei akuter Aortenklappeninsuffizienz als Folge einer bakteriellen Endokarditis wird wie bei bakterieller Endokarditis behandelt. Meist ist ein frühzeitiger Aortenklappenersatz erforderlich, insbesondere, wenn ein vorzeitiger Mitralklappenschluß im Echokardiogramm gefunden wird.
Bei der chronischen Aortenklappeninsuffizienz im Stadium I oder II erfolgt lediglich eine bakterielle Endokarditisprophylaxe. Dies bedeutet die p.o. Gabe von Breitspektrumpenicillin bei Zahnbehandlungen, bei Inzisionen von Abszessen oder bei Eingriffen in den Bereich des Urogenitaltrakts. Bei Patienten im klinischen Schweregrad III oder IV sowie bei ausgeprägter Aortenklappeninsuffizienz auch bereits im klinischen Schweregrad II ist der prothetische Aortenklappenersatz erforderlich. Präoperativ ist eine Rechts- und Linksherzkatheteruntersuchung immer erforderlich, um Begleitfehler und eine koronare Herzkrankheit zu sichern bzw. auszuschließen.

Trikuspidalklappenstenose

Ät: Meist rheumatisch. Meist zusätzlicher Klappenfehler bei Vorliegen einer Mitralklappenstenose.

Sy und *Dg:* Untersuchung: Zeichen der Rechtsherzinsuffizienz.
Auskultation: Betonter erster Herzton, rumpelndes Diastolikum.
Echokardiogramm: Verdickung und eingeschränkte Beweglichkeit der Trikuspidalklappe, besonders gut im Vierkammerblick zu erkennen. Rechtsatriale Vergrößerung.
Farb-Doppler-Echokardiographie: Der Jet in der Trikuspidalklappe kann direkt sichtbar gemacht werden. Die Klappenöffnungsfläche kann bestimmt werden.
Herzkatheter: Eine komplette Rechts- und Linksherzkatheteruntersuchung ist erforderlich, um die Trikuspidalklappenstenose und das Mitralvitium abzuklären.

Th: Eine rasche Sanierung des Mitralfehlers und des Trikuspidalfehlers durch die Operation ist erforderlich.

Trikuspidalklappeninsuffizienz

Ät: Meist Folge der Dilatation des rechten Ventrikels im Rahmen eines Mitralfehlers, sog. relative Trikuspidalklappeninsuffizienz. Zusätzlich gibt es Trikuspidalklappeninsuffizienz bei Ebstein-Syndrom.

Sy und *Dg:* Untersuchung: Massive Ödeme und Hepatomegalie sowie Halsvenenstauung stehen im Vordergrund.
Auskultation: Hochfrequentes holosystolisches Geräusch, das bei Inspiration lauter wird (Rivero-Carvallo-Zeichen).
Echokardiogramm: Vergrößerung des rechten Ventrikels und des rechten Vorhofes. Häufig besteht Vorhofflimmern.
Farb-Doppler-Echokardiogramm: Darstellung der mitralen Regurgitation. Eine Messung des systolischen rechtsventrikulären Druckes ist über die Trikuspidalklappeninsuffizienz möglich. Es besteht eine gute Korrelation zum invasiv gemessenen rechtsventrikulären Druck.
Röntgen: Meist deutliche Vergrößerung des rechten Vorhofes und des rechten Ventrikels.
Die Diagnose wird gesichert durch Rechts- und Linksherzkatheteruntersuchung einschließlich Angiographie der rechten Herzkammer.

Th: Die Trikuspidalklappeninsuffizienz wird in der Regel chirurgisch behandelt. Sanierung des Mitralklappenfehlers.

Pulmonalklappeninsuffizienz

Seltener Herzfehler. Häufig relative Pulmonalinsuffizienz bei schwerer pulmonaler Hypertonie bei angeborenen Herzklappenfehlern. Es muß eine Diagnose der Grunderkrankung erfolgen. Die Pulmonalklappeninsuffizienz kann mittels Farb-Doppler-Echokardiographie gut diagnostiziert werden.

Herzmuskelerkrankungen

Dilatative Kardiomyopathie

Ät: Idiopathisch. Die alkoholische Kardiomyopathie hat ihre Ursache in einer toxischen Wirkung des Alkohols auf das Myokard. Sie ist klinisch identisch mit der idiopathischen dilatativen Kardiomyopathie.

Sy und *Dg:* Untersuchung: Patienten klagen über Müdigkeit und Abgeschlagenheit, häufig im Anschluß an einen kleinen Infekt. Häufig dann auch Zeichen der Lungenstauung (Luftnot, Lungenödem) und der Rechtsherzinsuffizienz mit peripheren Ödemen.
Auskultation: Systolisches Geräusch einer Mitral- oder Trikuspidalklappeninsuffizienz.
EKG: Häufig supraventrikuläre und ventrikuläre Arrhythmien, Vorhofflimmern, kompletter Linksschenkelblock.
Echokardiogramm: Erlaubt die Diagnose: Großer linker Ventrikel mit eingeschränkter

Tabelle 21.6 Untersuchungen für die Differentialdiagnose idiopathischer dilatativer Kardiomyopathien gegenüber sekundären Kardiomyopathieformen

Krankheit	Untersuchung
alkoholische Kardiomyopathie	Anamnese
urämische Kardiomyopathie	Serumkreatinin
hypokalzämische Kardiomyopathie	Serumcalcium
Hämochromatose	Serumeisen
Phäochromozytom	Urinuntersuchung
Sarkoidose	Myokardbiopsie
Myokarditis	Myokardbiopsie

Kontraktionsamplitude, häufig Vergrößerung des linken Vorhofes und auch des rechten Ventrikels.
Farb-Doppler-Echokardiographie: Feststellung einer Mitral- oder Trikuspidalklappeninsuffizienz.
Röntgen: Vergrößerung des linken und auch des rechten Ventrikels.
Herzkatheteruntersuchung: Sollte immer erfolgen. Normale Koronararterien, häufig vergrößerter linker Ventrikel, immer eingeschränkte Kontraktionsamplitude des linken Ventrikels.
Zum Ausschluß einer entzündlichen Herzerkrankung sollte eine Myokardbiopsie durchgeführt werden.

DD: Tab. 21.6 enthält die Untersuchungen, die für die Differentialdiagnose einer idiopathischen dilatativen Kardiomyopathie gegenüber sekundären Kardiomyopathieformen erforderlich sind. Insbesondere müssen eine alkoholische Kardiomyopathie, eine urämische Kardiomyopathie, eine hypokalzämische Kardiomyopathie sowie ein Phäochromozytom und eine Sarkoidose oder eine akute Myokarditis ausgeschlossen werden.

Hypertrophe Kardiomyopathie

Vk, Ät und *Formen:* Wahrscheinlich angeboren. Eine familiäre Häufung kommt vor. Man unterscheidet die hyertrophe nichtobstruktive Kardiomyopathie (HNCM) von der hyertrophen obstruktiven Kardiomyopathie (HOCM). Die HOCM ist identisch mit der idiopathischen hypertrophen Subaortenstenose (IHSS).

Sy und *Dg:* Untersuchung: Die Patienten sind meist asymptomatisch. Plötzliche Todesfälle infolge Rhythmusstörung sind möglich. Die Patienten können symptomatisch werden mit Luftnot, Angina pectoris oder Zeichen eines Myokardinfarkts.
Auskultation: Man hört häufig ein systolisches Geräusch, das stark abhängig von der Lage und vom Füllungszustand des linken Ventrikels ist. Das Geräusch wird bei Pressen häufig lauter.
EGK: Schwere Linkshypertrophie und Linksschädigungszeichen. Bei der HNCM finden wir häufig riesige negative T-Wellen in den präkordialen Ableitungen.
Echokardiographie und Farb-Doppler-Echokardiographie: Durch diese Techniken ist exakte Diagnosestellung möglich. Wir finden eine asymmetrische Septumhypertrophie (ASH), eine systolische Vorwärtsbewegung des vorderen Mitralsegels (systolic anterior movement = SAM) sowie einen hyperkontraktilen linken Ventrikel. Häufig findet sich ein frühzeitiger mittelsystolischer Aortenklappenschluß. Durch die Farb-Doppler-Echokardiographie kann man den turbulenten Fluß in der Ausflußbahn des linken Ventrikels erkennen und dort einen systolischen Druckgradienten im linken Ventrikel messen.
Röntgen: Uncharakteristisch, gelegentlich linksventrikuläre Vergrößerung.
Herzkatheter: Ein Druckgradient zwischen linksventrikulärem Einfluß- und Ausflußtrakt ist zu messen, entweder in Ruhe oder nach Provokation (Amylnitrit, postextrasystolische Potenzierung). Der Gradient ist stark labil. Eine zusätzliche Mitralklappeninsuffizienz wird häufig gefunden.

DD: Die Differentialdiagnose der Kardiomyopathien ist in Tab. 21.7 zusammengefaßt.

Th: In der Regel ist eine medikamentöse Therapie ausreichend. An erster Stelle steht eine Behandlung mit β-Blockern, z. B. Docition, 4mal 80 mg täglich. Diese Medikation wird von den Patienten in der Regel gut vertragen. Die Luftnot bessert sich dann. Kontraindiziert ist Digitalis sowie die Gabe

Tabelle 21.7 Differentialdiagnose der Kardiomyopathien

	Dilatative Kardiomyopathie	Hypertrophe Kardiomyopathie	Restriktive Kardiomyopathie
Symptome	Luftnot, Links- und Rechtsinsuffizienz	Angina, Synkope, Luftnot	Luftnot, Rechtsinsuffizienz
EKG	Linksschenkelblock, Vorhofflimmern, ventrikuläre Extrasystolen	Linkshypertrophie und -schädigung	Niedervoltage
Echokardiogramm	links- und rechtsventrikuläre Dilatation	asymmetrische Septumhypertrophie, systolische Vorwärtsbewegung des vorderen Mitralsegels	normaler linker Ventrikel, rechter und linker Vorhof stark vergrößert
Farb-Doppler-Echokardiogramm	Mitral- und Trikuspidalklappeninsuffizienz	Ausflußbahngradient, Mitralklappeninsuffizienz	

von Nitraten. Calciumantagonisten können ebenfalls gegeben werden, z. B. Verapamil, 4mal 120 mg. Diese Therapie sollte vor allem gegeben werden, wenn β-Blocker nicht vertragen werden. Verapamil hat unter Umständen unerwünschte Nebeneffekte (Hypotonie). Eine chirurgische Behandlung der Erkrankung ist nur in sehr seltenen Fällen erforderlich (NYHA-Grad IV). Es muß dann eine Myektomie sowie gegebenenfalls ein prothetischer Mitralklappenersatz erfolgen.

Restriktive Kardiomyopathie

Vk, Ät und *Pathog:* Sehr seltene Erkrankung. Ursache kann eine Amyloidose oder Endokardfibrose sein. Die Hämodynamik entspricht derjenigen einer Pericarditis constrictiva.

Sy und *Dg:* Untersuchung wie bei Pericarditis constrictiva. Die Diagnose muß mittels Herzkatheter gestellt werden. Es besteht die Indikation zur Herzmuskelbiopsie bei dieser Erkrankung. In Tab. 21.**8** sind die Indikationen für die Herzmuskelbiopsien bei den Kardiomyopathien nochmal aufgeführt.

Th: In bestimmten Fällen, insbesondere im Verlauf einer Löffler Endokarditis, kann eine chirurgische Ausschälung des linken und rechten Ventrikels operativ erfolgen. Desgleichen bei einer Endomyokardfibrose.

Tabelle 21.**8** Indikation für Herzmuskelbiopsie

Differentialdiagnose zwischen restriktiver und konstriktiver Erkrankung
Diagnose Myokarditis
Beurteilung eines Transplantats

Herzrhythmusstörungen

Sinustachykardie

Def: Sinusknotenfrequenz über 100/min.

Ät: Meist extrakardial: Fieber, niedriger Blutdruck, Thyreotoxikose, Anämie, Lungenembolie, Atropin, Catecholamine, akute Entzündung, Herzinsuffizienz.

Dg: EKG: Die P-Wellen sehen normal aus, sie können eine etwas höhere Amplitude haben und etwas spitz werden. Der QRS-Komplex sieht normal aus, mit stabilem PR-Intervall.

Th: Grunderkrankung feststellen und behandeln.

Sinusbradykardie

Def: Sinusfrequenz unter 60/min.

Ät: Häufig bei Athleten oder im Schlaf (bis 35 Schläge/min). Maximale Pausen im Schlaf können beim Gesunden bis 2 s betragen. Ursachen können außerdem eine Meningitis, ein intrakranieller Tumor, ein Myxödem, eine gramnegative Sepsis, Cordarex, β-Blokker, Clonidin oder Calciumantagonisten sein.

Dg: EKG: Die P-Welle sieht normal aus, QRS-Komplex ebenfalls. Konstantes PR-Intervall.

Th: Atropin (0,5 mg i.v.), Schrittmacher, falls erforderlich.

Sinusarrhythmie

Def: Starke Schwankung der Sinusknotenaktivität mit Variationen des Sinuszyklus über 120 ms.

Ät: Meist respiratorische Form der Sinusarrhythmie.

Dg: EKG: Normale P-Wellen, normaler QRS-Komplex.

Th: Nicht erforderlich.

Sinusknotenstillstand

Def: Sinusknotentätigkeit fällt aus.

Ät: Zum Beispiel akuter Myokardinfarkt, degenerative fibrotische Erkrankungen im Bereich des Sinusknotens oder Digitalisüberdosierung.

Dg: EKG: Keine P-Welle, gelegentlich Knotenersatzschläge.

Th: Wie bei Sinusbradykardie. Oft ist bei symptomatischen Patienten ein Schrittmacher erforderlich.

Wandernder Schrittmacher

Ät: Erhöhter Vagotonus.

DG: EKG: Zyklische Verlängerung des RR-Intervalls. Das PR-Intervall wird allmählich kurzer, die P-Welle wird negativ oder fällt mit dem QRS-Komplex zusammen.

Th: Nicht erforderlich.

Hypersensitives Karotissinussyndrom

Sy und *Dg:* EKG: Asystolie mit vollkommenem Ausfall der P-Zacke und des QRS-Komplexes bei Karotissinusmassage. Die Patienten haben einen hypersensitiven Karotissinusreflex. Beim hypersensitiven Karotissinussyndrom haben die Patienten in der Anamnese Synkopen, die insbesondere bei engem Kragen oder plötzlicher Drehung des Halses auftreten können.

Th: Sind die Patienten symptomatisch, so muß eine Schrittmacherimplantation erfolgen.

Sick-sinus-Syndrom

Ät: Fibrose im Bereich des Sinusknotens.

Sy und *Dg:* Dazu gehören:

- persistierende spontane Sinusbradykardie, die nicht durch Medikamente verursacht ist,
- Sinusknotenstillstand,
- Kombination von Sinusknoten- und AV-Knoten-Störungen,
- Tachykardie-Bradykardie-Syndrom.

EKG: Häufig Wechsel von Vorhofflimmern, Sinusbradykardie und Sinusknotenstillstand mit längeren Pausen.

Th: Bei symptomatischen Patienten permanenter Schrittmacher.

Vorhofextrasystolie

Ät: Infektionskrankheit, Medikamente oder Myokardischämie.

Dg: EKG: Vorzeitiger Einfall einer P-Welle mit normalem QRS-Komplex. PR-Intervall in der Regel über 120 ms. Die supraventrikuläre Extrasystolie kann interpoliert oder mit kompensatorischer Pause auftreten.

Th: Häufig nicht erforderlich.

Vorhofflattern

Ät: Organische Herzerkrankung (Vorhofseptumdefekt, Lungenembolie, Mitralklappenstenose, Herzinsuffizienz, Thyreotoxikose, Alkoholismus, Perikarditis).

Dg: EKG: Vorhofrate 250–350/min. Sägezahnform der Vorhofaktionen in Ableitungen II und V_1 sowie V_2. Tritt häufig plötzlich auf.

Th: Elektrokonversion unter stationären Bedingungen. Rezidivprophylaxe mittels Chinidin (1–2 g/Tag) oder Ryhtmodul. Vor der Elektrokonversion muß keine Antikoagulation mittels Marcumar erfolgen. In der Regel besteht eine 2:1-Überleitung bei Vorhofflattern mit einer Kammerfrequenz um 150/min. Sollte die Kammerfrequenz höher sein, kann Verapamil i.v. verabreicht werden oder Dilzem p.o. gegeben werden.

Vorhofflimmern

Ät und *Sy:* Rheumatische Herzerkrankung, Mitralklappenstenose, Vorhofseptumdefekt, Lungenembolie, postoperativ nach Eingriffen am Herzen, hypertonische Herzerkrankung, Thyreotoxikose. Patienten mit Vorhofflimmern haben ein erhöhtes Risiko, einen Schlaganfall zu erleiden. In Kombination mit einem rheumatischen Herzfehler sollten diese Patienten eine Antikoagulation auf Dauer erhalten, da die Inzidenz des Schlaganfalles gegenüber einer Kontrollgruppe 17fach erhöht ist. Existiert keine zusätzliche Herzerkrankung, besteht dennoch ein 5faches Risiko, einen Schlaganfall zu erleiden. Vorhofflimmern ist ein ungünstiges Zeichen nach akutem Herzinfarkt. Es deutet dann auf einen erhöhten linksatrialen Druck hin.

Dg: EGK: völlig disorganisierte atriale Depolarisationen ohne effektive Vorhofkontraktion. F-Wellen sind erkennbar mit einer Frequenz von 350–600 Schlägen/min. Bei Patienten mit WPW-Syndrom kann die Kammerfrequenz über 300 Schläge/min betragen.

Normalerweise liegt sie zwischen 100 und 150/min bei normalem QRS-Komplex.

Th: Ursache des Vorhofflimmerns feststellen mittels Untersuchung, z. B. Echokardiogramm und Farb-Doppler-Echokardiogramm. Besteht eine Tachyarrhythmie, sollte zur Frequenzregulierung akut Isoptin i.v. verabreicht werden (5–10 mg). Eine Elektrokonversion zu Sinusrhythmus kann bei chronischem Vorhofflimmern versucht werden, wenn der linke Vorhof klein ist und eine Antikoagulation von mindestens 4 Wochen vorausgegangen ist. Tritt Vorhofflimmern akut, z. B. beim Herzinfarkt auf, kann eine Elektrokonversion sofort erfolgen. Rezidivprophylaxe mittels Chinidin oder Disopyramid (Rythmodul).

Paroxysmale atriale Tachykardie mit Block

Ät: Meist Digitalisüberdosierung.

Dg: EKG: Vorhofrate zwischen 150 und 220 Schlägen/min. Kammerrate 75–110/min.

Th: Kontrolle des Kaliumspiegels, Absetzen von Digitalis, Xylocain (100–200 mg i.v.).

AV-Knoten-Ersatzschläge

Dg: EKG: Die Sinusknotenfrequenz fällt unter diejenige des AV-Knotens. Im EKG erkennt man das normale PP-Intervall unterbrochen durch einen QRS-Komplex mit supraventrikulärer Konfiguration. Die P-Welle steckt meist im QRS-Komplex.

Th: Meist nicht erforderlich.

AV-Knoten-Ersatzrhythmus

Ät: Erhöhter Vagotonus bei Sportlern.

Dg: EKG: Das EKG zeigt einen normal konfigurierten QRS-Komplex mit meist retrograd geleitetem Vorhof, d. h. negativer P-Welle in der T-Welle.

Th: Meist nicht erforderlich.

AV-Knoten-Reentry-Tachykardie

Ät: AV-Knoten-Längsdissoziation (LGL-Syndrom).

Sy, Dg und *Prgn:* EKG: Plötzlicher Beginn und plötzliches Ende mit einem normal konfigurierten QRS-Komplex und einer Frequenz von 150–250 Schlägen/min. Der Rhythmus ist vollkommen regelmäßig. Die P-Welle ist meist im QRS-Komplex verborgen. Zu Beginn und am Ende kann oft eine Extrasystole beobachtet werden.
Die Patienten haben meistens keine organische Herzerkrankung. Im Anfall Ängstlichkeit, zum Teil Synkope. Die Erkrankung hat eine günstige Prognose.

Th: Im Anfall Karotissinusmassage, Valsalva-Manöver, Trinken von eiskaltem Wasser, Verapamil (5–10 mg i.v.), Dauertherapie mittels Dilzem oder β-Blocker.

Präexzitationssyndrom

Sy, Dg und Prgn: EKG: Beim WPW-Syndrom (häufigste Form) bestehen abnorme Muskelbündel zwischen linkem Vorhof und linkem Ventrikel, die spezielles Leitungsgewebe enthalten. Man nennt diese Bündel Kent-Bündel. Im EKG erkennt man ein PR-Intervall von weniger als 120 ms bei Sinusrhythmus und einen QRS-Komplex, der über 120 ms lang ist, mit einer δ-Welle. Häufig ST- und T-Wellen-Inversion. Als Komplikation tritt häufig eine WPW-Tachykardie auf, die eine Frequenz von 150–250/min hat. Besonders gefürchtet ist das Vorhofflimmern mit dann unregelmäßiger Kammerarrhythmie mit Frequenzen bis 300/min, die zum plötzlichen Herztod führen können. Aufgrund der EKG-Morphologie und durch die Diagnostik mit der His-Bündel-Elektrokardiographie ist eine genaue Lokalisation des aberranten Bündels möglich.
Häufig haben Patienten mit WPW-Syndrom keine Tachykardieanfälle. Wenn gehäuft Tachykardieanfälle auftreten, ist die Prognose der Patienten etwas eingeschränkt, da Vorhofflimmern mit sehr rascher Tachykardie und plötzlichem Herztod auftreten kann.

Th: Asymptomatische Patienten bedürfen keiner Therapie. Treten Tachykardien auf, sollte eine elektrophysiologische Untersuchung (His-Bündel-Elektrokardiographie, medikamentöse Austestung) erfolgen. Die Gabe von Digitalis ist kontraindiziert. Im Anfall kann Verapamil versucht werden. Bei Vorhofflimmern muß die sofortige Elektrokonversion erfolgen. Das akzessorische Bündel kann chirurgisch oder mittels Kathetertechnik durchtrennt werden.

Ventrikuläre Extrasystolie (VES)

Formen (nach Lown):

- Klasse 0 = keine VES,
- Klasse I = <30 VES/Std.,
- Klasse II = >30 VES/Std.,
- Klasse III*a* = polytope VES,
- Klasse III*b* = Bigeminus,
- Klasse IV*a* = VES-Paare (Couplets),
- Klasse IV*b* = VES-Salven (3 und mehr VES).

Sy und *Dg:* EKG: Ein frühzeitiger QRS-Komplex, der über 120 ms Breite hat, bizarr aussieht und nicht dem normalen QRS-Komplex gleicht, ist eine ventrikuläre Extrasystole. Die T-Welle ist in der Regel dem QRS-Komplex-Hauptausschlag entgegengerichtet. Eine P-Welle ist nicht vor der Extrasystole zu erkennen. Ventrikuläre Extrasystolen können interpoliert oder mit kompensatorischer Pause auftreten. Die Bedeutung der ventrikulären Extrasystole hängt von der Grunderkrankung ab. Bei Patienten ohne Herzerkrankung haben Extrasystolen praktisch keine Bedeutung; bei Patienten mit organischer Herzerkrankung kommt Extrasystolen eine spezifische Bedeutung zu. Beim akuten Herzinfarkt sind Extrasystolen immer ein ernstes Zeichen, das drohendes Kammerflimmern anzeigt. Extrasystolen heißen im akuten Infarkt auch Warnarrhythmien.

Th: Im Krankenhaus kann Xylocain (100–200 mg i.v.) verabreicht werden. Ebenso ist ein β-Blocker (Propranolol, Sotalex) möglich. Die Grunderkrankung sollte abgeklärt werden.

Ventrikuläre Tachykardie

Ät: Die ventrikuläre Tachykardie tritt in der Regel bei Patienten mit Herzerkrankung auf (Patienten nach aortokoronarer Bypass-Operation, mit koronarer Herzerkrankung, schwerer Kardiomyopathie, schweren Herzklappenvitien).

Dg und *DD:* EKG: Die Diagnose liegt dann vor, wenn eine Serie von 3 oder mehr bizarren ventrikulären Extrasystolen (Dauer über 120 ms) gefunden wird. Das RR-Intervall kann regelmäßig oder unregelmäßig sein. Die ventrikuläre Tachykardie kann anhaltend (über 30 s lang) oder nicht anhaltend (unter 30 s lang) sein. Wichtig ist die Differentialdiagnose zwischen supraventrikulärer Tachykardie mit Aberration und ventrikulärer Tachykardie. Diese Differentialdiagnose ist sehr schwierig. Eine ventrikuläre Tachykardie liegt vor, wenn eine AV-Dissoziation klar aus dem EKG erkannt werden kann oder wenn „capture beats" (supraventrikulär übergeleitete Schläge) innerhalb der Tachykardie zu entdecken sind. Die QRS-Morphologie zeigt Charakteristika: Von V_1-V_6 häufig alle Ableitungen negativer QRS-Komplex oder alle Ableitungen positives QRS-Komplex.

Th: Im Anfall Gabe von Xylocain oder Cordarex. Am besten elektrische Defibrillation mit hoher Energie. Patienten mit anhaltenden oder nicht anhaltenden ventrikulären Tachykardien und organischer Herzerkrankung sollten mittels elektrophysiologischer Untersuchung weiter abgeklärt werden.

Akzelerierter idioventrikulärer Rhythmus

Ät: Häufig beim akuten Herzinfarkt, insbesondere in der Periode der Reperfusion.

Dg: EKG: Ventrikelfrequenz 60–110/min. In der Regel breiter QRS-Komplex ohne vorausgehende P-Welle.

Th: Häufig nicht erforderlich.

Torsades-de-pointes-Tachykardie

Ät: Nebenwirkung von Chinidin, Disopyramid, Kaliummangel oder Sotalex-Überdosierung.

Dg: EKG: Ventrikuläre Tachykardie mit einer Frequenz von 200–250/min. Hauptausschlag der Tachykardie wechselt stark, ebenso die Amplitude der Tachykardie. Häufig im Anschluß dann Kammerflimmern.

Th: β-Blocker und ventrikuläre Stimulation.

Langes-QT-Syndrom

Ät: Primär oder idiopathisch als angeborener Fehler, häufig mit Schwerhörigkeit, oder erworben infolge Chinidin, Disopyramid, Phenothiazin, trizyklischen Antidepressiva, Hypokaliämie, Reduktionsdiät, Herzinfarkt.

Dg: EKG: QT-Intervall über 0,44 s (Q-Tc).

Th: β-Blocker in hohen Dosen und Implantation eines permanenten Schrittmachers. Bei den sekundären Formen müssen die entsprechenden Medikamente abgesetzt werden.

Prgn: Patienten mit angeborenem Langes-QT-Syndrom haben ein hohes Risiko, einen plötzlichen Herztod zu erleiden.

Kammerflattern, Kammerflimmern

Ät: Meist schwere Grunderkrankung (koronare Herzkrankheit bei 75% der Patienten mit Kammerflimmern).

Sy und *Dg:* EKG: Kammerflattern hat eine Frequenz zwischen 150 und 300/min. Kammerflimmern zeichnet sich durch unregelmäßige Oszillationen im EKG aus.
Meist akuter Herzstillstand mit Bewußtlosigkeit, Pulslosigkeit und Krämpfen. Häufig besteht eine stark eingeschränkte linksventrikuläre Funktion (niedrige Ejektionsfraktion).

Th: Sofortige Defibrillation mit hoher Energie.

AV-Block 1. Grades

Ät: Digitalisintoxikation, Myokarditis.

Dg: EKG: Verlängerung des PQ-Intervalls mit über 0,2 s.

Th: Häufig nicht erforderlich.

AV-Block 2. Grades

Formen, Ät und *Sy:* Man unterscheidet Typ I (Wenckebach) sowie Typ II (Mobitz). Wenckebach-Periodik tritt bei Digitalisüberdosierung oder bei Hinterwandinfarkt auf. Der Mobitz-Typ tritt beim akuten Vorderwandinfarkt auf und bedeutet immer eine schlechte Prognose. Patienten mit dieser Rhythmusstörung müssen sofort einen Schrittmacher erhalten. Häufig haben diese Patienten einen ausgedehnten Infarkt, der bis weit ins Septum reicht. Der Wenckebach-Block ist charakterisiert durch eine zunehmende Verlängerung des PR-Intervalls, wobei schließlich eine P-Welle nicht übergeleitet wird. Im Gegensatz dazu bleibt beim Mobitz-Typ das PR-Intervall konstant, bis schließlich eine P-Welle nicht übergeleitet wird. Der Mobitz-Typ hat häufig einen verbreiterten QRS-Komplex (Schenkelblock). Der AV-Block Typ Wenckebach ist im AV-Knoten lokalisiert, während der AV-Block Typ Mobitz im His-Bündel lokalisiert ist.

Th: Wenckebach-Block: Absetzen von Digitalis. Mobitz-Block: Schrittmacher.

Totaler AV-Block

Ät: Kongenital oder erworben.

Dg: EKG: Vorhof und Ventrikel sind total dissoziiert, d. h. haben eine eigene Frequenz, die nicht von der anderen abhängt.

Th: Bei angeborenem AV-Block und asymptomatischen Patienten ist selten eine Schrittmachertherapie erforderlich. Beim symptomatischen Patienten, insbesondere auch beim älteren Patienten, ist eine permanente Schrittmacherimplantation erforderlich.

Schrittmachertherapie

Die Indikation zur Schrittmacherimplantation ist in Tab. 21.9 aufgeführt.

Ein DDD-Schrittmacher ist immer dann indiziert, wenn eine geschädigte AV-Leitung bei normaler Sinusknotenfunktion besteht (z. B. angeborener totaler AV-Block mit Symptomen). Häufig ist ein VVI-Schrittmacher jedoch ausreichend (z. B. chronische Bradyarrhythmia absoluta mit Herzinsuffizienz).

Herzstillstand (plötzlicher Tod)

Vk und *Ät:* Eine plötzlich eintretende Pulslosigkeit und Bewußtlosigkeit kann entweder durch Kammerflimmern oder durch eine Asystolie verursacht sein. Betroffen sind Patienten zwischen 45 und 85 Jahren. Meistens liegt eine schwere Herzerkrankung zugrunde (häufig Zustand nach Herzinfarkt). 75% der Patienten haben früher einen (meist großen) Infarkt durchgemacht. Patienten mit einem plötzlichen Herztod haben als Vorsignale häufig ventrikuläre Extrasystolen und insbesondere komplexe ventrikuläre Extrasystolen der Lown-Klassen III und IV. Insbesondere Patienten mit durchgemachtem Infarkt und Lown-IVb-Arrhythmien sind gefährdet, einen plötzlichen Herzstillstand zu erleiden.

Tabelle 21.9 Indikation zur Schrittmacherbehandlung

	definitiv indiziert	definitiv nicht indiziert
kongenitaler totaler AV-Block ohne Symptome		×
kongenitaler totaler AV-Block mit Symptomen	×	
erworbener totaler AV-Block ohne Symptome	(×)	
erworbener totaler AV-Block mit Symptomen	×	
AV-Block 1. Grades		×
AV-Block 2. Grades (Typ Wenckebach)		×
AV-Block 2. Grades (Typ Mobitz)	×	
Schenkelblock ohne Symptome		×
Sick-sinus-Syndrom ohne Symptome		×
Sick-sinus-Syndrom mit Symptomen	×	
akuter Herzinfarkt + Schenkelblock + transienter totaler AV-Block	×	

Sy: Pulslosigkeit, Bewußtlosigkeit und Krämpfe treten plötzlich auf.

Th: Wenn kein Puls besteht, Herzmassage beim Patienten, der auf dem Boden liegt, mit beiden Händen, bis ein Defibrillator bzw. Notarztwagen gebracht wird. Ein zweiter Helfer übernimmt die Mund-zu-Mund- oder Mund-zu-Nase-Behandlung. Wird ein Defibrillator beigeschafft, wird mit hoher Energie defibrilliert. Wenn kein Erfolg, erneute Defibrillation. Weiterhin Herzmassage. Zentralvenöser Zugang, z. B. über die V. femoralis. Gabe von 0,5–1 mg Suprarenin i.v. Intubation, dann erneute Defibrillation mit hoher Energie und Gabe von Xylocain (100 mg i.v.). Danach erneute Defibrillation. Schließlich Gabe von 50 ml Bicarbonatlösung und erneute Defibrillation. Patient wird auf die Intensivstation gebracht.

Prgn: Tritt der Herzstillstand als Folge einer Bradyarrhythmie oder Asystolie auf, so ist die Prognose extrem schlecht. Besser ist die Prognose hingegen, wenn Kammerflimmern das primär arrhythmische Ereignis ist. Man kann davon ausgehen, daß Patienten, die außerhalb des Hospitals reanimiert werden, eine Letalität von 75% haben. Ohne Reanimation liegt die Letalität bei 100%.

Koronare Herzkrankheit

Chronische stabile Angina pectoris

Ät: In der Regel besteht eine hochgradige Koronarstenose oder ein Koronarverschluß an einem oder mehreren Koronargefäßen. Ursache der Koronarstenosen ist die Arteriosklerose. Als Risikofaktoren gelten: Familiäre Belastung, Hypercholesterinämie, Nicotinabusus, arterielle Hypertonie, Diabetes mellitus.

Sy und *Dg:* Untersuchung: Die Patienten berichten über belastungsabhängige Schmerzen im Bereich des Thorax, die in den Rükken, ins Kinn, in den Oberbauch, in beide Arme und in den linken Arm ausstrahlen können. Die Beschwerden treten bei körperlicher oder emotionaler Belastung auf, häufig auch nach dem Essen, bei kaltem Wind morgens. Es besteht ein Durchlaufphänomen, d. h., der Schmerz nimmt bei stärkerer Belastung wieder ab (z. B. Waldlauf).
Auskultation: Uncharakteristisch.
EKG: Ruhe-EKG in der Regel normal. Nur bei abgelaufenem Infarkt sind Zeichen desselben zu erkennen.
Belastungs-EKG: Der Patient wird belastet bis zu einer Zielherzfrequenz von 220 minus Lebensalter. Tritt unter Belastung Angina pectoris auf, so ist diese häufig von einer horizontalen oder deszendierenden ST-Strecken-Senkung um mindestens 0,1 mV begleitet. Dies bezeichnet man als ein pathologisches Belastungs-EKG. Nuklearmedizinische Methoden, wie die Thallium-201-Szintigraphie, können ebenfalls diagnostisch weiterhelfen.
Herzkatheter: Die Herzkatheteruntersuchung beinhaltet die Darstellung beider Kranzarterien sowie der linken Herzkammer. Bei typischer Klinik und pathologischem Belastungs-EKG empfiehlt sich dann die Koronarangiographie. Sie ist in der Lage, zuverlässig die Koronarstenosen darzustellen und ihre genaue anatomische Lage zu klären.

Th: Zunächst medikamentös mit Nitraten, z. B. sublingualem Nitroglycerin (Einzeldosis 0,8 mg, Wirkungsdauer 30 min.), oder ISDN, z. B. 40 mg p.o. 2mal/Tag, oder Molsidomin, z. B. 2mal 8 mg Retard/Tag. Nebenreaktionen können Kopfschmerzen, Flush und Hypotonie sein. Der Patient erhält dann einen β-Blocker, z. B. Dociton (3mal 40 mg) oder Metoprolol (Beloc, Lopresor, 2mal 100 mg). Nebeneffekte der β-Blocker sind Sinusstillstand, Lethargie, Müdigkeit, Bronchokonstriktion. Schließlich können Calciumantagonisten verwendet werden, z. B. Nifedipin (3mal 10 mg p.o. oder 3mal 20 mg p.o.). Nebeneffekte sind Flush, Hypotonie und Beinödeme. Statt Nifedipin kann auch Verapamil oder Diltiazem verwendet werden. Zusätzlich sollte der Patient Acetylsalicylsäure in der Dosis von 250 mg täglich erhalten.
Die perkutane transluminale Koronarangioplastie (PTCA) ist eine neue erfolgreiche Behandlungsmethode der koronaren Herzkrankheit. Es können Patienten mit signifikanten Koronarstenosen oder Koronarverschlüssen in einem oder mehreren Gefäßen behandelt werden. Das Risiko der Behandlung ist sehr gering (Letalität weit unter 0,1%, Notoperation weit unter 0,1%). Die PTCA kann auch an Bypass-Venen oder -Arterien durchgeführt werden. Die Indikationen zur Ballondilatation (PTCA) der Koronararterien sind in Tab. 21.**10** dargestellt.
Neue Verfahren wie die Rotationsangioplastik, die Stent-Implantation und die Laserangioplastik sind in Erprobung. Die chronische stabile Angina pectoris kann auch mittels Koronaroperation behandelt werden. Eine aortokoronare Bypass-Operation überbrückt die Koronarstenose entweder mittels Beinvenenimplantation oder Implantation einer

Tabelle 21.**10** Indikation zur Ballondilatation (PTCA) der Koronararterien

stabile oder instabile Angina pectoris
abgelaufener Nicht-Q-Zacken-Infarkt
abgelaufener Infarkt und Thrombolysebehandlung mit Reststenose über 50%
akuter Herzinfarkt
technisch machbare Koronargefäßstenose oder -verschluß (koronare 1-, 2- oder 3-Gefäßerkrankung)
keine PTCA bei ungeschützter Hauptstammstenose oder bei proximaler Stenose eines Hauptastes, der zum kontralateralen Gefäß signifikante Kollateralen abgibt, oder bei proximaler Stenose eines Hauptastes und kontralateralem großem Infarkt

Tabelle 21.**11** Indikationen zur Bypass-Operation bei koronarer Herzkrankheit (Prognose nach Operation besser als nach konservativer Therapie)

Hauptstammstenose über 50% mit oder ohne Angina pectoris
Drei-Gefäß-Erkrankung mit Angina pectoris
Drei-Gefäß-Erkrankung ohne Angina, wenn die linksventrikuläre Funktion mäßig reduziert ist
Mehrgefäßerkrankung mit Angina, wenn die linksventrikuläre Funktion stark reduziert ist

A. thoracica interna. Die Langzeitoffenheitsrate bei Venen beträgt nach 10 Jahren etwa 60%, nach Implantation der A. thoracica interna etwa 85%. Die Indikationen zur aortokoronaren Bypass-Operation bei koronarer Herzkrankheit sind in Tab. 21.**11** dargestellt.

Prgn: Die operative Letalität bei unkomplizierter Bypass-Operation (gute linksventrikuläre Funktion) beträgt heute unter 1%. Bei hochgradig eingechränkter Ventrikelfunktion kann die Letalität bis auf 5–10% ansteigen. Bei hochgradiger Hauptstammstenose über 50% und bei schwerer Dreigefäßerkrankung mit oder ohne Angina und bei schwerer Mehrgefäßerkrankung mit Angina und stark eingeschränkter Ventrikelfunktion ist die Prognose des Patienten auf lange Sicht nach chirurgischer Therapie günstiger als nach alleiniger medikamentöser Therapie. Im Gegensatz dazu profitieren Patienten mit stark eingeschränkter Ventrikelfunktion ohne Angina pectoris nicht mehr von der Operation. Der Langzeiterfolg der Koronaroperation wird wesentlich durch die Kontrolle der Risikofaktoren (Rauchen, Hypercholesterinämie) und durch körperliches Training günstig beeinflußt.

Instabile Angina pectoris

Pathog: Die Koronarangioskopie zeigt bei diesen Patienten komplexe Läsionen, die zum Teil intimale Blutungen und Thrombozytenanlagerungen aufweisen.

Formen: Man unterscheidet drei Formen:

- Crescendo-Angina mit Häufigkeitszunahme und längeren und schwereren Anfällen;
- Angina pectoris in Ruhe oder bei minimaler körperlicher Belastung;
- neu aufgetretene Angina, in der Regel innerhalb der letzten 4 Wochen.

Die Anfälle können bis zu 30 Min. lang anhalten.

Sy und *Dg:* Untersuchung: Uncharakteristisch.
Auskultation: Uncharakteristisch.
EKG: Häufig findet man transiente ST-Strecken-Senkungen oder -Hebungen sowie T-Wellen-Inversionen. Insbesondere treten diese Veränderungen während der Beschwerden auf.
Herzkatheter: Bei der Koronarangiographie findet man in der Regel eine oder mehrere schwere Koronarläsionen. Gelegentlich finden sich kleine Füllungsdefekte auf den Läsionen. Typisch ist, daß in der Regel kein kompletter Gefäßverschluß vorliegt. Die Koronarangiographie sollte in jedem Fall durchgeführt werden, etwa 24 Stunden nach Beginn der medikamentösen Therapie. Führt die medikamentöse Therapie nicht zu einer Beschwerdebesserung, muß die intraaortale Ballonpulsation als Therapiemethode eingeführt werden, vor der Koronarangiographie.

Th und *Prgn:* Medikamentöse Therapie mittels Heparin, Nitraten, Molsidomin, β-Blockern und Calciumantagonisten. Zusätzlich Gabe von Acetylsalicylsäure. Häufig findet sich eine hochgradige Koronarstenose, die mittels PTCA behandelt werden kann (Erfolgsrate 95%). Die Komplikationsrate ist nicht gesteigert bei Patienten mit instabiler Angina pectoris. Besteht ein operationswürdiger Befund, sollte der Patient rasch operiert werden (Notfalloperation). Die Gefahr der Entwicklung eines transmuralen Infarktes ist hoch. Acetylsalicylsäure verbessert die

Prognose bei Patienten mit instabiler Angina pectoris.

Variant angina (Prinzmetal-Angina)
Sonderform der instabilen Angina pectoris mit Anfällen von Ruheangina, die begleitet sind von einer ST-Strecken-Hebung. Meist hochgradige Koronarstenosen als Ursache. Rasche Angiographie und Dilatation der Koronarsternose sind erforderlich.

Akuter Myokardinfarkt

Unkomplizierter Myokardinfarkt

Def und *Formen:* Ausbildung einer Myokardnekrose mit typischen elektrokardiographischen und serumenzymatischen Veränderungen. Man unterscheidet den Q-Zacken- und den Nicht-Q-Zacken-Infarkt.

Ät und *Pathog:* In der Regel liegt eine hochgradige Koronarverengung vor, auf der sich eine Thrombose aufpfropft. Bei komplettem Gefäßverschluß kommt es zu den typischen Zeichen eines akuten Myokardinfarkts.

Sy und *Dg:* Untersuchung: Der Infarkt tritt gehäuft in den frühen Morgenstunden auf. Die Patienten haben einige Tage vor dem Infarkt häufig eine Präinfarktangina. Der Infarktschmerz selber ist schwer bedrohlich. Es besteht Todesangst. Er hält mehr als 30 Min. an. Der Schmerz sitzt hinter dem Brustbein, im linken Arm, im Oberbauch, im Nacken, zwischen den Schultern. Nitroglycerin hilft nicht. Der Patient bekommt Schweißausbrüche, Übelkeit und Erbrechen; er ist sehr unruhig. Der Schmerz kann an- und abschwellen. Der Patient ist blaß, zum Teil zyanotisch, etwas konfus, desorientiert, ängstlich. Die Untersuchung des Kranken kann nach Killip in vier Klassen erfolgen:

- Klasse I = keine feuchten Rasselgeräusche über der Lunge, keine Schockzeichen;
- Klasse II = feuchte Rasselgeräusche über der Lunge, in den Unterfeldern;
- Klasse III = Rasselgeräusche über Unterfeldern und Oberfeldern, Lungenödem;
- Klasse IV = kardiogener Schock.

Diese Klassifikation ist sinnvoll. In Klasse I beträgt die Hospitalletalität 8%, in Klasse II 30%, in Klasse III 44%, in Klasse IV 90%.
Auskultation: Uncharakteristisch. Im Verlauf des Infarkts kann sich ein systolisches Geräusch entwickeln (Mitralklappeninsuffizienz, Ventrikelseptumruptur). Auch ein Perikardgeräusch kann auftreten.
EKG: Die typischen Infarktzeichen bei Q-Zacken-Infarkt und Nicht-Q-Zacken-Infarkt sind in Tab. 21.**12** dargestellt.
Das EKG ist von überragender Bedeutung, nicht nur für die Diagnose, sondern auch für die Lokalisation des Infarkts. Zusätzlich ist das EKG wichtig zur Diagnose von Rhythmusstörungen. Ein Q-Zacken-Infarkt bedeutet, daß die gesamte Wand des linken Ventrikels infarziert ist. Im Gegensatz dazu bedeutet ein Nicht-Q-Zacken-Infarkt meistens einen Innenschichtinfarkt. Bei Patienten mit Hinterwandinfarkt tritt eine ST-Hebung, vor allem in den Ableitungen II, III und aVF, auf. Zusätzlich kann eine ST-Strecken-Senkung (spiegelbildliche ST-Senkung) in den Ableitungen V_1-V_4 auftreten. Patienten mit diesem EKG-Bild bei Hinterwandinfarkt haben meistens einen größeren Infarkt als Patienten, die nicht die spiegelbildliche ST-Strecken-Senkung aufweisen. Ein rechtsventrikulärer Infarkt kann aus dem Normal-EKG selten diagnostiziert werden. Aufgrund

Tabelle 21.**12** EKG bei Herzinfarkt

	Q-Zacken-Infarkt	Nicht-Q-Zacken-Infarkt
Ursache	Koronarverschluß	Koronarstenose
Nekroseausdehnung	transmural	subendokardial
Q-Zacke	Ausbildung von Q-Zacken (QS-Komplex)	keine Q-Zacken
R-Zacke	R-Zacken-Verlust	kein R-Zacken-Verlust
ST-Segment	monophasische ST-Hebung	isoelektrisch oder ST-Senkung
T-Welle	zunächst positiv, später negativ	symmetrisch negativ

der rechtspräkordialen Brustwandableitungen (spiegelbildlich wie die linkspräkordialen Brustwandableitungen), kann der rechtsventrikuläre Infarkt jedoch häufig durch eine ST-Strecken-Hebung im Bereich der rechtsventrikulären Ableitungen diagnostiziert werden.
Echokardiogramm: Regionale Motilitätsstörungen (Akinesie) und linksventrikuläre Aneurysmen können erkannt werden. Ein Pseudoaneurysma (gedeckte Perforation) und die Infarktausdehnung können ebenfalls erkannt werden.
Farb-Doppler-Echokardiographie: Mitralklappeninsuffizienz und Ventrikelseptumruptur werden mit hoher diagnostischer Schärfe erkannt.
Röntgen: Häufig uncharakteristisch. Im Falle einer Lungenstauung oder bei ausgedehntem Infarkt findet sich eine linksventrikuläre Vergrößerung bzw. ein Lungenödem.
Von überragender Bedeutung ist die Analyse von Serum-CK, -GOT und -LDH sowie der CK MB. Die CK MB ist zur Zeit der sensitivste Parameter für die Erkennung einer Myokardnekrose.

Th: Innerhalb der ersten Stunde nach Eintritt eines Koronarverschlusses kommt es in 40% der Fälle zu primärem Kammerflimmern. Wichtig ist also, daß der Patient rechtzeitig den Notarztwagen oder die Intensivstation erreicht. Auf der Intensivstation ist die Behandlung des primären Kammerflimmerns durch Defibrillation jederzeit möglich. Die Intensivstation ist in großen Kliniken heute oft mit einem Katheterlabor gekoppelt, so daß interventionelle Strategien wie Thrombolyse und PTCA auch beim akuten Infarkt häufig durchgeführt werden können. Wichtig ist, daß der Patient rasch auf die Intensivstation gebracht wird.
Herzschmerz bei akutem Infarkt wird mit Morphinum hydrochloricum (10 mg i.v.) behandelt. Gegen die gleichzeitige negative Begleitreaktion des Morphins (Übelkeit, Erbrechen) empfiehlt es sich Metoclopramid (Paspertin, 10 mg i.v.) zu verabreichen. Der Patient sollte 2–4 l Sauerstoff inhalieren. Die Gabe eines β-Blockers ist möglich bei Patienten ohne Linksherzversagen, Hypotonie oder Bradykardie. Es wird dann 3mal 5 mg Metoprolol im Bolus i.v. verabreicht und anschließend 2mal 100 mg Metoprolol p.o. gegeben. Zusätzlich sollte der Patient mit Heparin (30 000–40 000 Einheiten/24 Std.) behandelt werden. Besteht ein akuter transmuraler Infarkt, so sollte eine thrombolytische Behandlung, z. B. mit 1,5 Millionen Einheiten Streptokinase, bei gleichzeitiger Gabe von Acetylsalicylsäure (250 mg p.o.) unterstützt werden. Die Streptokinase-Infusion wird in 60 Min. verabreicht. Diese i.v. Thrombolysebehandlung ist indiziert bei Patienten jeden Lebensalters, wenn der Infarkt bis maximal 24 Stunden zurückliegt, der Patient immer noch Ischämiezeichen im EKG zeigt, d. h. ST-Strecken-Hebung mehr als 1 mm in mindestens drei Ableitungen, und immer noch eine Schmerzsymptomatik besteht. Ein venöser Zugang ist unerläßlich. Nach der thrombolytischen Therapie sollte in der ersten Woche rasch eine Koronarangiographie durchgeführt werden. Es besteht immer die Gefahr der Reokklusion, insbesondere bei Patienten mit hochgradiger Reststenose nach Thrombolyse oder bei Patienten, bei denen die Thrombolyse nicht erfolgreich war. Der Erfolg der Thrombolyse (Wiedereröffnung des Infarktgefäßes) kann in etwa 60–70% erzielt werden. Im Anschluß an die Thrombolyse (nach 24 Stunden) sollte eine i.v. Heparintherapie durchgeführt werden. Acetylsalicylsäure sollten die Patienten lebenslang weiter p.o. einnehmen. Durch die Wiedereröffnung des Infarktgefäßes gelingt es häufig, eine Verbesserung der linksventrikulären Funktion und eine Limitation der enzymatischen Infarktgröße zu erzielen.
Eine primäre PTCA bei Infarktpatienten bietet sich an

- bei Kontraindikationen gegen Thrombolyse,
- bei ineffektiver Thrombolyse,
- nach erfolgreicher Thrombolyse, wenn eine hochgradige Reststenose übrigbleibt.

Insbesondere Patienten nach erfolgreicher Thrombolyse, die eine Postinfarktangina zeigen, sind Kandidaten für die PTCA. Ist eine PTCA erforderlich, sollte sie rasch in einem geeigneten Zentrum durchgeführt werden.
Eine thrombolytische Therapie ist kontraindiziert bei Patienten, die innerhalb der letzten 14 Tage einen operativen Eingriff durchgemacht haben, bei Patienten mit Zustand nach gastrointestinaler Blutung, bei Patienten mit Zustand nach zerebrovaskulärem Insult, bei Patienten mit hämorrhagischer Diathese und bei Patienten mit schwerer, unkontrollierter arterieller Hypertonie (systolischer Blutdruck über 200 mmHg, diastolischer Blutdruck über 110 mmHg).
Eine Koronarangiographie sollte nach thrombolyticher Therapie in der Regel inner-

halb weniger Tage erfolgen. Findet sich dann ein kompletter Gefäßverschluß oder eine hochgradige Reststenose, erfolgt die PTCA. Findet sich dagegen ein operationswürdiger Befund, so sollte der Patient innerhalb der nächsten 2–3 Wochen operativ behandelt werden. Befindet sich der Patient in einem Krankenhaus, ohne die Möglichkeit einer Herzkatheteruntersuchung, so sollte er streng überwacht werden. Entwickeln sich Zeichen einer Postinfarktangina oder eines neuen Infarkts, muß er in ein Zentrum, das über die Möglichkeit der Durchführung von Koronarangiographie und PTCA verfügt, verlegt werden.

Eine aortokoronare Bypass-Operation nach erfolgreicher Thrombolyse kann bereits früh erfolgen, wenn die linksventrikuläre Funktion durch den Infarkt nur gering geschädigt ist. In der Regel wird man jedoch versuchen, ein Intervall von 2–3 Wochen nach dem Infarkt mit medikamentöser Therapie vor der Operation zu überbrücken. Der Patient wird dann, nach Abheilung der Nekrose, operativ behandelt.

Eine wirksame Bekämpfung der koronaren Herzkrankheit muß eine Therapie der Risikofaktoren mit einschließen. Folgende Risikofaktoren sind für den nichtfatalen Herzinfarkt, den Herztod und den Schlaganfall bekannt (Tab. 21.**13**): Als absolut gesichert gelten die Risikofaktoren Hypercholesterinämie, Rauchen, arterielle Hypertonie, familiäre Belastung und Zuckerkrankheit. Als wirksam für die primäre Prävention von nicht-fatalem Herzinfarkt, Herztod und Schlaganfall haben sich erwiesen: eine Senkung des Serumcholesterins, ein Beenden des Rauchens, eine Hypertoniebehandlung, Training sowie Fischkonsum (fettreicher Hochseefisch). Tab. 21.**14** enthält die Maßnahmen, die sich in der primären Prävention bewährt haben.

Eine Fülle von Studien sind nach abgelaufenem Herzinfarkt durchgeführt worden (sekundäre Prävention Tab. 21.**15**). Die Zielpunkte waren nichtfataler Herzinfarkt, Herztod und Schlaganfall. Es hat sich gezeigt, daß eine Senkung eines erhöhten Cholesterinspiegels im Serum, das Einstellen des Rauchens, die Acetylsalicylsäure-Gabe, die β-Blocker-Gabe sowie Training und erhöhter Fischkonsum von Vorteil sind, vor allem gegen den Herztod.

Für die sinnvolle Behandlung der Patienten mit koronarer Herzkrankheit sind diese Gegebenheiten bei der Wahl der Therapie zu berücksichtigen.

Prgn: Die Prognose des Patienten nach Herzinfarkt korreliert eng mit der linksventrikulären Ejektionsfraktion: Je niedriger die Ejektionsfraktion, desto höher die Letalität. Die therapeutischen Bemühungen müssen daher vor allem im Akutstadium auf eine Begrenzung der Myokardnekrose zielen (Thrombolyse, PTCA).

Tabelle 21.**13** Risikofaktoren für verschiedene Endpunkte

Endpunkt	Nichtfataler Herzinfarkt	Herztod	Schlaganfall
Hypercholesterinämie	▶▶	▶▶	?
Rauchen	▶▶	▶▶	▶▶
arterielle Hypertonie	▶▶	▶▶	▶▶
familiäre Belastung	▶	▶	
Zuckerkrankheit		▶	
hoher Kaffeekonsum	▶	▶	
Hyperfibrinogenämie			▶
faserarme Kost		▶	

Kausaler Zusammenhang:
▶▶ vielfach gesichert
▶ wahrscheinlich
? fraglich

Tabelle 21.14 Primäre Prävention für verschiedene Endpunkte

Endpunkt	Nichtfataler Herzinfarkt	Herztod	Schlaganfall
Serumcholesterin-Senkung von Vorteil	▶▶	▶▶	
Rauchverbot von Vorteil	▶▶	▶▶	
Hypertoniebehandlung von Vorteil	?	?	▶▶
Training von Vorteil		▶	
Fischkonsum von Vorteil		▶	

Kausaler Zusammenhang:
▶▶ vielfach gesichert
▶ wahrscheinlich
? fraglich

Tabelle 21.15 Sekundäre Prävention (nach abgelaufenem Herzinfarkt)

Endpunkt	Nichtfataler Herzinfarkt	Herztod	Schlaganfall
Serumcholesterin-Senkung von Vorteil	▶▶	▶▶	?
Rauchverbot von Vorteil		▶▶	
Acetylsalicylsäure-Gabe von Vorteil		▶▶	▶
β-Blocker-Gabe von Vorteil		▶▶	
Training von Vorteil		▶	
Fischkonsum von Vorteil		▶	

Kausaler Zusammenhang:
▶▶ vielfach gesichert
▶ wahrscheinlich
? fraglich

Komplikationen bei Myokardinfarkt
Häufig treten im Rahmen eines Infarktes Rhythmusstörungen auf.

Sinusbradykardie: Häufig bei Hinterwandinfarkt. Wird mit Atropin i.v. behandelt. Eine passagere Schrittmacherelektrode kann in den rechten Ventrikel gelegt werden, falls notwendig. Eine Indikation zur Implantation eines permanenten Schrittmachers besteht nicht.

AV-Block 1. Grades: Tritt häufig beim Hinterwandinfarkt auf. Eine spezifische Therapie ist nicht erforderlich.

AV-Block 2. Grades (Typ Wenckebach): Häufig beim Hinterwandinfarkt, meist transient, keine Therapie erforderlich.

AV-Block 2. Grades (Typ Mobitz mit Schenkelblock): Häufig. Der Block liegt innerhalb oder unterhalb des His-Bündels. Die Prognose ist ernst. Eine permanente Schrittmacherimplantation ist erforderlich.

Totaler AV-Block: Meist bei Vorderwandinfarkt, dann mit hoher Letalität behaftet. Die Patienten sind immer schrittmacherpflichtig. Tritt der totale AV-Block beim Hinterwandinfarkt auf, hat er meist eine gute Prognose. Die Letalität ist gering.

Neu aufgetretener Links- oder Rechtsschenkelblock: Immer ernstes Zeichen, muß mit Schrittmacher behandelt werden, spricht für ausgedehnten Infarkt.

Sinustachykardie: Vieldeutiges Zeichen, kann für Perikarditis oder Pumpversagen sprechen. Behandlung der Grunderkrankung.

Vorhofflattern und Vorhofflimmern: Immer ernstes Zeichen, meist Zeichen eines beginnenden Lungenödems oder kardiogenen Schocks. Intensive medikamentöse Therapie ist erforderlich. Vorhofflimmern sollte genauso wie Vorhofflattern mittels Elektrokonversion rasch behandelt werden.

Der akute Infarkt kann zum Schock führen. Man unterscheidet den Volumenmangelschock und den kardiogenen Schock. Entscheidend ist die Funktion der linken Herzkammer. Bei kardiogenem Schock ist sie stark eingeschränkt. Beim hypovolämischen Schock ist sie in der Regel nicht stark eingeschränkt. Der entscheidende Parameter ist die Höhe des Pulmonalarteriendruckes. Dieser ist erhöht im kardiogenen Schock und erniedrigt oder normal beim Volumenmangelschock. Die Behandlung des Volumenmangelschocks erfolgt mit Plasmaexpandern. Der kardiogene Schock dagegen ist schwer zu behandeln (Dopamin, Dobutrex, Lasix, intraaortale Ballongegenpulsation). Bei Patienten im kardiogenen Schock sollte unbedingt die Koronarangiographie und, wenn möglich, die Eröffnung des Infarktgefäßes durchgeführt werden.

Rechtsventrikulärer Infarkt: Typisch ist meist ein relativ kleiner linksventrikulärer Infarkt bei großem rechtsventrikulären Infarkt mit noch guter linksventrikulärer Funktion und niedrigem Pulmonalarteriendruck. Dabei ist der rechtsatriale Druck stark erhöht (15–20 mmHg). Die rechtsventrikuläre Funktion ist stark eingeschränkt. Das Echokardiogramm ist hilfreich. Die Behandlung des schweren rechtsventrikulären Infarkts besteht in Volumengabe.

Myokardruptur: Schwere Komplikation, die meist tödlich verläuft. Es kann eine Notoperation versucht werden.

Eine Ventrikelseptumruptur erfolgt meist am 4. oder 5. Tag und ist charakterisiert durch das akute Auftreten einer hämodynamisch instabilen Situation verbunden mit Auftreten eines lauten systolischen Geräusches. Unverzügliche Angiographie und Darstellung des Defektes sind erforderlich. Nach dem klinischen Stadium muß entschieden werden, ob die Operation mit Verschluß des Ventrikelseptumdefektes sofort oder verzögert erfolgen soll. Die Prognose ist um so besser, desto später die Operation erfolgen kann. Bei der Frühoperation besteht eine hohe Letalität.

Abriß eines Papillarmuskels, akute Mitralklappeninsuffizienz: Meist lebensbedrohliches Ereignis, das für unverzügliche Diagnose mittels Farb-Doppler-Echokardiographie erfordert. In Abhängigkeit vom klinischen Schweregrad ist die sofortige Notoperation indiziert. Die Letalität ist hoch.

Ventrikelaneurysma: Bildet sich ein falsches oder ein echtes Aneurysma aus, so kann die Diagnose mittels Farb-Doppler-Echokardiographie gestellt werden. Ein falsches Aneurysma muß im chronischen Infarktstadium operativ saniert werden. Ein echtes Aneurysma sollte dann operativ versorgt werden, wenn klinisch und hämodynamisch die Zeichen der Herzinsuffizienz bestehen und der Restventrikel eine gute Funktion zeigt. Eine spezielle Indikation der operativen Resektion des Aneurysmas ist die antiarrhythmische Wirkung (rezidivierende ventrikuläre Tachykardien).

Patienten mit großem Vorderwandinfarkt ohne abgrenzbares Aneurysma werden konservativ behandelt und auf Dauer antikoaguliert. Bei diesen Patienten besteht ein erhöhtes Risiko einer arteriellen Embolie.

Alle Herzinfarktpatienten sollten auf Dauer mit Acetylsalicylsäure (250 mg) und mit einem β-Blocker, z. B. Metoprolol (2mal 50–2mal 100 mg) behandelt werden. Die β-Blocker-Therapie sollte lebenslang fortgeführt werden, denn eine Reduktion der Letalität ist in mehreren Studien nachgewiesen worden.

Kreislauf

22. Hypertonie

A. Distler

Definition und Normalwerte

Der systolische wie der diastolische Blutdruck stellt einen *kontinuierlichen Risikofaktor* für kardiovaskuläre Komplikationen wie Schlaganfall oder Herzinfarkt dar. Die Abgrenzung „hypertoner" von „normotonen" Blutdruckwerten ist demnach willkürlich. Die WHO definiert als Hypertonie einen systolischen Blutdruck von 160 mmHg oder darüber und/oder einen diastolischen Blutdruck von 95 mmHg oder darüber. Als normal sind nach der WHO-Definition Blutdruckwerte beim Erwachsenen bis zu 140 mmHg systolisch und bis zu 90 mmHg diastolisch anzusehen. Blutdruckwerte zwischen dem normalen und dem hypertonen Bereich werden als Grenzwerthypertonie („borderline hypertension") bezeichnet. Die Diagnose „Hypertonie" darf nach den WHO-Empfehlungen nur gestellt werden, wenn erhöhte Blutdruckwerte bei mindestens drei Messungen bei zwei verschiedenen Gelegenheiten gefunden werden. Die „Deutsche Liga zur Bekämpfung des hohen Blutdruckes" definiert als *obere Normgrenzen des Blutdrucks* bei Erwachsenen

- *für den systolischen Blutdruck:*
  140 mmHg bis zum 40. Lebensjahr,
  150 mmHg vom 40.–60. Lebensjahr,
  160 mmHg ab 60. Lebensjahr;
- *für den diastolischen Blutdruck:*
  90 mmHg für alle Lebensalter.

Nicht dem engeren Begriff der Hypertonie zuzurechnen sind *transitorische Blutdrucksteigerungen,* die nur einige Minuten bis maximal einige Monate anhalten (z. B. Blutdrucksteigerungen durch Emotionen, bestimmte Erkrankungen des Zentralnervensystems wie Enzephalitis, Hirndrucksteigerung, Poliomyelitis, akute Vergiftung durch Kohlenmonoxid, Thallium, Blei u. a.). Die transitorischen Blutdrucksteigerungen bilden sich entweder spontan bzw. nach Ausschaltung der Noxe zurück oder heilen mit der Grundkrankheit aus.

Häufigste Ursache nur *systolischer* Blutdruckerhöhungen ist eine Rigiditätszunahme der großen Arterien im Alter infolge Arteriosklerose („Altershochdruck", „Elastizitätshochdruck"). Seltene Ursachen nur systolischer Blutdrucksteigerungen sind Erhöhungen des Herzzeitvolumens bei Hyperthyreose, arteriovenösen Fisteln, Fieber, totalem AV-Block und Aortenklappeninsuffizienz.

Vorkommen und Komplikationen

Etwa bei jedem 5. Erwachsenen liegen erhöhte Blutdruckwerte vor. Bei ca. 80% der Fälle handelt es sich dabei um eine sog. leichte Hypertonie („mild hypertension" des angloamerikanischen Sprachraums) mit diastolischen Blutdruckwerten zwischen 90 und 104 mmHg.

Jede chronische Blutdrucksteigerung begünstigt die Entwicklung der Arteriosklerose mit ihren Folgeerscheinungen, besonders im Bereich des Herzens, des Gehirns und der Nieren. Hauptrisiko der unbehandelten Hypertonie ist eine erhöhte Morbidität und Mortalität infolge Linksherzinsuffizienz, koronarer Herzerkrankung und Schlaganfall. Eine weitere potentielle Folgeerscheinung eines unzureichend behandelten Hochdrucks ist das Auftreten einer akzelerierten Verlaufsform bzw. der Übergang in eine maligne Hypertonie mit Entwicklung einer Niereninsuffizienz.

Ätiologie

Einer Hypertonie können die in Tab. 22.1 aufgeführten Ursachen zugrunde liegen. Häufigste Ursache der chronischen Blutdrucksteigerung ist die *primäre* (essentielle) Hypertonie, deren Ätiologie multifaktoriell (u. a. hereditäre Faktoren, kochsalzreiche Ernährung, Übergewicht) ist. Differentialdiagnostisch abzugrenzen sind *sekundäre Hochdruckformen* mit ganz oder teilweise bekannter Ätiologie (Hochdruck bei renoparenchymatösen sowie bei Nierengefäßerkrankungen [s. Kap. Nephrologie], verschiedene Formen der endokrin bedingten Hypertonie [s. Kap. Endokrinologie], Hochdruck bei Aortenisthmusstenose [s. Kap. Kardiologie]).

Symptome

Eine Blutdruckerhöhung verursacht im allgemeinen keine Beschwerden. Stark erhöhte Blutdruckwerte können von Kopfschmerzen und Schwindelerscheinungen begleitet sein.

Tabelle 22.1 Einteilung der chronischen Hypertonien

A. Primäre (essentielle) Hypertonie
B. Sekundäre Hypertonieformen

1. *Renale Hypertonie*
   a) Hochdruck bei reno-parenchymatösen Erkrankungen
      chronische Glomerulonephritis
      chronische Pyelonephritis
      chronische Analgetikanephropathie
      Zystennieren
      diabetische Glomerulosklerose
      Nierenamyloidose
      Plasmozytomniere
      Nierenbeteiligung bei Kollagenosen (Wegener-Granulomatose, Lupus erythematodes. Periarteriitis nodosa)
      reninbildender Nierentumor (primärer Reninismus)
   b) renovaskuläre Hypertonie
      Hochdruck bei ein- oder doppelseitiger Nierenarterienstenose
2. *Endokrin bedingte Hypertonieformen*
   a) Überfunktionszustände der Nebennierenrinde
      vermehrte Bildung von *Cortisol:* Cushing-Syndrom
      vermehrte Bildung von *Aldosteron:* primärer Aldosteronismus, pseudoprimärer Aldosteronismus
      vermehrte Bildung von *Desoxycorticosteron: 11β-Hydroxylase-Mangel, 17α-Hydroxylase-Mangel*
   b) *Überfunktionszustände des Nebennierenmarks*
      vermehrte Bildung von Katecholaminen: Phäochromozytom und -blastom
3. *Hochdruck bei Aortenisthmusstenose*
4. *Medikamentös bedingte Hypertonie*
   (Einnahme von Ovulationshemmern, Carbenoxolon, Steroiden u. a.)

Bei *maligner Hypertonie* kann es zu Sehverschlechterung und Beeinträchtigung des Allgemeinbefindens kommen. Ein relativ typisches Beschwerdebild mit anfallsweise auftretenden Kopfschmerzen, Schweißausbrüchen, Palpitationen und anderen Symptomen kann bei Patienten mit *Phäochromozytom* auftreten. Der *primäre Aldosteronismus* kann von Symptomen des Kaliummangels wie Muskelschwäche, Polyurie und Parästhesien begleitet sein.

Diagnose

Diagnostisches Basisprogramm

Jede nicht offensichtlich situativ bedingte Blutdrucksteigerung bedarf der Abklärung. Als *Ziele* eines diagnostischen Basisprogramms können definiert werden:

- Erkennung sekundärer Hochdruckformen, vor allem solcher, die einer spezifischen Therapie (z. B. Angioplastie bei Nierenarterienstenose, operative Entfernung eines Phäochromozytoms) zugänglich sind;
- Festlegung des Schweregrades und Erkennung von Folgeerscheinungen des Hochdrucks sowie Erkennung weiterer kardiovaskulärer Risikofaktoren;
- Festlegung des Ausgangspunktes vor Therapie (Erfassung des Beschwerdebildes und Erhebung eines Laborstatus) zur Erkennung therapiebedingter Nebenwirkungen.

In Abb. 22.**1** sind die Empfehlungen der „Deutschen Liga zur Bekämpfung des hohen Blutdruckes" (1991) zur Basisdiagnostik der Hypertonie wiedergegeben.

Blutdruckmessung: Die Diagnose „Hypertonie" sollte nie aufgrund einer einzigen Blutdruckmessung gestellt werden. Es ist eine bekannte Tatsache, daß die Blutdruckwerte beim ersten Arztbesuch häufig höher sind als bei späteren Nachuntersuchungen. Nur wenn der Blutdruck bei mindestens zwei-, besser dreimaliger Messung an verschiedenen Tagen eindeutig erhöhte Werte aufweist, ist das Vorliegen einer Dauerhypertonie anzunehmen, die dann entsprechend abgeklärt werden muß. Bei jedem Arztbesuch sollten wenigstens zwei Blutdruckmessungen im Sitzen erfolgen und die erhaltenen Werte gemittelt werden. Bei der ersten Blutdruckmessung sollte der Blutdruck an beiden Armen bestimmt werden. Bei weiteren Vorstellungen genügt die Blutdruckmessung an dem Arm, an dem der höhere Blutdruck ermittelt wurde. Seitendifferenz des Blutdrucks zwischen rechtem und linkem Arm können erst dann diagnostisch verwertet werden, wenn sie konstant systolisch 20 mmHg oder diastolisch 15 mmHg überschreiten. Sofern die Fußpulse bei der Untersuchung abgeschwächt erscheinen, wird auch eine Blutdruckmessung am Bein angeschlossen. Bei der ersten Untersuchung sowie bei Kontrollmessungen unter Therapie sollte zur Erfas-

			Hinweis auf:
Anamnese		Familie oder selbst: Hochdruck? Nierenkrankheiten? Schlaganfall? Herzinfarkt? Diabetes mellitus?	→ genetische Disposition
		Schwangerschaftskomplikationen?	
		Alkohol? Ovulationshemmer?	
		Hochdruckdauer? Blutdruckkrisen?	→ Phäochromozytom
		Bisher verordnete Antihypertonika? Therapieerfolg? Nebenwirkungen?	
		* Rauchgewohnheiten?	
körperliche Untersuchung		Blutdruckmessung	
		Übergewicht? Spezieller Phänotyp?	→ Cushing-Syndrom
		Auskultation des Herzens und der Karotiden	→ Vitium cordis, Karotisstenose
		Blutdruckdifferenz Arm (re./li.) Bein?	→ Aortenisthmusstenose, art. Verschlußkrankheit
		Strömungsgeräusch im Abdomen?	→ Nierenarterienstenose
Labor	Urin	Protein	→ Nierenkrankheit (Protein, Sediment oder Streifentest, Glucose, Kreatinin)
		Sediment oder Streifentest	
		* Glucose	
	Blut	Kreatinin	
		Kalium	→ Hyperaldosteronismus, Saluretika, Laxantien, Lakritze
		* Glucose, Harnsäure, Triglyceride, * Cholesterin (HDL- u. LDL-Chol.)	
apparative Untersuchung		Elektrokardiogramm	→ Aortenaneurysma, Nierenkrankheit, Nebennierentumor
		Sonographie: Aorta, Niere, Nebenniere	
weiterführende Untersuchungen		ambulante Blutdrucklangzeitmessung Blutdruckselbstmessung	→ Praxishypertonie u. a.
		Ergometrie	→ koronare Herzkrankheit
		Echokardiographie	→ Linksherzhypertrophie
		Fundoskopie	→ maligne Hypertonie
		Nierenangiographie	→ Nierenarterienstenose
		endokrinologische Tests	→ endokrine Hypertonie

** Zur Hochdruckdiagnostik nicht notwendig, zur Erfassung weiterer kardiovaskulärer Risikofaktoren aber erforderlich.*

sung von Orthostasereaktionen zusätzlich zur Messung im Sitzen eine Blutdruckmessung nach mehrminütigem Stehen erfolgen.

Körperliche Untersuchung: Besonderes Augenmerk ist auf die Untersuchung des Herzens sowie auf die Auskultation und Palpation der großen Gefäße und der Extremitätenarterien zu richten. Folgende Hochdruckursachen können bereits aufgrund der körperlichen Untersuchung zumindest vermutet werden:

- *Cushing-Syndrom* („Vollmondgesicht", „Büffelhöcker", Striae rubrae),
- *Aortenisthmusstenose* (abgeschwächte bis fehlende Fußpulse, typischer Auskultationsbefund über dem Herzen),
- *Nierenarterienstenose* (in 50% der Fälle läßt sich ein Gefäßgeräusch im Epigastrium oder im Bereich der Nierenhili auskultieren; einseitig kleine Niere im Sonogramm bzw. entsprechender Befund im intravenösen Subtraktionsangiogramm),
- *Zystennieren* (typischer Palpations- und Sonogrammbefund).

Die körperliche Untersuchung informiert weiterhin über evtl. bereits eingetretene *Folgeerscheinungen* des Hochdrucks bzw. über Manifestationen der Arteriosklerose (z. B. Linksherzverbreiterung, Herzinsuffizienz, Stenosegeräusche über den Karotiden, Fehlen von Fußpulsen).

Serumkaliumbestimmung: Die Aufdeckung einer Hypokaliämie kann der erste Hinweis auf das Vorliegen eines primären Aldosteronismus bzw. einer anderen seltenen Form der Mineralocorticoidhypertonie sein. Häufigste Ursache einer Hypokaliämie bei Hypertonie ist allerdings eine vorangegangene Saluretika-Medikation. Saluretika müssen daher mindestens 14 Tage vor Bestimmung des Serumkaliumspiegels abgesetzt werden. Dies gilt auch für kaliumsparende Diuretika und Aldosteronantagonisten, da bei deren Anwendung ein erhöhter oder falsch normaler Serumkaliumspiegel auftreten kann. – Die Einnahme von Laxantien, von Lakritze oder von Carbenoxolon kann ebenfalls zur Hypokaliämie führen.

EKG: Die EKG-Untersuchung im Rahmen der Hochdruckdiagnostik dient in erster Linie der Erkennung einer Linksherzhypertrophie. Besser geeignet zur Erkennung einer Linkshypertrophie ist die *Echokardiographie,* die jedoch eine besondere Erfahrung des Untersuchers voraussetzt.

Untersuchung des Augenhintergrunds: Besonders wichtig ist die Erkennung von Augenhintergrundveränderungen des Grades III (Blutungen, Exsudate) oder IV (Papillenödem). Von geringerer diagnostischer Bedeutung ist die Differenzierung der Stadien I und II.

Sonographie der Nieren: Die Ultraschalluntersuchung der Nieren vermag wichtige Informationen über Nierengröße, -randkonturen, -hohlraumsystem, Steinbildungen, Zysten u. a. zu liefern.

Das in Abb. 22.1 wiedergegebene Basisprogramm erlaubt neben der weitgehenden diagnostischen Abklärung einer Hypertonie auch die Erkennung des Schweregrades und möglicher Komplikationen des Hochdrucks sowie die Aufdeckung weiterer kardiovaskulärer Risikofaktoren.

Weiterführende Untersuchungen

Sofern sich aufgrund des Basisprogramms der Verdacht auf eine sekundäre und insbesondere auf eine potentiell chirurgisch heilbare Hochdruckform ergibt, sind – falls aufgrund des Alters und des Allgemeinzustandes des Patienten therapeutische Konsequenzen zu erwarten sind – weiterführende Untersuchungen erforderlich.

Indikationen zur weiterführenden Spezialdiagnostik sind:

a) *Verdacht auf potentiell chirurgisch heilbare Hochdruckformen:*
   - *Verdacht auf Phäochromozytom* (typisches Beschwerdebild, besonders labiles Blutdruckverhalten).
     - *Verdacht auf Cushing-Syndrom* („Vollmondgesicht", „Büffelhöker", Striae rubrae),
     - *Verdacht auf Mineralocorticoidhypertonie* (Leitsymptom: Hypokaliämie),
     - *Verdacht auf Nierenarterienstenose* (Gefäßgeräusch im Abdomen, einseitig kleine Niere im Sonogramm),
     - *einseitige pyelonephritische Schrumpfniere* (entsprechender Befund im Sonogramm),

Abb. 22.1 Schema der Basisdiagnostik der Hypertonie der „Deutschen Liga zur Bekämpfung des hohen Blutdruckes" (1991).

– *Verdacht auf Aortenisthmusstenose* (schwache bis fehlende Fußpulse, typischer Auskultationsbefund über dem Herzen);

b) *Verdacht auf renoparenchymatöse Hypertonie* (Proteinurie, Erythrozyturie, Zylindrurie, Erhöhung des Serumkreatininspiegels).

Therapie

Einfluß der Therapie auf Mortalität und Morbidität

Die hypertoniebedingte Mortalität und Morbidität wird durch eine konsequent durchgeführte antihypertensive Therapie deutlich gesenkt. Die Abnahme der Mortalität und Morbidität ist im wesentlichen auf das seltenere Auftreten einer Apoplexie, einer Herzinsuffizienz und einer Akzeleration der Hypertonie zurückzuführen. Eine medikamentöse Langzeittherapie ist auch dann sinnvoll, wenn bereits ein Schlaganfall oder eine passagere zerebrale Ischämie vorangegangen sind.

Indikationen und Ziele der Langzeittherapie

Jede schwere und mittelschwere Hypertonie ist behandlungsbedürftig. *Ziel der Behandlung* ist es, den Blutdruck auf Normalwerte einzustellen (s. o.) bzw. diesen soweit wie verträglich anzunähern. Da gegenwärtig noch Unsicherheit darüber besteht, inwieweit eine medikamentöse Behandlung bei leichter Hypertonie (diastolische Blutdruckwerte zwischen 90 und 104 mmHg) eine Verminderung hypertensiver Komplikationen bewirkt, soll nach einer neueren Empfehlung der WHO die einmalige Feststellung eines diastolischen Werts zwischen 90 und 104 mmHg noch nicht Anlaß zur sofortigen Einleitung einer medikamentösen Behandlung geben. Erst wenn sich bei wiederholten Messungen innerhalb von 4 Wochen Werte von 100 mmHg oder darüber zeigen, soll mit einer medikamentösen Behandlung begonnen werden. Ein hoher systolischer Blutdruck soll ebenso wie klinische, röntgenologische, echo- oder elektrokardiographische Zeichen einer linksventrikulären Hypertrophie eher die frühzeitige Einleitung einer medikamentösen Therapie nahelegen. Als Ziel wird eine Senkung des diastolischen Blutdrucks auf unter 90 mmHg und des systolischen Blutdrucks auf 145 mmHg oder darunter angestrebt.

Überblick über die therapeutischen Methoden

Allgemeine therapeutische Maßnahmen

Lebensweise: Berufliche Überforderung, z. B. durch Schichtarbeit, sollte vermieden werden. Empfehlenswert ist Ausgleichssport, z. B. Waldlauf, Gymnastik oder Schwimmen.

Diätetische Maßnahmen

Übergewicht begünstigt die Hypertonie. Bei adipösen Hypertonikern führt eine Verminderung des Übergewichts in vielen Fällen zu einer deutlichen Abnahme des Blutdrucks. Daher sollte bei Adipösen eine Normalisierung des Körpergewichts in allen Fällen angestrebt werden. Die tägliche Kochsalzzufuhr sollte nicht über 5–6 g liegen (keine salzreichen Speisen, kein Salz bei Tisch). Gegen Kaffee, Tee und Alkohol bestehen in kleineren Mengen keine Bedenken. *Nicotinkonsum* stellt einen zusätzlichen Risikofaktor dar und sollte daher unterbleiben.

Medikamentöse Therapie

(Tab. 22.**2** und Abb. 22.**2**)

Wirkungsweise der verschiedenen Substanzgruppen

Folgende Substanzgruppen besitzen praktische Bedeutung für die Langzeittherapie des Hochdrucks:

1. *Saluretika:* Sie senken den Blutdruck über eine Natrium- und Flüssigkeitselimination, außerdem führen sie zu einer Abschwächung der Wirkung pressorischer Substanzen. Sie gehören zur Standardtherapie der Hypertonie, da sie die Wirkung anderer Antihypertonika verstärken und somit deren Anwendung in niedriger Dosierung erlauben. Sie kommen aber auch für die Monotherapie bei leichter Hypertonie in Betracht.

2. *β-Blocker:* Der Mechanismus der antihypertensiven Wirkung der β-Blocker ist bisher nicht sicher geklärt. Diskutiert werden u. a. eine allmähliche Abnahme des peripheren Gesamtwiderstands als Anpassung an eine initiale Abnahme des Herzzeitvolumens, ein reninsenkender Effekt und ein zentraler Angriffspunkt. β-Blocker sind zur Behandlung der Hypertonie insbesondere bei Patienten in jüngerem bis mittlerem Lebensalter (bis etwa zum 60. Lebensjahr) zu empfehlen.

3. *Rauwolfia-Alkaloide:* Reserpin bewirkt eine Verarmung bzw. Entleerung der Speicherstrukturen im Zentralnervensystem von Noradrenalin, Dopamin und Serotonin. In den Granula der peripheren Sympathikusfa-

Tabelle 22.2 Für die Langzeittherapie der Hypertonie geeignete Substanzen

Substanz	Präparate (Auswahl)	Tagesdosis	Wichtige Nebenwirkungen
1. Saluretika			
Hydrochlorothiazid	Esidrix	1 × 12,5–50 mg	Hypokaliämie, Hyperglykämie, Hyperurikämie, Fettstoffwechselstörungen
Butizid	Saltucin	1 × 2,5–5 mg	
Piretanid	Arelix	1 × 3–6 mg	Hypokaliämie, Hyperurikämie
Kombinationen von Thiazid-Diuretika mit kaliumsparender Diuretika			
Amilorid (2,5 mg) + Hydrochlorothiazid (25 mg)	Moduretik mite	1 Tablette	entsprechend Einzelkomponenten (Amilorid und Triamteren können zur Hyperkaliämie führen)
Triamteren (50 mg) + Hydrochlorothiazid (25 mg)	Dytide H	1 Tablette	*Kontraindikation:* eingeschränkte Nierenfunktion (Serumkreatinin > 130 μmol/l = 1,5 mg%)
2. β-Blocker			
a) nicht kardioselektiv			
Propranolol	Dociton 40 Dociton 80 Dociton Retard	2 × 40–2 × 160 mg 1 × 160–320 mg	Bradykardie, Herzinsuffizienz bei vorgeschädigtem Herzmuskel, Bronchospasmus, Kältegefühl in den Extremitäten
Oxprenolol	Trasicor 80 Trasicor retard	2 × 80–2 × 160 mg 1 × 160–320 mg	*Kontraindikationen:* AV-Block 2. und 3. Grades, manifeste Herzinsuffizienz, Asthma bronchiale, asthmoide Bronchitis, sinuatrialer Block, Sick-sinus-Syndrom
Pindolol	Visken Visken 15	2–3 × 5 mg 1 – 2 × 15 mg	
Mepindolol	Corindolan Corindolan mite	1–2 × 2,5–5 mg	
b) relativ kardioselektiv			
Atenolol	Tenormin 50 Tenormin 100	1 × 50–100 mg	
Metoprolol	Beloc Beloc mite Lopresor Lopresor mite	2 × 50–2 × 100 mg	
3. Rauwolfia-Alkaloide	Briserin* Modenol* Resaltex*	1–2 Dragees 1–2 Dragees 1–2 Tabletten	Sedation, Depression, Schwellung der Nasenschleimhaut
4. Dihydralazin	Nepresol	3 × 12,5–50 mg	Tachykardie, stenokardische Beschwerden, Kopfschmerzen

Tabelle 22.**2** Für die Langzeittherapie der Hypertonie geeignete Substanzen (Fortsetzung)

Substanz	Präparate (Auswahl)	Tagesdosis	Wichtige Nebenwirkungen
5. α_1-Blocker			
Indoramin	Wydora	2 × 25–2 × 100 mg	Sedation, Mundtrockenheit, verstopfte Nase, orthostatische Hypotonie, Wasserretention
Prazosin	Minipress	2 × 0,5–3 × 5 mg	orthostatische Hypotonie, insbesondere zu Beginn der Therapie, Kopfschmerzen, Übelkeit, Herzklopfen
6. Calciumantagonisten			
Nifedipin	Adalat retard	2 × 20–2 × 40 mg	Kopfdruck, Flush, Schwindelerscheinungen, Wassereinlagerung in den Beinen
Nitrendipin	Bayotensin Bayotensin mite	1 × 10–1 × 20 mg	ähnlich Adalat
Diltiazem	Dilzem retard	2 × 90–2 × 180 mg	Übelkeit, Müdigkeit, Kopfschmerzen, Wassereinlagerungen in den Beinen
Verapamil	Isoptin RR	1 × 240–2 × 240 mg	Obstipation, AV-Blockierung 1. und 2. Grades (im Extremfall bis 3. Grades), Flush
7. Konversionsenzymhemmer (ACE-Hemmer)			
Captopril	Lopirin	2 × 25–3 × 50 mg	Reizhusten, Leukopenie, Proteinurie, Exanthem, Verringerung bzw. Verlust des Geschmacksempfindens, starker Blutdruckabfall bei diuretikavorbehandelten Patienten, Nierenfunktionsverschlechterung bei doppelseitiger Nierenarterienstenose bzw. bei Arterienstenose einer Einzelniere
Enalapril	Pres Xanef	1 × 5–1 × 20 mg	
8. α-Methyldopa	Presinol Sembrina	2 × 0,25–3 × 0,50 g	Sedation, Potenzstörungen, Leberschädigung
9. Clonidin	Catapresan Catapresan Depot Perlongetten	2 × 0,075–0,3 mg	Sedation, Mundtrockenheit, Bradykardie, Potenzstörungen
10. Minoxidil	Lonolox	1 × 5–3 × 20 mg	Natrium- und Flüssigkeitsretention, Tachykardie, Hypertrichose, T-Wellen-Abflachung oder -Inversion im EKG

* enthält zusätzlich ein Diuretikum.

Eine Information von Hoechst über Munobal® – der neue Kalziumantagonist für 24 Stunden Schutz gegen Hochdruck.

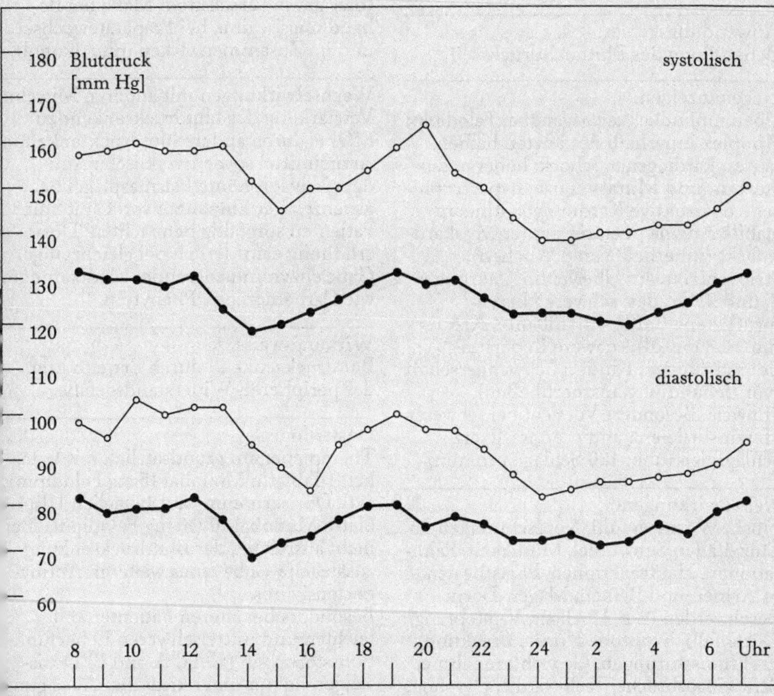

– Meßwerte nach zweiwöchiger Placebophase
– Meßwerte nach vierwöchiger Behandlung mit Munobal 10
< 0,05 für alle stündlichen
ergleiche

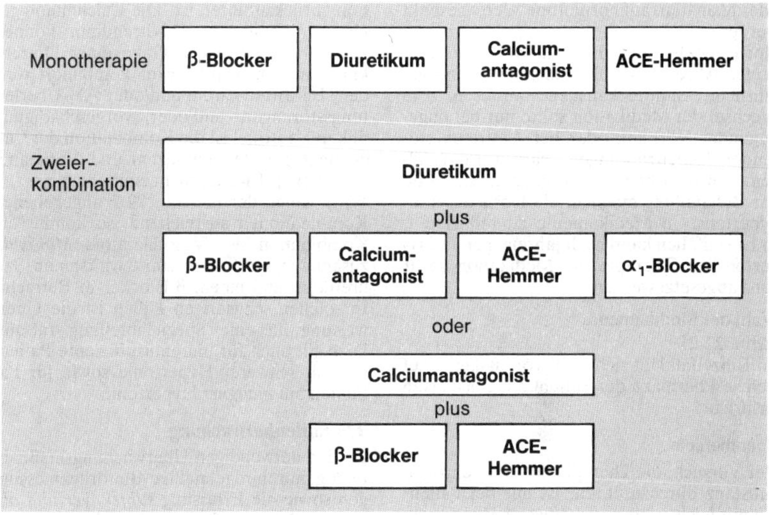

Abb. 22.**2** Empfehlungen der „Deutschen Liga zur Bekämpfung des hohen Blutdruckes" zur Stufentherapie der Hypertonie (1990).

sern kommt es ebenfalls zu einer Noradrenalinverarmung. – Reserpin sollte nur noch in Kombination mit einem Diuretikum verordnet werden, um die Dosis und damit die Nebenwirkungsrate gering halten zu können.

4. Hydralazin und Dihydralazin: Beide Substanzen wirken relaxierend auf die glatte Gefäßmuskulatur.

5. α_1-Blocker: Die α_1-Blocker *Indoramin* und *Prazosin* blockieren kompetitiv die postsynaptischen α_1-Rezeptoren.

6. Calciumantagonisten: Sie hemmen den langsamen transmembranösen Calciumeinstrom am Myokard und in der Gefäßmuskulatur mit der Folge einer Vasodilatation.

7. Konversionsenzymhemmer (ACE-Hemmer): Die Konversionsenzymhemmer *Captopril* und *Enalapril* stellen kompetitive Antagonisten des Angiotensin converting enzyme dar. Folgen der Hemmung dieses Enzyms sind Abnahmen der Plasmaspiegel von Angiotensin II und Aldosteron.

8. α-Methyldopa: Die blutdrucksenkende Wirkung von α-Methyldopa beruht im wesentlichen auf einem zentralen α-Rezeptoren stimulierenden Effekt des Metaboliten α-Methylnoradrenalin mit hieraus resultierender Verminderung des peripheren Sympathikotonus.

9. Clonidin: Die blutdrucksenkende Wirkung beruht auf einer Stimulation von Imidazolinrezeptoren im Bereich des Nucleus solitarius der Medulla oblongata mit der Folge einer Empfindlichkeitssteigerung des Barorezeptorenreflexes und einer hieraus resultierenden Vagotonie. Darüber hinaus stimuliert Clonidin präsynaptische α_2-Rezeptoren, was zu einer verminderten Freisetzung von Noradrenalin führt.

10. Minoxidil ist wie Hydralazin eine direkt vasodilatatorisch wirksame Substanz.

Praktisches Vorgehen

Dosierung und Therapiedauer

Rasche Blutdrucksenkungen werden subjektiv oft schlecht vertragen und können bei älteren Patienten gefährliche Komplikationen wie eine zerebrale Ischämie oder schwere Orthostasereaktionen hervorrufen. Außer in hypertensiven Notfällen (s. u.) muß der Blutdruck durch einschleichende Dosierung und langsame Dosissteigerung *allmählich,* je nach Lage des Falles innerhalb von Wochen

oder Monaten, auf normotone Werte gesenkt werden.
Hochdrucktherapie ist *Dauertherapie*. Abruptes Absetzen der Medikamente kann gefährliche Blutdruckanstiege auslösen. Ein Wechsel der Medikation sollte nur bei ungenügender Wirkung oder bei Auftreten störender Nebenwirkungen schrittweise erfolgen. Bei manchen Patienten ist es im Laufe der Behandlung möglich, die Dosis der antihypertensiven Medikamente zu reduzieren. In Einzelfällen kann nach jahrelanger antihypertensiver Therapie die Medikation sogar ganz abgesetzt werden.

Wahl der Medikamente
(Abb. 22.**2**)
Im Einzelfall läßt sich nicht voraussagen, auf welche Pharmaka der Patient am günstigsten anspricht.

Monotherapie

Der Versuch, die Therapie mit einer einzigen Substanz durchzuführen, ist nur bei Patienten mit *leichter* bis *mittelschwerer* Hypertonie sinnvoll. Für die Monotherapie besonders geeignet sind β-Blocker, Saluretika, ACE-Hemmer und Calciumantagonisten. β-Blokker werden bevorzugt bei Patienten in jüngerem bis mittlerem Lebensalter (etwa bis zum 60. Lebensjahr), Saluretika und Calciumantagonisten in erster Linie bei älteren Patienten eingesetzt.

Kombinationstherapie

Eine Kombinationstherapie ist in jenen Fällen indiziert, bei denen mit einer einzigen Substanz in einem Dosisbereich, der noch nicht zu unerwünschten Nebenwirkungen führt, keine Blutdrucknormalisierung zu erreichen ist. Durch gleichzeitige Verabreichung niedriger Dosen mehrerer Pharmaka mit verschiedenartigem Angriffspunkt wird eine Addition der antihypertensiven Wirkung ohne Addition der Nebenwirkungen, die ja bei den einzelnen Stoffklassen unterschiedlich ist, erreicht. Für die Kombinationstherapie besonders geeignet sind *Saluretika,* die mit jedem anderen Antihypertonikum kombiniert werden können. Neben dem eigenen blutdrucksenkenden Effekt der Saluretika ist für die Kombinationstherapie bedeutungsvoll, daß sie eine Resistenzentwicklung verhindern können, die nicht selten unter anderen Pharmaka (z. B. Reserpin oder α-Methyldopa) auftritt und die zumindest teilweise auf eine Natrium- und Wasserretention zurückzuführen ist. Die Calciumantagonisten Nifedipin und Nitrendipin können auch ohne zusätzliche Gabe eines Diuretikums mit einem β-Blocker kombiniert werden. Bei Bradykardie und/oder AV-Überleitungsstörungen und/oder vorgeschädigtem linken Ventrikel ist die Kombination der Calciumantagonisten Diltiazem und Verapamil mit einem β-Blocker nicht empfehlenswert.
Wirkt keine der in Abb. 22.**2** angegebenen Kombinationen ausreichend, so kommt die Kombination des Vasodilatators *Minoxidil* zusammen mit einem stark wirksamen Saluretikum und einem β-Blocker in Betracht. In solchen schwierigen Fällen ist die Überweisung an eine Spezialabteilung ratsam. Dies gilt auch für niereninsuffiziente Patienten mit schwerer Hypertonie sowie für Patienten mit *maligner* Hypertonie.

Therapieüberwachung

Zu den notwendigen Überwachungsmaßnahmen gehören regelmäßige Blutdruckmessungen sowie die Erfassung *subjektiver und objektiver Nebenwirkungen* der Therapie. Die Messung des Blutdrucks kann im Sitzen oder Liegen erfolgen. Bei Anwendung von Medikamenten, die zu orthostatischem Blutdruckabfall führen können (z. B. α-Methyldopa, Prazosin), muß der Blutdruck zusätzlich im Stehen gemessen werden. In der Anfangsphase der Therapie sind bis zum Erreichen normaler Blutdruckwerte häufigere Kontrollen im Abstand von etwa 1–2 Wochen notwendig. Nach guter Blutdruckeinstellung genügen häufig Kontrolluntersuchungen in vierteljährigen Abständen. Bei therapeutisch schwer einstellbarer Hypertonie können jedoch zur Therapieanpassung wesentlich häufigere Kontrollen notwendig werden. Sehr bewährt hat sich die zusätzliche Blutdruckmessung durch den Patienten mit Hilfe hierfür geeigneter Apparate. Der Patient wird nach entsprechender Anleitung durch den Arzt angehalten, seinen Blutdruck anfänglich täglich mehrmals (z. B. morgens und abends) zu messen, die Blutdruckwerte zu protokollieren und die Protokolle in die Sprechstunde mitzubringen. Bei guter Einstellung genügen monatliche Selbstmessungen. – Bei jeder Wiedervorstellung des Patienten muß sorgfältig nach *Nebenwirkungen der Arzneimittel* gefragt werden. Insbesondere bei Medikamenten, die zur Sedation führen können, ist die Möglichkeit einer *Beeinträchtigung der Verkehrstüchtigkeit* oder einer Gefährdung am Arbeitsplatz gegeben. Unerwünscht star-

ke Sedationserscheinungen müssen daher Anlaß zu einem Wechsel der Therapie geben.
Mindestens 50% der Hochdruckpatienten nehmen ihre Medikamente unregelmäßig oder überhaupt nicht ein. Es ist daher wichtig, die Patienten über die möglichen Komplikationen einer ungenügend behandelten Hypertonie aufzuklären und sie zur dauerhaften Mitarbeit zu motivieren. Folgende Maßnahmen sind geeignet, die Kooperationsbereitschaft zu erhöhen:
- zusätzliche Blutdruckselbstmessung durch den Patienten,
- einfaches Therapieschema mit möglichst nur zwei- oder einmaliger Medikamenteneinnahme pro Tag,
- feste Vereinbarung eines Wiedervorstellungstermins zur Kontrolluntersuchung.

Hypertone Notfälle

Sy: Ein hypertoner Notfall, der eine rasche Blutdrucksenkung erforderlich macht, liegt nur dann vor, wenn stark erhöhte Blutdruckwerte mit Folgeerscheinungen wie *Hochdruckenzephalopathie* (Symptome: Kopfschmerzen, Sehstörungen, Schwindelerscheinungen, Bewußtseinsstörungen, neurologische Ausfallserscheinungen), *Lungenödem, Angina pectoris* oder *dissezierendes Aortenaneurysma* vorliegen. Der hypertone Notfall wird nicht allein durch die Höhe der Blutdruckwerte bestimmt, da auch bereits eine mäßiggradige Blutdruckerhöhung etwa bei Aortenaneurysma oder einem Lungenödem eine hypertone Notfallsituation bedeuten kann.

Th: In solchen Fällen ist im allgemeinen die sofortige Klinikeinweisung erforderlich. Der Hausarzt sollte jedoch die Behandlung schon einleiten.
Mittel der ersten Wahl ist die sublinguale Gabe von *5 mg Nifedipin* (Adalat-Kapseln: Kapseln zerbeißen und Inhalt schlucken). Wirkungseintritt innerhalb von wenigen Minuten. – Bei ausbleibender oder ungenügender Wirkung nach ca. 15 Min. erneute Gabe von 5–10 mg Nifedipin oder von *0,075–0,15 mg Clonidin* (Catapresan) langsam i.v. Wirkungseintritt nach ca. 10 Min.

23. Hypotonie und Schock

P. Gross

Hypotone Kreislaufregulationsstörung, orthostatischer Kreislaufkollaps

Ät: Eine hypotone Kreislaufregulationsstörung kann durch eine Reihe von Medikamenten (Ganglienblocker, Reserpin, Calciumantagonisten, Nitrate, Vasodilatatoren) oder durch Flüssigkeitsmangel ausgelöst werden. Eine längere Zeit der Bettruhe, wie eine Schwangerschaft oder eine ausgeprägte Varikose, führt ebenfalls zu hypotoner Kreislaufregulationsstörung. Schließlich kann eine Reihe von Nervenerkrankungen zur hypotonen Kreislaufregulationsstörung führen.

Sy: Müdigkeit, Schwindelgefühl, Neigung zu Ohnmacht, insbesondere im Stehen. Die Störung beginnt charakteristischerweise mit Tachykardie, Blässe, Schweißausbruch, Oberbauchdruck, Übelkeit. Schließlich kann ein orthostatischer Kreislaufkollaps auftreten.

Dg: Schellong-Versuch mit Messung des Blutdrucks im Stehen. Man findet einen langsamen Blutdruckabfall bei gleichzeitiger Erhöhung der Herzfrequenz.

Th: Versuch, die Ursache zu beseitigen (Medikamente absetzen), Flüssigkeitszufuhr (Mineralwasser, Bouillon), körperliches Training, salzreiche Kost. Eine medikamentöse Therapie hilft meist nicht weiter.

Prgn: Gut.

Vasovagale Synkope, Ohnmacht, Vasodepressorsynkope, vasovagale Hypotonie

Ät: Die vasovagale Synkope stellt das fortgeschrittene Stadium der hypotonen Regulationsstörung dar.

Sy und Pathog: Gähnen, Schweißausbruch, Übelkeit, „Schwarzwerden vor den Augen“, Bewußtseinsverlust. Als Auslöser meist langes Stehen. Typisch sind Blässe, Tachykardieneigung und Kaltschweißigkeit. Im Liegen meist rasche Erholung.

Dg: Eine exakte Synkopenabklärung ist erforderlich (Tab. 23.**1**). Im einzelnen muß die vasovagale Synkope von der kardialen Synkope und vom Krampfanfall abgetrennt

Tabelle 23.1 Synkopenabklärung

Anamnese (Tab. 23.**2**)
EKG (Infarkt, Aneurysma?)
Schellong-Stehversuch
24-Stunden-EKG (maligne Rhythmusstörung?)
Ultraschall-Farb-Doppler-Untersuchung (Aortenstenose, Karotisstenose?)
ggf. elektrophysiologische Untersuchung (maligne Rhythmusstörung?)
ggf. Glucosetoleranztest – Hungertest (Insulinom?)
neurologische Untersuchung (Hirntumor?)
Plasmaelektrolyte (Morbus Addison?)

Tabelle 23.**2** Differentialdiagnose der Synkope (Anamnese und klinischer Befund)

	Vasovagale Synkope	Kardiale Synkope	Krampfanfall
Beginn	Gähnen, Schweißausbruch, Übelkeit, „Schwarz vor den Augen"	plötzlich, unvermutet	Aura, Halluzinationen
Auslöser	langes Stehen	keiner; bei Aortenstenose: Belastung	keiner
Klinik	Blässe, Tachykardie, Kaltschweißigkeit	Kaltschweißigkeit	Zyanose, Urinabgang, Zungenbiß, tonisch-klonische Krämpfe
Erholung	rasch	rasch oder Übergang in Krampfanfall (Herzstillstand) und Tod	langsam, Nachschlaf

werden. Dazu sind eine exakte Anamnese, ein Ruhe-EKG, ein 24-Stunden-EKG, eine Ultraschalluntersuchung sowie eine Farbdoppler-Untersuchung, gegebenenfalls eine elektrophysiologische Untersuchung sowie ein Glucosetoleranztest und eine neurologische Untersuchung erforderlich.

DD: Tab. 23.**2**.

Th: s. o. „hypotone Kreislaufregulationsstörung".

Hyperkinetisches Herzsyndrom

Vk und Sy: Tachykardie, Palpitationen, Herzgeräusch. Häufig wird der Patient zur Abklärung eines Herzgeräusches vorgestellt. Es handelt sich in der Regel um junge Patienten (Prüfungssituation).

Th: Körperliches Training. Eine medikamentöse Therapie ist nicht erforderlich.

Schock

Ät: Hämorrhagischer, hypovolämischer, septischer Schock (gramnegative bakteriell verursachte Endotoxinämie, grampositive Bakteriämie), kardiogener, anaphylaktischer, vasodilatatorischer Schock (Anästhetika, α-adrenerge Blocker, Barbituratvergiftung, schwerer Apoplex), akute Nebenniereninsuffizienz.

Pathog: Das Gemeinsame der verschiedenen Schockformen ist die fortgeschrittene Minderperfusion der Gewebe. Infolgedessen kommt es zu Sauerstoff- und Nährstoffmangel der Gewebe sowie zur Anhäufung von Stoffwechselendprodukten. Diese wiederum führen zu Zellmembranveränderungen, Stoffwechselstörungen und Zelltod.

Sy: In der Frühphase u. U. subtile Veränderungen: Tachykardie, verändertes Sensorium (z. B. Agitation), u. U. auffällig warme

Extremitäten (beginnende Sepsis). Vollbild: Tachykardie mit schwachen peripheren Pulsen; Hypotonie mit systolischen Blutdruckwerten unter 90 mmHg; Hyperventilation; kalte, zyanotische Haut, besonders über den Akren; verändertes Sensorium (Agitation, Benommenheit, u. U. Koma). Außerdem Hinweise auf die Grundkrankheit (z. B. retrosternale Schmerzen, kalter Schweiß und typische EKG-Veränderungen bei akutem Myokardinfarkt usw.).

Dg: Das Vorliegen des Schocksyndroms läßt sich aus den eben genannten Charakteristika des klinischen Bildes im Zusammenhang mit einer typischen Ätiologie (s. o.) diagnostizieren. Weiterhin trägt zur Diagnose bei: Nachweis einer Lactatazidose im Blut; falls methodisch möglich, Nachweis eines deutlich erniedrigten Sauerstoffgehaltes im Blut der Pulmonalarterien; Oligurie (< 20 ml/Std.) und niedrige Natriumkonzentration des Urins (< 20 mmol/l).

DD: Das Entscheidende ist, die spezifische Ätiologie des jeweils vorliegenden Schocksyndroms (s. o.) möglichst frühzeitig durch entsprechende Untersuchungen festzustellen.

Th: Es ist wichtig, das Schocksyndrom frühzeitig zu erkennen und die Behandlung sofort einzuleiten. Die Behandlung hat zwei Ziele: a) Behandlung der Ursache des Schocks, b) unterstützende Maßnahmen zur Korrektur der allgemeinen Schockfolgen.

- *Behandlung der Ursache des Schocks:* Die spezifischen Maßnahmen sind aus den o. g. Ätiologien direkt ableitbar. Besonderheiten: Bei Verdacht auf septischen Schock ist eine Kombination von bakteriziden Antibiotika indiziert (z. B. Aminoglykosid + Breitspektrumpenicillin + Clindamycin); bei manchen Formen des kardiogenen Schocks kann eine Nachlast- und Vorlastreduktion versucht werden (z. B. mit Nitroglyzerin, 15–100 µg/min i. v., bzw. Nitroprussid, 20–100 µg/min i. v.).
- *Unterstützende Maßnahmen zur Korrektur der allgemeinen Schockfolgen:* Volumengabe zur Beseitigung einer Hypovolämie (dabei zuerst Messung des zentralen Venendrucks; genauer ist die Messung des Lungenkapillardrucks. Die Behandlung der Hypovolämie gelingt am besten mit onkotisch wirksamen Substanzen wie Polyhydroxyäthylstärke, Dextran-Präparaten – vorzugsweise Dextran 60 und 75 –, Albumin-Infusionen oder Ringer-Lactat-Infusionslösung. Erfolgskriterien dieser Behandlung: Besserung des arteriellen Blutdrucks, Zunahme von Urinproduktion und Natriumgehalt des Urins, Rückgang der Lactatazidose, ohne daß es zu einer Verschlechterung der Lungenfunktion kommt). Behandlung der Hypoxie mit einer möglichst eng anliegenden Sauerstoffmaske, ggf. Intubation und Zufuhr von 50%igem Sauerstoff, u. U. unter Anwendung von positivem endexspiratorischem Druck), Azidosebehandlung (bei metabolischer Azidose und pH unter 7,1 Verabreichung von Natriumbicarbonat i. v. zur Anhebung des pH auf Werte über 7,1, Überkorrektur vermeiden). Viele Autoren empfehlen bei den meisten Formen des Schocks die frühzeitige Gabe von 30 mg/kg KG Methylprednisolon (Ausnahme: kardiogener Schock). Falls ein Plasmavolumenmangel ausgeschlossen ist, Hypotoniebehandlung mit Pressorsubstanzen (am besten belegt sind die Effekte von Dopamin, 5–10 µg/kg/min, z. B. als Cardiosteril; Dobutamin, 2,5–10 µg/kg/min, z. B. als Dobutrex; Noradrenalin, 4–40 µg/min, z. B. als Arterenol).

Prgn: Ist abhängig von der Ätiologie des Schocks (z. B. Mortalität über 66% bei kardiogenem Schock, unter 30% bei septischem Schock), vom Schockstadium, in welchem die volle Behandlung begonnen wird (z. B. Prognose schlecht im Spätstadium mit Lactatazidose, Schocklunge und Hypoxie, Verbrauchskoagulopathie und akuter tubulärer Nekrose), sowie vom Alter des Patienten.

24. Nephrologie (einschließlich Wasser- und Mineralhaushalt)

E. Ritz

Alport-Syndrom (familiäre idiopathische Hämaturie mit Schwerhörigkeit)

Sy und Dg: Dominant vererbte Nephropathie, mit neurogener Hörempfindungsstörung vergesellschaftet, gelegentlich Augenmißbildungen. Rezidivierende Makrohämaturie, zwischen den Episoden Mikrohämaturie. Terminale Niereninsuffizienz bei Männern häufiger und früher auftretend (30.–40. Lebensjahr). Charakteristische, diagnostisch beweisende elektronenmikroskopisch nachweisbare Veränderungen der glomerulären Basalmembran.

Th: nicht möglich. Eugenische Beratung wünschenswert.

Amyloidniere s. nephrotisches Syndrom

Analgetika-Nephropathie

Pathog und *Sy:* Bei langdauerndem Gebrauch von Phenacetin oder Paracetamol (Migränekranke, Rheumakranke) kann es, möglicherweise durch Hemmung der intrarenalen Prostaglandinbildung, zur ischämischen Koagulationsnekrose der Papillenspitze (Papillennekrose) kommen. Nach Einstellung des Analgetika-Gebrauchs häufig deutliche Funktionsbesserung. Ausfall von Nephronen mit Einschränkung des Glomerulusfiltrats führt schließlich zur Urämie.

Dg: In der Röntgenleeraufnahme nicht selten Papillenverkalkungen. Im IVP asymmetrische Schrumpfung der Niere, reduzierter Parenchymsaum über befallenen Papillen. Verplumpung des Nierenbeckens.

Th: Symptomatische Behandlung von begleitendem Harnwegsinfekt, Salzverlustsyndrom, Hypertonie und Urämie.

Berger-Nephritis (mesangiale IgA-GN)

Häufigste Glomerulonephritisform, gekennzeichnet durch rezidivierende Hämaturie, besonders bei respiratorischen Infekten (früher: intrainfektiöse GN), histologisch: fokale GN (früher: Herdnephritis); immunhistologisch: IgA-Ablagerung im Mesangium. In ca. 40% der Fälle Entwicklung einer Niereninsuffizienz.

Diabetische Nephropathie

Pathog: Im Rahmen der diabetischen Mikroangiopathie werden Veränderungen an Glomeruluskapillaren und Mesangium in diffuser oder nodöser Form gesehen (Kimmelstiel-Wilson-Syndrom). Erst nach langjähriger Diabetesdauer auftretend (>10 Jahre); ein Altersdiabetes kann jedoch klinisch jahrelang latent bleiben, so daß bei Stellung der Diagnose bereits eine Nephropathie vorhanden ist. Häufig allerdings nicht obligatorisch, besteht gleichzeitig eine diabetische Retinopathie.

Sy: zunächst Proteinurie, später Hypertonie und fortschreitende Einschränkung der Nierenfunktion mit bemerkenswerter Tendenz zur Ödembildung. Meist terminale Niereninsuffizienz 7–10 Jahre nach Auftreten der Proteinurie.

Dem Stadium der Proteinurie vorangehend Stadium der Mikroalbuminurie (Nachweis erhöhter Urinalbuminausscheidung mit speziellen Methoden); diese geht mit einem hohen Risiko der Entwicklung einer Nephropathie einher und sollte Anlaß zu intensivierter Stoffwechseleinstellung und antihypertensiver Therapie sein.

Prl: Durch intensivierte Stoffwechselkontrolle läßt sich Risiko und Geschwindigkeit des Auftretens einer Proteinurie deutlich vermindern. Liegt bereits eine Proteinurie vor, ist das weitere Fortschreiten der Nephropathie durch intensivierte Stoffwechseleinstellung nur noch wenig oder nicht mehr beeinflußbar („point of no return"), jedoch nachweislich durch sorgfältige Blutdrucknormalisierung zu verzögern.

Th: Bei diabetischer Nephropathie ist wegen der Blutdruckabhängigkeit der Nephropathie und Retinopathie eine besonders sorgfältige Blutdruckeinstellung unerläßlich. Auch Dialyse und Transplantation sind heute bei Diabetikern möglich. Wichtig ist die Therapie mikrovaskulärer Begleitkomplikationen (prophylaktische Lasertherapie der Retinopathie, prophylaktische Maßnahmen zur Verhinderung des neuropathischen Fußes).

Glomerulonephritis, akute (akutes nephritisches Syndrom)

Def: Abakterielle beidseitige symmetrische Entzündung der Nierenrinde mit primärem Befall der Glomeruli. Immunpathogenese: entweder durch organspezifische Antibasalmembranantikörper (Beispiel: Morbus Goodpasture) oder Immunkomplexe, die Immunglobuline und nicht organspezifische Antigene enthalten (Beispiel: Nephritis bei Lupus erythematodes). Der Mehrzahl der Glomerulonephritiden liegt eine Immunkomplex-Pathogenese zugrunde.

Ät: Ein akutes nephritisches Syndrom wird bei folgenden Erkrankungen beobachtet: peri- und postinfektiöse Glomerulonephritis (GN), speziell Poststreptokokken-GN, rasch progrediente GN (Synonym: extrakapilläre GN mit Halbmondbildung), akuter Schub einer chronischen GN (besonders bei membranoproliferativer GN), Systemkrankheiten (Schönlein-Henoch-Purpura, Lupus erythematodes, Wegener-Granulomatose, Goodpasture-Syndrom).

Pathog: Das akute nephritische Syndrom ist Ausdruck der akuten glomerulären Entzündung, deren Folgen glomeruläre Permeabilitätssteigerung (Proteinurie, Zylindrurie, Hämaturie, Leukozyturie) und tubuläre Natriumretention (Hochdruck und Ödementwicklung) darstellen.

Sy: Das klinische Bild umfaßt die Volhard-Trias (Makrohämaturie, Ödeme, Hypertonie). Die Patienten klagen oft über ein dumpfes Gefühl in der Lendengegend (Dehnung der Nierenkapsel), bemerken eine rotbraune Verfärbung des Urins (Makrohämaturie) sowie Ödeme, insbesondere Gesichtsödeme (welche bei nichtrenalen Erkrankungen praktisch nie auftreten!) und Prätibialödeme. Fast stets findet sich eine Hypertonie. Diese kann einerseits zur akuten Linksbelastung und zur linksventrikulären Insuffizienz mit Lungenödemen führen und andererseits hochdruckbedingte Hirnfunktionsstörungen („hypertensive Enzephalopathie") verursachen, d. h. Kopfschmerz, Bewußtseinstrübung bis Koma, Jackson-Anfälle, generalisierte Krampfanfälle sowie Hemiplegie, Hemianästhesie oder Amaurose. Im Fundus kann eine hochdruckbedingte Retinopathie beobachtet werden. Außer bei Systemkrankheiten (z. B. Lupus erythematodes, Periarteriitis nodosa) gehört Fieber nicht zum typischen Bild der akuten GN. Als Komplikation kann zusätzlich ein nephrotisches Syndrom auftreten (S. 1048). Besonders bei rasch progredienter GN mit extrakapillärer Halbmondbildung kommt es häufig zur Verschlechterung der Nierenfunktion und zum Anstieg der Serumkonzentration harnpflichtiger Substanzen.

Dg: Im Urin findet sich fast stets Eiweiß (unselektive glomeruläre Proteinurie) und ein pathologischer Sedimentsbefund (Erythrozyturie und Erythrozytenzylinder; letztere beweisen glomeruläre Blutung!; granulierte Zylinder sowie Leukozyten und Leukozytenzylinder). Die Urinosmolalität ist bei Krankheitsbeginn (wie bei einer vaskulär gedrosselten Niere) häufig hoch.
Sicherung des *Vorliegens* eines akuten nephritischen Syndroms durch typische *Befundkonstellation* (s. o.) und typische *Urinsymptomatik* (Proteinurie, Sedimentsbefund).
Zur Sicherung der speziellen *histologischen Verlaufsform* ist eine *Nierenbiopsie* angezeigt. Hierdurch können therapierbare Sonderformen der GN erkannt werden, insbesondere die rasch progrediente GN (extrakapilläre Halbmondbildung), bei der heute in Form von Immunsuppression und evtl. auch Plasmapherese wirksame Therapiemöglichkeiten bestehen. Nach Systemkrankheit, speziell Lupus erythematodes und Wegener-Granulomatose, muß durch serologische Untersuchungen gezielt gefahndet werden, da hier durch rechtzeitige immunsuppressive Therapie sehr gute Möglichkeiten bestehen. Die Nierenbiopsie sollte lichtoptisch und immunfluoreszenzmikroskopisch aufgearbeitet werden. Letzteres gestattet bei rasch progredienter GN die therapeutisch wichtige Unterscheidung zwischen rasch progredienter GN bei Antibasalmembranantikörpern (Goodpasture-Syndrom) und immunhistologisch negativen Formen der rasch progredienten GN (dem Formenkreis der Wegener-Granulomatose zugehörig).
Zusätzliche Untersuchungen zur Abklärung der Ätiologie: Bei Verdacht auf periinfektiöse GN Blutkulturen (z. B. Lentasepsis bei Endokarditis oder Staphylococcus-albus-Sepsis bei infiziertem Spitz-Holter-Ventil) sowie Nachweis immunologischer Reaktionen des Makroorganismus (bei Streptokokken: Antistreptolysin, Antihyaluronidase, Antistreptodornase; bei Verdacht auf Vorliegen anderer Erreger entsprechende gezielte Untersuchungen, z. B. Luesdiagnostik, Malarianachweis, Schistosomanachweis usw.). Nachweis der Aktivierung des Komplementsystems (Aktivierung des klassischen und/oder alter-

nativen Abbauweges z. B. bei Lupusnephritis und bei Poststreptokokken-GN; selektive Aktivierung des alternativen Abbauweges bei membranoproliferativer GN Typ II); Vorliegen eines Autoantikörpers C3NeF, eines die C3-Konvertase stabilisierenden Immunglobulins, bei membranoproliferativer GN; Nachweis zirkulierender Antibasalmembran-Antikörper (Goodpasture-Syndrom); ANF und Farr-Test zum Ausschluß eines Lupus erythematodes: ANCA (antineutrophilic cytoplasmic antibodies) zum Ausschluß von Wegener-Granulomatose, mikroskopischer Form der Polyarteriitis und idiopathischer (immunhistologisch negativer) Form der rasch progredienten GN; bei all diesen Formen sind ANCA positiv.

DD: Beim akuten nephritischen Syndrom ist die Differenzierung der einzelnen in Frage kommenden GN-Formen klinisch nicht sicher möglich und nur durch Nierenbiopsie zu sichern.

Bei rasch progredienter GN mit ausgeprägter extrakapillärer Halbmondbildung (mehr als 75% der Glomeruli mehr als 75% der Zirkumferenz Halbmonde aufweisend) ist die Prognose unbehandelt infaust. Durch rechtzeitige immunsuppressive Therapie ist eine wesentliche Verbesserung der Prognose erreichbar. Bei Vorliegen von Antibasalmembranantikörpern (Goodpasture-Syndrom) ist die renale Funktionsprognose nur dann zu verbessern, wenn keine Niereninsuffizienz (Serumkreatinin < 530 μmol/l = 6 mg/dl) vorliegt; da die Erkrankung selbstlimitiert ist und die Antibasalmembranantikörper spontan schwinden, ist bei urämischen Patienten eine spätere Behandlung mit Nierentransplantation möglich; deshalb sollten urämische Patienten, wenn nicht vital indiziert (z. B. durch Lungenblutung), dem Risiko der immunsuppressiven Therapie nicht unnötig ausgesetzt werden. Die Situation ist prinzipiell unterschiedlich bei Erkrankungen aus dem Formenkreis der Wegener-Granulomatose (klassische Form, mikroskopische Form der Polyarteriitis, idiopathische rasch progrediente GN), bei der auch bei oligurischen Patienten noch unter Immunsuppression eine Rückbildung der Niereninsuffizienz erreicht werden kann.

Th: Folgende Therapieziele können definiert werden:

Elimination des ätiologisch verantwortlichen Agens: Im Falle der periinfektiösen GN Elimination der Erreger durch geeignete antibiotische oder antiparasitäre Behandlung. Im Fall der Poststreptokokken-GN Antibiotikatherapie nicht zwingend indiziert, da Verlauf der GN nicht beeinflußt und der zugrundeliegende Infekt in der Regel bis zum Auftreten der GN bereits ausgeheilt. Wegen Auftreten von protektiven typenspezifischen Streptokokken-Antikörpern Penicillin-Dauerprophylaxe weder notwendig noch sinnvoll. Bei epidemischer Poststreptokokken-GN Penicillin-Prophylaxe der Kontaktpersonen für 10 Tage, z. B. Depot-Penicillin G, 1 Mill. IE/Tag i. m., bei Allergie z. B. Erythromycin oder Cephalosporine. Stellenwert der Fokussanierung (Tonsillektomie, Zahnsanierung usw.) umstritten, jedenfalls keineswegs im akuten Stadium durchzuführen.

Behandlung von Immunmechanismen und sekundären Schädigungsmechanismen (Gerinnungssystem, Komplementsystem):

Bei rasch progredienter GN ist die Methylprednisolon-Stoßtherapie (1000 mg i. v./Tag über 3 Tage) heute das Mittel der Wahl. Bei Systemkrankheiten (Lupus erythematodes, Wegener-Granulomatose, mikroskopische Form der Polyarteriitis) gilt heute die intermittierende Cyclophosphamidstoßtherapie (1000 mg Endoxan als Infusion unter Schutz mit Uromitexan zur Verhinderung der Blasentoxizität, in 3wöchigen Abständen zu wiederholen) als Mittel der Wahl. Über den Stellenwert der Plasmapherese ist gegenwärtig noch nicht abschließend Stellung zu nehmen.

Therapie der Folgen des nephritischen Syndroms (Hochdruck und Ödeme): Strenge Bettruhe sowie Hunger- und Durstkuren sind heute obsolet. Natriumarme Kost und Therapie mit Diuretika sind bei Auftreten von Hochdruck und Ödemen indiziert. Medikamentöse antihypertensive Therapie bei Auftreten von Hochdruck erforderlich. Bei komplizierendem nephrotischem Syndrom (S. 1048) eiweißreiche (1,2–1,5 g Eiweiß/kg/Tag) und natriumarme Ernährung. Bei rasch progredienter GN und akuter Niereninsuffizienz nach den üblichen Kriterien (S. 1051) Hämodialysebehandlung.

Prgn: Bei unkomplizierter postinfektiöser GN im Prinzip Ausheilung möglich, Prozentsatz schwankend (Schätzung zwischen 30 und 70%). Bei Poststreptokokken-GN im Rahmen von Epidemien in der Regel Totalheilung, bei sporadischen Einzelfällen Prognose schlechter. Prognostisch bedenklicher Hinweis auf Übergang in chronisches Stadium. Persistenz der Proteinurie und der Hypertonie für mehr als ein Jahr; längeres Persistie-

ren der Mikrohämaturie prognostisch weniger ungünstig.
Systemkrankheiten: Abhandlung bei entsprechenden Erkrankungen.

Glomerulonephritis, chronische

Def: Die Glomerulonephritis (GN) stellt eine abakterielle, beidseitig symmetrische Entzündung der Nierenrinde mit primärem Befall der Glomeruli dar. Zumindest für die Mehrzahl der GN ist ein immunpathogenetischer Mechanismus anzunehmen.

Pathog und Ät: Folgende Mechanismen müssen für die Pathogenese in Betracht gezogen werden:

- zirkulierende *Antikörper* gegen Antigene der glomerulären *Basalmembranen* (bei weniger als 5% aller Fälle von GN nachweisbar; klinisches Beispiel: Goodpasture-Syndrom);
- *Antikörper* gegen andere glomeruläre Strukturen wie z. B. Mesangium (nur in Einzelfällen als GN-Ursache gesichert);
- *Antikörper* gegen Fremdantigene, die an glomerulären Basalmembranen *fixiert* sind (Beispiel: einige medikamentös ausgelöste Nephritiden, experimentelle [und humane?] Lupusnephritis);
- glomeruläre Ablagerungen *zirkulierender Immunkomplexe,* die *endogene* Antigene (DNA bei Lupusnephritis, Immunglobuline bei Kryoglobulinämie, tumorassoziierte Antigene bei paraneoplastischer GN) oder *exogene Antigene* enthalten, d. h. *bakterielle* Antigene (nephritogene β-hämolytische Streptokokken, α-hämolytische Streptokokken bei Löhlein-GN, Staphylococcus albus bei „Shunt-Nephritis" infolge infiziertem Spitz-Holter-Shunt; Treponema pallidum bei GN infolge Lues II), *Virusantigene* (HBsAg, Zytomegalievirus, EBV), *parasitäre Antigene* (Plasmodium malariae, Schistosoma) oder *unbelebte Antigene* (Fremdserum bei Serumnephritis, Medikamente wie Penicillamin, Gold, Quecksilber, Wismut, Paradion, Tolbutamid oder Heroin[-Begleitstoffe]);
- *nichtimmunologisch* (?) bedingte *Aktivierung des Komplementsystems* (evtl. bei einigen Formen der membranoproliferativen GN).

Bei der großen Mehrzahl der GN bleibt das auslösende Antigen und damit die Ätiologie bislang völlig unbekannt. Prädisponierend für das Auftreten von GN sind subtile Immundefekte des Makroorganismus. Zur GN prädisponieren daher hereditäre Immundefekte wie kongenitaler Komplementfaktorenmangel usw.
Wenn ein Antigen eliminiert werden kann (z. B. periinfektiöse GN), ist die GN rückbildungsfähig; bei den meisten Formen der „idiopathischen" GN jedoch keine Rückbildungsfähigkeit und meist Fortschreiten in Niereninsuffizienz.

Histologische Einteilung: Die histologische Differenzierung der GN (intravitale Biopsie) hat in der Klinik große Bedeutung erlangt, erlaubt jedoch keine Rückschlüsse auf die Ätiologie.

Klassifizierungsprinzipien:

- diffuse GN (alle Glomeruli befallen) gegenüber fokaler GN (nur einzelne Glomeruli befallen) oder segmentaler GN (nur einzelne Kapillarschlingen eines Glomerulus befallen);
- GN mit Beteiligung der Bowman-Kapsel (extrakapilläre GN mit Halbmondbildung) oder ohne Beteiligung der Bowman-Kapsel (intrakapilläre GN);
- Art des Befalls des Schlingenkonvoluts:
  nekrotisierend (z. B. Goodpasture-Syndrom), exsudativ (z. B. akute Poststreptokokken-GN),
  proliferativ (z. B. mesangioproliferative GN),
  perimembranös (z. B. nach Medikamentenallergie oder paraneoplastisch),
  „minimal change" (z. B. bei „Lipoidnephrose")

Zur histologischen Einteilung s. auch S. 1048f.

Sy: Es gibt kein einheitliches klinisches Erscheinungsbild der GN. Sie kann klinisch symptomlos verlaufen (sog. Latenzstadium mit einfacher Proteinurie und/oder Hämaturie und/oder Hypertonie) oder sich manifestieren als nephrotisches Syndrom (S. 1048), als akutes nephritisches Syndrom (S. 1037), letzteres meist episodisch oder schließlich als renale Hypertonie vom renoparenchymatösen Typ. Alle Formen können übergehen in die chronische Niereninsuffizienz (S. 1053). Klinisch wichtige Hinweise für die GN sind der Sedimentbefund (Erythrozytenzylinder, granulierte Zylinder, Mikrohämaturie, Leukozyturie, bei florider glomerulärer Entzündung sog. „Teleskopsediment"), Auftreten von Gesichtsödem (nichtrenale Ödeme bei Herzinsuffizienz, Leberzirrhose usw. gehen nie mit Gesichtsödemen einher!) und ggf. der Befund der symmetrischen Schrumpfung der

Nieren (bei sog. „Pyelonephritis" Nierenschrumpfung meist asymmetrisch mit narbiger Einziehung der Nierenoberfläche). In der DD kommen alle auf S. 1039 aufgelisteten Nierenerkrankungen in Frage.

Dg: Immunfluoreszenzmikroskopie eines Nierenbiopsiepräparats (lineare Ablagerungen von Immunglobulinen und Komplement bei Basalmembranantikörpern, granuläre Depots bei Immunkomplexnephritis), Nachweis zirkulierender Immunkomplexe (C1q-Bindungsassay, Kryoglobulinnachweis, Rheumafaktortest usw.), Nachweis der In-vivo-Komplement-Aktivierung (Erniedrigung von C3, Erniedrigung der Faktoren des klassischen und alternativen Aktivierungsweges; Nachweis von C3NeF, eines die C3-Konvertase des alternativen Abbauweges stabilisierenden Autoantikörpers bei membranoproliferativer GN).
Im Blut Nachweis von Antigenen (HBsAg, Malaria, α-hämolytische Streptokokken, Staphylococcus albus) oder Immunreaktionen gegen Infektionen (β-hämolytische Streptokokken; Lues II usw.) bei peri- oder parainfektiöser GN.

Th: Außer bei periinfektiöser GN mit bekannten Erregern (s. o.) ist eine ätiologische Therapie nicht möglich. Die Therapie beschränkt sich daher auf die Behandlung der GN-Folgen: Hypertonie, ggf. nephrotisches Syndrom. Eine Langzeitprophylaxe mit Penicillin, wie sie früher häufig geübt wurde, ist heute obsolet. Die immunsuppressive Therapie hat, mit Ausnahme der rapid progredienten GN (S. 1037), keine überzeugenden Therapieerfolge erbracht. Die Hypertonie stellt zweifelsohne eine Teilursache für die Progredienz der Niereninsuffizienz bei GN dar und bedarf daher besonders sorgfältiger Behandlung. Eine generelle diätetische Restriktion von Kochsalz ist abzulehnen; die Indikation zur Natriumbeschränkung ist nur gegeben bei Vorliegen ausgeprägter Ödeme oder Hypertonie. Die Indikation zur diätetischen Eiweißbeschränkung ist gegenwärtig unklar; sie ist auf jeden Fall angezeigt bei Nierenfunktionseinschränkung (S. 1053).

Goodpasture-Syndrom

Pathog und Sy: Rasch progrediente Glomerulonephritis, bedingt durch Auftreten von Antibasalmembranantikörpern (immunfluoreszenzmikroskopisch: lineare Ablagerung in Glomeruli und Lungenkapillaren). Bei inhalativer Lungenschädigung (Raucher, Inhalation von Benzindämpfen) gleichzeitig Hämoptysen.

Th: Steroide und Plasmapherese.

Hämolytisch-urämisches Syndrom

Pathog, Sy und Dg: Akut auftretende Episoden von intravasaler Hämolyse, Thrombozytopenie, akuter Niereninsuffizienz, meist (allerdings nicht obligatorisch) ausgeprägter Hypertonie und zentralnervöser Symptomatik. Dem Syndrom liegen Gerinnungsvorgänge in der Endstrombahn zugrunde (Arteriolen und Glomeruli der Niere, extrarenale Gefäßbezirke), deren Ursache unbekannt ist. Tritt am häufigsten im Kindesalter auf; beim Erwachsenen prädisponieren hormonale Antikonzeptiva sowie Schwangerschaft und Wochenbett. Prodromalstadium mit gastrointestinalen Beschwerden oder respiratorischem Infekt, dann perakutes Auftreten von Anämie, hämorrhagischer Diathese, Koma, Krampfanfällen, Hemiparesen und Niereninsuffizienz. Zeichen der mikroangiopathischen hämolytischen Anämie. Nach der akuten Episode persistiert oft eine kompensierte Retention und Hypertonie. Auch Rezidive sind möglich. Häufig Verotoxin produzierende Escherichia-coli-Bakterien nachweisbar.

Th: Medikamentöse Blutdrucksenkung, bei Niereninsuffizienz Hämodialyse, bei ausgeprägter Anämie Bluttransfusion (Hämolysegefahr!) und ggf. Plättchentransfusionen, Plasmapherese und Substitution mit frisch gefrorenem Plasma (FFP). Therapieergebnisse mit Heparin, Plättchenhemmern oder Fibrinolyse bislang nicht voll überzeugend.

Harnwegsinfekt

Ableitende Harnwege oberhalb des Sphincter internus normalerweise steril. Bei 1,5% aller Mädchen im Schulalter und 4–8% aller Frauen im geschlechtsreifen Alter *asymptomatische Bakteriurie* (signifikante Bakteriurie: $>10^5$ Keime/ml Urin im Mittelstrahlharn bei dreimaliger Untersuchung). Erregerreservoir: Kolonflora, Erreger: meist Escherichia coli, Infektionsmodus: aszendierend. Beim Manne asymptomatische Bakteriurie selten.
Symptomatische Harnwegsinfekte treten in zwei Formen auf: akuter unterer Harnwegsinfekt und akuter oberer Harnwegsinfekt. Chronische symptomatische Harnwegsinfekte werden nur bei Harntransportstörungen (Stein, Striktur, neurogene Blase) beobachtet.

Hyperkaliämie

Def: Einer Hyperkaliämie kann prinzipiell entweder eine Störung der Kaliumverteilung zwischen Intra- und Extrazellulärraum oder eine positive Kaliumbilanz zugrunde liegen. Bei den klinisch bedeutsamen Formen der Hyperkaliämie besteht praktisch immer, zumindest als wesentliche Teilursache, eine Störung der Kaliumverteilung.

Ät und Pathog: Die Ursachen der Hyperkaliämie sind in Tab. 24.**1** aufgelistet.
Die Serumkaliumkonzentration ist für das Ruhe-Membranpotential entscheidend. Die klinischen Folgen der Hyperkaliämie sind auf die Depolarisation elektrisch erregbarer Organe (Herzmuskulatur, Skelettmuskulatur) zurückzuführen.

Sy: Die klinischen Symptome sind uncharakteristisch: Adynamie, Muskelparesen. Vital bedrohend ist die Hyperkaliämie wegen des häufig ohne prämonitorische Zeichen auftretenden Kammerflimmerns.

Dg: Serumkaliumbestimmung. Typische EKG-Veränderungen (Kirchturm-T, d. h. zeltförmige Überhöhung der T-Welle bei normaler Dauer der T-Welle; Verformung und Verbreiterung des Kammerkomplexes bis Schenkelblockbild; ventrikuläre Extrasystolen; Kammerflimmern).
Bei hohem Serumkalium ohne entsprechende EKG-Veränderungen ist an eine Pseudohyperkaliämie zu denken. Hierbei sind die Kaliumspiegel im Plasma des Patienten normal; im Serum des Patienten sind sie jedoch durch Austritt von Kalium aus Blutzellen während des Gerinnungsvorganges erhöht (z. B. bei Thrombozythämie, Leukämie).

Th: Sofortmaßnahme: Calciumgluconat i. v. (10 ml 10%ige Lösung), isotone Natriumbicarbonatlösung, 20%ige oder 40%ige Glukoselösung mit 1IE Altinsulin/2 g Glucose i. v. Behandlung der Wahl bei oligurischen Patienten: Dialyse.

Hypernatriämie

Def: Einer Hypernatriämie liegt ein absoluter oder relativer Wassermangel zugrunde. Da Natrium das quantitativ wichtigste Ion der Extrazellulärflüssigkeit darstellt, ist bei Hypernatriämie die Osmolalität der Extrazellulärflüssigkeit gesteigert.

Ät: Die Ursachen der Hypernatriämie sind in Tab. 24.**2** aufgelistet. Dem Wassermangel bei Hypernatriämie können inadäquate Wasseraufnahme, gesteigerte renale Wasserausscheidung oder gesteigerte extrarenale Wasserverluste zugrunde liegen.

Pathog und Sy: Die Symptome der Hypernatriämie sind Folge erhöhter Serumosmolalität. Das Auftreten dieser Symptome ist abhängig von der Geschwindigkeit der Entwicklung der Hypernatriämie. Bei langsamer Entwicklung adaptiert sich die Osmolalität des Gehirns an die des Extrazellulärraumes, so daß der Patient klinisch unauffällig bleiben kann. Bei rascher Entwicklung kommt es zu osmotischem Wasserentzug aus dem Gehirn und zentralnervösen Ausfällen (Bewußtseinstrübung bis Koma, wegen Schrumpfung des Gehirns subdurale und intrazerebrale

Tabelle 24.**1** Ursachen der Hyperkaliämie

1. *Störungen der Kaliumverteilung*
   a) Fehlen der Mineralocorticoidwirkung
      – Morbus Addison
      – hyporeninämischer Hypoaldosteronismus (Schambelan-Syndrom)
      – Einnahme von Aldosteronantagonisten (Spironolactone)
   b) Azidose
      – ketoazidotisches diabetisches Koma
      – urämische Azidose
      – Lactatazidose
   c) Gestörte Natriumpumpe (Na-, K-ATPase): Digitalisintoxikation
2. *Störungen der Kaliumbilanz*
   a) Oligurie bzw. Anurie
   b) gestörte renale Kaliumexkretion (Diuretika vom Typ der Aldosteronantagonisten oder der kaliumsparenden Diuretika, wie Triamteren, Amilorid)

Tabelle 24.2 Ursachen der Hypernatriämie (Wassermangel)

1. Exzessive diätetische Natriumzufuhr (nur bei Kleinkindern beobachtet) oder Infusion konzentrierter Natriumbicarbonat-Lösungen bei der Azidosebehandlung (Reanimation)
2. Inadäquate Wasseraufnahme
   a) Beeinträchtigung des Durstmechanismus
   b) selektiver Verlust des Durstmechanismus oder Fehleinstellung („resetting") der Osmorezeptoren (z. B. bei Hypothalamustumoren)
   c) bewußtseinsgetrübte Patienten
   d) Beeinträchtigung der gastrointestinalen Wasserzufuhr (z. B. Ösophaguskarzinom)
3. Gesteigerte Wasserverluste im Urin durch Störung der Harnkonzentrierung (nur zur Hypernatriämie führend, wenn gleichzeitig Wasserzufuhr beeinträchtigt)
   a) Erniedrigung zirkulierender Serum-ADH-Spiegel (Diabetes insipidus centralis)
   b) Beeinträchtigung der Wirkung von ADH an der Niere (ADH-Resistenz)
   c) hereditäre ADH-Resistenz (rezessiv geschlechtsgebunden vererbter Diabetes insipidus renalis)
   d) erworbene ADH-Resistenz
      – Hypokaliämie
      – Hyperkalzämie
      – interstitielle Nephritis (z. B. Morbus Sjögren)
      – Zustand nach Behebung einer Obstruktion der ableitenden Harnwege
      – Reparationsphase des akuten Nierenversagens
      – osmotische Diurese (Diabetes mellitus, Sonderernährung mit solutareicher Sondenkost bei inadäquater Wasserzufuhr, Niereninsuffizienz)
4. Gesteigerte extrarenale Wasserverluste (nur zur Hypernatriämie führend, wenn gleichzeitig Wasserzufuhr beeinträchtigt)
   a) infolge erhöhter Perspiratio sensibilis und insensibilis bei Hyperthermie
   b) infolge vermehrter Wasserabgabe durch verbrennungsgeschädigte Haut

Blutungen infolge Venenruptur); gelegentlich tritt Durstfieber auf.

Hypernephrom

Vk: Häufigster Nierentumor des Erwachsenenalters. Bei Männern doppelt so häufig wie bei Frauen, Altersgipfel 40–75 Jahre.

Sy: Klassische Trias: palpabler Tumor. Makrohämaturie und Anämie erst im Spätstadium. Heute häufig Zufallsentdeckung mit bildgebenden Verfahren (Sonographie) bei völliger Beschwerdefreiheit. Frühsymptome: schmerzlose (oder bei Koagelbildung mit Koliken verlaufende) Hämaturie, Schmerzen und anhaltendes Druckgefühl im Nierenlager, akute Varikozele links. Häufig (auch bei fehlender Metastasierung) Fernsymptome: Fieber, pathologische Leberwerte (γ-GT, Bromsulphthalein, Quick-Test; Stauffersyndrom), Hypertonie, Polyzythämie, Hyperkalzämie, Amyloidose, Fernmetastasen: meist Knochen, Lunge und Leber.

Dg: Sonogramm, Computertomographie. Präoperative Angiographie und Kavographie (häufig Kavaeinbrüche).

Th: Nephrektomie (ggf. Tumorembolisation). Wert der Nachbestrahlung, der Progesteronbehandlung und der Chemotherapie umstritten. Nach Beseitigung des Primärherdes in Einzelfällen Rückbildung von Lungenmetastasen beobachtet.

Hyperparathyreoidismus (renaler sekundärer [rsHPT])

Ät und Pathog: Bei Nierenfunktionseinschränkung kommt es früh zur Beeinträchtigung der renalen Bildung des aktiven (in seiner Wirkungsweise einem Steroidhormon entsprechenden) Vitamin-D-Metaboliten 1,25-$(OH)_2$-D_3. Im normalen Organismus

wird die renale Produktion von 1,25-$(OH)_2$-D_3 aus der Vorläufersubstanz 25-(OH)-D_3 durch die 1α-Hydroxylase exakt an den Calciumbedarf des Organismus angepaßt. Dies erfolgt in erster Linie über Parathormon (PTH). PTH stimuliert die Synthese von 1,25-$(OH)_2$-D_3. Umgekehrt supprimiert 1,25-$(OH)_2$-D_3 die PTH-Sekretion durch die Parathyreoidea (d. h., bei gegebener Höhe des ionisierten Serumcalciums gibt die Parathyreoidea weniger PTH ab); es vermindert die Synthese von PTH (d. h., die mRNA für präpro-PTH wird vermindert), und es hemmt die Parathyreoideazellproliferation (d. h., die Entwicklung einer Parathyreoideahyperplasie wird unterdrückt). Umgekehrt führt der Ausfall von 1,25-$(OH)_2$-D_3 zu PTH-Freigabe und vermehrter PTH-Synthese und Parathyreoideahyperplasie.
Bei früher Niereninsuffizienz können 1,25-$(OH)_2$-D_3-Spiegel im Normbreich nur dadurch aufrechterhalten werden, daß die PTH-Spiegel ansteigen. In fortgeschrittenen Stadien der Niereninsuffizienz, etwa bei Reduktion der glomerulären Filtrationsrate auf ⅓, wird zusätzlich eine Hypokalzämie beobachtet, die ihrerseits eine zusätzliche Stimulation der Parathyreoidea bewirkt.
Als Ergebnis der Parathyreoideaaktivierung wird eine diffuse Hyperplasie aller vier Epithelkörperchen beobachtet. Die erhöhten PTH-Spiegel steigern die Skelettresorption und führen zu einer Ostitis fibrosa (Fibroosteoklasie). Gelegentlich, aber keineswegs obligatorisch wird im Skelett zusätzlich eine Osteomalazie beobachtet, speziell bei Vitamin-D-Mangel und bei Aluminiumintoxikationen (als Folge der oralen Gabe aluminiumhaltiger Phospatbinder).

Sy: Patienten mit renaler Osteopathie leiden unter Knochenschmerzen (diffus oder lokalisiert). Frakturneigung besonders der Schenkelhälse, Zusammensinterung der Wirbelkörper mit Entwicklung eines Rundrükkens. Bei Osteomalazie sind ausgeprägte Knochenschmerzen, Skelettdeformitäten (Glockenthorax) und das Auftreten von symmetrischen Looser-Umbauzonen typisch. Bei starker Hyperphosphatämie werden zusätzlich extraossale Verkalkungen der Bursae, periartikulär und viszeral (Herz, Lunge) beobachtet. Trotz starker Hypokalzämie kommt es als Folge der renalen Azidose praktisch nie zur Tetanie.

Dg und DD: Bei jedem Patienten mit präterminaler Niereninsuffizienz sollte eine regelmäßige Kontrolle erfolgen, um beginnende Störungen des Calcium-Phosphat-Stoffwechsels zu erkennen und durch rechtzeitige Prävention zu verhindern: Serumcalcium, -phosphat, alkalische Phosphatase, evtl. Gesamteiweiß, PTH (nur Assay für intaktes Hormon, da andere Meßsysteme durch Kumulation nierengängiger Polypeptidfragmente verfälscht werden), 25-(OH)-D_3-Spiegel, ggf. Osteocalcin und 1,25-$(OH)_2$-D_3. Im jährlichen Abstand empfiehlt sich eine Röntgenaufnahme der Hände dorsovolar, da sich hier ein Hyperparathyreoidismus besonders früh zeigt. Bei diagnostischen Unklarheiten erlaubt die histologische Untersuchung der Beckenkammbiopsie eine exakte Beurteilung der Osteopathie und Abgrenzung gegenüber Aluminiumintoxikation, metastatischem Karzinom, Myelom usw.
Bei Knochenschmerzen sind differentialdiagnostisch stets Aluminiumintoxikation und für die Dialyse typische β_2-Mikroglobulin-Amyloidose auszuschließen.

Th und Prl: Zur Prophylaxe ist es notwendig, 1. die Serumcalcium- und Serumphosphatspiegel im Normbereich zu halten und 2. zum Ausgleich der verminderten endokrinen Funktion der Niere 1,25-$(OH)_2$-D_3 zu substituieren. Mittel der Wahl zur Korrektur von Hypokalzämie und Hyperphosphatämie stellt die Gabe von Calciumcarbonat dar, (3mal 1–3 g, mit den Mahlzeiten eingenommen zur Verhinderung der intestinalen Phosphatabsorption und Positivierung der Calciumbilanz). Die wichtigste Nebenwirkung ist die Hyperkalzämie. Nur bei therapeutisch sonst nicht beherrschbaren Fällen ist heute noch die p. o. Gabe von aluminiumhaltigen Phosphatbindern akzeptabel. Dies erfordert jedoch die halbjährliche Kontrolle des Serumaluminiumspiegels, um eine Aluminiumintoxikation rechtzeitig zu erkennen. Der Verminderung der diätetischen Phosphatzufuhr sind wegen der Gefahr der Malnutrition enge Grenzen gesetzt; empfehlenswert ist allerdings die Reduktion der Zufuhr von Milch und Milchprodukten wegen ihres hohen Phosphatgehaltes. Bei stärkerer Erhöhung der PTH-Spiegel ist eine Prophylaxe mit 1,25-$(OH)_2$-D_3 angezeigt. Für die prophylaktische Gabe ist eine Dosierung von 0,25 μg/Tag empfehlenswert. Notwendig sind dabei regelmäßige Verlaufskontrollen von Serumcalcium und Urincalcium sowie Nierensonographie (zur Erkennung einer Nephrokalzinose). Bei bestehender Ostitis fibrosa sind höhere Dosen (0,5/1,5 μg/Tag) notwendig. Bei Dialysepatienten ist bei Hyperkalzämie unter Therapie mit Calciumcarbonat bzw. 1,25-$(OH)_2$-D_3 ggf. eine Reduktion der Dialysatcalciumkonzentration notwendig. Bei Verdacht auf Aluminiumintoxikation ist die Mobilisierung von Aluminium aus dem Skelett durch den Chelatbildner Deferoxamin (DFO) angezeigt (Dosierung: etwa 1mal 1 g/Woche am Ende der Dialyse als Kurzinfusion).

Hyperkalzämischer Hyperparathyreoidismus: Bei extremer Parathyreoideahyperplasie wird die PTH-Sekretion trotz Hyperkalzämie (die normalerweise die PTH-Sekretion hemmen müßte) extrem stimuliert. Wegen der Hyperkalzämie ist dann die Gabe von 1,25-$(OH)_2$-D_3 kontraindiziert. Falls andere Ursachen der Hyperkalzämie ausgeschlossen sind und durch bildgebende Verfahren eine ausgeprägte Hyperplasie der Parathyreoidea gesichert ist, ist das Verfahren der Wahl eine subtotale Parathyreoidektomie. Anschließend ist in der Regel eine Substitutionsbehandlung mit 1,25-$(OH)_2$-D_3 notwendig. Bei extremer Ostitis fibrosa (hohe alkalische Phosphatase) kann postoperativ eine Rekalzifizierungstetanie eintreten.

Hypertonie, maligne

Pathog und Sy: Bei starker Blutdruckerhöhung kann es zu generalisierten, druckbedingten fibrinoiden Nekrosen der Arteriolen kommen. Klinische Ausfälle werden vorzugsweise in drei Gefäßprovenienzen beobachtet: Niere, Retina, Hirn. Die klinischen Zeichen sind rasch fortschreitende Azotämie mit Proteinurie und Mikrohämaturie, Retinopathie (Hochdruckstadien III und IV, d. h. Cottonwool-Exsudate, Blutungen, Sternspritzerfigur und Papillenschwellung) sowie zentralnervöse Symptome (Kopfschmerzen, Amaurose, fokale oder generalisierte Krampfanfälle, Koma). Durch Gerinnungsvorgänge in der Endstrombahn Auslösung einer mikroangiopathischen hämolytischen Anämie (Erhöhung der LDH; Schizozyten, d. h. fragmentierte Erythrozyten; Fibrinspaltprodukte). Kann als Komplikation im Prinzip bei jeder Hypertonieform auftreten, wird jedoch klinisch am häufigsten im Gefolge einer renovaskulären oder renoparenchymatösen Hypertonie beobachtet.

Th und Prgn: Die Prognose war früher, d. h. ohne antihypertensive Behandlung, extrem schlecht (100% der Patienten starben innerhalb von 2 Jahren an zerebraler Massenblutung, Urämie, Herzinsuffizienz oder Myokardinfarkt). Heute ist bei adäquater antihypertensiver Therapie die Prognose wesentlich besser. Bei Blutdrucknormalisierung heilen die Arteriolonekrosen vollständig aus.

Hypokaliämie

Ät: Abweichungen der Serumkaliumkonzentration können prinzipiell durch Störungen der Kaliumbilanz (renale oder extrarenale Kaliumverluste) oder Störungen der Kaliumverteilung (zwischen Extra- und Intrazellulärraum) auftreten.
Die wichtigsten Ursachen der Hypokaliämie sind in Tab. 24.**3** aufgelistet.

Pathog, Sy und Dg: Die Serumkaliumkonzentration ist für die Höhe des Ruhemembranpotentials entscheidend. Die klinischen Folgen der Hypokaliämie sind daher in erster Linie auf Hyperpolarisation der Zellmembran elektrisch erregbarer Organe (Herzmuskel, Skelettmuskulatur) zurückzuführen (Herzrhythmusstörungen, Digitalisüberempfindlichkeit, typische EGK-Veränderungen [Abflachung der T-Welle, Senkung der ST-Strecke, TU-Verschmelzungswelle], Adynamie, Lähmungen, Obstipation). Daneben werden Nierenfunktionsstörungen gesehen: eingeschränkte Konzentrationsfähigkeit, Nykturie, Polyurie, Polydipsie.

Th: Die Therapie der Hypokaliämie besteht primär in der p. o. und nur in Notfallsituationen oder falls der Patient oral nicht belastbar ist, in der i. v. Zufuhr von Kaliumchlorid. Bei i. v. Kaliumzufuhr maximal 20 mmol/Stunde, ansonsten Gefahr der Hyperkaliämie mit Asystolie! Bei oraler Gabe von dragiertem Kaliumchlorid Gefahr der Dünndarmulzeration! Bei leichter Hypokaliämie genügt in der Regel eine kaliumreiche Ernährung.
Eventuell bestehende Ursachen eines renalen Kaliumverlustes sind zu beseitigen (Absetzen von Diuretika, Korrektur einer bestehenden Alkalose, Gabe von Spironolacton oder kaliumsparenden Diuretika bei primärem oder sekundärem Hyperaldosteronismus).

Hyponatriämie

Ät und Pathog: Das Vorliegen einer Hyponatriämie bedeutet, daß für den gegebenen Natriumbestand des Körpers im Extrazellulärraum zu viel Wasser vorhanden ist. Natrium ist das quantitativ wichtigste Ion im Extrazellulärraum. Abgesehen von den Fällen, bei welchen der Wasserüberschuß im Extrazellulärraum auf osmotischen Übertritt von Wasser aus dem Intrazellulärraum zu-

Tabelle 24.**3** Ursachen der Hypokaliämie

I. Störungen der Kaliumverteilung

1. Parenterale Ernährung ohne Kaliumzufuhr
   Reparationsphase des Coma diabeticum (s. Kap. Stoffwechsel, hierbei gleichzeitiges Kaliumdefizit!)
   Alkalose

II. Störungen der Kaliumbilanz

1. Renale Kaliumverluste
   a) mit Hochdruck
      - Morbus Conn
      - Morbus Cushing
      - Carbenoxolontherapie
      - Lakritzenabusus
   b) ohne Hochdruck, sekundärer Hyperaldosteronismus
      - (Leberzirrhose)
      - Diuretikaeinnahme
      - wegen Natriummangel persistierende Alkalose (Erbrechen)
      - hochdosierte Penicillintherapie
2. Extrarenale Kaliumverluste
   a) kombiniert mit metabolischer Alkalose
      - Erbrechen
      - Verluste durch Magen- oder Duodenalsonde
   b) kombiniert mit metabolischer Azidose: Enterostomie, Darmfistel
   c) Verner-Morrison-Syndrom
   d) Kolonpapillom
   e) chronische Diarrhö
   f) akute Diarrhö (z. B. Cholera)
   g) Laxantienabusus

rückzuführen ist (Beispiele: Hyperglykämie, Gabe von Osmodiuretika; Tab. 24.**4**), muß daher die Hyponatriämie mit einer Erniedrigung der Osmolalität im Extrazellulärraum *und* Intrazellulärraum einhergehen.
Die *Natriumkonzentration* im Serum gestattet keine Rückschlüsse auf den *Natriumbestand* des Organismus. Bei Hyponatriämie kann der Natriumbestand des Extrazellulärraums erhöht sein (Beispiel: terminale Herzinsuffizienz, terminale Leberzirrhose, exzessive Wasserzufuhr bei Niereninsuffizienz), normal bleiben oder vermindert sein (Beispiel: forcierter Diuretikagebrauch, extrarenale Natriumverluste durch Schwitzen).

Ät: Die möglichen Ursachen einer Hyponatriämie sind in Tab. 24.**4** aufgelistet.
Eine Pseudohyponatriämie tritt dann auf, wenn der Eiweiß- oder Lipidgehalt im Serum erhöht ist. Da die Natriumkonzentration pro Liter Serum (mmol/l) angegeben wird, resultieren dann artifiziell niedrige Serumnatriumspiegel, obwohl die Natriumkonzentration (genauer: Natriumaktivität) im Extrazellulärwasser unverändert ist (mmol/l H_2O).

Sy: Die klinischen Symptome der Hyponatriämie (Wasserintoxikation) sind die Symptome der Hyposmolalität. Der gesteigerte Wassergehalt der Muskulatur führt zu Wadenkrämpfen („firemen's cramps"); reduzierte Osmolalität im Hirn führt zum Anstieg des Hirndrucks: Kopfschmerzen, Papillenödem, Bewußtseinstrübung, fokale oder generalisierte Krampfanfälle. Da das Hirn sich an Osmolalitätsänderungen adaptieren kann, ist die Ausprägung der Symptome abhängig von der Geschwindigkeit, mit der sich die Hyponatriämie entwickelt.
Falls bei Hyponatriämie auch der Natriumbestand des Extrazellulärraumes vermindert ist, bestehen gleichzeitig Zeichen des Volumenmangels (Hypotonie mit orthostatischer Hypotension, Minderperfusion der Nieren mit Anstieg der Serumkonzentration harnpflich-

Tabelle 24.4 Ursachen der Hyponatriämie

1. Artifiziell niedrige Natriumspiegel (Hyperlipidämie, Hyperproteinämie)	keine Änderung der Serumosmolalität
2. Osmotisch bedingter Austritt von Wasser aus dem Intrazellulärraum (Hyperglykämie, Gabe von Osmodiuretika)	Hyperosmolalität
3. Exzessive Wasserzufuhr (psychogene Polydipsie, inadäquate Infusionstherapie	Hypoosmolalität
4. Gestörte renale Wasserausscheidungsfähigkeit a) Zur Serumosmolalität inadäquate ADH-Spiegel – exogene ADH-Zufuhr – verminderte effektive Füllung des arteriellen Gefäßbettes (Hämorrhagie, terminale Herzinsuffizienz, terminale Leberzirrhose) – Syndrom der „inadäquaten ADH-Sekretion" (Bronchialkarzinom, Lungenerkrankungen wie Tbc oder Pneumonie) – ZNS-Erkrankungen wie Enzephalitis, Meningitis, Tumoren, Porphyrie b) Störungen der renalen Ausscheidung osmotisch freien Wassers – gesteigerte ADH-Wirkung (z. B. Einnahme von Lithium bei psychiatrischen Patienten) – Morbus Addison, Hypothyreose – chronische Niereninsuffizienz	Hypoosmolalität

tiger Substanzen). Beispiel: Forcierter Diuretikagebrauch, Morbus Addison.

Th: Die wichtigste Maßnahme ist die Therapie der Grundkrankheit. Bei akuten Notfällen (ZNS-Komplikationen wie Krampfanfälle und Koma) muß langsam hypertonische Kochsalzlösung unter Beachtung des Füllungszustandes des zentralen Niederdrucksystems und des Sensoriums infundiert werden. Bei Fällen ohne ZNS-Symptomatik genügt die Restriktion der Wasserzufuhr (Wassergehalt von Nahrung und Infusionslösungen beachten).

Lupusnephritis

Sy und Prgn: Im Rahmen des LE häufig Nierenmitbeteiligung durch Glomerulonephritis. Nur in der Minderzahl der Fälle ausgeprägtere klinische Symptomatik mit Proteinurie, Hämaturie, Zylindrurie mit und ohne Niereninsuffizienz. Lockere Beziehung zwischen Nierenhistologie und renaler Funktionsprognose. Niereninsuffizienz heute wichtigste Todesursache bei LE.

Th: Therapieintensität muß sich an Art der Nierenhistologie orientieren (akut entzündliche gegenüber sklerosierenden Läsionen), daher ggf. Nierenbiopsie. Steroide (bei rasch progredienter GN Methylprednisolon-Stoßtherapie [1000 mg für 3 Tage]), ansonsten Prednison (1 mg/kg/Tag initial, Erhaltungsdosis < 20 mg/Tag), bei hochflorider GN intermittierende Cyclophosphamidstoßtherapie (1000 mg als Kurzinfusion in 4wöchigem Abstand über mindestens 6 Monate), heute wahrscheinlich Mittel der ersten Wahl.

Myelomniere

Sy: Bei Patienten mit malignem Myelom und Bence-Jones-Proteinurie können an der Niere unterschiedliche Störungen auftreten:

- meist primär chronische Niereninsuffizienz ohne Hypertonie und ohne Ödeme (sog. Myelomniere),
- rückbildungsfähige akute Niereninsuffizienz (bei Dehydratation intrarenale Tubulusobstruktion durch Gelieren von Bence-Jones-Protein),
- Fanconi-Syndrom, -Amyloidose.

Dg: Nachweis der Bence-Jones-Proteinurie (Urinimmunelektrophorese) und des Myeloms (Serumimmunelektrophorese, Sternalmark).

Nephrolithiase

Ät: Nierensteine entstehen durch Ausfällung von Salzen aus übersättigter Lösung (Überschreiten des Löslichkeitsproduktes). Das Ionenprodukt, bei dem Kristalloide spontan auszufallen beginnen (Zone der Instabilität), liegt höher als das Ionenprodukt, bei dem schon bestehende Kristallkeime wachsen (Zone der Metastabilität).

Prädisponierende Ursachen für das Ausfällen von Nierensteinen lassen sich schematisch gliedern in:

- *erhöhte Urinkonzentration von Kristalloiden:*
- hochkonzentrierter Harn (habituelle Durster, Tropenklima);
- vermehrte Urinausscheidung von Kristalloiden (Hyperkalzurie, Hyperurikurie, Hyperoxalurie);
- *die Steinbildung begünstigende physikochemische Faktoren:*
- Urin-pH (saurer Harn begünstigend bei Harnsäuresteinen, alkalischer Harn bei Phosphatsteinen);
- Mangel von „Inhibitoren", d. h. von verschiedenen schlecht charakterisierten Substanzen, die im Normalfall anwesend sind und Ausfällung, Wachstum und Aggregation von Calciumoxalatkristallen aus übersättigter Lösung verhindern;
- Harnstase (infektionsbegünstigend);
- Fremdkörper (Steinnukleus).

Formen und Pathog: 90% aller Nierensteine enthalten als Kation Calcium, 70% hiervon enthalten als Anion überwiegend Oxalat, der Rest Phosphat. Phosphatsteine kommen vorwiegend in infiziertem Harn vor, mit Magnesiumammoniumphosphat (Tripelphosphat) als hauptsächlichem Bestandteil, 5–10% aller Steine bestehen aus Harnsäure, 2–3% aus Cystin (häufig im Kindesalter).

- *Calciumhaltige Steine:* In der Minderzahl wird eine metabolisch definierte Steinursache (primärer Hyperparathyreoidismus, renal tubuläre Azidose) oder eine Hyperkalzurie durch vermehrten Skelettabbau (z. B. Immobilisation) oder durch Hyperkalzämie (Vitamin-D-Intoxikation, Morbus Boeck, Milch-Alkali-Syndrom) gefunden; in der Regel wird keine metabolisch erkennbare Steinursache festgestellt. Die Urincalciumausscheidung bei Steinträgern ist im Mittel trotz Normokalzämie erhöht (sog. „idiopathische Hyperkalzurie"). Eine Anomalie des Vitamin-D-Stoffwechsels wurde postuliert, jedoch nicht gesichert. Im Nierentomogramm nachweisbare Nierenparenchymverkalkung (Nephrokalzinose) spricht für primären Hyperparathyreoidismus oder renale tubuläre Azidose.
- *Magnesiumammoniumphosphat-Steine* (Tripelphosphat): Bei Harnwegsinfektion auftretende außerordentlich therapierefraktäre Steine. Die Steinbildung ist begünstigt, da erstens die Keime einen Nukleus für das Steinwachstum bilden und zweitens der Harn durch die enzymatische Freisetzung von Ammoniak aus Harnstoff alkalisch wird. Im alkalischen Harn ist das Löslichkeitsprodukt von Phosphaten (Magnesiumammoniumphosphat, Calciumphosphat) sehr niedrig.
- *Harnsäuresteine:* Harnsäure als schwache Säure (pK 5,75) ist im sauren Harn schwer löslich. Der Harnsäuresteinbildung kann eine vermehrte Harnsäureausscheidung im Urin oder eine sog. „Säurestarre" zugrunde liegen (Harn-pH ständig unter 5,4 ohne postprandiale Harnalkalose). 25% der Harnsäureträger haben eine Gicht; 25% aller Gichtpatienten haben – trotz Normourikosurie – Harnsäuresteine. Uratsteine sind – im Gegensatz zu calciumhaltigen Steinen – im Röntgenbild nicht schattengebend.

Sy: Die Folgen des Nierensteinleidens, wie Koliken, Hämaturie, Harnwegsinfekte, Harnflußstörungen, sind auf S. 1040 abgehandelt.

DD: Bei Nierenkoliken ist neben dem Vorliegen einer Nephrolithiase differentialdiagnostisch stets an Hämaturie (Koagel, besonders bei Malignom), Tbc (Abgang von Käsebröckeln) oder Papillennekrosen (bei Phenacetinnieren oder Diabetes mellitus) zu denken. Beim Nachweis nicht schattengebender Aussparungen im Ausscheidungsurogramm sind neben dem Uratstein die wichtigsten Differentialdiagnosen Tumor und Thrombus.

Th: akute Steinkolik s. Kap. Urologie.

Prl:

1. Als *Allgemeinmaßnahme* zur Rezidivprophylaxe zur Verminderung der Harnkonzentration lithogener Substanzen ist eine forcierte Diurese (tägliche Trinkmenge 2–3 l, speziell Aufrechterhaltung einer ausreichenden Diurese nachts) bei allen Steinformen zu empfehlen.
2. *Spezielle Prophylaxe* durch gezielte Behandlung der einzelnen metabolischen Steinursachen:

- *Uratsteine:* Erhöhung des Urin-pH (Urin-pH 6,5–6,8 ausreichend, bei stärkerer Alkalisierung Gefahr der Ausfällung von Phosphatsteinen) durch p. o. Zufuhr von Citrat, welches als Protonenakzeptor zur Harnalkalisierung führt. Bei Zunahme des Urin-pH nimmt die Konzentration der schwer löslichen undissoziierten Harnsäure ab und die des besser wasserlöslichen Monourats zu. Hierdurch ist nicht nur die Verhinderung der Steinneubildung, sondern sogar die Wiederauflösung bestehender Steine (medikamentöse Litholyse) möglich.
  Alternativ hierzu Verminderung der Urinharnsäureausscheidung möglich durch Hemmung der Harnsäurebildung mit Allopurinol.
- *Magnesiumammoniumphosphat-Steine:*
  Von entscheidender Wichtigkeit chirurgische Beseitigung prädisponierender Ursachen wie Abflußstörungen usw. Ggf. Landzeitantibiotikatherapie zur Reduktion der Harnbakterienzahl und dadurch Vermeidung der ammoniakalischen Harnstoffspaltung durch bakterielle Urease. Erniedrigung der Urinphosphatkonzentration durch intestinale Phosphatabsorptionshemmung mit Phosphatbindern (Aluminiumhydroxid) und Einhaltung einer forcierten Diurese; Ansäuern des Harns z. B. mit Methionin, wodurch im Urin die Konzentration der in Gegenwart von Calcium, Magnesium oder Ammonium gut wasserlöslichen H_2PO_4-Ionen zunimmt und die der schwer löslichen PO_3- sowie HPO_2-Ionen abnimmt.
- *Calciumhaltige Steine:* Reduktion der diätetischen Calciumzufuhr (keine Milch oder Milchprodukte) wenig erfolgreich, medikamentöse Auslösung einer Hypokalzurie durch Gabe von Thiazid-Diuretika, intestinale Calciumabsorptionshemmung durch p. o. Gabe von Calciumbindern (Cellulosephosphat), p. o. Zufuhr von Natriumphosphat (Mechanismus unbekannt, wahrscheinlich Ansteigen von Inhibitoren im Urin); da epidemiologisch Beziehung zwischen Zufuhr tierischen Eiweißes und Nephrolithiase, ist Beschränkung der Zufuhr tierischen Eiweißes sinnvoll. Diätetische Kochsalzbeschränkung, da Natrium die Calciumausscheidung steigert.
- *Cystinsteine:* Penicillamin (1–2 g pro Tag: häufig allergische Nebenwirkungen); ausreichende Harnalkalisierung (pH über 7,4) zur Solubilisierung von Cystin therapeutisch nur schwer erreichbar.

Nephroptose

Sy und DD: Abnorm starkes Absinken der Niere (meist rechts) im Stehen (>1½ Wirbelkörperhöhen), häufig symptomloser Zufallsbefund, besonders bei asthenischen Individuen mit vegetativen Beschwerden; von Krankheitswert nur, wenn reproduzierbar lageabhängig Schmerzen im Nierenlager auftreten, die im Liegen völlig verschwinden. Nur selten intermittierende Hydronephrose. Unterschied zur Ektopie: kein fehlortiger Abgang der Nierenarterie aus Aorta.

Th: Nephropexie; nur bei ganz eindeutigen lageabhängigen Beschwerden indiziert. Operativer Eingriff sicherlich viel zu häufig unkritisch durchgeführt.

Nephrotisches Syndrom

Def: Große Proteinurie (>3,5 g/24 Std. × 1,73 m^2) infolge vermehrter Durchlässigkeit des glomerulären Filters, wie sie im Prinzip bei jeder die Glomeruli befallenden Erkrankung auftreten kann.

Ät: Ursache der großen Proteinurie ist eine licht- und elektronenmikroskopisch nicht erkennbare Änderung der Zahl, Größe und Permeabilitätseigenschaften von hypothetischen Poren der glomerulären Basalmembran. Diese Permeabilitätsstörung wird bei folgenden Zuständen beobachtet:

1. *Glomerulonephritis:* Sie stellt bei über 80% aller Fälle die Ursache des nephrotischen Syndroms (NS) dar. Folgende histologisch unterscheidbare Formen werden bei NS häufig beobachtet:
   - *Minimalveränderungen der Glomeruli* („Minimal-change"-GN, früher Lipoidnephrose): Vorwiegend im Kindesalter auftretende Erkrankung mit lichtoptisch weitgehend unauffälligen Glomeruli. Elektronenmikroskopisch: lediglich Verschmelzung der Fußfortsätze der Glomerulusepithelien (Podozyten) als Folge der Proteinurie. Klinisch: In der Regel keine wesentliche Hämaturie, Hypertonie oder Azotämie; meist gutes

Ansprechen auf Steroide; in der Regel gute Prognose; gelegentlich als Begleiterkrankung bei Morbus Hodgkin oder Lymphomen auftretend.

- *Fokal sklerosierende GN:* In juxtamedullären Glomeruli beginnende Verödung einzelner Glomerulusschlingen (segmental) mit Sklerosierung des Mesangiums; vorwiegend im Kindesalter auftretend; häufig steroidrefraktär; fortschreitende Verschlechterung der Nierenfunktion bis Urämie; ernste Prognose.
- *Extramembranöse GN:* Verdickung der Kapillarwand durch Auflagerung von Immunkomplexen an der Außenseite der Basalmembran. Meist idiopathisch, seltener bei Immunisierung gegen bekannte Allergene (s. u.) auftretend, meist steroidfraktär, wechselnd rasches Fortschreiten zur Urämie, jedoch in 20% Spontanremission.
- *Membranoproliferative GN:* Doppelkonturierung der Basalmembran („splitting" bei Silberfärbung) und Zellvermehrung im Mesangium; häufig persistierende Komplementerniedrigung durch Komplementaktivierung über den alternativen Aktivierungsweg; nicht selten Auftreten von C3NeF, eines die C3-Konvertase stabilisierenden Immunglobulins; meist steroidrefraktär; in der Regel wechselnd rasches Fortschreiten zur Urämie.
- *Sonderform 1:* GN als Begleiterscheinung (wahrscheinlich durch extramembranös abgelagerte Immunkomplexe bedingt) bei Medikamentenallergie (organisches oder anorganisches Quecksilber, Wismut, Gold, Antiepileptika, Penicillamin, Heroin oder Heroinbegleitstoffe usw.), bei Infektionskrankheiten (Syphilis II, Malaria) oder extrarenalen Tumoren (z. B. Kolonkarzinom, Bronchialkarzinom).
- *Sonderform 2:* NS im Rahmen von Systemkrankheiten, insbesondere Lupus erythematodes, seltener Schönlein-Henoch-Purpura, Wegener-Granulomatose usw. Histologisch meist als fokal nekrotisierende GN verlaufend.

2. Glomerulusbeteiligung bei *allgemeinen Stoffwechselerkrankungen:*
   - *Diabetische Mikroangiopathie (Kimmelstiel-Wilson):* Nach mehrjähriger Diabetesdauer, meist mehr als 10 Jahre, tritt häufig, allerdings nicht obligatorisch, eine diabetische Nephropathie im Rahmen der diabetischen Mikroangiopathie auf. Ein Altersdiabetes kann allerdings klinisch jahrelang latent bleiben, so daß bei Erkennung des Diabetes mellitus bereits eine Nephropathie vorhanden sein kann. Das NS bei diabetischer Nephropathie ist kompliziert durch eine meist (allerdings nicht obligatorisch) gleichzeitig bestehende diabetische Retinopathie, durch Hypertonie sowie durch eine auffällige Neigung zur Natriumretention.
   - *Amyloidose:* Primär oder sekundär (z. B. bei Tbc, Osteomyelitis, primärer chronischer Polyarthritis, Morbus Bechterew, Morbus Crohn, familiärem Mittelmeerfieber). Extrarenale Zeichen der Amyloidose häufig diskret, so daß die Diagnose oft nur durch Nierenbiopsie zu stellen ist.
3. *Nierenvenenthrombose:* Nach neueren Untersuchungen ist sicher, daß die Nierenvenenthrombose in der Regel eine sekundäre Folge der gesteigerten Thromboseneigung bei NS darstellt. Ob eine primäre Nierenvenenthrombose zum NS führen kann, ist gegenwärtig ungeklärt.

Sy: Die Folgen der großen Proteinurie sind: Hypoproteinämie (besonders Hypalbuminämie) und in deren Gefolge Auftreten von Ödemen, Eiweißmangelsyndrom, Antikörpermangelsyndrom, Hyperlipämie und Thromboseneigung.

Die große *Proteinurie* führt zu dem gelegentlich vom Patienten bemerkten Schäumen des Urins (verminderte Oberflächenspannung).

Klinisches Leitsymptom ist das Auftreten von *Ödemen* (periorbital und präsakral sowie prätibial), in fortgeschrittenen Fällen das Auftreten von Höhlenergüssen (Aszites, Pleuraerguß) und Hydrops anasarca.

Die Urineiweißverluste können zu einem *chronischen Eiweißmangelzustand* führen. Klinischer Hinweis hierauf sind sog. Terry-Linien der Fingernägel (breite, weißliche, parallel zum Nagelende verlaufende Bänder).

Wegen der renalen Verluste von Immunglobulin kann ein erworbenes *Antikörperman-*

gelsyndrom auftreten, mit gehäuften bakteriellen Infekten, speziell Pneumokokkenperitonitis und Erysipel. Andererseits wird interessanterweise nach viralen Infekten der oberen Luftwege und nach exanthematischen Viruserkrankungen wie Röteln und Masern bei „Minimal-change"-GN gelegentlich eine Vollremission beobachtet.

Die *Hyperlipoproteinämie* verursacht ein deutlich höheres Atheroskleroserisiko; weitere klinische Hyperlipoproteinämiefolgen sind selten.

Aus noch nicht ganz geklärten Gründen ist das Risiko venöser und arterieller *Thrombosen* bei NS außerordentlich hoch.

Der *Blutdruck* ist bei unkompliziertem NS normal. Blutdruckerhöhung wird beobachtet bei entsprechenden renalen Grunderkrankungen (proliferative GN, diabetische Glomerulosklerose, LE usw.) und gestattet damit gewisse differentialdiagnostische Hinweise.

Dg:

- Die Diagnose des *Vorliegens* eines NS stützt sich auf die typischen Urin- und Serumbefunde.

  Im Urin große *Proteinurie* (>3,5 g Eiweiß pro 24 Std. × 1,73 m^2). Bestimmung des Urineiweißes mit der *Biuret-Methode* (Esbach-Methode heute obsolet). Im *Urinsediment* reichlich hyaline und granulierte Zylinder; Mikrohämaturie, Leukozyturie und Erythrozytenzylinder bei Erkrankungen mit ausgeprägter glomerulärer Entzündung; Auftreten doppelbrechender Cholesterinkristalle (Malteserkreuze in der Polarisationsoptik) und lipidspeichernder Makrophagen (oval fat bodies).

  Im *Blut* erhöhte BSG; Hypoproteinämie (Gesamteiweiß erniedrigt) und Dysproteinämie (abnormes Elektrophoresediagramm). Erniedrigt sind Albumin und γ-Globuline (relativ niedermolekular); erhöht sind α_2-Globuline und β-Globuline (relativ hochmolekular). Außerdem Hyperlipämie Typ II oder Typ IV.
- Die Diagnose der *zugrundeliegenden Nierenerkrankung* ist nur durch Nierenbiopsie möglich. Gewisse differentialdiagnostische Hinweise geben allerdings bereits klinische Befunde. Mikrohämaturie, Hypertonie und Azotämie sprechen gegen „Minimal-change"-GN; LE-Phänomen, positiver antinukleärer Faktor und positiver Farr-Test sind Hinweise auf Lupus erythematodes; Diabetesanamnese und Retinopathia diabetica bei fundoskopischer (und ggf. fluoreszenzangiographischer Untersuchung) sind Hinweise auf Kimmelstiel-Wilson-Syndrom; Vorliegen prädisponierender Erkrankungen und positiver Rektumschleimhaut-Biopsie sind Hinweise auf Amyloidose.

Th: Die Therapie ist in der Regel *symptomatisch.* Sie kann die gesteigerte Permeabilität der glomerulären Basalmembran vermindern (Steroide, Endoxan) und die Folgen der Urineiweißverluste (Natriumretention, negative Eiweißbilanz, Antikörpermangelsyndrom) beseitigen:

- *Verminderung der gesteigerten Permeabilität der glomerulären Basalmembran:* Bei „Minimal-change"-GN können Steroide zur Verminderung der Urineiweißverluste führen (Dosierung: Anfangsdosis 40–60 mg Prednison/Tag; Therapiedauer bis etwa 8 Wochen). Bei „Minimal-change"-GN mit häufigen Rezidiven des NS (frequent relapsers) ohne Notwendigkeit der Steroiddauertherapie (steroid dependence) ist ein zeitlich befristeter (8 Wochen) Therapieversuch mit Cyclophosphamid (Endoxan) gerechtfertigt (Komplikation: Azoospermie, Amenorrhö, Blasentoxizität). Die Chance des Ansprechens auf Steroide bzw. Cyclophosphamid ist wesentlich geringer bei fokaler segmentaler Glomerulosklerose . Bei membranöser GN ist die Diskussion zur optimalen Therapieform gegenwärtig im Fluß. Eine Therapie sollte nur ins Auge gefaßt werden, wenn nach mehrmonatigem Zuwarten keine Spontanremission eingetreten ist, keine HBs-Antigenämie besteht, sekundäre Ursachen (z. B. Tumor, chronischer Infekt, Medikamentenallergie) ausgeschlossen sind, eine große Proteinurie (>3,5 g/Tag) vorliegt und in der Nierenbiopsie keine schweren sklerosierenden Veränderungen vorliegen. Nach dem sog. Ponticelli-Schema werden insgesamt 3mal je 2 Zyklen gegeben, wobei der erste Zyklus nach 3tägiger Infusion von je 1000 mg Methylprednisolon i. v. eine 1monatige Therapie mit Methylprednisolon p. o. (0,4 mg/kg/Tag) beinhaltet, der zweite Zyklus Chlorambucil (0,2 mg/kg/Tag nach Maßgabe der Leukozytenzahl).
- *Beseitigung der Folgen der Urineiweißverluste:* Zur Vermeidung der *Natriumretention* und Ödembildung ist eine strenge diätetische Natriumrestriktion (< 30 mmol = < 2 g NaCl täglich) indiziert. Meist müssen

Diuretika (Thiazide und Aldosteronantagonisten, bei Unwirksamkeit das stärker wirkende Furosemid) gegeben werden. Die Ausschwemmung von Natrium soll mit einer gewissen Vorsicht erfolgen, da bei starker Natriumdepletion die Hypovolämie ein akutes Nierenversagen auslösen kann. Bei Unwirksamkeit der Diuretika ist ein Versuch angezeigt, vor dem Diureseversuch akut das Plasmavolumen zu expandieren, um das Glomerulusfiltrat anzuheben (Infusion salzfreier Albuminlösung unmittelbar vor Diuretikagabe). Die Frage der diätetischen Eiweißzufuhr ist gegenwärtig Gegenstand intensiver Diskussionen. Paradoxerweise wird trotz großer Proteinurie bei diätetischer Eiweißbeschränkung (etwa 0,6 g/kg/Tag) eine Positivierung der Eiweißbilanz beobachtet, was auf verminderte glomeruläre Filtration von Protein zurückgeführt wird. Die diätetische Eiweißbeschränkung macht jedoch eine intensive Überwachung des Patienten zum Ausschluß von Zeichen des Eiweißmangels (Muskelmasse, Verlaufskontrolle der Serumalbuminkonzentration) notwendig.

Nierenbeteiligung bei Schwangerschaftsspätgestose

Pathog und Sy: Bei Spätgestose kommt es infolge uteroplazentarer Ischämie zur generalisierten Blutdruckerhöhung und zur latenten disseminierten intravaskulären Gerinnung. Letztere führt an der Niere zu feingeweblichen Veränderungen an den Glomeruli. Klinisch kommt es dadurch zur Proteinurie und zum Anstieg der Konzentration harnpflichtiger Substanzen. Als akute Komplikation können in seltenen Fällen akutes Nierenversagen (Schockgefährdung der hypovolämischen Patientinnen) und Nierenrindennekrose (manifeste intravasale Gerinnung) hinzutreten. Frühsymptome sind Blutdruckanstieg, Erhöhung der Serumharnsäure und Proteinurie.

Th: Symptomatisch – Bettruhe, Sedierung, Blutdrucksenkung; bei Krampfanfällen (Eklampsie) Distraneurin. Bei nicht beherrschbarem Krankheitsbild oder Zeichen der plazentaren Insuffizienz Geburtseinleitung.

Niereninsuffizienz, akute (akutes Nierenversagen)

Def: Unter akutem Nierenversagen (ANV) wird eine akut auftretende, die auslösende Ursache überdauernde, reversible Nierenfunktionseinschränkung verstanden. Ihr liegt eine rückbildungsfähige Verminderung des Einzelnephronfiltrats mit oder ohne Tubulusblockade und tubuläre Rückdiffusion des Primärfiltrats zugrunde. Häufigste Ursachen sind *Schock* (besonders bei gleichzeitig bestehender Infektion), *Intoxikation* oder *allergische Reaktion.* Das ANV bildet sich nach wechselnd langer Zeit (Tage bis mehrere Wochen) spontan bis zur meist vollständigen Wiederherstellung der ursprünglichen Nierenfunktion zurück. Während des Funktionsausfalls der Niere kommt es zur vorübergehenden Urämie.

Ät:

1. *Schock:*
   - *Volumenmangelschock:* Blutung, besonders bei polytraumatisierten Patienten; Dehydratation, z. B. bei Coma diabeticum, Erbrechen, Diarrhö, Ileus (Third-space-Problem).
     Klinisch wichtig: Risiko besonders hoch bei gleichzeitig bestehender Infektion oder Sepsis.
   - *Hämolyse:* Fehltransfusion, Immunhämolyse, Seifenabort, Malaria, Infusion von Aqua dest. (z. B. transurethrale Prostataresektion unter Spülung mit Wasser), Arsenwasserstoff.
   - *Myolyse:* Trauma (z. B. Crush-Syndrom), erschöpfende Muskeltätigkeit (besonders Krampfanfälle) bei primärer Muskelerkrankung (z. B. Alkoholmyopathie), Phosphatdepletion, Drucknekrosen bei langdauerndem Koma (z. B. Heroin), Starkstromunfall, Hitzschlag, McArdle-Krankheit u. ä.
   - *Septischer Schock:* mit oder ohne Verbrauchskoagulopathie, besonders bei abdominellem Ausgangspunkt oder gynäkologischer Ursache, *häufig multifaktoriell,* z. B. akute Pankreasnekrose.

2. *Nephrotoxine:*
   - *Schwermetallsalze:* Quecksilber (z. B. Sublimat), Chrom (z. B. Bichromat);
   - *organische Kohlenwasserstoffe:* Tetrachlorkohlenstoff, Trichloräthylen, Glykol (Frostschutzmittel), Oxalat, Phenol, Anilin;
   - trijodierte *Röntgenkontrastmittel;*
   - *Unkrautvertilgungsmittel* (Kalium- oder Natriumchlorat, Paraquat);
   - *Anästhetika* (z. B. Methoxyfluran);

- *Pilztoxine* (Amanita phalloides);
- *Röntgenkontrastmittel* (vor allem bei schon bestehender Proteinurie und Nierenfunktionseinschränkung);
- *Antibiotika* (Cephalosporin-Gruppe, Aminoglykoside [besonders in Verbindung mit Cephalosporin-Antibiotika]), Amphotericin, Rifampicin, Vancomycin, Kanamycin.
- *Nichtsteroidale Entzündungshemmer* (z. B. Indometacin);
- *Zytostatika:* Cisplatin, Methyl-CCNU.

3. *Allergische Reaktionen* (histologisch: interstitielle Nephritis und/oder Endarteriitis), z. B. nichtsteroidale Entzündungshemmer, Methicillin, Sulfonamide.
4. Eine *akute Niereninsuffizienz* ohne ANV im engeren Sinne, durch akute *intratubuläre Blockade* auftretend: Harnsäure bei akuter Uratnephropathie, Rheomacrodex-Überdosierung mit intratubulärem Ausgelieren von Dextran.
5. Sonderform: *Nierenrindennekrose.* Bei Verbrauchskoagulopathie, besonders häufig durch Sepsis bei abdominellen Prozessen oder aus gynäkologisch-geburtshilflicher Ursache, z. B. Abruptio placentae, Fruchtwasserembolie usw., sowie bei hämolytisch-urämischem Syndrom (S. 1040) kann es in der Niere zur intravasalen Gerinnung und zur Rindennekrose kommen. Bei totaler Nierenrindennekrose komplette irreversible Anurie, bei partieller Nierenrindennekrose Oligurie. Volle Wiederherstellung der Nierenfunktion nicht möglich.

Sy: Klinisches Leitsymptom ist die Verminderung des Glomerulusfiltrats und die daraus resultierende Erhöhung der *Serumkreatinin-* und Serumharnstoffkonzentration. Meist besteht eine *Oligurie,* seltener eine Polyurie. Letztere wird jedoch bei leichten Formen des ANV und besonders nach Gabe von Furosemid häufiger beobachtet. Die Folgen der Nierenfunktionseinschränkung sind:

- Flüssigkeitsretention (periphere Ödeme, „fluid lung", Lungenödem),
- Hyperkaliämie (wegen Gefahr des Herzstillstands unmittelbar lebensbedrohlich; im EKG Kirchturm-T, PQ-Verlängerung, QRS-Verbreiterung und Kammerflimmern),
- Urämie.

Geschwindigkeit des Anstiegs der Serumkonzentration harnpflichtiger Substanzen (und des Serumkaliumspiegels) abhängig vom Ausmaß des Katabolismus: Hyperkatabolismus (Harnstoffanstieg > 8–17 mmol/l = 50–100 mg% pro Tag) bei Hämo- und Myolyse sowie bei Sepsis, Fieber und Steroidtherapie.

Dg: Bei Patienten mit akuter *Oligurie* (oder bei polyurischem ANV, bei welchem nur das Serumkreatinin ansteigt, ist jeweils zu prüfen, ob es sich um eine *prärenale, renale* oder *postrenale* Oligurie handelt.
Zum Ausschluß einer *postrenalen Oligurie* ist ein subvesikales (volle Blase) oder supravesikales Hindernis beiderseits oder bei anatomischer bzw. funktioneller Einzelniere Hydronephrose [durch Stein, Tumor, Koagel usw.] durch geeignete Verfahren sorgfältig auszuschließen (Sonographie). Eine *prärenale Oligurie* (Minderperfusion der Niere wegen Volumenmangel und/oder Hypotonie) kann durch klinische Anamnese (Blutdruck, ZVD) und Urinuntersuchung unterschieden werden: U/P Kreatinin > 40, Urinnatrium < 20 mmol/l, Urinosmolalität > 500 mosm/kg H_2O, fehlende Proteinurie, normaler Sedimentbefund. Im Gegensatz hierzu bei ANV: U/P Kreatinin < 20; Urinnatrium > 40 mmol pro l; Urinosmolalität < 350 mosm/l H_2O; Proteinurie, Zylindrurie, Tubuluszellnachweis im Sediment; Indices nur bei nicht mit Diuretika behandelten Patienten verwertbar.
Nach Diagnose einer *renal bedingten Oligurie* ist die Unterscheidung einer chronischen Niereninsuffizienz von einer akuten Niereninsuffizienz zu treffen. Liegt eine akute Niereninsuffizienz vor, kommen neben dem ANV im wesentlichen folgende Erkrankungen in Frage: akute Glomerulonephritis, besonders im Rahmen von Systemkrankheiten, akute Uratniere, Hyperkalzämiesyndrom, vaskuläre Nierenschädigung (Nierenarterienthrombose), akute Myelomniere, akute Papillennekrose bei Phenacetinniere oder Diabetes mellitus.

Th: Sollte von erfahrenen Fachnephrologen durchgeführt werden. Wichtig rechtzeitige und intensive (zumeist initial tägliche) Hämodialysebehandlung („prophylaktische Dialyse") oder Anwendung analoger Verfahren (z. B. kontinuierliche AV-Hämofiltration). Wichtige pflegerische Gesichtspunkte: Flüssigkeitsbilanzierung (Kontrolle: Körpergewicht, Thoraxaufnahme zur Erkennung der „fluid lung"), Vermeidung unnötiger Kalziumzufuhr, ausreichende Ernährung, Infektionsbekämpfung (chirurgische Sanierung und antibiotische Therapie unter Berücksichtigung der renalen Eliminationsverhältnisse).

Prl: Bei Hämoglubinurie und Myoglobinurie neben Schocktherapie Harnkanalisierung durch Bicarbonat (erhöhte Löslichkeit von Hämoglobin und Myoglobin).
Aggressive Schockbehandlung mit gleichzeitiger Gabe von Furosemid (Dosierung nach Maßgabe der Natriurese) und Dopamin in nichtsystemischen vasokonstriktorischen Dosen (bis 200 µg/min).

Prgn: Weitgehend abhängig von Grundkrankheit. Letalität bei optimaler Therapie im Durchschnitt 40–50%. Wichtig prophylaktische Dialyse, d.h. Vermeiden des Anstiegs des Serumharnstoffs über etwa 33 mmol/l (200 mg%). Spätprognose ausgezeichnet wegen weitgehend vollständiger Reversibilität.

Niereninsuffizienz, chronische

Def: Einschränkung der Nierenfunktion durch irreversiblen Ausfall funktionstüchtiger Nephrone. Die Art der Funktionsstörungen ist in erster Linie bestimmt durch das Ausmaß des Ausfalls der Nierenfunktion und unabhängig von der Art der zugrundeliegenden Grundkrankheit.

Vk: Jährlich etwa 80 Patienten/Million Einwohner/Jahr. Männer häufiger befallen als Frauen.

Ät: Als Ursache einer chronischen Niereninsuffizienz kommen im wesentlichen die folgenden Krankheiten in Frage (etwa in der Reihenfolge der Häufigkeit):

- *Glomerulonephritis,* meist unbekannter Ursache; Sonderformen: Postinfektiöse GN, rasch progrediente GN, mesangiale IgA-GN, Löhlein-Herdnephritis, Alport-Syndrom, Systemkrankheiten wie Lupus erythematodes, Schönlein-Henoch-Purpura, Goodpasture-Syndrom, Wegener-Granulomatose, Periarteriitis nodosa);
- Sog. *„Pyelonephritis",* meist auftretend infolge eines *vesikoureteralen Refluxes* (Refluxnephropathie) oder einer *Harnwegsobstruktion* (Ursachen der Obstruktion: bilaterale Nierensteine, Nierensteine bei anatomischer oder funktioneller Einzelniere, obstruierende Prostatahypertrophie, Urethralklappen und ähnliche urologische Ursachen).
- *Zystennieren;*
- *Analgetika-Nephropathie;*
- *diabetische Nephropathie* (Kimmelstiel-Wilson);
- *Gichtniere;*
- *Amyloidose;*
- *Nierentuberkulose;*
- *Plasmozytomniere;*
- *maligne Hypertonie;*
- Zustand nach *akuter Nierenrindennekrose* (S. 1052).
- Endstadium *tubulärer Syndrome* (z. B. Zystinose, Nephronophthise und ähnliche pädiatrische Krankheitsbilder);
- *Hyperkalzämie;*
- *Erkrankung der großen Nierengefäße* (arterielle Thrombose, Cholesterinembolie, thrombotische Embolie, Nierenvenenthrombose – bei bilateralem Befall oder Befall anatomischer bzw. funktioneller Einzelnieren);
- *Strahlennephritis.*

Sy: Unabhängig von der die Niereninsuffizienz auslösenden Grundkrankheit ist die klinische Symptomatik der chronischen Niereninsuffizienz gleichförmig und monoton: Die Patienten klagen über Müdigkeit und „Leistungsknick", ferner über Durst, Polyurie und Nykturie. Sie werden anämisch, zeigen das typische schmutzig-graue Hautkolorit mit trockener, schuppender Haut und haben Wadenkrämpfe, Kopfschmerzen, Schlafstörungen. Je nach Höhe der diätetischen Natriumzufuhr werden in Spätstadien meist Natriumretention mit Auftreten peripherer Ödeme und Lungenödem (fluid lung), seltener Dehydratation mit Exsikkose und Hypotonie (Salzverlustsyndrom; besonders bei Analgetika-Nephropathie und Zystennieren) beobachtet. Das Stadium der Intoxikation, d.h. der Urämie, kündigt sich an durch Kopfschmerzen, Wesensveränderung, Apathie, Verwirrtheit, Übelkeit, Appetitlosigkeit und Erbrechen und führt dann zu Singultus, Foetor uraemicus, gastrointestinalen Blutungen (Magen und Kolon), Mundulzera, sanguinolenten Durchfällen, tiefer Azidoseatmung, fibrillären Muskelzuckungen sowie Präkordialschmerz (bei fibrinöser Perikarditis). Die Patienten werden lethargisch, somnolent und sterben im tiefen urämischen Koma. Das klinische Bild kann modifiziert werden durch das Vorliegen einer Hypertonie. Neben Linksinsuffizienz und Lungenödem, Myokardinfarkt und Apoplexie kann besonders bei zusätzlicher Überwässerung eine hypertonische Enzephalopathie (Synonym: Pseudourämie) auftreten. Hierunter versteht man ein Hirnödem, welches durch hochdruckbedingte zerebrale Hyperfusion verursacht wird und zu Kopfschmerzen, aber auch zu Amaurose, flüchtiger Hemiplegie und Krampfanfällen führen kann.

Dg: Die Diagnose der Niereninsuffizienz erfolgt durch den Nachweis der verminderten glomerulären Filtration. Klinischer Indikator hierfür ist ein *erhöhter Serumkreatininspiegel.* Eine Erhöhung des Serumharnstoffspiegels kann auch bei gesteigertem Eiweißabbau beobachtet werden (gastrointestinale Blutung, diätetische Eiweißzufuhr, Aminosäureinfusion), selbst wenn die Nierenfunktion nicht eingeschränkt ist.

Wichtig ist die Unterscheidung einer chronisch-irreversiblen Niereninsuffizienz von akut-reversiblen Funktionseinschränkungen bei schon vorher bestehender Nierenerkrankung (acute on chronic renal failure). Diese können bedingt sein durch Natriumdepletion (Diarrhö, Erbrechen, forcierter Diuretikagebrauch), Harnwegsinfekte, Harnwegsobstruktion (Prostatahypertrophie, Ureterenobstruktion durch Papillennekrosen, medikamentös ausgelöste Blasenatonie), Herzinsuffizienz und schlecht eingestellten Hypertonus. Bewußtseinstrübung oder Erbrechen, die der Höhe der Retentionswerte unangemessen sind, sind häufig durch Medikamentenkumulation bedingt (z. B. Digoxin oder Antibiotika).

Th: Bei eingeschränkter Nierenfunktion besteht häufig die Tendenz zu einer unabhängig von der Art der primären Nierenschädigung selbständig weiterschreitenden spontanen Nierenfunktionsverschlechterung („Progression“), die auf die funktionelle Überlastung der Restglomeruli zurückgeführt wird. Zwei Verfahren sind heute anerkannt, mit deren Hilfe die Progression verzögert oder verhindert werden kann: antihypertonische Therapie und diätetische Eiweißbeschränkung. Es besteht eine klare Beziehung zwischen der Höhe des Blutdrucks und der Geschwindigkeit der Progression der Niereninsuffizienz. Diese Beziehung ist selbst im normotonischen Bereich (WHO-Definition) nachweisbar. Dementsprechend ist die Notwendigkeit, therapeutisch eine Normotonie zu erreichen, heute unumstritten. Unklar ist gegenwärtig, ob hierbei alle Klassen von Antihypertonika gleich wirksam sind oder einige Antihypertonika (z. B. Konversionsenzymhemmer) durch elektive Senkung des Drucks in der Glomeruluskapillare besondere Vorzüge aufweisen.

Die diätetische Zufuhr von Eiweiß, speziell von tierischem Eiweiß, führt zu renaler Funktionssteigerung und akzeleriert in tierexperimentellen Modellen die Progression einer Niereninsuffizienz. Zumindest bei glomerulären Erkrankungen scheint eine mäßige diätetische Eiweißbeschränkung (etwa 0,6 g pro kg/Tag) zum Rückgang der Proteinurie und zur verzögerten Progression der Niereninsuffizienz zu führen. Eine derartige Eiweißrestriktion ist in frühen Stadien der Niereninsuffizienz weitgehend unproblematisch. In fortgeschritteneren Stadien der Niereninsuffizienz besteht wegen des Hyperkatabolismus die Gefahr der negativen Eiweißbilanz und wegen der Anorexie die Gefahr der inadäquaten Kalorienzufuhr. In diesem Stadium ist auf klinische Zeichen des Eiweißmangels zu achten (Muskelatrophie, Hypalbuminämie). Die Sicherheit noch höhergradiger Eiweißrestriktion (z. B. auf 0,4 g/kg/Tag) kann durch Gabe von essentiellen Aminosäuren oder α-Ketosäuren erhöht werden.

Eine ausreichende *Flüssigkeitszufuhr* (2–3 l pro Tag) soll aufrechterhalten werden,

- zur Senkung der Harnstoffspiegel (Erhöhung der Urinharnstoffausscheidung infolge verminderter tubulärer Rückdiffusion bei Steigerung der Harnflußrate),
- zur Vermeidung einer Hypovolämie infolge Zwangspolyurie (Volumenkontraktion führt zur Minderperfusion der Niere).

Die Zufuhr größerer Flüssigkeitsmengen (>3 l/Tag) ist sinnlos und wegen der gestörten renalen Wasserausscheidungsfähigkeit nicht ungefährlich (Verdünnungshyponatriämie). Ist der Patient wegen Übelkeit und Brechreiz nicht in der Lage, ausreichend zu trinken, muß die Flüssigkeit parenteral (Infusion) zugeführt werden. Hierbei ist auf Schonung der Venen an den Armen (ggf. spätere Hämodialysebehandlung) besonders Rücksicht zu nehmen.

Eine generell *kochsalzarme Diät* für niereninsuffiziente Patienten ist abzulehnen. Gelegentlich besteht sogar ein renaler Salzverlust, der diätetisch ausgeglichen werden muß. Die Indikation zur diätetischen Kochsalzrestriktion ist nur bei Vorliegen von Ödemen und Hypertonie gegeben. In diesem Fall ist ggf. die zusätzliche Behandlung mit Diuretika indiziert. Bei Niereninsuffizienz sind nur Schleifendiuretika (Furosemid) wirksam; Thiazide sind in Monotherapie unwirksam, und Spironolactone sowie andere kaliumsparende Diuretika sind wegen der Hyperkaliämiegefahr kontraindiziert.

Da eine Hyperkaliämie bei nichtazidotischen Patienten erst im oligurischen Endstadium

(tägliche Urinmenge unter 500–1000 ml/Tag) auftritt, ist eine diätetische *Kaliumrestriktion* in den vorangehenden Urämiestadien in der Regel nicht indiziert. Diese Faustregel gilt nicht für Patienten mit schwerer Azidose (< 15 mmol/l Standardbicarbonat) oder Patienten mit hyporeninämischem Hypoaldosteronismus (besonders bei Diabetes mellitus). Die *metabolische Azidose* bei Niereninsuffizienz ist bei Erniedrigung des Standardbicarbonats unter 15 mmol/l sicher therapiebedürftig (orale Zufuhr von Bicarbonat oder Citrat, etwa 30–50 mmol/Tag). Da die metabolische Azidose eine wichtige Teilursache des Hyperkatabolismus ist, ist wahrscheinlich auch die Korrektur geringerer Grade der Azidose sinnvoll. Bei Vorliegen gastrointestinaler Beschwerden (Übelkeit, Brechreiz, intestinale Blutungsneigung), welche durch Harnstofferhöhung bedingt sind, kann die *Eiweißzufuhr* auf 40–60 g/Tag reduziert werden, wobei besonders auf adäquate Kalorienzufuhr (130–150 kJ = 30–35 kcal/kg/Tag) Wert zu legen ist. Besonders zu achten ist auf die Vermeidung einer negativen Eiweißbilanz (klinische Zeichen: Muskelatrophie, Hypalbuminämie). Letztere kann durch hohe biologische Wertigkeit der zugeführten Proteine, ggf. auch durch zusätzliche Zufuhr essentieller Aminosäuren vermieden werden. In der Vergangenheit wurde der Stellenwert der diätetischen Eiweißrestriktion im Terminalstadium der Niereninsuffizienz zweifellos überbewertet. Keinesfalls sollte durch diätetische Versuche der rechtzeitige Dialysebeginn hinausgezögert werden. In gegenwärtig laufenden Studien wird geklärt, ob bei früher Niereninsuffizienz (Serumkreatinin etwa 180 μmol/l = 2 mg/dl) eine Reduktion der diätetischen Eiweißzufuhr durch verminderte „Beanspruchung" der Glomeruli das Fortschreiten der Niereninsuffizienz verzögert. Es kann gegenwärtig jedoch noch nicht abschließend beurteilt werden, inwieweit in diesem Stadium eine diätetische Eiweißbeschränkung angezeigt ist.
Die *metabolische Azidose* bei Niereninsuffizienz ist in der Regel nicht behandlungswürdig. Erst bei einem Standardbicarbonat unter 15 mmol/l ist die Korrektur durch die p. o. Zufuhr von Bicarbonat (Gefahr: Natriumretention) oder Citrat (Shohl-Lösung) angezeigt.
Das Überleben niereninsuffizienter Patienten wird heute wegen der Dialysemöglichkeit nicht mehr durch Urämie, sondern durch kardiovaskuläre Hochdruckfolgen limitiert. Daher ist die Normalisierung des Blutdrucks durch rigorose *antihypertensive Therapie* besonders wichtig. Der Hypertonus bei niereninsuffizienten Patienten spricht besonders gut auf Diuretika an. Das Konzept eines „Erfordernishochdrucks" (d. h. Belassung einer gewissen Blutdruckerhöhung zur Gewährleistung einer adäquaten Nierenperfusion) ist heute obsolet.
Die *Anämie* bei chronischer Niereninsuffizienz ist auf Erythropoetinmangel zurückzuführen. Die Anämie unterschreitet selten Hb-Werte von 4,3–5,0 mmol/l (7–8 g%); bei niedrigeren Hb-Werten sollte nach zusätzlichen Anämieursachen (speziell Blutungsursachen) gefahndet werden. Die Indikation zur Bluttransfusion sollte nur bei klinischer Symptomatik gestellt werden (Dyspnoe, Herzinsuffizienz, pektanginöse Beschwerden). In Zukunft ist mit der Verfügbarkeit von rekombinantem humanem Erythropoetin (rhEPO) zur Therapie der Anämie zu rechnen.
Besonders wichtig ist die ausscheidungsgerechte Dosierung *nierengängiger Pharmaka.* In praxi werden Medikamentenintoxikationen besonders häufig bei Digoxin, Aminoglykosidantibiotika, Penicillin-Derivaten und Nitrofurantoin gesehen.
Ab einem Serumkreatininwert von 890–1060 μmol/l (10–12 mg%) ist in der Regel durch konservative Maßnahmen keine befriedigende medizinische Rehabilitation mehr zu erreichen. Es bieten sich dann die Verfahren der *Hämodialyse,* evtl. das Verfahren der ambulanten Dauerperitonealdialyse sowie die *Nierentransplantation* an.

Nierenmißbildungen

Vk und *Sy:* Wegen der komplizierten embryonalen Entwicklungsgeschichte relativ häufig. Klinische Folgen: Harnwegsinfekte, Harnabflußstörungen; bei Einnierigkeit führt traumatischer oder chirurgischer Verlust zur Urämie.

Formen und *Kompl:*

- Einseitiges Fehlen *(Agenesie* oder *Aplasie):* Meist einseitiges Fehlen des Hodens, bei Zystoskopie Fehlen des ipsilateralen Ureters erkennbar, bei Angiographie kein Nachweis einer Nierenarterie (*DD:* Bei sog. Nierenhypoplasie Nachweis von Nierenarterien, Ureter und Hoden).
- Abnormale Lage *(Ektopie oder Dystopie),* im Extremfall Beckenniere (Kuchenniere).

– Verschmelzung der unteren Nierenpole *(Hufeisenniere):* Komplikation: Harnabflußbehinderung und Hydronephrose, Harnwegsinfekte.
– *Doppelbildung* von Nierenbecken und Harnleiter (je nach Ausdehnung Ureter fixus oder duplex): Häufige Komplikationen: Abflußstörungen (Reflux im unteren Nierensegment, ggf. Obstruktion im oberen Nierensegment), Harnwegsinfekte.
– *Pelviureterale Abgangsstenose.*

Nierentuberkulose

Pathog und *Sy:* Ulzerokavernöse Tbc des Nierenmarks, die durch urokanalikuläre Aussaat zur spezifischen Entzündung an Ureter, Blase und männlichem Genitale (besonders Epididymitis) führen kann. Heimtückisch schleichender Charakter. Erstmanifestation: Therapieresistente Dysurie, Hämaturie, Nierenkolik, Nierenschmerzen, Epididymitis. Bei hartnäckigen zystitischen Beschwerden und steriler Pyurie muß Nierentuberkulose stets ausgeschlossen werden!

Dg: Anhand 3–10maliger Untersuchung des Morgenurins durch Mikroskopie (säurefeste Stäbchen. *Cave:* Verwechslung mit apathogenen Smegmabakterien), Kultur und Tierversuche, Zystoskopie und Untersuchung der männlichen und weiblichen Adnexe.
Röntgenologische Nierenverkalkungen, Parenchymdestruktion (Kavernen) und narbige Strikturen der ableitenden Harnwege feststellbar (beim unkomplizierten unspezifischen Harnwegsinfekt nie Narben auftretend!).

Th: Langzeitige (1–2 Jahre) Kombinationsbehandlung mit Tuberkulostatika. Chirurgisches Vorgehen nur in Ausnahmefällen (tuberkulöse Kittniere, Harnabflußstörung). Zur Erkennung von Harnabflußstörungen wiederholte Ausscheidungsurogramme unter Therapie erforderlich.

Nierenzysten

Def: Vereinzelt oder multipel, aber – im Gegensatz zu Zystennieren – nie disseminiert auftretende flüssigkeitsgefüllte Zysten.

Dg und *DD:* Nachweis: Sonographie, in unklaren Fällen Computertomographie.
Wichtigste Differentialdiagnose: Hypernephrom. Unterscheidung: sonographische Benignitätskriterien, Computertomographie (mit Enhancement), Angiographie, ggf. Zystenpunktion unter sonographischer Kontrolle (Zytologie).

Papillennekrose s. Analgetika-Nephropathie

Periarteriitis nodosa

Ät und *Sy:* Durch Immunkomplexe ausgelöste Systemkrankheit; auslösendes Antigen (z. B. HBsAg, Penicillin-Therapie, Auftreten bei Drogensüchtigen) nur in der Minderzahl der Fälle bekannt. Nierenbeteiligung: Befall der großen Gefäße (Nachweis von Aneurysmata der Nierenarterien durch Angiographie).

Kompl: Hypertonie, perirenales Hämatom oder Befall der Glomeruli (klinisch: akutes nephritisches Syndrom, Niereninsuffizienz).

Th: Glucocorticoide und Cyclophosphamid (Dauerheilung möglich).

Pyelitis, akute (akuter oberer Harnwegsinfekt)

Def: Bakteriell bedingte Entzündung des Nierenbeckens mit oder ohne begleitende fokale interstitielle Entzündung der Niere, vorzugsweise des Nierenmarks.

Ät und *Pathog:* Spontane Keimaszension oder instrumentelle Keimeinschleppung. Beim nichtinstrumentierten Patienten meist Escherichia coli, beim instrumentierten Patienten Pseudomonas oder Proteus (Monoinfektion oder Mischflora) häufig. Wichtigste prädisponierende Faktoren: vesikoureteraler Reflux, Abflußhindernis (pyeloureterale Abgangsstenose, Striktur usw.), Nephrolithiase. Beim nichturologischen Patienten wichtigste prädisponierende Ursachen: Gravidität (letztes Schwangerschaftsdrittel, rechtsseitige Pyelitis!) und Diabetes mellitus (Infekte nicht häufiger, aber schwerer verlaufend, häufig mit entzündlicher Papillennekrose!).

Sy: Mit oder ohne zystitische Prodromi Auftreten folgender Symptome: Flankenschmerz, Klopfschmerz im Nierenlager, Fieber (ggf. Schüttelfrost bei Urosepsis). Blutdruckanstieg oder Auftreten von Ödemen wird nicht beobachtet.

Kompl: Urosepsis, Pyonephrose, Nierenabszesse.

Dg: klinische Symptome (s. o.), Nachweis von Pyurie (ggf. mit Leukozytenzylindern) und Bakteriurie. Abgesehen von intrarenalem Abszeßnachweis durch Computertomographie gibt es keine sicheren klinischen Zeichen, um den gleichzeitigen Mitbefall des Nierenparenchyms zu erkennen. Zum Ausschluß von Nephrolithiase und Abflußhindernis Sonogramm und i. v. Pyelogramm, ggf. Computertomogramm.

DD: Häufigste klinische Fehldiagnose: Myalgien der Rückenmuskulatur bei febrilen Patienten mit Virusinfekten. Bei starken Schmerzen Abgrenzung gegen Steinkolik, Nierenvenenthrombose, Niereninfarkt oder extrarenale Schmerzursachen.

Th und *Prl:* Resistenzgerechte antibiotische Behandlung. Bei nichtsanierbaren Harnwegsinfekten (z. B. Nephrolithiase, Reflux bei neurogener Blase usw.) Langzeitprophylaxe (s. Zystitis).

Bei antibiotischer Behandlung der Schwangerschaftspyelitis Kontraindikationen beachten (Aminoglykoside: fetale Innenohrschädigung, Tetracycline: fetale Skelettschädigung, Cotrimoxazol-Folsäureantagonist).

Pyelonephritis

Def, Ät und *Pathog:* Chronische unspezifische interstitielle Nephritis mit narbiger Deformierung des Nierenhohlsystems. Die Destruktion kann hervorgerufen sein durch sterile Entzündung nach pyelorenalem Reflux (d. h. Eindringen von Urin in Sammelrohre bei Patienten mit vesikoureteralem Reflux) oder durch bakteriell bedingte Entzündung. Harnwegsinfekte führen (im Gegensatz zur früheren Meinung) praktisch nur in Anwesenheit urologischer Zusatzbedingungen, wie Abflußhindernis, Nephrolithiase, neurogene Blase usw., zur unspezifischen narbigen Destruktion des Nierenparenchyms.

Sy und *Dg:* Die Diagnose kann klinisch nur durch *Röntgenuntersuchung* gestellt werden: Verplumpung der Nierenkelche mit Verlust der scharfen Fornix-Umschlagfalte und Verstreichen der Nierenpapillen, Verschmälerung des Nierenparenchymsaums über den destruierten Papillen, narbige Einziehung der Nierenoberfläche (*DD* fetale Lappung, Gefäßverschluß) sowie asymmetrische Schrumpfung der Nieren (bei Glomerulonephritis Schrumpfung stets symmetrisch!).

Falls ein Harnwegsinfekt vorliegt, sind entsprechende *Urinbefunde* (Bakteriurie, Leukozyturie, Leukozytenzylinder) im Sediment zu erheben. Auch bei fehlendem Harnwegsinfekt findet sich häufig eine glomerulär bedingte unselektive Proteinurie (prognostisch ungünstig).

Als unspezifische Zeichen der Nierenparenchymschädigung können *Hypertonie* und bei beidseitigem Befall *Niereninsuffizienz* vorliegen.

DD:
- Erkennung der Ursache der röntgenologisch festgestellten Deformierung des Nierenhohlsystems und narbigen Schrumpfung des Nierenparenchyms, z. B. vesikoureteraler Reflux (u.U. im Kindesalter durchgemachter vesikoureteraler Reflux nach Ausreifung der Blasenbodenstruktur in der Pubertät später nicht mehr nachweisbar!), Nierensteine, Obstruktion, Anomalien der Nierenform und -lage (Hufeisenniere, Langniere, Kuchenniere usw.);
- Abgrenzung der Deformierung des Nierenhohlsystems und des Nierenparenchyms gegenüber Urotuberkulose, Analgetika-Nephropathie mit Papillennekrosen, diabetischer Papillennekrose, Zustand nach Nierenoperation, Niereninfarkt, Hemmungsmißbildungen.

Th: Falls möglich, Beseitigung der prädisponierenden urologischen Ursache; Behandlung des Harnwegsinfektes, Behandlung der begleitenden Hypertonie und ggf. der Niereninsuffizienz.

Refluxnephropathie s. Pyelonephritis

Schönlein-Henoch-Purpura (rheumatoide Purpura)

Vorzugsweise im Vorschulalter auftretende Allgemeinerkrankung mit Hautpurpura, Arthralgie, Darmblutung und Glomerulonephritis. Immunhistologisch IgA-Ablagerungen im Glomerulus. Langzeitprognose in 90% der Fälle gut. Kein gesicherter therapeutischer Effekt von Steroiden und Immunsuppressiva.

Schwangerschaftsspätgestose s. Nierenbeteiligung

Strahlennephritis

Bei Bestrahlung der Nieren mit über 20 m Gy (2000 rd) (am häufigsten akzidentell bei Strahlentherapie von Hodentumoren oder nach Bestrahlung von Hypernephromen) kann es zu einer Strahlennephritis kommen. Klinisch kann der Verlauf einer akuten Glomerulonephritis, einer chronischen Glomerulonephritis oder einer isolierten Hypertonie entsprechen. Eine ätiologische Therapie ist nicht möglich.

Uratniere, akute

Ät und *Sy:* Bei zytostatischer Therapie von Malignomen oder Leukämien kann es nach massivem Zellzerfall zum exzessiven Anstieg der Harnsäurekonzentration in Serum und Urin kommen. Dies kann zu akuter Niereninsuffizienz (intratubuläre Blockade durch Harnsäureablagerungen) führen.

Prl: Allopurinol, forcierte Diurese, Harnalkalisierung.

Wegener-Granulomatose

Sy und *Dg:* Auftreten von Granulomen der oberen und unteren Luftwege (chronisch-destruierende Sinusitis, Ulzera im Tonsillen- und Mundbereich, Otitis media, Lungeninfiltrate) und akuter Glomerulonephritis mit nephritischem Syndrom. Verlauf in der Mehrzahl der Fälle allerdings atypisch, so daß Wegener-Granulomatose bei allen Fällen mit rasch progredienter GN ausgeschlossen werden muß. Ein spezifischer Nachweis ist durch die Bestimmung von ANCA (antineutrophilic cytoplasmic antibodies) möglich. Fließende Übergänge bestehen zum Krankheitsbild der mikroskopischen Form der Polyarteriitis und der idiopathischen (immunhistologisch negativen) rasch progredienten GN.

Th: intermittierende Cyclophosphamid-Stoßtherapie (1000 mg i. v. in 3wöchigen Abständen über etwa 6 Monate) mit oder ohne Cyclophosphamid-Dauertherapie p. o. und initial Steroide. Nach einigen Monaten Versuch des Umsetzens auf Azathioprin (geringere Langzeittoxizität). Dauerheilung möglich, daher nach 2 Jahren nach Maßgabe der ANCA-Serologie Auslaßversuch.

Zystennieren

Ät: Dominant vererbliche Fehlanlage der Niere. Gen auf kurzem Arm von Chromosom 16 lokalisiert und durch Restriktionsfragment-Längenpolymorphismus (RFLP) nachweisbar. Hiermit intrauterine Diagnose möglich. Nierenfehlanlage bereits intrauterin nachweisbar.

Sy: Niereninsuffizienz infolge Untergang normalen Nierengewebes; häufige Begleitmißbildungen: Leber- und Pankreaszysten, Aneurysmata intrakranieller Gefäße.
Harnwegsinfekte, Makrohämaturie, Hypertonie, gelegentlich Nierenruptur, Nierensteine.

Dg: Zystennachweis im Sonogramm (im 20. Lebensjahr bei 80% der Genträger) oder Computertomogramm. Im IVP vergrößerte Nieren und drachenförmige Deformierung des Nierenhohlsystems.

DD: Isolierte Nierenzysten (*nicht* zur Niereninsuffizienz führend).

Th: Grundprozeß nicht beeinflußbar. Chirurgische Maßnahmen (Zystenstichelung) sinnlos. Symptomatische Therapie der genannten Begleitkomplikationen. Eugenische Beratung.

Zystitis, akute (akuter unterer Harnwegsinfekt)

Def: Bakterielle Entzündung der Harnblase.

Ät und *Pathog:* Vor allem im Kindesalter oder bei der sexuell aktiven Frau spontane Aszension von Keimen aus der Periurethralregion (meist: Escherichia coli, seltener andere gramnegative Keime oder Staphylococcus albus) oder artifizielle Einschleppung von Keimen nach Instrumentation (Katheterismus, urologische Instrumentation), hierbei häufig Infektion mit Proteus und Pseudomonas (Schmutzkeime).
Prädisponierende Faktoren: subvesikales Abflußhindernis (Prostatahypertrophie, Sphinktersklerose, Urethralklappen), Zystozele bei Descensus uteri, neurogene Blase, Mißbildungen der ableitenden Harnwege. Häufig im zeitlichen Zusammenhang mit Sexualverkehr auftretend.

Sy: Dysurie (Brennen bei Miktion; Differentialdiagnose: Urethritis), Nachschmerz und terminale Hämaturie (besonders bei Trigonumbefall), Pollakisurie (gehäufte, meist auch nächtliche Miktion) sowie Blasentenesmen (schmerzhafter Harndrang). Bei Zystitis ohne Pyelitis wird kein Fieber und kein Flankenschmerz beobachtet.

Dg: charakteristisches klinisches Bild (s. o.) und Urinbefunde: Leukozyturie (keine Leukozytenzylinder!), evtl. Erythrozyturie, nur diskrete Proteinurie. Wegen bakteriziden Entzündungsprodukten Urin bakteriologisch häufig steril. Wichtig: bakteriologische Nachkontrolle (Mittelstrahlharn) nach Therapie zur Sicherung der bakteriologischen Sanierung. Blasenpunktion und Blasenkatheterismus zur bakteriologischen Sicherung der Diagnose ausnahmsweise notwendig.

DD: Urethritis (besonders beim Mann mit Dysurie stets wahrscheinlichste Dysurieursache). Bei länger dauernden oder rezidivierenden dysurischen Beschwerden müssen organische Blasenläsionen (Tumor, Tbc, Divertikel usw.) durch Zystoskopie ausgeschlossen werden. Vor allem bei gleichzeitigen Miktionsbeschwerden sind Blasenentleerungsstörungen oder neurogene Blase durch Uroflow-Untersuchung auszuschließen. Bei Frauen häufig dysurische Beschwerden bei negativer Bakteriologie und negativem organischem Befund (sog. „Reizblase", gut auf Imipramin ansprechend).

Th: Bei akuter symptomatischer Zystitis ohne urologische Begleiterkrankung kurzfristig (1–3 Tage) antibiotische Behandlung (z. B. Amoxicillin, Gyrasehemmer, Cotrimoxazol), ggf. als Einzeltherapie (single dose). Rezidivprophylaxe bei rezidivierenden Harnwegsinfekten: Trimethoprim (Trimanyl) oder Cotrimoxazol (Eusaprim, Omsat) 1 Tablette täglich. Medikamenteneinnahme abends (lange Harnverweilzeit nachts!), ggf. Gyrasehemmer (Barazan). Bei zeitlichem Zusammenhang zwischen Zystitis und Geschlechtsverkehr vor oder nach Verkehr 1 Tablette Cotrimoxazol oder Penicillin.

Symptomatisch: Reichlich Flüssigkeitszufuhr, lokale Wärme, Spasmolytika.

Rezidivprophylaxe bei rezidivierenden Harnwegsinfekten: Hexamethylentetramin und Mandelsäure (Mandelamine, 3–4mal 2 Tabl. tägl. unter Überprüfung der Harnansäurung [Urin-pH 6], Nitrofurantoin (Furadantin retard, ituran, 50–100 mg) oder Cotrimoxazol (Eusaprim, Omsat, 1 Tabl. täglich). Medikamenteneinnahme abends (lange Harnverweilzeit nachts!). Bei zeitlichem Zusammenhang zwischen Zystitis und Geschlechtsverkehr vor oder nach Verkehr 1 Tablette Cotrimoxazol.

Prgn: Bei akuter Zystitis klingen Beschwerden mit oder ohne Behandlung innerhalb weniger Tage ab. Problematisch ist jedoch die große Rezidivneigung.

25. Onkologie (einschließlich hämatologische Onkologie)

R. Herrmann, H. Wohlenberg und H. Fritsch

Definition

Die internistische Onkologie befaßt sich mit der medikamentösen Behandlung von Tumoren und malignen Systemerkrankungen, die durch Operation oder Bestrahlung nicht oder nicht ausreichend behandelt werden können. Die Diagnostik und die Nachsorge nach abgeschlossener Behandlung erfolgen in Zusammenarbeit mit anderen Disziplinen. Ziel der onkologischen Behandlung ist es, bei potentiell heilbaren Tumorerkrankungen in einem möglichst hohen Prozentsatz eine Heilung zu erreichen, bei palliativer Behandlungsaussicht unter Berücksichtigung des zu erwartenden Nutzens und des Risikos der Behandlung das Leben des Erkrankten zu verlängern und/oder durch Linderung der tumorbedingten Symptome die Lebensqualität zu verbessern. Die Betreuung von Patienten mit fortgeschrittenem Tumorleiden erfordert zudem den Einsatz unspezifischer palliativer Maßnahmen zur Behandlung oder Vermeidung tumor- oder therapiebedingter Komplikationen.

Allgemeine Onkologie

Antineoplastische Chemotherapie

Problematik und Testung

Seit etwa Mitte der vierziger Jahre versucht man, maligne Erkrankungen mit Medikamenten zu behandeln. Im deutschen Sprachgebrauch hat sich die Bezeichnung „Zytostatika" eingebürgert, obwohl die erhoffte Wirkung dieser Substanzen die Abtötung der Tumorzellen ist. Hauptproblem der antineoplastischen Chemotherapie ist die Tatsache, daß der Unterschied zwischen Tumorzellen und normalen Zellen so gering ist, daß bei einer Behandlung immer auch normale Zellen getroffen werden. Die Entdeckung der Substanzen und ihre Einführung in die Chemotherapie beruht zum größten Teil auf Zufallsbeobachtungen. Nur wenige Substanzen sind Ergebnis rationaler Überlegungen. Eine für die antineoplastische Behandlung in Frage kommende Substanz wird zunächst ausführlich experimentell in vitro und in Tierversuchen auf ihre Wirkung und Nebenwirkung

hin untersucht. Bei positivem Ergebnis erfolgt der Einsatz beim Menschen zunächst in Phase-I- oder Dosisfindungsstudien, in denen auch die spezifischen Nebenwirkungen erfaßt werden. Nur Patienten mit fortgeschrittener, konventionell ausbehandelter Tumorerkrankung dürfen in solche Studien aufgenommen werden. Die Wirksamkeit einer neuen Substanz wird dann in Phase-II-Studien an sog. Signaltumoren überprüft. Falls eine Substanz eine erfolgversprechende Wirkung zeigt, muß eine vergleichende Studie (Phase III) den Stellenwert der neuen gegenüber der bisherigen Standardtherapie zeigen.
Trotz intensiver Bemühungen sind die Wirkungsmechanismen vieler Zytostatika nicht im Detail aufgeklärt.

Einteilung der Zytostatika
Die Zytostatika werden in Gruppen eingeteilt, die definiert sind nach dem Wirkungsmechanismus oder der Herkunft (Tab. 25.**1**).

- *Alkylierende Substanzen* bilden kovalente Bindungen mit Nucleinsäuren (DNA, RNA) (z. B. Cyclophosphamid, Melphalan, Chlorambucil, Busulfan, Nitrosoharnstoffderivate, Cisplatin).
- *Antitumorantibiotika* wurden ursprünglich aus verschiedenen Streptomycesarten isoliert, z. T. werden sie jetzt synthetisch hergestellt (z. B. Bleomycin, Adriamycin, Mitomycin, Actinomycin).
- *Antimetaboliten* sind Analoga natürlicher Vorstufen oder Kosubstrate des Nucleinsäurestoffwechsels. Sie hemmen kompetitiv wichtige Enzyme und/oder werden in Nucleinsäuren eingebaut, was Funktionsstörungen zur Folge hat (z. B. Methotrexat, 5-Fluorouracil, Cytarabin, 6-Mercaptopurin, 6-Thioguanin).
- *Pflanzenalkaloide:* Hierzu zählt man die Vincaalkaloide (Vincristin, Vinblastin, Vindesin) und die Epipodophyllotoxine (Etoposid, Teniposid). Während die erste Gruppe durch ihre Bindung an das Tubulin u. a. eine Mitosehemmung bewirkt, ist der Wirkungsmechanismus der anderen Substanzen unklar.
- *Hormonell wirksame Substanzen:* Neben überwiegend synthetischen Hormonen (außer den Glucocorticoiden sind dies ausschließlich Sexualhormone) werden hierzu auch Substanzen gerechnet, die in hormonelle Mechanismen eingreifen (Tamoxifen, Aminoglutethimid).
- *Andere Substanzen:* Eine Reihe von Zytostatika läßt sich nicht zwanglos in die anderen Gruppen einordnen (Procarbazin, Dacarbazin, Asparaginase).

Indikationen zur Chemotherapie
Die Gesamtheit der malignen Erkrankungen stellt eine außerordentlich heterogene Gruppe dar. Aufgrund der bisherigen Behandlungsergebnisse erscheint eine auf das Ausgangsorgan bzw. -gewebe bezogene Unterteilung sinnvoll. Dennoch besteht auch hier noch eine Heterogenität, welche auf der einen Seite durch Charakteristika des Tumors, auf der anderen Seite durch Patientenfaktoren bedingt ist. Nach dem derzeitigen Stand lassen sich die malignen Erkrankungen entsprechend dem Behandlungserfolg einteilen:

- *Heilung möglich:*
  akute myeloische und akute lymphatische Leukämie,
  Morbus Hodgkin,
  hochmaligne Non-Hodgkin-Lymphome,
  Chorionkarzinom,
  Hodenkarzinom,
  Wilms-Tumor,
  embryonales Rhabdomyosarkom,
  Ewing-Sarkom,
  Osteosarkom,
  Ovarialkarzinom.

  Bei diesen Erkrankungen ist eine Heilung durch allgemeine Chemotherapie auch im fortgeschrittenen Stadium möglich. Die Chance einer Heilung ist abhängig von verschiedenen prognostischen Faktoren. Insgesamt ist sie z. B. beim Hodenkarzinom hoch und beim Ovarialkarzinom niedrig.

- *Lebensverlängerung möglich:*
  Mammakarzinom,
  chronische Leukämien,
  niedrigmaligne Non-Hodgkin-Lymphome,
  Plasmozytom,
  kleinzelliges Bronchialkarzinom,
  Weichteilsarkome,
  Magenkarzinom,
  Neuroblastom,
  HNO-Tumoren.

  Bei diesen Tumoren führt die Chemotherapie zwar nicht zu einer Heilung. Durch eine vorübergehende Tumorrückbildung bei einem Teil der Patienten wird jedoch die Überlebenszeit der gesamten behandelten Patientengruppe verlängert.

Tabelle 25.1 Die gebräuchlichsten Zytostatika und antineoplastisch wirksamen Hormone

Chemische Kurzbezeichnung	Handelsname	Applikationsart	Wichtigste Indikationen	Wichtigste Nebenwirkungen
Cyclophosphamid	Endoxan Cyclostin	i.v. p.o.	maligne Lymphome, Mammakarzinom, Ovarialkarzinom, Bronchialkarzinom, Sarkome	M, A, Ü/E, hämorrhagische Zystitis (Prophylaxe durch Uromitexan)
Ifosfamid	Holoxan	i.v.	maligne Lymphome, Hodenkarzinom, Sarkome	vgl. Cyclophosphamid
Melphalan	Alkeran	p.o.	Plasmozytom, Ovarialkarzinom	M
Chlorambucil	Leukeran	p.o.	chronische lymphatische Leukämie, maligne Lymphome, Mammakarzinom	M
Busulfan	Myleran	p.o.	chronische myeloische Leukämie	M
Carmustin Lomustin	Carmubris Cecenu	i.v. p.o.	maligne Lymphome, primäre Hirntumoren, gastrointestinale Karzinome	M, Ü/E, A
Cisplatin	viele verschiedene	i.v.	Hodenkarzinom, Plattenepithelkarzinome, Sarkome, Ovarialkarzinom	Ü/E, Nephro-, Oto-, Neurotoxizität, M, A
Carboplatin	Carboplat	i.v.	Ovarial-, Bronchialkarzinom	M, Ü/E
Bleomycin	Bleomycinum Mack	i.v.	Plattenepithelkarzinome, maligne Lymphome, Hodenkarzinom	Fieber, Lungenfibrose, Hautveränderungen
Adriamycin (Doxorubicin)	Adriblastin	i.v.	Mammakarzinom, Bronchialkarzinom, maligne Lymphome, Magenkarzinom, Sarkome, akute Leukämien	M, Ü/E, A, Stomatitis, Kardiotoxizität, Nekrose bei Extravasation
Epirubicin	Farmorubicin	i.v.	Mammakarzinom, maligne Lymphome, Sarkome	vgl. Adriamycin
Mitoxantron	Novantron	i.v.	Mammakarzinom, maligne Lymphome	M, Kardiotoxizität
Mitomycin C	Mitomycin medac	i.v.	Mammakarzinom, Magenkarzinom	M, Ü/E, Nephrotoxizität, Lungenfibrose
Methotrexat	viele verschiedene	i.v. i.m. p.o. i.th.	akute lymphatische Leukämie, maligne Lymphome, Mammakarzinom, Plattenepithelkarzinome, Osteosarkom	M, Stomatitis, Diarrhö, Nephrotoxizität, NB: Bei höheren Dosen ist die rechtzeitige Gabe von Folinsäure (Leucovorin) erforderlich
5-Fluorouracil	Fluoro-uracil „Roche“, Fluroblastin	i.v. i.a. p.o.	Mammakarzinom, gastrointestinale Karzinome	M, Stomatitis, Diarrhö
Cytarabin	Alexan Udicil	i.v. s.c. i.th.	akute Leukämien	M, Ü/E, Stomatitis, Fieber

Tabelle 25.1 (Fortsetzung)

Chemische Kurzbezeichnung	Handelsname	Applikationsart	Wichtigste Indikationen	Wichtigste Nebenwirkungen
6-Mercaptopurin 6-Thioguanin	Puri-Nethol Thioguanin-Wellcome	p.o.	akute Leukämien, chronische myeloische Leukämie	M, Stomatitis
Vincristin	verschiedene	i.v.	maligne Lymphome, akute lymphatische Leukämie	Neurotoxizität, Nekrose bei Extravasation
Vinblastin	Velbe	i.v.	maligne Lymphome, Hodenkarzinom	M, Neurotoxizität, A, Nekrose bei Extravasation
Vindesin	Eldisine	i.v.	maligne Lymphome, Mammakarzinom	M, Neurotoxizität, A, Nekrose bei Extravasation
Etoposid	Vepesid	i.v. p.o.	maligne Lymphome, Bronchialkarzinom, Hodenkarzinom	M, Phlebitis, A
Procarbazin	Natulan	p.o.	maligne Lymphome	M
Dacarbazin	DTIC-Dome Deticene	i.v.	malignes Melanom, maligne Lymphome	Ü/E, M
Tamoxifen	viele verschiedene	p.o.	Mammakarzinom	Ü, Hitzewallungen, Hyperkalzämie
Aminoglutethimid	Orimeten	p.o.	Mammakarzinom	Müdigkeit, Hautausschlag, Hypotonie
Medroxyprogesteronacetat	Clinovir Farlutal	p.o. i.m.	Mammakarzinom, Korpuskarzinom	Gewichtszunahme, Vaginalblutungen
Estramustin	Estracyt	i.v. p.o.	Prostatakarzinom	Ü, M, Gynäkomastie

M = Myelotoxizität (Leukopenie, Thrombopenie, Anämie)
Ü/E = Übelkeit/Erbrechen
A = Alopezie (Haarausfall)

– *Lebensverlängerung nicht gesichert:* nichtkleinzelliges Bronchialkarzinom, Dickdarmkarzinom, Pankreas-, Leber-, Gallenkarzinom, malignes Melanom, Schilddrüsenkarzinom, Hypernephrom, Prostatakarzinom, Glioblastom.

  Obwohl auch bei einzelnen dieser Tumoren Rückbildungen ereicht werden können, ist ein Einfluß der Chemotherapie auf die Gesamtüberlebenszeit nicht gesichert.

Applikationsmöglichkeiten der Chemotherapie

Die meisten Zytostatika werden i. v. als Bolus- oder als Kurzinfusion appliziert. Bei einigen Substanzen ist die orale Verabreichung möglich. Hierbei können jedoch Probleme auftreten wegen unzureichender Compliance oder bei Resorptionsstörungen infolge von Schleimhautschäden. Länger dauernde Infusionen verbessern bei einigen Substanzen möglicherweise den therapeutischen Index (Verhältnis von Wirkung zu Nebenwirkung), sind jedoch in der Handhabung naturgemäß viel schwieriger und aufwendiger. Die intraarterielle Chemotherapie bietet gegenüber der intravenösen kaum einen Vorteil, es sei denn, es findet bereits eine Entgiftung der

Substanz statt, bevor sie in das venöse System gelangt. Dies ist der Fall bei Substanzen, die in die Leberarterie appliziert und vom Lebergewebe teilweise abgebaut werden. Der praktische Nutzen für den Patienten mit auf die Leber begrenzten Metastasen oder Primärtumor ist im Hinblick auf die Überlebenszeit bisher nicht erwiesen. Bei der isolierten Perfusion von Extremitäten oder Organen können um ein Vielfaches höhere Substanzkonzentrationen erreicht werden, mit oft dramatischer Tumorrückbildung.

Kombinationschemotherapie

Die medikamentöse Behandlung maligner Erkrankungen erfolgt in der Regel mit einer Kombination mehrerer Substanzen. Idealerweise werden Medikamente kombiniert, deren Toxizitätsspektrum sich nur wenig überschneidet, so daß die maximal tolerable Dosis der Einzelsubstanzen nicht wesentlich reduziert werden muß. Im Vergleich zur Monotherapie ist die Kombinationschemotherapie dann erfolgreich, wenn 1. sich die Einzelwirkungen addieren, 2. sich die Chance, daß primär resistente Zellen übrigbleiben, reduziert und 3. die frühzeitige Entwicklung neuer Resistenzen verhindert wird.

Neuere Erkenntnisse über den Wirkungsmechanismus insbesondere der Antimetaboliten haben zur Entwicklung von Kombinationsschemata geführt, welche gegenseitige Wirkungssteigerungen der Medikamente zum Ziel haben.

Adjuvante Chemotherapie

Eine adjuvante Chemotherapie wird dann durchgeführt, wenn ein Tumor zwar durch Operation und/oder Bestrahlung entfernt ist, der Patient also, soweit erkennbar, tumor- und metastasenfrei ist, jedoch ein hohes Risiko besteht, daß es im weiteren Verlauf zu einem Rezidiv kommt. Die adjuvante Chemotherapie ist nur sinnvoll bei Tumoren, die auch im metastasierten Stadium eine deutliche Empfindlichkeit gegenüber Zytostatika zeigen. Je geringer das Risiko eines Rezidivs, desto mehr Patienten werden unnötig den Risiken der Chemotherapie ausgesetzt. Ziel ist die Steigerung der Heilungsrate. Ein Nutzen der adjuvanten Chemotherapie ist bei Untergruppen des Mammakarzinoms gesichert. Eine adjuvante Hormontherapie ist günstig beim Mammakarzinom in der Postmenopause.

Unter *neoadjuvanter oder Induktionschemotherapie* versteht man den Einsatz der Chemotherapie als primäre Behandlungsmodalität auch bei lokal begrenzten, einer Operation oder Bestrahlung zugänglichen Tumoren. Es schließt sich eine definitive chirurgische Entfernung oder eine Bestrahlung des Tumors oder des Tumorbettes an. Eine neoadjuvante Chemotherapie wird u. a. beim Osteosarkom und bei Plattenepithelkarzinomen im Kopf- und Halsbereich eingesetzt.

Nebenwirkungen der antineoplastischen Chemotherapie

Orientierung an den Nebenwirkungen

Die Ähnlichkeit des Wachstumsverhaltens maligner und normaler Gewebe bedingt, daß alle Mittel zur Behandlung von Tumoren auch normale Gewebe treffen. Zytostatika unterscheiden nicht zwischen normalen und malignen Zellen. Die Schädigung normaler Gewebe wird als unerwünschte oder Nebenwirkung bezeichnet. Sie verhindert die Gabe höherer, möglicherweise effektiverer Dosen. Im Gegensatz zu anderen Pharmaka orientiert sich die Dosierung von Zytostatika in der Regel nicht am Effekt, sondern an den Nebenwirkungen. Bevorzugt werden Gewebe mit kurzen Zellzyklen geschädigt. Einzelne Substanzen können aber auch ganz charakteristische Organschäden hervorrufen. Das Ausmaß der noch akzeptierten akuten reversiblen Nebenwirkung ist abhängig vom Therapieziel. Bei kurativem Ziel sollten auch stärkere Nebenwirkungen in Kauf genommen werden, falls dadurch die Heilungschance erhöht wird. Hier werden nur die wichtigsten Nebenwirkungen aufgeführt.

Übelkeit und Erbrechen

Übelkeit und Erbrechen wird von den meisten Patienten als gravierendste Nebenwirkung empfunden. Sie wird ausgelöst durch direkte Stimulation zentraler Strukturen. Die Mehrzahl der Zytostatika ist potentiell emetogen. Antimetaboliten in normaler Dosis führen selten, Tumorantibiotika häufig und Cisplatin in der Regel zu starkem Erbrechen. Entscheidend für die Behandlung ist die rechtzeitige, d. h. prophylaktische Gabe von Antiemetika in ausreichender Dosis. Die Einführung von spezifischen Serotoninantagonisten (Ondansetron, Granisetron) hat hier eine erhebliche Verbesserung gebracht.

Haarausfall

Haarausfall ist zwar ungefährlich, wird jedoch von vielen Patienten als eine einschneidende, stigmatisierende Nebenwirkung angesehen und ist nicht selten ein wesentlicher Grund für die Ablehnung einer Chemotherapie. Das Risiko des Haarausfalls ist von der Substanz und von der verabreichten Dosis abhängig. Es gibt eine Reihe von Substanzen, die nur selten Haarausfall induzieren. Haarausfall beginnt etwa 3 Wochen nach der ersten Chemotherapie. Nach Beendigung der Behandlung tritt innerhalb von Wochen normaler Haarwuchs ein. In einigen Fällen ist es möglich, durch lokale Kälteapplikation die Durchblutung der Kopfhaut so weit zu reduzieren, daß die in diesem Bereich verminderte Substanzkonzentration keinen Haarausfall mehr verursacht. Allerdings ist die Kälteapplikation so unangenehm, daß sie von vielen Patienten nicht toleriert wird.

Knochenmarktoxizität

Die Knochenmarktoxizität, welche sich in Leukozytopenie, Thrombozytopenie und Anämie äußert, ist eine reversible, für viele Zytostatika jedoch dosislimitierende Nebenwirkung. Das Ausmaß der zu erwartenden Knochenmarktoxizität bestimmt in der Regel die Dosis der Zytostatika, wobei individuell die Knochenmarkreserve sehr unterschiedlich sein kann. Verstärkte Knochenmarktoxizität ist unter anderem zu erwarten bei alten Patienten, bei schlechtem Allgemeinzustand, nach vorangegangener Chemotherapie und/oder Bestrahlung und bei gestörtem Zytostatikametabolismus. Nur wenige Zytostatika verursachen in der üblichen Dosierung keine oder nur geringe Knochenmarktoxizität (z. B. Vincristin, Bleomycin). Nach Verabreichung der Zytostatika ist der niedrigste Wert der Leukozyten (Nadir) nach 1–2 Wochen zu erwarten. Bis zur vollständigen Erholung vergehen weitere 1–2 Wochen. Eine Ausnahme bilden die Nitrosoharnstoffderivate und das Mitomycin C mit einem Leukozytentiefstwert nach ca. 4 Wochen. Die Leukozytopenie ist in der Regel gravierender als die Thrombozytopenie. Wegen der längeren Überlebenszeit der Erythrozyten dauert es mehrere Wochen, bis eine chemotherapieinduzierte Anämie auftritt. In der überwiegenden Mehrzahl der Fälle wird die Zytopenie vom Patienten nicht bemerkt. Fallen jedoch die Granulozyten auf Werte unter 500/μl, steigt das Risiko einer schweren Infektion erheblich. Fieber in dieser Situation erfordert eine umgehende stationäre Behandlung. Ein Thrombozytenabfall unter 20 000 in Verbindung mit einer Blutungsneigung erfordert die Transfusion von Thrombozytenkonzentraten. Erythrozytenkonzentrate sollten transfundiert werden, falls eine symptomatische Anämie auftritt.

Schleimhauttoxizität

Schleimhauttoxizität manifestiert sich überwiegend an der Mundschleimhaut. Bei annähernd 40% aller Patienten, welche Zytostatika erhalten, treten orale Komplikationen auf. Dies ist von Bedeutung einerseits wegen der subjektiven Beeinträchtigung und andererseits wegen der Infektionsgefahr, welche bei gestörter Schleimhautfunktion von den reichlich im Mund vorhandenen Bakterien ausgeht. Besonders gefährdet sind Patienten, welche mit Antimetaboliten und/oder Tumorantibiotika behandelt werden. Leichte Fälle äußern sich durch Brennen im Mund, in sehr schweren Fällen kommt es zu Exulzerationen, welche eine Nahrungsaufnahme unmöglich machen. Vorbeugend ist eine konsequente Mundhygiene nützlich. Therapeutisch sind bei Pilzbefall Antimykotikasuspensionen oder -lutschtabletten indiziert. Im übrigen sind nur symptomatische Maßnahmen möglich, wie Lokalanästhetika, systemische Analgetika und evtl. parenterale Ernährung.

Neurotoxizität

Neurologische Symptome treten im Verlauf einer malignen Erkrankung bei den meisten Patienten auf. Ein großer Teil wird durch die Erkrankung direkt oder indirekt verursacht. Bei der zytostatikainduzierten Toxizität muß zwischen akuten Enzephalopathien (Hochdosis- oder Intrathekalmethotrexat, 5-Fluorouracil u. a.), chronischen Enzephalopathien (Methotrexat und Radiotherapie), zerebellaren Symptomen (5-Fluorouracil) und peripheren Neuropathien (Vincaalkaloide, Cisplatin u. a.) unterschieden werden. Es besteht zumeist eine klare Beziehung zwischen Dosis und Grad der Nebenwirkung. Bei der Mehrzahl der Patienten bilden sich die neurologischen Symptome nach Absetzen der verantwortlichen Substanz oder Dosisreduktion zurück. Behandlungsmöglichkeiten sind nicht bekannt.

Organtoxizität

Lunge: Der pulmonalen Toxizität von Zytostatika liegt in den meisten Fällen eine interstitielle Pneumonitis zugrunde. Klinisch äußert sich dies in Dyspnoe und trockenem Husten. Bleomycin, BCNU, Busulfan und Mitomycin C sind die wichtigsten dafür verantwortlichen Substanzen. Es besteht eine klare Beziehung zwischen verabreichter Dosis und Risiko des Auftretens. Eine spezifische Behandlung ist nicht bekannt. Wegen der Gefahr einer weiteren Verschlechterung sollten, wenn möglich, hohe Sauerstoffgaben vermieden werden.

Herz: Die Gefahr einer Herzmuskelschädigung besteht bei der Verabreichung von Adriamycin, Epirubicin und Mitoxantron. Bei Beachtung der empfohlenen Höchstdosen ist das Risiko gering. Schon bestehende Herzerkrankung und Strahlenbelastung des Herzens erhöhen das Risiko. Zuverlässige Methoden zur Früherkennung (Herzkatheter, nuklearmedizinische Techniken) sind zu aufwendig, praktikablere Methoden vergleichsweise unzuverlässig ,(Echokardiographie, systolische Zeitintervalle) oder ungeeignet (EKG). Beim Auftreten klinischer Zeichen der Herzinsuffizienz ist die Kardiomyopathie trotz Absetzens des Zytostatikums nicht mehr reversibel. Die Behandlung entspricht derjenigen bei anderen Kardiomyopathien.

Niere: Im Verlauf einer zytostatischen Behandlung kann es zu Nierenfunktionsstörungen kommen durch einen direkten toxischen Effekt der Substanzen auf das Nierenparenchym, durch sekundäre Veränderungen wie z. B. das Tumorlysesyndrom (Hyperurikämie, Elektrolytstörungen), Volumenmangel, nephrotoxische Begleitmedikationen (z. B. Aminoglykoside) oder tumorbedingte Obstruktion. Bei den Zytostatika ist insbesondere die nephrotoxische Potenz von Cisplatin und Methotrexat von Bedeutung. Methotrexat wird ganz überwiegend renal ausgeschieden. Bei höheren Dosen kann es zur Ausfällung von Methotrexat in den Nierentubuli mit ensprechendem Tubulusschaden kommen. Eine dadurch eingeschränkte Nierenfunktion führt zur Verzögerung der Methotrexatausscheidung und zu schweren systemischen Nebenwirkungen. Ausreichende Flüssigkeitszufuhr und Alkalisierung des Urins verhindern die Nierenschädigung. Unter Cisplatinbehandlungen können schwere Tubulusnekrosen auftreten. Diese Nebenwirkung ist dosisabhängig. Das Risiko von Nierenfunktionsstörungen kann durch reichliche Diurese deutlich reduziert werden, wobei bevorzugt Kochsalzlösungen zur Infusion verwendet werden.

Gonaden: Mit der zunehmenden Zahl durch Chemotherapie geheilter, insbesondere junger Menschen gewinnt die Einwirkung der Chemotherapie auf die Gonadenfunktion an Bedeutung. Die Chemotherapie des Morbus Hodgkin mit dem üblichen DeVita-Schema führt bei allen Männern zu einer Azoospermie, die in weniger als 10% der Fälle reversibel ist. Eine gravierende Beeinträchtigung der Spermatogenese ist gesichert nach Behandlung mit alkylierenden Substanzen und Procarbazin, wahrscheinlich nach Adriamycin und Cisplatin und unwahrscheinlich nach Methotrexat und 5-Fluorouracil. Das Risiko einer permanenten Infertilität ist abhängig von Art, Dosis und Dauer der Verabreichung. Nach der Chemotherapie von Hodenkarzinomen kommt es bei der Mehrzahl der Fälle wieder zu einer Normalisierung der Spermatogenese. Ein hoher FSH-Spiegel ist Hinweis auf eine Keimzellaplasie.

Bei erwachsenen Frauen ist das Risiko einer zytostatikainduzierten Kastration altersabhängig. Bei gleicher Substanz und Dosis versagt bei älteren Frauen die Ovarialfunktion häufiger, auch irreversibel. Junge Frauen, bei denen sich die Ovarialfunktion nach der Chemotherapie wieder normalisiert hat, kommen deutlich früher in die Menopause. Verantwortlich sind die gleichen Substanzen, welche bei Männern eine Keimzellaplasie induzieren.

Die Gonadenfunktion ist bei präpubertären und pubertären Kindern weniger empfindlich gegenüber einer Chemotherapie. Bei sehr hohen Dosen können jedoch auch hier irreversible Schäden auftreten.

Mutagenität

Genetische Störungen oder Mißbildungen sind bei Kindern, die nach Abschluß einer Chemotherapie gezeugt wurden, kaum häufiger.

Teratogenität

Werden im ersten Trimenon einer Schwangerschaft Zytostatika verabreicht, besteht ein hohes Risiko eines Aborts oder einer Mißbildung. Dagegen treten bei Chemotherapie im zweiten und dritten Trimenon nur selten Mißbildungen auf.

Kanzerogenität

Ursachen für ein Zweitmalignom können sein:

- zufällige Koinzidenz,
- Prädisposition,
- krankheits- oder behandlungsbedingte Immunsuppression,
- direkte Kanzerogenität von Medikamenten.

Durch langdauernde Behandlung mit alkylierenden Substanzen und/oder Procarbazin kann eine akute myeloische Leukämie induziert werden. Das Risiko ist dosisabhängig. Cyclophosphamid führt dosisabhängig zu einem gering erhöhten Blasenkarzinomrisiko. Andere Zusammenhänge sind bisher nicht gesichert. Antimetaboliten haben keinen direkten kanzerogenen Effekt, führen jedoch zu einer Immunsuppression, in deren Folge wahrscheinlich etwas vermehrt maligne Lymphome und Hautkarzinome auftreten. Insgesamt ist das Risiko eines therapiebedingten Zweitmalignoms so gering, daß eine Therapieentscheidung grundsätzlich nicht davon abhängen sollte. Insbesondere bei längerfristiger Alkylantientherapie muß jedoch die Indikation auch im Hinblick auf das Kanzerogenitätsrisiko immer wieder überprüft werden.

Erfolgskriterien bei der Tumorbehandlung

Zur Dokumentation des Therapieerfolges werden vor Behandlungsbeginn Parameter festgelegt, an deren Verlauf Erfolg oder Mißerfolg festgestellt werden kann. Unsichere Verlaufsparameter sind: Allgemeinbefinden, Körpergewicht, Schmerzen, Appetit, da sie auch durch andere innere und äußere Faktoren beeinflußt werden können. Für eine auf möglichst große Objektivität ausgerichtete Dokumentation sind diese Parameter zur Erfolgsbeurteilung alleine nicht geeignet. Dennoch spielt bei der Beurteilung des Therapie-Effektes einer antineoplastischen Chemotherapie der von Karnofsky aufgestellte *Index* der körperlichen Leistungsfähigkeit eine große Rolle. Es werden 10 Grade unterschieden, die ein Maß für die *Lebensqualität* des Erkrankten darstellen:

100%: Beschwerdefreiheit, Krankheitszeichen fehlen;
90%: Arbeitsfähigkeit uneingeschränkt, geringe Symptome;
80%: Arbeitsfähigkeit eingeschränkt;
70%: Arbeitsunfähigkeit;
60%: Hilfsbedürftigkeit;
50%: Pflegebedürftigkeit;
40%: Bettlägerigkeit;
30%: Krankenhauspflege;
20%: Intensivtherapie nötig;
10%: moribunder Zustand.

Übliche Verlaufsparameter sind in der Größe meßbare Metastasen in den Lymphknoten, der Haut, der Leber, den Lungen und anderen Organen. Knochenmetastasen sind nur bedingt geeignet, da Besserungen in der Regel erst nach mehreren Monaten erkennbar sind.

International sind zur Zeit folgende Definitionen gültig:

- *Vollremission (CR):* Verschwinden sämtlicher Tumormanifestationen, kein Auftreten neuer Metastasen.
- *Teilremission (PR):* Verkleinerung des Produkts der beiden größten senkrecht aufeinander stehenden Durchmesser einer Metastase um mindestens 50%. Kein Auftreten neuer Metastasen.
- *Stillstand (NC):* Weniger als 50% Verkleinerung und weniger als 25% Vergrößerung des Produkts der beiden größten senkrecht aufeinander stehenden Durchmesser einer Metastase. Kein Auftreten neuer Metastasen.
- *Progression (PD):* Mehr als 25% Vergrößerung des Produkts der beiden größten senkrecht aufeinander stehenden Durchmesser einer Metastase.

Nach Feststellung einer Vollremission ist das Risiko eines Rezidivs ebenso wie die Chance einer Heilung abhängig von der Tumorart und von der primären Ausdehnung des Tumors.

Hormontherapie

Das Wachstumsverhalten einiger Tumoren wird beeinflußt vom jeweiligen hormonellen Milieu. Für die Therapie hat die Änderung dieses Milieus eine Bedeutung beim Mammakarzinom, beim Prostatakarzinom und beim Endometriumkarzinom. Beim Mammakarzinom besteht eine klare Korrelation zwischen dem Nachweis von Östrogenrezeptorprotein (und Progesteronrezeptorprotein) im Zytoplasma der Tumorzellen und dem Ansprechen auf hormonelle Behandlungsmaßnahmen. Die Bestimmung des Hormonrezeptorgehaltes im Tumorfrischgewebe zum Zeitpunkt der Operation ist obligat. Man unterscheidet zwischen ablativen (Ovarektomie, Orchidektomie) und additiven Maßnahmen. Beim Endometriumkarzinom steht an erster Stelle die Behandlung mit Gestagenen, beim Prostatakarzinom mit Orchidektomie, Antiandrogenen oder LHRH-Agonisten (z. B. Buserelin) und beim Mammakarzinom mit Tamoxifen, einem Antiöstrogen. Wegen der geringen Nebenwirkungen ist die Hormontherapie bei geeigneten Fällen der Chemotherapie immer vorzuziehen. Ziel der Hormontherapie ist die Tumorverkleinerung, zumindest jedoch die Wachstumshemmung. Die additiven Maßnahmen sollten beim Nachweis einer Tumorprogression beendet werden.

Immuntherapie

Unter unspezifischer Immuntherapie versteht man den Versuch, eine gegen die Krebserkrankung gerichtete Abwehrreaktion des Organismus zu stimulieren. Behandlungen mit BCG, Corynebacterium parvum, Levamisol u. a. haben jedoch bisher nicht zu überzeugenden Ergebnissen geführt.
Gegen Tumorzellantigene gerichtete monoklonale Antikörper können sich in vitro und in vivo an Tumorzellen binden. Vereinzelt wurden Tumorverkleinerungen festgestellt.
Zum jetzigen Zeitpunkt ist jegliche Immuntherapie experimentell und darf nur im Rahmen kontrollierter Studien eingesetzt werden.

Krebsmedikamente mit fraglicher Wirksamkeit

Außerhalb der sog. Schulmedizin wird eine große Anzahl von Medikamenten angeboten, die gegen Krebserkrankungen oder zu ihrer Vorbeugung wirksam sein sollen. Zu unterscheiden sind aus Pflanzen gewonnene Substanzen (z. B. Mistelextrakte), chemisch definierte Stoffe (Vitamine), aus Organen gewonnene Stoffe (z. B. Thymuspräparate), Homöopathika und anderes (z. B. Petroleum). Gemeinsam ist diesen Substanzen, daß sie bisher nicht den erforderlichen Wirksamkeitsnachweis erbracht haben. Zudem liegen für die meisten Substanzen nicht die nach dem neuen Arzneimittelgesetz vorgeschriebenen vorklinischen Untersuchungen vor. Eine für den Patienten positive Immunmodulation ist in keinem Fall erwiesen. Der Einsatz dieser Substanzen anstelle einer Chemotherapie bei durch Chemotherapie heilbaren Erkrankungen muß als Kunstfehler angesehen werden.

Maligne Ergüsse

Pleuraerguß: Am häufigsten sind Patienten mit Bronchialkarzinom, Mammakarzinom oder malignen Lymphomen betroffen. Der Erguß äußert sich meist durch Dyspnoe. Ursache ist ein Mißverhältnis von Produktion und Reabsorption von Pleuraflüssigkeit durch Pleurametastasen oder Obstruktion von Lymphgefäßen oder Venen. Der Erguß ist in der Regel eiweißreich (Exsudat). Bei ausgeprägter mediastinaler Lymphadenopathie als Ursache des Ergusses findet man jedoch ein Transsudat. Ein Tumorzellnachweis gelingt in etwa ⅔ der Fälle von malignem Pleuraerguß. Die Diagnose kann erhärtet werden durch den Nachweis von CEA (über 12 ng/ml) im Erguß und durch Thorakoskopie. Ziel der Behandlung ist die Besserung von Beschwerden. Dies kann erreicht werden durch eine spezifische Chemotherapie der Grundkrankheit, bei mediastinalen Lymphomen evtl. durch Bestrahlung oder durch eine unspezifische Therapie mit dem Ziel, die Pleura visceralis und die Pleura parietalis zu verkleben, um damit die Ergußneubildung zu verringern. Die besten Ergebnisse werden erzielt mit Tetracyclininstillationen, wobei der Erguß vorher möglichst vollständig entfernt sein sollte.

Aszites: In abnehmender Häufigkeit wird maligner Aszites verursacht durch Ovarial-, Endometrium-, Mamma-, Kolon- und Pankreaskarzinom. Die Diagnose wird gestellt durch den Nachweis von Tumorzellen im Aszitespunktat. Der Nachweis aneuploider Zellen oder eines CEA-Wertes über 12 ng/ml spricht ebenfalls für Malignität. Andere Ursachen eines Aszites (Leberzirrhose, Tuberkulose, Herzinsuffizienz usw.) sollten auch bei einem Tumorpatienten erwogen werden. Chylöser Aszites ist Folge einer Abflußstörung intestinaler Lymphe. Er kann auftreten unter anderem bei tumoröser Obstruktion der Lymphgefäße und nach retroperitonealer Lymphadenektomie. Therapeutisch steht an erster Stelle die systemische Behandlung der Grundkrankheit. Bei geringer Erfolgsaussicht oder nachgewiesener Ineffektivität kommt die intraperitoneale Applikation von radioaktivem Gold, 5-Fluorouracil, Mitoxantron oder Bleomycin in Frage. Selten ergibt sich die Indikation für einen peritoneovenösen Shunt.

Perikarderguß: Ein maligner Perikarderguß entsteht durch tumoröse Infiltration des Perikards per continuitatem, lymphogen oder hämatogen. Die häufigsten Primärtumoren sind Bronchialkarzinom, Mammakarzinom, Leukämie, maligne Lymphome und malignes Melanom. Selten kann ein Sarkom des Herzens oder ein Mesotheliom zugrunde liegen. Die Symptome sind meist unspezifisch: Dyspnoe, Husten, Tachykardie, Zyanose, Schmerzen. Unbehandelt kommt es zur Herztamponade und zum plötzlichen Herztod. Die Diagnose wird gestellt anhand der klinischen Befunde, des Röntgenbilds, der Echokardiographie und des Zytologiebefunds nach Probepunktion. Der zytologische Befund ist häufig falsch negativ. Dabei sollte in jedem Falle auch eine nichtneoplastische Ursache des Perikardergusses (Bestrahlungsfolge, Tuberkulose, Kollagenose) erwogen werden. Nach einer Entlastung durch Punktion kommt als Therapie an erster Stelle die systemische zytostatische oder hormonelle Behandlung der Grundkrankheit, bei malignem Lymphom oder Leukämien auch die Bestrahlung in Frage. Ist die Erfolgsaussicht der systemischen Behandlung gering, kann eine Perikardfensterung, in seltenen Fällen auch eine Perikardektomie durchgeführt werden. Alternativ besteht die Möglichkeit einer Sklerosierung des Perikards durch Instillation von Tetracyclin oder radioaktivem Gold.

Multidisziplinäre Therapie

Für die Betreuung von Patienten, die an einem fortgeschrittenen soliden Tumor leiden, ist die interdisziplinäre Therapieplanung eine wichtige Voraussetzung. Chirurgische Maßnahmen können erforderlich werden zur Palliation von Beschwerden und Komplikationen oder als Teil eines Therapiekonzepts (z. B. Metastasenchirurgie, Verkleinerung der Tumormasse, Relaparotomie zur Kontrolle des Therapieerfolges). Einzelne auf die Leber begrenzte Metastasen eines Dickdarmkarzinoms stellen ebenso eine Indikation zur operativen Entfernung dar wie nach einer Chemotherapie noch verbliebene Metastasen eines Hodenkarzinoms. Eine kombinierte Chemo- und Strahlentherapie kann sinnvoll sein, wenn bei disseminierter Erkrankung im besonders gefährdeten Bereich durch die Strahlentherapie eine Verminderung des Rezidivrisikos erreicht werden kann (z. B. Morbus Hodgkin). Dabei wird in der Regel die systemische Behandlung zuerst durchgeführt. Eine gleichzeitige Chemo- und Radiotherapie ist nützlich bei Substanzen, die den Effekt der Bestrahlung günstig beeinflussen (z. B. 5-Fluorouracil in Kombination mit Bestrahlung bei Plattenepithelkarzinomen).

Notfälle in der Onkologie

Im Verlauf einer Tumorerkrankung können Situationen auftreten, die entweder akut lebensbedrohend sind oder zu irreversiblen Schäden führen. Seltener sind solche Notfälle erstes Symptom einer Tumorerkrankung. Ausmaß der Diagnostik und Aggressivität der Behandlung orientieren sich an der kurzfristigen Prognose des Patienten. Nur wenn keine Möglichkeit besteht, durch die Beherrschung des Notfalls die Prognose günstig zu beeinflussen, kann auf spezifische Behandlungsmaßnahmen verzichtet werden. In allen anderen Fällen muß die Behandlung unverzüglich eingeleitet werden. In vielen Fällen kann dadurch über Monate, selten auch über Jahre eine befriedigende Palliation erreicht werden.

Hirndruck s. Kap. Neurochirurgie.

Das *Vena-cava-superior-Syndrom* (obere Einflußstauung) äußert sich durch Dyspnoe, Halsvenenstauung sowie Hals- und Gesichtsschwellung. Dieses Syndrom wird ausgelöst durch eine Tumorkompression oder Tumorinfiltration der oberen Hohlvene, gelegentlich in Verbindung mit einer Thrombose. Die klinische Diagnose wird gestützt durch den Befund der Thoraxröntgenaufnahme. Falls die Primärtumordiagnose bereits gesichert ist, wird je nach Primärtumor entweder bestrahlt oder chemotherapiert. Bei unbekanntem Primärtumor steht die Strahlentherapie an erster Stelle, wobei nach Verkleinerung des Tumors eine histologische Sicherung anzustreben ist.

Die *Rückenmarkkompression* wird in der Regel ausgelöst durch epidural wachsende Tumormetastasen. Bei soliden Tumoren besteht zumeist eine Metastasierung der Wirbelsäule mit extraossärer Ausbreitung. Bei malignen Lymphomen (Morbus Hodgkin, Non-Hodgkin-Lymphome) wird die Rückenmarkkompression ausgelöst durch direkte Ausdehnung des Tumors von befallenen paravertebralen Lymphknoten durch die Foramina intervertebralia. Klinische Zeichen für eine beginnende Rückenmarkkompression sind Schmerzen, Schwäche, autonome Dysfunktion und Empfindungsstörungen. Auch bei länger zurückliegender Tumorprimärdiagnose sollten diese Symptome Anlaß für eine eingehende Untersuchung sein. Nachweis bzw. Ausschluß der Rückenmarkkompression erfordert die Myelographie, die Computertomographie und/oder die Kernspintomographie. Therapeutisch ist abhängig von der Grunderkrankung die sofortige Operation und/oder Bestrahlung einzuleiten. Die frühzeitige Diagnose und Therapie sind für die Prognose entscheidend. Die Chance für eine Restitution ist um so größer, je früher die Diagnose gestellt ist. Prognostisch ungünstig sind autonome Dysfunktionen. Bei Vorhan-

densein einer Paraplegie ist in weniger als 10% der Fälle mit einer späteren Gehfähigkeit zu rechnen.
Für eine *Hyperkalzämie* sind bösartige Erkrankungen die häufigste Ursache. Sie ist überwiegend Folge eines vermehrten Knochenabbaus. Patienten mit Plasmozytom, Bronchialkarzinom oder Mammakarzinom sind vergleichsweise häufig betroffen. Eine Knochenmetastasierung ist nicht immer nachweisbar. Klinisch äußert sich die Hyperkalzämie unter anderem durch Muskelschwäche, Polyurie, Übelkeit und Müdigkeit, in schweren Fällen bis zum Koma. Die symptomatische Behandlung wird stufenweise abhängig vom Grad der Hyperkalzämie und vom Ansprechen auf die jeweilige Behandlung durchgeführt. An erster Stelle steht eine reichliche Flüssigkeitszufuhr, bevorzugt mit Kochsalzlösungen, und die Gabe von Furosemid. Es folgen Glucocorticoide und Bisphosphonate. Die kausale Behandlung besteht dann in der Verkleinerung des Tumors durch Chemotherapie, Bestrahlung oder Operation.

Schmerzbehandlung in der Onkologie

Schmerzen sind dasjenige Symptom, vor dem sich Patienten mit Krebserkrankungen am meisten fürchten. Das Auftreten von Schmerzen erfordert in jedem Stadium der Tumorerkrankung größtmögliche Aufmerksamkeit des Arztes. Schmerzen dürfen nicht als schicksalhaft hingenommen werden. Sie erfordern eine genaue Ursachenklärung und eine adäquate Therapie. Zur Behandlung tumorbedingter Schmerzen steht ein breites Spektrum von Möglichkeiten zur Verfügung. Ist die Ursache der Schmerzen gut lokalisierbar, ist eine Bestrahlung oder eine Operation zu erwägen. Bei diffusen Schmerzen ist eine medikamentöse Behandlung erforderlich. Dabei ist die Wahl des Analgetikums abhängig von der Intensität der Schmerzen. Falls durch peripher wirksame Analgetika (z. B. Acetylsalicylsäure, Paracetamol) keine ausreichende Schmerzlinderung erreicht wird, müssen Narkotika eingesetzt werden. Bei chronischen Krebsschmerzen ist grundsätzlich eine Dauermedikation der Bedarfsmedikation vorzuziehen. Dabei ist zu berücksichtigen, daß die Wirkdauer der zentral wirksamen Analgetika selten mehr als 4 Stunden beträgt, so daß diese Substanzen in einem festen Rhythmus alle 4 Stunden verabreicht werden sollten. Die orale Gabe ist, wenn möglich, der parenteralen Verabreichung vorzuziehen. Durch Kombination von Narkotika mit peripher wirkenden Analgetika, Neuroleptika oder Antidepressiva kann zum Teil eine Wirkungsverstärkung erreicht werden und/oder das Auftreten von Nebenwirkungen verhindert werden. Die Gefahr einer Suchtentwicklung ist bei der Behandlung starker Krebsschmerzen kein Argument gegen den Einsatz von Narkotika. Bei unbefriedigend beeinflußbaren Schmerzen sollte die Vorstellung in einer Schmerzambulanz oder Schmerzklinik erfolgen.

Tumornachsorge

Patienten, deren maligne Erkrankung nicht kurativ behandelt werden konnte, müssen in ständiger ärztlicher Betreuung bleiben, damit Komplikationen rechtzeitig erkannt und tumorbedingte Symptome durch palliative Maßnahmen behandelt werden können.
Nach potentiell kurativer Behandlung hat die Tumornachsorge den Sinn, Rezidive zu erkennen, Komplikationen der vorangegangenen Behandlung zu versorgen, die z. B. bei Dickdarm-, Mammakarzinomen und Kopf- und Halstumoren relativ häufigen Zweitkarzinome frühzeitig festzustellen und die psychosozialen Probleme überwinden zu helfen. Teure oder invasive Untersuchungen zur Rezidivdiagnostik sind nur dann gerechtfertigt, wenn die frühzeitige Entdeckung des Rezidivs gegenüber der späteren Entdeckung die Überlebensaussichten des Patienten verbessert. Leider ist dies nur bei einigen Tumorerkrankungen der Fall.

Zytokine

Zytokine sind Polypeptide, die von Immunzellen wie z. B. Lymphozyten und Monozyten, aber auch von anderen Zellen gebildet werden. Sie wirken physiologischerweise auf endokrinem, parakrinem oder autokrinem Wege und entfalten ein breites Wirkungsspektrum. Die folgenden Zytokine sind für die praktische Onkologie bereits von Bedeutung:

Interferone: Für die Tumortherapie spielt insbesondere das rekombinante α-Interferon eine Rolle. Es ist das Mittel der Wahl bei der Haarzellenleukämie, wird jedoch auch erfolgreich eingesetzt bei der chronischen myeloischen Leukämie, bei niedrigmalignen Non-Hodgkin-Lymphomen, beim malignen Melanom, beim Nierenzellkarzinom und beim Kaposi-Sarkom. Nebenwirkungen sind anfänglich Symptome wie beim grippalen Infekt und Beeinträchtigung der Blutbildung.

Interleukin 2 (IL 2): Mit hohen Dosen von IL 2 konnten in Kombination mit sog. lymphokinaktivierten Killerzellen (LAK-Zellen) Rückbildungen beim malignen Melanom und beim Nierenzellkarzinom erreicht werden. Die Ansprechraten sind allerdings noch unbefriedigend, und die Toxizität der Behandlung ist bei der erforderlichen hohen IL-2-Dosis sehr ausgeprägt.

Tumornekrosefaktor α: Eine zuverlässige Wirkung dieses Zytokins konnte bisher nicht festgestellt werden.

Knochenmarkwachstumsfaktoren (Granulozyten/Makrophagen-Kolonien stimulierender Faktor [GM-CSF] und Granulozytenkolonien stimulierender Faktor [G-CSF]): Durch i. v. oder s. c. Applikation dieser Wachstumsfaktoren werden Proliferation und Reifung der Granulozytopoese dosisabhängig gesteigert. Ihr Einsatz kann nützlich sein im Zusammenhang mit einer zytostatischen Behandlung, bei der die Granulozytopenie dosislimitierende Nebenwirkung ist, und bei Tumoren, bei denen durch höhere Zytostatikadosen bessere Behandlungsergebnisse erreicht werden können. Erste Studien haben gezeigt, daß durch diese Wachstumsfaktoren chemotherapiebedingte Nebenwirkungen vermindert werden können. IL 3 ist ein Wachstumsfaktor, der Proliferation und Reifung der multipotenten hämatopoetischen Stammzelle steigert.

Erythropoetin: Der Einsatz von rekombinantem humanem Erythropoetin zur Behandlung der renalen Anämie ist inzwischen etabliert. Der Nutzen dieses Zytokins bei verschiedenen Anämien im Rahmen von malignen Erkrankungen wird noch geprüft.

Spezielle Onkologie

HIV-assoziierte maligne Erkrankungen

Formen und *Sy:* Bei eingeschränkter Immunkompetenz besteht die Gefahr des Auftretens maligner Erkrankungen. Hierzu gehören angeborene Erkrankungen (schwere kombinierte Immundefizienz, Ataxia teleangiectatica, Wiskott-Aldrich-Syndrom), iatrogene Immunsuppression nach Organtransplantation oder bei Autoimmunerkrankungen und das erworbene Immunmangelsyndrom bei HIV-Infektion. Die häufigsten Tumorarten sind B-Zell-Non-Hodgkin-Lymphome und bei HIV-Infektion zusätzlich das Kaposi-Sarkom (s. Kap. Haut- und Geschlechtskrankheiten). Non-Hodgkin-Lymphome treten bei 5–10% der HIV-infizierten Patienten auf. Meist handelt es sich um aggressive, rasch wachsende lymphoblastische Lymphome vom Burkitt-Typ oder um immunoblastische Lymphome. Im Vergleich mit anderen Non-Hodgkin-Lymphomen zeigt sich bei HIV-Infizierten und anderen Immundefizienten signifikant häufiger ein extranodaler Befall, besonders häufig mit Beteiligung des ZNS und des Gastrointestinaltraktes. Die Inzidenz des Morbus Hodgkin sowie von Plattenepithelkarzinomen im Kopf- und Halsbereich und im Analbereich ist bei HIV-infizierten Patienten allenfalls leicht erhöht.

Th: Die Behandlungsaussichten sind ungünstig. Zwar kann mit der üblichen Kombinationstherapie häufig eine Remission erreicht werden, jedoch dauert diese selten länger als 1 Jahr an. Zudem ergeben sich vielfältige Komplikationsmöglichkeiten während der Behandlungsphase mit opportunistischen Infektionen und ausgeprägter Knochenmarkdepression.

Hodgkin-Krankheit (Lymphogranulomatose)

Def und *Vk:* Der Morbus Hodgkin ist eine sich primär und überwiegend im lymphatischen System manifestierende maligne Erkrankung. Die maligne Zelle des spezifischen Infiltrats ist die Hodgkin-Zelle, die von reaktiven Lymphozyten und extrazellulärer Matrix umgeben ist. Die Erkrankung führt unbehandelt zum Tode, ist jedoch in jedem Stadium potentiell heilbar durch Bestrahlung und/oder Chemotherapie. Für die Erkrankung gibt es je einen Altersgipfel im frühen Erwachsenenalter und im fortgeschrittenen Lebensalter. Das mittlere Erkrankungsalter beträgt 33 Jahre. Männer sind etwas häufiger betroffen als Frauen.

Ät und *Pathog:* Die Ursache ist unklar. Aufgrund epidemiologischer Studien wurde eine virale Genese diskutiert. Kinder aus kinderreichen Familien oder aus sozial schwachen Schichten erkranken seltener. Die Erkrankung entsteht wahrscheinlich in einem Lymphknoten und breitet sich von dort über das lymphatische System und hämatogen aus. Eine primäre Manifestation außerhalb des lymphatischen Systems ist extrem selten.

Formen: Entsprechend der Klassifikation von Rye (1966) erfolgt eine Unterteilung in 4 histologische Subtypen:

- lymphozytenreicher Typ,
- nodulär-sklerosierender Typ,
- Mischtyp,
- lymphozytenarmer Typ.

Am häufigsten findet sich der nodulär-sklerosierende Typ, gefolgt vom Mischtyp, vom lymphozytenreichen Typ und vom lymphozytenarmen Typ. Die Prognose verschlechtert sich mit Abnahme des Lymphozytengehalts. Der histologische Typ hat keinen Einfluß auf die Therapieentscheidung. Im Verlauf der Erkrankung kann sich das Gewebe zu einem prognostisch ungünstigeren Typ entwickeln.

Sy: Die Krankheit manifestiert sich häufig als asymptomatische Lymphknotenvergrößerung. Diese kann zufällig am Hals oder supraklavikulär, seltener inguinal durch den Patienten oder mediastinal durch eine Routineröntgenuntersuchung entdeckt werden. Bei mediastinaler Manifestation liegt meist ein nodulär-sklerosierender Typ vor. Allgemeinsymptome können sein: Fieber, Nachtschweiß, Gewichtsverlust, Juckreiz und durch Alkoholkonsum induzierte Schmerzen an Stellen der Krankheitsmanifestation. Das Fieber tritt häufig intermittierend auf (Pel-Ebstein-Typ). Fieber, Nachtschweiß und Gewichtsverlust (mehr als 10% des Körpergewichts innerhalb von 6 Monaten) werden als B-Symptome bezeichnet und weisen auf eine schlechtere Prognose hin. Bei intraabdomineller Manifestation können B-Symptome erstes Krankheitszeichen sein und stellen dann mitunter eine schwierige Differentialdiagnose dar. Prognostisch ungünstiger ist ebenso die hämatogene Streuung in Leber, Knochenmark oder andere Organe, während die per-continuitatem-Ausbreitung in extralymphatische Regionen die Prognose noch nicht wesentlich beeinflußt. Eine klinisch erfaßte Vergrößerung von Leber oder Milz ist noch kein Beweis für einen spezifischen Befall dieser Organe.

Dg: BSG-Erhöhung bei ca. 70% der Patienten, evtl. Leukozytose, Lymphozytopenie, Thrombozytose oder Thrombozytopenie, normochrome Anämie, Eosinophilie. Ausgeprägte Blutbildveränderungen auch ohne Infiltration des Knochenmarks möglich. Weitere diagnostische Methoden sind Lymphknotenhistologie, in zweifelhaften Fällen Immunhistologie.

Die Therapie erfolgt stadienabhängig. Aus diesem Grunde ist vor Einleitung einer Therapie eine exakte Dokumentation der Krankheitsausbreitung erforderlich. Diese richtet sich nach der Ann-Arbor-Klassifikation:

- *Stadium I:* Befall einer Lymphknotenregion (I) oder eines einzelnen extralymphatischen Organs oder Gewebes (IE),
- *Stadium II:* Befall von zwei oder mehr Lymphknotenregionen auf einer Seite des Zwerchfells (II) oder eines extralymphatischen Organs oder Gewebes mit einer oder mehr Lymphknotenregionen auf einer Seite des Zwerchfells (IIE),
- *Stadium III:* Befall von Lymphknotenregionen auf beiden Seiten des Zwerchfells (III) in Verbindung mit einem extralymphatischen Organ oder Gewebe (IIIE),
- *Stadium IV:* disseminierter Befall von einem oder mehr extralymphatischen Organen.

Die Stadieneinteilung stützt sich auf eine sorgfältige nichtinvasive und invasive Diagnostik: Abdominale Sonographie, Computertomographie des Abdomens und ggf. auch des Thorax, bipedale Lymphographie, Knochemarkbiopsie und die sog. Stadienlaparotomie. Letztere entfällt bei allen Patienten, die ohnehin eine Chemotherapie erhalten, und bei allgemeinen Kontraindikationen. Nach Abschluß der Stadieneinteilung wird das durch Laparotomie ermittelte pathologische Stadium (PS) vom weniger invasiv festgestellten klinischen Stadium (KS) unterschieden.

DD: Non-Hodgkin-Lymphome, infektiöse oder granulomatöse Lymphadenitis.

Th: Die Therapie des Morbus Hodgkin erfolgt grundsätzlich mit kurativer Zielsetzung. Die Therapiemodalitäten (Strahlentherapie und/oder Chemotherapie) werden in Abhängigkeit vom Stadium der Erkrankung eingesetzt. Darüber hinaus können andere, stadienunabhängige prognostische Faktoren wie z. B. die Größe eines Mediastinaltumors, die Höhe der BSG und das Erkrankungsalter die Therapieentscheidung beeinflussen. In den Stadien IA und IIA ohne großen Mediastinaltumor und ohne stark beschleunigte BSG erfolgt die alleinige Strahlentherapie. Dabei werden die wesentlichen Lymphknotenstationen auf einer Seite des Zwerchfells bestrahlt, supradiaphragmatisch ein sog. Mantelfeld und infradiaphragmatisch ein umgekehrtes Y-Feld (Extended-field-Bestrahlung). In den Stadien IIIB und IV erfolgt eine intensive Kombinationschemotherapie, der sich eine Bestrahlung besonders ausgedehnt befallener Lymphknotenareale anschließen kann. In allen anderen Stadien erfolgt eine primäre Chemotherapie, deren Dauer sich nach der vorhandenen Tumormasse, der Ge-

schwindigkeit der Tumorrückbildung und einer evtl. sich anschließenden Strahlentherapie befallener Regionen richtet.
Der Morbus Hodgkin ist eine der am besten auf eine Chemotherapie ansprechenden malignen Erkrankungen. Die Ansprechwahrscheinlichkeit, die Rate an Vollremissionen und das Rezidivrisiko sind vom Ausbreitungsstadium und von der Aktivität der Erkrankung abhängig. Im Mittel ist mit einer Ansprechrate von 95%, einer Vollremissionsrate von 80% und bei diesen Patienten mit einer Rezidivrate von 40% zu rechnen. Es werden grundsätzlich nur Zytostatikakombinationen angewendet. Am häufigsten eingesetzt werden das modifizierte DeVita-Schema (Cyclophosphamid, Vincristin, Procarbazin und Prednison) und das ABVD-Schema (Adriamycin, Bleomycin, Vinblastin und DTIC). Andere wirksame Substanzen sind Etoposid, die Nitrosoharnstoffderivate, Methotrexat und Mitoxantron. Tritt nach erfolgreicher Behandlung ein Rezidiv auf, kann dies durch eine erneute zytostatische Behandlung bevorzugt unter Verwendung zuvor nicht eingesetzter Zytostatika gut behandelt werden. Das Langzeitergebnis ist dabei günstiger, wenn das rezidivfreie Intervall lang war. Die hochdosierte Chemotherapie mit Unterstützung durch eine autologe Knochenmarktransplantation oder durch Knochenmarkwachstumsfaktoren befindet sich noch in der Erprobung bei jüngeren Patienten mit Rezidiv des Morbus Hodgkin.

Prgn: Über 70% aller Patienten mit Morbus Hodgkin können geheilt werden. Voraussetzung für ein optimales Behandlungsergebnis und die Vermeidung unnötiger Spätkomplikationen ist die Orientierung der Behandlungsintensität an den prognostischen Faktoren.

Leukämien

Definition und Formen

Heterogene Gruppe von malignen Erkrankungen der blutbildenden Zellen. Leukämien sind monoklonale Erkrankungen. Das leukämieinduzierende Ereignis läßt sich auf die maligne Transformation einer Zelle zurückführen. Sie werden entsprechend ihrem Zelltyp klassifiziert als myeloisch oder lymphatisch und entsprechend ihrem natürlichen Verlauf als akut oder chronisch.

Akute Leukämien

Def: Erkrankungen mit unkontrolliertem Wachstum von unreifen Vorstufen der Blutzellen bei erheblich gestörter Differenzierung.

Vk: Akute lymphatische Leukämie (ALL) mit Altersgipfel im Kindes- und Jugendalter, akute myeloische Leukämie (AML) häufiger bei Erwachsenen.

Ät und *Pathog:* Die leukämogene Wirkung von ionisierender Strahlung, Benzol, aromatischen Kohlenwasserstoffen und alkylierenden Zytostatika ist erwiesen. Leukämien finden sich gehäuft beim Down-Syndrom und beim Klinefelter-Syndrom. Für eine T-Zell-Leukämie des Erwachsenen wird ein menschliches Retrovirus verantwortlich gemacht (human T-cell leukemia-virus I, HTLV-I). Bei der Mehrzahl der Patienten ist ein ätiologischer Faktor nicht festzustellen. Die maligne Transformation kann mit typischen chromosomalen Veränderungen (Deletion, Translokation, Inversion, Aneuploidie) einhergehen.

Formen: Aufgrund von Unterschieden im natürlichen Verlauf, in der Therapie und der Prognose ist es notwendig, die akuten lymphatischen Leukämien (ALL) von den akuten nichtlymphatischen (ANLL) bzw. myeloischen (AML) zu unterscheiden. Diese Unterscheidung und die Subtypisierung erfolgen aufgrund morphologischer, immunologischer, zytochemischer, biochemischer und zytogenetischer Charakteristika.

- *Akute lymphatische Leukämie (ALL):* Die morphologische Subtypisierung erfolgt nach der FAB-(French-American-British)Klassifikation:
  L1 (kleine, monomorphe Zellen mit kleinem Nukleolus),
  L2 (größere, pleomorphe Zellen mit prominentem Nukleolus),
  L3 (große, blasige Zellkerne, basophiles, vakuolisiertes Zytoplasma [leukämisches Burkitt-Lymphom]).
  Die immunologische Subtypisierung mit Hilfe von Antikörpern erlaubt die Unterscheidung in Leukämien vom B- und T-Zell-Typ sowie eine Zuordnung der malignen Zelle zu einem bestimmten Differenzierungsstadium in der Entwicklung des Lymphozyten. Bei der Mehrzahl der ALL ist das „common ALL antigen" (CALLA) nachweisbar; sie entstammen unreifen B-Zellen. Etwa 20% der ALL zeigen T-Zell-Marker, und nur wenige sind vom prognostisch ungünstigen B-Zell-Typ.
- *Akute nichtlymphatische Leukämien (akute myeloische Leukämie, AML):* Die Sub-

typisierung erfolgt nach der FAB-Klassifikation, basierend auf Morphologie und zytochemischen Befunden.
M1 = undifferenzierte AML (im Zytoplasma selten Granula, Peroxidase [POX] +/–, unspezifische Esterase [UE] +/–);
M2 = wenig differenzierte AML (azurophile Granula, POX +++, UE +);
M3 = Promyelozytenleukämie (hypergranuläre Promyelozyten, Bündel von Auer-Stäbchen, POX +++, UE +);
M4 = myelomonozytäre Leukämie (monozytoide Blasten, POX ++, UE +++);
M5 = Monoblastenleukämie (Monoblasten, Promonozyten, POX +/–, UE +++);
M6 = Erythroleukämie (unreife Erythroblasten, POX –, UE –);
M7 = Megakaryoblastenleukämie, akute Osteomyelofibrose (unreife Blasten, POX –, UE +/–).

Sy: Zeichen der Anämie, der Granulozytopenie und/oder Thrombozytopenie: Schwäche, Infektneigung, Blutung. Schwitzneigung, rheumatische Beschwerden oder Knochenschmerzen (besonders bei ALL). Eventuell Lymphknotenschwellung, Leber-, Milzvergrößerungen. Gingivainfiltrate bei Monozytenleukämie.

Dg: Leukozytose (seltener normale Leukozytenzahl oder Leukozytopenie) mit einem hohen Anteil leukämischer Blasten. Häufig ausgeprägte Anämie und Thrombozytopenie. Im Knochenmarkausstrich diffuse Infiltration durch eine homogene leukämische Zellpopulation. Störung der plasmatischen Gerinnung mit Zeichen der Verbrauchskoagulopathie, häufig im Rahmen einer Promyelozytenleukämie (M3). Mäßige bis starke Erhöhung der LDH, Hyperurikämie.

DD: Infektiöse Mononukleose, myelodysplastisches Syndrom, Blastenkrise der chronischen myeloischen Leukämie.

Th: Behandlungsprinzip ist die Ausrottung des leukämischen Zellklons durch aggressive Therapie mit dem Ziel einer Heilung. Dies erfordert eine intensive, hochspezialisierte Betreuung und damit die Behandlung in einem erfahrenen Zentrum. Bei der *ALL* besteht die Behandlung aus einer initialen aggressiven Chemotherapie mit mehreren Zytostatika. Nach Erreichen einer Vollremission prophylaktische Behandlung des zentralen Nervensystems mit Schädelbestrahlung und intrathekaler Chemotherapie. Danach Konsolidierungs- und Erhaltungstherapie. Die Intensität der Behandlung richtet sich nach dem ALL-Typ und anderen prognostischen Faktoren wie initiale Leukozytenzahl und Alter des Patienten.
Die Behandlung der *AML* und ihrer Subtypen erfolgt ebenfalls mit aggressiver Chemotherapie, bestehend aus Cytarabin, einem Anthracyclin und 6-Thioguanin. Nach Erreichen einer Vollremission wird diese durch eine weitere Behandlung gefestigt. Bei akuter Promyelozytenleukämie (M3) besteht die Gefahr von Störungen der plasmatischen Gerinnung (Hyperfibrinolyse/Verbrauchskoagulopathie). Der Wert einer Erhaltungschemotherapie ist nicht endgültig gesichert.

Prgn: Bei *ALL* wird in 70–90% der Fälle eine Vollremission erreicht mit vollständiger Normalisierung von Blutbild und Knochenmark. Bei einem Teil der Patienten kommt es zu einem Rezidiv, häufiger bei Erwachsenen und bei männlichen Patienten. Eine Langzeitremission bzw. Heilung ist zu erwarten bei ca. 70% der Kinder und bei ca. 30% der Erwachsenen. Wird nach Auftreten eines 2. Rezidivs erneut durch aggressive Chemotherapie eine Vollremission erreicht, muß eine allogene Knochenmarktransplantation in Erwägung gezogen werden.
Bei *AML* erreichen 60–80% der Patienten durch intensive Chemotherapie eine Vollremission. Die mediane Dauer dieser Vollremission beträgt ca. 12 Monate. Nur 10–30% der Patienten überleben mehr als 5 Jahre krankheitsfrei. Wesentliche, prognostisch ungünstige Faktoren sind höheres Lebensalter, exzessiv erhöhte Leukozytenzahl, ausgeprägte Thrombozytopenie und hoher LDH-Wert. Nach Auftreten eines Rezidivs kann bei einigen Patienten eine zumeist kurze 2. Vollremission erreicht werden. Wegen der insgesamt schlechten Prognose der AML besteht bei Patienten, die sich in der 1. Vollremission befinden, bei Vorhandensein eines geeigneten Spenders eine Indikation zur allogenen Knochenmarktransplantation.

Chronische lymphatische Leukämie

s. Non-Hodgkin-Lymphome

Chronische myeloische Leukämie

s. myeloproliferative Erkrankung

Monoklonale Gammopathien

Definition und Formen

Krankheitsgruppe, die durch Proliferation eines Zellklons mit exzessiver Sekretion identischer Immunglobuline oder Ig-Fragmente charakterisiert ist. An malignen Erkrankungen zählen hierzu das Plasmozytom, das IgM-sezernierende Immunzytom (s. Non-Hodgkin-Lymphome), die Schwerkettenkrankheit und die primäre Amyloidose. Daneben gibt es noch monoklonale Gammopathien von unbestimmter Signifikanz (MGUS). Dieser Begriff wird dem Ausdruck „benigne monoklonale Gammopathie" vorgezogen, da zum Zeitpunkt der Diagnose die Dignität nicht vorhersehbar ist.

Makroglobulinämie (Morbus Waldenström) s. Non-Hodgkin-Lymphome

Plasmozytom (multiples Myelom)

Def und *Vk:* Maligne Wucherung eines Plasmazellklons, der ein homogenes Immunglobulin oder Immunglobulinleichtketten bildet. Erkrankung des höheren Lebensalters, vor dem 40. Lebensjahr extrem selten.

Ät und *Pathog:* Die Ätiologie ist nicht bekannt. Die Myelomzellen infiltrieren das Knochenmark zunächst vorwiegend herdförmig, später diffus. Sie sezernieren in großen Mengen ein homogenes Immunglobulin (zumeist IgG oder IgA, selten IgD oder IgE) oder ein Immunglobulinfragment (λ- oder κ-Leichtkette). Die ossären Komplikationen des Plasmozytoms sind Folgen einer herdförmigen Demineralisierung, ausgelöst durch eine Sekretion von Interleukin 1 durch die malignen Plasmazellen. Die monoklonalen Immunglobuline selbst führen zu Hyperviskosität durch Polymerisation, Störungen der Mikrozirkulation und Tubulopathie mit konsekutiver Niereninsuffizienz. Die verminderte Bildung normaler Immunglobuline ist verantwortlich für das Antikörpermangelsyndrom mit Infektanfälligkeit.

Sy: Die ersten klinischen Symptome sind häufig uncharakteristisch: Abgeschlagenheit, Schwäche, Müdigkeit, Skelettschmerzen. Bei bereits fortgeschrittener Erkrankung können Spontanfrakturen, Niereninsuffizienz, Hyperkalzämie oder ein Hyperviskositätssyndrom im Vordergrund stehen. Die seltenen solitären medullären oder extramedullären Plasmozytome fallen auf durch Schmerzen oder Tumorbildung. Sie verursachen keine Allgemeinsymptome.

Dg: Das Vollbild der Erkrankung ist charakterisiert durch eine normochrome Anämie, eine erhebliche BSG-Erhöhung und eine Hypergammaglobulinämie, die sich in der Serumeiweißelektrophorese als M-Gradient zeigt. Eine Proteinurie mit der Ausscheidung von Leichtketten findet sich bei ca. 40% der Patienten. In der Immunelektrophorese läßt sich der M-Gradient als monoklonal nachweisen. Beim reinen Leichtkettenmyelom fehlt der M-Gradient; die monoklonale Leichtkette läßt sich jedoch im Urin feststellen. Am häufigsten findet sich ein IgG-Plasmozytom (50–60%), seltener ein IgA-Plasmozytom (ca. 20%) oder ein Leichtkettenmyelom (ca. 15–20%). Sehr selten sind IgD- oder IgE-Plasmozytome. Bei 1% der Fälle fehlt die Immunglobulinsekretion (nichtsekretorisches Plasmozytom). In seltenen, meist sehr fortgeschrittenen Fällen kommt es zur Ausschwemmung von Plasmazellen ins Blut (Plasmazelleukämie). Im Knochenmarkausstrich und im histologischen Schnitt findet man eine Vermehrung atypischer Plasmazellen (über 10%). Wegen des herdförmigen Wachstums der Erkrankung ist jedoch diese Untersuchung für eine Verlaufskontrolle wenig geeignet. Eine weitere diagnostische Methode ist die Röntgenuntersuchung der statisch belasteten Knochen.

Die Stadieneinteilung erfolgt nach Durie und Salmon:

- *Stadium I* (geschätzte Tumorzellzahl $< 0{,}6 \times 10^{12}/m^2$ KO): Hämoglobin > 6,2 mmol/l = 10 g/dl, Serumcalcium normal, keine Osteolysen, IgG < 50 g/l, IgA < 30 g/l, Leichtketten im Urin < 4 g/24 Stunden;
- *Stadium II* (geschätzte Tumorzellzahl $0{,}6–1{,}2 \times 10^{12}/m^2$ KO); Kriterien für Stadium I und für Stadium III nicht erfüllt;
- *Stadium III* (geschätzte Tumorzellzahl über $1{,}2 \times 10^{12}/m^2$ KO); mindestens einer der folgenden Befunde: Hämoglobin < 5,3 mmol/l = 8,5 g/dl oder Serumcalcium erhöht oder multiple Osteolysen oder IgG >70 g/l oder IgA >30 g/l oder Leichtketten im Urin >12 g/24 Stunden.

Der Grad der Nierenfunktion wird angegeben durch den Zusatz A (Serumkreatinin < 180 µmol/l = 2 mg/dl) oder B (Serumkreatinin > 180 µmol/l = 2 mg/dl).

DD: Monoklonale Gammopathie von unbestimmter Signifikanz, osteolytische Knochenmetastasen solider Tumoren, Immunozytom mit monoklonaler Gammopathie.

Th: Durch eine frühzeitig einsetzende Behandlung wird die Prognose in den frühen Stadien nicht gebessert. Patienten in den Stadien I und II können zunächst symptomlos sein. Beim Auftreten von Symptomen oder Fortschreiten der Erkrankung sowie beim primären Stadium III systemische Chemotherapie mit einer Kombination von Melphalan und Prednison. Aggressivere Schemata haben bisher keinen Vorteil gebracht. α-Interferon kann möglicherweise die Dauer einer Remission verlängern. Bei Resistenz kann eine Kombination von Adriamycin, Vincristin und Dexamethason eingesetzt werden. Bei lokalisierbaren Knochenschmerzen ist die Bestrahlungstherapie sehr wirksam. Das solitäre Plasmozytom soll ebenfalls bestrahlt werden. Beim Hyperviskositätssyndrom ist eine Plasmapherese indiziert (Hyperkalzämie s. o. Notfälle in der Onkologie).

Prgn: Eine Heilung ist nicht möglich. Die mediane Lebenserwartung liegt bei ca. 3 Jahren. Durch Chemotherapie läßt sich bei der Mehrzahl der Patienten eine vorübergehende Remission der Erkrankung erreichen. Bei jungen Patienten (< 50 Jahre) sollte eine allogene Knochenmarktransplantation in Erwägung gezogen werden.

Schwerkettenkrankheiten

Sehr seltene maligne Erkrankungen des lymphoplasmazellulären Systems mit exzessiver Produktion monoklonaler Schwerketten (γ-, μ-, α-Schwerkettenkrankheit). γ- und *μ-Schwerkettenkrankheit* sind morphologisch als Immunozytome definiert. Die Behandlung entspricht der anderer Immunozytome. Die eng mit dem mediterranen Lymphom verknüpfte *α-Ketten-Erkrankung* ist zunächst eine Plasmazellinfiltration der Dünndarmschleimhaut, später als malignes B-Zell-Lymphom bis hin zum immunoblastischem Lymphom charakterisiert. Initial kann eine antibiotische Behandlung ausreichend sein; in späteren Stadien ist eine Behandlung wie bei hochmalignem Non-Hodgkin-Lymphom erforderlich.

Myelodysplastische Syndrome

Def und *Vk:* Erkrankungen mit in der Regel hyperplastischer und dysplastischer ineffektiver Hämatopoese. Früher zum Teil als Präleukämie bezeichnet, da der Übergang in eine akute Leukämie möglich ist. Vorkommen im höheren Lebensalter.

Ät und *Pathog:* Es handelt sich um einen Stammzelldefekt, dessen Ursache meist nicht bekannt ist. Ionisierende Strahlen und alkylierende Zytostatika können verantwortlich sein. Häufig werden chromosomale Aberrationen gefunden. Es können eine, zwei oder alle drei Reihen der Hämatopoese betroffen sein.

Formen: entsprechend der FAB-(French-American-British) Klassifikation werden 5 Subtypen unterschieden:

- *Refraktäre Anämie (RA):* hyperplastisches Knochenmark, mit dysplastischen Vorstufen der Erythrozyten, variable Dysplasie der Granulo- und der Thrombozytopoese;
- *RA mit Ringsideroblasten (RAS):* morphologisch wie RA, jedoch zusätzlich mit Ringsideroblasten (> 15%);
- *RA mit Blastenexzeß (RAEB):* Blastenanteil im Knochenmark >5%, aber < 20%;
- *RAEB in Transformation (RAEB-t):* Blastenanteil im peripheren Blut >5% oder im Knochenmark 20–30% oder Auer-Stäbchen;
- *chronische myelomonozytäre Leukämie (CMML):* Wie RA oder RAS, zusätzlich ausgeprägte Monozytose und Neutrophilie im peripheren Blut, häufig Splenomegalie.

Sy: Symptome der Anämie, seltener Symptome der Granulozytopenie oder der Thrombozytopenie.

Dg: Häufig makrozytäre hyperchrome Anämie, Leukozytopenie oder Leukozytose, Thrombozytopenie, seltener Thrombozytose. Zeichen der Hämolyse als Folge der ineffektiven Erythrozytopoese.
Weitere diagnostische Methoden sind Knochenmarkzytologie und -histologie und Chromosomenanalyse.

DD: Reaktive Veränderungen, z. B. nach Medikamenten, perniziöse Anämie, aplastische Anämie.

Th: Eine kausale Therapie ist bisher nicht möglich. In Subgruppen mit schlechter Prognose (RAEB, RAEB-t) muß bei jungen Patienten eine Knochenmarktransplantation erwogen werden. Im übrigen ist die Behandlung symptomatisch mit Transfusion von Erythrozyten und Behandlung der übrigen Komplikationen. Bei CMML kann eine zytostatische Behandlung erforderlich sein. Die Ergebnisse der aggressiven Chemotherapie einer aus einem myelodysplastischen Syndrom hervorgegangenen AML sind unbefriedigend.

Prgn: Abhängig vom Ausmaß der Zytopenie und vom Risiko des Übergangs in eine AML. Das Risiko ist am geringsten beim RA- und RAS-Subtyp mit einer medianen Lebenserwartung von über 5 Jahren. Bei RAEB und RAEB-t ist die Lebenserwartung deutlich geringer.

Myeloproliferative Erkrankungen

Definition und Problematik der Diagnose

Es handelt sich um neoplastische Veränderungen hämatopoetischer Stammzellen. Zum

Zeitpunkt der klinischen Manifestation kann eine Zuordnung zu der einen oder anderen Untergruppe schwierig sein. Der Verlauf ermöglicht meist jedoch eine eindeutige Diagnosestellung. Übergänge von einem in das andere Krankheitsbild kommen nur selten vor. Die myeloproliferativen Erkrankungen sind monoklonal, d. h., alle beteiligten Zellen entstammen einem einzelnen neoplastisch veränderten Zellklon.

Chronische myeloische Leukämie (CML)

Def und *Vk:* Erkrankung der pluripotenten Stammzelle, mit starker Vermehrung von Granulozyten und deren Vorstufen. Kann in jedem Alter auftreten, Altersgipfel zwischen 30. und 40. Lebensjahr.

Ät und *Pathog:* Die Ursache der CML ist unbekannt; das Risiko steigt allerdings nach starker Strahlenexposition. Pathogenetisch spielt das Philadelphia-Chromosom (Translokation vom langen Arm des Chromosoms 22 auf das Chromosom 9) eine wesentliche Rolle. 95% der Patienten weisen diesen chromosomalen Marker auf.

Sy: Initial häufig uncharakteristische Beschwerden wie Abgeschlagenheit, Leistungsschwäche, Völlegefühl durch Splenomegalie. Während der medikamentös gut kontrollierbaren chronischen Phase ist die Mehrzahl der Patienten asymptomatisch. Die akzelerierte Phase ist charakterisiert durch eine relative Zytostatikaresistenz, zumeist einhergehend mit einer Verschlechterung des Allgemeinzustandes. Die Blastenkrise entspricht klinisch dem Bild einer akuten Leukämie.

Dg: Leukozytose bis zu mehreren 100 000/μl mit pathologischer Linksverschiebung, vereinzelt Basophilie und/oder Eosinophilie. Thrombozyten und Erythrozyten können vermehrt oder vermindert sein. Index der alkalischen Leukozytenphosphatase zumeist deutlich vermindert. Im Knochenmark erhebliche Zellvermehrung, insbesondere der Granulozytenvorstufen. Histologisch im fortgeschrittenen Stadium zunehmende Markfibrose. Nachweis des Philadelphia-Chromosoms.

DD: Reaktive Leukozytose (Infektionen, Paraneoplasie, Steroide), andere myeloproliferative Erkrankungen, chronische myelomonozytäre Leukämie.

Th: Bei ausgeprägter (über 50 000/μl) Leukozytose oder starker Thrombozytose Zytostatika (Busulfan oder Hydroxyurea) mit dem Ziel einer weitgehenden Normalisierung des Blutbildes. In der Regel ist eine langdauernde Therapie erforderlich. In der akzelerierten Phase Wechsel des Zytostatikums. In der Blastenkrise bei Nachweis lymphatischer Marker auf den Blasten Vincristin und Prednison, bei myeloischer Blastenkrise Vindesin oder in seltenen Fällen Therapie wie AML. Bei jüngeren Patienten (unter 45 Jahren) allogene Knochenmarktransplantation in der chronischen Phase der CML. Neben den Zytostatika ist in der chronischen Phase auch α-Interferon wirksam. Sein genauer Stellenwert ist noch unklar.

Prgn: Mediane Lebenserwartung 3 Jahre. Heilung nur durch Knochenmarktransplantation möglich.

Osteomyelofibrose

Def: Zunehmende Fibrosierung (später auch Sklerosierung) des Knochenmarks und extramedulläres Wachstum und Reifung des malignen Stammzellklons (myeloische Metaplasie). Die akute Myelofibrose wird zu den Leukämien gerechnet (M7).

Ät und *Pathog:* Die Ätiologie ist unbekannt. Erkrankung der multipotenten hämatopoetischen Stammzellen. Die Fibrose des Knochenmarks ist wahrscheinlich Folge der Sekretion des *„platelet-derived growth factor"* (PDGF) durch Megakaryozyten und Megakaryoblasten. Diese Zellen findet man vermehrt im Knochenmark. Der klinische Verlauf wird bestimmt durch zunehmende Fibrosierung des Marks und Metaplasie von blutbildenden Zellen in Milz und Leber, aber auch in anderen Organen.

Sy: Zunächst eher uncharakteristische Symptome: Müdigkeit, Schwäche, Appetitlosigkeit, Druckgefühl im Oberbauch durch Organomegalie. Die Splenomegalie kann massiv sein und Schmerzen, Völlegefühl und Atemnot verursachen.

Dg: Zumeist normochrome, normozytäre Anämie. Erythrozytenmorphologie deutlich verändert mit basophiler Tüpfelung, Poikilozytose, Tränentropfenerythrozyten, Fragmentozyten und kernhaltigen roten Vorstufen. Thrombozytenzahl zu Beginn normal oder erhöht, im weiteren Verlauf häufig Thrombozytopenie. Leukozytose mit Linksverschiebung selten über 50 000/μl, vereinzelt auch Leukozytopenie. Index der alkalischen Leukozytenphosphatase meist erhöht. Aspiration des Knochenmarks meist nicht möglich (punctio sicca). Histologisch deutliche Verminderung hämatopoetischer Zellen auf Kosten einer Zunahme von Retikulinfasern.

Charakteristische Chromosomenanomalien fehlen.

DD: Andere Ursachen für eine Knochenmarkfibrose können sein: Maligne Lymphome, Leukämien, Morbus Paget, Morbus Gaucher, metastatischer Tumor, ionisierende Strahlung.

Th: Die Behandlung ist rein symptomatisch. Sie besteht aus Erythrozytentransfusionen bei symptomatischer Anämie. Eine zytostatische Behandlung, z. B. mit Busulfan oder Hydroxyurea, ist nur selten indiziert bei symptomatischer Splenomegalie oder exzessiver Thrombozytose.

Prgn: Mediane Lebenserwartung 4–5 Jahre. Nach 15 Jahren leben noch ca. 25% der Patienten. Komplikationen sind Milzinfarkte, das Auftreten einer portalen Hypertonie und die Folgen der Panzytopenie mit Blutungsneigung und Infektrisiko. Der Übergang in eine akute myeloische Leukämie ist möglich.

Polycythaemia vera rubra

Def: Vermehrung aller drei Blutzellreihen, mit Betonung der Erythrozytopoese.

Ät und *Pathog:* Ätiologie unbekannt. Defekt der hämatopoetischen Stammzellen, welcher zur Überproduktion von Erythrozyten, Granulozyten und Thrombozyten führt. Die im Vordergrund stehende Erythrozytose bewirkt eine Zunahme der Blutviskosität und kann zusammen mit der Thrombozytose das Thromboserisiko erklären. Metaplasie der Blutbildung in der Milz.

Sy: Im Vordergrund stehen die Blutfülle (Plethora) und Kopfschmerz, Schwindel und Ohrensausen; Splenomegalie; Thromboseneigung; häufig generalisierter Juckreiz.

Dg: Erythrozytose, Thrombozytose und Leukozytose. Index der alkalischen Leukozytenphosphatase häufig erhöht. Serumerythropoetinspiegel normal bis erniedrigt.

DD: Sekundäre Polyglobulien, bei denen in der Regel der Erythropoetinspiegel erhöht ist.

Th: Aderlaßbehandlung zur Normalisierung des Hämatokrits. Bei ausgeprägter Thrombozytose Zytostatika (Hydroxyurea, Busulfan) oder Radiophosphor.

Prgn: Mediane Lebenserwartung über 10 Jahre. Todesursachen sind Thrombose, Blutung oder akute Leukämie.

Thrombozythämie (essentielle Thrombozythämie, hämorrhagische Thrombozythämie)

Def: Anhaltende, durch andere Ursachen nicht erklärbare Thrombozytose über 400 000/μl.

Ät und *Pathog:* Ätiologie unklar. Erkrankung der hämatopoetischen Stammzelle. Alle drei Blutzellreihen sind betroffen; die Thrombozytose steht jedoch bei weitem im Vordergrund.

Sy: Als Folge der erhöhten Thrombozytenzahl und einer gestörten Thrombozytenfunktion können sowohl Blutungen als auch Thrombosen auftreten. Geringe bis mäßiggradige Splenomegalie.

Dg: Thrombozytose bis zu mehreren Millionen/μl. Leukozyten normal bis erhöht. Im Knochenmark deutliche Vermehrung der Megakaryozyten. Typische Chromosomenanomalien fehlen.

DD: Reaktive Thrombozytose, Polycythaemia vera, CML.

Th: Bei Thrombozytose über 700 000 oder bei Komplikationen Hydroxyurea, bei Therapieversagern alkylierende Zytostatika oder α-Interferon.

Prgn: Unsicher, Verläufe von über 20 Jahren sind nicht selten. Todesursachen sind Blutungen, Thrombose und Embolie sowie eine akute Leukämie.

Non-Hodgkin-Lymphome

Definition

Heterogene Gruppe von malignen lymphoproliferativen Erkrankungen, die nicht die morphologischen Kriterien des Morbus Hodgkin erfüllen.

Ätiologie und Pathogenese

Zumeist ist eine Ätiologie nicht eruierbar, allerdings erhöhtes Risiko unter immunsuppressiver Behandlung bei Autoimmunerkrankungen oder nach Organtransplantationen und bei erworbenem Immunmangelsyndrom (AIDS). Dies macht wahrscheinlich, daß eine gestörte Abwehrlage die Entstehung eines Non-Hodgkin-Lymphoms begünstigt. Die Non-Hodgkin-Lymphome leiten sich von T- oder B-Zellen bzw. deren Vorläufern her. Zu 70% entstehen sie im lymphatischen Gewebe, sonst in Organen oder anderen Geweben, bevorzugt in Gastrointestinaltrakt, Knochen, Haut, Gehirn oder in jedem anderen Organ.

Tabelle 25.2 Kiel-Klassifikation der Non-Hodgkin-Lymphome (NHL) (nach Standsfeld u. Mitarb.: Lancet 1988)

B-Zell-Typ	T-Zell-Typ
Niedrigmaligne NHL	
lymphozytisch: chronische lymphatische Leukämie (CLL), Prolymphozytenleukämie (PLL), Haarzellenleukämie	lymphozytisch: CLL; PLL
	zerebriform: Mycosis fungoides, Sézary-Syndrom
lymphoplasmozytisch-zytoid: LP-Immunozytom (LP-IC)	lymphoepitheloid: Lennert-Lymphom
plasmozytisch	angioimmunoblastisch (AILD): Lymphogranulomatose X (LgX)
zentroblastisch/zentrozytisch (CB-CC)	T-Zonen-Lymphom
zentrozytisch	pleomorph, kleinzellig
Hochmaligne NHL	
zentroblastisch	pleomorph, mittelgroß- und großzellig
immunoblastisch (IB)	immunoblastisch (IB)
großzellig-anaplastisch (Stadium 1+)	
Burkitt-Lymphom	
lymphoblastisch (LB)	lymphoblastisch (LB)

Formen
International gibt es mehrere histopathologische Klassifikationen, die mehrere Untergruppen unterscheiden. In Europa wird überwiegend die Kiel-Klassifikation verwendet, welche eine Einteilung nach morphologischen und immunologischen Kriterien vorsieht (Tab. 25.**2**). Aus praktischen klinischen Erwägungen wird eine grobe Unterteilung in niedrigmaligne und hochmaligne Non-Hodgkin-Lymphome vorgenommen.

Symptome
Erstes Krankheitszeichen ist häufig eine asymptomatische, lokalisierte oder generalisierte Lymphknotenvergrößerung. In 30% der Fälle besteht eine isolierte extralymphatische Manifestation. Allgemeinsymptome (Fieber, Nachtschweiß, Gewichtsverlust) sind seltener als bei Morbus Hodgkin. Die Wachstumsgeschwindigkeit variiert beträchtlich. Niedrigmaligne Lymphome können auch über Jahre eine nur geringe Wachstumstendenz zeigen, während hochmaligne Non-Hodgkin-Lymphome innerhalb von Tagen beträchtlich an Größe zunehmen können.

Diagnose
Histopathologische Untersuchung eines befallenen Lymphknotens oder extralymphatischen Gewebes mit Immunhistologie, bevorzugt an unfixiertem Tumormaterial.
Die Stadieneinteilung der nodalen Non-Hodgkin-Lymphome erfolgt entsprechend der Ann-Arbor-Klassifikation (s. Morbus Hodgkin). Wichtigste Untersuchungen zur Stadieneinteilung sind neben der klinischen Untersuchung die Knochenmarkbiopsie und die Computertomographie von Abdomen und Thorax.

Differentialdiagnose
Morbus Hodgkin, infektiöse oder granulomatöse Lymphadenitis.

Chronische lymphatische Leukämie (CLL)

Def und *Vk:* Proliferation einer monoklonalen Population reifer Lymphozyten, ganz überwiegend vom B-Zell-Typ. Der Erkrankungsgipfel liegt im höheren Lebensalter.

Sy: Generalisierte Lymphknotenvergrößerung, im fortgeschrittenen Stadium Zeichen der Anämie, der gestörten Infektabwehr und Hepatosplenomegalie.

Dg: Leukozytose mit bis zu mehreren 100000/µl. Im Blutausstrich fast ausschließlich reife Lymphozyten, Gumprecht-Kernschatten. Im fortgeschrittenen Stadium normochrome Anämie und Thrombozytopenie. Hypogammaglobulinämie (Antikörpermangelsyndrom), evtl. coombs-positive autoimmunhämolytische Anämie, selten Paraprotein vom IgM-Typ. Beweis der Erkrankung durch Nachweis der Monoklonalität mittels Immunzytologie. Eine histologische Lymphknotenuntersuchung ist in der Regel nicht erforderlich.
Die Stadieneinteilung der CLL ist von Bedeutung für Therapie und Prognose der Erkrankung. Sie erfolgt neuerdings nach Binet:

- Stadium A (Hb >6,2 mmol/l = 10 g%, Thrombozyten >100000/µl, weniger als 3 befallene Lokalisationen, Lebenserwartung normal);
- Stadium B (3 oder mehr befallene Lokalisationen, Lebenserwartung median 6 Jahre);
- Stadium C (Hb < 6,2 mmol/l = 10 g% und/oder Thrombozyten < 100000/µl, Lebenserwartung median 2 Jahre).

Als Lokalisation gelten zervikale, axilläre und inguinale Lymphknoten; Leber und Milz zählen als eine Lokalisation.

DD: Leukämisches Immunozytom.

Th: Eine Therapie ist nur im Stadium C oder bei rasch progredienter Symptomatologie der Lymphknoten erforderlich. Sie besteht aus einer Kombination von Chlorambucil (10–20 mg/Tag über 3 Tage) plus Prednison (50 mg/Tag über 3 Tage) und wird in ca. 2wöchigen Abständen wiederholt. Bei autoimmunhämolytischer Anämie kann eine niedrig dosierte Dauerbehandlung mit Prednison erforderlich werden. Symptomatische Lymphknoten oder Splenomegalie können mit kleinen Strahlendosen günstig beeinflußt werden. Wegen der allgemeinen Abwehrschwäche ist eine konsequente und frühzeitige Behandlung von Infektionen erforderlich.

Prgn: Eine Heilung ist nicht möglich. Die Lebenserwartung ist stadienabhängig (s. o.). Die CLL von T-Zell-Typ und die Prolymphozytenleukämie sind prognostisch ungünstiger.

Haarzellenleukämie

Def: Seltene Sonderform eines lymphozytischen Lymphoms vom B-Zell-Typ.

Dg und *Sy:* Klinisch im Vordergrund stehen zumeist die ausgeprägte Zytopenie (Granulozytopenie, Thrombozytopenie, Anämie) und Milzvergrößerung. Die leukämischen Zellen zeigen in typischer Weise haarartige zytoplasmatische Ausziehungen.

Th und *Prgn:* Als Therapie der Wahl gilt rekombinantes α-Interferon. Über 80% der Patienten erreichen damit eine befriedigende Remission und Beschwerdefreiheit. Die Behandlung muß allerdings über lange Zeit durchgeführt werden. Bei Therapieversagern oder als Alternative kann das Zytostatikum Pentostatin eingesetzt werden, mit dem ebenfalls in einem hohen Prozentsatz Remissionen erreicht werden.

Hochmaligne Non-Hodgkin-Lymphome (immunoblastisches, zentroblastisches und lymphoblastisches Lymphom)

Pathog und *Sy:* Etwa ¼ der Non-Hodgkin-Lymphome sind hochmaligne. Sie zeigen eine rasche Wachstumstendenz, befinden sich jedoch häufiger (ca. ⅓) bei Diagnosestellung im Stadium I oder II. Insbesondere die lymphoblastischen Lymphome neigen zu einer ZNS-Beteiligung.

Th: Im Stadium I erfolgt die alleinige Strahlentherapie nur noch bei sehr alten Patienten. Sonst wie in den anderen Stadien eine initiale aggressive Kombinationschemotherapie, deren Intensität und Dauer von der Tumorausbreitung, von der Geschwindigkeit des Ansprechens und von einer evtl. sich anschließenden Strahlentherapie abhängt. Eine Vollremission kann bei 70–80% der Patienten erreicht werden. Bei annähernd der Hälfte der Patienten kommt es jedoch zum Rezidiv. Lymphoblastische Lymphome werden behandelt wie die ALL.

Prgn: Die Prognose ist stadienabhängig. Während in den Stadien I und II die Mehrzahl der Patienten geheilt werden kann, beträgt der Anteil an langfristigen Remissionen in den fortgeschrittenen Stadien nur ca. 30%. Rezidive treten überwiegend innerhalb der ersten 2 Jahre auf.

Immunozytom

Def und *Pathog:* Niedrigmalignes Lymphom, dessen Zellen zytologisch plasmazellähnlich (plasmazytoid) sein können. Intrazytoplasmatisch sind monoklonale Immunglobuline nachweisbar, ganz überwiegend der IgM-Klasse. Wenn dieses Immunglobulin sezerniert wird, ist es im Serum als Paraprotein nachweisbar. Diese Konstellation wurde früher als *Makroglobulinämie Waldenström* bezeichnet.

Sy und *Dg:* Das Immunozytom manifestiert sich in Lymphknoten, im Knochenmark sowie in Leber und Milz. Eine besondere Verlaufsform ist das *splenomegale Immunozytom* mit ausgeprägter Splenomegalie und Panzytopenie, bei dem durch eine Splenektomie ein guter therapeutischer Effekt erzielt werden kann. Eine andere besondere Verlaufsform ist der okulokutane Typ mit Manifestation im Haut- und Augenbereich. Die leukämische Ausbreitung ist häufig; eine klinische Unterscheidung von der CLL ist dann kaum möglich. Bei etwa 10% der Patienten fällt das IgM-Paraprotein bei Temperaturen unter 37 °C aus (Kryoglobulin). Dies kann sich in einem Raynaud-Phänomen und schweren kälteinduzierten Gefäßsymptomen äußern.

Th: In den seltenen Fällen eines Stadiums I oder II erfolgt eine Strahlentherapie der betroffenen und der benachbarten Lymphknotenregionen. Bei den überwiegenden Fällen im Stadium IV mit Knochenmarkbefall bzw. leukämischer Aussaat entsprechen Diagnostik und Therapie denen der CLL. Zusätzlich zu den Komplikationen der CLL kann es beim Immunozytom mit exzessiver IgM-Sekretion zu einer Steigerung der Blutviskosität mit einem Hyperviskositätssyndrom (Sehstörungen, ZNS-Symptomatik, periphere Neuropathie, Gerinnungsstörungen) kommen. Dies erfordert eine rasche Elimination des Paraproteins durch Plasmapherese.

Prgn: Bei den seltenen, lokalisierten Erkrankungen können langfristige Vollremissionen erreicht werden. Die Prognose der fortgeschrittenen Stadien ist in etwa vergleichbar mit der der CLL.

Kutanes T-Zell-Lymphom (Mycosis fungoides, Sézary-Syndrom)

Sy und *Dg:* Diese Erkrankung manifestiert sich primär an der Haut. Erstes Symptom ist häufig ein ausgeprägter generalisierter Juckreiz, bei dem makroskopisch und mikroskopisch nicht immer die Diagnose gestellt werden kann. Im Verlauf Erythembildung, erst später fleckförmige Hautinfiltrate, die dieser Erkrankung ihren Namen Mycosis fungoides gegeben haben. Die leukämische Variante der Erkrankung ist das Sézary-Syndrom, bei dem Zellen mit typischem zerebriformem Kern im Blut nachgewiesen werden. Im späteren Verlauf Befall von Lymphknoten und viszeralen Organen.

Th und *Prgn:* Die Behandlung der Hautmanifestationen besteht aus einer Phototherapie, einer Elektronenbestrahlung und/oder einer topischen Zytostatikabehandlung. Eine systemische Chemotherapie ist erst bei Versagen dieser Maßnahmen oder bei Organmanifestationen indiziert. Auch eine Behandlung mit α-Interferon kann erfolgreich sein. Eine Heilung dieser Erkrankung ist nicht möglich. Die mediane Lebenserwartung beträgt bei der Mycosis fungoides etwa 5 Jahre.

Lymphogranulomatose X

Pathog, Sy und *Dg:* Auch als angioimmunoblastische Lymphadenopathie mit Dysproteinämie (AILD) bezeichnet. Histomorphologisch zwar niedrigmalignes T-Zell-Lymphom, das jedoch klinisch häufig rasch progredient verläuft. Zu Beginn generalisierte Lymphadenopathie, Hepatosplenomegalie und Allgemeinsymptome wie Fieber, Nachtschweiß und Gewichtsverlust. Häufig polyklonale Hypergammaglobulinämie, in etwa 25% coombs-positive hämolytische Anämie.

Th und *Prgn:* Behandlungsversuch mit Glucocorticoiden, bei fehlendem Ansprechen Behandlung wie bei den hochmalignen Lymphomen. Die Prognose ist schlecht; weniger als 50% der Patienten überleben mehr als 2 Jahre. Die häufigste Komplikation ist eine opportunistische Infektion.

Zentroblastisch-zentrozytisches Lymphom (CB-CC-Lymphom)

Def und *Sy:* Ein Teil der CB-CC-Lymphome wurde früher als großfollikuläres Lymphoblastom (Morbus Brill-Symmers) bezeichnet. Zum Zeitpunkt der Diagnose liegt bereits bei der Mehrzahl der Patienten ein Stadium IV vor.

Th: In den Stadien I und II sowie im Stadium III mit geringer Tumormasse erfolgt die Strahlentherapie mit kurativer Zielsetzung. Bei asymptomatischen Patienten in fortgeschrittenem Stadium kann die Chemotherapie bis zum Auftreten von Symptomen oder einem raschen Tumorwachstum zurückgestellt werden, da ein früher Behandlungsbeginn die Prognose nicht beeinflußt. CB-CC-

Lymphome sprechen gut auf eine Chemotherapie an. Die Mehrzahl der Patienten ereicht eine deutliche Verkleinerung der Lymphknotenschwellungen. In 30–50% wird eine Vollremission erreicht. Eingesetzt wird meist die Kombination einer alkylierenden Substanz mit Vincristin und Prednison.

Prgn: In frühen Krankheitsstadien kann durch eine Strahlentherapie eine langfristige Remission bzw. Heilung erreicht werden. Im fortgeschrittenen Stadium ist die Erkrankung nicht heilbar, auch wenn durch Chemotherapie eine Vollremission erreicht worden ist. Der Übergang in ein zentroblastisches Lymphom ist möglich.

Zentrozytisches Lymphom (CC-Lymphom)

Sy: Es handelt sich um eine Gruppe mit variablem Krankheitsverlauf. Ähnlich wie beim CB-CC-Lymphom kann die Erkrankung über Wochen und Monate stabil bleiben oder, insbesondere beim anaplastischen Subtyp, dem Verlauf eines hochmalignen Non-Hodgkin-Lymphoms entsprechen.

Th: In den Stadien I und II Strahlentherapie mit kurativer Zielsetzung. In fortgeschrittenen Stadien ähnlich wie beim CB-CC-Lymphom Therapiebeginn erst beim Auftreten von Symptomen. Bei klinisch rascher Progression Kombinationschemotherapie.

Prgn: In den Stadien I und II bei etwa der Hälfte der Patienten langfristige Remission durch Strahlentherapie. Im fortgeschrittenen Stadium ist eine Heilung in der Regel nicht möglich.

26. Osteopathien

R. Ziegler

Aufgaben des Knochengerüsts

Das Knochengerüst besitzt eine doppelte Aufgabe: Zum einen ist es die Voraussetzung für die mechanische Formerhaltung und Bewegung des Organismus, zum anderen dient das im Skelett gespeicherte Calcium als Depot für Zeiten einer ungenügenden Calciumzufuhr. Somit ist für eine gewisse Zeit die Autarkie der Calciumhomöostase auch ohne entsprechende Zufuhr gewährleistet.
Im folgenden wird eine Auswahl internistisch bedeutsamer Knochenerkrankungen angesprochen, bei denen die medikamentöse Therapie zusätzlich zu eventuellen orthopädischen oder chirurgischen Maßnahmen hilfreich sein kann.

Physiologie des Knochenumbaus und Ätiologie

Im Skelett des erwachsenen Menschen sind etwa 1000 g Calcium abgelagert und einem ständigen Austausch mit der Blutbahn unterworfen (Calciumein- und -ausstrom pro Tag etwa 400 mg). Als optimale tägliche Calciumzufuhr werden 800–1000 mg empfohlen, zur Zeit der Wachstumsjahre 12–20 und zur Zeit einer Schwangerschaft einschließlich Stillzeit wird um die Hälfte mehr empfohlen. Durch einen ständigen, ausgewogenen Knochenumbau bleibt die Skelettmasse nach dem Ausgewachsensein zunächst erhalten, um dann mit dem Älterwerden allmählich abzunehmen (Altersatrophie oder Osteopenie des Alters). Der Knochenumbau vollzieht sich nach folgender Gesetzmäßigkeit: Osteoklasten, deren Vorläufer dem blutbildenden Knochenmark entstammen, bauen ständig eine gewisse Menge an Knochensubstanz ab (basale Resorption). Die Osteoklasten aktivieren über ein Kupplungssignal die Osteoblasten, die den durch die Resorption entstandenen Defekt wieder ersetzen; diese Arbeitseinheit „wandert" allseits durch das Knochengewebe. Eine Abnahme der Knochenmasse tritt ein, sobald die Resorption überwiegt, d. h. die Osteoblasten mit der Tätigkeit der Osteoklasten nicht mehr Schritt halten. Das Rätsel der Altersatrophie ist noch nicht gelöst: Zu vermuten ist eine allmähliche Abnahme der Aktivität oder Potenz der Osteoblasten. In die Tätigkeit der Knochenzellen greifen Parathormon und Calcitonin modifizierend ein: Parathormon aktiviert die Osteoklasten, Calcitonin hemmt sie (jedoch nur vorübergehend). Das Vitamin-D-Hormon Calcitriol (1,25-Dihydroxycholecalciferol, 1,25-$(OH)_2$-D_3) stellt das Calcium über die

Steigerung der Absorption im Darm zur Verfügung, das für die ordnungsgemäße Verkalkung des von den Osteoblasten gebildeten Osteoids benötigt wird. Hohe Dosen an 1,25-$(OH)_2$-D_3 können ebenfalls osteolytisch wirken.
Osteopathien können generalisiert oder lokalisiert sein. Generalisierte Knochenerkrankungen sind die Folge eines Defektes bei der Bildung der Grundsubstanz (Osteogenesis imperfecta). Es können notwendige Bausteine für die Verkalkung wie Calcium und Phosphat fehlen (Osteomalazie, s. S. 1083); auch können Prozesse der verstärkten Resorption oder der abgeschwächten Neubildung zur Abnahme der ursprünglich normalen Knochenmasse führen. Bei den lokalisierten Knochenerkrankungen finden sich gesunde Areale neben den betroffenen (Morbus Paget).

Klinik und Diagnose

Bei der *Familienanamnese* ist auf die erblichen Komponenten bei der Osteoporose, der Osteogenesis imperfecta, gelegentlich dem Morbus Paget zu achten – viele Osteomalazieformen haben einen typischen Erbgang. Fragen an den Patienten erstrecken sich auf die Entwicklung des Skelettes mit dem Erwachsenwerden, mögliche Belastungen der Calciumhomöostase durch calciumarme Ernährung, Malabsorption, Maldigestion, Nierenkrankheiten, Endokrinopathien, neoplastische Erkrankungen. Traumen und ihre Folgen (Immobilisierung) sind bedeutsam. Medikamente von Bedeutung sind Glucocorticoide, Vitamin-D-Präparate, Vitamin A (hohe Dosen), Heparin.

Klinische Untersuchung: Körpergröße messen und mit Maximalgröße im Laufe des Lebens vergleichen, Proportionen und Ausprägung des Skelettes in Ruhe und Bewegung prüfen. Hinweise auf mögliche Erkrankungen mit Einwirkung auf das Skelett beachten (vgl. Osteoporose).

Radiologische Diagnostik: In Abhängigkeit von den Beschwerden (Knochen- und Gelenkschmerzen) werden anteilige Skelettanteile geröntgt. Typische Suchaufnahmen bei begründetem Verdacht sind: Hände bei Hyperparathyreoidismus (subperiostale Usuren?), Becken bei Osteomalazie (Looser-Zonen?), Lendenwirbelsäule seitlich bei Osteoporose (Kalkarmut, Rarefizierung der senkrechten Trabekel, Eindellung der Grund- und Deckplatten?). Beim Verdacht auf lokalisierte Knochenerkrankungen bzw. Umbauherde ist das Skelettszintigramm hilfreich: Zonen mit Mehrspeicherung (selten Aussparung der Isotopenanreicherung) werden nachgeröntgt. Die Tomographie kann Einzelheiten im Knocheninneren aufdecken. Das Computertomogramm bringt selten Informationen. In der Kernspintomographie stellt sich das Knochengewebe nicht dar, jedoch z. B. Tumoren.

Die *Knochenmineralmessung (Osteodensitometrie)* erfolgt sinnvollerweise mittels Dualphotonenröntgentechnik (DXA) bei Osteoporoserisiken und zur Verlaufsbeobachtung; zur Diagnosestellung ist die Technik allein nicht geeignet.

Knochenbiopsie: Mit der Stanznadel oder einem Bohrgerät lassen sich aus dem vorderen Beckenkamm Zylinder zur mikroskopischen Untersuchung gewinnen. Eine vorhergehende Tetracyclineinnahme erlaubt die Darstellung der aktuellen Verkalkungszonen, wenn die Aufarbeitung unentkalkt erfolgt. Eine ausreichend große Biopsie kann auch quantitativ-morphometrisch ausgewertet werden. Neben der osteologischen Aussage kann auch das Knochenmark beurteilt werden.

Laboruntersuchungen: Tab. 26.**1** zählt typische Parameter auf – komplizierte (teure) Bestimmungen wie Radioimmunoassays (PTH) sollten erst nach Vorliegen pathologischer Laborwerte (Calcium, Phosphor) angefordert werden.

Hyperparathyreoidismus s. S. 895

Osteogenesis imperfecta

Ät und Pathog: Aus ungeklärter Ursache wird bei den Betroffenen eine minderwertige Knochengrundsubstanz aufgebaut, die eine vermehrte Brüchigkeit der Knochen bedingt.

Sy: Verschiedene Typen sind bekannt (mit und ohne blaue Skleren, teilweise kombiniert mit Schwerhörigkeit). Unterschieden wird eine angeborene Form (O. i. congenita = Typ Vrolik und O. i. tarda = Typ Lobstein). Die Congenita-Form kann mit Lebensunfähigkeit einhergehen (ungenügende Stabilität des Thorax für das Atmen, Schädeldefekte). Bei späterer Manifestation im Kleinkind- oder Schulkindalter ist das Krankheitsbild auf die Skelettschäden beschränkt.
Kinder mit O. i. congenita werden bereits mit Frakturen geboren oder ziehen sie sich kurze Zeit nach der Geburt zu. Die Extremitätenknochen sind verdickt und durch ihre Frakturanfälligkeit mechanisch minderwertig.

Tabelle 26.1 Parameter des Calcium- und Knochenstoffwechsels

Parameter	Dimension	Normalbereich
Serumcalcium (gesamt)	mg/dl mval/l mmol/l	9–10,4 4,5–5,2 2,25–2,6
Serumcalcium (ionisiert)	mmol/l	1,13–1,3
Serumphosphor	mg/dl mmol/l	2,4–4,7 0,8–1,5
alkalische Serumphosphatase	E/l	50–170
saure Serumphosphatase	E/l	bis 12
Serumchlorid	mmol/l	101–111
Serummagnesium	mmol/l	0,69–0,96
Osteocalcin*	labor- und methodenabhängig	
PTH im Serum (intaktes Molekül messen!)	pg/ml	10–65
Calcitonin im Serum	pg/ml	bis ca. 50
25-OH-D_3 im Serum	µg/l	7–47 (Sommer) 6,5–34 (Winter)
1,25-$(OH)_2$-D_3 im Serum	ng/l	6–65
Urincalcium	mg/24 h mmol/24 h	100–200 2,5–5,0
Urinphosphat	mg/24 h mmol/24 h	300–1000 10–32
Phosphatclearance	ml/min	6–16
TRP	%	82–90
Hydroxyprolin im Urin	mg/24 h pro m^2 µmol/24 h pro m^2	4,8–24,9 37–190
Pyridinolin-/Desoxypyridinolin-Crosslinks**	labor- und methodenabhängig	

* Anbauparameter, ** Abbauparameter, vorläufig nur für Studien geeignet.

Verbiegungen und Deformierungen sind häufig. Bei der Tarda-Form beginnen die Frakturen erst in späteren Lebensjahren (2., 3. oder später). Es können sich jährlich viele Frakturen hintereinander abspielen (bei minimalen Traumen), bis es dann zur Zeit der Pubertät zur Abnahme der Frakturhäufigkeit kommt – die Knochen können dann allerdings stark deformiert sein (vor allem Beine). Nicht selten ist in schwereren Fällen ein Zustand der Invalidität gegeben. Durch die verminderte Knochenmasse auch bei Ausgewachsensein ist im späteren Verlauf häufiger mit einer Osteoporose zu rechnen.

Dg: Die Diagnose wird klinisch aufgrund der Anamnese und des Aspektes gestellt. Die Biochemie ist im Hinblick auf die Calciumstoffwechselparameter unauffällig.

Th: Nur orthopädisch, es gibt keine medikamentöse Standardtherapie.

Osteomalazie

Ät, Pathog und Formen: Nachdem der wirksame Metabolit des Vitamins D, das Calcitriol (1,25-$(OH)_2$-D_3), in der Niere des Menschen, gesteuert von seinem Bedarf an Calcium, gebildet wird, nennt man ihn auch Vitamin-D-Hormon. Sein Vorläufer ist das in der Leber gebildete 25-OH-D_3. Erkrankungen im Sinne eines Mangels an Vitamin-D-Hormon können sich entwickeln, wenn Vitamin D ungenügend mit der Nahrung angeboten wird, die nötige Besonnung für seine Bildung in der Haut fehlt, die Hydroxylierung am C-Atom 25 in der Leber gestört ist, die Hydroxylierung am C-Atom 1 in der Niere nicht erfolgt oder eine Endorganresistenz gegen 1,25-$(OH)_2$-D_3 vorliegt (Tab. 26.**2**). Die 1α-Hydroxylasestörung ist zumeist Folge einer Niereninsuffizienz – sie kann daneben idiopathisch als Pseudovitamin-D-Mangel-Rachitis Typ I auftreten. Die Endorganresistenz gegen 1,25-$(OH)_2$-D_3 wird als Pseudovitamin-D-Mangel-Rachitis Typ II bezeichnet.

Fehlt Vitamin-D-Hormon, kann das Osteoid nicht verkalken. Dies bedingt eine Weichheit des Knochens („Osteomalazie"). Reaktiv ist die Knochenneubildung gesteigert; hierdurch verbreitern sich die Knochen (durch Verbreiterung der Osteoidsäume), ohne wesentlich an Festigkeit zu gewinnen.

Sy: Der Mangel an Vitamin-D-Hormon im Kindesalter wird als Rachitis (Englische Krankheit) bezeichnet. Das klinische Bild mit Kraniotabes, Minderwuchs mit Extremitätenkrümmung, rachitischem Rosenkranz usw. wird in den pädiatrischen Lehrbüchern dargestellt.

Das Krankheitsbild des Erwachsenen, die Osteomalazie, trifft ein zunächst gesundes Skelett. Im Laufe der Zeit treten Knochenschmerzen auf; allmählich können sich besonders die belasteten Knochen verbiegen (O-Beine). Das Becken wird kartenherzförmig deformiert (zentrale Luxation der erhaltenen Hüftgelenke). Der Thorax kann sich glockenförmig umgestalten. Typisch ist ein Watschelgang der Betroffenen.

Dg und DD: Bei entsprechenden Skelettbeschwerden oder äußerlichen Veränderungen werden die betroffenen Areale geröntgt. Das Röntgenbild zeigt Verbreiterungen der Extremitätenknochen bei gleichzeitiger Kalkarmut. Charakteristisch sind Looser-Umbauzonen. Die Laboratoriumsdiagnostik ergibt eine erhöhte alkalische Serumphosphatase (die Isoenzymbestimmung läßt die ossäre Herkunft erkennen). Serumcalcium und -phosphor können niedrig-normal sein, das Parathormon reaktiv leicht erhöht (häufig innerhalb der Norm). Die Konstellation der Vitamin-D-Metaboliten ist in Tab. 26.**2** angegeben. Differentialdiagnostisch sind vor allem Formen der hypophosphatämischen Rachitis abzugrenzen. Verwechslungsgefahr mit anderen Osteopathien (Osteoporose, Osteomyelitis, Skelettmetastasen) besteht kaum.

Th: Zur Behandlung wird genuines Vitamin D verabreicht (10 000–20 000 IE/Tag). Bei der Gefahr einer ungenügenden Resorption des fettlöslichen Vitamins D muß die Substanz parenteral als Injektionspräparat verabreicht werden. Mit dem Ansprechen der Behandlung kann es durch Calciumsog in den Knochen zur Hypokalzämie und Tetanie kommen – die gleichzeitige Calciumsubstitution ist dann sinnvoll. Unter der Therapie

Tabelle 26.**2** Formen der hypokalzämischen Rachitis bzw. Osteomalazie

Art der Störung	Verhalten der D-Metaboliten im Blut	
	Calcifediol (25-OH-D_3)	Calcitriol (1,25-$(OH)_2$-D_3)
I. *Rachitis durch Vitamin-D-Mangel*		
1. mangelhafte UV-Bestrahlung	↓	↓
2. mangelhafte Zufuhr oder Malabsorption von Vitamin D	↓	↓
II. *Rachitis durch Vitamin-D-Stoffwechselstörungen*		
1. vermehrter Katabolismus		
a) durch Antikonvulsiva	↓	(↑) N
b) durch Lebererkrankungen	↓ (N)	↓ (N)
2. verminderte 1α-Hydroxylierung		
a) bei chronischer Niereninsuffizienz	N (↓)	↓
b) bei hereditärer Pseudovitamin-D-Mangel-Rachitis Typ I	N	↓
3. Endorganresistenz gegenüber 1,25-$(OH)_2$-D_3: Pseudovitamin-D-Mangel-Rachitis Typ II	N	N

fällt die alkalische Phosphatase ab. Bei Normalisierung muß auf eine Erhaltungsdosis an Vitamin D (individuell dosiert) übergegangen werden. Bei Störungen der 1α-Hydroxylase ist genuines Vitamin D wirkungslos; es empfehlen sich Vitamin-D-Metaboliten (Tab. 26.**1**). Bei der Pseudovitamin-D-Mangel-Rachitis Typ I ist eine lebenslange Substitution mit 1,25-$(OH)_2$-D_3 in normalen Dosen erforderlich, beim Typ II können infolge der Endorganresistenz extrem hohe Dosen erforderlich sein.

Vitamin-D-Intoxikation

Ät und Sy: Wenn Vitamin D beim Gesunden ohne Indikation in einer Dosierung über 20000 IE pro Tag verabreicht wird oder bei gegebener Indikation erforderliche Kontrolluntersuchungen (Serumcalciumspiegel-Bestimmung bei Hypoparathyreoidismus) nicht beachtet werden, kann es zur Intoxikation kommen. Der Serumcalciumspiegel steigt dabei an; es entwickeln sich die Symptome des Hyperkalzämiesyndroms (S. 896). Todesfälle sind mehrfach beschrieben worden. Nach Absetzen des Vitamins D kann die noch im Körper gespeicherte Substanz über Monate nachwirken.

Th: Therapeutisch kommen zur Calciumsenkung in Betracht: Infusion von physiologischer Kochsalzlösung, Glucocorticoide, Calcitonin.

Osteoporose

Def und Formen: Der Begriff „Osteoporose" wird unterschiedlich verwendet. Sinnvoll ist, ihn auf das Krankheitsbild der verminderten Knochenmasse mit eingetretenen Schäden (Zusammensinterung der Wirbel, Frakturen bei geringem Trauma) zu beschränken und die Abnahme der Knochenmasse beim gesunden Älteren als Osteopenie oder Altersatrophie zu bezeichnen. Wenn die Ursache einer Osteoporose nicht ersichtlich ist, wird sie als primär eingestuft – sekundär sind die symptomatischen Osteoporosen definierter Funktionsstörungen und Krankheitsbilder.

Ät und Pathog: Die Skelettmasse erreicht ihr Maximum nach dem Ausgewachsensein im Alter von 20 bis 30 Jahren. Anschließend erfolgt ein relativ kurzes Plateau (bis maximal 40 Jahre), dann ein langsamer Abfall, der beim männlichen Geschlecht geradlinig ist (½–1% Verlust pro Jahr; Abb. 26.**1**). Beim weiblichen Geschlecht ist die Knochen-

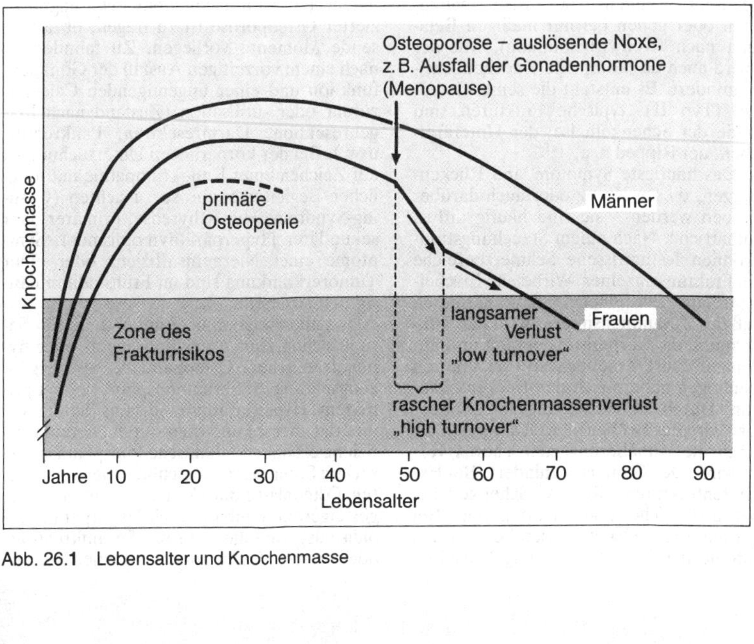

Abb. 26.1 Lebensalter und Knochenmasse

masse geringer, bis zur Zeit der Menopause läuft die Kurve parallel zur männlichen. Dann folgt dem Ausfall der Östrogenproduktion eine Phase des verstärkten Knochenmassenverlustes über einige Jahre (2–10% pro Jahr). An diese Phase des schnellen Knochenumsatzes schließt sich dann wieder eine Abnahme mit altersentsprechendem Tempo an (Abb. 26.**1**). Das weibliche Geschlecht ist damit naturgemäß stärker bedroht, frühzeitig durch Verlust an Knochenmasse an Osteoporose zu erkranken: Der Knochenmassenverlust, der beim Greis unvermeidlich ist, bedeutet in einer noch aktiveren Lebensphase eine stärkere Gefährdung als später. Ähnlich wie die Menopause können sich als osteoporotische Noxen folgende Erkrankungen auswirken: Glucocorticoid-Therapie oder -Überproduktion durch Verschlechterung der Calciumaufnahme und der Osteoblastentätigkeit, eine über längere Zeit unbehandelte Hyperthyreose, ungenügende Calciumzufuhr, Malabsorption/Maldigestion, Phasen eines primären oder sekundären Hyperparathyreoidismus usw.

Bei der postmenopausalen Osteoporose (Typ I), die sich vor dem Senium manifestiert, ist bei zunächst noch ausreichender Stabilität der Röhrenknochen vor allem das spongiöse Knochengewebe betroffen – dementsprechend sintern Lenden- bzw. Brustwirbel zusammen oder geben bei nur mäßigen Belastungen nach (Keilwirbelbildung). Mit der Zeit wird auch das kompakte Knochengewebe vermindert. Es entsteht die senile Osteoporose (Typ II); typische Frakturen sind dann die der Schenkelhälse, der Unterarmknochen, der Rippen u. a.

Sy: Das häufigste Symptom sind Rückenschmerzen, die im Kreuz oder auch darüber angegeben werden – sie sind häufig diffus, „rheumatisch". Nach einem Stauchungstrauma können festumrissene Schmerzbereiche durch Fraktur einzelner Wirbel in Erscheinung treten. Bei einem symptomärmeren Prozeß des Zusammensinterns wird der Rükken krumm, die Körpergröße nimmt im Laufe weniger Jahre erheblich ab, die unteren Rippenbögen nähern sich den Beckenschaufeln an. Durch die Aufhebung der Lendenlordose wird das Becken ventral aufgerichtet, wodurch die Annäherung zum Thorax verstärkt wird. Der Gang ist behindert. Bei Extremitätenfrakturen (Radius, Schenkelhals) ist das ursächliche Trauma oft gering. Bei symptomatischen Osteoporosen können sich Symptome der Grunderkrankung (Cushing-Habitus, Hyperthyreose u. ä.) hinzugesellen.

Dg und DD: Die Diagnose ist eine röntgenologische; eine schlechte Bildqualität führt zur Fehlbeurteilung. Seitliche Wirbelsäulenaufnahmen sind am besten zu beurteilen: Neben Demineralisierung finden sich betonte vertikale, rarefizierte Trabekel, nachgebende oder zusammengesinterte Deckplatten, im fortgeschrittenen Stadium Keilwirbel. Extremitätenknochen zeigen Verdünnung der Kompakta sowie innerhalb derselben eine typische Längsstreifung (Erweiterung der Havers-Kanälchen). Es kann eine quantitative Auswertung versucht werden, etwa mit Hilfe des Singh-Index am Schenkelhals oder des Nordin-Index an den Fingerphalangen. Angaben zum Mineralgehalt ermöglichen Geräte für die Osteodensitometrie.

Das Laborspektrum der idiopathischen Osteoporose erbringt Normalwerte für Calcium, Phosphor, alkalische Phosphatase usw. Die Labormethoden dienen vor allem dem Ausschluß symptomatischer (sekundärer) Osteoporoseformen (s. u.).

Die Knochenhistologie ergibt zumeist den Befund eines langsamen Knochenumsatzes (low turnover); selten erfaßt man die frühe Phase des erhöhten Knochenumsatzes (high turnover). Auch die Knochenbiopsie hat große differentialdiagnostische Bedeutung. Bei jedem Fall von röntgenologisch diagnostizierter Osteoporose ist zu fragen, ob auslösende Momente vorliegen. Zu fahnden ist nach einem vorzeitigen Ausfall der Gonadenfunktion und einer ungenügenden Calciumzufuhr oder -utilisation (Zustand nach Magenresektion, Darmresektion, Pankreatitis usw.). Bei der körperlichen Untersuchung ist auf Zeichen einer Endokrinopathie mit möglicher Begleitosteoporose zu achten (Cushing-Syndrom, Hyperthyreose, primärer oder sekundärer Hyperparathyreoidismus). Symptome einer Niereninsuffizienz oder einer Tumorerkrankung sind im Frühstadium häufig zu übersehen.

Als Laborprogramm empfiehlt sich: Serumcalcium zum Ausschluß hyper- oder hypokalzämischer Osteopathien, als Ergänzungsparameter Serumphosphor, der bei primärem Hyperparathyreoidismus häufig erniedrigt, bei sekundärem durch Niereninsuffizienz erhöht ist, alkalische Phosphatase (ossär) im Serum zum Ausschluß einer vermehrten Osteoblastentätigkeit bei Osteomalazie, gesteigertem Umbau durch Hyperparathyreoidismus, Neoplasie usw., Serumkreatinin oder -harnstoff zum Ausschluß einer Niereninsuffizienz, BSG, Blutbild, Eiweiß im Urin und evtl. Immunelektrophorese zum Ausschluß hämatologischer Systemerkrankungen einschließlich des Myeloms, die ebenfalls in Frühstadien ein osteoporoseartiges Bild darbieten können.

Th und Prl: Nach osteoporotischen Frakturen sind häufig Schmerzmittel und auch orthopädische Maßnahmen erforderlich – zusammengesinterte Wirbel sind nicht selten verkeilt. Auf Immobilisierung und Korsetts soll nach Möglichkeit verzichtet werden.
Die Therapie zur Stimulation der Osteoblasten bei „low turnover" ist die Gabe von Fluoriden (z. B. 80 mg Natriumfluorid, magengeschützt, pro Tag über mindestens zwei Jahre, häufig 3–4 Jahre). Adjuvant kann Calcium (500–1000 mg/Tag) und Vitamin D (1000–3000 IE/Tag) verabreicht werden. Natriumfluorid stimuliert die Tätigkeit der Osteoblasten, Calcium und Vitamin D dienen einem ausreichenden Mineralangebot zur Verkalkung des neugebildeten Knochens. Natriumfluorid und Calcium sollen nicht zur gleichen Mahlzeit eingenommen werden (bei Gabe von Monofluorophosphat unnötig). Einige Patienten entwickeln einige Monate nach Behandlungsbeginn Schmerzen im Bereich der Sprunggelenke: Dies bedeutet ein besonders gutes Ansprechen. Es soll dann auf die halbierte Natriumfluoriddosis übergegangen werden. Die medikamentöse Therapie muß durch Maßnahmen zur Reaktivierung (Schwimmen) unterstützt werden.

Die Gabe von Östrogen bei der weiblichen Osteoporose ist primär eine *Prophylaxe,* sie kann aber auch noch später als *Therapie* begonnen werden. Sie verspricht guten Erfolg, wenn sie möglichst bald nach der Menopause beginnt, also bei erkennbarem Risiko (familiäre Belastung) oder nachgewiesener niedriger Knochendichte bzw. raschem Verlust. Bei vorhandener Gebärmutter müssen Östrogene mit Gestagenen kombiniert werden (zur Verhinderung der Endometriumsproliferation mit der möglichen Spätfolge einer Karzinombildung).

In ähnlicher Weise können Calcium und Vitamin D prophylaktisch eingesetzt werden, wenn ein Patient nach Magenresektion oder mit chronischen Darmerkrankungen (Morbus Crohn, Colitis ulcerosa) möglicherweise nicht genügend Calcium absorbiert. Bei nachgewiesener „high-turnover"-Osteoporose kann Calcitonin eingesetzt werden. Auch zyklische Therapieschemata stehen in Erprobung. Erfolgversprechend sieht die Behandlung mit dem Bisphosphonat Etidronat aus.

Paget-Krankheit des Skeletts

VK, Ät und Pathog: Eine Knochenveränderung im Sinne der Ostitis deformans Paget findet sich bei überraschend vielen Menschen als asymptomatischer Zufallsbefund der zweiten Lebenshälfte – als Krankheitsbild manifestiert sich die Veränderung in der Größenordnung von weniger als 1% der Betroffenen. Auf 30 000 Einwohner kommt etwa ein Fall von therapiebedürftigem Morbus Paget. In einem monostotischen oder polyostotischen (2 bis über 50 Knochen) Befallsmuster finden sich Areale eines lokalisiert gesteigerten Knochenumbaus: Die Knochenhistologie zeigt überaktive Osteoklasten mit erhöhter Kernzahl. Elektronenmikroskopisch enthalten die Kerne Strukturen, die an Viren erinnern. Wahrscheinlich ist der Morbus Paget ein langsamer Virusinfekt (slow virus: Hundestaupe?). Die verstärkte Osteolyse führt kompensatorisch zu einem verstärkten Knochenneubau; dieser hält kaum Schritt, und das resultierende Knochengewebe ist irregulär und mechanisch minderwertig. Die befallenen Knochen sind aufgetrieben und deformieren sich unter der Belastung. Frakturen sind recht häufig. Angrenzende Gelenke, die selbst nicht befallen sind, werden durch Arthrose bedroht. In 1% der Fälle entwickelt sich ein Paget-Sarkom.

Sy: Beim häufigen Beckenbefall können Rückenschmerzen und Gehbeschwerden auftreten; beim Femur- und Tibiabefall behindert das krummer werdende Bein das Gehen, die Gelenke werden arthrotisch. Neben den Schmerzen treten lästige Wärmegefühle durch die vermehrte Durchblutung des Paget-Knochens auf. Beim Befall einzelner oder mehrerer Wirbel kommt es zu radikulären Symptomen (Schmerzen und Ausfälle). Eine Querschnittsläsion ist extrem selten. Beim Schädelbefall nimmt der Kopfumfang zu. Schwerhörigkeit resultiert aus einem Befall des Os petrosum. Da der Knochen nach außen wächst, kommen intrazerebrale Drucksymptome kaum vor.

Dg und DD: Das Röntgenbild liefert in der Regel pathognomonische Befunde: Der befallene Knochen ist in seiner Außenkontur verdickt, innerlich wolkig-osteolytisch oder auch osteosklerotisch verändert, die normale Trabekelstruktur ist aufgehoben. Differentialdiagnostisch kommen Erkrankungen wie Osteomyelitis, Osteosarkom, Osteosklerose in Betracht. Im Zweifelsfall ist eine Knochenbiopsie zur Diagnosesicherung empfehlenswert – häufig hilft der Blick eines erfahrenen Radiologen. Die Knochenhistologie ergibt die typische Mosaikstruktur mit vergrößerten und an Kernzahl besonders reichen Osteoklasten. Vermehrt sind auch die Osteoblastensäume. Die Trabekelstruktur ist irregulär. Laborparameter des enorm gesteigerten Knochenumbaus sind eine Erhöhung der alkalischen Serumphosphatase und der Hydroxyprolinausscheidung im Urin. Leichtere Fälle haben eine normale alkalische Phosphatase. Die Kalzurie kann bis zur Nierensteinbildung gesteigert sein. Eine Hyperkalzämie deutet am ehesten auf einen koinzidenten primären Hyperparathyreoidismus hin.

Th und Prgn: Ein zufallsentdeckter, asymptomatischer Paget-Herd muß keinesfalls automatisch behandelt werden. Indikationen zur Therapie sind: Schmerzen, Verbiegungen mit der Gefahr arthrotischer Veränderungen anteiliger Gelenke, lästige Wärmegefühle, Nervenausfälle, Schädelbefall mit der Entwicklung zur Schwerhörigkeit. Auch bei sehr starker biochemisch dokumentierter Krankheitsaktivität (alkalische Phosphatase über 600–800 E/l) wird man sich zur Therapie entscheiden. Die Behandlung kann mit Calcitonin oder dem Bisphosphonat EHDP (Dinatrium-Etidronat) erfolgen. Dosierung: 100 IE Calcitonin/Tag s.c. oder i.m. über 6–12 Monate, anschließend Auslaßversuch. Erneute Therapie bei Wiederauftreten der Symptome; 5 mg EHDP/kg KG p. o. pro Tag über 6 Monate, anschließend Auslaßversuch und erneute Therapie bei Bedarf. Unter beiden Therapieformen fallen die biochemischen Parameter (alkalische Phosphatase, Hydroxyprolinausscheidung) auf etwa 50% der Ausgangswerte ab. Bei sehr schweren Krankheitsfällen ist die Kombination von Calcitonin (3mal 100 IE/Woche) und EHDP (5 mg/kg KG/Tag) besonders wirksam. Eine Heilung tritt nicht ein. Die Kerneinschlüsse der Paget-Osteoklasten verschwinden nicht, obwohl diese vorübergehend kleiner und kernärmer werden. In Erprobung steht z. Z. die zweite Generation der Bisphosphonate; Pamidronat-Infusionen bewirken einen über 1 Jahr und länger anhaltenden Abfall der alkalischen Serumphosphatase auf 25% des Ausgangsniveaus.

27. Pneumologie

W. T. Ulmer

Agammaglobulinämie

Def: Angeborener Immunglobulinmangel, der häufig mit rezidivierenden Bronchitiden und Bronchopneumonien einhergeht.

Dg: Elektrophorese mit Agamma- oder Hypogammaglobulinämie.

Th: Immunglobulinsubstitution.

Alveolarzellkarzinom s. Lungentumoren

Alveolitis

Def: Entzündliche Veränderungen der Alveolarwand.

Ät und Path:

- Diffus fibrosierende Alveolitis: Ätiologie unbekannt. Histologisch Alveolarwandinfiltrationen mit Lymphozyten, Eosinophilen und Granulozyten, je nach Intensitätsgrad. Bindegewebsvermehrung auf den Alveolarraum übergreifend.
- Exogen-allergische Alveolitis: Immunologische Reaktion vom Typ III auf inhalierbare organische Partikel, z. B. Taubenzüchterlunge, Farmerlunge, Pilzzüchterlunge. Präzipitierende Antikörper sind immunologisch häufig nachweisbar. Histologie wie bei der diffus fibrosierenden Alveolitis. Auch granulomatöse Formen aus Epitheloidzellen und Riesenzellen kommen vor.
- Fibrosierende Alveolitis nach akuter inhalativer Intoxikation bzw. nach akutem Atemnotsyndrom (s. d.).

Sy: Akute Formen gehen nach Expositionen mit Fieber einher. Bei chronischen Formen trockener Husten und Dyspnoe. Auffallend Tachypnoe mit geringer Atemtiefe. Bei Fibrosierung feines Knisterrasseln, vorwiegend in den Unterfeldern. Röntgenologisch verwaschene Eintrübung der Lungenfelder, vorwiegend Unterfelder. Noduläre Strukturen, Übergang in Lungenfibrose (s. d.).

Dg: Anamnese, Thorax-Röntgenaufnahme, Lungenbiopsie, bronchoalveoläre Lavage. Bei exogen-allergischer Alveolitis Präzipitinnachweis im Speziallabor.

DD: Linksherzinsuffizienz, Pneumonie, Atemwegsobstruktion.

Th: Exposition beenden, Corticosteroide. Bei akutem Verlauf bis 200 mg Prednisolon-Äquivalent, langsame Reduktion, Sauerstoffgabe bei $P_aO_2 < 60$ mmHg. Da in Spätstadien häufig Atemwegsobstruktionen auftreten, nach Abklärung der obstruktiven Komponente gleichzeitige Therapie der Atemwegsobstruktion (s. d.).

Aneurysmen der Lunge, arteriovenöse

Sy: Sie können zu singulären oder multiplen Verschattungen der Lunge führen; angeboren, können an Größe zunehmen. Beschwerden erst im Alter von 20–30 Jahren. In über 50% bestehen Hauthämangiome und andere Mißbildungen.

Die Klinik wird von der Größe der Kurzschlußdurchblutung bestimmt. Auch Hämoptysen treten auf. Trommelschlegelfinger, Polyglobulie, umschriebenes Systolikum. Die arterielle Sauerstoffsättigung steigt unter Sauerstoffatmung nur unwesentlich an.

Th: Operation, auch wegen der Gefahr der Endokarditis.

Anstrengungsasthma (exercise-induced asthma)

VK, Ät und Pathog: Durch körperliche Belastung des Bronchialsystems, durch Kälte ausgelöste Atemwegsobstruktion oder Verschlimmerung einer bestehenden Obstruktion, häufiger bei Kindern, aber auch bei Erwachsenen nachweisbar (s. Atemwegsobstruktion).

Th: Prophylaktisch wirken häufig Intal, immer β_2-Sympathomimetika (Berotec, Salbutamol), auch die Kombination Berodual. Sehr sicher wasserlösliche Glucocorticoide, z. B. Solu-Decortin H, 25 mg i.v.

Asbestose

Def: Durch Asbeststaub hervorgerufene Lungenfibrose.

Sy: Atemnot, Latenzzeit bis über 20 Jahre, arterieller Sauerstoffdruck erniedrigt, Funktion wie bei Lungenfibrose (s. d.). Bei Asbestexponierten, auch bei Minimalasbestose, Überhäufigkeit von Bronchialkarzinomen, asbestbedingte Mesotheliome. Berufskrankheit. Verdacht meldepflichtig.

Dg: Thorax-Röntgenaufnahme mit Fibrosierung, vorwiegend in den Unterfeldern, auch Honigwabenstrukturen, typisch Pleuraplaques, Pleuraverkalkungen, Anamnese mit entsprechender Exposition.

Asbestkörperchen entstehen durch Eiweißniederschlag an den Asbestfasern, kommen bei Asbestexponierten in größerer Häufigkeit vor. Bei Minimalasbestose gelingt der mikroskopische Nachweis nach besonderem Anreicherungsverfahren.

Aspirationspneumonie s. Pneumonien

Asthma bronchiale

Anfallsweise Atemwegsobstruktion. Da die anfallsfreie Zeit ganz beschwerdefrei sein kann, aber auch chronische Atemwegsobstruktionen meist dynamisch verlaufen, ist die Abgrenzung von sonstigen Atemwegsobstruktionen unscharf (s. Atemwegsobstruktion).

Asthma cardiale

Durch Linksherzinsuffizienz ausgelöste Atemnot. Mechanismen dieser Atemnot: Verminderte Dehnbarkeit der Lunge und erhöhte Strömungswiderstände in den Atemwegen = Atemwegsobstruktion.

Atemnotsyndrom, akutes

Ät und Path: Durch Schädigung der Alveolarkapillaren Austritt relativ eiweißreicher Flüssigkeit aus den Kapillaren in das Interstitium, schließlich auch in die Alveolen.

Ursächlich: Intoxikationen, virale Infekte, Atmung hochprozentigen Sauerstoffs, nicht adäquate Beatmung, Medikamente.

Sy: Atemnot, niedriger P_aO_2, röntgenologisch verwaschene Zeichnung, insbesondere in den Unterfeldern, später möglicher Übergang in Lungenfibrose (s. d.).

Th: Schädigende Noxe beseitigen, Corticosteroide, 50–1000 mg Prednisolon-Äquivalent, wasserlösliche Präparate i.v. mehrmals täglich nach Verlauf.

Atemwegsobstruktion (obstruktive Atemwegserkrankung)

Def: Erhöhte Strömungswiderstände in den Atemwegen.

Ät:

- *Allergische Atemwegsobstruktion:* Diese kann bei Allergenkontakt schlagartig bis zu lebensbedrohlichen Anfällen auftreten

(Asthmaanfall). Sie kann aber ebenso wie die anderen Formen auch mehr chronisch verlaufen, wobei immer eine Dynamik vorhanden ist. Bei Pollenasthma geht oft Heuschnupfen voraus. Neurodermitiker entwickeln häufig eine allergische Atemwegsobstruktion. Atopiker sind besonders gefährdet. Häufige Allergene: Pollen von Bäumen, Gräsern, Kräutern, Hausstaub, Hausstaubmilbe, Roggen- und Weizenmehl, Tierhaare und Federn, Pilze. Auch niedermolekulare Verbindungen können mit Proteinen oder Lipiden antigene Eigenschaften entwickeln, so Farbstoffe, Medikamente, wie z. B. Antibiotika, Halogene, Quecksilber, Chrom und Nickel. Die allergene Potenz der verschiedenen Substanzen sowie die Konzentration sind entscheidend. Für die Organmanifestation ist die Sensibilität der bronchokonstriktorischen Rezeptoren entscheidend. Die Sensibilität kann durch allergenbedingte Mediatorfreisetzung (Histamin und Arachidonsäurekaskade), aber auch durch Infekte infolge der hierbei freigesetzten Proteasen entscheidend gesteigert werden. Auch pseudoallergische Atemwegsobstruktionen sind bekannt, z. B. Mediatorliberation durch Aspirin.

- *Infektobstruktion:* Massivere Infekte können zu einer chronischen Bronchitis werden. Auf diesem Boden Angehen einer Infektobstruktion. Überschuß an Proteasen im Verhältnis zur Proteaseninhibition spielt wichtige Rolle. Auch hierbei Histaminfreisetzung aus Mastzellen und Freiwerden von Leukotrienen und Prostaglandinen.
- *Entspannungsobstruktion:* Die Bronchien werden durch den inspiratorischen Zug der Thoraxwand offengehalten. Bei schwerem Emphysem geht die Thoraxwand in Inspirationsstellung mit Nachlassen des inspiratorischen Zuges. Die Bronchien werden enger, insbesondere während der Exspiration. Übergänge von allergischer Atemwegsobstruktion in Infektobstruktion und von Entspannungsobstruktion in Infektobstruktion sind häufig. Mit sorgfältiger Anamnese, Allergietestung und Lungenfunktionsprüfung lassen sich die verschiedenen Formen differenzieren.
- *Begleitobstruktion:* Bei Lungenembolien, Lungenfibrosen, Linksherzinsuffizienz (s. Asthma cardiale) und nach Inhalationsintoxikationen werden Atemwegsobstruktionen beobachtet.

Pathog: Die Bronchokonstriktion wird vorwiegend durch Kontraktion der Bronchialmuskulatur ausgelöst. Diese Kontraktion geschieht reflektorisch als Reflexbronchokonstriktion, auch durch direkte Konstriktion der Muskulatur nach Einwirkung der Mediatoren, bei normalem Bronchialmuskeltonus durch Entspannung des Lungengerüstes. Schleimhautschwellung, Hypersekretion und Dyskrinie sind meist gleichzeitig nachweisbar. Abhängig von der Höhe der Strömungswiderstände kommt es zur Überblähung der Lunge = reversibles Volumen pulmonum auctum. Eosinophile im Sputum finden sich bei allen Formen, besonders reichlich bei Atopikern. Bei stärkerem Befallensein der peripheren Atemwege kommt es zu Verteilungsstörungen und entsprechender arterieller Hypoxämie (Partialinsuffizienz, die später in Globalinsuffizienz übergeht). Arterielle Hypoxämie ist Ursache eines tödlichen Asthmaanfalls.

VK und Sy: Atemwegsobstruktionen häufig im Kindesalter. Etwa ⅔ heilen um die Pubertät aus, aber auch diese Patienten sind besonders rezidivgefährdet mit erneuter Manifestation nach dem 40. Lebensjahr. Verläuft die Erkrankung mit besonderer Dynamik, besteht Lebensgefahr, sowohl im Kindes- als auch im Erwachsenenalter. Die Anfälle können schlagartig einsetzen nach Inhalation kalter Luft oder sonst reizender Substanzen. Aber auch die Exazerbation einer Bronchitis kann zu einer allmählichen Verschlechterung führen. Husten tritt auf, oder er wird stärker, ebenso Auswurf. Der nichtabhustbare Mukus kann Anfälle auslösen. Verschlechterungen kommen sehr häufig in den frühen Morgenstunden vor = zirkadiane Rhythmik.
Auskultatorisch, aber auch auf Distanz sind Giemen, Pfeifen und Brummen zu hören. Bei sehr schwerem Emphysem wie bei schwerem Volumen pulmonum auctum können diese Symptome fehlen. Das Ausmaß der Atemnot hängt ab vom Ausmaß der Atemwegsobstruktion. Bei schwerer Atemwegsobstruktion kommt es zu Unruhe und schockähnlicher Symptomatik sowie Tachykardie. Infolge der nervösen Steuerung der Bronchomotorik beeinflussen psychogene Faktoren das klinische Geschehen.

Dg: Erhöhte IgE-Werte geben Hinweis auf allergische Genese. Jede Atemwegsobstruktion ist auf ihre allergische Genese hin abzuklären: Anamnese, Hauttest, inhalativer Pro-

vokationstest und In-vitro-Histaminliberationstest.
Funktionsanalyse: Spirometrisch verminderter 1-Sekunden-Wert, besonders in Prozent der Vitalkapazität, oszillatorische oder Unterbrecherströmungswiderstandsmessung – unabhängig von der Mitarbeit, aber etwas aufwendigere Methodik – zeigen erhöhte, den Strömungswiderständen entsprechende Werte an. Ganzkörperplethysmographisch erhöhte totale Resistance (R_t <3,5 cm H_2O/l/s) und entsprechend erhöhtes intrathorakales Gasvolumen (IGV). Die Blutgase können eine Partial- oder Globalinsuffizienz zeigen.
DD: Restriktive Funktionsstörungen wie bei Lungenfibrose, Fremdkörperaspiration, Stenose der oberen Atemwege durch Verziehung, Tumorwachstum, Spontanpneumothorax, Hyperventilationssyndrom, Linksinsuffizienz (s. Asthma cardiale).

Th: Bei allergischer Atemwegsobstruktion Allergenkarenz, sonst Hyposensibilisierung. Bei polyvalenter Allergie und bei älteren Patienten geringere Erfolge. Bei Analgetika-Asthma Weglassen der Medikamente. β-Blocker können Asthma auslösen oder Asthma verstärken. Sie sind prinzipiell kontraindiziert. Erkennen der Anfangsstadien bedeutsam, da hier noch Heilung möglich: Allergennachweis, Bronchitis mit beginnender Obstruktion muß intensiv angegangen werden. Ortswechsel bringt manchmal Verbesserung, selten Heilung. Aufenthalt in größeren Höhen (über 1000 m) geht gelegentlich mit wesentlicher Besserung einher.
Therapiegrundlagen:

- Bronchodilatation: Bronchodilatatoren erster Ordnung, β_2-Sympathomimetika (Berotec, Bricanyl, Sultanol, Spiropent) am besten als Dosieraerosole in ca. 3stündlicher Dosierung.
- Anticholinergika (Atrovent, Ventilat) als Dosieraerosole ohne Nebenwirkungen. In der Wirkung nicht ganz so sicher.
- Kombination aus β_2-Sympathomimetika + Anticholinergika: Atrovent = optimale Bronchodilatation bei geringsten Nebenwirkungen.
- Theophylline: i.v. sehr gut wirksam (Solosin, Euphyllin), auch p.o. gut wirksam, z. B. Solosin-Tropfen. Orale Retard-Präparate, z. B. Uniphyllin, Euphyllin CR 150, 250 oder 350. Theophylline haben geringe therapeutische Breite, erreichen häufig nicht die Bronchodilatation der β_2-Sympathomimetika, Retard-Präparate aber lange Wirkdauer.

Bei nicht ausreichender Bronchodilatation Nebennierenrindenhormone, bei bedrohlichem Zustand wasserlösliche Präparate i.v., z. B. Solu-Decortin H (25, 50, 100 mg). Wirkeintritt nach ca. 15–30 Min. Unter Nebennierenrindenhormonen spricht das bronchopulmonale System wieder auf Bronchodilatatoren an. Oral Prednisolon, angepaßt an die zirkadiane Rhythmik, also bei vorwiegend nächtlichen Anfällen, größere Dosis abends. Erforderliche Dosierung 2,5–30 mg/Tag. Dauertherapie 2,5–10 mg/Tag. Kristallsuspensionen in Form von Volon A 40 oder Triam-Injekt (40 mg) können wegen der gleichmäßigen Spiegel und des optimalen Ausschleichens bei schweren Exazerbationen sehr nützlich sein. Dinatrium cromoglycicum (Intal) hat bei atopischen Formen häufig sehr günstige Effekte, als Intal-Pulverkapseln oder Intal-Dosieraerosol wirkt es ausschließlich prophylaktisch. Wirksamkeit soll überprüft werden, da nicht sicher voraussagbar. Glucocorticoide als Dosieraerosole: Sanasthmyl, Viarox, Pulmicort mit sehr guter lokaler Wirksamkeit und verminderter systemischer Wirkung, 2mal 1 Hub/Tag bis 3mal 2 Hübe und 3stündlich 1 Hub. Als Nebenwirkungen Heiserkeit und seltener Soorbildung möglich, heilen nach Absetzen ab. Ketotifen (Zaditen), vorwiegend Antihistaminikumwirkung, leicht sedierend. Exazerbationen oder gleichzeitig bestehende schwerere Bronchitiden müssen gleichzeitig mit Antibiotika behandelt werden: Tetracycline Mittel der ersten Wahl, sonst nach Antibiogramm. Dieses aber unzuverlässig.

Blutgasanalyse
Mit entsprechenden Elektroden werden der arterielle Sauerstoffdruck (P_aO_2), der arterielle Kohlensäuredruck (P_aCO_2) und der arterielle pH-Wert (pHa) bestimmt. Unter normalen Bedingungen gibt hyperämisiertes Ohrläppchenkapillarblut zuverlässige Ergebnisse. Isolierte Erniedrigung des arteriellen Sauerstoffdrucks = Partialinsuffizienz. Zusätzliche Erhöhung des arteriellen Kohlensäuredrucks (>43 mmHg) entspricht dem Ausmaß der alveolären Hypoventilation. Ab Sauerstoffdrücken <60 mmHg ist mit Druckanstieg in der A. pulmonalis zu rechnen. Bei derartig erniedrigten Werten Indikation zur Sauerstofflangzeittherapie.

Boeck-Krankheit s. Sarkoidose

Bronchialkarzinom

VK: Häufigster maligner Tumor beim Mann.
Häufigkeit: Nichtraucher : Raucher 1 : 13.

Ät: Vorwiegende Ursache Zigarettenrauch-Inhalation.
Das Rauchen von 1,35 Zigaretten/Tag verdoppelt das Risiko. Andere Inhalationsschäden: Kokereiarbeiter, Uranbergbau, Asbest. Ca. 0,7% der Nichtraucher und 8% der Raucher sterben am Bronchialkarzinom.

Formen und Pathog: Plattenepithelkarzinome, Adenokarzinome, kleinzellige Karzinome sind wegen des unterschiedlichen Therapieansprechens und Vorgehens nach Möglichkeit zu unterscheiden. Peripherer gelegene Karzinome bronchoskopisch oft schwer zu erreichen. Pancoast-Tumoren greifen auf die Thoraxwand über. Bronchiale und mediastinale Lymphknoten sind am häufigsten und am frühesten von Metastasen befallen. Häufig Knochen- und Gehirnmetastasen.

Sy: Häufig lange Zeit Symptomarmut. Jede nicht abheilende Bronchitis, jede Änderung der Symptomatik einer chronischen Bronchitis, jede Pneumonie bei über 40jährigen, insbesondere Rauchern, bedarf des Ausschlusses eines Bronchialkarzinoms.
Erste Symptome: Husten, Auswurf, gelegentlich Blutbeimengungen zum Auswurf, Pneumonie und Abgeschlagenheit.
Spätsymptome: Pleuraerguß, oft hämorrhagisch, venöse Einflußstauung, Metastasen in Zerebrum, Leber, Knochen, Nebenniere, Rekurrensparese, Phrenikuslähmung, Horner-Syndrom, supraklavikuläre und axilläre Lymphknoten, paraneoplastisches Syndrom mit erheblichen Leukozytenzahlen, Thrombophlebitiden, Hyperkalzämie.

Dg: Meist durch Röntgen, Histologie, Bronchoskopie, Mediastinoskopie, transthorakale Tumorpunktion.

DD: Pneumonie, chronische Bronchitis, Tuberkulose, Sarkoidose, Lungeninfarkt, Rundherde, Tuberkulose, Lungenmetastasen, Lungenabszeß.

Th: Chirurgische Radikaloperation, wenn immer möglich, sonst Chemotherapie nach entsprechenden Schemata und/oder Bestrahlung.

Bronchiektasie

Def: Irreversible Erweiterung von Bronchien.

Ät: Die angeborene (kongenitale Wandschwäche der Atemwege) oder frühkindlich erworbene Form kommt gehäuft zusammen mit anderen Fehlbildungen vor. Gleichzeitiges Auftreten von Bronchiektasien, Fehlen der Stirnhöhlen und Situs inversus wird als Kartagener-Syndrom bezeichnet. Häufigste Ursache der erworbenen Bronchiektasen ist eine bronchopulmonale Entzündung in früher Jugend, oft im Anschluß an Keuchhusten oder Masern. Bronchiektasen können sich auch bei chronischer Bronchitis, Emphysem, Atelektasen, Pleuraschwarten, Tuberkulose, Lungenfibrose, Mukoviszidose, nach Lungeninfarkten, Inhalation toxischer Substanzen und bei Fremdkörperverlegung der Atemwege entwickeln.

Pathog: In 70% sind die Unterlappen betroffen, nur bei ⅓ der Patienten beide Lungen befallen. Es finden sich Wandzerstörungen bis zu Abszeßhöhlen.

Sy: Husten mit voluminösem Auswurf. Sputum dreischichtig (schaumig-schleimig, wäßrig-trüb, unten eitrig). In den entzündeten Bronchiektasen kann es zu Blutungen kommen: Blutbeimengungen im Sputum. Vor dem Abhusten auskultatorisch feuchte mittel- bis grobblasige Rasselgeräusche. Die Entzündung kann immer wieder auf das sonstige Lungengewebe übergreifen: Bronchopneumonien mit Fieber, Senkungsbeschleunigung und Leukozytose. Häufig entwickelt sich eine Infektobstruktion (s. Atemwegsobstruktion). Nur bei fortgeschrittenen Fällen läßt die Nativaufnahme im Röntgenbild den Verdacht auf Bronchiektasen stellen: streifig, doppeltkonturierte Zeichnungsvermehrung. Sekretspiegel und bronchopneumonische Infiltrationen.

Th: Durch adäquate Therapie kann über sehr lange Zeit ein befriedigender Zustand erhalten werden. Voraussetzung für gute Ergebnisse: konsequente Dauertherapie und entsprechende Lebensführung.
Operative Behandlung nur bei lokal begrenzter Bronchiektasie. Es besteht Rezidivgefahr. Wesentlich ist, die Entzündung zurückzudrängen und den puriformen Auswurf abzuhusten. Kleine Dosen an Glucocorticoiden (2,5–10 mg/Tag Prednisolon-Äquivalent) lassen das Krankheitsbild häufig beherrschen. Abhusten in Quincke-Hängelage (Hochlagerung des Beckens, Tieflagerung von Thorax und Kopf) bei gleichzeitigem Abklopfen, Förderung der Expektoration medikamentös durch Bisolvon, Mucosolvan, ätherische Öle und Hustentees, Abfangen jeder Exazerbation der Entzündung durch Antibiotika (Tetracycline), u. U. Antibiotika-Langzeittherapie. Bei Auftreten einer Atem-

wegsobstruktion Therapie wie dort. Eiweißverlust kann zur Hypalbuminämie mit der Notwendigkeit zur Substitution führen, auch Hypogammaglobulinämien bedürfen gegebenenfalls der Substitution.

Bronchitis

Def, VK, Ät und Formen: Die WHO hat Bronchitis als eine Krankheit, die durch Husten und Auswurf charakterisiert ist, definiert. Es gibt aber auch eine trockene Bronchitis, d. h. Husten ohne Auswurf. Die Produktion von Auswurf muß nicht unbedingt einer „itis" entsprechen. Auch gesteigerter Reinigungsmechanismus erzeugt ähnliche Symptome, wie z. B. bei mäßiger Belastung mit inerten Stäuben oder bei Tabakrauchern. Akute Bronchitiden sind überaus häufig. Man unterscheidet folgende Formen:

- akute Bronchitis;
- chronische Bronchitis: Symptome an den meisten Tagen, aber wenigstens 3 Monate lang im Jahr, in zumindest zwei aufeinanderfolgenden Jahren;
- Begleitbronchitiden, z. B. Linksherzinsuffizienz (Stauungsbronchitis), bei Tuberkulose, Silikose, Bronchialkarzinom, Masern, Scharlach, Mukoviszidose, Hypogammaglobulinämie.

Für die einfache, unkomplizierte Bronchitis, bei der „nichts anderes als eine Bronchitis" vorliegt, sind fast ausschließlich Virusinfekte, auf die sich bakterielle Infekte aufpflanzen können, verantwortlich.

Pathog: Es bestehen zweierlei Gefahren:

- irreversible Schädigung der Bronchialschleimhaut mit entsprechendem Umbau: Verlust des Flimmerepithels, Bindegewebsvermehrung und Vermehrung der Becherzellen wie der azinösen Schleimdrüsen, Geschwürsbildungen und Metaplasien;
- Entwicklung einer Atemwegsobstruktion mit überempfindlichem Bronchialsystem = obstruktive Bronchitis (s. Atemwegsobstruktion).

Sy und Dg: Führendes Symptom ist Husten, besonders in den Morgenstunden. Die Auskultation kann bei feuchter Bronchitis Rasselgeräusche erkennen lassen. Zuverlässig ist der Anhusteversuch. Das Sputum ist schaumig-weiß oder auch schleimig-zäh, sagoartig, u. U. puriform. Blutige Beimengungen sollten immer Anlaß geben zur Differentialdiagnose Bronchialkarzinom. Ein Antibiogramm ist bei Therapieresistenz erforderlich.

DD: Bronchialkarzinom, Tuberkulose, Bronchiektasien, Lungenfibrosen, Pneumokoniosen, Linksherzinsuffizienz, Pneumonie, Fremdkörper in den Atemwegen.

Th: Allgemeine Maßnahmen: Rauchverbot, Einschränkung des Alkoholkonsums (Whisky-Bronchitis), Arbeitsplatzsanierung. Expektorantien, Sekretolytika nur bei Unvermögen zum Abhusten, also bei zähem Schleim und entsprechend unproduktivem Husten: Mucosolvan, 3mal 1 Tablette, Mucosolvan Retard-Kapseln, 1–2 Tabletten/Tag; Mucosolvan Saft, 3mal 1 Eßlöffel täglich; Mucosolvan i.v., 1–3mal täglich; Fluimucil, 3mal täglich 1 Beutel; Ozothin, 1–3 Amp. i.v.; Ozothin-Dragees, 3mal täglich, Ozothin-Tropfen, 3mal 20/Tag. Körperliche Bewegung fördert Expektoration, gegebenenfalls Kopftieflage und Abklopfen. Antitussiva bei starkem Hustenreiz, insbesondere wenn unproduktiv. Dicodid, 1–3 Tabletten täglich; Silomat; Remedacen, 1–3 Kapseln täglich; Noleptan, 3mal 2 Dragees mit mäßiger antitussiver Wirkung, aber sonst ganz nebenwirkungsfrei bei leichter Atmungsstimulation. Bei fieberhaftem Verlauf oder bei längerer Dauer (mehr als 8 Tage) Antibiotika. Tetracycline, z. B. Doxycyclin, 0,1–0,2 g/Tag. Ampicillin, 2–6 g/Tag; Sulfamethoxazol + Trimethoprim (Bactrim, Eusaprim), 3mal 1/Tag, bzw. Bactrim forte, 2mal 1 täglich. Bei der Wahl der Antibiotika wird man zunächst auf solche zurückgreifen, die möglichst nebenwirkungsarm sind, gegebenenfalls nach Antibiogramm therapieren. Kommt die Bronchitis innerhalb von 8–10 Tagen nicht zur Ruhe, sind Nebennierenrindenhormone in kleinen Dosen angezeigt: Pulmicort 2mal 2- bis 3stündlich 1 Hub aus dem Dosieraerosol, p.o. 2mal 2, 5–3mal 5 mg Prednisolon-Äquivalent. Diese Therapie verhindert Chronifizierung und das Angehen einer obstruktiven Bronchitis. Bei den geringsten Zeichen von Atemwegsobstruktion Therapie (s. d.).

Bronchopneumonie s. Pneumonien

Byssinose

Durch Inhalation von Baumwollstaub bei der industriellen Verarbeitung der Baumwolle hervorgerufen. Es kommt zur Sensibilisierung gegenüber diesem Staub. Auch Flachs- und Sisalstaub können ähnliche Krankheitsbilder hervorrufen. Bis zu 50% der Arbeiter in der Baumwollkrempelei erkranken an

Byssinose. Wahrscheinlich kommt es durch den Staub zur Mediatorfreisetzung mit Bronchokonstriktion.

Champignonzüchterlunge

Entsteht durch thermophile Aktinomyzeten, die im Champignon-Kulturboden vorhanden sind. Krankheitsbild wie bei Farmerlunge (s. d.).

Cheyne-Stokes-Atmung

Rhythmische Atmung mit wechselnder Atemtiefe, u. U. mit Atempausen, bei Schädigung des Atemzentrums, z. B. nach Virusenzephalitis, aber auch bei Pickwick-Syndrom.

Chylothorax

Def: Lymphe im Pleuraspalt.

Ät: Bei Thoraxtraumata mit Ruptur des Ductus thoracicus oder infolge von Stauung bei Mediastinaltumoren, am häufigsten bei Bronchialkarzinom oder Metastase eines Mammakarzinoms.

Sy: Symptomatik wie bei Pleuraerguß. Bei Punktion sterile, trübe, weißlich-gelbe, eiweißhaltige Flüssigkeit mit kleinen Fetttröpfchen. Verlauf abhängig von der Grundkrankheit, Verschwartung möglich.

Th: Abpunktion, evtl. Saugdrainage für 8–36 Stunden, Beseitigung der Grundkrankheit.

Compliance (Lungencompliance, CL)

Maß der Dehnbarkeit der Lunge mit der Größenordnung 1/cm H_2O. Meßbar mit der Ösophagusdruckmethode. Normalwerte 0,22 l/cm H_2O. Sichere Reduktion ab 0,11. Typische Complianceverminderung bei restriktiven Lungenprozessen.

Cor pulmonale

Def: Primär pulmonal bedingte vermehrte Belastung des rechten Herzens.

Ät und Pathog: Nach Lungenembolie: Akutes Cor pulmonale. Bei obstruktiver Atemwegserkrankung und Emphysem chronisches Cor pulmonale. Durch alveoläre Hypoxie kommt es zur Widerstandserhöhung des Lungenkreislaufs, der reversibel ist (Euler-Liljestrand-Mechanismus). Auch bei Diffusionsstörungen wie bei Lungenödem oder Lungenfibrosen hypoxiebedingter pulmonaler Hochdruck mit Rechtsherzbelastung, mitentscheidend Gefäßuntergang bei Lungenfibrosen und Lungenemphysem.

Sy und Dg: Im EKG Zeichen vermehrter Belastung des rechten Herzens. Röntgenologisch Rechtsherzhypertrophie und Dilatationszeichen, Verlängerung der pulmonalen Ausflußbahn. Bei Messung im kleinen Kreislauf Drücke über 20 mmHg bis 80 mmHg. Rechtsherzinsuffizienz schon bei geringer Druckerhöhung bei älteren Patienten möglich, bei Drücken ab 35 mmHg regelmäßig. Zeichen der Rechtsherzinsuffizienz: Einflußstauung = Halsvenenstauung, Lebervergrößerung, periphere Ödeme, Aszites.

Th: Beseitigung der Grundkrankheit, insbesondere gute therapeutische Möglichkeiten bei Therapie obstruktiver Atemwegserkrankungen. Bei arterieller Hypoxämie Sauerstoffinhalation, ca. 1,5 l/min über Nasenbrille, senkt pulmonalen Hochdruck um ca. 5 mmHg, gegebenenfalls Saluretika, vorsichtige Digitalisierung. Digitalis zeigt beim Cor pulmonale wenig Effekte. Bei akutem Cor pulmonale auch noch nach längerer Zeit Operationsindikation prüfen (s. Lungenembolie).

Emphysem s. Lungenemphysem

Farmerlunge

Ät: Häufige Form der allergischen Alveolitis (s. d.) durch Inhalation von Staub aus schimmeligem Heu oder verschimmeltem Getreide. Die entsprechenden Pilzsporen sind das auslösende Antigen. Die Drescherlunge hat die gleiche Ätiologie.

Sy: Einige Stunden nach Exposition Atemnot, oft Zyanose. Husten und Auswurf können fehlen. Feinblasiges Rasseln. Rückbildung der Symptome nach wenigen Tagen. Die Gefahr fibrotisch destruktiver irreversibler Schäden wird um so größer, je länger die Exposition andauert.

Dg: Typische Anamnese und positiver Präzipitationstest.

Fettembolie s. Lungenembolie

Ganzkörperplethysmographie

Sicherste Bestimmungsmethode der Strömungswiderstände in den Atemwegen und des intrathorakalen Gasvolumens (s. Lungenfunktion),

Gasvolumen, intrathorakales, s. intrathorakales Gasvolumen

Globalinsuffizienz

Globalinsuffizienz = Gasaustauschstörung, bei welcher sowohl der Sauerstoffdruck erniedrigt als auch der Kohlensäuredruck erhöht ist. Liegt eine reine Hypoventilation vor, so ist der Kohlensäuredruck genau so stark erhöht, wie der Sauerstoffdruck erniedrigt ist. Meist ist der Sauerstoffdruck stärker erniedrigt, als der Kohlensäuredruck angestiegen ist, weil gleichzeitig Verteilungs- oder Diffusionsstörungen vorliegen, die der Globalinsuffizienz in Form der Partialinsuffizienz vorausgegangen sind.

Goodpasture-Syndrom

Ät: Autoimmunerkrankung.

Pathog: In der Lunge intraalveoläre Blutungen, Verdickung der Alveolarsepten, nekrotisierende Angiitis der kleinen Lungengefäße. In den Nieren ähnliche Veränderungen, Antibasalmembran-Antikörper-Nephritis mit linearer Immunglobulinablagerung, nekrotisierend-hämorrhagische Glomerulonephritis.

Sy und Dg: Ganz vorwiegend bei Männern unter 30 Jahren, beginnend mit Husten und Hämoptyse. Atemnot, Fieberschübe, Müdigkeit. In den Mittel- und Unterfeldern der Lunge fleckige Infiltrate. Proteinurie, Hämaturie, u. U. Angiitissymptomatik in anderen Organen, z. B. Raynaud-Symptomatik.

Th: Behandlung mit Corticoiden. 5–30 mg/Tag Prednisolon-Äquivalent kann das Krankheitsbild über lange Zeit kontrollieren, u. U. Albuminverlust substituieren.

Hämatothorax

Def: Blut im Pleuraraum.

Ät: Bei Verletzung der Brustwand, der Lunge oder der Mediastinalorgane, hämorrhagischer Diathese (hämorrhagische Pleuritis), malignen Tumoren, Ruptur von Aneurysmen.

Sy und Dg: Die Symptomatik entspricht der des Pleuraergusses (s. Pleuritis). Der hämorrhagischen Pleuritis geht häufig eine schmerzhafte trockene Pleuritis voraus, auch ohne Infizierung. Häufig subfebrile bis höhere Temperaturen, bei ausgedehnter Blutung Anämiesymptomatik mit Hypovolämie: Blässe, Tachykardie, Blutdruckabfall, Verminderung von Hämatokrit, Hämoglobin und Erythrozyten. Abheilung häufig mit Schwartenbildung. Vorsicht Sekundärinfektion.

Th: Vorsichtige Entlastungspunktion, da bei frischeren Blutungen Nachlaufen des Ergusses möglich ist. Überwachung der Kreislaufverhältnisse. Bei Anämie evtl. Erythrozyten- und Volumenersatz. Bei Sekundärinfektion Antibiotika bzw. Therapie wie bei Pleuraempyem (s. Pleuritis).

Hamman-Rich-Syndrom s. Lungenfibrosen

Heerfordt-Syndrom s. Sarkoidose

Hyperventilationssyndrom

Pathog und Sy: Durch Hyperventilation bei übererregbarem Atemzentrum wird zuviel Kohlensäure abgeraucht. Hierdurch Abnahme des ionisierten Calciums. Folge hiervon sind Sensibilitätsstörungen mit Kribbeln und „Ameisenlaufen", vorwiegend um Mund und Nase und in den Händen. Pfötchenstellung bis hin zu Krämpfen.

DD: Hypokalzämie bei Hypoparathyreoidismus.

Th: Atemanhalten, Besprechung der Zusammenhänge mit dem Patienten.

Hypoventilation, alveoläre

Unzureichende Ventilation des Alveolarraumes bei herabgesetzter Gesamtventilation oder Totraumvergrößerung. Typisch Anstieg des Kohlensäuredruckes entsprechend dem Abfall des Sauerstoffdruckes im arteriellen Blut (s. Lungenfunktion).

Infarktpneumonie s. Lungenembolie

Inhalationsintoxikation

Ät: Durch Einatmung reizender toxischer Gase oder Stäube Schädigung der Bronchien und Alveolarkapillaren, z. B. durch Siliciumdioxid oder Zinknebel, Stickoxide oder Ozon.

Sy: Frühsymptomatik, Husten, Auswurf, der blutig tingiert sein kann. Atemnot durch Lungenödem und Atemwegsobstruktion. Nach symptomfreiem Intervall von 6–20 Stunden kann sich Spätsymptomatik mit Lungenödem und/oder Atemwegsobstruktion noch einstellen.

Th: Schonung des Bronchialsystems. Glucocorticoide als wasserlösliche Präparate i. v., 50–500 mg Solu-Decortin H 1–3mal täglich. Längere Therapie mit inhalativen Glucocorticoiden: Viarox, Inhacort, Pulmicort, 2mal 1- bis 3mal 2- bis 3stündlich 1 Hub und zusätzliche p.o. Gabe von Glucocorticoiden. Auch 5–10 mg Prednisolon-Äquivalent können erforderlich sein. Kontrolliertes Ausschleichen dieser Therapie unerläßlich.

Prgn: Meist Restitutio ad integrum. Überempfindliches Bronchialsystem kann über längere Zeit bestehenbleiben. In Einzelfällen bleibt Atemwegsobstruktion zurück, auch fibrosierend. Zystischer Umbau in einzelnen Lungenarealen möglich.

Intrathorakales Gasvolumen (IGV)

Maß für den Luftgehalt der Lunge am Ende einer normalen Ausatmung. Muß auf Sollwerte bezogen werden. Vermehrung bei diffusem Emphysem bis + 100% und mehr, bei α_1-Antitrypsin-Mangel. Verkleinertes intrathorakales Gasvolumen typisch bei restriktiven Lungenprozessen = Lungenfibrose, aber auch bei Lungenstauung.

Jüngling-Krankheit s. Sarkoidose

Kartagener-Syndrom s. Bronchiektasen

Lobärpneumonien s. Pneumonien

Löffler-Lungeninfiltrat s. Pneumonien

Löfgren-Syndrom s. Sarkoidose

Lungenabszeß

Def: Abszeßbildung im Lungengewebe.

Ät: Abszesse können entstehen im Gefolge von Pneumonien, nach Verletzungen, Einschmelzung von Tumoren, Infektion einer Embolie, durch Fremdkörperaspiration. Begünstigend wirken Diabetes, Alkoholismus, konsumierende Erkrankungen.

Sy und Dg: Meist sind hohe, evtl. septische Temperaturen vorhanden. Bei Pleurabeteiligung treten atemsynchrone pleurale Schmerzen auf. Auswurf kann fehlen, wenn Anschluß an das Bronchialsystem nicht gegeben ist. Häufig besteht Hustenreiz, auch wenn der Husten zunächst unproduktiv ist. Gewinnt die Abszeßhöhle Anschluß an das Bronchialsystem, wird Pus abgehustet, häufig vermischt mit nekrotischem Gewebe. Auch Blutbeimengungen kommen vor. Entscheidend ist der Röntgenbefund: Evtl. Computertomographie. Häufig läßt sich ein Flüssigkeitsspiegel in der Abszeßhöhle nachweisen. Wird der Abszeßinhalt ausgehustet, verbleibt zunächst eine oft relativ wandstarke Kaverne. Bei Perforation in die Pleurahöhle kommt es zur eitrigen Pleuritis, u. U. mit Pneumothorax. Bei Einbruch in das Gefäßsystem sind metastatische Abszesse in anderen Organen typisch.

Th: Zunächst Versuch der konservativen Therapie mit Antibiotika, wenn möglich entsprechend dem Antibiogramm. Gewinnt die Abszeßhöhle Anschluß an das Bronchialsystem, ist die konservative Therapie aussichtsreich, da Pus abgehustet wird. Bleibt die Therapie ohne Erfolg, sollte rechtzeitig chirurgisch interveniert werden. Nach chirurgischer Abszeßeröffnung und Drainage meist schlagartige Besserung.

Lungenembolie

Def und Formen: Verschleppung thrombotischen Materials in das Pulmonalarteriensystem. Meistens Blutthromben, aber auch Luftembolien wie Fettembolien kommen vor.

Ät: Die Thrombembolien überwiegen bei weitem nach der klinischen Bedeutung. Voraussetzung ist eine Thrombose, die klinisch nicht immer festzustellen ist. Quellgebiet meist in unterer Extremität, Plexus venosi prostaticus und uterinus. Selten im Einflußgebiet der oberen Halsvenen, jedoch bei Thrombosen, die nach länger liegenden Kathetern oder bei sonstigen Abflußstörungen auftreten können, auch möglich. Risikofaktoren: Bettlägerigkeit, Herzinsuffizienz, absolute Arrhythmie, Myokardinfarkt, Herzklappenfehler, Übergewicht, Hyperkoagulopathie, Operationen, Östrogene (Antikonzeptiva), höheres Lebensalter.

Pathog: Die Folgen sind abhängig von der Größe des verschleppten Gerinnsels. Mehr als ⅔ der Lungenstrombahn müssen verschlossen sein, wenn eine lebensbedrohliche Situation eintritt. Bei vorgeschädigtem Herzen und bei vorgeschädigter Lungenfunktion können schon relativ kleine Embolien deletär wirken. Es lassen sich drei Stadien unterscheiden:

I. Okklusionshypotonie,
II. Gegenregulationsphase,
III. Stadium der labilen Stabilisation (Abb. 27.1).

Sy: Kleine Embolien können ohne Symptome verlaufen, größere können zur vorübergehenden Bewußtlosigkeit führen. Wird die Gegenregulationsphase erreicht, kann das weitere Geschehen relativ symptomarm ablaufen. Bei großen Embolien tritt der Exitus meist innerhalb der ersten Minuten im Rahmen der Okklusionshypotonie ein, wenn die Gegenregulationsphase nicht ausreichend

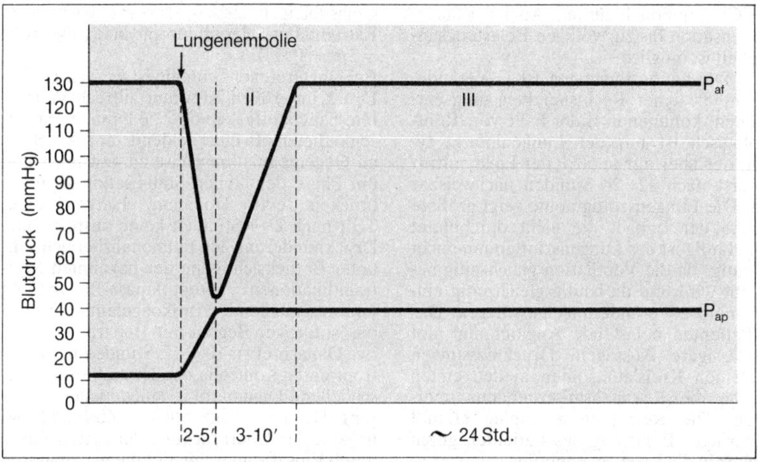

Abb. 27.1 Stadieneinteilung der Lungenembolie (P_{af} = Druck in der A. femoralis, P_{ap} = Druck in der A. pulmonalis):
I. Okklusionshypotonie
II. Gegenregulationsphase
III. Stadium der labilen Stabilisation

einsetzen kann. Akute Herzinsuffizienz bei unzureichender Koronargefäßdurchblutung oder schon vorher einsetzender Atemstillstand bei Schädigung des Atemzentrums durch die Hypoxie sind direkte Todesursachen. Wird das Stadium der labilen Stabilisation erreicht, hängt das weitere Schicksal der Patienten von den kardialen Reserven wie von der Rekanalisation des verschlossenen Gefäßgebietes ab. In dieser Schockphase sind die Patienten besonders empfindlich gegenüber geringsten körperlichen Belastungen wie auch gegenüber Medikamenten, wie Saluretika oder Hypnotika. Hat in den Phasen I und II eine längere Hypoxie bestanden, so kann das Atemzentrum vorübergehend so stark geschädigt sein, daß die Atmung nicht wieder einsetzt oder nur unzureichend wird. Ein derartiges Durchgangssyndrom muß durch maschinelle Beatmung überbrückt werden. In den meisten Fällen erholen sich die nervösen Substrate innerhalb von Stunden bis wenigen Tagen. In weit über 90% kommt es zur Spontanrekanalisation, die dann als ausreichend angesehen werden kann, wenn der Druck in der A. pulmonalis auf < 20 mmHg zurückgeht. Bei persistierenden Pulmonalisdrücken über 35 mmHg besteht die Gefahr der Rechtsherzinsuffizienz. Neben der Gefahr des persistierenden Hochdruckes in der Pulmonalarterie kommt es bei bestimmten Kreislaufverhältnissen in ca. 50% der Fälle zur Lungeninfarzierung = Infarktpneumonie, die, solange keine Superinfektion eintritt, meist nur mit geringer Temperaturerhöhung einhergeht. Das infarzierte Gebiet wird hämorrhagisch durchsetzt, nekrotisch und wird schließlich abgeräumt unter narbiger Ausheilung. Meist tritt zunächst Atemnot auf. Der arterielle Sauerstoffdruck ist erniedrigt, der Patient zeigt Unruhe und Angst. Zunächst unproduktiver Husten, der später produktiv wird. Blutbeimengungen zum Auswurf helfen die Diagnose sichern. Fast immer besteht Tachykardie. Kommt es zur bakteriellen Superinfektion, tritt hohes Fieber auf im Rahmen der Infarktpneumonie. Bei Infarzierung häufig Beteiligung der Pleura mit Pleuritis sicca, Pleurareiben, atemsynchrone Schmerzen, später Pleuraerguß. Bei entsprechenden Beschwerden und Risikofaktoren ist immer an eine Lungenembolie zu denken. Auch rezidivierende Mikroembolien kommen vor, die zur Entwicklung eines Cor pulmonale führen. Auch Rechtsdekompensation bis zur völligen Belastungsunfähigkeit ist möglich.

Dg: Die häufig flüchtigen EKG-Veränderungen, die einer Rechtsherzbelastung entsprechen, kommen in ⅔ der Fälle vor. Röntgenologisch ist nur der Lungeninfarkt typisch, der aber nur in 50% der Fälle auftritt und erst nach 12–24 Stunden nachweisbar wird. Die Lungenszintigraphie zeigt größere Gebiete der Lunge, die nicht durchblutet sind. Häufig ist das Lungenszintigramm nicht eindeutig, da die Ventilation gleichzeitig beeinflußt wird und da häufig gleichzeitig emphysematöse Veränderungen vorliegen. Das die Patienten belastende Angiogramm gibt zuverlässigere Aussagen. Druckmessungen im kleinen Kreislauf sollten in den ersten Stunden die Rekanalisationstendenz überprüfen. Die Kernspintomographie erlaubt bei geringer Belastung des Patienten guten Einblick in die Lage des Embolus.

Typische EKG-Veränderungen bei akutem Cor pulmonale (Lungenembolie):

- HS_I-Q_{III}-Typ;
- Senkung der ST-Strecken in Ableitungen I und II, Hebung von ST_{III} mit Übergang in spitznegatives T_{III} = McGinn- und White-Kurve;
- Qr in aVR, ebenso angehobenes ST wie negatives T;
- Verschiebung der Übergangszone nach links;
- vollständiger oder unvollständiger Rechtsschenkelblock;
- vorübergehender R-Verlust bis V_3 möglich (Differentialdiagnose: Vorderwandinfarkt).

Röntgenologische Hinweise auf Lungenembolie, akute Dilatation des rechten Ventrikels und Vorhofes, Einflußstauung, Vorwölbung des Conus arteriosus (pulmonalis), Gefäßabbruch mit Mangeldurchblutung des entsprechenden Lungenbezirkes, Zwerchfellhochstand auf der erkrankten Seite. Auch Zeichen der Linksherzinsuffizienz können auftreten bei unzureichender Koronardurchblutung.

DD: Herzinfarkt, Perikarditis, Cholezystitis, Pankreatitis, Pleuritis. Bei jeder Schocksituation ist an eine Lungenembolie zu denken.

Th und Prl: Prophylaxe ist entscheidend. Flüssigkeitsbalance sicherstellen, untere Extremitäten hochlagern, früh aufstehen nach Geburten bzw. operativen Eingriffen, Bewegungsübungen, insbesondere mit den unteren Extremitäten. Heparinprophylaxe (low dose) = 3mal 5000 IE s.c.

Bei eingetretener Embolie ist es wichtig, den Druck im großen Kreislauf aufrechtzuerhalten. Sauerstoffgabe von 2–6 l/min durch Nasenkatheter oft entscheidend, um Anschluß an Gegenregulationsphase zu gewinnen und um Phase der labilen Stabilisation zu überbrücken, evtl. Dopamin, Herzglykoside. Tritt nach 2–4 Stunden keine ausreichende Druckminderung im Pulmonalisbereich ein, unter Berücksichtigung der bekannten Kontraindikationen Streptokinase-Behandlung und anschließende Antikoagulantien-Therapie, sofortiger Beginn mit Heparin, 5000 IE i.v. Danach etwa 1000 IE/Stunde im Dauertropf unter Kontrolle der Thrombinzeit. Anschließend Dicumarol in individueller Dosierung. Bei lebensbedrohlichem Zustand Möglichkeit der Überbrückung der ersten Phase durch Einsatz einer mit Volumen-Expandern gefüllten kleinen Herz-Lungen-Maschine. Anschluß von V. femoralis an A. femoralis. Embolektomie, wenn in unmittelbarer Nähe ein entsprechend ausgerüstetes chirurgisches Team vorhanden ist. Sie kommt auch als Späteingriff in Frage, wenn der Pulmonalisdruck hoch bleibt und die Rechtsherzinsuffizienz droht oder eingetreten ist. Partiell chirurgische Rekanalisation kann eine entscheidende Verbesserung, auch noch nach 1–2 Jahren, bringen. Langzeittherapie mit Antikoagulantien (Marcumar) über 3 Monate, bei gefährdeten Patienten u. U. über Jahre. Ein Kavaschirm sollte bei Rezidivgefahr wegen erheblicher Komplikationsrate nur als Ultima ratio in Erwägung gezogen werden. Antibiotika bei Infarktpneumonie oder bei drohender Infarktpneumonie.

Lungenemphysem

Ät und Pathog: Irreversible Erweiterung der alveolentragenden Räume in der Lunge. Den schweren diffusen Emphysemen liegt wahrscheinlich lokal ein Mißverhältnis zwischen Proteasenaktivität und Proteaseninhibition zugrunde. Proteasen werden aus zerfallenden weißen Blutkörperchen, z. B. als Elastase, frei. Typische Form: α_1-Antitrypsin-Mangel-Emphysem. Bei homozygoten Merkmalsträgern, besonders bei stärkerer Belastung des Lungengewebes durch Staub oder auch sportliche Betätigung, kommt es in jugendlichen Jahren zu schweren Emphysemen (intrathorakales Gasvolumen + >80%). Da vererbbar, bei Merkmalsträgern Fami-

lienuntersuchung ratsam. Heterozygote Merkmalsträger nicht mit Sicherheit stärker belastet.
Narbenemphyseme entstehen durch Schrumpfung von Narben mit perifokaler Emphysembildung.
Ein bronchostenotisches Emphysem entsteht durch poststenotische Überdehnung.
Sog. seniles Emphysem: Umgliederung der Lungenazini durch Erweiterung der terminalen Bronchiolen und Verstreichung der Alveolarsepten durch Altersveränderungen der Lunge. Hierdurch bedingt gesetzmäßige altersabhängige Zunahme des intrathorakalen Gasvolumens. Häufig geht Lungenemphysem mit Bronchitis einher oder entwickelt sich unter einer Bronchitis = Emphysembronchitis. Häufig entwickelt sich auf dem Boden eines schweren Emphysems auch eine Atemwegsobstruktion als Entspannungsobstruktion oder als Infektobstruktion (s. Atemwegsobstruktion) = obstruktives Emphysem. Bronchitis, Atemwegsobstruktion und Lungenemphysem = obstruktive Emphysembronchitis.
Bei Lungenfibrosen entwickeln sich, wahrscheinlich als Reparationsvorgänge, Narbenstränge mit wabigem Umbau der Lunge (Wabenlunge, Honey-comb-Lunge, auch treffend emphysematöse Lungensklerose genannt). Durch die Vermischung von restriktiven und emphysematösen Veränderungen kann das intrathorakale Gasvolumen vermindert, normal oder erhöht sein.

Sy und Dg: Lokale Emphysemblasen bis zu kindskopfgroßen Bullae können das darum herumliegende Lungengewebe komprimieren. Emphysematöse Veränderungen bestehen neben atelektatischen. Hierdurch wird eine Bronchitis unterhalten. Die Einschränkung der Leistungsfähigkeit ist meist relativ geringgradig, solange nicht Atemwegsobstruktion hinzukommt. Auch bei diffusem Lungenemphysem zunächst nur geringe Einschränkung der Spitzenbelastbarkeit. Stärkere Beschwerden treten auf, wenn die Entspannungsobstruktion die Atemreserven einschränkt, im allgemeinen erst ab intrathorakalen Gasvolumina von +40% oder wenn eine Infektobstruktion zusätzlich angeht. Die infektobstruktionsbedingte Überblähung der Lunge ist reversibel. Der Abbau einer Strömungswiderstandseinheit entspricht der Verminderung von etwa 150–200 ml intrathorakalen Gasvolumens. Der emphysematöse Anteil der Lungenüberdehnung ist irreversibel. Die Dyspnoe wird bestimmt durch das Ausmaß der Atemwegsobstruktion und der Atemreserven. Die Atemreserven sind eingeengt durch die naheliegende inspiratorische Grenze der Totalkapazität und durch das exspiratorisch frühe Ansteigen der Strömungswiderstände bei der Entspannungsobstruktion. Bei geringer Atemtiefe können die Srömungswiderstände in Ruhe noch normal sein. Der Thorax ist faßförmig. Bei seitlicher Betrachtung ist das Manubrium sterni deutlicher nach vorne gerichtet. Bei schweren Formen besteht Zwerchfell-Thoraxwand-Antagonismus: inspiratorisches Einziehen der Thoraxwand in ihrem kaudalen Bereich.
Perkutorisch: hypersonorer Klopfschall, Lungengrenzen tiefstehend, wenig verschieblich.
Auskultatorisch: Atemgeräusch abgeschwächt. Herztöne leise. Beim Auftreten von Giemen, Pfeifen und Brummen liegt meist gleichzeitig eine Infektobstruktion vor.
Röntgenologisch: Horizontaler Rippenverlauf, Verbreiterung der Interkostalräume, tiefstehende Zwerchfelle, abgeflachte Zwerchfellkuppen, helle Lungenfelder im Verhältnis zu dichten Hili. Durch die tiefstehenden Zwerchfelle erscheint das Herz überwiegend klein. Verlängerte pulmonale Ausflußbahn. Bei schweren Formen Entwicklung eines chronischen Cor pulmonale.

Th: Lokale große Bullae bedürfen der sorgfältigen Kontrolle. Beim Angehen einer chronischen Bronchitis und bei Kompression umgebenden Lungengewebes operative Beseitigung. Diffuse Emphyseme bedürfen der Schonung des bronchopulmonalen Systems: Arbeitseinsatzlenkung, Rauchverbot. Bei α_1-Antitrypsin-Mangel-Emphysem werden höhere Dosen von Vitamin E und C empfohlen. Versuch lohnenswert. α_1-Antitrypsin-Substitution i.v. möglich. Jede Form einer Atemwegsobstruktion muß entsprechend behandelt werden: konsequente Bronchodilatation (s. Atemwegsobstruktion). Abfangen jeden Infektes durch Antibiotika, meist mit Tetracyclinen, gegebenenfalls Glucocorticoiden.

Lungenentzündung s. Pneumonien

Lungenfibrosen

Def: Bindegewebseinlagerung im Lungengerüst.

Ät und Pathog: Entwicklung auf dem Boden einer mehr oder weniger akuten bis ganz chronisch verlaufenden Alveolitis (s. d.). Auch granulomatöse Verläufe bekannt (s. Sarkoidose).

Immunologisches Geschehen anzunehmen, da häufiger verbunden mit anderen immunologischen Erkrankungen wie Sklerodermie, Rheumatismus, Angiitiden.
Lungenfibrosen treten auch nach Röntgenbestrahlung des Thorax auf: Strahlenfibrose.
Auch Medikamente wie Busulfan, Nitrofurantoin, Hydralazin, Cimetidin und Methonium können Lungenfibrosen verursachen.
Allergien von Typ III führen zu Lungenfibrosen: Farmerlunge, Taubenzüchterlunge, Typ-III-Allergien gegen Baumwolle, Hanf oder Flachs und Zuckerrohr.
Asbeststaub führt zur Asbestose = Bindegewebsvermehrung mit restriktivem Funktionsmuster (s. Asbestose, Pneumokoniosen).

Sy: Typisch ist die Einschränkung der Leistungsfähigkeit wegen Atemnot. Hierbei meist oberflächlich-frequente Atmung. Der Thorax kann klein sein. Die Interkostalräume sind nach innen gezogen. Über den Unterfeldern Knisterrasseln. Häufig unproduktiver Husten. Lungengrenzen hochstehend, wenig verschieblich. Sehr häufig Uhrglasnägel und Trommelschlegelfingerbildung, in den Spätstadien Polyglobulie. Als Spätkomplikation kann auch eine (u. U. obstruktive) Bronchitis hinzutreten. Die zusätzliche Atemwegsobstruktion wird schlecht toleriert. Akute Verläufe innerhalb von wenigen Monaten bis chronische über viele Jahre; auch Verläufe in Schüben mit Stillstand über viele Jahre werden beobachtet.

Dg: Röntgenologisch: streifige narbenartige, auch noduläre Verschattungen mit Bevorzugung der Lungenunter- und Mittelfelder. In Spätstadien häufig pleurale Mitbeteiligung einschließlich des Perikards und auch Umbau der Lunge in zystische und wabenartige Struktur.
Lungenfunktion: eingeschränkte Vitalkapazität, eingeschränkte Totalkapazität, guter prozentualer 1-Sekunden-Wert, verminderte Compliance. Partialinsuffizienz mit erniedrigtem Kohlensäuredruck durch Hyperventilation. Intrathorakales Gasvolumen deutlich verkleinert. In Spätstadien zusätzliche alveoläre Hypoventilation mit schwerer arterieller Hypoxämie und mäßigem Kohlensäuredruckanstieg.

DD: Verschiedene Formen von Pneumokoniosen, Linksherzinsuffizienz und Lymphangitis carcinomatosa. Produktive Tuberkulose.

Th: Ausschalten exogener Ursachen. Sonst Langzeittherapie mit Steroiden. Dosierung in Abhängigkeit vom Progredienzgrad der Krankheit. 500 mg/Tag bis herab zur Erhaltungsdosis von 5 mg Prednisolon-Äquivalent. Bei Tuberkulose in der Anamnese gleichzeitiges Abschirmen mit Zweierkombination. Bei hoher Dosierung von Glucocorticoiden Nebenwirkungen beachten: Magengeschwüre, deshalb rechtzeitige Gabe von Antihistaminika und Antazida, sowie Steroid-Diabetes. Sauerstofftherapie bei arteriellen Sauerstoffdrücken unter 60 mmHg. Infekte müssen rechtzeitig mit Antibiotika abgefangen werden. Körperliche Schonung. Versuche wurden mit Immunsuppression (Imurek, 200 mg/Tag) und Endoxan (100–200 mg/Tag) als zusätzliche Therapie bei schweren Verläufen unternommen.

Lungenfunktion

Die Lungenfunktionsanalyse hat für die Diagnostik wie Therapieplanung einen hohen Stellenwert erreicht. Sie setzt sich aus folgenden Komponenten zusammen:

- Blutgasanalyse: Diese liefert Sauerstoff- und Kohlensäuredruck sowie pH-Wert. Bei Sauerstoffdruck unter 60 mmHg Indikation zur Sauerstoffinhalation überprüfen. Berücksichtigung von Kohlensäuredruck und pH-Wert ermöglicht Aussagen über respiratorische bzw. metabolische Azidose und Alkalose, die je nach pH-Wert dekompensiert oder kompensiert sein können.
- Spirometrie: Vitalkapazität, 1-Sekunden-Kapazität. Die 1-Sekunden-Kapazität in Prozent der Vitalkapazität ist bei obstruktiven Atemwegserkrankungen besonders stark erniedrigt. Die Vitalkapazität ist bei guter oder relativ guter 1-Sekunden-Kapazität bei Lungenfibrosen deutlich erniedrigt.
- Strömungsvolumenkurven sagen insbesondere etwas aus über die funktionellen Schäden in den kleineren Atemwegen (small airway disease).
- Atemmechanische Untersuchungen: Ganzkörperplethysmographie mißt zuverlässig die Strömungswiderstände in den Atemwegen und das intrathorakale Gasvolumen. Intrathorakales Gasvolumen bei Emphysem exzessiv erhöht, u. U. bei relativ normalem Strömungswiderstand. Die Messungen von strömungswiderstandsadäquaten Werten durch die Unterbrecher- oder Oszillationsmethoden sind weniger zuverlässig, geben keine Angaben über das intrathorakale Gasvolumen, sind aber

fortlaufend möglich, was bei Expositionsbelastungen sehr wichtig sein kann. Diese Methoden sind auch bei schwerkranken Patienten einzusetzen und haben bei entsprechenden Fragen auch auf der Intensivstation Bedeutung.

- Die Dehnbarkeit der Lunge wird mit der Ösophagusmethode gemessen (l/cmH_2O = Compliance). Die Dehnbarkeit ist bei restriktiven Funktionsstörungen altersabhängig deutlich eingeschränkt. Normalwerte 0,22, eindeutig pathologische Werte unter 0,12.

Die Untersuchung der Lungenfunktion erfordert spezielle Kenntnisse und Erfahrungen zu den verschiedenen Methoden und zur Interpretation.

Qualitätskontrollen sind erforderlich.

Die Interpretation basiert auf Normwerten. Die interindividuelle Variabilität der Normwerte ist zu groß, um Frühveränderungen rechtzeitig zu erfassen. Längsschnittergebnisse erlauben anhand intraindividueller Standards, Veränderungen frühzeitig zu erkennen, was insbesondere für die Prävention bedeutsam ist.

Lungengangrän

Def, Ät und Pathog: Im wesentlichen ein Lungenabszeß, der mit anaeroben Keimen besiedelt ist. Der jauchige Inhalt enthält Gewebsfetzen, elastische Fasern. Ursächlich kommt neben den beim Abszeß genannten Bedingungen eine Aspiration in Frage.

Sy und Th: s. Lungenabszeß.

Lungeninfarkt s. Lungenembolie

Lungenödem

Def: Vermehrung seröser Flüssigkeit im interstitiellen Lungengewebe, später auch in den Alveolen.

Ät und Pathog: Entscheidend sind:

- Hydrostatischer Druck: Hier im wesentlichen durch linken Vorhofdruck zu erfassen. Übersteigt der hydrostatische Druck den kolloidosmotischen Druck des Blutes, tritt Flüssigkeit aus den Kapillaren aus.
- Kolloidosmotischer Druck: Bei herabgesetztem kolloidosmotischem Druck, vor allem bei Hypalbuminämie, kann schon bei gering erhöhtem hydrostatischem Druck ein Lungenödem auftreten.
- Kapillarwandpermeabilität: Toxische und infektiöse Einflüsse können diese erhöhen, z. B. Gase wie Phosgen oder Siliciumdioxid. Dämpfe wie Ammoniak, Vergiftungen mit E605, Bakterientoxine, Viren, endogene Toxine (z. B. Urämie, Koma). Bei Explosionen oder Dekompressionen können physikalisch bedingte Membranverletzungen auftreten.
- Gewebsdruck: Vorsicht mit Abpunktion größerer Pleuraergüsse oder mit zu drastischer Entfaltung eines Pneumothorax bei älteren Patienten und länger bestehendem Lungenkollaps.
- Lymphabfluß: Behindert durch Druckerhöhung im rechten Vorhof und raumverändernde Prozesse.

Sy und Dg: Atemnot, lautes Trachealrasseln. Abhusten eines schaumigen, manchmal auch rötlich-gelb verfärbten Sputums. Auskultatorisch über beiden Lungen ausgedehnte fein- bis mittelblasige feuchte Rasselgeräusche, gelegentlich auch nur einseitig in der unten liegenden Lunge (erhöhter hydrostatischer Druck). Es kann zur Schocksymptomatik durch die Atemnot, die Kreislaufbelastung und durch den Flüssigkeitsverlust in den Alveolarraum kommen.
Röntgenologisch: Diskrete Zeichnungsvermehrung bis zu massiven Flächenverdichtungen über allen Lungenfeldern. Bevorzugt sind Mittelgeschosse und tieferliegende Partien. Schneller Wechsel der Symptome mit Therapie.

Th:

- Lasix (2 oder mehr Ampullen i.v.).
- Sauerstoff nasal (2–6 l/min).
- Aufsetzen des Patienten. Beine tieflagern oder aus dem Bett heraushängen lassen.
- Bei hypertoner Krise schnelle Blutdrucksenkung, z. B. mit Catapresan (½ Amp. à 150 µg langsam i.v.). Diazoxid (Hypertonalum) oder Nitroprussid-Natrium bleiben dem Krankenhaus vorbehalten.
- Vorsichtig sedieren. Drastische Sedierung kann Schocksymptomatik verstärken oder auslösen.
- Digitalis bei Linksherzinsuffizienz.
- Bronchodilatation bei zusätzlicher Atemwegsobstruktion mit Theophyllin i.v. (Solosin, 1 Amp. langsam i.v.).
- Bei toxischem Lungenödem wasserlösliche Glucocorticoide, 50–500 mg, u. U. mehrmals täglich i.v.
- Bei Hypalbuminämie Albuminsubstitution.
- Bei schweren Fällen Intubation und Beatmung (mit endexspiratorisch leicht positiven Drücken).

Lungentuberkulose s. Tuberkulose

Lungentumoren

Benigne Lungentumoren

VK, Formen und Pathog: Das Wachstum kann invasiv und destruierend sein. 1% bis maximal 5% der Lungentumoren sind benigne. 50% sind Adenome. Vorwiegendes Vorkommen in den großen Bronchien. Sie stellen sich röntgenologisch als Rundherde dar. Für an gleicher Stelle über Jahre rezidivierende Segmentpneumonien kann ein Adenom verantwortlich sein.
Bronchuskarzinoide können hormonell aktiv sein. Bei Serotoninproduktion wird im Urin 5-Hydroxyindolessigsäure nachweisbar. Ein Flushsyndrom tritt erst auf, wenn Lebermetastasen vorhanden sind.
Weitere vorwiegend benigne Geschwülste: Angiome, Fibrome, Lipome, Chondrome.

Sy: Je nach Sitz und Größe Reizhusten, Stridor, Atelektasen, Abszedierung, Pneumonie. Oft röntgenologischer Zufallsbefund.

Th: Resektion.

Maligne Lungentumoren

VK und Formen: Bei den primären malignen Lungentumoren ist neben dem Bronchialkarzinom (s. d.) das sehr seltene Alveolarzellkarzinom zu erwähnen. Typisch ist die periphere Lokalisation relativ verwaschener Herde. Im fortgeschrittenen Stadium auch doppelseitiges Auftreten.

Dg und Th: s. Bronchialkarzinom.

Lungenmetastasen

Sekundäre Lungengeschwülste entstehen hämatogen oder lymphogen bei Hypernephrom, Seminom, Prostata-, Magen- und Schilddrüsenkarzinom, Chorionepitheliom, Melanosarkom u. a. Mehrere Metastasen können gleichzeitig auftreten; auch miliare Aussaat ist möglich. Bei lymphogener Aussaat entwickelt sich Lymphangiosis carcinomatosa, die differentialdiagnostisch manchmal an Lungenfibrose denken läßt.

Lungenrundherde

VK und Formen: Maligne und benigne Lungentumoren. Tuberkulome, Metastasen, Sarkome, Gummen, Lungenabszesse, auch Lungeninfarkte können als Rundherde imponieren. Im höheren Lebensalter überwiegen zahlenmäßig die malignen Tumoren.

Dg: Ist anzustreben durch Bronchoskopie, Nadelbiopsie oder Thorakotomie.

Lungenzysten

Def: Uni- oder multilokuläre, mit Epithel ausgekleidete Hohlräume innerhalb der Lunge.

Ät:
- angeboren: Hemmungsmißbildung.
- erworben: bei Emphysem (auch Bullae genannt), distal einer Bronchusstenose bei Bronchitis oder Tuberkulose.

Sy: Kleine Zysten meist symptomlos. Große oder rasch sich vergrößernde Zysten verursachen Dyspnoe.

Kompl.: Ruptur mit Spontanpneumothorax, vorwiegend durch die Atelektasen in der Umgebung. Entwicklung einer Bronchitis mit Atemwegsobstruktion.

Dg: Röntgenübersichtsaufnahme, Tomographie, Bronchographie, Computertomographie.

DD: Infarktkavernen, Kaverne nach Tuberkulose, Pneumothorax.

Th: Resektion bei Beschwerden. Konservative Therapie: Behandlung der meist chronischen Bronchitis bzw. der Bronchiektasen (s. d.).

Lymphangiosis carcinomatosa s. Lungentumoren

Mediastinaltumoren

VK und Formen: Die Verbreiterung des Mediastinums kann bedingt sein durch echte Geschwülste oder Pseudotumoren. Im vorderen Mediastinum lokalisiert sind meist Teratome, Dermoidzysten, substernale Strumen, Thymome, im hinteren Mediastinum Neurofibrome, Ösophagustumoren, Hiatushernien.

Sy: Die Symptome sind bestimmt durch Kompression von Gefäßen, Nerven und Trachea. Auch Heiserkeit, Horner-Syndrom, Phrenikusparesen, obere Einflußstauung, Reizhusten, Atemnot, Dysphagie, Hämoptyse treten auf.

Dg: Röntgenuntersuchung, Mediastinoskopie, Probethorakotomie, Computertomographie.

DD: Gefäßanomalien, Aneurysmen der Aorta.

Th: Wenn möglich, operative Beseitigung.

Mediastinitis

Def: Entzündung von mediastinalem Bindegewebe.

Ät und Pathog: Bei Verletzung von außen, bei Ösophagus- und Tracheaperforation, nach Verätzung mit Säuren oder Laugen oder bei malignen Tumoren. Auch Ösophagusdivertikel können perforieren. Durchwanderungsmediastinitis ohne Perforation kommt auch bei Schädigung von Trachea oder Ösophagus vor. Auch fortgeleitete bakterielle Infektionen von Lunge oder Pars mediastinalis pleurae können in Mediastinitis übergehen.

Sy: Retrosternalschmerz mit Ausstrahlung in Schultern, Jugulum oder Epigastrium, Singultus, Tachykardie, Arrhythmie, Schluckschmerz und Schluckstörung. Zwerchfellparese bei Phrenikusläsion. Kompression der V. cava superior, Rekurrenslähmung, Horner-Symptomenkomplex. Obere Einflußstauung mit Stokes-Kragen. Auch Fieber und alle labortechnischen Zeichen der Entzündung sind vorhanden. Bei Lymphknotentuberkulose kann die Mediastinitis symptomarm verlaufen.

Dg: Die Primärerkrankung hilft meist zur Diagnose. Röntgenuntersuchung, Arteriographie, Bronchoskopie und Computertomographic sichern sie.

DD: Tumoren des Mediastinums, Aortenaneurysma.

Th: Behandlung der Primärerkrankung häufig chirurgisch erforderlich. Zusätzlich hochdosiert Antibiotika.

Meigs-Syndrom

Ät und Pathog: Pleuraergüsse bei gutartigen Tumoren des Beckens, fast ausschließlich des weiblichen Genitales, wie Ovarialfibrome, Granulosazelltumoren, Zystadenome, Adenokarzinome, Fibromyome des Uterus. Etwa 2% der Ovarialtumoren, die mit Aszitesbildung einhergehen, führen zum Auftreten von Pleuraergüssen.
Entstehung wahrscheinlich über die Lymphbahnen, die die Verbindung zwischen Peritonealraum und Thorax herstellen.

Th: Die Pleuraergüsse verschwinden nach Entfernung des Tumors wieder vollständig.

Methämoglobinämie s. Zyanose

Mikroembolie, rezidivierende, s. Lungenembolie

Mukoviszidose

Def: Synonyma sind auch zystische Fibrose, zystische Pankreasfibrose.

Ät: Rezessiv vererbliche Erkrankung der exokrinen Drüsen mit vorwiegender Beteiligung des Pankreas, intestinaler Drüsen, der Drüsen der Gallengänge, der Speicheldrüsen, der Drüsen der Bronchialschleimhaut und der Schweißdrüsen. Die Krankheit wird von heterozygoten Anlageträgern vererbt. Der Kranke selbst ist homozygot.

VK und Sy: Auftreten der Symptome schon im Säuglingsalter. Der Schweiß der Patienten zeigt erhöhten Kochsalzgehalt. Häufigkeit ca. 1:1000. Die Schleimverlegung der Bronchien führt zu chronisch-rezidivierenden eitrigen Atemwegsinfekten. Bei 10% der Kinder besteht gleichzeitig Mekoniumileus. Die Bronchitiden werden persistierend und purulent. Immer wieder treten Bronchopneumonien auf. Bei der überwiegenden Anzahl der Patienten gleichzeitig Maldigestionssymptome wegen der Pankreasinsuffizienz. Symptome von seiten der Leber mit Ikterus, portale Hypertonie, Milztumor und Leberzirrhose sind selten. Die bronchopulmonalen Symptome können ganz im Vordergrund stehen.

Th: Sekretolytika, Bronchodilatatoren, Antibiotika und Nebennierenrindenhormongaben in abgewogener Kombination. Wegen der Pankreasinsuffizienz ist häufig ausreichende Enzymsubstitution erforderlich. Wegen der relativ guten Therapiemöglichkeiten erreichen diese Patienten jetzt häufiger das Erwachsenenalter.

Paraneoplastisches Syndrom s. Bronchialkarzinom

Pickwick-Syndrom

Ät und Sy: Cheyne-Stokes-Atmen bei extremer Fettsucht mit exorbitanter Schlafneigung und alveolärer Hypoventilation. Im fortgeschrittenen Stadium Polyglobulie und Rechtsherzinsuffizienz.

Th: Durch Gewichtsabnahme ist entscheidende Besserung möglich. Sonst symptomatische Therapie des Cor pulmonale, Diuretika, Atemanaleptika, Bronchodilatatoren.

Pleuramesotheliom

VK, Ät und Pathog: Seltene, primär bösartige Geschwulst der Pleura. Bei ca. 50% läßt sich eine Asbestexposition nachweisen, dann Berufskrankheit. Metastasierung selten.

Sy: Thoraxschmerzen, röntgenologisch unscharfe Pleuraverbreiterung, häufig mit blutigen Pleuraergüssen. Gewichtsverlust.

Dg: Histologisch nach Pleurabiopsie. Röntgenologisch wandständige multiple Vorwölbungen.

DD: Metastasen in der Pleura, Pleurabeteiligung bei Bronchialkarzinom, Pleuraplaques bei Asbestose.

Th: Chirurgische Totaloperation, möglichst frühzeitig.

Pleuraschwarte s. Pleuritis

Pleuratumoren

Pathog: Es gibt primäre und sekundäre, metastatisch bedingte Pleuratumoren bei Bronchial-, Magen-, Mamma-, Schilddrüsen- und Ovarialkarzinom.

Sy: Pleuraschmerzen, wie bei Pleuritis atemabhängig. Pleuraergüsse häufig hämorrhagisch und eiweißreich mit Hustenreiz und Atemnot.

Pleuritis

Def: Entzündung der Pleura ohne Erguß = Pleuritis sicca. Geht meist in Ergußbildung über (Pleuritis exsudativa).

Ät:

- Aseptische Nekrosen bei Lungeninfarkten (s. Lungenembolie).
- Bakterielle Infektionen: Tuberkulose (Erstinfektpleuritis, postprimäre Pleuritis), selten primär, aber häufiger bei Lungenabszeß mit Ruptur im Pleuraraum oder Bronchiektasen. Durchwanderungspleuritis bei Pankreatitis und subphrenischem oder paranephritischem Abszeß. Hämatogene Infektion primär steriler Ergüsse ist möglich bei hämorrhagischer Pleuritis bzw. Hämatothorax.
- Eosinophile Pleuritis: selten, bei parasitären Erkrankungen oder allergischen Reaktionen.
- Bei Kollagenosen wie Lupus erythematodes disseminatus (in ca. 50% mit Pleuraergüssen), akutem rheumatischem Fieber, primärer chronischer Polyarthritis, Periarteriitis nodosa.
- Pleurakarzinose: am häufigsten bei Bronchial-, Magen-, Mamma-, Schilddrüsen- und Ovarialkarzinom.
- Nach Herzinfarkten mit Perikarditis sowie nach Herzoperationen.

Sy: Führendes Symptom bei Pleuritis sicca ist der atemabhängige Thoraxschmerz, der mit zunehmender Ergußbildung verschwindet. Bei Pleuritis diaphragmatica kann eine Oberbauchsymptomatik auftreten. Große Pleuraergüsse führen zur Dyspnoe und zur Erweiterung des Thorax auf der Seite des Ergusses. Bei Pleuritis sicca oft Schonhaltung der betroffenen Seite. Angst vor schmerzhaftem Husten. Bei Pleuritis sicca auskultatorisch Pleurareiben (Lederknarren). Bei Pleuraexsudat Atemgeräusch abgeschwächt. Perkutorisch mit axillar ansteigender Begrenzung (Ellis-Damoiseau-Linie).

Bei Pleuraempyem und Hämatothorax häufig Ausbildung von Pleuraschwarten, die bei erheblicher Ausdehnung die Ventilation beeinträchtigen. Spätkomplikation: chronische Bronchitis mit Obstruktion. Einseitig gefesselte Lunge. Bei Übergreifen der Pleuritis auf das Perikard Gefahr der Pericarditis constrictiva.

Dg: Röntgenologischer Nachweis ab etwa 300 ml Erguß möglich. Ergüsse können gekammert und interlobulär auftreten. Aufnahme in Seiten- und Kopftieflage zeigt Verschiebbarkeit des Ergusses an. Probepunktion von Ergüssen für die Diagnose unerläßlich: Bestimmung des Eiweißgehaltes, bakterielle und zytologische Untersuchung des Sediments.

Transsudat = <3 g/dl, Exsudat = >3 g/dl Eiweiß. Zytologische Tumordiagnose aufgrund von Ergußsediment oft schwierig.

DD: Transsudate (spezifisches Gewicht <1016, Rivalta-Probe negativ, Eiweißgehalt unter 3 g/dl) bei Rechts- oder Linksherzinsuffizienz, nephrotischem Syndrom, Hypoproteinämie und Leberzirrhose, Meigs-Syndrom. Interkostalneuralgie und Pleurodynie (Bornholm-Krankheit) verursachen, ähnlich wie Pleuritis sicca, bewegungsabhängige Schmerzen.

Th: Empyeme sind zu drainieren. Bei großen Ergüssen mit Dyspnoe Abpunktion, jedoch nicht mehr als 1000 ml auf einmal, da sonst die Gefahr des Lungenödems besteht. Sonst Therapie entsprechend der Grundkrankheit und symptomatisch. Bei bakteriellen Pleuritiden hochdosiert Antibiotika. Bei massiver Schwartenbildung ist die frühzeitige Dekortikation wegen der Spätkomplikationen Bronchitis, Bronchiektasien, Rechtsherzbelastung und Kyphoskoliose in Betracht zu ziehen.

Pneumonien

Definition und Lokalisation

Akut oder chronisch verlaufende Entzündungen der Lunge mit vorwiegendem Befall des Alveolarraumes. Bei Ausgang vom Alveolarraum (alveoläre Pneumonie) oft lobärer Befall = Lappenpneumonie, bei Ausgang von Bronchien Bronchopneumonie. Klinisch brauchbar ist die Einteilung in primäre und sekundäre Pneumonien.

Primäre Pneumonien

Ätiologie und Formen

Durch Mikroorganismen verursacht. Massivität und Virulenz der Erreger und Disposition spielen bedeutsame Rolle. Zahlreiche Noxen oder verschiedene Begleitumstände schwächen den sehr effektiven Reinigungsmechanismus der Lunge, beispielsweise: Kälte, Nässeschäden, Traumen, inhalative Noxen, konsumierende Vorerkrankungen, Diabetes, Alkohol usw. Sog. chronischen Pneumonien liegen meist Bronchialkarzinom, Adenom, Tuberkulose oder rezidivierende Lungenembolien zugrunde. Erreger primärer Pneumonien:

Bakterien: Streptokokken. Staphylokokken, *Pneumokokken,* Koligruppe, Proteus, Pyocyaneus, Klebsiella pneumoniae (Friedländer-Bazillus), Aktinomyzeten;

- Viren: Myxoviren (Influenza, Parainfluenza), Adenoviren;
- Chlamydien (große Viren): Ornithose = Psittakose (Wassermann-Reaktion oft positiv);
- Mykoplasmen: Mycoplasma pneumoniae;
- Rickettsien: Coxiella burneti (Q-Fieber, Zoonose);
- Mykosen: Candida, Aspergillus, Histoplasma, Coccidioides, Blastomyces (in Mitteleuropa nur bei erheblicher Abwehrschwäche, z. B. bei konsumierenden Erkrankungen oder nach Zytostatika);
- Seltene Erreger: Brucellen, Spirochäten usw.

Pathogenese

Nach Laënnec 4 Stadien:

1. Anschoppung mit fibrinreichem Exsudat;
2. Übertritt von Erythrozyten in die Alveolen (= rote Hepatisation), Ursache des rostbraunen Sputums;
3. Leukozyteneinwanderung etwa am 4. Krankheitstag (graue Hepatisation);
4. Lösung: Verflüssigung des Alveolarinhaltes durch proteolytische Enzyme. Bei Ausbleiben der Lösung wird das Exsudat durch Granulationsgewebe ersetzt: Karnifikation.

Bronchopneumonien sind durch Übergreifen der Entzündung auf die peribronchialen Alveolen charakterisiert.

Bakterielle Pneumonien

Ät: Sehr häufiger Erreger: Streptococcus (Pneumococcus) pneumoniae.

Sy und Dg: Typische Stadieneinteilung nach Laënnec nur noch, wenn unbehandelt. Leitsymptome: Husten, hohe Temperaturen, gerötetes Gesicht, Nasenflügelatmen, Schüttelfrost, Thoraxschmerzen, später rostfarbener Auswurf, Herpes labialis. Auskultatorisch Crepitatio indux, Bronchialatmen, Bronchophonie, vermehrter Stimmfrenitus, Crepitatio redux. Perkutorisch: Dämpfung. Bei hochfebrilen toxischen Verläufen besteht die Gefahr eines Kreislaufschocks. Die Tachykardie ist teils durch Fieber, teils durch eine Begleitmyokarditis bedingt. Auch septische Verläufe mit Pneumokokkenmeningitis kommen vor. Gelegentlich besteht leichter Ikterus. Auch Abszedierung ist möglich. Laborbefunde: Leukozytose, Linksverschiebung, toxische Granulationen, Senkungsbeschleunigung. Achtung: Bei älteren Personen kann die Pneumonie symptomarm verlaufen. Bei Bronchopneumonien meist schon bestehende chronische Bronchitis, die exazerbiert, oder massiver grippaler Infekt mit Bronchitis. Temperatur meist nur mäßig erhöht. Mäßige Leukozytose. Meist quälender Husten, da Sekret schwer abhustbar, häufig bei Atemwegsobstruktion oder Beginn einer Atemwegsobstruktion mit Bronchopneumonie.

Viruspneumonien

VK: Häufig bei Grippeinfluenza.

Sy: Fieber, Schüttelfrost, Kopf-, Glieder-, Kreuzschmerzen, Tracheitis, Laryngitis, Konjunktivitis, Schnupfen, Herpes labialis.

Kompl.: Kreislaufkollaps, insbesondere bei myokardialer Mitbeteiligung. Entwicklung von Lungenabszessen, Pleuritis und Empyem. Toxische Schädigung von Kapillaren und ZNS: Meningitis, Enzephalitis, Nierensymptome, Exantheme.

Dg: Leukozytopenie wie Leukozytose kommen vor. Lymphozytose, KBR mit Titeranstieg typisch.

Psittakose (Ornithosepneumonie)

Die Erreger werden durch erkrankte Papageien, Sittiche, Tauben, Puten, Hühner, Enten, Kanarienvögel, Seevögel übertragen. Diese Formen gehen häufig mit langanhaltendem Fieber einher. Der physikalische Befund kann gering sein. Hinweise aus Anamnese, beweisend KBR.

Bei partieller Symptomatik taucht häufig der Begriff atypische Pneumonie auf. sonst wird dieser Begriff auch für sekundäre Pneumonien (s.d.) verwendet.

Mykosen

Achtung! Sputum enthält oft Pilze, die aber nicht für das Krankheitsbild verantwortlich sind.

Candidapneumonien: nur bei herabgesetzter Abwehrlage. Candida läßt sich meistens in der Mundhöhle, in Rachenabstrichen sowie in der Speiseröhre, auch im Darm und an der Vagina feststellen.

Andere Pilzpneumonien spielen in unseren Breitengraden nur eine geringe Rolle.

Aspergillose: Hervorgerufen durch den Aspergillus, kann sich als Aspergillom manifestieren: Pilzklumpen bis zu 5 cm Durchmesser, aber auch als über beide Lungen disseminierte Pneumonie mit Besiedlung durch Pilzkolonien. Auch als allergische pulmonale Manifestation bei bestimmten Berufen, wie Landwirten, Müllern und Kürschnern.

Histoplasmose: Hervorgerufen durch Histoplasma. Die Histoplasmose zeigt Ähnlichkeit mit der Tuberkulose. Vorkommen: USA, Südamerika.

Kokzidioidomykose: Hervorgerufen durch den Coccidioides. Aerogener Befall des Respirationstraktes mit Ausbildung von Kavernen. *DD:* Tuberkulose, Aspergillom, Lungeninfarkt.

Nordamerikanische Blastomykose: Hervorgerufen durch Blastomyces, als Haut- oder Lungenmykose verlaufend. Vorkommen: USA.

Fälschlicherweise zu den Lungenmykosen gerechnet werden die *Aktinomyzetenpneumonien.* Hervorgerufen durch Aktinomyzeten, die zu den Bakterien zählen. Sie sprechen gut auf Penicillin und Sulfonamide an. Häufig auch anderweitige Manifestationen. Typisch sind entsprechende Drusen. Die Aktinomyzeten lassen sich im Pus nachweisen.

Spezielle Pneumonien

Chronische Pneumonien

Def und Sy: Hierunter versteht man Infiltrate, die länger als 6–8 Wochen bestehen. Uncharakteristische Beschwerden: Husten, Auswurf, Hämoptysen, Dyspnoe. Thoraxschmerzen.

DD: Bronchialkarzinom, Lungentuberkulose.

Allergisch bedingte Pneumonien

Ät, Pathog und Sy: Das flüchtige eosinophile Lungeninfiltrat (Löffler) ist ein einige Tage anhaltendes, klinisch symptomarmes Lungeninfiltrat, welches eosinophiliereich ist. Während des Infiltrats kann das Allgemeinbefinden deutlich reduziert sein. Mäßige Temperaturen sind möglich. Es handelt sich um eine allergische Gewebsreaktion, die auch bei Durchwanderung von Ascaris-Larven durch die Lunge beobachtet wird. Meist ist Bluteosinophilie nachweisbar. Nach Durchwanderung der Askaris-Larven treten im Stuhl Eier erst nach etwa 100 Tagen auf. Die Prognose ist gut.

Bei Typ-III-Allergien kann es zu Lungeninfiltraten kommen, z. B. bei Taubenzüchtern, Farmerlunge oder Baumwollverarbeitung.

DD: Lungenstauung, Schocklunge, Lungeninfarkt, Tuberkulose.

Sekundäre Pneumonien

Bei partieller Symptomatik taucht häufig der Begriff atypische Pneumonie auf. Sonst wird dieser Begriff auch für sekundäre Pneumonien verwendet. Sie kommen vor nach Lungenembolie und Lungeninfarkt, bei Bronchiektasien, Bronchostenosen, Bronchialkarzinom, toxisch durch Inhalation von nitrosen Gasen, Formaldehyd und Siliciumdioxid in hohen Konzentrationen und bei Urämie. Aspirationspneumonie: Nach Aspiration von Nahrungsmitteln bei Schluckstörungen, von Mageninhalt nach Erbrechen, auch nach Aspiration von Fremdkörpern.

Lipoidpneumonie nach Inhalation von paraffinhaltigen Aerosolen, auch nach langjähriger Inhalation von Ölaerosolen.

Therapie

Antibiotikatherapie. Die meisten Pneumonien sprechen auf Ampicillin, Tetracycline, Aminoglykoside oder Cephalosporine an. Bei Therapieresistenz ist sorgfältige Sputumkultur erforderlich. Unter Umständen ist Zweier- oder Dreierkombination anzuraten, wenn bedrohliches Krankheitsbild.

Sauerstoff bei Zyanose und Dyspnoe.

Kreislaufmittel bei Blutdruckabfall und beginnender Entfieberung, z. B. Novadral oder Dopamin im Dauertropf.

Antitussiva nur bei heftigem, unproduktivem Husten.

Sekretolytika bei erschwertem Abhusten, z. B. Fluimucil, Mucosolvan, Ozothin.

Prednisolon bei hochtoxischen Verläufen, ca. 30 mg/Tag.

Auch Temperatursenkung kann erforderlich sein: Wadenwickel bzw. Antipyretika.

Sorgfältige Pflege mit Atemgymnastik und Bewegungsübungen muß Komplikationen vermeiden helfen: Blutdruckabfall, Thrombosegefahr, toxische Schädigung anderer Organe.

Prophylaxe

Bei älteren, bettlägerigen Patienten drohen immer Pneumonien, insbesondere sog. hypostatische Pneumonien. Bewegungsübungen, Atemgymnastik, Abklatschen, Thromboseprophylaxe, Wickeln der Beine und Low-dose-Heparin-Therapie. Vermeidung von Aspiration. Bronchialtoilette durch Abhusten, evtl. prophylaktische Antibiotika-Gaben sind entscheidend.

Pneumothorax

Def: Freie Luft im Pleuraspalt.

Ät, Pathog und Formen:

- Traumatischer Pneumothorax: Eindringen von Luft durch die Pleura parietalis bei Perforation der Thoraxwand (äußerer Pneumothorax), z. B. durch Schuß, Unfall mit äußerer Thoraxverletzung, oder Verletzung der Pleura visceralis (innerer Pneumothorax), z. B. durch Rippenfragmente, die in den Pleuraraum ragen, selten bei Ruptur von Ösophagus, Trachea oder Bronchien mit Pleuraeinriß.
- Spontanpneumothorax: Eindringen von Luft in den Pleuraspalt durch die Pleura visceralis (innerer Pneumothorax) ohne adäquates äußeres Trauma, z. B. Ruptur einer Emphysemblase. Bei pleuranahen Lungenprozessen wie Abszeß, Gangrän oder Tumor oder Lungeninfarkt.
- Diagnostischer Pneumothorax: Absichtlich aus diagnostischen Gründen vom Arzt gesetzter Pneumothorax (zur röntgenologischen Darstellung pleuranaher Strukturen).
- Bei pleuranahen Eingriffen, z. B. bei Legen von Dauerkathetern in zentralere Venen, kann es zu iatrogenem Pneumothorax kommen.
- Spannungspneumothorax mit Ventilverschluß, der nur ein Einströmen von Luft in den Pleuraraum erlaubt. Dadurch zunehmende Drucksteigerung im Pleuraraum. Hierdurch Verschiebung des Mediastinums zur gesunden Seite. Einflußstauung. Starke Atemnot.

Sy und Dg: Der Pneumothorax kann mit einem scharfen, plötzlich auftretenden Schmerz beginnen. Bald kommen Husten und Atemnot dazu. Tachykardie, Zyanose, Blutdruckabfall und venöse Stauungen sind immer Zeichen eines größeren Pneumothorax, evtl. Spannungspneumothorax. Die betroffene Seite bleibt bei der Atmung zurück. Die Lungengrenzen sind schlecht verschieblich. Der Klopfschall ist laut und hypersonor. Das Atemgeräusch fehlt oder ist abgeschwächt, ebenso ist der Stimmfremitus abgeschwächt. Bei größerem Pneumothorax kann sich ein Begleiterguß entwickeln, der eine lageabhängige Dämpfung perkutieren läßt.

Die Thoraxröntgenuntersuchung sichert die Diagnose mit fehlender Lungenzeichnung in der Thoraxperipherie, u. U. mit scharfer Abgrenzung gegenüber der kollabierten Lunge. Bei komplett kollabierter Lunge meist Verlagerung der Mediastinalorgane zur gesunden Seite. Bei Jugendlichen kann ein Pneumothorax weitgehend symptomfrei verlaufen.

Verlauf und *Prognose* sind abhängig von Ausmaß und Art des Pneumothorax sowie von Begleiterkrankungen, wie Herzinsuffizienz, obstruktive Atemwegserkrankung oder Emphysem.

DD: Herzinfarkt, Lungenembolie, große Emphysemblase.

Th: Ein offener Pneumothorax ist nach Möglichkeit rasch zu verschließen, evtl. provisorisch, z. B. durch Pflasterzug. Ein kleiner, bis 2 cm breiter Spontanpneumothorax bedarf meist nur der Ruhigstellung, keiner weiteren Behandlung.

Bei größeren Pneumothoraces kann bis zu 10 Tagen abgewartet werden, wenn keine Symptome, wie Atemnot, vorliegen. Bildet sich der Pneumothorax nicht in dieser Zeit deutlich zurück, so muß mit einer Saugdrainage abgesaugt werden. Bestehen Symptome, wie immer beim Spannungspneumothorax, so ist eine rasche Druckentlastung notwendig. Der Überdruck kann durch eine Injektionskanüle, die in Höhe des zweiten oder dritten Interkostalraums in der Mamillarlinie eingestochen wird, abgelassen werden. Zur Wiederentfaltung der Lunge ist dann das Anlegen einer Saugdrainage erforderlich, wofür heute spezielle Bestecke zur Verfügung stehen, aber auch jeder sonstige Plastikkatheter ist hierzu geeignet.

Läßt sich der Pneumothorax so nicht beherrschen oder kommt es zu wiederholten Rezidiven, so sind chirurgische Maßnahmen in Erwägung zu ziehen. Bei Rezidivneigung kann eine Injektion von 5 ml Eigenblut in den Pleuraraum Verklebung bewirken.

Der Patient ist auf die Möglichkeit eines Rezidivs hinzuweisen. Er sollte auch um die Gefahr eines Spannungspneumothorax wissen.

Pseudozyanose s. Zyanose

Respiratory distress syndrome s. Atemnotsyndrom, akutes

Rundherde der Lunge s. Lungentumoren

Sarkoidose (Besnier-Boeck-Schaumann-Krankheit)

Def: Epitheloidzellige Granulomatose des retikuloendothelialen Systems mit Befall zahlreicher Organe.

Ät: Ungeklärt.

Pathog: In 60–90% Befall der Lunge. In 60% auch gleichzeitiger Befall der Leber, in 50% der Milz, ferner periphere Lymphknoten, Augenhaut, Muskulatur, Knochen (Jüngling-Krankheit), Nieren, Herz und Parotis.
Endokrine Drüsen selten beteiligt. Es finden sich histologisch Granulome aus Epitheloid- und Riesenzellen, jedoch im Gegensatz zu der Tuberkulose keine zentrale Nekrose.

Sy und Dg: Beginn meist im 3. und 4. Lebensjahrzehnt, häufig symptomlos. Auch allgemeines Krankheitsgefühl kommt vor. Bei 30–50% werden gleichzeitig Zeichen eines Erythema nodosum (symmetrische, flächenhafte, leicht erhabene Induration der Haut von wenigen Zentimetern Durchmesser, blaurot verfärbt, schmerzhaft, bevorzugt an den Unterschenkelstreckseiten) beobachtet. Bei Lungenmanifestation Einteilung in 3 Stadien nach dem Röntgenbefund:

1. Stadium: doppelseitige, polyzyklisch begrenzte Hiluslymphknotenvergrößerung (hiläre Form) ohne Lungenbefall;
2. Stadium: feinretikuläre, später mikronoduläre, z. T. miliare Lungenveränderungen, ausgehend von den perihilären Mittelfeldern;
3. Stadium: Lungenfibrose mit interstitieller Strang- und Narbenbildung, Schrumpfungsvorgängen und Induration, Entwicklung wabiger Strukturen bis hin zur Wabenlunge.

Im Stadium 1 ist vollständige Rückbildung häufig, im Stadium 2 möglich. Im Stadium 3 kommt es nicht mehr zur Rückbildung. Die Krankheit kann aber auch in diesem Stadium zum vollständigen Stillstand kommen. Neue Schübe sind aber auch nach jahrzehntelangem Stillstand möglich.
Bei akuter Verlaufsform (sog. Löfgren-Syndrom) erfolgt der Übergang zwischen den einzelnen Stadien sehr rasch. Das Stadium 1 kann weitgehend fehlen.
Im Stadium 1 meist keine Lungenfunktionsstörungen, in den Stadien 2 und 3 vor allem verminderte Dehnbarkeit der Lunge (verminderte Compliance) mit kleiner Vitalkapazität, kleinem intrathorakalem Gasvolumen und normaler Resistance. Es kann auch Partialinsuffizienz vorliegen. Als spätere Komplikation treten Atemwegsobstruktionen auf, die dann besonders schlecht toleriert werden. Die Atemwegsobstruktion (s. d.) ist aber meist gut zu therapieren. Im weiteren Verlauf können die Zwerchfelle durch die schrumpfende Lunge hochgezogen werden. Durch die Einengung des Lungenstrombettes entwickelt sich ein chronisches Cor pulmonale. Die Hypoxie wird immer bedrohlicher. Das klinische Bild kann neben der pulmonalen Manifestation geprägt sein durch Lymphome, groß- und kleinknotige sowie diffus infiltrierende Hautveränderungen. Häufig finden sich auch leichte Temperatursteigerungen, Leukozytopenie und Eosinophilie, Hyperkalzurie und seltener Hyperkalzämie, Knochenveränderungen an Fuß- und Handendphalangen (Ostitis multiplex cystoides Jüngling) sowie das Heerfordt-Syndrom (Iridozyklitis, Parotitis, Fazialisparese). Die Diagnose gewinnt an Wahrscheinlichkeit, wenn gleichzeitig mehrere der typischen Organmanifestationen festzustellen sind. Sie kann bioptisch (Lunge, Leber, Lymphknoten, Haut) gesichert werden. In ca. 70% liegt eine stark verminderte Tuberkulinempfindlichkeit vor.

DD: Andere Formen der Lungenfibrose, Asbestose, Tuberkulose, Silikose, Morbus Hodgkin, Lymphangioses carcinomatosa.

Th: In Abhängigkeit vom Verlauf und Schweregrad bei Behandlungsbedürftigkeit Glucocorticoide (Prednisolon, 50 mg/Tag als mittlere Dosis mit Abbau der Dosierung in Abhängigkeit vom Verlauf bis auf eine Erhaltungsdosis von 2,5–15 mg). Eine Erhaltungsdosis in der Größenordnung von 2,5–10 mg/Tag kann über Monate bis Jahre erforderlich sein. Die Funktionskontrolle mit Messung der Lungendehnbarkeit und der arteriellen Blutgase sowie der Röntgenbefund bestimmen die Therapie. Eine zusätzliche Atemwegsobstruktion ist mit Bronchodilatatoren meist mit gutem Erfolg zu beeinflussen.

Schlafapnoesyndrom

Ät und Pathog: Während des Schlafens kann es zur Verlegung der Atemwege kommen, wodurch die Ventilation kritisch beeinflußt wird. Der arterielle Sauerstoffdruck kann auf bedrohliche Werte absinken: Obstruktive Schlafapnoe.
Insbesondere bei vorbestehender atemmechanischer Belastung kann es durch Abnahme der Vigilanz des Atemzentrums im Schlaf zur Abnahme der alveolären Ventilation kommen: Zentrale Schlafapnoe.

Sy: Abnahme der Leistungsfähigkeit und Müdigkeit können in einem Schlafapnoesyndrom begründet sein. Alkohol und Fettsucht fördern die Symptomatik.

Th: Behandlung des Grundleidens, Theophyllin und Überdruckbeatmung (CPAP) mit Kontrolle im Schlaflabor.

Schocklunge

Def: Auftreten von einweißreichem interstitiellem und später auch intraalveolärem Ödem bei Lungenkapillarschädigung, wie sie bei Kreislaufschock eintreten kann.

Pathog: Bei der Hyperperfusion im Schock kommt es zu Kapillarschäden mit Untergang von Alveolarwandzellen Typ II, die den Surfactant bilden. Die gleichzeitige Freisetzung von Mediatoren wie Histamin und Serotonin und die Bildung von Arachidonsäuremetaboliten verursachen Schädigungen der Kapillaren und im Interstitium. Mit der Hyperkoagulabilität und mit Thrombozytenaggregation entstehen Mikrothromben und weitere Mikrozirkulationsstörungen. Diese Zirkulationsstörungen und Atelektasen verursachen zunächst eine Partialinsuffizienz mit immer schwerer werdendem Rechts-links-Shunt, schließlich alveoläre Hypoventilation.

Sy und Dg: Anfangsphase symptomarm. Bei Verdacht können Anfänge durch Blutgasanalyse, durch kleine Lungenfunktion am Krankenbett und durch Röntgenuntersuchungen erkannt werden. Dies ist wichtig wegen der erfolgreichen Frühtherapie. Eine Schocklunge kann auch noch nach einer Latenz von Stunden bis Tagen nach dem Schock auftreten. Hauptsymptom Dyspnoe, häufig mit Husten, feinblasige Rasselgeräusche.
Röntgenologisch: Zeichnungsvermehrung, fleckige, unscharf begrenzte Verschattungen wie bei interstitiellem oder auch alveolärem Lungenödem. In Spätstadien können großflächig dichte Infiltrate entstehen.

Th: Es sollte eine eher negative Flüssigkeitsbilanz angestrebt werden, wobei aber trotz guter Diurese das pulmonale Ödem oft nicht ausgeschwemmt werden kann. Wasserlösliche Glucocorticoide in einer Dosierung von 25–500 mg 3mal/Tag leisten, insbesondere in Anfangsphasen, Hervorragendes. Kreislaufstabilisierung, Antibiotikaprophylaxe, meist mit Tetracyclinen. Wird die Atmung angestrengt oder werden die Blutgase deutlich schlechter (PO_2 <60 mmHg), sollte frühzeitig maschinell beatmet werden mit endexspiratorisch leicht erhöhtem Beatmungsdruck.

Silikose

Def: Durch kristalline Kieselsäure (SiO_2) wie Quarz, Tridimit und Christobalit hervorgerufene, meist granulomatöse Lungenfibrose.

Vk: Die Silikose ist eine meldepflichtige Berufskrankheit. Ihr Anteil an den entschädigungspflichtigen Berufskrankheiten der Atmungsorgane beträgt in Deutschland über 70%. Betroffen sind vor allem Kohlenbergbauarbeiter, auch Steinmetze können betroffen sein, Arbeiter in Steinbrüchen sowie in Mineralmahlwerken, Schottermühlen, Porzellan- und Steingutfabriken, in der Putzmittelindustrie, Former, Kernmacher, Schamottearbeiter, Ofenmaurer und Gießer, Gußputzer und Sandstrahlbläser.

Ät und Pathog: Quarzhaltiger Staub in einer Korngröße unter 5 µg führt zunächst zum zellhaltigen Granulom, welches perivaskulär und peribronchiolär entstehen kann. Im Zentrum der Granulome entwickeln sich Fibrin und schließlich Kollagen, wobei die Randzonen immer noch aktiv bleiben. Die Progression hängt ab von der Höhe der Staubkonzentration und den Begleitmineralien. Bestimmte Begleitmineralien hemmen die Silikoseentwicklung, so z. B. Eisen- und Aluminiumstäube. Bei exzessiver Staubbelastung kann sich eine Silikose innerhalb von wenigen Monaten entwickeln. Im Kohlebergbau finden sich erste Anzeichen im Röntgenbild gewöhnlich nach 5–10 Jahren; andererseits kann das Röntgenbild auch nach 20-30jähriger Exposition normal bleiben.
Die Granulome vergrößern sich und konfluieren schließlich zu sog. Schwielen = schwielige Silikose, im Angloamerikanischen: progressive massive fibrosis. Da der Quarz auch lymphotrop abtransportiert werden kann, entwickeln sich gelegentlich auch weitgehend isolierte Hiluslymphdrüsensilikosen = Eierschalensilikosen. Durch die Entwicklung perifokaler Emphysemzonen kann der röntge-

nologische Nachweis kleinerer Granulationsbezirke schwieriger werden. Die silikotischen Schwielen zeigen eine Schrumpfungstendenz zum Hilus. Lokalisation vorwiegend Ober- und Mittelfelder, aber auch gleichmäßiger Befall der gesamten Lunge nicht selten.

Sy und Dg: Zur Diagnose gehören Anamnese und Röntgenbefund. Die röntgenologischen Veränderungen sind nach der Klassifikation des Internationalen Arbeitsamtes (ILO 1980) einzuteilen. Beim Internationalen Arbeitsamt wie beim Hauptverband der Gewerblichen Berufsgenossenschaften e. V. (Bonn) ist ein Standardfilmsatz erhältlich, der als Grundlage für die Klassifikation dient. Der Verdacht ist meldepflichtig, formlos oder auf Untersuchungsbogen „mineralischer Staub" unter Verwendung der ILO-Klassifikation. Klassifikation nach Herdgröße:

p = pinhead = bis 1 mm, q = 1–3 mm, r = bis 10 mm
A, B und C = Schwielen, A = bis 5 cm Durchmesser, C = mehr als ⅓ eines Lungenfeldes, B = zwischen A und C
1–3 = Zeichen für Herddichte, 1 = spärlich, 2 = dichte Besetzung, aber Grundstruktur der Lunge noch erkennbar, 3 = dichte Besetzung, aber Lungenstruktur weitgehend nicht mehr erkennbar.

Der Lungenfunktionsbefund kann trotz ausgeprägter röntgenologischer Veränderungen weitgehend unauffällig sein, ebenso der Allgemeinzustand. Ab 3.gradigen Silikosen kommt es überhäufig zu obstruktiven Atemwegserkrankungen mit erhöhten Strömungswiderständen in den Atemwegen, eingeschränkter Vitalkapazität und eingeschränktem 1-Sekunden-Wert. Ab 3.gradigen Silikosen sind derartige Funktionsausfälle entschädigungspflichtig.

Silikotische Schwielen können nekrobiotisch einschmelzen. Dieses Material kann ausgehustet werden, wodurch eine Schwielenkaverne entsteht. Das Krankheitsbild wird weitgehend von der Entwicklung der Atemwegsobstruktion beherrscht. Auf dieser Basis Entwicklung der Partialinsuffizienz, der alveolären Hypoventilation und des chronischen Cor pulmonale.

Wichtigste Komplikationen: Silikotuberkulose, vorwiegend in den Lungenoberfeldern. Bei eindeutig nachweisbarer Silikose Berufskrankheit.

Narbenkarzinom: Es besteht keine Überhäufigkeit von Bronchialkarzinomen bei Silikosekranken. Bei Manifestation eines Bronchialkarzinoms in einem silikotisch veränderten Narbenbereich wird bei autoptischer Abklärung ein solches Narbenkarzinom als Berufskrankheit anerkannt.

DD: Sarkoidose und andere Lungenfibrosen, andere Pneumokoniosen wie Siderose oder Asbestose, Miliartuberkulose, Morbus Hodgkin, Lymphangiosis carcinomatosa.

Th und Prl: Entscheidend ist Staubbekämpfung und das Tragen von Staubmasken, neuerdings von Einwegmasken mit sehr gutem Erfolg. Exponierte werden im Rahmen von Vorsorgeuntersuchungen regelmäßig röntgenologisch kontrolliert in 2–3jährigen Abständen. Probanden mit Kyphoskoliose oder überempfindlichem Bronchialsystem sind für derartige staubbelastete Arbeitsplätze nicht geeignet.

Sonst beschränkt sich die Therapie auf Vermeidung und Bekämpfung der Atemwegsobstruktion. Therapie der silikotischen Atemwegsobstruktion so wirksam wie bei idiopathischer Atemwegsobstruktion (s. d.).

Spannungspneumothorax
s. Pneumothorax

Spontanpneumothorax s. Pneumothorax

Staublunge s. Asbestose und Silikose

Sulfhämoglobinämie s. Zyanose

Tracheitis

Def: Entzündung der Trachea. Gelegentlich als eigenständige Erkrankung. Häufig zusammen mit Laryngitis, Pharyngitis, Sinusitis oder Bronchitis.

Ät: Bakterien- oder Virusinfekte, physikalische und chemische Noxen: Reizgase, Staub, Zigarettenrauch, Kälte, Fremdkörper, Trachealkanüle, Trachealtubus, trockene Luft, bakterielle Superinfektion, Resistenzminderung durch andere Erkrankungen.

Pathog: Histologisch Zeichen der Entzündung, bei Virusinfekten häufig hämorrhagisch, z. T. mit kompletter Epithelzerstörung. Aber auch eine atrophisch vernarbte Trachealoberfläche wird beobachtet.

Sy und Dg: Retrosternaler Schmerz mit Wundgefühl, Druck und Brennen. Führendes Symptom Husten, der produktiv, aber auch unproduktiv sein kann = trockener Reizhusten, häufig als Anfälle bis gelegentlich zu schwerer Atemnot und Bewußtlosig-

keit. Bei tieferreichenden Entzündungen Fieber und Beeinträchtigung des Allgemeinbefindens.
Eine unkomplizierte Tracheitis heilt in 1–2 Wochen ab; sonst sollte bronchoskopiert werden, um lokale Stenosebildungen, Granulome oder Polypen als Ursache auszuschließen. Die auslösenden Noxen (Reizgase, Tabakrauch) sind zu meiden.
Kompl: Sinusitis, Laryngitis, Bronchitis, Bronchiektasenbildung und vor allem das Angehen einer Atemwegsobstruktion.
Th: Noxe beseitigen: Arbeitsplatz? Tabakkarenz; bei bakterieller Infektion Antibiotika, bei trockener Form Mukolytika, Inhalation mit Bronchitiskessel, frühzeitiger Einsatz von kleinen Dosen Glucocorticoiden, z. B. Prednisolon (10 mg/Tag) und/oder Glucocorticoiddosieraerosol (2mal 1 bis 3mal 2 Hübe), Viarox, Pulmicort, Sanasthmax.

Viruspneumonien s. Pneumonien

Wabenlunge s. Lungenfibrosen

Zyanose
Def: Bläuliche Verfärbung von Haut und Schleimhäuten. Dieser optische Eindruck entsteht, wenn mehr als 5 g/dl reduziertes Hämoglobin in den Haut- und Schleimhautkapillaren vorhanden sind = Hämoglobinzyanose. Deswegen selten bei Anämien, häufig bei Polyglobulie:

- Zentrale (arterielle) Zyanose: arterielle Sauerstoffsättigung vermindert. Ursächlich kommen Rechts-links-Shunts und Gasaustauschstörungen der Lunge in Frage.
- Periphere (Strömungs-)Zyanose entsteht durch vermehrte Ausschöpfung des Blutes bei allgemeiner (Herzinsuffizienz) oder lokaler (Stauung) Strömungsverlangsamung.
- Abnorme Hämoglobinverbindungen (Hämoglobinzyanose) können ebenfalls optisch den Eindruck der Blausucht hervorrufen. Bedeutsam ist die Methämoglobinämie.
- Diese kann exogen-toxisch, z. B. durch Phenacetin, Nitrite, Anilinderivate usw., hervorgerufen werden. Reagiert gut auf i.v. Applikation von Vitamin C. Der Nachweis erfolgt spektroskopisch. Es besteht eine verminderte Sauerstoffkapazität des Blutes, da Methämoglobin nicht Sauerstoff binden kann.
- Die idiopathisch-familiäre, meist konnatale Methämoglobinämie beruht auf einem Defekt der Hämoglobinreduktase oder auf einem pathologischen Hämoglobin (HbM). Auch hier Therapie mit Vitamin C, 2mal 100 bis 250 mg/Tag, häufig sehr wirksam.
- Die Sulfhämoglobinämie ist sehr selten, entsteht autotoxisch, insbesondere bei enteralen Störungen (Obstipation), meist in Verbindung mit Analgetika.
- Bei der Pseudozyanose wird die abnorme Verfärbung der Haut durch Pigmente (Hämochromatose u. a.) oder Ablagerungen körperfremder Substanzen (Silber, Arsen, Gold, Kosmetika) hervorgerufen.

Zystenlunge s. Lungenzysten

28. Rheumatologie

H.-J. Gebest und K.-J. Hahn

Arteriitis temporalis (cranialis) Unterform der Riesenzellarteriitis (s. d.)

Arthralgie
Bezeichnung für Gelenkschmerzen ohne Aussage über die Ursache (Arthritis, Arthrose, Überlastung usw.). Schmerzen mehrere Gelenke zugleich, so spricht man auch von Polyarthralgien.

Arthritis, bakterielle, s. bakterielle Arthritis

Arthritis, enteropathische
Enteropathische Arthritis ist der Oberbegriff für eine Reihe von Arthritiden, die im Verlauf von chronisch entzündlichen Darmerkrankungen (Morbus Crohn, Colitis ulcerosa, Morbus Whipple) oder nach Darminfek-

tionen auftreten. Zu ihnen gehören auch einige reaktive Arthritiden (s. d.).

Arthritis bei Morbus Crohn und Colitis ulcerosa

Sy: Die Arthritis tritt bei 20–25% der Patienten mit Morbus Crohn oder Colitis ulcerosa auf. Sie beginnt akut, ist mono- oder oligoartikulär und betrifft überwiegend die großen Gelenke der unteren Extremität (Knie, Sprunggelenk). Man findet sie häufig in der frühen Phase der Darmerkrankung. Oft entsteht gleichzeitig ein Erythema nodosum (s. d.) an den Unterschenkeln. Die Gelenkattacken stehen nicht selten in zeitlichem Bezug zu den Schüben der Grunderkrankung (Diarrhö). Die Dauer der Attacken beträgt Tage bis Wochen. Die Arthritis wandert von Gelenk zu Gelenk. In der Regel verläuft sie mild.

Th: Mit erfolgreicher medikamentöser oder chirurgischer Behandlung der Kolitis verschwindet die Arthritis, ohne einen Gelenkschaden zu hinterlassen. Spezifische Röntgenveränderungen an den Gelenken findet man nicht.

In 10–20% der Fälle kommt es zur – meist symptomarmen – Mitbeteiligung der Sakroiliakal- und Wirbelgelenke.

Bei Morbus Crohn und Colitis ulcerosa gibt es eine starke Häufung von Spondylitis ankylosans (genetisch prädisponierte Kopplung? HLA-B27-positiv).

Arthritis psoriatica

Def: Chronische Arthritis in Verbindung mit einer Psoriasis sowohl der Haut als auch der Nägel.

Ät: Die Krankheit hat vermutlich eine multifaktorielle Genese mit endogenen und exogenen Faktoren. Wahrscheinlich besteht eine genetische Disposition (familiäre Häufung).

Sy: Die Psoriasisarthritis zählt zu den seronegativen Arthritiden (rheumafaktornegativ). Es erkranken nur etwa 7% der Patienten mit einer Schuppenflechte. Die Arthritis hat unterschiedliche Verlaufsformen, als Oligoarthritis (70%), Polyarthritis (20%), mit Wirbelsäulenbefall (5%) und zur Verstümmelung führend als Arthritis mutilans (5%). In der klassischen Form tritt sie schubweise, mit asymmetrischer Lokalisation und unter Bevorzugung der Fingerendgelenke auf (Transversaltyp). Sind alle Gelenke eines Fingerstrahls betroffen (Strahlbefall), dann findet man gehäuft psoriatische Nagelveränderungen an diesem Finger (80%).

Gewöhnlich bestehen die psoriatischen Hautveränderungen lange vor Erstmanifestation der Arthritis. Nicht selten aber gehen diffuse Gelenkschmerzen mit wechselnder Lokalisation (Arthralgien) der Psoriasisarthritis voran. Dagegen tritt die Arthritis vor der Psoriasis nur bei etwa 20% der Patienten auf (Arthritis sine Psoriasis).

Die Psoriasisarthritis hat typische klinische Befunde. So sind die Schmerzen nicht selten relativ gering, obwohl oft starke Gelenkveränderungen bestehen. Die Kraft ist meistens gut erhalten (Händedruck). Durch entzündliche Beteiligung von periartikulären Strukturen kann es zur Verdickung eines ganzen Zehs oder Fingers („Wurstfinger") kommen. Die lokalen Entzündungszeichen an den Gelenken und auch die systemischen Krankheitszeichen sind geringer ausgeprägt als bei der chronischen Polyarthritis (s. d.). Eine Beziehung zwischen dem Ausmaß des Hautbefalls und der Aktivität oder Verlaufsform der Arthritis ist nicht die Regel.

Die mutilierende Form kann schnell zu ausgeprägten Zerstörungen führen. Dadurch kann es zu grotesken Fehlstellungen und Instabilität der Gelenke kommen. Bei Befall der Wirbelsäule und der Iliosakralgelenke ist das klinische Bild ähnlich der Spondylitis ankylosans (Morbus Bechterew) (s. d.).

Dg: Das klinische Bild und die Röntgenmorphologie sind die Schlüssel zur Diagnose. Bei der körperlichen Untersuchung muß nach Psoriasisschuppen am Kopf, Bauchnabel, retroaurikulär und in der Gesäßfalte gesucht werden. Die Laboruntersuchungen bieten keine spezifischen Befunde. Rheumafaktoren können in der Regel im Serum nicht nachgewiesen werden. Die BSG ist nur mäßig beschleunigt. Bei Beteiligung des Achsenskeletts ist das HLA-B27 in 40% positiv. Der Röntgenbefund ist charakterisiert durch ein Nebeneinander von Gelenkzerstörung und Reparation und durch das typische Befallsmuster (Transversaltyp, Strahlbefall). Bei Beteiligung der Wirbelsäule kommt es zur Ausbildung von Syndesmophyten und/oder zu einer Sakroiliitis.

Th: Eine kausale Therapie ist nicht möglich. Für die Mehrzahl der Patienten reicht eine symptomatische Behandlung mit nichtsteroidalen Antirheumatika (NSAR) aus, da die Prognose gut ist. Bei ungünstigen Verläufen und Destruktionsgefahr können orales Gold (Auranofin), Etretinat oder Methotrexat (MTX) indiziert sein (strenge Indikationsstellung).

Arthritis, reaktive (postinfektiöse)

Pathog: Die reaktiven Arthritiden sind relativ häufige abakterielle Arthritiden, die nach Infektionen der oberen Luftwege, des Urogenitaltraktes, des Darms und anderer Organe auftreten können. Meist liegt zwischen dem Infekt und der Arthritis ein symptomfreies Intervall von ein paar Wochen Dauer. Die Arthritis ist vermutlich Ausdruck einer genetisch determinierten immunologischen Reaktion auf das infektiöse Agens.

Sy: Hauptlokalisation sind die großen Gelenke der unteren Extremität. Manchmal begleiten Allgemeinsymptome wie Fieber und Mattigkeit in milder Ausprägung die Arthritis. Gelenkdestruktionen kommen nicht vor. Im allgemeinen tritt nach 1–2 Monaten eine Spontanheilung ohne bleibende röntgenologische Veränderungen ein.

Dg: Bei Verdacht auf eine reaktive Arthritis sollten Untersuchungen (serologisch, Stuhlproben usw.) auf folgende Keime durchgeführt werden: Salmonellen, Shigellen, Yersinien, Chlamydien, Campylobacter, Streptokokken und Gonokokken. Darüber hinaus gibt es reaktive Arthritiden auch nach Infektionen mit Viren und Pilzen. Meistens bleibt jedoch ein diagnostischer Klärungsversuch ergebnislos (z. B. nach Reiseenteritis).
Reaktive Arthritiden sind in der Regel seronegativ (rheumafaktornegativ). Man erhebt aber bei diesen Patienten gehäuft einen positiven Befund für das immungenetische Merkmal HLA-B27.

Arthritis urica

VK und Sy: Die Arthritis urica gehört wie die Chondrokalzinose zu den sog. Kristallarthropathien. Sie verläuft in der Regel als perakute Monarthritis (Gichtanfall) an einem Gelenk der unteren Extremität. Typische Symptome sind heftige Schmerzen und eine starke Beteiligung periartikulären Gewebes (Hautrötung und -überwärmung, Schwellung).
Die chronische Gichtarthritis mit andauernden Gelenkschmerzen und rezidivierenden Gichtattacken ist heute sehr selten geworden (Details zu Gicht s. Kap. Stoffwechsel).

DD: Die Gicht ist eine wichtige Differentialdiagnose von akuten mono- bzw. oligoartikulären Gelenkbeschwerden. Ihre Häufigkeit hat aber stark abgenommen. Insgesamt wird die Diagnose immer noch viel zu oft gestellt.

Arthritogene Erreger

Unter arthritogenen Erregern versteht man Mikroorganismen, die eine reaktive Arthritis (s. d.) oder ein Reiter-Syndrom (s. d.) auslösen können. Nicht die Erreger selbst, sondern vermutlich immunologische Vorgänge nach der Infektion sind für die Arthritiden verantwortlich. Die Voraussetzung für diese pathologische Immunreaktion ist eine immungenetische Prädisposition. In 80% der Fälle besitzen die Patienten das immungenetische Merkmal HLA-B27 (s. d.).
Die bekanntesten Erreger sind: Yersinia enterocolitica, Salmonella typhimurium, Salmonella enteritidis, Shigella flexneri, Campylobacter jejuni, Neisseria gonorrhoeae und Chlamydia trachomatis.

Arthropathien

Ät: Als Arthropathien werden entzündliche und nichtentzündliche Gelenkerkrankungen und rheumatische Symptome bezeichnet, die im Rahmen anderweitiger Erkrankungen auftreten. Beispiele dafür sind Arthropathien bei Akromegalie, Amyloidose, Diabetes mellitus, Neuropathien, Fettstoffwechselstörungen, Hämophilie, Hämochromatose, Langzeithämodialyse usw.

Sy: Die rheumatischen Beschwerden entwickeln sich langsam und schleichend. Sie sind in der Regel unspezifisch und können in Weichteilen, Gelenken und im Achsenskelett lokalisiert sein. Oft werden die Klagen der Patienten nicht ernst genommen, und der Zusammenhang zwischen der Grunderkrankung und den Beschwerden wird nicht erkannt.

Dg: Die Differentialdiagnose ist umfangreich und schwierig, da bei einer Vielzahl von Krankheiten rheumatische Symptome auftreten können. Eine kritische Anamnese und eine gründliche körperliche Untersuchung sind die Schlüssel zur Diagnose.

Arthrose s. degenerative Gelenkerkrankungen

ASL (Antistreptolysinantikörper)

Die Abkürzung ASL steht für Antikörper gegen Streptokokkenantigene, die infolge einer Streptokokkeninfektion gebildet werden. Auch bei gesunden Menschen findet man Antikörper gegen Streptokokken, da die Durchseuchung mit Streptokokken sehr hoch ist. ASL-Titer bis 300 E gelten als Normalbefund. Aber auch höhere Titer haben ohne Krankheitssymptome keinen Krankheitswert. Die ASL-Bestimmung hat nur bei dem selten gewordenen rheumatischen Fieber (s. d.), bei reaktiven Arthritiden (s. d.) beim Erythema nodosum (s. d.) und bei besonderen Fragestellungen einen Sinn. Die Titerhöhe ist ohne Verlaufsuntersuchungen nichtssagend. Bei anderen rheumatischen Erkrankungen, insbesondere bei der chronischen Polyarthritis, hat der ASL keinen diagnostischen Wert.

Baker-Zyste (Poplitealzyste)

Pathog, Sy und Dg: Baker-Zyste ist eine häufig übersehene Zystenbildung in den Weichteilen der Kniekehle (Ausstülpung einer Bursa). Sie kann bei jeder Erkrankung des Kniegelenks auftreten, die mit Ergußbildung einhergeht. Ihre Entstehung bei entzündlichen rheumatischen Erkrankungen (z. B. bei chronischer Polyarthritis) ist oft Ausdruck einer verstärkten Aktivität der Grunderkrankung. Anfangs symptomarm, kann sie bei Dissektion und Ruptur eine tiefe Beinvenenthrombose vortäuschen. Die Diagnose wird klinisch gestellt (Untersuchung der Kniekehle am stehenden Patienten) und mit der Sonographie bestätigt.

Th: Die Therapie erfolgt durch Gabe nichtsteroidaler Antirheumatika, lokale Eisapplikation und Behandlung der zugrundeliegenden Gelenkerkrankung. Selten sind auch intraartikuläre Cortisoninjektionen notwendig, die aber nur unter streng aseptischen Bedingungen vorgenommen werden dürfen. Vor übereilten chirurgischen Eingriffen muß wegen einer hohen Komplikationsrate (Wundinfektion in der Kniekehle) gewarnt werden! Die Baker-Zyste hat eine hohe Rezidivquote.

Bakterielle Arthritis (septische Arthritis)

Ät und Pathog: Die bakterielle Arthritis ist eine akute Arthritis. Durch hämatogene Streuung kommt es zur Besiedlung eines oder mehrerer, meist großer, gewichttragender Gelenke. Bei den betroffenen Patienten besteht meist vor der Arthritis eine schlechte Abwehrlage durch Alkoholismus, maligne Erkrankungen, Urämie, chronische Polyarthritis, Diabetes mellitus, Immunsuppressiva, Cortisontherapie oder aus anderen Gründen. Eine lokale Vorschädigung des Gelenks durch Arthrose, Trauma, Gicht usw. begünstigt die bakterielle Invasion. Gonokokken, Staphylokokken, Streptokokken und Kolibakterien sind die häufigsten Erreger.

Sy: Die klinischen Zeichen dieser akuten Arthritis sind Schwellungen, Schmerzen und Überwärmung an den betroffenen Gelenken. Trotz Bakteriämie tritt in der Regel kein Schüttelfrost auf; es kann aber zu leichtem Fieber kommen.

Dg: Eine Leukozytose und BSG-Beschleunigung findet man nur in 50% der Fälle. Der Schlüssel zur Diagnose ist der klinische Verdacht, der durch Analyse der Gelenkflüssigkeit bestätigt wird (Pyarthros).

Th: Da die bakterielle Arthritis rasch zu einer Gelenkdestruktion führen kann, gilt sie als rheumatologischer „Notfall“ und muß sofort adäquat medikamentös und chirurgisch behandelt werden. Antibiotikatherapie nach Antibiogramm und Drainage der betroffenen Gelenke sind die Methoden der Wahl.

Basistherapeutika (disease-modifying drugs)

Bezeichnung für eine pharmakologisch uneinheitliche Gruppe von Substanzen, die bei der Therapie der chronischen Polyarthritis (cP) eingesetzt werden, um den Krankheitsverlauf zu beeinflussen. Sie werden den sog. „Symptomatika“ gegenübergestellt (z. B. nichtsteroidale Antirheumatika), die lediglich Schmerzen und Entzündung nehmen, jedoch keine Remission bewirken können.

Die Mehrzahl der Basistherapeutika ist ursprünglich zur Therapie anderer Krankheiten entwickelt worden. Ihre Wirkmechanismen sind zumindest teilweise ungeklärt. Eine günstige Wirkung dieser Substanzen auf den Krankheitsverlauf ist nicht sicher vorhersagbar und variiert individuell äußerst stark. Allen Basistherapeutika gemeinsam ist ein verzögerter Wirkungseintritt erst nach Wochen bis Monaten. Da nach Einnahme dieser Medikamente keine unmittelbare Wirkung verspürt wird, kann es zu Compliance-Problemen kommen. Die Patienten müssen deshalb über die verzögerte Wirkung aufgeklärt sein. Zu den Basistherapeutika werden Goldverbindungen (oral/parenteral), D-Penicillamin, Chloroquin, Azathioprin, Methotrexat, Sulfasalazin, Ciclosporin A, aber auch γ-Interferon und viele andere Substanzen gezählt. Für den Unerfahrenen ist es schwierig, die Wertigkeit dieser vielen unterschiedlichen „Rheumamittel“ abzuschätzen. Welches Basistherapeutikum zuerst zum Einsatz kommt, ist vor allem von den individuellen Erfahrungen des behandelnden Arztes abhängig. Es kann keine eindeutige Aussage darüber gemacht werden, welche Substanz am besten

wirkt und die wenigsten Nebenwirkungen besitzt, denn die Unterschiede von Patient zu Patient sind zu groß. Schwere Nebenwirkungen scheinen zumindest bei D-Penicillamin und injizierbarem Gold häufiger zu sein als unter Chloroquin und Sulfasalazin.
Der betreuende Arzt muß den Patienten regelmäßig nach möglichen Nebenwirkungen befragen und für Kontrolle der Laborwerte Sorge tragen!

Bechterew-Krankheit s. Spondylitis ankylosans

Behçet-Syndrom (Morbus Behçet)

VK und Sy: Das Behçet-Syndrom ist durch rezidivierende aphthöse Ulzera der genitalen und oralen Schleimhäute in Kombination mit entzündlichen Veränderungen am Auge charakterisiert (Trias).
Es gehört zu den sog. „okulomukokutanen Syndromen“. Die Diagnose wird klinisch gestellt (Behçet-Kriterien). Mehrere Organsysteme können beteiligt sein (Haut, Schleimhäute, Augen, Darm, Gefäße, Lunge und Gelenke). Die Prävalenz der Erkrankung in Mitteleuropa ist niedrig.
Die Gelenkbeteiligung besteht meist nur aus unspezifischen Arthralgien. Eine selten vorkommende Arthritis ist in der Regel mild und flüchtig, ähnlich einem „palindromen Rheumatismus“ (s. d.), mit asymmetrischem Befall der Knie, oberen Sprunggelenke, Ellenbogen- oder Handgelenke. Die Prognose der Arthritis ist gut.

Th: Es gibt keine spezifische Therapie. Ganz selten sind Cortison oder Zytostatika indiziert.

Borrelienarthritis s. Lyme-Arthritis

Bouchard-Arthrose

Nicht mehr gebräuchliche Bezeichnung für die Polyarthrose der proximalen Interphalangealgelenke der Finger (s. d.)

Chondrokalzinose (Pseudogicht)

VK: Die Chondrokalzinose tritt überwiegend bei älteren Menschen auf.

Ät: Idiopathisch, hereditär, Stoffwechselstörung (z. B. Hyperparathyreoidismus, Hämochromatose u. a.) und Gelenktrauma.

Pathog: Bei der Chondrokalzinose kommt es zur Ablagerung von Calciumpyrophosphatkristallen in Knorpel, Menisken und Synovialmembran, vorzugsweise großer Gelenke.

Sy: Klinisch ist sie häufig stumm und wird als Nebenbefund bei Röntgenuntersuchungen entdeckt (kalkdichte Linien im Gelenkknorpel). Das klinische Spektrum reicht von chronischen Gelenkschmerzen (Arthralgien) bis zu polyartikulären Beschwerden, die wegen ihrer symmetrischen Lokalisation einer chronischen Polyarthritis ähneln.
Eine besonders schmerzhafte Variante ist die akute Mono- bzw. Oligoarthritis, die mit heftigen lokalen Entzündungszeichen einhergeht und nur schwer von einem Gichtanfall (s. d.) zu unterscheiden ist. Diese als „Pseudogicht“ bezeichnete Attacke kann durch chirurgische Traumen, Herzinfarkt, apoplektischen Insult oder andere ernste Krankheiten provoziert werden. Die Attacken sind selbstlimitierend und rezidivierend. Dazwischen ist der Patient symptomfrei. Im Spätstadium der Chondrokalzinose entstehen Arthrosen in den betroffenen Gelenken.

Th: Im akuten Stadium wird symptomatisch mit nichtsteroidalen Antirheumatika und physikalisch (Eis) behandelt.

Churg-Strauss-Syndrom (allergische Granulomatose und Angiitis)

VK und Ät: Das Churg-Strauss-Syndrom zählt zu den sog. nekrotisierenden Vaskulitiden. Es ist eine seltene Erkrankung. Bevor die systemische Erkrankung beginnt, leiden die meisten Patienten mit einem Churg-Strauss-Syndrom an einem chronischen Asthma bronchiale.

Dg: Charakteristisch sind histologisch nachweisbare perivaskuläre Granulome mit eosinophilen Leukozyten, Lungeninfiltrationen (Röntgen) und eine periphere Eosinophilie (Blutbild). Es können ähnliche Symptome wie bei der Panarteriitis nodosa (s. d.) auftreten.

Th: Diagnosesicherung und Behandlung gehören in die Hand des Spezialisten.

Degenerative Gelenkerkrankungen (Arthrose, Osteoarthrose)

Pathog: Die Arthrosen sind durch fortschreitenden Verlust von Gelenkknorpel und reaktive Veränderungen sowohl an den Gelenkrändern als auch im subchondralen Knochen gekennzeichnet. Ihre Ätiologie ist ungeklärt. Besonders häufig befallen sind Knie-, Hüft- und Interphalangealgelenke.

DD: Im aktivierten Zustand sind sie differentialdiagnostisch nur schwer von entzündlichen rheumatischen Erkrankungen abzugrenzen. Diesen gegenüber fehlen in der Regel systemische Krankheitszeichen, Krankheitsgefühl und Laborveränderungen.

Degenerative Veränderungen der Wirbelsäule

VK: Die degenerativen Veränderungen der Wirbelsäule nehmen mit dem Alter an Häufigkeit zu.

Sy: Die Symptome sind vielseitig und unspezifisch. Sie unterliegen endogenen (Befinden, Stress usw.) und exogenen (Temperatur, Jahreszeit, körperliche Belastung usw.) Einflüssen.

Dg: Die Diagnose wird röntgenologisch gestellt (Spondylose, Osteochondrose, Spondylarthrose) und häufig im Rahmen der Abklärung von Rückenschmerzen. Ein ursächlicher Zusammenhang zwischen Röntgenveränderungen und Beschwerden ist fraglich. Die Abgrenzung von entzündlich-rheumatischen Systemerkrankungen ist oft schwierig.

Dermatomyositis s. Polymyositis

Erythema chronicum migrans

Flächenhaftes, großbogig begrenztes Erythem, das sich – meist von einem Zeckenbiß ausgehend – unter zentraler Abblassung langsam über große Flächen ausbreitet. Es hat für die Diagnose der Lyme-Arthritis (s. d.) eine Bedeutung.

Erythema nodosum

Ät und Pathog: Ätiologisch handelt es sich vermutlich um eine allergische Reaktion auf verschiedene antigene Stimuli. Es kann im Rahmen von Infektionskrankheiten (z. B. Streptokokken), bei Sarkoidose (s. Löfgren-Syndrom), bei Kolitiden (Colitis ulcerosa, Morbus Crohn) und unter Medikamenteneinnahme (orale Kontrazeptiva, Sulfonamide usw.) auftreten. Eine ätiologische Klärung ist oft nicht möglich.

Sy: Schmerzhafte Knoten an den Streckseiten beider Unterschenkel. Die Knoten entstehen akut, sind unterschiedlich groß, derb, gerötet und überwärmt. Die Betroffenen zeigen unspezifische systemische Krankheitszeichen, wie Fieber, Abgeschlagenheit und Arthralgien.

Th und Prgn: Die Klinik verleitet oft zu überstürzten Therapiemaßnahmen (Cortison). Meist ist jedoch eine rein symptomatische Therapie mit nichtsteroidalen Antirheumatika, Bettruhe und Kälteapplikation ausreichend. Ist die Grunderkrankung bekannt, so muß diese ebenfalls behandelt werden. Die Prognose ist gut; es kommt zur Restitutio ad integrum. Rezidive sind möglich.

Extraartikulärer Rheumatismus (Weichteilrheumatismus)

Der Begriff umfaßt eine Vielzahl unterschiedlicher Syndrome sowie entzündliche und nichtentzündliche Erkrankungen mit uneinheitlicher Ätiopathogenese und Lokalisation. Zu ihnen zählen Bursitiden, Enthesopathien, Fibromyalgiesyndrom, Myositiden, Pannikulitis, Periarthropathien, Polymyalgia rheumatica u. a. Weichteilrheumatische Beschwerden besitzen in der Praxis eine große Bedeutung, da jeder Arzt fast täglich damit konfrontiert wird. Die Abgrenzung von anderen rheumatischen Erkrankungen kann wegen der Ähnlichkeit der Symptome schwierig sein.

Felty-Syndrom

Unter dem Felty-Syndrom versteht man eine Sonderform der chronischen Polyarthritis (s. d.).

Fibromyalgiesyndrom (FMS) (primäre Fibromyalgie, generalisierte Tendomyopathie)

Ät und Pathog: Die Ursache des Fibromyalgiesyndroms ist ungeklärt. Sportphysiologische Untersuchungen zeigen, daß die Patientinnen in einem „Underfitness"-Zustand sind. Ätiologisch werden u. a. neuroendokrinologische Störungen (Serotonin) diskutiert. Durch Schlaf-EEG-Untersuchungen konnte eine Störung der Schlafphase 4 (Non-REM-Schlaf) nachgewiesen werden. Wichtige Regenerationsprozesse des Gehirns laufen vermutlich in dieser Schlafphase ab.

VK und Sy: Die Fibromyalgie ist ein Syndrom mit generalisierten Schmerzen, verstärkter Erschöpfbarkeit und Schlafstörungen. In der täglichen Praxis wirft es oft große diagnostische und therapeutische Probleme auf. Obwohl es häufig vorkommt (5% der Bevölkerung), wird die Diagnose bei uns bislang eher selten gestellt. Fast ausschließlich erkranken Frauen (89–90%) im gebärfähigen Alter. Die Patientinnen klagen über Schmerzen am ganzen Körper („alles tut weh") mit wechselnder Lokalisation. Sie fühlen sich erschöpft und bewältigen nur mit Mühe ihre Arbeit. Sie empfinden Kraftlosigkeit und Steifigkeit am ganzen Körper. Aus Angst vor den Schmerzen reduzieren sie alle körperlichen Aktivitäten. Darüber hinaus klagen sie über Schwellungen einzelner Gelenke, die jedoch nicht objektiviert werden können. Dazu kommen Parästhesien, Kopfschmerzen und Stuhlunregelmäßigkeiten. Kälte, Stress und Angst verstärken die Schmerzen; Wärme und Entspannung lindern. Morgens fühlen sie sich oft, als hätten sie nicht geschlafen. Die Patientinnen fühlen sich in ihren Beschwerden oft nicht ernst genommen.

Dg: Die Diagnose wird klinisch gestellt. Bei der körperlichen Untersuchung besteht ein charakteristischer Mangel an objektivierbaren Befunden, der im Gegensatz zur Symptomenvielfalt steht. Meist sind die Patientinnen wiederholt komplett durchuntersucht worden, ohne daß ein pathologischer Befund erhoben wurde. Der einzig objektivierbare Befund besteht in einer Anzahl von druckschmerzhaften Körperpunkten („tender points"), die man bei Kenntnis der Lokalisation gezielt aufsuchen kann. Die Existenz dieser „tender points" ist den Patientinnen vor der Untersuchung in der Regel nicht bewußt gewesen.

Nach der ACR-Klassifikation von 1990 (American College of Rheumatolgy) müssen zur Diagnosesicherung folgende Kriterien erfüllt sein:

- generalisierter Schmerz von mindestens 3 Monaten Dauer, wobei der Schmerz als generalisiert gilt, wenn er gleichzeitig an der linken und rechten Körperhälfte, oberhalb und unterhalb der Taille und am Achsenskelett (HWS- oder Sternum-, BWS- oder LWS-Bereich) besteht,
- Schmerzen bei digitaler Palpation (mit ca. 4 kp) an mindestens 11 von 18 „tender points" (Hinterhaupt, untere HWS, Trapeziusrand, Supraspinatusregion, 2. Rippe, laterale Epikondylen, Glutäalbereich, Trochanter-major-Bereich und medialer Kniebereich - jeweils bilateral).

Th und Prgn: Eine symptomatische Therapie mit nichtsteroidalen Antirheumatika und physikalischen Maßnahmen lindert nur vorübergehend. Die Gabe von (serotoninergem) Amitriptylin zur Nacht in niedriger Dosierung (10–25 mg) verhilft zu einem ungestörten Schlaf und basiert auf der Hypothese, daß erhöhte Schmerzwahrnehmung und gestörtes Schlafmuster mit einem verminderten Serotoningehalt im Gehirn zusammenhängen. Darüber hinaus sind stationäre Rehabilitationsmaßnahmen mit Schwergewicht auf Bewegungstherapie indiziert. Darunter verschwinden die Beschwerden häufig schnell. Das Syndrom hat eine große sozialmedizinische Bedeutung (hohe Arbeitsunfähigkeitszeiten-Quote, Frührente). Die Prognose der Fibromyalgie quoad vitam ist gut, die Rezidivquote aber hoch.

Fingerknöchelpolster (Garrod's pads, „knuckle pads")

Weichteilverdickungen über den Streckseiten der proximalen Interphalangealgelenke. Häufiger Nebenbefund ohne Krankheitswert, der oft als chronische Polyarthritis (s. d.) fehlinterpretiert wird.

Granuloma anulare

Meist bei Kindern auftretende derbe Hautknötchen (Pseudorheumaknoten) auf Finger- oder Handrücken ohne Krankheitswert. Es besteht kein Zusammenhang mit einer rheumatischen Erkrankung. Die Kinder sind in der Regel in einem guten Gesundheitszustand.

Heberden-Arthrose

Nicht mehr gebräuchliche Bezeichnung für die Polyarthrose (s. d.) der distalen Interphalangealgelenke der Finger.

HLA-B27 (Histokompatibilitätsantigen B27)

Das HLA-B27 ist eines unter zahlreichen immungenetischen Merkmalen im HLA-System (Human-leucocyte-antigen-System). Man findet es bei 6–8% der gesunden Bevölkerung.

Jeder Mensch besitzt neben Blutgruppenmerkmalen auch spezifische Merkmale im HLA-System. Das HLA-System spielt vermutlich eine zentrale Rolle in der Immunregulation. Viele Krankheiten sind inzwischen bekannt, die mit einer Häufung bestimmter HLA-Antigene einhergehen.

Das HLA-B27 ist in hohem Maße mit der Spondylitis ankylosans (90–95%) (s. d.), dem Reiter-Syndrom (80–90%) (s. d.) und mit reaktiven Arthritiden (s. d.) assoziiert. Auch bei Patienten mit chronisch entzündlichen Darmerkrankungen (z. B. Morbus Crohn) und Begleitarthritiden kann es gehäuft vorkommen. Der Nachweis des HLA-B27-Merkmals ist nicht gleichbedeutend mit einer Diagnose. Es ist kein „pathologischer Befund", sondern sagt allenfalls etwas über die immungenetische Disposition des Patienten aus.

Jaccoud-Deformität (Jaccoud-Arthropathie)

Fehlstellung der Fingergelenke mit Achsenabweichung ähnlich der ulnaren Deviation bei chronischer Polyarthritis. Die Fehlstellungen sind aber nicht durch Gelenkzerstörung, sondern durch Kontrakturen von Bändern, Kapseln und Sehnen bedingt. Vorkommen beim systemischen Lupus erythematodes und rheumatischen Fieber (sehr selten). Es bestehen keine Gemeinsamkeiten mit der cP. Die Jaccoud-Deformität ist aber wegen des klinischen Befundes eine Differentialdiagnose zur cP. Die Prognose in bezug auf die Gelenkfunktion ist gut.

Juvenile chronische Arthritis (JCA)

Def: Die Bezeichnung juvenile chronische Arthritis ist ein Sammelbegriff für chronische Arthritiden im Kindesalter bis zum 16. Lebensjahr.

Sy: Nach der Art des Krankheitsbeginns kann die JCA in 3 Typen unterteilt werden:

- Still-Syndrom (20%) mit systemischem Beginn, hohem Fieber, flüchtigem Exanthem (makulopapulös), Lymphadenopathie und Splenomegalie. Die systemischen Zeichen sind meist selbstlimitierend. Eine Arthritis manifestiert sich erst Wochen oder Monate später. Der Übergang in eine chronische Verlaufsform mit Polyarthritis kommt in 35% der Fälle vor.
- Polyarthritischer Beginn (40%) ohne systemische Zeichen. Mindestens 5, in der Regel große Gelenke müssen für die Diagnose betroffen sein. Charakteristisch sind Wachstumsverzögerung, Beteiligung der Kiefergelenke (Hypognathie), der Halswirbel (C2–C3) und der Mittelhandknochen. Kinder mit positiven Rheumafaktoren (15%) haben einen besonders schweren Krankheitsverlauf.
- Mono- bzw. oligoarthritischer Beginn (40%) mit unterschiedlichem Verlauf und Organbefall (Uveitis). Meist ist der Krankheitsbeginn in der frühen Kindheit (< 6 Jahren). Der Übergang in eine Spondylitis ankylosans ist möglich.

Th: Die Therapie ist wegen der unklaren Ätiologie schwierig und gehört in die Hand des Spezialisten. Sowohl nichtsteroidale Antirheumatika als auch sog. Basistherapeutika (z. B. Gold) werden eingesetzt. Viele Kinder mit JCA werden jenseits der Pubertät beschwerdefrei.

Karpaltunnelsyndrom

Ät: Durch Irritation des N. medianus im Bereich des Handgelenks (Karpaltunnel) hervorgerufenes Nervenkompressionssyndrom. Es tritt häufig im Verlauf der chronischen Polyarthritis und anderer entzündlicher rheumatischer Erkrankungen auf. Aber auch durch Tenosynovitis, Traumen oder Arthrosen im Bereich der Handgelenke und im Verlauf von Systemerkrankungen wie Diabetes mellitus, Sarkoidose, Amyloidose kann es entstehen. Postmenopausal oder in der Schwangerschaft findet man es oft beidseitig.

Sy: Klinisch bestehen anfangs Sensibilitätsausfälle, Brennen und nächtliche Schmerzen in den ersten dreieinhalb Fingern (Versorgungsgebiet des N. medianus). Bei anhaltender Schädigung kommt es zur Daumenballenatrophie.

Th: Zur Vermeidung von Dauerschäden (z. B. Daumenballenatrophie) sollte bald operativ vorgegangen werden, da eine konservative Therapie (z. B. nichtsteroidale Antirheumatika, Cortisoninjektionen) oft nur kurzfristig und symptomatisch hilft.

Kollagenose

Oberbegriff für entzündliche Systemerkrankungen des Binde- und Stützgewebes. Klassische Vertreter der Kollagenosen sind z. B. systemischer Lupus erythematodes (SLE), Dermatomyositis, Sklerodermie und das Sharp-Syndrom (s. Mischkollagenosen).

Löfgren-Syndrom

Sy: Als Löfgren-Syndrom bezeichnet man die akute Manifestation einer Sarkoidose mit der Trias akute Arthritis, Erythema nodosum (s. d.) und bilaterale Vergrößerung der Hiluslymphknoten. Die flüchtige Arthritis betrifft in der Regel die großen Gelenke der unteren Extremität.

Prgn: Sowohl die Arthritis als auch die Sarkoidose haben bei dieser Form der Erstmanifestation eine gute Prognose. Meist kommt es nach ein paar Wochen zu einer Spontanheilung.

Lupus erythematodes (systemischer Lupus erythematodes)

VK, Ät und Pathog: Der systemische Lupus erythematodes (SLE) ist eine chronisch entzündliche Systemerkrankung mit Störungen der Immunregulation. Vermutlich sind genetische, hormonelle und umweltbedingte Einflüsse verantwortlich. Typischerweise sind Frauen (90%) zwischen dem 20. und 40. Lebensjahr betroffen. Erstmanifestationsalter, klinisches Bild und Laborbefunde können jedoch individuell stark variieren.

Sy: Frühsymptome sind Arthralgien, Fieber, Müdigkeit, Gewichtsabnahme, Raynaud-Phänomen und Sonnenlichtempfindlichkeit der Haut. Das klassische Schmetterlingserythem im Gesicht ist nur selten im Initialstadium zu finden. Die Krankheit verläuft in Schüben mit teils hohem Fieber. Danach folgen längere Remissionsphasen. Oft ist ein Schub differentialdiagnostisch nur schwer von einer bakteriellen Infektion zu unterscheiden. Eine klare Abgrenzung davon ist aber dringend notwendig, da das therapeutische Vorgehen unterschiedlich ist. Schubauslösend können z. B. Sonnenstrahlen und „Stress" wirken.

Die Haut ist ein charakteristisches Zielorgan beim SLE (80%). Neben dem klassischen Schmetterlingserythem im Gesicht finden sich eine Vielzahl anderer erythematöser und makulopapulöser Veränderungen. Auch Haarausfall und vaskulitische Veränderungen, insbesondere an den Akren (Raynaud-Phänomen), kennzeichnen den Hautbefund.

Gelenk- und Muskelbeteiligung sind in über 90% vorhanden. Anfangs bestehen manchmal nur Arthralgien. Aber schon früh im Krankheitsverlauf kann das klinische Bild dem der chronischen Polyarthritis (s. d.) ähneln. Die Fingergrund- und Mittelgelenke beider Hände sind bevorzugt betroffen. Es kommt aber zu keinen nennenswerten Gelenkdestruktionen (wichtiges Unterscheidungsmerkmal). Das chronisch entzündliche Geschehen in artikulären und periartikulären Strukturen kann jedoch auch ohne Gelenkdestruktionen zu Subluxationen und Fehlstellungen der Finger führen (s. Jaccoud-Deformität), die der ulnaren Deviation bei chronischer Polyarthritis täuschend ähnlich sehen. Darüber hinaus klagen die Patienten über diffuse Myalgien.

Die Perikarditis ist die häufigste kardiale Manifestation des SLE am Herzen (30%). Aber auch der Herzmuskel (Myokarditis) und das Endokard (Libman-Sacks-Endokarditis) können beteiligt sein. Babys von Müttern mit SLE kommen nicht selten mit angeborenem AV-Block zur Welt.

Bei der Hälfte der Patienten ist die Niere in Form einer Glomerulonephritis beteiligt. Diese kann histologisch in verschiedene Formen mit unterschiedlicher Prognose unterteilt werden. Leitsymptom der Nierenbeteiligung ist die Proteinurie. In der Vorära von Hämodialyse und Transplantation war die chronische Niereninsuffizienz die Haupttodesursache bei SLE.

In etwa 50% treten Pleuritiden und andere Lungenveränderungen auf. Gleich häufig kommt es zu generalisierter Lymphadenitis und Splenomegalie. Seltener ist der Intestinaltrakt befallen (abdominelle Krämpfe, Ulzera am harten Gaumen oder an der Wangenschleimhaut).

Bei Befall des ZNS kann es zu neurologischen Ausfällen (Mononeuritis multiplex), aber auch zu psychotischen Veränderungen kommen.

Weitere häufige Symptome bei SLE sind Anämie, Leukozytopenie, Thrombozytopenie und das Sjögren-Syndrom (s. d.).

Dg: Zur Diagnose eines SLE müssen 4 der 11 ARA-Kriterien (American Rheumatism Association) gleichzeitig oder nacheinander erfüllt sein:

1. Schmetterlingserythem,
2. diskoides Erythem,
3. Photosensibilität,
4. Ulzera der Mundschleimhaut,
5. Arthritis,
6. Serositis,
7. Nierenbeteiligung,
8. ZNS-Beteiligung,
9. hämatologische Veränderungen,
10. immunologische Befunde,
11. antinukleäre Antikörper.

Ein SLE-typischer Laborbefund ist der Nachweis hochtitriger antinukleärer Antikörper (ANA) mit spezifischem „Muster" im Immunfluoreszenztest. Der Nachweis des SM-Antikörpers und von Antikörpern gegen Doppelstrang-DNA gilt als Beweis, aber nicht als Voraussetzung für die Diagnose. Weitere immunologische Untersuchungsmethoden sind das LE-Zellphänomen und der Lupusbandtest (Immunfluoreszenznachweis von Komplementfaktoren im Hautbiopsiepräparat). Im Schub sind im Serum die Komplementfaktoren C3 und C4 erniedrigt. In 40% der Fälle können Rheumafaktoren nachgewiesen werden. Darüber hinaus gibt es viele andere immunpathologische Phänomene wie z. B. eine falsch positive Luesserologie. Über die immunologischen Befunde hinaus bestehen oft eine normochrome (40%) oder hämolytische Anämie sowie Leuko- und Thrombozytopenie. Im Schub können eine BSG-Beschleunigung und eine Ver-

mehrung der Akute-Phase-Proteine auftreten.
Die Interpretation der immunologischen Befunde ist schwierig, da Autoantikörper sowohl bei vielen anderen Erkrankungen als auch mit zunehmendem Alter bei gesunden Menschen auftreten können. Sie sollten im Kontext mit der Klinik und durch einen Fachmann interpretiert werden.

Th: Eine kausale Therapie gibt es nicht. Die Gefahr der Übertherapie ist groß. Auf keinen Fall dürfen pathologische Laborwerte „behandelt" werden. Die Behandlung muß sich in erster Linie nach dem klinischen Zustand des Patienten und nach der Krankheitsaktivität richten. So reichen in manchen Fällen nichtsteroidale Antirheumatika gegen Fieber oder Gelenkschmerzen aus. Bei größerer Krankheitsaktivität kommen Chloroquin und niedrige Dosen von Glucocorticoiden zum Einsatz. Die Schubbehandlung erfolgt mit hochdosierten Glucocorticoiden und/oder Immunsuppressiva (Azathioprin, Cyclophosphamid usw.). Bei bakteriellen Infektionen, die klinisch einem Schub gleichen können, müssen Antibiotika gegeben werden. Die Indikationsstellung und Dosierung der erwähnten Medikamente gehören in die Hand des Fachmanns. Die Überwachung der medikamentösen Therapie durch den Hausarzt erfordert regelmäßige Laborkontrollen zur Früherkennung von Nebenwirkungen.
Auch die Plasmapherese zur Elimination zirkulierender Antikörper ist ein bewährtes therapeutisches Prinzip.
Einen Patienten mit SLE betreuen heißt, ihn beratend durch sein Leben zu begleiten, denn die Erkrankung ist bis heute nicht heilbar. Die Prognose hängt in der Hauptsache vom Ausmaß der Organbeteiligung ab.

Sonderform: Pseudolupus-erythematodes-Syndrom: Dabei handelt es sich um eine arzneimittelinduzierte Erkrankung, die sowohl mit den Symptomen eines systemischen Lupus erythematodes als auch mit Autoantikörperproduktion verläuft. Eine Reihe von Medikamenten kann dieses Syndrom hervorrufen, z. B. Procainamid, Hydralazin, Isoniazid usw. Nach Absetzen der Medikamente verschwinden die Symptome in der Regel schnell wieder.

Lyme-Arthritis (Borrelienarthritis)

Def: Arthritis im Rahmen der Lyme-Krankheit durch Infektion mit Borrelia burgdorferi.

Ät und Sy: Die Lyme-Krankheit ist eine systemische Erkrankung mit bevorzugter Beteiligung der Haut (Acrodermatitis chronica atrophicans), des Nervensystems (Meningopolyneuritis, Enzephalitis) und der großen Gelenke (Mono-Oligoarthritis). Sie wird durch den Biß einer mit Borrelien infizierten Zecke (Holzbock) ausgelöst. Die Mehrzahl der Patienten kann sich an den Zeckenbiß nicht mehr erinnern, wenn sich nach einer Inkubationszeit von mehreren Tagen bis Wochen ein Erythema chronicum migrans (Leitsymptom) an der Bißstelle ausbreitet und unspezifische Krankheitssymptome wie Abgeschlagenheit, Fieber, Arthralgien usw. bestehen (Stadium I). Meistens kommt es jedoch durch hämatogene Streuung zu generalisiertem Hautausschlag, Fieber, Schüttelfrost, Abgeschlagenheit, Kopfschmerzen, Nackensteife, Lymphknotenschwellungen sowie Muskel- und Gelenkschmerzen. Da diese Symptome nicht gleichzeitig auftreten und auch ohne Behandlung innerhalb von Wochen sistieren, werden sie oft als „grippaler Infekt" fehlgedeutet. Im Stadium II kommt es erst Wochen bis Monate später zu neurologischen Symptomen mit brennenden radikulären Schmerzen (besonders nachts), kardialen Störungen durch Myokarditis oder Perikarditis und zur Arthritis.
Die Lyme-Arthritis hat einen akuten Beginn und nimmt einen phasenhaften Verlauf, meist als Monoarthritis des Kniegelenks. Es können monatelange Remissionsphasen bestehen. Das Gelenk ist in der Regel nur mäßig entzündet, wenig schmerzhaft, aber stark geschwollen. Oft besteht eine Baker-Zyste (s. d.). Auch der Übergang in ein chronisches Stadium ist möglich (Stadium III).

Dg: Die Diagnose gilt nur dann als gesichert, wenn anamnestisch ein Zeckenbiß, ein Erythema chronicum migrans oder eine Meningopolyneuropathie erfragt werden kann. Serologisch ist der Nachweis spezifischer Antikörper gegen Borrelia burgdorferi möglich. Ein positiver AK-Test allein ist jedoch kein Beweis für eine Lyme-Arthritis (hohe Durchseuchungsrate). Spezifische Röntgenbefunde gibt es nicht.

Th und Prgn: In der Frühphase kann die Ausbreitung der Borreliose durch Gabe von Antibiotika verhindert werden. Tetracyclin, Erythromycin und Penicillin sind die Antibiotika der Wahl. Auch im Spätstadium muß antibiotisch behandelt werden. Dann reichen p.o. Penicillingaben nicht mehr aus (hohe Penicillingaben i.v.). Die mittelfristige Prognose ist gut; für die Beurteilung der Langzeitprognose reichen die Erfahrungen mit der Lyme-Arthritis noch nicht aus.

Mischkollagenosen (Overlap-Syndrome)

Unter dem Begriff Mischkollagenosen subsumiert man Bindegewebserkrankungen, die klinisch und laborchemisch spezifische Elemente von anderen entzündlichen rheumatischen Erkrankungen und Kollagenosen besitzen.
Am häufigsten sind Überlappungen mit der chronischen Polyarthritis, dem systemischen Lupus erythematodes, der Sklerodermie und dem Sjögren-Syndrom. Besonders in der Frühphase von entzündlichen rheumatischen Erkrankungen bestehen nicht selten vieldeutige Symptome und Laborveränderungen, die keine sichere Diagnose zulassen und einer Verlaufsbeobachtung über Jahre bedürfen. Viele dieser Mischkollagenosen können erst später eindeutig klassifiziert werden.
Als eigenständige Krankheit wird von manchen Rheumatologen das Sharp-Syndrom gesehen. Es ist klinisch durch ein Raynaud-Phänomen, Arthritis, diffuse Schwellungen von Händen und Füßen, Muskelschmerzen, Fieber und Antikörper gegen extrahierbare nukleäre Antigene (ENA) gekennzeichnet. Meistens geht das Sharp-Syndrom jedoch nach Jahren in einen SLE oder eine Sklerodermie über.

Osteoarthropathie, hypertrophische (Pachydermoperiostose)

Sy: Syndrom mit Ausbildung von Trommelschlegelfingern und Uhrglasnägeln sowie röntgenologisch nachweisbaren periostalen Proliferationen der Röhrenknochen. Klinisch können Gelenkergüsse und schmerzhafte Schwellungen des periostalen Gewebes auftreten. Die hypertrophische Osteoarthropathie findet man bevorzugt bei Neoplasien und chronisch eitrigen Prozessen (Bronchiektasen) der Lunge.

DD: Ist das Syndrom erkannt, muß ein Malignom ausgeschlossen werden. Fehldiagnose: chronische Polyarthritis.

Palindromer Rheumatismus

Def: Der palindrome Rheumatismus ist definiert als wiederkehrende Arthritis eines oder mehrerer Gelenke mit symptomfreien Intervallen und Restitutio ad Integrum.

Sy: Die Beschwerden beginnen akut mit Schmerzen, Schwellungen, Rötung und Überwärmung der betroffenen Gelenke. Typischerweise verschwinden sowohl die Beschwerden als auch die lokalen Arthritiszeichen innerhalb weniger Stunden bis Tage spontan. Die Gelenke bleiben schadlos. Es folgt ein symptomfreies Intervall von Wochen bis Monaten Dauer. Die Patienten laufen Gefahr, als Simulanten verkannt zu werden, da beim Arztbesuch oft kein pathologischer Befund mehr erhoben werden kann.

Th: Eine Behandlung erübrigt sich in der Regel oder wird im akuten Stadium rein symptomatisch mit nichtsteroidalen Antirheumatika und physikalischen Maßnahmen (Kälte) durchgeführt.

Prgn: Die Prognose ist unterschiedlich. Bei 10% der Patienten tritt eine Spontanremission ein. In 30 bis 40% der Fälle entwickelt sich im Laufe von Jahren eine chronische Polyarthritis. Die Mehrzahl der Patienten erleidet auf Dauer wiederholte Attacken, ohne jedoch einen Schaden zu nehmen.

Panarteriitis nodosa (Poly- oder Periarteriitis)

Sy: Die Panarteriitis nodosa ist eine seltene Erkrankung der mittleren und kleinen Arterien von Erwachsenen. Sie ist die klassische Form einer sog. nekrotisierenden Vaskulitis. Die Ätiologie ist ungeklärt. Die Arteriitis tritt häufig in Verbindung mit anderen Erkrankungen auf (chronische Polyarthritis, Sjögren-Syndrom, Hepatitis B, Haarzellenleukämie u. a.). Am häufigsten werden Haut (Nekrosen, Ulzera), Gelenke (Arthralgie, flüchtige Arthritiden), peripheres Nervensystem (Mononeuritis simplex), Gastrointestinaltrakt (Koliken, Blutungen) und Nieren (Glomerulonephritis) befallen. Die Krankheit kann mild, aber auch fulminant verlaufen. Neben organspezifischen Symptomen besteht ein allgemeines Krankheitsgefühl mit Mattigkeit, Fieber und Gewichtsverlust.

Dg: Die Diagnose muß histologisch gestellt werden. Die meisten Laborveränderungen sind unspezifisch. Wird der Befall des Gastrointestinaltraktes vermutet, dann ist die Angiographie der Mesenterialgefäße indiziert.

Th und Prgn: Die Behandlung erfolgt mit Glucocorticoiden und Cyclophosphamid. Unter dieser Therapie leben nach 5 Jahren noch etwa 50–60% der Patienten. Bei Beteiligung von Nieren und Gastrointestinaltrakt ist die Prognose am schlechtesten.

Pannikulitissyndrom

Fettgewebsentzündung, die im Rahmen von systemischen rheumatischen Erkrankungen (z. B. SLE), idiopathisch und symptomatisch (bei Neoplasien, chronischer Pankreatitis usw.) vorkommt. Als Lokalbefund findet man bevorzugt an den Beinen tiefsitzende, mit der Haut verbackene und sehr schmerzhafte Knoten. Eine Variante der Pannikulitis ist die Pfeifer-Weber-Christian-Erkrankung, bei der allgemeine Krankheitssymptome und Laborveränderungen bestehen. Diese Form kommt besonders häufig in Verbindung mit einer chronischen Pankreatitis vor.

Periarthropathie

Def: Unter der Bezeichnung Periarthropathie werden Schmerzzustände in den periartikulären Weichteilen (Bursen, Ligamente, Muskeln und Sehnen) verstanden.

Ät: Die auslösenden Faktoren können mechanisch, traumatisch, infektiös oder toxisch sein.

Sy: Die Patienten klagen über diffuse periartikuläre Schmerzen im Bereich des betroffenen Gelenks und Ausstrahlung der Schmerzen entlang der Sehnen. Die Beschwerden werden meist durch Bewegung, Kälte, Zug und Druck verstärkt. Die Sehnenansatzpunkte und andere Strukturen des periartikulären Gewebes sind druckschmerzhaft. Die Beweglichkeit des betroffenen Gelenks ist eingeschränkt. Durch die Schonhaltung kommt es schnell zu Verhärtungen von Muskeln (Myogelosen) und Schrumpfungsprozessen in Bändern und Sehnen (Kontrakturen). Die Folge ist eine weitere Abnahme der Beweglichkeit. Im Prinzip kann eine Periarthropathie in jedem Gelenk auftreten. In der Praxis hat die Periarthropathie des Schultergelenks (Periarthropathia humeroscapularis) die größte Bedeutung.

Dg: Röntgenologisch findet man oft periostale Reaktionen und Verkalkungsstrukturen entlang der Sehnen.

Th und Prgn: Schmerzstillung mit nichtsteroidalen Antirheumatika zur Verhinderung einer Schonhaltung sowie Krankengymnastik und physikalische Maßnahmen (Wärme-, Elektro-, Mikrowellentherapie) sind die Methoden der Wahl bei der Behandlung der Periarthropathien. Bei konsequenter krankengymnastischer Behandlung haben sie eine gute Prognose. Die Rezidivquote ist aber sehr hoch.

Polyarthritis, chronische (rheumatoide Arthritis)

Def: Die chronische Polyarthritis (cP) ist eine systemische Autoimmunerkrankung mit Hauptmanifestation an den synovialen Gelenken. Darüber hinaus sind verschiedene andere Organsysteme beteiligt.

VK: Die Prävalenz wird auf 1% geschätzt. Frauen sind 3mal so oft betroffen wie Männer. Das Hauptmanifestationsalter liegt zwischen dem 20. und 50. Lebensjahr.

Ät und Pathog: Die Ätiologie der cP ist noch ungeklärt. Möglicherweise ist die Erkrankung eine genetisch determinierte Immunreaktion gegen ein noch unbekanntes „Agens". Obwohl Autoantikörper (Rheumafaktoren) zum Krankheitsprozeß beitragen können, scheinen sie nicht die primäre Ursache zu sein. Der chronische Entzündungsprozeß führt im Zusammenwirken mit den reaktiv wuchernden Synovialzellen schubweise zur Gelenkdestruktion.

Sy: Die Krankheit verläuft chronisch-progredient und führt über Exazerbation und Remission zu charakteristischen Gelenkdeformitäten und Funktionsausfällen. Die Patienten unterscheiden sich in hohem Maße in den klinischen Befunden, im Ausmaß der knöchernen Destruktionen, in ihrem Ansprechen auf eine Therapie und in ihrer Langzeitprognose. Die Lebenserwartung kann krankheitsbedingt vermindert sein.

Die Erkrankung beginnt typischerweise schleichend und bilateral symmetrisch an den Händen. Befallen werden anfangs vorzugsweise die Fingergrund- und Mittelgelenke beider Hände, die durch die Erkrankung spindelförmig aufgetrieben erscheinen. Auch die kleinen Gelenke der Füße sind schon früh betroffen. In einem Drittel der Fälle beginnt die chronische Polyarthritis atypisch, d. h. mono- oder oligoartikulär und in 1% nur mit systemischen Zeichen.

Die Patienten klagen über Schmerzen, Kraftlosigkeit und Morgensteifigkeit in den Händen. Daneben zeigen sich Allgemeinsymptome wie Mattigkeit, Gewichtsverlust und subfebrile Temperaturen. Dadurch wird oft der Beginn einer anderen internistischen Erkrankung vorgetäuscht. Man tastet eine teigige schmerzhafte Schwellung der Gelenkkapsel (Synovialitis). Die Haut über den Gelenken kann überwärmt sein. Der Kraftverlust in den Händen ist ein gutes klinisches Maß für die Krankheitsaktivität. Ein Fünftel der Patienten kommt nach einem einmaligen Arthritisschub in eine Spontanremission.

Schreitet die Erkrankung jedoch fort, so führen Knorpeldestruktion und Kapselschrumpfung zu Deformierungen der Gelenke (ulnare Deviation, Schwanenhals, Knopflochdeformität). Im Spätstadium kann auch die Halswirbelsäule betroffen sein (atlantoaxiale Dislokation), mit Gefahr der Querschnittslähmung. Bei schwerem Krankheitsverlauf können Rheumaknoten in der Haut (Streckseiten der Gelenke), aber auch in Organen wie Herz und Lunge entstehen. Ausdruck weiterer Organbeteiligungen sind u. a. Skleritis, Keratokonjunktivitis, Polyneuritis, Vaskulitis, Pleuritis, Anämie und Thrombozytose. Die Kombination mit einem Sjögren-Syndrom (s. d.) ist häufig (25%).

Sonderformen: Die „adulte Form" des Still-Syndroms (s. d.) ist eine seltene Variante der cP bei jüngeren Erwachsenen, die durch akuten Beginn mit hohem Fieber, lachsfarbenen Hautausschlag und Polyarthritis gekennzeichnet ist. Rheumafaktoren im Serum lassen sich nicht nachweisen. Es besteht eine Leukozytose. Häufig sind die Handwurzelknochen mitbetroffen, die duch den entzündlichen Prozeß zu einem einzigen Knochen (Os carpale) zusammenschmelzen können.

Als Felty-Syndrom wird eine Verlaufsform der cP bezeichnet, die mit Splenomegalie, Lymphadenopathie, Anämie, Thrombozytopenie und selektiver Leukozytopenie der neutrophilen Granulozyten einhergeht. Meist sind junge Menschen betroffen. Neben einer hochaktiven Arthritis bestehen ausgeprägte Krankheitszeichen wie Fieber, Abgeschlagenheit und Gewichtsverlust. Als Komplikation sind Infektionen mit grampositiven Erregern gefürchtet.

Die Pfropf-cP ist eine Mischform aus cP und Polyarthrose. Sie betrifft überwiegend ältere Menschen. Meist besteht schon seit vielen Jahren eine Polyarthrose (s. d.) der Fingergelenke, bevor sich die Arthritis „aufpfropft". Die Arthrose kann diagnostisch fehlleiten und somit den Beginn einer notwendigen Basistherapie verzögern.

Bei der Alters-cP (15%) liegt definitionsgemäß der Krankheitsbeginn jenseits des 60. Lebensjahres. Weitere Unterschiede zur gewöhnlichen cP sind ein meist akuter Beginn, oligoartikuläres Befallsmuster, ausgeprägte Allgemeinsymptomatik mit starken Entzündungszeichen und oft ein schnell progredienter Verlauf mit schlechter Prognose.

Dg: Die Diagnose wird ausschließlich klinisch gestellt und ist oft erst nach längerer Verlaufsbeobachtung möglich. Sie gilt als gesichert, wenn 7 der 11 Diagnosekriterien der American Rheumatism Association erfüllt sind (ARA-Kriterien). Die Symptome 1–5 müssen mindestens 6 Wochen kontinuierlich bestehen:

1. Morgensteifigkeit,
2. Bewegungs- oder Druckschmerz in mindestens einem Gelenk,
3. Weichteilschwellung oder Erguß in mindestens einem Gelenk (ärztlich festgestellt),
4. Schwellung in mindestens einem weiteren Gelenk (freies Intervall maximal 3 Monate),
5. bilateral symmetrische Gelenkschwellung,
6. Rheumaknoten,
7. typische Röntgenveränderungen,
8. Rheumafaktoren positiv,
9. Muzinpräzipitattest positiv,
10. typische histologische Veränderungen der Synovialmembran,
11. histologisch typische Rheumaknoten.

Daneben findet man im Labor eine mäßige normochrome Anämie, erniedrigtes Serumeisen, erhöhtes Serumkupfer, beschleunigte BSG, Vermehrung der Akute-Phase-Proteine und bei gesicherter Diagnose Rheumafaktoren im Serum, deren Titerhöhe mit dem Schweregrad der Erkrankung korreliert. Bei der serologischen Untersuchung auf Rheumafaktoren mit dem Latex- oder Waaler-Rose-Test sind Titerangaben zwingend, da Rheumafaktoren in geringen Mengen sowohl bei anderen Erkrankungen als auch mit zunehmendem Alter auftreten können!

Radiologische Frühsymptome sind gelenknahe Osteoporose und Weichteilschwellung im Bereich der betroffenen Gelenke. Röntgenmerkmal ist die Erosion der Gelenkkonturen, die zur Ausbildung von Usuren führt. Ferner schwindet der Gelenkspalt, und es kommt zu Gelenkdestruktionen und Fehlstellungen. Bei Verdacht auf eine cP sollten immer von beiden Händen und Füßen Röntgenaufnahmen angefertigt werden.

Th: Die Erkrankung ist bis heute nicht heilbar. Durch die Therapie sollen Schmerzstillung, Entzündungshemmung und Erhalt der Muskel- und Gelenkfunktion erreicht werden. Die Wahl der Medikamente richtet sich vor allem nach der Krankheitsaktivität. In mild verlaufenden Fällen reicht die Gabe nichtsteroidaler Antirheumatika aus. Diese haben keinen Einfluß auf den Verlauf der

Erkrankung und können eine Gelenkdestruktion nicht verhindern. Auch pathologische Laborparameter bleiben unverändert. Ihre Wirkungen und Nebenwirkungen sind von Patient zu Patient unterschiedlich, so daß auch ein rheumatologisch erfahrener Arzt verschiedene Präparate „ausprobieren“ muß. Obwohl diese modernen Mittel in der Regel gut verträglich sind, sollte ihre Indikation regelmäßig überdacht werden, da insbesondere bei älteren Menschen bei Langzeiteinnahme gravierende Nebenwirkungen auftreten können. Der Einsatz von Substanzen mit langer Plasmahalbwertszeit kann u. U. problematisch werden.
Bei großer Krankheitsaktivität und drohender Gelenkdestruktion kommen sog. Basistherapeutika (s. d.) zum Einsatz. Diese sollen eine Krankheitsremission bewirken oder die Progression der Erkrankung verlangsamen. Sie müssen daher vor einer Gelenkzerstörung angewandt werden. Ihre Nebenwirkungsrate ist hoch (ca. 40%). Ein Wirkungseintritt ist frühestens nach 6–12 Wochen zu erwarten. Zu den Basistherapeutika gehören u. a.: Chloroquin, orales (Auranofin) und intramuskuläres (Aurothioglucose) Gold, D-Penicillamin, Sulfasalazin und Methotrexat. Nicht selten kommt es zum Therapieabbruch, oder es wird zu „neuen“ Mitteln gewechselt, weil unter den „alten“ keine befriedigende Wirkung eingetreten ist, die Wirkung nachgelassen hat oder Nebenwirkungen aufgetreten sind. Bei Schüben dürfen Corticosteroide gegeben werden. Im allgemeinen sind kleine bis mittelgroße Steroiddosen (≤ 15 mg Prednisolon/Tag) ausreichend.
Neben einer medikamentösen Therapie sind regelmäßig Krankengymnastik sowie ergotherapeutische und balneophysikalische Behandlungen notwendig. Durch sie können Funktionseinschränkungen gemindert und Medikamente eingespart werden. Auch orthopädische Maßnahmen, wie Anpassung von Schienen oder Gelenkersatz, können notwendig werden. Bei Therapieresistenz ist Synovektomie oder Radiosynoviorthese der entzündeten Gelenke angezeigt.
Einfühlsame ärztliche Aufklärung und Betreuung des Patienten und seiner Familie sowie Ermutigung und Motivation haben bei dieser Erkrankung einen besonders hohen Stellenwert, denn die Behandlung der cP ist in der Regel ein Leben lang notwendig.

Polyarthrose (Fingerpolyarthrose)

Def: Sammelbezeichnung für Arthrosen der Fingergelenke (Heberden-Bouchard-Arthrose).

Vk und Sy: Häufige, meist im Alter vorkommende Arthrose der distalen und/oder proximalen Interphalangealgelenke beider Hände mit Ausbildung von dorsolateralen knöchernen Höckern (Heberden- bzw. Bouchard-Knoten). Die Beteiligung der Daumengrundgelenke (Rhizarthrose) kann zu einer starken Behinderung des Greifmechanismus führen. Der Krankheitsverlauf ist schleichend, mit anfangs nur geringen Schmerzen, Steifigkeit und Kälteempfindlichkeit. In schweren Fällen entstehen Gelenkdestruktionen mit Deformierungen, die klinisch der mutilierenden Form einer Psoriasisarthritis oder einer chronischen Polyarthritis ähneln.

Th: Die Therapie ist rein symptomatisch mit nichtsteroidalen Antirheumatika und physikalischen Methoden (Wärme).

Polymyalgia rheumatica (Arteriitis temporalis), Riesenzellarteriitis

Def und Ät: Die Polymyalgia rheumatica ist vermutlich eine Variante der Riesenzellarteriitis. Ihre Ätiologie ist noch ungeklärt.

Vk: Sie ist eine ausgesprochene Alterskrankheit. Das Erkrankungsalter liegt über dem 50. Lebensjahr mit einem Häufigkeitsgipfel zwischen dem 6. und 8. Lebensjahrzehnt. Frauen sind doppelt so häufig betroffen wie Männer.

Sy: Die Patienten erkranken charakteristischerweise akut und aus voller Gesundheit. Sie klagen über heftige stammnahe Muskelschmerzen, die, vom Nacken kommend, über beide Schultern und Oberarme bis zu den Ellenbogen ausstrahlen. Gleichzeitig bestehen Schmerzen, die vom Kreuz über die Hüften bis zu den Knien ziehen. Die Bewegung der betroffenen Muskelpartien ist passiv schmerzfrei, aktiv jedoch nur unter starken Schmerzen möglich. Schmerzen und Steifigkeit nach Ruhephasen (morgens) sind wichtige diagnostische Merkmale. Die Mehrzahl der Patienten hat darüber hinaus synovitische Reaktionen und Ergüsse in einem oder mehreren proximalen Gelenken. Es bestehen Allgemeinsymptome wie bei einer konsumierenden Erkrankung mit Mattigkeit, Appetitlosigkeit, Gewichtsverlust, Kopfschmerzen und subfebrilen Temperaturen.

Dg: Ein wichtiges diagnostisches Zeichen ist eine stark beschleunigte BSG (50–100 mm nach Westergren in der ersten Stunde).

Darüber hinaus bestehen eine Erhöhung der α_1- und α_2-Globuline, Anämie, erniedrigtes Serumeisen und erhöhtes Serumkupfer. Manchmal kann als Ausdruck der Arteriitis eine verhärtete, pulslose und druckdolente Temporalarterie getastet werden. Aber auch bei negativem Tastbefund sollte vor der Therapie immer eine Temporalisbiopsie durchgeführt werden. Bei positivem Biopsiebefund besteht ein erhöhtes Erblindungsrisiko. Ein negativer Biopsiebefund schließt die Diagnose Polymyalgia rheumatica nicht aus.

DD: maligne Erkrankung, chronische Polyarthritis.

Th: Die Polymyalgia rheumatica ist ein rheumatologischer „Notfall"! Bei Nichterkennen und Ausbleiben der Therapie drohen Arterienverschlüsse (kraniale sowie brachiale Gefäße) und Erblindung. Therapie der Wahl ist die Gabe von Glucocorticoiden. Es genügen anfangs meist 30–40 mg Prednisonäquivalent (0,5 mg/kg KG) als morgendliche Dosis. Schon Tage nach der ersten Cortisongabe kommt es charakteristischerweise zum Verschwinden der Symptome und zu einer rapiden Normalisierung der pathologischen Laborwerte. Meist sistiert die Erkrankung nach einigen Jahren unter einer Erhaltungsdosis von 5–7,5 mg Prednisonäquivalent.

Polymyositis (Dermatomyositis)

Sy: Die Polymyositis (PM) ist eine entzündliche Erkrankung der gestreiften Skelettmuskulatur, die in 40% der Fälle mit einem typischen Hautbefund einhergeht (Dermatomyositis, DM). Sie wird je nach klinischem Bild in verschiedene Typen klassifiziert:

- Typ I: PM im Erwachsenenalter (35%). Bei diesem Typ ist die Muskelschwäche das führende Symptom. Dadurch können tägliche Arbeiten nicht mehr ausgeführt werden. Nur 25% der Patienten klagen über Muskelschmerzen.
- Typ II: DM im Erwachsenenalter (30%). Hier ist der typische Hautbefund mit bläulich-livider Verfärbung und ödematöser Schwellung an den Augenlidern und über den Fingergrundgelenken führend.
- Typ III: PM und DM bei malignen Tumoren (10%). Die muskulären Symptome treten in der Regel vor den Tumorsymptomen auf. Diese Form kommt besonders im Alter vor.
- Typ IV: PM und DM im Kindesalter (5%).
- Typ V: Myositiden in Verbindung mit Kollagenosen (20%) (Mischkollagenosen).

Dg: Diagnostisch wegweisend sind die typischen klinischen Symptome und die Erhöhung von CK, SGOT, Aldolase, LDH und Myoglobin im Serum. Außerdem können Rheumafaktoren, ANA und eine BSG-Erhöhung gefunden werden. Die charakteristischen Befunde der EMG-Untersuchung und Muskelbiopsie sichern die Diagnose.

Th und Prgn: Die Prognose ist je nach Typ unterschiedlich. Das Ansprechen auf Glucocorticoide ist in der Regel gut. Auch Azathioprin wird bei der Therapie eingesetzt. In der Mehrzahl kommt die Erkrankung nach einigen Jahren auch ohne Therapie zum Stillstand. Bei Typ III wird die Prognose durch den malignen Tumor bestimmt.

Pseudolupus-erythematodes-Syndrom

Durch Arzneimittel induzierte Erkrankung mit den Symptomen eines systemischen Lupus erythematodes (s. Lupus erythematodes, systemischer, Sonderform).

Reiter-Syndrom (Morbus Reiter)

Def: Das Reiter-Syndrom in seiner klassischen Form ist durch die Trias Urethritis, Konjunktivitis und Arthritis charakterisiert.

Ät und Pathog: Der Krankheit geht typischerweise eine Enteritis (Yersinien, Shigellen usw.) oder ein venerischer Infekt (Gonokokken, Chlamydien usw.) voraus. Deshalb wird zwischen einem postenteritischen und einem postvenerischen Typ unterschieden. Die Infektion ist vermutlich nur der Auslöser einer genetisch prädisponierten pathologischen Reaktion des Immunsystems.

Sy: Der Gelenkbefall ist in der Regel oligoartikulär, asymmetrisch und bevorzugt die unteren Extremitäten. Der Verlauf ist schubartig und hat eine starke Tendenz zur Chronifizierung. Oft stehen periartikuläre Entzündungsprozesse mit Weichteilveränderungen im Vordergrund. So kann es zum Beispiel zur Verdickung eines ganzen Zehenstrahls kommen („Wurstzehen") – ein Befund, den man auch von der Psoriasisarthritis kennt. Es gibt aber noch andere Ähnlichkeiten mit der Psoriasisarthritis wie der Befall von Sehnenansätzen (Enthesopathie) und eine Beteiligung des Achsenskeletts (Spondylitis, Sakroiliitis). Die betroffenen Patienten klagen über Fersen- (55%) oder Kreuzschmerzen (75%). Bei langjährigem Verlauf sind Übergänge zur Spondylitis ankylosans möglich.

Der häufigste Hautbefund ist die schmerzlose Balanitis circinata der Glans penis (25–50%). Bei etwa 25% der Patienten kommt es zu typischen Hyperkeratosen an Handinnenflächen und Fußsohlen (Keratodermia blennorrhagica) und zu einer Stomatitis.

Dg: Die Diagnose wird klinisch gestellt. Nur selten tritt das Reiter-Syndrom jedoch mit allen Symptomen der Trias auf. Für die Diagnose ist jedoch die Arthritis obligat. Mindestens eines der anderen Symptome muß aber mitbestehen. Rheumafaktoren sind nicht vorhanden (seronegative Spondylarthritis). Das HLA-B27 ist in 85% der Fälle positiv. Der Nachweis dieses immungenetischen Merkmals hat jedoch nur einen differentialdiagnostischen Wert und berechtigt allein nicht zur Diagnose des Reiter-Syndroms. Röntgenveränderungen an Gelenken und Sehnenansätzen (periostale Knochenappositionen, Fersensporn usw.) findet man erst im Spätstadium.

Th und Prgn: Die Behandlung erfolgt symptomatisch mit nichtsteroidalen Antirheumatika. Selten sind Basistherapeutika indiziert (Sulfasalazin, Methotrexat). Obwohl chronische Verläufe bekannt sind, ist die Prognose relativ gut.

Rheumafaktoren

Def: Als Rheumafaktoren werden Autoantikörper der Klasse IgM (selten IgG) gegen menschliches IgG bezeichnet.

VK: Rheumafaktoren können bei vielen Krankheiten gebildet werden, insbesondere bei chronisch entzündlichen Erkrankungen wie Endokarditis, Tuberkulose, Kollagenosen, Arthritiden usw. Auch bei gesunden Menschen sind sie niedrigtitrig zu finden. Die Wahrscheinlichkeit ihres Auftretens nimmt mit dem Alter zu. Im Verlauf einer chronischen Polyarthritis (s.d.) treten sie in der Regel hochtitrig auf. Ihr alleiniger Nachweis ohne entsprechende klinische Symptome rechtfertigt keine Diagnose.

Dg: Nachweismethoden: Rheumafaktorlatextest, Waaler-Rose-Test (Agglutinationstest). Titerangabe notwendig!

Rheumatisches Fieber (Streptokokkenrheumatismus)

VK, Ät und Pathog: Das rheumatische Fieber ist eine selbstlimitierende entzündliche Erkrankung, die durch einen Infekt der oberen Luftwege mit β-hämolysierenden Streptokokken der Gruppe A ausgelöst wird. Es tritt mit einer Latenz von Tagen bis Wochen nach der Pharyngitis auf. Die Erkrankung betrifft Kinder und Jugendliche bis zum 20. Lebensjahr.
Die Häufigkeit des rheumatischen Fiebers hat in den letzten Jahrzehnten in der westlichen Welt stark abgenommen. Die Gründe hierfür liegen vermutlich in einem Erregerwandel, denn bei der Streptokokkenpharyngitis ist zahlenmäßig kein wesentlicher Rückgang zu verzeichnen. Bei uns ist das rheumatische Fieber eine seltene Erkrankung geworden. Die Diagnose wird viel zu oft gestellt. Das liegt möglicherweise an der falschen Interpretation eines positiven ASL (s. d.). Harmlosere reaktive Arthritiden nach Streptokokkeninfekten sind heute viel häufiger.

Sy: Zum Vollbild gehören flüchtige, wandernde Arthritiden, Karditis, subkutane Knoten, Erythema marginatum und Chorea. Als Jaccoud-Arthritis (s. d.) wird die Arthritis bei rezidivierendem rheumatischen Fieber bezeichnet (sehr selten!), die ohne Gelenkdestruktion zu Fehlstellungen der Finger führt, aber heute allenfalls differentialdiagnostisch beim älteren Patienten Bedeutung hat.
Die Karditis ist in der Regel klinisch stumm. Auskultatorisch kann jedoch ein Herzgeräusch als Ausdruck einer Klappenschädigung festgestellt werden. Die Latenzzeit bis zum Auftreten klinischer Zeichen der Herzklappenschädigung beträgt Jahrzehnte. Die Inzidenz der rheumatischen Karditis ist heute gering.

Dg: Die Diagnose des rheumatischen Fiebers wird nach den sog. Jones-Kriterien gestellt. Sie gilt als wahrscheinlich, wenn 2 der Hauptkriterien (Karditis, Polyarthritis, Chorea, subkutane Knötchen, Erythema marginatum) oder ein Hauptkriterium mit 2 Nebenkriterien (Fieber, Arthralgien, pathologisch verändertes EKG, Hinweis auf Streptokokkeninfekt, Nachweis einer inaktiven Herzerkrankung) erfüllt sind.
Es gibt keinen Laborbefund, der den Streptokokkenrheumatismus beweist. Auch ein ansteigender Antistreptolysintiter beweist nur eine Infektion mit Streptokokken.

Th und Prgn: Bei gesicherter Diagnose muß mit Penicillin (2 Millionen I. E. pro Tag) behandelt werden. Später ist eine antibiotische Rezidivprophylaxe über mehrere Jahre erforderlich. Die prophylaktische Sanierung der Tonsillen (Tonsillektomie) ist umstritten. Die Prognose der Polyarthritis ist gut. Sie heilt auch ohne Behandlung folgenlos aus.

Riesenzellarteriitis (Arteriitis temporalis, Arteriitis cranialis)

Die Riesenzellarteriitis gehört zu den sog. nekrotisierenden Vaskulitiden. Sie ist der Oberbegriff folgender Unterformen:

- Polymalgia rheumatica (s. d.),
- Malignoidsyndrom (okkulte Riesenzellarteriitis ohne polymyalgische Beschwerden; imitiert ein Malignom),
- Arteriitis cranialis (Symptome: Kopfschmerzen, Visusstörungen und vaskuläre Insulte),
- entzündliches Aortenbogensyndrom des älteren Menschen (Riesenzellarteriitis mit bevorzugtem Befall von Aorta und Brachialgefäßen; klinisch: Pulsverlust, Blutdruckdifferenz ≥ 20 mm Hg rechter/linker Arm).

Fließende Übergänge und Überlappungen dieser Unterformen sind die Regel. Allen Unterformen gemeinsam ist der histopathologische Befund mit Nachweis von Riesenzellen.

Schönlein-Henoch-Purpura

Def und VK: Schönlein-Henoch-Purpura ist ein akutes Syndrom, das überwiegend bei Kindern und Jugendlichen auftritt. Es gehört zu den sog. nekrotisierenden Vaskulitiden und befällt die kleinen Blutgefäße (postkapilläre Venolen).

Ät: Die Schönlein-Henoch-Purpura kann durch Infekte der oberen Luftwege und durch Medikamente ausgelöst werden.

Sy: Charakteristika des Syndroms sind eine Purpura, eine milde Arthritis (Knie, Sprunggelenk), abdominelle Beschwerden, gastrointestinale Blutungen und eine Nephritis.

Dg: Histologisch ist die Vaskulitis durch den Nachweis freier degenerierter Leukozytenkerne charakterisiert (leukozytoklastische Vaskulitis).

Th und Prgn: Die Prognose ist gut, die Gelenke nehmen keinen bleibenden Schaden. In schweren Fällen muß mit Glucocorticoiden behandelt werden.

Sharp-Syndrom s. Mischkollagenose

Sjögren-Syndrom

Def und VK: Das Sjögren-Syndrom ist eine häufig auftretende chronisch entzündliche Autoimmunerkrankung exokriner Organe. Es kommt primär als Sicca-Syndrom und sekundär zusammen mit anderen entzündlichen rheumatischen Erkrankungen wie z. B. chronische Polyarthritis, systemischer Lupus erythematodes, Sklerodermie und Polymyositis vor. In 90% der Fälle sind Frauen betroffen.

Sy: Die klinisch führenden Symptome sind trockener Mund (Xerostomie) und Fremdkörpergefühl in den Augen (Keratoconjunctivitis sicca). Sie entstehen durch Verminderung der Speichel- bzw. Tränenflüssigkeit. Bei 50% der Patienten sind die parotiden und submandibulären Speicheldrüsen vergrößert. Auch andere exokrine Organe können befallen sein. Darüber hinaus können interstitielle Nephritiden, Vaskulitiden und lymphoretikuläre Erkrankungen auftreten. Bei den meisten Patienten, die über trockene Schleimhäute klagen, liegt jedoch kein Sjögren-Syndrom vor, sondern andere Ursachen wie z. B. Medikamente, Angst und Depressionen.

Dg: Die Diagnose des Sicca-Syndroms ergibt sich aus der Anamnese in Verbindung mit dem Nachweis erniedrigter Tränensekretion, der mit einem Löschpapierstreifen (Schirmer-Test) erbracht werden kann. Den typischen Biopsiebefund der Unterlippenspeicheldrüsen mit lymphozytären Infiltrationen findet man nur in 1% der Fälle. Im Serum können unspezifische multiple Autoantikörper nachgewiesen werden (gegen Muskeln, Schilddrüse, Mitochondrien usw.), die u. U. auch bei anderen Kollagenosen zu finden sind. Autoantikörper gegen bestimmte Zellkernproteine (SS-B, SS-A) sind für das primäre Sjögren-Syndrom jedoch spezifisch.

Th: Die Behandlung erfolgt symptomatisch mit künstlicher Tränenflüssigkeit (Methylcellulose) und künstlichem Speichel.

Sklerodermie (progressive systemische Sklerose, PSS)

Def und VK: Die Sklerodermie ist eine chronisch entzündliche Systemerkrankung mit Fibrosierung, Verhärtung und Atrophie der Haut sowie mit Beteiligung innerer Organe. Sie ist eine relativ seltene Erkrankung. Frauen sind häufiger betroffen als Männer. Der Krankheitsverlauf ist schleichend und beginnt zwischen dem 30. und 40. Lebensjahr. Die Ätiologie ist unbekannt.

Sy: Das Charakteristikum bildet die Kollagenanhäufung in der Haut und in anderen Organen, wodurch normales Bindegewebe und Organparenchym zerstört werden.
Noch bevor Hautveränderungen sichtbar werden, kann ein Raynaud-Phänomen als erstes klinisches Zeichen bestehen. Anfangs ist die Haut teigig und gedunsen. Sie verdickt

und verhärtet sich aber bald, wird glänzend und unverschieblich. Der Prozeß breitet sich von den Akren (Sklerodaktylie) zum Stamm und zum Gesicht hin aus. Es kommt zu Beugekontrakturen der Finger und zur mimischen Starre. Im Vollbild besteht eine Mikrostomie, die eine Essensaufnahme erschwert. Darüber hinaus kann es zu Verkalkungen im Bindegewebe und Ausbildung von Teleangiektasien kommen.
Die häufigste Organbeteiligung findet man am Gastrointestinaltrakt. Durch Wandstarre und Schleimhautatrophie kommt es zu Dysphagie, Hypoperistaltik und Malabsorption. Seltener findet man Beteiligungen der Lunge (fibrosierende Alveolitis, pulmonale Hypertonie), der Niere (Glomerulonephritis, maligne Hypertonie) und des ZNS (Trigeminusneuropathien).

Dg: Die Diagnose wird klinisch gestellt (beiderseits symmetrische Hautsklerose proximal der Metatarsal- und Metakarpalgelenke). Daneben lassen sich eine Vielzahl von antinukleären Antikörpern nachweisen, von denen die Zentromer- und Scl-70-Antikörper relativ diagnosespezifisch sind. Zusätzlich können Röntgenuntersuchungen (periartikuläre Kalzinose, Ösophagusbreischluck) und Hautbiopsie weiterhelfen.

Th: Eine kausale Therapie gibt es nicht. Die Haut- und Organveränderungen sind irreversibel. Die Behandlung muß sich symptomatisch nach dem Befall der Organe richten und ist zum Teil experimentell. Gelegentlich kommen Glucocorticoide und D-Penicillamin zum Einsatz. Eine positive Wirkung wird jedoch bestritten. Die Haut muß durch pflegende Salben geschmeidig gehalten werden.

Prgn: Der Krankheitsverlauf ist individuell unterschiedlich. Patienten mit einem sog. CREST-Syndrom (Calcinosis cutis, Raynaud-Phänomen, E(Ö)sophagusfunktionsstörung, Sklerodaktylie, Teleangiektasien) haben eine günstige Prognose.

Spondylarthritiden, seronegative (Spondarthritiden)

Zur Gruppe der seronegativen Spondylarthritiden zählen die Spondylitis ankylosans, das Reiter-Syndrom, die Arthritis psoriatica, die reaktiven Arthritiden und Arthritiden bei Morbus Crohn und Colitis ulcerosa. Charakteristisch für diese Gruppe ist der fehlende serologische Nachweis von Rheumafaktoren. Außerdem besteht eine häufige Assoziation mit dem genetischen Merkmal HLA-B27. Typisch ist außerdem das Nebeneinander von peripherer Arthritis und Befall der Wirbelsäule bzw. der Sakroiliakalgelenke. Die Krankheitsverläufe der einzelnen Arthritiden gleichen einander oft sehr oder überlappen sich in den Befunden und Symptomen.

Spondylitis ankylosans (Morbus Bechterew)

Def, VK und Ät: Die Spondylitis ankylosans ist eine chronisch entzündliche Erkrankung bindegewebiger Skelettanteile mit Hauptlokalisation an den Iliosakralgelenken und der Wirbelsäule. Nosologisch wird sie zu den seronegativen Spondylarthritiden (s. d.) gezählt. Die Ätiopathogenese der Spondylitis ankylosans ist bis heute ungeklärt. Es werden genetische und exogene Faktoren (toxisch-entzündlich) diskutiert. Die Krankheit tritt familiär gehäuft auf und manifestiert sich oft im 3. Lebensjahrzehnt. Die Prävalenz liegt bei etwa 1–2% der Bevölkerung. Frauen erkranken nach heutigen Erkenntnissen kaum seltener als Männer, haben aber in der Regel einen deutlich milderen Verlauf, ohne wesentliche Einsteifung der Wirbelsäule.

Sy: Die Krankheit beginnt überaus schleichend. Leitsymptom ist der tiefsitzende nächtliche Kreuzschmerz, der zum Aufstehen nötigt und sich unter Bewegung bessert. Auch Steifigkeit im Rücken, Fersen- oder Thoraxschmerzen werden schon im frühen Stadium empfunden. Später kann es von kaudal nach kranial zur vollkommenen Einsteifung der Wirbelsäule kommen. Zum Krankheitsbild gehören außerdem mit unterschiedlich starker Ausprägung eine periphere Arthritis, Beteiligung der Augen (Iritis, Iridozyklitis) und – selten – extraartikuläre Manifestationen an Herz (Reizleitungsstörungen) und Lunge (Lungenfibrose). Etwa ein Viertel der Patienten klagt über Gelenkschmerzen, wobei die stammnahen und großen Gelenke der unteren Extremität bevorzugt sind.

Dg: Diagnostisch wegweisend ist der typische Nachtschmerz mit Schmerzprovokation durch den Mennell-Handgriff und die Bewegungseinschränkung der Wirbelsäule (Ott- und Schober-Maß). Die Diagnose wird röntgenologisch gesichert. Typisch sind das Nebeneinander von Zerstörung und Verknöcherung („buntes Bild“) an beiden Iliosakralgelenken (Sakroiliitis), die Ausbildung sog. Kastenwirbel, die Entstehung von Syndesmophyten und periostale Veränderungen an Sehnenansätzen (Fersensporn). Charakteristische Laborveränderungen gibt es nicht. In

90 bis 95% der Fälle wird das immungenetische Merkmal HLA-B27 gefunden (s. d.).

Th und Prgn: Die Erkrankung gilt als unheilbar. Behandlungsziele sind Entzündungshemmung, Schmerzstillung und Erhalt der Wirbelsäulenbeweglichkeit. Dazu werden nichtsteroidale Antirheumatika und nur selten Glucocorticoide eingesetzt. In Fällen mit starker peripherer Gelenkbeteiligung können Basistherapeutika (s. d.) indiziert sein. Die wichtigste Therapiemaßnahme jedoch ist die regelmäßige Durchführung spezieller Krankengymnastik, um den Einsteifungsprozeß an der Wirbelsäule zu verhindern. Unterstützend wirken dabei balneophysikalische Maßnahmen.

Still-Syndrom (Morbus Still)

Als Still-Syndrom wird die akut und systemisch beginnende Form der juvenilen chronischen Arthritis (s. d.) bezeichnet (eigentliches Still-Syndrom). Die „adulte Form" des Still-Syndroms ist dagegen eine Sonderform der chronischen Polyarthritis (s. d.) des Erwachsenen (adultus). Sie besitzt aber klinisch Gemeinsamkeiten mit der juvenilen Form, woraus die Namensgebung zu erklären ist.

Vaskulitiden, nekrotisierende

Zu den sog. nekrotisierenden Vaskulitiden gehören nach Gillian und Smiley folgende Unterformen:

- leukozytoklastische Vaskulitis (z. B. Schönlein-Henoch-Purpura),
- Panarteriitis nodosa (klassische nekrotisierende Vaskulitis),
- Vaskulitiden im Rahmen von chronisch entzündlichen Erkrankungen (z. B. bei chronischer Polyarthritis und Kollagenosen),
- granulomatöse Vaskulitis (z. B. Wegener-Granulomatose),
- Riesenzellarteriitiden (Arteriitis temporalis und Polymyalgia rheumatica).

Alle Unterformen besitzen als pathologisch-anatomische Gemeinsamkeit die entzündliche Nekrose der Gefäßwände. Es können je nach Typ große oder kleine Gefäße betroffen sein. Krankheitssymptome und Ausmaß der Organbeteiligungen hängen von der jeweiligen Unterform ab und können darüber hinaus individuell stark variieren. Die Krankheitsbilder werden oft erst spät erkannt, da eine Fülle von unspezifischen Symptomen bestehen können.

Wegener-Granulomatose

VK und Sy: Die Wegener-Granulomatose ist eine seltene Erkrankung. Sie gehört zu einer Unterform der sog. nekrotisierenden Vaskulitiden (s. d.) und befällt kleine Arterien und Venen. Herausragendes Merkmal ist der Befund an den Atemwegen mit chronisch-eitriger Entzündung und Ulzerationen in den Schleimhäuten (Nasenseptumperforation), der durch eine granulomatös nekrotisierende Vaskulitis entsteht. Auch die Nieren sind oft betroffen (segmental nekrotisierende Glomerulonephritis). Darüber hinaus können die Lungen (Infiltrationen) und andere Organe beteiligt sein.
Klinisch beginnt die Krankheit oft mit chronischer Rhinitis oder Sinusitis, gekoppelt mit allgemeinem Krankheitsgefühl und Polyarthralgien.

Dg: Die Diagnose ergibt sich aus dem typischen histologischen Befund der befallenen Schleimhäute (Nasenschleimhautbiopsie). Antizytoplasmatische Antikörper (ACPA) sind für die Wegener-Granulomatose hochspezifisch, können aber die histologische Untersuchung nicht ersetzen.

Th: Durch die Therapie mit Glucocorticoiden und Cyclophosphamid können lang anhaltende Remissionsphasen erreicht werden.

Wirbelsäule s. degenerative Veränderungen

29. Stoffwechsel

P. Wahl, H. Greten, F. U. Beil, R. Sanwald und G. Schlierf

Diabetes mellitus

Definition

Der Diabetes mellitus ist eine chronische, durch Erbfaktoren mitbestimmte Stoffwechselerkrankung, die auf einem absoluten oder relativen Insulinmangel beruht. Dieser führt zu Störungen des Kohlenhydrat-, Fett- und Eiweißstoffwechsels und langfristig zu vaskulären Spätschäden.

Formen

Die WHO hat 1980 Empfehlungen für die Klassifikation des Diabetes veröffentlicht. In Tab. 29.1 sind die neue und die alte Nomenklatur gegenübergestellt. Die Begriffe Typ-I- und Typ-II-Diabetes haben sich durchgesetzt; umstritten sind die gestörte „Glucosetoleranz" und die sog. statistischen Risikoklassen.

Ätiologie und Pathogenese

Die Manifestation eines Diabetes ist von genetischen und Umweltfaktoren geprägt. Den genetischen Faktoren kommt beim Typ-II-Diabetes eine größere Bedeutung zu als beim Typ-I-Diabetes. Eine Assoziation zwischen HLA-Antigenen und Typ-II-Diabetes besteht nicht. Bei Typ-I-Diabetikern ist HLA-DR3 und/oder -DR4 signifikant häufiger, eine negative Assoziation besteht zu HLA-DR2. Beim Typ-I-Diabetes führten wahrscheinlich Virusinfekte zunächst zu einer geringen Schädigung der B-Zellen. Dadurch wird eine Autoimmunreaktion ausgelöst, die zur Zerstörung der B-Zellen und damit zum Insulinmangel führt. Für einen Autoimmunprozeß spricht, daß bei der Mehrzahl der Typ-I-Diabetiker in der Frühphase Inselzellantikörper (ICA) nachweisbar sind.

Der wichtigste Manifestationsfaktor des Typ-II-Diabetes ist bei genetischer Disposition das Übergewicht; andere manifestationsfördernde Faktoren sind Schwangerschaft, Infekte und Streßsituationen. Der manifesten Erkrankung gehen Störungen der Insulinsekretion (sog. Sekretionsstarre) oft viele Jahre voraus. Es besteht eine periphere Insulinresistenz, hervorgerufen durch eine Verminderung der Insulinrezeptoren und wahrscheinlich auch sog. Postrezeptordefekte.

Der Mangel an aktivem Insulin führt zu einer Störung der Glucoseverwertung, einer gesteigerten Lipolyse und einer Störung des Eiweißstoffwechsels (Synthese gestört, Glukoneogenese aus Protein). Daraus resultieren Hyperglykämie, Glukosurie, Polyurie, Ketoazidose, Koma.

Metabolisches (Früh-)Syndrom

Vk und Sy: Die klinischen Symptome lassen sich zwanglos aus der Pathogenese ableiten: Polyurie, Polydipsie, Gewichtsabnahme, Adynamie. Zu den Frühsymptomen gehören auch Pruritus, Pyodermien, Neuritiden, Balanitis, Gingivitis, Furunkulose, schlecht heilende Wunden, Nachlassen der Libido. Bei Typ-II-Diabetikern fehlt häufig die typische Symptomatik. Eine Glukosurie wird oft zufällig bei einer Routineuntersuchung festgestellt.

Typ-I-Diabetiker erkranken meist in der Jugend, sind norm- oder untergewichtig (starker Insulinmangel), haben labile Blutzuckerwerte, neigen zu Ketoazidose und Hypoglykämie, sprechen gut auf Insulin an.

Typ-II-Diabetiker sind meist älter als 40 Jahre, fast immer übergewichtig. Die Blutzuckerwerte sind stabil. Diese Patienten neigen kaum zu Ketoazidose oder Hypoglykämien, haben oft ein gesundes „Aussehen", bedingt durch eine charakteristische Gesichtsrötung (Rubeosis diabetica). Bei diesem Typ entwickelt sich der Diabetes allmählich. Schon im latenten Stadium findet man sehr häufig eine Hyperlipoproteinämie, eine Hypertonie und eine Fettleber (metabolisches Syndrom).

Als MODY-Typ (maturity onset diabetes in the young) wird ein nicht insulinabhängiger Diabetes bei Patienten unter 25 Jahren bezeichnet.

Dg: Bei entsprechenden Symptomen und Glukosurie muß ein Diabetes mellitus vermutet werden. Wenn der Blutzucker (Kapillarblut) nach einer kohlenhydratreichen Mahlzeit 9–10 mmol/l (160–180 mg/100 ml) oder der Nüchternblutzucker 7 mmol/l (130 mg/100 ml) überschreitet, kann die vorläufige Diagnose eines Diabetes gestellt werden. Gesichert wird die Diagnose durch mehrere Blutzuckerbestimmungen. In Zweifelsfällen müssen Diabetessuchtests durchgeführt werden (s. diagnostische Technik, S. 569).

DD:

- renale Glukosurie (erniedrigte Nierenschwelle) durch Störung der tubulären Rückresorption der Glucose;

Tabelle 29.1 Klassifikation des Diabetes mellitus

Neue Nomenklatur (WHO 1980)	Alte Nomenklatur (WHO 1964)
I. Diabetes mellitus typische Diabetessymptome und eindeutig erhöhte Blutzuckerwerte	manifester Diabetes mellitus
A. Idiopathischer Diabetes mellitus	
1. insulinabhängig: Typ I	juveniler Diabetes
2. insulinunabhängig: Typ II	Erwachsenendiabetes
a) ohne Adipositas: Typ II a	
b) mit Adipositas: Typ II b	
B. Andere Typen des Diabetes mellitus verknüpft mit bestimmten Krankheiten oder Syndromen	sekundärer Diabetes
1. Pankreaserkrankungen (Pankreatektomie, chronische Pankreatitis, Hämochromatose)	
2. Endokrinopathien (z. B. Akromegalie, Morbus Cushing, Phäochromozytom)	
3. durch Medikamente ausgelöst (z. B. Steroide, Catecholamine)	
4. Insulinrezeptordefekte	
5. bestimmte genetische Syndrome (z. B. Hyperlipoproteinämie)	
II. Schwangerschaftsdiabetes pathologische Glucosetoleranz während der Schwangerschaft	
III. Gestörte Glucosetoleranz (impaired glucose tolerance, IGT) Nüchternblutzucker normal, Glucosetoleranztest pathologisch	subklinischer Diabetes
IV. Statistische Risikoklassen	latenter Diabetes
1. vorhergehende abnorme Glucosetoleranz (previous abnormality of glucose tolerance) normale Glucosetoleranz, aber pathologische Glucosetoleranz in der Vorgeschichte (z. B. Schwangerschaft, Streß)	
2. potentiell abnorme Glucosetoleranz (potential abnormality of glucose tolerance) normale Glucosetoleranz, aber erhöhtes Risiko durch starke familiäre Belastung (eineiiger Zwilling von Diabetiker, beide Eltern diabetisch) oder für Mütter übergewichtiger Kinder (> 4000 g)	potentieller Diabetes (Prädiabetes)

- renale Schwangerschaftsglukosurie, wobei diese Diagnose erst dann gerechtfertigt ist, wenn durch den Glucosetoleranztest ein Diabetes ausgeschlossen ist;
- Glukosurie und Blutzuckererhöhung bei Streßsituationen (bedingt durch Ausschüttung von diabetogenen Hormonen wie Glucocorticoiden und Adrenalin);
- Glukosurie und Blutzuckererhöhung bei Magen- und Lebererkrankungen. Bei diesen Erkrankungen werden Kohlenhydrate zu rasch resorbiert bzw. zu langsam in der Leber gespeichert.

Coma diabeticum

Ät und Pathog: Das Coma diabeticum ist die schwerste Form der diabetischen Stoffwechselentgleisung. Auslösende Faktoren sind meist Infekte und Insulinreduzierung, vor allem bei Appetitlosigkeit und verminderter Nahrungszufuhr. Die durch den Insulinmangel gestörte Glucoseutilisation und dadurch bedingte Hyperglykämie führt zu einer kompensatorischen Fettmobilisierung in Form von Fettsäuren und zur Bildung von Ketokörpern in der Leber (Acetessigsäure, β-Hydroxybuttersäure) und damit zur Ketoazidose. Wegen der Säurenatur der Ketokörper muß die Niere vermehrt Kationen ausscheiden. Die Folge sind Kalium- und Natriumverluste. Der dekompensierte Diabetes ist also durch einen Verlust des Körpers an Glucose, Ketokörpern, Kationen und Wasser charakterisiert. Als Maß für die Schwere der Ketoazidose gilt das Standardbicarbonat. Metabolisch wird als Koma ein Absinken des Bicarbonats unter 10 mmol/l definiert. Im Präkoma sinkt es auf 15 mmol/l ab. Koma und Präkoma sind klinische Begriffe und nicht mit der Schwere der Ketoazidose korreliert. Im Präkoma ist das Sensorium getrübt; zeitliche und örtliche Orientierung sind erhalten. Im Koma ist der Patient desorientiert und bewußtlos.

Eine Sonderform bildet das hyperosmolare nichtketoazidotische Koma. Die Ketoazidose fehlt hier; wahrscheinlich ist bei dieser Komaform noch eine geringe Insulinaktivität erhalten, die ausreicht, um eine Überschwemmung der Leber mit freien Fettsäuren zu verhindern. Im Vordergrund dieser Komaform stehen die Hyperglykämie und die Exsikkose. Die Natriumwerte im Serum sind beim hyperosmolaren Koma stark erhöht.

Sy: Ein Koma kann sich (vor allem bei Kindern) ganz akut im Verlauf weniger Stunden entwickeln. Meist entsteht es jedoch im Verlauf einiger Tage über ein Prodromalstadium mit Appetitlosigkeit, Übelkeit, Erbrechen, Muskelschwäche und Schläfrigkeit neben den typischen Zeichen der Hyperglykämie wie Durst, Polydipsie und Polyurie. Nicht selten klagen die Patienten über heftige abdominelle Schmerzen, die an ein „akutes Abdomen" denken lassen. Es handelt sich jedoch meist um die „Pseudoperitonitis diabetica", die auf die schweren Veränderungen des Elektrolyt- und Wasserhaushalts zurückzuführen ist. Als Folge der schweren Exsikkose findet man weiche Bulbi, schlaffe trockene Haut und eine trockene Mundhöhle und Zunge. Ausdruck der Azidose ist die große, tiefe Kussmaul-Atmung mit obstähnlichem Acetongeruch. Als Zeichen der Kreislauf- und Nierenschädigung der Exsikkose werden häufig Blutdruckabfall, Oligurie oder Anurie beobachtet. Reflexausfälle weisen auf die zentralnervöse Störung hin.

Dg: Der Blutzucker ist bei Ketoazidose immer erhöht. Die Höhe des Blutzuckers ist jedoch nicht mit der Schwere der Ketoazidose korreliert. Es gibt Hyperglykämien mit Werten bis zu 56 mmol/l (1000 mg/dl) ohne Ketonämie (hyperosmolares Koma) und schwere Ketoazidosen mit Blutzuckerwerten um 17 mmol/l (300 mg/dl). Im Urin sind in der Regel Glucose und Ketokörperproben stark positiv; nur bei schweren Nierenschädigungen können Glucose und Ketokörper fehlen. Das Standardbicarbonat ist vermindert, die Osmolalität des Blutes erhöht. Als Ausdruck der Exsikkose ist der Hämatokritwert erhöht; außerdem bestehen eine Polyglobulie und eine starke Leukozytose.

DD: Die Diagnose ist bei typischen klinischen Symptomen und typischer Anamnese einfach. Nur selten ist die Entscheidung Koma oder hypoglykämischer Schock schwierig. Ein Koma entwickelt sich allmählich; Exsikkose und Erbrechen fehlen eigentlich nie. Der hypoglykämische Schock entsteht plötzlich aus gutem Befinden, die Patienten zeigen eine feuchte Haut und feuchte Schleimhäute, Hyperreflexie und harte Bulbi.

Prgn: Die Prognose des Coma diabeticum ist abhängig von der Schwere der Ketoazidose, der Dauer des Komas bis zur Behandlung und vom Alter des Patienten. Die Letalität liegt auch heute noch bei ca. 10–30%.

Vaskuläres (Spät-)Syndrom

Kaum 1% der Diabetiker sterben heute am Koma. Bestimmend für den Krankheitsverlauf sind die vaskulären Komplikationen. Zweckmäßig werden diese Veränderungen in diabetische Mikro- und Makroangiopathie unterteilt.

Pathogenese

Die Mikroangiopathie oder das diabetische Spätsyndrom ist durch eine spezifisch diabetische Veränderung der kapillären Basalmembran gekennzeichnet. Es handelt sich hierbei um einen generalisierten Prozeß, der sich in praktisch allen Gefäßprovinzen nachweisen läßt und in dessen Verlauf es zu einer Verdikkung der Basalmembran kommt. Klinisch manifestiert sich die Mikroangiopathie als Retinopathie, Nephropathie, diabetische Gangrän und wahrscheinlich auch als Neuropathie. Sie beginnt mit der Manifestation des Diabetes und ist um so stärker ausgeprägt, je länger der Diabetes dauert und je schlechter die Stoffwechselführung ist. Die Pathogenese ist noch nicht völlig geklärt. Am wahrscheinlichsten ist die metabolische Theorie, nach der die Mikroangiopathie direkte Folge der Stoffwechselstörung ist. Eine zentrale Rolle spielt dabei wahrscheinlich die Hyperglykämie. Sie führt zur enzymatischen und nichtenzymatischen Glykosylierung zahlreicher Proteine (Basalmembran, Serumproteine, Erythrozytenmembran, Lipoproteine usw.) mit entsprechenden Funktionsänderungen. Die Folgen der durch die Hyperglykämie hervorgerufenen Glykosylierung sind eine quantitative Zunahme der Basalmembran, veränderte Fließeigenschaften des Blutes, ein gestörter Sauerstofftransport und Veränderungen des Wachstumshormons, die heute als wesentliche pathogenetische Mechanismen bei der Entwicklung der Mikroangiopathie angesehen werden. Bei Normalisierung des Blutzuckers sind alle durch die Hyperglykämie hervorgerufenen Veränderungen reversibel.

Ätiologie, Symptome und Diagnose

Retinopathie: Das anatomische Substrat der Retinopathie sind mikroaneurysmatische Kapillarausweitungen. Sie sind das erste Zeichen eines diabetischen Kapillarschadens. Klinisch unterscheidet man verschiedene Stadien: Blutpunkte (denen Kapillaraneurysmen zugrunde liegen), große und unregelmäßig geformte Blutungen, die gelegentlich auf die Netzhaut übergreifen, weiße Degenerations- und Exsudationsherde sowie Phlebopathien, vorwiegend bei jugendlichen Diabetikern. Die schwerste Form ist die Retinopathia proliferans, bei der es zu Gefäßproliferationen in Form von aussprossenden, netzartigen, auch in den Glaskörper hineinwuchernden Gefäßneubildungen kommt. Die Retinopathie ist ein progredientes Leiden. Der klinische Verlauf ist unterschiedlich. Auf jeder Stufe kann das Leiden für unbestimmte Zeit stationär bleiben. Vor allem beim jugendlichen Diabetiker beobachtet man jedoch nicht selten einen stürmischen Verlauf, der innerhalb weniger Monate zu einer schweren Visuseinschränkung führen kann. Das Endstadium der Retinopathia proliferans kann durch ein Sekundärglaukom gekennzeichnet sein. Das Sehvermögen wird vor allem durch die größeren Blutungen und durch die proliferative Form der Retinopathie bedroht. Die Häufigkeit der Retinopathie bei Patienten mit mehr als 15jähriger Diabetesdauer beträgt ca. 60–90%.

Nephropathie: Kapillarveränderungen der Nieren führen pathologisch und anatomisch zur diffusen oder nodulären Glomerulosklerose (Kimmelstiel-Wilson). Die diabetische Nephropathie entwickelt sich schleichend und wird heute in 5 Stadien unterteilt. Das Stadium I ist das Hypertrophiehyperfunktionsstadium bei Diabetesdiagnose. Die funktionellen Veränderungen sind reversibel. Im Laufe von 2–5 Jahren entwickelt sich das Stadium II. Es ist klinisch symptomlos, morphologisch durch eine Verdickung der glomerulären Basalmembran und eine Ausweitung des Mesangiums charakterisiert. Das Stadium III, 5–10 Jahre nach Diabetesbeginn, das auch als beginnende diabetische Nephropathie bezeichnet wird, ist durch eine allmählich zunehmende Albuminurie (40–300 mg/24 Std.) und durch einen Anstieg des Blutdrucks gekennzeichnet. Die Albuminurie ist mit den üblichen Teststreifen noch nicht nachweisbar. Nach 10–25 Jahren entwickelt sich das Vollbild der klinisch manifesten Nephropathie mit persistierender Proteinurie, Abnahme der GFR und Hypertonie (in 60%). Die Niereninsuffizienz mit Anstieg des Kreatinins und Hypertonie bei 90% der Patienten kennzeichnet das Stadium V, das nach 15–30 Jahren auftritt. In diesem Stadium ist die Nierenschwelle für Glucose erhöht, der Insulinbedarf sinkt ab; bei 40% aller Typ-I-Diabetiker entwickelt sich eine diabetische Nephropathie. Das Risiko ist für Typ-II-Diabetiker wahrscheinlich ähnlich hoch. Die frühzeitige Diagnose im therapeutisch noch beeinflußbaren Stadium III ist von entscheidender Bedeutung für die Prognose des Diabetikers.

Diabetischer Fuß: Unter dem Begriff des diabetischen Fußes werden die akralen Läsionen (Gangrän, Ulkus) des Diabetikers an den Füßen zusammengefaßt. Ätiologisch sind Makroangiopathie, Mikroangiopathie und Neuropathie an der Entstehung beteiligt. Auslösende Faktoren sind häufig schon geringfügige lokale Traumen durch falsche Nagelpflege oder drückende Schuhe und Infektionen durch mangelnde Fußhygiene (Fußpilze). Die Läsionen manifestieren sich in der Regel an Zehen und Ferse als Gangrän und im Bereich starker Verhornungen, z. B. an Groß- und Kleinzehenballen, als scharf ausgestanzte Geschwüre (Mal perforant). Steht die Makroangiopathie (arterielle Verschlußkrankheit) bei der Entstehung im Vordergrund, spricht man vom angiopathischen Fuß (Fußpulse nicht tastbar). Verglichen mit Nichtdiabetikern ist die Symptomatik wegen der oft mitbeteiligten Neuropathie diskreter. Die typische Claudicatio intermittens kann fehlen. Für den neuropathischen Fuß, vorwiegend verursacht durch eine Neuropathie, sind die Schmerzlosigkeit der Gangrän und die gut tastbaren Fußpulse typisch. Häufig sind alle genannten Faktoren an der Entstehung des diabetischen Fußes beteiligt.

Neuropathie: Es ist nicht sicher geklärt, ob es sich bei der diabetischen Neuropathie um eine spezifisch diabetische Spätkomplikation handelt. Die diabetische Neuropathie befällt das periphere, autonome und zentrale Nervensystem. Ätiologisch steht die schlechte Stoffwechselkontrolle im Vordergrund; zusätzlich werden jedoch Veränderungen der Vasa nervorum diskutiert. Eine Korrelation zur Diabetesdauer besteht im allgemeinen nicht. Manche Patienten haben schon vor Beginn der Erkrankung neurologische Störungen, andere Patienten mit Spätsyndrom haben keine neurologischen Veränderungen. Entsprechend den ätiologischen Faktoren lassen sich eine akute und eine chronische Form der Neuropathie abgrenzen. Die akute Form der Neuropathie (vor der Erkrankung, nach Koma) spricht häufig gut auf die Therapie an, d. h. auf eine gute Einstellung des Diabetes. Der chronische Typ bei Patienten mit länger dauerndem Diabetes ist nur schwer beeinflußbar. Das klinische Bild ist vielgestaltig. Neuralgien und Neuritiden, vor allem der unteren Extremitäten, stehen im Vordergrund. Am häufigsten bestehen Parästhesien, nächtliche Wadenkrämpfe, eingeschlafene Gliedmaßen, teilweise lanzinierende Schmerzen, charakteristischerweise vor allem nachts. In schweren Fällen kann sich das Bild einer Pseudotabes mit Areflexie, Arthropathie, Mal perforant, Blasenstörungen und Impotenz entwickeln. Noch besonders zu erwähnen sind Symptome von seiten des vegetativen Nervensystems (autonome diabetische Neuropathie): Vor allem nächtliche Diarrhöen, aber auch Obstipation, orthostatische Hypotonie, Impotenz und Störungen der Schweißsekretion. Objektiv lassen sich sensible Störungen (Ausfall oder Herabsetzung vor allem der Vibrationsempfindung als frühestes Zeichen, aber auch von Berührungsschmerzen und Temperaturempfindung) nachweisen.

Arteriosklerose (Makroangiopathie)
Die Arteriosklerose ist die häufigste Komplikation des Diabetes. Ca. 65% aller Diabetiker sterben an arteriosklerotischen Komplikationen, 50% allein am Herzinfarkt. Da eine Beziehung zur Dauer des Diabetes nicht besteht, die arteriosklerotische Komplikation sogar häufig mit der Manifestation des Diabetes zusammentrifft, sollte die Arteriosklerose nicht zum eigentlichen Spätsyndrom gerechnet werden. Sie verläuft beim Diabetiker schwerer, beginnt früher und zeigt lokalisatorische Besonderheiten. Bevorzugt werden die peripheren Arterien, die Koronararterien, die Becken- und Zerebralarterien befallen. Im Gegensatz zu nichtdiabetischen Patienten besteht keine unterschiedliche Geschlechtsverteilung. Ob der Diabetes einen Risikofaktor der Arteriosklerose eigener Wertigkeit darstellt oder ob andere mit dem Diabetes assoziierte Risikofaktoren für die höhere Arteriosklerosemorbidität verantwortlich sind, ist noch nicht entschieden. Wahrscheinlich wirken beide Mechanismen, diabetesspezifische Faktoren und gehäuft bei Diabetikern vorkommende Risikofaktoren (Adipositas, Hypertonie und Hyperlipoproteinämie) bei der Entwicklung der Arteriosklerose mit. Die Arteriosklerose ist diabetestypisch, aber nicht wie die Mikroangiopathie diabetesspezifisch.

Therapie

Ziele und Methoden
Die Diabetestherapie verfolgt zwei Ziele: Verhütung metabolischer Komplikationen (Ketoazidose-Hypoglykämien) und Verhütung bzw. Hinauszögern vaskulärer Komplikationen (Mikro- und Makroangiopathie). Um beide Ziele zu erreichen, ist die Normalisierung des Blutzuckers allein nicht ausreichend. Genau so wichtig ist die Behandlung der mit dem Diabetes assoziierten Risikofaktoren der Arteriosklerose, wie Adipositas, Hyperlipoproteinämie und Hypertonie. Von zentraler Bedeutung ist die Gewichtsreduktion, da nicht nur der Diabetes, sondern auch Hyperlipoproteinämie und Hypertonie günstig beeinflußt werden. Die Kriterien einer optimalen Diabeteseinstellung sind also: normales Körpergewicht, normaler Blutzucker, normale Serumlipide, normaler Blutdruck. Nur bei einem kleinen Teil der Patienten

gelingt es, diese Idealvorstellungen zu verwirklichen, da es häufig sehr schwierig ist, den Patienten zu aktiver Mitarbeit, ohne die eine optimale Einstellung nicht möglich ist, zu motivieren. Die Therapie ruht auf drei Fundamenten: Diät, körperliche Bewegung und Insulin bzw. orale Antidiabetika. Diese Therapieprinzipien werden durch eine intensive Information und Schulung und durch die Selbstkontrolle von Blut- und Urinzucker, die die Motivation und Kooperation des Patienten entscheidend beeinflussen, ergänzt.

Information und Selbstkontrolle
Die Information des Diabetikers, die die patientengerechte Vermittlung der Ursachen des Diabetes und der Zusammenhänge mit entsprechenden Umweltfaktoren ebenso umfaßt wie die Diätschulung oder Selbstkontrolle, ist Voraussetzung für die Motivation und Kooperation, die die Stoffwechseleinstellung des Diabetikers bestimmen. Wesentlicher Bestandteil der Diabetestherapie ist heute die Selbstkontrolle, die Selbstsicherheit und Verantwortung stärken und den Diabetiker aktiv in die Therapie einbeziehen kann. Die Art der Selbstkontrolle richtet sich nach Diabetestyp, Therapieform und Alter des Patienten. Die Harnzuckerselbstkontrolle eignet sich für alle Diabetiker, die mit Diät bzw. mit Diät und oralen Antidiabetika behandelt werden. Blutzuckerselbstkontrollen sollten alle Typ-I-Diabetiker regelmäßig durchführen. Eine absolute Indikation für die Blutzuckerselbstkontrolle ist die schwangere Diabetikerin.

Diät
Diabetesbehandlung ohne Diät ist sinnlos. Diätetische Beratung und Einstellung müssen an erster Stelle stehen, auch wenn sie mühsam und zeitraubend sind. Die Kost des Diabetikers sollte den Grundsätzen einer modernen Ernährung entsprechen. Dies bedeutet, daß ca. 50–55% der Kalorien auf komplexe Kohlenhydrate, 30% auf Fett und 15% auf Eiweiß entfallen. Die Kost soll ballaststoffreich sein (ca. 30 g tgl.). Der Fettanteil der Nahrung sollte zu einem großen Teil ungesättigte Fette enthalten. Schnell resorbierbare Kohlenhydrate, die zu einem raschen und hohen Anstieg des Blutzuckers führen können, sind nicht erwünscht. Bei Patienten, die mit Diät allein, mit oralen Antidiabetika bzw. mit einer konventionellen Insulintherapie behandelt werden, ist auf eine gleichmäßige Verteilung der Kohlenhydrate auf 5–6 Mahlzeiten zu achten.

Der Nahrungs- bzw. Kalorienbedarf richtet sich nach Gewicht, Alter und körperlicher Tätigkeit. Langfristig ist bei Typ-II-Diabetikern eine Normalisierung des Körpergewichts anzustreben. Als Berechnungsbasis für Kohlenhydrate dient in Deutschland zur Zeit noch die BE (Broteinheit, besser: Berechnungseinheit). 1 BE = 10 g reine Kohlenhydrate entspricht z. B. 25 g Schwarzbrot, 65 g Kartoffeln, ca. 15 g Teigwaren oder Nährmitteln, ca. 100 g Obst oder ¼ l Milch. Sogenannte Zuckeraustauschstoffe (Sorbit, Zylit, Fructose) müssen in die BE-Berechnung einbezogen werden. Alkoholische Getränke sind nicht verboten; sie müssen allerdings bei der Kalorienberechnung berücksichtigt werden. Auch sollte jeder Diabetiker darauf hingewiesen werden, daß Alkohol unter Umständen den Blutzucker senken und zu Hypoglykämien führen kann.
Jeder Patient benötigt einen seinen Bedürfnissen und seinem Tagesablauf angepaßten individuell ausgearbeiteten Ernährungsplan, der die tägliche Energiezufuhr und die Verteilung der Nahrungsmittel auf die einzelnen Mahlzeiten enthält. Kalorientabellen und Austauschtabellen für Kohlenhydrate (BE) und fetthaltige Nahrungsmittel ergänzen den Plan.

Orale Antidiabetika
Bis vor wenigen Jahren umfaßte die orale Diabetestherapie zwei Wirkstoffgruppen, die Sulfonylharnstoffe und die Biguanide. Heute sind bis auf ein Präparat (Metformin [Glucophage retard]) alle Biguanide wegen des Risikos einer Lactatzidose aus dem Handel gezogen worden. Die Sicherheitsauflagen sind aber so streng, daß auf eine Verwendung verzichtet werden sollte. Hinzugekommen sind Substanzen, die die intestinale Glucoseresorption hemmen.

Sulfonylharnstoffe

Eigenschaften und Indikation: Sulfonylharnstoffe stimulieren die Insulinsekretion aus den B-Zellen des Pankreas. Sie haben auf Insulinsynthese und Neubildung von B-Zellen keinen Einfluß. Auch extrapankreatische Angriffspunkte (z. B. Insulinrezeptoren) werden beschrieben, sind aber klinisch praktisch zu vernachlässigen.
Von den vielen Sulfonylharnstoffderivaten wird am häufigsten Glibenclamid, das unter zahlreichen Handelsnamen erhältlich ist, verordnet. Die Dosierung liegt zwischen 1,75 und 10,5 mg/Tag.

Sulfonylharnstoffe sind nur bei Typ-II-Diabetikern und nur, wenn eine Diätbehandlung allein nicht zu einer guten Stoffwechseleinstellung führt, indiziert. Obwohl diese Indikationsstellung unbestritten ist, wird in Deutschland fast jeder neu diagnostizierte Typ-II-Diabetiker sofort mit Sulfonylharnstoffen behandelt. Häufig dient diese „Therapie der Bequemlichkeit" einem Diätersatz und schadet dem Patienten eher, als sie nützt.

Dosierung: Sulfonylharnstoffe sollen, um Hypoglykämien zu vermeiden, einschleichend dosiert werden, beginnend mit einer halben Tablette (1,75 mg) morgens vor dem Frühstück. Bei nicht ausreichender Senkung des Blutzuckers wird die Dosis allmählich gesteigert und bei höherer Dosis (ab 1½ Tabl.) auf zwei Einzelgaben, morgens und abends, verteilt. Die Höchstdosis liegt bei 3 Tabletten (2 morgens, 1 abends).

Nebenwirkungen: Mit einer chronischen Toxizität ist nicht zu rechnen. Sehr selten treten Allergien oder Leuko- und Thrombozytopenien auf. Hypoglykämien werden immer wieder beobachtet, sind aber nicht dem Medikament, sondern einer falschen Indikationsstellung oder Dosierung zuzuschreiben.

Substanzen mit Beeinflussung der Glucoseresorption

Guar (Glucotard) ist ein pflanzlicher Faserstoff mit hoher Quellfähigkeit, der die Glucoseresorption verzögert. Wie bei anderen Ballaststoffen treten gastrointestinale Nebenwirkungen (Völlegefühl, Meteorismus, Flatulenz und Diarrhöen) relativ häufig auf. Indiziert ist Guar bei Typ-I-Diabetikern mit stabiler Stoffwechsellage und bei Typ-II-Diabetikern mit drohendem Tablettenversagen. Die Dosierung (Einzeldosis 5 g) soll einschleichend erfolgen. Wird Guar gut vertragen, kann auf 3 Einzeldosen jeweils vor der Mahlzeit gesteigert werden.

Acarbose

Acarbose (Glucobay) ist ein Pseudotetrasaccharid, das α-Glucosidasen hemmt. Dadurch wird der Kohlenhydratabbau und die Glucoseresorption verzögert. Wichtigste Indikation ist der Typ-II-Diabetes, der mit Diät allein nicht gut einstellbar ist. Acarbose kann auch kombiniert mit anderen Antidiabetika gegeben werden. Die Dosierung soll einschleichend (2mal 50 mg zu den Mahlzeiten) erfolgen und allmählich bis 3mal 100 mg gesteigert werden. Relativ häufig werden (vor allem bei Ernährungsfehlern) gastrointestinale Nebenwirkungen (Meteorismus, Diarrhöen, Flatulenz und Bauchschmerzen) beobachtet, vor allem, wenn auf eine einschleichende Dosierung verzichtet wurde.

Insulin

Insulin wird in Internationalen Einheiten dosiert. Fast alle in Deutschland erhältlichen Insuline enthalten 40 IE/ml (U-40-Insuline). Insuline für Injektionshilfen (sog. PENs) enthalten 100 IE/ml (U-100-Insuline). Insulin wird grundsätzlich ca. 30 Min. vor den Mahlzeiten s. c. injiziert.

Die verfügbaren Insuline sind hochgereinigt und stammen von einer Tierart. Humaninsuline werden entweder gentechnologisch oder semisynthetisch aus Schweineinsulin hergestellt. Der Anteil der mit Humaninsulin behandelten Patienten hat rasch zugenommen; die tierischen Insuline werden wahrscheinlich in den kommenden Jahren allmählich aus dem Markt genommen, da praktisch für jede Neubehandlung Humaninsuline eingesetzt werden.

Nach *Wirkdauer* und *Wirkprofil* werden 3 Gruppen unterschieden (Tab. 29.**2**):

- Normal-(Alt-)Insuline haben einen schnellen Wirkungseintritt und eine kurze Wirkdauer.
- Verzögerungsinsuline sind durch langsamen bzw. sehr langsamen Wirkungseintritt und lange Wirkungsdauer gekennzeichnet, je nach Verzögerungsprinzip 12–28 Stunden.
- Mischinsuline sind fixe Mischungen aus Normal- und NPH-(Neutral-Protamin-Hagedorn-)Insulin. Die Wirkprofile addieren sich.

Indikationen:

- Typ-I-Diabetes;
- Präkoma, Coma diabeticum;
- Typ-II-Diabetiker, die auf Sulfonylharnstoffe und Diät nicht (mehr) ansprechen;
- Schwangere mit Gestationsdiabetes, bei denen der Stoffwechsel mit Diät allein nicht normalisiert werden kann;
- pankreopriver Diabetes.

Konventionelle Insulintherapie: Bei dieser Form der Insulintherapie, die auch heute noch häufig durchgeführt wird, wird Insulin 2mal täglich in einer fixen Mischung aus Verzögerungs-(NPH-)Insulin und Normalinsulin vor dem Frühstück und dem Abendessen verabreicht. Die Insulindosis liegt bei ca. 0,6–1,0 IE/kg KG täglich, das Verhältnis Morgen- zu Abenddosis bei 2–4 : 1. Der Nor-

Tabelle 29.**2** Humaninsuline

Insulinart	Zusammensetzung	Wirkprofil
1. Normalinsuline		
H-Insulin Hoechst Huminsulin Normal Actrapid HM Novo Velasulin Human Nordisk	gelöste Insuline	schneller Wirkungseintritt innerhalb 30 Min. Wirkungsdauer ca. 6 Stunden Maximum ca. 1.–3. Stunde
2. Verzögerungsinsuline		
Basal-H-Insulin Hoechst Huminsulin Basal Protaphan HM Novo Insulatard Human Nordisk	kristallines Protamin-humaninsulin NPH (= neutrales Protamin Hagedorn)	langsamer Wirkungseintritt innerhalb einer Stunde Wirkdauer bis 20 Stunden Maximum 4.–12. Stunde
Monotard HM Novo	30% amorphes + 70% kristallines Zinkinsulin	langsamer Wirkungseintritt nach 2 Stunden Wirkungsdauer bis 22 Stunden Maximum 6.–16. Stunde
Ultratard HM Novo	kristallines Zinkinsulin	sehr langsamer Wirkungseintritt nach 2 Stunden Wirkungsdauer bis 28 Stunden
3. Mischinsuline	Normal- : NPH-Insulin	
Huminsulin Profil I	10 : 90	entsprechend dem Normalinsulinanteil stärkere Initialwirkung
Depot-H15-Insulin	15 : 85	
Huminsulin Profil II	20 : 80	
Depot-H-Insulin Hoechst	25 : 75	
Huminsulin Profil III	30 : 70	
Actraphane HM 30/70 Novo	30 : 70	
Mixtard Human 30/70 Nordisk	30 : 70	
Huminsulin Profil IV	40 : 60	
Komb-H-Insulin Hoechst	50 : 50	
Mixtard Human 50/50 Nordisk	50 : 50	

malinsulinanteil richtet sich nach der Kohlenhydratzufuhr und den postprandialen Blutzuckerwerten. Diese Therapieform setzt einen relativ starren Tagesablauf mit konstanten Essenszeiten voraus; eine Anpassung der Ernährung und der Insulindosis ist nur in gewissen Grenzen möglich. Eine konventionelle Insulintherapie sollte nur bei Patienten durchgeführt werden, die damit ein normales HbA_1 haben, bzw. bei Patienten, die eine Selbstkontrolle des Blutzuckers nicht durchführen wollen.

Insulinbehandlung des Typ-II-Diabetes (Sekundärversagen): Als Sekundärversagen bezeichnet man Patienten mit Typ-II-Diabetes, die mit Sulfonylharnstoffen nicht mehr gut einstellbar sind. Diese meist älteren Patienten haben trotz Diätadhärenz schlechte HbA_1-Werte (>10%). Die Umstellung auf Insulin wird häufig (zu) lange, auch aus Angst vor der Spritze, aufgeschoben. Zunächst sollte eine Kombinationstherapie versucht werden, unter der Vorstellung einer noch erhaltenen Restinsulinsekretion. Die Tabletten werden in einer Dosierung von 2mal 3,5 mg Glibenclamid täglich weiterhin gegeben; zusätzlich werden morgens 6–8 IE eines Verzögerungsinsulins gespritzt. Die Dosis wird im Abstand von 4–6 Tagen um 2 IE gesteigert, bis eine gute Stoffwechseleinstellung erreicht ist. Bei manchen Patienten mit erhöhten Nüchternblutzuckerwerten ist es sinnvoll, das Verzögerungsinsulin spät abends zu verabreichen, um die nächtliche Glucoseproduktion zu hemmen. Übersteigt die Insulindosis ca. 20 IE, werden die Tabletten abgesetzt und auf eine Insulinmonotherapie mit zwei täglichen Spritzen eines Mischinsulins mit einem Normalinsulinanteil von 15 bis 20% umgesetzt. Nur selten ist bei diesen meist älteren Patienten eine intensivierte Therapie indiziert.

Nebenwirkungen: Die häufigste Nebenwirkung der Insulintherapie ist Hypoglykämie. Jeder Patient muß deshalb genau über die Symptome einer Hypoglykämie informiert werden. Wichtige Symptome sind Konzentrationsschwäche, Kopfschmerzen, Schweißausbrüche, Zittern, Herzklopfen, Heißhunger und Sehstörungen. Häufige Ursachen einer Hypoglykämie sind absichtliche oder unabsichtliche Dosiserhöhungen, Auslassen von Mahlzeiten oder ungewohnte körperliche Betätigung, oft kombiniert mit dem Hinausschieben einer Mahlzeit.

Die Insulinallergie ist als lokale oder generalisierte, nach Insulininjektion auftretende allergische Reaktion charakterisiert. Bei den lokalen Erscheinungen handelt es sich um umschriebene Rötungen und Schwellungen der Haut im Bereich der Injektionsstelle. Häufig sind die Allergien nicht auf das Insulinmolekül selbst, sondern auf die Zusatz- und Depotstoffe zurückzuführen. Handelt es sich um eine echte Überempfindlichkeit gegen das Insulinmolekül, muß Humaninsulin verwendet werden. Als Insulinresistenz wird ein Insulinbedarf von mehr als 100 IE pro Tag definiert. Ursache der Insulinresistenz können Antikörper gegen das Fremdinsulin sein. Eine heute seltene Komplikation ist die sog. Insulinlipodystrophie, bei der es sich um einen Schwund oder eine Wucherung des Fettgewebes im Bereich der Injektionsstelle handelt.

Intensivierte konventionelle Insulintherapie: Bei dieser modernen Form der Insulinsubstitution wird versucht, der physiologischen Insulinsekretion nahezukommen. Der basale Insulinbedarf wird durch 2 tägliche Insulininjektionen eines mittellang wirkenden Insulins (NPH-Insulin), der prandiale Insulinbedarf durch 3 tägliche Injektionen von Normalinsulin jeweils ca. 15 Min. vor den Hauptmahlzeiten abgedeckt. Der Patient spritzt also 3mal täglich, morgens und abends eine Mischung aus mittellang wirkendem und Normalinsulin. Jeweils ca. die Hälfte entfällt auf den basalen und den prandialen Insulinbedarf. Die Dosierung der präprandialen Normalinsulininjektionen richtet sich nach den jeweils bestimmten aktuellen Blutzuckerwerten und der vorgesehenen Kohlenhydrataufnahme, d. h., der Patient muß die Insulindosis selbst festlegen. Diese Form der Insulintherapie setzt intensive Schulung, Information, Motivation und regelmäßige Selbstkontrollen des Blutzuckers voraus. Je besser ein Diabetiker diese Therapieform beherrscht, um so freier kann er, ohne Stoffwechselentgleisung zu riskieren, Tagesablauf und Diät gestalten.

Behandlung mit Insulinpumpen: In den letzten Jahren werden zur Behandlung des Typ-I-Diabetes zunehmend tragbare Insulinpumpen eingesetzt. Mit dieser kontinuierlichen subkutanen Insulininfusion (CS II) wird entsprechend der physiologischen Insulinsekretion Normalinsulin als Basalrate infundiert. Jeweils vor den Mahlzeiten wird von den Patienten eine variable Rate zusätzlich abgerufen. Da bei diesen Pumpen kein Feedback durch laufende Blutzuckermessung besteht, muß der Patient mehrmals selbst seinen Blutzucker bestimmen, um die Insulindosis den Werten anpassen zu können. Die Behandlung mit der Insulinpumpe eignet sich nur für besonders kooperative Typ-I-Diabetiker, bei denen alle Möglichkeiten einer konventionellen Therapie zur guten Einstellbarkeit ausgeschöpft sind. Mit dieser Behandlungsmethode lassen sich Typ-I-Diabetiker nahezu normoglykämisch einstellen.

Komatherapie

Das Coma diabeticum ist ein Notfall der inneren Medizin und bedarf der Intensivpflege. Die Prognose wird entscheidend von der Dauer des Komas bestimmt. Deshalb muß nach der Diagnosestellung schon durch den Hausarzt ohne Verzögerung mit der Therapie begonnen werden. Ziel der Komabehandlung ist die Behebung des Insulinmangels, der Ausgleich des Flüssigkeits- und Elektrolytverlustes und die Beseitigung der metabolischen Azidose.

Maßnahmen:

- Kontinuierliche Insulinzufuhr durch Perfusor; dadurch Senkung des Blutzuckers und Ausgleich der Ketoazidose;
- Flüssigkeitszufuhr isotoner Lösungen;
- Natriumzufuhr zum Ausgleich des Natriumverlusts;
- Kaliumzufuhr zum Ausgleich des Kaliumverlusts und der Kaliumverschiebung in die Zellen durch Insulin;
- Phosphatzufuhr zum Ausgleich des Phosphatverlusts;
- Herz-Kreislauf-Mittel und Antibiotika; glucosehaltige Lösungen erst, wenn Blut-

zucker auf ca. 14 mmol/l [250 mg%]) abgesunken ist.

Das Therapieschema in Tab. 29.**3** hat sich bewährt.
Bei hyperosmolarem Koma muß das Insulin meist niedriger dosiert werden. Nach neueren Erkenntnissen sollten bei dieser Komaform keine hypotonen Lösungen infundiert werden, um eine zu rasche Änderung der Osmolalität und damit die Entwicklung eines osmotischen Gradienten zwischen Liquor und Extrazellulärraum mit der Gefahr des Hirnödems zu verhindern. Grundsätzlich sollte deshalb auch beim ketoazidotischen Koma ein zu schneller Abfall der Osmolalität vermieden werden. Als Faustregel gilt, daß der Blutzucker in 4–8 Stunden nicht um mehr als 50% abfallen soll.

Tabelle 29.**3** Schema für Komatherapie

Hausarzt:	Sofort mit Infusionstherapie beginnen (z. B. 500 ml 0,9%ige Kochsalzlösung)
Altinsulin:	12–20 IE i.v.
Klinik:	
Altinsulin:	6–12 IE/Std. mit der Infusionspumpe
Flüssigkeit:	insgesamt 6–8 l (10% des Körpergewichts), in den ersten 2 Stunden ca. 2 l, bei normalem Natrium isotone (0,9%) Kochsalzlösung, bei erhöhtem Natrium (> 155 mmol) hypotone Kochsalzlösung, bei Blutzuckerwerten um 14 mmol/l (250 mg/dl) 5%ige Glucoselösung
Kalium:	15–20 mmol/Std. mit Beginn der Insulintherapie, bei Kalium > 5,5 mmol/l abwarten
Phosphat:	10 mmol/Std.; Verabreichung als Kaliumdihydrogenphosphat (2,7%)- und Dikaliumhydrogenphosphat (7%)-Lösung (1 ml enthält 0,6 mmol Phosphat und 1 mmol Kalium)
Natrium-bicarbonat	nur wenn pH < 7,1 50 mmol bei pH 7,0–7,1 100 mmol bei pH < 7,0

Therapie des Spätsyndroms
Eine spezifische Therapie des Spätsyndroms ist bei der noch nicht geklärten Pathogenese nicht bekannt. Es gelingt aber, durch konsequente optimale Stoffwechselführung die Entwicklung der Mikroangiopathie zu verhindern oder wenigstens hinauszuzögern. Bei schwereren progredienten Retinopathien wird heute mit großem Erfolg die Lichtkoagulation der Mikroaneurysmen oder Blutungen durchgeführt; die medikamentöse Therapie mit sog. gefäßabdichtenden Medikamenten ist unbefriedigend. Auch die Therapie der Nephropathie ist eine symptomatische; die Behandlung des Hypertonus ist dabei besonders wichtig. Lediglich die häufig begleitende Pyelonephritis ist einer gezielten Therapie zugänglich. Sind die Möglichkeiten der konservativen Therapie erschöpft, muß eine Dialysebehandlung begonnen werden. Die Dialysebehandlung sollte bei Diabetikern früher als bei anderen Patienten mit chronischer Niereninsuffizienz beginnen. Die Therapie der Neuropathie ist unbefriedigend. Eine optimale Stoffwechsellage ist anzustreben, ein Versuch mit Thioctsäure gerechtfertigt. Die Therapie des diabetischen Fußes ist wesentlich dankbarer. Gute Stoffwechselführung, Lokalbehandlung mit lauwarmen Fußbädern mit anschließendem Trockenfönen, gefäßerweiternde Mittel (intraarteriell) und Antibiotika haben sich bewährt und führen, vor allem beim neuropathischen Fuß, oft zum Erfolg.

Diabetes und Schwangerschaft
Die Schwangerschaft der Diabetikerin war bis vor wenigen Jahren durch eine hohe perinatale Mortalität (10–20%), Riesenkinder und eine 2- bis 3mal höhere Mißbildungsrate belastet. Auch Gestosen und Hydramnion waren häufiger. Durch eine strenge Diabetesführung während der gesamten Schwangerschaft und durch intensive geburtshilfliche Überwachung lassen sich die perinatalen Komplikationen, soweit sie nicht auf Mißbildungen beruhen, verhindern. Die erhöhte Mißbildungsrate kann wahrscheinlich durch eine schon präkonzeptionelle Normalisierung des Blutzuckers beeinflußt werden. Gravide Diabetikerinnen müssen besonders streng geführt werden. Die Blutzuckerwerte sollen während der gesamten Schwangerschaft zwischen 3 und 7 mmol/l (60–130 mg/dl) liegen. Dieses Ziel ist nur durch eine lückenlose Selbstkontrolle des Blutzuckers und durch eine intensivierte Insulintherapie zu verwirk-

lichen. Es werden praktisch immer 3 und mehr Insulininjektionen benötigt. Stärkere Hypoglykämien sind selten. Die Gefährdung des Fetus durch Hypoglykämien ist nicht gesichert. Mit der Schwangerschaftsdauer steigt der Insulinbedarf laufend an. Eine enge Zusammenarbeit mit dem Geburtshelfer ist unerläßlich. Bei ungestörtem Schwangerschaftsverlauf erfolgt die Entbindung am Termin, bei erhöhtem Risiko (Gestose, schlechte Diabeteseinstellung) vorzeitig.

Gicht (Arthritis urica)

Sie ist die klinische Manifestation einer familiären Hyperurikämie.

Primäre Gicht

Def: Sie ist eine angeborene Stoffwechselstörung und gekennzeichnet durch Vermehrung der Serumharnsäure (familiäre Hyperurikämie) und Uratablagerungen, vor allem in mesenchymalen Geweben, mit initialer Monoarthritis und häufiger Nierenbeteiligung (Gichtnephropathie).

Ät und Pathog: Der Erbgang ist uneinheitlich. Die Hyperurikämie wird wahrscheinlich autosomal dominant bei Frauen mit geringerer Penetranz und Expressivität vererbt. Vor der Menopause haben Frauen praktisch nie eine Gicht (urikosurischer Effekt der Östrogene?). Bei etwa 5% der Erwachsenen in den Industriestaaten liegt eine Hyperurikämie vor.

Das Risiko eines Gichtanfalls nimmt graduell mit steigender Serumharnsäure zu. Bei Harnsäurewerten zwischen 360 und 420 µmol/l (6–7 mg/dl) erkranken etwa 2%, bei mehr als 480 µmol/l (8 mg/dl) mehr als ⅓, bei anhaltend mehr als 540 µmol/l (9 mg/dl) praktisch alle Patienten mit Hyperurikämie. Exogene Faktoren wie Übergewicht, körperliche Überbeanspruchung, Operationen, Unterkühlung, vor allem aber übermäßiger Alkoholgenuß und Konsum purinreicher Nahrungsmittel (Fleisch, Innereien, Fisch, Spinat, Erbsen, Tomaten, Gurken) und auch psychische Streßsituationen können einen Gichtanfall auslösen.

Als *endogene Faktoren* kommen wahrscheinlich zwei Mechanismen in Frage: Eine renale Harnsäureausscheidungsstörung (Beeinträchtigung der renalen Harnsäuresekretion infolge eines spezifischen tubulären Defektes), die für 99% der Patienten mit Hyperurikämie zutrifft, und die Steigerung der Harnsäurebiosynthese. Während die pathophysiologischen Zusammenhänge der renalen Ausscheidungsstörung noch nicht hinreichend aufgeklärt sind, kennt man einige spezifische Enzymdefekte, die zu einer Steigerung der Harnsäuresynthese führen. Der angeborene Mangel oder das Fehlen wichtiger Schlüsselenzyme, wie der Hypoxanthin-Guanin-Phosphoribosyltransferase (HGPRT), beeinflußt entscheidende Regulationsmechanismen der Harnsäuresynthese. Dieser Enzymdefekt trifft nur für etwa 1% der Gichtkranken mit exzessiver Harnsäureüberproduktion und vermehrter Harnsäureausscheidung (sog. Hyperexkretoren) zu sowie für das Lesch-Nyhan-Syndrom, einer seltenen angeborenen Erkrankung des Kindesalters mit neurologischer und psychischer Defektsymptomatik.

Sy und Dg: Es lassen sich 3 Stadien unterscheiden:

- die akute Arthritis bzw. der akute Gichtanfall,
- das symptomfreie Zwischenstadium,
- die chronische Gichtphase, wobei Übergänge fließend sind.

Der akute Gichtanfall tritt spontan, oft durch exogene Faktoren ausgelöst, auf. Stunden bis Tage vor dem akuten Anfall können gastrointestinale Symptome (Inappetenz, Völlegefühl, Übelkeit, Erbrechen), Kopfschmerzen, Tachykardie und Fieber auftreten. Die Diagnose wird gestützt, wenn sich plötzlich – häufig nachts – heftige Gelenkschmerzen mit Rötung, Schwellung und starker Druckempfindlichkeit einstellen. Der akute Anfall erfolgt meist unilokulär am Metatarsophalangealgelenk der Großzehe (80%), kann aber auch an Fußwurzelgelenk, Kniegelenk, Finger-, Hand- und Ellenbogengelenken auftreten. Sind zwei oder mehrere Gelenke befallen, so ist die Lokalisation im allgemeinen asymmetrisch. Nach 3–5 Stunden, bei rezidivierenden Anfällen oft erst nach 10–14 Tagen klingen die Erscheinungen spontan ab. Die Harnsäure im Serum ist erhöht (Normalwerte für Männer 330 µmol/l = 5,5 mg/dl, für Frauen 240 ± 90 µmol/l = 4 ± 1,5 mg/dl). Es bestehen Leukozytose, Beschleunigung der BSG und CRP-Erhöhung. Die Harnsäureausscheidung im Urin ist oft nicht verändert oder verringert. Das *symptomfreie Intervall* kann sich über Wochen und Jahre ausdehnen. In der *chronischen Gichtphase* treten leichtere Gichtanfälle auf, die auch seltener sind. Charakteristisch sind Uratablagerungen (Tophi), bevorzugt an Ohrmuscheln, Händen, Füßen und Ellbogen. Darüber hinaus können Schleimbeutel, Muskeln, Sehnenscheiden, Epiglottis, intestinale Organe und Nieren befallen sein. Die Diagnose wird in diesem Stadium durch den Harnsäurenachweis (im Aspirat) in einem Tophus oder Nierenstein (Murexidprobe: Eintrocknen, nach Zusatz von Salpetersäure und Erwärmen Rotfärbung, nach Ammoniakzusatz purpurrot) gesichert. Fistelbildungen, Gichtgeschwüre, ossäre Gichtknoten, Deformierungen und Funktionseinschränkung bei Befall von Sehnen und Sehnenscheiden sind heute selten gewordene Komplikationen. Röntgenologisch findet man die typischen gelenknahen, scharf begrenzten Usuren.

DD: In der akuten Phase gilt die Diagnose gegenüber traumatischer und bakterieller Arthritis (z. B. Monarthritis gonorrhoica), Erythematodes, Panarthritis nodosa und Reiter-Syndrom als gesichert, wenn Hyperurikämie besteht, oft schlagartige Besserung auf Colchicin eintritt und wenn bei vorhandenen Tophi Harnsäure nachzuweisen ist. Bei primär polyartikulärer Form muß das akute rheumatische Fieber, im Stadium der chronisch-rezidivierenden Gicht die primärchronische Arthritis ausgeschlossen werden. Ähnliche röntgenologische Veränderungen findet man bei Boeck-Sarkoid (Löfgren-Syndrom), multiplem Myelom, Hyperparathyreoidismus und der seltenen Hand-Schüller-Christian-Krankheit.

Kompl: Gichtnephropathie (Gichtniere): Neben der gehäuft beobachteten Uratnephrolithiasis als spezifische Zeichen Ablagerungen von Harnsäurekristallen im Interstitium vor allem des Nierenmarks bei etwa 82% aller Gichtkranker. Sie entstehen als Folge des normalen Harnkonzentrierungsvorganges in der Niere, wenn eine kritische Konzentration der Harnsäure überschritten wird. Die meisten pathologischen Befunde sind indes unspezifisch. So entspricht das klinische Bild dem der chronischen interstitiellen Nephritis bzw. der Pyelonephritis, die bei ⅔ der Fälle beobachtet wird. Vaskuläre Veränderungen unter dem Bild der unspezifischen Glomerulosklerose, Arterio- und Arteriolosklerose können schon recht frühzeitig auftreten. Darüber hinaus können sich auch Veränderungen in den Koronarien, den Arteriolen der Submukosa des Kolons, im Pankreas und im Perikard finden.

Th: Eine medikamentöse Behandlung der asymptomatischen Hyperurikämie ist nur bei Harnsäurewerten über 540 µmol/l (9 mg/dl) notwendig.

- *Akuter Gichtanfall:* Ruhigstellung der betroffenen Extremität, möglichst Bettruhe, feuchte, kühle Umschläge.
  Medikamentös:
  Colchicin (Colchicum-Dispert) wirkt antiphlogistisch. Dosis: 0,5–1 mg, 1–2 stündlich, bis Schmerzen abklingen oder gastrointestinale Nebenerscheinungen (Übelkeit, Erbrechen, Durchfälle) auftreten. Letztere lassen sich durch Tinctura Opii, Imodium, Reasec beherrschen. Gesamtdosis 4–8 mg. Wiederholung dieser Dosis nicht vor Ablauf einer Woche.
  Prednisolon 25–50 mg 1–2mal täglich, häufig entbehrlich.
  Phenylbutazon (Butazolidin) initial 400 mg, danach 6 stündlich 100–200 mg insgesamt 3 bis höchstens 4 Tage.
  Indometacin (Amuno) initial 50–100 mg, dann 6–8 stündlich 25 mg.
  Piroxicam (Felden) 40 mg täglich 3–4 Tage lang.
  Naproxen (z. B. Proxen) 3mal 250 mg täglich.
  Die Nebenwirkungen der nichtsteroidalen Antiphlogistika (Magenschleimhaut, ZNS, Blutbildung, Nierenfunktion) sind zu beachten.
- *Interkritische Phase und Dauertherapie:* Ziel der Therapie ist die Normalisierung des Harnsäurebestands im Körper durch Senkung der Serumharnsäure unter 300 µmol/l (5 mg/dl). Dies kann erreicht werden durch Diät und Medikamente, die entweder die Harnsäurebildung im Körper reduzieren (Urikostatika) oder deren renale Elimination steigern (Urikosurika).
  Diät: Die Einhaltung einer purinarmen Diät ist trotz moderner medikamentöser Behandlungsmöglichkeiten als Basistherapie beizubehalten. Ziel der Diät ist die Verringerung der Purinzufuhr mit der Nahrung, die Normalisierung des Körpergewichts und die Reduktion des Alkoholkonsums.

  Urikostatika: Monotherapie mit Allopurinol (z. B. Foligan, Urosin, Zyloric).
  Wirkung: Kompetitive Enzymhemmung (gehemmtes Enzym: Xanthinoxidase).
  Dosierung: 400–600 mg initial, Erhaltungsdosis 100–300 mg täglich. Bei eingeschränkter Nierenfunktion kann Allopurinol in reduzierter Dosis gegeben werden. Nebenwirkungen (Übelkeit, Brechreiz, Durchfall, Juckreiz, Exanthem) sind selten. Interaktionen mit anderen Arzneimit-

teln (Azathioprin, 6-Mercaptopurin, Cumarinderivate) sind möglich.

Urikosurika:
Wirkung: Steigerung der renalen Harnsäureausscheidung durch Hemmung der tubulären Rückresorption. Verwendung findet Benzbromaron (z. B. Narcaricin, Uricovac). Dosierung 50–100 mg täglich. Gleichzeitig ist für ausreichende Flüssigkeitszufuhr (1,5–2 l) zu sorgen und wegen der Gefahr der Nierensteinbildung gleichzeitig Alkalisierung des Urins mit Natriumbicarbonat (4–8 g täglich) oder Uralyt-U. Urin-pH möglichst zwischen 6,4 und 7,0. Als Urikosurika können alternativ verwendet werden: Probenecid (Dosierung: 1. Woche 250 mg täglich p. o., dann langsam steigernd über 500 mg, 750 mg bis maximal 2,0 g) und Sulfinpyrazon (Anturano) (Dosierung: 100–400 mg täglich). Urikosurika sind kontraindiziert bei eingeschränkter Nierenfunktion und Nephrolithiasis. Die Kombination mit Salicylaten sollte vermieden werden: antagonistischer Effekt. Die Kombinationstherapie von Allopurinol und Urikosurika (z. B. Acifugan, Allomaron) bringt keine echten Vorteile gegenüber der Therapie mit den Einzelsubstanzen. Lediglich bei großen Harnsäuredepots kann anfangs eine kombinierte Behandlung mit Allopurinol, einem Urikosurikum und vorübergehend auch kleinen Colchicindosen erforderlich sein, um akuten Gichtanfällen oder renalen Komplikationen vorzubeugen.

Prgn: Quoad vitam günstig. Die Prognose wird meist bestimmt durch die Komplikationen seitens der Niere und des kardiovaskulären Systems. Häufigste Todesursache des Gichtkranken sind Koronarinfarkt und zerebrovaskulärer Insult.

Sekundäre Gicht

Sie ist als Komplikation von Krankheiten mit vermehrtem Auf- und Abbau von Nucleoproteiden aufzufassen. Hier sind in erster Linie die Polyzythämie und die chronische Leukämie zu nennen. Unter der zytostatischen Behandlung neoplastischer Erkrankungen kann der Serumharnsäurespiegel ansteigen, ein akuter Gichtanfall ausgelöst werden und eine Harnsäurenephrolithiasis auftreten. In diesen Fällen sollte Allopurinol und reichlich Flüssigkeit gegeben werden. Die Behandlung des akuten Anfalls erfolgt wie bei der primären Gicht. Ob chronische Nierenerkrankungen mit verminderter renaler Harnsäureausscheidung und Hyperurikämie zu sekundärer Gicht führen, ist noch umstritten.

Nichtgichtige Hyperurikämien

Die Konzentration der Harnsäure im Serum kann erhöht sein bei Akromegalie, Myxödem, Hyperparathyreoidismus, CO-Intoxikation, bei Ketosen als Folge einer dekompensierten Zuckerstoffwechsellage oder im Hungerzustand, bei Nulldiät zur Gewichtsreduktion und nach Gabe von Sulfonamidsaluretika. Fettsüchtige, Diabetiker und Patienten mit Hyperlipämie und schwerer Arteriosklerose haben häufiger erhöhte Harnsäurewerte.

Hepatolentikuläre Degeneration (Wilson-Syndrom)

Def: Genetisch determinierte, rezessiv vererbte, primäre Proteinstoffwechselstörung des Kindes- und Adoleszentenalters mit mangelnder oder fehlender Coeruloplasminbildung.

Ät und Pathog: Die Erkrankung beruht auf der Unfähigkeit, Kupfer in fester Bindung an Coeruloplasmin zu transportieren und in die Galle einzuschleusen. Kupfer wird daher rasch über die Nieren eliminiert (toxische Tubulusschädigung), aber auch in verschiedenen Organen, wie der Leber (hypertrophische, später atrophische Leberzirrhose), dem Gehirn (Stammganglien), der Kornea (Kayser-Fleischer-Ring) und der Haut (graugrüne Verfärbung) abgelagert. Wahrscheinlich spielen abnorme Gewebsproteine mit hoher Kupferaffinität eine additiv wirksame Rolle.

Vk und Sy: Krankheitsbeginn um das 10., selten jenseits des 30. Lebensjahres. Die klinischen Symptome entsprechen im wesentlichen den Organschädigungen von Gehirn und Leber; zunächst diskrete neurologische Symptome. Gang- und Sprachstörungen, Intentionstremor, Muskelrigidität, Dysdiadochokinese und die Zeichen der Leberzirrhose sind charakteristisch.

Dg: Erhöhte Kupferausscheidung im Urin, Aminoazidurie. Im Serum erniedrigte oder normale Kupfer- und Coeruloplasminspiegel.

Th: Kupferarme Kost, soweit durchführbar. Kaliumsulfid (20–40 mg zum Essen) und Versuch mit D-Penicillamin (1–4 g täglich, fortdauernd), das durch Chelatbildung zu einer Steigerung der Kupferausscheidung führt. Alternativ kann auch mit einer p. o. Zinktherapie (145 mg Zinksulfat täglich) der

Serum- und Organkupferspiegel gesenkt werden.

Prgn: Infaust, Verlauf von Remissionen unterbrochen, innerhalb von Monaten bis wenigen Jahren progredient, bei frühzeitig einsetzender Therapie etwas günstiger.

Hypoglykämien – hypoglykämischer Schock

Def: Hypoglykämie = Blutzucker <3 mmol/l (50 mg/dl).

Ät: Die häufigsten Ursachen sind medikamentös induzierte Hypoglykämien bei mit Insulin oder Sulfonylharnstoffen behandelten Diabetikern (Tab. 29.**4**).

Sy: Die Symptomatik resultiert aus der adrenergen Gegenregulation und dem zentralnervösen Glucosemangel. Die adrenerge Warnsymptomatik ist durch Zittern, Schweißausbruch, Heißhunger und Tachykardie gekennzeichnet. Die Neuroglykopenie führt zu psychischen und neurologischen Symptomen. Typische psychische Symptome sind Angst und Unruhe, Verwirrtheit, depressive oder aggressive Verstimmung, Apathie oder Kritiklosigkeit. Die neurologischen Symptome sind charakterisiert durch Kopfschmerzen, Müdigkeit, Parästhesien, Seh- und Sprachstörungen, Somnolenz, Koma und generalisierte Krämpfe. Im hypoglykämischen Schock finden sich weite Pupillen, Inkontinenz, Pyramidenbahnzeichen, u. U. auch Paresen, vor allem bei älteren Patienten. Länger dauernde Hypoglykämien können zu irreversiblen neurologischen Ausfällen mit Intelligenzverlust führen.

Das Hypoglykämiemuster ist individuell sehr unterschiedlich. Adrenerge Warnsymptome können (vor allem bei längerer Diabetesdauer und älteren Patienten) fehlen.

Dg: Die Diagnose stützt sich auf die Whipple-Trias: Hypoglykämiesymptomatik, erniedrigter Blutzucker, Besserung nach Glucosezufuhr.

DD: Apoplektischer Insult, Intoxikationen, Epilepsie, diabetisches, hepatisches, urämisches Koma.

Zur Differenzierung der verschiedenen Hypoglykämien ist der Zeitpunkt des Auftretens wichtig: Reaktive Hypoglykämien (2–4 Stunden nach kohlenhydratreichen Mahlzeiten) finden sich bei den funktionellen Hypoglykämien, in Frühstadien des Diabetes mellitus oder nach Magenoperationen. Eine Nüchternhypoglykämie ist z. B. typisch für das Insulinom; die Symptomatik ist hier progredient hinsichtlich Schwere und Häufigkeit der Anfälle. Der wesentliche diagnostische Test ist ein 72stündiger Hungerversuch und die Bestimmung von Blutzucker, Plasmainsulin und C-Peptid-Spiegeln.

Th: Der hypoglykämische Schock ist ein Notfall der inneren Medizin. Die Therapie besteht in der Gabe von 40–60 ml 50%iger Glucoselösung i. v. oder, falls dies nicht möglich ist, in der s. c. Injektion von 1–2 mg Glucagon. Bei fehlendem Leberglykogen ist Glucagon wirkungslos. Bei leichteren Hypoglykämien und bewußtseinsklaren Patienten genügt die p. o. Zufuhr von Traubenzucker, Obstsäften usw. Sulfonylharnstoffinduzierte Hypoglykämien verlaufen bei älteren Patienten oft prolongiert und erfordern eine länger dauernde Überwachung des Blutzuckers.

Nach der symptomatischen Therapie mit Glucose muß, wenn möglich, eine kausale Behandlung durchgeführt werden. Medikamentös hervorgerufene Hypoglykämien erfordern eine Überprüfung der Dosis (Insulin, Tabletten). Die reaktiven Hypoglykämien werden mit einer Diabetesdiät (viele kleine Mahlzeiten, keine schnell resorbierbaren Kohlenhydrate) behandelt. Die Therapie des Insulinoms besteht in der operativen Entfernung des Tumors.

Tabelle 29.**4** Klassifizierung der Hypoglykämien

1. Nüchternhypoglykämien
   - Insulinom
   - (große) extrapankreatische Tumoren
   - diffuse Lebererkrankungen, Glykogenosen
   - Alkohol- und Nahrungskarenz
   - Endokrinopathien; Unterfunktion von Nebennieren, Hypophyse, A-Zellen
2. Reaktive Hypoglykämien
   - reaktiv-funktionell
   - Diabetesfrühstadien
   - nach Magenoperationen
   - leucininduziert
   - hereditäre Fructoseintoleranz
3. Medikamentös induzierte Hypoglykämien
   - Insulin
   - Sulfonylharnstoffe

Lipoproteinstoffwechselstörungen

Lipoproteinstoffwechsel

Zusammensetzung, Funktion und Arten der Lipoproteine

Die im Blut zirkulierenden wasserunlöslichen Lipide (Cholesterin, Triglyceride) werden in Form von Lipoproteinen transportiert, deren hydrophober Kern aus Cholesterinestern und Triglyceriden besteht, während die polare Oberfläche aus freiem Cholesterin, Phospholipiden und sog. Apoproteinen (AI, AII, B, C, E) besteht. Diese Apoproteine regulieren den Stoffwechsel der Lipoproteine durch Bindung an spezifische Rezeptoren (Apoproteine B und E binden sich an den LDL-Rezeptor) und Aktivierung von Enzymen (Lipoproteinlipase wird durch Apoprotein CII aktiviert, hepatische Triglyceridlipase durch Apoprotein AI).

Aufgrund ihrer Dichte und elektrophoretischen Mobilität lassen sich im Plasma *triglyceridreiche Lipoproteine* (Chylomikronen) und VLDL (very low density lipoproteins) von *cholesterinreichen Lipoproteinen* (IDL = intermediate density lipoproteins, LDL = low density lipoproteins, HDL = high density lipoproteins) unterscheiden. Erhöhungen oder Verminderungen dieser Lipoproteine (Hyperlipoproteinämie, Hypolipoproteinämie) können sowohl durch genetische Faktoren (primäre Hyperlipoproteinämien) als auch sekundäre Faktoren (Diät, Begleiterkrankungen, Medikamente) bedingt sein. Dabei kennzeichnet die *Klassifikation nach Fredrickson* (Hyperlipoproteinämie Typen I–V) lediglich die erhöhten Lipoproteinklassen und charakterisiert nicht die zugrundeliegende Stoffwechselstörung. Sie kann aber weiterhin zur Beschreibung der erhöhten Lipoproteinklassen verwandt werden (Tab. 29.**9** und 29.**10**).

Bei exzessiver Erhöhung triglyceridreicher Lipoproteine (Chylomikronen, VLDL) besteht das Risiko einer Pankreatitis. Eine Vermehrung cholesterinreicher Lipoproteine (LDL, IDL) führt zu einer frühzeitigen Arteriosklerose, während hohe HDL-Cholesterinwerte (Frauen haben höhere HDL-Cholesterinwerte als Männer) erwünscht sind, da den HDL eine gefäßprotektive Wirkung zugeschrieben wird.

Transport exogener Lipide

Etwa 100 g Triglyceride sowie 1 g Cholesterin aus Nahrung und Galle werden täglich in der Mukosa des Dünndarms in Chylomikronen inkorporiert und gelangen über das Lymphsystem in das Blut. Sie werden im Kapillarsystem der Muskeln und des Fettgewebes an endotheliale Bindungsstellen gebunden, wobei dort durch die Lipoproteinlipase, aktiviert durch Apoprotein CII, freie Fettsäuren und Monoglyceride freigesetzt werden. Diese stehen dann den Muskeln und dem Fettgewebe als Energieträger bzw. zur Speicherung zur Verfügung.

Durch die Triglyceridhydrolyse ist ein cholesterinreiches, triglyceridverarmtes Partikel (Chylomikronen-Remnant) entstanden, das nach Wiedereintritt in die Zirkulation über einen durch Apoprotein E vermittelten Prozeß von der Leber aufgenommen wird.

Transport endogener Lipide

Die in der Leber synthetisierten Triglyceride werden zusammen mit Cholesterin, Phospholipiden und Apoproteinen als VLDL in das Blut sezerniert. Diese triglyceridreichen VLDL enthalten als Strukturprotein Apoprotein B 100 und werden ähnlich wie Chylomikronen in der Peripherie verarbeitet. Das entstandene VLDL-Remnant wird IDL genannt, das sich in der Leber an den LDL-Rezeptor binden und so von der Leber aufgenommen werden kann. Ein Teil der IDL bleibt im Plasma und wird nach weiterer Triglyceridhydrolyse sowie Verlust aller Apoproteine außer Apoprotein B 100 als LDL über den LDL-Rezeptor aufgenommen.

LDL-Rezeptor

Der Cholesterinbedarf menschlicher Zellen wird durch De-novo-Biosynthese und den LDL-Rezeptor gedeckt. Dabei wird LDL durch rezeptorvermittelte Endozytose in extrahepatischen Zellen aufgenommen, wobei nach Hydrolyse in Lysosomen Cholesterin zur Membransynthese bzw. als Vorstufe zur Hormonsynthese (z. B. in der Nebennierenrinde) zur Verfügung steht. Über den LDL-Rezeptor der Leber werden täglich etwa 70–80% des Plasma-LDL abgebaut; das übrige LDL wird unabhängig vom LDL-Rezeptor durch Phagozyten des RES aufgenommen.

Das bei der Zellregeneration von parenchymatösen Zellen und Phagozyten entstehende freie Cholesterin wird an HDL gebunden und durch das Enzym Lecithin-Cholesterin-Acyltransferase (LCAT) im Plasma verestert. Im Austausch mit Triglyceriden (cholesterin ester transfer protein, CETP) wird Cholesterin auf VLDL transferiert, die zu LDL katabolisiert werden. Cholesterin kann so durch

Tabelle 29.**5** Wünschenswerte Blutfettspiegel

	Ohne weitere Risikofaktoren	Bei weiteren Risikofaktoren (Tab. 29.**6**)	
Cholesterin	200–215	200	mg/dl
LDL-Cholesterin	155	135	mg/dl
Triglyceride	200	200	mg/dl

LDL und HDL zur Leber zurücktransportiert und über das Gallesystem ausgeschieden werden.

Lipoproteine und Arteriosklerose

Risikofaktoren für Koronarsklerose und Therapieziele

Zahlreiche Studien in verschiedenen Ländern haben gezeigt, daß erhöhte Cholesterinwerte einen gewichtigen Risikofaktor für das Entstehen einer frühzeitigen Koronarsklerose darstellen. Als Konsequenz dieser Studien hat die Europäische Atherosklerose-Gesellschaft 1988 Richtwerte empfohlen, die auch andere Risikofaktoren in der Therapieentscheidung berücksichtigt (Tab. 29.**5** und 29.**6**).

Modifizierte Lipoproteine – Lipoprotein (a)

Neben der Quantität scheint auch die Zusammensetzung der Lipoproteine einen Einfluß auf ihre Atherogenität zu haben: So induzieren modifizierte LDL (z. B. oxidierte LDL) eine vermehrte Schaumzellbildung aus Makrophagen in den Gefäßwänden. Inwieweit sich diese Modifikation durch Antioxidantien beeinflussen läßt, müssen kontrollierte Studien zeigen. Lipoprotein (a) (Lp(a)) ist eine Variante des LDL mit ähnlicher Lipidzusammensetzung, das neben Apoprotein B ein zusätzliches Protein Apoprotein (a) enthält. Dieses Apoprotein (a) zeigt Sequenzhomologien mit dem Plasminogen und kann im Plasma in verschiedenen Isoformen isoliert werden. Es ist unabhängig von LDL in seiner Höhe genetisch determiniert und läßt sich durch Ernährung und Medikamente kaum beeinflussen. Da bei Koronarkranken sehr häufig erhöhte Lp(a)-Werte (>30 mg/dl) festgestellt werden, müssen bei diesen Patienten sehr niedrige Cholesterinwerte angestrebt werden.

Diagnose

Durch eine Bestimmung von Cholesterin, Triglyceriden und HDL-Cholesterin sowie die Beurteilung des Nüchternplasmas (trübe Seren bei Vermehrung triglyceridreicher Lipoproteine) ist in der Praxis die weitaus überwiegende Zahl aller Hyperlipoproteinämien richtig diagnostizierbar (Tab. 29.**9** und 29.**10**).

Cholesterin, Triglyceride und HDL-Cholesterin werden meistens enzymatisch gemessen, wobei HDL-Cholesterin nach Präzipitation von VLDL und LDL im Überstand bestimmt wird. Nach der sog. *Friedewald-Formel* läßt sich bei Triglyceridwerten bis 5 mmol/l (400 mg/dl) das LDL-Cholesterin dann berechnen:

LDL-Cholesterin = Gesamtcholesterin – Triglyceride/5 (VLDL-Cholesterin) – HDL-Cholesterin

Eine ergänzende Familienuntersuchung erlaubt in vielen Fällen eine genauere Zuordnung.

Spezialisierte Zentren können eine Apoprotein-, Rezeptor- und Enzymdiagnostik sowie Genanalysen durchführen.

Tabelle 29.**6** Andere Risikofaktoren für Entstehen von Koronarsklerose

Beeinflußbare Risikofaktoren	Andere Faktoren
Bluthochdruck	Familienanamnese einer koronaren Herzkrankheit oder peripheren arteriellen Verschlußkrankheit
Zigarettenrauchen	frühzeitige koronare Herzkrankheit des Patienten
Diabetes mellitus	Revaskularisationsbehandlungen
Übergewicht	männliches Geschlecht
niedriges HDL-Cholesterin	jugendliches Alter

Therapieprinzipien

Diät

Die Normalisierung der Blutfette sollte zunächst durch konsequente Gewichtsreduktion bei Übergewicht sowie durch diätetische Maßnahmen angestrebt werden, die im Prinzip auch für Hypertoniker und Diabetiker gelten (Tab. 29.**7**).

Medikamente

Während durch *diätetische Maßnahmen* allein eine Cholesterinsenkung von 10–20% erreichbar ist, stehen bei nicht ausreichendem Therapieerfolg wirksame Medikamente zur Verfügung (Tab. 29.**8**). Zur Orientierung sind Erfahrungswerte der Wirksamkeit bezüglich der Cholesterinsenkung aufgeführt, wobei bei einzelnen Patienten Verträglichkeit und Wirksamkeit erheblich variieren können. Dabei sind bei der Kombinationsbehandlung oft maximal tolerierbare Dosen erforderlich; andererseits ermöglicht dies auch eine effektive Therapie extremer Hypercholesterinämien.

Primäre Hyperlipoproteinämien
(Tab. 29.**9**)

Bei vielen familiär-genetischen Hyperlipoproteinämien konnte in den letzten Jahren der Primärdefekt durch proteinchemische und molekularbiologische Forschungen geklärt werden, wobei die Ausprägung der Fettstoffwechselstörung durch interagierende Gene und Umweltfaktoren bestimmt wird.

Familiäre Hypercholesterinämie

Pathog: Mutationen des LDL-Rezeptor-Gens (Häufigkeit 1/500 in der Bevölkerung) führen zu LDL-Rezeptordefekten und damit einem verminderten Abbau des Plasmacholesterins. Bei autosomal dominanter Vererbung liegen die Plasmacholesterinwerte zwichen 8 und 16 mmol/l (300–600 mg/dl), in der homozygoten Form zwischen 16 und 26 mmol/l (600–1000 mg/dl).

Tabelle 29.**7** Ernährungsempfehlung zur Normalisierung der Blutfette

Nahrungsbestandteile	Energie (%)
Kohlenhydrate	50–60
Protein	10–20
Fett	bis zu 30
gesättigte Fettsäuren	bis zu 10
einfach ungesättigte Fettsäuren	bis zu 10
mehrfach ungesättigte Fettsäuren (n–6 und n–3**)	bis zu 10
Ballaststoffe	ca. 35 g/Tag
Cholesterin	< 300 mg/Tag

* Komplexe Kohlenhydrate bevorzugt
** In Form der natürlichen Produkte

Tabelle 29.**8** Cholesterinsenkende Medikamente

	Cholesterinsenkung
Ionenaustauscherharze	15–20%
Nicotinsäure	10–20%
Fibrate	10–20%
Probucol	5–10%
HMG-CoA-Reduktasehemmer	20–40%
Ionenaustauscherharze + Nicotinsäure	20–35%
Ionenaustauscherharze + HMG-CoA-Reduktasehemmer	30–50%
Ionenaustauscherharze + Probucol	20–30%
Ionenaustauscherharze + HMG-CoA-Reduktasehemmer + Nicotinsäure	40–60%

Tabelle 29.**9** Primäre Hyper-, Dys- und Hypolipoproteinämien

	Erhöhte Lipoprotein-fraktion	Erhöhte Lipide	Einteilung nach Fredrickson	Häufigkeit
polygene Hyper-cholesterinämie	LDL	Cholesterin	Typ IIa	sehr hoch
familiäre kombi-nierte Hyperlipid-ämie	LDL oder VLDL oder LDL und VLDL	Cholesterin oder Triglyceride oder Cholesterin und Triglyceride	Typ IIa oder Typ IV oder Typ IIb	1 : 300
familiäre Hyper-cholesterinämie	LDL	Cholesterin	Typ II	1 : 500 hetero-zygot 1 : 1 Million homozygot
familiäre Dys-betalipoprotein-ämie Typ III	Chylomikronen-remnants, IDL	Cholesterin und Triglyceride	Typ III	1 : 5000
familiäre Hyper-triglyzeridämie	VLDL, VLDL und Chylomikronen	Triglyceride	Typ IV oder Typ V	1 : 500
sporadische Hypertriglyzerid-ämie	VLDL, VLDL und Chylomikronen	Triglyceride	Typ IV oder Typ V	häufig
familiärer Lipo-proteinlipase-oder Apoprotein-CII-Mangel	Chylomikronen	Triglyceride	Typ I	sehr selten

Sy: Tendinöse oder tuberöse Xanthome, Xanthelasmen und Arcus lipoides corneae sind häufig äußere Zeichen der Erkrankung. Es besteht eine Gefährdung durch frühzeitige Arteriosklerose (Herzinfarkt, periphere Verschlußkrankheit).

Dg: Stark erhöhte Cholesterinwerte (LDL-Cholesterin) bei normalen oder leicht erhöhten Triglyceridwerten. LDL-Rezeptoraktivität und Genanalysen in Speziallaboratorien.

Th: Diät (s. o.). Fast immer ist eine medikamentöse Therapie erforderlich: Cholestyramin, 16 g/Tag; Colestipol, 20 g/Tag; Nicotinsäure, 3 g/Tag; HMG-CoA-Reduktasehemmer (z. B. Lovastatin, 10–80 mg/Tag; Pravastatin, 10–40 mg; Sinvastatin, 10‾40 mg), häufig Kombinationstherapie von Ionenaustauschern und HMG-CoA-Reduktasehemmern. Extrakorporale LDL-Elimination bei Homozygoten.

Familiärer Lipoproteinlipase-Mangel

Ät und Pathog: Ein Mangel an Lipoproteinlipase führt zu einem verminderten Abbau der Chylomikronen. Die Erkrankung wird autosomal rezessiv vererbt.

Sy: Manifestation im allgemeinen bereits vor dem 10. Lebensjahr mit Hepatosplenomegalie, eruptiven Xanthomen, Lipaemia retinalis und schweren abdominellen Koliken. Besonders der anfallsweise Charakter der akut auftretenden Bauchschmerzen führt die Patienten im Kindesalter oft zum Chirurgen.

Dg: Infolge der erhöhten Chylomikronenkonzentration stark getrübtes bis milchigrahmiges Nüchternserum. Bestimmung der Lipoproteinlipaseaktivität in Speziallaboratorien.

Th: Die Behandlung besteht in einer strengen Fettkarenz (weniger als 0,5 g/kg KG/Tag), Verwendung von mittelkettigen Fettsäuren (MCT-Fette).

Familiärer Apoprotein-CII-Mangel

Ät und Pathog: Die sehr seltene Erkrankung wird autosomal rezessiv vererbt. Homozygoten Patienten fehlt der Aktivator (Apoprotein CII) der Lipoproteinlipase.

Sy: Im wesentlichen wie bei familiärem Lipoproteinlipase-Mangel.

Dg: Milchig-rahmiges Nüchternserum infolge massiv erhöhter Triglyceridwerte. Nachweis der Apoprotein-CII-Defizienz in Speziallaboratorien.

Th: Bei symptomatischer Hypertriglyzeridämie (Pankreatitis, schwere Koliken) Transfusion von Normalplasma, das den Aktivator Apoprotein CII enthält. Sonst wie familiärer Lipoproteinlipase-Mangel.

Familiäre Dysbetalipoproteinämie Typ III

Ät und Pathog: Infolge eines abnormen Apoproteins E (E2/2) kommt es durch die verminderte Aufnahme von Abbauprodukten triglyceridreicher Lipoproteine (sog. Chylomikronenremnants, IDL) zu einer Vermehrung von Cholesterin und Triglyceriden im Plasma. Die Expression ist häufig von zusätzlichen Faktoren (Übergewicht, Glucoseintoleranz, Hypothyreose) abhängig.

Dg: Cholesterin- und Triglyceriderhöhungen im Plasma, oft im Verhältnis 1:1. Apoprotein-E-Typisierung in Speziallaboratorien.

Th: Gewichtsreduktion, Alkoholkarenz, Diät (s.o.). Medikamente der Wahl sind Fibrate (Bezafibrat, Fenofibrat, Gemfibrozil) oder auch Nicotinsäure.

Familiäre kombinierte Hyperlipoproteinämie

Ät und Pathog: Diese häufigste Fettstoffwechselstörung wird autosomal dominant vererbt. Der biochemische Defekt ist nicht bekannt. Eine gesteigerte Synthese Apoprotein-B-100-haltiger Lipoproteine kann in Turnoverstudien gemessen werden.

Sy: Diese häufige Fettstoffwechselstörung geht mit einem hohen koronaren Risiko einher. Häufig sind die Patienten übergewichtig bei gleichzeitiger Hyperurikämie und Glucoseintoleranz. Tendinöse Xanthome sind sehr selten.

Dg: Eine Diagnosestellung ist nur durch eine Familienuntersuchung möglich, wobei charakteristischerweise bei betroffenen Familienangehörigen und beim Probanden eine isolierte Cholesterinerhöhung, eine alleinige Triglyceriderhöhung oder kombinierte Cholesterin-Triglycerid-Erhöhungen beobachtet werden.

Th: Gewichtsreduktion, Diät (s.o.). Die medikamentöse Therapie orientiert sich an der im Vordergrund stehenden Lipiderhöhung: bei Cholesterinerhöhung Cholestyramin, Colestipol, HMG-CoA-Reduktasehemmer, Nicotinsäure, bei Triglyceriderhöhung Nicotinsäure, Fibrate. Häufig Kombinationsbehandlung notwendig.

Familiäre Hypertriglyzeridämie

Ät und Pathog: Die Erkrankung wird autosomal dominant vererbt. Der primäre Defekt ist nicht bekannt. Möglicherweise ist der Abbau triglyceridreicher Lipoproteine bei gesteigerter Synthese infolge von Übergewicht oder Glucoseintoleranz unzureichend.

Dg: Erhöhte Triglyceride (2–6 mmol/l = 200–500 mg/dl) bei normalen Cholesterinwerten. Diagnosestellung durch Familienuntersuchung (isolierte Triglyceriderhöhungen). Bei Exazerbation (s. u.) sind exzessive Hypertriglyzeridämien (mehr als 11 mmol/l = 1000 mg/dl) durch VLDL- und Chylomikronen (sog. Typ V) möglich.

Sy: Manifestation im Erwachsenenalter. Bei exzessiven Triglyceriderhöhungen können sich eruptive Xanthome, eine Lipaemia retinalis und eine Hepatosplenomegalie sowie eine Pankreatitis entwickeln. Eine frühzeitige Koronarsklerose ist bei vielen Patienten nachgewiesen worden.

Typischerweise bestehen Übergewicht, Hyperglykämie und Hyperinsulinämie, die zu exzessiver Hypertriglyzeridämie führen können. Diese wird in seltenen Fällen auch ohne exazerbierende Faktoren beobachtet (sog. familiäre Typ-V-Hyperlipoproteinämie).

Th: Kalorienrestriktion bei Übergewicht, Alkoholkarenz, Ausschaltung sekundärer Faktoren, Einschränkung der Fette und Kohlenhydrate in der Nahrung nach Verlauf. Eventuell Zusatztherapie mit Fibraten bzw. Nicotinsäure.

Primäre Hyperlipoproteinämien unbekannter Ätiologie

Polygene Hypercholesterinämie

Vk und Ät: Multiple genetische und Umweltfaktoren führen zu dieser *häufigsten Form der primären Hypercholesterinämie.* Von 20 Personen mit einer Hypercholesterinämie besteht bei 17 eine polygene Hypercholesterinämie, bei 1 Person eine familiäre Hypercholesterinämie und bei 2 Personen eine familiäre kombinierte Hypercholesterinämie.

Sy: Tendinöse Xanthome werden nicht beobachtet.

Dg: Die Cholesterinwerte liegen im allgemeinen zwischen 5 und 8 mmol/l (200–300 mg/dl). Diagnose durch Ausschluß anderer Formen der Hypercholesterinämie.

Tabelle 29.**10** Sekundäre Hyper-, Dys- und Hypolipoproteinämien

	Erhöhte Lipoproteinfraktion	Erniedrigte Lipoproteinfraktion	Einteilung nach Fredrickson
Diabetes mellitus	Chylomikronen VLDL LDL	HDL	Typ V Typ IV Typen IIa, b
Hypothyreose	VLDL IDL LDL	HDL	Typ IV Typ III Typ II
Hyperthyreose		HDL	
Niereninsuffizienz	IDL, VLDL	HDL	Typ III, Typ IV
nephrotisches Syndrom	Chylomikronen VLDL LDL	HDL	Typ IV Typ V Typen IIa, b
Hepatopathie, Cholestase, Alkoholabusus	Lipoprotein X Chylomikronen VLDL	HDL	Typ IV Typ V
Glucocorticoide, Morbus Cushing	Chylomikronen VLDL LDL HDL	HDL	Typ IV Typ V Typen IIa, b
Gammopathien	Chylomikronen VLDL IDL LDL	HDL	Typen I–V
akute intermittierende Porphyrie	LDL		
Anorexia nervosa	LDL		
Östrogene	Chylomikronen VLDL		Typ IV Typ V
β-Blocker	VLDL	HDL	Typ IV
Thiazide	VLDL LDL		Typ IV Typen IIa, b

Th: Diät (s. o.) häufig erfolgreich, bei Nichtansprechen medikamentöse Therapie mit Cholestyramin, Colestipol, Nicotinsäure, HMG-CoA-Reduktasehemmer.

Familiäre Hyperalphalipoproteinämie

Geringe Cholesterinerhöhungen sind manchmal durch HDL-Cholesterinerhöhungen bei sonst normalen Lipiden bedingt. Diese Personen haben eine überdurchschnittlich hohe Lebenserwartung. Isolierte HDL-Cholesterinerhöhungen werden auch unter Östrogentherapie beobachtet.

Sekundäre Hyperlipoproteinämien

Die häufigsten Formen der sekundären Hyperlipoproteinämien werden in Zusammenhang mit einem Diabetes mellitus, Alkoholabusus sowie Einnahme oraler Kontrazeptiva beobachtet und gehen mit einer charakteristischen Erhöhung einer Lipoproteinklasse einher (Tab. 29.**10**). Die Diagnose und die Therapie hängen von der zugrundeliegenden Ursache ab.

Seltene Lipidstoffwechselstörungen

Die in Tab. 29.**11** aufgeführten autosomal rezessiv vererbten Erkrankungen werden im Kindes- bzw. Jugendalter manifest und führen bei der Abetalipoproteinämie und der Tangier-Erkrankung zu einer Verminderung von Lipiden im Plasma. Bei der Phytosterinämie und der zerebrotendinösen Xanthomatose kommt es zu einer Akkumulation abnormer Sterine in Plasma und Geweben. Beim Lecithin-Cholesterin-Acyltransferase-(LCAT-)Mangel werden abnorme Lipoproteine im Plasma bestimmt, mit Akkumulation von unverestertem Cholesterin in Geweben.

Porphyrinstoffwechselstörungen

Primäre Porphyrien

Definition: Intermediäre Störung der Porphyrinsynthese. Porphyrine sind zyklische Verbindungen mit vier Pyrrolringen und Vorläufer des Hämoglobins und anderer Enzyme und Pigmente. Häm wird hauptsächlich im erythropoetischen System und in der Leber gebildet. Es ist ein Eisen-Porphyrin-

Tabelle 29.11 Seltene Lipidstoffwechselstörungen

	Lipid-abnormalitäten	Klinische Manifestation	Pathogenese	Therapie
Abetalipoproteinämie	Cholesterin ~1,3 mmol/l (mg/dl) Triglyceride < 0,1 mmol/l (10 mg/dl)	Fettmalabsorption, Ataxie, Neuropathie, Retinitis pigmentosa, Akanthozytose	defekte Apoprotein-B-Synthese	Vitamin E hochdosiert
Tangier-Krankheit	Cholesterin 1,0–3,4 mmol/l (40–130 mg/dl) Triglyceride normal bis leicht erhöht	große orangefarbene Tonsillen, Hepatosplenomegalie, Neuropathien, Kornealtrübungen	HDL-Verminderung im Plasma mit Cholesterinesterspeicherung im RES	keine
LCAT-Mangel	Cholesterin variabel, VLDL erhöht, verestertes Cholesterin stark vermindert, abnorme Lipoproteinstruktur	Kornealtrübungen, hämolytische Anämien, Niereninsuffizienz, frühe Atherosklerose	verminderte LCAT-Aktivität führt zu Akkumulation von unverestertem Cholesterin in Plasma und Geweben	fettbeschränkte Diät, Nierentransplantation
zerebrotendinöse Xanthomatose	Plasma-Cholesterin erhöht	progressive zerebellare Ataxie, Demenz, tendinöse Xanthome, Katarakt	defekte Gallensäuresynthese führt zu vermehrter Cholesterinsynthese mit Akkumulation in Gehirn, Sehnen und anderen Geweben	keine
Phytosterinämie	pflanzliche Sterine im Plasma erhöht, Cholesterin normal oder erhöht	tendinöse Xanthome, Xanthelasmen, frühe Atherosklerose	gesteigerte Absorption von pflanzlichen und tierischen Sterinen	Diät (wenig pflanzliche und tierische Sterine), Ionenaustauscherharze

Komplex, aus dem nach Bindung an Protein Hämoglobin entsteht. Allen Formen gemeinsam ist die vermehrte Ausscheidung von Vorstufen und Endprodukten des Porphyrinstoffwechsels in Urin und Stuhl. Man unterscheidet hepatische und erythropoetische Porphyrien.

Hepatische Porphyrien

Akute intermittierende Porphyrie (Schwedischer Typ)

Pathog: Sie beruht auf einer Enzymaktivitätssteigerung (δ-Aminolävulinsäure-Synthetase) mit vermehrter Bildung von Porphyrinvorläufern vom Typ III. Klinische und biochemische Manifestation der Erkrankung zwischen 20. und 40. Lebensjahr.

Sy: Abdominale und neurologische Zeichen. Die abdominale Symptomatik zeichnet sich aus durch in ihrer Intensität wechselnde Schmerzen oft kolikartigen Charakters, durch Obstipation, Singultus, Übelkeit und gelegentliches Erbrechen. Die Abdominalbeschwerden können nur wenige Stunden, aber auch tage- und wochenlang anhalten. Solche Patienten werden nicht selten unter der Diagnose „akutes Abdomen" laparotomiert, wobei durch die Narkose das klinische Bild noch verschlimmert werden kann, oder sie werden als psychopathische Persönlichkeiten eingestuft. Röntgenologisch läßt sich oft neben Dilatation und hochgradig spastischer Engstellung des Kolons auch Dilatation mit Spiegelbildung im Dünndarmbereich nachweisen. Neurologisch findet man neuritische Schmerzen, Parästhesie und Anästhesie, zunehmende Schwäche der Extremitäten, Areflexie, schlaffe, oft aszendierende Paresen vom Typ der Landry-Paralyse.

Kompl: Delirante Zustandsbilder und Bewußtlosigkeit können die Diagnostik zusätzlich komplizieren. Bei rasch aufsteigender Lähmung sind oft Tracheotomie und künstliche Beatmung lebensrettend. Daher ist im akuten Zustand intensivmedizinische Überwachung und Behandlung notwendig. Als weitere Komplikation kann es zu einer erheblichen Einschränkung der Nieren- (Oligurie, Albuminurie, Retention harnpflichtiger Substanzen) und Leberfunktion kommen.

Im Urin werden vermehrt δ-Aminolävulinsäure, Porphobilinogen, Uro- und Koproporphyrin III ausgeschieden. Der frisch gelassene Urin ist häufig noch farblos, dunkelt jedoch unter Lichteinwirkung nach und wird dunkelrot (der Watson-Schwarz-Test ist positiv: 10 Tropfen Ehrlich-Reagens zu 5 ml Harn, bei Rotfärbung ausschütteln mit 5 ml Chloroform, Rotfärbung in der oberen, wäßrigen Phase: Porphobilinogen).

Prgn: Schlecht, insbesondere bei früher Erstmanifestation und gehäuften Rezidiven. Besonders wichtig sind daher frühe Diagnosestellung und konsequente Anfallsprophylaxe.

Porphyria cutanea tarda

Ät und Pathog: Die Porphyria cutanea tarda ist die am häufigsten beobachtete Form der Porphyrien. Wahrscheinlich handelt es sich um eine angeborene Stoffwechselkrankheit, wobei exogene Faktoren eine wichtige Rolle spielen. Die Erkrankung tritt fast ausschließlich jenseits des 40. Lebensjahres auf. Als der biochemische Defekt konnte eine verminderte Aktivität des Enzyms Uroporphyrinogen-Decarboxylase erkannt werden. Im Urin und Stuhl werden Uro- und Koproporphyrin ausgeschieden. Lebererkrankungen, Alkohol und bestimmte Medikamente und Fungizide wirken sich potenzierend aus.

Sy und Dg: Im Vordergrund stehen Veränderungen der Haut und Leber. Erstere sind charakterisiert durch gesteigerte Photosensibilität (Rötung, Blasenbildung, ekzematische Veränderungen, Hyper- oder Depigmentierung) und verminderte Toleranz gegenüber kleinsten mechanischen Traumen. Die Leber ist häufig vergrößert und konsistenzvermehrt, die Funktionsproben und Biopsiebefunde sind pathologisch (Hämosiderose, Pigmentzirrhose). Gegenüber der akuten intermittierenden Porphyria hepatica läßt sich diese Form durch das Fehlen der akuten abdominalen und neurologischen Symptomatik abgrenzen.

Mischtyp der hepatischen Porphyrie (Porphyria variegata)

Als Mischtyp der Porphyria hepatica bezeichnet man eine Form, die klinisch nicht streng abzugrenzen ist. Wie bei allen hepatischen Porphyrien ist die Aktivität der δ-Aminolävulinsäure-Synthethase gesteigert. Die Symptome der akuten intermittierenden Porphyrie und der Porphyria cutanea tarda können einzeln, aber auch kombiniert auftreten.

Hereditäre Koproporphyrie

Abdominelle und neurologische Symptome mit gelegentlicher Photodermatose. Im Stuhl wird vermehrt Koproporphyrin ausgeschieden, im akuten Stadium ist die δ-Aminolävulinsäure- und Porphobilinogenausscheidung erhöht.

Therapie der hepatischen Porphyrien
Im akuten Stadium (akutes Porphyriesyndrom) sofortiges Absetzen anfallsauslösender Medikamente und intensivmedizinische Überwachung. Bei Schmerzen Acetylsalicylsäure und Morphinderivate, zur Sedierung Chloralhydrat und Paraldehyd, bei Tachykardie und Hypertonie Propranol und Reserpin. Bei aufsteigender Lähmung maschinelle Beatmung. Unterstützend hochdosierte Glucoseinfusionen (2 l 20%ige Glucoselösung).
Im chronischen Stadium hat sich bei allen Formen eine metabolische Alkalisierung bewährt (4mal 2,5 g Uralyt U). Mit Chloroquine (2mal 125 mg Resochin wöchentlich) kann die Porphyrinelimination aus der Leber und deren Ausscheidung über die Nieren gesteigert werden. Aderlaßtherapie, wenn klinisch möglich, bessert die klinischen Symptome. Striktes Verbot von Alkohol, Östrogenpräparaten, Antikonzeptiva und anderen hepatotoxischen Substanzen.

Prognose der hepatischen Porphyrien:
Heute günstiger. Die Gesamtmortalität der hepatischen Porphyrien liegt bei etwa 15%.

Erythropoetische Porphyrie (Morbus Günther)

Ät und Pathog: Angeborene, auf einem Enzymdefekt beruhende Störung der Hämoglobinsynthese; autosomal rezessiver Erbgang.
Verminderung der Erythrozytenüberlebensdauer, hämolytische Anämie. Vermehrte Bildung und Ausscheidung von Uroporphyrin I und Koprophorphyrin I in Stuhl und Urin. Porphobilinogen fehlt. Der Urin ist rot bis braunrot gefärbt.

Sy: Lichtdermatose mit Rötung der Haut, Blasen- und Krustenbildung und narbiger Abheilung stehen im Vordergrund (Hypertrichose und Zerstörung des Knorpelgewebes kann zu beträchtlicher Entstellung des Gesichtes und zu Deformierung der kleinen Gelenke führen. Rosarote Verfärbung von Nägeln und Zähnen mit Fluoreszenz im ultravioletten Licht wird beobachtet. Splenomegalie wechselnden Ausmaßes, jedoch keine Beteiligung der Leber wie bei den hepatischen Porphyrien, keine neurologische Symptomatik.

Th: Eine spezifische Therapie fehlt. Schutz vor direkter Sonnenbestrahlung und Anwendung geeigneter Lichtschutzsalben. Behandlung der Anämie.

Erythropoetische Protoporphyrie
Klinisch leichter verlaufende, dominant vererbte Störung der Porphyrinsynthese mit erhöhter Protoporphyrinkonzentration im Plasma. Anämie und Photosensibilität der Haut sind nur gering ausgeprägt. Therapie nur symptomatisch.

Sekundäre oder symptomatische Porphyrien
Vermehrte Ausscheidung von Koproporphyrin bei Intoxikation mit Blei, Arsen, Thalium, Gold, Quecksilber und bestimmten organischen und anorganischen Giften, bei hämolytischer und perniziöser Anämie, Verschlußikterius und Kollagenkrankheiten.

Überernährung und Fettsucht

Vk und Ät: Fettleibigkeit ist das Symptom einer gestörten Energiebilanz. Meist beginnt die Gewichtszunahme zwischen dem 20. und 40. Lebensjahr durch eine Änderung von Umweltfaktoren (regelmäßige üppige Mahlzeiten, Aufnahme eines Berufs mit sitzender Tätigkeit, Einstellung sportlicher Betätigung). Zirka 50% der Erwachsenen sind deutlich adipös (mindestens 20–25% über dem Idealgewicht).

Sy: Sie betreffen entweder die kosmetischen Auswirkungen und die mechanisch bedingte Unbeholfenheit oder resultieren von Störungen der überbeanspruchten Organsysteme, insbesondere des kardiovaskulären, respiratorischen und Skelettsystems. Stoffwechselkomplikationen wie Diabetes, Cholelithiasis, Gicht und Hyperlipidämien sind 2- bis 4mal so häufig wie bei Normalgewichtigkeit. Das Auftreten von Stoffwechselstörungen scheint mit der Fettgewebsverteilung zusammenzuhängen: Ungünstig ist ein Quotient Bauchumfang : Hüftumfang > 1.

Kompl: Durch Hyperlipidämie, Diabetes, Gicht, Hypertonie, Cholelithiasis, Thrombophlebitiden und Thrombembolien sowie Herzinsuffizienz resultiert eine erhöhte Morbidität.

Dg und Prgn: Eine gute Einschätzung der Adipositas gelingt mit Hilfe der Broca-Formel (Maßzahl für „Idealgewicht" ist Körperlänge in Zentimetern minus 100 abzüglich 10% bei Männern, 15% bei Frauen). Eine Häufung von Risikofaktoren findet sich bereits bei geringem, eine eindeutig erhöhte Mortalität ab etwa 30% Übergewicht. Zunehmend findet auch der Quetelet- oder „body-mass-index (BMI)" Verwendung:
$\frac{\text{Gewicht (kg)}}{\text{Größe (m)}^2}$. Der BMI mit der niedrigsten

Mortalität steigt von ca. 20 bzw. 21 bei jungen Frauen und Männern auf ca. 27 bei Senioren.

Th: Die Reduktionskost beruht auf einer Auswahl von fett- und zuckerarmen, ballaststoffreichen Lebensmitteln (vegetabil orientierte Kost) und führt bei einer täglichen Energiezufuhr von 600–1000 Kalorien (2500–4200 kJ) zu einem durchschnittlichen Gewichtsverlust von 1 kg pro Woche. Auch der Alkohol muß als Energieträger berücksichtigt werden. Weitere Möglichkeiten der Gewichtsreduktion ergeben sich durch industriell hergestellte Formuladiäten und im Extremfall durch Nulldiät (engmaschige ärztliche Kontrolle!). Die qualitative und quantitative Umstellung der Ernährung muß unterstützt werden durch eine Änderung des Eßverhaltens. Hierzu wurden Verhaltensregeln erarbeitet, die in kleinen Schritten einzuüben sind.

Die unterstützende Wirkung einer vermehrten körperlichen Bewegung gilt insbesondere für die Vorbeugung gegen Adipositas. Eine erfolgreiche Betreuung Übergewichtiger setzt eine Individualisierung der beschriebenen Maßnahmen voraus. Hilfreich ist hierbei ein Ernährungs- und Bewegungsprotokoll. Der Dauererfolg der Gewichtsreduktion ist im besonderen Maße vom Engagement des Therapeuten geprägt. Die Langzeiterfolge bei der Therapie der Adipositas liegen derzeit bei etwa 30%.

Kinderheilkunde

Neurochirurgie

Neurologie

Neuroradiologie

Orthopädie

Pharmakotherapie im Alter

Physikalische Medizin

Psychiatrie

Psychosomatische Medizin

Sozialmedizin

Sport- und Leistungsmedizin

Strahlentherapie und Nuklearmedizin
Licht-, Kurzwellen-, Mikrowellen- und Ultraschalltherapie

Tropenkrankheiten

Urologie

Symptomatologie und Therapie
der wichtigsten akuten Vergiftungen

Zahnheilkunde

30. Kinderheilkunde

K. Kruse

Adipositas

Def: Auf die Körperlänge bezogenes Übergewicht von mehr als 20%.

Ät: Mißverhältnis zwischen der Energiezufuhr durch die Nahrung und dem Energieverbrauch durch Wärmeerzeugung und Arbeit. Entstehung beim Kind multifaktoriell: *Familiäre Belastung* (in 70% der Familien adipöser Kinder ist zumindest ein Elternteil adipös); *konstitutionelle Faktoren* (herabgesetzte Fähigkeit der Wärmebildung nach Mahlzeiten und in der Kälte); *psychische Faktoren* (Störungen innerhalb der Familien und in der Mutter-Kind-Beziehung, Fehlerziehung bei der Nahrungsaufnahme); *Mangel an körperlicher Bewegung.*

Sy: Kinder mit einfacher (primärer) Adipositas sind oft überdurchschnittlich groß (Adiposogigantismus). Mädchen treten meist etwas eher, Knaben oft etwas später in die Pubertät ein. Adipöse Adoleszentinnen wirken oft älter und matronenhaft, während Knaben in der Pubertät oder Präpubertät wegen der etwas eunuchoiden Körperproportionen, des im Fettgewebe verschwindenden Genitales und einer durch die Fettansammlung der vorderen Thoraxwand vorgetäuschten Brustdrüsenentwicklung (Pseudomammae) feminin wirken können. Sie werden daher von den Eltern nicht selten dem Arzt wegen einer „Drüsenstörung" vorgestellt. Einfache klinische Untersuchung dokumentiert jedoch die altersgemäße Entwicklung von Penis und Hoden und schließt durch die normale oder überdurchschnittliche Körpergröße sekundäre Adipositasformen aus.

DD: Einfache, primäre Adipositas im Kindesalter bei weitem am häufigsten (über 98%); nur in weniger als 2% muß an *sekundäre Adipositasformen* gedacht werden:

- *Hypothalamisch ausgelöste Adipositas:* Folge von Meningoenzephalitiden, Schädel-Hirn-Traumen oder Tumoren des Hypothalamus mit unkontrollierter Hyperphagie. Als *Fröhlich-Syndrom* oder Dystrophia adiposogenitalis bezeichnet man die Trias Adipositas, Hypogonadismus und Wachstumshemmung bei einer organischen Hypothalamusstörung.
- *Endokrinopathien:* Hypothyreose, Cushing-Syndrom und Wachstumshormonmangel; sie gehen im Kindesalter mit einer verminderten Wachstumsrate, bei längerer Dauer mit Minderwuchs und retardiertem Knochenalter einher.
- *Im Rahmen von Syndromen auftretende Adipositas:* Prader-Willi-Syndrom und Laurence-Moon-Bardet-Biedl-Syndrom (s. S. 308).

Th: Therapie der sekundären Adipositas durch Behandlung der Grundkrankheit (soweit möglich). Jede einfache Adipositas ist behandlungsbedürftig, da sie die körperliche Leistungsfähigkeit beeinträchtigt, bei Fortbestehen im Erwachsenenalter zu Komplikationen wie Hypercholesterinämie, Gallensteinen, Hypertonie, Herzkrankheiten, Diabetes mellitus, Atemwegserkrankungen sowie degenerativen Hüft- und Kniegelenkerkrankungen führen kann und das betroffene Kind in eine Außenseiterrolle drängt.
Im Vordergrund steht die *Diätbehandlung* mit Verringerung der Gesamtkalorien bei reichlichem Angebot an Eiweiß auf Kosten von Fett und Kohlenhydraten. Die Gesamtkalorien sollen 200–300 Kalorien (840–1260 kJ) unter dem Durchschnitt bleiben. Oft genügt es, bei fortschreitendem Längenwachstum eine fehlende Gewichtszunahme mit späterem normalen Verhältnis zwischen Gewicht und Länge zu erreichen. Die Dauerkost enthält reichlich Obst, Gemüse und Salate sowie etwas mehr als üblich Eiweißträger wie mageres Fleisch, Magerkäse, Magermilch, Buttermilch und Quark. Fette werden weitgehend beschränkt. Zu meiden sind Süßigkeiten (Mehlspeisen, fette Speisen und kalorienreiche Flüssigkeiten). Dafür sollen Tee, Mineralwasser, Vollkornbrot, magerer Quark, Kartoffeln und Reis bevorzugt werden. Häufige kleine Mahlzeiten sind günstiger als 2–3 größere Mahlzeiten. Medikamentöse Appetitzügler oder operative Maßnahmen sind im Kindesalter nicht indiziert! In manchen Fällen ist eine zusätzliche *psycho-*

therapeutische Beratung notwendig zur Erzielung einer angemessenen Empfindung für Hunger und Sättigung und zum Abbau oraler Mechanismen der Konfliktbewältigung. *Reichliche körperliche Bewegung* und die Einbeziehung der gesamten Familie in die diätetischen und psychotherapeutischen Maßnahmen sind wünschenswert.

Prgn: Die kombinierte ärztliche, diätetische und psychotherapeutische Behandlung führt bei etwa 25% der adipösen Kinder zu einer langfristigen Gewichtsreduktion.

Affektkrämpfe, respiratorische

Ät und Sy: Sie treten bei etwa 5% der Kinder zwischen 6 Monaten und 5 Jahren nach heftigem Schreien (Schreck, Wut, Trotz oder Schmerz) auf und gehen mit Atemstillstand in Exspiration und Zyanose, bisweilen Bewußtlosigkeit, tonischen Streckkrämpfen und einzelnen Kloni einher. Das EEG ist normal, die Prognose der Anfälle in der Regel gut.

Th: In der Regel unnötig. Wichtiger sind erzieherische Maßnahmen mit einer vernünftigen Zuwendung und konsequenten Erziehung. Übertriebene Fürsorge und Verwöhnung sollen vermieden werden.

Ahornsirupkrankheit

Def: Seltene, nach dem maggiartigen Ahornsirupgeruch benannte, autosomal rezessiv erbliche Aminosäure-Stoffwechselstörung.

Ät: Defekt des Decarboxylasekomplexes der verzweigtkettigen Aminosäuren Leucin, Isoleucin und Valin, der zum Anstieg dieser Aminosäuren und ihrer α-Ketosäuren im Urin führt.

Sy: Verläuft unbehandelt dramatisch und manifestiert sich gegen Ende der ersten Lebenswoche mit Erbrechen, Apathie, Somnolenz, Atemstörung, Krämpfen, schwerer metabolischer Azidose und Hypoglykämie.

Th: Spezialdiät in speziellen Zentren.

AIDS

Ät und Pathog: Der erworbene, durch HIV-Infektion verursachte zelluläre Immundefekt ist im Kindesalter selten und wird vorwiegend durch vertikale Übertragung von Mutter auf Kind (prä- oder perinatal) oder zahlreiche Transfusionen von Gerinnungsfaktoren bei Kindern mit Hämophilie beobachtet.

Sy: Bei Säuglingen und Kleinkindern ist das klinische Bild eher uncharakteristisch (pädiatrisches AIDS, PAIDS: Gedeih- und Wachstumsstörungen, Hepatosplenomegalie, generalisierte Lymphknotenschwellung, Fieber und Enzephalopathie). Oft kommen chronische Durchfälle, Otitis media, bakterielle Erkrankungen, Soor und chronische interstitielle Pneumonie hinzu. 70% der manifest erkrankten Kinder sterben während der ersten beiden Lebensjahre.

Akzeleration

Im Vergleich zu früheren Jahrzehnten im Kindesalter beobachtete Größen- und Gewichtszunahme sowie Vorverlagerung der Pubertät. In Europa lag das mittlere Alter der Menarche vor 100 Jahren etwa zwischen 16 und 17 Jahren, heute liegt es zwischen 12½ und 13½ Jahren. In Ländern mit höherem Lebensstandard ist auch eine Wachstumsbeschleunigung festzustellen: 1jährige sind etwa 5 cm, 6jährige etwa 8 cm, Schulkinder etwa 12 cm und Erwachsene etwa 8 cm größer als ihre Altersgenossen vor 100 Jahren. Die genaue Ursache der Akzeleration, die offenbar im Abklingen begriffen ist, ist ungeklärt.

Alkoholsyndrom, embryofetales

Vk: etwa 1 : 500 Geburten.

Pathog: Alkohol passiert gut die Plazenta, und der chronische Alkoholmißbrauch führt bei 40–50% der Kinder zum embryofetalen Alkoholsyndrom.

Sy: Ausgeprägter prä- und postnataler Minderwuchs, Dystrophie, geistige Entwicklungsbehinderung, Mikrozephalie, typische Fazies mit kurzen Lidspalten, kurzem Nasenrücken, fehlendem Philtrum, dünner Oberlippe mit schmalem Lippenrot und dysplastischen Ohren.

Anämien

Definition und Ätiologie

Verminderung des Hämoglobins und der Erythrozytenzahl unter die Altersnorm: Hämoglobin unter 11 mmol/l (17,7 g/dl) am ersten Lebenstag, unter 7,5 mmol/l (12 g/dl) im Alter von 4 Wochen, unter 6,2 mmol/l (10 g/dl) im Alter von 6 Monaten, unter 5,6 mmol/l (9 g/dl) im Alter von einem Jahr und unter 6,8 mmol/l (11 g/dl) im Alter von 12 Jahren. Eine Anämie kann verursacht werden durch ungenügende Bildung von Hämoglobin oder Erythrozyten (Eisenmangelanämie, Mangel an Folsäure und Vitamin B_{12}, aplastische Anämie), durch vermehrten Untergang (hämolytische Anämien) oder Blutverlust nach außen (Blutungsanämie).

Eisenmangelanämie

Vk: Dies ist die häufigste Anämieform, die vor allem im Alter zwischen 6 Monaten und 3 Jahren auftritt.

Ät: Die wichtigsten Ursachen sind ungenügender Eisenvorrat (bei Frühgeborenen, Mehrlingen und Eisenmangel der Mutter), ungenügende Eisenabsorption, erhöhter Eisenverlust u. a.

Sy: Meist keine wesentliche Beeinträchtigung, aber Blässe und Appetitlosigkeit, körperliche Schwäche, häufig akzidentelle systolische Herzgeräusche.

Dg: Hämoglobin unter der Altersnorm bei meist normaler Erythrozytenzahl, MCH <1,6 fmol (25 pg), MCV <80 fl, Serumeisen <5,4 µmol/l (30 µg/dl), Ferritin <10 ng/ml, Transferrin erhöht, im Ausstrich Hypochromie, Polychromasie und Anisozytose.

Th und Prl: Orales Ferropräparat über mehrere Monate (3–5 mg/kg/Tag), Prophylaxe (alle Früh- und Mangelgeborene ab 3.–12. Lebensmonat): 2 mg/kg/Tag. Außerdem ist beim Säugling nach dem 4. Lebensmonat auf genügend eisenreiche Nahrung (Fleisch, Leber, Ei, Gemüse) zu achten.

Aplastische Anämien

Ät: Aplastische (hyporegeneratorische) Anämien kommen angeboren (Blackfan-Diamond-Typ oder Fanconi-Anämie mit charakteristischen multiplen Mißbildungen) oder erworben (durch Arzneimittel oder virale Infektionen), aber auch idiopathisch vor.

Sy: Die Kinder sind meist hochgradig blaß und schwer krank.

Dg: Die Diagnose stützt sich auf den Nachweis einer normozytären, normochromen Anämie mit fehlenden Retikulozyten oder fast vollständigem Fehlen der Erythrozytopoese im Knochenmark.

Th: Eine Behandlung mit Androgenen, evtl. in Kombination mit Corticosteroiden, oder eine Knochenmarktransplantation kann erfolgreich sein.

Erythroblastopenie

Eine gute Prognose hat die oft im Zusammenhang mit einem Infekt auftretende akute Erythroblastopenie, die bei älteren Säuglingen und Kleinkindern auftritt und in der Regel nach einigen Wochen reversibel ist.

Kugelzellanämie

Ät und Pathog: Die häufigste angeborene *hämolytische Anämie* ist die autosomal dominant-vererbte hereditäre Sphärozytose (Kugelzellanämie). Sie beruht auf einem zur Kugelform führenden Membrandefekt mit vermehrter Zerstörung in der Milz.

Sy und Dg: Hyperbilirubinämie mit Ikterus und Splenomegalie, bisweilen Bürstenschädel und Verbreiterung des Jochbeins und vermehrte Gallensteinbildung.
Normochrome Anämie, Sphärozytose, Polychromasie, Anisozytose, Retikulozytose, verminderte osmotische Resistenz.

Th: Splenektomie, möglichst nach dem 6. Lebensjahr nach vorzeitiger Pneumokokkenvakzination mit langjähriger Penicillin-Prophylaxe.

Appendizitis

Vk: Die akute Appendizitis ist die häufigste und neben der Invagination wichtigste chirurgisch zu behandelnde Abdominalerkrankung im Kindesalter.

Sy: Üblicherweise macht sich die Appendizitis mit Brechreiz und Erbrechen, Bauchschmerzen, die in der Nabelgegend, dann aber im rechten Unterbauch lokalisiert werden, subfebrilen Temperaturen und Ablehnung, sich aufzusetzen oder zu gehen, bemerkbar. Die Kinder halten oft das rechte Bein im Hüftgelenk abgewinkelt und hinken beim Versuch zu laufen mit nach vorn geneigtem Oberkörper, um die Bauchdecken zu entspannen, wenn eine peritonitische Reizung vorliegt. Die klassische Symptomatik ist um so geringer vorhanden, je jünger die Patienten sind: Bei jungen Säuglingen fallen oft lediglich Trinkunlust, bisweilen kombiniert mit Erbrechen, sowie ein aufgetriebenes Abdomen, Unruhe, Schreien und leichtes Fieber auf. Klinisch sind relativ zuverlässige Zeichen die lokale Abwehrspannung (Kind dabei gut beobachten!), der Loslaßschmerz sowie die Angabe über einen Druckschmerz im Douglas-Raum bei der stets notwendigen digitalen Rektumuntersuchung.

Kompl: Hauptkomplikation ist eine Perforation, die um so häufiger ist, je jünger das Kind ist, mit nachfolgender allgemeiner Peritonitis oder einem perityphlitischen Abszeß (ansteigende Temperaturen, tastbarer Tumor im rechten Unterbauch mit lokaler Abwehrspannung!).

Dg: Für die Diagnose und Operationsindikation ist das klinische Bild entscheidend. Im Blut besteht oft eine Leukozytose; jedoch schließt eine normale Leukozytenzahl eine beginnende Appendizitis nicht aus.

DD: Zahlreiche andere Erkrankungen wie Harnwegsinfekte, basale Pneumonien, Enterokolitiden, selten auch ein entzündetes

Meckel-Divertikel, eine Adnexitis oder eine Cholezystitis kommen in Frage.

Th: Frühzeitige Operation, bei Perforation zusätzliche Drainage und Antibiotika-Behandlung.

Prgn: Auch bei diffuser Peritonitis ist die Prognose günstig. Die Letalität liegt in kinderchirurgischen Kliniken unter 1%.

Appetitstörungen

Vk: Appetitstörungen sind häufig. Etwa jeder 3. der 4jährigen und immerhin noch etwa jeder 5. der Schulanfänger zeigen ein wählerisches und inkonstantes Eßverhalten.

Ät: Appetitstörungen können eine organische oder psychogen-funktionelle Ursache haben. Sind somatische Ursachen wie Malabsorption oder gastrointestinale Infektionen ausgeschlossen, ist an psychogene Einflüsse zu denken, die häufig durch eine gestörte Mutter-Kind-Beziehung ausgelöst werden. Oft steht ein Machtkampf zwischen Mutter und Kind im Vordergrund. In der Auseinandersetzung mit der meist überbesorgten und ängstlichen Mutter wird Nichtessen zur Waffe des Kindes.

Sy: Eßstörungen sind meist für die körperliche Gesundheit harmlos. Das Kind ißt nicht so viel, wie die Mutter es möchte; es kommt aber zu keiner Unterernährung oder Wachstumsstörung.

Th: Therapeutisch ist die Mutter so zu beraten, daß das Kind nicht zum Essen gezwungen wird, sondern selbst bestimmen kann, wieviel und was es essen will. Nur bei ernsthafter körperlicher Gefährdung des Kindes oder drohender Dekompensation der Mutter ist eine Klinikeinweisung indiziert.

Arnold-Chiari-Fehlbildung

Verlagerung von Teilen des Kleinhirns und Hirnstamms ins Foramen occipitale magnum mit nachfolgender Störung der Liquorpassage, lokaler Kompression und Hydrocephalus internus. Es gibt verschiedene Formen und Ursachen der Arnold-Chiari-Fehlbildung. Am häufigsten ist die Assoziation mit einer Myelomeningozele.

Therapie s. Hydrozephalus.

Arthritis, juvenile chronische

Sie unterscheidet sich wesentlich von der chronischen Arthritis des Erwachsenen.

Def: Mindestens 3 Monate andauernde oder rezidivierende Gelenkentzündung mit Beginn vor dem 16. Lebensjahr. Ungeklärte Ätiologie und Pathogenese (Autoimmunkrankheit?).

Es werden 3 Verlaufsformen unterschieden:

- *Mono- und oligoartikuläre Form:* 1–4 Gelenke betroffen, insbesondere Kniegelenke. Beim Typ I, der besonders Mädchen vor dem 4. Lebensjahr betrifft, findet sich häufig eine chronische Iridozyklitis. Rheumafaktoren fehlen. Häufig werden antinukleäre Antikörper nachgewiesen. Die Entwicklung einer schweren Arthritis ist nicht zu erwarten. Regelmäßige augenärztliche Untersuchungen (Spaltlampe) sind notwendig. Vom Typ II (sog. Sakroiliitistyp) findet sich eine starke Assoziation mit HLA-B27 (75% der Patienten). Rheumafaktoren sowie antinukleäre Antikörper fehlen. In 80–90% sind Jungen ab dem 6.–10. Lebensjahr betroffen. In erster Linie sind die großen Gelenke der unteren Extremitäten, später auch Zehengrund- und Fingergelenke betroffen. Eine Tendinitis der Achillessehne ist nicht selten (Fersenschmerzen). Ein späterer Übergang in einen Morbus Bechterew ist möglich. 10–20% der Patienten entwickeln eine akute Iridozyklitis.
- *Polyartikuläre Form:* Symmetrischer Befall zahlreicher Gelenke, stets der Fingergelenke. Auch hier werden zwei Subtypen unterschieden, die besonders Mädchen betreffen: Die *rheumafaktorpositive Form* stellt im Prinzip einen frühen Beginn der adulten Form dar und befällt besonders ältere Mädchen mit beginnender Pubertät. Die Polyarthritis ist ausgeprägt, rasch fortschreitend und gelenkzerstörend. Häufiger ist die *seronegative Polyarthritis,* die eine günstigere Prognose hat.
- *Systemische Form (Morbus Still):* Sie ist charakterisiert durch septische Fieberschübe, flüchtige makulopapulöse Exantheme, oft Hepatosplenomegalie und Lymphadenopathie, seltener Perikarditis und Pleuritis. Mit der Zeit entwickelt sich bei einem Teil der Patienten eine polyartikuläre Arthritis mit schwerer Behinderung. Eine Iridozyklitis ist selten. Antinukleäre Antikörper und Rheumafaktoren fehlen.

Die Diagnose wird klinisch gestellt und setzt voraus, daß Kollagenosen oder infektbedingte Arthritiden (septisch, postinfektiös, reaktiv) und Blutkrankheiten ausgeschlossen wurden.

Th: Eine ätiologische Therapie ist nicht möglich. Ziel der Behandlung ist es, die Schmerzen zu lindern sowie Kontrakturen und Deformitäten zu verhüten. Im Vordergrund der medikamentösen Therapie stehen nichtsteroidale Antiphlogistika wie Salicylsäure, Indometacin, Naproxen und Diclofenac, bei Nichterfolg Basistherapeutika (Gold, Chloroquin und D-Penicillamin) und bei systemischen Verlaufsformen mit lebensbedrohlichen Organbeteiligungen Glucocorticoide. Eine Ruhigstellung der Gelenke ist selten indiziert. Krankengymnastische Behandlung ist von großer Bedeutung. In der akuten Phase der Arthritis sind Kälteanwendungen hilfreich.

Atemnotsyndrom s. Frühgeborene

Balanitis

Ät: Durch Phimose bedingte oder im Rahmen einer Windeldermatitis auftretende bakterielle Entzündung des Präputialsacks.

Sy: Diffuse Rötung, Schwellung von Vorhaut und Glans, bisweilen eitriger Ausfluß und Dysurie.

Th: Feuchte Umschläge mit 0,5%iger Betaisodona- oder 1%iger Rivanol-Lösung. Bei Rezidiven Zirkumzision.

Bronchitis, akute

Def: Fast nie isoliert, sondern meist zusammen mit Rhinitis, Pharyngitis, Tracheitis und Laryngitis auftretende Entzündung der Bronchialschleimhaut.

Ät: Auslöser sind nahezu ausschließlich Viren (Adeno-, Influenza-, Parainfluenza- und RS-Viren), seltener Bakterien (Streptokokken, Haemophilus influenzae und Mykoplasmen).

Vk und Sy: Die akute Bronchitis tritt besonders bei Kleinkindern mit Häufigkeitsgipfeln im Herbst und im Spätwinter auf. Hauptsymptom ist der Husten, der in den ersten 2–3 Tagen meist trocken klingt und schmerzhaft ist. Später tritt ein lockerer katarrhalischer Husten auf. Das Sekret ist anfangs farblos, später gelblich (Kleinkinder expektorieren ihr Sputum nur selten). Hinzu kommen Fieber und allgemeines Krankheitsgefühl. Auskultatorisch hört man trockene und/oder feuchte grob- und mittelblasige Rasselgeräusche. Das Röntgenbild ist meist unauffällig; bisweilen findet man eine leichte Vermehrung der perihilären und peribronchialen Zeichnung. Bei der *obstruktiven Bronchitis* kommt es infolge einer Schleimhautschwellung und vermehrter Bronchialsekretion, weniger durch einen Bronchospasmus zu einem asthmaähnlichen Bild mit exspiratorischer Dyspnoe und unproduktivem Husten sowie einer röntgenologisch nachweisbaren Überblähung der Lungen. Die *Bronchiolitis* tritt fast ausschließlich beim Säugling auf und kann als schwerste Form der akuten obstruktiven Bronchitis bezeichnet werden. Die betroffenen Säuglinge (Altersgipfel 6 Monate) sind schwer krank und fallen durch ausgeprägte exspiratorische Dyspnoe, Nasenflügeln und ein blaß-zyanotisches Hautkolorit auf.

Th: Vorwiegend symptomatisch: Bei Fieber und Beeinträchtigung des Allgemeinbefindens Bettruhe, zur Sekretverdünnung reichliche Flüssigkeitszufuhr, Hustensedativa (Codein-Präparate) nur im Stadium des Reizhustens bei fehlender Sekretförderung. Keine Hustensäfte, die aus einer Kombination von Expektorantien, Hustensedativa und Bronchospasmolytika bestehen! Der Einsatz von Antibiotika sollte sich auf klinische Hinweise einer Bakteriensuperinfektion beschränken (keine Besserung der klinischen Symptomatik und erneuter Fieberanstieg nach etwa einwöchiger Krankheitsdauer). Geeignete Medikamente sind Amoxicillin, Cefaclor und Cotrimoxazol. Bei schweren Formen der obstruktiven Bronchitis ist der Einsatz von β_2-Sympathomimetika, die allerdings bei jungen Säuglingen oft unwirksam sind, evtl. kombiniert mit Glucocorticoiden oder aber die Gabe von Theophyllin indiziert. Bei Bronchiolitis versagen diese Maßnahmen meist, so daß die Therapie symptomatisch ist und in parenteraler Flüssigkeitszufuhr, Sauerstoffgabe, Sedierung und bei respiratorischer Insuffizienz in maschineller Beatmung besteht.

Bronchitis, chronische

Def: Mehr als 3 Monate kontinuierlich bestehende Symptome einer Bronchitis. Von rezidivierender Bronchitis spricht man, wenn sich drei Episoden von mindestens 14tägiger Dauer innerhalb eines Jahres ereignen.

Ät: Virusinfektionen, Mißbildungen im Atemwegstrakt, Bronchiektasen, Mukoviszidose, Aspiration, Sinusitis, Immundefekte, Allergien und gastroösophagealer Reflux. Oft liegt ein hyperreagibles Bronchialsystem als Folge einer Schädigung der Bronchialwand durch vorangegangene Virusinfekte vor.

Th: Entsprechend den zugrundeliegenden Ursachen und Grunderkrankungen; bei Hinweisen auf bakterielle Infektion ausreichend lange Antibiotika-Behandlung, Vermeidung von Passivrauchen, evtl. Kuraufenthalt im Gebirge oder am Meer für die Dauer von mindestens 6 Wochen.

Crigler-Najjar-Syndrom

Kongenitaler nichthämolytischer Ikterus, der in zwei Typen unterteilt wird. Ursache des Typs I ist ein autosomal rezessiv vererbtes, vollständiges Fehlen der hepatischen Bilirubinglucuronyltransferase. Bereits in den ersten Lebenstagen steigt das indirekte Bilirubin exzessiv auf Werte über 340 µmol/l (20 mg/dl) an. Die meisten Kinder sterben frühzeitig unter dem Bild eines Kernikterus. Zerebralschäden sind häufig. Therapeutisch ist lediglich eine intermittierende Phototherapie sinnvoll. Phenobarbital zeigt keine Wirkung. Beim Typ II liegt ein autosomal dominant erblicher partieller Mangel an Bilirubinglucuronyltransferase vor. Die Hyperbilirubinämie ist weniger ausgeprägt (< 340 µmol/l = 20 mg/dl) und spricht auf die Behandlung mit Phenobarbital an.

Dandy-Walker-Syndrom

Pathog: Zystische Erweiterung des IV. Ventrikels, verbunden mit einer Hypoplasie des Kleinhirnwurmes und Verlagerung der Kleinhirnhemisphäre mit Verschluß der Aperturae lateralis und mediana ventriculi quarti (Foramina Luschkae und Magendii), die infolge Liquor-Abflußbehinderung zum Hydrozephalus führt.

Th: Shunt-Operation zur Ableitung des Liquors.

Dehydratation

Def: Extrazellulärer Volumenmangel, der durch eine übermäßige Flüssigkeitsabgabe und/oder eine ungenügende Flüssigkeitsaufnahme entsteht.

Ät: Gastroenteritis mit Erbrechen und Diarrhö, Diabetes mellitus und insipidus, Erkrankungen von Nieren und Nebennieren, hypertrophische Pylorusstenose.

Sy: Exsikkosezeichen mit tiefliegenden Augen, vermindertem Hautturgor, langsamem Verstreichen einer angehobenen Hautfalte, trockener Mundschleimhaut, bei Säuglingen einer eingesunkenen Fontanelle; Kreislaufsymptome in Form von Tachykardie, Blutdruckerniedrigung, marmorierter grau-blaß-zyanotischer Haut und kühlen Extremitäten; auffällige Atmung (beschleunigt und vertieft bei schwerer metabolischer Azidose); Symptome des zentralen Nervensystems (Unruhe, schrilles Schreien, Krämpfe, Apathie, Koma).

Dg: Der Schweregrad der Dehydratation wird durch die klinische Symptomatik bestimmt, während die Laborparameter Natrium (normal 135 bis 145 mmol/l) und Osmolalität (normal 275–295 mosm/kg H_2O) Aufschluß über den Dehydratationstyp geben: Bei der *isotonen Dehydratation,* die durch isotone Flüssigkeitsverluste (Wasser- und Salzdefizit etwa gleich stark) entsteht, sind Natrium und Osmolalität im Serum normal. Bei der *hypotonen Dehydratation,* die durch ungenügenden oralen oder parenteralen Natriumersatz bei Erbrechen, Durchfall und Schwitzen (Salzverlust größer als Wasserverlust) auftritt, sind Serumnatrium und -osmolalität erniedrigt. Bei der *hypertonen Dehydratation* (Entstehung z. B. durch ungenügende Wasserzufuhr bei erloschenem Durst, Durchfallserkrankungen, Diabetes mellitus und insipidus) übertrifft der Wasserverlust den Salzverlust, so daß Serumnatrium und Osmolalität erhöht sind.

Th: Die Dehydratationsbehandlung richtet sich nach dem Ausmaß und dem Typ der Dehydratation: Bei leichter Exsikkose, die nicht mit stärkerem Erbrechen oder einer Bewußtseinstrübung einhergeht, kann der Versuch einer p. o. Zufuhr einer Glucose-Salz-Lösung gemacht werden. Die Behandlung der mittelschweren und schweren Dehydratation erfolgt parenteral in zwei Phasen:

- *1. Phase:* Schnelle Volumenexpansion des Extrazellularraums zur Schockbekämpfung und Wiederherstellung bzw. Verbesserung der Nierenfunktion durch Infusion von Humanalbumin und/oder 0,9%iger Kochsalzlösung.
- *2. Phase:* Sie hängt ab vom Typ der Dehydratation und richtet sich nach dem Wasser- und Natriumdefizit und dem täglichen Erhaltungsbedarf: Der Erhaltungsbedarf an Wasser beträgt in 24 Stunden für Säuglinge 120–140, für Kleinkinder 80–100 und für Schulkinder 50–70 ml/kg KG. Der tägliche Erhaltungsbedarf an Natrium und Chlorid liegt in allen Altersstufen bei 3–4 mmol, der für Kalium bei 2 mmol/kg KG.

Die größte Gefahr bei der Therapie einer *hypertonen Dehydratation* liegt in der zu raschen Senkung des Natriumspiegels durch Infusion einer hypotonen Lösung. Ein rascher

Eintritt in die Zellen und damit ein Hirnödem wäre die Folge der ja bestehenden intrazellulären Hyperosmolalität. Der Serumnatriumspiegel bzw. die Serumosmolalität darf daher nur langsam gesenkt werden und erst nach über 48 Stunden normalisiert sein.

Dermatitis seborrhoides

Def: Auf die ersten 3 Lebensmonate begrenzte ekzemartige Erkrankung mit bevorzugter Lokalisation an den talgdrüsenreichen Körperstellen.

Sy: Beginn meist am Ende des 1. Lebensmonats mit scharf begrenzten erythematösen Herden, die von fest haftenden gelblichen fettigen Schuppen bedeckt werden. Oft ist die behaarte Kopfhaut durch Auftreten von fettigen gelblichen Schuppen betroffen („Gneis"). Weitere Prädilektionsstellen sind Windelbereich, Augenlider, Nasenflügel, Axilla und Leistenbeuge. In unkomplizierten Fällen kommt es meist zur spontanen Abheilung nach Wochen bis Monaten.

Kompl: Superinfektionen, meist durch Candida, seltener durch Bakterien, sowie Ausbreitung über den ganzen Körper: *Erythrodermia desquamativa Leiner.* Diese ist oft begleitet von Störungen des Allgemeinzustandes, Malabsorption, schweren Durchfällen, Sekundärinfektionen mit bisweilen tödlichem Ausgang.

Th: Entfernung der Schuppen am behaarten Kopf mit Salicyl-Vaseline (2%ig), an den übrigen Stellen Behandlung mit glucocorticoidhaltigen Cremes (vorübergehend), bei Verdacht auf Soorbefall zusätzlich nystatinhaltige Lösungen.

Di-George-Syndrom

Sy: Kombination von Thymushypo- bzw. -aplasie, Nebenschilddrüsenhypo- bzw. -aplasie, Mißbildung des Herzens und der großen Gefäße sowie Gesichtsfehlbildungen, also Mißbildungen von Organen, deren Entwicklung in der 4.–7. Embryonalwoche in enger topographischer Nachbarschaft stattfindet.

Th: Verabreichung von Thymushormonen oder Knochenmarkstransplantation, operativ Korrektur der Herzfehler und Behandlung des Hypoparathyreoidismus durch Calcium und Vitamin D.

Dreitagefieber s. Exanthema subitum

Dysostosen

Def: Pathogenetisch ungeklärte Fehlbildungen von Skelettanteilen, einzeln oder in Kombination. Nach der Lokalisation werden 3 Untergruppen unterschieden:

- Dysostosen mit *vorwiegendem Befall des Schädels* (Kraniosynostosen);
- Dysostosen mit *vorwiegendem Befall des Achsenskeletts:* angeborener Schulterblatthochstand, Sprengel-Deformität, Klippel-Feil-Syndrom (meist sporadisch auftretende Verkürzung und Deformität der Hals- und oberen Brustwirbelsäule);
- Dysostosen mit *vorwiegendem Befall der Extremitäten:* Dysmelien (angeborene Gliedmaßendefekte), Brachydaktylien (angeborene Verkürzung mehrerer Finger oder Zehen und Metakarpalia), Polydaktylien, Syndaktylien (unvollständige Trennung benachbarter Finger oder Zehen) und Synostosen (ossäre Verbindung benachbarter Knochen zwischen zwei Fingern, Radius und Ulna oder selten zwischen Radius und Humerus).

Dyspepsie s. Ernährungsstörungen

Dysplasie, bronchopulmonale

Ät und Pathog: Nach länger dauernder Beatmung Früh- und Neugeborener auftretende fibröse und proliferative Prozesse der Lungen, die röntgenologisch als interstitielle Strukturverdichtungen, zystische Aufhellungen und emphysematöse Bezirke charakterisiert sind.

Sy: Klinisch bestehen ein anhaltender Sauerstoffbedarf, langdauernde Dyspnoe und Neigung zu rezidivierenden Atmungsinfekten mit obstruktiven Bronchitiden, in schweren Fällen Cor pulmonale und Herzinsuffizienz.

Th: Sekretolytika, bei Obstruktion Sympathomimetika sowie Glucocorticoide.

Dystrophia adiposogenitalis Fröhlich s. Adipositas

Dystrophie s. Ernährungsstörung

Ehlers-Danlos-Syndrom

Erblicher Defekt der Kollagensynthese, der zu einer leichten Verletzbarkeit und Überdehnbarkeit der Haut sowie Überbeweglichkeit der Gelenke und Blutungsneigung führt. Bis heute sind mindestens 8 verschiedene Typen mit vorwiegend autosomalem Erbgang bekannt.

Enkopresis

Def: Einkoten von Kindern nach dem vollendeten 3. Lebensjahr.

Ät und Vk: Ursachen der Enkopresis sind meist psychogene Störungen als Ausdruck eines schweren Milieuschadens oder als Reaktion auf eine übertriebene Sauberkeitserziehung. Bei geistig retardierten Kindern ist eine Enkopresis häufig.

Sy: Im Gegensatz zur Stuhlinkontinenz, die durch organische Schäden der Innervation (z. B. Myelomeningozele) hervorgerufen wird, ist die Enkopresis einen funktionelle Störung, die überwiegend bei Jungen vorkommt. Das Symptom tritt viel seltener auf als die Enuresis, wiegt aber viel schwerer. Meist tritt es sekundär auf, d. h., nachdem die Kinder mindestens ein halbes Jahr lang sauber waren, oft erst mit Beginn des Schulalters. Es ist abzugrenzen von der Überlaufenkopresis, die durch eine anhaltende Obstipation mit Überdehnung des Enddarmes, vermehrter Zersetzung des gestauten Kotes durch Fäulnisvorgänge und unwillkürlich entleertem flüssig gewordenen Stuhl bedingt ist.

Th: In hartnäckigen Fällen ist oft intensive Psychotherapie notwendig. Ggf. sollen die Eltern die einengende und überfordernde Erziehung abbauen. Strafe soll vermieden werden. Ein Milieuwechsel kann sich positiv auswirken. Die Kinder sollen zur regelmäßigen Stuhlentleerung, möglichst zur gleichen Tageszeit, angehalten werden.

Enuresis

Def: Hierunter versteht man das Einnässen bei Kindern nach dem vollendeten 4. Lebensjahr.

Ät und Sy: Man unterscheidet eine Enuresis nocturna von einer Enuresis diurna sowie eine primäre von einer sekundären Enuresis. Bei letzterer waren die Kinder bereits mindestens 6 Monate lang trocken. Diese Form tritt vor allem bei Jungen im Alter zwischen dem 7. und 10. Lebensjahr auf. Während hier offenbar der Schuleintritt eine Rolle spielt, läßt sich nicht selten ein anderes auslösendes Ereignis wie die Geburt eines Geschwisters und die daraus resultierende Eifersucht und die Angst des Verlusts der Liebe der Mutter eruieren. Ehe eine psychische Ursache angenommen wird, müssen organische Ursachen wie entzündliche Veränderungen oder Fehlbildungen der Harnwege, spinale Prozesse oder ein Diabetes mellitus bzw. insipidus ausgeschlossen werden.

Th: Die Therapie soll sich möglichst nach den Ursachen richten. Immer ist zu prüfen, ob das Einnässen nicht ein Alarmsignal des Kindes in einer unglücklichen Lebenssituation ist. In Abhängigkeit von der Ursache können verhaltenstherapeutische Maßnahmen (Weckapparate, die durch den Austritt von geringsten Harnmengen ausgelöst werden und zu einer Konditionierung führen), eine medikamentöse Therapie mit Imipramin (Tofranil) in einer einmaligen abendlichen Dosis von 10–50 mg und eine Übungsbehandlung (Training der Harnentleerung) einzeln oder in Kombination erfolgreich sein. In schweren Fällen ist eine Psychotherapie, evtl. unter Miteinbeziehung der gesamten Familie, angezeigt.

Enzephalitis

Def: Entzündliche Erkrankung des Großhirns.

Ät: Die primäre Enzephalitis, also der direkte Befall des Gehirns durch einen Erreger, wird meist durch Viren ausgelöst, während die sekundäre Enzephalitis nach einer Latenzzeit auftritt und die postinfektiöse Reaktion auf virale oder bakterielle Erkrankungen sowie Schutzimpfungen (vermutlich immunologisch bedingte Erkrankungen) darstellt.

Sy: Die Symptomatik der Enzephalitis wird durch die Lokalisation des Entzündungsprozesses und das Alter des Patienten bestimmt. Meist beginnt die Erkrankung mit einem katarrhalischen Vorstadium akut mit Kopfschmerzen, Fieber, Erbrechen, Krampfanfällen und Bewußtseinstrübung bis zum Koma. Weitere Zeichen sind Hirnnervenausfälle, Ataxie und spastische Lähmungen. Je jünger Kinder sind, desto häufiger findet sich eine schwere Verlaufsform mit Somnolenz und protrahierten Krampfanfällen. Im Schulalter überwiegt nach schleichendem Beginn die somnolent-paretische Form, oft kombiniert mit einem deliranten Psychosyndrom, bei dem der Verlust zeitlicher und örtlicher Orientierung im Vordergrund steht. Nicht selten treten auch schrilles Schreien, Speichelfluß, Zähneknirschen und maskenartige Gesichtszüge auf. Kleinhirnsymptome (Ataxie, Nystagmus, Dysarthrie und Muskelhypotonie) weisen auf eine zerebellare Ataxie hin, also eine spezielle Verlaufsform der kindlichen Enzephalitis, die besonders bei Windpocken auftritt. Bei schlaffen Lähmungen, Blasen-Mastdarm-Störungen und sensiblen Ausfällen ist an eine Myelitis zu denken,

während eine Hirnstammenzephalitis durch Pyramidenbahnsymptome, Veränderungen des Schlaf-Wach-Rhythmus, vegetative Auffälligkeiten und Schluckstörungen charakterisiert ist.
Kombinationen von Entzündungen des Gehirns und des Rückenmarks (Enzephalomyelitis) sowie von Meningen und Gehirn (Meningoenzephalitis) sind nicht selten.

Dg: Die Diagnose stützt sich vorwiegend auf das klinische Bild, EEG-Veränderungen (unterschiedlich stark ausgeprägte Verlangsamung), Liquorveränderungen (oft leichte Pleozytose, Eiweißvermehrung und erhöhter Liquorzucker), Erregernachweis in Liquor und Blut sowie Antikörpernachweis im Serum. Bisweilen finden sich auch Augenhintergrundveränderungen wie Stauungspapille und Optikusatrophie.

DD: Abzugrenzen sind vor allem Hirnabszeß, Hirntumoren, Vergiftungen und Sinusthrombose oder -thrombophlebitis. Schließlich sind degenerative und metabolische Erkrankungen zu erwägen.
Wichtige primäre Enzephalitiden sind die *Zeckenenzephalitis* (Frühsommermeningoenzephalitis) und die *Herpes-simplex-Enzephalitis,* die beim Neugeborenen vorwiegend durch Typ 2, sonst durch Typ 1 verursacht wird. Die Herpes-simplex-Enzephalitis geht mit fokalen neurologischen Symptomen, Herdveränderungen im EEG, Dichteveränderungen im Computertomogramm und lymphozytärer Pleozytose mit Eiweißerhöhung im Liquor einher. Die wichtigsten sekundären Enzephalitiden sind die Masernenzephalitis (Beginn meist 3–7 Tage nach dem Exanthem mit erneutem Fieberanstieg) und die nach Varizellen (meist 5–10 Tage nach Auftritt des Exanthems), Mumps und Röteln auftretenden Enzephalitiden.

Th: Eine kausale Behandlung ist nur bei bakterieller Genese und bei Herpes-simplex-Enzephalitis möglich. Bei Verdacht auf diese Erkrankung, deren Heilungsaussichten ohne Therapie äußerst schlecht sind, muß Aciclovir (3mal 10 mg/kg KG für etwa 7 Tage) verabreicht werden. Im übrigen ist die Behandlung symptomatisch und besteht in parenteraler Ernährung, antikonvulsiver Therapie, Behandlung oder Verhütung eines Hirnödems, Fiebersenkung, Sorge für Blasen- und Darmentleerung, ausgeglichene Flüssigkeitsbilanz, ggf. Beatmung.

Prgn: Je länger die Dauer und Tiefe der Bewußtseinstrübung ist, um so schlechter ist insbesondere bei jungen Kindern die Prognose (Todesfälle, Defektheilungen in Form von Krampfanfällen, Lähmungen und Demenz). Gefürchtet ist vor allem die Masernenzephalitis, die in etwa 20% der Fälle akut zum Tode führt und bei weiteren 20% der Patienten schwere Ausfälle hinterläßt. Die Prognose der Varizellenenzephalitis ist in der Regel gut. Die äußerst ungünstige Prognose der Herpesenzephalitis kann durch die rechtzeitige Aciclovir-Behandlung gebessert werden.

Epiglottitis s. Krupp-Syndrom

Erb-Duchenne-Lähmung

Ät: Geburtstraumatische Schädigung, bei der es durch starke Überstreckung des Kopfes oder starken Zug am Arm (Schwierigkeiten bei der Schulterentwicklung bei Steißlage) zu Quetschung oder Zerrung der Vorderäste der Zervikalnerven 5 und 6, manchmal auch 4 kommt.

Sy: Die Symptomatik ist charakterisiert durch den Schultertiefstand und den unbeweglich in Adduktion, Innenrotation und Pronation schlaff neben dem Körper liegenden Arm. Die Finger können bewegt werden. Bei einer zusätzlichen Beteiligung des 4. Zervikalnerven tritt eine Zwerchfellähmung mit Dyspnoe, Zyanose und röntgenologisch nachweisbarem Zwerchfellhochstand und paradoxer Zwerchfellbewegung auf.

Th und Prgn: Die Therapie zielt darauf ab, eine Kontraktur zu vermeiden. Nach einer vorübergehenden Ruhigstellung (8–10 Tage) ist eine tägliche Übungsbehandlung notwendig. Sofern es nicht zu einer völligen Durchtrennung von Nerven gekommen ist, ist die Prognose günstig: Die Lähmung bildet sich meist innerhalb von Wochen und Monaten mehr oder weniger vollständig zurück.

Ernährung und Störungen der Ernährung des Säuglings

Natürliche Ernährung: Ernährungsplan für das 1. Lebensjahr

Abb. 30.**1** zeigt einen empfehlenswerten Ernährungsplan für das 1. Lebensjahr. In den ersten 4 Monaten soll der Säugling mindestens 5 Mahlzeiten, in den nächsten Monaten mindestens 4 Mahlzeiten erhalten. Der gestillte und der mit adaptierter Milch ernährte Säugling kann ad libitum trinken (so viel und so oft er mag).
Als Anhaltspunkt für die Trinkmenge gilt in den ersten 10 Lebenstagen die Finkelstein-Regel: (Lebenstage − 1) × 50–80 ml. Da-

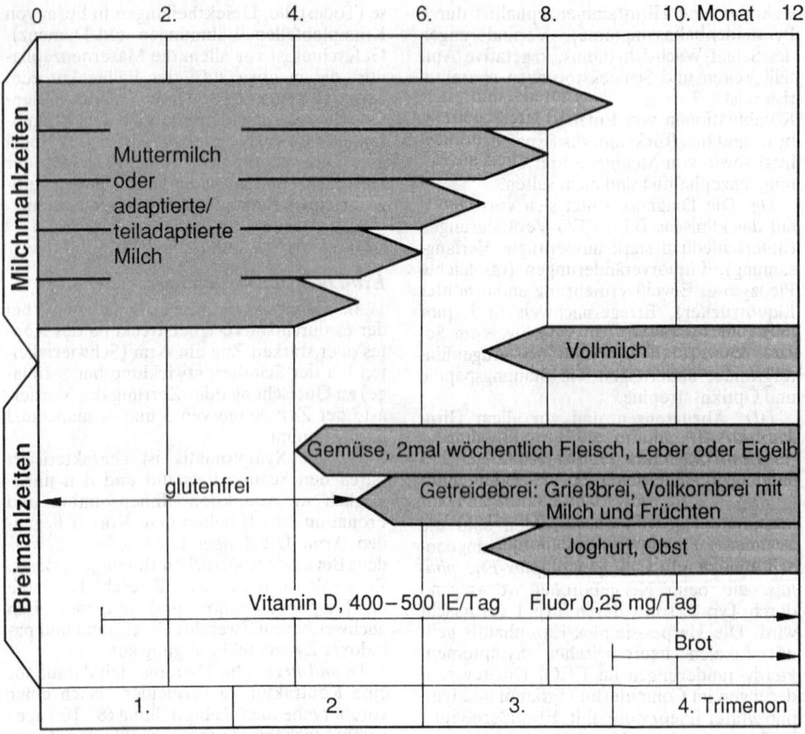

Abb. 30.1 Ernährungsplan für das 1. Lebensjahr (aus Schulte, F. J., J. Spranger: Lehrbuch der Kinderheilkunde, 26. Aufl. Fischer, Stuttgart 1988)

nach betragen die täglichen Trinkmengen etwa 150–170 ml/kg in den ersten 3 Monaten und etwa 140–160 ml/kg im 4.–6. Lebensmonat, wobei auch bei älteren Säuglingen eine Gesamtmenge von 1000 ml nicht überschritten werden sollte. Bei 90% der Kinder spielt sich innerhalb des 1. Lebensmonats ein konstanter Tag-Nacht-Rhythmus ein. Spätestens nach 12 Wochen meldet sich der Säugling nachts nicht mehr, und es spielen sich regelmäßige Fütterungszeiten in etwa 4stündigem Abstand ein, etwa um 6, 10, 14, 18 und 22 Uhr. Die späte Abendmahlzeit kann meist zwischen dem 4. und 8. Lebensmonat weggelassen werden. Gegen Ende des 4. Lebensmonats wird mit der Zufütterung von einigen Löffeln Gemüsebrei, der mit Fleisch, Leber, später auch mit Ei angereichert wird, begonnen. Nach einigen Wochen erhält der Säugling dann im 5. Monat anstelle einer Milchmahlzeit (Brust oder Flasche) eine ganze Breimahlzeit. Im 6. Monat wird eine weitere Milchmahlzeit durch einen Getreidebrei ersetzt (Reis, Grieß oder Mais, mit Milch angerührt), eine dritte Löffelmahlzeit (z. B. Joghurt mit Früchten oder ein milchfreier Obst-Getreide-Flockenbrei) ab dem 7.–8. Lebensmonat eingeführt. Ab dem 10. Lebensmonat erfolgt der stetige Übergang auf Kleinkinderkost und die Anpassung des Säuglings an die Ernährungsgewohnheiten der Familie, mit der er an einem Tisch ißt. Mit Beginn des 2. Lebensjahres nimmt das Kleinkind dann zunehmend auch Erwachsenenkost zu sich.

Bei voll gestillten Kindern und genügender Milchleistung der Mutter kann der Austausch von Milchnahrungen gegen Breie (Abstillphase) bis zum Beginn des 2. Lebenshalbjahres hinausgeschoben werden.
Um den Bedarf an Calcium und Phosphat zu decken (im 1. Lebensjahr werden etwa 45 g Calcium in das Skelett eingebaut), ist eine ausreichende Milchzufuhr im gesamten 1. Lebensjahr (mindestens 500 ml) notwendig.
Alle Kinder erhalten von der 2. Lebenswoche an zur Prophylaxe der Vitamin-D-Mangelrachitis täglich 400–500 IE Vitamin D_3 (mindestens für das ganze 1. Lebensjahr) und zur Kariesprophylaxe zusätzlich täglich 0,25 mg Fluor (letzteres in ansteigender Dosis möglichst während der ganzen Kindheit). Während des 1. Lebensjahres wird die Rachitis-Karies-Prophylaxe in Deutschland kombiniert durchgeführt (D-Fluoretten oder Fluor-Vigantoletten).

Ernährungsstörungen (Gedeihstörungen)

Formen

Ernährungsstörungen des Säuglings können nach Verlauf und Schweregrad eingeteilt werden in

- akute leichte Ernährungsstörung (Dyspepsie),
- akute schwere Ernährungsstörung (Toxikose),
- chronische leichte Ernährungsstörung (Dystrophie),
- chronische schwere Ernährungsstörung (Atrophie).

Ursachen

- Alimentär (quantitative oder qualitative Fehlernährung),
- infektiös,
- konstitutionell (Organmißbildungen und Stoffwechselanomalien),
- mangelnde Umsorgung des Säuglings.

Alle vier Ursachen können für eine chronische Ernährungsstörung, bei der es zu einer Beeinträchtigung des Aufbaus von Körpersubstanz (Dystrophie, Atrophie) kommt, verantwortlich sein, während die akute Ernährungsstörung (Dyspepsie, Toxikose) aufgrund der Fortschritte der Milchhygiene (Einführung keimarmer und keimfreier Milchpräparate) fast immer infektiös bedingt ist.

Akute Ernährungsstörungen

Ät: Viren (Rota-, Adeno-, ECHO-Viren u. a.), Bakterien (Escherichia coli, Salmonellen, Shigellen, Campylobacter), Protozoen (Lamblien, Amöben) und Pilze (Candida albicans).

Unter den Viren spielt als Erreger der Durchfallserkrankungen das Rotavirus die größte Rolle (elektronenoptischer Nachweis im Stuhl oder Antikörperbestimmung im Blut).

Sy: Beginn meist mit Nahrungsverweigerung, mangelnder Gewichtszunahme, Blässe und Unruhe. Nach Stunden bis einigen Tagen vermehrte dünne, wässrige oder schleimige, oft grünlich gefärbte und spritzend entleerte Stühle. Blutbeimengungen sind häufig und sprechen für bakterielle und Rotavirusinfektionen. Bei fortschreitendem Verlauf kommt es zur Dehydratation mit fließenden Übergängen zur Toxikose (Schocksymptomatik und Bewußtseinstrübung).

Th: Ziele sind die Entlastung und Schonung des Magen-Darm-Traktes (diätetische Behandlung, in schweren Fällen Infusionsbehandlung), oraler oder intravenöser Ausgleich der Flüssigkeits- und Elektrolytverluste und ggf. die Elimination pathogener Erreger durch Antibiotika. Bei einer Dyspepsie, die nicht mit stärkerem Erbrechen oder einer Bewußtseinstrübung einhergeht, genügen folgende diätetische Maßnahmen:

- *Rehydratation* mit einer Kochsalz-Glucose-Lösung (z. B. Oralpädon, Elotrans oder Milupa GES 45). Diese Lösungen enthalten zwischen 20 und 50 g/l Glucose und zwischen 30 und 90 mmol/l Natrium und werden in einer Dosierung von 150–200 ml/kg KG/24 Stunden gefüttert.
- Nach der akuten Rehydratation, die in der Regel nicht länger als 24 Stunden dauert, beginnt der *Nahrungsaufbau* (Realimentation). Gestillte Säuglinge erhalten so früh wie mögich wieder Muttermilch, während den übrigen Kindern die zuvor gefütterte künstliche Milch verdünnt (etwa ⅓ Milch und ⅔ Rehydratationslösung) angeboten wird. Innerhalb der nächsten 4–6 Tage erfolgt dann die schrittweise Steigerung des Milchanteils, bis der Säugling auf seine ursprüngliche Nahrung umgestellt ist. Falls die Durchfälle persistieren, wird vorübergehend auf eine semielementare Diät (z. B. Alfaré) umgestellt. Bei ausgeprägter Dehydratation, Appetitlosigkeit und stärkerem Erbrechen (Toxikose) erfolgt die Rehydratation anfangs i. v. (s. Dehydratation).

Antibiotika sind selten erforderlich (z. B. bei schweren bakteriellen Infektionen mit Salmonellen und Yersinien).

Chronische Ernährungs- oder Gedeihstörungen
Chronische oder rezidivierende Störungen der Ernährung eines Säuglings führen nach einigen Wochen zur Dystrophie. Dabei bleibt das Gewicht stehen oder verringert sich leicht, während das Längenwachstum zunächst nicht wesentlich beeinträchtigt ist. Schwere Fälle (Atrophie oder Marasmus) kommen bei uns fast nur bei *grober Vernachlässigung* vor. Dagegen spielt die quantitativ unzureichende Ernährung *(Hunger)* und die qualitative Fehlernährung *(Eiweißmangeldystrophie oder Kwashiorkor)* in der 3. Welt weiterhin eine große Rolle. Oft sind hier Hunger und Eiweißmangel kombiniert.
Rezidivierende oder chronische *Infektionen,* die mit Durchfällen, beeinträchtigtem Appetit und gestörter Nahrungsverwertung einhergehen und vorwiegend in Familien mit schlechten hygienischen Verhältnissen vorkommen, sind bei uns die wichtigste Ursache einer Dystrophie.
Schließlich können chronische Gedeihstörungen bei schwerwiegenden *organischen Erkrankungen* auftreten, z. B. von Herz und Nieren, im besonderen Maße auch des Gastrointestinaltrakts (s. Pylorusstenose und Morbus Hirschsprung). Die wichtigsten Ursachen für eine *Malabsorption und Maldigestion* (Störungen der Resorptions- und/oder Verdauungsvorgänge im Dünndarm), an die bei jeder unklaren Dystrophie gedacht werden muß, sind Zöliakie (s. d.), Mukoviszidose (s. d.) und Kuhmilchproteinintoleranz (s. d.).

Exanthema subitum (Dreitagefieber)

Def und Vk: Akute, etwa 3 Tage dauernde hochfieberhafte Viruskrankheit mit anschließendem Exanthem bei Temperaturabfall, die fast nur bei Kindern unter 3 Jahren auftritt.

Ät und Pathog: Erreger: Menschliches Herpesvirus Typ 6. Inkubationszeit: 5–15 Tage.

Sy: Plötzlich ansteigendes Fieber (39–40 °C), das 3–4 Tage als Kontinua bei nicht wesentlich beeinträchtigtem Allgemeinbefinden bestehenbleibt, bisweilen mit Fieberkrämpfen einhergeht. Unter kritischem Temperaturabfall erscheint vorwiegend am Stamm ein makulopapulöses Exanthem, das bereits wenige Stunden nach Beginn seinen Höhepunkt erreicht, um nach 1–2 Tagen wieder abzublassen.
Auch Verläufe ohne Exanthem bzw. ohne Fieber können vorkommen.

Kompl: Initiale Fieberkrämpfe.

Dg: Im Blutbild findet man während der Fieberphase häufig eine Leukozytose mit Lymphozytopenie, in der Exanthemphase eine Leukozytopenie mit relativer Lymphozytose.

Th: Symptomatische Behandlung des Fiebers bzw. der Fieberkrämpfe.

Fanconi-Syndrom

Ät und Sy: Störung der Phosphatrückresorption im proximalen Nierentubulus, die mit Glukosurie, Hyperaminoazidurie und evtl. anderen tubulären Defekten kombiniert ist. Das Fanconi-Syndrom kann idiopathisch oder sekundär als tubuläre Komplikation endogener oder exogener Erkrankungen wie Zystinose, Galaktosämie, Morbus Wilson oder unter dem Einfluß zahlreicher Gifte und Toxine auftreten.

Th: Durch den Phosphatverlust mit Hypophosphatämie entsteht eine Rachitis, deren Behandlung derjenigen des Phosphatdiabetes (s. Rachitis) entspricht. Bei einer zusätzlichen tubulären Azidose Verabreichung von Bicarbonat.

Feminisierung, testikuläre

Def: X-chromosomal rezessiv erblicher Rezeptordefekt (Androgenresistenz) der Zielzellen von Testosteron und Dihydrotestosteron.

Sy: Bei der vollständigen Androgenresistenz fallen die chromosomal männlichen, phänotypisch vollkommen weiblichen Patienten im Kindesalter durch Inguinalhernien, in denen man ein Ovar zu tasten glaubt, oder in der Pubertät durch das Ausbleiben von Sexualbehaarung und Menarche auf. Die Vagina ist hypoplastisch, von 1–3 cm Tiefe. Uterus und Portio sind nicht angelegt. Durch die testikuläre Östrogenbildung kommt es in der Pubertät trotz fehlender Ovarien zur Ausbildung vollkommener weiblicher Brüste. Die Virilisierung bleibt trotz hoher Testosteronspiegel infolge der Endorganresistenz aus. Bei den unvollständigen Androgenresistenzsyndromen (Reifenstein-Syndrom) sind die Rezeptordefekte weniger stark ausgeprägt, so daß es zu einer von Patient zu Patient unterschiedlichen Virilisierung mit Gynäkomastie kommt.

Dg: Sie stützt sich auf Familiarität, Klinik, endokrinologische Befunde (bei Eintritt der Pubertät erhöhte Testosteron-, Östradiol- und Gonadotropinspiegel) sowie den Nachweis der Androgenrezeptordefekte in kultivierten Hautfibroblasten.

Th: Patientinnen mit vollständiger Androgenresistenz sind in ihrer weiblichen Geschlechtsrolle zu belassen. Im Erwachsenenalter Gonadektomie (Gonadoblastomrisiko) und Östrogensubstitution. Therapie und Wahl des Geschlechts hängen bei den unvollständigen Androgenresistenzsyndromen vom Genitalbefund ab.

Fettsucht s. Adipositas

Fieberkrämpfe

Def und Vk: Epileptische Anfälle des Säuglings- und Kleinkindesalters (1.–4. Lebensjahr), die anläßlich von extrazerebralen fieberhaften Infekten auftreten und die häufigsten Gelegenheitskrämpfe (etwa 2,5% aller 1–4jährigen Kinder) darstellen.

Ät: Familiäre Bereitschaft zu Krampfanfällen (20–30% der Kinder mit Fieberkrämpfen haben Eltern oder Geschwister, die ebenfalls Fieberkrämpfe hatten), zerebrale Vorschäden und typische Altersdisposition.

Sy: Im Rahmen einer beginnenden Infektion plötzlicher Bewußtseinsverlust mit tonisch-klonischen, symmetrisch oder halbseitig ablaufenden Krampfanfällen, die nicht selten länger als 10–20 Min. dauern. Die Anfälle können sich während eines Infektes mehrfach wiederholen oder in einen Status epilepticus einmünden. Nach dem Anfall Müdigkeit oder Schlaf. Bei fokalen Anfällen (in etwa 15% der Fälle) können postiktale Paresen auftreten, die sich meist innerhalb einiger Stunden zurückbilden.

Dg und DD: Klinisches Bild und Ausschluß von Meningitis oder Enzephalitis (Lumbalpunktion), Hypokalzämie, Hypoglykämie und anderen Gelegenheitskrämpfe auslösenden Zuständen (Klinikeinweisung).

Prl: Bei fieberhaften Infekten mit Temperaturen über 38 °C Wadenwickel und medikamentöse Fiebersenkung (Paracetamol oder Acetylsalicylsäure), im Falle eines Fieberkrampfes sofortige Verabreichung von Diazepam in Form von Desitin rectal tube, das die Eltern von Fieberkrampfkindern immer vorrätig haben sollten. Zusätzlich wird von den Eltern 8stündlich bis zu einer Maximaldosis von 20 mg/Tag 0,5 mg/kg KG Diazepam (als Zäpfchen) verabreicht. Am wichtigsten ist die Verhinderung langdauernder Fieberkrämpfe, die eine häufige Ursache chronischer Epilepsien sind.

Th: Unterbrechung des Krampfanfalles durch rektale Diazepam-Lösung (Desitin, rectal tube, Kinder unter 10 kg KG 5 mg, darüber 10 mg), gleichzeitig fiebersenkende Maßnahmen (Wadenwickel, Paracetamol oder Acetylsalicylsäure). Bei fehlendem Sistieren des Anfalls innerhalb von einigen Minuten Klinikeinweisung, dort möglichst i.v. Injektion von Clonazepam (0,5–1 mg langsam injizieren) oder Diazepam (3–10 mg).

Prgn: Überwiegend gut, doch bis zum 5. Lebensjahr Auftreten von Rezidiven möglich. Das Risiko einer Epilepsie beträgt etwa 3–4% und ist bei folgenden Risikofaktoren erhöht:

- familiäre Belastung mit Epilepsie,
- fokale Symptome im oder nach dem Anfall,
- Zeichen einer zerebralen Vorschädigung,
- mehrmalige Wiederholung von Fieberkrämpfen während eines Infektes,
- protrahierte Fieberkrämpfe (über 15 Min.),
- konstant nachweisbare EEG-Veränderungen,
- mehr als 3malige Wiederholung der Fieberkrämpfe während der Kindheit,
- Auftreten des 1. Fieberkrampfes im 1. Lebensjahr oder jenseits des 5. Lebensjahres.

Ist einer dieser Faktoren nachweisbar, handelt es sich nicht mehr um einfache, sondern um *komplizierte Fieberkrämpfe.* In solchen Fällen wird oft die Indikation zur Dauertherapie mit Primidon gestellt.

Fructoseintoleranz

VK: 1 auf 20000–50000 Neugeborene.

Ät: Autosomal rezessiv vererbter Mangel an Fructose-1-phosphataldolase (Aldolase B) in Leber, Darm und Nieren.

Sy: Nach Verabreichung von Fructose, also Umstellen von Muttermilch auf saccharosehaltige Milch (teiladaptierte Milchnahrung) oder Zusatz von Fruchtsäften, kommt es zu Appetitlosigkeit, Erbrechen, Hypoglykämien, bei längerer Dauer Dystrophie, Hepatosplenomegalie, Ikterus und Gerinnungsstörungen. Ältere Kinder entwickeln eine charakteristische Abneigung gegen fructosehaltige Nahrungsmittel. Unerkannt, insbesondere nach Infusion fructose- und sorbithaltiger Lösungen, kann die Erkrankung zum Tode führen.

Dg: Nachweis des Enzymdefektes in der Leber- oder Dünndarmbiopsie.

Th: Bei Verdacht auf Fructoseintoleranz sofortige Vermeidung jeglicher fructose- bzw. kochzuckerhaltiger Nahrungsmittel einschließlich Obst und Gemüse. Im Säuglingsalter Ernährung mit adaptierter Milch.

Prgn: Bei rechtzeitiger Diagnose und konsequenter Therapie günstig.

Frühgeborene

Definition

Kinder, die vor der vollendeten 37. SSW, also vor einem Gestationsalter von 259 Tagen, brechnet vom 1. Tag der letzten Menstruation an, geboren werden. Ein objektives Kriterium sind die somatischen Reifezeichen (Fußsohlenfalten, Ohrmuschelrand, Brustdrüsendurchmesser, Lage der Hoden bzw. Bedeckung der kleinen Labien durch die großen u. a.). Das Geburtsgewicht ist für die Unreife ein schlechtes Kriterium, da viele Kinder mit einem niedrigen Geburtsgewicht (<2500 g) nur pränatal dystroph sind und mit einem Gestationsalter von mehr als 37 Wochen nicht unreif sind.

Vorkommen

Etwa 5% aller Geburten erfolgen vor der 37. SSW.

Erkrankungen des Frühgeborenen

Das Hauptproblem der Frühgeborenen ist die Unreife der Organfunktionen. Typische Erkrankungen sind das idiopathische Atemnotsyndrom und die Neigung zu Apnoen, Hirnblutungen, Infektionen und Hyperbilirubinämie.

Idiopathisches Atemnotsyndrom

Def und Ät: Mit schwerer Atemnot und Zyanose, Hypoxie und Azidose einhergehende, besonders bei Frühgeborenen auftretende Lungenerkrankung infolge eines Mangels an Surfactant (Antiatelektasefaktor).

Sy: Einige Stunden nach der Geburt zunehmende Dyspnoe und exspiratorisches Stöhnen, Zyanose, Tachypnoe (Atemfrequenz <60/min), Nasenflügeln. Röntgenologisch werden nach dem Ausmaß der Minderbelüftung 4 Schweregrade unterteilt (Grad 4: Weiße Lunge ohne Abgrenzung von Herz und Zwerchfell von Lungengewebe).

Prl: Verhindern einer vorzeitigen Geburt und Verabreichung von Glucocorticoiden an die Mutter mehrere Stunden bis Tage vor einer nicht aufzuhaltenden vorzeitigen Geburt.

Th: Abhängig vom Schweregrad, in leichten Fällen Sauerstoffgabe und Nasen-CPAP (Erzeugung eines Überdrucks in der Rachenhöhle über einen Nasentubus), in ausgeprägten Fällen Intubation und kontrollierte Beatmung. Künstlich hergestellter oder natürlich gewonnener Surfactant in die Atemwege (wird derzeit in Studien erprobt).

Prgn: In den letzten Jahren durch Neugeborenenintensivtherapie deutlich gebessert. Über 70% der Frühgeborenen mit Atemnotsyndrom überleben, wobei die Entwicklungschancen statistisch um so ungünstiger sind, je unreifer die Kinder sind.

Apnoen

VK und Sy: Atemstillstände kurzer Dauer. Etwa ¼ aller Frühgeborenen haben Atempausen von mehr als 30 s. Dabei kann es zur Hypoxie mit Bradykardien kommen.

Th: In leichten bis mittelschweren Fällen Methylxanthine (Theophyllin oder Coffein), bei schweren, gegenüber Medikamenten resistenten Apnoen Intubation und Beatmung.

Hirnblutungen

VK: Bis zu 40% der Frühgeborenen mit einem Geburtsgewicht unter 1500 g haben eine Hirnblutung.

Sy: In der Regel kommt es zu subependymalen Blutaustritten in das Ventrikelsystem, die sonographisch erfaßt und im Verlauf kontrolliert werden können. Oft auch keine Symptome. Typisch sind Apnoen, Krämpfe, Muskelhypotonie und vorgewölbte Fontanelle.

Prl: Schonende Geburt Frühgeborener und Vermeidung von Hypoxie, Azidose und zu hoher oder niedriger Blutdruckwerte.

Th: Symptomatisch, z. B. bei Auftreten eines posthämorrhagischen Hydrozephalus Shunt-Operation.

Prgn: Bei leichten Blutungen gut, in schweren Fällen Exitus oder spätere zerebrale Bewegungsstörungen.

Weitere, relativ häufige Erkrankungen

Dies sind Infektionen, insbesondere Sepsis, Hyperbilirubinämie, *Retinopathie* (retrolentale Fibroplasie). Letztere tritt bei etwa 10% aller Frühgeborenen auf und kann besonders bei Frühgeborenen mit einem Gestationsalter unter 32 Wochen zur Erblindung führen. Die Pathogenese ist nur unvollständig geklärt. Trotz strikter Kontrolle der Sauerstofftherapie durch kontinuierliche transkutane Messungen kann eine schwere retrolentale Fibroplasie auftreten. Eine Erblindung durch Netzhautablösung kann evtl. durch eine rechtzeitige Koagulation verhindert werden.

Galaktosämie

VK: Etwa 1 auf 40000–50000 Neugeborene.

Ät und Pathog: Autosomal rezessiv erblicher Mangel an Galactose-1-phosphat-Uridyltransferase mit Anstau von Galactose-1-phosphat, das zu Schädigungen von Leber, Niere, Gehirn und Linse führt.

Sy: Unterschiedliche Verlaufsformen (je nach Ausprägung des Enzymdefektes). In schweren Fällen bei Neugeborenen nach Milchfütterung Erbrechen, Durchfall, Gedeihstörung und progrediente Hepatopathie mit Lebervergrößerung, Ikterus und akutem Leberversagen. Oft Katarakt in den ersten Lebensmonaten. Bei weniger ausgeprägten Fällen chronische Verlaufsform mit Leberzirrhose, Katarakt und geistiger Retardierung. Weitere Symptome sind Fanconi-Syndrom und bei erwachsenen Frauen hypergonadotroper Hypergonadismus.

Dg: Nachweis der verminderten Enzymaktivität oder der erhöhten Galactose-1-phosphat-Konzentration in Erythrozyten.

Th und Prl: Frühzeitige und vollständige Eliminierung der Galactose aus der Nahrung (lactosefreie Säuglingsmilchen). Meidung von Nahrungsmitteln, auch Medikamenten, die Galactose oder Lactose enthalten.

Gallengangsatresie

Def und Vk: Vollständiger Verschluß der extrahepatischen Gallenwege (Häufigkeit 1:8000 bis 1:20000 Neugeborene). Auch ein Fehlen der Gallenblase, eine isolierte Hypoplasie oder Aplasie der intrahepatischen Gallenwege oder eine Stenose des Ductus choledochus sind möglich.

Ät: Unbekannt. Entzündliche Prozesse, insbesondere pränatale Virusinfektionen, die zu einer obstruierenden oder sklerosierenden Cholangiopathie führen, werden diskutiert.

Sy: Im Alter von 1–3 Wochen zunehmender Verschlußikterus mit acholischen Stühlen. Anstieg des direkten Serumbilirubins auf Werte um 340 μmol/l (20 mg/dl) nach etwa 6–8 Wochen. Hepatomegalie, später Splenomegalie und cholestatische Leberzirrhose. Unbehandelt sterben die Kinder vor Ende des 2. Lebensjahres an Leberversagen, Ösophagusvarizenblutung oder einer Sepsis.

Dg: Laborchemischer Nachweis der progredienten Erhöhung des direkten Bilirubins, stark erhöhte Werte von Cholestaseenzymen und Cholesterin sowie leichter bis mäßiger Anstieg der Serumtransaminasen. Die genaue Lokalisation der Gallengangsatresie wird bei einer intraoperativen Cholangiographie nachgewiesen.

Th: Operation vor Ende des 2. Lebensmonats (vor Auftreten einer Leberzirrhose).

Gastroschisis

Def: Bauchwanddefekt, meist rechts vom Ansatz der Nabelschnur, ohne Bruchsack.

Sy: Die Darmschlingen (meist Dünndarm und Dickdarm bis zur linken Flexur) liegen bei Geburt außerhalb des Körpers. Sie sind meist ödematös verdickt und durch Fibrinauflagerungen miteinander verklebt.

Kompl: Begleitfehlbildungen sind selten, während man bei der Omphalozele häufig Herzfehler, Trisomien, Drehungsanomalien des Darmes oder ein Wiedemann-Beckwith-Syndrom (Omphalozele, Makroglossie, Gigantismus) findet.

DD: Bei der Omphalozele besteht ein Bruchsack (Peritoneum, Amnion und Wharton-Sulze), der allerdings bereits intrauterin oder bei der Geburt zerreißen kann, so daß man dann die vorgefallenen Därme, evtl. auch die Leber freiliegen können.

Th: Abdeckung mit sterilen Tüchern, seitliche Lagerung des Kindes, sofortiger Transport im Inkubator, dringliche Operationsindikation.

Prgn: Die Überlebenschance bei der Gastroschisis liegt bei etwa 80%; allerdings ist oft eine langfristige parenterale Ernährung notwendig.

Gaumenspalte s. Lippen-Kiefer-Gaumenspalte

Glykogenosen

Def: Vorwiegend autosomalrezessiv vererbte Störungen des Glykogenstoffwechsels, bei denen vermehrt normales oder abnormes Glykogen in Leber, Muskeln oder anderen Organen gespeichert wird.

VK: Regional unterschiedlich, in Deutschland etwa 1 auf 100000 Neugeborene.

Formen: Über 6 verschiedene Typen, die nach dem Erstbeschreiber benannt werden: Typ I (van Gierke), Typ II (Pompe: Ausgeprägte Muskelhypotonie, Makroglossie und Herzvergrößerung), Typ III (Cori: Klinisch milder Verlauf von Typ I), Typ IV (Ander-

sen: Schwere Leberzirrhose und Tod im frühen Kindesalter), Typ V (McArdle: Rasche Ermüdbarkeit und Muskelkrämpfe), Typ VI (Hers: Unterschiedliche Verlaufsformen, Hepatomegalie).
Die klassische und am besten untersuchte Form ist die Glykogenose Typ I (von Gierke), die etwa ¼ aller Glykogenosen ausmacht.

Ät: Defekte Glucose-6-phosphatase in Leber, Nieren und Darm, so daß Glucose weder aus Glykogen noch aus Galactose oder Fructose gebildet werden kann.

Sy: Bereits im Neugeborenenalter auftretende schwere Nüchternhypoglykämie, später ausgeprägte Vergrößerung von Leber und Nieren mit starker Vorwölbung des Abdomens, Minderwuchs, Puppengesicht, Blutungsneigung, Hautxanthome, Gichtsymptome und Neigung zur Bildung von Lebergeschwülsten. Bei einer Variante des Typs I (Typ Ib) besteht zusätzlich eine Granulozytopenie mit Neigung zu bakteriellen Infektionen.

Dg: Klinische Symptomatik und fehlender Blutzuckeranstieg nach Glucagon. Beweisend ist die fehlende Enzymaktivität im Lebergewebe.

Th und Prl: Häufige (alle 3 Stunden) kohlenhydratreiche Mahlzeiten, evtl. als nächtliche Dauerzufuhr über eine Magensonde, Meidung von Galactose und Fructose (keine Umwandlung in Glucose, sondern in Lactal, daher Azidose!).

Granulomatose, septische progressive

Def: Hereditärer, vorwiegend X-chromosomal vererbter schwerer Funktionsdefekt der neutrophilen Granulozyten, die sonst keine morphologischen Auffälligkeiten zeigen.

Ät und Pathog: Enzymdefekt (Mangel an NADH-Oxidase, oft auch an Glutathionperoxidase). Daher Unfähigkeit der Zelle, ausreichende Mengen an H_2O_2 zu bilden. Mikroorganismen werden regelrecht phagozytiert; katalasepositive Keime (Staphylococcus aureus, Escherichia coli, Klebsiellen, Proteus und Pilze, besonders Candida albicans) werden jedoch nicht abgetötet, was zur Bildung von charakteristischem Granulationsgewebe führt.

Sy: Erkrankungsbeginn im frühen Kleinkindalter mit rezidivierenden bakteriellen Infektionen, chronischen Lymphknotenschwellungen, Hepatosplenomegalie, Abszeßbildungen in Weichteilen, Osteomyelitis. Progressiver Verlauf, Tod meist vor dem 7. Lebensjahr.

Dg: Pathologischer NBT- (Nitroblautetrazolium-)Test bei sonst unauffälligen Granulozytenfunktionen, histologisch Nachweis typischer Granulome.

Th und Prl: Prophylaxe durch langzeitige Gabe von Cotrimoxazol. Heilung durch Knochenmarktransplantation möglich.

Gynäkomastie

Def: Brustdrüsenvergrößerung beim männlichen Geschlecht. Am häufigsten ist die *Pubertätsgynäkomastie.*

Anat: Sie tritt bei etwa der Hälfte aller Knaben in der Pubertät als einseitige (dann links häufiger als rechts) oder doppelseitige echte Brustdrüsenvergrößerung auf. Es handelt sich um eine physiologische Normvariante unbekannter Ursache in der Pubertät. Meist bildet sich die Pubertätsgynökomastie innerhalb einiger Monate spontan zurück. Bei einigen Adoleszenten kann die Brust Dimensionen einer Frau annehmen und jahrelang persistieren.

Dg: Die Diagnose ist in der Regel leicht, doch müssen immer auch andere Ursachen der Gynäkomastie (s. Kap. Endokrinologie) in Erwägung gezogen werden. Ein Klinefelter-Syndrom kann klinisch durch die Palpation der Hoden ausgeschlossen werden, die bei Knaben mit Pubertätsgynäkomastie deutlich über 5 ml groß sind.

Th: In den meisten Fällen gelingt es, durch psychologische Führung die betroffenen Jugendlichen von der Harmlosigkeit der Anomalie zu überzeugen. Zeigt die Gynäkomastie keine spontane Rückbildung und ist die psychische Beeinträchtigung zu groß, sollte eine fachgerechte chirurgische Entfernung des Brustdrüsenkörpers von einem halbkreisförmigen Mamillenrandschnitt aus nicht verzögert werden. Medikamentöse Behandlungsversuche mit Danazol oder Tamoxifen sind in den meisten Fällen erfolglos.

Hämolytisch-urämisches Syndrom (HUS)

Def: Akut beginnende Erkrankung mit hämolytischer Anämie, Nierenversagen und Thrombozytopenie.

Ät: Unbekannt. Virale oder bakterielle Infektionen, insbesondere des Gastrointestinaltrakts, Prostacyclinmangel, genetische Faktoren und eine neuraminidasebedingte Freilegung von Kryptantigen an der Oberfläche von Erythrozyten und Gefäßendothelien, mit denen Isoagglutinine des Blutes reagieren, werden diskutiert.

Pathog: Zunächst Endothelschädigung der Nierenrindenkapillaren mit nachfolgenden thrombotischen Mikroangiopathien, Durchblutungsstörungen, in schweren Fällen hämorrhagische Nierenrindennekrosen. Anämie und Thrombozytopenie sollen Folge der Gefäßendothelschäden sein.

Sy: Vorwiegend bei Säuglingen und Kleinkindern tritt nach einem kurzen Prodromalstadium mit Erbrechen, z. T. blutigen Durchfällen, Fieber und Luftwegsinfekten das typische Vollbild des HUS auf:

- rasch einsetzende Hämolyse, oft mit Hämoglobinämie und Hämoglobinurie;
- akutes Nierenversagen mit Oligurie bis Anurie, evtl. Blutdruckerhöhung und Ödeme;
- hämorrhagische Diathese mit Petechien, Suffusionen und Blutungen aus dem Darm, evtl. auch im ZNS (Folge der Thrombozytopenie);
- fakultativ zerebrale Symptome infolge toxischer Schädigungen oder Blutungen des ZNS (psychische Störungen bis zu schweren Krampfanfällen).

Dg: Die Diagnose des HUS stützt sich auf den Nachweis einer akuten schweren intravasalen Hämolyse mit Bildung charakteristischer, eierschalenförmig zerstörter Erythrozyten (Fragmentozyten) und einer Anämie (Hb <5 mmol/l = 8 g/dl), verbunden mit einer Einschränkung der glomerulären Nierenfunktion (Retention harnpflichtiger Substanzen, Oligurie, Erythrozyturie, Proteinurie). In ⅔ der Fälle bestehen Thrombozytopenie und Verminderung der C3-Komplement-Komponente im Serum.

DD: Akute Glomerulonephritis, Schockniere, mit Nierenfunktionsstörungen einhergehende Krisen bei hämolytischen Anämien.

Th: Behandlung der Niereninsuffizienz mit ihren Komplikationen (entscheidende Verbesserung der Prognose durch Frühdialyse). Substitutionstherapie der Anämie (Transfusion gewaschener Erythrozyten), antihypertonische Maßnahmen bei erhöhtem Blutdruck. Fibrinolytische und gerinnungshemmende Therapie sind nutzlos, z. T. schädlich. Neuere Behandlungsverfahren mit Aggregationshemmern, Vitamin E und Plasmaseparation werden derzeit überprüft.

Prgn: Bei rechtzeitiger Dialyse in der Regel gut. Rezidive und eine chronische Glomerulopathie sind selten.

Harnwegsinfektionen

Def: Bakterielle Infektion von Harnwegen und Nierengewebe.

VK: Häufigste bakterielle Erkrankung im Kindesalter, die jenseits der Neugeborenenperiode 5% der Mädchen und 1% der Knaben betrifft.

Ät und Pathog: Für das Angehen einer Infektion sind folgende Faktoren verantwortlich:

- die Virulenz der eingedrungenen Erreger, wobei Escherichia coli (60–80% der Fälle) am häufigsten ist, seltener Enterobacter, Klebsiella, Proteus, Pseudomonas aeruginosa und Enterokokken;
- die humorale und zelluläre Abwehr des Patienten;
- eine Behinderung des Harntransportes.

Meist entstehen Harnwegsinfektionen durch eine aszendierende Infektion aus dem periurethralen Bereich, viel seltener hämatogen.

Sy: Die klinische Symptomatik ist altersabhängig. Im Kleinkind- und Schulalter typische Symptomatik mit Dysurie, Pollakisurie und sekundärer Enuresis. Zusätzliches Auftreten von Fieber, Flankenschmerzen, Leukozytose mit Linksverschiebung, beschleunigter BSG, erhöhtem C-reaktivem Protein und Einschränkung des Konzentrationsvermögens weisen auf eine Pyelonephritis hin. Bei Neugeborenen und jungen Säuglingen können subfebrile Temperaturen, Trinkunlust, Erbrechen, Gedeihstörungen im Vordergrund stehen und Icterus prolongatus, Tachypnoe, Tachykardie und periphere Durchblutungsstörungen auf eine Urosepsis hindeuten.

Dg: Nachweis einer signifikanten Bakteriurie ($>10^5$ Keime/ml) und Leukozyturie (>50/μl in der Zählkammer) im frischen, sauber gewonnenen Mittelstrahlurin. Zur Sicherung der Diagnose Gewinnung von Urin durch Blasenpunktion (normalerweise steriler Urin) oder Katheter (pathologische Keimzahl $>10^3$/ml). Zusätzlich zur Keimzahlbestimmung erfolgt die Keimdifferenzierung und Resistenztestung. Bei größerer Entfernung zum bakteriologischen Labor Benutzung von Uricult, einem mit Nähragar beschichteten Objektträger, der in den Urin eingetaucht und nach Bebrütung auf den Keimgehalt beurteilt wird (der beimpfte Objektträger kann mit der Post an das bakteriologische Labor gesandt werden). Eine Bakteriurie bei fehlender Leukozyturie kann auf unsachgemäße Gewinnung und verzögerte

Verarbeitung des Urins, eine Leukozyturie ohne Bakteriurie auf eine Vorbehandlung mit einem Antibiotikum hinweisen. Zum Nachweis oder Ausschluß einer obstruktiven Uropathie oder chronisch entzündlichen narbigen Nierenveränderung wird grundsätzlich eine orientierende Ultraschalluntersuchung, in der Regel auch ein intravenöses Urogramm (Erkennung von Fehlbildungen, Nachweis narbiger Veränderungen) und ein Miktionszystourogramm (Nachweis eines vesikoureteralen Refluxes) angeschlossen. Letztere beiden Untersuchungen können bei Mädchen mit dem 1. Harnwegsinfekt zunächst unterbleiben, sind jedoch bei rezidivierenden Infekten oder Therapieresistenz später durchzuführen.

Th und Prl: Sofortige medikamentöse Behandlung nach der Uringewinnung mit Cotrimoxazol in einer Dosierung von 5–6 mg/kg KG Trimethoprim in 2 Dosen (bei Erregerresistenz gegenüber Cotrimoxazol in Abhängigkeit von der Resistenzprüfung Ampicillin, Cephalosporine oder Aminoglykoside) für etwa 10 Tage. 3 Tage nach Beginn der Therapie sowie nach Beendigung zytologische und bakteriologische Urinkontrollen. Nach erfolgreicher Therapie des 1. Harnwegsinfekts wegen Rezidivgefahr weitere Kontrollen zunächst für ½ Jahr in monatlichen, danach für 1–2 Jahre in ¼jährigen Abständen. Bei häufigen Reinfektionen (>3 Infektionen/6 Monate) und/oder Harnabflußstörungen erfolgt nach Behandlung des akuten Harnwegsinfektes eine Langzeitprophylaxe mit Cotrimoxazol in niedriger abendlicher Dosierung (2 mg/kg KG/Tag). Bei unauffälligen Urinkontrollen versuchsweises Absetzen des Medikamentes nach ½ Jahr. Bei vielen Kindern kommt es mit zunehmendem Alter nicht mehr zu Rezidiven. Bei Nachweis von Mißbildungen, Obstruktionen oder schwerem Refluxgrad sind chirurgische Maßnahmen angezeigt.

Prgn: In der Regel gut, falls keine schweren Parenchymdestruktionen vorliegen und komplizierende Harnwegsobtruktionen rechtzeitig beseitigt werden.

Hirschsprung-Krankheit (Megacolon congenitum)

Def: Auf einer angeborenen Aganglionose des distalen Kolons beruhende Erkrankung, die zu einer Engstellung mit konsekutiver Dilatation und Hypertrophie der proximalen Darmabschnitte führt.

VK: Etwa 1 auf 3000–5000 Neugeborene. 80% der Patienten sind Knaben.

Sy: Manifestation oft schon im Neugeborenenalter mit Obstipation, Bauchauftreibung, Darmsteifungen, Erbrechen, später Appetitlosigkeit bis Nahrungsverweigerung. Als Folge der Kotstauung tritt im Neugeborenenalter nicht selten Darmperforation mit Peritonitis oder eine z. T. tödlich verlaufende Enterokolitis auf.

Dg: Bei der digitalen Untersuchung ist der Enddarm meist leer. Die endgültige Diagnose stützt sich auf die Schleimhautsaugbiopsien von der Rektumhinterwand (histochemischer Nachweis einer starken Vermehrung der Acetylcholinesterase), die charakteristische Röntgenuntersuchung beim Kontrasteinlauf (enges Segment mit plötzlichem Übergang in das trichterförmig erweiterte proximale Kolon) und das Ergebnis der Elektromanometrie (fehlende Sphincter-ani-internus-Erschlaffung und Induktion einer propulsiven Welle).

Th: Resektion des aganglionären Darmanteiles in einer zweizeitigen Operation: Bei jungen Säuglingen und Patienten mit akutem Darmverschluß wird zunächst ein Anus praeternaturalis oberhalb des engen Segmentes angelegt und etwa ½ Jahr später nach sparsamer Resektion des erkrankten Darmabschnittes eine Kontinuitätswiederherstellung durchgeführt.

Hochwuchs

Def: Körperlänge oberhalb der 97. Altersperzentile.

Ät und Sy:

- *Normvarianten:* Akzeleration von Wachstum und Entwicklung (vorübergehende Beschleunigung von Längen- und Skelettwachstum, frühnormale Pubertät, jedoch normale Endlänge), Adipositas (übergewichtige Kinder sind oft auch zu groß, Adiposogigantismus) und genetisch bedingter Hochwuchs (beide Eltern oder ein Elternteil ebenfalls überdurchschnittlich groß);
- *chromosomale Störungen:* Klinefelter-Syndrom (XXY) (Hochwuchs, leicht eunuchoide Körperproportionen, geistige Minderbegabung, verzögerter Pubertätseintritt oder -fortschritt, Gynäkomastie und geringe Hodengröße) und XYY-Syndrom (Hochwuchs, bisweilen Hypogenitalismus und Bereitschaft zu frühzeitig auftretenden Varizen und Ulzera der Unterschen-

kel, Häufigkeit etwa 1 auf 1000 männliche Neugeborene);
- *Kollagenkrankheiten:* Marfan-Syndrom (disproportionierter Hochwuchs, Fettgewebsmangel, Muskelhypoplasie, Spinnenfingrigkeit mit abnorm langem Daumen, nicht selten Aortenaneurysmen, Linsenluxationen und Skoliose der Wirbelsäule), Homozystinurie (angeborener Defekt des Abbaus der Aminosäure-Homocystin, bei dem neben den marfan-ähnlichen Auffälligkeiten eine geistige Retardierung auftritt);
- *Sotos-Syndrom* (zerebraler Gigantismus): bereits bei Geburt vorhandene Übergröße, auffällige Fazies, akromegale Veränderungen und psychomotorische Entwicklungsbeeinträchtigung;
- *endokriner Hochwuchs* (im Kindesalter selten): Hypophysenadenom mit vermehrter Wachstumshormonsekretion, Hyperthyreose, Pubertas oder Pseudopubertas praecox.

Dg: Anamnese, gründliche klinische Untersuchung, Anlegen einer Wachstumskurve, Bestimmung des Knochenalters und Errechnung der genetischen Zielgröße (bei Mädchen mittlere Elterngröße −6,5 cm, bei Jungen mittlere Elterngröße +6,5 cm). Bei Überschreiten der Zielgröße und/oder klinischen Auffälligkeiten Röntgenaufnahme der Sella, evtl. Computer- und Kernspintomographie des Schädels, bei Jungen Chromosomenanalyse, bei Verdacht auf Marfan-Syndrom kardiologische und ophthalmologische Untersuchung, bei klinischem Verdacht auf endokrinen Hochwuchs entsprechende Hormonuntersuchung.

Th: Sexualhormone beschleunigen in hoher Dosierung die Knochenreifung und den Epiphysenschluß und reduzieren damit die Erwachsenengröße. Wegen der Nebenwirkungen ist eine strenge Indikation erforderlich: Vorausgesagte Endgröße bei Mädchen oberhalb von 183−185 cm und bei Jungen oberhalb von 195−197 cm. Der Entschluß zur Behandlung sollte nicht vom Arzt und den Eltern allein gefaßt werden, sondern muß nach einer ausführlichen Aufklärung von der oder dem Hochwüchsigen selbst mitgetragen werden. Optimaler Behandlungsbeginn abhängig vom Knochenalter (bei Mädchen 12 Jahre, beim Jungen 13 Jahre). Abbruch der Therapie, wenn das Knochenalter beim Mädchen 15 Jahre und beim Jungen 17 Jahre beträgt.

- *Mädchen:* Man verabreicht Ethinylestradiol in einer Dosierung von täglich 0,1−0,3 mg oder konjugierte natürliche Östrogene (Presomen) in einer Dosierung von täglich 7,5 mg (6 Tbl. à 1,25 mg) kontinuierlich (also jeden Tag) oder zyklisch (alle 4 Wochen 1 Woche kein Östrogen). Zur periodischen Abstoßung des proliferierten Endometriums wird alle 4 Wochen zusätzlich 7 Tage lang ein Gestagen in ausreichender Dosierung (z. B. Primolut-Nor in einer täglichen Dosierung von 10 mg) verabreicht. Wichtigste *Nebenwirkungen:* Gewichtszunahme, Striae, verstärkte Pigmentierung der Mamillen, vorübergehend auch Übelkeit, Erbrechen, Schwindel und Kopfschmerzen, seltener Schmierblutungen und Fluor. *Kontraindikationen:* Hyperlipoproteinämie, Lebererkrankungen, Neigung zu Embolien, Krampfadern und diabetischer Stoffwechsellage.
- *Jungen:* i.m. Injektion von 500 mg Depot-Testosteron im Abstand von 2 Wochen. *Nebenwirkungen:* Gewichtszunahme, z. T. erhebliche Akne- und Ödemneigung. Konsequente Therapieüberwachung notwendig (Bestimmungen von Triglyceriden, Transaminasen und Bilirubin im Abstand von etwa 3 Monaten, Messungen von Größe und Knochenalter im Abstand von 6 Monaten).

Im Mittel lassen sich bei rechtzeitigem Behandlungsbeginn bei Mädchen 4−5 cm und beim Jungen 6 cm der Erwachsenengröße einsparen.

Hodenhochstand (Maldescensus testis)

Def: Einseitig oder doppelseitig unvollständig deszendierte Hoden.

VK: Bei 2−4% der reif geborenen Knaben und etwa 20% der Frühgeborenen findet sich ein physiologischer Hodenhochstand; oft deszendiert der Hoden innerhalb des 1. Lebenshalbjahres spontan.

Formen: Kryptorchismus (palpatorisch keine Hoden nachweisbar, DD zwischen Anorchie und in der Bauchhöhle gelegenen Hoden durch HCG-Test: Testosteronanstieg bei Bauchhoden), *Leistenhoden* (Hoden mit Leistenkanal zu palpieren, nicht ins Skrotum herabzuziehen), *Gleithoden* (Hoden in der Leistengegend oder am Skrotaleingang, unter Spannung bis zum oberen Teil des Skrotums zu mobilisieren, allerdings nach Loslassen sofortiges Zurückschnellen), *Pendelho-*

den (Lagewechsel im Leistenkanal oder Skrotum, bei Abkühlung oder mechanischer Reizung durch Kremasterzug Hochsteigen zum äußeren Leistenring; Hoden ohne Spannung, besonders im heißen Bad, ins Skrotum zu mobilisieren), *Hodenektopie* (Verlagerung des Hodens außerhalb des physiologischen Deszensuswegs).

Th: Im retinierten, bisweilen auch im kontralateralen deszendierten Hoden ist die Zahl der Spermatogonien vermindert. Nur die Frühbehandlung kann eine Hodenschädigung und spätere Infertilität verhindern (allerdings nicht bei primär dysgenetischen Hoden). Mit Ausnahme des Pendelhodens sollen alle Formen des Maldescensus testis so früh wie möglich, also *im 2. Lebensjahr,* behandelt werden. Operative Behandlung bei Hodenektopie oder gleichzeitig vorhandenem Leistenbruch. Bei den anderen Formen *Hormonbehandlung* mit HCG (humanes Choriongonatropin) in folgender Dosierung: 1mal pro Woche wird jeweils über 5 Wochen i.m. folgende Einzeldosis injiziert: Bis zum Alter von 2 Jahren 500 IE, bis zum Ende des 5. Lebensjahres 1000 IE, danach 2000 IE. Alternativ wird eine Behandlung mit LHRH (Kryptocur) über 4 Wochen intranasal empfohlen (3mal täglich in jede Nasenseite 1 Spraystoß).

Prgn: HCG-Behandlung in etwa 40–60% erfolgreich, LHRH-Therapie wesentlich unwirksamer. Nach erfolgreicher Hormonbehandlung Kontrolle nach ½ Jahr, da Rezidive vorkommen.

Bei Erfolglosigkeit der konservativen Behandlung Operation (Orchidopexie) innerhalb einiger Monate. Risiko der Infertilität: Bei spät behandelten Knaben (nach dem 6. Lebensjahr) etwa 30% (bei einseitigem Maldescensus) bis 60% (beidseitiger Maldescensus). Spätresultate von rechtzeitig (2. Lebensjahr) und erfolgreich behandelten Knaben liegen bisher nicht vor!

Hodentorsion

Def: Drehung des Hodens um die Achse des Samenstranges.

Pathog: Abklemmung der Gefäße mit Gefahr der hämorrhagischen Infarzierung und sekundärer Hodenatrophie.

Sy: Vorkommen hauptsächlich im Säuglingsalter und während der Pubertät. Beim Neugeborenen harte, schmerzlose, nicht diaphanierbare, dunkelrote bis livide Hodenschwellung. Beim Adoleszenten meist akuter, bisweilen auch langsam zunehmender Hodenschmerz, häufig verbunden mit Übelkeit und Erbrechen.

Dg: Anamnese und typischer klinischer Befund, evtl. Hodenszintigraphie.

DD: Entzündliche Prozesse (Orchitis, Epididymitis), inkarzerierte Hernie, Torsion einer intraskrotalen Hydatide (gestielte Anhängsel am Hoden und Nebenhoden).

Th: Im Zweifelsfall bei jeder schmerzhaften Hodenschwellung Hodentorsion annehmen! Sofortige operative Detorsion und Orchidopexie, präventiv gleichzeitig Fixation des kontralateralen Hodens.

Hydrocele testis et funiculi spermatici

Ät und Pathog: Flüssigkeitsansammlung innerhalb der Tunica vaginalis des Hodens als Folge einer unvollständigen Obliteration des Processus vaginalis (Ausstülpung des Peritoneums). Das entstehende zystische Gebilde findet sich entweder nur im Hodenbereich (Hydrocele testis) oder im Verlauf des Samenstranges (Hydrocele funiculi spermatici).

Sy: Prallelastische, wasserklare, gut diaphanierbare, nicht reponierbare schmerzlose Schwellung.

DD: Inkarzerierte Hernie, Hodentumoren.

Th: Kleine Hydrozelen bilden sich meist spontan im 1. Lebensjahr zurück. Bei großer Hydrocele testis und Hydrocele funiculi spermatici Operation. Keine Punktionsbehandlung (Gefahr der Verletzung der Samenstranggefäße und späterer Hodenatrophie).

Hydrozephalus

Def: Pathologische Erweiterung der Liquorräume, und zwar der Hirnkammern (Hydrocephalus internus) und/oder des Subarachnoidalraumes (Hydrocephalus externus).

Ät und Pathog:

- Durch entzündliche und toxische Reizungen sowie Tumoren des Plexus choroideus *(Hydrocephalus hypersecretorius)* kann Liquorüberproduktion erfolgen.
- Durch Verschluß der liquorableitenden Wege durch Mißbildungen (Äquaduktstenose, Arnold-Chiari-Syndrom), Entzündung (Meningitis) und Tumoren kann der in den Seitenventrikeln gebildete Liquor in seinem Abfluß im Aquädukt oder im Bereich des IV. Ventrikels behindert sein *(Hydrocephalus occlusivus).*
- Durch Verklebungen der Hirnhäute im Bereich der Basalzisternen und Subarach-

noidalräume (z. B. Meningitis) kann durch mangelhafte Liquorresorption ein *Hydrocephalus aresorptivus* entstehen.

- Ein *Hydrocephalus e vacuo* ist die Folge einer primären Hirnentwicklungsstörung oder einer Hirnatrophie (nach Enzephalitis oder Hirnabszeß) und kann sich als Erweiterung des Subarachnoidalraums (Hydrocephalus externus) und/oder Ventrikelerweiterung (Hydrocephalus internus) äußern, ohne daß es im Gegensatz zu den ersten 3 Formen zu einer Hirndrucksteigerung und Schädelvergrößerung kommt.

Sy: Bei Säuglingen pathologisches Schädelwachstum, vorgewölbte und vergrößerte große Fontanelle, starke Venenzeichnung der Kopfhaut, Sonnenuntergangsphänomen (Sichtbarwerden der Sklera über der Iris), Erbrechen, schrilles Schreien, Gedeihstörung, psychomotorische Entwicklungsverzögerung, selten Stauungspapille. Bei älteren Kindern (nach Verschluß der Fontanelle) chronische Hirndruckzeichen mit Optikusatrophie, spastischen Paresen, Ataxie, Kopfschmerzen, Schwindel, Erbrechen und Stauungspapille.

Dg: Klinischer Befund, insbesondere pathologisches Schädelwachstum, Sonographie (bei offener Fontanelle), Computer- und Kernspintomographie, evtl. Liquordruckmessung.

DD: Nicht jeder Makrozephalus ist eine Hydrozephalus! In Frage kommen Normvarianten (familiärer Makrozephalus), Sotos-Syndrom, metabolische Erkrankungen, Neurofibromatose, tuberöse Hirnsklerose sowie subdurale Hämatome und Ergüsse.

Th: Der unter erhöhtem Druck stehende Liquor muß abgeleitet werden, meist chirurgisch durch Drainage eines Seitenventrikels mit Katheter und Ventil in den rechten Herzvorhof (ventrikuloatrialer Shunt) oder ins Peritoneum (ventrikuloperitonealer Shunt). Komplikationen des Shunts: Infektionen, insbesondere mit Staphylococcus aureus, Obstruktion des zentralen oder peripheren Katheterschenkels sowie Diskonnektion. Überdrainage mit Schlitzventrikeln oft von einer Dysfunktion schwer unterscheidbar (Computertomographie!).

Prgn: Bei rechtzeitiger Behandlung eines unkomplizierten Hydrozephalus gut, ansonsten abhängig von der den Hydrozephalus verursachenden Grundkrankheit.

Hypospadie

Def: Atypische Mündung der Urethra an der ventralen Seite des Penis. Je nach Position der Harnröhrenöffnung Unterteilung in 4 Formen: Hypospadia glandis, penis, scrotalis und perinealis.

VK: Etwa 8:1000 männliche Neugeborene, in 10% Assoziation mit Maldescensus testis.

Sy: Unterschiedliche Ausbildungsgrade, bei leichteren Formen (Hypospadia glandis) leichte Penisverkrümmung, Vorhaut auf der Penisunterseite gespalten und schürzenartig dorsal über der Glans gelegen. Bei ausgeprägter Hypospadie (Hypospadia scrotalis und perinealis) Mikropenis und Spaltung des Skrotums, dadurch Aspekt eines Pseudohermaphroditismus masculinus (in diesem Falle Chromosomenanalyse und Hormonuntersuchungen).

Th: Bei stärkeren Ausprägungsgraden zweizeitige Operation: zunächst Aufrichtung des gekrümmten Penis im Alter von etwa 18 Monaten. Harnröhrenplastik im Alter von 4–6 Jahren, also vor Beginn des Schulalters.

Hypothyreose

Def: Angeborene oder erworbene Unterfunktion der Schilddrüse, die bei früher Manifestation mit schwerer geistiger und körperlicher Entwicklungsretardierung einhergeht.

VK, Ät und Pathog: Die angeborene primäre Hypothyreose als Folge einer Organaplasie (Athyreose) oder Organhypoplasie ist eine häufige Mißbildung, die bei etwa 1:4000 Lebendgeborenen vorkommt, Mädchen 3mal so häufig betrifft wie Jungen und in der Regel sporadisch auftritt. Ursache meist unbekannt. In weniger als der Hälfte der Fälle finden sich kleine Schilddrüsenreste in oder unter der Zunge oder im Mediastinum.
Der endemische Kretinismus in Jodmangelgebieten und die familiäre Hypothyreose durch kongenitale Jodfehlverwertung sind davon abzugrenzen; sie gehen meist mit einer Struma einher. Die eworbene, dann meist leichtere Hypothyreose kann Spätmanifestation einer angeborenen Hypoplasie oder aber Folge einer abgelaufenen Autoimmunthyreoiditis sein.
Sekundäe Hypothyreosen entstehen durch Ausfall des TSH oder des hypothalamischen TRH, meist im Rahmen eines Panhypopituitarismus.

Sy: Klinische Zeichen der Schilddrüsenunterfunktion sind nur selten gleich bei der Geburt erkennbar! Meist entwickeln sie sich allmählich im Verlaufe der ersten Lebenswochen: Frühsymptome sind Trinkfaulheit, Bewegungsarmut, Icterus prolongatus, tiefe Stimme und röntgenologischer Nachweis fehlender Kerne der proximalen Tibia- oder/und der distalen Femurepiphysen (Hinweis auf einen intrauterinen Schilddrüsenhormonmangel). Vollzeichen, ab 8. bis 12. Lebenswoche, sind Myxödem, stumpfer Gesichtsausdruck, Makroglossie, weit offene große Fontanelle, breite und flache Nase, kühle, trockene Haut, spärlicher Haarwuchs, gutes Gedeihen trotz mangelnder Nahrungsaufnahme, Obstipation, Muskelhypotonie, Nabelhernie, psychomotorische Entwicklungsverzögerung, Ossifikationsstörung der Femurkopfkerne und eine keilförmige Deformierung des 2. Lendenwirbelkörpers. Unbehandelt stehen in den folgenden Jahren eine starke Wachstumsverminderung, geistiger Entwicklungsrückstand bis zum Schwachsinn, mürrisches Wesen und bisweilen eine Innenohrschwerhörigkeit im Vordergrund der Symptomatik.

Dg: Da die Schilddrüsenunterfunktion sich klinisch meist erst mehrere Wochen nach der Geburt manifestiert und die Prognose der geistigen Entwicklung weitgehend vom Zeitpunkt des Therapiebeginns abhängt, wird bei jedem Neugeborenen gleichzeitig mit dem Screening auf Phenylketonurie am 5. oder 6. Lebenstag in Deutschland eine Bestimmung von TSH im getrockneten Bluttropfen auf Filterpapier durchgeführt. TSH-Spiegel >30 µE/ml sind verdächtig und >100 µE/ml beweisend für eine konnatale Hypothyreose. Anschließend wird sofort Blut entnommen, um die Diagnose durch zusätzliche Bestimmung anderer Schilddrüsenparameter zu sichern.

Th: Lebenslange Behandlung mit L-Thyroxin, die so früh wie möglich bei Neugeborenen in einer Dosis von 25–50 µg begonnen wird und sich am klinischen Befund und an den Laboruntersuchungen orientiert. Dosisempfehlung für L-Thyroxin im Kindesalter: Bei Neugeborenen und Säuglingen bis zum 6. Lebensmonat 25–50 µg täglich, bei Kindern im Alter von 7–12 Monaten 50–75 µg täglich, ab dem 2. Lebensjahr etwa 100–120 µg/m^2 Körperoberfläche täglich. Das Medikament wird in einer morgendlichen Einzeldosis *vor* dem Frühstück eingenommen (Resorptionsquote im nüchternen Zustand etwa 80%).

Langzeitüberwachung in pädiatrischen Zentren im Abstand von 3–6 Monaten. Klinische Kriterien einer euthyreoten Stoffwechsellage sind normale Größen-, Gewichts-, Skelett-, Zahn- und vor allem psychomotorische Entwicklung. Hinweise auf Überdosierung (Schweißneigung, Unruhe, Tachykardie) und Unterdosierung (Obstipation, Interessenlosigkeit) sind Anlaß für entsprechende Dosisänderungen. Im Serum soll Thyroxin im oberen Normbereich und der TSH-Spiegel im mittleren Normbereich liegen.

Prgn: Sie ist bei konnataler Hypothyreose abhängig vom Zeitpunkt des Therapiebeginns und der Zuverlässigkeit der Behandlung. Wachstums- und Stoffwechselstörungen können durch die Therapie voll ausgeglichen werden, während bereits eingetretene Störungen am Nervensystem irreversibel sind. Bei rechtzeitiger, also in den ersten Lebenswochen einsetzender Behandlung ist auch bei Kindern mit Athyreose eine normale intellektuelle Entwicklung möglich!

Ikterus

Icterus neonatorum

Unphysiologischer Bilirubinanstieg im Serum.

Formen und Symptome

Physiologischer Neugeborenenikterus

Beim Neugeborenen tritt physiologischerweise in den ersten Lebenstagen durch den verstärkten Hämoglobinabbau und die noch nicht voll ausgereifte Aktivität der hepatischen Glucuronyltransferase eine Erhöhung des indirekten Bilirubins im Serum auf, da das anfallende Bilirubin nicht rasch genug glukuroniert und in direktes und damit ausscheidungsfähiges Bilirubin umgewandelt werden kann. Beim reifen Neugeborenen beginnt der Bilirubinanstieg am 2.–3. Lebenstag, erreicht das Maximum von 200–260 µmol/l (12–15 mg/dl), um dann in der 2. Lebenswoche auf Werte <20 µmol/l (1 mg/dl) abzufallen.

Pathologische Formen

Entsprechend diesem physiologischen Ablauf des Bilirubinanstiegs werden folgende pathologischen Formen des Icterus neonatorum unterschieden: *Neonatale Hyperbilirubinämie:* maximaler Bilirubinanstieg bei reifen Neugeborenen >260 µmol/l (15 mg/dl), bei Frühgeborenen >170 µmol/l (10 mg/dl).

Icterus praecox: frühzeitige Hyperbilirubinämie (bereits in den ersten beiden Lebenstagen).

Icterus prolongatus: Über die 2. Lebenswoche hinaus persistierender Ikterus.
Kernikterus: Freies, nicht an Albumin gebundenes Bilirubin passiert die Blut-Hirn-Schranke. Ein stark erhöhtes indirektes Serumbilirubin und/oder eine verminderte Albuminbindung des Bilirubins (bei Hypalbuminämie oder Verabreichung von Medikamenten wie Salicylaten und Sulfonamiden, die das Bilirubin aus seiner Albuminbindung verdrängen) sowie zusätzliche Risikofaktoren (z. B. Unreife, Hypoxie und Azidose) führen zur Ablagerung des Bilirubins im ZNS, insbesondere in den Stammganglien und Hirnnervenkernen. Klinisch fallen diese Neugeborenen durch Apathie, Trinkschwäche, Opisthotonus, Rigidität und Krämpfe auf. Folgen sind Defektzustände wie Choreoathetose, Hörverlust und Intelligenzdefekte.

Differentialdiagnose

Indirekte neonatale Hyperbilirubinämie

- Vermehrter Bilirubinanfall durch angeborene oder erworbene hämolytische Prozesse (Blutgruppeninkompatibilität, hereditäre Sphärozytose, Erythrozytenenzymdefekte und schwere Infektionen), Polyglobulie und ausgedehnte Gewebeblutungen;
- ungenügende Aufnahme von Bilirubin in die Leberzellen und gestörte Konjugation des Bilirubins (Gilbert-Meulengracht-Syndrom, Crigler-Najjar-Syndrom, Muttermilchikterus).

Direkte neonatale Hyperbilirubinämie

- Verminderte Ausscheidung des Bilirubins aus der Leberzelle (Rotor-Syndrom und Dubin-Johnson-Syndrom);
- Leberzellschäden durch Infektion (Hepatitis, Zytomegalie, Toxoplasmose, Sepsis) oder Stoffwechselstörungen (Galaktosämie, α1-Antitrypsin-Mangel);
- verminderte Ausscheidung von Bilirubin in den Darm (Cholestase) durch Gallengangsatresie oder -hypoplasie, Gallepfropf (z. B. bei Mukoviszidose) u. a.

Ein Icterus praecox ist in der Regel durch eine Blutgruppeninkompatibilität, ein Icterus prolongatus durch einen Muttermilchikterus, eine Hypothyreose oder eine Cholestase (z. B. Gallengangsatresie) bedingt.

Morbus haemolyticus neonatorum

Eine hämolytische Anämie des neugeborenen mit indirekter Hyperbilirubinämie kann durch Blutgrupeninkompatibilität entstehen, wenn die Erythrozyten des Feten ein Antigen besitzen, das den mütterlichen Erythrozyten fehlt, so daß die Mutter Antikörper bildet. Entsprechend unterscheidet man eine Rh- von einer AB0-Inkompatibilität.

Rh-Inkompatibilität

Ät und Pathog: Voraussetzungen sind eine Rh-Konstellation (Mutter Rh-negativ [d], Kind Rh-positiv [D]) und der Übertritt kindlicher Erythrozyten (meist bei einer Geburt, seltener bei einem Abort oder während einer Schwangerschaft). Gelangen kindliche Erythrozyten in den mütterlichen Kreislauf, kommt es zur Sensibilisierung (Antikörperbildung), für die 0,1 ml kindlichen Blutes genügen. Bei einer erneuten Schwangerschaft mit Rh-Konstellation treten die mütterlichen IgG-Antikörper auf den Feten über und führen durch Reaktion und Zerstörung Rh-positiver Erythrozyten zur hämolytischen Anämie unterschiedlichen Ausmaßes. Der Fetus versucht den Erythrozytenabbau durch vermehrte Produktion zu kompensieren. Dabei werden kernhaltige Erythroblasten vor allem aus den extramedullären Blutbildungsherden Leber, Milz und Plazenta ausgeschüttet (fetale Erythroblastose). Reicht die Regeneraton nicht aus, entsteht eine Anämie, die bei Unterschreiten eines Hämoglobinwertes von 5 mmol/l (8 g/dl) ein lebensbedrohliches Ausmaß erreichen kann, da sie zu Hypoxie, Gewebsschädigung mit vermehrter Durchlässigkeit der Gefäße, Hypoproteinämie und schließlich zum Hydrops (Wassersucht) des Feten führen kann.

Sy: Hauptsymptome der Rh-Erythroblastose sind Anämie, Hydrops congenitus universalis und Hyperbilirubinämie. Letztere ist beim Neugeborenen meist nicht ausgeprägt, da das vor der Geburt vermehrt anfallende indirekte Bilirubin über die Plazenta ausgeschieden wurde. Nach der Geburt kommt es zu einem raschen Bilirubinanstieg mit der Gefahr des Kernikterus. Die Anämie wird drei Schweregraden zugeordnet: schwer (Hb <5,6 mmol/l = 9 g/dl), mittelschwer (Hb 5,6–9,3 mmol/l = 9–15 g/dl) und leicht (Hb > 9,3 mmol/l = 15 g/dl).

Dg:

- Nachweis der Rh-Konstellation durch Blutgruppenbestimmung bei Mutter und Kind;
- direkter positiver Coombs-Test beim Kind (Nachweis inkompletter Antikörper an den kindlichen Erythrozyten);

- positiver indirekter Coombs-Test bei der Mutter (Nachweis freier inkompletter Antikörper);
- im Blutbild des Kindes Anämie, Retikulozytose und Erythroblastose, im Serum indirekte Hyperbilirubinämie.

Prl: In mehr als 90% der Fälle kann die Rh-Sensibilisierung durch Verabreichung von Rh-Antikörpern vom Typ Anti-D-IgG, welche Rh-positive Erythrozyten im Kreislauf der Mutter zerstören, verhindert werden. Nach jeder Geburt, bei jedem Abort und jeder Amniozentese erhalten alle Rh-negativen Mütter innerhalb von 24 Stunden längstens 72 Stunden nach der Geburt 250–300 µg Anti-D-Immunglobulin i.m. oder i.v., wenn das Kind Rh-positiv ist und bei der Mutter keine Anti-D-Antikörper vorliegen oder noch nicht bestimmt wurden.

Th: Die Behandlung ist abhängig vom Schweregrad: Beim Hydrops intensivmedizinische Maßnahmen (Aderlaß, Aszitespunktion, Austauschtransfusion u. a.), in Fällen ohne Hydrops Behandlung der Anämie durch Transfusionen oder Austauschtransfusionen und Verhütung eines Kernikterus durch Phototherapie und/oder Austauschtransfusionen. Ergibt bei Rh-Inkompatibilität eine Amnionpunktion eine schwere Gefährdung des Feten (spektrophotometrischer Nachweis von Bilirubinkörpern im Fruchtwasser), muß vorzeitig entbunden oder dem Feten intrauterin Rh-negatives Blut transfundiert werden. Die *Blutaustauschtransfusion* erfolgt über die Nabelvenen über einen Kunststoffkatheter mit bezüglich der AB0-Blutgruppe gleichem, Rh-negativem, heparinisiertem Frischblut (falls nicht vorhanden, ACD-Blut). Das Blutaustauschvolumen beträgt meist 200–300 ml/kg KG, die Austauschzeit beträgt etwa 2 Stunden. Im Wechsel werden je 20 ml Blut des Kindes (bei unreifen Neugeborenen <2500 g je 10 ml Blut) entfernt und die gleiche Menge Spenderblut injiziert. Nicht selten sind wiederholte Blutaustauschtransfusionen wegen erneuten bedrohlichen Bilirubinanstiegs trotz zusätzlicher Phototherapie notwendig.

Bei der *Phototherapie* wird unter Einwirkung einer blauen Lichtquelle (Wellenlänge 420–460 nm) indirektes Bilirubin in der Haut in wasserlösliche Abbauprodukte, die rasch in die Galle ausgeschieden werden, umgewandelt. Während der Phototherapie liegen die Neugeborenen nur mit einer kleinen Windel im Inkubator. Zur Vermeidung von Netzhautschäden müssen die Augen durch eine gut sitzende Binde abgedeckt werden. Ein erhöhter Flüssigkeitsbedarf durch vermehrten Wasserverlust über die Haut und den Darm ist zu beachten. Die Phototherapie ist kontraindiziert bei erhöhtem direktem, konjugierten Bilirubin, da unerwünschte Nebenwirkungen wie das „Bronze-Baby-Syndrom" (braun-graue Verfärbung der Haut) auftreten können.

Die Indikation zur Phototherapie besteht dann, wenn bei reifen Neugeborenen ein Wert von 270 µmol/l (16 mg/dl) überschritten wird. Bei Frühgeborenen ist diese Grenze um so niedriger, je geringer das Geburtsgewicht und je mehr zusätzliche Belastungsfaktoren (Unreife, Albuminmangel, Hypoxie, Hypoglykämie und Azidose) vorliegen.

Steigt das Bilirubin trotz Phototherapie über eine kritische Grenze, die bei reifen Neugeborenen bei etwa 340 µmol/l (20 mg/dl) und bei Frühgeborenen in Abhängigkeit von Unreife und Belastungsfaktoren deutlich darunterliegt, ist die Austauschtransfusion indiziert.

AB0-Imkompatibilität

Ät und Pathog: Unterschiedliche Blutgruppenkonstellation bei Mutter und Kind im AB0-System, fast immer Blutgruppe 0 bei der Mutter und Blutgruppe A oder B beim Kind. Durch Übergang einer geringen Blutmenge vom Kind auf die Mutter kommt es bei etwa 0,6% aller Neugeborenen, oft schon beim ersten Kind, zu Sensibilisierung und Übertritt plazentagängiger IgG-Antikörper auf den Feten, die z. T. durch extraerythrozytäre A- und B-Rezeptoren neutralisiert werden. Darüber hinaus treten die A- oder B-Rezeptoren der Erythrozyten erst mit zunehmender Reife des Feten auf, weshalb Frühgeborene praktisch nie an einer AB0-Erythroblastose erkranken.

Sy: Wichtigstes Symptom ist der nach der Geburt rasch zunehmende Bilirubinanstieg mit der Gefahr eines Kernikterus. Die Anämie ist nur leicht, Milz- und Lebervergrößerung oder ein Hydrops fehlen.

Dg: Typische Blutgruppenkonstellation, rasche Zunahme des indirekten Bilirubins im Serum, Nachweis von Kugelzellen (Folge der komplementbedingten Hämolyse), Retikulozytose >60‰ am ersten Tag (später >50‰). Der direkte Coombs-Test ist beim Kind meist nur in einer Modifikation positiv, da die kindlichen Erythrozyten nur mit geringen IgG-Antikörper-Mengen besetzt sind.

Th: Phototherapie (s. o.). In den meisten Fällen kann dadurch die Blutaustauschtransfusion mit A_2- oder A-lysinfreiem Blut bei 0/A-Inkompatibilität und B-lysinfreiem Blut bei 0/B-Inkompatibilität vermieden werden.

Immundefekte

Def: Angeborene und erworbene Störungen der spezifischen (B- und T-Zell-System) und unspezifischen (Komplementsystem und Phagozyten) Abwehrmechanismen, die zu rezidivierenden, z. T. lebensbedrohlichen Infektionen führen.

VK: Primäre Immundefekte: Bei 1:500 Neugeborenen (etwa 90% betreffen das B- und T-Zell-System, etwa 10% die Phagozyten und etwa 1% das Komplementsystem). Sekundäre oder erworbene Immundefekte sind viel häufiger als die primären, angeborenen Störungen.

Ät: Wichtigste Ursachen der sekundären Immundefekte sind zytostatische und immunsuppressive Therapie, Splenomegalie, onkologische und hämatologische Erkrankungen, größere Operationen und Verbrennungen sowie Mangelernährung und Stoffwechselkrankheiten.

Dg: Die klinische Symptomatik wird bestimmt von Grundkrankheit und begleitendem Immundefekt, d. h., ob vorwiegend die zelluläre und/oder humorale Immunität und/oder das Phagozytensystem beeinträchtigt ist.

Prl: Wegen der ausgeprägten Infektionsgefahr muß nach einer Milzexstirpation, vor allem bei Säuglingen und Kleinkindern, möglichst 3 Wochen vor der Operation eine Pneumokokken-Schutzimpfung und nach der Operation eine mindestens über 2–3 Jahre andauernde antibiotische Prophylaxe mit Penicillin erfolgen. Wichtiges Beispiel einer infektiösen Ursache eines erworbenen Immundefektes ist AIDS (S. 1156).

Impfungen

Unter Impfung oder Immunisierung versteht man die Induktion einer Immunität gegen bestimmte Krankheitserreger oder ihre Gifte. Bei der *aktiven Immunisierung* stellt der Impfstoff abgetötete Bakterien, durch Formoleinwirkung entgiftete Toxine (Toxoide), durch Formoleinwirkung inaktivierte Viren (Totimpfstoff) oder durch Kulturpassagen in ihrer Virulenz abgeschwächte Bakterien oder Viren (Lebendimpfstoff) dar. In der Regel hält der Schutz nach aktiver Immunisierung viele Jahre an, bei Lebendimpfstoffen länger als bei Totimpfstoffen. Bei der *passiven Immunisierung* werden homologe (vom Menschen stammende) oder heterologe (vom Tier stammende) Antikörper übertragen. Der Impfschutz ist nur von kurzer Dauer, da die Antikörper innerhalb von einigen Wochen abgebaut werden. Eine natürliche passive Immunisierung ist der Übergang mütterlicher Antikörper auf den Feten. Diese diaplazentar übertragenen Antikörper können bis zu einem Jahr erhalten bleiben.
Empfohlene Impfungen sind derzeit im Kindesalter die Schutzimpfungen gegen Diphtherie, Tetanus, Pertussis, Haemophilis influenzae Typ b und Polyomyelitis, Masern, Röteln und Mumps sowie unter besonderen Voraussetzungen gegen Tuberkulose. Tab. 30.**1** gibt einen Überblick über Zeitpunkt und Art der empfohlenen Schutzimpfungen.

Invagination

Def: Teleskopartiges Einschieben eines proximalen Darmsegmentes in das Lumen des anschließenden distalen Darmteiles.

VK und At: Neben der inkarzerierten Hernie häufigste Ursache eines Ileus im Säuglingsalter. Knaben sind 3mal so häufig betroffen wie Mädchen. In der Hälfte der Fälle tritt eine Invagination zwischen dem 3. und 12. Lebensmonat, in ¼ der Fälle im 2. Lebensjahr auf. Im Gegensatz zu älteren Kindern und Erwachsenen, bei denen in etwa 80% Darmerkrankungen wie Tumoren, Polypen, Blutungen oder Entzündungen zu einer Invagination führen, bleibt die Ursache im 1. Lebensjahr in über 95% ungeklärt.

Sy: Plötzlicher Beginn, oft Aufschreien und Kollaps, Schweißausbruch, Erbrechen, starke Unruhe, die in Apathie übergehen kann. Nach kurzer Ruhepause kann sich das Ereignis wiederholen. Der Stuhl kann am Anfang noch normal sein, wird im weiteren Verlauf meist weicher. Blutbeimengungen sind charakteristisch für eine Invagination, kommen jedoch nur in 10–20% der Fälle vor. Oft ist ein walzenförmiger Tumor, meist im rechten oder mittleren Oberbauch, zu tasten.

Dg: Anamnese und klinischer Verlauf, rektaler Untersuchungsbefund mit blutigem Schleim am Finger, Ultraschalluntersuchung des Abdomens (Darstellung des Invaginats unter Umständen als Kokarde), Abdomenleeraufnahme und Röntgenkontrasteinlauf (Nachweis der Invagination durch scharfen Abbruch des Kontrastmittels sowie becher-

Tabelle 30.1 Impfkalender für Kinder (Empfehlungen der ständigen Impfkommission 1991)

Lebensalter	Impfung gegen	Personenkreis
ab 3. Lebensmonat	*Diphtherie–Pertussis–Tetanus* 3mal im Abstand von 4 Wochen	alle Säuglinge und Kleinkinder (bei bestehenden hirnorganischen Störungen s. u.)
	Haemophilus influenza Typ b 2 Injektionen im Abstand von mindestens 6 Wochen oder mit der 1. und 3. DPT-Impfung (die Injektion erfolgt kontralateral zur Injektion gegen DPT)	alle Säuglinge und Kleinkinder
	Poliomyelitis 2mal trivalente Schluckimpfung im Abstand von mindestens 6 Wochen, mit der 1. und 3. DPT-Impfung oder Teilnahme an Impfaktionen der Gesundheitsämter im folgender Winter (November/Januar)	alle Säuglinge und Kleinkinder
2. Lebensjahr (nicht vor dem 15. Lebensmonat)	*Masern, Mumps und Röteln* (Kombinationsimpfstoff)	alle Kleinkinder und Kinder
	Diphtherie–Pertussis–Tetanus 4. Injektion (Abschluß der Grundimmunisierung)	
	Haemophilus influenzae Typ b 3. Injektion, ggf. in Verbindung mit der 4. DPT-Impfung (die Injektion erfolgt kontralateral zur Injektion gegen DPT)	
	Poliomyelitis 3. trivalente Schluckimpfung	
ab 6. Lebensjahr	*Masern, Mumps und Röteln* (Wiederimpfung)	alle Kinder
	Tetanus–Diphtherie (Auffrischimpfung, gegen Diphtherie d-Impfstoff für Erwachsene verwenden, zweckmäßigerweise als Kombination Td)	
	Nachholimpfungen (bisher versäumte Impfungen außer gegen Pertussis und Haemophilus influenzae b; bei Erstimpfung gegen Diphtherie d-Impfstoff für Erwachsene verwenden, zweckmäßigerweise als Kombinationsimpfung mit Td-Impfstoff)	
ab 10. Lebensjahr	*Poliomyelitis* (Wiederimpfung) trivalente Schluckimpfung	alle Kinder
11.–15. Lebensjahr	*Röteln*	alle Mädchen, auch wenn im Kleinkindesalter bereits gegen Röteln geimpft
	Tetanus (Auffrischimpfung) *Diphtherie* (Auffrischimpfung mit d-Impfstoff für Erwachsene; zweckmäßig als Kombinationsimpfung mit Td-Impfstoff). Der Abstand zur letzten Auffrischimpfung sollte nicht kürzer als 5 Jahre sein.	alle Kinder und Jugendliche

oder zapfenförmige Aussparung des Invaginatkopfes).

Th: In den ersten 24 Stunden gelingt eine Lösung der Invagination oft durch den hydrostatischen Druck des Röntgenkontrasteinlaufs. Gelingt die Desinvagination nicht, muß sofort laparotomiert werden, um das Invaginat manuell zu lösen oder bei schon erfolgter Infarzierung die geschädigten Darmabschnitte zu resezieren.

Prgn: Unbehandelt versterben die Kinder an den Folgen des Ileus und der Peritonitis. Bei frühzeitigem Eingreifen liegt die Letalität unter 3%, Rezidive kommen in 1–2% vor.

Kawasaki-Syndrom (mukokutanes Lymphknotensyndrom)

Def und VK: Akute fieberhafte systemische Vaskulitis des frühen Kindesalters. 80% aller erkrankten Kinder sind unter 5 Jahre alt.

Ät: Unklar. Immunologische Phänomene spielen eine Rolle. Unterschiedliche Agentien (Viren, Rickettsien, Propionibacterium acnes u. a.) werden als auslösende Faktoren angenommen. Zusätzlich spielt offenbar eine genetische Disposition (gehäuftes Vorkommen bestimmter HLA-Typen) eine zusätzliche Rolle.

Sy:

1. Hauptsymptome:

- hohes Fieber über 5 Tage ohne erkennbare Ursache,
- Hautveränderungen an den Extremitäten: im aktuen Stadium Palmar- und Plantarerythem; in der 2.–3. Woche meist halbmondförmige Schuppung der Fingerspitzen;
- morbilliformes Exanthem am Stamm;
- hochrote Lippen, Enanthem, Erdbeerzunge;
- konjunktivale Injektion;
- zervikale Lymphknotenschwellung (Durchmesser über 1,5 cm, keine Einschmelzung).

2. Nebensymptome: Seröse Meningitis, Arthritis, leichte Hepatitis, Gastroenteritis, Urethritis und Herzbeteiligung (Perikarditis, Myokarditis, besonders aneurysmatische Erweiterungen der Koronargefäße). In der 3.–4. Krankheitswoche tritt bei etwa 20% aller Patienten eine Koronararteriitis mit Aneurysmabildung auf, an deren Folgen etwa 1–2% sterben.

Dg: Stark beschleunigte BSG, Leukozytose und/oder Linksverschiebung, Anämie, Thrombozytose ab 2.–3. Woche, α_2-Globulin-Erhöhung, negativer ASL-Titer. Fieber (1. Hauptsymptom) und 4 der anderen 5 Hauptsymptome sind diagnostisch beweisend. Erfassung der Herzbeteiligung, insbesondere der Herzkranzgefäßveränderungen, durch die zweidimensionale Echokardiographie (Treffsicherheit über 90%), Koronarangiographie meist nicht erforderlich.

DD: Scharlach, Masern, Staphylokokkeninfektionen, Leptospirose, EBV-Infektion und Erythema exsudativum multiforme.

Th: Bei sehr leichten Verlaufsformen Monotherapie mit Aspirin: 60–100 mg/kg KG, verteilt auf 4 Einzeldosen, bei Entfieberung Dosisreduktion in der 2. Woche auf 50 mg/kg, ab 3. Woche (Thrombozytose!) 3–5 mg/kg täglich zur Thrombozytenaggregationshemmung. Bei fehlendem Ansprechen bis zum 3. Tag oder schweren Verlaufsformen Kombination von Aspirin (30–50 mg/kg bis zur Entfieberung, danach 5 mg/kg) entweder mit Immunglobulin (400 mg/kg über 5 Tage als Kurzinfusion) oder Prednisolon (2 mg/kg über 3 Wochen, dann ausschleichend innerhalb einer Woche). Wöchentliche Echokardiographiekontrollen!

Prgn: Bei rechtzeitigem Therapiebeginn innerhalb der ersten Krankheitswoche kann die Häufigkeit von Herzkranzgefäß-Veränderungen von 15–20% auf 3–4% und die Zahl der Todesfälle von etwa 2% auf unter 0,3% reduziert werden.

Keuchhusten (Pertussis)

Bei Todesfällen Meldepflicht.

Def: Akute bakterielle Infektionskrankheit der Luftwege, die mit typischem anfallsweisen Husten einhergeht, endemisch oder epidemisch auftritt und besonders Säuglinge und Kleinkinder befällt.

Ät und Pathog:

- *Erreger:* Bordetella pertussis.
- *Inkubationszeit:* Meist 7–10 Tage.
- *Übertragung:* Durch indirektes Anhusten (Tröpfcheninfektion). Infektiosität am größten im katarrhalischen Stadium und in den ersten 2 Wochen des paroxysmalen Stadiums. Gefährdet sind vor allem junge Säuglinge (kein Nestschutz, da die mütterliche Immunität nicht auf das Kind übertragen wird).

Sy: In typischen Fällen verläuft die Erkrankung in 3 Stadien:

- *Katarrhalisches Stadium* (Dauer: 1–2 Wochen): Uncharakteristischer Husten, Schnupfen, subfebrile Temperaturen.
- *Paroxysmales Stadium* oder *Stadium convulsivum* (Dauer: 4–6 Wochen): Besonders nachts und anfallsweise auftretender Husten mit abschließendem lautem, juchzendem Inspirium und Erbrechen. Wiederholung der Hustenattacken, oft zäher klarer Schleim und Blutungen im Kopfbereich (Petechien im Gesicht, subkonjunktivale Blutungen, Nasenbluten). Geschwürsbildung am Zungenband durch Druck gegen die unteren Schneidezähne. Bei jungen Säuglingen gehäuft lebensbedrohliche Apnoen.
- *Rekonvaleszenzstadium* (Stadium decrementi, Dauer: 2–3 Wochen): Abnehmende Intensität und Häufigkeit der Hustenattacken, evtl. Wiederauftreten im Rahmen unspezifischer Atemwegsinfektionen oder bei psychischer Erregung.

Kompl: Am häufigsten *pulmonale Veränderungen* (Pneumonie durch bakterielle Superinfektion, Atelektasen, Emphysem, Bronchiektasen). Schwerwiegendste Komplikation ist die *Pertussisenzephalopathie,* die sich mit tonisch-klonischen Krampfanfällen und Somnolenz manifestiert, in etwa 10% letal verläuft und bei den übrigen Kindern häufig bleibende neurologische Schäden hinterläßt.

Dg: Typische Klinik mit nächtlichem, medikamentös kaum beeinflußbarem Husten (evtl. Provokation des Hustenanfalls durch Druck auf den Zungengrund), charakteristischer Hustenanfall mit Erbrechen! Im Blutbild Leukozytose (20000 bis maximal 100000/µl), dabei über 60% Lymphozyten. BSG in der Regel sehr niedrig. Erregeranzüchtung problematisch, serologischer Nachweis möglich.

DD: Pertussisähnliche Hustenanfälle im Rahmen einer Infektion mit Bordetella parapertussis, Adenoviren, Mycoplasma pneumoniae; Fremdkörperaspiration, Mukoviszidose, Bronchiallymphknoten-Tuberkulose, unspezifische Bronchitis.

Prl: Verhütung der Exposition besonders junger Säuglinge (kein Kontakt mit Hustenden); nach erfolgter Ansteckung Chemoprophylaxe (Erythromycin oder Ampicillin für mindestens 10 Tage oder solange die Exposition anhält). Pertussis-Hyperimmunglobulin ist zur Prophylaxe oder zur Behandlung unwirksam. Aktive Immunisierung s. S. 196.

Th: Junge Säuglinge mit Pertussis müssen zur intensiven Überwachung stationär eingewiesen werden. Allgemeinmaßnahmen: Ruhiges Milieu, bei Säuglingen konzentrierte Nahrungsgemische, häufige, kleine Mahlzeiten (Füttern in der Refraktärphase nach einer Serie von Hustenattacken), Frischluft, evtl. leichte Sedierung (z. B. mit Atosil-Tropfen, 2 Tropfen/kg KG). Erythromycin (40–50 mg/kg/Tag) oder Ampicillin (100 mg/kg/Tag) unterbricht Infektiosität nach 5–7tägiger Behandlung und verhindert sekundäre bakterielle Komplikationen. Luftveränderungen, Höhenflüge oder Aufenthalte in Klimakammern sind unwirksam.

Kindstod, plötzlicher s. SIDS

Klippel-Feil-Syndrom

Def: Meist sporadisch, selten familiär auftretende Verkürzung und Deformität der Hals- und oberen Brustwirbelsäule: Blockwirbel, bisweilen auch Keil- oder Halbwirbel.

Sy: Kurzhals mit tiefem Haaransatz, Bewegungseinschränkung der Halswirbelsäule, oft Schiefhals. Kombination mit Sprengel-Deformität, Gaumenspalte, Herz- und Nierenmißbildungen sowie Gehörstörungen sind möglich.

Kruppsyndrom

Def: Durch akute Infekte des Larynx und/oder der Trachea hervorgerufene Obstruktion, die wegen des geringen Durchmessers der oberen Luftwege im Kleinkindesalter zu einer typischen Symptomatik mit bellendem Husten, Heiserkeit, inspiratorischem Stridor und je nach Schweregrad der Obstruktion zu einer schweren inspiratorischen Dyspnoe führt.

Formen und Ät: Beim Kruppsyndrom handelt es sich um keine Krankheitseinheit. Im wesentlichen sind 4 Krankheitsbilder zu unterscheiden:

- *Infektkrupp* (subglottische Laryngitis, Pseudokrupp): vorwiegend durch Parainfluenzaviren Typ 1, seltener Typ 2 und 3 sowie Influenzaviren, vorwiegend Typ A, hervorgerufen;
- *akute Epiglottitis:* meist durch Haemophilus influenzae Typ B hervorgerufen;
- *bakterielle Laryngotracheobronchitis:* primär oder als Superinfektion nach viralen Infekten auftretende Entzündung durch Staphylo-, Pneumo- und Streptokokken sowie Haemophilus influenzae;

- *Kehlkopfdiphtherie* („echter" Krupp): heute sehr seltener Diphtheriekrupp, hervorgerufen durch Corynebacterium diphtheriae.

Sy:

- *Infektkrupp:* Weitaus häufigste Form des Krupp-Syndroms, die vorwiegend bei 6 Monate bis 3 Jahre alten Kindern, besonders im Herbst und Winter, auftritt: Beginn mit Schnupfen, Husten für etwa 1–3 Tage, dann zusätzlicher, besonders nachts auftretender inspiratorischer Stridor, bellender Husten, Heiserkeit. Unterschiedliche Schweregrade:
  Grad 1: Bellender Husten oder Schluckbeschwerden; *Grad 2:* inspiratorischer Stridor, leichte Einziehungen im Jugulum und Epigastrium; *Grad 3:* Konstanter Stridor und schwere Einziehungen auch der seitlichen Thoraxpartien; Atemnot, Tachykardie, Hautblässe, Unruhe, Angst; *Grad 4:* Stridor, schwerste Atemnot, maximale inspiratorische Einziehungen, kleiner, frequenter Puls, Zyanose, Sopor.
  Von *„spasmodic croup"* spricht man, wenn, meist nachts, aus Wohlbefinden heraus, plötzlich Atemnot, bellender Husten und Stridor ohne vorherige und anschließende Infektzeichen auftreten und die Kinder tags darauf wieder völlig unauffällig sind.
- *Akute Epiglottitis:* Charakteristisches Krankheitsbild (Blickdiagnose!): Klassische Trias der klinischen Symptomatik mit Pharyngitis, Dysphagie und Dyspnoe. Akuter Beginn mit hohem Fieber, Nahrungsverweigerung, Speichelfluß, stark gestörtes Allgemeinbefinden, Schwellung der Halslymphknoten, kloßige Sprache, keine Heiserkeit, karchelnde Atmung, inspiratorischer Stridor und zunehmende Dyspnoe bis Ateminsuffizienz mit drohendem Exitus. Da beim Liegen die Epiglottis den Larynx verschließt, sitzt das Kind mit nach vorne gebeugtem Kopf. Die Racheninspektion ist äußerst vorsichtig und ohne Spatel durchzuführen und zeigt einen hochroten Pharynx mit meist kugelförmig angeschwollener Epiglottis. Eine Untersuchung mit dem Spatel zum Herunterdrükken der Zunge ist zu vermeiden (nur in Intubationsbereitschaft!), da durch das Herunterdrücken der Epiglottis eine akute Erstickung hervorgerufen werden kann.
  DD: zwischen Infektkrupp und Epiglottitis s. Tab. 30.**2**.
- *Eitrige Tracheobronchitis:* Bei dieser schweren Erkrankung, die mit Erosionen und Ulzerationen der Schleimhaut des Re-

Tabelle 30.**2** Differentialdiagnose des Kruppsyndroms

Charakteristika	Infektkrupp (Pseudokrupp, subglottische Laryngitis)	akute Epiglottitis
Lebensalter	6 Monate–3 Jahre	2–6 Jahre
Häufigkeit	häufig	weniger häufig
Ätiologie	Viren (Parainfluenza)	Bakterien (Haemophilus influenzae)
Stimme	heiser	kloßig
Husten	bellend	selten
Stridor	vorhanden	nicht so ausgeprägt
Dysphagie	fehlt	häufig
Ateminsuffizienz	selten	häufig
Körperhaltung	jede	sitzend, nach vorne gebeugt, mit dem Kopf im Nacken
Leukozyten	normal	stark erhöht
Verlauf	meist gutartig, Besserung innerhalb von 3 Tagen	progredienter Verlauf mit meist rasch einsetzender Symptomatik

spirationstrakts einhergeht, findet man meist eine ausgeprägte progrediente klinische Symptomatik in Form von Husten, Heiserkeit, Dyspnoe, inspiratorischem Stridor und hohem Fieber.

- *Kehlkopfdiphtherie* („echter Krupp"): Der heute sehr seltene Diphtheriekrupp ist gekennzeichnet durch einen allmählichen Beginn, serösen oder blutig-tingierten nasalen Ausfluß und typische grau-weiße membranöse Schleimhautbeläge (Pseudomembranen) auf den Tonsillen, der Pharynx-, Larynx- und Nasenschleimhaut. Bald entwickeln sich Aphonie und inspiratorischer Stridor mit Steigerung zu schweren lebensbedrohlichen Erstickungsanfällen.

DD: Fremdkörperaspiration, Glottisödem durch Nahrungsmittelallergie oder Insektenstich, Laryngospasmus (hypokalzämische Rachitis), obstruierende Tonsillitis.

Th:

- *Behandlung des Infektkrupps:* Die Behandlung richtet sich nach dem Stadium der Erkrankung. Bei leichter Erkrankung (Stadium 1): a) Sedierung (z. B. mit 1–3 [je nach Alter] Rektiolen Chloralhydrat) und Beruhigung von Kind und Mutter, b) Anfeuchtung der Atemluft (Frischluftzufuhr, evtl. Ultraschallvernebler), c) reichliche Flüssigkeitszufuhr; d) Glucocorticoide: bei anhaltendem deutlichen Stridor initial hohe Dosis Prednison oder Prednisolon (z. B. 100 mg Rectodelt-Suppositorien). Bei mittelschwerem Krankheitsbild und/oder zunehmender Symptomatik (ab Stadim 2) wird eine stationäre Behandlung erforderlich (ständige ärztliche Begleitung in die Klinik). Dort zusätzliche Behandlung mit razemischem Adrenalin (Micronephrin, 1 ml auf 7 ml H_2O), parenterale Flüssigkeitszufuhr und in schweren Fällen (P_{CO_2}-Anstieg, Tachykardie) nasotracheale Intubation.
- *Behandlung der Epiglottitis:* Bereits bei Verdacht sofortiger Transport in die Klinik (ständige ärztliche Begleitung!), Racheninspektion nur in der Klinik in Intubationsbereitschaft!
  In der Klinik sofortige i.v. Behandlung mit einem gegen Haemophilus influenzae wirksamen Antibiotikum (z. B. Cefotaxim), Sedierung, reichliche Flüssigkeitszufuhr, Fiebersenkung. Oft ist eine nasotracheale Intubation, seltener eine Tracheotomie erforderlich. Die Prognose hängt von der frühzeitigen Diagnose und rechtzeitigen Behandlung ab. Bei zu später Therapie kommen immer wieder Todesfälle vor!
- *Therapie der eitrigen Tracheobronchitis:* Antibiotika, reichliche Flüssigkeitszufuhr, Sekretolyse, in schweren Fällen Intubation oder Tracheotomie.

Kryptorchismus s. Hodenhochstand

Kuhmilchproteinintoleranz

Def: Erworbene Sensibilisierung gegen Kuhmilcheiweiß mit vorwiegender Beteiligung des Gastrointestinaltraktes und gelegentlich auftretenden Haut- oder Lungensymptomen. Eine Kombination mit Unverträglichkeit gegenüber Gluten und Sojaproteinen ist möglich.

VK: Betroffen sind zwischen 0,5 und 7,5% aller Kinder. In der Regel kommt die Erkrankung nur in den ersten beiden Lebensjahren vor.

Ät und Sy:

gastrointestinale Symptomatik: akute Verlaufsform mit Erbrechen, heftigen, wässrigen Durchfällen sowie Fieber, im Neugeborenenalter auch blutige Durchfälle; chronische Verlaufsform: Malabsorption mit Gedeihstörung, Dystrophie, Erbrechen und Durchfall;

- *Hautsymptome:* urtikarielle und ekzematische Hauterscheinungen;
- *Lungensymptome:* obstruktive Bronchitis bzw. Asthma bronchiale.

Auch bei gestillten Säuglingen kann eine Kuhmilchproteinintoleranz vorkommen. Sie wird auf die in der Muttermilch bei reichlichem Verzehr von Milch und Milchprodukten der Mutter enthaltenen Kuhmilchproteine zurückgeführt.

Dg: Anamnese und Klinik, d. h. der Zusammenhang zwischen Symptomatik und Kuhmilchfütterung und Verschwinden der Symptomatik nach Weglassen der Kuhmilch sind wegweisend. Serumantikörper gegen Kuhmilch, Eosinophilie und erhöhte IgE-Titer sind häufig, aber nicht pathognomonisch. Gezielte Provokationen mit Kuhmilch, die wegen möglicher Schockreaktionen unter strenger Überwachung stationär durchgeführt werden müssen, sichern die Diagnose.

Th: Elimination von Kuhmilchproteinen aus der Nahrung, Verabreichung einer Semielementardiät (z. B. Alfaré).

Prgn: Gut. Die Kuhmilchproteinintoleranz verschwindet meist vollständig nach einer diätetischen Behandlung von 6–18 Monaten.

Lactoseintoleranz

Def: Durch angeborenen oder erworbenen Lactasemangel ausgelöste Unverträglichkeit von Lactose, die im frühen Kindesalter zu Meteorismus, wässrigen Durchfällen und Gedeihstörung, bei älteren Kindern und Erwachsenen vorwiegend zu postprandialen Bauchschmerzen führt.

Ät und Sy:

- *Primärer kongenitaler Lactasemangel* (sehr selten).
- Adulte Form des Lactasemangels: Bei vielen Menschen unterschiedlicher ethnischer Herkunft (besonders bei asiatischen Völkern und Afrikanern) kommt es nach dem 4. Lebensjahr zum Schwinden der Lactaseaktivität, die zunächst normal ist. Dadurch ist ein großer Teil der Weltbevölkerung lactoseintolerant (in Deutschland 15% der Bevölkerung). Die Betroffenen meiden Milchprodukte, die zu durchfälligen Stühlen und Bauchschmerzen führen.
- *Sekundärer Lactasemangel:* Bei Kindern weitaus häufigste Form der Lactoseintoleranz. Als Folge von Gastroenteritis, Zöliakie und anderen diffusen Dünndarmerkrankungen kann eine sekundäre Verminderung der im Bürstensaum der Dünndarmschleimhaut lokalisierten Lactase auftreten, die nach Heilung der Grundkrankheit eine langsame (über mehrere Monate dauernde) Normalisierungstendenz aufweist.

Dg: Verdachtsdiagnose durch Anamnese und klinisches Bild; nach oraler Lactosebelastung kein adäquater Anstieg der Blutglucose, Auftreten wässriger saurer Durchfälle (Stuhl-pH <5); Nachweis des Lactasemangels in der Dünndarmschleimhaut-Biopsie.

Th: Vorübergehende (sekundärer Lactasemangel) bzw. lebenslange (primärer Lactasemangel) Elimination der Lactose aus der Nahrung. Im Säuglingsalter Fütterung einer lactosefreien Milch auf Sojabasis (z. B. Humana SL, S L = sine lactosi).

Lesch-Nyhan-Syndrom

Ät: Seltene, X-chromosomal rezessiv vererbte Erkrankung, die infolge einer fehlenden oder stark erniedrigten Aktivität des Enzyms Hypoxanthin-Guanin Phosphoribosyltransferase (HGPRT) zu Autoaggressionen, geistiger Retardierung und Hyperurikämie führt.

Sy: Die Erkrankung manifestiert sich im 2. Lebenshalbjahr durch psychomotorische Retardierung, Choreoathetose, Spastik und Krämpfe. Nach dem 2. Lebensjahr treten die charakteristischen Autoaggressionen mit zwanghaften Selbstverstümmelungen (Lippen- und Fingerbeißen, Kopfanschlagen) sowie Aggressionen gegen andere Personen auf. Bei älteren Kindern kommt es zu Gichtsymptomen. Die Pathogenese der neurologischen Symptome und Autoaggressionen ist unklar.

Dg: Nachweis des Enzymdefektes in Erythrozyten und Fibroblasten. Auch Heterozygotennachweis und pränatale Diagnostik sind möglich.

Th: Senkung des Harnsäurespiegels durch Allopurinol und Verhinderung von Selbstverstümmelungen durch Tragen von Armmanschetten und Zahnextraktionen. Versuch der Behandlung mit Neurotransmittervorstufen (L-Dopa und 5-Hydroxytryptophan) zur Verbesserung der zerebralen Symptome.

Leukodystrophie, metachromatische

Ät: Durch einen autosomal rezessiv erblichen Defekt der Arylsulfatase A hervorgerufene progressive Entmarkungskrankheit des Gehirns.

Sy: Es gibt 3 Verlaufsformen, die sich im 1.–2. Lebensjahr (spätinfantile Form), mit etwa 6 Jahren (juvenile Form) oder erst mit etwa 20 Jahren (adulte Form) manifestieren. Bei der am häufigsten auftretenden *spätinfantilen Form* beginnt die Erkrankung jenseits des Säuglingsalters mit einer Gangstörung. Es folgen Ataxie, Verlust bereits erworbener statischer und geistiger Fähigkeiten, Muskelschwäche, Krämpfe, Demenz, Optikusatrophie und progrediente spastische Zerebralparese mit Erblindung, Taubheit und schließlich totaler Dezerebrierung. Der Tod tritt im 3.–7. Lebensjahr ein.

Dg: Klinisches Bild, verminderte Nervenleitgeschwindigkeit und erhöhter Eiweißgehalt im Liquor führen zur Verdachtsdiagnose; der Nachweis einer verminderten Aktivität der Arylsulfatase A in Leukozyten oder Fibroblasten, weniger sicher auch im Urin bestätigt die Diagnose. Auch Heterozygotennachweis und pränatale Diagnostik sind möglich.

Th: Rein symptomatisch.

Leukose s. onkologische Erkrankungen

Lippen-Kiefer-Gaumen-Spalte

Def und VK: Hemmungsmißbildung, deren Determination in die 3.–8. Embryonalwoche fällt. Häufigkeit etwa 1:1000 Neugeborene.

Sy: Die Spaltbildungen können isoliert oder kombiniert sowie ein- und doppelseitig auftreten. Die Gaumenspalte ist im Gegensatz zu den Lippenspalten mittelständig. Am häufigsten sind Spaltungen des weichen und harten Gaumens, des Alveolarfortsatzes und der Lippe. Bei beidseitiger Ausbildung spricht man vom „Wolfsrachen". In 10% finden sich auch andere Mißbildungen, deren Determination in die gleiche Differenzierungsperiode fällt. Bei der Kombination einer Gaumenspalte mit Glossoptose und schwerer Mikrogenie spricht man von einer Pierre-Robin-Sequenz.
Neben einer Störung der Nahrungsaufnahme können Lippen-Kiefer-Gaumen-Spalten durch Aspiration und Infektionsanfälligkeit die Atmung sekundär beeinträchtigen.

Th: Enge interdisziplinäre Zusammenarbeit von Pädiater, Kieferchirurg, Kieferorthopäde, Sprachtherapeut und HNO-Arzt! Lippenspaltenverschluß im Alter von etwa 3–4 Monaten (nach Erreichen eines Gewichtes von 5000 g), Verschluß des weichen Gaumens im Alter von 1–2 Jahren, des harten Gaumens im Alter von 3–4, in einigen Zentren 4–6 Jahren. Weichteilkorrekturen an der Oberlippe und an der Nase vor Schuleintritt, Korrekturen an der knöchernen Nase erst nach Wachstumsabschluß. Nach vollständigem Spaltenverschluß langjährige Behandlung durch Logopäden, HNO-ärztliche Überwachung eines Mukotympanons infolge der häufigen Mittelohrentzündungen, zuverlässige Zahnpflege zur Erhaltung des Milchgebisses (wichtiger Platzhalter für das bleibende Gebiß).

Prgn: Die Ergebnisse hängen vom Funktionieren der interdisziplinären Zusammenarbeit und der Mithilfe der Eltern ab.

Lymphadenitis, akute

Ät: Durch bakterielle oder virale Infektionen hervorgerufene regionale Lymphknotenentzündung, am häufigsten der Halslymphknoten (Lymphadenitis colli).

Sy: Druckschmerzhafte, oft mit Fieber einhergehende Lymphknotenschwellung. Bei beginnender Abszedierung Hautrötung. Ein geröteter druckempfindlicher Strang weist auf eine Lymphangitis hin.

Dg: Bei subakuten und chronischen Lymphadenitiden müssen Tuberkulose, Toxoplasmose, Pfeiffer-Drüsenfieber, immer auch maligne Saystemerkrankungen und andere Erkrankungen differentialdiagnostisch erwogen werden. In allen unklaren Fällen soll man durch Biopsie und histologischen Befund eine Diagnose anstreben.

Th: Evtl. Lokalbehandlung der Eintrittspforte der Infektion, Antibiotikatherapie, bei eitriger Einschmelzung Inzision und Drainage.

Masern (Morbilli)

Def: Akute, hochinfektiöse, eine lebenslange Immunität hinterlassende Viruskrankheit mit nach einem Prodromalstadium auftretendem charakteristischem Exanthem und hohem Fieber.

Ät und Pathog:

- *Erreger:* Masernvirus, ein RNA-Virus aus der Gruppe der Paramyxoviren.
- *Übertragung:* Durch Tröpfcheninfektion, direkten Kontakt oder durch den Luftzug, immer von akut Erkrankten. Außerhalb des menschlichen Organismus verliert das Masernvirus rasch seine Infektiosität. Kurzer Aufenthalt im Freien nach dem Besuch eines Masernkranken („Lüften") reicht aus, um eine Übertragung zu vermeiden.
- *Inkubationszeit:* 10–12 Tage bis zum Prodromalstadium. Infektiosität am größten im Prodromalstadium (3–4 Tage vor Auftritt des Exanthems) und in den ersten 2–4 Tagen nach Exanthemausbruch.

Sy: Beginn mit typischem Prodromalstadium am 10. bis 12. Inkubationstag: Leichtes Fieber, Konjunktivitis mit Lichtscheu, Schnupfen, Pharyngitis, Laryngitis und trokkener Tracheobronchitis („keine Masern ohne Husten"). Zwei Tage später Auftreten der charakteristischen *Koplik-Flecken*: An der Wangenschleimhaut in Höhe der unteren Backenzähne auftretende kleinste weiße, von einem roten Hof umgebene Flecken (lokalisierte Nekrosen virusbefallener Zellen). Nach 12–18 Stunden Untergang der Koplik-Flecken in dem sich entwickelnden *Enanthem,* das aus unregelmäßig begrenzten flekkigen Rötungen der Mund- und Rachenschleimhaut besteht. Das *Exanthemstadium* beginnt am 3. oder 4. Krankheitstag (13–15 Tage nach der Inkubation). Nach kurzem Fieberabfall Fieberanstieg bis 40 °C und schweres Krankheitsgefühl. Die Effloreszenzen treten zunächst hinter den Ohren, dann im Gesicht und schließlich körperabwärts auf Rumpf, Armen und Beinen auf, sind anfangs kleinfleckig, später konfluierend, zunächst hellrot, dann dunkelblaurot, nicht selten auch hämorrhagisch. Abblassen des Exanthems bisweilen unter Hinterlassung von Pigmentverschiebungen und kleinen Hautblutungen in der Reihenfolge des Auftretens, oft gefolgt von einer leichten kleieförmigen Schuppung (nicht an Handtellern und Fußsohlen!). Fieberabfall nach etwa 3 Tagen. Oft generalisierte Lymphknotenschwellung, manchmal auch Splenomegalie, bei jungen Kindern Bauchschmerzen und Durchfälle. Neben leichten Formen (mitigierte Masern) können schwere Verlaufsformen (toxische Masern) mit meist tödlichem Ausgang vorkommen.

Kompl: Sie sind entweder durch das Masernvirus selbst oder durch bakterielle Infektionen bedingt. Am häufigsten sind *Otitis media* und *Bronchopneumonie,* seltener *Masernkrupp* und Appendizitis. Besonders gefürchtet ist die *Masernenzephalitis,* die in einer Häufigkeit von 1:1000 typischerweise 1–15 Tage nach Exanthemausbruch mit einer Letalität bis zu 20% und einer Infektheilung bis zu 30% auftritt. Eine Spätkomplikation der Masern ist die *subakute sklerosierende Panenzephalitis* (SSPE), eine in einer Häufigkeit von 1:100000 (bei Geimpften 1:1 Million) erst Monate bis Jahre nach der Masernerkrankaung auftretende, tödlich endende Slow-virus-Infektkion (Dg: Typische Befunde von EEG [Radermecker-Komplexe] und Liquoruntersuchung [Erhöhung von Masernantikörpern und IgG]). Während der Masern besteht eine Tuberkulinanergie [Gefahr der Reaktivierung einer Tuberkulose]). Schwere pulmonale Komplikationen kommen bei Kindern mit Mukoviszidose und anderen chronischen Lungenerkrankungen vor. Das Risiko der Masernenzephalitis ist bei zerebral geschädigten Kindern erhöht.

Dg und DD: Im Blutbild Leukozytopenie mit Linksverschiebung (bei bakterieller Superinfektion Leukozytose), Aneosinophilie und Monozytose. Diagnose meist aufgrund des typischen klinischen Bilds mit zweiphasischem Verlauf, Koplik-Flecken sowie Gestalt und Ausbreitung des Exanthems möglich. Im Zweifelsfall Sicherung durch Nachweis hoher IgM-Antikörpertiter (ab 2.–3. Exanthemtag). Der Masernausschlag ist von anderen exanthematischen Erkrankungen wie Exanthema subitum, Röteln, Erythema infectiosum, Scharlach und anderen Virusinfektionen (ECHO-, Coxsackie-, EBV- und Adenoviren) sowie von Arzneimittelexanthemen abzugrenzen.

Prl: Aktive und passive Immunisierung (s. Impfungen, S. 196).

Th: Symptomatisch, bei bakterieller Superinfektion (Otitis, Pneumonie, Leukozytose und Linksverschiebung) Antibiotika.

Prgn: Masern sind immer eine ernste Erkrankung. Prognose abhängig von Komplikationen, Alter des Patienten (mit zunehmendem Alter schwerere Verläufe) und vom Immunstatus (schwere bronchopulmonale Komplikationen bei Kindern mit primären oder erworbenen Immundefekten). In Entwicklungsländern hohe Mortalität (bei Säuglingen bis zu 30%) durch sehr häufige bakterielle Superinfektionen und gastrointestinale Dehydratation.

Megacolon congenitum s. Hirschsprung-Krankheit

Meningitis

Normales Krankheitsbild

Def: Entzündung der Hirnhäute, die durch unterschiedliche Erreger, vor allem Bakterien und Viren, hervorgerufen wird und durch eine hämatogene oder fortgeleitete Infektion entsteht. *Erreger der eitrigen Meningitis* (Liquorzellzahl >1000/μl, überwiegend polymorphkernige Granulozyten, Eiweißgehalt meist >100 mg/dl, Zucker im akuten Stadium vermindert) sind in der Regel Bakterien, die der *nichteitrigen oder aseptischen Meningitis* (Zellzahl <1000/μl, überwiegend Lymphozyten und Monozyten, Eiweißgehalt meist <100 mg/dl, normaler Zuckergehalt) sind meist Viren, können aber auch Bakterien (Tuberkulose!, anbehandelte bakterielle Meningitis) sein. Der Begriff der nichteitrigen (aseptischen) Meningitis ist also nicht deckungsgleich mit dem der abakteriellen Meningitis.

Ät: Erreger der *nichteitrigen* (serösen) Meningitis: Viren, insbesondere Mumps-, Coxsackie- und ECHO-Viren, ferner Tuberkulosebakterien (in der Häufigkeit in letzter Zeit stark zurückgegangen), Leptospiren, Borrelien (Lyme-Krankheit) bei Patienten mit Abwehrschwäche Pilze (Candida albicans u. a.), Erreger der eitrigen Meningitis nach antibiotischer Behandlung („anbehandelte bakterielle Meningitis").
Erreger der *eitrigen* Meningitis: In der Neugeborenenperiode zu 90% gramnegative Keime, insbesondere Escherichia coli, Klebsiella, Enterobacter, Proteus und Pseudomonas, sowie B-Streptokokken. Häufigste Erreger jenseits der Neugeborenenperiode: Menin-

gokokken, Pneumokokken und Haemophilus influenzae Typ b.

Sy: Allgemeinsymptome und Zeichen der intrakraniellen Drucksteigerung: Fieber, Kopfschmerzen, Erbrechen, schweres Krankheitsgefühl, Benommenheit bis Bewußtlosigkeit, Berührungsempfindlichkeit, Hyperreflexie, Krämpfe und bei Säuglingen eine vorgewölbte Fontanelle.

Zeichen der Nackensteifigkeit (meningitische Zeichen), die den Versuch darstellen, bewegungsbedingte Schmerzreize durch Zug an der hinteren Nervenwurzel zu vermeiden, sind:

- Brudzinski-Zeichen: Ruckartige Vorwärtsbeugung des Kopfes führt beim liegenden Patienten zu Knie- und Hüftbeugungen.
- Lasègue-Zeichen: Die Beugung der gestreckten Beine im Hüftgelenk führt zur Entlastungskyphose.
- Kernig-Zeichen: Die passive Streckung der Unterschenkel bei gebeugter Hüfte ist schmerzhaft eingeschränkt.
- Dreifußzeichen: Der Patient stützt sich beim Sitzen hinter dem Gesäß ab.
- Kniekußzeichen: Der Patient kann sitzend mit dem Kinn nicht die gebeugten und angezogenen Knie berühren.

Bei jungen Säuglingen können alle meningitischen Zeichen fehlen und lediglich Trinkunlust, Erbrechen, vorgewölbte große Fontanelle, Apnoe oder Krämpfe auftreten. Hier sollte bei unklaren fieberhaften Erkrankungen und/oder Auftreten der oben genannten Symptome immer die Verdachtsdiagnose einer Meningitis gestellt und eine Lumbalpunktion durchgeführt werden.

Kompl: Bei der eitrigen Meningitis entzündliche Mitbeteiligung des Gehirns (Meningoenzephalitis), Hirnödem, Hirnabszeß, Sinusvenenthrombose, septischer Schock, schwere Gerinnungsstörungen, inadäquate ADH-Sekretion (Hyponatriämie) und Liquorzirkulationsstörungen durch meningitische Verklebungen mit postmeningitischem Hydrozephalus (besonders bei Neugeborenen und Säuglingen). Spätschäden sind vor allem Hörstörungen, aber auch Intelligenzdefekte, zerebrale Anfälle, spastische Lähmungen u. a.

Dg: Die wichtigste diagnostische Maßnahme ist die Lumbalpunktion, die bei richtiger Technik und Indikation harmlos ist. Der Liquor cerebrospinalis wird auf folgende Parameter untersucht: Eiweiß (Schnellreaktion durch Pandy-Reagens, quantitative Bestimmung normal <25 mg/dl), Zellen (Zahl und Art, normal <8/µl bzw. 25/3 Zellen), Zuckergehalt (normal 30–60% des Blutzuckers) und Erreger (bakterioskopisch mit Methylenblau und Gram-Präparat und in der Kultur). Neben der Lumbalpunktion ist auch immer eine Blutkultur angezeigt.

Th: Sofortiger Beginn der Behandlung ist entscheidend. Bei Verdacht auf bakterielle Meningitis wird nach Liquorpunktion bis zum Erregernachweis ungezielt mit einem Breitbandantibiotikum behandelt (z. B. Cefotaxim oder Ceftriaxon). Bei Nachweis von Meningokokken oder Pneumokokken kann auf Penicillin G umgesetzt werden. Findet sich Haemophilus influenzae, wird die eingeleitete Behandlung mit Cefotaxim oder Ceftriaxon fortgesetzt. Die Wahl der antibiotischen Therapie der eitrigen Meningitis im Neugeborenenalter hängt vom gefundenen Erreger und von den Resistenzverhältnissen ab. Die Dauer der Antibiotikabehandlung beträgt nach dokumentierter Liquorsterilisation (Nachpunktion!) im Neugeborenenalter 2–3 Wochen, bei älteren Kindern etwa 8–10 Tage. Sie wird beendet, wenn das Kind 3 Tage entfiebert ist und sich die entzündlichen Parameter im Blut annähernd normalisiert haben. Zusätzlich werden allgemeine Maßnahmen (Fiebersenkung, Bettruhe, Regulation des Wasser- und Elektrolythaushaltes, Linderung der Kopfschmerzen durch Analgetika) durchgeführt.

Prgn: Die Letalität der eitrigen Meningitiden beträgt auch bei optimaler antibiotischer Therapie im Neugeborenenalter 10–20% und im übrigen Kindesalter 3–10%. Psychoneurologische Residuen finden sich bei Neugeborenen bis zu 50%, danach bis zu 20%. Eine Hörprüfung 6–8 Wochen nach eitriger Meningitis ist obligatorisch (Hörstörungen bis Taubheit bei 10–15% nach eitriger Meningitis). Die Prognose der Virusmeningitiden ist fast immer gut.

Besondere Verlaufsformen

Meningokokkenmeningitis: Erreger ist Neisseria meningitidis (gramnegativer Diplokokkus, der meist intrazellulär in den Leukozyten des Liquors gelegen ist). Ausgang von einem Infekt der oberen Luftwege. Häufig treten Hautblutungen (Petechien, Sugillationen) und ein Herpes labialis auf. Gelegentlich entwickeln sich innerhalb von einigen Stunden eine Meningokokkensepsis mit schwerer Gerinnungsstörung, Mikrozirkulationsstörungen und Zeichen des Endotoxinschocks. Die schwerste Verlaufsform der Meningokokkensepsis ist das Waterhouse-Friderichsen-Syndrom mit Blutungen in innere Organe unter Zusammenbruch der körpereigenen Abwehr: Leukozytose im Blut und eine Zellzahlvermehrung im Liquor bleiben aus. Das Syndrom kommt nicht nur bei Meningokokkensepsis vor, sondern selten auch bei anderen Infektionen (z. B. Pneumokokken- und Haemophilus-influenzae-Infektionen) und hat eine sehr hohe Letalität.

Haemophilus-influenzae-Meningitis: Der Erreger, Haemophilus influenzae Typ b, ist ein gramnegatives, im Liquor extrazellulär gelegenes Stäbchen und führt vorwiegend bei Kindern in den ersten 3 Lebensjahren zur Meningitis. In letzter Zeit wurden ampicillin- und chloramphenicolresistente Stämme beschrieben. Als Vorläufer oder Begleiterkrankung besteht oft ein Infekt der oberen Luftwege oder eine Otitis media.

Pneumokokkenmeningitis: Sie entsteht meist hämatogen, bisweilen auch fortgeleitet, wird durch den grampositiven Streptococcus peumoniae hervorgerufen, der oft in großer Zahl extrazellulär im Liquor gefunden wird, und zeichnet sich durch Rezidivneigung und protrahierten Verlauf mit häufigen Restschäden aus.

Minderwuchs

Definition

Körperlänge unterhalb der 3. Altersperzentile.

Primärer Minderwuchs

Primäre Störungen des Skelettwachstums infolge eines genetischen Defektes oder einer pränatalen Störung. Meist entspricht dabei das chronologische Alter dem Skelettalter (Beurteilung der Röntgenaufnahme der linken Hand nach Greulich und Pyle); eine therapeutische Beeinflussung des Minderwuchses ist in der Regel nicht möglich.

Skelettdysplasien (Osteochondrodysplasien)

Meist disproportionierter Minderwuchs, d. h. keine normale Relation der Extremitätenlänge zum Stamm: Bei bevorzugtem Befall der Wirbelsäule kurzrumpfiger, bei besonderem Befall der Extremitäten kurzgliedriger Minderwuchs. Bei Verdacht auf Skelettdysplasie Röntgenaufnahmen von seitlicher Wirbelsäule, Becken, beiden Händen, evtl. auch Thorax, Schädel und Extremitäten. Über 200 verschiedene Skelettdysplasien sind bekannt. Gesamthäufigkeit etwa 1:1000 Neugeborene. Die Vielfalt der Erscheinungsformen erfordert das Studium von Standardwerken und/oder Überweisung zum Spezialisten.

Chromosomale Aberrationen (Trisomie 21, Deletionen der Chromosomen 4, 5 und 18 u. a.)

Sie führen neben prä- und postnataler Wachstumsretardierung zu einer Vielzahl von schweren organischen Störungen, die im Vordergrund der klinischen Symptomatik stehen und z. T. nicht mit dem Leben vereinbar sind. Beim Ullrich-Turner-Syndrom müssen die charakteristischen Stigmata wie Flügelfell und tiefer Haaransatz keineswegs immer deutlich vorhanden sein. Bisweilen steht der Minderwuchs im Vordergrund. Das Skelettalter ist retardiert.

Angeborene Stoffwechselkrankheiten (Mukopolysaccharidosen u. a.)

Hierbei ist der Minderwuchs nur Teilsymptom zahlreicher somatischer Auffälligkeiten wie Hepatosplenomegalie u. a.

Intrauterine Wachstumsverzögerung durch Infektionen und Toxine, insbesondere Alkohol und Nicotin

Am wichtigsten ist das *embryofetale Alkoholsyndrom,* dessen Häufigkeit auf etwa 1:500 Geburten geschätzt wird. Hauptmerkmale: Ausgeprägter prä- und postnataler Minderwuchs, Dystrophie, geistige Entwicklungsbehinderung, Mikrozephalie, typische Fazies mit kurzen Lidspalten, kurzem Nasenrücken, fehlendem Philtrum, dünnere Oberlippe mit schmalem Lippenrot und dysplastischen Ohren.

Primordialer Minderwuchs

Allgemeine Hypoplasie (Körperlänge und -gewicht vermindert), die bereits bei Geburt vorhanden ist und isoliert oder als Teil verschiedener, häufig genetisch bedingter Syndrome vorkommt. Beispiel: *Russell-Silver-Syndrom:* Konnatale Unterlänge und Untergewichtigkeit bei rechtzeitiger Geburt, unproportioniert großer Hirnschädel, kleines Dreiecksgesicht mit großem Mund, abwärtsgerichteten Mundwinkel und Mikroretrognathie; häufig leichtgradige Asymmetrie der Körperteile und Verkürzung und Verkrümmung des 5. Fingers.

Genetisch bedingter Minderwuchs

Normvariante, bei der man sehr häufig bei Eltern und Geschwistern einen Kleinwuchs (familiärer Minderwuchs) findet.

Sekundärer Minderwuchs

Hier liegt eine Störung des Skelettwachstums durch extraossäre Faktoren vor. Das Längenalter entspricht meist dem Knochenalter. In der Regel besteht eine Therapiemöglichkeit.

Chronische Organkrankheiten

Intestinale, renale, kardiale, pulmonale und hepatische Erkrankungen können in ausgeprägten Fällen zu Minderwuchs führen, der nur reversibel ist, wenn die Grundkrankheit während der Wachstumsphase rechtzeitig behandelt werden kann.

Psychosozialer Minderwuchs

Entstehung durch Vernachlässigung der Fürsorge des Kindes: Diagnose durch Sozialanamnese und Reversibilität der Wachstumsstörung nach positiver Änderung der Umwelt.

Angeborene Stoffwechselkrankheiten

Diese beeinflussen im Gegensatz zu den Mukopolysaccharidosen den Knochenstoffwechsel nicht primär, sondern sekundär. Beispiel: Fructoseintoleranz und Galaktosämie.

Endokrine Störungen

Wachstumshormonmangel

Ät: Geburtsschäden (bis zu ⅔ aller Patienten werden aus Steißlage geboren), Tumoren (insbesondere Kraniopharyngeome), Schädelbestrahlungen, Schädel-Hirn-Traumen und angeborene Fehlbildungen (Mittelliniendefekte mit Dysplasiezeichen im Bereich von Nase, Oberlippe und oberen Schneidezähnen). Familiärer Wachstumshormonmangel selten. Meist ist die Ursache des hypophysären Minderwuchses ungeklärt (idiopathischer Wachstumshormonmangel). Häufiger als der isolierte Wachstumshormonmangel ist die Kombination mit anderen Ausfällen des Hypothalamus-Hypophysenvorderlappen-Systems (Mangel an ACTH, TSH, Gonadotropinen, ADH).

Sy: Beim angeborenen Wachstumshormonmangel sind die Kinder in der Regel bei Geburt normal groß und werden meist erst im 2. oder 3. Lebensjahr auffällig durch einen proportionierten Minderwuchs, Puppengesicht, kurze Hände, vermehrten Fettansatz am Stamm. Leitsymptom des Wachstumshormonmangels ist die verminderte Wachstumsrate, die zu Schneiden der Perzentilen und späterem Minderwuchs führt! Das Knochenalter ist retardiert.

Dg: Aufwendige Diagnostik, die stationär erfolgen soll.

- Messung der *nächtlichen Spontansekretion* von Wachstumshormon (Blutentnahmen beim schlafenden Kind über einen Venenkatheter im Abstand von etwa 20 Min. über 5–6 Stunden oder länger);
- *Stimulationstest* mit Insulin, Arginin, L-Dopa, Clonidin, Glucagon und anderen Pharmaka. Auch *körperliche Belastung* (Treppensteigen, Fahrradergometer) führt beim Gesunden zur vermehrten Wachstumssekretion. Ein Wachstumshormonmangel wird gesichert durch einen Hormonanstieg von weniger als etwa 10 ng/ml nach zwei oder mehreren verschiedenen Stimulationstests sowie durch ein pathologisches Nachtprofil.

Zusatzuntersuchungen: bei gesichertem Wachstumshormonmangel Schädelcomputer oder -kernspintomogramm (Tumor oder Fehlbildung?) und zusätzliche Hormonuntersuchungen (weiter hypophysäre Ausfälle?).

Th: Dauerbehandlung mit biosynthetischem Wachstumshormon; Richtdosis: 2–4 IE/m^2 Körperoberfläche täglich s.c. vor dem Schlafengehen bis zum Epiphysenschluß. Bei nachgewiesenem Ausfall anderer Hormone entsprechende Substitution.

Hypothyreose s. d.

Cushing-Syndrom

Ät: Endogener oder exogener Glucocorticoidexzeß. Meist Behandlung mit ACTH oder Glucocorticoiden; selten primärer Nebennierenrindentumor, noch seltener ACHT-produzierendes Hypophysenadenom.

Sy: Wachstumsverzögerung (bei Kindern wichtigstes und erstes Symptom). Bei schwerer Ausprägung zusätzlich Vollmondgesicht, Büffelnacken, Striae distensae, Hypertrichose, Myopathie, Blutdruckerhöhung und Osteoporose.

Dg: Bei Verdacht auf endogenen Glucocorticoidexzeß Bestimmung des freien Cortisols im Urin, bei auffälligen Werten anschließend Dexamethasonsuppressionstest.

Prl: Keine langdauernden Glucocorticoidgaben in der Wachstumsphase.

Th: Ggf. Tumorentfernung.

Calciumstoffwechselstörungen s. Rachitis

Konstitutionelle Verzögerung von Wachstum und Entwicklung

Def: Normvariante unbekannter Ursache mit spätem Pubertätseintritt und Wachstumsschub, jedoch später regelrechtem Pubertätsablauf und normaler Endlänge. Häufig weitere „Spätentwickler“ in der Familie (späte Menarche der Mutter, Längenwachstum nach dem 18. Lebensjahr beim Vater, späte Pubertät bei den älteren Geschwistern).

Dg: Normale Wachstumsrate, harmonisch retardiertes Längen- und Knochenalter, ggf. Familienanamnese.

Th: Meist keine Behandlung notwendig, nur in seltenen Fällen aus psychosozialer Indikation (starker Leidensdruck, besonders bei Jungen), vorübergehende niedrig dosierte Testosteronbehandlung (bei Mädchen Estradiol).

Mukopolysaccharidosen

Definition

Lysosomale Speicherkrankheiten (6 Typen), die durch einen unvollständigen enzymatischen Abbau von sauren Mukopolysacchariden aufgrund eines genetischen, meist autosomal rezessiv, selten X-chromosomal rezessiv (Typ II, Morbus Hunter) erblichen Enzymdefektes zu einer zum Teil exzessiven Speicherung in Skelett, Leber, Milz, Haut, Endokard, lymphatischem Gewebe und Hirnhäuten führen.

Vorkommen

Etwa 1:100000 Neugeborene.

Morbus Pfaundler-Hurler (Typ I)

Dies ist der Prototyp der Erkrankung.

Sy: Beginn der Erkrankung meist Ende des 1. Lebensjahres mit rezidivierenden Luftwegsinfekten, zunehmend groben Gesichtszügen mit flacher, breiter Nasenwurzel, Makrozephalus, Hypertelorismus, struppigem Haar, thorakolumbaler Kyphose, Hepatosplenomegalie, Hornhauttrübung, Leisten- und Nabelhernien sowie disproportioniertem Minderwuchs mit gedrungenem Rumpf und relativ langen Armen.

Haut und Unterhautgewebe sind verdickt, die Lippen wulstig, die Zunge ist vergrößert, der Mund ständig geöffnet, eine Taubheit häufig. Finger-, Ellenbogen- und Kniegelenke sind durch Beugekontrakturen in ihrer Bewegung eingeschränkt. Spätestens im 2. Lebensjahr Verzögerung der psychomotorischen Entwicklung mit zunehmendem Verlust bereits erlernter Fähigkeiten. Maximal Entwicklungsstand eines 2–3jährigen Kindes. Die Patienten sind in ihrem Wesen meist gutartig, anhänglich, scheu und bleiben oft bis zum Tode in die Familie integriert. Tod meist vor dem 10. Lebensjahr an den Folgen von Herz- oder Ateminsuffizienz. Charakteristisch sind Skelettveränderungen im Sinne der *Dysostosis multiplex,* die auch bei anderen Mukopolysaccharidosen nachweisbar sind: Minderwuchs, grobe Knochenzeichnung, verdickte Schädelkalotte, erweiterte Sella turcica, dorsolumbale Kyphose mit deformierten ovalen, z. T. hakenförmig nach ventral ausgezogenen Wirbelkörpern, insbesondere des 1. und 2. Lendenwirbels; abgeflachte, seitlich ausgezogene Beckenknochen mit Hypoplasie der Hüftgelenkpfannen; Coxa-valga-Stellung der elongierten Schenkelhälse; verkürzte, proximal verjüngte Metakarpalia; breite Rippen und Schlüsselbeine sowie verbreiterte, verplumpte und verkürzte lange Röhrenknochen.

Dg: Typisches klinisches Bild und Skelettveränderungen; stark vermehrte Urinausscheidung vor Dermatan- und Heparansulfat. Deutlich verminderte Aktivität der α-L-Iduronidase-Aktivität in Leukozyten und Fibroblasten. Auch eine pränatale Diagnostik ist möglich.

Th: Rein symptomatisch.

Weitere Typen

Typ II *(Morbus Hunter):* Betrifft nur Knaben, keine Hornhauttrübung, im übrigen gleiche, etwas weniger ausgeprägte Symptomatik wie Typ I.

Typ III *(Morbus Sanfilippo):* Nur leichte Skelettdeformitäten. Im Vordergrund stehen Verhhaltensstörung, progrediente Demenz bis zur erethischen Idiotie.

Typ IV *(Morbus Morquio):* Keine Veränderungen der inneren Organe und des Gehirns (normale geistige Entwicklung), ausgeprägte Skelettveränderungen, vor allem der Epiphysen- und Wirbelkörper.

Typ I-S *(Morbus Scheie):* Gleicher Enzymdefekt wie beim Typ I, allerdings normale psychomotorische Entwicklung und Auftreten der Symptomatik erst im Schulalter.

Typ VI *(Morbus Maroteaux-Lamy):* Normale geistige Entwicklung, im übrigen Symptomatik wie beim Typ I.

Typ VII *(β-Glucuronidase-Mangel):* Leichte und schwere Krankheitsformen mit Symptomen wie beim Typ I.

Mukoviszidose (zystische Fibrose)

Def: Autosomal rezessiv vererbte Krankheit, vor allem der schleimbildenden exokrinen Drüsen, die ein hochvisköses eiweißhaltiges Sekret bilden, welches zur Verstopfung der Drüsenausführungsgänge führt.

VK: Die Mukoviszidose ist mit einer Inzidenz von etwa 1:2000 Lebendgeborenen die häufigste erbliche Stoffwechselstörung in der weißen Rasse.

Ät und Pathog: Die Erkrankung ist autosomal rezessiv erblich. Die Frequenz der gesunden heterozygoten Genträger liegt bei etwa 1:22, d. h., in etwa jeder 400. Ehe sind beide Elternteile heterozygot (Risikoehe). Seit 1985 ist bekannt, daß das Zystische-Fibrose-Gen auf dem langen Arm von Chromosom 7 lokalisiert ist. Das Gen wurde 1989 in seiner Struktur aufgeklärt. Bei 68% der Zystische-Fibrose-Kranken beruht der Defekt auf einer Deletion von drei Basen in Position 508, was zu einem Verlust von Phenylalanin im Genprodukt führt. Bei den verbleibenden 32% der Zystische-Fibrose-Kranken ist der Defekt bisher unbekannt.

Für die Pathogenese vermutet man primär eine gestörte Chloridionensekretion mit sekundär beeinträchtigter Natrium- und Wassersekretion im Bereich der betroffenen Drüsenzellen. Dies erklärt die erhöhte Viskosität des Schleims muköser Drüsen und den diagnostisch verwertbaren erhöhten Schweißelektrolytgehalt.

Sy: Das klinische Bild wird geprägt von gastrointestinalen Symptomen und Lungenveränderungen. Besonders im Frühstadium sind die Erscheinungen variabel. Eine isolierte intestinale oder pulmonale Symptomatik ist selten. Weitere Manifestationen sind eine Sterilität beim männlichen Geschlecht (Obliteration des Ductus deferens), cholestatische Zirrhose und ein milder Diabetes mellitus.

Die *gastrointestinalen Symptome* manifestieren sich meist im 1. Lebensjahr als Folge der exokrinen Pankreasinsuffizienz in Form von chronischem Durchfall und mangelndem Gedeihen. Bei 10% aller Betroffenen tritt bereits in der Neugeborenenperiode ein Mekoniumileus auf. Die pulmonalen Symptome äußern sich zunächst in chronisch-rezidivierenden Bronchitiden und Bronchopneumonien (Folge der partiellen und totalen Verlegung der Bronchien durch zähes Sekret). Auf dem Boden der morphologischen Veränderungen kommt es zu einer Besiedlung mit pathogenen Keimen. Dabei spielen zunächst RS-Virus-Infektionen und anschließend bakterielle Infektionen mit Staphylococcus aureus, Haemophilus influenzae und schließlich Pseudomonas aeruginosa eine Rolle. Die Infektion mit Pseudomonas bestimmt die Prognose der Erkrankung. Sie beginnt etwa im 10. Lebensjahr und ist bei etwa 80% der jugendlichen und erwachsenen Zystische-Fibrose-Patienten nachzuweisen. Später kommt es zu schwerem obstruktiven Emphysem, Atelektasen, Bronchiektasen, Hämoptysen, Pneumothorax und als Folge der zunehmenden Zerstörung der Lungen schließlich zur pulmonalen Insuffizienz und zum Cor pulmonale. Die Symptome der pulmonalen Verlaufsform der Mukoviszidose sind abhängig von Ausmaß und Art der genannten Veränderungen. Frühsymptome sind ein oft anfallsartiger pertussiformer Husten mit Entleerung eines eitrigen, zähen Schleims. In fortgeschrittenen Stadien treten Dyspnoe, Zyanose, faßförmiger Thorax mit erhöhtem a.-p. Durchmesser, Trommelschlegelfinger und -zehen und eine Kyphose der Brustwirbelsäule auf.

Nach dem 2. Lebensjahr finden sich meist Zeichen einer chronischen Entzündung aller Nasennebenhöhlen sowie Nasenschleimhautpolypen.

Dg: Bei allen Kindern mit unklarer Gedeihstörung und/oder rezidivierenden bronchopulmonalen Infekten besteht die wichtigste diagnostische Maßnahme in der Pilocarpin-Iontophorese mit anschließender Bestimmung der Natrium- und Chloridkonzentration im Schweiß (Schweißtest). Der Normalbereich beträgt 20–40 mmol/l Chlorid oder Natrium. Mehrfach nachgewiesene Konzentrationen über 70 mmol/l beweisen bei einer gleichzeitig vorhandenen klinischen Symptomatik die Diagnose einer Mukoviszidose.

Die Diagnose der Pankreasinsuffizienz stützt sich auf den Nachweis einer verminderten Ausscheidung von Chymotrypsin im Stuhl und einer Verminderung der Pankreasenzyme im Duodenalsaft sowie einer vermehrten Fettausscheidung im Stuhl.

Es ist auch eine *pränatale Diagnostik* möglich:

1. Nur in wenigen Speziallabors ist der Nachweis einer Verminderung der bürstensaumspezifischen Enzyme des Dünndarms eines Feten mit Mukoviszidose im Fruchtwasser möglich.
2. Analyse von DNA aus Chorionzottenbiopsie oder Fruchtwasser:
   – DNA-Polymorphismus-Diagnostik in informativen Familien.
   – In Zukunft wird bei mindestens 68% der Gendefekt direkt mittels synthetisierter Oligonucleotide nachweisbar sein.

   Mit Hilfe der DNA-Analyse ist in vielen Familien ein Heterozygotennachweis möglich.

Th: Eine kausale Behandlung der Mukoviszidose ist bisher nicht möglich. Die symptomatische Behandlung der pulmonalen Veränderungen besteht in der *Physiotherapie* (Klopfdrainage der betroffenen Lungenabschnitte nach vorheriger Inhalation von β_2-Stimulantien, zusätzlich Mukolytika, z. B. N-Acetylcystein, Ambroxol p.o. oder als Inhalation; bei älteren Kindern Atemtherapie in Form der „autogenen Drainage") und Antibiotika bei klinischen Zeichen einer pulmonalen Exazerbation, möglichst gezielt und nach vorheriger Resistenzbestimmung (Sputumuntersuchung): Bei Verdacht auf eine durch Pseudomonas bedingte Infektion ist meist eine parenterale Antibiotikatherapie mit Piperacillin, Azlolcillin oder Ceftazidim notwendig. Neuerdings werden wegen der oralen Anwendbarkeit auch Gyrasehemmer eingesetzt, obwohl das Präparat im Kindesalter wegen des Auftretens degenerativer Arthropathien nur mit Vorbehalt verabreicht werden darf.
Behandlung der gastrointestinalen Veränderungen: Bei nachgewiesener Pankreasinsuffizienz werden individuell dosiert Pankreasenzyme (z. B. Kreon) während der Mahlzeiten verabreicht (bei Unterdosierung Steatorrhö, bei Überdosierung Bauchschmerzen, Übelkeit und Obstipation). Die Diät soll hochkalorisch, im Gegensatz zu früheren Empfehlungen nicht fettreduziert und eiweißreich sein. Bei kleinen Säuglingen sowie bei Versagen einer konsequenten konservativen Ernährungsbehandlung wird eine intensivierte Ernährungstherapie mit Semielementardiäten (z. B. Alfaré), möglichst als kontinuierliche Infusion über eine Magensonde, empfohlen. Wegen des Salzverlustes, besonders bei starkem Schwitzen im Sommer, muß reichlich Kochsalz (täglich 1–2 g p.o.) verabreicht werden, zusätzlich hochdosierte Zufuhr vor allem fettlöslicher Vitamine (A, D, E, K).

Prgn: Sie ist abhängig vom Verlauf der pulmonalen Komplikationen, während die Verdauungsinsuffizienz gut auszugleichen ist. Bei rechtzeitiger Diagnose und konsequenter Therapie haben heute etwa 80% der Patienten die Aussicht, das Erwachsenenalter zu erreichen (durchschnittliche Lebenserwartung derzeit etwa 23–24 Jahre).

Mumps (Parotitis epidemica)

Def: Akute generalisierte Viruserkrankung mit Hauptlokalisation in den Speicheldrüsen (besonders Ohrspeicheldrüse) und nicht selten anderen Organmanifestationen, insbesondere Pankreas, ZNS und Hoden.

- *Ät und Pathog:* Mumpsvirus, ein RNA-Virus aus der Gruppe der Paramyxoviren.
- *Übertragung:* Tröpfcheninfektion.
- *Inkubationszeit:* 2–3 Wochen.
- *Infektiosität:* 6 Tage vor bis 10 Tage nach Auftreten der Parotisschwellung.

Sy: Nach leichten Prodromalerscheinungen (leichtes Fieber, Müdigkeit, Kopf-, Ohren- und Halsschmerzen) zuerst einseitige, meist 2–3 Tage danach auftretende kontralaterale schmerzhafte Parotisschwellung mit typischem Abheben des Ohrläppchens und Verdrängung der Ohrmuschel nach außen und oben, Mündung des Speicheldrüsenganges an der Wangenschleimhaut gerötet und geschwollen, Zunahme der Schmerzen beim Kauen. Bei etwa 20% der Patienten meist mit, gelegentlich auch ohne Beteiligung der Parotis auftretende Schwellung der submandibularen und sublingualen Speicheldrüsen. Bei Krankheitsbeginn meist subfebrile, aber auch hohe Temperaturen über 3–4 Tage.

Kompl:

- *Meningoenzephalitis:* Bei etwa 50% aller Patienten besteht ein pathologischer Liquorbefund (oft über 1000, vorwiegend lymphozytäre Zellen/µl bei nur leicht erhöhten Eiweißwerten und normalem Liquorzuckergehalt). Manifeste meningitische Zeichen treten nur in etwa 10% der Fälle auf. Während die Mumpsmeningitis eine gute Prognose hat, verläuft die seltene Mumpsenzephalitis schwerer und hinterläßt bis zu 5% Dauerschäden, am häufigsten eine einseitige Innenohrschwerhörigkeit (Hörprüfung 6–8 Wochen nach Mumpsmeningoenzephalitis!)
- *Orchitis:* Nach der Pubertät in 20–30%, meist einseitig auftretend im Anschluß an die Parotisschwellung. Mögliche Folgen: Hodenatrophie, bei beidseitigem Befall Sterilität (sehr selten). Bei Mädchen nach der Pubertät und Frauen selten Auftreten einer *Oophoritis*.
- *Pankreatitis:* Bei etwa 10% der Patienten tritt eine manifeste, gutartig verlaufende Pankreatitis mit Oberbauchschmerzen, Übelkeit, Erbrechen und erhöhter Lipaseaktivität im Serum auf.

Dg: Bei typischem Befall der Parotis leicht, bei fehlender Parotitis und monosymptomatischen Manifestationen (Orchitis, Meningitis oder isolierte Entzündung der submandibularen bzw. sublingualen Speicheldrüsen) schwer zu stellende Diagnose. Die Serumamylase ist nur in 70% aller Mumpserkrankungen erhöht. Schnelldiagnose durch Nachweis spezifischer IgM-Antikörper. Virusdiagnostik (Virusnachweis in Rachenabstrich, Liquor und Urin in der frühen Krankheitsphase) nur in atypischen Fällen notwendig.

DD: Abgegrenzt werden müssen andere Ursachen einer Parotisschwellung (Entzündung, Tumor, Speichelstein), eine Lymphadenitis colli und bei entsprechendem monosymptomatischen Verlauf andere Ursachen einer Meningoenzephalitis oder Hodenschwellung.

Prl: Aktive Immunisierung (15. Lebensmonat und 6. Lebensjahr) ist wirksamster Schutz und hinterläßt wahrscheinlich lebenslange Immunität. Passive Immunisierung mit Mumps-Hyperimmunglobulin-Präparaten ohne sicheren Effekt!

Th: Symptomatische Behandlung mit Analgetika, Mundpflege, flüssig-breiiger Kost; bei Orchitis Hochlagerung und Umschläge des Skrotums, evtl. auch Behandlung mit Glucocorticoiden. Bei Meningitis bzw. Meningoenzephalitis Bettruhe.

Prgn: Günstig, falls nicht beidseitige Parese der Hörnerven (Hörstörungen bis Taubheit), Enzephalitis (Anfallsleiden, Lähmungen, Entwicklungsrückstand) oder beidseitige Orchitis (Sterilität) auftreten.

Nabelhernie

Def: Vorwölbung von Bauchinhalt (meist Netz, seltener Darmschlingen) durch den noch nicht verschlossenen Nabelring.

Sy: Klinisch meist keine Beschwerden, bei Anstrengung oder Schreien Vergrößerung.

Th: Bei kleinen Nabelhernien Abwarten des Spontanverschlusses bis zum Ende des 1. Lebensjahres. Kein Nabelpflaster (fördert Dermatitis), keine Bruchbänder aus Gummi. Bei größeren Nabelhernien mit Darm als Bruchinhalte ist meist eine Operation nicht zu umgehen.

Nabelkoliken

Def und VK: Häufige funktionelle rezidivierende, kolikartige Leibschmerzen im Klein- oder Schulkindalter (4–14 Jahre, Maximum 5–6 Jahre), die in die Nabelgegend lokalisiert werden.

Sy: Auftreten unabhängig von den Mahlzeiten, nicht selten begleitet von Blässe, Übelkeit, Appetitlosigkeit, Schwindel und migräneartigem Kopfschmerz, Dauer Minuten bis 1 Stunde. Die Kinder unterbrechen häufig ihre Tätigkeit und krümmen sich, um eine Entlastungshaltung einzunehmen. Häufig handelt es sich um vegetativ labile Kinder (Neigung zu Schweißbildung, Erröten, Herzklopfen, Bradykardie und Darmstörungen).

Ät und Dg: Die Diagnose ist eine *Ausschlußdiagnose!* Nach organischen Ursachen, psychischen Konfliktsituationen und Obstipation muß gefahndet werden. Als Ursache chronischer Bauchschmerzen ist neben einem Lactasemangel auch an eine ungenügende intestinale Absorption von Fruchtzucker zu denken (Bauchschmerzen nach Aufnahme von Milch- und Milchprodukten bzw. fruchtzuckerreichen Nahrungsmitteln wie Apfel- oder Birnensaft).

Th: Wärmeapplikation, sanftes Massieren des Bauches, vorübergehende leichte Sedierung (z. B. mit Bellergal retard), evtl. Spasmolytika. Reichlich sportliche Betätigung, frische Luft.

Bei fehlender Beeinflussung der Beschwerden Überprüfung, ob nicht doch eine organische Ursache vorliegt.

Nephrotisches Syndrom

Def: Symptomenkomplex, der durch massive Proteinurie (meist >1 g/m^2 Körperoberfläche/24 Stunden), Hypalbuminämie (meist <360 µmol/l = 2,5 g/dl) sowie als Folge des Eiweißverlustes durch Ödeme, Oligurie und Hyperlipidämie gekennzeichnet ist.

VK: Die ätiologisch ungeklärte primäre Form tritt vorwiegend bei Kleinkindern mit einem Gipfel im 3. Lebensjahr auf (selten im 1. und nach dem 12. Lebensjahr). Knaben sind etwa doppelt so häufig wie Mädchen betroffen.

Ät und Dg: Man unterscheidet *angeborene Formen* (z. B. finnischer Typ), *primäre,* d. h. ohne erkennbare Ursachen auftretende, und *sekundäre,* nach verschiedenen Nephropathien entstandene oder durch Intoxikationen (Medikamente oder Schwermetalle) hervorgerufene Formen. Im Kindesalter überwiegt bei weitem die primäre Form *(idiopathisches nephrotisches Syndrom),* bei der sich lichtmikroskopisch keine Veränderungen an den Glomeruli und elektronenoptisch eine Verschmelzung epithelialer Fußfortsätze an den Basalmembranen nachweisen lassen (minimal change nephritis).

Th: Standardisierte Prednison-Therapie: 12 Wochen Prednison (erste 6 Wochen täglich 60 mg/m^2, 7.–12. Woche alternierend

40 mg/m² alle 48 Stunden). Ergänzend eiweißreiche und kochsalzarme Diät, Flüssigkeitsbilanzierung, evtl. Immunglobulinsubstituion, Antibiotika und Diuretika.

Prgn: Etwa 80% aller Kinder sprechen auf die Steroidbehandlung an. Allerdings haben ⅔ dieser Kinder häufig Rezidive, die sich oft über Jahre hinziehen können und in der Regel nach erneuter Glucocorticoidbehandlung abklingen. Bei Steroidresistenz („non-responder") finden sich bioptisch meist stärkere strukturelle Veränderungen, sie können auf Zytostatika (Cyclophosphamid) ansprechen, bleiben aber oft therapieresistent und müssen später wegen einer Niereninsuffizienz mit Dialyse und Transplantation behandelt werden.

Neurofibromatose (von Recklinghausen)

Ät und VK: Autosomal dominant vererbte Phakomatose (neurokutane Dysgenesie) mit 100%iger Penetranz, aber stark variabler Expressivität, in etwa der Hälfte der Fälle Neumutationen. Häufigkeit etwa 1 auf 2500 Lebendgeborene.

Sy: Neuerdings werden zwei Typen abgegrenzt: *Typ I* (klassische Form) mit den Hauptmerkmalen Café-au-lait-Flecke (über 5 Flecke mit einem Durchmesser von mindestens 1–2 cm), Neufibrome entlang der peripheren Nerven (Lähmungen und Muskelatrophien), Neurinome an den Spinalnervenwurzeln (radikuläre Ausfälle und Querschnittssymptome), Optikusgliome (Gesichtsfeldausfälle, Sehstörungen bis Blindheit), Epilepsie (15% der Patienten), geistige Entwicklungsretardierung (10% der Fälle) und Skelettveränderungen (insbesondere Kyphoskoliose, Schädelasymmetrie, partieller Riesenwuchs). Beim viel selteneren, sich meist erst im 2.–3. Lebensjahrzehnt manifestierenden *Typ II* bestehen zunächst einseitig, später meistens doppelseitig auftretende Akustikusneurinome (Kleinhirnbrückenwinkeltumoren), die zu Hörstörungen und später Taubheit führen können. Hier finden sich nur minimale Hautveränderungen.

Th: Die Therapie ist rein symptomatisch (Operation, Antiepileptika). Eine genetische Beratung ist notwendig, aber wegen der häufigen Neumutationsrate und stark unterschiedlichen Expressivität nicht unproblematisch.

Prgn: Die Prognose der Neurofibromatose Typ I ist abhängig vom Ausmaß der Erkrankung. Sie reicht von fehlender Symptomatik bis zu schwersten Komplikationen (s. o.). In über 5% der Fälle besteht die Gefahr einer malignen Entartung.

Niemann-Pick, Morbus

Ät und Pathog: Autosomal rezessiv vererbte Sphingomyelinspeicherkrankheit (mindestens 3 Typen, A–C) mit unterschiedlich starker Aktivitätsverminderung der Sphingomyelinase, die klinisch durch einen psychomotorischen Abbau und eine Hepatosplenomegalie charakterisiert ist.

Sy und Dg: Bei der *akuten neuronopathischen Form (Typ A)* tritt im 1. Lebensjahr eine Dystrophie mit ausgeprägter Hepatosplenomegalie, Verlust von psychomotorischen Fähigkeiten, interstitieller Pneumonie, Osteoporose und Exitus vor dem 4. Lebensjahr auf. Im Blutausstrich und im Knochenmarkpunktat sind charakteristische Niemann-Pick-Zellen (Speicherzellen mit vakuolisiertem, maulbeerartigem Zytoplasma) nachweisbar.
Beim *Typ B* steht die massive Splenomegalie im Vordergrund; es findet sich keine Beteiligung des Nervensystems. Beim *Typ C* (chronisch-neuronopathische Form) manifestiert sich die Erkrankung durch Verlust der Sprache, mäßige Ataxie und zerebrale Anfälle zwischen dem 2. und 6. Lebensjahr. Die Hepatosplenomegalie ist weniger ausgeprägt als bei den Typen A und B. Bei Typ A und B ist eine pränatale Diagnostik möglich.

Th: Eine spezifische Therapie ist nicht möglich, evtl. Splenektomie. Genetische Beratung!

Obstipation

Def: Zu seltene und/oder unvollständige Stuhlentleerung. Normale Stuhlfrequenz: Mit Muttermilch ernährte Säuglinge 2–7 Stühle/Tag (nach dem 3. Lebensmonat manchmal nur alle 2–10 Tage), mit Kuhmilchpräparaten ernährte Säuglinge 1–3 Stühle/Tag, Kleinkinder ewa 1–2 Stühle/Tag, im Schulkindalter meist nur 1, höchstens 2 Stühle täglich.

Ät: Anatomisch, stoffwechselbedingt, alimentär, funktionell und psychogen.

Sy:

- *Akute Obstipation:* Im Kindesalter häufig, Ursache meist verminderter Wassergehalt des Darminhaltes infolge zu geringer Flüssigkeitszufuhr; Schmerzen bei der Defäkation zu fester Stühle, insbesondere bei dadurch hervorgerufenen Analrhagaden; Darmmotilitätsstörungen (Hypokaliämie,

Hyperkalzämie, Hypothyreose, bestimmte Medikamente).

- *Chronische Obstipation:* Am häufigsten ist die chronisch-habituelle Obstipation, die meist im Säuglingsalter als Folgezustand einer willkürlichen, meist psychogen bedingten Stuhlverhaltung mit anschließender Dilatation und Hypotonie bis Atonie des Kolons auftritt: Der neu in den Enddarm gelangende Darminhalt führt schließlich nicht mehr zur Dehnung der Rektumwand, der Stuhldrang ist nicht mehr vorhanden. Häufig findet man gleichzeitig eine Enkopresis als Folge eines Überlaufmechanismus. Der Enddarm ist bei der rektalen Untersuchung mit Kot gefüllt.

Dg und DD: Differentialdiagnostisch ist in erster Linie an einen Morbus Hirschsprung (s. d.) zu denken. Eine leere Rektumampulle bei im frühen Kindesalter einsetzender chronischer Obstipation ist verdächtig, in diesem Fall sind entsprechende Zusatzuntersuchungen (Röntgenkontrastuntersuchung, Manometrie, Biopsien) angezeigt. Wachstumsstörung und/oder psychomotorische Retardierung sind Indikationen zur Bestimmung von Schilddrüsenhormonen zum Ausschluß einer Hypothyreose.

Th: Die Behandlung der akuten und der chronischen Obstipation richtet sich in erster Linie nach der Ursache. Zunächst Entfernung der Kotmassen mit Hilfe von Glycerin-Zäpfchen, Microklist oder Einläufen mit salinischen hypertonen Lösungen, vorübergehend anschließend orale Anwendung eines Gleitmittels (Paraffinum subliquidum, 2–3 ml/kg KG/Tag), bei akuter Obstipation reichliches Flüssigkeitsangebot, im frühen Säuglingsalter Nahrungswechsel auf eine adaptierte Milch. Bei habitueller chronischer Obstipation anschließend diätetische Maßnahmen (Ballaststoffe wie Kleie und Rohfasern), gezielte psychologische Beratung, Belohnungssysteme, Stuhltraining. So wenig wie möglich Manipulation am After (Einläufe, rektale Untersuchung, Zäpfchen). Drastika, salinische Abführmittel, dickdarmwirksame Laxantien und Sympatholytika (Dihydroergotamin) sind im Kindesalter kontraindiziert oder unwirksam. Bei der sog. spastischen Obstipation, die bei vegetativ labilen Schulkindern vermutlich als Folge eines erhöhten Parasympathikotonus vorkommt und sich durch die Entleerung harter, an Schafkot erinnernder Kotkugeln manifestiert, sind Belladonna-Präparate in niedrigen Dosen hilfreich.

Onkologische Erkrankungen

Vorkommen und Prognose

Onkologische Erkrankungen oder Krebskrankheiten sind nach den Unfällen die häufigste Ursache der Kinder- und Jugendsterblichkeit jenseits der Neugeborenenperiode: Der Anteil der Krebstodesfälle an der Gesamtzahl verstorbener Kinder liegt bei 8%, derjenige tödlicher Unfälle bei 30–34%. Jährlich erkranken etwa 10:100 000 Kinder (22:1 Million Bevölkerung); dies entspricht in Deutschland jährlich etwa 1600–1900 Neuerkrankungen. Nur 1% aller Krebserkrankungen entfallen auf die ersten 15 Lebensjahre. Gegenüber dem Erwachsenenalter, in dem die Tumoren epithelialen Ursprungs (Karzinome) mit 85% weitaus überwiegen, entfällt in den ersten 15 Lebensjahren die Hälfte auf die Gruppe der Leukämien und malignen Lymphome sowie jeweils etwa 20% auf embryonale Tumoren und Tumoren des ZNS. Es folgen mit größerem Abstand Knochentumoren, Keimzelltumoren, Karzinome und sonstige Tumoren (Tab. 30.**3**). Die früher schlechte Prognose krebskranker Kinder hat sich durch erhebliche Fortschritte in der Diagnostik, vor allem aber durch die Kombination von lokalen (Operation und Strahlentherapie) und systemisch wirkenden Maßnahmen (Polychemotherapie) erheblich gebessert, so daß derzeit mindestens die Hälfte aller krebskranken Kinder geheilt werden kann.

Leukämien

Def: Maligne Systemerkrankung des blutbildenden Gewebes, die durch eine irreversible, autonome Wucherung leukozytärer Zellen auf Kosten der normalen Hämatopoese gekennzeichnet ist.

VK: Häufigste maligne Erkrankung im Kindesalter (etwa 40% aller Krebskrankheiten) mit einer jährlichen Erkrankungsrate von etwa 4 auf 100 000 Kinder unter 15 Jahren, d. h. in Deutschland etwa 500 Kinder).

Ät: Weitgehend unbekannt. Genetische und Umweltfaktoren scheinen von Bedeutung zu sein.

Formen: Nach der Morphologie der im Blut und im Knochenmark vorhandenen Leukämiezellen werden akute, d. h. unreifzelligere Leukämien (akute lymphoblastische Leukämie, ALL, relative Häufigkeit etwa 82%, und akute myeloische Leukämie,

Tabelle 30.**3** Verteilung der Leukämien und malignen Tumoren im Kindesalter (Deutschland, 6500 Patienten)

Tumorart	Häufigkeit (%)	Erreichbare Heilungsrate (Stand 1984)
1. Leukämien und lymphoretikuläre Tumoren	*51%*	
a) Leukämien	37%	70% (ALL), 38% (AML)
b) Non-Hodgkin-Lymphome	6%	70%
c) Morbus Hodgkin	6%	90%
d) Histiozytosen	2%	
2. ZNS-Tumoren	*18%*	40 % (Medulloblastom)
3. Embryonale Tumoren	*19,5%*	
a) Neuroblastom	7%	40%
b) Nephroblastom (Wilms-Tumor)	6%	75%
c) Rhabdomyosarkom	4%	55%
d) Retinoblastom	2%	80%
e) Hepatoblastom	0,5%	33%
4. Keimzelltumoren	*3,5%*	
5. Knochentumoren	*6%*	
a) Osteosarkom	3,5%	55%
b) Ewing-Sarkom	2,5%	50%
6. Karzinome	*1%*	
7. Sonstige	*1%*	

AML, relative Häufigkeit etwa 16%) von chronischen, d. h. reifzelligeren Leukämien (chronische myeloische Leukämie, CML, relative Häufigkeit etwa 2%) unterschieden. Seltene Leukämieformen (Eosinophilen-, Basophilen- und Megakaryozytenleukämien) sind eine Rarität (weniger als 1% der Fälle). Die chronische lymphatische Leukämie (CLL) kommt im Kindesalter gar nicht vor. Die weitere Unterscheidung der beiden Leukämiehauptgruppen erfolgt mit *zytochemischen und immunologischen Methoden.*

Sy: Oft schleichender Beginn mit uncharakteristischen Beschwerden (Müdigkeit, Appetitlosigkeit, Gewichtsabnahme, subfebrile Temperaturen, Gelenkschmerzen). Durch zunehmende Ausbreitung der Leukämiezellen im Knochenmark kommt es über eine Verdrängung der Erythrozytopoese zur Anämie (Blässe), über die Störung der Granulozytopoese und Thrombozytopoese zu Infektanfälligkeit und hämorrhagischer Diathese (Petechien, Hämatome, Nasen- oder Zehnfleischbluten). Generalisierte Lymphknotenschwellungen und Hepatosplenomegalie sind bei 60–70% der Patienten nachweisbar. Bei ZNS-Leukämie Auftreten von Kopfschmerzen, Nüchternerbrechen, bisweilen Hirnnervenausfällen, bei Hodenleukämie schmerzlose, derbe, ein- oder beidseitige Hodenschwellung. Ein Nierenbefall kann zu einer tastbaren Organvergrößerung führen.

Dg: Im Blutbild meist Panzytopenie, d. h. Anämie (Hämoglobin <6 mmol/l = 10 g/dl), Thrombozytopenie (<100 000/μl) und Granulozytopenie (<1000/μl). Die Leukozytenzahl kann vermindert, normal oder in nur 20% stark erhöht sein. Im Blutausstrich können zahlreiche oder einige lymphoblastische Zellen nachweisbar sein. Die entscheidende Untersuchung ist die Knochenmarkpunktion, die ein einförmiges Zellbild mit dichtgepackten Blasten (über 70%) und fast vollständige Verdrängung der normalen Hämatopoese ergibt.

Die weitere Differenzierung der Leukämietypen erfolgt nach morpholgoischen, zytochemischen und immunologischen Kriterien

(s. o.). Bei etwa 3% der Kinder ergibt die stets erforderliche Lumbalpunktion einen primären Leukämiebefall des ZNS.
Weitere Untersuchungen können eine Erhöhung von Lactatdehydrogenase, Serumharnsäure und BSG ergeben.

DD: Aplastische Anämien, thrombozytopenische Purpura, infektiöse Mononukleose, Osteomyelitis und rheumatische Erkrankungen, in das Knochenmark metastasierende Tumorerkrankungen (Neuroblastom, Ewing-Sarkom, Non-Hodgkin-Lymphom).

Th: Die verschiedenen Behandlungen, deren Ziel es ist, die Leukämiezellen völlig zu vernichten, erfolgen nach in Deutschland einheitlichen Protokollen in spezialisierten Zentren größerer Kinderkliniken in verschiedenen Phasen:

- *Induktionstherapie* mit einer Kombination aus Prednison, Vincristin, Daunorubicin und L-Asparaginase.
- Es folgt die *Konsolidierungsphase* mit a) Zytostatika (Cytarabin, 6-Mercaptopurin und Cyclophosphamid) und b) Prophylaxe der Meningosis leucaemica mit Strahlentherapie des Hirnschädels und intrathekalen Methotrexat-Injektionen.
- Die *Dauerbehandlung* (etwa 3 Jahre) besteht aus der kontinuierlichen Gabe von 6-Mercaptopurin (täglich) und Methotrexat (wöchentlich) unter Berücksichtigung der Leukozytenzahl, die zwischen 2000 und 3500/µl liegen soll.

Wegen der Intensität der verwendeten Therapiepläne ist die Behandlung sehr risikoreich. Die drohenden *Komplikationen* Sepsis, Blutungen und Ausfall von Harnsäurekristallen in der Niere müssen durch entsprechende supportive Maßnahmen verhindert bzw. behandelt werden.

Prgn: Die Prognose ist abhängig vom Typ der Leukämie: Bei der ALL mit bestmöglicher Therapie sind etwa 70%, bei der AML nur etwa 40% heilbar. Bei letzterer sowie einem Rezidiv kann möglicherweise die Knochenmarktransplantation von einem kompatiblen Geschwisterkind zur Heilung führen.

Maligne Lymphome

Die malignen Lymphome werden in zwei Gruppen unterteilt: Hodgkin-Lymphome und Non-Hodgkin-Lymphome, die jeweils 6% der in den ersten 15 Lebensjahren vorkommenden Krebskrankheiten ausmachen. Diagnose und Klassifizierung basieren auf histologischen, zytologischen, histochemischen, imunologischen und elektronenmikroskopischen Kriterien. Wegen der unterschiedlichen Prognose ist wie bei den Leukämien eine exakte Klassifizierung von Bedeutung.

Orchitis

Def: Im Kindesalter selten auftretende isolierte bakterielle oder virale Entzündung des Hodens.

Sy: Ein- oder doppelseitige Hodenschwellung mit Schmerzen und Fieber. Im Gegensatz zur Hodentorsion setzen die Schmerzen meist langsam ein und werden durch die Hodenhochlagerung verringert.

Th: Hodenhochlagerung, allgemeine antiphlogistische Maßnahmen, bei bakterieller Infektion Antibiotika. Bei geringstem Verdacht auf die häufigere Hodentorsion Operation: Ein verzögerter Eingriff bei einer Torsion führt zum sicheren Verlust des Hodens, eine Probefreilegung bei einer Orchitis ruft keine größere Schädigung hervor.

Organazidurien

Ät, Pathog und VK: Durch angeborene Aminosäurestoffwechselstörungen hervorgerufene Anhäufung und vermehrte Ausscheidung von organischen Säuren, welche keine Aminogruppen enthalten. Die zugrundeliegenden Enzymdefekte (über 20) haben zusammen eine Häufigkeit von etwa 1 auf 10000 Lebendgeborene.

Sy: Perakut in der Neugeborenenperiode oder chronisch-intermittierend bei erhöhter exogener oder endogener Proteinbelastung sich manifestierende Symptomatik: Neben Trinkschwäche, Erbrechen, Lethargie und Koma fallen die Patienten durch Schweißgeruch (Isovalerianazidämie), Neutro- und Thrombozytopenie (Propion- und Methylmalonazidurie) und bei längerem Verlauf ohne Behandlung durch psychomotorische Retardierung, Minderwuchs und Osteoporose auf.

Dg: Klinische Symptomatik in Verbindung mit einer meist vorhandenen metabolischen Azidose, Nachweis organischer Säuren in einem frisch gewonnenen Urin (Gaschromatographie-Massenspektrometrie), Enzymbestimmung in Fibroblasten. Auch eine pränatale Diagnostik ist möglich.

Th: Eiweißreduktion, Azidoseausgleich, evtl. Peritonealdialyse und in Abhängigkeit von dem speziellen Enzymdefekt Behandlungsversuch mit Vitaminen und Carnitin. Für einige Organazidurien existiert keine Behandlungsmöglichkeit.

Ösophagusatresie

Def und VK: Angeborene, in einer Häufigkeit von 1 auf 3500 Lebendgeborene auftretende Fehlbildung, die zwischen der 3. und 6. Schwangerschaftswoche aus unklarer Ursache entsteht. Die Speiseröhre endet meist im mittleren Drittel blind. In etwa 90% besteht gleichzeitig eine distale ösophagotracheale Fistel (Typ III B in der Klassifikation nach Vogt). In 30–40% sind Begleitmißbildungen (renal, kardiovaskulär, anorektal, Skelettanomalien) vorhanden.

Sy: Etwa 30% der betroffenen Kinder werden zu früh geboren. Hydramnion, da der Fetus kein Fruchtwasser schluckt; schaumige Fruchtwasseransammlung, die dem Neugeborenen postpartal aus Nase und Mund quillt; Hustenanfälle, Aspiration, Zyanose, Dyspnoe; schaumiges Hochwürgen der Milch bei der ersten Nahrungsaufnahme, bei zu spätem Erkennen Aspirationspneumonie.

Dg: Anamnese (Hydramnion der Mutter) sowie Symptomatik, fehlende Sondierung des Magens. Röntgenübersichtsaufnahme bei gleichzeitiger Instillation von Luft (Luft im Magen zeigt Präsenz der ösophagotrachealen Fistel), Tracheoskopie.

Th: Sofortige Operation im bestmöglichen Zustand (Frühintubation zur Vermeidung eines Refluxes von Magensaft in die Lunge). Methode der Wahl: Primäre End-zu-End-Anastomose, Fistelverschluß, evtl. Ersatzplastik.

Prgn: Abhängig vom Zeitpunkt der Diagnose, vom Vorhandensein weiterer Fehlbildungen und vom Geburtsgewicht. Reifgeborene haben unter optimalen Bedingungen eine Überlebensrate von fast 100%. Die Langzeitprognose ist sehr gut.

Osteogenesis imperfecta

Def: Durch eingeschräkte oder fehlerhafte Bildung von Typ-I-Kollagen im Knochen hervorgerufene Gruppe verschiedener Erkrankungen mit erhöhter Knochenbrüchigkeit infolge verminderter Knochenmasse (Osteopenie bzw. Osteoporose).

VK: Etwa 1 auf 25 000 Neugeborene.

Ät und Sy: Einteilung (nach Sillence) nach klinischen und genetischen Gesichtspunkten:

- *Typ I:* Häufigste Unterform, der Erbgang ist autosomal dominant. Die erhebliche Frakturneigung manifestiert sich in 10% bereits bei der Geburt und führt zu sekundären Deformierungen von Extremitäten, Wirbelsäule und Thorax und davon unabhängig auch zu einem späteren Minderwuchs. Auffällig ist eine erhebliche Bänderschlaffheit, besonders an den kleinen Gelenken von Händen und Füßen sowie an den Kniegelenken. Es besteht eine Blauverfärbung der Skleren. Beim Untertyp A ist eine Zahnbeteiligung vorhanden, charakterisiert durch Dentin- und Zahnschmelzhypoplasie, erhöhte Kariesanfälligkeit und teilweise blau opaleszierende Zähne. Eine Schwerhörigkeit manifestiert sich selten in der Kindheit, kann bei Erwachsenen aber ein schweres Ausmaß annehmen. Röntgenologisch lassen sich eine generalisierte Osteopenie und frühere, mit guter Kallusbildung abheilende Frakturen nachweisen. Die Frakturneigung nimmt nach der Pubertät meist ab.
- *Typ II:* Sporadisch oder autosomal rezessiv vererbt, charakterisiert durch zahllose, oft schon intrauterin aufgetretene Frakturen (Rippen und Beine), einen großen Kopf mit unvollständig verknöchertem, teilweise häutigem Schädeldach, vorspringenden Augen, tiefliegenden Nasenwurzeln, blauen Skleren und Muskelhypotonie. Die Hälfte der Kinder werden bereits tot geboren, die übrigen Patienten versterben kurz nach der Geburt durch Ateminsuffizienz als Folge der zahlreichen Rippenfrakturen.
- *Typ III:* Manifestiert sich ebenfalls bei Geburt mit multiplen Frakturen, die die Rippen weniger betreffen, so daß ein Teil der Kinder mit schwersten Knochendeformitäten und erheblicher Frakturneigung überleben kann. Die Vererbung ist autosomal rezessiv. Die Skleren sind anfangs blau und können später weiß sein. Es entwickelt sich meist eine schwere Kyphoskoliose. Viele Patienten versterben vor Erreichen des Erwachsenenalters.
- *Typ IV:* Entspricht etwa dem Typ I; es können aber auch schwere Verlaufsformen vorkommen. Der Erbgang ist autosomal dominant. Blaue Skleren und Schwerhörigkeit fehlen.

Th: Die Therapie der Osteogenesis imperfecta ist symptomatisch und in erster Linie orthopädisch-chirurgisch (innere Schienung des Markraumes bei Frakturen der unteren Extremitäten, Behandlung der z. T. schweren Kyphoskoliose). Immobilisationen der frakturierten Extremität und des gesamten Körpers sollten vermieden werden. Alle medikamentösen Behandlungsversuche einschließlich Calcitonin und dem pflanzlichen Flavonoid Catechin sind erfolglos. Der therapeutische Effekt einer medikamentösen Behandlung muß kritisch beurteilt werden, da die Frakturneigung der Patienten spontanen Schwankungen unterliegt.

Osteomyelitis

Def: Die akute Osteomyelitis ist eine bakterielle, meist hämatogen entstandene Entzündung des Knochengewebes. In erster Linie sind die Metaphysen der langen Röhrenknochen (distales Femur, proximale Tibia, proximaler Humerus) betroffen.

Ät: Erreger bei Kindern in über 70% Staphylococcus aureus, selten Streptokokken und Pneumokokken.

Sy: Hohes intermittierendes Fieber mit Allgemeinsymptomen, Schmerzen, Schwellung, Rötung und Überwärmung sowie Schonhaltung der betroffenen Extremität.

Dg: Laborchemisch starke BSG-Erhöhung, Leukozytose mit Linksverschiebung, positive Blutkultur.
Röntgenologisch in den ersten 8–10 Tagen keine Knochenveränderungen, dann Aufhellungen, Destruktionsherde, periostale Reaktionen und erhöhte Knochendichte.
Szintigraphie mit Technetium-99m-Polyphosphat (für Frühdiagnose innerhalb von 48 Stunden unerläßlich) ermöglicht Erfassung der Lokalisation und Ausbreitung der Infektion. Möglichst Gelenkpunktion mit Erregeranzüchtung.

Th: Resistenzgerechte Antibiose, meist mit einem penicillinaseresistenten Penicillin (z. B. Oxacillin oder Flucloxacillin), mindestens 3 Wochen i.v. Falls innerhalb von 2–3 Tagen keine Besserung oder bei zu später antibiotischer Therapie: Operation und chirurgische Drainage.

Osteopetrose (Marmorknochenkrankheit, Albers-Schönberg-Krankheit)

Definition

Durch eine gestörte Funktion der Osteoklasten bei unbeeinträchtigter Osteoblastentätigkeit hervorgerufene generalisierte Skeletterkrankung mit Hypermineralisation (Osteosklerose), Verdickung (Hyperostose) und vermehrter Brüchigkeit der Knochen. Die Entwicklung der Knochenmarkhöhlen ist beeinträchtigt (extremedulläre Blutbildung). Die Kompression von Hirnnerven in der sklerotischen und vedickten Schädelbasis bewirkt entsprechende Ausfälle, insbesondere eine Optikusatrophie mit Erblindungsgefahr. Es können mindestens *drei Formen* abgegrenzt werden.

Früh manifeste maligne Form

Ät und Sy: Diese auch als infantile oder letale Osteopetrose bezeichnete Form wird autosomal rezessiv vererbt (etwa 50 publizierte Fälle) und manifestiert sich innerhalb der ersten Lebensmonate durch Hepatosplenomegalie, Anämie, Thrombozytopenie, Lymphknotenvergrößerungen, Erblindung, Frakturen, verspätete Zahnung, starke Kariesanfälligkeit, Osteomyelitis, Taubheit, Hydrocephalus internus. Aufgrund einer gestörten Makrophagenfunktion sind die Patienten infektanfällig.

Dg: Der Röntgenbefund ist charakterisiert durch eine generalisierte Verminderung der Strahlendurchlässigkeit, Aufhebung der Knochenstruktur und keulenförmige Auftreibung der Metaphysen. Laborchemisch stehen die hämatologischen Befunde im Vordergrund (insbesondere Anämie und Thrombozytopenie).

Th: Therapie der Wahl ist die Knochenmarktransplantation. Bei einem nicht geeigneten Spender ist die Prognose infaust: Die Patienten versterben meist an den Folgen einer Blutung oder Infektion im Kindesalter.

Früh manifeste nichtmaligne Form

Diese ebenfalls autosomal rezessiv erbliche frühkindliche Erkrankung ist charakterisiert durch einen milderen Verlauf und die Kombination mit renaler, distal-tubulärer Azidose und Basalganglienverkalkung.

Spät manifeste Form

Ät und Sy: Symptomatik und Verlauf dieser meist autosomal dominant erblichen, bei älteren Kindern und Erwachsenen auftretenden Form sind variabel. Manche Patienten fallen durch leichte Anämie, Zahnkaries, Unterkieferosteomyelitis oder vermehrte Knochenbrüchigkeit auf. Bisweilen wird die Diagnose zufällig gestellt.

Th: Die Therapie der Formen 2 und 3 ist symptomatisch: Bluttransfusionen bei ausgeprägter Anämie, Plattenosteosynthese bei Frakturen der langen Röhrenknochen und Antibiotikatherapie bei Infekten.

Otitis media

Ät und Pathog: Vor allem in den ersten beiden Lebensjahren meist akut auftretende virale oder bakterielle (40% Pneumokokken, 20% Haemophilus influenzae, 20% Streptokokken) Entzündung des Mittelohrs. Die Infektion entsteht selten hämatogen, meist aufsteigend über die Tuba auditiva (Eustachii), in der Regel im Gefolge von Entzündungen des Nasen-Rachen-Raums.

Sy: Plötzliche starke Ohrschmerzen, die von Kleinkindern oft nicht lokalisiert werden können, hohes Fieber, starke Unruhe, Fassen ans kranke Ohr. Oft vorangehender oder gleichzeitiger Infekt der oberen Luftwege. Ausgeprägter Tragusdruckschmerz.

Kompl: Intrakraniell: Meningitis oder Hirnabszeß durch direkte Fortleitung. Extrakraniell: Mastoiditis, subperiostaler Abszeß oder Fazialisparese.

Dg: Bei Otoskopie findet sich je nach Stadium der Otitis media ein gefäßinjiziertes gerötetes Trommelfell ohne typischen Lichtreflex, das vorgewölbt, verdickt oder von hämorrhagischen oder eitrigen Blasen bedeckt sein kann.

Th: Abschwellende Nasentropfen, bei Bedarf Analgetika, 10tägige Antibiotikabehandlung: Bei Säuglingen und Kleinkindern Amoxicillin, Cefaclor oder Erythromycin. Bei Schulkindern reicht meist Penicillin V (p. o.) aus, da hier selten Haemophilusinfektionen vorkommen.
Bei Mastoiditis ist eine operative Eröffnung notwendig.

Prgn: Bei fehlenden Komplikationen gut. Bei rezidivierenden Otitiden können Sprachentwicklungsverzögerungen aufgrund einer Schwerhörigkeit auftreten.

Pankreasfibrose, zystische,
s. Mukoviszidose

Phenylketonurie

Ät und Pathog: Die klassische Phenylketonurie ist durch einen Defekt der Phenylalaninhydroxylase in der Leber bedingt, die zu einer Störung der Umwandlung von Phenylalanin in Tyrosin führt. Bei altersentsprechender Eiweiß- (Milch-) Zufuhr steigt das Phenylalanin im Plasma innerhalb der ersten Lebenswochen auf über 900 µmol/l (15 mg/dl) an, wird im Urin ausgeschieden und zu Phenylbrenztraubensäure und anderen organischen Säuren abgebaut. Die Erkrankung ist autosomal rezessiv erblich, trifft in Europa etwa 1 von 8000 Lebendgeborenen und führt unbehandelt zu Schwachsinn.

Sy: Unbehandelte Patienten zeigen jenseits des 3. Lebensmonats progrediente geistige und psychomotorische Entwicklungsstörungen, BNS-Anfälle, Pigmentarmut von Haut und Haaren und ekzematöse Hautveränderungen. Im Kleinkindalter entwickelt sich ein irreversibler Hirnschaden mit Oligophrenie, Muskelhypertonie, extrapyramidalen Symptomen, Krampfanfällen und einem erethischen, aggressiven Verhalten. Die Patienten sind mikrozephal und haben oft einen mäuseartigen Körper- und Uringeruch durch die Ausscheidung von Phenylalaninmetaboliten.

Dg: Eine frühzeitige Erfassung und Therapie sind von entscheidender Bedeutung. Da die Phenylketonurie in der Neugeborenenperiode symptomlos verläuft, muß die Diagnostik durch eine *Screening-Untersuchung* erfolgen: Hierzu wird am 4.–6. Lebenstag, also nach ausreichender Milchzufuhr, ein Guthrie-Test (gleichzeitig auch eine Untersuchung zur Erfassung von Hypothyreose, Galaktosämie und evtl. Ahornsirupkrankheit) durchgeführt. Bei positivem Guthrie-Test werden sofort Phenylalanin und Tyrosin im Plasma quantitativ bestimmt. Liegt der Phenylalaninspiegel über 900 µmol/l (15 mg/dl) und ist eine Tyrosinämie, die zu einer sekundären Hyperphenylalaninämie führen kann, ausgeschlossen, ist das Vorliegen einer klassischen Phenylketonurie wahrscheinlich. Anschließend wird durch einen oralen Belastungstest mit Tetrahydrobiopterin eine Störung im Biopterinstoffwechsel, an der nur 1–3% der Kinder mit erhöhtem Phenylalaninspiegel leiden und die einer anderen Behandlung bedürfen, ausgeschlossen.

Th: Das Prinzip der Behandlung der klassischen Phenylketonurie besteht in der diätetischen Behandlung mit phenylalaninarmer Kost. Phenylalanin ist eine essentielle Aminosäure, die aus der Diät nicht weggelassen werden kann und deren Bedarf individuell zu ermitteln ist. Zur Deckung des altersabhängigen Eiweißbedarfs wird ein phenylalaninfreies, mit Tyrosin angereichertes Aminosäurengemisch verabreicht. Regelmäßig muß der Phenylalaninspiegel im Plasma bestimmt werden; er soll zwischen 120 und 260 µmol/l (2–6 mg/dl) liegen. Als Eiweißquelle werden spezielle Proteinhydrolysate oder Aminosäuregemische (Milupa PKU 1 und 2, PAM Maizena, Aponti PKU-Diät, Albumeit XP) gefüttert.
Eine Verminderung der Phenylalaninzufuhr führt zu Eiweißkatabolismus mit Wachstumsstörung, Hautveränderungen und Anämie. Liegt der Spiegel zu hoch, können zerebrale Schädigungen auftreten.
Die Therapie wird bis zum 12.–14. Lebensjahr fortgeführt; anschließend wird die strenge phenylalaninarme Diät durch eine eiweißarme Kost ersetzt, bei welcher die Phenyl-

alaninspiegel nicht über 1200 µmol/l (20 mg/dl) ansteigen, da die völlige Unschädlichkeit hoher Phenylalanin-Plasmaspiegel im fortgeschrittenen Lebensalter bisher nicht eindeutig erwiesen ist. Bei einer *Phenylketonurie in der Schwangerschaft* kommt es aufgrund erhöhter Phenylalanin-Plasmaspiegel zu einer Embryopathie mit schweren Gehirn-, Herz- und Augenmißbildungen! Besteht Kinderwunsch, müssen die phenylketonurischen Mütter *schon vor dem Zeitpunkt der Konzeption* diätetisch behandelt werden. Eine Schädigung des Feten ist nur bei konstanten mütterlichen Phenylalanin-Plasmaspiegeln unter 240 µmol/l (4 mg/dl) zu vermeiden.
Bei Kindern mit leichter Hyperphenylalaninämie (Plasmaspiegel unter 600 µmol/l = 10 mg/dl) erübrigt sich eine diätetische Behandlung; es sind allerdings Kontrollen des Phenylalanin-Plasmaspiegels angezeigt. Die seltenen Störungen des Biopterinstoffwechsels sollen in speziellen Zentren durch frühe Gabe von Tetrahydrobiopterin und Transmittervorstufen behandelt werden.

Prgn: Bei rechtzeitig eingeleiteter und konsequent durchgeführter Diät günstig. Eine altersentsprechende geistige Entwicklung ist dann zu erwarten.

Phimose

Def: Angeborene oder erworbene Enge des äußeren Vorhautringes. Abzugrenzen ist die sog. „physiologische Phimose", also eine Verschmelzung des Glans- und Präputiumepithels, die sich in der Regel am Ende des ersten Lebensjahres löst.

Sy: Die Vorhaut läßt sich nicht zurückstreifen. Oft ist die äußere Harnröhre nicht zu erkennen. In ausgeprägten Fällen Aufblähen des Vorhautsackes während der Miktion mit Harnentleerungsstörung.

Kompl: Balanitis, Paraphimose (Strangulation der Glans penis durch die zurückgestreifte, nicht reponierbare Vorhaut).

Th: Bis Ende des 1. Lebensjahres sind Lösungsversuche zu vermeiden, da sie sonst zu Narbenphimose führen können. Die Indikation zur Operation (Zirkumzision) ist nur bei rezidivierenden Balanitiden und Miktionsbehinderung gegeben.

Phosphatdiabetes, hypophosphatämische Rachitis, s. Rachitis

Pierre-Robin-Sequenz

Def: Konnatale Mikrogenie mit Glossoptose.

Vk: Etwa 1 auf 50 000 Neugeborene. Familiäres Auftreten ist selten.

Ät und Pathog: Durch die Mikrogenie schiebt sich in der frühen embryonalen Entwicklung die Zunge zwischen die Gaumenwülste und verhindert den medialen Verschluß. Es entsteht eine Gaumenspalte als mittelbare Folge der Mikrogenie, deren Ätiologie uneinheitlich ist.

Sy: Ausgeprägte Mikrogenie, dadurch Retroglossie, Glossoptose mit Einengung der Luftwege, inspiratorischem Stridor und evtl. Zeichen der Hypoxie. Oft besteht eine Gaumenspalte, bisweilen nur ein sehr hoher Gaumen.

Th: Bauchlagerung, evtl. Glossopexie und vorübergehende Sondenfütterung. Operativer Verschluß der Gaumenspalte.

Prgn: Gut nach Überstehen der ersten 2 Lebensmonate ohne hypoxische Hirnschädigung. Spontanes Auswachsen der Mandibula.

Pneumonien

Def: Akute oder chronische Entzündung der Lunge, die den Alveolarraum und/oder das Interstitium umfaßt.

Vk: Die Morbiditätsrate liegt im Vorschulalter bei 40 Erkrankungen, im Alter von 9–14 Jahren bei 9 Erkrankungen auf 1000 Kinder.

Ät und Formen: Primäre Pneumonien (kein vorangegangenes Grundleiden) werden am häufigsten durch Pneumokokken, Haemophilus influenzae und Mycoplasma pneumoniae, *sekundäre Pneumonien* (bei Grundleiden mit Abwehrschwäche) werden am häufigsten durch Pseudomonas, Klebsiella, Serratia, Staphylokokken, Pilze, Pneumocystis carinii und Viren hervorgerufen. *Weitere* Einteilungsprinzipien berücksichtigen Lokalisation und Röntgenmorphologie: a) Bronchopneumonie; b) Segment- oder Lappenpneumonie; c) primär abszedierende Pneumonie; d) atypische Pneumonie sowie das Lebensalter: Neugeborenen-, Säuglings-, Kleinkind- und Schulkindpneumonie.

Sy: Abhängig vom Alter und von der Ausdehnung des Prozesses: Bei Neugeborenen oft uncharakteristische Symptomatik mit Unruhe, Nahrungsverweigerung, Nasenflügeln, Tachypnoe, sternalen Einziehungen und eher selten auftretendem Fieber. Mit zunehmendem Lebensalter treten die typischen Symptome einer Pneumonie wie hohes Fieber und Husten auf. Bisweilen können zusätzlich vorkommende Bauchschmerzen mit Erbrechen sowie Meningismus zu einer Fehldiagnose verleiten.

Dg: Typische Pneumoniebefunde bei der Perkussion und Auskultation sind Klopfschalldämpfung und feinblasige, klingende Rasselgeräusche. Bei jüngeren Kindern (Neugeborene, Säuglinge und Kleinkinder) sowie bei atypischen Pneumonien (Mykoplasmenpneumonie) sind Perkussions- und Auskultationsbefund eher gering. Die entscheidende Untersuchung ist die Röntgenaufnahme der Lunge, die in Zweifelsfällen in zwei Ebenen erfolgen soll. Bei bakteriellen Pneumonien findet man im Blutbild in der Regel eine Leukozytose mit oder ohne Linksverschiebung und eine Erhöhung des CRP. Blutkulturen und Sputumuntersuchungen (meist nur bei älteren Kindern möglich) sowie serologische Untersuchungen können weitere Hinweise auf den Erreger geben.

Th:

1. *Unspezifische (symptomatische) Behandlung:*
- reichliche Flüssigkeitszufuhr (1¼–1½ des normalen Bedarfs);
- Sekretolyse durch Anfeuchtung der Atemluft, reichliche Flüssigkeitszufuhr, Inhalation von physiologischer Kochsalzlösung;
- fiebersenkende Maßnahmen;
- Hustensedativa (nur bei unproduktivem Reizhusten!);
- Frischluftzufuhr;
- evtl. Physiotherapie (Lagerung und Klopfmassagen) und Sauerstoffgabe.

2. *Spezifische (antibiotische) Behandlung:* Diese erfolgt meist ungezielt unter Berücksichtigung des altersabhängigen Erregerspektrums:
- *Pneumonien im Neugeborenenalter* (in den ersten 4 Lebenswochen) werden durch zahlreiche, z. T. gramnegative Keime hervorgerufen und entsprechend durch eine Kombination mit Cephalosporinen und einem Aminoglykosid therapiert. Diese Antibiotikakombination ist auch die Therapie der Wahl bei sekundären Pneumonien durch Abwehrschwäche oder im Rahmen einer Grundkrankheit.
  Im Alter von 2 Monaten bis 2 Jahren ist der wichtigste bakterielle Erreger Staphylococcus aureus, so daß hier eine Behandlung mit Oxacillin, Flucloxacillin oder Ampicillin sinnvoll ist; im *Alter von 3–6 Jahren* ist vorwiegend mit Haemophilus influenzae zu rechnen und eine Therapie mit Ampicillin bzw. Amoxicillin (80–100 mg/kg und Tag) sinnvoll.
- Im *Schulkindalter* überwiegen Pneumonien durch Pneumokokken (Therapie der Wahl Penicillin G, 50 000 IE/kg und Tag) und Mykoplasmapneumonien (Therapie der Wahl Erythromycin in einer Dosierung von 50 mg/kg und Tag).

Pyelonephritis s. Harnwegsinfektionen

Pylorusstenose, hypertrophische

Def: Entleerungsstörung des Magens infolge Hypertrophie der Ringmuskulatur des Pylorus beim jungen Säugling.

Vk: 3 auf 1000 Lebendgeborene, Verhältnis Knaben zu Mädchen 5:1. Familiäre Häufung (bei 5% positive Familienanamnese).

Ät und Pathog: Unklar. Es wird eine Unreife des Plexus myentericus mit mangelnder Pylorusöffnung diskutiert, die zur Arbeitshypertrophie der Pylorusmuskulatur führt.

Sy: Beginn der Symptomatik zwischen 2. und 4. Lebenswoche: Schwallartiges Erbrechen in hohem Bogen nach jeder Mahlzeit nach kurzem Vorstadium. Das Erbrochene riecht sauer, enthält evtl. Hämatin, ist nie gallig. Charakteristischer gequälter, greisenhafter Gesichtsausdruck, hastiges Trinken; Pseudoobstipation, in fortgeschrittenen Stadien Dehydratation und Hyperventilation.

Dg: Anamnese, klinisches Bild und Teeprobe: Nach Fütterung von 30–50 ml Tee oft sichtbare peristaltische Wellen, die vom linken Rippenbogen bis zum rechten Oberbauch ziehen.
Laborchemisch: Hypochlorämische Alkalose, Hypokaliämie, bei Exsikkose erhöhter Hämatokrit.
Sonographischer Nachweis des verdickten Pylorusmuskels (Gesamtdurchmesser über 13 mm). Nur in Zweifelsfällen ist eine Röntgenuntersuchung angezeigt, die eine Verlängerung und fadenförmige Einengung des Canalis pyloricus (egestorius) sowie eine bogenförmige Kontrastmittelaussparung durch den hypertrophierten Pylorusmuskel und eine verzögerte Magenentleerung ergibt.

DD: Adrenogenitales Syndrom (hierbei Azidose und Hyperkaliämie) und Hiatushernie (selten schwallartiges, dafür eher im Liegen auftretendes Erbrechen).

Th:
- Wasser- und Elektrolytausgleich,
- Legen einer geöffneten Magensonde,
- nach Ausgleich von Wasser- und Elektrolythaushalt Pyloromyotomie nach Weber-

Ramstedt (Längsspaltung des Pylorusmuskelringes unter Erhaltung der Schleimhaut).

Die früher durchgeführte konservative Behandlung mit sehr häufigen Mahlzeiten, Sedierung und Spasmolytika ist heute nur noch selten indiziert, da sie den stationären Aufenthalt unnötig verlängert und die Kinder nach mehreren Wochen oft doch noch operiert werden müssen.

Rachitis

Definition

Auf eine Verminderung des Calcium-Phosphat-Produktes im Serum zurückzuführende Erkrankung des wachsenden Skelettes.

Ätiologie und Pathogenese

Pathogenetisch können zwei Typen unterschieden werden:
Die *kalzipenische* und die *phosphopenische* Rachitis.
Kalzipenische Rachitisformen (Vitamin-D-Mangel, Rachitis bei hepatobiliären und gastrointestinalen Erkrankungen, Rachitis antiepileptica, angeborene Störungen des Vitamin-D-Stoffwechsels) sind bedingt durch einen vorwiegenden Calciummangel als Folge einer verminderten Sekretion des aktiven Vitamin-D-Hormons Calcitriol oder der Calcitriolwirkung. Kompensatorisch wird vermehrt Parathormon sezerniert, wodurch in fortgeschrittenen Stadien zusätzlich eine Hypophosphatämie entsteht.
Phosphopenische Rachitisformen sind in der Regel durch einen renalen Phosphatverlust (Phosphatdiabetes, Fanconi-Syndrom) und nur außerordentlich selten durch mangelnde Phosphatzufuhr (besonders bei Frühgeborenen) bedingt. Bei beiden Rachitisformen kommt es zu einer Herabsetzung des Calcium-Phosphat-Produktes im Serum und dadurch zu einer ungenügenden Kalkeinlagerung ins wachsende Skelett.

Vitamin-D-Mangel-Rachitis

Ät und Pathog: Diese kommt bei uns aufgrund der regelmäßig durchgeführten Rachitisprophylaxe im wesentlichen nur noch bei zwei Risikogruppen vor:

- *Vegetarisch ernährte Kinder,* insbesondere Säuglinge und Kleinkinder, deren Eltern Anhänger einer sog. alternativen Ernährungsform sind. Die Kombination von Calcium- und Vitaminmangel kann bei diesen Kindern zu schwerer Rachitis führen.
- Die *Immigrantenrachitis* betrifft vorwiegend Personen aus dem asiatischen Lebensraum. Ursache der Rachitis ist die Fortsetzung der gewohnten Ernährungsweise mit faserreichen Getreide- und Hülsenfrüchten, die die Vitamin-D-Aufnahme im Darm hemmen, in Kombination mit mangelndem Verzehr von phosphat- und Vitamin-D-haltigem Fleisch und Fisch. Daraus resultiert eine mangelnde Vitamin-D-, Calcium- und Phosphatzufuhr über die Nahrung, die jetzt nicht mehr – wie im sonnenreichen Asien – durch die natürliche Vitamin-D-Bildung in der Haupt kompensiert wird.

Sy:

- Hypokalzämiesymptome (epileptische Anfälle, Tetanie),
- Skelettveränderungen (Kraniotabes, Harrison-Furche, Sitzkyphose, Verdickung von Hand- und Fußgelenken, Quadratschädel, Genua valga oder vara, Frakturen),
- Myopathie (Muskelhypotonie, Bewegungsarmut, schlechte Kopfkontrolle, Froschbauch,
- bei längerer Dauer ohne Behandlung: Verzögerung von Wachstum und psychomotorischer Entwicklung, Infektanfälligkeit (Pneumonie), Anämie, Zahnschmelzdefekte.

Dg: Röntgenologisch: Auftreibung und Becherung der metaphysären Wachstumszonen, Kalkarmut und Deformierung des Skeletts, Grünholzfrakturen, kolbige Auftreibungen der vorderen Rippenenden, bisweilen subperiostale Knochenresorptionen.
Wichtigste Laborbefunde unbehandelter Patienten: Niedrig-normale Serumcalciumspiegel, Hypophosphatämie, erhöhtes Serumparathormon, erniedrigte tubuläre Phosphatrückresorption (unter 80%), Hyperaminoazidurie und Hypokalzurie, erhöhte alkalische Serumphosphatase, erniedrigte Konzentration von 25-Hydroxivitamin D_3 (25-OH-D_3) im Serum.

Prl: Um eine Vitamin-D-Mangel-Rachitis mit großer Sicherheit zu vermeiden, wird in Deutschland eine zusätzliche orale Individualprophylaxe von der 2. Lebenswoche an bis Ende des 1. Lebensjahres mit 500 IE Vitamin D_3/Tag, bei Frühgeborenen mit 1000 IE/Tag durchgeführt. Überdosierungserscheinungen treten bei dieser Prophylaxe, die mit einer

Kariesprophylaxe in Form von Fluor kombiniert wird, nicht auf.

Th: Eine wirksame Behandlung besteht in der Verabreichung von 5000 IE Vitamin D_3 und 0,5–1 g elementarem Calcium täglich p. o. über 3 Wochen. Anschließend sollte ein Rezidiv durch entsprechende prophylaktische Maßnahmen verhindert werden.

Phosphatdiabetes (hypophosphatämische Rachitis, sog. Vitamin-D-resistente Rachitis)

Vk und Ät: Ursache ist eine gestörte renale Phosphatrückresorption, die X-chromosomal dominant vererbt wird (Häufigkeit etwa 1 auf 25 000 Neugeborene). Mädchen sind ungefähr doppelt so häufig betroffen wie Knaben, dafür in der Regel leichter.

Sy: Im Gegensatz zur Vitamin-D-Mangelrachitis und anderen kalzipenischen Rachitisformen fehlt eine Hypokalzämie mit sekundärem Hyperparathyreoidismus. Die alkalische Phosphatase ist unbehandelt leicht erhöht. Die Erkrankung manifestiert sich meist erst im Laufe des 2. Lebensjahres durch rachitische Beindeformitäten und einen breitbeinig-watschelnden Gang.

Th: Gleichzeitig über den Tag verteilte Dosen von 1–4 g elementarem Phosphat p. o. und zusätzliche Gabe eines Vitamin-D-Präparates (zur Ausheilung der Rachitis und Verhinderung eines sekundären Hyperparathyreoidismus unter Phosphatsubstitution). Therapie der Wahl ist die Behandlung mit Calcitriol (Rocaltrol): Die empfohlene Dosis beträgt initial 10–20 ng/kg und Tag. Sie wird innerhalb von einigen Wochen auf die Erhaltungsdosis von täglich 30–60 ng/kg, in 2 Einzeldosen verabreicht, gesteigert. Calcitriol muß bei einem Hinweis auf eine Hyperkalzurie (Urincalcium-Kreatinin-Quotient >0,25 mg/mg) und Hyperkalzämie reduziert werden. Die Phosphatdosis wird bei schlechter Wachstumsrate und/oder erhöhter alkalischer Serumphosphatase gesteigert, was allerdings wegen gastrointestinaler Symptome nicht immer möglich ist. Beim Phosphatdiabetes und allen anderen Erkrankungen, die eine Vitamin-D- oder Calcitriolbehandlung erforderlich machen, muß während einer länger dauernden Bettruhe das Vitamin-D-Präparat zur Vermeidung einer Intoxikation vorübergehend abgesetzt werden.

Reye-Syndrom

Vk und Pathog: Akut einsetzende Enzephalopathie (Hirnödem) und fettige Degeneration der Leber (Störung mitochondrialer Enzymfunktionen), die meist im Anschluß an einen Infekt der oberen Luftwege ausschließlich bei Kindern (Altersgipfel 5–12 Jahre), vorwiegend in den USA, selten in Europa auftreten.

Sy: Einige Tage nach einem Luftwegsinfekt Erbrechen, Schläfrigkeit, Leberfunktionsstörung, bei einem Drittel der Patienten rascher, auch tödlicher Verlauf mit Hyperventilation bei respiratorischer Alkalose, Hirndrucksteigerung, Krämpfen, Hirnstammsymptomen und Koma.

Dg: Klinisches Bild im Zusammenhang mit auffälligen Laborbefunden: Erhöhung von Transaminasen, Ammoniak, freien Fettsäuren, organischen Säuren, Aminosäuren, Harnsäure, Kreatinkinase, Lactatdehydrogenase; Verminderung von Blutzucker und hepatischen Gerinnungsfaktoren; normaler Liquorbefund; in der Leberbiopsie charakteristische histologische Veränderungen (ausgeprägte diffuse feintropfige Verfettung und starke Glykogenverminderung, abnorme Mitochondrien).

DD: Intoxikation, Enzephalitis, angeborene Stoffwechselstörungen, Status epilepticus, akutes Leberversagen.

Th: Symptomatische Behandlung des Hirnödems und der Hyperammonämie.

Prgn: Im Frühstadium bei geringer Enzephalopathie gut, in schweren Fällen Letalität über 75%. Ausheilung oft mit bleibenden neurologischen Defekten.

Rheumatoide Arthritis s. Arthritis

Röteln (Rubeola, German measles)

Def: Exanthematische Viruskrankheit mit geringen Allgemeinsymptomen und Lymphknotenschwellungen (besonders retroaurikulär und nuchal).

Ät und Pathog:

- *Erreger:* Rötelnvirus, ein RNA-Virus aus der Gruppe der Togaviren.
- *Übertragung:* Tröpfcheninfektion und diaplazentar. Säuglinge mit konnatalen Röteln scheiden Viren oft mehrere Monate aus (Nasen-Rachen-Raum, Urin).

Sy: Erkrankungsgipfel zwischen 5 und 14 Jahren. Die Hälfte der Infektionen verläuft klinisch stumm. Die Erkrankung beginnt mit leichten Allgemeinerscheinungen (Schnupfen, leichtes Fieber, Konjunktivitis, Rachenrötung). Anschließend, bisweilen ohne Prodromalerscheinungen, Auftreten eines fein- bis mittelfleckigen makulopapulösen, nicht

konfluierenden Exanthems mit Beginn hinter den Ohren und anschließender Ausbreitung über Gesicht, Hals und Rumpf (Effloreszenzen kleinfleckiger als bei Masern und größer als bei Scharlach).
Charakteristisch sind nuchal und retroaurikulär gelegene, beidseitig auftretende, meist schmerzhafte Lymphknotenvergrößerungen.

Kompl: Wichtigste Komplikation: *Rötelnembryopathie* (Gregg-Syndrom): Eine mütterliche Rötelninfektion führt im 1. Schwangerschaftsmonat zu einer Schädigung von 50%, im 2. Monat von 28% und im 3. Monat von 4% der Embryonen. Hauptsymptome sind Innenohrtaubheit, Katarakt und Mikrophthalmus, Herzfehler (meist Septumdefekt oder offener Ductus arteriosus [Botalli]) und Mikrozephalie mit psychomotorischer Retardierung.
Die seltenen, meist gutartigen *Komplikationen der postnatal erworbenen Röteln* umfassen Arthritis, Otitis, Bronchitis, Myokarditis, thrombozytopenische Purpura und eine prognostisch ungünstige Meningoenzephalitis.

Dg: In sporadischen Fällen oft schwierig. Die Diagnose stützt sich auf das klinische Bild (Exanthem und typische Lymphknotenvergrößerung) sowie Blutbildveränderungen (Leukozytopenie und relative Lymphozytose mit ausgeprägter Linksverschiebung am 4.–5. Krankheitstag). Die Sicherung der Diagnose ist durch den Nachweis spezifischer IgM-Antikörper möglich.

DD: Masern, Scharlach, Exanthema subitum, infektiöse Mononukleose, Zytomegalie, Adeno- und ECHO-Virusinfektionen sowie Allergien (insbesondere gegen Arzneimittel).

Th: Symptomatisch. Acht Tage nach Exanthemausbruch kein Kindergarten- oder Schulbesuch. Am wichtigsten ist die Prophylaxe der Rötelnembryopathie durch Rötelnschutzimpfung. Eine passive Immunisierung mit Rötelnimmunglobulin ist nur bei rötelnexponierten, seronegativen Schwangeren in der Frühgravidität am 1. und 2. Tag nach Exposition angezeigt.

Rumination

Def: An das Wiederkäuen des Rindes erinnernde Verhaltensstörung vorwiegend älterer Säuglinge.

Ät: Meist handelt es sich um psychisch auffällige Kinder mit mangelnder mütterlicher Zuwendung.

Sy: Beginn mit eigenartigen Kau- und Würgbewegungen unter Zuhilfenahme der Zunge oder der Finger. Nach dem Hochwürgen der Nahrung wird diese offensichtlich mit Genuß gekaut und nach einigen Minuten erneut verschluckt. Dadurch, daß Teile der Nahrung aus dem Mund herauslaufen oder erbrochen werden, kann eine chronische Gedeihstörung auftreten.

DD: Kardiainsuffizienz, Hiatushernie.

Th: Intensive Beschäftigung mit dem Kind, um es von der Rumination abzulenken, Andickung der Flaschennahrung.

Scharlach

Def: Akute Streptokokkeninfektion mit hohem Fieber, Angina und Exanthem.

Ät und Pathog: β-hämolysierende Streptokokken der Gruppe A (über 70 immunologisch verschiedene Typen), selten bestimmte Stämme von Staphylococcus aureus führen bei fehlender antibakterieller und antitoxischer Immunität zum Scharlach.
Infektionsquellen sind manifest Erkrankte, abortiv Erkrankte, Rekonvaleszenten und gesunde Keimträger. Die Übertragung erfolgt am häufigsten durch Tröpfcheninfektion, seltener durch infizierte Nahrungsmittel, Eiter oder Wundsekret. Inkubationszeit: 2–4 Tage. Auftreten der Erkrankung meist zwischen dem 4. und 12. Lebensjahr, sehr selten vor dem 3. Lebensjahr.

Sy: Akute Erkrankung mit plötzlich auftretendem hohen Fieber, Hals- und Schluckbeschwerden, Kopf- und Bauchschmerzen, Erbrechen. Bei der Racheninspektion flammenrotes *Enanthem* (Pharynxschleimhaut und weicher Gaumen), *Tonsillitis* unterschiedlicher Ausprägung (in 10–30% ohne Beläge), schmerzhafte Halslymphknotenschwellung, charakteristisch belegte Zunge. Die Abstoßung des weißen Belages vom 3. Tag an imponiert aufgrund der Rötung mit deutlich erhabenen Papillen als *„Himbeerzunge"*.
Das *Exanthem* entwickelt sich am 2. Krankheitstag, ist feinfleckig und erhaben (beim Berühren samtartig), beginnt am Hals, in der Supraklavikularregion und überzieht den ganzen Körper. Das Gesicht ist intensiv gerötet unter Freilassung des Nasen-Kinn-Dreiecks. Starke Variation bezüglich Intensität und Dauer des Exanthems, das oft nur flüchtig in den Leistenbeugen und am Unterbauch auftritt. In der 2. Krankheitswoche typische, oft groblamellöse, an Händen und Füßen betonte charakteristische *Hautschuppung*, die spätestens nach 8 Wochen abgeschlossen ist und retrospektiv die Diagnose erhärtet.

Das Exanthem klingt nach 2–4 Tagen ab. Das Fieber fällt unbehandelt nach 2–6 Tagen, nach Antibiotikagabe bereits innerhalb von 24 Stunden ab.

Besondere Verlaufsformen:

- *toxischer Scharlach* (Hyperpyrexie, Delirien, Krämpfe, Bewußtlosigkeit, Hautblutungen, hohe Letalität während der ersten Tage),
- *septischer Scharlach* (metastatische Streptokokkenabsiedlungen: Nekrotisierende, ulzeröse Angina und Otitis, Mastoiditis, Sinusitis, Meningitis, Arthritis, Osteomyelitis, Bronchopneumonie u. a.),
- *abortiver Scharlach* (leichte Verlaufsform mit geringer Angina, leichtem Fieber und wenig ausgeprägtem oder fehlendem Exanthem mit nachfolgender Hautschuppung),
- *atypischer Scharlach* (Wundscharlach, bei dem das Exanthem am stärksten um die Wunde ausgebildet ist und keine Angina oder ein Enanthem auftritt).

Kompl: Toxische Komplikationen sind Myokarditis, interstitielle Nephritis und Arthralgien. Spätkomplikationen (ab 2.–3. Krankheitswoche) sind akute Glomerulonephritis oder rheumatisches Fieber.

Dg: In typischen Fällen durch den klinischen Verlauf. Stützung der Diagnose durch Nachweis von Streptococcus pyogenes im Rachenabstrich, Antistreptolysin-Titeranstieg im Serum, Leukozytose mit Neutrophilie und Eosinophilie.

DD: Exanthematische Kinderkrankheiten, Arzneimittelexanthem, Tonsillitiden anderer Ätiologie, insbesondere infektiöse Mononukleose, Kawasaki-Syndrom (hier Konjunktivitis und länger anhaltendes Fieber trotz Antibiotika), bei pubertären Mädchen toxisches Schocksyndrom (Tamponanamnese und Genitalbefund).

Th: Mittel der Wahl ist Penicillin V p. o. in einer Dosierung von 50 000 IE/kg täglich in 3–4 Einzeldosen über 10 Tage (bei Vorliegen einer Penicillinallergie statt dessen Erythromycin in einer Dosierung von 50 mg/kg täglich). Während des Fiebers Bettruhe. Nach der 3. Krankheitswoche Kontrolluntersuchung zum Ausschluß der Spätkomplikationen Glomerulonephritis und Myokarditis.

Prgn: Bei rechtzeitig angewendeter Antibiotikatherapie günstig, bei unbehandelten, auch leichten Erkrankungen Gefahr von Komplikationen.

Schönlein-Henoch-Purpura (anaphylaktoide Purpura)

Ät und Pathog: Generalisierte allergische Vaskulitis der kleinen Blutgefäße und Kapillaren, die durch Ablagerungen von Antigen-Antikörper-Komplexen am Gefäßendothel geschädigt und vermehrt durchlässig werden (Immunkomplexvaskulitis). Als auslösendes Antigen werden insbesondere Grippeviren, aber auch Arzneimittel diskutiert.

Sy: Betroffen sind vorwiegend Kleinkinder, die meist nach einem Infekt der oberen Luftwege, insbesondere im Winterhalbjahr, mit symmetrischen, an den Streckseiten der unteren Extremitäten und am Gesäß lokalisierten *Hauterscheinungen* (urtikarielle und/oder makulopapulöse Effloreszenzen von rötlich-blauer Farbe in Linsen- bis Markstückgröße, dazwischen purpuraförmige Hautblutungen) und flüchtigen Ödemen erkranken. Häufig ist ein symmetrischer *Gelenkbefall*, der sich in schmerzhafter Schwellung, periartikulärem Ödem und Bewegungseinschränkung äußert. Kolikartige *Bauchschmerzen und Darmblutungen* kommen in etwa zwei Drittel der Fälle vor (Purpura abdominalis). In etwa einem Viertel der Fälle weist eine Mikro- oder Makrohämaturie auf eine *Nierenbeteiligung* hin, der eine fokal-segmentale Glomerulonephritis zugrunde liegt. Eine *Hirnbeteiligung* mit Bewußtseinsstörungen bis zum Koma, Kopfschmerzen, Krämpfen und Paresen ist selten. Meist kommt es zu einer Spontanheilung innerhalb von 1–2 Monaten, wobei häufig mehrere Krankheitsschübe aufeinanderfolgen.

Th: Die Behandlung ist symptomatisch (Bettruhe, Analgetika). Nur bei ausgeprägter gastrointestinaler Symptomatik, insbesondere kolikartigen Bauchschmerzen, ist eine kurzzeitige Behandlung mit Prednison in einer Dosierung von 2 mg/kg KG täglich indiziert. Bei schwerer, rasch progressiver Glomerulonephritis wird eine immunsuppressive Behandlung empfohlen.

Prgn: Meist günstig. Eine Ausnahme bilden Verläufe mit schwerer Glomerulonephritis, die in 1–2% der Fälle zu einer progredienten Niereninsuffizienz führen können.

SIDS (Sudden infant death syndrome, plötzlicher Kindstod)

Def: Plötzlich und unerwartet eintretender Tod eines zuvor offenbar gesunden Säuglings, bei dessen Obduktion keine Todesursache gefunden werden kann.

Vk: Etwa 2 von 1000 Lebendgeborenen (in Deutschland jährlich also etwa 1000–1500 Kinder). Betroffen sind vorwiegend Säuglinge im Alter von 2–6 Monaten.

Ät und Pathog: Vermutet wird eine gestörte Atemregulation im Schlaf (protrahierte Schlafapnoen) infolge einer Reifungsverzögerung von autonomen Zentren der Medulla oblongata. Auslösend können mehrere Störfaktoren sein, die alleine nicht tödlich sind: Virale oder bakterielle Infekte vor allem der Atemwege, Anämien und andere Erkrankungen. Bei Kindern mit perinatalen Risikofaktoren, insbesondere Frühgeborenen und untergewichtigen Kindern mit prolongierten Schlafapnoen sowie Säuglingen aus tieferen sozialen Schichten mit kinderreichen Familien oder Geschwistern von an SIDS verstorbenen Säuglingen, steigt die Gefahr, am plötzlichen Kindstod zu sterben.

Sy: Meist werden die Kinder nach dem Schlafen, nachdem sie beim Einschlafen unauffällig waren, tot im Bett aufgefunden. Bisweilen werden die Kinder ohne Atmung, blaß und ohne Tonus vorgefunden und können mit geeigneten Wiederbelebungsmaßnahmen gerettet werden. Man spricht dann von „Beinahetodesfällen“ oder „near-missed SIDS“. Erbrechen und Aspiration sind nicht die Ursache des SIDS, sondern vermutlich Folge des tödlichen Atemstillstandes.

Dg: Die Diagnose kann im Prinzip nur per exclusionem gestellt werden, indem andere Krankheiten vor dem Tod wie z. B. Meningokokkensepsis, Myokarditis, Intoxikationen, Schädel-Hirn-Traumen (im Rahmen einer Kindsmißhandlung), zerebrale Anfälle, Herzrhythmusstörungen, Hypoglykämien, Pneumonien, Fehlbildungen des ZNS, schwere Stoffwechselerkrankungen und Immundefekte u. a. ausgeschlossen werden.

Prl: Risikokinder (s. o.) und Kinder mit „near-missed SIDS“ können nach entsprechender Anleitung der Eltern durch geeignete Monitoren im Schlaf überwacht werden. Die Eltern müssen in einfachen Wiederbelebungsmaßnahmen unterrichtet sein. Allerdings ist unsicher, ob SIDS-Kinder wirklich vor dem Tod bewahrt werden können, da sogar in Kinderkliniken trotz nahtloser Überwachung und sofortigen Wiederbelebungsmaßnahmen SIDS-Todesfälle vorgekommen sind.

Th: In jedem Fall ist eine kardiorespiratorische Reanimation, falls möglich eine Intubation und Beatmung angezeigt. Meist sind bereits irreversible Schädigungen des ZNS eingetreten, und jede Hilfe kommt zu spät.

Still-Syndrom s. Arthritis, juvenile chronische

Tay-Sachs-Krankheit

Ät und Pathog: Lysosomaler Enzymdefekt (Hexosaminidase-A-Mangel), der primär die Ganglienzellen betrifft und zu Schwachsinn, Blindheit und Epilepsie, später zu Lähmungen führt.

Sy: Zwischen dem 6. und 8. Lebensmonat fallen die bis dahin normal entwickelten Säuglinge (besonders betroffen sind Aschkenasim-Juden) durch starkes Erschrecken auf plötzliche Geräusche (Hyperakusis) und Verlust bzw. Zurückbleiben der normalen psychomotorischen Entwicklung, Muskelhypotonie, Schluckschwierigkeiten, Makrozephalie, spastische Tetraplegie und Erblindung auf. Nach 2–3jährigem Verlauf tritt der Tod häufig im Rahmen eines Infektes ein. Leitsymptom ist der kirschrote Makulafleck.

Dg: Nachweis des Hexosaminidase-A-Mangels in Leukozyten.
Auch pränatale Diagnostik und Heterozygotennachweis der autosomal rezessiv erblichen Erkrankung sind möglich.

Th: Wie bei den anderen Sphingolipidosen gibt es keine Therapiemöglichkeit.

Tonsillitis, akute (Angina tonsillaris)

Def und Vk: Bei Kindern ab dem 2. Lebensjahr häufig auftretende viral oder bakteriell bedingte Entzündung der Tonsillen.

Ät: Bakterielle Erreger sind vorwiegend β-hämolysierende Streptokokken der Gruppe A, seltener Haemophilus influenzae und Pneumokokken (in diesen Fällen meist zusätzlich eitrige Rhinopharyngitis), Anaerobier bei Angina ulceromembranacea (Plaut-Vincent) sowie verschiedene Bakterien, die als Sekundärinfektion bei Patienten mit Neutrozytopenie eine ulzerierende Entzündung von Tonsillen und Rachenschleimhaut hervorrufen können. Diphtheriebakterien sind heute dank Impfung sehr selten. *Virale Ursachen* einer Tonsillitis, die häufiger als bakterielle vorkommen, sind Adenoviren (vor allem exsudative Tonsillitis, s. u.), Herpes-simplex-Virus (meist im Rahmen einer Stomatitis aphthosa), Coxsackie-B-Virus (von einem Erythemhof umgebene 1–2 mm große Bläschen und Ulzera auf den vorderen Gaumenbögen, manchmal auch Tonsillen: Herpangina), ECHO-Viren (erythematös-exsudative

Angina), Epstein-Barr-Virus (exsudative Form der Angina, in einem Drittel der Fälle mit grau-weißen, abwischbaren, auf die Tonsillen beschränkten Belägen).

Path Anat: Erythematöse Form (flammende Rötung: Angina catarrhalis), exsudative Form (weiß-gelbliche, wegwischbare punktförmige (Angina follicularis) oder in Form von länglichen Streifen und Netzen (Angina lacunaris) auftretende Beläge, welche gefüllten Tonsillenkrypten entsprechen; ulzeröse Form (Bläschen und kleine Ulzera mit reaktiver Rötung); membranöse Form (gräulichweiße Membran, deren Ablösung zur Blutung führt).

Sy: Beginn meist nach kurzem Vorstadium mit plötzlichem Fieber, Halsschmerzen, nicht selten auch Übelkeit, Erbrechen, Kopf- und Bauchschmerzen. Bei der *Streptokokkentonsillitis* besteht meist eine exsudative Form der Angina mit punktförmigen Stippchen (Angina follicularis) oder größeren, leicht abwischbaren Belägen (Angina lacunaris) oder eine erythematöse Form (Rötung und Schwellung der Tonsillen, Angina catarrhalis) der Tonsillitis. Oft ist gleichzeitig eine Lymphadenitis colli vorhanden.

Kompl: Otitis media, Peritonsillar- bzw. Retropharyngealabszeß, Sepsis und insbesondere Streptokokken-Folgeerkrankungen, wie akute Glomerulonephritis, Endokarditis und selten auch akutes rheumatisches Fieber.

Dg: Die BSG ist beschleunigt; es besteht eine Leukozytose mit Linksverschiebung. Die Streptokokkeninfektion ist durch den Erregernachweis im Rachenabstrich oder den Anstieg des Antistreptolysintiters nachweisbar.

Differentialdiagnostisch ist aufgrund der Klinik nicht immer eine Unterscheidung zwischen streptokokkenbedingter und viraler Tonsillitis möglich.

Th: Eine Streptokokkentonsillitis erfordert eine 10tägige Penicillin-Behandlung (50000–100000 IE/kg Penicillin V oder 20–30 mg/kg Erythromycin p. o. in 3 Einzeldosen), anfangs zusätzlich auch Fiebersenkung und Schmerzbekämpfung mit Paracetamol.

Varizellen-(Windpocken-)Zoster-Infektionen

Definition

Durch das Varizellen-Zoster-Virus hervorgerufene Erkrankungen, die mit einem generalisierten (Windpocken) oder einem auf ein oder mehrere Dermatome beschränkten (Herpes zoster) bläschenförmigen Exanthem einhergehen. Während Windpocken die Folge einer Erstinfektion darstellen, ist der Herpes zoster auf die Reaktivierung von latent persistierenden Varizellen-Zoster-Viren, insbesondere bei gestörter zellulärer Immunabwehr, zurückzuführen.

Varizellen (Windpocken)

Vk: Altersdisposition: 3.–10. Lebensjahr.

Pathog:

- *Übertragung:* Durch Tröpfchenkontakt- oder Luft-(fliegende) Infektion. Hochkontagiöse Infektion, die in dicht besiedelten Gegenden über 90% aller Kinder unter 14 Jahren betrifft.
- *Infektiosität:* 1–2 Tage vor Exanthemausbruch bis zum Eintrocknen des letzten Bläschens (etwa 1 Woche nach letztem Exanthemschub). Möglichkeit der Virusübertragung von Herpes-zoster-Kranken.
- *Inkubationszeit:* 2–3 Wochen.

Sy: Meist leichtes Vorstadium mit geringem Fieber, Abgeschlagenheit und Kopfschmerzen, dem dann das charakteristische Varizellenexanthem folgt: Juckende Effloreszenzen, die sich im Abstand von 6–8 Stunden von roten Flecken (Maculae) in Knötchen (Papulae), in wasserhelle, leicht platzende Bläschen (Vesiculae) und später in Krusten umwandeln. Das Exanthem beginnt am Stamm und greift zentripetal auf Gesicht, behaarten Kopf, aber auch Schleimhäute und Körperöffnungen, weniger Handteller und Fußsohlen über. In den ersten 4 Tagen wiederholtes Auftreten neuer Exanthemschübe, so daß alle Stadien nebeneinander vorkommen („Sternenhimmel"). Nach 1–2 Wochen Abfallen der Krusten, oft unter Zurückbleiben depigmentierter Hautbezirke.

Kompl: Bakterielle Superinfektionen, begünstigt durch Jucken und Kratzen (Impetiginisierung); ZNS-Beteiligung, vor allem akute zerebellare Ataxie (gute Prognose) oder Meningoenzephalitis mit zerebralen Krampfanfällen und oft zurückbleibenden Hirnschäden; selten interstitielle Pneumonie, hämorrhagische Windpocken, Thrombozytopenie, hämorrhagische Nephritis und Arthritis.

Neugeborene, deren Mütter kurz vor der Geburt erkranken, und Kinder mit Abwehrschwäche (Immundefekte, Behandlung mit Zytostatika oder Glucocorticoiden) können eine schwere Erkrankung mit Thrombozytopenie, Beteiligung der inneren Organe und oft tödlichem Ausgang durchmachen.

Dg: Typisches klinisches Bild; elektronenmikroskopischer Nachweis des Virus im Bläscheninhalt und serologische Tests (Nachweis von IgM-Antikörpern) sind möglich.

Th und Prl: Verhütung von bakteriellen Superinfektionen als Folge des Kratzens (juckreizstillende Puder, Kurzschneiden der Fingernägel, evtl. orale Gabe von Antihistaminika; bei Risikopatienten prophylaktische Gabe von Zosterimmunglobulin innerhalb der ersten 3 Tage nach Exposition, danach sowie bei Patienten mit Meningoenzephalitis Versuch einer Behandlung mit Aciclovir parenteral.

Zöliakie

Vk: In Europa 1:600 bis 1:1000 Neugeborene. Mädchen sind etwa doppelt so häufig wie Jungen betroffen.

Ät und Pathog: Lebenslang andauernde Nahrungsprotein-Intoleranz, bei der es durch Kleberproteine (Gliadin) aus Weizen, Roggen, Gerste und Hafer zur Atrophie der Dünndarmzotten kommt. Assoziation mit den HLA-Loci B 8, DR 3 und DR 7.

Sy: Wochen bis Monate nach Fütterung gliadinhaltiger Nahrung in Form von getreidehaltigem Brei, also etwa ab 5.–6. Lebensmonat, Auftreten von Gewichtsstillstand bzw. -abnahme, Dystrophie (großer Bauch, zarte Extremitäten), voluminösen, übelriechenden, fetthaltigen, glänzend-breiigen Stühlen, Muskelhypotonie mit Verlust erworbener motorischer Fähigkeiten und auffälligem psychischen Verhalten (Mißlaunigkeit, Reizbarkeit).

Dg:

- *Hinweiszeichen:* Anamnese und klinischer Befund; Eisen- und Vitaminmangel (Vitamin A, D, E und K), Nachweis von Gliadinantikörpern im Serum und pathologischer Xylosetest.
- *Diagnosesicherung:* Dünndarmsaugbiopsie mit Nachweis der Zottenatrophie.

DD: Andere Ursachen einer Malabsorption, Mukoviszidose.

Th: Lebenslange gliadinfreie Ernährung.

Zystinose

Vk: 1 auf 10 000 Neugeborene.

Ät und Pathog: Autosomal rezessiv erbliche Störung des Transportsystems für Cystin in der Lysosomenmembran. Dadurch kann das aus Eiweiß in den Lysosomen abgebaute Cystin nicht ausgeschleust werden. Es kommt zu einer Cystinspeicherung in fast allen Geweben, die im Bereich von Nieren und Augen zu wesentlichen Funktionsausfällen führt.

Sy: Es werden drei klinische Verlaufsformen unterschieden: Die *infantile nephropathische Form* manifestiert sich im Alter von etwa 6 Monaten mit Erbrechen, Appetitlosigkeit, Polydipsie, Polyurie, Gedeihstörung, Dehydratation, Retinopathie und Wachstumsrückstand. Im 3. und 4. Lebensjahr kommt es zur Niereninsuffizienz. Ohne Behandlung durch Dialyse oder Nierentransplantation führt die Krankheit im frühen Schulalter zum Tode. Bei der *adoleszenten nephropathischen Zystinose* treten die Symptome erst nach dem ersten Lebensjahr auf; der Verlauf ist variabel. Bei der *adulten benignen Zystinose* ist die Lebenserwartung der Patienten nicht beeinträchtigt.

Dg: Nachweis von Cystinkristallen im Spaltlampenbild der Hornhaut und erhöhter intrazellulärer Cystinkonzentration in Hautfibroblasten und Leukozyten.

Th: Symptomatisch, Versuch der Cystinausscheidung durch Behandlung mit Cysteamin.

Zystinurie

Def: Autosomal rezessiv erbliche Störung der renalen tubulären Rückresorption von Cystin und den dibasischen Aminosäuren Lysin, Arginin und Ornithin.

Vk: 1:2000 bis 1:7000 Neugeborene.

Sy: Wegen der schlechten Wasserlöslichkeit von Cystin tritt eine Nephrolithiase auf.

Dg: Orientierender Schnelltest mit Cyanid-Nitroprussid (Brand-Probe), Nachweis durch Urinaminosäure-Chromatogramm.

Th: Reichliche Flüssigkeitszufuhr, Alkalisierung des Urins und Verabreichung von Penicillamin.

31. Neurochirurgie

G. Schackert und St. Kunze

Hirnchirurgie

Aneurysma

Ät und Pathog: Zerebrale Aneurysmen entstehen in der Regel aus anlagebedingten Fehlbildungen der Muskularisschicht an Gefäßteilungen. Sie entwickeln sich im Laufe des Lebens und sind meist sackförmig konfiguriert.

Path Anat: Der vordere Gefäßkreislauf ist wesentlich häufiger betroffen als der hintere: 40% der Aneurysmen finden sich an der A. carotis interna, 34% an der A. cerebri anterior und 20% an der A. cerebri media. Am Basilariskreislauf sind lediglich ca. 6% der Aneurysmen lokalisiert. Bei bis zu 20% der Patienten kommen multiple Aneurysmen vor.

Sy: Die Diagnose ist meist erst nach Ruptur des Aneurysmas, oft im Rahmen einer akuten Blutdrucksteigerung, möglich. Das Leitsymptom ist die Subarachnoidalblutung mit akut einsetzendem heftigstem Kopfschmerz. Neurologische Ausfallserscheinungen und Bewußtlosigkeit können hinzukommen und zeigen die Schwere der Blutung an.

Dg: Die Diagnose erfolgt in der Computertomographie durch Nachweis von Blut in den basalen Zisternen oder im Subarachnoidalraum. Die Stadieneinteilung wird nach der Hunt- und Hess-Skala vorgenommen. Das Aneurysma wird in einer zerebralen Panangiographie dargestellt.

Th: Alle diagnostizierten Aneurysmen sollten operativ geklippt werden, um die Gefahr einer Blutung oder Zweitblutung auszuschließen. Die Therapie der Wahl ist die Frühoperation und die Behandlung mit Calciumantagonisten gegen den Vasospasmus.

Angiome

Ätiologie, Gefahren und Formen

Zerebrale Angiome sind umschriebene kongenitale Gefäßmißbildungen. Ätiologisch wird eine embryonale Gefäßfehlentwicklung mit Beibehaltung primitiver Gefäßmuster und -strukturen zugrunde gelegt. Die Gefahren für das Gehirn bestehen in Blutung, Minderperfusion und intrakranieller Drucksteigerung. Histologisch werden die Angiome unterteilt in: arteriovenöse Rankenangiome, Kavernome, venöse Angiome, Teleangiektasien.

Arteriovenöse und venöse Angiome

Sy: Hauptsymptom der Angiome sind plötzlich auftretende fokale Anfälle ohne Blutung oder die Subarachnoidalblutung und/ oder ein Intrazerebralhämatom mit heftigsten Kopfschmerzen, fokalneurologischen Ausfällen und Bewußtseinsstörung bis zum Koma.

Dg: Sie wird durch Computer-, Kernspintomographie und Angiographie (heute auch Kernspinangiographie) als Methode der Wahl gesichert.

Th: Bei umschriebenen arteriovenösen Angiomen in gut zugänglicher Lokalisation sollte die operative Exstirpation angestrebt werden. Bei tiefer Lokalisation und Feedern aus mehr als zwei Gefäßgebieten ist die stereotaktische Einzeitbestrahlung die Therapie der Wahl. Die Obliteration des Angiomnidus kann innerhalb von 2 Jahren erwartet werden. Venöse Angiome sollten in erster Linie einer Operation zugeführt werden. Bei Einbeziehung wichtiger großer Gefäßabschnitte besteht für den Patienten u. U. ein so großes Operationsrisiko, daß letztlich auf eine operative Exstirpation verzichtet werden muß. Die Einzeitbestrahlung ist in diesen Fällen weniger geeignet. Das dazwischenliegende Hirngewebe wird durch die Bestrahlung nekrotisch und führt als Strahlennekrose zu einer erheblichen perifokalen Ödembildung und einem Masseneffekt innerhalb des Gehirns. Nicht selten ist eine operative Exstirpation der Strahlennekrose notwendig.

Kavernome und Teleangiektasien

Kavernome, auffällig durch Blutung oder epileptischen Anfall, sind gut abgegrenzte sinusoide Gefäßmißbildungen, die, angiographisch negativ, durch die Kernspintomographie sicher diagnostiziert werden. Sie können auch in Hirnstammlokalisation (Pons, Mittelhirn) exstirpiert werden. Zu den Teleangiektasien zählen kleine umschriebene Mißbildungen kapillärer Gefäße. Häufigste Lokalisation ist der Hirnstamm. Als Mikroangiome können sie spontane Massenblutungen hervorrufen. Indiziert ist operative Exstirpation oder stereotaktische Einzeitbestrahlung.

Commotio cerebri

Bei der Commotio cerebri handelt es sich um eine reversible Funktionsstörung des Gehirns. Die Kardinalsymptome sind: kurze Bewußtlosigkeit, retrograde und anterograde Amnesie für die Zeit des Unfallgeschehens, Kopfschmerzen und Erbrechen. Im Computertomogramm kein Organkorrelat.

Compressio cerebri

Unter dem Begriff der Compressio cerebri werden die platzeinnehmenden intrakraniellen Blutungen oder Ödeme subsumiert:

Epiduralhämatom

Ät und Pathog: Das *akute* Epiduralhämatom entsteht nach Schädelkalottenfrakturen. Prädilektionsstelle ist die temporale Fraktur, die die A. meningea media überschreitet. Bei Verletzung dieses Gefäßes entwickelt sich in kurzer Zeit ein ausgedehntes Hämatom, das zu Mittellinienverlagerung und Herniation des Gehirns führen kann.

Sy: Die Zweizeitigkeit des Geschehens mit primärer kurzer Bewußtlosigkeit, Aufklaren und sekundärer erneuter Eintrübung wird höchstens in einem Drittel der Fälle angetroffen.

Dg: Sie wird aufgrund von Röntgennativaufnahme und Computertomographie gestellt.

Th und Prgn: Indiziert ist die sofortige operative Entlastung über eine Kraniotomie und Hämatomausräumung. Der Zeitfaktor ist entscheidend für die Prognose.

Subduralhämatom

Akutes Subduralhämatom

Ät: Das *akute* Subduralhämatom entsteht aus Abriß von Brückenvenen oder aus Hirnkontusionen mit Blutung aus oberflächlichen Rindengefäßen.

Sy: Die durch die Blutung verursachte Raumforderung sowie das mit der Hirnkontusion vergesellschaftete Hirnödem stellen eine vitale Bedrohung für den Patienten dar.

Dg: Sie wird durch die Computertomographie gestellt.

Th: Die sofortige operative Entlastung ist anzustreben. Bei erheblicher Hirnschwellung muß eine Duraplastik eingenäht und der Knochendeckel entfernt werden. Eine epidurale Drucksonde zur Messung des intrakraniellen Druckes wird eingelegt, das Hirnödem durch entwässernde Maßnahmen beeinflußt. Bei auf diese Weise nicht zu beeinflussenden Hirndrücken wird eine Barbiturattherapie eingeleitet.

Chronisches Subduralhämatom

Ät: Das *chronische* Subduralhämatom kann sich aus einem Bagatelltrauma entwikkeln. Es kann sich jedoch auch um eine degenerative Erkrankung der Dura mit intraduraler Hämatombildung handeln. In diesem Falle spricht man von einer *Pachymeningeosis haemorrhagica interna.* Sie kommt bevorzugt bei älteren Patienten vor.

Sy: Die klinischen Symptome bestehen in zunehmenden Hirndruckerscheinungen oder fokalneurologischen Ausfällen.

Dg: Computertomographisch findet sich subdural eine iso- bis hypodense Raumforderung.

Th: Die Therapie besteht in der Bohrlochdrainage.

Intrazerebralhämatom

Ät: Das traumatische Intrazerebralhämatom entsteht auf dem Boden von Hirnkontusionen und Gefäßzerreißungen.

Th: Da dies immer von einem ausgedehnten Hirnödem begleitet ist, stellt die Kraniektomie mit Duraplastik und epiduraler Drucksonde zur Drucküberwachung die Therapie der Wahl dar.

Contusio cerebri

Bei der Contusio cerebri handelt es sich um eine umschriebene oder diffuse Substanzschädigung des Gehirns. Die Kardinalsymptome sind:
Länger anhaltende Bewußtlosigkeit mit computertomographisch nachweisbarem Organkorrelat als Ausdruck einer Hirnquetschung, fokalneurologische Ausfälle bei kortexnahen Kontusionen bis hin zu schwersten, über Monate anhaltenden Bewußtseinsstörungen bei Hirnstammkontusionen.

Empyem, subdurales

Ät und Pathog: Ätiologisch liegt meist eine fortgeleitete Entzündung aus dem Bereich der Nasennebenhöhlen oder eine traumatische Ursache vor. Empyeme treten am häufigsten bei männlichen Heranwachsenden in der Phase des Wachstumsschubes auf. Durch die Größenzunahme der Nasennebenhöhlen wird die knöcherne Hinterwand verdünnt und begünstigt die Ausbreitung von Erregern. Es handelt sich um eine schwere Erkrankung.

Dg und Th: Nach computertomographischer Sicherung der subduralen Raumforderung wird eine Kraniotomie durchgeführt. Neben der operativen Beseitigung der Raumforderung ist die gezielte Antibiose und Anfallsprophylaxe anzustreben.

Hirnabszeß

Ät und Pathog: Hirnabszesse entstehen auf metastatischem, traumatischem, kryptogenem und fortgeleitetem Wege. Die häufigsten Erreger sind Streptokokken, Staphylokokken und anaerobe Keime.

Sy: Im akuten Fall sind die rasche Entwicklung von Kopfschmerzen, Bewußtseinstrübung und zerebralen Herdsymptomen beweisend für die schnelle Ausbreitung des entzündlichen Prozesses mit umgebendem Ödem. Die Anfallsbereitschaft des Gehirns ist in der Phase der akuten Entzündung erhöht. Spätabszesse nach Schädel-Hirn-Traumen wurden noch nach mehr als 30 Jahren beobachtet.

Dg: In der Computertomographie findet sich im Vollbild des Abszesses in typischer Weise eine kontrastmittelaufnehmende Ringstruktur mit ausgedehntem Ödem. Differentialdiagnostisch muß ein Glioblastom oder eine Metastase ausgeschlossen werden.

Th: Die Therapie der Wahl besteht in der Punktion und Drainage des Abszesses. Durch die Eitergewinnung ist eine Erregerbestimmung mit Antibiotikaresistenztestung möglich. Über die Drainage kann das Antibiotikum über mehrere Tage lokal instilliert werden. Die Exstirpation der Abszeßkapsel ist häufig nicht nötig.

Hirndruck

Klinisch äußert sich die intrakranielle Drucksteigerung in Kopfschmerz, Erbrechen und zunehmender Bewußtseinstrübung. Die knöcherne Kapsel des Schädels ist der limitierende Faktor bei einer Massenzunahme des intrakraniellen Volumens. Die Kompensation raumfordernder Prozesse innerhalb des Gehirns ist auf drei Wegen möglich: Vasokonstriktion mit Verminderung des Blutvolumens, Kompression der Liquorräume (Subarachnoidalraum, Ventrikel), Verlagerung der Strukturen zur kontralateralen Seite (Mittellinienverlagerung). Das Ausmaß der Kompensationsmöglichkeit ist abhängig von der Entwicklungsgeschwindigkeit des raumfordernden Prozesses. Bei Nichtausreichen dieser Kompensationsmöglichkeiten kommt es zu einer Herniation von Großhirnanteilen in die Tentoriumspalte. Klinisch äußert sich dieses Bild in einer zunehmenden Bewußtseinstrübung, Streckkrämpfen und schließlich durch Lähmung des N. oculomotorius in weiten, lichtstarren Pupillen. Jetzt besteht das Vollbild der Mittelhirneinklemmung. Setzt sich der Druck in das Kleinhirn fort, kommt es zum finalen Bulbärhirnsyndrom mit Aufhebung der Eigenatmung, Areflexie und Hirntod.

Hirnödem

Pathog und Sy: Es gibt zwei Formen des Hirnödems: das vasogene und das zytotoxische Ödem. Bei dem vasogenen Ödem handelt es sich um eine Störung der Blut-Hirn-Schranke mit Vermehrung des extrazellulären Volumens, bevorzugt in der weißen Substanz. Bei dem zytotoxischen Hirnödem bleibt die Blut-Hirn-Schranke intakt. Das intrazelluläre Volumen nimmt zu. Bevorzugte Lokalisation ist die graue Substanz. Das vasogene Ödem tritt z. B. bei Hirntumoren, Hirnabszessen, intrazerebralen Hämatomen oder schweren Schädel-Hirn-Verletzungen auf. Das zytotoxische Ödem kommt z. B. bei generalisierten zerebralen Ischämien vor. Bei neurochirurgisch zu behandelnden Erkrankungen handelt es sich meist um ein vasogenes Ödem.

Th: Sie besteht in Osmotherapie, Steroiden, Diuretika, in schweren Fällen bei Messung des intrakraniellen Druckes über eine epidurale oder ventrikuläre Drucksonde (z. B. bei schweren Schädel-Hirn-Traumen) in kontrollierter Hyperventilation und Barbituratgabe.

Hydrozephalus

Angeborener Hydrozephalus

Der angeborene Hydrocephalus internus beruht häufig auf einer Aquäduktstenose als Folge einer fehlerhaften Anlage oder von Entzündungen. Die Toxoplasmosenenzephalitis, hervorgerufen durch Toxoplasma gondii, kann als intrauterine Entzündung in der zweiten Hälfte der Fetalzeit durch schwere Ependymnekrosen und Infiltration des subependymalen Gewebes mit reaktiver Gliawucherung zur Vernarbung und Verlegung des

Aquäduktlumens führen und ist heute wahrscheinlich die häufigste Ursache für einen angeborenen Hydrocephalus internus.
Häufig tritt der konnatale Hydrocephalus internus in Vergesellschaftung mit einer Arnold-Chiari-Malformation Typ II bei Myelomeningozele auf.

Erworbener Hydrozephalus

Ät und Pathog: Der erworbene Hydrocephalus internus tritt bei einer Subarachnoidalblutung oder Ventrikelblutung als Ausdruck einer Malresorption oder eines Verschlusses auf. Postmeningitisch kann es durch Verklebung der Resorptionsflächen ebenfalls zu einem Hydrocephalus communicans malresorptivus kommen. Mittelliniennahe Hirntumoren oder Kleinhirntumoren können durch Blockade der liquorableitenden Wege ebenfalls zu einem Hydrocephalus occlusus führen.

Sy: Klinisch stehen im Säuglingsalter eine vorgewölbte Fontanelle, verstärktes Kopfwachstum und ein Sonnenuntergangsphänomen der Augen im Vordergrund. Später finden sich allgemeine Hirndruckzeichen wie Kopfschmerz, Übelkeit und Erbrechen. Mitunter wird ein Parinaud-Syndrom (vertikale Blickparese und Konvergenzschwäche) beobachtet. Der *normotone Erwachsenenhydrozephalus* äußert sich in der typischen Trias: Gangunsicherheit, Harninkontinenz und Abbau der intellektuellen Leistung.

Dg: Sie wird durch die Computertomographie gestellt.

Th: Die Therapie der Wahl ist die Anlage eines ventrikuloatrialen bzw. ventrikuloperitonealen Shunts. Die Druckstufe des Ventils muß dem intrakraniellen Druck angepaßt sein.

Kraniostenose

Pathog: Es handelt sich um eine vorzeitige Verknöcherung der Schädelnähte mit daraus resultierender typischer Verformung des Schädels. Bei der vorzeitigen Verknöcherung der Koronarnaht bildet sich ein Kurzschädel der Sagittalnaht ein Kahnschädel, der Frontalnaht ein Dreieckschädel, aller Nähte ein Turmschädel aus.

Dg: Sie wird durch die Röntgennativaufnahme gestellt.

Th: Die Resektion der Nähte erfolgt nach 3–6 Monaten. Damit kann der Gefahr der Visusstörung durch direkte Optikusschädigung oder durch intrakranielle Drucksteigerung vorgebeugt werden.

Massenblutung, hypertone

Bei dem *spontan* entstandenen Intrazerebralhämatom mit vorwiegend stammganliennaher, lobulärer Ausbreitung, das auf eine hypertone Massenblutung zurückzuführen ist, genügt die Entleerung des Hämatoms über ein erweitertes Bohrloch. Prädilektionsstelle der hypertonen Blutung ist das Putamen mit Blutung aus der A. lenticulostriata. Bei kleinen, ausschließlich im Stammganliengebiet lokalisierten Blutungen ohne Bewußtseinsstörung wird auf eine Operation verzichtet. Bei Einbruch der Blutung in das Ventrikelsystem und konsekutivem Hydrocephalus malresorptivus oder occlusus wird eine externe Ventrikeldrainage angelegt, die bei Klärung des Liquors, falls nötig, in einen ventrikuloatrialen Shunt umgewandelt wird.
Spontane hypertone Blutungen in den Kleinhirnhemisphären werden über eine Freilegung der hinteren Schädelgrube mit Atlasbogenresektion entleert. Häufig ist zusätzlich für einige Tage eine externe Ventrikeldrainage notwendig.

Meningozele, Myelomeningozele, Enzephalozele

Ät und Pathog: Das Charakteristikum dieses Krankheitsbildes ist der offene Rückenmarkskanal bzw. der offene Hirnschädel. Die Schädigung erfolgt in der Embryogenese. Als Ursachen werden Virusinfektionen, Mangelkrankheiten, Nidationsstörungen, Blutungen oder Röntgenbestrahlung in den ersten 6 Schwangerschaftswochen angesehen.

Th: Die offene, nässende Zele sollte innerhalb der ersten 24 Lebensstunden mittels einer Faszien-Muskel-Plastik aus körpereigenem Material verschlossen werden. Meist ist der unvollständige Verschluß des Spinalkanals mit einer Arnold-Chiari-Malformation verbunden. Nach Verschluß der Zele kommt es daher in hohem Prozentsatz zu einem Hydrocephalus internus, der eine Shunt-Implantation notwendig macht.

Schädelfrakturen

Schädeldachfrakturen: lineare Frakturen, Fissuren, Nahtsprengungen, Stückbrüche, Impressionsfrakturen, wachsende Frakturen. In 80% der Schädelbrüche handelt es sich um lineare Frakturen und Fissuren. Sie werden meist auf Röntgenaufnahmen zufällig entdeckt und bedürfen, wenn nicht zusätzliche Verletzungen vorliegen, keiner Therapie. Cave Epiduralhämatom!

Bei Nahtsprengungen wird eine erhebliche Gewalteinwirkung unterstellt. Auch sie bedürfen keiner Therapie, sofern keine weiteren Verletzungen vorliegen. Stückbrüche erfordern keine Therapie, sofern sie in Kalottenniveau liegen. Impressionsfrakturen müssen bei Verschiebung um Kalottenbreite gehoben werden. Offene Impressionsfrakturen stellen wegen der Infektionsgefahr eine Indikation zur notfallmäßigen Versorgung dar. Mit wachsenden Frakturen muß bei Kalottenfrakturen im Kleinkindesalter gerechnet werden. Sie gehen in der Regel mit einer Durazerreißung einher. Durch die Interposition von Hirnhaut oder Hirngewebe und die Pulsationen aus dem Liquorraum vergrößert sich der Frakturspalt. Wachsende Frakturen werden operativ versorgt.

Schädelbasisfrakturen: frontobasale und laterobasale Frakturen. Bei den Schädelbasisfrakturen kann es durch Zerreißung der Meningen zu Liquoraustritt aus der Nase kommen. Da auf demselben Wege, auf dem Liquor austritt, auch Erreger aufsteigen können und zu einer Meningitis führen, stellt die Liquorfistel eine Indikation zur operativen Versorgung dar. Während es bei laterobasalen Frakturen meist zu einem spontanen Verschluß ohne Operation kommt, sind frontobasale Liquorfisteln immer operativ zu versorgen.

Tumoren

Pathologische Anatomie und Vorkommen

Bei den Tumoren des ZNS unterscheidet man zwischen primären hirneigenen und sekundären metastatischen Geschwülsten. Zu den primären Hirntumoren gehören als Tumoren neuroephithelialen Ursprungs: Gliome (Astrozytom, Oligodendrogliom, Glioblastom, Ependymom), Medulloblastome, Pinealome, Neurinome sowie Gangliozytome. Vom Mesoderm stammen: Meningeome, Angioblastome, Lipome, Fibrome, Osteome, Chondrome, Chordome. Ektodermalen Ursprungs sind: Kraniopharyngeome, Hypophysenadenome, Epitheliome. Zu den Mißbildungstumoren zählen: Epidermoide, Dermoide, Teratome. Die häufigsten Tumoren des ZNS sind Glioblastome, Metastasen und Meningeome. Im Kindesalter dominiert das Medulloblastom.

Symptome

Die klinischen Symptome stehen in Abhängigkeit von der Lokalisation des Tumors. Bei frontaler Lage steht der Abbau der intellektuellen Leistung mit zunehmender Vergeßlichkeit, Konzentrationsschwäche und Interesselosigkeit im Vordergrund. Bei Lage in der dominanten Hemisphäre kommen frontal eine motorische, temporal eine sensorische Aphasie hinzu. Bei Lage im Gyrus angularis treten Agraphie, Akalkulie und Alexie auf. Führendes Symptom der Zentralregion ist die kontralaterale Hemiparese, okzipital die kontralaterale homonyme Hemianopsie. Bei Tumorwachstum im Kleinhirn findet sich neben den typischen Zeichen von Gangunsicherheit, Dysdiadochokinese und Nystagmus eine frühzeitige Steigerung des intrakraniellen Druckes, die durch die Kompression des IV. Ventrikels mit konsekutivem Liquoraufstau verursacht wird. Allgemeine Symptome äußern sich in plötzlich auftretenden epileptischen Anfällen sowie Zeichen der intrakraniellen Drucksteigerung. Bei deutlich angehobenem intrakraniellen Druck entwickeln sich Stauungspapillen.

Diagnose

Sie wird durch die Computertomographie und die Kernspinresonanzuntersuchung gestellt.

Therapie

Die Therapie ist die operative Exstirpation des Tumors. In Abhängigkeit von der Dignität werden eine postoperative Bestrahlung mit 60 Gy, eine Chemo- oder eine Immuntherapie angeschlossen.

Glioblastom

VK und path Anat: Das Glioblastom ist der *maligne Tumor* des Großhirns. Er tritt in einer Häufigkeit von ca. 20% auf und ist somit einer der häufigsten Tumoren des ZNS. Prädilektionsalter: 5. und 6. Lebensjahrzehnt mit Präferenz des männlichen Geschlechts. Er nimmt seinen Ursprung vom Hirnstützgewebe.

Th und Prgn: Nach erfolgreicher Tumorexstirpation wird eine Bestrahlung mit 60 Gy bzw. Chemotherapie angeschlossen. Die Überlebenszeit des Patienten liegt unter 1 Jahr. Nur in Ausnahmefällen werden Überlebenszeiten von 2 oder mehr Jahren beobachtet. Obwohl der Tumor in der Regel nicht metastasiert, kommt es zu einem sicheren Rezidiv in loco, an dem der Patient verstirbt. Es besteht die Möglichkeit der Rezidivoperation. Die zunehmende Malignisierung des Tumors verkürzt jedoch das tumorfreie Intervall.

Eine Heilung gibt es bisher nicht. Immuntherapeutische Zugänge befinden sich im Experimentierstadium.

Astrozytome, Oligodendrogliome

Vk: Astrozytome und Oligodendrogliome treten bevorzugt im 3. und 4. Lebensjahrzehnt auf.

Path Anat: Sie gehen von Astrozyten bzw. Oligodendrozyten aus. Nach der WHO unterscheidet man 4 Malignitätsgrade. Es ist bekannt, daß der Tumor seine zunächst gutartige Struktur verlieren kann und sich zu maligner Ausprägung bis zum Glioblastom transformiert.

Kleinhirnastrozytome

Früher als Spongioblastome bezeichnet. Sie sind ein Tumor des Kindesalters. Bevorzugte Lokalisation: Kleinhirnwurm, Kleinhirnhemisphäre. Nach operativer Radikaloperation besteht Heilungsaussicht (Grad I WHO).

Ependymome

Vk und path Anat: Ependymome gehen vom Ependym der Ventrikel aus. Sie treten zwischen dem 1. und 50. Lebensjahr auf. Die Großhirnependymome sind seltener als die Kleinhirnependymome. Auch hier unterscheidet man 4 Malignitätsstufen.

Th: Die operative Exstirpation des Tumors wird angestrebt, muß jedoch bei Sitz im IV. Ventrikel mit Ansatzstelle in der Rautengrube unvollständig bleiben. Da es auf dem Liquorweg zu Abtropfmetastasen in den Spinalkanal kommen kann, wird postoperativ eine Bestrahlung des Operationsfeldes einschließlich der Neuraxis durchgeführt.

Plexuspapillome

Vk und path Anat: Plexuspapillome sind gutartige, vom Plexus ausgehende Tumoren. Während sie bei Kleinkindern meist im Seitenventrikel lokalisiert sind, treten sie im Erwachsenenalter in der Regel im IV. Ventrikel auf. Sie können eine Hypersekretion von Liquor verursachen und damit zu einem Hydrocephalus hypersecretorius führen. Plexuskarzinome sind selten.

Th: Die Therapie der Wahl ist die operative Exstirpation, die mit einer Heilung des Patienten verbunden ist.

Medulloblastome

Vk und path Anat: Das Medulloblastom ist *der maligne Tumor des Kindesalters.* Er tritt bevorzugt im 1. Lebensjahrzehnt mit Bevorzugung des männlichen Geschlechtes auf. Er ist im Kleinhirnwurm oder in der Kleinhirnhemisphäre lokalisiert und führt aufgrund einer Kompression des IV. Ventrikels frühzeitig zu einem Verschlußhydrozephalus mit Hirndrucksymptomen.

Th: Mit einer aggressiven Therapie von Tumorexstirpation, lokaler Bestrahlung inklusive der Neuroaxis und Chemotherapie konnte die Überlebenszeit deutlich verlängert werden.

Meningeome

VK und path Anat: Das Meningeom ist der gutartige Tumor des Gehirns. Er geht von den Meningen, speziell den Pacchioni-Granulationen, aus und wächst verdrängend gegen das Gehirn vor. Prädilektionsalter sind das 5. und 6. Lebensjahrzehnt mit Bevorzugung des weiblichen Geschlechts.

Das Meningeom kann von der Konvexität, der Falx, der Schädelbasis, dem Tentorium und dem Plexusepithel als Ventrikeltumor seinen Ursprung nehmen.

Th und Prgn: Die Therapie der Wahl ist die operative Totalexstirpation. Bei erfolgreicher Resektion der Ansatzstelle ist die Heilung des Patienten zu erwarten.

Angioblastome

Path Anat: Das Angioblastom (Hippel-Lindau-Tumor) ist ein gutartiger Gefäßnävus mit Zystenbildung. Die häufigste Lokalisation ist im Kleinhirn.

Th: Die Therapie besteht in der Exstirpation, mit der die Heilung des Patienten verbunden ist.

Hypophysenadenome

Path Anat und Pathog: Bei den Hypophysenadenomen unterscheidet man hormonaktive von hormoninaktiven Tumoren. Bei den hormonaktiven Tumoren finden sich am häufigsten Prolaktinome und Wachstumshormon produzierende Tumoren. Weitaus seltener sind ACTH oder TSH produzierende Tumoren. Bei den hormoninaktiven chromophoben Tumoren kommt es zu einem Hormonmangel mit Ausfall der Geschlechtshormone, des Schilddrüsenhormons und des Nebennierenrindenhormons. Sie können intra- oder suprasellär wachsen.

Sy: Die supraselläre Ausdehnung des Tumors führt zu dem bekannten Chiasmasyndrom mit bitemporaler Hemianopsie und raschem Visusverlust.

Th: Dies macht eine schnelle operative Intervention notwendig. Bei vorwiegend intrasellärer Lage wird der Tumor über den transnasalen transsphenoidalen Zugang entfernt. Bei vorwiegend para- und supraselllärer Lage wird ein transfrontaler Zugang gewählt. Eine Hormonsubstitution muß in der Regel über Jahre durchgeführt werden.

Kraniopharyngeome

Path Anat und Sy: Sie gehen aus Resten der Rathke-Tasche hervor. Durch die dienzephale Lage mit Verbindung zu Hypothalamus und Hypophyse sind hormonelle Störungen das führende klinische Symptom. Die Tumoren weisen einen zystischen und einen soliden Anteil auf.

Th: Häufig werden die Zysten stereotaktisch entleert, und der solide Anteil wird bestrahlt. Auch Radionuclidimplantationen sind möglich.

Mißbildungstumoren

Mißbildungstumoren werden im Gehirn selten angetroffen. Am häufigsten sind die Epidermoide mit Lokalisation temporal oder im Kleinhirnbrückenwinkel.

Metastasen

Vk: Die Metastasen sind neben den Glioblastomen die häufigsten Tumoren im Gehirn. Den größten Anteil nehmen die Metastasen des Lungenkarzinoms ein, gefolgt vom Mammakarzinom, den Metastasen bei unbekanntem Primärtumor und des Gastrointestinal- und Harntraktes. Das maligne Melanom hat von allen Tumoren die höchste Inzidenz an zerebralen Absiedlungen.

Dg: Die Diagnose wird durch die Computertomographie gestellt. Differentialdiagnostisch muß ein Glioblastom in Erwägung gezogen werden.

Th: Es wird die operative Totalexstirpation angestrebt, erleichtert durch die in der Regel gute Abgrenzbarkeit des Tumors. Während die Solitärmetastase eine Indikation zur Operation darstellt, werden multiple Metastasen in der Regel einer Bestrahlung zugeführt.

Vasospasmus

Ät und Pathog: Der Vasospasmus stellt eine wichtige Gefahr bei spontanen Subarachnoidalblutungen nach Aneurysma- u. oder Angiomruptur – bei Angiomen deutlich seltener – dar. Pathogenetisch werden ein direkter Gefäßschaden und die Freisetzung von vasoaktiven Substanzen (z.B. Prostaglandine, Serotonin) diskutiert. Durch die Engstellung des betroffenen arteriellen Gefäßsystems kommt es zu einer Minderperfusion der abhängigen Hirnpartien und letztlich zu Infarkten.

Th: Prophylaxe und Therapie des Vasospasmus bestehen heute in der Frühoperation des rupturierten Aneurysmas und dabei gleichzeitig möglichst weitgehender Entfernung von Blutkoageln aus den basalen Zisternen, der Verabreichung von Calciumantagonisten und ausreichender Flüssigkeitszufuhr zur Stabilisierung eines normalen bis leicht erhöhten Blutdruckes. Eine Verlaufskontrolle ist heute durch die transkranielle Doppler-Sonographie mit Nachweis erhöhter Strömungsgeschwindigkeit möglich.

Zerebrovaskuläre Insuffizienz

Sy: Arterielle Verschlußkrankheiten können über transitorische ischämische Attacken (TIA), das ischämische Syndrom mit reversiblem neurologischem Defizit (RIND), eine prolongierte reversible ischämische Attacke (PRIND) oder einen „progressive stroke“ apparent werden. Die TIA ist durch eine vorübergehende ischämische Attacke (2–30 Min.) mit neurologischen Herdsymptomen gekennzeichnet. Beim RIND dauern die Anfälle länger. Doch auch hier sind die neurologischen Ausfälle komplett reversibel. Beim PRIND bleiben nach der zerebralen Ischämie leichte neurologische Residualsymptome bestehen. Beim „progressive stroke“ nehmen neurologische Ausfälle in Schweregrad und Ausbreitung zu. Bei fehlender Rückbildung innerhalb von 72 Stunden spricht man von einem „completed stroke“.

Th: Bei extrakranieller Lokalisation der Gefäßstenose mit kontralateralem Verschluß, einem Kinking oder Coiling im Karotiskreislauf liegt die operative Versorgung in der Hand des Gefäßchirurgen. Bei intrakraniellen Verschlüssen können extra-intrakranielle Bypassoperationen (A. temporalis mit kortikalem Gefäß im Mediastromgebiet) bei TIAs und PRINDs indiziert sein. Das Ziel der Operation liegt in der Prävention. Hirninfarkte können bei ausgedehnter raumfordernder Wirkung und den Zeichen der massiven Hirndrucksteigerung und drohenden Einklemmung durch eine Kraniektomie und Duraplastik in der vital gefährdenden Phase günstig beeinflußt werden.

Chirurgie des Spinalkanals

Degenerative Wirbelsäulenveränderungen

Bandscheibenvorfall

Der Bandscheibenvorfall ist die häufigste Ursache für einen raumfordernden Prozeß des spinalen Epiduralraumes. Seine Prädilektionsstellen sind zervikal und lumbal.

Lumbale Vorfälle

Sy: Das klinische Bild bei lumbalen Bandscheibenvorfällen reicht von der Schmerzsymptomatik (Lumboischialgie) bis zur kompletten Parese und Blasen-Mastdarm-Lähmung. Die meisten lumbalen Bandscheibenvorfälle treten in den Etagen LWK 4/5 und lumbosakral auf.

Th: Über eine Fensterung des Lig. flavum wird der Nucleus-pulposus-Prolaps in mikrochirurgischer Technik entfernt. Die in früheren Jahren verbreitete Chemonukleolyse ist heute in den Hintergrund getreten. Endoskopische Absaugverfahren und lasertechnische Eingriffe sind in der Erprobung.

Zervikale Vorfälle

Sy: Beim zervikalen Bandscheibenvorfall können die neurologischen Symptome von rein radikulärer Symptomatik bis zur *zervikalen Myelopathie* mit spastischer Paraparese der Beine reichen. Die Vorfälle sind am häufigsten in den Etagen HWK 5/6 und 6/7.

Dg: Die Diagnose der Bandscheibenvorfälle wird mit Computertomographie, Myelographie, Myelocomputertomographie und Kernspinresonanzuntersuchung gestellt.

Th: Bei rein radikulärer Symptomatik wird eine Foraminotomie durchgeführt, bei medialem Bandscheibenprolaps mit zervikaler Myelopathie die ventrale Fusion.

Lumbale Stenose

Ät und Sy: Nach Verbiest besteht eine spinale Stenose, wenn der sagittale Durchmesser des lumbalen Spinalkanals 10 mm oder weniger beträgt. Bei Werten zwischen 10 und 12 mm wird von einer relativen Stenose gesprochen. Die Enge kann angeboren oder durch Gelenkfacettenhyperplasie erworben sein und führt im Erwachsenenalter in ca. 80% zur Claudicatio intermittens spinalis. Klinisch stehen radikuläre Schmerzen, Schwäche der unteren Extremitäten und Parästhesien im Vordergrund, die beim Gehen auftreten und in der Ruhe verschwinden.

Dg: In der Computertomographie ist die Enge des Kanals darstellbar.

Th: Entlastungslaminektomie.

Raumfordernde Prozesse, extradurale

Epidurale Empyeme

Ät und Pathog: Epidurale Empyeme entstehen metastatisch (hämatogen oder lymphogen), traumatisch oder fortgeleitet. Die Ursachen werden in entzündlichen Erkrankungen der knöchernen Wirbelsäule, in direkten Wirbelsäulenverletzungen oder postoperativen In-situ-Infektionen und allgemeinen bakteriellen Infektionen gesehen.

Sy: Das epidurale Empyem ist meist von einem schweren Krankheitsverlauf begleitet, mit Zeichen einer allgemeinen Infektion oder einer Sepsis. Die Querschnittssymptomatik ist rasch progredient.

Dg: Durch Kernspinuntersuchung oder Computertomographie sollte die Diagnose gestellt werden.

Th und Prgn: Der Eiter muß operativ über eine Laminektomie oder Hemilaminektomie entleert werden. Eine intradurale Ausbreitung besteht in der Regel nicht. Die Prognose ist aufgrund der allgemeinen Sepsis ernst.

Epidurale Hämatome

Ät: Bei hämorrhagischen Diathesen, Gefäßmißbildungen, Trauma oder Antikoagulantientherapie kann es zu einem spinalen epiduralen Hämatom kommen.

Sy: Eine rasch progrediente Querschnittssymptomatik ist wegweisend für die Diagnose.

Th: Über eine Laminektomie erfolgt die Ausräumung der Blutung.

Spinale Metastasen

Path Anat: Die Metastasierung in den Spinalkanal erfolgt in der Regel nach epidural. Bei bekanntem Malignom und plötzlich auftretender Querschnittssymptomatik liegt der Verdacht auf eine spinale Metastase nahe. Bei den Primärtumoren handelt es sich um Karzinome, Sarkome, Tumoren des lymphatischen und hämatopoetischen Systems.

Dg: In der Röntgennativaufnahme können Hinweise durch das Fehlen der Bogenwurzeln und pathologische Wirbelkörperfrakturen gewonnen werden. Die Myelographie zeigt das Ausmaß des Stopps. Im Myelocomputertomogramm oder Kernspintomogramm kann die Höhenausdehnung der Raumforderung festgestellt werden.

Prgn: Bei kompletter Querschnittssymptomatik ist der zeitliche Faktor ausschlaggebend für die Prognose des Patienten. Bei 24 Stunden bestehender kompletter Querschnittssymptomatik ist mit einer Rückbildung der Symptome nicht mehr zu rechnen.

Raumfordernde Prozesse, intradurale extramedulläre

Path Anat: Bei den intraduralen extramedullären Raumforderungen handelt es sich vorwiegend um gutartige Prozesse: Meningeome und Neurinome sind die häufigsten Neoplasmen. Beide Tumoren können als Sanduhrgeschwülste durch das Foramen intervertebrale nach paravertebral wachsen.

Sy: Klinisch steht eine sich allmählich entwickelnde inkomplette Querschnittssymptomatik oder ein Brown-Séquard-Syndrom im Vordergrund.

Dg: Durch die Kernspinuntersuchung kann der Prozeß in seiner Längs- und Querausdehnung zugeordnet werden. Häufig ist bereits eine Artdiagnose möglich.

Th: Die operative Totalexstirpation ist die Therapie der Wahl.

Raumfordernde Prozesse, intradurale intramedulläre

Path Anat: Zu den intramedullären Tumoren gehören die Ependymome und die Astrozytome. Das Mark ist aufgetrieben.

Dg: Durch die Kernspinuntersuchung wird die Diagnose gestellt.

Th: Da bei Astrozytomen häufig nur eine subtotale Exstirpation möglich ist, wird eine Bestrahlung angeschlossen. Bei Ependymomen ist die Totalexstirpation möglich und immer anzustreben.

Syringomyelie, Syringobulbie

Path Anat: Bei posttraumatischem Querschnittssyndrom oder intramedullären Tumoren kommt es oft in dem oberhalb der Querschnittsläsion gelegenen Mark zu einer intramedullären Höhlenbildung, die als Syringomyelie, bei kranialer Lokalisation im Bereich der Medulla oblongata als Syringobulbie bezeichnet wird.

Sy: Klinisch wird eine aufsteigende Querschnittssymptomatik beobachtet.

Dg: Durch die Kernspintomographie sind die Höhenlokalisation und die Ausdehnung der Syrinx beurteilbar.

Th: Als Therapie wird ein Mikrokatheter eingelegt, der die Syrinxflüssigkeit nach subarachnoidal oder peritoneal ableitet.

Neurochirurgische Verfahren der Schmerzbekämpfung

Chordotomie

Heute in der Regel perkutan durchgeführt. Kontralateral zur Schmerzseite wird unter Röntgenkontrolle in Höhe von HWK 1/2 von lateral der Vorderseitenstrang verkocht. Hauptindikation: der unilaterale Extremitätenschmerz.

DREZ lesion (dorsal root entry zone lesion)

Die DREZ lesion stellt ein Verfahren zur selektiven Verkochung bestimmter Interneurone in der Substantia gelatinosa des Hinterhorns dar. Indikationsgebiete: Schmerzen bei Wurzelausrissen, Querschnittspatienten und u. U. die postherpetische Neuralgie.

Intrazerebrale Eingriffe

Leukotomie, Lobotomie oder Zingulotomie, die zu einer Entpersönlichung des Schmerzes führen und als psychochirurgische Eingriffe zu werten sind, werden heute aufgrund von ethischen Gründen nicht mehr vorgenommen.

Myelotomie

Bei der longitudinalen oder kommissuralen Myelotomie werden die von der Hinterwurzel zum gegenseitigen Vorderseitenstrang ziehenden nozizeptiven Fasern im Bereich der Kommissuren nach einer Laminektomie gespalten. Der Vorteil dieses selten angewandten Verfahrens liegt in der Beseitigung von bilateralen Schmerzzuständen der unteren Extremitäten.

Neurolytische Verfahren

Mit 96%igem Äthylalkohol oder Phenolglycerin (3–20%) können langdauernde Leitungsunterbrechungen erzielt werden. Die Substanzen wirken neurotoxisch und zerstören myelinfreie und myelinhaltige Nervenfasern. Hauptindikationsgebiete sind:

- Schmerzen im Damm- und Analbereich durch Tumoren im kleinen Becken mit Sakrum- und Plexusinfiltration,
- Schmerzen bei inoperablen Tumoren im Kopf- und Halsbereich,
- Schmerzen beim Pankreaskarzinom.

Die begrenzte Wirkdauer von ca. 3 Monaten macht Reinjektionen notwendig.

Neurostimulierende Verfahren

Die Implantation von Neurostimulationssonden im Bereich des Rückenmarks, des Ganglion trigeminale (Gasseri) und des Zerebrums wird beim zentralen oder Deafferentierungsschmerz vorgenommen. Indikationsgebiete: Phantomschmerz, Schmerz bei Querschnittspatienten, Anaesthesia dolorosa und der Ruheschmerz bei der arteriellen Verschlußkrankheit.

Trigeminusneuralgie

Sy: Die Trigeminusneuralgie äußert sich typischerweise in triggerbaren heftigsten einschießenden Schmerzen im Gesichtsbereich, die in ihrer Ausstrahlung einem der Äste des N. trigeminus zugeordnet werden können. Man unterscheidet zwischen der idiopathischen und der symptomatischen Trigeminusneuralgie.

Th: Die vaskuläre Dekompression an der Wurzeleintrittszone am Hirnstamm nach Janetta wird als Therapie der Wahl angesehen und kann über eine Freilegung des Kleinhirnbrückenwinkels erreicht werden. Bei sehr alten Patienten und Patienten mit erheblichen Risikofaktoren wird die transforaminale Thermokoagulation des Ganglion trigeminale (Gasseri) vorgezogen.

Stereotaxie und funktionelle Neurochirurgie

Prinzip

Das Prinzip stereotaktischer Operationen besteht in der rechnerischen Bestimmung eines subkortikal gelegenen Zielpunktes (z. B. Tumoren im Bereich des Hirnstammes oder in der funktionellen Neurochirurgie bei der Behandlung von z. B. Epilepsie) mittels dreier Raumkoordinaten. Über eine Zielapparatur können die errechneten Werte in das Schädelinnere projiziert werden. Über ein Bohrloch wird eine Nadel eingeführt, die den Zielpunkt ohne Verletzung von Gefäßen und unter Vermeidung neurologischer Ausfälle erreicht. Auf diese Art und Weise können nicht nur Gewebsproben aus Mittellinientumoren gewonnen werden, sondern auch gezielte Einzeitbestrahlungen, z. B. bei arteriovenösen Angiomen, oder Implantationen von Radionuclidseeds (z. B. ^{125}J) in operativ unzugängliche Tumoren vorgenommen werden.

Epilepsie

Ein therapieresistentes Anfallsleiden stellt eine Indikation zur Operation dar. Beim offenen Eingriff wird unter elektrokortikographischer Kontrolle der Anfallsherd lokalisiert und exstirpiert. Beim stereotaktischen Operationsverfahren werden Ausbreitungsbahnen der Anfallsentladung, steuernde Zentren oder Systeme der Afferenz der Großhirnbahnen ausgeschaltet. Damit soll eine Erhöhung der allgemeinen Krampfschwelle erreicht werden.

Hyperkinesen

Sy: Die Hyperkinesen sind extrapyramidale Bewegungsstörungen, die durch nicht unterdrückbare, für den Patienten quälende Muskelbewegungen gekennzeichnet sind. Zu ihnen zählen das choreatische Syndrom, der Hemiballismus, die Athetose und der Torticollis spasticus.

Th: Durch stereotaktische Maßnahmen mit Ausschaltung von Teilen des Pallidums oder dessen efferenten Bahnen im Thalamus oder Subthalamus ist eine Besserung der Hyperkinesen möglich.

Parkinson-Syndrom

Ät und Sy: Die Hauptsymptome des Morbus Parkinson bestehen in der Trias: Tremor, Rigor, Akinese. Bei dem Tremor handelt es sich um einen Ruhetremor. Er wird als Folgekrankheit nach Encephalitis epidemica und in autosomal dominanter Vererbung mit ca. 60% Penetranz gesehen. Die Ausfälle werden vorwiegend in die Substantia nigra lokalisiert.

Th: Bei Nichtausreichen der konservativen Therapie können Rigor und Tremor durch die Ausschaltung der pallidofugalen Bahnen durch stereotaktische Operationsverfahren beeinflußt werden. Die Akinese kann durch medikamentöse Verabreichung von L-Dopa therapiert werden.

Tumordiagnostik und Therapie

Mittelliniennahe oder Hirnstammtumoren sind häufig nicht offen neurochirurgisch anzugehen. Das Risiko für chirurgisch hervorgerufene neurologische Ausfälle muß als hoch eingestuft werden. In diesem Falle ist zur histologischen Diagnosesicherung Gewebe stereotaktisch aus dem Tumor zu gewinnen. Stereotaktische Radionuclidimplantation oder Einzeitbestrahlung kann angeschlossen werden.

Periphere Nerven

Kausalgie

Sy: Die Kausalgie gehört zu den vegetativdystrophischen Syndromen. Sie ist ein schwerer Schmerzzustand und wird als Komplikation einer Nerventeilschädigung beobachtet. Am häufigsten sind der N. medianus und der N. tibialis betroffen. Der Brennschmerz ist nicht an das Versorgungsgebiet eines Nerven gebunden, sondern betrifft eine ganze Extremität mit distaler Betonung. Schwere trophische Störungen vervollkommnen das Bild.

Th: Eine spontane Beruhigung der Beschwerden ist möglich. In schweren Fällen ist die Sympathektomie die Therapie der Wahl.

Kompressionssyndrome

N. cutaneus femoris lateralis

Ät und Sy: Meralgia paraesthetica (Roth-Bernhardt-Krankheit): Das Syndrom beruht auf einer Kompression des N. cutaneus femoris lateralis. Das klinische Bild ist durch eine Sensibilitätsstörung in Form einer Hypästhesie und einen Berührungsschmerz medial der Spina iliaca anterior superior mit Verstärkung bei Hyperextension im Hüftgelenk gekennzeichnet.

Th: Eine operative Dekompression des Nerven unterhalb des Lig. inguinale kann eine deutliche Besserung der Beschwerden hervorrufen.

N. ischiadicus

Ät und Sy: Injektionsschäden des N. ischiadicus zählen zu den häufigsten Verletzungen dieses Nerven. Es gibt 3 Formen der Spritzenlähmung:

- Sofortlähmung mit Sofortschmerz,
- subakute Lähmung ohne Schmerz,
- Sofortlähmung ohne Sofortschmerz.

Th und Prgn: Die Prognose der Spritzenlähmung ist immer zweifelhaft. Sofortige Infiltration der Umgebung mit 50–100 ml physiologischer Kochsalzlösung kann durch Verdünnung des injizierten Präparats u. U. zu einer Besserung der Prognose führen.

N. medianus

Das *Karpaltunnelsyndrom* ist das am häufigsten diagnostizierte Kompressionssyndrom des N. medianus. Es entsteht durch Kompression des Nerven bei seinem Durchtritt in die Hohlhand unter dem Retinaculum flexorum (Lig. carpi transversum). Vor allem nachts kommt es zu schmerzhaften Parästhesien in den Fingern 1–3, mitunter auch im 4. Finger und in der Handfläche. Dies kann sich bis zum Dauerschmerz steigern. Schmerzausstrahlung bis in den Oberarm oder die Schulter ist bekannt. Im Spätstadium zeigen sich Atrophien und Paresen der Daumenballenmuskulatur. Auch beidseitiger Befall ist möglich. Die Diagnose wird mittels Elektromyographie (EMG) und Nervenleitgeschwindigkeit (NLG) gestellt. Die Therapie besteht in der Durchtrennung des Retinaculum flexorum. Der Nerv weist in der Regel eine deutliche Schnürfurche auf.

Das *Pronator-teres-Syndrom* ist auf eine Kompression des Nerven unter dem M. pronator teres zurückzuführen. Meist handelt es sich um eine primäre Veränderung dieses Muskels. Neurologisch finden sich Krämpfe und Parästhesien der radialen Finger und eine Druckempfindlichkeit über dem Muskel. Die Therapie besteht in der Durchtrennung des fibrösen Bandes, das zwischen dem Kopf des M. pronator teres und dem M. flexor digitorum superficialis verläuft. Die häufigsten *traumatischen Verletzungen* sind auf Schnitt- und Stichverletzungen am Unterarm zurückzuführen.

Plexus brachialis: Skalenussyndrom ("thoracic outlet syndrome")

Ät: Der Plexus brachialis durchläuft die Enge der Skalenuslücke und die Enge zwischen Klavikula und erster Rippe. Ein abnormer M. scalenus minimus oder eine Halsrippe kann zu einer Kompression des Plexus führen.

Th: Operativ kann die Resektion der Halsrippe notwendig werden.

N. radialis

Diese Kompressionsyndrome sind als Druckschädigung im Schlaf – bei Betrunkenen als Parkbanklähmung bekannt –, bei Narkotisierten und bewußtlosen Patienten anzutreffen.

Das *Supinatorsyndrom* entsteht am Durchtritt des R. profundus n. radialis im Bereich des M. supinator. Es kann durch Arbeitstraumen mit häufigen Pro- und Supinationsbewe-

gungen, durch ellenbogennahe Unterarmfrakturen sowie durch Fibrome, Lipome und Schleimbeutel ausgelöst werden. Neurologisch findet sich ein Ausfall der langen Strekker für Handgelenk und Finger mit Ausnahme des M. extensor carpi radialis.
Die häufigste Radialisschädigung findet sich bei Humerusfrakturen.

N. tibialis

Ät und Sy: Das Kompressionssyndrom des N. tibialis ist das *Tarsaltunnelsyndrom*. Es tritt als Spätschaden nach Traumen am Innenknöchel auf. Neurologisch finden sich Parästhesien der Fußsohle, die sich bei Belastung verstärken und sowohl sensible als auch motorische Komponenten aufweisen können. Das organische Substrat ist eine Einengung des Nerven durch das Retinaculum musculorum flexorum (Lig. laciniatum).

Th: Durch operative Spaltung kann eine Besserung der Symptome erreicht werden.

N. ulnaris

Ät und Sy: Der Ulnarisspätschaden tritt nach Frakturen, Luxation im Ellenbogengelenk oder als Drucklähmung bei bestimmten Arbeiten auf harter Unterlage oder im Schlaf auf. Die nichttraumatische Schädigung des Nerven am Ellenbogengelenk wird auch als *Kubitaltunnelsyndrom* mit Druckschädigung in dem durch Faszienzüge verengten Kubitaltunnel diskutiert. Die häufige Schädigung des Nerven am Ellenbogengelenk ist durch seine exponierte Lage an dieser Stelle zu erklären.

Dg: Die Diagnose wird durch das EMG und die NLG gesichert.

Th: Die Therapie besteht in der Neurolyse (selten submuskuläre Verlagerung des Nerven).

Diagnostik

Angiographie

Im Jahre 1927 wurde von Moniz die zerebrale Angiographie eingeführt. Durch das Einspritzen eines wasserlöslichen Kontrastmittels kann die Gefäßversorgung des Gehirns dargestellt werden. In früheren Jahren wurde der vordere Gefäßkreislauf durch Direktpunktion der A. carotis dargestellt. Die Füllung des hinteren Gefäßkreislaufes erfolgte in der Regel durch die retrograde Brachialisangiographie. Heute wird die Katheterangiographie über die A. femoralis routinemäßig vorgenommen. Die einzelnen Gefäßabschnitte des Gehirns können auf diese Weise selektiv dargestellt werden. Als Kontrastmittel haben sich die Trijodate (Angiografin, Isopaque, Conray, Telebrix) bewährt. Die größte Bedeutung hat die zerebrale Angiographie bei der Darstellung von Gefäßmißbildungen, z. B. Aneurysmen, Angiomen. Bei Meningeomen kann durch eine selektive Darstellung der Gefäße eine Embolisation einzelner den Tumor versorgender Gefäße vorgenommen werden.

Computertomographie

Die zerebrale und die spinale Computertomographie ermöglichen die Darstellung von Prozessen innerhalb des Gehirns bzw. der Wirbelsäule und erlauben die Zuordnung der Lokalisation. Auch artdiagnostische Hinweise sind möglich. Die lumbale Bandscheibendiagnostik beruht heute vornehmlich auf der Computertomographie.

Doppler-Sonographie

Die Doppler-Sonographie ist eine wichtige Untersuchungsmethode des extra- und intrakraniellen arteriellen Gefäßsystems. Verschlüsse, Stenosen und Spasmen können sowohl am Karotiskreislauf als auch am Vertebraliskreislauf nachgewiesen werden. Bei der intrakraniellen Aneurysmaoperation wird intraoperativ routinemäßig die Doppler-Sonographie zur Verifizierung der Durchgängigkeit des Gefäßes nach Aneurysmaclipping eingesetzt.

Elektroenzephalographie

Das EEG hat in der Neurochirurgie seine Bedeutung in der Bestimmung der Todeszeit (Nullinien-EEG) und zur Verlaufsbeobachtung von zerebralen Krampfleiden.

Evozierte Potentiale

Die Ableitung der visuell (VEPs), akustisch (AEPs), sensibel (SEPs) und motorisch evozierten Potentiale (TKMS = transkranielle Magnetstimulation) wird heute routinemäßig in die Diagnostik des neurochirurgischen Patienten einbezogen. Bei bewußtlosen Patienten können durch die AEPs und SEPs Aufschlüsse über neurologische Ausfallserscheinungen und drohende Hirndrucksteigerung erzielt werden. Dann sind operative Konsequenzen möglich. Intraoperativ ist durch die Ableitung der TKMS, SEPs oder AEPs eine Überwachung bei z. B. spinalen Eingriffen,

Aneurysmaoperationen oder Kleinhirnbrükkenwinkeltumoren möglich.

Isotopendiagnostik

Die Szintigraphie zur Darstellung von zerebralen Prozessen mit 99 m TcO_4 ist obsolet.
Die Liquorszintigraphie wird zum Nachweis von Liquorzirkulationsstörungen nach Traumen, Meningitiden und zur Darstellung von Liquorfisteln (Rhinoliquorrhö, Otoliquorrhö) durchgeführt.

Kernspintomographie

In der Kernspintomographie kann das Gehirn in verschiedenen Schnittebenen (axial, koronar, sagittal) dargestellt werden. Das hohe Auflösungsvermögen gestattet die bildliche Darstellung kleinster Veränderungen. Ihre besondere Bedeutung hat die Methode in der Darstellung des kraniozervikalen Überganges und der Beurteilung spinaler Prozesse.

Liquoruntersuchung

Die lumbale (selten die subokzipitale) Punktion wird zur Untersuchung des Liquors bei Subarachnoidalblutung und Meningitis vorgenommen. Bei Verdacht auf raumfordernden intrakraniellen Prozeß Gefahr der Einklemmung!

Myelographie und Myelocomputertomographie

Bei der Myelographie wird nach Lumbalpunktion wässriges Kontrastmittel in den Spinalkanal eingespritzt. Stopps und Einengungen der Kontrastmittelsäule weisen auf einen raumfordernden Prozeß im Spinalkanal hin. Die Höhe der Raumforderung innerhalb des Spinalkanals kann festgestellt werden. Durch das anschließende Myelocomputertomogramm ist eine Aussage über die Lage innerhalb des Rückenmarksquerschnittes, die Zugehörigkeit zum Knochen oder zum Weichteilgewebe sowie die Ausdehnung möglich. Wertvoll bei der Diagnostik von Bandscheibenvorfällen und degenerativen Wirbelsäulenprozessen.

Nativdiagnostik des Schädels und der Wirbelsäule

Standardaufnahmen werden in a.-p. und seitlicher Projektion durchgeführt. Aufhellungen, Verdichtungen, Frakturen, Verschattungen im Bereich der Nasennebenhöhlen geben Aufschluß über krankhafte Prozesse.
Als Spezialaufnahmen werden Schädelbasisaufnahmen nach Schüller und Stenvers zur Beurteilung des Felsenbeins und des inneren Gehörganges, nach Rhese zur Beurteilung des Canalis opticus und der Orbita durchgeführt.

Ultraschalldiagnostik, chirurgische

Durch die chirurgische Ultraschalldiagnostik ist es möglich, unter der Operation subkortikal gelegene Prozesse genau zu lokalisieren und gezielt unter Umgehung funktionell wichtiger Areale anzugehen.

32. Neurologie

W. Hacke, H.-M. Meinck und R. Reuther

Apallisches Syndrom

Unter apallischem Syndrom versteht man den persistierenden Funktionsausfall des Großhirns nach schwerer zerebraler Schädigung (traumatisch, entzündlich, hypoxisch). Das apallische Syndrom entwickelt sich meist aus einem länger bestehenden Koma. Es ist in sehr seltenen Fällen passager. Die Patienten öffnen die Augen, kauen, gähnen und schmatzen, treten aber mit der Umgebung nicht in Kontakt. Fast immer bestehen erhebliche Veränderungen des Muskeltonus, Kontrakturen und enthemmte Primitivreflexe.
Der *akinetische Mutismus* ist eine Variante des apallischen Syndroms, die bei mittelliniennahen Prozessen entsteht. Die Patienten sind aspontan, sprechen nicht, nehmen keinen Kontakt auf. Der Muskeltonus ist meist nicht erhöht. Die Prognose ist ähnlich schlecht wie beim apallischen Syndrom.

Arteriitis cranialis

Sy: Bei der Arteriitis cranialis, besser *Riesenzellarteriitis*, werden oberflächliche Arterien des Kopfes (Aa. temporalis, ophthalmica, lingualis, maxillaris und occipitalis) betroffen.
Die Krankheit steht in enger Beziehung zur *Polymyalgia rheumatica*. Meist spricht man von einem Polymyalgie-Riesenzellarteriitis-Komplex.
Starke Schmerzen in den Schläfen, am Hinterkopf, beim Kauen (Claudicatio masticatoria), Zungenlähmung und Visusverfall sind die Leitsymptome. Die BSG ist regelhaft stark erhöht. Die Temporalarterien sind häufig hochgradig druckschmerzhaft, nicht pulsierend und verdickt.

Th: Die sofortige Gabe von Corticosteroiden (100 mg Prednisolon oder Äquivalent) führt sehr schnell zur Besserung der Schmerzen. Anschließend langsam ausschleichende Behandlung unter BSG-Kontrolle. Eine Erhaltungsdosis (Größenordnung 8 mg Prednisolon) bleibt meist erforderlich. Rezidive sind möglich.

Chorea major (Huntington)

Ät und Vk: Erbliche (autosomal dominante) Krankheit, Erkrankungsalter meist zwischen dem 35. und 50. Lebensjahr.

Sy: Häufig stehen allgemeine psychische Veränderungen mit Reizbarkeit, Unstetigkeit und Enthemmung am Beginn. Grobe hyperkinetische Bewegungsstörungen mit Grimassieren, verwaschener Sprache, unruhiger Zunge und Schluckstörungen. Einschießende Hyperkinesen lassen geordnete Bewegungsabläufe in den Extremitäten schwierig werden. Schreiben, Essen, Handwerkliches sind erheblich gestört. Dementiver Abbau. Okulomotorikstörungen können hinzutreten. Der Verlauf ist progredient; echte Remissionen treten nicht auf. Pathologisch-anatomisch liegt eine striäre Atrophie vor.

Th: Die Hyperkinesen werden mit dopaminrezeptorblockierenden Medikamenten wie mit Tiapridex oder Butyrophenonen vorübergehend gehemmt. Aus genetischen Gründen kommt der Früherkennung von Merkmalsträgern eine hohe Bedeutung zu. Hier eignen sich elektrophysiologische Methoden wie Long-loop-Reflexe und somatosensibel evozierte Potentiale, die vor Manifestwerden der Krankheit schon pathologisch sein können.

Chorea minor (Sydenham)

Sy: Die Chorea minor ist die Manifestation der zentralnervösen Beteiligung beim kindlichen und juvenilen rheumatischen Fieber und tritt häufig zusammen mit anderen Symptomen wie Myokarditis oder Polyarthritis auf. Die Hyperkinesen entwickeln sich langsam und sind ähnlich denen bei der Chorea major. Die Augenbewegungen sind nahezu immer mitbetroffen. Psychische Auffälligkeiten stehen nicht im Vordergrund. Die Kinder werden jedoch unter der schweren Krankheit emotional labil, sind matt und weniger belastbar. Die Krankheit kann folgenlos ausheilen. Pathologisch-anatomisch fand man perivaskuläre Infiltrationen um die kleinen Gefäße im Corpus striatum, aber auch im Kortex und im Kleinhirn. Die *Schwangerschaftschorea* ähnelt der Chorea minor. Sie kann bei wiederholten Schwangerschaften rezidivieren und wird auch unter der Einnahme von Ovalutionshemmern gefunden. Häufig ist eine rheumatische Herzkrankheit assoziiert.

Th: Neben Dopaminrezeptorantagonisten (s. Chorea major) wird Penicillin i. v. hochdosiert und Cortison gegeben. Tranquilizer und Valproinsäure helfen ebenfalls bei der Unterdrückung der oft emotional noch verstärkten Hyperkinesen.

Demenz

Demenz vom Alzheimer-Typ

Def und Vk: Die Alzheimer-Krankheit (Synonym: senile Demenz vom Alzheimer-Typ, SDAT) ist eine degenerative Krankheit des Gehirns, die mit zunehmendem Alter eine immer häufigere Prävalenz hat. Die früher übliche Unterscheidung in präsenile und senile Demenz ist nach epidemiologischen Daten heute nicht mehr erforderlich.

Ät: Die Ursache ist unbekannt.

Pathog: Pathologisch-anatomisch findet sich eine Atrophie der Hirnrinde, betont in temporalen, parietalen und frontalen Hirnabschnitten. Mikroskopisch zeigt sich ein Schwund des Nervenparenchyms, senile Plaques und Fibrillenveränderungen. Subkortikale Strukturen des Kleinhirns und die Stammganglien bleiben relativ lange unverändert. Die Beteiligung verschiedener Transmittersysteme ist bekannt. Von therapeutischem Interesse war die Beteiligung des cholinergen Systems. Die Therapieversuche mit Cholinergika waren jedoch nicht überzeugend. Immer wieder wird von Durchblutungsveränderungen berichtet, wobei bis heute unklar ist, ob es sich hierbei um ein kausales oder reaktives Phänomen handelt.

Sy: Uncharakteristische Initialsymptome mit Schwindel, Leistungsschwäche, depressiver Verstimmung. Danach neuropsychologische Ausfälle mit Vergeßlichkeit, Orientierungsstörung, Rechen-, Lese- und Schreibstörung. Häufig Aphasien, Anfälle sind initial eher selten. Danach weiter fortschreitender Verfall der Persönlichkeit. Selbst einfache Aufgaben können nicht mehr erfüllt werden. Rasche Ermüdbarkeit. Die depressive Stimmung verwandelt sich später in eine indifferente Stimmungslage. Zunehmende Sprachstörungen bis zum völligen Verlust des Sprachverständnisses und unverständlichen verbalen Restäußerungen, stereotype Bewegungen, Verlust der Kontinenz und schließlich Bettlägrigkeit leiten zum Endstadium der Krankheit über.

Th: Eine Therapie existiert bislang nicht.

Pick-Atrophie

Die *Pick-Atrophie* betrifft bevorzugt den Frontal- und den Temporallappen. Die Symptome beziehen sich sehr früh und überwiegend auf affektive Verhaltensweisen und Veränderungen der Persönlichkeit. Enthemmung, Vernachlässigung, Persönlichkeitsverlust kontrastieren mit der zunächst noch relativ gut erhaltenen Intelligenz und Orientierung. Es können Aphasien vorkommen, Apraxien oder Orientierungsstörungen sind eher selten.

Vaskuläre Demenz

Def: Unter vaskulärer Demenz versteht man das Nachlassen intellektueller Leistungen und eine Persönlichkeitsveränderung, die auf Durchblutungsstörungen des Gehirns zurückzuführen sind.

Ät und Pathog: Lange war eine chronische „Ischämie" des Gehirns als Ursache hierfür angenommen worden. Der Begriff der Multiinfarktdemenz ist mißverständlich, weil hierunter auch Patienten mit mehreren kortikalen Infarkten subsumiert wurden. Als Beispiel für die vaskuläre Demenz kann die *zerebrale Mikroangiopathie* (subkortikale arteriosklerotische Enzephalopathie, Morbus Binswanger, Leukoaraiose) aufgefaßt werden. Es handelt sich um eine Erkrankung der kleinen penetrierenden Markarterien mit ausgedehnter vaskulärer Demyelinisierung und lakunären Infarkten. Möglicherweise liegen dieser Form der Demenz „Leitungsstörungen" (s. Neuropsychologie) zugrunde. Bilateral korrespondierende kortikal-subkortikale Infarkte können auch zu Demenzen führen, so z. B. bilaterale thalamische Infarkte.

Sy: Kennzeichnend für vaskuläre Demenzen ist das Nebeneinander von neurologischen Herdsymptomen, die akut oder subakut auftreten, allgemeinem Nachlassen der intellektuellen Fähigkeiten, Störungen der Affektivität, der Merkfähigkeit, des Gedächtnisses. Auch Mischformen mit der Alzheimer-Demenz sind möglich. Begriffe wie „hirnorganisches Psychosyndrom", „Hirnleistungsstörungen" u. ä. tragen nicht zur Klärung bei. Im späteren Verlauf ist eine Abgrenzung von der Alzheimer-Krankheit praktisch nur noch bei Vorliegen von neurologischen Herdsymptomen wie Lähmungen, Hemianopsien usw. möglich. Fast immer besteht eine generalisierte Tonuserhöhung, ein parkinsonähnliches Gangbild. Manchmal findet sich ein Tremor. Die Abgrenzung gegen eine Demenz bei Parkinson-Krankheit ist dann schwer.

Th und Prl: Eine Therapie existiert nicht. Prophylaktisch gilt es, frühzeitig das Risikoprofil, insbesondere den Hypertonus und den Diabetes, korrekt zu behandeln.

Andere Demenzkrankheiten

Andere Krankheiten, die zur Demenz führen, sind *Slow-virus-Krankheiten* wie die Jakob-Creutzfeldt-Krankheit, die Kombination von *Parkinson-Krankheit mit Demenz,* manche *heredodegenerative* Krankheiten mit Demenz wie z. B. die olivopontozerebellare Atrophie (S. 1262), die Chorea Huntington (s. d.) und die *alkoholassoziierte Demenz.*

Entzündliche Krankheiten

Enzephalitis

Definition

Viele verschiedene akute und subakute entzündliche Hirnkrankheiten, die oft mit einer Entzündung der Hirnhäute kombiniert sind, werden unter dem Oberbegriff *(Meningo-) Enzephalitis* zusammengefaßt.

Ätiologie

Erreger von Enzephalitiden sind neben Viren auch Bakterien und Spirochäten (Lues, Leptospirose, Listeriose, Tuberkulose, Neuroborreliose und entzündliche Herzklappenkrankheiten), Pilze, Protozoen und Rickettsien. Pilz- und Protozoeninfektionen werden gehäuft bei supprimierter Immunabwehr (HIV-Infektion) beobachtet. Ein direkter Befall des Gehirns durch HIV-Erreger ist ebenfalls möglich *(subakute AIDS-Enzephalopathie).* In sehr vielen Fällen wird der Erreger nicht entdeckt. Von besonderer klinischer Relevanz sind Enzephalitiden, die durch Viren der Herpesgruppe ausgelöst werden (Herpes-simplex-Enzephalitis, Zosterenzephalitis), und enzephalitische Reaktionen auf einen vorhergegangenen Infekt oder eine Impfung (parainfektiöse oder postvakzinale Enzephalitis).

Symptome

Sie sind vielfältig: leichte Kopfschmerzen, Abgeschlagenheit, Reizbarkeit, aber auch ausgeprägte psychopathologische Veränderungen mit Bewußtseinsstörungen, psychotisch produktiven Inhalten, neurologische und neuropsychologische Herdsymptome, fokale sekundär generalisierte Anfälle können auftreten. Auch extrapyramidale Bewegungsstörungen (Chorea minor) und Hirnnervensymptome können hinzutreten.

Diagnose

Das *EEG* ist meist pathologisch und kann bei einigen Unterformen der Enzephalitiden relativ typische Befunde zeigen (periodische Komplexe bei Herpes-simplex-Enzephalitis, rhythmisch sich wiederholende Komplexe bei subakut sklerosierender Panenzephalitis, einer parainfektiösen, unbeeinflußbar zum Tode führenden Enzephalitis im Kindes- und Jugendalter). Die Computer- und die Kernspintomographie zeigen in vielen Fällen keine sicher pathologischen Befunde. Es kann eine diffuse Hirnschwellung gefunden werden. Bei ausgedehnten umschriebenen entzündlichen Reaktionen läßt sich in typischem zeitlichen Ablauf die Entwicklung von hypodensen, z. T. hämorrhagisch imbibierten Zonen im Computertomogramm nachweisen, die im Kernspintomogramm als hyperintense Regionen mit Signalen der Einblutung im HT_2-betonten Bild auftreten (Herpes-simplex-Enzephalitis).

Therapie

Die allgemeine Therapie ist antiödematös und antikonvulsiv.

Herpes-simplex-Enzephalitis

Ät und Pathog: Häufigste Form der akuten hämorrhagisch nekrotisierenden Virusenzephalitis, beim Erwachsenen durch Herpes-simplex-Virus 1 (HSV 1) verursacht. Das Virus tritt über die Riechschleimhaut und Bulbus und N. olfactorius in das ZNS ein. Es entsteht eine Rhinenzephalitis mit Beteiligung limbischer Strukturen, die den basalen Temporal- und Frontallappen zuerst uni-, später bilateral befällt.

Sy: Es findet sich ein typischer Krankheitsverlauf mit unspezifischem Vorstadium, neurologischen Herdsymptomen (Aphasie, leichte Parese, Anfälle), Fieber und Bewußtseinstrübung.

Dg: Der Liquor ist initial unspezifisch pathologisch. Im weiteren Verlauf Nachweis lokaler Produktion von Immunglobulinen. Virusspezifisches IgM wird etwa vom 7.–8. Tag an nachgewiesen. Im EEG findet sich früh ein temporaler Herd, später mit rhythmischen Entladungen. Im Computertomogramm treten erst spät (3–4 Tage nach Beginn der neurologischen Herdsymptome) temporale hypodense Läsionen auf, die selten hämorrhagisch imbibiert sind. Das Kernspintomogramm wird etwas früher positiv. Die HSV-PCR (Polymerasekettenreaktion) erlaubt heute eine sehr frühe Diagnosestellung.

Th: Therapie der Wahl ist heute Aciclovir i. v. Zusätzlich antiödematöse Osmotherapie, kein Cortison, Antikonvulsiva.

Zosterenzephalitis

Sy: Ähnlich der Herpes-simplex-Enzephalitis, jedoch etwas protrahierterer Verlauf. Nicht immer ist eine Gürtelrose assoziiert.

Dg: Auch beim einfachen Herpes zoster können entzündliche Reaktionen im Liquor gefunden werden.

Th: Die Therapie der Zosterenzephalitis ist der Herpes-simplex-Enzephalitis vergleichbar.

FSME (zentraleuropäische Frühsommermeningoenzephalitis)

In Epidemiegebieten über Zecken vermittelte jahreszeitlich auftretende Meningoenzephalitis. Es ist aktive und passive Immunisierung möglich.

AIDS-Enzephalopathie

Sy: Bei einem großen Teil der AIDS-Patienten nachweisbare, subakut verlaufende Entwicklung von Antriebs-, Merkfähigkeitsstörung, Verlangsamung und Übergang in eine Demenz. Auch Anfälle sind möglich. Opportunistische Begleitinfektionen (Toxoplasmose, Pilzinfektionen) oder das Auftreten primärer ZNS-Lymphome können assoziiert sein.

Dg: Im EEG fortschreitende Verlangsamung der Grundaktivität, im Computertomogramm zunehmende Volumenminderung. Im Liquor gelingt der Nachweis von HIV-Antikörpern, selten auch die Züchtung des Virus.

Tollwut

Spezifische Virusenzephalitis mit typischem, unbehandelt immer tödlichem Verlauf, der jedoch bei früher Diagnosestellung noch durch aktive Immunisierung verhindert werden kann. Im Prodromalstadium allgemeines Krankheitsgefühl und schmerzhafte Empfindlichkeit im Bereich der Bißstelle. Überempfindlichkeit gegen Schmerzreize. Es erfolgt ein Erregungsstadium mit Krämpfen der Schlundmuskulatur, Wutanfällen und Übererregbarkeit, die durch Sinnesreize ausgelöst werden (z. B. Hydrophobie mit Abwehrgrimassen beim Trinken). Das Virus wird im Speichel ausgeschieden. Der Tod tritt ein durch nukleäre Hirnnervenlähmungen und Lähmungen der Stamm- und Extremitätenmuskulatur.

Poliomyelitis

Ät und Pathog: Myeloenzephalitis, durch das Poliovirus ausgelöst. Gastrointestinaler Infektionsweg, Virämie mit Befall des ZNS und der Meningen. Pathologisch-anatomisch Befall der motorischen Vorderhornzellen in Rückenmark und Hirnstamm sowie der Präzentralwindung.

Sy: Auftreten von peripheren, asymmetrisch verteilten Paresen in Gesicht, Schulter- und Beckenmuskulatur.

Lues des ZNS

Pathog und Sy: Man unterscheidet verschiedene Stadien der Lues des ZNS, die *luische Meningitis des Sekundärstadiums,* die als Meningitis mit ganz geringer Neigung zu begleitenden enzephalitischen Symptomen verläuft, und die *Neurolues,* die als Spätmanifestation in der tertiären Phase auftritt. Zur Neurolues gehören die *Lues cerebrospinalis,* bei der es zu Symptomen einer Vaskulitis mit konsekutiven ischämischen multifokalen Läsionen kommt. Die Symptome sind intermittierend und erinnern an enzephalitische Verläufe. Bei der granulomatösen luischen Spätmeningitis findet man an der Schädelbasis und im oberen Rückenmark Granulationsgewebe. Auch das Ependym der Liquorräume kann befallen werden. Entsprechend treten Hirnnerven-, Gesichtsfeldausfälle (Arachnitis opticochiasmatica luetica) und radikuläre Symptome bei spinalem Sitz auf. Gummen sind selten und werden heute computertomographisch nachgewiesen. Bei der *progressiven Paralyse* handelt es sich um eine luische Enzephalitis, bei der aber auch eine Gefäßreaktion und meningitische Begleiterscheinungen gefunden werden. Bei der progressiven Paralyse findet man einen progressiven Verlust von Hirnzellen in Rinde und Stammganglien sowie eine Demyelinisierung. Auch perivaskuläre Infiltrationen von immunkompetenten Zellen, besonders in der Nähe kleiner Hirngefäße, werden beschrieben. Klinisch steht die Demenz in der Frühphase im Vordergrund. Häufig sind neuropsychologische Symptome in der Frühphase. Neurologische Herdsymptome machen sich meist durch eine Tonuserhöhung und Pyramidenbahnzeichen bemerkbar. Die Steigerung der Reflexe

kann jedoch bei gleichzeitiger Tabes dorsalis fehlen.
Bei progressiver Paralyse findet man im Liquor einen hohen autochthonen IgG-Index, oligoklonale Banden und Luespositivität im Liquor und Serum.
Auch die Kombination *Tabes dorsalis* (entzündliche degenerative Krankheit der Hinterhörner und Störungen im optischen System [Nn. opticus und oculomotorius und Pupillenreflexe]) plus progressive Paralyse ist möglich und wird als Taboparalyse bezeichnet.

Th: 3mal 10 Millionen IE Penicillin-Na mindestens über 14 Tage oder (bei Penicillinallergie) 2mal 100 mg Doxycyclin/Tag über 30 Tage.

Borreliose (Neuroborreliose, Lyme-Krankheit)

Ät und Pathog: Durch Insekten- (meist Zecken-)Stiche übertragene Infektion des peripheren und zentralen Nervensystems mit der Spirochäte Borrelia burgdorferi, welche – ähnlich wie die verwandte Lues des Nervensystems – sowohl über entzündliche Veränderungen am zentralen und peripheren Nervensystem selbst als auch über vaskulitische Veränderungen symptomatisch wird.

Sy: Häufigste Prodromalerscheinungen sind nach dem Insektenstich ein Erythema chronicum migrans, Kopf- und Gliederschmerzen sowie Fieber mit Leukozytose und BSG-Erhöhung. Neurologische Manifestationen betreffen vor allem die Hirn- und Spinalnerven und deren Wurzeln (Meningoradikuloneuritis), seltener das Groß- und Kleinhirn (Meningoenzephalitis) und das Rückenmark (Myelitis).

Dg: Diagnostisch wegweisend ist neben der positiven Insektenstichanamnese und dem Erythema chronicum migrans (jeweils 30–40% der Erkrankten) die Kombination aus peripheren und zentralen Ausfällen mit schmerzhaften Mißempfindungen. Diagnostik durch IgG- und IgM-Antikörper-Nachweis in Serum und Liquor sowie Liquorpleozytose, Gesamteiweiß- und IgG-Vermehrung.

Th: Recephin (Cephalosporin), 1 g/Tag über 14–21 Tage, alternativ hochdosierte Tetracycline.

Progressive multifokale Leukenzephalopathie

Ät und Pathog: Meist paraneoplastische, entzündliche Erkrankung der weißen Hirnsubstanz, ausgelöst durch Papovavirus.

Dg: Relativ typische computertomographische Befunde durch multiple, z. T. konfluierende hypodense Regionen im Centrum semiovale. Die Diagnose wird erschwert, wenn eine Bestrahlung des ZNS stattgefunden hat.

Slow-virus-Enzephalitis

Insgesamt selten, durch Virus oder virusähnliche infektiöse „Erreger" vermittelt, die nach langer Inkubationszeit langsam, aber unaufhaltsam fortschreitende Krankheiten auslösen.

Subakute sklerosierende Panenzephalitis (SSPE)

Ät: Sie entsteht bei Kindern nach Infektion mit einem masernähnlichen Paramyxovirus.

Sy: Anfälle, unwillkürliche rhythmische Myoklonien mit langsamer Frequenz, Hyperkinesen, später Akinese, Demenz und Tonuserhöhung stehen klinisch im Vordergrund. Die Krankheit führt unaufhaltsam zum Tode.

Dg: Man findet charakteristische EEG- und Liquorveränderungen. Histologisch liegt eine Panenzephalitis mit lymphozytären Infiltraten, Markscheidenabbau und Gliawucherung vor. Nachweis von Masernantigen in Gewebekulturen möglich. Die Differentialdiagnose muß besonders gegenüber Leukodystrophien gestellt werden.

Jakob-Creutzfeldt-Krankheit

Sie beginnt im mittleren bis höheren Erwachsenenalter und ist im Verlauf durch eine fortschreitende Demenz mit neuropsychologischen Störungen, zentralen und peripheren Paresen, Störungen der Okulomotorik und Hyperkinesen sowie Myoklonien gekennzeichnet. Die Myoklonien können mit periodischen triphasischen Elementen im EEG assoziiert auftreten. Die Krankheit führt in kurzer Zeit zu Koma, Dezerebration und Tod.

Herpes zoster

Ät und Pathog: Dies ist eine Viruskrankheit mit Allgemeininfektion und lokaler Manifestation in den sensiblen Ganglien und der Haut. Das Virus ist mit dem Varizellenvirus identisch. Varizellen sind die Erstinfektion, Zoster die Zweiterkrankung durch verbliebene oder neu eingedrungene Viren bei partieller Immunität.

Sy und Dg: Die Krankheit tritt sporadisch auf und befällt vorwiegend Erwachsene. Erstsymptome nach einer Inkubationszeit von 7–14 Tagen sind Allgemeinerscheinungen, leichte Temperaturerhöhung und gelegentlich Nackensteifigkeit. Bereits jetzt findet sich im Liquor eine lymphozytäre Pleozytose. Im Versorgungsgebiet des betroffenen sensiblen Ganglions treten Schmerzen auf, am 3. bis 5. Tag die typischen Hauterscheinungen in Form segmental angeordneter Bläschen. Bevorzugt betroffen sind die Thorakalsegmente („Gürtelrose"), die unteren Zervikalsegmente, das Gebiet des 1. Trigeminusastes (Zoster ophthalmicus) oder die Ohrregion bei Befall des Ganglion geniculi (Zoster oticus). Nach wenigen Tagen lassen die Schmerzen nach. Die Bläschen verschorfen, fallen ab, häufig unter Hinterlassung von Pigmentverschiebungen. Im betroffenen Hautareal entsteht eine Sensibilitätsstörung. Selten kommt es zu motorischen Ausfällen mit Reflexverlust und atrophischer Parese im betroffenen Segment. Die lymphozytäre Liquorpleozytose ist ein obligates Symptom und über Wochen nachweisbar. Eine Zostererkrankung kann Hinweis auf das Vorliegen einer malignen Allgemeinerkrankung oder eines destruierenden Wirbelprozesses sein (symptomatischer Zoster), besonders dann, wenn mehrere Segmente betroffen sind. Beim Zoster ophthalmicus liegt ein einseitiger Befall der Stirnhaut vor mit Injektion von Konjunktiva und Kornea, häufig auch Keratitis, Iritis, Neuritis n. optici und Augenmuskellähmung, selten zerebrale Insulte infolge Zosterangiitis. Der Zoster oticus durch Befall des Ganglion geniculi ist gekennzeichnet durch Schmerzlokalisation im Ohr, im seitlichen Gesicht und Nacken, durch Ausschlag in der Ohrregion, oft versteckt in der Tiefe des Gehörgangs und auf dem Trommelfell (frühzeitige HNO-ärztliche Untersuchung), sowie durch das Auftreten einer peripheren Fazialislähmung in der 1. oder 2. Krankheitswoche. Weitere fakultative Hirnnervensymptome sind: Ohrensausen, Hörminderung, Drehschwindel, Übelkeit und Brechreiz, Sensibilitätsstörungen, vor allen Dingen im Trigeminusgebiet, Abduzens- und Hypoglossuslähmung sowie Parese des motorischen N. vagus. Ernste Komplikationen der Zostererkrankung sind die Zostermeningitis, die Zostermyelitis und die seltene Zosterenzephalitis.

Th: Therapeutisch kommen Virustatika, Corticoide und dermatologische Behandlung mit Externa zur Anwendung. Als Virustatikum gibt man Aciclovir (Zovirax), entweder p. o. 5mal 1 Tablette à 200 mg in 24 Stunden über 5 Tage oder parenteral 3mal 10 mg/kg/24 Stunden in 2–3 Kurzinfusionen. Die frühzeitige Corticoidbehandlung sollte beim Auftreten der Zosterneuralgie und der Zosterangiitis entgegenwirken. Die Gefahr der Generalisation durch Steroidtherapie ist nur beim symptomatischen Zoster gegeben.

Prgn: Der unkomplizierte Zoster heilt bei jüngeren Personen in der Regel folgenlos. Ältere Patienten können eine hartnäckige, durch Analgetika kaum zu beeinflussende Zosterneuralgie behalten.

Meningitis

Ätiologie und Pathogenese

Entzündliche Erkrankung der Hirn- und Rückenmarkshäute durch Bakterien (eitrige, septische, purulente Meningitis), Viren (lymphozytäre, aseptische M.) oder Pilze. Häufig sind Übergriffe auf Gehirn (Meningoenzephalitis), Rückenmark (Meningomyelitis) und Nervenwurzeln bzw. Hirnnerven (Meningoradikulitis).

Symptome

Leitsymptome sind Kopfschmerz, Meningismus/Opisthotonus mit Brudzinski- und Kernig-Zeichen, Fieber, Hyperpathie und Lichtscheu. Hinzu kommen ggf. zentrale oder periphere neurogene Symptome.

Diagnose

Diagnostisch entscheidend ist der vor Therapiebeginn zu erstellende Liquorbefund mit Pleozytose, Druck- und Eiweißvermehrung sowie Keimbefall (mikrobiologische Untersuchung sofort nach Entnahme wichtig).

Eitrige Meningitis

Ät und Pathog: Sie entsteht durch offene Hirnverletzung, Fortleitung aus dem HNO-Bereich („Durchwanderungs"-Meningitis), hämatogen-metastatisch durch Streuung aus Eiterherden oder bei Sepsis (Blutkultur!). Häufigste Erreger sind Pneumokokken, Meningokokken und Enterobakterien.

Sy und Dg: Die klinischen und laborchemischen Befunde sind meist hochakut bzw. stark ausgeprägt. Typische Komplikationen sind Hirnabszeß, Schädigung des N. vestibulocochlearis, Hydrocephalus occlusus oder aresorptivus, Waterhouse-Friderichsen-Syndrom.

Th und Prgn: Therapieeinleitung bei noch unbekanntem Erreger – nach Liquorentnahme! – mit Antibiotika-Kombination (z. B. Mezlocillin, Isoxacillin und Aminoglykosid, ggf. zusätzich Cephalosporin); Therapiefortführung gezielt nach Antibiogramm. Bei

Durchwanderungsmeningitis rasche operative Herdsanierung. Prognose im allgemeinen günstig.

Tuberkulöse Meningitis

Ät und Pathog: Sie entsteht nach hämatogener Aussaat einer Organtuberkulose; Primärherd gelegentlich nicht identifizierbar. Erkrankungsschwerpunkt an den basalen und spinalen Meningen. Auch Mitbefall zerebraler Arterien (Panarteriitis) kommt vor.

Sy: Entwickeln sich über Tage bis Wochen, häufig mit Hirnnerven- und Nervenwurzelausfällen (Meningoradikuloneuritis).

Dg: Diagnostisch beweisend ist der (oft schwierige) Keimnachweis im Liquor (mikroskopisch, Kultur, Tierversuch, PCR); diagnostisch hilfreich ist die Erniedrigung der Liquorglucose auf unter 1,5 mmol/l bei gleichzeitigem Liquorlactatanstieg und normaler Serumglucose.

DD: Mykose der Meningen, lymphozytäre Meningitis bei Morbus Boeck (Tuberkulinprobe negativ), Meningeosis carcinomatosa, Toxoplasmose.

Th: Therapeutisch wichtig ist eine ausreichend lange und ausreichend hoch dosierte Dreierkombination (z. B. Isoniazid, 15 mg/kg i. v. + Parathormon, 10 mg/kg i. v. + Myambutol, 25 mg/kg i. v.) unter Vitamin-B_6-Substitution über ca. 2 Jahre. Bei Therapieeinleitung Corticoide (100 mg Prednisolon) in fallender Dosierung.

Lymphozytäre Meningitis

Ät: Sie ist häufig durch Viren, seltener durch Pilze, Leptospiren, Toxoplasmen oder Zystizerken bedingt.

Sy: Es kommen akut-schwere und chronisch-blande Verläufe vor.

Th: Wenn möglich spezifisch, ansonsten Corticoide (100 mg Prednisolon in absteigender Dosierung).

Hirnabszess

Ät und Pathog: Hirnabszesse entstehen nach direkter Kontamination mit Erregern bei offenen Hirnverletzungen, als Spätabszesse nach intrazerebralen Verletzungen (Knochen- und Metallsplitter), durch Einwanderung der Erreger bei Frakturen der Schädelbasis, fortgeleitet bei entzündlichen Krankheiten der Nasennebenhöhlen, hämatogen bei infektiöser Endokarditis, Bronchiektasen oder Pleuraempyem. Zusätzliche Komplikationen entstehen durch Einbruch der Entzündung in die Ventrikel (Ventrikelempyem) oder Beteiligung der Hirnhäute (Subduralempyem). Die Entwicklung des Abszesses aus einer primären bakteriellen Meningitis ist relativ selten.

Sy: Häufig subakuter Verlauf mit Allgemeinsymptomen wie Fieber, Abgeschlagenheit, Kopfschmerzen, vermehrter Müdigkeit, Konzentrationslosigkeit und, je nach Lage des Abszesses, neurologischen Herdsymptomen. Häufige Frühmanifestation sind elementare oder komplex-partielle Anfälle, z. T. mit sekundärer Generalisierung. Kopfschmerzen und Nackensteifigkeit treten hinzu. Neurologische Herdsymptome und Stauungspapille sind meist Spätsymptome.

Dg: Die Diagnose wird durch Computer- und/oder Kernspintomographie gesichert. Das Ausmaß der Raumforderung muß vor der Stellung der Indikation zur Lumbalpunktion bekannt sein. Im Computertomogramm findet man Zeichen der intrazerebralen Raumforderung, ausgedehntes Ödem und Kontrastmittelaufnahme im Abszess, besonders im Randbereich (Ringstruktur). Der Liquor ist meist pathologisch, jedoch nicht immer wie bei bakterieller Meningitis verändert. Der Erregernachweis im Liquor gelingt selten, häufiger bei direkter Punktion des Abszesses.

Th: Hochdosierte parenterale Gabe von Breitspektrumantibiotika, evtl. Abszesspunktion und lokale Instillation. Antiödematöse Therapie mit Osmotherapeutika. Die Dexamethasongabe ist umstritten. Wenn überhaupt, sollte sie nur nach gezielter antibiotischer Abdeckung bei Erregernachweis erfolgen. Die operative Therapie erfolgt in der Regel erst nach Beherrschen der Entzündung.

Epilepsie

Definition und Vorkommen

Epilepsien sind charakterisiert durch wiederholte Anfälle. Daneben kennt man Gelegenheitsanfälle, die nicht rezidivieren und dann nicht als Epilepsien bezeichnet werden. Etwa 0,5% aller Menschen leiden unter Epilepsien, Gelegenheitsanfälle treten bei 3–5% aller Menschen auf. Jedes Gehirn ist krampffähig, wenn nur ein ausreichend starker, anfallsauslösender Reiz gegeben wird.

Manche Epilepsien sind Ausdruck einer Grundkrankheit (symptomatische Epilepsie); bei anderen Epilepsien ist die Ursache noch nicht bekannt. Letztere werden meist als genuine Epilepsien bezeichnet. Symptomatische Anfälle sind Ausdruck einer andersartigen Grundkrankheit, die im ZNS oder auch systemisch vorliegen kann. Hirntumoren, Zustand nach Hirntraumen, Gefäßmißbildungen, Enzephalitis, Stoffwechselkrankheiten, Zustand nach Hirninfarkten oder Hirnblutungen und Mißbildungstumoren können Ursachen symptomatischer Epilepsien sein.

Formen

Man unterscheidet *partielle* und *generalisierte* Anfälle. Unter partiellen Anfällen werden Epilepsien mit *elementaren* Symptomen (fokale motorische Anfälle, fokale sensible Anfälle, Jackson-Anfälle, Anfälle mit optischen, akustischen oder aphasischen Symptomen) und solche mit *komplexer* Symptomatik (Bewußtseinsstörungen, traumhaftes Verhalten, Nesteln, szenisches Erleben, epigastrische Phänomene usw.) verstanden. Für die komplex-partiellen Anfälle hat sich im deutschen Sprachraum auch der Begriff der psychomotorischen Anfälle gut etabliert und gehalten. Partielle elementare Anfälle gehen gewöhnlich nicht mit einer Bewußtseinsstörung einher. Alle partiellen Anfälle können sekundär generalisieren. Dies ist z. B. dann der Fall, wenn ein partieller Anfall mit motorischer elementarer Symptomatik in ein Grand mal übergeht.

Primär generalisierte Anfälle können sich als Grand mal ohne fokale Einleitung, aber auch als kleine Anfälle, z. B. als Absencen oder als Impulsiv-Petit-mal, bemerkbar machen. Früher wurde auch die Einteilung in kleine und große Anfälle häufig benutzt. Bei den kleinen Anfällen unterschied man sog. altersgebundene und altersungebundene Anfälle. Altersungebundene kleine Anfälle werden heute als komplex- oder elementär-partielle Anfälle bezeichnet. Komplex- und elementarpartielle Anfälle sowie sekundär generalisierte Anfälle müssen immer den Verdacht auf eine symptomatische Ursache dieser Epilepsie lenken, der dann durch Zusatzdiagnostik ausgeräumt bzw. bestätigt werden muß.

Partielle Anfälle

Partielle Anfälle mit elementarer Symptomatik (motorisch, sensibel, optisch, akustisch, aphasisch, vegetativ) sind meist Ausdruck einer symptomatischen Epilepsie und machen die Suche nach einer Grundkrankheit erforderlich. Im EEG zeigt sich bei partiellen Anfällen häufig, aber nicht immer ein Herdbefund, der bei elementarer Symptomatik fokalen Spitzenentladungen entsprechen kann. Bei komplex-partieller Symptomatik können abnorme uni- oder bilaterale Rhythmisierungen gefunden werden.

Zur Beschreibung der Symptome und Variationsbreite partieller epileptischer Anfälle, insbesondere der komplex-partiellen Anfälle (psychomotorische Anfälle), muß auf die entsprechenden Lehrbücher der Neurologie und Epileptologie hingewiesen werden.

Generalisierte Anfälle

Kleine primär generalisierte epileptische Anfälle, deren Auftreten an ein bestimmtes Lebensalter gebunden ist, sind, geordnet nach der altersgebundenen Manifestation, die Blitz-Nick-Salaam-Krämpfe, das myoklonisch-astatische Petitmal, die Pyknolepsie (Absencen) und das Impulsiv-Petitmal.

Bei den *Blitz-Nick-Salaam-Krämpfen* (West-Syndrom) handelt es sich um ein Syndrom mit einer charakteristischen Trias aus einer brüsken Vorwärtsbewegung (Propulsiv-Petitmal), Stillstand der psychomotorischen Entwicklung und einer Hypsarrhythmie im EEG. Der Anfallsablauf ist durch eine brüske Vorwärtsbewegung charakterisiert mit Kopf- und Rumpfbeugung, Anheben der Beine und Einschlagen der Arme. Im Sitzen ähnelt der Krampfablauf dem orientalischen Gruß (Salaam-Krampf). Ist nur der Rumpf betroffen, so entsteht das Bild des Nickanfalls. Der einzelne Anfall dauert nur wenige Sekunden. Häufig treten BNS-Krämpfe in Serien auf. Sie können mit Grand-mal-Anfällen kombiniert sein. In der Mehrzahl der Fälle besteht ein organischer Hirnschaden prä-, peri- oder postnatal, z. B. durch angeborene Stoffwechselkrankheiten (Phenylketonurie u. a.). Nur 10% der Kinder haben keine Hirnläsionen (idiopathische Form). Unbehandelt ist die Prognose ungünstig. Die Mortalität liegt bei 20%. ¾ der Überlebenden weisen erhebliche intellektuelle Defektsyndrome auf. Die Hälfte leidet auch im späteren Leben an epileptischen Anfällen, wobei die BNS-Anfälle im Kleinkindesalter meist ohne Therapie aufhören, aber dann häufig in andere Epilepsieformen übergehen. Die Behandlung erfolgt in erster Linie mit Clonazepam oder Nitrazepam, bei unbefriedigendem Erfolg Ergänzung durch wiederholbare Kuren mit ACTH oder Glucocortikoiden. Ein frühes Einsetzen der Behandlung ist wichtig, da die einmal eingetretene Gehirnschädigung nicht mehr reversibel ist.

Das *myoklonisch-astatische Petitmal* ist charakterisiert durch eine plötzliche Störung der

Haltungskontrolle bilateraler generalisierter oder partiell generalisierter Myoklonien, oft verbunden mit einer nachfolgenden Myatonie. Die Kinder stürzen wie vom Blitz getroffen zu Boden; die Verletzungsgefahr ist erheblich. Vor dem Sturz kommt es häufig zu Beugemyoklonien der Arme, Zuckungen der Gesichtsmuskulatur und oralen Automatismen. Als Lennox-Gastaut-Syndrom wird eine Verlaufsform bezeichnet, bei der myoklonisch-astatische Anfälle in Kombination mit tonischen Anfällen und/oder großen generalisierten Anfällen auftreten. Das Manifestationsalter liegt zwischen dem 2. und 6. Lebensjahr. Knapp die Hälfte der Patienten weist als Folge einer prä-, peri- oder postnatalen Hirnschädigung zerebrale Bewegungsstörungen und psychopathologische Störungen auf. Zur Behandlung wird Valproat oder Nitrazepam, bei jüngeren Kindern in Kombination mit ACTH oder Glucocorticoiden, eingesetzt, wenn gleichzeitig große Anfälle vorkommen, zusätzlich Phenytoin. Die Behandlung ist schwierig; ⅔ der Fälle sind schlecht einstellbar und partiell therapieresistent. Für die Erwachsenenneurologie sind die *Absencen* und das *Impulsiv-Petit-mal* (bilateraler massiver Myoklonus) von Bedeutung, da diese Anfallsformen auch bei jüngeren Erwachsenen noch vorliegen, ein Übergang in generalisierte große Anfälle möglich ist und im Fall der Absencenepilepsien ein zweiter Manifestationsschwerpunkt um das 40. bis 50. Lebensjahr bekannt ist. *Absencen* sind gekennzeichnet durch charakteristische EEG-Veränderungen (bilaterale regelmäßige rhythmische 2,5–3,5/s-Spike-wave-Abläufe) und charakteristische, manchmal schwer zu bemerkende Anfallsäußerungen. Die Patienten bekommen kurzfristig einen starren Blick, unterbrechen ihre Tätigkeit, reagieren nicht auf Ansprache. Nach wenigen Sekunden werden sie wieder klar, haben keine Erinnerung an diese Episode und setzen ihre Tätigkeit da fort, wo sie aufgehört haben. Solche Absencen können unbehandelt sehr häufig auftreten (Pyknolepsie). Selten sind solche Absencen von Nesteln, Schmatzen oder Augenbegwegungen begleitet (komplexe Absencen). Diese Epilepsieform ist genetisch bedingt. In der Regel besteht keine Störung der intellektuellen Leistungsfähigkeit. Absencen sind therapeutisch gut behandelbar. Mittel der ersten Wahl sind Suximidin und Valproinsäure. Wenn gleichzeitig primär generalisierte große Anfälle auftreten, ist bei Suximidin-Behandlung zusätzlich ein Grand-mal-Schutz erforderlich.

Das *Impulsiv-Petit-mal* tritt in der Pubertät auf. Symptome sind kurze myoklonische Zuckungen in Schultern und Armen, meist lateral mit nur geringer Bewußtseinstrübung. Häufig sind die Morgenstunden besonders betont. Im EEG findet man ein charakteristisches Muster von Polyspike-wave-Elementen, die bilateral synchron und symmetrisch auftreten. Auch das Impulsiv-Petit-mal kann durch gleichzeitige primär generalisierte große Anfälle kompliziert sein. Medikamentös bewähren sich Valproinsäure und Barbiturate.

Ein *Grand mal* kann primär und sekundär generalisiert auftreten. Bei sekundär generalisierten Anfällen kann eine Aura oder ein partieller Anfall mit elementarer oder komplexer Symptomatik vorhergehen: Sprachstörungen, optische Wahrnehmungen, Adversivbewegungen oder fokale motorische Anfälle lassen einen Ausgangsherd annehmen. Danach ist aber der Verlauf der sekundär oder primär generalisierten Anfälle vergleichbar: Einem Initialschrei folgt der Sturz des Patienten. Die Augen bleiben geöffnet, die Bulbi sind nach oben oder, besonders bei fokal eingeleiteten Anfällen, zur Seite verdreht. Der Körper des Patienten ist in einer maximalen tonischen Muskelverspannung; er atmet nicht, wird zyanotisch. Nach einigen Sekunden tritt die klonische Phase mit relativ rhythmischen Zuckungen an Armen und Beinen auf, die hin und wieder lateral betont sein können. Nach etwa 1–2 Min. werden diese rhythmischen Zuckungen langsamer und sistieren endlich. Eine schnarchende, tiefe Atmung tritt ein; der Patient befindet sich im Terminalschlaf. Ein Zungenbiß tritt häufig im tonischen Krampfstadium auf; hier sind auch andere Verletzungen möglich. Beim Erwachen ist der Patient zerschlagen, müde, zeigt einen mehr oder weniger ausgeprägten postparoxysmalen Dämmerzustand, in dem auch aggressive und psychomotorisch unruhige Elemente enthalten sein können. Folgen nach jeweils kurzen Pausen weitere Grand-mal-Anfälle, spricht man von einer *Grand-mal-Serie*. Das Aufeinanderfolgen von tonisch-klonischen Anfällen entspricht einem *Grand-mal-Status*.

Therapie

Der epileptische Einzelanfall bedarf keiner Therapie. *Serie* und *Status epilepticus* werden mit Valium, Rivotril oder Dormicum i. v. unter intensivmedizinischen Bedingungen behandelt. Begleitend hierzu kann bei Erst-

manifestation von Anfällen eine Schnellsättigung mit Phenytoin i. v. erfolgen. Weitere Medikamente, die nur unter intensivmedizinischer klinischer Kontrolle und beim Versagen der Statusmedikamente der ersten Wahl in Frage kommen, sind Barbiturate, Distraneurin, Trapanal und Xylocain. Zur Dosierung s. entsprechende Bücher zur neurologischen Therapie und Intensivtherapie.
Bei einer *antiepileptischen Dauerbehandlung* richtet sich die Wahl des Medikaments nach der Art der Anfälle. Es wird grundsätzlich eine Monotherapie angestrebt. Mittel der ersten Wahl in der Behandlung sensibler, motorischer oder sonstiger partieller Anfälle mit elementarer Symptomatik sind Carbamazepin und Phenytoin. Beide Substanzen sind auch geeignet, komplizierend hinzutretende sekundär generalisierte Anfälle zu kontrollieren. Carbamazepin ist das Mittel der ersten Wahl bei komplex-partiellen Anfällen. Auch Phenytoin findet Anwendung. Barbiturate werden hin und wieder benötigt, um fokale Anfälle mit elementarer Symptomatik, die auf Carbamazepin und Phenytoin nicht ansprechen, zu kontrollieren. Auch der Status partieller Anfälle mit motorischer elementarer Symptomatik (*Kojewnikow*) spricht oft nur auf Barbiturate an. Serumspiegelkontrollen für die einzelnen Medikamente geben Aufschluß über die Patienten-Compliance. Bevor Medikamente als nicht wirksam abgetan werden, müssen sie ausdosiert worden sein. Frühe Kombinationstherapien sind unsinnig. Scheinbare müssen von echten Therapieversagern abgegrenzt werden. Die Beendigung einer antiepileptischen Dauertherapie kann nach 2 Jahren Anfallsfreiheit und nach Behandlung einer eventuellen Grundkrankheit ins Auge gefaßt werden. Zu diesem Zeitpunkt würden dann auch die Voraussetzungen zur Wiedererlangung der Fahrtauglichkeit gegeben sein, was bei Patienten auch mit seltener Anfallsmanifestation nicht der Fall ist. Ein möglichst normales Leben mit Vermeiden von besonderen anfallsauslösenden Verhaltensweisen (verkürzter Nachtschlaf, unregelmäßige Lebensweise, Alkoholmißbrauch und unregelmäßige Medikamenteneinnahme) ist die Basis jeder erfolgreichen antiepileptischen Behandlung.

Funikuläre Spinalerkrankung

Sy: Führende Symptome sind brennende Mißempfindungen in Händen und Füßen, später auch weiter proximal, Gangstörungen mit sensibler Ataxie und Paraparese treten hinzu. Atrophien sind selten. Trotz meist niedrigem Muskeltonus häufig lebhafte Reflexe und Pyramidenbahnzeichen. Hirnnervenstörungen treten praktisch nie auf (Ausnahme Alkohol-, Tabakamblyopie bei reinem B_{12}-Mangel).

Ät und Pathog: Ursache ist ein Mangel an Vitamin B_{12}. Die Krankheit ist mit der perniziösen Anämie assoziiert. Der B_{12}-Mangel kann durch den Mangel an Intrinsic factor, durch verschiedene Magenkrankheiten, durch Störungen der Vitamin-B_{12}-Resorption bei Dünndarmerkrankungen oder durch Medikamente in der Schwangerschaft bedingt sein. Die makrozytäre Anämie kann später auftreten als die funikuläre Spinalerkrankung. Pathogenetisch nimmt man eine Störung der Markscheiden in den genannten Leitungsbahnen des Rückenmarks als Ausdruck des Vitaminmangels an.

Dg: Erfolgt nach Bestimmung der Spiegel von Vitamin B_{12} (und Folsäure, deren Mangel eine ähnliche Symptomatik verursachen kann) über den Schilling-Test mit und ohne Intrinsic factor.

Th: parenterale Gabe von Vitamin B_{12}, 2mal wöchentlich 500 µg Cyanocobalamin, nach einem Jahr einmal monatich 1000 µg.

Hirnschäden, frühkindliche

Ät:

- *pränatal* durch Chromosomenanomalien (z. B. Trisomie 21, „Mongolismus") und infektiöse (z. B. Röteln, Toxoplasmose, Lues) oder toxische (z. B. Alkohol, Medikamente, Gestosen) Embryo- bzw. Fetopathien;
- *perinatal* (z. B. Hypoxie, Rh-Inkompatibilität);
- *postnatal* durch ererbte Enzymopathien und Degenerationserkrankungen des Nervensystems (z. B. Phenylketonurie, Galaktosämie, Morbus Wilson, Phakomatosen) oder erworbene Erkrankungen (z. B. Meningoenzephalitiden, Traumen).

Sy: Persistierende Erkrankungen (z. B. Enzymopathien) zeigen unbehandelt eine klinische Progression; abgeschlossene Erkrankungen (z. B. Chromosomenanomalien oder Perinatalschäden) bieten ein in der Regel therapeutisch beeinflußbares Residualsyndrom. Die Symptomatik reicht von leichten und umschriebenen Störungen der höheren Hirnleistungen (z. B. Legasthenie) über Epilepsie bis hin zu schwersten motorischen

(z. B. Athétose double) Behinderungen und Intelligenzdefekten.

Th und Prl: Die eingehende Abklärung durch neuropädiatrische Untersuchung ist wichtig für die Gestaltung nicht nur der Individualtherapie und -prophylaxe (von z. B. sekundären Verhaltensstörungen), sondern auch wegen der Möglichkeiten genetischer Beratung (z. B. Rh-Inkompatibilität, Erbleiden) und der unter Umständen guten spezifischen Therapiemöglichkeiten (z. B. Phenylketonurie, Morbus Wilson).

Hirntod, dissoziierter

Def: Irreversibler Funktionsausfall der Hirn- und Hirnstammfunktionen bei erhaltener Herz-Kreislauf-Funktion.

Ät: Entsteht vor allem nach Hirntraumen und kardiorespiratorischen Reanimationen.

Sy: Charakterisiert durch Koma, fehlende Spontanatmung und Ausfall sämtlicher Hirnstammreflexe über mindestens 12 Stunden bei primärer Hirnschädigung.

Dg: Diagnostische Hilfen durch Nullinien-EEG und evozierte Potentiale.

Hirntrauma (s. Neurochirurgie), Spätkomplikationen

Spätkomplikationen sind z. B. posttraumatische Epilepsie, Meningoenzephalitis durch (unentdeckte) Liquorfistel, traumatischer Spätabszeß, Bildung einer Fistel zwischen A. carotis communis und Sinus cavernosus (bei Schädelbasisfrakturen) und Hirnembolien nach traumatischen Dissektionen der hirnversorgenden Arterien (DD: Fettembolie bei Polytraumen). Bei Rückenmarksbeteiligung (z. B. Wurzelausriß, Schleuderverletzungen) evtl. auch progrediente Myelopathie oder Hämatomyelie/Syringomyelie.

Hirntumoren

(s. a. Kap. Neurochirurgie)

Pathologische Anatomie

Es gibt eine Vielzahl von Einteilungen der intrakraniellen Tumoren. Die Tumoren können vom Hirngewebe selbst, von den Hirnhäuten, von Gefäßen oder von Nachbarstrukturen (Schädelbasis, Hypophyse, Hirnnerven usw.) ausgehen. Häufig sind *Hirnmetastasen*, z. B. von Bronchial-, Mamma-, Schilddrüsenkarzinomen und Melanomen. Die *Karzinomatose* der Hirnhäute bei Mamma- und Bronchialkarzinomen und bei der Leukämie wird ebenfalls hier einbezogen. Intrakranielle Tumoren können, auch wenn sie histologisch gutartig sind, einen bösartigen Verlauf nehmen, da sie durch ihre raumfordernde, hirndrucksteigernde Eigenschaft zur Einklemmung führen können.

Wir unterscheiden *hirneigene Tumoren* (neuroepitheliale Tumoren, Medulloblastome, Astrozytome, Glioblastome, Oligodendrogliome, Neurinome) und mesodermale Tumoren. Diese haben unterschiedliche Malignitätsgrade: Während Neurinome in der Regel benigne sind, sieht man von den Raumforderungszeichen ab, können die anderen Tumoren in mehr oder weniger ausgeprägtem Maße Zeichen der Malignität aufweisen. Besonders maligne ist das Glioblastoma multiforme, das in manchen Einteilungen auch unter die embryonalen Tumoren gezählt wird. *Mesodermale Tumoren* umfassen die besonders häufigen Meningeome und die Angioblastome des Kleinhirns (Lindau-Tumor). Auch Meningeome sind in der Regel relativ benigne, wachsen meist langsam. Es gibt aber auch maligne entartete Meningosarkome. Meningeome können multipel auftreten. Eine spezielle Gruppe der Hirntumoren sind die *Tumoren der Sellaregion,* zu denen die Kraniopharyngeome und die Hypophysentumoren gehören. Bei den *Hypophysentumoren* unterscheiden wir hormonaktive und -inaktive Tumoren. Ein bekanntes Beispiel sind die wachstumshormonproduzierenden Adenome des Hypophysenvorderlappens, die zur Akromegalie führen. Ebenfalls wichtig sind die prolactinproduzierenden Adenome, die sehr groß werden können.

Intrazerebrale Metastasen sind häufig und werden nicht selten vor der Entdeckung des Primärtumors festgestellt. Solitäre oder multiple Rundherde, meist an der Rinden-Mark-Grenze gelegen, machen die Suche nach einem Primärtumor erforderlich. Die Differentialdiagnose umfaßt hier entzündliche und parasitäre Läsionen.

Symptome

Hirntumoren machen sich durch Allgemeinsymptome wie Kopfschmerzen, Leistungsknick, Antriebsmangel, Konzentrationsverlust, neurologische Herdsymptome (Lähmungen, Aphasien, Hemianopsien) und durch epileptische Anfälle bemerkbar. Neben den lokalen Symptomen ist vor allem die Volumenzunahme mit der Folge eines erhöhten Hirndrucks zu beachten. *Einklemmungssyndrome* beruhen auf der Entwicklung von Druckgradienten, die Teile des basalen Temporallappens in den Tentoriumschlitz einpressen und auf dieser Höhe zu einer Kompression des Hirnstamms führen. Dieser Modus gilt für alle supratentoriellen raumfordernden Prozesse, nicht nur für Tumoren, sondern auch für traumatische Blutungen oder Kontusionen, große Infarkte und große spontane Blutungen sowie Abszesse. *Infratentorielle Tumoren* können sowohl eine obere Herniation von Kleinhirnanteilen in den Tentoriumschlitz als auch eine untere Herniation von Kleinhirnanteilen in das Foramen magnum bewirken. Ein frühes Zeichen der infratentoriellen Einklemmung ist die Ausbildung eines Stauungshydrozephalus. Eines der Leitsymptome der Hypophysentumoren ist neben den endokrinologischen Auffälligkeiten das Auftreten von Visusstörungen durch Druck auf das Chiasma opticum.

Kleinhirnbrückenwinkel-Tumor: typischerweise langsam wachsendes Neurinom des N. vestibularis. Beginn mit gleichseitiger Hörminderung im Hochtonbereich und Ohrgeräuschen, gefolgt von unsystematischem Schwindel. Später werden auch die Nn. trigeminus, facialis und abducens betroffen. Durch Druck auf den Hirnstamm kommt es zu gleichseitiger Ataxie und zu gekreuzten Pyramidenbahnsymptomen, schließlich durch Kompression des IV. Ventrikels zu Hydrocephalus occlusus mit Hirndrucksymptomen.

Diagnose

Die Diagnose wird mit *Computer-* und *Kernspintomographie* gestellt. Nur noch selten ist eine *Angiographie* erforderlich. Der Liquor ist Methode der Wahl beim Verdacht auf das Vorliegen einer Meningeosis carcinomatosa oder leucaemica. Das *EEG* hilft nur im Zusammenhang mit epileptischen Anfällen bei Hirntumoren. Die akustischen Hirnstammpotentiale sind sehr geeignet für die Frühdiagnose eines Akustikusneurinoms oder eines Kleinhirnbrückenwinkeltumors und gelten als Voraussetzung für die Indikation zur sehr empfindlichen Kernspintomographie bei dieser Fragestellung.

Therapie

Die Therapie richtet sich nach Lage, Art und Dignität des Tumors. Wir unterscheiden die kausale und die symptomatische Therapie. Zur kausalen Therapie wird im neurochirurgischen Kapitel Stellung genommen. Die allgemeine Therapie ist zunächst eine antikonvulsive und antiödematöse Therapie. Im Gegensatz zu anderen Ödemen sprechen die Tumorödeme sehr gut auf Dexamethason an. Zusätzlich führt man eine Osmotherapie durch. Eine radikale Operation wird angestrebt. Nach histologischer Begutachtung ist bei malignen Tumoren eine Bestrahlung angezeigt. Bei chirurgisch schlecht angehbaren Tumoren versucht man eine histologische Zuordnung über eine stereotaktische Biopsie zu erreichen. Auf diesem Weg kann auch die Plazierung eines Strahlers vorgenommen werden. Die Ergebnisse einer begleitenden Chemotherapie sind noch nicht überzeugend. Manche Tumoren, z. B. primäre Lymphome des ZNS, aber auch Germinome, sprechen hervorragend auf Bestrahlung an.

Horner-Syndrom

Ät: Entsteht durch ipsilaterale Läsion der zentralen oder peripheren Sympathikusbahn (Dienzephalon – Centrum ciliospinale C8-Th – Ganglion stellatum des Grenzstrangs).

Sy: Meist einseitige Störung der Sympathikusinnervation des Gesichts. Symptomentetrade aus Miose (Parese des M. dilator pupillae), Ptose (Parese der Mm. tarsales superior und inferior), Enophthalmus (oft nur durch Lidspaltenverengung vorgetäuscht) und – abhängig von der Läsionslokalisation – Hyphidrose des oberen Körperquadranten.

Dg: Differenzierung zentral gegenüber peripher durch Applikation 2%iger Cocainlösung in den Bindehautsack, welche bei intakter peripherer Sympathikusbahn mydriatisch wirkt.

Hydrozephalus

Pathog, Sy und Th: Erweiterung der Hirnkammern (Hydrocephalus internus) bzw. des Subarachnoidalraumes (Hydrocephalus externus), entsteht z. B. durch Hirnatrophie (Hydrocephalus e vacuo), Störung der Resorption des Liquor cerebrospinalis über der Hirnkonvexität (Hydrocephalus aresorptivus) oder durch Verlegung des Abflusses des Liquors aus den Ventrikeln (Hydrocephalus occlusus). Besonders der letzte führt zur akuten oder chronischen Hirndrucksymptomatik und bedarf der raschen Liquordrainage. Der Normaldruckhydrozephalus (Hydrocephalus communicans) ist eine ätiologisch unerklärte Erweiterung des gesamten Ventrikelsystems, klinisch charakterisiert durch geistigen Abbau, kleinschrittige Gangstörung und Harninkontinenz.

Dg: Computertomographie, diagnostisch-prognostische Liquordrainage, ggf. Liquorraumszintigraphie und intrakranielle Liquordruckmessung.

Kleinhirnatrophie

Ät: Degenerative Erkrankung des Kleinhirns auf hereditärer, toxischer (Alkohol, Diphenylhydantoin) und idiopathischer Grundlage. Wird zu den systemdegenerativen Erkrankungen des Nervensystems gerechnet.

Sy: Klinisch charakterisiert durch Ataxie der Okulo-, Haltungs- und Zielmotorik, u. U. auch der Sprechmotorik. (z. T. sporadische) heredodegenerative Erkrankung häufig assoziiert mit Degenerationssymptomen des pyramidalen und extrapyramidalen motorischen Systems.

Th: Therapeutisch ist ggf. Unterbrechung der Toxinexposition (bei alkoholtoxischer Kleinhirnatrophie hochdosierte Vitamin-B_1-Substitution) wichtig. Bei heredodegenerativen Leiden dämpft L-Tryptophan gelegentlich die Ataxie.

Koma

Def: Tiefe Bewußtlosigkeit mit bestenfalls ungerichteter Reaktion auf starke Schmerzreize.

Ät: Entsteht durch zahlreiche Stoffwechselstörungen (z. B. diabetisches, hepatisches, urämisches Koma) und hirnorganische Erkrankungen (Hirntrauma, Intoxikationen, Hirnblutungen, Hirndrucksteigerung mit Einklemmung).

Sy: Zunehmende Komatiefe wird signalisiert durch Hinzutreten weiterer neurologischer Funktionsstörungen (Paresen, Pupillen- oder Okulomotorikstörungen, spontane oder schmerzinduzierte Streck- oder Beugesynergien, Tonusverlust, Pupillenstarre).

Dg: Diagnostische Hilfen durch CT, EEG, evozierte Potentiale.

Th: Kompensierung der zugrundeliegenden Störung.

Kopfschmerzen

Ätiologie und Symptome

Häufiges Begleitsymptom verschiedenster Erkrankungen (z. B. Nasennebenhöhlenaffektionen, Augenbewegungsstörungen, Akkomodations- und Refraktionsanomalien, Glaukom, Zustand nach Schädel-Hirn-Trauma, degenerative HWS-Veränderungen, Hypertonie, Zerebralsklerose, Urämie, febrile Infekte, somatisierte Depressionen) und Lebensgewohnheiten (Nicotin-, Alkohol- und Analgetikaabusus, Schlafmangel). Bei letzteren meist als chronischer an- und abschwellender, drückend empfundener „Spannungs"- oder „vasomotorischer" Kopfschmerz. Differentialdiagnostisch kaum abzugrenzen gegenüber Kopfschmerz bei chronischem Hirndruck (z. B. Tumoren, chronisches Subduralhämatom, Hydrozephalus oder chronische Meningitis); alarmierende Begleitsymptome: Übelkeit und Erbrechen, Meningismus, Bewußtseinstrübung, epileptische Anfälle, Stauungspapille. Abrupt und heftig einsetzender, ggf. rezidivierender (Attacken-)Kopfschmerz weist auf akute intrakranielle Drucksteigerung (z. B. Hirnblutung oder -tumor, hypertone Krise, akute Meningitis) hin; bei halbseitigem Auftreten Migräne oder Arteriitis cranialis.

Diagnose

Diagnostische Hilfe durch EEG, Doppler-Sonographie, Computertomographie und Lumbalpunktion.

Therapie

Nach Ursache, ansonsten symptomatisch mit Acetylsalicylsäure i. v. oder Paracetamol-Suppositionen.

Migräne

Sy: Familär gehäuft vorkommender, periodischer, Stunden bis Tage anhaltender, halbseitiger oder bifrontaler Kopfschmerz, häufig begleitet von vegetativen (Übelkeit, Erbrechen, Polyurie) und anderen Symptomen (kutane Überempfindlichkeit, Lichtscheu, gesteigerte Reizbarkeit). Oft gehen dieser *einfachen Migräne* mono- oder binokulare Flimmerskotome voraus. *Ophthalmoplegische Migräne:* Assoziation von einfacher Migräne mit Okulomotoriusparese, welche den Migräneanfall überdauern kann. *Migraine accompagnée:* Assoziation von einfacher Migräne mit zerebralen Herdsymptomen (Hemiparästhesien und -paresen, Aphasie, Hemianopsie), welche den Migräneanfall überdauern und gelegentlich in einen ischämischen Insult einmünden können. *Basilarismigräne:* Sonderform der Migraine accompagnée mit Hinterkopfschmerz und Symptomen der A.-basilaris-Durchblutungsstörung (homonyme Sehstörungen, periorale Sensibilitätsstörungen, Schwindel, Ataxie, Dysarthrie).

DD: Spannungskopfschmerz (diffus, kein Anfallscharakter, keine Begleitsymptome), Analgetikakopfschmerz (Dauerkopfschmerz durch Analgetikagewöhnung, entwickelt sich gelegentlich aus falsch behandeltem Migränekopfschmerz), akuter Glaukomanfall (harter Augapfel, weite und reaktionslose Pupille), Tolosa-Hunt- und Raeder-Syndrom,

Bing-Horton-(Cluster-)Kopfschmerz (äußerst heftig, stereotyp-einseitig, oft assoziiert mit halbseitiger Gesichtsrötung, Nasen- und Tränenlaufen, Miose).
Th: Im akuten Anfall Acetylsalicylsäure, 0,5–1 g i. v., bei Versagen Ergotamintartrat-Mischpräparate (z. B. Cafergot) p. o., (bei Übelkeit) als Suppositorium oder als Inhalation. In fortgeschrittenen Fällen 0,5 mg Ergotamintartrat (Gynergen) s. c. Bei zyklischem Verlauf Anfallsprophylaxe mit 100–200 mg Metoprolol oder 5–10 mg Flunarizin jeden 2. Tag.

Korsakow-Syndrom

Def: Symptomentrias aus Verlust des Neugedächtnisses, tiefgreifender Orientierungsstörung und Konfabulationen.
Ät: Häufigste Ursachen sind Alkoholabusus, Schädel-Hirn-Trauma und zerebrale Durchblutungsstörungen, bei letzteren als hirnorganisches „Durchgangs"-Syndrom.
Th und Prgn: Prognose oft schlecht. Therapie beim alkoholischen Korsakow-Syndrom Vitamin B_1, ansonsten kaum Therapiemöglichkeiten.

Leukodystrophie

Ät und Pathog: Seltene, meist familiäre, diffus fortschreitende Destruktion der Markscheiden des Groß- und Kleinhirns durch Mangel an bestimmten lysosomalen Enzymen.
Sy: Beginn im Säuglings- oder Kleinkindesalter mit psychomotorischem Entwicklungs-„Knick", gefolgt von symmetrischer spastischer Tetraparese, Optikusatrophie und Demenz.
Dg: Diagnostische Hilfen durch EMG/ENG, CT und quantitative Untersuchung der lysosomalen Enzyme im Urin.
Th und Prgn: Keine wirksame Therapie bekannt. Prognose infaust.

Locked-in-Syndrom

Ät und Sy: Seltene Formen einer ausgedehnten Hirnstammläsion (Brückenfuß) mit – bis auf vertikale Augenbewegungen – vollständiger Bewegungs- und Sprachunfähigkeit bei intaktem Bewußtsein und Sensorium (!). Verständigung nur mittels vertikaler Augenbewegungen möglich.
Dg: Diagnostische Hilfen durch EEG, Computer- und Kernspintomographie.
DD: Koma, apallisches Syndrom. Ähnliche Syndrome kommen auch bei schwerer Polyradikulitis mit Hirnnervenbeteiligung vor.

Meige-Syndrom

Sy: Bilaterale extrapyramidale Hyperkinese des Gesichts mit Blinzelkrampf (Blepharospasmus) und peri- und enoraler dystoner Hyperkinese, welche sich bis in die Schlund- und Atemmuskulatur ausbreiten kann.
Th: Anticholinergika (z. B. Trihexyphenidyl) oder Dopaminagonisten (z. B. Lisurid), lokale Injektion von Botulinustoxin.

Meningeosis (carcinomatosa, leucaemica)

Ät und Pathog: Flächig-diffuse metastatische Infiltration der Meningen, vor allem bei Mamma- und Bronchialkarzinomen und Leukämien.
Sy: Kopf-, Nacken- oder Rückenschmerzen mit Meningismus, Hirnnerven- oder Nervenwurzelausfälle und Hirndrucksymptome.
Dg: Lumbalpunktion (Tumorzellen, sehr hohes Liquoreiweiß) und Kernspintomographie.
Th: Neuraxisbestrahlung und Zytostatika intrathekal.

Miktionssynkope

Synkope durch Blutdruckabfall während der Miktion, typischerweise bei Männern auftretend.

Mitochondriopathien, mitochondriale Enzephalomyopathien

Ät: Heterogene Gruppe von Syndromen des zentralen und peripheren Nervensystems sowie der Muskulatur, welche sich auf Störungen des mitochondrialen Stoffwechsels (Atmungskette) zurückführen lassen.
Sy: Gemeinsame Symptome dieser Erkrankungen sind Muskelschwäche, Demenz, Kleinwuchs, Hörstörung, Lactatazidose, spongiöse Degeneration des Gehirns und „ragged red fibres" in der Muskelbiopsie. Hinzu treten Ophthalmoplegia externa, Retinitis pigmentosa und Herzblock (Kearns-Sayre-Syndrom), Myoklonie und zerebrale Krampfanfälle (Myoklonusepilepsie mit „ragged red fibres", MERRF) bzw. episodisches Erbrechen und episodische herdneurologische Ausfälle wie Hemiparese, Aphasie, Hemianopsie oder kortikale Blindheit (mitochondriale Enzephalopathie mit Lactatazidose und „apoplektiformen" Episoden, MELAS).
Th: Bisher nicht bekannt.

Multiple Sklerose (Encephalomyelitis disseminata)

Def: Entzündliche Entmarkungskrankheit des ZNS mit schubförmigem, chronisch-progredientem oder gemischtem Verlauf und Symptomen eines polytopen ZNS-Befalls.

Vk: In unseren Breiten häufigste organische Nervenerkrankung zwischen dem 20. und 40. Lebensjahr.

Ät: Vermutlich multifaktoriell ausgelöste Autoimmunkrankheit.

Sy: Häufigste Symptome sind ein- oder beidseitige Störungen des Sehens, der Augenbewegungen, der Kraftentfaltung, der Sensibilität, der Koordination und der Blasen-Mastdarm-Kontrolle. Extrapyramidale Bewegungsstörungen und epileptische Anfälle sind selten.

Dg: Subklinische Entmarkungsherde können durch elektrophysiologische Untersuchungstechniken (evozierte Potentiale, Blindreflex) aufgedeckt werden. Die Darstellung vor allem intrakranieller Herde gelingt am besten mit der Kernspintomographie (typisch – aber nicht spezifisch – sind periventrikuläre fleckige Demyelinisierungen). Oligosymptomatische Formen können jedoch große diagnostische Schwierigkeiten bereiten. Im lumbalen Liquor häufig (70–80%) entzündliche Veränderungen: Lymphozytäre Pleozytose (13–100/3 Zellen), leichte Gesamteiweißerhöhung (50–100 g/l), relative IgG-Vermehrung und positive oligoklonale Banden durch autochthone Immunglobulinproduktion im ZNS.

DD: Vor allem andere disseminiert-entzündliche ZNS-Erkrankungen (z. B. Neurolues, Borreliose, chronische Enzephalitiden, parainfektiöse Enzephalomyelitis), systemdegenerative Erkrankungen (hereditäre spastische Spinalparalyse, funikuläre Spinalerkrankung, Heredoataxien. olivopontozerebellare Atrophie, amyotrophische Lateralsklerose) und – besonders bei monotopen (evtl. remittierenden) Störungen – Rückenmarks- und Hirnstammtumoren, basale Aneurysmen, spondylotische Myelopathie.

Th: Im akuten Schub Prednisolon, 500–1000 mg in fallender Dosierung. Die Wertigkeit einer immunsuppressiven Therapie mit Azathioprin oder Cyclophosphamid wird kontrovers diskutiert. Die symptomatische Therapie zielt auf Milderung der motorischen Störungen durch Antispastika (Baclofen, Sirdalud, Dantrolen) und Physiotherapie, der Blasenstörungen durch regelmäßiges (!) Blasentraining.

Prgn: Sie ist besser als allgemein vermutet: Etwa 50% der Fälle haben einen gutartigen Krankheitsverlauf über mehr als 25 Jahre; etwa ⅓ der Patienten ist nach 18jährigem Krankheitsverlauf noch voll berufstätig. Insbesondere können zwischen einzelnen Schüben jahrelange beschwerdefreie Intervalle liegen.

Muskelatrophie, progressive (nukleäre Atrophie)

Ät und Pathog: Degenerative Erkrankung der motorischen Nervenzellen des Rückenmarks (spinale Muskelatrophie) und/oder des Hirnstamms (Bulbärparalyse) mit fortschreitender atrophischer Lähmung der abhängigen Muskulatur. Hinsichtlich Genetik, Manifestationsalter und -typ sowie Verlauf uneinheitliche Gruppe von familiär gehäuften, gelegentlich aber auch sporadischen oder symptomatischen (Paraneoplasie, Plasmozytom, Intoxikation) „Systematrophien" des peripheren motorischen Nervensystems (Tab. 32.**1**) (s. a. Systemkrankheiten des ZNS).

Sy: Klinisch charakterisiert durch (oft asymmetrisch beginnende) annähernd symmetrische rein periphermotorische Ausfälle mit Atrophie, Reflexabschwächung bis -verlust und Muskelfaszikulationen.

Dg: EMG, Laboruntersuchungen (insbesondere Kreatinkinase) und Muskelbiopsie; im Initialstadium auch Myelographie und Kernspintomographie des Rückenmarks und Hirnstamms, Liquor.

DD: Abhängig vom Prädilektionstyp; initial oft chronische Läsion eines peripheren Nerven, Tumoren der Schädelbasis oder der Wirbelsäule, subkortikale arteriosklerotische Enzephalopathie (Pseudobulbärparalyse), progressive Muskeldystrophie, Syringomyelie, amyotrophe Lateralsklerose, neurale Muskelatrophie, chronische Polyradikulitis.

Th: Kausale Therapie nicht bekannt; symptomatisch vor allem Krankengymnastik, orthopädische Hilfsmaßnahmen.

Muskeldystrophie, progressive

Gruppe von hereditären Degenerationserkrankungen der Skelett- (und Herz-)Muskulatur.

Sy: Typische klinische Merkmale sind vorzeitige Ermüdbarkeit, Schwäche und Atrophie (u. U. auch Pseudohypertrophie durch Fetteinlagerung) der Skelettmuskulatur mit charakteristischer, symmetrischer, oft fokal „ausgestanzt" wirkender Prädilektion, schlaffe und ausdrucksarme Gesichtszüge („Facies

Tabelle 32.**1** Muskelatrophien

Klinischer Typ	Erbmodus	Erkrankungsalter	Lebenserwartung	Prädilektion/Klinik
infantile spinale Muskelatrophie (Werdnig-Hoffmann)				
a) akute kongenitale Form (?)	autosomal rezessiv	0–1 Jahr	1–3 Jahre	Trinkschwäche, Hypotonie, Becken- und Schultergürtel, proximale Extremitäten, Stamm, Gesicht, Hals
b) chronische Form (?)		0–2 Jahre	ca. 12 Jahre	die Kinder kommen nicht zum Laufen
juvenile spinale Muskelatrophie (Kugelberg-Welander)	überwiegend autosomal rezessiv	3–20 Jahre	30–60 Jahre	vom Beckengürtel auf- und absteigend, Gesicht lange ausgespart
adulte spinale Muskelatrophie (Vulpian-Bernhardt)	meist sporadisch	20–50 Jahre	normal	vom Schultergürtel zu den Händen absteigend, Beine erst sehr spät betroffen
spinale Muskelatrophie mit distalem Lokalisationsschwerpunkt				
a) Typ Duchenne-Aran	meist sporadisch	über 30 Jahre	normal	von den Händen aufsteigend, oft asymmetrisch
b) Peronäaltyp	autosomal dominant oder sporadisch	späte Kindheit bis Erwachsenenalter	normal	Unterschenkel, selten Übergang auf die Hände und die Oberschenkelmuskulatur
Bulbärparalyse	sporadisch	30–60 Jahre	2–4 Jahre	Befall der Mund-Zungen-Schlund-Muskulatur (Hirnnerven V, VII, IX, X, XII)

myopathica"), Skoliose, Scapula alata, lose Schultern, Watschel- bzw. Steppergang. Nach genetischen und klinischen Gesichtspunkten lassen sich die in Tab. 32.**2** erfaßten Hauptformen unterscheiden.

Dg: Vor allem klinisch (einschließlich Untersuchung auch scheinbar gesunder Blutverwandter), laborchemisch (Lactatdehydrogenase, Kreatinkinase, Aldolase), elektromyographisch und bioptisch-histologisch/histochemisch. Pränatale Diagnostik ist bei den meisten Formen in humangenetischen Fachabteilungen möglich.

DD: Vor allem Myopathien bei Stoffwechseldefekten und Strukturanomalien der Muskulatur (s. Myopathien), progressive spinale Muskelatrophien, bei sporadischen Fällen auch Polymyositis, Myasthenie.

Th: bisher nur symptomatische Therapie möglich. Diese umfaßt vor allem vorbeugende Maßnahmen (genetische Beratung, Berufsberatung), Krankengymnastik, ggf. operative Spitzfuß- und Skoliosekorrektur.

Prgn: Uneinheitlich (Tab. 32.**2**); früher Erkrankungsbeginn und hohe Kreatinkinase-Werte sind im allgemeinen prognostisch ungünstig.

Tabelle 32.2 Muskeldystrophien

Typ	Geschlecht	Erkrankungsalter	Prädilektion	Besonderheiten	Lebenserwartung
1. X-chromosomal rezessive Formen					
Duchenne	m	–3	vom Beckengürtel auf- und absteigend	20% Demenz, EKG-Veränderungen	max. 20 Jahre
Becker-Kiener	m	6–20	vom Beckengürtel auf- und absteigend		leicht verkürzt
Emery-Dreyfus	m	3–15	von Schultergürtel/ Handmuskulatur absteigend	Frühkontrakturen, EKG-Veränderungen	ca. 50 Jahre
2. Autosomal rezessive Formen					
De Lange Batten-Hutter	w, m	kongenital	generalisierte Schwäche und Hypotonie		stark verkürzt, verkürzt
Glieder-Gürtel-Typ	w, m	2–50	vom Schultergürtel absteigend (Typ Erb), vom Beckengürtel auf- und absteigend		verkürzt
3. Autosomal dominante Formen					
Erb-Landouzy-Déjerine	m, w	10–30	fazioskapulohumeral		leicht verkürzt
Welander	m, w	5–60	distale Extremitätenabschnitte	juvenile Form (5–15 Jahre), Spätform 40–60 Jahre)	normal
olukäre Formen	m, w	3–70	nur äußere Augenmuskeln		meist normal
		40–60	okulopharyngeal		meist normal
myotone Dystrophie Curschmann-Steinert	m, w	kongenital –40	ausgehend von der Gesichts-, Hals- und distalen Exremitätenmuskulatur („Jammergestalt")	Myotonie, Katarakt, Kardiomyopathie, Demenz, Gonadeninsuffizienz	mäßig bis stark verkürzt

Myasthenes Syndrom (symptomatische Myasthenie, Pseudomyasthenie)

Ät und Sy: Myasthenieähnliche vorzeitige Ermüdbarkeit vor allem der proximalen Muskulatur infolge Medikamentennebenwirkung (besonders D-Penicillamin), Polymyositis und anderen Muskelkrankheiten oder paraneoplastischer Acetylcholin-Freisetzungsstörung bei kleinzelligem Bronchial- und anderen Karzinomen (Lambert-Eaton-Syndrom). Beginn typischerweise im Beckengürtel.

Th: Medikamentenkarenz, immunsuppressiv mit Steroiden und Azathioprin, Plasmapherese, Pyridostigmin ist unwirksam.

Myasthenia gravis

Pathog: Autoimmunerkrankung der neuromuskulären Endplatte durch Bildung von Autoantikörpern gegen Acetylcholinrezeptoren.

Sy: Klinisch charakterisiert durch belastungsinduzierte rasche Ermüdbarkeit der Skelettmuskulatur. Erstmanifestation meist zwischen dem 20. und 60. Lebensjahr an den Augenmuskeln (belastungsabhängige ein- oder beidseitige Ptose, Doppelbilder; okuläre Form). Ausbreitung häufig asymmetrisch über die Kau-, Schlund- und mimische Muskulatur auf Rumpf und Extremitäten (generalisierte Form). Krankheitsdauer sehr variabel: Rasch letale und kaum progrediente Erkrankungen kommen vor.

Dg: Elektromyographie, Physostigmin-(Tensilon-)Test, Bestimmung von Acetylcholinrezeptoren-Antikörpern im Serum; gezielte Suche nach Thymom (Thorax-CT), Hyperthyreose, Kollagenose.

Th: Thymektomie (auch ohne Thymomnachweis) bei jüngeren Patienten, Immunsuppression mit z. B. 80–100 mg/Tag Methylprednisolon für 3–4 Wochen (danach schrittweise Dosisreduktion) und Azathioprin (2–3 mg/kg/Tag) bis 1 Jahr nach Remission. Symptomatische Therapie durch Cholinesteraseinhibitor Pyridostigmin in Tagesdosen bis ca. 500 mg. In schwierigen Fällen evtl. Plasmapherese. *Cave: Myasthene gegenüber cholinerger Krise:* Die myasthene Krise ist ein akuter schwerer endo- oder exogener Acetylcholinmangel mit rasch progredienter Schwäche, Tetraparese und Atemlähmung. Die cholinerge Krise ist eine akute, schwere, endo- oder exogene Überdosierung unter dem Bild einer Acetylcholin-Intoxikation (Miose, Speichelfluß, Schwitzen, Bronchialsekretion und Atemstörung, abdominelle Koliken, Diarrhö, Muskelfaszikulieren, Verwirrtheit, Epilepsie; später Tetraparese, Koma und zentrale Atemlähmung). Sofortige Intensivüberwachung mit Intubation notwendig.

Myelinolyse, zentrale pontine

Ät und Sy: Akute oder subaktue Läsion der zentralen Brückenhaube, charakterisiert durch Störungen der Okulomotorik und Tetraparese bis hin zum Locked-in-Syndrom. Typischerweise nach Alkoholfolgeerkrankungen (Delirium tremens, Wernicke-Enzephalopathie) auftretend, aber auch im Gefolge intensivmedizinischer Maßnahmen. Auslösend ist möglicherweise die rasche Korrektur einer schon bestehenden Hyponatriämie.

Dg: Computer- oder Kernspintomographie.

Th: symptomatisch.

Myoklonus, Myoklonie

Def: Ätiologisch uneinheitliche, phänomenologisch sehr variable, meist niederfrequent-arrhythmische unwillkürliche Zuckungen, welche Teile eines Muskels, Gliedmaßen und den Rumpf oder Kopf, aber auch den ganzen Körper erfassen können.

Ät: Häufige Ursachen sind Epilepsien, Enzephalitiden, Endotoxikosen, zerebrale Anoxie.

Sy: Überwiegend handelt es sich um kurze Zuckungen. Langanhaltende (spasmodische Myoklonie) und tonisch anmutende hochfrequente Einzelzuckungen kommen jedoch vor. Auslösung spontan, durch verschiedenste Sinnesreize (Reflexmyoklonie), Willkürbewegungen (Aktions-, Overflow-Myoklonie); physiologischerweise im Schlaf auftretend (Einschlafmyoklonie).
Sonderform: Myorhythmie (niederfrequent-rhythmische Myoklonie), meist 1–3/s, überwiegend im Gesichtsbereich („Gaumensegelnystagmus“) oder am Zwerchfell (Singultus).

Th: Symptomatisch mit L-5-OH-Tryptophan, Antikonvulsiva, Piracetam.

Myokymie

Fortwährende, wellenartige Kontraktion einzelner motorischer Einheiten eines Muskels. Ätiologisch wohl Reizsymptom der Motoneurone, z. B. bei multipler Sklerose.

Myopathie

(s. auch Mitochondriopathien, Muskelatrophie, -dystrophie, Myasthenia gravis, Myositis, Myotonie)

Ät: Ätiologisch, klinisch und prognostisch uneinheitliche Gruppe von Muskelerkrankungen, denen (meist ererbte) degenerative Prozesse (s. Muskeldystrophien), Stoffwechselstörungen oder Strukturanomalien der Skelettmuskelfasern zugrunde liegen. Häufigste Erkrankungsform sind die Myopathien bei Endokrinopathien (vor allem Hypo- oder Hyperthyreose), Störungen der Glykogenolyse (sog. Glykogenosen, z. B. Morbus Pompe, Morbus McArdle), Kalium-Stoffwechselstörungen (periodische Lähmungen) und Mitochondriopathien (s. d.).

Sy: Leitsymptome sind vorzeitige Ermüdung, progrediente Muskelschwäche, Facies myopathica, Gangstörungen, bei Kindern Muskelhypotonie und verzögertes Laufenlernen.

Dg: Elektromyographie, Laboruntersuchungen (Muskel- und Leberenzyme, Lactatischämietest), endokrinologische Abklärung und histologisch-histochemische bzw. biochemische Untersuchung der Skelettmuskulatur.

Th: Nur bei Identifizierung des Grundleidens (z. B. Endokrinopathie) möglich, ansonsten symptomatische Behandlungsmaßnahmen (s. Muskeldystrophie).

Myositis

Ät: Entzündliche Erkrankung der Skelettmuskulatur (u. U. auch mit Beteiligung der

Herzmuskulatur – Panmyositis) durch Viren, Bakterien, Pilze, Parasiten, überwiegend jedoch als Autoimmunerkrankung (Polymyositis).

Sy: Typische Symptome sind proximal betonte Muskelschwäche und Spontan- sowie Druckschmerzhaftigkeit der Muskulatur. Im Verlauf Ausbreitung nach distal und in die Kopfmuskulatur. Auch selektiver Befall einzelner Muskeln oder isoliert erscheinender Muskelgruppen kommt vor (z. B. Augenmuskel-, fokale, „pseudomyopathische" Myositis). Gelegentlich Assoziierung mit violetter Hautverfärbung (Dermatomyositis). Hochakute Verläufe kommen ebenso vor wie über Jahre schleichend progrediente (oft schmerzlose).

Dg: Laboruntersuchungen (BSG-Beschleunigung, Muskelenzyme, zirkulierende Antikörper gegen Muskelgewebe, Rheumafaktoren), Elektromyographie und Histologie (falsch negatives Ergebnis in jeweils bis zu 25%!). Gelegentlich muß die Diagnose ex juvantibus gestellt werden. *Cave:* Bei über 50jährigen besteht eine ca. 70%ige Malignomassoziation!

DD: vor allem andere Myopathien, Polymyalgia rheumatica.

Th: 60–100 mg/Tag Prednisolon im akuten Stadium, dann allmähliche Dosisreduktion (Erhaltungsdosis 10–20 mg jeden 2. Tag). Bei Therapieversagen Azathioprin, 150 mg/Tag über mindestens 1 Jahr. Ggf. Kombinationstherapie.

Myotonie

Ät und Sy: Kontraktionsstörung der Skelettmuskulatur, bedingt durch Übererregbarkeit der Muskelmembranen. Klinisch charakterisiert durch verzögerte Muskelerschlaffung (z. B. nach Händedruck) und als Perkussionsmyotonie nach Hammerschlag auf z. B. den Daumenballen. Typische Krankheitsbilder sind Myotonia congenita (generalisierte Myotonie und Hypertrophie der Skelettmuskulatur), dystrophische Myotonie (s. Muskeldystrophien) und Paramyotonia congenita (kälteabhängige Myotonie mit anschließendem paralytischen Stadium). Neuromyotonie: Dauerkontraktion der Muskulatur mit Myokymie durch permanente Spontanaktivität einzelner motorischer Nervenfasern, wahrscheinlich auf dem Boden einer leichten Polyneuropathie.

Dg: Elektromyographie, evtl. Muskelbiopsie. Laboruntersuchungen meist normal.

Th: Selten nötig, ggf. Tocainidhydrochlorid. Therapie der Neuromyotonie mit Antikonvulsiva.

Narkolepsie

Ät und Pathog: Auslösend wirken oft Gemütsbewegungen („Lachschlag"). Pathophysiologisch beruht die Narkolepsie auf einer mangelhaften Ausreifung der Schlaf-Wach-Regulation.

Sy: Die seltene Erkrankung ist bei voller Ausprägung gekennzeichnet durch imperative Schlafanfälle, anfallsweisen Tonusverlust der Muskulatur, hypnagoge Halluzinationen und Unregelmäßigkeit des Schlafrhythmus. Man unterscheidet monosymptomatische (nur Schlafanfälle) von polysymptomatischen Formen, dem Narkolepsie-Kataplexie-Syndrom, sowie die idiopathische Narkolepsie von der symptomatischen. Die idiopathische Narkolepsie setzt nach der Pubertät ein und verläuft gutartig. Nach einer gewissen Krankheitsdauer werden die Anfälle seltener und setzen ganz aus. Eine symptomatische Narkolepsie kann bei Krankheitsprozessen der mesodienzephalen Übergangsregion auftreten. Der narkoleptische Schlafanfall setzt mit einem unwiderstehlichen Schlafbedürfnis ein, dauert wenige Sekunden bis längstens 15 Minuten und erfüllt alle Kriterien des natürlichen Schlafes bei stark gerafftem Zeitablauf. Bei fast jedem 2. Narkolepsiepatienten äußert sich die Vigilanzstörung nicht als Schlafanfall, sondern als ein Zustand verminderter Vigilanz, für den Amnesie besteht. Beim affektiven Tonusverlust (Kataplexie) erschlafft die Körpermuskulatur plötzlich für wenige Sekunden, ohne daß sich das Bewußtsein verändert. Die Kranken gehen blitzartig in die Knie oder stürzen zu Boden. Bei leichter Ausprägung beschränkt sich der Tonusverlust auf die Kopfmuskulatur. Die seltenen Wachanfälle oder Schlaflähmungen sind dem dissoziierten Erwachen oder Einschlafen des Gesunden ähnlich. Bei klarem, oft übermäßig hellem Bewußtsein ist die willkürliche Beweglichkeit für Minuten aufgehoben. Die Schlafperiode, besonders im ersten Teil der Nacht, ist gestört, der Schlaf flach und unruhig, unterbrochen von Träumen oder traumartigen Erlebnissen („hypnagoge Halluzinationen"). Das EEG ist in charakteristischer Weise verändert. Gesamtschlafzeit und REM-Zeit sind vermindert.

DD: Differentialdiagnostisch ist die Narkolepsie gegen das Pickwick-Syndrom abzugrenzen, gegen das Kleine-Levin-Syndrom, gegen andere Hypersomnien und gegen Anfälle aus dem epileptischen Formenkreis (Absencen, Dämmerattacken). Der affektive Tonusverlust hat Ähnlichkeit mit der „drop-attack" bei Hirnstammischämie und ist vom myoklonisch-astatischen Petit mal abzugrenzen, die Wachanfälle/Schlaflähmungen von der paroxysmalen hypo- und hyperkaliämischen Lähmung.

Th: Therapeutisch ist bei günstigen Verläufen mit seltenen Anfällen im allgemeinen lediglich eine Beratung erforderlich. Imipramin oder Clomipramin (3mal 25 mg Tofranil oder Anafranil) unterbinden die Kataplexie, die Wachanfälle/Schlaflähmungen und die hypnagogen Halluzinationen, sind aber ohne Wirkung auf die Schlafanfälle, gegen die L-Dopa-Präparate und bei deren Versagen Epinephrin eingesetzt werden. Die Verabreichung der sehr wirksamen Weckamine, z. B. Ritalin, sucht man wegen der Suchtgefahr möglichst zu vermeiden. Als Schlafmittel empfehlen sich Medikamente, die das Einschlafen begünstigen. Durchschlafmittel, wie Barbiturate, sind wegen ihrer ungünstigen Wirkung auf Schlafanfälle zu vermeiden.

Nervensystem, peripheres, s. peripheres Nervensystem

Neuropsychologie

Aphasie

Aphasie ist eine Störung im kommunikativen Gebrauch der Sprache, die in verschiedenen Formen auftreten kann und von Funktionsstörungen der Sprechmotorik (Dysarthrie) unterschieden werden muß.

Ätiologie

Aphasien entstehen beim erwachsenen Rechtshänder durch Läsionen der linken Frontotemporoparietalregion. Sprachfähigkeit ist an die Intaktheit der Großhirnhemisphäre gebunden, die die Bewegung der Arbeitshand steuert. Die Hemisphäre wird als sprachdominant bezeichnet. Die linksseitige Sprachdominanz ist zwar angeboren, wird aber erst in den ersten Lebensjahren manifest. Daher besteht beim Kind nach schwerer linksseitiger Hirnschädigung die Möglichkeit zur Verlagerung der Sprachdominanz, die sich jedoch in den frühen Kindheitsjahren rasch vermindert. Viele Linkshänder sind Beidhänder (Ambidexter) oder haben keine durchgängig ausgebildete Lateralisierung. Bei mehr als der Hälfte der Linkshänder ist nicht die rechte, sondern ebenfalls die linke Hemisphäre sprachdominant. Bei den übrigen hat sich keine eindeutige Dominanz entwickelt; die Sprachfähigkeit ist bilateral repräsentiert.

Diagnose

Die exakte diagnostische Einordnung einer aphasischen Sprachstörung, ihre Klassifikation und die Feststellung des Schweregrades erfordern eine gründliche neuropsychologische Untersuchung. Dabei wird zunächst auf das spontane Sprachverhalten geachtet, auf Sprachanstrengung, Flüssigkeit des Sprechens, Sprachmelodie, Artikulation, Entstellung von Wörtern, falsche Wortwahl, Wortneubildungen, Umschreibungen, Satzstruktur, Sprachverständnis und die Reaktion des Patienten auf seine sprachliche Minderleistung. Spezielle Sprachleistungen müssen durch besondere Aufgabenstellung geprüft werden, das Nachsprechen, das Benennen, das Wort- und Satzverständnis sowie die Schriftsprache. Eine psychometrische Erfassung des Sprachdefizits sollte nach Abklingen der akuten Krankheitsphase erfolgen, z. B. mit dem Aachener Aphasietest (AAT). Nach dem sprachlichen Verhalten und den Leistungen im AAT werden folgende Aphasieformen unterschieden:

Broca-Aphasie

Ät: Die Broca-Aphasie tritt auf bei prärolandischen Läsionen, d. h. Herden im frontalen Anteil der Sprachregion (Versorgungsgebiet der A. praecentralis).

Sy: Gekennzeichnet dadurch, daß die Patienten spontan nur wenig sprechen, die Struktur der Sätze auf wenige kommunikativ wichtige Substantive beschränken (Agrammatismus, Telegrammstil), Silben auslassen oder umstellen, z. B. Mexel statt Messer, Beilstift statt Bleistift (phonematische Paraphasien). Die Sprachverständnisstörung ist nur leicht. Oft liegt gleichzeitig eine artikulatorische Sprechstörung vor.

Wernicke-Aphasie

Ät: Die Wernicke-Aphasie wird bei retrorolandischen Läsionen im Versorgungsgebiet der A. temporalis posterior beobachtet.

Sy: Gekennzeichnet durch erheblich beeinträchtigtes Sprachverständnis, viele semantische und/oder phonematische Paraphasien, Wortneubildungen (Neologismen) und Paragrammatismus mit fehlerhafter Kombination und Stellung von Wörtern mit Satzabbrüchen und -verschränkungen. Semantische Paraphasien teilweise grob vom Bedeutungsfeld des Zielwortes abweichend. Wenn die Sprache durch Paraphasien und Neologismen so stark verändert ist, daß sie nicht mehr verständlich wird, spricht man von Jargonaphasie. Die Sprachmelodie, der Sprachrhythmus und die Artikulation sind intakt; Paraphasien und Neologismen werden meist nicht zu verbessern versucht.

Amnestische Aphasie

Ät: Die amnestische Aphasie kommt vor bei temporoparietalen Läsionen, besonders bei Hirntumoren, Schläfenlappenabszessen und zerebralen Abbauprozessen.

Sy: Gekennzeichnet durch eine Störung des Benennens, die sich auf Hauptwörter, Eigenschaftswörter und Tätigkeitswörter erstreckt (Wortfindungsstörung). Die gesuchten Wörter werden durch Füllwörter („Dingsda") ersetzt oder umschrieben („Bleistift = zum Schreiben"). Es kommen einzelne semantische und phonematische Paraphasien vor. Bei leichten Formen der amnestischen Aphasie kann die Sprache auf den ersten Blick verhältnismäßig intakt wirken; ihr Informationsgehalt ist jedoch auffallend gering.

Globale Aphasie

Ät: Die zugrundeliegende Läsion ist meist ein ausgedehnter Infarkt im Versorgungsgebiet der A. cerebri media.

Sy: Sprachproduktion fehlend oder reduziert auf stereotyp hervorgebrachte Wortfragmente („Phoneme"), sinnlose Lautfolgen oder floskelhafte Wendungen. Schwere Sprachverständnisstörung. Eine umfassende Aphasieprüfung ist nicht möglich, evtl. Nachsprechen oder Mitsprechen. In der Regel bestehen gleichzeitig Hemiparese, bukkofaziale Apraxie und Gliedmaßenapraxie.

Differentialdiagnose

Diskonnektionssyndrome entstehen durch Unterbrechung von Assoziationsfasern oder der über den Balken verlaufenden neokortikalen Kommissurenfasern. Wenn man mit einem Versuchstier nach „Split-brain"-Präparation (Unterbrechung aller neokortikalen Kommissurenfasern und zusätzlich des Chiasma opticum) bedingte Reflexe auf optischer Basis einübt und dabei ein Auge abdeckt, so erfolgt das Erlernen des bedingten Reflexes nur mit der Hemisphäre, der das freie Auge entspricht. Patienten, die wegen therapieresistenter Epilepsie einer „Split-brain"-Operation unterzogen wurden, zeigten bei testpsychologischen Untersuchungen vergleichbare Befunde. Eine Objektbenennung war nur dann möglich, wenn der sensorische oder sensible Reiz der sprachdominanten linken Hemisphäre zugeflossen war, nicht aber der rechten, obwohl die rechte Hemisphäre zu komplexen Leistungen fähig war, sofern das expressive Sprachvermögen nicht beansprucht wurde.

Die Störungen der Verbindungen können sowohl inter- als auch intrahemisphärisch sein. Ein Beispiel für eine interhemisphärische Störung ist die Leitungsaphasie, ein Beispiel für eine intrahemisphärische Störung das unten genannte Syndrom Alexie mit Farbbenennungsstörung und Hemianopsie.

Therapie

Bei der Therapie der Aphasien werden 3 Behandlungsphasen unterschieden:

- Die relativ intakten Sprachfähigkeiten werden zur Reaktivierung von gestörten Sprachleistungen herangezogen.
- Nach Abklingen des akuten Krankheitsstadiums werden störungsspezifische Therapieformen eingesetzt. Diese Phase dauert zwischen 6 Monaten und etwa 1 Jahr.
- In der abschließenden Konsolidierungsphase werden die erreichten Besserungen schrittweise in soziale Situationen eingebaut.

Apraxie

Definition

Apraxie ist eine Störung der Koordination von Einzelbewegungen zu Bewegungsfolgen oder von Bewegungen zu Handlungsabläufen, obwohl die Elementarmotorik erhalten ist. Die Diagnose darf nur gestellt werden, wenn keine andere spezifische oder allgemeine Funktionsstörung (Deafferentierung, Demenz, Bewußtseinstrübung) vorliegt.

Ideomotorische (= Gliedmaßen-)Apraxie

Ät: Die ideomotorische Apraxie entsteht meist durch Läsionen der sprachdominanten Hemisphäre. Sie ist bilateral bei Läsionen im linken motorischen Assoziationskortex oder im Fasciculus longitudinalis superior (arcuatus). Läsionen der Kommissurenfasern im vorderen Balkendrittel führen lediglich zu linksseitiger ideomotorischer Apraxie. Eine bukkofaziale Apraxie, die bei 80% aller Patienten mit Aphasie beobachtet wird, ist die Folge einer Läsion im motorischen Assoziationskortex für die Gesichtsmuskulatur oder einer Läsion der entsprechenden Assoziationsfasern.

Sy: Entscheidendes diagnostisches Kriterium ist nicht der ungeschickt oder unvollständig ausgeführte Bewegungsablauf, sondern das Auftreten von Parapraxien, d. h. von Bewegungen, die entweder nicht zum geforderten Bewegungsablauf gehören oder durch falsche sequentielle Anordnung an sich passender Einzelbewegungen zustande kommen oder aber im ganzen nicht dem geforderten Bewegungsablauf entsprechen. Die Apraxieprüfung, die nicht nur auf verbale Aufforderung, sondern auch imitatorisch erfolgen muß, um Fehlinterpretationen aufgrund einer Sprachverständnisstörung auszuschalten, erstreckt sich auf Ausdrucksbewegung (z. B. drohen, winken, militärisch grüßen), auf den Gebrauch bekannter Gegenstände (z. B. kämmen, aus einem Wasserglas trinken) und auf bedeutungslose Bewegungen (z. B. Handrücken an die Stirn legen). Patienten mit Gliedmaßenapraxie machen dabei folgende Fehler: Bewegungselemente werden ausgelassen, Bewegungen vorzeitig abgebrochen (fragmentarische Ausführung), nicht voll ausdifferenziert oder sind durch Perseveration (Einbau von Elementen vorausgegangener Bewegungsabläufe) gestört.

Ideatorische Apraxie

Die ideatorische Apraxie entsteht durch Läsionen in der Temporoparietalregion der sprachdominanten Hemisphäre und äußert sich in Schwierigkeiten, vertraute Handlungsfolgen wie Rasieren, Kaffeekochen auszuführen, obwohl die dazu notwendigen einzelnen Bewegungsabläufe noch möglich sind.

Konstruktive Apraxie und räumliche Orientierungsstörung

Ät: Läsion der hinteren Parietalregion.

Sy: Von konstruktiver Apraxie spricht man, wenn ein Patient nicht mehr in der Lage ist, einzelne Elemente unter visueller Kontrolle zu einem räumlichen Gebilde zusammenzufügen. Die Patienten versagen beim Zeichnen einfacher Gegenstände (z. B. Blume, Haus, Fahrrad) oder bei Aufgaben, nach Kopien und Vorlagen geometrische Figuren (z. B. Raute, Stern) zu zeichnen oder aus Einzelteilen zusammenzufügen. Eine objektive Leistungsbewertung ist z. B. mit dem „visual retention test" von Benton möglich.

Die räumliche Orientierungsstörung ist das Pendant der konstruktiven Apraxie auf der rezeptiven Seite. Die Patienten finden sich in vertrauter Umgebung nicht mehr zurecht, haben Schwierigkeiten, sich am eigenen Körper zu orientieren, was z. B. zu Problemen beim Ankleiden führen kann (fälschlicherweise als „Ankleideapraxie" bezeichnet), und versagen bei Aufgaben, die Anforderungen an die räumlich-optische Vorstellung stellen (z. B. Wegbeschreibung).

Agnosie und andere neuropsychologische Symptome

Agnosien bezeichnen Störungen des Erkennens, die nicht durch Demenz, Aphasie oder Störung der Sensorik erklärbar wären. Heute werden Agnosien meist als Leitungsstörungen interpretiert. Optische bzw. visuelle Objektagnosien machen sich z. B. durch den verbalen Umgang, nicht durch den praktischen Umgang mit Objekten bemerkbar.

Unter *Anosognosie* versteht man das Phänomen, daß ein Kranker die Störung einer Funktion nicht beachtet oder nicht wahrnehmen kann. Die Anosognosie kann sich auf Teilaspekte wie Lähmung, Hemianopsie oder auch auf das Kranksein beziehen. Manchmal konfabulieren die Patienten die Intaktheit des betroffenen Systems und bieten gängige Erklärungen an, warum sie in einer Situation eine bestimmte Aufgabe (z. B. Lesen, die gelähmte Hand bewegen) nicht erfüllen können.

Unter *Neglect* versteht man eine völlige oder partielle Vernachlässigung einer Körperhälfte oder eines Gesichtsfeldbereichs, ohne daß es dem Patienten bewußt wird. Zu unterscheiden ist zwischen simultanem und absolutem Neglect. Beim simultanen Neglect wird die Vernachlässigung nur dann auffallen, wenn Stimuli simultan bilateral angeboten werden, z. B. bei der Gesichtsfeldprüfung. Dann kann es so aussehen, als habe der Patient eine Hemianopsie. Wenn man danach jedoch in dem vermeintlich hemianopischen Gesichtsfeld alleine stimuliert, wird der Gegenstand erkannt.

Alexien sind Störungen des Lesevorganges. Meist sind sie verbunden mit einer mehr oder weniger ausgeprägten Aphasie (globale, Wernicke- oder amnestische Aphasie). Die Symptomenkombination Alexie mit Farbbenennungsstörung und Hemianopsie (nach rechts) wird als Leitungsstörung interpretiert. Die Patienten können schreiben, aber nicht lesen. Die Läsion wird im linken Okzipitalhirn und im Balken angenommen.

Parkinson-Syndrom

Ät und Pathog: Pathophysiologisch liegt dem Parkinson-Syndrom ein Dopaminmangel im nigrostriären System vor, der durch einen Untergang der melaninhaltigen Zellen in der Substantia nigra ausgelöst wird. Es resultiert ein Ungleichgewicht zwischen cholinergen und dopaminergen Mechanismen. Ursachen sind die primäre Degeneration der genannten Zellen *(Morbus Parkinson)*, aber auch erworbene Störungen dieses Systems nach Enzephalitiden, bei Behandlung mit Neuroleptika, bei zerebralen Durchblutungsstörungen oder als Begleitsymptome bei Systemkrankheiten wie der olivopontozerebellaren Atrophie (S. 1262), beim Shy-Drager-Syndrom, bei der progressiven supranukleären Ophthalmoplegie (Steele-Richardson-Olszewski-Syndrom) und beim Morbus Wilson. Kohlenmonoxid-, Manganvergiftungen und Zustand nach globalen Hirnhypoxien (Reanimation, Strangulation) können parkinsonähnliche Störungen nach sich ziehen. Bei der Parkinson-Krankheit werden weitere Symptome wie vegetative Störungen (z. B. orthostatische Hypotonie), die aber auch unter L-Dopa-Behandlung auftreten können, beobachtet. Auch ein Zusammentreffen mit einer Demenzentwicklung wird beschrieben. Beim Zusammentreffen eines überwiegend akinetischen parkinsonähnlichen Syndroms mit erheblichen Okulomotorikstörungen, insbesondere vertikaler Blickparese, spricht man vom Steele-Richardson-Olszewski-Syndrom.

Sy: Das Parkinson-Syndrom ist durch die Symptome Akinese, Rigor und Tremor gekennzeichnet. Die Symptome können unterschiedlich gewichtet sein. Der Tremor kann fehlen, aber auch Erstsymptom sein. Die Ausprägung der Symptome schwankt stark; der Beginn ist oft einseitig. *Akinese* beschreibt die Unfähigkeit, Bewegungen zu initiieren. Die Akinese beruht nicht auf einer Lähmung. Auch die Verarmung der Mimik, die fehlenden Mitbewegungen und die leise und monotone, langsame Sprachfunktion sind Ausdruck der Akinese. Manche Bewegungen, die initiiert wurden, brechen auf halbem Wege ab. Auch die typische parkinsonistische Körperhaltung ist Ausdruck der Akinese. Der Gang wird kleinschrittig. Startschwierigkeiten, Probleme beim Anhalten, Umdrehen und beim Gegensteuern von Bewegungsimpulsen (Propulsion, Retropulsion) runden das Bild ab. Die Schrift wird klein und unsicher. Mit *Rigor* beschreibt man eine Erhöhung des Muskeltonus, der einen Widerstand gegen jede Bewegung darstellt. Die Tonuserhöhung betrifft Beuge- und Streckmuskulatur. Bei passiven Bewegungen ist das Zahnradphänomen zu beobachten. Der Rigor führt nicht zu einer Steigerung der Muskeleigenreflexe. Der *Tremor* äußert sich als gleichmäßiger Ruhetremor in antagonistisch wirksamer Muskulatur. Besonders typisch ist der Ruhetremor der Hände (Pillendrehtremor) und des Kopfes. Bei intendierten Bewegungen kann der Tremor nachlassen. Er kann auch unterdrückt werden, tritt dann jedoch an anderen Extremitäten verstärkt auf. In weiter fortgeschrittenen Fällen ist der Tremor aber auch bei der Bewegung erhalten und verhindert so z. B. das sichere Führen einer Tasse an den Mund.
Ein halbseitiges Parkinson-Syndrom wird als Hemiparkinson beschrieben. Weitere Symptome, die hinzutreten können, sind vegetative Begleitsymptome und psychische Symptome wie Aspontaneität, vermeintlich verlangsamter Denkablauf, depressive Stimmung, Abkapselung und Einengung der Interessenlage.

Th: Die Behandlung des Parkinson-Syndroms greift an der Imbalance zwischen dopaminergem und cholinergem System an. Man versucht den Dopaminmangel durch verschiedene Medikamente zu beheben.

- L-Dopa, ein Vorläufer des Dopamins,
- Dopaminagonisten wie Lisurid oder Bromocription,
- Monoaminooxidase-B-Hemmer (Deprenyl),
- Anticholinergika.

Anticholinergika wurden früher gerne in der Erstbehandlung eingesetzt; heute wird eine frühe Behandlung mit L-Dopa, evtl. kombiniert mit Dopaminagonisten, empfohlen. Die beschriebenen Substanzen wirken besonders auf Akinese und Rigor. Der Tremor ist oft schlechter zu kontrollieren; hier lohnt der Versuch mit Anticholinergika. Bei sehr stark im Vordergrund stehendem Tremor kann auch eine stereotaktische Operation in Frage kommen. Unter der Therapie kann es zu sehr störenden Hyperkinesen, psychischen Veränderungen mit exogener Psychose, Halluzinationen und psychomotorischer Unruhe kommen. Besonders gefürchtet sind On-off-Phänomene, bei denen die Patienten von einem leicht hyperkinetischen Stadium innerhalb von ganz kurzer Zeit in ein völlig akinetisches Stadium gelangen. Man versucht diesen On-off-Phänomenen durch relativ häufige Gabe von niedrigen Dosen von L-Dopa beizukommen. Versuche mit kontinuierlicher Gabe von Medikamenten über Pumpen sind vielversprechend. Nächtliche Akinesen werden von dem Patienten als sehr quälend empfunden und machen häufig die Einnahme von L-Dopa in der Nacht erforderlich. Akinetische Krisen mit Unfähigkeit, sich zu bewegen, zu essen und zu trinken, sind Notfälle, die Amantadin-Infusionen, evtl. Lisurid-Infusionen und die enterale Gabe von L-Dopa über eine Magensonde erforderlich machen. Die Therapie des Parkinson-Symdroms ist eine sehr individuelle Behandlung, bei der es auf eine gute Zusammenarbeit zwischen Patienten, betreuenden Angehörigen und Arzt ankommt. Das Herausfinden von individuell optimalen Therapiekombinationen ist das Ziel der Behandlung.

Peripheres Nervensystem

Schäden des peripheren Nervensystems können durch vielfältige Ursachen hervorgerufen werden und sich an einem einzelnen Nerven, an einem Nervengeflecht oder an einer Nervenwurzel manifestieren oder, wie die Polyneuropathien, das periphere Nervensystem als Ganzes, gleichsam als ein Organ, befallen.

Polyneuropathiesyndrom

Symptome

Kardinalsymptome der Polyneuropathien sind schlaffe Lähmungen, sensible Reiz- und Ausfallerscheinungen und vegetative Störungen. Blasen- und Mastdarmlähmungen gehören nur bei einigen Formen zum Bild der Polyneuropathie. Motorische, sensible und vegetative Störungen sind meist etwa gleich stark ausgeprägt; allerdings kommen auch vorwiegend oder rein motorische und sensible Polyneuropathien vor. Der häufigste Lokalisationstyp ist der symmetrische, distal betonte Befall der Extremitäten. Die sensiblen Störungen sind dabei strumpf- oder handschuhförmig angeordnet. In der Regel sind die Beine stärker betroffen als die Arme. Erstrecken sich die Lähmungen auch auf die Rumpfmuskulatur und hat die Sensibilitätsstörung eine querschnittsförmige Anordnung, spricht man von Polyneuroradikulitis. Formen mit besonderer Beeinträchtigung der Tiefensensibilität werden als ataktische Polyneuropathie bezeichnet. Das Auftreten von Hirnnervensymptomen ist nicht selten. Unter diesen stehen die doppelseitige Fazialisparese und Gefühlsstörungen im 2. Trigeminusast an erster Stelle. Es gibt auch eine Hirnnervenpolyneuropathie, bei der nur Hirnnerven, meist doppelseitig, betroffen sind. In der Mehrzahl der Fälle entwickeln sich die Symptome chronisch über Wochen und Monate. Diese chronischen Verläufe führen im allgemeinen nicht zu kompletten Lähmungen, haben aber auch nur eine geringe Besserungstendenz. Das andere Extrem sind akute oder subakute Verläufe mit Ausbreitung der motorischen und sensiblen Ausfälle, in der Regel von distal nach proximal, im Verlaufe von 1–2 Wochen und allmählicher Rückbildung. Die Landry-Paralyse ist gekennzeichnet durch rasches Aufsteigen der Lähmungen innerhalb von wenigen Stunden bis Tagen mit Beteiligung der Rumpfmuskulatur und Gefahr der Atemlähmung.

Diagnose und Formen

Der Liquorbefund hat nur begrenzten diagnostischen Wert und kann, wenn sich der Krankheitsprozeß an den distalen Abschnitten des peripheren Nervensystems abspielt, normal sein. Erhöhung des Gesamteiweißes auf Werte über 0,7–1 g/l bei normaler Zellzahl wird als Guillain-Barré-Liquorsyndrom bezeichnet.

Eine nach allen Gesichtspunkten befriedigende Klassifikation der Polyneuropathien gibt es vorläufig nicht. Man unterscheidet nach feingeweblichen und elektrophysiologischen Kriterien Polyneuropathien mit primärem Markscheidenbefall von solchen mit primär axonaler Faserdegeneration. Zu den primär axonalen Polyneuropathien gehören unter anderem die meisten toxischen und paraneoplastischen Polyneuropathien sowie der Großteil der alkoholischen Polyneuropathien, zu den Formen mit primärem Markscheidenbefall die Polyneuritis vom Typ Guillain-Barré sowie die Mehrzahl der diabetischen Polyneuropathien. Aus dieser Zweiteilung ergeben sich differentialdiagnostische Möglichkeiten. Bei Neuropathien mit primärem Markscheidenbefall sind im Frühstadium die elektroneurographischen Parameter verändert, d. h. die motorischen und sensiblen Nervenleitgeschwindigkeiten verlangsamt und die distalen Überleitungszeiten verzögert. Bei der axonalen Polyneuropathie findet man hingegen frühe neurogene Potentialveränderungen und Fibrillationen. Bei fortgeschrittenen Polyneuropathien existieren beide Befallstypen nebeneinander.

Guillain-Barré-Polyneuritis

Vk und Pathog: Die akute Polyneuritis (akutes Guillain-Barré-Syndrom) beruht wahrscheinlich auf einer Autoimmunreaktion gegen peripheres Nervengewebe. Sie ist nicht häufig; angenommen werden 1,7 Krankheitsfälle auf 100 000 Einwohner pro Jahr.

Sy: Die Symptomatik entwickelt sich in den meisten Fällen akut oder subakut innerhalb von 1–2 Wochen. Die Lähmungen sind symmetrisch ausgeprägt, an den Beinen schwerer als an den Armen, meist proximal stärker als distal, und ergreifen nicht selten die Rumpfmuskulatur mit der Gefahr der Atemmuskellähmung. Häufig kommt es zu Hirnnervenlähmungen, insbesondere zu Fazialisparesen. Die Sensibilitätsausfälle sind meist nur leicht ausgeprägt. Auch rein motorische Formen kommen vor. Eine Beteiligung des autonomen Nervensystems wird besonders dann klinisch relevant, wenn die Regulation von Herztätigkeit und Blutdruck gestört ist. Sofern eine Starre der Herzfrequenz bei anhaltender Exspiration, beim Valsalva- oder beim Bulbusdruckversuch vorliegt, empfiehlt sich eine passagere Stimulationssonde als externer Demand – Schrittmacher. Ein Guillain-Barré-Liquorsyndrom entwickelt sich in der Regel erst in der 2.–4. Krankheitswoche.

Dg: Elektroneurographisch findet sich in der Mehrzahl der Fälle eine Verlangsamung der Nervenleitgeschwindigkeit.

Th: Neben allgemeinmedizinischen Maßnahmen werden frühzeitiger Einsatz von Krankengymnastik, Thromboseprophylaxe und Bilanzierung von Flüssigkeit, Elektrolyten und Nährstoffen und in bestimmten Fällen Plasmapherese empfohlen. Sie sollte dann eingesetzt werden, wenn sich der Zustand der Patienten rasch verschlechtert, die Ausfälle aber nicht komplett oder für länger als 1 Woche konstant sind.

Prgn: Der Nachweis reichlicher Denervierungspotentiale ist prognostisch quoad restitutionem ungünstig. Im allgemeinen hat die Erkrankung jedoch eine gute Prognose. 10–20% der Patienten müssen beatmet werden. Der gleiche Prozentsatz behält Funktionsstörungen zurück. Es werden 3–10% Rezidive berichtet.

Polyneuropathien

Ätiologie

Polyneuropathien treten auf bei *Stoffwechselstörungen* (Diabetes mellitus, Urämie, Leberzirrhose), Mangel- und Fehlernährung, enteralen Resorptionsstörungen, *Kollagenosen*, exogen-toxischen Störungen (Alkoholismus, Arsen, Thallium, Blei, organische Lösungsmittel, *Medikamente* z. B. Isoniazid, Phenytoin). Außerdem sind *paraneoplastische, ischämische* und *genetisch bedingte Polyneuropathien* zu berücksichtigen. Klinisch relevant sind wegen ihrer Häufigkeit die diabetische, die alkoholbedingte und die paraneoplastische Polyneuropathie sowie die Polyneuropathie bei Panarteriitis nodosa und anderen Kollagenosen.

Polyneuropathie bei Diabetes mellitus

Ät: Pathophysiologisch ist die diabetische Neuropathie auf die Stoffwechselstörung selbst zurückzuführen, nicht wie bisher angenommen, auf eine diabetische Mikroangiopathie der Vasa nervorum.

Sy: Auf einen Diabetes mellitus müssen fast 30% aller Polyneuropathien zurückgeführt werden. 3 von 4 Diabetikern weisen geringfügige klinische Symptome einer Polyneuropathie auf, z. B. Verlust der Achillesreflexe und Abschwächung des Vibrationsempfindens an den Zehen. Häufige initiale Beschwerden sind Parästhesien vom Typ der „burning feet", nächtliche Muskelkrämpfe oder Schmerzen an den Oberschenkeln, die sich im Liegen und besonders nachts verstärken. Sensibilitätsausfälle betreffen besonders das Vibrationsempfinden an den Zehen und Füßen. Ist das Lageempfinden gestört, entsteht das Bild einer sensiblen Ataxie. Die Lähmungen haben zwei Verteilungstypen: Distale sensomotorische symmetrische Paresen oder proximale, oft asymmetrische, vorwiegend motorische Paresen, die den M. quadriceps, den M. iliopsoas, die Adduktoren und die Glutäen bevorzugen. Liegt eine Kombination aus proximalen Paresen und nächtlichen Schmerzen vor, spricht man von diabetischer Amyotrophie. Eine besondere Lokalisation ist die *diabetische Radikulopathie* der unteren Thorakalsegmente mit Bauchwandparesen, Schmerzen und Gefühlsstörungen am Rumpf, die differentialdiagnostisch gegen eine Wurzelkompression anderer Ursache abzugrenzen ist, zumal dabei häufig eine Erhöhung des Liquoreiweißes besteht. Diabetische Mononeuropathien der Hirnnerven sind nicht selten: In der Reihenfolge der Häufigkeit werden die Nn. oculomotorius, abducens und facialis betroffen. Die *akuten diabetischen Augenmuskelparesen* bilden sich in aller Regel zurück. Bleiben Augenmuskellähmung bestehen, muß man auch bei Diabetikern nach einer anderen Ursache suchen. Die einseitige isolierte Okulomotoriuslähmung ist dabei gegen ein paralytisches Aneurysma der A. communicans posterior abzugrenzen. Eine weitere Variante der Schädigung des peripheren Nervensystems durch die diabetische Stoffwechselstörung ist die autonome Polyneuropathie mit Anomalien der Pupillentätigkeit, Blasen-Mastdarm-Störungen, Impotenz, Anomalien der Schweißsekretion, orthostatischen Regulationsstörungen, Herzstarre sowie Auftreten trophischer Ulcera. Wichtig ist, daß die diabetischen Neuropathien in jedem Stadium des Diabetes, auch als Frühsymptom, auftehten können und keine feste Beziehung zur Dauer und Schwere der Stoffwechselstörung aufweisen. Allerdings ist bei Vorliegen eines subklinischen oder latenten Diabetes mellitus die Diagnose einer diabetischen Neuropathie nur nach Abschluß anderer Ursachen einer Polyneuropathie zu stellen. Diabetische Polyneuropathien vom distalen Typ entwickeln sich in der Regel schleichend über Monate und bilden sich nur langsam und meist unvollständig wieder zurück. Hingegen setzt der proximale Typ subakut ein und pflegt innerhalb einiger Monate abzuklingen. In der Regel wird die Polyneuropathie bei unbehandeltem und schlecht eingestelltem Diabetes mellitus manifest.

Th: Daher ist die Normalisierung der diabetischen Stoffwechsellage die wichtigste Maßnahme. Bei starken Schmerzen werden Thioctsäure und Carbamazepin empfohlen.

Alkoholbedingte Polyneuropathie

Ät und Pathog: Das Auftreten einer alkoholbedingten Polyneuropathie setzt einen jahrelangen Alkoholmißbrauch voraus. Außerdem muß eine individuelle Disposition bestehen, da nur eine geringe Zahl der Alkoholiker eine voll ausgebildete Polyneuropathie entwickelt. Eine unmittelbar toxische Wirkung des Alkohols selbst und seiner Stoffwechselprodukte auf das periphere Nervensystem scheint nur bei der akuten Alkoholintoxikation vorzuliegen, während bei chronischem Alkoholismus die Fehlernährung im weitesten Sinne die entscheidende Rolle spielt. Nachgewiesen worden ist ein Mangel an Vitamin B_1.

Sy: Klinisch findet sich ähnlich wie bei der diabetischen Polyneuropathie ein breites Spektrum von Symptomen. Viele Patienten klagen im Frühstadium über intensive Schmerzen an den Beinen und Wadenkrämpfe, besonders nachts. Regelhaft nachweisbar sind dann ausgeprägte Druckschmerzen der Nervenstämme sowie trophische Störungen mit Anomalien der Schweißsekretion und der Vasomotorik an den anderen Extremitäten, fehlende Beineigenreflexe und leichte Sensibilitätsstörungen mit Abschwächung des Vibrations- und Lageempfindens an den unteren Extremitäten. In schweren Fällen entwickelt sich innerhalb weniger Wochen unter heftigen Schmerzen das Vollbild einer Polyneuropathie, wobei passager das Bild einer Schwerpunktneuropathie mit doppelseitiger Peronäusparese auftreten kann.

Th und Prgn: Unter Alkoholabstinenz, ausreichender Ernährung, B_1-Therapie und physikalischer Behandlung pflegt sich die alkoholbedingte Polyneuropathie innerhalb von Wochen bis Monaten zumindest partiell wieder zurückzubilden. Die Langzeitprognose ist jedoch ungünstig und wird durch die Rückfallgefährdung des Alkoholikers getrübt.

Paraneoplastische Polyneuropathie

Die paraneoplastische Polyneuropathie ist klinisch gekennzeichnet durch das Vorliegen einer vorwiegend sensiblen Symptomatik. Sie befällt die Beine mehr als die Arme und äußert sich vor allem in Parästhesien, Gangunsicherheit infolge sensibler Ataxie und Reflexabschwächung. Paresen treten im klinischen Bild zurück. Die Nervenleitgeschwindigkeiten sind verlangsamt, da es sich um eine Polyneuropathie vom Markscheidentyp handelt. Die Symptome erreichen binnen weniger Monate ihr Maximum und bleiben in der Regel unverändert bestehen.

Polyneuropathie bei Panarteriitis nodosa

Sy: Etwa jeder 2. Patient mit Panarteriitis nodosa entwickelt peripherneurologische Ausfälle, die Folge einer der Grundkrankheit entsprechenden vaskulären Polyneuropathie sind. Diese tritt in zwei Formen auf: Zum einen als Mononeuritis multiplex, d. h. als Lähmung mehrerer individueller Extremitätennerven, unter Umständen kombiniert mit Hirnnervenausfällen, und zum anderen als symmetrische Polyneuropathie. Initialsymptom sind in aller Regel heftigste Schmerzen; danach kommt es zu Paresen mit rasch auftretenden erheblichen Muskelatrophien. Sensible Ausfälle sind nur gering ausgeprägt.

Dg: Sie ist nicht einfach. Sie wird erleichtert, wenn Symptome eines Multiorganbefalls vorliegen, und gesichert durch Leber- und Nierenbiopsie. Die diagnostische Ausbeute einer Nervenbiopsie ist geringer.

Th: Es empfiehlt sich entsprechend der Annahme einer Autoaggressionskrankheit die Verabreichung von Immunsuppressiva, in aller Regel Cyclophosphamid (Endoxan).

Hereditäre motorisch-sensible Neuropathie (HMSN)
Inhomogene Gruppe von hereditären Degenerationserkrankungen der peripheren motorischen, sensiblen und/oder vegetativen Nervenfasern.

Läsionen einzelner Nerven

Ätiologie und Pathogenese
Läsionen individueller peripherer Nerven haben in der Regel eine mechanische Ursache, die akut einmalig oder chronisch wiederholt einwirken kann: In Friedenszeiten Druck, Zerrung, Quetschung, seltener Stich- und Schnittverletzungen, in Kriegszeiten Schuß- und Splitterverletzungen. Durch Luxationen und Frakturen können periphere Nerven einerseits unmittelbar primär lädiert werden. Andererseits treten im weiteren Verlauf sekundäre Läsionen auf, entweder frühzeitig iatrogen im Zusammenhang mit der heute geübten Osteosynthesebehandlung oder seltener als Spätlähmung (z. B. Ulnarisparese nach Luxationen und/oder Frakturen des Ellenbogens). Die chronischen Engpaßsyndrome stellen die wichtigsten nicht traumatischen Schäden peripherer Nerven dar, da sie bei rechtzeitiger Diagnose erfolgreich chirurgisch behandelt werden können. Die bekanntesten Engpaßsyndrome sind das Sulcus-n.-ulnaris-Syndrom, das Karpaltunnelsyndrom (N. medianus), das Supinatorlogensyndrom (N. radialis), das Syndrom der Guyon-Loge (N. ulnaris), die Meralgia paraesthetica (N. cutaneus femoris lateralis) und das Tarsaltunnelsyndrom (N. tibialis). Prädisponierend wirken allgemeine Faktoren: Einseitige Beanspruchung, z. B. bei den Beschäftigungs- und Berufslähmungen, Tiefschlaf, z. B. unter Einwirkung von Medikamenten oder Alkohol, Narkose, Diabetes mellitus, chronischer Alkoholismus und schließlich auch hereditäre Faktoren, z. B. bei der Neigung zu familiären polytopen Druckschäden. Eine Sondergruppe sind die iatrogenen Nervenschäden durch Injektionen und Operationen sowie unsachgemäß angelegte Gipsverbände.

Diagnose
Neben der klinischen Untersuchung ist die elektrophysiologische Diagnostik zur Feststellung einer Nervenläsion unentbehrlich. Sie erlaubt eine Aussage darüber, ob es sich lediglich um eine primäre Markscheidenläsion (Neurapraxie), um eine axonale Läsion (Axonotmesis) oder um eine komplette Kontinuitätsdurchtrennung (Neurotmesis) handelt, mit entsprechend unterschiedlicher Therapie und Prognose.

Therapie
Die Therapie der Schäden der peripheren Nerven ist hauptsächlich physikalisch: Frühzeitige passive Bewegungsübungen und sachgemäße Lagerung der gelähmten Gliedmaßen zur Vermeidung sekundärer Gelenkkontrakturen, Muskelmassage und aktive Innervationsübungen mit gleichzeitiger Innervation der gesunden kontralateralen Muskeln („cross education"). Elektrotherapie sofort nach der Läsion bis zum Auftreten klinischer und elektromyographischer Reinnervationszeichen. Medikamentös bei Bedarf Schmerzmittel. Schmerzausschaltende Eingriffe und Stimulationsverfahren nur in Ausnahmefällen chronischer Schmerzzustände, wenn abnorme Reaktionen als schmerzgestaltende Faktoren ausgeschlossen sind. Nervennähte bei offenen Verletzungen entweder sofort als Primär- oder als frühe Sekundärnaht 3–4 Wochen nach der Verletzung. Nach geschlossenen Verletzungen kann bei weiterhin kompletter Lähmung und ausbleibender Reinnervation nach 2–3 Monaten operative Freilegung des Nerven und mikrochirurgische interfaszikuläre Neurolyse angewendet werden. 80% der Nervenverletzungen nach Frakturen heilen spontan.
Wegen ihrer klinischen Relevanz seien im folgenden kurz die wichtigsten chronischen *Engpaßsyndrome* besprochen.

Karpaltunnelsyndrom
Ät und Pathog: Es entsteht durch Kompression des N. medianus am Handgelenk unter dem Lig. carpi volare infolge anlagemäßiger und/oder erworbener abnormer Enge des Karpaltunnels. Begünstigend wirken Tätigkeiten mit ständiger oder häufig wiederholter Extension der Hand, Schwangerschaft und Akromegalie.

Sy: Charakteristisch sind nächtliche schmerzhafte Parästhesien der Finger und der Hand mit Ausstrahlung bis zum Ellbogen. Im weiteren Verlauf Auftreten der sensiblen Reizsymptome auch am Tage, Hypästhesie an den Kuppen der ersten 3 Finger und schließlich isolierte Parese und Atrophie in den Mm. abductor pollicis brevis und opponens pollicis.

Dg: Diagnostisch wegweisend ist die Verlängerung der distalen Latenz bei Prüfung der motorischen und sensiblen Nervenleitung.

Th: Zunächst konservativ durch nächtliche Ruhestellung des Handgelenks mit volarer Unterarmschiene, bei Rückfällen oder bei fortgeschrittenem Karpaltunnelsyndrom mit Verlängerung der distalen motorischen Latenz auf über 5 ms operative Spaltung des Lig. carpi volare.

Sulcus-n.-ulnaris-Syndrom

Ät und Pathog: Es entsteht in den meisten Fällen durch Kompression des Nerven im Sulkusabschnitt durch anlagemäßige Anomalien oder arthrotische Veränderungen mit oder ohne vorausgegangenes Trauma, gelegentlich auch bei normalen anatomischen Verhältnissen infolge Überbeanspruchung durch fortgesetzte Beuge- und Streckbewegungen oder Druckschädigung bei Arbeiten mit aufgestütztem Ellenbogen (Beschäftigungslähmung).

Sy: Klinisch ist das Syndrom gekennzeichnet durch Atrophie des Spatium interosseum I und des Hypothenars, Krallenstellung des 4. und 5. Fingers sowie Sensibilitätsstörungen an der ulnaren Handkante und am 5. und halben 4. Finger.

Th: Die Therapie der Beschäftigungslähmung ist konservativ (Bewegungsübungen, Reizstromtherapie), bei chronischer Schädigung und bei Ulnarisspätparesen operative Verlagerung des Nerven zur Volarseite der Ellenbeuge.

Meralgia paraesthetica

Ät und Pathog: Sie entsteht durch Kompression des rein sensiblen N. cutaneus femoris lateralis an seiner Durchtrittsstelle unter dem Leistenband, nahe der Spina iliaca anterior superior.

Sy: Typische klinische Symptome sind spontane Parästhesien, Überempfindlichkeit und Hypästhesie an der Vorderaußenseite des Oberschenkels, dem Versorgungsgebiet des Nerven.

Th: Bei Bedarf Infiltration eines Lokalanästhetikums unter das Leistenband in der Region der Spina iliaca anterior, selten Neurolyse.

Radikuläre Läsionen

Nervenwurzelschäden sind durch myotom- bzw. dermatomgebundene motorische und sensible Ausfälle gekennzeichnet.

Ät und Pathog: Häufigste Ursache einer Wurzelkompression ist die dorsolaterale Diskushernie entweder durch Vordringen (Protrusion) oder Vorfall (Prolaps) des Nucleus pulposus einer Bandscheibe. Die untere Lenden- und Halswirbelsäule sind aus statischen Gründen bevorzugt betroffen, die Brustwirbelsäule dagegen kaum. Der Prozeß beginnt mit Wasserverlust im Nucleus pulposus mit konsekutiver Bandscheibenerniedrigung und stärkerer Belastung mit nachfolgender Degeneration des Faserrings, der einreißt und eine Herniation des Nucleus pulposus gestattet. Andere klinisch relevante Ursachen radikulärer Läsionen sind Wurzelkompression durch knöcherne Strukturen im Foramen intervertebrale, Entzündungen (Radikulitis) und Kompressionen durch spinale Tumoren (Neurinome, Meningeome, Wirbelmetastasen und andere meist maligne Wirbelprozesse).

Sy: Kreuzschmerzen („Hexenschuß", Lumbago) ist die banalste Folge der Gefügelockerung und entsteht durch reversibles Vordringen des Nucleus pulposus gegen das hintere Längsband. Ischialgie bedeutet Kreuzschmerz mit einseitiger Schmerzausstrahlung ins Bein ohne neurologische Ausfälle. Ein Wurzelkompressionssyndrom liegt vor, wenn der ins Bein ausstrahlende Schmerz von neurologischen Ausfällen begleitet wird. Klinisch überwiegen bei einer Nervenwurzelkompression Symptome von seiten der Hinterwurzeln: Radikulärer Schmerz, der sich bei Erhöhung des spinalen Drucks durch Husten, Niesen und Pressen verstärkt, segmentale Mißempfindungen und Sensibilitätsstörungen. Nachweis eines Nervendehnungsschmerzes, z. B. im Lasègue-Versuch. Die Läsion der Hinterwurzel unterbricht den Reflexbogen mit frühzeitigem Erlöschen des zugehörigen Eigenreflexes. Nachlassende Schmerzen und Auftreten von Taubheitsgefühl und Lähmung im betroffenen Segment sind untrügliche Hinweise auf die eingetretene Wurzelläsion. An der Lendenwirbelsäule am häufigsten betroffen sind die Bandscheiben L4/5 und L5/S1, entsprechend die Wurzel L5 (Schmerzen und Gefühlsstörung in der lateralen Schienbeinkante mit Ausstrahlung zur Großzehe, Parese der Zehenheber) und die Wurzel S1 (Schmerz- und Gefühlsstörung an Ober- und Unterschenkelaußenseite sowie äußerem Fußrand, Parese vor allen Dingen des Triceps surae, ASR ausgefallen). Auch Kompression von zwei oder mehr Wurzeln kommt vor.

Dg: Die Diagnostik kann sich auf Röntgennativaufnahmen der Lendenwirbelsäule beschränken, solange keine Resistenz der Beschwerden gegen die übliche konservativ-physikalische Behandlung nachgewiesen ist oder solange keine funktionell beeinträchtigenden Lähmungen vorliegen. Eine Myelographie sollte im allgemeinen nur dann erfolgen, wenn ein operativer Eingriff in Betracht gezogen wird. Der extrem laterale Bandscheibenvorfall läßt sich nur computertomographisch nachweisen.

Th: Die konservativ-physikalische Therapie umfaßt strikte Bettruhe, Lagerung auf harter Unterlage, Wärmeapplikation (Fango, Heißluft, Dampfdusche), Schlingentischextensionen und Schwingextensor, medikamentös unterstützt durch Antiphlogistika, Myotonolytika (Muskel Trancopal, Diazepam-Präparate), initial Schmerzmittel. Die Chemonukleolyse ist nur in bestimmten Fällen anwendbar. Sie ist kontraindiziert bei Bestehen neurologischer Ausfälle und bei Vorliegen eines Bandscheibensequesters bzw. einer Wurzelkompression durch knöcherne Veränderungen. An der Halswirbelsäule liegen insofern andere Verhältnisse vor, als der reine Bandscheibenvorfall selten ist, eine Wurzelkompression häufiger durch degenerative Wirbelveränderungen und Bandscheibenprotrusionen erfolgt und nicht selten gleichzeitig Symptome einer chronischen Myelopathie bestehen. Auch hier werden Wurzelreizungen und Wurzelkompressionen bei Fehlen ausgeprägter Paresen zunächst konservativ-physikalisch behandelt. Vor einem eventuellen operativen Eingriff muß geklärt werden, ob die Wurzelkompression durch knöcherne Strukturen im Foramen intervertebrale oder durch einen dorsolateralen Bandscheibenvorfall erfolgt oder ob eine spinale Enge durch Kombination von Bandscheibenprotrusionen und Retrospondylosen vorliegt.

Kaudaläsionen

Ät und Pathog: Wichtigste Ursachen eines Kaudasyndroms sind Tumoren und der akute mediale Bandscheibenvorfall. Häufigster Kaudatumor ist das Ependymom; danach folgen Neurinome, Metastasen und Mißbildungstumoren. Das Ependymom führt im Laufe von Jahren unter Schmerzen zur Entwicklung eines Kaudasyndroms, wobei in vielen Fällen mit Residualsymptomen zu rechnen ist, da es infolge lokaler Arachnopathie zu Verwachsungen zwischen Tumor und Kaudafasern kommt. Dermoide und Epidermoide der Kauda haben meist einen noch chronischeren Verlauf und führen infolge Austritt von Cholesterin und Fettsäuren in den Liquor zu chronischen Arachnopathien mit Liquorpleozytose. Subakutes Auftreten eines Kaudasyndroms innerhalb von Tagen oder Wochen nach einer kurzen Vorgeschichte von Rücken- und ausstrahlenden Wurzelschmerzen spricht in erster Linie für das Vorliegen eines malignen Wirbelprozesses, akutes Auftreten eines Kaudasyndroms für einen akuten medialen Bandscheibenvorfall.

Sy: Das Kaudasyndrom ist durch folgende Symptomenkombination gekennzeichnet: Schlaffe Lähmung beider Beine, „reithosenartige" Gefühlsstörung für alle Qualitäten in den Lumbal- und Sakralsegmenten mit Schmerzen in diesem Bereich, Unmöglichkeit der spontanen Blasen- und Mastdarmentleerung, Impotentia coeundi.

Dg: Die klinische Diagnose eines Kaudasyndroms bereitet im allgemeinen keine Schwierigkeiten. Diagnostische Probleme können auftreten bei der Differenzierung eines hohen Kaudasyndroms von einer schweren Schädigung des Lumbalmarks, da in beiden Fällen eine schlaffe Paraparese der Beine auftritt, und bei der Differenzierung einer Schädigung der unteren Cauda equina von einer Läsion des Conus medullaris, da die Kaudafasern dicht gebündelt neben dem Konus verlaufen und beide Strukturen oft zusammen lädiert werden.

Th: Ein akuter medialer Bandscheibenvorfall ist immer als Notfall anzusehen und erfordert sofortige Operation. Bei einem Ependymom ist die operative Prognose meist gut.

Armplexusläsionen

Lähmungen des Armplexus unterteilt man in eine obere (Erb-Lähmung), untere (Klumpke-Lähmung) und eine komplette Plexuslähmung.

Obere und untere Plexuslähmung

Ät, Sy und Dg: Bei der oberen Plexuslähmung sind Fasern aus den Wurzeln C5/6 lädiert, mit Ausfall der Mm. deltoideus, supra- und infraspinatus, pectoralis, biceps, supinator und selten triceps bzw. der Extensoren der Hand. Der Arm hängt schlaff, nach innen rotiert herunter, kann nicht am Schultergelenk gehoben und nach außen rotiert, nicht im Ellbogengelenk gebeugt, supiniert und manchmal nicht gestreckt werden. Nur geringe Ausfälle der Sensibilität. Bizepssehnen-

und Radiusperiostreflex ausgefallen, Trizepssehnenreflex oft erhalten. Bei der unteren Plexuslähmung sind Fasern aus C8–Th1 lädiert, mit Paresen der kleinen Handmuskeln und der langen Fingerbeuger. Häufig besteht ein Horner-Syndrom. Die Sensibilität ist besonders ulnar an Hand und Unterarm gestört. Die meisten Plexuslähmungen entstehen traumatisch, vor allem bei Motorradunfällen oder wenn die Hand von einer rotierenden Maschine mitgerissen wird. Besonders in letzterem Fall besteht die Gefahr des prognostischen absolut ungünstigen Wurzelausrisses, der sich diagnostisch im Akutstadium durch blutigen Liquor zu erkennen geben kann, später nach elektrophysiologischen Kriterien diagnostiziert wird. Dabei kommt dem Nachweis der erhaltenen distalen Erregbarkeit der sensiblen Fasern bei schwerer Sensibilitätsstörung und fehlenden somatosensorisch evozierten Potentialen die wesentliche Bedeutung zu. Der diagnostische Wert des Schweißversuches wird dadurch gemindert, daß neben dem Wurzelausriß gleichzeitig eine Plexusläsion vorliegt.

Th: Sie ist zunächst konservativ mit Lagerungsbehandlung und Bewegungstherapie. Nur bei ausgedehnten Hämatomen und Frakturen von Klavikula und Akromion kann eine frühzeitige Dekompression erforderlich werden. Eine Indikation zur operativen Revision ergibt sich auch, wenn bei oberer Plexuslähmung nach 2 Monaten noch keine Zeichen der Rückbildung zu erkennen sind und ein Wurzelausriß unwahrscheinlich ist.

Neuralgische Schulteramyotrophie

Sy: Dies ist eine nicht seltene, akute, wahrscheinlich entzündliche obere Armplexuslähmung, die mit heftigen Schmerzen in Schulter und Oberarm beginnt und zu einer Lähmung vor allem des M. deltoideus, fakultativ der benachbarten Schultergürtelmuskulatur einschließlich des Zwerchfells führen kann. Die Lähmungen werden dann deutlich, wenn in der Regel etwa nach 1 Woche die Schmerzen nachlassen. In der Mehrzahl der Fälle ist die Arbeitshand, in 23% sind beide Arme betroffen.

Th: In der Akutphase gibt man Corticoide, Schmerzmittel, Rotlicht. Frühzeitige Abduktionslagerung, passive und aktive Bewegungsübungen, sobald es die Schmerzen zulassen.

Prgn: Die Prognose ist im allgemeinen gut, die Rückbildung der Ausfälle kann sich jedoch bis zu 1 Jahr hinziehen. Auch residuale Paresen, insbesondere Serratusparesen kommen vor.

Skalenussyndrom

Ät und Pathog: Dies ist eine lageabhängige untere Armplexusschädigung, begleitet von Behinderung der Blutzirkulation in den Armgefäßen, die ihre Ursache in einer abnormen Enge der Skalenuslücke zwischen den Mm. scaleni und der 1. Rippe hat. Ursache der abnormen Enge kann auch eine Halsrippe sein, deren Bedeutung jedoch überschätzt wird.

Sy: Klinisch äußert sich das Skalenussyndrom zunächst in lageabhängigen Schmerzen und Parästhesien auf der Ulnarseite des Unterarms und der Hand. Später treten Sensibilitätsstörungen und Paresen der kleinen Handmuskeln hinzu, begleitet von Zeichen der venösen und arteriellen Zirkulationsstörung.

Dg: Diagnostisch wichtig ist der Adson-Test, bei dem der Radialispuls auf der betroffenen Seite abnehmen bzw. verschwinden soll, wenn der Patient den Kopf nach hinten neigt, zur kranken Seite dreht und tief einatmet. Röntgenologischer Nachweis durch Aortenbogenangiographie.

Th: Die Therapie ist, solange keine motorischen Ausfälle vorliegen, konservativ, sonst operativ durch Skalenotomie.

Beinplexusläsionen

Sie treten entzündlich, traumatisch, bei Psoashämatomen, Diabetes und Tumorinfiltration auf. Die beiden Prädilektionstypen betreffen die Kniestrecker und Hüftbeuger sowie die ischiokrurale Muskulatur.

Besondere Symptome

Neuralgie

Definition

Schmerzen, die sich einem individuellen peripheren Nerven, einem Nervenplexus oder spinalen Nervenwurzeln zuordnen lassen, werden als Neuralgie bezeichnet. Typisch ist der wellenförmige oder attackenartige Schmerz, der als „grell", reißend, ziehend, auch brennend empfunden wird und in der Regel auf das betroffene sensible Versorgungsgebiet begrenzt bleibt.

Trigeminusneuralgie

Vk: Sie befällt als „idiopathische" Trigeminusneuralgie, die um das 50. Lebensjahr oder später manifest wird, Frauen häufiger als Männer.

Ät: Wichtig ist die Abgrenzung symptomatischer Formen der Trigeminusneuralgie: Erfahrungsgemäß sind Neuralgien im 1. Trigeminusast fast immer symptomatisch, ebenso Trigeminusneuralgien, die sich sofort in allen 3 Ästen manifestieren, sowie doppelseitige Trigeminusneuralgien. Ursachen sind Knochenprozesse und Neoplasmen der Schädelbasis, basale Meningeosen und Tumoren des Kleinhirnbrückenwinkels. Gelegentlich ist eine Trigeminusneuralgie Symptom der multiplen Sklerose mit einer Plaque in der Wurzeleintrittszone des Nerven. Als lokale Ursachen sind auszuschließen: Glaukom, Entzündungen der Nasennebenhöhle und des Mittelohres sowie Zahn- und Knochenkrankheiten von Ober- und Unterkiefer. Für die Entstehung der idiopathischen Trigeminusneuralgie, die nur dann diagnostisch anzunehmen ist, wenn keine wesentlichen klinisch-neurologischen Ausfälle vorliegen und die elektrophysiologischen Befunde normal sind, wird nach heutiger Auffassung eine mechanische Noxe im ausgedehnten Verlauf des 1. sensiblen Neurons verantwortlich gemacht, z. B. der Druck arteriosklerotisch-elongierter und ektatischer Hirnbasisarterien, insbesondere der A. cerebelli superior.

Sy: Typisch ist der „Tic douloureux" mit blitzartig einschießenden Schmerzen, die durch Triggermechanismen (Berühren, Sprechen, Kauen, Schlucken) ausgelöst werden. Sie beschränken sich überwiegend auf den 2. und 3. Trigeminusast. Besonders beim älteren Menschen kann die Schilderung der Schmerzattacken atypisch ausfallen, bei genauem Befragen fehlt jedoch kaum je der typische Triggermechanismus. Die Schmerzen können so heftig werden, daß nicht nur mimische Bewegungen und Sprechen, sondern auch die Nahrungsaufnahme eingeschränkt werden, und die Patienten schließlich in einen kachektischen Zustand geraten. Nicht wenige Patienten neigen zu Selbstmord.

Th: Zunächst sollte in allen Fällen eine konservative Therapie versucht werden. Mittel der 1. Wahl ist Carbamazepin, das unter stationären Bedingungen bis zu einer Höchstdosis von 4mal 2 Tabletten à 200 mg täglich verabreicht werden kann. Neuroleptika, Baclofen oder die Kombination von Carbamazepin mit Thymoleptika (Imipramin oder Amitriptylin) sind Mittel der 2. Wahl. Operative Maßnahmen (mikrovaskuläre Dekompression nach Janetta, Thermokoagulation des Ganglion trigeminale [Gasseri] oder die Injektion von Glycerin in die Meckel-Zisterne) kommen erst zur Anwendung, wenn die Möglichkeiten der konservativen Therapie erschöpft sind. Bei der Operation nach Janetta wird ein kleines Plastikpolster zwischen komprimierendem Gefäß und Nerven interponiert. Der Operationserfolg soll bei 80% liegen; Sensibilitätsstörungen sind nicht zu erwarten.

Kausalgie

Ät: 3–5% der Patienten mit partieller Läsion der Nn. medianus und tibialis, die besonders viele vegetative Fasern enthalten, entwickeln eine Kausalgie.

Sy: dumpf-brennender, schlecht abgrenzbarer, anfallsweise verlaufender Schmerz mit Hyperpathie und Dysästhesie, der sich auf leichte sensible und sensorische Reize, aber auch bei affektiver Erregung und bei Bewegungen explosionsartig verstärkt und häufig nach Befeuchten der Hand oder des Fußes nachläßt.

Th: Sympathikusblockaden, Grenzstrangresektionen und Psychopharmaka.

Phantomschmerzen

Ät und Sy: Die meisten Amputierten haben zunächst für längere Zeit noch das Empfinden, das fehlende Körperglied sei noch vorhanden und könne bewegt werden. Im weiteren Verlauf wird das Phantomglied oft kleiner und verschwindet schließlich ganz im Stumpf („telescoping"). In den Phantomen können sehr quälende Schmerzen erlebt werden, die ebenso wie das Phantom selbst zentral entstehen. Phantom und Phantomschmerz können ausgelöscht werden, z. B. durch Auftreten eines Insultes in der entsprechenden Großhirnhemisphäre.

Th: in erster Linie Psychopharmaka vom Typ des Butyrophenons (Haldol).

Periphere Fazialisparese

Ät: Doppelseitige Fazialisparesen treten bei Borreliosen (S. 1228) auf; auch Abduzensparesen werden hier doppelseitig gefunden. Fazialisparesen können Ausdruck eines Zoster oticus sein. Andere Ursachen peripherer Fazialisparesen sind granulomatöse basale Meningitiden (Tuberkulose, Lues, Sarkoidose). Periphere Fazialisparesen können traumatisch bei Frakturen auftreten. Die Beteiligung des N. facialis bei Polyneuritiden ist häufig; Hirnnervenpolyneuritiden (Polyneuritis cranialis) betreffen immer die Fazialisnerven. Meist jedoch findet man keine Ursache für die Fazialisparese (idiopathische Fazialisparese).

Sy: Die periphere Fazialisparese betrifft alle Äste des N. facialis. Sie entwickelt sich innerhalb von Stunden bis wenigen Tagen. In den meisten Fällen ist eine Rückbildung innerhalb weniger Wochen möglich; daneben gibt es Defektheilungen mit Fehlinnervation. Manchmal bleiben komplette Paresen bestehen. Gemäß der Topographie des N. facialis im Kanal können je nach Läsionsort Geschmacksstörungen und Hyperakusis (Stapediuslähmung) hinzutreten. Selten sind nukleäre Fazialisparesen.

Th: Bei der idiopathischen Fazialisparese abschwellende Maßnahmen (nicht-steroidale Antiphlogistika). Die Wirksamkeit von Corticoiden ist umstritten. Durchblutungsfördernde Therapien sind pathophysiologisch nicht begründet, da keine Durchblutungsstörung zugrunde liegt.

Phakomatosen

Als Phakomatosen bezeichnet man Krankheiten, die auf kombinierten Mißbildungen von Haut und Nervensysteme, seltener auch anderen Organsystemen, beruhen.

Hippel-Lindau-Krankheit

Def, Vk und Ät: Das Vollbild der Erkrankung umfaßt das Angioblastom des Kleinhirns (Lindau-Tumor), eine Angiomatosis retinae und Pankreas- und Nierenzysten. Die Krankheit ist erblich; jedoch werden mehr sporadische als familiäre Fälle beobachtet. Aus neurologischer Sicht wichtig ist der Lindau-Tumor mit einem Altersgipfel zwischen dem 35. und 45. Lebensjahr.

Pathog: Das Angioblastom entwickelt sich, ausgehend vom Dach des IV. Ventrikels, in einer Kleinhirnhemisphäre und besteht aus einem kleinen soliden Tumoranteil aus einem Netz von Kapillaren und kavernösen Gefäßen, der umgeben ist von einer großen, mit eiweißreicher Flüssigkeit gefüllter Zyste.

Sy: Die klinische Symptomatik besteht aus Hirndruckzeichen (Kopfschmerzen, doppelseitige Stauungspapille), Hirnnervenausfällen und zerebellarer Ataxie, die oft nur wenig ausgeprägt ist.

Dg: CT-morphologisch ist der Lindau-Tumor durch den Nachweis einer scharf begrenzten homogenen Zyste niedriger Dichte gekennzeichnet. Der Gefäßanteil ist auch nach Kontrastmittelgabe nur in einem Teil der Fälle darzustellen. Angiographisch (Vertebralisangiographie) gelingt die Darstellung des angioblastischen Tumoranteils besser.

Th: operativ.

Recklinghausen-Neurofibromatose

Sy: Die Krankheit ist relativ selten, mit nur geringer Penetranz dominant erblich und gekennzeichnet durch Hautveränderungen, Neurinome der peripheren Nerven, Nervenwurzeln und Hirnnerven sowie durch intrakranielle Tumoren. Neurinome können unter der Symptomatik eines Mediastinaltumors auch vom Grenzstrang ausgehen. Auch an den inneren Organen kommen gutartige Mischgeschwülste vor. Die in manchen Fällen zahlreichen, in anderen spärlichen, leicht zu übersehenden Hautveränderungen bestehen in dunklen oder hellbraunen Pigmentnävi (Café-au-lait-Flecken) und in weitflächig aufsitzenden oder gestielten Fibromen. Auch lokaler Riesenwuchs kommt vor. Neurinome der peripheren Nerven und der Nervenwurzeln können durch Kompression zu hartnäkkigen Schmerzen, später zu motorischen und sensiblen Lähmungen, zum Kaudasyndrom und zu den Symptomen des extramedullären Rückenmarkstumors führen. Von den Hirnnerven ist besonders der VIII. betroffen (Akustikusneurinom). Die Tumoren sind hauptsächlich multiple verkalkende Meningeome und Astrozytome einschließlich des sog. Optikusglioms. Wie am peripheren Nervensystem bestimmt der Sitz der Tumoren die klinische Symptomatik und den Verlauf. Viele Patienten sind unterbegabt. Manche haben eine Epilepsie.

Th: Die Epilepsie ist medikamentös einzustellen. Ansonsten ist die Therapie chirurgisch, muß sich aber aus praktischen Gründen auf oligosymptomatische Fälle beschränken.

Sturge-Weber-Krankheit

Def und Ät: Die Krankheit ist erblich und bei voller Ausprägung gekennzeichnet durch die Trias: Naevus flammeus des Gesichts, verkalktes Angiom der Leptomeninx und Angiom der Aderhaut mit Sekundärglaukom. Abortive Formen sind nicht selten. Meist fehlt das Glaukom. Am häufigsten findet sich ein isolierter Gesichtsnävus.

Pathog: Das Angiom der weichen Hirnhäute besteht aus einem Netz kapillärer und venöser Gefäße über dem Parietal- und Okzipitallappen, befindet sich nicht immer auf derselben Seite wie der Nävus und bewirkt durch Mangelernährung eine Atrophie und

Verkalkung der darunterliegenden Hirnrinde. Die Kalkinkrustation ist auf der Röntgenleeraufnahme als charakteristische doppelkonturierte Struktur zu erkennen. Sie hat keine Beziehung zu den Gefäßwänden.

Sy: Klinische Symptome sind meist in der Kindheit einsetzende generalisierte und fokale epileptische Anfälle, geistige Retardierung, Wesensänderung, fakultativ Hemianopsie, gelegentlich Hemiparese bzw. Unterentwicklung der betroffenen Gliedmaßen.

Dg: CT-morphologisch Nachweis von Verkalkungen und Hirnatrophie im Bereich des Angioms.

Tuberöse Hirnsklerose (Bourneville-Pringle)

Ät: Ursache der Anfälle und der Oligophrenie sind zum einen multiple verkalkte Ventrikeltumoren (subependymale Riesenzellastrozytome) und zum anderen Mißbildungen der Windungen der Groß- und Kleinhirnkonvexität mit verplumpten und „tuberös" hervortretenden Gyri. Die tuberöse Sklerose ist dominant erblich.

Sy: Das klinische Bild ist bestimmt durch die Trias Schwachsinn, epileptische Anfälle und Adenoma sebaceum, das mit dem typischen Talgdrüsenausschlag im Gesicht den wichtigsten diagnostischen Hinweis liefert.

Dg: CT-morphologisch Nachweis charakteristischer paraventrikulärer Skleroseherde.

Th: Nur symptomatische Therapie möglich, bei Anfällen Antiepileptika, bei Hydrocephalus occlusus Shunt-Operation.

Sklerose, multiple s. multiple Sklerose

Spinale Krankheiten

Querschnittssyndrom

Sy: Die tpyische Rückenmarksläsion ist das Querschnittssyndrom, bestehend aus doppelseitiger zentraler Parese, Sensibilitätsausfall und vegetativen Störungen thermoregulatorische Anhidrose, gestörte Piloarrektion und bei Herden im oberen Brustmark paralytischer Ileus). Bei plötzlich einsetzender Querschnittslähmung kommt es zum spinalen Schock mit kompletter Lähmung, schlaffem Muskeltonus und fehlenden Eigenreflexen. Meist entwickelt sich daraus im weiteren Verlauf eine spastische Lähmung. Fortbestehen des schlaffen Muskeltonus ist prognostisch ungünstig. „Spinale Automatismen" bei länger bestehender Querschnittslähmung äußern sich an den Beinen als Beuge- und Streckreflexsynergien, an den Armen meist als Beugesynergien.

Die wichtigsten partiellen Querschnittssyndrome sind das Brown-Séquard-Syndrom, das Syndrom der zentralen Rückenmarksschädigung und die Hinterstrangläsion. Das Brown-Séquard-Syndrom entsteht durch spinale Halbseitenläsion. Die wichtigsten Symptome auf der Herdseite sind zentrale Parese und Tiefensensibilitätsstörung, die der kontralateralen Seite eine Störung der Schmerz- und Temperaturwahrnehmung (dissoziierte Sensibilitätsstörung). Abortive Ausprägung des Syndroms ist häufig. Das Syndrom der zentralen Rückenmarksschädigung ist charakterisiert durch schlaffe Lähmungen in Läsionshöhe und zentrale Paraparese, dissoziierten Sensibilitätsausfall und trophische Störungen unterhalb der Läsion. Reine Hinterstrangläsionen des Rückenmarks sind selten und gekennzeichnet durch beidseitigen Ausfall der Tiefensensibilität unterhalb des Läsionsortes.

Dg: Die exakte Höhenlokalisation ist nur bei komplettem Querschnittssyndrom klinisch einigermaßen zuverlässig möglich, bei inkompletter Rückenmarksschädigung wegen der exzentrischen Lokalisation der langen Rückenmarksbahnen aber problematisch. Alle auf- und absteigenden spinalen Traktus weisen eine somatotopische Gliederung auf, bei der die Fasern für die Arme innen, die für die Beine außen verlaufen. Extramedulläre Prozesse führen daher zunächst zur Schädigung der Fasern für die tieferen Segmente und können leicht tiefer als die tatsächliche Läsionshöhe vermutet werden. Für die spinale Höhendiagnostik gilt die Faustregel: Eigenreflexverhalten ist wichtiger als Strangsymptomatik. Halsmarkläsionen führen zu hoher Querschnittlähmung mit Tetraparese, oberhalb von C4 zu rein zentraler Tetraparese (gesteigerter Deltareflex!), im mittleren Halsmark zu schlaffen Lähmungen der Schulter und der proximalen Armmuskeln und im unteren Halsmark zu schlaffen Paresen der kleinen Handmuskulatur und präganglionärem Horner-Syndrom. Läsion des Segmentes C4 bedingt Zwerchfellähmung. Charakteristisches Symptom der Brustmarkläsion ist die zentrale Paraparese der Beine. Beteiligung der Rumpfmuskulatur ist an mangelhaften Atemexkursionen, schwachem Hustenstoß und ausladenden Bauchdecken zu erkennen. Bei Läsionen zwischen Th10 und Th12 können die Bauchhautreflexe in der oberen Etage noch auszulösen sein, während sie darunter fehlen. Eine schwere Schädigung des Lendenmarks unterhalb von L1 führt zu schlaffer Lähmung der Beine und ist klinisch von einem Kaudasyndrom (s. d.) nicht zu unterscheiden. Das seltene Syndrom des Conus medullaris führt zu Stuhl- und Harninkontinenz, fakultativ zu Anomalien der Achillesreflexe.

Spinale Ischämien

Vk: Rückenmarksdurchblutungsstörungen sind selten, was einerseits mit der speziellen Gefäßversorgung des Rückenmarks durch Partialkreisläufe erklärt wird, andererseits damit, daß die Arteriosklerose die Rückenmarksarterien selbst weitgehend verschont.

Ät: Die häufigsten faßbaren Ursachen spinaler Ischämie sind Erkrankungen der Aorta (Aortensklerose, Aortenisthmusstenose, Aortenaneurysma einschließlich Aneurysma dissecans, Thrombosen der terminalen Aorta, operative Eingriffe an der Aorta), Herzkrankheiten (schwere Herzinsuffizienz, absolute Arrhythmie, selten Vorhofmyxom mit spinalen Embolien), schwere Kyphoskoliosen oder Kollagenosen mit Beteiligung der Rückenmarksarterien.

Pathog: Pathophysiologisch entstehen Rückenmarksischämien embolisch oder hämodynamisch. Hämodynamisch besonders gefährdet ist das obere Brustmark als Grenzzone („letzte Wiese") zwischen Subklavia- und Aortaversorgungsgebiet. In vielen Fällen bleiben Ursache und pathophysiologischer Mechanismus eines Rückenmarksinfarktes ungeklärt.

Sy: Klinisch kommen anders als am Gehirn passagere Ischämien so gut wie nicht vor. Der häufigste Rückenmarksinfarkt ist das Spinalis-anterior-Syndrom, das subakut entsteht, mit heftigen radikulären Schmerzen in Läsionshöhe, nach Stunden bis wenigen Tagen gefolgt von Ausfallssymptomen mit Para- oder Tetraparese, dissoziierter Sensibilitäts- und Blasen-Mastdarm-Störung. Seltene Rükkenmarksinfarkte sind das Syndrom der Aa. sulcocommissurales (partielles Brown-Séquard-Syndrom) oder das Syndrom der A. radicularis magna (schlaffe Paraplegie), schlechte Prognose.

Dg: Die Diagnostik hat das Ursachenspektrum zu berücksichtigen, die Möglichkeit einer sekundären Markerweichung durch Tumorkompression (Kernspintomographie).

Th: Die Therapie wird von der Grundkrankheit bestimmt. Der Nachweis einer spinalen Raumforderung erfordert die sofortige Entscheidung über eine eventuelle neurochirurgische Intervention. Für Patienten mit Rückenmarksinfarkten ohne faßbare Ursache gelten die gleichen Behandlungsrichtlinien wie für sonstige Querschnittslähmungen, ggf. Verlegung in ein spezielles Querschnittszentrum.

Hämatomyelie

Vk und Ät: Blutung in die Rückenmarkssubstanz ist seltener, als bisher angenommen, kommt vor bei Ruptur spinaler Angiome, Gerinnungsstörungen und nach Rückenmarkstraumen.

Sy: Klinisch liegt in Abhängigkeit von der Ausdehnung der Blutung meist das Syndrom der zentralen Rückenmarksschädigung oder ein komplettes Querschnittssyndrom vor.

Spinale Angiome und Durafisteln

Pathog: Die spinalen Gefäßmalformationen sind etwa so häufig wie die spinalen Neurinome und lassen sich unter pathophysiologischen Gesichtspunkten in solche mit hohem Blutdurchfluß (razemöses arteriovenöses Angiom) und solche mit niedrigem Blutdurchfluß (Durafistel) unterscheiden. Der wesentliche pathogenetische Faktor der Durafistel ist der erhöhte Druck in den drainierenden spinalen Binnenvenen. Embolisation der Fistel im Durablatt führt zur Besserung der Druckverhältnisse und der klinischen Symptomatik. Der wesentliche pathogenetische Faktor des arteriovenösen Angioms ist der arteriovenöse Shunt mit konsekutiver Mangeldurchblutung.

Sy: Die beiden Angiomtypen unterscheiden sich auch klinisch: Arteriovenöse Angiome führen meist schon zwischen dem 20. und 30. Lebensjahr zu Symptomen, verlaufen ausgesprochen fluktuierend mit schubförmiger Verschlechterung und partiellen Remissionen, Durafisteln hingegen eher chronisch mit Erstmanifestation meist jenseits des 40. Lebensjahres. Klinische Symptome sind radikuläre Schmerzen, Parästhesien in den Beinen, wechselnd ausgeprägte Querschnittssymptome.

DD: Wichtigste Differentialdiagnose ist die multiple Sklerose. Im Gegensatz zur multiplen Sklerose können die Symptome beim spinalen Angiom rasch, innerhalb von Stunden, wechseln.

Th: Die Therapie der spinalen Durafistel ist die Embolisierung. Das arteriovenöse Angiom kann bei vorwiegend extramedullärer Lokalisation operativ angegangen werden.

Traumatische Rückenmarksschäden

Verletzungen der Wirbelsäule durch Sturz, Schlag oder Stoß können auch zu einer Läsion von Nervenwurzeln und Rückenmark führen.

Commotio und Contusio spinalis

Bei einer Commotio spinalis liegen in der Regel nur leicht ausgeprägte spinale Symptome vor, die sich in Minuten bis Stunden nach dem Trauma wieder zurückbilden. Unter Contusio spinalis wird eine Gruppe traumatischer Rückenmarksschäden zusammengefaßt, die in unmittelbarem zeitlichen Zusammenhang mit dem Trauma auftreten und sich nur partiell und verzögert wieder zurückbilden. Pathophysiologisch handelt es sich entweder um eine direkte, mechanische Rükkenmarksschädigung noch um eine indirekte, vaskulär vermittelte mit posttraumatischer Myelomalazie, seltener traumatischer Hämatomyelie. Klinisch kommt es zu unterschiedlich schwer ausgeprägten Querschnittssyndromen. Vaskuläre Läsionen führen in der Regel zum Syndrom der zentralen Rückenmarksschädigung.

Schleudertrauma

Ät: Unter Schleudertrauma versteht man eine Scherverletzung der Halswirbelsäule, die dadurch zustande kommt, daß bei plötzlicher Beschleunigung des Rumpfes der unfixierte Kopf, der Trägheit folgend, zunächst nach hinten und dann nach vorn geschleudert wird (typischer Mechanismus beim Heckauffahrunfall).

Pathog und Sy: In leichten Fällen bestehen klinisch Nacken-Hinterkopf-Schmerzen mit Schonhaltung und paravertebralem Muskelhartspann, die auf eine Distorsion der kleinen Wirbelgelenke und auf Zerrungen und Blutungen des Bandapparates zurückgeführt werden. Läsionen von Nervenwurzeln und Rückenmark führen zu hartnäckigen Brennschmerzen an Armen und Händen sowie Querschnittssymptomen. Komplizierend können Dissektionen der Aa. vertebralis und carotis auftreten. Hyperflexions- und Hyperextensionstraumen der Halswirbelsäule ereignen sich meist in Verbindung mit Kopfverletzungen, z. B. beim Sprung ins flache Wasser, und sind vom Schleudertrauma zu unterscheiden. Unkomplizierte Wirbelfrakturen gehen in der Regel nicht mit Verletzungen nervöser Strukturen einher. Luxationsfrakturen und Wirbelluxationen führen dagegen infolge der begleitenden Bandscheibenverletzungen oft zu Nervenwurzel- und Rückenmarksschädigung. Beschwerden nach unkompliziertem Schleudertrauma klingen binnen Wochen bis wenigen Monaten ab.

Th: In der Akutphase empfiehlt sich Ruhestellung mit Schanz-Krawatte für maximal 2 Wochen, physikalische Therapie und Verabreichung von Antiphlogistika und Diazepamderivaten. Progrediente traumatische Querschnittssymptomatik erfordert operatives Eingreifen, ebenso ein traumatischer medialer Bandscheibenvorfall.

Spinale Tumoren

Vorkommen und pathologische Anatomie

Spinale Raumforderungen sind im Zahlenverhältnis 1:6 seltener als Hirntumoren und in über 60% gutartig. Jeder 2. Rückenmarkstumor sitzt *extramedullär-intradural* (Neurinom, Meningeom), ⅓ wächst *extradural*, in der Mehrzahl Wirbelmetastasen, nur 10% sind intramedulläre Geschwülste (Ependymome, Astrozytome).

Symptome

Die klinische Symptomatik wird naturgemäß hauptsächlich von der Höhenlokalisation des Tumors bestimmt, während zwischen extra- und intramedullärer Lokalisation klinisch nicht immer differenziert werden kann. Charakteristisches Erstsymptom extramedullärer Tumoren sind radikuläre Schmerzen, die dem Auftreten spinaler Symptome um Jahre vorausgehen können, häufig fehlgedeutet werden, bei Halsmarktumoren z. B. als „Migraine cervicale" oder „Okzipitalisneuralgie", bei Brustmarkstumoren als „Interkostalisneuralgie" oder als Organschmerz (Angina pectoris, Gallenkolik). Fortschreitende Zerstörung der Wurzel führt zum Nachlassen des Schmerzes, oft fehlgedeutet als Besserung. Im fortgeschrittenen Stadium führen alle unbehandelten spinalen Tumoren zur Querschnittslähmung, extramedulläre bei seitlicher Lokalisation an der Zirkumferenz des Rückenmarks häufig zu einem Brown-Séquard-Syndrom, bei anteriorer Lokalisation durch Kompression der vorderen Spinalarterie zu einem Spinalis-anterior-Syndrom. Intramedulläre Tumoren führen früher zu Strangsymptomen, initial zu unscharf abgegrenzten Mißempfindungen, später zum Syndrom der zentralen Rückenmarksschädigung. Richtungsweisende klinische Symptome der hohen Halsmarktumoren sind Zwangshaltung des Kopfes nach vorne und zur Seite, kaudale Hirnnervenausfälle und

„sensibles Halsband“ (segmentale Sensibilitätsstörungen in den oberen Zervikalsegmenten). Die Querschnittssymptomatik entwickelt sich in der Regel chronisch über Monate und Jahre. Diagnostisch irreführende undulierende Verläufe entstehen durch Beeinträchtigung der spinalen Durchblutung. Eine gefürchtete Komplikation ist die sekundäre Markerweichung durch Tumorkompression der vorderen Spinalarterie, die zum Syndrom der zentralen Rückenmarksschädigung führt.

Diagnose

Bei Verdachtsdiagnose Rückenmarkstumor sind als Zusatzuntersuchungen Röntgenaufnahmen der Wirbelsäule und bildgebende Verfahren unverzichtbar. Zur Darstellung intramedullärer Tumoren ist das Kernspindem Computertomogramm und der Myelographie überlegen. Die Feststellung knöcherner Destruktionen gelingt am besten mit dem Computertomogramm. Die Kenntnis des Liquorbefundes kann zur Abgrenzung entzündlicher Rückenmarksprozesse wichtig sein.

Extradurale Tumoren

Dies sind in der Mehrzahl bösartige Wirbelprozesse, meist *Knochenmetastasen* von Karzinomen von Lunge, Mamma, Prostata, Niere, Magen und Schilddrüse, die unter heftigen Schmerzen in den Spinalkanal einbrechen. Selten sind rein epidural lokalisierte Metastasen. Die Prognose ist auf längere Sicht infaust. Bei progredienter Querschnittssymptomatik können unter Berücksichtigung des Gesamtzustandes Palliativoperationen in Betracht kommen, ansonsten lokale Röntgenbestrahlung, Hormontherapie bei Mamma- und Prostatakarzinom, Behandlung mit radioaktivem Jod bei jodspeicherndem Schiddrüsenkarzinom. Solitäre *Plasmozytomherde* sind schwierig zu diagnostizieren, multipler Befall durch entsprechende Laborveränderungen leichter. Die *Spondylitis tuberculosa* führt röntgenologisch nicht zur Zerstörung der Wirbel, sondern der Bandscheibe. Differentialdiagnose epiduraler Abszeß (s. u.).

Extramedullär-intradurale Tumoren

Dies sind im wesentlichen *Neurinome* und *Meningeome.*

Pathog, Sy und Dg: Neurinome gehen von den Hinterwurzeln aus, können teilweise extradural wachsen, z. B. als Sanduhrgeschwulst, röntgenologisch kenntlich an der Erweiterung des entsprechenden Foramen intervertebrale, führen lange Zeit zu heftigen Wurzelschmerzen und durch Stauungstranssudationen aus den Wurzelgefäßen obligat zu erhöhtem Liquoreiweiß. Meningeome wachsen an der dorsolateralen Zirkumferenz des Rückenmarks, bevorzugen das Halsmark und das obere und mittlere Brustmark. Die wichtigste Differentialdiagnose ist die spinale Arachnopathie.

Th: operativ.

Intramedulläre Tumoren

Dies sind in der Mehrzahl *Ependymome* und pilozytische *Astrozytome*, sogenannte Stiftgliome. Sie können operiert, Rezidive bestrahlt werden.

Spinale Arachnopathie

Ät: Die spinale Arachnopathie („Arachnitis“) entsteht durch narbige Verwachsungen der Rückenmarkshäute, hauptsächlich im oberen Brustmark und in Höhe der oberen Kauda, nach wiederholter Myelographie, nach spinalen Operationen, nach Wirbelsäulentraumen mit Blutungen in die Rückenmarkshäute, nach Meningitiden, selten spontan.

Sy: Uncharakteristisch: hartnäckige Schmerzen, radikuläre Ausfälle, allmählich sich entwickelnde inkomplette Querschnitts- und Kaudasyndrome.

Th: Zunächst meist konservativ, Schmerzmittel, Antispasmodika, bei Therapieresistenz Implantation eines Reservoirs. Die operative Lösung der Verwachsungen ist nur bei umschriebener Arachnopathie möglich.

Zervikale Myelopathie

Ät und Pathog: Die zervikale Myelopathie entsteht durch Halsmarkschädigung infolge abnormer Enge des zervikalen Spinalkanals (normalerweise Wirbelkörpertiefe: Tiefe des Spinalkanals = 1:1). Ursache degenerative Wirbelveränderungen, besonders Retrospondylosen, Bandscheibenprotrusionen und anlagemäßige Enge des Spinalkanals. Dadurch wird das Rückenmark bewegungsabhängig direkt oder durch Beeinträchtigung der arteriellen und venösen Zirkulation indirekt geschädigt.

Sy: Klinisch wird der Verlauf des extramedullären Rückenmarkstumors imitiert, mit schmerzhaften radikulären Symptomen und langsam progredienter Querschnittssymptomatik (Brown-Séquard-Syndrom, Spinalis-anterior-Syndrom).

Dg: Die Diagnose wird durch bildgebende Verfahren gestellt, am besten Kernspintomographie.

Th: Die Therapie bei vorwiegend radikulären Symptomen ist zunächst konservativ-physikalisch, bei Therapieresistenz operativ durch Foraminotomie. Die Operation nach Cloward kommt in Betracht, wenn eine progrediente Querschnittssymptomatik mit funktioneller Beeinträchtigung nachgewiesen ist.

Entzündliche Rückenmarkskrankheiten

Myelitis

Ätiologie, Pathogenese und Symptome
Die Mehrzahl der Myelitiden ist durch Viren verursacht. Entweder handelt es sich um einen direkten Virusbefall des Rückenmarks oder um eine para- und postinfektiöse Myelitis als immunologische Reaktion des ZNS auf eine virale Allgemeinkrankheit. Direkter Virusbefall führt zu zytotoxischen Zellschädigungen und Entzündungsreaktionen vorwiegend der grauen Substanz. Bei para- und postinfektiöser Myelitis kommt es zu perivenösen Entmarkungsherden. Die wichtigsten Viren, die das ZNS befallen, sind die Enteroviren (ECHO, Coxsackie-, Polioviren), die Paramyxoviren (Mumps-, Masern- und Parainfluenzaviren), das Virus der lymphozytären Choriomeningitis, das Varizellen-Zoster-Virus, die Gruppe der Arboviren und die Gruppe der Herpesviren. Klinisch bestehen neben der unterschiedlich schwer verlaufenden Querschnittssymptomatik („Querschnittsmyelitis") nicht selten gleichzeitig Symptome einer Enzephalitis. Meningomyelitiden kommen auch bei chronisch-lymphozytärer Meningitis vor.

Poliomyelitis acuta anterior (Heine-Medin)

Vk: Mit Einführung der oralen Schluckimpfung sind Poliofälle in unseren Breiten selten geworden.

Ät und Pathog: Es gibt 3 Virustypen. Die Übertragung erfolgt von Mensch zu Mensch durch Schmutz- und Schmierinfektion, die Virusaufnahme per os, die Virusvermehrung in der Schleimhaut von Pharynx und Darm.

Sy: In 90–95% inapparenter klinischer Verlauf mit Erwerb andauernder Immunität gegen das aufgenommene Virus („stille Feiung"). Die manifeste Krankheit äußert sich meist nur in Allgemeinsymptomen. Beim seltenen Befall des ZNS und der Meningen kommt es zu lymphozytärer Meningitis, selten zu Lähmungen vom peripheren Typ mit charakteristischer asymmetrischer Verteilung und Betonung der rumpfnahen Muskelgruppen.

Prl und Th: Poliokranke werden isoliert, bei Ateminsuffizienz beatmet. Eine spezifische Therapie ist nicht bekannt. Prophylaxe erfolgt durch orale Impfung und nach Sabin mit abgeschwächter Lebendvakzine oder durch intramuskuläre Impfung inaktivierter Virussuspension nach Salk.

Epiduraler Abszeß

Ät und Pathog: Der spinale epidurale Abszeß ist eine extradurale Raumforderung, die sich unter allgemeinen Entzündungszeichen entwickelt und hämatogen entsteht (häufigster Erreger Staphylococcus aureus).

Sy: Hohes Fieber, heftiger umschriebener Rückenschmerz mit lokalem paravertebralen Muskelhartspann, maximalem Klopfschmerz und lokaler Weichteilschwellung durch Vordringen des Abszesses nach außen. Durch Kompression des Rückenmarks und Beeinträchtigung der spinalen Zirkulation bildet sich rasch eine Querschnittssymptomatik aus.

Dg: Der Liquor zeigt Zell- und Eiweißvermehrung. Gelegentlich läßt sich aus dem erweiterten Epiduralraum Eiter gewinnen. Myelographisch kompletter Stopp.

Th und Prgn: Die Prognose der Querschnittslähmung ist trotz Operation und Antibiose nicht günstig.

Syringomyelie

Unter Syringomyelie versteht man einen spinalen Krankheitsprozeß, der klinisch gut definiert ist, aber keine einheitliche pathologisch-anatomische Grundlage hat.

Pathog: Es handelt sich um eine Entwicklungsstörung des Rückenmarks (dysrhaphische Fehlbildung) mit blastomatösem Einschlag (blastomatöse Gliawucherung, regressive Gewebsveränderungen).
Folgende Fehldifferenzierungen kommen pathologisch-anatomisch vor: Höhlenbildung (Syrinx), Gliastift, pathologisch erweiterter Zentralkanal (Hydromyelie), Kombination mit nicht gliomatösen intramedullären Tumoren. Die genannten Veränderungen finden sich bevorzugt im Hals- und Brustmark. Bei Ausdehnung in die Medulla oblongata spricht man von Syringobulbie.

Sy: Klinisch entwickelt sich meist zwischen dem 20. und 40. Lebensjahr extrem langsam das Bild der zentralen Rückenmarksschädigung: Dissoziierte Sensibilitätsstörung an Händen, Armen und Thorax mit schmerzlosen Verbrennungen und Verletzungen, trophische Störungen mit schlechter Heilungstendenz der Verletzungen (im Laufe der Jahre Verstümmelung), tatzenartige Schwellung der Hände, Haut- und Nagelveränderungen, Osteoporose und schmerzlose Arthropathie der oberen Extremitäten, abgeschwächte oder fehlende Armeigenreflexe, atrophische Paresen der kleinen Handmuskeln und Eigenreflexsteigerung an den Beinen. Bei *Syringobulbie* Horizontalnystagmus, abgeschwächter Kornealreflex und atrophische Paresen infolge Läsion der motorischen Hirnnervenkerne. Häufig bestehen gleichzeitig andere dysrhaphische Stigmata, z. B. Trichterbrust, Arachnodaktylie, Kyphoskoliose, Spina bifida occulta, Irisheterochromie, „gotischer" Gaumen. Der Verlauf ist extrem chronisch. Im Endstadium besteht eine inkomplette Querschnittslähmung mit dissoziierter Gefühlsstörung, atrophischen Paresen an den Armen und spastischer Lähmung der Beine.

Dg: Die Höhlenbildung im Rückenmark ist im Kernspintomogramm gut zu erkennen. Bei kommunizierender Syrinx findet sich im postmyelographischen Computertomogramm Kontrastmittel in der Höhle.

Th: Spastik und Schmerzen werden medikamentös-symptomatisch behandelt. Bei Vorliegen eines Hydrocephalus internus durch Abflußbehinderung empfiehlt sich eine Shunt-Operation, bei ausgeprägter Höhlenbildung mit Druck auf das benachbarte intakte Rückenmarksgewebe Syringostomie, Eröffnung der Höhle von dorsal und Einlegen eines Katheters zwischen Syrinx und Subarachnoidalraum.

Spinalerkrankung, funikuläre,

s. funikuläre Spinalerkrankung

Systemkrankheiten des ZNS

Sie beruhen auf degenerativen Veränderungen, bevorzugen fast elektiv anatomisch einheitliche und funktionell zusammengehörige Kern- und Bahnsysteme, beginnen in einem bestimmten Lebensalter und nehmen einen chronisch fortschreitenden Verlauf. In vielen Fällen besteht Erblichkeit. Ursache und wirksame Therapie sind nicht bekannt (s. a. Muskelatrophie, progressive).

Amyotrophische Lateralsklerose (ALS)

Vk: Die ALS ist die häufigste Systemkrankheit (Erkrankungshäufigkeit im Durchschnitt 2:100 000).

Pathog: Kennzeichnend ist eine Kombination aus nukleären Atrophien und Degeneration der Pyramidenbahn. Die intakten α-Zellen der Vorderhörner bilden durch „Sprouting" in andere Muskelfasern größere motorische Einheiten, deren Aktionspotentiale verbreitert und von hoher Amplitude sind („Riesenpotentiale").

Sy: Klinisch ist das Nebeneinander von zentral- und periphermotorischen Ausfällen kennzeichnend: Gut erhaltene Eigenreflexe und Muskelatrophie, Faszikulieren bei spastischen Paresen, Faszikulieren der Zunge und gesteigerter Masseterreflex. Sensibilitätsstörungen gehen über gelegentliche Parästhesien nicht hinaus. Verteilung der Initialsymptome und Verlaufsdynamik haben keine feste Regel. In jeweils 25% der Fälle beginnt die Erkrankung mit Atrophien der kleinen Handmuskeln oder schlaffen/spastischen Paresen der Beine; in 20% sind bulbäre Ausfälle Initialsymptom. Der Krankheitsbeginn liegt meist zwischen dem 40. und 60. Lebensjahr, die mittlere Krankheitsdauer bei 25 Monaten. Nur ein Drittel der Patienten ist noch nach 5 Jahren am Leben. Todesursache sind in der Regel pulmonale Sekundärkomplikationen durch Beteiligung der Atemmuskulatur.

Dg: Die Verdachtsdiagnose ALS ist klinisch zu stellen, wenn sich im mittleren Lebensalter relativ rasch eine schlaffe und/oder spastische Lähmung ohne Schmerzen, Sensibilitätsausfälle und Blasen-Mastdarm-Störungen entwickelt. Bestätigt wird die Diagnose durch den elektromyographischen Nachweis einer generalisierten Schädigung des peripheren Neurons. Muskel- und Nervenbiopsie werden nur in besonders gelagerten Fällen, z. B. bei Erkrankungsbeginn im jugendlichen Alter, notwendig. Obwohl symptomatische Formen (paraneoplastisch, Lues spinalis) ausgesprochen selten sind, sollte wegen der schwerwiegenden Bedeutung der Diagnose danach gesucht werden.

Th: Eine kausale Therapie ist nicht möglich. Symptomatisch werden Anabolika, bei Schluckstörungen kleine Dosen Mestinon vor den Mahlzeiten und bei starkem Speichelfluß Atropin verabreicht. Wichtig sind Krankengymnastik und psychagogische Führung.

Progressive Bulbärparalyse

Def: Die progressive Bulbärparalyse wird wegen der rascheren Verlaufsdynamik und des höheren Erkrankungsalters nicht den nukleären Atrophien zugeordnet, sondern als eine Sonderform der ALS angesehen.

Pathog: Sie ist gekennzeichnet durch symmetrische Degeneration der motorischen Hirnnervenkerne (XII, X, XII und V).

Sy: Die Erkrankung beginnt im mittleren Lebensalter mit einer Sprechstörung (näselnde bulbäre Sprechweise) sowie Kau- und Schluckstörungen und schreitet unaufhaltsam fort bis zu Anarthrie und Unfähigkeit zu kauen und schlucken. Mimische Enthemmungsphänomene mit „Zwangsweinen" und „Zwangslachen" sind häufig. Das Endstadium, das die Kranken bei vollem Bewußtsein erleben, ist äußerst quälend.

Spastische Spinalparalyse

Vk und Ät: Die Krankheit ist sehr selten. In 75% besteht Erblichkeit.

Sy: Sie beginnt im Kindes- und Jugendalter und führt zu fixierter Paraspastik mit Zirkumduktion beider Beine. Typischerweise können die Knie infolge des Adduktorenspasmus kaum aneinander vorbeigeschoben werden. Im Endstadium nach 2–3 Jahrzehnten sind die Patienten mit spastischen Kontrakturen bettlägerig.

Spinopontozerebellare Atrophien

Definition und Formen

Die spinopontozerebellaren Atrophien sind kombinierte Systematrophien mit Beteiligung von Kleinhirn und afferenten Bahnen. Mehr als 50 verschiedene Varianten sind inzwischen beschrieben. Die wichtigsten sind die Friedreich-Ataxie, die nach Nonne und Marie benannte zerebellare Ataxie mit Spastik und die olivopontozerebellare Atrophie, von der es eine sporadische und eine autosomal dominante erbliche Form gibt.

Friedreich-Ataxie

Ät: Die Krankheit ist rezessiv erblich. Dysrhaphische Stigmata, abortive Formen und andere degenerative oder nichtdegenerative Nervenkrankheiten sind in der Verwandtschaft überdurchschnittlich häufig.

Pathog: Pathologisch-anatomisch kommt es zur Degeneration der Hinterwurzeln und der Hinterstränge des Rückenmarks, zur Kleinhirnatrophie, zu Untergang von Nervenzellen der Clarke-Säule und des Tractus spinocerebellaris, fakultativ zur Degeneration der Pyramidenbahn, von Vorderhornzellen und von Fasern des periphermotorischen Neurons.

Sy: Klinisch entwickeln sich zunächst Störungen der Tiefensensibilität, eine vorwiegend sensible Ataxie und Abschwächung bzw. Verlust der Eigenreflexe an den Beinen. Im weiteren Verlauf wird die Ataxie zerebellar mit Intentionstremor, Nystagmus und skandierender Sprache. Fakultativ kommt es zu Pyramidenbahnsymptomen mit Eigenreflexsteigerung und pathologischen Fremdreflexen sowie zu Muskelatrophien an Händen und Unterschenkeln. Charakteristisch sind Skelettdeformitäten (Hohlfuß, Kyphoskoliose). Die Krankheit beginnt zwischen dem 8. und 14. Lebensjahr und verläuft über 30–40 Jahre chronisch-progredient. Das Vollbild ist durch eine schwere Ataxie geprägt. Die Patienten sind bettlägerig, verfallen im weiteren Verlauf einer Demenz und sterben häufig an einer assoziierten Kardiomyopathie.

Th: nicht bekannt.

Zerebellare Heredoataxie (Nonne-Pierre-Marie)

Vk und Ät: Die Krankheit ist seltener als die Friedreich-Ataxie, setzt später ein (um das 35. Lebensjahr) und ist dominant erblich.

Pathog: Pathologisch-anatomisch findet man Rindenatrophie des Kleinhirns, frontal und parietal Großhirnatrophie mit Untergang von Pyramidenzellen und von Kernen und Bahnen im Hirnstamm.

Sy: Klinische Kardinalsymptome sind eine zerebellare Ataxie mit Sprechstörung („Löwenstimme"), Spastik, Hirnnervenausfälle (Optikusatrophie, Okulomotorius-, Trigeminuslähmung, Hörstörung, bulbäre Schluckstörung) und Demenz.

Olivopontozerebellare Atrophie

Ät und Pathog: Die Ätiologie ist nicht bekannt, Erblichkeit selten. Die Erkrankung beruht auf einer Systematrophie von hauptsächlich zerebellopetalen Strukturen. Pathologisch-anatomisch findet man Nervenzelluntergänge im Brückenfuß, in den unteren Oliven und der Substantia nigra sowie Entmarkung und Gliose im neozerebellaren Marklager.

Sy: Klinische Symptome sind zerebellare Gangataxie, Parkinsonismus, Harn- und Stuhlinkontinenz, Hirnnervenausfälle und Blickparesen sowie Demenz. Die Krankheit setzt um das 40. Lebensjahr ein und führt im Verlauf von 1–4 Jahren zum Tode.

Es gibt Übergänge zum Shy-Drager-Syndrom.

Th: Es können L-Dopa-Präparate versucht werden.

Vegetative Störungen

Vegetative Funktionsstörungen (vegetative Dystonie) bedeuten krankhaft veränderte

Reaktionen des vegetativen Nervensystems und zeigen sich in Akroparästhesien mit Hautblässe, „Absterben der Finger" und vermehrter Schweißneigung an den Akren.

Raynaud-Syndrom und Quincke-Ödem

Ät und Sy: Das Raynaud-Syndrom führt zu symmetrischen angiospastischen Zuständen (Gefährdung der Gewebstrophik) und Schmerzen. Das Quincke- oder angioneurotische Ödem ist eine anfallsartige, spontan oder durch banale Anlässe (Insektenstich, Verletzungen, Nahrungsantigene) ausgelöste Hautschwellung, die bei Übergreifen auf Schleimhäute mit Entwicklung eines Glottisödems gefährlich werden kann.

Th: Die Therapie ist vielschichtig und umfaßt Regelung der Lebensweise, Thermo- und Hydrotherapie, Klimakuren, autogenes Training, Entspannungsübungen, Psychotherapie, die Verabreichung harmloser Beruhigungsmittel, bei der Raynaud-Krankheit die Verabreichung gefäßerweiternder Mittel und eventuell temporäre Grenzstrangausschaltung.

Sudeck-Syndrom

Ät und Pathog: Es entwickelt sich unvorhersehbar nach Bagatelltraumen der Gliedmaßen, nach distalen Frakturen und operativen Eingriffen an Händen und Füßen, zuweilen ohne erkennbaren äußeren Anlaß. Die Pathogenese ist ungeklärt.

Sy: Mit Schmerzen gekoppelte trophische Störungen und Umbauvorgänge an Haut, Muskeln, Gelenken und Knochen einer oder mehrerer Extremitäten, vorwiegend der Hand.

Th und Prgn: Die Krankheit heilt nach 1–2 Jahren oft mit Defekt aus. Therapeutisch angewendet werden Schmerzmittel und Neuroleptika, Calcitonin-Injektionen (Karil), initiale Ruhigstellung, Kälteapplikation und Krankengymnastik.

Shy-Drager-Syndrom (primäre orthostatische Hypotonie)

Ät und Pathog: Das Syndrom gehört zu den organisch bedingten vegetativen Störungen. Anatomisch findet sich ein Nervenzellschwund in der Substantia nigra und in der intermediolateralen Säule des Rückenmarks (Kerngebiet des präsynaptischen sympathischen Neurons) und im Nucleus dorsalis des N. vagus.

Sy: Klinisch bestehen eine ausgeprägte orthostatische Hypotonie mit konstant auftretendem Blutdruckabfall und Bewußtseinsverlust beim Aufrichten, Harn- und Stuhlinkontinenz, ein aufgehobenes thermoregulatorisches Schwitzen, ein akinetisches Parkinson-Syndrom, im Endstadium Zeichen der Vorderhornschädigung sowie pyramidale und zerebellare Symptome.

Th und Prgn: Die Therapie ist schwierig. Medikamentös versucht man Adrenergika und L-Dopa-Präparate. Die durchschnittliche Überlebensdauer beträgt 7–8 Jahre.

Zerebrovaskuläre Krankheiten

Formen und Vorkommen

Unter den vaskulären Krankheiten des Gehirns werden subsumiert: *spontane intrazerebrale Blutungen, zerebrale Ischämien* nach Gefäßverschlüssen, *venöse Durchblutungsstörungen* (Hirnvenensinusthrombosen), *Subarachnoidalblutungen* und Gefäßmißbildungen.

Hinter diesen Ursachen zerebrovaskulärer Krankheiten verbergen sich ganz individuelle Verläufe, die hier im einzelnen nicht besprochen werden können. Es muß auf entsprechende Literatur und Lehrbücher über diese wichtige Krankheitsgruppe überhaupt verwiesen werden. Zerebrale Gefäßkrankheiten stellen die dritthäufigste Krankheit und die häufigste Ursache dauernder Invalidität in den führenden Industriestaaten dar.

Spontane intrazerebrale Blutungen

Ät und Pathog: Spontane intrazerebrale Massenblutungen treten meist perakut auf. Sie entstehen am häufigsten als Folge von Rhexisblutungen aus perforierenden Arterien in den Bereich der Stammganglien, des Thalamus, des Hirnstamms oder des Kleinhirns. Ursache hierfür sind hypertonusbedingte Gefäßveränderungen. *Lobärhämatome*, die in den Hemisphärenlappen gelegen sind, sind beim älteren Menschen oft Folge einer kongophilen Angiopathie der entsprechenden Hirngefäße, sollten aber bei jüngeren Patienten bei atypisch gelegener Massenblutung immer Anlaß sein, nach anderen Ursachen intrazerebraler Blutungen zu fahnden. Solche Ursachen können arteriovenöse, kavernöse oder rein venöse Gefäßmißbildungen, Aneurysmen und Durafisteln sein. Diese Ursachen müssen über intraarterielle Angiographien gesucht werden. Auch Tumoren (apoplektisches Gliom) und Metastasen (besonders Melanommetastasen) können Ursache von Blutungen sein. Interzerebrale Blutungen ereignen sich auch, wie subdurale und epidurale Hämatome, als Komplikationen bei Patienten unter Dauerantikoagulation und in einer Häufigkeit von 0,5–1% bei Patienten unter systemischer fibrinolytischer Behandlung von arteriellen oder venösen Verschlüssen. Ischämische Hirninfarkte können im Verlauf sekundär hämorrhagisch werden. Computertomographisch kann man dies bei kurzfristigen Kontrollen in etwa 10–15% aller Infarkte und bei etwa 40% aller embolisch bedingten Infarkte nachweisen. Meist liegt nur eine leichte hämorrhagische Transformation ohne klinische Relevanz vor.

Sy: Die neurologischen Symptome sind je nach Lage und Ausdehnung der Blutung vielfältig. Möglich sind neurologische Herdsymptome, aber auch Allgemeinsymptome wie Bewußtseinsstörung bis hin zum Koma. Der Beginn der klinischen Symptomatik ist meist schlagartig; hierdurch ist aber eine sichere Abgrenzung gegen einen ischämischen Infarkt nicht möglich. Auch ist die Bewußtseinsstörung kein charakteristisches Zeichen der intrazerebralen Blutung, da kleine Blutungen ohne weiteres ohne jede Bewußtseinsstörung einhergehen können.

Dg: Die Diagnose wird mit Hilfe der Computertomographie gestellt. Eine Angiographie ist bei allen jüngeren Patienten und bei allen Patienten mit atypisch gelegenen Blutungen zum Ausschluß von Gefäßmildungen (Angiom, Kavernom, Aneurysma) erforderlich. Das EEG hilft in der Diagnostik nicht weiter. Die Lumbalpunktion ist nicht hilfreich: Wird blutiger Liquor gewonnen, ist man ohnehin verpflichtet, weitere Diagnostik durchzuführen. Ein normaler Liquor hingegen bedeutet noch nicht, daß eine Blutung ausgeschlossen werden kann, da es sich um eine rein intrazerebral gelegene Blutung ohne Anschluß an das Ventrikelsystem handeln kann. Bei ganz ausgedehnten Massenblutungen kann die Liquorpunktion bei vorliegendem Hirndruck nachteilig sein.

Th: Sehr große raumfordernde Blutungen, besonders in der rechten Hemisphäre gelegene, werden oft operativ entleert, wenn die Bewußtseinslage der Patienten nicht zu schlecht ist. Eine sichere Aussage darüber, ob die operative Behandlung der rein konservativen hirndrucksenkenden Behandlung überlegen ist, kann nicht gemacht werden. *Raumfordernde Kleinhirnblutungen* mit konsekutivem Liquoraufstau müssen bei gleichzeitiger Ventrikeldrainage entlastet werden. Die *Hirndruckbehandlung* erfolgt mit Hilfe von Osmotherapeutika (Glycerin, Mannitol). Die Wirkung von Cortison ist umstritten. Kontinuierliche Überwachung des Hirndrucks, Hyperventilation und Bolusgaben von Phenobarbital zur Senkung des Hirndrucks sind unter intensivmedizinischen Bedingungen notwendig.

Zerebrale Ischämien

Vorkommen und Vielfalt der Formen

Das Verständnis der ischämischen zerebralen Infarkte hat sich in den letzten Jahren nach Einführung von Computertomographie, fortgeschrittenen Ultraschalltechniken, Verbesserung und zunehmender Risikofreiheit der Angiographie sowie der Kernspintomographie erheblich verändert. Zerebrale ischämische Infarkte stellen mit 75–80% aller Hirngefäßerkrankungen deren wichtigste Unterform dar. Klinische Symptome, Verläufe und Ursachen sind vielfältig. Die Bandbreite der Manifestation ischämischer Hirngefäßkrankheiten reicht vom Nachweis asymptomatischer Gefäßveränderungen an hirnversorgenden Gefäßen über flüchtige, voll reversible Symptome im vorderen oder hinteren Kreislauf und progrediente, partiell rückbildungsfähige Symptome bis zu schwersten, lebensbedrohlichen Krankheitsformen wie Hemisphäreninfarkten und Basilaristhrombosen, bei denen, wenn sie überhaupt überlebt werden, schwerste Defektzustände zurückbleiben. Es hat sich heute durchgesetzt, neben dem klinischen Befund und dem zeitlichen Ablauf der zerebralen Ischämie auch die vermeintliche Pathogenese bei der Therapieplanung zu berücksichtigen.

Formen, Ätiologie und Pathogenese

Grundsätzlich unterscheidet man zerebrale Ischämien, die aufgrund einer Erkrankung der großen hirnversorgenden und der großen, intrakraniell an der Hirnoberfläche und der Hirnbasis verlaufenden Gefäße entstehen *(Makroangiopathie)*, und solche, die infolge einer Erkrankung der kleinen, penetrierenden Hirngefäße *(Mikroangiopathien)* entstehen. Auch Mischbilder kommen vor. Makroangiopathische Hirninfarkte stellen sich als Infarkte, die auf das Territorium eines bestimmten intrakraniellen Gefäßes bezogen sind (z. B. Mediainfarkt, Posteriorinfarkt), dar oder können in relativ seltenen Fällen hämodynamische Infarktmuster hervorrufen. Diese entstehen unter kritischer Drosselung des Perfusionsdrucks bei hochgradigen, meist kombinierten Stenosen. Diese Infarkte sind nicht auf das Territorium einer Arterie bezogen, sondern betreffen die terminalen Gefäßregionen *(Endstrominfarkte)* oder die Grenzbezirke zwischen miteinander anastomosierenden Piagegefäßen *(Grenzzoneninfarkte)*. Dagegen sind die *Territorialinfarkte* in der Regel nicht durch hämodynamisch wirksame Stenosen bedingt, sondern Ausdruck von lokalen arteriosklerotischen Gefäßveränderungen der intrazerebralen Gefäße oder Folge von *Embolien* in den zerebralen Gefäßen. Emboliequellen sind ulzerierende arteriosklerotische Veränderungen an den großen Halsgefäßen (Karotisgabel) und vor allen Dingen an Herzklappen und Herzwänden. Eine wichtige Emboliequelle, besonders im jüngeren Lebensalter, sind traumatische Dissektionen der hirnversorgenden Gefäße. Schließlich können solche Embolien auch bei Hyperkoagulopathien entstehen. Seltene Embolieursachen sind Fettembolien nach Traumen, Fruchtwasserembolien oder paradoxe Embolien beim offenen Foramen ovale.

Unter *Mikroangiopathien* faßt man die Krankheiten der kleinen Hirngefäße (penetrierende Arterien) zusammen. Der Verschluß einer oder mehrerer dieser kleinen intrazerebralen Arterien führt zum Läsionsmuster der lakunären Infarkte. Während einzelne *lakunäre Infarkte* auch Ausdruck von kleinen Embolien sein können, ist das Auftreten von multiplen lakunären Infarkten in verschiedenen Hirnregionen, vor allen Dingen in den Stammganglien, im paraventrikulären Marklager, im Hirnstamm und im Kleinhirn, Ausdruck einer systemischen Arteriolosklerose dieser Gefäße, die sich als Folge eines lang bestehenden, schlecht eingestellten Hypertonus entwickelt. In fortgeschrittenen Fällen kommt es zur ischämischen Demyelinisierung mit im Computertomogramm deutlich erkennbarer Dichteminderung im Marklager. Neben dem Hypertonus, der auch als wesentlicher Risikofaktor für die Manifestation der Arteriosklerose an den extrazerebralen und großen intrakraniellen Gefäßen gilt, sind Diabetes, Hyperurikämie, Hyperlipoproteinämie und Nicotinabusus als weitere Risikofaktoren zu nennen. Die Neigung zu Hirngefäßkrankheiten ist darüber hinaus familiär gehäuft.

Eine weitere, weitverbreitete Einteilung der zerebralen Ischämien ist die nach dem zeitlichen Verlauf. Begriffe wie transitorische ischämische Attacken (TIA), reversibles ischämisches neurologisches Defizit (RIND), prolongiertes reversibles ischämisches neurologisches Defizit (PRIND), progredienter Schlaganfall und kompletter Schlaganfall sind aber zu unpräzise, um alleine hierauf Therapieentscheidungen basieren zu lassen. Selbstverständlich wird man den zeitlichen Verlauf von zerebralen Ischämien auch weiterhin zur Interpretation und zur Entscheidungsfindung heranziehen. Man weiß aber inzwischen, daß sich hinter sog. TIAs immer wieder einmal kleine intrazerebrale Blutungen und sicher abgrenzbare zerebrale Infarkte verbergen, die nur keine klinische Symptomatik mehr zeigen. Die Reversibilität bezieht sich somit nur auf das klinische Symptom, nicht aber auf die Ausbildung eines Infarktbezirkes. Mehr denn je gelten reversible Symptome als Anlaß, eine gründliche klinische und apparative Diagnostik durchzuführen, sofern man sich hiervon noch therapeutische Konsequenzen erwartet.

Viele der möglichen Ursachen zerebraler Ischämie sind bereits oben erwähnt worden. Zu ihnen zählen hämodynamisch bedingte Infarkte bei Vorliegen hochgradiger Stenosen der extra- und oder intrakraniellen Gefäße, embolische Infarkte bei Herzklappenkrankheiten oder stenotischen Prozessen der Halsgefäße und nach Dissektionen und Infarkte bei autochthoner Krankheit der großen und kleinen intrazerebralen Gefäße (Lakunen, Territorialinfarkte). Weitere, insgesamt seltenere Ursachen, die aber besonders bei Patienten im jüngeren Lebensalter bedacht werden müssen, sind Koagulopathien (Angiotensin III, Protein-C- oder S-Mangel), Vaskulitiden (direkte entzündliche Gefäßbeteiligung bei Infektionen, Meningitiden, Lues, Beteiligung der Hirngefäße bei Krankheiten aus dem rheumatischen Formenkreis und Autoimmunkrankheiten [systemischer Lupus erythematodes, Panarteriitis nodosa, Riesenzellarteriitis], Takayasu-Syndrom, isolierte Vaskulitis, granulomatöse Vaskulitis des ZNS). Auch Fehlanlagen des Gefäßsystems, in ihrer Ätiologie noch ungeklärte Störungen wie die Moya-Moya-Krankheit oder die häufig mit Dissektionen assoziierte fibromuskuläre Dysplasie, in ganz seltenen Fällen mechanische Gefäßveränderungen durch Tumoren oder degenerative Skelettveränderungen können zu ischämischen Infarkten führen.

Symptome

Die klinischen Symptome richten sich nach Ort und Ausdehnung der Infarkte. Das häufigste Infarktsyndrom ist die *sensomotorische*, arm- und gesichtsbetonte *Hemiparese*, die, wenn sie auf einen linkshirnigen Insult im Territorium der A. cerebri media bei einem Rechtshänder zurückzuführen ist, meist von neuropsychologischen Symptomen wie *Aphasie* und *Apraxie* begleitet wird. *Homonyme Hemianopsien* und *Quadrantenanopsien* entstehen bei Infarkten im Posteriorterritorium. Beinbetonte Hemiparesen deuten auf Störungen im Anteriorversorgungsgebiet oder auf umschriebene Läsionen in den Stammganglien- oder im Hirnstamm hin. Ungünstig gelegene, relativ umschriebene Infarkte im Bereich der inneren Kapsel können eine komplette Hemiplegie hervorrufen. *Lakunäre Läsionen* machen sich durch sehr umschriebene neurologische Ausfälle wie z. B. reine motorische Parese der Hand und des Unterarms, umschriebene Sensibilitätsstörungen und die Kombination von Dysarthrie und Ungeschicklichkeit der Hand bemerkbar. Störungen in der hinteren Zirkulation, die häufiger sind als gemeinhin angenommen (auch Posteriorzirkulationsstörungen und Zirkulationsstörungen im Thalamus gehören hierzu), machen sich oft durch eine Vielzahl von sehr komplexen Störungen bemerkbar, die unter dem Überbegriff „gekreuzte Hirnstammsyndrome" bekannt sind, einseitige Hirnnervenstörungen mit kontralateralen Paresen oder Sensibilitätsstörungen. Häufig diagnostiziert wird das *Wallenberg-Syndrom*, obwohl es in reiner Form eher selten ist. Territorialinfarkte im Ausbreitungsgebiet der A. cerebelli inferior posterior verursachen Schwindel, Gangunsicherheit, Dysdiadochokinese, Nystagmus sowie dysarthrische Sprache. Infarkte im Territorium der oberen Kleinhirnarterie verursachen erhebliche Störungen von Gang- und Standkontrolle. Insgesamt können sich ischämische Infarkte in einer derartigen Variabilität von klinischen Manifestationen präsentieren, daß hier nur einzelne Beispiele gegeben werden können.

Asymptomatische Gefäßveränderungen und Amaurosis fugax: Stenosierende arteriosklerotische Prozesse an den großen hirnversorgenden Gefäßen, besonders an der Karotisgabel, werden häufig als Zufallsbefunde erhoben. Man geht heute davon aus, daß asymptomatische Stenosen nur eine geringe Inzidenz von ipsilateralen Infarkten embolischer oder hämodynamischer Ursache haben. Man achtet auf Zeichen einer reversiblen Ischämie, die sich nicht nur als neurologische kontralaterale Herdsymptome, sondern auch als ipsilaterales ophthalmologisches Symptom, die sog. Amaurosis fugax, manifestieren kann. Das Auftreten einer *Amaurosis fugax* oder flüchtiger gefäßabhängiger neurologischer Defizite macht eine asymptomatische Stenose zu einer symptomatischen Stenose, für die die Indikation zur Karotisoperation diskutiert werden kann.

Vaskulitis: Vaskulitiden der hirnversorgenden Gefäße kommen bei einer generalisierten Vaskulitis (z. B. bei Panarteriitis nodosa oder beim systemischen Lupus erythematodes), aber auch als isolierte granulomatöse zerebrale Vaskulitis, als Einzelmanifestation eines zerebralen Lupus, als Riesenzellarteriitis, beim Takayasu-Syndrom und bei Entzündungen der ZNS als Begleitvaskulitis vor. Bei jüngeren Patienten mit Schlaganfällen muß an vaskulitische Ursachen gedacht werden.

Multiinfarktsyndrome: Multiple kortikale oder subkortikale Infarkte können, müssen aber nicht zu Demenzsyndromen führen. Der Begriff der *Multiinfarktdemenz* impliziert einen kausalen Zusammenhang zwischen dem Vorliegen multipler Infarkte und einer Demenz. Ein solcher Zusammenhang ist bei multiplen kortikalen Infarkten eher selten, wird aber bei ausgedehnten mikroangiopathischen Läsionen (Morbus Binswanger) gefunden.

Läsionen in korrespondierenden Hirnanteilen können komplexe Ausfälle hervorrufen, die den Eindruck einer Demenz bewirken, z. B. bei bilateralen thalamischen oder bilateralen parietalen Infarkten. Die Diagnose einer Multiinfarktdemenz sollte nicht mit Hilfe der Computer- oder gar Kernspintomographie, sondern nur im Zusammenspiel mit der klinischen Symptomatik gestellt werden. Die Kernspintomographie ist im Nachweis subkortikaler Läsionen überempfindlich. Hier finden sich auch bei normalen älteren Personen Veränderungen *(aging brain)*, die keine pathologische Bedeutung haben.

Diagnose

Neben der klinisch-neurologischen Untersuchung mit exakter Anamnese der Entwicklungsdynamik des Defizits ist die internistische Befunderhebung zentral wichtig. Die Auskultation der Halsgefäße, die vielerorts in den Vordergrund gestellt wird, sollte zwar erfolgen, in ihrer Bedeutung aber nicht überschätzt werden. *Nichtinvasive Gefäßuntersuchungen* (Doppler-Sonographie, transkranielle Doppler-Sonographie, B-Bild, Duplex-Scan, farbkodierte Doppler-Sonographie) und *Computertomographie* stehen als apparative Verfahren für die Akutsituation zur Verfügung. Die *Kernspintomographie* verdrängt dort, wo sie verfügbar ist, die Computertomographie immer mehr. Die *Angiographie* sollte besonderen Situationen vorbehalten sein und nur dann durchgeführt werden, wenn eine therapeutische Konsequenz abgeleitet werden kann. Wenn sie durchgeführt wird, dann nur als *selektive intraarterielle Angiographie* und *nicht* als venöse digitale Subtraktionsangiographie. Das *EEG* ist von geringer Bedeutung, solange es nicht um die Aufdeckung von vaskulär bedingten epileptischen Anfällen geht. *Evozierte Potentiale* sind ebenfalls keine Routinemethode. Die *Liquoruntersuchung* bleibt Einzelfällen vorbehalten. Sie wird immer dann durchgeführt, wenn man den Verdacht auf eine entzündliche oder immunologisch bedingte Gefäßkrankheit hat. Zentrale Bedeutung kommt der Analyse der Gerinnung und der exakten kardiologischen Abklärung zu. Sie muß beim dringenden Verdacht auf kardiale Embolien (Territorialinfarkt im CT, keine extra- oder intrakraniellen Gefäßveränderungen, abrupter Beginn der Symptomatik) sehr gründlich einschließlich Ultraschallkardiogramm, transösophagealem Ultraschallkardiogramm und evtl. Kontrastechountersuchungen sowie Langzeit-EKG durchgeführt werden.

Die Häufigkeit kardialer oder arterieller Embolien, z. B. von exulzerierenden Karotisstenosen, wurde lange Zeit unterschätzt. Wir gehen heute davon aus, daß etwa 20% aller ischämischen Infarkte embolischer Natur sind. Bei Patienten unter dem 40. Lebensjahr dürfte der Anteil noch weitaus höher liegen.

Hämatologisch und gerinnungsphysiologisch achtet man auf erheblich erhöhte Hämatokritwerte, Leukozyten-, Thrombozytenzahlen sowie Fibrinogen, Quick-Wert, partielle Thromboplastinzeit, Angiotensin III und Protein C und S.

Therapie

Die Basistherapie zerebraler Infarkte ist internistisch, mit Kontrolle des Blutdrucks (hochnormale Werte sind erforderlich, keine massive Senkung!), der Elektrolyte und des Kohlenhydratstoffwechsels und Verhinderung von Komplikationen (Embolien). Gesicherte Therapieansätze beim akuten ischämischen zerebralen Infarkt existieren noch nicht. Die verschiedenen Therapieansätze (rheologische Therapie, Therapie auf zellulärer Ebene [zytoprotektiv], Antikoagulation, Fibrinolyse, Vasodilatantien) sind alle nicht gesichert. Bei Vaskulitiden wird man eine immunsupressive Therapie anwenden. Die besonders in Deutschland sehr weit verbreitete *rheologische Therapie* mit niedermolekularen Dextranen und Hydroxyethylstärke wird immer mehr in Frage gestellt. Einige Indikationen zur *Antikoagulation* sind auch beim Fehlen kontrollierter Studien weitgehend akzeptiert: Hierzu gehören hochgradige embolisierende Stenosen, embolisierende Herzkrankheiten, traumatische Dissektionen, intrazerebrale stenotische Prozesse und nachgewiesene Koagulopathien. Es gibt Hinweise darauf, daß die *thrombolytische Therapie* als schnell rekanalisierendes Verfahren in definierten Situationen hilfreich sein kann. Man muß sich aber darüber klar sein, daß eine gefäßrekanalisierende Therapie, sei sie chirurgisch oder medikamentös, für den zellulären ischämischen Untergang im Kern des Infarktes immer zu spät kommt. Dies gilt auch für den Einsatz von Medikamenten mit *zellprotektiver Wirkung* (Calciumantagonisten, NMDA-Rezeptorantagonisten u. ä.). Auch deren Wirksamkeit kann sich nur auf Zellen beziehen, die durch den ischämischen Prozeß gefährdet sind, nicht aber auf solche, die schon durch ein völliges Sistieren von Blutfluß, Sauerstoff- und Glucoseversorgung untergegangen sind. Gewebe in der Umgebung eines akut infarzierten Bezirkes kann zu diesem Zeitpunkt nicht funktionsfähig sein, muß aber noch nicht irreversibel geschädigt sein. Diese Zone wird als *Penumbra (Halbschatten)* bezeichnet. Die Penumbra ist das eigentliche Zielgewebe für jede Form der Akuttherapie zerebraler Infarkte.

Die Prävention nach reversiblen oder partiell reversiblen Schlaganfällen wird meist mit Thrombozytenaggregationshemmern durchgeführt. Es ist heute erwiesen, daß symptomatische Karotisstenosen über 70% operiert werden sollten. Ebenfalls erwiesen ist die Wirksamkeit von Antikoagulantien in der Schlaganfallprophylaxe bei Vorhofflimmern. Beim Nachweis von Emboliequellen wird, wenn diese nicht operativ beseitigt werden können, antikoaguliert.

Sinusthrombosen

Vk: Venöse Durchblutungsstörungen des Gehirns sind viel seltener als arterielle.

Ät: Die septischen Sinusthrombosen sind durch entzündliche Krankheiten der Hirnbasis oder des Innenohres bedingt oder entstehen über die V. ophthalmica (septische *Sinus-cavernosus-Thrombose*). Die Ursachen *aseptischer Sinusthrombosen* sind häufig nicht zu eruieren. Sie treten gehäuft in der Schwangerschaft, im Wochenbett und bei Einnahme von Antikonzeptiva auf. Auch bei Koagulopathien ist eine Häufung von Sinusthrombosen beschrieben. Sie treten auch bei Exsikkation und bei Malignomkachexien auf. Lokaler Druck ist nur selten Ursache einer Sinusthrombose.

Pathog und Sy: Die Ausbildung eines venösen Infarktes verläuft nach anderen zeitlichen Kriterien als der arterielle Infarkt. Der Verschluß der großen Hirnsinus- und vor allem der das Gehirn drainierenden Brückenvenen führt zu einem *langsam progredienten* Krankheitsbild mit Verlangsamung, Müdigkeit, Kopfschmerzen und neurologischen Herdsymptomen, wobei besonders häufig elementare, sekundär generalisierte Anfälle als Frühsymptom auftreten. Neben dem Verschluß der großen Sinus können auch die inneren Hirnvenen thrombosieren. Dieses Krankheitsbild hat eine besonders schlechte Prognose.

Blande Sinusthrombosen können unter dem Bild des Pseudotumor cerebri verkannt werden.

Dg: Die Diagnose wird durch die Angiographie oder die Kernspintomographie gesichert. Der Verdacht kann aufgrund der Computertomographie (dichter Sinus, „empty triangle sign" im Kontrastmittel-CT, erhebliche Schwellung, atypisch gelegene Hypodensitäten im Drainageterritorium von einzelnen Brückenvenen, Stauungsblutungen) geäußert werden. Der *Liquor* ist unspezifisch pathologisch (erhöhtes Eiweiß, Xanthochromie, Zellzahlerhöhung, entzündliche Veränderungen), hilft aber nicht entscheidend weiter. Das EEG ist fast immer pathologisch und kann epilepsietypische Potentiale zeigen.

Th: Therapie der Wahl ist die Vollheparinisierung. Auch bei schon länger bestehender Symptomatik und Bewußtseinsstörung kann die Therapie noch erfolgreich sein.

Subarachnoidalblutung

Ät und Pathog: Ursachen von Subarachnoidalblutungen sind in über 85% der Fälle Rupturen von intrazerebralen Aneurysmen, die bevorzugt an den Teilungsstellen der Hirnarterien und an den Verbindungsstellen des Circulus arteriosus cerebri (Willisi) auftreten. Sie können multipel vorkommen. Beim Einreißen dieser wandschwachen Gefäßmißbildungen tritt Blut in den Subarachnoidalraum; der Fremdkörperreiz führt zu dem starken Kopfschmerz und der Nackensteifigkeit. Je nachdem, wieviel Blut austritt – es handelt sich immerhin um eine arterielle Blutung –, kann es zu einer ganz erheblichen Hirndrucksteigerung kommen. Es gibt Belege dafür, daß im Augenblick der Blutung die Hirnperfusion kurzfristig sistiert. Seltenere Ursachen für Subarachnoidalblutungen sind Blutungen aus arteriovenösen Malformationen, aus Durafisteln, bei Meningeosen, bei entzündlichen Gefäßveränderungen und nach Traumen. Der Verlauf nach der Subarachnoidalblutung kann durch 3 pathogenetisch unterschiedliche Ereignisse kompliziert werden:

- *Nachblutungen:* Mit einem Maximum innerhalb der ersten 14 Tage nach der Blutung kann es zu einer Nachblutung aus dem bereits einmal rupturierten Aneurysma kommen. Diese Nachblutungen sind in der Regel schwerer als vorausgegangene Blutungen. Die Nachblutungsgefahr kann verhindert werden durch frühzeitige Ausschaltung des Aneurysmas (s. Therapie). Der Einsatz von antifibrinolytischen Medikamenten wurde ebenfalls versucht, ist aber verlassen worden.
- Sog. *Gefäßspasmen:* Als Antwort auf die Anwesenheit von Blut im Subarachnoidalraum kommt es zu Veränderungen der im Subarachnoidalraum verlaufenden Arterien. Diese verengen sich und bilden „Spasmen" aus. Diese Spasmen sind aber nicht rein funktionelle Spasmen, sondern es kann histologisch gezeigt werden, daß es tatsächlich zu Änderungen im Gefäßwandaufbau kommt. Gefäßspasmen können ischämische Defizite verursachen. Gefäßspasmen treten vor allem ziwschen dem 4. und 14. Tag nach der Blutung auf.
- Hydrocephalus aresorptivus: Liquor wird im Subarachnoidalraum resorbiert. Ein mit Blut ausgefüllter Subarachnoidalraum kann seinen Resorptionsaufgaben nicht im vollen Umfang nachkommen. Die Liquorproduktion im Ventrikel bleibt jedoch unverändert. Es kommt somit zur Vermehrung des Liquoranteils und damit zur Entwicklung von Hirndruck. Dieser Hydrozephalus kann früh oder im weiteren Verlauf auftreten. Therapie ist die Ventrikeldrainage.

Sy: Subarachnoidalblutungen machen sich durch eine typische klinische Initialsymptomatik bemerkbar: Es kommt zu einem perakuten, sehr heftigen *Kopfschmerz*, meist im

Nacken lokalisiert. Je nach Ausmaß der Blutung können danach *neurologische Herdsymptome* und Bewußtseinsstörungen unterschiedlichen Ausmaßes bis hin zum tiefen Koma und Bulbärhirnsyndrom folgen. Meist findet man nach wenigen Minuten eine erhebliche *Nackensteifigkeit*, die jedoch im tiefen Koma fehlen kann. Üblich ist eine Schweregradeinteilung in 5 Stadien nach Hunt und Hess, wobei Stadium I nur die Kopfschmerzen mit ganz leichter Nackensteifigkeit beschreibt und Stadium V dem tiefen Bulbärhirnsyndrom entspricht. Diese Stadieneinteilung, die im Stadium III auch das Vorliegen neurologischer Herdsymptome berücksichtigt, ist von Bedeutung für die Therapieplanung.

Dg: Sie wird klinisch gestellt und mit der *Computertomographie* gesichert. Der Nachweis von Blut im Subarachnoidalraum beweist die Diagnose. Zusätzliche Informationen erhält man z. B. darüber, wo sich das Maximum des subarachnoidalen Blutes befindet oder ob zusätzlich eine intrazerebrale Blutung aufgetreten ist. Das CT eignet sich nicht zur Aneurysmasuche. Bei länger zurückliegenden Ereignissen kann das CT, besonders nach relativ kleinen Blutungen, normal sein. In diesem Fall ist die *Liquoruntersuchung* Methode der Wahl. Der Liquor ist dann vielleicht noch blutig, meist aber schon xanthochrom und zeigt im Zellbild Siderophagen. Der Nachweis des Aneurysmas erfolgt über die *intraarterielle selektive Angiographie.* Hier genügt es nicht, ein Gefäß zu angiographieren, sondern es ist immer eine selektive Panarteriographie erforderlich. Besonders häufig von Aneurysmen betroffene Stellen müssen durch spezielle Projektionen dargestellt werden.
Sich entwickelnde Spasmen diagnostiziert man mit der *transkraniellen Doppler-Sonographie.* Die Entwicklung eines Hydrocephalus malresorptivus läßt sich mit Kontroll-CTs nachweisen.

Th: Die einzige Therapie der Subarachnoidalblutung ist die Ausschaltung des Aneurysmas, was gleichzeitig auch die Rezidivprophylaxe darstellt. Es ist heute üblich, Patienten mit Subarachnoidalblutung der Stadien I–III nach Möglichkeit früh zu operieren, d. h. innerhalb der ersten 2 bis maximal 3 Tage. Dies setzt die Gefahr der Nachblutung herab. Andererseits bestehen zu diesem Zeitpunkt nur selten Gefäßspasmen. Gegen die Entwicklung von Gefäßspasmen werden prä- und postoperativ Calciumantagonisten (Nimodipin) gegeben. Die Ausbildung von Gefäßspasmen ist hierunter deutlich reduziert. Ist eine Frühoperation nicht möglich, erfolgt die Operation meist nach 14 Tagen, wenn die transkranielle Doppler-Sonographie keine Spasmen mehr zeigt. Patienten im Stadium V haben eine sehr schlechte Prognose und werden nur selten operiert. Ist eine frühe Operation nicht möglich und entwickelt sich ein Hydrozephalus, wird eine Ventrikeldrainage gelegt.

Paralytische Aneurysmen

Sy: Aneurysmen können, ohne daß eine Blutung auftritt, zu neurologischen Herdsymptomen führen. Es handelt sich dann um eine direkte Druckwirkung von meist relativ großen Aneurysmen auf Hirnnerven. Okulomotorius- und Abduzensparesen, Visusstörungen und Trigeminusneuralgien können resultieren.

Dg und Th: Meist zeigen sich die großen Aneurysmen schon in der Computertomographie. Man versucht diese Aneurysmen zu operieren oder transarteriell zu verschließen. Ebenfalls operiert werden asymptomatische Aneurysmen, wenn sie eine bestimmte Größe (0,5 mm) überschreiten. Solche asymptomatische Aneurysmen findet man entweder bei Computertomographien oder bei Angiographien, die wegen anderer Krankheiten durchgeführt wurden.

Angiome

Arteriovenöse und venöse Angiome können neurologische Symptome durch intrazerebrale oder subarachnoidale Blutungen hervorrufen. Aber auch ohne zu bluten können solche Angiome neurologisch relevant sein, wenn sie zu Paresen oder partiellen Epilepsien führen. Manche Angiome gehen mit Kopfschmerzen einher.

Dg: Mit Hilfe der Kernspintomographie gelingt es vor allen Dingen, kleinere venöse Angiome und Kavernome häufiger zu identifizieren. Angiome treten zum Teil auch multipel auf und sind nicht selten Ursache von symptomatischen Epilepsien.

33. Neuroradiologie

D. PETERSEN und K. VOIGT

Schwerpunkt dieser Darstellung sind die rechnergestützten bildgebenden Verfahren und die invasive Kontrastmitteldiagnostik in der Neuroradiologie. Allgemeine Ausführungen zur Röntgenaufnahme- und Durchleuchtungstechnik, zur Kontrastmittelapplikation und -kinetik mit Indikationen und Kontraindikationen sowie zu den Routineaufnahmen des Schädels und der Wirbelsäule s. Kap. Röntgendiagnostik.

Untersuchungsverfahren

Angiographie

Hirngefäße

Transfemorale Sondierung der supraaortalen Arterien unter Verwendung kleinlumiger (4–5 French), an der Spitze vorgeformter Katheter. Nach selektiver Sondierung überlagerungsfreie Darstellung aller hirnversorgenden Gefäße sowie der einzelnen Äste der A. carotis externa bei geringen Konstrastmittelmengen pro injizierter Gefäßprovinz. Bei Verhinderung dieser transfemoralen Katheterisierung (Obliteration der Becken- bzw. Beinarterien, Aortenverschluß, Zustand nach aortofemoralen Bypass-Operationen) Direktpunktion der linken Karotis oder Gegenstromangiographie nach Punktion der rechten A. brachialis (simultane Darstellung der rechten Aa. carotis communis und vertebralis) oder der linken A. brachialis (Darstellung der linken A. vertebralis).

Intravasale Therapiemaßnahmen

Katheterverfahren zur Wiedereröffnung oder zum Verschluß von Gefäßen oder Malformationen. Transluminale Katheterdilatation nur bei proximalen Subklaviastenosen verbreitet, da bei direkt hirnversorgenden Gefäßen die Gefahr von Thrombusabschwemmungen besteht. Lokale Thrombolyseverfahren durch arterielle, präthrombotisch gelegte Katheter nur bei frischen Verschlüssen aussichtsreich. Präoperative und palliative Embolisation externaversorgter Tumoren und vaskulärer Malformationen durch selektive Injektion von Partikeln und polymerisierenden Kunststoffen in läsionsversorgende Gefäße. Verschluß von Karotis-Sinus-cavernosus-Fisteln durch absetzbare Ballons unter Erhaltung der Karotisstrombahn sowie – in der Regel mehrzeitige – Embolisationen zerebraler Angiome mit Klebern über eingeschwemmte oder steuerbare Mikrokatheter in spezialisierten Abteilungen.

Rückenmarksgefäße

Transfemorale selektive Angiographie der Interkostal- und Lumbalarterien, aus denen die rückenmarksversorgenden Gefäße abgehen. In der Regel sind sämtliche Segmentarterien beider Seiten zu angiographieren, da vielfältige Versorgungsvarianten bestehen und da Myelographie und Kernspintomographie nur auf die Lokalisation größerer Gefäßkonvolute, nicht aber das Segment des hauptversorgenden Gefäßes gesuchter vaskulärer Malformationen hinweisen.

Digitale Subtraktionsangiographie (DSA)

Rechnergestütztes Verfahren zur Bildsubtraktion aus elektronisch aufgezeichneten Durchleuchtungsszenen während der Kontrastmittelinjektion. Arterielles Vorgehen erlaubt dabei aufgrund der hohen Dichteauflösung eine Reduktion der erforderlichen Kontrastmittelmengen, Verwendung dünnerer Katheter und sofortige Verfügbarkeit von Subtraktionsaufnahmen während der Untersuchung. Intravenöse DSA ist in der Neuroradiologie nur für die Darstellung der extrakraniellen Karotisabschnitte mit Einschränkungen von begrenzter Bedeutung, da aufgrund der Totalfüllung intrakranielle Gefäßüberlagerungen unvermeidbar sind.

Photographisches Subtraktionsverfahren

Durch Übereinanderprojektion eines angiographischen Füllungsbildes und des Negativs eines Leerbildes (Maske) werden nativ schattengebende Strukturen (Knochen) ausgelöscht, so daß eine Darstellung der kontrastmittelgefüllten Gefäße allein resultiert. Das

Verfahren wird bei der Nachbearbeitung von Blattfilmserien eingesetzt.

Computertomographie (CT)

Prinzip
Abbildung der Neuraxis und ihrer Hüllstrukturen in axialen Schichtaufnahmen, die aus röntgenologischen Schwächungskoeffizienten einer sich um den liegenden Patienten drehenden Röhren-Detektor-Einheit errechnet werden. Graue und weiße Substanz, unterschiedliche Gewebe und pathologische Prozesse kennzeichnen sich durch ihre unterschiedliche Absorptionsdichte in entsprechender Grauabstufung (hyperdens = heller, hypodens = dunkler als umgebendes Gewebe) auf dem Monitorbild, wobei sich Dichtewerte auch digital bestimmen lassen. Variable Schichtdicken von 1–10 mm und Expositionszeiten von 1–8 s pro Schicht. Neigungen der Aufnahmeeinheit machen parallele Ausrichtungen der Schichten zur Schädelbasis oder zu den Bandscheiben möglich. Direkte koronare (frontale) Schichtführung am Schädel durch Patientenumlagerung. Koronare, sagittale und schräge (paraxiale) Aufnahmen können aus Daten benachbarter Schichten sekundär rekonstruiert werden. Dokumentation auf Film (hard-copies) oder digital auf magnetischen Datenträgern zur späteren Nachbearbeitung (Dichte-, Distanz-, Volumenbestimmungen und multiplanare Rekonstruktionen).

Dynamisches Kontrastmittel-CT (Angio-CT)
Rasche sequentielle Untersuchung derselben Schnittebene während intravenöser Kontrastmittel-Bolusinjektion. Bei Gefäßmißbildungen und speziellen Fragestellungen zur Beurteilung der Kontrastmittel-Perfusions- und -Akkumulationsdynamik.

Schädel-CT
Durch hohe Dichteauflösung Diskrimination von Mark- und Rindenstrukturen sowie sicherer und schneller Nachweis oder Ausschluß von intrakraniellen Raumforderungen, Blutungen, Atrophien, Substanzdefekten, Mißbildungen, Fremdkörpern. Durch intravenöse Gabe von nierengängigem Kontrastmittel (1 ml/kg KG) Dichteanhebung (Enhancement) von Gefäßen (Mißbildungen, Tumorgefäße, lokale Hyperämie) oder Parenchymstrukturen mit Störung der Blut-Hirn-Schranke (Abszesse, Hirntumoren, Metastasen, Resorptionszonen) oder bei Fehlen derselben (Durastrukturen; extrazerebrale Tumoren, wie Neurinome oder Meningeome). Im CT auch gegenüber der Nativdiagnostik überlegene Beurteilbarkeit der Schädelbasis, des Gesichtsschädels, der Orbitae, des Nasennebenhöhlensystems, des Pharynx und der Halsweichteile einschließlich Lymphknoten. Normale Untersuchungsdauer 10–30, gelegentlich bis 60 Min. Sedierung bei bewegungsunruhigen Patienten und Kleinkindern.

Hochauflösendes CT
Spezialprogramme zur optimalen Ortsauflösung der Knochenfeinstruktur (Orbita, Felsenbein) bei dünner Schichtdicke (1–2 mm) und umfangreicher Bildmatrix (512 × 512 bzw. 1024 × 1024 Pixels).

CT-Luftzisternographie
Nach Lumbalpunktion und intrathekaler Eingabe von 2–4 ml Luft negative Kontrastierung der Kleinhirnbrückenwinkelzisterne und des Meatus acusticus internus. Zuverlässige Methode zum Nachweis oder Ausschluß auch kleiner intrakanalikulärer Kleinhirnbrückenwinkeltumoren (unter 5 mm).

Spinales CT
Diagnostische Abklärung von paravertebralen und spinalen Raumforderungen, Osteolysen, Entzündungen, Mißbildungen und Verletzungen der Wirbelsäule. Überwiegende Indikation bei der lumbalen und zervikalen Bandscheibendiagnostik. Bei der Darstellung intraduraler und -medullärer Prozesse häufig intrathekale Kontrastmittelapplikation erforderlich (Myelo-CT).

CT-Zisternographie
Darstellung der Liquorräume nach lumbaler, intrathekaler Eingabe einer geringen Menge wasserlöslichen nichtionischen Kontrastmittels (5–10 ml) zur Beurteilung der Liquordynamik und kleiner Prozesse im Bereich der basalen Zisternen.

Kontrastmittel
Nierengängige nichtionische Kontrastmittel in Konzentration von 200–250 mg Jod/ml für intrathekale und 300 mg Jod/ml für intravenöse Anwendung. Die früher bei ionischen Kontrastmitteln noch hohe Neurotoxizität ist deutlich reduziert. Da bei intrathekaler Anwendung mit intrakraniellem Einstrom von Kontrastmittel vorübergehende Psychosyndrome, neuropsychologische Symptome sowie vereinzelt Krampfanfälle auftreten kön-

nen, antikonvulsive Prämedikation empfohlen.

Myelo-CT

Spinales CT nach intrathekaler Applikation (Lumbalpunktion) geringer Mengen wasserlöslichen nichtionischen Kontrastmittels (5 ml) oder im Anschluß an eine Myelographie. Dabei durch Kontrastanhebung gute Abgrenzbarkeit der Liquorräume vom Rükkenmark und von den extraduralen Strukturen.

Diskographie

Untersuchung einzelner Bandscheiben durch direkte, durchleuchtungsgezielte oder im CT durch stereotaktische Punktion und Kontrastmittelinjektion in den Nucleus pulposus. Kontrastmittelaustritt bei defektem Anulus fibrosus.

Kernspintomographie (KST) = Magnetresonanztomographie (MRT)

Die meisten Atomkerne besitzen einen Eigendrehimpuls, den Kernspin. Da sie eine Ladung tragen, ist mit der Eigenrotation des Kerns ein elektrischer Ringstrom verbunden, der seinerseits ein magnetisches Moment induziert. Aufgrund ihres gehäuften Vorkommens in biologischen Geweben werden bei der KST gegenwärtig Protonen zur Bildgebung benutzt. Dabei werden die Protonen in einem statischen homogenen Magnetfeld zunächst parallel und antiparallel ausgerichtet, wobei sie aufgrund ihres Eigendrehimpulses eine kreiselförmige Bewegung um ihre Polachse durchführen, Präzession genannt. Die dabei für jeden Kern charakteristische Umlauffrequenz heißt Larmor-Frequenz, und sie ist der Feldstärke des magnetischen Grundfeldes proportional. Bei Einstrahlung eines Hochfrequenzimpulses mit der Larmor-Frequenz wird ein Teil der Kernmomente umgeklappt und auf ein höheres Energieniveau angehoben. Nach Abschalten des Hochfrequenzimpulses und bei Rückkehr der Protonen in den energetisch bevorzugten parallelen Grundzustand wird die absorbierte Energie vom Probevolumen wieder zum Teil als elektromagnetische Strahlung emittiert, die zur Bildherstellung benutzt wird. Jedes Kernspinbild enthält somit gewebe- wie untersuchungsabhängige Informationen, wobei aus der Analyse des abgestrahlten Signals nach Intensität, Frequenz und zeitlichem Verhalten Rückschlüsse auf die lokale Spindichte oder Protonenkonzentration, die Relaxationszeiten T_1 und T_2 (Gewebskonstanten), Flußgeschwindigkeiten und chemische Verschiebung möglich sind. Durch Änderung von Pulssequenzparametern werden Aufnahmen mit unterschiedlicher Charakteristik erzeugt. T_1-gewichtet: kurze Meßzeit, hohe Ortsauflösung, Anatomie, mit Kontrastmittel Schrankenstörungen. T_2-gewichtet: lange Meßzeit, hoher Weichteilkontrast, Läsionen der weißen Substanz. Überwiegend werden Spinechosequenzen angewandt. Kürzere Meßzeiten sind möglich mit sog. Gradientenechosequenzen, insbesondere bei dreidimensionalen Volumenmessungen, die eine sekundäre Bildberechuung aus dünnen Einzelschichten in beliebigen Raumebenen erlauben. Vorteile der KST: beliebige Orientierung der Untersuchungen in den 3 Raumebenen; andere bildgebende Parameter als bei der CT und dadurch häufig höhere Sensitivität, jedoch nicht höhere Spezifität; keine knochenbedingten Artefakte; keine Röntgenstrahlen. Nachteile: lange Untersuchungszeiten von 30–60 Minuten, eingeschränkte Überwachungsmöglichkeit Schwerkranker. Kontraindikationen: Herzschrittmacher; magnetisierbare Metallimplantate.

KST-Kontrastmittel

Paramagnetisches, komplexgebundenes Gadolinium (Gd-DTPA) verkürzt die Relaxationszeiten und verstärkt so das Signal insbesondere auf T_1-gewichteten Aufnahmen. Gd-DTPA passiert die gestörte Blut-Hirn-Schranke und kontrastiert – analog zu Röntgen-Kontrastmittel im CT – pathologische Prozesse wie bestimmte Tumoren, Entzündungen und Narbengewebe. Dosierung: 0,1–0,2 mmol/kg KG i. v.

MR-Angiographie

Fließendes Blut läßt sich mit flußsensitiven Pulssequenzen signalhell abbilden. Mit speziellen Rekonstruktionsprogrammen werden aus den Primärschichten angiographieähnliche Gefäßdarstellungen ohne Kontrastmittel errechnet.

Myelographie

Prinzip und Indikationen

Nach lumbaler oder zervikaler (subokzipital oder lateral in Höhe C1/2) Liquorpunktion intrathekale Eingabe von nicht ionischem wasserlöslichen Kontrastmittel. Durchleuchtungsgezielte Röntgenaufnahmen des kontrastierten Liquorraumes in mehreren Ebenen mit Freiprojektion der Wurzeltaschen zeigen Bandscheibenvorfälle und andere intraspinale Raumforderungen als umschriebene Aussparung, Verschmälerung oder kompletten Stopp des Kontrastmittelbandes. Art, Form, Konfiguration und Topik der Kontrastmittel-Passagebehinderung erlauben Rückschlüsse auf die extra- oder intramedulläre, extra- oder intradurale Lage von Raumforderungen. Verbringen und Positionieren des Kontrastmittels in jeweils interessierende Regionen durch Umlagerungen des Patienten und/ oder Kippung des Myelographietisches. Methode der Wahl für Untersuchungen größerer Wirbelsäulenabschnitte. Postmyelographisch bis zur Ausscheidung des Kontrastmittels (5 Stunden) halb sitzende Bettposition, um intrakranielles Aufsteigen des Kontrastmittels zu verhindern. Kontraindikationen: Kontrastmittelunverträglichkeit, Hirndruck, Nebenwirkungen: postpunktionelle Unterdruckbeschwerden.

Myelotomographie
Konventionelle Tomogramme in unterschiedlichen Strahlengängen im Rahmen der Myelographie zur Ausschaltung von Überlagerungseffekten, beispielsweise bei der Beurteilung des kraniozervikalen Überganges oder der kaudalen Zervikalsegmente.

Lumbale Radikulographie
Kontrastdarstellung des kaudalen Duralsakkes und der lumbalen Wurzeltaschen unterhalb des Conus medullaris (LKW 1), vorwiegend zur Bandscheibendiagnostik. Bei radikulärer Symptomatik und negativer Radikulographie Funktionsaufnahmen im Stehen empfohlen.

Ventrikulographie

Direkte Ventrikeldarstellung durch positives oder negatives (Luft) Kontrastmittel über Bohrlochpunktion oder liegenden Shunt. Heute nur noch gelegentlich zur Funktionskontrolle intraventrikulärer Shunts.

Kraniozerebrale Erkrankungen

Degenerative und metabolische Erkrankungen

Pathogenetisch uneinheitliche, ätiologisch häufig nicht erklärbare Hirnerkrankungen, deren morphologisches Substrat in der Regel diffuse oder unterschiedlich schwerpunktmäßig verteilte Hirnatrophien sind, die überwiegend im CT oder KST diagnostiziert werden.

Senile Hirnatrophie
Gleichmäßige Erweiterung der inneren und äußeren Liquorräume; fakultativ Zeichen vaskulärer Enzephalopathie.

Reversible Hirnvolumenschwankung
Partiell reversible globale Liquorraumerweiterungen bei Alkoholabusus, Anorexie, Dialysebehandlung, zytostatischer und Steroidtherapie.

Neurometabolische Erkrankungen
Unterschiedlich ausgeprägte, nur teilweise charakteristische Dichteabweichungen, bevorzugt der weißen Substanz. Diagnostisch weitergehende Aussagen werden von der KST und der Kernspinresonanzspektroskopie erwartet.

Stammganglienverkalkungen
Symmetrische Kalkeinlagerungen der Stammganglien (und infratentoriellen Zahnkerne), häufig zufällig und ohne eigene Krankheitsbedeutung gefunden, kommen jedoch vermehrt bei Parathormonstörungen, Hyperthyreose und selteneren neurodegenerativen und -metabolischen Erkrankungen vor.

Systematrophie
Unspezifische Befunde bei Morbus Parkinson und Alzheimer-Erkrankung, frontotemporal betonte Atrophie bei Morbus Pick, Nucleus-caudatus-Atrophie bei Chorea Huntington, infratentoriell betonte Atrophie bei olivopontozerebellaren und anderen zerebellospinalen Systematrophien.

Entzündungen

Affektion zumeist mehrerer zerebraler Organsysteme (weiße, graue Substanz; Ependym; Dura) mit in der Regel ausgeprägten Störungen der Blut-Hirn-Schranke. CT und KST daher konkurrierende Diagnosemethoden.

Empyem
Hypodense sub- oder epidurale Ergußbildung subkalottär sowie entlang der Falx und des Tentoriums, die dann ein pathologisches Enhancement zeigen.

Encephalomyelitis disseminata
Dichtegeminderte, bevorzugt periventrikuläre Entmarkungsherde, im akuten Stadium auch mit Enhancement. Bei chronischer Ver-

laufsform globale Hirnatrophie. Im KST höhere Sensitivität für myelinoklastische Herde als im CT.

Herpesenzephalitis
Im Frühstadium raumfordernde Dichteminderung uni- oder bilateral im Temporallappen; später Ausbreitung nach frontobasal und bei Verlaufskontrollen Demarkierung von Substanzdefekten. Im KST wegen der gegenüber der CT höheren Sensitivität bei entzündlichen Parenchymläsionen frühere Diagnose möglich aufgrund des typischen Befalls- und Ausbreitungsmusters im limbischen System.

Hirnabszeß
Solitäre oder multiple Raumforderungen mit deutlicher ringförmiger Kontrastmittelaufnahme und perifokalem Ödem im CT und KST.

Bakterielle Meningitis
Inkonstant Zeichen von Hirnschwellung und meningealem Kontrastmittel-Enhancement (CT und KST). Nachweis oder Ausschluß von begleitenden Empyemen oder Abszessen. Mituntersuchung der Nasennebenhöhlen zur Diagnostik möglicher Infektionsquellen obligat. Verlaufskontrolle zur Diagnostik von Liquorzirkulationsstörungen.

Tuberkulose
Liquorzirkulationsstörungen mit Hydrocephalus internus bei tuberkulöser basaler Meningitis. Gelegentlich Granulomanfärbung in den basalen Zisternen. Intrazerebrale Tuberkulome wie Hirnabszesse.

Postinfektiöse Verkalkung
Regellos verstreute intrazerebrale, seltener subependymale Verkalkungen nach Mykosen, Zystizerkose, Echinokokkose, Trichinose, Toxoplasmose. Verkalkte Tuberkulome und posttuberkulöse meningeale Verkalkungen (CT).

Gefäßerkrankungen

Zerebrale Folgen vaskulärer Läsionen mit Dichteveränderungen des Parenchyms bei Insult oder Blutung sind im CT oder KST nachweisbar. Die ursächliche Klärung der zugrundeliegenden Gefäßerkrankung hat in der Regel klinisch-anamnestisch, doppler-sonographisch und angiographisch zu erfolgen.

Aneurysmen
Häufigste Ursache spontaner subarachnoidaler Blutungen. Angiographisch Nachweis einer sack- oder traubenförmigen Gefäßerweiterung, bevorzugt an den Teilungsstellen der basalen Arterien und in 20% der Fälle multipel vorkommend. Aneurysmen erfordern stets überlagerungsfreie Projektionen zur Darstellung ihres Stieles und Differenzierung von Gefäßschlingen. Große Aneurysmen neigen zu Randverkalkungen und spontanen Teilthrombosierungen, wobei sie angiographisch nur partiell kontrastiert werden. Im Kontrast-CT und KST Nachweis großer Aneurysmen als scharf demarkierte Dichteanhebung ohne Umgebungsreaktion des Parenchyms.

Arteriovenöse Angiome
Intrazerebrale, rasch durchströmte arteriovenöse Kurzschlüsse mit einem Netz von erweiterten zu- und abführenden Gefäßen. Qualitativer Nachweis im KST besser als im Kontrastmittel-CT. Angiographie zur exakten Abklärung der arteriellen Versorgung und venösen Drainage. Ggf. Embolisation nach superselektiver Katheterisierung.

Kavernöse Angiome
Extrem langsam durchströmte intrazerebrale Venektasien mit fehlender oder nur flauer angiographischer Kontrastierung in der kapillär-venösen Phase. Im CT kein Korrelat oder Nachweis eines umschriebenen, hypodensen Areals ohne lokale Raumforderungszeichen. Im KST charakteristischer Befund.

Venöse Dysplasie
Seltene intrazerebrale Gefäßmißbildung. Angiographisch pinselförmig konvergierende Medullarvenen, die über eine sich erst spät füllende transzerebrale Sammelvene drainiert werden. Im Kontrast-CT und KST durch transversalen Anschnitt der Sammelvene in der Regel typische und umschriebene Dichteanhebung des Gefäßdiameters im Parenchym.

Intrazerebrale Blutung
Frische Hämatome sind im Nativ-CT sofort als raumfordernde, hyperdense Läsionen erkennbar. Bei Lokalisation in den Stammganglien, häufig mit Einbruch ins Ventrikelsystem, liegt in der Regel eine hypertone Massenblutung vor. Bei atypischer Lokalisation oder fehlenden anamnestischen Risikofaktoren Indikation zur angiographischen Abklärung vaskulärer Malformationen als Blutungsursache. Im weiteren CT-Verlauf Dichteabnahme des Hämatoms über Wochen; später hypodense Parenchymdefekte

wie nach ischämischem Insult. Perakute Blutungen können im KST übersehen werden. Ab ca. 48 Stunden charakteristische Signalveränderungen durch Blutabbauprodukte, ggf. auch nach Wochen und Monaten noch typisch.

Subarachnoidale Blutung

Klinisch in der Regel nach initial heftigstem Kopfschmerz, Meningismus und Bewußtseinstrübung. Im Nativ-CT sofortiger Nachweis von blutungsbedingten Dichteanhebungen des Subarachnoidalraumes, bevorzugt und schwerpunktmäßig in den Basalzisternen. Angiographische Abklärung der Blutungsquelle mit selektiver Viergefäßangiographie in mehreren Ebenen ist präoperativ unabdingbar, wobei sich in 60–80% Aneurysmen des Circulus arteriosus cerebri (Willisi) finden.

Vaskuläre Enzephalopathie

Im CT und KST nachweisbare Folgen chronischer zerebraler Minderdurchblutung. Multiinfarkttyp mit regellos verteilten umschriebenen Dichteminderungen bei globaler, innerer und äußerer Hirnatrophie. Subkortikale Enzephalopathie mit diffuser Dichteminderung der Marklager und streifenförmigen Hypodensitäten im Stammganglienbereich bei nur mäßiger Innenatrophie (Morbus Binswanger). Anoxieschäden nach Kreislaufstillstand sind als hypodense Stammganglien- und Rindennekrosen, nach Asphyxie und Kohlenmonoxidvergiftung in Form symmetrischer Stammgangliennekrosen nachweisbar.

Ischämischer Insult

CT in den ersten 5 Stunden nach Auftreten neurologischer Ausfallsymptome in der Regel negativ. Erst 6–12 Stunden nach klinischem Beginn bei großen Infarkten im CT beginnende Zeichen lokaler Hirnvolumenzunahme und nach 24–48 Stunden mögliche Abgrenzung des geschädigten Areals und Zuordnung zu einem arteriellen Versorgungsgebiet aufgrund einer umschriebenen Dichteminderung. Multilokuläre Hypodensitäten im CT sind Hinweis für eine embolische Genese. 2–3 Wochen alte Insulte können sich durch parenchymisodense Dichtewerte maskieren. Im späteren Verlauf Demarkierung hypodenser Substanzdefekte von Mark und Rinde mit konsekutiver Erweiterung benachbarter Liquorräume. Transiente ischämische Attacken haben kein CT-Korrelat. Umschriebene Hirnstamminsulte sind aufgrund ihrer geringen Ausdehnung sowie der häufigen Knochenartefakte an der Schädelbasis im CT häufig nicht nachweisbar. Extrakranielle Strombahnbehinderungen der Karotis als Ursache ischämischer Hirninsulte sind doppler-sonographisch oder mit dem B-Bild-Schnittverfahren diagnostizierbar. Vor operativen Maßnahmen ist die angiographische Abklärung der extra- und intrakraniellen Gefäßverläufe zum Nachweis oder Ausschluß von weiteren Stenosen und Verschlüssen sowie der Kollateralverhältnisse erforderlich. Im KST zeitlich analoge Signalveränderungen. Gegenüber CT auch kleine infratentorielle Infarktareale abgrenzbar.

Karotis-Sinus-cavernosus-Fistel

Posttraumatisch oder arteriosklerotisch bedingter oder spontan entstandener arteriovenöser Kurzschluß im Sinus cavernosus. Erhebliche Shuntvolumina mit Abstrom bevorzugt über die Vv. ophthalmicae mit konsekutiv pulsierendem Exophthalmus, pulssynchronem Geräusch, Paresen der äußeren Augenmuskeln und fakultativem Visusverfall. Pathognomonischer CT-Befund mit massiver Erweiterung der V. ophthalmica superior, die sich im Angio-CT aufgrund der Arterialisierung simultan mit der A. carotis interna kontrastiert. Selektiver Fistelverschluß unter Erhaltung der Karotisstrombahn über kathetergesteuerte, absetzbare Ballons Therapiemaßnahme der Wahl.

Sinusthrombose

Klinisch uneinheitliche und überwiegend unspezifische Symptome mit intermittierenden Kopfschmerzen, Hirndrucksymptomen, Krampfanfällen oder Bewußtseinsstörungen. Angiographisch fehlende Kontrastierung oder Umkehr der physiologischen Strömungsrichtung in Venen oder Sinus, teilweise auch mit umschriebenen Kontrastaussparungen. Im CT und KST atypische uni- oder bilaterale Ödemzonen oder hämorrhagische Infarzierungen in der weißen Substanz, trianguläre Kontrastaussparung (CT) oder pathologische Signalintensität (KST) im Bereich der Sinus.

Liquorzirkulationsstörungen

Beim qualitativen Nachweis sind CT und KST konkurrierende Methoden. Weitere, auch quantitative Aussagen sind durch die KST möglich.

Hydrocephalus communicans
Bei normaler Liquorpassage aus dem Ventrikelsystem umschriebene Blockade der äußeren Liquorräume (Basal-, Inselzisternen) vor den Liquor-Resorptionsstätten (Pacchioni-Granulationen) nach Infektionen oder Blutungen unterschiedlicher Ätiologie mit resultierender Ventrikelerweiterung und diskrepant engen oder fehlenden Subarachnoidalräumen im Bereich der Zisternen oder über der Konvexität. Nachweis der pathologischen Liquorstromumkehr mit ventrikulärem Reflux durch CT-Zisternographie oder durch liquordynamische KST-Untersuchungen.

Hydrocephalus occlusus
Ventrikelerweiterung rostral eines Abflußhindernisses und Verschmälerung oder Aufbrauch der äußeren Liquorräume infolge Liquorabflußblockade im Bereich der Foramina interventricularia (Monroi), des Aquäduktes oder des IV. Ventrikels (kongenital, entzündlich, lokaler Tumordruck) mit resultierender Dichteminderung des Parenchyms aufgrund transependymaler Liquordiapedese.

Mißbildungen und neurokutane Syndrome
Diagnostik durch CT oder KST. KST bevorzugt bei Mißbildungen in der hinteren Schädelgrube und pathologischer Verteilung von grauer und weißer Hirnsubstanz.

Arachnoidalzyste
Leptomeningeale Fehlbildung mit scharfrandiger liquorhaltiger Zyste, die mit dem Subarachnoidalraum kommunizieren und von Kalottenauswölbung und Hyperpneumatisationen begleitet sein kann. Besonders bei Kindern Prädilektionsort für subdurale Hämatome nach Bagatelltraumen.

Arnold-Chiari-Mißbildungen
Neuromesenchymale Mißbildung mit teratogenetischer Unterteilung in drei Ausprägungsformen. Kernsyndrom ist der Chiari-Typ II mit dysplastisch kleiner und flacher hinterer Schädelgrube, Hochstand des Kleinhirnwurms durch die erweiterte Tentoriuminzisur und resultierendem Verschlußhydrozephalus. Fakultativ begleitend Kommissurenmangel oder lumbosakrale Zelen.

Balkenmangel
Bei vollständiger Hemisphärentrennung Dilatation des III. Ventrikels mit Stierhornkonfiguration der Vorderhörner. Häufig Lipome anstelle des Balkens und fakultativ begleitende Migrationsstörungen.

Migrationsstörungen
Embryonal entstandene Entwicklungsstörungen mit Heterotopien der grauen Substanz, fehlerhafter Faltung der Hirnrinde (Pachygyrie, Polymikrogyrie, Lissenzephalie) oder Spaltbildungen (Schizenzephalie).

Dandy-Walker-Syndrom
Durch Fehlen der Foramina zystisch dilatierter IV. Ventrikel mit Verschlußhydrozephalus, Aplasie oder Hypoplasie des Kleinhirnwurms und fehlender Fusion der Kleinhirnhemisphären.

Neurofibromatose von Recklinghausen
Meist familiär auftretende Kombinationserkrankung mit Hautveränderungen (Café-au-lait-Flecken), Dysplasien des Skelettsystems (Orbita, Sella), Tumoren des peripheren und Zentralnervensystems (Gliome, Meningeome, Neurinome) und weiteren kraniozerebralen Miß- und Fehlbildungen (Migrationsstörungen, Arachnoidalzysten).

Porenzephalie
Glattwandige, liquorisodense, zystische Defekte im Hirnmantel mit Kommunikation zum Subarachnoidalraum oder Ventrikelsystem und ohne Raumforderungswirkung, häufig mit Migrationsstörungen und Balkenmangel kombiniert.

Sturge-Weber-Syndrom
Angiodysplasie mit gyriformen subkortikalen Verkalkungen, bevorzugt temporoparietal und okzipital. Häufig mit lokaler Rindenatrophie, Naevus flammeus des Gesichts, Krampfanfällen und Debilität vergesellschaftet.

Tuberöse Sklerose Bourneville-Pringle
Unterschiedlich große, knötchenförmige, verkalkende subependymale Riesenzellastrozytome mit Vorzugslokalisation in den Ventrikelwänden und in der Hirnrinde. Klinische Symptomentrias mit Debilität, Anfallsleiden und Adenoma sebaceum.

Traumatische Erkrankungen
Akutdiagnostik Domäne der CT, da in der Regel mit primären Dichteveränderungen der Parenchymstrukturen und Verlagerungen der Liquorräume verbunden. Ältere Hämatome können in der KST besser abgrenzbar sein.

Intrakranielle Fremdkörper
Lokalisationshinweise durch Nativaufnahmen in drei Ebenen. Exaktere und weitergehendere Informationen im CT mit Darstellung des Eintrittsweges und weiterer Verletzungsfolgen (Schußkanal, Knochensplitter, Blutungen, Ödem).

Chronisches subdurales Hämatom
CT- oder KST-Nachweis mehrere Wochen nach leichtem Schädel-Hirn-Trauma oder spontan bei älteren Patienten als hypo- oder isodense sichelförmige Raumforderung subkalottär; gelegentlich mit Spiegelbildungen bei rezidivierenden venösen Einblutungen; auch bilateral vorkommend.

Extrazerebrales Hämatom
Frische epidurale und subdurale Hämatome im CT als hyperdense, bikonvexe oder sichelförmige subkalottäre Dichteanhebungen mit deutlichen Raumforderungszeichen (Mittellinienverlagerung, Ventrikelkompression). Ältere Hämatome werden hypodens oder können sedimentierte Blutspiegel enthalten.

Intrazerebrales Hämatom
Frische intrazerebrale Hämatome sind im CT primär hyperdense Raumforderungen, deren Dichte und Randkonturierung während der folgenden 2–6 Wochen von der Peripherie her konzentrisch abnimmt. Ventrikeleinbruch und -tamponade möglich. Übergangsformen zur hämorrhagischen Kontusion.

Globales Hirnödem
Diffuse Dichteminderung der weißen Substanz mit druckbedingter Verschmälerung des Ventrikelsystems und Auspressung der äußeren Liquorräume, insbesondere der Basalzisternen.

Subdurales Hygrom
Vorkommen posttraumatisch oder postoperativ, jedoch auch unklarer Ätiologie. Hypodense, sichelförmige, häufig bilaterale Raumforderung subkalottär mit zumeist frontotemporaler Lokalisation.

Kontusion
Umschriebene Hirnsubstanzläsionen, die sich im CT zwischen 6 und 48 Stunden hypodens mit unterschiedlich ausgeprägten hämorrhagischen (hyperdensen) Anteilen demarkieren. Lokale Raumforderungszeichen und perifokales Ödem (hypodenser Randsaum).

Liquorfistel
Nachweis der knöchernen Verletzung (mit begleitender Weichteilverschattung im Nebenhöhlenbereich) durch Nativtomographien oder hochauflösende CT der Frontobasis.

Pneumatozephalus
Intrakranielle Lufteinschlüsse auf Übersichtsaufnahmen; kleine Luftbläschen unter 5 mm noch durch CT nachweisbar; unter Umständen einziger Beweis für das Vorliegen einer Durazerreißung oder eines offenen Schädel-Hirn-Traumas.

Tumoren

Indikationen zu den verschiedenen Methoden
Röntgenübersichtsaufnahmen zeigen nur indirekte Tumorzeichen: reaktive Hyperostosen, Tumorverkalkungen, Destruktionen, Verlagerung physiologischer Verkalkungen (Pinealis, Plexus choroideus). Im CT indirekter Raumforderungsnachweis durch Kompression und Verlagerung der inneren und äußeren Liquorräume. CT und KST erlauben eine Abgrenzung der meisten Tumoren gegenüber dem Hirnparenchym als hypo- oder hyperdense bzw. -intense, unterschiedlich randdemarkierte Raumforderungen. Bei lokaler Schrankenstörung oder Gefäßreichtum nehmen Tumoren homogen oder ringförmig Kontrastmittel auf (Enhancement). Auch nach Kontrastmittelgabe im CT schlecht abgrenzbare Tumoren sind in der Regel durch KST nachweisbar. Vor Operationen sind selektive Angiographien unerläßlich. Neben verlagerten, komprimierten oder infiltrierten Gefäßen sind Versorgungen aus Kennarterien sowie Art und zeitlicher Ablauf der Tumoranfärbungen wichtige differentialdiagnostische Kriterien.

Astrozytom
Semimaligner bis maligner, infiltrierend wachsender Hirntumor des mittleren Lebensalters. Geschlechtsdisposition: Männer-Frauen: 1,5:1. Bei Kindern gutartige oder wenig maligne Tumoren im Kleinhirn (pilozytisches Astrozytom). Astrozytome Grad IV mit Übergang in Glioblastome. CT: überwiegend hypo- bis isodens, vom umgebenden Ödem schlecht abgrenzbar und selten Kontrastmittel aufnehmend. Angiographie: in der Regel nur indirekte Verlagerungszeiten ohne Tumorgefäße. KST: Besserer Nachweis kleinerer, insbesondere basaler Tumoren; sonst wenig zusätzliche Information.

Glioblastom

Maligner, infiltrierend wachsender Tumor des mittleren und höheren Lebensalters. Häufigste hirneigene Geschwulst. Geschlechtsdispositon: Männer-Frauen: 2:1. CT: inhomogene Dichtewerte im Tumor und perifokales Ödem; kräftige, meist irreguläre, ringförmige Anfärbung nach Kontrastmittelapplikation. Angiographie: überwiegend malignes Gefäßbild mit Neubildungen, Kalibervarianzen, arteriovenösen Kurzschlüssen und früh drainierenden Venen. KST: gegen das Parenchym unscharf abgrenzbare Raumforderung mit unterschiedlichen Signalwerten und randständiger Signalverstärkung nach Gabe paramagnetischer Kontrastmittel.

Oligodendrogliom

Langsam wachsender semimaligner oder maligner Hirntumor mit häufigen Kalkeinlagerungen. Keine Geschlechtsdominanz. Bei fehlenden Verkalkungen im CT, Angiographie und KST wie Astrozytome.

Angioblastom (Lindau-Tumor)

Zumeist zystische Raumforderung mit kleinem wandständigen Gefäßknoten in den Kleinhirnhemisphären und dem Wurm im mittleren Lebensalter. Geschlechtsdisposition: Männer-Frauen: 2:1. In Kombination mit einer Retinaangiomatose Hippel-Lindau-Syndrom. CT: hypodense Zyste mit hyperdensem Wandknoten nach Kontrastmittelgabe. Angiographie: Nachweis des Tumorknotens als Gefäßansammlung und -anfärbung. KST: wie CT.

Medulloblastom

Häufigster intrazerebraler maligner Tumor des Kindesalters mit starker männlicher Geschlechtsdominanz. Bevorzugt am IV. Ventrikel und Wurm lokalisiert mit Metastasierung über die Liquorwege. CT: primär gering hyperdense Raumforderung nahe des IV. Ventrikels mit Kontrastmittelanfärbung, oft mit Hydrocephalus occlusus. Angiographie: nur indirekte Verlagerungszeichen ohne Tumorgefäße. KST: wie CT.

Metastasen

Nach Glioblastomen und Meningeomen häufigste intrazerebrale Raumforderungen ohne Geschlechtsdominanz oder sicheren Altersgipfel. CT: kein einheitliches Bild; häufig multiple Rundherde mit deutlicher, oft ringförmiger Kontrastmittelaufnahme und ausgeprägtem perifokalen Ödem. Solitäre Metastasen können von primär malignen Hirntumoren schwer unterscheidbar sein. Angiographie: wie Glioblastom. KST: bei Solitärmetastasen wie Glioblastom. Nach Kontrastmittelgabe auch Nachweis sehr kleiner Metastasen.

Neurinom

Von den Zellen der Schwann-Scheide der Hirnnerven, bevorzugt des N. vestibulocochlearis, ausgehender gutartiger Tumor des mittleren Lebensalters. Geschlechtsdisposition: Frauen-Männer: 2:1. CT, Angiographie und KST: wie Meningeome. Kleine intrakanalikuläre Akustikusneurinome werden CT-luftzisternographisch oder kernspintomographisch nach Kontrastmittelgabe diagnostiziert.

Meningeom

Überwiegend benigner, verdrängend wachsender Tumor der Hirnhaut im mittleren und höheren Lebensalter. Geschlechtsdisposition: Frauen-Männer: 2:1. Nativdiagnostik: reaktive Hyperostosen; auffallende seitendifferente Kalottengefäßkanäle; seltener Tumorverkalkungen. CT: primär gering hyperdense, glatt begrenzte Raumforderung mit homogen-starker Kontrastmittelaufnahme und breitbasigem Kontakt zu Kalotte, Falx, Basis oder Tentorium. Angiographie: typischer radiär angeordneter Tumornabel und homogen-kapilläre Anfärbung aus Externaästen. KST: gut abgrenzte Raumforderung mit homogener Signalverstärkung nach Kontrastmittelgabe im T_1-gewichteten Bild.

Hypophysenadenom

Gutartiger Tumor der Hypophyse im jüngeren und mittleren Lebensalter. Keine Geschlechtsdominanz. Nativdiagnostik: Ballonierung, Usurierung oder Destruktion des Sellaskelettes. CT: deutlich kontrastmittelaufnehmende intra-, supra- und paraselläre Raumforderung. Mikroadenome dagegen häufig durch fehlende Kontrastmittelanfärbung gegenüber der Hypophyse abgrenzbar. Im Angio-CT auch Nachweis von Mikroadenomen um 5 mm Größe. Angiographie: zeltförmige Anhebung der horizontalen Anteriorsegmente und differentialdiagnostischer Ausschluß sellanaher Aneurysmen. KST: Durch koronare und sagittale Schichtführung gute Darstellung der Lagebeziehung zu Nachbarstrukturen (Chiasma opticum, Sinus cavernosus, Karotiden).

Kraniopharyngeom
Häufigster dysontogenetischer supraselllärer Tumor bei jüngeren Patienten. Keine sichere Geschlechtsdominanz. Nativdiagnostik: teils stippchenförmige, teils schollige Verkalkungen und Druckzeichen im Sellabereich. CT: Mischbild mit hypo-, iso- und hyperdensen, kalkwertigen Strukturen sowie Zysten; nach Kontrastmittelgabe Anfärbung des soliden Tumoranteils. KST: wie CT.

Spinale Erkrankungen

Indikationen zu den verschiedenen Methoden

Bei allen Formen spinaler Erkrankungen gilt, daß bei Fehlen eindeutiger klinischer Höhenhinweise mit radikulären oder sensiblen Querschnittssymptomen die Myelographie oder KST als Erstuntersuchung durchgeführt werden sollte. Bei segmentalen klinischen Symptomen sind CT, Myelo-CT und KST in Abhängigkeit von der Verdachtsdiagnose konkurrierende, gezieltere Diagnosemethoden.

Degenerative Erkrankungen

Bandscheibenprolaps
Zerreißung des Anulus fibrosus und Herniation des Nucleus pulposus mit Kompression einzelner Nervenwurzeln (mediolateraler und lateraler Prolaps), der gesamten Cauda equina und des Conus medullaris (medialer Massenvorfall) oder des Rückenmarks (zervikaler, selten thorakaler Prolaps). Bei klarer Segmentzuordnung durch radikuläre oder Querschnittssymptome primäre CT-Diagnostik, die bei lateralen Vorfällen Vorteile hat. Bei polyradikulären Symptomen oder klinisch unklarer Höhenzuordnung lumbale Radikulographie, thorakale Myelographie oder laterale zervikale Myelographie mit Nachweis von Eindellungen und Verschmälerungen des Subarachnoidalraumes, funktionsabhängigen Stopps der Kontrastmittelpassage, Deformierung oder Fehlen von Wurzeltaschen. Besonders im Zervikalbereich diagnostische Ergänzung durch Myelo-CT nach Myelographie oder durch Diskographie.

Bandscheibenprotrusion
Vorwölbung der Bandscheibe in den Spinalkanal bei erhaltenem Anulus fibrosus. Radikulographische Eindellung des Duralsackes bei intakten Wurzeltaschen.

Bandscheibensequester
Aus der defekten Bandscheibe prolabiertes, fakultativ das hintere Längsband perforierendes Bandscheibenmaterial, das nach kaudal, lateral oder kranial disloziert sein kann. Diagnostik durch CT oder Radikulographie.

Postoperative Narbenbildung
Im Operationsbereich nachweisbares intraspinales Weichteilgewebe, das wie ein Bandscheibenvorfall raumfordernd wirken und von diesem durch Dichteanhebung nach intravenöser Kontrastmittelgabe differenziert werden kann.

Primäre Spinalstenose
Anlagebedingte Verkleinerung des Wirbelkanaldurchmessers, häufig mit reaktiven Bandverdickungen (Lig. flava) und Gelenkhypertrophien kombiniert, die im axialen CT nachweisbar sind. Im Myelogramm lokalisierte Verschmälerung oder Aufbrauch des Subarachnoidalraumes, Deformierungen der Wurzeltaschen und fakultativ Markkompression. Syndromatisch bei Chondrodysplasie.

Sekundäre Spinalstenose
Meist zervikale oder lumbale Einengung des Spinalkanals durch Spondylophyten an den Wirbelkörpern und Arthrosen der Gelenke. Im CT und Myelogramm vergleichbar wie primäre Spinalstenose. Im KST ggf. Markläsionen als Kompressionsfolge.

Entzündungen

Epiduraler Abszeß
Im Myelogramm oder KST Nachweis einer zumeist flachbogigen Eindellung des Duralsacks durch eine extradurale Raumforderung (s. u. Spondylodiszitis).

Arachnitis adhaesiva
Lokale oder diffuse arachnoidale Verklebungen bei chronischer lokaler Reizung oder nach Operationen und Meningitiden, die myelographisch durch unregelmäßig geglättete und verschmälerte Konturen des Duralsackes mit fehlender Darstellung der Wurzeltaschen nachweisbar sind.

Encephalomyelitis disseminata
Myelographie zum differentialdiagnostischen Ausschluß spinaler Raumforderungen. Größere spinale Entmarkungsherde können in der KST durch eine lokale Markauftreibung mit fleckförmigen Signalveränderungen nachweisbar sein.

Spondylodiszitis
Lokale Infektion des Bandscheibenfaches und der benachbarten Wirbelkörper. Nativdiagnostik: Wechsel von sklerosierten und lytischen Knochenveränderungen. CT oder KST zum Nachweis begleitender epiduraler oder paravertebraler Abszedierungen.

Gefäßerkrankungen

Epidurales Hämatom
Auftreten spontan, bei Koagulopathien und unter Antikoagulantientherapie. Nachweis im Nativ-CT oder KST als extradurale Raumforderung. Insbesondere thorakal ist jedoch mit Artefakten zu rechnen. Bei größerer Ausdehnung kann eine Myelographie zur Bestimmung der oberen und unteren Grenzen notwendig sein (s. u. traumatische Erkrankungen).

Hämatomyelie
s. Hämatom und traumatische Erkrankungen

Vaskuläre Malformationen
Häufig durale arteriovenöse Fisteln, seltener spinale Angiome, Kavernome oder Wirbelhämangiome als Ursache für spinale Ischämien oder Blutungen mit gewöhnlich rezidivierenden oder uncharakteristischen Symptomen. Im Myelogramm diagnostische Hinweise durch wurm- oder knäuelartige Gefäßaussparungen zumeist erweiterter Venen im Kontrastmittelband. Im KST Gefäßstrukturen. Nachweismethode der Wahl selektive Spinalangiographie, zugleich mit der Möglichkeit präoperativer oder kurativer Embolisation der Gefäßmißbildung.

Mißbildungen

Blockwirbel
Angeborene partielle oder totale Verschmelzung zweier oder mehrerer Wirbel mit Fehlen der Zwischenwirbelräume und/oder Gelenkportionen.

Diastematomyelie
Durch bindegewebiges oder knöchernes Septum geteilter Duralsack und gespaltenes Rückenmark, verbunden mit Konustiefstand und gehäuft bei Mißbildungsskoliosen. Myelo-CT oder KST.

Konustiefstand
Malaszensus und Tiefstand des durch ein breites Filum terminale sakral fixierten Conus medullaris. Vergleichbare Diagnostik durch Myelographie, Myelo-CT und KST.

Megakauda
In allen Diametern über die Norm erweiterter kaudaler Duralsack (Diagnostik s. Konustiefstand).

Meningozele
Zystische Erweiterung des Duralsacks, die sich in oder durch einen knöchernen, in der Regel dorsalen, seltener ventralen Defekt vorwölbt. Im Nativ-CT und KST liquorgefüllte, mit dem Subarachnoidalraum kommunizierende Zyste, die sich myelographisch homogen mit Kontrastmittel füllt.

Myelomeningozele
Liquor und Marksubstanz enthaltender Zelensack. Im Myelo-CT hypodense Aussparung des Myeloms im Kontrastangehobenen Liquor- und Zystenraum. KST: Übersichtliche sagittale Darstellung.

Spina bifida
Lumbosakrale, seltener thorakale oder zervikale dysrhaphische Störungen des Neuralrohrschlusses. Unterschiedliche Schweregrade von dorsaler knöcherner Spaltbildung bis zur Mitbeteiligung von Duralsack und Rükkenmark (Myelomeningozele). Häufig komplexe Dysrhaphie mit Arnold-Chiari-Mißbildung.

Spondylolisthesis
Nativdiagnostischer Nachweis eines abnormen Gleitens eines Wirbelkörpers aufgrund ein- oder beidseitiger Spondylolyse, häufig mit begleitender Bandscheibendegeneration. Überwiegendes Betroffensein des 4. und 5. LWK.

Spondylolyse
Nativdiagnostischer Nachweis einer angeborenen Dysplasie mit Spaltbildung im Zwischengelenkstück des Wirbelbogens.

Syringomyelie
Anlagebedingte zentrale Höhlenbildung des Rückenmarks, das in seiner ganzen Länge einschließlich des pontomedullären Überganges oder nur in umschriebenen Bereichen betroffen sein kann. Auch sekundäre Formen nach Einschmelzung von Stiftgliomen, Resorption von Hämatomyelien oder Wirbelsäulentraumen sind möglich. Nachweismethode der Wahl ist die KST mit exakter Darstellung von Ausmaß, Länge und Weite der Syrinx mit dunkler, liquorgleicher intramedullärer Signalabschwächung im T_1-gewichteten Bild und Nachweis der oft beglei-

tenden kraniozervikalen Übergangsanomalien.

Traumatische Erkrankungen

Indikationen zu den verschiedenen Methoden

Bei Verletzungen des Achsenskelettes Nativdiagnostik und -tomographien sowie ergänzend CT zum Nachweis von Subluxationen, Luxationen und Frakturen, besonders im HWS- und kraniozervikalen Übergangsbereich sowie bei der exakten intraspinalen Lokalisation von kleineren Knochenfragmenten und Fremdkörpern. KST zur Darstellung intramedullärer Läsionen.

Traumatischer Bandscheibenvorfall

Wie beim degenerativen Bandscheibenprolaps, wobei Frakturen oder Infraktionen benachbarter Wirbel und transvertebrale Pulposushernien kombiniert sein können.

Epidurales Hämatom

Im CT primär hyperdense extradurale Raumforderung, deren Diagnostik am zervikothorakalen Übergang durch Schulter- und Knochenartefakte schwierig sein kann. Im Myelogramm flächige, häufig mehrere Wirbelkörperhöhen überschreitende Eindellung und Kompression des Duralsackes, auch mit komplettem Kontrastmittelstopp. Subakutes Hämatom im T_1-gewichteten Bild des KST primär gegenüber der Marksubstanz signalangehoben.

Hämatomyelie

KST Nachweismethode der Wahl mit intramedullärer Raumforderung, aus der bei Resorption eine Syrinx resultieren kann.

Kontusion, Rückenmark

Im Myelogramm oder Myelo-CT fakultativ als umschriebene Markschwellung mit begleitender Verschmälerung des Subarachnoidalraumes nachweisbar, im KST mit Signalanhebung im T_2-gewichteten Bild.

Nervenwurzelausriß

Zumeist die unteren zervikalen und zervikothorakalen Segmente betroffen. Im Myelogramm oder Myelo-CT Nachweis zystischer und taschenförmiger Kontrastmittelansammlungen im Verlauf der Wurzeltaschen, jedoch distal des Ganglion spinale und bis extraspinal reichend.

Tumoren

Indikationen zu den verschiedenen Methoden

Art und Konfiguration der myelographischen Kontrastmittelaussparung lassen intramedulläre, intra- und extradurale Tumoren unterscheiden. Bei komplettem Kontrastmittelstopp kann der obere Tumorpol und damit die Gesamtausdehnung der Raumforderung häufig im zeitversetzten Myelo-CT nachgewiesen werden. Da die Mehrzahl der spinalen Tumoren extramedulläre Raumforderungen (Meningeome, Metastasen, Neurinome) sind, werden sie zunehmend nach Lage, Ausdehnung und Größe nach Gabe paramagnetischen Kontrastmittels im KST diagnostiziert, da sie sich im T_1-gewichteten Bild durch eine Signalverstärkung gegenüber der Marksubstanz demarkieren.

Meningeom

Intraspinale, extramedulläre Raumforderung mit Vorzugssitz im oberen Thorakalbereich. Im Myelogramm glatte und ovaläre Kontrastmittelaussparung mit kelchförmigem Aufstau des Subarachnoidalraumes an den Tumorpolen und deutlicher Verlagerung des Markschattens. Nach Gabe paramagnetischen Kontrastmittels exakte Tumordarstellung im KST.

Neurinom

Intradurale, extramedulläre Raumforderung, die auch sanduhrförmig nach extraspinal unter Aufweitung eines Foramens intervertebrale wachsen kann. Multiples Vorkommen bei Neurofibromatose von Recklinghausen. Diagnostik wie Meningeom.

Extraduraler Tumor

Überwiegend Metastasen des Achsenskelettes oder metastatische epidurale Raumforderungen, die hier per continuitatem von paraspinalen Weichteilen oder nach hämatogener Aussaat (Lymphome, Karzinome) lokalisiert sind. Myelographisch stets Kompression oder sanduhrförmige Taillierung des Duralsackes von außen bis zum kompletten Kontrastmittelstopp. Begleitende Destruktionen der Knochen besser im CT und Myelo-CT, Mitbeteiligung der Weichteilstrukturen im KST beurteilbar.

Extramedullär-intradurale Tumoren

Bei Abtropfmetastasen höher gelegener Rückenmarks- oder Hirntumoren (Medulloblastom, Ependymoblastom) im Myelogramm oft disseminierte, wandständige Kontrastmittelaussparungen, Neurinome und Ependymome am Conus medullaris und Filum terminale durch ihre Lokalisation und scharf begrenzte, rundliche Kontrastmittelaussparung im Myelogramm kenntlich. Lipome durch fettwertige Dichte im CT und hohes Signal im T_1-gewichteten Bild der KST charakteristisch.

Intramedulläre Tumoren

Häufig gliomatöse Tumoren des Rückenmarks oder intramedulläre Metastasen primär extraspinaler maligner Tumoren mit umschriebener und spindelförmiger, jedoch unspezifischer Auftreibung des Markschattens bei gleichzeitiger Verschmälerung des Subarachnoidalraumes in Myelographie, CT und Myelo-CT. Im KST gegenüber der Marksubstanz signalärmere Tumorzone im T_1-gewichteten Bild, die fleckförmige Signalanhebungen nach Kontrastmittelgabe aufweisen kann. KST differentialdiagnostische Nachweismethode der Wahl bei Höhlenbildungen (s. o. Syringomyelie).

34. Orthopädie (einschließlich Traumatologie)

A. N. Witt und H. Cotta unter Mitarbeit von M. Lukoschek

Achillessehnenverletzung

Ätiologie und Pathogenese

Eine gesunde Achillessehne (stärkste Sehne des Körpers) reißt normalerweise nicht. Kommt es zur traumatischen Schädigung, so liegt in den meisten Fällen ein Ausriß am Tuber calcanei oder ein Riß am Übergang vom Muskel zur Sehne vor. Die Anschauung, daß bei fast allen anderen Rupturen degenerative Veränderungen (Tendolipoidosen, Atheromatosen und Tendosklerosen) eine entscheidende Rolle spielen, ist durchaus gerechtfertigt.
Man unterscheidet:

Partielle Ruptur

Sy und Dg: Lokalisierter und in die Wade ausstrahlender Schmerz mit angedeuteter Schwellung der Weichteile neben der Sehne. Lücken im Sehnenverlauf sind sonographisch feststellbar.

Th: Ruhigstellung mit Spitzfußstellung im Oberschenkelgipsverband, anschließende krankengymnastische Übungsbehandlung, für 3 Monate Absatzerhöhung.

Totale Ruptur

Sy: Klaffende Lücke zwischen Sehnenenden tast- und sichtbar, Schwellung, Funktionsausfall, Bewegungsschmerz.

Th: Operativ: End-zu-End-Vereinigung mit Plantaris-longus-Durchflechtung oder bei stärker degenerativ veränderten Sehnen Griffelschachtelplastik. Nach Ruhigstellung im Gips krankengymnastische Übungsbehandlung, Absatzerhöhung (3 Monate).

Veraltete Sehnenverletzung

Meist länger zurückliegende größere partielle oder totale Rupturen, bei denen das Regenerat keine ausreichende Funktion bringt, bedürfen weiterer Behandlung. Wenn Alter und Allgemeinzustand es erlauben, ist auch in diesen Fällen die operative Wiederherstellung indiziert (meist Griffelschachtelplastik). In anderen Fällen lediglich gezielte krankengymnastische Übungsbehandlung.

Achillodynie

Ät: Apophysitis calcanei, Achillobursitis, Haglund-Ferse, rheumatische Affektionen, Osteomyelitis, Fersenbein-Tb.

Sy: Heftiger Schmerz. Leichte Schwellung am Ansatzpunkt der Achillessehne bei Belastung.

Th: Beseitigung der Grundkrankheit.

Achondroplasie

Vk und Ät: Häufigste Skelettdysplasie, autosomal dominant vererbte Störung der enchondralen Ossifikation.

Sy: Kurzgliedriger disproportionierter Kleinwuchs. Wirbelsäulenveränderungen, enger Spinalkanal, Beinachsendeformierungen.

Th: Symptomatisch, ggf. operative Beinlängenverlängerung (bis 20 cm).

Adoleszentenkyphose s. Scheuermann-Erkrankung

Akromegalie

Selektives Wachstum der Akren (Löwenschädel, Hände, Füße, Wirbel) nach Abschluß des Wachstumsalters infolge vermehrter Ausschüttung des somatotropen Hormons des Hypophysenvorderlappens.

Amnionstränge

Strangartige Verwachsungen der Eihaut, auf die typische intrauterine Mißbildungen (Schnürfurchensyndrome, Intrauterinamputationen) zurückgeführt werden.

Amputation

Absetzen eines endständigen Gliedmaßenanteils außerhalb eines Gelenks unter Durchtrennung von Knochen infolge schwerer Zertrümmerung, arteriosklerotischer Gangrän, arterieller Embolie, Erfrierungen, Buerger-Krankheit, chronischer Eiterung, Tumoren, Tuberkulose. Besonders bewährt hat sich die myoplastische Stumpfdeckung unter Vernähung der antagonistischen Muskulatur. Nach Möglichkeit ist eine Sofortversorgung anzustreben. Später ist regelmäßige Stumpfpflege durch Abhärtung (Tannin, Bürstenmassagen, kalte Waschungen) und tägliches Waschen mit milder Seife sowie leichtes Einpudern bei stärkerem Schwitzen durchzuführen und großer Wert auf das Training aller vorhandenen Muskeln zu legen.

Angulationsosteotomie (Schanz)

Valgisierende subtrochantäre Umstellung des proximalen Femurs, um bei veralteten hohen Hüftluxationen eine bessere Abstützfläche am Becken zu erreichen.

Ankylose

Def: Gelenksteife mit vollständigem Bewegungsverlust infolge knöcherner Durchbauung des Gelenkspalts.

Ät: Destruierende Gelenkprozesse wie spezifische und unspezifische Entzündungen. In erster Linie führen septische Gelenkprozesse, Osteomyelitis, Gonorrhö und Tuberkulose zu Ankylosen, während die Polyarthritis meist nur fibröse Gelenksteifen hinterläßt.

Sy: Gegenüber der Kontraktur hat die Ankylose trotz des Totalverlusts der Bewegung Vorteile, sofern die erforderlichen Bewegungskompensationen in den benachbarten Gelenken möglich sind und das betroffene Gelenk in günstiger Gebrauchsstellung ankylosiert ist. Die Vorzüge einer Ankylose ergeben sich aus der absoluten Stillegung eines Gelenks mit konsekutiver Schmerzfreiheit und der Sistierung des Krankheitsprozesses.

Th: Ist die Ankylose in ungünstiger Stellung erfolgt, so können, sofern Alter und Allgemeinzustand es erlauben, operative Korrekturen an den Gliedmaßen (Osteotomien) nötig werden.
Auch Alloarthroplastiken sind möglich.

Apophysitis calcanei

Def und Vk: Entwicklungsstörung der Kalkaneusapophyse (aseptische Knochennekrose) im Alter von 8–13 Jahren. Männer zu Frauen = 6:10, häufig mit Knicksenkfuß kombiniert.

Sy: Schmerzen, Schwellung und Druckschmerzen am Ansatz der Achillessehne.

Dg: Im Röntgenbild Verbreiterung des Apophysenspalts, unregelmäßige Begrenzung, Fragmentation, evtl. auch verwaschene, wolkige Struktur. Sklerose (Vergleichsaufnahme unentbehrlich).

DD: s. Achillodynie.

Th: Ruhigstellung im Gips für 4–6 Wochen, Entlastung durch Absatzerhöhung und Einlagen. Hyperämisierende Maßnahmen, evtl. Hydrocortisoninjektionen.

Apparat, orthopädischer

Hilfsmittel zur Schienung und Stabilisierung geschädigter Gliedmaßen oder des Rumpfes und zur Bewegungsführung von Gelenken (Orthesen). In seltenen Fällen Heilmittel, z.B. Stützapparat bei Pseudarthrosen und Schienen zur Behandlung von Fingerstrecksehnenausrissen (Stack-Schiene).

Arthritis (Gelenkentzündung)

Akute Form

Bei Erkrankung des rheumatischen Formenkreises, direkter Infektion (Unfall, iatrogen), Gonorrhö, Sepsis, Scharlach, jugendlichem Reizknie, Allergien.

Chronische Form

Bei Arthritiden des rheumatischen Formenkreises.

Arthritis alcaptonurica

Chronische Gelenkerkrankung bei Alkaptonurie (Homogentisinsäureablagerungen im Knorpel).

Arthritis gonorrhoica

Akute Monoarthritis

Durch metastatisch-septische Gonokokkeninfektion akute Monoarthritis mit hohem Fieber, heftigen Schmerzen und starker Schwellung. Pyatros.

Allergisch-hyperergische Gelenkentzündung

Def: Infektbegleitende Gelenksentzündung.

Th: Antigonorrhoisch, Ruhigstellung.

Arthritis haemorrhagica s. Blutergelenk

Arthritis, reaktive, s. Koxitis

Arthritis rheumatica s. rheumatoide Arthritis

Arthritis syphilitica

Mono- oder oligoartikuläre Arthritis, meist bei kongenitaler Lues, selten bei tertiärer Lues. Im Sekundärstadium polyartikuläres Rheumatoid. Bei Lues IV Arthropathia tabica (s. Arthropathia neurogenica).

Arthrodese

Operative Versteifung eines Gelenks durch knöcherne Überbrückung.

Arthrogryposis multiplex congenita

Ät und Sy: Seltenes angeborenes Mißbildungssyndrom mit multilokulärer Gelenksteife, bei allseitiger Bewegungsbegrenzung (Grypose) charakteristische Stellungsanomalie der Extremitäten durch Flexions- und Extensionskontrakturen.

Th und Prgn: Korrektur ungünstiger Gelenkstellungen durch Redressionen sobald wie möglich nach der Geburt. Krankengymnastik auf neurophysiologischer Basis. Später Korrekturosteotomien. Für die Prognose steht im Vordergrund das Ausmaß der Muskelentwicklungsstörung.

Arthropathie
(s. auch Arthrosis deformans)

Arthropathia neurogenica

Ät: Bei Tabes und Syringomyelie. Tabes bevorzugt die untere Extremität, Syringomyelie die obere.

Sy: Schleichender Verlauf, keine Schmerzen trotz schwerster Gelenkdeformierungen mit Fehlstellungen. Exakte neurologische Untersuchung erforderlich.

Th: Entlastung durch Apparat zur Verhinderung weiterer Destruktionen, nach Möglichkeit keine Punktionen, da Fistelneigung. Bei strengster Indikation operative Versteifung (Arthrodese).

Arthropathia psoriatica

Sy: Meist mutilierende, seronegative Polyarthritis bei Psoriasis. Bevorzugt strahlenförmiger Befall, asymmetrisch, 20% mit Wirbelsäulen- und Iliosakralfugenbeteiligung, dann meist HLA-B27-assoziiert.

Dg und Th: S. 794.

Arthrosis deformans
(s. auch Spondylarthrosis deformans)

Ät und Pathog: Degenerative Gelenkerkrankung auf dem Boden entzündlicher und reiner Alterungsprozesse, statischer Fehlbelastungen sowie von Störungen im molekularen Stoffwechsel bindegewebiger Gelenkanteile. Vorwiegend in stark belasteten Gelenken (Hüft-, Knie-, Schulter-, Großzehengrund-, Handwurzel- und kleine Wirbelgelenke). Man unterscheidet eine primäre Form (Osteoarthrose) von sekundären Formen (arthritische, posttraumatische, präarthrotische, mechanische, enzymatische Faktoren und anlagebedingte biochemische Störungen im Knorpelaufbau; enzymatische Vorgänge werden für die Dekompensation des Gelenkknorpels verantwortlich gemacht).

Path Anat: Auffaserung und Demarkierung des Knorpelkollagens, Verlust von Knorpelgrundsubstanz, Abschilferung bis zum vollständigen Abrieb des Knorpels. Im subchondralen Knochengewebe Sklerosierung und Zystenbildung. Degenerative Kapselveränderungen (Atrophie, Hyalinose, obliterierende Gefäßprozesse).

Sy: Schmerzhafte Bewegungseinschränkung, Fehlstellungen, intra- und paraartikuläre Reizzustände (aktivierte Arthrose), Krepitation.

Dg: Im Röntgenbild Gelenkspaltverschmälerung und Inkongruenz, Deformierung der Gelenkflächen mit oben beschriebenen pathologischen Veränderungen, reaktive osteophytäre Knochenneubildung, Fehlstellungen.

Th und Prl:

- *Vorbeugend:* Rechtzeitige Korrektur von Fehlstellungen, präventive Maßnahmen im Berufsleben, Gewichtsregulierung. Keine außergewöhnlichen Belastungen, Entlastung für das geschädigte Gelenk, dosierte Bewegung.
- *Medikamentös:* Zur Linderung der Schmerzen analgetisch-antiphlogistisch wirkende Präparate, bei aktivierter Arthrose möglichst lokale Anwendung von Hydrocortisonpräparaten, systemische Corticoidtherapie so kurz und so gering dosiert als möglich. Knorpelschutztherapie.
- *Physikalisch:* Balneologische und hydrotherapeutische Maßnahmen, lokale Wärmebehandlung.
- *Orthopädisch, konservativ:* Krankengymnastische Behandlung, bei Reizzuständen Antiphlogistika, kurze Ruhigstellung, Bandagen, leichter Apparat.
- *Operativ:* Osteotomien (zur Beseitigung statischer Fehlbelastungen), Gelenktoilette, Alloarthroplastik, Arthrodese.

Aseptische Knochennekrosen s. Knochennekrosen

Azetabuloplastik

Bei dysplastischen Hüftpfannen operatives Verfahren, um dem Hüftkopf durch Herunterziehen oder Verlängern des Pfannendachs eine bessere Kongruenz zu bieten.

Baastrup-Syndrom
(Arthrosis interspinosa)

Ät und Pathog: Infolge verstärkter Lordose der Lendenwirbelsäule kommt es zur Aneinanderlagerung der Dornfortsätze mit den typischen Zeichen der Arthrose. Meist mit Osteochondrose, Spondylarthrose und Sacrum acutum (s. d.) kombiniert.

Sy: Muskelverspannungen, schmerzhafte Bewegungseinschränkungen, besonders bei Lordosierung.

Dg: Im Röntgenbild Verschmälerung oder Aufhebung des Interspinalraums. Sklerosierung der Processus spinosi.

Th:
- *Konservativ:* Krankengymnastik zur Entlordosierung nach Brunkow, Massage, Bäder, Unterwasserdruckstrahlmassage, lokale Novocain- und Cortisoninjektionen, antiphlogistisch-analgetisch wirkende Medikamente.
- *Operativ:* Entfernung eines oder mehrerer Dornfortsätze.

Baker-Zyste

Def: Aussackung der hinteren Kapselwand des Kniegelenks.

Ät: Unklar; Reizzustände im Kniebinnenraum werden diskutiert.

Sy: Unbestimmte Beschwerden in der Kniekehle, z. T. störende Vorwölbung.

Dg: Sonographisch, arthrographisch.

DD: Bursa des M. semimembranosus.

Th: Bei Beschwerden operative Exstirpation.

Ballenhohlfuß

Ät: Myelodysplasie, Muskeldystrophie, schlaffe Lähmung (Poliomyelitis), spastische Lähmung, Friedreich-Ataxie.

Sy: Zu hohes Längsgewölbe, Steilstellung Os metatarsale I, Pronations- und Adduktionsstellung des Fußes. Fuß erscheint verkürzt. Großzehenballen steht deutlich tiefer als Kleinzehenballen. Häufig kombiniert mit Klauenstellung der Zehen (Klauenhohlfuß besonders bei Neuropathie).

Th: In leichten Fällen krankengymnastische Behandlung, Einlagen und Gipsschalen in guter Korrektur für die Nacht. In schweren Fällen operativ: Plantarfaszientenotomie, subtalare Arthrodese, evtl. keilförmige Osteotomie mit dorsaler Keilbasis aus den Ossa cuneiformia, zusätzlich Z-förmige Verlängerung des M. tibialis posterior. Osteotomie an der Basis des Os metatarsale I.

Bandscheibenprolaps

Ätiologie und Formen

Hernie des Nucleus pulposus bei Degeneration des Bandscheibengewebes. Die Symptomatologie ist abhängig von der Prolapsrichtung und Höhenlokalisation. Wurzelkompression bei medialem und lateralem Prolaps. Ventraler Prolaps kann klinisch stumm bleiben. Prolaps in die Wirbelkörperdeckplatten s. Scheuermann-Erkrankung. Der Vorfall kann reponibel oder durch Verwachsungen irreponibel sein. Kompletter Prolaps bei völliger Faserringzerreißung (sequestrierender bzw. freier Prolaps).

Lumbaler Prolaps

Path Anat: Oben erwähnte Veränderungen im Lendenwirbelsäulenabschnitt, am häufigsten 4. und 5. Lendenbandscheibe befallen.

Sy: Plötzlich auftretende Schmerzen im Lumbosakralbereich (Hexenschuß oder Lumbago) mit momentaner Bewegungsunfähigkeit und Schiefhaltung der Lendenwirbelsäule oder schleichend häufiger als plötzlich auftretende neuralgiforme Schmerzen im Ischiadikusgebiet = Ischialgie mit Gefühlsstörungen im Gebiet der segmentalen Dermatome; auch motorische Lähmungen an den unteren Extremitäten möglich. Wichtige Symptome: Husten- und Niesschmerzen im Lendenwirbelsäulenabschnitt. Lasègue-Phänomen = Dehnungsschmerz des N. ischiadicus. Reflexe können abgeschwächt oder erloschen sein.

Dg: Röntgenbild s. Bandscheibenschaden.

DD: Spondylitis, Tumor, Blutung, Entzündungen der Nerven- und Rückenmarkshäute.

Th: Bettruhe, Verabfolgung von Sedativa und Antiphlogistika, Bäder, Massage (Unterwasserdruckstrahlmassage, Lagerungen, paravertebrale Injektionen, evtl. Chirotherapie), rumpfstabilisierende Krankengymnastik. Bei chronischen Schmerzzuständen und drohenden Lähmungserscheinungen Nukleotomie indiziert. Unter strenger Indikationsstellung (kleiner, nicht sequestrierter Vorfall) perkutane Nukleotomie. Bei Blasen- und Mastdarmstörungen Operation dringend.

Zervikaler Prolaps (Zervikalsyndrom)

Path Anat: Gleiche morphologische Veränderungen. Vorwiegend in den unteren Halswirbelsäulensegmenten 5, 6, 7.

Sy: Nacken- und Kopfschmerz, Schulter-Arm-Syndrom mit Parästhesien in den Fingern (Brachialgie), Kompressionsschmerz der Halswirbelsäule, Lähmungen an den oberen Extremitäten, Organfunktionsstörungen (z. B. Stenokardien).

Dg: Im Röntgenbild Abflachung der physiologischen Lordose, kyphotischer Knick, meist degenerative Veränderungen in den Unkovertebralgelenken, Osteochondrose und Spondylarthrose, Einengung der Foramina intervertebralia durch unkovertebrale Randwülste.

Th: Wärme (Wattekrawatte), Massagen, Extensionen, Medikation wie oben, Injektionen paravertebral und ins Ganglion cervicothoracicum (stellatum). Operation bei drohenden Lähmungserscheinungen, bevorzugt ventraler Zugang mit interkorporeller Arthrodese.

Bandscheibenschaden

Ät: Störung der Statik und Dynamik der Wirbelsäule durch Entwicklungsstörungen in der Jugend, Haltungsfehler, konstitutionelle Bindegewebsschwächen, altersabhängige Verschleiß- und Umbauvorgänge.

Anat: Die Bandscheibe (Discus intervertebralis) besteht aus einem strukturlosen Gallertkern (Nucleus pulposus), der von einem derben Faserknorpelring umgeben ist. Das Gesamtgebilde wirkt wie ein Wasserkissen und ermöglicht u. a. die Beweglichkeit in den einzelnen Wirbelsäulensegmenten.

Pathog und path Anat: Der Bandscheibenschaden (Degeneration) beginnt mit Abnahme des inneren Quellungsdrucks, Flüssigkeitsverlust (Wasserbindungsvermögen geht verloren), Bandscheibe wird plattgedrückt (Höhenverminderung). Chondrosis intervertebralis. Bei gleichzeitiger Degeneration der knorpeligen Schlußplatten der Wirbelkörper bis zum völligen Schwund spricht man von Osteochondrose.
Abnahme des Bandscheibenturgors führt zu vermehrter Instabilität im Zwischensegment, also auch zu unphysiologischen Bewegungen in den kleinen Wirbelgelenken: Spondylarthrose.
Lokalisation am häufigsten im unteren Zervikal- und unteren Lendenbereich, da Orte stärkster Belastung. Bei Fehlhaltungen und Fehlformen der Wirbelsäule kann jeder Wirbelsäulenabschnitt betroffen werden.

Sy: Zwangshaltung, Bewegungseinschränkung und schwere Muskelhärten (Myogelosen).

Dg: Im Röntgenbild Höhenabnahme des Zwischenwirbelraums, Sklerosierung der Deckplatten, mitunter Dorsalverschiebung des höheren Wirbels, Einengung der Foramina intervertebralia.

Th: Wärme, Lagerung, Massage, Hydro- und Balneotherapie, Schwimmen, Chirotherapie (strengste Indikation), paravertebral Scandicain, analgetisch und antiphlogistisch wirkende Medikamente, rumpfstabilisierende Krankengymnastik.

Bandverletzungen

(s. auch Kniegelenkbandverletzungen)

Sy und Dg: Schädigung der Gelenkseitenbänder werden primär oft übersehen und können dann bei ungenügender Ruhigstellung eine Funktionsbehinderung durch Instabilität nach sich ziehen. Neben den Knieseitenbändern sind vor allem die Grundgelenksbänder des Daumens (Skistockverletzung) und Bandverletzungen des oberen Sprunggelenks, aber auch die radioulnare und tibiofibulare Syndesmose am Handgelenk bzw. oberen Sprunggelenk bei Verletzungen zu prüfen, evtl. durch „gehaltene Röntgenaufnahmen" unter Anästhesie.

Th: Banddehnungen erfordern kurzfristige (8 Tage), Bandzerrungen (Teilzerreißungen) 3–4wöchige und Bandzerreißungen und -ausrisse 6–8wöchige Ruhigstellung in Entlastungsstellung. Zerreißungen der Bandstrukturen am oberen Sprunggelenk werden funktionell behandelt, sonstige Lokalisationen operative Naht, bei Insuffizienzen und veralteten Bandverletzungen Raffnähte, bandplastischer Ersatz.

Bechterew-Krankheit

Ät und Vk: Zur Versteifung führende chronisch entzündliche Erkrankungen der Wirbelsäule, zum rheumatischen Formenkreis gehörend. Beginn meist 3. Lebensjahrzehnt, befällt vorwiegend Männer, kann aber auch im jugendlichen Alter auftreten.

Sy: Beginn uncharakteristische Rückenschmerzen, unter zunehmender Kyphosierung und Versteifung der Wirbelsäule infolge Verödung der Zwischenwirbelgelenke, Behinderung der Atemexkursion, assoziiert mit HLA-B27. Oligoarthritis.

Dg: Im Röntgenbild typische bilaterale entzündliche Veränderungen an den Iliosakralgelenken, später auch entzündliche Destruktion der kleinen Wirbelgelenke, Verknöcherung der Längsbänder (Bambusstabform der Wirbelsäule).

Th: Verhinderung der Versteifung in Kyphose, Balneotherapie, leichte Massagen und

Bewegungsübungen, Antiphlogistika, bei starker Kyphosierung Kolumnotomie.

Beinlängendifferenz

Ät: Beinlängenunterschied kann funktioneller oder absoluter Art sein.

- Funktionell: Gelenkkontrakturen, Fehlstellungen;
- absolut: angeboren oder erworben (posttraumatisch, Hüftgelenksluxation, postosteomyelitisch usw.).

Sy: Beckenschiefstand mit konsekutiver Wirbelsäulenverbiegung, Spitzfuß zum Ausgleich.

Th: Von Grunderkrankung und Ausmaß abhängig. Absatzerhöhung, orthopädischer Schuh. Operative Maßnahmen: Beinverlängerung (bis 20 cm), Beinverkürzung der Gegenseite (bis 8 cm).

Bizepssehnenruptur

Der Riß der im Bizepskanal degenerierten langen Bizepssehne (oberer Bizepssehnenriß) wird in der Regel von der übrigen Muskulatur gut kompensiert, so daß eine Behandlung nicht erforderlich ist.

Dagegen ist der untere Bizepssehnenriß in der Regel traumatisch bedingt und verlangt operative Behandlung zur Verhinderung eines stärkeren Kraftverlusts. Transossäre Einflechtnaht.

Blutergelenk

Ät: Chronische Arthropathie durch Hämarthros bei Hämophilie und hämorrhagischer Diathese.

Sy: Chronische Entzündung mit Erguß, Zerstörung von Knorpel und Knochen, Subluxation, Versteifung meist in Fehlstelllung. Gelenk ist fungusartig verdickt und stark bewegungsschmerzhaft.

DD: Tuberkulose.

Th: Substitution der fehlenden Faktoren, Ruhigstellung, Beseitigung der entzündlichen Reizzustände, Kontrakturbekämpfung, bei schweren Destruktionen entlastender Apparat. Operation nur unter Substitutionstherapie. Alloarthroplastik möglich.

Brodie-Abszeß

(s. a. S. 497)

Dg: Chronischer Knochenabszeß (Sonderform der Osteomyelitis), zeigt sich radiologisch durch eine Osteolyse meist der Tibia mit sklerosierendem Randsaum.

DD: Osteoblastom, Knochenzyste, Osteosarkom (S. 477).

Bursitis s. S. 421.

Caissonkrankheit

Aseptische Nekrose im Bereich großer Gelenke durch Verlegung von Endarterien durch freiwerdenden Stickstoff bei unsachgemäßer Ausschleusung aus Caissonbehältern oder Tauchen.

Caries sicca

Path Anat: Die Tuberkulose des Schultergelenks gilt als Prototyp der Caries sicca. Zerstörung des Knochens im Vordergrund, Fungus und Erguß fehlen. Nur gering entwickeltes Granulationsgewebe, auch „trockener Knochenfraß" genannt. Das Gelenk trocknet ein, die Schulter wird eckig, es fehlt die Schwellung im Gegensatz zu den typischen Formen der Gelenk-Tbc.

Sy und Th: s. Tuberkulose.

Chirotherapie

Handgrifftechniken (Mobilisation, Manipulation) der manuellen Medizin, die sich aus den „paramedischen" Erfahrungen der „Chiropraktoren" und „Osteopathen" entwickelt haben und deren Ziel es ist, Blockierungen (pathologisches Funktionsdefizit ohne nachweisbares anatomisches Substrat) zu beheben und ein altersentsprechendes Gelenkspiel wiederherzustellen.

Chondromalazie

Ät und Pathog: Degenerative Knorpelveränderungen der Gelenkfläche der Kniescheibe (Gelbfärbung, Erweichungsherde, Auffaserung).

Sy: Druck- und Bewegungsschmerz der Kniescheibe, leichter Erguß, Krepitation.

Dg: Im Röntgenbild unregelmäßige Konturierung, subchondrale Zystenbildung, Atrophie.

DD: Meniskusdegeneration. Spezifische Erkrankungen.

Th: Ruhigstellung, Wärme, lokale Corticosteroidinjektionen; in schweren Fällen operative Entfernung des erweichten Knorpels.

Chondropathia patellae

Sammelbegriff für Schmerzzustände der Patella unterschiedlicher Ursache (s. Chondromalazie).

Claudicatio intermittens
(s. a. S. 414)
Stadium II (Fontaine-Ratschow) der arteriellen Durchblutungsstörung.

Claudicatio intermittens spinalis (enger Spinalkanal)

Ät: Durch degenerative Veränderung an der Wirbelsäule wird der Spinalkanal verengt.

Sy: Lumboischialgiforme Schmerzen, teils intermittierend bei Belastung (DD: Durchblutungsstörung).

Dg: Klinisch, myelo- und computertomographisch.

Th: Operative Entlastung durch Hemilaminektomie oder Laminektomie.

Corpus liberum (Corpus mobile, Gelenkmaus, freier Gelenkkörper)

Ät: Knorpel- oder Knochenteile geraten in das freie Gelenkkavum infolge osteochondrotischer Prozesse, Traumen, Absprengung arthrotischer Randwülste.

Sy: Intraartikulärer Erguß, Bewegungsschmerz, Krepitation, Einklemmungserscheinungen.

DD: Fabella, Enostome, Chondromatose.

Th: Operative Entfernung.

Coxa valga

Def: Schenkelhals-Schaft-Winkel ist einseitig oder beiderseits vergrößert.

Ät: Angeboren, meist doppelseitig bei Dysplasiehüfte, Entlastungs-Coxa valga bei Lähmungen der Bein- und Hüftmuskulatur. Infolge Störung des Muskelgleichgewichts bei Lähmungen oder Schwäche der Abduktoren durch Überwiegen der Adduktoren. Posttraumatisch, insbesondere nach Wachstumsfugenschädigungen. Die Coxa valga an sich ist nicht behandlungsbedürftig.

Coxa vara

Ätiologie

Verkleinerung des Schenkelhals-Schaft-Winkels, erworben z. B. nach pertrochantären Oberschenkelbrüchen, als Belastungsdeformität bei Rachitis, Osteomalazie, Tumoren und bei Morbus Perthes durch Kopfabplattung.

Coxa vara epiphysaria (adolescentium)
Kopfkappenlösung (s. Epiphyseolyse.

Coxa vara diaphysaria
O-förmige Verbiegung der Femurdiaphyse bei Rachitis oder nach in Fehlstellung verheilter Oberschenkelfraktur.

Coxa vara congenita

Ät: Infolge Ossifikationsstörung im Trochanter- und Schenkelhalsgebiet.

Sy: Tritt meist erst unter zunehmender Belastung im 2. und 3. Lebensjahr einseitig oder doppelseitig (charakteristische Hirtenstabform) in Erscheinung. Beinverkürzung, Trochanterhochstand, Abduktionsbehinderung, Trendelenburg-Zeichen positiv. Hinken, rasche Ermüdbarkeit, Belastungs- und Bewegungsschmerz.

Th: Frühzeitige Entlastung zur Verhinderung weiterer Deformierung, Korrekturosteotomie.

Crus valgum

Ät: Meist kongenitale Verkrümmung der distalen Unterschenkelknochenanteile von der Medianebene des Körpers weg, vorwiegend einseitig vorkommend, häufig kombiniert mit Störungen des Knochenaufbaus. Entstehung auch posttraumatisch durch in X-Stellung verheilte Unterschenkelfraktur.

Th: Erworbene Achsenfehler müssen durch Osteotomie korrigiert werden. Bei angeborenen Verbiegungen ist dieselbe Vorsicht am Platze wie beim Crus varum congenitum (Pseudarthrosenbildung).

Crus varum
O-förmige Verbiegung der Unterschenkel.

Crus varum congenitum

Ät und path Anat: Angeborene einseitige Verbiegung eines Unterschenkels, häufig kombiniert mit Neurofibromatose. Geringster Anlaß führt zur Fraktur. Keine Heilungstendenz, endostale Kallusbildung gestört, da hier in allen Fällen Ausbildung einer Unterschenkelpseudarthrose. Dieser Zustand kann auch bereits bei der Geburt vorhanden sein (angeborene Pseudarthrose).

Th: Leicht redressierende Gipsverbände oder -schalen.
Strenge Operationsindikation, da postoperativ Pseudarthrosen häufig.

Rachitisch bedingtes Crus varum

Path Anat: Doppelseitig. Verbiegung meist im unteren Drittel des Unterschenkels, häufig mit Antekurvation und Knickplattfüßen kombiniert. Beim Kleinkind andere typische rachitische Zeichen vorhanden.

Th: In leichten Fällen krankengymnastische Behandlung, sonst Redressionsgipsverbände in Etappen, antirachitische Therapie. In schweren Fällen später korrigierende Osteotomie. Zunächst Längenwachstum beobachten, da spontane Korrekturen möglich.

Traumatisch bedingtes Crus varum

Ät: Posttraumatisch bei in O-Stellung verheilten Unterschenkelbrüchen.

Th: Osteotomie.

Cubitus valgus

Ät: X-Stellung des Arms, in leichter Form beim weiblichen Geschlecht als sekundäres Geschlechtsmerkmal häufig vorhanden. In stärkerer Form Folge einer posttraumatischen Wachstumsstörumg, einer in Fehlstellung verheilten Fraktur im ellenbogengelenknahen Oberarmbereich oder Folge von Epiphysenstörungen und Entzündungen.

Th: Osteotomie (suprakondylär).

Cubitus varus

Ät: O-Stellung des Arms, stets pathologisch, Folge von Frakturen des distalen Oberarmdrittels, die in Fehlstellung verheilt sind oder zu Wachstumsstörungen geführt haben. Ferner kommen epiphysäre Störungen nach entzündlichen Prozessen in Frage.

Th: Suprakondyläre Osteotomie.

Defektpseudarthrose

Ät: Falschgelenkbildung infolge Weichteilinterposition und nach größeren Substanzverlusten (Osteomyelitis) des Knochens (Dreschflegelpseudarthrose).

Th: Operative oder apparative Stabilisierung.

Dekubitus

Ät: Druck von außen (Gipsverbände, Schienen). Insbesondere trophische Störungen bei Immobilisierung und Innervationsverlust, Erkrankungen des ZNS (Querschnittslähmung, Tabes, Syringomyelie, Myelodysplasien, Schädigung peripherer Nerven.

Sy: Hautnekrose, Druckgeschwür, besonders an Stellen, an denen Knochen gering weichteilgedeckt ist (Kreuzbein, Schulterblätter, Hinterhaupt, Dornfortsätze, Ferse, Trochanter, Ellenbogen, Kniescheibe, Knöchel). Beginnend meist mit Nekrosen in Muskulatur- und Subkutangewebe, sekundär auf Haut und Sehnen übergreifend.

Th: Besondere Sorgfalt beim Betten gefährdeter Personen, um von vornherein die Gefahr einer Drucknekrose zu beseitigen. Hohllegen, absolute Druckentlastung, Wundbehandlung des Dekubitus, Reinigung mit Rivanol-Umschlägen, Entfernung der nekrotischen Gewebsanteile (z. B. durch eiweißabbauende Enzyme), anschließend Granulationsförderung, Durchblutungsförderung, Regulierung des Elektrolyt- und Eiweißhaushalts, Bluttransfusionen.
Nach Wundreinigung, wenn Dekubitus keine Tendenz zur vollständigen Epithelisierung zeigt, Spalthaut- oder Schwenklappenplastik.

Densaplasie

Sy: Bleibt die Verschmelzung der Wirbelkörperanlage des Atlas (Os odontoideum) mit dem Epistropheus aus, resultiert eine abnorme Beweglichkeit zwischen beiden.

DD: Zur Densfraktur oft schwierig.

Digitus quintus varus superductus

Ät und Sy: Extreme Adduktionsstellung der 5. Zehe, wobei sie vielfach der 4. Zehe aufliegt. Häufige familiäre, wahrscheinlich erbliche Fehlstellung. Beschwerden vorwiegend durch Schuhdruck.

Th: Resektion des proximalen Grundgliedteils mit Z-förmiger Strecksehnenverlängerung (nach Hohmann).

Diplegie, spastische

(s. a. Zerebralparese, infantile)
Sonderform der spastischen Tetraplegie, die von Little zuerst beschrieben wurde, mit Betroffenheit der Beine.

Distorsion s. S. 428

Druckosteosynthese

Übungsstabile Fixierung von Frakturen und Osteotomien, z. B. durch Platten und Schrauben oder mittels Zuggurtung unter Kompression, die den Knochenkontakt auch nach der physiologischen Resorption der Knochenenden aufrechterhält und im Idealfall zu röntgenologisch kaum erkennbarer kallusarmer primärer Bruchheilung führt.

Dupuytren-Fingerkontraktur s. S. 429

Dysmelie

Angeborene Gliedmaßenfehlbildungen erfordern frühzeitig operative und apparative Versorgung zur Wachstumslenkung. Neben der psychischen Führung der Eltern ist das sofortige Üben aller vorhandenen Gelenke (also auch der Zehen und Füße) zum Selbsthilfetraining und ggf. die Frühversorgung (im 1. Lebensjahr) mit Prothesen erforderlich, um die physiologische Korrelation zwischen psychischer und motorischer Entwicklung sicherzustellen.

Dysostosen, enchondrale, s. enchondrale Dysostosen

Dystrophia adiposogenitalis

Orthopädischerseits interessant, da sie zur Epiphyseolysis capitis femoris prädisponiert (S. 1154).

Dystrophia musculorum progressiva (s. a. S. 1238)

Ät: Genetisch bedingte primär degenerative Erkrankung der Skelettmuskulatur.

Th: Rechtzeitige orthopädische Behandlung zur Verhinderung schwerer Fehlstellung in Form von korrigierenden Schalen, Extensionen, vorsichtige krankengymnastische und hydrotherapeutische Maßnahmen dringend erforderlich. Verabreichung von Muskel-Koenzym-Gemischen, Apparateversorgung. Operative Beseitigung von Kontrakturen.

Einlage, orthopädische

Grundsätzlich nach Gipsabdruck und unter fachärztlicher Kontrolle zur Behandlung von Fußfehlformen und -fehlstellungen hergestellte fußbettähnliche Schuheinlage mit stützender, teilentlastender oder korrigierender Wirkung. Industriell gefertigte, normierte, handelsübliche Fußstützen sind keine orthopädischen Hilfsmittel. Eine Behandlung erfordert wie bei Brillen und Gebissen die individuelle Anpassung.

Enchondrale Dysostosen

Ät und Pathog: Vererbbare Knorpelverknöcherungsstörung vorwiegend im Bereich der Meta- oder Epiphysen. Häufig werden auch beide gleichzeitig befallen. Gleichzeitig treten Knochenumbaustörungen an den platten und Röhrenknochen auf.
Bei Befall der Metaphyse tritt Störung des Längenwachstums auf (Minderwuchs), bei partieller Metaphysenschädigung Krummwuchs (Coxa vara, X- und O-Beine), bei Befall der Epiphyse Beeinträchtigung des Kernwachstums (Mehrfachkerne, Nebenkerne, Deformität der Epiphysen).

Sy und Dg: Vom generalisierten Befall (Achondroplasie [früher Chondrodystrophie]) bis zur leichtesten Form des Minderwuchses werden alle Zwischenstadien beobachtet. Wichtiges diagnostisches Merkmal ist die Verschiebung des Höhen-Breiten-Index von Körper und Knochen.

Th: Konservative orthopädische Maßnahmen (Gipsschalen, Gipsbett, Extensionen, Lagerung, Krankengymnastik und Hydrotherapie) zur Wuchslenkung und zur Verhinderung schwerer statischer Deformitäten. Evtl. später Apparatversorgung.

Enchondrom

Path Anat: Knochengeschwulst, ausgehend vom Epiphysenknorpel, von Knorpelkeimen der Diaphyse oder auch vom Periost. Häufig multiples Auftreten, beginnt im Kindesalter. Prädilektionsorte: Mittelhand und Finger, Mittelfuß und Zehen. In langen Röhrenknochen Dignität dubiös, im Stammskelett Verhalten eines malignen Tumors.

Th: Bei Befall einzelner Finger zur Verhinderung von oder bereits bei bestehenden Spontanfrakturen Ausräumung und Eigenspantransplantation, evtl. mit Spongiosaauffüllung. Am Stammskelett außerordentlich häufige Lokalrezidive. Komplette Entfernung notwendig.

Endoprothesen

Alloarthroplastischer (Metall, Polyäthylen, Keramik) Gelenkersatz. Indikationsabhängig entweder mit Knochenzement oder zementfrei im Knochen verankert. Hüfte, Knie, Fingergelenke, Schulter, Ellenbogengelenk, Sprunggelenk.

Entbindungslähmung

Ät und Sy: Tritt nach schweren Entbindungen (Beckenendlage, Zangengeburt) vorwiegend an oberen Extremitäten durch Zerrung oder Quetschung des Plexus brachialis auf. Erb-Lähmung = Oberarmtyp (5. und 6. Zervikalwurzel); betroffen sind Deltamuskel, Unterarmbeuger, Armaußendreher. Klumpke-Lähmung = Unterarmtyp (7. und 8. Zervikalwurzel); betroffen sind N. medianus, ulnaris und radialis.

DD: Geburtstraumatische Epiphysenzerreißung, angeborene Kontrakturen.

Th: Lagerung (Schienen, Gipsschalen), Massagen und Elektrotherapie, krankengymnastische Übungsbehandlung auf neurophysiologischer Basis (Vojta). Bei Spätfällen Operation: Sehnenverpflanzungen und Arthrodesen.

Epicondylitis humeri

Def: Insertionstendopathie, meist am Ursprung der Hand- und Fingerstrecker am Epicondylus lateralis.

Th: Antiphlogistika, krankengymnastische Deep friction und Dehnungsbehandlung. Ultraschalliontophorese, Akupunktur, Gipsruhigstellung, bei Persistenz Operation nach Hohmann.

Epiphysen, traumatische Schädigung

Vorkommen und Einteilung

Epiphysenfugenverletzungen sind für das Wachstumsalter typische Unfallverletzungen. Klassifizierung nach Aitken oder Salter entsprechend dem Schweregrad.

Distorsionen und Kontusionen

Sy: Bei geringgradiger, röntgenologisch nicht sicher erkennbarer Epiphysenfugenlokkerung klinisch meist leichte Schwellung und Druckschmerz im epiphysären Bereich vorhanden.

Th: Ruhigstellung mit abschwellenden Maßnahmen.

Epiphysenfugenlockerung mit und ohne Verschiebung der Epiphyse

Sy und Dg: Hämatom, stärkerer Druckschmerz, schmerzhafte Bewegungseinschränkung im benachbarten Gelenk. Röntgenologisch bei fehlender Verschiebung Diagnose schwierig (Seitenvergleich).

Th und Prgn: Ruhigstellung im zirkulären Gipsverband (4–6 Wochen). Bei Dislokation Reposition in Allgemeinnarkose. Gute Prognose, da Stratum germinativum unbeschädigt.

Epiphysenfugenlösungen mit metaphysärer Fraktur (Aitken-Typ I)

Klinisch alle Frakturzeichen positiv. Behandlung wie Epiphysenfugenlösung, Prognose günstig.

Epiphysäre und epimetaphysäre Frakturen mit Epiphysenfugenlösung (Aitken-Typen II + III)

Ät: Sonderformen sind Apophysenabrisse durch plötzlichen starken Zug der inserierenden Sehne. Epiphysenlösungen als Geburtstrauma werden häufig übersehen, zumal Röntgendiagnostik bei fehlender Ossifikation der Epiphysen schwierig.

Th und Prgn: Prognose ungünstig durch Fugenknorpelschädigung, möglichst exakte Reposition anstreben, ggf. auch operativ (cave Brückenkallus).

Sekundäre Epiphysenschädigung

Ät: Infolge Osteomyelitis, Tumoren und Strahlenbeschädigung.

Sy: Totale oder partielle Epiphysenfugenzerstörung führt zu Fehlwachstum oder Störung des Längenwachstums.

Spätschäden nach Epiphysenschädigung

Sy: Störung des Längenwachstums durch vorzeitigen Fugenschluß. Nach partieller Epiphysenschädigung Störung der Wachstumsrichtung mit Achsen- und Torsionsfehlstellung. Verlaufskontrolle nach Verletzung bis zum Wachstumsabschluß unerläßlich.
In Abhängigkeit vom Lebensalter kann Spontankorrektur der primär traumatisch bedingten Fehlstellung erwartet werden, jedoch auch Zunahme der Deformität durch Wachstumsstörung (Cubitus valgus und varus, posttraumatische Madelung-Deformität usw.).

Th: Ggf. Distraktion der Epiphyse mit Fixateur externe am Wachstumsende.

Epiphyseolysis capitis femoris (Coxa vara epiphysaria, Coxa vara adolescentium)

Ät und Pathog: Ein- oder doppelseitig auftretende Verschiebung des Hals-Kopf-Teils durch Erweichungsprozeß der Metaphyse des koxalen Femurendes. Erkrankung kann familiär auftreten, vor allem bei Jugendlichen mit endokrinen Regulationsstörungen (Dystrophia adiposogenitalis, eunuchoider Hochwuchs).
Lösung der Epiphyse kann plötzlich schon bei geringsten Einwirkungen (Epiphyseolysis acuta) oder langsam, meist unbemerkt (Epiphyseolysis lenta) eintreten.

Sy: Rasche Ermüdung, Hinken, schmerzhafte Bewegungseinschränkung, Außenrotationsstellung und Beinverkürzung. Bei der akuten Lösung plötzlich heftiger Schmerz mit völliger Belastungs- und Bewegungsunfähigkeit im Hüftgelenk. Vergleiche Symptome bei Schenkelhalsfraktur.

Dg: Röntgenbild: In der Regel rutscht der Hals nach vorne oben, während der Kopf in der Gelenkpfanne liegenbleibt, daher Coxa vara epiphysaria.

Th: Bei der Epiphyseolysis acuta Reposition in Narkose mit anschließender Drahtspickung, Ruhigstellung im Gipsverband, entlastender Apparat (Thomas-Splint). Bei der Epiphyseolysis lenta, sofern der Vorgang längere Zeit zurückliegt, konservativ vorgehen. Sonst operativ: Ist die Deformität geringgradig, so ist eine Nagelung ohne Reposition indiziert, um weiteren Gleitvorgang zu verhindern. Bei schweren Deformitäten dreidimensionale Umstellungsosteotomie.

Erb-Lähmung s. Entbindungslähmung

Ermüdungsbrüche

Ät: Kontinuitätstrennung von Knochen durch Materialermüdung bei Dauerbeanspruchung im Bereich von Zugspannungsspitzen bei Überlastung (Streßfrakturen bei Sportlern, Marschfraktur).

DD: Pathologische Knochenerweichung, z. B. Osteomalazie, pathologische Frakturen.

Th: Ruhigstellung, Antiphlogistika, Behandlung der Grunderkrankung.

Exartikulation

Absetzen eines endständigen Gliedmaßenanteils in der Gelenklinie, also ohne Durchtrennung des Knochens.

Exostosen

Ät und path Anat: Von der Epiphyse oder vom Periost ausgehende Knochenhöcker oder -sporne. Bei den multiplen kartilaginären Exostosen handelt es sich um ein Erbleiden.
Lokalisation: Gelenknahe Abschnitte der langen Röhrenknochen, besonders im Bereich der Knie-, Sprung- oder Handgelenke.

Sy: Beginn im Kindesalter. Mitunter können Wachstumsstörungen auftreten.

Th: Operative Entfernung bei Irritation von Nerven oder bei Störungen der Funktion, seltener auch aus kosmetischen Gründen.

Fersenbeinsporn

Vorderer unterer Fersenbeinsporn

Ät und path Anat: Am Processus medialis oder lateralis des Tuber calcanei sitzende spornartige Exostose. Entsteht bei zu hoher Beanspruchung des Längsgewölbes (Plattfuß, Knickfuß). Als Tendopathie am Ansatzpunkt der Plantaraponeurose aufzufassen. Häufiges Vorkommen auch bei rheumatischen Erkrankungen.

Sy: Schmerzen bei Belastung können zu erheblichen Gehbehinderungen führen.

Th: Entlastende Einlagen, Wärme, Fußbäder, evtl. lokale Prednisolon-Injektionen. Bei hartnäckigen Fällen unter strengster Indikation operative Entfernung.

Hinterer oberer Fersenbeinsporn

Sy: Tendopathie am Ansatz der Achillessehne.

Th: s. Achillodynie.

Finger, schnellender

Ät: Unbekannt. Berufliche Überanstrengungen, Infekte und traumatische Einwirkungen sind zu erwägen. Bei Säuglingen Pollex flexus congenitus (Zuwarten im 1. Lebensjahr gerechtfertigt).

Path Anat: Morphologisch finden sich Verdickungen der Sehnen oder Verengungen der Sehnenscheiden. Am häufigsten sind Daumen und Mittelfinger befallen.

Pathog und Sy: Durch Veränderungen am Lig. anulare (Verengung) oder der Beugesehnen über Fingergrundgelenken entsteht bei Bewegungsversuchen ein federnder Widerstand, der sich mit einem schnellenden Phänomen überwinden läßt.

Th:
- *konservativ:* Wärme, Bäder, lokale Prednisolon-Injektionen (im Anfangsstadium erfolgreich);
- *operativ:* Spalten der Sehnenscheide oder des Lig. anulare mit partieller Exzision erforderlich.

Frakturen s. S. 433 ff

Fußrückenhöcker

Ät und Pathog: Exostotische Verdickung in Höhe des Gelenks zwischen 1. Mittelfußknochen und Keilbein. Entsteht durch Fehlbelastung des Gelenks mit sekundärer Arthrosis deformans oder durch äußeren Druck (osteophytäre Wucherung). Häufig Schleimbeutelbildung über Exostose.

Sy: Schmerzhafte Rötung und Schwellung durch Schuhdruck. Belastungsbeschwerden.

Th: Operation, Abtragen der Exostose, Einlagenversorgung, Schuhzurichtung.

Ganglion s. S. 453.

Gelenkdistorsion S. 428.

Gelenkkontusion

Pathog: Direkte Gelenkverletzung in Form einer Quetschung, wobei häufig Muskel-, Band- und Kapseleinrisse sowie geringfügige Knochenverletzungen auftreten.

Sy: Hämatombildung, Schwellung, intraartikulärer Erguß, schmerzhafte Bewegungseinschränkung. Häufig Kombination mit Bandverletzungen (S. 1287).

Th: Absolute Ruhigstellung im Gipsverband. Lagerung in Schiene, Alkoholumschläge, Kompressionsverbände. Punktion des Ergusses nur notwendig, wenn Spannungszustände mit Dehnungsschmerz der Kapsel auftreten, und zur Verhinderung von Überdehnungen. *Lokal:* Hirudoid- oder Mobilat-Salbe.

Gelenkkörper, freie (Gelenkmaus), s. Corpus liberum

Gelenksteife, fibröse

Def: Absolute Bewegungseinschränkung eines Gelenks infolge bindegewebiger Verlötung des Gelenkspalts.

Ät: Spezifische und unspezifische destruierende Entzündungen. Vorwiegend können polyarthritische Prozesse sowie dystrophe Zustände (kartilaginäre Steife) zu fibrösen Verlötungen führen.

DD: Klinisch ist es häufig schwierig, die fibröse von der knöchernen Gelenksteife (Ankylose, s. d.) zu unterscheiden; eine Klärung ist nur mit Hilfe des Röntgenbilds möglich.

Genu recurvatum

Genu recurvatum im weiteren Sinne

Def: Abnorme Überstreckfähigkeit des Unterschenkels im Kniegelenk durch pathologische Schlaffheit der Kniegelenkbänder und der Gelenkkapsel.

Ät: Angeboren (meist doppelseitig), konstitutionelle Bindegewebsschwäche, schlaffe und spastische Lähmungen, neuropathische Erkrankungen, statisch-kompensatorisch bei Spitzfüßen, posttraumatisch nach in Fehlstellung verheilten Frakturen oberhalb und unterhalb des Kniegelenks, nach entzündlichen Erkrankungen (Osteomyelitis, Tbc, Tabes).

Th: Osteotomien an Femur oder Tibia. Weichteiloperationen haben keinen dauerhaften Erfolg.

Genu recurvatum im engeren Sinne

Durch Kontraktur in seiner Beugbarkeit eingeschränktes überstrecktes Kniegelenk.

Genu valgum (X-Bein)

Vk: Häufigste Fehlstellung im Kniegelenk.

Ät: Physiologisch bei gesunden Kindern im Alter von 2–5 Jahren mit spontaner Besserung (umwegige Entwicklung), angeboren bei konstitutioneller Bänderschwäche des Kniegelenks, bei Rachitis, Lähmungen, kompensatorisch bei Knickfüßen (Valgus) oder bei Adduktionskontraktur in den Hüftgelenken, posttraumatisch, nach Entzündungen (Schädigung der Wachstumszonen), bei endokrinen Störungen, Belastungsdeformität (Bäckerbein).

Th: Bei Rachitis entsprechende antirachitische Behandlung. Kinder dürfen nicht belasten. Bei kompensatorischen X-Beinen Beseitigung der primären Deformität.

- *Konservativ:* Mit Fritz-Lange-Bandage und Einlagen mit Supinationskeil, kombiniert mit krankengymnastischer Übungsbehandlung, nur erfolgversprechend vor Abschluß des Wachstums. Im Erwachsenenalter bei Belastungsbeschwerden Umlagerung des Kniegelenks durch Schuhinnenranderhöhung;
- *operativ:* Bei schweren Formen, wenn konservativ kein Erfolg zu erwarten ist, Tibiakopfosteotomie. Im Kindesalter bei strenger Indikation Epiphyseodese.

Genu varum (O-Bein)

Ät: Im Säuglingsalter in leichter Form physiologisch, angeboren, Rachitis, posttraumatisch, nach Entzündungen.

Th: Beseitigung der Grundkrankheit. Bei rachitischen O-Beinen (s. Rachitis) Etappenkorrektur im Gipsverband. Nachtlagerungsschalen, krankengymnastische Übungsbehandlung. Im Erwachsenenalter bei statischen Beschwerden infolge unphysiologischer Gelenkbelastung Umlagerung (Schuhaußenranderhöhung).
Bei Versagen der konservativen Behandlung operatives Vorgehen: Umstellungsosteotomie.

Gicht

(s. a. S. 1140ff)

Bei chronischer Synovialitis trotz urikosurischer und urikostatischer Therapie Synovialektomie. Zusätzlich operative Entfernung größerer Gichttophi möglich.

Gonarthritis (Entzündung des Kniegelenks) s. Arthritis

Greifarm

Krukenberg-Arm: Ermöglichung einer aktiven Zangengriffbewegung durch Spaltung eines Unterarmstumpfes bei Handamputation.

Apparative Form: Zangen- oder hakenähnliche (englisch: hook), aktiv verstellbare Zweckform eines Handersatzes als Arbeitsanschlußteil (Hook-Prothese) für aktive Prothesen der oberen Gliedmaßen.

Hackenfuß (Pes calcaneus)

Ät: Lageanomalie im Uterus, Keimfehler, Wadenmuskelschwäche oder Lähmung (Polio), Narbenkontraktur (Fußrücken).

Sy: Extreme Steilstellung der Ferse, bei gleichzeitiger Behinderung der Plantarflexion.

Th: Beim angeborenen Hackenfuß Behandlungsbeginn so frühzeitig wie möglich mit manuellen Redressionen und anschließend korrigierenden Gipsverbänden. Bei erworbenen Hackenfüßen korrigierende Gipsschalenbehandlung oder in schweren Fällen und besonders nach Lähmungen operatives Vorgehen = Weichteiloperation (Sehnenverlängerung), nur für leichte Fälle geeignet. Knochen- und Gelenkoperation (ab 12–14 Jahren), Keilresektion aus dem Talokalkanealgelenk.

Hackenfußhaltung

Ät und Sy: Harmlose, ausgleichbare Fehlhaltung durch unnatürliche Lage im Uterus.

Th: Krankengymnastische Behandlung, passive Dehnübungen (immer erfolgreich!).

Hackenhohlfuß (Pes calcaneus excavatus)

Ät: Lähmung (Wadenmuskulatur), posttraumatisch.

Sy: Hochgradige Steilstellung des Fersenbeins. Vor- und Rückfuß stehen gegeneinander in erheblicher Knickstellung. Längsgewölbe pathologisch erhöht.

Th: s. Ballenhohlfuß.

Haglund-Ferse (Haglund-Exostose)

Ät: Es werden Formvarianten des Fersenbeinkörpers angegeben.

Path Anat: Schon in der Jugend und im frühen Erwachsenenalter auftretende Verdickung und spornartige Ausziehung an der hinteren oberen Fersenbeinkante. Darüber hinweg zieht die Achillessehne mit ihren tiefer einstrahlenden Fasern zum Ansatz am Tuber calcanei.

Sy: Durch Schuhdruck von außen bildet sich häufig ein schmerzhafter entzündlicher Schleimbeutel. Das Krankheitsbild wird auch zu den Tendinosen gezählt. Das weibliche Geschlecht ist häufiger befallen.

DD: Apophysitis calcanei, periostitische Prozesse, Achillessehnenverknöcherungen (s. Achillodynie).

Th: Entsprechendes Schuhwerk, Filzringe oder Schaumgummi an der Druckstelle, meist jedoch radikale operative Abtragung der Exostose erforderlich.

Hallux flexus

In Beugestellung kontrakte Großzehe, normale Abrollbewegung des Fußes nicht möglich; Operation dringend.

Hallux rigidus

Ät: Funktionelle Überlastung beim Platt- oder Senkspreizfuß, Trauma, Arthritis urica, Rheumatismus, Arthrosis deformans.

Sy: Behinderung der Dorsalflexion bis zur hochgradigen Beugekontraktur im Großzehengrundgelenk. Heftige Schmerzen beim Abrollen des Fußes mit erheblicher Gehbehinderung.

DD: Es müssen aseptische Nekrosen (Thiemann-Krankheit), Tuberkulose und Osteomyelitis ausgeschlossen werden.

Th: Je nach Stadium der Erkrankung. Beim Vorliegen einer Grundkrankheit (Gicht, Rheuma) zuerst Allgemeinbehandlung. Im Frühstadium konservativ mit Ruhigstellung (Gipsverband). Lokale Einreibungen mit hyperämisierend wirkenden Salben, Fußbäder, Analgetika.
Behandlung der Wahl: Operation nach Brandes: ⅓-Resektion der Grundphalanx der Großzehe mit Einschlagen eines Kapselweichteillappens im Sinne einer Arthroplastik (bewährte Methode).
Ist Operation infolge Alters oder anderer Umstände nicht möglich, Versorgung mit Schuhen mit Ballenrolle zur Erleichterung des Abrollvorgangs.

Hallux valgus

Ät: Spreizfuß, Lähmungen, Rheumatismus, zu enge Schuhe.

Path Anat: Die Großzehe ist an einem oder meistens auch an beiden Füßen nach lateral abgewichen (X-Zehe); dadurch kommt es zu einem starken Hervortreten des Ballens.

Sy: Schmerzen und Bewegungseinschränkung im Großzehengrundgelenk beim Gehen, häufig rezidivierende Schleimbeutelentzündungen über dem Ballen.

Th:

- *Konservativ:* Nur in leichten Fällen und wenn Operation aus allgemeinmedizinischen Gründen nicht möglich, mit korrigierenden Schienen. Einlagenversorgung, bequemes Schuhwerk, evtl. lokale Prednisolon-Injektion.

– *Operativ:* Methode der Wahl (modifiziert nach Brandes), ⅓-Resektion der Grundphalanx mit Einschlagen eines Kapselperiostlappens in das Gelenk und Abtragen der Pseudoexostose. Auch die Methode nach McBride kann bei leichten Spreizfüßen gute Erfolge bringen. Beim Jugendlichen Operation nach Hohmann (Osteotomie des Os metatarsale I, Kapselraffung und Verlagerung des M. abductor pollicis).

Hallux varus

Ät und path Anat: Die Großzehe ist nach medial abgewichen. Selten vorkommende Entwicklungsstörung, bei Poly- oder Syndaktylie.

Th: Nur erforderlich, wenn Schmerzen oder Schuhschwierigkeiten auftreten. Operativ: Osteotomie des Os metatarsale I.

Halsrippensyndrom s. S. 455

Hämarthros s. Kniegelenkerguß

Hammerzehen

Ät: Fußdeformitäten (Spreizfuß), Zwangshaltung, Störungen des Muskelgleichgewichts.

Path Anat: Überstreckung im Zehengrund- und -endgelenk bei etwa rechtwinkliger Beugung im Mittelgelenk: Zehe sitzt wie ein Hammerkopf an seinem Stiel am Metatarsus, *seltene Form.* Häufiger Krallen- oder Klauenzehen: Überstreckung im Grundgelenk, Beugung in den distalen Gelenken, so daß das Bild einer tierischen Kralle entsteht.

Th: Operation nach Hohmann oder Gocht.

Hängefuß

Durch Lähmung instabiler, belastungsunfähiger, im oberen Sprunggelenk herabhängender Fuß. Apparatversorgung oder stabilisierende Operation erforderlich.

Hartspann

Ät: Haltungsinsuffizienz, Arbeitsüberlastung, schmerzreflektorische Muskelanspannung.

Sy: Dauerspannung der Muskulatur. Erkennbar oft durch Inspektion, sicher durch Palpation, verschwindet bei längerer Entspannung oder in Narkose.

Th: Wärme, hyperämisierende Maßnahmen an der Haut, Novocainüberflutungen, manuelle Massage und Unterwasserdruckstrahlmassage.

Hemiplegie

(s. auch Querschnittslähmung und Zerebralparese, infantile)

Spastische Halbseitenlähmung mit typischem Überwiegen der Beuger (Prädilektionshaltung), die wiederum am Arm deutlicher als am Bein ausgeprägt ist.

Hexenschuß s. Bandscheibenschaden

Hochwuchs, eunuchoidaler

Ät: Gonadenhypotrophie, Frühkastration oder hypophysäre Dysfunktion.

Path Anat: Verspäteter Epiphysenschluß, abnormes Längenwachstum der langen Röhrenknochen. Bei den Betroffenen relativ häufig Femurkopfepiphysenlösungen (s. Epiphysen).

Hüfte, schnappende oder schnellende

Ät und Sy: Ruckartiges Gleiten eines derben Strangs des Tractus iliotibialis über dem Trochanter major bei Beugung und Streckung im Hüftgelenk. Es entwickelt sich oft ein entzündlich vergrößerter Schleimbeutel. Schmerzen. Vorgang auch willkürlich auslösbar (psychogene Ursache).

Th: Operative Fixation des Strangs am Trochanter, sofern Beschwerden und Funktionsbehinderung vorhanden sind.

Hüftgelenksentzündung s. Koxitis

Hüftgelenksverrenkung, sog. angeborene
(Luxatio coxae congenita)

Vk: Häufigste kongenitale erbbedingte Skelettfehlform, Verbreitung rassisch gebunden, daher geographische Luxationszentren (Sachsen, Oberpfalz, Hessen, Böhmen), weibliches Geschlecht häufiger befallen (Verhältnis Frauen zu Männer = 6:1), tritt ein- und doppelseitig auf.

Ät: Keimfehler, Lageanomalien oder raumeinengende Prozesse im Uterus.

Pathog: Primär vorhanden ist die minderwertige Gelenkanlage (Dysplasie); die Subluxation oder Luxation entsteht erst durch muskeldynamische Kräfte nach der Geburt und durch Belastung. Aus diesem Grund ist für eine erfolgreiche Therapie die Frühdiagnose von entscheidender Bedeutung.

Path Anat: Flachpfanne, Coxa valga (luxans), Antetorsion des Schenkelhalses, Verzögerung der Kopfkernentwicklung, Lateralstand des Kopfs.

Sy und Dg: Man unterscheidet diagnostisch zwischen unsicheren und sicheren Hinweiszeichen.

1. *Unsichere Hinweiszeichen:* Asymmetrie der Adduktoren-, Glutäal- oder Inguinalfalten, Lage des luxierten Beins in Außenrotations- und Adduktionsstellung mit Einschränkung der Innenrotation, Bewegungsarmut und Beinlängendifferenz der erkrankten Seite, unterschiedliche Form der Glutäalregion. Besonders bewährt hat sich im Säuglingsalter die Prüfung der Hüftabspreizung der in Knie- und Hüftgelenken rechtwinklig gebeugten Beine, die im 1. Lebensmonat bis 90° und ab dem 2. Monat bis 65° seitengleich möglich sein soll.
2. *Sichere Zeichen:* Leer zu tastende Pfanne, Sonographie und Röntgenbild sind beweisend für die Richtigkeit der klinischen Diagnose.
   - Sonographie: Hat die Röntgendiagnostik verdrängt, da Knorpelanlagen der Hüfte in den ersten Lebenstagen nachweisbar sind. Die sonographische Einteilung nach Graf berücksichtigt knöcherne und knorpelige Ausbildung der Pfanne.
   - Röntgenbild: In den ersten Lebenswochen wegen mangelnder Verknöcherung der Strukturen nicht aussagekräftig. Einteilung der Dysplasie oder Luxation nach Stand des Kopfes zum Pfannenerker (Tönnis).

Th: Gute Behandlungsergebnisse nur möglich, wenn Diagnose in den ersten Lebensmonaten gestellt wird. Die Dysplasiehüfte muß diagnostiziert werden, bevor Subluxation oder Luxation eintritt. Durch funktionelle Behandlungsmethoden Vermeidung der Kopfnekrose, Aufholen der Gelenkentwicklung nur in den ersten beiden Lebensjahren zu erwarten. Bei Dysplasiehüfte Lagerungsbehandlung mit Spreizhose, bei Luxationen oder instabiler Hüfte funktionelle Reposition und Retention nach Pavlik, Hoffmann-Daimler oder durch Extensionsverfahren. Bei kontrakten Hüften Vorbehandlung durch Krankengymnastik auf neurophysiologischer Basis (Vojta). Offene Reposition bei Repositionshindernis. Retention durch Gipsverbände oder Schienenapparat.
Bei verbleibender Gelenkdysplasie frühestens nach dem 2. Lebensjahr korrigierende Osteotomien zur Beseitigung der Coxa valga und pathologischen Antetorsion, Pfannendachplastik oder Beckenosteotomie (Chiari, Salter, Tönnis) bei Pfannendysplasie.
Verbleibende Hüftdysplasie wird als präarthrotische Deformität gewertet.

Hühnerbrust

Ät und path Anat: Kielartiges Vorspringen des Sternums, meist rachitische Ätiologie. Oft Harrison-Furche vorhanden. Häufig mit Kyphosen und Skoliosen kombiniert.

Th: Bei florider Rachitis antirachitisch, kombiniert mit Atemübungen. Operation nur in Ausnahmefällen.

Hygrom

Ät und Pathog: Sehnenscheidenergüsse durch Tuberkulose, Lues, Gonorrhö, Erkrankungen des rheumatischen Formenkreises und bei chronischen Reizzuständen sowie nach Traumen. Bei tuberkulöser Ätiologie werden häufig Corpora amylacea (Reiskörperchen) im Sehnenscheidenhydrops gefunden. Hierbei Verkäsung und Durchbruch nach außen mit Fistelung möglich.

Th: Spezifisch und operative Exstirpation.

Hyperabduktionssyndrom

Neurovaskuläres Kompressionssyndrom der oberen Extremität durch Druck des gedehnten kleinen Brustmuskels gegen das Gefäß-Nerven-Bündel, vor allem bei Schlafhaltung mit maximaler Oberarmabduktion und -außenrotation.

Impingement-Syndrom

Def: Schulterschmerz durch Enge am Schulterdach.

Ät: Entzündliche Veränderungen der Bursa subacromialis, Rotatorenmanschettenläsionen, Kalkeinlagerungen führen zu einer Enge unter dem Lig. acromioclaviculare und dem Akromion.

Sy: Schmerzhafte Bewegungseinschränkung hauptsächlich der Abduktionsbewegung der Schulter.

Th:

- *Konservativ:* Krankengymnastische Übungsbehandlung mit Eis. Elektro- und Ultraschallbehandlung, Antiphlogistika; Besserung der Schmerzen nach subakromialer Infiltration von Lokalanästhetika (Impingement-Test).
- *Operativ:* Neer-Akromioplastik (Erweiterung des Schulterdachs durch Entfernung des Lig. coracoacromiale und von kaudalen Akromionanteilen.

Inaktivitätsatrophie

Ät: Nichtgebrauch bei schmerzhaften Erkrankungen oder durch passive Maßnahmen, wie Ruhigstellung im Gips, auf Schienen usw..

Pathog: Gewebeschwund an allen Organen bei deren funktioneller Ausschaltung, besonders an Stütz- und Bewegungsapparat (Muskel, Sehnen, Bänder, Kapseln und Knochen). Führt häufig zu Sekundärschäden (Plattfuß).

DD: Spezifische Erkrankung der Knochen, Sudeck-Dystrophie (s. d.).

Th: Aktive Übungsbehandlung, Massagen, Überwärmung, Elektrotherapie.

Ischämische Muskelkontraktur s. Muskelkontraktur, ischämische

Kalkaneussporn s. Fersenbeinsporn

Kamptodaktylie

Def: Angeborene Beugestellung des 4. und 5. Fingers.

Th: Lagerung auf Schienen, Übungsbehandlung, Operation .

Karpaltunnelsyndrom

Ät und Sy: Strangulation des über den Sehnenscheiden direkt unter dem Retinaculum flexorum (Lig. carpi transversum) liegenden N. medianus führt neben charakteristischen Sensibilitätsstörungen an den Fingern 1–4 vor allem zur Daumenballenatrophie, Verlängerung der Nervenleitgeschwindigkeit.

Th: Durchtrennung des Retinaculum flexorum und Neurolyse.

Kaudaläsionen s. Querschnittslähmung

Kielbrust s. Hühnerbrust

Kienböck-Erkrankung (Mondbeintod)

Def und Vk: Aseptische Knochennekrose des Os lunatum. Auftreten nach dem Wachstumsalter.

Ät: Idiopathisch. Als Berufserkrankung anerkannt bei Preßluftarbeitern, bei ständiger Traumatisierung, aber auch bei Einzeltraumen Nekrose möglich.

Sy: Isolierter Druck- und Stauchungsschmerz. Bewegungsschmerz bei extremer Volarflexion.

Dg: Im Röntgenbild Sklerosierung, Zerfall der Knochensubstanz, Arthrose.

Th:

- *Konservativ:* Versuch im Frühstadium gerechtfertigt in Form von Ruhigstellung im Gipsverband, hyperämisierende Maßnahmen (langwierig);
- *operativ:* bei erhaltener Form Deckelung und Auffüllung mit Spongiosa oder bei Destruktion Exstirpation, Sehneninterponat, gefäßgestieltes Os pisiforme, Arthrodese.

Kinderlähmung, spinale, s. Poliomyelitis

Klauenzehen s. Hammerzehen

Klinodaktylie

Def: Angeborene Radialabweichung des 4. und 5. Fingers.

Th: Versuch der Wuchslenkung durch Lagerung auf Schienen oder in Gipsschalen, sonst operative Ausgradung.

Klippel-Feil-Syndrom

Path Anat: Angeborener Kurzhals, Block- und Spaltwirbelbildung der Halswirbelsäule, dadurch extreme Verkürzung bis zum völligen Fehlen des Halses. Oft vergesellschaftet mit Schulterblatthochstand (Sprengel-Deformität, s. d.), Skoliose, Nierenmißbildungen.

Sy: Häufig radikuläre Symptome.

Th: Symptomatisch.

Klumpfuß s. Pes equinovarus

Klumphand (Manus vara)

Path Anat: Radialabduktion der Hand, meist mit knöchernen Entwicklungsstörungen (totaler oder partieller Radiusaplasie) vergesellschaftet. Seltener ohne knöcherne Fehlbildung bei angeborenen (multiplen) Kontrakturen. Bei der seltenen Mißbildung (Hypoplasie) der Ulna entsteht die Manus valga.

Th: Schienung in Richtung des Wachstums mit Gipsschalen. Am Ende des Wachstums Osteotomie oder später Arthrodese des Handgelenks in guter Gebrauchsstellung.

Knickfuß

Def: Valgusstellung des Rückfußes, häufig kombiniert mit Senkspreiz- und Plattfüßen.

Ät: Insuffizienz des Stütz- und Bindegewebes. Mangelhaftes Muskelgleichgewicht, Überlastungsschäden.

Th: Fußgymnastik, Einlagenversorgung mit Unterstützung des Längsgewölbes und Rückfußfassung.

Knickplattfuß s. Knickfuß

Knicksenkfuß s. Knickfuß

Kniegelenkbandverletzung

Formen

Isolierte Bandverletzungen sind am Kniegelenk selten, meist sind größere Komplexe des Band-Kapsel-Apparats durch äußere Gewalteinwirkung beschädigt (Komplexinstabilität).
Zu unterscheiden sind anteromediale Instabilität (häufigste Verletzungsform; betroffen ist das Innenband, die hintere Kapsel und das vordere Kreuzband), anterolaterale Instabilität (Außenband, hintere Kapsel, vorderes Kreuzband) sowie posterolaterale und posteromediale Instabilitäten (hinteres Kreuzband und hintere Kapsel mit Innenband bzw. Außenband).
Häufig ist die Kombination mit Meniskusverletzungen (Unhappy triad).

Symptome

Je nach Schwere der Verletzung Dehnungsschmerz bei Abduktion des Unterschenkels bis pathologische Aufklappbarkeit (vergleichende Untersuchung, gehaltene Röntgenaufnahmen), Druckschmerz, Gelenkerguß. Ist Außenrotations- und Überstreckschmerz vorhanden, so ist eine Mitbeteiligung des Meniskus sehr wahrscheinlich.

Therapie

Ruhigstellung im Gipsverband (4 Wochen), bei eindeutigem Stabilitätsverlust primäre operative, ggf. arthroskopische Wiederherstellung. Bei Hämarthros und unsicherer klinischer Diagnose Arthroskopie. Bei veralteten Verletzungen oder persistierender Instabilität nach Immobilisierung aufwendige Kapsel-Band-Plastiken möglich.

Kreuzbandverletzungen

Pathog: Das Trauma kann direkt oder indirekt erfolgen. Wird der Oberschenkel gegen den Tibiakopf gewaltsam nach vorn oder hinten verschoben oder geschieht das gleiche am Schienbeinkopf im Verhältnis zum Oberschenkel, dann entsteht eine Überdehnung oder Zerreißung der Kreuzbänder. Häufig kommt es zum Knochenausriß an der Eminentia intercondylaris. In diesem Fall ist die Kontinuität des Bandes meistens erhalten.

Sy: Hämarthros, schmerzhafte Bewegungseinschränkung, Schubladenphänomen (s. d.) und pathologische Überstreckbarkeit. Diese klinischen Symptome sind nach frischer Verletzung infolge starker Schmerzen und zunehmenden Ergusses schwer auslösbar (Röntgenaufnahme immer erforderlich).

Th: Arthroskopische Abklärung der Begleitverletzungen, ggf. arthroskopische Klammerfixierung des knöchernen Ausrisses, transossäre Durchzugsnaht. Bei interligamentären Rupturen wird Augmentation mit körpereigenen Sehnen (Lig. patellae) bevorzugt. Primärstabilität wird mit Fremdmaterialen (Gore-Tex, Dacron, PDS) erreicht. Postoperatives muskuläres Aufbautraining entscheidend. Bei konservativem Vorgehen ggf. Kniegelenksorthesen.

Kniegelenkerguß

Ät: Entzündliche Zustände (Rheumatismus, Tuberkulose, Gonorrhö, Lues, Osteomyelitis), septisch-metastatisch, durch offene Verletzung und iatrogen (Gefahr bei Punktionen und Injektionen bei mangelnder Sterilität), Trauma und Degeneration, Fehlstatik und arthrotische Reizzustände, osteochondritische Prozesse, Meniskus- und Bandverletzungen, Distorsionen, Hämophilie.

Formen: Serös (Hydrops), eitrig (Pyarthros oder Gelenkempyem), blutig (Hämarthros).

Sy: Entlastende Beugestellung, verstrichene Gelenkkonturen, Phänomen der tanzenden Patella, Muskelatrophie, Bandlockerungen, Kapselüberdehnungen.

Dg: Je nach Grundkrankheit: Röntgenologische und serologische Untersuchung, Untersuchung des Punktats mikroskopisch und bakteriologisch einschließlich Tierversuch, Arthrotomie.

Th: Kausal nach Grundkrankheit, sonst symptomatisch: Kompressionen, Lagerung auf Schienen, Ruhigstellung in mittlerer Beugestellung im Gipstutor, evtl. entlastende Punktion, Kapselfensterung, resorptionsfördernde Maßnahmen, Kühlung, ggf. Bewegungsschiene.

Knochenbrüchigkeit, angeborene, s. Osteogenesis imperfecta (Osteopsathyrosis)

Knochennekrosen, aseptische

Definition

Es kommt ohne bakterielle Entzündung zur Nekrose kompakter Knochen sowie endständiger Epi- und Apophysen. Weder klinisch

noch serologisch ergeben sich Hinweise auf eine Entzündung.
Ähnlich: Osteochondrosis dissecans (s. d.).

Ätiologie und Vorkommen
Örtliche Störung der Durchblutung des betroffenen Skelettabschnitts, wobei konstitutionelle endokrine Faktoren sowie Überbeanspruchung eine entscheidende Rolle spielen können (spontane Knochennekrosen). Es gibt auch aseptische Knochennekrosen rein traumatischer Genese. Die Erkrankung tritt vorwiegend im jugendlichen Alter auf und bevorzugt die unteren und oberen Extremitäten sowie die Wirbelsäule.

Untere Extremität
Femurkopf: Perthes Erkrankung (s. d.), idiopathische Hüftkopfnekrose, posttraumatische nach Schenkelhalsfraktur, Caissonnekrose (akute Durchblutungsstörung infolge zu raschen Druckausgleichs bei Tauchern, s. Caissonkrankheit); Tuberositas tibiae (s. Schlatter-Osgood-Erkrankung); Femurmetaphyse (s. Epiphyseolysis capitis femoris); Taluskopf (nur posttraumatisch); Os naviculare (pedis) (s. Köhler-Krankheit I); Metatarsalköpfchen II, III und IV (s. Köhler-Krankheit II); im Bereich des Großzehengrundgelenks (Morbus Thiemann); Kalkaneusapophyse (s. Apophysitis calcanei).

Obere Extremität
Os lunatum (Morbus Kienböck); Os scaphoideum (Preiser-Syndrom); 1. Phalangealgelenk des Mittelfingers (Morbus Thiemann); Capitulum humeri (Morbus Panner); Trochlea humeri (Morbus Hegemann); selten auch vorkommend an folgenden Lokalisationen: Akromion, Humeruskopf, Olekranonkern, Radiusköpfchen, Radiusepiphyse, Os capitatum, Os pisiforme, Os triquetrum.

Wirbelsäule
Wirbelkörperapophysen oder Deckplatten eines oder mehrerer Wirbelkörper (Vertebra plana osteonekrotica Calvé, Kümmell-Verneuil-Erkrankung).

Diagnose und Therapie
Siehe unter besonderen Krankheitsbezeichnungen.

Knochentuberkulose s. Tuberkulose

Knochentumoren s. S. 476 ff

Knochenzyste, solitäre juvenile

Vk: Tritt meistens bei Kindern auf.

Ät: Unklar. Erwogen werden Durchblutungsstörungen mit Blutungen in das Knochenmark sowie als Ausgangspunkt mesenchymales Tumorgewebe. Bei Blutungen und Hämosiderinablagerungen in der Zyste spricht man vom „braunen Tumor" (gutartig).

Path Anat: Die Knochenzyste ist oft solitär und monostotisch.
Lokalisation in den metaphysären Abschnitten der langen Röhrenknochen, oft von großer Ausdehnung über die ganze Diaphyse, auch Überspringen eines Gelenks und Fortsetzung im angrenzenden Knochen beobachtet.

Sy und Dg: Häufig symptomlos bis zum Auftreten einer Spontanfraktur. Häufig verzögerte Konsolidierung bei blattdünner Kortikalis. In den meisten Fällen wird die Zyste als Nebenbefund entdeckt.

DD: Riesenzelltumor, Fibrome, Endostome, Myxome, Chondrome, Gummen, Brodie-Abszeß. Klärung durch Probeexzision.

Th: Spongiosaauffüllung. Häufig Rezidive wegen der Schwierigkeit der Totalausräumung.

Köhler-Krankheit

Köhler-Krankheit I

Def und Vk: Aseptische Nekrose des Os naviculare (pedis), bei Kindern im 1. Lebensdezennium auftretend.

Sy: Schmerzen in der Navikulargegend, isolierter Druckschmerz.

Dg: Aufgrund des klinischen Befunds und des Röntgenbildes.

Th: Entlastender Gips für 10–12 Wochen, anschließend Einlagen und Übungsbehandlung.

Köhler-Krankheit II

Def und Vk: Aseptische Nekrose des Metatarsalköpfchens II, häufiger bei Mädchen im 2. Lebensdezennium auftretend. Auch die Metatarsalköpfchen III und IV können befallen sein.

Th: Ruhigstellender Gipsverband, anschließend genügende Entlastung des Quergewölbes durch Einlagen. Bei schweren schmerzhaften Arthrosen im Erwachsenenalter Operation .

Kokzygodynie s. S. 480

Kontrakturen

Definition

Angeborene oder erworene Bewegungseinschränkung eines Gelenks in einer oder mehreren Richtungen ohne Einschränkung der entgegengesetzten Bewegung.

Kongenitale Kontrakturen

Angeboren als multiple angeborene Kontrakturen, meist symmetrisch, oft familiäre Belastung (Klumpfuß) aufgrund von Weichteilentwicklungsstörungen (Klumpfußwade).

Erworbene Kontrakturen

Erworben durch verschiedene Ursachen:

- *dermatogen* nach Hautverletzungen und vor allen Dingen infolge Narbenkontrakturen nach Verbrennungen;
- *faszienbedingt* infolge von Schrumpfungen von Faszien und Aponeurosen durch Entzündung, Narben;
- *tendomyogen* nach Verletzungen (Narben), Schrumpfungsruhesteifen nach längerer Gipsfixation, Lähmungen, Durchblutungsstörungen (Sudeck-Syndrom), Verknöcherungen;
- *kapsulär-ligamentär* nach Verletzungen, Ruhigstellungen, Durchblutungsstörungen, Entzündungen;
- *arthrogen* nach Verletzungen, unspezifischen und spezifischen Entzündungen, degenerativen Veränderungen (Arthrosis deformans);
- *neurogen:* Kontrakturen bei Querschnittslähmungen, als Reflexkontrakturen, z. B. nach Verletzungen der peripheren Nerven;
- *psychogen:* Rentenneurose.

Ischämische Muskelkontraktur s. Muskelkontraktur, ischämische

Koxarthrose (degenerative Hüftgelenkserkrankung) s. Arthrosis deformans und Malum coxae senile

Koxitis

Hüftgelenksentzündung. Man unterscheidet unspezifische und spezifische, akute und chronische Formen, die in allen Lebensaltern auftreten können.

Unspezifische Entzündung

Vk und Ät: Besonders häufig im Säuglingsalter, Infektion durch unspezifische Eitererreger durch Nabelwunde, Pyodermie oder Infekte des Magen-Darm-Trakts.

Sy: Rapider Verlauf, hohe septische Temperaturen, Rötung und Schwellung des gelenknahen Hautbezirks, schmerzhafte Fixation des Gelenks, Entlastungsstellung, schlechter Allgemeinzustand. Bei Frühdiagnose Heilung ohne Destruktion möglich, führt sonst ausnahmslos zu schweren Gelenkdeformitäten (Destruktionsluxation, progrediente Wachstumsdeformitäten, Ankylosen).

Th: Im Säuglingsalter *sofortige* operative Entlastung des Gelenks, Antibiotika, absolute Ruhigstellung, Gipsverband in Gebrauchsstellung des betroffenen Gelenks. Nach Abklingen des Prozesses operative Beseitigung der Destruktionsluxation. Im Erwachsenenalter nach Abklingen der Entzündung operative Versteifung, ggf. Alloarthroplastik.

Reaktive Arthritis

Ät und Pathog: Meist urethral-enterale Infekte, z. T. HLA-B27-assoziiert.

Path Anat: tritt monoartikulär oder polyartikulär auf.

Sy und Dg: Schleichender Verlauf, schmerzhafte Fixation, Entzündungszeichen im Blutbild, Rheumateste oft negativ.

Th: Antiphlogistisch, antirheumatische Medikation.

Spezifische Entzündung

Vk: Tuberkulose befällt vorwiegend Kinder und Jugendliche.

Sy: Verlauf schleichend, zunehmendes schmerzhaftes Hüfthinken, rasche Ermüdung, Bewegungs-, Druck- und Stauchungsschmerz, häufig Adduktionsbeugekontraktur, Rotationsbehinderung, positives Trendelenburg-Zeichen.

Dg: Kann im Frühstadium differentialdiagnostische Schwierigkeiten bereiten. Auch der Röntgenbefund (Gelenkspaltverschmälerung, diffuse Atrophie der am Gelenk beteiligten Knochen, Weichteilverschattung) ist im Anfang meist nicht typisch.

DD: Osteomyelitis, Perthes-Erkrankung, Epiphysenlösung, Rheuma (s. Arthritis, S. 1122 und 1126).

Th: Absolute Ruhigstellung im Gipsverband. Tuberkulostatika, vitaminreiche Kost. Nach klinischer Beruhigung fixierender Apparat, später evtl. extraartikuläre Knochenspanarthrodese.

Coxitis fugax (Hüftschnupfen)

Def und Vk: Flüchtige postinfektiöse abakterielle Hüftentzündung im Kindesalter.

Sy: Zeichen einer Koxitis.

DD: Ausschluß einer Koxitis, Perthes-Erkrankung, Epiphyseolyse.

Th: Symptomatisch, ggf. Ergußpunktion zur Entlastung und Diagnosesicherung.

Krallenzehen s. Hammerzehen

Krampfadern s. S. 802 und 831 ff

Kreuzbandverletzungen s. Kniegelenkbandverletzungen

Kümmell-Verneuil-Wirbelsäulenerkrankung

Def: Keilförmige Deformierung eines Wirbelkörpers mit sekundärer Buckelbildung.

Ät: Noch nicht vollständig geklärt. In der Hauptsache wird geltend gemacht, daß unerkannte und unbehandelte Wirbelbrüche erst unter der Belastung zu Symptomen führen und damit zur Diagnose. Knochenumbau wie beim Sudeck-Syndrom wurde beobachtet.

Sy: Auf eine symptomarme Zeit nach der Verletzung folgt Zunahme der Schmerzen im betroffenen Segment. Langsame Bildung eines Gibbus.

Th: Evtl. Korsett.

Kyphose

Definition

Ventrale Abweichung der Wirbelsäule in Sagittalrichtung. Keine nosologische Einheit.

Ätiologie

Kongenital: Keilwirbel, Blockwirbel; erworben: nach Bestrahlung, Laminektomie, bei Lähmungen, Tumoren, Chondrodystrophien, Neurofibromatose, Kollagenkrankheiten, Rachitis, Osteoporose.

Therapie

Variiert nach Grundkrankheit. Krankengymnastische und orthetische Versorgung mit dem Ziel der Aufrichtung bzw. Verhinderung der Verschlimmerung. Operationsindikationen: Neurologische Ausfälle, Instabilität der Wirbelsäule, Sichtbehinderungen, z. T. kosmetische Aspekte.

Alterskyphose

Ät und Pathog: Altersrundrücken infolge degenerativer Wirbelsäulenveränderungen bei älteren Personen mit Osteochondrose, Spondylarthrose, Osteoporose und mehr oder weniger starker Keilwirbelbildung im mittleren und oberen Abschnitt der Brustwirbelsäule.

Th: Symptomatisch, Behandlung der Osteoporose.

Juvenile Kyphose s. Scheuermann-Erkrankung

Sitzkyphose s. d.

Lendenstrecksteife
(Hüftlendenstrecksteife)

Ät und Pathog: Lokale Entzündungen im Bereich der kleinen Wirbelgelenke und Wirbelbögen, Kaudatumoren, zentraler Bandscheibenprolaps, Distorsionen, Spondylolisthesis. Spondylitis. Es kommt aller Wahrscheinlichkeit nach zu einer Reizung der sensiblen Wurzeln mit ausstrahlenden Schmerzen und infolgedessen zu reflektorischer Kontraktion (Abwehrspannung) der Rückenstrecker.

Sy: Fixierte Lendenlordose, Brettsymptom als Kompensationsvorgang im Sinn einer reflektorischen Anspannung der durch die Beckenkippung überdehnten ischiokruralen Muskulatur, Gangstörung.

DD: Es muß eine Fibromyositis ausgeschlossen werden.

Th: In erster Linie abhängig von der Klärung der Ursache. Krankengymnastische und hydrotherapeutische Maßnahmen, Unterwasserdruckstrahlmassage, lokale Wärmeapplikation, lokale Novocainüberflutungen, Lagerung, Extension. Bei Kaudatumoren rechtzeitige Operation. Bei Bandscheibenprolaps (evtl. Myelographie) Nukleotomie.

Little-Erkrankung s. Zerebralparese, infantile

Löffelhand

Def: Syndaktylie der vier Finger bei freiem Daumen.

Ät: Erbbedingter Keimfehler.

Th: Trennung der Finger durch plastische Operation (s. Syndaktylie).

Lumbalgie s. Bandscheibenprolaps

Lunatumnekrose s. Kienböck-Erkrankung

Luxationen s. S. 485 ff

Luxationen, habituelle, s. Patella, Schulterluxation sowie S. 485 f

Madelung-Deformität

Def: Angeborene Wachstumsstörung der distalen Speichenepiphyse.

Path Anat und Sy: Die Gelenkfläche des Radius neigt sich volar- und ulnarwärts, die Elle stellt sich auf das Fehlwachstum ein. Das Radiokarpalgelenk wird keilförmig verändert. Das distale Ellenende steht zur Streck- und Kleinfingerseite subluxiert, dadurch Bewegungseinschränkung bei Dorsalextension und Radialabduktion. Bajonettstellung und Schmerzen.

Th: Während des Wachstums Versuch der Wuchslenkung mit Schienen und Gipsschalen. Später Korrekturosteotomie.

Malum coxae senile

Def und Ät: Sonderform der Arthrosis deformans. Ätiologisch nicht geklärt. Im Alter bei Gelenkverschleiß auftretende Destruktion des Hüftkopfes.

Th: Alloarthroplastischer Ersatz.

Manus valga

Ulnarabweichung der Hand bei Aplasie bzw. Hypoplasie der Elle (s. a. Klumphand).

Marschfraktur

Ät: Bei Spreizfuß durch Fehlstatik und Überlastung bei längeren Belastungen auftretende schleichende Frakturen (Ermüdungsbruch, s. d.) der Ossa metatarsalia.

Dg: Im Röntgenbild Looser-Umbauzonen einer oder mehrerer Metatarsaldiaphysen, Ausheilung meist mit Kugelkallusbildung.

Th: Ruhigstellung im Gipsverband, Hebung des Quergewölbes durch Einlagen.

Meniskopathie

Ät: Degeneration der Menisken im Kniegelenk, verursacht duch fehlerhafte Belastung (O- und X-Beine) bei besonders disponierten Berufen oder auch idiopathisch.

Sy: Es kommt zu Ein- und Abrissen des Meniskus bzw. abnormer Beweglichkeit, wodurch Reizzustände mit Ergüssen im Gelenk entstehen können. Unter Umständen wiederholte Einklemmungserscheinungen bei bestimmten Bewegungen, oft jedoch nur unklare Beschwerden, Fremdkörpergefühl, Standunsicherheit, lokaler Druckschmerz sowie Überstreck- und Rotationsschmerz.

Dg: Im Röntgenbild Verschmälerung des Gelenkspalts je nach Lokalisation des degenerativ veränderten Meniskus, meist Gonarthrose.

Th: Nach Möglichkeit operative (Teil-) Entfernung des Meniskus oder Refixation. Erwägung arthroskopischer Eingriffe. Sofern nicht möglich (Alter, Allgemeinzustand), Versuch mit intraartikulären Injektionen, Streckzug, lokaler Wärmepackung (Fango), Kurzwelle. Bei Reizzuständen infolge statischer Fehlbelastung (O- und X-Beine) Umlagerung zur Entlastung des betroffenen Gelenkspalts durch Schuhranderhöhung.

Meniskuserkrankungen s. S. 494

Meniskusverletzung s. S. 494 und Meniskopathie

Metallose

Gewebsunverträglichkeit von metallischen Fremdkörpern, insbesondere Osteosynthesematerial infolge Korrosion durch Elektrolyse, vor allem bei benachbarten Metallen verschiedener elektrischer Spannung oder durch mechanische Beanspruchung.

Metatarsalgie (Morton-Neuralgie)

Sy: Bei Spreizfuß Schmerzen im Bereich des Köpfchens der mittleren Ossa metatarsalia an der Sohlenseite, besonders beim Auftreten und während des Abrollens. Plötzlich auftretende stichartige Schmerzen bei Druck des Köpfchens auf die Nn. plantares = Morton disease (Neurombildung).

Th: Entlastung mit Unterstützung im Quergewölbe durch Einlagen, lokale Novocain-Prednison-Injektionen, Vitamin B_1, operative Entfernung des Neuroms.

Metatarsalköpfchenmalazie

s. Knochennekrosen, aseptische

Metatarsus varus congenitus

s. Pes adductus

Muskeldystrophie, progressive

(s. a. S. 1237f)

Orthopädischerseits sind neben beschäftigungstherapeutischen Maßnahmen vorsichtige Massagen, Hydrotherapie und Übungsbehandlung sowie Lagerungen (Schienen) und Extensionen zur Verhinderung schwerer Deformitäten frühzeitig erforderlich. Operative Beseitigung von Gelenkkontrakturen, apparativ möglichst lange Vertikalisation ermöglichen, Stützkorsett, Schuhzurichtung.

Muskelhärten (Hartspann)

Def: Spindelige, knotenförmige, parallel zur Muskelfaser liegende tastbare Gebilde, auch Myogelosen genannt.

Ät: Überlastung besonders bei Fehlstatik, lokalisierte Milchsäureanhäufungen.

Th: Schonung, hyperämisierende Maßnahmen, Unterwasserdruckstrahlmassagen und Novocainüberflutungen.

Muskelkontraktur, ischämische (Volkmann-Krankheit)

Ät: Posttraumatisch (Frakturen, Quetschungen) kann die Ödembildung Mikrozirkulationsstörungen der in der Faszienloge zusammengefaßten Strukturen auslösen. Sekundär durch strangulierende Verbände, zu enge Gipse möglich.

Sy: Ischämische Muskelnekrosen bedingen Verkürzung und Fibrosierung der Muskulatur. Folge sind Gelenkkontrakturen und Funktionsausfall. Leitsymptom ist der Schmerz, auch bei erhaltenen peripheren Pulsen!

Th: Dekompression der Faszien, Übungsbehandlung, Redressionsverbände, Verlängerungstenotomien, Sehnentranspositionen, Arthrodesen in Gebrauchsstellung.

Muskelrheumatismus s. S. 1116

Muskelriß

Ät: Meist auf degenerativer Grundlage (Quadrizepsriß), dann vor allen Dingen im sehnigen Anteil (Achillessehnen-, Bizepsriß), aber auch bei plötzlicher Anspannung (reflektorisch, Starkstromverletzungen, Sportverletzung).

Th: Bei lokal begrenzten Rupturen 3–4wöchige Ruhigstellung, bei ausgedehnten sofortige Naht oder plastische Überbrükkung des Defekts.

Myalgie

Ät: Muskelschmerzen als Symptom nach körperlicher Belastung (Muskelkater), nach Relaxierung in Narkose, bei Infektionskrankheiten (Influenza, Tetanus [im Prodromalstadium], Bornholmer Erkrankung, Brucellose), bei neurologischen Erkrankungen (Meningitis, Poliomyelitis anterior acuta [präparalytische Phase]), bei Muskelerkrankungen (Parasitenbefall, entzündliche Muskelerkrankungen [Dermatomyositis und Polymyositis], Muskeldystrophien).

Th: Je nach Ursache.

Myelodysplasie

Ät: Spina bifida occulta und Myelomeningozystozele, selten Syringomyelie und Friedrich-Ataxie.

Pathog und Sy: Fehlentwicklung der Muskulatur in Abhängigkeit von der motorischen und sensiblen Nervenversorgung. Insbesondere Störung des Muskelgleichgewichts zwischen den gegensätzlich wirkenden Muskelgruppen (s. a. Ballenhohlfuß).

Th: Kausal keine. Verbesserung des Muskelgleichgewichts, Apparatversorgung.

Myogelosen s. Muskelhärten

Myositis ossificans circumscripta

Def: Örtlich begrenzte Verknöcherung in einem Muskel.

Ät: Traumatische Versprengung von Periost, fortgesetzte Reizung durch zu frühe Übungsbehandlung und Massage nach Traumen. Verkalktes Hämatom oft nach Verletzungen im Bereich des Ellenbogengelenks (suprakondyläre Humerusfraktur, Ellenbogengelenksluxation).
Paraartikuläre Ossifikationen finden sich besonders häufig im Rahmen dystrophischer Veränderungen bei zentralnervösen Störungen (Schädel-Hirn-Trauma, Querschnittslähmung).

Th und Prl: Prophylaxe ist frühestmögliche Reposition bei den genannten Verletzungen. Spontanremission möglich. Exakte Ruhigstellung, hyperämisierende Maßnahmen, Röntgenbestrahlung. In seltenen Fällen irreparabler Behinderung einer Gelenkbewegung Exstirpation nach Beendigung der Verknöcherungsvorgänge.

Myositis ossificans progressiva (Münchmeyer-Syndrom)

Def: Erbliche fortschreitende Verknöcherung der quergestreiften Muskulatur mit pathognomonischer angeborener Großzehenhypoplasie.

Sy: Frühkindlicher Beginn mit schmerzhafter Muskelschwellung; in Schüben verlaufende Ausbildung von Knochenbrücken in Faserrichtung der Muskulatur bis zur vollständigen Erstarrung.

Narbenskoliose s. Skoliose

Neer-Akromioplastik s. Impingement-Syndrom

Nervenverletzung s. S. 1220 ff und 1249 ff

Neuralgie, Neuritis s. S. 1246 ff

Neurofibromatose s. Recklinghausen, Morbus

O-Beine s. Genu varum

Orthesen s. Apparat, orthopädischer

Osteochondrosis deformans s. Perthes-Erkrankung

Osteochondrosis dissecans
(s. auch Knochennekrosen, aseptische)

Def: Aseptische Nekrosen eines knorpeligen oder subchondral gelegenen Teils der Epiphyse.

Ät (nicht einheitlich): Ernährungsstörungen, Überlastung, endogene, endokrine, traumatische und infektiöse Momente.

Path Anat: Es kann zur völligen oder teilweisen Abstoßung des Knorpel-Knochen-Stücks (freier Körper) in den Gelenkraum und damit zu Einklemmungserscheinungen kommen.
Lokalisation: Häufig Knie-, Ellenbogengelenk, seltener Schulter-, Sprung-, Hüftgelenk.

Dg: Im Röntgenbild stellt sich entweder ein umschriebener Verdichtungsbezirk mit sklerotischer Randzone in unmittelbarer Nähe der Gelenkfläche oder ein Mausbett mit freiem Körper dar.

Th: Bei Kindern lange Entlastung des Gelenks für 8 bis 10 Wochen. Auch Spontanheilungen sind beobachtet worden. Ab Adoleszentenalter je nach Stadium retrograde Anbohrung, Spanbolzung, Fibrinklebung, Mausbettanbohrung.

Osteodystrophia deformans s. Paget-Erkrankung

Osteodystrophia fibrosa generalisata
(Recklinghausen-Krankheit, Ostitis fibrosa cystica generalisata)

Vk: Es erkranken vorwiegend Frauen im mittleren Lebensalter.

Ät und Pathog: Systemerkrankung, die auf einer Überfunktion der Nebenschilddrüse infolge eines Adenoms (Hyperparathyreoidismus) beruht und mit Störung des Mineralstoffwechsels und Auftreten multipler Knochenzysten verbunden ist. Es kommt zur Hypophosphatämie und Hyperkalzämie. Durch die vermehrte Ausschwemmung von Calcium und Phosphaten mit dem Urin entstehen Nierensteine. Mit Fortschreiten der Erkrankung kann es zu Spontanfrakturen und Knochenverbiegungen kommen.

Dg: Im Röntgenbild Transparenz der betroffenen Knochenabschnitte mit multiplen Knochenzysten.

DD: Durch Stoffwechseluntersuchungen müssen folgende Erkrankungen ausgeschlossen werden: Paget-Erkrankung, multiples Myelom, fibröse Knochendysplasie, solitäre Knochenzysten, solitäre Riesenzellgeschwülste.

Th: Entfernung des Nebenschilddrüsenadenoms und Regulierung der Mineralstoffwechselstörung.

Osteogenesis imperfecta
(Osteopsathyrosis, Fragilitas ossium hereditaria)

Ät und Pathog: Generalisierte Bindegewebserkrankung unklarer Genese. Vermutlich Kollagensynthesestörung. Am Knochen Osteoblastenfunktion gemindert. Erblich dominant und rezessiv.

Sy: Man unterscheidet Früh- und Spätform. Bei der Frühform tritt der Tod meist intrauterin oder bei Geburt ein. Es besteht eine abnorme Knochenbrüchigkeit, die bereits intrauterin auftreten kann und meist nach der Pubertät schwindet. Daneben kommt es zur Verbiegung der langen Röhrenknochen. Frakturheilung mit überschießender Kallusbildung. Sehnen, Bänder, Skleren (blau) und Dentin zeigen Auffälligkeiten.

Th: Ursächlich ist die Erkrankung nicht zu beeinflussen. Konservative Frakturbehandlung in üblicher Weise, evtl. Entlastung im Apparat oder operative intramedulläre Stabilisierungen (Rush-Pin, Marknagel).

Osteomyelitis s. S. 496f

Osteopetrose (Marmorknochenkrankheit Albers-Schönberg)

Def: Skeletterkrankung mit Osteoklastenstörung, verkalktes Gewebe zu resorbieren.

Sy: Erhöhte Knochenbrüchigkeit, knöcherne Einengung von Nervenaustrittsöffnungen an der Schädelbasis, Anämie, Splenomegalie.

Dg: Im Röntgenbild allgemeine Sklerosierung, dreischichtige Wirbelkörper.

Th: Symptomatisch, Frakturbehandlung.

Osteoporose
(s. a. S. 1085ff)
Therapie ätiologieabhängig, neben der medikamentösen Therapie (Natriumfluorid, Calcitonin, Diphosphonate, Östrogen) kranken-

gymnastische Stabilisierungsübungen im Vordergrund. Bei schwer osteoporotischen Wirbelsäulen oft Spontanverformung der Wirbelkörper, dann kurzfristige Versorgung mit einem Stützkorsett oder Überbrückungsmieder notwendig.

Osteopsathyrosis s. Osteogenesis imperfecta

Osteosynthese

Übungsstabile Fixierung von Frakturen und Osteotomien, z. B. duch Platten und Schrauben (z. B. Druckosteosynthese, Zuggurtung) oder durch interne Fixation mit einem schlüssig sitzenden querelastischen Marknagel (Küntscher).

Ostitis deformans s. Paget-Erkrankung

Ostitis fibrosa generalisata s. Osteodystrophia fibrosa generalisata (Recklinghausen-Krankheit)

Ostitis tuberculosa multiplex cystoides (Jüngling-Erkrankung)

Ät: Noch nicht vollständig geklärt. Wahrscheinlich handelt es sich um eine besondere Verlaufsform der Tuberkulose, wird allgemein der Sarkoidose zugerechnet (S. 1108).

Path Anat: Sie ist *lokalisiert* in den kurzen Knochen von Händen und Füßen. *Histologisch* handelt es sich um nicht verkäsende Granulome. Die Knötchen können im fortgeschrittenen Stadium sklerosieren und hyalinisieren.

Th: Unter ACTH und Cortison Rückbildung der Tumoren beobachtet.

Paget-Erkrankung (Ostitis deformans, Osteodystrophia fibrosa localisata, Skleromalazie)

Vk: Unspezifische Knochenerkrankung unbekannter Ursache mit familiärer Häufung. Befallen werden vorwiegend Männer jenseits des 40. Lebensjahrs.

Ät: Unbekannt: Infektionen, hormonelle Störungen, Mineralstoffwechselstörung, neurologische, toxische, vaskuläre oder Autoimmunisationsprozesse?

Pathog und path Anat: Charakterisiert durch gesteigerten Knochenab- und -aufbau mit Apposition statisch minderwertiger Grundsubstanz bei mangelnder Verkalkung. Histologisch kommt es zum Umbau der Ostestruktur in mosaikartig zusammengesetzte Knochenfelder. Selten sarkomatöse Entartung (1%). Anfangs „rheumatische" Schmerzen, später Knochendeformierungen: Verplumpung und Verbiegung der langen Röhrenknochen (Säbelscheidentibia), Vergrößerung des Schädelumfanges (Löwenschädel) mit Hyperostose und Auflockerung der Schädelkalotte (Watteschädel), Abplattung der Wirbel, Ostitis condensans ilii. Neigung zu Spontanfrakturen. Monostotische und polyostotische Formen.

Dg: Alkalische Phosphatase stets erhöht. Serummineralwerte normal. Röntgen, Knochenszintigraphie, Knochenbiopsie bei Unklarheit.

Th: Schmerzbehandlung mit Calcitonin, nichtsteroidale Antiphlogistika, Phosphonate bzw. Zytostatikum, Mithramycin, z. T. korrigierende Operationen.

Paratenonitis crepitans (Peritendinitis crepitans)

Def: Chronisch entzündlicher Prozeß des lockeren Bindegewebes (Gleitgewebe), das die Sehnen und Sehnenscheiden umhüllt.

Ät: Überanstrengung bei einseitiger Betätigung, Traumen. Ob Herderkrankungen zur Paratenonitis crepitans führen, ist ungewiß. Es wird rheumatische Genese diskutiert.

Sy: Spürbares Knistern, das als Schneeballknirschen oder Sehnenknarren bezeichnet wird.

DD: Reiskörperhygrom, bei dem aber neben dem Knirschen zusätzlich noch stärkere Schwellung und evtl. Fluktuation vorhanden sind.

Th: Ruhigstellung auf Schienen oder im Unterarmgipsverband, Ichthyolsalbenverband, Wärmeverabreichung, lokale Novocain- und Hydrocortisoninjektionen.

Patella, habituelle Luxation

Def: Immer wiederkehrende Luxation der Kniescheibe, wobei sie ihre normale anatomische Lage verläßt, um sich entweder auf dem lateralen Kondylenmassiv festzusetzen oder darüber hinaus zu luxieren. Tritt ein- und doppelseitig auf.

Ät: Auslösend mehr oder weniger leichtes Trauma meist pathologisch disponierter Kniegelenke. Die sog. angeborenen Veränderungen des Kniegelenks sind: Abflachung des lateralen Femurkondylus, konstitutionelle Bindegewebsschwäche, Patellahochstand, Formveränderung der Patella, Lateralisation des M. quadriceps femoris, X-Beine.

Th: Reposition. In vielen Fällen erfolgt unmittelbar nach dem Trauma Spontanreposition. Handelt es sich um das 1. Ereignis, so erfolgt Ruhigstellung in Oberschenkelgipshülse für 4–6 Wochen. Nach rezidivierenden Luxationen ohne adäquate Traumen ist operative Behandlung indiziert zur Vermeidung sekundärer Gelenkschäden, die zur frühzeitigen Arthrosis deformans führen.

Periarthritis humeroscapularis (s. a. S. 501)

Sammelbegriff für verschiedene Schultergelenkserkrankungen (Tendinitis calcarea, Supraspinatussyndrom, Impingement-Syndrom, Rotatorenmanschettenruptur, Bizepssehnentendinitis).

Peromelie (sog. angeborene Amputation)

Ät: Die Defektbildung wird teils als Ausdruck amniotischer Abschnürung, teils als Folge unbekannter Genstörung betrachtet.

Path Anat: Hauptkennzeichen ist die Stummelbildung einer oder aller Extremitäten. Sie kann gemeinsam auftreten mit Mikrogenie und Mißbildungen des ZNS.

Perthes-Erkrankung (Calvé-Legg-Perthes-Erkrankung, Osteochondropathia deformans coxae juvenilis)

Def und Vk: Häufigste aller spontanen aseptischen Knochennekrosen. Es handelt sich um eine Femurkopfepiphysennekrose, die vorwiegend Knaben im Alter von 5–12 Jahren befällt.

Ät: Häufig familiäre Belastung nachweisbar. Durchblutungsstörungen werden als Ursache diskutiert.

Sy: Rasche Ermüdbarkeit, Hinken, Bewegungsschmerz, frühzeitige Behinderung der Abduktion und Rotation, Streckung frei, Druck- und Stauchungsschmerz.

Dg: Im Initialstadium ist der Gelenkspalt im Röntgenbild verbreitert sichtbar. Das Stadium der Kondensation zeigt eine Sklerosierung des Femurkerns. Im Fragmentationsstadium zerfällt der Kopfkern schollig. Das Regenerationsstadium beginnt mit der Reossifizierung des Femurkopfes.

DD: Formen der Koxitis, insbesondere Coxitis fugax.

Th: Krankengymnastische Bewegungstherapie zur Erhaltung der Beweglichkeit, Entlastung im Apparat (Mainzer Schiene). Bei ungünstigem Verlauf (Bewegungseinschränkung, Lateralisation des Kopfes, Kopfdeformierungen) Umstellungsosteotomie.

Pes adductus (Metatarsus varus congenitus, Sichelfuß)

Ät: Angeborene, durch Keimfehler bedingte, vererbbare, einseitige oder doppelseitige Fußdeformität.

Path Anat: Der Vorfuß ist adduziert bei normaler oder Valgusstellung des Rückfußes. Abflachung des Längsgewölbes.

Th: Beim Säugling und Kleinkind redressierende Gipsverbände, Nachtschienen, Einlagen, Vermeidung der Bauchlage. Bei größeren Kindern in leichten Fällen Nachtschienen und Einlagen, in schweren Fällen Operation.

Pes calcaneus s. Hackenfuß

Pes equinovarus excavatus adductus (Klumpfuß)

Angeborener Klumpfuß

Vk: Zweithäufigste Mißbildung, Männer zu Frauen = 2:1, kommt einseitig und doppelseitig vor.

Ät: Keimfehler, Entwicklungsstörung der embryonalen Skelettanlage, raumbeengende Prozesse in utero, Amnionschäden (Abschnürungen), Fruchtwassermangel. Ätiologie bisher nicht eindeutig geklärt.

Sy: (einzelne Komponenten): Spitzfuß und Varusstellung des Rückfußes = Pes equinovarus, Hohlfußbildung und Adduktionsstellung des Vorfußes = Pes excavatus adductus. Atrophie der Wadenmuskulatur, Verkürzung der Sehnen von M. tibialis posterior und Achillessehne.

Th: Frühbehandlung spielt entscheidende Rolle. Der Klumpfuß ist in den ersten Lebenstagen noch weich und leicht formbar. Unmittelbar nach der Geburt vorsichtige manuelle Redression. Frühzeitige Gipsverbände in Redressionsstellung. Gipswechsel erfolgt zunächst 2mal wöchentlich, später jede Woche, dann 2wöchentlich. Nach Erreichung des passiven Ausgleichs der Fehlstellung korrigierende Gipsschalen und Schienen und Klumpfußeinlagen. Bei konservativer Erfolglosigkeit operativ (mit 3 Monaten) Achillessehnenverlängerung, Durchtrennung der oberen Sprunggelenkkapsel im hinteren Anteil, mediale Fußrandentflechtung. Bei veralteten Fällen ebenfalls Operation: subtalare Arthrodese und Keilosteotomie (Mittelfuß), jedoch nicht vor dem 12.–14. Lebensjahr.

Erworbener Klumpfuß

Bei Spina bifida, neurogener Muskelatrophie, Syringomyelie, Verletzungen, Narben, Entzündungen, Lähmungen (spastisch und schlaff).

Pes equinus (Spitzfuß, Pferdefuß)

Def: Fuß, der mehr oder weniger hochgradig in Plantarflexion fixiert ist.

Ät: Angeboren (selten). Erworben: Paralyse (Polio), Spastik durch Störungen im Nervensystem (häufig), Weichteilverkürzung (bei Gewohnheitshaltung und nach Entzündungen), posttraumatisch.

Sy: Der Fuß steht plantarflektiert und kann passiv nicht über 0° dorsalflektiert werden. Das Längsgewölbe ist deutlich erhöht, der Vorfuß ist gespreizt, und an der Auftrittsfläche über den Metatarsalköpfchen findet sich meistens eine starke Verhornung der Haut. Fuß- und Beinatrophie, Genu recurvatum (gefürchtete sekundäre Deformität).

Th:

- *Konservativ:* Richtet sich nach der Entstehungsursache. Langsame Dehnung der verkürzten Weichteile mit Unterstützung hydrotherapeutischer Maßnahmen, Gipsschalen, evtl. Quengelgips.
- *Operativ:* Achillessehnenverlängerung, z. T. mit Durchtrennung der hinteren Kapselanteile der Sprunggelenke. Bei schlaffen Lähmungen empfiehlt sich die Apparatversorgung. Sehnenplastik, Arthrorhise oder Arthrodese. Bei starken knöchernen Deformitäten im Rückfußbereich ist eine Osteotomie angezeigt.

Pes excavatus s. Ballenhohlfuß

Pes transversoplanus (Spreizfuß)

Ät: Konstitutionelle Bindegewebsschwäche sowie erhöhte Fußbelastung (Beruf, unzureichende Schuhe).

Sy: Für den Spreizfuß ist kennzeichnend, daß das Quergewölbe abgeflacht und der Vorfuß verbreitert ist. Den tiefsten Punkt der Sohle bilden das Mittelfußköpfchen II und mitunter auch III. Die Sohlenhaut zeigt in diesem Bereich derbe Schwielenbildung. Meist gehören Hallux-valgus-Bildung und Krallenzehstellungen zum Krankheitsbild.

Th:

- *Konservativ:* Fußgymnastik, Bäder, Massagen, maßgerechte Einlagen. Bei entzündlichen Spreizfüßen infolge Fehlbelastung und Erkrankungen aus dem rheumatischen Formenkreis Ruhigstellung (Bettruhe oder Unterschenkelgipsverband), Fußbäder (Salhumin), antiphlogistisch und analgetisch wirkende Medikationen angezeigt.
- *Operativ:* Beseitigung der Begleiterscheinungen (Hammerzehen, Ballen), Spreizfußoperation unsicher.

Phalangisation

Operative Verbesserung der Greiffähigkeit durch Aufstockung von Finger- oder Mittelhandstümpfen oder durch Isolierung von Mittelhandstrahlen (Metakarpolyse) durch Vertiefung der Zwischenfingerfalte bei angeborenen oder erworbenen Fingerdefekten.

Phlebitis s. S. 799 und 828 ff

Phokomelie (Robbengliedrigkeit)

Ät: Unklar, Zusammenwirken endogener und exogener Faktoren wahrscheinlich.

Sy: Charakterisiert durch völliges Fehlen oder die mangelhafte Entwicklung der langen Röhrenknochen. Hände und Füße sitzen dicht am Rumpf.

Th: Entwicklung abwarten, evtl. Wuchslenkung durch Schienen. Weitere Therapie s. Dysmelie.

Plattfuß

Vorkommen und Formen

Das am häufigsten vorkommende orthopädische Leiden, wahrscheinlich die häufigste Belastungsdeformität der zivilisierten Menschheit überhaupt. Neben der Abflachung des Längsgewölbes ist in vielen Fällen eine Abflachung des Quergewölbes (Spreizfuß) und eine Knickfußstellung vorhanden. Man unterscheidet den *angeborenen Plattfuß* vom *erworbenen*.

Angeborener Plattfuß (Talus verticalis)

Ät: Keimschädigung (Vitium primae formationis).

Sy: Die Tragfähigkeit des Fußes ist durch morphologische Veränderungen von Knochen, Gelenken, Bändern, Fuß- und Unterschenkelmuskulatur erheblich herabgesetzt. Steilstellung des Talus, Pronations- und Plantarflexionstellung des Kalkaneus, Subluxation im Chopart-Gelenk, Einsattelung des Os naviculare. Die Fußsohle ist konvex und im vorderen Abschnitt vermehrt dorsalflektiert; der Vorfuß ist erheblich proniert und abduziert; der Rückfuß steht in Valgusstellung (Tintenlöscherfuß).

Th: Nach Geburt redressierende Gipsbehandlung, im zweiten Trimenon Operation: Achillessehnenverlängerung mit Reposition des Talonavikulargelenks. Später T-Arthrodese.

Erworbener Plattfuß

Ät und Pathog: Rachitis, konstitutionelle Bindegewebsschwäche, aseptische Nekrosen (Köhler-Krankheit I), Inaktivitätsatrophie (lange Gipsimmobilisation), destruierende Entzündungen (Tuberkulose, Rheuma, Osteomyelitis, Lues u. a.), Lähmungen, statische Überbeanspruchungen (Schwangerschaft, Adipositas, langes Stehen und Gehen auf harten Böden, z. B. Kellner, Bäcker, Verkäuferinnen, Krankenschwestern usw.), posttraumatische Deformitäten im Rückfußbereich (Kalkaneusfraktur). Entstehung durch ein Mißverhältnis zwischen Tragfähigkeit des Fußes und Belastung.

Sy: Im Kindesalter treten selten Beschwerden auf, nur auffallend rasche Ermüdbarkeit. Im jugendlichen und Erwachsenenalter können aufgrund frühzeitiger Verschleißerscheinungen infolge Belastungsdeformität im Fußbereich Schmerzen, entzündliche Reizzustände und ein ausgesprochenes Rigiditätsgefühl auftreten.

Th: Bei erworbenen Plattfüßen von Kindern Übungsbehandlung, Einlagen nach Gipsabdruck (umfassend gewalkt), Nachtschienen. Evtl. zur Frühbehandlung bei ersten Geh- und Stehversuchen Aktiveinlagen nach Spitzy. Bei rachitischen oder bindegewebsschwachen Kindern nach Möglichkeit zu frühe Belastung vermeiden.
Bei schweren, konservativ nicht zu beeinflussenden Plattfüßen ist Operation angezeigt. Bei der Indikation zur Operation müssen Schweregrad, Ätiologie und Lebensalter streng berücksichtigt werden.
Beim Erwachsenen ist es wichtig, unter allen Umständen Beschwerdefreiheit zu erreichen, in vielen Fällen möglich durch maßgerechte Einlagen nach Gipsabdruck und Steigerung der Durchblutung (Fußbäder, Massagen, Übungen). Bei Reizzuständen bringt absolute Ruhigstellung in Gips (Unterschenkelgehgipsverband), kombiniert mit antiphlogistisch wirkenden Medikationen – evtl. lokale Prednisoloninjektionen –, gute Erfolge. Anschließend Einlagenversorgung. Bei schmerzhaften kontrakten Plattfüßen sind Bettruhe, feuchte Verbände (Alkohol), Wärme, Novocaininjektionen sowie antiphlogistische und analgetisch wirkende Medikamente indiziert. Operative Behandlung nur indiziert bei schwersten Belastungsdeformitäten, die einen ausreichenden Gehakt nicht mehr zulassen. Hier werden lediglich Operationen am Knochen (Osteotomie und Arthrodese) angewendet. Das gleiche gilt für den schweren posttraumatischen Plattfuß, z. B. nach Fersenbeinbrüchen.

Poliomyelitis

Bei der Behandlung dieser Erkrankung ist die Zusammenarbeit zwischen Pädiater, Internist und Orthopäden so früh wie möglich erforderlich, um irreversible Schäden, wie die Entstehung schwerer Kontrakturen und Deformitäten, durch regelrechte Lagerung des Rumpfs und der Extremitäten von Anfang an zu vermeiden. Dabei gilt es unter allen Umständen, eine Überdehnung gelähmter Muskelgruppen durch unsachgemäße Lagerung zu verhindern. Überdehnung ist der größte Feind der Reparation.
Sobald Isolierungszeit beendet, Verlegung auf eine orthopädische Abteilung zur Nachbehandlung: Bewegungsübungen, Massagen, Hydrotherapie, Elektrotherapie, Lagerung auf Schienen, in Gipsschalen oder Gipsbett, Beschäftigungstherapie. Abschließend Versorgung mit orthopädischen Hilfsmitteln (Schienen, Apparate, Korsett). Nach der Entlassung ständige ärztliche Überwachung erforderlich. Jährliche Behandlungskuren sind sehr empfehlenswert. Ist Endzustand erreicht, kann mit sehnenplastischen oder stabilisierenden Operationen in vielen Fällen eine Verbesserung des Zustands erreicht werden.

Polyarthritis, primäre chronische (rheumatica) s. rheumatoide Arthritis, S. 1122ff und 1311f

Polydaktylie (Vielfingerigkeit)

Vk, Ät und path Anat: Häufige Mißbildungsform, dominant vererbbar. Die Polydaktylie wird häufig durch eine Syndaktylie verdeckt.

Th: Überzählige Fingerstrahlen werden meist abgetragen, um den Funktionsablauf der Hand so weit wie möglich zu verbessern. Eine überzählige Zehe wird nur dann entfernt, wenn sie beim Tragen von Schuhen Beschwerden bereitet.

Poncet-Erkrankung (tuberkulöses Rheumatoid)

Ät und DD: Gelenkerkrankung, die klinisch von einem echten Rheumatismus nur schwer unterschieden werden kann, als deren Primärherd häufig eine relativ gutartige Lungentuberkulose gefunden wird.

Th: Spricht auf Tuberkulostatika gut an, nicht dagegen auf Antirheumatika.

Prothese (Körperersatzteil)

In der Orthopädie: Kosmetischer (Schmuckarm) oder besser funktionsfähiger Gliedmaßenersatz, wobei verbliebene aktive Funktionen über elastische Züge und Schwungkraft (Kniegelenkskonstruktionen, apparativer Greifarm) oder Fremdkraft (pneumatische, elektrische Prothesen) mit Servosteuerung (Myoelektrik) nutzbar gemacht werden.

Pseudarthrose

(s. a. S. 435f und 504f)

Bei Inoperabilität sind auch konservative Heilungen durch konsequente Schienung im (anfänglich entlastenden) Stützapparat möglich.

Pyarthros s. Kniegelenkerguß

Querschnittslähmung

Definition

Das aus einer Schädigung des Rückenmarkquerschnitts resultierende Krankheitsbild mit motorischen, sensiblen und vegetativen Lähmungen.

Ätiologie

Traumen (Kompressions-, Luxationsfrakturen der Wirbelsäule, stumpfe Wirbelsäulenverletzungen, Hämatomyelien, traumatische Gefäßschäden), Entzündungen (bakterielle, virusbedingte Myelitiden und Enzephalomyelitiden, Tbc, Subduralabszesse, Arachnitis), Neoplasien (an Mark, Rückenmarkshäuten und Wirbelsäule), degenerative Prozesse (Gefäßverschlüsse, Myelomalazien), Systemerkrankungen des ZNS (Syringomyelie, multiple Sklerose, Friedreich-Erkrankung, Landry-Paralyse, Lues des ZNS), spondylogene Querschnittsläsionen (bei schwersten, z. B. lähmungsbedingten Skoliosen, Spondylitiden, Wirbelsäulenhämangiomen, Morbus Paget).
Die Differenzierung des Lähmungsbilds erfolgt aufgrund (wiederholter) neurologischer Untersuchungen.

Symptome

Komplette Querschnittslähmung

Ein komplettes Querschnittssyndrom ist eine Läsion mit motorischer, sensibler, vegetativer Lähmung durch vollständige Unterbrechung des Rückenmarkquerschnitts.
Die motorische Lähmung zeigt anfangs im sog. spinalen Schock (Tage bis Monate) eine Atonie. Später bei erhaltenem spinalem Reflexbogen spastisch, bei peripherer Läsion, Konus-Kauda-Schädigung evtl. auf Dauer schlaff.
Die sensible Lähmung ist der Ausfall der gesamten Oberflächen- und Tiefensensibilität.
Die vegetative Lähmung ist anfangs atonisch, später, je nach Läsionshöhe, spastisch oder schlaff (Blase, Gefäßtonus). Ausfall der Schweißsekretion, Verlust der Thermoregulation, Schädigung der männlichen Sexualfunktion.

Inkomplette Querschnittslähmung

Die inkomplette Querschnittslähmung zeigt eine sehr unterschiedlich ausgeprägte Symptomatik, deren Umfang von Lokalisation der Schädigung und Ausmaß des Substanzdefekts im Mark abhängt.

Unterschiedliche Symptomatik je nach Höhe der Läsion

Halsmarkschäden (Tetraplegie, Tetraparese): Bei Schädigung C 1–4 besonders bei kompletter Markdurchtrennung wegen Zwerchfellbeteiligung meist letaler Verlauf. Bei Schäden unterhalb C 4 bis einschließlich Th 1: schweres Behinderungsbild infolge Beteiligung der oberen Gliedmaßen und der Interkostalmuskulatur an der Lähmung. Schädigung Th 2–11: Paraplegien und Paraparesen mit unterschiedlich ausgedehnten Lähmungen der Thorax-, Bauch-, Becken- und Gliedmaßenmuskulatur. Konus-, Kaudaschäden: meist schlaffe, teilweise spastische Lähmungen der unteren Gliedmaßen mit häufig schweren Ausfällen an Blase, Darm und Sexualfunktion, Sensibilitätsstörungen mit Reithosencharakter.

Diagnose

Genaue neurologische Höhendiagnostik, Röntgen der gesamten Wirbelsäule, Untersuchung der Extremitäten. Da keine Sensibilität, werden häufig Frakturen übersehen!

Therapie

Lagerung der Wirbelsäule auf Schaumgummimatratze, regelmäßiges Umlagern 3stündlich bei Tag und Nacht. In Seitenlage Abstützung der Wirbelsäule mit durch Sandsäcke gehaltenen Kissen. Untere Gliedmaßen in Streckung und mäßiger Abduktion (Prophylaxe von Beuge- und Adduktionskontrakturen!). Sorgfältigste Überwachung der Haut zur Dekubitusprophylaxe, Gipsbett strengstens abzulehnen! Bei Halsmarkläsionen ggf. Extension durch Crutchfield-Klammer. Entleerung der Harnblase durch intermittierendes Katheterisieren unter streng aseptischen Voraussetzungen (ggf. suprapubischer Katheter). Später Einübung eines Blasenautomatismus oder einer -autonomie (Blasentraining). Operative Maßnahmen in der Frühphase in der Regel abzulehnen, nicht erforderlich und mit Gefahren für den Verletzten verbunden. Ausnahme: Offene Verletzungen und aufsteigende Lähmung, ggf. Stabilisierung der Wirbelsäule zur Rehabilitationserleichterung.
Entscheidend für den weiteren Verlauf ist sorgfältigste Pflege, intensive, sofort einsetzende Krankengymnastik, Elektro- und Beschäftigungstherapie. Nach Ablauf von 8–10 Wochen Aufsetzen, Kreislauftraining, Sitz- und Stehbalance. Ggf. Behandlungen von Dekubitus und Kontrakturen. Bei Paraplegikern Versorgung mit Stützapparaten, Gangschulung. Sorgfältige Vorbereitung der sozialen und beruflichen Rehabilitation.

Rachitis
(s. a. S. 1203f)

Vk: Wichtigste Systemerkrankung des Knochens im frühkindlichen Alter und Ursache vieler Deformitäten des Skeletts. Sie tritt hauptsächlich im Säuglingsalter auf; die sog. Spätrachitis im Pubertätsalter ist seltener.

Path Anat: Charakteristisch für die rachitische Wachstumsstörung ist die mangelhafte Verkalkung der osteoiden Substanz durch Vitamin-D-Defizit und die damit verbundene Nachgiebigkeit dieser weichen, leicht verformbaren Skelettabschnitte.
An den Gelenkenden treten häufig durch vermehrte Knorpelwucherung tast- und sichtbare Verdickungen auf. Die Epiphysen haben im Röntgenbild die typische Becherform. Kombiniert mit den unten genannten Skelettdeformitäten ist häufig eine allgemeine Bindegewebsschwäche.

Typische rachitische Skelettveränderungen:
- *Kopf:* Kraniotabes, verzögerter Fontanellenschluß, Kieferveränderungen, späte Zahnung;
- *Thorax:* Hühnerbrust, rachitischer Rosenkranz, Glockenform, Harrison-Furche;
- *Wirbelsäule:* Kyphose (Sitzbuckel) mit konsekutiver Skoliose, Sacrum acutum;
- *Becken:* rachitisches plattes Becken, Kartenherzform;
- *Oberschenkel:* Coxa vara rachitica, Coxa vara diaphysaria;
- *Kniegelenk:* Genu varum und valgum;
- *Unterschenkel:* Crura vara in schweren Fällen mit pathologischer Torsion der Unterschenkelknochen (Korkenzieherbeine), Crura valga (seltener als Crura vara);
- *Fuß:* je nach Schweregrad Knickplatt- oder Knicksenkfüße.

(Einzelheiten zu den genannten rachitischen Skelettdeformitäten sind den speziellen Kapiteln zu entnehmen.)

Th: Vitamin-D_3-Zufuhr, ggf. redressierende Schienenbehandlung, krankengymnastische Übungsbehandlung.

Radius curvus s. Madelung-Deformität

Recklinghausen-Krankheit s.
Osteodystrophia fibrosa generalisata (Hyperparathyreoidismus)

Recklinghausen, Morbus
(Neurofibromatose)

Def: Autosomal dominant vererbte Krankheit mit Nervengeschwülsten, multiplen Neurofibromen und Café-au-lait-Hautpigmentierungen.

Sy: Crus varum congenitum mit Unterschenkelpseudarthrose. Wirbelkörperbefall führt zur lokalen Zerstörung mit progredienter Kyphoskoliose. Prinzipiell kann jeder Knochen dysplastische Veränderungen aufweisen.

Th: Lokalisationsabhängig, Stabilisierung, postoperativ Pseudarthrose häufig.

Rheumatismus s. Polyarthrosis rheumatica S. 1311 und 1111ff

Rheumatoide Arthritis
(s. a. S. 1122ff)

Frühe Zusammenarbeit des rheumatologischen Internisten und Pädiaters mit dem Or-

thopäden erforderlich, um irreparable Gelenkschäden zu vermeiden.
Bei Versagen der konservativen Therapie Frühsynovialektomie. Auch Spätsynovialektomien sind bei strenger Indikation für die Gelenkerhaltung und Schmerzbeseitigung sinnvoll. Wegen der verminderten Kompensationsfähigkeit benachbarter Gelenke und der unsicheren Prognose sind Arthrodesen nur in seltenen Fällen indiziert. Die Indikation zur Alloarthroplastik kann großzügiger gehandhabt werden als bei degenerativen Gelenkerkrankungen. Gelenkresektionen vor allem im Vorfußbereich indiziert (Clayton, Lelièvre). Korrekturosteotomien bei schweren Kontrakturen, die krankengymnastisch nicht mehr verbessert werden können.

Rippenbuckel

Er entsteht durch Torsion der Wirbelkörper bei der Skoliose, da Querfortsätze und Rippen die Drehung mitmachen. Das Ausmaß der Verbuckelung wird beim Vorwärtsneigen besonders auffällig (s. Skoliose).

Rotatorenmanschettenruptur

Ät: Meist auf degenerativer, selten auf traumatischer Basis Riß der Rotatorenmanschette der Schulter.

Sy: Schmerzhafte Bewegungseinschränkung der Schulter, Kraftlosigkeit, Drop-arm-Syndrom, Druckschmerz über der Schulterkapsel.

Dg: Erst unauffällig, später Humeruskopfhochstand mit subakromialer Sklerosierung. Sonographische und arthrographische Diagnosesicherung.

Th: Konservativ: Krankengymnastische Kräftigungs- und Bewegungsübung mit Eis, ggf. aus der Schulterabduktionsschiene. Bei Erfolglosigkeit der konservativen Therapie und jüngeren Patienten operative Versorgung (McLaughlin).

Sacrum acutum

Path Anat: Beträgt der Lumbosakralwinkel weniger als 143°, d. h., nähert er sich dem rechten Winkel, so spricht man von einem Sacrum acutum. Dadurch entstehen im lumbosakralen Übergangsbereich ungünstige statische Verhältnisse, da die ganze Last des Körpers vorwiegend auf dem 5. Lendenwirbelkörper ruht. Das Krankheitsbild ist häufig kombiniert mit dem Baastrup-Syndrom (s. d.).

Sy und Th: s. Bandscheibenschaden. Krankengymnastik zur Beckenaufrichtung und Entlordosierung (Brunkow).

Scheibenmeniskus

Def: Anlagebedingte, vorwiegend lateral vorkommende Hemmungsmißbildung von Kniegelenksmenisken.

Sy: Bei maximaler Streckung kommt es durch die zentral nicht ausgehöhlte Scheibe des Meniskus zu einer Distension des Gelenks, die duch lautes Knacken fühl- bzw. hörbar ist.

Th: Meniskusresektion.

Scheuermann-Erkrankung

(Adoleszentenkyphose, juvenile Kyphose, Kyphosis osteochondropathica)

Ät und Pathog: Fortentwicklungsstörung der Wirbelsäule auf angeborener Grundlage (Verwandtschaft mit Wirbelsäulenmißbildungen) aufgrund ausgeprägter Bandscheibenentwicklungsstörungen mit Störungen des Faseraufbaus der Grund- und Deckplatten, so daß Bandscheibengewebe durch die Deckplatten in den Wirbelkörper eindringt (Schmorl-Knorpelknötchen). Die Wirbelkörper können sich durch die statische Insuffizienz keilförmig verändern.

Sy: Verzögerungen der Wirbelkörperreifung (Bestehenbleiben der kindlichen Tonnenform) und Kyphosescheitel unterhalb Th 8 sind bereits bei 6–8jährigen Kindern mit Haltungsfehlern als Frühzeichen des Morbus Scheuermann aufzufassen. Später findet sich im Bereich der betroffenen Wirbelsäulenabschnitte (Brustwirbelsäule häufiger befallen als Lendenwirbelsäule) eine zunehmende Kyphosierung mit Bewegungseinschränkung, Klopfschmerz und raschen Ermüdungserscheinungen. Häufig klagen die Jugendlichen über Rückenschmerzen nach üblicher Belastung (Sitzen in der Schulbank usw.).

Dg: Im Röntgenbild erscheinen die Grund- und Deckplatten unregelmäßig begrenzt. Auch die Ecken der Wirbelkörper können vorne oben und unten häufig unregelmäßig konturiert sein (persistierende Apophysen). Die Zwischenwirbelräume sind verschmälert; ferner finden sich die typischen Schmorl-Knorpelknötchen und unter Umständen auch Keilwirbelbildung.

DD: Spondylitis tuberculosa, persistierende Randleisten, Chordareste.

Th: In leichten Fällen krankengymnastische Behandlung und physikalische Therapie, in schweren Fällen Korsettbehandlung (s. Kyphose).

Schiefhals (Caput obstipum, Tortikollis)

Muskuläre Form

Def: Beim muskulären Schiefhals handelt es sich um eine Schiefstellung des Kopfs mit Neigung nach der kranken und Drehung nach der gesunden Seite infolge Verkürzung des M. sternocleidomastoideus.

Ät: Noch unklar. Es werden ätiologisch folgende Ursachen angenommen: Vitium primae formationis, Zwangshaltung in utero, Verletzung des M. sternocleidomastoideus unter der Geburt (Kopfnickerhämatom).

Sy: Ebenso wie beim Klumpfuß ist die Kontraktur in den ersten Lebenstagen ausgleichbar. Später springt der veränderte M. sternocleidomastoideus als derber Strang deutlich hervor. Es handelt sich dabei vorwiegend um den klavikulären Anteil. Ferner ist häufig eine Scoliosis capitis et faciei vorhanden. An der Wirbelsäule kann sekundär eine Fehlhaltung im Sinne einer Skoliose entstehen.

Th: In leichten Fällen und beim Säugling konservativ durch krankengymnastische Übungsbehandlung auf neurophysiologischer Basis (Vojta). In schweren Fällen operativ. Durchtrennung des M. sternocleidomastoideus nahe dem Processus mastoideus, kombiniert mit der subkutanen Tenotomie des klavikulären Anteils, anschließend Fixation im Thoraxdiademgips in überkorrigierter Stellung für 6 Wochen.

Übergeordnete Störungen

Ät: Ossaler Schiefhals, okulärer Schiefhals, narbiger Schiefhals, neurogener Schiefhals, rheumatischer Schiefhals, habitueller Schiefhals, hysterischer Schiefhals.

Sy: Ebensolche Haltung des Kopfs wie beim muskulären Schiefhals. Die sekundären Veränderungen an Kopf und Wirbelsäule sind vom Alter des Patienten beim Auftreten des Schiefhalses und von dessen Dauer abhängig.

Th: Die Behandlung richtet sich nach dem Grundleiden.

Schlatter-Osgood-Erkrankung

Def und Vk: Aseptische Nekrose der Schienbeinapophyse. Sie befällt vorwiegend Knaben im Alter von 13–15 Jahren.

Sy: Schmerzen beim Anspannen des Lig. patellae mit Behinderung der Gehfähigkeit. Die Gegend der Tuberositas tibiae ist geschwollen, druckschmerzhaft und fühlt sich sulzig an.

Dg: Im Röntgenbild findet sich wolkige Strukturaufhellung im Bereich der Tibiaapophyse.

DD: Es muß an eine Bursitis infrapatellaris gedacht werden.

Th: Injektion von Hydrocortisonpräparaten, Wärme, Ruhigstellung im Gipsverband mit Entlastungszügel des Lig. patellae.

Schleimbeutelerkrankungen, chronische, s. S. 421 f unter Bursitis

Schlottergelenk

Pathologische Beweglichkeit eines Gelenks in allen Ebenen.

Ätiologie, Symptome und Therapie s. Wackelgelenk. Ergänzend ist zu bemerken, daß die schwersten Formen des Gelenkschlotterns bei Tabes dorsalis beobachtet werden; dabei besteht als charakteristisches klinisches Zeichen Schmerzfreiheit.

Schubladenphänomen

Insuffizienz oder Zerreißungen der Kreuzbänder des Kniegelenks ergeben als charakteristisches Zeichen das Schubladenphänomen. Es besteht eine pathologische Beweglichkeit in ventrodorsaler oder dorsoventraler Richtung bei entspannten Seitenbändern (Kniebeugung) je nach Lage der Verletzung – vorderes oder hinteres Kreuzband. Bei Verletzung des vorderen Kreuzbands besteht eine pathologische Verschieblichkeit des Schienbeinkopfs gegenüber den Oberschenkelrollen nach vorne, bei Verletzung des hinteren Kreuzbands nach hinten.

Schulter-Arm-Syndrom

Ät: Neurogen, vasogen, arthrogen durch radikuläre Irritation (unteres Zervikalsyndrom), Kompression des Gefäß-Nerven-Bündels (Kostoklavikularsyndrom, Skalenussyndrom, Halsrippensyndrom, Hyperabduktionssyndrom, Karpaltunnelsyndrom), Tendopathien (Epikondylitis, Periarthritis humeroscapularis), bei entzündlichen Prozessen und trophischen Störungen (Sudeck-Dystrophie).

Sy: Chronische Irritationen einzelner Anteile der oberen Gliedmaßen oder des zugehörigen Gefäß-Nerven-Bündels führen reflektorisch mit der Zeit zu einer typischen Symptomenkoppelung, dem Schulter-Arm-

Syndrom oder Hals-Arm-Syndrom, deren einzelne Komponenten im Spätstadium oft keine exakte Trennung mehr erlauben. Schmerz führt zu Schonhaltung, diese zur Kontraktur und die Kontraktur zu Minderdurchblutung und muskulärer Atrophie. Von jeder dieser Komponenten kann ein Circulus vitiosus in Gang gesetzt werden.

Th: Wenn nicht kausal möglich, empfiehlt sich zunächst eine Ruhigstellung in schmerzfreier Mittelstellung der oberen Gliedmaßen. Aus dieser heraus dann vorsichtige aktive Erweiterung des Bewegungsraums bis an die Schmerzgrenze, möglichst unter Teilentlastung mit Armabduktionskissen oder -schiene. Unterstützend Sedativa, Analgetika, Antiphlogistika und Angiotika.

Schulterblatthochstand (Sprengel-Deformität)

Ät: Angeborener Fehler.

Sy: In den meisten Fällen steht einseitig das Schulterblatt zu hoch und ist kleiner, außerdem ist es im supraspinalen Anteil nach vorn gebogen. Der Hals erscheint dadurch verbreitert und kürzer. Die Abduktion des gleichseitigen Arms ist eingeschränkt. Gleichzeitig findet man noch Muskeldefekte, Muskelanomalien, Rippenverbildung, Halsrippen, Blockwirbel, Klippel-Feil-Syndrom, Keilwirbel, Wirbelkörperaplasie, Spaltbildungen und Skoliose. Zwischen dem Angulus superior und den Rippen können Synostosierungen bestehen. Außerdem werden in Kombination auch andere Mißbildungen beobachtet: Strabismus convergens, Lidspaltveränderungen, Asymmetrie des knöchernen Schädels, Trichterbrust.

Dg: Im Röntgenbild findet man die oben beschriebenen Skelettveränderungen.

DD: Schulterblatthochstand bei Skoliose und Muskellähmung. Dabei ist jedoch die Skapula im Vergleich zur gesunden Seite gleich groß.

Th: In leichten Fällen konservativ mit korrigierender Gipsliegeschale und krankengymnastischer Übungsbehandlung, in schweren Fällen operativ.

Schulterluxation

Habituelle Schulterluxation
(s. a. S. 487f)

Def: Gewohnheitsmäßiges Herausspringen des Oberarmkopfes aus der Pfanne bei bestimmten üblichen Bewegungen im Schultergelenk.

Ät: Angeborene Pfannendysplasie.

Sy: Es besteht eine pathologische Beweglichkeit des Oberarmkopfes in der Gelenkpfanne. Bei bestimmten Bewegungen (Abduktion und Außenrotation) erfolgt ohne Schwierigkeit Luxation nach vorne. Auffallende atrophische Schultermuskulatur (M. deltoideus).

Dg: Röntgenologisch steht der Schulterkopf in oder außerhalb der Pfanne. Die Schultergelenkspfanne stellt sich flach oder zu klein dar. Ungleiches Kopf-Pfannen-Verhältnis.

Th: Versuch der krankengymnastischen Festigung der schulterumspannenden Muskulatur, bei Erfolglosigkeit Operation: Weichteil- und Knocheneingriffe möglich.

Posttraumatische rezidivierende Schulterluxation

Ät: Meist nach unzureichender Behandlung der Erstluxation.

Sy: s. o.

Dg: Bei Subluxation Apprehension-Test positiv. Im Röntgenbild zeigt sich häufig eine Impression am dorsalen Humeruskopf, die als Hypomochlion den Kopf am Pfannenrand heraushebelt (Hill-Sachs-Defekt). Am vorderen Pfannenrand zeigt sich ggf. Randabsprengung (Bankart-Läsion).

Th: Falls Schulter nach stabilisierender Krankengymnastik weiter instabil, operative Stabilisierung. Operationsverfahren von Begleitverletzungen an Kopf und Pfanne abhängig. Zum Teil vorherige arthroskopische Abklärung erforderlich.

Sehnenganglion, Sehnenscheidenganglion
s. S. 453

Sehnenrupturen
s. Achillessehnenverletzungen, Bizepssehnenruptur, Muskelriß

Sehnenscheidenentzündung s. S. 508f

Senkungsabszeß (kalter Abszeß)
(s. a. S. 409 und Tuberkulose)

Sy: Ansammlung tuberkulösen Eiters, der sich auf vorgezeichneten Wegen (Muskellogen, Gefäß- und Nervensträngen) seine Bahn sucht, um an weniger widerstandsfähigen Stellen an die Oberfläche zu treten. Bei Spontanperforationen Gefahr der Fistelbildung groß (s. Spondylitis tuberculosa).

Th: Die Sanierung des Abszesses muß erfolgen, ehe es zum Durchbruch kommt.

Sitzkyphose

(s. a. Kyphose)

Def: Rachitische Kyphose beim Kleinkind. So benannt, weil die Belastung beim Sitzen bei bestehender Rachitis als auslösendes Moment in Betracht kommt.

Pathog: Zunächst verbiegen sich die untere Brustwirbelsäule und die Lendenwirbelsäule bei Erhaltung ihrer Beweglichkeit. Später können keilförmige Deformierungen der Wirbelkörper entstehen. Sitzkyphose wird als Skoliosekeim bezeichnet.

Sy: Deutliche Buckelbildung beim Sitzen im unteren Brustwirbelsäulen- und Lendenwirbelsäulenabschnitt. In den meisten Fällen gleicht sich Kyphose in Bauchlage nicht voll aus. Häufig mit flachbogiger Skoliose kombiniert, die sich jedoch leicht ausgleichen läßt.

Th: Vitamin-D_3-Zufuhr, Bauchlagerung, Gipsliegeschale zur Korrektur des Sitzbukkels (Vermehrung der Lordose durch Filzpolster), Massage der Rückenmuskulatur.

Skalenussyndrom

Schulter-Arm-Syndrom durch Kompression des Gefäß-Nerven-Bündels in der Skalenuslücke durch Dehnung der Mm. scaleni bei maximaler Reklination des Kopfes.

Skoliose

Definition

Fixierte, passiv nicht ausgleichbare Seitausbiegung der Wirbelsäule, die zwangsläufig mit Torsion der Wirbel gegeneinander verbunden ist. Man unterscheidet nach Ätiologie unterschiedliche Gruppen.

Angeborene Skoliose

Ät und Sy: Infolge endogener oder exogener Entwicklungsstörung der Wirbelkörperanlagen kommt es zu Wirbelkörperdeformitäten (Halbwirbel, Schaltwirbel, Schmetterlingswirbel, Klippel-Feil-Syndrom, Synostosen der Rippen, Schulterblatthochstand), die seitliche Verbiegungen der Wirbelsäule verschiedenster Schweregrade verursachen. Seitliche Halbwirbel kommen fast immer doppelt vor (hemimetamere Segmentverschiebung) und erleichtern infolge ihrer Diskordanz die Kompensation der Krümmung. Ausgedehnte Deformitäten können zu schweren Beeinträchtigungen der Gesamtstatik führen.

Th: Hängt vom Schweregrad ab. Krankengymnastische und hydrotherapeutische Maßnahmen wie bei erworbenen Skoliosen. Nur in schweren Fällen Gipsliegeschale oder Korsettversorgung notwendig.

Säuglingsskoliose

Def: Nicht auf kongenitalen Wirbelmißbildungen beruhende, im Säuglingsalter auftretende fixierte Skoliose.

Ät: Eine der möglichen Ursachen ist die Schräglagedeformität (Brustkorbverunstaltung durch einseitige Lage).

Th: Hoher Anteil Spontanheilungen. Da sich aber die 10%, bei denen sich schwere progrediente Skoliosen entwickeln, nicht voraussondern lassen, Behandlung durch Krankengymnastik auf neurophysiologischer Basis (Vojta) und Veranlassung regelmäßiger Kontrollen während des Wachstumsalters.

Idiopathische Skoliose

Ät: Nicht hinreichend bekannt.

Sy: Diese Skoliose wird meist im kindlichen oder jugendlichen Alter festgestellt. Sie zeichnet sich vor allen Dingen in der Pubertät durch erhebliche Progredienz aus. Frühdiagnose wichtig.

Th: Je nach Schweregrad und Alter. Skoliosen bis 20° nach Cobb werden nur krankengymnastisch (bevorzugt auf neurophysiologischer Basis) behandelt, bei stärkerer Skoliose Versorgung mit aktiv oder passiv wirkenden Orthesen (z. B. Milwaukee-, Boston-, Chenaux-Korsett). Vermeidung einer Verschlechterung. Eine Verbesserung ist durch Korsett nicht zu erwarten. Bei Skoliosen über 50° und rascher Progredienz Extensionsverfahren (Cotrell-Gips, Haloextension) und nachfolgende Spondylodese.

Rachitische Skoliose

Ät: Rachitischer Sitzbuckel wird bereits als Skoliosekeim bezeichnet; auslösend und fördernd wirkt aber vor allem zu frühe und einseitige Belastung.

Dg: Es müssen auch andere Rachitiszeichen vorhanden sein.

Th: Neben antirachitischer Behandlung übliche Skoliosetherapie (s. o.).

Adoleszenten-Skoliose

Sy: Wird im Rahmen der zum Morbus Scheuermann zu rechnenden Wirbelkörperasymmetrien häufig beobachtet. Es handelt sich vorwiegend um leichte Formen ohne wesentliche Progredienz.

Th: Konservativ (s. o.).

Statische Skoliose

Ätiologie

Länger bestehender Beckenschiefstand.

Angeborene Form

Einseitige Beckenhypoplasie, angeborene Beinverkürzung, teratologische Hüftluxation, Coxa vara.

Erworbene Form

Beckenschiefstand aufgrund von Erkrankungen und Traumen, die zu einer realen oder scheinbaren Beinverkürzung führen (in Fehlstellung oder mit Verkürzung verheilte Frakturen, Wachstumsstörungen infolge Epiphysenschädigung oder Systemerkrankung, Gelenkdeformitäten mit Kontrakturen und Beinverkürzung, X- und O-Beine, Poliomyelitis).

Therapie

Wichtigste Maßnahme Beseitigung der Fehlstatik durch Verkürzungsausgleich (Schuherhöhung), konservativ (s. o.).

Lähmungsskoliose

Ät und Pathog: Infolge Störung des Gleichgewichts der die Wirbelsäule haltenden Muskulatur. Häufigste Ursache Poliomyelitis, kann aber auch bei spastischer Hemiparese auftreten.

Sy: Die poliomyelitische Skoliose zeichnet sich durch erhebliche Progredienz aus.

Th:

- *Konservativ:* Alle therapeutischen Möglichkeiten zur Kräftigung der Muskulatur ausschöpfen (krankengymnastische Behandlung, Hydrotherapie, Elektrotherapie, orthopädisches Turnen usw. s. oben).
- *Operativ:* Besonders bewährt hat sich die operative Behandlung (dorsale Spondylodese), da bei paralytischen Skoliosen fast immer eine besonders gute Aufrichtung erzielbar ist und die Progredienz durch kein anderes Behandlungsverfahren beherrscht werden kann. Korsettversorgung (Hessing-Korsett mit Armstützen).

Narbenskoliose (zikatrizielle Skoliose)

Ät: Infolge narbiger Schrumpfungsprozesse in einer Thoraxhälfte (Pleuraschwarten, Rippenresektion) oder durch breitflächige Narbenzüge nach Verbrennungen im Bereich einer Brustseite im Kindesalter besonders zu beachten.

Th: Operative Narbenlösung bzw. Narbenplastik (Hauttransplantation), übliche konservative Maßnahmen.

Traumatische Destruktionsskoliose

Infolge Wirbelkörperdeformitäten (Keilwirbel) oder durch asymmetrischen Zusammenbruch eines oder mehrerer Wirbelkörper (Spondylitis, Tumor, Tabes, Osteomyelitis).

Schmerzskoliose

Ät: (In Narkose) ausgleichbare Fehlhaltung zur Verringerung stärkerer Schmerzen im Wirbelsäulen- oder wirbelsäulennahen Abschnitt, auch Reflexskoliose genannt. Häufigste Form Ischiasskoliose bei Bandscheibenvorfall, auch bei chronischen Nierenbeschwerden und paranephritischem Abszeß beobachtet.

Th: Beseitigung des Grundleidens, unterstützend Massage, Übungsbehandlung, Unterwasserdruckstrahlmassage.

Neuropathische Skoliose

Bei Syringomyelie, multipler Sklerose, Dystrophia musculorum progressiva.

Spaltfuß

Path Anat: Der Fuß ist infolge eines Keimfehlers in den meisten Fällen bis zur Fußwurzel gespalten. Auch Übergangsformen wurden beobachtet. Ebenso fehlen die dazugehörigen Zehen.

Th: Maßgerechte Schuhversorgung ausreichend. In schweren Fällen Operation.

Spalthand

Path Anat: Die Hand ist infolge eines Keimfehlers in schweren Formen bis zur Handwurzel gespalten. Meist besteht gleichzeitig noch eine Aplasie mehrerer Mittelhandknochen mit den dazugehörigen Fingern.

Th: Soweit möglich operativ, um einen primitiven Greifschluß zu schaffen.

Spina bifida aperta

Path Anat: Aus größeren Wirbelbogendefekten können sich Teile des Rückenmarks (Myelozele) oder Aussackungen seiner Häute (Meningozele) oder häufiger Kombinationen von beiden (Meningomyelozelen) vorwölben. Bei schwersten Entwicklungsstörungen, wenn die Medullarrinne sich nicht zum Medullarrohr geschlossen hat und ihre Lösung vom Ektoderm nicht erfolgt ist, spricht man von einer Rachischisis.

Sy: Diese bedingen die angeborene Querschnittslähmung.

Th: Interdisziplinäre Zusammenarbeit (Neurochirurg, Urologe, Kinderchirurg, Orthopäde). Orthopädischerseits kommt es in Abhängigkeit von der Lähmungshöhe zu Kyphoskoliosen, Hüft-, Knie- und Fußkontrakturen. Es wird versucht, dem Kind so früh wie möglich durch Apparate (z. B. Ferrari-Schiene, reziproke Gehapparate) zu helfen. Operativ werden durch Kontraktionsbeseitigung Voraussetzungen dafür geschaffen. Auch Wirbelsäulenstabilisierung und Gibbusbeseitigung (Kolumnotomie) können notwendig werden.

Spina bifida occulta

Path Anat: Auch ein äußerlich unauffälliger unvollständiger Bogenschluß am Lenden-Kreuzbein-Übergang bzw. in der Halswirbelsäule, wie er bei 20% der Erwachsenen als harmlose Entwicklungsstörung beobachtet wird, ist nicht selten mit Anlagestörungen der nervösen Substanz (Myelodysplasie) verbunden.

Sy: Die neurologische Symptomatik ist gekennzeichnet durch Ausfallserscheinungen an der unteren Gliedmaße, Muskelimbalance und trophische Störungen, Fußdeformitäten. Als äußere Kennzeichen dürfen Teleangiektasien, grübchenförmige Hauteinziehungen oder dichter Haarwuchs gelten.

Spina ventosa s. Tuberkulose, Knochen

Spitzfuß s. Pes equinus

Spondylarthritis ankylopoetica
s. Bechterew-Krankheit und S. 1128 f

Spondylarthrosis deformans

Path Anat: Degenerative Veränderungen der kleinen Wirbelgelenke. Oft kombiniert mit osteophytären Knochenneubildungen (Spondylose) an den ventralen oder dorsalen Kanten der Wirbelkörper (s. Arthrosis deformans, Bandscheibenschaden, Bandscheibenprolaps).

Th: Konservativ: Krankengymnastische Rumpfstabilisation, Injektionen, Elektrobehandlung.

Spondylitis infectiosa

Ät und Pathog: Entsteht meistens als septische Metastase durch hämatogene Aussaat. Die akute Form (Osteomyelitis) entsteht meist durch Infektion mit Staphylokokken und Streptokokken.

Nach allen Infektionskrankheiten können bakterielle Metastasen in der Wirbelsäule auftreten und zu einer Spondylitis infectiosa führen. Folgende Erkrankungen kommen in Frage: Septischer Abort, Angina, Aktinomykose, Appendizitis, Morbus Bang, Diphtherie, Erysipel, Fleckfieber, Furunkulose, Grippe, Gonorrhö, Karbunkel, Lues, Malaria, Masern, Meningitis, Peritonitis, Pneumonie, Pocken, Scharlach.

Sy: Schwere allgemeine Krankheitserscheinungen, stürmischer hochfieberhafter Verlauf, Gefahr der Septikämie, früher hohe Letalitätsquote. Mitunter kommt es zum Übergreifen der Entzündung auf die Rückenmarkshäute durch Perforation des Eiters. Infolge einschmelzender Wirbelkörperanteile können Querschnittslähmungen auftreten. Osteomyelitische Abszesse brechen mitunter nach außen durch, und es entsteht eine Fistel. Örtlich starke Druck- und Klopfschmerzhaftigkeit über dem Dornfortsatz der betroffenen Wirbel mit schmerzhafter Bewegungseinschränkung, u. U. auch radikuläre Symptome (Ischias, Lumbago, Brachialgie, Interkostalneuralgien) je nach Sitz der Erkrankung.

Dg: Entzündungszeichen.

DD (Spätstadium): Spezifische Spondylitis, Destruktion bei Tumoren, Spondylitis typhosa, Spondylitis bei Morbus Bang und bei Aktinomykose, Kümmell-Verneuil-Erkrankung, Morbus Calvé, Wirbelfraktur.

Th: Sofortige Ruhigstellung im Gipsbett, Antibiotika. Nach Möglichkeit Erregernachweis (ggf. Stanzbiopsie), Resistenzbestimmung zur gezielten antibiotischen Therapie. Abszesse in der Rückenmuskulatur müssen vor Spontanperforationen saniert werden.

Spondylitis syphilitica

Path Anat: Bei der luetischen Infektion der Wirbelsäule entstehen gummöse Einschmelzungsherde, die zu Wirbelzusammenbrüchen, Subluxation und Sequesterabstoßungen führen können.

Dg: Im Röntgenbild finden sich in der Umgebung des gummösen Prozesses immer reaktive Knochenverdichtungen, die differentialdiagnostisch von Bedeutung sind. Bei der Ausheilung der Spondylitis syphilitica bildet sich meistens eine auffallend starke Sklerose aus (Elfenbeinwirbel).

Th: Antiluetisch, Ruhigstellung im Gipsbett, später vorübergehende Korsettversorgung.

Spondylitis tuberculosa s. Tuberkulose

Spondylitis typhosa

Pathog: Septische Metastasen nach hämatogener Streuung einer Typhuserkrankung. Man nimmt bei dieser Form der Infektion den primären Herd im Wirbelmark in der Nähe der Bandscheibe an. Die Zwischenwirbelscheibe erkrankt erst in zweiter Linie nach Durchbruch des Wirbelherdes. Die primären Einschmelzungsherde liegen fast immer nahe den oberen und unteren Wirbelkörperflächen.

Th: Solange der Knochenprozeß nicht abgeschlossen erscheint, absolute Ruhigstellung im Gipsbett, anschließend Versorgung mit Korsett je nach Lage der Erkrankung. Bei jüngeren Menschen kann nach ausreichender Stabilisierung später eine Korsettentwöhnung durchgeführt werden. Voraussetzung ist jedoch, daß der statische Aufbau der Wirbelsäule nicht gefährdet ist.

Spondylolisthesis (Wirbelgleiten)

Ät und Pathog: Entsteht bei Dysplasie bzw. Spaltbildung im Zwischengelenkstück des Wirbelbogens (Interartikularportion) aufgrund einer Verknöcherungsstörung der paarigen Bogenepiphysen (Spondylolyse). Wirbelkörper und ventrale Bogenhälfte lösen sich und gleiten nach ventral, während der dorsale Bogenanteil und der Dornfortsatz in der alten, typischen Lage verbleiben. Hauptsitz sind der 5. und 4. und seltener auch der 3. Lendenwirbelkörper.

Sy: Verstärkte Lordose der Lendenwirbelsäule bei Abflachung der Brustkyphose. Der Lendenwirbelsäulenbereich wird bei Bewegung steif gehalten. Der Dornfortsatz des verschobenen Wirbels ist stufenförmig tastbar. Erhebliche Bewegungseinschränkung, mitunter Druck- und Stauchungsschmerz. Auch neurologische Ausfallserscheinungen können auftreten, bei jugendlichen Lendenstrecksteifen häufig.

Dg: Der Gleitvorgang ist auf der seitlichen Röntgenaufnahme erkennbar. Das Ausmaß des Gleitens wird nach Meyerding in 4 Stufen unterteilt. Für die genaue Darstellung der Interartikularportion sind Schrägaufnahmen erforderlich.

DD: Lumbago, Ischias, Wirbelluxationen, Sacrum acutum, Spina bifida.

Th:

- *Konservativ:* Kräftigung der Rückenmuskulatur durch krankengymnastische und hydrotherapeutische Maßnahmen, Versorgung mit Leibbinde (Kreuzbandage) oder Überbrückungsmieder zur partiellen Ruhigstellung des betroffenen Lendenwirbelsäulenabschnitts;
- *operativ:* bei jungen Menschen Fixation des verschobenen Wirbelsegments durch paraspinale Knochenspannung, nach Möglichkeit Verwendung von Eigenspänen oder instrumentelle Spondylodese, z.T. ventrodorsal.

Pseudospondylolisthesis: Wirbelverschiebung nach vorne ohne Spondylolyse (Spaltbildung), sondern durch Subluxation im (dysplastischen) Wirbelgelenk oder durch Ausziehung der Interartikularportion. Diese Verschiebung kommt am häufigsten bei L5 vor. Sie ist meist geringgradig und in allen Fällen mit vorzeitigen Bandscheibendegenerationen vergesellschaftet.

Spondylolyse

Spaltbildung (Unterbrechung) im knöchernen Bogenisthmus (Schrägaufnahme der Lendenwirbelsäule). Charakteristisch ist die Lage der Spondylolyse. Sie findet sich im ventralen Teil des Isthmus und kommt auf einer oder auf beiden Seiten des Bogens vor. Sie hat per se keinen Krankheitswert, prädisponiert zum Wirbelgleiten.

Spondylosis deformans s. Spondylarthrosis deformans

Spontanverformung

Def: Akut und schleichend auftretende Verformungen der Wirbelkörper aufgrund strukturbedingter Stabilitätsminderung im Unterschied zu echten Wirbelkörperfrakturen.

Ät: Innersekretorische oder alimentär bedingte kalzipenische Osteopathien, spezifische und unspezifische Erkrankungen, maligne und benigne Geschwülste, Systemerkrankungen, neuropathische Osteopathien.

Dg: Im Röntgenbild mehr oder weniger schwere Deformierung eines oder mehrerer Wirbelkörper bei auffälliger generalisierter oder lokalisierter Strahlendurchlässigkeit. Da der Knochen in seiner Ausdrucksarmut auf die verschiedensten Erkrankungsformen mit einer Osteoporose antwortet, ist eine differentialdiagnostische Klärung erforderlich.

Th: Neben der Behandlung der Grundkrankheit übliche krankengymnastische und hydrotherapeutische, balneologische Maßnahmen. Versorgung je nach Lokalisation und Schwere mit Stützkorsett oder Überbrückungsmieder.

Spreizfuß s. Pes transversoplanus

Spreizhöschen s. Hüftgelenksverrenkung, sog. angeborene

Sprengel-Deformität s. Schulterblatthochstand

Stieda-Schatten

Parossale Verknöcherung am kranialen Rand der Femurkondylen als Hinweis auf eine abgelaufene Schädigung des Ansatzes der Adduktoren oder des Ursprunges der Knieseitenbänder.

Sudeck-Dystrophie

Definition und Ätiologie

Krankhaft gesteigerte Heilentzündung. Entstehung traumatisch, entzündlich, neurogen, vaskulär, durch Inaktivität. Verläuft in 3 Stadien.

Stadium des reaktiven Umbaus (fleckige Knochenatrophie = akute Phase der Sudeck-Krankheit)

Sy: Schmerzen, Rötung der Haut, Hyperthermie mit Weichteilschwellung, Bewegungsschmerz. Haare und Nägel wachsen schneller.

Dg: Im Röntgenbild fleckige Entkalkung infolge verstärkten Knochenumbaus.

DD: Alle Frühstadien chronischer Knochen- und Gelenkentzündungen (Rheuma, Tuberkulose, Tumoren).

Th: Nach Möglichkeit Behandlung und Beseitigung der Entstehungsursache. Schmerzbekämpfung!
Absolute Ruhigstellung der betroffenen Extremität im Gipsverband, Sedativa, Verabreichung von Medikamenten mit sympatholytischer Wirkung (Hydergin, Dihydroergotamin, Stellatumblockaden).
Wenn nicht möglich, Verordnung von Substanzen mit starker peripherer gefäßerweiternder Wirkung (Ronicol, Calcitonin).

Dystrophisches Stadium

Pathog: Ist das primäre Stadium nicht zu beeinflussen, so geht die akute Gewebsreaktion in eine dystrophische Phase über, d. h., es kommt zu einer Verminderung der Spongiosa und zu Bindegewebsproliferationen mit sekundären Veränderungen an den Gelenken.

Sy: Schmerzminderung, Zyanose, Hypothermie, Glanzhaut, trophische Störungen an den Nägeln, Muskel- und Hautatrophie, Bewegungseinschränkung bis zur völligen Gelenkversteifung mit Fehlstellung.

Dg: Im Röntgenbild diffuse Knochenatrophie. Die Knochenkonturen erscheinen wie mit dem Bleistift nachgezogen.

DD: Tuberkulose.

Th: Durchblutungsfördernde örtliche und medikamentöse Maßnahmen (s. o.), Bindegewebsmassagen, vorsichtige Bewegungsübungen im Wasserbad, Paraffinbäder, temporäre Ruhigstellung in einer Gipsschale. Bei Erkrankung der unteren Extremität Vermeidung von größeren Belastungen, häufige Hochlagerung.

Stadium der Atrophie

Pathog: Kommt die dystrophische Phase nicht zur Ausheilung, so entsteht eine allgemeine Atrophie der Weichteile und der Knochen.

Sy: Verschmächtigung der Gliedmaßen, blasse, dünne Haut, hartes Ödem, auffallende Muskelatrophie, Versteifung und Fehlstellung der Gelenke.

Dg: Im Röntgenbild auffallend starke Rarefizierung der Knochenbälkchen mit grobmaschiger Spongiosastruktur, Verschmälerung der Kompakta.

Th und Prgn: Natürlicher Gebrauch der Extremität, hyperämisierende Maßnahmen, aktive und passive Bewegungsübungen der versteiften Gelenke.
Abschließend soll betont werden, daß die Sudeck-Atrophie in ihrem Verlauf in den ersten beiden Stadien zum Stillstand kommen und ausheilen kann.

Symphysenruptur

Ät und Pathog: Traumatisch oder geburtstraumatisch. Iliosakralfugenmitverletzungen werden häufig übersehen.

Th: Wird am besten durch mehrmonatige Kompression (Schwebelagerung in einer sich vorn überkreuzenden Bandage) konservativ behandelt.

Syndaktylie

Ät und path Anat: Angeborene Mißbildung an Hand, Fingern und Zehen, Ausdruck von Differenzierungsstörungen. Zwei oder mehrere Finger oder Zehen sind unvollständig oder gar nicht getrennt. Leichteste Form Schwimmhautbildungen, schwerste Formen Löffelhand mit Verschmelzung der knöchernen Fingerstrahlen.

Th: Immer operativ. Umstritten ist noch der Zeitpunkt der Operation. Beim Kleinkind ist die Operation indiziert, sofern eine Verbesserung der Wuchslenkung erreicht werden kann. Die gefürchteten Narbenkontrakturen sind zu beherrschen (Schnittführung).

Tabes s. S. 1226 und Arthropathie

Tendovaginitis s. S. 508 f

Tetraplegie (Lähmung aller vier Gliedmaßen) s. Zerebralparese, infantile, und Querschnittslähmung

Thiemann-Erkrankung s. Knochennekrosen, aseptische

Tortikollis s. Schiefhals

Trichterbrust

Path Anat: Angeborene Thoraxdeformität. Meist sind die untere Hälfte des Brustbeins und die benachbarten Rippen stark trichterförmig eingezogen.

Sy: Die Funktion von Herz und Lunge kann beeinträchtigt sein.

Th: Atemgymnastik. Operationsindikation nur in schweren Fällen.

Tuberkulose

Gelenke

(s. a. S. 509 f

Zur Behandlung ist orthopädischerseits hinzuzufügen, daß z. B. bei schweren destruktiven Veränderungen des Kniegelenks nach Abklingen der typischen klinischen Symptome zur Wiedererlangung der Stabilität beim jüngeren Menschen die Resektionsarthrodese die Methode der Wahl ist.

Bei primär synovialen Formen Synovialektomie. Bei älteren Menschen ist eine Ruhigstellung im Oberschenkelhülsenapparat erforderlich. Ist in anderen Gelenken (Hüfte, Schulter, Ellenbogen, Hand- und Sprunggelenke) die Ausheilung der Tuberkulose nicht mit belastungsfähiger Ankylose erfolgt, so ist eine stabilisierende Operation (Arthrodese) indiziert. Bei Ankylosen in Fehlstellungen (z. B. Beugeadduktionskontraktur der Hüfte) kann mit korrigierenden Osteotomien eine Verbesserung der Fehlstatik erreicht werden.

Knochen

Ät und Pathog: Die Tuberkulose der Knochen und auch der Gelenke wird durch das Mycobacterium tuberculosis typus humanus und bovinus hervorgerufen. Infektionsweg: Hämatogen, lymphogen, Kontakt und sehr selten Überimpfung. Es ist in der Regel keine primäre Tuberkulose, sondern eine Sekundärinfektion, meist pulmonalen, ganz selten auch viszeralen Ursprungs.

Path Anat: Die Reaktion des Knochens besteht zuerst in Entwicklung eines spezifischen Granulationsgewebes, das lokalisiert bleiben kann, aber sich meistens infiltrativ weiter ausdehnt. Über die Verkäsung kommt es zur eitrigen Einschmelzung und zur Sequesterbildung (Destruktion). Lediglich an Knochen mit stärkeren periostalen Reaktionen (kurze Röhrenknochen) kommt es zu periostalen Knochenumbauvorgängen (Spina ventosa). Unter Umständen kann die Tuberkulose die Epiphysenfugen zerstören und damit das Wachstum erheblich beeinträchtigen oder in ein angrenzendes Gelenk einbrechen. Charakteristisch ist die Ausbildung von kalten Abszessen in den Weichteilen in Nähe des knöchernen Herds. Abszesse breiten sich in Richtung des geringsten Widerstands aus (Röhrenabszeß, s. Senkungsabszeß).

Lokalisation: Spongiöser Knochen (Wirbelkörper, Epi- und Metaphysen), Diaphysen der kurzen Röhrenknochen (Hand und Fuß).

Sy: Langsam zunehmende Verschlechterung des Allgemeinzustands, subfebrile Temperaturen, Appetitlosigkeit, leichte Ermüdbarkeit, Nachtschweiß, örtliche Schmerzen. Bei fortgeschrittenem Prozeß örtlich evtl. teigige Schwellung der Weichteile, bei bevorstehender Perforation bläuliche Verfärbung der Haut (kalte Abszesse), bei Durchbruch Entstehung von Fisteln mit Gefahr der Mischinfektion. Eiter dünnflüssig, von bröckeliger Beschaffenheit.

Dg: Blutsenkung beschleunigt. Blutbild kann Linksverschiebung aufweisen.

Röntgenbild: An Vergleichsaufnahmen denken! Zu Beginn der Erkrankung diffuse Atrophie der angrenzenden Skelettabschnitte. Im weiteren Verlauf kommt es zu Struktur- und Formveränderungen mit zunehmenden Deformitäten. Ausbildung von Sequestern, Weichteilabszessen, schattendichte Markierungen, periostale Reaktionen. Bei diagnostischen Schwierigkeiten sind Schicht- oder Feinstfokusaufnahmen erforderlich.

DD: Entzündliche Knochenerkrankung, Rheumatismus, Osteomyelitis, Gonorrhö, Lues, Typhus.

Th:

- *Konservativ:* Heliotherapie, kalorien- und vitaminreiche Kost. Allgemeinbehandlung in Sanatorien bei extrapulmonaler Tuberkulose. Evtl. Röntgenbestrahlung. Lokal: Absolute Ruhigstellung durch Gipsverbände. Medikamentös: PAS, INH, Thiosemicarbazone, Streptomycin.
- *Operativ:* Behandlung des kalten Abszesses durch Ausräumung und gleichzeitige Entfernung des tuberkulösen Knochenherds durch Auslöffeln, ggf. Spongiosaauffüllung unter Tuberkulostatika. Bei sehr fortgeschrittenen Leiden evtl. Amputation.

Ostitis tuberculosa multiplex cystoides (Jüngling-Krankheit) s. d.

Wirbelsäulentuberkulose (Spondylitis tuberculosa)

Vk und Sy: Häufigste Form der Skelettuberkulose. Spielt sich fast ausschließlich am Wirbelkörper ab, ähnelt in ihrem klinischen Verlauf der unspezifischen chronischen Spondylitis (s. d.). Es werden alle Lebensalter betroffen. Durch Einschmelzen des Wirbelkörpers kommt es zum keilförmigen Zusammenbruch; es entsteht der typische Gibbus. Häufig wird erst in diesem Stadium die Diagnose gestellt, während vorher radikuläre Symptome das Krankheitsbild übedeckt haben. Hauptlokalisation: Untere Brust- und obere Lendenwirbelsäule.

Dg: Ausbildung von Senkungsabszessen (s. d.), die im Röntgenbild als paravertebrale Schatten sichtbar werden.

Th: Immobilisation im Gipsbett. Nach klinischer Beruhigung des spondylitischen Herds mit Neigung zur Blockwirbelbildung nach BSG-Verlauf Mobilisation im Korsett. Operationsindikation: Neurologische Ausfälle, hochgradige Wirbelkörperdestruktion mit Instabilität, größere paravertebrale Abszesse.

Überbein s. Fußrückenhöcker, Exostosen

Unterarmknochen, angeborener Defekt

Ät: Keimfehler.

Path Anat: Völlige (Aplasie) oder teilweise (Ektromelie, Hypoplasie) einseitige oder doppelseitige Bildungsstörung eines oder beider Unterarmknochen. Vorwiegend ist der radiale Anteil betroffen.

Sy: Der betroffene Unterarm ist kürzer und dünner. Die Hand knickt nach der defekten Seite hin ab (Klumphand). Häufig besteht gleichzeitig ein Randstrahldefekt an der Hand (bei Radiusdefekt Fehlen des radialen Handstrahls).

Th: Manuelle Korrektur der Fehlstellung sofort nach der Geburt beginnen. Versorgung mit Schiene oder Gipsschale, um der Fehlentwicklung der Hand nach Möglichkeit entgegenzuwirken und zur Vermeidung irreparabler Kontrakturen. Später kommen operative Maßnahmen in Betracht.

Unterschenkelknochen, angeborener Defekt

Ät: Keimfehler.

Path Anat: Partielles oder völliges Fehlen eines Unterschenkelknochens an einem oder an beiden Unterschenkeln. Meist handelt es sich um die Fibula.

Sy: Der betroffene Unterschenkel ist dünner, verkürzt und häufig verbogen. Das Sprunggelenk steht schräg. Der Fuß knickt nach der defekten Seite hin ab. Die benachbarten Gelenke zeigen häufig Kontrakturen. Der Defekt kann isoliert auftreten oder nur eine Teilerscheinung einer umfangreichen Mißbildung sein.

Th: Manuelle Korrektur der Fehlstellung sofort nach der Geburt. Versorgung mit Nachtschiene oder Gipsschale. Später Schieneneinlage mit Verkürzungsausgleich. Wenn möglich, operativer Ersatz des fehlenden Knochens, sonst später Apparat- oder Prothesenversorgung.

Varizen s. S. 511 f und 831 ff

Venenentzündung s. S. 828 f

Wackelgelenk

Def: Pathologische Wackelbeweglichkeit eines Gelenks.

Ät: Angeboren (selten), Bandüberdehnungen bei X- und O-Beinen, Bindegewebsschwäche (Marfan-Syndrom), Lähmungen, Tabes dorsalis. Direkte Schwächung des Kapsel-Band-Apparats nach Traumen, Restzustände nach Luxationen (Seitenbänder nicht fest verheilt), Überdehnung der Bänder bei chronischen Ergüssen, entzündliche Destruktionen.

Sy: Unsicherheit beim Gehen und Stehen, Schmerzen, Schwellung infolge von Reizzuständen. Es kommt durch Schädigung der Haltevorrichtungen leicht zu Distorsionen, Bänderzerrungen, Gelenkergüssen.

Th: In leichten Fällen gezielte krankengymnastische Übungsbehandlung, in schweren Fällen beim jungen Menschen (z. B. Kniegelenk) operativ-plastische Wiederherstellung des Bandapparats, sonst Verordnung von orthopädischen Hilfsmitteln, im fortgeschrittenen Alter bei hochgradiger Arthrosis deformans Arthrodese angezeigt.

Wirbelfrakturen, veraltete

Sy: Veraltete komplette Wirbelbrüche, die mit einer Deformität ausgeheilt sind und bei denen aufgrund unzureichender spontaner Abstützungsvorgänge oder Blockwirbelbildung eine Instabilität in dem betroffenen Segment mit konsekutiver Fehlstatik der darüber- und darunterliegenden Wirbelsäulenabschnitte aufgetreten ist, verursachen häufig stärkere Schmerzen im Wirbelsäulenabschnitt mit schwer zu beeinflussenden radikulären Symptomen, vorwiegend wenn der obere Lendenwirbelsäulenbereich betroffen ist.

Th: In diesen Fällen sollte unter Berücksichtigung des Alters und des Allgemeinzustands die Möglichkeit einer operativen Knochenspanversteifung (s. Spondylolisthesis) mit Eigenspan aus Beckenkamm oder Schienbein genau erwogen werden. Im anderen Fall Korsettverordnung.

Wirbelgleiten s. Spondylolisthesis

Wirbelsäule, Arthropathia deformans s. Spondylarthrose

Wirbelsäulentuberkulose s. Tuberkulose (Spondylitis tuberculosa)

X-Bein s. Genu valgum

Zerebralparese, infantile

Ät: Der frühkindliche Hirnschaden entsteht in der Hirnreifungszeit: Vor der Geburt (Schwangerschaftsblutungen und -toxikosen, Infektionen, Blutgruppenunverträglichkeit), während der Geburt (schwere bzw. verlängerte Entbindung, Frühgeburt, Übertragung, Asphyxie, Eklampsie) oder nach der Geburt (Asphyxie, Atemstörungen, Krampfanfälle, Infektionen, Schädelunfälle und Hirnerkrankungen).

Sy: Störung der Bewegungskoordination in Form von spastischen Lähmungen, Athetosen und choreatischen Bewegungsstörungen, Rigidität und Ataxien, die entweder alle Gliedmaßen *(Tetraplegie)* oder nur eine Seite *(Hemiplegie)* bzw. vorwiegend die unteren Extremitäten *(Diplegie)* befallen. Häufige Kombinationen mit sensorischen und motorischen Sprach-, Hör- und Sehstörungen. Zudem Verhaltensstörungen mit und ohne Intelligenzdefekt bzw. mit Krampfanfällen.

Dg: Früherkennung und frühzeitige sachgemäße Betreuung sind wichtig, weil die motorische Entwicklung eng verbunden ist mit der geistig-seelischen Entwicklung des Kinds. Jedes Kind, bei dem Abweichungen vom normalen Verlauf der Schwangerschaft, der Geburt oder der Neugeborenenzeit vorliegen, muß auf eine normale motorische und geistige Entwicklung hin beobachtet werden. Die Schädigung des ZNS kann zu einer Verzögerung der motorischen Entwicklung, aber auch zu einer fehlerhaften motorischen Entwicklung führen, da sich die normalen Bewegungsfunktionen nicht entwickeln können, weil Spastizität, abnorme Reflexe und Bewegungen ungeregelter Art die statisch-motorische Entwicklung erschweren und die Stellreaktionen ausbleiben.

Th und Prl: Frühbehandlung in den ersten Lebensmonaten möglich, durch spezifische Krankengymnastik, z. B. nach Bobath oder Vojta.

Durch Hemmung pathologischer Reflexe werden Koordination, Stell- und Gewichtsreaktionen verbessert und damit die gesamte statische und motorische Entwicklung gefördert.

Prophylaxe oder Behandlung von Kontrakturen durch krankengymnastische, orthopädietechnische oder operative Maßnahmen. Versorgung mit Hilfsmitteln (Gehhilfe, Rollstuhl usw.), beschäftigungstherapeutische und psychologische Betreuung sowie Sozialhilfe.

Zervikalsyndrom s. Bandscheibenprolaps (zervikaler Prolaps)

35. Pharmakotherapie im Alter

E. WEBER und W. KRUSE

Allgemeines

Überblick über die Besonderheiten der Pharmakotherapie im Alter

Es gibt keine pharmakodynamisch wirksamen Stoffe, die speziell für den alten Menschen konzipiert und entwickelt wurden. Da aber die Erkrankungshäufigkeit mit zunehmendem Alter deutlich ansteigt, werden Arzneimittel in diesem Lebensabschnitt häufiger eingesetzt als in anderen. Typischerweise werden alte Patienten auch häufiger wegen mehrerer Krankheiten gleichzeitig medikamentös behandelt. Daher ist es eine für die Praxis wichtige Frage, ob für die Verordnung von Medikamenten an ältere Patienten besondere Regeln gelten. Aufgrund der Involutions- und Degenerationsvorgänge kann der Weg eines Arzneimittels im Körper, verglichen mit den beim jungen Menschen ablaufenden Reaktionen, in vielen Punkten modifiziert sein. Jede der in der Auseinandersetzung Pharmakon – Organismus beteiligten Körperfunktionen kann betroffen sein, so daß die erhoffte Wirkung in quantitativer, manchmal auch in qualitativer Hinsicht verändert sein kann. Es handelt sich hier um Schwierigkeiten, die bei der medikamentösen Behandlung betagter Menschen generell erwartet werden müssen.

Die verschiedenen Stationen, die ein Arzneimittel im Körper durchläuft, umfassen seine Resorption und seine Verteilung, die Wirkung am Rezeptor, seinen Abbau und schließlich seine Elimination in Form der Muttersubstanz und/oder seiner Metaboliten.

Resorption

Eine verminderte Resorptionsleistung des Magen- und Darmkanals beim alten Menschen betrifft am ehesten aktiv transportierte Stoffe, wie z. B. Calcium oder Eisen. Die – fast ausschließlich passiv – diffundierenden Pharmaka scheinen im Alter nicht schlechter resorbiert zu werden. Allerdings liegen kaum entsprechende aussagekräftige Studien vor. Auswirkungen auf die Resorption durch die im Alter herabgesetzte Salzsäureproduktion, die verringerte Durchblutung des Splanchnikusgebiets, die meist geringere Magen- und Darmmotilität und die zunehmende Atrophie der Schleimhäute sind zwar denkbar; dennoch ergeben sich in der Regel daraus keine therapeutischen Schwierigkeiten.

Allgemein gilt, daß, je vollständiger ein Wirkstoff – meist aufgrund seiner guten Lipoidlöslichkeit – über die Darmwand aufgenommen wird, um so geringer die interindividuelle Schwankungsbreite seiner Resorption ist. Um so kleiner ist bei gegebener Dosis die Gefahr der Unter- oder Überdosierung. Stehen mehrere Stoffe mit weitgehend identischer Wirkung zur Verfügung, so ist deshalb der mit der besten Resorptionsquote zu bevorzugen. Ein Beispiel hierfür bieten die Digitalisreinglykoside, die deutlich besser resorbiert werden als die meisten sog. „Digitaloide“ (herzwirksame Glykoside aus der Meerzwiebel und andere mehr).

Verteilung

Mit zunehmendem Alter treten absolute und relative Verschiebungen der Eiweißfraktionen im Plasma auf. Diese beeinflussen die Verteilung von Pharmaka. Allerdings liegen auch hier nur wenige, nicht durchweg gut interpretierbare Daten vor. Besonders niedrige Albuminwerte werden bei akut und schwerkranken alten Patienten gemessen. Eine Hypalbuminämie oder ein Mangel an anderen Plasmaeiweißen kann bei sehr stark an Plasmaproteine sich bindenden Arzneimitteln durch Mangel an Bindungsstellen zu einer Erhöhung der „freien“, für die pharmakodynamische Wirkung verantwortlichen Fraktion führen. So erklären sich Fälle von Intoxikationserscheinungen mit Phenytoin (Phenhydan, Zentropil, Epanutin) in üblicher Dosierung bei Hypalbuminämie, weiterhin erhöhte Phenprocoumon- (Marcumar-) Wirkungen. Werden mehrere Medikamente

gleichzeitig eingenommen, können diese Effekte initial stark ausgeprägt sein.
Aber auch im Gewebe verändern sich mit steigendem Alter die Bindungsverhältnisse, da es zunehmend zur Wasserverarmung des Organismus (stärker intra- als extrazellulär), zur Abnahme der Muskelmasse und zur Zunahme des Fettgehalts kommt. Diese Veränderungen beeinflussen ebenfalls die Verteilung von Pharmaka und können die Ursache dafür sein, daß die bei jungen Patienten bewährten Dosierungen beim Greis erhöht oder in der Regel erniedrigt werden müssen.

Wirkung am Rezeptor

Es gibt nur wenige Angaben über altersbedingt veränderte Antworten von Rezeptoren auf Pharmaka. Nachgewiesen ist eine mit zunehmendem Alter abnehmende Empfindlichkeit der β-Rezeptoren sowohl für Agonisten als auch Antagonisten. Angenommen werden Funktionseinschränkungen der Rezeptorproteine. Bemerkenswert ist die außerordentlich große Variabilität der Effekte. Für die Praxis bedeutet dies, daß im Alter bei gleichen Dosen bei verschiedenen Patienten mit sehr unterschiedlichem Ansprechen gerechnet werden muß. Nicht selten ist auch ein stark unterschiedliches Reagieren auf Hypnotika und Psychopharmaka zu beobachten. Sonst übliche Dosen führen beim alten Patienten unter Umständen zu vermehrter Müdigkeit oder rufen paradoxe Reaktionen hervor (s. u.).

Abbau und Ausscheidung

Es mehren sich Hinweise dafür, daß im Alter der Abbau über mikrosomale Leberenzyme eingeschränkt ist, die Konjugationsreaktionen hingegen unverändert ablaufen. Dies hat zur Folge, daß alte Patienten Arzneimittel, die über den erstgenannten Weg abgebaut werden, in der Regel in niedrigerer Dosierung benötigen als jüngere Individuen (z. B. Diazepam). Für die zweite Gruppe der Medikamente kann die Dosis oft beibehalten werden (z. B. Oxazepam).
Auch die Induzierbarkeit der metabolisierenden Enzymsysteme in der Leber (Cytochrom-P-450-System) durch z. B. Rauchen oder Medikamente scheint im Alter abzunehmen. Den größten Einfluß auf die Elimination von Arzneimitteln hat jedoch die Einschränkung der Nierenfunktion (s. u.).

Nierenfunktion

Die in die Arzneimittelelimination einbezogenen Vorgänge sind in erheblichem Maße vom Alter abhängig, weil besonders die mit der Ausscheidung verbundene Entgiftungsfunktion mit steigendem Lebensalter immer mehr eingeschränkt wird. Das Nierengewicht fällt ab dem 4. Lebensjahrzehnt ab. Mit 80 Jahren beträgt die Anzahl der Glomeruli nur mehr etwa die Hälfte des Ausgangswerts. Das Glomerulusfiltrat nimmt mit steigendem Alter ab und beträgt bei 90jährigen nur etwa 50% des Werts eines 20jährigen. Die von den Tubuli ausgeübten Funktionen lassen in gleichem Maße nach. Dabei können Kreatinin- und Harnstoffgehalt im Serum innerhalb der Norm liegen (geringere Muskelmasse des alten Menschen!). Sie beginnen erst anzusteigen, wenn das Glomerulusfiltrat weniger als 40 ml bzw. 50–60 ml/min beträgt. Diese Daten bedeuten, daß trotz „normaler" klinisch-chemischer Parameter die Ausscheidung von nierengängigen Arzneimitteln und ihrer Metaboliten schon deutlich herabgesetzt sein kann. Eine Dosisbeschränkung bei nierengängigen Arzneimitteln, z. B. Digoxin, ist bei erhöhten Kreatininserumwerten unumgänglich. Andererseits gibt es nierengängige Substanzen, die im Organismus so rasch inaktiviert werden, daß ihre Dosierung bei Niereninsuffizienz nicht eingeschränkt zu werden braucht, vorausgesetzt, daß von den entstehenden Metaboliten keine unerwünschten Wirkungen ausgehen. Oder aber es herrschen andere Eliminationswege vor, wie z. B. für Digitoxin oder für Doxycyclin (Vibramycin), so daß es bei Niereninsuffizienz zu keiner Kulmination kommt. Der richtige Einsatz von Arzneimitteln in besonderen Situationen, z. B. bei bestehender Niereninsuffizienz, ist eines der zwingenden Argumente für den Therapeuten, nur wenige ausgesuchte Substanzen zu verordnen, deren Verhalten ihm auch unter solchen Umständen bekannt ist.

Spezielle Probleme in verschiedenen Arzneimittelklassen

Eine Reihe von Problemen kann sich bei den in der Geriatrie häufig indizierten Arzneimitteln ergeben, die über die Schwierigkeiten hinausreichen, denen man bei Anwendung in anderen Altersklassen begegnet. Einige sollen im folgenden gestreift werden:

Herzglykoside

Es sind mehrere Faktoren, welche die Wirkung der Herzglykoside bei alten Patienten beeinflussen können:

- steigender Glykosidbedarf bei zunehmender Herzinsuffizienz, wobei dies bei guter Nierenfunktion fraglich ist, da in Untersuchungen ein gleichbleibender Bedarf festgestellt wurde;
- Abnahme des Glykosidbedarfs wegen zunehmender Empfindlichkeit gegenüber diesem Medikament, verstärkt durch die sehr häufig gleichzeitig verordneten Saluretika und die quantitativ unzureichende Zuführung von Kalium durch die Nahrung;
- geringerer Glykosidbedarf bei Kumulation wegen verminderter Elimination aufgrund der altersbedingt eingeschränkten Nierenfunktion.

In der Endsumme wird man im allgemeinen eher eine höhere Empfindlichkeit erwarten müssen, welche eine Dosisreduzierung verlangt. Eine schnelle Aufsättigung sollte nicht vorgenommen werden. Ist sie unumgänglich, so muß auch hier vorsichtig dosiert (Körpergewicht berücksichtigen!) und die vorgesehene Dosis möglichst fraktioniert zugeführt werden. Entscheidend ist in diesem Falle eine gute Überwachung, u. U. mit Hilfe des EKG. Bei Beginn einer Therapie mit Digoxin oder seinen Derivaten mit der Erhaltungsdosis ist der Endspiegel in etwa 10 Tagen erreicht, mit Digitoxin jedoch erst in rund 4 Wochen. Die Digitoxintherapie sollte deshalb mit höheren als der Erhaltungsdosis begonnen werden. Eine Überdosierung ist bei alten Patienten tunlichst zu vermeiden. Tritt eine beim Patienten sonst unübliche Anorexie auf, an Digitalisüberdosierung denken!

Die als Intoxikationszeichen vorkommenden Durchfälle und das Erbrechen führen zu Elektrolytverlusten, u. a. auch von Magnesium, welche wiederum eine Verstärkung der Digitalisempfindlichkeit bewirken. Außer dem Farbensehen (häufig werden gelbe, aber auch grüne oder blaue und rote Farberscheinungen beobachtet) treten auch andere zentralnervöse Zeichen der Überdosierung auf, wie psychische Veränderungen, Unruhe, Depressionen und Verwirrtheit. Diese Symptome setzen schleichend ein. Daneben kommen alle Formen der Herzrhythmusstörungen vor. Die wichtigste Maßnahme zur Vermeidung von Nebenwirkungen ist die exakte Indikationsstellung (z. B. Tachyarrhythmia absoluta)! Die „prophylaktische" präoperative Digitalisierung nur aufgrund des Alters ist obsolet!

Diuretika

Die Diuretika vom Typ der Benzthiazide (Aquaphor, Baycaron, Esidrix) sowie Furosemid sind auch in der Geriatrie unentbehrliche Hilfsmittel bei der Behandlung des Hochdrucks und der Herzinsuffizienz. Ihr Einsatz ist aber wegen der höheren Anfälligkeit des Wasserhaushalts gegen Störungen mit größeren Risiken verbunden als bei jungen Patienten. Unter ihrer Einwirkung kann der im Alter vorhandene latente Kaliummangel, der sich in der Plasmakonzentration nicht zu offenbaren braucht, manifest werden. Müdigkeit, Muskelschwäche (erschwertes Treppensteigen!), überhaupt Störungen der Muskelfunktion, von der Skelett- über die Herz- bis hin zur glatten Muskulatur (hier am dramatischsten) und bis zum paralytischen Ileus, können die Folge sein. Häufig treten Arrhythmien auf. Im EKG findet sich eine hohe U-Welle, deren Verschmelzung mit der T-Zacke eine starke QT-Verlängerung vortäuscht. Es kommt zur Abflachung der T-Welle, und gleichzeitig entstehen ST-Senkungen. Der Kaliumverlust kann eine Obstipation bedingen oder eine bestehende verstärken. Der Versuch, durch Laxantien dieses Symptom zu beseitigen, führt zu einer Verstärkung der ihm zugrundeliegenden Störung des Kaliummangels. Umgekehrt kann die Gabe von Saluretika bei bestehendem, oft verschwiegenem Laxantienabusus gerade bei alten Menschen lebensbedrohliche Komplikationen der erwähnten Art auslösen. Auch bestimmte Ernährungsgewohnheiten, eine Magenschonkost oder die Verordnung von Nebennierenrindenhormonen können hier eine verhängnisvolle Rolle spielen. Weniger bekannt ist, daß auch Verwirrtheitszustände, Benommenheit und depressive Verstimmungen durch Kaliummangel bedingt sein können. Erhöhungen des Harnsäurespiegels und eine herabgesetzte Glucosetoleranz sind ebenfalls möglich. Je mehr Natrium unter Saluretikagabe zugeführt wird, um so mehr (nicht rückresorbierte) Natriumionen stehen am distalen Tubulus zum Austausch gegen Kaliumionen, die dabei über den Urin verlorengehen, zur Verfügung. Deshalb Patienten auch unter Saluretika zur Salzeinschränkung anhalten! Durch die verminderte Fähigkeit der Niere im Alter, Natrium bei Salzrestriktion zurückzuhalten, besteht andererseits die Möglichkeit der Hyponatriämie. Diese geht mit uncharakteristischen klinischen Zeichen einher. Müdigkeit, Mattigkeit und orthostatische Beschwerden können die Folge sein. Bei ausgeprägter Hyponatriämie werden auch Verwirrtheit und neurologische Ausfälle bis zur Halbseitenlähmung beobachtet. Durch die verstärkte Ausscheidung nicht nur von Natrium und Kalium, sondern auch von Chloridionen kann es zu einer metabolischen Alkalose kommen, weshalb die Substitution des Kaliummangels in der Regel mit Kaliumchlorid (und nicht mit Kaliumcitrat oder anderen organischen Kaliumsalzen) zu erfolgen hat.

Es ist beim alten Menschen besonders wichtig, die nicht identische Wirkungsdauer der einzelnen Diuretika zu beachten, die zwischen 6 und 8 Stunden, z. B. beim Furosemid (Lasix) und 48–72 Stunden, z. B. beim Chlortalidon (Hygroton), liegt. Dem behandelnden Arzt müssen die Halbwertszeiten der von ihm verwendeten Saluretika geläufig sein. Demgegenüber spielt die von Präparat zu Präparat unterschiedliche absolute Dosis keine Rolle, da die therapeutische Breite nicht verbessert werden konnte.

Auch eine Hyperkaliämie gefährdet den alten Menschen stärker als den jüngeren. Sie kann durch die sog. kaliumsparenden Diuretika wie den Aldosteronantagonisten Spironolacton (Aldactone), Amilorid (Diaphal) oder Triamteren (Jatropur) besonders bei einer bestehenden (auch geringgradigen) Niereninsuffizienz beobachtet werden. Auch bei den häufig eingesetzten Kombinationspräparaten mit kaliumsparender Komponente ist die Gefahr der Hyperkaliämie zu beachten, jedoch werden auch Hypokaliämien beobachtet. Der Wirkungseintritt nach p.o. verabreichtem Spironolacton erfolgt meist erst nach 2–3 Tagen, so daß eine schnelle Dosiserhöhung nicht angebracht ist. Die kaliumretinierende Wirkung ist bei gleichzeitiger Digitalisgabe günstig, ebenso bei Aszites infolge Leberezirrhose. Eine über das erwünschte Maß hinausgehende Kaliumretention kann verhältnismäßig frühzeitig durch die Bestimmung des Serumspiegels erfaßt werden. Wichtig für die Beurteilung ist das Verhalten des EKG. Es bilden sich hohe und spitze T-Zacken aus, besonders in V_2 und V_4. Die generelle Leitungsverlangsamung führt zu einer Verbreiterung von P und QRS. Als ernstes Zeichen sind ventrikuläre Extrasystolen zu bewerten.

Brüskes Ausschwemmen sollte insbesondere bei wenig mobilen Patienten wegen der Thrombosegefahr vermieden werden. Eine unbedachte, zu hoch dosierte Behandlung mit Diuretika – vor allem während der heißen Jahreszeit – kann besonders bei alten Patienten über eine Verminderung des Blutvolumens, verbunden mit einer Abnahme des extravasalen Volumens, zu einer Einschränkung des Glomerulusfiltrats und damit zu einer Niereninsuffizienz führen. Solche Erscheinungen wurden wiederholt epidemisch in Altersheimen beobachtet. Unter Saluretikagabe keine Einschränkung der Trinkmengen verordnen! Als potentiell sehr gefährlich haben sich auch gerade bei alten Patienten häufig eingesetzte nichtsteroidale Antiphlogistika in Kombination mit diuretischer Behandlung erwiesen. Die Nierenfunktion kann sich u. U. dramatisch verschlechtern, und kardial rekompensierte Patienten können erneut dekompensieren.

Magnesium verhält sich unter Thiazideinwirkung wie Kalium, wird also ebenfalls verstärkt eliminiert, was u. a. zu Rhythmusstörungen des Herzens, z. B. Vorhofflimmern, führen kann. Ein Magnesiumdefizit kann seinerseits zu einem sekundären Kaliummangel beitragen.

Antihypertonika

Arterielle Hypertonie trägt zum Anstieg des Morbiditäts- und Mortalitätsrisikos kardio- und zerebrovaskulärer Erkrankungen bei. Erhöhte Blutdruckwerte werden mit zunehmendem Alter häufiger gemessen. Etwa 30–50% der über 65 Jahre alten Personen zeigen bei der Erstmessung über der Norm liegende Werte, wobei etwa ein Drittel der Fälle nur erhöhte systolische Drucke aufweist. Daß eine antihypertonische Therapie im Alter über 65 Jahre die Prognose verbessert, ist bis jetzt nicht eindeutig bestätigt worden. Neuerdings zeigten die Ergebnisse der Studie der „European Working Party on High Blood Pressure in the Elderly“ in der therapierten Gruppe eine statistisch gesicherte Verringerung tödlicher Myokardinfarkte und unspezifischer zerebrovaskulärer nicht tödlicher Ereignisse. Die Gesamtmortalität wurde nicht beeinflußt. Bei der Indikation

zur medikamentösen Behandlung sind neben dem Alter und gemessenen Blutdruckwerten weitere Risikofaktoren sowie Organschäden (z. B. Herzinsuffizienz) mit einzubeziehen! Letztere werden die Entscheidung zur Therapie bei isoliertem systolischen Hochdruck oder nur mäßig erhöhten diastolischen Werten beeinflussen.
Nichtmedikamentöse Maßnahmen, wie Gewichtsreduktion bei Übergewicht und Einschränkung eines übermäßigen Kochsalzkonsums, haben im Alter ebenfalls ihren Platz, stoßen hier jedoch oft auf besondere Hindernisse (eingefahrene Ernährungsweisen). Vor einer medikamentösen Behandlung sind speziell im Alter einige Punkte zu berücksichtigen. Einmal nimmt die Variabilität der gemessenen Blutdruckwerte deutlich zu, weswegen wiederholte Messungen erforderlich sind. Vor und während der Therapie sollte immer in verschiedenen Positionen gemessen werden, im Liegen oder Sitzen und im Stehen. Aufgrund eingeschränkter Regulationsmechanismen ist die orthostatische Hypotonie im Alter sehr häufig und besonders komplikationsträchtig! Sie findet sich bei normalen, erhöhten und erniedrigten Blutdruckwerten. Besonders gefährdet sind Diabetiker, Patienten mit neurologischen Erkrankungen, Alkoholiker und auch Akutkranke, die hypovolämisch sind. Auch Immobilität kann zur Hypovolämie mit konsekutiver Hypotonie führen. Neben sämtlichen Antihypertonika kann eine Reihe von häufig verordneten Medikamenten eine orthostatische Hypotonie verstärken, wie z. B. Nitrate, Antidepressiva, Psychopharmaka, Sedativa oder Anti-Parkinson-Medikamente (s. auch entsprechende Abschnitte).
Der orthostatische Kollaps muß wegen der häufig bestehenden Zerebral- und/oder Koronarsklerose sorgfältig vermieden werden. Eine vorsichtige einschleichende, individuell angepaßte Medikation ist hier besonders notwendig. Auch die neuen Substanzen wie Prazosin, Doxazosin, Urapidil, Lopirin und Minoxidil machen hier keine Ausnahme. Wichtig ist die Unterweisung des Patienten, zumindest zu Beginn der antihypertonischen Therapie, abrupte Lagewechsel zu vermeiden, besonders beim Aufstehen am Morgen.
Man wird immer versuchen, mit dem schwächstwirksamen Mittel und den kleinstmöglichen Dosen auszukommen. Als Basistherapeutikum dient ein Diuretikum. Allerdings muß man sich darüber im klaren sein, daß reichliche Kochsalzzufuhr seinen Effekt aufhebt und zu starkem Kaliumverlust führt. Als Alternative oder als Zusatzmedikation bei ungenügendem Effekt, vorteilhaft bei gleichzeitig bestehender koronarer Herzerkrankung, kommt ein β-Blocker in Betracht. Präparate, die einmal täglich dosierbar sind (z. B. Atenolol), können zur Vereinfachung des Therapieplans beitragen. Kontraindikationen wie obstruktive Atemwegserkrankungen, auch in der Anamnese, sind zu beachten. Eine latente Herzinsuffizienz kann manifest werden! Symptome der Hypoglykämie bei Diabetikern werden verschleiert. Alter allein ist jedoch keine Kontraindikation gegen eine β-Blockade. Auch Calciumantagonisten eignen sich, Nifedipin auch in Kombination.
Die Angriffspunkte und die Nebenwirkungen der verschiedenen Antihypertonika unterscheiden sich. Bei ihrer Kombination erreicht man mit kleineren Dosen der Einzelsubstanzen meist eine ausreichende Wirkung bei einer herabgesetzten Nebenwirkungsquote.
Reserpin (Reserpin Saar) und α-Methyldopa (Presinol, Sembrina) können Parkinson-Symptome induzieren. Sie sollten deshalb bei bestehenden extrapyramidalen Störungen nicht angewandt bzw. bei ihrem Auftreten abgesetzt werden. Clonidin (Catapresan) führt manchmal zu einer Bradykardie, evtl. zu Überleitungsstörungen. Dihydralazin (Nepresol) dagegen verursacht häufig Tachykardien und kann dadurch pektanginöse Beschwerden auslösen. Die Kombination mit β-adrenergen Blockern ist deshalb besonders günstig. Die Sekretion der Verdauungsdrüsen wird durch Clonidin gehemmt, durch Reserpin und Dihydralazin dagegen angeregt, so daß es hier u. U. zur Reaktivierung eines peptischen Ulkus kommen kann. Gastrointestinale Störungen können nach allen Antihypertonika auftreten. Häufig wird eine Sedierung unter den zentral angreifenden Antihypertonika (Reserpin, α-Methyldopa und Clonidin) beobachtet, die bei alten Patienten sehr unterschiedlich ausgeprägt sein kann. Der Zusammenhang zwischen einer Reserpin-Medikation und dem Einsetzen einer Depression bleibt häufig unerkannt. Mehrfach waren Suizide die Folge. Auch Clonidin kann, allerdings selten, ebenso wie α-Methyldopa depressive Zustände induzieren. Nach Verabreichung von letzterem sind Halluzinationen beobachet worden. Es sollte wegen gefährlicher Nebenwirkungen unter Langzeitanwendung nur in den Fällen eingesetzt werden, in denen auch mit der Kombination

anderer Antihypertonika kein ausreichender Effekt erzielt werden kann.
In der Behandlung von Blutdruckkrisen hat sich als erster Schritt der Versuch mit einem Calciumantagonisten (z. B. Nifedipin, 10 mg sublingual) gut bewährt. Dies kann ggf. auch kurzfristig wiederholt werden. Nur bei drohender Linksdekompensation mit Lungenödem oder ähnlich lebensbedrohlichen Situationen ist eine drastische Blutdrucksenkung gerechtfertigt. Grundsätzlich ist schonendes Vorgehen anzuraten, da jede schnelle und/oder starke Blutdrucksenkung beim alten Menschen gefährlich ist (zerebrale oder kardiale Ischämie). Mit unter Umständen dramatischem Blutdruckabfall ist immer zu rechnen, insbesondere, wenn die Patienten antihypertonisch vorbehandelt sind oder notfallmäßig mehrere Medikamente nacheinander kombiniert werden. Ein schnell einsetzender Effekt wird mit Clonidin erreicht. Dies sollte zunächst fraktioniert (0,075 bis 0,15 mg) s. c. oder nur in Ausnahmen (gute Überwachung) verdünnt und ebenfalls vorsichtig fraktioniert i. v. gegeben werden. Die Wirkungsdauer von Clonidin beträgt mehrere Stunden. Gelegentlich kommt es initial zu paradoxen Blutdrucksteigerungen.

Antibiotika

Infektionen kommen bei über 50jährigen häufiger vor als bei jungen Menschen. Sie verlaufen schwerer, und die Mortalität ist höher. Auslösung und Verlauf sind oft beeinflußt durch das Vorliegen einer oder mehrerer Grunderkrankungen, die sich resistenzmindernd auswirken und/oder durch pathologische Organbefunde die Infektion unterhalten können. Inwieweit die Immunantwort im Alter verändert ist, wird uneinheitlich beurteilt. Chronische Atem- und Harnwegsinfektionen, Pneumonien sowie Sepsen treten bevorzugt auf. Die klinischen Zeichen wie Fieber, Leukozytenanstieg, Schmerz oder die physikalischen Befunde entsprechen in ihrer Ausprägung häufig nicht der Schwere der Erkrankung.
Die Palette an Antibiotika, die für alte nicht stationär behandelte Patienten in Frage kommt, gleicht der, die der niedergelassene Arzt üblicherweise benutzt. Sie umfaßt Antibiotika mit engem (Penicillin G, orale Penicilline, penicillinasefeste Penicilline, seltener Erythromycin) und mit erweitertem Keimspektrum (Aminopenicilline wie Ampicillin und Amoxicillin), moderne Tetracycline wie Doxycyclin und mit Einschränkung Cotrimoxazol (bzw. entsprechende Kombinationen aus Sulfonamiden mit anderen Folsäurereduktase-Hemmern) und neuere orale Cephalosporine.
Es handelt sich bei den genannten Antibiotika um solche, die unzureichend oder unwirksam sind bei Infektionen mit (oft mehrfach resistenten) gramnegativen Stäbchen wie Klebsiellen, Enterobacter, Pseudomonas oder Serratien, an die beim alten, insbesondere vorgeschädigten, rezidivierend erkrankten Patienten gedacht werden muß. Auch aus diesem Grund empfiehlt es sich, früh zu einer zuverlässigen Diagnose (Antibiogramm) zu kommen und rasch mit der Antibiotikabehandlung einzusetzen. Prophylaktische Gabe von Antibiotika kann bei Vorliegen einer Virusinfektion im Zusammenhang mit „Grippeepidemien" wegen des erhöhten Risikos angezeigt sein (orales Penicillin oder ein neueres orales Cephalosporin). Angesichts der gerade auf dem Gebiet der Antibiotikatherapie äußerst mangelhaften Mitarbeit des Patienten können täglich beim Hausbesuch zu applizierende parenterale Antibiotika angebracht sein (z. B. Depot-Penicilline, Doxycyclin u. a.).
Über die pharmakokinetischen Besonderheiten der Antibiotika bei alten Patienten ist wenig bekannt. Da allein mit dem Alter die Funktionsfähigkeit der Niere bis auf mehr als die Hälfte absinkt (S. 1324, auch hinsichtlich der Unverbindlichkeit der Kreatininwerte, insbesondere wegen der geringeren Muskelmasse im Alter!), sollten mittlere Antibiotikadosen gegenüber maximalen generell bevorzugt werden, vor allem bei den Antibiotika, die weit überwiegend renal eliminiert werden (Penicillin G und alle halbsynthetischen Penicilline wie orale und penicillasefeste Penicilline, orale Cephalosporine, Aminoglykoside). Bei weitergehender Niereninsuffizienz müssen bei diesen Antibiotika Dosisreduktionen anhand von geeigneten Dosierungsschemata vorgenommen werden.
Antibiotika vom Chloramphenicoltyp (vorwiegend biliäre Ausscheidung in verstoffwechselter Form) können dagegen bei jedem Grade der Niereninsuffizienz in üblichen mittleren Dosen verabreicht werden (z. B. Doxycyclin, Minocyclin, Erythromycin). Allerdings ist die Beschränkung der Medikation auf 2–4 Wochen ratsam, da über die Toxizität der in diesem Falle sich kumulierenden Metaboliten nichts bekannt ist.
Unwirksame Konzentrationen im Urin fin-

den sich bei Niereninsuffizienz nach Gabe von Nitrofurantoin (zusätzlich erhöhte Gefahr der Neuropathie!) sowie nach Kurzzeitsulfonamiden, Nalidixinsäure und Pipemidsäure. Die beiden Komponenten von Cotrimoxazol und anderen aus Langzeitsulfonamid und Folsäurereduktasehemmern zusammengesetzten Kombinationen verhalten sich hinsichtlich der Kumulationsgefahr bei Niereninsuffizienz unterschiedlich. Zum Beispiel kann bei einer glomerulären Filtrationsrate von 25 ml/min nur 3 Tage lang die volle Dosis Cotrimoxazol verabreicht werden; dann muß sie reduziert werden. Darunterliegende Filtrationsraten erfordern weitere Dosisanpassungen unter Spiegelbestimmungen! Beachtet werden muß, daß auch eine schwere Herzinsuffizienz Auswirkungen auf die Nierenfunktion hat!
Unerwünschte Wirkungen nach Antibiotika scheinen im Alter nicht generell vermehrt vorzukommen oder stärker ausgeprägt zu sein. Schwerwiegender als beim jungen Menschen können beim Greis durch Antibiotika verursachte Durchfälle aufgrund der Flüssigkeits- und Elektrolytverluste sein. (Cave Folgen des Kaliumverlusts bei Patienten, die digitalisiert sind, erst recht, wenn sie außerdem Saluretika erhalten!) Sind Aminopenicilline indiziert, sollte man deshalb bei p. o. Verabreichung das deutlich besser resorbierbare Amoxicillin dem Ampicillin vorziehen, das eine schlechtere Bioverfügbarkeit aufweist und häufiger Durchfälle auslöst. Ältere hinfällige Patienten sind auch besonders durch einen Infektionswechsel, z. B. Auftreten einer Kandidose, unter Antibiotikatherapie gefährdet. Im übrigen gelten die bei Antibiotikatherapie üblichen Regeln und Vorsichtsmaßnahmen.

Antidiabetika

Die Behandlung betagter Diabetiker hat vornehmlich drei Komplikationen zu berücksichtigen bzw. zu verhüten: Die Hypoglykämie, die Stoffwechselentgleisung (hyperosmolares Koma) und die diabetische Gangrän. Das Ziel der Behandlung ist das Wohlbefinden des Patienten und eine stabile Stoffwechselleistung.
Selbstverständlich bleibt auch im Alter die Diät Grundlage der Therapie. Dabei ist hauptsächlich eine Einschränkung der Kalorienmenge und ausreichende Flüssigkeitszufuhr wichtig. Die medikamentöse Behandlung sollte zu Beginn mit der niedrigsten Dosis eines schwächeren, tolbutamidähnlichen Antidiabetikums begonnen werden. Die Dosisanpassung erfolgt behutsam schrittweise im Abstand von einigen Tagen. Oft empfiehlt sich die Aufteilung der Gesamtdosis auf zwei Drittel morgens und ein Drittel abends. Große Vorsicht ist bei stark wirksamen Medikamenten wie Glibenclamid geboten. Regelmäßige Mahlzeiten und zuverlässige Medikamenteneinnahme sind Voraussetzung. Eine Hypoglykämie muß wegen möglicher Enzephalomalazie vermieden werden. Die Symptome der Hypoglykämie sind im Alter oft uncharakteristisch, z. B. Schwindel, passagere Verwirrtheit (nachts!), Benommenheit, neurologische Ausfälle bis hin zum Bild des apoplektischen Insults mit Halbseitenlähmung. An eine Hypoglykämie muß im Zweifel immer gedacht werden. Eine behutsame, an die Bedürfnisse des Patienten angepaßte Behandlung gilt ebenfalls für den Einsatz von Insulin. Neben den Patienten sollten auch Angehörige besonders über mögliche Zeichen einer Hypoglykämie informiert sein.

Auf das ZNS dämpfend wirkende Pharmaka

Dies sind Sedativa, Hypnotika, Tranquillantien, Psychopharmaka.

Kausale und symptomatische Therapie von Schlafstörungen

Schlafstörungen sind eines der am häufigsten geklagten Symptome im Alter. Hierfür können sehr unterschiedliche Ursachen verantwortlich sein, die vor einer entsprechenden Medikation differentialdiagnostisch in Betracht zu ziehen bzw. auszuschließen sind. So können Schmerzen, gestörte Harnblasen- und Darmfunktion mit Inkontinenz oder Harnverhaltung, Pruritus, pulmonologisch oder kardial bedingte Dyspnoe, Herzrhythmusstörungen sowie ausgeprägte Blutdruckschwankungen zu Schlafstörungen führen. Weiter muß eine oligosymptomatische Hyperthyreose (!) ausgeschlossen werden. Zu denken ist auch an eine Depression. Häufig finden sich akute nächtliche Verwirrtheitszustände, bei deren plötzlichem Auftreten immer eine körperliche Erkrankung (z. B. Pneumonie) ausgeschlossen werden muß! Schließlich kann nächtliche Unruhe bei gestörtem Tag-Nacht-Rhythmus Ausdruck einer beginnenden Demenz sein. Selbstver-

ständlich sind den Schlaf störende exogene Faktoren zu eruieren, Änderungen eines eingefahrenen Tagesablaufes, Änderungen der Umgebung usw.
Erst wenn primäre Ursachen, die kausal zu behandeln sind, ausgeschlossen wurden, sollte symptomatisch therapiert werden. Hierfür werden heute im wesentlichen zwei Medikamentengruppen angewandt, weit überwiegend Tranquillantien vom Benzodiazepintyp und seltener Neuroleptika. Da ein großer Anteil der unerwünschten Arzneimittelwirkungen und iatrogenen Schäden gerade im Alter auf sedierende Medikamente entfallen, werden im folgenden die Nebenwirkungen ausführlicher besprochen:

Benzodiazepine

Die Tranquillantien vom Benzodiazepintyp haben insgesamt eine große therapeutische Breite. Dennoch sollten sie generell vorsichtig dosiert werden, da mit zunehmendem Alter offenbar die Sensitivität des ZNS erhöht ist. Dies ist besonders für Nitrazepam (Mogadan) nachgewiesen worden. Das Risiko für zentralnervöse Nebenwirkungen ist im Alter deutlich erhöht. Bei der Verordnung sollte die unterschiedliche Wirkungsdauer einzelner Präparate berücksichtigt werden. Prinzipiell sind ferner zu unterscheiden: Benzodiazepine, die oxidativ abgebaut werden, wie z. B. Diazepam oder Flurazepam, von solchen, die konjugiert werden, wie beispielsweise Oxazepam oder Lorazepam. Die Oxidationsfähigkeit nimmt im Alter ab. Bei zusätzlich evidentem Leberparenchymschaden ist dies besonders zu berücksichtigen. Als Schlafmittel sind z. B. geeignet: Oxazepam, Lorazepam und Nitrazepam in niedrigen Dosen (2,5–5 mg). Wegen der langsameren Resorption sollte z. B. Oxazepam etwa 1–2 Stunden vor dem Schlafengehen eingenommen werden.
Kontraindiziert sind Benzodiazepine bei akuten psychotischen Zuständen. Sie sollten bei Patienten mit Engwinkelglaukom nur mit Vorsicht gegeben werden, da der Augeninnendruck erhöht werden kann. Die häufigste Nebenwirkung besteht in übermäßiger Benommenheit, Müdigkeit und Ataxie. Weitere besonders im Alter gesehene Nebenwirkungen sind Mundtrockenheit, Alpträume, verwaschene Sprache, Pruritus, vorübergehende Hautausschläge, Arthralgien, verschwommenes Sehen, Gedächtnisstörungen, Schwindel, Verwirrtheit und Depression. Bekannt sind außerdem bei betagten Patienten paradoxe Reaktionen wie plötzliche Verwirrtheitszustände, Halluzinationen und delirante Zustände. Diese dürfen nicht verkannt werden und zu einer Dosiserhöhung führen. Benzodiazepine sind in höheren Dosen potentiell suchterregend, besonders zusammen mit anderen auf das ZNS wirkenden Medikamenten.

Chloralhydrat, Clomethiazol und Barbiturate

Ein beim alten Patienten bewährtes Mittel ist weiterhin Chloralhydrat. Oft wirksam bei akuten deliranten Verwirrtheitszuständen ist auch Clomethiazol (Distraneurin), das auch als Saft verfügbar ist. Eine unkontrollierte Dauertherapie mit Clomethiazol verbietet sich wegen der Suchtgefahr.
Aufgrund der zahlreichen Nachteile und Gefahren sollten Barbiturate insbesondere alten Menschen als Schlafmittel überhaupt nicht mehr verschrieben werden.

Neuroleptika

Sie wirken in niedrigen Dosen unterhalb der „neuroleptischen Schwelle“ ähnlich wie Tranquillantien, bieten jedoch insgesamt mehr Risiken. Sie sollten erst dann versucht werden, wenn mit den bisher besprochenen Medikamenten kein ausreichender Effekt zu erzielen ist. Erfolgreich sind Neuroleptika, wenn die Schlafstörungen verbunden sind mit Agitiertheit, Verwirrtheit und deliranten Zuständen. Dabei kann nicht oft genug betont werden, mit kleinsten Dosen zu beginnen und die Dosis dem Effekt anzupassen. Es gibt kaum eine Arzneimittelgruppe, auf die betagte Patienten so individuell verschieden reagieren. Auf unerwartete Reaktionen sollte man immer gefaßt sein!
Behandelte Patienten sind wiederholt auf verschiedene Komplexe von Nebenwirkungen hin zu untersuchen. Besonders bei Phenothiazinen (Chlorpromazin-Gruppe: Atosil, Melleril, Truxal, Dominal u. a. m.) ist mit Blutdruckabfall bis hin zum orthostatischen Kollaps zu rechnen. Weiter sind kardiale Nebenwirkungen gerade bei niedrigpotenten Neuroleptika erwähnenswert, wie EKG-Veränderungen (QT-Verlängerung), Rhythmusstörungen, besonders Tachykardien, Blokkierungen sowie komplexe Arrhythmien. Deshalb ist bei anamnestisch bekannten Rhythmusstörungen und bei Herzerkrankungen besondere Vorsicht angebracht. Alte Pa-

tienten haben gegenüber jüngeren ein größeres Risiko für neurologische Nebenwirkungen. Extrapyramidale Symptomatik kann bereits nach kurzer Therapiedauer eintreten (dyskinetisches-dystonisches Syndrom = Frühdyskinesie). Diese Störungen, besonders bei den piperazinsubstituierten Phenothiazinen wie Decentan, Taxilan, Omca u. a., können gut durch i. v. Gabe von Anti-Parkinson-Mitteln wie Biperiden (Akineton) beherrscht werden. Es handelt sich um Schlund- und Blickkrämpfe, krampfartiges Herausstrecken der Zunge, choreatische und athetoide Bewegungen. Gefährlich sind die hyperkinetischen Dauersyndrome (Späthyperkinesie = Spätdyskinesie), die nach längerer und hochdosierter Therapie in Erscheinung treten und sich manchmal verzögert, häufig nicht zurückbilden. Weiter werden depressive Verstimmungen, Übersedierung und Verschlechterung der psychotischen Symptome als Nebenwirkungen beobachtet. Unter Neuroleptika wurden besonders bei älteren Patienten delirante Zustände beobachtet, die vor allem nachts auftreten und häufig bei den Präparaten mit stark sedierender Komponente vorkommen. Dies darf nicht fälschlicherweise zu einer Dosiserhöhung führen! An cholinergen Nebenwirkungen sind zu beachten: Mundtrockenheit, Akkomodationsstörungen, verstärkte Obstipation bis hin zum Ileus, Harnverhaltung sowie Verschlechterung eines Glaukoms. Seltene Nebenwirkungen sind allergischer Art, wie Agranulozytose, verbunden mit hoher Mortalität (10–20%), cholestatischer Ikterus, Photosensitivität und sonnenlichtinduzierte Dermatitis sowie Ablagerungen am Auge (Kornea, Linse und Retina).

Für alle bei Schlafstörungen in der Geriatrie eingesetzten Pharmaka gilt, daß vorsichtig dosiert werden muß und daß Dosissteigerungen nur langsam vorgenommen werden dürfen. Die Berücksichtigung von Lebensgewohnheiten (Alkoholkonsum!) und gleichzeitiger Medikation mit zentral dämpfenden Mitteln (z. B. Antihistaminika!) ist notwendig. Alle als „Schlafmittel" verordneten Präparate können Unruhe, Verwirrtheitszustände, Depressionen, Erinnerungsschwäche, Ängstlichkeit und *selbst* Schlaflosigkeit induzieren. Sie können ebenso Ataxie mit Gangstörungen verursachen und dadurch zu Unfällen mit den mannigfaltigsten Folgen führen. Unerwünscht ist bem alten Menschen die zu starke Sedierung, welche die oft bestehende Bewegungsarmut verstärkt. Schließlich sei darauf hingewiesen, daß durch unkritischen Einsatz von Kombinationspräparaten, von denen der Arzt oft die Einzelkomponenten nicht kennt, unerwünschte Nebenwirkungen verursacht werden können.

Vitamine und Mineralsalze

Die Zuführung von Vitaminen an alte Patienten im Sinne einer Substitutionstherapie ist nur bei Mangel- oder Fehlernährung oder einer Langzeitbehandlung mit Breitbandantibiotika notwendig. Günstige Effekte von Vitaminen in der Geriatrie unter anderen Bedingungen sind zwar häufig beschrieben, aber bisher nicht ausreichend belegt.

Von den Mineralstoffen hat das Calcium besondere Bedeutung im Alter. Ungenügende Zufuhr führt bei vielen älteren Menschen zu einer negativen Calciumbilanz. Bei vielen Betagten liegt die tägliche Calciumzufuhr deutlich unter der von der DGE empfohlenen Menge von 800 mg täglich. Um einer Osteoporose durch negative Calciumbilanz möglicherweise nicht Vorschub zu leisten, sollte deshalb auf eine ausreichende Zufuhr, täglich 800–1000 mg, geachtet werden. Zur Behandlung der Osteoporose stehen mehrere Medikamente zur Verfügung. Antiresorptiv wirksam sind Östrogene, kombiniert mit Gestagenen, Calcitonine, Diphosphonate, Vitamin-D-Metaboliten. Neuerdings wird Parathormon zyklisch eingesetzt, um den Knochenstoffwechsel zu aktivieren. Osteogenetisch wirksam sind die Fluoride. Sie müssen ausreichend lange verabreicht und die Therapie muß fachgerecht überwacht werden (jährliche Röntgenkontrolle der Lendenwirbelsäule!). Eine Zunahme der Knochenmasse bietet nach neueren Untersuchungen jedoch keine Garantie für eine Abnahme der Frakturrate. Besondere Bedeutung hat in diesem Zusammenhang die genügende Belastung des Skeletts und die Vermeidung von unnötiger Immobilität. Erwähnt werden soll auch eine ausreichende Sonnenlichtexposition. Zur Schmerzlinderung in schweren Fällen bei manifester Osteoporose kann u. U. Calcitonin eingesetzt werden.

Therapieüberwachung

Bei keiner anderen Gruppe von Kranken ist eine so ausgedehnte Skala der Funktionstüchtigkeit von normal bis hoch im pathologischen Bereich gegeben wie bei alten Patienten. Hinzu kommt eine häufig eingeschränkte Regulationsbreite verschiedenster Organfunktionen. Diese führt im Alter zu herabgesetzter Fähigkeit der Anpassung an zusätzliche Belastungen, zu denen auch die Pharmakotherapie gezählt werden muß. Daraus folgt, daß im Alter eine individuelle und vorsichtig angepaßte Dosierung der Arzneimittel notwendig ist. Die empfohlenen mittleren Erwachsenendosen sollten nur als Anhaltspunkte dienen. Berücksichtigung des Körpergewichts, des Arzneimittelstoffwechsels und insbesondere der Ausscheidung der Medikamente können helfen, iatrogene Schäden zu verhindern. Gerade die Nierenfunktion kann sich rasch ändern. Die Dosierungen bei Langzeitbehandlungen sollten regelmäßig überprüft und ggf. angepaßt werden. Leider erschweren unteilbare Darreichungsformen wie Dragees und Kapseln oft diese Anpassung.

Die Polymorbidität im Alter führt sehr schnell zur Polypragmasie. Diese birgt erhebliche Probleme und Risiken in sich. Mit zunehmender Anzahl der verordneten Arzneimittel steigt die Gefahr für Nebenwirkungen. Bei neuauftretenden Symptomen muß immer an unerwünschte Medikamenteneffekte gedacht werden. Stets sollte geprüft werden, ob vielleicht eine Medikation abgesetzt werden kann. Sind mehrere Arzneimittel notwendig, so ist nach Möglichkeit schrittweise vorzugehen. Anderenfalls sind weder auftretende Nebenwirkungen einem Präparat zuzuordnen noch, was häufig unberücksichtigt bleibt, therapeutische Effekte des einzelnen Präparats zu erkennen. In diesem Zusammenhang sei nur erwähnt, daß die Verordnung von Kombinationspräparaten generell in der Geriatrie außerordentlich problematisch ist (adäquate Dosierung der Einzelbestandteile).

Mit zunehmendem Umfang der Arzneimitteltherapie erhöht sich aber nicht nur das Risiko für Nebenwirkungen, sondern auch die Möglichkeit für Einnahmefehler. Der ausgeklügeltste Therapieplan ist sinnlos, wenn der Patient die verordneten Medikamente nicht zuverlässig einnimmt oder einnehmen kann. Hier liegt eine weitere Schwierigkeit in der Behandlung geriatrischer Patienten. Vergeßlichkeit, mangelhaftes Verständnis, fixierte Vorstellungen, schlechtes Sehen verhindern oft, daß selbst ausführlich schriftlich gegebene Anweisungen des Arztes korrekt befolgt werden. Die Untersuchungen über die Regelmäßigkeit der Arzneimitteleinnahme bei Langzeittherapie ergeben schon bei jüngeren Patienten deprimierende Ergebnisse. Persönlicher Einsatz des Arztes mit wiederholter gründlicher Unterweisung des Patienten und/oder der Angehörigen kann die Medikamenteneinnahme verbessern (Tab. 35.1).

Tabelle 35.1 Pharmakotherapie im Alter

1. Indikation überprüfen!
2. Medikament notwendig?
3. Mut zur Priorität!
4. Niedrig dosieren (zumindest anfangs)!
5. Pathologische Zustände berücksichtigen!
6. Absetzen nicht vergessen!
7. Zahl der Medikamente und der Applikationen so niedrig wie möglich wählen!
8. Gründliche Unterweisung des Patienten in der Handhabung der Medikamente!

Der Therapieplan darf gerade den betagten Patienten nicht überfordern. Einfache Dosierungsschemata erleichtern die Übersicht und verbessern die Einnahme. Zu berücksichtigen ist auch die Darreichungsform und der Einnahmemodus (ausreichendes Nachtrinken, keine Einnahme von Tabletten im Liegen!) und die unter Umständen angenehmere Einnahme von Säften.

Nicht jedes Symptom muß medikamentös angegangen werden. Ist die Indikation mit einem therapeutischen Ziel gestellt, wird eine Behandlung, die Schwerpunkte setzt, in der Regel auch effektiv sein. Im Zweifel ist es sicher klug, kein Medikament zu verordnen. Nichtmedikamentöse Maßnahmen, Diätetik in weitestem Sinne, sind oft hilfreich und risikoarm: Hinweise zu adäquater Ernährung (Ballaststoffe, ausreichende Flüssigkeitszufuhr), Bewegung zur Vermeidung von Immobilisationsschäden, Krankengymnastik usw.

Der alte Kranke erfordert eine individuelle Behandlung.

Die umfangreichen Probleme und Risiken im Alter stellen besondere Anforderungen an die Therapie des Arztes, machen diese aber auch dadurch besonders reizvoll.

36. Physikalische Medizin (Klimatherapie, Balneotherapie, spezielle physikalische Therapie)

G. Hildebrandt

Klimatherapie

Wirkungsmöglichkeiten

Umstimmung: Aktivierung der Selbstordnungskräfte im Rahmen reaktiver Anpassung an klimatische Reize (Akklimatisation).

Schonung: Ausschaltung schädlicher Klima- und Milieufaktoren (Schwüle, Schadstoffe, Allergene).

Spezifische Klimawirkungen: Ausnutzung von Klimafaktoren, die den Krankheitsprozeß direkt günstig beeinflussen können (z.B. Blutbildungsreiz der Höhe, Inhalation natürlicher Aerosole).

Akklimatisation

Klimawechsel löst den reaktiven Prozeß der Akklimatisation aus. Sein Verlauf hängt von den einwirkenden Reizen und der individuellen Reaktionsfähigkeit ab. Während der Organismus kurzdauernde Reizbelastungen (z.B. thermische Reize, Bergbahnfahrten) mit phasischen Schwankungen der vegetativen Gleichgewichtslage meist in kurzer Zeit ausreguliert, reagiert er bei systematisch wiederholter Exposition oder länger dauerndem Aufenthalt in fremdem Klima mit langfristigen periodischen Schwankungen, in deren Verlauf sich die vegetativen Funktionen als Ausdruck der zunehmenden Anpassung auf eine neue Gleichgewichtslage einstellen. Das entscheidende Ergebnis dieser Vorgänge ist die Verbesserung der Regulationsleistungen, die zu einer Annäherung der Funktionen an die Norm (sog. Normalisierung) führt und neben koordinierenden und desensibilisierenden Effekten auch mit einer psychischen Umstimmung einhergeht. Charakteristisch für den periodischen Akklimatisationsprozeß ist das vorübergehende Auftreten von Phasen mit krisenhafter Labilität, die zu Befindensverschlechterung und Neigung zu Aktivierung latenter Herde oder interkurrenten Erkrankungen führen können (Kurkrisen!).

Die Zeichen der fortgeschrittenen Anpassung sind in der Regel nicht vor der 4. Kurwoche nachweisbar, weshalb die klimatische Behandlung mindestens 4 Wochen in Anspruch nehmen soll. Die individuelle Reaktionsfähigkeit ist von der vegetativen Tonuslage, von Alter und Geschlecht sowie vom Stadium der Erkrankung abhängig. Kinder benötigen grundsätzlich eine längere Zeit zur Akklimatisation (Kurdauer mindestens 6 Wochen).

Die *Reizstärke* der klimatischen Einwirkungen eines Orts wird durch Jahreszeit, Wetterablauf sowie feinere orographische Eigentümlichkeiten (Hanglage, Tallage, Windschutz usw.) modifiziert. Auch die individuelle klimatische Vorgeschichte (z.B. Kontrast zum gewohnten Heimatklima) ist zu berücksichtigen. Erfahrungsgemäß wird eine Anpassung an bereits erlebte Bedingungen vom Organismus leichter bewältigt. Klimareize, soweit sie nicht unentrinnbar sind (z.B. Luftdruck), können in weitem Maße durch die Exposition des Patienten individuell dosiert werden, allerdings nur von dem mit den lokalen Gegebenheiten vertrauten Kurarzt.

Klimatische Wirkungsfaktoren

Die Wirkungen des Klimas sind stets komplexer Natur. Das Klima eines Orts enthält in jedem Falle Reizfaktoren und Schonfaktoren sowie mehr oder weniger spezifisch wirksame Elemente. Für praktische Bedürfnisse lassen sich die klimatischen Wirkungsfaktoren zu folgenden Komplexen zusammenfassen:

Luftchemische Faktoren

Sie umfassen die gasförmigen, flüssigen und festen Bestandteile der umgebenden Luft, die sowohl auf der Haut als auch vor allem über die Atmung beim Gasaustausch und durch Niederschlag bzw. Kondensation an den respiratorischen Schleimhäuten zur Wirkung kommen. *Schonende Wirkungen* sind in erster Linie durch die Reinheit der Luft gegeben (niedriger Gehalt an Staub und Kondensationskernen, Freiheit von Allergenen, giftigen Gasen und Nebeln). An *spezifisch wirksamen Faktoren* sind die Verminderung des O_2-Partialdrucks mit zunehmender Meereshöhe sowie der Gehalt von atmungsanregenden Duftstoffen (ätherische Öle, Terpene), an natürlichem mineralhaltigem Aerosol (Brandungsaerosol der Meeresküste, elementares Jod) oder Erdgasen (z. B. Radiumemanation) und in gewissem Maße auch das Luft-pH von Bedeutung.

Thermischer Wirkungskomplex

Er besteht aus allen Faktoren, die das thermische Milieu und damit die Anforderungen an die Temperaturregelung des Menschen bestimmen: Lufttemperatur und -feuchte, Windgeschwindigkeit sowie die wärmewirksame Strahlung von Sonne, Himmel und umgebenden Flächen. *Schonend* wirken sich vor allem das Fehlen von kreislaufbelastender Schwüle und Hitze sowie hinreichender Windschutz aus. Richtig dosierte Abkühlungsreize (Freiluftaufenthalt, Luftbäder usw.) üben und ökonomisieren die Kältegegenregulation und speziell deren Hautgefäßreaktionen; die erzielbare *Abhärtung* ist wesentlicher Bestandteil der klimatischen Umstimmung. Zu starke Abkühlungsreize und lokale Auskühlungen (Zugluft!) begünstigen durch unzureichende Gegenregulation Infektionen der Schleimhäute (Erkältungskrankheiten).

Photoaktinischer Wirkungskomplex

Er umfaßt die optisch und chemisch wirksame Strahlung von Sonne und Umwelt. Die vom Lichteinfall in das Auge hervorgerufenen vegetativ-hormonalen Reaktionen sind u. a. für die Regulierung der Tagesrhythmik von großer Bedeutung. Außerhalb des sichtbaren Spektrums wirken die Strahlungsreize durch Vermittlung der Haut auf den Organismus. Die natürliche *Ultraviolettstrahlung* wird oberflächlich absorbiert, setzt gefäßaktive Stoffe frei, ruft primäre und sekundäre Pigmentbildung hervor, regt das Zellwachstum an mit Verdickung der epidermalen Hornschicht (Lichtschwiele), führt zur Bildung von Enzymen, reduzierenden Substanzen sowie speziell des antirachitischen Faktors (Vitamin D) und fördert die Antikörperbildung. Bei stärkeren Reizen kommt es zur Lichtentzündung (Sonnenbrand) mit Zellzerfall und Wirkungen im Sinne einer Reizkörpertherapie. Die von der Haut her auslösbaren umstimmenden Effekte der Heliotherapie sind u. a. an der allgemeinen körperlichen Leistungssteigerung, der Zunahme des Hautturgors, trophischen Veränderungen der Muskulatur, Steigerung der Erythrozytopoese sowie im Gesamtstoffwechsel nachgewiesen. Auch die bakterizide Wirkung der UV-Strahlung ist von Bedeutung. Es bestehen starke jahreszeitliche, individuelle und topographische Unterschiede in der Strahlenempfindlichkeit.

Allgemeine Wirkungen

Neben den meteorologisch faßbaren Faktoren sind auch die psychischen Wirkungen, das Erlebnis von Landschaft und Klima, die Herauslösung des Patienten aus seinem gewohnten Milieu, die Rückführung zu einer *gesunden Lebensordnung,* die auch dem tages- und jahresrhythmischen Funktionswandel von Organismus und Umwelt Rechnung tragen muß, wichtige Heilfaktoren der klimatischen Behandlung. Von besonderem Wert ist es, daß diese Wirkungen auch dem bettlägerigen und bewegungsbehinderten Kranken ohne körperliche Anstrengung zugänglich gemacht werden können. In gewissem Umfang sind heilklimatische Wirkungen auch bereits im Heimatklima zu erwarten, wenn der dauernde Aufenthalt im Raumklima durch systematische Freiluftexposition abgelöst wird.

Klimabereiche und heilklimatische Kurorte

Im mitteleuropäischen Raum stehen im wesentlichen 3 Klimabereiche zur heilklimatischen Behandlung zur Verfügung.

Hochgebirgsklima

Das Hochgebirgsklima wird in Höhenlagen zwischen 1000 und maximal 2000 m therapeutisch genutzt; es müssen aber auch die niedrigeren Gebirgstäler und voralpinen Zonen dazugerechnet werden. Seine Charakteristika sind: der komplexe Höhenreiz, wobei speziell die der Luftdruckabnahme entsprechen-

- *ZNS:* Infolge Blutung und Ödem kann es zu Ausfalls- und Reizerscheinungen kommen.

Th: Da Scheintod und Tod nicht sicher abzugrenzen sind, stets langdauernder Rettungsversuch durch externe oder thorakale Herzmassage, Kardioversion, künstliche Beatmung. Die Verbrennungen bei Hochspannungsunfällen besitzen meist ein größeres Ausmaß, als zunächst angenommen wird. Unter intaktem Hautschlauch finden sich ausgedehnte Zerstörungen der Muskulatur, besonders an den Extremitäten. Sofort einsetzende Kreislaufvolumen-Therapie, die den Erfordernisdruck der Nierendurchblutung aufrechterhält, fördert die Ausschwemmung des Myoglobins zerfallender Muskelzellen; Simultanimpfung mit 0,5 ml Tetanol und 250 IE Tetanushyperimmunglobulin (Tetagam). Trockenbehandlung der Nekrosen, frühzeitige Deckung der Defekte durch Transplantate, Spätblutungen können zu weiterem Eingreifen zwingen. Auch bei leichten Fällen EKG-Kontrolle.

Embolie

Pathog: Embolische Verschleppung von Thromben aus dem Herzen sowie den Venen des großen und kleinen Kreislaufs in eine Arterie (besonders gefürchtet symptomlose Thrombosen des Plexus venosus uterinus und Plexus prostaticus). Seltener embolische Verschleppung aus zentralen Arterienabschnitten nach peripher (atheromatöse Aorta).

Sy und *Dg:* Befallen sind in abfallender Häufigkeit: Lunge, Niere, Milz, Gehirn, Darm, Myokard, Extremitäten, Schilddrüse, Auge. Zu unterscheiden zwischen blander und septischer Embolie.

Emboli aus rechtem Herzen und Körpervenen gelangen in die Lunge (s. Lungenarterienembolie, evtl. paradoxe Embolie bei offenem Foramen ovale). Emboli aus linkem Herzen, Lungenvenen und Aorta gelangen in Arterien des großen Kreislaufs. Folgen verschieden, je nach den anatomischen Verhältnissen. An den Extremitäten entsteht unter blitzartigem heftigem Schmerz Anämie, bald Nekrose, falls kein genügender Kollateralkreislauf vorhanden.

Th: Embolektomie. Sonst sofortiger Versuch zur Lösung der Begleitspasmen des Gefäßes durch Infusion und Gaben von Gefäßdilatation. Lytische Medikamentenkombinationen. Dämpfung vegetativer Reflexmechanismen und Stabilisierung des peripheren Kreislaufs. Möglichst frühzeitige Operation.

Luftembolie

Ät: Durch Ansaugen von Luft in Venen mit geringem Druck, die durch ihren Gewebeeinbau am Kollaps gehindert sind (Lungen, Hals, Epiduralvenen, Hirnsinus). Vorkommen bei Verletzungen und Operationen. Bei heute durchgeführten Überdruckbeatmungen in Narkose kein Risiko einer Luftembolie mehr.

Sy und *Dg:* Geringe Mengen an Luft (bis 20 ml) aus Körpervenen werden meist symptomlos vertragen; größere verursachen Beklemmungsgefühl, Atemnot, unregelmäßigen Puls, Gesichtsblässe, Mühlengeräusche über dem Herzen, Bewußtlosigkeit, Krämpfe, Halbseitensymptome (Lähmung, Parästhesien, Déviation conjuguée, Delir).

Th: Luftembolie im kleinen Kreislauf: Tieflagerung der Körperteile mit der Venenverletzung, Tamponade des Wundgebiets bis zur endgültigen Versorgung, perkutane Punktion des rechten Ventrikels bis hin zu Maßnahmen der Intensivtherapie. Luftembolie im großen Krankenhaus: Sofort Herzmassage, Überdruckbeatmung, Intensivtherapie.

Fettembolie

Ät: Meist nach Verletzung und Fraktur markreicher Knochen oder erheblicher Zertrümmerung des Subkutangewebes.

Sy und *Dg:* Flohstichartige Hautblutungen im Bauch-, Brust- und Schulterbereich. Je nach Lokalisation in der Lunge pneumonische Herde. Im Herzen fettige Degeneration. Unruhe, Dyspnoe, Tachykardie, unklare Verwirrungszustände. Gehirn: Somnolenz, Krämpfe, Fieber. Niere: Fett im Urin, bei massiver Embolie schwerer Schock.

Th: Typische Schockbehandlung. Künstliche Beatmung. In schweren Fällen evtl. mehrfach wiederholte Äthernarkosen.

Empyema pleurae

Ät: Nach Entstehen zu unterscheiden zwischen traumatischem, metastatischem, meta- und parapneumonischem, tuberkulösem und Grippeempyem. Am häufigsten entsteht das Empyem durch Pneumokokken im Anschluß an eine kruppöse Pneumonie, ferner postoperativ nach Thoraxeingriffen und als seltene Komplikation nach Bülau-Drainagen, nach Emphysem-Blasenruptur und nach Einführung eines zentralen Venenkatheters.

Sy und *Dg:* Der Lokalisation im Pleuraraum nach ist zu unterscheiden zwischen Total- und Teilempyem sowie zwischen basa-

moren. Meist gutartige Lipome, Fibrome, Neurinome. Selten Karzinome, Karzinoide häufiger.

Sy und *Dg:* Diagnose schwierig, intermittierende Subileus- und Ileuszustände. Dünndarmpassage mit Selling-Technik erlaubt Lokalisation.

Duodenaldivertikel

Sy: Röntgenologisch bis 5% autoptisch bis 15% angegebene erworbene oder angeborene Ausstülpungen der Dünndarmwand. Primäres Duodenaldivertikel ist Schleimhauthernie durch Muskellücke, sekundäres entspricht Traktionsdivertikel im Bereich des postpylorischen Duodenums. Intraluminäres Duodenaldivertikel von Schleimhaut umkleidet. Lokalisation: juxtapapillär oder als Papillendivertikel am häufigsten. Zweiterkrankungen häufig: Ulcus duodeni 14% Gallenwegs- oder Pankreaserkrankungen 26%, Kolondivertikulose 27%.

Dg: Insbesondere kleine Divertikel meist ohne subjektive Beschwerden. Häufig Zufallsbefund bei Oberbauchdiagnostik.

Kompl: Vor allem Gefahr der Bridenbildung sowie der Stieldrehung des Gesamtdivertikels. Ikterus durch Papillenverlegung. In sehr hohem Prozentsatz Motilitätsstörungen der Papilla duodeni major (Vateri) mit Gallengangs- und Gallenblasenerkrankungen vergesellschaftet (stasebedingte Cholangitis, Cholezystolithiasis).

Th: Wegen erheblichen technischen Aufwands und erheblicher Komplikationsbelastung sehr enge Indikation zur Divertikelresektion. Intra- oder extraduodenale Resektion, extraluminäre Invagination des Divertikels, endoskopische Spaltung des intraluminalen Duodenaldivertikelsackes. Bei Papillendivertikel Neueinpflanzung nach Resektion.

Dupuytren-Kontraktur

Def und *Ät:* Narbige Schrumpfung der Palmaraponeurose mit Bindegewebehyperplasie. 4 Stadien. Genese umstritten, diabetische Stoffwechsellage häufig.

Sy und *Dg:* Männliches Geschlecht bevorzugt, Auftreten meist im 4. Lebensjahrzehnt. Leiden beginnt langsam und schmerzlos, meistens am 4. und 5. Finger in Höhe des Metakarpophalangealgelenks, und führt später zur Beugestellung. Daumen und Zeigefinger selten ergriffen. Es entwickeln sich knotige Verwachsungen mit der Haut, zunehmende Fingerbeugekontraktur, zuerst im Grund-, dann im Mittelgelenk, seltener Endgelenk. Schließlich ist die Streckmöglichkeit ganz aufgehoben. Folgen sind Schrumpfung der Gelenkkapsel und Gelenkflächenveränderung mit Ankylosierung.

Th: Operativ: Teilexstirpation der Aponeurose der Hand, besser vollständige Aponeurosenexstirpation. Wenn notwendig: Deckung entstandener Hautdefekte durch ungestielte oder gestielte Hautlappen. Hohes Rezidivrisiko. Nur in schwersten Fällen, beim Auftreten von Rezidiven, Fingeramputation.

Elektrounfälle

(s. auch Kap. Arbeitsmedizin, S. 45)

Pathog: Kurzschlußwirkung auf den menschlichen Organismus, der als leitendes Medium in einen Stromkreis gerät. Schädigung je nach Stromstärke, Spannung, Frequenz und Einwirkungszeit verschieden. Bis 25 mA, 110 bis 380 V und unbegrenzter Einwirkungszeit Blutdrucksteigerung und eventuell Verkrampfung der Atemmuskulatur. Bei 25–80 mA, 110–380 V und 25 Sekunden Einwirkungszeit infolge geringen Übergangswiderstandes kurzer Herzstillstand mit nachfolgender Arrhythmie. Bei 80 mA bis 8 A, 110–380 V Herzstillstand, Kammerflimmern. Bei 8 A, 2000–3000 V Herzstillstand mit Kammerflimmern oder anhaltender Arrhythmie, Verkrampfung der Atemmuskulatur und Verbrennungen durch freiwerdende Joule-Wärme. Je größer der Widerstand des Gewebes, um so stärker ist bei gleicher Stromstärke und Dauer die Verbrennung. Hand- und Fußgelenke bieten die größten Widerstände.

Sy:

- *Hautschäden:* Strommarke an Ein- und Austrittsstelle, Schädigung der Epidermis, schmerzlose, grauweiß erhabene Stelle in zentraler Eindellung.
- *Muskeln* können Substanzschädigung bis zum scholligen Zerfall und hyaliner Degeneration aufweisen. Frei werdendes Myoglobin kann die Nierentubuli schädigen und zur Anurie führen.
- *Knochen* frakturieren durch plötzlichen Muskelzug. Verkohlung der Knochen möglich. Gelenke wegen ihres großen Widerstandes besonders stark betroffen.

Gefäßverbrennungen verursachen sekundäre Ernährungsstörung der zu versorgenden Gebiete.

de Erniedrigung des Sauerstoffpartialdrucks zu vermehrtem Eiseneinbau mit auch schon in mittleren Höhen deutlicher Steigerung der Erythrozytopoese führt; die Trockenheit der Luft, die Austrocknungseffekte an Haut und Schleimhäuten hervorruft; die niedrige Lufttemperatur (0,7 °C Temperaturabnahme pro 100 m) mit starken jahreszeitlichen Unterschieden. Im Winterhalbjahr kommt es bei den häufig beständigen Schönwetterlagen zur Temperaturumkehr (sog. Inversion), wobei über Tälern und Ebenen kalter feuchter Nebel, z. T. mit starker Luftverunreinigung, lagert, während in der Höhe bei ungehinderter Einstrahlung milde Temperaturen herrschen. Weitere Charakteristika: das entsprechende Fehlen von Schwüle; die Reinheit der Luft mit praktisch allergenfreien Zonen ab 1500 m; die Zunahme der Gesamtstrahlung durch die geringere Luftdichte; die Luftreinheit sowie die größere Zahl von Sonnenscheinstunden, besonders im Winter durch die Inversion und durch den wolkenauflösenden, regenschützenden Effekt der Berge. Bedeutsam ist auch die in höheren Lagen beständige Schneedecke (5–6 Monate), die die UV-Strahlung durch Reflexion vermehrt, Staub bindet und Geräusche dämpft. Wegen der mit der Höhe zunehmenden Windgeschwindigkeit sind windgeschützte Tal- und Hanglagen zu bevorzugen. In bestimmten nördlichen Alpengebieten kann der zyklonale *Föhn* für wetterempfindliche Patienten zum Störfaktor der Klimakurbehandlung werden. Es handelt sich um Mittelmeerluft, die durch Stau am Alpenkamm stark getrocknet ist, sich beim raschen Fall auf der Nordseite beträchtlich erwärmt und – wie andere biotrope Wetterlagen – vegetative Beschwerden hervorruft. Hauptföhnzeiten sind die Monate März, April, Oktober und November.

Hochgebirgsklimakurorte:

Untere Stufe: Bayrischzell, Berchtesgaden, Garmisch-Partenkirchen, Hindelang, Kreuth, Oberstaufen, Rottach-Egern, Scheidegg, Schwangau, Tegernsee, Tölz. Subalpines Klima: Isny. *Schweiz:* Ascona, Brissago, Caslano, Locarno, Lugano, Montreux, Tesserete.

Mittlere Stufe: Oberstdorf. *Österreich:* Badgastein, Hofgastein, Igls, Mariazell, Mönichkirchen, Seefeld, Semmering. *Schweiz:* Astano, Beatenberg, Breiten, Bürgenstock, Cademario, Chateau-d'Oex, Engelberg, Fiesch, Gais, Gstaad, Heiden, Interlaken, Lenk, Lungern, Ragaz/Valens, Rehetobel, Seewies, Sierre, Sonnmatt.

Höhere Stufe: Österreich: Obladis. *Schweiz:* Adelboden, Arosa, Braunwald, Davos, Klosters/Serneus, Lax, Leukerbad, Leysin, Montana-Vermala, St. Moritz, Pontresina, Rigi Kaltbad, Scuol, Sils i. Engadin, Tarasp-Vulpera, Vals, Wiesen, Wengen, Zermatt.

Mittelgebirgsklima

Im Mittelgebirgsklima sind Höhenreiz und Strahlenfaktoren gegenüber dem Hochgebirge abgeschwächt. Eine erhöhte Einstrahlung betrifft vor allem Orte über 300–500 m, die im Herbst und Winter oberhalb der Temperaturinversion liegen, und Leelagen, denen der wolkenauflösende Effekt vorgelagerter Berge zugute kommt. Entscheidendes Merkmal sind die *Schonfaktoren des Waldklimas.* Der Wald bietet Windschutz, wirkt durch Schatten und als Verdunstungsfläche temperaturausgleichend, reinigt die Luft und spendet Duftstoffe, reguliert den Wasserhaushalt der Landschaft und dämpft Geräusche. Schwüle Tage sind selten. Die nördlichen Mittelgebirge sind gegenüber den maritimen Winden stärker exponiert, die südlichen häufig im Einflußbereich der alpinen Schönwettergebiete. Für Tallagen ist die stärkere nächtliche Abkühlung durch abfallende Bergluft charakteristisch. Reizmild sind besonders die windgeschützten Lagen.

Mittelgebirgsklimakurorte:

Untere Stufe: Bergzabern, Ems, Friedrichsbrunn, Gottleuba, Kassel-Wilhelmshöhe, Lippspringe, Rengsdorf (Westerwald), Rheinsberg, Schieder, Suderode, Templin.

Mittlere Stufe: Altenau (Harz), Braunlage, Clausthal-Zellerfeld, Daun/Eifel, Dobel (Schwarzwald), Dürrheim, Freudenstadt, Hahnenklee-Bockswiese, Harzburg, Herrenalb, Hohegeiß (Harz), Königsfeld, Königstein (Taunus), Lindenfels (Odenwald), Manderscheid (Eifel), Neuhaus (Solling), Nonnweiler (Saarland), Sachsa, Schömberg, St. Andreasberg, Triberg, Usseln (Sauerland), Weiskirchen (Saarland), Wieda (Harz), Willingen.

Höhere Stufe: Bühlerhöhe, Hinterzarten, Höchenschwand, Lenzkirch, Saig, Schluchsee/Schwarzwald, Schönwald/Schwarzwald, St. Blasien, Titisee-Neustadt, Todtmoos, Winterberg.

Meeresküstenklima

Das Meeresküstenklima (Seeklima) ist infolge der großen Wärmekapazität des Meeres durch eine Abschwächung der tages- und jahreszeitlichen Temperaturgegensätze gekennzeichnet.

Nordseeküste

Sie steht zudem unter dem Einfluß des Golfstroms, doch sind durch den ständigen Wind die Abkühlungsreize und mechanischen Hautreize bei fehlendem Windschutz auch in den Sommermonaten beträchtlich. Sie können durch kalte See- und Brandungsbäder noch intensiviert werden. Die Seeluft zeichnet sich durch besondere Reinheit aus. Die dadurch erhöhte Einstrahlung wird am Strand und in den Dünen durch Ultraviolettreflexion des Sands gesteigert. Entscheidend für den höheren Strahlungsgenuß ist der Umstand, daß infolge der besonderen thermischen Verhältnisse die Strahlung auch bei hohem Sonnenstand ohne wesentliche Hitzebelastung ausgenutzt werden kann. Das Luftkolloid ist u. a. reich an Kochsalz und Jod, aber allergenarm, besonders auf den Inseln. Das Aerosol der Brandungszone kann zur Freiluftinhalation genutzt werden. Rasche und häufige Wetterwechsel verhindern die Ausbildung belastender Wetterlagen. Bei Orten, die nicht an der offenen Küste liegen, sind die Merkmale des Meeresklimas z. T. beträchtlich abgeschwächt. (Betr. Meerwasserbäder, -trinkkuren und -inhalationen vgl. Balneotherapie.)

Nordseeheilbäder: Baltrum, Borkum, Büsum, Cuxhaven, Helgoland, Horumersiel-Schillig, Juist, Langeoog, Norddorf (Amrum), Norderney, St. Peter-Ording, Spiekeroog, Wangerooge, Wenningstedt (Sylt), Westerland (Sylt), Wittdün (Amrum), Wyk (Föhr).

Ostseeküste

Das Ostseeküstenklima zeigt einerseits stärkere kontinentale Einflüsse und weist andererseits durch den Waldreichtum der Küsten Schonfaktoren auf, die eine mildere Dosierung der seeklimatischen Einwirkungen ermöglichen. Es bestehen hier jedoch gleichfalls größere örtliche Unterschiede. Die fehlende Erwärmung durch den Golfstrom läßt die Seewassertemperaturen im Herbst schneller abfallen.

Ostseeheilbäder: Burg/Fehmarn, Dahme, Damp 2000, Glücksburg, Graal-Müritz, Grömitz, Großenbrode, Heiligendamm, Heiligenhafen, Heringsdorf, Hohwacht, Kellenhusen, Scharbeutz-Haffkrug, Timmendorfer Strand-Niendorf, Travemünde, Zinnowitz.

Mittelmeerküste

Von den Mittelmeerküsten besitzt die westliche Riviera (westlich Genua) ein trockenwarmes Küstenklima mit sehr milden Wintern, subtropischer Vegetation, wenigen Regentagen und starker Besonnung. Orte mit Schutz vor nördlichen Winden, vor allem vor dem gefürchteten Mistral (Rhonetal), sowie schützende Buchten sind besonders begünstigt. – Das feuchtere Küstenklima der östlichen Riviera (Levante) und an der Adria ist besonders im Frühjahr und Herbst zur Freiluftbehandlung geeignet, während in den Sommermonaten häufig belastende Überwärmungsbedingungen herrschen, die z. T. allerdings durch Wälder gemildert werden können.

Zur Durchführung heilklimatischer Kuren

Grundsätzlich ist in Rechnung zu stellen, daß die klimatische Umstimmung dem Organismus reaktive Leistungen abverlangt. Der Patient muß transportfähig sein und – besonders bei reizstarken Klimazonen – über ausreichende Funktionsreserven verfügen. Kreislaufdekompensierte sind auszuschließen bzw. medikamentös vorzubehandeln. Da im Laufe der Akklimatisation mit der Aktivierung latenter Herde gerechnet werden muß, ist Fokalsanierung vor Antritt der Kur erforderlich. Fieberhafte Erkrankungen verlaufen in fremdem Klima, besonders in der Höhe, oft dramatischer. Aktive Tuberkulose der Lungen muß ausgeschlossen werden.

Die Festsetzung der *Behandlungsdauer* sowie die *Verordnung der dosierbaren Klimareize* richten sich nach dem individuellen Reaktionsablauf und können daher nur von dem örtlich erfahrenen Kurarzt vorgenommen werden, der über die vorausgegangenen Befunde und Maßnahmen ausführlich unterrichtet werden muß. Besondere Vorsicht und Schonung des Patienten sind in den ersten Tagen nach dem Klimawechsel erforderlich.

Die Kurmaßnahmen umfassen: Liegekuren bei geöffnetem Fenster, in Veranden und Liegehallen, dosierte Spaziergänge und Wan-

derungen auf Wegen verschiedener Steigung (Terrainkuren), Gymnastik und sportliche Betätigung im Freien, Luft- und Freiwasserbäder sowie Sonnenbäder mit Dosierung für die exponierten Hautflächen (Heliotherapie). Häufig sind Kombinationen mit weiteren physikalisch-diätetischen und evtl. psychotherapeutischen Maßnahmen bei möglichst sparsamer medikamentöser Behandlung. In allen Fällen, die eines differenzierteren Kurregimes und ständiger Kontrolle bedürfen, ist der Aufenthalt in einem klinisch geführten Sanatorium empfehlenswert.
Da der Patient nach erfolgter klimatischer Umstimmung und Anpassung auf die Rückkehr ins Heimatklima erneut reagiert (Reklimatisation, Rückkehreffekt), ist eine 14tägige Schonung, in besonderen Fällen auch eine Nachkur in einem Übergangsklima anzuraten. Ebenso kann der Übergang ins Hochgebirgsklima durch einen Zwischenaufenthalt in mittlerer Höhe gemildert werden.

Indikationen der Klimatherapie

(Tab. 36.**1**)

Allgemeine Vorbemerkungen: Den Wirkungsmöglichkeiten der Klimabehandlung entsprechend umfaßt der Indikationsbereich ganz überwiegend chronische Krankheiten und Regulationsstörungen. Bei der Auswahl des Klimakurorts sind die jahreszeitlichen Gegebenheiten besonders zu berücksichtigen, wobei auf die günstigen Erfahrungen mit Winterkuren (z. B. im Hochgebirge oder an der Nordsee) besonders hingewiesen sei. Die größte Indikationsbreite besitzt das Mittelgebirgsklima der niederen und mittleren Stufe, für das es keine speziellen Gegenindikationen gibt. Bei Ausnutzung weiterer ortsgebundener Kurmittel (z. B. Balneotherapie) empfiehlt es sich im allgemeinen, dem Gesichtspunkt der klimatischen Schonung den Vorrang zu geben.

Balneotherapie

Im Unterschied zur Behandlung mit sog. medizinischen Bädern (s. Hydrotherapie, S. 1355) umfaßt die Balneotherapie die *kurörtliche Behandlung* mit natürlichen Heilwässern, Heilgasen und Peloiden (Torfen, Schlammen u. a.) in Form von Bädern, Trinkkuren und Inhalationen. Untrennbar damit verbunden sind die heilklimatischen Einwirkungen am Kurort (s. Klimatherapie) sowie vielfach unterstützende physikalisch-diätetische und psychotherapeutische Maßnahmen.

Kurmittel

Heilquellen

Sie zeichnen sich durch bestimmte chemische und/oder physikalische Eigenschaften aus, die erfahrungsgemäß therapeutische Wirkungen verbürgen.

- *Wässer, die mehr als 1 g/l fester Substanz gelöst enthalten:*
  Natriumchloridwässer (Kochsalzquellen), Solen über 1,4% Kochsalz,
  Calciumchloridwässer (Chlorcalciumquellen),
  Natriumhydrogencarbonatwässer (alkalische Quellen),
  Calcium-Magnesium-Hydrogencarbonat-Wässer (erdige Quellen),
  Natriumsulfatwässer (Glaubersalzquellen),
  Magnesiumsulfatwässer (Bitterquellen),
  Calciumsulfatwässer (Gipsquellen);
- *Wässer, die in geringer Menge wirksame Bestandteile enthalten:*
  eisenhaltige Wässer (Eisenquellen), über 20 mg/l Eisen,
  arsenhaltige Wässer (Arsenquellen), über 0,7 mg/l Arsen,
  schwefelhaltige Wässer (Schwefelquellen), über 1 mg/l titrierbarer Schwefel,
  jodhaltige Wässer (Jodquellen), über 1 mg/l Jod;
- *Wässer, die radioaktive Substanzen enthalten:*
  radiumemanationshaltige Wässer (über 0,7 kBq = 18 nCi/l = 50 Mache-Einheiten),
  radiumhaltige Wässer (über 10^{-7} mg/l Radiumelement);
- *Wässer, die mehr als 1 g/l freie Kohlensäure gelöst enthalten:* Säuerlinge;
- *Wässer, deren natürliche Temperatur mehr als 20 °C* beträgt: Thermen. Schwach mineralisierte Thermalwässer werden als Akrathermen (Wildwässer) bezeichnet.

Analysentabellen enthalten die ionale Konzentration in mg/l unter der Annahme einer vollständigen Dissoziation, getrennt nach Kationen und Anionen. Überschreitet der Gesamtmineralgehalt 1 g/l, so bestimmen die-

Tabelle 36.1 Zuordnung von Krankheiten zu den geeigneten Klimabereichen

Krankheit	Indizierte Klimaregion
Herz- und Kreislaufkrankheiten	
(Kontraindikationen: Dekompensation, Lungenstauung [Vorsicht bei Mitralstenose], akut entzündliche Herzkrankheiten, fortschreitende organische Reizleitungsstörungen)	
Herzmuskelschwäche, Koronarinsuffizienz, Infarktnachbehandlung	Mittelgebirge, auch Ostsee
gut kompensierte Klappenfehler, Arteriosklerose	auch Hochgebirge und Ostsee
essentielle Hypertonie	auch Nordsee
Kreislaufregulationsstörungen	Hochgebirge und Seeklima
hypotone Formen	bevorzugt Nordsee
Krankheiten der Atmungsorgane	
Katarrhe, Neigung zu Erkältungskrankheiten, chronische und spastische Bronchitis	bevorzugt Nordsee und Hochgebirge
Emphysem und Staublungenerkrankungen in fortgeschrittenen Stadien	Mittelgebirge
Asthma bronchiale	Hochgebirge und Nordseeinseln, aber auch Mittelgebirge
Lungentuberkulose, nach Entfieberung und zur postoperativen Behandlung	milde, waldreiche Mittelgebirgslagen
stationäre und produktive Formen (Vorsicht bei exsudativen Formen!)	höhere Mittelgebirgs- und geschützte Hochgebirgslagen
Krankheiten der Verdauungsorgane, Stoffwechselkrankheiten	
Ulcus ventriculi und duodeni, Dyskinesien der Gallenwege, Darmmotilitätsstörungen	Mittelgebirge
Subazidität	Seeklima
Hyperazidität (ohne Ulzera)	Hochgebirge
Leberparenchymerkrankungen (Vorsicht vor Sonnenbädern!)	Mittelgebirge
Diabetes mellitus	aktive Bewegungstherapie im Gebirge
Blutkrankheiten	
Hypochrome und sekundäre Anämien	Hochgebirge, aber auch Seeklima
Nierenkrankheiten	
(vgl. auch extrapulmonale Tuberkulosen)	trocken-mildes Klima (Meeresküstenklima kontraindiziert!)
Allergische und Hautkrankheiten	
Heuschnupfen	Hochgebirge, Meeresinseln (aber auch Mittelgebirge)
Psoriasis, Acne vulgaris, chronische Ekzeme und allergische Dermatosen, Ichthyosis	Seeklima, Hochgebirge über 1400 m
Extrapulmonale Tuberkulosen	
stationäre Formen von Drüsen-, Knochen- und Gelenktuberkulose	Hochgebirge, Seeklima (streng dosierte Heliotherapie!)
tuberkulöse Nierenerkrankungen (auch postoperativ)	Hochgebirge
Rheumatische Erkrankungen des Bewegungsapparats	
im subchronischen und chronischen Stadium	Mittelgebirge, windgeschützte Hochgebirgslagen

Tabelle 36.1 (Fortsetzung)

Krankheit	Indizierte Klimaregion
Geschwülste	
Nachbehandlung nach Operationen und Bestrahlungen, aber auch inoperable Fälle	Gebirgs- und Seeklima
Nervenkrankheiten	
multiple Sklerose, Enzephalomyelitis	Mittelgebirge (streng dosierte Liegekuren!)
Depressionen (in Kurkliniken)	waldreiches Mittelgebirge, subalpine Lagen
Endokrine Störungen	
Thyreotoxikosen, auch zur Vorbehandlung operativer Eingriffe (Vorsicht vor Sonnenbestrahlung!)	Mittelgebirge, Hochgebirge bis 1200 m
Vegetative Regulationsstörungen	
nervöse Erschöpfung, Schlafstörungen (mit starker Labilität)	Mittelgebirge
Sympathikotoniker	Hochgebirge
Vagotoniker	Seeklima
Entwicklungsstörungen des Kindesalters	
exsudative Diathese, Anfälligkeit	Nordsee, Hochgebirge, aber auch Mittelgebirge
Rekonvaleszenz, Leistungsschwäche, Abmagerung	
zunächst	Mittelgebirge
später (Vorsicht bei Herz- und Gefäßschäden!)	reizstärkere Lagen

jenigen Ionen den Quellcharakter, deren Anteil mehr als 20 mval% der Kationen und Anionen beträgt.

$$(\text{mval} = \frac{\text{mg}}{\text{Mol.-Gewicht}} \times \text{Wertigkeit}$$

und entsprechend der Umstellung auf SI-Einheiten:

$$\text{mmol} = \frac{\text{mval}}{\text{Wertigkeit}})$$

Wenn eine Heilquelle mehrere der angeführten Voraussetzungen erfüllt, werden die Bezeichnungen entsprechend kombiniert (z. B. eisenhaltiger Natrium-Calcium-Chlorid-Säuerling).

Heilgase

Von den im Quellwasser gelösten oder der Erde frei entströmenden Gasen spielen Kohlensäure, Schwefelwasserstoff und Radiumemanation (Radon) therapeutisch die wichtigste Rolle.

Peloide

Dies sind geologisch entstandene Naturprodukte (Torfe, Schlamme, Schlicke, Heilerden), die in feinkörniger Form mit Wasser gemischt Breie oder Schlamme ergeben und in Form von Bädern und Packungen angewendet werden.

Die in *Mooren* durch pflanzliche Zersetzung unter Luftabschluß entstandenen *Torfe* zeichnen sich durch ein besonders hohes Wasserbindungsvermögen, saures pH und Gehalt an Gerbstoffen, Huminsäuren u. a. aus; sie enthalten außerdem resorbierbare östrogene Stoffe, die aus der Zersetzung von Blüten und Fruchtständen stammen.

Schlämme sind feinkörnige Sedimente, die sich in stehenden Gewässern ablagern. Im Gegensatz zu dem hauptsächlich anorganischen Material der Mineralschlämme tritt bei üppiger Flora und Fauna der Gehalt an organischen Stoffen stärker hervor.

Schlicke sind überwiegend anorganische Sedimente, die sich in Flußmündungen ablagern. Meeresschlick besitzt einen dem Meerwasser entsprechenden Anteil löslicher Minerale. *Heilerden* sind außerhalb von Gewässern durch Verwitterung entstandene feinkörnige Sedimente (Ton, Löß, vulkanischer Tuff).

Anwendungsformen und ihre Wirkungsbedingungen

Bäder

Sie werden in Form von Wannen-, Teil-, Bewegungs- und Gesellschaftsbädern verabfolgt, wobei Badedauer, Eintauchtiefe, Temperatur und Konzentration der Inhaltsstoffe dosiert werden. Neben dem flächenhaften Kontakt der Haut mit dem Bademedium, der zu Aufnahme, Abgabe und Einlagerung von Stoffen führt, sind auch rein mechanische Effekte zu berücksichtigen.

Durch den *Auftrieb* verliert der Körper einen großen Teil seines effektiven Gewichts. Dieser kann in stark mineralisierten Wässern (Solen) und breiigen Medien so groß werden, daß der Körper schwimmt und der Badende zur Überwindung des Auftriebs Arbeit leisten muß. Bei Erkrankungen des Bewegungsapparats ist die Erleichterung aktiver Bewegungen durch den Auftrieb wertvoll. Bei der Unterwassergymnastik kann auch der hohe *Reibungswiderstand* des Wassers therapeutisch genutzt werden.

Die Belastung durch den *hydrostatischen Druck* führt im Vollbad zu einer beträchtlichen Blutvolumenverschiebung aus der venösen Kreislaufperipherie in die intrathorakalen Abschnitte des Niederdrucksystems. Das sprunghaft vermehrte Blutangebot löst Steigerung der Herzleistung und vermehrte Diurese aus und kann nur von einem hinreichend anpassungsfähigen Herzen bewältigt werden. Durch Hochdrücken des Zwerchfells und hydrostatischen Druck auf den Thorax wird die Atemmittellage exspiratorisch verschoben, die Inspiration erschwert. Bei Gefahr von Lungenödem (Mitralstenose!) und Dyspnoe sind daher Vollbäder kontraindiziert. Durch niedrigeren Wasserstand sowie auch durch flache Lagerung im Bad kann die hydrostatische Belastung vermindert werden; bei Gasbädern wird sie ganz vermieden.

Temperatur des Bades: Sie hat großen Einfluß auf das regulatorische Verhalten des Organismus. Die Zone der Thermoindifferenz ist im Wasser schmaler als an der Luft. Sie liegt bei etwa 35 °C, infolge tagesrhythmischer Schwankungen vormittags höher als nachmittags.

Kühlere Bäder lösen durch Wärmeentzug Kältegegenregulationen aus: periphere Gefäßkonstriktion mit Erhöhung des peripheren Kreislaufwiderstands und des Blutdrucks, Zunahme der Atemtiefe; im weiteren Verlauf auch Stoffwechselsteigerung (Kältezittern) mit Erhöhung der Muskeldurchblutung, Azidose und Hyperglykämie, Diurese sowie phasische Allgemeinreaktionen des neurovegetativ-hormonalen Systems. Bei starken Kältereizen werden in der Haut Histamin und andere gefäßaktive Substanzen freigesetzt. Nach kalten (Frei-)Bädern sind – besonders bei Mageren – beträchtliche Abfälle der Körpertemperatur zu beobachten.

Wärmere Bäder führen mehr oder weniger zu Überwärmung des Körpers und Hitzegegenregulation: Hautgefäßerweiterung bei Einschränkung der Muskeldurchblutung, Absinken des peripheren Gesamtwiderstands und des Blutdrucks, Erhöhung von zirkulierender Blutmenge und Blutumlaufgeschwindigkeit, beträchtliche Steigerung des Herzminutenvolumens sowie von Puls- und Atemfrequenz, Schweißausbruch, der im Wasser thermoregulatorisch ineffektiv bleibt. Bei alkalotischer Stoffwechsellage, Hypoglykämie und Freisetzung von Acetylcholin kommt es gleichfalls zu einer phasischen Allgemeinreaktion, die in der Regel in eine vagal betonte Phase ausmündet. Beim *Aussteigen* aus warmen Bädern besteht *Kollapsgefahr*, während diese im Bad durch den hydrostatischen Druck kompensiert wird.

Spezielle thermische Effekte sind durch modifizierende Wirkungen von Inhaltsstoffen gegeben.

Im *Kohlensäurebad* liegt die Thermoindifferenzzone um 2°–4 °C niedriger, weil die in die Haut diffundierende Kohlensäure durch Anlähmung der Kälterezeptoren und Reizung der Wärmerezeptoren ein Wärmegefühl erzeugt und trotz fortschreitenden Wärmeentzugs durch lokalchemische Wirkungen eine Hautgefäßdilatation aufrechterhält.

Ähnliche Effekte werden auch von dem aus *Schwefelbädern* eindringenden Schwefelwasserstoff hervorgerufen.

Von breiigen *Peloidbädern* (und *-packungen*) wird die Wärme wegen der fehlenden Wärmeströmung des Wassers nur sehr langsam und gleichmäßig auf den Körper übertragen, so daß der Indifferenzpunkt subjektiv erhöht ist (ca. 38 °C) und auch beträchtlich höhere Badetemperaturen (bis über 50 °C) keinen Hitzeschmerz auslösen.

In *Bewegungsbädern* muß bei der Temperierung die bei Körperarbeit gesteigerte Wärmeproduktion berücksichtigt werden, um Wärmestauungen zu vermeiden (28°–35°C). *Die chemischen Wirkungen* der Mineralbäder, die in der Regel mit indifferenter Badetemperatur verabfolgt werden, sind sehr komplexer Natur. Während lipoidlösliche Substanzen leicht in die Haut diffundieren und unmittelbare Wirkungen entfalten können (Kohlendioxid, Schwefelwasserstoff, Jod, Radon u. a.), werden andere Stoffe zunächst in der Hornschicht fixiert und über komplizierte Ionen-Transportmechanismen in tiefere Schichten eingeschleust. Die Änderungen des Mineralbestands der Haut beeinflussen den Stoffwechsel und die vegetativen Funktionen der Haut und rufen die Bildung von körpereigenen Wirkstoffen hervor, die umstimmende Fernwirkungen im Organismus vermitteln können (z. B. Histamin, Acetylcholin, Serotonin u. a.). Die resorbierten Substanzen treten auch in die Blutbahn und den Harn über, spielen aber mengenmäßig im Gesamtmineralstoffwechsel meist keine wesentliche Rolle. Die Resorption ist u. a. von der Ladung, dem Konzentrationsgefälle, der Durchblutungsstärke und der exponierten Fläche abhängig. Die Vorgänge finden nicht nur während des Bades selbst statt, sondern setzen sich durch Nachresorption von den in der Haut deponierten Substanzen sowie infolge der Stapel- und Verteilerfunktion des Hautorgans fort. Andererseits werden auch Stoffe vom Körper an das Bademedium abgegeben, z. B. schon durch Auslaugung von Hautsubstanzen.

Trinkkuren

Bei Trinkkuren werden Heilwässer (auch Meerwasser) in Mengen zwischen 100 und 2800 ml pro Tag zugeführt, meist nüchtern, weil dabei Schleimhautkontakt und Resorption begünstigt sind. Bei der Indikation zur Trinkkur muß stets die Belastung des Wasserhaushalts, des Kreislaufs und der Ausscheidungsfunktionen durch die zusätzlichen Trinkmengen und zugeführten Mineralbestandteile in Rechnung gestellt werden!

Lokale Wirkungen: Die Bespülung der Schleimhäute mit Heilwasser, dem vielfach schleimlösende, entzündungshemmende und hyperämisierende Eigenschaften zukommen, wirkt bei lokalen Entzündungen günstig. Neben einer direkten Neutralisation des Mageninhalts durch alkalireiche Wässer kann die sekretorische Funktion der Schleimhäute sowie der großen Verdauungsdrüsen, z. T. auf reflektorischem Wege, beeinflußt werden, bei längerer regelmäßiger Anwendung meist im Sinne einer Normalisierung. Hyper- und hypotone Wässer werden durch Ausscheidung von Wasser bzw. Ionen in das Darmlumen der Isotonie angeglichen. Hypertone Wässer stellen dabei einen kräftigen Schleimhautreiz dar. Motilität und Tonus des Verdauungstrakts werden schon durch den Füllungsreiz sowie durch differente Temperaturen des Heilwassers beeinflußt. Die motilitätssteigernden Füllungsreize können durch schwer resorbierbare Ionen, die die Wasserresorption verhindern oder bei stärkerer Konzentration eine osmotische Verdünnungssekretion hervorrufen (Sulfatwässer), bis zur Abführwirkung gesteigert werden. Therapeutisch bedeutsam sind auch die Auslösung des Gallenreflexes und die Anregung des Gallenflusses.

Resorptive Wirkungen: Obwohl das getrunkene Wasser und die darin gelösten Minerale mit wenigen Ausnahmen weitgehend resorbiert werden, lassen sich gezielte und länger anhaltende Verschiebungen im Mineralhaushalt und Ionenmilieu der Organe (Transmineralisation) bei funktionstüchtigen Regulationsmechanismen nur in sehr beschränktem Umfange und infolge sekundärer Adaptationsprozesse auch nur vorübergehend erwarten. Ebenso sind die Möglichkeiten der substitutiven Zufuhr und spezifisch pharmakologischen Beeinflussung (z. B. Eisen, Jod, Schwefel) begrenzt. Günstige Stoffwechseleffekte (Steigerung der Alkalireserve und Glucosetoleranz u. a.) sind wahrscheinlich größtenteils Ausdruck einer allgemein umstimmenden Reizwirkung, der große Bedeutung zugemessen werden muß.

Bei den meist diuretisch wirkenden Trinkkuren ermöglicht die *vermehrte Ausscheidung* von Wasser und Mineralen besondere direkte Wirkungen auf Niere und ableitende Harnwege, und zwar im Sinne der Durchspülung, Schleimlösung, Entzündungshemmung, Beeinflussung des Harn-pH sowie der Lösungsbedingungen für Konkremente. Dabei müssen besonders die tagesrhythmisch schwankenden Voraussetzungen berücksichtigt werden (z. B. nächtlich erhöhte Harnkonzentration mit Gefahr der Konkrementbildung).

Inhalation

Durch die Inhalation von versprühten Mineralwässern (Aerosolen) oder Gasen sind lokale Wirkungen auf die Schleimhäute der Luftwege sowie auch resorptive Effekte möglich. Inhalationen werden an Einzelapparaten, in geschlossenen Räumen, in natürlichen Höhlen mit Heilgasvorkommen sowie in Form von Freiluftinhalationen an Gradierwerken, Wasserfällen oder in der Brandungszone des Meeres vorgenommen. Die Wirkungsbedingungen hängen u. a. vom Atemmodus, von der Konzentration wirksamer Substanzen, von Feuchtigkeit und Temperatur sowie insbesondere von der Größe der inhalierten Teilchen ab. Während grobtropfiger Nebel (Spray) bereits in den obersten Luftwegen niedergeschlagen wird und – wie auch Duschen, Spülungen oder Gurgelungen mit Mineralwässern – bei Erkrankungen von Nasen-Rachen-Raum und Kehlkopf Anwendung findet, gelangen Heilgase und stabilere Aerosole mit Tröpfchengrößen unter 5 μm bis in die feinsten Verzweigungen des Bronchialbaums und den Alveolarraum. Die Inhalation natürlicher Kurmittel wird häufig mit einer Vernebelung differenter Medikamente sowie mit atemmechanisch wirksamen Maßnahmen der Pneumotherapie (z. B. Überdruckatmung) kombiniert.

Die *lokalen Wirkungen* der Inhalation beruhen auf den schleimlösenden, hyperämisierenden, sekretionsfördernden oder entzündungshemmenden Eigenschaften der Mineralwässer. Dabei spielen osmotische und thermische Reizeffekte, Beeinflussung der Flimmerepithelfunktion, pharmakodynamische Ionenwirkungen (S, Ca, Mg u. a.) sowie auch die Pufferungskapazität (alkalischer Wässer) eine Rolle. Bei kurmäßiger Anwendung treten häufig normalisierende und desensibilisierende Effekte hervor.

Die *resorptiven Wirkungsbedingungen* sind für Gase und sehr feintropfige Nebel am günstigsten, weil die Resorptionsgeschwindigkeit zum Alveolarraum hin zunimmt. So gestattet z. B. bei der Radiumemanationsbehandlung die Inhalation eine optimale Ausnutzung.

Allgemeinwirkungen

Die übliche Einteilung der natürlichen Heilmittel nach ihren chemisch-physikalischen Eigenschaften ist zwar auch medizinisch berechtigt, weil ihre direkten Wirkungen, besondere Angriffspunkte oder gar spezifisch pharmakologischen Effekte umschriebenere Indikationen begründen. Dies darf aber nicht darüber hinwegtäuschen, daß bei jeder systematisch durchgeführten Kurortbehandlung die weitgehend unspezifischen Allgemeinreaktionen eine wesentliche Bedeutung für den Behandlungserfolg haben. Demnach unterliegt der Organismus weniger pharmakologischen Direktiven; vielmehr ist er durch Aktivierung seiner Kompensations- und Regulationsleistungen selbst richtunggebend am prozeßhaften Ablauf der Kur beteiligt. Charakteristisch für diesen reaktiven Kurprozeß ist eine „periodisch fortgesetzte vegetative Gesamtumschaltung“ mit überwiegend ergotropen Reizphasen, die mit krisenhafter Labilisierung der Regulationen, Herdreaktionen und Befindensstörungen einhergehen (Kurkrisen!); die nachfolgenden trophotropen Heilphasen führen jeweils zur Restabilisierung und Intensivierung der Selbstordnungskräfte. Sie sind für eine fortschreitende Normalisierung der Funktionen beim Abklingen der Reaktionsperiodik verantwortlich zu machen. Auch ein wesentlicher Teil der meist komplexen Stoffwechselumstellungen sowie auch der lokalen normalisierenden und desensibilisierenden Effekte dürfte auf den allgemeinen Umstimmungsprozeß zurückzuführen sein, der mit der meist gleichzeitig ablaufenden Akklimatisation (S. 1333) untrennbar verbunden ist. Unter diesen Aspekten wird verständlich, daß die Indikationslisten der Balneotherapie fast ausschließlich chronische Krankheiten und Regulationsstörungen umfassen, denen die akuten Krankheiten eigene Dynamik fehlt und wo von der Auflockerung und Normalisierung festgefahrener Fehlfunktionen eine günstige Wendung erwartet werden darf. Auch für die präventive Medizin ist die Balneotherapie im Sinne der Reaktionsbehandlung von großer Bedeutung.

Spezielle Wirkungen der Kurmittel

Natriumchloridwässer

Die schwächer konzentrierten Kochsalzwässer eignen sich wegen ihrer schleimlösenden und sekretionsanregenden Wirkungen zu Trinkkuren und Inhalationen bei allen chronischen Entzündungen und Katarrhen der Schleimhäute von Verdauungs- und Atmungsorganen. Auch hypersekretorische Formen (Gastritis) können durch Umstimmung normalisiert werden. Die Motilität des Verdauungstrakts wird angeregt. Stoffwechselwirkungen (z. B. bei Diabetes) sind offenbar unspezifischer Natur. Wegen der diuresehemmenden Wirkung sind Trinkkuren bei Nierenkrankheiten und Herz-Kreislauf-Erkrankungen mit Ödemneigung kontraindiziert!

Kurorte: Aachen, Baden-Baden, Dürkheim, Eberbach, Ems, Emstal, Gandersheim, Harzburg, Homburg v. d. H., Kissingen, Liebenzell, Münster/Stein, Nauheim, Neustadt/Saale, Oeynhausen, Orb, Pyrmont, Rotenfels, Säckingen, Salzhausen, Salzuflen, Soden/Taunus, Stuttgart-Cannstatt, Tölz, Wiesbaden u. a. *Österreich:* Ischl. *Schweiz:* Baden b. Zürich.

Solen

Sie werden mit Kochsalzkonzentrationen zwischen 1,4 und 10% zum Baden, die schwächeren auch noch zum Inhalieren verwendet. Bei deutlicher Hautreizwirkung führen sie zu allgemeiner Umstimmung des vegetativen Systems mit trophotroper Tendenz, Dämpfung der nervösen Erregbarkeit und Hebung des Allgemeinzustands. Der starke Auftrieb begünstigt Unterwasserbewegungsbehandlungen.

Kurorte: Bentheim, Bevensen, Bodenwerder, Bramstedt, Dürrheim, Endorf, Essen, Frankenhausen, Gandersheim, Hamm, Harzburg, Karlshafen, Kösen, Kreuznach, Laer, Lausick, Lüneburg, Münder, Nauheim, Nenndorf, Neustadt/Saale, Oeynhausen, Orb, Rappenau, Reichenhall, Rothenfelde, Salzdetfurth, Salzgitter, Salzschlirf, Salzuflen, Salzungen, Sassendorf, Schönborn, Schwartau, Soden-Salmünster, Soden/Taunus, Sooden-Allendorf, St. Peter-Ording, Sulza, Sülze, Waldliesborn, Westernkotten, Wimpfen, Windsheim u. a. *Österreich:* Aussee, Gleichenberg, Hall (Oberösterreich), Hall (Tirol), Ischl. *Schweiz:* Rheinfelden u. a.).

Meerwasser

Es wird gleichfalls zu Bade-, Trink- und Inhalationskuren verwendet (Kochsalzgehalt der Nordsee 3,5%, der Ostsee 0,8–1,5%). Es entspricht in seinen Wirkungen den Natriumchlorid- bzw. Solequellen, jedoch ist der stärkere Gehalt an Magnesium und Jod bemerkenswert (s. a. Klimatherapie).

Calciumchloridwässer

Sie werden wegen der gewebsabdichtenden, entzündungshemmenden Wirkung des Calciums vorzugsweise bei allergischen Erkrankungen angewendet.

Kurorte: Bellingen, Oeynhausen, Stuttgart-Cannstatt u. a.

Natriumhydrogencarbonatwässer

Die Säurebindungsfähigkeit wird durch Verordnung während und nach Mahlzeiten ausgenutzt. Nüchtern getrunken, wirken alkalische Wässer vom Duodenum aus hemmend auf die Magensekretion und fördern die Gallensekretion. Systematische Alkalizufuhr steigert die Alkalireserve und vermag kompensierte Azidosen mit ihren ungünstigen Stoffwechselfolgen (Diabetes) zu bessern. Die Verschiebung der Harnreaktion zum Alkalischen steigert die Harnsäurelöslichkeit und verhindert Uratsteinbildung. Kontraindikationen bestehen bei Phosphat- und Carbonatsteinleiden sowie bei Koli-Infektionen, die durch alkalischen Harn begünstigt werden! Die infolge Pufferung des sauren Entzündungsmilieus schmerzstillenden sowie die schleimlösenden Wirkungen werden auch bei Inhalationen genutzt.

Kurorte: Aachen, Betrich, Bodendorf, Daun, Ems, Hönningen, Neuenahr, Salzig, Überkingen, Vilbel, Wildungen u. a. *Österreich:* Gleichenberg. *Schweiz:* Scuol-Tarasp-Vulpera.

Calcium-Magnesium-Hydrogencarbonatwässer

Bei Trink- und Inhalationskuren steht die adstringierende, entquellende, abdichtende, entzündungshemmende Calciumwirkung an den Schleimhäuten im Vordergrund. Sie wird unterstützt durch resorptive Effekte auf die Erregbarkeit des vegetativen Systems, besonders bei krankhaft vermindertem Blutkalkspiegel. Die diuretische Wirkung, durch gleichzeitigen CO_2-Gehalt noch gefördert, steigert die Durchspülung der Harnwege, wobei der höhere Calciumgehalt des Harns entquellend und entzündungshemmend auf die Schleimhäute wirkt. Mit der Diurese ist auch die Harnsäureausscheidung erhöht. Bei meist saurem pH des Harns wird die Bildung von Phosphat- und Carbonatkonkrementen verhindert, während Uratsteinbildung begünstigt wird.

Kurorte: Bruchhausen, Driburg, Imnau, Pyrmont, Steben, Wildungen, Wildungen-Reinhardshausen u. a. *Österreich:* Gleichenberg, Obladis, Schönau i. Gebirge.

Sulfatwässer (Natriumsulfatwässer, Magnesiumsulfatwässer, Calciumsulfatwässer)

Hypo- und isotone Wässer hemmen die Magensäuresekretion und bewirken als mild adstringierende Flüssigkeiten infolge des Zurückhaltens von Lösungswasser für die schwer resorbierbaren Sulfationen eine Durchspülung des Darms, beeinflussen die Darmflora, verflüssigen den Darminhalt und fördern die Peristaltik. In größeren Dosen wirken sie abführend. Der osmotische Reiz der hypertonen Wässer ruft eine säure- und enzymarme Verdünnungssekretion hervor, die, besonders bei Bitterwässern mit dem gleichfalls schwer resorbierbaren Magnesium, den Füllungsgrad des Verdauungskanals bis zur Abführwirkung erhöht. Die abführende Sulfatdosis (etwa 3 g) darf bei kurmäßiger Anwendung nicht überschritten werden. (Der Schwerpunkt der Fettsuchtbehandlung liegt bei diätetischen Maßnahmen!) – Während alle Sulfatwässer choleretisch wirken und Dyskinesien der Gallenwege normalisieren können, kommt eine cholagoge Wirkung nur den stärker konzentrierten Bitterwässern zu, besonders bei kaltem Trinken. Von den resorptiven Wirkungen steht die günstige Beeinflussung des Leberstoffwechsels im Vordergrund (Glykogenanreicherung, Fettabbau), wobei auch vegetativ umstimmende Effekte mitwirken. Die Steigerung der Stickstoff- und Harnsäureausscheidung wird besonders bei den diuretisch wirkenden Calciumsulfatwässern genutzt. – In Bädern wird die perkutane Sulfataufnahme durch Kohlensäure gesteigert, wobei offenbar auch der Sulfatschwefel günstige Wirkungen bei Gelenkerkrankungen ausüben kann.

Kurorte: Arolsen, Bertrich, Driburg, Füssen, Hersfeld, Holzhausen, Kissingen, Königshofen, Lippspringe, Melle, Mergentheim, Münder, Salzig, Stuttgart-Cannstatt, Überkingen, Windsheim u. a. *Österreich:* Ischl, Obladis, Schönau i. Gebirge. *Schweiz:* Baden b. Zürich, Leukerbad, Rheinfelden, Scuol-Tarasp-Vulpera.

Eisenhaltige Wässer

Sie enthalten in frischem Zustand das Eisen in der gut resorbierbaren 2wertigen Form. Zur Substitution von Eisenmangelanämien sind meist relativ große Trinkmengen erforderlich. Die Wirkung der Trinkkuren wird aber durch begleitende Spurenstoffe (z. B. Kupfer, Kobalt) sowie klimatische Faktoren unterstützt. Günstige Effekte systematischer Trinkkuren sind besonders auch bei larviertem Eisenmangel (Infektanfälligkeit, Schwächezustände u. a.) zu erwarten.

Kurorte: Bodendorf, Driburg, Neustadt/Saale, Pyrmont, Schwalbach u. a. *Österreich:* Einöd, Reuthe, Schönau i. Gebirge, Weinberg. *Schweiz:* Lenk, St. Moritz.

Arsenhaltige Wässer

Sie werden heute in Deutschland aus toxikologischen Erwägungen nicht mehr verwendet.

Schwefelhaltige Wässer

Der in 2wertiger Form, z. T. als frei gelöster Schwefelwasserstoff enthaltene Schwefel wird beim Trinken, Inhalieren sowie durch die Haut in Wasser- und Gasbädern leicht aufgenommen. Neben der lokalen keratolytischen und entzündungshemmenden Wirkung ist die starke Hautreizwirkung der Bäder charakteristisch, die zu intensiver Gefäßerweiterung mit gesteigerter Wärmeempfindung und Verminderung von Kälte- und Schmerzempfindung führt. Im Vordergrund der Kurwirkungen steht eine allgemeine Umstimmung, die mit heftigen Kurreaktionen einhergehen kann und zu normalisierenden Effekten im Stoffwechsel der Haut und des Mesenchyms führt, wo vor allem eine Regeneration der bradytrophen Gewebe (Gelenkknorpel) mit verstärktem Schwefeleinbau ausgelöst wird. Bei der antirheumatischen Wirkung spielen auch die Steigerung der peripheren Durchblutung und kreislaufregulierende Effekte eine wichtige Rolle. Weitere Schwefelwirkungen betreffen die Nebenniere, deren Schwefelgehalt zunimmt, sowie den Leberstoffwechsel, speziell auch dessen entgiftende Funktionen. Praktisch bedeutsam ist die Förderung der Metallausscheidung bei Vergiftungen (Blei, Quecksilber, Arsen). Bei Gallenleiden werden Schwefelwässer erfahrungsgemäß schlecht vertragen!

Kurorte: Aachen, Abbach, Bentheim, Blenhorst, Boll, Eilsen, Füssing, Gögging, Harzburg, Nenndorf, Randringhausen, Sebastiansweiler, Seebruch, Senkelteich, St. Peter-Ording, Wiessee u. a. *Österreich:* Baden b. Wien, Burgwies, Deutsch-Altenburg, Goisern, Hohenems, Schallerbach. *Schweiz:* Baden b. Zürich, Lavey-les-Bains, Lenk, Schinznach.

Jodhaltige Wässer

Bei den in der Regel kombinierten Trink- und Bäderkuren wird das Jod, auch von der Haut, rasch resorbiert. Weiterhin wird an Quellorten in der Luft angereichertes elementares Jod aufgenommen. Die bei Trinkkuren zugeführten Jodmengen sind zur Schilddrüsentherapie ausreichend, wobei neben substitutiven Wirkungen auch umstimmend normalisierende Effekte wertvoll sind. Wegen der Gefahr eines Jod-Basedow-Syndroms sind Jodkuren nur unter strenger ärztlicher Kontrolle durchzuführen. Die aus dem Bad durch die Haut aufgenommene Jodmenge liegt allerdings weit unterhalb der in der Pharmakotherapie üblichen Dosen. Im Jodbad kommt es zu einer charakteristischen Kreislaufumstellung, bei der die Entspannung des arteriellen Systems mit Absinken von Schlag- und Minutenvolumen sowie eine Steigerung der Pulsfrequenz im Vordergrund stehen. Dem Jod wird hierbei vor allem eine direkte Gefäßwirkung mit günstigem Einfluß auf die arteriosklerotischen Wandveränderungen zugeschrieben. Der durchblutungsfördernde Effekt führt zur beschleunigten Resorption von Exsudaten, was auch bei chronisch entzündlichen Gelenkerkrankungen sowie bei Augenleiden genutzt wird. Bei der Inhalationsbehandlung spielt die sekretionsanregende, expektorationsfördernde Wirkung eine Rolle. Vorsicht vor allergischen Reaktionen bei Jodismus!

Kurorte: Bodenwerder, Endorf, Heilbrunn, Holm, Schwartau, Tölz, Wiessee u. a. *Österreich:* Goisern, Hall (Oberösterreich), Reuthe.

Radioaktive Wässer

Neben den selteneren radiumhaltigen Quellen handelt es sich um Wässer, die das ubiquitäre Edelgas Radon (Radiumemanation) in größerer Konzentration gelöst enthalten. Radon ist ein reiner α-Strahler mit kurzer Halbwertszeit (3,8 Tage). Wegen seiner Lipoidlöslichkeit wird es leicht durch Haut und Schleimhäute aufgenommen, am leichtesten durch die Lunge. Die lipotrope Eigenschaft des Radons führt im Körper zu besonderer Anreicherung in Nebennieren, Milz, Erythrozyten, Markscheiden und subkutanem Fettgewebe. Auch die Ausscheidung erfolgt überwiegend durch die Lunge; sie ist innerhalb von wenigen Stunden praktisch vollständig, im Gegensatz zum Radiumelement, von dem ein gewisser Anteil im Knochen abgelagert wird und wegen der langen Halbwertszeit als dauernder Strahlungsherd im Körper verbleibt. Wenn auch die in Betracht kommenden Radiummengen unterhalb der Toleranzgrenzen liegen, ist hier strenge Indikationsstellung erforderlich.

Die biologischen Effekte der radioaktiven Wässer beruhen auf der physikalischen Reizwirkung der α-Strahlung, deren hohe kinetische Energie bei geringer Reichweite Ionisationen hervorruft. Besonders empfindlich sind die Zellkerne, weshalb vor allem kernreiche Gewebe (endokrine Drüsen, Knochenmark) stark reagieren. Im Vordergrund der Kurwirkung steht die vegetativ-hormonale Umstimmung mit Aktivierung von Hypophyse, Nebennierenrinde und Keimdrüsen („Jungbrunnenwirkung“) und ausgeprägten Kurreaktionen (Fokalsanierung wichtig!), wodurch rheumatische Prozesse, Altersbeschwerden, klimakterische und andere vegetativ-hormonale Störungen günstig beeinflußt werden. Dabei spielt auch die Kreislaufumstellung mit Blutdrucksenkung und peripherer Durchblutungssteigerung eine wichtige Rolle. Auch die diuretische Wirkung der radioaktiven Wässer mit vermehrter Harnsäureausschwemmung wird therapeutisch genutzt. Bemerkenswert ist die prompte schmerzstillende Wirkung, die die Therapie von neuritischen Prozessen sowie die mobilisierende Unterwasserbehandlung begünstigt. – Besonders intensive Wirkungen der Radoninhalation können im Gasteiner Thermalstollen erzielt werden, wo die emanationsreiche Stollenluft durch ihre hohe natürliche Wärme und Feuchte zugleich starke thermische Wirkungen hat.

Kurorte: Brambach, Kreuznach, Münster/Stein, Steben. *Österreich:* Badgastein, Hofgastein, Seefeld.

Kohlensäurewässer

Da die Kohlensäure das Lösungsvermögen für Salze erhöht, enthalten Wässer mit höherem Kohlensäuregehalt vielfach einen beträchtlichen Anteil verschiedener Minerale, die die Wirkungsbedingungen modifizieren. Die schwächer mineralisierten und einfachen Säuerlinge sind wegen ihres erfrischenden Geschmacks als Tafelwässer beliebt.

Bei *Trinkkuren* werden die lokal hyperämisierenden, sekretions- und motilitätsanregenden Wirkungen der Kohlensäure sowie auch der diuretisch-durchspülende Effekt dieser Wässer therapeutisch genutzt.

Die größte Bedeutung kommt heute der Kohlensäurebäderbehandlung von Herz- und Kreislaufkranken zu. Im *Kohlensäurebad*, das wegen der genannten thermischen Effekte mit 30–34 °C temperiert werden kann, diffundiert die frei gelöste Kohlensäure in die Haut und ruft trotz des Wärmeentzugs auf lokal-chemischem Weg eine starke Hautgefäßerweiterung mit Anregung der rhythmischen Vasomotion der Hautgefäße hervor. Bei Vermehrung der aktiven Blutmenge und Steigerung der Blutumlaufgeschwindigkeit werden peripherer Kreislaufwiderstand und elastischer Arterientonus herabgesetzt, wobei der Blutdruck absinkt. Die Herzbelastung ist dabei gering, da die Auswurfleistung ausschließlich durch Steigerung des Schlagvolumens bei verminderter Druckarbeit erhöht wird, während die Schlagfrequenz regelmäßig absinkt. Diese besonders ökonomische Kreislaufsituation kann, unterstützt durch Nachruhe, z. T. über das Bad hinaus aufrechterhalten werden. Die am Ende einer Bäderkur feststellbaren, qualitativ ähnlichen Kreislaufveränderungen sind aber keineswegs auf ein Festhalten der Einzelbadwirkung zurückzuführen. Vielmehr gehen vom Reiz der CO_2-Bäder vegetativ umstimmende und regulationstrainierende Wirkungen aus, die zu einer allgemeinen Ökonomisierung und Normalisierung des Kreislaufs und auch anderer Funktionssysteme führen.

Im *Kohlensäuregasbad* entfällt die belastende Wirkung des hydrostatischen Drucks. Die durch Anfeuchten (Zusatz von Wasserdampf) begünstigte Kohlensäureaufnahme in die Haut ruft prinzipiell gleiche Kreislaufwirkungen hervor. Der hyperämisierende Effekt kann auch zur Behandlung schlecht heilender Wunden genutzt werden. Während die aus Bädern aufgenommene CO_2-Menge zu gering ist (etwa 30 ml/min), um zentrale Effekte auszulösen, kann es beim Einatmen der über dem Wasserspiegel lagernden Kohlensäure zu zentralen Reizwirkungen mit Tachykardie, Blutdrucksteigerung u. a. kommen, die die peripher ausgelösten Kreislaufwirkungen paralysieren. Der Badende muß daher den Kopf so hoch lagern, daß er über dem Niveau des Wannenrandes atmet. Bei Gasbädern ist ein sicherer Abschluß am Halse notwendig. – Kohlensäurebäder können auch aus carbonathaltigen Wässern bereitet werden, indem durch Säurezusatz Kohlensäure freigesetzt wird; auch mit Kohlensäuregas künstlich imprägnierte Bäder sind im Gebrauch.

Kurorte: Alexandersbad, Bocklet, Bodendorf, Breisig, Brückenau, Ditzenbach, Driburg, Elster, Ems, Hermannsborn, Homburg v. d. H., Hönningen, Imnau, Kissingen, Krozingen, Laer, Lahnstein, Liebenstein, Meinberg, Nauheim, Neuenahr, Neustadt/Saale, Oeynhausen, Orb, Peterstal-Griesbach, Pyrmont, Rippoldsau, Rothenfelde, Salzhausen, Salzschlirf, Salzuflen, Sassendorf, Schwalbach, Soden/Taunus, Soden-Salmünster, Steben, Stuttgart-Berg, Stuttgart-Cannstatt, Teinach, Urach, Vilbel, Waldliesborn, Westernkotten, Wildungen, Wildungen-Reinhardshausen u. a. *Österreich:* Gleichenberg, Obladis, Schönau i. Gebirge, Tatzmannsdorf. *Schweiz:* St. Moritz, Scuol-Tarasp-Vulpera.

Akratothermen (Wildwässer)

Ob die Wirkung dieser von alters her zu Bade- und Trinkkuren genutzten Wässer auf dem Gehalt an Spurenstoffen, Edelgasen u. a. oder auf besonderen Zustandsformen des Wassers beruht, ist bis heute ungeklärt. Im Vordergrund der Kurwirkungen steht eine neurovegetativ-endokrine Umstimmungsreaktion mit deutlichen Kurkrisen. Die Stimulierung der endokrinen Drüsen („Jungbrunnen"), die normalisierenden Effekte am Kreislauf und im Hautstoffwechsel, die sedativen Wirkungen und die günstigen Voraussetzungen des Thermalbads für die Unterwasserbewegungstherapie begründen die vielseitigen Heilanzeigen der Akratothermen bei Krankheiten des Bewegungsapparats, Kreislaufregulationsstörungen, endokrinen Störungen, Hautleiden sowie neurologischen und posttraumatischen Schäden.

Kurorte: Badenweiler, Rodach, Schlangenbad, Wildbad u. a. *Österreich:* Badgastein, Fischau, Hofgastein, Villach, Vöslau. *Schweiz:* Baden b. Zürich, Ragaz/Valens.

Peloide

Die Wirksamkeit der Peloide beruht in erster Linie auf den besonderen thermophysikalischen Eigenschaften. In aufbereitetem Zustand besitzen die Peloide infolge des Wasserbindungsvermögens eine große Wärmekapazität und zugleich eine geringe Wärmeleitfähigkeit (durch fehlende Konvektion). Der dadurch bedingte langsame und gleichmäßige Wärmeübergang auf den Körper erlaubt die Anwendung hoher Temperaturen (bis über 50 °C) ohne stärkere Reizerscheinungen. Bei lokaler Anwendung (Packungen mit etwa 4 cm Schichtdicke) steht die milde, bei längerer Anwendungsdauer tiefgreifende Gewebsdurchwärmung im Vordergrund, die hyperämisch, resorptionsfördernd, schmerzlindernd und entspannend wirkt und auf reflektorischem Weg auch innere Organe beeinflussen kann. Peloidbäder (39–45 °C) führen dagegen zur Überwärmung des ganzen Körpers mit Erhöhung der Kerntemperatur und starker Schweißabsonderung. Sie stellen u. U. eine erhebliche Kreislaufbelastung dar, wobei im Vollbad auch die verstärkten mechanischen Bäderwirkungen eine Rolle spielen. Die hohen sorptiven Eigenschaften der Peloide fördern einerseits die Ausscheidung von Stoffen durch die Haut, andererseits hemmen sie in gewissem Umfang die perkutane Aufnahme. Ob in Moorbädern z. B. hinreichende Mengen von östrogenwirksamen Substanzen in den Körper gelangen, ist trotz der empirisch gut begründeten gynäkologischen Indikationen (Sterilität, Entwicklungsstörungen, Menstruationsstörungen u. a.) nicht hinreichend geklärt. Die Kurwirkung der Peloidbäder besteht in erster Linie in einer intensiven Umstimmung der Reaktionslage, die mit Stimulierung der endokrinen Funktionen, ausgeprägten Kurreaktionen und Herdaktivierung einhergehen kann und in eine verstärkt trophotrope Gesamtsituation ausklingt. Neben der bei saurem pH lokal adstringierenden Wirkung der Torfe können auch die hautquellenden Effekte alkalischer Schlämme therapeutisch genutzt werden. – Moorextraktbäder besitzen nicht die charakteristischen physikalischen Eigenschaften der Peloide und können daher nicht so hoch temperiert werden; sie unterscheiden sich von Warmwasserbädern lediglich durch die Wirkung der löslichen Extraktstoffe.

Moorbäder: Abbach, Aibling, Alexandersbad, Bayersoien, Blankenburg, Blenhorst, Bocklet, Bramstedt, Brückenau, Buchau, Doberau, Driburg, Düben, Feilnbach, Freienwalde, Füssen-Faulenbach, Gögging, Griesbach, Grund, Heilbrunn, Hermannsborn, Holzhausen/Westf., Homburg v. d. H., Kissingen, Kohlgrub, Königshofen, Lobenstein, Lüneburg, Meinberg, Murnau, Muskau, Neustadt/Saale, Orb, Peterstal-Griesbach, Pyrmont, Randringhausen, Reichenhall, Rippoldsau-Schapbach, Rothenuffeln, Salzdetfurth, Salzschlirf, Sassendorf, Schlangenbad, Schmiedeberg, Schussenried, Schwalbach, Schwartau, Seebruch, Senkelteich, Steben, Sülze, Tölz, Vilsneck, Waldsee, Westernkotten, Wurzach, Zwischenahn. *Österreich:* Kitzbühel, Neydtharting, Salzburg, Tatzmannsdorf. *Schweiz:* St. Moritz.

Schlamm- und Schlickbäder: Baltrum, Boll, Borkum, Büsum, Butjadingen, Carolinensiel-Harlesiel, Cuxhaven, Dangast, Dorum, Eilsen, Friedrichskoog, Gögging, Homburg v. d. H., Horumersiel-Schillig, Juist, Kreuznach, Krumbad, Nenndorf, Neuharlingersiel, Norddorf, Norden-Norddeich, Norderney, Spiekeroog, St. Peter-Ording, Wenningstedt, Westerland, Wilhelmshaven, Wittdün/Amrum, Wyk/Föhr. *Österreich:* Althofen, Aussee, Hall (Oberösterreich), Ischl. *Schweiz:* Andeer.

Zur Durchführung balneotherapeutischer Kuren

Angesichts der komplexen Reizwirkung der balneotherapeutischen Anwendungen besitzt neben der Dosierung der dem Körper zugeführten spezifisch wirksamen Substanzen die sachgemäße Abstimmung der Reizgrößen eine entscheidende Bedeutung. Sie kann nur unter fortlaufender Kontrolle der individuellen Reaktionsfähigkeit erfolgen (S. 1333). Diese Aufgaben können daher ausschließlich von dem mit den örtlichen Kurmitteln vertrauten Kurarzt übernommen werden. Die unspezifischen Allgemeinwirkungen der Kuren bringen die Gefahr einer überschießenden Aktivierung mit sich. Ihr muß durch vorangehende sorgfältige Herdsanierung vorgebeugt werden. Die gleichen Gründe bestimmen eine Reihe von grundsätzlichen *Kontraindikationen* gegen die Balneotherapie: Nicht sicher inaktive Tuberkulose, frische entzündliche (Kontrolle der Blutsenkung und anderer Aktivitätsproben!) und rasch fortschreitende degenerative Prozesse, maligne Tumoren, Blutungsneigung und vor allem Dekompensationserscheinungen des Herzens, da die balneotherapeutischen Reize, insbesondere die Bäder, eine gewisse Kreislaufreserve voraussetzen. Häufig kann durch geeignete medikamentöse Vorbehandlung Kurfähigkeit erreicht werden. Kranke mit Herzinfarkt und apoplektischem Insult können schon nach Ablauf der reparativen Phase für die Balneotherapie geeignet sein. Bei günstigen Verläufen und unter kurklinischer Betreuung können sog. *Anschlußheilverfahren* durchgeführt werden, zu denen der Patient unmittelbar nach der akut-klinischen Phase der Rehabilitation verlegt wird. Bei Konkrementen in Gallen- und ableitenden Harnwegen muß vorher geprüft werden, ob die Kur nicht erst nach chirurgischer Behandlung nutzbringender durchzuführen ist. Bei Diabetes kommen nur leichte bis mittelschwere Formen in Betracht.

Bei der *Auswahl des Heilbads* sind nicht nur die örtlichen Kurmittel, sondern auch die klimatischen Faktoren sowie die Jahreszeit zu berücksichtigen (s. Klimatherapie). Kuren während der Übergangsjahreszeiten und des Winters können auch unter medizinischen Gesichtspunkten vorteilhaft sein. Für Patienten, die strenger ärztlicher Kontrolle und sorgfältiger Diätbehandlung bedürfen oder bewegungsbehindert sind, ist der Aufenthalt in einem klinisch geführten Sanatorium vorzuziehen. Die richtige Einordnung der Kur in den Gesamtheilplan erfordert eine enge Zusammenarbeit zwischen Hausarzt und Kurarzt. Spätestens zum Kurbeginn ist dem Kurarzt ein ausführlicher Befundbericht zuzuleiten!

Die *Kurdauer* muß mindestens 4 Wochen, bei Kindern 6 Wochen betragen, da die reaktiven Vorgänge nicht früher abgeklungen sind. Die endgültige Bestimmung der Kurdauer ist von der Verlaufsbeobachtung durch den Kurarzt abhängig zu machen. Anwendung und Dosierung der Kurmittel sind an die kurärztliche Verordnung gebunden, die auch die zusätzlichen therapeutischen Maßnahmen (Massage, Bewegungstherapie, Diät, Psychotherapie usw.) in sinnvoller Abstimmung auf den Gesamtkurplan mitumfaßt. Nach Abschluß der Kurbehandlung ist ein Erholungsaufenthalt (sog. Nachkur) empfehlenswert, in jedem Falle aber eine Schonung erforderlich.

Indikationen der Balneotherapie

Siehe Tab. 36.2.

Spezielle physikalische Therapie

Thermo- und Hydrotherapie

Örtliche Wärmebehandlung

Ausgelöste physiologische Prozesse

Ziel der lokalen Wärmeanwendungen ist in erster Linie die Auslösung einer aktiven Hyperämie mit möglichst tiefgreifender Gewebserwärmung. Dabei können die Gewebstemperaturen leicht bis auf Kerntemperaturhöhe gesteigert werden, während einer weiteren Steigerung der Wärmeabtransport mit dem Blut entgegenwirkt. Die Gefäßerweiterung erfolgt sowohl durch direkte Wärmewirkung auf die Gefäße als auch reflektorisch, wobei sich die Dilatation konsensuell auf andere Hautgebiete ausdehnt und über segmentale Verbindungen auch auf die inneren Organe übergreift. Im Gegensatz zu mild erwärmenden Anwendungen führen brüske Heißreize primär zu einer Gefäßkonstriktion und Freisetzung vasoaktiver Wirkstoffe, so daß die nachfolgende Hyperämie erst die zweite Phase einer den Organismus stärker belastenden Reaktion darstellt. Die Wärmehyperämie überdauert die Applikation um 1–2 Stunden. Je nach Größe des erwärmten Bezirks verursacht die örtliche und konsensuelle Durchblutungssteigerung mehr oder weniger ausgedehnte Kreislaufumstellungen mit kompensatorischer Durchblutungsminderung anderer Stromgebiete (z. B. Muskulatur) und Entleerung der Blutdepots.

Therapeutisch wirksam sind neben dem spasmolytischen Effekt der Wärme die örtliche Stoffwechselsteigerung bei erhöhtem Blutangebot, die Förderung der Resorption und lokalen Gewebsabwehr, die vermehrte Gewebsdurchsaftung mit Steigerung des Lymphstroms sowie der schmerzstillende Ef-

Tabelle 36.**2** Indikationen der Balneotherapie (B = Bäder, I = Inhalationen, P = Packungen, T = Trinkkur) (nach Boehm u. Grober)

Krankheit	Indizierte Therapie
Herz- und Kreislaufkrankheiten	
Herzmuskelschwäche, nach Beseitigung von Insuffizienz (Vorsicht bei pulmonaler Hypertonie, Ausschluß aktiver Entzündung)	Kohlensäurewässer (B), Kohlensäuregas (B), jodhaltige Wässer (B)
Arteriosklerose, arterieller Hochdruck, Herzinfarktrehabilitation, Zustände nach Schlaganfällen	jodhaltige Wässer (B + T), Kohlensäuregas (B), Kohlensäurewässer (B), Kneipp-Kuren
Hypotonie	Kneipp-Kuren, Solen (B), Kohlensäurewässer (B)
periphere Durchblutungsstörungen, Blutverteilungsstörungen	Kohlensäuregas (B), Kohlensäurewässer (B), jodhaltige Wässer (B + T), schwefelhaltige Wässer (B + T), radioaktive Wässer (B + I), Peloide (B + P), Kneipp-Kuren
Venenentzündungen (Folgezustände)	jodhaltige Wässer (B), schwefelhaltige Wässer (B)
Krankheiten der Atmungsorgane	
Asthma bronchiale	Natriumhydrocarbonatwässer (I + T), Natriumchloridwässer bzw. Solen (I + B), schwefelhaltige Wässer und Gase (I + B)
Emphysem und Emphysembronchitis	wie bei Asthma bronchiale, dazu jodhaltige Wässer (I + B)
Katarrhe der Luftwege	wie bei Emphysembronchitis
chronische Nasenkatarrhe	Spülungen und I mit Natriumhydrogencarbonatwässern oder jodhaltigen Wässern
Magen- und Darmkrankheiten	
Magenkatarrh, chronischer Zustand nach Ulcus ventriculi oder duodeni, Nachbehandlung nach Operationen mit Hyperazidität	Natriumhydrogencarbonatwässer (T), Calcium-Magnesium-Hydrogencarbonatwässer (T), Natriumchloridwässer (T), Solen (B), Peloide (P)
bei Subazidität	Natriumchloridwässer (T + B), Kohlensäurewässer (T), Natriumsulfatwässer (T)
chronische Darmkatarrhe, Obstipation	Magnesiumsulfatwässer (T), Natriumsulfatwässer (T), Peloide (P)
Krankheiten von Leber und Gallenwegen	
chronische Hepatitis, Präzirrhosen, chronische Cholangitis und Cholezystitis, Zustand nach operativen Eingriffen	Natriumsulfatwässer (T), Magnesiumsulfatwässer (T), Calciumsulfatwässer (T), schwefelhaltige Wässer (T), Peloide (P)
Stoffwechselkrankheiten	
Diabetes mellitus (leichte und mittelschwere Formen)	Natriumhydrogencarbonatwässer, Calcium-Magnesium-Hydrogencarbonatwässer, Natriumchloridwässer, Sulfatwässer, schwefelhaltige Wässer (T)
Fettsucht	B + T zur Umstimmung
Gicht	radioaktive Wässer (B + T + I), Calciumsulfatwässer, Natriumhydrogencarbonatwässer, Calcium-Magnesium-Hydrogencarbonatwässer (T)

Tabelle 36.2 (Fortsetzung)

Krankheit	Indizierte Therapie
Krankheiten der ableitenden Harnwege	
chronische Entzündungen	Calciumhydrogencarbonatwässer (T) (Ausnahme: Koli-Infektionen!), Säuerlinge (T), radioaktive Wässer (T), Peloide (P) und Sitzbäder
Harnsäure-, Cystin- und Xanthinsteine	Hydrogencarbonatwässer (T)
Calciumoxalatsteine	Natrium- und Calcium-Magnesium-Hydrogencarbonatwässer mit Ca/Mg-Quotienten unter 2,5 (T), Säuerlinge (T)
Phosphat- und Carbonatsteine	einfache Säuerlinge (T) (auch Calciumsulfat- und Calciumchloridwässer)
Blutkrankheiten	
hypochrome und sekundäre Anämien, larvierte Eisenmangelzustände	eisenhaltige Wässer (B + T) (arsenhaltige Wässer [T])
Gelenk- und Muskelkrankheiten	
chronisch entzündliche (rheumatische oder rheumatoide) und degenerative Krankheiten, nichtakute Stadien, Muskelhartspann, Myalgien, Myogelosen	Natriumchloridwässer bzw. Solen (B), Thermen (B), Peloide (B + P), schwefelhaltige Wässer (B), radioaktive Wässer (B + I)
Neurologische Störungen	
Ischias, Neuralgien und chronische Neuritiden	Solen (B), Peloide (B + P), schwefelhaltige Wässer (B), Thermen (B), radioaktive Wässer (B + I), jodhaltige Wässer (B)
Lähmungen nach Verletzungen, Vergiftungen und Infektionen (z. B Diphtherie, spinale Kinderlähmung)	Thermen (B), schwefelhaltige Wässer (B), Solen (B), radioaktive Wässer (B), Unterwasserbewegungstherapie
Lähmungen nach Apoplexie	vgl. Herz- und Kreislaufkrankheiten
Verletzungsfolgen	
chirurgische und orthopädische Nachbehandlung, Wiederherstellungsbehandlung	Thermen, Natriumchloridwässer, schwefelhaltige Wässer (B + Unterwasserbewegungstherapie), Peloide (B)
schlecht heilende Wunden	Kohlensäurewässer (B), Kohlensäuregas (B)
Frauenleiden	
chronische Entzündungen und Exsudate der Adnexe	Solen (B), jodhaltige Wässer (B), Peloide (B + P), Thermen (B), radioaktive Wässer (B + I)
gynäkologische Entwicklungsstörungen, Menstruationsstörungen, klimakterische Beschwerden, Sterilität	Peloide (B + P), Solen (B), jodhaltige Solen (B), Thermen (B), Kohlensäuregas (B), radioaktive Wässer und Gase
Kinderkrankheiten	
Entwicklungsstörungen, lymphatische und exsudative Diathese, Skrofulose, Akzeleration, vegetative Regulationsstörungen	Natriumchloridwässer bzw. Solen (B), Kneipp-Kuren, Seeheilbäder
Hautkrankheiten und allergische Reaktionen	
chronische, allergische und Gewerbeekzeme, Urtikaria, Psoriasis, Furunkulose	schwefelhaltige Wässer (B), Thermen (B), jodhaltige Wässer (B + T), Natriumchloridwässer (B), Moor (B), Kohlensäuregas (B), radioaktive Wässer (B + I)

Tabelle 36.2 (Fortsetzung)

Krankheit	Indizierte Therapie
Intoxikationen und Metallvergiftungen	schwefelhaltige Wässer (B + T), jodhaltige Wässer (B + T)
Augenkrankheiten	
chronische Entzündungen, Gefäßkrankheiten sowie degenerative Veränderungen am Augenhintergrund, Glaskörperblutungen	Natriumchloridwässer, jodhaltige Wässer (T und Lokalanwendungen)
Erschöpfungszustände, Rekonvalenszenz	Kneipp-Kuren, Akratothermen, eisenhaltige Wässer (B + T)
Vegetative und endokrine Syndrome	
funktionelle Störungen im vegetativen Nervensystem	Kneipp-Kuren, Solen (B), eisenhaltige Wässer (B + T), radioaktive Wässer (B + I)
innersekretorische Störungen	radioaktive Wässer (B + T + I), jodhaltige Wässer (B + T), Moor (B)

fekt. Vorsicht mit örtlicher Wärmeanwendung ist geboten bei Sensibilitätsstörungen (Verbrennungsgefahr!) sowie bei organischen Durchblutungsstörungen, wo verminderter Wärmeabtransport und ungenügendes Sauerstoffangebot zu Gewebsschädigungen führen können!

Trockene Wärme

Heißluft in Form von Heißluftkästen oder als Luftdusche (Fön) mit Lufttemperaturen von 70° bis maximal 100 °C; Auflagen und Packungen aus wasserfreiem Paraffin oder Sand; wassergefüllte Gummikissen (Wärmflaschen); elektrische Heizkissen mit Stufenschaltung; Infrarotbestrahlung, besonders für schwer zugängliche Regionen und zur Vermeidung von Hautkontakt (s. Lichttherapie, S. 1460).

Gewebserwärmung mit Hochfrequenzströmen (Diathermie) im Frequenzbereich zwischen 300 kHz und 3000 MHz (zugelassene gebräuchliche Wellenlängen: Kurzwellen 11,06 m, Dezimeterwellen 0,69 m, Mikrowellen 0,12 m): Bei allen diesen Anwendungsformen entsteht die Wärme als Joule-Stromwärme im Gewebe selbst. Der Körper kann sich dabei als Widerstand im Stromkreis zwischen Kontaktelektroden befinden (klassische Diathermie), als Dielektrikum im hochfrequenten elektrischen Feld zwischen isolierten Elektroden (Kondensatorfeld), im hochfrequenten magnetischen Feld einer Spule (Spulenfeld) oder im Nahfeld elektromagnetischer Richtstrahler (Strahlenfeld, Wellenlängen unter 1 m). Die Dosierung richtet sich auch hier im allgemeinen nach dem subjektiven Wärmeempfinden; je nach Wellenlänge und Applikationsform ist aber in den verschiedenen Gewebsschichten mit unterschiedlicher Energieabsorption zu rechnen, wodurch unter Umständen unbemerkt erhebliche Gewebsbelastungen und -schädigungen eintreten können. Metallteile müssen in jedem Falle aus dem Behandlungsfeld entfernt werden (s. Elektrotherapie, S. 1359). Auch bei der *Ultraschallbehandlung*, bei der mechanische Schwingungen eines Schallgebers zwischen 800 und 1000 kHz über geeignete Medien auf den Körper übertragen werden, ist das wirksame Prinzip die (durch innere Reibung) im Gewebe entstehende Wärme.

Feuchte Wärme

Heiße Wickel, die stündlich mehrfach erneuert werden (evtl. Zusatz von Senfmehl); Teilbäder (Hand-, Fuß-, Arm-, Sitzbäder), evtl. mit Zusätzen (z. B. Heublumen, Kamille, Eichenrinde, Schmierseife, Senfmehl), wobei die Temperatur langsam gesteigert wird; Dampfduschen (Vorsicht vor Verbrühungen mit Kondenswasser!); Dampfinhalationen (sog. Kopfdampfbad) zur Hyperämisierung der oberen Luftwege mit Zusatz von Kamille u. a.; Auflagen und Packungen mit wasserbindendem Material (z. B. Kartoffelbrei, Heublumen, Fango, Moor, Schlamm); (Peloide, Balneotherapie, S. 1347).

Ansteigende Teilbäder

Ansteigende Teilbäder in Form von ein- oder doppelseitigen Armbädern und Fußbädern besitzen eine besondere Bedeutung im Rahmen der Herz- und Kreislauftherapie. Durch gleichmäßige Steigerung der anfangs indifferenten Wassertemperatur auf 42° bis maximal 45 °C im Laufe von 20–40 Min. wird primär eine starke Hautgefäßerweiterung der gebadeten Extremität erreicht, die sich konsensuell und reflektorisch ausbreitet und beim Armbad das Koronargefäßsystem einbezieht. Die kreislaufentlastende Wirkung kommt besonders in einer Blutdrucksenkung zum Ausdruck. Die therapeutisch erwünschten Kreislaufwirkungen sind in der Regel nachmittags leichter auszulösen als vormittags. Die Anwendung ist auch am liegenden Patienten möglich. Auf sorgfältigen Abkühlungsschutz ist zu achten. Das Bad wird mit beginnendem Schweißausbruch abgebrochen. In jedem Fall ist Nachruhe erforderlich. Thermostatisch geregelte Teilbadewannen ermöglichen einen besonders gleichmäßigen Temperaturanstieg. *Hauptindikationen* sind: Koronarinsuffizienz, Herzmuskelschwäche, Hypertonie, Arteriosklerose, Herzrhythmusstörungen und periphere Durchblutungsstörungen.

Allgemeine Wärmebehandlung

Ausgelöste physiologische Prozesse

Im Gegensatz zu den lokalen führen allgemeine Wärmeanwendungen stets zu einer mehr oder weniger beträchtlichen Kreislaufbelastung im Rahmen der Hitzegegenregulation, die durch maximale Hautdurchblutungszunahme und Schweißsekretion gekennzeichnet ist. Herzfrequenz und -minutenvolumen sowie die aktive Blutmenge werden gesteigert; die Durchblutung von Muskulatur und Splanchnikusgebiet wird eingeschränkt; der Blutdruck sinkt häufig erst im späteren Verlauf ab. Auch wenn keine wesentliche Steigerung der Körpertemperatur eintritt, lassen sich regelmäßig Allgemeinreaktionen im Stoffwechsel (Alkalose, Hypoglykämie u. a.), im Blutbild sowie im vegetativ-hormonalen System nachweisen, die phasischen Verlauf zeigen und die trophotrope Tendenz betonen. Bei milderen Anwendungen können auch die beruhigenden und schmerzlindernden Wirkungen der Wärme sowie die Entspannung der glatten und Skelettmuskulatur im Vordergrund stehen. Je mehr eine wirksame Wärmeabgabe des Körpers verhindert wird, vor allem durch Unterbindung der Schweißverdunstung, um so stärker steigt die Körpertemperatur (Hyperthermie), und um so intensiver werden Stoffwechselsteigerung und Allgemeinreaktionen mit Stimulierung des vegetativen Systems und der spezifischen und unspezifischen Abwehrleistungen. Bei hochgradiger Überwärmung kommen schließlich auch direkte Wirkungen auf hitzeempfindliche Erreger und Tumorgewebe in Betracht. Der Schwerpunkt der therapeutisch nutzbaren Effekte ist also vom Grad der erzielten Hyperthermie abhängig, so daß folgende Verfahren zu unterscheiden sind:

Schwitzprozeduren

Bei Schwitzprozeduren ohne wesentliche Erhöhung der Körpertemperatur stehen die starke Steigerung der Hautdurchblutung, die Anregung des Hautstoffwechsels und die Schweißsekretion mit Ausscheidung schweißpflichtiger Substanzen (1% Trockenrückstand im Schweiß) neben mild umstimmenden Wirkungen im Vordergrund. Hier kommt besonders die Applikation trockener Wärme, aber auch feuchter Wärme als Teilanwendung in Betracht, evtl. unterstützt durch heiße, diaphoretische Getränke. Schwitzprozeduren sollen wegen der tagesrhythmisch erhöhten Schwitzbereitschaft bevorzugt nachmittags durchgeführt werden.

Indikationsbereiche: Akute, besonders Erkältungskrankheiten, Nieren- und Leberkrankheiten, chronische Vergiftungen, Furunkulose, Hauthygiene.

Anwendungen: Heißluftbad, Glühlichtbad, wärmestauende feuchte Rumpfwickel und ausgedehntere Packungen (Peloide, Heu), kurze heiße Bäder mit anschließender Trokkenpackung, Sandbäder u. a.

Milde Überwärmungsbehandlungen

Milde Überwärmungsbehandlungen mit Körpertemperaturanstiegen von 1–2 °C besitzen stärkere umstimmende Reizwirkungen mit Steigerung des Stoffwechsels und der Abwehrleistungen mit deutlichen Normalisierungseffekten. Sie dienen auch dem Regulationstraining, setzen aber eine gewisse Belastbarkeit, vor allem des Kreislaufs, voraus. Bei kurmäßiger Anwendung umfaßt der *Indikationsbereich* chronische Zustände des rheumatischen Formenkreises, Regulationsstörungen und leichtere endokrine Störungen.

Anwendungen: Dampfbäder (römisch-irisch u. a.), Saunabäder, Sandbäder, Ganzpackungen, Peloidbäder (s. Balneotherapie, S. 1337), Wasserbäder mit ansteigender Temperatur (sog. Überwärmungsbäder).

Stärkere Überwärmungsbehandlungen

Stärkere Überwärmungen (bis zu 42 °C Körpertemperatur) dürfen nur unter strenger ärztlicher Beobachtung und Kontrolle von Körpertemperatur und Kreislauf durchgeführt werden. Sie sind vormittags besser verträglich als nachmittags.
Die *Indikationen* entsprechen denen der Fiebertherapie, wobei die Hyperthermiebehandlung den Vorteil einer differenzierten Abstufung des Körpertemperaturverlaufs besitzt. Die höchsten Temperaturen werden zur Schädigung bzw. Abtötung von Krankheitserregern (Syphilis, Gonorrhö, Malaria tertiana, Meningitis u. a.) sowie zur Tumorbehandlung benötigt.
Es kommen nur *Anwendungsformen* in Betracht, die gut steuerbar sind, z. B. Wasserbäder mit ansteigender Temperatur, Kurzwellendurchflutungen.

Wärmeentziehende Maßnahmen

Kaltanwendungen von längerer Dauer entziehen dem Körper Wärme trotz der sofort einsetzenden Hautgefäßkonstriktion.

Örtliche Kühlung

Bei örtlicher Kühlung (Kryotherapie) kann eine Herabsetzung der Gewebstemperatur mit Durchblutungsminderung für längere Zeit aufrechterhalten werden, z. B. zur Entzündungshemmung und zum Stillen von Blutungen (frische Hämatome), ohne daß es zu wesentlicher Kältegegenregulation des Gesamtorganismus kommt; allerdings bestehen hier beträchtliche topographische Unterschiede.

Allgemeine Kälteanwendungen

Ob der Wärmeentzug bei allgemeinen Kälteanwendungen zur Körpertemperatursenkung führt, hängt u. a. von der Art der Anwendung, von der Dicke des subkutanen Fettpolsters und der Ansprechbarkeit der Temperaturregulation ab. Bei passiven *Überwärmungszuständen* ist stets ein wirksamer Wärmeentzug möglich; die Verträglichkeit überwärmender Prozeduren kann z. B. durch lokale Anwendung von Kühlschläuchen (Herz- und Kopfkühler) verbessert werden. Zur *Fiebersenkung* eignen sich besonders einschleichende Kühlungen, z. B. Teil- und Vollbäder, die mit indifferenter Temperatur beginnen und langsam abgekühlt werden (sog. absteigende Bäder). Eine wirksame Wärmeableitung von den Extremitäten, z. B. durch kalte, häufig erneuerte Wadenwickel, ist – abgesehen von der beruhigenden Wirkung – wohl meist nur nach Abschluß der Fieberanstiegsphase möglich, wenn die Extremitätendurchblutung spontan gesteigert wird. Bei allen wärmeentziehenden Allgemeinanwendungen ist neben der unmittelbaren Auskühlung stets die Möglichkeit einer nachfolgenden reaktiven Stoffwechselüberhöhung mit umstimmenden Effekten zu berücksichtigen.

Anwendungen: Kalte Kompressen, Eisbeutel, Kryogelbeutel (ca. −12 °C), Kaltluft (−140° bis −180 °C), Kühlschläuche, kühle Teil- und Ganzwaschungen, feuchte Teil- und Ganzpackungen sowie Wickel, die alle 10–15 Min. erneuert werden, kühle und absteigende Teil- und Vollbäder, kalte Tauchbäder u. a.

Kaltreizbehandlung

Ausgelöste physiologische Prozesse

Im Einklang mit der Notwendigkeit, die Körpertemperatur gegenüber kälterer Umgebung aufrechtzuerhalten, sind bei den Homöothermen die Reaktionen auf Kälte besonders prompt und umfassend. Schon bei kurzen lokalen Kaltreizen breitet sich die reflektorische Gefäßkonstriktion rasch konsensuell auf weitere Hautgebiete aus: trotz fehlender Kerntemperatursenkung werden Muskeltonus und Muskeldurchblutung gesteigert, die Atmung vertieft, und auch die schreckhaften psychischen Reaktionen weisen auf den überschießend alarmierenden Effekt im Gesamtorganismus hin. Das Ausmaß der Reaktion ist nicht nur von Temperatur und Flächengröße des Kaltreizes, von der thermoregulatorischen Ausgangslage und vom Grad der Gewöhnung (Abhärtung) abhängig; es bestehen vielmehr auch starke örtliche Unterschiede. Während kurze Kaltreize an den Akren nur zu geringen Mitreaktionen führen, werden diese um so stärker, je näher der Reizort in den Bereich des sonst ständig bekleideten Stamms rückt. Der Reaktionsablauf ist mehrphasisch. Die der konstriktorischen Gefäßreaktion folgende Wiedererwärmung geht mit starkem Wärmegefühl und

dem Auftreten eines hellroten Erythems einher, an dessen Zustandekommen vasoaktive Gewebshormone mitwirken. Letzteres gilt als Zeichen guter Reaktionsfähigkeit und richtiger Dosierung; es kann durch zusätzliche mechanische Hautreize (Strahldusche, Bürstungen, Reibungen) unterstützt werden (s. Mechanotherapie, S. 1355).
Die *therapeutische Bedeutung* systematischer Kaltreizbehandlungen gründet sich auf die Mechanismen der unspezifischen Reiztherapie. Besondere Schwerpunkte liegen auf dem Training der Gefäßregulationen und den adaptiven Vorgängen der Abhärtung. Der Behandlungsverlauf zeigt die typischen Merkmale periodischer Umstellungen im vegetativen System mit Kurkrisen und fortschreitender Normalisierung (s. Balneotherapie, S. 1342).

Überblick über die Anwendungsarten

Bei *Einzelanwendungen* können die reflektorischen Fernwirkungen von Kaltreizen genutzt werden: z. B. kalte Nackenumschläge zum Stillen von Nasenblutungen, Uteruskontraktionen durch Kühlung der Oberschenkelinnenflächen, Pulsverlangsamung durch Eisblase über dem Herzen, kalte Fußbäder zur Migränebehandlung, Rumpfkaltreize zur Atemanregung u. a. m.
Bei den Anwendungen der Kaltreizbehandlung spielt das *kalte Wasser* eine dominierende Rolle (Hydrotherapie), weil es infolge großer Wärmekapazität und Konvektion schon bei kurzer Anwendung größere Wärmemengen ableiten kann und dadurch eine überschießende Erregung der kälteempfindlichen Strukturen hervorruft. Kaltreize müssen im Gegensatz zu den wärmeentziehenden Maßnahmen stets von kurzer Dauer sein; sie dürfen zudem nur auf warmer Haut angewendet werden, so daß auch erwärmende Maßnahmen im Rahmen der Kaltreiztherapie wichtig sind, z. B. als Wechselanwendungen von Kaltreizen und erwärmenden Prozeduren (Wechselbäder u. a.). Für die differenzierte Abstimmung von Reizstärke und individueller Reaktionsbereitschaft steht ein umfangreiches Register von Teil- und Ganzanwendungen zur Verfügung, bei denen z. T. auch mechanische Hautreize und sekundär wärmestauende Effekte mitwirken: Waschungen, Abreibungen, Abklatschungen, Duschen, Güsse, Wickel, Packungen, Auflagen, Bäder u. a. Neuerdings hat die kurzzeitige Anwendung (2–3 Min.) von extrem kalter Luft (−140° bis −180 °C) zur lokalen und Ganzkörperbehandlung rheumatischer Erkrankungen größere Verbreitung gefunden. Hier bestehen fließende Übergänge zur Kryotherapie (S. 1353).

Kneipp-Hydrotherapie

Bei ihr werden in zunehmendem Maße auch Wärmeapplikationen und Heißreize verwendet. Charakteristische Anwendungen sind z. B. die kalten Güsse, deren rein thermische Reizwirkung sehr fein abgestuft werden kann, und insbesondere auch solche, die die eigene Aktivität des Patienten ansprechen (Tautreten, Wassertreten, Waschungen u. a.). Überhaupt erlaubt die Einfachheit vieler Prozeduren dem Patienten, diese zum Bestandteil seiner Lebensweise zu machen, was den großen Wert der Hydrotherapie für Prophylaxe und Gesundheitserziehung begründet. Bei den *hydrotherapeutischen Kurbehandlungen* (Kneipp-Kuren u. a.) spielen auch aktivierende Formen der Bewegungstherapie (S. 1357), diätetische und psychotherapeutische Maßnahmen sowie die heilklimatischen Faktoren (s. Klimatherapie, S. 1333) eine wichtige Rolle.

Kneipp-Heilbäder: Berggießhübel, Bergzabern, Berleburg, Berneck, Boppard, Camberg, Endbach, Fallingbostel, Gladenbach, Gras-Ellenbach, Iburg, Laasphe, Lauterberg, Lengsfeld, Malente-Gremsmühlen, Marienberg, Münstereifel, Stützerbach, Überlingen, Willingen, Wörishofen.
Die *Indikationsbreite der Hydrotherapie* ist infolge ihres Charakters als unspezifischer Basistherapie sowie wegen ihrer Anpassungsfähigkeit sehr groß: Krankheiten des Herzens (mit Ausnahme schwerer Dekompensation) und des Gefäßsystems, Kreislaufregulationsstörungen; vegetative Dystonie, Neurosen, Erlebnisreaktionen; endokrine Korrelationsstörungen; chronische rheumatische Krankheiten und degenerative Schäden des Bewegungsapparats; Neuralgie, Neuritis; Funktionsstörungen der Verdauungsorgane; chronische Entzündungen der Harnwege; vegetative Störungen und chronisch entzündliche Erkrankungen des kleinen Beckens; chronische Entzündungen der Luftwege (außer Tuberkulose); Abhärtungskuren bei konstitutionellen Schwächen.

Medizinische Bäder

(s. a. Balneotherapie)

Unter diesem Begriff wird eine Reihe von Bäderformen zusammengefaßt, die mit (handelsüblichen) Zusätzen aufbereitet werden oder auch in technischer Hinsicht Besonderheiten bieten. Sie werden meist mit indifferenten oder wenig höheren Temperaturen verabfolgt. Bezüglich künstlich aufbereiteter Kohlensäure-, Sole-, Schwefel- und Moorextraktbäder kann auf die entsprechenden Abschnitte der Balneotherapie (S. 1337 ff) verwiesen werden.

Bäder mit pflanzlichen Zusätzen enthalten als wirksame Substanzen ätherische Öle, Harze, Gerbstoffe u. a., die durch die Haut resorbiert, z. T. aber auch durch Inhalation aufgenommen werden können. *Fichten- und Kiefernnadelbäder sowie Heublumenbäder* (sog. Kräuterbäder), die Blüten, Blätter und Samen verschiedener Alpengräser und -blumen enthalten, sind indiziert bei nervöser Übererregbarkeit und Schlafstörungen. Auch *Kamillenbäder* wirken beruhigend und krampflösend. *Senfmehlbäder* entfalten einen intensiven hyperämisierenden Hautreiz. Sie werden bei peripheren Durchblutungsstörungen sowie zur Anregung der Atmung verordnet. *Kleie-* und *Malzbäder* mildern Reizzustände der Haut und werden zur Ekzembehandlung eingesetzt.

Luftperl- und Sauerstoffbäder entstehen durch Einleiten von Preßluft bzw. Sauerstoffgas über einen siebförmigen Bodenrost. Die aufsteigenden Gasperlen erzeugen einen prickelnden Hautreiz. Konfluierende Gasblasen führen zu Auftriebsschwankungen mit reflektorischen Muskelanspannungen und Stoffwechselsteigerung. Die Bäder wirken beruhigend; spezifische, auch inhalative Sauerstoffwirkungen kommen kaum in Betracht.

Schaumbäder werden durch Zusatz von schaumerzeugenden Extrakten zum Luftperlbad zubereitet. Infolge der geringen Wärmeleitung des Schaums können schweißtreibende Effekte erzielt werden.

Massagebäder, Unterwasserdruckstrahlmassage und Bewegungsbäder s. u., Mechanotherapie.

Elektrische Bäder, Stanger-Bad u. a. s. Elektrotherapie, S. 1359.

Darmbäder sind intermittierende Dickdarmspülungen, zu denen thermoindifferente Flüssigkeiten mit Zusätzen oder auch Mineralwässer verwendet werden. Sie entleeren, reinigen und entgiften den Darm, regen die Peristaltik an und wirken infolge der starken Wasserresorption stark diuretisch, was auch zur Steinabtreibung der Harnwege ausgenutzt werden kann. Beim *subaqualen Darmbad* (Sudabad) befindet sich der Patient entspannt in einem thermoindifferenten Vollbad, während beim *Gymnakolon*-Darmbad ein spezieller Liegestuhl verwendet wird. Die Darmbäderbehandlung stellt eine erhebliche Belastung für den Patienten dar und darf nur in größeren Abständen und von speziell geschultem Personal vorgenommen werden. *Kontraindikationen* sind Kreislaufschwäche, Arteriosklerose stärkeren Grades, Niereninsuffizienz, abdominelle Erkrankungen mit Perforationsgefahr, Blutungsneigung. *Indikationen:* chronische Obstipation, Intoxikationen, Stoffwechselstörungen, allergische Zustände.

Mechanotherapie

Massage

Ausgelöste physiologische Prozesse

Die mit der Hand oder apparativen Hilfsmitteln vorzugsweise auf Haut und Muskulatur, aber auch auf direkt erreichbare innere Organe ausgeübten mechanischen Reize rufen sowohl örtliche Wirkungen als auch nerval und humoral vermittelte Fernwirkungen hervor. Von den *lokalen Wirkungen* sind neben der passiven Verschiebung von Gewebsflüssigkeit, Mobilisierung von Stoffwechselschlakken und Förderung des Lymph- und venösen Rückstroms vor allem die Steigerung der Durchblutung, die Bildung von vasoaktiven Gewebshormonen sowie die Erregung der Muskulatur und der sensiblen Elemente von Bedeutung. Die Skelettmuskulatur reagiert auf Massage je nach Griffart mit Detonisierung oder Tonussteigerung sowie mit einer Verbesserung der Trophik. Drüsen zeigen eine verstärkte Sekretion. Die Aktivität glattmuskulärer Organe wird angeregt. *Fernwirkungen* kommen durch den Übertritt der mobilisierten Wirkstoffe in die Blutbahn, durch segmentale Reflexe auf die entsprechenden inneren Organe und durch die mit der örtlichen Durchblutungssteigerung verbundenen Umstellungen im Gesamtkreislauf zustande. Die Diurese kann sowohl durch Massage der Nierengegend als auch durch Ganzmassage infolge der Kreislaufunterstützung gesteigert werden. Neben der Förderung der Ödemausschwemmung wirkt sich eine reflektorische Pulsfrequenzsenkung bei Kreislaufkranken günstig aus. Auch der expektorationsfördernde Effekt von Massagen wird therapeutisch genutzt. Die vegetative Reizwirkung der Massagen führt oft zu *umstimmenden Allgemeinreaktionen* mit vorübergehender Befindensverschlechterung und nachfolgenden Normalisierungsvorgängen.

Dauer und Voraussetzungen

Die Dauer einer Einzelbehandlung soll bei Teilmassagen 10–15 Min., bei Ganzmassagen 20–30 Min. nicht übersteigen. Bequeme Lagerung und völlige Entspannung des Patienten, evtl. unterstützt durch vorhergehende Wärmebehandlung, sind wichtige Voraussetzungen. Jeder Behandlung muß eine Nachruhe folgen. Dem umstimmenden Wirkungscharakter entsprechend besteht jede Behandlung aus einer größeren Serie (mindestens 12) regelmäßig aufeinander folgender Einzelsitzungen. Dosierung und Gesamtdauer der Behandlung sind von der Verlaufsbeobachtung abhängig. Die fachgerechte Ausführung aller Massageverfahren setzt eine spezielle Ausbildung und entsprechende Erfahrungen voraus.

Manuelle Massagen

Die *klassische Handmassage* umfaßt die 5 Grundformen der Streichung, Reibung, Knetung, Klopfung und Vibration und wird als Teil- oder Ganzbehandlung durchgeführt. Sonderformen der manuellen Massage berücksichtigen in besonderem Maße die Beeinflussung der inneren Organe durch Behandlung reflektorischer Tonus- und Elastizitätsveränderungen von Haut und Muskulatur in den entsprechenden Dermatomen (z. B. sog. Nervenpunktmassage, Tastmassage, Hartspannmassage, Segmentmassage). Von diesen beschränkt sich die *Bindegewebsmassage* auf eine tangentiale Streichung der Hautsegmente mit Wirkungsschwerpunkt im Unterhautbindegewebe, während die *Reflexzonenmassage* die reflektorischen Veränderungen der Muskulatur einbezieht. Auch die sog. *Periostmassage* basiert weitgehend auf reflektorischen Wirkungen.
Durch Kombination mit hydrotherapeutischen Verfahren kann die schmerzstillende und entspannende Wirkung von Wärme und Auftrieb ausgenutzt werden, z. B. bei den *Duschmassagen* und *Unterwassermassagen* und beim sog. *rhythmisch bewegten Bad,* wo manuell erzeugte Druckwellen den Körper treffen.

Apparative Massagen

Während bei Bürstenmassagen der hyperämisierende Hautreiz im Vordergrund steht, sind beim Ersatz der massierenden Hand durch den Preßluftstrahl (Pneumomassage) und besonders durch den Wasserdruckstrahl am entspannt im warmen Vollbad liegenden Patienten sehr intensive Tiefenwirkungen möglich. Bei der *Unterwasserstrahlmassage* sind aber die durch die hydrostatischen Druckwirkungen des Vollbads gegebenen Gegenindikationen zu berücksichtigen (s. Balneotherapie, S. 1337 ff). Speziell für die *Vibrationsmassage* sind elektrisch betriebene Geräte den Möglichkeiten einer manuellen Vibration oft überlegen, während sonst die feinen Abstufungsmöglichkeiten der zugleich tastenden und massierenden Hände durch apparative Hilfsmittel nicht erreichbar sind. Bei den neueren Geräten ist zwischen tangentialer Stoßrichtung mit Wirkungsschwerpunkt im Unterhautbindegewebe und vertikaler Stoßrichtung mit stärkerer Tiefenwirkung der Vibration zu unterscheiden.
Von den auf intermittierender oder rhythmisch wechselnder Einwirkung von Druck und Unterdruck beruhenden Verfahren haben die zur Behandlung von Durchblutungsstörungen an den Extremitäten angewandten große praktische Bedeutung. Hierzu gehören die *intermittierende Venenstauungsbehandlung* sowie verschiedene mit luftdicht abgeschlossenen Kammern *(Itting-Stiefel)* oder mit pneumatischen Manschetten arbeitende Verfahren, u. a. die *synkardiale Massage,* bei der die Manschettendruckpulsationen unter Berücksichtigung der Pulswellenlaufzeit von der Herzaktion gesteuert werden und zu einer Überhöhung der peripheren Pulswellen führen. Zur *Ultraschallbehandlung* s. S. 1351.

Indikationen

Allgemeine Massagen: Körper- und Muskelschwäche, zur Unterstützung der Rekonvaleszenz und Anregung der Blutbildung, Stoffwechselkrankheiten, Fettsucht, zur allgemeinen Aktivierung und Umstimmung, Kreislaufstörungen, Schlaflosigkeit, neurotische Störungen.

Örtliche und Segmentmassagen: Förderung der lokalen Muskelerholung; Verletzungsfolgen: Hämatome und seröse Ergüsse, Gewebsregeneration, Narbenbildung; Entzündungsfolgen: Ergüsse, Schwarten, Verwachsungen, Stränge, Lageveränderungen; Muskellähmungen und -atrophien; Neuritis, Neuralgien; chronische rheumatische Erkrankungen der Gelenke, Bänder, Sehnen und Muskeln; Prostatavergrößerungen; Obstipation; Herzmuskelschwäche; Ödeme; Angina pectoris und Angiospasmen; Asthma bronchiale; Bronchitis sicca; Migräne; Heufieber; Herzneurosen, besonders tachykarde Formen; periphere Durchblutungsstörungen.

Kontraindikationen

Akut entzündliche Krankheiten, Thrombosen, Blutungsneigung, Steineinklemmung in Gallen- und Harnwegen, Nierenerkrankungen.

Bewegungstherapie (Krankengymnastik)

(s. a. Sportmedizin, S. 1419 ff)

Die Wirkung von planmäßiger körperlicher Übung und trainierender Beanspruchung als Mittel zur Prävention, Therapie und Rehabilitation gründet sich auf folgende Faktoren:

Erhöhung der Muskelkraft: Während völlige Inaktivität zu Atrophie und Kraftverlust der Muskulatur führt (wöchentlich um 15–20%), sind aktive Muskelanspannungen von mehr als ⅓ der möglichen Maximalkraft trainingswirksame Reize; sie lösen eine Querschnittszunahme der Muskelfasern (Arbeitshypertrophie) mit entsprechendem Kraftzuwachs sowie Umstellungen im Muskelstoffwechsel aus, die die Leistungsfähigkeit steigern. Die Geschwindigkeit dieser Anpassungsvorgänge ist bei atrophischen Muskeln besonders groß. Der Trainingserfolg ist bei täglicher Übung maximal, bei über 14tägigen Abständen nicht mehr nachweisbar. Bei isometrischen Muskelanspannungen ist kreislaufbelastendes Mitpressen zu vermeiden!

Mobilisation von Gelenken: Jede längere Ruhigstellung von Gelenken hat degenerative Veränderungen, Ernährungsstörungen und Kontrakturen bzw. Schrumpfungen der betroffenen Muskeln, Faszien, Knochen, Gelenkknorpel und -kapseln zur Folge, die die Beweglichkeit fortschreitend einschränken. Inadäquate Belastungen lösen über Schädigungen der Knorpelsubstanz irreversible Ossifikationsprozesse aus. Richtig dosierte, möglichst vielseitige Druck- und Zugwirkungen stellen dagegen den adäquaten Reiz für Regeneration, Ernährung und Stoffwechsel des gesamten Gelenkapparats und für das Geschmeidigbleiben der Weichteile dar. Dabei können auch geschrumpfte Gewebe infolge des verbleibenden Dehnungsrückstands durch passive oder aktive Dehnung wieder normalisiert werden.

Verbesserung der Koordination: Das richtige Zusammenspiel der Muskeln zu zweckmäßigen und ökonomisch-fließenden Bewegungsabläufen sowie zur Aufrechterhaltung des Gleichgewichts, das der Funktion der extrapyramidalen bzw. zerebellovestibulären Systeme unterliegt, ist in hohem Maße der bewußten Übung mit nachfolgender Automatisierung zugänglich. Dabei kommt rhythmischen Faktoren eine besondere Bedeutung zu. Die therapeutische Ausnutzung sensomotorischer Lernvorgänge betrifft nicht nur die Kompensation ausgefallener Glieder von Bewegungsketten (z. B. bei der Gehschule von Amputierten und Gelähmten, bei Beschäftigungs- und Arbeitstherapie), sondern richtet sich auch auf den Ausgleich von Koordinationsstörungen der Atmung, Fehlhaltungen u. a.

Steigerung der Ausdauerleistungsfähigkeit: Jede länger dauernde Muskeltätigkeit, die die vorhandene aerobe Versorgungskapazität überfordert, löst Anpassungsvorgänge aus, die die Ausdauer steigern. Diese bestehen zunächst in einer lokalen Steigerung der Stoffwechselkapazität und Kapillarisierung bzw. Vaskularisation. Werden mehr als 15% der Gesamtmuskelmasse beim Ausdauertraining beansprucht, so erstrecken sich die leistungssteigernden Anpassungsvorgänge auch auf die zentralen Versorgungssysteme, insbesondere das kardiopulmonale System. Dabei lassen sich, auch hinsichtlich des Zeitbedarfs, drei Anpassungsstufen unterscheiden:

- trophotrope Einstellung der vegetativen Regulationen mit Senkung der Ruhepulsfrequenz und Steigerung der funktionellen Ökonomie,
- verstärkte Vaskularisierung in der Arbeitsmuskulatur mit verbesserter Sauerstoffausschöpfung und weiter gesteigerter Stoffwechsel- und Kreislaufökonomie,
- Zunahme von Herzgröße, Gesamtblutmenge, Hämoglobinmenge und Diffusionskapazität der Lungen u. a.

Therapeutisch kommen bestenfalls nur die beiden ersten Anpassungsstufen in Betracht, während die dritte ausschließlich durch systematisches sportliches Training erschlossen werden kann. Die trainingswirksame Schwelle liegt bei 50% der maximalen Leistungsfähigkeit. Für ein therapeutisches Ausdauertraining sind tägliche oder 2tägliche Dauerbelastungen von mindestens 5, möglichst 10 Min. Dauer mit einer Herzfrequenz von 170 – Lebensalter (Männer) bzw. 180 – Lebensalter (Frauen) erforderlich. Voraussetzung ist in jedem Falle eine ergometrische Belastungsprüfung mit EKG-Kontrolle! Um vor Über- wie Unterforderung zu schützen, ist die Bildung leistungsabgestufter Patientengruppen zweckmäßig.

Allgemeinwirkungen der Bewegungstherapie: Da die Muskulatur fast 50% der Körpermasse ausmacht und einen hohen Arbeitsstoffwechsel besitzt, haben aktive Bewegungen je nach ihrem Umfang beträchtliche Auswirkungen auf den Gesamorganismus und seine Regulationen. Der erhöhte Blut- und Sauerstoffbedarf erfordert Herz- und Kreislaufumstellungen und steigert die Atmung. Die erhöhte Wärmebildung beansprucht die Temperaturregulation. Die Bereitstellung der Energiereserven, die Beseitigung der Stoffwechselschlacken sowie die ausgelösten Kompensationsvorgänge beziehen den Bau- und Betriebsstoffwechsel des ganzen Organismus mit ein. So führt systematisch wiederholte Bewegungsbehandlung stets auch zu einer allgemeinen Umstimmung der vegetativen Regulationsmechanismen, bei der ökonomisierende und normalisierende Effekte hervortreten. – Hinzu kommen die mechanischen Einwirkungen auf die inneren Organe, ihre Hämodynamik und die sie fixierenden Gewebsstrukturen, vor allem auch durch die Vergrößerung der Zwerchfellexkursionen. – Wesentlich sind auch die *psychischen Wirkungen* der Bewegungstherapie. Der Gewinn an Kraft, Beweglichkeit und Ausdauer, jeder Übungserfolg und die wachsende Selbständigkeit fördern Sicherheit und Selbstvertrauen, heben die Stimmungslage und dienen der Festigung der Persönlichkeit. Auch als Allgemeinbehandlung kommt daher der Bewegungstherapie bei Zivilisationsschäden, prämorbiden Zuständen und Regulationsstörungen eine besondere Bedeutung zu (Frühheilverfahren, Präventivkuren, internistische Übungsbehandlung).

Die *Methoden der Bewegungstherapie* umfassen passive und aktive Maßnahmen, die unter Mitwirkung oder Anleitung speziell ausgebildeter Bewegungstherapeuten und vielfach auch unter Verwendung von medikomechanischen Hilfsgeräten durchgeführt werden.
Als *passive Verfahren* kommen neben Massagen (S. 1355) Lagerungen zur Entspannung, Durchblutungsförderung und zur Verhinderung von Kontrakturen sowie passive Bewegungen zur Mobilisation (rhythmische Dehnungen, Schüttelungen u. a.) in Betracht. Für die Repositionsbehandlungen der *Chirotherapie* an der Wirbelsäule gelten besondere mechanische Gesichtspunkte.
Von den *aktiven Übungen* dienen solche mit geringem Kraftaufwand (Schlenkern, Schütteln u. a.) der Lockerung, Entspannung und Durchblutungsanregung; sie können durch aktive Entspannungsübungen im Sinne des autogenen Trainings unterstützt werden. Kraft-Widerstand-Übungen (isometrisches Muskeltraining) kräftigen und tonisieren die Muskulatur. Von den Koordinationsübungen, bei denen Schwungbewegungen mit Geräten eine besondere Rolle spielen, bestehen fließende Übergänge zur Beschäftigungs- und Arbeitstherapie. In der Teil- und Ganzgymnastik werden alle Übungsformen in zweckmäßigem Wechsel, meist als Gruppentherapie, zusammengefaßt, wobei auch Gruppenspiele einbezogen werden. – Die Voraussetzungen für ein *therapeutisches Ausdauertraining* werden u. a. durch das Intervall-Lauftraining, das Circuit-Training, im Bewegungsbad, aber auch beim Wandern im Gelände mit Steigungen von über 10%, beim Radfahren, Tanzen und verschiedenen sportlichen Übungen (Heilsport, s. auch Sportmedizin, S. 1419 ff) erfüllt. Exakt dosierbar ist das stationäre *Training mit dem Fahrradergometer* mit Überwachung der Herztätigkeit, das daher besonders für Patienten mit stärker eingeschränkter Leistungsbreite in Betracht kommt.
Sonderformen der Bewegungstherapie, die auf den gleichen Prinzipien aufbauen, aber auf spezielle Gegebenheiten zugeschnitten sind, sind z. B. Bett-, Schwangerschafts-, Säuglings-, Atem- und Unterwassergymnastik. Die *Unterwasserbewegungstherapie* wird in der Regel in Spezialwannen oder -becken mit abgestufter Wassertiefe und Wassertemperaturen von – je nach dem Umfang aktiver Komponenten – 28–35 °C durchgeführt. Sie

bietet durch den entlastenden Auftrieb, die Wärme und die Viskosität des Wassers besonders günstige Voraussetzungen für die Übungs- und Mobilisationsbehandlung der Bewegungskranken. In Heilbädern wird sie vielfach in Mineralwasserbecken durchgeführt, so daß hier neben den kreislauf- und atmungsbelastenden Wirkungen des hydrostatischen Drucks auch spezielle Heilquelleneffekte berücksichtigt werden müssen (s. Balneotherapie, S. 1337 ff). Die Dauer der Einzelbehandlung soll 20 bis maximal 40 Min., die Gesamtbehandlungsdauer 4–6 Wochen betragen.

Indikation und Behandlungsplan der Bewegungstherapie richten sich weniger nach den zugrundeliegenden Krankheiten als nach den bestehenden Funktionsstörungen und -ausfällen. Die große Anpassungsfähigkeit der Maßnahmen schränkt die *Kontraindikationen* meist nur auf Teilgebiete des Körpers ein, z. B. bei Thrombose und Emboliegefahr. Akute fieberhafte Erkrankungen verbieten jede Bewegungstherapie. Bei Herzinsuffizienz ist besondere Vorsicht geboten. Für die *Dosierung* ist die individuelle Ausgangslage, die sich unter der Behandlung fortlaufend verändert, entscheidend. Die natürliche Ermüdungsgrenze darf nicht überschritten werden. Die Gesamtzahl der nach Möglichkeit täglich durchzuführenden Behandlungen richtet sich nach der Verlaufsbeobachtung. Auch auf diesem Gebiet ist eine enge Zusammenarbeit des Arztes mit dem speziell ausgebildeten Bewegungstherapeuten eine wichtige Voraussetzung für den Therapieerfolg.

Indikationen zur Bewegungstherapie:

Chirurgie und Orthopädie: Bewegungsstörungen und -ausfälle nach Verletzungen und Operationen, Vor- und Nachbehandlung bei Thoraxoperationen, Sudeck-Syndrom, Zustände nach Osteomyelitis, angeborene und erworbene Deformitäten, Haltungsverfall.

Innere Medizin: Chronische Arthritiden und Periarthritiden, Weichteilrheumatismus infolge Herdinfektion, Überlastung, Fehlhaltung oder Gelenkschäden; Prävention und Rehabilitation des Herzinfarkts; Zustände nach Herzmuskelinsuffizienz; funktionelle Störungen der Koronardurchblutung; Herzlageveränderungen bei Adipositas, Pleuraschwarten usw.; arterielle Durchblutungsstörungen; Störungen des venösen Rückflusses und Lymphabflußstörungen; statische Ödeme; funktionelle Atem- und Sprachstörungen (evtl. Sonderbehandlung durch Stimm- und Sprachschulen); Asthma bronchiale; Emphysem; Bronchiektasen; chronische Entzündungen der Luftwege; Zustände nach unspezifischer Pleuritis; Funktionsstörungen des Zwerchfells; adenoide Hyperplasien und chronische Nebenhöhlenentzündungen; Bauchwandschwäche; Ptosen; Adhäsionen; Obstipation und Meteorismus; Rekonvaleszenz; allgemeine Asthenie, vegetative Dystonie; Stoffwechselstörungen bei Hypophysen-, Schilddrüsen- und Keimdrüsenstörungen; Fettsucht; Diabetes mellitus.

Neurologie: Spastische und schlaffe Lähmungen; extrapyramidale Störungen; Ataxien; Neuralgien; zervikale und lumbale Syndrome; Kausalgien und Phantomschmerzen; Zustände nach Hirnoperationen.

Gynäkologie und Geburtshilfe: Vegetative Störungen der Beckenorgane wie Dysmenorrhö, Zyklusstörungen, Obstipation; Kreuzschmerzen infolge Haltungsverfalls; Schwangerschaft und Wochenbett.

Kinderheilkunde: Stützgewebsschwäche; Zustände nach Rachitis und Keuchhusten; Lähmungen nach Diphtherie und Poliomyelitis; angeborene Spastik und Athetose.

Elektrotherapie

Wahl der Stromart

Elektrotherapeutische Wirkungen im engeren Sinn kommen nur bei Anwendung konstanter Gleichströme sowie niederfrequenter zerhackter Gleichströme und Wechselströme (sog. Niederfrequenztherapie) in Betracht, während bei hochfrequenten Wechselströmen (über 300 kHz, sog. Hochfrequenztherapie) die thermotherapeutischen Wirkungen der im durchströmten Gewebe entstehenden Joule-Stromwärme im Vordergrund stehen: Diathermie, Kurzwellen, Dezimeterwellen, Mikrowellen (S. 1351), (Ultraschallbehandlung s. S. 1351).

Konstante Galvanisation

Der mit konstanter Stärke durch die Gewebe geleitete Gleichstrom ruft eine starke Gefäßerweiterung auch der tieferen Gefäße (z. B. im Muskel) hervor, die mehrere Stunden anhält und eine erhöhte vasomotorische Erregbarkeit hinterläßt. Bei therapeutischen Stromstärken, einschleichender Dosierung und Vermeidung von Polwechseln bleiben Nerven und Muskeln zwar unerregt, doch wird die Erregbarkeit der motorischen Nerven sowie der Muskeltonus erhöht, so daß die Reflexe gesteigert, die Willkürinnervation gelähmter Muskeln erleichtert und der Rückgang schlaffer Lähmungen beschleunigt werden. Bedeutsam ist auch die ausgesprochen schmerzstillende Wirkung des galvanischen Stroms, die auf eine Erregbarkeitsminderung der schmerzleitenden Fasern zurückgeführt wird. Im ZNS (Rückenmark) wird bei absteigender Stromrichtung (Kathode kaudal) Abschwächung, bei aufsteigenden Strömen (Kathode kranial) Steigerung der nervalen Erregbarkeit beobachtet, was bei der Behandlung spastischer bzw. schlaffer Lähmungen ausgenutzt werden kann. Schließlich entfaltet der galvanische Strom im Gewebe durch Perturbation körpereigener Ionen Reizwirkungen, als deren Folge Veränderungen der Mikrostrukturen und der Zellpermeabilität nachweisbar sind.

Die *Anwendungsformen* der konstanten Galvanisation erstreben eine möglichst gleichmäßige Stromdichte im erkrankten Körperteil. Dazu sind großflächige verformbare Metallelektroden notwendig, die zum Schutz der Haut vor den Ätzwirkungen der elektrolytischen Produkte mit mehrfachen Lagen eines angefeuchteten und gut ausgewaschenen Frotteetuches überzogen sein müssen. Der Strom wird erdschlußfreien Netzgeräten (Niederfrequenzgeräten) entnommen. Die Stromstärke wird nach Einschalten durch Spannungsregler sehr langsam und gleichmäßig auf die therapeutische Höhe (abhängig von der Elektrodengröße) gesteigert (sog. Einschleichen) und bei Beendigung der Sitzung ebenso vermindert (Ausschleichen), um Reizwirkungen zu vermeiden. Sorgfältige Hautpflege (Einpudern) der Anlagestellen ist notwendig.

Bei den sog. *Zellenbädern* werden die Elektroden in Teilbadewannen eingetaucht, die mit warmem Wasser gefüllt sind und aus isolierendem Material bestehen müssen. Dabei stellt das Wasser einen idealen Kontakt zwischen Körper und Elektrode her. Zum *Vierzellenbad* werden gleichzeitig 2 Arm- und 2 Fußbadewannen verwendet, die je eine Elektrode enthalten. Durch Variation der Polung (aufsteigende oder absteigende Stromrichtung) sowie durch Verwendung einer weiteren flächenhaften Gegenelektrode im Rückenbereich kann die Stromrichtung individuell angepaßt werden.

Im *elektrischen Vollbad* befinden sich die (gegen Berührung geschützten) Elektroden am Kopf- und Fußende einer isolierenden Badewanne. Dabei bildet sich naturgemäß ein Parallelstromkreis durch das Wasser aus, so daß nur ein Teil des fließenden Stroms durch den Körper geht. Die Stromverteilung wird von der Elektrolytkonzentration im Bademedium (z. B. Badezusätze) erheblich beeinflußt. Eine besonders verbreitete Form des elektrischen Vollbads ist das *Stanger-Bad*, bei dem sich die Elektroden in den Seitenwänden der Wanne befinden und weitere bewegliche Elektroden zur Behandlung von einzelnen Körperregionen eingesenkt werden können. Neben der für alle elektrischen Bäder charakteristischen Kombination von elektrotherapeutischen und thermischen Wirkungen können durch Badezusätze oder Verwendung von Mineralwässern weitere chemische Wirkungen erzielt werden, die durch die Ionenwanderung im elektrischen Feld intensiviert werden. Beim Stanger-Bad ist z. B. ein Zusatz von gerbstoffhaltigen Baumrindenextrakten üblich.

Die perkutane Applikation von differenten Wirkstoffen durch Ionenwanderung im elektrischen Feld, sog. *Iontophorese,* bei der Kationen (z. B. Metalle, Alkaloide) von der Anode, Anionen (z. B. Halogene, Säurereste) von der Kathode aus in den Körper eindringen, kommt vor allem zur Einwirkung auf tiefere Haut- und Schleimhautschichten in Betracht. Zur Allgemeinbehandlung ist die Dosierung dieser Applikationsform zu unsicher. Bekannt ist die schmerzstillende Wirkung der Iontophorese von Histamin (1:5000) bei Neuralgien u. a.

Indikationen der konstanten Galvanisation sind: Neuralgien und Neuritiden verschiedener Genese; schlaffe Lähmungen auf traumatischer, entzündlicher und toxischer Basis; chronische rheumatische Erkrankungen der Muskeln und Gelenke; Arthrosen, Periarthritiden; arteriosklerotische, endangiitische und funktionelle Gefäßstörungen; Thrombosen, Erfrierungen.

Reizstromtherapie

Im Gegensatz zur konstanten Galvanisation dient die Anwendung von Reizströmen (Impulsströmen) überwiegend dazu, aktive Muskelkontraktionen hervorzurufen und damit die ungünstigen Folgen muskulärer Inaktivität (Atrophie u. a.) zu verzögern oder zu beseitigen. Bei kompletten Lähmungen, wo elektrische Reizung die einzige Möglichkeit darstellt, den Muskel zur Aktion zu bringen, ist der Gewichtsverlust systematisch behandelter Muskeln wesentlich geringer, vor allem wenn der Muskel bei der Reizung gegen Widerstand arbeitet und dadurch der für die Trainingswirkungen maßgebliche Spannungsreiz gesteigert wird. In Übereinstimmung mit den Regeln des Krafttrainings steht auch die Erfahrung, daß es weniger auf die Dauer der Einzelbehandlung als auf deren häufige Wiederholung ankommt (s. Bewegungstherapie, S. 1357). Bei leistungsschwachen und hypotrophen Muskeln ruft eine konsequent durchgeführte Reizstrombehandlung meßbare Steigerungen von Muskelkraft und -querschnitt hervor. Die Vorteile gegenüber der Bewegungsbehandlung liegen in der gezielteren Anwendungsmöglichkeit sowie darin, daß der Patient nicht angestrengt wird. Jeder Reizstromtherapie muß eine *eingehende elektrodiagnostische Untersuchung* vorausgehen, da deren Ergebnis auch für die anzuwendende Stromform maßgebend ist.

Anwendungsformen: Die medizinischen Niederfrequenzgeräte liefern neben konstanten Gleichströmen (s.o.) die für die Reizstromtherapie notwendigen Einzel- und Serienimpulse, deren Stärke, Dauer, Form und Frequenz unabhängig voneinander reguliert werden können. Die gezielte direkte oder indirekte Reizung eines Muskels setzt die Kenntnis der dafür geeigneten Hautstellen (sog. motorische Punkte) voraus, auf die bei einpoliger Reizung die kleinere differente Elektrode (Kathode) aufgesetzt werden muß. Bei Ausfall der intramuskulären Nervenverzweigung gelingt eine Gesamterregung des Muskels nur durch zweipolige Reizung, zu der zwei gleich große Elektroden über beiden Muskelenden angebracht werden. – Auf die Bedeutung der verschiedenen Reizparameter bei der Auslösung von Muskelkontraktionen in Abhängigkeit vom elektrodiagnostischen Befund kann hier nicht im einzelnen eingegangen werden. Entscheidend für die Möglichkeit, auch gelähmte Muskeln mit erhöhter Reizschwelle selektiv zu reizen, ist die Tatsache, daß diese durch Verlust ihrer Akkommodationsfähigkeit gegenüber Impulsen mit einschleichendem Anstieg der Stromstärke (Exponential- bzw. Dreieckströme) gesteigert empfindlich sind. Für die Wahl der Impulsfrequenz, der Länge der Reizpausen sowie für die Dauer der Einzelbehandlung ist vor allem die Ermüdbarkeit der behandelten Muskulatur maßgebend.

Indikationen der Reizstromtherapie: Schlaffe Lähmungen verschiedener Genese, spastische Lähmungen (Behandlung der schwächeren Antagonisten), periphere Atemlähmung, Sphinkterparesen von Blase und Mastdarm, einfache Muskelatrophie infolge Inaktivität, statische Insuffizienz der Muskulatur (Skoliose, Pes planus u. a.), zur Unterstützung der Exspiration bei Asthma bronchiale und Emphysem, chronische Obstipation.

Neben der elektrischen Übungsbehandlung stellen die *Reizstrommassagen*, die mit tetanisierenden Frequenzen wogende Kontraktionen größerer Muskelgruppen auslösen und vor allem bei Myogelosen, Myalgien und chronischen Gelenkerkrankungen angewendet werden, sowie die sog. *diadynamische Strombehandlung* und die *Interferenzstrombehandlung* Sonderformen der Reizstromtherapie mit ähnlichen Indikationen dar. Zerebrale Durchflutung mit sehr niederfrequenten Impulsströmen (10 Hz) erhöht die Schlafbereitschaft; dieser *Elektroschlaf* wird zur Behandlung vasomotorischer Kopfschmerzen und Schlafstörungen eingesetzt.

37. Psychiatrie*

J. Finke

Alkoholismus

Definition

Seelische Störungen, bei deren Entstehung unmäßiger chronischer Alkoholgenuß eine ursächlich entscheidende Rolle spielt.

Ätiologie und Pathogenese

Brücken zum Alkoholismus sind Gelegenheits- und Gesellschafts-, vor allem aber Geltungstrinken, Ausweichen vor Konflikten. An der Schwelle zur gänzlichen Verfallenheit dem Alkohol gegenüber steht die Wiederholung zunächst harmloser Rauschzustände in mancherlei Tönungen: exzitatorisch-somnolent, dämmrig, depressiv-dysphorisch, delirant, halluzinatorisch oder amentiell. Im Vergleich zur Toxikomanie insofern grundsätzlich andere Verhältnisse,

- als zwar der Alkoholkonsum in der Bevölkerung ungleich verbreitet und beliebter ist, aber doch wenigstens die Möglichkeit einer größeren Distanzierung gewahrt bleibt (nur ein kleiner Teil der dem Alkohol Zusprechenden wird unter den Anzeichen des Kontrollverlusts süchtig);
- als mit wachsendem Konsum der Trunksüchtige immer weniger verträgt und nach immer geringeren Mengen in einen Rauschzustand gerät (Phänomen der Toleranzsenkung).

Pathologischer Rausch

Ät: Grundlage ist eine besondere Disposition, evtl. eine zerebrale Vorschädigung (daher kraniales Computertomogramm indiziert!).

Sy: Der pathologische Rausch ist von größerem psychiatrischem Interesse als der normale, von dem er nach psychopathologischem Bild und Verlauf ziemlich scharf abgegrenzt ist und vielfach schon eine Toleranzsenkung zur Voraussetzung hat: Dämmerzustand mit exzessiven Affektentladungen der Angst bzw. der Wut und mit halluzinatorischem Erleben. Dauer einige Minuten bis mehrere Stunden, anschließend Terminalschlaf. Es handelt sich um ein seltenes Vorkommnis.

Delirium tremens

Eine der gefährlichsten Spätkomplikationen des Alkoholmißbrauchs, insbesondere auch bei gleichzeitig Schlafmittelsüchtigen.

Ät: Entweder in Fortsetzung der bisherigen Rauschzustände oder provoziert durch Gelegenheitsursachen (Traumen, Infekte, körperliche und seelische Belastungen) oder auch abrupte Entziehung (Abstinenzdelir).

Sy: Nach uncharakteristischen, oft weit zurückreichenden Prodromalerscheinungen (gelegentlich auch epileptische Anfälle) kommt es zur Bewußtseinsänderung mit Desorientierung, weniger für die Person als für Ort und Zeit, mit einer eigentümlichen Unruhe, die sich auch im Äußeren durch Flackrigkeit und Zittrigkeit dokumentiert, aus der heraus der Delirante in Fortsetzung seiner Alltagsarbeit fruchtlos hantiert. Vorwiegend optisch-halluzinatorisches Erleben von Kleinem und Beweglichem in szenenhaftem Aufbau und Ablauf, alles in namenloser Angst und Hast unter dem Eindruck von Warnung und Bedrohung durch eine tribunale Instanz. Ähnlichkeit mit traumhaftem Erleben. Möglicherweise bewirkt abrupter Alkoholentzug eine pathologisch vermehrte Traumaktivität (als Rebound-Effekt nach vorheriger Traumunterdrückung); beim Delir könnte es sich um einen „Einbruch der Traumphasen in den Wachzustand" handeln.
Dauer: Wenige Tage, anschließend Terminalschlaf.

Th: An erster Stelle intensive Herz- und Kreislaufbehandlung, Infusionen (Elektrolytüberwachung!), Antibiotikaschutz (Pneumoniegefahr!), bei stärkerer Erregung Distraneurin (Dosierung je nach Wirkungseintritt), bei lebensbedrohlichen Zuständen Corticosteroide. Nur in Notfällen Alkoholzufuhr. Klinische Behandlung der mit einem schweren Risiko belasteten Krankheit uner-

* Mitbegründet von W. Schulte

läßlich. Zurückhaltung mit Neuroleptika. Barbiturate und Scopolamin kontraindiziert.

Alkoholhalluzinose
Bei weitgehend klarer Bewußtseinslage ein Eigenbeziehungswahn mit mehr akustischhalluzinatorischem Erleben.

Eifersuchtswahn der Trinker
In paranoider Verarbeitung der biologischen Insuffizienz und Impotenz entsteht ein kaum korrigierbares, für den Trinker recht charakteristisches Wahnsystem.

Korsakow-Psychose
Fortschreitendes organisches Psychosyndrom mit Störung der Merkfähigkeit, der Wort- und Namenfindung, der zeitlichen, örtlichen und schließlich auch der persönlichen Orientierung mit konfabulatorischen Überbrükkungen der vorhandenen Lücken, mit stumpf-euphorischer Stimmungslage, Urteilsschwäche – vielfach neurologisch vergesellschaftet mit einer Polyneuropathie.

Wernicke-Enzephalopathie s. S. 1378

Chronische Charakter- und Wesensänderung des Trinkers
Niveausenkung, Entdifferenzierung, Vergröberung, langsamer Verfall im Sinne des Korsakow-Syndroms.

Therapie
In Anlehnung an die Bemerkungen über die Sucht. Strenge Abstinenz, welche anfangs zum Teil erzwungen werden muß. Vorübergehend Gabe von Neuroleptika.
Trunksucht weniger ein chemisch-pharmakologisches als ein psychologisches Problem. Daher das Hauptgewicht auf einer *psychotherapeutischen* und soziotherapeutischen Behandlung, welche bei aller gebotenen Vorsicht Ordnung und Vertrauen vermittelt. Beanspruchung und Hebung der darniederliegenden Selbstwertgefühle, verantwortliche Bindungen, Inhalte, Aufhebung von Isolierungen, gegenseitige Verpflichtungen in Gruppen, Trinkerfürsorge, „Social clubs", Abstinenzvereinigungen, beispielsweise „Anonyme Alkoholiker" (= „AA"). Anfragen an: Zentrale Kontaktstelle Anonymer Alkoholiker Deutschlands, 4000 Düsseldorf 17, Postfach 17032.

Amnestische Episode (transiente globale Amnesie)

Def: Vorübergehende Unfähigkeit, neue Informationen zu speichern, während altes Gedächtnismaterial weitgehend verfügbar ist.

Ät: Wahrscheinlich meist passagere Durchblutungsstörungen im Vertebralis-Basilaris-Bereich. Seltener Intoxikationen.

Sy: Gesamtverhalten einigermaßen geordnet. Alltägliche Handlungen werden sinnvoll durchgeführt. Die Kranken sind aber desorientiert, wirken leicht verstört, ratlos, versuchen die Orientierung durch entsprechende Fragen zu erlangen. Über die erhaltene Antwort zeigen sie sich befriedigt; schon nach kurzer Zeit indessen wiederholen sie dieselbe Frage. – Dauer der Episode meist mehrere Stunden. Plötzlicher Beginn, allmähliches spontanes Abklingen unter Hinterlassung einer Amnesie für den Zeitraum der Episode. – Bisweilen abnorme Kopfhaltungen vorausgegangen. Bevorzugt zweite Lebenshälfte. Rezidive sind möglich.

Th: Eine effektive Therapie während der amnestischen Episode ist nicht bekannt. Langfristig Kontrolle von Herz und Kreislauf (Blutdruck!).

Anorexia nervosa (Anorexia mentalis, Pubertätsmagersucht)

Ät: Ausdruck einer psychischen Reifungskrise (Ablehnung der weiblichen Rolle und des Erwachsenwerdens, Trotzreaktion, gestörte Mutterbeziehung u. a.).

Sy: Extreme Abmagerung und körperliche Hinfälligkeit durch Nahrungsverweigerung, Erbrechen (oft willkürlich induziert), Laxantienabusus. (Dabei paradoxerweise oftmals heimliche Naschhaftigkeit.) Vorzugsweise bei weiblichen Patienten im Alter von 12–25 Jahren. Sekundäre Amenorrhö.

Th: In schweren Fällen Sondenernährung, Ausgleich von Elektrolytverschiebungen, vorsichtig dosierte Neuroleptika. Parallel damit (oder erst nach Besserung des Allgemeinzustandes) Psychotherapie. Wiedereinsetzen der Menses wichtiger Indikator des Therapieerfolgs.

Bewußtseinsstörungen

Ätiologie
Bewußtseinsstörungen weisen stets auf eine organische Schädigung des Gehirns.

Bewußtseinstrübung

Reduzierung der Bewußtseinsklarheit in drei Schweregraden: *Somnolenz* oder Schläfrigkeit, *Sopor* (auf Schmerzreize: gezielte oder bei noch stärkerer Bewußtseinsstörung ungerichtete Abwehrbewegungen), *Koma:* Zustand vollständiger Bewußtlosigkeit ohne Schmerzreaktion (Schwinden der Reflexe, und zwar der Bauchhaut- und Sehnenreflexe vor dem der Lichtreaktion der Pupillen, zuletzt der Kornealreflexe).

Oneiroides Erleben

Traumhaft getrübtes Bewußtsein mit Steigerung der Vorstellungs- und Phantasietätigkeit, u. U. auch mit Illusionen und Halluzinationen.

Delirium

Stärker getrübtes Bewußtsein mit einem Übermaß an produktiver Sinnes- und Vorstellungstätigkeit, vor allem der optischen Sphäre in szenenhaftem Ablauf; große Situationsabhängigkeit; ängstliche Erregung; vegetative und motorische Begleiterscheinungen mit Tremor.

Dämmerzustand

Veränderte Bewußtseinslage bei äußerlich ziemlich geordnetem, folgerichtig anmutendem Verhalten, besonders bei dem besonnenen oder orientierten Dämmerzustand. Beginn und Ende meist plötzlich. Von besonderer Gefährlichkeit infolge ängstlicher Erregung mit Verkennung von Personen und Situationen ist der epileptische Dämmerzustand.

Überwachheit

Pathologischer Bewußtseinszustand mit übersteigerter geistiger Wachheit, z.B. in toxischen Zuständen unter Weckmitteln.

Beziehungswahn, sensitiver, s. sensitiver Beziehungswahn

Depersonalisation und Derealisation

Ätiologie

Neurosen, insbesondere bei selbstunsicheren Naturen, Erschöpfungszustände, Schizophrenien, vor allem aber im Rahmen der Melancholie.

Depersonalisation

Erlebnis der Entfremdung der eigenen Person: Störung des Ich-Bewußtseins, der Meinhaftigkeit. Das subjektive Ereignis wird aus seiner Ich-Zugehörigkeit herausgelöst; die Vorgänge werden als fremd, automatisch, aus sich selbst bzw. von anderswo vollzogen erlebt.

Derealisation

Objekte und Personen der Umgebung erscheinen unwirklich, fremd, auch wenn sie vertraut sein müßten.

Depression

Definition

Ein Terminus, welcher heute in viel zu unbestimmter Form bei unklaren Mißbefindlichkeiten angewandt wird. Keine Diagnose, sondern Sammelbegriff für psychische Zustände. Scharfe differentialdiagnostische Abgrenzung notwendig.

Endogene Depression (s. a. Zyklothymie)

Wird in ihrer larvierten Form leicht jahrelang verkannt. Einer solchen Verkennung unterliegen insbesondere auch die dazugehörenden *vegetativen Depressionen,* deren Symptomatik von vegetativen Störungen beherrscht wird, während die Gemütsverstimmung in die Nebenrolle tritt.

Die reaktive Depression als sinnvoll motivierte gefühlsmäßige Antwort auf ein Erlebnis, besser *depressive Reaktion,* gehört mehr in den Bereich der neurotischen Störungen, ebenso wie die sog. *neurotische Depression.*

Neurotische Depression, Erschöpfungsdepression, endoreaktive Dysthymie

Sie überschneiden sich vielfach und lassen z. T. schon in ihrer Namensgebung den besonderen Akzent und die enge Verflechtung von endogenen und reaktiven Faktoren erkennen. Bei reaktiven Verstimmungen handelt es sich eher um eine Traurigkeit über etwas, bei endogenen eher um eine solche über sich selbst, wenn hier überhaupt von Traurigkeit gesprochen werden kann. Gewiß gibt es reaktive depressive Verstimmungen, welche gleichsam einverleibt, somatisiert und vitalisiert werden. Im wesentlichen laufen sie aber *auf anderem Geleise als die phasisch-melancholischen Verstimmungen.* Sie unterscheiden sich nicht nur durch die Motivation; sie sind auch quantitativ von der melancholischen Verstimmung der zyklothymen Kerngruppe unterschieden.

Therapie
Psychotherapeutische Einflußnahme mit der Durcharbeitung des aktuellen Konfliktmaterials und mit dem Bemühen, neu Sinn und Ziel zu vermitteln.

Dermatozoenwahn s. Halluzinose, taktile

Euphorie

Ät: Dieses Symptom wird angetroffen bei körperlich begründeten Psychosen, organischen Hirnerkrankungen und -schädigungen, vielfach als Bestandteil des organischen Psychosyndroms, im einzelnen bei multipler Sklerose, progressiver Paralyse, Enzephalitis, toxischen zerebralen Schädigungen, Epilepsie, auch bei schweren körperlichen Allgemeinerkrankungen.

Sy: Gehobene Gestimmtheit auf dem Untergrund einer vitalen Erschlaffung, nicht unbedingt Folge einer Demenz, aber häufig mit ihr gekoppelt, auf keinen Fall psychoreaktiv verständlich und von manischen Zuständen durch die organische Begleitsymptomatik unterschieden.

Frühkindliche Hirnschädigung

Def: Alle prä-, peri- und postnatalen zerebralen Veränderungen, die zu bleibenden organischen Defekten geführt haben und sich früher oder später in Hirnstörungen geltend machen.

Ät:

- *Pränatale Schädigung:* Schwangerschaftsstörungen (Sauerstoffdefizit für die Frucht, veränderte Nidationsverhältnisse nach einem Abort, mißlungener Abtreibungsversuch, intrauterine Infektionskrankheiten [Röteln, Toxoplasmose u. a.]).
- *Perinatale Schädigung:* In der Zeit vom Einsetzen der ersten Wehe bis zum ersten Schrei des Kinds (Placenta praevia, Nabelschnurumschlingung, Zangengeburt). Bedeutung geringer, als früher angenommen. Asphyxie meist nicht primäre Folge des Geburtstrauma, sondern sekundäre Folge intrauterin gesetzter Schädigung.
- *Postnatale Schädigung:* Entzündliche (meningoenzephalitische) Prozesse, deren akute Erscheinungen mit Antibiotika besser bekämpft werden können als früher, wobei Residualzustände in Kauf genommen werden müssen.

Sy: Wachstumsstörungen, Asymmetrien, Bajonettfinger als Ausdruck einer abortiven athetoiden Haltungsanomalie, einseitige Fingerlängenumkehr, spastisch-paretische Erscheinungen halbseitig und vor allem doppelseitig bis zu dem ausgeprägten Bild der Little-Erkrankung.
Frühkindliche Hirnschädigungen sind verantwortlich zu machen für manche zunächst als Schwachsinn oder Psychopathie anmutende Veränderungen oder auch für später sich manifestierende Epilepsien, vielfach auch für eine Herabsetzung von Verarbeitungs- und Reaktionsfähigkeit bei bestimmten späteren Belastungen, also indirekt zuweilen auch für neurotische Fehlhaltungen und -entwicklungen.

Dg: Im Röntgenbild des Schädels Anomalien, Asymmetrien. Erweiterungen der äußeren und/oder inneren Liquorräume im computertomographischen Befund.

Gefäßsklerose, zerebrale, s. zerebrale Gefäßsklerose

Generationspsychosen

Schwangerschafts-, Wochenbett- und Laktationspsychosen

Sy: Delir (Bewußtseinstrübung, psychomotorische Unruhe), Amentia (Verwirrtheit mit Ratlosigkeit und fragmentarischem Denken), depressive Zustandsbilder, katatoniforme schizoforme Störungen. Vielfach erlaubt erst die Beobachtung des (quoad Psychose) günstigen Verlaufs die Abgrenzung von einer durch diese kritischen Belastungen provozierten endogenen Psychose.

Dg: Zum Nachweis oder Ausschluß einer Hirnsinusthrombose Kernspintomogramm (NMR).

Prgn: In bezug auf die Ausheilung der Psychose: um so günstiger, je stärker die Zeichen der Bewußtseinstrübung; im gesamten aber auch abhängig vom Grundleiden (Hirnsinusthrombosen, eklamptische, pseudourämische, infektiöse, toxische Komplikationen). Schwangerschafts-, Wochenbett- und Laktationspsychosen als solche völlig reversibel.
Demgegenüber gibt es aber endogene Psychosen (manisch-depressive Erkrankungen oder schizophrene Prozesse), die sich erstmalig während Schwangerschaft, Wochenbett oder Laktationsperiode manifestieren, ohne daß diese Generationsvorgänge auf die Dauer als ursächlich maßgebend angesehen werden könnten.

„Klimakterische" Psychosen
(besser: Psychosen im Klimakterium)

Sy: Vorwiegend depressiver, aber auch paranoider Prägung. Die eigentlich ursächliche Bedeutung des Klimakteriums für die Entstehung dieser Psychosen ist so gering, daß man den viel zu überdehnten Begriff der „Klimakterischen Psychose" meiden sollte. Es wird damit allenfalls der Termin für die Manifestierung bezeichnet, so daß man eher von *depressiven* Verstimmungszuständen *im Klimakterium* sprechen sollte.
Gewiß gibt es Depressionen, die sich erstmalig im Klimakterium einstellen. Nicht selten sind sie aber die erste Phase weiterer endogener Depressionen. Sie waren bis dahin unterschwellig und bedurften erst der mit diesem Lebensabschnitt verbundenen Umstellung zu ihrer vollen Manifestierung. Zum Teil sind sie psychoreaktiver Natur. Vielfach sind sie das Initialsymptom gefäßsklerotischer Veränderungen. Die paranoide Tönung ist für diesen Lebensabschnitt charakteristisch.

Dg: Zum Ausschluß oder Nachweis einer Hirnatrophie (oder sonstiger hirnorganischer Veränderungen) kraniales Computertomogramm.

Th: Herz- und Kreislaufbehandlung von Nutzen, oft auch, wenn Zeichen einer beginnenden Präsklerose noch nicht sicher erkennbar sind. Thymoleptika, Psychotherapie zur Bewältigung des Eintritts in die neue Lebensphase.

Halluzinationen (Sinnestäuschungen)

Definition
Sinnlich deutliche Trugwahrnehmungen von besonderer Eindringlichkeit, die sich dadurch von echten Wahrnehmungen unterscheiden, daß sie nicht durch einen äußeren Reiz ausgelöst werden. Es handelt sich weniger um Wahrnehmungen als um eigenständige neuartige Erlebnisse mit wahrnehmungsähnlichem Charakter. Diese werden nicht etwa nur gedanklich, sondern sinnlich erlebt, auf allen Sinnesgebieten vorkommend.

Akustische Halluzinationen
Für die Schizophrenien besonders charakteristisch: Stimmen in Form von Rede und Gegenrede; Stimmen, welche die Handlungen mit Bemerkungen begleiten; Gedankenlautwerden, das Hören eigener Gedanken. – Vorkommen akustischer Halluzinationen gelegentlich auch außerhalb der Gruppe der Schizophrenien.

Optische Halluzinationen
Besonders bei organischen Psychosen, z. B. beim Delir: szenenhafter Aufbau und Ablauf von Kleinem und Beweglichem.

Geruchs- und Geschmackshalluzinationen
Besonders verdächtig auf Schizophrenie oder auf Temporallappenerkrankung, beispielsweise bei temporaler Epilepsie (= Dämmerattacken).

Haptische Halluzinationen
Sich auf die Körperfühlsphäre beziehend.

Taktile Halluzinose
Ät und Vk:
- *akut:* Intoxikationen (Cocain, Weckamine, Alkohol u. a.);
- *chronisch* („präseniler Dermatozoenwahn"): meist vorgerücktes Lebensalter, Frauen häufiger als Männer; teilweise zerebrale Gefäßsklerose oder andere organische Hirnkrankheiten, suprasellär wachsende Tumoren; bisweilen phasischer Verlauf im Rahmen einer manisch-depressiven Erkrankung („zirkumskripte Hypochondrie").

Sy: Wahnhafter Ungezieferbefall ohne entsprechende reale Objekte oder dermatologische Veränderungen. Trugwahrnehmung krabbelnder „Tierchen" auf, in oder unter der Haut. Heftige „Abwehrmaßnahmen" der Patienten: Waschungen, Kleidungswechsel, Ungeziefervertilgungsmittel (sekundäre Hautschädigungen!).

Dg: Kraniales Computertomogramm indiziert.

Th: Wenn möglich, Behandlung des Grundleidens. Außerdem durch Neuroleptika Dämpfung der taktilen Halluzinationen, die an Aktualität verlieren. Bei phasischen Verläufen Thymoleptika.

Hirnatrophie

Diagnose und Differentialdiagnose
Grundsätzliche Unterscheidung von hirnatrophischen Prozessen und hirnatrophischen Residual- oder Defektzuständen. Bei allen hirnatrophischen Prozessen sind die ontogenetisch später reif werdenden Rindenabschnitte, besonders die frontalen, stärker als die okzipitalen betroffen. – Wichtig: Vorgeschichte, auch objektive Anamnese (Angehörige, Arbeitskollegen u. a.), neurologischer sowie psychopathologischer Befund, Computertomogramm, evtl. SPECT (= single photon emission computed tomography),

besonders zur Differentialdiagnose vaskulärer und primär degenerativer Hirnatrophien.

Demenz vom Alzheimer-Typ

Ät: In einem Teil der Fälle Anomalien am Chromosom 21 (am häufigsten bei familiären Erkrankungen mit *früher* Manifestation).

Sy: Präsenile (Manifestation zwischen 40. und 60. Lebensjahr) sowie senile Formen werden heute als nosologische Einheit gesehen. Beginn schleichend. Diagnostisch richtungweisend ist eine Diskrepanz zwischen gut erhaltener Fassade (höflich, freundlich, zugewandt, bemüht) und schweren oder schwersten Leistungseinbußen: Orientierungsstörungen, amnestische Ausfälle, hochgradige Akalkulie, andere Herdsymptome wie Aphasie, Agraphie, Alexie, Agnosie, Apraxie, meist in eigenartig „verschwommener" bzw. fluktuierender Ausprägung. Stetige Progredienz. Lebenserwartung durchschnittlich 7 Jahre.

Dg: Diffuse Hirnatrophie, die sich im Frühstadium dem computertomographischen Nachweis noch entziehen kann.

Th: Eine effektive Therapie ist nicht bekannt. Betreuung so lange wie möglich in der Familie, später in geeigneten Pflegeeinrichtungen.

Demenz vom Pick-Typ

Um das 50.–60. Lebensjahr progrediente Hirnatrophie (umschriebener als bei Alzheimer-Demenz) mit Bevorzugung von Stirn- und Schläfenlappen. Schwere Charakter- bzw. Persönlichkeitsveränderungen mit ethischen Entgleisungen. Lebenserwartung durchschnittlich 7 Jahre. Pick-Demenz ist sehr viel seltener als Alzheimer-Demenz.

Vaskuläre Demenz/Multiinfarktdemenz

Sy: Für eine vaskuläre Genese bzw. eine Multiinfarktdemenz sprechen folgende Verlaufskriterien (die nicht komplett vorhanden sein müssen): Plötzlicher Beginn, stufenweise Verschlechterung, Fluktuationen mit passageren Besserungen, nächtliche Verwirrtheit, transiente ischämische Attacken und/oder Insultanamnese, Hochdruck, Herzrhythmusstörungen und andere kardiale Vorerkrankungen.

Dg: Der neurologische Befund sowie das EEG sprechen für umschriebene zerebrale Ausfälle. Im Computertomogramm finden sich ischämische Läsionen und Atrophiezeichen. Doppler-Sonographie, B-Scan sowie kardiologische Untersuchungen können weitere Hinweise ergeben.

Th: Je nach internistischem Befund kardiale bzw. antihypertonische Therapie, evtl. Thrombozytenaggregationshemmer, Pentoxifyllin (z. B. Trental 600, 2mal tgl. 1 Tabl.).

Normaldruckhydrozephalus

Ät: Durch Verlegung der Liquorresorptionsstätten (Pacchioni-Granulationen) infolge von früheren Blutungen, Traumen oder Entzündungen (allerdings: Anamnese oft stumm) bildet sich ein Hydrocephalus internus. Eine Erweiterung der äußeren Liquorräume fehlt in der Regel, spricht jedoch nicht gegen Normaldruckhydrozephalus (besser: Niederdruckhydrozephalus).

Sy: Fortschreitende hirnorganische Leistungsminderungen und Wesensänderungen bis zur Demenz, Blaseninkontinenz, spastische und/oder ataktische Gangstörung, evtl. Parkinson-Symptome.

Dg: Im kranialen Computertomogramm ausgeprägter Hydrocephalus internus. Nachweis einer Liquorstromumkehr (mittels bestimmter Markierungssubstanzen), kontinuierliche Hirndruckregistrierung. Eventuell probatorische Liquorentnahme durch Lumbalpunktion: Besserung der Symptomatik und des Befindens.

Th: Shunt-Operation zur Liquorableitung.

Hirnatrophische Residual- und Defektzustände

Ätiologie

Zustände nach frühkindlicher Hirnschädigung, nach toxischen Schädigungen des ZNS (chronische oder akute Alkohol- und Schlafmittelvergiftungen, Leuchtgasvergiftungen), nach enzephalitischen Prozessen (auch gelegentlich nach Fleckfieberenzephalitis!), nach traumatischer Hirnschädigung, nach schwerer Hungerdystrophie.

Hirnorganische Dauerschäden nach schwerer Hungerdystrophie

Sy: Schwere Hungerdystrophie kann in seltenen Fällen (Teil-)Ursache für einen Hirnparenchymschwund sein, der weniger den Charakter eines Prozesses als den eines bis zu einem gewissen Grad kompensierbaren Defekts aufweist. Die Dystrophieschädigung des Organismus läuft offenbar auf eine Voralterung des Organismus hinaus. Anamnestisch bemerkenswert: Knick in der Lebenslinie.

Psychopathologisch charakteristische Wesensänderung mit Antriebsverarmung, Abstumpfung, Niveausenkung der Gesamtpersönlichkeit, moros-depressiver Verstimmung. Diese Veränderungen finden sich meist im Rahmen einer befristeten Episode, bei einigen wenigen Betroffenen aber als Ausdruck einer dystrophiebedingten Dauerschädigung der Hirnsubstanz.

Dg: Computertomographisch nicht regelmäßig, aber häufig eine symmetrische Ausweitung der Hirnventrikel mit Bevorzugung des IV. Ventrikels im Sinn eines Hydrozephalus mäßigen Grades, intern stärker als extern ausgeprägt. Die Diagnose sollte aber nicht von dem computertomographischen Befund allein abhängig gemacht werden. Dieser sollte nur im Gesamtbild des klinischen Befunds gewertet werden.
Zum Nachweis einer Hirnatrophie mit klinischen Methoden überhaupt: Grundsätzlich Vorsicht vor unkritischer Überwertung isolierter Befunde. Eine Zunahme der Ventrikelgröße in vorgerückteren Lebensjahren ist physiologisch. Aus dem Querschnittsbild keine voreiligen Schlüsse auf einen Prozeß ziehen! Oft handelt es sich um den Restzustand eines frühkindlichen Hirnschadens.

Th: Möglichkeiten bei *Hirnatrophie generell* begrenzt. Versuche, den Hirnstoffwechsel zu beeinflussen, beispielsweise durch Actihaemyl bzw. Actovegin, Cylandelat (Natil), Meclofenoxat (Helfergin), Naftidrofuryl (Dusodril), Nimodipin (Nimotop), Piracetam (Nootrop, Normabraïn), Pyritinol (Encephabol), Vinpocetin (Cavinton), Ginkgo-Extrakte (rökan, Tebonin) u. a. Herz- und Kreislaufbehandlung. Arbeits- und Beschäftigungstherapie. Berücksichtigung der psychischen und sozialen Situation. Geeignete Unterbringungsmaßnahmen.

Hirnschäden, frühkindliche,

s. frühkindliche Hirnschädigung

Hypochondrie

Ät: Bei Neurosen, hysterischen Störungen und vor allem hypochondrischen Depressionen, auch beginnenden Schizophrenien (mit recht groteskem Inhalt) und organischen involutiven zerebralen Abbauvorgängen (Computertomogramm indiziert).

Sy: Unerschütterliche, durch organischen Befund nicht gestützte Überzeugtheit von einem schweren körperlichen Leidenszustand, in extremen Fällen von der sich schon vollziehenden oder unabwendbar drohenden Zerstörung des Leibs und seiner Organe durch hoffnungsloses, qualvolles Siechtum und Tod. Ist diese Überzeugtheit zum Wahn verdichtet, dann: hypochondrischer Wahn. Ausgeprägtes Krankheitsgefühl, aber nicht auf die hypochondrische Krankheit als solche, sondern auf den Erlebnisinhalt bezogen. – Das normale unbefangene Vertrauensverhältnis zum eigenen Körper ist verlorengegangen. Statt dessen: Mißtrauen bzw. (in schweren Fällen) Wahn; diese sind nicht umweltbezogen, sondern gleichsam „nach innen geschlagen".

Th: Je nach Grundleiden. In jedem Bereich aber äußerst therapieresistent. Möglichkeit der Suizidalität!

Hysterie

Def: Keine Krankheitseinheit, sondern Umschreibung einer Fehlhaltung oder einer Charakterstruktur, wobei heutzutage der Begriff „hysterisch" als allzu belastend und abwertend immer weniger gebraucht wird und die entsprechenden Störungen den Neurosen untergeordnet werden.

Ät: Ausgangspersönlichkeit: Persönlichkeiten, welche in übersteigertem Geltungs- und Darstellungsbedürfnis zu unechten demonstrativen Verhaltensweisen kommen, in denen die Diskrepanz zwischen dem, was sie leisten und sein wollen, und dem, was sie tatsächlich zu leisten und zu sein vermögen, dynamisch wirksam wird. Sie sind vielfach retardiert und infantil strukturiert. An der Wurzel: Oft Frustrierung in frühester Kindheit: Sowohl eine zu strenge als auch vor allem eine verwöhnende Erziehung können eine hysterische Fehlhaltung zur Folge haben.

Sy: Erhöhte Suggestibilität; insbesondere ganz im Bann der Vorstellung, schwer krank zu sein; Bereitschaft zur Konversion, zur Mobilisierung entwicklungsgeschichtlich vorgebildeter Reaktionen (hysterischer Totstellreflex oder Bewegungssturm). Die „Krankheit", in welche weniger bewußt als dumpftriebhaft geflüchtet wird, dient als ein Mittel zum Zweck. Der Krankheitsgewinn besteht in einer Ich-Entlastung, wenn sie auch durch das Leiden an einer „Krankheit" teuer erkauft wird. Stets ist die hysterische Reaktion von der Resonanz der Zuschauer abhängig. Ist diese nicht stark genug, so wird der Hysteriker zu immer heftigerer Demonstration und zur Alarmierung der Umwelt angeregt. In der hysterischen Gebärde zeigen sich die Teilphänomene von nicht verwirklichten, aber nach Verwirklichung verlangenden Lebensbezügen. Gelegentlich kommt es zu übersteigerten, unverhüllten Erpressungen der Umwelt durch Suizidhandlungen und -versuche, welche bei den Mitmenschen ein Maximum an Beachtung, an Schuldgefühlen erzwingen sollen, evtl. auch eine zumindest moralische Bestrafung derjenigen, die den Betreffenden „soweit gebracht" haben. Fließende Übergänge von der Hysterie zu bewußter Aggravation.

Th: Möglichst individuelles Eingehen unter Bejahung der Person. Allmähliches Überlenken auf sachliche Bereiche, gleichsam Übergang „zur Tagesordnung". Erstrebenswert ist es, das darniederliegende Selbstwertgefühl zu festigen, indem man Hysterische zu echten Leistungen und einer eigenständigen Seinsentfaltung bringt, so daß sie demonstrative Gesten immer weniger brauchen. Versuch einer Eingliederung in die soziale Gemeinschaft. Bei erregten Hysterischen kommen anfangs zur Unterstützung auch sedierende Mittel in Frage. Suizidtendenzen können vorübergehend Unterbringung in einer geschlossenen Abteilung erforderlich machen. Eine Konfrontation mit der harten Wirklichkeit kann zur Weiterentwicklung führen.

Prgn: Bei ausgesprochen hysterischer Charakterstruktur sind grundlegende Änderungen kaum zu erwarten; immerhin ist durch nüchterne Atmosphäre Anpassung („Dressur") möglich.

Idee, überwertige, s. überwertige Idee

Konfliktreaktion

Sy: Störung der Erlebnisverarbeitung mit körperlichen und psychischen Folgeerscheinungen, prinzipiell ähnlich der Neurose (s. u.), aber meist kurzdauernder und weniger tiefgreifend als jene, somit auch leichter zu beeinflussen. Keine scharfe Abgrenzung; eine Konfliktreaktion ist gleichsam die leichteste Form der Neurose. (Synonyma für „Konfliktreaktion": abnorme Erlebnisreaktion, abnorme Reaktion).

Th: Vertieftes Gespräch (auch mit den Angehörigen), Versuch einer Regelung der Situation, leichte medikamentöse Unterstützung (Neuroleptika in geringer Dosis oder Thymoleptika je nach klinischem Bild).

Neurose

Ät: Folge der Störung einer Erlebnisverarbeitung. Sie entspricht einer Kompromißlösung angesichts eines Konflikts zwischen den Ordnungen und Trieben des Lebens, eines Konflikts, der nicht bewußt ausgetragen, sondern verdrängt worden war und nun in einem Krankheitssymptom seinen Ausdruck findet. Dieses Krankheitssymptom verschafft dem Betroffenen insofern einen Krankheitsgewinn, als es, wenn auch auf Kosten seiner Gesundheit, wenigstens befristet eine Lösung der anderweitig nicht lösbaren Konfliktsituation bringt. Mit der Flucht in die Krankheit ist u. U. eine Regression, eine Rückkehr auf eine frühkindliche Entwicklungsstufe, verbunden. All dies spielt sich nicht nach Art eines raffinierten Arrangements, sondern weitgehend unter der Schwelle bewußter Vergegenwärtigung ab. Pathogen ist nicht die seelische Belastung als solche, nicht die rein emotionale Erschütterung, gerade nicht das, was offen zutage liegt, sondern das Uneingestandene und Nichtwahrgehabte: verhaltene Konflikte, verdrängte Triebimpulse und Schuldregungen. Zentraler Motor aller Neurosen: die Angst – einerseits Ursache, andererseits aber auch Begleiterscheinung und Folge der Verdrängung. Das Krankheitssymptom ist eine Wiederkehr des Verdrängten in entstellter Form. – Für die Entstehung von Neurosen sind offenbar frühkindliche Traumen und Konflikte maßgebender als die späteren aktuellen, und wenn die letzteren, dann im allgemeinen in Anknüpfung an die frühen Kindheitsbelastungen.

Sy: Neurosen = Nachahmer aller bekannten Krankheitszustände. Je nach der Manifestierung der neurotischen Symptome im Körperlichen oder Seelischen werden grob Konversions- oder Organneurosen (funktionelle Störungen der inneren Organe von seiten des Magen-Darm-Systems, des Herz-, Kreislauf- und Atmungsapparats, migränoide Zustände usw.) von Psychoneurosen, vorherrschend Angstneurosen, in vielen Formen und Verkleidungen unterschieden.
Psychopathologisch Konzentrationsschwäche, Leistungsabfall, Schlafstörungen, Verstimmungszustände, Depersonalisation, Derealisation, Zwangszustände, Phobien.
Phobie: Angst vor bestimmten Objekten, Situationen oder Ereignissen. Einzelformen: Agoraphobie = Furcht vor der Überquerung freier Plätze, Klaustrophobie = Furcht vor geschlossenen Räumen, Erythrophobie =

Furcht, in bestimmten Situationen zu erröten, Phobophobie = Furcht vor der Phobie, gewissermaßen eine Phobie in der zweiten Potenz. Herzphobie = Furcht vor dem Aussetzen der Herztätigkeit, vielfach im Zusammenhang mit sympathikovasalen Anfällen, oft verbunden mit den verschiedensten Mißempfindungen und Beschwerden in der Herzgegend (sorgfältiger Ausschluß einer echten Herzerkrankung!).
Nach Schweregrad und Besonderheit der Erlebniskonstellationen unterschieden: Fremdneurosen, Randneurosen, Schichtneurosen und Kernneurosen oder Charakterneurosen.

Th: Psychotherapie: je nach Lage des Falls einfache Aussprache, Aufklärung oder Beruhigung, kathartische Methoden, ärztliches Gespräch, Trainingsverfahren, Gruppentherapie, individuelle analytische Behandlung unter Zuhilfenahme der Zugangswege zum Unbewußten: Der Assoziationen, der Fehl- und „Zufalls"-Handlungen und vor allem der Träume.
Ziel: Bewußtmachung der im Unbewußten wirkenden psychodynamisch entscheidenden Kräfte. Eingliederung in die Gemeinschaft. Entspannung, Selbstwerdung, Individuation, Entfaltung der Persönlichkeit. Auseinandersetzung mit den Grundbedingungen des Lebens (Geschlechtsein, Schuld, Zeit, Tod). Selbstfindung, Einordnung, Wert- und Sinnfindung.
(Im vorgegebenen Rahmen können Neurosen und ihre Therapie nicht erschöpfend dargestellt werden.)

Paralyse, progressive

Def: Syphilitische Späterkrankung im 3. Stadium der Lues, welche nach einem Intervall von ungefähr 15 Jahren post infectionem ausbrechen kann.

Vk: 30.–50. Lebensjahr. Ausnahme: juvenile Paralyse aufgrund einer konnotalen Lues (Hutchinson-Trias: Innenohrschwerhörigkeit, Tonnenform der Schneidezähne mit Einkerbung, Keratitis parenchymatosa).

Ät und Pathog: Ein durch Spirochäten hervorgerufener meningoenzephalitischer Prozeß mit Hirnparenchymschwund, vor allem im Bereich des Stirnhirns. Unbehandelte oder anbehandelte Luetiker; liquorpositive Fälle der Spätlatenz sind besonders *gefährdet.*

Formen:
- einfach demente Form,
- depressive Form,
- expansiv-manische Form mit Größenwahnideen.

Sy:
- *Psychopathologisch:* Eingeleitet (und dann leicht verkannt) durch ein pseudoneurasthenisches Vorstadium. *Achsensymptom:* Organisches Psychosyndrom (s. d.) mit zunehmender Dementierung, Verfall der Persönlichkeit.
- *Neurologisch:* Pupillenstörungen (Anisokorie, absolute, weniger reflektorische Pupillenstarre), Erschlaffung der mimischen Muskulatur; artikulatorische Sprechstörung („abgeschliffene" Konsonanten, Silbenstolpern), spastische Zeichen. Je nach Kombination mit der Tabes im Sinne einer Taboparalyse noch deren charakteristische neurologische Symptomatik. – Evtl. zerebrale Krampfanfälle.

Dg: Luesreaktionen in Blut und Liquor positiv, Zellvermehrung, Vermehrung von Gesamteiweiß und (besonders) γ-Globulinen sowie IgG.

Prl: Ausreichende Behandlung der Lues mit Liquorkontrollen.

Th: Wird nichts unternommen, führt die progressive Paralyse innerhalb von 3 bis 5 Jahren zum Tode. Was an Hirnparenchym zerstört ist, bleibt zerstört. Bei zu spätem Einsetzen der Behandlung daher u. U. lediglich Fixierung des momentan vorhandenen Defektzustands. Rechtzeitige Erkennung und Therapie besonders wichtig: hochdosierte Penicillin- Kur. (Bei Penicillin-Allergie Tetracycline.)

Paraphrenie

Sy: In der zweiten Lebenshälfte einsetzende schleichende Entwicklung eines umschriebenen Wahnsystems (z. B. Erfinder- oder Eifersuchtswahn) bei weitgehend intakter und sonst geordnet wirkender Persönlichkeit. Im Gespräch erscheint der Betroffene unauffällig, bis sein spezielles Wahnthema berührt wird. Sinnestäuschungen fehlen meist; wenn sie doch vorhanden sind, stehen sie ganz im Hintergrund.

Th: In fast allen Fällen ist der Wahn unkorrigierbar, ganz gleich, welche Behandlungsmaßnahmen angewandt werden. Manche Patienten lernen es jedoch, zu „dissimulieren" und sich sozial anzupassen, als ob ihre Wahnideen nicht vorhanden wären. Dämpfung u. U. durch Psychopharmaka möglich. Palliative Gesprächstherapie zur Erleichterung und Anpassung zweckmäßig. In schweren Fällen evtl. auch Dauerunterbringung.

Pseudologia phantastica

Sy: Phantastisches Lügen von Inhalten, an deren Wirklichkeit der Betreffende schließlich beinahe selbst glaubt. Ausgangsstruktur: hysterischer Charakter mit abnormem Geltungsbedürfnis, dem es – hingerissen von der eigenen Darstellungsfähigkeit – in renommistischen Tiraden mehr um Schein als Sein geht, wobei manche kindlichen Verhaltensweisen persistieren. Viele Heiratsschwindler und Hochstapler sind Pseudologen.

Th: Scheitert meist an Uneinsichtigkeit und Lügenhaftigkeit; dadurch entzieht sich der Betreffende der Konfrontierung mit der Wirklichkeit. Psychagogische Maßnahmen. Im Falle forensischer Komplikationen ist die strafrechtliche Verantwortung zu bejahen.

Psychopathie (abnorme Persönlichkeiten)

Def: Keine Krankheit, sondern eine Variation des Menschseins infolge abnormer Charakterstruktur: Persönlichkeiten, die an ihrer Abnormität leiden oder unter deren Abnormität die Gesellschaft leidet. Gemeint sind psychische Strukturen, welche im Längsschnitt relativ konstant bleiben und einer Beeinflussung gegenüber ziemlich resistent sind. Psychopathen (= abnorme Persönlichkeiten) stellen als Störer und Versager für sich und die Umwelt eine Belastung dar, so viele Anregungen auch von ihnen ausgehen können.

Formen:

- *systematisch* nach konstitutionsbiologischen Grundsätzen: zykloide, schizoide, epileptoide Psychopathen – in Anlehnung an die großen Konstitutionstypen der Pykniker, Leptosomen und Athletiker,
- *systemlos*, je nach den vorherrschenden Charaktermerkmalen: hyperthyme, depressive, selbstunsichere, fanatische, geltungsbedürftige, stimmungslabile, explosible, gemütslose, willenlose, asthenische Psychopathen.

Dg: In der Anwendung von Begriff und Diagnose „Psychopathie“ immer größere *Zurückhaltung* geboten. Verkennung in doppelter Richtung möglich: Einerseits wird durch die Hervorkehrung der „-pathie“ allzu leicht die Vorstellung genährt, es handele sich doch um eine Krankheit. Noch verbreiteter ist aber die Benutzung dieser Metapher in diffamierendem Sinn. Auch ist mit dem Begriff die Vorstellung von gänzlicher Irreversibilität verknüpft. Ob durch die Ersetzung des Namens durch die Bezeichnung „abnorme Persönlichkeit“ oder „akzentuierte Persönlichkeit“ auf die Dauer Wesentliches gewonnen wird, ist fraglich. Das große psychologische und soziologische Problem ist damit nicht aus der Welt geschafft. Schwerwiegender ist der Einwand, daß in höherem Maße, als früher vermutet, eine frühkindliche Hirnschädigung für manche abnormen Verhaltensweisen verantwortlich gemacht werden muß (und weniger die erbliche Veranlagung). Damit wird der Krankheitswert also doch höher zu veranschlagen sein („Pseudopsychopathie“). Schließlich dürften frühkindliche Milieu- und Erziehungsschäden eine bedeutsame Rolle spielen, so daß ein Teil zu den kernneurotischen Störungen gehört. In manchen Fällen ist die diagnostische Einordnung als „Psychopathie“ oder aber als „Kernneurose“ lediglich eine Frage der Blickrichtung.

Th: Verständnisvolle Betreuung auch von fürsorgerischer Seite. Soziale Eingliederung unter Schaffung möglichst günstiger Bedingungen. Bei erregbaren Psychopathen kommen unterstützend dämpfende Mittel (z. B. Neuroleptika in geringer Dosierung) in Frage. Durch Gesprächstherapie wenigstens der Versuch einer Steuerung; keine Aussicht auf wesentliche Wandlung. In sehr schweren Fällen kann sogar Unterbringung erforderlich werden.

Prgn: Nur bei einem Drittel aller abnormen Persönlichkeiten wird der Lebenslauf durch Scheitern, Versagen, Umweltkonflikte bestimmt. Ein Drittel findet auf lange Sicht doch noch Anpassung, Erfolg, Sinnerfüllung. Dazwischen befindet sich ein Drittel mit wenigstens partieller Daseinsbewältigung.

Psychosen, symptomatische

Def: Psychosen, die Symptom einer faßbaren körperlichen Grundkrankheit sind (daher auch die Bezeichnung „körperlich begründbare Psychosen“ oder „Psychosen vom exogenen Reaktionstyp“ – d. h. „exogen“ in bezug auf das Gehirn).

Ät: Zehrende körperliche Allgemeinkrankheiten (insbesondere fieberhafte Infekte, septische Zustände, Intoxikationen, Stoffwechselleiden, Herz- und Kreislauferkrankungen) oder unmittelbare Hirnschädigungen: offene und gedeckte Hirnverletzungen, Hirngeschwülste, Entzündungen des Hirns und seiner Häute. – Ein Rückschluß vom psychopathologischen Bild auf die Art der körperlichen Schädigung ist in der Regel nicht möglich. Keine spezifischen Zusammenhänge.

Sy: Psychopathologischer Befund von dem der endogenen Psychosen vielfach durch die Zeichen einer Bewußtseinstrübung oder -änderung unterschieden. Je nach Disposition kann es aber auch zu schizoformen, maniformen oder depressiven bzw. pseudoneurasthenischen Erscheinungsbildern kommen. Zustandsbilder: Delir, Amentia, akute Halluzinose, Dämmerzustand. Fließende Übergänge bis hin zu den Durchgangssyndromen ohne Bewußtseinstrübung mit absoluter Reversibilität.

Th: Behandlung des Grundleidens, Herz- und Kreislaufbehandlung, Infusionen. Bei Nahrungsverweigerung Sondenfütterung. Notfalls Ruhigstellung mit Neuroleptika in vorsichtiger Dosierung.

Prgn: Quoad Hirnfunktion bei kürzerer Dauer der exogenen Psychose günstig; andernfalls Ausgang in schwere Persönlichkeitsveränderungen mit Demenz möglich (= organisches Psychosyndrom, s. d.).

Psychosyndrom, organisches

Synonyma: Hirndiffuses Psychosyndrom, Hirnabbau oder – nur Teilbereiche erfassend – amnestisches Syndrom, Korsakow-Syndrom.

Def: Chronische, oft irreversible Wesensänderungen als Reaktionen des Gehirns auf (direkt oder indirekt einwirkende) Erkrankungen bzw. exogene Schädigungen.

Ät und Pathog: Setzt die Noxe *akut* ein, so entwickelt sich zunächst meist eine symptomatische Psychose (S. 1371), die dann in ein organisches Psychosyndrom ausmünden kann, aber nicht muß (Möglichkeit der Ausheilung). Oftmals indessen ist eine *chronische* Hirnschädigung Ursache des organischen Psychosyndroms, dessen Symptomatik dann allmählich, zunächst kaum merklich, einsetzt.
Ursachen: Hirnerkrankungen durch Gefäßprozeß, metabolische Störungen, degenerative Leiden, Intoxikationen, Entzündungen, Traumen, Tumoren, schwere Allgemeinerkrankungen.

Sy:
- *Leistungseinbußen:* Gesteigerte Ermüdbarkeit, herabgesetzte Konzentrationsfähigkeit, Merkfähigkeitsstörung (evtl. Überbrückung der Lücken durch Konfabulationen), Orientierungsstörung, Auffassungserschwerung, Umstellungserschwerung, Weitschweifigkeit, Kritik- und Urteilsschwäche. – Sind diese Leistungseinbußen sehr ausgeprägt, so werden sie als *Demenz* bezeichnet.
- *Wesensänderungen:* Verstimmungszustände, Affektlabilität, affektive Abstumpfung, Antriebsstörung, charakterliche Vergröberung, Verhaltensstörungen im ethischen Bereich.
- *Veränderte Psychomotorik:* Mimische Entdifferenzierung (Gesicht entweder ausdruckslos oder aber grobe, verzerrte Affektäußerungen), Bewegungen unbeholfen, Gang steif, unelastisch, evtl. parkinsonistisch.
- *Computertomogramm:* Meist Hydrocephalus internus und externus, als Korrelat einer Hirnatrophie (S. 1366 f), in welche Hirnschädigungen durch die verschiedensten Noxen ausmünden können.
- *EEG-Veränderungen* sind weder spezifisch noch obligat; trotz hochgradiger Demenz kann das EEG normal sein. Falls pathologische Befunde vorliegen (insbesondere Grundrhythmusverlangsamung bzw. Allgemeinveränderung), so geht ihr Ausprägungsgrad nicht parallel mit der Schwere des organischen Psychosyndroms.

Th: Versuche, den Hirnstoffwechsel zu beeinflussen, beispielsweise durch Actihaemyl bzw. Actovegin, Cyclandelat (Natil), Meclofenoxat (Helfergin), Naftidrofuryl (Dusodril), Nimodipin (Nimotop), Piracetam (Nootrop, Normabraïn), Pyritinol (Encephabol), Vinpocetin (Cavinton), Ginko-Extrakte (rökan, Tebonin) u. a. Herz- und Kreislaufbehandlung, Hydrotherapie, Sport, Gymnastik, Arbeits- und Beschäftigungstherapie. Berücksichtigung der psychischen und sozialen Situation. Geeignete Unterbringungsmaßnahmen.

Querulantenwahn

Sy: In enger genetischer Beziehung zum sensitiven Beziehungswahn (s. d.) überwiegen hier in der Charakterstruktur mehr sthenisch-expansive Züge: Rechthaberische, zum Kampf gestimmte und gut ausgerüstete, selbstbewußte, halsstarrige, fanatische, unbelehrbare, dialektisch gewandte, aber zugleich verwundbare, im Blick auf die eigene Person erhöht rechtsempfindliche Naturen. Das empörende Erlebnis alarmiert den

Kampfparanoiker, das verhaltene den sensitiven oder Gewissensparanoiker. Immer ist die Persönlichkeit erhalten. Die *Trennung von echtem Wahn* und einer noch einfühlbaren und bis zu einem gewissen Grade beherrschbaren *querulatorischen Neigung* kann im Einzelfall außerordentlich schwierig sein.

Prl und Th: Verzehrt der Querulant in unerschöpflichen Prozeßkämpfen die Grundlagen seiner Existenz, so ist manchmal Betreuung (früher: „Entmündigung") geboten, durch die er sich freilich erst recht mundtot gemacht und zu weiteren querulatorischen Aktionen veranlaßt sieht. Psychotherapie scheitert an der absoluten Einsichtslosigkeit.

Schizophrenie

Def: Schleichend oder in Schüben verlaufende endogene Psychose, die am Kern der Persönlichkeit angreift und oftmals von Schub zu Schub deutlichere Residuen mit einer Reduktion des energetischen Potentials hinterläßt. In manchen Fällen auch günstiger Verlauf. Es liegt im Wesen dieser Krankheit, daß sie sich begrifflich kaum definieren läßt, jedoch wenigstens in der Kerngruppe als typisch gekennzeichnet ist und beim erfahrenen Untersucher ein charakteristisches „Dementia-praecox-Gefühl" ermöglicht. Wahrscheinlich kein einheitlicher „Morbus", so daß es richtiger ist, von der *„Gruppe der Schizophrenien"* zu sprechen. Die Bezeichnung „Dementia praecox" ist insofern unrichtig, als die Krankheit nicht unbedingt zu einer Demenz führt. Der Schizophrene verliert nicht seine Intelligenz, sondern er macht u. U. von ihr keinen Gebrauch. – Genetische Faktoren (Übertragung durch mehrere voneinander unabhängige Gene?) sind bedeutsamer als Umwelteinflüsse; letztere können aber die Manifestation der Krankheit fördern oder bis zu einem gewissen Grade verhindern. Insofern sind psychodynamische Zusammenhänge nicht gleichgültig und schon allein deswegen erhöht beachtenswert, weil sie noch am ehesten Ansatzpunkte für Therapie und Prophylaxe ermöglichen.

Sy: Entscheidend ist eine *veränderte Erlebnisstruktur.* Kein sinnloses Nebeneinander von schizophrenen Einzelsymptomen, sondern Anzeichen eines Funktionswandels, der den zentralsten Teil, das Ich, betrifft. Entwicklung eines abnormen Bedeutungsbewußtseins im Sinne eines apophänen Erlebens, einer Wahnstimmung, einer eigentümlichen Ich-Bezüglichkeit, so daß der Betroffene der Mittelpunkt der Welt geworden zu sein meint (Anastrophé). So finden sich folgende Denkstörungen: Zerfahrenheit, Faseligkeit und Zerrissenheit. Zusammengehöriges wird getrennt, nicht Zusammengehöriges zu einem Erlebnis vereint. Veränderungen des Gefühlslebens im Sinne einer eigentümlichen Verflachung und Abstumpfung. Autismus. Störungen des Wollens und Handelns mit Sperrungen, Stupor und Mutismus auf der einen Seite und Befehlsautomatie auf der anderen. Krankhafte Bewußtseinsinhalte: Halluzinationen und primäre und sekundäre Wahnideen mit dem Eindruck des Gemachten. Niemals sind die Symptome als solche beweisend. Entscheidend ist die begrifflich schwer faßbare spezifisch schizophrene Tönung. Kennzeichnend ist auch die Diskrepanz zwischen der Ungeheuerlichkeit der Erlebnisinhalte sowie der mangelnden affektiven und willensmäßigen Resonanz.

- *Sy ersten Ranges:* Gedankenlautwerden; Hören von Stimmen in der Form von Rede und Gegenrede; Stimmen, die das eigene Tun mit Bemerkungen begleiten; leibliche Beeinflussungen; Gedankenausbreitungen; Wahnwahrnehmungen sowie alles von anderen Gemachte und Beeinflußte auf dem Gebiet des Fühlens, Strebens und Wollens – dies alles unter der Voraussetzung, daß eine organische Grundkrankheit nicht vorliegt.
- *Sy zweiten Ranges:* Hierzu gehören die übrigen Sinnestäuschungen, der Wahneinfall, Ratlosigkeit, depressive und frohe Verstimmungen, erlebte Gefühlsverarmung. – Vieles von dem, was früher an bizarren und grotesken Symptomen, an scheinbaren „Defekten" der Psychose zugemessen wurde, muß als artifizieller Überbau und Produkt ungeeigneter Behandlung und Unterbringung angesehen werden.

Formen:

- *Katatonie* mit vorwiegend psychomotorischen Symptomen zwischen Erregung und Sperrung (*Unterform: perniziöse Katatonie* bei Jugendlichen mit plötzlich ausbrechender wilder elementarer Erregung bei spärlichen sprachlichen Äußerungen – körperlich äußerst gefährdet: Erschöpfung, „wie zu Tode gehetzt", Kreislaufkollaps, Stoffwechselentgleisung, Schweißausbrüche, Fieber, schließlich Bewußtseinstrübung, u. U. Exitus letalis innerhalb von 10 Tagen unter den Zeichen des Kreislaufversagens);

– *Hebephrenie* mit vorwiegend läppischer Gemütsveränderung, affektiver Verflachung, Leistungsknick, meistens schon von der Pubertät an beginnend;
– *paranoide Formen* mit vorherrschend paranoid-halluzinatorischem Erleben, sich meist erst in vorgerückteren Jahren manifestierend.

Dg: Die Feststellung des ausgeprägten floriden Schubs bereitet keine Schwierigkeiten. Um so problematischer ist die Erkennung der *Initial*symptome, die sich ganz larviert hinter uncharakteristischen Verstimmungszuständen, Ängsten, Katastrophenvorstellungen und Weltuntergangsstimmungen, Initiativeverlust, Isolierungen, unbestimmten körperlichen Beschwerden, Kopfschmerzen oder aber hinter unmotivierten uneinfühlbaren Handlungen verbergen können. Man sollte die Diagnose nicht zu früh stellen und nicht von dem erstmaligen Querschnittsbild allein abhängig machen.

Th: Ein spezifisches Heilmittel steht nicht zur Verfügung. Bei Erregungszuständen Neuroleptika i.m. oder i.v. Bei Nahrungsverweigerung Sondenfütterung, bei Austrocknung Infusionen. Herz- und Kreislaufbehandlung. Fixierungen und Isolierungen möglichst vermeiden; sie steigern die Erregung. Möglichst viel Raum, Zeit und Betätigung zur Entfaltung ermöglichen! – *Fortschritt* seit 1952: *Neuroleptische Behandlung* mit Phenothiazinen, Butyrophenonen und verwandten Substanzen. Für Dauermedikation Langzeitpräparate. – *Elektroschockbehandlung* bei der Schizophrenie ohnehin nicht so wirksam wie bei der gehemmten Melancholie. Vitale Indikation bei perniziöser Katatonie, heftigster Erregung und wenigstens versuchsweise bei anderweitig nicht beeinflußbaren Veränderungen, im übrigen aber weitgehend eingeschränkt. – *Arbeits- und Beschäftigungstherapie, Milieu- und Soziotherapie, Gruppentherapie und individuelle Psychotherapie, Tagkliniken, Nachtkliniken* gewinnen eine immer größere Bedeutung. Klinik- und Anstaltsbehandlungen möglichst kurzfristig (zur Vermeidung von zusätzlichen Hospitalisierungs- und Verwöhnungsschäden). *Bei perniziöser Katatonie:* Vitale Indikation für die Elektroschockbehandlung, Corticosteroide, Neuroleptika, Herz- und Kreislaufbehandlung, Sondenfütterung, Infusionen unter sorgfältiger Kontrolle von Serumelektrolyten, harnpflichtigen Substanzen u. a., Überwachung der Urinausscheidung.

Schlafstörungen

Ät und Sy: Besonders penetrant bei *endogenen Depressionen,* oftmals als Initialsymptom. Wenn beim sonst Schlafgesunden ohne Motivation prolongierte Schlafstörungen auftreten, so sollte stets eine – evtl. larvierte – Depression erwogen werden, s. Zyklothymie. (Paradoxerweise: In seltenen Fällen bei Depressionen vermehrtes Schlafen.) – Bei *Manie* ebenfalls Schlaflosigkeit, die indessen (im Gegensatz zur Depression) nicht als quälend empfunden wird. Schlafstörungen kommen auch bei manchen Schizophrenien vor, besonders in akuten Stadien. – Die Mehrzahl der Schlafstörungen gehört nicht zum engeren psychiatrischen Fachbereich: *funktionelle Schlafstörungen, d. h. Schlafstörungen mit überwiegend exogener oder/und psychoreaktiver Verursachung* (bei Ausschluß endogener Psychosen und organischer Grundleiden). Für exogene Faktoren, z. B. Geräusche, gilt: Der Affekt entscheidet, was „stört". Insofern keine scharfe Grenze zu psychoreaktiven Motivierungen (Nichtbewältigtes, Versäumtes, Schuld oder aber ängstliche Erwartungsspannung). Die Dauer des Wachliegens wird meist überschätzt; viele Schlafperioden (elektroenzephalographisch objektiviert) entgehen der Selbstwahrnehmung. Erholende Wirkung also sicher größer als subjektiv vermutet.

DD: Organisch bedingte Schlafstörungen (Gefäßsklerose, Herzinsuffizienz, Hyperthyreose, postenzephalitische Residuen, Schmerzzustände u. a.). In Problemfällen (Therapieresistenz, Verdacht auf Schlafapnoe u. a.) polygraphische Registrierungen in Schlaflabor indiziert.

Th: Aufmerksamkeit weniger auf nächtliches Wachliegen zentrieren als auf eine *Bejahung des Wachseins am Tage,* d. h. promptes Aufstehen (ob „ausgeschlafen" oder nicht), geregelte Aktivität, körperliche Bewegung, indessen abends rechtzeitiges „Abschalten". – Entspannung, autogenes Training, psychotherapeutische Beeinflussung zugrundeliegender Konflikte und Fehlhaltungen, physikalische Maßnahmen (z. B. früh kalte Dusche). Zur medikamentösen Unterstützung, wenn überhaupt erforderlich, besonders pflanzliche Präparate geeignet: Hopfen, Baldrian (z. B. Hovaletten). In besonderen Fällen zur abendlichen Dämpfung Cyclopyrrolonderivate (z. B. Zopiclon) oder Thioridazin (in Form von Melleretten); evtl. versuchsweise Trimipramin (Stangyl). Eigentliche Tranquillantien und „Schlafmittel" sollten wegen der bekannten Nachteile und Risiken nur ausnahmsweise zur Anwendung kommen. Das Prädikat „barbituratfrei" sollte ersatzlos gestrichen werden, da es das Fehlen von Nebenwirkungen suggeriert, oft im Gegensatz zur Realität.

Schwachsinn (Oligophrenie)

Ät: Der Schwachsinn hat uneinheitliche Genese. Er kann ererbt oder erworben sein. Diejenigen Schwachsinnsformen, die durch intrauterine Erkrankungen und -schädigungen, Geburtstraumen, Kernikterus, postnatale Entzündungsprozesse, Traumen usw. entstanden sind, werden mit dem ererbten unter dem angeborenen Schwachsinn zusammengefaßt, ohne daß aufgrund des psychopathologischen Befunds eine saubere Trennung möglich wäre. Jedoch gibt neben der Anamnese der somatische Befund entsprechende Hinweise.
Die erblichen Schwachsinnsformen sind oft weniger schwer ausgeprägt, für die eugenischen und soziologischen Auswirkungen aber um so bedeutsamer. Je höher der Schweregrad, um so mehr muß mit der Verursachung durch exogene Hirnschädigungen, insbesondere frühkindliche, gerechnet werden. Später erworbener Schwachsinn = Demenz.
Sonderformen des Schwachsinns kommen bei folgenden Krankheiten vor: Down-Syndrom, Phenylketonurie, Toxoplasmose (S. 991), tuberöse Sklerose. Letztere ist gekennzeichnet durch Adenoma sebaceum, Haut-, Nieren-, Hirntumoren, Herzfehler = Entwicklungsstörung mit blastomatösem Einschlag, meist mit dominantem Erbgang.

Sy: Intelligenzmangel bei allseitiger Niveausenkung der Persönlichkeit, mit Beeinträchtigung der Antriebs-, Gefühls- und Willenssphäre. Im Mittelpunkt das denkerische Versagen: Einschränkung der Fähigkeit, Wesentliches zu erkennen und von Unwesentlichem zu unterscheiden; Gründe und Gegengründe abzuwägen; Bedingungen, Beziehungen und Sinnzusammenhänge zu erfassen. Vorstellungsschatz klein; Assoziationen fehlen; Begriffsbildung erschwert. Unfähigkeit, Schlußfolgerungen zu ziehen und Urteile abzugeben. Sinnvolles, zielgerichtetes Handeln und Gestalten des Lebensraums aufgehoben oder erschwert. Weniger das Wissen als das Können ist betroffen; die zweckmäßige Verwendung der vorhandenen Denkmittel ist beeinträchtigt.

Schweregrade:
- *Idiotie* (nur geringe oder fehlende Sprachentwicklung, Interesse vorwiegend für den animalischen Bereich, meist keine Sauberkeitsgewöhnung),
- *Imbezillität* (gute sprachliche Verständigung trotz begrenzten Wortschatzes, sehr beschränktes Lernvermögen; auch in Hilfsschule kaum bildungsfähig),
- *Debilität* (in Hilfsschule oder – bisweilen – Normalschule einigermaßen bildungsfähig. Schriftsprache und Rechnen werden nur unvollkommen erlernt).

Zwischen diesen 3 Abstufungen keine scharfen Grenzen, ebensowenig wie zwischen Debilität, noch „physiologischer Dummheit" und normaler Intelligenz. *Gleitende Intelligenzskala!* Daher leichtere Schwachsinnsformen ohne Krankheitswert.

Th: Eine Therapie gibt es nicht. Die schweren Formen (Idioten und ein Teil der Imbezillen) bedürfen der dauernden Unterbringung in Spezialabteilungen. In den leichteren Fällen rechtzeitiger Besuch von Hilfsschulen, um die (beschränkte) Bildungsfähigkeit optimal auszuschöpfen. Verhaltensschwierigkeiten können Heimunterbringung notwendig machen. Auch im späteren Leben besteht die Gefahr der mangelhaften sozialen Anpassung bzw. der kriminellen Entgleisung (Verführbarkeit), so daß fürsorgerische Betreuung und notfalls Unterbringung erforderlich werden können.

Selbstmord

Def: Notlösung, zu der ein Mensch in einer ihm unentrinnbar erscheinenden Situation unter Zerstörung seines Lebens verzweifelt greift. Überschätzung der Episode unter Außerachtlassung der Gesetzmäßigkeiten von Zeit und Gewöhnung, Anpassung und Vergessen. Vielfach Kurzschlußhandlung, unbedachte impulsive Primitivreaktion. Bilanzselbstmord viel seltener.

Vk:

- Häufigkeit in fast allen Ländern allmählich zunehmend. Nach Schätzung der Weltgesundheitsorganisation (WHO) verüben täglich etwa 1000 Menschen Suizid. Lebensalterkurve: Kleiner Gipfel während und nach der Pubertät; großer Anstieg jenseits des 50. Lebensjahrs.
- *Zusammensetzung:* Knapp ein Drittel Geistes- und Gemütskranke (Melancholische: Vor allem gefährdet in Zeiten relativer

Lösung der phasischen Verstimmung und des Wiedererwachens einer gewissen Aktivität. Schizophrene: Zumal in der ersten Zeit der Erkrankung – u. U. Initialsymptom bei Jugendlichen); zwei Drittel Menschen zwischen gesund und krank (abnorme, psychopathische Persönlichkeiten, insbesondere gemütslabile, geltungssüchtige, empfindliche und selbstunsichere Naturen mit sthenischem Stachel in ihnen ausweglos erscheinenden Situationen oder Enttäuschungen).

Ät: Hauptbeweggrund: Eine Angst: Angst vor dem Leid, vor der Entdeckung einer Schuld, vor der Abwertung in den Augen anderer, vor der Vereinsamung, vor qualvollem Sterben, vor Ausbruch einer Psychose, vor einer Gefahr, vor dem Tode.
Wegbereiter: Weniger Hunger und Elend, Not und Gefahr als Saturiertheit und Unerfülltheit, Langweile und Leere, Selbstverurteilung, Leugnung von Sinn und Wert des Lebens.
Unter den Beweggründen müssen die *Ursachen*, die eigentlichen zur Tat treibenden Kräfte, die dem Täter nicht bewußt zu sein brauchen (z. B. ungünstige Erbanlage), von den in das Bewußtsein kommenden, aber oberflächlicheren Motiven unterschieden werden. Trotz aller Bemühung um psychologische Erhellung bleibt das *Geheimnis der letzten Sekunde.* Scharfe Trennung zwischen denen, welche ernsthaft suizidal gestimmt sind, und den zahlreicheren, welche mehr oder weniger spielerisch und unentschlossen solche Versuche unternehmen. Demonstrative *Theaterselbstmorde* bedürfen der Wertung und Behandlung wie hysterische Manöver, insbesondere einer nüchternen Atmosphäre (trotzdem Vorsicht!).

Prl und Th: Bei psychotisch Gestörten, sofern man überhaupt rechtzeitig hinzugezogen wird, Bewahrung und Unterbringung in einer geschlossenen psychiatrischen Abteilung. Im übrigen psychotherapeutische Bemühungen in der Einzelbehandlung oder in der Gruppe (Durcharbeitung der aktuellen Konfliktsituation, Aussprachemöglichkeit, Entschärfung, Zeitgewinn, Zutrauen und Versuch der Vermittlung von Sinn und Ziel, Verankerung, evtl. Hilfe durch Telephonseelsorge).

Sensitiver Beziehungswahn

Ät und Sy: Wahnbildung, welche bis zu einem gewissen Grad aus Charakterstruktur, Erlebniswirkung und Milieukonstellation ableitbar ist und einen systematisierten Charakter hat. Vielfach erbliche Belastung. Sensitiver Charakter mit erhöhter Erschöpfbarkeit, mangelnder Entladungsfähigkeit, mit besonderer sexueller Konstitution, welche bei deutlicher Triebhaftigkeit durch überstarke Triebhemmungen gekennzeichnet ist. Erotische Instinktlosigkeit und partielle Retardierung; auslösend ein Schlüsselerlebnis: ein Gewissenskonflikt mit der Erfahrung der beschämenden Insuffizienz.
Am häufigsten systematisierte paranoide Zustandsbilder, der eigentlichen Paranoia entsprechend, ein oft progressiver systematisierter Beziehungswahn bei erhaltener Logik und Besonnenheit. In eindeutiger Ausprägung Vorkommen des sensitiven Beziehungswahns selten.

Verlauf: Alle Variationen, von der Ausheilung bis zum Fortschreiten und Ausgang in schizophrene Psychose.

Querulantenwahn: s. d.

Sucht – Toxikomanie

Def: Subjektiv unbezwingbares Verlangen nach euphorisierenden, beruhigenden, schlafbringenden, schmerzstillenden oder anregenden Stoffen. Objektiv läuft es auf eine immer größere Abhängigkeit von der chemischen Substanz hinaus. Erstrebt wird ein Zustand, in dem sich der Betroffene der Unerträglichkeit einer Lage glaubt entziehen zu können, entweder einer körperlich begründeten (chronischer Schmerzzustand) oder einer seelischen: Konflikt und Belastung, Unerfülltheit und Entleerung, Vergegenwärtigung der Uneigentlichkeit und Unwesentlichkeit bei erhöhtem Reizhunger und Neigung zu Ersatzbefriedigung. Erfolg: Nur eine Gehobenheit ohne Boden, anschließend ist die Unerträglichkeit der Lage nur verstärkt.

Ät:

- *Ausgangspersönlichkeit:* Vielfach in die Kindheit zurückreichende Verwöhnungsschäden bei erhöhter Reizhungrigkeit, Verbiegung der Mutter-Kind-Beziehung, passive Oralität. Neigung, in eine Scheinwelt zu flüchten. Jedoch nicht unbedingt nur „Psychopathen“, vielfach Opfer der Gelegenheit oder heftiger Schmerzzustände.
- *Drogen bzw. Gift:* Wahlabhängig von der besonderen Ausrichtung des Organismus auf Befriedigung, vor allem aber von Zeit,

Mode, Verführung, „Probieren“, Gelegenheit (bevorzugt Ärzte, Krankenschwestern bzw. -pfleger, Apotheker) und Art der Anwendung. Die Derivate des Opiums (Dicodid, Dilaudid) ebenso gefährlich wie Morphium, genauso aber auch grundsätzlich alle wirksamen schmerzstillenden Mittel bei wiederholtem Gebrauch: Dolantin, Polamidon usw., und zwar nicht nur dann, wenn durch vorherigen Morphiumabusus der Weg gebahnt ist. In Zunahme begriffen: Heroin- und Cocainsucht. Besondere Beachtung verdient auch der „harmlose“ Tranquillantien- und Schlafmittel-Abusus. Barbitursäurefreiheit keine Garantie für diesbezügliche Ungefährlichkeit. Weckmittel vielfach alternierend mit Schlafmitteln angewandt. Große Neigung Süchtiger, zu *kombinieren* und die Mittel oft mit paradoxer Wirkung gegenseitig zu *ersetzen*.

Sy: Zur Erzeugung der gleichen subjektiven Wirkung sind ansteigende Dosen erforderlich. Es kommt zu immer quälenderen Entziehungserscheinungen mit vegetativer Labilisierung, ernsthaften Kreislaufkollapszuständen, epileptischen Anfällen, (prä)deliranten Zuständen. Schließlich erlebt der Betroffene in selbstgeschaffenem Gefängnis die Unfreiheit in höchster Potenz. Weitere Folgen: Toxische Schädigung des Organismus, Entkernung der Persönlichkeit, Abstumpfung der ästhetischen und ethischen Regungen, Beschaffungskriminalität und andere forensische Komplikationen, Suizidgefahr, Psychosen vom exogenen Reaktionstyp. Besondere Gefahr: HIV-Infektion durch gemeinsamen Gebrauch von Injektionskanülen.

Prl: Frühzeitigerer und ausgedehnterer Rezeptzwang. Das Betäubungsmittelgesetz greift mit seinen Bestimmungen oft zu spät ein.

Th: Es kann nicht damit gerechnet werden, daß sich ein Süchtiggewordener aus eigener Kraft löst. Die Einsicht in die Notwendigkeit einer gründlichen und genügend ausgedehnten Entziehungskur pflegt zu fehlen. Zwangsmaßnahmen sind daher vielfach unumgänglich.

Bestes Mittel: Radikale Entziehung. Erleichterungen, Übergangslösungen und Ersatzbefriedigungen auf die Dauer ungünstig, nur neue Abhängigkeiten schaffend. Immerhin in manchen Ländern günstige Erfahrungen mit staatlich gelenktem Methadonprogramm bei Heroinsucht. – Bei Entziehung anfangs Dämpfung mit Neuroleptika angezeigt.

Rückfälle sind häufiger als Dauerheilungen. Trotzdem wäre in einer Atmosphäre des Mißtrauens alles verloren. Nicht nur auf Entziehung kommt es an, sondern auch auf Erziehung, Zutrauen, Hebung des daniederliegenden Selbstwerterlebens. Trainingsbehandlung: Autogenes Training, formelhafte Vorsatzbildungen, Indifferenzformeln („Alkohol gleichgültig“). Psychotherapeutische Durcharbeitung der aktuellen Konfliktsituationen und der charakterlichen Ausgangsstruktur mit ihren besonderen Störbezirken. Gruppentherapie, Arbeits- und Beschäftigungstherapie.

Anzustreben: Wiedereingliederung in eine erfüllende, aber nicht zusätzlich gefährdende berufliche Betätigung, feste Verankerung, verantwortliche Bindung, Herauslösung aus der Isolierung, Social clubs.

Überwertige Idee

Überzeugungen, die von einem sehr starken, aus der Persönlichkeit und ihrem Schicksal verständlichen Affekt bestimmt werden, infolge ihres Gefühlstons einen Vorrang vor anderen haben, so daß sich die Persönlichkeit gleichsam mit ihnen identifiziert.

Wahn

Definition

Ich-bezüglicher Irrglaube auf krankhafter Grundlage. Beziehungssetzung ohne Anlaß, abnormes Bedeutungsbewußtsein. Wesentlicher Bestandteil: Ich-Bezüglichkeit, Unkorrigierbarkeit, inhaltliche Verkehrtheit und Entstehung auf krankhafter Grundlage.

Sekundärer Wahn

Erklärungswahn in Abhängigkeit von Sinnestäuschungen; in Wirklichkeit kein Ursache-Folge-Verhältnis, sondern eine Korrelation.

Primärer Wahn (ohne Anknüpfung an Halluzinationen)

Wahnwahrnehmung: ein zweigliedriger Vorgang, wenn wirklichen Wahrnehmungen ohne Anlaß eine abnorme Bedeutung beigelegt wird. *Wahneinfall:* eingliedrig, eine plötzlich ohne erkennbaren Anlaß auftauchende Gewißheit, Eingebung oder Klarsicht, z.B. Verfolgungswahn oder Eifersuchtswahn, ohne daß diese Vorstellung an eine Wahrnehmung anknüpft.

Wernicke-Enzephalopathie

Ät: Nicht nur bei chronischem Alkoholismus, sondern auch bei chronischer Mangelresorption, schweren konsumierenden Leiden, chronischen Intoxikationen.

Path Anat: Hämorrhagische Parenchymnekrosen sowie Gefäßveränderungen mit Schwerpunkt im oberen Hirnstamm.

Sy: Akute oder subakute Entwicklung von Verwirrtheit, deliranter Unruhe, u. U. auch stärkerer Bewußtseinstrübung, kombiniert mit neurologischen Symptomen: Störungen der Augenmotilität und der Pupillenreaktionen, Nystagmus, Polyneuropathiezeichen. Kreislauf- und Atemregulationsstörungen. Lebensbedrohliches Zustandsbild!

Th: Hohe Dosen Vitamin B_1 i.m. (täglich 100–200 mg). Überwachung des Elektrolyt- und Wasserhaushalts bzw. der Vitalfunktionen.

Zerebrale Gefäßsklerose

Def: Nicht Zerebralsklerose! Wenn etwas sklerosiert ist, dann nicht die Hirnsubstanz, sondern die Hirngefäße.

Path Anat: Morphologisches Substrat ist die involutive Hirnatrophie.

Sy:

- *Initialsymptome:* Vorwiegend auf psychischem Gebiet, jedoch weder einheitlich noch krankheitsspezifisch, mit der Ausmündung in ein um so einheitlicheres organisches Psychosyndrom. Keine scharfe Abgrenzung der Initialsymptome von noch normalen Altersveränderungen. Eine klare Grenze ergibt sich dann, wenn subjektive Beschwerden anheben mit dem Dreigespann: Kopfschmerz, Schwindel, Müdigkeit und Schlafumkehr, kombiniert mit anhebenden Versagenserscheinungen von seiten der Merkfähigkeit und der Namenfindung, vor allem aber mit einer eigentümlichen Gespanntheit, Gereiztheit und Verstimmtheit. Man spricht gelegentlich von einem „pseudoneurasthenischen Vorstadium" mit allen Zeichen der reizbaren Schwäche. Die zerebrale Gefäßsklerose wird vielfach von einem uncharakteristischen depressiv-hypochondrischen Verstimmungszustand eingeleitet, z. T. erlebnisreaktiv, z. T. einer organisch begründeten Dekompensation entsprechend.
- *Psychischer Befund:* Durch seltsame Paradoxien gekennzeichnet: Erstarrung neben Anfälligkeit, Unempfindlichkeit neben Reizbarkeit, Abstumpfung neben erhöhter affektiver Durchlässigkeit, Pointierung bis dahin leidlich beherrschter charakterlicher Schwächen und Eigenheiten, Karikierung der Persönlichkeit (der Sparsame wird geizig, der Großzügige verschwenderisch), Nachlassen der Merkfähigkeit, Verlust an instrumentalen Funktionen, Einengung des Denkfelds auf Althergebrachtes, allseitige Niveausenkung und Entdifferenzierung, Nachlassen der vitalen Antriebskräfte bis hin zu den höheren Graden des organischen Psychosyndroms.
- *Somatischer Befund:* In etwa 40% der Fälle ist eine Hypertonie nachweisbar oder anamnestisch eruierbar. Manifestierung von Ausfallserscheinungen vielfach erst in Zeiten einer relativen Blutdrucksenkung. Der Zustand der Gefäße der Retina erlaubt nur bedingt Rückschlüsse auf den der Hirngefäße. Auch im Ophthalmodynamogramm Hinweise auf Gefäßsklerose. Im Doppler-Sonogramm Stenosen oder Verschlüsse extrakranieller hirnversorgender Arterien. Zeichen kardialer Dekompensation mit den Folgen einer zerebralen Mangeldurchblutung (von besonderem Wert für die Behandlung). Im kranialen Computertomogramm gegebenenfalls Nachweis einer Hirnatrophie. Frühsymptom: Erweiterung der Inselzisternen (Befund ist nicht spezifisch für vaskuläre Genese).

Th: Grundsätzlich darf mit mehr Reversibilität gerechnet werden, als dies früher geschah. – Förderung der Hirndurchblutung (indirekt über Hebung der Herzkraft und allgemeine Besserung der Kreislaufverhältnisse): Herzglykoside (auch ohne klassische Zeichen kardialer Dekompensation), Beseitigung von Herzrhythmusstörungen. Verbesserung der Mikrozirkulation durch Pentoxifyllin (Trental), evtl. Antiaggregation. Versuche, den Hirnstoffwechsel zu verbessern, beispielsweise mit Actihaemyl bzw. Actovegin, Cyclandelat (Natil), Meclofenoxat (Helfergin), Naftidrofuryl (Dusodril), Nimodipin (Nimotop), Piracetam (Nootrop, Normabraïn), Pyritinol (Encephabol), Vinpocetin (Cavinton), Gingko-Extrakte (rökan, Tebonin) u. a. Gegebenenfalls Lipidsenker, Diabetesbehandlung. – Zurückhaltung mit Neuroleptika und Barbituraten, vor allem aber mit Scopolamin. Distraneurin (Tabletten oder Kapseln); Dosierung je nach Wirkungseintritt, psychotherapeutische Bemühungen (Hilfe bei der inneren Verarbeitung der durch den Abbau gesetzten Leistungs- und Seinseinbuße).

Zwang

Def: Vorstellungen oder Impulse, die sich aufdrängen und nicht unterdrücken lassen, obwohl der Betroffene die Handlungen, Gedanken und Gefühle als unsinnig und ohne Grund beherrschend erkennt. Grundlegend: Angesichts einer vielfach von Schuldgefühlen gespeisten Angst das vergebliche Bemühen um Sicherung durch die Erfüllung eines Zeremoniells, das nun aber seinerseits in eine immer größere Unfreiheit führt.

Ät: Nach psychoanalytischer Deutung: In der Kindheit starke sexuelle Triebhaftigkeit, primäre Selbstvorwürfe, feindselige Impulse gegen die die Triebbetätigung hindernden Personen, Abwehr der feindseligen sadistischen Impulse. Konversion in Gewissensangst, gegen welche aktivere Sicherungen in Gestalt von Zwangshandlungen mobilisiert werden.
Ausgangspersönlichkeit: Meist von jeher gewissenhafte, pedantische, sauberkeitsliebende, selbstunsichere Charaktere.
Vorliegende Krankheit meistens Neurose, gelegentlich aber auch Symptom einer Zyklothymie oder Übergangs-, Initial- oder Dauersymptom einer Schizophrenie.

Sy: Manifestierung der Zwangssymptome für gewöhnlich während oder bald nach der Pubertät. Es gibt alle Abstufungen zwischen noch physiologischer Gründlichkeit und schweren progredienten Verläufen, bei denen die Zwangsphänomene eine Auseinandersetzung mit den Lebensaufgaben schließlich verhindern.

Besondere Formen:

- *Kontrollzwang* mit der immer erneuten Nötigung zur Vergewisserung, ob Handlungen richtig vollzogen worden sind;
- *Waschzwang* in Verlängerung übersteigerter Ordentlichkeit und Sauberkeit;
- *Kontrastassoziationen* zwischen obszönen und heiligen Vorstellungen in dem beständigen Antagonismus der verpönten Impulse mit Sittengeboten, alles nach Art einer Kompromißlösung, indem der Impuls zugleich abgewehrt und in gemilderter Form ausgelebt wird, ohne daß es aber möglich wäre, mit aller Erfüllung der Zeremonien Ruhe zu finden.

Th: Diejenigen Zwangserscheinungen, welche phasisch an depressive Verstimmungen gebunden in Erscheinung treten, haben die beste Prognose und sind am ehesten therapeutisch angehbar: Versuch mit Thymoleptika, durch welche freilich auch manchmal eine latente Bereitschaft aktiviert wird. In anderweitig begründeten Fällen kann mit Hilfe der Psychopharmaka eine gewisse Dämpfung erzielt werden: Neuroleptika und/oder Tranquillantien (Minderung von Angst und Spannung, kaum Beeinflussung der eigentlichen Zwangsphänomene). Evtl. hochdosierte Neuroleptikakur, um den Zirkel einmal zu durchbrechen. Im übrigen sind aber die zwangsneurotischen Symptome Domäne der Psychotherapie, deren liebstes, aber auch hinsichtlich des Enderfolgs schwierigstes Kind. Trotz aller Erhellung der genetischen Zusammenhänge oft keine Besserung erzielbar. Bei sehr schweren Erkrankungen kann die dauernde Unterbringung in einer Anstalt oder Klinik erforderlich werden (Beschäftigungs- und Arbeitstherapie); in verzweifelten Fällen sind stereotaktische Hirnoperationen zu erwägen.

Zyklothymie

Def und Ät: Manisch-depressive Erkrankung (nicht: manisch-depressives Irresein): Eine mit Verstimmungszuständen nach der manischen, vor allem aber nach der melancholischen Seite hin, in Phasen verlaufende endogene Psychose. Zwischen den vorwiegend aus inneren Gesetzmäßigkeiten eintretenden Phasen gute Remissionen (jahrelange Intervalle), anschließend keine massiveren Abbauerscheinungen der Persönlichkeit. Vielfach eine besondere Ausgangsstruktur mit einer peniblen Ordentlichkeit bei erhöhtem Selbstanspruch und Unfähigkeit, ohne Gegenleistung etwas anzunehmen.

Sy:

- *Melancholische Phase:* Psychopathologisch in relativer Einförmigkeit gekennzeichnet durch Hemmung und grundlose vitale Traurigkeit, welche als mit besonderen Leibempfindungen vergesellschaftet erlebt und in Kopf, Brust und Magengegend lokalisiert wird. Nicht die einfühlbare Traurigkeit des Gesunden liegt vor, sondern geradezu ein Nichttraurigseinkönnen, eine dynamische Reduktion mit Blockierung aller seelischen Abläufe, paradoxerweise mit der Fähigkeit verbunden, sie höchst empfindlich zu registrieren und die Nichterfüllung eines Gefühlssolls als quälend zu erleben. Vielfach werden die Urängste des Menschen aufgedeckt und zu nicht ableitbaren Schuldgefühlen, primären Hypochondrien oder einer ebenso unableitbaren Verarmungsgewißheit verdichtet. Subjektiv vorherrschend ist das Gefühl innerer Unruhe (bei der agitierten Depression auch nach außen hin stärker akzentuiert), das Gefühl der Angst (weniger auf den Tod als auf die Verlängerung solchen Lebens bezogen) und der absoluten Hoffnungslosigkeit. Allenfalls besteht Krankheitsgefühl, primär aber meist keine Krankheitseinsicht. Suizidalität.

- *Manische Phase:* In mancher, aber nicht in jeder Hinsicht das spiegelbildliche Gegenstück: weniger qualitativ als quantitativ durch Umkehrung von Tempo und Dynamik unterschieden. Gehobenes Selbstbewußtsein und Kraftgefühl, ideenflüchtiger Rededrang.
- *Phasischer Verlauf:* Weitgehend umweltunabhängig; auslösend wirkt allenfalls der Wegfall einer zielgerichteten Anspannung, eine Entwurzelung, eine Entlastung. Die Annahme der endogenen Selbstherrlichkeit ist nicht mehr ganz so unangetastet wie früher.
  Phasendauer: Durchschnittlich 6–9 Monate, aber auch oft nur eine Woche oder auch viele Jahre.

DD: Die melancholischen Zustände werden oft lange als körperliche Erschöpfungszustände oder als neurotische Störungen verkannt, insbesondere das so charakteristische Initial- und Achsensymptom der Schlaflosigkeit und des Gewichtsverlusts. Die DD wird noch dadurch erschwert, daß bei Melancholischen *körperlich begründete seelische Störungen* auftreten, etwa involutive Depressionen, initiale Depressionen auf dem Boden einer beginnenden zerebralen Gefäßsklerose usw. Zur praktisch so wichtigen Abgrenzung von der depressiven Erlebnisreaktion s. Depression.

Th: Mit Sicherheit kann damit gerechnet werden, daß die in Gang befindliche Phase früher oder später spontan abklingt. Gleichwohl ist es Ziel der Therapie, die jeweilige Phase zu kupieren und zu mildern. Je stärker die Hemmung ausgeprägt ist, um so aussichtsreicher sind die somatischen Maßnahmen. *Psychopharmaka*, einerseits zur Dämpfung und Beruhigung: Neuroleptika in vorsichtiger Dosierung, vor allem aber Thymoleptika zur Überwindung der dynamischen Reduktion und Hemmung und zur Hebung der Stimmungslage: Imipramin (Tofranil), Desipramin (Pertofran), Clomipramin (Anafranil), Amitriptylin (Laroxyl, Saroten), Amitriptylinoxid (Equilibrin), Dibenzepin (Noveril), Doxepin (Aponal, Sinquan), Chlorprothixen (Taractan, Truxal). Falls als Nebenwirkung orthostatische Dysregulation: Kombination mit Dihydergot. Intensivierung der thymoleptischen Kur durch therapeutischen *Schlafentzug* für eine Nacht möglich, evtl. mehrfache Wiederholungen. – Schließlich *Elektroschockbehandlung* (in schweren Fällen immer noch das Mittel der Wahl): Gerade bei der schweren gehemmten Depression am wirksamsten. Bei stärkerer Suizidalität vitale Indikation. Trotzdem besteht eine allgemeine Tendenz zu immer größerer Zurückhaltung in der Anwendung dieser eingreifenden Methode, obwohl sie technisch vervollkommnet ist und mit Hilfe der Muskelrelaxantien Komplikationen (Wirbelkompressionsbrüche usw.) vermieden werden können. – Bei älteren Patienten *Herz- und Kreislaufbehandlung*. – *Psychotherapeutische Bemühungen* sind trotz aller Unzulänglichkeit während der Phase und aller Uneinsichtigkeit im Intervall unbedingt angezeigt. – Der äußere Rahmen wird von der Frage bestimmt, ob mit ernsthafter *Suizidalität* gerechnet werden muß: Notfalls befristete Behandlung in geschlossener psychiatrischer Abteilung. – Im Intervall Lithiumprophylaxe: einschleichende individuelle Dosierung unter Kontrolle des Lithiumserumspiegels.

38. Psychosomatische Medizin

G. Bergmann

Psychosomatische Theorien

„Krankheiten als solche gibt es nicht, wir kennen nur kranke Menschen“ (von Krehl). Mit diesem Satz kennzeichnet von Krehl etwas Allgemeines und Selbstverständliches, welches jedoch in der Entwicklung der Medizin in den letzten Dekaden eine erhebliche Bedeutung gewonnen hat: Einerseits die einmaligen und individuellen Reaktionen des Patienten wahrzunehmen, andererseits eine Erstarrung des medizinischen Denkens aufgrund der notwendigen empirisch-analytischen Strukturierung des medizinischen Wissens zu vermeiden.

Was ist psychosomatische Medizin? Psychosomatische Medizin ist die Wissenschaft der Beziehung zwischen psychologischen, biologischen und sozialen Variablen, soweit sie menschliche Gesundheit und Krankheit betreffen (Lipowski). Sie steht in Konkurrenz, aber auch Ergänzung zu der Eigenständigkeit von Disziplinen wie Psychobiologie, Physiologie, Psychoneuroendokrinologie und Immunologie, medizinische Soziologie, soziale Epidemiologie, Kulturanthropologie u. a. Als Globalkonzept konkurriert hiermit allenfalls die Verhaltensmedizin.

Der Begriff der Psychosomatik lädt in seiner offenen Form der gleichzeitigen Beschreibung von psychologischen und somatischen Fragen dazu ein, die Frage nach den angewandten Methoden immer wieder erneut zu stellen. Mit dem Begriff der Verhaltensmedizin ist jedoch eine eigene Form wissenschaftlicher Methodik und zugeordneter paradigmatischer Aussage verbunden. Die Gemeinsamkeit verschiedener psychosomatischer Forschungsrichtungen kann allenfalls unter dem Begriff des empirisch-analytischen Wissenschaftsparadigmas gefaßt werden, welches ein wesentlicher Bestandteil von psychosomatischer Fragestellung und Forschung sein *kann*, aber nicht ausschließlich sein *muß*. Wesentliche Bereiche von erlebnismäßiger Evidenz, wie sie in philosophisch-hermeneutischen Ansätzen zum Tragen kommen, müssen dabei ausgespart bleiben. Verhaltensmedizin, die sich den Fragen von Prävention und Rehabilitation, Diagnostik und Therapie im biologischen, sozialen und psychologischen Bereich zuwendet, zielt auf Verhaltensmodifikation hin. Dies verbindet sich assoziativ mit den Begriffen Beeinflussung, Kontrolle, Veränderungsplanung, die alle auf einen Tätigkeits- und Handlungsbereich abzielen. Die Dimensionen des subjektiven Erlebens, der subjektiven Bedeutungszumessung, die Fragen der Symbolbildung beim Menschen, die steuernden Funktionen von Phantasie und inneren Repräsentanzen gehen dabei verloren. Dies aber sind Bereiche, die nicht nur von einem psychoanalytisch-hermeneutischen Standpunkt aus vertreten werden, sondern in der Systemtheorie, der modernen Hypnotherapie und Neurolinguistik sowie in den modernen analytischen Philosophien des Geistes nach der Überwindung der romantischen Episode der Philosophie und unter Berücksichtigung moderner Ergebnisse der Hirnforschung längst Eingang gefunden haben.

Verhaltensmedizin ist demnach nur ein Teil dessen, was dem umfassenden Verständnis von Psychosomatik im Sinne der Definition von Lipowski zugrunde liegt.

Zum besseren Verständnis sei auf die theoretischen Konzepte einer psychosomatischen Medizin hingewiesen, wie sie sich in den letzten Jahrzehnten entwickelt haben. Die im folgenden genannten Theorien entsprechen noch weitgehend *linear-kausalen* Denkmustern, wie sie sich parallel zur empirisch-analytischen Methode der Medizin entwikkelt haben:

Konversionsmodell nach Freud im Rahmen des Beginns der psychoanalytischen Theoriebildung: Ausgehend von der Annahme Freuds der Pathogenese hysterischer Konversionssymptome, entstand die zunächst globale Vorstellung, daß viele körperliche Erkrankungen das Ergebnis eines unbewußten Konflikts seien, den sie symbolisch repräsentieren. Auch wenn ein Arzt wie Groddeck dies auf sämtliche Organerkrankungen anwenden wollte, so entwickelte sich doch ein Verständnis, dies auf die psychoneurotischen Entwicklungen zu begrenzen. In Zusammenhang mit der Entwicklung des Begriffs der *Angstneurose* erfahren psychosomatische Ausdrucksformen, wie Tachykardie und Schwindel, Schweißausbrüche, Durchfälle, Parästhesien, Druck auf der Brust, noch andere Funktionen: Die körperliche Erscheinungsform hat hier nicht Symbolcharakter, sondern ist körperlicher Ausdruck der weitreichenden Angst (psychophysisches Äquivalent). Zu einer vertieften Auseinandersetzung mit einer weiteren psychosomatischen Konzeptualisierung kam es in der Theoriebildung Freuds zunächst nicht.

Zu einer Fortführung der Theoriebildung kam es nach dem Zweiten Weltkrieg durch Dunbar und Alexander, deren Modelle heute aufgrund anderer pathophysiologischer Erkenntnisse als überholt gelten, die jedoch entwicklungshistorisch von Bedeutung sind: Demnach sind spezielle dynamische und unbewußte Konfliktkonstellationen kennzeichnend für einen bestimmten Patienten mit seiner psychosomatischen Erkrankung. Dunbar erklärt dies anhand von *Persönlichkeitsprofiluntersuchungen*, Alexander erklärt dies als Ausdruck *blockierter vegetativer Reaktionen* auf emotionale Zustände. Bei Blockade der Abfuhr feindwütiger Aggressionen, die entweder mit Kampf oder mit Flucht beantwortet werden können, reagiert das sympathische Nervensystem über neuroendokrine Vermittlung mit der Ausbildung von z. B. Migräne, Hochdruck, Hyperthyreose, Herzneurose, Arthritis, vasovagaler Synkope oder Diabetes. Bei Blockade des parasympathischen Nervensystems, die ein angemessenes Erleben und Umgang mit Behütet- und Versorgtwerden verhindert, entwickeln sich über Vermittlung neuroendokriner Systeme beispielsweise Magengeschwür, Obstipation, Diarrhö, Kolitis, Erschöpfungszustände und Asthma.

Nach Weiner umfaßt Alexanders Auffassung von den psychosomatischen Erkrankungen im wesentlichen drei Aspekte:

- Der *spezifische Konflikt* prädisponiert Patienten zu bestimmten Krankheiten, allerdings nur, wenn weitere (zur damaligen Zeit unbestimmte) genetische, biochemische und physiologische X-Faktoren gegeben sind.
- *Bestimmte Lebenssituationen*, denen gegenüber der Patient aufgrund seines Schlüsselkonflikts sensibilisiert ist, reaktivieren und verstärken diesen.
- *Starke Emotionen* begleiten den aktivierten Konflikt und werden durch autonome, hormonale und neuromuskuläre Mechanismen so gelenkt, daß Veränderungen in Körperstruktur und -funktion entstehen. Bei der Spezifität der einzelnen Krankheiten ist dann jeweils eine Herausarbeitung der spezifisch-dynamischen Konfliktsituation erforderlich.

In derselben Dekade kam es auch zur Konzeption des neurohumoralen Modells *„Streß“*: Ausgehend von den Forschungen von Cannon, kommt es zu einer Vorstellung über psychosomatische Krankheiten als Ausdruck eines unspezifischen allgemeinen Adaptationssyndroms mit Verlust des Gleichgewichts (Homöostase). Nach Selye bedeutet Streß die Summe aller Anpassungsleistungen in einem biologischen System, welche durch eine unspezifische Noxe ausgelöst wurden. Intraindividuelle und soziale Belastungen und Überforderungen (sog. Stressoren) können über Vermittlung des Kortex und seiner regulierenden zentralen Mechanismen in somatische Vorgänge eingreifen. Dies erfolgt über die Vermittlung von kortikohypothalamisch-sympathischen bzw. parasympathischen Funktionskreisen.

Das *allgemeine Adaptationssyndrom* ist dabei gekennzeichnet durch

- eine Alarmphase mit Schock und Gegenschockreaktionen;
- eine Widerstandsphase, die dem eigentlichen Anpassungssyndrom entspricht;
- eine Erschöpfungsphase. Diese ist dann Ausdruck einer überstrapazierten Anpassungsleistung, bei der die auf Homöostase zielenden Regelmechanismen zusammenbrechen und es zur irreversiblen somatischen Veränderung kommt.

Spätere Teilaspekte von psychosomatischer Forschung und Praxis lehnen sich weitgehendst an die theoretischen Vorstellungen des Streßmodells an. So etwa der Bereich der *Coping*-Forschung, bei der es um die Adaptation des Menschen an die Erkrankung geht. Dies entspricht dem Versuch einer Krisenbewältigung. Coping-Prozesse können hierbei sowohl unter individuellen Ansätzen mit kognitiven Leistungen zur Problemlösung gesehen werden, andererseits aber auch Teilprozeß eines weiter gespannten psychosozialen Anpassungsprozesses sein. Die Ziele der *„Life-event“*-Forschung basieren ebenso auf dem theoretischen Hintergrund eines allgemeinen Streßsyndroms: Soziale und persönliche Lebensveränderungen resultieren aus einer erschwerten Anpassungsfähigkeit nach Auftreten von lebensverändernden und lebensentscheidenden Ereignissen, so daß die Gefahr einer Dekompensation der Homöostase zwischen Subjekt und Umwelt entsteht.

Eine Brücke zwischen den Streßkonzepten und der psychoanalytischen Theorienbildung scheinen Engel und Schmale zu bilden. Hierbei wird psychologischer Streß insbesondere mit dem Verlust bzw. dem drohenden *Verlust eines Objekts* in Zusammenhang gebracht, wodurch unterschiedlichste seelische und psychosomatische Störungen resultieren können.

Unter historischen Gesichtspunkten ist bei der Entwicklung psychoanalytischer Theorien der Psychosomatik noch das Modell der *De- und Resomatisierung* nach Schur zu beschreiben: Ausgehend von der Vorstellung, daß Entwicklung und Reifung des Kinds als ein Prozeß der allmählichen Desomatisierung erfolgen, wird ein Reifungsziel erreicht, indem das Handeln durch Denken abgelöst wird und rein somatisch-vegetative Abfuhrprozesse in den Hintergrund treten. Somit besteht eine wechselseitige Abhängigkeit zwischen den Fähigkeiten des Ichs, beispielsweise Angst oder Aggression zu neutralisieren, und dem Prozeß der Desomatisierung. Kommt es dann im Rahmen einer psychosomatischen regressiven Symptombildung, zusammen mit einer Ich-Regression, zu einer Rückkehr auf entwicklungsdynamisch frühere Stufen, so resultiert eine Resomatisierung. Diese kann entsprechend der zuvor beschriebenen Entwicklungsstufen bis zur psychophysiologischen Einheit zurückreichen. Die psychosomatische Krankheit wäre damit eine andere Form der Austragung seelischer Konflikte als die Neurosen, bei denen sich Konflikte in Form von Ängsten, Zwängen oder hysterischen Symptomen äußern. Gedanklich schließen sich andere Formen der psychosomatischen Theorienbildung hier an: Beispielsweise das Konzept der *zweiphasigen Verdrängung* nach Mitscherlich, nach dem eine Krankheitsbewältigung von der psychoneurotischen auf die somatische Ebene verschoben wird, wenn auf der ersteren eine ausreichende Abwehr mißlingt. Der psychosomatischen Erkrankung gehen jeweils neurotische Fehlhaltungen voraus. Wenn Abwehrversuche dann mit den vertrauten Mitteln nicht mehr ausreichen und die Konflikte über den Verdrängungsprozeß nicht mehr bewältigt werden können (1. Phase), dann werde die Problematik in die Dynamik körperlicher Abwehrvorgänge verschoben (2. Phase). In historisch-theoretischem Zusammenhang hiermit ist das Konzept des psychosomatischen Phänomens (*Alexithymie,* Pensée operatoire) zu verstehen (Marty, Nemiah u. Sifneos). Es wird – im Gegensatz zu den Psychoneurosen – angenommen, daß eine spezifisch neurotische Persönlichkeitsstruktur mit einem zugeordneten neurologischen Substrat vorliegt. Hierbei kommt es zu einer Unfähigkeit zur echten Übertragung durch Mangel an Phantasie mit Haften am Konkreten, sprachlicher Armut und geringer emotionaler Ausdrucksfähigkeit. Diese psychosomatische Regression wird als eine Ich-Regression auf primitive Abwehrsysteme mit autodestruktiven Tendenzen aufgefaßt. Theoretisch setzt dies voraus, daß es zu Störungen in der „biophysischen Homöostase“ kommt. Neben dem Mangel an Phantasie und der Unfähigkeit, Kontakte aufzunehmen, besteht eine Schwierigkeit, die psychische Leere zu überwinden. Ebenso bestehe ein Zusammenhang mit mechanischem Denken, welches es dem Patienten unmöglich mache, sich Phantasien hinzugeben. Dieses Konzept steht im Rahmen der Weiterentwicklung psychoanalytischer und psychosomatischer Theorienbildung im Brennpunkt der Kritik.

Während die genannten psychosomatischen Theorienbildungen noch weitgehend dem linear-kausalen Modell folgen und sich hieran anlehnen, kann eine andere Entwicklungslinie dort beschrieben werden, wo es zu einem *Paradigmawechsel* gekommen ist bzw. die Perzeption des Methodenproblems erfolgte. Ein Paradigmawechsel liegt da vor, wo die Vorstellung, daß der Mensch Objekt kausaler Erkenntnis ist, verlassen werden kann zugunsten einer multifaktoriellen Genese und Theorie, die die Rolle und Bedeutung relevanter sozialer, psychologischer, physiologischer und genetischer Faktoren bei der Aufrechterhaltung von Gesundheit und dem Ausbruch in die Krankheit einbeziehen kann. Dies kann nur erfolgen, wenn der Betrachterstandpunkt mit einbezogen und definiert wird, die *Subjektdimension* eingeführt wird und die selbstregulierenden Wechsel-

wirkungen in den verschiedenen Systemen beschrieben werden. Damit ist Krankheit ein Glied und nicht Endergebnis eines einzigen linearen und kausalen Geschehens.
Abgesehen von den ganz frühen Entwicklungen im Altertum und im Mittelalter, die unter medizinhistorischen Gesichtspunkten zu betrachten wären, kann die Entwicklung insbesondere auf dem Hintergrund einer *anthropologisch-integrativen Medizin* beschrieben werden. Integrative Psychosomatik meint hier nach Christian nicht nur eine „Bündelung" von Fakten im Sinne von Ergänzungsreihen, nicht nur ein Neben- und Miteinander von mehreren Betrachtungsweisen, sondern die Möglichkeit und Notwendigkeit, den Zusammenhang von Denkweisen ausdrücklich zu denken, d. h. im Sinne des „Gestaltkreises" (s. u.) (V. von Weizsäkker) im dialektischen Durchlaufen. Über eine „Zusammenschau" hinaus gilt es, jede Sicht- und Denkweise auf ihre Plausibilität zu prüfen. Wenn das geschehen ist, gilt es in der Sprache der anderen Denkweise zu verstehen, was diese zunächst erforschten Phänomene von der anderen Seite her bedeuten (C.-F. von Weizsäcker). Weiner konnte die Unhaltbarkeit von Krankheitsentitäten aufzeigen und hat insbesondere den psychosomatischen Vorstellungen über Globaldiagnosen (Asthma, Ulkus, Hypertonie) und ihrer Zuordnung zu jeweils spezifischen psychodynamischen Konfliktsituationen (wie z. B. Alexander) widersprochen.
Krehl war der Initiator für die Idee einer neuen wissenschaftlich begründeten Medizin der kranken Persönlichkeit, dem Eintritt der Person als Forschungs- und Wertungsobjekt in der Medizin. Durch die Förderung von Siebeck und V. von Weizsäcker konnten seine Intentionen vertieft und erweitert werden, und der Paradigmawechsel fand Eingang, ohne daß er zu dem damaligen Zeitpunkt so genannt wurde: Der Kranke war nicht mehr allein Naturobjekt, sondern die Krankheit erschien wieder als eine Weise des Menschseins. Während Siebeck eher die *„biographische Medizin"* formulierte, finden sich die Gedanken V. von Weizsäckers in besonderer Verdichtung im *Gestaltkreis* wieder:
Der Gestaltkreis meint die Theorie der Einheit von Wahrnehmen und Bewegen. Aufgrund experimenteller Untersuchungen beschreibt er die Komplementarität von Psyche und Soma als zwei Bezugssysteme in wechselseitiger Verborgenheit. Hieraus entwickelt sich ein Modell psychosomatischer Zusammenhänge, bei dem sich Seelisches und Körperliches gegenseitig vertreten. Der Körper kann die Seele und die Seele den Körper erläutern. V. von Weizsäcker: „Die Hauptsache beim Verhältnis von Leib und Seele besteht nicht darin, daß sie zwei Dinge sind, welche nebeneinander da sind und aufeinander wirken, sondern daß sie einander wechselseitig erläutern. Das biophysische Verhältnis ist also ein Beispiel für einen Gestaltkreis, kein Verhältnis zweier Substanzen."
Ein weiterer Ansatz, die älteren Konzepte der Psychosomatik zu überwinden, ist das Konzept des *Situationskreises* von von Uexküll: Es formulierte den Bedingungszusammenhang zwischen dem Motiv und einer Verwirklichung in der Handlung als dem Kern des Situationskreiskonzepts. Das Modell des Situationskreises, welcher von angeborenen und erworbenen Programmen gesteuert wird, gibt nicht nur eine Antwort auf die Frage, wie wir uns die Beziehung zwischen Individuum und Umgebung vorstellen können; es eröffnet auch die Möglichkeit, eine zweite, für die psychosomatische Medizin grundlegende Frage neu zu formulieren: Das Ineinandergreifen somatischer, psychischer und sozialer Faktoren läßt sich als Problem der Integration von Programmen unterschiedlicher Komplexität für die Herstellung von Beziehungen zwischen Individuum und Umgebung auffassen. Es handelt sich um den Aufbau von Problemsituationen und deren Lösung. Damit ist dieses Modell in die Komplexität psychobiologischer Modelle eingebettet und hebt sich ab von der einseitigen Betonung der kausalen Rolle von Emotionen.
Unter wissenschaftstheoretischen und historischen Aspekten verdichtet sich der Paradigmawechsel insbesondere im Rahmen der *allgemeinen Systemtheorie*. Lebende Systeme sind im Gegensatz zu physikalischen Systemen Fließgleichgewichte, deren physikalische und chemische Bestandteile ständig ausgetauscht werden. Für die Betrachtung psychosomatischer Krankheitsbilder und Phänomene gilt nunmehr unter dem Aspekt einer allgemeinen Systemtheorie, daß nicht nur die biologischen, psychologischen und sozialen Variablen in ihren jeweils eigenen Gesetzmäßigkeiten und in der Dependenz beschrieben werden, sondern daß der ärztliche diagnostische und therapeutische Blick sich auf das Feld „dazwischen" richtet. Es geht hierbei um die kommunikativen und interaktionellen Verbindungsachsen, die beobachtet, be-

schrieben und verändert werden und die eine Veränderung des jeweiligen biologischen, psychologischen oder sozialen Systems zur Folge haben. Eine der Voraussetzungen zum Verständnis ist die Annahme der Fähigkeiten eines Systems zur Autopoiese, welche dadurch charakterisiert sind, daß die Produktion der Elemente eines derartigen Systems (z. B. im Kreisprozeß des Stoffwechsels) immer das System hervorbringt, das seinerseits wieder seine Elemente produziert. Dies hat weitreichende Konsequenzen im Hinblick auf das Verständnis des Krankheitssymptoms und erfährt seinen therapeutischen Niederschlag bei der Beschreibung von „Gruppen": Familie, Institution, Arztpraxis u. a.
Für die Praxis eines anthropologisch-integrativen Vorgehens in der Medizin erscheinen die Begriffe *„Simultandiagnostik"* und *„Simultantherapie"* (Hahn) besonders geeignet. Gemeint hiermit ist eine Vorgehensweise in der psychosomatischen Medizin, die über eine ausschließlich psychodiagnostisch und psychodynamisch verstandene Forschung und Lehre hinaus den gesamten Problemkreis der Psychosoziosomatik einschließt. Die psychodynamische Krankheitsforschung und die theoriegeleitete Konzeptualisierung hatten zwar für viele Krankheitsbilder eine große Bedeutung bei der Aufhellung der intrapsychischen Dynamik oder bei konkreten Forschungsansätzen oder gezielten therapeutischen Interventionen, letztlich konnten sie aber bei der Beurteilung von erkrankten Menschen nur als *ein* Anteil der Beschreibung und Behandlung herangezogen werden. Die aus einer so verstandenen integrativen Sicht verbundenen Probleme sind für die innere Orientierung des psychosomatisch *handelnden* Arztes wichtig und vielfältig. Das sog. psychophysische Simultangeschehen (Mitscherlich) ist dabei von Bedeutung.
Der Begriff der Simultaneität beschreibt eine Form des Zeiterlebens und einen Zeitbegriff, der verschiedene Bedeutungen enthalten kann. Die umgangssprachliche Bedeutung ist dem englischen Begriff „simultaneous" angeglichen. Dabei bedeutet „simultan" nicht die exakte physikalisch meßbare Zeitkorrelation, sondern die sukzessive Gleichzeitigkeit, die erlebte definierte Zusammengehörigkeit in einem zeitlich festgelegten Bezugsrahmen. Die substantivierte lateinische Form „Simultas" meint Konkurrenz und Gegnerschaft, zumindest ein gespanntes Verhältnis zueinander. Im Bereich dieser Medizin konkurrieren bei *jedem* Patienten die verschiedensten Ebenen der Diagnostik und Behandlung miteinander. Sie müssen dann methodisch geordnet werden und ihrer Bedeutsamkeit entsprechend sowohl für die Beurteilung der Erkrankung als auch für das therapeutische Vorgehen eingesetzt werden.

Psychosomatische Krankheitsbilder

Der Rahmen dieses Kapitels würde gesprengt werden, wenn alle in der Literatur beschriebenen psychosomatischen Krankheitsbilder im engeren Sinne oder die biologisch-psychologischen und sozialen Aspekte aller Krankheiten berücksichtigt werden würden. Die vorgenannten Bemerkungen zur Historie und Konzeptualisierung dienen der Einordnung der psychosomatischen Medizin in das Gesamtgebiet der praktischen Medizin. Beispielhaft wird jedoch im folgenden auf drei spezielle Krankheitsbilder, die dem engeren Kreis der psychosomatischen Krankheiten zuzuordnen sind und die in der Praxis relativ häufig vorkommen, näher eingegangen werden. Es wurde jeweils eine Erkrankung aus dem *psychoneurotischen Bereich mit funktionellen Beschwerdebildern* (Herz-Angst-Neurose), zwei über die Störung des Eßverhaltens wesensverwandte Erkrankungen mit *primär psychischem Konfliktgeschehen und konsekutiver Organbeteiligung und Körperläsion* (Anorexia nervosa und Bulimie) sowie eine Erkrankung mit primär *körperlicher Disposition und Bahnung* (Asthma bronchiale) ausgewählt. Beim Asthma bronchiale werden im Rahmen der Krankheitsverarbeitung intraindividuelle und interaktionelle Probleme aufgeworfen, deren psychische Entwicklung sich allenfalls im Einzelfall im Rahmen eines subtileren psychodiagnostischen und psychotherapeutischen Vorgehens verstehen läßt.

Herz-Angst-Neurose

Vk: In der Klinik wird diese Erkrankung bei ca. 7% der Patienten als Haupt- oder Nebendiagnose gefunden; dies entspricht auch dem Häufigkeitsvorkommen in einer nervenärztlichen Praxis. In der Allgemeinpraxis dürfte dieser Anteil teilweise noch höher liegen. Die Erkrankung tritt ebenso wie andere neurotische oder psychosomatische Erkrankungen bevorzugt im jüngeren Alter auf, d. h. bis zu 40 Jahren, bei einem Überwiegen männlicher Patienten. Eine Unterscheidung hinsichtlich soziologischer Variablen ist nicht möglich; die Varianten der Ausdrucks- und Darstellungsformen sind jedoch zahlreich.

Sy: Die Herz-Angst-Neurose hat in ihren verschiedenen Ausprägungen sowohl eine Beziehung zu den funktionellen Herz-Kreislauf-Erkrankungen als auch zu neurotischen Entwicklungen im engeren Sinne. Sie kann ebenfalls assoziiert sein mit Angstentwicklungen bis hin zu phobischen Entwicklungen und Panikattacken im Sinne des DSM III-R (Diagnostic and Statistic Manual of Mental Disorders III). Historisch gibt es hierfür synonym verwendete Bezeichnungen: Da-Costa-Syndrom, soldier's heart, irritable heart, effort syndrome, funktionelles kardiovaskuläres Syndrom, neurozirkulatorische Dystonie, Herzhypochondrie, Herzphobie, phobische bzw. hypochondrische Form der Herzneurose oder Angstneurose. Für die Praxis ist von Bedeutung die Unterscheidung von phobischer bzw. kontraphobischer Form der Herzneurose. Die *phobische Form* der Herzneurose ist charakterisiert durch einen initial auftretenden sympathikovasalen Anfall, der vom Patienten häufig deutlich auf Tag und Stunde genau beschrieben werden kann. Hinzu kommt ein quälendes, panikartiges Angstgefühl mit Sterbeangst oder Angst vor dem Herzstillstand. Die Anfallsdauer beträgt ca. 10–20 Min., kann auch in der Folgezeit wiederholt auftreten, ohne daß bezüglich der Frequenz die Kriterien für die Diagnose einer Panikattacke und Angstentwicklung (im Sinne des DSM III-R) erfüllt sind. Assoziiert hiermit ist eine Pulsfrequenzsteigerung bis 160/min, eine Blutdrucksteigerung bis 200/120 mm Hg, Schweißausbruch und unruhige Atmung. Diese von Richter u. Beckmann auch als Typ A bezeichneten Patienten werden in der Praxis als hilfesuchend und anlehnungsbedürftig erscheinen. Die Darstellung der Beschwerden erfolgt unmittelbar und in großer Erwartungshaltung gegenüber dem Arzt. In der Wiederholung kommt es dann zur „Angst vor der Angst", die die Erwartungsangst vor dem erneuten Anfall, der als quälend erlebt wird, darstellt.

Die *kontraphobische Form* der Herzneurose kann von der Symptomatik her ähnlich verlaufen. Die Erlebnisse um die Angst werden jedoch eher bagatellisiert und verleugnet; es erfolgt der Versuch einer Überkompensation; die problematische Situation wird eher negiert; gleichzeitig steht aber die Forderung nach intensivster somatischer Abklärung im Vordergrund.

Dg und DD: Im Vordergrund steht eine sorgfältige internistische Diagnostik, um organische Ursachen für die Beschwerden auszuschließen. Bevor es jedoch zu intensivdiagnostischen Maßnahmen kommt, sollte eine orientierende Diagnostik unter psychosomatischen Gesichtspunkten stattfinden. Eine Orientierung über die aktuelle Auslösesituation ist erforderlich: Bei der Frage, woran der Patient beim Auftreten der ersten Symptome gedacht hat, schildern die Patienten mit Herz-Angst-Neurose überzufällig häufig den Gedanken an das Herz, während Patienten mit koronarer Herzkrankheit ihre Schmerzen beim Erstereignis eher *nicht* dem Herz zuordnen.
Außerdem wurden im Rahmen eines Beschwerdebogens von Patienten mit einer Herzneurose die Fragen nach der Angst, ob das Herz stehenbleiben könne, oder nach Todesangst mit erheblich oder stark angegeben.
Von den Verlaufsformen der phobischen und kontraphobischen Form der Herzneurose sind Herzbeschwerden im Rahmen einer *depressiven* Entwicklung abzugrenzen. Sie treten dann neben Symptomen wie Abgeschlagenheit, Müdigkeit, Erschöpfung, vermindertem Antrieb, Verstimmung und Schlaflosigkeit usw. auf, *ohne* daß ein akuter Krankheitsbeginn benannt werden kann. Selten ist von der genannten Symptomatologie das *hyperkinetische Herzsyndrom* abzugrenzen, welches bei geringer Angstentwicklung und fehlender Todesangst gekennzeichnet ist durch eher diffuse Herzbeschwerden und mangelnde Leistungsfähigkeit. Es findet sich eine Tachykardie mit Pulsfrequenzsteigerung über 160/min ohne wesentliche Blutdrucksteigerung, jedoch eine Erhöhung des Herzzeitvolumens.
Im Rahmen der vertieften kardiologischen diagnostischen Möglichkeiten kam es zur Beobachtung und Annahme, daß herzneurotische Entwicklungen mit einem *Präexzitationssyndrom* (WPW-, Wolff-Parkinson-White-Syndrom) oder einem LGL-Syndrom (Lown-Ganong-Levine) oder einem *Mitralklappenprolaps* ohne hämodynamische Wirksamkeit assoziiert oder gar dadurch mitverursacht sind. Die Diskussion über den Zusam-

menhang dieser Erkrankungen mit der Herz-Angst-Neurose ist noch nicht abgeschlossen. Aus methodischen und theoretischen Überlegungen heraus sind jedoch kausale Zusammenhänge nicht zu erwarten. Eher spielen die verstärkte körperorientierte Wahrnehmung im Rahmen der neurotischen Entwicklung eine Rolle sowie die *Art der ärztlichen Mitteilung* im Rahmen der erweiterten Diagnostik, bei der auch Befunde z. B. im Rahmen der Echokardiographie ohne pathologische Bedeutung mitgeteilt werden, ohne daß die Patienten den Bedeutungszusammenhang jedoch verstehen können.

Th: Die (begrenzte) organische Abklärung ist bereits ein Teil der Therapie. Nach Ausschluß einer Koronarerkrankung oder einer anderen somatischen Störung im engeren Sinne muß auf jeden Fall vermieden werden, dem Patienten eine Negativmitteilung zu machen im Sinne von: „Sie haben nichts" oder „Es fehlt Ihnen nichts, körperlich sind Sie ganz gesund". Eine solche Mitteilung bedeutet für den betroffenen Patienten eine Ablehnung. Der Patient hat aber subjektiv Beschwerden, auch wenn er hierfür kein oder ein anderes Verständnis als der Arzt hat. Er hat nichts „am Herzen", sondern „auf dem Herzen". Befunde und Untersuchungsergebnisse sind in einer für den Patienten klaren und unmißverständlichen Form mitzuteilen und ggf. mehrfach zu wiederholen, da bei diesen Patienten die Möglichkeit des Mißverstehens besonders groß ist. Das Mißverstehen der ärztlichen Aufklärung kann ein Indikator sein für eine neurotische Entwicklungsstufe, die einer weiteren, gezielteren psychotherapeutisch-psychosomatischen Abklärung bedarf. Bei einer akuten sympathikovasalen Herz-Kreislauf-Reaktion und akuter Angst- bzw. Panikentwicklung kann im Einzelfall ein Tranquillans mit betont anxiolytischem Wirkprofil das Mittel der Wahl sein, evtl. vorübergehend auch ein Antidepressivum. Ebenfalls kann der Einsatz eines β-Blockers bei erhöhter sympathikotoner Reaktionslage für *begrenzte* Zeit sinnvoll sein, wenn er nicht als Mittel zur Klärung der Problematik dargestellt wird.
Nach der Initialphase der Akutbehandlung ist die Weiterbehandlung abhängig von dem Ausmaß des psychischen Krankheitsbewußtseins. Im günstigsten Fall kann eine analytisch orientierte Einzel- oder Gruppentherapie begonnen werden. In den meisten Fällen wird in der nächsten Phase die Betreuung durch den Hausarzt erforderlich sein, da sich der ängstlich-hypochondrische Patient immer wieder mit neuen Fragen zu seinem Körper und seinem Herzen an den Hausarzt wenden wird. Hierbei ist entscheidend, daß neben der initialen somatischen Abklärung der Patient in seiner Angst und damit seiner Erkrankung und den Widersprüchen und Widerständen angenommen wird. Zu einer angemessenen Korrektur der Körperselbstwahrnehmung und zur Hilfe für die Selbstkontrolle im Rahmen der Angstüberflutung haben sich als Initialmaßnahmen auch Entspannungsmethoden abwechselnd mit körperlichem Bewegungstraining ohne Leistungsorientierung bewährt.

Prgn: Die Prognose bezüglich der Vermeidung extrem aufwendiger und teils auch risikoreicher diagnostischer Maßnahmen ist bei Berücksichtigung der oben aufgeführten Punkte günstig. Ebenso ist eine Begrenzung der anfallsartigen Angstentwicklung zu erwarten. Katamnestische Ergebnisse weisen jedoch darauf hin, daß blande funktionelle Beschwerden, sei es herzbezogener oder nicht herzbezogener Art, und leichtere Angstzustände in mehr als ⅔ der Fälle fortbestehen, ohne daß sie in der Folgezeit einen intensivierten ärztlichen Kontakt erforderlich machen. Die meisten Patienten integrieren die Beschwerden in ihr Selbstbild und entwickeln zahlreiche Adaptationsstrategien im familiären, sozialen und beruflichen Bereich. Bei unangemessenem Vorgehen in der Initialphase und Fortsetzung einer ggf. begonnenen Tranquillantientherapie ist eine Suchtentwicklung nicht selten.

Störungen des Eßverhaltens

Zunahme der Eßstörungen

Im Rahmen der soziokulturellen Entwicklung des letzten Jahrhunderts sowie der wirtschaftlichen Prosperität, insbesondere nach 1945, ist es zu einer Zunahme der Störungen des Eßverhaltens gekommen. Auf dem Hintergrund ausreichender Nahrungsressourcen in der westlichen Welt hat sich die Bedeutung der Nahrungszufuhr und des Eßverhaltens verändert. Parallel dazu haben sich die Ideen und Bilder über den Körper, das Körperideal und das Körperschema verändert. Neben

dem soziokulturell vorgegebenen Schlankheitsideal, welches in den letzten Jahrzehnten überwiegend war, ist die Entwicklung vor allem durch eine ständige Ambivalenz gegenüber der eigenen Körperidentität gekennzeichnet. Dies kann sich in allen Formen der Eßstörungen ausdrücken, der Anorexia nervosa, der Bulimie und der Adipositas. Die genannten Erkrankungen wurden auch in früheren Jahrhunderten beschrieben. Alle Ergebnisse weisen jedoch darauf hin, daß die Inzidenzrate in den letzten 40 Jahren höher und im Ansteigen begriffen ist.
Aufgrund der praktischen Bedeutung sollen im folgenden die Krankheitsbilder der Anorexia nervosa und der Bulimie dargestellt werden. Ob es sich hierbei aus klinischer, ätiopathogenetischer und psychodynamischer Sicht um unterschiedliche Krankheitsbilder handelt, muß offenbleiben; primäre Mischbilder und Übergangsformen sind nicht selten.

Anorexia nervosa

Vk: Die Angaben über die Inzidenzrate schwanken zwischen 0,24 und 1,6 pro 100000 Einwohnern. Vorliegende Studien weisen darauf hin, daß die Patienten eher aus sozioökonomisch höheren und mittleren Schichten stammen. Hinweise für genetische Determinanten gibt es aufgrund der vorliegenden Studien nicht. Die Erkrankung tritt überwiegend bei Frauen auf, besonders bei Mädchen in der Pubertätszeit (Pubertätsmagersucht). Die Geschlechtsverteilung zeigt einen Anteil männlicher Patienten zwischen 3 und 10%.

Ät und Pathog:

- *Hypothesen zur Krankheitsentwicklung:* Es liegt eine komplexmotivierte Schwierigkeit der Übernahme von weiblicher Rolle und Identität auf dem Hintergrund stark leistungsorientierter Familienideale bei gleichzeitig begrenzter emotionaler Ausdrucksfähigkeit vor. Schon vorher bestehende Konfliktdynamik im obigen Sinne wird gebahnt durch inner- und außerfamiliäre Beschäftigung mit Diät und Schlankheit als verschobenes Symbol der Leistungsorientiertheit. Phantasierte, drohende oder reale Trennungen von bedeutsamen Bezugspersonen, freiwillige, unbewußte Übernahme eines Konfliktfelds zwischen den Familienmitgliedern mit dem Ziel der Konfliktvermeidung bei gleichzeitiger Kontrolle der Interaktionen im Familiensystem sind von Bedeutung.
- *Auslösesituation:* Sexuelle Versuchungs- und Versagungssituationen, phantasierte Trennung vom Elternhaus und reale Trennungen durch z. B. Auslandsaufenthalte, lebensbedeutsame Veränderungen bei einem anderen Familienmitglied, bei männlichen Anorektischen häufig im Rahmen abgewehrter latenter homosexueller Einstellung, können in der Auslösesituation gefunden werden. Nicht selten entspricht ein extremes Leistungsverhalten im Sport einem Versuch, die Leistungs- und Gewichtsabnahme sozial akzeptabel zu machen. In diesen Situationen wird häufig nach körperlichen Ursachen für die Leistungsbegrenzung gesucht, oder Begleitsymptome werden präsentiert: Kopfschmerzen, Hypotonie, Klagen über Völlegefühl oder Obstipation.

Sy: Eine Reduktion des Körpergewichts um mehr als 25% wird ausgelöst durch ausschließliche Nahrungsverweigerung (restriktive Form) und/oder durch rezidivierendes Erbrechen mit und ohne Laxantienabusus. Im Vordergrund steht der Wunsch, dünn und schlank zu werden und zu bleiben. Das Erleben der Fähigkeit, das Körpergewicht zu kontrollieren und das Hungergefühl zu bewältigen, wird als Triumph der eigenen Größe erlebt. Krankheitsverständnis und -einsicht fehlen zunächst. Eine Störung im Sinne der Körperselbstwahrnehmung wird ebenfalls beschrieben.

Dg: Zur Diagnose eignen sich die Kriterien, wie sie von Feighner, ergänzt durch Meermann u. Vandereycken, aufgestellt wurden:

1. Beginn der Erkrankung vor dem 25. Lebensjahr;
2. Verlust von mindestens 25% des ursprünglichen Körpergewichts;
3. Eine verzerrte Einstellung gegenüber Nahrung, Essen und Gewicht, Mißachtung von Hunger:
   - Krankheitsverleugnung,
   - Abnehmen und Nahrungsverweigerung als angenehm erlebt,
   - erwünschtes Körperbild von extremer Schlankheit,
   - ungewöhnliches Behandeln und Horten von Nahrungsmitteln;

4. mindestens zwei der folgenden Symptome:
   - Amenorrhö,
   - Bradykardie (≤ 60/min),
   - Lanugobehaarung,
   - Perioden von Hyperaktivität (psychisch oder intellektuell),
   - bulimische Episoden,
   - selbstinduziertes Erbrechen;
5. Ausschluß körperlicher Erkrankungen, die für den Gewichtsverlust verantwortlich sein könnten;
6. Ausschluß psychiatrischer Erkrankungen.

Die Kriterien der Anorexia nervosa im Rahmen des DSM III-R (Diagnostic and Statistic Manual of Mental Disorders) lauten:

- absichtliche Gewichtsabnahme auf ein Niveau von 15% oder mehr unter dem zu erwartenden Gewicht;
- starke Angst vor Gewichtszunahme oder Angst vor dem Dickwerden, obgleich Untergewicht besteht;
- Störung der eigenen Körperwahrnehmung hinsichtlich Gewicht, Größe oder Form, d. h., die Person berichtet trotz offensichtlichem Untergewicht darüber, sich „zu dick zu fühlen", oder ein Teil des Körpers sei „zu dick";
- bei Frauen Aussetzen von mindestens drei aufeinanderfolgenden Menstruationszyklen.

Aufgrund der Verbreitung des DSM III-R im Bereich der Psychiatrie seien diese Kriterien erwähnt, obwohl sie nur unzureichend den bisherigen praktischen und klinischen Kenntnisstand abbilden. Die zuerst genannten Kriterien erscheinen daher angemessener.
Sämtliche laborchemischen oder/und endokrinologischen Labordaten sind unauffällig oder, falls verändert, Folge der Erkrankung. Begleitende Hypercholesterinämien und/oder Hyperamylasämien sind nicht Ausdruck einer Stoffwechselstörung im engeren Sinne oder einer Pankreatitis, sondern häufig anzutreffende Begleitbefunde. Auch Elektrolytveränderungen, insbesondere die Hypokaliämie, sind als Folge verminderter Zufuhr sowie des chronischen Laxantienabusus, teilweise auch ergänzt durch Diuretikaabusus, zu verstehen.

DD: Bei Unklarheit über die Diagnosekriterien sowie atypischem Verlauf sind neben den Malignomen andere schwerwiegende internistische Erkrankungen auszuschließen: Malabsorptionssyndrome, Colitis ulcerosa, Morbus Crohn, Hypophysenvorderlappen-Insuffizienz, Hyperthyreose, stenosierende Prozesse im Intestinaltrakt, Nierenerkrankung, chronische Pankreaserkrankungen, Tuberkulose, Hepatitis. Auch gynäkologische Störungen und Tumoren sind auszuschließen.

Aus psychiatrischer Sicht sind affektive Psychosen und insbesondere beginnende schizophrene Verläufe im Sinne einer paranoid-halluzinatorischen Psychose oder einer Verlaufsform mit sog. Minussymptomatik auszuschließen. Psychopathologische Erscheinungen im Rahmen der Sucht in Form von Polytoxikomanie, Laxantienabusus oder Drogenmißbrauch sind zu berücksichtigen. Aus neurosenpsychologischer Sicht sind psychogene Eßhemmungen und Brechneurosen von einer anorektischen Entwicklung im engeren Sinn abzugrenzen.

Arzt-Patienten- und Familien-Patienten-Beziehung: Fast regelhaft werden aufgrund der eindrucksvollen Gewichtsreduktion und dem kindlich-hilflosen Auftreten teils Fürsorge-, teils Kontrollimpulse ausgelöst, die dann im Verlauf der erfolglosen Behandlung in verstärkte Kontrollbedürfnisse oder offene Ablehnung umschlagen, was sich akzeleriert, wenn deutlich wird, daß die Patienten verheimlichen, lügen oder manipulieren. Dieser Wechsel in der Beziehung findet sich auch als Spaltung innerhalb des Teams der Praxis oder der Klinik wieder und wird von den Patienten im Sinne eines guten und bösen Personenkreises gefördert. Wenn diese regelhaft zu erwartenden Beziehungsaspekte und Komplikationen nicht beachtet werden, wird die Behandlung nicht erfolgreich sein oder zumindest erheblich verzögert werden. Nach anfänglicher scheinbarer Kooperation entwickelt sich dann leicht bei mangelndem Gewichtsanstieg ein Machtgerangel, das dem der Herkunftsfamilie entspricht. Die Gefahr der Aufspaltung in „Gut" und „Böse" ist auch beim familiären System gegeben, und die wohlwollende, ausgeglichen bilanzierte und nicht Schuld oder Vorwurf zuweisende Haltung gegenüber Mutter und Vater und anderen Familienmitgliedern im Sinne der Allparteilichkeit ist von hoher Bedeutung. Ein falsches Verständnis der Krankheit liegt auch da vor, wo keine ausreichende Konfrontation mit den Heimlichkeiten, den Lügen, den Manipulationen und den verschiedenen Formen des Abusus erfolgt. Ein ausreichender Gewichtsanstieg ist notwendiges, aber nicht hinreichendes Kriterium für den Erfolg.

Th: Aufgrund des primär mangelnden Krankheitsbewußtseins der Anorexiepatienten und der durch das Symptom induzierten Verunsicherung des familiären und sozialen Netzes ist eine gute Kooperation der therapeutisch Beteiligten besonders wichtig. Das Initialproblem stellt – unabhängig von der therapeutischen Methode – die durch die Patientinnen induzierte Spaltung im therapeutischen Team dar.

Liegt bei Beginn der Behandlung das Ausgangsgewicht unter 20–30% des Idealgewichts, so ist eine medizinisch-internistische Behandlung angezeigt. Die Indikation sollte hierbei nicht allein über das Gewicht erfolgen, sondern auch in Abhängigkeit vom Ausmaß des Laxantien- und/oder Diuretikaabusus sowie von der Zeitdauer der Gewichtsabnahme. In der Klinik wird die Behandlung individuell gestaltet. Zunächst sollte versucht werden, die Kooperation über einen formalen Vertrag zu erreichen, so daß unter Vorgabe der Gewichtszunahme hochkalorische Kost angeboten wird. In einer zweiten Stufe kann der Einsatz einer Nasensonde erforderlich sein, wobei die hochkalorische Lösung erst allmählich gesteigert wird. Nur bei ausgeprägter Kachexie oder extremer Ablehnung der Behandlung bis hin zu psychotischen Episoden ist der Einsatz von parenteraler Ernährung wegen der immer wieder auftretenden Begleitkomplikationen angezeigt. Im Einzelfall kann bei extremer Unruhe und motorischer Aktivität oder bei paranoid-halluzinatorischen Episoden der Einsatz von Haloperidol, Levomepromazin oder Promethazin erforderlich sein. Diese Behandlung sollte jedoch auf die Akutphase bei schwerer Anorexie begrenzt sein. Im Einzelfall kann im späteren Verlauf eine antidepressive Behandlung erforderlich sein.

Abgesehen von diesen Akutsituationen, ist die stützende Betreuung durch den Hausarzt, der speziellere psychotherapeutische Maßnahmen begleitet, wichtig. Einer initialen stationären Behandlung wird sich immer eine ambulante längerfristige Behandlungsphase anschließen. In der Akut- bzw. Postakutphase stehen Familiengespräche und Gruppenverfahren sowie körperorientierte Verfahren im Vordergrund. Die Fortsetzung der Familientherapie, der Gruppentherapie oder eine Einzeltherapie wird patientenorientiert entschieden. Es erweist sich als günstig, wenn die regelmäßige Kontrolle des Körpergewichts und der somatischen Parameter in Abstimmung mit dem Psychotherapeuten durch den Hausarzt erfolgt.

Prgn: Auch heute noch muß mit einer Mortalität von 5–15% (medizinische Komplikationen und Suizid) gerechnet werden (stark abhängig von der Selektion des untersuchten Kollektivs). Ca. 20% zeigen einen chronischen anorektischen Verlauf, u. U. eine soziale Randexistenz, bei bis zu 10% kommt eine schwere psychiatrische Erkrankung, z. B. Schizophrenie, hinzu. In bis zu 30% der Fälle, insbesondere den leichteren, kommt es zu einer Spontanremission. Je nach untersuchtem Kollektiv erfolgt eine Remission mit den Zeichen der Remenorrhö und Normalgewichtigkeit. Bisherige Studien lassen als prognostisch günstig erscheinen: eine frühe Erstmanifestation, einen frühen Therapiebeginn, eine faßbare Auslösesituation im Sinne eines Traumas, bis zu dem Zeitpunkt günstige soziale Adaptation. Ungünstig erscheinen eine späte Erstmanifestation, extremer Gewichtsverlust und Art und Ausmaß von Laxantienabusus, ein Verlauf mit Suizidversuchen und Selbstbeschädigung sowie ein Familienmuster, welches einem emotionalen Ausstoßungsmodus, besonders bei Mehrkinderfamilien, zuneigt.

Bulimie

Vk: Auch hier sind überwiegend Frauen im Alter zwischen 15 und 30 Jahren betroffen. Zunehmend werden auch männliche Bulimiker gesehen, in ähnlicher Relation wie bei der Anorexie. Auch wenn früher bereits einzelne Fälle beschrieben wurden, ist diese Erkrankung insbesondere in den letzten 2 Jahrzehnten stark angestiegen. Die Dunkelziffern sind hoch. In den Vereinigten Staaten werden bulimische Episoden bei ca. 10% der Frauen vermutet; 1% aller Frauen scheint ernsthaft an Bulimie erkrankt zu sein.

Ät und Pathog: Im Gegensatz zur Anorexie liegt keine eindeutige Ablehnung der Übernahme der weiblichen Identität vor. Diese Patienten wirken im Gegenteil durchaus attraktiv und zeigen vordergründig eine sehr gute soziale Anpassung. Es besteht häufig vor den Freßanfällen ein Gefühl der inneren Leere und Langeweile, was häufig eine depressive Störung vermuten läßt. Auffallend ist auch das Streben nach Idealen, die scheinbar normativen Bedingungen der Gesellschaft entsprechen. Dies bezieht sich sowohl auf das Körpergewicht und das Schlankheitsideal als auch die Verheimlichung des Symptoms und nach außen die dadurch dokumentierte Konfliktfreiheit.

Sy: Die Bulimie ist das Syndrom süchtigen Eßverhaltens („Ochsenhunger"). Es ist gekennzeichnet durch wiederholte Freßattakken, bei denen hochkalorische, schnell zubereitete und leicht eßbare Nahrungsmittel in kürzester Zeit verzehrt werden. Als Mittel zur Gewichtskontrolle dient dann das selbstinduzierte Erbrechen sowie zusätzlicher Laxantien- und Diuretikaabusus. Die Patienten sind in der Regel eher normal- bis leicht übergewichtig. Nach den Freßattacken tritt nicht die gewünschte Erleichterung ein, sondern es kommt zu Gefühlen von Verzweiflung, Scham, Schuld und Selbstvorwürfen. Suizidversuche treten häufiger auf als bei der Anorexie, ebenso nehmen andere Formen der Sucht im Rahmen des Syndromwandels des Krankheitsbilds zu (Alkoholabusus, Drogensucht).
Somatische Konsequenzen hieraus sind erhebliche Zyklusunregelmäßigkeiten bis hin zur Amenorrhö und andere Folgeschäden (Tab. 38.**1**). Sowohl die Essenszufuhr als auch das anschließende Erbrechen werden verheimlicht.

Dg: Im Rahmen des DSM III-R gelten für die Diagnosestellung der Bulimie folgende Kriterien:

- wiederholte Episoden von Freßanfällen (schnelle Aufnahme einer großen Nahrungsmenge innerhalb einer bestimmten Zeitspanne);
- das Gefühl, das Eßverhalten während der Freßanfälle nicht unter Kontrolle halten zu können;
- um einer Gewichtszunahme entgegenzusteuern, regelmäßige Maßnahmen zur Verhinderung einer Gewichtszunahme, wie selbstinduziertes Erbrechen, Gebrauch von Laxantien oder Diuretika, strenge Diät oder Fastenkuren oder übermäßige körperliche Betätigung;
- durchschnittlich mindestens 2 Freßanfälle pro Woche über einen Mindestzeitraum von 3 Monaten;
- andauernde, übertriebene Beschäftigung mit Figur und Gewicht.

Für eine Basisdiagnostik sind diese Kriterien sinnvoll. Über die Verhaltensbeschreibung hinaus sind ergänzende Erlebnisweisen der Bulimiepatienten noch in Tab. 38.**2** aufgeführt.

DD: Die Differentialdiagnostik hat zunächst die Anorexie im engeren Sinne zu berücksichtigen, hierbei insbesondere die Form der Anorexie, die auch mit rezidivierendem Erbrechen und Laxantienabusus einhergeht. Bei Offenlegung des Symptoms ist die Diagnose eindeutig. Andere präsentierte

Tabelle 38.1 Körperliche Komplikationen bei Anorexia nervosa und Bulimie (nach K. Müller und Meermann-Vandereycken

Anorexia nervosa		Bulimie
	Elektrolytstörungen Arrhythmien Nephropathien Haarausfall trophische Störungen Menstruationsstörungen	
Amenorrhö 80% Kachexie Hypotonie Bradykardie Hypothermie Lanugobehaarung		Amenorrhö 25% Ödembildung Masseterhypertrophie intermittierende oder chronische Schwellung der Glandula parotidea (Mumpsgesicht!) Zahnschäden Ösophagitis Magendilatation Steatorrhö

Tabelle 38.2 Gemeinsamkeiten und Unterschiede bei Anorexia nervosa und Bulimie (nach K. Müller)

Anorexia	Bulimie
übermäßige Angst, dick zu sein	
stetiger Gewichtsverlust; Zielgewicht wird immer tiefer angesetzt	normalgewichtig bis leicht übergewichtig, starke Gewichtsschwankungen in kurzer Zeit
Zwang zum Hungern	Zwang zum Essen
asketisch, geschlechtslos	oft idealtypisch weiblich-attraktiv
„beschwerdefrei"	oft ausgeprägte vegetative Beschwerden
fehlendes Krankheitsbewußtsein	Krankheitsbewußtsein, aber Angst, über die Symptome zu sprechen; häufig somatische Ersatzangebote
Symptom fällt ab einem bestimmten Gewicht auf	Symptom kann jahrelang verheimlicht werden
prolongierter Suizid durch Fasten	oft ausgeprägte Suizidalität bei Neigung zu impulsivem Handeln
	Neigung zu Drogen-, Medikamenten- oder Alkoholabusus
sozial eher isoliert	sozial kontaktfähig; die Beziehungen bleiben allerdings oberflächlich

Symptome, die auffällig sein können, sind in Tab. 38.2 aufgeführt. Abzugrenzen ist ebenfalls das psychogene Erbrechen, welches zeitlich lokalisierter und in einem anderen neurosenpsychologischen Kontext auftritt. In Einzelfällen kann es sich um eine Hyperthyreose oder einen beginnenden Diabetes mellitus handeln. Häufig muß die Diagnose Bulimie abgegrenzt bzw. ergänzt werden durch die Diagnose einer Borderline-Persönlichkeitsstörung. Ein zunehmendes Problem stellt die Kombination von insulinpflichtigem Diabetes mellitus und Bulimie dar, mit den gegenpoligen Wesensmerkmalen von Kontrolle und Kontrollverlust bezüglich des Essens.

Th: Bei der Therapie der Bulimie kann nach Aufdeckung des Symptoms in Abhängigkeit vom Schweregrad auch initial eine stationäre Behandlung erforderlich sein; häufiger ist jedoch eine ambulante Therapie möglich. Bei den therapeutischen Schritten ist zu berücksichtigen, daß die Bulimie verstärkt mit Medikamentenabusus und Drogenmißbrauch sowie verstärkt suizidalem Verhalten auftritt, was unterschiedliche therapeutische Konsequenzen hat. Eine Einzeltherapie erscheint insbesondere dann angezeigt, wenn die Bulimie sich im Rahmen einer sog. Borderline-Störung entwickelt. Familiengespräche sind in der Initialsituation zumindest zur Orientierung wichtig, wenn auch wahrscheinlich nicht von der Bedeutung wie bei der Anorexie. Bei der schwierigen und teils langwierigen Behandlung der Bulimie haben sich außerdem körperbezogene Verfahren, die die Körperschemastörung berücksichtigen, bewährt. Selbsthilfegruppen, die sich ausschließlich dem Thema der Diät und des Eßverhaltens widmen, sind weniger zu empfehlen. Bewährt haben sich sog. homogene Gruppen, bei denen Patientinnen mit dem gleichen Krankheitsbild mit Therapeuten zusammenarbeiten. Die Ziele der Selbsthilfegruppen (Offenlegung, Austausch mit anderen usw.) können verbunden werden mit den verschiedenartigen Zielen, die auch zur Entwicklung der Erkrankung beigetragen haben: Selbstwertproblematik, Ideal- und Normbilder, offene Kommunikation, Suchtverhalten usw.

Prgn: Prognostische Aussagen sind z. Z. nur vorsichtig möglich, da die Dunkelziffer der Erkrankung äußerst hoch zu sein scheint. Teilweise wird von 50–70% Frauen berichtet, die zumindest über episodische Freßattacken berichten. In das klinische Feld und damit der Forschung zugänglich tritt hiervon nur ein geringer Prozentsatz. Prognostisch ungünstig wirkt sich ebenfalls aus, daß die zur Therapie kommenden Patienten diese Symptomatik bereits durchschnittlich 7 Jahre zeigen. Die Mortalitätsrate wird vor allem bestimmt durch einen begleitenden Alkohol- und Drogenkonsum, die häufiger vorkommenden Suizidversuche und Suizide sowie die Schwere der schon bestehenden Persönlichkeitsstörung.

Asthma bronchiale

Def: Eine rein symptomatologische Definition wäre die der Deutschen Liga zur Bekämpfung der Atemwegserkrankungen: Asthma bronchiale ist eine Krankheit, die durch Anfälle von Atemnot charakterisiert ist, begleitet von Zeichen einer Bronchialobstruktion, die zwischen den Anfällen ganz oder teilweise reversibel ist. Den Anfällen entspricht ein akuter Anstieg der Atemwegswiderstände.

Vk: Die Inzidenz beträgt ca. 1–2,5% der Bevölkerung. Eine Tendenz zur Zunahme der Erkrankung ist zu beobachten. Stadt- und Industriebevölkerung erscheinen gefährdeter. Ein verstärktes Auftreten des Asthma bronchiale wird im Kindes- und Jugendalter beobachtet; hierbei beträgt das Verhältnis Mädchen zu Jungen 1:2. Eine familiäre Häufung als Ausdruck genetischer Disposition, besonders im Sinne einer allergischen Diathese, wird beobachtet.

Ät und Pathog: Die Zunahme der Kenntnisse aus internistisch-pathophysiologischer Sicht, aber auch aus psychologischer Sicht macht eine Definition nicht einfach. Aufgrund unterschiedlicher ätiopathogenetischer Prinzipien können und müssen heute verschiedene Formen des Asthma bronchiale unterschieden werden: Beim Nachweis einer IgE-vermittelten Sensibilisierung wird von Extrinsic asthma gesprochen. Intrinsic asthma bezeichnet gemeinsam das im Rahmen von Infekten ausgelöste Asthma, das medikamenteninduzierte Asthma (z. B. Salicylsäure) sowie das allgemeine, durch physikalische Reize oder emotionale Stimuli ausgelöste Asthma. Hierzu gehören auch die körperliche Anstrengung (exercise-induced asthma) und die Inhalation kalter oder schadstoffhaltiger Luft. Die Kenntnis dieser ätiopathogenetischen Determinanten bestimmt wesentlich Art und Dauer der medikamentösen Therapie.
Über die gemeinsame Symptomatologie von exspiratorischer Dyspnoe mit Konsequenzen für die P_{O_2}- und P_{CO_2}-Sättigung hinaus kann als gemeinsames Prinzip heute allenfalls vom „hyperreagiblen Bronchialsystem" gesprochen werden.
Ein psychosomatischer Zugang setzt eine Kenntnis der möglichen Entwicklungsvarianten des Asthma bronchiale voraus. Auf dem Hintergrund des differenzierten Verständnisses der Pathophysiologie des Asthmas wäre idealtypischerweise eine gezielte und zeitlich begrenzte Behandlung des Asthmas zu erwarten:

Beim Extrinsic asthma, welches dem exogenen allergischen Asthma entspricht, liegt eine immunologische Reaktion vom Typ I im Sinne der IgE-Sofortreaktion vor. Diese könnte dann bei einer gezielten inhalativen und systemischen antiallergischen Behandlung behandelt werden, und nach Entfernen des exogenen Reizes könnte das Asthma zum Stillstand kommen. Nun stellt aber in der Praxis die chronische Verlaufsform das Problem dar. Es gibt zahlreiche Berichte, nach denen diese Allergie und dieser Reaktionstypus nicht durch die reale Exposition gegenüber einem Allergen ausgelöst wird, sondern z. B. durch eine Plastikrose, einen weit entfernten Hund oder nur ein abgebildetes Pferd. Hier hat sich eine Entwicklung eingestellt, die in einfacher Form als Konditionierung beschrieben werden kann. Dies hat dann Konsequenzen hinsichtlich der Asthmaentwicklung, welche mit der ursprünglichen Exposition, die eine stofflich vermittelte Reaktion darstellt, nichts mehr zu tun hat. Eine zunächst spezifische Allergie ist dann polyvalent geworden, d. h., eine Überempfindlichkeit entsteht alleine beim Anblick der allergenen Auslöser. Je länger die Erkrankung, desto größer ist der „Spezifitätsverlust" der allergischen Reaktion. Dieser Verlauf ist nur im Zusammenhang mit einem psychosomatischen Verständnis möglich, sei es in der methodischen Beschreibung als konditionierter Asthmaanfall oder in anderem methodischen Verständnis als Ausdruck eines überdeterminierten Bedeutungsgefüges. Ein psychosomatischer Zugang wird dann die Bedeutungszumessung, die biographisch und interaktionell verständlich werden kann, berücksichtigen müssen, um die nicht mehr ausschließlich stofflich gebundene chronische Entwicklung des Asthma bronchiale zu verstehen. Eine andere Variante des Verständnisses des Asthmaanfalls, welche nicht stoffgebundenen Charakter hat, ist die häufig zu beobachtende Auslösung durch eine Hyperventilation, die dann zur Irritation des hyperreagiblen Bronchialbaums führt und eine kaskadenartige Reaktion auslöst. Auch über unmittelbar emotional-affektive erlebte oder herbeigeführte Zustände kann über die Vermittlung des Vagus eine Irritation der Bronchialschleimhaut mit den verschiedenen Anteilen ausgelöst werden. Die Situationen um

Hyperventilation oder emotional-affektive Erlebnisse sind jedoch immer eingebettet in ein Beziehungserleben, welches z. B. mit Angst, Wut, Suche nach Nähe, Schwierigkeit von Trennung usw. verbunden ist. Hier sind Brücken zu schlagen zu früheren Versuchen, eine „Asthmapersönlichkeit" oder die sog. Psychogenese des Asthmas zu beschreiben. Dies kann heute in dieser Weise als überholt gelten. Trotzdem müssen diese Teilaspekte heute in das komplexe Geschehen im Rahmen der Multivariablenanalyse einbezogen werden.

Sy: Neben der erschwerten Exspiration durch Spasmus der Bronchialmuskulatur kommt es im Rahmen der Hyperreagibilität zu einer Schwellung und Sekretion der Bronchialschleimhaut, welche die Obstruktion vestärkt. Dies trägt zu dem Gefühl des Nichtabhustenkönnens bei. Der produktive Auswurf begleitet das Asthma. Klinisch und therapeutisch bedeutsame Begleitsymptome sind Hustenanfälle, Hyperventilationen und die je nach Chronizität auftretenden pulmonalen und kardiologischen Komplikationen. Bei Dyspnoe und begleitender Symptomatologie steht im Vordergrund die Angst.

DD: Differentialdiagnostisch ist vor allen Dingen die Hyperventilationstetanie bzw. das nervöse Atemsyndrom abzugrenzen, welches aufgrund mangelnder Disposition niemals zum typischen obstruktiven Anfall mit Spastik führt, sondern sich vor allem in der Steigerung des Atemvolumens darstellt und mit charakteristischen erhöhten P_{O_2}-Werten bei erhöhtem pH-Wert einhergeht. Hierbei sind aufgrund der dann entstehenden Elektrolytverschiebung (Ca^{2+}) prätetanische und tetanische Symptome zu beobachten (Pfötchenstellung der Hände, Parästhesien in den Händen und zirkumoral sowie konsekutivbegleitende Tachykardie, Hypotonie und Angst). Von dem eigentlichen Asthma bronchiale, welches im anfallsfreien Intervall durch normale Lungenfunktion gekennzeichnet ist, sollte die chronische asthmoide Bronchitis als Folge rezidivierender Bronchitiden und/oder eines Lungenemphysems abgegrenzt werden.

Arzt-Patienten-Beziehung: In der Arzt-Patienten-Beziehung spiegelt sich das Grundgefühl der Ambivalenz zwischen Angst vor zu großer Nähe und Angst vor zu großer Ferne wider: Einerseits ist die Anlehnung an den Arzt (und damit an die Spritze und das Medikament) sehr stark, andererseits ist die Gefahr des Ausgeliefertseins und der Abhängigkeit mit Aufgabe der eigenen Identität latent vorhanden. Dies führt dann entweder zur Aufopferung des Arztes (mein Arzt kommt jede Nacht) oder zur offenen Ablehnung im Rahmen der aggressiven Gegenübertragung. Die Rezeptur von Medikamenten bis hin zu unkontrolliertem β-Sympathomimetikum- und Cortisonverbrauch ist dann auch Ausdruck aggressiver Gegenübertragung, wenn sie nicht eingebunden ist in Information und Dialog.

Th: Voraussetzung einer sachgemäßen Therapie ist die detaillierte Kenntnis von Art und Einsatz der Pharmaka entsprechend der jeweiligen Ätiologie. Schwierigkeiten in der Arzt-Patienten-Beziehung (s. o.) führen durch unzureichende und unangemessene Aufklärung häufig zur inadäquaten Therapie. Diese ist dann nicht Ausdruck der Schwere der Erkrankung, sondern Folge der mißlungenen Interaktion.

Darüber hinaus sind gezielte Angebote neben den im Einzelfall erforderlichen physikalischen Maßnahmen sinnvoll. Dies sind Atemgymnastik im engeren Sinn, aber auch allgemeine Entspannungsübungen. Darüber hinaus haben sich insbesondere für die Praxis krankheitsorientierte Gruppen bewährt, bei denen der Informationsaustausch zwischen den Betroffenen aufgrund der wechselseitigen Kenntnis der Erkrankung und des begleitenden emotionalen Erlebens leichter ist. Von ärztlicher Seite wird dies in der Gruppe dann ergänzt durch Information über die Entwicklung des Asthma bronchiale, die Art und Weise der Medikamenteneinnahme, aber auch in derselben Weise durch Vermittlung der Entspannungstechniken in der Gruppe sowie die emotionale und verbale Begleitung des Gruppenprozesses. Eine Behandlung in einer psychosomatischen Fachklinik ist nur im Einzelfall angezeigt und setzt ein auch psychisch orientiertes Krankheitsverständnis des Patienten voraus, ebenso wie eine spezielle Erfahrung der behandelnden Klinik. Die Indikation für eine Einzeltherapie wird auf einzelne Patienten beschränkt sein und hat meistens supportiven Charakter.

Günstige Verläufe in „Kurkliniken" für Asthmatiker beruhen auf der Kompetenz der Mitarbeiter bezüglich einer fachgerechten Medikation, der „Klima"-Veränderung und der intuitiven Handhabung des Nähe-Distanz-Problems. Aufgrund dieses psychodynamischen Grundkonflikts ist es nicht erstaunlich, daß in Einzelfällen die „Verschikkung“ in die Kur einen besonders ungünstigen Verlauf nimmt.

Psychosomatisch-psychotherapeutische Strategien

Probleme der Methodenwahl

Eine theoretische Forderung ist es, *patientenorientierte* und *methodenorientierte* Strategien in der Medizin zu unterscheiden. Dies ist für die therapeutischen Strategien bei psychosomatischen Patienten von besonderer Bedeutung. Allzu häufig wurden in den letzten Jahren, ausgehend von den Erfahrungen, die man mit einer bestimmten psychotherapeutischen Methode, z. B. aus dem humanpsychologischen Bereich, gemacht hat, Ergebnisse erreicht, die unreflektiert bei vielen Patientengruppen angewendet wurden. Gerade bei den Patienten, die konventionell als psychosomatische Patienten bezeichnet werden und die vor allem mit einer Organläsion (s. o.) behaftet sind, kann eine solche Vorgehensweise schwierig bis fatal sein.
Diese theoretische Forderung schließt aber nicht das subjektive Bekenntnis zu einer Methode aus. Sie findet im Bereich der persönlichen Kompetenzen und Vorlieben des Arztes ihren Niederschlag, aber auch ihre Grenzen. Eine Methode kann letztlich nur dann eingesetzt werden, wenn sie einem eigenen emotional-affektiven Erlebnisbereich entspricht. Erst dann ist zu erwarten, daß Information, Mitteilung, Verstehen, Begleiten, Fortführen, Durcharbeiten und in vereinzelten Fällen auch Deuten wirklich beim Patienten ankommen.
Die Frage, wie und unter welchen technisch-formalen Gesichtspunkten adäquat ein Zugang zu *diesem* Zeitpunkt und in *dieser* Situation, bei *diesem* Konflikt zu erreichen ist, läßt sich am einfachsten verständlich machen mit den drei Grundfragen, wie sie V. von Weizsäcker formuliert hat:
Warum gerade jetzt? Warum gerade hier? Warum gerade so?

Individuelle therapeutische Verfahren: Gespräch–Anamnese–Interview

Das *Gespräch* läßt sich als Sonderfall der mitmenschlichen Kommunikation auffassen. Nach dem ersten Axiom der Kommunikationstheorie ist es unmöglich, nicht zu kommunizieren bzw. sich nicht zu verhalten, es ist unmöglich, sich im Sprechen oder im Nichtsprechen der Kommunikation zu entziehen. Das gemeinsame Grundmuster des Gesprächs mit dem Patienten in der Erstsituation kann in folgender Weise beschrieben werden:

- die Kontaktaufnahme,
- die Schilderung der Beschwerden,
- die Nachfrage des Arztes,
- die Interpretation,
- die Handlungskonsequenz.

In einem derartig strukturierten Gespräch liegt bereits insofern eine therapeutische Intervention, als dem Patienten etwas darüber mitgeteilt wird, wie der Arzt das Symptom versteht und in welchen Kontext er es stellt. Durch die anamnestische Befragung können bereits andere, neue Pespektiven angedeutet werden.
Eine Vertiefung dieses Gesprächs ist erforderlich, wenn sich Konfliktfelder andeuten und eine erste Übersetzung des Symptoms in einen biographischen Zusammenhang ermöglicht ist.
Der Anlaß zu einem *vertiefenden Gespräch* ist nach Hahn gegeben, wenn

- Unklarheit über die *Art* der Erkrankung,
- Unklarheit über die *Ätiologie* (Entstehung und Auslösung),
- Unklarheit über die *Einstellung des Patienten* zu der Erkrankung (Krankheitsverarbeitung und Compliance) vorliegen.

Die Grenzen zwischen Diagnostik und erster therapeutischer Strategie sind bereits verschwommen; die Analyse der Entwicklung der Beschwerden und die Präzisierung der *„auslösenden Situation“* haben bereits ein therapeutisches Gesicht. Hinzu kommt die Erkundung der Umstände des persönlichen sozialen Empfindens in Beruf, Familie und Gesellschaft. Auch die Frage nach der Selbstdeutung des Krankheitsgeschehens seitens des Patienten ist wesentlich.

Die Kenntnisse und Erfahrungen in Gesprächsführung und Anamneseerhebung und die kommunikationstheoretischen Überlegungen sind Voraussetzungen, um individualorientiert therapeutisch intervenieren zu können. Dies kann von Bedeutung sein für die supportive, nicht aufdeckende Therapie in akuten körperlichen Krisen oder bei chronischen körperlichen Erkrankungen. Es erleichtert auch die in Einzelfällen notwendige Sozial- und Milieutherapie.

Für den Bereich Deutschlands wurde hierfür der Begriff der psychosomatischen Grundversorgung entwickelt. Erst in diesem Rahmen kann dann die Indikation für eine Psychotherapie im engeren Sinne gestellt werden, die dann im Einzelfall tiefenpsychologisch oder analytisch orientiert sein kann. Für die individuelle therapeutische Situation hat sich abhängig vom Stadium der Erkrankung und der Isolation und Kränkbarkeit des Patienten auch der Einsatz von Entspannungsverfahren (z. B. autogenes Training, funktionelle Entspannung, progressive Muskelrelaxation) bewährt.

Wenn im Zusammenhang mit der Anamnese und dem ersten Gespräch nicht zuletzt durch die Art des Fragens deutlich geworden ist, daß zum Verständnis der Beschwerden mehr notwendig ist als die körperliche Untersuchung und die medizinisch-technischen Untersuchungsergebnisse, wird auch die Chance bestehen, daß der „psychosomatische" Patient mit dem Arzt und dem Therapeuten in einen Dialog gelangen kann. Der *Dialog* ist dann Voraussetzung dafür, daß die beim psychosomatischen Patienten schwierigen Aspekte von Emotionalität, Affektivität („Alexithymie"), Beziehungsschwierigkeiten mit Vereinsamung und Rückzug oder ständigen Konflikten eher angesprochen werden können. Für die Fortsetzung dieser Art von Dialog, der immer den biographischen Aspekt berücksichtigt, sind die theoretischen Voraussetzungen, wie sie in der psychoanalytischen Theorie und Methodik gewonnen wurden, wichtig, ohne daß das psychoanalytische Setting oder die Technik detailliert eingesetzt werden muß. Gerade bei diesen Patienten sind jedoch die Grundkenntnisse in den Fragen von Übertragung und Gegenübertragung, Regression, Widerstand und Abwehr in ihren verschiedensten Variationen von grundlegender Bedeutung. Erst dann kann erwartet werden, daß sich im dialogischen Gespräch etwas ergibt, was in eine andere Erfahrung mündet als die, die der Patient bisher gemacht hat *(korrigierende emotionale Erfahrung)*. Es werden hiermit Situationen mit dem Patienten angesprochen, die noch *vor* einer psychotherapeutischen Intervention oder längerfristigen Therapie liegen.

Gruppentherapeutische Verfahren

Die unterschiedlichen gruppentherapeutischen Verfahren haben in den letzten 20 Jahren eine breite Anwendung im Bereich der psychosomatischen Medizin erfahren. Hierbei gilt ebenso wie für die individualtherapeutische Situation, daß die klassische, analytisch orientierte Gruppentherapie nur bei gezielter Indikation eingesetzt wird. Darüber hinaus wurden zahlreiche modifizierte Gruppenverfahren und Methoden entwickelt, deren Einsatz häufig auch von Art und Umfang der somatischen Mitbeteiligung beeinflußt wird.

Das Erlernen von *Entspannungsmethoden*, wie z. B. autogenes Training oder funktionelle Entspannung, gelingt vielen Patienten in einer Gruppe besser. Der Erfahrungsaustausch im Zusammenhang mit der Entspannung des Körpers eröffnet neben dem Lernen durch Teilnahme und Austausch vielen Patienten eine andere Art der Kommunikation. Viele Patienten mit chronischen körperlichen Erkrankungen geraten häufig zunächst in eine soziale Isolierung, und für diese Patienten stellt das Angebot einer primär verbal orientierten Gruppentherapie häufig eine Überforderung dar. Die Entwicklungsmöglichkeiten, wie sie sich im Rahmen von Entspannungsgruppen ergeben, gelten auch in einer zweiten Stufe für *körperorientierte Verfahren* wie konzentrative Bewegungstherapie, Gestalttherapie und Bioenergetik.

Bei den *verbalen Gesprächsgruppen* haben sich bei psychosomatischen Patienten insbesondere die themenzentrierte Interaktion nach Cohn und daraus abgeleitete modifizierte Verfahren bewährt. Für die Patienten mit Organläsionen, d. h. chronischen somatischen Erkrankungen, ist die *krankheitsorientierte Gruppentherapie* mit verschiedenen methodischen Schwerpunkten sinnvoll. Dies gilt beispielsweise für Koronargruppen, bei denen primär diätetische, gymnastische und sportliche Übungen sowie Entspannungsübungen im Vordergrund stehen, bei denen dann aber die Dynamik eines Gruppenprozesses mit ihren kommunikativen und emotionalen Inhalten auch zum Tragen kommt. In derselben Weise gibt es Erfahrungen von Gruppen mit Rheumakranken, Patienten mit essentieller Hypertonie, Gruppen mit Diabetikern und Asthmatikern. All den genannten Gruppen ist gemeinsam, daß sich die teilweise oder überwiegende Anwesenheit des Arztes bewährt hat, im günstigen Fall unter Hinzuziehung eines Psychologen.

Selbsthilfegruppen spielen eine zunehmende Rolle und sollten von medizinischer Seite unterstützt werden. Ihr gemeinsames Merkmal sind die Selbstbetroffenheit und das Handeln in eigener Sache. Im Einzelfall kann auch im Rahmen von Selbsthilfegruppen das Bedürfnis nach ärztlich-medizinischer Beratung vorliegen. Hierbei sind als klassische Selbsthilfegruppe insbesondere die Anonymen Alkoholiker zu erwähnen, aber ebenso die Overeaters Anonymous (O.A.) und Emotional Anonymous (E.A.).

Im Einzelfall ist zu prüfen, ob sog. homogene Gruppen gebildet werden, d. h., die Gruppenteilnehmer haben das gleiche Krankheitsbild als gemeinsames Merkmal. Je mehr bei dem Patienten mit einem psychosomatischen Problem das psychische Krankheitsbewußtsein ausgeprägt ist, desto eher kann er Teilnehmer einer nichtkrankheitsorientierten, bezüglich der Krankheitsbilder inhomogenen Gruppe sein.

Familienorientiertes Vorgehen

Bei Patienten mit somatopsychischen oder psychosomatischen Erkrankungen (je nach Gewichtung) erweist sich der Einsatz familienorientierter Verfahren als günstig. Hierbei stellt die Familientherapie im engeren Sinn mit regelmäßig vereinbarten Gesprächen im Intervall nur eine spezielle Form dar. Sie hat bei einzelnen Krankheitsbildern eine hervorgehobene Bedeutung, so beispielsweise bei der Behandlung der Anorexie und der Bulimie. Je nach der Bedeutung des psychosomatischen Symptoms und seiner Auswirkungen auf den familiären Kontext finden die familienorientierten Verfahren ihre Anwendung. Hierzu ist in dem Gespräch mit dem Patienten die anamnestische Erarbeitung der Familiendaten und die Erhellung des familiären Beziehungsgefüges wichtig. Dies kann auch in Form einer familiensystemisch orientierten Einzeltherapie erfolgen und durch die Orientierung des Beziehungsgefüges anhand des Familienstammbaums oder der Besprechung von Familienregeln und -mythen vertieft werden.

Mit der Familientherapie verbindet sich die Überlegung, daß Krankheit immer Ausdruck einer Kommunikationsstörung ist, auch bei den klassischen psychosomatischen Erkrankungen wie z. B. Asthma bronchiale, Colitis ulcerosa und insbesondere Anorexia nervosa. Familientherapie bietet die Möglichkeit, den Austausch und die Veränderung von Regeln in einem festgefahrenen, nicht mehr entwicklungsfähigen Familiensystem zu überprüfen und abzuwandeln. Patienten mit funktionellen Beschwerden und/oder mit Organbeteiligung haben in der Vorstellung der Familientherapie die Funktion eines identifizierten Patienten, der die Verantwortung für das nichtfunktionierende Familiensystem übernimmt und damit eine zumindest vorübergehende Stabilisierung erreicht. Die Thematik dieser Familiengespräche wird folgende Begriffe und Konzepte berücksichtigen: Loyalität und Gerechtigkeit, Autonomie und Verstrickung, Trennung und Tod, bezogene Individuation, Bindung und Ausstoßung, Regeln und Mythen, Subsysteme in Familien, Mehrgenerationenperspektiven, Hierarchien und Machtverteilung sowie Lebenskrise und Lebenszyklus.

39. Sozialmedizin

H. Silomon

Absentismus

Bezeichnung für „Fehlen am Arbeitsplatz", aus welchen tatsächlichen und/oder bescheinigten Gründen auch immer, entschuldigt oder unentschuldigt. Wichtigste legitimierte Gründe: Krankheit bzw. Arbeitsunfähigkeit, Arbeitsunfall, Mutterschaft und Kur. Der A. drückt sich aus im prozentualen Anteil der Fehlenden am Gesamtkollektiv. Er ist wegen der Unterschiedlichkeit der Erfassungsmethoden nicht mit „Krankenstand" zu vergleichen.

Vgl. Blue-monday-Index, Krankenstand.

Absterbeordnung

Begriff aus der Demographie. Verteilung der Todesfälle auf die verschiedenen Lebensalter bzw. Geburtsjahrgänge. Hieraus errechnet sich die Lebenserwartung des Individuums.

Abstieg, sozialer

Wechsel des Status in einer sozialen Schicht durch Abstieg in eine tiefere Schicht. Soll durch moderne Sozialgesetzgebung, sofern zu vermeiden, als unzumutbar verhindert werden.

Vgl. Sozialstatus, Schicht, soziale.

Aggravation

Übertreibung von – vorwiegend subjektiven – Krankheitserscheinungen durch den Kranken, um den Arzt und die eigene Umgebung bewußt zu täuschen und um in den Genuß der mit der Krankenrolle verbundenen Vorteile zu gelangen. Wahrscheinlich häufiger als Simulation. Nachweis schwierig und deshalb unsicher.

Vgl. Krankenrolle, Simulation.

Aggression

„Angriffslustiges", zum Konflikt treibendes Verhalten gegen Artgenossen, das aus Frustration resultiert. Von Bedeutung im Rahmen der Streßtheorie, somit auch im Konzept bzw. Modell der streßbedingten Krankheiten.

Vgl. Frustration, Regression, Streß.

Akzeptanz

Maß für die Annahme von bzw. Beteiligung an Vorsorge-, Früherkennungs- oder Screeninguntersuchungen, aber auch für die Tolerierbarkeit von Tests, Fragebogen- oder Interviewerhebungen innerhalb der Epidemiologie oder der empirischen Sozialforschung. Hiervon hängen Ertrag und/oder Aussagefähigkeit der betreffenden Maßnahme ab.

Vgl. Sozialforschung, empirische, Epidemiologie, Ertrag.

Alkoholismus

Krankhafte und unkontrollierte Abhängigkeit von Alkohol, verbunden mit körperlichen und/oder psychischen Krankheitserscheinungen bei Entzug. Unter bestimmten Bedingungen als Krankheit mit der Rechtsfolge des Anspruchs auf Sozialversicherungsleistungen anerkannt, und zwar laut Urteil des BSG aus dem Jahre 1969.

Vgl. BSG-Urteil vom 17. 10. 69 (3 RK 82/66) und vom 15. 2. 78 (BSGE 46/41).

Anomie

Zustand des Verhaltens ohne Orientierung an vom Individuum anerkannten oder von außen vorgegebenen Normen. Von Bedeutung im Rahmen der Theorie abweichenden (asozialen) Verhaltens.

Vgl. Verhalten, abweichendes.

Anschlußheilverfahren

Heilverfahren als Frührehabilitation in einer Rehabilitationsklinik, im allgemeinen durch einen Rentenversicherungsträger unmittelbar nach der Behandlung in einem Akutkrankenhaus, z. B. bei Herzinfarkt oder Einsetzen einer Hüftgelenksendoprothese. Bei Anwendung in den geeigneten Fällen günstigere Ergebnisse als bei Spätrehabilitation. Leistung der Rentenversicherungsträger gem. § 10 SGB VI oder der Krankenkassen gem. §§ 40 und 111 SGB V. Nach § 4 Abs. 2 Rehabilitationsangleichungsgesetz ist die Einleitung der Maßnahme vorrangig vor Kompetenzabklärung usw.

Aufstieg, sozialer

Gegenteil von sozialem Abstieg, also Aufrücken in eine sozial höhere Schicht als die bisherige. Nicht von allen Individuen problemlos zu verarbeiten, deshalb in diesen Fällen Vorbedingung von psychisch induzierter Krankheit.
Vgl. Schicht, soziale.

Balint-Gruppe

Therapiegruppe von Ärzten, in der im Gespräch versucht wird, die Schwierigkeiten, welche sich für diese in der Therapie einzelner Patienten ergeben, durch Bearbeitung der Gegenübertragung zu lösen. Patienten sind in dieser Gruppe nicht vertreten.

Bedingung

Dasjenige, das etwas anderes möglich macht, aber nicht gesetzmäßig bzw. vorhersehbar wirkt. Von Bedeutung im Rahmen von Krankheitstheorie, Ätiologie und Pathogenese.

Befindlichkeitsstörungen

Mit subjektiven Beschwerden, Krankheitsgefühl und Krankheitsverhalten verbundene Zustände und Vorgänge, die durch objektive Befunde nicht oder nicht genügend erklärbar, aber glaubhaft sind. Da sie durch die kurative Medizin im allgemeinen nicht therapierbar sind, Interessensgebiet der Sozialmedizin.

Blindversuch

Ursprünglich Instrument im Rahmen der Therapiekontrolle bzw. Arzneimittelprüfung. *Einfacher B.:* Proband wird darüber in Unkenntnis gelassen, daß die Wirksamkeit einer Substanz an ihm geprüft wird, mindestens über deren Art und Zusammensetzung und die zu erwartende Wirkung.

Doppelter B.: Außer dem Probanden weiß auch der die Wirkung beobachtende Arzt nichts über das verabfolgte Medikament, u. U. auch Plazebo. In modifizierter Form auch anwendbar bei Studien im Bereich der Prävention und Rehabilitation, u. U. auch der empirischen Sozialforschung.
Vgl. Sozialforschung, empirische, Kontrollgruppe, Prävention und Rehabilitation.

Blue-monday-Index

Blauer-Montag-Index. Unterschied zwischen der Fehlzeitenrate eines Arbeitnehmerkollektivs infolge legitimierten Fehlens am Montag und am vorausgegangenen Freitag. Ursprünglich für Meßzahl der Arbeitsmoral gehalten. Beobachtungsrahmen und -grundlage: industrielle Arbeitsmarktlage in England zur Zeit der Vollbeschäftigung. Deshalb und wegen Abhängigkeit von zahlreichen anderen Variablen in seinem Aussagewert stark relativiert.
Vgl. Absentismus, Krankenstand.

Compliance

Arbeitsbündnis zwischen Patient und Arzt zum Zwecke der Bewältigung der Krankheitsprobleme. Annäherung von Patienten- und Therapeutenverhalten an ein optimales therapeutisches Ziel. Vorhandene Motivation, an der Behandlung bzw. Rehabilitation aktiv und nicht nur passiv teilzunehmen, d. h. mitzuwirken.

Coping

Englisch: to cope, sich messen, Herr werden. Dem Kranken helfen, mit der Krankheit, dem Arzt, den medizinischen Erfordernissen und Gegebenheiten, ebenso mit der durch Krankheit veränderten Lebenssituation in ein spannungsarmes Verhältnis zu gelangen.

Datenschutz

Technische und rechtliche Vorkehrungen zum Schutz personenbezogener, insbesondere medizinischer und sozialer Daten vor Kenntnisnahme und Mißbrauch durch Unbefugte. Die entsprechenden Bestimmungen können sozialmedizinische Untersuchungen erschweren bis unmöglich machen.
Vgl. Bundesdatenschutzgesetz (BDSG) vom 27. 1. 77, Bundesgesetzblatt Teil I vom 1. 2. 77, S. 215, Datenschutzgesetze der Länder, ferner §§ 67–96 SGB X.

Datenverarbeitung, elektronische (automatische)

Datenerfassung zum Zwecke der Informationsverwertung, -verwaltung, -auswertung und -flußkontrolle mittels elektronischer, also automatisierter Rechenanlagen. In der Sozialmedizin, insbesondere der Feldforschung, werden von großen Gruppen Daten erfaßt, die gespeichert werden müssen, um Korrelationen zwischen ihnen und anderen Daten rechnerisch zu überprüfen. Ohne elektronische Datenverarbeitung ist dies unmöglich.
Vgl. Datenschutz, Dokumentation, Feldforschung.

Delphi-Methode

Bei der Bearbeitung von methodisch schwer lösbaren bzw. unlösbar erscheinenden Problemen angewandte Expertenbefragung, besonders im Rahmen der Prognostik und der Futurologie.

Demographie

Erhebung, Fortschreibung und Bewertung von Daten über die Struktur der Bevölkerung in Verbindung mit medizinisch und sozial relevanten Daten.
Vgl. Mikrozensus.

Diagnosenschlüssel

Auflistung nach einem bestimmten Ordnungsprinzip gegliederter und mit einem Kode – mehrstellige Zahl – versehener Krankheiten bzw. Syndrome. Ermöglicht die Vornahme von Operationen mit Hilfe elektronischer Rechner. Es gibt z. Z. rund 33 000 verschiedene Bezeichnungen für Diagnosen und Syndrome. Der bekannteste Diagnosenschlüssel ist der sog. ICD-Schlüssel (International Classification of Diseases), der laufend aktualisiert wird.

Dienstleistungsgesellschaft

Entwicklungsstufe der Gesellschaftsform im Zuge der Industrialisierung. In der Industriegesellschaft sind die Erwerbstätigen in den Sektoren landwirtschaftliche Produktion, gewerbliche Güterproduktion, Dienstleistungen bereitstellende und informationsverarbeitende Wirtschaftszweige und öffentliche Einrichtungen beschäftigt. In den letztgenannten beiden Sektoren werden Dienstleistungen erbracht. Sie sind in der Dienstleistungsgesellschaft stark vertreten. Die Annahme, daß die Dienstleistungserbringung das bestimmende Merkmal der Gesellschaftsform schon sei oder es bald sein werde, scheint sich vorerst nicht zu bestätigen.
Vgl. Gesellschaft, Gesellschaft, paternalistische, Industriegesellschaft, Leistungsgesellschaft, Überflußgesellschaft, Verteilungsgesellschaft.

Distreß

Streß mit Hormonaktivierung über das „erwünschte“ Maß hinaus, ohne adäquate Möglichkeit des Abreagierens bzw. der „Abfuhr“. Bedeutung als Risikofaktor.
Vgl. Risikofaktor, Streß.

Dokumentation

Im wissenschaftlichen Sinne: Sammlung, Ordnung, Speicherung und Wiederzugänglichmachung von Dokumenten, also auch von solchen mit medizinischen und/oder sozialen Daten. Sofern die Dokumentation auf EDV-Basis angelegt und deren Verarbeitungsmethoden zugänglich ist, nennt man sie Datei.

Drogenabhängigkeit

Abhängigkeit von Substanzen, welche die Eigenschaft haben, Sucht zu erzeugen. Unter Drogen verstehen wir hier insbesondere Medikamente und sog. Rauschdrogen, während Nicotin und Alkohol eine gewisse Sonderstellung einnehmen. Sucht bzw. Abhängigkeit besteht darin, daß psychische und/oder physische Entzugserscheinungen bei gewollter oder erzwungener Abstinenz auftreten. Von psychischer Abhängigkeit wird gesprochen, wenn das unwiderstehliche Verlangen nach einer weiteren periodischen oder dauernden Einnahme der Droge, um Lust zu erzeugen oder Unbehagen zu vermeiden, den Süchtigen beherrscht. Physische Abhängigkeit liegt vor, wenn bei Nichteinnahme der Droge Erscheinungen wie z. B. Übelkeit, Händezittern und Kreislaufregulationsstörungen auftreten.
Seit dem Urteil des BSG vom 17. 10. 1969 (3 RK 82/66) und demjenigen vom 15. 2. 78 (BSGE 46/41), dem sog. „Trinkerurteil“, *kann* Alkoholabhängigkeit, also Sucht, unter bestimmten Bedingungen einen Anspruch auf Behandlung und nachfolgende Rehabilitation als Leistung aus der Gesetzlichen Krankenversicherung und Rentenversicherung begründen. In praxi wird bei Drogenabhängigkeit analog verfahren, obwohl ein „Drogenurteil“ in diesem Sinne bisher nicht ergangen ist. In den entsprechenden, d. h. nicht von vornherein als aussichtslos einzustufenden Fällen *können* zunächst die Krankenkassen zur Beseitigung unmittelbarer Krankheitserscheinungen wie ausgebrochenem oder drohendem Entzugsdelir eine „Entgiftung“ von bis zu etwa 6- bis 8wöchiger Dauer als Krankenhausbehandlung oder Maßnahme in einer Spezialeinrichtung gewähren. Anschließend *kann* der jeweils zuständige Rentenversicherungs- bzw. Rehabilitationsträger eine stationäre „Entzugs“- oder „Entwöhnungskur“ von mehrmonatiger Dauer als Rehabilitationsmaßnahme bewilligen.

Da die verbreitete Drogenabhängigkeit in erheblichem Maße von der geltenden Gesellschaftsordnung abhängt, ist sie an der Berührungsstelle zwischen Gesellschaft und Medizin zu lokalisieren und damit ein Gegenstand des Interesses der Sozialmedizin. Das Problem der Drogenabhängigkeit ist im Einzelfall und in der Summe der Fälle mit dem Instrumentarium der Medizin allein weder zu beschreiben und zu definieren noch zu lösen, sondern nur interdisziplinär in Zusammenarbeit zwischen Ärzten und den Vertretern anderer Disziplinen, d. h. Psychologen, Soziologen, Sozialarbeitern und -pädagogen.
Vgl. Selbsthilfegruppen, Sucht.

Effektivität

Wirksamkeit überhaupt, nicht nur von medizinischen Maßnahmen, sondern auch von gesundheitlichen und sozialpolitischen.
Vgl. Effizienz, Ertrag, Kosten-Nutzen-Analyse.

Effizienz

Wirksamkeit einer Maßnahme im Vergleich zu den aufgewandten Mitteln.
Vgl. Effektivität, Gesundheitsökonomie, Kosten-Nutzen-Analyse.

Entfremdung

Problematisierung des Verhältnisses des Menschen insbesondere zur Arbeit in der Industriegesellschaft, vornehmlich infolge fehlender Sinnhaftigkeit, mangelnder Identifikation mit der Arbeit und deren Produkt und infolge zu geringer Selbstverwirklichungschancen.
Vgl. Industriegesellschaft.

Epidemiologie

Lehre von den „über das Volk kommenden" Krankheiten, ursprünglich von den verbreiteten Infektionskrankheiten. Nach deren Rückgang Lehre von den verbreiteten nichtansteckenden Krankheiten, insbesondere von den multifaktoriellen Zivilisationskrankheiten. Teilgebiet der Sozialmedizin mit spezifischen Arbeitsmethoden, vor allem der Feldforschung. Die Epidemiologie versucht, durch Untersuchung großer Gruppen von Kranken und/oder Gesunden Kenntnisse über die Verbreitung und die Verteilung von Krankheiten oder Krankheitsrisiken in der Bevölkerung und in deren einzelnen Gruppen und Schichten zu gewinnen. Sie untersucht also von einzelnen Krankheiten deren Inzidenz, Prävalenz, Morbidität und Mortalität. Aus der Entwicklung der gewonnenen Daten und aus deren Korrelation mit anderen Merkmalen sucht sie, ein Modell der Ätiologie von Krankheiten zu entwickeln mit dem Ziel, Ansatzpunkte für deren Verhütung zu erkennen. Für die wichtigsten Krankheiten, die Gegenstand epidemiologischer Forschung sind, liegen inzwischen Modelle vor.
Vgl. Interventionsstudie, Longitudinalstudie, Feldforschung, Prävention, Prospektivstudie, Querschnittstudie, Zivilisationskrankheiten, multifaktorielle.

Ertrag

Erfolg etwa einer präventiven oder rehabilitativen Maßnahme insgesamt, z. B. Minderung der Mißgeborenenrate, Zahl der tatsächlichen Überlebensjahre gegenüber den statistisch zu erwartenden.
Vgl. Kosten-Nutzen-Analyse.

Escaper

„Entkommer", durch individuelles oder überindividuelles Risiko Bedrohte, bei denen aber das zu befürchtende Ereignis in Form zu erwartender Krankheit, z. B. Leberzirrhose infolge Alkoholmißbrauch oder Herzinfarkt infolge von Streß, nicht eintritt.
Vgl. Zivilisationskrankheiten, multifaktorielle.

Evaluation

Die Gesamtheit der Methoden zur Bewertung der Wirksamkeit einer Methode bzw. Maßnahme.

Fallkontrollstudie

Instrument der Epidemiologie. Bildung einer Gruppe mit manifester Krankheit und bestimmtem anthropologischem und sozialem Merkmal, hiernach Bildung einer gleichen Gruppe, aber ohne diese Krankheit. Hiernach Vergleich bestimmter Merkmale beider Gruppen vor Eintritt in die Kontrollgruppe. Bei Unterschieden zwischen beiden Gruppen liegt die Vermutung eines ätiologisch wirksamen Faktors nahe.

Feasibility-Studie

Studie zur Überprüfung der „Machbarkeit" einer Feldstudie, besonders deren Organisierbarkeit. Eine solche Studie wird also vor der eigentlichen Feldstudie vorgenommen.

Feldforschung

Methode der Sozialmedizin, angewendet insbesondere in der Epidemiologie und in der empirischen Sozialforschung. In der Epidemiologie dient sie der Erforschung der multifaktoriellen nichtinfektiösen Zivilisationskrankheiten, zu denen sie ätiologische Modelle erarbeitet. Ferner liefern ihre Ergebnisse Leitdaten für die Gesundheitspolitik. In der empirischen Sozialforschung wird die Feldforschung angewendet, um Risikofaktoren zu definieren, die in gesellschaftlich bedingten bzw. induzierten gesundheitsschädlichen Verhaltensweisen bestehen und deshalb ätiologisch bedeutsam sind oder sein können. Die Feldforschung wird nicht an Kollektiven von Kranken betrieben, da diese deshalb vorselektiert sind, weil sie die Medizin in Anspruch nehmen, sondern an Gruppen von Menschen, die von einer Größe und einer Zusammensetzung sind, daß aus den Untersuchungsergebnissen verallgemeinerungsfähige Schlüsse zu ziehen sind. Die Feldforschung erhebt dabei medizinische und andere Daten und Fakten, deren Korrelation sie mit mathematisch-statistischen Methoden unter Einbeziehung der EDV prüft.

Die Befunde in Form von Meßdaten, Krankheitssymptomen oder Risikofaktoren und -indikatoren werden durch Tests, u. U. „Testbatterien" und durch das Instrument des Fragebogens erhoben. Ggf. wird auch zu anderen Zwecken erhobenes, aber hier brauchbares statistisches Material in die Untersuchung einbezogen.

Ziele der Feldforschung sind Häufigkeit und Verteilung von Krankheiten in der Bevölkerung, Veränderungen dieser Merkmale in der Zeit, Formulierung und Testung ätiologischer Hypothesen, die letztlich der Prävention dienen. Die angewandten Untersuchungsmethoden müssen reliabel, spezifisch und sensibel sein, gleichzeitig akzeptabel und ökonomisch. Untersuchungen mit den Methoden der Feldforschung sind sehr teuer. Deshalb bedürfen sie einer sorgfältigen Planung, wobei das zu erforschende Problem überhaupt und die jeweilige Fragestellung definiert werden müssen und die Durchführbarkeit der Studie vorab getestet werden muß. Ihrer Art nach werden folgende Studien unterschieden: Kohortenstudie, Fallkontrollstudie, Pro- und Retrospektivstudie, Längs- und Querschnittstudie.

Finden sich überzufällige Zusammenhänge zwischen einem vermutlich ätiologisch wirksamen Faktor und dem Vorkommen der darauf zurückgeführten Krankheit, so ist der Beweis der Wirksamkeit dieses Faktors nicht erbracht, sondern nur ein Zusammenhang möglich bis wahrscheinlich – wogegen eine statistisch nicht signifikante Korrelation die ätiologische Wirksamkeit des untersuchten Faktors ausschließt. Der nächste Schritt zur Erforschug der Entstehung der untersuchten Krankheit ist die Erforschung der Abläufe von Vorgängen im Organismus, die durch den ätiologischen Faktor in Gang gesetzt werden und zur Ausformung der Krankheit führen, also die Formulierung eines pathophysiologischen Modells. Dies ist aber nicht Aufgabe der Feldforschung, ebensowenig wie die Therapie des einzelnen Kranken.

Vgl. Sozialforschung, empirische, Epidemiologie, Feasibility-Studie, Modell, Risikofaktor, Zivilisationskrankheiten.

Filteruntersuchungen

Auch Screening-Untersuchungen genannt. Organisierte Untersuchungen von (Ziel-) Gruppen, um latent Kranke und/oder Risikoträger „herauszufiltern". Bei den Gruppen kann es sich sowohl um offenkundige Krankheitsgefährdete handeln als auch um anscheinend Gesunde, bei denen die Motivation zur Teilnahme allerdings schwierig zu erreichen ist.

Vgl. Prävention, Screening, Vorsorge.

Fragebogen

Untersuchungsinstrument zur Anamnesenerhebung und zur Feldforschung mittels standardisierter Fragen. Erfassen von Daten, Meinungen, Erwartungen u. a. m. Ermöglicht Erhebungen an großen Gruppen in relativ kurzer Zeit.

Vgl. Epidemiologie, Feldforschung.

Framingham-Studie

Epidemiologische prospektive Langzeitstudie an rund 5000 Personen über 15 Jahre in Framingham (USA). Beobachtung insbesondere der Risikofaktoren: Hypertonie, Hypercholesterinämie, Erhöhung von β-Lipoproteinen und Triglyceriden. Hiernach Entwicklung eines Modells der ischämischen Herzkrankheiten.

Freizeitverhalten

Das Verhalten des Menschen in seiner Freizeit und sein Umgang mit ihr sind von hoher Bedeutung für seine Gesundheit. Nach den in den Jahren etwa seit 1950 schrittweise

erfolgten Verkürzungen der täglichen Arbeitszeit bei gleichzeitiger Verlängerung der Urlaubszeiten, ebenso aber nach der in den letzten Jahren für viele eingetretenen Verkürzung der Lebensarbeitszeit hat die Freizeit für die meisten Menschen rein rechnerisch zugenommen. Es ist die Zeit, in der sie ihrer Erwerbstätigkeit nicht nachgehen müssen und die sie zu ihrer Erholung verwenden könnten und sollen, und zwar während des Erwerbslebens ebenso wie im Pensions- oder Rentenalter. Dies wird den Menschen teils erschwert, teils haben sie es noch nicht gelernt. Zu den Erschwernissen rechnen wir die Erfüllung familiärer und häuslicher Pflichten, soziale Pflichten, aber auch andere gesellschaftliche Zwänge.
In der Freizeit werden zahlreiche Aktivitäten verschiedenster Form gepflegt, die teilweise mit Anstrengungen („Streß") oder mit unsinnigem Leerlauf („Frust") verbunden sind. Dies gilt nicht nur für das Ausfüllen der täglichen und wochenendlichen Freizeit, sondern auch für die Urlaubsgestaltung. Die Bemühungen, die Menschen zu sinnvoller und erholsamer, im vernünftigen Umfange aktivierender Freizeitgestaltung zu motivieren und anzuleiten, ohne Überernährung, zusätzlichen Bewegungsmangel, ohne Streß, Frust, Nicotin- und Alkoholabusus, haben bisher noch nicht zu befriedigenden Ergebnissen geführt. Sie sind den Bereichen Gesundheitserziehung und Prävention zuzurechnen. Wenn es gelänge, das nicht unerhebliche Potential an Freizeit tatsächlich sinnvoll, in diesem Sinne gesundheitsfördernd zu nutzen, so wäre hiervon ein bedeutender Effekt zu erwarten. Weil das Freizeitverhalten in hohem Maße durch gesellschaftliche Strukturen und Zwänge bestimmt wird und gleichzeitig medizinisch relevant ist, stellt es ein interdisziplinär zu bearbeitendes sozialmedizinisches Problem dar.
Vgl. Gesundheitserziehung, Prävention.

Früherkennungsuntersuchungen

s. Prävention, Vorsorgeuntersuchungen

Frustration

Unmöglichkeit bzw. Hinderung daran, sich einen elementaren Wunsch zu erfüllen, seinem Affekt nachzugeben oder ein existentielles Bedürfnis zu befriedigen, also Verzicht, führt zur unterdrückten oder ausgelebten Aggression, die zur Frustration wird, wenn sie nicht adäquat abreagiert werden kann. Die moderne industrielle Arbeitswelt ist häufig mit Frustration verbunden, die sich in Streß umsetzt und insofern in der Theorie der Zivilisationskrankheiten von Bedeutung ist.
Vgl. Streß, Zivilisationskrankheiten.

Gesellschaft

Ein häufig verwendeter, mißbrauchter und leicht mißverständlicher Begriff. Synonym – u. E. plastischer – ist der Ausdruck *Sozialstruktur*. Durch ihn wird zum Ausdruck gebracht, daß die Menschen als Individuen und als Angehörige von wie auch immer definierten Gruppen ihre gegenseitigen Beziehungen und ihr Handeln und Verhalten mit- und gegeneinander bündeln und gestalten, ihnen also eine Struktur geben. Diese Strukturierung erfolgt nach bestimmten Prinzipien und ist verfügbar, somit in ständigem Wandel begriffen. Zur Gesellschaft sind demnach auch die Menschen zu rechnen, die diese Strukturen gestalten und unter ihnen leben.
Vgl. Dienstleistungsgesellschaft, Gesellschaft, paternalistische, Industriegesellschaft, Leistungsgesellschaft, Überflußgesellschaft, Verteilungsgesellschaft.

Gesellschaft, paternalistische

Häufig verwendete, jedoch unscharfe Bezeichnung für eine Gesellschaftsform, deren Strukturen in erheblichem Maße durch Verhaltensmuster, also durch Autorität und zugestandene Rechte und Einflußnahme der Männer, besonders der älteren und alten, bestimmt waren. Mit dem Schwinden bäuerlicher Strukturelemente und der Zunahme der Industrialisierung ist ein Rückgang paternalistischer Strukturmerkmale der Gesellschaft verbunden.
Vgl. Dienstleistungsgesellschaft, Industriegesellschaft, Leistungsgesellschaft, Überflußgesellschaft, Verteilungsgesellschaft.

Gesundheit

Ein existenter, jedoch nicht allgemein verbindlich definierbarer, aber definitionsbedürftiger Begriff, je nach dem verwendeten Bezugsrahmen zu interpretieren und zu bestimmen.
Die immer wieder als „offiziös" anerkannte Definition ist diejenige der WHO, wonach Gesundheit der „Zustand vollkommenen körperlichen, seelischen und sozialen Wohlbefindens und nicht allein das Fehlen von Krankheit und Gebrechen" ist. Sie hat sich als wenig brauchbar erwiesen.

Nach dem Verständnis der Sozialmedizin ist die Grenze zwischen „gesund“ und „krank“ bzw. „Gesundheit“ und „Krankheit“ prinzipiell unscharf und läßt sich Gesundheit nicht als Summe oder Profil diagnostischer Meßdaten definieren, deren Normalität ohnehin problematisch ist. Die Entscheidung über „gesund“ oder „krank“ kann heute das Individuum weitgehend frei und subjektiv nach seinem Befinden treffen. Dies hängt wiederum anerkanntermaßen von seiner psychischen Konstitution und Situation und von seiner sozialen Lage ab. Krankheit ist heute nicht nur ein medizinischer Begriff, sondern auch ein juristischer. Er ist ebensowenig wie Gesundheit per Gesetz definiert, sondern durch die Rechtsprechung. Sie hat in zahlreichen Entscheidungen festgelegt, unter welchen Bedingungen medizinisch regelwidrige Zustände und Vorgänge insoweit die Eigenschaft von Krankheit haben, daß sie krankheitsbedingte Ansprüche auf Sozialversicherungsleistungen begründen, mit der weiteren Folge, daß bei den Betreffenden Krankheit vorliegt, Gesundheit also mindestens nur in bedingtem Grade.
Gesundheit in reiner Form ist wohl nur selten anzutreffen; ebenso können wir bei der Annahme von Gesundheit nie sicher sein, daß Krankheit überhaupt nicht oder im Frühstadium oder daß eine Übergangsform von Gesundheit zu Krankheit vorliegt. Deshalb ist Gesundheit ein relativer Begriff. Als relative Gesundheit betrachten wir auch unnormale Zustände und Vorgänge, bei denen die davon Betroffenen trotzdem die Rolle eines Gesunden zu spielen vermögen.
Vgl. Krankheit.

Gesundheitserziehung

Gesundheitserziehung geht von der ausreichend gesicherten Annahme aus, daß Krankheit im allgemeinen und die sog. multifaktoriellen Zivilisationskrankheiten im besonderen in erheblichem Grade durch gesundheitsschädigendes Verhalten der Menschen verursacht bzw. mitverursacht werden und somit durch Änderung dieses Verhaltens prizipiell wenn nicht zu verhüten, so doch zu mindern sind. Diese Verhaltensänderungen herbeizuführen ist das Ziel der Gesundheitserziehung, die somit der Prävention zuzuordnen ist. Gesundheitsschädigende Verhaltensweisen sind vor allem: Überernährung, Nicotin- und Alkoholkonsum bzw. -mißbrauch, Bewegungsmangel, unzweckmäßiges Freizeitverhalten. Den Menschen zum Ablegen dieser Verhaltensweisen und zu gesundheitsfördernder Lebensweise zu motivieren ist deshalb schwierig, weil gesundheitsschädigendes Verhalten zunächst im allgemeinen angenehm ist, weil es in soziale Zwänge eingebunden ist und weil die Techniken zur Beeinflussung des Menschen in diesem Sinne noch verbesserungsbedürftig sind. Wahrscheinlich ist bei vielen Krankheiten deren Verhütung durch Gesundheitserziehung effizienter als Behandlung und Rehabilitation nach ihrem Ausbruch.

Gesundheitsindikatoren

Meßzahlen des Gesundheitszustands einer Bevölkerung als Ausdruck der Effektivität des Gesundheitswesens, z. B. Sterblichkeit der Mütter und Säuglinge, Sterblichkeit an medizinisch beeinflußbaren Krankheiten.

Gesundheitsökonomie

Anwendung der Methodik der Ökonomie auf das Gesundheitswesen. Prüfungen gesundheitlicher Maßnahmen und Studien zur Effizienz des Gesundheitswesens. Auch die Sozialmedizin bedient sich der Methoden der Gesundheitsökonomie. Diese untersucht in diesem Zusammenhange die Mengen der im Gesundheitswesen eingesetzten personellen, finanziellen und technologischen Ressourcen, ihre Aufbringung und ihre Verteilung. Sie prüft deren Effizienz in den Bereichen präventiver, kurativer und rehabilitativer Maßnahmen. Die methodischen Schwierigkeiten bestehen vor allem darin, die aufgewendeten Kosten von den für ähnliche oder angrenzende Zwecke erbrachten abzugrenzen, also diese exakt zu ermitteln. Ein weiteres Erschwernis ist der Umstand, daß Erfolgsparameter unter Umständen schwer zu definieren sind und daß imponderable Ergebnisse – z. B. Lebensfreude, Minderung von Leid – rechnerisch nicht zu erfassen sind.
Vgl. Effektivität, Effizienz.

Grund

Ein Urteil oder ein Gedanke, aus dem die Folge hervorgeht, nicht zu verwechseln mit Ursache.
Vgl. Ursache.

Hawthorne-Experiment

In Hawthorne (USA) 1953 vorgenommenes Experiment: Arbeiterinnen arbeiteten unter besten ebenso wie unter schlechtesten Arbeitsbedingungen mit besseren Ergebnissen als die unter Durchschnittsbedingungen Arbeitenden. Wie man annimmt, fühlten sie sich allein durch die Beobachtung und Beachtung stimuliert.

Hochrechnung
Methode zur Vorhersage von Entwicklungen, z. B. von Kosten, Erträgnissen, Nachfragen oder Bevölkerungsbewegungen unter Berücksichtigung vorgegebener Werte. Von Bedeutung bei Planungen im Gesundheitswesen.

Hypothese
Wohlerwogene, begründete Annahme, Vorstufe einer Theorie.
Vgl. Epidemiologie, Feldforschung, Statistik, Theorie.

Identität
Im Laufe der Entwicklung zum sozialen Individuum (Sozialisation) anzustrebende weitgehende Übereinstimmung zwischen dem, „was man selbst ist, was man gerne sein möchte und als was man gerne gelten würde", und dem, was man sein soll und was von einem erwartet wird.

Indikator
Anzeiger für etwas qualitativ nicht oder nur schwer Meßbares.
Vgl. Gesundheitsindikatoren, Risikoindikatoren.

Industriegesellschaft
Moderne Gesellschaftsform mit den hervortretenden Merkmalen: Massenwohlstand, Mobilität, sich beschleunigender sozialer Wandel, steigendes Bedürfnis nach sozialer und gesundheitlicher Sicherung.
Vgl. Dienstleistungsgesellschaft, Gesellschaft, Gesellschaft, paternalistische, Leistungsgesellschaft, Überflußgesellschaft, Verteilungsgesellschaft.

Interdisziplinarität
Die komplexen Interessensgegenstände der Sozialmedizin erfordern zu ihrer Bearbeitung das Tätigwerden von Disziplinen der Naturwissenschaften und von solchen der Geisteswissenschaften. Interdisziplinäre Forschung untersucht einen Gegenstand mit verschiedenen Methoden und kommt demgemäß zu unterschiedlich dokumentierbaren Ergebnissen. Diese müssen von den beteiligten Disziplinen zu einem gemeinsam erarbeiteten und getragenen Modell zusammengefügt und auch für Fachfremde verständlich dargestellt werden. Umgekehrt bedeutet Interdisziplinarität, daß ein Spezialist als Beherrscher bestimmter Methoden auch außerhalb seines Fachgebiets auf anderen Gebieten tätig wird.

Internalisierung
Freiwillige und selbstverständliche Vereinnahmung äußerer Verhaltenserwartungen in das eigene Verhaltensrepertoire.

Interventionsstudie
Studie im Rahmen der Epidemiologie, vornehmlich um Hypothesen zur Krankheitsentstehung und -verhütung zu testen, indem die Exposition gegenüber einem vermuteten ursächlichen Faktor geändert und hiernach die Inzidenz beobachtet wird.
Vgl. Epidemiologie, Inzidenz.

Interview
Untersuchungsmethode im Rahmen der Feldforschung, entweder durch offene oder durch standardisierte Fragen, heute auch schon durch Vorgabe der Fragen auf Bildschirm möglich. Vor allem zur Erhebung von Meinungen, Einstellungen und Erwartungen geeignet. Dokumentierung auf Fragebogen.
Vgl. Epidemiologie, Feldforschung.

Inzidenz
Neuerkrankungsziffer. Zahl der in einem bestimmten Zeitraum von einer Krankheit befallenen Personen im Verhältnis zu den Nichterkrankten, also Meßzahl des Zugangs. Teilfaktor der Morbidität.
Vgl. Morbidität, Prävalenz.

Klasse
Begriff der Gesellschaftswissenschaften, insbesondere der marxistisch orientierten. Einteilungsprinzip innerhalb der gesellschaftlichen Strukturen. In der Sozialmedizin nicht von wesentlicher Bedeutung, im Gegensatz zu Schicht.
Vgl. Gesellschaft, Schicht.

Klinifizierung
Die Umwandlung eines primär nicht medizinischen, sondern im allgemeinen eines sozialen Problems in ein medizinisches. Zum Beispiel wird aus einem arbeitsrechtlichen Streitfall eine Gastritis oder ein HWS-Syndrom abgeleitet. Historisch entstanden durch Fortentwicklung der Sozialversicherung.

Kohorte, Kohortenstudie

Begriffe der epidemiologischen Forschung. Eine Kohortenstudie ist eine prospektive Langzeitstudie an einer Kohorte, nämlich an einer Gruppe von (fast) Gleichaltrigen, die vermutlich dem gleichen Krankheitsrisiko ausgesetzt sind und bei denen das Auftreten oder Nichtauftreten einer bestimmten Krankheit erwartet und gemessen wird.
Vgl. Epidemiologie.

Konflikt

Auseinandersetzungen, Spannungen, Gegnerschaften, Gegensätzlichkeiten, Streitereien und Kämpfe, die mit unterschiedlichen Methoden und Gewaltanwendungen zwischen einzelnen und organisierten Individuen über ideelle oder materielle Werte ausgetragen werden. Nach Meinung der Medizinsoziologie werden viele mikro- und makrosoziale Konflikte, weil sie in unserer Gesellschaftsform nicht anders ausgetragen werden können, in Krankheit, d. h. durch Übernahme der Krankenrolle, umgeleitet.

Kontext

Aus dem angloamerikanischen gesellschaftswissenschaftlichen Schrifttum ins Deutsche übernommen: sozialer Zusammenhang, soziales Umfeld, Rahmen- bzw. Randbedingungen, unter denen ein Handeln erfolgt.

Kontrollgruppe

Gruppe, die sich von einer anderen in eine epidemiologische Untersuchung einbezogene Gruppe dadurch unterscheidet, daß die zu untersuchenden Merkmale in ihr so normal verbreitet sind wie in der Bevölkerung schlechthin. Aus den Vergleichen der Gruppen ergeben sich die Resultate der Untersuchung.

Kosten-Nutzen-Analyse

Auch „cost-benefit-analysis". Untersuchungen über das Verhältnis der für eine gesundheitlich wirksame Maßnahme aufgewendeten Kosten zu dem dadurch erzielten Nutzen. Die Effizienz einer Maßnahme ist um so größer, je niedriger der Quotient ist. Berechnungen sind methodisch schwierig, weil die totale Erfassung der Kosten wegen Abgrenzungsschwierigkeiten nicht möglich ist, weil außer finanziellen Ressourcen auch andere in Anspruch genommen werden, weil Parameter oder Indikatoren, an denen sich der Nutzen ablesen läßt, problematisch sind und weil auch Nutzen von unsubstantiellem Charakter erzielt wird, der nicht zu operationalisieren ist.
Vgl. Effektivität, Effizienz, Gesundheitsökonomie.

Krankenrolle

Von Parsons dahingehend definiert, daß der Kranke von der Verpflichtung, etwas zu leisten, und von der Verantwortung für seinen Zustand zu befreien ist, den Willen zum Gesundwerden haben muß und dafür Anspruch auf Hilfe hat, diese Hilfe aber auch anzunehmen verpflichtet ist. Dies „klassische" Modell ist inzwischen relativiert, da sich seit Parsons die Rahmenbedingungen des Krankseins geändert haben und sich das Modell auch umkehren läßt: Wer nichts leisten will, muß krank sein.
Vgl. Patientenkarriere, Patientenlaufbahn.

Krankenstand

Prozentualer Anteil der wegen vom Arzt festgestellter und bescheinigter Krankheit am Arbeitsplatz Fehlenden. Als Gesamtkollektiv liegt dabei die Anzahl derjenigen zugrunde, die als Sozialversicherte Anspruch auf Entgeltfortzahlung im Krankheitsfalle haben (Krankenstand der Gesetzlichen Krankenversicherung, also der Krankenkassen), oder die Gesamtheit der Beschäftigten eines Betriebs (betrieblicher Krankenstand).
Die Literatur zum Krankenstand ist unübersehbar. Wegen großer Schwierigkeiten bei der exakten Erfassung der Krankenstände und bei der Interpretation von deren Ergebnissen ist das Thema „Krankenstand" in der Diskussion in den Hintergrund getreten; dennoch werden die Krankenstände weiterhin regional und überregional ermittelt und laufend beobachtet.
Vgl. Absentismus, Blue-monday-Index.
Quellen: Geschäftsberichte der Krankenkassen, Hauptergebnisse der Arbeits- und Sozialstatistik, jährlich veröffentlicht vom Bundesministerium für Arbeit und Sozialordnung.

Krankheit

Ebenso wie Gesundheit ein definitionsbedürftiger, aber nicht allgemeinverbindlich zu definierender Begriff, abhängig vom angewendeten Bezugsrahmen, am ehesten in Form eines Modells zu beschreiben. Krankheit und Gesundheit gehen fließend ineinander über und schließen sich nicht aus, sind also keine dichotomen Begriffe. Krankheit hat außer medizinischer auch eine versicherungsrechtliche und soziologische Qualität. Deshalb kann sie mit den Methoden dieser drei Disziplinen untersucht bzw. definiert und mit deren Nomenklaturen beschrieben werden. Die drei Definitionen überlagern sich und sind insoweit identisch. An den Rändern des Begriffsspektrums ist dies nicht der Fall.

Die klinische Medizin hat zur Definition von Krankheit vornehmlich mit den Methoden der Naturwissenschaften, speziell der Physik und Chemie, erarbeitete Fakten beigetragen. Der Rechtswissenschaft, hier den Sozialrechtlern, geht es nicht um die Beschreibung des Wesens von Krankheit, vielmehr um das gemeinsam mit Ärzten vorzunehmende Herausarbeiten von Krankheitsmerkmalen, an die sich Rechtsfolgen anknüpfen: Anspruch auf medizinische Leistungen aus der Sozialversicherung, auf Entlastung, auf die Freistellung von Rollenverpflichtungen oder auf nichtmedizinische Sozialversicherungsleistungen, die aufgrund medizinisch definierter Tatbestände gewährt werden. Die Gesellschaftswissenschaften untersuchen und beschreiben Krankheit vornehmlich unter dem Gesichtswinkel, inwieweit gesellschaftliche Strukturen von Einfluß auf Enstehung und Ausformung von Krankheit sind, dies vor allem unter den Aspekten der Rollentheorie und der Theorie abweichenden Verhaltens. Den Sozialmediziner interessiert Krankheit darüber hinaus als interdisziplinäres Problem und als in Form eines Modells zu beschreibendes Phänomen.

Im übrigen: Krankheit ist nach der Definition des Reichsversicherungsamts aus dem Jahre 1898 ein „regelwidriger Körper- oder Geisteszustand, der ärztlicher Behandlung bedarf und zugleich oder ausschließlich Arbeitsunfähigkeit zur Folge hat". Diese Definition ist im wesentlichen unangetastet; höchstens hat sie das Bundessozialgericht dahingehend ergänzt, daß regelwidrig jeder Zustand ist, der „von der durch das Leitbild des gesunden Menschen geprägten Norm abweicht" (BSGE 26, 240; 32, 245; 35, 10). Allerdings hat die Sozialgerichtsbarkeit bei einer Reihe von unnormalen Zuständen und Vorgängen, denen vorher die Eigenschaft von Krankheit im Rechtssinne nicht zugebilligt worden war, festgestellt, daß auf diese der Krankheitsbegriff des Sozialrechts anwendbar sei, z. B. Alkoholabhängigkeit, Neurose.

Vgl. Gesundheit, Interdisziplinarität, Modell, Rolle, Verhalten, abweichendes.

Krankheitsarten-, Krankheitsursachen- und Sterblichkeitsstatistik

Vom Bundesministerium für Arbeit und Sozialordnung in der jetzigen Form ab 1979 jährlich veröffentlichte amtliche Statistik. Die Erhebung ist repräsentativ und stützt sich auf die Daten einer genügend großen Anzahl von Orts-, Betriebs-, landwirtschaftlichen und knappschaftlichen Krankenkassen. Ab 1986 Pflichtstatistik für alle Kassenarten, also auch für die bisher nicht beteiligten Angestelltenersatzkassen.

Krankheitspanorama

Von Berg 1954 geprägter Ausdruck für die Verteilung und das Erscheinungsbild von Krankheit bzw. Krankheiten, von dem er erkannte, daß es sich in der Nachkriegszeit gegenüber der Vorkriegs- und Kriegszeit gewandelt hatte.
Vgl. Epidemiologie.

Kybernetik

Wissenschaft von den Steuerungsvorgängen. Theorie der geregelten dynamischen Systeme, die auf der Angleichung von Ist-Werten an Soll-Werte beruhen. Informationsflüsse und Steuerungsmechanismen werden im kybernetischen Modell dargestellt und überprüft. Da sich nicht nur die normale und die pathologische Physiologie mit Steuerungsvorgängen beschäftigt, sondern weil auch in sozialen Systemen Rückkopplungsvorgänge von Bedeutung und somit zu untersuchen sind, spielen auch in der Sozialmedizin kybernetische Modelle eine Rolle, insbesondere zur Darstellung und Überprüfung von Erkenntnissen, Hypothesen und Theorien.
Vgl. Modell.

Laienpotential, medizinisches

Neben ärztlicher Behandlung und institutionalisierten professionalen Hilfen zu mobilisierendes Potential materieller und personeller Ressourcen zu deren Ergänzung, insbesondere bei chronisch Kranken und bei Defektkranken. Die Mobilisierung des medizinischen Laienpotentials hat die Unterstützung und Ergänzung der ersterwähnten Hilfen zum Ziel, aber nicht etwa deren Ersatz.
Vgl. Selbsthilfegruppen.

Leistung

In verschiedenen Bezugssystemen definierter und angewandter Begriff. In der Sozialmedizin ist der Leistungsbegriff der Physik von geringerer Bedeutung. Leistung als Funktion der Motivation ist ein Begriff der Psychologie, während nach dem Verständnis der Soziologie das Erbringen einer Leistung mit dem Erfüllen einer Rolle verbunden ist und demgemäß erwartet wird.
Vgl. Motivation, Rolle.

Leistungsgesellschaft

Kritische Bezeichnung für hochindustrialisierte und hochdifferenzierte Gesellschaften und deren soziale Merkmale, wodurch ausgedrückt werden soll, daß innerhalb dieser Gesellschaften Rechte und Privilegien danach zugemessen werden, welchen Beitrag der einzelne zum Gesamtwohl leistet. Demnach werden weniger Leistende und weniger Leistungsfähige in den Augen der Kritiker benachteiligt.
Vgl. Dienstleistungsgesellschaft, Gesellschaft, Gesellschaft, paternalistische, Industriegesellschaft, Überflußgesellschaft, Verteilungsgesellschaft.

Letalität

Maß der Gefährlichkeit einer Krankheit: Zahl der daran Gestorbenen pro 1000 Erkrankte.

Longitudinalstudie

Auch: Längsschnittuntersuchung. Beobachtungen an zwei Gruppen über einen längeren Zeitraum bzw. zu zwei oder mehreren Zeitpunkten. Dabei Unterteilung des Kollektivs in eine Gruppe mit der zu untersuchenden Krankheit oder dem zu untersuchenden Merkmal und in eine zweite Gruppe ohne diese. Aus den Beobachtungen bzw. den Unterschieden beider Gruppen ergeben sich Vermutungen über ätiologische Faktoren.

Medizinischer Dienst der Krankenversicherung (MDK)

Der 1934 geschaffene Vertrauensärztliche Dienst wurde am 1.1. 1989 durch das an diesem Tage in Kraft getretene Gesetz zur Strukturreform im Gesundheitswesen (Gesundheitsreformgesetz – GRG) in den medizinischen Dienst der Krankenversicherung übergeführt.
Seine Träger sind nicht – wie beim Vertrauensärztlichen Dienst – die Landesversicherungsanstalten, sondern Arbeitsgemeinschaften der Landesverbände der Orts-, Betriebs- und Innungskrankenkassen, die landwirtschaftlichen Krankenkassen und die Verbände der Ersatzkassen (§ 278 SGB V). Er ist also nicht nach den Bereichen der Landesversicherungsanstalten gegliedert, sondern nach Bundesländern.
Seine Aufgaben und in welchen Fällen die Krankenkassen eine gutachterliche Stellungnahme einzuholen verpflichtet sind, bestimmt jetzt nicht mehr § 369 b RVO, sondern § 275 SGB V in Verbindung mit den „Richtlinien über die Zusammenarbeit der Krankenkassen mit dem Medizinischen Dienst der Krankenversicherung". Hiernach sind die Beratungsaufgaben erweitert worden.
Vgl. Sozialärztliche Dienste.

Medizinsoziologie

Wissenschaft von der Anwendung soziologischer Begriffe und Methoden auf die Medizin, damit auch der soziologischen Denkweise. Auch „sociology of medicine" genannt, also mit Sozialmedizin nicht identisch, sondern dazu komplementär.

Medizintechnik

Im engeren Sinne des Wortes kritische Bezeichnung für das Übermaß der zur Diagnostik und Therapie angewandten Apparate und ihrer Anwendungsmethoden, die sehr oft eine intensive interpersonale Beziehung zwischen Patient und Arzt beeinträchtigen. Dabei wird oft übersehen, daß auch Methoden ohne Anwendung von Apparaten, wie z. B. Psychotherapie, bestimmten Regeln der Anwendung und Durchführung folgen und so gesehen „Techniken" sind.

Mikrozensus

Stichprobenerhebung an einer repräsentativen Auswahl von einem Prozent aller Haushalte in Deutschland, bei einem Zehntel der erfaßten Haushalte vierteljährlich wiederholt. Dabei auch Erfassung medizinischer Daten.

Modell, Modelltheorie

Lehre von der Konstruktion und Anwendbarkeit von – im allgemeinen kybernetischen – Modellen. Vereinfacht ausgedrückt ist ein Modell eine vereinfachende Darstellung, eine Abbildung der für wesentlich gehaltenen Teilelemente und Strukturen eines mehr

oder weniger komplizierten abstrakten oder konkreten Gegenstands. Ein Modell hat keinen endgültigen Charakter, sondern einen vorläufigen. Es steht also zur Disposition, stellt die Vorstufe zu einer Theorie dar und muß mit den Methoden der Statistik auf seine etwaige Widerlegbarkeit hin überprüft werden, und es muß plausibel sein. Ein nicht widerlegbares Modell ist also keineswegs bewiesen und kann deshalb nicht als Beweis für eine Hypothese oder eine Theorie angeführt werden.
Da die Sozialmedizin eine interdisziplinäre Wissenschaft ist, kommt es ihr besonders darauf an, die zu einem zu erforschenden Problem von verschiedenen Wissenschaftsdisziplinen erarbeiteten und beigetragenen Teilerkenntnisse zu einem Bilde, zu einem Modell zusammenzufügen, das überprüfbar ist. Weil viele Forschungsergebnisse der Sozialmedizin sozial- und gesundheitspolitisch relevant sind, also gegebenenfalls politisch umgesetzt werden müssen, ist deren Veranschaulichung für den Nichtfachmann, in diesem Falle den Politiker, von besonderer Wichtigkeit.
Vgl. Kybernetik.

Morbidität

Meßzahl für die Erkrankung an einer wohldefinierten Krankheit in einem bestimmten Zeitraum, bezogen auf die Bevölkerungszahl, auf eine bestimmte Gruppe oder auf 1000 Personen.
Vgl. Inzidenz, Prävalenz.

Mortalität

Auch: krankheitsspezifische Sterbeziffer. Meßzahl, die angibt, wie viele Menschen im Jahre an einer bestimmten Krankheit verstorben sind, bezogen auf 100 000 Lebende, oder wie viele von 100 000 Angehörigen einer Altersgruppe in einem Lande daran verstorben sind.

Motivation

Eine der Determinanten von Leistung und Leistungsfähigkeit. Motivation ist keine körperliche, sondern eine psychische Funktion, im Sinne der Soziologie etwa die Bereitschaft und der Wille, den mit der Rolle verbundenen Erwartungen zu entsprechen. Im Verständnis der Psychologie ist Motivation auch die Bereitwilligkeit zur Behandlung und Rehabilitation.
Vgl. Coping, Leistung.

Nachsorge, Nachsorgeklinik

Methodisch noch unbefriedigend gelöstes Problem der weiteren Erfassung, Beobachtung und Betreuung der bei Screening- bzw. Vorsorgeuntersuchungen entdeckten Träger von Risikoindikatoren. Im übrigen Maßnahmen und Einrichtungen zur weiteren medizinischen und/oder sozialen Betreuung nach Abschluß von stationären Behandlungen, ebenso zur Beobachtung des Verlaufs, insbesondere bei Geschwulsterkrankungen und nach eingreifenden Operationen.

Normen

In der Sicht der Gesellschaftswissenschaften Forderungen des Verhaltens an die Träger bestimmter Rollen, welche diese erfüllen sollen.
Vgl. Verhalten, abweichendes.

Ökologie

Lehre von den Wechselwirkungen zwischen Mensch und Umwelt, und zwar der technischen und der belebten Umwelt und auch der Gesellschaft. Die letztere wirkt mittels Emotion und Streß auf die Psyche und von daher auf das Soma ein.

Ökologischer Kurs

Siehe Sozialmedizin.

Operationalisierung

Umwandlung eines qualitativen Merkmals in ein quantitatives, so daß damit rechnerische Operationen vorgenommen werden können.

Paradigma, Paradigmawandel

Von Kuhn inaugurierter Begriff für grundlegend neue Theorien bzw. Lehrgebäude von Theorien, die „alte" ablösen bzw. falsifizieren oder relativieren und an denen zu arbeiten sich „junge" Wissenschaftler gegen den Widerstand der „Alten" aufgerufen fühlen. Nach Kuhn verläuft die historische Entwicklung der Wissenschaft nicht evolutionär und kontinuierlich, sondern revolutionär, indem sich die Paradigmata wandeln.
Der Paradigmawandel der Medizin besteht nach dem Verständnis der Sozialmedizin darin, daß das bisherige naturwissenschaftliche, auch mechanistisch-technisch-naturwissenschaftliche oder iatrotechnische Konzept der Medizin durch die Hereinnahme der geisteswissenschaftlichen Fächer Anthropologie, Psychologie und Gesellschaftswissenschaften nebst deren Methoden und Ergebnissen er-

weitert wird. Demgemäß kann die Medizin von Ärzten allein nicht mehr geleistet werden und ist eine Schwerpunktverlagerung von einem kurativ-rehabilitativen zu einem präventiven Selbstverständnis notwendig. Die daraus resultierenden Probleme konkretisieren sich u. a. in der Wissenschafts- und Forschungspolitik.

Paramedizinische Krankheiten

Als Krankheiten bezeichnete Vorgänge und Zustände, die kraft soziokultureller Normen unter die Kompetenz der Medizin bzw. der Ärzte fallen, aber mehr oder weniger außerhalb deren Reichweite liegen, z.B. Drogenabhängigkeit.

Patientenkarriere

Im sozialmedizinischen und medizinsoziologischen Schrifttum verwendeter Ausdruck, etwa das Pendant der Krankengeschichte in vorwiegend medizinsoziologischer Sicht. Die durch die Krankheit erzwungenen und durch das Passieren der Einrichtungen der Sozialversicherung bedingten Änderungen der Lebensumstände verändern den Status des Kranken. Den Weg bis zu diesem Status nennt man Patientenkarriere.
Vgl. Patientenlaufbahn, Krankenrolle.

Patientenlaufbahn

Durch die Krankheit und deren je nach Stadium unterschiedlichen Bedarf an Leistungen bedingter Wechsel zwischen den Zuständigkeitsbereichen verschiedener Sozialleistungsträger.
Vgl. Krankenrolle, Patientenkarriere.

Patientensteuerung

Der Patient entscheidet in praxi weitgehend selber, ob er einer Störung seines gesundheitlichen und/oder sozialen Befindens den Wert von Krankheit beimißt und demgemäß ärztliche, medizinische und u. U. auch soziale Leistungen in Anspruch nimmt. Die Kontrolle des Gesundheitswesens ist insoweit dem Einfluß der Ärzte teilweise entzogen.

Pilotstudie

Test innerhalb der Epidemiologie, mit dem vor Beginn des eigentlichen Vorhabens zunächst untersucht werden soll, ob das zu untersuchende Kollektiv überhaupt zu dem verfolgten Zweck geeignet ist.

Pollution

Terminus aus dem angloamerikanischen Schrifttum: Schädigung durch Noxen infolge moderner Technik, vor allem durch Schadstoffe in Luft, Wasser, Erde und Nahrungsmitteln.

Prävalenz

Häufigkeit der zu einem bestimmten Zeitpunkt an einer definierten Krankheit erkrankten Personen, bezogen auf die untersuchte Personenzahl, also „Bestand" an einem Stichtag.

Prävention

Krankheitsverhütung bzw. -vorbeugung. Unterschieden wird zwischen primärer, sekundärer und tertiärer P.

Primäre P.: Maßnahmen der allgemeinen (z. B. Trinkwasser, Lebensmittel, Abfall und Abwässer) und der individuellen (Körperpflege) Hygiene. Impfungen, Reinhaltung von Wasser und Luft, Gesundheitserziehung, Wohnungsbaupolitik, Schaffen von Rahmenbedingungen für Sport, ferner sog. – in ihrem Wert umstrittene – Vorsorgekuren.

Sekundäre P.: Maßnahmen zur Früherkennung von Krankheitsgefährdung und von unbemerkter bzw. latenter Krankheit zum Zwecke der Einleitung rechtzeitiger Behandlung:

- Untersuchungen der *Mutterschaftsvorsorge* zur Erkennung von Risikoschwangerschaften und -geburten (§§ 179 Abs. 1 Ziff. 3 und 196 RVO).
- Versicherte Kinder haben bis zur Vollendung des 6. Lebensjahrs Anspruch auf 9 Untersuchungen zur Früherkennung von Krankheiten, die ihre körperliche und geistige Entwicklung in nicht geringfügigem Maße gefährden (§ 26 SGB V).
- Untersuchungen zur Früherkennung von *Krebserkrankungen* einmal jährlich bei Männern ab dem 45. und bei Frauen ab dem 20. Lebensjahr, insbesondere zur Früherkennung von Krebs der Haut, des äußeren Genitales, der Prostata und des Rektums/Kolons bei Männern; der Haut, der Mammae, des äußeren und inneren Genitales und des Rektums/Kolons bei Frauen (§ 25 SGB V).
- Schließlich zeitlich und örtlich begrenzte Aktionen („Gesundheitswoche", „Aktion besser Sehen" u. ä.).
- Seit dem Inkrafttreten des Gesundheitsreformgesetzes (GRG) am 1. 1. 1989 haben

Versicherte, die das 35. Lebensjahr vollendet haben, jedes 2. Jahr Anspruch auf eine ärztliche Gesundheitsuntersuchung zur Früherkennung von Krankheiten, insbesondere zur Früherkennung von Herz-, Kreislauf- und Nierenerkrankungen sowie der Zuckerkrankheit (§ 25 SGB V).

Tertiäre P.: Verhütung einer weiteren Verschlimmerung schon bestehender Krankheit. Begrifflich und in praxi kaum von Rehabilitation abzugrenzen.

Probleme: Primäre P. ist oft nur um den Preis un- oder schwer lösbarer Konflikte möglich. Ausschaltung von gesundheitsschädlichem (Freizeit-) Verhalten wie Rauchen, Alkoholgenuß, Eßverhalten, Bewegungsarmut durch Gesundheitserziehung wegen methodischer Schwierigkeiten bisher nicht optimal gelöst. Die Inanspruchnahme von Früherkennungsuntersuchungen und deren Ertrag sind hinter den dareingesetzten Erwartungen zurückgeblieben. Da nach den Erkenntnissen der Sozialmedizin besonders die multifaktoriellen Zivilisationskrankheiten *prinzipiell* durch Prävention beeinflußbar und durch Therapie und Rehabilitation nur unter Inkaufnahme von Defekten behandelbar, aber nicht heilbar sind, ist eine Schwerpunktverlagerung der Medizin von einem vorwiegend kurativ-rehabilitativen zu einem präventiven Konzept notwendig und zu erwarten. Dies konkretisiert sich als wissenschaftspolitisches Problem bei der Verteilung von Forschungsmitteln.
Vgl. Filteruntersuchungen, Gesundheitserziehung, Paradigmawandel, Rehabilitation, Screening, Zivilisationskrankheiten.

Probandenfehler

Von Einfluß auf die Validität und die Reliabilität eines Tests, z. B. Schwankungen von Parametern im Tagesablauf, unterschiedliche Antworten auf Testfragen infolge äußerer Beeinflussung.
Vgl. Reliabilität, Validität.

Problemfall

Krankheitsfall, bei dem die „normalen“ Methoden der Diagnostik und Therapie nicht zu dem erwarteten günstigen Ergebnis führen, was häufig dem Patienten angelastet wird. Im allgemeinen bedingt durch nichterkannte oder falsch bewertete soziale und/oder psychische Störfaktoren.

Professionalisierung

Herausbildung eines (neuen) Berufs. Dabei Festschreibung von dessen Befugnissen in Abgrenzung zu denen verwandter Berufe, Entwicklung von Standards der Ausbildung hierzu, Durchsetzung des Rechts zur eigenen Regelung interner Angelegenheiten, Ausbildung von Verhaltens- und Wertstandards, die nach außen („Systemveränderer“) und nach innen („Nestbeschmutzer“) verteidigt werden. Von Bedeutung bei der fortschreitenden Entwicklung zur arbeitsteiligen Gesellschaft mit zahlreichen Spezialberufen, in der Medizin wegen der fortschreitenden Einbeziehung medizinischer Assistenzberufe.

Prospektivstudie

Studie innerhalb der Epidemiologie, bei der bestimmte Meßdaten des Untersuchungskollektivs von jetzt in die Zukunft projiziert werden.

Quantifizierung

Übersetzung eines qualitativen Merkmals (z. B. adipös) in ein quantitatives (hier: Gewicht in Kilogramm).
Vgl. Operationalisierung.

Querschnittstudie

Momentaufnahme zur Untersuchung einer epidemiologischen Fragestellung.

Randgruppen

Angehörige der untersten, am wenigsten anerkannten Schicht einer Gesellschaft, in lokkerem oder festerem Zusammenschluß miteinander, die ihrerseits die Normen und Werte der Gesellschaft als nicht verbindlich ansehen.
Vgl. Subkultur, Schicht.

Randomisieren

Vergleichbare Gruppen zum Zwecke einer Untersuchung bilden, um unterschiedliche Merkmale zu untersuchen.

Record lincage

Dokumentation und Verfügbarkeit medizinisch relevanter Daten individueller Lebensabläufe eines größeren Kollektivs.

Regression

Zurückweichen, sich zurückziehen. Alternative zum aggressiven Verhalten, d. h. Konflikte nicht austragen, u. U. nicht einmal damit verbundene Ängste artikulieren, etwa

„alles in sich reinfressen" mit der möglichen Folge streßbedingter Organläsion, etwa Ulkus.

Rehabilitation

Gesamtheit der Maßnahmen zur möglichst weitgehenden Wiederherstellung des Zustands vor Eintritt einer fortschreitenden, also mit Defektbildung einhergehenden Krankheit. Sie ist einzuleiten, wenn durch die Fortsetzung von Therapie weitere Besserung nicht mehr erzielt werden kann. Zuständig sind die Rentenversicherungsträger (gem. § 10 SGB VI), die Krankenkassen (gem. §§ 40 und 111 SGB V), die Berufsgenossenschaften und die Arbeitsämter, die dabei zur Zusammenarbeit verpflichtet sind (gem. § 5 Rehabilitationsangleichungsgesetz). Es ist zu unterscheiden zwischen medizinischer, beruflicher und sozialer Rehabilitation.
Beispiele für *medizinische* Rehabilitation: Training zur Wiederherstellung der körperlichen Leistungsfähigkeit nach Herzinfarkt, Sprachtherapie bei Aphasie bei Apoplexie, Versorgung mit Prothese nach Beinamputation, danach Gehschule.
Beispiele für *berufliche* Rehabilitation: Umschulung eines Maurers auf den Beruf eines technischen Zeichners nach Herzinfarkt, Hilfen zur Erlangung eines leistungsgerechten Arbeitsplatzes für einen Ungelernten nach Nephrektomie.
Beispiel für *soziale* Rehabilitation: Verlegung eines alleinstehenden gelähmten Behinderten aus seiner Wohnung in ein Wohnheim.
Da die meisten Krankheiten, wenn nicht heilbar, so doch behandlungsfähig sind und deshalb einen protrahierten Verlauf mit Defektbildung nehmen, gewinnt die Rehabilitation zunehmende Bedeutung, auch deshalb, weil früher kurzfristig deletär verlaufende Krankheiten einen solchen Verlauf nehmen können und weil schließlich dank der Möglichkeiten der Intensivmedizin akute Krisen überwunden werden können, was im allgemeinen nicht ohne Defektbildung möglich ist.
Die Gesetzgebung bezweckt, daß durch Rehabilitation die Erwerbsfähigkeit, also die Fähigkeit, durch Arbeit Geld zu verdienen, erhalten oder wiederhergestellt wird. In Anbetracht der Arbeitsbedingungen der Industriegesellschaft nehmen jedoch die Möglichkeiten, zwar Rehabilitierte, aber dennoch Leistungsgeminderte weiter oder wieder zu beschäftigen, mehr und mehr ab. Der Rehabilitation sind also durch die Arbeitswelt Grenzen gesetzt, die durch die Möglichkeiten der Medizin nicht zu überwinden sind. Deshalb werden das Konzept der Rehabilitation ebenso wie deren rechtliche Rahmenbedingungen in aller Kürze kritisch überdacht werden müssen.
Die Zielvorgabe lautet in etwa: Möglichst Prävention – notfalls Rehabilitation – als Ultima ratio Rente. Die Rentenversicherungsträger hätten demnach mehr Leistungen zur Prävention zu erbringen, in der Erwartung, daß sich hierdurch solche zur Rehabilitation teilweise erübrigen.

Reliabilität

Zuverlässigkeit eines Tests, ausgedrückt in Prozenten. Sie ist um so größer, je geringer die Abweichung der Ergebnisse bei Wiederholung des Tests ist. Sie hängt also von Beobachter- und Probandenfehlern ab.

Repräsentanz, repräsentativ

Merkmal einer Gruppe, die zu einer Untersuchung gebildet wird. Repräsentanz ist dann vorhanden, wenn die Mittelwerte der untersuchten Merkmale in der ausgewählten Gruppe mit denen der Gesamtheit – wenigstens weitgehend – identisch sind.

Responsrate

Rate derjenigen, die an einer epidemiologischen Untersuchung teilnehmen, also Verhältnis der Teilnehmer zur Gesamtheit der zur Teilnahme Aufgeforderten. Von Bedeutung für die Fehlergröße, je nachdem ob die zu untersuchende Krankheit für das zu untersuchende Merkmal von hoher oder niedriger Prävalenz ist.
Vgl. Prävalenz.

Risikodeterminanten

Oberbegriff für Risikofaktor und Risikoindikator.
Siehe Risikofaktoren, Risikoindikatoren.

Risikofaktor

In der ätiologischen Forschung wird der Ausdruck „Krankheitsursache" heute kaum mehr verwendet, weil es kaum bzw. keine Krankheiten gibt, die *eine* Ursache im strengen naturwissenschaftlichen Sinne haben, die als Folge mit Sicherheit das Entstehen von Krankheit bewirkt. Vielmehr müssen im allgemeinen mehrere Faktoren zusammenwirken, wenn als Ergebnis Krankheit entstehen soll. Jeder dieser Faktoren hat die Eigenschaft einer potentiellen Noxe. Der Mensch,

der mit einem solchen Merkmal behaftet oder einer solchen Noxe ausgesetzt ist, steht unter dem besonderen Risiko, die betreffende Krankheit zu bekommen. Beispiele für Risikofaktoren sind Erhöhung von Blutdruck, Blutfetten und Blutzucker, Nicotin- und Alkoholgenuß, Übergewicht.
Vgl. Escaper, Risikodeterminanten, Risikoindikator, Ursache.

Risikoindikator
Anzeiger für bzw. Hinweis auf ein Gesundheitsrisiko, jedoch nicht dieses selbst. So ist z. B. ein pathologisches EKG selbst nicht gesundheitsschädlich, legt aber die Annahme einer koronaren Herzkrankheit und damit die Vermutung einer Exposition gegenüber den Noxen bzw. Risiken nahe, die zu dieser führen können.
Vgl. Risikodeterminanten.

Rolle
Jeder Mensch ist der Inhaber verschiedener Rollen, z. B. Sohn, Ehemann, Vater, Kaufmann, Abgeordneter. Jede dieser Rollen muß er ausfüllen, d. h., er muß den auf ihn als Rolleninhaber gerichteten Erwartungen entsprechen. Ist dies nicht der Fall, so hat er, je nachdem wie empfindlich die Gesellschaft darauf reagiert, mit Sanktionen unterschiedlicher Härte zu rechnen.
Vgl. Rollenabweichung, Rollenkonflikt.

Rollenabweichung, Rollendistanz
Versuch, sich den Rollenerwartungen zu entziehen.
Vgl. Rolle, Rollenkonflikt.

Rollenkonflikt
Ein solcher liegt vor, wenn vom Inhaber von mindestens zwei Rollen die mit der einen Rolle verbundenen Erwartungen nicht erfüllt werden können, weil dies mit denen der anderen nicht zu vereinbaren ist. Rollenkonflikte – „zwischen den Stühlen sitzen“ – können zu nervöser und organischer Krankheit führen. So sind beispielsweise Vorarbeiter und Funktionäre öfter Rollenkonflikten ausgesetzt.
Vgl. Rolle, Rollenabweichung.

Sample
Die Summe der zu einer Untersuchung, die verallgemeinerungsfähige Aussagen liefern soll, planmäßig ausgewählten Personen.

Schicht, soziale
Gesellschaftswissenschaftlicher, nicht einheitlich definierter Begriff. Schichten lassen sich einteilen nach objektiven Kriterien (Einkommen, universitäre Ausbildung) und nach subjektiven (Prestige, „Schickeria“). Die Zuordnung zu einer Schicht hängt von der Selbst- und Fremdeinschätzung ab. Infolge des in der Industriegesellschaft sich beschleunigenden sozialen Wandels verschieben sich die Schichtgrenzen und wechseln Personen die Schicht. Zwischen den Angehörigen einer Schicht besteht Konsens hinsichtlich der gegenseitigen Einschätzung und der Andereinschätzung der Angehörigen anderer Schichten. Es wird unterschieden zwischen Oberschicht (ca. 7%), oberer und unterer Mittelschicht (14 + 58 = 72%), Unterschicht (ca. 17%) und sog. sozial Verachteten (ca. 4%). Die Schichtentheorie bzw. -einteilung ist für die Sozialmedizin relevant, weil das gesundheitliche Verhalten und die Einstellung zur Medizin und zu den Ärzten in starkem Maße schichtenabhängig ist (gesundheitsgerechtes Verhalten, Zugriff zu sog. Gesundheitsgütern, Inanspruchnahme von Früherkennungsuntersuchungen). Auch sind Krankheiten und Krankheitsrisiken nicht über alle Schichten gleich verteilt.
Vgl. Epidemiologie, Industriegesellschaft, Klasse, Randgruppen, Wandel, sozialer.

Screening
„Durchfiltern“, Herausfiltern von Kranken und/oder Krankheitsgefährdeten aus Kollektiven scheinbar Gesunder.
Vgl. Prävention, Vorsorge, Vorsorgeuntersuchungen.

Selbsterfahrungsgruppe
Eine Gruppe, innerhalb deren unter Leitung einer psychotherapeutisch ausgebildeten Person und unter Anwendung des Mittels des Gesprächs versucht wird, jedem Mitglied seine Übertragung bewußt zu machen, um sie ggf. zu korrigieren.

Selbsthilfegruppen
Gruppen von körperlich und psychisch Kranken, die sich zur Überwindung ihrer krankheitsbedingten Probleme zusammenschließen und Nichtbetroffene und professionelle Helfer nicht in die Gruppe aufnehmen. Beispiele: Stomaträger, Kehlkopflose, Suchtkranke, Krebskranke. Sie gewinnen an Bedeutung infolge der Ressourcenknappheit im

Gesundheitswesen und weil professionelle Helfer nicht immer in der Lage sind, bestimmte, mit der Krankheit verbundene Bedürfnisse zu befriedigen. Ausdrückliches Ziel ist nicht der Ersatz medizinischer Hilfen, sondern deren Ergänzung dort, wo diese besondere Bedürfnisse nicht abdecken.
Vgl. Laienpotential, medizinisches.

Sensitivität
Merkmal der Wertigkeit bzw. Brauchbarkeit einer Untersuchungsmethode. Sie ist optimal, wenn bei ihrer Anwendung alle positiven Fälle erfaßt werden, aber kein falsch negativer Fall.
Vgl. Spezifität.

Simulation
Bewußte Vortäuschung von produzierbaren Krankheitssymptomen oder von Beschwerden, um durch Irreführung des Arztes, der eigenen Umgebung oder der Sozialversicherung in den Genuß der mit der Krankenrolle verbundenen Vorteile zu gelangen. Wegen der Seltenheit des Vorkommens und um sich im Falle der irrtümlichen Annahme nicht zu exponieren, wird sie heute kaum mehr offiziell diagnostiziert.
Vgl. Aggravation, Krankenrolle.

Somatisierung
Durch Behandlung und Umgang wie bei bzw. mit körperlich Kranken unabsichtlich induzierte Veränderung des Bewußtseins und des Verhaltens bei nicht organisch Kranken, z. B. bei psychovegetativen Syndromen, seelischen Störungen und abweichendem Sozialverhalten. Ebenso: unbewußtes Vorschieben körperlicher Beschwerden hierbei.

Sozialarbeiter, Sozialpädagoge
Zwei Berufe, die seit etwa 20 Jahren professionalisiert und etwa an die Stelle der früheren Fürsorger getreten sind. Aufgaben: Vermittlung sozialer Hilfen, Erkennung von Problemen im sozialen Umfeld, Aufarbeitung und Lösung sozialer Konflikte. Wichtigste Aktionsfelder: Suchtkranke, Altenpflege, Psychiatrie, chronisch Kranke, soziale Problemfälle, Prävention, Rehabilitation, krankheitsbedingte Krisensituationen.

Sozialärztliche Dienste
Ärztliche Dienste zur Begutachtung und Beratung zu Einzel- und Grundsatzfragen für Sozialversicherungs- und Sozialleistungsträger: bei den Rentenversicherungsträgern Rentenärztlicher Dienst zur Beratung der Landesversicherungsanstalten zu Fragen der Rentenversicherung, Öffentlicher Gesundheitsdienst zur Beratung der Sozialhilfeträger, ferner Arbeitsamtsärztlicher und Versorgungsärztlicher Dienst.
Vgl. Medizinischer Dienst der Krankenversicherung (MDK).

Sozialforschung, empirische
Rahmenbedingungen bzw. Theorie der Anwendung soziologischer Methoden auf die Medizin, auf deren Strukturen und auf diejenigen, welche sie ausüben und die sich ihr anvertrauen. Das Ziel dieser Forschung insgesamt ist die Beschreibung der Erwartungen der Bürger an das Gesundheitswesen, der Vergleich der Erwartungen mit deren tatsächlichen Befriedigung und demgemäß das Erarbeiten von Handlungsanweisungen zur Optimierung der Institutionen und deren Organisation.

Sozialisation
Entwicklung und erzieherische Prägung des Menschen zum in der Gesellschaft lebenden Individuum, d. h. die mehr oder weniger selbstverständliche Internalisierung der Wertungen und Normen der Gesellschaft.
Vgl. Identität, Internalisierung.

Sozialmedizin
Fachgebiet der Medizin, der theoretischen, also nichtklinischen Medizin zugerechnet. Anfang der 60er Jahre besonders durch Schaefer in der BRD etabliert, abzugrenzen gegen Medizinsoziologie, Arbeitsmedizin, Sozialhygiene und Versicherungs- bzw. Begutachtungsmedizin. Gegenstände ihres Interesses sind vornehmlich die Wechselwirkungen zwischen Medizin und Gesellschaft in beiden Richtungen. Dies schließt vorrangig folgende Teilgebiete ein: chronische nichtinfektiöse Krankheiten, Prävention und Rehabilitation, Gesundheitserziehung, Gesundheitswesen bzw. Gesundheitssysteme einschließlich Sozialversicherung und deren Effizienz, Theorie der Risiken, streßbedingte Krankheiten.
Die zur Erforschung dieser Gegenstände anzuwendenden Methoden sind vorrangig diejenigen der Epidemiologie, einschließlich Feldforschung und mathematisch-statistischer Hilfswissenschaften wie Dokumentation, automatische Datenverarbeitung und Medizininformatik, ferner empirische Sozialforschung, Gesundheitsökonomie und Er-

kenntnisse und Methoden der Modelltheorie. Demgemäß spielt die Interdisziplinarität eine wichtige Rolle. Die Sozialmedizin versteht sich ausdrücklich als Wissenschaft, die der Gesundheits- und Sozialpolitik abgesicherte, d. h. nachprüfbare Entscheidungshilfen für rationales und ideologiefreies Handeln gibt oder sie nach Aufforderung zuliefert. Dagegen betrachtet sie es nicht als ihre Aufgabe, für bestimmtes ideologisch motiviertes gesundheits- oder gesellschaftspolitisches Handeln Argumentationshilfen anzubieten.
Im Jahre 1921 wurde in Deutschland der erste Lehrstuhl für Sozial*hygiene* eingerichtet, und zwar an der Universität Berlin, dessen Inhaber Grotjahn war. In Deutschland ist die Sozialmedizin seit 1973 Prüfungsfach. Als Pflichtvorlesung ist innerhalb des *ökologischen Kursus* der Teil Sozialmedizin vom Studenten im 9. Fachsemester bzw. 5. klinischen Semester zu belegen. In Deutschland gibt es nur in Berlin, Hannover, Bochum und Lübeck eigene Lehrstühle für Sozialmedizin bzw. für Sozialmedizin und Epidemiologie. In den anderen medizinischen Fakultäten wird das Fach in Kombination mit Medizinsoziologie oder mit Arbeitsmedizin gelehrt.
Das ärztliche Standesrecht läßt das Führen der Zusatzbezeichnung *Sozialmedizin* jetzt endlich zu. Der 87. Deutsche Ärztetag 1984 in Aachen faßte den Beschluß, den hierfür zuständigen Landesärztekammern zu empfehlen, die rechtlichen Voraussetzungen zur Vergabe der Zusatzbezeichnung *Sozialmedizin* an die entsprechenden Ärzte zu schaffen.

Sozialprestige
Das Ansehen, das der Inhaber einer sozialen Rolle in den Augen anderer genießt und das er nach seinem eigenen Urteil und demjenigen anderer Inhaber der gleichen Rolle glaubt beanspruchen zu können. Aus der hiernach sich ergebenden Selbst- und Fremdeinschätzung bilden sich soziale Schichten.
Vgl. Rolle, Schicht.

Sozialstation
In Gemeinden eingerichtete Stationen mit Krankenschwestern und -pflegern, Sozialarbeitern und -pädagogen sowie nichtprofessionellen Helfern. Im allgemeinen unter der Trägerschaft eines der freien Wohlfahrtsverbände. Aufgaben: insbesondere häusliche Krankenpflege zur Verkürzung oder zum Ersatz von Krankenhauspflege (gem. § 37 SGB V) und fürsorgerische Maßnahmen.
Vgl. Sozialarbeiter und -pädagogen.

Sozialstatus
Durch soziale Merkmale bedingte Stellung einer Person zu anderen Personen in einer Gesellschaft, abhängig von Ansehen, Prestige, Weisungsbefugnissen, Rechten und Privilegien. Etwa der Stand innerhalb der „Hackreihe“. Ausübung von mit bestimmtem Prestige verbundener Rolle.
Vgl. Rolle, Sozialprestige.

Sozialstruktur s. Gesellschaft

Soziopsychosomatik
In der gesellschaftswissenschaftlichen und sozialmedizinischen Literatur verwendeter Ausdruck zur Thematisierung über die Psyche aufgenommener und weitergeleiteter Reize aus dem sozialen Umfeld mit körperlichen, medizinisch relevanten Wirkungen wie etwa Streß. „Gesellschaft wirkt über die Psyche“ (H. Schaefer).

Spezifität
Eigenschaft eines Testverfahrens. Sie ist um so größer, je weniger falsch positive und falsch negative Ergebnisse es produziert.
Vgl. Sensitivität.

Standardisierung
Methode zur Herstellung der Vergleichbarkeit von Ergebnissen der Untersuchung zweier ungleicher Kollektive.

Statistik
Ergebnis des Messens von Massenvorgängen und von unter gleichen Voraussetzungen gewonnenen Beobachtungseinheiten zum Zwecke der Gewinnung der Unabhängigkeit von Einzel- oder Zufallsbeobachtung mit dem Ziel vernünftiger Entscheidungsfindung. Von Bedeutung besonders in Demographie, Epidemiologie und Sozialversicherung, ferner zur Überprüfung bzw. Falsifizierung von Hypothesen oder Modellen. Da deren Richtigkeit im Falle der Nichtwiderlegbarkeit nicht bewiesen ist, so ist der Satz: „Mit Statistik kann man alles beweisen“ falsch.
Vgl. Demographie, Epidemiologie, Hypothese, Modell.

Stereotype
Bezeichnung der Soziologie für fixierte, unkritische, unkorrigierte, mit Personen oder auch Dingen verbundene (Wert-) Vorstellungen. Beispiele: „Die Gastarbeiter sind faul“, „Die Krankenversicherung ist in Ordnung“.

Stichprobe

Methode zur Erfassung der Häufigkeitsverteilung von Merkmalen in einer statistischen Masse. Läßt ein Ergebnis von hoher Wahrscheinlichkeit bei einer relativ niedrigen Probandenzahl erkennen.

Streß

Durch über die Psyche wirkende Reize ausgelöste Einstellung des vegetativen Nervensystems auf Aktivität, Leistung und ggf. Kampf. Durch entsprechende Hormonausschüttung Steigerung des Muskeltonus, des Blutdrucks, der Herzfrequenz und des Minutenvolumens des Herzens, um zu erwartende Leistung erbringen zu können.
Durch psychosozialen Streß – beispielsweise Ärger über die Monotonie der Arbeit, Wut im Straßenverkehr, Sicheinfügenmüssen in die Hackreihe, Life events –, verbunden mit der Unmöglichkeit, durch körperliche Aktivität das bereitgestellte, also überschüssige Leistungspotential abzubauen, kann es zu körperlichen Läsionen, beispielsweise Streßulkus, kommen. Vor allem besteht aber Grund zu der Annahme, daß durch unphysiologische Kreislaufbelastungen infolge von Streß Schäden an den Gefäßwänden entstehen, die ihrerseits in Verbindung mit Blutdruckerhöhung, Überernährung, Bewegungsmangel und Nicotinmißbrauch das Auftreten von Arteriosklerose begünstigen. Es ist mit guten Gründen anzunehmen, daß die soziokulturellen Bedingungen unserer Zeit dem Menschen wenig Gelegenheit geben und ihm nur wenig Freiraum lassen, sich in Streßsituationen sinnvoll abzureagieren. Keineswegs sollte Streß mit Anstrengung schlechthin oder Mehrarbeit gleichgesetzt oder verwechselt werden. Wenn die Umwelt im weitesten Sinne des Worts eine Reihe von Stressoren, also streßauslösenden Faktoren enthält, wenn diese krankheitsbegünstigend wirken und wenn es um die Ausschaltung oder Minderung dieser Faktoren geht, so ist dies ein Beispiel für die Wechselwirkungen zwischen Medizin und Gesellschaft als Gegenstand der Sozialmedizin.
Vgl. Distreß.

Stressoren s. Streß

Subkultur

Sich gegen die übrige Gesellschaft abschließende, weitgehend für sich lebende Gruppen unterschiedlicher Größe. Entweder mit krimineller Prägung – Gangster – oder „ausweichend" – Hippies – oder den Konflikt suchend – Rocker.
In der Medizin rechnet man dazu die Anhänger der Außenseitermethoden, z. B. Heidelberger Arzt-Patienten-Kollektiv.
Vgl. Randgruppen.

Sucht

Krankhafte Abhängigkeit von üblicherweise nicht oder nur ausnahmsweise bzw. gelegentlich konsumierten Substanzen wie Alkohol, Medikamente oder Rauschdrogen. Eine Abhängigkeit liegt vor, wenn bei gewollter oder erzwungener Nichteinnahme körperliche und/oder psychische Entzugserscheinungen auftreten.
Vgl. Alkoholismus, Drogenabhängigkeit.

Tecumseh-Studie

Epidemiologische Langzeitstudie in Tecumseh (USA), in Zielsetzung und Ergebnis ähnlich der Framingham-Studie.
Vgl. Framingham-Studie.

Theorem

Von einer Theorie abgeleiteter Lehrsatz.

Theorie

Durch Überprüfung von Hypothesen abgestützte Erkenntnis, welcher im Gegensatz zu einem Gesetz von vornherein der Charakter des Provisorischen anhaftet.
Vgl. Hypothese, Modell.

Theorie mittlerer Reichweite

Theorie, die von vornherein nur aufgestellt wurde, um räumlich und zeitlich begrenzte Fragestellungen zu bearbeiten.

Todesursachenstatistik

Nach den ärztlichen Eintragungen auf den Totenscheinen unter Verwendung des Diagnosenschlüssels (ICD-Schlüssel = International Classification of Diseases) aufgestellte amtliche Statistik der Sterbefälle insgesamt und der Sterbefälle infolge bestimmter Krankheiten. Problematisch wegen Unsicherheit der Diagnosen und deren nur bedingt möglichen Standardisierung.
Vgl. Demographie, Diagnosenschlüssel, Standardisierung, Statistik.

Überfluß- und Wegwerfgesellschaft

Kapitalistische, hochtechnisierte Gesellschaft mit materiell optimal versorgter Bevölkerung, zwar ohne Mangelprobleme, aber mit dem Problem der ständigen Weckung neuer

Bedürfnisse des Besitzes und des Verbrauchs mittels Werbung. Kurzlebige Verbrauchsgüter werden nicht gewartet, gepflegt oder repariert, sondern weggeworfen.
Vgl. Dienstleistungsgesellschaft, Gesellschaft, Gesellschaft, paternalistische, Industriegesellschaft, Leistungsgesellschaft, Verteilungsgesellschaft.

Umverteilungsgesellschaft s. Verteilungsgesellschaft

Umweltschutz
Reinerhaltung insbesondere von Luft, Wasser, Boden und Nahrungsmitteln von Schadstoffen, somit Bestandteil der Krankheitsverhütung, also der primären Prävention. Nicht möglich ohne Entstehung und Austragung von Konflikten.
Vgl. Konflikt, Ökologie, Pollution, Prävention.

Ursache
Lateinisch: „causa". Etwas, das eine Wirkung mit vorhersehbarer Sicherheit, also beliebig wiederholbar, erzeugt. In der Krankheitstheorie bei der Pathogenese und der Konstruktion von Krankheitsmodellen von Bedeutung. Begriff der Naturwissenschaft, nicht der Geisteswissenschaft.
Vgl. Grund, Modell.

Validität
Treffsicherheit eines Tests oder eines Untersuchungsinstruments. Sie bezeichnet die Übereinstimmung zwischen dem Testergebnis und dem, was zu messen war.

Verhalten, abweichendes
Verhalten von Personen und Gruppen, das nicht den Normen entspricht und demgemäß Sanktionen auslöst oder auslösen kann. Infolge der Medikalisierung der Gesellschaft und der Entwicklung unserer Sozialverfassung erhält abweichendes Verhalten u. U. den Charakter von Krankheit zugeschrieben, oder es wird durch Aufstellung nicht erfüllbarer Normen abweichendes Verhalten respektive Krankheit induziert.

Verhaltenstherapie
Neben Psychoanalyse und Gesprächspsychotherapie bei seelischen Störungen anzuwendende Therapie. Behandlung besonders auffälliger und behindernder Symptome in bestimmten Situationen mittels Lernen, Trainieren und „Wegdressieren".

Verteilungsgesellschaft
Gesellschaft mit Betonung des Merkmals der Gliederung in verschiedene Klassen, die am Zugang zu öffentlichen Dienstleistungen in unterschiedlicher Weise beteiligt sind und in welcher um Anteile an diesen Dienstleistungen gekämpft wird.
Vgl. Gesellschaft, Gesellschaft, paternalistische, Industriegesellschaft, Dienstleistungsgesellschaft, Leistungsgesellschaft, Überflußgesellschaft.

Vierfeldertafel
Verwendet zur Zusammenhangsanalyse von alternativen Variablen in größeren Kollektiven.

Vorsorge
Gesamtheit der Maßnahmen zur Verhütung und Früherkennung von Krankheit(en).
Vgl. Filteruntersuchungen, Prävention, Screening, Vorsorgekur, Vorsorgeuntersuchungen.

Vorsorgekur
Kur im Stadium der Gesundheit oder im Vorstadium von Krankheit, um die Gesundheit zu erhalten oder die Entstehung von Krankheit zu verhüten. In ihrer Wirksamkeit angezweifelt. Von den Krankenkassen u. U. bei Erwachsenen und Kindern gem. § 23 SGB V zu erbringen (Kann-Leistung, aber keine Pflichtleistung), dagegen nicht von den Rentenversicherungsträgern.

Vorsorgeuntersuchungen
Freiwillige Untersuchungen (Maßnahmen) zur Früherkennung von Krankheiten als Leistungen der Krankenkassen gem. §§ 25 und 92 SGB V zur Krebsfrüherkennung, bei Kindern zur Früherkennung von Krankheiten, die ihre körperliche und geistige Entwicklung in nicht geringfügigem Maße gefährden (§ 26 SGB V), ferner Untersuchungen im Rahmen der Mutterschaftshilfe gem. § 179 Abs. 1 Ziff. 3 RVO und gem. § 196 RVO (Schwangerenvorsorgeuntersuchungen) zur Erkennung von Risikoschwangerschaften und Risikogeburten.

Wandel, sozialer
Veränderungen der quantitativen und qualitativen materiellen Verhältnisse und der Normen in der Gesellschaftsstruktur. Sich beschleunigender sozialer Wandel ist eines der Merkmale der Industriegesellschaft.
Vgl. Industriegesellschaft.

Zentrum, medizinisch-technisches (MTZ)
In der Medizin ist die Investition, Vorhaltung und Nutzung von Technologie ein hochrangiger Kostenfaktor für die Leistungsträger geworden. Es unterliegt keinem Zweifel, daß die Nutzung in hohem Maße angebotsinduziert ist („Angebot erweckt Bedarf"). Deshalb stellt sich die Frage, ob unter dem Zwange zunehmender Ressourcenknappheit durch Verknappung des Angebots und durch Konzentration technischer Apparaturen, vor allem der Großtechnologie, in Zentren ein Überkonsum und eine ineffiziente Verwendung von Ressourcen vermieden werden kann. Das politisch hochbrisante Problem ist bisher weder im einen noch im anderen Sinne gelöst. Immerhin hat der Gesetzgeber durch die Neufassung des § 368 n RVO in der Fassung des Krankenhauskostendämpfungsgesetzes vom 22. 12. 81 bestimmt, daß bei der „Anschaffung, Nutzung oder Mitbenutzung medizinisch-technischer Großgeräte" ... „die regionalen Versorgungsbedürfnisse" und „Leistungserfordernisse" zu berücksichtigen sind. Vgl. auch § 11 a Krankenhauskostendämpfungsgesetz vom 22. 12. 81.

Zielvorstellung
Angestrebter Erfolg gesundheits- und sozialpolitischer Maßnahmen, der sich hier nicht in einem bestimmten Einzelergebnis definieren läßt, sondern in einem Masseneffekt. Beispiele: Säuglingssterblichkeit, Frühinvalidität.

Zivilisationskrankheiten, multifaktorielle
Die Fortschritte der Medizin haben zum sog. Panoramawandel der Krankheiten geführt, der sich u. a. darin ausdrückt, daß viele Krankheiten, die früher eine hohe Prävalenz und Morbidität hatten, heute erheblich an Bedeutung verloren haben bzw. zum Teil fast ausgerottet sind. Dies betrifft besonders die Infektionskrankheiten. An ihre Stelle sind andere getreten, nämlich die sog. multifaktoriellen Zivilisationskrankheiten, auch nichtinfektiöse Zivilisationskrankheiten genannt. Von ihnen sind die wichtigsten: Krebs, Hypertonie, Arteriosklerose einschließlch koronarer Herzkrankheit mit Herzinfarkt, arterieller Verschlußkrankheit und Schlaganfall, Diabetes sowie streßbedingte Krankheiten.
Die hohe Prävalenz dieser Krankheiten ist zunächst durch die infolge der verbesserten therapeutischen Möglichkeiten veränderte Altersstruktur der Bevölkerung zu erklären. Auch die Veränderungen der Umwelt, der Arbeitswelt und der soziokulturellen Lebensbedingungen („gesellschaftliche Verhältnisse") sind von Wichtigkeit. Während des Verlaufs können dank der Möglichkeiten der Intensivmedizin krisenhafte Episoden abgewendet oder überwunden werden. Auch hierdurch werden früh einsetzende deletäre Verläufe in die Länge gezogen. Von gleicher Bedeutung ist es, daß es im allgemeinen möglich ist, bei den multifaktoriellen Zivilisationskrankheiten den Verlauf zu lindern, ihn risikoärmer zu gestalten und ihn unter Inkaufnahme von Defekten in die Länge zu ziehen.
Zur Entstehung dieser Krankheiten ist man der Meinung, daß sie nicht auf einer (einzigen) Ursache im naturwissenschaftlichen Sinne beruhen, sondern daß es des Zusammenwirkens mehrerer Faktoren – Risiken – zu ihrer Entstehung bedarf. Diese Faktoren sind teils gebündelt; zugleich sind sie integrierender Bestandteil unserer technischen, zivilisatorischen und gesellschaftlichen Umwelt. Da diese Umwelt und das Verhalten des Menschen in ihr und ihr gegenüber veränderbar sind, gelten die multifaktoriellen Zivilisationskrankheiten als Krankheiten, die *prinzipiell*, wenn nicht zu verhüten, so doch zu mindern sind, nämlich durch das im Rahmen des Möglichen zu erfolgende Eliminieren gesundheitsschädigender Faktoren und durch Gesundheitserziehung, insbesondere zum Ablegen und Vermeiden gesundheitsschädlichen Verhaltens, ebenso durch Erziehung zu gesundheitsfördernder Lebensweise, also durch Prävention.
Da die kurativ-klinische Medizin diese Krankheiten im allgemeinen erst dann zum Gegenstand ihres Interesses macht, wenn sie manifest, also im strengen Wortsinne nicht mehr heilbar sind, die Sozialmedizin aber auf die Dauer die Prävention für effizienter hält als den punktuellen und graduellen Ausbau von Therapie und Rehabilitation, liegt zwischen diesen beiden Betrachtungsweisen ein Spannungsfeld. Es gewinnt unter Umständen sehr konkrete Bedeutung bei der Zuteilung und Verteilung von Ressourcen für Forschungsprojekte.
Vgl. Epidemiologie, Gesundheitserziehung, Morbidität, Paradigmawandel, Prävalenz, Prävention, Risikofaktor, Streß.

40. Sport- und Leistungsmedizin

K.-D. Hüllemann

Einführung

Fachbeschreibung

Sportmedizin unterscheidet sich von den anderen, vorwiegend krankheitsorientierten medizinischen Teilgebieten durch die stärkere Betonung leistungsoptimierender, gesundheitserhaltender und gesundheitswiedererlangender Bemühungen. Die körperliche Bewegung als Teilmöglichkeit der Lebensgestaltung steht im Mittelpunkt. Schwerpunkt von fachspezifischer Forschung, Lehre und Anwendung ist der Sport mit seinen verschiedenen Teilbereichen – vom Schul- über den Breiten- bis hin zum Hochleistungssport, von der Prävention über die Rehabilitation bis zum Alterssport.
Die Fédération Internationale de Médecine Sportive (FIMS, Weltverband für Sportmedizin) ist die größte medizinische Fachgesellschaft. Für den Erwerb der Zusatzbezeichnung Sportmedizin schreiben die Weiterbildungsrichtlinien einen theoretischen und einen praktischen Bereich vor.

Sportpsychologie

Sie ist bemüht, Konstanz und Veränderlichkeit des Verhaltens und Erlebens des Sportlers vor, während und nach sportlicher Tätigkeit und unter den Bedingungen sportlichen Handelns zu beschreiben, zu messen und vorherzusagen.
Psychotherapeutische Methoden wurden für die sportpsychologische Problemstellung modifiziert:

- Bewältigung konflikthaltiger Trainingssituationen bei intensiven Trainingsbelastungen,
- Umstrukturierung von Fehlregulationen in Training und Wettkampf,
- Verbesserung der Regulationsvoraussetzungen für die Ausführung komplizierter Bewegungsabläufe.

Sportpsychologie kann ethisch problematisch werden (Beispiel: „Schlechte Zeiten" durch Realangst beim Rennradfahren bergab).

Achillodynie s. Überlastungsschäden

Arthrosis deformans
s. Überlastungsschäden

Athletenkrankheit s. Kollapssyndrome

Belastungsprüfungen (Prüfstanduntersuchungen, Ergometrie)

Belastungsformen und deren Indikationen

Neben Kniebeugenbelastung, Treppentest, Lauftest, Kletterstufen, Laufbandergometrie ist die Fahrradergometrie (Tab. 40.**1**) in Deutschland der am weitesten verbreitete Belastungstest. Es werden EKG-Aufzeichnungen durchgeführt, und der Blutdruck wird gemessen.
Außer bei schwerkranken, wenig mobilisierten Patienten kann bei gut überwachtem Vorgehen der Test bei fast allen Personen eingesetzt werden. Besondere Vorsicht besteht beim langen QT-Syndrom. Auch eine höhergradige Aortenstenose kann unter Belastungsbedingungen dekompensieren.
Zum Belastungsprogramm s. Tab. 40.**2**.

Kriterien des pathologischen Belastungs-EKG

Folgende Phänomene sind typisch:

- ischämische ST-Senkung,
- PQ-Verlängerung,
- gehäufte ventrikuläre oder supraventrikuläre Extrasystolen,
- QRS-Verbreiterung bis Schenkelblockbildung,
- stark abgeflachte T-Welle bzw. T-Inversion,
- ST-Hebung,
- negative U-Wellen.

Abbruchkriterien

„Im Zweifel immer Abbruch" (wenn der Untersucher im Zweifel ist, ob er abbrechen soll oder nicht, soll er abbrechen). Im einzelnen gelten folgende Kriterien:

- Blässe, Zyanose, kalter Schweiß, auskultatorisch Auftreten von Systolikum (Mi-

Tabelle 40.1 Vorteile und Nachteile von Ergometriemethoden

Belastungsform	Verfahren	Vorteil	Nachteil
Laufbandergometer	Der Proband läuft auf der Stelle, während sich das Laufband unter ihm in variierbarer Geschwindigkeit und Steilheit bewegt	Gute Standardisierung. Gute Simulation von alltäglicher muskulärer Belastung. Häufig eingesetztes Verfahren in den USA, in Europa bes. bei Spitzensportlern	Sehr teures Gerät mit großen Raumbedarf. Meßwertgewinnung, besonders Blutdruck, technisch schwierig
Fahrradergometer (Handkurbelergometer entsprechend)	Unter Einhaltung konstanter Geschwindigkeit (60–80 Umdrehungen pro Min.) wird gegen einen physikalisch genau einstellbaren Bremswiderstand Fußkurbelarbeit bzw. Handkurbelarbeit geleistet. Ausführung im Sitzen oder Liegen	Ruhige Haltung von Oberkörper und Armen ermöglicht eine technisch günstige Meßwertgewinnung. Das Verfahren der Wahl in Deutschland wie in ganze Europa. Erschwinglicher Preis, kein großer Raumbedarf	Ungewohnt für Nichtradfahrer (psychologisch störend nur bei Maximalbelastung). Ungünstig bei sehr Adipösen

Kniebeugen sind als Test obsolet. Kletterstufentest konnten sich nicht durchsetzen.

Tabelle 40.2 Standardbelastungsprogramm

3 Min.	≤ 10 W (Leerlauf)	Ruhephase
6 Min.	60 W	
3 Min.	90 W	
3 Min.	120 W	Belastungsphase
.		
stufenweise Steigerung		
.	.	
3 Min.	≤ 10 W	Erholungsphase

tralinsuffizienz), Galopptönen (myokardiale Dysfunktion);
- vom Patienten geklagte Beschwerden: Angina pectoris, schwere Atemnot, Schwindel, Claudicatio intermittens;
- Erreichen der alters- und geschlechtsspezifischen Ausbelastungsherzfrequenz;
- komplexe Herzrhythmusstörungen;
- höhergradige AV-Blockierungen oder Schenkelblöcke;
- ST-Senkung über 0,2 mV in einer Brustwandableitung;
- mangelnder oder überhöhter Blutdruckanstieg;
- mangelnder Herzfrequenzanstieg.

Definitionen der verschiedenen Leistungsparameter

- *Absolute aerobe Arbeitskapazität:* höchstmögliche Sauerstoffaufnahme für einen bestimmten Arbeitstyp, bei weiter ansteigender Belastung nicht weiter erhöhbar. Verbunden mit einem Anstieg des arteriellen Milchsäurespiegels (über 8,8 mmol, bei älteren Personen 6,6–7,7 mmol).
- *Relative (beobachtete) aerobe Arbeitskapazität:* Sauerstoffaufnahme zum Zeitpunkt, zu dem der Patient aus irgendeinem Grund den Test abbrechen muß.
- *Maximalleistung:* höchste Belastungsstufe (ausgedrückt in Watt), die während 20 Min. im Steady state geleistet werden kann. (Steady state bei Maximalleistung: Änderung der Ventilation von weniger als 10% zwischen der 10. und 20. Arbeitsminute und respiratorisches Sauerstoffäquivalent unter 30 bei einem respiratorischen Quotienten unter 1)
- *Steady state:* Konstanterhaltung mit einer Abweichung von ±5% von Ventilation, Sauerstoffaufnahme und Herzfrequenz während einer Dauer von 3 Min. auf gleichbleibender Belastungsstufe. (Gilt nicht für Herzminutenvolumen, da die Fehlerbreite der Bestimmung mehr als 5% beträgt.)

Der Sauerstoffpuls, $\frac{O_2\text{-Aufnahme}}{\text{Herzfrequenz}}$ gibt an, wieviel Sauerstoff pro Herzschlag aufgenommen wird. Der O_2-Puls ist bei einer bestimmten Leistung kein besseres Maß für die Ökonomie des Kreislaufs als die Pulsfrequenz; er erfordert lediglich einen wesentlich größeren apparativen Aufwand. Da das Schlagvolumen schon bei einer Pulsfrequenz von 120 Schlägen/min sein Maximum erreicht, ist die bei einer submaximalen Belastung erreichte Pulsfrequenz ein ausreichendes Maß zur Beurteilung des Trainingszustandes.

- *Leistungseinheiten:* 1 Watt (W) = 1 J/s = 0,1 kpm/s (genauer: 1:9,81) = 6 kpm/min = 0,0143 kcal/min (70 W = 1 kcal/min = 1/736 PS; 1 PS = 75 kgm/s = 736 W). 1 kpm/s = 1 kgm/s = 60 kpm/min = 9,81 W (abgerundet 10 W).
- *Leistungspulsindex* (LPI): Ein Maß für die Leistungsfähigkeit bei submaximaler Arbeit. Bestimmung durch minütliche Pulsfrequenzmessung bei ansteigender Belastung auf dem Fahrradergometer. Verbindung der graphisch aufgezeichneten Pulszahlen durch eine Linie und Berechnung des Anstiegs je mkg/s. (Der Anstieg ist um so steiler, je kleiner das Herz ist.)

Atemäquivalent (AÄ):

$$\frac{\text{Atemminutenvolumen in ml}}{O_2\text{-Aufnahme in ml/min}}$$

gibt einen guten Einblick in Leistungsfähigkeit und Trainingszustand.

- *Vita maxima:* Verhalten von Herz, Kreislauf und Atmung im Bereich der körperlichen Höchstleistung. Bestimmung auf dem Fahrradergometer bei zunehmender Belastung (30 W zu Arbeitsbeginn, Steigerung um 40 W alle 3 Min.).
- *W_{170}* (Leistung in kpm/min bei einer Pulsfrequenz von 170/min): Gute Möglichkeit zur Prüfung der Leistungsfähigkeit, besonders bei Kindern. Die Leistung wird meist als relative Leistung (W/kg Körpergewicht) angegeben. Bestimmung der W_{170}: Belastung in 3 ununterbrochenen Stufen von jeweils 6 Min. auf dem Fahrradergometer, wobei auf den einzelnen Stufen ein relatives Steady state der Pulsfrequenz (Anstieg zwischen der 3. und 6. Min. nicht mehr als 10/min) eingehalten werden soll. Ausgangsleistung 1 W/kg Körpergewicht. Auf der 2. bzw. 3. Stufe wird mit 2 bzw. 3 W/kg Körpergewicht belastet.

Symbole:

Ventilation	$\dot{V}_E$ (l/min)
Sauerstoffverbrauch	$\dot{V}_{O_2}$ (ml/min)
respiratorisches Äquivalent für O_2 (CO_2)	ER_{O_2} (ER_{CO_2})
respiratorischer Quotient	R
Atemfrequenz	f
Atemvolumen	V_T
aerobe Arbeitskapazität	$\dot{V}_{O_2}$ max (l/min)
Herzfrequenz	f_b
Herzminutenvolumen	$\bar{\dot{Q}}_s$ (ml)
Schlagvolumen	Q_s (ml)
arteriovenöse Differenz	$C_{aO_2}-C_{vO_2}$ (ml/100 ml)
systolischer arterieller Blutdruck in der Reihenfolge peripher, Aorta, Pulmonalis	P_{ps}, P_{aos}, P_{pas} (mmHg)
diastolischer arterieller Blutdruck peripher, Aorta, Pulmonalis	P_{pd}, P_{aod}, P_{pad} (mmHg)
Sauerstoffpuls	$\frac{\dot{V}_{O_2}}{f_h}$
Herzvolumen	V_h (ml)
Hämatokrit	HCT
arterieller O_2-Partialdruck	P_{aO_2} (mmHg)
arterieller CO_2-Partialdruck	P_{aCO_2} (mmHg)
arterielle Sauerstoffsättigung	S_{aO_2}
Bicarbonate	HCO_3

Meßgrößen und ihre Dokumentation während Belastung

Das EKG soll kontinuierlich registriert werden (Oszilloskop oder jede Minute 5 Herzaktionen ausschreiben). Die Herzfrequenz soll jede Minute, der Blutdruck alle 3 Minuten bestimmt werden (häufigere Messungen empfehlenswert). Wünschenswert sind Bestimmungen von Atemfrequenz, Atemminutenvolumen, O_2-Aufnahme, CO_2-Abgabe, Blutgaswerten (jedoch erheblicher apparativer Aufwand). Die Dokumentation erfolgt auf einem Testprotokoll, das zweckmäßigerweise EDV-gerecht angelegt ist. (Dokumentation des EKG s. Elektrokardiogramm [Belastungs-EKG] und Tab. 40.**3**.)

Bewertung der Leistungsfähigkeit
(Abb. 40.**1**–40.**3**)
Die maximale Leistungsfähigkeit sollte für den Mann 3 (für die Frau 2,5) W/kg KG betragen. Dieser Wert kann um 1% für jedes Lebensjahr über 30 oder um 10% für jede Lebensdekade über der 3. reduziert werden.
Die Ausdauerbelastungsherzfrequenz schwankt erheblich.
Der systolische Blutdruck sollte den Wert von 200 mmHg nicht überschreiten, bevor die Wattstufe von 200 minus Lebensalter in

Ruhe-Phase

RR in mmHg	systol.	diastol.	Puls/min	
1. min	___	___		
2. min			26	
3. min	29	32	36	

Belastungs- und Erholungs-Phase

RR in mmHg	systol.	diastol.	Puls/min	Watt
1. min	36	41	44	47
2. min			50	
3. min	53	___	56	59
	systol.	**diastol.**	**Puls/min**	**Watt**
4. min	___	___	62	65
5. min			66	
6. min	71	74	77	80

Karten-Nr. (Spalten 3 bis 8 doppeln) 0 4 2

	systol.	diastol.	Puls/min	Watt
7. min	11	___	14	17
8. min			20	
9. min	23	26	29	32
	systol.	**diastol.**	**Puls/min**	**Watt**
10. min	35		38	41
11. min			44	
12. min	47	50	53	56
	systol.	**diastol.**	**Puls/min**	
13. min	59	___	62	
14. min			65	
15. min	68	71	74	

Dauer der gesamten Belastungs-Phase (in min):
(Maximaldauer routinemäßig beträgt 12 min!) 76

Abb. 40.1 EDV-gerechte Dokumentation von systolischem und diastolischem Blutdruck sowie Pulsfrequenz und Wattzahl. Die in den Kästchen eingetragenen Zahlen gelten als Datenbeleg für die EDV-mäßige Verarbeitung. Die abgelesenen Werte können darüber hinaus jede Minute eingetragen werden, so daß der EDV-Beleg gleichzeitig als Testprotokoll verwendet werden kann

Nur bei vorzeitigem Testende (Testabbruch) ausfüllen
(Alle in Frage kommenden Ursachen ankreuzen)

I	nicht zutreffend	0		
	Subjektive Beschwerden, kardial (alle Arten von „Herzsensationen")	1		
	Subjektive Beschwerden, extrakardial (z. B. Wadenkrampf)	2	I	☐ 77
	Ischämische ST-Veränderung	4		
	F.A.	9		
II	nicht zutreffend	0		
	Gehäufte multifokale Extrasystolen	1		
	Salven von ventrikulären Extrasystolen	2	II	☐ 78
	Vereinzelte Extrasystolen, die in die T-Welle der vorangehenden Herzaktion fallen	4		
	F.A.	9		
III	nicht zutreffend	0		
	Vorhofflimmern oder -flattern	1		
	Schwerwiegende Überleitungsstörungen (z. B. totaler AV-Block)	2	III	☐ 79
	Erregungsausbreitungsstörungen (z. B. Linksschenkelblock)	4		
	F.A.	9		
IV	nicht zutreffend	0		
	Pathologischer RR (progressiv, fallend, überhöht)	1		
	Andere subjektive Ursachen	2	IV	☐ 80
	Andere objektive Ursachen	4		
	F.A.	9		

Abb. 40.**2** EDV-gerechte Dokumentation bei vorzeitigem Testende (= Testabbruch). In den Kategorien I–IV können die Ursachen für den Testabbruch angekreuzt werden. Mehrfachnennungen sind möglich

Erholungsphase (in der dritten Erholungsminute)						
Frequenz (in Schlägen/min):					(000 = nicht gemessen, 999 = F. A.)	☐☐☐ 36
Rhythmusstörungen	keine 0	supraventrikuläre ES 1	ventrikuläre ES 2	Sonstige 4	F. A. 9	☐ 37
Überleitungsstörungen	keine 0	Linksschenkelblock 1	Rechtsschenkelblock 2 (auch inkompl.)	sonstige 4	F. A. 9	☐ 38
ST-Senkung	keine 0	aszendierend 1	horizontal 2	deszendierend 3	F. A. 9	☐ 39
Bei ST-Senkung (Strecke: tiefster Punkt bis 0-Linie in mV):					(0,0 = unter 0,1; 9,9 = F. A.)	☐☐ 41

Abb. 40.**3** EDV-gerechte Dokumentation der EKG-Veränderungen, hier am Beispiel der dritten Erholungsminute. Es wird jeweils hinter der vorgegebenen Veränderung angekreuzt, z. B. Linksschenkelblock. F. A. = fehlende Angabe. Die Kästchen auf der rechten Seite gelten für die Weiterverarbeitung als Datenbeleg. In der letzten Zeile wird die diagnostisch relevante ST-Streckensenkung in mV angegeben.

Jahren erreicht ist. Blutdruckwerte von 250 mmHg systolisch und 150 mmHg diastolisch gelten als Abbruchkriterien.
Der mangelnde Blutdruckanstieg unter Belastungsbedingungen gilt bei Patienten mit nachgewiesener koronarer Herzkrankheit als prognostisch ungünstiges Zeichen. Die Aussage wird verfälscht, wenn der Patient unter Medikamenten steht, die den Blutdruck senken (z. B. β-Blocker und Calciumantagonisten).

Belastungsteste, Kreislauf,
s. Belastungsprüfungen

Biochemie

Thyroxinspiegel
Der Spiegel des freien Thyroxins im Serum wird als Folge muskulärer Arbeit vorübergehend gesenkt. Möglicherweise liegt die Ursache in einer erhöhten zellulären Utilisation.

Ionenkonzentration
Alle Ionen (Na, K, Cl, Ca) im Serum nehmen während körperlicher Belastung zu (statistisch nicht signifikant). Die höchste Konzentration ist nach einer Belastungsdauer von 20 Min. zu verzeichnen. Nach Belastung kehrt der Wert innerhalb von 30 Min. zum Ausgangswert zurück. Die Ursache der Elektrolytvermehrung im Serum scheint eine Erhöhung der zellulären Permeabilität zu sein, die wiederum Folge der erhöhten Catecholaminsekretion ist. Die Ionenveränderung dient als protektiver Mechanismus für die Osmolarität und damit für das Plasmavolumen.

Enzymkonzentration
Die einzelnen Enzyme steigen in ihrer Serumkonzentration verschieden stark an, wobei der zeitlichen Dauer der Belastung entscheidende Bedeutung zukommt. Beim Marathonlauf steigen SGOT, SGPT, LDH und CPK (letztere allerdings erst 10 Stunden nach dem Lauf) deutlich an. Nur die LDH-Konzentration ist auch bei kurzzeitiger Belastung (400-m-Lauf) erhöht; der SGPT-Spiegel bleibt auch bei mittellanger Belastungsdauer (10 000-m-Lauf) unverändert. Die bei mittellanger Belastungsdauer schon meßbar erhöhte GOT spielt möglicherweise eine Rolle bei der Muskelkontraktion und kann in den Krebszyklus eingehen. Ursache dieser Veränderungen ist wiederum die erhöhte Zellpermeabilität.

Plasmaproteine
Die Veränderungen der Eiweißkörper im Plasma (keine Energiequelle für den Muskel) spiegeln Änderungen der Membranpermeabilität wider (z. B. an der Niere), einen erhöhten Metabolismus oder einen Gewebsniedergang (z. B. von Bindegewebe). Abgesehen von der Hämokonzentration ist die Zunahme der Plasmaproteine im Serum hauptsächlich durch die Zunahme von Albumin und IgG bedingt. Übertraining reduziert die Proteinämie und erhöht den Spiegel der Glykoproteine (Bindegewebszerstörung) und des Harnstoffs. Auch scheint sehr anstrengendes Training (Übertraining) Zerstörungen am Bindegewebe zu verursachen. Leistungsphysiologischer Zusammenhang dieser Veränderungen: Muskelarbeit erhöht saure Metaboliten, die den intramuskulären osmotischen Druck erhöhen. Um diesen Druck zu neutralisieren, wird Wasser vom Plasma abgezogen, was zu einer Hämokonzentration führt. Einige Proteine kommen wahrscheinlich aus dem extravaskulären Gebiet und tragen zur Erhöhung des Plasmaproteinspiegels bei. Die Veränderung des osmotischen Plasmadrucks stimuliert die Osmorezeptoren und erhöht so die Freisetzung von antidiuretischem Hormon (ADH). Anstrengende körperliche Belastung kann die ADH-Aktivität im Blut auf das Dreifache der Ruhewerte erhöhen. Die Folge ist eine Verminderung der Wasserausscheidung bis zu 75%. Dieser Mechanismus wird durch Aldosteron kontrolliert, das ebenfalls einen erhöhten Blutspiegel bei muskulärer Arbeit aufweist. Die Aldosteronspiegelerhöhung wird vom Renin-Angiotensin-System induziert (Anstieg der Plasmareninaktivität bis auf das Vierfache). Die erhöhte Reninaktivität wird wahrscheinlich verursacht durch Stimulation des juxtaglomerulären Apparats durch sympathische Nervenfasern (damit wird die Konstriktion der afferenten Arteriole kontrolliert). Wahrscheinlich kommt es zu einem verlangsamten Blutfluß im Glomerulus, was den Prozeß der Diffusion von Makromolekülen in das tubuläre Lumen fördert. Hinzu kommt die Erhöhung der glomerulären Membranpermeabilität, so daß das glomeruläre Ultrafiltrat reich an Proteinen ist. Diese Proteinurie ist allein leistungsphysiologisch zu erklären; sie hat nichts zu tun mit physiologischer, orthostatischer oder pathologischer Proteinurie.

Blutgerinnbarkeit
Die Gerinnbarkeit des Bluts (Thrombozytose, erhöhter Quick-Wert und erhöhte Aktivität des antihämophilen Globulins) nimmt während Belastung zu. Dabei zeigen Hochleistungssportler eine deutlich geringere Aktivierung des Gerinnungssystems. Neben der Gerinnbarkeit wird die Fibrinolyse während Belastung aktiviert; Hochleistungssportler zeigen auch hier eine größere Stabilität.

Biomechanik

Informationswissenschaft von Bewegungsabläufen sportlicher Übungen. Untersuchungsverfahren: Lichtschranken, Fernsehkameras, Kinematographie mit Hochfrequenzkameras (300 Bilder/s), Chronozyklographie, Impulslichtphotographie, ortsfeste und telemetrische Dynamometer (Messung von Brems- und Beschleunigungsstoß), telemetrische Elektromyographie. Eine wesentliche Aufgabe der Biomechanik des Sports ist eine wissenschaftlich begründete Trainingsberatung.

Biotelemetrie

Mit kleinen Sendern, die die Versuchsperson nicht belästigen, können Biosignale drahtlos zu einer 500 m (bei günstigem Gelände bis 2000 m) entfernten Empfangsstation übermittelt werden. Für die Sportmedizin ist die EKG-Telemetrie (gleichzeitige Pulsfrequenzmessung) ein weitverbreitetes Verfahren. Die Telemetrie von Atemminutenvolumen, Sauerstoffaufnahme und Blutdruck ist apparativ aufwendiger.

Doping

Von *dop* (Dialekt im südöstlichen Afrika) für schweren Schnaps, der bei Kulthandlungen der Eingeborenen als Stimulans verwendet wurde. Im Sport werden eingesetzt: Amphetamine, Analeptika, Hormone, β-Blocker u. a. Als Folge sind Todesfälle beschrieben (u. a. Olympische Spiele, Rom 1960). Internationale Absprachen zur Dopingbekämpfung (IOC-Bestimmungen) werden regelmäßig vorgenommen. Nachweis von Dopingmitteln: Dünnschicht- und Gaschromatographie. Das Muskelwachstum von Spitzenathleten wird durch die Gaben von anabolen Hormonen angeregt. Die Gefahr dabei ist die Überlastung des Sehnen- und Bandapparats.

Elektrokardiogramm (EKG)

Ruhe-EKG siehe Tab. 40.**3**.

Belastungs-EKG
(s. auch Belastungsprüfungen)
(Abb. 40.**2** und 40.**3**)

Bedeutung von Rhythmusstörungen
Ventrikuläre Extrasystolen gehen eher mit einer ernsteren Prognose einher als supraventrikuläre. Ventrikuläre Extrasystolen sind häufige EKG-Befunde. Wegen der Unterbrechung des Grundrhythmus und der Formabweichung fallen sie selbst Laien auf. Diese Störungen haben etwas Heimtückisches und Unerwartetes. Manche Personen können keinerlei Symptome angeben, auch nicht bei ernsthaften Arrhythmien. Geklagte Beschwerden bei inkonstanten Arrhythmien wiederum lassen sich nicht immer auf der Herzstromkurve einfangen. Das EKG ist eine Momentaufnahme.
Die gesundheitliche Bedeutung von ventrikulären Extrasystolen läßt sich nicht allein aus Formkriterien ableiten. Vielgestaltige und häufige ventrikuläre Extrasystolen kommen wohl bei Herzkranken häufiger vor, werden aber auch bei ausdauertrainierten und offenbar gesunden Sportlern angetroffen. Bei Herzinfarktpatienten sind häufige und polytope Herzrhythmusstörungen im Zweifel immer als Zeichen schlechter Prognose zu werten, aber es gibt von dieser Regel Ausnahmen.
Herzrhythmusstörungen allgemein und ventrikuläre Extrasystolen insbesondere verunsichern nicht nur den Patienten, sondern auch den Arzt. Bei der Bewertung der Rhythmusstörungen kann man von der Faustregel ausgehen: Die Prognose richtet sich nach der Grundkrankheit.

Ventrikuläre Extrasystolen (VES) bei Herzinfarktpatienten
(Abb. 40.**3**)
Patienten unter 60 Jahren, die das Herzinfarktereignis schon 1 Jahr überwunden haben, im Belastungs-EKG keine Ischämiereaktion zeigen und allenfalls vereinzelte monotope ventrikuläre Extrasystolen aufweisen, können sich nach entsprechender Vorbereitung freizeitsportlich (ohne übertriebenen Ehrgeiz) betätigen.
Treten bei sonst gleichen Bedingungen komplexe Extrasystolen auf, soll die linksventrikuläre Funktion überprüft werden. Bei einer Auswurffraktion von 50% und mehr kann mit gebotener Zurückhaltung Freizeitsport getrieben werden.

Tabelle 40.3 Ruhe-EKG

Rhythmus	Meßwerte	Ursachen	Sportarten	Bewertung
Brachykardie „Schongang“	max. 89/min min. 40/min	Vagotonie, erhöhtes Schlagvolumen, Myokardhypertrophie, Myokarddilatation	niedrigste Frequenz bei Ausdauersportlern, höchste bei Seglern, Motorsportlern, Schützen	
Sinusarrythmie	Dauer der Herzzyklen von 0,10–0,15 s bis 0,16–0,30 s	$^2/_3$ altersbedingte Eigentümlichkeit Jugendlicher, $^1/_3$ respiratorisch	keine Bevorzugung	Fähigkeit des Herzens, sich wechselnden Belastungen anzupassen
„elektrische Herzachse“	meist normale Lage, Abweichung nach links oder rechts selten	meist alters- und/oder konstitutionsbedingt, selten durch Hypertrophie und tonogene Dilatation	„uneinheitlich“	nicht pathologisch
$P_{I/II/III}$	meist nicht größer als 1 mm (normale Breite: bis 0,10 s)	Vagotonie, ungeklärte 2. Ursache	alle Sportarten	Besonderheiten von Sportlern
$T_{I/II}$	3,1–9 mm	trainingsbedingte Zunahme von Myoglobin, anorganischem Phosphor und Glykogen im Herzmuskel. Vermehrt aktivierte Enzymsysteme	Ausdauersport	erhöhter myokardialer Stoffwechsel
T_{III}	negativ, zweiphasisch oder isoelektrisch bei Abweichung der „elektrischen Herzachse“ nach rechts (Abweichung nach links bei Gesunden Normvariante)	Besonderheiten der elektrischen Position des Herzens	keine Bevorzugung	Normvariante, wenn T_{aVF} positiv
	in Kombination mit zusätzlichen pathologischen EKG-Veränderungen (T_{aVF} ist im gleichen Sinne verändert)	Hypertone, Infekte (chronische Tonsillitis, Rhinitis, Otitis, kariöse Zähne u. a.)	keine Bevorzugung	pathologische Myokardveränderungen, Training untersagen!
$R_I + R_{II} + R_{III}$	bei etwa 80% 26–30 mm, ja bis über 36 mm	Vergrößerung des linken Ventrikels	Ausdauersport	Hinweis auf besonders guten kardialen Funktionszustand (?)
	bei etwa 10% weniger als 15 mm (größte R-Zacke nicht über 5 mm)	39% extrakardial a) gut entwickelte Skelettmuskulatur b) stärkeres Unterhautfettgewebe	Ringen, Gewichtheben, Turnen, Schießen, Segeln	konstitutionelle Eigentümlichkeit konstitutionelle Eigentümlichkeit
		28% Folge der elektrischen Position des Herzens	keine Bevorzugung	Verlagerung der Herzspitze nach rückwärts, nicht pathologisch
	häufig kombiniert mit weiteren pathologischen EKG-Veränderungen (ES, Verlängerung der AV-Leitungszeit 0,21 s, die nach körperlicher Belastung oder Atropin nicht verschwindet)	33% kardiale Faktoren (Infekte der oberen Luftwege), andere chronische Infekte	Ausdauersport, aber alle Sportarten möglich	Myokardschaden
$ST_{I/II}$	bis 1 mm oberhalb der isoelektrischen Linie	Vagotonus	Ausdauersport!	verstärkte Oxidationsvorgänge (?), optimale Durchblutung (?) des Myokards
QRS	selten (4%) Verbreiterung auf über 0,1–0,12 s	physiologische Hypertrophie der Herzkammern	Ausdauersport	Normal: sorfältige klinische Untersuchung unerläßlich!
	in Verbindung mit anderen EKG-Veränderungen	Myokardschaden	keine Bevorzugung	pathologisch: Trainingsverbot!
PQ	sehr selten (2,2%) über 2,1 s	vagal	Ausdauersport	physiologisch
		Myokardschaden	keine Bevorzugung	pathologisch: Trainingsverbot!

Größte Vorsicht ist geboten, wenn der Patient das 1. Jahr nach dem Akutereignis des Herzinfarkts noch nicht überstanden hat und komplexe Extrasystolen nachweisbar sind. Körperliche Schonung ist geboten. Auch eine ambulante Herzgruppe sollte nur mit äußerster Vorsicht besucht werden.

Ventrikuläre Extrasystolen bei Gesunden
Vereinzelt weisen auch ausdauertrainierte Sportler höhergradige ventrikuläre Extrasystolen auf (bis zu repetitiven Extrasystolen = Couplets). Diese Veränderungen lassen nicht den Schluß zu, die komplexen Extrasystolen seien unbedenklich. Möglicherweise gehen manche plötzlichen Todesfälle mit morphologisch unauffälligem Myokardbefund auf die Anfälligkeit für höhergradige Herzrhythmusstörungen mit Kammerflimmern zurück.
EDV-gerechte Dokumentation des Belastungs-EKG bei Felduntersuchungen von Sportlern ist besonders wichtig. Nur so lassen sich bei Kontrolluntersuchungen nach Jahren die korrespondierenden Daten früherer Untersuchungen wiederfinden. Das EKG sollte bei einem Untersuchungsgang 4mal dokumentiert werden: 1. in der Ruhephase, 2. kurz vor Belastungsende, 3. sofort nach Belastung und 4. 3Min. nach Belastungsende. Zusätzlich muß die Möglichkeit gegeben sein, ein weiteres EKG zu dokumentieren, wenn Veränderungen auftreten, die von den vorher dokumentierten EKG abweichen.

Ergometrie s. Belastungsprüfungen

Energieverbrauch s. Tab. 40.**4**

Ernährung
Täglicher Eiweißbedarf 1,5–24 g/kg KG. Bei Beachtung des erhöhten Eiweißbedarfs ist eine abwechslungsreiche Mischkost zu empfehlen. Häufige kleinere Mahlzeiten (5–7 am Tag) von leichtverdaulichen Nahrungsmitteln erweisen sich als günstig. Zu Zeiten besonderer Belastung im Hochleistungssport werden mit Erfolg Konzentratnahrungen gegeben, die über 60% Kohlenhydrate und einen ho-

Tabelle 40.**4** Maxima und Minima des Energieverbrauchs bei Ruhe und verschiedenen Sportarten (nach Nöcker)

Energieverbrauch pro Tag	Mindestzahl		Höchstzahl	
	kJ	(kcal)	kJ	(kcal)
Körperruhe	7123	(1700)	9218	(2200)
Kurzstreckenläufer	12570	(3000)	16760	(4000)
Mittel- und Langstreckenläufer	12570	(3000)	20950	(5000)
Werfer	12570	(3000)	18855	(4500)
Radfahrer, Etappen	20950	(5000)	33520	(8000)
Fußballspieler, Handballspieler, Hockeyspieler u. a.	12750	(3000)	20950	(5000)
Skiläufer (alpin)	12570	(3000)	16760	(4000)
Skilangläufer	14665	(3500)	20950	(5000)
Boxer	14665	(3500)	20950	(5000)
6-Tage-Fahrer	25140	(6000)	37710	(9000)
Energieverbrauch pro Stunde	**Mindestzahl**		**Höchstzahl**	
	kJ	(kcal)	kJ	(kcal)
Gehen	838	(200)	1676	(400)
Laufen	2095	(500)	3771	(900)
Radfahren	838	(200)	2933	(700)
Schwimmen	838	(200)	2933	(700)
Skilanglauf	2095	(500)	3980	(950)
Eislauf	1257	(300)	2933	(700)
Ringen	3771	(900)		
Fechten	2095	(500)	2514	(600)

hen Eiweißanteil enthalten. Eine überwiegend fettreiche Nahrung vermindert meßbar die muskuläre Leistungsfähigkeit; die Fette sollten nicht mehr als 25% der Gesamtenergiezufuhr ausmachen, es sei denn, der Energieverbrauch steigt beträchtlich über 12570 kJ pro Tag an. Mehr als 35% Fettenergien sollten nicht gegeben werden. Bei ausgiebigem und häufigem Schweißverlust sind mit der Flüssigkeit auch Mineralien zu substituieren, besonders Magnesium und Kalium.

Fahrradergometer s. Belastungsprüfungen

Genetik

Großangelegte Untersuchungen an identischen und nichtidentischen Zwillingen haben den überwältigenden Einfluß angeborener Verhaltensweisen in Situationen dargelegt, bei denen es freisteht, zu trainieren oder nicht zu trainieren. Darüber hinaus werden von 70% der identischen Zwillinge (22% der nichtidentischen) die gleichen Sportarten gewählt. Bei Mannschaftssportarten sind die identischen Zwillinge auffallend häufig symmetrisch eingesetzt: Der eine Zwilling spielt auf dem linken Flügel, der andere auf dem rechten.

Durch Heirat unter Sportlern (häufig sogar innerhalb einer begrenzten sportlichen Spezialität) wird das Erbgeschehen beeinflußt.

Gesundheitserziehung s. Sporttherapie

Grazilissyndrom s. Überlastungsschäden

Hartspann, Muskel, s. Überlastungsschäden

Herz-Kreislauf-Erkrankungen, organische, s. Sporttherapie

Herz-Kreislauf-Störungen, vegetative, s. Sporttherapie

Herztod, plötzlicher

Kardiale Kollapse kommen bei Hochleistungssportlern kaum vor. Tödliche Zusammenbrüche beim Sport – stets dramatische Ereignisse – sind niemals durch Sport verursachte Katastrophen. Der im allgemeinen solchen Fällen vorausgehenden Krankheit kommt besondere Bedeutung zu. Gute sportliche Leistungen sind kein Beweis für ein gesundes Herz.

Als ursächliche Faktoren beim plötzlichen Herztod während des Sports sind anhand umfangreicher klinischer und pathologischer Untersuchungen identifiziert worden:

1. stenosierende Koronarerkankung (80%);
2. kongenitale Fehlbildung (Koronararterien, Herzklappen, Herznahgefäße);
3. akute und subakute Myokarditiden (und Endokarditiden, erworbene Herzfehler);
4. Herztumoren;
5. exogene Einwirkung:
   - Traumen,
   - extreme körperliche Anstrengung bei Kälte oder Hitze,
   - Höhe, dieser Faktor jedoch zumeist nur als zusätzliche Komponente bei schon bestehender Grundkrankheit;
6. Kardiomyopathie;
7. Langes-QT-Syndrom;
8. Zentralnervöses Versagen.

Höhenanpassung

Definition und sich verändernde Faktoren

Die Einteilung der Troposphäre in verschiedene *Höhenzonen* ist eher pragmatisch als wissenschaftlich. Es werden keine Schwellen beobachtet; die Übergänge sind kontinuierlich. Unter *Höhenanpassung* ist die Summe aller Regulationsvorgänge in einem Organismus zu verstehen, die durch die sich in der Höhe verändernden Lebensbedingungen ausgelöst werden. Der wichtigste Faktor, der sich mit dem Höhenaufstieg verändert, ist der Sauerstoffpartialdruck. Die Höhentauglichkeit jedes Lebewesens hängt entscheidend von seiner Fähigkeit ab, mit einem erniedrigten Sauerstoffpartialdruck auszukommen bzw. sich daran zu gewöhnen. Mit der Höhe ändern sich immer alle anderen Klimafaktoren (Temperatur, Luftfeuchtigkeit, Luftdichte, Strahlungen).

Mittlere Höhen (1000–3000 m)

Man muß zwischen der raschen Anpassung des Kreislaufsystems und der allmählichen des vegetativen Systems unterscheiden. Beim aktiven oder passiven Aufstieg in Höhen um 2000 m ist bereits eine Kreislaufanpassung (Puls, Blutdruck) notwendig. Nach 1–2 Tagen hat der Ruhepuls den (im Tal gemessenen) Ausgangswert wieder erreicht. In Höhen um 2500 m ist eine Eingewöhnungszeit von 3–4 Tagen anzunehmen. Die Anpassung aller vegetativen Systeme dürfte in 2500 m Höhe erst nach 3–4 Wochen abgeschlossen sein.

Große Höhen (über 3000 m)

Bereits in mittleren Höhen können die verschiedensten vegetativen Beschwerden auftreten; mit zunehmender Höhe werden diese Beschwerden häufiger und stärker: Kopfschmerzen (mögliche Vorboten der Höhenkrankheit), Herzbeschwerden, Cheyne-Stokes-Atmung (Hinweis auf nicht abgeschlossene Anpassung der Atemsteuerung), Durchschlafstörung (bleibt oft während des ganzen Höhenaufenthalts bestehen), Menstruationsstörungen (Hypermenorrhö), lokalisierte Ödeme, Erkältungskrankheiten, Anpassungsdauer: Ab 2500 m Höhe bis 5500 m für je 500 m Höhengewinn (Schlafhöhe) 2 Tage Zeit lassen (Faustregel); Schlafhöhe unter maximal erreichter Tageshöhe.

Bei 5000 m Höhe endet die Möglichkeit zur Daueranpassung. Auf 5500–7500 m Höhe können Aufenthalte nur wenige Tage ausgehalten werden.

Über 7500 m ist ein Aufenthalt nur über Stunden möglich.

Höhenkrankheit

Synonyma: Fliegerkrankheit, Bergkrankheit, acute mountain sickness (AMS).

Ät und Pathog: Es handelt sich bei der AMS nicht um eine eigentliche Krankheit, sondern um die Summe von Gesundheitsstörungen, ausgelöst durch unzureichende Anpassung an die entsprechende Höhe. Sie wird ab 3000 m beobachtet. Die Symptome können sich bei sehr raschem Aufstieg innerhalb von Minuten oder bei langsamem Aufstieg innerhalb von Stunden oder Tagen einstellen.

Sy: Es sind 2 Formen der Bergkrankheit zu unterscheiden: Das akute Höhenlungenödem (high altitude pulmonal edema – HAPE) und das seltene Höhengehirnödem (high altitude cerebral edema – HACE).

Diese äußern sich im einzelnen mit folgenden Symptomen:

- anhaltender Kopfschmerz (unbeeinflußbar durch Aspirin), Brechreiz, Appetitlosigkeit, Schlaflosigkeit, Atemnot auch beim Ausruhen, Husten, Auswurf von wäßrigem oder blutigem Schleim, Rasselgeräusche – *Lungenödem*;
- große Müdigkeit, unerträgliche Kopfschmerzen, schwankender Gang, unverstehbares Verhalten, Bewußtseinstrübung – *Gehirnödem*.

Am Ende dieser Entwicklung steht das Koma.

Prl:

- Gute und langsame Akklimatisation. Langsam zu Fuß aufsteigen, nicht in die Höhe fliegen. In der Höhe schlafen. Wenn Kopfschmerzen auftreten, die unter Aspirin nicht abklingen, absteigen.
- Sehr viel trinken!
- *Keine* Diuretika!

Th: sofortiger Abstieg, Sauerstoffinsufflation, keine (!) Diuretika (bei Gehirnödem: Corticoide i. v.).

Höhenverbot

- Krankheiten, bei denen bereits auf Meereshöhe ein geringes arterielles Sauerstoffangebot bzw. eine geringe Möglichkeit zur Steigerung des arteriellen Sauerstoffangebots in der Peripherie besteht (z. B. Mitral-, Aortenstenose, muskuläre Herzinsuffizienz);
- Krankheiten, bei denen schon auf Meereshöhe einzelne Organe durch ein geringes Sauerstoffangebot bedroht sind (Durchblutungsstörungen des Herzens, des Gehirns, der Extremitäten);
- Krankheiten, die schon auf Meereshöhe eine erhöhte Aktivität der Organfunktionen zeigen (Tachykardie, Hyperventilation, pulmonale Hypertonie).

Hypertonie, labile s. Sporttherapie

Infektionskrankheiten

Der Erwerb körperlicher Fitneß ist nicht damit verbunden, einen Schutz gegen die Anfälligkeit für Infektionskrankheiten zu erwerben. Im Gegenteil, trainierte Sportsleute scheinen gefährdeter zu sein: Körperliche Aktivität verursacht eine kardiale Beteiligung von lokalisierten oder systematisierten Infektionen. (Während intensiver körperlicher Anstrengung verändert sich die Permeabilität der Körpermembranen mit dem Ergebnis, daß größere Moleküle – manche Globuline und eine große Zahl von Mikroorganismen, unter ihnen Poliomyelitis- und Influenzaerreger – die Membranen passieren, z. B. vom Intestinaltrakt in den Blutstrom und vom Blutstrom durch die hämoenzephale Barriere in das ZNS.) Bei unerkannten körperlichen Krankheiten (z. B. eine Gonorrhö) kann allein durch die zusätzliche Belastung einer großen körperlichen Leistung der Tod herbeigeführt werden. Knochentraumen können als Triggermechanismen für das Aufflammen einer latenten Infektion verantwortlich gemacht werden. Da bei den meisten Infektionskrankheiten eine myokardiale Beteiligung auch ohne klinischen Anhalt zu unterstellen ist, sollte bis zum Abklingen der Krankheit immer ein Trainingsverbot ausgesprochen werden.

Intersexualität

Weibliche Intersexe sollen nach Übereinkunft verschiedener internationaler sportlicher Organisationen vom Leistungswettkampf ausgeschlossen sein. Für den Sportarzt hat nur der Pseudohermaphroditismus im Frauensport Bedeutung.

Sy: Das Bild des weiblichen Scheinzwitters ist praktisch identisch mit dem adrenogenitalen Syndrom (AGS). Oft wird eine Virilisierung (Hirsutismus, tiefe Stimme) durch anabole Hormone induziert. Solche Frauen haben gegenüber Normalfrauen im sportlichen Wettkampf Vorteile. Leider kann z. Z. keine objektive und pathophysiologische Grenze hinsichtlich des Grads eines AGS gezogen werden, die eine Handhabe für eventuelle sportliche Maßnahmen in gewissen Grenzfällen ergäbe.

Dg: Gründlichste klinische Untersuchung, Sexchromatinuntersuchung, Bestimmung des Chromosomenbilds (Karyotypie).

Intervalltraining s. Kreislauffunktion

Kataplexie s. Kollapssyndrome

Kollapssyndrome

Athletenkrankheit (Anstrengungsmigräne, Anstrengungskrankheit, Übelsein nach dem Lauf).

Szintillierende Skotome treten unmittelbar nach dem Lauf auf, und innerhalb von 3–10 Min. folgen Übelkeit, Erbrechen und schwere Kopfschmerzen. Der Zustand ist von einem klassischen Migräneanfall nicht zu unterscheiden, mit der Ausnahme, daß dieser kürzer anhält.

Blackout nach Gewichtheben

Akute Bewußtseinsverluste sind häufig beim Gewichtheben, wobei kurzdauernde Druckerhöhungen im Thoraxraum bis zu 300 mmHg auftreten können. Gleich nach Beendigung der Kraftleistung kommt es zu einer verzögerten Füllung der linken Herzkammer; die arteriellen Pulswellen fallen aus. Der arterielle Druck sinkt auf kaum meßbare Werte.

Unter Wettkampfbedingungen tritt bei Gewichthebern häufiger ein Schwindel- und Verwirrungszustand ein. Es kommt nicht zur Ohnmacht. Dieses Beschwerdebild zeigt sich besonders häufig in der ersten Phase des Anhebens des Gewichts vom Boden bis zur Schulterhöhe, insbesondere wenn vor dem Versuch hyperventiliert wurde (durch Hyperventilation kommt es bei anstrengender Körperarbeit zu einer erheblichen Abnahme des zirkulierenden Blutvolumens. Dieses Phänomen ist für die Genese der meisten Kollapssyndrome beim Sport von erheblicher Bedeutung).

Hyperthermie

Im Jahre 1924 traten schwere Hitzekollapse bei den meisten Teilnehmern des Querfeldeinlaufs der Olympischen Spiele in Paris auf. Bei den leichtathletischen Europameisterschaften in Rom (1974), die bei besonders heißem Wetter ausgetragen wurden, fielen die Laufzeiten ungewöhnlich schlecht aus. Bewußtseinsverluste bei Menschen in großer Hitze wurden häufiger beschrieben. – Unter allen bei Sport auftretenden autonomen Anpassungsmechanismen nimmt die Thermoregulation eine besondere Stellung ein: Sie ist vielfach inadäquat. Oft kommt es zu kritischen Wärmestauungen, die sogar tödliche Folgen haben können, besonders in Verbindung mit Doping.

Hypothermie

Ät: Bei kühlen Außentemperaturen kann die Kerntemperatur des Körpers kritisch absinken, besonders wenn durch sportliche Tätigkeit viel Wärme nach außen abgegeben wird, in typischer Weise beim Schwimmen.

Sy: Als Kardinalsymptome werden erwähnt: Verlangsamung der Bewegungen, zunehmende Ungeschicklichkeit, wiederholtes Hinfallen, Beeinträchtigung der Bewußtseinslage, Bewußtseinsverlust und Krampfanfälle. Das Zeitintervall zwischen dem Auftreten der ersten Unterkühlungssymptome und dem terminalen Kollaps hängt von vielen Faktoren ab (Erschöpfungsgrad, Bekleidung, Lawine, Wasser).

Kraftlosigkeitsanfall (Kataplexie)

Der Anfall folgt „einer ungewöhnlichen emotionellen Erregung auf den Fersen". Meist wird er verbal ausgelöst. Die häufigste Ursache ist der durch extreme Hyperventilation herbeigeführte Kohlendioxidverlust. Die Hyperventilation ist ihrerseits zum großen Teil Folge der anstrengungsbedingten zerebralen

Hypoxie. Außer einer entsprechenden Lagerung bedürfen diese Kollapssyndrome keiner besonderen Therapie; sie verschwinden spontan nach kurzer Zeit. Derartige klinische Zustandsbilder werden besonders bei Belastung in großen Höhen angetroffen (Olympische Spiele in Mexico City).

Ohnmacht (orthostatischer Kollaps)
Nach kurzdauernden erschöpfenden Wettkampfleistungen, insbesondere Rudern und Schwimmen treten Ohnmachtsanfälle auf, allerdings nur, wenn der Sportler versucht, sich aufzurichten. Dies tut er jedoch gewöhnlich nicht. Er nimmt nach dem Rennen eine liegende, kniende oder in den Hüften abgebeugte Haltung ein, bis die der Anstrengung folgende Phase maximaler Tachykardie und Tachypnoe abklingt. Zunächst läuft oder geht er dann und setzt damit die „Muskelpumpe" in Betrieb. Bei am Boden liegenden Ruderern wurden unmittelbar nach Regattarennen systolische Druckabfälle bis zu 40 mmHg festgestellt. Der Sportler fühlt sich hilflos, hat Angst und ist unruhig. Wenn sich in dieser Erschöpfungsphase der Sportler aufrichtet, kommt es zu Ohnmachtsanfällen. Jokl beschrieb die Kollapse auf dem Siegerpodium beim Abspielen der Nationalhymne bei einer russischen und amerikanischen Schwimmerin.

Plötzlicher primärer Bewußtseinsverlust
Ät: Wahrscheinlich bedingt durch eine Beteiligung der Formatio reticularis („Arousal-System").
Sy: Kann sowohl während als auch nach einem erschöpfenden Wettkampf auftreten (keine orthostatische Störung!). Aschgraues Aussehen bei tiefer Bewußtlosigkeit mit erloschenen Kornealreflexen. Die Bewußtlosigkeit kann bis zu 15 Min. dauern. Danach häufig retrograde Amnesie von wenigen Minuten.

Synkopale Bewußtseinsverluste nach Dauerleistung
Ät: Unmittelbar nach Beendigung von Dauerwettbewerben kann es zu akuten Bewußtseinsverlusten kommen, und zwar aufgrund eines durch zerebrale Hypoxie ausgelösten Funktionsausfalls der Formatio reticularis des Hirnstamms.
Sy: Das klinische Zustandsbild wurde erstmals 1933 beschrieben. Ein dramatisches Beispiel war Ron Clarks Zusammenbruch nach dem 10000-m-Finale in Mexico City, wo er 6. wurde. Wenige Meter hinter der Ziellinie wurde er bewußtlos. Sein Gesicht war fahl und eingefallen; seine Haut wies eine graugelbe Verfärbung auf; Kornealreflexe konnten nicht ausgelöst werden (Jokl). Nach 20 Min. war der Sportler wieder ansprechbar; es bestand jedoch eine retrograde Amnesie. Clark konnte sich an die letzten Runden des Rennens nicht erinnern. Er hatte Sprechschwierigkeiten vom Typ einer transitorischen motorischen Aphasie sowie ataktische Bewegungsstörungen, die sich erst nach 3 Stunden zurückbildeten.

Kraftlosigkeitsanfall s. Kollapssyndrome

Kreislauffunktion
Insbesondere ausdauertrainierte Sportler haben ein erweitertes Fassungsvermögen der Kreislauforgane. Mit der Zunahme von Blutvolumen, zentralem Blutvolumen und Herzvolumen geht die Zunahme des Schlagvolumens in Ruhe und Belastung parallel. Das Herzminutenvolumen allerdings hat in Ruhe wie auch unter Belastung bei Trainierten und Untrainierten die gleiche Größe (vergleichbare Körperoberfläche vorausgesetzt). Das Schlagvolumen erreicht sein Maximum kurz *nach* der Belastung (Bedeutung des Pausenreizes beim Intervalltraining!). Ursache ist der frühzeitige Pulsfrequenzabfall nach Belastung bei noch hohem venösem Rückstrom (intrakardiale Steuerung). Im Verlauf der Nachbelastungsphase fällt das Schlagvolumen bis unter den Ruhewert ab. Kreislaufphysiologisch müßte beim Intervalltraining die Belastungsdauer 5 Min. und die Pausendauer 3 Min. betragen (aus praktischen Gründen scheint eine zeitliche Verkürzung beider Phasen günstiger). Bei technisch schwierigem Bewegungsablauf, z.B. Rudern, kann die Zeitdauer der einzelnen Phasen auch ohne weiteres überschritten werden). Das Blutvolumen fällt während der Belastung ab; das zentrale Blutvolumen nimmt zu. Die schnellste Kreislaufzeit wird erst nach der Belastung gemessen. Dabei verkürzt sich die schnellste Kreislaufzeit an den Armen bedeutend weniger als in den Beinen.

Kreislaufperipherie und Training
Bei einer Beschränkung des Trainings auf weniger als $1/6$–$1/7$ der gesamten Skelettmuskulatur werden nur lokale Auswirkungen auf den trainierten Muskel beobachtet. Die Arbeitshyperämie wird durch rein isometrisches Anspannungstraining deutlich mehr gedrosselt als durch dynamisches, isotonisches Trai-

ning. Die Veränderung der peripheren Durchblutung durch Training ist zirkulatorisch und metabolisch bedingt: In Ruhe ist bei Trainierten eine Verschiebung der Kreislaufregulation in Richtung der Zentralisation bekannt. Während Arbeit kann dagegen der Sympathikotonus im Vergleich zu Untrainierten reduziert werden (u. a. auch Verminderung der Nierendurchblutung und der Durchblutung im Splanchnikusgebiet). Bei gleichem oder auch vermindertem Herzzeitvolumen für die gleiche Arbeitsleistung ist hieraus ein geringerer Blutzustrom zu der arbeitenden Muskulatur zu folgern. Außerdem ist die arbeitsbedingte Kreislaufzeitverkürzung des Trainierten geringer als die des Untrainierten. Die Zahl der Kapillaren oder der Gefäßquerschnitt werden nach neueren Untersuchungen durch Ausdauertraining nicht verändert; die lokale Durchblutung ist nur anders geregelt (Gefäße aktiver Muskelfasern werden bevorzugt durchblutet). Die Muskelzellen Trainierter können mehr Sauerstoff extrahieren (die Kapazität der mitochondrialen Enzymsysteme, Pyruvat für die Energiegewinnung zu oxidieren, kann bis auf das Doppelte anwachsen). Besonders durch das Intervalltraining ist eine Zunahme der anaeroben Energiebereitstellung möglich. Aufgrund ökonomischer Arbeitsweise kann also der trainierte Muskel mit einem geringeren Blutangebot die gleiche Leistung vollbringen wie der untrainierte. Die günstigen Ergebnisse mit der Sporttherapie bei Patienten mit kardiovaskulären Erkrankungen (Herzinfarkt) lassen sich hauptsächlich durch diese Veränderung der Hämodynamik erklären. Durch die Reduzierung des oft krankhaft gesteigerten Sympathikotonus während der Arbeit wird eine relative Durchblutungsverbesserung der nichttätigen Organe erreicht.

Laufbandergometer s. Belastungsprüfungen

Lebenserwartung

Bisher konnte durch keine Untersuchung bewiesen werden, daß Sporttreibende gegenüber der Normalbevölkerung eine längere Lebenserwartung hätten. Gesichert ist, daß sportliche Betätigung nicht zu einer Verkürzung der Lebenserwartung führt.

Migräne durch Anstrengung s. Kollapssyndrome (Athletenkrankheit)

Myogelosen s. Überlastungsschäden

Sehnenschäden s. Überlastungsschäden

Sportherz

Bezeichnet ein durch sportliche Betätigung groß gewordenes, besonders leistungsfähiges Herz (besonders von Ausdauersportlern). Nach Beendigung des Hochleistungssports wird das Herz wieder normal groß. Es handelt sich gemäß biotopischer Untersuchungen um eine „harmonische" Hypertrophie der Vorhof- und Kammermuskulatur und um eine „ausbalancierte" Vergrößerung aller 4 Herzhöhlen. Das Herz kann ein Gewicht von 540 g erreichen. Das röntgenologisch (2 Röntgenaufnahmen im transversalen und sagittalen Strahlengang) gemessene Herzvolumen erreicht bei hochtrainierten Ausdauersportlern 1000 cm^3 und mehr (Kontrollpersonen etwa 700 cm^3). Bezieht man das Herzvolumen auf die Körperoberfläche, so haben die Sprinter den niedrigsten Wert (350 ml/m^2), im mittleren Bereich liegen die Radrennfahrer und Mittelstreckler (450–500 ml/m^2), und mit 600 ml/m^2 haben die Langstreckler (danach kommen die Ruderer, Kanuten und Schwimmer) das größte Herzvolumen. Die erhöhte Leistungsfähigkeit des Sportherzens ist Folge des erhöhten Schlagvolumens (s. Kreislauffunktion), das bei gleicher Maximalfrequenz im Vergleich zum Untrainierten die Förderung eines erhöhten maximalen Herzminutenvolumens gestattet. Hochtrainierte Sportler haben außerdem eine Erweiterung von Lungenvenen; Querschnittsvergrößerungen der großen Arterien werden kaum oder gar nicht angetroffen. Bei trainierten Alterssportlern (60.–80. Lebensjahr) wird eine Herzvergrößerung beobachtet, die über das Maß hinausgeht, das bei jugendlichen Athleten beobachtet wird.

Sportlerpersönlichkeit

Genetische Untersuchungen (s. Genetik) weisen darauf hin, daß es primär motorisch veranlagte Personen gibt. Besonders bei Hochleistungssportlern findet man typisierbare Auffälligkeiten.

Sporttherapie

Definition

Man versteht darunter ärztlich *dosierte* Aktivitätsformen im Rahmen

- der *primären Prävention* (Erstprävention, Gesundheitssport): Vorbeugung gegen ei-

ne Krankheit, bevor sie überhaupt entwikkelt wird oder zumindest bevor sie subjektiv oder objektiv Symptome hervorruft, was praktisch jeden Sport mit Herz-Kreislauf-Wirkung, besonders Wegleistungssportarten, betrifft;
- der *sekundären Prävention* (Zweitprävention): Vorbeugung oder Verhinderung des Fortschreitens und der Rückfälle von Krankheiten, die schon klinisch manifest geworden sind, wobei sich beim Herzinfarkt die Bemühungen auf den Abbau von Risikofaktoren richten;
- der *Rehabilitation:* Summe aller Maßnahmen, die ein Optimum des körperlichen, psychischen und sozialen Wohlbefindens eines gesundheitlich Behinderten intendieren.

Indikationen und Programme

1. *Arterielle Hypertonie Stadium I–II WHO.*
2. *Vegetative Herz- und Kreislaufstörungen:* Teilweise sind es „echte" Bewegungsmangelkrankheiten (Hypokinetosen). Als Ursachen der „leistungsschwachen" Herzen dieser Patienten sind anzuschuldigen:
   - Automatisierung bzw. Technisierung der Umwelt,
   - aus psychologischen Gründen selbst gewählter Bewegungsmangel,
   - ärztliche „Ruhigstellung".
3. *Kardiovaskuläre Erkrankungen: Herzinfarkt:* Das Rehabilitationsprogramm gliedert sich in 3 Phasen:
   - *Hospitalisation:* Sporttherapie als Physiotherapie bzw. *Krankengymnastik* (Frühmobilisation) (Abb. 40.**4**);
   - *Konvaleszenz* (5.–12. Woche nach Infarkteintritt): Aufbauübungen in Rehabilitationsklinik (Anschlußheilverfahren) bzw. zu Hause als *Bewegungstherapie;*
   - *Postkonvaleszenz:* Leistungssteigerung bzw. Leistungserhaltung als sekundäre Prävention lebensbegleitend (ebenfalls meist als Bewegungstherapie bezeichnet) in der *ambulanten Herzgruppe.*

   Empfehlung für die Trainingspraxis: Dynamische Ausdauerbeanspruchung (als Wegleistung). Nach Überschreiten des effektiven Schwellenwerts (Herzfrequenz 110 bei >50 J. und 120 bei <50

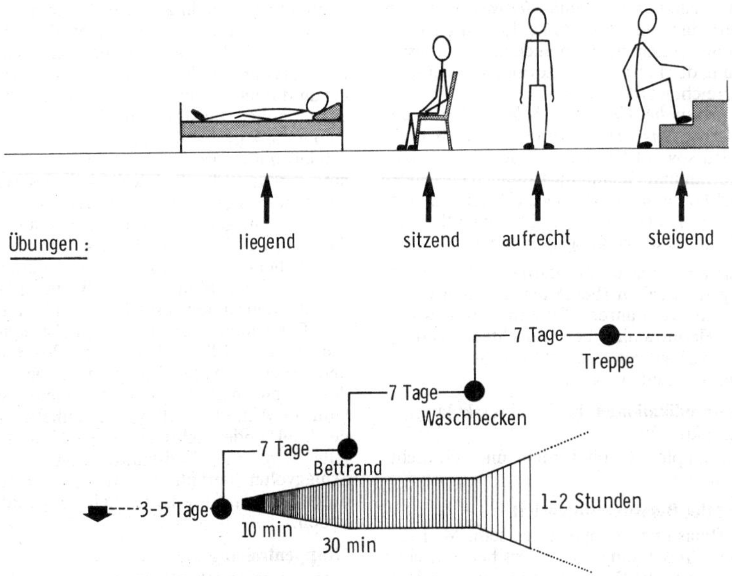

Abb. 40.**4** Frühmobilisation nach Herzinfarkt

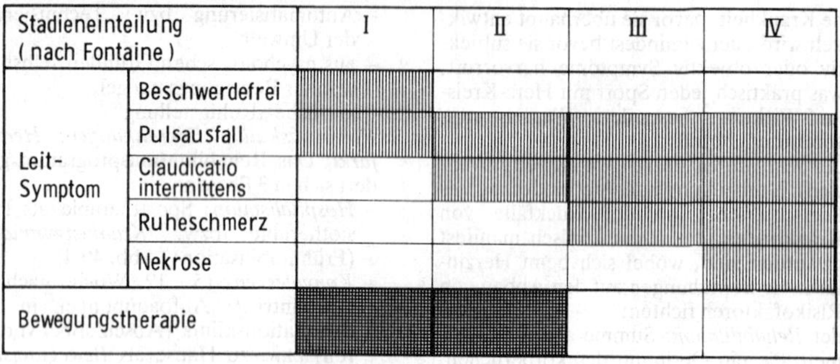

Abb. 40.5 Periphere arterielle Verschlußkrankheiten

J.) sollte die Belastung nicht mehr wesentlich gesteigert werden. Der Trainingsnutzen wird nicht viel größer, aber die Risikogrenze kann überschritten werden.

4. *Periphere arterielle Verschlußkrankheit:* Nur Stadium I und II haben eine Indikation für Bewegungstherapie (Abb. 40.**5**).
5. *Tumorpatienten.*
6. Bei *zerebralen Gefäßsklerosen* läßt sich nur dann eine zerebrale Leistungssteigerung erreichen, wenn auch eine Verbesserung der kardiozirkulatorischen Parameter erreicht werden kann.
7. *Chronische Krankheiten im Rahmen des Versehrtensports:* Durch Sporttherapie wird sowohl Kraft (besonders bei Amputierten und Gelähmten) als auch Geschicklichkeit geschult wie auch ein neues Selbstvertrauen geweckt. (Es gibt eine Olympiade der Querschnittsgelähmten.)

Zu empfehlende Sportarten: Schwimmen, Langstreckenlauf (bei Älteren Traben), Skilanglauf, Radfahren, Rudern, Treppensteigen (Heimtraining bei schlechtem Wetter), Spaziergänge von mindestens ½ Stunde Dauer mit Bergaufstrecken.

Kontraindikationen (bei kardiovaskulären Erkrankungen)

Wettkämpfe, Geräteturnen und Gewichtheben.

Wahl der Belastungsintensität

Die Belastung soll dynamisch sein. Man vermeide Preßatmung (besonders bei statischen Übungen). Die Belastung muß, um kreislaufwirksam zu sein, hoch genug dosiert werden: Die Trainingspulsfrequenz soll bei 70% der maximalen Leistungsfähigkeit liegen. Diese 70% werden berechnet aus der Differenz zwischen Ruhe- und maximalem Leistungspulsanstieg; von dieser Differenz werden 70% dem Ruhepuls hinzuaddiert (z. B. Ruhe 70 und Belastung 170 ergibt eine Differenz von 100, davon 70% sind 70; Ruhe 70 + 70% sind 140 Trainingspuls). Pauschal ist bei Patienten nach Herzinfarkt eine Trainingspulsfrequenz von 120 unter 50 Lebensjahren bzw. 110 über 50 Lebensjahre zu veranschlagen.

Die Belastung muß pro Übungseinheit lange genug durchgehalten werden, wobei erst bei einem hohen Leistungsniveau über 3 Min. Dauer das kardialpulmonale System maßgeblich leistungsbegrenzend wird. Um eine Trainingswirkung (die Trainierbarkeit des Herz-Kreislauf-Systems nimmt mit dem Alter ab) zu erwirken, genügt eine tägliche Trainingsdauer von 10 Min.; bei 3- bis 4maligem wöchentlichem Üben muß die Übungsdauer 15 Min. lang sein. Man kann das Training auch als Intervalltraining absolvieren: Aktivität bis zur Erreichung der Trainingspulsfrequenz (besser noch 10% höher), dann 30 s Pause und erneuter Aktivitätsbeginn. Dabei muß der Übende in der Pause seine Wadenmuskulatur in Aktivität halten (Fersenheben auf der Stelle) oder sich flach hinlegen; andernfalls wird die kreislauftrainingswirksame Schlagvolumenerhöhung in den Pausen durch die orthostatische Belastung aufgehoben.

Gruppentraining

Aus psychologischen Gründen (soziale Kontaktaufnahme und gegenseitige Kontrolle eines regelmäßigen Trainingsbesuchs sowie der Eß- und Rauchgewohnheiten) ist ein Gruppentraining dem Einzeltraining vorzuziehen. Die größten Trainingserfolge somatischer wie psychischer Art sind zu verzeichnen, wenn der Arzt nicht nur das Training überwacht, sondern selbst aktiv mitübt. Im Sinne einer Gesundheitserziehung ist das Vorbild des Arztes, der das Training selbst leitet, von vorrangiger Bedeutung.

Telemetrie s. Biotelemetrie

Training, isometrisches

Freiwillige isometrische Muskelkontraktion (Ellbogenbeugung oder Faustschluß innerhalb von 3–8 s) führt zu einer schnellen *Herzfrequenzbeschleunigung* und einer *Erhöhung des Aortendrucks.* Der Venomotorentonus erhöht sich.

Die Herzfrequenzbeschleunigung (durch Atropin hemmbar) ist hauptsächlich die Folge einer vagalen Tonusverminderung. Bei sehr hohen Herzfrequenzen (oberhalb des vagalen Einflußbereichs) kann die Kardioakzeleration durch die Stimulation von β-adrenergen Rezeptoren verursacht sein. Die Erhöhung des Blutdrucks ist anzusehen als Folge der Herzfrequenzbeschleunigung und des erhöhten allgemeinen vaskulären Widerstands (Stimulation durch α-adrenerge Rezeptoren). Nach totaler neuromuskulärer Blockade mit Succinylcholin vermag allein die Intention, Faustschlüsse zu tätigen, die Herzfrequenz und den Blutdruck zu heben (auf etwa 60% der Werte von Kontrollpersonen). Danach ist die Erhöhung von Herzfrequenz und Blutdruck durch somatomotorische Aktivität z. T. auch durch einen autonomen nervösen Antrieb (zentralnervösen Ursprungs) gesteuert. Der initiale zirkulatorische Effekt isometrischer Kontraktionen korreliert mit der Intensität der motorischen Innervation und nicht mit dem Ausmaß der aktivierten Muskelgruppen. (Die Barozeptorenfunktion wird im umgekehrten Verhältnis inhibiert, wie die nervöse Somatomotorenaktivität zunimmt.)

Muskelwachstum und isometrisches Training: Bezogen auf die Normalkraft (Istzustand der Kraft eines Menschen, geprägt durch die Belastung des täglichen Lebens, ohne daß ein spezielles Krafttraining durchgeführt oder die Muskulatur aufgrund bestimmter Erkrankungen ruhiggestellt ist), kommt es bereits bei Muskelanspannungen, die 40–50% der Maximalkraft ausmachen, zu dem individuell maximal möglichen Trainingseffekt; stärkere Muskelanspannungen haben keine größere Wirkung. Muskelanspannungen im Bereich von 20–30% der Maximalkraft (entspricht etwa der normalen täglichen Belastung) führen weder zu einer Kraftzunahme noch zu einer -abnahme. Muskelanspannungen unter 20% der Maximalkraft führen zu einem Kraftverlust. Dabei kann die Geschwindigkeit des Kraftverlusts 3–4mal so groß sein wie die Geschwindigkeit des Kräftezuwachses bei maximaler Trainingsleistung. Obwohl der adäquate Trainingsreiz für eine Kraftvermehrung bei einer Muskelanspannung von 40–50% der Maximalkraft liegt, sollte in der Praxis mit 100% geübt werden (das Training erfolgt ohne Meßgeräte, und damit ist eine Dosisunterteilung nach Prozenten technisch nicht durchführbar). Die Anspannungsdauer für einen optimalen Trainingsreiz beträgt 2–3 s (die Maximalkraft kann für etwa 10 s aufrechterhalten werden). Einmalige Übung in 14 Tagen ergibt keinen Trainingsreiz; es ist kein Muskelwachstum nachweisbar. Bei einmaligem wöchentlichem Üben ist eine Kraftzunahme von etwa 40% des maximal möglichen Trainingseffekts zu verzeichnen. Bei täglichem Trainingsreiz werden rund 85% des maximal möglichen Trainingseffekts erreicht. 5 Trainingsreize pro Tag führen zu dem maximal möglichen Trainingseffekt (häufigere Trainingsreize – bis 600/Tag – können diesen Trainingseffekt nicht weiter steigern) (Hettinger).

Gesunde Mischkost (mit 1,5–2 g Eiweiß/kg KG/Tag) vorausgesetzt, kann diätetisch keine muskuläre Kraftsteigerung erreicht werden. Die Alters- und Geschlechtsabhängigkeit der muskulären Trainierbarkeit korrespondiert mit dem Spiegel männlicher Sexualhormone. Bei älteren Männern mag mitunter die Gabe anaboler Hormone in Verbindung mit körperlichem Training indiziert erscheinen, (für jüngere Sportler beiderlei Geschlechts s. Doping).

Begleiteffekte: Weckreiz (vergleichbar dem Dehnen des aus dem Schlaf Erwachenden), mögliche Lösung von Muskelverspannungen (reduzierte Leistungsfähigkeit der Muskulatur durch reduziertes ATP = Weichmacherfunktion).

Bei Patienten mit kardiovaskulären Erkrankungen ist im Sinne einer Erhaltung bzw. Verbesserung des muskulären Kräftezustands ein isometrisches Training ohne weiteres geeignet, doch sollte es wegen der kardiovaskulären Wirksamkeit (s. o.) nur unter strenger ärztlicher Überwachung und krankengymnastischer Hilfe ausgeführt werden. Dabei stellt der wirksame Trainingsreiz einer maximalen willkürlichen muskulären Anspannung von 2–3 s Dauer nur eine geringe Kreislaufbelastung dar (die bei wesentlich längerer Anspannungszeit deutlich zunimmt).

Training und Übung

Übung bezieht sich auf eine einmalige körperliche Leistung, ein kurzzeitiges neuromuskuläres Ereignis. Training ist ein langzeitiger Prozeß, der sich aus häufigen Wiederholungen einzelner Übungsaktivitäten zusammensetzt. Übungs- und Trainingsziele sind neuromuskuläre Geschicklichkeit (integrierte Aktionsfähigkeit des ZNS), Stärke/Kraft (morphologische Veränderungen, insbesondere der Skelettstrukturen und des quergestreiften Muskelapparates), Ausdauer (funktionelles Leistungsvermögen des kardiovaskulären Systems, der Atmung und der metabolischen Prozesse).

Turnfieber s. Überlastungsschäden

Überlastungsschäden, Haltungs- und Bewegungsapparat

Ursachen für Überlastungsschäden

Ein Training, das ausreichende Entspannung und Ruhe zwischen den Trainingszeiten gewährt, führt niemals – auch nicht beim Hochleistungstraining – zu Überlastungsschäden. Nur monotones Dauertraining ohne Erholungsphasen und ohne Ausgleichsbewegungen führt zu lokalem Übertraining. Bei pathologischen Veränderungen spielt der konstitutionelle Einfluß eine große Rolle. Zu berücksichtigen sind ferner lokale anatomische oder statische Veränderungen sowie exogene Schäden (Traumen, gestörtes Hormonsystem, Hypovitaminosen, Doping). Als Grundsätze für motorische sportliche Aktivität gelten:

- Nichtgebrauch führt zu Atrophie eines Organismus.
- Gebrauch in physiologischen Grenzen (langsame Gewöhnung und genügende Entspannung sowie ausreichender Ausgleich) bringt positive Anpassungsvorgänge.
- Regelmäßige überphysiologische Dauerbeanspruchung führt zum Überlastungsschaden, zum lokalen Übertraining.

Veränderungen an der Muskulatur

Es gibt 2 Arten von Verspannungen:

- Myogelosen: umschriebene ischämische Muskelhärten, die auch bei völliger Entspannung in Narkose erhalten bleiben (nach elektrophysiologischen Untersuchungen lokaler Dauertetanus);
- Hartspann: reflektorisch bedingt, befällt ganze Muskelbündel. Hartspann löst sich in Narkose. Die Ursache ist meist eine mechanische Irritation. Wegen seines plötzlichen Auftretens, besonders bei Untrainierten, werden mitunter Muskelrisse vorgetäuscht.

Beim Muskelkater, hauptsächlich Untrainierte betreffend, ist es durch Ermüdung zu einem Verschluß zuführender kleiner Gefäße gekommen; die Kapillaren bleiben gefüllt. Unter der Einwirkung von histaminähnlichen Substanzen entstehen lokale Schmerzen. Bei großer Anhäufung von H-Substanzen kommt es zum Turnfieber. – Auch andere Interpretation des Muskelkaters.

Muskelkrämpfe (Krampussyndrom) werden bei örtlicher und allgemeiner Ermüdung (Übertraining) beobachtet.

Sehnenschäden

Sie kommen relativ häufig vor, bei Frauen 4mal häufiger als bei Männern, Paratenonitis crepitans bevorzugt bei Fechtern, Ruderern und Paddlern, stenosierende Tendovaginitiden (z. B. De Quervain) nur bei sehr starken Überlastungen.

Spontanrupturen werden bei langdauernden fortwährenden Überlastungen beobachtet. Hier sind auch häufige kleinere Traumen, Entzündungen, Stoffwechselerkrankungen und Gefäßerkrankungen mit anzuschuldigen.

Sehneninsertionen und Sehnenabschnitte unmittelbar vor dem Ansatz

Sie stellen für Belastungen einen Locus minoris resistentiae dar. Es kommt zu Tendopathien bzw. Tendoperiostosen. Histologisch findet man Hinweise auf Entzündung oder auch auf Degeneration mit Verfettung des Sehnengewebes, mitunter Kalkeinlagerungen (röntgenologischer Kalksporn). Epikondylitiden des Ellenbogens sind häufig bei Tennisspielern, Speerwerfern, Kugelstoßern und Gewichthebern. Achillodynien (Schmerzen am Ansatz der Achillessehne) haben häufiger Bergsteiger, Skiläufer und Radfahrer. Achillodynie ist der Überbegriff für Paratenonitis achillea, Bursitis oder reine Tendopathie. Das Grazilissyndrom (Schambein-Leisten-Schmerz) findet sich als Folge der Anspannung der Adduktorengruppe bei Fußballspielern. Bei einem Drittel aller sportbedingten Tendopathien geht ein Trauma voraus.

Übermüdungsfrakturen und Arthrose

Am Knochen kann es zu Übermüdungsfrakturen des 2. und 3. Metatarsale (bei Langstrecklern Marschfrakturen) und der 1. Rippe beiderseits (bei Gewichthebern und Ringern) kommen. Bei Jugendlichen sind Überlastungsstörungen an den Apophysen bedeutungsvoll. Es werden aber nur Apophysen befallen, die unter besonders großen Zugspannungen stehen. Möglicherweise kann durch sportliche Betätigung die Schlatter-Erkrankung ausgelöst werden.
Eine *Arthrosis deformans* ist niemals als sportlicher Überlastungsschaden anzusehen. Erst eine Drucksteigerung über das 10- bis 15fache der Alltagsbelastung hinaus führt zur Koxarthrose. Ein 10 000-m-Läufer, der 10 Jahre lang täglich im Wettkampftempo diese Strecke läuft, belastet seine Hüften nur 0,37mal mehr als sonst im Alltag. Die hohe Belastung, wie sie die Coxa valga darstellt, kommt im Sport praktisch nicht vor. Entscheidend für die Arthroseentstehung scheinen chronische Gelenktraumatisierungen zu sein, Prellungen, Distorsionen und Bandzerrungen, auch Mikrotraumen.
Die Belastung im Hochleistungs- und Ausdauersport ist niemals so groß, daß sie regelmäßig oder gar gesetzmäßig eine Arthrose erzeugen kann. Abgesehen von Unfallfolgen haben 95% der Hochleistungssportler keinen meßbaren Aufbrauchschaden des Bewegungsapparats. Die echten Sportschäden liegen nur bei 5%, die Sportverletzungen bei 1–3,5%.

Übermüdungsfraktur
s. Überlastungsschäden

Versehrtensport s. Sporttherapie

Vorstartreaktion

Bereitstellreaktion. Psychogene Einstellung der körperlichen Funktionssysteme auf ein hohes Leistungsniveau vor Beginn der körperlichen Aktivitätsphase.

41. Strahlentherapie und Nuklearmedizin, Licht-, Kurzwellen-, Mikrowellen- und Ultraschalltherapie

K. ZUM WINKEL und B. KIMMIG

Strahlentherapie

Physikalische Grundlagen und Strahlenschutz

Röntgen- und Gammastrahlen sind *Photonen*, d. h. elektromagnetische Wellenstrahlen. Elektronen, Neutronen, Deuteronen, Alphateilchen und schwere Ionen werden zur Gruppe der *Korpuskularstrahlen* zusammengefaßt. Es handelt sich hierbei um Elementarteilchen mit einer Ruhemasse (Elektronen, Protonen, Neutronen) oder aus ihnen zusammengesetzte Kerne (Deuteronen, Alphateilchen, schwere Ionen). Die von Radionukliden emittierte Strahlung besteht entweder aus Photonen (Gammastrahlung) oder aus Elektronen bzw. Heliumkernen (Beta- und Alphastrahlung).

Voraussetzung der Strahlentherapie ist die *Dosimetrie*. Unter *Energiedosis* versteht man die Energie, die über die Strahlung auf das durchstrahlte Material übertragen wird, bezogen auf die Masse dieses Materials. Die Einheit der Energiedosis – auch abgekürzt häufig nur Dosis genannt – ist das Gray: 1 Gy = 1 J/kg (alte Einheit Rad: 1 rd = 0,01 Gy). Die gebräuchlichen Meßgeräte messen die *Ionendosis*. Das ist der Betrag der elektrischen Ladung der Ionen, die durch die Strahlung in Luft erzeugt werden, bezogen auf die Masse der bestrahlten Luft. Die Einheit der Ionendosis ist das Coulomb durch Kilogramm: C/kg (alte Einheit Röntgen: 1 R = $2{,}58 \times 10^{-4}$ C/kg). Aus der gemessenen Ionendosis kann mittels Umrechnungsfaktoren die entsprechende Energiedosis berechnet werden.

Zur Berücksichtigung der unterschiedlichen biologischen Wirksamkeit der verschiedenen Strahlenarten wird die Energiedosis einer Strahlenart mit einem biologischen Bewertungsfaktor versehen und das Produkt als *Äquivalentdosis* bezeichnet. Die Einheit der Äquivalentdosis ist das Sievert: 1 Sv = 1 J/kg (alte Einheit: Rem: 1 rem = 0,01 Sv). Die üblicherweise zur Therapie verwendeten Strahlenarten, Photonen und Elektronen haben definitionsgemäß den Bewertungsfaktor 1, so daß für diese Strahlenarten Energiedosis und Äquivalentdosis den gleichen Wert haben.

Spezielle dosimetrische Begriffe sind *Gewebeoberflächendosis* (Energiedosis im Gewebe an einem Punkt an der Körperoberfläche), *Maximaldosis* (Maximalwert der Energiedosis innerhalb einer räumlichen Dosisverteilung. Dieser Wert ist bei Photonen und Elektronen mit Energien über 0,5 MeV in die Tiefe verlagert), *relative Tiefendosis* (relative Dosis längs der Feldachse in der Tiefe bei Normierung auf das Dosismaximum = 100%) und *Referenzdosis* (vom Therapeuten an einem Referenzpunkt im Zentrum des Zielvolumens festgelegte Energiedosis). Die *Bestrahlungsplanung* erfolgt nach dem Zielvolumenkonzept: Das strahlentherapeutische *„Zielvolumen"* umfaßt neben dem Tumor Gebiete potentieller Tumorausbreitung sowie eine Sicherheitszone, die Ungenauigkeiten in der Feldeinstellung berücksichtigt. Als *„Behandlungsvolumen"* wird der Gewebebereich bezeichnet, in den eine therapeutisch wirksame Dosis eingestrahlt wird – dafür wird der Bereich gewählt, den die 80-, 90- oder 95-%-Isodose umschließt. Das Behandlungsvolumen hat aus physikalisch-technischen Gründen in der Regel eine relativ einfache geometrische Konfiguration. Es sollte das Zielvolumen möglichst eng einschließen.

Aufgabe der *Bestrahlungsplanung* ist es, eine möglichst homogene Energiedosis im Zielvolumen zu erreichen. Eine Schwankungsbreite von weniger als ±5% ist anzustreben. Bei Überdosierung besteht die Gefahr einer Nekrose, bei Unterdosierung die eines Rezidivs. Außerdem sollte das Gewebe außerhalb des Zielvolumens möglichst gering belastet werden. Um iatrogene Schäden zu vermeiden, müssen die Dosen, die spezielle Risikoorgane wie Haut, Rückenmark, Gonaden, Nieren erhalten, unter der jeweiligen Toleranzdosis liegen.

Weitere spezielle geometrische Begriffe sind *Fokus-Haut-Abstand* (Abstand zwischen dem Fokus des Therapiegeräts und der dem Fokus

zugewandten Körperoberfläche), *Feldgröße* (Größe des Bestrahlungsfelds in einer Ebene senkrecht zum Zentralstrahl angegeben, in bezug auf einen vorgegebenen Abstand) und *Rotations-* oder *Pendelwinkel* (die Bestrahlung kann monaxial oder biaxial bzw. – bei Aussparung bestimmter Winkelabschnitte – bisegmental erfolgen).
Als *Radioaktivität* bezeichnet man den gesetzmäßig, autonom ablaufenden Zerfall von Atomkernen, bei denen es zur Aussendung von Strahlen kommt. Die Einheit der Radioaktivität ist das Becquerel: 1 Bq entspricht einem Zerfall pro Sekunde (bisherige Einheit Curie: 1 Ci = $3{,}7 \times 10^{10}$ Bq). Der radioaktive Zerfall folgt einem exponentiellen Zeitgesetz. Als physikalische *Halbwertszeit* (HWZ) eines Radionuklids bezeichnet man die Zeit, in der die Radioaktivität einer vorgegebenen Nuklidmenge auf die Hälfte abfällt.
Für den Strahlenschutz gelten die Empfehlungen der Internationalen Strahlenschutzkommission (ICRP) und die Verordnung über den Schutz vor Schäden durch ionisierende Strahlen (Strahlenschutzverordnung). Danach betragen die *Grenzwerte* der *Körperdosen* für beruflich strahlenexponierte Personen im Jahr 0,05 Sv für Ganzkörper, Knochenmark, Gonaden und Uterus sowie 0,5 Sv für die distalen Extremitätenabschnitte.

Strahlenbiologie

Die biologische Wirkung der ionisierenden (Quanten- und Korpuskular-)Strahlen beruht auf der Auslösung von Sekundärelektronen und damit verbundenen Anregungen und Ionisationen im Gewebe. Neben direkten Effekten auf Zellbestandteile treten indirekte strahleninduzierte Reaktionen im Plasma und in Gewebsflüssigkeiten mit Bildung von Spaltprodukten, Radikalen und organischen Peroxiden auf. Der Zellteilungsvorgang wird besonders gestört; die Radiosensibilität ist in der G_2- und M-Phase des Zellzyklus am größten. Eine *absteigende Strahlensensibilität* zeigen embryonale Gewebe, lymphatisches Gewebe einschließlich Milz, Knochenmark, Keimdrüsen, Augenlinse, Intestinaltrakt (Dünndarmepithel), Schleimhäute, Lungen, Nieren, Leber, Herz, Haut, Nervensystem und Muskulatur.
Die Strahlenbehandlung von Tumoren basiert auf der Tatsache, daß Geschwulstzellen allgemein eine höhere Strahlenempfindlichkeit besitzen als ihre Muttergewebe. Unreife und mitosenreiche Geschwülste lassen sich besser beeinflussen als ausgereifte benigne Tumoren.
Die Strahlendosis wird im allgemeinen fraktioniert verabfolgt, um die zellulären Reparationsvorgänge auszunutzen, die im gesunden Gewebe effektiver sind als im Tumorgewebe. Üblicherweise werden 5mal wöchentlich je 2 Gy während 6 Wochen – entsprechend 60 Gy Referenzdosis – appliziert. Bei strahlensensiblen Tumoren kann die Referenzdosis darunterliegen.
Als *akzelerierte Fraktionierung* bezeichnet man eine Verkürzung der Zeitintervalle durch mehrmalige tägliche Bestrahlung bei gleichbleibender Gesamt- und Einzeldosis. Bei *Hyperfraktionierung* wird die tägliche Einzeldosis über den ganzen Tag verteilt. Indiziert sind diese vom Üblichen abweichenden Fraktionierungsschemata bei der palliativen Strahlentherapie bzw. bei Tumoren mit mäßiger bis geringer Strahlenresistenz (z. B. Plattenepithelkarzinome im Kopf-Hals-Bereich).
Die Einzeldosen der Entzündungsbestrahlung liegen bei 0,5–1 Gy, Gesamtdosis 3–6 Gy.
Eine Verbesserung des strahlentherapeutischen Effekts läßt sich erreichen durch die vorhergehende bzw. nachfolgende lokale Überwärmung der bestrahlten Region mit Mikrowellen- oder Infrarotstrahlung (Hyperthermie).

Methoden

Megavolttherapie

Prinzip: Anwendung von Photonen bzw. Korpuskularstrahlen mit einer mittleren Energie von über 1 MeV. Vorherrschende Strahlentherapieart in der Tumorbehandlung. Die meisten Megavoltgeräte gestatten die Bewegungsstrahlung (Pendel- und Schalenbestrahlung) zur Erzielung einer geeigneten räumlichen Dosisverteilung.

Apparative Grundlagen: Telegammageräte mit Strahlenquellen von ^{60}Co (1,17- und 1,33-MeV-Gammastrahlen, Halbwertszeit 5,27 Jahre). Linear- oder Kreis-(Betatron-)*Beschleuniger* erzeugen hochenergetische Elektronen zur Elektronentherapie. Durch vorgeschaltete Folien Erzeugung von ultraharten Röntgenstrahlen (Bremsstrahlung).

Vorteile: Photonen im Megavoltbereich haben hohe Eindringtiefe, straffe Bündelung (geringe Streustrahlung mit geringer Volumendosis und geringen Allgemeinerscheinungen), Verlagerung des Dosismaximums unter die Hautoberfläche (Dosisaufbaueffekt durch Transport der entstehenden Sekundärelektronen in Richtung der Photonenstrahlung, geringe Hautreaktion) und vereinfachte Dosimetrie durch annähernd gleiche Strahlenabsorption in Körpergeweben verschiedener Dichte und Ordnungszahl. Bei Elektronen besteht die Möglichkeit, durch die Wahl der Energie (zur Oberflächen- und Halbtiefentherapie 5–20 MeV, zur Tiefentherapie bis 42 MeV) die Reichweite der Strahlen unter Schonung des in der Tiefe gelegenen Gewebes festzulegen. Breite des Dosismaximums und Steilheit des Abfalls werden durch Feldgröße und Energie bestimmt. Gewebsschichten ungleichmäßiger Dichte absorbieren jedoch Elektronen in verschiedenem Maße. So führt Knochengewebe entsprechend der höheren Ordnungszahl seiner atomaren Bestandteile und der höheren Dichte zu stärkerer Streuung und geringerer Reichweite der Elektronenstrahlen; luftgefüllte Hohlräume haben den umgekehrten Effekt.

Neutronentherapie

Neutronen lassen sich in einem speziellen Generator (Auftreffen von Deuteronen auf eine Targetsubstanz von Tritium mit Entstehung von 14-MeV-Neutronen) oder in einem Kreisbeschleuniger (Zyklotron) mit Erzeugung von Neutronen mit mittlerer Energie von 7 MeV bei Beschuß von Beryllium als Targetmaterial durch Deuteronen und Produktion kurzlebiger Radionuklide herstellen. Geeignet ist die Neutronentherapie für Tumoren mit hohen Anteilen hypoxischer Zellen und für Tumoren mit beträchtlicher Erholungsfähigkeit nach der Einwirkung von Photonen oder Elektronen. Die Neutronentherapie wird heute fast ausschließlich in Kombination mit Elektronen- oder Photonentherapie verwendet.

Therapie mit Protonen und schweren Ionen

Diese Korpuskularstrahlung wird in aufwendigen Beschleunigeranlagen (Synchrozyklotron, Synchrotron) erzeugt. Vorteile sind sehr günstiger Isodosenverlauf und steiler Dosisabfall außerhalb des Zielvolumens, dadurch Strahlentherapie in enger Nachbarschaft strahlensensibler Organe möglich (Augenlinse, Hirn, Rückenmark). Indikationen: Aderhautmelanome (bis zu einem maximalen Durchmesser von 15 mm), Hypophysentumoren, zerebrale arteriovenöse Mißbildungen, Rückenmarktumoren.

Röntgentherapie im konventionellen Bereich

Röntgentiefentherapie: Strahlen einer Röntgenröhre im Spannungsbereich von 180–250 kV. Trotz Filterung mit 0,5 bis 1,5 mm Cu liegt das Dosismaximum in der Haut.

Nahbestrahlung: Röntgenstrahlen bis 100 kV bei sehr geringem Fokus-Haut-Abstand. Rascher Dosisabfall zur Tiefe, geeignet zur Therapie oberflächlich gelegener Prozesse.

Weichstrahlenröntgentherapie: Strahlen von Röntgenröhren bis 50 kV, die mit Beryllium gefenstert sind. Weitgehende Absorption in den obersten Hautschichten.

Die konventionelle Röntgentherapie ist durch die Strahlentherapie mit Elektronen und ultraharten Photonen weitgehend verdrängt worden.

Lokalisierte Applikation von umschlossenen Strahlenquellen

Prinzip: Direkte Applikation der Strahlenquelle am Krankheitsherd.

Vorteil: Hohe Herddosis bei steilem Dosisabfall zur Tiefe.

Radium

Lange physikalische Halbwertszeit (für ^{226}Ra 1620 Jahre).

Nachteil: Wegen des gasförmigen Folgeprodukts Radon müssen die Radiumsalze luftdicht in relativ unhandlichen und gewebstraumatisierenden Nadeln und Kapseln verschlossen sein. Daher fast ausschließliche Verwendung von *künstlichen Radionukliden* (Afterloading-Methoden, z. B. mit ^{137}Cs, ^{60}Co, ^{192}Ir). Indikation: gynäkologische Strahlentherapie.

^{90}Sr-^{90}Y-Platte

Reiner Betastrahler mit einer wirksamen Eindringtiefe von 2 mm.

Vorteil: hohe Dosisleistung, einfacher, leicht durchführbarer Strahlenschutz. Indikation: kindliche Hämangiome, Hornhautaffektionen, Aderhautmelanome.

Gammastrahlenemittierende Radionuklide

In metallischer Form, ^{192}Ir, ^{125}J, ^{137}Cs, ^{198}Au.

Indikationen: von außen oder operativ zugängliche Tumoren der Haut, der Körperöffnungen oder des Körperinnern. Weitgehend hat sich Brachytherapie in Form des Afterloadings durchgesetzt. Dabei wird der Strahlenträger in eine zuvor eingebrachte Sonde eingeführt. Bei passagerer Applikation wird der Strahlenträger wieder entfernt. Einige Strahlenquellen, z. B. ^{198}Au und ^{125}J, können permanent implantiert werden.

Therapie mit offenen radioaktiven Substanzen

Lokalisierte Applikation

Intrakavitäre Therapie: Permanenter Verbleib des injizierten Radionuklids, z. B. Radiochromphosphat (^{32}P), bei gleichmäßiger Verteilung in Körperhöhlen; Betastrahleneffekt der Radionuklide auf wenige mm beschränkt. Indikation: Neoplastisch bedingte Pleuritis exsudativa oder Aszites.

Endolymphatische Therapie

Sie erfolgt mit ^{32}P-markiertem Lipiodol, das während einer Lymphographie appliziert wird. Indikation: maligne Melanome ohne Hinweis für Destruktionen im Lymphoszintigramm. Vorteil: hochdosierte Radiotherapie der relativ häufigen lymphonodulären (Mikro-)Metastasen.

Selektive Strahlentherapie

Unter Ausnutzung der Stoffwechselanreicherung des Radionuklids in oder im Bereich von krankhaften Geweben. Vorteil: Wirkung der Betastrahlen fast ausschließlich am Krankheitsherd, bei genügender Resorption orale Gabe möglich. Indikation: Radiojodtherapie mit ^{131}J zur Behandlung benigner und maligner Schilddrüsenerkrankungen (s. nuklearmedizinische Therapie), ^{32}P zur Therapie der Polycythaemia vera, ^{89}Sr- und ^{32}P-markierte Phosphatverbindungen zur palliativen Schmerztherapie bei multipler Skelettmetastasierung, ^{131}J-Metajodbenzylguanidin zur Behandlung von Phäochromozytomen und Neuroblastomen.

Strahlenschutzmaßnahmen

Nach den Strahlenschutzverordnung müssen Patienten, die zu therapeutischen Zwecken Radionuklide, entweder passager oder permanent, erhalten haben, während der Behandlung stationär und isoliert untergebracht werden. Eine Entlassung kann erfolgen nach Entfernung der Strahlenquelle bzw. nach Inkorporation von offenen Radionukliden, wenn die Radioaktivität so weit abgeklungen ist, daß eine Gefährdung der Umgebung nicht mehr besteht.

Strahlenreaktionen und ihre Behandlung

Hautreaktionen

Sie sind unter der Megavolttherapie infolge des in die Tiefe verlagerten Dosismaximums seltener zu beobachten als unter der früher geübten Röntgenbestrahlung im konventionellen Bereich. Man unterscheidet das Strahlenerythem von der trockenen und exsudativen Dermatitis. Wenn Kombinationsschäden wie Traumatisierung durch reibende Kleidungsstücke, scharfe Seifen und Sonneneinstrahlung vermieden werden, führt eine Behandlung mit Puder bzw. – im Falle der exsudativen Dermatitis – mit feuchten Umschlägen zur baldigen Abheilung. Pigmentverschiebungen, Fibrosen und/oder Ulzera sind gelegentlich zu beobachtende bleibende Strahlenfolgen in der Haut, die unter Umständen einen chirurgischen plastischen Eingriff erforderlich machen.

Schleimhautreaktionen

Sie erfordern lokale Spülung mit Kaliumpermanganat- oder Azulon-Lösungen 1:1000 bzw. Pinseln mit Gentianatinktur. Gelegentlich ist eine zusätzliche Corticoidtherapie nicht zu umgehen. Vor Bestrahlungen im Mundhöhlenbereich muß eine sorgfältige Zahnsanierung durchgeführt werden; während der Strahlentherapie ist eine gründliche Mundpflege unerläßlich.

Reaktionen an den inneren Organen

Sie werden nach den Grundsätzen der inneren Medizin behandelt, z. B. begleitende Infekte mit Antibiotika oder Sulfonamiden. Bei strahlenbedingter Pneumonitis sind Antiphlogistika, evtl. auch Corticoidtherapie empfehlenswert. Große pulmonale Einschmelzungen und erhebliche Hämoptysen bilden gelegentlich eine Kontraindikation gegen die Strahlentherapie von Lungentumo-

ren, weil eine Sequestierung von großen Organteilen mit schwersten Allgemeinerscheinungen auftreten kann.
Die Richtung des Zentralstrahls und die Größe der Bestrahlungsfelder müssen so gewählt werden, daß eine Gefährdung von Augenlinse, Niere, Leber, Hirn und Rückenmark nur dann eintritt, wenn der Krankheitsprozeß in unmittelbarer Nachbarschaft dieser Organe liegt.

Allgemeinbehandlung

Während der Strahlentherapie ist oft eine Allgemeinbehandlung des Patienten mit Infusionen, Bluttransfusionen, Eisen und Vitaminpräparaten usw. unumgänglich. Symptomatisch werden gegen Entzündungen, die durch pathogene Keime verursacht sind, nach Testung entsprechender Antibiotika oder Sulfonamide sowie bei Fieberzuständen Antipyretika verabfolgt.

Überwachung des Blutbilds

Von großer Bedeutung ist die laufende Überwachung des Blutbilds, da eine Leukozytopenie und/oder Thrombozytopenie eine Unterbrechung der Strahlenbehandlung zur Folge haben kann. Depressionen der Leuko- oder Erythrozytopoese werden mit Bluttransfusionen, Vitaminpräparaten, in schweren Fällen mit Corticoiden angegangen.

Medikamentöse Schmerzbekämpfung

Bei vielen Tumorkranken läßt sich eine medikamentöse Schmerzbekämpfung nicht umgehen. Wegen der raschen Gewöhnung und des zunehmenden körperlichen Verfalls sind Alkaloide (Morphinderivate), z. B. Dolantin, das vorteilhaft mit Atosil kombiniert wird, nur an Krebspatienten mit besonders starken Schmerzattacken sowie im Finalstadium angebracht.

Chemotherapie

Eine sorgfältig geplante und ausgeführte Chemotherapie vermag die Ergebnisse von Operation und Strahlentherapie bei vielen Tumorkranken zu verbessern. Mit kurativer Intention werden Strahlen- und Chemotherapie miteinander kombiniert (z. B. kleinzelliges Bronchialkarzinom, Hodentumoren, maligne Lymphome). Stets sollte die gleichzeitige Anwendung von Radio- und Chemotherapie sorgfältig zwischen den beteiligten Fachdisziplinen abgesprochen werden; dabei sind mögliche toxische Kumulationseffekte mit konsekutiver Beeinträchtigung des Blutbilds und des Allgemeinzustands zu berücksichtigen.

Indikationen zur perkutanen Strahlentherapie

Allgemeines

Grundlage für die Indikation zur Strahlentherapie, die Wahl ihres günstigsten Zeitpunkts und die Aufstellung eines *Bestrahlungsplans* mit gezieltem Einsatz der verschiedenen Methoden bildet eine eingehende *Diagnostik*, die Aufschluß über die lokale Geschwulstausbreitung, das Vorhandensein von regionären oder Fernmetastasen und den Allgemeinzustand geben soll. Sie erstreckt sich auf die *Röntgenuntersuchung*, die *Ultraschalldiagnostik* und die *nuklearmedizinische Diagnostik*. Auf diese Weise läßt sich ein umfassendes Bild von der Geschwulstausbreitung gewinnen, die das therapeutische Vorgehen entscheidend beeinflußt.
Die Ergebnisse der *Computertomographie* haben ganz besondere Bedeutung für die Bestrahlungsplanung. In vielen Fällen sind Tumoren einschließlich Tumorausläufern und Lymphknotenmetastasen sowie kritische Organe (Spinalkanal, Nieren, Leber, Lunge) in Abhängigkeit von der Patientenlage (Rükken- oder Bauchlage) zu lokalisieren. Der Körperquerschnitt kann exakt reproduziert werden, und die Bestrahlungsfelder lassen sich in Richtung und Lage zum Tumorgeschehen abgrenzen. Mit der CT-Untersuchung sind ferner Kontrollen während und nach Abschluß der Strahlentherapie durchzuführen.
Krebspatienten mit *multiplen Fernmetastasen* kommen für eine palliative Strahlentherapie in Betracht. Kann a priori nur mit einem wachstumshemmenden Palliativerfolg gerechnet werden, dann soll die maximale Strahlendosis nur ⅔ der üblichen Tumordosis betragen.
Grundsätzlich ist die *Strahlentherapie maligner Tumoren* um so effektiver, je kleiner die vorhandene Geschwulst ist. Viele Tumoren, z. B. Ewing-Sarkome, sind zwar recht strahlensensibel, metastasieren jedoch so rasch, daß der Bestrahlung nur selten ein Heilerfolg beschieden ist.

Allgemein erfordert die Tumorbehandlung eine möglichst enge Zusammenarbeit aller beteiligten Fachdisziplinen, des Allgemeinpraktikers wie des Chirurgen, Radiologen und Internisten. Laufende gegenseitige Konsultationen bieten die besten Chancen für die optimale Therapie jedes Patienten.
Im Gegensatz zur Tumorbestrahlung wird die Strahlentherapie von *Entzündungen und degenerativen Erkrankungen* mit geringerer Einzel- und Gesamtdosis sowie stärkerer Fraktionierung vorgenommen. Als Grundsatz gilt, daß die Einzeldosis um so geringer sein kann, je akuter der Krankheitsprozeß ist. So genügen bei akuten Entzündungen oft wenige Bestrahlungen mit Dosen von 0,15 bis 0,3 Gy, um einen antiphlogistischen Effekt hervorzurufen.
Insgesamt ist die Zahl der zur Strahlentherapie überwiesenen Patienten mit entzündlichen und degenerativen Erkrankungen aus zwei Gründen zurückgegangen: Einmal sind heute dank des pharmazeutischen Fortschritts umfassendere medikamentöse Möglichkeiten als früher verfügbar, und zweitens ist jeder Strahlentherapeut bemüht, die Strahlenbelastung des Patienten möglichst gering zu halten. Aus diesem Grund werden nur in besonders gelagerten Fällen Strahlenbehandlungen von Patienten im generationsfähigen Alter durchgeführt. Dennoch bestehen für die Entzündungsbestrahlung weiterhin einige spezielle Indikationen.

Analkarzinom

Präoperative kombinierte Chemo- und Strahlentherapie (5-Fluorouracil + Mitomycin C, hochenergetische Elektronen über ein perineales Feld mit Dosis von 40 Gy in 4 Wochen). 3–6 Wochen nach Abschluß der Strahlentherapie operative Resektion oder interstitielle Brachytherapie. Lokale Reaktionen treten selten auf; sie können in der Regel durch eine Bestrahlungspause und konservative lokale Maßnahmen zum Abklingen gebracht werden.

Arthrosis deformans

Entzündungsbestrahlung in mittlerer Dosierung (1 Gy als Einzeldosis 2mal wöchentlich bis 6 Gy) führt in vielen Fällen zur Minderung der subjektiven Beschwerden und damit auch zur besseren Beweglichkeit. Keine Beeinflussung des röntgenologischen Befunds. Besonders geeignet zur Strahlenbehandlung sind Arthrosen des Knie-, Sprung- und Schultergelenks, doch sind auch bei Koxarthrosen Erfolge zu erzielen.

Basaliom

Elektronentherapie als primäre Maßnahme mit bis 60 Gy, postoperativ bis 50 Gy. Die kosmetischen Ergebnisse sind hervorragend.

Bronchialkarzinom

Unterschieden werden die kleinzelligen von den nichtkleinzelligen Karzinomen. Entscheidend für das therapeutische Vorgehen sind ferner klinisches Stadium und Allgemeinzustand (Karnofsky-Index). Beim *kleinzelligen Karzinom* Behandlungsbeginn mit Chemotherapie, nach 4–6 Zyklen konsolidierende Radiotherapie mit etwa 45 Gy auf die primäre Tumorregion und das Mediastinum sowie beide Supraklavikulärregionen. Zur Verhinderung von Hirnmetastasen wird bei Patienten mit kompletter Remission eine Ganzhirnbestrahlung mit 30 Gy empfohlen. Bei „extensive disease" Radiotherapie nur gezielt auf Resttumoren. – Beim *nichtkleinzelligen Bronchialkarzinom* primäre kurative Radiotherapie mit 60–70 Gy auf den Primärtumor, beide Hili und das Mediastinum, wenn Inoperabilität besteht. Postoperative Strahlentherapie ist im Stadium T3 und ab N2 gegeben: Zielvolumen beide Hili und das Mediastinum, Referenzdosis 50–60 Gy. Palliative Radiotherapie zur Verhinderung tumorbedingter Komplikationen und zur Beeinflussung von Beschwerden mit 40 Gy. Kurzzeitvorbestrahlung mit 5mal 4 Gy als präoperative Maßnahme beim Pancoast-Tumor unter Einschluß des oberen und mittleren Mediastinums; Nachbestrahlung mit weiteren 40 Gy. Primäre Radiotherapie der akuten oberen Einflußstauung bei nichtkleinzelligen Bronchialkarzinom. Bei kleinzelligen Karzinomen stehen Radiotherapie und Chemotherapie alternativ zur Verfügung: Strahlentherapie großvolumig mit zunächst 4 Gy Einzeldosis während 3–4 Tagen mit nachfolgender üblicher Fraktionierung. Strahlentherapie kommt auch in Betracht beim lokoregionären Rezidiv. Palliative Strahlentherapie mit 40–50 Gy bei umschriebenen Skelettmetastasen und bei Hirnmetastasen.

Dupuytren-Kontraktur

Zur Verhütung der Narbenschrumpfung ist eine postoperative Strahlenbehandlung – möglichst in Form der Bestrahlung mit schnellen Elektronen – angebracht.

Epikondylitis

Bei Therapieresistenz sind lokale Entzündungsbestrahlungen oft wirksam.

Epipharynxtumoren s. Pharynxtumoren

Gastrointestinaltumoren s. Analkarzinom, kolorektale Karzinome, Magenkarzinom, Ösophaguskarzinom

Gaumentumoren s. Mundhöhlentumoren

Granulom, eosinophiles

In den meisten Fällen läßt sich mit relativ gering dosierter (20 Gy) perkutaner Strahlentherapie eine Remission erreichen.

Hämangiome

Die Strahlentherapie hat die Aufgabe, einen Anreiz für die Rückbildung des kindlichen Hämangioms zu geben. Bei entsprechend vorsichtiger Dosierung lassen sich strahlenbedingte bleibende Veränderungen in der Regel vermeiden.

Harnblasentumoren

Im Vordergrund der Therapie stehen chirurgische Maßnahmen. Die Strahlentherapie ist indiziert bei Inoperabilität und bei Rezidiven. Das Zielvolumen muß sich auf die Blase und die paravesikalen sowie iliakalen Lymphknoten erstrecken. Anzustreben sind 60 Gy Tumordosis. Die Kombination mit Chemotherapie und Salvage-Zystektonie bei Tumorpersistenz ist eine kurative Therapie, die hinsichtlich der Heilungsrate vergleichbar ist mit der primären Zystektomie.

Hauttumoren s. Basaliom, malignes Melanom, Plattenepithelkarzinom der Haut

Herpes zoster

Die oft hartnäckigen und quälenden Schmerzen im segmentalen Ausbreitungsgebiet des Zosters können durch Entzündungsbestrahlung (1 Gy als Einzeldosis alle 2–3 Tage, 6–10 Gy Gesamtdosis) oft rasch und nachhaltig beeinflußt werden. Die Bestrahlungsfelder werden paravertebral im entsprechenden Segment angelegt.

Hirntumoren

Technik, Dosierung und Prognose der Strahlentherapie hängen ab von der Tumorhistologie, die vor Einleitung einer Strahlentherapie in jedem Fall bioptisch oder stereotaktisch diagnostiziert sein sollte. Die primäre Radiotherapie ist indiziert bei ZNS-Lymphomen, Germinomen, multiplen Hirnmetastasen und bei allen inoperablen Hirntumoren. Indikationen zur postoperativen Strahlentherapie sind primär unvollständig resezierte Tumoren mit hoher Rezidivneigung wie maligne Astrozytome, Glioblastome, Hypophysenadenome mit supraselIärem Anteil, Ependymome, Pinealome und Medulloblastome. Das Zielvolumen muß bei malignen Astrozytomen einen ausreichenden Sicherheitsabstand, bei malignen Lymphomen das gesamte Hirn und bei Medulloblastomen oder Tumoren mit positiver Liquorzytologie den gesamten Liquorraum einschließlich des Spinalkanals einbeziehen. Die Dosis richtet sich nach der Tumorhistologie. Verabfolgt werden 30 (Pinealom, Germinom) bis 65 Gy (Glioblastom). Bei den niedriggradigen lokalisierten Astrozytomen kommt die interstitielle Applikation von umschlossenen Radionukliden (^{125}J) in Betracht. Die stereotaktisch gezielte perkutane Strahlentherapie ist indiziert bei solitären Metastasen, bei kleinen benignen Hirntumoren (z. B. Akustikusneurinome) und bei arteriovenösen Angiomen. Bei den malignen Astrozytomen (Grade III und IV) sind postoperative Rezidive extrem häufig; der Effekt der Strahlentherapie ist vorwiegend palliativ und beschränkt sich auf eine Lebensverlängerung. Die postoperative Bestrahlung trägt beim *Oligodendrogliom* wesentlich zur Erhöhung der Überlebensrate bei. *Meningeome* gelten im allgemeinen als strahlenresistent, doch ist eine postoperative Strahlentherapie bei unvollständiger Tumorentfernung angezeigt. Die Radiotherapie von *Hirnmetastasen* wird bei den häufig multiplen Formen als Ganzhirnbestrahlung mit minimal 40, möglichst 50 Gy durchgeführt; eine geringere Dosierung kommt in Betracht bei zahlreichen Metastasen in anderen Organen. Besonders beim kleinzelligen Bronchialkarzinom und Mammakarzinom sind deutliche, nicht selten auch vollständige Rückbildungen zu erzielen.

Hodengeschwülste

Die *Seminome* zeichnen sich durch hohe Strahlenempfindlichkeit aus. Nach Semikastration wird eine Bestrahlung der paraortalen und iliakalen Lymphknoten ausgeführt. Appliziert werden 30–40 Gy. Bei nachgewiesenen Lymphknotenmetastasen werden die iliakalen kommunen und externen Lymphknotengruppen beiderseits bestrahlt; eine

Strahlentherapie des Mediastinums und der linksseitigen supraklavikulären Lymphknotengruppen ist zu empfehlen. Auch hämatogene Seminommetastasen lassen sich noch erfolgreich bestrahlen. *Teratome und Teratokarzinome* sind im allgemeinen strahlentherapeutisch nur schwer zu beeinflussen; im Vordergrund steht die Polychemotherapie. *Mischtumoren* sind relativ häufig.

Hornhautaffektionen, vaskularisierte
Zustand nach Herpes corneae, Ulcus corneae und Keratoplastik mit Einsprießen von Blutgefäßen auf der Hornhaut erfordern eine Therapie mit ^{90}Sr-^{90}Y-Platte. Mehrere Applikationen in Einzeldosen von je 10 Gy pro Woche.

Hypophysentumor
Perkutane Strahlentherapie mit ultraharten Röntgenstrahlen (Pendelbestrahlung) oder mit Korpuskularstrahlung (Protonen, schwere Ionen). Bei der perkutanen Strahlentherapie wird eine Gesamtdosis von 44–46 Gy in Einzeldosen von 2 Gy angestrebt. Als weitere strahlentherapeutische Möglichkeit kommt die interstitielle Therapie mit ^{192}Ir oder ^{125}J in Betracht. Indikation: primäre Radiotherapie bei Inoperabilität infolge supra- oder paraselärer Tumorausdehnung oder bei erhöhtem Operationsrisiko. Postoperative Bestrahlung obligat bei hormoninaktiven Hypophysentumoren, bei inkompletter operativer Resektion und bei Rezidiven (Ausnahme: Mikroprolaktinome, hier steht die medikamentöse Therapie im Vordergrund). Die Ergebnisse sind gut. Bei postoperativer Bestrahlung signifikante Senkung der Rezidivrate.

Karzinome, kolorektale, s. kolorektale Karzinome

Keloide
Sprechen auf Elektronentherapie oder Röntgennahbestrahlung oft an. Zur Rezidivprophylaxe empfiehlt es sich, postoperativ mit der Bestrahlung bereits am gleichen Tag zu beginnen. Dosierung: 4 Gy Einzeldosis pro Tag für 3 Tage.

Knochenmarktransplantation
Indikationen zur autologen oder allogenen Knochenmarktransplantation sind akute myeloische oder lymphatische Leukämie, chronische myeloische Leukämie und die hochmalignen Non-Hodgkin-Lymphome. Der Beitrag der Strahlentherapie besteht in der *Ganzkörperbestrahlung* zur vollständigen Elimination der im Patienten verbleibenden Tumorzellen – was mit alleiniger Chemotherapie in der Regel nicht möglich ist. Die Prätransplantationstherapie besteht aus einer Kombination von hochdosierten Chemotherapeutika und einer hyperfraktionierten Ganzkörperbestrahlung mit hochenergetischen Photonen. Die angestrebte Ganzkörperdosis beträgt 14,4 Gy bei einer Begrenzung der Lungenbelastung auf 9 Gy. Die Dosis wird an 4 aufeinanderfolgenden Tagen in jeweils 3 Fraktionen appliziert. Die Kombination von hochdosierter Chemotherapie und „supraletaler" Granzkörperbestrahlung in Verbindung mit einer Knochenmarktransplantation ist in der Lage, bei 40–70% der Patienten mit Leukämie eine Langzeitremission zu erreichen. Als radiogene Nebenwirkung steht die Pneumonitis mit konsekutiver Lungenfibrose im Vordergrund.

Knochentumoren (Ewing-Osteosarkom)
Enge chirurgisch-radiologisch-internistisch-pädiatrische Zusammenarbeit unerläßlich. Im Vordergrund stehen Operation und Chemotherapie. Nicht selten kommt jedoch auch Strahlentherapie in Betracht, die entweder präoperativ oder postoperativ durchgeführt wird. Histologischer Befund, Allgemeinzustand und Ausdehnung des Tumors sind bei der Festsetzung der Therapie, die häufig individuell gestaltet werden muß, wichtig.

Kollumkarzinom
Lokale Strahlentherapie mittels Afterloading mit ^{137}Cs, ^{60}Co, ^{192}Ir. Perkutane Stehfeldbestrahlung mit Photonen im Megavoltbereich auf die Parametrien. Bei Rezidiven an der Beckenwand Bewegungsbestrahlung mit Photonen. Indikation zur primären Radiotherapie ab Stadium IIB.

Kolonkarzinom s. kolorektale Karzinome

Kolorektale Karzinome
Bei Kolontumoren kommt die Strahlentherapie zur Behandlung von inoperablen Rezidiven bzw. nach unvollständiger Resektion mit Dosen von minimal 50 Gy in Betracht. Präoperative Strahlentherapie zur Verbesserung der Operabilität möglich. Postoperative Radiotherapie ab T2 indiziert, mit großvolumiger Zielbestrahlung des Tumorbetts und des Lymphabflußgebiets, Referenzdosis am Tumor bis 60 Gy, evtl. Kombination mit systemischer Chemotherapie. Bei inoperablem

Rektumkarzinom Versuch einer Radiotherapie mit kurativem Ziel: großvolumige Bestrahlung mit 40 Gy und anschließend konzentrierte Bewegungsbestrahlung mit weiteren 20 Gy. Beim lokoregionären Rezidiv des Rektumkarzinoms ohne Strahlenvorbelastung großvolumig auf den Beckenbereich 40 Gy und weitere 20 Gy Bewegungsbestrahlung mit Beschränkung auf die Rezidivlokalisation. Beim perinealen Rezidiv evtl. zusätzliche Elektronentherapie mit 60 Gy. Palliative Bestrahlung mit 40 Gy zur symptomatischen Beeinflussung von Schmerzen, Blutungen, Tenesmen und Schleimabgang.

Korpuskarzinom

Lokal werden in die Cavitas uteri mit Afterloading ^{137}Cs-Strahler oder ^{60}Co oder ^{192}Ir appliziert. Zusätzlich perkutane Telegamma- oder ultraharte Röntgentherapie der Parametrien einschließlich des Uterus. Postoperativ minimal 50 Gy auf den Beckenbereich.

Larynxkarzinome

Plattenepithelkarzinome, meist verhornend, selten gering differenzierte oder undifferenzierte Karzinome. Hypopharynx-(Epilarynx-), supraglottische, glottische und subglottische Karzinome. Beim Stimmbandkarzinom perkutane Telegammatherapie mit 60 Gy auf ein kleines Behandlungsvolumen. Bei supraglottischen Karzinomen lymphogene Metastasierung häufig, perkutane Nachbestrahlung nach Laryngektomie mit 60 Gy auf den Tumorbereich und die abführenden Lymphwege. Postoperative Nachbestrahlung auch beim Hypopharynxkarzinom.

Leukämie s. Knochemarktransplantation

Lippengeschwülste

Besonders geeignet für Kleinraumbestrahlung mit Elektronen, die ausgezeichnete kosmetische Erfolge zu erzielen vermag. Die Abflußgebiete einschließlich der submandibulären Lymphknoten müssen ebenfalls bestrahlt werden. Dosis 50–60 Gy.

Lymphogranulomatose

Nach histologischer Sicherung ist eine eingehende Diagnostik zur Feststellung der Geschwulstausbreitung (Staging) Grundlage des therapeutischen Vorgehens. Erforderliche Untersuchungen s. Non-Hodgkin-Lymphome. In den klinischen Stadien I–IIIA explorative Laparotomie mit Splenektomie, sofern sich daraus therapeutische Konsequenzen ergeben.

- *Stadium I:* Befall einer einzigen Lymphknotenregion oder eines einzelnen extralymphatischen Organs oder Herds;
- *Stadium II:* Befall von 2 oder mehr Lymphknotenregionen auf der gleichen Seite des Zwerchfells oder lokalisierter Befall eines extralymphatischen Organs oder einer extralymphatischen Region und/oder einer oder mehrerer Lymphknotenregionen auf der gleichen Seite des Zwerchfells;
- *Stadium III:* Befall von Lymphknotenregionen auf beiden Seiten des Zwerchfells, evtl. begleitet von einem lokalen Befall eines extralymphatischen Organs oder einer extralymphatischen Region, oder Befall der Milz oder der Milz und eines extralymphatischen Organs;
- *Stadium IV:* diffuser, nicht lokalisierter Befall eines oder mehrerer extralymphatischer Organe oder Gewebes mit oder ohne begleitende Lymphknotenvergrößerung.

Der Strahlentherapie kommt besondere Bedeutung zu, weil sie die pathologischen Stadien IA, IIA und IIIA häufig heilt. In den Stadien I und II wird das gesamte Lymphsystem einer Körperhälfte ober- bzw. unterhalb des Zwerchfells bestrahlt (Mantelfeld, umgekehrtes Y). Die bestrahlten Regionen umfassen für den supradiaphragmatischen Bereich die Lymphknoten des Halses, der Supra- und Infraklavikulärgruppen, der Axillen und des Mediastinums. Bei infradiaphragmatischem Befall werden die paraaortalen iliakalen und inguinalen Lymphknoten mit Photonenstehfeldern bestrahlt. Sind Mediastinum oder paraaortale Lymphknoten im Stadium I/II mitbefallen, so werden die anschließenden Regionen (Paraaortalregion bzw. Mediastinum) ebenfalls bestrahlt (extended field). Referenzdosis 40 Gy.

Im Stadium IIIA kann eine totale nodale Bestrahlung durchgeführt werden. Stadium IIIB muß in jedem Fall primär zytostatisch behandelt werden; verbliebene Tumormassen und/oder Lymphknotenareale primärer Tumormanifestation können anschließend strahlentherapiert werden. Im Stadium IV Strahlentherapie mit palliativer Zielsetzung bei entsprechender Symptomatik (isolierter Organbefall, Kompressionssymptome).

Bei histologisch gesicherten lokalen Rezidiven erneute Strahlentherapie unter Berücksichtigung der Strahlenvorbelastung mit mög-

lichst der gleichen, für die Primärbehandlung vorgesehenen Referenzdosis.
Unter konsequenter Therapie liegen die durchschnittlichen 5-Jahres-Überlebensraten aller Stadien heute bei über 50%. Die Behandlung der Lymphogranulomatose soll in enger interdisziplinärer Zusammenarbeit, möglichst unter Studienbedingungen erfolgen.

Magenkarzinom
Indikation zur Radiotherapie bei inoperablen Tumoren oder inoperablen Rezidiven und ausreichendem Allgemeinzustand. Dosen 50–65 Gy. Das Adenokarzinom weist eine relative Strahlenresistenz auf; die Radiotherapie kommt in palliativer Form auch bei schwer beherrschbaren Schmerzzuständen in Betracht. Maligne Lymphome und eosinophiles Granulom des Magens sind strahlentherapeutisch mit mittleren Dosen gut zu beeinflussen.

Mammakarzinom
Ziel der Primärbehandlung des Mammakarzinoms ist eine möglichst vollständige Kontrolle des Tumorgeschehens im lokalregionären Bereich. Da die Überlebenschancen durch die lokale Behandlung des Primärtumors und seiner regionären Ausbreitungswege jedoch nicht oder nur innerhalb relativ enger Grenzen beeinflußt werden, sollte die Therapie möglichst unter Wahrung der Verhältnismäßigkeit erfolgen. Der Strahlentherapie kommt eine um so größere Bedeutung zu, je geringer die Radikalität des chirurgischen Vorgehens und je größer und aggressiver der Tumor ist. Nach Operation von Tumoren des Stadiums T1–2N0 ist eine postoperative Strahlenbehandlung nicht erforderlich. Bei medialem Tumorsitz ist im Stadium T2 eine Bestrahlung des chirurgisch nicht erfaßten parasternalen Lymphabflußgebiets beiderseits mit 45–50 Gy empfehlenswert. Erfolgt keine Ausräumung der Axilla, sollte diese einschließlich der Supra- und Infraklavikularregion mit einer Referenzdosis von 45 Gy bestrahlt werden. Sofern keine adjuvante Chemotherapie erfolgt, ist eine Nachbestrahlung bei 4 und mehr befallenen Lymphknoten der Axilla angezeigt. Bei der derzeit empfohlenen Operations- und Bestrahlungstechnik ist mit einem Armödem kaum noch zu rechnen. Im Stadium T3/T4NO/N+ ist die postoperative Bestrahlung der Thoraxwand mit 50–55 Gy indiziert; die parasternalen Lymphbahnen sowie die Supra- und Infraklavikularregion werden mit 45–50 Gy bzw. 45 Gy bestrahlt. Primäre Strahlentherapie bei von Anfang an fortgeschrittenen, lokal inoperablen Tumoren mit 50–60 Gy, um eine Operabilität - unter Umständen nach einem Intervall bis zu 6 Monaten - zu erreichen. Bei inflammatorischem Mammakarzinom in jedem Fall radiologische oder chemotherapeutische Vorbehandlung mit dem Ziel einer sekundären Operation. Die organerhaltende kombinierte chirurgisch-radiologische Primärtherapie kommt bei kleinen Tumoren (T1N0) in Betracht; verabfolgt werden nach Tumorektomie oder Quadrantenresektion mit Axillaausräumung 50–60 Gy auf die Restbrust. Beim lokoregionären Rezidiv an der Thoraxwand oder in der Axilla ist die Strahlentherapie nach chirurgischer Entfernung angezeigt. Die Dosis beträgt mindestens 60 Gy, möglichst mit hochenergetischen Elektronen. Bei multilokulär außerhalb des Bestrahlungsfelds auftretenden Rezidiven kann oft auf eine vorherige Exzision verzichtet werden. Bei Knochenmetastasen kann meist ein deutlicher analgetischer Effekt und nicht selten eine Remineralisation erreicht werden. Bei Hirnmetastasen kommt die Bestrahlung des gesamten Gehirns über Gegenfelder mit Dosen von minimal 40, möglichst 50 Gy in Betracht; nicht selten ist nach einigen Monaten ein völliges Verschwinden der Metastasen im Computertomogramm nachzuweisen. Bei Lungenmetastasen kommt die Strahlentherapie vor allem im Hilusbereich in Betracht.

Mediastinaltumoren, s. Thymustumoren, Non-Hodgkin-Lymphome

Melanom, malignes
Primär operatives Vorgehen. Strahlentherapie evtl. bei Lentigo maligna und in Ausnahmefällen bei den langsam wachsenden Lentigo-maligna-Melanomen mit hochenergetischen Elektronen; jedoch werden hohe Strahlendosen benötigt. Bei inoperablen Lymphknotenmetastasen kommt eine hochdosierte perkutane Strahlentherapie in Betracht. Palliative Strahlentherapie bei Frakturgefahr sowie bei inoperablen Hirnmetastasen (Ganzhirnbestrahlung). Endolymphatische Radionuklidtherapie mit ^{32}P indiziert bei Melanomen an den Extremitäten mit einer Tumoreindringtiefe ab Clark level III und Tumordicke zwischen 0,76 und 2 mm.

Mundhöhlentumoren

Tumoren, meist Plattenepithelkarzinome, ausgehend von Mundschleimhaut, Alveolarfortsätzen, hartem Gaumen, Mundboden und Zunge. Häufig präoperativ Chemotherapie. Postoperativ oder bei Inoperabilität Photonenbestrahlung der Mundhöhle und der abführenden Lymphwege mit minimal 60 Gy, bei großen Tumoren evtl. mit Hyperthermie. Rezidive in vorbestrahlten Bereichen erhalten Rotationsbestrahlung mit Photonen oder Neutronen.

Nasennebenhöhlentumoren

Lokalisation der Plattenepithelkarzinome oder Adenokarzinome in der Kiefer-, Siebbein- und Stirnhöhle. Postoperative Nachbestrahlung oder radiologische Primärtherapie bei Inoperabilität mit 60 Gy durch Photonen, evtl. kombiniert mit Elektronen. Für die Bestrahlungsplanung Computertomographie erforderlich.

Nasopharynxtumoren, s. Pharynxtumoren

Nieren- und Harnleitergeschwülste

Die Indikation zur Radiotherapie bei T3/T4-Tumoren (Übergreifen auf das perirenale Fettgewebe oder den Nierengefäßstiel bzw. Übergreifen auf Nachbarorgane oder Bauchwand) ist derzeit nicht festgelegt, doch sollte besonders bei den undifferenzierten Formen die Strahlentherapie in Erwägung gezogen werden, weil die Lokalrezidivrate gesenkt wird. Der Einfluß auf die Überlebensrate wird unterschiedlich beurteilt. Die Dosis beträgt minimal 50 Gy, möglichst 60 Gy. Palliative Radiotherapie kommt bei Metastasen, speziell im Skelett, in Betracht.

Non-Hodgkin-Lymphome

Überblick über die diagnostischen und therapeutischen Methoden

Obligatorische Untersuchungen: Anamnese (B-Symptomatik: Fieber, Nachtschweiß, Gewichtsverlust), Probeexstirpation eines befallenen Lymphknotens, histologische Beurteilung, Labordiagnostik, Thoraxröntgenaufnahmen, Sonographie und Computertomographie des Abdomens und kleinen Beckens, Lymphographie, Knochenmarkuntersuchung, Knochenszintigraphie (bei positivem Befund gezielte Röntgenuntersuchungen), Liquoruntersuchung (bei lymphoblastischen Lymphomen), evtl. ^{67}Ga-Szintigraphie. Eine Staging-Laparotomie kommt nur in Betracht, falls eine alleinige Radiotherapie vorgesehen ist und daher eine lokalisierte Erkrankung gesichert werden muß.

Stadieneinteilung s. Lymphogranulomatose.

Als standardisierte Bestrahlungsmethoden der malignen Lymphome gelten: Involved-field-Bestrahlung (IF): Bestrahlung nur der befallenen Regionen; Extended-field-Bestrahlung (EF): erweiterte Bestrahlung, die zusätzlich zu der befallenen Region die benachbarten Regionen einbezieht; totale nodale Bestrahlung (TNB): begrenzte lymphatische Systembestrahlung mit Mantel- und umgekehrtem Y-Feld (retroperitoneales Stehfeld mit Einschluß der paraaortalen, iliakalen und inguinalen Lymphknotenregion) bzw. paraaortalen Bewegungsbestrahlung und iliakale Stehfeldbestrahlung mit oder ohne Milzfeld, bei Milzexstirpation mit Einschluß des Milzstiels; totale lymphatische Bestrahlung (TLB): Bestrahlung aller Lymphknotenregionen einschließlich abdomineller Teilkörperbestrahlung (wie bei Ovarialkarzinom) und Waldeyer-Rachenring.

Lymphome mit niedrigem Malignitätsgrad

- *Stadium I:* Radiotherapie als EF-Bestrahlung mit 36–44 Gy in 4 bis 5 Wochen, beim zentroblastisch-zentrozytischen Lymphom mit hoher Strahlensensibilität 24–30 Gy in 3 bis 4 Wochen, beim zentrozytischen Lymphom Kombination von Radio- und Chemotherapie.
- *Stadium II:* EF-Bestrahlung, beim zentrozytischen Lymphom und im Stadium II_2 Kombination von Radio- und Chemotherapie. Beim zentroblastisch-zentrozytischen Lymphom, auch im Stadium III, alleinige Radiotherapie. Radiologische Palliativbehandlung großer Tumoren mit 20 Gy und mehr, bei Splenomegalie 5–6 Gy in Einzeldosen von 0,5 Gy. Strahlentherapie bei oberer Einflußstauung und myelokompressivem Syndrom. Bei T-Zell-Lymphom der Haut (Mycosis fungoides, Sézary-Syndrom) Bestrahlung mit Elektronen, 20–24 Gy in 4–6 Wochen.

Lymphome mit hohem Malignitätsgrad

- *Stadium I:* alleinige Radiotherapie.
- *Stadium II:* EF-Bestrahlung mit 40 bis 50 Gy in 4–5 Wochen; bei abdominellem Befall zusätzlich Chemotherapie. Unter und nach Chemotherapie Bestrahlung der Hautmanifestationsorte empfehlenswert. Zentroblastisches Lymphom im Stadium I_1: EF-Bestrahlung mit 40 bis 50 Gy, bei

abdominellem Befall zusätzlich Chemotherapie. Kombination von Radio- und Chemotherapie im Stadium II. Bei lymphoblastischen Lymphomen vom T- und unklassifizierten Typ Chemotherapie in Form einer Induktionsphase mit IF-Radiotherapie mit 35–45 Gy. In den Stadien I und II der lymphoblastischen Lymphome vom B-Typ zytostatische Kombinationstherapie einschließlich Ganzhirnbestrahlung mit 24 Gy/3 Wochen und lokale Radiotherapie (IF) mit 30–35 Gy. Bei primären Non-Hodgkin-Lymphomen des Gastrointestinaltrakts in den Stadien I und II postoperative Bestrahlung mit 40 Gy, evtl. zusätzliche Chemotherapie.

Ösophaguskarzinom

Bei Plattenepithelkarzinomen kommt präoperative Strahlenbehandlung mit 30 Gy in Betracht. Strahlentherapie bei allen inoperablen Formen indiziert. Mit Verbesserung der Passageverhältnisse durch Rückbildung des stenosierenden Tumorwachstums kann gerechnet werden. Die Bestrahlungstechnik richtet sich nach der Lokalisation des Karzinoms, im mittleren und unteren Ösophagusdrittel Rotationsbestrahlung. Kurative Strahlendosis minimal 60 Gy, bei guter Verträglichkeit bis 70 Gy. Die Stenose muß kranial und kaudal deutlich überragt werden. Operation unmittelbar im Anschluß an die präoperative Strahlentherapie.

Ovarialkarzinom

Primärbehandlung ist die Operation, gefolgt von Chemotherapie. Falls Tumorreste bzw. Tumoren an anderer Stelle im Abdomen durch „Second-look-Operation" nachgewiesen werden, kommt eine Strahlentherapie des gesamten Abdomens in Betracht. Alternierend werden 2 Gy als Einzeldosis auf die untere Hälfte des Abdomens und 1,5 Gy auf die obere Hälfte mit Einschluß des Zwerchfells appliziert. Tägliche Bestrahlung des jeweiligen abdominellen Bereichs von ventral und dorsal. Durch Bleisatelliten werden die Nieren ab 15 Gy und die Leber ab 24 Gy abgedeckt. Die Gesamtdosen betragen 40 Gy für die untere und 24–30 Gy für die obere Abdominalhälfte.

Pankreaskarzinom

Kurative Strahlentherapie kommt nur selten bei Rezidiven bzw. Inoperabilität in Betracht. Palliative Strahlentherapie mit 40 Gy bei Obstruktionen der Gallenwege oder zur Schmerzbekämpfung.

Parotitis

Rasche Rückbildung unter Entzündungsbestrahlung ist die Regel, das gilt auch für die Parotitis nach chirurgischen Eingriffen. Einzeldosen von 0,5 Gy täglich, 2- bis 4mal.

Periarthritis humeroscapularis

Entzündungsbestrahlung lokal, evtl. auch der zervikalen Nervenwurzeln, in mäßiger Dosierung (1 Gy Einzeldosis, 2mal wöchentlich bis 6 Gy) zeigt oft frappante Erfolge.

Pharynxtumoren

Karzinome, Non-Hodgkin-Lymphome und lymphoepitheliale Tumoren (Schmincke-Regaud). Lymphoepitheliale Tumoren und maligne Lymphome sind strahlensensibel und benötigen Referenzdosen von 50 Gy. Strahlentherapie auch der abführenden Lymphwege. Plattenepithelkarzinome werden mit 60 Gy angegangen, Rezidive in vorbestrahlten Regionen mit Photonen-Rotationsbestrahlung bzw. mit Neutronen.

Plattenepithelkarzinom der Haut

Dieser Tumor, auch Spindelzellkarzinom genannt, erfordert relativ hohe Gesamtdosen von minimal 50, möglichst 60 Gy. Zur Vermeidung von örtlichen Rezidiven müssen große Bestrahlungsfelder gewählt werden.

Pleuratumoren

Unterschieden werden diffuses und lokalisiertes Mesotheliom (epithelial, biphasisch oder sarkomatös). Radiotherapie bei Inoperabilität als palliative Maßnahme, insbesondere bei Schmerzen, mit 40 Gy und evtl. höherer Gesamtdosis.

Prostatakarzinom

Vor der Bestrahlung umfassende Diagnostik (Staging) erforderlich, mit Thoraxröntgenaufnahmen, Knochenszintigraphie, Sonographie der Leber und des Oberbauchs sowie Computertomographie des Abdomens (zur Beurteilung der retroperitonealen Lymphknoten), evtl. Lymphographie. Bei umschriebener Tumorausdehnung auf die Prostata und die pelvinen Lymphknoten unter Einschluß der iliakalen und präsakralen Lymphknoten kommt perkutane Strahlentherapie in Betracht, insbesondere bei histologisch wenig oder nicht differenzierten Tumorformen. Das kleine Becken wird mit 40 Gy, der Tumorbereich mit 60–70 Gy belastet. Die Therapie wird meist gut toleriert. Proktitische und zystitische Reaktionen sind selten; sie erfordern lokale Maßnahmen und eine Unterbrechung der Strahlentherapie für einige Tage.

Schweißdrüsenabszeß

Vorsichtig dosierte Entzündungsbestrahlung (0,25–0,5 Gy) in 3- bis 4tägigem Abstand vermag oft Besserung hervorzurufen. Zur Verödung der Schweißdrüsen sind 12 Gy erforderlich.

Speicheldrüsenfistel

Die Speicheldrüsentätigkeit läßt sich temporär mit 4 Gy ausschalten, um eine Fistel operativ beseitigen zu können.

Spondylosis deformans

Bei hartnäckigen, therapieresistenten Zuständen mit erheblichen sujektiven Beschwerden kann, ebenso wie bei der Spondylarthrosis deformans und der Wirbelsäulenosteochondrose, eine Entzündungsbestrahlung in mittlerer Dosierung (1 Gy Einzeldosis bis 8 Gy Gesamtdosis) oft beachtliche Erfolge erzielen. Der Röntgenbefund bleibt im allgemeinen unverändert, doch bessern sich Schmerzen und Beweglichkeit. Allerdings sollte eine Entzündungsbestrahlung der Lendenwirbelsäule bei Frauen im generationsfähigen Alter wegen der Gefahr der Keimdrüsenschädigung nur in Ausnahmefällen durchgeführt werden.

Struma maligna

Die Therapie der Struma maligna besteht aus einer Kombination von operativen, medikamentösen und strahlentherapeutischen Maßnahmen. Bei differenzierten Schilddrüsenkarzinomen sind zunächst die Möglichkeiten der Radiojodtherapie (s. nuklearmedizinische Therapie) auszuschöpfen, da bei guter Speicherung mit ^{131}J wesentlich höhere Tumordosen erreicht werden können als bei perkutaner Bestrahlung, während andererseits die Effektivität einer Radiojodtherapie durch vorausgegangene Strahlentherapie eingeschränkt wird. Indikationen zur perkutanen Strahlentherapie: inoperable, nicht jodspeichernde Schilddrüsenmalignome, postoperativ bei undifferenzierten Karzinomen und bei Tumoren nichtepithelialer Herkunft, palliativ bei ossärer Metastasierung mit Schmerzsymptomatik oder Frakturgefahr sowie bei inoperablen zervikalen und mediastinalen Tumoren mit der Gefahr einer Kompression der Luftwege oder der oberen Einflußstauung. Bei den differenzierten Schilddrüsenkarzinomen ist das Vorgehen nicht einheitlich: Unbestritten ist die Notwendigkeit einer postoperativen perkutanen Nachbestrahlung bei Tumoren, die durch Operation und Radiojodtherapie nicht vollständig eliminiert werden konnten, bei Lokalrezidiven und bei zervikalen Lymphknotenmetastasen. In Erwägung zu ziehen ist die perkutane Strahlentherapie bei differenzierten Karzinomen, die die Schilddrüsenkapsel durchbrochen haben und die Umgebung infiltrieren (T4-Stadium). Technik und Dosierung: Zielvolumina sind das Tumorbett und die regionären zervikalen Lymphknoten. Gesamtdosis 50–60 Gy in 2 Gy Einzeldosis, unter Verwendung von ^{60}Co-Strahlung oder hochenergetischen Elektronen. Die radiogenen Frühreaktionen (Dermatitis, Pharyngitis, Laryngitis) sind durch lokale Maßnahmen gut beherrschbar. Spätfolgen sind häufig Kombinationsschäden nach radikaler Operation und Strahlentherapie. Narbige Strikturen und Tracheomalazie können unter Umständen eine operative Revision erfordern. Für die Effektivität der perkutanen Strahlentherapie spricht die Tatsache, daß lokale Remissionen über 5 und 10 Jahre auch bei inoperablen Schilddrüsentumoren erreicht werden konnten. Insgesamt unbefriedigend sind die Behandlungsergebnisse bei den anaplastischen Karzinomen; aber auch bei diesen extrem bösartigen Tumoren lassen sich durch die perkutane Strahlentherapie palliative Effekte erzielen.

Thymustumoren

Als Thymome werden epitheliale Thymustumoren verstanden, die gutartig, allseits kapselbegrenzt (großzellig, epithelioid, spindelzellig, mit oder ohne lymphozytäre Assoziation) oder maligne sein können (ohne zytologische Kriterien der Malignität, aber örtlich aggressiv, infiltrativ, auch intrathorakal lymphogen metastasierend): Thymuskarzinome (maligne, extrathorakal metastasierende Tumoren mit unterschiedlicher Differenzierung), Thymuskarzinoide, mesenchymale Thymustumoren, retikulohistiozytäre Tumoren und maligne Lymphome (Morbus Hodgkin, Non-Hodgkin-Lymphome). Tumorbildung im vorderen Mediastinum mit akuter lymphoblastischer Leukämie ist auch differentialdiagnostisch in Betracht zu ziehen. Strahlentherapie ist in allen Fällen postoperativ sowie bei Inoperabilität indiziert. Zielvolumina Mediastinum und thorakale Ausdehnung des Tumors, evtl. auch die Supraklavikulärregionen. Kombination von Photonen und hochenergetischen Elektronen zur gleichmäßigen Durchstrahlung des vorderen, mittleren und hinteren Mediastinums vorteilhaft. Referenzdosen postoperativ 45–50 Gy, bei Inoperabilität 50–55 Gy.

Tonsillenkarzinom s. Pharynxtumoren

Weichteilsarkome

Unter dieser Rubrik werden Fibro- und Liposarkom, Leiomyosarkom, Rhabdomyosarkom, Hämangioendotheliom, Lymphangioendotheliom, Synovialsarkom, malignes Schwannom, Mesotheliom und Fibrohistiozytom zusammengefaßt. Die Strahlenempfindlichkeit ist unterschiedlich und korreliert mit dem Differenzierungsgrad. Indiziert ist die Radiotherapie als Nachbestrahlung des Operationsgebiets, um die Rezidivrate bei extremitätenerhaltenden Operationen zu senken. Appliziert werden Photonen bzw. Elektronen, die in Form einer Boostdosis durch Neutronen aufgefüllt werden. Bei großen Tumoren kommt eine Kombination mit lokaler Hochfrequenzhyperthermie in Betracht. In absteigender Reihenfolge ist die Strahlensensibilität groß bei Kaposi-Sarkom, wenig differenziertem Liposarkom, Rhabdomyosarkom, wenig differenziertem Fibrosarkom, malignem Hämangiosarkom, Myxosarkom und undifferenzierten Sarkomen. Sie ist gering beim ausdifferenzierten *Liposarkom*. Palliative Strahlentherapie kommt bei subjektiven Beschwerden durch inoperable Tumoren oder Rezidive in Betracht. Das AIDS-assoziierte Kaposi-Sarkom stellt einen Sonderfall dar mit Strahlentherapie als primäre Maßnahme.

Zungentumoren s. Mundhöhlentumoren

Zylindrom

Das adenoidzystische Karzinom wächst relativ langsam, aber destruierend. Häufige Rezidive, später Fernmetastasierung. Strahlensensibilität gering, deshalb Kombination von locker ionisierender Strahlung (40 Gy Elektronen oder Photonen) mit Neutronen (Äquivalentdosis 20 Gy) auf großvolumige Felder. Primärtumor häufig im Bereich des Gesichtsschädels, speziell der Speicheldrüsen, gelegentlich auch im Tracheobronchialsystem lokalisiert.

Nuklearmedizin

Diagnostik

Allgemeines

Die nuklearmedizinische Diagnostik beruht auf 2 fundamentalen Gesetzen:

- Radioisotope besitzen chemisch identische Eigenschaften wie die stabilen Isotope desselben Elements. Nach Inkorporation unterliegen sie dem gleichen Stoffwechsel.
- Die radioaktiven Isotope lassen sich durch die emittierten Gamma- oder Betastrahlen relativ einfach und exakt physikalisch nachweisen.

Basierend auf den Fortschritten der Kernphysik, sind heute zahlreiche im Reaktor oder Zyklotron hergestellte *Radionuklide* verfügbar, die, eingebaut in organaffine Substanzen, der medizinischen Diagnostik neue Wege erschlossen haben. Da die radioaktiv markierten Verbindungen in kleinsten Mengen verabfolgt werden, sind toxische Wirkungen nicht zu beobachten. Die Applikationstechniken sind durchweg einfach und risikolos für den Patienten. Die verabfolgten Strahlendosen entsprechen denen der üblichen Röntgenverfahren; die Strahlenbelastung der Gonaden liegt oft in einem weit geringeren Bereich. Die Bedeutung dieser Verfahren nimmt ständig zu, da laufend neue Methoden inauguriert werden.
Die *Strahlenbelastung* errechnet sich aus Strahlenart und Energie des Radionuklids, dessen Konzentration im kritischen Organ und der effektiven Halbwertszeit (HWZ), die sich unter Berücksichtigung der biologischen und physikalischen HWZ ergibt.
Die zur Zeit in der nuklearmedizinischen Diagnostik verwendeten Testsubstanzen sind meist mit einem gammastrahlenemittierenden Radionuklid etikettiert. Mittels *Szintillationszähler* lassen sich die Gammastrahlen nach Inkorporation der radioaktiv markierten Substanz von außen nachweisen. Im wesentlichen sind 2 verschiedene Methoden zu unterscheiden: Mit der *Funktionsuntersuchung* durch fest über bestimmten Körperregionen angelegte Szintillationszähler lassen sich unter der Voraussetzung, daß eine Substanz mit bestimmter Organaffinität verwendet wird, Hinweise über die Funktion dieses Organs gewinnen. Zu dieser Gruppe sind Funktionsstudien der Schilddrüse, Niere, Leber, des Kreislaufs und des Bluts zu zählen. Die zweite Gruppe der nuklearmedizinischen

Diagnostik beschäftigt sich mit dem lokalisatorischen Nachweis der inkorporierten Radioaktivität mittels feststehender Strahlungsmeßgeräte (Kameraszintigraphie). Stationäre Szintigraphiegeräte erlauben kurzfristige, wiederholte Messungen der Radioaktivitätsverteilung *(Sequenzszintigraphie)*; durch Datenverarbeitung mittels Kernspeicher, Magnetband und evtl. Computer lassen sich Funktionskurven über bestimmten wählbaren Regionen anfertigen, die die Kinetik der radioaktiven Substanz in diesem Bereich repräsentieren (Funktionsszintigraphie).

Bei der *Emissionscomputertomographie* (SPECT) wird die emittierte Gammastrahlung der inkorporierten Radionuklide durch einen oder zwei rotierende Kameraköpfe aus verschiedenen Projektionen gemessen und daraus ähnlich wie bei der Transmissionscomputertomographie durch einem mathematischen Algorithmus ein Schichtbild (Körperquerschnitt) rekonstruiert.

Bei Verwendung von Positronenstrahlern (^{11}C, ^{13}N, ^{15}O, ^{18}F) wird ein spezielles Schnittbildverfahren mit hoher Auflösung, die *Positronenemissionstomographie* (PET), benutzt; Vorteil ist der Nachweis physiologischer Substanzen.

Schließlich ist noch die *Ganzkörpermessung* zu erwähnen; hierbei wird durch sorgfältige Abschirmung der Umgebungsradioaktivität die Messung nicht nur kleinster inkorporierter Aktivitäten, sondern auch des „Fallouts" nach Atombombenexplosionen sowie die Bestimmung des natürlichen ^{40}K-Gehalts ermöglicht.

Anaemia perniciosa

Technik: Schilling Test mit 18,5 kBq = 0,5–1,0 μg ^{58}Co-Vitamin B_{12} oral am nüchternen Patienten. Nach 2 Stunden Injektion von 1mg Vitamin B_{12} i. m. Messung der Radioaktivität des ausgeschiedenen Urins während 24 Stunden: über 8% normal, 4–8% Zwischenbereich, unter 4% Mangelbereich. – Kontrolle mit Intrinsic factor: Bei Normalisierung der ^{58}Co-Vitamin-B_{12}-Urinausscheidung ist eine pernizöse Anämie anzunehmen; unter 4% Urinaktivität deutet auf eine Resorptionsstörung im Gastrointestinaltrakt, die nicht auf einem Mangel an Intrinsic factor beruht.

Blutverlust im Gastrointestinaltrakt

Technik: Injektion von ^{99m}Tc- oder ^{51}Cr-Erythrozyten (s. Erythrozytenüberlebenszeit) i. v. Bestimmung des intestinalen Blutverlusts durch Vergleich der Blutaktivität mit der Stuhlaktivität. Lokalisation von extravasalen Blutaustritten (Lecks).

Blutvolumen

Technik: Verdünnungsanalyse nach 18,5 MBq ^{99m}Tc-Serumalbumin oder ^{113m}In-Transferrin bzw. ^{51}Cr-Erythrozyten i. v.

Eisenkinetik

Technik: Ohne Vorbereitung wird Patientenserum mit 1,1 MBq ^{59}Fe inkubiert. Nach 30 Min. Reinjektion des Serums. Bestimmung des Radioaktivitätsabfalls im Serum (normale HWZ 60–120 Min.) und des Eisenumsatzes über Leber, Milz und Sakrum (Knochenmark) sowie des Eiseneinbaus in die Erythrozyten (Blutentnahmen während 10–14 Tagen). Beim Gesunden rascher Eisenumsatz im Knochenmark und Einbau von 80–90% des ^{59}Fe in die Erythrozyten innerhalb von 10 Tagen. Indikation: Anämien, Osteomyelosklerosen, Hämochromatosen, Nachweis extramedullärer Blutbildung.

Enteropathie, eiweißverlierende

Technik: 8 MBq ^{51}Cr-Albumin i. v. 4 Tage lang wird der Stuhl gesammelt. Dabei sind Verunreinigungen mit dem Urin strikt zu vermeiden; unter 1,6% Radioaktivität im Stuhl sind als normal anzusehen.

Entzündungen

Technik: mit 400–550 MBq ^{99m}Tc-Nanokolloid oder ^{111}In-Oxin oder ^{99m}Tc-HMPAO (Hexamethylpropylenaminoxim) oder ^{67}Ga-Citrat markierte Leukozyten bei akuten Entzündungsprozessen. Mit Galliumcitrat sind in höherer Frequenz subakute und chronische Entzündungsprozesse nachzuweisen. Nach Nanokolloid ist eine positive Anreicherung zu finden bei akuten Osteomyelitiden, Gichtarthritis, Tendovaginitis entsprechend der Aktualität des entzündlichen Geschehens. Gelenkentzündungen und Spondylitis ankylopoetica sind im Knochenszintigramm nachweisbar. ^{67}Ga ist positiv bei *HIV-Infektion* in Form von Lymphknotenspeicherung, durch diffuse (Pneumocystis-carinii-Pneumonie; Sensitivität und Zuverlässigkeit der Szintigraphie ist der Röntgendiagnostik überlegen) oder segmentale/lobäre Lungenspeicherung und durch gastrointestinale Aktivitätskonzentrationen.

Erythrozytenüberlebenszeit

Technik: Ohne spezielle Vorbereitung werden 10–20 ml Blut entnommen. Die Erythrozyten werden mit 0,5 MBq ^{51}Cr radioaktiv markiert, anschließend mehrfach vorsichtig gewaschen und reinjiziert. Durch Blutentnahmen wird der Radioaktivitätsabfall im Blut bestimmt (normale HWZ über 24 Tage). Äußere Messungen erfolgen über Milz und Leber. Indikationen: unklare hämolytische Anämien, Auswahl der Patienten zur Splenektomie.

Funikuläre Myelose s. Anaemia perniciosa

Herz und große Gefäße

Die *Radionuklidventrikulographie* kann nach i. v. Injektion von ^{99m}Tc-DTPA (Diethylentriaminpentaacetat) (Bolusinjektion) durchgeführt werden. Mit Hilfe der graphischen Auswertetechniken am Computerbildschirm werden Zeit-Aktivitäts-Kurven über dem linken Vertrikel ausgeschrieben, Enddiastole und Endsystole werden definiert und die Ejektionsfraktion des linken Ventrikels berechnet. Für die Äquilibriumstechnik werden Erythrozyten mit ^{99m}Tc (0,7 GBq) markiert (Vorinjektion von Sn^{2+} mit nachfolgender Injektion von ^{99m}Tc-Pyrophosphat). Zeitliche Auflösung 40 ms. Darstellen läßt sich der volumenäquivalente Aktivitätsverlauf im linken Ventrikel, berechnen läßt sich die Ejektionsfraktion des linken und des rechten Ventrikels. Empfehlenswert ist die Prüfung unter Belastung (Fahrradergometrie im Sitzen und im Liegen, isometrische Belastung u. a.). Normalwerte für die globale linksventrikuläre Ejektionsfraktion 50–70%, unter Belastung 5–10% höher. Vermindert ist die linksventrikuläre Funktion bei 70% der Patienten mit akutem Myokardinfarkt. Bei chronischer ischämischer Herzerkrankung infolge von Koronarstenosen kommt es unter Belastung zu einer Einschränkung der Ventrikelfunktion. Auch bei der dilativen Kardiomyopathie liegt in Ruhe eine erheblich reduzierte Funktion vor. Die Methode ist ferner indiziert bei der akuten Ischämie zur Erfolgskontrolle der Therapie und zum Nachweis von Komplikationen, bei chronischen ischämischen Myokarderkrankungen zum Nachweis funktioneller Konsequenzen, bei Herzklappenfehlern zur Kontrolle der Ventrikelfunktion nach Klappenersatz und bei kongenitalen Herzfehlern zur Untersuchung der Ventrikelfunktion vor und nach der Therapie.

Die *Myokardperfusionszintigraphie* mit ^{201}Tl-Chlorid (60–80 MBq) oder ^{99m}Tc-Isonitril kann in Ruhe oder Belastung durchgeführt werden. In der Norm kommt der linke Ventrikel homogen zur Darstellung; lediglich im Bereich der Basis ist die ^{201}-Tl-Aktivität vermindert. Eine belastungsinduzierte Ischämie führt zur verminderten Aktivitätsaufnahme im entsprechenden Wandabschnitt sowie zu einer Redistribution der Aktivität in dieses Areal in der Spätphase (typisch für das Vorliegen einer koronaren Herzkrankheit). Indikationen sind akute Ischämie, instabile Angina, chronische ischämische Herzerkrankungen, Kontrollen vor und nach Therapie, Verdacht auf koronare Herzkrankheit.

Eine positive *Infarktszintigraphie* ist mit ^{99m}Tc-Pyrophosphat durchzuführen (12 Stunden bis 6 Tage nach dem Infarkt). Auch mit ^{111}In markierte monoklonale Antimyosinantikörperfragmente (Fab) sind geeignet. Indikationen: Verdacht auf akuten Myokardinfarkt, rechtsventrikulären Infarkt, perioperativen Infarkt, Prognosestellung nach Myokardinfarkt.

Der *Myokardstoffwechsel* läßt sich mit PET feststellen (^{18}F-Desoxyglukose, ^{11}C-Palmitat). Auch mit ^{123}J-IPPA (Parajodphenyl-Pentadecansäure) sind ähnliche Techniken (SPECT) entwickelt worden.

Zur Feststellung von *Shunts* werden 400 MBq ^{99m}Tc-DTPA- oder ^{99m}TC-markierte Mikrosphären verwendet.

Zur Feststellung intrakardialer *Thromben* werden 100 MBq ^{111}In-Thrombozyten appliziert. Nachweisempfindlichkeit etwa 70%, Spezifität bei 100%.

Hirn

Technik: 150–400 MBq ^{99m}Tc-DTPA (Diethylentriaminpentaacetat) oder ^{99m}TC-Pertechnetat, bei Verdacht auf basisnahen Prozeß ^{113m}In- oder ^{99m}Tc-markierte Chelate i. v. Mit stationären Detektoren Sequenzszintigraphie während 40 s mit Nachweis der Perfusion. Nach 30 Min. Aufzeichnung der Aktivitätsverteilung in mindestens 2, möglichst 4 Projektionen. Gegebenenfalls Spätszintigraphie nach 3 Stunden. 90% aller Hirntumoren zeigen eine pathologische Aktivitätskonzentration, die in geringem Ausmaß auch nach Hirntraumen und zerebrovaskulären Ereignissen festzustellen ist. Indikation: Lokalisation von Hirntumoren, Hirnabszessen, Aneurysmen, zerebrovaskulären Ereignissen

und posttraumatischen Hämatomen. Durch die Entwicklung der Computertomographie wurde die Indikation zur Hirnszintigraphie eingeschränkt.
Die *regionale Hirndurchblutung* ist mit 800 MBq ^{99m}TC-HMPAO (Hexamethylpropylenaminoxim) zu überprüfen; konventionelle Szintigraphie oder besser SPECT. Reduzierte Aktivitätsablagerung (negativer Kontrast) repräsentiert verminderte regionale Hirndurchblutung, z. B. bei transitorischer ischämischer Attacke (TIA), prolongiertem reversiblem ischämischem neurologischem Defizit (PRIND), Apoplexie. Die gestörte Perfusion bei zerebrovaskulären Erkrankungen läßt sich früher als im Computertomogramm nachweisen. Mit *PET* können der Glucoseverbrauch (^{18}F-Desoxyglukose), der Sauerstoffmetabolismus, das Blutvolumen und die Sauerstoffextraktionsrate im Hirn bestimmt werden.

Knochen

Szintigraphische Technik: Bis 600 MBq ^{99m}Tc-Methylendiphosphonat (MDP) oder -Polyphosphat i. v., Szintigraphie nach 3 Stunden, Indikation: Primäre und sekundäre Knochentumoren kennzeichnen sich durch höhere Aktivitätskonzentration. Szintigraphische Diagnose oft früher als der röntgenologische Nachweis von Destruktionen. Auch nach Frakturen sowie bei der Osteomyelitis und bei Ostitis deformans Paget ist lokal ein erhöhter Mineralstoffwechsel nachzuweisen. Bei der Auswertung müssen ferner verminderte oder fehlende ossäre Aktivitätsablagerungen berücksichtigt werden (cold lesions, z. B. bei Osteolysen mit fehlender Umgebungsreaktion). Röntgenologische Kontrolle der szintigraphisch festgestellten Affektionen oft unumgänglich. – Mit der Dreiphasenszintigraphie werden die Durchblutung (bis 60 s), das regionale Blutvolumen (bis 10 min) und die Osteogenität (2–3 Stunden) beurteilt.

Leber

Technik der Leberfunktionsprüfung: 150 MBq ^{99m}Tc-HIDA oder Diethyl-IDA (Iminodiacetessigsäure) i. v. Sequenzszintigraphie mit der Kamera bis 90 Min., bei fehlendem Abfluß in den Darm nach Reizmahlzeit Kontrolle nach 24 Stunden. Darstellung der Gallenblase beim nüchternen Patienten nach 20–45 Min. Ausschüttung in den Darm nach 15–35 Min. Indikation: Leberfunktionsstörungen, Obstruktionsikterus. Technik der statischen Szintigraphie: Zum Nachweis von Parenchymdefekten werden 40–80 MBq ^{99m}Tc-Zinnkolloid i. v. injiziert. Vorbereitung nicht erforderlich. Indikation: Feststellung der Organgröße und -lage, Verdacht auf Lebermetastasen, primäre Lebertumoren, Leberabszesse und Echinokokkus, subphrenischer Abszeß, Differenzierung der fokalen nodulären Hyperplasie. Indikationen eingeschränkt durch Entwicklung der Ultraschalltechnik.

Liquorszintigraphie (Myelo-, Zisternoszintigraphie)

Technik: 20–40 MBq ^{111}In-DTPA intralumbal oder subokzipital. Messung der Aktivitätsverteilung bis 72 Stunden nach der Applikation. Indikation: Lokalisation und Ausmaß von Liquorabflußstörungen, Hydrozephalus, posttraumatische Liquorfistel.

Lungen

Lungen-Perfusionsszintigraphie: 40–80 MBq mit ^{99m}Tc-markiertes makroaggregiertes Albumin (MAA) oder Humanalbumin-Mirkosphären (HAM) i. v. Die Partikel des Serumalbumins bleiben in der pulmonalen Endstrombahn liegen und werden nach einigen Stunden fermentativ abgebaut. Da nur maximal 0,1‰ der Kapillaren verschlossen werden, ist mit einer Lungenfunktionsstörung nicht zu rechnen. Die Szintigraphie beginnt unmittelbar im Anschluß an die Injektion. Durchblutungsgestörte Lungenbezirke sind durch eine verminderte Radioaktivitätsablagerung gekennzeichnet. Indikation: Nachweis von Ausfällen der pulmonalen Perfusion bei der Lungenembolie, dem Lungeninfarkt und hilusnahen Bronchialtumoren.

Lungen-Ventilationsszintigraphie: Technik: Inhalation von radioaktiven Edelgasen (z. B. 400–800 MBq ^{133}Xe) aus einem Spirometersystem. Mit einer Szintillationskamera wird die Verteilung der pulmonalen Aktivität in 3 Phasen aufgezeichnet: Der Einatmungsphase, der Phase des Gleichgewichts zwischen Lunge und Spirometer und der Ausatmungsphase. Indikationen: obstruktive Lungenveränderungen (Emphysembronchitis, Asthma bronchiale), Bronchialtumoren.
Die Kombination von Ventilations- mit Perfusionsszintigraphie erlaubt die Differenzierung sekundärer Lungenperfusionsstörungen (obstruktive Bronchitis, Asthma bronchiale) von primären Perfusionsstörungen (Lungenembolie).

Lymphsystem

Lymphknotenszintigraphie: Technik: 40–80 MBq ^{99m}Te-Schwefelkolloid (Lymphoszint) werden, evtl. mit 75 E Hyaluronidase, in einen Interdigitalraum jedes Fußrükkens s. c. injiziert. Anschließend aktive oder passive Muskelbewegungen der unteren Extremitäten während 1 Stunde zur Förderung des Lymphtransports. Szintigraphie des Abdomens nach 6–7 Stunden. Dargestellt werden die inguinalen, iliakalen und paraaortalen Lymphknotengruppen; der Radioaktivitätsnachweis in der Leber entspricht einem ungehinderten Abtransport aus dem retroperitonealen Lymphgebiet über den Ductus thoracicus. Indikation: Suche nach Lymphknotenmetastasen bei Geschwulsterkrankungen vor und nach operativen oder radiologischen Maßnahmen sowie bei Kontrolluntersuchungen. Nachweis von subkutanen Aktivitätsretentionen (Kontraindikation gegen die endolymphatische Therapie) – Abbildung auch des axillären, zervikalen und parasternalen Lymphsystems ist möglich.

Funktionsszintigraphie: Messung des Aktivitätstransports aus der Injektionsstelle und Bestimmung der Zeiten des Transits zu den regionären Lymphknotengruppen (inguinal oder axial) unter aktiver Bewegung der entsprechenden Extremitäten. Indikation: Nachweis von pathologischen Aktivitätsretentionen, Differenzierung des Extremitätenödems, Stadieneinteilung des Lymphödems.

Milz

Szintigraphie während der Leberszintigraphie mit Radiokolloiden. Indikationen: Feststellung der Milzgröße, auch bei Systemerkrankungen und bei unklaren Tumoren im linken Oberbauch; Nachweis von Parenchymdefekten in der Milz; Erkennung von Nebenmilzen nach Splenektomie.

Myelose, funikuläre, s. Anaemia perniciosa

Nebennieren

Darstellung der Nebennierenrinde: Technik: 20–40 MBq ^{131}J-Norcholesterol oder 10 MBq ^{75}Se-Norcholesterol i. v. Aufnahme der Retroperitonealregion 3, 5, 7 Tage nach der Applikation. Indikationen: Nachweis von Nebennierenrindentumoren, Differentialdiagnose primärer und sekundärer Nebennierenrindentumoren.

Darstellung des Nebennierenmarks: Technik: 370 MBq ^{123}J oder 18 MBq ^{131}J-markiertes Metajodbenzylguanidin (MIBG) i. v. Aufnahmen der Zervikal-, Thorax- und Retroperitonealregion von dorsal 3, 5, 7 Tage nach der Applikation. Indikationen: Diagnose von malignen und benignen Phäochromozytomen, Suche nach extraadrenalen Phäochromozytomen, Lokalisation von Metastasen maligner Phäochromozytome, Lokalisationsdiagnostik des Neuroblastoms und des Karzinoids.

Neuroblastom s. Nebennieren (Darstellung des Nebennierenmarks)

Niere

Nierenperfusionsszintigraphie: Technik: 400–800 MBq ^{99m}Tc-Pertechnetat im Bolus i. v. Sequenzszintigraphie der Nierenregion von dorsal. Speicherung der Daten in einem Datenverarbeitungssystem und Anfertigung von Funktionskurven der Nierendurchblutung. Indikationen: Nachweis von Nierenarterienstenosen, Bestimmung des Vaskularisationsgrads von Nierentumoren.

Dynamische Nierensequenzszintigraphie mit Clearance-Bestimmung: Technik: 150–200 MBq ^{99m}Tc-MAG_3 (Mercaptoacetyltriglycin-Komplex) oder 20–40 MBq ^{123}J-Hippuran oder 10–20 MBq ^{131}J-Hippuran i. v. Kontinuierliche Messung der Aktivitätsverteilung über Nieren und ableitende Harnwege durch Sequenzszintigraphie über 20–30 Min. Speicherung der Daten in einem Datenverarbeitungssystem ermöglicht die Berechnung der Hippuran-Clearance (entspricht 85% des effektiven renalen Plasmaflusses) und der seitengetrennten Clearance-Werte. Nach Messung der Urinaktivität kann das Restharnvolumen bestimmt werden. Bei Verwendung von ^{99m}Tc-MAG_3 oder ^{123}J-Hippuran kann in einem Untersuchungsgang auch die Nierenperfusion aufgezeichnet werden. Vorbereitung: Außer bei exzessiver Hypertonie und Niereninsuffizienz Untersuchung in Diurese. Indikationen: Prüfung der Nierenfunktion bei nephrologischen und urologischen Erkrankungen; Kontrolle des Erfolgs von medikamentöser oder chirurgischer Therapie; Nachweis renaler Komplikationen bei gynäkologischen Erkrankungen und Geschwülsten im Abdomen; Nachweis von renalen Parenchymeffekten bei Tumoren, solitären und multiplen Zysten, Infarkten, Tuberkulose; Feststellung von Nierengröße und -lage (meist durch Ultraschall), Nierendurchblutungsstörungen, Pyelonephritiden, Nieren ohne pyelographisch feststellbare Kontrastmittelausscheidung, Transplantationsnieren; Differenzierung prärenaler, renaler und postrenaler Ursachen beim akuten Nierenversagen.

Dynamische Nierensequenzszintigraphie mit Bestimmung der glomerulären Filtrationsrate: Technik: 40–100 MBq ^{99m}Tc-DTPA oder -EDTA. Sequenzszintigraphie mit Erstellung seitengetrennter Funktionskurven zur Berechnung der glomerulären Filtrationsrate. Indikation: Zusammen mit der Hippurat-Clearance-Bestimmung der Filtrationsrate zur Differentialdiagnose entzündlicher Nierenparenchymerkrankungen.

Statische Nierenszintigraphie: Technik: 40–110 MBq ^{99m}Tc-DMSA (Dimercaptosuccinic acid) i. v. Aufnahmen der Nierenregion von dorsal. Indikationen: Beurteilung von Form und Größe der Nieren, Lokalisation bei Lageanomalien der Nieren, Bestimmung der seitengetrennten relativen Clearance-Werte. Methode weitgehend verdrängt durch Ultraschall.

Phäochromozytom s. Nebennieren (Darstellung des Nebennierenmarks)

Phleboszintigraphie

Darstellung des venösen Abstroms der Extremitäten: Technik: 500 MBq ^{99m}Tc-DTPA oder ^{99m}Tc-Pertechnetat, appliziert in eine Fußrückenvene bzw. die Kubitalvene. Sequenzszintigraphische Aufzeichnung des venösen Abflusses der entsprechenden Extremität bis zur V. cava superior bzw. inferior. Nachweis von Abflußstörungen und pathologischen Kollateralen. Indikationen: Thrombose und postthrombotisches Syndrom der Extremitäten, obere Einflußstauung, tiefe Beckenvenenthrombose. Die Beurteilbarkeit der tiefen Unterschenkelvenen ist nur begrenzt möglich (Überlagerungseffekte).

Radioimmunoassay

Es handelt sich um Techniken zum quantitativen Nachweis vorwiegend physiologischer Substanzen im Blut. Gegenüber den herkömmlichen immunologischen und biologischen Testverfahren haben Radioimmunoassays größere Genauigkeit. Sie basieren auf der Konkurrenz von radioaktiv markiertem und nicht markiertem Antigen um die Bindung an Antikörper unter Bildung eines Antigen-Antikörper-Komplexes.

Folgende Substanzen lassen sich routinemäßig mit Hilfe der Radioimmunoassays im Blut nachweisen: Eiweißhormone mit großem Molekulargewicht wie Insulin, TSH oder STH. Hormone mit kleinem Molekulargewicht, die in großen Mengen vorkommen, wie Thyroxin, können mit Hilfe von spezifischen Trägerproteinen erfaßt werden; es handelt sich um die Proteinbindungsanalysen, wo die Trägerproteine die Rolle der Antikörper übernehmen. Auch das freie Trijodthyronin (FT_3) und das freie Thyroxin (FT_4) können im Serum durch ein sog. Mikrokapselverfahren (Mikrodialyse) nachgewiesen werden.

Hormone mit kleinem Molekulargewicht und einige pharmakologisch interessante Substanzen wie Digoxin können ebenfalls radioimmunologisch nachgewiesen werden. Die Substanzen werden an ein spezifisches Trägerprotein gekoppelt. Dieser Komplex kann dann als Antigen wirken und die Bildung von Antikörpern für den Radioimmunoassay provozieren.

Resorptionsstörungen s. Anaemia perniciosa

Schilddrüse

In-vitro-Teste

Es existieren zahlreiche Verfahren, die unter Verwendung radioaktiv markierter Substanzen und radioimmunologischer Methoden (Radioimmunoassays) die Bestimmung der Serumkonzentration von Hormonparametern ermöglichen: T_4-Test: Bestimmung des Gesamtthyroxins im Serum. T_4-RIA-Bestimmung des Gesamtthyroxins mittels Radioimmunoassay. FT_4: Serumkonzentration des freien Thyroxins. T_3-Test: Bindungskapazität des thyroxinbildenden Globulins (TBG). Auch die TBG-Konzentration kann in vitro gemessen werden. T_3-RIA und FT_3: Bestimmung von Gesamttrijodthyronin bzw. freiem Trijodthyronin im Serum. TSH-RIA: Messung des TSH-Spiegels (TSH: thyroid-stimulating hormone). TRH-Test: Messung der Serum-TSH-Konzentration vor und 30 Min. nach TRH-Gabe (TRH: thyrotropin-releasing hormone). Mit diesem Test wird der Funktionszustand des Schilddrüsenregelkreises (Schilddrüse-Hypothalamus-Hypophyse) bestimmt. Die Bestimmung von antithyreoidalen Autoantikörpern dient zum Nachweis einer Hashimoto-Thyreoiditis. T_4-Test und T_4-RIA sind bei Hyperthyreose erhöht und bei Hypothyreose erniedrigt. Störfaktoren: Schwangerschaft und orale Kontrazeptiva haben abnorm erhöhte Werte. Erniedrigung bei Eiweißverlusten, Einnahme von Anabolika, Androgenen, Sulfonamiden, Diphenylhydantoin, Salicylaten, Heparin. FT_4 wird durch Veränderung der Trägerproteine im Serum nicht beeinflußt. Entsprechende Verhältnisse gelten für die Methoden zur Bestimmung von T_3. Der Anwendungsbereich des TRH-Tests ist der Nachweis bzw. der Ausschluß einer Schilddrüsenüberfunktion. Ein positiver TRH-Test (d. h. Anstieg des basalen TSH nach TRH-Gabe um mindestens 2 mU/l) wurde bisher bei einer Schilddrüsenüberfunktion nicht beschrieben. Umgekehrt ist allerdings ein negativer TRH-Test (d. h. basales TSH unter 0,6 mU/l und Anstieg nach TRH um weniger als 2 mU/l) nicht gleichbedeutend mit einer Hyperthyreose. Auch bei euthyreoter Stoffwechsellage findet sich etwa in 20% der Fälle ein negativer TRH-Test, so daß zur Abklärung weitere Hormonparameter erforderlich sind. Die alleinige Messung des basalen TSH-Spiegels war bisher nicht ausreichend genau, um zwischen Hypo-, Eu- und Hyperthyreose zu unterscheiden. Durch verbesserte Technik, den sog. hypersensitiven TSH-Test, ist eine ausreichende Diskriminierung zu erwarten.

Als Tumormarker sind das Serumthyreoglobulin für follikuläre und papilläre Schilddrüsenkarzinome und das Serumcalcitonin für C-Zell-Karzinome geeignet. Die Konzentration beider Substanzen kann durch einen RIA in vitro bestimmt werden.

In-vivo-Schilddrüsendiagnostik

Methode der Wahl zur Beurteilung von Form und Größe der Schilddrüse sowie zur Differenzierung von zystischen und soliden Parenchymläsionen ist die *Sonographie.* Ergänzendes Verfahren zu dieser morphologischen Methode ist die *Schilddrüsenszintigraphie*, die Auskunft über die Verteilung des funktionsfähigen, d. h. jodspeichernden Gewebes gibt. Technik: 80 MBq ^{99m}Tc-Pertechnetat oder 8 MBq ^{123}J i. v. und Aufnahmen mit Scanner oder Szintilationskamera der Zervikalregion von ventral 30 bzw. 120 Min. nach der Applikation. Unter Einsatz einer Datenverarbeitungsanlage können als zusätzliche funktionelle Parameter die Jodid-Clearance oder der Technetium-Uptake gemessen werden. Indikationen zur Schilddrüsenszintigraphie: unklare Strumaknoten, Differenzierung von „heißen", d. h. speichernden, und „kalten", d. h. funktionslosen Knoten. Bei kalten Knoten besteht ein erhöhtes Karzinomrisiko (ca. 15%). Nachweis retrosternaler Strumaanteile. Thyreoiditis. Schilddrüsendystopie. Zungengrundstruma.

^{131}J sollte nur noch zur Radiojodtherapie und zur *Ganzkörperszintigraphie* bei der Suche nach jodspeichernden Metastasen einer Struma maligna eingesetzt werden. Technik: 80 MBq ^{131}J-Natrium p. o. oder i. v. Kamerasszintigraphie sämtlicher Körperregionen 24 und 48 Stunden nach der Applikation.

Einzige Indikation zum *Radiojodtest* ist die Berechnung der Therapiedosis vor Radiojodtherapie der Hyperthyreose bzw. des autonomen Adenoms. Technik: Messung der Schilddrüsenaktivität 2, 24 und 48 Stunden nach Applikation von 2 MBq ^{131}J an einem Einkanalmeßplatz und Berechnung der prozentualen Speicherung.

Speicheldrüsen

Szintigraphische Technik: 60 MBq ^{99m}Tc-Pertechnetat i. v. Mehrfache Szintigraphie innerhalb der 1. Stunde. Indikationen: akute und chronische Entzündungen, Abflußstörungen der Speicheldrüsen (Parotis, Glandula submandibularis oder sublingualis).

Tumornachweis

Galliumszintigraphie: Technik: 80–120 MBq ^{67}Ga-Citrat i. v. Ganzkörperscan oder Einzelaufnahme aller Körperregionen 48–72 Stunden nach Applikation. Pathologische Aktivitätsanreicherung wird in einem hohen Prozentsatz in malignen Lymphomen und Bronchialkarzinomen gefunden. Differenzierung von entzündlichen Erkrankungen nicht möglich, da auch Sarkoidose, pulmonale Tuberkulose und unspezifische Abszesse speichern können. Indikationen: Stadieneinteilung, Therapiekontrolle und Nachsorge von malignen Lymphomen und Bronchialkarzinomen.

Spezifische Darstellung neuroektodermaler Tumoren: Technik: Szintigraphie mit ^{131}J-Metajodbenzylguanidin (s. Nebennieren). Indikationen: Diagnose und Therapiekontrolle bei benignem und malignem Phäochromozytom, Neuroblastom und Karzinoid.

Immunszintigraphie: Radioaktiv markierte poly- oder monoklonale Antikörper zur spezifischen Tumorszintigraphie. Die Methode erscheint vielversprechend für Malignome, wie z. B. Mammakarzinom, Kolonkarzinom oder Melanom. Bedeutung für die klinische Routine hat die Antikörperszintigraphie aber bisher noch nicht. In Abhängigkeit von der Tumorgröße fanden sich beim malignen Melanom mit monoklonalen Antikörpern positive Befunde; teilweise wurde zur Markierung ^{111}In verwendet. Ähnliches gilt für die Erkennung von lokalen Rezidiven und Metastasen bei kolorektalen Tumoren.

Therapie mit offenen radioaktiven Substanzen

Adenom, autonomes

Radiojodtherapie. Technik: Aus den Daten des Radiojodtests (maximaler Uptake und HWZ der intrathyreoidalen Speicherung) sowie der szintigraphisch oder sonographisch bestimmten Masse des Adenoms wird die ^{131}J-Aktivität berechnet, die einer Therapiedosis von 200–300 Gy entspricht. Die berechnete Aktivität wird p. o. appliziert. Bei kompensierten autonomen Adenomen ist zur Schonung des gesunden Schilddrüsengewebes Suppression durch Thyroxin erforderlich. Indikationen: Patient älter als 40 Jahre oder Inoperabilität, multiple autonome Adenome. Die Erfolge sind gut; klinische Besserung wird in 80% erreicht. Rezidivrate und Hypothyreoserisiko liegen unter 2%.

Ascites carcinomatosa

Palliative intrakavitäre Therapie. Technik: intraperitoneale Applikation von 1,8–3,6 GBq ^{90}Y-Silicatkolloid oder 0,75 GBq ^{32}P in 250 ml physiologischer Kochsalzlösung. Durch vorherige Applikation von 70–190 MBq ^{99m}Tc-Pertechnetat kann die Aktivitätsverteilung szintigraphisch überprüft werden. Indikationen: rezidivierender Aszites bei Peritonealkarzinose, prophylaktisch bei malignen Ovarialtumoren mit Verdacht auf intraperitoneale Tumorausbreitung. Ergebnisse: selbst bei fortgeschrittenen Tumorleiden Sistieren der Ergußbildung in ca. 50% der Fälle. Komplikationen entstehen vorwiegend durch fehlerhafte Aktivitätsapplikation.

Endolymphatische Therapie

Sog. „heiße" Lymphographie. Technik: Infusion von öligem Kontrastmittel (Lipiodol) und mit einem Betastrahler radioaktiv markierte Substanzen (55–90 MBq ^{32}P und 18 MBq ^{131}J) in ein peripheres Lymphgefäß. Lymphographische Füllung der inguinalen, externen und gemeinsamen iliakalen sowie der paraaortalen Lymphknoten. Nach der Applikation strenge Bettruhe für 24 Stunden, denn aktive Muskelkontraktionen fördern den lymphatischen Transport. Es kommt zu einer vorwiegend auf die Lymphknoten begrenzten Strahlenwirkung ohne Behinderung einer nachfolgenden perkutanen Strahlentherapie oder Operation. Kontrolle des Behandlungserfolgs durch Abdomenübersichtsaufnahmen in 2- bis 4wöchigem Abstand (Verkleinerung und Strukturänderung der Lymphknoten). Lymphonoduläre Defekte bis 8 mm Durchmesser sind zu beeinflussen; bei größeren metastatischen Defekten ist die endolymphatische Strahlentherapie wirkungslos. Indikationen: malignes Melanom, Hodentumoren. Kontraindikationen: Blokkade des Lymphabflusses, umschriebenes oder generalisiertes Lymphödem, lymphovenöse Shunts, fortgeschrittene Lungenerkrankungen. Operative Eingriffe mit Beeinträchtigung der behandelten Lymphregionen sind bis 4 Wochen nach der Applikation zu unterlassen.

Hyperthyreose

Radiojodtherapie. Technik: ^{131}J-Aktivität, entsprechend Radiojodtest und Schilddrüsengewicht für Therapiedosis von 60–100 Gy. Wegen Gefahr der Trachealstenosierung durch radiogenes Ödem fraktionierte Therapie bei schwerer Trachealverengung und Tracheomalazie. Indikationen: Diffuse Struma mit Hyperthyreose bei Patienten über 40 Jahre, rezidivierende Hyperthyreose, inoperable Hyperthyreose. Kontraindikationen: Schwangerschaft, Laktation, schwere manifeste Hyperthyreose (hier muß medikamentös vorbehandelt werden, da sonst eine thyreotoxische Krise radiogen ausgelöst werden kann), Malignomverdacht.
Die Ergebnisse sind gut, in 80–95% Remission der Hyperthyreose einschließlich Verkleinerung der Schilddrüse innerhalb von 2–4 Monaten. Wegen des Hypothyreoserisikos Nachsorge erforderlich, ggf. Thyroxin-Substitution.

Intraartikuläre Therapie

Technik: Instillation von ^{90}Y oder ^{186}Re in das Gelenkkavum. Ein Gelenkerguß sollte vor der Injektion des Radiopharmakons abpunktiert werden. Ein Therapieerfolg ist in mehr als 70% der Fälle zu erwarten. Operation der nuklearmedizinischen Therapie überlegen, wenn der Gelenkspalt erheblich verschmälert oder die Gelenkflächen röntgenologisch destruiert sind. Indikation: Synovitis mit Verdickung des Synoviums und rezidivierenden Ergüssen (z. B. rheumatoide Arthritis), mit Einschränkung Arthrose.

Knochenmetastasen
Palliative Schmerztherapie durch knochenaffine Radiopharmaka. Technik: 1–1,3 GBq ^{131}J-markiertes Benzylidendisphosphonat (BDP) oder 100–200 MBq ^{89}Sr-Nitrat i. v. In mehr als 70% Rückgang der Schmerzen, seltener röntgenologisch objektivierbare Besserung. Indikation: palliative Schmerzbehandlung bei multipler oder diffuser Skelettmetastasierung nach Ausschöpfung der zytostatischen Möglichkeiten (z. B. Mammakarzinom, Prostatakarzinom). Als Nebenwirkung wird in Abhängigkeit von der Vorbehandlung (Zytostatika, externe Bestrahlung) gelegentlich Blutbilddepression beobachtet.

Melanom s. endolymphatische Therapie

Neuroblastom
Selektive Therapie mit ^{131}J-Metajodbenzylguanidin (MIBG). Therapie im Entwicklungsstadium, bisher indiziert bei Tumoren in höheren Stadien, die chemotherapeutisch nicht zu beeinflussen sind. Ergebnisse nicht einheitlich. Tumorrückgang und gute palliative Erfolge sind beschrieben.

Phäochromozytom
Selektive Therapie mit ^{131}J-MIBG. Technik: 7,4 GBq ^{131}J-MIBG jeweils im Abstand von 3–4 Monaten, regelmäßige Blutbildkontrollen erforderlich. Bei ausreichender Speicherung (Vortestung mit Testaktivität) Wachstumsstillstand bzw. Rückbildung der Tumoren. Indikation: inoperables oder metastasierendes Phäochromozytom.

Pleuritis carcinomatosa
Palliative intrakavitäre Therapie. Vorgehen wie bei Ascites carcinomatosa. Dosierung 1,8–2,6 GBq ^{90}Y-Silicatkolloid intrapleural. Indikation: rezidivierende Ergüsse bei karzinomatösem Befall der Pleura (z. B. Mammakarzinom, Bronchialkarzinom, Pleuramesotheliom). Bei sachgemäßer Instillation gute Verträglichkeit. Bei 40–70% der Patienten ist mit einem Sistieren der Ergußbildung zu rechnen.

Polycythaemia vera
Radiophosphortherapie. Technik: 70–100 MBq ^{32}P/m^2 Körperoberfläche i. v. Evtl. Wiederholung nach 4 Monaten. Vor Therapie Senkung des Hämatokritwerts durch Aderlaß, um ^{32}P-Einbau zu stimulieren. Indikation: primäre Polyzythämie. Ergebnisse: Bei 60–90% der Patienten ist nach 2–3 Monaten eine Remission zu erwarten. Das Risiko einer Leukämie oder Osteomyelofibrose ist erhöht (das gilt auch für jede andere Therapieform der Polycythaemia vera). Bei Indikation zur Radiophosphortherapie sind die Möglichkeiten der zytostatischen Therapie zu berücksichtigen.

Schilddrüsenkarzinom
Radiojodtherapie bei differenzierten (follikulären und papillären) Schilddrüsenkarzinomen. Technik: Nach Thyreoidektomie 2,6 GBq ^{131}J zur Elimination von Schilddrüsenrestgewebe, evtl. in einer 2. Sitzung 3,7 GBq ^{131}J. Danach zur Behandlung jodspeichernder Metastasen im Abstand von 3–4 Monaten jeweils 3,7 GBq ^{131}J. Vor jeder Radiojodtherapie muß die suppressive Schilddrüsenhormonmedikation abgesetzt werden, somit endogene TSH-Stimulation und Erhöhung der Speicherfähigkeit des jodaffinen Gewebes. Streng kontraindiziert ist die Gabe von jodhaltigen Medikamenten oder von Kontrastmittel, da dadurch die Effektivität der Radiojodtherapie – unter Umständen entscheidend – eingeschränkt wird. Indikationen: Elimination des gesamten Schilddrüsengewebes (Verringerung des Rezidivrisikos – dieses Vorgehen ist auch beim C-Zell-Karzinom mit diffuser intrathyreoidaler Ausbreitung angebracht), Behandlung jodspeichernder Metastasen, primäre Therapie bei inoperablen, differenzierten Schilddrüsenkarzinomen. Ergebnisse: Senkung der Rezidivrate um den Faktor 3. Vollständige Rückbildung der Metastasen wird in ca. 50% der Fälle erreicht (bei Lungenmetastasen über 70%), nachgewiesene Erhöhung der Überlebenszeit. Kontraindikation gegen die Radiojodtherapie gegeben bei Schwangerschaft und bei schon bestehender schwerer Blutbilddepression. Nach vorliegenden Untersuchungen führt die Strahlenbelastung der Gonaden nach Abschluß der Therapie bei den Patienten zu keiner signifikanten Häufung von Infertilität oder Fehlgeburten. Auch eine erhöhte Mißbildungsrate bei Kindern vorbehandelter Patienten wird nicht beobachtet.

Struma, euthyreote
Radiojodtherapie zur Strumaverkleinerung. Technik: ^{131}J-Aktivität nach Radiojodtest und Strumamasse für eine Dosis von 150 Gy

berechnet. Bei nicht ausreichender Wirkung Wiederholung nach 3–4 Monaten. Die Beschwerden – Luftnot, Drucksymptome, vegetative Symptome – werden in etwa 75% der Fälle nachhaltig gebessert. Indikationen: Patienten über 40 Jahre, wenn Operation riskant, inoperable, zervikale oder intrathorakale Struma, Rezidivstruma. Kontraindikationen: kalte Strumaknoten, ausgedehnte regressive Parenchymveränderungen, Verdacht auf Schilddrüsenmalignom.

Licht-, Kurzwellen-, Mikrowellen- und Ultraschalltherapie

Lichttherapie

Methoden

Elektromagnetische Wellen mit dem biologisch wirksamen Bereich von 180 nm bis 5 µm (sichtbares Licht 400–800 nm), die entweder durch Wärmebewegung der Moleküle (Temperaturstrahler: Metallglühlampen) oder Elektronenübergänge (Lumineszenzstrahler: Quecksilberdampflampe nach Kromayer, Kadmiumlampe) entstehen. Häufig sind Lumineszenz- und Temperaturstrahler miteinander kombiniert (Höhensonne, Ultra-Vitaluxlampe, Kohlenbogenlampe nach Finsen).

Biologische Effekte

Dies sind beim Infrarot (700 nm und höhere Wellenlängen) bei einer Eindringtiefe bis 30 mm unter die Haut die aktive Hyperämie durch Temperaturerhöhung, ein sofort auftretendes Hauterythem und evtl. Pigmentierung bei wiederholter Bestrahlung. Die Eindringtiefe des sichtbaren Lichts beträgt bis 0,5 mm. Rotlicht hat eine gewisse Wärmewirkung, Blaulicht einen milden, beruhigenden Effekt. Ultraviolett hat energiereiche Quanten mit einer sehr geringen Eindringtiefe bis 0,1 mm. Es erzeugt Erytheme nach einer Latenzzeit von mehreren Stunden, evtl. bis zur Blasenbildung (photochemische Reaktionen, Gefäßerweiterung durch Eiweißabbauprodukte), Konjunktivitis, Pigmentierung, unter Umständen Hyperkeratosen, Lichtdermatosen und Hautkrebse. Bei Kindern erfolgt ein Wachstumsreiz; allgemein wird die Abwehrbereitschaft des Organismus erhöht und die Infektionsanfälligkeit herabgesetzt. Der antirachitische Effekt des Ultravioletts beruht auf der Umwandlung von Provitamin D in Vitamin D_2 und D_3. Auch eine bakterizide Wirkung ist festzustellen.

Dosimetrie

Die Dosimetrie der Licht- bzw. UV-Strahlen erfolgt im allgemeinen biologisch (Auftreten des Erythems). Die Intensität läßt sich durch den Abstand zur Strahlenquelle und die Bestrahlungszeit regulieren. Durch die verschieden lange Bestrahlung kleinerer Hautabschnitte läßt sich der Erythemschwellenwert bestimmen. Die Infrarotstrahlen werden meist nach dem subjektiven Empfinden des Patienten dosiert (Vorsicht bei neurologischen Störungen!). Am besten bestrahlt man jeden 2.–3. Tag, beim UV-Licht beginnend mit 1–3 Min. und dann um 20–30% steigernd, pro Serie 10–12 Bestrahlungen.

Adjuvante Therapie

Meist bildet die Lichttherapie nur eine von mehreren Maßnahmen; oft sind außerdem Ruhigstellung, Massagen oder medikamentöse Behandlung unerläßlich.

Kontraindikationen

Kontraindikationen – speziell der UV-Therapie – sind aktive Lungentuberkulosen (Thoraxröntgenkontrolle vor Behandlung), entzündliche Hauterkrankungen und nässende Ekzeme. Eine Lungentuberkulose kann auch durch intensive Sonneneinstrahlung (Sonnenbäder) aktiviert werden.

Kurzwellen- und Mikrowellentherapie

Physikalische Grundlagen und Methoden

Zur Kurzwellentherapie verwendet man den Körper durchdringende Hochfrequenzströme; gleichzeitig entstehende elektromagnetische Wellen werden im allgemeinen nicht benutzt. Durch Elektronenröhren werden gleichmäßige ungedämpfte Schwingungen erzeugt. Bestimmte Wellenlängen bzw. Frequenzen sind gesetzlich vorgeschrieben (7,38 m, 11,05 m oder 22,1 m). Von der Frequenz abhängig sind die Elektrizitätskonstante (Kapazität des Kondensators im Vergleich zur Luft) und die kapazitive Leitfähigkeit (Leistung bei hochfrequentem Strom infolge des Verschiebungsstroms). Man verwendet die Kondensatorfeldmethode (unmittelbar der Haut aufgesetzte Glas- oder distanzierte, anpassungsfähige Elektroden) oder die Spulenmethode (durch ein Spulenmagnetfeld hervorgerufene Induktionsströme, „Wirbelströme"). Bei der Strahlenfeldmethode werden nicht der Hochfrequenzstrom, sondern die elektromagnetischen Wellen zur Therapie verwendet.

Biologische Effekte und Dosimetrie

Bei der Kondensatorfeldmethode ist die Stromdichte im Hautbereich geringer; in der Tiefe findet eine gleichmäßige Durchwärmung statt. Die Spulenfeldmethode ist speziell zur Erwärmung der Extremitätenmuskulatur angezeigt. Mikrowellen erzeugen durch relativ hohe Absorption eine gleichmäßige Durchwärmung vorwiegend der Muskulatur bis zu einer Tiefe von 5 cm. Die biologischen Wirkungen der Kurz- und Mikrowellen beruhen überwiegend auf dem Wärmeeffekt; wesentliche quantitative Unterschiede bestehen zwischen den Verfahren nicht. Die im Körper entstehende Wärme hat eine Hyperämie zur Folge; der Stoffwechsel wird angeregt. Häufig ist eine rasche Schmerzlinderung festzustellen. Die Dosierung geschieht über die Resonanzabstimmung des primären Schwingungs- und des Patientenkreises unter Berücksichtigung der subjektiven Wärmeempfindung des Patienten. Bei starker Erwärmung werden Tiefenschmerzen angegeben (Überdosierung). Vor der Bestrahlung müssen Metallgegenstände (Uhr, Schmuck, Schlüssel, Münzen) aus dem Feld entfernt werden. Bestrahlungsdauer 5–20 Min.

Ultraschalltherapie

Physikalische Grundlagen

Mittels eines Hochfrequenzgenerators werden elektrische Schwingungen auf die Eigenfrequenz der Quarzplatte abgestimmt und dabei mechanische Schwingungen mit einer Frequenz von 800–2000 kHz (akustischer Bereich 16–20 000 Hz) erzeugt. Die Schalleistung beträgt 15–30 W; abhängig von der Größe der Quarzplatte liegt die Schallintensität bei 3–5 W/cm^2. Bei der Ultraschalltherapie wird mechanische Energie in das Gewebe gebracht und dort absorbiert. An Grenzflächen – speziell Luft – wird der Schall reflektiert, deshalb werden zur Ankopplung Schallkopf und Haut mit Öl oder Paraffin eingerieben. Um örtliche Überdosierungen, die wegen des inhomogenen Schallfeldes leicht entstehen können, zu vermeiden, bewegt man den Schallkopf kreisend auf der Haut oder – in geringer Hautdistanz – unter Wasser hin und her.

Biologische Effekte und Dosimetrie

Der *biologische Effekt* ist vorwiegend mechanischer Art. Durch starke Druck- und Zugkräfte im Tempo der Hochfrequenz mit entsprechender Reibung entsteht im Gewebe Wärme. Die Permeabilität der Zellmembranen wird erhöht. Die *Dosierung* erfolgt nach dem subjektiven Empfinden des Patienten (Vorsicht bei neurologischen Ausfallerscheinungen!); es empfiehlt sich, mit einer mittleren Schallintensität von 1–2 W/cm^2 zu arbeiten. Bei tiefliegenden und ausgedehnten chronischen Krankheitsherden werden unter Umständen größere Intensitäten benötigt. Bestrahlungszeit 5–10 bis maximal 20 Min. Bei 800 kHz beträgt die Halbwertschicht (Tiefe mit halber Schallintensität) etwa 3 cm, bei 2400 kHz nur etwa 1 cm. Im Gegensatz zur Kurzwellentherapie ist deshalb der Ultraschall in stärkerem Maße lokal begrenzt.

Indikationen

Acne vulgaris
Schälkuren mit Lichtstrahlen oder UV-Licht (Höhensonne).

Adnexitis
Im subchronischen bzw. chronischen Stadium intensive Kurzwellentherapie, die in vorsichtiger Dosierung auch bei subakuter Adnexitis versucht werden kann.

Arthritis
Im subkutanen und chronischen Stadium Ultraschalltherapie; Kurzwellen oder Mikrowellen zur Behandlung der Arthritis traumatica, dabei oft rasche Resorption des Hydrops bzw. Blutergusses.

Arthrosis deformans
Kurzwellen oder Mikrowellen, gelegentlich Erfolg erst durch eine 2. Serie zu erzielen.

Ultraschall für die distalen Gelenke der unteren und die Gelenke der oberen Extremität.

Bechterew-Krankheit

In allen Krankheitsstadien ist neben physikalischer und medikamentöser Therapie ein Versuch mit Ultraschallbehandlung angezeigt.

Entzündungen der Weichteile (Furunkel, Schweißdrüsenabszeß)

Infrarotstrahlen wirken bei akut entzündlichen Prozessen schmerzlindernd, auch wird die Resorption von Exsudaten gefördert. Ähnlich wirkt vorsichtig dosierte Kurzwellentherapie. Die Ultraschalltherapie ist für oberflächlich gelegene Entzündungen geeignet.

Kontusionen

Lichttherapie (speziell Infrarot) bewirkt rasch einsetzende Schmerzlinderung bei Zerrungen oder Quetschungen. Nach dem Abklingen des akuten Stadiums sind Kurzwellen angebracht: Durch Hyperämie werden die Schmerzen beseitigt und Hämatome schneller resorbiert.

Nasennebenhöhlenentzündung

Bei akuter Sinusitis bringt die Lichttherapie (Temperaturstrahler: Glühlampen, Lichtkasten, Solluxlampe) oft prompte Schmerzlinderung. Im subakuten und chronischen Stadium Kurzwellentherapie.

Periarthritis humeroscapularis

Ultraschalltherapie des Schultergelenks und des zervikalen Bereichs oft erfolgreich.

Rachitis

Lichttherapie bzw. UV-Therapie unbedingt empfehlenswert.

Rheumatischer Formenkreis

Viele rheumatische Gelenk- und Muskelerkrankungen, gleich ob entzündlicher oder degenerativ-fibrositischer Genese, sprechen auf Infrarottherapie gut an. Auch mit Kurzwellen- oder Mikrowellentherapie sind Schmerzlinderung und verbesserte Beweglichkeit zu erzielen. Die Ultraschallbehandlung beeinflußt über die starke Wärmeerzeugung im Gewebe speziell Myalgien im günstigen Sinne.

Spondylarthritis ankylopoetica s. Bechterew-Krankheit

Ulcus cruris

Die Ultraschalltherapie eignet sich zur Unterstützung lokaler Behandlungsmaßnahmen.

Unterschenkelekzem

Versuch mit Ultraschalltherapie zur Förderung der Durchblutung oft lohnenswert.

42. Tropenkrankheiten

H. J. DIESFELD

Vorbemerkung

Unter drei Gesichtspunkten gewinnen Krankheiten warmer Klimazonen Bedeutung für den in Deutschland praktizierenden Arzt. Heute muß jeder Arzt damit rechnen, in seiner Sprechstunde durch rückkehrende Deutsche oder einreisende Ausländer mit aus den Tropen *importierten Krankheiten* konfrontiert zu werden. Der Arzt, und dies nicht nur in einer tropenmedizinischen Sprechstunde, wird vor die Frage gestellt, ob ein *geplanter Tropenaufenthalt* mit einem Gesundheitsrisiko belastet ist, das der Patient aufgrund seiner eigenen Vorgeschichte und seines Reisevorhabens nicht eingehen sollte. In diesem Zusammenhang tritt die Frage der Vorbeugung durch *Impfung und allgemeine Lebensführung* an den Arzt heran.
Alle drei Aspekte stehen in engem Zusammenhang und lassen sich daher nur willkürlich unterteilen.
Die Zahl und der Kreis der als Touristen oder beruflich aus den Tropen zurückkehrenden Deutschen oder einreisenden Ausländer ist ständig im Wachsen. Ein Abfangen importierter Krankheiten, selbst quarantänepflichtiger Seuchen, an den Landesgrenzen oder durch Gesundheitsbehörden ist aus vielen Gründen praktisch nicht mehr realisierbar.
In der Regel ist es der Arzt an der Basis der medizinischen Versorgung, der mit derartigen Problemen konfrontiert wird, und nicht ein für diese Fragen spezialisiertes Tropeninstitut. Die volle Verantwortung der raschen Erkennung und Entscheidung über die zu treffenden Maßnahmen liegt bei ihm. Die einzige Möglichkeit des Arztes hiergegen gewappnet zu sein, ist die heute unbedingt zu fordernde Erhebung einer *geographischen Anamnese* bei jedem Patienten, sei er altbekannt oder neu.
Mit den 4 Kardinalfragen der geographischen Anamnese nach *Aufenthaltsland und Ort, Zeitraum* des Aufenthalts, der Reiseroute und Rückkehrdatum, *Reise- und Lebensstil* sowie *Tätigkeitsmerkmalen* im Ausland können infolge der ökologischen Bedingtheit des Vorkommens Verdachtsmomente für das Vorliegen einer importierten Krankheit untermauert werden, sofern grundsätzlich an diese Möglichkeit gedacht wurde.
Die hier vorliegende lexikalische Dastellung der wichtigsten Tropenkrankheiten berücksichtigt daher besonders diejenigen, mit deren Vorkommen der Arzt auch in Deutschland rechnen muß, während andere ungeachtet ihrer großen Bedeutung in den Gebieten ihres Vorkommens nur sehr kurz abgehandelt werden.

Acanthocheilonema – Mansonella perstans s. Filariasen

Acanthocheilonema – Mansonella streptocerca s. Filariasen

Affenpocken s. Pocken

AIDS in den Tropen (s. a. S. 969 ff)

Def: Durch das HIV-Virus 1 und 2 verursachte Immunschwäche. Das zu den Retroviren zählende HIV schädigt vor allem das zelluläre Immunsystem (T4-[Helfer-]Lymphozyten), wodurch der abwehrgeschwächte Organismus für eine Reihe von opportunistischen Infektionen empfänglich wird. Eine Tropentauglichkeit (s. d.) HIV-positiver Personen wird nicht grundsätzlich verneint.

Vk: Für die weltweite AIDS-Epidemie ist im wesentlichen HIV1 verantwortlich. Nur vereinzelt wurde HIV2 isoliert. In Westafrika vermehrt HIV2-Infektionen, jedoch häufig Doppelinfektionen (HIV1 + HIV2).
Im Gegensatz zu den Industrieländern ist in vielen Entwicklungsländern der heterosexuelle Geschlechtsverkehr Hauptübertragungsweg. Im Unterschied zu der westlichen Welt sind in den Tropen beide Geschlechter etwa gleich stark betroffen. Ein wesentlicher Faktor für die heterosexuelle Ausbreitung sind neben der häufig zitierten Promiskuität Geschlechtskrankheiten (sexually transmitted diseases = STD), die mit Ulzerationen einhergehen.

Sy: Die mit dem Vollbild AIDS einhergehenden opportunistischen Infektionen ent-

sprechen der Prävalenz von Infektionskrankheiten in der betreffenden Region. Wichtigste opportunistische Infektion ist die Tuberkulose, deren Inzidenz im Zusammenhang mit AIDS sprunghaft angestiegen ist. Neben CMV, Herpesviren, EBV und *Legionella* treten eine Reihe von zusätzlichen Parasitosen und Pilzerkrankungen in den Vordergrund: u. a. *Toxoplasma gondii,* Kryptosporidien, *Pneumocystis carinii, Candida,* Kryptokokken. Die Rolle der immunsuppressiv wirkenden Malariaplasmodien und des in Afrika vorkommenden Kaposi-Sarkoms ist noch unklar.
Lymphozytenstimulation durch Parasiten- oder Virusantigene mag eine Empfänglichkeit für Retrovirusinfektionen erzeugen.

Prl: AIDS muß in den Tropen als allgemeine STD betrachtet werden. Im medizinischen Bereich liegt das Risiko bei den ungenügenden krankenhaushygienischen Bedingungen in den Entwicklungsländern, insbesondere im Umgang mit Körperflüssigkeit und Blut. Besonders ist auf das Risiko bei Bluttransfusionen hinzuweisen.

Amöbiasis

Intestinale Form

Def und Ät: Befall mit dem fakultativ pathogenen Darmprotozoon *Entamoeba histolytica* (E. h.). Aus der symptomlosen kommensalischen Darmlumeninfektion kann sich die *akute Amöbenruhr,* die *rezidivierende intestinale Amöbiasis* oder durch embolische Verschleppung eine *extraintestinale Amöbiasis* entwickeln. Andere Darmamöben *(Entamoeba coli, Entamoeba hartmanni, Jodamoeba buetschlii, Dientamoeba fragilis, Endolimax nana)* gelten als apathogen.

Vk: E. h. kommt in allen Ländern, in warmen jedoch ungleich häufiger vor als in gemäßigten. Rückkehrer und Einreisende aus den Tropen sowie Gastarbeiter aus dem Mittelmeerraum bringen nicht selten eine stumme oder klinisch manifestierte Amöbiasis mit.

Pathog: Übertragung: E. h. bildet zwei wenig widerstandsfähige vegetative Formen, die kommensalen Trophozoiten (Minutaform) im Darmlumen und die hämatophagen Trophozoiten (Magna- oder Gewebeform). Aus der Minutaform entwickeln sich die widerstandsfähigen Zysten, die, im Stuhl ausgeschieden, unter unhygienischen Verhältnissen für die Übertragung verantwortlich sind. In Endemiegebieten spielen neben dem Wasser vor allem die Hand-zu-Mund-Übertragung, verunreinigtes Gemüse, besonders Salat, sowie Fliegen und Staub als Vehikel der Zysten eine wichtige Rolle.
Oral aufgenommene Amöbenzysten führen zur Dickdarmbesiedelung mit vermehrungsfähigen kommensalen Minutaformen. Ein Übergang in die Magnaform mit Gewebsinvasionen hat mehrere auslösende Faktoren zur Voraussetzung (bakterielle oder virale Darminfektionen, möglicherweise Diätwechsel, Resistenzminderung durch interkurrente Erkrankungen). Die gewebsschädigende Wirkung besteht in Zellnekrosen mit Ödem, Kapillarblutungen, Infiltration und Entzündung, die zu anfangs stecknadelkopfgroßen unterminierenden Ulzerationen führen, welche sich bei foudroyantem Verlauf rasch vergrößern. Gefäßerosion, Darmperforation und embolische Verschleppung der Amöben können die Folge sein. Aufgrund der Isoenzymmuster können pathogene von apathogenen E.-h.-Arten unterschieden werden.

Sy: Bei reiner Lumeninfektion keine Beschwerden. Verlauf sehr wechselnd. Bei leichten Rezidiven dyspeptische Beschwerden, Völlegefühl. Normale Stühle, Obstipation und Durchfälle wechseln. Schleimbeimengungen. Beginn der invasiven Amöbiasis meist langsam mit anfangs geringem Krankheitsgefühl ohne schwere Durchfälle oder gar mit Obstipation, später charakteristische kotige, danach nur noch schleimig-glasige Entleerungen mit wenig Blut (himbeergeleeartiger Schleim) und starken Tenesmen. Flüssigeitrige Stühle durch bakterielle Superinfektion verschleiern das Bild. Bei chronisch-rezidivierendem Verlauf Abmagerung, Leibschmerzen und Zunahme der kolitischen Symptome.

Kompl:

- *Intestinale Komplikationen:* Die Amöbiasis hat eine Tendenz zur Chronizität und zu Rezidiven, Perforation der Ulzera mit nachfolgender Peritonitis, oft abgekapselt; Entwicklung von Infiltrationen und Granulationsgewebe, die tumorartigen Charakter annehmen können (Amöbom); chronische Colitis ulcerosa, Kolonfistel. Auch Karzinome auf dem Boden einer Amöbenkolitis sind beschrieben worden. Unbehandelte Fälle führen oft zur Kachexie (soziale Bedingheit des chronischen Verlaufs) oder zum Tod.
- *Häufige extraintestinale Komplikationen:* Neben der unspezifischen Leberbeteili-

gung im Verlauf einer akuten intestinalen Amöbiasis kann es in 5–30% der Fälle im Zuge einer hämatogenen Aussaat zu disseminierten, meist jedoch herdförmigen kolliquativen Lebernekrosen (Leberabszeß) kommen. Der rechte Leberlappen ist 5mal häufiger betroffen als der linke. Die Nekroseherde können ruhend oder invasiv sein, perakut auftreten oder innerhalb weniger Tage perforieren. Meist geht der Verlauf über Wochen und Monate. Schmerzen, Fieber, Pleurabeteiligung, Durchwanderung in Lunge, Perikard, Bauchhöhle oder durch die Bauchdecken sind möglich. Hohe Leukozytose und BSG. Leberteste einschließlich Transaminasen, Sonographie und andere bildgebende Verfahren geben zusammen mit der Serodiagnostik Hinweise.

- *Seltene extraintestinale Komplikationen:* Amöbenperikarditis, Hirnabszeß, Hautamöbenbiasis. Peritoneal-Urogenital-Perianal-Amöbiasis infolge komplizierter Darmamöbiasis mit Perforation.

Dg:

- *Anamnese:* Tropen- oder Subtropenaufenthalt kann oft Jahre ohne Brückensymptome zurückliegen.
- *Stuhluntersuchung und Rektoskopie:* Untersuchung von frisch abgesetztem, körperwarmem Stuhl im Nativpräparat bei 4- bis 600facher Vergrößerung in Ölimmersion, bei Verdacht auf latente Infektion nach Abführen mit Karlsbader Salz. Zysten lassen sich am besten in MIFC (= Merthiolat-Jod-Formalin-Konzentration nach Sapero und Lawless)Anreicherung oder durch Eisenhämatoxylinfärbung nachweisen. Bei Rektoskopie ggf. Schleimprobe vom Ulkusboden entnehmen und sofort mikroskopisch untersuchen. Ohne parasitologischen Nachweis, oft erst nach mehrfachen Untersuchungen positiv, kann der Verdacht auf intestinale Amöbiasis, nicht aufrechterhalten werden. Der Nachweis von Zysten ohne vegetative Formen bei akuten Schüben beweist Amöben nicht als Ursache von Darmstörungen.
  Bei einfacher Lumeninfektion nur Minutaformen (12–20 μm ohne Erythrozyten) und Zysten (12–15 μm, 4 kernig; Kolizysten 8kernig). Gewebsformen der E. h., die mit Erythrozyten beladen sind (20–30 μm), beweisen immer kolitischen Prozeß. E. coli ist größer, träger in der Bewegung, enthält niemals Erythrozyten. Amöbenkulturen aus frischen Stühlen nur in Spezialinstituten. Bakteriologische Stuhluntersuchung zur Differentialdiagnose unklarer Fälle (Bakterienruhr bei Amöbenträgern).
  Retrokskopisch bei latenter Minutainfektion normaler Schleimhautbefund. Bei Amöbenkolitis Hyperämie der Schleimhaut, vermehrte Blutungsneigung, Schleimbeläge, typische Ulzera.
- *Röntgen:* Im Kontrasteinlauf bei latentem Befall normaler Befund, bei Darmwandbefall irritiertes bis grob verändertes Relief, Ulzerationen mit unterminierten Rändern. Amöbenkolitis auf einzelne Dickdarmabschnitte beschränkt.
- *Serologie:* Indirekter Immunfluoreszenztest, Counter-Immunelektrophorese sowie indirekte Hämagglutination können bei extraintestinalen Formen in 85–100% positiv sein. Bei nichtinvasiver, aber auch bei invasiver intestinaler Amöbiasis kann die Serologie negativ ausfallen. Wiederholt negative serologische Befunde in 2–3 verschiedenen Testverfahren lassen eine invasive oder extratestinale Amöbiasis weitgehend ausschließen.

DD: Sämtliche Darmerkrankungen, Lebererkrankungen. Entscheidend ist die geographische Anamnese. Parasitologische Stuhluntersuchung. Cave! DD: Colitis ulcerosa oder Morbus Crohn. Corticoidtherapie kann zur Exazerbation der Amöbiasis mit extraintestinalen Komplikationen führen.

Prl: Hygienische Maßnahmen wie Vermeidung roher Gemüse und Salate, unabgekochten Wassers und von Eis. Fliegenbekämpfung und peinliche Sauberkeit.

Th: Mittel der Wahl sind Nitroimidazole, die in erster Linie gegen die invasive intestinale Amöbiasis (akute Amöbenruhr) und die extraintestinale Amöbiasis (z. B. Leberamöbiasis) gerichtet sind. Sie wirken wegen der geringen Ausscheidung durch den Darm nicht in allen Fällen auf die nichtinvasive Darmlumenform. Als bestes intestinal wirkendes Kontaktamöbizid gilt Diloxanidfuroat (Furamid, Boots Comp., Nottingham, G. B.), das jedoch in Deutschland nicht registriert ist. Paromomycinsulfat (Humatin), ein nicht resorbierbares Antibiotikum, wirkt indirekt amöbizid durch Unterdrückung der intestinalen Bakterienflora (1,5 g in 3 Dosen täglich für 5 Tage).

- *Therapieschema bei nichtinvasiver und invasiver intestinaler Amöbiasis:* Nitroimidazole: Metronidazol (Clont, Flagyl), 3mal täglich 500 mg, oder Tinidazol (Simplotan), 1mal täglich 1000 mg jeweils 5–10 Tage lang. Bei refraktären Zystenausscheidern (in 30% der Fälle): Diloxanidfuorat (Furamid), 3mal täglich 1 Tablette (500 mg) für 10 Tage. Die Behandlung muß in Intervallen so lange fortgesetzt werden, bis drei Stuhlproben negativ sind.
- *Therapieschema bei extraintestinaler Amöbiasis:* Nitroimidazole wie oben. In der Regel genügt bei einfachem Verlauf eine Behandlungsdauer von 5 Tagen. Ergänzung durch Chloroquin (etwa 2mal 150 mg Base für 2–3 Wochen) und/oder Dehydroemetin (Mebadin „Glaxo", 1,0–1,5 mg/kg KG und Tag für maximal 10 Tage, nur bei therapieresistenten schweren Verläufen.

Ein chirurgischer Eingriff ist zu vermeiden, nur bei drohender Perforation und dann unter massivem amöbizidem Schutz.

Progn: In 90% sind klinisch stumme Träger kommensaler E.-h.-Formen möglich. Bei Nichtbehandlung pathogener Formen Verlauf in Schüben über viele Jahre und häufig Übergang in irreparable Kolitis mit Kachexie. Bei zeitiger Behandlung meist klinische, aber nicht immer parasitologische Ausheilung. Rezidive kommen auch bei sachgemäßer Behandlung vor. Eine schwere oder mehrfach rezidivierende intestinale Amöbiasis kann auch nach parasitologischer Heilung Dauerschäden wie Atrophie der Mukosa, Fibrose, Motilitätsverlust, Steonse hinterlassen. Bei Funktionsstörungen im Sinne eines Reizkolons kann ursächlich eine nicht voll oder narbig ausgeheilte Amöbiasis eine Rolle spielen.

Primäre Amöben-Meningoenzephalitis

Vk: Weltweit sind zwischen 1967 und 1982 124 Fälle beschrieben worden (u. a. Australien 13, Belgien 6, Tschechoslovakei 17, England 6, Indien 7, Neuseeland 7, Nigeria 5, USA 55). Sie werden in Zusammenhang gebracht mit Baden in warmen Süßwasserseen, ungepflegten Frei- oder Hallenbädern, Quellenbädern mit Temperaturen über 20 °C. In Deutschland bisher in einem Fall beschrieben. Suche nach pathogenen Amöben in entsprechenden Gewässern bisher ohne Erfolg.

Ät: Freilebende, ubiquitär in Boden und Wasser vorkommende Amöben der Gattung *Naegleria* und *Acanthamoeba.*

Pathog: Nasale oder orale Aufnahme der Amöben, Besiedelung des Nasopharynx, Penetration in Bulbus olfactorius und Meningen.

Sy: akuter Verlauf bei *N. fowleri,* subakuter oder chronischer Verlauf bei *A. castellanii* oder *A. polyphaga;* nekrosierende Meningoenzephalitis. Inkubationszeit 4–7 Tage, Bild der eitrigen Meningitis.

Dg: Bei „steriler" Meningitis, positive Amöbenserologie, Amöben in Liquor, Spezialkultur.

Th: Amphotericin B i. v. für 10 Tage, unbefriedigend.

Prgn: Fast immer infaust.

Ancylostoma brasiliense s. Larva migrans cutanea

Ancylostoma caninum s. Larva migrans cutanea

Ancylostoma duodenale s. Nematoden

Angiostrongylose s. Nematoden

Anthrax s. Kap. Arbeitsmedizin, Milzbrand

Arbovirosen, tropische

Überblick über Vorkommen, Ätiologie, Pathogenese und Klinik

Arbovirosen sind durch Arthropoden übertragene Virusinfektionen (*ar*thropode-*bo*rne), deren Vorkommen an den tierischen Vektor und dessen ökologische Bedingungen gebunden ist. Die meisten Arbovirosen sind Zoonosen, die durch einen gemeinsamen anthrophilen Überträger aus einem tierischen Reservoir auf den Menschen übertragen werden können. Die bisher bekannten und durch Hämagglutinationstest, Komplementbindungsreaktion bzw. Virusisolierung unterscheidbaren, etwa 80 menschenpathogenen Arbovirosen werden verschiedenen Serogruppen (A, B, C u. a.) zugeordnet.

Klinisch lassen sich benigne fieberhafte enzephalomeningitische und fieberhafte hämorrhagische Arbovirosen unterscheiden. Als Überträger kommen Stechmücken (*Aedes aegypti, Culex*-Arten, Phlebotomen) und Zecken in Frage. Einige Arbovirosen sind ubiquitär bzw. über weite tropische und subtropische, aber auch gemäßigte Zonen ver-

Tabelle 42.1 Einige tropische Arbovirosen

Virusname	Taxonomie der Viren	Hauptsächliche Überträger	Reservoir	Vorkommen
1. Potentiell hämorrhagisch				
Gelbfieber	Toga/Flavi	Aedes-Arten	Affen	Afrika, Südamerika
Dengue DEN 1	Toga/Flavi	Aedes-Arten	Affen und transovariell ist Vektor	Afrika, Pazifik, Mittlerer Osten
DEN 2	Toga/Flavi	Aedes-Arten		Mittlerer Osten, Mittelamerika
DEN 3	Toga/Flavi	Aedes-Arten		Philippinen, Indien
DEN 4	Toga/Flavi	Aedes-Arten		Philippinen
TH	Toga/Flavi	Aedes-Arten		Thailand
Chicungunya	Toga/Alpha	Aedes-Arten	Mensch	Afrika, Süd- und Südostasien
O'Nyong-nyong	Toga/Alpha	Aedes-Arten	Mensch	Ostafrika
Omsk	Toga/Flavi	Zecken	Kleinsäuger	Asien, Sibirien
Kyasanur	Toga/Flavi	Zecken	Kleinsäuger	Asien, Indien
Rift Valley	Bunya/Phlebo	*Culex, Aedes* u. a.	verschiedene Säugetiere	Afrika
Hantaan	Bunya/Uukuriernie	–	Nager	Asien, Afrika, Europa
2. Potentiell enzephalitisch				
FSME	Toga/Flavi	Zecken	Nager	Asien, Europa
Japanische Enzephalitis	Toga/Flavi	*Culex*-Arten	Mensch, Schweine	Süd- und Südostasien, Sibirien
West Nile	Toga/Flavi	*Culex*-Arten	Vögel, Mensch	Afrika, Indien, Europa
Venezolanische westliche und östliche Pferdeenzephalitis	Toga/Alpha	*Aedes*	Pferde	Florida, Mittel- und Südamerika
3. Benigne				
Pappataci	Bunya/Phlebo	Phlebotomen	Mensch	Mittelmeerraum, Vorderer Orient

breitet; andere wurden nur herdförmig bekannt und tragen dann häufig den Namen des Fundorts (Tab. 42.**1**). Nichttropische Arbovirosen s. Arbovirusinfektionen S. 973 und Enzephalitis S. 1226. Die wichtigsten tropischen Arbovirosen werden kurz beschrieben.

Denguefieber

Def: Akute fieberhafte Erkrankung, hervorgerufen durch das von Aedesarten übertragene Denguevirus *(Togaviridae)*.

Vk: Tritt in den Tropen und Subtropen in massiven Epidemien auf, in letzter Zeit vermehrt in Lateinamerika, Karibik- und Pazifikregion. In Südostasien insbesondere in Thailand, häufig mit hämorrhagischer Verlaufsform (DHF).

Ät und Pathog: Denguevirus, Serotypen 1, 2, 3, 4, die geographisch unterschiedlich verbreitet sind. Reservoir: Mensch, Übertragung durch Stich infizierter *Aedes aegypti* und anderer *Aedes*-Arten. Bei allen Serotypen kann eine hämorrhagische Verlaufsform auftreten. Nach Inokulation Verbreitung in den regionalen Lymphknoten, im RES, Virämie. Antikörpervermittelte Immunität. DHF: Ätiologie nicht klar, Folgeinfektion mit einem 2. Serotyp, oder mütterliche Antikörper können bei Kindern hämorrhagische Verlaufsform auslösen.

Sy: Inkubationszeit 2–4 Tage. Klassisches Denguefieber: kurzdauernde Erkrankung mit zweigipfeligem Fieber, starken Kopf-, Glieder- und Muskelschmerzen und flüchtigem Exanthem; gute Prognose, verzögerte Rekonvaleszenz. DHF: schweres Krankheitsbild, petechiale Blutungen, Purpura, Meläna, Hämaturie, Schock, 50% letal.

Dg: In Epidemien leicht klinisch zu stellen. Serologie meist nicht möglich.

DD: Malaria, andere Arbovirosen.

Th: Symptomatisch, cave Virämie! Schockbekämpfung.

Hämorrhagisches Denguefieber

Vk: Endemisch und epidemisch vor allem bei Kindern unter 7 Jahren. Seit wenigen Jahren auf den Philippinen, in Thailand, Indonesien, Malaysia, Südvietnam und Indien vorzugsweise in Städten vorkommende hämorrhagische Verlaufsform.

Sy: Plötzlicher Beginn mit hohem Fieber, Abgeschlagenheit, Kopfschmerzen, Übelkeit, Erbrechen, Epistaxis, petechiale Blutungen, Purpura, Ekchymosen durch Verbrauchskoagulopathie. In schweren Fällen oft bei Kindern, Schock und Tod in etwa 50% der Fälle. Dauer der Erkrankung 5–8 Tage. Ursache der hämorrhagischen Verlaufsform unbekannt.

Dg und DD: s. Denguefieber, hämorrhagische Diathese anderer Ursachen.

Th: Spezifische Therapie nicht bekannt, Schockbekämpfung.

Gelbfieber

Def, Ät und Pathog: Akute fieberhafte Erkrankung (sylvatisches Gelbfieber) primär eine in epizootischen Zyklen ablaufende Affenseuche, hervorgerufen durch das von *Aedes aegypti* und anderen fakultativ antrophilen *Aedes*-Arten übertragene Gelbfiebervirus *(Togaviridae)*.

Vk: In menschlichen Siedlungen, insbesondere in Städten, kann Übertragung durch anthropophile *Aedes*-Arten zu Epidemien führen (urbanes Gelbfieber). Enzootisches Gelbfieber und asymptomische Übertragungszyklen verschleiern die potentielle Gefahr. Vorkommen: In Afrika zwischen 15°N und 15°S (sylvatisches Gelbfieber), in der nördlichen Hälfte Südamerikas und im südlichen Zentralamerika (sylvatische und urbane Form).

In Südamerika meldeten in den letzten vier Jahren Bolivien, Brasilien, Ecuador und Peru zusammen zwischen 150 und 250 Gelbfieberfälle pro Jahr mit einer Letalität um 60%. In Afrika war es in den letzten Jahren vor allem in Nigeria zu Epidemien gekommen (1986/87: über 5000 Fälle mit einer Letalität von ca. 60%). Weitere Länder waren Burkina Faso, Ghana, Mali mit je mehreren hundert Fällen pro Jahr. Die Dunkelziffer und die Zahl der klinisch stummen Fälle ist sehr hoch.

Sy: Akute Erkrankung wechselhafter Schwere von subklinischem bis foudroyantem tödlichem Verlauf innerhalb von 5 Tagen. Kopf-, Glieder-, Gelenkschmerzen, Übelkeit, Erbrechen, hämorrhagische Diathese, Ikterus, Hämaturie, Coma hepaticum und Coma uraemicum. Letalität 50% und mehr bei Epidemien in nicht teilimmunen Populationen. Inkubation 5 Tage.

Dg: Virusdirektnachweis oder durch ELISA meist nicht durchführbar. Indirekte Immunfluoreszenz, indirekte Hämagglutination und neutralisierende Antikörper.

DD: Malaria tropica, Hepatitis, Leptospirose, akutes Leber- oder Nierenversagen anderer Ursache.

Prl: Impfung mit attenuiertem lyophilisiertem Virus. Nach internationaler Seuchenbestimmung Mückenbrutplatzsanierung in Städten, Mückenbekämpfung im internationalen Flugverkehr.

Th: Symptomatisch, unspezifisch.

Rift-Valley-Fieber

Def: Infektion mit dem von *Culex-* und *Aedes-*Arten übertragenen Rift-Valley-Virus.

Vk: Reservoir: verschiedene Säugetiere, besonders Schafe, Rinder; Mensch. Vorkommen in weiten Teilen Süd-, Ost- und Zentralafrikas, Ägypten, Mauretanien und Gambia.

Ät und Pathog: Rift-Valley-Virus, Genus, Phleboviren, Familie *Bunyaviridae,* Übertragung durch Stich infizierter Mücken, selten durch Aerosol, infiziertes Tiermaterial oder nosokomial. Pathogenese nicht klar.

Path Anat: Ähnlich Gelbfieber. Leber-, Milzbeteiligung, Vaskulitis, Immunkomplexbildung.

Sy: In den meisten Fällen kurze, akute fieberhafte Erkrankung mit Restitution. Selten hämorrhagischer oder enzephalitischer Verlauf mit Herdsymptomen, auch Erblindung.

Dg und DD: In Epidemien klinisch, Serologie, DD andere Arbovirosen, Malaria, Hepatitis.

Prl: Kontrolle von Tierwanderungen, Mückenbekämpfung, Impfung von Tierhaltern, nicht allgemein verfügbar.

Th: Symptomatisch.

Japanische Enzephalitis

Def: Meist inapparente Infektion mit JE-Virus, von zunehmender Bedeutung in Asien, jedoch nur in 0,2% klinische Erkrankung mit hoher Mortalität.

Vk: Reservoir: Mensch, Schweine, Pferde, Vögel. Vorkommen in Ostasien, von Sibirien, Japan, Philippinen, Indonesien, China, Korea bis Indien und Sri Lanka.

Ät und Pathog: JE-Virus aus dem Genus *Flavivirus*, Familie *Togaviridae*. Übertragung durch reisfeldbrütende Culex-Arten. Kleine hämorrhagische perivaskulälre Nekrosen des Gehirns.

Sy: Inkubationszeit 4–14 Tage, meist inapparente oder leichte Infektion, 0,2% schwerer Verlauf mit akuter Meningoenzephalitis, Stupor, Rigor, 50% Letalität.

Dg und DD: Klinisch, serologisch.

Prl: Lebendvakzine für Haustiere (China, Korea), inaktivierte Viren für Menschen, in Deutschland nicht erhältlich, Mückenschutz.

Th: Symptomatisch.

Pappatacifieber s. Tab. 42.1

Askariasis s. Nematoden

Aspergillose s. Mykosen, tropische

Avitaminosen, tropische

Vorkommen

Vitaminmangelsyndrome treten in den tropischen und subtropischen Entwicklungsländern unter unzureichenden Ernährungsbedingungen in reiner oder gemischter Form, häufig zusammen mit Kalorien- und Eiweißmangelsyndromen, vorwiegend in den kindlichen Altersgruppen auf.

Sie spielen weder bei Europäern in den Tropen noch bei den normalerweise aus den Tropen oder Subtropen einreisenden Ausländern eine Rolle.

Xerophthalmie (Vitamin-A-Mangel)

Sie ist eine häufige Ursache der Blindheit im Vorschulalter in den Tropen und oft mit Protein-Kalorien-Mangel assoziiert. Das wichtigste Krankheitsbild ist die Keratomalazie, die Nekrose der Hornhaut. Hornhautnarben oder Bulbusperforation können die Folge sein. Hochdosierte Vitamin-A-Supplementierung infektionsgefährdeter Kinder in Entwicklungsländern führt zu kontroversen Ergebnissen bezüglich der Senkung von Morbidität und Mortalität.

Rachitis (Vitamin-D_3-Mangel)

Sie ist trotz der tropischen Sonneneinstrahlung ebenfalls eine häufige Avitaminose.

Beriberi (Thiamin-[Vitamin-B_1-]Mangel)

Ät: Folge ausschließlicher Ernährung mit poliertem Reis, vor allem in tropischen Plantagen- und Minenkolonien sowie Gefängnissen Asiens, weniger unter der tropischen Bevölkerung in natürlichen, geordneten Verhältnissen vorkommend, wo handgeschälter oder ungeschälter Reis verwendet wird.

Sy: Man unterscheidet drei Formen: Akute Säuglingsberiberi bei brustgestillten Kindern von Müttern mit Thiaminmangel in Form von akuten Herzinsuffizienz; chronische Beriberi, charakterisiert durch Ödeme, Lähmung peripherer Nerven und gelegentlich Herzinsuffizienz; zerebrale Beriberi, oft assoziiert mit chronischem Alkoholismus mit Nystagmus, sensorischer Polyneuropathie, geistiger Verwirrtheit und Unterernährung (Wernicke-Enzephalopathie).

Pellagra (Nicotinsäuremangelsyndrom)

Ät: Besonders bei vorwiegender Maisernährung, meist in Verbindung mit anderen Mangelzuständen. Auftreten auch nach Gastrektomie, bei extremen Abmagerungskuren, Alkoholismus, Drogensucht infolge diätetischer Mangelzustände.

Sy: Charakteristische Hautveränderungen (Erythem, Schuppung, Atrophie, Hyperpigmentierung bei Sonnenexposition, „Casal-Kragen" und dem Lupus erythematodes ähnliche Bilder im Wangen-Nasen-Bereich), Ataxie, tetanische Krämpfe, scharlachrote Zunge, Reduktion der körperlichen und geistigen Entwicklung, Schwachsinn, psychoneurotische Bilder, Tremor, depressive Verstimmung. Infantile Form mit Ödem, Dermatitis und Durchfall.

Ariboflavinose (Vitamin-B_2-Mangel)
Anguläre Stomatitis, seborrhoische Effloreszenzen, glatte Zunge mit abgeflachten Papillen.

Skorbut (Vitamin-C-Mangel)

Vk: Er ist selbst unter extremen Ernährungsbedingungen in den Tropen selten.

Sy: Apathie, hämorrhagische Diathese der Haut und der Schleimhäute (Zahnfleisch), Kräfteverfall.

Prophylaxe und Therapie
Im akuten Zustand beseitigt orale oder parenterale Zufuhr von Vitaminpräparaten in hohen Dosen schlagartig die Mangelzustände, sofern nicht schon Folgeschäden eingetreten sind. Eine Analyse der Ernährungsweise bringt Aufschluß und Hinweise auf eine Behebung der Situation, unter Umständen mit Hilfe vorübergehender medikamentöser Substitution. Letztlich ist eine Behandlung nur durch Gesundheitserziehung und Ordnung der Lebensbedingungen und der Ernährungsweise möglich.

Babesiose s. Piroplasmose

Badedermatitis s. Schistosomiase, Zerkariendermatitis

Balantidiose

Vk, Ät und Pathog: Darminfektionen des Menschen mit *Balantidium coli* (Ziliaten) kommen in allen Klimazonen, jedoch selten vor. Tierisches Reservoir: Schweine; Infektion daher bevorzugt bei Menschen, die mit Schweinen umgehen. Vegetative Form beweglich, dicht bewimpert, 50–80 μm lang, mit nierenförmigem größerem Zellkern (Makronukleus) und kleinerem Nebenkern (Mikronukleus). Zysten etwa 50–60 μm lang. Übertragung oral durch Aufnahme der Zysten, ähnlich wie bei Amöbenzysten, fäkal kontaminiertes Wasser, Gemüse, Hände, Fliegen.

Sy: Erkrankungsbedingungen und Krankheitsbild ähnlich wie bei Amöbenruhr. Viele Infekte verlaufen latent. Nur bei vorhandener Disposition (Anazidität des Magens, dyspeptische Darmstörungen, bakterielle Darminfekt mit Läsion der Mukosa).

Dg und DD: Nachweis der Balantidien oder der Zysten im Stuhl (Frischpräparat oder Hämatoxylinfärbung), evtl. nach Anreicherung. – Nicht jeder Zystenbefund beweist, daß das Krankheitsbild durch die Balantidien verursacht ist! Auch bakterielle Darminfekte und Amöbeninfekte mit begleitendem nicht manifestem Balantidieninfekt kommen vor.

Th: Auch latente Infekte möglichst sanieren! Tetracycline, Paromomycin, Amöbizide nicht immer sicher wirksam.

Bandwürmer s. Zestodeninfektion

Bejel s. Leishmaniasen

Beriberi s. Avitaminosen, tropische

Bilharziose s. Schistosomiase

Blasenbilharziose s. Schistosomiase

Blastomykose s. Mykosen, tropische

Borreliosen

Synonym: Rückfallfieber, Febris recurrens, „relapsing fever"

Vk: Läuserückfallfieber, epidemisch, weltweit in kühlen Regionen, herdförmig unter schlechten hygienischen Bedingungen, bei Verlausung; Reservoir: Mensch. Zeckenrückfallfieber, endemisch, in warmen Regionen, im tropischen Afrika, Vorderen Orient, Asien, Südamerika, in Europa noch herdförmig, sporadisch in Spanien. Reservoir: Mensch, Lederzecke, wilde Nager, Geflügel, Wild- und Stachelschweine.

Ät: Systemische Spirochätose, hervorgerufen durch etwa 18 menschenpathogene Spirochätenarten (Borrelien, Ordnung: *Spirochaetales*). Die wichtigsten sind *Borrelia* (B.) *recurrentis (obermeieri)* (ubiquitäres Läuserückfallfieber), *B. duttoni* (Afrika), *B. persi-*

ca (Orient), *B. venezuelensis* (Zentralamerika), *B. hermsii, B. turricatae* (Nordamerika), die Erreger der Zeckenrückfallfieber. Borrelien sind mobile, biegsame, fadenförmige, spiralige Zellen von 10–20 μm Länge mit 4 bis 10 unregelmäßigen Windungen. Sie besitzen eine hohe Mutagenität, erzeugen starke Antikörperreaktionen, können nicht gezüchtet werden. Eine serologische Klassifikation gibt es bisher nicht.

Pathog: Überträger sind Läuse *(B. recurrentis)* und Zecken der Gattung *Ornithodorus* (*B. duttoni* u. a.). Die Borrelien lassen sich in der Hämolymphe der Überträger nachweisen und werden bei Zecken transovariell auf die nächsten Zeckengenerationen übertragen.

Sy: Nach Inkubation von 3–18, meist jedoch 4–7 Tagen Beginn ohne Prodromi mit Schüttelfrost und Fieberanstieg auf 41 °C oder mehr, sobald die Erregerzahl eine Konzentration von 10^6–10^8 pro ml Blut erreicht hat. Rasche Entstehung eines schweren Krankheitszustands mit Kopf-, Glieder- und Rückenschmerzen, Übelkeit, Erbrechen, oftmals Benommenheit und Halluzinationen, manchmal Meningismus. Schon nach 2 Tagen Milz- und oft auch leichte Leberschwellung. Geringe Anämie, Subikterus, Bilirubinvermehrung im Blut und Urobilinogenurie treten fast regelmäßig auf. Im weißen Blutbild keine charakteristischen Veränderungen. Häufig Kreislaufversagen. Petechiale Blutungen der Haut, Nasenbluten.

Fieberverlauf: Bei Läuserückfallfieber hohe Kontinua von 6–7 Tagen, dann kritischer Sturz; nach mehrtägigem Intervall erneuter Fieberschub von 4–5tägiger Dauer, abermals kritischer Temperatursturz, Intervall und erneute Attacke. Rückfälle werden durch Antigenvarianten ausgelöst. Bei Zekkenfieber meist kürzere Fieberperioden von 4–5, später 2–3tätiger Dauer. Immer werden die späteren Fieberschübe kürzer, die Intervalle jeweils länger, bis schließlich das Fieber ausbleibt. Läusefieber zeigt meist schwereren Verlauf als Zeckenfieber. Komplikationen sind Kreislaufkollaps, kardiale Insuffizienz, Bronchopneumonien, Arthritiden, Nephritis, Neuritiden. Nach Ausheilung keine Dauerimmunität; Reinfektionen schon nach kurzer Zeit möglich!

Dg und DD: Im Hinblick auf Therapie möglichst rasche Erkennung erforderlich! Fieberverlauf bei Läusefieber meist typisch, bei Zeckenfieber manchmal atypisch. In den ersten Tagen Abgrenzung gegen Malaria tropica, Typhus, Fleckfieber, Sepsis, Leptospirosen schwierig. Sicherung der Diagnose durch Nachweis der Spirochäten im Dicken Tropfen (Giemsa-Färbung). Bei Läusefieber meist reichliche, bei Zeckenfieber jedoch nur sehr spärliche Befunde. Daher gründlich und notfalls wiederholt untersuchen!

Prl: Läusebekämpfung, Zeckenbekämpfung in Hütten und bei Haustieren.

Th: Tetracycline und Erythromycin haben die beste Wirksamkeit, jedoch wegen Gefahr einer Jarisch-Herxheimer-Reaktion initial niedrige Dosis Penicillin, am besten während eines Fieberschubs, bis kurz nach Fieberabfall. Bei Rezidiven nach Wochen oder Monaten Wiederholung der Therapie. Penicillin alleine verhindert Rückfall nicht sicher, Resistenz einiger *B.-duttoni*-Stämme. Evtl. Antihistaminika und Hydro Kortison.

Prgn: Letalität in normalen Zeiten gering; nur in Notzeiten und bei sehr virulenten Infekten ist mit höherer Letalität zu rechnen.

Brucellose s. Infektionskrankheiten

Ergänzende tropenmedizinische Bemerkung: Brucellosen kommen häufig in den Tropen und Subtropen und im Mittelmeerraum vor. In Deutschland nicht selten bei Rückkehrern und Gastarbeitern. Typische Anamnese Genuß von nicht pasteurisierter Milch, Butter, Weißkäse.

Brugia-malayi-Infektion s. Filariasen

Burkitt-Lymphom

Def und Vk: Ein in den feuchtropischen Gebieten Afrikas, Lateinamerikas und Neuguineas endemisches malignes B-Zell-Lymphom fast ausschließlich bei Kindern. Ganz selten autochthon in den übrigen Teilen der Welt.

Ät und Pathog: Hypothese: Frühkindliche, vermutlich mückenübertragene Infektion mit Epstein-Barr-Virus, das unter Immunsuppression durch begleitende Malaria onkogene Wirkung entfaltet. Andere zugrundeliegende Faktoren sind nicht ausgeschlossen.

Sy: Rasche Entwicklung eines ein- oder doppelseitigen Tumors am Hals oder im Gesicht, der zu monströsen Entstellungen und zu Knochen- und Gewebsdestruktionen führt. Vier Stadien für die zytostatische Dosierung und die Prognose lassen sich unterscheiden.

1. Stadium: Tumor ist klein, meist einseitig, die Maxilla oder Mandibula ist befallen.

2. Stadium: Tumor dehnt sich aus auf zwei oder mehr Quadranten des Kiefers.
3. Stadium: Intraabdominal- oder Retroperitonalraum und Organbefall wie Leber, Niere, Pankreas, Ovarien.
4. Stadium: Befall des ZNS und der Meningen.

Dg: In afrikanischen Tropengebieten meist ohne Schwierigkeiten erkennbar. Auftreten im Kindesalter. Das klinische Bild und das rasche Wachstum der Geschwulst geben meist eindeutige Hinweise. Das Röntgenbild zeigt Knochenzerstörungen, die histologische Untersuchung nach Biopsie ergibt undifferenzierte Lymphoblasten mit vakuolisiertem Zytoplasma (sog. Burkitt-Zellen) und Histiozyten. Auch im Knochenmarkspunktat Burkitt-Zellen. Ggf. auch Gewebszüchtung veranlassen.

Th: Zytostatika (Cyclophosphamid, Methotrexat, Vincristin), oft rapide Rückbildung.

Prgn: Spontane Rückbildung ist vereinzelt beobachtet worden; im allgemeinen führt die Krankheit unbehandelt in 3–6 Monaten zum Tode. Bei Anwendung von Zytostatika ist jedoch mit wesentlicher Remission und Verlängerung der Lebensaussicht, wenn nicht gar mit vollständiger Rückbildung zu rechnen.

Buruli-Ulkus

Vk, Ät und Pathog: Eine durch *Mycobacterium ulcerans* hervorgerufene, möglicherweise durch Stechmücken übertragene ulzerierende Hauterkrankung der feuchtheißen Tropen, vor allem in Ostafrika vorkommen.

Sy: Nicht schmerzhaft, unterminierte Wundränder, häufig Satellitenulzera.

Dg: Nachweis säurefester Stäbchen.

Th: Exzision im Gesunden in Frühfällen, später langdauernde konservative Therapie und Hauttransplantationen. Clofazimin, Rifampicin.

Capillariasis intestinalis s. Nematoden

Carate s. Treponematosen, tropische

Chagas-Krankheit s. Trypanosomiasis

Cholera

Def: Cholera ist eine durch *Vibrio cholerae* oder *Vibrio cholerae El Tor* hervorgerufene epidemische oder endemische akute enterotoxische Enteritis, charakterisiert durch plötzliches Auftreten, profuse wäßrige („reiswasserartige") Stühle, Erbrechen, rasche Exsikkose, Azidose, hypovolämischen Schock. Tod innerhalb weniger Stunden möglich. Unbehandelt, vor allem während Epidemien, Letalität bis über 50%. Milde Verläufe, besonders bei Kindern in Endemiegebieten, häufig. Asymptomatische Infektionen sind 5- bis 25mal häufiger als klinisch oder bakteriologisch diagnostizierte Fälle.

Vk: Bis zum Aufbruch der Cholera zu ihrer 8. Pandemie seit 1960 war sie im 20. Jahrhundert auf Süd- und Südostasien, vor allem Indien, Pakistan, Indonesien, Philippinen, Thailand, beschränkt. 1990 wurden in Asien 40000 Fälle gemeldet, die Hälfte davon in Nepal. Seit 1960 Ausbreitung von *Vibrio cholerae El Tor* von Sulawesi aus, westwärts über Südostasien, Südasien, den mittleren Osten, Afghanistan, Iran, Irak, südliche UdSSR, Istanbul (1970). In Afrika breitet sich Cholera El Tor seit 1970 als Seuche der Trockenzonen aus, begünstigt durch Wassermangel, Migration, Bürgerkrieg, Flüchtlingsströme, Hungersnot und verheerende hygienische Bedingungen in diesen Gebieten. 10 Länder meldeten 1990 zusammen 38000 Fälle, allen voran Malawi, Angola, Mosambik und Tansania. Europa meldete 1990 349 Fälle, davon 270 in Rumänien.

Im Januar 1991 kam es, auf dem Seeweg eingeschleppt, zum ersten Choleraausbruch in Südamerika seit 100 Jahren. Innerhalb eines Jahres traten, ausgehend von Peru mit 80% der Fälle, über 360000 Cholerafälle auf mit einer Letalität zwischen 1 und 2%. Neben Peru sind vor allem Ekuador und Kolumbien befallen, aber auch fast alle übrigen Staaten Süd- und Mittelamerikas. Die Inzidenz lag in manchen Departements bei 2–4%. Ein Ende der Ausbreitung ist nicht in Sicht. Auch Infektionen über Bordverpflegung bei Flugpassagieren sind bekannt geworden.

Ät: Erreger sind *V. cholerae,* der klassische Erreger der Cholera, und *V. cholerae El Tor* der Serotypen *Inaba* und *Ogawa*. Beide Erreger sind klinisch nicht zu unterscheiden, wenn auch die einzelnen Ausbrüche meist nur auf einen der beiden Erreger zurückgehen. Von epidemiologisch großer Bedeutung ist, daß es im Unterschied zu *V. cholerae* bei *V. cholerae El Tor* in vermehrtem Umfang länger anhaltende rekonvaleszente Ausscheider gibt, dies vor allem unter Geimpften (!). Das Reservoir ist ausschließlich der Mensch.

Pathog:

- *Übertragung:* In der Regel durch kontaminiertes Trinkwasser, Erbrochenes und Stuhl der Erkrankten sowie der Ausscheider. Direkte Übertragung von Mensch zu Mensch ist epidemiologisch jedoch von untergeordneter Bedeutung. Süßwasser- sowie auch Seewasserschalentiere, mit kontaminiertem Wasser in Berührung gekommene Lebensmittel können, je nach Lagerungstemperatur, mehrere Tage infektiös bleiben. Tiefe Temperaturen präservieren die Keime eher, Erhitzen auf über 60 °C tötet sie ab.
- *Inkubation:* Wenige Stunden bis 5 Tage, in der Regel 2–3 Tage.
- *Empfänglichkeit und Resistenz:* Grundsätzlich besteht Empfänglichkeit. Immunität nach überstandener Erkrankung oder nach Impfung nur kurz, da nur eine zelluläre Immunität der Darmmukosa zustande kommt. Besonders betroffen sind Bevölkerungsgruppen mit niedrigem sozioökonomischem Standard infolge schlechter sanitärer und trinkwasserhygienischer Bedingungen. Selbst bei Ausbrüchen liegt die klinische Befallsrate selten über 1–2%. In Endemiegebieten kommt es zu einer kurzdauernden stillen Feiung. Subazidität des Magensafts prädisponiert für klinische Manifestation.

Pathophysiol: Die ausschließlich luminale Infektion führt durch Exo- bzw. Enterotoxinwirkung auf die Zellen in den Lieberkühn-Krypten zu einer Stimulation der Adenylatcyclaseaktivität. Durch eine hieraus resultierende Erhöhung des intrazellulären zyklischen Adenosinmonophosphats wird die Chloridsekretion des Dünndarmepithels ins Darmlumen angeregt und die Natriumresorption gehemmt. Hieraus resultiert ein täglicher Flüssigkeitsverlust von 5 l, bei therapeutischer Rehydrierung bis 25 l. Die Konzentration des Kochsalzes in den Ausscheidungen ist gegenüber dem Plasma isoton, die des Kaliums bis zum 5fachen, die des Bicarbonats bis zum 2fachen hyperton. Konsequenz: zunehmende Azidose und Exsikkose. Hieraus ergibt sich, daß EKG und klinisches Bild aussagekräftiger sind als die Plasmaelektrolytbestimmung. Von praktischer Bedeutung ist die neuere Erkenntnis, daß bei Cholera nur die substratabhängige, d. h. z. B. an Glucose oder an eine Aminosäure gebundene Resorption von Natrium und Wasser gestört ist. Hieraus resultiert die sehr wirksame orale Glucose-Kochsalz-Rehydratation.

Sy: Beginn meist plötzlich mit Leibschmerzen, Appetitlosigkeit, prämonitorischen Diarrhöen, Erbrechen; rasche Entwicklung eines schweren Krankheitsbilds. Stühle anfangs fäkulent, bei sehr häufigen Entleerungen aber rasch trüb-wäßrig, flockig, „reiswasserartig". Infolge der Wasserverluste schwere Exsikkose. Oligurie, Azidose, hypochlorämische Urämie. Unruhe, Benommenheit bis zum Koma, hypovolämischer Schock, Muskelkrämpfe; Temperatur anfangs leicht erhöht, später rasch zu subnormalen Werten absinkend. In schweren Fällen innerhalb weniger Tage Übergang zum Stadium algidum und Tod im Koma; selten foudroyanter Ablauf und Tod noch vor Ausbruch der Durchfälle (Cholera sicca). Bei günstigem Verlauf nach mehreren Tagen Nachlassen der Durchfälle bei gleichzeitiger Zunahme der Harnmenge (erstes günstiges Zeichen!) und Besserung des Kreislaufs. Danach relativ rasche Rekonvaleszenz. Im Spätstadium Nierenschädigung als Komplikation gefürchtet.

Dg und DD: Innerhalb einer Epidemie meist einfach. Einzelfälle, vor allem in cholerafreien Gebieten, abgrenzen gegen andere enterotoxische Durchfallerkrankungen. Bakteriologischer Nachweis der Erreger in Rektalabstrich, Stuhl, Erbrochenem; mikroskopische Untersuchung gibt Hinweise, ist aber unsicher. Agglutinationen erst ab Ende der ersten Woche positiv.

Prl: Eine Impfung mit abgetöteten Erregern reduziert im individuellen Fall die Erkrankungswahrscheinlichkeit für 4–6 Monate um etwa die Hälfte. Eine Wirkung auf die Erregerausscheidung klinisch Gesunder besteht nicht, daher nur beschränkte epidemiologische Bedeutung. Zur Massenprophylaxe ungeeignet. Allgemeine hygienische Maßnahmen, Abkochen von Trinkwasser sind von weitaus größerer Bedeutung.

Th:

- *Vorbereitungen:* Rasches, richtiges Handeln bei schwerer Cholera ist entscheidend. Infektiosität gegenüber geimpftem Pflegepersonal bei dessen entsprechendem hygienischem Verhalten und laufender Desinfektion am Krankenbett nicht sehr groß. Evtl. prophylaktisch 1 g Tetracyclin täglich. Initiale Gewichtsbestimmung des Patienten (vor allem Kinder) und Auffangen und Messen der Ausscheidungen (Stuhl und Urin gesondert) sind wichtig für die Beurteilung der therapeutischen Maßnahmen. Innerhalb einer Stunde nach stationärer Aufnahme muß der Wasser- und Elektrolythaushalt unter Kontrolle sein!

- *Initiale Rehydrierung:* 2 Volumina isotoner Kochsalz- und 1 Volumen 1,75%iger Natriumlactatlösung. Solange elektrokardiagraphisch eine exzessive (paradoxe) Hyperkaliämie nicht ausgeschlossen wurde, ist es besser, den ersten Liter (20–30 ml/kg KG bei Kindern) Infusionslösung ohne Kaliumzusatz zu verabfolgen. Einlaufzeit 15 Min. Nach dem ersten Liter kann 1 g Kaliumchlorid pro Liter gegeben werden. Die initiale Rehydrierung kann bis zu 5 l erforderlich machen. Schon nach dem ersten Liter deutliche Besserung. Der Erfolg wird am besten durch das klinische Bild bzw. den Gesamtaspekt des Patienten demonstriert. 1 l physiologische Kochsalz- und isotone Natriumlactatlösung im Verhältnis 2:1 ersetzt 160 mmol Natrium, 108 mmol Chlor und 52 mmol Lactat, genügend, um 1 l Stuhlflüssigkeit zu ersetzen, der Kaliumverlust nicht berücksichtigt.
- *Erhaltung des Rehydrierungserfolgs:* Sobald wie möglich *orale* Flüssigkeitszufuhr (5 g Kochsalz, 4 g Natriumcarbonat, 1 g Kaliumchlorid, 20 g Glucose auf 1 l Wasser). Erbrechen ist selten nach der initialen Rehydrierung. Blutdruck, Flüssigkeitszufuhr, Stuhl- und Urinvolumen und spezifisches Gewicht des Urins müssen exakt dokumentiert werden. Bluttransfusionen sind kontraindiziert.
- *Antibiotische Behandlung:* Tetracyclin p. o. (500 mg für Erwachsene und Kinder 6stündlich über 72 Std.) oder entsprechend Doxycyclin vermindert Intensität und Dauer des Durchfalls und der Vibrionenausscheidung und somit den Bedarf an Substitution von Flüssigkeit und Elektrolyten in 95% der Fälle; 75% bakteriologische, nach 10tätiger Behandlung 100% Heilung.

Prgn: Abhängig von der Schwere des klinischen Bilds und vom optimalen Einsatz der therapeutischen Möglichkeiten. Sind diese nicht oder nur ungenügend gegeben, kann die Letalität über 70% liegen. Vor allem ältere Personen sind besonders gefährdet. Auch unter günstigen therapeutischen Möglichkeiten kann infolge Verkennung des Bilds und der drohenden Komplikationen die Letalität ansteigen (!).

Chromomykose s. Mykosen, tropische

Clonorchisinfektion s. Trematodeninfektion

Coccidioidosis, Coccidioidomycosis s. Mykosen, tropische

Coccidiosis s. Kokzidiose

Creeping eruption s. Larva migrans cutanea

Cryptococcosis, Cryptomycosis s. Mykosen, tropische

Cryptosporidiasis s. Kokzidiose

Cysticercosis s. Zestodeninfektion

Darmbilharziose s. Schistosomiase

Darmegel s. Trematodeninfektion

Denguefieber, hämorrhagisches, s. Arbovirosen, tropische

Dermatomykosen s. Mykosen, tropische

Dipetalonema perstans s. Filariasen

Diphyllobothriase s. Zestodeninfektion

Donovanose s. Kap. Hautkrankheiten

Drakunkulose, Drakontiase s. Filariasen

Ebola-Virus-Infektion

Def: Akutes hämorrhagisches Fieber des Menschen, mit einer Letalität von über 50% beobachtet.

Vk: Erstbeobachtung in drei großen Ausbrüchen von je mehreren hundert Fällen in Südsudan und Nordzaire. Wahrscheinlich sehr viel weiter verbreitet, als bisher bekannt. Ursprung unbekannt. Hospitalausbrüche.

Ät: Erreger Ebola-Virus (ähnlich dem Marburg-Virus).

Pathog: Übertragung durch direkten engen Kontakt mit Kranken und ihren Ausscheidungen, vor allem Blut. Möglicherweise Meerschweinchen als Haustier und Wildnager als Reservoir.

Sy: Akuter Beginn, Schock, Durchfall, Erbrechen, hämorrhagische Diathese, Tod nach 6–9 Tagen.

Dg: Anamnese, Klinik, Virusspeziallabor, Virämie.
Prl: Hochsicherheitsisolation.
Th: Symptomatisch.

Echinokokkose s. Zestodeninfektion

Elephantiasis s. Filariasen

Enteropathie, tropische, s. tropische Enteropathie

Eosinophilie, tropische pulmonale

Vk: In allen Tropenzonen, vor allem Süd- und Südostasien, Karibik, nördliches Südamerika, tropisches Afrika.
Bei europäischen Rückkehrern selten, jedoch erhöhte Eosinophilenzahlen auch bei anderen Helminthen.

Sy und Dg: In Gebieten endemischer Filariasen (s. d.) häufig Hypereosinophilie bis 80%, mit absoluter Erhöhung der Leukozyten (>10 000 µl), gelegentlich persistent, mit asthmoiden Symptomen, röntgenologisch Rundherdschatten, erhöhte BSG, positive Serologie auf Filarienantigen. Ursache vermutlich Allergie gegen Stoffwechselprodukte von Mikrofilarien. Ähnliche Symptome gelegentlich bei massivem Askariden-, Hakenwurm- oder Schistosomenbefall während des larvalen Durchwanderungsstadiums.

Th: Rückgang der Symptomatik nach Gabe des filariziden Diethylcarbamazincitrats (Hetrazan).

Espundia s. Leishmaniasen

Fasciola hepatica
s. Trematodeninfektionen

Fasciolopsis buski
s. Trematodeninfektionen

Felsengebirgsfieber, Amerikanisches, s. Rickettsiosen

Filariasen

Überblick über Ätiologie, Übertragung und Diagnose

Als Filariase bezeichnet man den Befall mit *Nematoden* (Fadenwürmern) der Familie *Filarioidea*, die das lymphatische System, das oberflächliche oder tiefe Bindegewebe parasitierend befallen (Filarien) (Tab. 42.**2**). Die fadenförmigen adulten Würmer sind getrenntgeschlechtlich, die Weibchen gebären *Larven* (Mikrofilarien), die von verschiedenen blutsaugenden Insekten, die gleichzeitig als Zwischenwirte dienen, übertragen werden. Die Mikrofilarien einiger Arten *Wucheria bancrofti, Brugia malayi* u. a. sowie *Loa-Loa)* zirkulieren periodisch zwischen Lungenarteriolen und peripherer kapillarer Strombahn im *Blut*. Eine jeweils typische Periodizität, die synchron mit dem zirkadianen Rhythmus der Blutsaugergewohnheiten der Überträger läuft, optimiert die Übertragungschancen und dient somit der Arterhaltung der Parasiten. Bei anderen Arten ist keine Periodizität der Mikrofilarien nachweisbar *(Mansonella perstans, Mansonella ozzardi)*. Bei *Onchocerca volvulus* und *Mansonella streptocerca* treten die Mikrofilarien in der *Haut* auf. Bei *Dracunculus medinensis* werden die Larven aus dem aus einem Hautgeschwür herausragenden Uterus des Weibchens bei Kontakt mit Wasser direkt ausgeschieden. Als Zwischenwirte und tierische Überträger dienen Kopepoden (Cyclops-Arten, Wasserkrebschen), die im Trinkwasser aus verunreinigten Wasserstellen oder ungeschützten Brunnen in den Menschen gelangen und somit die Infektionskette schließen (Tab. 42.**6**, S. 1496).
Die Filarien und ihre Larven sind verhältnismäßig gut an ihren menschlichen Wirt adaptierte Parasiten. Die Ursachen der mehr oder weniger starken Krankheitserscheinungen sind im wesentlichen in einer mechanischen Irritation durch Adulte und Larven oder im Absterben von Adulten oder Mikrofilarien durch Therapie (Herxheimer-Reaktion) zu suchen. Das klinische Bild wird parasitologisch durch Nachweis der für jede Art charakteristischen Mikrofilarien gesichert. Die serologischen Reaktionen (ELISA, Hämagglutination, indirekte Immunfluoreszenz sind nicht speziesspezifisch. Eine hohe Bluteosinophilie ist ein gewisser diagnostischer Hinweis. Charakteristisch ist für getrenntgeschlechtliche Nematoden, daß die Befallstärke beim Menschen von der Dauer und Stärke der Exposition abhängig ist. Kurzfristige Exposition führt daher in der Regel zu keinen oder nur schwachen klinischen Erscheinungen der Spätstadien; die Frühstadien dagegen werden gelegentlich auch bei Europäern beobachtet.

Wuchereria bancrofti, Brugia malayi, Brugia timori

Vk: In den meisten Tropenländern. Stark befallen sind Indonesien, pazifische Inseln,

Tabelle 42.**2** Filariasen des Menschen

Parasit	Geographische Verbreitung	Filarie im Endwirt			Überträger und Zwischenwirt	Inkubations- (I) und Präpatenzzeit (P)	Klinisches Bild
		Lokalisation und Länge des adulten Wurms	Mikrofilarie				
			Periodizität	Organ			
Wuchereria bancrofti	in Tropen und Subtropen stark verbreitet	Lymphsystem ♂ 40 mm ♀ 65–100 mm	nachts im Pazifik subperiodisch	Blut	*Culex-*, *Aedes-*, *Anopheles-*Arten	I: 3–6 Mon. P: 3 Mon. bis 1–2 Jahre	Lymphangitis, -adenitis, remittierendes Fieber, Funikulitis, Orchitis,
Brugia malayi	Indonesien, Burma, China, Sri Lanka, Indien,	Lymphsystem ♂ 40 mm ♀ 65–100 mm	nachts	Blut	*Mansonia*-Arten und *Anopheles*, auch tierisches Reservoir		Hydrozele, Chylurie, chylöse Ergüsse, Lymphvarizen, *Elephantiasis*
Brugia timori	Indonesien						
Loa-Loa (Augenwurm)	west- und zentralafrikanischer Regenwald	subkutanes Bindegewebe, subkonjunktival ♂ 30–34 mm ♀ 50–70 mm	nachmittags	Blut	Stechfliegen (*Chrysops*-Arten)	3–18 Mon. bis 4 Jahre	Filarie subkonjunktival, „Kalabar"-Schwellung der Haut
Onchocerca volvolus (Knäuelfilarie)	West-, Zentral- und Ostafrika, Sudan, Äthiopien, Jemen, Mexiko, Guatemala, Venezuela	subkutanes Gewebe zu Knäueln gelagert ♂ 20–45 mm ♀ 230–500 mm	aperiodisch	Haut, vordere Augenkammer, Urin	Simulien (Kriebelmücke): *Simulium-damnosum-* und *neavei*-Komplexe	I: Knoten 3–4 Mon. P: Mikrofilarien ≦ 1 Jahr	Hautknoten, Mikrofilariendermatitis, Presbyo, Sklero-, Pachydermie, Sowda, Xerodermie, Keratitis, Iridozyklitis, Chorioretinitis, *Blindheit!*
Monsonella streptocerca	tropisches Afrika	peritoneales Bindegewebe?	aperiodisch	Haut	*Culicoides*-Arten	?	
Mansonella perstans	tropisches Afrika	peritoneales Bindegewebe?	aperiodisch	Blut	*Culicoides-Arten*	*?*	keine klinischen Erscheinungen. Eosinophilie, serologische Kreuzimmunreaktionen zu anderen Filariasen
Mansonella ozzardi	Süd- und Mittelamerika, Karibik	Bindegewebe? peritoneales Bindegewebe?	aperiodisch	Blut	*Culicoides-Arten*	*?*	

Indien, teilweise auch Arabien, ferner das tropische Afrika und Zentralamerika.

Ät und Pathog: Eng verwandt mit *Wuchereria bancrofti* ist *Brugia malayi* (Südostasien), die gleiche oder ähnliche Krankheitserscheinungen hervorruft, und *B. timori* (Insel Timor). Adulte Würmer leben in Lymphknoten oder Lymphgefäßen des Abdomens, der Extremitäten, aber auch in anderen Körperregionen. Die lebend geborenen Mikrofilarien (Länge etwa 350 µm, *Microfilaria malayi* 200 µm) gelangen in die Blutbahn und sind in der Regel nur nachts im Kapillarblut der peripheren Strombahn anzutreffen (nokturne Periodizität); tagsüber Aufenthalt in Arteriolen zentraler Gefäßgebiete (Lunge). Tag- und Nachtrhythmus der Filarien offenbar in Beziehung zu den übertragenden Insekten. Überträger sind *Anopheles-*, *Culex-* und *Aedes-*Arten, die abends und nachts Blut saugen.

Sy: Bei der Mehrzahl aller Infizierten symptomlos. Bei stärkerem Befall nach Inkubationszeit von 3–6 Monaten langsamer Beginn der Erscheinungen (entzündliche Phase) mit Lymphangitis (Ausbreitung vom Zentrum zur Peripherie), Anschwellen regionärer Lymphknoten und allergischen Störungen wie Juckreiz, Urtikaria. Häufig fieberhafte Lymphadenitis, Orchitis, Epididymitis, Hydrozele. Erst nach mehrjährigem Bestehen einer manifesten Infektion, vor allem nach Absterben adulter Würmer, kommt es zum Auftreten von Lymphstauungen (Elephantiasis) infolge Verlegung und Verödung von Lymphbahnen, Ödemen der Beine, Lymphskrotum, seltener Ödemen der Arme und bei Frauen der Mammae sowie Chylurie (Bersten von Lymphgefäßen der Blase) oder Chylothorax. Urtikarielle Erscheinungen auch in diesem Stadium. Selten eosinophile Lungeninfiltrate oder asthmoide Zustände.

Dg und DD: In Endemiegebieten ist jede Lymphadenitis, jede Lymphangitis verdächtig auf Filariase! Nachweis der Mikrofilarien im Dicken Tropfen (Giemsa-Färbung; Blutentnahme 22–24 Uhr). Negativer Befund spricht nicht immer gegen Filariase, da klinische Symptome früher auftreten als Blutbefall. Andererseits sind positive Mikrofilarienbefunde auch ohne klinische Symptome möglich! Larvennachweis auch in Hydrozelenflüssigkeit. Anreicherung im Blut durch Milliporefilter. Immunfluoreszenztest, KBR und Hauttest geben gruppenspezifische Reaktionen. Bluteosinophile häufig, aber nicht immer deutlich.

Th: Gegen adulte Würmer und Blutmikrofilarien wirkt Diethylcarbamazincitrat (Hetrazan, Banocide, Notezine): 4–6 mg/kg KG (= 2–4 mg Base) täglich für 14–21 Tage. Fiberreaktionen innerhalb 6–12 Stunden nach der ersten Dosis mit Kopfschmerzen, allgemeinen Schmerzen sind pathognomonisch für das Vorliegen einer Infektion und rechtfertigen nicht das Absetzen der Therapie, sondern vielmehr die Gabe von Antihistaminika oder besser Serotoninantagonisten. Adulte Würmer bedürfen mehrerer Behandlungen. In Zukunft wohl Ivermectin (Mectisan).

Prgn: Im allgemeinen auch bei klinisch manifester Infektion günstig; Verlauf jedoch über viele Jahre, da die Lebensdauer der Würmer 15 Jahre und mehr betragen kann.

Loa-Loa

Vk und Pathog: Nur im tropischen Regenwald Afrikas. Adulte Würmer vorwiegend im Unterhautzellgewebe, aber auch im Bindegewebe des Körperinnern. Larven nur tagsüber im Kapillarblut der peripheren Strombahn. Überträger sind bei Tage stechende Fliegen der Gattung *Chrysops*, deren Bindung an tropische Regenwaldzonen die Ausbreitungsgebiete der Krankheit bestimmt.

Sy: Erste Erscheinungen treten bereits vor Ausreifen der Würmer auf; sie sind weniger durch die Parasiten selbst als durch allergische Störungen bestimmt. Typisch sind Schwellungen der Haut, die schon wenige Monate post infectionem auftreten können, plötzlich einsetzende Ödeme von 1–10 cm Durchmesser mit Jucken und Spannungsgefühl der Haut, häufig auch mit Hitzegefühl, Brennen und entzündlicher Rötung; Abklingen nach 2–3 Tagen und Wiederauftreten in unregelmäßigen Intervallen (Kalabarschwellung). Später auch infolge Wanderung adulter Würmer unter der Haut Juckreiz, stechende Schmerzen, selten Sichtbarwerden eines Wurms unter der Konjunktiva. Auch Fieber kann vorkommen. Verlauf über viele Jahre.

Dg und DD: In Endemiegebieten bei starkem Befall der Bevölkerung einfach. Kalabarschwellung tritt vor den Mikrofilarien im Blut auf. Mikrofilariennachweis (Dicker Tropfen, Giemsa-Färbung; Blutentnahme bei Tage!) also nur bei älteren Fällen positiv. KBR, indirekte Immunfluoreszenz und Hauttest positiv.

Prl: Schutz vor Fliegenstichen und Fliegenbekämpfung.

Th: Diethylcarbamazin einschleichend dosieren bis 3mal täglich bis zu 2 mg/kg KG auf die Dauer von 3 Wochen wirkt auf Mikrofilarien und Adulte. Bei Auftreten von allergischen Störungen nach Behandlungsbeginn Antihistaminika und zeitweise Unterbrechung der Behandlung bei über 300 mg/mm^3 Gefahr der allergisch-toxischen Enzephalitis.

Onchocerca volvulus

Vk und Pathog: Stark verbreitet in Zentralafrika und im tropischen Mittelamerika. Adulte Würmer knäuelartig in Bindegewebsknoten unter der Haut und im tieferen Bindegewebe zwischen Muskeln. Mikrofilarien in Lymphspalten des Koriums. Überträger Kriebelmücken der Gattung *Simulium*.

Sy: Knoten der Haut fest, meist schmerzlos, deutlich erhaben oder gar vorgewölbt. Größe 1–6 cm, Durchmesser. Sitz der Knoten sowohl am Kopf als auch am Rumpf und an den Extremitäten, besonders an Stellen, wo die Haut unmittelbar der knöchernen Unterlage aufliegt. Folgenschwerer sind die von den wandernden Mikrofilarien hervorgerufenen Erscheinungen, chronische Dermatitis mit starkem Juckreiz, später sklerodermieartige Hautveränderungen, Presbyodermie, allergische Störungen. Augenkomplikationen, die teils durch Einwanderung der Larven ins Auge, teils toxisch bedingt sind, wie Iridozyklitis, Chorioretinitis, Onchokeratitis, chorioretinale Degeneration mit Atrophie des N. opticus und oftmals Erblindung (river blindness). Sowda ist eine auf der arabischen Halbinsel, im Sudan, seltener auch in Westafrika vorkommende hyperreaktive Onchodermatitis mit geringer Mikrofilariendichte und regionaler Lymphopathie.

Dg und DD: Bei typischen Knoten in Endemiegebieten meist einfach. Verwechslung mit Lymphomen oder Fibromen ist möglich. Nachweis der Mikrofilarien in der Haut (Probeexzision an Hüfte, Schulterblättern, Gesäß oder anderen meist juckenden Hautstellen oder im Sediment des Mittagsurins oder in der vorderen Augenkammer durch Spaltlampenuntersuchung) sichert die Diagnose; notfalls Exzision eines Knotens mit nachfolgender histologischer Untersuchung auf adulte Würmer. Bei leichten Infektionen nur juckende Dermatitis.

Th: Möglichst frühzeitige und vollständige Exzision der Knoten. Zur Beseitigung der Mikrofilarien Ivermectin (Mectisan) 150 µg/kg als Einzeldosis alle 9–12 Monate. Nur milde Mazotti-Reaktion. Wirkt nicht gegen adulte Filarien. Behandlung der Adultstadien durch Suramin ist obsolet.

Prgn: Bei zeitiger Behandlung günstig. Hauptgefahr für das Auge!

Dracunculus medinensis (Medina- oder Guineawurm) (Tab. 42.**6**, S. 1496)

Vk und Pathog: Vor allem in Arabien und anderen Ländern des Mittleren Ostens, Pakistan, Indien, in manchen Gebieten West- und Äquatorialafrikas und im Sudan. Typische Erkrankung infolge ungeschützter Brunnen und Wasserstellen in ariden und semiariden Gebieten. Aus dem Ulkus der Kranken (s. Klinik) gelangen Larven ins Wasser, wo sie durch *Cyclops*-Krebschen (Zwischenwirt) aufgenommen werden, die mit dem Trinkwasser vom Menschen wieder aufgenommen werden.

Sy: Bei 80% infolge Hydrotaxis der Würmer am Unterschenkel, selten an Unterarmen (z. B. bei Wäschern). Sichtbarer fadenförmiger, gewundener Strang in der Haut mit Juckreiz, stechendem Schmerz; dann Entwicklung eines kleinen Bläschens mit Zerstörung der Epidermis, in dessen Tiefe die Vulva des Wurmes sichtbar werden kann. Frühzeitig allergische Erscheinungen, wie flüchtige Urtikaria, Eosinophilie, selten schwere anaphylaktische Zustände. Bei Sekundärinfektion des Wurmkanals Abszesse, Phlegmonen, Erysipel, Lebensdauer des adulten Wurms 6–9 Monate. Stirbt nach Larvenablagerung ab. Abgestorbene Würmer werden resorbiert oder verkalken.

Dg: Be typischen Erscheinungen einfach. Notfalls Röntgenaufnahme mit Injektion von Kontrastmittel in den Wurmkanal.

Prl: Meidung unreinen Trinkwassers (Filtrieren!) in Endemiegebieten. Infektionen mit *Dracunculus medinensis* sind infolge Besserung der Hygieneverhältnisse in den Endemieländern seltener geworden.

Th: Das seit alters geübte, langsame Herausziehen und Aufwickeln des Wurms auf ein Stäbchen (Äskulapstab?) kann heute durch Anthelminthika unterstützt, aber nicht ersetzt werden: Metronidazol (Clont, Flagyl, Niridazol (Ambilhar), Albendazol wirken wohl mehr antiphlogistisch als antiparasitär. Bei bakterieller Sekundärinfektion des Wurmkanals oder Phlegmone Antibiotikabehandlung.

Prgn: Günstig, sofern keine Sekundärinfektion eintritt.

Mansonella, früher Dipetalomena perstans s. Tab. 42.**2**

Mansonella, früher Dipetalonema streptocerca s. Tab. 42.**2**

Mansonella ozzardi s. Tab. 42.**2**

Fleckfieber s. Rickettsiosen

Frambösie s. Treponematosen, tropische

Gelbfieber s. Arbovirosen, tropische

Giardiase s. Kap. Infektionskrankheiten, Lambliase

Gifttiere, tropische

Schlangenbisse

Vk: In allen Tropenländern mit Ausnahme der Afrika vorgelagerten Inseln des Indischen Ozeans kommen zahlreiche Arten von Giftschlangen vor. Die Wahrscheinlichkeit, daß Europäer von Giftschlangen gebissen werden, ist sehr gering, es sei denn, man bewege sich mit größter Unachtsamkeit im Gelände (beim Brennholzsammeln, bei unachtsamem Durchstreifen von Busch und Wald). Die Hälfte aller Bisse durch Giftschlangen sind „ungiftig", da die Schlange den Menschen nur in Defensive beißt und hierbei relativ wenig Gift injiziert wird. Weniger als ein Viertel aller Giftschlangenbisse führt zu systemischer Vergiftung.

Sy und Dg: Vorhandensein von zwei Giftzahnmarken an der Bißstelle beweist Giftschlangenbiß. Angst bis zu Todesangst beherrscht das klinische Bild in erster Linie noch lange, bevor systemische Vergiftungserscheinungen auftreten. Schock, Kollaps können die Folge sein. Symptomatik s. Tab. 42.**3**.

Th:

- *Erste Hilfe* (nicht ärztlich): Beruhigung, Abdeckung der Bißstelle, keine Inzisionen, kein Aussaugen, Abbinden oberhalb des Bisses. Zur Verhinderung des venösen Rückflusses, Aspirin, kein Alkohol.
- *Ärztliche Hilfe* (oder durch andere erfahrene Personen): *Allgemein:* Tetanustoxoid, Ruhigstellen der betroffenen Extremität, sterile Abdeckung der lokalen Reaktion, Adrenalin zur Schockbekämpfung und Steroide bei Serumreaktion, Behandlung der respiratorischen Insuffizienz. *Spezifisch:* Polyvalentes oder spezifisches Serum nach 0,2 ml s. c. Vorprüfung, am besten 100 ml (10 Ampullen) i. v. in 200–300 ml isotoner Kochsalzlösung. Hierbei läßt sich eine Serumreaktion besser überwachen als bei i. m. oder s. c. Injektionen. Bei systematischen Vergiftungserscheinungen kann durch rechtzeitige (d. h. u. U. innerhalb von 1 Stunde) Serumtherapie selbst bei hoher Giftmenge der letale Ausgang verhindert werden.

Spinnenbisse

Vk und Ät: In tropischen Ländern sind sowohl bei den Haus- als auch bei den Freilandspinnen nur verhältnismäßig wenige

Tabelle 42.**3** Symptomatik der Giftschlangenbisse

Vergiftung	*Elapidae* (Kobraarten, Mambaarten)	*Viperidae* (Ottern u. Vipern)	Seeschlangen
1. keine	in 50%	in 30%	in 75%
2. nur lokal	Kobra: Schwellung, daraufhin in 35% Nekrose	Schwellung 30%, Nekrose 10%	keine
3. systemisch mit oder ohne lokale Symptome	15% neurotoxisch, Ptosis, glossopharyngeale dann respiratorische und allgemeine Parese	40% vaskulotoxisch, Blutungsneigung (blutiges Sputum!), Schock, Atemlähmung)	25% myotoxisch, Myalgie, Parese, Myoglobinurie, Hyperkaliämie
4. Intervall zwischen Biß u. systemischer Vergiftung	wenn Symptom innerhalb 1 Stunde, dann letal in 5–20 Stunden	1–2 Stunden (4–5 Stunden), letal in 2 Tagen	1–2 Stunden, letal in 15 Stunden

stark giftige Arten bekannt. Gelegentlich erfolgt Einschleppung giftiger Spinnen nach Europa mit Obstladungen (Bananenstauden!). Gefährlich sind u. a. *Ctenus-* (Südamerika), *Latrodectus-* (Amerika, Afrika, Mittelmeerländer, Asien), *Atrax*-Arten (Australien).

Sy: Abhängig von der Spinne und der Menge des eingebrachten Gifts. Frische Bißstellen wie feiner Nadelstich, oft kaum erkennbar. Bei manchen Arten nur geringe entzündliche Veränderungen bei sehr starken Schmerzen, bei anderen rasch entstehende örtliche Nekrosen. Dann rasches Auftreten von Allgemeinsymptomen wie Frösteln oder Fieber, Schwindel, Kollaps mit Schweißausbrüchen, schwere Angstzustände, manchmal auch Krämpfe, Anurie und Hämaturie, Ikterus. Bei *Latrodectus* evtl. Atemlähmung, bei anderen Arten Lungenödem und Tod im Koma.

Th: Die wirksamste Therapie ist das Eintauchen der Bißstelle in heißes Wasser, so heiß wie eben erträglich. Schmerzen lassen sofort nach; sofort aus dem Wasser entfernen zur Verhütung von Verbrühungen. Wenn Schmerz erneut auftritt, erneut eintauchen. Mehrmals wiederholen (cave Brandblasen!). *Medikamentös:* Antihistaminika, Corticosteroide, Adrenalin, Calciumgluconat i. v. Örtlich Xylocaininfiltration. Gegen einige Arten gibt es antitoxisches Serum.

Skorpionstiche

Vk und Ät: Vorkommen zahlreicher Arten in allen warmen Ländern. Skorpione sind Nachttiere, die sich tagsüber in Mauerspalten, unter Steinen, auch in Schränken und abgehängten Kleidern oder Schuhen verborgen halten. Der Stachel mit Giftdrüse am Endglied des Postabdomens wird beim Stich über den Kopf nach vorn gekrümmt.

Sy: Weitaus die meisten Stiche treffen die Extremitäten. Klinische Erscheinungen abhängig von der Art des Skorpions und Menge des eingespritzten Gifts. Nach Stich bei einigen Arten nur wenig, bei den meisten stark schmerzhaftes Ödem mit entzündlicher Rötung in Umgebung des Stichs, das (z. B. *Heterometrus* im Orient, Indien, Indonesien) nach Stunden abklingt. Bei anderen Arten (*Buthus* in Südafrika; *Androctonus* in Ägypten, Orientländern; *Tityus* in Brasilien) jedoch auch Allgemeinerscheinungen wie Frösteln, Kopfschmerz, Schwindel, Muskelrigidität, Parästhesien; in seltenen Fällen schwere Angstzustände, Delirien, Kollaps, Herzarrhythmie oder gar Lungenödem und Koma mit tödlichem Ausgang.

Th: s. Spinnenbisse.

Fischstiche

Vk: Giftige Fischstiche in tropischen Küstengewässern sind häufig.

Th: s. Spinnenbisse.

Gnathostoma spinigerum s. Larva migrans

Granuloma venereum seu inguinale s. Kap. Hautkrankheiten, Lymphogranulome venereum

Guineawurm s. Filariasen

Hakenwurminfektion s. Nematodeninfektion

Hautleishmaniase s. Leishmaniasen

Hautmaulwurf s. Larva migrans

Heterophyesinfektion s. Trematodeninfektion

Histoplasmose s. Mykosen, tropische

Hydatidose s. Zestodeninfektion

Impfungen im internationalen Reiseverkehr

Impfungen im internationalen Reiseverkehr haben sowohl die internationalen Seuchenbestimmungen („Vaccination Certificate Requirements for International Travel", jährlich herausgegeben von der WHO) wie auch die nationalen und lokalen Bestimmungen der Zielländer der Reisenden und die persönlichen Gesundheitsrisiken der Reisenden zu berücksichtigen.

Zwischenlandungen, auch im Transit, können in manchen Ländern bereits eine Impfpflicht beinhalten. In einigen Ländern kann die Praxis von den internationalen Empfehlungen oder nationalen Bestimmungen abweichen.

Gelbfieber: Nur bei Reisen nach Afrika, Süd- und Mittelamerika. Einmalige Impfung (schützt 10 Jahre). Immunität 6 Tage nach Impfung, Gültigkeit nach 10 Tagen. Bei Kindern unter einem halben Jahr und Schwangeren darf nicht geimpft werden, ebenso nicht bei Vorliegen von Eiweißallergie, anderen allergischen Diathesen (vorher Hautsensibilitätstest) und Immunsuppression. Bei medizinischer Kontraindikation kann unter Abwägung des Impf- gegen das Infektionsrisiko eine Impfbefreiung bescheinigt werden.

Cholera: In internationalen Reiseverkehr in der Regel nicht mehr verlangt, jedoch gelegentlich im grenzüberschreitenden Verkehr in oder aus Endemie- oder Seuchengebieten nach nationalen Bestimmungen vorgeschrieben. Einmalige Dosis von 0,1 ml intradermal oder 0,5–1,0 ml s.c. einer standardisierten Suspension formolinaktivierter Choleravibrionen schützt bedingt ab dem 6. Tag nach Erstinjektion. Zweimalige Impfung erhöht die Wirkung nicht wesentlich. Auffrischung alle 6 Monate mit 1,0 ml. Wirksamkeit umstritten.

Impfungen, die darüber hinaus zum persönlichen Schutz dringend zu empfehlen sind: Typhus-Schutzimpfung (Typhoral – *Salmonella typhi,* attenuierter Lebendimpfstoff), Tetanus – Diphtherie-, Tetanus- und Poliomyelitis-Schutzimpfung (Salk oder Sabin) alle 10 Jahre auffrischen, BCG-Impfung bei nichtimmunen Kindern bei längerem Aufenthalt in den Tropen. Gegen infektiöse Hepatitis A schützt Hepatitis-A-Aktivimpfung oder Immunglobulin (4–5 ml i.m.) für 4 bis 6 Monate. Wiederholung nur, wenn streng indiziert. Hepatitis-B-Impfung in der Regel nur für medizinische Berufe in Entwicklungsländern indiziert. HBV hat in den Tropen eine wesentlich höhere Prävalenz. (Hämatogene, iatrogene, sexuelle Infektionswege sind zu beachten.)

Meningokokkenmeningitis: Impfpflicht bei Einreise nach z. B. Mekka, Risikopersonen in sozialen und medizinischen Berufen in Endemiegebieten (tropisches Afrika, Indien, Nepal, Golfstaaten), je nach epidemiologischer Situation. Totimpfstoff (Hüllenpolysaccharide, Serumgruppe A + C, Applikation 1mal 0,5 ml, Kinder unter 2 Jahren 2mal 0,5 ml im Abstand von 14 Tagen. Auffrischung alle 3 Jahre, kein Schutz gegen die in Europa oder Brasilien vorkommende Meningitis B.

Japanische Enzephalitis: Indikation: längere Aufenthalte in ländlichen Endemiegebieten (u. a. China, Indien, Kambodscha, Laos, Myanmar (Burma), Nepal, Philippinen, Korea, Sri Lanka, Thailand, Vietnam während des Sommermonsums.

Totimpfstoff, z. B. der Fa. Biken (Japan) oder über internationale Apotheke oder in Tropeninstituten und in Endemiegebieten erhältlich. 2mal 1,0 ml s. c. im Abstand von 8–14 Tagen, Auffrischung nach 1 Jahr; Kinder unter 3 Jahren halbe Dosis, bei Personen über 60 Jahren dritte Dosis.

Kala-Azar s. Leishmaniasen

Kalabarschwellungen s. Filariasen, Loa-Loa-Infektion

Kokzidiose

Infektion des Menschen mit vier Arten der Familie (Unterklasse) *Coccidia* der Sporozoen (nicht zu verwechseln mit *Coccidioides,* einer Pilzinfektion!): *Cryptosporidium, Isospora belli, Sarcocystis* und *Toxoplasma.*

Kryptosporidiasis

Ät: Erreger *Cryptosporidium,* Schizogonie und Sporogonie im Bürstensaum des Dünndarmepithels von Haustieren (Geflügel, Schwein, Rind, Pferd, Schaf usw.), nicht zu verwechseln mit der Pilzinfektion Kryptokokkose!

Vk und Pathog: Beim Menschen selten, als Schmutzinfektion, bei immundefizienten und AIDS-Patienten beobachtet (S. 969 ff).

Sy: Chronische Dünndarmdurchfälle.

Dg: Stuhluntersuchung, Dünndarmbiopsie.

Prl: Hygiene, Übertragungswege noch nicht eindeutig geklärt.

Th: Keine spezifische Therapie, Unterbrechung der immunsuppressiven Therapie, Spontanremissionen möglich.

Isosporiasis

Vk: Weltweit, besonders Südamerika, Afrika und andere Tropengebiete; beim Menschen selten beobachtet.

Ät und Pathog: Erreger *Isospora belli,* Schizogonie und Sporogonie intrazellulär im Duodenal- und Jejunalepithel.

Hunde und andere Säugetiere dienen als Reservoir, aber auch fäkoorale Kontamination möglich.

Sy: Klinisch stumm bis schwere, chronische Durchfälle, monate- bis jahrelang, bevor Diagnose gestellt wird.

Dg: Oozysten im Stuhl spärlich, Dünndarmbiopsie.

Prl: Lebensmittelhygiene.

Th: Trimethoprim (160 mg) – Sulfamethoxazol (800 mg) über 2–3 Wochen ist heute Mittel der Wahl.

Sarkozystose

Vk: Rinder und Schweine in manchen Teilen der Welt zu nahezu 100% verseucht.

Menschliche Infektionen jedoch relativ selten.

Ät und Pathog:

- *Erreger: Sarcocystis suihominis* (Zwischenwirt Schwein), *Sarcocystis bovihominis* (Zwischenwirt Rind).
- *Übertragung:* Asexuelle Vermehrung in Muskelzellen der Zwischenwirte. Infektion durch Verzehr rohen Fleisches und fäkooral von Mensch zu Mensch.

Sy: Asymptomatisch bis chronische Durchfälle durch sexuelle Vermehrung in der Lamina propria der Dünndarmmukosa.

Dg: Oozysten und Sporozysten im Stuhl spärlich. Dünndarmbiopsie.

Th: Keine spezifische Therapie bekannt, selbstlimitierende Infektion.

Toxoplasmose s. Kap. Infektionskrankheiten

Kwashiorkor s. Protein-Energie-Mangelsyndrome

Kyasanurfieber s. Arbovirosen, tropische

Lambliasis s. Kap. Infektionskrankheiten

Larva migrans

Eine Gruppe von Infektionen mit Larvenstadien von Nematoden und Zestoden, für die der Mensch Fehlwirt ist. Die Larven verbleiben für einige Zeit im kutanen, subkutanen oder tiefen Bindegewebe, wo sie sich fortbewegen und Irritation verursachen. Es entwickeln sich keine Adulte.

Larva migrans cutanea (creeping eruption, Hautmaulwurf)

Vk: In allen tropischen und subtropischen Zonen. Tropenreisende, vor allem Kinder, werden nicht selten an Badestränden davon befallen.

Ät und Pathog: Ancylostoma caninum (europäischer Hundehakenwurm) und *Ancylostoma brasiliense* (Hunde- und Katzenhakenwurm) sind die häufigsten Ursachen, daneben *Strongyloides stercoralis* (perianale) L. migrans, Larva currens durch Autoinfektion sowie *Uncinaria stenocephalus* und *Strongyloides myopotami* (*Nutria-Strongyloides*-Arten) sowie *Gnathostoma spinigerum* (Hundenematoden) und *Diphyllobothrium*-Arten (Hunde-Katzen-Fischbandwurm = *Sparganose*). Gemeinsam ist diesen Larven, daß sie aus dem Kot von Hunden, Katzen oder anderen Endwirten stammen und entweder vom Boden (Sand, Badestrand) durch die Haut aufgenommen werden oder im Falle von *Gnathostoma spinigerum* und Sparganose zusammen mit dem Zwischenwirt (rohe Fische, Schlangen, Vögel, Frösche) oral aufgenommen werden.

Sy: Die Larven bilden im Stratum germinativum der Haut oberflächlich sichtbare, entzündlich gerötete, stark juckende gewundene Gänge mit kollateralem Ödem, die täglich um mehrere Millimeter oder gar Zentimeter länger werden. Sie treten ein- oder mehrfach auf, verschwinden, kommen wieder, können sich monatelang erhalten. Durch Juckreiz kommt es zu Kratzeffekten mit sekundärer Infektion und Pyodermien.

Dg: Anamnese, klinisches Bild, Eosinophilie.

DD: Befall mit Larven der Dasselfliege, die ebenfalls sich unter der Haut fortbewegen, s. Myiasis.

Th: Lokal vereisen mit Chlorethyl oder Kohlensäureschnee. Tiabendazol-Creme lokal (in Deutschland nicht im Handel).

Larva migrans visceralis

Vk: Weltweit, besonders im südlichen Nordamerika bei sozial niedrigen Gruppen. Kinder sind am häufigsten befallen (Tab. 42.**6**, S. 1496).

Ät: Verursacht meistens durch Hunde- und Katzen-Ascaris *(Toxocara canis, Toxocara cati)* oder auch durch andere Tiernematoden. Die Infektion geht von den Hündinnen kongenital auf die Jungen über.

Sy: Persistierende Eosinophilie, Hepatomegalie, Bronchitis, Pneumonie häufig subklinisch, oft asymptomatisch bis zu 1½–2 Jahren Dauer.

Prl: Entwurmen der Hunde.

Th: Diethylcarbamazin oder Tiabendazol (Minzolum) 25–50 mg/kg KG in 2–3 Dosen für 1 Woche (in Deutschland nicht mehr im Handel).

Gnathostomiasis
s. Nematodeninfektionen

Sparganose s. Zestodeninfektionen

Lassa-Fieber

Def: Erstmals 1969 in Lassa (Nordnigeria) beobachtete pantrope Virusinfektion.

Vk: Nordnigeria, Sierra Leone, Liberia in kleinen Epidemien bei Ärzten und medizinischem Personal, vermutlich durch Kontakt mit infektiösem Blut, oft tödlich verlaufend.

Ät und Pathog:

- *Erreger:* Lassa-Virus (Arenavirus).
- *Reservoir:* Nagetiere. *Mastomys natalensis* als Dauerträger des Virus mit Ausscheidung durch den Urin. Klinisch relativ stumme Durchseuchung unter unhygienischen Wohnbedingungen.

Sy und Dg: Akuter Beginn, hohes Fieber, Petechien, Muskelschmerzen, Lungenentzündung, Erbrechen, Durchfall, toxisches Herz-Kreislauf- oder Nierenversagen. Bei klinischer Manifestation 50% Letalität, Protrahierte Rekonvaleszenz; möglicherweise in der Mehrzahl klinisch stummer Verlauf. Serologisch retrospektiv nachweisbar.

Prl: Nagetierbekämpfung. Bei Import Hochsicherheitsisolation.

Th: Symptomatisch.

Leishmaniasen

Überblick über Ätiologie, Pathogenese und Formen

Infektion mit Protozoen der Klasse *Mastigophora* (Flagellaten) aus der Familie der *Trypanosomatidae* und der Gattung *Leishmania,* übertragen durch Phlebotomen (Sandmükken). Die promastigoten Erreger invadieren nach der Infektion RES-Zellen und Makrophagen, in denen sie sich bis zur Ruptur der Wirtszelle durch Teilung vermehren.

Die Erreger lassen sich morphologisch und serologisch nicht unterscheiden, nur mit sehr komplizierten immunologischen und enzymatischen Methoden. Klinisch werden kutane und mukokutane von einer viszeralen Manifestation der Infektion unterschieden.

Kutane Leishmaniase

Synonyme (obsolet); Orientbeule, Aleppobeule, Bagdadbeule.

Def: Granulomatöse Hautläsion, hervorgerufen durch *Leishmania-tropica*-Komplex. Man unterscheidet eine Frühform von einem Rezidiv.

Vk: In semiariden Gebieten Südeuropas, Nordafrikas, des Vorderen Orients (Syrien, Irak, Iran), östliche Türkei, arabische Halbinsel, Afghanistan, Pakistan, Nordwestindien, Nordchina. In Afrika südlich der Sahara zwischen 10. und 13. Grad nördlicher Breite. Früher sehr verbreitet, heute bei Verbesserung der sanitären Verhältnisse im Rückgang begriffen (Mückenbekämpfung). Die Erkrankung wird in Deutschland gelegentlich bei Gastarbeitern und Rückkehrern aus diesen Regionen beobachtet. Jüngst zahlreiche Fälle im Golfkrieg und bei UN-Truppen.

Pathog: Natürliches Reservoir: Mensch, Nagetiere, Hunde, Katzen, Affen.

In der Frühform Granulom mit massenhaft histiozytären Zellen. Mit zunehmender Dauer der Läsion geht die Zahl der Parasiten zurück. Bei *Leishmaniasis recidivans* besteht tuberkuloides Granulationsgewebe mit Epitheloid- und Riesenzellen, umgeben von einem lymphozytären Saum. Parasiten sind nur selten, oft gar nicht zu finden (vgl. Lupus vulgaris).

Sy: Inkubationszeit 2–3 Wochen, selten kürzer, häufig länger, Monate bis Jahre. Das klinische Bild ist sehr variabel, weshalb ohne Parasitennachweis die DD oft schwierig ist.

Nach der Inkubationszeit am Ort des Insektenstichs – meist Kopf, Hals, Hände, Arme – entsteht eine kleine blau-rötliche Papel, die sich im Verlauf von einigen Monaten auf ½ bis mehrere Zentimeter Durchmesser vergrößert und sich etwa ½ cm über die Hautoberfläche erhebt. Nach 3–4 Monaten noduläres Stadium mit zentraler Ulzeration und Verschorfung. Spontane Heilung unter Zurücklassung einer typischen Narbe in 9–15 Monaten. Diese Form der nodösen Leishmaniase hinterläßt lebenslange Immunität. Die Zahl der Papeln hängt von der Zahl der initialen infektiösen Mückenstiche ab. Bei Europäern gelegentlich heftiger Verlauf mit lymphogener Aussaat.

In 10% der Fälle kommt es im Verlauf der Ersterkrankung oder Jahre nach der ersten Spontanheilung zu einem tuberkuloiden Rezidiv (*Leishmaniasis recidivans,* lupoide Leishmaniase) von gelblich-brauner Farbe, das unter dem Glasspatel Tuberkel wie bei Lupus vulgaris zeigt. Destruktiver, chronisch entzündlicher Prozeß. Läsionen können Jahre bestehen, Heilung unvollkommen.

Dg: Demonstration der Leishmanien in Geschwürsrandpunktaten und Ausstrichen bei der Frühform, bei der Spätform selten positiver Ausstrich. In beiden Fällen ist die Kultur positiv. Leishmanintest (Hauttest, Montenegro-Test) innerhalb von 3 Monaten nach Erscheinen der Läsion, oft hyperergisch positiv. Serologie negativ.

DD: Furunkel, Lupus vulgaris, Lupus erythematodes, Syphilis, Lepra, Keloide, Ulcus tropicum, Akne, Psoriasis, Ekchymoma, Erysipel.

Th: Spontanheilung täuscht gute Behandlungsergebnisse vor. 5wertige Antimonpräparate wie Pentostam oder lokale Verschorfung mit Kohlensäureschnee oder Infiltration mit Resochin können versucht werden. Durch zu umfangreiche lokale Manipulationen kann die Narbenbildung verschlimmert werden. In jüngster Zeit Ketoconazole mit gutem Erfolg, abhängig von Spezies.

Mukokutane und kutane Südamerikanische Leishmaniase

Mukokutane Leishmaniase (Espundia, Uta)

Def: Papulös-ulzeröse Läsion der Haut im Gesicht, vor allem Mund-Nase-Ohrläppchen-Bereich, auf die Schleimhautzone übergreifend, progressiv-destruktiv.

Vk, Ät und Pathog: In Südamerika mit verschiedenen klinischen Bildern und verursacht durch verschiedene Subspezies von *Leishmania brasiliensis,* kommt sehr selten bei Rückkehrern und Reisenden aus den Tropen in Deutschland vor.
Natürliches Reservoir: Mensch, Nager, Hunde, Katzen, primär eine Zoonose.
Überträger: Phlebotomenarten.

Sy: Primäre Läsion ähnlich wie bei Orientbeule, Papel-Bläschen-Geschwürsbildung. Bei ulzerösem Verlauf mit Übergreifen auf die Schleimhäute kommt es zu massiven Destruktionen im Mund-Nasen-Rachen-Raum mit Zerstörung u. a. des Nasenknorpels, kompliziert durch Mischinfektionen. Espundia = feuchte Form des Waldes, Uta = trokkene Form der Höhen (Peru).

Dg: Klinisch, Montenegro-(Leishmanin-) Hauttest, positiver Parasitennachweis.

DD: Frambösie, Lepra, Syphilis, Tumoren, Blastomykose.

Th: 5wertiges Antimon (Glucantim, Megluminantimonat, Pentostam), bei Nichtansprechen Pentamidin, Amphotericin B, Ketoconazole.

Kutane Leishmaniase Südamerikas (Chiclero-Ulkus)

Def und Vk: Ähnlich wie Espundia, doch typischerweise auf die Ohrläppchen beschränkt, tritt besonders bei Waldarbeitern (Gummisammler) im feuchten Regenwald auf.

Ät und Pathog:

- *Erreger: Leishmania-mexicana-*Komplex.
- *Reservoir:* Wilde Nager.
- *Überträger:* Phlebotomenarten.

Sy: Beim Menschen bewirkt *Leishmania mexicana* eine selbst limitierende Hauterkrankung ohne Metastasierung. Am Ohr, wo sie häufig auftritt, bewirkt sie allerdings chronisch-destruierende Läsionen.

Th: Wie bei Espundia.

Viszerale Leishmaniase (Kala-Azar)

Def: Viszerale Leishmaniase ist eine Allgemeinerkrankung mit unregelmäßigem Fieber, chronischem, oft auch akutem oder subakutem Verlauf mit einer Krankheitsdauer von mehreren Monaten bis 3 Jahren. Leber- und Milzschwellung, Anämie und Kachexie bestimmen das klinische Bild. Die Letalität unbehandelter Fälle ist hoch, epidemisches Auftreten ist möglich. Klinisch stumme Fälle sind häufiger als vermutet und nur serologisch nachweisbar.

Vk: Endemisches Vorkommen in weiten Teilen der Tropen und Suptropen. Kala-Azar hat in Indien, im Mittelmeerraum, in Afrika und in Südamerika unterschiedliche epidemiologische Ausprägungen. In Südeuropa an den Mittelmeerküsten, vor allem Portugal, in Südrußland und am Kaspischen Meer. Im Vorderen Orient und in Asien, erneut wieder in Indien, Pakistan, Bangladesch, China. Endemisch mit gelegentlichen epidemischen Ausbrüchen vor allem in Ostafrika, Sudan, Äthiopien; in Südamerika herdförmig vor allem in Brasilien. Vereinzelt sind europäische Urlaubs-Camping-Reisende befallen.

Ät und Pathog:

- *Erreger: Leishmania-donovani-*Komplex.
- *Reservoir:* Hund und andere Karnivoren, Katzen, wilde Nager (regional unterschiedlich). Der Mensch ist in Indien das wichtigste Reservoir während der akuten Erkrankung (Blut) und im Spätstadium, dem „Post-Kala-Azar-Hautleishmanoid".
- *Überträger:* Phlebotomen.

Pathog: Die von der Mücke inokulierten *Leptomonas-*Formen der Leishmanien werden von den Zellen des RES aufgenommen und vermehren sich in diesen als *Leishmania-*Form. Besonders befallen sind Leber, Milz, Lymphknoten, Knochenmark. Die Parasiten blockieren das gesamte RES; die befallenen Organe vergrößern sich durch retikuloendotheliale Hyperplasie.

Sy: Inkubationszeit wechselnd; oft nur 10–14 Tage, aber auch mehrere Monate. Fieberbeginn meist plötzlich ohne Prodromalerscheinungen und ohne Schüttelfrost; selten schleichender Fieberbeginn, Entwicklung eines hohen remittierenden, im Laufe von 24 Stunden mehrfach auf- und absteigenden Fiebers. Dauer der Fieberperioden mehrere

Wochen und erneutes Auftreten nach mehrtägigem oder mehrwöchigem Intervall. Rasche Entwicklung einer trockenen blaßgelben oder schmutzig-grauen, später dunkel pigmentierten Haut. Großer schmerzhafter Milztumor und starke Leberschwellung, schwere fortschreitende hypochrome Anämie, ferner Leukozytopenie mit relativer Lymphozytose und Monozytose, Thrombozytopenie bis zur Agranulozytose. Später auch Schleimhautblutungen, Stomatitis, Cancrum oris, hartnäckige Durchfälle, Bronchopneumonien und zunehmende Kachexie, selten Amyloidose mit nephrotischem Syndrom. Im Spätstadium Herz- und Kreislaufversagen. Längere Zeit nach Überstehen der Krankheit entwickelt sich oft das kleinknotige oder verruköse Hautleishmanoid.

Dg und DD: Zunächst immer Malaria ausschließen (kann auch zugleich mit Kala-Azar vorliegen). Ferner typhöse Erkrankungen, Brucellosen ausschließen. ELISA-Test, KBR und Immunfluoreszenztest. Erregernachweis (Giemsa-Färbung) im Milz- und Leberpunktat, einfacher und ungefährlicher im Sternalmark, das Hyperplasie der retikuloendothelialen Anteile und intrazellulär gelagerte Leishmanien zeigt.

Th: 5wertiges Antimon (Pentostam, Megluminantimonate), 10–20 mg/kg KG täglich 10–14–30 Tage lang; Ketoconazole, 400–600 mg/Tag für 28 Tage.

Prgn: In unbehandelten klinisch manifesten Fällen fast immer nach 6–8 Monaten tödlich, bei Kindern oftmals schneller. Bei zeitiger Behandlung jedoch meist günstig. Auch Spontanheilungen kommen vor.

Lepra

Def: Chronische, wenig kontagiöse Infektionskrankheit der Haut und der peripheren Nerven, die zu typischen Dermatosen, sensiblen und motorischen Nervenausfällen, gefolgt von Verstümmelungen, führen kann.

Vk: Früher in allen Klimazonen, heute nur noch in Asien, im tropischen Afrika, in Südostasien, Südamerika. In Südeuropa und den übrigen Mittelmeerstaaten nur noch sporadisch. Durch Gastarbeiter eingeschleppte Fälle kommen vor, sind aber selten. In Endemiegebieten können bis 1–3% der Bevölkerung infiziert sein.

Ät und Pathog: Erreger: *Mycobacterium leprae* (Hansen), säurefeste grampositive Stäbchen, die einzeln oder in Massen in Nasensekret oder Haut nachweisbar sind. Sie befallen die Makrophagen der Haut und des Nervengewebes (Schwann-Zellen).

Sy: Man unterscheidet nach Art der Gewebsreaktion, Erregerbefunde und Immunitätslage (Lepromintest) folgende Grundformen: *indeterminierte* Frühform, *tuberkuloide, lepromatöse* und *„Borderline-Lepra"* als Übergangsform zwischen den beiden letzten. Während des Verlaufs der Krankheit kann sich die Reaktionsweise verändern.

- *Indeterminiertes* Frühstadium (I); uncharakteristisches Erythem, Depigmentation, Hyposensibilität. Bakterioskopisch und serologisch meist noch negativ oder nur schwach positiv. Spontanheilung oder Übergang in T- oder L-Form.
- *Tuberkuloide Lepra* (T-Form) ist Ausdruck hyperergischer tuberkuloider, granulomatöser Gewebsreaktion auf die Erreger. Bakterioskopisch negativ, leprominpositiv, fibröse Umwandlung von Haut und Nerven, noch Neigung zur Selbstheilung. Granulomatöse Neuritis der peripheren Nerven führt zu typischen Lähmungen mit folgender Ankylosierung und Sensibilitätsverlust mit Dekubitalulzera, Verstümmelungen.
- *Lepromatöse Lepra* (L-Form) ist Ausdruck anergischer Reaktion mit unbeschränktem Bakterienwachstum, diffusen oder herdförmigen histiozytären Infiltraten (Facies leontina), Perineuritis, Verlust der Augenbrauen, gelegentlich Ulzeration der Nasenschleimhaut. Spezifische Keratitis, Iritis, Epididymitis und miliare Leprome der anderen Organe, Neuritis und Schmerzhaftigkeit, motorische und sensorische Ausfälle (Lepra mutilans).
- *Borderline-Lepra* (B-Typ) zeigt Charakteristika vom L- und T-Typ. Meist progredient, bakterienreich und Neigung, sich zum L-Typ hin zu entwickeln.

Verlauf über viele Jahre, erste Anzeichen der Infektion meist nicht vor dem 3. Lebensjahr.

Dg: Erstes Zeichen: Depigmentation, makulöses Erythem mit papulärem oder induriertem Wall, evtl. zentraler Heilung und Anästhesie, je nach Immunitätslage unterschiedliche Ausbreitung. Bakterioskopisch in Gewebssaft einer unblutigen Skarifikation und Nasensekret oder Hautbiopsie (Ziehl-Neelsen-Färbung). Mykobakterien in Mäusepfoten kurzfristig züchtbar. Lepromintest prüft nur die Reaktionslage, diagnostisch nicht verwertbar.

Prl: BCG-Impfung, Hebung des allgemeinen Lebensstandards.

Th: Frühe Lepra ist heute heilbar! Bis vor wenigen Jahren wurde die Chemotherapie der Lepra ausschließlich als Monotherapie mit Dapson durchgeführt. Seit 1982 wird von der WHO eine „multidrug therapy" propagiert mit den Medikamenten Dapson, Clofazimin und Rifampicin. Unterschiedliche Behandlungsschemata werden empfohlen in Abhängigkeit von der bakterioskopischen Bazillendichte:

Pauzibazilläre (I, T, BT) Lepra:

Rifampicin, 600 mg, 1mal monatlich; DDS, 50–100 mg, täglich — über 6 Monate

Überwachung: 2 Jahre lang in 3-Monatsabständen, 1mal Hautabstrich

Multibazilläre + Borderline-Lepra:

DDS, 50–100 mg, täglich; Rifampicine, 600 mg, 1mal monatlich; Clofazimin, 50 mg, täglich (oder 100 mg 3mal wöchentlich) — Minimum: 2 Jahre, besser bis Hautabstrich negativ

Überwachung: 5 Jahre

Manchmal ist Differenzierung zwischen multibazillär und pauzibazillär schwierig, *dann* im Zweifelsfall immer mit Dreierkombination (wie multibazillär) behandeln. Diverse Studien (in Indien, Mali) haben gezeigt, daß durch die sog. „multidrug therapy" beginnende Resistenz gegen DDS verhindert bzw. überwunden werden kann. Während des chronischen Verlaufs einer Lepra können akute entzündliche Reaktionen auftreten. Solche Exazerbationen können auch ausgelöst werden durch immunologische Veränderungen nach Chemotherapie und Reduktion der Bazillen. Auch interkurrierende Infekte (Virusinfekte, Malaria usw.), Anämie, Streß, Schwangerschaft können solche Reaktionen auslösen:

- Reaktion Typ 1: wechselnde Immunitätslage,
- Reaktion Typ 2: ENL (Erythema nodosum leprosum).

Bei ENL: Bettruhe, Aspirin, vorübergehend Clofazimin, evtl. Steroide, Thalidomid. Antilepröse Chemotherapie *nicht* absetzen.

Wichtigster Teil der Therapie ist die Resozialisierung und physische Rehabilitation einschließlich Wiederherstellungschirurgie. Es besteht Meldepflicht; eine Isolation für lange Zeit ist jedoch nicht angezeigt.

Leptospirosen s. Kap. Infektionskrankheiten

Loa-Loa-Infektion s. Filariasen

Lungenegel s. Trematodeninfektion

Lyme-Krankheit s. Kap. Infektionskrankheiten

Lymphogranuloma venereum seu inguinale s. Kap. Hautkrankheiten

Madurafuß s. Mykosen, tropische

Malaria

Definition

Wichtigste importierte und bis zu ihrer Artdifferenzierung als lebensgefährlich zu betrachtende Infektion durch Protozoen der Gattung *Plasmodium.* Ihre Arten sind morphologisch, in den durch sie hervorgerufenen klinischen Erscheinungsformen und den therapeutischen und prognostischen Konsequenzen deutlich unterschieden. Die als lebensbedrohlich zu bezeichnende *Malaria tropica,* hervorgerufen durch *P. falciparum, Malaria tertiana* durch *P. vivax* und *P. ovale* sowie *Malaria quartana* durch *P. malariae.*

Vorkommen

27% der Erdbevölkerung leben in Malariaendemiegebieten. In vielen Tropenländern, vor allem außerhalb der Städte unter 1500 bis 2000 m Höhenlinie, wieder in Zunahme begriffen und nach wie vor eine der wichtigsten Todesursachen im Kindesalter.

Ätiologie und Pathogenese

Erreger: Plasmodien sind pigmentbildende Sporozoen der Unterordnung *Haemosporina* mit zwei sexuellen Zyklen (Schizogonie) in einem Vertebraten und einem sexuellen (Gamogonie) und asexuellen Zyklus (Sporogonie) in einem Avertebraten, der gleichzeitig Überträger und Zwischenwirt ist.

Überträger: Etwa 55 von 300 Stechmückenarten der Gattung *Anopheles,* deren jeweiliges typisches Biotop die Verbreitung der Malaria bestimmt.

Entwicklungszyklus der Malaria

Der Parasitenzyklus im Menschen nach Inokulation der infektiösen Form (Sporozoit)

durch die Überträgermücke verläuft in zwei asexuellen Phasen (Abb. 42.**1**).

- *Exoerythrozytäre Schizogonie* oder Gewebephase: Sporozoiten dringen etwa 30 Min. nach Inokulation in Leberparenchymzellen ein und reifen in einer ersten Schizogonie zu Schizonten heran. Reifeteilung in Merozoiten, die nach Ruptur der Leberzelle in die Blutbahn strömen. Sporozoiten von *P. vivax* und *P. ovale* können darüber hinaus als Ruheformen (Hypnozoiten) in der Leberzelle überdauern und noch nach Monaten oder bis zu 3 Jahren zu Rezidiven führen.
- *Erythrozytäre Schizogonie:* Merozoiten heften sich an spezifische Rezeptorproteine (Glykophorine) der Erythrozytenmembran an. Sie stülpen eine parasitophore Vakuole ein, in der sie sich auf Kosten der Proteine des Hämoglobins über eine Ringform zu einem Trophozoiten und durch Mitose zu einem Schizonten entwickeln. Abbauprodukt des Hämoglobins ist ein Ferriprotoporphyrin (Malariapigment). Jede Plasmodienspezies bildet eine typische Anzahl von Merozoiten, die sich nach Ruptur der Erythrozytenmembran in die Blutbahn ergießen (Malariafieberanfall). Nach zwei bis drei erythrozytären Generationen beginnt die Gametozytogenese. Aus einigen intrazellulären Merozoiten entwickeln sich nicht Schizonten, sondern getrenntgeschlechtliche Gametozyten.
- *Sporogonie in der Überträgermücke* (Abb. 42.**1**).

Symptome und Diagnose

Fieberanfall durch Erythrozytenzerfall und Freisetzen von Merozoiten und pyrogene Stoffwechselprodukte der Parasiten.

Nach uncharakteristischer Phase durch Synchronisation der Plasmodienentwicklung charakteristische Intervalle: 48 Stunden bei *P. vivax* und *P. ovale,* 72 Stunden bei *P. malariae.* Die 48stündige Reproduktionsrate von *P. falciparum* führt jedoch nicht zur Synchronisation, daher uncharakteristischer, oft septischer Fieberverlauf, der zu Fehldiagnosen Anlaß gibt. Bei Doppelinfektion mit zwei Plasmodienarten oder bei mehreren Infektionszyklen kommt es zur Interferenz der Fieberkurven.

Zur Zeit werden in Deutschland jährlich über 800 Fälle importierter Malariafälle gemeldet. In etwa 40% liegt eine *Malaria tropica* vor, die infolge zu spät eingeleiteter Therapie in 3% tödlich verläuft.

Daher muß bei jedem fieberhaften Patienten ungeachtet der übrigen Symptome eine *geographische Anamnese* erhoben werden. Ist diese positiv und besteht Malariaverdacht, ist dieser als *Malaria-tropica-Verdacht* und als solcher als *internistischer Notfall* zu behandeln, bis die Diagnose entkräftet oder bestätigt ist bzw. die Parasitämie beseitigt ist.

Malaria tropica (P. falciparum)

Sy: Inkubationszeit 8–12 (5–17) Tage. Plötzliches unregelmäßiges, remittierendes oder kontinuierliches Fieber. Schweres Krankheitsbild mit Kopfschmerzen, Erbrechen, oft Durchfall, Benommenheit. Auch kann Fieber fehlen (s. u.). Frühzeitig hämolytische Anämie mit Ikterus, Leber- und Milzvergrößerung. Bei Nichtimmunen ohne Chemoprophylaxe entwickelt sich rasch eine hohe Parasitämie. Bei über 50%igem Befall der Erythrozyten und nicht sofort einsetzender Intensivtherapie ist die Prognose infaust. Bei Teilimmunen heilt die Malaria tropica nach mehreren Fieberphasen nach 8–12 Monaten aus, sofern nicht Reinfektionen stattfinden. Gametozyten ab ca. 14 Tagen persistieren 3–6 Monate. Keine Rückfälle.

Pathologisches und klinisches Bild werden im wesentlichen durch den hohen Parasitenbefall der Erythrozyten, ihre Verklumpungsneigung mit folgender kapillarer Stase, erhöhter Gefäßpermeabilität und Gewebsanoxie bestimmt. Besonders gefährdet ist das Gehirn (zerebrale Malaria). Akute hämolytische Anämie und Thrombozytopenie, respiratorische Insuffizienz sowie Gefahr der Verbrauchskoagulopathie können das ohnehin schwere Krankheitsbild lebensbedrohlich werden lassen.

Besondere Verlaufsformen: Zu dem obligaten Fieber können gastrointestinale, hepatische, kardiovaskuläre (algide Malaria, Kreislaufschock, Schocklunge) oder renale Symptome (Immunkomplex – Glomerulonephritis) mit Oligurie und Anurie kommen. Die zerebrale Malaria ist durch frühzeitig auftretende diffuse neurologische Befunde wie Parästhesien, Paresen, epileptiforme Zustände, Aphasien, Ataxien, apoplektiforme, meningitische, enzephalitische oder komatöse Bilder gekennzeichnet, die unbehandelt zum Exitus führen. Malaria tropica bei nichtimmunen Graviden führt zum Fruchttod. Schwarzwasserfieber: Intravasale Autoimmunhämolyse, Hämoglobinurie, Anurie, Niereninsuffizienz infolge mehrfach chininbehandelter Malaria tropica.

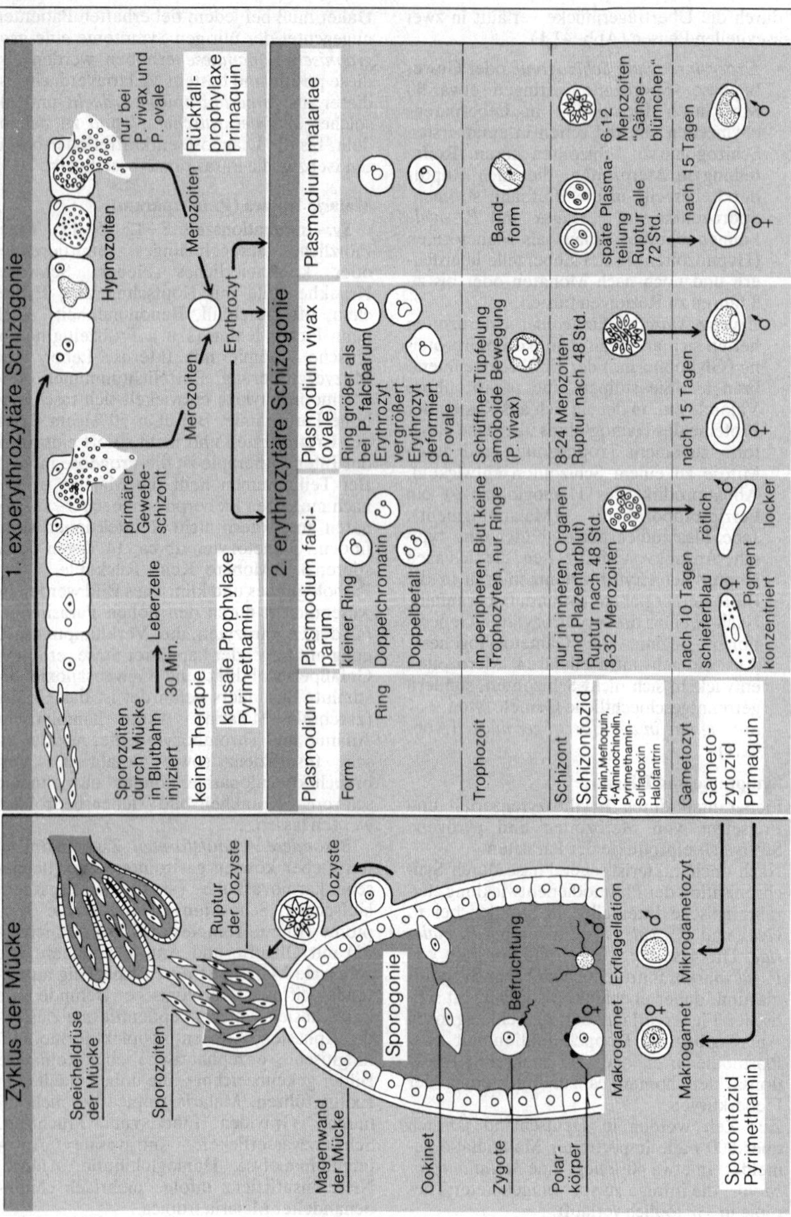
Zyklus der Mücke
Speicheldrüse der Mücke
Sporozoiten
Ruptur der Oozyste
Oozyste
Magenwand der Mücke
Sporogonie
Ookinet
Befruchtung
Zygote
Polar-körper
Makrogamet ♀
Exflagellation ♂
Makrogamet
Mikrogametozyt
Sporontozid Pyrimethamin
1. exoerythrozytäre Schizogonie
Sporozoiten durch Mücke in Blutbahn injiziert
30 Min.
Leberzelle
primärer Gewebe-schizont
Merozoiten
Hypnozoiten
Merozoiten
nur bei P. vivax und P. ovale
Erythrozyt
keine Therapie
kausale Prophylaxe Pyrimethamin
Rückfall-prophylaxe Primaquin
2. erythrozytäre Schizogonie
Plasmodium
Plasmodium falci-parum
Plasmodium vivax (ovale)
Plasmodium malariae
Form
Ring
kleiner Ring
Doppelchromatin
Doppelbefall
Ring größer als bei P. falciparum
Erythrozyt vergrößert
Erythrozyt deformiert P. ovale
Trophozoit
im peripheren Blut keine Trophozyten, nur Ringe
Schüffner-Tüpfelung amöboide Bewegung (P. vivax)
Band-form
Schizont
Schizontozid
Chinin, Mefloquin, 4-Aminochinolin, Pyrimethamin-Sulfadoxin Halofantrin
nur in inneren Organen (und Plazentarblut) Ruptur nach 48 Std. 8-32 Merozoiten
8-24 Merozoiten Ruptur nach 48 Std.
späte Plasma-teilung Ruptur alle 72 Std.
6-12 Merozoiten "Gänse-blümchen"
Gametozyt
Gameto-zytozid Primaquin
nach 10 Tagen
♀ schieferblau
Pigment konzentriert
♂ rötlich
locker
nach 15 Tagen ♀ ♂
nach 15 Tagen ♀ ♂

Dg: Dringlich bei Leitsymptom Fieber: Blutausstrich und „Dicker Tropfen" auf intraerythrozytäre Plasmodien in Giemsa-Färbung untersuchen. *Blutentnahme* zu jeder Zeit, u. U. alle 6 Stunden wiederholen. Serologie bei akutem Verdacht sinnlos. Findet der Ungeübte auf Anhieb Plasmodien, bedeutet dies hohe Parasitämie und signalisiert akute Lebensgefahr für den Patienten.

Malaria tertiana (P. vivax, P. ovale)

Sy: Inkubation 8–16 Tage. Bei Erstinfektion nach Inkubationszeit uncharakteristisches „Initialfieber" von 2–3tägiger Dauer. Nach kurzer Remission Übergang in typischen 48-Stunden-Rhythmus. Plötzlich einsetzender schwerer Schüttelfrost mit Temperaturanstieg auf 40° oder 41 °C. Dauer 8–12 Stunden; danach kritischer Abfall mit starkem Schweißausbruch. Dauer der Fieberphase mehrere Wochen; oftmals Übergang in Quotidianfieber. Gametozyten etwa ab 6. Tag. Auch ohne Behandlung hören die Fieberanfälle nach mehreren Wochen spontan auf. In den nächsten 2 Monaten *„Frührezidive"* mit erneuten Schüttelfrösten. Mehrmonatige Latenz; bis zu 24 Monate post infectionem *Spätrezidiv* durch hepatitischen Hypnozoiten möglich.

Dg und DD: Bei Schüttelfrösten mit 48-Stunden-Rhythmus mit Milzschwellung und Anämie meist einfach. Nachweis im Dicken Tropfen oder Ausstrich (Giemsa-Färbung) im Fieberanstieg. Malaria durch *P. ovale* unterscheidet sich klinisch nicht von der Malaria durch *P. vivax*.

Malaria quartana (P. malariae)

Sy: Inkubation 20–35 Tage. Prodromalerscheinungen, wie Kopfschmerz, Übelkeit, Erbrechen, Mattigkeit. Zögernder Beginn des Fiebers ohne deutliche Abzeichnung des Anfangsfiebers und der Remission. Langsames Einsetzen der Schüttelfröste, die meist leichter sind als bei Malaria tertiana. Verlauf des Fiebers im 72-Stunden-Rhythmus. Ohne Behandlung kann das Fieber mehrere Wochen anhalten; Rezidive gehören zum Verlauf, wobei Früh- und Spätrezidive klinisch nicht zu trennen sind. Unregelmäßiges Auftreten von fieberhaften Rezidiven noch nach Jahren, so daß die tatsächliche Dauer der unbehandelten Malaria quartana nicht angegeben werden kann. Persistenz nicht durch Hypnozoiten, sondern vermutlich durch Rückfall infolge einer geringgradigen asymptomatischen Parasitämie. Milztumor, Leberschwellung und Anämie wie bei Malaria tertiana.

Vor allem bei Kindern häufig Nephrose als Ausdruck einer Immunkomplexablagerung in der Niere.

Dg und DD: Bei typischem Fieberverlauf leicht: Quartana duplicata (2 Tage Fieber, 1 Tag fieberfrei) und Quartana triplicata (tägliche Schüttelfröste) kommen vor; DD: Erwägungen dann wie bei Tertiana duplicata. Diagnose durch Parasitennachweis im Dicken Tropfen oder Ausstrich.

Malariaprophylaxe

Malariaprophylaxe beginnt mit Beratung zur Expositionsprophylaxe: Zwischen Sonnenuntergang und -aufgang Mückenschutz, helle, lange Kleidung, Repellentien, Mückenspray, Räucherspiralen, Mückengitter, Bettnetze.

Je nach Resistenz der Erreger, Epidemiologie und Aufenthaltsdauer wird z. Z. (Stand: Sommer 1992) folgende Chemoprophylaxe empfohlen:

Chloroquin allein oder Sulfadoxin-Pyrimethamin (Fansidar) ist heute nicht mehr indiziert.

Chloroquin (Resochin, Weimerquin): 150 mg Base 2mal pro Woche für Erwachsene (Erwachsene über 80 kg KG 3 Tabletten pro Woche) plus 2mal täglich 100 mg *Proguanil* (Paludrin), in Deutschland nur über internationale Apotheken erhältlich (bei Aufenthalt über 4 Wochen Dauer).

Mefloquin (Lariam): bei Aufenthalten unter 4 Wochen Dauer in Hochrisikogebieten mit Chloroquinresistenz. Einnahmebeginn: 1 Woche vor Betreten, Einnahmeende: 4 Wochen nach Verlassen des Malariagebiets.

Notfallbehandlung durch Selbstmedikation mit *Halofantrin* (Halfan).

Gebiete, in denen Malariaprophylaxe angezeigt ist:

– *Hochrisikogebiete (ganzjährig): tropisches Afrika* südlich der Sahara, insbesondere Küstengebiete Ostafrikas, ganz West- und Zentralafrika, Nordnamibia, Nordbotswana;

◀ Abb. 42.1 Entwicklungszyklus der Malariaplasmodien in Mücke und Mensch. Morphologie der Plasmodien und therapeutische Angriffspunkte

Asien: Vietnam, Kambodscha, Laos, Nordthailand;
Ozeanien: Neuguinea bis Vanuatu;
Südamerika: Amazonasbecken und die nach Norden angrenzenden Gebiete (ca. 50% *P. falciparum*), Pazifikküste, Kolumbien, Ekuador, Peru.
Resistenz der Plasmodien: In allen Hochrisikogebieten besteht ausgedehnte Resistenz von P. falciparum gegenüber Chloroquin, in Thailand auch gegenüber Mefloquin; keine Resistenz von *P. vivax, ovale, malariae.*

- Mäßiges Risiko (ganzjährig):
  Asien: Indien, Pakistan, südliches Thailand, Malaysia, Indonesien, Philippinen, Mittel- und Südchina;
  Mittelamerika: vorwiegend *P. vivax* in Mexiko (Yukatan, südliche Pazifikküste), Guatemala, Honduras, El Salvador, Nikaragua, Belize; ca. 100% *P. falciparum* in Haiti, Dominikanischer Republik, Surinam.
- *Geringes Risiko:* nur in warmen und/oder feuchten Monaten:
  Nordafrika, nördliches Südafrika, Naher und Mittlerer Osten: Südosttürkei, Syrien, Golfregion von Iran, Irak und Emirate;
  Südostasien und Mittel- und Südamerika: in Großstädten sehr gering.
  In äquatornahen Regionen oberhalb 2500 m und in subtropischen Regionen oberhalb 1500 m Höhe gibt es keine malariaübertragenen Stechmücken.

Malariatherapie

Chemotherapie und Prophylaxe der Malaria stehen unter dem Druck sich ausweitender *Resistenz von Plasmodium falciparum.* Dies gilt besonders in den Ländern, aus denen die häufigsten importierten Malariafälle stammen. Die Artendiagnose der Malaria ist daher für die Wahl des Medikaments wichtig. Ziel der Therapie ist schnellste Eliminierung der Blutparasiten!

Malaria tropica

Standardtherapie der chloroquinresistenten Malaria tropica

Halofantrin (Halfan): sofort 500 mg (2 Tabletten), nach 6 und 12 Stunden jeweils 250 mg (1 Tablette); Wiederholung nach 1 Woche. Tabletteneinnahme möglichst mit fettreicher Mahlzeit, oder

Mefloquin (Lariam): sofort 500 mg (2 Tabletten), nach 8 und 16 Stunden jeweils 250 mg (1 Tablette) für Erwachsene über 60 kg KG.

Bei Nichtansprechen der Standardtherapie innerhalb von 24 Stunden oder bei Unmöglichkeit einer oralen Therapie sowie bei sehr hoher Parasitendichte (über 20% der Erythrozyten befallen oder über 50 000 Parasiten pro µl: Chininum dihydrochloricum, 0,5 g innerhalb von 10 Min. i.v. bis zu 1,5–2,0 g Chinin pro Tag, 0,5 g/500 ml Glucoselösung alle 6 Stunden. Chinin nicht i.m.!

Bei schwerer Malaria tropica intensivmedizinische Überwachung und Therapie, Flüssigkeits- und Elektrolytbilanz, cave Thrombozytensturz, Anurie, Koma, Schock (fieberlose, algide Malaria). Bei hochgradiger Hämolyse Erythrozytenkonzentrat.

Standardtherapie der einfachen, chloroquinsensiblen Malaria tropica. Initiale Sättigungsdosis 600 mg Chloroquin (z. B. 4 Tabletten Resochin), gefolgt von 300 mg je 6, 24, 48 Stunden später (Gesamtmenge 1,5 g).

Kindliche Malaria

Im Prinzip die gleichen Behandlungsrichtlinien bei geringerer Dosierung.

- *Halofantrin:* 5 ml Saft = 100 mg 3mal im Abstand von 6 Stunden an einem Tag, je 8 mg/kg KG, für Kinder über 10 kg KG.
- *Mefloquin:* einmalig 15 mg/kg KG für Kinder über 15 kg KG.
- *Chloroquinbase:*

Tag 1:	10 mg/kg KG
nach 6 Std.:	5 mg/kg KG
Tag 2:	5 mg/kg KG
Tag 3:	5 mg/kg KG

- *Chininum hydrochloricum:* 25 mg/kg KG/Tag, verteilt auf drei Einzeldosen für insgesamt 7 Tage

Malaria tertiana und quartana

Standardbehandlung mit Chloroquin (Resochin) p.o. wie bei Malaria tropica. Fansidar und Mefloquin nicht sicher wirksam. Chloroquinresistenz ist bisher nicht beobachtet worden. Rückfallprophylaxe mit 8-Aminochinolin (Primaquin), 15 mg/Tag für 15 Tage nur nach parasitologischem Nachweis. Cave mögliche Methämoglobinbildung. Bei Glucose-6-phosphatdehydrogenase-Mangel Gefahr einer hämolytischen Krise. Hohe Einzeldosen (45 mg täglich an 3 Tagen) werden in diesem Fall weniger mit Hämolyse beantwortet als 2 Wochen lang kleine Einzeldosen. Bei mehr als 15 mg/Tag können andererseits kolikartige Abdominalbeschwerden auftreten, Hepatotoxizität.

Malaria der Schwangeren
Im Prinzip gleiche Therapie. Malaria bedeutet ein erhebliches Risiko für die Leibesfrucht (Plazentainsuffizienz). Häufig tritt eine latente Malaria gegen Ende der Schwangerschaft oder intra partum akut zutage. Schwangerschaft ist keine Kontraindikation gegen eine indizierte Chinintherapie. Pyrimethamin als Folsäureantagonist ist kontraindiziert. Bei therapieresistenter schwerer Malaria tropica sehr problematische Abwägung der therapeutischen Vor- und Nachteile.

Nebenwirkungen der Malariatherapie und Kontraindikationen der Prophylaxe
Chloroquin-Nebenwirkung bei therapeutischen Dosen: bei Kreislauflabilen Blutdruckabfall, selten Magenunverträglichkeit, vorübergehendes Flimmern vor den Augen. Nach Überdosierung Unruhe, Nausea, Dyspnoe, Palpitation, Parästhesien. Nach hochgradiger Überdosierung sind Todesfälle berichtet worden. Akute Intoxikation, akzidentell oder in suizidaler Absicht; ½ Stunde nach Einnahme Konvulsionen, Koma, Ateminsuffizienz, Lungenödem, kardiale Insuffizienz, fatal bei Einnahme von 3 g Einzeldosis (= zus. 20 Tbl. Resochin).
Chloroquin-Nebenwirkung bei langfristiger Prophylaxe: Speicherung in melaninhaltigen Zellen (Retinopathie). Oberster empfohlener kumulativer Grenzwert 100 g Chloroquin (= 300 mg/Woche für 6 Jahre!). Bei mehrjährigem Aufenthalt in Endemiegebieten ist sorgfältige Einzelberatung erforderlich.
Chinin-Nebenwirkung bei akuter Überdosierung oder bei langer Behandlung mit gleichzeitig verminderter Harnkonzentration: Gleichgewichtsstörungen, Übelkeit, Kopfschmerzen, Ohrensausen; klingt nach Absetzen rasch ab.
Sulfadoxin-Pyrimethamin: Zur Prophylaxe nicht mehr empfohlen. Phototoxisch, hepatotoxisch, Sulfonamidallergie, nur für kurzfristige Therapie geeignet, keine Kombination mit Chloroquin (Agranulozytosegefahr).
Mefloquin: Prophylaxe nicht zusammen mit β-Blockern, Calciumantagonisten und Digitalispräparaten. Nicht bei Krampfleiden und psychischen Erkrankungen. In therapeutischen Dosen oft erheblich, Schwindel, Übelkeit, Kopfschmerzen, psychotische und psychomotorische Nebenwirkungen.
Halofantrin: bisher sehr gute Verträglichkeit berichtet.

Maltafieber s. Kap. Infektionskrankheiten, Brucellose

Mangelernährung s. Protein-Energie-Mangelsyndrome

Mansonella ozzardi s. Filariasen

Marasmus s. Protein-Energie-Mangelsyndrome

Medinawurm s. Filariasen

Melioidose

Def: Selten, mit einem weiten Spektrum klinischer Erscheinungen, von symptomloser Infektion bis zur rasch tödlichen Septikämie.
Vk: Klinische Fälle ungewöhnlich. Nach Verschmutzung von Wunden oder Aspiration von Wasser. Fälle sind bekannt aus Südostasien, Iran, Nordostaustralien, Ekuador, Panama, Guam. In gewissen Gebieten haben 5–10% der Landarbeiter Antikörper.

Ät und Pathog:
- *Erreger: Pseudomonas pseudomalleï (Löfflerella whitmori).*
- *Reservoir:* Schafe, Ziegen, Pferde, Schweine, Affen, Nager und verschiedene Zootiere. Saprophytisch in verschiedenen Böden und Gewässern.
- *Übertragung:* Kontakt, Aspiration.

Sy: Inkubationszeit 2 Tage bis mehrere Monate oder Jahre. Verschiedene Bilder, die Typhus oder häufiger Lungentuberkulose ähneln, Emphysem, Abszeß, Osteomyelitis.
Th: Sulfonamide, Chloramphenicol, Tetracyclin.

Metagonimus yokogawai s. Trematodeninfektion

Milzbrand s. Infektionskrankheiten

Mittelmeerfieber s. Rickettsiosen

Murines Fleckfieber s. Rickettsiosen

Myiasis

Vk, Ät und Pathog: Befall des Menschen mit Fliegenlarven in tropischen und subtropischen Zonen durch Eiablage je nach Art entweder durch Stich in die intakte Haut oder in offene Wunden, Vagina, Ohren, Nase, Konjunktiva. Von praktischer Bedeutung, da gelegentlich bei Tropenreisenden, vor allem Kindern. Mehrere Familien von

„Fleischfliegen": Familie *Sarcophaginae* (Fleischfliegen), *Calliphoridae* (Schmeißfliegen), *Wohlfahrtia magnifica, Cochliomyia hominivorax, Cordylobia anthropophaga* (Tumbufliege), *Auchmeromyia*-Arten, Familie *Oestridae: Dermatobia-Hypoderma-Gasterophilus*-Arten.

Sy: Am Ort der Ablage und oft auch hiervon entfernt (Larva migrans) bilden sich oft sehr schmerzhafte furunkelartige Geschwüre mit regionaler Lymphangitis, Lymphadenitis (Ophthalmomyiasis, Rhinomyiasis, Otomyiasis).

Prl: Aufmerksamkeit auf Fliegenplage richten, vor allem Kinder schützen. Aas beseitigen, Wäsche bügeln.

Th: Mit oder ohne Lokalanästhesie (Chlorethyl, Novacain). Entfernung der Larven mit Pinzette oder durch Ausdrücken. Antiseptika lokal zur Vermeidung oder Behandlung von Sekundärinfektionen.

Mykosen, tropische

Blastomykose, Nordamerikanische

Def und Ät: Chronische suppurative und granulomatöse Infektion durch *Blastomyces dermatitidis.*

Vk und Pathog: Ungewöhnlich, sporadisch in Zentral- und Südost-USA, Zentralamerika, Kanada und Afrika. Übertragung durch sporenhaltigen Staub.

Sy: Primäre pulmonale Infektion gefolgt von hämatogener Aussaat in Haut, Leber, Nieren, Milz, Knochen.

Dg: Erregernachweis im Sputum, Eiter.

Th: Ketoconazol, 400 mg/Tag, 6 Monate.

Prgn: Letztlich infaust.

Blastomykose, Südamerikanische
(Parakokzidioidomykose)

Def und Ät: Chronische systemische Infektion durch *Blastomyces brasiliensis.*

Vk und Pathog: In Zentral- und Südamerika, vor allem bei Landarbeitern, wahrscheinliche Übertragung durch sporenhaltigen Staub.

Sy: Pulmonale Herde, ulzeröse Läsionen in den Schleimhäuten von Mund, Nase und Rektum, Lymphknotenbefall.

Dg: Erregernachweis in Sputum, Wundabstrichen und Probeexzisionen.

Th: Ketoconazol, 400 mg/Tag, 6 Monate; Itraconazole.

Prgn: Verlauf über 3 Jahre, letztlich infaust.

Chromoblastomykose

Def und Ät: Pilzerkrankung der Haut, des subkutanen Gewebes durch *Phialophora verrucosa, pedriosoi, compactum* und *Cladosporium carrionii.*

Vk: Weltweit, besonders jedoch Zentralamerika, Karibische Inseln, Südamerika, Australien, Madagaskar, in Südafrika in ländlichen tropischen Gebieten.

Sy: Lokalisation meist an Füßen, Händen. Langsam wachsende warzenartige graue bis olivgrüne Läsionen.

Dg: Erregernachweis in Abstrichen aus den Läsionen.

Th: Amphotericin B mit Procain lokal. Neue Imidazole (Itraconazol) oder 5-Fluocytosin.

Histoplasmose

Def und Ät: Systemische Infektion des retikuloendothelialen Systems mit *Histoplasma capsulatum,* beginnend durch Inhalation in den Lungen, oral oder durch die Haut.

Vk und Pathog: Herdförmig, ubiquitär, Amerika, Europa, Afrika, Asien, übertragen durch Staub.

Sy: Klinische Erscheinungen selten, papulöse Hautveränderungen, ulzeröse Dermatitis, Lungenbefall.

Dg: Klinisches Bild mit Fieber, Haut- und Schleimhautbefall, Ulzeration, Histoplasmintest positiv, häufig positive Reaktion ohne klinische Symptome.

Th: Amphotericin B.

Prgn: Spontanheilung und latente Fälle kommen vor; schwere chronische Fälle meist letal.

Kokzidioidomykose

Def und Ät: Systemische Mykose durch *Coccidioides immitis,* primär der Lungen mit hämtatogener Aussaat.

Vk: Aride Zonen Nord- und Südamerikas (Wüstenfieber).

Sy: Primäre Lungenaffektion, schleichend oder akut, Erythema nodosum, vor allem bei Frauen. Lungenherde neigen zur Einschmelzung. Aussaat in Lymphknoten, Herzmuskel, Gelenke, Knochen, Meningen.

Dg: Sicherung nur durch Erregernachweis.

Prgn: Bei disseminierter progressiver Form häufig infaust.

Th: Amphotericin B, gefolgt von Ketoconazol. Andere Imidazole werden untersucht.

Kryptokokkose

Def und Ät: Chronische granulomatöse Infektionen mit *Cryptococcus neoformans* in-

folge Inhalation infizierten Staubs mit Aussaat von den Lungen vor allem ins ZNS. Auch als opportunistische Infektion bei AIDS.
Sy: Lungenherde, Meningitis, Enzephalitis.
Dg: Färbung eines Lumbalpunktatausstrichs, Serologie.
Th: Amphotericin B-, Flucytosin, Miconazol, Ketoconazol.
Prgn: Disseminierte Form immer infaust.

Madurafuß (Myzetom)
Ät: Klinisch-pathologisches Syndrom hervorgerufen durch eine Reihe von Erregern (*Madurella mycetomi, Nocardia brasiliensis, Monosporum apiospermum, Allescheria boydii* u. a.).
Vk und Pathog: Afrika, Südasien, Mittelamerika und andere tropische und subtropische Gebiete. Übertragung meist durch Verletzungen beim Barfußlaufen. Oft auf dem Boden einer Elephantiasis infolge lymphatischer Filariasis (s. d.).
Sy: Schwellung des Fußes, Induration, Suppuration, Geschwürs-, Fistelbildung, Gewebszerstörung, keine Generalisation.
Dg: Klinischer Nachweis von Pilzkörnern, eitriges Sekret, Pilzkultur.
Th: Fungizide Antibiotika, wenig wirksam, gelegentlich Amputation als letzte therapeutische Möglichkeit. Ketoconazole oral zeigen günstige Ergebnisse.
Prgn: Jahrelanger Verlauf.

Rhinosporidiose
Def und Ät: Tiefe granulomatöse Erkrankung der Schleimhäute der Nase, des Pharynx und der Konjunktiva durch *Rhinosporidium seeberi.*
Vk: Weltweit, jedoch besonders in Indien, Sri Lanka, Südamerika.
Sy: Polypöse brüchige Veränderungen der Schleimhaut, der Nase, selten Verbreitung in andere Organe.
Th: Amphotericin B.
Prgn: Verlauf über viele Jahre.

Myzetom s. Mykosen, tropische

Necator-americanus-Infektion s. Nematodeninfektion

Nematodeninfektion

Kosmopolitisch oder auf Tropenzonen beschränkt vorkommende Nematoden (Rundwürmer, Fadenwürmer) können aus praktischen epidemiologischen oder präventivmedizinischen Aspekten ätiologisch nach ihrem Infektionsmodus eingeteilt werden.

Nematoden als fäkal-orale Infektion
Hauptendwirt ist der Mensch. Die Parasiten werden von Mensch zu Mensch oral durch mit infizierten Fäkalien kontaminiertem Schmutz erworben. Sie sind meist weltweit verbreitet; infolge der in tropischen Ländern häufig vorherrschenden unhygienischen Verhältnisse werden sie dort auch von europäischen Reisenden häufig erworben. Beschwerden und klinische Symptome meist nur bei massivem Befall durch *Ascaris lumbricoides, Trichuris trichiura, Enterobius vermicularis, Capillaria philippinensis* (Tab. 42.**4**).
Als einzige Tiernematoden sind hier der Hunde- und Katzenspulwurm (*Toxocara canis* und *Toxocara cati*) angeführt, da der Infektionsmodus der gleiche wie bei den o. g. Arten ist. Die infektiösen Larven reifen im menschlichen Fehlendwirt nicht heran, sondern bilden die sog. *Larva migrans visceralis* (s. d.).

Perkutan eindringende Nematoden
Die Hakenwurminfektionen durch *Ancylostoma duodenale* und *Necator americanus* sowie die Infektion mit *Strongyloides stercoralis* gehören zu den wichtigsten. Die sich im Erdboden aus den mit dem menschlichen Kot ausgeschiedenen Eiern oder ersten Larvenstadium entwickelnden infektiösen Larven dringen beim Barfußlaufen oder beim Liegen im Sand aktiv durch die Haut ein und entwickeln sich im Menschen als Endwirt wieder zu getrenntgeschlechtlichen adulten Würmern.
Nur bei langdauernder Exposition wird in der Regel die Befallstärke erworben, die zu klinischen Symptomen führt.
Europäische Reisende oder einreisende Ausländer können Träger dieser Parasiten sein. Eine Übertragung ist sowohl aus hygienischen wie auch klimatischen Gründen in Mitteleuropa kaum möglich. Eine Therapie ist angezeigt (Tab. 42.**5**).

Nematoden aus Zwischenwirten oder Überträgern, die als Nahrung dienen oder die mit Wasser aufgenommen werden
(Tab. 42.**6**)
Ät und Pathog: Zu dieser Gruppe gehören die weltweit verbreiteten Trichinen *(Trichinella spiralis),* die durch Genuß von rohem oder halbgar gekochtem Schweinefleisch, auch durch Fleisch von Wild verschiedenster Arten, von Karnivoren und Omnivoren

Tabelle 42.4 Nematoden als fäkal-orale Infektion

Nematoden	Infektionsmodus	Adulter Wurm		Entwicklung im Endwirt	Präpatenzzeit	Klinisches Bild	Therapie	Geographische Verbreitung
		Länge	Endwirt und Lokalisation					
Ascaris lumbricoides (Spulwurm)	Schmutz, Fäkaliendüngung	♂ 20–25 cm ♀ 30 cm	Mensch, Dünndarm, Gallen- u. Pankreasgang	embryoniertes Ei per os → Duodenum, Larve → Pfortader, Lunge, Pharynx, Ösophagus, Dünndarm: adulter Wurm	1½ bis 2 Mon.	Eosinophilie, Lungeninfiltrate (Larven), unklare Oberbauchbeschwerden. Kompl.: Ileus	Mebendazol, Pyrantel, Piperazin, Levamisol	kosmopolitisch: bes. feuchtwarme gemäßigte Zonen, Gemüsebau, niedriger Lebensstandard
Trichuris trichiura (Peitschenwurm)	fäkalienhaltiger Schmutz	♂ + ♀ 3–5 cm	Mensch, Dünn-, Dick-, Blinddarm	embryonierte Eier per os → Darm, Larve, adulter Wurm	1–3 Mon.	Eosinophilie, intestinale Störungen bei massivem Befall	Mebendazol, Oxantel	kosmopolitisch: warme Zonen
Enterobius vermicularis (Oxyuren, Madenwurm)	Anus-Finger-Kontakt (Afterjucken), Staub?	♂ 2–5 ♀ 8–13 mm	Mensch, bes. Klein- u. Schulkinder, Dünn- und Dickdarm	Eiablage am After, Retrofektion (Larven), Autoreinfektion		Pruritus ani, Appendizitis	Pyrantel, Mebendazol, Pyrvinium, Piperazin	kosmopolitisch: am häufigsten vorkommender Wurm in gemäßigten Zonen
Capillaria philippinensis	Zusammenhang mit rohem Fisch	♂ 2–3 mm ♀ 2,5 bis 4,3 mm	Mensch, Jejunum	1. Generation von adulten Würmern (AW) produziert Larven, die zu AW der 2. Generation heranwachsen. Erst diese legen Eier	?	Malabsorptionssyndrom, Kachexie	Tiabendazol	Philippinen
Toxocara canis, Toxocara cati	Kontakt mit Hunde- und Katzenkot	–	Hunde- und Katzenspulwurm	Mensch: Fehlwirt, *Larva migrans visceralis*	1–2 Mon.	Eosinophilie, Hepatomegalie, Lungeninfiltrate, Auge	Tiabendazol, Fenbendazol	weltweit

Tabelle 42.**5** Perkutan eindringende Nematodention

Nematoden	Adulter Wurm		Infektionsmodus	Entwicklung	Geographische Verbreitung	Präpatenzzeit	Klinisches Bild	Therapie
	Länge	Lokalisation						
Ancylostoma duodenale (Hakenwurm, Grubenwurm) *Necator americanus*	♂ 8–11 mm ♀ 10–13 mm 1–2 mm kleiner	Dünndarm des Menschen (Blutsauger in Darmmukosa) (nur als Adulte unterscheidbar)	Eiausscheidung im Stuhl, Entwicklung durch 3 Larvenstadien im Erdboden, aktives Eindringen der Larve in die Haut	Haut – Blutkreislauf – Herz – Lungenpassage – Bronchus – Pharynx – Magen – Dünndarm ↔ Entwicklung zum adulten Wurm	in allen Zonen innerhalb der 18-°C-Isothermen bei günstiger Bodenfeuchte, z. B. auch Berg- und Tunnelbau in gemäßigten Zonen	4–5 Wo.	bei massivem Befall Eisenmangelanämie, retardierte Entwicklung bei Kindern (zus. mit Mangelernährung), Siechtum	Pyrantel, Mebendazol, Bephenium (Alcophar)
Strongyloides stercoralis	2 mm	Dünndarm	Eiablage in der Darmmukosa *Larven im Stuhl,* frei lebende Larven ↔ adulter Wurm oder perkutane Infektion. Innere und äußere Autoinfektion	wie bei Hakenwurm	wie bei Hakenwurm	17 Tg.	bei massivem Befall Malabsorptionssyndrom (Sprue) möglich. Dermatitis durch larva migrans cutanea perianal. Durch Immunsuppression, AIDS, Gravidität Wanderung in sämtliche Organe möglich	Tiabendazol, Pyrantel, Mebendazol
Ancylostoma brasiliense u. a.	s. o.	Hunde – u. a. Tierhakenwürmer im Darm	aus Tierkot Eier bzw. Larven perkutan	Mensch Fehlwirt	Tropen		Larva migrans cutanea	lokal vereisen, Tiabendazol, Mebendazol

Tabelle 42.**6** Nematoden aus Zwischenwirten oder Überträgern, die als Nahrung dienen (Mensch = Fehl-, Zwischen- und/oder Endwirt)

Nematoden	Infektionsmodus	Adulter Wurm: Länge	Adulter Wurm: Lokalisation	Entwicklung im Menschen	Zwischenwirt Reservoir	Geographische Verbreitung	Präpatenzzeit	Klinisches Bild	Therapie
Trichinella spiralis Trichine	Genuß rohen u. halbgaren trichinenbefallenen Fleisches (Bär, Schwein, Wildschwein)	♂ 1,5 mm ♀ 3=4 mm	Karnivoren, Bären Walroß, Wildu. Hausschwein	ständiger Wirtwechsel zwischen Karnivoren und Omnivoren	Mensch: Larven in Muskulatur aus adulten Trichinen im Darm	weltweit	1–3 Mon.	Eosinophilie, intestinale Störungen, bei massivem Befall Pruritus ani	Tiabendazol, Fenbendazol, Mebendazol, *Prl:* Fleischbeschau
Angiostrongylus cantonensis	ungekochte Land- und Süßwasserschnecken u. Krustazeen, Landplanarien (Strudelwurm)	♂ 20–25 mm ♀ 22–34 mm	*Ratte* (nat. Reservoir)	3. Larvenstadium per os ↔ Darm, hämatogen ↔ Gehirn, Mensch Fehlwirt	Mollusken (*Pila, Bradybaena* u. a.), Landplanarien (Strudelwurm), 2. u. 3. Larvenstadium Ratte	Südostasien, China	3–20 (16) Tage	eosinophile Meningoenzephalitis, Neuritis nervi optici, Hirnnervenlähmung	symptomatisch Prednisolon, Analgetika, Sedativa, Diethylcarbamazin oder Tiabendazol in Frühfällen
Gnathostoma spinigerum	3. Larvenstadium durch Verzehr von Fischen usw. roh oder durch traditionelle Augenbehandlung mit Fröschen usw.	♂ 11–25 mm ♀ 25–54 mm	Adulte in Tumoren der Bauchwand von Katzen, Raubkatzen und Hunden, Eier, Kot, Wasser	Infektion im 3. Larvenstadium, dann 2. Zwischenwirt. Mensch = Fehlwirt	Larven ↔ in Wasser *Cyclops* (1. Zwischenwirt), Fisch, Frosch, Schlange (2. Zwischenwirt) (3. Larvenstadium)	*Thailand,* Malaysia, China, Indien, Java, Vietnam, Philippinen, Israel	3–20 Tage	1. Larva migrans (S. 1482) oder eosinophile Myeloenzephalitis	Inzision und Extraktion der Larve
Dracunculus medinensis (Medinawurm, Guineawurm)	Infizierter Zwischenwirt wird mit Trinkwasser aufgenommen	♂ 12=14 mm ♀ 900 mm	Mensch: subkutanes Bindegewebe der unteren Extremitäten in 80% befallen	Migration durch Leibeshöhle und tiefes Bindegewebe, peptische Befreiung der Larve	*Cyclops*-Arten (Kopepoden), Entwicklung der metazyklischen Larve	Zentral-, West-, Ostafrika, Sudan, Ägypten, arab. Halbinsel, Mittl. Osten, Südasien	9–12 Monate	Ulzerationen aus denen die Vulva des Weibchens hervorragt (Larvenablage, Urtikaria, Gehbehinderung, Sekundärinfektion)	Extraktion des Wurmes, Tiabendazol, Metronidazol, *Prl:* Trinkwassersanierung, Netzfilter

(Wild- und Hausschwein, Bären) in allen Teilen der Welt einschließlich der Arktis erworben werden können. Ein wichtiges Glied in der Übertragungskette sind Ratten und Pelznagetiere, vor allem in Pelztierfarmen, die mit infizierten Fleischabfällen gefüttert worden sind.
Die nur in Ost- und Südostasien vorkommenden Nematoden *Angiostrongylus cantonensis* und *Gnathostoma spinigerum* werden ähnlich wie die Trematoden hauptsächlich durch Fische, Krabben, Schlangen, Frösche und andere Kaltblüter übertragen, die in diesen Regionen in rohem oder ungarem Zustand genossen werden.
Dracunculus medinensis, der Medinawurm, wird über Kopepoden in ungeschützten Brunnen und Wasserstellen übertragen (s. Filariasen).

Prl: In all diesen Fällen ist die Vermeidung roher oder ungenügend gekochter Speisen oder unabgekochten Wassers die wichtigste präventive Maßnahme.

Durch Arthropoden übertragende Nematoden s. Filariasen

Onchozerkose s. Filariasen

Opisthorchis felineus
s. Trematodeninfektion

Pappatacifieber s. Arbovirosen, tropische

Paragonimiasis s. Trematodeninfektion

Pellagra s. Avitaminosen, tropische

Pest

Vk: Die Pest, primär eine Nagetierseuche, früher pandemisch, kommt heute außerhalb ihrer enzootischen Bereiche nur noch herdförmig in einigen Teilen der Welt vor. Ökologisch besonders disponiert sind weite Waldgebirge und Hochländer.
Heute im Bereich der enzootischen Pestgebiete durch Kontakt mit Nagetieren bei Fortschreiten der Epizootie in menschliche Siedlungen, bei Pelztierjagd oder durch Abwandern von Menschen in Waldgebiete (Flüchtlinge in Indochina).
In den letzten 10 Jahren relativ stabile Situation. Derzeitige Herdgebiete: Afrika 1990 706 Fälle in 9 Ländern mit 102 Toten, vor allem in Madagaskar, Tansania und Zaire; in Asien 492 Fälle im alten Herdgebiet Vietnam, 6 Fälle in China; in Amerika 48 Fälle in Bolivien, Brasilien, Peru und USA.
Die Möglichkeit der Einschleppung durch Tourismus und Jagd in enzootischen Gebieten kann nicht gänzlich ausgeschlossen werden.

Ät und Pathog:

- *Erreger: Yersinia pestis,* ein gramnegatives bipolar stärker färbbares unbewegliches anaerobes Stäbchen.
- *Überträger:* Nagetierflöhe, *Xenopsylla cheopis, X. brasiliensis* und andere Nagetierflöhe sowie der Menschenfloh.
- *Reservoir:* Nagetiere, innerhalb menschlicher Siedlungen vor allem semidomestische und domestische Nager, die Braune oder Wanderratte *(Rattus norvegicus)* und die Haus- oder Schiffsratte *(Rattus rattus).* Epizootische Ausbrüche kündigen sich durch Nagetiersterben an und bergen die Gefahr des Überspringens auf menschliche Populationen in sich.

Sy: Der Erreger wird durch den Stich des infizierten Nagetierflohs auf den Menschen übertragen. Nach einer Inkubationszeit von 2–10 Tagen hämorrhagisch-suppurierende, nekrotisierende Entzündung der regionalen Lymphknoten proximal des Flohstichs (*Bubonenpest,* Letalität 25–50%). Durch Bakteriämie kann es von hier aus zu einer septischen Verlaufsform kommen, die ebenso wie die Pestpneumonie (*Lungenpest),* die bei Epidemien eine große Rolle bei der Übertragung von Mensch zu Mensch durch Tröpfcheninfektion spielt und in nahezu 100% der Fälle tödlich verläuft.

Dg: Klinisch äußerst schmerzhafte Lymphknotenschwellungen und -abszesse mit septischen Temperaturen. Mikroskopisch und im Tierversuch im Buboneneiter oder Sputum. Die ersten Fälle, besonders wenn es sich um Lungenpest handelt, werden in der Regel verkannt.

Prl: Sulfonamide bei Risikogruppen haben die mit Nebenwirkungen belastete Impfung weitgehend ersetzt (Impfstoff nach Haffkine oder Girard-Olten).
Primär Rattenbekämpfung, Überwachung und Meldung von Nagetiersterben, Isolation, Quarantäne, Massenprophylaxe.

Th: Streptomycin 30 mg/kg KG für 10 Tage oder Tetracycline in hohen Dosen.

Pinta s. Treponematosen, tropische

Piroplasmose (Babesiose)

Def: Intraerythrozytäre Protozoeninfektion der Rinder, Hunde, Pferde und Wildtiere, die gelegentlich beim Menschen vorkommt.

Vk: Europa, Nordamerika.

Ät und Pathog:

- *Erreger:* Mehrere Arten der Gattung *Babesia,* beim Menschen besonders *B. micoti* und *B. divergens.*
- *Überträger:* Zecken (*Ixodes*-Arten).

Sy:

- *B. micoti:* asymptomatisch bis schwere Erkrankung, Fieber, Schüttelfrost, Myalgie, Schwäche, leichte Hepatosplenomegalie, hämolytische Anämie. Dauer: Wochen bis Monate, selbstlimitierend.
- *B. divergens:* Nur bei aus irgendwelchen Gründen splenektomierten Menschen: hämolytische Anämie, Nierenversagen.

Dg: Intraerythrozytäre plasmodienartige, aber kleinere Parasiten. Werden leicht übersehen. Geringe Parasitämie. ELISA-Test der Veterinärparasitologen.

Th: Chinin in Kombination mit Clindamycin soll wirksam sein.

Pocken

Variola

Def: Kosmopolitische Virusinfektion, die zuletzt 1972 aus den Tropen sporadisch eingeschleppt wurde. Seit erfolgreichem Abschluß des Pockenbekämpfungsprogramms der WHO 1978 nicht mehr existent. Auf eine eingehende Beschreibung kann daher inzwischen verzichtet werden.

Ät: Erreger: *Variolavirus,* hochvirulent (ca. 20% Letalität, Erreger der Variola major); *Alastrimvirus,* gering virulent (Letalität 1–5%, Erreger der Variola minor [Alastrim]).

Prl: Seit der offiziellen Erklärung der Befreiung der Welt von Pocken werden keine Pockenschutzimpfungen mehr durchgeführt. In einigen Zentren werden Pockenimpfstoffe noch gelagert. Derzeit besteht keinerlei Indikation zur Pockenimpfung.

Affenpocken des Menschen

Vk und Ät: Seit der Ausrottung des Variolavirus tauchten im westafrikanischen Regenwald bei Kindern Pockenerkrankungen auf, die sich als Affenpocken (Orthopoxvirus im Gegensatz zu Variolavirus) herausstellten. Es handelt sich um eine Zoonose, deren Übergreifen auf die menschliche Bevölkerung kein Problem darstellt, solange dort die Durchimpfung mit Vacciniavirus hoch ist. Vor 1989 wurden in West- und Zentralafrika über 400 Fälle beobachtet, 70% hiervon in Zaire. Die WHO hält die Situation unter strenger Beobachtung (Wkly epidemiol. Rec. 59, 1984).

Pathog und Sy: Eine Übertragung von Mensch zu Mensch scheint keine große Rolle zu spielen. Der Krankheitsverlauf ist ähnlich und ähnlich schwer wie bei Variolainfektionen.

Protein-Energie-Mangelsyndrome

Vk und Ät: Die Gruppe der Protein-Energie-Mangelsyndrome stellt mit das größte Gesundheitsproblem der Entwicklungsländer dar. Trotz ihrer eminenten klinischen und epidemiologischen Bedeutung ist hier nicht der Platz für eine ausführliche Beschreibung. Das Krankheitsspektrum umfaßt vom *Marasmus* des Säuglings als Ausdruck eines Mangels an Muttermilch bis zu reinem „Mehlnährschaden" *(Kwashiorkor)* der abgestillten Kinder bis zum 3.–4. Lebensjahr alle Formen und Übergangsformen eines mehr oder weniger gemischten Eiweiß- und Energiemangels, häufig kombiniert mit verschiedenen Vitaminmangelsyndromen. Die tatsächliche Verbreitung kann nur geschätzt werden. Je nach der ökonomischen und Ernährungssituation kann man damit rechnen, daß in Entwicklungsländern 50–70% aller Kinder irgendwann während ihrer Entwicklung durch eines dieser Mangelstadien gehen. Klinisch manifest werden diese entweder individuell im Zusammenhang mit akuten Infektionskrankheiten (Masern, Keuchhusten) oder bei allgemeinen Hungerkatastrophen. Man kann damit rechnen, daß zu jeglichem Zeitpunkt bis zu 10% aller Kinder Mangelsymptome der einen oder anderen Form aufweisen und daß bei einem einmal manifesten länger dauernden Bild Dauerschäden mit allgemeinen Entwicklungsstörungen und Organschäden, vor allem der Leber, resultieren.

Sy: Das klinische Bild des Marasmus entspricht dem der Säuglingsdystrophie der gemäßigten Zonen, das des Kwashiorkors dem des chronischen Proteinmangels mit Muskelschwund, Ödemen, Verlust oder Rotfärbung der Haare, Wachstumsstillstand, Magen-Darm-Störungen, kombiniert mit Pellagra und Beriberisymptomen.

Th: Die Therapie hat den sozialen Aspekt im Auge zu behalten. Langsamer Aufbau durch proteinangereicherte Ernährung.

Q-Fieber s. Rickettsiosen

Queensland-Fieber s. Rickettsiosen

Reisediarrhö

Def und *Ät:* Unter dem Begriff Reisediarrhö („Tourista“, „traveller's diarrhoea“) wird eine Reihe ätiologisch verschiedener Durchfallserkrankungen, in der Regel leichterer Art, subsumiert, deren kausale Gemeinsamkeit darin liegt, daß ihr Auftreten typisch ist für Orts-, Milieu- und Diätwechsel im Zusammenhang mit Reisen, meist in warme Länder mit erhöhtem Risiko für gastrointestinale Störungen. Gleichgültigkeit, Ängstlichkeit und Unfähigkeit zur Anpassung an veränderte Nahrung und Umwelt spielen oft eine noch größere Rolle als ein infektiöses Agens, das allein in der Regel nicht genügt, „Durchfall“ zu erzeugen. Häufigste Erreger sind enterotoxische oder invasive *Escherichia-coli*-Stämme und Rotavirusinfektionen bei Kindern. Die übrigen spezifischen Erreger enteritischer Erkrankungen wie Salmonellen, Shigellen, Staphylokokken, Klostridien, Klebsiellen, *Campylobacter,* Amöben sind nur für etwa 20% aller Reisediarrhöen verantwortlich.

Dg: Eine bakteriologische Abklärung der Diagnose ist in besonderen Fällen dringend erforderlich.

Th: Vor einer ungezielten Sulfonamid- oder gar Antibiotikatherapie ist zu warnen. Flüssigkeitsersatz mit Glucose-Elektrolytlösung ist jeder medikamentösen Behandlung vorzuziehen. Die Mehrheit der Durchfälle sistiert auch ohne Behandlung innerhalb von 48 Stunden.

Rekurrensfieber s. Borreliosen

Rhinosporidiose s. Mykosen, tropische

Rickettsienpocken s. Rickettsiosen

Rickettsiosen

Vk, Ät und Pathog: Infektion mit verschiedenen Arten von Rickettsien: Mikroorganismen, die durch Läuse, Flöhe, Zecken oder Milben übertragen werden.
Das *Läusefleckfieber* tritt epidemisch bei Verlausung *(Pediculus humanus)* größerer Menschenansammlungen meist infolge von Kriegen und Katastrophen auf. Die verschiedenen *Zeckenfleckfieberarten* sowie das *Milbenfleckfieber* sind an das jeweilige Habitat der Überträger gebunden. Als Besonderheit gilt hier die Möglichkeit der transovariellen Infektion innerhalb der Überträgerpopulation unter Umgehung des menschlichen Infektionsglieds.

Sy: Inkubation 6–14 Tage. Akuter Beginn mit hohem Fieber (Kontinua für 1–3 Wochen), schweres Krankheitsgefühl, enzephalitische Reizung, hämorrhagisches Exanthem infolge petechialer Blutungen und Erregermikroembolien unterschiedlicher Dichte und Intensität (die Rickettsien befallen die Endothelzellen der Blutgefäße). Bei schwerer Verlaufsform neurologische Folgen, z. B. Schwerhörigkeit nach Läusefleckfieber. Die *Brill-Zinsser-Krankheit* ist ein Spätrückfall 3–40 Jahre nach Läusefleckfieber (möglicherweise im Lymphknoten persistierende Rikkettsien).

Dg: Klinisch und durch Agglutination verschiedener Proteusstämme (OX 19, OX 2, OXK = Weil-Felix-Reaktion) sowie durch KBR sind verschiedene Rickettsiosen zu unterscheiden (Tab. 42.**7**). Neuere Tests sind in Entwicklung.

Prl: Cox-Vakzine bei epidemischem Läusefleckfieber: Bekämpfung durch Ungeziefervertilgung mit Kontaktinsektiziden (DDT, Gammexan u. a.).

Th: Tetracycline sind Mittel der Wahl, 2–3 g initial, 500 mg 5stündlich für 24 Stunden, 250 mg 6stündlich bis 2 Tage nach Fieberabfall; Doxycycline, 200 mg/Tag, 12–15 Tage lang.

Rift-Valley-Fieber s. Arbovirosen, tropische

Rinderbandwurm s. Zestodeninfektionen

Rocky Mountain spotted fever s. Rickettsiosen

Sarkozystose s. Kokzidiose

Schistosomiase (Bilharziose)

Definition

Die Schistosomiase ist eine der wichtigsten tropischen Parasitosen, von der weltweit etwa ¼ Milliarde Menschen befallen sind.

Vorkommen

Schistosomiase ist an tropische Zonen, an stehende, langsam fließende Gewässer mit Schneckenhabitat gebunden. Dammbauten, Bewässerungsanlagen, Ausdehnung der Landwirtschaft und Bevölkerungszunahme in

Tabelle 42.7 Rickettsiosen des Menschen

Rickettsiose	Vorkommen	Erreger	Überträger	Reservoir	Weil-Felix-Reaktion
1. Läuse					
Typhus exanthematicus (Fleckfieber, spotted typhus) (*epidemisch* u. *Brill-Zinsser*-Krankheit)	weltweit. Epidemien in Kriegen und in/nach Katastrophen	*R. prowazeki*	Kleiderlaus	Mensch	OX 19
Febris quintana (Fünftagefieber, Wollhynisches oder Schützengrabenfieber)	Ost- und Südosteuropa (temporär)	*R. quintana*	Kleiderlaus	Mensch	negativ
2. Flöhe					
murines (endemisches) *Fleckfieber* (murine typhus)	Tropen und Subtropen	*R. typhi* (*R. mooseri*)	Rattenfloh	Ratten	OX 19
3. Zecken					
Zeckenfleckfieber (Felsengebirgsfieber und andere regionale Varianten)	Osten und Nordwesten der USA, Kanada	*R. rickettsi*	Schildzecken	wilde Nager, Hunde, Zecken	OX 19, OX 2
Boutonneusefieber und regionale Varianten	Mittelmeerraum, Schwarzes Meer, Afrika, Indien	*R. rickettsi, var. conori, var. pijperi*	Hundezecke Schildzecke	wilde Nager	OX 19, OX 2
Q-Fieber	weltweit	*R. (Coxiella) burneti*	Wald- und Rinderzecke	wilde Nager	negativ
Queensland-Zeckenfieber *Nordasiatisches Zeckenfieber*	Australien Sibirien	*R. australis* *R. sibirica*	Zecken Zecken	wilde Nager wilde Nager	OX 2, OK 19
4. Milben					
Tsutsugamushi-Fieber (Scrubtyphus)	Asien, Japan, Taiwan, Thailand, Burma, Pazifische Inseln	*R. orientalis*	Milbenlarven (Trombicula)	Nager, Vögel	OXK
Rickettsienpocken (Arkaririckettsiose)	Städte im Osten der USA	*R. akari*	Mäusemilbe	Hausmaus	negativ

diesen Gebieten führen zur ständigen Ausdehnung der Schistosomiaseherde.
In Afrika ausgedehnte Herde von *S. mansoni* und *S. haematobium,* auch auf Madagaskar und der arabischen Halbinsel; in Süd- und Mittelamerika nur *S. mansoni; S. japonicum* in China, Philippinen (Leyte, Mindanao), Thailand, Kampuchea, Laos (hier auch *S. mekongi*).

Ätiologie

Erreger: Mehrere Arten der Gattung *Schistosoma,* getrenntgeschlechtliche Trematoden (Saugwürmer, Pärchenleberegel), die in den mesenterialen und portalen Venenplexus des Endwirts leben. Drei Gruppen von Schistosomen kommen beim Menschen vor: der *Schistosoma-haematobium*-Komplex *(S. haematobium, S. bovis, S. mattheei, S. intercalatum),* die Erreger der Blasen- (Urogenital-) Bilharziose; der *Schistosoma-mansoni*-Komplex *(S. mansoni, S. rodhaini),* die Erreger der Darm- und Leberbilharziose; die *Schistosoma-japonicum*-Gruppe *(S. japonicum, S. mekongi),* die Erreger der fernöstlichen Darm- und Leberbilharziose.
Die verschiedenen Entwicklungsstadien und vor allem die massenhaft abgelegten Eier bestimmen die Pathologie im Endwirt. *S. japonicum* legt pro Tag und weiblichem Wurm 1500–3000 Eier ab, *S. haematobium* 500–1000 und *S. mansoni* 250–500 Eier.

Entwicklungszyklus außerhalb des Menschen: Gelangen die Eier mit Urin bzw. Stuhl in Süßwasser, schlüpfen aus ihnen Larven (Mirazidien), die in für jede Schistosomenart spezifische Schnecken eindringen, sich dort weiterentwickeln und diese als infektiöse Zerkarien (Gabelschwanzlarven) wieder verlassen. Diese müssen innerhalb 36 Stunden die Haut eines Menschen im Wasser penetrieren, um sich dort zu geschlechtsreifen Schistosomen entwickeln zu können.

Pathogenese und Klinik

Zerkariendermatitis (Badedermatitis, „swimmer's itch")
Die perkutane Invasion der Zerkarien kann bei entsprechender Reaktionslage zu einer allergischen Dermatitis führen. Sie kann durch Zerkarien nicht humanpathogener Vogel- oder Säugetierschistosomen auch in gemäßigten Zonen (Europa, USA) hervorgerufen werden. Es kommt zum Pruritus, bei schon früherer Exposition zu einer juckenden makulopapulösen Dermatitis, die in wenigen Tagen verschwindet. Handelt es sich um eine Invasion von menschenpathogenen Zerkarien in entsprechender Stärke, kommt es während der Larven-(Schistosomula-) Wanderung und Entwicklung zu Adulten zur akut-fieberhaften *Inkubationsphase.*
Allergische Reaktionen, wie Fieber, Urtikaria, angioneurotisches Syndrom, Mattigkeit, Kopf-, Nacken- und Gliederschmerzen, charakterisieren das Bild, das sich 4–7 Wochen nach der Zerkarieninvasion entwickelt. Im einzelnen können sich folgende Veränderungen finden:

- traumatische und infiltrative Lungenveränderungen mit Bronchitis, Eosinophilie, hämorrhagischem Sputum;
- akute Hepatitis nach Ankunft der Larven in der Leber und ihrer Entwicklung in den intrahepatischen portalen Venen, je nach Art und Befallstärke Fieber vor allem bei *S. japonicum,* aber auch bei *S. mansoni* (Katayama-Syndrom);
- Hyperämie der Dünndarmwand während des Heranreifens der Adulten in den Mesenterialvenen bei *S. mansoni* und *S. japonicum.*

Frühestens 4 Wochen (30–90 Tage nach der Zerkarieninvasion sind die Adulten geschlechtsreif, und das Stadium der Eiablage beginnt, das bis zu 10 Jahre lang fortbestehen kann und zu einer zunehmenden Überschwemmung des Wirts mit Eiern führt. Die Eier werden in den Venolen der Pfortader- und Mesenterialvenen, des Plexus venosus rectalis oder vesicalis je nach Schistosomenspezies abgelegt und wandern aktiv, mit Hilfe des Dorns und enzymatischer Aktivität durch das Gewebe in Richtung auf die Hohlorgane, durch die sie ausgeschieden werden. Auf ihrem Weg kommt es zu charakteristischen Gewebsreaktionen und granulomatösen Veränderungen. Im Falle der Abschwemmung in die Leber wird der Entwicklungszyklus des Parasiten unterbrochen.

Urogenitalschistosomiase (Schistosoma haematobium)
Frühestens 4 Wochen nach Zerkarieninvasion Brennen beim Wasserlassen, Pollakisurie, Schmerzen in der Blasengegend. Anfangs geringe, später stärkere Hämaturie am Ende der Miktion. Im Urinsediment, besonders im Mittagsurin, *Schistosoma-haematobium*-Eier, Leukozyten, Albumin, Erythrozyten. Zystoskopisch typische „Eiturberkel", später ausgedehnte ulzeröse Zystitis, Kalzifikation. Narbige Veränderungen im Trigo-

num vesicae und im Bereich des intramuralen Ureterenverlaufs, Schrumpfblase, Ureterenstenose, Hydroureter, Hydronephrose, sekundäre Pyelitis und Pyelonephritis. Bei massivem Befall entweder bereits in der Kindheit tödlich als Folge der Hydronephrose oder erst später. Besonders häufig Blasenkarzinom.

Darmschistosomiase

*Schistosoma-mansoni-, -japonicum-, auch -haematobium-*Eier werden nicht selten durch den Darm ausgeschieden.

Entzündliche Veränderungen der Darmwand, Leibschmerzen, dyspeptische Beschwerden, Durchfälle, ulzeröse Kolitis ähnlich der Amöbenkolitis, Mischinfektionen, narbige Veränderungen des Darms im Spätstadium. Wegen der geringeren Eizahlen meist auch geringere organische Veränderungen oder Beschwerden, wenn nicht die Eiabschwemmung in die Leber vorherrscht.

Hepatolienale Schistosomiase

Vor allem durch *Schistosoma-japonicum-*, in geringem Umfange infolge *Schistosoma-mansoni-*, selten durch *Schistosoma-haematobium-*Eier. Die folgenschwerste, bei *S. japonicum* am häufigsten zum Tode führende Verlaufsform, hervorgerufen durch granulomatöses tuberkelartiges Gewebe als Reaktion auf die in die Leber abgeschwemmten Eier. Vollbild der Leberzirrhose infolge portalen Hochdrucks. Oft schon im Kindesalter, Infantilismus, Entwicklungshemmung.

Beteiligung anderer Organe

Bei allen Schistosomenarten können Eier in entfernt gelegenen Organen auf dem Blutweg verschleppt werden und dort mehr oder weniger schwerwiegende Veränderungen hervorrufen (Herz, Lungen, Gehirn).

Diagnose

Nachweis der Eier im Urin *(S. haematobium)* oder Stuhl (z. B. Konzentrationsmethode nach Kato oder MIFC [Merthiolat-Jod-Formol-Konzentration]) *(S. mansoni, S. japonicum)* frühestens 4 Wochen nach Infektion (24-Stunden-Urin!). S. h. kann auch im Stuhl, S. m. auch im Urin beobachtet werden. Serologisch: indirekte Immunfluoreszenz, ELISA, indirekte Hämagglutination können schon im Inkubationsstadium positiv werden.

Zerkarienhüllenreaktion: Intradermaltest mit Zerkarienantigen (nicht speziesspezifisch).

Mirazidienschlüpfversuch: Aus größerer Stuhlprobe.

Endoskopisch: Rektoskopie, Zystoskopie, Laparoskopie mit Biopsie.

Prl: Vermeiden von Baden und Waten in Süßwasserseen, Bewässerungskanälen, Flüssen, Bächen in den Tropen, sofern nicht eindeutig klar ist, daß keine Verseuchung vorliegt.

Th: Ziel:

- Abtöten der Adulten als individuelle,
- Chemosuppression der Fertilität der Adulten als epidemiologische Maßnahme in Ergänzung zur Zwischenwirtbekämpfung und Unterbrechung des Infektionszyklus.

Das Mittel der Wahl ist heute Praziquantel (Biltricide), 1mal 40 mg/kg KG bei *S. haematobium*, 1mal 40 oder 2mal 20 mg/kg KG an einem Tag bei *S. mansoni* oder 2mal 30 mg/kg KG bei *S. japonicum*. In 7% ist bei Nachweis vitaler Eier durch Trypanfärbung 4–6 Monate nach Ersttherapie eine zweite Behandlung nötig. Demgegenüber sind ebenfalls gut wirksame, aber nicht nebenwirkungsfreie Präparate wie Niridazol (Ambilhar) oder Metrifonat (Bilarcil) in den Hintergrund getreten. Im Falle von Schwangerschaft sollte keine Therapie durchgeführt werden.

Prgn: Bei sporadischen Infektionen von Europäern im Frühstadium bei geringer Infektionsstärke leichter Verlauf, therapeutisch gut beeinflußbar. Bei langfristiger Exposition zunehmende Infektionsstärke mit folgenden chronischen irreversiblen Schäden, die auf spezifische Therapie nicht mehr ansprechen. *S. japonicum* hat ungünstige Prognose, gefolgt von *S.-haematobium- und S.-mansoni-*Infektionen.

Schlafkrankheit s. Trypanosomiasis

Schlangenbiß s. Gifttiere, tropische

Scrub typhus s. Rickettsiosen, Tsutsugamushi-Fieber

Semliki Forest fever s. Arbovirosen, tropische

Sichelzellenanämie s. Kap. Hämatologie

Sindbisfieber s. Arbovirosen, tropische

Skabies s. Kap. Hautkrankheiten

Skorbut s. Avitaminosen, tropische

Skorpionbiß s. Gifttiere, tropische

Sparganuminfektion s. Zestodeninfektion

Spinnenbiß s. Gifttiere, tropische

Spirochätose s. Treponematosen, tropische

Sporotrichose s. Mykosen, tropische

Sprue, tropische

Vk: Vorwiegend in Indien, Pakistan, Sri Lanka, Myanmar (Burma), Malaysia, China, Indonesien, Philippinen, Nordaustralien, Fidschi, Mittlerer Osten, Zentralamerika. Gelegentlich von epidemischem Charakter, endemisch sicher sehr viel weiter verbreitet, als es zur Kenntnis gelangt.

Ät: Nach dem derzeitigen Stand der Kenntnis ein primäres Malabsorptionssyndrom noch unvollständig geklärter Ätiologie. Absorptionsstörung für Fett, D-Xylose und Vitamin B_{12}. Infektiologische Ursachen dürften eine wichtige Rolle spielen: Befall mit Darmparasiten, vor allem *Strongyloides, Capillaria,* Lamblien, Darmtuberkulose, Ileitis terminalis, Divertikulose usw.

Sy: Klinisch stehen voluminöse Stühle, Durchfälle, Steatorrhö, Glossitis und Stomatitis, im fortgeschrittenen Stadium Kalorien-, Vitamin- und Eiweißmangelzustände im Vordergrund. Völlegefühl, Aufstoßen, Magenschmerzen, Erbrechen, hyperchrome Anämie durch Folsäuremangel, Abmagerung, Kräfteverfall bis zur Kachexie.
Verlauf: Wechselnd mit Remissionen und Rückfällen über Jahre.

Dg: Ausschluß parasitärer, entzündlicher, funktionaler und anatomischer Ursachen. Langdauernde fettreiche voluminöse Durchfälle, Anämie, Schleimhautveränderungen, Abmagerung nach Tropenaufenthalten sind verdächtig für das Vorliegen einer Sprue.

DD: Tropische Enteropathie (s. d.), AIDS.

Th: Entsprechend der vielfältigen Symptomatik Flüssigkeits- und Elektrolytersatz, 2 g/Tag Tetracyclin über 2–3 Wochen, Folsäure über Wochen. Jeder Fall bedarf einer sehr individuell gestalteten Therapie entsprechend den Bedürfnissen, evtl Folsäure- und Vitamin-B_{12}-Substitution. Von weiteren Tropenaufenthalten ist abzuraten.

Strongyloidose s. Nematodeninfektion

Syphilis, endemische s. Treponematosen, tropische

Täniasis s. Zestodeninfektion

Thalassämie s. Kap. Hämatologie

Trachom s. Konjunktivitis, Kap. Augenkrankheiten

Trematodeninfektion

Ät und Pathog: Mit Ausnahme der Schistosomen (s. d.) sind die beim Menschen vorkommenden Trematoden dadurch charakterisiert, daß sie zwei Zwischenwirte haben. Die Gewohnheiten der in den Endemiegebieten lebenden Menschen sind nicht nur für ihre Infektion verantwortlich, sondern auch für deren Verbreitung. Der Genuß roher Wasserpflanzen (*Fasciola-* und *Fasciolopsis*-Infektionen), roher Krabben und Flußkrebse (*Paragonimus*-Infektion), roher Fische (*Clonorchis-, Opisthorchis-, Heterophyes*-Infektionen) oder roher Schnecken (*Echinostoma-ilocanum*-Infektion) ist Voraussetzung für einen Befall des Menschen. Der Mensch ist nicht der einzige Endwirt. Vielfach sind Haustiere, Schweine, Katzen, Hunde ein unkontrollierbares natürliches Reservoir. Die Eier werden mit dem Kot, nur bei Paragonimiasis vornehmlich mit dem Sputum ausgeschieden, so daß unhygienische Abwasserverhältnisse, vor allem Teiche, die zur Zucht von Speisefischen dienen usw., erheblich zur Verbreitung der Infektion beitragen. Das klinische Bild hängt einmal von Größe und Zahl der Würmer, zum anderen von den Organen oder Geweben, die befallen sind, ab. Die pathologischen Veränderungen können lokaler oder allgemeiner toxischer Natur sein.

Dg: Die gedeckelten Eier der Trematoden sind im Stuhl bzw. Sputum (Paragonimiasis) leicht zu entdecken. Je nach Größe des Parasiten sind auch sie von unterschiedlicher Größe (140 × 85 µm bei *Fasciolopsis buski* bis 11 × 30 µm bei *Opisthorchis felineus*). Die Anamnese ist ein entscheidender Hinweis bei Vorliegen einer biliär-intestinalen Störung mit Eosinophilie (pulmonale Erscheinungen bei *Paragonimus westermani).*

Prl: Die Bekämpfung und Kontrolle der Trematodeninfektion besteht im wesentlichen in Chemotherapie der menschlichen Fälle, hygienischer Abfallbeseitigung, Schneckenbekämpfung und „Gesundheitserziehung". Bei den engen Beziehungen, die zwischen den verantwortlichen Faktoren be-

Tabelle 42.8 Trematoden aus Zwischenwirten, die als Nahrung dienen

Trematoden (Egel)	Infektionsmodus	*Adulter Wurm* Länge	*Adulter Wurm* Endwirt u. Lokalisation	Zwischenwirt	Geographische Verbreitung	Präpatenzzeit	Klinisches Bild	Therapie
Clonorchis sinensis (Chinesischer Leberegel), *Opisthorchis viverrini*	Metazerkarien mit 2. Zwischenwirt roh verzehrt, Entwicklung in Gallengängen, Eier im Stuhl	10–20 × 3–5 mm	Mensch, Hund, Katze, Schwein; Galle und Pankreasgänge	1. Schnecken 2. Süßwasserfische	China, Südostasien	14 Tage	Cholangitis, Pankreatitis, Leberzirrhose	Praziquantel
Opisthorchis felineus (Katzenleberegel) u. a.		7–12 × 2–3 mm			Zentral-, Ost-, Südosteuropa, Eurasien			
Fasciolopsis buski (Großer Darmegel)	dto. Entwicklung im Darm	20–75 × 8–20 mm	Mensch, Schwein; im Darm (Duodenum, Jejunum)	1. Schnecken 2. Wasserpflanzen (*Eleocharis tuberosa* [Wassernüsse], *Trapa natans*)	China, Ostasien	1–3 Mon.	Darmuleration, Durchfall, Kräfteverfall, Intoxikation, Aszites, Eosinophilie	Praziquantel
Paragonimus westermani (Lungenegel), *Paragonimus africanus*	Metazerkarien mit 2. Zwischenwirt, Magen-Darm-Zwerchfell-Pleura-Lunge (Zyste bzw. Eier im Sputum oder via Darm-Stuhl)	7–12 × 4–6 mm	Mensch, Schwein, Karnivoren; Lungen	1. Schnecken 2. Süßwasser, Krabben, Krebse	Südostasien, Westafrika	2–3 Mon.	Husten, rostrotes Sputum, Pleuritis, Peritonitis, Lungenabszeß	Praziquantel
Fasciola hepatica	Metazerkarien an Wasserkresse; Darm, Leber, gelegentlich falsche Infektion durch Essen roher Schafleber	30 × 13 mm	Schaf, gelegentlich Mensch	1. Schnecken (*Lymnaea*) 2. Wasserkresse	ubiquitär, in Europa besonders Frankreich, England	1–2 Mon.	hepatischer oder Verschlußikterus, Leberzirrhose, Eosinophilie	Praziquentel, Bithionol
Echinostoma ilocanum	Metazerkarien in Schnecken, Dünndarm	2,5–6,5 × 1,0–1,3 *mm*	Mensch	1. *Schnecken*	Philippinen, Indonesien		Enteritis, Intoxikation	
Heterophyes heterophyes		1–1,7 × 0,3–0,4 mm	Mensch, Katze, Hund, Fuchs	1. Schnecke 2. Fisch	Japan, China, Ägypten		Kolik, Durchfall	

stehen, ist der Erfolg sehr fragwürdig (Tab. 42.**8**).
Europäische Tropenreisende können sich grundsätzlich dadurch schützen, daß sie keine rohen oder ungaren Gerichte aus Süßwasserpflanzen und -tieren zu sich nehmen. Einschleppungsfälle können dennoch vorkommen, vor allem auch durch einreisende Ausländer oder selten auch durch importierte frisch infizierte Nahrungsmittel. Eine Weiterverbreitung ist nicht möglich.

Th: Praziquantel ist bei fast allen Formen die wirksamste Therapie. Bithionol bei Lebergel, 25 mg/kg KG für 10 Tage.

Treponematosen, tropische

Pathogenese und Therapie

Neben der weltweit verbreiteten venerischen Treponematose *Syphilis (Treponema pallidum)* kommen in den Tropen drei weitere Treponematosen vor, deren Erreger sich weder morphologisch noch immunologisch oder in Kultur von dem der Syphilis unterscheiden, die jedoch klinisch und epidemiologisch klar voneinander zu trennen sind. Sie stellen ausgesprochene Kontaktinfektionen dar, die schon in der frühen Kindheit erworben werden. Die Erreger sind an feuchtwarmes Milieu gebunden, was sich darin ausdrückt, daß sie sich entweder in feuchtwarmen Gebieten in der Haut oder in trockenen Gebieten in den Schleimhäuten und angrenzenden Hautpartien ansiedeln. Gemeinsam haben sie ferner das gute therapeutische Ansprechen auf Penicillin und früher auf Salvarsan, weshalb sie in weiten Teilen der Tropen sehr stark im Rückgang begriffen sind. Infektionen von Europäern und Einschleppung im Unterschied zur venerischen Syphilis unwahrscheinlich.

Frambösie (Yaws)

Vk: Feuchtwarme Zonen Afrikas, Mittel- und Südamerikas, Süd- und Südostasiens.

Ät: Erreger: *Treponema pertenue.*

Sy: Primärläsion: Granulomatöse „himbeerartige (framboise)“ Hautläsion an Gesicht und Hals mit Selbstheilungstendenz. In 15% Sekundärläsion: Multiple Hautmetastasen, granulomatös, ulzerierend, hyperkeratotisch, sehr schmerzhaft (Gesicht, Extremitäten, besonders Fußsohlen). Periostitis, Ostitis (Röhrenknochen, Nasenbein). Tertiärläsion: gummöse Knochendefekte, Ostitis (Polydaktylitis, Säbelscheidentibia). Defektheilung der Spätstadien, Frühinvalidität.

Endemische Syphilis (Bejel)

Vk: Aride, wasserarme Zonen Afrikas und des Vorderen Orients. Vor allem bei Nomaden schon im Kindesalter.

Sy: Primärläsion meist unerkannt. Sekundär- und Tertiärläsionen ähnlich wie Frambösie. Trotz gleichen Erregers hat diese Erkrankung weder klinisch noch epidemiologisch etwas mit venerischer Syphilis gemeinsam.

Pinta (Carate)

Vk: Feuchtwarme Zonen Mittel- und Südamerikas.

Ät: Erreger: *Treponema carateum.*

Sy: Primärläsion: Psoriasisartige makulopapulöse Effloreszenzen mit Hyperkeratose sowie De- und Hyperpigmentierung. Chronischer Verlauf ohne Selbstheilungstendenz. Spätschäden können von Syphilis nicht unterschieden werden.

Trichostrongyliasis s. Nematodeninfektion

Trichuris trichiura s. Nematodeninfektion

Tropenklima und Akklimatisation

Als Tropen im klimatologischen Sinn bezeichnet man diejenigen Zonen zu beiden Seiten des Äquators, die innerhalb der 20°-C-Jahresisotherme liegen, oder diejenigen Gebiete, in denen der Tagesgang der Temperatur größere Schwankungen aufweist als der Jahresgang. Regenzeit und Trockenzeit beherrschen in den Tropen die belebte Natur so, wie dies Winter und Sommer in den gemäßigten Zonen tun.
Das Tropenklima läßt sich grob in drei Typen unterteilen: *tropisch-humid, tropisch-arid* und als lokale Sonderform das tropisch-kühltrockene oder tropisch-kühl-feuchte *Höhenklima.* Diese drei Typen verlangen vom menschlichen Körper unterschiedliche Anpassungsfähigkeiten. Das tropisch-humide Klima wird wegen des subjektiven Schwüleempfindens und wegen des Mangels an genügend großen Tag-Nacht-Schwankungen der Temperatur als unangenehmer und belastender empfunden als das aride Tropenklima. Dort wiederum können die Strahlungsintensität, die Trockenheit der Luft und große Tag-Nacht-Temperatur-Schwankungen das Allgemeinbefinden beeinflussen. Die Akklimatisation wird in jedem Fall etwa 4–6 Wochen in Anspruch nehmen, während der die notwendigerweise gesteigerte Schweißproduktion in Gang kommen muß. Da in dieser Anfangsphase der Kochsalzgehalt des

Schweißes besonders hoch ist, können akute oder chronische Störungen der Akklimatisation durch einen relativen NaCl-Mangel hervorgerufen werden (alle Formen von Salzmangelsyndrom). Eine hierdurch verursachte vorübergehende oder verschlimmerte Hypochlorhydrie des Magensafts prädestiniert in dieser Phase zu Darminfektionen. Ferner kann es zu orthostatischen Kreislaufregulationsstörungen oder, selten, zum Versagen der Thermoregulation (Hitzschlag), zu Anhidrose und chronischer „prickly heat", Funktionsstörungen der Schweißdrüsenausgänge sowie gegebenenfalls zu mangelnder Anpassung an tropische Höhenlagen über 2000 m kommen. Diese Störungen, die ohne vorherige persönliche Erfahrung nicht voraussehbar sind, können Anlaß zum Abbruch des Tropenaufenthalts werden.

Die Akklimatisation findet im allgemeinen störungsfrei statt und geht so weit, daß eine ausgeprägte Empfindlichkeit gegenüber Abkühlung entsteht, was eine ausgesprochene Anfälligkeit für Erkältungskrankheiten zur Folge hat, besonders bei übertriebener und unsachgemäßer Verwendung von Klimaanlagen.

Tropentauglichkeit

Grundsätzlich kann jeder gesunde, leistungsfähige Mensch als tropentauglich bezeichnet werden. Dennoch sollte vor Ausreise eine Tropentauglichkeitsuntersuchung stattfinden. Die Problematik einer jeden Untersuchung auf Tropentauglichkeit liegt jedoch darin, daß es eine *spezifische Tropentauglichkeit* nicht gibt, wenn man bestimmte anamnestische Besonderheiten, Prädispositionen oder klinische Befunde ausnimmt. Heute sind es mehr die individuellen Lebens- und Reisestile, die das Risiko bestimmen, als die objektiven Umstände. Es soll festgestellt werden, ob ein Ausreisender seine *normale berufliche Tätigkeit,* zu der er primär gesundheitlich in der Lage ist, auch unter den spezifischen Belastungen der Tropen ohne Schaden für seine Gesundheit längere oder kürzere Zeit auszuüben in der Lage ist. Die Belastungen, denen ein Bewohner gemäßigter Zonen in den tropischen Gebieten ausgesetzt ist, sind nicht immer nur *klimatischer* Natur; sie können auch gelegentlich *höhenphysiologischer Art* sein. Hinzu kommen als subjektive Gefahren die *Infektionsrisiken* verschiedenster Art und Stärke. Ein vieldiskutiertes, aber schlecht objektivierbares Kriterium der Tropentauglichkeit ist die *psychische Tropentauglichkeit.* Die voraussichtliche *Dauer* des Aufenthalts spielt bei der Beurteilung ebenso eine Rolle wie die an Ort und Stelle zu erwartenden besonderen *Umwelt- und Lebensbedingungen* sowie die *medizinische und Medikamentenversorgung.* Bestimmte Prädispositionen oder Krankheiten in der Anamnese schließen eine Tropentauglichkeit von vornherein aus, auch dann, wenn sie im Inland mit einer normalen Arbeitsfähigkeit in Einklang stehen: Tuberkulose (3 Jahre stationärer Befund nach klinischer Heilung erforderlich), chronische Leber-, Gallen-, Nieren- und Harnwegserkrankungen, hyperthyreotische Zustände, Herz- und Kreislauferkrankungen, Störungen im blutbildenden System, chronische Erkrankungen des Verdauungsapparats, schwerer Diabetes mellitus und abnorme psychische Zustände. Auch psychopathischen Persönlichkeiten ist von den Belastungen durch eine fremde und noch dazu tropische Umgebung abzuraten. In besonderem Maße sind bei der Beurteilung der Tropentauglichkeit und bei der Einordnung in die Gruppen der leichte und mittelschwere Diabetes, eine Impfstoff-, Arzneimittel- und Serumunverträglichkeit und Klimaunverträglichkeit in Anamnese und Schwangerschaft zu berücksichtigen. Die Mitnahme der Ehefrau oder der Familie bei längeren Aufenthalten ist heutzutage unter nahezu allen Umständen zu befürworten, sofern auch hier eine Tropentauglichkeit festgestellt werden kann. Eine asymptomatische HIV-Infektion ist keine Kontraindikation gegen Tropenaufenthalte, jedoch ist eingehende Beratung nötig.

Tropische Enteropathie

Def: Chronische Diarrhö und Flatulenz, gelegentlich mit leichter megaloblastischer Anämie während und häufig noch Wochen nach Tropenaufenthalt unter besonders ungünstigen ernährungshygienischen Bedingungen.

Ät: Bisher nicht eindeutig geklärt, Abgrenzung zur tropischen Sprue nicht einheitlich. Keine Vorstufe zur tropischen Sprue.

Pathog: Dünndarmbioptisch: geringe bis mäßige unspezifische Jejunitis bis Atrophie der Villi. Störung der Absorption von D-Xylose, Folsäure und Vitamin B_{12} in seltenen Fällen.

Sy: Nach mehreren akuten „banalen" Durchfällen kommt es zu breiigen fäkulenten Stühlen. Druckgefühl, vermehrte Peristaltik, Flatulenz, Verminderung des Appetits, Müdigkeit, Abgeschlagenheit. Weitgehende Unwirksamkeit der gängigen Therapien. Megaloblastische Anämie.

Dg: Anamnestisch und klinisch; megaloblastische Anämie, Vermehrung der hypersegmentierten Neutrophilen, geringe Erhöhung der β-Globuline, häufig assoziiert mit Lambliasis intestinalis, D-Xylose-Absorption, Erythrozyten-Folsäure-Messung im RIA.

Th: Symptomatisch Folsäure, 5–10 mg/Tag über 6–8 Wochen, evtl. p.o. Tetracylin, 0,5–1 g/Tag über 3–4 Wochen (umstritten), Behandlung der Lambliasis, fettarme Diät ad libitum.

Trypanosomiasis

Ätiologie und Pathogenese

Subakute bis chronische Infektionskrankheit durch Trypanosomen, Flagellaten der Familie *Trypanosomatidae,* die durch Arthropoden übertragen werden und deren Verbreitung eng an die Ökologie der Überträger gebunden ist.

Man unterscheidet drei Arten von Trypanosomiasen, die West- und Ostafrikanische Schlafkrankheit, hervorgerufen durch *Trypanosoma brucei gambiense* bzw. *T. brucei rhodesiense,* sowie die nur in Südamerika vorkommende, weitverbreitete Chagas-Krankheit, hervorgerufen durch *T. cruzi* (Tab. 42.**9**).

Afrikanische Schlafkrankheit

Vk: Eine Einschleppung der Afrikanischen Schlafkrankheit liegt im Bereich der Möglichkeit auf Safaris. Eine Weiterverbreitung außerhalb der inneren Tropen ist wegen Nichtvorkommens der Überträger ausgeschlossen.

Dg: Bei Tropenrückkehrern, die unklare Fieberzustände mit Lymphknoten-, Milzschwellung und/oder Myokarditis zeigen und zunehmend über Kopfschmerzen klagen, muß nach den Aufenthaltsorten und nach Insektenstichen mit länger andauernder Infiltration und Entzündungen (Trypanosomenschanker) gefragt werden. In dessen Gewebssaft lassen sich Trypanosomen nachweisen. 2–3 Wochen nach Infektion Parasitennachweis im Blut (extrazelluläre Flagellaten) (1. Stadium). Im 2. Stadium nach Durchbruch der Blut-Liquor-Schranke der Trypanosomen Erregernachweis im Liquorsediment. Abgrenzen gegen Meningitis und Enzephalitis. Anstieg des IgM ist typisch und diagnostisch verwertbar.

Prl: Pentamidin (Pentacarinat), 200 bis 250 mg alle 6 Monate zur Suppression der primären Parasitämie, verhindert aber nicht eine spätere zentralnervöse Form, die nach Rückkehr aus den Tropen möglicherweise verkannt wird und unbehandelt sicher letal endet. Es ist in der Regel besser, auf die Prophylaxe zu verzichten, sich dafür vor dem Stich der Tsetsefliegen gut zu schützen und den primären Trypanosomenschanker zu beobachten und sofort zu behandeln.

Th:

- *Frühstadium* (Parasitämie): *T. brucei gambiense:* Pentamidin, 4 mg/kg KG für 7–10 Tage, Suramin (Bayer 205 Antrypol, bei *T. brucei rhodesiense* wegen Pentamidinresistenz: Dosierung 1 g i.v. in 3tägigem Abstand, maximal 10 g. Hohe Wirksamkeit gegen alle afrikanischen Trypanosomen. Lange Verweildauer des Präparats im Körper verursacht toxische Nierenschäden. Exfoliative Dermatitis ist nicht selten, vor allem bei gleichzeitig bestehender Onchozerkose.
- *Spätstadium:* Nach Vorbehandlung mit einem nicht liquorgängigen Präparat wird Melarsoprol (MelB), ein 3wertiges Arsen und Dimercaprol (zur Entgiftung) appliziert. Behandlung nur in Tropeninstituten mit entsprechender Erfahrung. Toxische Nebenwirkungen müssen gegen das Risiko des letalen Verlaufs der Schlafkrankheit abgewogen werden. Eflornithine, das erste neue Mittel seit 40 Jahren, ist die neue Alternative; 400 mg/kg KG für 14 Tage.

Chagas-Krankheit

Ät, Pathog und Sy: Die Südamerikanische Trypanosomiasis, hervorgerufen durch *Trypanosoma cruzi,* war eine ursprünglich auf Avertebraten *(Triatominae)* bechränkte Parasitose, die sich später auf Vertebraten ausdehnte, nachdem sich einige Triatomenarten an menschliche Behausungen angepaßt hatten. Die Chagas-Krankheit ist eine typische, meist schon Kinder befallende Krankheit, eng assoziiert mit schlechten Wohnbedingungen in Slums, die mit Raubwanzen infestiert sind. Man unterscheidet die akute septikämische, fieberhafte Parasitose-Chagas-Krankheit – mit Erregerinvasion vor allem in die glatte Muskulatur – von der oligoparasitären chronischen, meist als Myopathie verlaufenden Folge der akuten Phase (Tab. 42.**9**). Die Chagas-Krankheit ist in einigen südamerikanischen Staaten eines der größten Gesundheitsprobleme. Aufgrund der unterschiedli-

Tabelle 42.9 Afrikanische und amerikanische Trypanosomiasen

Krankheitsbezeichnung	Westafrikanische Schlafkrankheit	Ostafrikanische Schlafkrankheit	Chagas-Krankheit
Erreger	*Trypanosoma brucei gambiense*	*Trypanosoma brucei rhodesiense*	*Trypanosoma cruzi*
Erreger im Menschen Pathologie	Reaktion des Wirtsorganismus auf den Parasiten führt zu schubweiser Freisetzung von Toxinen aus abgetöteten Parasiten: perivaskuläre Infiltrate, Polyadenitis, Meningoenzephalitis, Myokarditis		amastigote Form intrazellulär, im Menschen glatte Muskelzellen, „Megabildung"
Verlauf	schleichender Beginn, chronischer Verlauf (Dauer ¾–3 Jahre)	heftig, akuter Beginn, kurze Dauer (Dauer 3–9 Monate)	mäßig, chronischer Verlauf (Jahre)
Inkubation	2–3 Wochen	2–3 Wochen	1–2 Wochen
Klinisches Bild	schwache Primärläsion, schleichende Meningoenzephalitis, Kachexie, Sekundärinfektionen, Parasiten im Liquor	kräftige Primärläsion, akuter Beginn, Fieber, Myokarditis, Parasiten im Blut	1. *Akute Phase:* Primärläsion (Chagom), lokale Schwellung und regionale Lymphknotenschwellung, Myokarditis, Enzephalitis, Meningitis 2. *Chronische Phase:* Myopathie (Megaösophagus-, Kolon-, Sigma-, Herzdilatation), Enzephalomyelopathie
Diagnose	klinisch, Lymphknoten- und Liquorpunktion, Erregernachweis, Anstieg des IgM	klinische, Erreger im Primärschanker und Blut, erst spät im Liquor	Romaña-Zeichen, klinisch, KBR, Chagompunktat, Erregernachweis durch Xenodiagnose
Natürliches Reservoir	Mensch, Hausschwein, Hund	Mensch, Antilopen Rind?	Mensch, Haustiere, Wild, Opossum, Gürteltier
Geographische Verbreitung	West- und Zentralafrika, Kongo, Ostafrika (Uganda), Südsudan, Südwestäthiopien	Ost- und Südostafrika (Uganda, Kenia, Tansania, Ruanda, Burundi, Malawi, Sambia, Rhodesien)	Süd- und Mittelamerika
Überträger, Herd und Nistgebiet	Tsetsefliege (Glossinen): *G.-palpalis*-Gruppe; Fluß-, Seeufer (kurze Flugdistanz)	Tsetsefliege (Glossinen): *G.-morsitans*-Gruppe, *G. fuscipes;* Savanne (lange Flugstrecken)	Reduviliden (Raubwanzen);, Haus, Stallungen, unter unhygienischen Wohnverhältnissen

chen Lebensweise dürfte eine Einschleppung nach Europa durch Europäer ausgeschlossen sein.

Prl: Raubwanzenbekämpfung, Slumsanierung.

Th: Nifurtimox (Lampit), Benzonidazol (Rochagan) nur in der akuten Phase. Beide in Deutschland nicht im Handel.

Tsutsugamushi-Fieber s. Rickettsiosen

Ulcus tropicum

Vk und Ät: Chronisch verlaufendes Hautgeschwür, das ganz überwiegend in feuchten Tropenzonen vorkommt. Gestörte Durchblutung begünstigt die Entwicklung.
In Geschwürabstrichen meist Spirochäten *(Borrelia vincenti)* und fusiforme Bazillen, deren ursächliche Bedeutung aber nicht gesichert ist.

Sy: Fast immer am Unterschenkel oder Fußrücken als kleine Papel, die oberflächlich nekrotisiert und langsam zu tiefgreifendem Geschwür mit schmierig belegtem, nässendem Grund und verdickten Rändern führt. Größe des voll entwickelten Ulkus bis zu 10 und 15 cm Durchmesser. Im weiteren Verlauf auch Zerstörung der darunterliegenden Gewebe, in seltenen Fällen sogar Übergreifen auf Periost und Knochen.

Dg und DD: Abgrenzen gegen Buruli-Ulkus, Leishmaniase (Erregernachweis), Frambösie (meist multiple Ulzera), Lues, tiefe Mykosen, Ulcus cruris, Sichelzellanämie.

Th: Ruhigstellung des erkrankten Glieds. Örtliche Wundreinigung mit Wasserstoffsuperoxid, Umschläge mit Lösungen von Trypaflavin oder Rivanol, Betaisadona; Besserung der Blutzirkulation sowie des meist reduzierten Allgemeinzustands. Procain-Penicillin, täglich 1,2 Millionen IE über 7 Tage. Selten chirurgische Behandlung mit Kauterisation oder Exzision und nachfolgender Transplantation notwendig.

Prgn: Stets langwieriger Verlauf, häufig schlechte Heilungstendenz.

Zerkariendermatitis s. Schistosomiase

Zestodeninfektion

(s. a. S. 359, 482 und Tab. 42.**10**)

Überblick über Ätiologie, Prophylaxe und Therapie

Bandwurminfektionen kommen weltweit, vor allem auch in gemäßigten Zonen, vor. Der Mensch ist Endwirt von *Taenia saginata* (Zwischenwirt Rind, Rinderbandwurm), von *Taenia solium* (Zwischenwirt Schwein, Schweinebandwurm) und von *Diphyllobothrium latum* (Zwischenwirt Fisch, Fischbandwurm). Bei *Hymenolepis nana* (Zwergbandwurm) ist der Mensch der einzige Wirt, kein Zwischenwirt. Bei *Echinococcus granulosus* und *Echinococcus multilocularis* ist der Hund Endwirt, der Mensch ist akzidenteller Zwischenwirt, die hauptsächlichen Zwischenwirte sind Schafe und andere Haustiere sowie kleine Nager. Im Fall der ersten Gruppe ist die Vermeidung rohen, finnen-(larven-)haltigen Fleischs oder Fischs, im Fall der zweiten Gruppe Vermeidung infizierten Hundekots das entscheidende prophylaktische Prinzip.

Th: Niclosamid (Yomesan), Praziquantel (Cesol), 1mal 10–25 mg/kg KG.

Zystizerkose

Ät, Pathog und Sy: Durch orale Aufnahme von Eiern aus dem Kot des Endwirts kommt es sehr selten auch beim Menschen als Fehlzwischenwirt zur Entwicklung der Larvenstadien (Finnen), zur Zystizerkose. Finnen von *Taenia solium* (Schweinebandwurm) als sog. *Cysticercus cellulosae* kommen beim Menschen vorwiegend in Auge, Gehirn, Muskulatur, Herz, Leber, Lunge, Bauchhöhle in absteigender Folge der Häufigkeit vor. Im Gehirn können sie zu Symptomen eines raumverdrängenden Prozesses führen.
Eine Infektion mit dem Larvenstadium von *T. saginata,* üblicherweise des Rinds, wird als *Cysticercus bovis* bezeichnet. Menschliche Infektionen sind kaum bekannt geworden.
Die Infektion mit dem Larvenstadium von *Diphyllobothrium latum* wird als *Sparganose* bezeichnet.

Th: Praziquantel (Cesol), 3mal 16,7 mg/kg KG und Tag für 2 Wochen.

Echinokokkose

Vk: Echinococcus granulosus weltweit, *E. multilocularis* in Zentraleuropa (Schwäbische Alb, Alpen), Nordamerika, Kanada, GUS, nördlichem Ostasien.

Ät und Pathog:

- *Erreger:* Infektion des Menschen als Fehlzwischenwirt mit Eiern von *Echinococcus granulosus* (Hundebandwurm) oder *E. multilocularis,* vornehmlich der Bandwurm des Fuchses und anderer Karnivoren, die sich mit den Larvenstadien aus Schafen und anderen Herbivoren im Falle des *E. granulosus* oder aus Feldmäusen im Falle des *E. multilocularis* infizieren.

Tabelle 42.**10** Zestoden

Parasit	Infektionsmodus	Adulter Wurm			Entwicklung im Menschen	Präpatenzzeit	Klinisches Bild	Therapie	Geographische Verbreitung
		Länge	Endwirt und Lokalisation	Zwischenwirt					
Taenia saginata (Rinderbandwurm)	larven-(finnen-)haltiges, rohes Fleisch; Darm: adulter Wurm, Proglottiden	4–10 m	menschlicher Darm	*Rind (Cystercus bovis)*	im Darm Heranwachsen des adulten Wurms aus der mit infiziertem Fleisch übertragenen Larve	6 Mon.	geringer Gewichtsverlust, unklare Bauchbeschwerden; selten und nur bei *T. solium* Zystizerkose des Gehirns	Niclosamid, Praziquantel	weltweit
Taenia solium (Schweinebandwurm)	Stuhl: Eier → Zwischenwirt	2–7 m	menschlicher Darm	*Schwein (Cysticercus cellulosae),* Mensch als Fehlwirt					
Diphylobothrium latum (Fischbandwurm)	ungekochter Fisch, Larven; Darm: adulter Wurm	< 20 m	Mensch, Hund, Katze; Darm	1. Zwischenwirt Kopepoden, 2. Zwischenwirt Süßwasserfisch, Plerozerkoid (Larve)	Mensch: orale Aufnahme des 2. Zwischenwirts und der Larve → Darm	5–6 Wo.	wie bei Taenia makrozytäre Anämie	Niclosamid, Praziquantel	kühl-gemäßigte Zonen der Nordhemisphäre, bes. an europäischen Seen und Binnenmeeren, Donaudelta, Nordamerika, Kanada, Sibirien, Japan
Hymenolepis nana (Zwergbandwurm)	kontaminierte Speisen, Erde; Flohlarven, Autoinfektion	1–4 cm	Mensch; Darm	Flohlarven, Mensch	Mensch: orale Eiaufnahme, Zystizerkoide in Darmzotte	3–4 Wo.	symptomlos oder Durchfälle	Praziquantel, Niclosamid	Tropen, Subtropen

Tabelle 42.**10** (Fortsetzung)

Parasit	Infektionsmodus	Adulter Wurm			Entwicklung im Menschen	Präpatenzzeit	Klinisches Bild	Therapie	Geographische Verbreitung
		Länge	Endwirt und Lokalisation	Zwischenwirt					
Echinococcus granulosus (Hundebandwurm) *Echinococcus multilocularis* (Fuchsbandwurm)	orale Aufnahme von larvenhaltigem Material (Zystenleber), Entwicklung im Darm zum adulten Wurm, Eiausscheidung im Hundekot	2–5 mm	Hund u. a. Kaniden, Schafe u. a. Haustiere; Darm	Mensch als Fehlzwischenwirt; Eiaufnahme, Larvenentwicklung in Leber, Lunge, Gehirn. Bauchhöhle (Echinokokkenzyste)	Mensch als Fehlwirt		*Zysten:* isoliert bei *E.-granulosus*-Infekten *(E. cysticus)*, infiltrativ bei *E. multilocularis*-Infektion *(E. alveolaris)*	operativ; Mebendazol, 3mal 10–15 mg/kg/Tag über Wochen Mebendazol, 3mal 10–15 mg//kg Tag über Jahre	weltweit wie *Diphyllobothrium*
*Spirometra-*Arten	ungekochter Fisch, Frösche und andere Kaltblüter		Hunde, Katzen; Darm	im Mensch (Fehlwirt) als Larva migrans visceralis ca. 9 Jahre			über Darmmukosa oder Auge in Bindegewebe und Organen; Ödeme, entzündliche Infiltrate	operativ; Praziquantel	Südostasien, Ost- und Zentralafrika, Lateinamerika

– *Übertragung:* Der Mensch infiziert sich ebenso wie der natürliche Zwischenwirt durch Ingestion von Eiern aus dem Kot infizierter Karnivoren im engen Umgang mit Hunden oder durch akzidentelle Aufnahme von Fuchskot, z. B. an Waldbeeren.

Sy: Die beiden Echinococcusarten entwikkeln zwei unterschiedliche Krankheitsbilder: *E.-granulosus*-Larven führen zur meist unilokulären operablen, oft riesigen zystischen Echinokokkose (Hydatiden-Zyste). *E.-multilocularis*-Larven führen zu infiltrativ wachsenden inoperablen alveolären Zysten. Lokalisation vorwiegend in Leber und Lunge. Symptome je nach Lokalisation, Wachstum und Größe. Platzen der Zysten führt zu sekundärer Echinokokkose mit Tochterabsiedelungen und schweren allergischen Reaktionen.

Dg: Klinisch, röntgenologisch, serologisch (indirekte Hämagglutination, indirekte Immunfluoreszenz, Hauttest nach Casoni).

Prl: Vermeidung von Hundekot, Entwurmung von Hunden.

Th: Wenn möglich operativ, Chemotherapie mit Mebendazol, 3mal 10–15 mg/kg KG und Tag über Jahre.

Anhang: Differentialdiagnostische Hinweise bei Verdacht auf Vorliegen von Tropenkrankheiten

(Tab. 42.**11**)

1. *Jede Anamnese muß heute die Frage nach vorausgegangenen Aufenthalten in warmen Ländern enthalten (geographische Anamnese* wo? wann? wie lange? wann zurückgekehrt? Tätigkeitsmerkmale und Umweltverhältnisse, Impfanamnese).
2. *Welche Krankheiten kommen in Betracht?*

a) *Malaria* ist immer noch die wichtigste spezifische Tropenkrankheit. Bei Rückkehrern ist auch bei einer regelrechten Malariaprophylaxe in allen Fällen von Fieber, auch wenn die sonstigen Symptome und Befunde nicht dafür zu sprechen scheinen, an Malaria zu denken.

b) *Spezifischen Tropenkrankheiten* (mit Ausnahme von Malaria und Amöbiasis) sind europäische Reisende meist sehr viel weniger ausgesetzt als die lokale Bevölkerung. Vielfach ist ein langer und enger Kontakt mit dem Erreger notwendig, bevor es zur klinischen Manifestation kommt.

c) Ubiquitär vorkommende mikrobielle und parasitäre Krankheiten wie z. B. Hepatitis A und B, Typhus abdominals, Poliomyelitis, Tuberkulose und Geschlechtskrankheiten einschließlich AIDS, infektiöse Mononukleose, Brucellose und andere Zoonosen werden heute in den Tropen häufiger erworben als spezifische Tropenkrankheiten.

d) Die Inkubation oder Präpatenz (Zeit bis zum Auftreten von nachweisbaren Geschlechtsprodukten von Parasiten) beträgt oft viele Monate, weshalb eine einmalige Rückkehreruntersuchung, selbst wenn keine Beschwerden vorliegen, nicht ausreichend ist. Der Rückkehrer muß sich noch mehrere Monate seiner Tropenanamnese bewußt bleiben, damit wichtige Frühsymptome richtig gedeutet werden können.

e) *Eosinophilie* ist bei Rückkehrern indikatorisch für einen Parasitenbefall, insbesondere für Nematoden, wobei Filariasen eine besonders hohe Eosinophilie verursachen.

f) Die *Haut* des Untersuchten muß stets einer gründlichen Inspektion unterzogen werden.

3. *Geographische Einengung* der möglichen Tropenkrankheiten durch Kenntnis der geographischen Verbreitung von zonal und lokal begrenzt vorkommenden Tropenkrankheiten.
4. Der individuelle Reisestil und das Hygienebewußtsein des einzelnen bestimmen heute mehr das Gesundheitsrisiko als die objektiven tropischen Gesundheitsgefahren.

Tabelle 42.11 Differentialdiagnostische Hinweise auf Tropenkrankheiten, sofern die Anamnese eine solche vermuten läßt

Leitsymptom	Begleitsymptom	Verdachtsdiagnose	Weitere Diagnostik
I. *Fieber*			
remittierend	1. Leber- und/oder Milzschwellung, Gastroenteritis (Somnolenz)	*Malaria tropica* bei Nichtimmunen im Anfangsstadium	Erregernachweis im Blutausstrich, Dicker Tropfen, Immunfluoreszenz
	2. Milzschwellung, Somnolenz	*Typhus abdominalis*	Blut-Stuhl-Kultur, Vidal-Reaktion
	3. Pleurabeteiligung, Lebertumor, Schmerzhaftigkeit	*Amöbenabszeß* in der Leber, Leberamöbiasis	Röntgenaufnahme, Sonographie, CT, indirekte Immunfluoreszenz, indirekte Hämagglutination, hohe BSG
	4. Ikterus	*Amöbenhepatose*	Röntgenaufnahme, Sonographie, CT, indirekte Immunfluoreszenz, hohe BSG
	5. Leber und Milz vergrößert	*viszerale Leishmaniose*	Milz- und Sternalpunktion, Serologie, indirekte Immunfluoeszenz, ELISA, hohe BSG, IgG ↑↑
	6. Lebervergrößerung, Meningitis, interstitielle Nephritis	*Leptospirose*	Erreger im Blut und Liquor, später Agglutination
	7. Knochenschmerzen u. Exanthem	*Denguefieber* oder andere Arbovirusinfektion	serologisch und Heilung
	8. Gelenkschmerzen, Milzvergrößerung	*Brucellose*	Blutkultur, KBR, Agglutination
Intermittierend	Leber und/oder Milz vergrößert	*Malaria quartana* *Malaria tertiana*	Erregernachweis im Blutausstrich Dicker Tropfen
rekurrierend	Lebervergrößerung	*Rückfallfieber*	Agglutination, KBR
biphasisch	Exanthem *nach* Fieberabfall	*Pocken*	elektronenmikroskopisch, Anzüchtung
	Exanthem *vor* Fieberanstieg	*Varizellen*	neutralisierende AK, Hämagglutinationshemmung
	Gelbsucht, Hämaturie, Lebervergrößerung	*Gelbfieber*	Mäuseschutzversuch
II. *Psychose*	Fieber	*zerebrale Malarie tropica* oder Mefloquin-Nebenwirkung	Blutausstrich, Dicker Tropfen, indirekte Immunfluoreszenz
	Fieber	*Schlafkrankheit*	Liquor, Blut
		Typhus abdominalis	Gruber-Widal-Reaktion, Bakterien
		Fleckfieber	Weil-Felix-Reaktion

Tabelle 42.11 (Fortsetzung)

Leitsymptom	Begleitsymptom	Verdachtsdiagnose	Weitere Diagnostik
III. *Im Röntgenbild*	Röntgenbefund Lungen, Rundherd mit/ohne Spiegel, Reizhausten	*eosinophiles Infiltrat*	Blutbild, Serologie, Stuhluntersuchung
		Askaris	Stuhluntersuchung
		Paragonimiasis	Sputum
		Schistosoma japonicum	Stuhluntersuchung
		Echinokokkose, Systemmykosen	Serologie
		Amöbenabszeß	Stuhluntersuchung, Serologie
	Pleura-, Zwerchfellbeteiligung	*Amöbenabszeß der Leber*	s. o. und Sonographie
		Echinokokkose der Leber	s. o.
	Muskelherde, Lidödeme, Eosinophilie	*Trichinose*	s. o. und Muskelbiopsie, Serologie
IV. *Durchfall* (in jedem Fall parasitologische und bakterielle Kultur, Erregersuche)	1. mit Fieber und Erbrechen	*Malaria tropica*	Blutbild
	2. mit/ohne Fieber	bakterielle Darminfektionen	fäkulenter Stuhl, eitrig-schleimig, bis 20 Entleerungen täglich
	3. ohne Fieber *Kreislaufkollaps*	*Nahrungsmittelintoxikation*	wäßriger Stuhl, bis 20 Entleerungen täglich
	4. ohne Fieber *Tenesmen*	*Amöbenruhr*	schleimig-blutig, ca. 6 Entleerungen täglich
	5. mit/ohne Fieber *Tenesmen*	*Bakterien-Amöben-Mischinfektion*	eitrig-schleimig-blutig
	6. Dehydratation	*Cholera, Nahrungsmittelintoxiation*	reiswasserhaltig, schleimig
	7. geblähtes Abdomen, Gewichtsverlust	*Sprue, Lambliasis, tropische Enteropathie, Amöbenkolitis*	massive Stühle, fäkulent
		AIDS	Stuhluntersuchung auf opportunistische Keime und Parasiten, HIV-AK-Test
IV. *Anämie*	1. unklare Bauchschmerzen	*Hakenwurmbefall*	Eosinophilie, Stuhluntersuchung
	2. hämolytisch und Fieber, Leber-, Milzvergrößerung	*Malaria tropica*	Blutbild
	3. Fieber und Milztumor	*Leishmaniase* (Kala-Azar)	ELISA, Sternalpunktion, Milzpunktion, IgG
	4. tiefer Mittelbauchschmerz	*Mesenterialvenenthrombose bei Sichelzellanämie*	Blutbild, Hämoglobinelektrophorese

Tabelle 42.**11** (Fortsetzung)

Leitsymptom	Begleitsymptom	Verdachtsdiagnose	Weitere Diagnostik
VI. *Hämorrhagische Diathese*	1. Fieber, Pneumonie	*Lassafieber* u. a.	Erregernachweis, Serologie
	2. Fieber, Knochenschmerzen	*Dengue-Fieber*	Erregernachweis, Serologie
	3. Fieber, makulopapulöses Exanthem	*primär hämolytische Variola*	Erregernachweis, Serologie
VII. *Anurie*	1. Koma, Fieber	*Typhus abdominalis*	spezifische Erregersuche
	2. Dehydratation	*Cholera*	
	3. Fieber	*Malaria tropica*	
	4. Ikterus, Fieber	*Gelbfieber, Malaria tropica*	
	5. Fieber, Koma, trockene Haut	*Hyperthermie, Hitzschlag*	nicht mehr bei Rückkehrern
VIII. *Koma*	1. Fieber	*Malaria, Schlafkrankheit*	Blutbild
	2. Ikterus, Fieber	*Coma hepaticum/Malaria tropica (Gelbfieber)*	
IX. *Schock*	subfebrile oder hohe Temperaturen	*Malaria tropica*	Blutbild
X. *Lymphatisches System*			
Lymphknotentschwellung generalisiert	Fieber	*Adenovirose*	Serologie
		Denguefieber	Knochenschmerzen
		Leishmaniase	Milzpunktion, ELISA, indirekte Immunfluoreszenz
Lymphknotenschwellung lokalisiert	Halslymphknoten und irregulär remittierendes Fieber	*Tuberkulose, AIDS*	Erregernachweis, HIV-AK
	Nackenlymphknoten	*Schlafkrankheit*	geographische Anamnese, Punktat, Serologie
	Leistenbeugenlymphknoten	*Filariase*	Serologie
	regional (Ulkus)	*Leishmaniase, Orientbeule*	klinisch, Serologie
Lymphangitis	Funikulitis, Orchitis	*Filariase*	Serologie, Eosinophilie
Lymphadenitis	Leistenbeuge	*Lymphogranuloma venereum,* Pest	Serologie, Mikroskopie
XI. *Milzvergrößerung* mäßig stark bis stark	Fieber	*Malaria*	s. o.
		Kala-Azar-Frühstadien	
		Typhus abdominalis	
		Bilharziose	

Tabelle 42.11 (Fortsetzung)

Leitsymptom	Begleitsymptom	Verdachtsdiagnose	Weitere Diagnostik
XII. *Lebervergrößerung*	Milzvergrößerung	*Brucellose*	Serologie, Gelenkschmerzen
	Fieber	*Malaria*	Blutbild
		Kala-Azar	Milzpunktat
	ohne Milzvergrößerung	*Hepatitis*	SGPT, Ak, klinisches Bild
		Amöbenhepatose	Fieber, hohe BSG
	Ikterus	*Sichelzellenanämie*	Blutbild
	mit Fieber	*Rückfallfieber*	Erreger im Blut
	ohne Milz	*Leptospirose*	Agglutination
	lokal	*Amöbenabszeß*	Punktion, Serologie, Sonographie, CT
		Echinokokkose	Röntgen, Serologie, Sonographie, CT
XIII. *Hämaturie*	evtl. Lebervergrößerung	*Blasenbilharziose*	Urinsediment (Eier), 24-Stunden-Urin, Serologie
XIV. *Chylurie*	Lymphstauungen	*Filariase*	Erregernachweis, Mikrofilarien im Blut, Serologie, Esoinophilie
XV. *Hautveränderungen*			
Exanthem	mukulopapulös	*Pocken, DD Varizellen*	Virusanzüchtung, elektronenmikroskopisch
	hämorrhagisch	*Pocken, Dengue, Flecktyphus, Insektenallergie* (Mücken, Floh, Wanzen, Milben)	Serologie, KBR, Hämagglutinationshemmung, Weil-Reflex-Reaktion, Parasitennachweis
juckende Dermatosen	makulär	*Insektenallergie*	KBR, Hauttest
	makulopapulös	frische *Wurminfektion*	indirekte Immunfluoreszenz, Blutbild
	urtikariell	*Bilharziose (swimmers itch)*	Eosinophilie, Serologie
		Hakenwurm, Stronyloides, Askariden, Filariasen, Onchozerkose (besonders bei Tierhelminthen)	Erregernachweis, Serologie
Ulzerationen mit glattem Ulkusboden	glatte Ränder, nicht unterminiert	*Ulcus tropicum*	Erregernachweis (Spirochäten)
	Ränder tief unterminiert	*Buruli-Ulkus*	Mycobacterium ulcerans
	sehr variabel	*Lepra*	Erregernachweis, „skin smear“

Tabelle 42.**11** (Fortsetzung)

Leitsymptom	Begleitsymptom	Verdachtsdiagnose	Weitere Diagnostik
Ulkus mit schwarzer Nekrose	regionale Lymphknotenschwellung	*Zeckenfleckfieber*	Serologie, Anamnese
granulomatöse Ulzerationen	herdförmig, Gesicht, Arme ohne Schleimhautbeteiligung (Ohren, Lippen)	*kutane Leishmaniase*	Erregernachweis geographische Anamnese
	mit Schleimhautbeteiligung	*Espundia*	Erregernachweis
		Pinta	geographische Anamnese
		Frambösie	Erregernachweis, KBR, indirekte Immunfluoreszenz
		endemische Syphilis	Erregernachweis, KBR, indirekte Immunfluoreszenz
subkutane Knoten	entzündliche, besonders bei Kindern, furunkelartig	*Myasis* (Fliegenlarven, Tumbufliege)	geographische Anamnese (Kongo, Zentralafrika), Larvennachweis
	nicht entzündlich	*Onchozerkoseknoten*	„skin snip", Serologie
	an Akren und Rumpf, zwischen Zehen, unter Nägeln	*Sandfloh*	
	entzündlich, schmerzhaft, ödematös eng begrenzt, nicht entzündlich	*Loa-Loa*-Infektion	geographische Anamnese (West- und Zentralafrika), Serologie, Eosinphilie, Kalabar-Schwellung
Konjunktivitis		*Trachom, Keratoconjunctivitis epidemica*	klinisches Bild, Erregernachweis
XVI. *Ödeme*	Lidödem	*Trichinose, Chagas-Krankheit*	Serologie, Röntgen, Eosinophilie
	generalisiert	*Kwashiorkor*	Eiweißmangel
		Chagas-Krankheit	Herzinsuffizienz
		Endomyokardfibrose	Herzinsuffizienz
	Filariase	Elephantiasis	Erregernachweis, Serologie
Muskelabszeß		*tropische Myositis*	Muskelbiopsie
Dermatitis, Pruritus	typisch lokalisiert	*Skabies*	
Creeping eruptions		*Hundehakenwurm* (Larva migrans)	
flüchtige Eruptionen	Erythem	*Erythema subitum*	klinisch-epidemiologisch
		Lyme-Krankheit	Serologie

43. Urologie

H. K. Büscher

Abszeß, paranephritischer

Ät und Pathog: Entwickelt sich meist hämatogen von einem fernen Eiterherd aus (Pyodermie, Furunkel, Panaritien), der inzwischen abgeheilt sein kann. Es entwickelt sich ein eitriges Exsudat bzw. ein Abszeß in den Nierenhüllen, der durch die Capsula fibrosa keine Beziehungen zur Niere selbst bekommt. Vereinzelt entsteht ein paranephritischer Abszeß durch Perforation einer Pyonephrose oder einer tuberkulösen Kaverne.

Sy: Gewöhnlich hohes Fieber, manchmal mit initialem Schüttelfrost. Druck- und Klopfempfindlichkeit der gleichseitigen Paravertebralgegend. Im ausgeprägten Fall Schwellung und Rötung der entsprechenden Lumbalseite unter der 12. Rippe. Bei Ausbreitung des Abszesses nach unten: Psoaszugschmerz, Beugestellung des gleichseitigen Oberschenkels.

Dg: Im Veratmungsurogramm oder -pyelogramm Aufhebung der Atemverschieblichkeit, Probepunktion. Kein oder nur geringfügiger Urinbefund (vereinzelt Leukozyten).

DD: Subphrenischer Abszeß, Basalpleuritis, kalter Abszeß mit Mischinfektion (Spondylitis), retrozäkale Appendizitis, Nierenkarbunkel.

Th: In fortgeschrittenen Fällen operative Eröffnung des Abszesses.

Adnexitis (Prostatitis, Vesikulitis) s. a. Epididymitis

Def: Unter männlicher Adnexitis versteht man die Entzündung von Prostata und Samenblasen, oft in Verbindung mit ein- oder beidseitiger Epididymitis (s. d.).

Ät und Pathog: Entstehung: hämatogen, von einem Fokus ausgehend oder urogen, besonders von entzündlichen Prozessen der hinteren Harnröhre aus (alte Gonnorrhö, entzündliche oder traumatische Striktur, als Folge eines Dauerkatheters). Kommt vor als primär chronische Form oder im Anschluß an eine akute Adnexitis.
Die Kongestionsprostatitis ist eine abakterielle Form, die in ihrer Genese nicht immer klar, zuweilen auf Coitus interruptus, Abusus sexualis u. a. zurückgeführt werden kann. Die Beschwerden gleichen sich. Auch Übergänge zur Kongestionsprostatitis kommen vor. Sehr oft vegetative Dystonie.

Dg:

- *Akute Adnexitis:* Fieber, häufig Schüttelfröste, dysurische Beschwerden, Defäkationsschmerz, Kreuzschmerzen, manchmal akuter Harnverhalt. Rektal ist die Prostata teigig geschwollen, druckschmerzhaft; bei Aszendierung kann Fluktuation tastbar sein. 2-Gläser-Probe; 1. Glas: Leukozyten nachweisbar, 2. Glas: keine Leukozyten. Wegen der Kombination mit Entzündungen im Bereich der oberen Harnwege ist stets die Untersuchung des gesamten Harntrakts notwendig.
- *Chronische Adnexitis:* Druckgefühl und ziehende Schmerzen in Unterleib und Dammgegend, manchmal Defäkationsschmerz, chronische Kreuzschmerzen, Pollakisurie, Nachträufeln, Harnwegsdyskinesien mit Schmerzausstrahlung in die Nierengegend. 2-Gläser-Probe: Leukozyten in der 1. Portion, manchmal vereinzelt Erythrozyten; der Urinbefund kann auch normal sein. Selten Fieber.
- *Rektale Diagnose:* Prostata druckschmerzhaft, von ungleichmäßiger Konsistenz. Bei Vesikulitis Samenblasen tastbar und druckschmerzhaft. Bei Kongestionsprostatitis Prostata teigig, vergrößert, gleichmäßig, nicht oder wenig druckschmerzhaft. Prostataexprimat bzw. Ejakulat: vermehrt Leukozyten, Bakterien. Bei Kongestionsprostatitis keine Bakterien.

DD: Tuberkulose, Prostatitis, Prostatakarzinom.

Th:

- *Akute Adnexitis:* Antibiotische Behandlung, Kataplasmen, bei Einschmelzung perineale Inzision (s. Prostataabszeß). Bei Harnverhalt suprapubische Ableitung.
- *Chronische Adnexitis:* Undankbar. Sulfonamide und Antibiotika haben nur geringe

Wirkung. Fokalsanierung. Heiße Umschläge, Sitzbäder, Kurzwellenbestrahlung. Prostatamassagen. Hydrotherapie, Moorbäder, Spasmolytika, Ichthyol-Belladonna-Suppositorien. Butazolidinpräparate. Leichte reizlose Kost. Psychotherapie. Trockener, warmer Arbeitsplatz. Nach Möglichkeit nicht krankschreiben!

Anurie

Def, Ät und Pathog: Vollständiges Aufhören der Nierensekretion: Bei Exsikkation, schwerer Herz-Kreislauf-Insuffizienz, starker Blutdrucksenkung, akuter Nephritis. Beiderseitige schwere Pyelonephritis, Nierentuberkulose. Gewöhnlich nach einem Stadium der Oligurie (s. d.) auftretend. Anurie bei Crush-Syndrom: Nach schweren Unfällen. Nicht zu verwechseln mit Harnsperre (s. d.) (Entleerungsstörung der oberen Harnwege bei intakter Nierenfunktion) oder mit Harnverhalt (totale Entleerungsstörung der Blase).

Sy und Dg: Eine Anurie liegt nur dann vor, wenn beim Katheterismus oder sonographisch die Blase leer ist und wenn beim Ureterkatheterismus die Harnleiter durchgängig befunden und die Nierenbecken leer sind.

DD: Harnsperre, Harnverhalt.

Th: Behandlung des Grundleidens. Vor jeder Behandlung DD gegenüber Harnsperre und Harnverhalt! Bei vorübergehenden Zuständen mit der Möglichkeit einer Regeneration, vor allem bei Transfusionsschäden, Crush-Syndromen, Vergiftungen, Furosemid und Anwendung der Hämodialyse angezeigt. Elektrolytkontrollen!

Ausgußstein s. Harnsteinleiden

Azoospermie und Oligospermie

Azoospermie

Def: Im Ejakulat finden sich keine Spermien.

Ät: Meist Unwegsamkeit der Samenwege (bei beiderseitiger Epididymitis, angeborenem Defekt des Ductus deferens). Primäre Samenbildungsstörung, dauernd oder vorübergehend nach schweren Erkrankungen, bei doppelseitigen Nebenhodenentzündungen.

Dg: Röntgenkontrastdarstellung der Ductus deferentes und Hodenbiopsie.

Th: Bei Obliteration der Ductus deferentes kann unter günstigen Umständen eine plastische Wiederherstellung versucht werden.

Oligospermie

Def und Ät: Verminderung der Spermatozoenzahl auf unter 60 Millionen/ml infolge primärer oder sekundärer Störung der Spermiogenese.

Dg: Spermauntersuchungen, diagnostische Hodenpunktionen.

Th: Kleine Androgendosen regen die Spermiogenese an, z. B. 30–50 mg Proviron täglich über einen längeren Zeitraum. Wiederholung der Kuren nach mehrwöchiger Pause.

Beckenniere

Def: Nierenmißbildung, gekennzeichnet durch Lage des meist stark deformierten Organs retroperitoneal innerhalb des Beckens mit hochgradiger Atypie der Gefäßversorgung und der Nierenbeckenformation.

Sy: Die Beckenniere macht Beschwerden durch Raumbeengung und dynamische oder mechanische Abflußstörung sowie Schmerzen durch Druck auf die Nervenstämme. Zuweilen bildet die Beckenniere ein Geburtshindernis. Nicht selten Pyelonephritis, manchmal Steinbildung. Unklare Unterbauchbeschwerden, Schmerzen durch Druck auf den präsakralen Plexus, Obstipation, Blasenreizsymptome.

Dg: Klinisch oft schwer zu stellen. Klärung durch Urographie, Sonographie, Computertomographie.

DD: Nephroptose, Dickdarmgeschwulst, bei der Frau Genitaltumor.

Th: Bei gesunder anderer Niere kann wegen chronischem Harninfekt, Steinbildung oder Tumor die Nephrektomie notwendig sein. Sonst symptomatische Behandlung der Beschwerden.

Blasendivertikel

Def: Aussackung der Blasenwand.

Ät und Pathog: Echte Divertikel sind angeboren und verursachen erst Beschwerden durch Größenzunahme bei Harnabflußstörungen (Prostataadenom, Harnröhrenstriktur, Sphinktersklerose). Pseudodivertikel entstehen in Zusammenhang mit einer Balkenblase infolge Harnabflußstörung. Blasendivertikel können beträchtliche Größe erreichen und die Kapazität der Blase übertreffen.

Sy: Meist im Prostatikeralter manifest werdend. Zweizeitige Mikiton: nach Entleerung der Blase erneuter Harndrang und nochmalige Entleerung der Blase. Oft kompliziert durch Infektion, Steinbildung, Geschwülste.

Dg: Zystoskopie, Zystogramm.

Th: Anzustreben ist operative Behandlung. In erster Linie Beseitigung der Störung des Harnabflusses aus der Blase (Prostatektomie, Elektroresektion). Möglichst gleichzeitig Divertikelektomie. Bei inoperablen Fällen Harnröhrendrainage, suprapubische Drainage, Blasenspülungen.

Blasenekstrophie (Blasenspalte)

Path Anat und Sy: Angeborene Mißbildung, bei der die Blase nicht geschlossen ist und dadurch als Schleimhautplatte im Unterbauch offen zutage liegt, verbunden mit Epispadie (s. d.). Durch die offene Blase sind Blasenspaltträger dauernd inkontinent und der Gefahr der aufsteigenden Harnwegsinfektion ausgesetzt. Häufig finden sich andere Mißbildungen im Bereich der Harnwege, des Genitales und anderer Organe. Fast immer Hodenretention.

Th: Operative Exstirpation der Blase mit supravesikaler Harnableitung (Harnleiter-Darm-Implantation, Ileum-Conduit o. ä.).

Prgn: Auch bei primär guten Operationsergebnissen im allgemeinen zweifelhaft (chronische Pyelonephritis mit Elektrolytstörungen und Azidose).

Blasenentleerungsstörung

Ät: Entleerungsstörungen der Blase entstehen aufgrund eines Abflußhindernisses am Blasenhals oder im Bereich der Harnröhre (Prostataadenom, Prostatakarzinom, Sphinktersklerose, Harnröhrenstriktur, beim Kind auch durch kongenitale Harnröhrenklappen, Phimose). Außer mechanischen Hindernissen können neurologische Leiden Blasenentleerungsstörungen verursachen. Urodynamik! Kriterium für den Grad der Entleerungsstörung ist die Menge des Restharns (s. d.).

Sy:

- Im *1. Stadium* einer Entleerungsstörung findet sich noch kein Restharn. Symptome sind Pollakisurie, Dysurie, abgeschwächter Harnstrahl, verzögerte Miktion.
- Im *2. Stadium* tritt Restharn auf. Er wird subjektiv nicht empfunden: Selbst Restharnmengen von mehreren 100 ml können dem Kranken verborgen bleiben. Maßgebend ist allein die exakt durchgeführte Restharnbestimmung. Restharn in der Blase begünstigt eine Harninfektion. Solange er nicht beseitigt ist, kann eine Harninfektion medikamentös höchstens vorübergehend gebessert werden. Restharn größeren Ausmaßes (über 100 ml) führt, insbesondere bei Vorliegen einer Harninfektion, im Laufe der Zeit zur Rückstauungsschädigung der Nieren. Als erstes leidet die tubuläre Funktion. Die kompensatorische Polyurie führt zusammen mit der Entleerungsstörung der Blase zu einem Circulus vitiosus und weiterer Nierenschädigung. Steigerung des Kreatinins im Blut leitet die urämische Phase ein. Ohne Behandlung Übergang in Urämie. Bei gleichzeitiger Harninfektion kommt es zum Bild der akuten Pyelonephritis (Urosepsis).
- Im *3. Stadium* ist eine Harnentleerung per vias naturales nicht mehr möglich: totaler Harnverhalt. Die Folgen sind die gleichen wie im 2. Stadium, jedoch treten sie naturgemäß in wenigen Tagen auf. Bei dauerndem totalen Harnverhalt „läuft die Blase über", d. h. der Harn tröpfelt bei maximal gefüllter Blase entsprechend dem zuströmenden Nierenurin ab: Überlaufblase, fälschlich als „Ischuria paradoxa" bezeichnet.

Bei Prostataadenomen, seltener bei Sphinktersklerose und Prostatakarzinom kann es in jedem Stadium zum akuten Harnverhalt kommen. Ausgelöst wird das Ereignis durch kalte Getränke, wie Bier, lokale Unterkühlung (beim Sitzen auf kalten Bänken usw.).

DD: Harnverhalt (Beseitigung durch Katheterismus oder Blasenpunktion): volle Blase. Harnsperre: leere Blase. Anurie: leere Blase (s. auch Anurie und Harnsperre).

Th: Jeder Restharn über 100 ml sollte beseitigt werden! Zunächst Entlastung durch selbsthaltenden Ballondauerkatheter oder besser durch 2–3maliges tägliches Katheterisieren. Auch beim Dauerkatheter mit folgender rascher Ausschwemmung harnpflichtiger Substanzen aus den Geweben besteht evtl. die Gefahr der nephrogenen Azidose mit Urosepsis. Anzustreben ist immer die Beseitigung des mechanischen Abflußhindernisses (Prostatektomie, Elektroresektion, Urethrotomia interna oder operative Beseitigung einer Harnröhrenstriktur). Die Zystostomie ist ein Palliativeingriff, der nur dann in Frage kommt, wenn ein Blasenabflußhindernis inoperabel ist und der Katheterismus nicht möglich oder unerwünscht ist. In manchen Fällen entlastet die Zystostomie besser als der Katheter. Beseitigung des Restharns. Bekämpfung des Harninfekts. Dauerkatheter-

träger sind vor einem Harninfekt nicht zu bewahren. Häufig macht der Katheterinfekt keine wesentlichen Störungen, jedoch kommen auch rezidivierende pyelonephritische Schübe vor. Für reichliche Flüssigkeitszufuhr ist in jedem Falle einer Harnentleerungsstörung nach der Entlastung zu sorgen. Für die Bekämpfung des fieberhaften Harninfekts haben sich Antibiotika mit breitem Wirkungsspektrum am besten bewährt.
Der akute Harnverhalt läßt sich oft durch einmaliges Katheterisieren beheben. Warme Sitzbäder wirken verhaltlösend. Restharnkontrollen notwendig!
Bei neurogener Blasenentleerungsstörung kein Dauerkatheter, sondern aseptischer intermittierender Katheterismus! Blasenentleerungstraining.

Blasengeschwür (Ulcus simplex)

Def und Ät: Umschriebene Schleimhautdefekte in der Blase, in der Einzahl oder multilokulär. Die Genese der Blasengeschwüre ist, von der Tuberkulose abgesehen, nicht vollständig geklärt.

Sy: Die Beschwerden sind ausgeprägt: Pollakisurie, Tenesmen, intermittierende Hämaturie und Pyurie. Brennen beim Wasserlassen. Der Harninfekt ist oft gering. Übergang in eine Schrumpfblase möglich (s. d.).

Dg: Zystoskopie, bei Tumorverdacht Probeexzision.

DD: Beginnendes Blasenkarzinom, tuberkulöses Geschwür (s. Urogenitaltuberkulose). Probeexzision.

Th: Gezielte Infektbehandlung, transurethrale Elektrokoagulation, transurethrale Novocainumspritzung. In hartnäckigen Fällen präsakrale Novocaininfiltrationen, sakrale Denervation der Blase. Hydrocortison p. o. 5–10 mg täglich unter gleichzeitiger Gabe von Antibiotika unter Blutbildkontrollen.

Blasenkarzinom

Ät und Pathog: Entsteht häufig aufgrund einer Blasenpapillomatose (s. Blasenpapillom) oder schleichend und langsam unter dem Bild einer chronischen Zystitis. Es nimmt gewöhnlich von der Blasenschleimhaut seinen Ausgang und wächst von hier aus in die tieferen Blasenwandschichten sowie oft knollig-prominent, später schüsselförmig zerfallend in das Blasenlumen vor. Metastasen in den regionalen und paraaortalen Lymphknoten, später in Leber, Lungen, Gehirn.

Sy: Hämaturie, anfangs intermittierend, später als Dauerblutung. Anfangs oft schmerzlos oder mit nur geringen Beschwerden. Später Pollakisurie, Blasentenesmen, Schmerzen beim Wasserlassen, in den Penis und die Aftergegend ausstrahlend. Sekundäre Harninfektion. Rückstauungsschädigung einer oder beider Nieren durch Kompression der unteren Harnleiter.

Dg: Nur durch Zystoskopie, Zystographie, Urogramm, intrakavale Sonographie, Computertomographie, Histologie, Zytologie. Frühdiagnose entscheidend für Behandlung und Prognose.
Jede Hämaturie erfordert baldmöglichst Zystoskopie!

DD: Gutartiges Blasenpapillom, Ulcus simplex der Blase, umschriebene Zystitis, Blasen-Tbc, metastatische Geschwülste in der Blase, aus Nachbarorganen eingebrochene Tumoren, Prostataadenom, Prostatakarzinom, Bilharziose der Blase.

Th: Transurethrale Resektion nach vorheriger histologischer Abklärung durch Proberesektion, auch mehrzeitig oder bei Rezidiv mehrmals möglich, ggf. auch Lasertherapie intrakaval. Teilresektion der Blase mit oder Neueinpflanzung des oder der Harnleiter, in günstig gelagerten Fällen Totalexstirpation der Blase mit Harnleiter-Darm-Implantation, ggf. Blasenersatzplastik. Palliative alleinige Harnleiter-Darm-Implantation oder supravesikale Harnableitung, z. B. kutane Ureterostomie. Intravesikale oder systemische Zytostatikabehandlung, Strahlennachbehandlung.

Prgn: Bis auf die Anfangsstadien trotz chirurgischer, zytostatischer und Strahlenbehandlung im allgemeinen nicht gut.

Blasenpapillom

Path Anat: Gutartige, fibroepitheliale Wucherungen der Blasenschleimhaut in Form zart gestielter, flottierender, papillärer Geschwülste, manchmal flächenhaft ausgebreitet. Blasenpapillome können „Metastasen" von Nierenbeckenpapillomen sein. Sie zeigen große Neigung zur Ausbreitung in der Blase und neigen mit und ohne Behandlung zu späterer karzinomatöser Degeneration (s. Blasenkarzinom).

Sy: Hämaturie, oft schmerzlos, manchmal geringe Dysurie und Blasendruckgefühl.

Dg: Nur zystoskopisch möglich. Urographisch Kontrolle auch der oberen Harnwege unbedingt erforderlich (s. Nierenbeckengeschwülste).
Jede Hämaturie ist tumorverdächtig, bis eine Geschwulst ausgeschlossen ist.

Die Frühdiagnose ist entscheidend für die Prognose. Probeexzision, Zytologie.

DD: Blasenkarzinom, Ulcus simplex, Zystitis, Blasen-Tbc, andere Geschwülste des Harnapparats.

Th: Transurethrale Elektroresektion oder operative Entfernung durch suprapubische Blaseneröffnung, ggf. Lasertherapie intrakaval. Regelmäßige zystoskopische Kontrollen wegen der erheblichen Rezidivneigung! Bei sehr ausgedehnter Papillomatose und bei unbeherrschbaren Blutungen kann die Unterbindung der Aa. iliacae internae oder auch die totale Zystektomie notwendig werden. Die Rezidivneigung kann durch Telekobaltbestrahlungen oder durch Zytostatika-Instillationen gemildert werden.

Blasenschließmuskelstarre
s. Sphinktersklerose

Blasenstein
(s. a. Harnsteinleiden)

Ät und path Anat: Die Entstehung eines Blasensteins setzt in der Regel eine Blasenentleerungsstörung mit Restharn (s. d.) voraus. Steine kommen in jeder Größe einzeln und multipel vor. Blasendivertikel sind nicht selten von einem oder mehreren Steinen angefüllt. Blasensteine können sich auch um Fremdkörper bilden.

Sy: Schmerzen in der Blasengegend, häufig auch am Damm, bei Bewegung stärker als in Ruhe, Pollakisurie, manchmal Unterbrechung des Harnstrahls, Hämaturie, evtl. Harninfekt.

Dg: Übersichtsaufnahme, Zystogramm, vor allem Zystoskopie. Fahndung nach Steinursache.

DD: Hämorrhagische Zystitis, inkrustierende Tumoren, Fremdkörper.

Th: Transurethrale Steinzertrümmerung oder transvesikale Steinentfernung, dabei immer Beseitigung des Harnabflußhindernisses (Elektroresektion, Prostatektomie, Sphinkterotomie, Beseitigung einer Harnröhrenstriktur). Ggf. Prophylaxe.

Blasentuberkulose
s. Urogenitaltuberkulose

Blasenverletzungen

Ät: Geschlossene Verletzungen entstehen durch stumpfes Bauchtrauma, häufig in Verbindung mit Beckenbruch. Die Ruptur kann intra- oder extraperitoneal erfolgen. Offene Verletzungen durch Schuß, Stich u. dgl. Instrumentelle Verletzungen sind bei transurethralen diagnostischen und therapeutischen Eingriffen möglich.

Sy: Hämaturie, jedoch kann auch ein Harnverhalt bestehen. Sowohl bei extra- als auch bei intraperitonealer Ruptur: Bauchdeckenspannung, Peritonismus oder Peritonitis. Schock. Häufig, vor allem bei Schußverletzungen, sind auch andere Bauchorgane verletzt. Bei extraperitonealer Blasenverletzung Gefahr der Urinphlegmone. Gleichzeitig können Harnröhrenverletzungen (s. d.) bestehen.

Dg: Urogramm, Zystogramm, Sonogramm.

Th: Schockbekämpfung, operative Freilegung und Naht, vorübergehende Drainage.

Doppelniere

Path Anat: Sehr oft belangloser Nebenbefund. Bei der Doppelniere sind zwei Nieren auf einer Seite miteinander verschmolzen. Beide Nieren besitzen ihr eigenes Kelchsystem; die obere ist häufig morphologisch und funktionell unterentwickelt. Beide Harnleiter können die Blase getrennt erreichen (Doppelharnleiter) oder können sich mehr oder weniger tief vereinigen (Ureter fissus). Im ersten Fall finden sich in der Blase 2 Ostien (das untere der oberen, das obere der unteren Niere zugehörig), im zweiten Fall nur ein Ostium in der Blase. Doppelnieren kommen auch beidseitig vor.

Sy: Sie können symptomlos bleiben oder durch den größeren Raumanspruch unbestimmte Beschwerden verursachen. Doppelnieren sind manchmal auf der Grundlage gestörter Dynamik gegen Harnwegsinfektion anfällig. Bei Kindern und Erwachsenen sind sie gelegentlich Grundlage chronischer Pyelonephritis, oft auf nur eine Organhälfte beschränkt.

Dg: Urogramm.

DD: Durch die Größe vorgetäuscht: Nierengeschwülste, Nierenzysten, Zystenniere, gekreuzte Dystopie.

Th: Ohne Komplikationen keine. Bei Erkrankung (Steinbildung, Pyelonephritis, Tbc, Tumor, Zyste) einer Nierenhälfte Heminephrektomie.

Enuresis nocturna

Def: Nächtliches Einnässen, selten über die Pubertät hinaus andauernd.

Ät: In den allermeisten Fällen auf psychopathologischer Grundlage, sehr oft Erziehungsschwierigkeiten.

DD: Harninkontinenz durch aberrierende Harnleiter, meist bei Nierendoppelung (s. Doppelniere) mit dystoper Mündung des Harnleiters in Vagina, Vulva bzw. Samenblasen oder Urethra. Hier jedoch Harnträufeln Tag und Nacht außerhalb normaler Miktion. Entzündungen der Harnwege. Urodynamische Abklärung!

Th: Je nach Ursachen: bei psychogenen Störungen Regelung der Erziehungsverhältnisse, Psychotherapie.
Palliativmaßnahmen: Flüssigkeitskarenz ab 16 Uhr, nächtliches Wecken zum Wasserlassen, Gaben von Weckaminen. Bei Harnleiterdystopie Operation.

Epididymitis acuta

(akute Nebenhodenentzündung)

Ät und Pathog: Die Epididymitis acuta kann metastatisch auf dem Blutweg entstehen. Oft ist sie Folge einer akuten oder chronischen Entzündung der Harnröhre oder der Prostata (unspezifisch, gonorrhoisch). Bei tuberkulöser Genese ist das akute Stadium außerordentlich selten. Relativ häufig bei Harnentleerungsstörungen mit Harninfektion (Prostataadenom, Harnröhrenstriktur), Folge des Harnröhrenkatheterismus, eines Dauerkatheters, nach Operationen an den unteren Harnwegen.

Sy: Schnell auftretende febrile schmerzhafte Schwellung des Nebenhodens, gleichzeitig ödematöse Schwellung der gleichseitigen Hodensackhälfte. Entzündliche Rötung auch der Skrotalhaut. In diesem Stadium läßt sich der Nebenhoden palpatorisch nicht abgrenzen. Meist starke Schmerzhaftigkeit des ganzen Hodensackinhalts, entlang des Samenstrangs in die Leistenbeuge, manchmal bis in die Nierengegend ausstrahlend. Die akute Epididymitis kann abszedieren. Wenn Fluktuation nachweisbar ist, ist gewöhnlich bereits ein überraschend großer Abszeß vorhanden. Kommt es nicht zur Abszedierung, Abheilung oder Übergang in das chronische Stadium (s. Epididymitis chronica).

DD: Orchitis, Hodentorsion (s. d.).

Th: Skrotumhochlagerung, feuchte Umschläge. Novocaininfiltrationen des Samenstrangs in der Leistenbeuge. Sulfonamide, Antibiotika. Bei Abszedieren Inzision. Bei Einbruch in den Hoden ist die Entfernung auch des Hodens notwendig.

Prgn: Falls es nicht zum Abszeß kommt, gut, jedoch ist mit allen Folgen der Epididymitis chronica (s. d.) zu rechnen.

Epididymitis chronica

Pathog: Entsteht entweder als Folge einer akuten Epididymitis oder verläuft a priori chronisch.

Sy und Dg: Der Nebenhoden ist, falls keine symptomatische Hydrozele vorliegt, vom Hoden abgrenzbar, normal groß bis vergrößert und derb tastbar, gewöhnlich leicht druckschmerzhaft. Bei symptomatischer Hydrozele diagnostische Punktion. Die chronische Epididymitis ist häufig mit einer Adnexitis (s. d.) vergesellschaftet. Darum stets auch rektale Untersuchung.
Chronische Entzündungen im Bereich der Harnwege, insbesondere der Harnröhre und der Prostata, können akute Schübe verursachen. Die beiderseitige chronische Epididymitis führt durch Verödung der samenableitenden Kanälchen häufig zur Sterilität (Impotentia generandi, s. d.).

DD: Nebenhodentuberkulose (s. Urogenitaltuberkulose), Nebenhodentumoren, Hodentumoren.

Th: Bei Beschwerden Novocaininfiltrationen des Samenstrangs. Entlastung durch Suspensorium, feuchte Umschläge, Bekämpfung des Grundleidens, Sulfonamide und Antibiotika meist zwecklos, nur bei akuten Schüben angezeigt, unspezifische Reizkörpertherapie. Bei häufigen Rezidiven, verursacht durch Urethritis oder Prostatitis, ist die beidseitige Durchtrennung des Ductus deferens in Erwägung zu ziehen, um eine aszendierende Epididymitis mit der Gefahr des Hodenverlusts zu verhüten, ggf. Epididymektomie.

Epispadie

Path Anat: Nach oben offene Harnröhrenrinne, gleichzeitig meist erhebliche Deviation des Penis nach oben. Oft in Zusammenhang mit Blasenspalte. Bei ausgedehnter Epispadie meist auch Sphinkterdefekt mit dauernder Inkontinenz. Andere Mißbildungen des Genitales und der Harnwege sind dabei nicht selten.

Th: Bei Kontinenz plastische Neubildung der Harnröhre, bei Inkontinenz Harnleiter-Darm-Anastomose, Ileum-Conduit. Plastische Operationen zur Wiederherstellung der Kontinenz haben eine zweifelhafte Prognose.

Genitaltuberkulose

s. Urogenitaltuberkulose

Hämaturie

Die Harnblutung ist ein sehr vieldeutiges Symptom, das stets einer genauen Klärung bedarf.

Ät: Harnblutungen treten bei spezifischen und unspezifischen Entzündungen der Niere und der Harnwege, beim Steinleiden und bei neoplastischen Prozessen auf. Hämaturie tritt auch auf bei Blutgerinnungsstörungen, z.B. auch unter Antikoagulantienbehandlung.

Sy und Dg: Zunächst Klärung, ob eine Blutung aus den unteren oder oberen Harnwegen stammt, 2-Gläser-Probe! Wir unterscheiden initiale, terminale oder totale Hämaturie: Initiale Hämaturie bei Prozessen im Bereich der Harnröhre, terminale Hämaturie bei Prozessen vorwiegend am Blasenhals und in der Blase, totale Hämaturie bei Prozessen in der Blase und an den oberen Harnwegen. Jede Hämaturie ist Ausdruck einer Erkrankung. Die weitere Diagnostik der Harnblutung richtet sich nach den Begleitsymptomen: Harninfekt, Schmerzen, Koliken, Fieber usw. (Weiteres s. Steinleiden, Urogenitaltuberkulose, Geschwülste.)

Hämospermie

Def: Blutbeimengungen zum Sperma.

Ät: Die Hämospermie ist Ausdruck einer Adnexitis, vorwiegend einer Spermatozystitis, seltener einer bösartigen Neubildung der Samenblasen oder der Prostata (Prostatakarzinom, Samenblasengeschwülste, s. d.).

Dg: Ejakulatuntersuchung. Rektale Untersuchung zum Ausschluß von Adnexitis, Prostata-, Samenblasen-Tbc, Prostatakarzinom, Prostatasarkom (s. d.). 2-Gläser-Probe: Blutbeimengung in der 1. Portion. Bakteriologische Untersuchung des Spermas. Immer auch Tbc-Kulturen anlegen! Vesikulogramm, Urethrogramm, Sonogramm.

Harninkontinenz

Def: Unwillkürlicher Harnabgang aus der Blase, dauernd oder von Belastung und Lage abhängig. Leichtere Formen (relative Inkontinenz) nur im Stehen oder nur bei Belastung durch Husten, Niesen, Lachen, bei schwerem Heben.

Ät: Relative Inkontinenz, besonders bei der alternden Frau, durch Insuffizienz der Beckenbodenmuskulatur, nach Geburtstraumen, als Folge von operativen Eingriffen (Prostatektomie, Elektroresektion der Prostata), neurologischen Leiden (oft Frühsymptom), z. B. sog. Urge-Inkontinenz, Mißbildungen (Epispadie, s. d.). Nachträufeln beim Manne: kann Symptom einer Adnexitis oder eines Harnröhrendivertikels sein.

Dg: Stets urodynamische Abklärung!

DD: Hochgradige Pollakisurie, Überlaufblase, ektope Harnleitermündung, Blasen- oder Ureter-Scheiden-Fistel, Enuresis nocturna.

Th: Inkontinenz der alternden Frau (s. Kap. Frauenheilkunde). Beim Mann: Bei postoperativer Inkontinenz Versorgung mit Urinal. Operative Eingriffe zur Wiederherstellung der Kontinenz beim Manne können nach den verschiedensten Verfahren versucht werden. Sie haben nur in der Hand Erfahrener eine günstige Prognose.

Neurologische Leiden: Behandlung des Grundleidens. Schwere totale Inkontinenz kann Harnableitung in den Darm (nur bei Kontinenz des Sphincter ani) notwendig machen. Supravesikale Harnableitung.

Harnleitergeschwülste

(s. a. Nierenbeckengeschwülste)

Path Anat: Papillome, Karzinome. Sehr selten sind Metastasen anderer Geschwülste im Harnleiter. Primäre Harnleitergeschwülste sind selten, meist vergesellschaftet mit Nierenbeckengeschwülsten oder Blasentumoren. Harnleitergeschwülste müssen, auch wenn sie histologisch als gutartig anzusprechen sind, klinisch als potentiell bösartig angesehen werden, wie alle Urotheltumoren.

Sy: Sie führen zur Abflußbehinderung bis zum vollständigen Verschluß des Harnleiters. Rückstauungsschädigung der Nieren, evtl. Pyonephrose. Hämaturie, intermittierend oder dauernd. Manchmal Beschwerden durch Rückstauung mit Koliken.

Dg: Urogramm, retrogrades Pyelogramm, Computertomographie, Sonographie.

DD: Harnleitersteine, Harnleiterstenosen, Ureteritis, Harnleitertuberkulose, Bilharziose.

Th: Ureteronephrektomie mit gleichzeitiger Resektion des Ostiums, auch bei gutartigen Papillomen. Nur bei anatomischer oder funktioneller Einnierigkeit Harnleiterresektion.

Harnleitersteine

(s. a. Harnsteinleiden)

Path Anat: Harnleitersteine bleiben bevorzugt am Nierenbeckenausgang, an der Kreuzung mit den Iliakalgefäßen und unmittelbar vor der Blase stecken.

Sy: Sie verursachen in der Regel Koliken (s. Kolik der Harnwege), die nach der Blase, evtl. nach den Hoden bzw. Labien ausstrahlen und Darmatonie, Übelkeit, Erbrechen, Mikro- oder Makrohämaturie. Das Aufhören von Harnleiterkoliken kann den Abgang des Steins bedeuten; jedoch hören die Koliken auch dann auf, wenn der Stein längere Zeit den Harnleiter total blockiert. In der Regel sind Steine bis Erbsgröße spontan abgangsfähig.

Bei doppelseitigem Harnleiterstein kann es zur totalen Harnsperre kommen (s. d.).

Dg: Röntgenübersichtsaufnahme, Urogramm, Sonographie (insbesondere bei nichtschattengebenden Steinen).

DD: Harnleiterstenose, Harnleitergeschwülste, hämorrhagische Entzündung, Urotuberkulose. Rechts Appendizitis, Cholezystitis. Lumbago, radikuläres Syndrom.

Th: Ist der Stein nach Form und Größe abgangsfähig, reichliche Flüssigkeitszufuhr, Körperbewegung, Spasmolytika, während der Kolik Baralgin i. v., heiße Kompressen. Tiefsitzende Steine können transvesikal entfernt werden, sonst Ureterolithotomie, bei günstiger Lage auch extrakorporale Stoßwellen-Lithotripsie. Bei sekundärer Harninfektion mit Fieber sind Sofortmaßnahmen erforderlich: Entlastung durch Ureterkatheter, Nephrostomie, sofortige Ureterolithotomie.

Harnleiterstenose

s. Urogenitaltuberkulose

Harnleiterverletzung

Ät und path Anat: Harnleiterverletzungen durch äußere Gewalt sind außerordentlich selten. Selbst Schußverletzungen pflegen den Harnleiter zu verschonen. Häufigste Ursachen sind gynäkologische Operationen (totale Uterusexstirpation bei Karzinom). Es entstehen Fisteln, entweder nach dem Scheidengewölbe oder nach den Bauchdecken zu. Spontanverschluß der Harnleiterfistel kommt nur selten vor.

Th: Die Indikation zum operativen Eingriff richtet sich nach der Ursache: je nach anatomischen Verhältnissen Harnleiterneueinpflanzung in die Blase, Boari-Plastik, Resektionen und End-zu-End-Vereinigung, Harnleiterersatz durch Dünndarm, Nephrostomie. Nur bei Unmöglichkeit dieser Eingriffe Nephrektomie.

Harnröhrenpapillome

Harnröhrenpapillome sind gewöhnlich Teilerscheinungen einer Harnwegspapillomatose. Sie sind selten. Sie können maligne degenerieren. Bei Frauen kommen kleine Polypen am Harnröhrenausgang vor.

Dg: Kommen in allen Abschnitten der Harnröhre vor. Initiale Hämaturie, Dysurie, Brennen beim Wasserlassen. Harnverhalt sehr selten. Urethroskopie, Urethrographie.

DD: Schleimhautektropium, Harnröhrenkarzinom.

Th: Transurethrale Koagulation. Postoperativ Gefahr der Striktur.

Harnröhrensteine

(s. auch Harnsteinleiden)

Pathog und Sy: Meist handelt es sich um in der Harnröhre steckengebliebene Harnsteine. In Harnröhrendivertikeln und hinter Harnröhrenstrikturen können sich Steine primär bilden. Harnröhrensteine führen gewöhnlich zum totalen oder chronischen Harnverhalt.

Dg: Harnröhrensondierung, Röntgenleeraufnahme, Urethrogramm.

Th: Steine aus der vorderen Harnröhre können manchmal instrumentell transurethral entfernt werden, sonst Urethrotomie. Steine in der prostatischen Harnröhre lassen sich gewöhnlich nur durch die Blase durch Sectio alta entfernen. Als vorläufige Maßnahme gelingt zuweilen das Zurückstoßen eines Steins in die Blase mit Katheter oder Bougie. Bei totalem Harnverhalt ohne die Möglichkeit, den Stein zu entfernen oder in die Blase zu stoßen, Punktion der gefüllten Blase, dann Operation.

Harnröhrenstriktur

Ät:

- Aufgrund einer entzündlichen Erkrankung der Harnröhre, sei es einer Gonorrhö oder einer unspezifischen Urethritis, selten auch einer Urogenitaltuberkulose;
- als Folge einer Verletzung der Harnröhre, in den meisten Fällen im Bereich der Pars membranacea bei Frakturen im Bereich der Scham- und Sitzbeine.

Pathog: Entzündliche Harnröhrenstrikturen entwickeln sich langsam im Verlauf von Monaten und Jahren, während traumatische Strikturen schneller entstehen.

Sy: Entzündliche Harnröhrenstrikturen kommen in jedem Abschnitt der Harnröhre vor. Bei manifester Striktur braucht eine

Entzündung nicht mehr nachweisbar zu sein. Strikturen führen zu mehr oder weniger starken Harnentleerungsstörungen bis zum totalen Harnverhalt und sekundärer Infektion (Zystitis, Pyelonephritis, Prostatitis, Epididymitis). Dysurische Beschwerden, abgeschwächter, dünner, manchmal gedrehter oder geteilter Harnstrahl. Brennen beim Wasserlassen. Bei stärkerer Verengung gelingt die Miktion nur unter Zuhilfenahme der Bauchpresse.

Dg: Vorsichtige Sondierung unterrichtet über Sitz und Kaliber der Verengung. Urethrogramm, Miktionsurethrogramm, sonographische Restharnbestimmung.

DD: Sphinktersklerose, Prostataadenom, Prostatakarzinom, Harnröhrenstein.

Th: Regelmäßige Bougierung durch den Arzt oder den Patienten selbst, wobei sich das Zeitintervall nach der Neigung zur Wiederverengung richtet. Dauerkatheter. Bei hochgradigen Strikturen und solchen, die sich schwierig bougieren lassen, operative Behandlung, z. B. Johanson-Operation, intraurethrale Schlitzung.

Harnröhrenverletzungen

Ät: Die meisten Harnröhrenverletzungen entstehen indirekt durch Zerreißung der hinteren Harnröhre infolge Fraktur der Scham- und Sitzbeine. Weiterhin können stumpfe und scharfe Verletzungen auch der vorderen Harnröhrenabschnitte (Quetschung, Abriß, Schuß) vorkommen.

Sy: Die Harnröhrenzerreißung kann zum totalen Harnverhalt führen. Die Gefahr der Harnröhrenzerreißung besteht in der Urinphlegmone und einer posttraumatischen Striktur (s. Harnröhrenstriktur). Nach Beckentrauma Hämaturie, evtl. Harnverhalt, manchmal Hämatome in der Dammgegend, evtl. Phlegmone.

Dg: Bei Harnverhalt nur einmaliger, sehr vorsichtiger Kathetereinführungsversuch erlaubt, Urethrographie.

Th: Wenn einmaliger Katheterversuch mißlingt, Zystostomie, nur bei Unininfiltration auch Freilegung der Verletzungsstelle. Plastische Wiederherstellung der Harnröhre primär oder später.

Harnsperre

Def: Abflußstörung der oberen Harnwege im Bereich von Nierenbecken und Harnleiter.

Ät: Nierenbecken- und Harnleiterstein, angeborene und erworbene Stenosen (z. B. tuberkulöse Stenosen), Geschwülste.

Dg: Bei Katheterismus ist die Blase leer, bei der Zystoskopie die Blauausscheidung auf der Seite der Harnsperre aufgehoben. Übersichtsaufnahme, Urogramm, Pyelogramm, Isotopennephrogramm, Sonographie.

DD: Anurie (s. d.). Bei der Harnsperre ist der Ureterkatheterismus unmöglich; nach Überwindung des Hindernisses findet sich Harn im Nierenbecken; bei Anurie ist das Nierenbecken beim Ureterkatheterismus leer.

Th: Bei Doppelseitigkeit oder bei Einzelniere dringlich! Gewöhnlich Nephrostomie erforderlich. Sonst operative Beseitigung der Verstopfung, plastische Beseitigung der Stenosen, palliativ Dauerureterkatheter.

Harnstauungsniere s. Hydronephrose und Harnsteinleiden

Harnsteinleiden (Urolithiasis)

Ät und Pathog: Es gibt Calciumoxalatsteine, Calciumphosphatsteine, Uratsteine, sehr selten Cystin- und Xanthinsteine. Zu unterscheiden sind aseptische und septische Steinbildung. Aseptische Steine entstehen aufgrund von Störungen des Elektrolythaushalts, wahrscheinlich auch neurovegetativer krisenhafter Regulationsstörungen im Bereich der Nieren sowie von Stoffwechselstörungen, oft nach Wirbelbrüchen, Wirbel-Tbc, bei Querschnittslähmungen und langer Immobilisation als Folge dynamischer Entleerungsstörung, Hyperkalzurie und Harninfektion.

Die meisten Steine entstehen in der Niere. Sie bleiben dort als Nierensteine liegen oder gelangen in den Harnleiter. Sie können ihn je nach Größe passieren oder als Harnleitersteine dort steckenbleiben. Steine, die den Harnleiter passiert haben, können in der Regel die Blase auf natürlichem Wege verlassen, falls nicht eine Harnentleerungsstörung vorliegt. Das Konkrement kann dann als Blasenstein liegenbleiben und sich vergrößern. Primäre Blasensteine häufig bei Prostataadenom, Sphinktersklerose, Harnröhrenstriktur. Harnröhrensteine sind selten. Sie kommen vor durch Einklemmung abgehender Harnsteine oder sekundär in Harnröhrendivertikeln.

Th: Steine, die spontan abgangsfähig sind (in der Regel bis Erbsgröße), sollten, wenn möglich, konservativ zum Abgang gebracht werden (s. a. Harnleitersteine). Nicht abgangsfähige Steine können bei günstiger Größe und Lage durch extrakorporale Stoßwellentherapie, bei gegebener Indikation auch durch transkutane Lithotripsie bzw. operativ entfernt werden. Eine Harnstauung (Urogramm, Isotopennephrogramm!) macht die Steinentfernung dringlich, insbesondere bei fieberhafter Harnwegsinfektion. Bei Niereninsuffizienz und schwerer Infektion kann auch nach der Steinentfernung eine temporäre oder dauernde Nephrostomie notwendig werden. Bei Steinrezidiven sollte man eine konservative Behandlung anstreben: Bei organischen Steinen chemische Litholyse, sonst extrakorporale Stoßwellenlithotripsie, transkutane Lithotripsie. Uratsteine lassen sich recht gut durch orale Medikation alkalisierender Mittel unter sorgfältigen pH-Kontrollen verhüten, zuweilen auflösen. Dabei sind pH-Werte über 6,8 zu meiden. Bei Cystinsteinen muß wie bei Uratsteinen der Harn konsequent alkalisiert werden und durch Gaben von Penicillamin Auflösung oder Rezidivvermeidung angestrebt werden. Auch Urat- bzw. Cystinsteine müssen aktiv entfernt werden, falls sie Stauung oder Infektion unterhalten.

Voraussetzung aller vorbeugenden Maßnahmen bei Steinrezidiven ist eine Steinanalyse. Unabhängig davon reichliche Flüssigkeitszufuhr von ca. 2–2½ l täglich. Das spezifische Gewicht des Harns soll nach Möglichkeit dauernd unter 1010 liegen.

Bei calciumhaltigen Steinen (Calciumoxalat, Calciumphosphat, Calciumcarbonat) Einschränkung der Calciumzufuhr, insbesondere durch Einschränkung von Milch und Milchprodukten. Bei Oxalatsteinen Vermeidung von Rhabarber, Spinat, Tomaten, Schokolade, Tee, Kakao ohne entscheidende Bedeutung. Dauerbehandlung mit Natriumcellulosephosphat, Campanyl o. ä. Bei Uratsteinen, vor allem bei erhöhtem Harnsäurespiegel, purinarme Diät. An Hyperurikämie denken! Bei Oxalat-, Urat-, Cystin- und Xanthinsteinen alkalisierende Mineralwässer. Bei Phosphatsteinen säuernde Wässer. Der Wert diätetischer Steinprophylaxe darf nicht überschätzt werden. Fahndung nach Epithelkörperchenadenomen bei Calciumsteinrezidiven.

Hodenaplasie

Vk und path Anat: Eine echte Hodenaplasie (Hoden kongenital nicht angelegt) kommt sehr selten vor. Wenn ein oder zwei Hoden nicht vorgefunden werden, handelt es sich in der Regel um Bauchhoden.

Dg: Suche des Hodens durch Sonographie, Laparotomie.

DD: Intersexualismus.

Hodendystopie

Path Anat: Seltene kongenitale Verlagerung des Hodens außerhalb des normalen Deszensus. Nicht zu verwechseln mit Leistenhoden oder Bauchhoden. Der Hoden kann an der Peniswurzel, an der Innenseite des Oberschenkels, im Bereich der Symphyse usw. gelegen sein.

Sy: Palpation des Hodens, typischer Hodendruckschmerz an den bezeichneten Stellen.

Th: Operative Verlagerung. Hormonbehandlung zwecklos.

Hodengeschwülste

Path Anat und Sy: Klinisch ist die Einteilung in Seminome und nichtseminomatöse Tumoren zweckmäßig. Zu letzteren gehören Teratome, Chorionepitheliome und Mischgeschwülste.

Meist schmerzlose mehr oder weniger große Tumoren im Hodensack, selten vom Hoden abgrenzbar, von glatter bis knolliger Oberfläche. Umschriebene Verhärtungen innerhalb des Hodens. Metastasierung in Leistenbeuge, verborgen aber vor allem im Bereich der großen Bauchgefäße.

Dg: Lymphangiographie zur Darstellung retroperitonealer Metastasen, Computertomographie.

Bestimmung der Tumormarker (β-HCG, α-Fetoproteine), auch zur Verlaufskontrolle.

DD: Chronische unspezifische und tuberkulöse Epididymitis, Hydrozele, Orchitis, Gumma, Spermatozelen.

Th: Semikastration unter Mitnahme des Samenstrangs, Ausräumung der Leistendrüsen, bei den nichtseminomatösen Geschwülsten ggf. Ausräumung der paraaortalen Lymphknoten, Zytostatika. Strahlenbehandlung.

Prgn: Bei Seminomen im allgemeinen günstiger, bei allen anderen bösartigen Hodengeschwülsten stets sehr ernst.

Hodenretention (sog. Kryptorchismus)

Path Anat: Zurückbleiben eines oder beider Hoden auf dem Wege des normalen Deszensus aus der Bauchhöhle in den Hodensack (sie steigen meist bis zum 8.–10. Lebensjahr ab).

Hoden in der *Bauchhöhle:* Bauchhoden, Kryptorchismus.

Hoden im Bereich des *Leistenkanals:* Leistenhoden.
Hoden im Bereich des *äußeren Leistenrings:* Hodenhochstand.

Sy: Bis zum 3. Lebensjahr keine wesentlichen Störungen, später herabgesetzte endokrine Funktion, Spermiogenese minimal bis aufgehoben.

Th:
- *Bauchhoden:* Exstirpation, nach der Pubertät bei Doppelseitigkeit evtl. Androgenersatztherapie.
- *Leistenhoden:* Bis zum 3. Lebensjahr keine Therapie, da Spontandeszensus häufig. Nur in Verbindung mit einem Leistenbruch und einer Hodeneinklemmung frühzeitige Operation (Orchidopexie und Herniotomie). Nach dem 3. Lebensjahr Versuch der Behandlung mit Choriongonadotropin, bei Erfolglosigkeit Orchidopexie.
- *Hodenhochstand:* Bei Hodenhochstand ist der Hoden im Bereich des weiten äußeren Leistenrings gelegen und meist beweglich. Spontandeszensus ist so häufig, daß operative Behandlung gewöhnlich nicht notwendig ist.

Hodentorsion

Vk und *Ät:* Bei abnormer Beweglichkeit des Hodens (durch Fehlen des Gubernaculum testis) schon bei Neugeborenen wie in jedem späteren Alter möglich. Bevorzugt das Jugendalter.

Sy: Akuter Schmerz nach Bewegung, häufig des Nachts, beim Sport, Anschwellen des Hodens mit Schmerzen im Samenstrangbereich. Gefahr der Hodennekrose innerhalb 6 Stunden.

Dg: Sonogramm, Doppler-Sonographie.

DD: Epididymitis, Orchitis, direktes Hodentrauma.

Th: Manuelle Rücktorsion ist nicht immer möglich. Auch nur bei Verdacht auf Hodentorsion schnellstmögliche operative Detorsion und Fixation des Hodens. Da das Gubernaculum testis angeboren meist doppelseitig fehlt, in gleicher Sitzung auch die Fixation des Hodens der anderen Seite ratsam.

Hufeisenniere

Path Anat und Sy: Mißbildung, die durch die Verschmelzung beider unterer Nierenpole vor der Wirbelsäule und den großen Gefäßen gekennzeichnet ist. Die Nierenbecken sind atypisch geformt; die Harnwegsdynamik ist oft gestört. Disposition zu Infektionen und Steinbildung.

Sy: Unklare, oft als Magenbeschwerden mißdeutete Oberbauchbeschwerden. Völlegefühl, mitunter ein- oder doppelseitige kolikartige Schmerzen, zur Blase ausstrahlend, Kreuzschmerzen. Obstipation; zuweilen Hämaturie, Pyurie. Klinisch gewöhnlich nur die Vermutungsdiagnose.

Dg: Sonographie, Urogramm, Pyelogramm.

Th: Bei unkomplizierten Fällen kann zuweilen die operative Durchtrennung der Nierenbrücke vor der Wirbelsäule Besserung der Beschwerden bringen. Bei Erkrankung einer Hälfte evtl. Heminephrektomie. Oft wird jedoch nur symptomatische Behandlung der Beschwerden möglich sein; Spasmolytika, leichte Analgetika, ggf. Infektbehandlung.

Hydrocele funiculi spermatici

Im Gegensatz zur Hydrocele testis (s. u.) ist die Hydrocele funiculi auf den Samenstrang beschränkt. Hoden und Nebenhoden können frei sein.

Hydrocele testis (Wasserbruch)

Ät und Pathog: Mehr oder weniger große seröse Flüssigkeitsansammlung innerhalb der Tunica vaginalis (entwicklungsgeschichtlich: Peritonealrest). Eine Hydrozele entsteht entweder sui generis oder sekundär aufgrund eines entzündlichen oder neoplastischen Prozesses an Nebenhoden oder Hoden.

Sy: Prallelastische Geschwulst in einer oder beider Hälften des Hodensacks, von der sich Hoden und Nebenhoden nicht abgrenzen lassen. Transparent (Taschenlampe!).

DD: Hoden- und Nebenhodengeschwülste, Leistenbruch (Hodenbruch). Im Gegensatz zur Hernie ist bei der Hydrozele der Samenstrang unterhalb des äußeren Leistenrings isoliert tastbar.

Th: Die Punktion der Hydrozele (cave Leistenbruch!) hat nur vorübergehenden Erfolg. Sie ist jedoch zweckmäßig, um den Zustand von Hoden und Nebenhoden innerhalb der Hydrozele tasten zu können (symptomatische Hydrozele bei Epididymitis [spezifisch oder unspezifisch], bei Geschwülsten). Operation, z. B. nach Winkelmann.

Hydronephrose (Harnstauungsniere, Wassersackniere)

Ät:
- Hervorgerufen durch kongenitale Abflußstörungen im Bereich des Nierenbeckens

oder des Harnleiters oder durch andere Fehlbildungen.

- Abflußstörungen infolge von Steinen, Geschwülsten oder Stenosen im Bereich der abführenden Harnwege (Phimose, Harnröhrenstriktur, Harnröhrenklappen, Prostataadenom, Prostatakarzinom, Ureterozele, Tbc) führen gleichfalls zu sekundären Harnstauungsnieren.

Path Anat: Erweiterung des Nierenbeckens, in fortgeschrittenen Fällen mit Abflachung und Funktionseinschränkung des Nierenparenchyms bis zur funktionslosen Sackniere. Bei angeborener oder erworbener Stenose oder Verstopfung des Harnleiters in tieferen Abschnitten kommt es auch zur Erweiterung des Harnleiters und des Nierenbeckens (Hydroureter bzw. Megaureter).

Sy: Der Harnbefund kann normal sein. Häufig sind jedoch Pyelonephritis und Steine. In fortgeschrittenen Stadien Niereninsuffizienz. Jede Pyurie im Kindesalter ist verdächtig auf Hydronephrose bzw. Megaureter sowie vesikorenalen Reflux (s. d.). Die Symptome einer Hydronephrose können besonders, wenn sie kongenital sind, sehr uncharakteristisch sein und zuweilen erst im höheren Lebensalter manifest werden. Druckgefühl in der Nierengegend, uncharakteristische Oberbauchschmerzen, zuweilen ohne exakte Seitenlokalisation (Magensymptomatik!), selten Koliken, Übelkeit, Erbrechen.

Dg: Infusionsurogramm, Isotopennephrogramm, retrogrades Pyelogramm, Sonographie, Renovasogramm.

DD: Nierengeschwülste, Nierenzysten, Zystenniere, Harnsteinleiden. Bei ungeklärten, unbestimmten Oberbauchschmerzen auch ohne Seitenbetonung an Hydronephrose denken! Häufige Fehldiagnose: Magen, Wirbelsäule!

Th: Bei noch funktionstüchtiger Niere Nierenbeckenplastik. Sonst Nephrektomie. Bei Steinen, Geschwülsten, Stenosen Behandlung des Grundleidens.

Hypospadie

Path Anat: Angeborene Dystopie der Harnröhrenmündung an der Unterseite des Penis: Hypospadia glandis, Hypospadia penis, Hypospadia scrotalis, Hypospadia perinealis. Sie ist immer verknüpft mit einer Verbiegung des Penis nach unten. Oft findet sich gleichzeitig eine Stenose der Harnröhrenmündung (Meatusstenose). Hypospadiae perineales sind bis zum Ausschluß immer verdächtig auf Intersexualismus.

Sy: Hypospadie stärkeren Grades verursacht Miktions- und Kohabitationsstörungen. Bei Lage des Ostiums am Penisschaft oder weiter proximal auch Impotentia generandi (s. d.).

Th: Hypospadia glandis bedarf keiner Behandlung. Wenn notwendig, Meatotomie. In allen anderen Fällen ein- oder zweizeitige plastische Operation, möglichst im 3. Lebensjahr.

Impotentia coeundi

Def: Unfähigkeit zum Koitus.

Ät: Kann bedingt sein durch Erektionsstörung auf der Basis zentraler und peripherer Nervenleiden oder Nervenverletzungen nach Beckenbrüchen, durch Verletzungen und Thrombosen des Corpus cavernosum penis, anatomische Veränderungen (Verkrümmung des Penis bei Hypospadie, Epispadie, Induratio penis plastica) oder Operationen (perineale Prostatektomie, Operationen bei Harnröhrenstrikturen usw.). Viel häufiger sind psychische Gründe. Impotentia coeundi tritt weiter als Ausdruck hormoneller Insuffizienz (beiderseitiger Kryptorchismus, beiderseitige Hodendysplasie, doppelseitige Kastration, hypophysäre Insuffizienz, nach Verabreichung weiblicher Hormone), während und nach Infektionskrankheiten, Dystrophie, Kachexie, Alkoholabusus auf.

Th: Richtet sich nach dem Grundleiden. Die Erektionsstörungen aufgrund von Verletzungen peripherer Nerven (N. pudendus) sind therapieresistent. Bei psychischer Impotenz ggf. psychotherapeutische Behandlung.

Impotentia generandi

(s. auch Azoospermie)

Def: Zeugungsunfähigkeit beim Manne. Impotentia generandi kann bei erhaltener Beischlaffähigkeit vorliegen.

Ät:

- Folge einer primären oder sekundären Störung der Samenproduktion (angeborene Dysplasie, hormonelle Insuffizienz, Hodenschädigung durch Entzündung, Geschwulst, Verletzungen an den Hoden und nach Infektionskrankheiten),
- einer Samentransportstörung (Asplasie des Ductus deferens, chronische unspezifische oder spezifische Epididymitis, Deferentitis, Prostatitis, Harnröhrenstrikturen),
- von chronischen Entzündungen von Prostata und Samenblasen mit Veränderungen der Samenblasen- und Prostatasekrete.

Kinderlosigkeit in der Ehe beruht weit öfter als angenommen auf einer Impotentia generandi des Manns (etwa 40%).

Dg: Nachweis von entzündlichen Erkrankungen der Samenwege in der Anamnese. Untersuchung des Hodengewebes durch Biopsie. Röntgenuntersuchung der Samenwege. Feststellung endokriner Störungen.

Th: Je nach Ursache: Substitution bei hypophysärer oder testikulärer Insuffizienz. Störungen des Samentransports sind nur in Ausnahmefällen durch plastische Eingriffe an den Samenwegen zu beseitigen.

Induratio penis plastica

Path Anat und Sy: Umschriebene fibröse Induration, in den Faszien der Schwellkörper gelegen, meist am Dorsum penis. In fortgeschrittenen Fällen kann sie zu einer Verkrümmung des Penis führen. Dadurch ggf. Impotentia coeundi. Erektionsschmerz. Nicht selten findet sich gleichzeitig eine Dupuytren-Kontraktur.

DD: Tumoren, paraurethrale Abszesse, Gumma.

Th: Wenig aussichtsreich. Empfohlen werden Röntgenbestrahlung, Vitamin E, Potaba, lokale Hydrocortisoninjektionen. Bei großer Ausdehnung und Kohabitationsstörungen chrirurgische Exzision; jedoch besteht hierbei die Gefahr der postoperativen Erektionsstörung.

Katheterung

Strengste Asepsis! Bei Mann und Frau nur Einmalkatheter. Beim Mann in der Regel Tiemann-Katheter. Metallkatheter sind in der Hand des Ungeübten gefährlich. Als Dauerkatheter: Ballonkatheter für Mann und Frau.

Kittniere s. Urogenitaltuberkulose

Kolik der Harnwege

Ät: Harnwegskoliken treten auf als Folge von Obturationen durch Steine (Nierenbeckensteine, s. Harnsteinleiden, Harnleitersteine), durch Blutgerinnsel, durch Geschwülste, die den Harnabfluß erschweren, durch Harnleiterstenosen (besonders am Nierenbeckenausgang und prävesikal, z. B. auch bei Tuberkulose), durch Harnwegsentzündungen mit Störungen der Harnwegsdynamik, z. B. auch auf vegetativer Grundlage. Auch Mißbildungen führen manchmal zu kolikartigen Schmerzen aufgrund von Harnwegsdyskinesien (Hydronephrose, Nierendystopien, Hufeisenniere usw.). Reizerscheinungen von seiten einer Adnexitis (s. d.).

Sy: Krampfartig an- und abschwellender Schmerz, ausgehend von den oberen Harnwegen. Der Schmerz wird bei geringerer Intensität auf den Ausgangspunkt lokalisiert (Sitz des Steins, der Stenose usw.) und strahlt gewöhnlich blasenwärts aus. Gleichzeitig können Schmerzen nach dem Nierenlager zu ausstrahlen, die als Ausdruck der Harnrückstauung zu gelten haben. Bei tiefer Lokalisation gleichseitiger Hodenschmerz. Bei starker Intensität läßt sich der Schmerz gewöhnlich nicht lokalisieren. Harnwegskoliken sind in der Regel begleitet von atonischen Erscheinungen am Darm bis zum paralytischen Ileus. Bei Koliken, die ihren Ausgang von den unteren Harnleiterabschnitten nehmen, können Reizerscheinungen in der Blase vorkommen: Pollakisurie, Harnverhalt während und nach dem Schmerzanfall.

DD: Gallenkoliken, Appendizitis.

Th: Die Behandlung der Kolik soll stets die des Grundleidens sein. Schwere Harnwegskoliken erfordern hohe Dosierung schmerzstillender Mittel. Am besten sind i. v. Schmerzmittel vom Typ des Novalgins oder Baralgins. Sie können eine schwere Harnwegskolik kupieren. Durch Morphinderivate wird die darniederliegende Darmperistaltik weiter abgeschwächt. Häufig wiederkehrende, weniger intensive Dauerschmerzen lassen sich am besten mit Spasmolytika dämpfen. Feuchte heiße Packungen wirken hier oft besser als Medikamente. Bei Koliken aufgrund eines Harnsteinleidens ist das Aufhören der rezidivierenden Schmerzen nicht immer ein Zeichen des Steinabgangs; es kann sich vielmehr um eine Erschöpfung der Harnleiterperistaltik infolge Totalverschluß handeln. Jede Kolik fördert den Steinabgang; jede medikamentös unterbundene Kolik kann ihn verzögern (entsprechend den Wehen einer Geburt).

Korallenstein s. Harnsteinleiden

Kryptorchismus s. Hodenretention

Leistenhoden s. Hodenretention

Meatusstenose

Ät und path Anat: Angeborene oder durch chronische Entzündung entstandene Verengung der äußeren Harnröhrenmündung. Oft in Verbindung mit Hypospadie.

Sy: Oft nur punktförmig erkennbare äußere Harnröhrenmündung. Miktionserschwerung mit dünnem, gedrehtem oder geteiltem Harnstrahl.

Th: Bei Meatusstenose stärkeren Grades Erweiterung durch Schnitt in Richtung auf das Frenulum. Bougierung führt meist zum Rezidiv.

Nebenhodenentzündung s. Epididymitis

Nebenhodentuberkulose
s. Urogenitaltuberkulose

Nephroptose

Ät und path Anat: Senkung einer ursprünglich an normaler Stelle gelegenen Niere, meist im Rahmen einer allgemeinen Enteroptose bei grazilem leptosomen Habitus. Entstehung durch Trauma ist außerordentlich selten. Mit zunehmender Ptose kommt es zu einer Lageveränderung des Harnleiterabgangs, die eine Abflußstörung verursachen kann.

Sy: Die Folgen können ziehende Schmerzen bis Koliken, leichte Hämaturie und Harninfekt sein. In der Mehrzahl der Fälle treten wesentliche Störungen nicht auf. Unklare Beschwerden meist im Ober- und Unterbauch, manchmal nach der Blase zu ausstrahlend, im Liegen meist gering oder aufhörend, manchmal kompliziert durch Hämaturie, Pyelonephritis.

Dg: Urogramm im Liegen und Stehen, Isotopennephrogramm, Sonogramm.

DD: Hydronephrose, rechtsseitig Cholezystopathie, Adnexitis, chronische Appendizitis. Beachte Überlagerung der Beschwerden durch Ptose anderer Organe!

Th: Nur bei erwiesenem Zusammenhang der Beschwerden mit nachgewiesener Ptose: Nephropexie.

Nierenaplasie

Path Anat und Sy: Die Niere fehlt auf einer Seite. Dabei kann der Harnleiter ganz oder teilweise fehlen. In manchen Fällen auch Aplasie des gleichseitigen Ductus deferens. Bei gesunder anderer Niere ist die Nierenaplasie so gut wie bedeutungslos. Sie wird erst entscheidend bei Erkrankung des Organs der anderen Seite, insbesondere bei akuten Fällen (Steinverschluß, Ruptur). Bei akuten einseitigen Nierenerkrankungen oder Verletzungen muß an die Möglichkeit einer Aplasie gedacht werden.

Dg: Eine Aplasie ist durch Sonographie, Urographie und Szintigraphie auszuschließen.
Diagnose durch Urogramm, Zystoskopie mit Ureterkatheterismus, Aortographie, Retropneumoperitoneum.

DD: Hochgradige Hypoplasie, Verschlußniere (Steinverschluß, Harnleiterstenose, Tuberkulose).

Nierenbeckenentzündung s. Kap. Nephrologie

Nierenbeckengeschwülste

Path Anat: Nierenbeckenpapillome, Nierenbeckenkarzinome, Nierenbeckenpapillome entarten im Laufe der Zeit oft maligne. Sehr häufig entstehen Absiedlungen der Geschwulst im Harnleiter und in der Blase (s. Blasenpapillom).

Sy: Sobald die Tumoren maligne sind, können sie zu Abflußstörungen (Hydronephrose, Pyonephrose) führen. Schmerzlose Hämaturie, dauernd oder intermittierend. Stauungsschmerzen, Koliken. Die Niere ist selten vergrößert tastbar.

Dg: Urogramm, retrogrades Pyelogramm.

DD: Nierenbeckensteine, hämorrhagische Pyelitis, Geschwülste des Parenchyms.

Th: Ureteronephrektomie, Röntgennachbestrahlung.

Nierenbeckenkarzinom
s. Nierenbeckengeschwülste

Nierenbeckenpapillome
s. Nierenbeckengeschwülste

Nierenbeckensteine s. Harnsteinleiden

Nierendystopie

Def: Jede angeborene Verlagerung einer oder beider Nieren, ausgenommen die erworbenen Lageanomalien (Wandernieren, Ren mobilis, s. Nephroptose.

Ät und path Anat:

- *Dystopie einer Niere im Becken:* Beckenniere (s. d.).
- *Drehungsmißbildung einer oder beider Nieren:* Die Niere ist um die Längsachse als Folge embryonaler Entwicklungshemmung gedreht, gewöhnlich aber im ganzen am rechten Ort gelegen.
- *Gekreuzte Dystopie:* Eine Niere ist auf die andere Seite verlagert, so daß der Harnlei-

ter vor den großen Bauchgefäßen kreuzt. Sie kann auf der gegenüberliegenden Seite einzeln gelegen sein oder mit der anderen Niere zu einem Organ verschmolzen sein (Verschmelzungsniere).

- *Hufeisenniere* s. d.
- *Kombination verschiedener Mißbildungen* ist häufig.

Sy: Durch dynamische Störungen und aufgrund von Infektionen kann es zu kolikartigen Beschwerden, zu Infekten und zur Steinbildung kommen.

DD: Nierengeschwülste, Geschwülste des Bauchraums, gelegentlich Erkrankung der Gallenblase und der Milz.

Th: Manchmal hilft nur die Exstirpation des dystopen Organs. Sonst Behandlung der Begleitsymptome (Harninfektion, Steinleiden). Symptomatische Behandlung: Spasmolytika, bei Bedarf Analgetika.

Prgn: Je nach Schwere der Komplikationen.

Nierengeschwülste

Vk und path Anat: Zu unterscheiden von den Nierenbeckengeschwülsten (s. d.). Es kommen gutartige (Fibrome, Myome, Lipome, Nierenadenome, Angiome und Osteome) und bösartige (Hypernephrome) vor. Bei Erwachsenen am häufigsten Hypernephrome, die zunächst gutartig sein können, klinisch aber als bösartig angesehen werden müssen. Bei Kindern am häufigsten Adenosarkome (Wilms-Tumoren). Metastasierung auf dem Blutweg vorwiegend in die Lungen, seltener in andere Organe (Hirn) oder das Skelettsystem.

Sy: Jede Hämaturie ist tumorverdächtig, solange eine Geschwulst nicht sicher ausgeschlossen ist.
Gutartige Geschwülste machen erst bei Verdrängungserscheinungen Beschwerden. Nur die seltenen Hämangiome können frühzeitig zu schweren, bedrohlichen Hämaturien führen.
Kardinalsymptom aller bösartigen Geschwülste ist die Hämaturie, ausgenommen die kindlichen Wilms-Tumoren, die häufig eine frühzeitige Blutung vermissen lassen. Jeder Oberbauchtumor im Kindesalter ist dringend verdächtig auf eine Nierengeschwulst, auch wenn andere Symptome, wie Hämaturie, fehlen! Durch abgehende Blutgerinnsel können Koliken hervorgerufen werden. Der Tumor kann tastbar sein.

Dg: Urogramm, Infusionsurogramm, Sonographie, Renovasographie, Computertomographie.

DD: Hydronephrose, Pyonephrose, Zystenniere, Nierenzyste, Nieren-Tbc, Milztumor, Retroperitonealgeschwulst.

Th: Bei gutartigen Geschwülsten kann Enukleation oder Teilresektion der Niere möglich sein, jedoch ist die Entscheidung über Gut- oder Bösartigkeit vor dem Eingriff oft nicht zu stellen. Sonst immer Nephrektomie. Röntgennachbestrahlung und Zytostatika von vergleichsweise geringem Wert.

Nierenkarzinom s. Nierengeschwülste

Nierenruptur s. Nierenverletzungen

Nierensteine
(s. auch Harnsteinleiden)

Sy: Kelchsteine sind oft symptomlos und bedürfen selten der Therapie. Kleinere Nierensteine verursachen durch Ventilverschluß häufig Harnstauung, während große Steine (Nierenbeckenausgußsteine, Korallensteine) weniger Abflußstörungen verursachen. Gefahr der sekundären Harninfektion.
Mikro- bis Makrohämaturie, dumpfe Druckschmerzen der Nierengegend oder heftige Harnwegskoliken. Darmstörungen, paralytischer Ileus, Übelkeit, Erbrechen. Die Schmerzen strahlen von der Niere in Richtung auf die Blase aus. Druckschmerz des Nierenlagers.

Dg: Röntgenübersichtsaufnahme (Urat-, Xanthin- und Cystinsteine sind röntgenologisch nicht erkennbar, dagegen sonographisch gut darstellbar). Urographie, selten retrogrades Pyelogramm notwendig.

DD: Nierengeschwülste, hämorrhagische Entzündungen, Nierentuberkulose.

Th: Nicht mehr abgangsfähige Steine können bei günstiger Lage und Größe durch extrakorporale Stoßwellenlithotripsie entfernt werden. Unter günstigen Umständen ist auch transkutane Lithotripsie möglich. Sonst operative Entfernung.
Die Erhaltung der Niere muß stets das Ziel sein, da ein Harnsteinleiden zumindest potentiell als doppelseitig angesehen werden muß! Stoffwechselbedingte Steine (Harnsäure-, Xanthin-, Cystinsteine) sind nicht selten einer harnalkalisierenden Behandlung und Prophylaxe zugänglich.

Nierentuberkulose s.
Urogenitaltuberkulose

Nierentumoren s. Nierengeschwülste, Nierenbeckengeschwülste

Nierenverletzungen

Ät: Meist durch stumpfe Gewalt, seltener durch offene (Schuß, Stich) und indirekte Gewalteinwirkung.

Path Anat und Sy: Es entstehen Blutergüsse subkapsulär oder in das Nierenlager. Diese können sich retroperitoneal weit ausbreiten. Bei gleichzeitiger Verletzung des Hohlraumsystems Hämaturie verschiedenen Grads. Sehr schwere Traumen können zu Verletzungen der Nierenstielgefäße führen. Bei offener Verletzung evtl. Urinaustritt aus der Wunde.
In der Regel Hämaturie, Schmerzen in der betroffenen Seite. Druckschmerzhaftigkeit des Nierenlagers, bei größerem Bluterguß auch des Oberbauchs. In schweren Fällen zunehmende Anämie auch bei geringer Hämaturie infolge retroperitonealer Blutungen.

Th: Im allgemeinen konservativ, ggf. Schockbekämpfung, strengste Bettruhe, Hämostyptika, Bluttransfusion. Wenn konservativ nicht beherrschbar, Operation, meist Nephrektomie. Besonders gefährdet: Einnierige. Deshalb und wegen späterer Versorgungsansprüche: Übersichtsaufnahme und Urogramm anfertigen!

Nierenzyste

Def: Im Gegensatz zur polyzystischen Degeneration (Zystenniere, s. d.) handelt es sich bei der Nierenzyste um einseitig auftretende solitäre gutartige Zysten.

Sy: Sie führen zu Verdrängungserscheinungen, Druckgefühl unbestimmter Art in der Nierengegend. Kein pathologischer Harnbefund. Die Nierenfunktion ist nicht eingeschränkt. Kleinere Zysten sind symptomlos und werden meist nicht oder nur zufallsweise diagnostiziert. Nierenzysten können sehr großen Umfang annehmen. Gelegentlich treten Nierenzysten durch Perforation in Beziehung zum Nierenbecken und können dann vereitern.

Dg: Infusionsurogramm, Sonographie, Computertomographie.

DD: Gutartige und bösartige Geschwülste, polyzystische Degeneration, Hydronephrose, Nierenabszeß.

Th: Größere Nierenzysten werden abgetragen, ausgeschält oder durch Resektion des betreffenden Nierenpols rezidivfrei entfernt.

Oligospermie s. Azoospermie

Oligurie

Def: Verminderung der Harnsekretion. Nicht zu verwechseln mit der Ausscheidung geringerer Harnmengen bei Pollakisurie. Maßgebend ist nur die Gesamtausscheidung in 24 Stunden im Verhältnis zur Flüssigkeitszufuhr. Übergang in Anurie (s. d.).

Ät: Oligurie tritt auf bei Herz- und Kreislaufstörungen, starker Blutdrucksenkung, akuter Nephritis, doppelseitiger, fortgeschrittener Pyelonephritis und Nierentuberkulose.

Dg: Beachte extrarenale Wasserverluste! Vor Annahme einer Oligurie vergewissere man sich, daß kein Abflußhindernis am Blasenhals (Harnverhalt) und keine Harnsperre (Abflußhindernis der oberen Harnwege) vorliegen (s. Harnsperre).

Exakte Prüfung der Nierenfunktion durch Kreatininclearance und Phenolrotprobe und exakte Wasserbilanzuntersuchungen unter Berücksichtigung der unbemerkten Wasserverluste.
Blasenkatheterismus, Zystoskopie und Ureterkatheterismus, Sonographie.

DD: Harnverhalt, Harnsperre.

Th: Behandlung des Grundleidens.

Paraphimose („Spanischer Kragen")

Path Anat und Sy: Entsteht auf der Basis einer Phimose. Die zurückgeschobene Vorhaut kann durch sekundäres Ödem nicht wieder über die Glans penis vorgeschoben werden. Es kann zu schweren Zirkulationsstörungen und zu Gangrän der Eichel kommen.

Th: Sofortiger Versuch der manuellen Reposition durch vorsichtiges Ausstreichen des Ödems. Auswicklung des ganzen Penis ggf. in Narkose. Wenn nicht möglich, dorsale Inzision des ödematösen Präputialkragens.

Peniskarzinom

Path Anat und Sy: Meist Plattenepithelkarzinom, oft ausgehend von der Oberfläche der Glans penis, im Anfangsstadium nie, später leicht blutend, blumenkohlartig oder zerfallend wuchernd. Häufig auch nur kleine Wärzchen im Sulcus coronarius. Der Beginn eines Peniskarzinoms ist oft durch das Präputium verdeckt (Phimose!). Lymphknotenmetastasen oft frühzeitig in den Leistenbeugen nachweisbar. Metastasen auch der inneren Organe.

DD: Balanitis, Lues (Primäraffekt).

Th: Amputatio penis mit Ausräumung der Leistendrüsen, Röntgennachbestrahlung. Alleinige Strahlenbehandlung nur in Frühfällen erfolgversprechend (Kontaktbestrahlung).

Prgn: Nur in Frühfällen gut, sonst dubiös.

Perinephritis

Def: Akute oder chronische Entzündung der Nierenhüllen.

Ät und Pathog: Am häufigsten als Teilerscheinung einer entzündlichen Erkrankung der Nieren (chronische Pyelonephritis, Steinniere, Nierentuberkulose, Nierenkarbunkel). Hämatogen meist von Staphylokokkenerkrankungen wie Panaritien, Karbunkel, Furunkel, Erysipel ausgehend. Die hämatogenen Entzündungen der Nierenumgebung neigen zur Abszedierung (s. paranephritischer Abszeß).

Sy: Unbestimmtes Druckgefühl in der Nierengegend, manchmal Beschwerden beim Atmen im Nierenlager, subfebrile Temperaturen, oft afebril. Kein pathologischer Harnbefund. Hohes Fieber und Schüttelfrost deuten auf Abszeßbildung hin. Sie ist Begleitsymptom der obengenannten Nierenerkrankungen. Aufhebung der Atemverschieblichkeit (Veratmungsurogramm).

Th: Behandlung des Grundleidens antibiotisch. Bei Abszedierung Punktion, operative Eröffnung und Drainage.

Phimose

Ät und path Anat: Angeborene oder auf chronisch entzündlicher Basis entstandene Verengung der Vorhaut, die ein Zurückschieben hinter die Glans verhindert.

Sy: Die Phimose kann Miktionsstörungen verursachen und disponiert zu chronisch entzündlichen Prozessen im Präputialsack. Auf dieser Basis kann sie Ursache eines Peniskarzinoms sein. Beim Kleinkind bis zum 2. Lebensjahr ist die Phimose, ohne Entleerungsstörung, als physiologisch anzusehen.

Th: Beim Kleinkind Versuch der stumpfen Dehnung meist ohne Dauererfolg, sonst Operation.

Prostataabszeß
(s. auch Adnexitis)

Ät: Hämatogen oder aufgrund eines Harninfekts.

Sy: Druckgefühl und Schmerzen in der Damm- und Aftergegend, über die Symphyse; Kreuzschmerzen, Fieber, Schüttelfrost, schweres Krankheitsgefühl. Schmerzen bei der Defäkation. Algurie, Dysurie, manchmal Harnverhalt. Bei der Rektaluntersuchung erscheint die Prostata vergrößert, teigig bis fluktuierend, meist sehr druckschmerzhaft tastbar. Perforiert unbehandelt gewöhnlich in die Harnröhre, seltener nach dem Damm oder dem Rektum zu.

Dg: Probepunktion vom Damm aus kann die Diagnose sichern.

Th: Bei feststehender Diagnose sofort perineale Inzision und Drainage. Bei Harnverhalt oder Restharn Dauerkatheter. Konservative Behandlung mit Antibiotika verschleiert das Bild und führt selten zur Ausheilung.

Prostataadenom (sog. Prostatahypertrophie)

Sy: Das Adenom der paraurethralen Drüsen ist eine Alterserkrankung des Manns. Nicht jedes rektal tastbare Adenom verursacht subjektive oder objektive Störungen. Die Harnentleerungsstörung durch ein Prostataadenom läßt sich in 3 Stadien einteilen:

- *1. Stadium:* Reizblase (erschwerte und verzögerte Miktion, Pollakisurie, Nykturie, kein Restharn).
- *2. Stadium:* Beschwerden wie im 1. Stadium, jedoch mit Restharn. Restharn unter 30 ml kann klinisch vernachlässigt werden.
- *3. Stadium:* Chronischer kompletter Harnverhalt mit Überlaufblase (maximale Füllung der Harnblase mit ständigem unwillkürlichem Harnabgang).

In den Stadien 1 und 2 kann jederzeit ein akuter Harnverhalt auftreten. Das Leiden kann im 1. oder 2. Stadium stehenbleiben, zeigt jedoch häufig Progredienz.
Im 2. und 3. Stadium kommt es leicht zur Harninfektion und zur Entstehung von Blasensteinen. Chronischer Restharn führt, insbesondere in Verbindung mit einer Harninfektion, auf dem Wege über eine akute oder chronische Pyelonephritis (s. Kap. Nephrologie) zur Rückstauungsschädigung der Nieren, vorwiegend zu tubulärer Insuffizienz mit Polyurie, vermehrtem Durstgefühl, Anstieg von Harnstoff und Kreatinin im Serum bis zum Nierenversagen mit Urämie.
Rektale Untersuchung: Die Prostata ist gegenüber der Norm vergrößert, von gleichmäßiger, prall gespannter, nicht zu harter Konsistenz, der mediane Sulkus kann bei größeren Adenomen verstrichen sein. Die Schleimhaut ist über dem Adenom verschieblich.

Dg: Restharnbestimmung. Übersichtsaufnahme und Urogramm zum Ausschluß von Steinen und als Prüfung der morphologischen und funktionellen Verhältnisse an den Nieren. Die Zystoskopie gibt Auskunft über die endovesikale Ausdehnung des Adenoms. Evtl. Balkenblase.

DD: Prostatakarzinom.

Th und Prl: Behandlung einer Herzinsuffizienz, da venöse Stauung bei vorhandenem Adenom akute Harnretentionen verursachen kann.

Im 1. Stadium prophylaktische Maßnahmen, wie Vermeidung von Blasenüberfüllung. Vermeidung von kalten Getränken, vor allem Bier, und von Kälte- und Nässeeinflüssen. Depostat-Injektionen (100 mg 8- bis 14tägig) können die subjektiven Beschwerden über lange Zeiträume in Grenzen halten. Ein Fortschreiten des Leidens ist damit nicht zu verhindern.

Im 2. Stadium nach Möglichkeit operative Behandlung (transurethrale Resektion, suprapubische Prostatektomie).

Bei Niereninsuffizienz Entlastung der Nieren durch suprapubische Drainage vor dem Eingriff. Dauerkatheterbehandlung allein oder Anlegung einer Blasenfistel nur dann, wenn nach ausgiebiger Entlastung Operabilität nicht erreicht werden kann.

Im 3. Stadium schrittweise Entlastung durch Katheterismus, später suprapubische Ableitung, Vorbereitung zur Operation oder Elektroresektion, wenn diese aus Gründen des Allgemeinbefunds, vor allem der Nierenfunktion, noch möglich ist. Bei Niereninsuffizienz Behandlung (s. Kap. Nephrologie).

Prostataentzündung s. Adnexitis

Prostatahypertrophie s. Prostataadenom

Prostatakarzinom

Path Anat und Sy: Selten vor dem 50. Lebensjahr. Die Symptome ähneln denen des Prostataadenoms, jedoch tritt ein akuter Harnverhalt seltener auf. Das Prostatakarzinom neigt zu Metastasen in das Skelettsystem, vor allem in Becken und Lendenwirbelsäule, aber auch in die Extremitäten (Spontanfrakturen). Es kommen osteoblastische, seltener osteoklastische Metastasen vor. Die Metastasen der Wirbelsäule führen zu einem Ischiassyndrom, das noch vor Auftreten dysurischer Beschwerden das Augenmerk auf ein Prostatakarzinom lenken muß. Jede *„Ischias" beim Mann über 50 Jahre ist prostatakarzinomverdächtig.*

Dg: Vorsorgeuntersuchungen! Zytologische oder histologische Bestätigung! Rektal ist die Prostata nicht immer deutlich vergrößert, jedoch holzhart, meist von höckeriger Oberfläche, nach dem umgebenden Gewebe hin nicht abgrenzbar. Die Schleimhaut ist nicht verschieblich. In fortgeschrittenen Stadien sind die Grenzen des Karzinoms mit dem Finger nicht erreichbar.

Hat das Karzinom die Grenzen der Prostata überschritten und bestehen Metastasen, kann die saure Serumphosphatase erhöht sein. Im Beginn der Erkrankung keine Erhöhung der sauren Serumphosphatase. Übersichtsaufnahme des Rumpfskeletts zum Nachweis von Metastasen und Ganzkörperszintigramm. Zytologische bzw. histologische Bestätigung durch Feinnadelbiopsie transrektal oder perineale Stanzbiopsie. Computertomographie zur Bestimmung der lokalen Ausdehnung des Tumors. Urographie.

DD: Prostataadenom, Prostatitis, Prostatatuberkulose, Sarkom.

Th: Nur in Anfangsstadien kann eine radikale Prostatektomie vorgenommen werden. Postoperative Strikturen und Harninkontinenz kommen vor. Beim metastasierenden Karzinom pausenlose Östrogen- oder Antiandrogenbehandlung mit individueller Dosierung nach beidseitiger subkapsulärer Orchidektomie. Beim lokalisierten Karzinom auch Strahlenbehandlung nach Computertomographie. Gaben von Androgenen sind bei jedweder Behandlung auch nur bei Verdacht absolut kontraindiziert.

Prostatasarkom

Vk und path Anat: Sehr selten. Vorwiegend im Kindes- und jugendlichen Alter. Sehr bösartiger Tumor mit Neigung zu frühzeitiger Metastasierung.

Dg: Wie bei Prostatakarzinom oder -adenom, bei der Palpation meist weniger hart als ein Karzinom, ungleichmäßige Konsistenz.

Th: Nur in Frühfällen Operation möglich. Nachbestrahlung bzw. Palliativbestrahlung. Zytostatika.

Prgn: Fast immer infaust.

Prostatasteine

Pathog und path Anat: Im Verlauf einer chronischen Prostatitis kommt es manchmal urogen zu Konkrementablagerungen in der Prostata. Die Konkremente sind gewöhnlich klein, multipel und sind röntgenologisch erkennbar. Beim Prostataadenom liegen sie fast nie in der Geschwulst, sondern im Bereich der chirurgischen Kapsel.

Sy: Prostatasteine unterhalten häufig einen chronischen Harninfekt: Symptome einer Prostatitis (s. Kap. Nephrologie), jedoch häufig deutlich verstärkt. Meist Zufallsbefund!

Th: Bei geringen Beschwerden ohne Prostataadenom und ohne Restharn konservativ, bei Entzündung antibiotisch.

Prostata-Tbc s. Urogenitaltuberkulose

Pyelonephritis

(s. a. Kap. Nephrologie)

Sie ist häufig Sekundärerkrankung urologischer Krankheitsbilder (Abflußstörungen, Harnsteine, Geschwülste, Mißbildungen).

Reflux

Ät und Sy: Vesikoureteraler oder vesikorenaler Reflux ist bedingt durch einen meist angeborenen Mangel des Verschlußmechanismus zwischen Blase und Harnleiter. Er erlaubt einen Rückfluß des Harns, zeitweilig bis in die Niere und begünstigt chronische Pyelonephritis.

Bei doppelseitigem Reflux ist an eine Störung des Abflusses aus der Blase oder eine neurogene Störung der Blase zu denken.

Auch eine primär chronische Zystitis kann Reflux begünstigen.

Dg: Urogramm, Refluxzystogramm, Zystoskopie, urodynamische Untersuchungen.

Zum Ausschluß subvesikaler Abflußstörungen: Urethrogramm, Zystourethroskopie.

Jede chronische Pyurie im Kindesalter ist verdächtig auf einen vesikorenalen Reflux mit oder ohne subvesikale Abflußstörung.

DD: Harnleiterstenosen, chronische Pyelonephritis ohne Reflux, Urolithiasis, Urotuberkulose.

Th: Bei schweren permanenten Formen: operative Versorgung nach Politano-Leadbetter oder Lich-Grégoir. Bei leichten Fällen Versuch der konsequenten antibiotischen Behandlung nicht länger als ½ Jahr.

Weiterbehandlung der bestehenden chronischen Pyelonephritis bis zum Ausheilen auch nach einer Operation.

Restharn

Ät: Bei der ungestörten Miktion entleert sich die Blase vollständig. Beim Entleerungshindernis am Blasenausgang oder bei neurologischen dynamischen Entleerungsstörungen bleibt, vom Kranken oft unbemerkt, nach der willkürlichen Harnentleerung ein Rest zurück: Restharn.

Dg: Man mißt die Restharnmenge, indem man nach Aufforderung zur vollständigen Entleerung der Blase einen Katheter einführt. Der Katheterismus kann vermieden werden, wenn der Restharn röntgenologisch, isotopennephrographisch oder sonographisch bestimmt wird. Restharnmengen bis 30 ml können nicht als pathologisch angesehen werden.

Samenblasenentzündung s. Adnexitis

Samenblasengeschwülste

Vk und path Anat: Sehr selten, meist Sarkome.

Sy und Dg: Rektale Untersuchung. Hämospermie, dumpfe Schmerzen in Damm, After und Unterbauchgegend, Vesikulographie, Computertomographie.

Th: Im allgemeinen inoperabel. Röntgenbestrahlung.

Prgn: Meist infaust.

Samenblasentuberkulose s. Urogenitaltuberkulose

Schließmuskelstarre s. Sphinktersklerose

Schrumpfblase

Ät: Verminderte Blasenkapazität infolge entzündlicher Schrumpfung der Blasenwand auf dem Boden einer unspezifischen chronischen Zystitis, einer Blasentuberkulose (s. Urogenitaltuberkulose) oder als Folge von Röntgenbestrahlung (bei gynäkologischen Geschwülsten, Bestrahlung von Blasengeschwülsten).

Sy: Gefahr des vesikoureteralen Refluxes mit Nierenschädigung. Pollakisurie, evtl. Incontinentia urinae (Überlaufblase). Dumpfe Blasendruckschmerzen. Tenesmen. Häufig verbunden mit Rückstauungsschädigung der Nieren durch Reflux des Blaseninhalts in die Harnleiter. Sekundäre Zystitis. Blasensteine.

DD: Funktionelle Einschränkung der Blasenkapazität bei akuter oder chronischer Entzündung, neurogener Blasenentleerungsstörung, Blasenkarzinom. Unterscheidung zwischen „anatomischer" Schrumpfblase und funktioneller Kapazitätseinschränkung nur durch Untersuchung in Narkose oder in Spinal- bzw. Periduralanästhesie möglich.

Th: Behandlung des Grundleidens (vor allem Tuberkulose). In leichten Fällen Irrigationsdehnungsbehandlung, in schwereren

Fällen sakrale Denervation, Blasenerweiterungsoperationen (z. B. Darmersatzplastik), supravesikale Harnableitung.

Spermatozele

Path Anat: Reiskorn- bis pflaumengroße prallelastische Geschwulst, vom Nebenhoden ausgehend, die sich leicht palpieren läßt. Es handelt sich um zystische Erweiterungen der abführenden Samengänge im Bereich des Nebenhodens. Die Zysten sind mit Sperma gefüllt.

Sy: Kleine Spermatozelen sind harmlos, größere Spermatozelen verursachen geringe durch Gewicht und Ausdehnung bedingte Beschwerden wie Hydrozele.

Dg: Bei der Punktion finden sich Spermatozoen im Punktat.

DD: Nebenhoden- und Hodentumoren, Hydrozele.

Th: Kleine Spermatozelen bei sicherer Diagnose nicht behandlungsbedürftig. Bei Beschwerden und unklarer Diagnose operative Entfernung.

Sphinktersklerose

Ät: Sklerosierung und Muskulatur am Blasenausgang aufgrund chronischer Entzündung, manchmal einer Adnexitis (s. d.). In zahlreichen Fällen ist eine Ursache nicht erkennbar. Häufig besteht eine Prostataatrophie, jedoch kann eine Sphinktersklerose auch in Verbindung mit einem kleinen Prostataadenom vorkommen.

Sy: Die Sphinktersklerose führt zu Blasenentleerungsstörungen (s. d.), die dem Bild des Prostataadenoms ähneln. Bevorzugtes Alter ab 3. Lebensjahrzehnt. Harnentleerungsstörung mit Dysurie, Pollakisurie, selten Restharn, abgeschwächter Harnstrahl. Rektal häufig Prostataatrophie oder kleines Adenom.

Kompl: Harninfekt, Blasenstein.

Th: Transurethrale Resektion des Blasenhalses.

Prgn: Im allgemeinen gut.

Ureterozele

Path Anat: Fehlbildung des Ureterostiums in der Blase. Das Ostium ist in das Blasenlumen vorgewölbt und stenosiert. Ureterozelen können Stecknadelkopfgröße bis Männerfaustgröße erreichen.

Sy: Die Stenose bedingt Rückstauungsschädigungen der dazugehörigen Niere, z. B. Megaureter. Beschwerden werden erst ausgelöst, wenn eine sekundäre Schädigung der oberen Harnwege durch Rückstauung eingetreten ist.

Th: Transurethrale Schlitzung, bei großen Ureterozelen besser Reimplantation des Harnleiters mit Antirefluxplastik nach Politano-Leadbetter.

Prgn: Je nach Ausdehnung und Sekundärschädigung meist gut.

Urogenitaltuberkulose

Vk: Männer sind öfter betroffen als Frauen. Häufig im 3. und 4. Lebensjahrzehnt. Bei Frauen Kombination zwischen Uro- und Genitaltuberkulose selten.

Pathog und path Anat: Die Urogenitaltuberkulose ist als örtliche Manifestation der Gesamterkrankung Tuberkulose anzusehen. Sie nimmt ihren Ausgangspunkt gewöhnlich von einem hämatogenen Herd in beiden Nieren. Die Erkrankung wird häufig nur auf einer Seite manifest. So entsteht das Bild der einseitigen Nieren-Tbc.
Während der exsudativen Phase entstehen, von käsigen Herden an den Nierenpapillen ausgehend, Ulzerationen und Kavernen, während die produktive Phase zur Stenosierung führt, vor allem an den Kelchhälsen, am Harnleiterabgang und in den unteren Harnleiterabschnitten. Durch Verschluß des Harnleiters entsteht die tuberkulöse Pyonephrose, bei günstiger Immunitätslage im Laufe der Zeit eine Kittniere (verkalkende tuberkulöse Pyonephrose), sog. Autonephrektomie: Scheinausheilung einer einseitigen Nieren-Tbc. Manchmal erkranken sekundär auch die Harnleiter (Stenosen) und die Blase (Ulzera, Knötchen, Schrumpfblase): Blasen-Tbc. In schweren Fällen heilt die Blasen-Tbc als Schrumpfblase aus. Beim Mann besteht häufig gleichzeitig mit der Urotuberkulose, selten allein eine Genitaltuberkulose (Prostatitis-Tbc, Vesikulitis-Tbc, Deferentitis-Tbc und Epididymitis-Tbc). Wegen der besseren Zugänglichkeit der Genitalorgane ist oft die Genitaltuberkulose früher erkennbar als die meist primäre Nieren-Tbc. Erstes Symptom ist häufig die Blasen-Tbc, jedoch können auch bei schweren Nierenveränderungen Zeichen einer Blasen-Tbc fehlen. Bei Vorliegen einer Organerkrankung aus dem Komplex der Urogenitaltuberkulose ist immer nach tuberkulösen Herden anderer Organe zu forschen. Gleichzeitig können Pulmonal- und Skelett-Tbc bestehen.

Sy: Nicht selten gesundes Aussehen. Subjektiv: Allgemeine Zeichen einer Tuberkulose (Schwitzen, subfebrile Temperaturen, Mü-

digkeit, Kreislaufstörungen je nach Stadium der Erkrankung). Die Nieren-Tbc macht besonders im exsudativen Stadium wenige uncharakteristische Beschwerden. Dumpfer Druckschmerz, mäßiger Palpationsschmerz. Erst bei Auftreten von Abflußstörungen stärkere Schmerzzustände bis zu heftigen Koliken. Blasen-Tbc: Mäßige bis heftige Pollakisurie, Schmerzen in der Blasengegend, Brennen beim Wasserlassen, Blasenkrämpfe. Bei fixierter Schrumpfblase stärkeren Grades u. U. Harninkontinenz.
Jede auf unspezifische oder antibiotische Therapie nicht ausheilende chronische Zystitis ist verdächtig auf eine Urotuberkulose.
Genitaltuberkulose: Palpationsbefund der Prostata: meist nicht vergrößert, jedoch verhärtet und von Knötchen durchsetzt, zuweilen nur eine Hälfte befallen, Abszesse selten.
Epididymitis-Tbc: Nebenhoden verhärtet, verdickt, knotig. Manchmal symptomatische Hydrozele. Palpationsbefund nach Punktion! Bei Abszedierung fieberfreie fluktuierende Anschwellung der entsprechenden Hodensackhälfte. Neigung zur Perforation.

Dg: Urin: Fast immer Albuminurie, Leukozyten und Erythrozyten in verschiedenem Ausmaß. Es kann Pyurie oder Hämaturie überwiegen. Das klassische Bild der Urogenitaltuberkulose zeigt eine aseptische Pyurie. Besonders bei Abflußstörungen sind jedoch Mischinfekte nicht selten. Beweisend für eine Tuberkulose ist nicht das mikroskopische Ziehl-Neelsen-Präparat (unspezifische säurefeste Stäbchen!), sondern der positive Ausfall einer Tbc-Kultur des Harns oder eines Tierversuchs. Mindestens 3 Untersuchungen sollten angesetzt werden, da ein negativer Befund nicht gegen Urotuberkulose spricht. Bei Genitaltuberkulose Kultur und Tierversuch von Exprimat und Sperma. Sonogramm, Infusionsurogramm, Zystoskopie, retrogrades Pyelogramm nur, wenn unbedingt notwendig. Rektale Untersuchung. Zur Feststellung von symptomlosen Prostatakavernen: Urethrographie.

Th: Grundlage der Therapie der Urogenitaltuberkulose ist die kombinierte Chemotherapie mit in der Regel 3 Mitteln: Zum Beispiel INH, Myambutol, Rifampicin. Ggf. auch Resistenzbestimmung. Streptomycin (unter Kontrolle des Audiogramms) bei rein konservativen Fällen und als Operationsschutz. Unter der Chemotherapie können einseitige und doppelseitige kleinere Nierenherde ausheilen oder in ein operationsfähiges Stadium überführt werden. Auch Schleimhautprozesse heilen in der Regel unter Chemotherapie aus. Exsudative Prozesse im Bereich des Genitales gehen in das produktive Stadium über. Bei ungünstigen sozialen Verhältnissen ist sowohl für konservative wie operative Therapie ein klinisches Heilverfahren angezeigt. Nur regelmäßige klinische Kontrolluntersuchungen können Auskunft über den Verlauf der Erkrankung, den Therapieerfolg und den weiteren Heilplan geben (Urinkultur und Tierversuch, Urinsediment, Urogramm, retrogrades Pyelogramm, BSG, Elektrophorese). Operative Maßnahmen (plastische Operationen, Nierenteilresektionen, Nephrektomie) erst nach chemotherapeutischem Heilverfahren:

- *Nieren-Tbc:* Bei einseitiger Verschlußniere, Kittniere und schwerer einseitiger ulzerokavernöser Nieren-Tbc: Nephrektomie.
  Bei ein- oder beidseitigem isoliertem kavernösen Befall eines Nierenpols: Teilresektion der Niere.
  Bei Einnierigen mit Harnleiterstenosen Nephrostomie. Bei geschlossenen Kavernen je nach Verlauf konservativ oder Polresektion.
- *Harnleiter-Tbc:* Bei Stenosen unter günstigen Umständen plastische Wiederherstellung des Harnleiterlumens.
- Tuberkulöse Schrumpfblase: Blasenerweiterungsoperation (Dünndarmringplastik und ähnliche Verfahren, Harnleiter-Darm-Implantation, Nephrostomie).
- *Genitaltuberkulose:* Besteht eine einseitige Epididymitis-Tbc: einseitige Epididymektomie und Vasoresektion auf der anderen Seite zur Verhütung der Epididymitis der anderen Seite (Einverständnis wegen Sterilität erforderlich).
  Bei doppelseitiger produktiver Epididymitis-Tbc: doppelseitige Epididymektomie. Bei abszedierender Epididymitis ist gewöhnlich die Semikastration notwendig.

Varikozele s. Kap. Chirurgie

Zystennieren

Doppelseitige angeborene polyzystische Degeneration stets beider Nieren, wenn auch oft in unterschiedlichem Ausmaß. Nicht zu verwechseln mit solitären Nierenzysten (s. d.).

Sy: Je nach Grad der Fehlbildung Niereninsuffizienz. Zuweilen bereits im Säuglingsalter oder auch später manifest.
Das Leiden schreitet im Laufe des Lebens allmählich fort. Die Niereninsuffizienz ist oft

lange kompensiert und tritt klinisch auch bei höheren Graden nicht deutlich in Erscheinung. Palpatorisch doppelseitige Vergrößerung der Nieren.

Dg: Urographie, Infusionsurographie, Sonographie, Computertomographie. Diagnostik der Niereninsuffizienz.

DD: Nierengeschwülste, Nierenzysten, Hydronephrosen.

Th: Im allgemeinen konservativ. Nur in seltenen Fällen ist die Eröffnung einzelner Zysten angezeigt. Im Vordergrund steht die Behandlung der Niereninsuffizienz, ggf. Hämodialyse, Nierentransplantation.

Prgn: Bei früher Manifestation dubiös. Bei späterer Manifestation kann unter sorgfältiger Behandlung der Insuffizienz eine bessere Prognose erwartet werden. In der Regel ist die Lebenserwartung verkürzt.

Zystitis s. Kap. Nephrologie

Zystozele s. Kap. Frauenkrankheiten

44. Symptomatologie und Therapie der wichtigsten akuten Vergiftungen

M. Harloff

„Jed' Ding ist Gift und kein Ding ist ohn' Gift, allein die Menge macht's" (Paracelsus). Im folgenden können nur die wichtigsten Gifte erwähnt werden. Genaue Auskunft im Einzelfall erteilen die diversen Giftinformationszentralen (Tab. 44.**1**).

Allgemeine Diagnostik

Überblick über das diagnostische Vorgehen

Grundsätzlich gilt bei ungeklärten Notfällen, vor allem bei unerwartetem Krankheitsbeginn aus voller Gesundheit: An eine akute Intoxikation denken! Die Symptomatik ist meist unspezifisch. Dies erfordert eine sorgfältige, zielgerichtete Anamnese. Das Gift soll identifiziert werden, deshalb ist die Suche nach Giftresten (Flaschen, Tabletten, Pflanzen, Erbrochenes, kontaminierte Kleidung u.a.m.) notwendig. Diese werden für forensische Zwecke und erforderliche toxikologische Analysen asserviert. Selbstverständlich erfolgt eine sorgfältige körperliche Untersuchung des Patienten mit anschließender engmaschiger Überwachung, da sich bei Vergiftungen der Allgemeinzustand schnell bedrohlich ändern kann. Giftaufnahme kann über Magen-Darm-Trakt, Lungen oder Haut erfolgen. So ist der Arzt selbst gefährdet und muß entsprechende Vorkehrungen treffen wie: Tragen von Handschuhen, Vermeidung einer Giftkontamination, Entfernung des Patienten aus einer giftgasverdächtigen Umgebung u.a.m. Spezifische diagnostische Maßnahmen beschränken sich auf einen Blutzuckerschnelltest (eine Hypoglykämie kann immer vorliegen!) und Dräger-Gasspürröhrchen, die Rettungsdienst und Feuerwehr vorhalten.

Leitsymptome

Atemstörungen

Hyperventilation: Acetylsalicylsäure, Aceton, Formaldehyd, Metaldehyd (Meta), Methanol;

Cheyne-Stokes-Atmung, evtl. Atemlähmung: Alkohole, Barbiturate, Botulismus, Chloroform, Kohlenmonoxid, Phosphorsäureester, Opiate, Schwefelwasserstoff.

Bewußtlosigkeit

Äther, Barbiturate, Benzin, Benzodiazepine, Benzol, Chlorethyl, Chloroform, Cocain, Heroin, Kohlenmonoxid, LSD, Methanol, Opiate, Sedativa, Tetrachlorethylen, Tetrachlorkohlenwasserstoff, Tranquillantien.

Erbrechen

Alle schleimhautreizenden Stoffe.

Tabelle 44.1 Informationszentren für Vergiftungsfälle in Deutschland (Auswahl)

Berlin	Telephon:	030/3035–3466
Berlin	Telephon:	030/3023022
Bonn	Telephon:	0228/2873211
Freiburg	Telephon:	0761/2704361
Göttingen	Telephon:	0551/396239
Hamburg	Telephon:	040/63853345
Homburg (Saar)	Telephon:	06841/162257
Kiel	Telephon:	0431/5974268
Mainz	Telephon:	06131/232466
München	Telephon:	089/41402211
Münster	Telephon:	0251/836245

Erregungszustände

Alkohole, Amanita pantherina, Amphetamine, Atropin, Bleitetraethyl, Cocain, Fliegenpilz, Halluzinogene, Haschisch, Kampfer, LSD, Mescalin, Methylbromid, Opiate, Phencyclidin, Picrotoxin, Psilocarpin, Terpentin, Thallium, Weckamine.

Fieber

Amphetamine, Metalle.

Herzrhythmusstörungen

Tachykardie: Aminophyllin, Amphetamine, Coffein, Cyanamid, Ephedrin, Imipramin, Kohlenmonoxid, Neuroleptika, Thymoleptika;
Bradykardie: Aconitum, Amanita muscaria, β-Blocker, Digitalis, Muscarin, Oleander;
Arrhythmien: Amitriptylin, Amphetamine, Chinin, Chinidin, Chloroform, Digitalis, Kohlenmonoxid, Schlangengift, Thallium, Thymoleptika, Trichlorethylen, Weckamine.

Hypertonie, Hypotonie und Kollaps

Hypertonie: Acetaldehyd, ACTH, Adrenalin, Blei, MAO-Blocker, Thallium, Weckamine;
Hypotonie: Antihypertonika, β-Blocker, Neuroleptika, Sympathikusblocker, Tranquillantien;
Kollaps: Arsen, Amanita phalloides, Barbiturate, Cyanide, Cocain, Schlafmittel.

Konjunktivitis

Formaldehyd, Laugen, Lost, Reizgase, Säuren, Schwefelkohlenstoff, Seidelbast.

Krämpfe

Ätherische Öle, Amanita pantherina, Aminophyllin, Amphetamine, Carbamate, Chinin, Fluoracetat, Fluorcarbonsäurederivate, Fischgifte, Insektizide, Insulin, Kohlenmonoxid, Metaldehyd, Neuroleptika, Strychnin, Thymoleptika, Yohimbin.

Lähmungen

Antimon, Blei, Botulismus, Furadantin.

Miosis

Opiate, Phosphorsäureester.

Mydriasis

Amphetamine, Atropin, Cocain, Diphenhydramin, Thymoleptika, Weckamine.

Nierenversagen

Amanita phalloides, Cadmium, Ethylenglykole, Methanol, Phenacetin, Phenole, Pilze, Quecksilber, Sublimat, Tetrachlorkohlenstoff.

Zyanose

Kreislaufinsuffizienz: Herz- und Gefäßgifte;
Methämoglobinbildner: Benzole, Phenole;
hämolytische Gifte: Arsenwasserstoff, Kornrade.

Spezifische Syndrome

Anticholinerges Syndrom

Subst: Antihistaminika, Atropin, Belladonna-Alkaloide, Neuroleptika, Parkinson-Mittel, Spasmolytika, Scopolamin, trizyklische Antidepressiva.
Sy: Aggressivität, Angst, Erregung, Halluzinationen, Ataxie, heiße trockene Haut, Fieber, Mydriasis, Krämpfe, Koma, Rhythmusstörungen, Tachykardie, Atemdepression, Herz-Kreislauf-Stillstand.
Th: Symptomatisch mit Magen-Darm-Entleerung, Aktivkohle, Antidot Physostigminsalicylat (Tab. 44.**2**).

Bizarres neurologisches Syndrom

Subst: Phenothiazinderivate (Chlorpromazin, Fluphenazin, Triflupromazin), Butyrophenonderivate (Haloperidol), Metoclopramid.
Sy: Athetose, Blickkrämpfe, Fingerverkrampfungen, mimische Starre, Opisthotonus, Tortikollis, Tremor, Schmatzen, Speichelfluß, Sprachstörungen. Keine Bewußtlosigkeit.
Th: Symptomatisch, evtl. Antidot Biperiden (Tab. 44.**2**).

Fliegenpilzsyndrom (ähnlich: Pantherinasyndrom)

Pilzart: Fliegenpilz (Amanita muscaria), Königsfliegenpilz (Amanita regalis), Pantherpilz (Amanita pantherina).
Toxine: Ibotensäure, Muscazon, Muscimol.
Sy: Benommenheit, Schwindel, Rausch, Exzitationen, warme trockene Haut, Tachykardie oder Bradykardie, Krämpfe, Koma, Atem-Kreislauf-Stillstand.
Th: Symptomatisch und Magen-Darm-Entleerung.

Tabelle 44.**2** Richtlinien für die Dosierung von Antidota (Auswahl)

Apomorphinhydrochlorid (Apomorphin-Woelm) 1 ml = 10 mg
Erwachsene[1]: 5–10 mg (i.m.)
Kinder[2]: 0,07 mg/kg KG (i.m.)

Atropinsulfat (Atropin-100) 1 ml = 10 mg
Erwachsene[3]: 2–5–10 mg (i.v.)
Kinder[3]: 0,1 mg/kg KG (i.v.)

Bipideren[4] (Akineton) 1 ml = 5 mg
Erwachsene: 3–5 mg (i.v.)
Kinder: 0,04 mg/kg KG (i.v.)

Cortison-Spray (Auxiloson Dosier-Aerosol) 1 Hub = 0,125 mg
Erwachsene: Initial 4 Hübe, danach alle 3–5 Min. 1 Hub
Kinder: Initial 2–4 Hübe, danach alle 3–5 Min. 1 Hub

4-DMAP (4-DMAP) 5 ml = 250 mg)
Erwachsene: Max. 3,25 mg/kg KG (i.v.)
Kinder: Max. 3,25 mg/kg KG (i.v.)

Flumazenil (Anexate) 1 ml = 0,1 mg
Erwachsene: 0,2 mg sofort + 0,1 mg/min bis max. 1 mg (i.v.)
Kinder: Derzeit noch keine eindeutigen Empfehlungen

Medizinalkohle (Kohle-Pulvis) 1 Dose = 10 g
Erwachsene: 0,5–1 g/kg KG
Kinder: 0,5–1 g/kg KG

Naloxon (Narcanti) 1 mg = 0,4 mg
Erwachsene: 0,2–0,4 mg (i.v.)
Kinder 0,01 mg/kg KG (i.v.)

Natriumthiosulfat (Natriumthiosulfat) 10 ml (25%) = 2,5 g
Erwachsene: 6–12 g (i.v.)
Kinder: 50–100 mg/kg KG (i.v.)

Obidoxim[5] Toxogonin) 1 ml = 250 mg
Erwachsene: 250 mg (i.v., i.m.)
Kinder: 4 mg/kg KG (i.m.)

Physostigminsalicylat (Anticholium) 1 ml = 0,4 mg
Erwachsene[6]: 2 mg (langsam i.v.)
Kinder[6]: 0,02–0,06 mg/kg KG (langsam i.v.)

Toluidinblau[7] (Toluidinblau) 10 ml = 300 mg
Erwachsene: 2–4 mg/kg KG (i.v.)
Kinder: 2–4 mg/kg KG (i.v.)

Es werden nur die wichtigsten, schon außerhalb des Krankenhauses einsetzbaren Antidota aufgeführt. Weitere Informationen sind der einschlägigen Literatur zu entnehmen. Die Präparatebeispiele sind ohne Wertung angegeben.

[1] Stets gleiche Mengen Norfenefrin simultan verabreichen.
[2] Schulkinder 0,2 mg/kg KG Norfenefrin.
[3] Wirkungsabhängig dosieren; häufig ist in kurzer Zeit eine Nachdosierung nötig.
[4] Die Injektion muß sehr langsam erfolgen, Medikament verdünnen.
[5] Erst 5 Min. nach Atropin injizieren; nur bei speziellen Phosphorsäureestern indiziert.
[6] Bei Auftreten von Nebenwirkungen wie Bradykardie oder starker Hypersalivation Injektion sofort abbrechen.
[7] Injektion streng i.v. durchführen.

Muscarinsyndrom

Pilzart: Rißpilze, Trichterlinge.
Toxin: Muscarin.
Sy: Schweißausbrüche, Tränen- und Speichelfluß, Koliken, Brechdurchfälle, Miosis, Bradykardie, Blutdruckabfall, Bronchokonstriktion.
Th: Symptomatisch mit Magen-Darm-Entleerung.

Phalloides-Syndrom (Zweiphasensyndrom)

Pilzart: Knollenblätterpilze, Frühlingswulstling.
Toxine: Amatoxine, Phallotoxine, Phallolysine.
Sy: Phase 1 (5.–12. Std.): Koliken, Erbrechen, Diarrhö. Phase 2 (24.–36. Std.): Scheinbare Besserung. Phase 3 (danach): Zunehmendes Leber-Nieren-Versagen.
Th: Giftentfernung. Antidot Silibinin. Intensivtherapie. Hämoperfusion bei kurz zurückliegender Ingestion.

Psilocybin-Syndrom

Pilzart: Sog. Drogenpilze (Rißpilze, Düngerlinge).
Toxin: Psilocybin, Psilocin.
Sy: LSD-ähnliche Wirkung.
Th: Symptomatisch mit Magen-Darm-Entleerung.

Allgemeine Therapie

Allgemeine Notfalltherapie und Vorbeugung gegen Eigengefährdung

Neben der spezifischen Entgiftungsbehandlung wird in der Regel für Reanimationsmaßnahmen und alle geläufigen Funktionsstörungen einzelner Organe oder Organsysteme die übliche Therapie wie bei anderen Notfällen eingesetzt. Auf Eigengefährdung, z. B. durch Blausäure, Giftgase, Phosphorsäureester, Säuren und Laugen, ist besonders zu achten, und entsprechende Maßnahmen wie Hinzuziehung technischer Hilfe (Feuerwehr, Technisches Hilfswerk) sind zu treffen.

Primäre Detoxikation

Unter primärer Detoxikation versteht man die Giftentfernung aus dem Magen-Darm-Trakt, der Haut und den Augen. Dies kann und muß oft schnell geschehen, um weitere Schädigungen zu vermeiden. Sekundäre Detoxikationsverfahren wie Hämoperfusion, Hämodialyse u. a. sind dagegen spezialisierten Krankenhäusern überlassen.

Magenspülung

Eine Aspiration muß durch geeignete Lagerung oder Intubation vermieden werden. Ein dicklumiger, evtl. mit Gleitmittel beschichteter Magenschlauch wird vorsichtig in den Magen eingeführt und seine korrekte Lage auskultatorisch durch Luftinsufflation überprüft. Danach werden jeweils ca. 200 ml lauwarmes Wasser (bei Kindern Wasser durch physiologische Kochsalzlösung ersetzen und Einzelmenge reduzieren) über einen Trichter eingelassen und durch Tieferhalten abgehebert. Der Zusatz diverser chemisch entgiftender Substanzen wie Natriumthiosulfat, Kaliumpermanganat, Natriumdihydrogenphosphat u. a. wird in Deutschland zurückhaltend eingesetzt und spielt nur bei wenigen, seltener vorkommenden Intoxikationen eine Rolle. Von der ersten Portion werden ca. 50 ml asserviert. Die Spülung wird bis zum Rückfluß klaren Wassers fortgesetzt. Im Anschluß insuffliert man durch den liegenden Magenschlauch 0,5–1 g/kg KG Medizinalkohle und ein Abführmittel wie Natriumsulfat. Nachteil der Methode: Die Spülung ist oft unvollständig, und größere Mengen verklumpten Toxins bleiben zurück. Das Gift wird in den Dünndarm geschwemmt.

Provoziertes Erbrechen

Ein probates Hausmittel ist Kochsalz: Ein Eßlöffel, in ein Glas Wasser gerührt und getrunken, ca. 2- bis 4mal wiederholt, wirkt regelmäßig. Falls Erbrechen unterbleibt, muß zur Vermeidung einer Kochsalzintoxikation auf andere Weise eine Magen-Darm-Entleerung erfolgen. Aus diesem Grund ist das Verfahren bei Kindern unter 12 Jahren kontraindiziert. *Sirupus ipecacuanhae* wirkt recht sicher bei Erwachsenen und Kindern innerhalb von 5–20 Min. Am schnellsten tritt bei *Apomorphin* (Tab. 44.**2**) Erbrechen ein. Allerdings ist die Methode – ganz besonders bei Kindern – umstritten und wird von verschiedenen Autoren nur im Ausnahmefall empfohlen. Um einen Blutdruckabfall zu vermeiden, appliziert man die gleiche Dosis *Norfenefrin* simultan s.c. Falls sog. „unstillbares Erbrechen" auftritt, kann *Naloxon*

(Tab. 44.2) als Antidot eingesetzt werden. Stets muß der Patient während der Behandlung viel Wasser trinken, um einen Spüleffekt zu erreichen. Im Anschluß wird ebenfalls Medizinalkohle und ein Abführmittel verabreicht. Vorteil der Methode: Auch größere Giftmengen und Speisereste werden schnell entfernt. Das Duodenum wird partiell entleert. Die Aspirationsgefahr ist geringer. Nachteil: Kontraindiziert ist provoziertes Erbrechen bei somnolenten, bewußtlosen oder krampfenden Patienten sowie bei Säuren- und Laugenverätzungen, Einnahme von Entschäumern, von aliphatischen Kohlenwasserstoffen und bei Intoxikationen mit Antiemetika.

Antidota

Es gibt nur wenige, und die Indikation zum Einsatz ist selten. *Medizinalkohle* in ausreichender Dosierung kann als Universalantidot angesehen werden. Es adsorbiert sowohl wasserlösliche als auch fettlösliche Stoffe und hat Substanzen wie Paraffinöl verdrängt. Abgesehen von unspezifisch wirkenden Stoffen wie *Apomorphin* (Erbrechen), *Kohle* (Giftadsorption), *Cortison* (Reizgasvergiftung) und *Sauerstoff* (Kohlenmonoxid), sind folgende Medikamente anzuführen: *Atropin* und *Obidoxim* (Phosphorsäureester), *4-Dimethylaminophenol* und *Natriumthiosulfat* (Blausäure und deren Salze, Nitrile, Schwefelwasserstoff), *Biperiden* (bizarres neurologisches Syndrom), *Flumazenil* (Benzodiazepine), Toluidinblau (Methämoglobinbildner), *N-Acetylcystein* (Paracetamol), *Naloxon* (Opioide), *Physostigminsalicylat* (anticholinerges Syndrom) (Tab. 44.2). Andere Antidota sind selten akut indiziert.

Forcierte Diurese

Sinnvoll ist eine forcierte Diurese nur bei Giften mit hoher renaler Spontanausscheidung und geringer Plasmaeiweißbindung. Klassische Substanzen sind lang- und mittellang wirkende Barbiturate und Meprobamat. Die Methode hat während der letzten Jahre zugunsten der wesentlich effizienteren Verfahren wie Hämoperfusion u. ä. an Bedeutung verloren. Genaue Angaben zur Durchführung und der in Betracht kommenden Gifte finden sich in der einschlägigen Literatur.

Giftentfernung von der Haut

Dies geschieht durch Entfernung der kontaminierten Kleidung und sorgfältiges Waschen mit Wasser und Seife. Bei schlecht wasserlöslichen Substanzen wie Phenolen, Kresolen, Anilin u. ä. erfolgt die Reinigung mit einem *Polyethylenglykol* wie Lutrol E 400.

Giftentfernung aus den Augen

Dies erfordert schnelle und ausgiebige Spülung (10 Min.) mit Wasser oder physiologischer Kochsalzlösung. Wegen des häufig einsetzenden Lidkrampfes wird möglichst zuvor ein Lokalanästhetikum eingetropft.

Spezielle Vergiftungen (Auswahl)

Vorbemerkungen zur Darstellungsmethode

Toxikologisch bedeutungslose Stoffe bleiben unerwähnt. Nur die wichtigsten Symptome sind aufgeführt; sie können im Einzelfall variieren. Die Therapie aller Vergiftungen ist in der Regel unspezifisch und an den Symptomen orientiert. Dies bedeutet: Überwachung, Schmerz- und Schockbehandlung, Dekontamination, evtl. Verdünnungstherapie mit Wasser, primäre Detoxikation, Kohle und Laxantien. Spezielle therapeutische Maßnahmen werden angegeben. Die Indikationen zur sekundären Detoxikation bleiben in der Regel unerwähnt; hier müssen die spezielle Giftart, -menge und -kombination, aber auch der klinische Verlauf und die Ausstattung des betreffenden Krankenhauses in die Überlegungen einbezogen werden. Weitere Informationen erteilen Giftinformationszentralen. Einzelsubstanzen sind auch in den Kapiteln „Arbeitsmedizin“ und „Arzneimittel“ nachzuschlagen.

Haushalt

Abbeizmittel

Toxine: Laugen (NaOH) und Lösemittel (Methylenchlorid, Phenole u. a.).

Sy: Brechreiz, Dyspnoe, Schwindel, Kopfschmerzen, Koma, Kammerflimmern. Oral: Zusätzlich Brennen der kontaminierten Schleimhaut.

Th: Symptomatisch. Hautwaschung mit Lutrol E 400.

Abflußreiniger

Toxine: Laugen (S. 1547).
Sy: Brennen, Schmerzen.
Th: Verdünnung, Schmerztherapie (S. 103 ff).

Alkohol

Vorbemerkungen: Ein alkoholisierter Patient ist ein vergifteter Patient und damit vital gefährdet! Das narkotische Stadium ist eng, und der Tod kann rasch eintreten. Alkoholintoxikationen sind die häufigsten Vergiftungen und oft durch Begleitgifte (Medikamente, Drogen u. a.) kompliziert. Immer muß der Arzt auch an ein begleitendes Trauma (cave: Schädel-Hirn-Trauma) und an eine Hypoglykämie denken.
Toxine: Ethylalkohol, andere Alkohole.
Sy: Übelkeit, Erbrechen, Schwindel, Exzitation, Sedierung, später Narkose, Herz-Kreislauf-Stillstand. Bei Methylalkohol (Methanol): Gefahr der Erblindung; schwere Azidose.
Th: Symptomatisch und Magenentleerung. Im Exzitationsstadium evtl. Antidot Apomorphin (Tab. 44.**2**). Antidot Physostigminsalicylat (Tab. 44.**2**) möglichst vermeiden oder nur mit äußerster Vorsicht anwenden. Methanol: Antidot Ethanol. Evtl. sekundäre Detoxikationsmaßnahmen (nur Hämodialyse, denn forcierte Diurese ist wirkungslos).

Alkylphosphate s. Phosphorsäureester

Ameisenvernichtungsmittel

Toxine: Diazinon. Die übrigen Substanzen sind fast ungefährlich.
Sy: s. Phosphorsäureester.
Th: s. Phosphorsäureester.

Antibeschlagmittel

Toxine: Tenside, Glykol, Isopropylalkohol, Meta-, Para-, Trikresylphosphat.
Sy: Bauchschmerzen, Erbrechen, Reizhusten. Bei Augenspritzer: Konjunktivitis, schwere Hornhauttrübung.
Th: Symptomatisch, Verdünnung mit Wasser.

Autofrostschutzmittel

Toxine: Ethylenglykol.
Sy: Schwindel, Kopfschmerzen, Bauchschmerzen, Herzrhythmusstörungen, Somnolenz, Krämpfe, Koma.
Th: Schnelle Magen-Darm-Entleerung. Antidot Ethylalkohol.

Batterien

Toxine: Knopfbatterien: Laugen, Quecksilber, Ammoniumchlorid, Zinkchlorid; Autobatterien: Schwefelsäure, Bleisulfat, Kupfersulfat, Zinksulfat; Kohle-Zink-Batterien.
Sy: Schmerzen, Brennen. Bei Ingestion von Knopfbatterien: Schwere Verätzung mit Perforationsgefahr.
Th: Verdünnung mit Wasser. Schmerztherapie. Knopfbatterien aus dem Körper entfernen.

Bleichmittel

Toxine: Natriumhypochlorit, Natriumperborat, Natriumsulfat.
Sy: Brennen, Bauchschmerzen, Dyspnoe, Asthma.
Th: Symptomatisch (s. Säuren und Laugen).

Carbamate

Toxine: Cholinesterasehemmer.
Sy: Wie bei Phosphorsäureestern, aber kürzer und leichter.
Th: Phosphorsäureester (s. d.).

DDT (Dichlordiphenyltrichlorethan)

Sy: Erbrechen, Tremor, Krämpfe.
Th: Symptomatisch.

Desinfektionsmittel

Toxine: Aldehyde, Alkohole, Amide, Kresole, quaternäre Ammoniumbasen u. a.
Sy: Lokale Reizwirkungen, Verätzungen.
Th: Symptomatisch.

Düngemittel

Toxine: Nitrate, Phosphate, Chloralhydrat.
Sy: Übelkeit, Erbrechen, Bauchschmerzen, Kopfschmerzen, Diarrhö, Fieber.
Th: Symptomatisch.

Entkalkungsmittel

Toxine: Salzsäure, Phosphorsäure, Ameisensäure, Amidosulfonsäure, Ionenaustauscher, Tenside.
Sy: Schmerzen, Verätzungen.
Th: Verdünnung, Schmerzmittel (S. 103 ff).

Farben und Lacke

Toxine: Lösemittel: Aceton, chlorierte Kohlenwasserstoffe, Ketone, Toluol, Xylol; Pigmente: Blei-, Chrom-, Eisen-, Nickel-, Zinkverbindungen, Azofarbstoffe.
Sy: s. Einzelsubstanzen.
Th: s. Einzelsubstanzen.

Fieberthermometer

Toxine: Quecksilber; blaue Flüssigkeit: Ethylalkohol, Ammoniakwasser, Kupferacetat; rote Flüssigkeit: Ethylalkohol, Phenolphthalein, Kaliumhydroxid.
Sy: Keine akute Gefährdung. Leichte Reizungen, Durchfälle.
Th: Symptomatisch. Entsorgung von verstreutem Quecksilber: z. B. Mercurisorb.

Filzschreiber

Toxine: Butylalkohol, Xylol, Harze, Tusche.
Sy: Bauchschmerzen, Erbrechen.
Th: Symptomatisch.

Fleckentferner

Toxine: Halogenierte aliphatische Kohlenwasserstoffe, Benzin, Isopropylalkohol, Monochlorbenzol, Petroldestillate.
Sy: Erbrechen, Bauchschmerzen, Husten, Blässe, Kopfschmerz, Somnolenz, Exzitation, Herzrhythmusstörungen, Bewußtlosigkeit, metabolische Azidose.
Th: Schnelle Magen-Darm-Entleerung, Kohle, Laxantien, Hyperventilationstherapie, evtl. über einen Respirator.

Fungizide

Toxine: Dithiocarbamate.
Sy: Übelkeit, Erbrechen, Diarrhö, Hitzegefühl, Hautrötung, Apathie.
Th: Symptomatisch.

Geschirreiniger (Hand)

Toxine: Alkohol, anionische Detergentien.
Sy: Meist unbedenklich. Bauchschmerzen, Erbrechen, „Mundschäumen“, Bronchopneumonie.
Th: Symptomatisch, kein Erbrechen auslösen. Polysiloxane.

Geschirreiniger (Automaten)

Toxine: Natriumtripolyphosphat, Natriummetasilicat, nichtionische Tenside u.a.m.
Sy: Verätzung, Schmerzen, Speichelfluß, Erosionen, Ulzera, Stridor.
Th: Laugen (s. d.).

Haarfestiger

Toxine: Ethylalkohol, Wasserstoffsuperoxid, Isopropylalkohol, PVP.
Sy: Bauchschmerzen, Erbrechen, Husten, Tachykardie, Benommenheit, Gleichgewichtsstörungen.
Th: Symptomatisch.

Herbizide (Pflanzenvernichtungsmittel)

Toxine: Bipyridiliumderivate, Benzonitrile, chlorierte Fettsäuren, Diazine, substituierte Phenoxyfettsäuren.
Sy: Unterschiedlich. Schleimhaut-, Augenreizungen, Schmerzen, Dyspnoe, Koma.
Th: Magen-Darm-Entleerung. Bei Bipyridiliumderivaten (Paraquat, Diquat u. a.) dringliche Klinikbehandlung trotz relativem Wohlbefinden!

Hexachlorcyclohexan

Sy: Erbrechen, Diarrhö, Krämpfe, Verwirrung.
Th: Symptomatisch. Keine Adrenalinabkömmlinge (Gefahr des Kammerflimmerns).

Holzkohlenzünder

Toxine: Flüssige Holzkohleanzünder: Aliphatische Chlorkohlenwasserstoffe.
Sy: Halogenierte Kohlenwasserstoffe.
Th: Halogenierte Kohlenwasserstoffe.

Holzschutzmittel

Toxine: Dinitrophenol, Carbolineum, Natriumfluorid, Insektizide, Fungizide, Lösemittel.
Sy: Hautrötung, Effloreszenzen, Dermatosen, Übelkeit, Erbrechen, Schmerzen, Somnolenz, Krämpfe, Schock, Koma.
Th: Symptomatisch und Giftentfernung.

Insektizide

Toxine: Halogenierte Kohlenwasserstoffe, Cholinesterasehemmer (Phosphorsäureester, Carbamate), Pflanzenextrakte.
Sy: s. Einzelsubstanzen.
Th: s. Einzelsubstanzen.

Klebemittel

Toxine: Cyanoacrylat, aliphatische Kohlenwasserstoffe, Epoxidharz, Polychloropren, Polystyrol, Polyvinylalkohol-Kopolymer, Lösemittel.
Sy: Rausch (Schnüffler), Somnolenz, Koma, Herzrhythmusstörungen, Pneumonie, Hornhautschäden.
Th: Symptomatisch. Bei Cyanacrylatverbindungen abwarten, nicht sofort zu entfernen versuchen.

Kugelschreiberminen

Toxine: Glykole, Harze, Benzylalkohol.
Sy: Bauchschmerzen, Schwäche.

Th: Symptomatisch. Augenkontamination: Spezialbehandlung.

Laugen

Toxine: Diverse Laugen.
Sy: Schmerzen, Verätzungen, Organperforationen, Schock.
Th: Sofort! Verdünnung durch möglichst viel Wasser (keine Zeit mit der Suche nach angesäuerten Flüssigkeiten verschwenden!), Schmerztherapie, evtl. mit Einsatz eines Lokalanästhetikums (Xylocain 10% Gel); Schockbehandlung, grundsätzlich Krankenhauseinweisung.

Möbelpflege

Toxine: Ätherische Öle, Butylacetat, Petroldestillate, Siliconöl, Terpentinöl, Trichlorethylen.
Sy: Übelkeit, Erbrechen, Bauchschmerzen, Diarrhö, Husten, Fieber, Pneumonie, Schwindel, Koma.
Th: Symptomatisch.

Nagellackentferner

Toxine: Ethylacetat, selten Aceton.
Sy: s. Einzelsubstanzen.
Th: s. Einzelsubstanzen.

Nahrungsmittelgifte

Toxine: Meist bakterielle Kontamination. Wichtig: Botulismus (Clostridium botulinum).
Sy: Kopfschmerzen, Übelkeit, Erbrechen, Bauchschmerzen, Diarrhö, Mydriasis, Doppelbilder(!), Ptosis, Schluckstörungen, Pneumonie, Atemstörungen, Schock.
Th: Symptomatisch, Krankenhauseinweisung, evtl. Botulismusserum.

Parfüm

Toxine: Ethylalkohol: teure Parfüms, andere Alkohole: billige Parfüms.
Sy: S. 1545.
Th: S. 1545.

Phosphorsäureester

Toxine: Chlorpyrifos, Demeton-S-methylsulfon, Diazinon, Dichlorvos, Dimethoat, Fenthion, Malathion, Methidathion, Mevinphos, Parathion, Parathionmethyl u.a.m.
Sy: Speichelfluß(!), Miosis, Bradykardie, Atemstörungen, Muskelfaszikulationen, Zyanose, Krämpfe, Koma, Herzstillstand.
Th: Sauerstoffapplikation, Antidot Atropin (Anfangsdosis 2–5 mg i. v.); Nachinjektion je nach Symptomatik, d. h. nach Stärke des Speichelflusses, Giftentfernung, evtl. Antidot Obidoxim (Tab. 44.**2**). Frühzeitige Intubation und Beatmung. Eigenschutz beachten!

Rostentferner

Toxine: Phosphorsäure, Salzsäure, Alkohole.
Sy: Verätzungen.
Th: Säuren (s. d.).

Säuren

Toxine: Diverse Säuren
Sy: Schmerzen, Verätzungen, Organperforationen, Schock.
Th: Sofort! Verdünnung durch möglichst viel Wasser (keine Zeit mit der Suche nach alkalischen Flüssigkeiten wie Milch verschwenden!); Schmerztherapie, evtl. mit Einsatz eines Lokalanästhetikums (Xylocain 10% Gel); Schockbehandlung, Krankenhauseinweisung.

Schneckenkörner

Toxine: Metaldehyd, Methiocarb.
Sy: Tremor, Übelkeit, Bauchschmerzen, Krämpfe, Tachykardie, Azidose, Atemstillstand.
Th: Symptomatisch.

Schuhpflegespray

Toxine: Lösemittel, Treibgas, Öle, Wachse.
Sy: Bei Inhalation Beklemmungsgefühl, Dyspnoe, Schwindel, Somnolenz.
Th: Symptomatisch. Keine Adrenalinabkömmlinge (Gefahr des Kammerflimmerns).

Waschmittel

Toxine: Anionische und nichtionische Tenside, Natriumperborat, Natriumpolyphosphat, Natriumsulfat u.a.m.
Sy: Brennen, Ösophagusverätzungen, Speichelfluß, Brechreiz, Erbrechen, Diarrhö, Dyspnoe, Husten, Fieber, Pneumonie.
Th: Symptomatisch.

WC-Reiniger

Toxine: Säuren, Laugen.
Sy: Verätzungen, Dyspnoe, Fieber, Schmerzen, Schock.
Th: Verdünnung mit Wasser. Symptomatische Therapie.

Zigaretten

Toxine: Kohlenmonoxid, Nicotin, Teer.
Sy: Übelkeit, Erbrechen, Tachykardie, Blässe, Dyspnoe.
Th: Symptomatisch.

Zündhölzer

Toxine: Natriumchlorat, Phosphor, Schwefel. Alleszünder: Eisenoxid, Zinkoxid.
Sy: Bauchschmerzen, Erbrechen, Diarrhö, Fieber.
Th: Symptomatisch.

Medikamente

Analgetika

Subst: Opioide (Buprenorphin, Fentanyl, Morphin, Pentazocin, Pethidin, Tilidin u. a.), Salicylsäurederivate (Acetylsalicylsäure, Methylsalicylat), Pyrazolonderivate (Metamizol), Paracetamol.
Sy:

- Opioide: Somnolenz, Koma, Miosis, Ateminsuffizienz;
- Salicylsäurederivate: ZNS-Symptome, Alkalose, Atemdepression, Lungenödem;
- Pyrazolonderivate: Somnolenz, Tachykardie, Blutdruckabfall, Krämpfe, Koma;
- Paracetamol: 1. Phase (sofort) Übelkeit, Erbrechen, 2. Phase (24.–48. Std.) Besserung, 3. Phase (3.–5. Tag) Leberversagen.

Th:

- Opioide: symptomatisch und Naloxon, evtl. Beatmung;
- Salicylsäurederivate: Magen-Darm-Entleerung, Alkalidiurese, Dialyse;
- Pyrazolonderivate: symptomatisch mit Magen-Darm-Entleerung;
- Paracetamol: symptomatisch mit Magen-Darm-Entleerung und Antidot N-Acetylcystein.

Antiarrhythmika

Vorbemerkung: Alle Antiarrhythmika haben einen unterschiedlich ausgeprägten arrhythmogenen Effekt. Fast alle sind negativ inotrop.
Subst: Ajmalin, Chinidin, Disopyramid, Lidocain, Mexiletin, Propafenon, β-Blocker, Amiodaron, Sotalol, Calciumantagonisten, Magnesiumsulfat.
Sy: Rhythmusstörungen, Herzinsuffizienz, Blutdruckabfall, Übelkeit, Erbrechen, Krämpfe, Schock, Ateminsuffizienz.
Th: Symptomatisch. Magenentleerung. Bei β-Blockern Antidot Glucagon.

Anticholinergika s. anticholinerges Syndrom (S. 1541)

β-Blocker

Subst: Alprenolol, Atenolol, Metoprolol, Pindolol, Propranolol, Sotalol u.a.m.
Sy: Somnolenz, Bewußtlosigkeit, Krämpfe, extremer Blutdruckabfall, Bradykardie, Ersatzrhythmen, therapieresistente Asystolie.
Th: Symptomatisch, Adrenalin, Glucagon.

Calciumantagonisten

Subst: Diltiazem, Nifedipin, Nimodipin, Verapamil.
Sy: Blutdruckabfall, Bradykardie, Somnolenz, Krämpfe, Herzversagen.
Th: Symptomatisch und Calciuminfusionen.

Digitalis

Sy: Übelkeit, Erbrechen, Sehstörungen, Somnolenz, Halluzinationen, schnell wechselnde bradykarde und tachykarde Herzrhythmusstörungen, Kammerflimmern, Asystolie.
Th: Magen-Darm-Entleerung, Antiarrhythmikum Phenytoin, Herzschrittmacher, Hämoperfusion, Antidot Digitalis-Antidot BM in schweren Fällen.

Eisenpräparate

Sy:

- 1. Phase (30–120 Min.) hämorrhagisches Erbrechen, Verätzungen (schmerzarm wegen anästhetischen Effekts), Magenschmerzen, Diarrhö, Schock;
- 2. Phase (bis 20 Std.), relative Symptomfreiheit;
- 3. Phase (nach 20 Std.) Kollaps, Azidose, Krämpfe, Atem-Herz-Kreislauf-Insuffizienz, Nierenversagen.

Th: Symptomatisch und Magen-Darm-Spülung. Evtl. Antidot Deferoxamin.

Neuroleptika (Synonym: major tranquilizers)

Vorbemerkungen: Indikation für diese Gruppe der Psychopharmaka sind akute Erregungszustände und Schizophrenie. Alle haben eine unterschiedliche anticholinergische Potenz.

Subst: Phenothiazinderivate (Chlorpromazin, Levomepromazin, Promazin, Promethazin, Prothipendyl, Triflupromazin), Thioxantenderivate (Chlorprothixen, Flupentixol, Metixen), Butyrophenonderivate (Benzperidol, Haloperidol, Melperon, Pipamperon), Diphenylbutylpiperidine (Fluspirilen).

Sy: Bizarres neurologisches Syndrom (S. 1541), vor allem durch hochpotente Neuroleptika wie Benzperidol, Flupentixol, Fluphenazin und Haloperidol; anticholinerges Syndrom (S. 1541) durch Substanzen wie Chlorpromazin, Chlorprothixen, Levomepromazin und Promethazin.

Th: Symptomatisch mit Magen-Darm-Entleerung. Bei anticholinergem Syndrom Antidot Physostigminsalicylat (Tab. 44.**2**), bei bizarrem neurologischem Syndrom Antidot Biperiden (Tab. 44.**2**).

Schlafmittel

Vorbemerkungen: Das Medikamentenspektrum hat sich während der letzten Jahre zugunsten der relativ harmlosen Benzodiazepine entscheidend geändert. Intoxikationen mit bromhaltigen Stoffen kommen nur noch extrem selten vor. In der „Roten Liste" sind keine Präparate mehr aufgeführt.

Subst: Barbiturate (Aprobarbital, Barbital, Brallobarbital, Cyclobarbital, Phenobarbital, Secobarbital), Methaqualon, Diphenhydramin.

Sy:

- Barbiturate: Somnolenz, Exzitation, Atemlähmung;
- Methaqualon: Bewußtlosigkeit, Bewegungsunruhe, Erbrechen, Krämpfe, Ateminsuffizienz, Lungenödem, Hirnödem, Herz-Kreislauf-Versagen;
- Diphenhydramin: s. anticholinerges Syndrom (S. 1541).

Th:

- Barbiturate: Symptomatisch mit Magen-Darm-Entleerung, evtl. forcierte Diurese und sekundäre Detoxikationsmaßnahmen;
- Methaqualon: Symptomatisch mit Magen-Darm-Entleerung, möglichst keine Intubation wegen bewegungsbedingter Verletzungen oder bei starker Unruhe und Beatmungsindikation ggf. Relaxation und Analgosedierung;
- Diphenhydramin: Symptomatisch mit Magen-Darm-Entleerung, evtl. Antidot Physostigminsalicylat (Tab. 44.**2**).

Sympathomimetika

Subst: Adrenalin, Dobutamin, Dopamin, Ephedrin, Etilefrin, Fenoterol, Methamphetamin, Norfenefrin, Orciprenalin, Salbutamol, Terbutalin.

Sy: Tachykardie, Rhythmusstörungen, Stenokardien, Blutdruckabfall, Somnolenz, Koma, Krämpfe, Mydriasis, Fieber, Schock, Kammerflimmern, Herz-Kreislauf-Stillstand.

Th: Symptomatisch mit Sedativa und β-Blockern (cave Asthmatiker).

Thymoleptika (Antidepressiva)

Vorbemerkung: Es handelt sich um hochgefährliche Substanzen. Handelsübliche Packungen enthalten oft eine letale Dosis.

Subst: Amitriptylin, Carbamazepin, Clomipramin, Dibenzepin, Doxepin, Imipramin, Maprotilin, Nomifensin, Trimipramin.

Sy: Anticholinerge Symptome (S. 1541), schwere Herzrhythmusstörungen, Krämpfe, Atemstillstand.

Th: Symptomatisch mit Magen-Darm-Entleerung, sekundären Detoxikationsverfahren (vermutlich toxikologisch ohne Effekt = Ultima ratio) und Antidot Physostigminsalicylat.

Tranquillantien (tranquilizers, minor tranquilizers)

Subst: Benzodiazepinderivate (Bromazepam, Chlordiazepoxid, Clobazam, Diazepam, Dikaliumclorazepat, Flurazepam, Nitrazepam, Oxazepam), Clomethiazol, Meprobamat.

Sy:

- Benzodiazepine: Somnolenz, Koma, selten Blutdruckabfall, Hyporeflexie;
- Clomethiazol: zusätzlich Ateminsuffizienz und massive erhöhte Bronchialsekretion;
- Meprobamat: Bewußtlosigkeit, Krämpfe, Koma, Atemstillstand.

Th: Symptomatisch mit Magen-Darm-Entleerung. Bei Benzodiazepinen evtl. Antidot Flumazenil.

Drogen

Vorbemerkungen

Drogen sind Substanzen, die im Organismus eine oder mehrere Funktionen verändern (WHO). Im engeren Sinne versteht man darunter Rauschmittel, die in unterschiedlichem Maß zur Abhängigkeit führen. Eine körperliche Abhängigkeit wird vor allem durch Alkohol und Opiate hervorgerufen, eine psychische Abhängigkeit durch alle anderen Drogen. In der Regel kommt es rasch zur Dosissteigerung. Differentialdiagnostisch sind stets folgende Erkrankungen oder Notfallsituationen auszuschließen: Intoxikationen, hirnorganische Psychosyndrome, epileptische Anfälle, endogene Psychosen, Hyperthyreose und Hypoglykämie. Die Symptome der Drogenintoxikation und des Drogenentzugs sind oft sehr ähnlich. Sie bestehen aus körperlichen Symptomen wie sympathomimetisch oder parasympathomimetisch bedingten pathologisch verstärkten Reaktionen, Atemstörungen, Herz-Kreislauf-Störungen und neurologischen Symptomen. Ebenso können psychische Veränderungen eine akute Gefährdung mit schnellem Therapiezwang darstellen. Psychische Veränderungen sind u. a.: Störungen des Affekts, des Denkens, der Wahrnehmung, des Antriebs und des Bewußtseins. Die Szene ist oft kriminalisiert, und die anamnestischen Angaben sind bewußt falsch. „Slang"-Ausdrücke werden benutzt wie: Halluzinogene sind „acid mikes" oder „blue cops"; Haschisch ist „Stoff", „joint", „Gras", „shit", „Heu"; freie Cocainbase wird als „crack" oder „rock" bezeichnet; unter einem „speedball" versteht man die Kombination aus Amphetaminen und Cocain oder Opiaten; ein „speed run" bedeutet die wiederholte parenterale Applikation von Weckaminen, und ein „speed trip" ist die Kombination aus Weckaminen und LSD.

Cannabis (Haschisch, Marihuana)

Toxine: Cannabinole.

Sy: Erwünscht: Euphorie, Glücksgefühl, aber mitunter Antriebsverminderung, Denkstörungen, Angst, Aggressionen, Depressionen, Blutdrucksenkung, Psychosen, „flash back" (Nachrausch). Keine dauerhaften Organschäden.

Th: Symptomatisch mit Beruhigung, Diazepam, Haloperidol.

Cocain

Toxine: Cocain und Begleitalkaloide.

Sy: Erwünscht: Euphorisches Wohlbefinden ohne Schmerzen, ohne Hunger und ohne Sorgen, aber mitunter Auftreten von Angst, Halluzinationen, Apathie, Wahn, Psychosen, Aggressionen, Rededrang und ausgeprägten körperlichen sympathomimetischen Symptomen, Krämpfen und Herz-Kreislauf-Versagen. Vital bedrohlich: Der Cocainschock, schon auf kleine Dosen auftretend (Hyperergie).

Th: Symptomatisch; bei Aggressionen, Angst und Krämpfen Diazepam; bei einem Cocainschock u. a.: Cortison.

Designer-Drogen

Vorbemerkung: Diese synthetischen Drogen werden in kleinen kriminellen Speziallabors hergestellt. Es handelt sich um zahlreiche Abkömmlinge von geläufigen Drogen wie Pethidin oder Phencyclidin. Die Anzahl ändert sich laufend. Durch die chemischen Modifikationen werden neue, stärker wirkende und gefährlichere Stoffe hergestellt. Carfenefrin z. B. hat die ca. 10000fache Wirkungsstärke von Morphium. Die Letaldosis beträgt nur wenige Milligramm.

Toxine: Alle Variationen.

Sy: Unterschiedlich. Starke Wirkungen auf das vegetative Nervensystem.

Th: Symptomatisch.

Halluzinogene (DOM, LSD, Mescalin, Phencyclidin)

Toxine: Lysergsäurediethylamid, Anhalonin u. a.

Sy: Erwünscht: Intensivierung der Sinneswahrnehmungen, aber auch Rausch, psychedelischer Effekt, sympathikomimetische Wirkungen, Horrortrips. Cave: Kurzschlußreaktionen (Sprung aus dem Fenster usw.).

Th: Symptomatisch mit Beruhigung („talk down"), Diazepam, Haloperidol; bei Tachykardie Propranolol.

Opiate (Opioide)

Vorbemerkung: Heroin besitzt derzeit das stärkste psychische und körperliche Abhängigkeitspotential; hierzu genügen nur wenige Einzeldosen. Die Patienten sind auffallend verwahrlost.

Toxine: Heroin, Fentanyl, Morphium, Opium u. a.

Sy: Erwünscht: Euphorie und wunschloses Glücklichsein, aber auch, vor allem bei Überdosierung: Trias Miosis, Koma, Ateminsuffizienz. Zahlreiche vegetative Symptome, die teilweise den Entzugssymptomen entsprechen: Mydriasis, Tränenfluß, Schwitzen, Gänsehaut („turkey"), Knochen- und Muskelschmerzen, Übelkeit, Erbrechen, Hypertonie, Tachykardie, Schock, Kreislaufversagen.

Th: Symptomatisch; bei Atemdepression Beatmung oder Antidot Naloxon (Tab. 44.**2**), im Entzug Diazepam und/oder Clonidin, bei Schock und Blutdruckabfall Infusionstherapie und Dopamin; bei Lungenödem (Heroin) u. a. Cortison.

Schnüffelstoffe (Leim, Chloroform, Benzin, Verdünner u. a.)

Toxine: Diverse Lösungsmittel.

Sy: Erwünscht: Gesteigerte Sinneswahrnehmungen mit Euphorie und schönen Träumen, aber mitunter Halluzinationen, Affektlabilität, Schwindel, Krämpfe, Narkose, Herz-Kreislauf-Stillstand. Nicht selten Ersticken (z. B. bei über den Kopf gestülpter Tüte zum Inhalieren der Dämpfe).

Th: Symptomatisch, keine Adrenalinabkömmlinge (Gefahr des Kammerflimmerns).

Weckmittel (Derivate des Adrenalins und Ephedrins)

Toxine: Amfetaminil, Amphetamin, Fenetyllin, Fenfluramin, Methamphetamin, Methylphenidat, Morazon u. a.

Sy: Erwünscht: Leistungssteigerung, aber mitunter Depersonalisation, Schlafhemmung, sympathomimetische Symptome, Hypertonie, Tachykardie, Bronchodilatation, Krämpfe, Herz-Kreislauf-Versagen.

Th: Symptomatisch; bei Erregung, Angst und Krämpfen Diazepam.

Pflanzen

Bilsenkraut (Hyoscyamus niger)

Toxine: Atropin, L-Hyoscyamin, Scopolamin u. a.

Sy: s. Tollkirsche.

Th: s. Tollkirsche.

Bittersüßer Nachtschatten (Solanum dulcamara)

Toxine: Alkaloide (Saponine).

Sy: Übelkeit, Erbrechen, Mydriasis, Tachykardie, Rhythmusstörungen, Krämpfe, Lähmungen, Hämaturie.

Th: Symptomatisch.

Eberesche (Sorbus aucuparia)

Toxine: Sorbinsäure.

Sy: Erbrechen, Diarrhö.

Th: Nur bei Symptomen: Symptomatisch.

Eibe (Taxus baccata)

Toxine: Pseudoalkaloide (Taxine).

Sy: Erbrechen, Diarrhö, Mydriasis, Tachykardie, Blutdruckabfall.

Th: Bei Nadelingestion Magenspülung. Sonst symptomatisch.

Eisenhut, blauer (Aconitum napellus)

Toxine: Aconitin, Ephedrin, Spartein.

Sy: Erbrechen, Rhythmusstörungen, Blutdruckabfall, zentrale Erregung, später Lähmung.

Th: Symptomatisch. Bei Bradykardie Atropin.

Feuerdorn (Pyracantha coccinea)

Toxine: Carotinähnliche Verbindungen.

Sy: Übelkeit, Erbrechen.

Th: Bei Bedarf symptomatisch.

Fingerhut (Digitalis)

Toxine: Cardenolide, Digitaloide.

Sy: s. Digitalis (S. 1548).

Th: Meist toxikologisch unbedenkliche Mengen aufgenommen. Behandlung nur bei Auftreten digitalisspezifischer Symptome.

Fliegenpilz (Amanita muscaria)

Toxine: Ibotensäure, Muscazon, Muscimol.

Sy: Schwindel, Miosis, Hautüberwärmung, Euphorie, Exzitationen, Rauschzustand, Krämpfe, Somnolenz, Koma, Kreislauf-Atem-Stillstand.

Th: Symptomatisch. Evtl. Antidot Physostigminsalicylat (Tab. 44.**2**).

Frühjahrslorchel (Gyromitra esculenta)

Toxine: Monomethylhydrazin, Methylformylhydrazin.

Sy: Kopfschmerzen, Übelkeit, Erbrechen, Exsikkose, Schock. Folgesymptome: Somnolenz, Delir, Krämpfe, Leberschäden, Hirnödem, Herz-Atem-Stillstand.

Th: Symptomatisch.

Goldregen (Laburnum anagyroides)

Toxine: Cytisin.

Sy: Übelkeit, Erbrechen, Bauchschmerzen, Mydriasis, Tremor, Krämpfe, Blutdruckänderung, Tachykardie, Schock.

Th: Symptomatisch mit Giftentfernung.

Herbstzeitlose (Colchicum autumnale)

Toxine: Colchicin.

Sy: Erbrechen, Koliken, Diarrhö, aufsteigende Lähmungen, Herz-Kreislauf-Versagen.

Th: Symptomatisch und grundsätzlich Giftentfernung.

Kahler Krempling (Paxillus involutus)

Toxine: Allergene.

Sy: Allergien nach langjährigem Genuß, immunhämolytisch-urämisches Syndrom.

Th: Symptomatische Allergietherapie.

Knollenblätterpilz, grüner (Amanita phalloides)

Toxine: Amanitine, Phallolysine, Phallotoxine.

Sy: s. Phalloides-Syndrom (S. 1543).

Th: s. Phalloides-Syndrom (S. 1543).

Pfaffenhütchen (Euonymus europaeus)

Toxine: Digitaloide, Alkaloide (Evonin).

Sy: Bauchschmerzen, Erbrechen, Diarrhö, Leber- und Nierenschädigungen.

Th: Ab 5 Samen Giftentfernung.

Seidelbast (Daphne mezereum)

Toxine: Daphnetoxin, Mezerein.

Sy: Schmerzen, Verätzungen, Übelkeit, Erbrechen, Diarrhö, Miosis, Krämpfe, Kreislaufstörungen.

Th: Abwarten, bei Symptomen Giftentfernung.

Stechapfel (Datura stramonium)

Toxine: L-Hyoscyamin, Scopolamin.

Sy: s. Tollkirsche.

Th: s. Tollkirsche.

Tintlinge (Coprinus comatus)

Toxine: Coprin (Aldehyddehydrogenasehemmer).

Sy: Mit Alkohol Kopfschmerzen, Schwindel, Tachykardie, Angina pectoris, Gesichtsrötung.

Th: Symptomatisch.

Tollkirsche (Atropa belladonna)

Toxine: Atropin, L-Hyoscyamin, Scopolamin, Nebenalkaloide.

Sy: Hautröte und -überwärmung, trockene Schleimhäute, Mydriasis, Sehstörungen, Fieber, Unruhe, Exzitationen, Halluzinationen, Krämpfe.

Th: Symptomatisch, Giftentfernung, evtl. Antidot Physostigminsalicylat (Tab. 44.**2**).

Wasserschierling (Cicuta virosa)

Toxine: Cicutol, Cicutoxin, Rhizom.

Sy: Brennen im Mund und Rachen, Übelkeit, Somnolenz, Krämpfe, Atemstörungen.

Th: Symptomatisch und Giftentfernung. Klinische Überwachung (cave: Krämpfe).

Tiere

Bienen/Wespen

Toxine: Cholinesterasehemmer, Melittin.

Sy: Schmerzen, Erbrechen, Fieber, Schüttelfrost, Krämpfe, generalisierte Urtikaria, Schock (bei intravenösem Stich).

Th: Symptomatisch, evtl. Anaphylaxietherapie.

Fische/Quallen (Nesselquallen, Petermännchen u.a.m.)

Toxine: Neurotoxine u. a.

Sy: Quaddeln, Schmerzen, Anästhesie, Bradykardie, Lähmungen, Schock, Zyanose, Atemlähmung.

Th: Symptomatisch und Giftentfernung.

Giftschlangen

Toxine: Neurotoxine, Hämolysine, Hyaluronidase u.a.m.

Sy: Schmerzen, lokales Ödem, Schock, Lähmungen.

Th: Symptomatisch oder spezielle Schlangengiftsera.

Spinnen

Sy: Muskelschmerzen, Dyspnoe, Schock.

Th: Symptomatisch, antiallergisch.

45. Zahnheilkunde

Raimund Harndt

Zahnbezeichnung

Im Schriftverkehr werden die Zähne nach unterschiedlichen Systemen bezeichnet:

1. Winkelzeichen:

re. o.	li. o.
re. u.	li. u.

re.	8 7 6 5 4 3 2 1	
		1 2 3 4 5 6 7 8 li.

Der 1. rechte Prämolar würde danach als

$\frac{4|}{4|}$ dargestellt.

2. Plus-Minus: Statt des Winkels wird für den Oberkiefer ein +, für den Unterkiefer ein – verwandt. Das Plus oder Minus hinter der Zahnzahl bedeutet rechts, vor der Zahl links (Beispiel: Der linke untere Weisheitszahn würde als −8 dargestellt).

In diesen Systemen werden die Milchzähne entweder mit römischen Ziffern

Beispiel: $\frac{\text{III}|}{|\text{V}}$

oder durch eine vorangestellte 0 (Beispiel: –02, 01+) gekennzeichnet:

re.	05 04 03 02 01 +	
		– 01 02 03 04 05 li.

Derzeit wird ein von den Naturwissenschaften abweichendes, computerlesbares System verwandt, das eine zweite Zahl für die Bezeichnung der Kieferhälfte voranstellt. Dabei bedeutet 1=re.o., 2=li.o., 3=li.u., 4=re.u. Für das Milchgebiß wird diese Zählweise mit 5=re.o., 6=li.o., 7=li.u., 8=re.u. fortgesetzt:

55 54 53 52 51	61 62 63 64 65
18 17 16 15 14 13 12 11	21 22 23 24 25 26 27 28
48 47 46 45 44 43 42 41	31 32 33 34 35 36 37 38
85 84 83 82 81	71 72 73 74 75

Zahnentwicklung und ihre Störungen

Dentition (Zahndurchbruch)

(Tab. 45.**1**)

Die Zeitangaben sind nur durchschnittliche Anhaltspunkte, die individuellen physiologischen Schwankungen unterliegen. Die Akzeleration macht sich auch beim Zahndurchbruch bemerkbar.

Wichtige Daten: Differenzierung der *ersten Zahnanlage* 4. Fetalmonat. Beginn des Milchzahndurchbruchs nach etwa einem halben Jahr, vollständiges Milchgebiß mit 20 Zähnen etwa zweieinhalb Jahre post partum. Beginn des Durchbruchs der 32 *bleibenden Zähne* mit dem 1. Molaren im 6. Lebensjahr (= Sechsjahrmolar), alle 6 Jahre ein Molar, d. h. 2. Molar mit 12 Jahren, 3. Molar (Weisheitszahn) mit 18 Jahren. Zwischen dem Erscheinen des 1. und 2. Molaren (6. und 12. Lebensjahr) liegt der Durchbruch aller übrigen Zähne mit Ausnahme des Weisheitszahns. Die prophylaktisch wichtige Mineralisationszeit der bleibenden Zahnkronen beginnt mit der Geburt, liegt in den frühen Kindheitsjahren und endet etwa mit dem 8. Lebensjahr.

Um eine gesunde Kiefer- und Zahnentwicklung zu gewährleisten ist Brusternährung empfehlenswert (s. Kariesprophylaxe, S. 1557f).

Der Durchbruch der Zähne erfolgt beim gesunden Kind mit gelegentlicher Ausnahme des Weisheitszahns (s. Dentitio difficilis) als physiologischer Wachstumsprozeß ohne Schmerzen, ohne Temperaturanstieg und ohne allgemeine Krankheitserscheinungen. Mit Beginn der Zahnung nimmt die zuvor relativ geringe Speichelsekretion zu, und es kommt häufig zum Abfließen des Speichels aus dem Mund.

Dentitionsstörungen (Zahnungskrankheiten)

Ursachen

Aus anderen Ursachen bedingtes Fieber, Enteritis, Stoffwechselstörung, Krämpfe usw. können den Zahndurchbruch beschleunigen. Da die Dentition mit einem halben Jahr beginnt und erst mit zweieinhalb Jahren beendet ist, befindet sich das Kind innerhalb dieser 24 Monate beständig im Zahnen. Treten in dieser Zeit interkurrente Erkrankungen auf, z. B. durch Diätfehler bei der Ernährung, läßt sich also immer ein Zahn finden, der gerade im Durchbruch, aber nicht dafür verantwortlich ist. Tatsächliche lokale Schleimhautveränderungen sind gewöhnlich traumatischer Ursache (Bednar-Aphthen). Die Diagnose „Zahnungsbeschwerden" läßt wichtige Erkrankungen des Kindes übersehen (Otitis media, retronasale Pharyngitis, Magen- und Darmstörungen, Diätfehler). Während des Zahndurchbruchs kommt es zu Veränderungen der Mikroflora der Mundhöhle. Die Zahnzwischenräume werden von – bis dahin fehlenden – Anaerobiern besiedelt. In seltenen Fällen kann dies Ursache für „Zahnfieber" sein.

Dentitio praecox (vorzeitiges Zahnen, angeborene Zähne)

Dg: Sind bei der Geburt bereits Zähne vorhanden (Dentes connati) oder brechen diese sehr frühzeitig durch (Dentes neonatales, gewöhnlich im Unterkiefer), so ist durch eine Röntgenaufnahme zu entscheiden, ob sie in die normale Zahnreihe einzuordnen sind.

Th: Überzählige Zähne sollen zur Vermeidung von Stellungsanomalien und auch wegen der Stillschwierigkeiten entfernt werden (Vorsicht: schwer stillbare Blutung; s. Vitamin K, S. 837). Vorzeitige Extraktion von Zähnen der normalen Milchzahnreihe bedingt Hemmungen im Wachstum der entsprechenden Kieferabschnitte; sie müssen also erhalten bleiben. Um beim Stillakt Verletzungen der mütterlichen Brust zu vermeiden, können die spitzen Schneidekanten beschliffen werden, evtl. Abpumpen der Milch.

Dentitio tarda

Ät: Bei verzögertem Zahndurchbruch (normale Zeiten s. Tab. 45.**1**) immer an allgemeine Störungen (innere Sekretion, Mineralstoffwechsel, Fluoridgaben, Rachitis, Myxödem, Mongolismus, Hypophysenstörungen, konnatale Lues) denken. Durchbruchsstörungen im bleibenden Gebiß durch rachitische Spätfolgen, durch Raummangel infolge eines Mißverhältnisses der Kiefer zur Zahngröße, durch anomale Lage des Ersatzzahns durch Fluoridgaben oder auch durch verzögerte Resorption der Wurzeln pulpatoter Milchzähne bedingt.

Th: Ursache feststellen; Lebertran bzw. Vigantol (cave Überdosierung). Inzisionen der bedeckenden Schleimhaut zur Beschleunigung des Zahndurchbruchs sind sinnlos und begünstigen das Auftreten von Zahnkeiminfektionen und Osteomyelitis.

Zahnkrämpfe

Die tonischen Krampfanfälle der Kleinkinder sind nicht durch das Zahnen hervorgerufen, vielmehr wird die Spasmophilie durch verschiedene Ursachen ausgelöst und tritt u. a. als Begleiterscheinung der heilenden Rachitis (s. d.) (Calciummangeltetanie) auf (S. 1203f).

Dentitio difficilis (erschwerter Durchbruch des Weisheitszahns) – Perikoronitis

Ät: Raummangel, Kieferkörper im Verhältnis zur Größe der Zähne zu klein, Durchbruch des Zahns durch seine Lage im Kieferwinkel behindert. Die lockere Schleimhaut verbindet sich nicht mit dem Epithel des Zahnsäckchens und wird durchbrochen, sondern bleibt als beweglicher Lappen auf der Krone liegen, wodurch er beim Kauen durch den Antagonisten traumatisiert wird. In den Schlupfwinkel Einpressen von Speiseresten, Mazerierung, Infektion und Sekretverhaltung.

Sy: Infolge einer Schlupfwinkelinfektion der Zahnfleischtasche des unteren Weisheitszahns entwickelt sich eine akute Gingivitis mit ödematöser Anschwellung und Ulzerierung der den Zahn z. T. bedeckenden Schleimhautkapuze. Die Infektion ist meist durch eine fusiforme Mischflora ausgelöst (s. Gingivitis ulcerosa, Plaut-Vincenti-Angina). Auf Berührung (schmerzhaft) entquillt der Tasche trübes, eitriges Sekret; Fötor. In der Folge entzündliche Infiltration der Umgebung, insbesondere des M. masseter, Kiefer-

Tabelle 45.1 Differenzierende Übersicht der ersten und der zweiten Dentition

		Milchzähne			
Reihenfolge des Zahndurchbruchs	Zähne in jeder der vier Kieferhälften	Mineralisationsbeginn (Fetalmonat)	Ende der kariesprophylaktisch wichtigen Kronenmineralisation (Lebensmonat)	Durchbruch (Lebensmonat)	Zahnwechsel (Lebensjahr)
1.	mittlere Dentes incisivi	4–5	0– 2	6– 8	6– 7
2.	seitliche Dentes incisivi	4,5–5,5	1– 3	8–12	7– 8
3.	1. Milchmolar	5–6	6– 7	12–16	9–11
4.	Dens caninus	5–6	7– 8	16–20	9–12
5.	2. Milchmolar	6–8	10–12	20–36	10–12

		Bleibende Zähne		
Reihenfolge des Zahndurchbruchs	Zähne in jeder der vier Kieferhälften	Mineralisationsbeginn (Monat post partum)	Ende der kariesprophylaktisch wichtigen Kronenmineralisation (Lebensmonat)	Durchbruch (Lebensmonat)
1.	1. Molar	−1 – +1	3	6
2.	mittlere Dentes incisivi	~2	4	7
3.	seitliche Dentes incisivi	~4	5	8*
4.	1. Prämolar	18	6	9
5.	Dens caninus	24	7	11
6.	2. Prämolar	30	7	10
7.	2. Molar	36	8	12
8.	3. Molar	100	15	ab 18 große Schwankungsbreite

* Üblicher Zeitpunkt zum Beginn der Therapie von Zahnstellungsanomalien

klemme bis zur vollkommenen Behinderung der Mundöffnung, regionale Lymphknoten schmerzhaft geschwollen, Schluckbeschwerden. Periostitis, Ostitis, Osteomyelitis, in fortgeschrittenen Fällen subperiostaler und perimandibulärer Abszeß mit Ausbreitung in die Logen des Mundbodens, in den retropharyngealen Raum, aufsteigend in die Temporalgegend oder Senkung bis in die Schlüsselbeingrube, Fieber.

DD: Gingivitis ulcerosa, die gelegentlich von der Schleimhautkapuze des Weisheitszahns ihren Ausgang nimmt; von der Wurzelspitze des 2. oder 3. pulpatoten Molaren ausgehende akute Parodontitis apicalis (S. 1562f). Die Kieferklemme kann auch andere Ursachen haben, z. B. tonsillärer bzw. peritonsillärer Abszeß; dann einseitige Rötung und Schwellung des weichen Gaumens, Abdrängung der Uvula nach der gesunden Seite. Auch Trichinose (S. 1493) und Tetanus (S. 509) kommen in Frage.

Th: Zahn niemals im akuten Stadium entfernen! Säubern der Tasche durch Ausspritzen mit Wasserstoffsuperoxidlösung (anaerobe Fusospirochätose sauerstoffempfindlich), stumpfe Kanüle unter den Lappen in die Tasche einführen. Drainage, Cortison-Antibiotika-Paste unter den Zahnfleischlappen. Kälteapplikation (Eisbeutel), Analgetika. Bei bedrohlichen Komplikationen Antibiotika, Überweisung in die Klinik. Zahn im entzündungsfreien Intervall entfernen lassen, da Rezidivgefahr. Abtragen der Schleimhautkapuze bringt nur selten Erfolg.

Schmelzhypoplasien (Mineralisationsfehler des Zahnschmelzes)

Ät: Ursächlich kommen alle Störungen des Mineralstoffwechsels (Rachitis, Erkrankungen der Parathyreoidea, Fluoridüberdosierung), auch schwere, anhaltende, fieberhafte Erkrankungen wie Diphtherie, Scharlach, Grippe, Skorbut und dessen Abortivformen (Vitamin-C-Mangel) in Frage.

Sy: Mangelhafte Bildung der Zahnhartsubstanzen, die sich klinisch im Schmelz als Einziehungen dokumentieren und als kleine Grübchen, die, wie eine zierliche Perlschnur aneinandergereiht, rund um die Zahnkrone ziehen oder bei intensiverer und länger dauernder Entwicklungsstörung zu Rillen, Furchen oder Bändern bis zur vollständigen (auch erblichen) Schmelzaplasie ausgebildet sind. Immer sind sie Ausdruck einer allgemeinen Stoffwechselstörung aus der Zeit, in der die Zahnkrone mineralisiert wurde, daher auch stets symmetrisches Auftreten. Aus der Lokalisation an der Zahnkrone kann noch beim Erwachsenen die Zeit und die Dauer der Entstehung als Folge einer allgemeinen Störung abgelesen werden (Tab. 45.**1**). Verlief z. B. die Allgemeinerkrankung im 2. Lebensjahr, dann liegt die Hypoplasie zwischen dem ersten und mittleren Drittel der Schneidezahnkrone und dem mittleren bis zervikalen Drittel der ersten Molaren.

Bei Fluoridintoxikation werden am Schmelz, insbesondere der Frontzähne, kreidige oder braune Flecken („mottled teeth") beobachtet (s. Kariesprophylaxe).

Prl: Rachitis- bzw. Vitamin-D-Prophylaxe, Skorbut- bzw. Vitamin-C-Prophylaxe (C-Mangel häufig okkult) (Fluoride s. Kariesprophylaxe). Die Schmelzstruktur der bleibenden Zähne ist für den Menschen ein Gesundheitspaß aus der Zeit seiner Kindheit.

Hutchinson-Zähne

Ät: konnatale Lues.

Sy: Zuweilen in Verbindung mit Keratitis parenchymatosa und Innenohrtaubheit (Hutchinson-Trias). Die oberen mittleren Schneidezähne (nur diese!) sind charakterisiert durch eine Tonnenform, d. h., daß ihre approximalen Flächen, statt nach der Schneide hin meißelförmig divergieren, wieder zusammenlaufen und die Krone dadurch eine Schraubenzieherform erhält.

DD: Verwechslung mit hypoplastischen oberen mittleren Dentes incisivi, bei denen nur die Schneidekante von der Fehlbildung des Schmelzes betroffen wurde! Dann haben aber auch die unteren mittleren Schneidezähne Hypoplasien (S. 1553). Auch Schmelzabrasionen durch berufstraumatische Schäden (Näherinnen, Tapezierer) kommen in Frage.

Th: s. Lues connata, S. 799.

Busch-Wellauer-Zähne (Turner-Zähne)

Ät: Mißbildung bleibender Zähne als Folge entzündlicher oder traumatischer Erkrankung der Milchmolaren während der Kronenbildung der nachfolgenden Prämolaren oder Pfählungsverletzung der bleibenden Frontzähne.

DD: Mineralisationsstörungen anderer Genese stets symmetrisch, Busch-Wellauer-Zähne stets solitär.

Th: Rechtzeitige Kariestherapie im Milchgebiß.

Hartgewebserkrankungen

Caries dentium (Zahnkaries, Zahnfäule)

Definition

Zerstörung der Zahnhartgewebe, die an der Zahnoberfläche, vorwiegend am Schmelz, in höherem Lebensalter aber auch am freiliegenden Zement der zervikalen Wurzelfläche beginnt, in der Tiefe auf das Dentin übergreift und weiter fortschreitend zur Infektion der Pulpa dentis und schließlich zur vollkommenen Zerstörung der Zahnkrone führt.

Ätiologie und Pathogenese

Karies wird als chemisch-parasitärer Vorgang aufgefaßt. Auf dem Zahn haftende Nahrungsreste, insbesondere klebrige Kohlenhydrate, werden mikrobiell besiedelt und abgebaut (überwiegend Streptokokken, aber auch Mikrokokken, Veillonellen, Hefen). Die Haftung der Keime auf der Zahnoberfläche wird durch ihre Fähigkeit zur Polysaccharidbildung verbessert: Plaquesbildung. Plaques sind fest auf dem Zahn haftende, nicht abwischbare Beläge von 5 µm Dicke. Für den Abbau der Kohlenhydrate gibt es wahrscheinlich zwei Wege: erstens die alkoholische Gärung und zweitens den Zitronensäurezyklus. Bei beiden Abbauwegen entstehen Säuren (z. B. Milchsäure, Essigsäure), die in der Lage sind, Hartgewebe aufzulösen. Beim Abbau des organischen Grundgerüsts der Hartgewebe und der Eiweißbestandteile der Nahrung werden Chelatoren gebildet (Aminosäuren, Pyrimidine, Nucleotide), die wiederum zum Abbau der Hartgewebe beitragen. Die Karies bevorzugt bestimmte Regionen der Zähne, Nischen und Winkel, die nicht der natürlichen Reinigung durch Lippen, Wangen oder Zungenbewegung sowie dem Kauakt unterliegen. So entstehen Fissuren-(am Kauflächenrelief der Prämolaren und Molaren) und Approximal-(in der Nische zwischen Gingiva und Zahn) Karies.
Disponierend sind vor allem Mineralisationsstörungen (s. d.), erkennbar am symmetrischen Auftreten der Erkrankung sowie – genetisch bedingt – an Zahnform und Zahnstellung, die die Speiseretentionen begünstigen.

Symptome

Im Anfang opake, kreidige Flecken im sonst transparenten Schmelz als Folge fortschreitender Auflösung der Mineralien, Aufrauhung der Oberfläche. Nach Einsturz der Schmelzwände durch Pigmentierung braun gefärbte Höhlen. Dann meist auch schnell vorüberziehende Schmerzen bei Reizen durch süße, saure, kalte und heiße Speisen und Getränke. Prädilektionsstellen: Fissuren, Approximalseiten und Zahnhälse. Chronischer, retardierter Verlauf möglich.

Prophylaxe

Der Kariesprophylaxe wird heute wegen der seuchenartigen Verbreitung der Erkrankung und ihrer sozialen Bedeutung besondere Aufmerksamkeit geschenkt. Drei gleich gewichtige Schwerpunkte sind dabei zu berücksichtigen:

- Ernährung,
- Mundpflege,
- Fluoride.

Ernährung

Während der Bildungsperiode der Zahnkronen (bis zum 8. Lebensjahr) ist besonders auf ausreichende Zufuhr von Vitaminen (A, D, C) und Mineralstoffen (Ca, P) zu achten. Außerdem wird vom Durchbruch der ersten Milchmolaren (1,5 Jahre) an „kauzwingende" Nahrung (frisches Obst, Gemüse, Vollkornbrot usw.) empfohlen. Kauzwingende Nahrung führt zu einer vermehrten Abrasion des Kauflächenreliefs und dadurch zur Abflachung der Fissuren (Verminderung der retentiven Nischen), zur Bewegung der Zähne gegeneinander (Reinigung der Approximalflächen) sowie zu einer Stimulierung der Speicheldrüsensekretion. Der vermehrte Speichelfluß trägt sowohl zur Reinigung als auch durch seinen hohen Mineralstoffgehalt zur Einlagerung von Kalksalzen in die Zahnoberfläche bei (posteruptive Mineralisation, Remineralisation oberflächlich erkrankter Zahnflächen). Zum dritten fördert eine kauzwingende Nahrung beim Kind die gesunde Gebißentwicklung und verhindert so Zahnstellungsanomalien. Zuckerhaltige Kohlenhydrate sollten nur im Zusammenhang mit den Hauptmahlzeiten und nachfolgender Mundpflege aufgenommen werden.

Mundpflege

Bereits beim Kleinkind müssen regelmäßig nach jeder Nahrungsaufnahme die Zähne gereinigt werden. Mütter sollten bei jedem

Arzt- bzw. Zahnarztbesuch auf die Bedeutung der Zahnpflege für ein gesundes Gebiß hingewiesen werden. Nur so ist es möglich, die Folge „Essen – Zähneputzen" zum „bedingten Reflex" und in der Folge zur sozialen Norm werden zu lassen. Zur Kariesreduktion ist Zahnpflege unerläßlich – ein sauberer Zahn erkrankt nicht.

Welche der vielen, unterschiedlichen Zahnputztechniken angewandt wird, ist für die Pflege im gesunden Mund relativ unwichtig. Von Bedeutung ist jedoch, daß die Reinigung systematisch durchgeführt wird, um keine Region auszulassen, z. B. unten rechte Zahnreihe, Mitte, linke Zahnreihe, oben links, Mitte, rechts, für jede Zahnreihe wiederum Außenfläche, Kaufläche, Innenfläche. Kleine kreisende Bewegungen mit einer Kurzkopfzahnbürste ist das am häufigsten empfohlene, weil für den Laien das einfachste Vorgehen (Bass-Technik). Vielfach werden elektrische Zahnpflegegeräte vorgeschlagen. Ihr Reinigungseffekt ist jedoch nicht besser, und sie verführen zu geringerer Sorgfalt. Die automatische Bewegung des Bürstenkopfes kann jedoch weniger geschickten Personen die Zahnreinigung erleichtern. Ihr kurzer Bürstenkopf erleichtert den Zugang zu schwer erreichbaren Zahnabschnitten. Mundduschen sind für Patienten mit parodontalen Erkrankungen und festsitzendem Zahnersatz indiziert; ihr Einsatz sollte mit dem Zahnarzt abgesprochen werden. Sie sind kein Ersatz für die Zahnbürste! Mundpflegemitteln – Zahnpasta, Mundwässer, auch mit Antiplaqueseffekt – kommt bei der Zahnpflege nur untergeordnete Bedeutung zu. Die mechanische Entfernung der Nahrungsreste und der Beläge mit der Zahnbürste steht im Vordergrund.

Zahnpflegemittel: Mundwässer können als Adjuvans bei der Behandlung von entzündlichen Veränderungen in der Mundhöhle hilfreich sein. Heute werden zu diesem Zweck häufig Chlorhexidinzubereitungen verschrieben (cave: Epithelläsionen bei Daueranwendung möglich). Erfolgreich bei der Behandlung entzündlicher Schleimhauterkrankungen sind nach wie vor sauerstoffabspaltende Präparate (30%ige Wasserstoffsuperoxidlösung – Perhydrol Merck – vom Patienten selbst zu verdünnen, Kaliumpermanganat, Perborate). Im übrigen sind sie den Kosmetika zuzurechnen.

Zahnpasten können die Zahnreinigung unterstützen, doch muß auch bei ihnen vor einigen möglichen Schäden gewarnt werden. Schleifmittelzusätze können an den Zähnen tiefgreifende Usuren verursachen. Einige Präparate enthalten aromatische Verbindungen, die zahnärztliche Werkstoffe (Kunststoffe) oberflächlich verändern (anlösen – verfärben). Viele Zahnpasten enthalten Detergentien, die das Epithel der Mundschleimhaut angreifen können. Will man einem Patienten Zahnpasten empfehlen, sollte man sich an bekannten Marken orientieren. Zuweilen kann die Verordnung einer „Antibelagzahnpasta" indiziert sein. Doch auch hier ist wie bei den Chlorhexinpräparaten vor Daueranwendung zu warnen (fluoridhaltige Zahnpasten s. u.)

Fluoride

Beobachtungen in den Vereinigten Staaten ab 1916 in Gegenden mit einem hohen Fluoridanteil im Trinkwasser und die Untersuchung der dortigen Bevölkerung auf kariösen Befall ihrer Gebisse haben zu der Vermutung geführt, daß Fluoride kariesprotektiv wirksam seien. Die experimentelle Züchtung von Hydroxylapatitkristalliten (anorganische Substanz aller Hartgewebe) hat gezeigt, daß Kristallwachstum nur in Anwesenheit von Fluoriden als Spurenelement möglich ist. Fluoride jedoch werden in größeren Mengen mit der Nahrung und z. T. geringfügig stets mit dem Trinkwasser zugeführt (ca. 0,3 ppm). Die zu beobachtende Zunahme von Fluoridschäden („Kreideflecken" im Schmelz, braune Verfärbungen, „mottled teeth") an den Zähnen unserer Bevölkerung sollte größere Zurückhaltung bei der Tablettenfluoridierung nach sich ziehen. Die Gabe von Fluoridtabletten sollte nur bei strenger Indikation und genauer Kenntnis sonstiger Fluoridquellen (Nahrung – Wasser) erfolgen (Tab. 45.**2**). Zusätzlich werden die regelmäßige lokale Fluoridtouchierung und Applikation von Fluoridgelen durch den Zahnarzt (nach dem 6. Lebensjahr) zur Förderung der posteruptiven Mineralisation und zur Remineralisation beginnender kariöser Läsionen angeraten. Nur durch gezielte Mundhygieneaktionen, die tägliche Fluoridzufuhr mit der Zahnpasta, wöchentliche Konzentratanwendungen von Fluoridgelen und eine jährlich 2–4malige Fluoridapplikation durch den Zahnarzt voraussetzen, ist eine Kariesreduktion zu erwarten.

„Fluoride sind starke Fermentgifte. Sie hemmen die anaerobe Glykolyse" (Hausschild). Hieraus folgt, daß Fluoride sinnvoll nur lokal angewandt werden sollten. Fluoridhaltige

Tabelle 45.2 Notwendige Fluoridzufuhr zur Prophylaxe von Karies

Alter	Fluoridgehalt des Trinkwassers (mg/l)		
	–0,3	0,3–0,7	über 0,7
	Fluoretten	Fluoretten	
0–2 Jahre	0,25 mg	–	–
3 Jahre	0,5 mg	0,25 mg	–
4–6 Jahre	0,75 mg	0,5 mg	–
ab 7. Jahr	1 mg	0,5 mg	–

Zahnpasten sind sicher kariesprotektiv wirksam, da sie nachhaltig die Stoffwechselvorgänge in den Plaques hemmen (s. Genese der Karies). Letztendlich sollte die regelmäßige halbjährliche Kontrolle der Mundhöhle durch den Zahnarzt für das Kind ebenso wie für den Erwachsenen nicht vergessen werden. Rechtzeitige Behandlung kariöser Defekte beugt weiterreichenden Zerstörungen vor; sie verhindert gravierende Erkrankungen der Pulpa dentis und der apikalen Wurzelhaut des Zahns.

Therapie

Entfernung aller erkrankten Gewebsteile und Wiederherstellung der anatomischen Zahnform durch Einfügen alloplastischer Werkstoffe. Zum Füllen kariöser Defekte werden heute Materialien unterschiedlichster Konvenienz verwandt: metallische, keramische, Methylmethacrylat-Kunststoffe und Zemente.

Amalgam

Legierung eines Metalls mit Quecksilber. Als Metall wird ausschließlich eine Silber-Zinn-Legierung mit einem unterschiedlich großen Prozentsatz an Kupfer benutzt. Das Material wird in Europa seit 150 Jahren mit bestem Erfolg zum Füllen von Zähnen gebraucht. Seit kurzer Zeit wegen seiner Quecksilberabgabe verfemt, ist es für die Breitenversorgung nach wie vor die beste und dauerhafteste Füllung. Die Hg-Abgabe einer mit Amalgam restaurierten Mundhöhle liegt zwei Zehnerpotenzen unter der täglichen Hg-Aufnahme mit der Nahrung (Milch, Fleisch, Fisch). Allergien durch Amalgame (stabile Legierung) gehören zu den Raritäten – Erkrankungshäufigkeit ca. 1:10000 (im Gegensatz zu anderen Hg-Verbindungen). Die Diagnose einer Quecksilberallergie ist grundsätzlich an 3 Voraussetzungen gebunden: eine positive Anamnese, eine positive Testreaktion und ein klinisch sichtbares und objektivierbares Krankheitsbild.

Goldgußfüllungen

Die einzige zuverlässige Alternative zum Amalgam ist die kostenaufwendige Goldgußfüllung. Das Material, Gold-Silber-Palladium-Platin-Legierungen unterschiedlicher Zusammensetzung, schließt gesundheitliche Beeinträchtigungen nahezu aus. Beiden Füllungsarten (Amalgam und Goldguß) haftet der Nachteil an, daß sie kosmetisch nicht befriedigen.

Keramikfüllungen

Diese kosmetisch optimale Versorgung ist mit einer Vielzahl von Nachteilen belastet, die bisher einen breiten Einsatz verhindern. Die sehr kostenaufwendigen Füllungen müssen mit Kunststoffen im Defekt befestigt werden. Diese Kunststoffe (s. u.) sind für das Zahnmark toxisch, häufig als Allergene wirksam und nicht dauerhaft mundbeständig. Die Härte des Materials verhindert den an Zähnen natürlichen Abrieb. Die Füllungen müssen daher regelmäßig vom Zahnarzt nachgearbeitet werden, um Störungen der Kaufunktion zu vermeiden (s. Myoarthropathien).

Kunststoff-Füllungen

Die heute unter der Bezeichnung „Composite“-Füllungen angebotenen Werkstoffe sind zur Versorgung von Defekten im Seitenzahngebiet nicht geeignet – obwohl sie von vielen Zahnärzten wegen der vom Patienten geäußerten Amalgamphobie und des anfänglich guten kosmetischen Eindrucks zunehmend häufiger verwandt werden.
Ihre Nachteile sind:

- Hohe Toxizität für das Zahnmark. Ohne geeignete Vorsichtsmaßnahmen führen sie zum schmerzlosen Absterben der Pulpa dentis mit den daraus resultierenden Folgen (s. Gangrän, apicale Parodontitis).
- Geringe Formstabilität. Trotz verschiedener Zusätze (Quarzstaub, Glasperlen u. ä.), die die Festigkeit des Materials erhöhen sollen, unterliegen diese Werkstoffe einem hohen Verschleiß beim Kauen. Die Folgen dieser vermehrten Abnutzung sind genauso gravierend wie die fehlende Abrasion beim Keramikfüllungen (s. Myoarthropathien).
- Füllungskunststoffe gehören zu den in der Zahlheilkunde bekannten Allergenen. Insbesondere die selbsthärtenden Füllungskunststoffe verursachen durch ihren Gehalt an Restmonomer meist lokale – auf die Mundhöhle begrenzte – allergische Reaktionen. Ihre Anwendung sollte sich daher auf die Rekonstruktion großer Frontzahndefekte beschränken.
- Geringe Beständigkeit im Mundmilieu. Die Füllungskunststoffe sind nicht formstabil. Durch Aufnahme und Abgabe von Wasser (in Abhängigkeit von der schwankenden Ionenkonzentration des Speichels – und die wechselnden Temperaturzustände (heiße – kalte Nahrung) quellen oder schrumpfen sie. Dadurch entstehen Spalten, die in überschaubaren Zeiträumen zur Füllungsrandkaries führen.

Zemente

Zemente sind aufgrund ihrer geringen Kantenstabilität zur dauerhaften Versorgung von Seitenzahndefekten ungeeignet. Zemente unterliegen im Mundmilieu Lösungsvorgängen, die zu Oberflächenveränderungen an der Füllung und zu deren Verfärbung führen. Spezielle Zementarten werden zur Versorgung kleiner Frontzahndefekte verwandt. Einige Zemente können zu Schäden am Zahnmark führen. Für die Gingiva und die Mundhöhlenschleimhaut sind sie weitestgehend indifferent.

Säureschäden an den Zahnhartsubstanzen

Organische Säuren (Bäckerkaries)

Ät: Durch vermehrte Verschmutzung mit Mehl- und Zuckerstaub sowie Hefebeimischungen bedingte Karies. Heute durch Einsatz modernen Maschinen und Aufklärung vermeidbar, daher generell nicht mehr als Berufskrankheit anerkannt.

Sy: Typisches Erscheinungsbild: Flächige Zerstörung der von der Lippe bedeckten Frontzahnflächen.

Anorganische Säuren

Ät: Durch säurehaltige Aerosole in verschiedenen Industriezweigen, Akkumulatorenfabrikation, Metallbeizereien, Lederverarbeitung, Papierverarbeitung entstandene Hartgewebsdefekte.

Sy: Zunächst kreidig-weißliche flächenhafte Auflösung des Schmelzes an den nicht von der Lippe bedeckten Zahnflächen, später braune bis schwarze Verfärbung durch Farbstoffeinlagerungen in das Zahnbein.

Prl: Häufiges Spülen während des Arbeitsprozesses, zuckerfreie Kaugummis zur Förderung der Speichelsekretion. Einhaltung der Arbeitsschutzvorschriften (Absaugung) s. S. 80. Cave: Das Zähneputzen unmittelbar nach einer Säureeinwirkung ist zu unterlassen. Es führt zu erhöhtem Abrieb der angelösten Hartsubstanz.

Th: Überkronung.

Schwangerschaftskaries

Ät und Pathog: Im Sinne eines Calciumentzugs aus den Zähnen der werdenden Mutter und damit erhöhter Kariesanfälligkeit trifft die Bezeichnung Schwangerschaftskaries nicht zu. Ein Mineralsalzentzug aus dem Schmelz auf dem Blutweg über die Pulpa ist bei den im Munde stehenden Zähnen nicht nachzuweisen. Wenn gelegentlich bei Graviden eine Vermehrung der Kariesanfälligkeit beobachtet wird, so ist dies auf andere Ursachen zurückzuführen. Hyperemesis gravidarum führt nicht nur zur Säuerung der Mundhöhle, sondern verhindert häufig auch eine sorgfältige und korrekte Zahnpflege.

Prl: Reinhaltung des Gebisses, Behandlung der Schwangerschaftsgingivitis (S. 1566), häufiges Spülen mit klarem Wasser.

Zirkuläre Milchzahnkaries

Ät und Pathog: Im wesentlichen bedingt durch Strukturunterschiede des Schmelzes: Etwa zwei Drittel der Frontzahnkronen werden intrauterin, der restliche zervikale Abschnitt wird post partum mineralisiert. Während der „physiologischen Gewichtsabnahme“ nach der Geburt leidet auch die Schmelzmineralisation. Sind in der ersten Lebensperiode Ernährungsstörungen oder andere Erkrankungen aufgetreten, so ist der postnatal gebildete Schmelzanteil mangelhaft mineralisiert und fällt schnell der Karies anheim. Auslösend sind jedoch immer exogene Noxen (Honigschnuller, Zuckertee o. ä.).

Sy: Besondere Form der Milchzahnkaries, die rings um den zervikalen Abschnitt der Milchzahnkronen, besonders der oberen Frontzähne, zieht. Die Erkrankung führt zu frühzeitigem Abbruch oder überstürzter vollständiger Zerstörung der Zahnkrone. In den Lehrbüchern fälschlich auf Tuberkulose, exsudative Diathese, Rachitis u. a. zurückgeführt.

Prl: Optimale Ernährung der Säuglinge im ersten Lebenshalbjahr (Muttenbrust).

Th: Da das Zahnmark in den Wurzeln der abgebrochenen Zähne meist vital bleibt, sollen diese bis zum Zahnwechsel im Munde belassen werden. Gegebenenfalls ist die Versorgung mit konfektionierten Kinderkronen möglich.

Erkrankungen der Pulpa

Pulpitis dentium

Ät: Vorwiegend infektiös, ausgehend von penetrierenden kariösen Höhlen, aber auch chemisch-toxisch durch schädigende Füllungswerkstoffe (S. 1560).

Sy: Anfallsweise ziehende, reißende oder pulsierende Schmerzanfälle, die Minuten bis Stunden andauern, besonders nachts (horizontale Lage) spontan auftreten oder durch Reize (süß, sauer, salzig, heiß, kalt) ausgelöst werden. Je nach Art der Entzündung (serös oder purulent) kann Kälte- oder Wärmeeinwirkung die Schmerzen verstärken oder auch lindern. Die Schmerzen können in die Schläfe, in das Auge oder zum Ohr ausstrahlen, wobei Verwechslungen mit Erkrankungen des Mittelohrs oder der Kieferhöhle möglich werden.

Dg: Anamnese. Meist kariöse Höhle nachweisbar. Um im Gebiß die erkrankte Pulpa herauszufinden, müssen Temperaturreize separat auf die einzelnen Zahnkronen lokalisiert werden (kalt: Eiswasser, Kältespray, CO_2-Schnee; warm: Knopfsonde über Spiritusflamme erhitzen). Wird auf diese Weise ein typischer Schmerzanfall hervorgerufen bzw. klingt er nicht sofort wieder ab, sondern steigert sich allmählich, so ist die Diagnose gesichert. Bei Erkrankungen der gesamten Pulpa (Pulpitis radicularis) kann der Zahn auch beim Beklopfen in axialer Richtung schmerzempfindlich sein.

DD:

- *Trigeminusneuralgie:* Auch dieses Krankheitsbild ist im wesentlichen durch anfallsweise auftretende Schmerzen charakterisiert. Bei der Pulpitis sind sie jedoch anhaltend, oft eine halbe Stunde und länger, unter Umständen die ganze Nacht. Der neuralgische Anfall ist hingegen meistens nur kurz, von Sekunden bis höchstens Minuten Dauer. Bei der Pulpitis steigt der Schmerz langsam an, um später auch wieder allmählich abzuschwellen; bei der Trigeminusneuralgie setzt er blitzartig in voller Intensität ein, um ebenso plötzlich wieder aufzuhören. Die Trigeminusneuralgie ist mitunter durch Drücken des Nerven gegen die knöcherne Unterlage (Valleix-Druckpunkte) auszulösen.
  Für die Pulpitis ist der Nachtschmerz typisch. Aufstehen bringt Linderung. Die neuralgische Attacke erfolgt nachts nur, wenn die Erkrankung schon lange Zeit besteht und die Anfälle sich häufen. Durch vermehrte Reizmöglichkeiten beim Aufstehen kommt es eher zum Anfall.
  Die zentripetal ausstrahlenden Schmerzen der Pulpitis erstrecken sich immer nur in einen Zweig des Nerven (z. B. bei Pulpaerkrankungen der unteren Molaren Ausstrahlung in das Ohr); bei Trigeminusneuralgie ist häufig das Ausbreitungsgebiet eines ganzen Astes betroffen (z. B. beim N. mandibularis Ohr, Unterkiefer, Lippe, Zunge und Wange gleichzeitig).
  Die Pulpitis kann in jedem Lebensalter auftreten, die Trigeminusneuralgie erst nach Abschluß der Wachstumsperiode, am häufigsten zwischen dem 40. und 60. Lebensjahr, überwiegend bei Frauen, nie am N. ophthalmicus (V_1). Die Pulpitis ist eine relativ häufige Erkrankung, während die Trigeminusneuralgie selten zu beobachten ist.
- *Sinutisits maxillaris:* Akute Erkrankungen der Kieferhöhle können Schmerzen hervorrufen, die vom Patienten in die Molaren und Prämolaren des Oberkiefers projiziert werden. Angaben des Patienten über „wandernde Zahnschmerzen" weisen darauf hin (Reizung des N. maxillaris, V_2).
- *Apikale Parodontitis:* Bei dieser kann der Zahn zwar auch klopfempfindlich sein, jedoch zeigt die Pulpa keine Reaktion auf thermische Reize. Sie ist bei diesem Krankheitsbild bereits zuvor abgestorben. Der Schmerz kann auf den erkrankten Zahn lokalisiert werden.

– *Parodontitis marginalis acuta:* deutlich erkennbare Gingivaveränderung.

Prl: Frühzeitige Behandlung kariöser Läsionen der Zahnkrone, um die Infektion der Pulpa zu verhindern. Halbjährliche Kontrolle der Mundhöhle durch den Zahnarzt.

Th: Der Versuch der Schmelzbeseitigung bleibt bei ausgeprägter Pulpitis durch Analgetika bzw. durch Antineuralgika ohne Wirkung. Applikation von corticoidhaltigen Salben in den erkrankten Zahn wird empfohlen. Wenn zugänglich, Eröffnung der Pulpakammer durch spitze Sonde. Die Maßnahme steigert zwar zunächst den Schmerz erheblich, bringt danach aber durch Ausbluten bzw. Eröffnen des Pulpaabszesses sichere Linderung. Weitere Behandlung, da Spezialinstrumentarium erforderlich, durch Zahnarzt: Wenn Erhaltung der Pulpa nicht möglich, Exstirpation des Zahnmarks und Wurzelkanalfüllung nach Säuberung der Wurzelkanäle. Eine Extraktion des erkrankten Zahnes ist nur selten erforderlich.

Gangrän (Fäulnis)

Sy und Dg: Eine erkrankte Pulpa, die nicht behandelt wird, fällt schnell der Gangrän anheim. Der Wurzelkanal ist dann mit einem stinkenden, bakteriell besiedelten Fäulnisbrei angefüllt. Von ihm ausgehend erfolgt eine Veränderung des zirkumapikalen Gewebes, zuweilen eine akute, meist eine chronische apikale Parodontitis.
Zahnkrone im Vergleich mit den gesunden Nachbarn häufig blaugrau gefärbt, Pulpa ohne Reaktion auf Kältereiz. Auf Wärme kann der Zahn trotz Pulpatod gelegentlich reagieren, wenn eingeschlossene Fäulnisgase sich ausdehnen und das Parodontium irritieren. Dieselbe Wirkung kann auch beim Flug in größeren Höhen (Luftdruckschwankungen) auftreten. Das Röntgenbild zeigt häufig zirkumapikale Veränderungen.

Th: Auch ohne Beschwerden ist eine Behandlung dringend erforderlich, da es jederzeit zu akuten oder chronischen lokalen Erkrankungen kommen kann.

Dentogene Fokalinfektion (Herdinfektion)

Vorwand für kritiklose Zahnextraktionen.

Pathog: Herderkrankung dentalen Ursprungs: Ausgehend von unversorgten Wurzelkanälen pulpatoter Zähne mit ihren Ansammlungen von Mikroorganismen und Eiweißzerfallprodukten, soll es als „Fokalinfektion", „Fokaltoxikose", „Fokalallergie" oder auch als „neurales Störungsfeld" zu Sekundärerkrankungen kommen können. Die an unbehandelten pulpatoten Zähnen apikal generell zu beobachtende Granulationsgewebsbildung ist ein gegen die Eiweißabbauprodukte, Keime und ihre Toxine Antikörper produzierendes Gebilde. Es schützt den Organismus zuverlässig vor hämatogener Aussaat. Ausnahme s. Parodontitis apicalis acuta, Osteomyelitis.

Dg: Sogenannte Testmethoden unsicher und beständig durch neue, ebenso fragliche abgelöst.

Th: Auch ohne Diagnose „Fokalinfektion" müssen alle pulpatoten Zähne versorgt werden; sorgfältige Wurzelkanalbehandlung, evtl. Wurzelspitzenresektion mit Verschluß des apikalen Wurzelkanalendes und Beseitigung des zirkumapikalen Gewebes oder als Ultima ratio Entfernung des verursachenden Zahns (s. Parodontitis apicalis chronica).

Parodontopathien

Anatomie

Das Parodontium (Zahnhalteapparat, Desmodont) ist eine syndesmotische Verbindung des Zahns mit dem Kieferknochen, bestehend aus Zahnzement, sehnenartig angeordneten kollagenen Fasern sowie der Lamina interna alveolaris. Im Parodontalspalt finden sich viele Gefäße, die u. a. als Druckminderer wirken, sowie Nerven und Zellen des retikuloendothelialen Systems. Die gingivalen Abschnitte sind besonders reich an Leukozyten, Histiozyten, Makrophagen und Plasmazellen (physiologisches Infiltrat).

Apikale Parodontitis

Parodontitis apicalis acuta (Parulis)

Def: Von der Wurzelspitze ausgehende Zahnbetterkrankung.

Ät: Pyogene Infektion, ausgehend vom unbehandelten Wurzelkanal pulpatoter Zähne, gelegentlich auch ausgelöst durch mechanische oder chemische Traumatisierung des zirkumapikalen Gewebes bei Durchführung der Wurzelkanalbehandlung.

Pathog: Bei pulpatoten Zähnen breitet sich die Infektion des zerfallenen Gewebes im Wurzelkanal über das Foramen apicis radicis dentalis aus und führt zur akuten oder häufiger zur schmerzlosen umschriebenen chronischen Entzündung des zirkumapikalen Gewebes.

Sy: Im akuten Stadium Zahn beim Kauakt empfindlich (Zahn erscheint dem Patienten „verlängert"). Sobald sich der Prozeß unter Gewebseinschmelzung in den Knochen ausbreitet (enossaler Abszeß), entstehen heftige, pulsierende Schmerzen. Bei dünner Knochendecke Durckempfindlichkeit in der Gegend der Wurzelspitze mit entsprechender Rötung der Schleimhaut. Regionale Lymphknoten schmerzhaft geschwollen. Erhöhung der Körpertemperatur. Bei weiterer Ausbreitung des Prozesses kommt es zum subperiostalen Abszeß mit unerträglicher Schmerzsteigerung und kollateralem Ödem der bedeckenden Weichteile. Im weiteren Verlauf, je nach Lage des verursachenden Zahns, submuköser, palatinaler oder subkutaner Abszeß (Fluktuation). Nach Durchbruch der Periostschranke und Ausbreitung in das Weichgewebe erhebliches Nachlassen der Beschwerden, starkes Ödem (je nach Lokalisation: Nasolabilafalte verstrichen, Augenlid gequollen, Rüssellippe, Schwellung der Wange), Fieber, Allgemeinbefinden gestört. In diesem Stadium auch als Parulis bezeichnet. Spontaner Eiterdurchbruch durch Haut oder Schleimhaut (Fistelbildung).

Kompl: Subperiostale Ausbreitung des Eiters um den Unterkieferkörper (perimandibulärer Abszeß, ausgehend vom 2. oder 3. Molaren), Unterkieferrand nicht mehr tastbar, plötzliches Verschwinden der Schmerzen mit Gefühllosigkeit der Unterlippe und hohe Temperaturen Zeichen für akute Osteomyelitis des Unterkiefers (Vincent-Zeichen), phlegmonöse Ausbreitung des Abszesses in Temporalloge, Flügelgaumengrube, Mundboden oder Senkungsabszeß. Im Oberkiefer auch Durchbruch in die Kieferhöhle (ondotogene Sinusitis). Einbruch in die großen Venen (Thrombophlebitis, Sinusthrombose, Meningitis).

Dg: Pulpatoter Zahn bzw. Wurzelrest empfindlich beim Zubeißen, später schon bei Berührung mit der Zunge. Der Patient kann den ursächlichen Zahn bezeichnen, im übrigen s. Symptome.

DD: Bei Ödem der Wange Verwechslung mit der teigigen Schwellung bei Parotitis. Bei dieser meist auch Abstehen des Ohrläppchens durch Mitbeteiligung des aurikulären Drüsenlappens. Geht der Prozeß von den unteren Schneidezähnen aus, ist Verwechslung mit Kinnfurunkel möglich; die gerötete, glänzend-gespannte Haut gleicht vor dem Eiterdurchbruch dem schmerzhaften Infiltrat und der beginnenden Gewebsnekrose des reifenden Furunkels (s. a. Oberlippenfurunkel, S. 494). Die apikale Parodontitis geht immer von einem pulpatoten Zahn aus!

Prl: Sorgfältige Versorgung des Wurzelkanals eines jeden pulpatoten Zahns.

Th: Wegen der Möglichkeit der z. T. lebensbedrohenden Komplikationen frühzeitiges Eingreifen erforderlich. Zahn nicht im „heißen" Stadium entfernen; Gefahr der Keimausbreitung. Im Anfangsstadium bringt Eröffnung des Abszesses durch Trepanation der Zahnkrone und Abfluß des Sekrets sofort Erleichterung. Submukösen bzw. subkutanen Abszeß inzidieren (Vorsicht: N. und A. facialis) und drainieren. Achtung: Abszesse eröffnen, Zahn trepanieren, nicht durch Antibiotika konservieren! Anschließend zahnärztliche Behandlung zur Erhaltung des Zahns oder Extraktion. Bei lebensbedrohenden Komplikationen Klinikeinweisung.

Parodontitis apicalis chronica granulomatosa

Pathog: Um die Wurzelspitze herum (chronisch entzündliches) Granulationsgewebe mit zikumskripter Knocheneinschmelzung. Gewebe reich an Plasmazellen, Histiozyten, Makrophagen, Lymphozyten – Antikörperbildung gegen Toxine aus dem Wurzelkanal, daher Parodontitis apicalis chronica granulomatosa stets steril. Im Bereich des Unterkiefers auch extraorale Durchbrüche mit Wangen- oder Kinnfisteln möglich.

Sy: Subjektiv meist keine Beschwerden, zuweilen geringe Druckempfindlichkeit in der Gegend der Wurzelspitze. Regionale Lymphknoten derb und gering vergrößert, schmerzlos. Bei die äußere Haut perforierenden Fisteln stets an pulpatoten Zahn denken! Therapie ohne vorherige Behandlung des schuldigen Zahns erfolglos!

Kompl: Durch Nachschub virulenter Krankheitserreger (Fliegen ohne ausreichenden Druckausgleich) oder bei Resistenzminderung akutes Aufflackern (s. Parodontitis apicalis acuta). Die chronische apikale Parodontitis wird verantwortlich gemacht für die sog. „dentalen Herdkrankheiten" (s. o.).

Auch die Entwicklung radikulärer Zysten aus dem Granulom ist möglich (S. 1576f).

Dg: Zahn immer pulpatot mit unversorgtem Wurzelkanal. Röntgenologisch nachweisbare zirkumskripte periapikale Knocheneinschmelzung.

Th: Bei sorgfältig durchgeführter Wurzelkanalbehandlung Ausheilung mit Neubildung des zerstörten Knochens. Gegebenenfalls ist die chirurgische Entfernung der Wurzelspitze und der Verschluß des apikalen Kanalendes (Wurzelspitzenresektion) zu empfehlen. Auch nach Zahnextraktion heilt der Prozeß ohne besondere Behandlung aus. Das alleinige Ätzen bestehender Fisteln (spontaner Eiterdurchbrüche) ist zwecklos; immer muß der ursächliche Zahn behandelt werden.

Osteomyelitis acuta

(s. a. S. 496)

Ät: Beim Jugendlichen und Erwachsenen als Folge offener Frakturen, einer akuten apikalen Parodontitis oder fortgeleitet durch einen Kinnfurunkel.

Sy: starke Schmerzen, intermittierende, hochfebrile Temperaturen, Schwellung der umgebenden Weichteile, anästhetische Zonen im Ausbreitungsgebiet des zugehörigen Trigeminusasts, Lockerung mehrerer Zähne, multiple Abszesse. Schweres Krankheitsbild bei Kleinkindern als Zahnkeimosteomyelitis. Spätfolgen durch Verlust der Zahnkeime, Ankylose des Kiefergelenks. Wachstumsstörungen führen zum sog. Vogelgesicht.

DD: Aktinomykose.

Th: Antibiotika, Sulfonamide hochdosiert und über lange Zeit. Abszeßeröffnung und Drainage. Schnelles und radikales Eingreifen kann schwer therapierbare chronische Osteomyelitis vermeiden.

Sekundäre chronische Osteomyelitis

Sy: Die im akuten Stadium vorhandene massive Weichteilschwellung bildet sich zurück. Umschriebene druckschmerzhafte Infiltrationen charakterisieren das klinische Bild.

Th: Operative Entfernung der Sequester, Abtragen der Kortikalis, Antibiotika.

Primäre chronische Osteomyelitis (Osteomyelitis sicca)

Pathog und Sy: Ohne akuten Krankheitsbeginn oft symptomlos, umschriebene Knochennekrosen. Gut abgegrenzte Sequester, massive Knochenumbauvorgänge, periostaler Knochenabbau („Totenlade").

Th: Abtragen der Kortikalis, Ausräumen der Granulationsherde, Antibiotika.

Zervikofaziale Aktinomykose (Strahlenpilzerkrankung der Mundhöhle)

Ät und Pathog: Actinomyces (Wolff-Israel), bis stecknadelgroße gelbliche Körnchen (Drusen), deren Pilzfäden strahlenförmige Konfigurationen erkennen lassen, anaerob wachsend. Die zur Standortflora der Mundhöhle gehörenden Fadenpilze dringen in pathologisch entstandene Kanalbildungen ein (z. B. bei pyogenen Infektionen, Fisteln, durch Wurzelkanäle pulpatoter Zähne und in parodontitische Zahnfleischtaschen). Die infiltrative Ausbreitung wird begünstigt, wenn andere Keime den Gewebssauerstoff verbrauchen. Dabei wird die meist bereits vorhandene eitrige Kokkeninfektion zur pyogen-aktinomykotischen Mischinfektion.

Sy: Subakute oder chronische Eiterungen und mehrfache, von einem Zahn ausgehende fistelnde Durchbrüche sind immer verdächtig auf Strahlenpilzerkrankung. Brettharte Infiltration von Weichgewebe, Wange und Mundboden, purpurviolette Haut rillenartig eingezogen, fest mit der Unterlage verlötet. Fötider, nach kariösen Zähnen riechender schwefelgelber Eiter. Gefahr der aufsteigenden Ausbreitung bis zur Schädelbasis. Gelangen Actinomycesdrusen in das Knochenmark, kommt es zur tumorbildenden Osteomyelitis (Kieferaktinomykom), wobei der Knochen aufgetrieben wird.

Dg: Exakt nur durch mikroskopische Untersuchung des Eiters bzw. in chronischen Fällen des exkochleierten Granulationsgewebes: große blaue grampositive Flecken der Kolonien (Drusen), evtl. spezifische Antikörperreaktion.

Th: Radikale operative Freilegung und Ausräumung des Infektionsherds; einfache Inzision im Gegensatz zu gewöhnlichen Abszessen unzureichend. Breites Offenhalten mit Gummilaschen, Spülungen mit Jodkaliumjodid-Lösungen, Jodiontophorese. Innerlich Kaliumjodid allmählich steigernd. Vakzinetherapie. Wegen der Mischinfektion kombinierte Antibiotika-Sulfonamid-Behandlung (vorher Resistenztest). Spülung mit sauerstoffabspaltenden Lösungen (Wasserstoffsuperoxid).

Marginale Parodontophatien (Zahnbetterkrankungen)

Definition

Sammelbezeichnung für alle vom Zahnfleischrand (Margo gingivalis) ausgehenden Erkrankungen des Zahnbetts, die sowohl die Gingiva, die Weichgewebe im Parodontalspalt, das Zement der Zahnwurzel sowie den Alveolarknochen erfassen. Sie können an einzelnen Zähnen oder auch generalisiert im gesamten Gebiß auftreten.

Definition und Funktion der Gingiva

Zahnnahe Abschnitte der Mundschleimhaut. Marginale Gingiva = Zahnfleischrand einschließlich der Interdentalpapille, Gingiva propria = fest mit der knöchernen Unterlage verbunden, Gingiva mucosa = auf der Unterlage verschieblich.
Die Gingiva marginalis sorgt durch Hemidesmosomen und funktionell orientierte kollagene Faserbündel in der Submukosa für feste Haftung des Epithels am Zahnschmelz.

Gingivitis (Parodontitis marginalis superficialis, Zahnfleischentzündung)

Definition und Formen

Entzündung des Zahnfleischs stets nur in der näheren Umgebung der Zähne; ohne Zahn keine Gingivitis. In exsudativen, nekrotisierenden und produktiven Formen auftretend. Die akuten Erkrankungen stets scherzhaft, die chronischen ohne oder mit nur geringen Sensationen.

Gingivitis acuta

Akut auftretend, entzündlicher, hochroter Rand, schmierige Beläge auf Zähnen und Zahnfleisch, häufig in Gesellschaft mit fieberhaften Allgemeinerkrankungen.

Gingivitis ulcerosa (akute nekrotisierende ulzeröse Gingivitis [ANUG])

Vk und Ät: Infektion mit fusiformer Mischflora (Plaut-Vincent), Voraussetzung stets allgemeine Abwehrschwäche (z. B. Vitamin-C-Mangel, s. DD). Daher jahreszeitlich gehäuft (Frühjahr und Herbst), während eines Krieges (Restistenzschwäche, „Schützengrabenschnauze“) und in Kasernen und Lagern gehäuft auftretend oder lokale Resistenzschwäche (Dentitio difficilis [s. d.], Verschmutzung).

Sy: Graugrüne oder gelbbraune, schmierige, den Ulzerationen aufliegende Beläge, die den Pseudomembranen der Diphtherie ähnlich sehen können („Stomatitis ulceromembranacea“), bandartig, vorwiegend am vestibulären Zahnfleischrand entlangziehend, wobei unbezahnte Kieferabschnitte übersprungen werden. Infolge des putrid zerfallenen Gewebes aashafter Foetor ex ore. Die befallenen Schleimhautabschnitte sind bei Berührung sehr schmerzhaft. Jeder mechanische Reiz (Speisenaufnahme) wird vom Patienten vermieden. Vermehrter Speichelfluß, Temperaturen, schmerzhafte Schwellung der regionalen Lymphknoten, die sich unter Umständen auch in Schluckbeschwerden äußern. Beginn stets an den Spitzen der Interdentalpapillen, bei Vernachlässigung Ausbreitung der Geschwüre über die übrige Schleimhaut (Stomatitis ulcerosa), Abklatschgeschwüre an Lippe und Wange, in schweren Fällen auch an der Zunge (Glossitis). Nach der Abheilung gingivaler Gewebszerstörung Freiliegen der Zahnhälse mit Hypersensibilität (S. 1583).

DD: Nekrosen durch Abwehrschwäche: Leitsymptom bei HIV-Infektionen, Erkrankungen des hämatopoetischen Systems (Leukosen, Agranulozytose), hormonellen Störungen (z. B. Diabetes), Vitaminmangel (z. B. Skorbut, Plaut-Vincent-Angina). Gingivitis mercurialis: Quecksilberanamnese, Metallgeschmack des vermehrten Speichels. Lues III: Ohne Schmerzen, lokalisierte, umschriebene Gewebseinschmelzungen, Mund-Schleimhaut-Tuberkulose. Dekubitalgeschwüre durch schlecht sitzende Prothesen: Stets fern vom Zahnfleischrand an zahnlosen Kieferabschnitten oder in der Umschlagfalte.

Th: Als wesentlicher und entscheidender Teil der Behandlung sorgfältige Beseitigung des Schmutzes, des Zahnsteins, der Beläge und aller örtlicher Reize mit äußerster Vorsicht (sehr schmerzhaft), jedoch keine chirurgischen Eingriffe! Nicht ätzen! Nach Säuberung die Ulzerationen mit verdünntem 30%igem Wasserstoffsuperoxid (Perhydrol) touchieren. Den Patienten mehrmals täglich kräftig mit warmer Wasserstoffsuperoxidlösung spülen lassen (desodorierende und antibakterielle Wirkung, fusiforme Mischflora anaerob!). Sauerstoffabspaltende Präparate. Anaesthesinbonbons vor dem Essen und der Zahnreinigung. Lutschen von Penicillintabletten begünstigt Auftreten von Soor und ist daher kontraindiziert. Bei Therapieversagen Verdacht auf Bluterkrankung, Immunschwäche.

Prgn: Bei sorgfältiger mechanischer Säuberung schnelle Linderung und Abheilung, wobei die zerstörte Gingiva sich nur unvollkommen regeneriert und die Zahnhälse freigelegt werden. Nach Ausheilung gleicht der morphologische Zustand dem Bild der Paradontose (s. d.), ist von dieser jedoch durch den pathogenetischen Vorgang (Anamnese) zu unterscheiden.

Gingivitiden bei Erkrankungen des hämatopoetischen Systems

Ät und Sy: Perniziöse Anämie, Leukämien, Agranulozytose. Schwammiges, überaus leicht blutendes, zuweilen auch ulzerierendes Zahnfleisch.

Th: Keine lokale mechanische Therapie (!), da diese zu erheblichen Blutungen führt, sonst wie bei Gingivitis ulcerosa.

Gingivitis chronica

Def und Vk: Chronischer Zahnfleischkatarrh, die häufigste der Zahnfleischerkrankungen, zahlreiche Sonderformen.

Ät: Beläge, Zahnsteinablagerungen, überstehende Ränder von Zahnfüllungen und Kronenersatz, mangelhafte Mundpflege, chronische Schwermetallintoxikation.

Sy: Der entzündete Zahnfleischrand, insbesondere die interdentalen Papillen, ödematös gequollen, livid verfärbt, leicht blutend, schmerzfrei. Während die gesunde, trockengelegte Gingiva ein rauhes und stumpfes Aussehen von rosaroter Farbe sowie orangenschalenartiger Struktur besitzt, ist sie im entzündeten Zustand glatt, glänzend und rötlich bis bläulich verfärbt. Zunahme der kollagenen Fasern oder Gewebsödem kann hyperplastische Formen (s. d.) vortäuschen.

DD: Verwechslung mit der marginalen Parodontitis profunda; bei der chronischen Gingivitis jedoch keine Zahnfleischtaschen. Diese können evtl. durch das ödematös gequollene Zahnfleisch vorgetäuscht sein; Pseudotaschen, keine Zahnlockerung. Gingivitis hyperplastica zeigt keine Blutungsneigung.

Th: Sorgfältige mechanische Säuberung, Beseitigung von Reizfaktoren (Füllungskronenränder, Zahnstein), danach schnelle Besserung, sorgfältige Anleitung zur Mundpflege (s. d.).

Gingivitis juvenilis

Chronische Gingivitis durch die hormonelle Umstellung während der Pubertät bedingt und durch mangelhafte Zahnpflege ausgelöst.

Gingivitis gravidarum

Ät und Pathog: Die während der Schwangerschaft produzierten Östrogene (Corpus-luteum-Hormon) führen zur Lockerung der kollagenen Fasern (Erweiterung des Geburtstrakts), dadurch auch erhöhte Zahnbeweglichkeit. Die Gingivahaftung am Zahn ist vermindert. Die Entzündungsbereitschaft der Gingiva ist erhöht. Mangelhafte Zahnpflege, z. B. durch Hyperemesis gravidarum, löst dann eine chronische Gingivitis aus. Gleichartige Veränderungen können durch die Anwendung von Antikonzeptiva hervorgerufen werden.

Sy: Unterschiedlich stark ausgeprägte Hyperplasien der Zahnfleischpapillen, meist beginnend in der Oberkieferfront, erhöhte Blutungsneigung der Gingiva, von aufgepfroften Entzündungen überlagert. Auch als „Schwangerschaftsepulis" am Einzelzahn (S. 1569) auftretend.

Th und Prl: Sorgfältige Gebißsanierung zu Beginn und tägliche Zahnfleischmassage während der Gravidität. Anleitung zur systematischen Zahnpflege, häufiges Spülen mit klarem Wasser (s. Schwangerschaftskaries, Kariesprophylaxe).

Gingivitis toxica

Allgemeines

Ät und Pathog: Für alle toxischen Gingivitiden kommen neben der ursächlichen Noxe (s. u.) vor allen Dingen eine unsaubere Mundhöhle, Zahnsteinansatz, mangelhafte zahnärztliche Arbeiten (überstehende und schlecht konturierte Füllungen, abstehende Metallkronen) als auslösende Faktoren in

Frage. Einlagerung von Schwefelwasserstoff mit Schwermetallen (Hg, Pb) führen zu blaugrauer Verfärbung des Zahnfleischrands.

Sy: Die oralen Veränderungen sind meist die ersten erkennbaren Zeichen einer allgemeinen chronischen Intoxikation (s. Gingivitis chronica, S. 1566).

Prl: Sanierung der Mundhöhle, regelmäßige und sorgfältige Zahnpflege durch den Patienten, Einhalten der Arbeitsschutzmaßnahmen, persönliche Hygiene.

Th: Ausschaltung des erregenden Agens, im übrigen s. Gingivitis chronica.

Gingivitis saturnica (Bleigingivitis)

Vk: Heute noch die häufigste berufliche Schädigung durch Metalle.

Pathog: Das Schwermetall gelangt in der Berufsausübung durch Inhalation und Verschmutzung der Hände (Arbeiter in Akkumulatorenfabriken, Kristallherstellung, Maler, Arbeiter in Emaillefabriken) über Lunge oder Digestionstrakt in den Körper.

Sy: Blaugrauer Saum, der durch das Rot der Gingiva zuweilen eine violette Färbung erhält. In schweren Fällen Nekrosen und Ulzerationen des Zahnfleisches, dann aber auch Gastralgien, Bleikolik, Neuritiden (s. Kap. Arbeitsmedizin, S. 35).

Dg: Klinisches Bild, Anamnese, Porphyrinurie, basophil getüpfelte Erythrozyten.

Th: s. Gingivitis chronica.

Gingivitis mercurialis (Quecksilbergingivitis)

Pathog: Das Quecksilber kann beruflich (Chemiker, Arbeiter in Gleichrichteranlagen, Thermometerfabriken, Zahnärzte und ihr Hilfspersonal usw.) aufgenommen werden.

Sy: Im klinischen Verlauf gleicht die Erkrankung im fortgeschrittenen Stadium der Gingivitis ulcerosa (s. d.) (s. a. Kap. Arbeitsmedizin, S. 78).

Th: s. Gingivitis chronica.

Gingivitis bismutii

Heute nicht mehr zu beobachten.

Gingivitis hyperplastica (hereditaria)

Idiopathische fibröse Gingivahyperplasie

Ät: Genetisch bedingte Wucherung, familiäres Auftreten.

Sy: Zahnfleischwucherungen, die die Zahnkronen vollständig bedecken. Häufig derb fibrös (nicht zu verwechseln mit Gingivitis chronica und Unterformen, die ebenfalls Teile der Zahnkrone bedecken können!) – Pseudotaschen. Auch als Fibromatosis oder Elephantiasis gingivae bezeichnet.

DD: Medikamentös bedingte Gingivahyperplasie (s. u.).

Th und Prgn: Chirurgische Abtragung der polypös entarteten Zahnfleischlappen. Große Rezidivneigung. Gezielte Zahnfleischmassage (Charters) kann Rezidiv verhindern.

Medikamentös bedingte fibröse Gingivahyperplasie (Hydantoin-Präparate, Immunsuppressiva)

Ät und Pathog: Bei der therapeutischen Anwendung von Hydantoinen oder von Immunsuppressiva kommt es zu hyperplastischen Zahnfleischwucherungen, die klinisch und histologisch nicht von der Gingivitis hyperplastica hereditaria zu unterscheiden sind.

Sy: wie Gingivitis hyperplastica hereditaria.

Prl: Gründliche Zahnpflege mit Bürstmassage der Gingiva.

Th: Chirurgisches Abtragen und gezielte Zahnfleischmassage mit der Zahnbürste (Charters-Massage).

Parodontitis marginalis profunda

Definition und Vorkommen

Kurz Parodontitis (fälschlich auch als Parodontose bezeichnet), meist chronisch verlaufende destruierende Zahnbettentzündung. Erkrankung des Erwachsenen, in seltenen Fällen auch im Milchgebiß auftretend und auf das bleibende Gebiß übergreifend, klassisch als juvenile Parodontitis beschrieben und mit Feer-Neuropathie vergesellschaftet.

Parodontitis marginalis profunda chronica

Ät:

- *lokal begünstigende Ursachen:* Überlastung einzelner Zähne, funktionelle Überbeanspruchung (Parafunktionen), Knirschen und Pressen der Zahnreihen als üble Angewohnheit (Habit) oder im Schlaf;
- *entzündungserregende Reize:* mangelhafte zahnärztliche Arbeiten, Verschmutzung, Gebißzerstörung, Zahnsteinablagerungen;
- *allgemeine Ursachen:* Begleitsymptom bei C-Avitaminose, Erkrankungen des hämatopoetischen Systems, Stoffwechsel-(Diabetes, Gicht) und innersekretorischen Störungen (Pubertät, Schwangerschaft), Immunschwäche, Intoxikationen (bei Immunschwäche, Avitaminosen, Agranulozytose auch akuter Verlauf möglich).

In vielen Fällen ist keine der aufgezählten akzidentellen Ursachen feststellbar, noch ist die Parodontitis als Symptom einer allgemeinen Störung nachzuweisen, so daß dann eine spezifische, für sich allein stehende Erkrankung des Parodontiums angenommen werden muß. Ein spezifischer Erreger konnte nicht nachgewiesen werden. Bei ungeklärter Ursache ist immer eine eingehende internistische Untersuchung anzuraten (Autoaggression).

Sy und Dg: charakterisiert durch Bildung von Taschen zwischen Zahn und Alveolarknochen, aus denen sich auf Druck eitriges Sekret entleert. Innerhalb der Tasche an der Zahnwurzel harte Konkrementablagerung (fälschlich als subgingivaler Zahnstein bezeichnet), Zahnlockerung, Zahnwanderung, in fortgeschrittenen Fällen Ausfallen der Zähne. Destruktion des aveolären Knochens, röntgenologisch nachweisbar. Gingivitis als Begleitsymptom möglich.

Prl: Kauzwingende Nahrung (Durchblutung des Zahnbetts und natürliche Abrasion der Zähne), Beseitigung von Stellungsanomalien, Fernhaltung aller lokal irritierenden Insulte, Beseitigung des Zahnsteinansatzes, prothetische Versorgung entstandener Zahnlücken, gründliche Ausheilung akuter und chronischer Gingivitiden, regelmäßige sinnvolle Zahnpflege (s. Kariesprophylaxe).

Th: Ausschaltung aller lokal angreifenden entzündungsfördernden Reize. Therapie sonstiger Erkrankungen. Konservative Behandlung durch sorgfältige Reinigung der Wurzeloberflächen einschließlich des freigelegten nekrotischen Wurzelzements (Kürettage) evtl. Schienung der lockeren Zähne. Pinseln des Zahnfleischs mit Medikamenten sinnlos.

Prgn: Bei regelmäßiger sorgfältiger konservativer Behandlung und Beseitigung aller ätiologisch eruierbaren Faktoren kann der progrediente Verlauf wesentlich aufgehalten, gelegentlich sogar ein stationärer Zustand erreicht werden.

Parodontitis marginalis profunda acuta (Alveolarabszeß, Taschenabszeß)

Pathog: Abszeß, ausgehend von einer tiefen parodontitischen Zahnfleischtasche, bei der es zur Stauung des eitrigen Sekrets infolge Verlegung des Tascheneingangs gekommen ist.

Sy: Akut auftretende lokalisierbare Schmerzen. Gingiva zirkumskript blaurot und ödematös gequollen.

DD: Apikaler Abszeß, ausgehend von der Wurzelspitze eines pulpatoten Zahns als Folge einer Gangrän. Dann aber ist die Nekrose des Zahnmarks Voraussetzung. Sensibilitätsprüfung ohne vitale Reaktion.

Th: Tascheneingang erweitern, wobei meist sofort Eiterabfluß mit Linderung erfolgt, anschließend Paradontitisbehandlung (s. d.). Erfolgt keine Eiterentleerung, Spalten des Abszesses.

Prgn: In bezug auf die Erhaltung des Zahns ungünstig, da die Abszesse nur bei tiefgreifender Zerstörung des marginalen Parodontiums auftreten und häufig rezidivieren.

Parodontose (gingivale Rezessionen, Alveolaratrophie, Zahnbettschwund)

Ät: Die regressiven Veränderungen werden auch als Ausdruck vorzeitigen Alterns, hormonaler Abweichungen oder mangelnder Blutzirkulation im arteriellen Endstromgebiet angesehen, zuweilen Folge von Überlastungen wie Knirschen und Pressen.

Vk und Sy: Das zurückweichende Zahnfleisch liegt entzündungsfrei und ohne Taschenbildung den z. T. freiliegenden Zahnwurzeln fest an. Gingiva, Paradontium und Alveolarfortsatz (Röntgenbild) atrophieren gleichmäßig, also im Gegensatz zur Parodontitis keine Taschen! Patient sagt: „Meine Zähne werden immer länger", keine Zahnlockerung. Alle Veränderungen treten in fortgeschrittenem Alter bei ca. 5% der Bevölkerung physiologisch auf.

DD: Zustand nach Gingivitis ulcerosa (S. 1565).

Th und Prl: Fernhalten aller entzündungserregenden Momente, im besonderen sorgfältige Entfernung aller Beläge und des Zahnsteins. Einschleifen des Gebisses zur Erlangung einer gleichmäßigen Artikulationsbelastung aller Zähne beim Kauakt, gegebenenfalls Schluß vorhandener Zahnlücken durch Zahnersatz. Massage des Zahnfleischs zur Verbesserung der akralen Durchblutung.

Anmerkung zu Parodontitis und Parodontose: Treten zu der Parodontose entzündliche Erscheinungen hinzu oder kommt es bei der Parodontitis infolge einer rarefizierenden Gingivitis zum Freiliegen der Zahnhälse, können sich beide Krankheitsbilder vermischen, bzw. die eine geht als Spätform in die andere über.

Epulis (Parodontom, Zahnbettgeschwulst)

Definition

Vom Parodontium ausgehende, aus den Zahnzwischenräumen hervorwuchernde gutartige Geschwulst des Kieferkamms, immer in Verbindung mit vorhandenen Zähnen. In unterschiedlichen Formen auftretend:

Epulis fibromatosa

Derbe, feste Gewebswucherung ausgereifter Bindegewebszüge, die unverschieblich mit der Unterlage verbunden sind. Blaßrosa, glatte Oberfläche, langsam expansiv wachsend.

Epulis granulomatosa

Gefäßreiches Granulationsgewebe mit allen Zeichen chronischer Granulation, weich, leicht blutend, Pseudofluktuation.

Epulis gigantocellularis

Fibroblastenreiches Granulationsgewebe, mit sehr zahlreichen Gefäßen, den Gefäßen anliegend vielkernige Riesenzellen. Durch leicht auftretende Blutungen braune bis blaurote Farbe. Relativ schnelles Wachstum, lokale Destruktion der Umgebung, ohne zu metastasieren.

Epulis gravidarum

Ät: Immer parodontal, d. h. an das Vorhandensein von Zähnen gebunden, häufig auf dem Boden einer chronischen Gingivitis entstehend.

Pathog: Unter hormonellem Einfluß entstehende Proliferation eines kapillarreichen Bindegewebes. Spontane Rückbildung post partum möglich.

Th: Sorgfältige Entferung einschließlich des Mutterbodens (d. h. des basalen Knochens) und evtl. der angrenzenden Zähne. Bei Schwangeren post partum zuweilen spontane Rückbildung. Deshalb und wegen des sicheren Rezidivs während der Gravidität Geburt abwarten.

Prgn: Gut, wenn radikal operiert wird; sonst große Rezidivneigung.

Erkrankungen der gesamten Mundschleimhaut

Aphthen

Solitäre Aphthen

Sy: Akut auftretende, vereinzelte, scharf umschriebene, grauweißliche Fibrinausscheidungen geplatzter Bläschen von Hirsekorn- bis Linsengröße, rund oder oval konfiguriert, mit hochrotem Saum. Lokalisation in allen Abschnitten der Mundhöhle möglich (Wange, Zunge, Gaumen, Gingiva; bevorzugt Schleimhaut der Unterlippe und Umschlagfalte). Bei Berührung, insbesondere beim Kauen fester oder gewürzter Speisen, schmerzhaft. Anschwellung der regionären Lymphknoten spricht für infektiöse Ätiologie. Obwohl die objektiven Befunde relativ unscheinbar sind, können doch erhebliche subjektive Beschwerden vorhanden sein.

DD: Luische Plaques sind immer schmerzlos; Leukoplakie, ohne entzündlichen roten Rand, schmerzlos.

Th: Betupfen mit Perhydrol (30%ige Wasserstoffsuproxidlösung) bringt unmittelbare Schmerzfreiheit, evtl. Spülungen mit Hexoral oder lokal Corticoid-Antibiotika-Haftsalbe, z. B. Corti-Dynexan, Dontisolon, Volon A).

Prgn: Abheilung nach etwa 6 Tagen.

Bednar-Aphthen

Traumatischer Epitheldefekt am Gaumen von Säuglingen, durch Auswischen der Mundhöhle entstanden.

Chronisch-rezidivierende Aphthen (habituelle Aphthen)

Vk und Ät: Unsicher (Virus? Allergie?), dominant vererbbar, bevorzugt weibliche Erwachsene, zuweilen prämenstruell, Ernährungsstörungen (Hypo- und Avitaminosen), neurodystrophische Schleimhautschäden. Nicht übertragbar.

Th:

- *örtlich:* s. solitäre Aphthen;
- allgemein: Vitamin B_{12} (200 μg, 2mal wöchentlich, 10 Injektionen), Eigenblutinjektionen, in schweren Fällen Corticosteroide.

Stomatitis herpetica, Stomatitis maculofibrinosa, Stomatitis aphthosa

Vk, Ät und Sy: Infektionskrankheit (Herpes-simplex-Virus), meistens im frühkindlichen Alter auftretend, mit akuten Allgemeinerscheinungen, Fieber, Speichelfluß, vergrößerten druckempfindlichen Lymphknoten, Foetor ex ore, Entzündung der gesamten Mundschleimhaut, darauf aphthöse Schleimhauteffloreszenzen. Dauer 10–14 Tage. Hinterläßt meist lebenslängliche Immunität. Inkubationszeit 10–14 Tage.

DD: Chronisch-rezidivierende Aphthen (s. o.).

Th: Spülungen, besonders vor den Mahlzeiten, mit benzocainhaltigen Medikamenten (z. B. Subcutin-Lösung). Einstäuben der Schleimhaut mit Benzocain-Puder oder Lutschen von Anaesthesin-Pastillen. Spülungen mit verdünnter Wasserstoffsuperoxidlösung bei neuralgischen Beschwerden Vitamin B_{12}, Dodecatol.

Lichen ruber planus

Vk und Sy: Die Mundschleimhaut ist bei Lichen ruber planus des Teguments mit etwa 30% beteiligt. Die Mundschleimhaut kann durchaus auch isoliert befallen sein (S. 784). Zierliche, netzartige, gefiederte, grauweiße, glänzende Filigranzeichnung, z. T. lange feine Streifen, leicht erhaben, nicht abwischbar auf unveränderter oder auch leicht geröteter Schleimhaut aufsitzend. Im Anfangsstadium stecknadelkopfgroße ausgestreute Papeln gleicher Farbe, aus denen die beschriebene Zeichnung hervorgeht. Fehlende oder unbedeutende subjektive Symptome: Rauhigkeit, leichtes Brennen.
Lokalisation in fallender Häufigkeit: Wangenschleimhaut, Umschlagfalte, Zunge, Gaumen, Zahnfleisch, Lippenrot, Mundboden. Durchschnittsalter 50–60 Jahre, Geschlechtsverteilung Männer zu Frauen 2,7:1. Verlauf außerordentlich chronisch mit spontanen Remissionen.
Atypische Formen: Hyperplastisch (selten) ähnlich der Leukoplakie, pemphigoid (selten) mit Bläschenbildung, erosiv mit unregelmäßig begrenzten Erosionen. Angeblich soll in Einzelfällen die Entstehung eines Karzinoms auf dem Boden eines Lichen ruber planus erosivus möglich sein.

DD: Leukoplakie, besonders bei hyperplastischem Lichen ruber planus, Soor, Erythematodes, Lues, Pemphigus vulgaris, rezidivierende Aphthen.

Th: Ausschaltung lokaler Reize führt selten zur Abheilung.
Behandlungsbedürftig ist im wesentlichen nur die erosive Variante. Aus der Fülle der empfohlenen Behandlungsmaßnahmen bewährt sich Isoniazid (Isozid über mindestes 4 Wochen) und am besten 0,2–0,5 g/Tag zusätzlich Vitamin-B-Komplex. Bei ausgedehnten Erosionen ist bisweilen lokale Corticosteroidtherapie erforderlich (Corti-Dynexan, Dontisolon, Volon A). Zusätzlich können Spülungen mit Hexoral hilfreich sein.

Leukoplakie (Leukokeratose, Weißschwielenerkrankung)

Ät: Reizung der Schleimhaut durch Kauen an der Wange, Tabakabusus (Rauchen und Kauen), hochprozentige Schnäpse.

Vk u. Sy: Milchig-weiße Flecken, Streifen oder konfluierende Flächen, durch Verdikkung und verstärkte Verhornung des Schleimhautepithels bedingt, leicht aus dem Niveau herausragend, bis zu warzigen Erhebungen, vorwiegend im fortgeschrittenen Alter, Männer bevorzugt, an allen Teilen der Wangenschleimhaut, des Gaumens und zuweilen an der Zunge lokalisiert.

DD: Lues II oder III, Lichen ruber planus (s. o.).

Th: Nicht ätzen! Vitamin A über lange Zeit. Regelmäßige Überwachung. Wenn aus der Hyperkeratose warzenartige Wucherungen entstehen, Exzision und histologische Untersuchung, Reizausschaltung (Rauchen, Trinken).

Prgn: Vielfach als Präkanzerose angesprochen (gilt nur für die warzig vegetierende Form mit atypischem Epithelverhalten, die in etwa 30% zum Karzinom führt, nicht für die diffuse Leukokeratose). Besonders hoch ist die Karzinomquote bei Leukoplakien auf der Basis einer luischen sklerosierenden Glossitis. Leukoplakien an Zunge oder Lippe entarten häufiger als die anderer Lokalisationen. Schlechteste Prognose: großflächige (über 3 cm) warzige Läsionen und lange Verlaufsdauer.

Soor

(s. a. S. 781f)

Ät und Pathog: Bei Debilen oder auch nach längerem Gebrauch von Antibiotika (Penicillin-, Aureomycin-Lutschtabletten), Überwuchern von Candida (Monilia) albicans; bei langandauernder Anwendung oraler Antibiotika Ausbreitung über den gesamten Magen-Darm-Trakt, letal. Orale Kandidose wird als initiale AIDS-Manifestation angesehen, Leitsymptom bei Immunschwäche.

Sy: Auf entzündlich geröteter Schleimhaut festsitzende, jedoch abwischbare, leuchtend weiße Streifen und einzelne Flecke, die zu Flächen konfluieren können. Zunge bevorzugt, aber auch an der Wange und der übrigen Schleimhaut. Rhagaden der Mundwinkel (Perlèche, Faulecken).

Dg: Pilznachweis.

DD: Leukoplakie, Lichen ruber planus (S. 784).

Th: Betupfen mit 20%iger Borax-Glycerin-Lösung; Antimykotika vom Nystatintyp wie Moronal-Suspension, zusätzlich Vitamin-B-Komplex.

AIDS (HIV-Infektion, Kaposi-Sarkom

Orale Manifestationen von Candida albicans müssen bei Risikopatienten als Hinweis auf AIDS gewertet werden. Im Spätstadium wird das Auftreten des oralen Kaposi-Sarkoms als flache, exophytisch wachsende schmerzlose Veränderung von rötlich-brauner bis violetter Färbung beschrieben. Das Kaposi-Sarkom ist vorwiegend am harten Gaumen lokalisiert. Leitsymptom in der Mundhöhle: Gingivitis ulcerosa.

Primär stomatologische Tuberkulose

Skrofuloderm

Pathog: Infektion über kariöse Zähne oder Tonsillen. Primärherd, daher selten nachweisbar.

Sy: Beteiligung der regionalen (submandibulären) Lymphknoten, mit livider Verfärbung der äußeren Haut (kalter Abszeß) und Durchbruch, Fistelbildung. Ausheilung hinterläßt trichterförmige zipflige Narbe.

Tuberkulose der Mundschleimhaut (Lupus vulgaris)

(s. a. S. 991ff)

Sy: Primär äußerst leicht zerfallende Tuberkel, daher Stadium der Knötchenbildung kaum zu beobachten. Am Zahnfleischsaum auftretende Geschwüre mit unregelmäßigen, zackig begrenzten flottierenden Rändern.

DD: Karzinom, Lues II.

Th: s. S. 993f.

Pemphigus chronicus

(s. a. S. 792)

Vk: Pemphigus chronicus gilt als die häufigste letal verlaufende Hautkrankheit.

Sy: In einem Drittel der Fälle primäre Manifestation an der Mundschleimhaut. Bei 20% der Erkrankten bleiben die Veränderungen auf die Mundhöhle beschränkt. An der Mundschleimhaut sehr flüchtige, daher selten sichtbare erbsen- bis kirschgroße Blasen mit anfangs klarem, später trübem, blutig-eitrigem Inhalt. Die sekundären, schlecht heilenden, außerordentlich schmerzhaften Erosionen mit locker aufliegendem Epithelrand sind mit Fibrin bedeckt. Das Nikolski-Zeichen ist an der verschieblichen Schleimhaut schwer auslösbar.

Dg: Abgrenzung gegen andere blasenbildende Erkrankungen histologisch: Intraepitheliale, suprabasale Spaltbildung und Akantholyse, Schnelldiagnose aufgrund des Blasengrundabstrichs nach Tzanck.

DD: benignes Schleimhautpemphigoid, Dermatitis herpetiformis Duhring, Erythema exsudativum multiforme, Lichen ruber pemphigoides, Stomatitis ulcerosa, Tuberculosis mucosae.

Th: Wasserstoffsuperoxid-Spülungen (Perhydrol, 1:3 verdünnt), Corticoid-Antibiotika-Haftsalben (Corti-Dynexan, Dontisilon, Volon A).

Cheilosis angularis (Angulus infectiosus, Faulecken, Perlèche)

Def: Nässende rhagadenförmige Erosion im Verbindungswinkel von Ober- und Unterlippe.

Ät und Sy: B_2-Hypovitaminose (= Lactoflavinmangel). Diabetes als dispositioneller

Faktor einer Soormykose. Vorwiegend durch Störungen der Bißlage von Unterkiefer zu Oberkiefer infolge Zahnverlust; dadurch ständige Speicheldurchfeuchtung der Mundwinkel, die eine sekundäre Ansiedlung von Soor (Candida albicans) begünstigen.

DD: Herpes simplex, luetische Plaques am Mundwinkel.

Th: Beseitigung der Bißanomalien durch prothetische Versorgung, evtl. Vitamin B_2, lokal wegen der Soormykose Moronal-Salbe.

Glossitis

Def: Zungenentzündung, kann bei Infektionskrankheit auch zusammen mit Entzündungen der gesamten Mundschleimhaut auftreten.

Ät: Infektionskrankheiten, Intoxikationen, Hypovitaminosen (Möller-Hunter-Glossitis), Magen-Darm-Störungen.

Th: Lokal Spülungen mit Wasserstoffsuperoxid. Ursächliche Therapie beseitigt auch Mundhöhlensymptome.

Noma (Wasserkrebs)

Ät: Fusiforme Infektion (Plaut-Vincent) bei stark herabgesetzter Resistenz, heute ausschließlich in Regionen der Dritten Welt.

Vk und Sy: Gewebsgangrän von Wange und Lippe, relativ schnelle flächige Ausbreitung. Abstoßung des putrid zerfallenden Gewebes. Bei Typhus, Hunger, gelegentlich auch bei progredienten Bluterkrankungen. Kinder häufiger als Erwachsene. Eine schnell um sich greifende Gewebsnekrose ist immer Hinweis auf eine herabgesetzte Abwehrleistung des Körpers. Die Gewebszerstörung hinterläßt gemeinsam mit dem aashaften Gestank einen grauenhaften Eindruck.
Tod nach 2 Wochen durch toxische Zerfallsprodukte oder Aspirationspneumonie.

Th: Behandlung des allgemeinen Leidens. Hochdosierte antibiotische Therapie, eiweiß- und vitaminreiche Kost. Später plastische Deckung der Defekte.

Lingua nigra

Ät: Unklar, zuweilen Folge von Magen-Darm-Störungen, Vitamin-B-Mangel, Antibiotikatherapie oder lokalen Reizen.

Th: Vitamin A, B-Komplex, symptomatisch chirurgisches Kürzen der verlängerten und verhornten Papillae filiformes.

Prothesenstomatitis

Ät und Sy: Ulzerierende Defekte durch schlecht sitzende Prothesen – zuweilen multipel – unterschiedlicher Ausdehnung oder schwammartige dunkelrote Verdickungen der Schleimhaut.

Th: Beseitigung der Ursache durch den Zahnarzt.

Ulcus decubitale (Dekubitalgeschwüre)

Ät: Traumatische Ulzerationen an Zunge, Wange oder Umschlagfalte, hervorgerufen durch tief zerstörte, scharfkantige kariöse Zahnscherben bei den Artikulationsbewegungen oder durch mangelhaft sitzenden Zahnersatz, dessen Ränder sich in die Umschlagfalte einpressen. Bißverletzungen bei Kindern nach lokaler Anästhesie und als Brandverletzung bei Rauchern.

Sy: Geschwüriger Epitheldefekt mit gelblich-eitrigem Grund.

DD: Beginnendes Karzinom (S. 1579f), tuberkulöse Ulzera, Lues, Aphthen.

Th: Beseitigung der mechanischen Ursache, Dynexan-Salbe, Contralgin-Salbe, Volon-A-Haftsalbe. Wenn nach 2–3 Tagen nicht deutliche Besserung, an spezifische Entzündung (Tuberkulose, Lues), vor allem aber an Karzinom denken.

Fibromatose

Ät: Chronischer Reiz schlecht sitzender Prothesen oder funktionskieferorthopädischer Platten.

Sy: Fibrinöse Hyperplasien des Bindegewebes am Kieferkamm in zahnlosen, prothetisch versorgten Kieferabschnitten oder im Bereich von Prothesenrändern, auf der knöchernen Unterlage verschieblich. Zuweilen auch beim Jugendlichen.

Th: Exzision und Beseitigung der Reize durch den Zahnarzt.

Erkrankungen der Speicheldrüsen

Parotitis (Speicheldrüsenentzündung)

Metastatische Parotitis

Ät: Sekretstauung bei Speichelsteinen, im Verlauf schwerer Erkrankungen (Typhus, nach großen operativen Eingriffen usw.), durch den Ausführungsgang aufsteigende Strepto- oder Staphylokokkeninfektion.

Sy: Meist einseitige teigige schmerzhafte Schwellung der entsprechenden Gegend.

Eitrige Einschmelzung.

Dg: Beim Massieren der Drüsen entleert sich trübes bis blutig-eitriges Sekret.

DD: Parotitis epidemica, Parulis (S. 1562f), Parese oder Lähmung des N. facialis. Chronische Parotitis disponiert zur Steinbildung, wodurch wiederum die primäre Entzündung gesteigert wird.

Th: Antibiotika, weitere Behandlung s. Parotitis epidemica. Bei Abszessen Inzision, stets vom Munde aus wegen der Entstehung einer Speichelfistel. Dabei auf N. facialis achten: Oberflächlicher Einschnitt, parallel zum Verlauf der Äste, stumpfes Vorarbeiten mit Kornzange.

Parotitis epidemica (Mumps, Ziegenpeter)

(s. a. S. 1192f)

Vk und Pathog: Vorwiegend Kinder, Knaben bevorzugt. Endemisch (Virus), Inkubationszeit 2–3 Wochen. Zunächst einseitig auftretend. Nach einigen Tagen erkrankt dann meist auch die symmetrisch liegende Drüse; mitunter auch Befall der Glandulae submandibularis und sublingualis.

Sy: Ziehende Schmerzen, teigige Schwellung der Wange vor und hinter dem Ohr (Ohrläppchen typisch abgehoben), Druckempfindlichkeit, Haut glänzend. Kieferbewegungen erschwert, mäßiges Fieber. Frühsymptom: Vorwölbung der Papille des Ductus parotideus (Moursou-Zeichen).

Kompl: Orchitis, Oophoritis, Pankreatitis, Mastitis, Meningitis, Enzephalitis.

DD: Im Gegensatz zu dem trüben, eitrigen Sekret der pyogenen Parotitis ist es bei Mumps dünnflüssig und klar.

Th: Feuchtwarme Umschläge, Mundspülungen, Mundhygiene, um aszendierende Sekundärinfektion zu vermeiden. In schweren Fällen Immunglobuline (unbedingt Bettruhe bis zum Abklingen der Erscheinungen).

Prgn: Nach 5–7 Tagen Abschwellung und Heilung. Lebenslängliche Immunität.

Sialolithiasis (Speichelstein)

Ät und Sy: Folge chronisch entzündlicher Erkrankungen der Drüsen, vorwiegend im Ausführungsgang der Glandula submandibularis bzw. sublingualis. Wenn obturierend, heftige, sich bei der Nahrungsaufnahme steigernde Schmerzen durch Stauung des sezernierten Speichels. Kugelige Anschwellung der Drüse, die nach einiger Zeit allmählich wieder abklingt. Bei aszendierender Infektion kann es zu Speicheldrüsenabszessen kommen (s. Parotitis, Komplikationen).

Dg: Bimanuelle Palpation des Mundbodens bzw. der Wange, Sondierung der Ausführungsgänge, Röntgenaufnahmen.

Th: Versuch, den Stein herauszumassieren, evtl. Schlitzen des Ausführungsgangs oder Freilegung des Corpus delicti (Zertrümmerung durch Ultraschall).

Geschwülste

Neben den seltenen Zysten vorherrschend Adenome (pleomorphes A., monomorphes A., Adenolymphom, oxyphiles A.).

Pleomorphes Adenom

Häufigster Speicheldrüsentumor. Gut abgegrenzt in meist vollständiger Bindegewebskapsel. Schmerzlos wachsend, hart, höckrigknollig, unter der Haut verschieblich, Tendenz zur bösartigen karzinomatösen Entartung. Häufig erst durch Lymphknotenmetastasen diagnostizierbar.

Monomorphes Adenom

Selten.

Adenolymphom

Ausschließlich in der Parotis vorkommend.

Oxyphiles Adenom

Vk: Gutartiger Tumor des 6.–7. Lebensjahrzehnts.

Dg: Durch Sialoadenographie nach Instillation von Kontrastmitteln.

DD: Chronisch entzündliche Veränderungen.

Th: Wegen der Gefahr maligner Entartung frühzeitig radikal operieren (Achtung: N. facialis).

Mukoepidermoidtumor

Vk: Frauen im 4. und 5. Dezennium bevorzugt.

Path Anat: z. T. abgekapselt, z. T. unscharf gegen umgebendes Gewebe abgesetzt, um 4 cm Durchmesser. Zu 90% in der Parotis. Fakultativ bösartig, Metastasen in Lymphknoten, Lunge und Leber.

Erkrankungen des Kiefergelenks

Arthritis acuta

Ät: Rheumatisch, gonorrhoisch, pyogen (Scharlach, Typhus).

Sy: Rötung, Schwellung und Druckschmerz der Gelenkgegend vor dem Meatus acusticus externus, Kieferklemme, Öffnungsbewegung sehr schmerzhaft.

Th: s. Grundleiden. Lokal: Ruhigstellung (Kinnschleuderverband), Wärme (Diathermie, Kurzwelle), Umschläge mit Enelbin-Salbe, Antirheumatika.

Arthritis chronica

(s. a. S. 1283)

Ät: Aus akuter Form entwickelt.

Sy: Gelenkgegend druckempfindlich, Beschwerden bei Mundöffnungsbewegungen.

Th: Entlastungsbehandlung mit Aufbißschienen. Hydrocortison intraartikulär 2- bis 3mal in Abständen von 14 Tagen, Enelbin-Paste (s. auch akute Arthritis).

Arthropathia deformans

Ät: Bißanomalien, einseitige Kaubelastung, Folge akuter Gelenkerkrankungen (s. o.). Überbelastung durch Parafunktionen (Knirschen, Pressen).

Sy: Als Ausdruck von Abnutzungserscheinungen des Gelenkknorpels angesehen. Schmerz und Funktionsbehinderung bei Gelenkbewegungen. Gelenkknacken; zu fühlen, wenn der tastende Finger in die Gelenkgrube vor dem Ohreingang gelegt wird und der Patient Öffnungs- und Schließbewegungen ausführt. Die diagnostischen Rückschlüsse, die man aus der Unterscheidung von intermediärem und terminalem Gelenkknacken gezogen hat, haben sich nicht bestätigt.

Dg: Röntgenologisch gelegentlich morphologische Veränderungen des Gelenks erkennbar.

Th: Korrektur und genaue Registrierung der Bißlage, Veränderung zunächst durch Aufbißschiene. Nach Abklingen der Beschwerden prothetische Fixierung der korrigierten Bißlage wie bei Myoarthropathien (Costen-Syndrom).

Kieferklemme

Ät: Als infiltrative Myositis odontogen bei Dentitio difficilis, Parotitis, Aktinomykose, reflektorisch bei Erkrankungen des Gehörgangs und des Mittelohrs, arthrogen (akute oder chronische Arthritis, Polyarthritis rheumatica, Monarthritis gonorrhoica, Ankylose [= absolute Kieferklemme], myogen, Frühsymptom bei Trichinose, neurogen (Frühsymptom bei Tetanus).

Sy: Öffnen der Zahnreihen nicht oder nur beschränkt möglich. Immer Symptom einer anderen Erkrankung.

Th: s. bei den einzelnen ursächlichen Erkrankungen. Nach Abklingen der akuten Erscheinungen trockene Wärme und Dehnungsübungen mit Sperrer, Holz- oder Gummikeil. Bei Ankylose Osteotomie.

Myoarthropathien (Costen-Syndrom)

Ät: Entstanden durch Verlagerung des Kiefergelenkköpfchens in die Tiefe der Gelenkpfanne nach dorsal und Reizung des N. auriculotemporalis und der Chorda tympani als Folge von Bißanomalien; Verlust der die Zahnreihen gegeneinander abstützenden Zähne, Bißsenkung bei nicht mehr passenden Prothesen, Arthrosen des Mandibulargelenks.

Sy: Arthralgien, Kopfschmerzen im Bereich des Scheitels und Hinterhaupts, neuralgiforme Beschwerden, dumpfe Ohrenschmerzen, Ohrensausen, sekundäre Schwerhörigkeit durch Tubenverschluß. Gelegentlich auch in Zunge, Nase und Rachen ausstrahlende Schmerzen, Globusgefühl, Parästhesien.

Dg: s. Symptome. Röntgenaufnahme des Kiefergelenks: dorsokraniale Position des Gelenkköpfchens mit verschmälertem Gelenkspalt.

DD: HWS-Syndrom.

Th: wie bei Arthropathia deformans.

Frakturen und Luxationen

Frakturen (Kieferbrüche)

Path Anat: Die häufigsten Verkehrsverletzungen sind Frakturen des Kiefers und des Gesichtsschädels, zuweilen einhergehend mit Zerreißung der bedeckenden Schleimhaut. Jedoch schließen diese nach der Mundhöhle zu offenen Brüche nicht die Gefahren sonstiger komplizierter Frakturen in sich ein.

- *Unterkiefer:* Häufigste Lokalisation Alveolarfortsatz, Kieferkörper (Bereich des Eckzahns), Übergang vom horizontalen in den vertikalen Ast (Weisheitszahngegend), zahnlose Abschnitte mit starker Knochenresorption. Am aufsteigenden Ast vorwiegend Kollumfraktur; Bruch beider Gelenkfortsätze = frontal offener Biß. Bei einseitiger Köpfchenfraktur Mandibula dorsal nach der kranken Seite verlagert.
- *Oberkiefer:* Vorwiegend Alveolarfortsatzfrakturen. Ausgedehnte Brüche mit typischen Bruchlinien nach Le Fort:
  I. Nasenboden, Antrum (Komplikationen mit der Kieferhöhle);
  II. Nasenwurzel, Boden der Orbita, Ansatz des Processus zygomaticus (Komplikation mit der Augenhöhle);
  III. Nasenwurzel, quer durch die Orbita, Processus frontalis und Processus temporalis des Jochbeins (totaler Abriß der Maxilla von der Schädelbasis).
  Umfangreiche Oberkieferbrüche meist Teilerscheinung einer Schädelbasisfraktur.

Sy und Dg: Wie sonst bei Knochenbrüchen: Schwellung, Funktionsausfall, lokaler Druckschmerz, abnorme Beweglichkeit der Fragmente, Krepitation und Dislokation, die bei vorhandener Zahnreihe durch die Okklusionsstörung leicht zu erkennen ist. Sicherung der Diagnose durch Röntgenaufnahme. Bei Oberkieferfraktur Austritt von Blut, evtl. auch Liquor cerebrospinalis aus Nase und Ohr, Brillenhämatom. Achtung: Mitbeteiligung des Gehirns, Commotio bzw. Contusio cerebri.

Th: Erste Hilfe: Pflasterverband zur Ruhigstellung. Bei doppelseitiger Fraktur des Unterkiefers zurückgesunkene Zunge vorziehen (Atembehinderung). Bei herabgesunkenem Oberkiefer Holzspatel quer durch den Mund legen und Enden mit Binden über den Kopf befestigen. Tief frakturierte Wurzeln und pulpatote Zähne, die im Bruchspalt stehen, entfernen. Reposition. Achte auf Artikulation. Retention. Sind genügend Zähne zur Befestigung der Ligatur vorhanden, intraorale Schienung, sonst perkutane Osteosynthese oder Drahtumschlingung. Nach Fixierung sorgfältige Mundpflege, Konsolidierungszeit 5–6 Wochen.

Luxatio mandibulae

Def: Ausrenkung des Unterkiefers.

Pathog: Bei forcierter Mundöffnung (Gähnen, Schlag, Sperren in der Narkose) gleitet das Köpfchen mit seinem Meniskus über das Tuberculum articulare nach ventral und wird von den Kaumuskeln gegen die Schädelbasis gezogen. Habituelle Luxation durch chronisch überdehnte Gelenkkapsel, spontane Reposition.

Sy: Zahnreihen klaffend (Maulsperre). Zähne lassen sich nicht in Okklusion bringen. Mulde vor dem Tragus (= leere Gelenkpfanne austasten). Bei einseitiger Luxation ist das Kinn nach der gesunden Seite verschoben (bei Fraktur des Gelenkköpfchens ist der Unterkiefer nach der kranken Seite verlagert). Bei doppelseitiger Ausrenkung ist das Kinn nach vorn getreten; die unteren Frontzähne stehen vor der oberen Zahnreihe.

Th: Zur Resposition beide Daumen auf die untere Zahnreihe legen, mit der übrigen Hand Kieferkörper fest umfassen, Druck nach seitwärts und rückwärts. Vorsicht: Daumen mit Mullbinde schützen und bei der Einartikulation in den Mundvorhof gleiten lassen; Gefahr von Bißverletzung, wenn das Köpfchen in die Gelenkpfanne einschnappt. Kinnschleuderverband. Ruhigstellung für 8–14 Tage. Bei habitueller Luxation Öffnungsbeschränkung durch intramaxilläre Gummizüge oder chirurgischer Eingriff am Tuberculum articulare.

Replantation

Th: Wiedereinpflanzung von Zähnen: Traumatisch aus ihrem Verband gelöste Zähne können erfolgreich replantiert werden; Abspülen mit warmer physiologischer Kochsalzlösung (Wurzel nicht mechanisch oder antibakteriell bearbeiten!). Die Pulpa kann infolge des engen Foramen apicis radicis dentalis eine Verbindung mit dem Kreislauf nicht wieder aufnehmen; sie geht zugrunde. Das tote Gewebe muß daher vor der Replantation oder bald danach entfernt und der Wurzelkanal mit einer Füllung versehen werden. Wird die Wiedereinpflanzung nicht sofort vorgenommen, Zahn möglichst körperwarm und feucht (am besten im Mund des Patienten) aufbewahren. Bei jugendlichen Zähnen mit nicht abgeschlossenem Wurzelwachstum ist zuweilen vollständige Wiedereinheilung möglich. Als sog. biologische Implantation Wiedereinpflanzung nach Entfernung der Wurzelhaut mit transdentaler Stiftfixation.

Prgn: Nach beiden Methoden Funktionstüchtigkeit 5–15 Jahre. Verlust des Zahns durch Resorption der Wurzel oder durch marginale Parodontitis.

Transplantation

Th: Verpflanzung eigener oder fremder Zähne. Bei vorzeitigem Verlust des 1. Molaren ist die Transplantation des Zahnkeims oder Zahns des 3. Molaren in die entstandene Lücke möglich.

Prgn: Wie Replantation. Die Verpflanzung von Zähnen von einem Organismus auf einen anderen ist möglich, führt jedoch selten zu Erfolgen, die länger als 2–3 Jahre währen.

Implantation

Einpflanzung eines Fremdkörpers unter das Periost des Kiefers (subperiostales Implantat) oder in den Kieferknochen (enossales Implantat). Implantate dienen der Befestigung prothetischer Elemente beim Fehlen von Zähnen. Sie sollen die Verankerung von festsitzenden Brücken oder herausnehmbaren Prothesen ermöglichen. Implantate, die stets in die Mundhöhle ragen, das Epithel also durchbrechen, führen fast immer zu einer Infektion des umgebenden Gewebes. Daß dennoch eine Vielzahl von Implantaten für längere Zeit gute Dienste leisten, ist auf die Abwehrleistungen der Mundhöhlengewebe zurückzuführen. Die Dauerhaftigkeit eines Implantats ist auch von seiner Pflege (s. Kariesprophylaxe) und des von ihm zu tragenden Ersatzes abhängig.

Zysten

Hohlraumbildungen mit Epithelauskleidung der Höhle und spezifischem Wachstumsmodus.

Zysten im Kiefer-Gesichts-Bereich

(Tab. 45.**3**)

Radikuläre Zyste (Wurzelzyste)

Vk: 80% aller odotogenen Zysten.

Pathog: Ausgehend von chronischer apikaler Parodontitis (S. 1563f) pulpatoter Zähne, kommt es zu einem selbständig wachsenden, blasenförmig aufgetriebenen gutartigen Gewächs, dessen Innenwand mit Epithel (gewucherte Reste aus der Zeit der Zahnentwicklung) ausgekleidet ist, erbsen- bis pflaumengroß, den Knochen und die Nachbarzähne durch symptomloses expansives Wachstum verdrängend.

Sy und Dg: Langsam, über Jahre entstandene, leicht druckempfindliche Vorwölbung des Kieferknochens, der so dünn werden kann, daß er auf Druck nachgibt („Pergamentknittern"). Probepunktion ergibt opaleszierende Flüssigkeit aus dem Zystenhohlraum (Cholesterinkristalle). Häufig Zufallsbefund bei Röntgenaufnahme. Diese zeigt scharfe, meist kugelig begrenzte Knocheneinschmelzung mit hineinragender Wurzelspitze des verursachenden Zahns, mit ampullenförmigem Übergang in den Parodontalspalt.

Kompl: Infektion mit Vereiterung, dann schwer zu differenzieren von zirkumapikalem Abszeß; bei chronischem Wachstum Spontanfraktur des Unterkieferkörpers möglich.

DD: Im Oberkiefer Verwechslungen mit Sinus maxillaris, Röntgenaufnahme mit Kontrastfüllung. Die zystischen Knochenneueinschmelzungen beim Ameloblastom (s. u.) sind mehrkammerig (zentrale Granulationstumoren, Plasmozytom s. S. 1074, s. a. follikuläre Zyste).

Th: Chirurgische Ausschälung des gesamten Zystenbalgs (Zystektomie) oder breite Eröffnung unter Umgestaltung des Zysten-

Tabelle 45.**3** Klassifikation der Zysten im Kiefer-Gesichts-Bereich

Zystenform	Ursprungsepithel
A. Knochen-(Kiefer)-Zysten	
1. Odontogene Zysten	
a) radikuläre Zysten apikale Zyste laterale Zyste	Malassez-Epithelreste der Hertwig-Epithelscheide
b) follikuläre (zahnhaltige) Zyste koronale Zyste laterale Zyste Durchbruchszyste periradikuläre Zyste Zyste mit Zahnrudiment	inneres und äußeres Schmelzepithel des Zahnorgans
c) (follikuläre) zahnlose Zyste Primordialzyste Keratozyste	Fehlbildung der Zahnleiste (Serres-Körperchen)
d) parodontale (periodontale) Zyste Gingivazyste	Malassez-Epithelreste der Hertwig-Epithelscheide
e) Residualzyste	nach Entfernung des schuldigen Zahns verbliebene radikuläre, follikuläre oder parodontale Zyste
2. Nichtodontogene Zysten	
a) nasopalatinale Zysten: Zyste des Canalis incisivus, Zyste der Papilla incisiva	Epithelreste der Hochstätter-Grenzplatte oder Reste des Tractus nasopalatinus
b) mediane alveoläre Zyste	Epithelreste der Hochstätter-Grenzplatte, Zahnleiste (?)
c) mediane Gaumenzyste	Epithelreste der Gaumennaht
d) mediane Unterkieferzyste	Epithel der Zahnleiste
e) nasoalveoläre Zyste	Hochstätter-Grenzplatte, epithelialer Nasenpfropf
f) globulomaxilläre Zyste	Hochstättersche-Grenzplatte
3. Pseudozysten (nicht epitheliale Zysten)	
a) solitäre Knochenzyste	?
b) aneurysmatische Knochenzyste	?
c) latente Knochenhöhle des Unterkiefers	(keine Zyste, Knochenatrophie)
B. Weichteilzysten	
1. Extravasations-(Retentions-)Zysten	
a) Zyste der Mundschleimhaut	Epithel der Schleimdrüsen (?)
b) Ranula	Epithel des Wharton- oder des Bartholin-Gangs
c) Schleimzyste (Mukozyele) der Kieferhöhle	Epithel der Kieferhöhlenschleimhaut
d) Okklusionszyste der Kieferhöhle	Epithel der Kieferhöhlenschleimhaut
e) Speicheldrüsenzyste	Epithel der Speichelgänge
f) Atherome	embryonale Einschlüsse von
echtes Atherom (Dermoid)	Hautepithel
falsches Atherom	Talgdrüsenepithel
2. lymphoepitheliale Zysten	Speicheldrüsenepithel (?)
3. Magen-Darm-Schleimhautzysten	heterotope Magen-Darm-Schleimhaut
4. Epithel des Ductus thyroglossalis	

Tabelle 45.3 (Fortsetzung)

Zystenform	Ursprungsepithel
5. laterale (branchiogene) Halszysten	Epithel des Zervikalbläschens und des Ductus cervicalis (2., 3. und 4. Kiemenfurche)
6. Dermoid-, Epidermoidzysten	embryonale oder traumatische Einschlüsse von Hautepithel

hohlraums zu einer Nebenbucht der Mundhöhle (Zystostomie), im Oberkiefer evtl. der Kieferhöhle. Entfernung des ursächlichen Zahns genügt nicht; Zyste wächst weiter (Residualzyste).

Follikuläre (koronale) Zyste

Pathog: Blasenartige, langsam über Jahre hinziehend sich beständig vergrößernde schmerzlose Geschwulst, ausgehend von dem epithelialen Schmelzorgan retinierter, regulärer oder überzähliger Zähne.

Dg: Röntgenbild, scharf abgegrenzter Hohlraum, in den die Krone eines verlagerten Zahns hineinragt; Gegensatz zur radikulären Zyste (s. d.).

Th: Zystektomie mit Entfernung des verlagerten Zahns oder Zystostomie unter Belassung des Zahns mit anschließender Einordnung in die reguläre Zahnreihe.

Fissurale Zysten

Pathog: Ausgehend von dystopen Epithelresten während der Kieferbildung, z. B. mediane Zyste im Ober- und Unterkiefer, nasopalatine Zyste paramedian.

Th: wie radikuläre Zyste.

Weichteilzysten

Duktuszysten

Mediane oder laterale Halszysten, ausgehend von persistierenden Resten des Ductus thyroglossalis oder des Sinus cervicalis (Kiemengangszysten).

Extravasations-(Retentions-) Zysten (Ranula)

Paramedian im Mundboden, neben dem Frenulum linguae liegende Extravasationszyste, ausgehend von mündungsnahen Divertikeln des Ausführungsgangs der Glandula submandibularis.

Mukozele (Schleimzyste) der Kieferhöhle

Ät: Chronische Entzündungsreize am Kieferhöhlenboden, z. B. apikale Parodontitis, können zur Entwicklung einer Extravasationszyste führen.

Sy: Druckgefühl im Bereich der Kieferhöhle – neuralgiforme Beschwerden (N. maxillaris, V_2).

DD: Trigeminusneuralgie.

Th: Alle Weichteilzysten sind chirurgisch radikal zu entfernen – Rezidivgefahr.

Tumoren

Gutartige Tumoren

Odontogene Geschwülste

Ameloblastom

Vk: Altersgipfel zwischen dem 3. und 5. Lebensjahrzehnt.

Pathog und path Anat: Rein odontogene Epithelgeschwulst, ausgehend von den Resten des aus der Zahnentwicklung stammenden Schmelzorgans. Solide und zystische Formen unterschieden. Bevorzugte Lokalisation ist die Gegend des Kieferwinkels bzw. des unteren Weisheitszahns. Lokal destruktiv wachsend, maligne Entartung in etwa 10% der Fälle.

Sy und Dg: Allmählich sich vergrößernde, subjektiv symptomlose Auftreibung des Kieferkörpers. Das Röntgenbild zeigt scharf abgegrenzte mehrkammerige zystische Knocheneinschmelzung.

DD: Radikuläre Zyste und follikuläre Zyste, beide stets einkammerig.

Th: Radikale Entfernung – Rezidivgefahr.

Odontom (Zahngeschwulst)

Vk und path Anat: Monströse odontogene Konglomerate aus allen am Zahn beteiligten epithelialen und mesenchymalen Geweben, unbemerkt im Kiefer wachsend, bevorzugt Prämolarengegend, 1. und 2. Lebensjahrzehnt.

Dg: Auftreibung des Kieferknochens, meist Zufallsbefund bei Röntgenaufnahme. Gelegentlich führen neuralgiforme Beschwerden oder entzündliche Reaktionen bei Infektionen zur Entdeckung.

Th: Chirurgische Entfernung.

Sonstige gutartige Geschwülste der Mundhöhle

Fibrom

Path Anat: Von allen Teilen der Mundschleimhaut ausgehend, lappige, derbe oder auch weiche, meist gestielt aufsitzende Bindegewebswucherung mit regulärem Schleimhautüberzug. Lipom, weich, Pseudofluktuation.

Th: Exzision an der Geschwulstbasis.

Osteom (Knochengeschwulst)

Path Anat: Breitbasig oder pilzartig aufsitzende, gutartige, sehr langsam wachsende Exostose, die mit regulärer Schleimhaut überkleidet ist, knochenhart, klinisch ohne Bedeutung. Zufallsbefund. Zentrale Osteome (Enostosen) selten.

Th: Eventuell vor Anfertigung einer Zahnprothese entfernen.

Papillom (Schleimhautwarzen)

Path Anat: Gutartig; langsam wachsend. Hellgraue blumenkohlartige, zerklüftete fibroepitheliale Wucherung der Schleimhaut. Kann an jeder Stelle des Mundes sitzen.

Th und Dg: Radikale Exzision, histologische Untersuchung wegen Möglichkeit der Entartung.

Adenome, Angiome, Chondrome, Lipome, Myxome u. a.

In seltenen Fällen auch im Munde vorkommende Geschwülste ohne lokale Besonderheiten (s. daher entsprechende Abschnitte des Buchs).

Bösartige Tumoren

Karzinom der Mundhöhle

Vk: Die Häufigkeitsverteilung der Mundhöhlenkarzinome ist regional unterschiedlich, Nordamerika ca 5%, Südostasien bis 40%.

Path Anat: Lokalisation: Unterlippe 25%, Unterkiefergingiva 15%, Mundboden 15%, Wangenschleimhaut und Gaumen je 10%, Oberlippe und Oberkiefergingiva zusammen 5%. Immer relativ schneller Verlauf. Frühe, tiefgreifende Infiltration und Metastasierung, deswegen stets auch Mundhöhle kontrollieren.

Lippenkarzinom

Vk: Vorwiegend Männer.

Path Anat: Tiefliegendes Ulkus, schmerzlos, umgeben von wallartigem rundlichem, derbem Rand, langsam wachsender Tumor, über Wochen und Monate hinziehend. Der Patient kann daher den Beginn der Erkrankung meist nicht angeben. Lymphknoten meist erst später vergrößert.

DD: Der luetische Primäraffekt entwickelt sich stets innerhalb weniger Tage zur vollen Ausdehnung. Zwar besitzt auch er einen derben Wall mit zentraler Ulzeration, jedoch liegt das schnell entstandene Geschwür im Niveau der Haut. Sehr früh große Lymphknotenpakete.

Prgn: Relativ gutartig bei frühzeitiger Erkennung und Therapie.

Karzinom des Alveolarfortsatzes

Path Anat: Harte wulstartige, der Gingivitis chronica ähnliche Verdickung am Zahnfleischrand oder papillomatöse Wucherungen, mit frühzeitiger tiefgehender Ulzeration.

Dg: Wenn nach örtlicher Therapie nicht innerhalb weniger Tage Abheilung, dann Biopsie.

DD: Lues, Tuberkulose, Dekubitalgeschwür durch Druckstellen von Rändern mangelhaft sitzender Prothesen, fehlendes Infiltrat. Entfernen des Zahnersatzes für zwei Tage muß deutliche Heilungstendenz erkennen lassen.

Th: Frühzeitige Radikaloperation, Zytostatika. Chirurgischen Eingriff nie ohne gleichzeitige zahnärztlich-prothetische Versorgung, um Entstellung zu verhindern.

Karzinom der Mundschleimhaut (Wange, harter Gaumen)

Vk: Vorwiegend bei älteren Patienten, Männer bevorzugt.

Ät: Traumatische Genese (kariöse Zähne, schlecht sitzende Prothesen), mangelhafte Mundhygiene, chemische Reize (Tabak-, Alkoholabusus, Betelkauen), Lues.

Pathog und path Anat: Häufig aus warzig vegetierender Leukoplakie mit atypischem Epithelverhalten hervorgehend, neben der Geschwulst immer noch mehrere hyperkeratotische Flecken. Regionale Lymphknoten früh befallen.

Sy und Dg: Blau- oder grauweiße Farbe. Papilläre (blumenkohlartige) Wucherung in Ulzerationen übergehend. Jede nach Beseitigung örtlicher Reize länger als 2 Wochen bestehende Ulzeration muß als karzinomverdächtig angesehen werden: histologische Untersuchung. Schleimhautveränderungen stets Facharzt vorstellen!

Karzinom der Zunge

Vk: 2–3% aller Karzinome, Männer bevorzugt.

Ät: Leukoplakie der Zunge, mechanische Reizung (scharfe Zahnkanten, Prothesenränder), Lues II, selten Lichen ruber erosivus.

Path Anat und Sy: Sehr bösartig, einer der aggressivsten Tumoren. Anfangs umschriebene harte Erhebung, deren Zentrum bald flächenartig geschwürig zerfällt. Zunächst aussehend wie Dekubitalgeschwür, bei dem sich die Zunge an scharfen Höhlenrändern zerstörter Zahnkronen wundgewetzt hat. Bevorzugte Lokalisation Zungenrand, Zungengrund nicht so häufig. Frühzeitig auftretende Schmerzen, ausstrahlend zum Ohr. Sehr bald harte Lymphknotenmetastasen.

DD: Verwechslung mit Ulcus simplex: Untersuchenden Finger über die Zunge gleiten lassen. Wird dabei indurierter Rand als Verhärtung gefühlt, ist immer an ein Karzinom zu denken; ein Ulcus decubitale (S. 1542) verschwindet schnell, wenn die Ursache beseitigt wird. Handelt es sich um Zungenleukoplakie, muß sie als Ganzes exzidiert werden. Lues II tritt oft gemeinsam mit Karzinom auf, positive Serumreaktion, spricht nicht gegen Krebs. Bei Tuberkulose (heute selten) unterminierte Ränder.

Th: Auch bei geringer Ausdehnung lokale Applikation von Radionukliden, Röntgengrenz- oder -tiefenbestrahlung, Zytostatika.

Prgn: Schlecht: Je jünger der Patient, desto bösartiger; je weiter an der Zungenspitze lokalisiert, desto günstiger. Sind noch keine Lymphknotenveränderungen vorhanden, um so besser; fixierte Knoten infaust.

Adenokarzinom

Entstehung meist aus kleinen Speicheldrüsen des Gaumens oder der Zunge. Hart infiltrierte Vorwölbung, spät ulzerierend, früh in den Kieferhöhlenboden infiltrierend.

Mißbildungen

Dysgnathien (Zahnstellungs- und Bißanomalien)

Ät: Vererbung und Umwelt sind an der Entstehung von Gebißunregelmäßigkeiten in jeweils unterschiedlichem Maße, im Sinne eines multifaktoriellen Systems, beteiligt:

- *Vererbungsfaktor:* Besonders bei echter mandibulärer Prognathie, bei echtem Diastema, Deckbiß, Über- und Unterzahl der Zähne.
- *Umweltfaktoren:* Bei Rachitis wird das nachgiebige Skelett durch Muskelzüge deformiert (z. B. Oberkieferkompression), mit frontal oder seitlich offenem Biß.
- *Schlechte Gewohnheiten (Habits) und Wachstumshemmung:* Fingerlutschen, Lippenbeißen usw. Hemmung des Kieferwachstums bei vorzeitigem Milchzahnverlust oder frühe Zerstörung der ersten bleibenden Molaren.

Anat und path Anat: Abweichungen einzelner Zähne und der regulären Bißlage der Kiefer zueinander von der normalen Stellung. Der Neutralbiß (= orthognather Scherenbiß) ist in der Vertikalen dadurch gekennzeichnet, daß die oberen Schneidezähne die unteren um 1–2 mm überdecken. In der Horizontalen soll der mesiale Höcker des 1. oberen Molaren in die mittlere Fissur des entsprechenden unteren Molaren einbeißen.

- *Abweichung der Bißlage in sagittaler Richtung:* Prognathie: Vorstand des Oberkiefers nach Art der Stellung der einzelnen Elemente, unterschieden in alveoläre, maxilläre und prämaxilläre Prognathie. Einzelne Zahngruppen oder die ganze untere Zahnreihe stehen vor den entsprechenden oberen (Mesialbiß). Mandibuläre Prognathie (Progenie: Vorstand des Kinns): Das große, massige Kinn verleiht ein „gewalttätiges Aussehen" („Habsburger Unterlippe"). Distalbiß: Rücklage des Unterkiefers.

- *Fehlstellungen in vertikaler Richtung:* Tiefer Biß, Deckbiß, zusätzlicher Steilstand (palatinaler Kippstand) der oberen Frontzähne. Die oberen Frontzähne überdecken die unteren. Die unteren Schneidezähne beißen zuweilen hinter den oberen Frontzähnen in das palatinale Zahnfleisch. Offener Biß: In habitueller Okklusion klaffen die Frontzähne und kommen nicht in Kontakt (Lippenlutscher, Rachitis).
- *Kombinationen kieferorthopädischer Krankheitsbilder:* Zwischen den genannten Abweichungen in horizontaler und vertikaler Richtung sind alle Kombinationen möglich.

Th und Prl: Zeitige Bekämpfung der Lutschunarten ab dem 3. Lebensjahr, Betreuung und Erhaltung des Milchgebisses, insbesondere der Milchmolaren (s. a. Kariesprophylaxe).

Cheilognathopalatoschisis (Lippen-Kiefer-Gaumen-Spalte)

Ätiologie und Pathogenese

Angeborene Fehlbildungen, im frühen Stadium der Embryonalentwicklung entstanden (Lippen-Kiefer-Spalte 5.–6. Woche, Gaumenspalte 8. Woche). Entstehungsmöglichkeit entweder primär, d. h. durch ungenügendes Wachstum des lateralen Nasenfortsatzes, so daß die Bildung der Hochstätter-Epithelmauer unterbleibt, oder sekundär durch fehlende mesenchymale Unterwanderung der gebildeten Epithelmauer, so daß diese wieder zerreißt.
Ursachen: Multifaktorielles genetisches System. In etwa 25% der Fälle liegen gleichartige Veränderungen bei den Vorfahren vor. Knaben bevorzugt, Mädchen häufiger Zwischenträger und Träger von isolierten Gaumenspalten. Pathogenetisch werden für die Entstehung der Mißbildung u. a. Sauerstoff- und Glucosemangel, d. h. Störungen in der Gewebsatmung, verantwortlich gemacht. Masern, Rubeolen oder auch Mumps (Viruserkrankung) der Mutter in den ersten 4 Schwangerschaftsmonaten führen offenbar zu einem Versagen des embryonalen Stoffwechsels. Nach dem 5. Schwangerschaftsmonat keine Gefahr mehr für das Kind. Experimentell an Ratten auch durch Hormonpräparate (Hypophysenvorderlappen, Schilddrüse) oder durch Vitamin-B_2-Mangel produziert.

Lippenspalten (Hasenscharten)

Immer paramedian gelegen, weist alle Schweregrade auf. Ausdehnung höchstens bis zum Foramen incisivum unter Einbeziehung des Alveolarfortsatzes. Bei doppelseitigem Auftreten kommt es zur Protrusion des isoliert stehenden Zwischenkiefers.

Lippen-Kiefer-Gaumen-Spalten (Wolfsrachen)

Path Anat: Lokalisation uni- oder bilateral mit typischer Dislokationsstellung der getrennt stehenden Kiefersegmente. Geräumige Verbindung zwischen Mund- und Nasenhöhle.

Th: Nahrungsaufnahme wird durch postnatal eingesetzte Trinkplatten erleichtert, die gleichzeitig die begleitenden Zungendysgnathien normalisieren und bei entsprechender Behandlung das physiologische Kieferwachstum gewährleisten. Die Behandlung erfolgt heute in „Zentren" mit multidisziplinärer Betreuung.
Operationstermin in der Regel ab dem 6. Lebensmonat. Um das Kieferwachstum nicht zu hemmen, wird die Spalte im Bereich des harten Gaumens in der Regel mit ca. 4–5 Jahren verschlossen, während der weiche Gaumen früh verschlossen werden muß, damit die Sprachentwicklung normal erfolgt. Unterstützung durch Logopäden. Alle Kinder mit dieser Mißbildung können heute exzellent chirurgisch behandelt und kieferorthopädisch nachbehandelt werden.

Isolierte Gaumenspalte

Path Anat: Lokalisation: Harter und/oder weicher Gaumen reichen höchstens bis zum Foramen incisivum. Variation: Submuköse Gaumenspalte. Mikroform: Uvula bifida.

Th: Operation (s. Lippen-Kiefer-Gaumen-Spalte). Ausnahmen möglich.

Schmerzen, Nachblutungen, Zahnstein

Dolor post extractionem (Alveolitis)

Sy: Nachschmerzen nach Zahnentfernung. 2–3 Tage nach der Extraktion auftretender heftiger Dauerschmerz, wenn die Alveole nicht vollgeblutet ist („trockene Alveole“) oder das Blutkoagulum infiziert wurde. Vorwiegend im Unterkiefer, Mitbeteiligung des N. mandibularis (Neuritis). Lymphknoten vergrößert, druckempfindlich.

Th: Reinigung der Alveole durch Wasserstoffsuperoxidspülung, Salbenverband mit Socketol oder Antibiotika-Cortison-Salbe (z. B. Corti-Dynexan, Dontisolon, Volon A), Analgetika. Wenn keine Linderung, Anästhesie und Ausräumung des infizierten Gewebes, Kürettage der Alveole. Bei ausgesprochener Neuritis Vitamin B_1 (200–400 mg) parenteral; Kombinationspräparate mit Vitamin B_2, B_6, B_{12} hochdosiert (Neurobion, Dodecatol u. a.).

Sanguinatio post extractionem

Def: Im Anschluß an Zahnentfernung kann es zu erheblichen, schwer stillbaren Nachblutungen kommen.

Ät: Diffuse Sickerblutung als reaktive Hyperämie nach Abklingen der Gefäßverengung bei Lokalanästhesie. Bakteriell bedingte Auflösung der gefäßabschließenden Thromben. Arterielle Blutung durch Läsion größerer Knochengefäße. Störung der Blutgerinnung bei hämorrhagischen Diathesen oder nach Einnahme von Antikoagulantien.

Th: Zunächst großen Tampon auf die Wunde und eine halbe Stunde oder länger fest zubeißen lassen. Auf keinen Fall Mundspülung! Steht Blutung nicht, Tamponade der leeren Alveole (Thrombinpulver, Sorbacel, Reptilase, Gelatineschwamm, 0,4 oder 0,2 mg Ethacridin), darüber großen Tampon und Zahnreihen mindestens 60 Min. fest schließen. Bei deutlicher arterieller Blutung, wenn das arrodierte Gefäß tief im Knochen liegt, Verhämmern des Knochens, darüber Tamponade, besser Knochenränder der Alveole abtragen, Alveole mit gerinnungsfördernden Substraten tamponieren und Schleimhaut darüber dicht vernähen. Allgemein: Konakion i. v. oder i. m., bei hämorrhagischen Diathesen Fibrinogen (S. 834 ff).

Foetor ex ore (Halitose, Kakostomie)

Ät: Übler Mundgeruch kann außerordentlich belästigend sein, ohne daß der Betroffene es selbst wahrnimmt. Durch Angehörige darauf aufmerksam gemacht, wird der Arzt konsultiert, wobei es nicht immer leicht ist, die Quelle des Fötors festzustellen.
Ursachen, die in der Cavitas oris zu suchen sind: Unsaubere, vernachlässigte Mundhöhle, Zahnsteinansatz (s. u.), Zahnhöhlen mit Fäulnis zurückgehaltener Speisereste, verschmutzter Zahnersatz. Bei entzündlichen und geschwürigen lokalen Erkrankungen (marginale Parodontitis, Dentitio difficilis, Gingivitis und Stomatitis ulcerosa) ist die Ursache stets leicht zu finden. Auch die Zunge ist zu beachten (Zungenbelag, Zungentonsille). Daneben können Erkrankungen der Nachbarorgane (Tonsillen, Rachenmandel, Nase und Nebenhöhlen) in Frage kommen. Die Erscheinungen können aber auch Begleitsymptome von Erkrankungen tiefer liegender Organe sein: Lunge (Bronchiektasien, Gangrän, Abszeß, Karzinom), Ösophagusdivertikel, Magenerkrankungen (Gastritis). Zuweilen auch während der Menstruation und Gravidität auftretend, bei Fastenkuren, Ammoniakgeruch bei Nierenerkrankungen, Aceton bei Diabetes.

Th: Ergibt sich aus der jeweiligen Ursache (s. d.). Bei lokal auf die Mundhöhle beschränkten ursächlichen Erkrankungen Spülungen mit Wasserstoffsuperoxidlösungen (30%ig, 2–3 Eßlöffel Perhydrol auf ein Glas Wasser), wirken gut desodorierend. Chlorophyllpräparate.

Hypersensibles Zahnbein

Sy: Überempfindlichkeit freiliegender Zahnhälse durch zurückweichende Gingiva. Freigelegte Zahnwurzeln reagieren auf kalt, süß, salzig, sauer mit kurzdauerndem, nach der Reizung sofort abklingendem Schmerz.

DD: Pulpitis (S. 1561 f). Schmerz auf gleiche Weise auslösbar, jedoch anhaltend.

Th: Spülung mit Natriumbicarbonat, ein Teelöffel auf ein Glas lauwarmes Wasser, abends vor dem Schlafengehen, nicht nachspülen. Touchieren mit 3%iger Natriumfluoridlösung (Cervin, Elmex fluid), Fluoridlakke, Verwendung spezieller Zahnpasten (Dentril, Sensodyne, Zendium).

Zahnschmerzen

Schmerzen, die von den Zähnen ausgehen oder in sie hineinverlegt werden, können verschiedener Natur sein, deren Deutung nicht immer leicht ist, wodurch eine zweckmäßige Therapie verhindert wird: Frühkontakte, Parafunktion, Habits, Pulpitis, apikale Parodontitis, Hypersensibilität freiliegender Zahnhälse, Dolor post extractionem, Neuralgien und neuralgiforme Beschwerden, akute Erkrankungen der Kieferhöhle usw. (s. entsprechende Stichworte).

Zahnstein

Ät und Sy: Grauweiße bis dunkelbraune harte Ablagerungen, unter Umständen vollständige Inkrustierung einzelner Zähne als Produkt der Speicheldrüsen, im wesentlichen bestehend aus Calciumcarbonat, und -phosphat (Octacalciumphosphat), Bakterien und Speiseresten. Den Ausführungsgängen der Parotis und der Glandula submandibularis gegenüberliegend, besonders im Bereich der lingualen Flächen der unteren Frontzähne und der bukkalen Flächen der oberen Molaren. Ursache für chronische Gingivitis, oft Folge ungenügender Zahnpflege.

Th: Sorgfältige mechanische Entfernung. Sogenannte zahnsteinlösende Zahnpasten sind wirkungslos oder schmelzschädigend.

Sachverzeichnis

D

E

I

N

O

S

U

X

Y

Inserentenverzeichnis